U0062900

汉语成语词典

HANYU CHENGYU CIDIAN

第 3 版

商务印书馆国际有限公司

中国 · 北京

编纂、修订工作人员

第1版

主　　编：孙梦梅　周　谦

编纂者：《汉语成语词典》编委会

责任编辑：周　斌

第2版

修订人员（按音序排列）：

李肖寅　万　森　解洪科

张秋霞　张晓虹　朱洪军

第3版

修订人员（按音序排列）：

万　森　解洪科　张秋霞　朱洪军

第 3 版修订说明

　　《汉语成语词典》第 2 版自 2015 年出版以来,以其收条精当、功能实用深受广大读者欢迎。为了更好地为读者服务,我们对第 2 版进行了修订。

　　这次修订基本保持了原书的规模和特点,本着规范性、科学性和实用性的原则,对词目、拼音、释义、语见、例句的内容和编排体例等方面进行了修改和调整。

　　这次修订全面贯彻执行了国家语言文字法规和相关标准。修订的主要内容有:删减了部分条目,收条更为合理和实用;修改了部分拼音,注音更为规范标准;完善了释义,修改了部分不够准确的地方;替换了部分语见,提供了与词目更为匹配的书证;修改了语见中欠准确的部分用字;调整了部分条目的排列顺序。

　　在修订过程中,我们吸收了一些读者意见,得到了有关专家的热情指导和支持,在此谨表谢意。由于水平和时间有限,书中难免会有疏漏和不完善之处,欢迎广大读者批评指正。

商务国际辞书编辑部

第1版前言

汉语的历史源远流长,其中成语作为中国古今文明的集大成者,作为中华民族几千年经验与智慧的结晶,蕴含着无限的生机与活力,因此也受到中华儿女乃至越来越多外国人的喜爱。

成语是在汉语的长期发展和沉积中形成的人们习用的、固定的词组或短句。它具有格式固定、文字简练、含义精辟、寓意深长等特点,在工作、学习和生活中使用得十分广泛。

本词典收录成语一万三千余条,所收条目以常见、常用成语为主,也包括少数古今常用的熟语。条目按"释义""语见""例句"等项目逐一阐释。"释义"项对难懂的字、词等进行解释,并列出该词的本义及引申义,浅显易懂的成语则直接释义;"语见"项通过古代的资料探索成语的本源,或通过援引古代、近代或现代经典著作中的例句,从不同角度揭示成语的含义、用法及其流变。

在编纂过程中,我们不断收到各方人士,特别是广大在校师生的建议。他们一致认为,提供正确使用成语的例句,不但能极大地帮助读者特别是中小学生准确地掌握成语的用法,而且有助于他们在特定的语境中更好地理解成语的深层含义。有鉴于此,我们在编纂这部词典时,强化了它在例句方面的功能,设立了"例句"项目。对于每条成语,我们都本着谨慎从严的原则,提供了该成语在现代汉语中使用的范例,以便读者更好地理解和使用该成语。

本词典释义精当,材料翔实,内容丰富,是一部源流并重、规范实用的成语词典。由于我们的水平所限,加之这部词典篇幅较大,故其中的疏误之处在所难免,恳请读者批评指正。

编 者

第 2 版修订说明

　　《汉语成语词典》自 2010 年出版以来，以其收词精当、功能实用深受广大读者欢迎。为了更好地为读者服务，我们对《汉语成语词典》进行了修订。

　　这次修订保持了原书的规模和特点，在加强规范性和科学性的同时，对条目、拼音、释义、语见、例句和体例等进行了比较全面的修改和调整。

　　这次修订全面贯彻执行了国家语言文字法规以及有关标准。修订的主要方面有：增删了部分条目，收词更加合理、实用；对条目的主、副条进行了统查，使读者更好地了解成语的流变；对释义进行了完善，修改了一些表达不够准确的地方；增补了部分语见，提供了更加准确、适当的书证；对引文进行了核对，便于读者更好地阅读和理解；对例句做了调整，对其中一些表述不够恰当的地方进行了修改，便于读者掌握和运用；对引书体例进行了统查，使全书系统性更加完备。

　　这次修订吸取了一些读者意见，得到了有关专家和学者的热情帮助和指导，在此我们谨表谢意。由于水平有限，这次修订工作肯定还会有一些不足的地方，欢迎广大读者提出宝贵意见。

商务国际辞书编辑部

目　录

凡　例

一、立目

收录成语近一万三千条,除常用成语之外,还包括少量熟语;为帮助读者阅读古籍,本词典中还酌收了一些曾经活跃于一定历史时期而现今已显得较冷僻的成语。

二、条目安排

按汉语拼音字母顺序排列。

1.首字读音相同,按第二、第三字音序排列。

2.首字音节相同音调不同者,按阴平、阳平、上声、去声的顺序排列。

3.首字音同字不同者,笔画数少者在前、多者在后;笔画数相同者,按起笔笔形一丨丿丶𠃌顺序排列。

三、注音

用汉语拼音字母标注读音。一律注普通话读音,不注连读变调。

四、释文

释文分为【释义】【语见】【例句】等几个部分。

【释义】:

1.一般先注难懂的字、词,后释义;先解释本义,再列引申义。

2.对浅显易懂的成语则直接释义。

3.对含有褒贬色彩和特定用法的成语,在释义后加以说明。

4.含义基本相同而结构方式不同的成语,一般只就其中一个加以解释,而另外一个则注明"见'××××'"。有些成语在流传中其个别用词曾出现变异,为便于读者查检,一般分立条目,并对其中较为常用的成语加以注释,其他条目则注明"见'××××'"。

【语见】:

1.一般只列一处语源或书证,一般只引用出现该成语的片断。语源以较早的作品为主,并尽可能标明朝代、作者、书名、篇、卷数等。

2.凡引用古书,一般用简化字。容易引起误解者,则保留原书的繁体字或异体字。

3.书证引文遵照原文,一般不做文字改动。

4.引文中的生僻字、词,酌加注音和释义。

【例句】:

1.用句子的形式,体现成语的具体用法。

2.例句中一律用符号"～"代替本词目成语。

五、其他

本词典前附《词目首字音序索引》,后附《词目笔画索引》,以供读者检索。

词目首字音序索引

lái		**lèng**		梁	411	**liū**		**lù**		**mái**	
来	389	愣	399	粮	411	溜	421	虑	431	埋	438
lán		**lí**		**liǎng**		**liú**		绿	431	**mǎi**	
兰	390	离	399	两	411	留	421	**luán**		买	438
蓝	390	梨	400	**liàng**		流	422	鸾	432	**mài**	
lǎn		犁	400	量	412	**liǔ**		**luǎn**		麦	439
揽	390	嫠	400	**liáo**		柳	423	卵	432	卖	439
làn		篱	400	辽	412	**liù**		**luàn**		**mán**	
滥	390	**lǐ**		聊	413	六	424	乱	432	蛮	440
láng		礼	400	寥	413	**lóng**		**lüè**		谩	440
郎	391	李	401	撩	413	龙	425	掠	433	瞒	440
狼	391	里	401	潦	414	隆	427	略	433	**mǎn**	
lǎng		理	401	燎	414	**lòu**		**lún**		满	441
朗	392	醴	402	**liǎo**		漏	427	沦	434	**màn**	
làng		**lì**		了	414	镂	427	轮	434	漫	442
浪	392	力	402	燎	414	漏	427	**lùn**		慢	443
láo		历	404	**liào**		露	428	论	434	**máng**	
劳	393	厉	404	料	414	**lú**		**luō**		芒	443
牢	394	立	405	**liè**		庐	428	捋	434	盲	443
lǎo		励	406	列	415	炉	428	**luó**		茫	443
老	394	利	406	烈	415	**lǔ**		罗	434	**māo**	
lè		例	407	裂	415	卤	428	锣	435	猫	444
乐	396	俐	407	**lín**		鲁	428	**luò**		**máo**	
léi		栗	407	林	415	**lù**		洛	435	毛	444
雷	397	砺	407	临	416	陆	429	络	435	矛	444
擂	397	粝	407	淋	419	鹿	429	落	435	茅	444
lěi		粒	407	琳	419	碌	429			**mào**	
累	398	**lián**		鳞	419	路	429	**M**		冒	445
磊	398	连	407	麟	419	勠	430			贸	445
lèi		怜	408	**líng**		露	430	**má**		貌	445
泪	398	莲	408	伶	420	**lú**		麻	437	**méi**	
lěng		廉	408	灵	420	驴	430	**mǎ**		没	445
		liǎn		玲	420	**lǔ**		马	437	眉	446
		敛	409	陵	420	旅	430			**měi**	
		脸	409	零	420	屡	431	蚂	438		
		liàn		**lìng**		履	431				
		练	409	另	420						
		恋	409	令	421						
lěng		**liáng**									
冷	399	良	410							每	447

páng
庞 495
旁 495

pāo
抛 496

páo
刨 496
庖 496
炮 496
袍 497
匏 497

péi
赔 497

pēn
喷 497

pēng
烹 497

péng
朋 497
弸 497
蓬 497
鹏 498

pěng
捧 498

pī
批 499
披 499
被 500
劈 501

pí
皮 501
枇 502
蚍 502
疲 502
琵 502

pǐ
匹 502

否 502
擗 503

pì
屁 503

piān
偏 503

pián
骈 503

piàn
片 503

piāo
飘 504

pín
贫 505

pǐn
品 505

pìn
牝 505

píng
平 506
评 507
凭 507
瓶 507
萍 507

pō
泼 508

pó
婆 508

pò
迫 508
破 508
魄 510

pǒu
剖 510

pū
扑 510
铺 511

pú
匍 511
菩 511
蒲 511
璞 511

pǔ
普 511
溥 512

pù
曝 512

Q

qī
七 513
妻 514
凄 514
期 515
欺 515
漆 517

qí
齐 517
祁 518
其 518
奇 519
歧 520
骑 520
棋 521
綦 521
旗 521

qǐ
乞 521
岂 522
企 522
杞 522
起 522
绮 523

qì
气 523
弃 525
泣 527
契 527
器 527

qià
恰 527

qiān
千 527
迁 533
牵 533
铅 534
谦 534
愆 534

qián
前 534
钱 536
钳 536
箝 536
潜 536
黔 537

qiǎn
浅 538

qiāng
枪 538

qiáng
强 538
墙 538

qiǎng
强 539

qiāo
敲 539

qiáo
乔 540
翘 540

qiǎo
巧 541

qiē
切 542

qiè
切 542
窃 542
惬 543
锲 543

qīn
侵 543
亲 543
衾 543
嵚 543

qín
秦 544
琴 544
禽 545
勤 545
擒 545
螓 545

qǐn
寝 545

qìn
沁 545

qīng
青 546
轻 547
倾 550
清 551
蜻 552

qíng
情 553
晴 554
檠 554
擎 554

qǐng
请 555

qìng
庆 555
倩 555
磬 555

qióng
穷 555
茕 559
琼 559

qiū
秋 560

qiú
囚 560
求 561
逎 562
裘 562

qū
区 563
曲 563
诎 563
屈 563
趋 564

qǔ
曲 564
取 564

qù
去 565
阒 565

quán
权 565
全 566
泉 566
拳 566

quǎn
犬 566

shòu		**shùn**		**sú**		**tài**		**tǎo**		**tiào**	
寿	662	顺	672	俗	684	太	692	讨	702	粜	716
受	663	舜	673			泰	693			跳	716
授	663	瞬	674	**sù**				**tè**			
瘦	663			夙	684	**tān**		特	703	**tiě**	
		shuō		肃	685	贪	694			铁	716
shū		说	674	素	685			**téng**			
书	663			宿	685	**tán**		腾	703	**tīng**	
殊	663	**shuò**		粟	686	昙	697			听	717
倏	664	烁	675	溯	686	谈	697	**tí**			
菽	664	硕	675			弹	698	提	703	**tíng**	
疏	664	数	675	**suān**		檀	698	啼	703	亭	718
摅	665			酸	686			醍	704	停	718
输	665	**sī**				**tǎn**					
		司	675	**suàn**		忐	698	**tǐ**		**tǐng**	
shú		丝	676	算	686	坦	698	体	704	挺	719
熟	665	私	676			袒	699			铤	719
		思	676	**suī**				**tì**			
shǔ		斯	677	虽	686	**tàn**		倜	704	**tōng**	
暑	665	厮	677			叹	699	涕	704	恫	719
蜀	665			**suí**		探	699	替	705	通	719
鼠	666	**sǐ**		隋	686						
数	666	死	677	随	687	**tāng**		**tiān**		**tóng**	
						汤	699	天	705	同	720
shù		**sì**		**suì**				添	713	彤	723
束	666	四	679	岁	688	**táng**				铜	724
树	668	似	681	遂	689	唐	699	**tián**		童	724
竖	668	驷	682	碎	689	堂	700	田	713		
数	668	俟	682			糖	700	恬	713	**tǒng**	
漱	668	肆	682	**sǔn**		螳	700	甜	714	统	724
				损	689						
shuài		**sōng**				**tǎng**		**tiǎn**		**tòng**	
率	668	松	683	**suō**		倘	700	忝	714	痛	725
				缩	689	傥	700	觍	715		
shuāng		**sǒng**								**tōu**	
双	669	耸	683	**suǒ**		**tāo**		**tiāo**		偷	725
				所	690	饕	701	挑	715		
shuǎng		**sòng**		索	690	滔	701			**tóu**	
爽	669	宋	683	琐	691	韬	701	**tiáo**		头	726
		送	683					条	715	投	728
shuǐ		颂	683	**T**		**táo**		迢	715		
水	669					逃	701	调	715	**tòu**	
		sōu				桃	702			透	730
shǔn		搜	683	**tā**		陶	702	**tiǎo**		**tū**	
吮	672			他	692			挑	716	突	730

蒸	987	志	1004	**zhǒu**		**zhuā**		捉	1026	**zòng**	
zhěng		知	1005					**zhuó**		纵	1034
拯	987	质	1005	肘	1015	抓	1022	灼	1026	**zǒu**	
整	988	炙	1006	**zhòu**		**zhuān**		卓	1026	走	1035
zhèng		治	1006	昼	1015	专	1022	斫	1027	**zú**	
		栉	1006					浊	1027		
正	988	掷	1006	**zhū**		**zhuǎn**		着	1027	足	1035
证	990	智	1007	朱	1015	转	1022	擢	1027	**zuān**	
郑	990	置	1007	侏	1016	**zhuàn**		濯	1027	钻	1036
政	991	**zhōng**		诛	1016	馔	1023	**zī**		**zuǐ**	
zhī		中	1008	珠	1017	**zhuāng**		孜	1027	嘴	1036
之	991	忠	1009	诸	1018	装	1023	姿	1027	**zuì**	
支	991	终	1010	铢	1018	**zhuàng**		趑	1027		
只	992	钟	1011	蛛	1018	壮	1024	锱	1028	罪	1036
芝	992	**zhǒng**		**zhú**				龇	1028	醉	1038
枝	992	冢	1011	竹	1018	**zhuī**		**zǐ**		**zūn**	
知	992	踵	1011	逐	1019	追	1024	子	1028	尊	1038
zhí		**zhòng**		烛	1019	锥	1025	紫	1028	遵	1038
执	996	众	1011	舳	1020	**zhuì**		**zì**		**zuǒ**	
直	996	种	1014	**zhǔ**		坠	1025	自	1028	左	1038
植	999	重	1014	主	1020	惴	1025	字	1033	**zuò**	
zhǐ		**zhōu**		煮	1020	**zhūn**		恣	1033		
止	999	舟	1014	属	1020	迍	1025	**zōng**		作	1040
只	999	周	1014	**zhù**		谆	1026	综	1034	坐	1040
纸	1000	诌	1015	助	1021	**zhuō**		**zǒng**		座	1042
指	1000	辀	1015	杼	1021			总	1034	做	1043
咫	1003	粥	1015	著	1021	拙	1026				
趾	1003			筑	1021						
zhì				箸	1022						
至	1003										

A

āi

【哀兵必胜】 āi bīng bì shèng
[释义] 兵:军队。哀兵:受到危难和压迫而满腔悲愤的军队。受到危难和压迫而满腔悲愤的军队,能够奋力御敌,从而一定会取胜。[语见]《老子》第六十九章:"祸莫大于轻敌,轻敌几丧吾宝(指身体),故抗兵相加,哀者胜矣。"[例句] 经历了上一次的挫折,全队以一种～的姿态在体育场亮相了。

【哀而不伤】 āi ér bù shāng
[释义] 悲哀但不过分伤心。通常指小说、诗歌、音乐等艺术作品感情适度,典雅优美。也比喻做事适中,没有过分与不及之处。[语见]《论语·八佾》:"《关雎》,乐而不淫,哀而不伤。"[例句] 这篇文章笔调优雅缠绵,～,令人咀嚼回味,不忍释卷。

【哀鸿遍地】 āi hóng biàn dì
[释义] 见"哀鸿遍野"。[例句] 昔日的六朝胜地,战乱之后,～,一片萧瑟。

【哀鸿遍野】 āi hóng biàn yě
[释义] 哀鸣的大雁布满了原野。比喻到处都是呻吟呼号、流离失所的灾民。[语见]《诗经·小雅·鸿雁》:"鸿雁于飞,哀鸣嗷嗷。"[例句] 他九死一生回到故土,却不料迎接他的竟是满目疮痍,～。

【哀毁骨立】 āi huǐ gǔ lì
[释义] 哀毁:因悲哀过度而损伤了身体。骨立:指瘦到极点,只剩一副骨架。因过度悲伤而损伤了身体,好像只剩下一副骨架支撑着。形容人在守孝期间非常悲伤。[语见] 南朝宋·范晔《后汉书·韦彪

传》:"字孟达,扶风平陵人也……孝行纯至,父母卒,哀毁三年,不出庐寝。服竟,羸瘠骨立异形,医疗数年乃起。"[例句] 看到他那～的样子,你就会知道他刚去世的父亲在他心中究竟占有多么崇高的地位。

【哀莫大于心死】 āi mò dà yú xīn sǐ
[释义] 心死:心如死灰槁木,对周围的事无动于衷。指最悲哀的事没有比心死更严重的了。[语见]《庄子·田子方》:"夫哀莫大于心死,而人死亦次之。"[例句] ～,人最大的悲哀就是没有追求,没有了生活的激情。这是比什么都可悲的。

【哀丝豪竹】 āi sī háo zhú
[释义] 丝:弦乐器,弦乐。竹:管乐器,管乐。泛指悲壮动人的音乐。[语见] 唐·杜甫《醉为马坠诸公携酒相看》诗:"酒肉如山又一时,初筵哀丝动豪竹。"[例句] 宴后之音,皆为～,这些丧国臣子,莫不黯然泪下。

【挨肩擦背】 āi jiān cā bèi
[释义] 形容紧紧挨着,也形容人群拥挤不堪。[语见] 明·洪楩《清平山堂话本·雨窗集·错认尸》:"当日闹动城里城外人都得知,男子妇人,挨肩擦背,不计其数,一齐来看。"[例句] 小广场上,～的,到了不下三千人。

【挨门挨户】 āi mén āi hù
[释义] 见"挨门逐户"。[语见] 欧阳山《三家巷》四十:"又过了一天,风声更加紧,许多街道都挨门挨户搜查。"[例句] 一大早,他就～去查看地震造成的损失。

【挨门逐户】 āi mén zhú hù
[释义] 挨、逐:按顺序。按居住的顺

序,每家每户都轮到,一家也不漏掉。也作"挨家挨户"。[语见]清·钱彩《说岳全传》第六十一回:"一个不怕死的白衣,名唤刘允升,写出岳(飞)元帅父子受屈情由,挨门逐户的分派,约齐日子,共上民表,要替岳爷申冤。"[例句]他～地通知,明天社区有防火演习。

【唉声叹气】 āi shēng tàn qì
[释义]因痛苦、伤感或烦闷而发出叹息。[语见]清·曹雪芹《红楼梦》第三十三回:"我看你脸上一团私欲愁闷气色,这会子又唉声叹气,你那些还不足,还不自在?"[例句]与其在这里～,你还不如奋而抗争,去争取你的一片天地。

【捱风缉缝】 āi fēng jī fèng
[释义]风:消息。缝:空隙,指机会。形容善于打探消息,钻营门路。[语见]明·冯梦龙《醒世恒言》第二十九卷:"别个秀才要去结交知县,还要捱风缉缝,央人引进,拜在门下,认为老师。"[例句]他这个人别的本事没有,但是要～地找出个门路,倒是他的特长。

【矮人观场】 ǎi rén guān chǎng
[释义]场:戏场。矮子挤在人群里看戏,看不清楚,只能人云亦云。比喻随声附和,没有己见。[语见]《快心编》:"总之,无识的一味矮人观场,随声附和。"[例句]尽管他说了老半天,却全如～,一句也不曾说到实处。

【矮子观场】 ǎi zi guān chǎng
[释义]见"矮人观场"。[语见]清·夏敬渠《野叟曝言》第一回:"从来解诗者,偏将此二句解错,所以意味索然,何尝不众口极力铺张,却如矮子观场,痴人说梦。"[例句]你也别怪他,他人微言轻,不～,他敢有不同意见吗?

【蔼然可亲】 ǎi rán kě qīn
[释义]蔼:对人和善的样子。态度和蔼,使人感到亲切,愿意亲近。[语见]清·李渔《十二楼·夺锦楼》:"小江的性子,在家里虽然倔强,见了外面的朋友也还蔼然可亲。"[例句]年画上的老人,都画得～,这正是年画人物画的特点之一。

【爱不忍释】 ài bù rěn shì
[释义]忍:忍心。释:放下。极为喜爱,不忍心放手。[语见]清·吴敬梓《儒林外史》第一回:"危素受了礼物,只把这本册页看了又看,爱玩不忍释手。"[例句]他把那支箫放在手里来回摩挲着,一副～的样子。

【爱不释手】 ài bù shì shǒu
[释义]见"爱不忍释"。[语见]清·李宝嘉《文明小史》第二十二回:"那门上一见雕镂精工,爱不释手。"[例句]她～地捧着中国结,脸上露出惊喜的神色。

【爱才好士】 ài cái hào shì
[释义]见"爱人好士"。[语见]唐·房玄龄等《晋书·殷仲文传》:"刘毅爱才好士,深相礼接,临当之郡,游宴弥日。"[例句]几乎所有开国君主,均能～,正因为此,才能把弱势变为优势,并取得最后的胜利。

【爱才若渴】 ài cái ruò kě
[释义]爱慕贤才,急欲求得,就像口渴急于喝水一样。[语见]清·赵尔巽《清史稿·王时敏传》:"(王锡爵)爱才若渴,四方工画者踵接于门,得其指授,无不知名于时,为一代画苑领袖。"[例句]曹操～,有识之士纷纷投奔。

【爱财如命】 ài cái rú mìng
[释义]爱:吝惜。像怜惜生命那样吝惜钱财。形容极为吝啬、贪婪。[语见]清·岭南羽衣女士《东欧女豪杰》第四回:"我想近来世界,不管什么英雄,什么豪杰,都是爱财如命,何况吃官司的,少不免要和那些狼官鼠吏交手,这更没钱不行了。"[例句]这是个～的贪官。

【爱鹤失众】 ài hè shī zhòng
[释义]因喜爱鹤而失去人心。《左传·闵公二年》:"狄人伐卫。卫懿公好鹤,鹤有乘轩者。将战,国人受甲者皆曰:'使鹤,鹤有禄位。余焉能战?'"比喻因小失大。[例句]你只顾着朋友间的面子,却是～,失去了人心。

【爱毛反裘】 ài máo fǎn qiú
[释义]为了爱皮毛,把皮袍翻过来穿。

比喻贪小失大,不惜根本。[语见]汉·刘向《新序·杂事二》:"魏文侯出游,见路人反裘而负刍,文侯曰:'胡为反裘而负刍?'对曰:'臣爱其毛。'文侯曰:'若不知其里尽而毛无所恃邪?'"[例句]他那～的策略,最终一步步使他失去了市场的先机。

【爱莫能助】ài mò néng zhù
[释义]爱:同情。莫:否定性无定代词,没有什么。原指虽有同情之心,却无力给予帮助。现也指虽然内心里愿意帮忙,但是能力有限,做不到。[语见]《诗经·大雅·烝民》:"维仲山甫举之,爱莫助之。"[例句]他立在那里,一副～的样子。

【爱人好士】ài rén hào shì
[释义]爱护、重视人才。[语见]晋·陈寿《三国志·蜀书·先主传》:"圣姿硕茂,神武在躬,仁覆积德,爱人好士,是以四方归心焉。"[例句]皇上～,你有真才学,一旦起用,必能成就一番大业。

【爱屋及乌】ài wū jí wū
[释义]及:连带。乌:乌鸦。由于爱人而连带地喜爱他房顶上的乌鸦。比喻因为爱一个人,连带也喜爱与之相关的人物。[语见]《尚书大传·大战》:"爱人者,兼其屋上之乌。"[例句]也许是～的缘故,我这个平时对花鸟毫无兴趣的人,竟然对她那些花花草草也产生了兴趣。

【爱惜羽毛】ài xī yǔ máo
[释义]羽毛:鸟的羽,兽的毛。比喻人的声誉。指像鸟兽爱惜羽毛那样,洁身自好,爱惜声誉,行事谨慎。[语见]明·李贽《初谭集·父子四》:"陛下爱其骨肉,臣敢惜其羽毛。"[例句]他是个～的人,这种风险,他恐怕是不愿意冒的。

【爱憎分明】ài zēng fēn míng
[释义]憎:恨。爱什么与恨什么的界限清清楚楚。[例句]他是一个～的人,得知此事,必定会火冒三丈。

【碍手碍脚】ài shǒu ài jiǎo
[释义]碍:妨碍。妨碍别人做事,使人觉得不方便。[语见]清·曹雪芹《红楼梦》第十八回:"宝钗因说道:'咱们别在这里碍手碍脚。'说着,和宝玉等便往迎春房中来。"[例句]她嫌我在一旁～,毫不客气地将我赶了出来。

ān

【安邦定国】ān bāng dìng guó
[释义]安:安宁。邦:国家。定:稳定。使国家安宁、稳定。[语见]元·关汉卿《哭存孝》第一折:"我本是安邦定国李存孝,今日个太平不用旧将军。"[例句]尽管胸怀～之志,然而在那样的时代,他只能仰天长叹。

【安邦治国】ān bāng zhì guó
[释义]见"安邦定国"。[语见]明·无名氏《伐晋兴齐》第一折:"荐贤举善是吾心,安邦治国访知音。"[例句]乐毅等人,纵然有～之才,然而未遇明主,终不能一统天下。

【安不忘危】ān bù wàng wēi
[释义]在安定的环境中,不忘记可能出现的危难。[语见]《周易·系辞下》:"是故君子安而不忘危,存而不忘亡,治而不忘乱,是以身安而国家可保也。"[例句]那些～的老臣,一遍一遍地劝导皇上,可是皇上早已完全沉浸到了暖日笙歌之中。

【安步当车】ān bù dàng chē
[释义]安:安稳。步:步行。当:当作。车:乘车。安安稳稳地步行,当作乘车。古时贵族外出时定要乘车,故"安步当车"指人能安守平民的生活。现又指缓慢步行或从容不迫。[语见]《战国策·齐策四》:"晚食以当肉,安步以当车,无罪以当贵,清静贞正以自虞。"[例句]我和老先生～,一边说一边走,十里地下来,竟然丝毫不觉得累。

【安常处顺】ān cháng chǔ shùn
[释义]安于平常的状态,顺从事物的发展。[语见]《庄子·养生主》:"适来,夫子时也;适去,夫子顺也。安时而处顺,哀乐不能入也。"[例句]他淡淡地说:"我是一个随遇而安、～之人,我对那花花世界早已失去了任何兴致。"

A

【安堵如故】ān dǔ rú gù
[释义] 安堵:相安,安定。像原来一样相安无事。[语见] 汉·荀悦《前汉纪·高祖纪》:"吏人皆安堵如故,民争献牛酒。"[例句] 安禄山叛乱,杜甫不能如普通文人那样～,这与他一腔忠心是密不可分的。

【安分守己】ān fèn shǒu jǐ
[释义] 安:安心于。分:本分。守:保持。己:自己。安于本分,保持名节,不做违反自己道德标准的事情。[语见] 明·冯梦龙《喻世明言》第三十六卷:"如今再说一个富家,安分守己,并不惹是生非。"[例句] 这些都是～的老实乡下人,你就收起你那些不着边际的空话吧。

【安富尊荣】ān fù zūn róng
[释义] 旧指达官显宦身安、家富、位尊、名荣的高踞人上的地位,也指安于富裕安乐的生活。[语见]《孟子·尽心上》:"君子居是国也,其君用之,则安富尊荣。"[例句] 这些八旗子弟早已习惯～,哪里还有心思血战沙场?

【安居乐业】ān jū lè yè
[释义] 安:安稳,安定,平安。居:居住,过日子。乐:以……为乐。业:事业。安安定定地生活,快快乐乐地从事自己的工作。[语见] 汉·班固《汉书·货殖传》:"各安其居而乐其业,甘其食而美其服。"[例句] 对于普通老百姓来说,能够～,便是最大的福分了。

【安老怀少】ān lǎo huái shào
[释义] 安顿年老的人,关怀年少的人。形容使人民生活安定。[语见]《论语·公冶长》:"老者安之,朋友信之,少者怀之。"[例句] 义军每到一处,立即发布文告,～,形势也便向着他们希望的方向发展了。

【安贫乐道】ān pín lè dào
[释义] 贫:贫寒境遇。道:圣贤之道。安于贫寒的境遇,乐于遵奉正道。[语见] 南朝宋·范晔《后汉书·杨彪传》:"安贫乐道,恬于进趣,三辅诸儒莫不慕仰

之。"[例句] 他是个儒雅的学者,几十年来～,过着隐士般的生活。

【安贫乐贱】ān pín lè jiàn
[释义] 安于贫贱,并以此为乐。[语见] 南朝宋·范晔《后汉书·蔡邕传》:"夫子生清穆之世,禀醇和之灵,覃思典籍,韫椟《六经》,安贫乐贱,与世无营。"[例句] 几十年～地修炼,使他养成了处变不惊的定力。

【安贫守道】ān pín shǒu dào
[释义] 见"安贫乐道"。[语见] 宋·苏轼《荐布衣陈师道状》:"臣等伏见徐州布衣陈师道文词高古,度越流辈,安贫守道。"[例句] 怀望先生归隐之后,～,不失大家之风。

【安然无事】ān rán wú shì
[释义] 见"安然无恙"。[语见] 清·夏敬渠《野叟曝言》第三十二回:"四嫂不来聒噪,耳根清净,倒也安然无事。"[例句] 你不用担心,全家人都～,你就好好念你的书吧。

【安然无恙】ān rán wú yàng
[释义] 安然:平平安安。恙:病。借指灾祸。平平安安没有意外发生。[语见] 明·冯梦龙《醒世恒言》第二十九卷:"倒下圣旨,将汪公罢官回去,按院照旧供职,陆公安然无恙。"[例句] 她悲哀地望着天空,他们要能～地归来,除非上天帮忙。

【安如磐石】ān rú pán shí
[释义] 磐石:大石头。像磐石那样安稳不动。形容极为安稳,不可动摇。[语见]《荀子·富国》:"为名者否,为利者否,为忿者否,则国安于磐石,寿于旗翼。"[例句] 经过三个月的攻打,开封仍～,阻挡着北兵渡过黄河。

【安如泰山】ān rú tài shān
[释义] 像泰山一样安稳,不可动摇。形容情势安定稳固,不可动摇或没有危险。[语见] 汉·焦延寿《易林·坤之中孚》:"安如泰山,福喜屡臻。"[例句] 大厅里早已乱成了一锅粥,但是老人仍静静地坐在角落里,观察着各方的局势,～。

【安身立命】 ān shēn lì mìng
[释义] 安身:指得以在世上存身。立命:保存生命。指在世上求得容身而保存生命。[语见]《景德传灯录·湖南长沙景岑禅师》:"僧问:'学人不据地时如何?'师云:'汝向什么处安身立命?'"[例句] 在这乱世之中,想求得一～之处实在不易。

【安适如常】 ān shì rú cháng
[释义] 安静而舒适,像往常一样。指经过某种变动后,恢复了正常,使人感到舒适。[例句] 城外虽然炮火连天,但是国平先生～,其修为当真令人佩服。

【安土乐业】 ān tǔ lè yè
[释义] 见"安居乐业"。[语见] 汉·班固《汉书·元帝纪》:"使天下咸安土乐业,亡有动摇之心。"[例句] 五代时期,战乱不止,百姓无一日不想过上～的日子。

【安土重迁】 ān tǔ zhòng qiān
[释义] 安:习惯于。土:故土。重:重视、看重。迁:搬家、迁徙。习惯于生活在故土,不愿随便搬家。[语见] 汉·班固《汉书·元帝纪》:"安土重迁,黎民之性;骨肉相附,人情所愿也。"[例句] 修建这座水库,不仅要抓好工程质量,也要做好这十几万～的库区居民的工作。

【安营扎寨】 ān yíng zhā zhài
[释义] 安置军营,建好军营周围的栅栏。指军队在某地驻扎。现也指为完成某项任务而临时在某地住下。[语见] 元·无名氏《隔江斗智》第二折:"这周瑜匹夫,累累兴兵来索取俺荆州地面,如今在柴桑渡口安营扎寨,其意非小。"[例句] 探险队在山脚下～,为第二天的攀登做准备。

【安于现状】 ān yú xiàn zhuàng
[释义] 对目前的工作、生活状况感到满足,而不求进取。[例句] 我们要增强进取心,必须克服～、得过且过、墨守成规、抱残守缺的处世观念。

【安于一隅】 ān yú yī yú
[释义] 隅:角落。安心在某一角落。形容苟安一角,不思进取。[语见] 宋·陈亮《上孝宗皇帝第二书》:"臣恭惟皇帝陛下厉志复仇,不肯即安于一隅,是有功于社稷也。"[例句] 南宋建立之后,赵构～,哪里想得到北国土牢里的父兄!

【安之若命】 ān zhī ruò mìng
[释义] 把遭受的不幸看作命中注定,甘心承受。[语见]《庄子·人间世》:"知其不可奈何而安之若命,德之至也。"[例句] 张九龄无端受到皇上猜忌,依然～,不是他不想反抗,实在是身为臣子,他没有反抗的力量。

【安之若素】 ān zhī ruò sù
[释义] 安:安静,安稳。若:像,如。素:以往,平常。心情如以往一样平静。指对异常的变故不介意,能平心静气地对待。[语见] 清·李宝嘉《官场现形记》第三十八回:"后来彼此熟了,见瞿太太常常如此,也就安之若素了。"[例句] 在农家住得久了,对鸡在灶上飞,猪在脚下跑,我早已～了。

【鞍马劳顿】 ān mǎ láo dùn
[释义] 顿:困乏,疲惫。长时间骑马跋涉,使身体劳累困乏。[语见] 元·杨显之《潇湘雨》第四折:"兴儿,我一路上鞍马劳顿,我权且歇息。"《说岳全传》四二回:"恐王佺一路远来,鞍马劳顿,故令王佺回营安歇。"[例句] 部队行进数月,～,一些将士已经支持不住了。

【鞍前马后】 ān qián mǎ hòu
[释义] 鞍:马鞍。奔忙于马前马后。形容殷勤伺候主人或上司,随时以供驱使。[语见] 清·钱彩《说岳全传》第二十五回:"岳爷哈哈大笑道:'你们两个,真是一对! 这叫做马前张保,马后王横也。'"[例句] 刘秘书对陈总真是～,不敢有半点闪失。

【按兵不动】 àn bīng bù dòng
[释义] 按:控制住。控制自己的队伍,暂不行动。现指遇事等待时机,不立即采取措施。[语见]《吕氏春秋·恃君览》:"赵简子按兵而不动。"[例句] 司马懿任凭蜀兵百般挑战,就是～,足智多谋的诸葛亮却也奈何不得。

A

【按兵束甲】 àn bīng shù jiǎ
[释义] 按:止住。兵:军队。束:捆,绑。甲:铠甲。止住队伍,收起铠甲、兵器。指停止使用武装力量,不进行战斗。[语见] 晋·陈寿《三国志·蜀书·诸葛亮传》:"亮说权曰:'……若能以吴、越之众,与中国抗衡,不如早与之绝;若不能当,何不按兵束甲,北面而事之!'"[例句] 他们都是血性汉子,这种时候,要想使他们～,恐怕不是件容易的事情。

【按部就班】 àn bù jiù bān
[释义] 部:门类,类别。班:次序。原指写文章时根据门类选取适当的内容,按顺序遣词造句。后指做事依照一定的道理和顺序。现比喻按老规矩办事。[语见] 晋·陆机《文赋》:"观古今于须臾,抚四海于一瞬。然后选义按部,考辞就班。"[例句] 尽管有了如此详尽的计划,但是我们并不一定能～地进行,适当的时候,计划必须有所调整。

【按甲寝兵】 àn jiǎ qǐn bīng
[释义] 按:放下。甲、兵:铠甲和兵器。寝:息,不用。放下铠甲和兵器不用。指停止作战。[语见] 汉·傅干《谏曹公南征》:"愚以为可且按甲寝兵,息军养士。"[例句] 真正的胜利,不是军事上有多大的胜利,而是能～,恢复生产。

【按甲休兵】 àn jiǎ xiū bīng
[释义] 见"按甲寝兵"。[语见] 汉·荀悦《前汉纪·高祖纪二》:"若燕不拔,齐必距境以自强,二国相持,则刘、项之权未有所分也。不如按甲休兵,日享士卒。"[例句] 五国暂时～,实则酝酿着更大规模的一场战争。

【按图索骥】 àn tú suǒ jì
[释义] 索:寻找。骥:良马。照着图像去寻找良马。比喻做事死守教条而不知变通。也比喻依据一定的线索去寻找事物。[语见] 汉·班固《汉书·梅福传》:"今不循伯者之道,乃欲以三代选举之法取当时之士,犹察伯乐之图求骐骥于市,而不可得,亦已明矣。"[例句] 公安人员根据这个笔记本中提供的线索,～,终于抓

到了元凶。

【暗度陈仓】 àn dù chén cāng
[释义] 度:越过。陈仓:古县名,在今陕西省宝鸡市东,为关陇通向汉中的交通孔道。公元前 206 年,刘邦入关攻下咸阳,项羽负约,自立为西楚霸王,而封刘邦为汉王,管辖巴、蜀、汉中。刘邦去汉中的途中烧绝了栈道,向项羽表示无意东归与之争夺天下。后来,刘邦用韩信之计,偷偷从故道返还,在陈仓击败章邯,并东至咸阳,占领陇西、北地、上郡。后用以指正面迷惑敌人,而从侧翼进行突然袭击的战略。也比喻暗中进行的活动。[语见] 汉·司马迁《史记·高祖本纪》:"正月,项羽自立为西楚霸王,王梁、楚地九郡,都彭城。负约,更立沛公为汉王,王巴、蜀、汉中,都南郑。……汉王之国,项王使卒三万人从,楚与诸侯之慕从者数万人,从杜南入蚀中。去辄烧绝栈道,以备诸侯盗兵袭之,亦示项羽无东意。……八月,汉王用韩信之计,从故道还,袭雍王章邯。邯迎击汉陈仓,雍兵败,还走;止战好畤,又复败,走废丘。汉王遂定雍地。东至咸阳,引兵围雍王废丘,而遣诸将略定陇西、北地、上郡。"[例句] 他一方面挑起了公司上市的争论,一方面来了个～,将他所掌握的核心技术,全部转移了。

【暗箭难防】 àn jiàn nán fáng
[释义] 暗地里射出的箭最难防备。比喻暗中的阴险手段难以提防。[例句] 保全你自己,就是对我最好的报答——你必须处处小心,时时警惕,须知～啊!

【暗箭伤人】 àn jiàn shāng rén
[释义] 暗箭:从暗地里射出的箭。比喻暗中用阴险的手段伤害人。[语见] 宋·刘炎《迩言》第六卷:"暗箭中人,其深次骨,人之怨之,亦必次骨,以其掩人所不备也。"[例句] 有本事就出来真枪真刀地打上一场,干嘛～!

【暗室逢灯】 àn shì féng dēng
[释义] 比喻在危难或困惑中,忽然遇到援救或指点引导。[语见] 清·夏敬渠《野

A

叟曝言》第十回："天幸遇著相公,如暗室逢灯,绝渡逢舟,从此读书作文,俱可望有门径矣!"[例句] 你的救助,有如～,我是一辈子都不会忘记的。

【暗室亏心】àn shì kuī xīn
[释义] 指在别人看不到的情况下干亏心事。[语见] 元·张养浩《折桂令》曲:"暗室亏心,纵然致富,天意何如?"[例句] 你这些年总是大做～之事,死时怎么闭得上眼睛?

【暗送秋波】àn sòng qiū bō
[释义] 秋波:秋水。因其清澈明净,故以之比喻美女的眼睛。形容暗中以眉目传情,后也泛指暗中勾搭,献媚讨好。[例句] 这些对侵略者～的人,最终被钉到了民族的耻辱柱上。

【暗无天日】àn wú tiān rì
[释义] 天日:天和太阳,比喻光明。形容社会黑暗,没有一点光明。[语见] 清·蒲松龄《聊斋志异·鸦头》:"妾之厄难,东楼君自能面悉。前世之孽,夫何可言! 姜幽室之中,暗无天日,鞭创裂肤,饥火煎心,易一晨昏,如历艰岁!"[例句] 那是一个～的时代,任何新的思想和潮流,无一例外地被打上了"异端"的烙印。

【暗香疏影】àn xiāng shū yǐng
[释义] 暗香:清幽的香气。疏影:稀疏的影子。指梅花。[语见] 宋·林逋《山园小梅二首》之一:"疏影横斜水清浅,暗香浮动月黄昏。"[例句] 走过小桥,便是茫茫雪原,雪原尽头,～处,便是她们那精致的小屋。

【暗中摸索】àn zhōng mō suǒ
[释义] 在黑暗中触摸寻找。后常用以比喻无人指点,独自钻研、探索。[语见] 唐·刘𫗧《隋唐嘉话》:"许敬宗性轻傲,见人多忘之。或谓其不聪,曰:'卿自难记,若遇何(何逊)、刘(刘孝绰)、沈(沈约)、谢(谢朓),暗中摸索著,亦可识之。'"[例句] 这些年他～,研制出了一些新型的机械装置。

【黯然失色】àn rán shī sè
[释义] 黯然:不明亮的样子。形容相形之下暗淡无光彩。[例句] 世界上最美的艺术,在刺刀和枪炮声中,也都会～。

【黯然无色】àn rán wú sè
[释义] 见"黯然失色"。[语见] 清·郑燮《题画》:"昔东坡居士作枯木竹石,使有枯木而无竹,则黯然无色矣。"[例句] 走进居室,桌椅上灰尘遍布,那架主人过去天天轻抚的琴,亦是～。

【黯然销魂】àn rán xiāo hún
[释义] 心情沮丧好像丢了魂一样。[语见] 南朝梁·江淹《别赋》:"黯然销魂者,惟别而已矣。"[例句] 儿时的故居,此刻成了眼前的颓垣断壁,顿时使他～,悲凉遍布心头。

ang

【昂首阔步】áng shǒu kuò bù
[释义] 仰着头,迈开大步走着。形容精神抖擞,意气风发。[例句] 他～地走到前面,一副英雄凯旋的样子。

【昂首挺胸】áng shǒu tǐng xiōng
[释义] 仰起头,挺起胸脯。形容斗志昂扬。[例句] 队员们～地走出来了,看来他们的准备必定非常充分。

【盎盂相击】àng yú xiāng jī
[释义] 见"盎盂相敲"。[语见] 清·文康《儿女英雄传》第三十一回:"只就他夫妻三个这番外面情形讲,此后自然该益发合成一片性情,加上几分伉俪,把午间那番盎盂相击化得水乳无痕。"[例句] 隔壁两人,也是有修养的人,可是近一段时间来,总是～,"热闹"非凡。

【盎盂相敲】àng yú xiāng qiāo
[释义] 盎盂:古时两种盛器。盎口小而腹大,盂敞口。盎和盂相互敲击、碰撞。比喻家中争吵口角。[语见] 清·蒲松龄《聊斋志异·青蛙神》:"且盎盂相敲,皆臣所为,无所涉于父母。"[例句] 俗话说家和万事兴,你们整天如此～的,连孩子都会大受影响。

ao

【嗷嗷待哺】áo áo dài bǔ
[释义] 嗷嗷:哀号声。哺:喂养。哀号着

等待喂养。形容饥饿时渴望得到食物的情景。[语见] 宋·穆修《上监判邢郎中书》:"一家贫寄京师,薪米不给,老幼数口,嗷嗷待哺。"[例句] 为了家里～的孩子,她不得不拼命打工挣钱。

【鳌头独占】áo tóu dú zhàn
[释义] 见"独占鳌头"。[语见] 元·无名氏《破天阵》头折:"经史留心晓夜攻,鳌头独占享峥嵘。"[例句] 武秀夫经过九场比赛,最终～,一举成名。

【鏖兵赤壁】áo bīng chì bì
[释义] 见"赤壁鏖兵"。[语见] 元·无名氏《两军师隔江斗智》第一折:"幼习兵书苦用功,鏖兵赤壁显威风,曹刘岂是无雄将,只俺周郎名振大江东。"[例句] 我军～,奋勇血战,方才力保阵地不失。

【拗曲作直】ǎo qū zuò zhí
[释义] 见"扭曲作直"。[语见] 明·凌濛初《二刻拍案惊奇》第三十五卷:"方妈妈呆了半晌,开口不得。思想没收场,只得拗曲作直说道:'谁叫你私下通奸?我已告在官了!'"[例句] 李林甫～,残害忠良,但是大臣们敢怒而不敢言,因为他的权力实在太大了。

【傲睨一世】ào nì yī shì
[释义] 傲睨:傲慢无礼。形容高傲自大,目空一切。[语见] 元·脱脱等《宋史·沈辽传》:"辽字睿达,幼挺拔不群,长而好学尚友,傲睨一世。"[例句] 纪昀虽然～,但是其真才实学却是常人不可比肩的。

【傲睨自若】ào nì zì ruò
[释义] 睨:斜视。自若:毫不拘束,满不在乎。形容高傲自大,目空一切的样子。[语见] 明·罗贯中《三国演义》第六十五回:"(刘)璋令开门接入。(简)雍坐车中,傲睨自若。"[例句] 这位洋博士～地从众人面前走过,大马金刀地坐下,一副舍我其谁的架势。

【傲然屹立】ào rán yì lì
[释义] 傲然:坚强不屈的样子。屹立:像山峰一样高耸直立。形容坚强不可动摇。[例句] 侵略军狂攻三日,关口依然～。

【傲雪凌霜】ào xuě líng shuāng
[释义] 见"傲雪欺霜"。[语见] 清·钱泳《履园丛话·谭诗·总论》:"如松柏之性,傲雪凌霜。"[例句] 桓公九死一生,自能～,眼下的风波,怎能使他慌乱?

【傲雪欺霜】ào xuě qī shuāng
[释义] 傲视白雪,欺凌寒霜。形容不怕寒冷,越冷越有精神。又比喻人经历了长期磨炼,对于逆境毫不在乎。[语见] 元·吴昌龄《张天师》第三折:"梅花云:'我这梅花……玉骨冰肌谁可匹,傲雪欺霜夺第一。'"[例句] 姚崇生平坎坷,自能于乱政中～。

B

ba

【八拜之交】 bā bài zhī jiāo
[释义] 八拜:原是封建时代对父辈亲朋所行的礼节。旧时称结拜的兄弟姊妹为八拜之交。[语见] 元·马致远《陈抟高卧》第四折:"便是某幼年间与今上圣人为八拜之交,患难相同。"[例句] 我同你父亲原来曾是～,后来虽然因政见不合而分道扬镳,却不存在半点私仇。

【八斗之才】 bā dǒu zhī cái
[释义] 八斗:言其量多。才:才华。形容人极有才华。[语见] 宋·无名氏《释常谈·八斗之才》:"文章多,谓之八斗之才。谢灵运尝曰:'天下才共一石,曹子建独占八斗,我得一斗,天下共分一斗。'"[例句] 我自知无～,对先生的壮志伟业,实在是爱莫能助。

【八方呼应】 bā fāng hū yìng
[释义] 八方:四面八方。形容各个方面互相响应,彼此配合。[例句] 黄巾军的大旗一张,顿时～,东汉政权也便摇摇欲坠了。

【八荒之外】 bā huāng zhī wài
[释义] 八荒:八方荒远的地方。汉·班固《汉书·陈项籍传赞》颜师古注:"八荒,八方荒忽极远之地也。"八面荒远的地方以外,指极其旷远的地方。[语见]《列子·仲尼》:"虽远在八荒之外,近在眉睫之内。来干我者,我必知之。"[例句] 梦中我已到了～,依然心不慌乱,神志清醒。

【八街九陌】 bā jiē jiǔ mò
[释义] 八、九:言其多。指街道很多。形容城市的繁华。[语见]《三辅旧事》:"长安城中,八街九陌。"[例句] 十一世纪的汴梁城,～,经济和文化都达到了很高的水平。

【八两半斤】 bā liǎng bàn jīn
[释义] 见"半斤八两"。[语见] 宋·无名氏《张协状元》第二十四出:"你两个八两半斤。好一对人客和主人。"[例句] 我们下了十几盘棋,结果还是～,谁也难服谁。

【八门五花】 bā mén wǔ huā
[释义] 见"五花八门"。[语见] 清·张潮《虞初新志·孙嘉淦〈南游记〉》:"伏龙以西,群峰峭峙,四布罗列,如平沙万幕,八门五花。"[例句] 广场上,人们纷纷把～的风筝送上天,天空中缤纷一片。

【八面见光】 bā miàn jiàn guāng
[释义] 形容为人世故圆滑,面面俱到。也形容言语周到妥帖。[例句] 他虽然～,没什么真本事,但是你带他在身边,却会有诸多方便。

【八面玲珑】 bā miàn líng lóng
[释义] 玲珑:明亮净澈的样子。原指八面窗户通明透亮。后多用以形容人处世十分圆滑,面面俱到。[语见] 唐·卢纶《赋得彭祖楼送杨宗德归徐州幕》:"四户八窗明,玲珑逼上清。"[例句] 我是一个耿直的人,要做那些～的事,我实在是不会。

【八面威风】 bā miàn wēi fēng
[释义] 八面:即八方。亦泛指各方。形容威风十足,声势慑人。[语见] 元·无名氏《马陵道》:"可不道大将军八面威风。"[例句] 别看他在台上演的是～的楚霸王,可是在生活中,他却浑身上下都散发着一股斯文气。

B

【八面圆通】bā miàn yuán tōng
[释义] 形容为人处世十分圆滑,处处应付周全。[语见] 清·李宝嘉《官场现形记》第三十八回:"第二要嘴巴会说,见人说人话,见鬼说鬼话,……真正要八面圆通,十二分周到,方能当得此任。"[例句] 她知道他并无八斗之才,但是看他刚才在场合上～的"演出",却也对他刮目相看。

【八仙过海】bā xiān guò hǎi
[释义] 八仙:民间传说中的汉钟离、张果老、韩湘子、铁拐李、吕洞宾、曹国舅、蓝采和、何仙姑等八位神仙。常与"各显神通"连用。八位神仙各显神通过海。比喻人们在从事某种事业中各有各的本领,各有各的办法。[语见] 明·吴元泰《八仙出处东游记传》第四十八回:"却说八仙来至东海……洞宾言曰:'……各显神通而过何如?'"[例句] 厨艺大赛中,各路选手～,各显神通,一道道美味佳肴很快呈现在观众面前。

【八字打开】bā zì dǎ kāi
[释义] 像"八"字一样,一撇一捺,向两边分开。比喻说话开门见山,毫不隐讳。[语见] 宋·朱熹《与刘子澄书》:"圣贤已是八字打开了,但人自不领会,却向外狂走耳。"[例句] 你～,就直说,究竟要去做什么?

【巴人下里】bā rén xià lǐ
[释义] 见"下里巴人"。[语见] 南朝梁·简文帝《与湘东王书》:"故玉徽金铣,反为拙目所嗤,《巴人》《下里》更合郢中之听。"[例句] 这样的话,可不像～所说。

【巴蛇吞象】bā shé tūn xiàng
[释义] 巴蛇:古代传说中的大蛇。大蛇吞吃大象。比喻非常贪心,不知满足。[语见] 《山海经·海内南经》:"巴蛇食象,三岁而出其骨。"[例句] 他是个十分贪婪的人,在金钱面前,永远是～。

【拔本塞原】bá běn sè yuán
[释义] 本:树根。塞:阻塞。原:同"源",水源。拔掉树根,堵住水源。比喻从根源上去除。[语见] 《左传·昭公九年》:"伯父若裂冠毁冕,拔本塞原,专弃

谋主,虽戎狄其何有余一人?"[例句] 这些虚无理论～地把批判的矛头对准了现存的所有文明,只能是自己把自己逐向理论的荒原。

【拔刀相助】bá dāo xiāng zhù
[释义] 拔出刀来帮助被欺负的人。指主持正义、见义勇为。[语见] 元·无名氏《连环计》第四折:"连李肃也不分其事,因此拔刀相助。"[例句] 他是个勇敢而正直的人,看到有人无辜受害,他怎能不～呢?

【拔地倚天】bá dì yǐ tiān
[释义] 拔:突出。倚:靠。突出地面,倚傍着天。比喻气势雄健有力。[语见] 唐·孙樵《与王霖秀才书》:"譬玉川子《月蚀诗》、杨司城《华山赋》、韩吏部《进学解》、冯常侍《清河壁记》,莫不拔地倚天,句句欲活。"[例句] 小孤山在江边～,形成了此处的胜景。

【拔来报往】bá lái fù wǎng
[释义] 报:通"赴"。拔、报:疾速。速来速往。形容来往迅速频繁。[语见] 《礼记·少仪》:"毋拔来,毋报往。"[例句] 每逢过节,河两边的人～,有谁能想到他们竟然有着不同的国籍?

【拔茅连茹】bá máo lián rú
[释义] 茅:白茅,草名。茹:草木根部相互牵连的样子。拔茅草时也就连带拔起了同草根相牵连的东西。比喻互相荐举,引进。[语见] 《周易·泰》:"拔茅茹以其汇。"王弼注:"茅之为物,拔其根而相牵引者也。茹:相牵引之貌。"孔颖达疏:"以其汇者,汇,类也。以类相从。"[例句] 他得到官爵以后,～地带上来一大批自己的人。

【拔苗助长】bá miáo zhù zhǎng
[释义] 见"揠苗助长"。[例句] 你此举只会是～,非但解决不了问题,还会使先前的努力付诸东流。

【拔山超海】bá shān chāo hǎi
[释义] 拔起高山,超越大海。比喻力量极大。[语见] 北周·庾信《拟连珠》:"经天纬地之才,拔山超海之力。"[例句] 他禁不住泪流满面,仰天长叹:"我纵有～

之力,奈何天亡我也!"

【拔山盖世】 bá shān gài shì

[释义] 盖世:超越天下人,世上第一。力能拔掉大山,勇居世上第一。形容力大勇猛,当代无比。[语见] 汉·司马迁《史记·项羽本纪》:"项王则夜起帐中,有美人名虞,常幸从;骏马名骓,常骑之,于是项王乃悲歌慷慨,自为诗曰:'力拔山兮气盖世,时不利兮骓不逝,骓不逝兮可奈何,虞兮虞兮奈若何!'"[例句] 真正的杰出人士,并不依凭其～之功,而是要以智慧定天下。

【拔山扛鼎】 bá shān gāng dǐng

[释义] 扛鼎:将鼎举起来。拔起大山,举起宝鼎。形容力大无比,勇武过人。[语见] 汉·司马迁《史记·项羽本纪》:"籍(项羽)长八尺余,力能扛鼎。"[例句] 项羽纵有～之力,然而他没有指挥这些力量的智慧,最终只能在英雄的长河中成为一颗流星。

【拔山举鼎】 bá shān jǔ dǐng

[释义] 见"拔山扛鼎"。[语见] 元·无名氏《暗度陈仓》头折:"拔山举鼎兴王业,赳赳威风谁敢敌。"[例句] 我不是李元霸,我没有～的力量,但是,我有使人产生这力量的指挥才能。

【拔十得五】 bá shí dé wǔ

[释义] 见"拔十失五"。[语见] 宋·欧阳修等《新唐书·张九龄传》:"夫吏部尚书、侍郎,以贤而授者也,岂不能知人? 如知之难,拔十得五,斯可矣。"[例句] 二十一世纪是人才的世纪,人事部门纵然有广种薄收之嫌,依然能～,所以日常中的人才储备依然十分重要。

【拔十失五】 bá shí shī wǔ

[释义] 拔:指选拔人才。意指选拔人才,即使一半不合格,尚可得一半真才。[语见] 晋·陈寿《三国志·蜀书·庞统传》:"每所称述,多过其才,时人怪而问之,统答曰:'……今拔十失五,犹得其半,而可以崇迈世教,使有志者自励,不亦可乎?'"[例句] 找到人才难,找到合适的人才更难,若能～,对于人力资源部经理来说,便难能可贵了。

【拔树寻根】 bá shù xún gēn

[释义] 比喻追寻事情的根由。[语见] 元·无名氏《碧桃花》第一折:"俺那里有的是秦人晋人,你可也休将咱盘问,则管里絮叨叨拔树寻根。"[例句] 你这般～地对他穷追不舍,恐怕到头来只会使事情变得更糟糕。

【拔犀擢象】 bá xī zhuó xiàng

[释义] 拔、擢:提拔、升迁。犀、象:犀牛和大象,借指超凡的人才。比喻提拔超凡出众的人。[语见] 宋·王洋《与丞相论郑武子状》:"救局数人,其间固有拔犀擢象见称一时者,然而析理精微,旁通注意,鲜如克(郑武子)。"[例句] 他一上台,立即进行大规模的人事变革,～,轰轰烈烈。

【拔新领异】 bá xīn lǐng yì

[释义] 拔:抽出。新:指新意。领:具有。异:指独特之处。创立新意,提出独到见解。[语见] 南朝宋·刘义庆《世说新语·文学》:"王逸少(羲之)作会稽,初至,支道林(遁)在焉。孙兴公(绰)谓王曰:'支道林拔新领异,胸怀所及,乃自佳,卿欲见不?'"[例句] 别看这些～的口号热闹非凡,但是如果你自己推究,你就会发现,此中更多的不过"风头"二字。

【拔帜易帜】 bá zhì yì zhì

[释义] 帜:旗帜。易:改变,变换。拔掉别人的旗帜,换上自己的旗帜。多比喻取而代之。[语见] 汉·司马迁《史记·淮阴侯列传》:"(韩信)选轻骑二千人,人持一赤帜,……信所出奇兵二千骑,共候赵空壁逐利,则驰入赵壁,皆拔赵旗,立汉赤帜二千。赵军已不胜,不能得信等,欲还归壁,壁皆汉赤帜,而大惊,以为汉皆已得赵王将矣,兵遂乱,遁走。"[例句] 唐军大进,～,突厥丢盔弃甲,从此一蹶不振。

【跋扈飞扬】 bá hù fēi yáng

[释义] 见"飞扬跋扈"。[语见] 宋·王安石《辞拜相表》:"百姓以安平无事之时,而未免流离饿莩,四夷以衰弱仅存之势,而犹能跋扈飞扬。"[例句] 这位阔少仗着老子的权势,～,横行乡里。

【跋来报往】bá lái fù wǎng
[释义]见"拔来报往"。[语见]清·吴趼人《情变》第一回:"一众乡人,跋来报往的来领吃。"[例句]边关战事一紧,官道上～,行人都行色匆匆,四处一派紧张的局面。

【跋前疐后】bá qián zhì hòu
[释义]跋:踩踏。疐:跌倒。比喻进退两难。[语见]唐·韩愈《进学解》:"跋前疐后,动辄得咎。"[例句]老许近来官司缠身,～,急得头发都白了许多。

【跋山涉川】bá shān shè chuān
[释义]见"跋山涉水"。[语见]《诗经·鄘风·载驰》:"大夫跋涉,我心则忧。"毛传:"草行曰跋,水行曰涉。"[例句]经过长达三年的～,起义军终于冲出了官军的围剿。

【跋山涉水】bá shān shè shuǐ
[释义]跋山:在山上行走。涉水:徒步过水,泛指在水上经过。爬山蹚水。形容长途远行的艰辛劳苦。[例句]几个学生一路～,走了三天三夜才到达了这座山村。

【跋涉山川】bá shè shān chuān
[释义]见"跋山涉水"。[语见]清·黄宗羲《万里寻兄记》:"犯霜雪,跋涉山川,饿体冻肤而不顾,箝口槁肠而不恤,穷天地之所覆载。"[例句]大军～,历两千余里,方才跳出重围。

【把臂入林】bǎ bì rù lín
[释义]把臂:挽住对方臂膀,表示亲密。亲密地挽着对方胳膊,进入竹林。旧指厌倦尘俗,同有清高志趣的好友相偕隐退。[语见]南朝宋·刘义庆《世说新语·赏誉》:"谢公(安)道:'豫章(谢鲲)若遇七贤,必自把臂入林。'"[例句]我淡然一笑,望着他那对尘世厌倦的神情,不禁叹息连连;想与君～,然而情势已是绝不允许,真所谓"难逃于天地之间也"。

【把持不定】bǎ chí bù dìng
[释义]意志不坚定,控制不住自己。[语见]清·夏敬渠《野叟曝言》第二回:"但恐日后把持不定,为异端所惑,一时失足。"[例句]受到如此金钱、地位的诱惑,就是再有定力的人,恐怕都～,何况他正值青春少年,涉世未深呢。

【把饭叫饥】bǎ fàn jiào jī
[释义]拿着饭而喊饿。比喻多此一举。[语见]宋·苏轼《答程彝仲推官二首》:"所示自是一篇高文,大似把饭叫饥,聊发千里一笑。"[例句]你就不要跟着乱发牢骚了,让人觉得你～就不好了。

【把玩不厌】bǎ wán bù yàn
[释义]把:握着。玩:观赏。爱不释手地观赏,一点也不厌烦。[语见]三国魏·陈琳《为曹洪与魏文帝书》:"得九月二十日书,读之,喜笑把玩不厌。"[例句]翼君得到紫砂壶之后,视为珍宝,～。

bai

【白璧微瑕】bái bì wēi xiá
[释义]璧:扁而圆,中心有孔的玉。微:稍微。瑕:玉中斑点。白色的玉上有一点小斑点。喻指好的人或事物有一些小毛病,不是十分完美。[语见]南朝梁·萧统《陶渊明集序》:"余爱嗜其文,……白璧微瑕者,惟在《闲情》一赋。"[例句]他是你弟弟,～,不足为过,你自当有大胸怀以容之。

【白璧无瑕】bái bì wú xiá
[释义]见"白玉无瑕"。[语见]清·名教中人《好逑传》第七回:"虽以小姐白璧无瑕,何畏乎青蝇,然青蝇日集亦可憎恨耳。"[例句]他的为人,可称～,你尽可以放心交往。

【白发相守】bái fà xiāng shǒu
[释义]指夫妇恩爱相守到老。[语见]明·熊大木《杨家将演义》第四十八回:"但小女无瑕之玉被汝点破,端期白发相守,慎毋见弃可也。"[例句]希望你们两人和睦相处,～。

【白黑分明】bái hēi fēn míng
[释义]见"黑白分明"。[语见]汉·班固《汉书·薛宣传》:"宣数言政事便宜,举奏部刺史郡国二千石,所贬退称进,白黑分明,缣是知名。"[例句]这个人为人～,恐怕不会替他说情的。

【白虹贯日】bái hóng guàn rì
[释义]白虹:指像虹一样的白气。一股

B

白气贯穿于太阳。一种罕见的日晕天象。旧时这种异常的天象被认为是大变将发的征兆。[语见]《战国策·魏策》："夫专诸之刺王僚也,慧星袭月;聂政之刺韩傀也,白虹贯日;要离之刺庆忌也,苍鹰击于殿上。"[例句]那段时间,宫廷之内气氛异常,人人自危,大有～的气象。

【白华之怨】bái huá zhī yuàn
[释义]指女子失宠的哀怨。[语见]《诗经·小雅·白华》序："白华,周人刺幽后也。幽王取申女以为后,又得褒姒而黜申后,故下国化之,以妾为妻,以孽代宗,而王弗能治。"[例句]后宫的妃子都不愿自己有～的一天,因此都使尽各种手段争宠。

【白驹过隙】bái jū guò xì
[释义]驹:小马。白驹:白色小马,这里指太阳。隙:空隙,缝隙。小白马驹从缝隙间飞快地闪过。喻指光阴飞逝,一闪而过。[语见]《庄子·知北游》："人生天地之间,若白驹之过郤,忽然而已。"陆德明释文:"郤,本亦作隙。隙,孔也。"[例句]五十年弹指一挥间,如～,忽然而已。

【白蜡明经】bái là míng jīng
[释义]白蜡:比喻光秃空白。明经:科举制中科目之一。指屡试不第。[语见]唐·张鷟《朝野佥载》："时有明经董万九上不第,号白蜡明经,与鷟为对。"[例句]蒲松龄经历了～,因此才能创作出不朽之作《聊斋志异》。

【白龙鱼服】bái lóng yú fú
[释义]白龙:比喻贵人。鱼服:比喻普通的衣服。比喻贵人微服出行而遇险。[语见]汉·刘向《说苑·正谏》："昔白龙下清泠之渊,化为鱼,渔者豫且射中其目。白龙上诉天帝,天帝曰:'当是之时,若安置而形?'白龙对曰:'我下清泠之渊化为鱼。'天帝曰:'鱼固人之所射也。若是,豫且何罪夫!'"[例句]皇上～,置身险境,只恐大臣们难以心安。

【白眉赤眼】bái méi chì yǎn
[释义]白眉毛,红眼睛。喻指没根由,平

白无故。[语见]明·沈德符《敝帚轩剩语·神名讹称》:"近来狭邪家,多供关壮缪像,予窃以为亵渎正神,后乃知其不然,是名白眉神,长髯伟貌,骑马持刀,与关像略肖,但眉白而眼赤。京师相詈,其人曰白眉赤眼儿者,必大恨,其猥贱可知。狭邪讳之,乃嫁名于关侯。"[例句]你急急忙忙,～的,这是为的什么事呀?

【白面书生】bái miàn shū shēng
[释义]书生:读书人。指只重视读书,缺少实践经验的读书人。[语见]南朝梁·沈约《宋书·沈庆之传》:"陛下今欲伐国,而与白面书生辈谋之,事何由济?"[例句]就是这群～,将中国历史上最惨烈的一次变法推向了高潮。

【白日见鬼】bái rì jiàn guǐ
[释义]大白天看见鬼。比喻官府里清闲、冷落。后喻指遇见离奇古怪或出乎意料的事物。[语见]宋·陆游《老学庵笔记》第六卷:"自元丰官制,尚书省复二十四曹,繁简绝异,在京师时有语曰:'吏、勋、封、考,笔头不倒……工、屯、虞、水,白日见鬼。'"[例句]真是～了,我的茶杯里竟会凭空多出一个硬币!

【白日升天】bái rì shēng tiān
[释义]道教语。白天升上天空变成神仙。也比喻无名之士骤然升为高级官员。[语见]晋·葛洪《抱朴子·金丹》:"作此太清丹小为难合于九鼎,然是白日升天上之法也。"[例句]我从来就不曾指望过有～的大运,我只想静静地生活,静静地思考,体验我平淡却富有味道的生命。

【白日绣衣】bái rì xiù yī
[释义]衣:穿。绣:指华贵的官服。比喻有了功名而向故乡的人炫耀自己。[语见]汉·应劭《风俗通义·怪神》:"(张辽)以二千石之尊过乡里,荐祝祖考,白日绣衣,荣羡如此。"[例句]范全生得中举人,回到家乡之后,～,大摆宴席,大有天下归我之意。

【白日做梦】bái rì zuò mèng
[释义]白日:白天。大白天做梦。指不可能实现的事情。也说"白日梦"。[语见]明·豫章醉月子《精选雅笑·送

厢》："以为必中而遍问星相者,亦白日做梦。"[例句]你怎么能把希望寄托在别人身上呢,那不是～吗?

【白手成家】bái shǒu chéng jiā
[释义]见"白手起家"。[语见]明·冯梦龙《喻世明言》第十卷:"多少白手成家的,如今有屋住,有田种,不算没根基了,只要自去挣持。"[例句]他～,历经十年,至今已大有规模了。

【白手起家】bái shǒu qǐ jiā
[释义]白手:空手,一无所有。起家:建立家业。指在一无所有的情况下,靠自己的努力建立家业。[例句]每每想起早年～的那一段日子,他都会感慨万千。

【白首同归】bái shǒu tóng guī
[释义]白首:指白头老人。指友谊坚贞不渝。后也指两人年老而同时命终。[语见]晋·潘岳《金谷集作诗》:"春荣谁不慕,岁寒良独希。投分寄石友,白首同所归。"[例句]两位作家一见如故,～,成为文学史上的佳话。

【白首相知】bái shǒu xiāng zhī
[释义]白首:指白头老人。指老年知己。[语见]明·孙仁孺《东郭记·顽夫廉》:"君家朋友何须道,翻腾云雨都常套,抵多少白首相知,按剑同袍。"[例句]余孤独一生,如今得遇～,当是上天爱我。

【白首一节】bái shǒu yī jié
[释义]白首:指白头老人。一节:一贯到底的气节。形容人有气节,直到晚年,仍不改变。[语见]南朝宋·范晔《后汉书·吴良传》:"躬俭安贫,白首一节。"[例句]班固早年立下大志,～,为文人楷模。

【白水监心】bái shuǐ jiàn xīn
[释义]监:同"鉴",照。清澈的水可以照见心。形容人心纯洁,明澈可见。[语见]《左传·僖公二十三年》:"所以与舅氏同心者,有如白水。"[例句]小丽一派童真,～,虽然性格与年龄略有不符,但还是受到同事的喜欢。

【白头到老】bái tóu dào lǎo
[释义]见"白头偕老"。[语见]明·冯梦龙《醒世恒言》第三卷:"刚好遇个老成的孤老,两下志同道合,收绳卷索,白头到老。"[例句]祝你们恩恩爱爱,～!

【白头如新】bái tóu rú xīn
[释义]白头:指年老。新:指新识。互相结识已久,但因见解不同,互不了解,虽至年老,还像新结识一样。指彼此交情不深。[语见]汉·邹阳《狱中上书自明》:"语曰:白头如新,倾盖如故。何则?知与不知也。"(倾盖如故:初见相得,一见如故。)[例句]在城市生活了二十多年,认识的人无数,可对他们时时都有～之感,也许,我真的该离开城市回到乡下了。

【白头相守】bái tóu xiāng shǒu
[释义]指夫妇恩爱相守到老。[语见]明·兰陵笑笑生《金瓶梅词话》六十二回:"我的哥哥,奴承望和你白头相守,谁知奴今日死去也。"[例句]当年结婚的时候,他们也曾希望～,哪知仅仅过了半年,便分道扬镳了,至于其中的变故原因,外人不得而知。

【白头偕老】bái tóu xié lǎo
[释义]白头:白了头发。偕:一同。共同生活到暮年。后指夫妻婚姻美满,生活和谐,一辈子不分离。[语见]明·陆采《怀香记·奉诏班师》:"孩儿,我与你母亲白头偕老,富贵双全。"[例句]我们都祝福他俩恩恩爱爱,～。

【白往黑归】bái wǎng hēi guī
[释义]形容前后不一致。后比喻只重表面不看本质。[语见]《韩非子·说林下》:"杨朱之弟杨布,衣素衣而出。天雨,解素衣,衣缁衣而反,其狗不知而吠之。杨布怒,将击之。杨朱曰:'子毋击也,子亦犹是;向者使女狗白而往,黑而来,子岂能毋怪哉?'"[例句]你办事情不能总是～,否则会误事。

【白屋寒门】bái wū hán mén
[释义]白屋:用白茅草盖的屋,泛指贫士居住的屋子。形容出身贫穷。[语见]元·无名氏《谇范叔》第三折:"未亨通,遭穷困,身居在白屋寒门。"[例句]一个出身～,一个来自于显贵侯门——两人有如银河两岸的两颗孤星,只能遥遥相望,终生不能把脚步移动半分。

B

【白衣苍狗】bái yī cāng gǒu
[释义] 苍:黑色。白云变成黑狗的形状。比喻世事变幻无常。[语见] 唐·杜甫《可叹》诗:"天上浮云如白衣,斯须改变如苍狗。"[例句] 现在已不是感叹～的时候了,你唯一的希望就是两个字:振作。

【白衣公卿】bái yī gōng qīng
[释义] 唐人称进士为白衣公卿。后泛指进士。[语见] 五代·王定保《唐摭言·散序进士》:"进士科始于隋大业中,盛于贞观永徽之际。缙绅虽位极人臣,不由进士者,终不为美,以至岁贡常不减八九百人。其推重谓之'白衣公卿',又曰'一品白衫'。"[例句] 梁退之一举得中～,总算大大地光宗耀祖了。

【白衣卿相】bái yī qīng xiàng
[释义] 见"白衣公卿"。[语见] 明·冯梦龙《喻世明言》第十二卷:"柳永不求富贵,谁将富贵求之? 任作白衣卿相,风前月下填词。"[例句] 科举时代的读书人,一旦得中～,便算鲤鱼跳入了龙门。

【白衣秀士】bái yī xiù shì
[释义] 指未获功名的书生。[语见] 明·罗贯中《风云会》第三折:"寡人扮作白衣秀士,私行径投丞相府里,商量下江南收川广之策。"[例句] 你纵有万般能耐,也不过一～,不给你驰骋的空间,你也只能枉自嗟叹。

【白衣宰相】bái yī zǎi xiàng
[释义] 指没有官职而有相国大权的人。[语见] 宋·欧阳修等《新唐书·令狐滈传》:"滈避嫌不举进士,绚辅政而滈与郑颢为姻家,怙势骄偾,通宾客……且滈居当时,谓之白衣宰相,滈未尝举进士而妄言已解,使天下谓无解及第,不已罔乎!"[例句] 此等～,若无明主护佑,往往不得长久,因为那耀眼的光环里,暗含着大臣们太多的嫉妒。

【白鱼入舟】bái yú rù zhōu
[释义] 白鱼跳进船中。比喻用兵必胜的吉兆。[语见] 汉·司马迁《史记·周本纪》:"武王渡河,中流,白鱼跃入王舟中,武王俯取以祭……诸侯皆曰'纣可伐

矣'。"裴骃集解引马融曰:"鱼者,鳞介之物,兵象也;白者,殷家之正色,言殷之兵众与周之象也。"[例句] 看来,将军此次出征,是～,必胜无疑了。

【白玉微瑕】bái yù wēi xiá
[释义] 见"白璧微瑕"。[语见] 唐·吴兢《贞观政要》:"小人非无小善,君子非无小过。君子小过,盖白玉之微瑕;小人小善,乃铅刀之一割。"[例句] 看一个人,要看主流,～,也算良才。

【白玉无瑕】bái yù wú xiá
[释义] 瑕:玉上的疵斑。洁白的美玉上没有一点疵斑。比喻人或事物十全十美,毫无缺点。[语见] 宋·释道原《景德传灯录·吉州福寿和尚》:"问:'不曾博览空王教略,借玄机试道看。'师曰:'白玉无瑕,卞和刖足。'"[例句] 王安石名声虽然响亮,却不是～,至少在对文字的研究方面,便发出了许多无稽之说。

【白云苍狗】bái yún cāng gǒu
[释义] 见"白衣苍狗"。[语见] 清·姚鼐《慧居寺》诗:"白云苍狗尘寰感,也到空林释子家。"[例句] 世事无常,有如～,我等均非神仙,岂能未卜先知?

【白云孤飞】bái yún gū fēi
[释义] 白云:比喻亲人所在。指客居他乡思念亲人。[语见] 宋·欧阳修等《新唐书·狄仁杰传》:"荐授并州法曹参军,亲在河阳。仁杰登太行山,反顾,见白云孤飞,谓左右曰:'吾亲舍其下。'瞻怅久之。云移,乃得去。"[例句] 我独在边城,～,思念故里之切,难以言表。

【白云亲舍】bái yún qīn shè
[释义] 见"白云孤飞"。[语见] 明·汤显祖《牡丹亭·急难》:"白云亲舍,俺孤影旧梅梢,道香魂恁寂寥,怎知魂向你柳枝销。"[例句] 父亲外出游历,已经三年,如今音信杳无,～,甚是牵挂。

【白纸黑字】bái zhǐ hēi zì
[释义] 白纸上写着黑字。指有文字凭证,清清楚楚,不容抵赖。[语见] 元·无名氏《看钱奴买冤家债主》第二折:"不要闲说,白纸上写着黑字哩。若有反悔之人,罚宝钞一千贯与不反悔之人使用。"[例句] ～,你还做何狡辩?

B

【百不当一】bǎi bù dàng yī
[释义] 一百个也抵不上一个。形容人或事物优异出色。[语见] 汉·荀悦《前汉纪·文帝纪下》："短兵百不当一,两阵相近,平地浅草,可前可后,此长戟之地也。"[例句] 兵在勇而不在众,有此等～的杰出人才,当是国家之大幸。

【百不失一】bǎi bù shī yī
[释义] 形容不会出差错。[语见] 汉·王充《论衡·须颂》："从门应庭,听堂室之言,什而失九,如升堂窥室,百不失一。"[例句] 经过三天三夜的商讨,一个～的全方位的策划出笼了。

【百不一爽】bǎi bù yī shuǎng
[释义] 见"百不失一"。[语见] 清·赵尔巽《清史稿·戴敦元传》："奏对有所谘询,援引律例,诵故牍一字无舛误,宣宗深重之。至老,或问僻事,指革书案卷,百不一爽。"[例句] 尽管放心,有他出马,～。

【百不一遇】bǎi bù yī yù
[释义] 一百次也遇不上一次。形容极其稀有。[语见] 汉·荀悦《汉纪·哀帝纪》："若此之事,百不一遇。"[例句] 主公能有如此～的人才辅佐,何愁天下不定?

【百步穿杨】bǎi bù chuān yáng
[释义] 穿:击穿。杨:杨柳,这里指柳叶。百步之外,可以穿透柳叶。形容射箭或射击技能高超,百发百中。[语见] 明·罗贯中《三国演义》第五十三回:"(关羽)带箭回寨,方知黄忠有百步穿杨之能。"[例句] 现代战争似乎使人变得越来越渺小了,你就是有～的功夫,真正到了导弹面前,也只是小儿科了。

【百尺竿头,更进一步】bǎi chǐ gān tóu,gèng jìn yī bù
[释义] 比喻学问、事业虽然取得很大成绩,但不应满足,要争取更大进步。[语见] 宋·朱熹《答巩仲至书》："故聊复言之,恐或可以少助百尺竿头更进一步之势也。"[例句] 上级领导对运动员们在本次比赛中的出色表现予以鼓励,并希望他们～,继续刻苦训练,创造出更优异的成绩,为国争光。

【百代文宗】bǎi dài wén zōng
[释义] 指在久远的年代里堪为文人楷模的人物。[语见] 唐·房玄龄等《晋书·陆机传》："制曰:'故足远超枚(枚乘)马(司马相如),……百代文宗,一人而已。'"[例句]《文心雕龙》的价值,不仅仅成就了刘勰～的地位,更重要的是,它开创了中国文学批评的新纪元。

【百动不如一静】bǎi dòng bù rú yī jìng
[释义] 指多动不如静待有效。[语见] 清·西周生《醒世姻缘传》第三十四回:"你去了,我又寻思,百动不如一静的。"[例句] 敌人在明处,我在暗处,～,等敌人消耗殆尽,我军再主动出击不迟。

【百读不厌】bǎi dú bù yàn
[释义] 厌:厌烦、厌倦。一遍又一遍地读,也不觉厌烦。形容作品有吸引力,耐人寻味。[语见] 宋·苏轼《送安惇秀才失解西归》诗:"旧书不厌百回读,熟读深思子自知。"[例句] 好的文学著作总是让人～。

【百堵皆作】bǎi dǔ jiē zuò
[释义] 堵:墙。众多的房屋同时兴建。比喻许多的事情在同时进行。[语见]《诗经·小雅·鸿雁》:"之子于垣,百堵皆作。虽则劬劳,其究安宅。"[例句] 公司刚刚成立,～,上上下下忙得不亦乐乎。

【百端待举】bǎi duān dài jǔ
[释义] 百端:百种。这里指许许多多的项目。举:兴办。要兴办的事很多。[例句] 太宗皇帝清醒地知道,王朝初定,～,最重要的事情已不再在疆场,而在田间。

【百端交集】bǎi duān jiāo jí
[释义] 见"百感交集"。[例句] 已是耄耋之年的他,翻开旧时相册,往事涌上心头,不禁～。

【百发百中】bǎi fā bǎi zhòng
[释义] 发:发射弓箭,现泛指射击。中:射中目标。形容射箭、射击技术高超,每次均能准确击中目标。也比喻料事如神

或做事很有把握。[语见]《战国策·西周策》：“楚有养由基者，善射，去柳叶者百步而射之，百发百中。”[例句]真不愧是老警长，总是～。

【百废备举】bǎi fèi bèi jǔ
[释义]见“百废俱兴”。[语见]明·刘基《杭州富阳县重修文庙学宫记》：“明年六月，百废备举，庙有新室，学有新舍，教官有厅，文昌有祠。”[例句]战争结束之后，～，处处呈现出一派欣欣向荣的景象。

【百废俱举】bǎi fèi jù jǔ
[释义]见“百废俱兴”。[语见]清·黄宗羲《越州李公救菑记》：“夫廉财绌，不能有为，而公之于越，百废俱举。”[例句]使一个～的大国走上现代化的道路的重任，就落到了这一代人肩上。

【百废俱兴】bǎi fèi jù xīng
[释义]俱：全，都。那些本该做而没有做的事情全都兴办起来了。[语见]宋·范仲淹《岳阳楼记》：“庆历四年春，滕子京谪守巴陵郡，越明年，政通人和，百废俱兴，乃重修岳阳楼。”[例句]战乱过后，～，各个学堂也开始恢复正常。

【百感交集】bǎi gǎn jiāo jí
[释义]感：感受。交集：汇合在一起。各种各样的感受汇合在一起。形容感慨无比。[语见]宋·陈亮《祭喻夏卿文》：“泪涕横臆，非以邂逅。百感交集，微我有咎。”[例句]在整理父亲遗物的时候，她忽然发现了二十年前父亲不知何故未发出去的信，顿时～，泪落无数。

【百花凋零】bǎi huā diāo líng
[释义]各种各样的花都凋落了。形容秋霜严酷，触目伤情的样子。[例句]隆冬已至，～，天地间一片萧瑟。

【百计千方】bǎi jì qiān fāng
[释义]见“千方百计”。[语见]宋·辛弃疾《一枝花》：“百计千方久，似斗草儿童，赢箇他家偏有。”[例句]你母亲～地筹集资金，供你念完了大学，你应当对你母亲，对所有帮助过你的人都充满感激。

【百举百捷】bǎi jǔ bǎi jié
[释义]做一百件事，成功一百件。形容

做事有充分的把握。[语见]晋·陈寿《三国志·吴书·周鲂传》：“鲂生在江、淮，长于时事，见其便利，百举百捷，时不再来，敢布腹心。”[例句]周将军大大小小四十余战，能～，其用兵之道，非一般人所能匹敌。

【百举百全】bǎi jǔ bǎi quán
[释义]见“百举百捷”。[语见]晋·陈寿《三国志·魏书·郭嘉传》：“百举百全，而功名可立也。”[例句]胜败乃兵家常事，～的神话我不会信，你也决不要去做那种美梦。

【百口莫辩】bǎi kǒu mò biàn
[释义]即使有一百张嘴也辩解不清。形容无法申辩。[语见]清·俞樾《右台仙馆笔记·大虹村》：“盖女虽与邻子私，是夕固独宿也，细细幻形以挫辱之耳，然自此百口莫辩矣。”[例句]他知道自己已处于～的境地，便一言不发，两眼含冰。

【百口难分】bǎi kǒu nán fēn
[释义]见“百口莫辩”。[语见]清·魏秀仁《花月痕》第三回：“这薄幸两字，我也百口难分了！”[例句]我怎么说他们都不相信，真是～，我只好沉默下来，一言不发。

【百里风趠】bǎi lǐ fēng chuō
[释义]趠：腾跃。百里的水路，乘风而行，就像腾跃一般。形容航行速度极快。[语见]宋·王应麟《玉海》：“万舸连樯，舻衔触接，顺流而行，风趠云驶，百里瞬息。”[例句]“建远”号～，把其他船远远地甩在后面了。

【百里异习】bǎi lǐ yì xí
[释义]异：不同。习：习惯，风俗。相隔百里远的地方就有不同的风俗习惯。[语见]《晏子春秋·问上》：“百里而异习，千里而殊俗。”[例句]虽说为同一个民族，然而～，仔细一比较，各地的人们不但在生活上不大相同，心理文化上也是各具特色。

【百两烂盈】bǎi liǎng làn yíng
[释义]两：同“辆”，古时一车二轮，每车按两计算。百两：一百辆车。烂：灿烂

盈:充满。指妆奁有一百辆车,光彩耀眼,极其丰盛。形容婚娶的铺张奢华。[语见]《诗经·大雅·韩奕》:"韩侯娶妻,汾王之甥,蹶父之子。韩侯迎止,于蹶之里。百两彭彭,八鸾锵锵,不显其光。诸娣从之,祁祁如云,韩侯顾之,烂其盈门。"[例句]李林甫的干儿子结婚,~,整个长安城都为之震动。

【百了千当】bǎi liǎo qiān dàng
[释义]见"千了百当"。[语见]宋·释惟白《续传灯录·普鉴佛慈禅师》:"不如屏净尘缘,竖起脊梁骨,著些精彩,究教七穿八穴,百了千当,向水边林下,长养圣胎,亦不枉受人天供养。"[例句]请放心,大小事情,~,明日一声令下,便可开拔。

【百伶百俐】bǎi líng bǎi lì
[释义]形容十分聪明伶俐。[语见]明·冯梦龙《醒世恒言》第二十七卷:"那焦氏生得有六七分颜色,女工针指,却也百伶百俐;只是心肠有些狠毒。"[例句]有这~的小丫鬟在戏里一串,整场戏便全活了。

【百虑一致】bǎi lǜ yī zhì
[释义]虑:考虑,想法。形容许多想法都不谋而合。[语见]南朝宋·范晔《后汉书·仲长统传》:"此其分波而共源,百虑而一致者也。"[例句]只要大家齐心协力,把心思都用到我们的项目上,必能~,找到最好的方案。

【百媚千娇】bǎi mèi qiān jiāo
[释义]见"千娇百媚"。[语见]《全相平话·武王伐纣上》:"(妲己)道罢泣下数行,有百媚千娇。"[例句]几个~的女子一出现,惊得这些人目瞪口呆。

【百年不遇】bǎi nián bù yù
[释义]遇:碰上。一百年也不会碰上一次。形容极其罕见。[例句]这场~的大雪,使万里河山银装素裹。

【百年大计】bǎi nián dà jì
[释义]百年:指长时间。计:计划,措施。关系到长远、未来的计划或措施。[例句]教育是~,关乎我们民族的未来。

【百年树人】bǎi nián shù rén
[释义]百年:指长时间。树:培育、培养。人:人才。经过相当长的时间,才能培养出优秀的人才。喻指培养人才之不易。多和"十年树木"连用。[语见]《管子·权修》:"一年之计,莫如树谷;十年之计,莫如树木;终身之计,莫如树人。"[例句]十年树木,~,要想振兴中华,必须从人才培养着手。

【百念皆灰】bǎi niàn jiē huī
[释义]种种念头都已化成灰烬。形容心灰意冷。[语见]清·魏秀仁《花月痕》第三十八回:"我如今百念皆灰,只求归见老母。"[例句]那次受到重创之后,他已经~,哪里还能东山再起?

【百舍重茧】bǎi shè chóng jiǎn
[释义]见"百舍重趼"。[语见]《战国策·宋策》:"公输般为楚设机,将以攻宋。墨子闻之,百舍重茧,往见公输般。"[例句]他们行过千山万水,~,方才到达京城。

【百舍重趼】bǎi shè chóng jiǎn
[释义]舍:古时行军三十里为一舍。百舍:指很长的里程。重:重叠。趼:手掌或脚掌上因劳动或走路等摩擦而生成的硬皮。指长途奔走,脚上长了很厚的茧。形容长途跋涉的辛劳。[语见]《庄子·天道》:"吾闻夫子圣人也,吾固不辞远道而来愿见,百舍重趼,而不敢息。"[例句]我们~到达目的地,没有功劳也有苦劳,怎么能视我等如无物?

【百身何赎】bǎi shēn hé shú
[释义]赎:抵。指百死己身以偿死者。表示极其沉痛的悼念。[语见]《诗经·秦风·黄鸟》:"如可赎兮,人百其身。"[例句]他的溘然长逝,是我们的巨大损失,痛失良才,~!

【百世流芳】bǎi shì liú fāng
[释义]见"流芳百世"。[语见]清·钱彩《说岳全传》第二十六回:"不图百世流芳久,那愁遗臭万千年。"[例句]我不慕虚名,更不望~,我只想安安静静地活着,思考,便足够。

【百事大吉】bǎi shì dà jí
[释义] 形容一切顺利,没有任何问题。
[语见] 明·田汝成《西湖游览志馀·熙朝乐事》:"正月朔日……签柏枝于柿饼,以大橘承之,谓之百事大吉。"[例句] 事情才刚刚开始,你就以为～了?

【百兽率舞】bǎi shòu shuài wǔ
[释义] 率:相率,一起。各种兽类相率起舞。旧时形容政治清明,连鸟兽也受到感化。[语见]《尚书·舜典》:"於! 予击石拊石,百兽率舞。"[例句] 虽然眼下天下大定,～,但是皇帝还是希望各位大臣能居安思危。

【百岁千秋】bǎi suì qiān qiū
[释义] 一百年,一千载。形容岁月漫长,历时久远。[语见] 明·康海《王兰卿》第三折:"便活到百岁千秋索一死,则不如另寻个身计。"[例句] 这些民族英雄的形象将铭刻在子孙后代的心中,～,永不泯灭。

【百万雄兵】bǎi wàn xióng bīng
[释义] 见"百万雄师"。[语见] 宋·赵葵《南乡子》:"束发领西藩。百万雄兵掌握间,召到庙堂无一事,遭弹。"[例句] 我们的～浩浩荡荡地渡过了长江。

【百万雄师】bǎi wàn xióng shī
[释义] 形容人数众多、威武雄壮的军队。[语见] 宋·张载《庆州大顺城记》:"百万雄师,莫可以前。"[例句] 苻坚拥～,欲一举而灭东晋,奈何淝水一战,一败涂地,不几年,竟身死国灭。

【百闻不如一见】bǎi wén bù rú yī jiàn
[释义] 闻:听说,听到。不如:比不上。见:看到,见到。听到多次也不如看到一次。形容亲眼所见比道听途说要靠得住。[语见] 汉·班固《汉书·赵充国传》:"百闻不如一见,兵难隃度,臣愿驰至金城,图上方略。"[例句] 都说灵隐寺是何等奇妙,但～,我还是要亲身去看一看才满足。

【百无禁忌】bǎi wú jìn jì
[释义] 禁忌:忌讳。什么都不忌讳。[例句] 走进这群豪放的汉子中间,你只

管大喝,只管大笑,～,但求一个爽快。

【百无聊赖】bǎi wú liáo lài
[释义] 无聊赖:无所凭借,无所寄托。指精神空虚,没有寄托。[语见] 汉·蔡琰《悲愤诗》:"为复强视息,虽生何聊赖?"[例句] 天闷热无比,我正～之际,一只蝉却没完没了地在房上叫了起来,心中便愈发烦闷。

【百无所成】bǎi wú suǒ chéng
[释义] 哪方面都没有成就。常作自谦词。[语见] 明·王守仁《教条示龙场诸生》:"玩岁愒时,而百无所成。"[例句] 我虽长你几岁,却是～,枉度半生啊!

【百无一漏】bǎi wú yī lòu
[释义] 干一百件事,没有一件遗漏。形容做事情有绝对的把握,不会失手。[语见] 宋·李昉《太平广记·骁勇一·李楷固》:"麋鹿狐兔,走马遮截,放索缒之,百无一漏。"[例句] 他在这方面经验丰富,做事～,你尽可放心。

【百无一能】bǎi wú yī néng
[释义] 一百件事中没有一件能做的。形容什么也做不了。[语见] 明·施耐庵《水浒传》第三十二回:"我自百无一能,虽有忠心,不能得进步。"[例句] 我年岁渐高,～,只求告老还乡。

【百无一失】bǎi wú yī shī
[释义] 见"百不失一"。[语见] 唐·裴铏《聂隐娘》:"(隐娘)一年后刺猿狖百无一失。"[例句] 这件事交给他去办,～,你就放心吧!

【百无一是】bǎi wú yī shì
[释义] 一百件事情里,没有一件做得对。形容一无是处。[例句] 你把他说得～,也太不客观了。

【百无一用】bǎi wú yī yòng
[释义] 百样事中没有一处有用的。形容一点用处也没有。[语见] 清·黄仲则《杂感》诗:"十有九人堪白眼,百无一用是书生。"[例句] 揭开盖布,全是～的玩件,足见彼时奢靡之风了。

【百业凋敝】bǎi yè diāo bì
[释义] 业:行业。凋敝:衰败。各行各业

都衰败了。[例句]仗就这么打了下去,半年之后,～,满目疮痍。

【百依百顺】bǎi yī bǎi shùn
[释义]依、顺:依从、顺从。事事都顺从。[语见]明·凌濛初《初刻拍案惊奇》第十三卷:"做爷娘的百依百顺,没一事违拗了他。"[例句]她对丈夫一向～,甚至不讲原则。

【百战百胜】bǎi zhàn bǎi shèng
[释义]百:指多次。战:战斗。胜:胜利。每次战斗都取得胜利。形容战无不胜,所向披靡。[语见]《邓析子·无厚》:"庙筹千里,帷幄之奇;百战百胜,黄帝之师。"[例句]这些～的将军,个个都有自己独特的用兵之法。

【百战不殆】bǎi zhàn bù dài
[释义]殆:危险。每次作战都不会失败。形容每战必胜。[语见]《孙子·谋攻》:"知己知彼,百战不殆。"[例句]那支～的队伍,没有湮灭于疆场,却在滚滚黄河的决堤中覆灭了。

【百折不挠】bǎi zhé bù náo
[释义]折:原为弯曲,引申为挫折、磨难。挠:原为弯曲,引申为退缩、屈服。经过多次重压也不能使之变弯。喻指意志坚强,无论经过多少挫折、磨难,都不能使之退缩、屈服。[语见]汉·蔡邕《太尉乔玄碑》:"有百折不挠,临大节而不可夺之风。"[例句]正是凭着这股～的意志和精神,他最终取得了骄人的成绩。

【百紫千红】bǎi zǐ qiān hóng
[释义]见"万紫千红"。[语见]宋·汪晫《江城子》词:"百紫千红春富贵,无半点,似渠香。"[例句]春天到了,郊外一片～,让人心旷神怡。

【百纵千随】bǎi zòng qiān suí
[释义]什么都纵容、随顺。形容不讲原则,极端随顺。[语见]元·杨文奎《儿女团圆》第一折:"可怎生全不依三从波四德,也是我不合将你来百纵千随。"[例句]他们对他们那宝贝儿子,几乎是～,真不知道那孩子长大了怎么独立生活。

【百足不僵】bǎi zú bù jiāng
[释义]百足:亦名马陆、马蚿,虫名。长寸许,体如圆管,有很多环节和腿足,切断后仍能蠕动不倒。僵:仆,倒。百足虫虽死仍有腿足支撑而不会倒下,比喻人或事物虽然衰亡,但其残余势力或影响仍然存在。[语见]唐·司马贞《〈史记·建元以来王子侯者年表〉索隐述赞》:"百足不僵,一人有庆。"[例句]毕竟是世代为官的大户人家,虽已中落,但～,其子弟仍然过着悠游的日子。

【败不旋踵】bài bù xuán zhǒng
[释义]踵:脚跟。还没来得及转动脚跟就败下来。形容很快就失败了。[语见]唐·卢照邻《三国论》:"然而丧师失律,败不旋踵,奔波谦、瓒之间,羁旅衰、曹之手,岂拙于用武,将遇非常敌手?"[例句]如此之势,～,你竟然还安之若素!

【败法乱纪】bài fǎ luàn jì
[释义]败坏法令,扰乱纪律。[语见]《礼记·礼运》:"故天子适诸侯,必舍其祖庙,而不以礼籍入,是谓天子坏法乱纪。"[例句]如果把那些～的人清理干净了,社会治安一定会大幅度地提高。

【败国丧家】bài guó sàng jiā
[释义]使国家灭亡,家业败落。[语见]唐·房玄龄等《晋书·列女传》:"自古败国丧家,未始不由妇人者也。"[例句]这些～的臣子,书写了民族史上最耻辱的一页。

【败国亡家】bài guó wáng jiā
[释义]见"败国丧家"。[语见]明·罗贯中《风云会》第一折:"这个待把云拿,那个早被天罚,气昂昂创业开基,眼睁睁败国亡家。"[例句]纵使有千里河山,万贯家业,也经不起你等这么～地折腾!

【败将残兵】bài jiàng cán bīng
[释义]见"残兵败将"。[语见]明·无名氏《开诏救忠》楔子:"你虽然杀了我一阵,你的军兵可也尽皆折损了,则剩下这一枝败将残兵。"[例句]安禄山的～被史思明收归一处,又闹腾了几年,最后终于烟消云散了。

【败军之将】bài jūn zhī jiàng
[释义] 打了败仗的将军。[语见] 汉·赵晔《吴越春秋·勾践人臣外传》："范蠡曰：'臣闻亡国之臣，不敢语政，败军之将，不敢语勇。'"[例句] 他一脸沮丧地说："～，何敢言勇啊！"

【败柳残花】bài liǔ cán huā
[释义] 败：衰败。残：凋残。凋残的柳枝，衰败的花朵。旧时多用来比喻生活放荡或被人糟蹋遗弃的女子。[语见] 元·王实甫《西厢记》第三本第三折："他是个女孩儿家，你索性儿温存，……休猜做败柳残花。"[例句] 这一帮苦命的女子，自视为～，在人前人后，自然就自卑了许多。

【败于垂成】bài yú chuí chéng
[释义] 垂：将要，将近。在大功将要告成的时候却失败了。[语见] 宋·李昉《太平广记》第一百五十五卷引唐史："尔后应大和九年举，败于垂成。"[例句] 两军之间，仅仅相差不到十里，而最终未能会合，失去了反击的合力，～，真是天不佑人。

【拜倒辕门】bài dǎo yuán mén
[释义] 辕门：军营的大门。形容对别人非常佩服，自愿认输。[语见] 清·李汝珍《镜花缘》第五十三回："若非一部全史瞭然于中，何能如此。妹子惟有拜倒辕门了。"[例句] 下到两百手的时候，白棋一看盘面差得太多，便～了。

【稗官小说】bài guān xiǎo shuō
[释义] 稗官：古代的小官。稗官小说即野史小说。[语见] 汉·班固《汉书·艺文志》："小说家者流，盖出于稗官，街谈巷语，道听途说者之所造也。"[例句] 对这些～里的事情，读读可以，千万不能当真。

【稗官野史】bài guān yě shǐ
[释义] 稗官：古代的小官，其职责是常给帝王讲述街谈巷议、风俗故事。后称小说为稗官。野史：旧时私家著的史书，多载轶闻琐事。泛指记载逸闻琐事等不见经传的文字。[语见] 宋·陆游《贺施知院启》："文辞自力，尚能助稗官野史之传。"[例句] 别看这些～上不了台面，但是那里面的真诚与厚重，并不比那些所谓的高雅文字少。

ban

【班门弄斧】bān mén nòng fǔ
[释义] 班：鲁班，即公输子，我国古代著名的木匠。弄：舞弄。在鲁班门前舞弄斧头。比喻在行家面前卖弄本领，不自量力。有时也用作自谦词。[语见] 宋·欧阳修《与梅圣俞书》："昨在真定，有诗七八首，今录去，班门弄斧，可笑可笑。"[例句] 在先生面前发此感慨，无异～，过激之处，还望先生多多包涵。

【斑衣戏彩】bān yī xì cǎi
[释义] 斑：杂色。相传春秋时楚有孝子老莱子，行年七十，仍然穿着五彩衣作婴儿戏，以娱其亲。后以"斑衣戏彩"喻指孝侍父母。[例句] 对于父母，虽不能～，但是却也应该尽我最大的孝心，使他们有一个美满的晚年。

【搬唇递舌】bān chún dì shé
[释义] 舌：指话语。搬动嘴唇，传递话语。即挑拨是非。[语见] 元·无名氏《珍珠马·闺情》套曲："平白地送暖偷寒，猛可的搬唇递舌。"[例句] 你总与这等～之徒混在一起，也不怕玷污了你的身份？

【搬弄是非】bān nòng shì fēi
[释义] 搬弄：传播。是非：纠纷、口舌。把别人的话传来传去，或在背后乱加议论，以制造矛盾，引起纠纷。[语见] 元·李寿卿《伍员吹箫》第一折："他在平公面前，搬弄我许多的是非。"[例句] 如此～的行径，我是不会做的，我看你还是另请高明吧。

【阪上走丸】bǎn shàng zǒu wán
[释义] 阪：斜坡。走：跑，快速滚动。丸：弹丸。在斜坡上向下滚弹丸。形容速度极快。[语见] 汉·班固《汉书·蒯通传》："为君计者，莫若以黄屋朱轮迎范阳令，使驰骛于燕赵之郊，则边城皆将相告曰：'范阳令先下而身富贵，'必相率而

降,犹如版上走丸也。"[例句] 只要把我们所要做的准备做足了,要去占领那里的市场,有如～,势如破竹一般!

【版版六十四】bǎn bǎn liù shí sì
[释义] 版:指古代铸钱的模子。比喻对人对事固执呆板,不能灵活变通。也作"板板六十四"。[语见] 清·翟灏《通俗编·数目》:"版版六十四,见《豹隐纪谈》。"[例句] 他啊,是一个～的人,这样的事怕是做不了,我看你最好还是另想门路。

【半壁江山】bàn bì jiāng shān
[释义] 半壁:半边。江山:指国土。指遭到侵略后残存的或被侵占的部分国土。[语见] 清·钱彩《说岳全传》第六十五回:"我那岳伯父拼身舍命与金人厮杀,才保全得半壁江山。"[例句] 想到国家仅余～,老人不禁泪如雨下。

【半间不界】bàn gān bù gà
[释义] 间、界:原与"尴尬"同音,后有时也写作"尴尬"。原意是不深刻、肤浅。也指不三不四、不成体统,或指处境窘迫,左右为难。[语见]《朱子语类·论语》:"便是世间有这一般半间不界底人,无见识,不顾理之是非,一味谩人。"[例句] 在座的都是文学之士,别把这些～的歪诗拿来让人笑话。

【半截入土】bàn jié rù tǔ
[释义] 半截身子已埋入土里。比喻年已老迈,寿命将终。[语见] 宋·苏轼《东坡志林》第十二卷:"桃符仰视艾人而骂曰:'汝何草芥,辄居我上?'艾人俯而应曰:'汝已半截入土,犹争高下乎?'"[例句] 大伯总说:"我已是～之人,对红尘诸事,早已淡然了。"

【半斤八两】bàn jīn bā liǎng
[释义] 八两:即旧秤半斤。指两者轻重相等。比喻彼此一样。多用于贬义。[语见] 宋·释普济《建中靖国续灯录·法恭禅师》:"秤头半斤,秤尾八两。"[例句] 这哥儿俩的功夫,怎么论,也都是～。

【半路出家】bàn lù chū jiā
[释义] 出家:指离家去当和尚、尼姑、道士。指不是从小出家。比喻不是从一开始就干这一行,而是中途改行的。[语见] 元·无名氏《京本通俗小说·错斩崔宁》:"先前读书,后来看看不济,却去改业做生意,便是半路上出家的一般……"[例句] 他做这一门,虽是～,但是凭着十几年的苦功夫,如今的修为,倒也令人心服。

【半面之交】bàn miàn zhī jiāo
[释义] 半面:半边脸,这里指瞥过一眼。交:交往。仅有见过面的交情,意指彼此交情极浅。[语见] 南朝宋·范晔《后汉书·应奉传》李贤注引谢承《后汉书》记载:应奉的记忆力非常好,有个车匠曾于门中露半面看他。几十年后,在路上见到那个车匠,应奉还认得他并同他打招呼。后来把只见过一面的人称作"半面之交"。[例句] 十年前,我们在敦煌有过～,但是给我留下了深刻的印象,于今能够得见,自然生出了几多故旧之感了。

【半面之旧】bàn miàn zhī jiù
[释义] 见"半面之交"。[语见] 唐·白居易《白氏长庆集·与元九书》:"初应进士时,中朝无缌麻之亲,达官无半面之旧。"[例句] 你我仅～,如今说这些,也许过头了。

【半青半黄】bàn qīng bàn huáng
[释义] 庄稼不熟时呈现出一半青色,一半黄色。比喻事物尚未达到成熟阶段。也比喻不肯深思探索。[语见]《朱子全书·学》:"今既要理会,也须理会透彻;莫要半青半黄,下梢都不济事。"[例句] 三四月～的时候,突然一场冰雹袭来,农民们万分焦急。

【半晴半阴】bàn qíng bàn yīn
[释义] 又晴又阴,阴晴不定。形容春天至初夏季节阴晴不定的天气。[语见] 唐·刘禹锡《洛中早春》诗:"漠漠复霭霭,半晴将半阴。"[例句] 天总是～的,想晒粮食的农民急得直跳。

【半身不遂】bàn shēn bù suí
[释义] 遂:顺,如意。中医学病症名。指半边肢体瘫痪,不能活动。[例句] 老人

中风之后，～，但是他的精神倒还不错，所以恢复得也算利索。

【半死不活】 bàn sǐ bù huó
[释义] 形容处于垂死状态。也形容事物几乎没有生气了。多用于贬义。[语见] 清·刘鹗《老残游记》续集第四回："打了二三百鞭子，教人锁到一间空屋子里去，一天给两碗冷饭，吃到如今，还是那么半死不活的呢！"[例句] 我来到鱼缸前一看，不知何故，往日活泼的金鱼，现在全都～了。

【半途而废】 bàn tú ér fèi
[释义] 途：道路。废：停止。比喻做事中断，不能坚持到底。[语见] 明·徐畛《杀狗记》第五折："是则是三人同结义，怕只怕半途而废。"[例句] 你这么～，还不如一开始就不做呢。

【半涂而废】 bàn tú ér fèi
[释义] 见"半途而废"。[语见]《礼记·中庸》："君子遵道而行，半涂而废，吾弗能已矣。"

【半推半就】 bàn tuī bàn jiù
[释义] 就：靠近。一边推托，一边靠近。形容假意推辞。[语见] 元·王实甫《西厢记》第四本一折："半推半就，又惊又爱。"[例句] 她～地把礼物收下，脸上露出了笑意。

【半吞半吐】 bàn tūn bàn tǔ
[释义] 形容想说又不想说的样子。[语见] 明·汤显祖《紫钗记·婉拒强婚》："半吞半吐话周章，定是青楼薄情郎。"[例句] 老师问你呢，你～的，究竟怎么了？

【半吞半咽】 bàn tūn bàn yàn
[释义] 见"半吞半吐"。[例句] 你有话就直说吧，总～的，到底什么意思？

【半信半疑】 bàn xìn bàn yí
[释义] 形容不完全相信。[语见] 三国魏·嵇康《答释难宅无吉凶摄生论》："苟卜筮所以成相，虎可卜而地可择，何为半信而半不信耶？"[例句] 我说了半天，他才～地走了，可是不到半个小时，他又折回来了。

【半夜三更】 bàn yè sān gēng
[释义] 更：旧时一夜分成五更，每更大约两小时。形容夜很深了。[语见] 金·董解元《西厢记诸宫调》第四卷："君瑞好乖劣！半夜三更，来人家院舍。"[例句] 别老是熬到～的，身体搞坏了，就什么也做不成了。

【伴食宰相】 bàn shí zǎi xiàng
[释义] 伴食：陪伴吃饭。只会陪伴吃饭，不能处理国家大事的宰相。[语见] 五代后晋·刘昫等《旧唐书·卢怀慎传》："开元三年，迁黄门监。怀慎与紫微令姚崇掌枢密，怀慎自以为吏道不及崇，每事皆推让之，时人谓之'伴食宰相'。"[例句] 封建时代几乎出现了一个规律：王朝每到后期，～就越多。

【伴食中书】 bàn shí zhōng shū
[释义] 见"伴食宰相"。[语见] 元·脱脱等《宋史·胡铨传》："孙近傅会（秦）桧议，遂得参知政事。天下望治，有如饥渴，而近伴食中书，漫不敢可否事。"[例句] 曹参虽然毫无大举，却不能说他是～，因为他毕竟把汉初休养生息的政策延续了下去。

bang

【傍门依户】 bàng mén yī hù
[释义] 见"傍人门户"。[语见] 明·孙仁孺《东郭记·人之所以求富贵利达者》："尽宇内秦楚燕韩，傍门依户者，共是俺一家友生。"[例句] 对于这些食客来说，～似乎并不是什么可耻的事，真正可耻的，是无门可傍。

【傍人篱壁】 bàng rén lí bì
[释义] 傍：依附。篱壁：篱笆墙。喻指条条框框。比喻依赖别人，没有自己的见解。[语见] 宋·严羽《沧浪诗话·答出继叔临安吴景仙书》："仆之诗辨，……是自家闭门凿破此片田地，即非傍人篱壁，拾人涕唾得来者。"[例句] 你已经年至三十，应当懂得自立了，怎么还处处～呢？

【傍人门户】 bàng rén mén hù
[释义] 傍：依附。依靠在别人的门庭上。

B

比喻依附他人。[语见] 宋·苏轼《东坡志林》卷十二:"桃符仰见艾人而骂曰:'汝何等草芥,辄居我上!'艾人俯而应曰:'汝已半截入土,犹争高下乎?'桃符怒,往复纷然不已。门神解之曰:'吾辈不肖,方傍人门户,何暇争闲气耶!'"[例句] 堂堂男儿,当闯荡天下,岂可～,坐享其成!

bāo

【包办代替】bāo bàn dài tì
[释义] 不让与工作直接有关的人参与其事,独自包揽去办。[例句] 这种事,我看你最好别～,究竟是好是坏,别人自己知道。

【包藏祸心】bāo cáng huò xīn
[释义] 祸心:害人之心。隐藏害人之心。[语见]《左传·昭公元年》:"小国无罪,恃实其罪,将恃大国之安靖己,而无乃包藏祸心以图之。"[例句] 你的身边,隐有此等～之人,大事岂能不败?

【包罗万象】bāo luó wàn xiàng
[释义] 包:包括。罗:罗列。象:景象。形容内容丰富,应有尽有,无所不包。[语见]《黄帝宅经》上卷:"所以包罗万象,举一千从。"[例句] 至少在近代以前,哲学几乎就是一门～的学科,但是事实上,这是对哲学最大的误解。

【包羞忍耻】bāo xiū rěn chǐ
[释义] 包:容忍。忍辱含垢。形容气量大,涵养高。[语见] 唐·杜牧《题乌江亭》诗:"胜败兵家事不期,包羞忍耻是男儿,江东子弟多才俊,卷土重来未可知。"[例句] 海纳百川,有容乃大——似他这种～的男儿,定能成就一番大事业。

【褒衣博带】bāo yī bó dài
[释义] 褒衣:宽大的衣服。博带:大带。古代儒生的装束。[语见]《淮南子·氾论训》:"古者有鍪而绻领而王天下者矣……岂必褒衣博带,句襟委章甫哉?"[例句] 这些～的儒们一到一起,就喜欢讨论国家大事。

【饱谙经史】bǎo ān jīng shǐ
[释义] 饱谙:深知。深知经书史籍。形容学识渊博。[语见] 元·无名氏《竹叶舟》楔子:"此人饱谙经史,贯串百家。"[例句] 颜先生～,熟读万卷,这几个典故还能难倒他?

【饱经沧桑】bǎo jīng cāng sāng
[释义] 饱:充分地。沧桑:"沧海变桑田"的简缩。泛指世事的演变。经历过一次又一次的世事变化。形容生活经历十分丰富。[例句] 老人额头上那密密的皱纹里,刻写着他～的不平凡的一生。

【饱经风霜】bǎo jīng fēng shuāng
[释义] 饱:充分地。风霜:比喻生活上的艰难困苦。形容经历过很多艰难困苦。[例句] 这是一双～的眼睛,它们发出动人心魄的力量。

【饱经忧患】bǎo jīng yōu huàn
[释义] 饱:充分地。经:经历。忧患:忧愁苦难。经历过长期的忧愁、苦难的生活。[例句] 他那张～的脸上,透出无比的坚毅和冷静。

【饱食终日】bǎo shí zhōng rì
[释义] 常与"无所用心"连用。比喻整天饱饱的,却不用一点心思。[语见]《论语·阳货》:"饱食终日,无所用心,难矣哉!"[例句] 年轻人不能总是～,无所用心。

【饱学之士】bǎo xué zhī shì
[释义] 饱学:学识渊博。指学识渊博的人。[语见] 明·罗贯中《三国演义》第五十六回:"公等皆饱学之士,登此高台,何不进佳章以纪一时胜事乎?"[例句] 历史常常开这样的玩笑:那些真正的～,却常常老死荒野。

【宝马香车】bǎo mǎ xiāng chē
[释义] 见"香车宝马"。[语见] 元·王实甫《丽春堂》第三折:"冷落了歌儿舞女,空闲了宝马香车。"[例句] 公子出游,虽有～,却丝毫提不起踏春的兴致,他的心里,永远都只有那失去的山河所带来的痛。

【宝山空回】bǎo shān kōng huí
[释义] 进入宝山却空着手回来。比喻置身学府却一无所得。后泛指虽进入某

种内容丰富的领域，却一无所得。[语见]《大乘本生心地观经·离世间品》："如人无手，虽至宝山，终无所得。"[例句]吴家那老二，虽说也念了几年大学，却是～，至今几乎一事无成。

【保残守缺】bǎo cán shǒu quē
[释义]保：守住不放弃。比喻因循守旧，不肯接受新事物。[语见]汉·班固《汉书·刘歆传》："犹欲保残守缺，挟恐见破之私意，而无从善服义之公心。"[例句]如今时代变化了，能人自有能人的去处，你大可不必～。

【报仇雪耻】bào chóu xuě chǐ
[释义]雪：洗刷掉。报冤仇，洗刷耻辱。[语见]明·冯梦龙《醒世恒言》第三十六卷："官人果然真心肯替奴家报仇雪耻，情愿相从。只要发个誓愿，方才相信。"[例句]他隐忍了多年，如今终于可以～了。

【报仇雪恨】bào chóu xuě hèn
[释义]报：报复。雪：洗刷、洗雪。报复仇敌，以洗雪仇恨。[语见]明·施耐庵《水浒传》第五十八回："滥官害民贼徒！把我全家诛戮，今日正好报仇雪恨！"[例句]几十年流亡生活，也不曾消磨掉他～的决心。

【抱残守阙】bào cán shǒu quē
[释义]见"保残守缺"。[语见]朱自清《经典常谈·周易第二》："这些似乎都是抱残守阙，汇集众说而成。"注：阙，同"缺"。[例句]对于传统文化，我们要善于"扬弃"，既不要～，也不要一概否定。

【抱诚守真】bào chéng shǒu zhēn
[释义]诚、真：真诚。形容十分真诚坚定。[例句]只要你～，和善待人，别人也会善待你的。

【抱法处势】bào fǎ chǔ shì
[释义]法：法治。势：权势。掌握法令和利用权势。[语见]《韩非子·难势》："抱法处势则治，背法去势则乱。"[例句]范桓～，虽然未出大的差错，但是却也使他处处难脱前人的窠臼。

【抱恨终身】bào hèn zhōng shēn
[释义]见"抱恨终天"。[例句]多少人含着悔恨的泪水，对过去的错误抉择而痛心疾首，～？

【抱恨终天】bào hèn zhōng tiān
[释义]抱恨：怀着遗憾。终天：终身，一辈子。指到死还怀着遗憾。[语见]明·罗贯中《三国演义》第四十一回："今老母已丧，抱恨终天。"[例句]我提醒你，你的一点疏忽，也许会使别人～。

【抱令守律】bào lìng shǒu lǜ
[释义]死守律令，不知变通。[语见]北齐·颜之推《颜氏家训·勉学》："但知抱令守律，早刑时舍，便云我能平狱。"[例句]诸葛之后，国无能人，连个～的人都没有，国家哪有不灭的道理？

【抱痛西河】bào tòng xī hé
[释义]痛：哀痛。西河：战国魏地。指孔子弟子在西河丧子而哭瞎眼睛的事。泛指死了儿子而极度悲痛。[语见]汉·司马迁《史记·仲尼弟子列传》："孔子既没，子夏居西河教授，为魏文侯师，其子死，哭之失明。"[例句]儿子为国捐躯，老人虽～，却没被悲痛所压倒。

【抱头鼠窜】bào tóu shǔ cuàn
[释义]抱着脑袋像老鼠一样逃窜。形容慌张逃走的狼狈相。[语见]宋·苏轼《代侯公说项羽辞》："夫陆贾，天下之辩士，吾前日遣之，智穷辞屈，抱头鼠窜，颠狈而归。"[例句]一阵排枪之后，这些土匪～，狼狈而逃。

【抱头缩项】bào tóu suō xiàng
[释义]抱着脑袋，缩着脖子。形容退败畏缩的样子。[语见]元·武汉臣《玉壶春》第二折："若是我老把势，展旗幡，立马停骖，着那俊才郎倒戈甲，抱头缩项。"[例句]他是个～的人，派他去独当一面，恐怕要坏事。

【抱蔓摘瓜】bào wàn zhāi guā
[释义]蔓：瓜蔓。瓜摘完了，最后只能抱蔓而归，比喻一再残害无辜。后借指扩大案情，株连无辜。[语见]清·钱谦益《临城驿壁见方侍御孩未题诗》："抱蔓摘

B

瓜余我在,破巢完卵似君稀。"[例句] 这件事都是我一个人的错,你不要～连累了好人。

【抱薪救焚】bào xīn jiù fén
[释义] 见"抱薪救火"。[语见] 汉献帝《令州郡罢兵诏》:"丘墙惧于横暴,贞良化为群恶,此何异乎抱薪救焚,扇火止沸哉!"[例句] 此举无异于～,只会使事情越来越乱,你还是息了这个念头吧。

【抱薪救火】bào xīn jiù huǒ
[释义] 薪:柴火。抱着柴火去救火。比喻解决问题的方法不对,反而使后果更严重。[语见] 汉·刘安《淮南子·说山训》:"止事以事,譬犹扬堁而弭尘,抱薪而救火。"[例句] 你的建议,无异于～,用这种强制的方法去压制员工,不把事情搞糟才怪呢!

【抱愚守迷】bào yú shǒu mí
[释义] 抱、守:守住不放。愚:愚昧。迷:沉迷。形容固守己见。[语见] 唐·韩愈《上考功崔虞部书》:"愈不肖,行能诚无可取,行己颇僻,与世俗异态,抱愚守迷。"[例句] 我心已定,即使是～,只要能求得心安,便已足够,何计其他?

【抱子弄孙】bào zǐ nòng sūn
[释义] 弄:逗弄。指抱弄子孙,生活安定快活。[语见] 唐·房玄龄等《晋书·石季龙载记下》:"自非天崩地陷,当复何愁,但抱子弄孙,日为乐耳。"[例句] 他退休之后,不再过问政事,真正过起了～的平淡生活。

【暴风骤雨】bào fēng zhòu yǔ
[释义] 暴、骤:急速而且猛烈。来势急而猛的风雨。也比喻来势迅猛、声势浩大的运动或行动。[语见] 明·吴承恩《西游记》第六十九回:"有雌雄二鸟,原在一处同飞,忽被暴风骤雨惊散。"[例句] 一阵～般的攻打之后,城头竖起了白旗。

【暴虎冯河】bào hǔ píng hé
[释义] 暴:空手搏斗。冯:同"凭"。从水中走过去。空手打老虎,徒步过大河。比喻冒险蛮干,有勇无谋。[语见] 《诗经·小雅·小旻》:"不敢暴虎,不敢冯河。"

人知其一,莫知其他。"[例句] 这位大将虽然勇猛,但～,终难取胜。

【暴厉恣睢】bào lì zì suī
[释义] 见"暴戾恣睢"。[语见] 清·李宝嘉《文明小史》第十二回:"这位新官,或是慈祥恺恻,叫人感恩,或是暴厉恣睢,叫人畏惧。"[例句] 水能载舟,亦能覆舟,～的统治,终于激起了民众的反抗。

【暴戾恣睢】bào lì zì suī
[释义] 暴戾:残暴凶恶。恣睢:任意胡为。形容凶残放纵,任意胡为。[语见] 明·归有光《与嘉定诸友书》:"元恶大憝,暴戾恣睢,据人之室,窃人之财,杀人之妇。此而不诛,则人将相食,国家之典法亦为无用矣。"[例句] 这位～的君王,最终落了个身死国灭,也许早已是天意。

【暴露无遗】bào lù wú yí
[释义] 遗:遗漏。完全显现出来,没有一点遗漏。[例句] 他得意地笑了,笑容把他的小把戏～。

【暴内陵外】bào nèi líng wài
[释义] 暴:残害。陵:同"凌",欺压,侵犯。对内残害百姓,对外欺压弱小。[语见] 《周礼·夏官·司马上》:"贼贤害民,则伐之;暴内陵外,则坛之。"[例句] 隋炀帝～,乃是造成其短命王朝的原因。

【暴虐无道】bào nüè wú dào
[释义] 所作所为凶残狠毒,丧尽道义。[语见] 唐·房玄龄等《晋书·桓彝传》:"遂肆意酒色,暴虐无道,多所残害。"[例句] 隋炀帝～的统治,使隋朝成了中国历史上短命的王朝之一。

【暴取豪夺】bào qǔ háo duó
[释义] 豪:强横。用暴力劫夺。[语见] 宋·苏轼《策断上》:"国用不足,则加赋于民,加赋而不已,则凡暴取豪夺之法,不得不施于今之世矣。"[例句] 东汉末年,豪强对百姓～,中央政权竟也奈何不得,百姓苦不堪言。

【暴殄天物】bào tiǎn tiān wù
[释义] 暴:残害,糟蹋。殄:灭绝。天物:大自然界生存的万物。残害灭绝各种生

物。后指任意浪费。[语见]《尚书·武成》:"今商王受(纣)无道,暴殄天物,害虐烝民。"[例句]这伙人如此～,令人愤慨。

【暴跳如雷】bào tiào rú léi
[释义]暴:急躁。连跳带喊带发愁,好像打雷一样猛烈。形容人大怒的样子。[例句]他～地大嚷:"快,马上离开!"

bei

【杯弓蛇影】bēi gōng shé yǐng
[释义]看见酒杯中所映现的角弓影子而误以为酒里有蛇。唐·房玄龄等《晋书·乐广传》里说:乐广有一次请客吃饭,挂在墙上的弓照在酒杯里,有个客人以为是蛇,回去后总是疑心,因而得了病。乐广知道后又把那位客人请来原处吃饭喝酒。让他明白了杯子里有蛇影的真相,客人的病也就好了。后以"杯弓蛇影"比喻疑神疑鬼而自相惊扰。[例句]事情的真相已经清楚了,你不要再～,心神不宁。

【杯酒解怨】bēi jiǔ jiě yuàn
[释义]举杯喝酒就可以解除宿怨。形容性情豪爽,不记旧仇。[语见]宋·欧阳修等《新唐书·张延赏传》:"李晟为子请婚,延赏不许。晟曰:'吾武夫,虽有旧恶,杯酒间可解。儒者难犯,外睦而内含怨。今不许婚,衅未忘也。'"[例句]他是一个～的耿直的人,你跟他交往不必有太多的顾虑。

【杯酒释兵权】bēi jiǔ shì bīng quán
[释义]释:解除。在宴饮中解除将领的兵权。泛指轻而易举地解除将领的兵权。[语见]宋太祖赵匡胤为了防止出现分裂割据的局面,加强中央集权的统治,曾于建隆二年(公元961年),召禁军将领石守信、王审琦等宴饮,并于开宝二年(公元969年)召节度使王彦超等宴饮,以高官厚禄为条件,解除了他们的兵权。[例句]战乱结束,皇上要了个～的手段,武将们快快地到自己领地养老

B

去了。

【杯盘狼藉】bēi pán láng jí
[释义]狼藉:狼窝里的散乱的草。杯盘等饮食用具放得乱七八糟。形容宴饮已毕或将毕,桌上杯盘碗筷等饮食用具杂乱无章地放着。[语见]汉·司马迁《史记·滑稽列传》:"日暮酒阑,合尊促坐,男女同席,履舄交错,杯盘狼藉,堂上烛灭。"[例句]屋里～的时候.月亮黯然地隐去了。

【杯水车薪】bēi shuǐ chē xīn
[释义]车薪:一车柴草。用一杯水来救一车柴草燃起的大火。比喻力量微小,无济于事。[语见]《孟子·告子上》:"仁之胜不仁也,犹水胜火。今之为仁者,犹以一杯水救一车薪之火也。"[例句]我这点钱,虽仅仅为～,但是也是我的一点心意。

【杯水舆薪】bēi shuǐ yú xīn
[释义]见"杯水车薪"。[语见]宋·曹辅《唐颜文忠公新庙记》:"杯水舆薪,势单莫抗。"[例句]公司财政,入不敷出,纵然能贷个十万二十万的,却依然是～。

【卑鄙龌龊】bēi bǐ wò chuò
[释义]龌龊:肮脏。形容品行恶劣。[例句]她冷冷地说:"像你这种～的小人,也配和我说话?"

【卑鄙无耻】bēi bǐ wú chǐ
[释义]形容人的品质恶劣下流。[语见]清·李宝嘉《官场现形记》第二十七回:"贾某总办河工,浮开报销,滥得保举。……到处钻营,卑鄙无耻。"[例句]他竟然如此～,令在座的同行极为愤慨。

【卑辞厚礼】bēi cí hòu lǐ
[释义]谦卑的言词,丰厚的礼物。表示聘请贤士或待人的郑重与殷切。[语见]唐·陈章甫《与吏部孙员外书》:"且古之招贤,降蒲轮束帛,卑辞厚礼,犹恐不来。"[例句]人家～来求你,我看你还是考虑考虑吧。

【卑宫菲食】bēi gōng fěi shí
[释义]卑:低。菲:微薄。形容开明君主不贪图享受,励精图治。[语见]《论语·

B

泰伯》:"禹,吾无间然矣。菲饮食而致孝乎鬼神；……卑宫室而尽力乎沟洫。"[例句]高祖当初打江山的时候,无日不～,哪知等江山传到子孙手里的时候,他们不但不懂得好好爱惜江山,实际上就是在糟蹋江山!

【卑躬屈节】bēi gōng qū jié
[释义]卑躬:低头弯腰。屈节:丧失气节。形容没有骨气,谄媚奉承别人的样子。[语见]清·李宝嘉《官场现形记》第五十五回:"他那副卑躬屈节的样子,洋船上的人是早已看惯的了,都不以为奇。"[例句]看着他那～的样子,我的气就不打一处来。

【卑躬屈膝】bēi gōng qū xī
[释义]卑躬:低头弯腰。屈膝:下跪。形容巴结讨好,没有骨气。[例句]这些～的奴才,丢尽了国人的脸。

【卑礼厚币】bēi lǐ hòu bì
[释义]币:古代对礼物的统称。旧指延聘人才所用的优厚待遇。[语见]汉·司马迁《史记·魏世家》:"惠王数败于军旅,卑礼厚币以招贤者。"[例句]主公～地待你,你怎可有不臣之心?

【卑陋龌龊】bēi lòu wò chuò
[释义]龌龊:肮脏。形容品质恶劣。[语见]清·华伟生《开国奇冤·追悼》:"他们的那种卑陋龌龊的性质,终久是改不了的!"[例句]要使他改掉那种～的品性,必须要有耐心。

【卑以自牧】bēi yǐ zì mù
[释义]卑:谦。牧:养。以谦抑的态度修身养性。[语见]《周易·谦》:"谦谦君子,卑以自牧。"[例句]他隐居山林,～,从来没有想过什么流芳千古。

【悲愤填膺】bēi fèn tián yīng
[释义]膺:胸。悲痛和愤怒充满胸中。[例句]法西斯残忍屠杀犹太人的资料,使这些有良知的学生们无不～。

【悲天悯人】bēi tiān mǐn rén
[释义]悲:悲哀。天:天理,指时世。悯:怜悯。对混乱的时世感到悲哀,对百姓的疾苦表示怜悯。[例句]有谁知道,老

子哲学那冰冷语言的背后,又怀着多少～之心!

【悲恸欲绝】bēi tòng yù jué
[释义]见"悲痛欲绝"。[例句]看着亡妻坟头的萋萋芳草,他～,泪落无数。

【悲痛欲绝】bēi tòng yù jué
[释义]悲痛:伤心。欲:将要。绝:指断气。伤心得快要断气了。形容伤心到了极点。[例句]她～地抬起头来,垂死的太阳正在缓缓地落入地下。

【悲喜交集】bēi xǐ jiāo jí
[释义]交集:同时出现。悲伤和喜悦同时涌上心头。[语见]唐·房玄龄等《晋书·王廙传·中兴赋》:"当大明之盛,而守局遐外,不得奉瞻大礼,闻问之日,悲喜交集。"[例句]望着失而复得的传家宝,我禁不住老泪纵横,～。

【北宫婴儿】běi gōng yīng ér
[释义]北宫:古代后妃的寝室。婴儿:指婴儿子,战国时期齐国的孝女。后用以代指恪尽孝道的孝女。[语见]《战国策·齐策四》:"赵威后问齐使曰:'北宫之女婴儿子无恙耶?彻其环瑱,至老不嫁,以养父母,是皆率民而出于孝情者也,胡为至今不朝也。'"[例句]众人都劝慰老太太,虽然儿子牺牲了,但是几个女儿,个个都是～,她尽管放心就是。

【北辕适楚】běi yuán shì chǔ
[释义]辕:车前驾牲畜的两根直木。北辕:车头向北。适:往。楚国在南方,却驾车北行,比喻行动与目的相反。[语见]《战国策·魏策四》:"犹至楚而北行也。"[例句]你这种想法无异～,想要达到目的,简直是做梦。

【背暗投明】bèi àn tóu míng
[释义]见"弃暗投明"。[语见]元·尚仲贤《单鞭夺槊》楔子:"高鸟相良木而栖,贤臣择明主而佐。背暗投明,古之常理。"[例句]将军终能～,实是百姓之福,将军奈何自卑如是?

【背槽抛粪】bèi cáo pāo fèn
[释义]牲口背转身对着食槽拉屎。比喻过河拆桥,以怨报德。[语见]元·关汉卿《调风月》第一折:"一个个背槽抛粪,一个个负义忘恩。"[例句]这种～之

人,并不值得你去伤心,目下最该用心的,是你必须尽快对今后有个打算。

【背城借一】 bèi chéng jiè yī

[释义] 与敌人作最后的决战。[语见]《左传·成公二年》:"请收合余烬,背城借一。"杜预注:"欲于城下,复借一战。"[例句] 形势已经如此了,我们除了～,别无他路,大家就准备破釜沉舟吧。

【背城一战】 bèi chéng yī zhàn

[释义] 见"背城借一"。[语见] 明·冯梦龙《东周列国志》第二十回:"世子华,年少方刚,请背城一战。"[例句] 我们已没有退路,只有～,也许能闯出一条活路。

【背道而驰】 bèi dào ér chí

[释义] 背:逆着。道:道路。驰:奔跑。朝着相反方向的道路跑。比喻方向与目的完全相反。[语见] 唐·柳宗元《杨评事文集后序》:"其余各探一隅,相与背驰于道者,其去弥远。"[例句] 我们现在想的是如何开发市场,你却把思路的重点放到回收资金上,那不是～吗?

【背恩忘义】 bèi ēn wàng yì

[释义] 见"忘恩负义"。[语见] 汉·班固《汉书·张敞传》:"背恩忘义,伤化薄俗。"[例句] 他虽不是你的亲爸爸,但他辛辛苦苦把你抚养大,你却这样伤害他,未免太～了!

【背井离乡】 bèi jǐng lí xiāng

[释义] 背:离开。井:古代以八家为一井,引申为家乡。离开家乡。[语见] 清·石玉昆《三侠五义》第十八回:"廿载沉冤,受尽了背井离乡之苦。"[例句] 这位躲避战乱而～的诗人,在那流离辗转的岁月里,写下了一生最壮丽的诗篇。

【背山起楼】 bèi shān qǐ lóu

[释义] 背着山建造楼房。比喻有损景物,使人败兴。[语见] 宋·胡仔《苕溪渔隐丛话前集·西昆体》:"《西清诗话》云义山《杂纂》品目数十,盖以文滑稽者,其一曰杀风景,谓清泉濯足、花上晒裈、背山起楼、烧琴煮鹤、对花啜茶、松下喝道。"[例句] 你这种做法,无异～,也不怕世人笑话!

【背水一战】 bèi shuǐ yī zhàn

[释义] 背:背靠着。水:指河流。背靠着河流,断绝自己的后路与敌人作战。后比喻坚定信心与敌人决一死战。[语见] 钱海岳《南明史》第七十六卷:"今日诸将登岸,背水一战,誓不生还。"[例句] 现在我军既无援军,又缺粮草,只有～了。

【背信弃义】 bèi xìn qì yì

[释义] 背:违背。信:信用。弃:抛弃。义:道义。不守信用,没有道义。[例句] 对于那种～的家伙,最好的办法就是以恶制恶。

【背义忘恩】 bèi yì wàng ēn

[释义] 见"忘恩负义"。[语见] 元·杨梓《豫让吞炭》第四折:"我怎肯二意三心,背义忘恩,有始无终。"[例句] 我真不知道你到什么时候才能看清他～的真面目!

【悖入悖出】 bèi rù bèi chū

[释义] 意思是用不正当的手段弄来的财物,也会不正当地出去;或胡乱弄来的钱财又胡乱地花掉。[语见]《礼记·大学》:"是故悖而出者,亦悖而入;货悖而入者,亦悖而出。"[例句] 你贪心太炽,须知～,最终会自食其果的。

【被灾蒙祸】 bèi zāi méng huò

[释义] 被、蒙:遭受。遭受灾难和祸患。[语见] 汉·王充《论衡·命义篇》:"人命有长短,时有盛衰,衰则疾病,被灾蒙祸之验也。"[例句] 关西突然地震,万千百姓～,时年又起蝗害,真是福无双至,祸不单行。

ben

【奔逸绝尘】 bēn yì jué chén

[释义] 逸:马脱缰奔跑。绝尘:看不到踪迹。意思是奔跑得非常快,无法追赶。后形容人才十分出众,无人企及。[语见]《庄子·田子方》:"颜渊问于仲尼曰:'夫子步亦步,夫子趋亦趋,夫子驰亦驰,夫子奔逸绝尘,而回瞠若乎后矣。'"[例句] 大军一路南行,～,不到十日,便抵达了京城建康。

【奔走如市】 bēn zǒu rú shì

[释义] 走:跑。市:集市。形容为某种目

B

的而奔忙、活动的人很多。[语见]明·冯梦龙《喻世明言》第四十卷:"由是不肖之人,奔走如市,科道衙门,皆其心腹牙爪。"[例句]在那个时代,追官求爵者~,时代之风能好到哪里呢?

【奔走相告】bēn zǒu xiāng gào
[释义]走:快跑。奔跑着互相转告。形容遇到特别使人高兴或震惊的事件时,急迫地奔跑着互相告诉的情形。[语见]《国语·鲁语下》:"士有陪乘,告奔走也。"[例句]整个世界都沸腾了! 人们~:盟军胜利了! 法西斯被打败了!

【本来面目】bēn lái miàn mù
[释义]本禅宗语,指人固有的心情。比喻人的真实面貌。[语见]宋·释道原《景德传灯录·袁州蒙山道明禅师》:"祖曰:'不思善,不思恶,正恁么时,阿那个是明上座本来面目!'"[例句]我们不会忘记历史对她开的这个玩笑:他们交往了三十年,直到她死,她也没有能看清他的~。

【本末倒置】bēn mò dào zhì
[释义]本:树根。末:树梢。比喻颠倒了事物的主次。[语见]宋·朱熹《朱文公文集》:"昨所献疑本末倒置之病。"[例句]你工作的重点是选题的宏观策划,切不可~,在那个别词句上耗费了你全部精力。

【本同末异】bēn tóng mò yì
[释义]开头相同而结果不同。[语见]晋·卢谌《赠刘琨一首并书》:"盖本同末异,杨朱兴衰;始素终玄,墨翟垂涕。"[例句]这~的两种学说,既无正误之分,也无高下之别。

【本性难移】bēn xìng nán yí
[释义]人的本性不容易改变。[语见]元·关汉卿《裴度还带》头折:"此等人本性难移,可不道他山河容易改?"[例句]虽说他已年过七十,但是下起棋来,还是~,动不动就会掀棋盘。

【笨鸟先飞】bèn niǎo xiān fēi
[释义]比喻资质、能力差的人做事时,怕比别人落后,所以比别人先行动。多用作谦辞。[语见]清·曹雪芹《红楼梦》第六十七回:"俗语说的,'夯雀儿先飞',省得临时丢三落四的不齐全。"[例句]我有自知之明,要~,不求别的,只希望我不拉你们的后腿。

【笨手笨脚】bèn shǒu bèn jiǎo
[释义]形容动作不灵活。[例句]你看你~的样子,还是让我来吧!

【笨嘴拙舌】bèn zuǐ zhuō shé
[释义]拙:笨。形容没有口才,不善言辞。也作"拙嘴笨舌"、"笨嘴拙腮"、"笨嘴笨舌"。[例句]谁能想到,就这么一个~的人,竟然把大家说得服服帖帖的。

bi

【逼上梁山】bī shàng liáng shān
[释义]梁山:指梁山泊一带地区,在今山东梁山、郓城等县间。出于北宋末年宋江领导的农民起义军的故事。《水浒传》中众多英雄好汉都因朝廷腐败,民不聊生而被迫投奔梁山,举起造反的大旗。后用以比喻被迫造反或不得已而采取某种行动。[例句]善良的百姓虽然十分渴望过上安定的日子,但最终还是被官府~,举起了造反的大旗。

【匕鬯不惊】bǐ chàng bù jīng
[释义]匕鬯:饮食用的羹匙和秬黍酿的香酒,用以指祭祀。原指宗庙祭祀不受惊扰。后用来形容军纪严明,无所惊扰。[语见]《周易·震》:"震惊百里,不丧匕鬯。"[例句]虽说过了整整一夜的队伍,但是整个村落~。

【比比皆然】bǐ bǐ jiē rán
[释义]见"比比皆是"。[语见]清·褚人获《隋唐演义》第五十三回:"将无固守之志,兵无敢死之心,人情趋利,比比皆然。"[例句]持这种观点的人,~,你不用说调查的结果,我就已经知道了。

【比比皆是】bǐ bǐ jiē shì
[释义]到处都是。[语见]宋·包拯《请救济江淮饥民疏》:"连年亢旱,民食艰阻,流亡者比比皆是。"[例句]这本书我曾粗看过一遍,像这样的语法错误~。

【比肩而立】bǐ jiān ér lì
[释义] 比肩:并肩。肩并肩地站着。形容相互间靠得很近。也指人数众多。[语见]《战国策·齐策三》:"寡人闻之,千里而一士,是比肩而立;百世而一圣,若随踵而至。"[例句] 我们两家,虽近在咫尺,～,然而因为几十年前的那次交恶,两家始终视若仇敌。

【比肩皆是】bǐ jiān jiē shì
[释义] 见"比比皆是"。[语见] 五代后晋·刘昫等《旧唐书·元行冲传》:"然雅达通博,不代而生;浮学守株,比肩皆是。"[例句] 这样的人才,在我们那里～。

【比物此志】bǐ wù cǐ zhì
[释义] 比物:比类、比喻。指用事物作为寄托以表达其心意。[语见] 汉·班固《汉书·贾谊传》:"圣人有金城者,比物此志也。"王先谦补注:"物,类也。志,意也。言臣如效死取义,则为国家不拔之基,圣人有'金城'之语,正比类此意也。"[例句] 上文所述,～,并无他意,聊表我心之忧虑而已。

【比物连类】bǐ wù lián lèi
[释义] 指连缀相类的事物进行比较。[语见] 汉·司马迁《史记·鲁仲连邹阳列传》:"邹阳辞虽不逊,然其比物连类,有足悲者,亦可谓抗直不桡矣。"[例句] 汉代的李陵,虽然投降了匈奴,但是～,也不得不为他的际遇感慨。

【比翼连枝】bǐ yì lián zhī
[释义] 比翼:鸟名。传说一目一翼,须两两齐飞。形容夫妇亲密不离。[语见] 明·谢谠《四喜记·大宋毕姻》:"但愿你百岁夫妻长好,比翼共连枝,无异般。"[例句] 望你们夫妻二人～,同舟共济,用岁月培育出最绚丽的爱情之花。

【比翼双飞】bǐ yì shuāng fēi
[释义] 比翼:鸟名。传说此鸟一目一翼,不比不飞。比喻夫妻恩爱,形影不离。[语见] 晋·陆机《拟西北有高楼》诗:"不怨伫立久,但愿歌者欢;思驾归鸿羽,比翼双飞翰。"[例句] 他们那场历三十年而终的～的故事,令人无不泪下。

【彼一时,此一时】bǐ yī shí, cǐ yī shí
[释义] 彼:那。此:这。那是一个时候,这又是一个时候。形势不同了,情况也随之改变了。[语见]《孟子·公孙丑下》:"彼一时,此一时也。五百年必有王者兴,其间必有名世者。"[例句] 过去的已经永远过去了,～,现在我的心早已冷了。

【笔翰如流】bǐ hàn rú liú
[释义] 翰:文辞。比喻文笔如流水一般快捷。[语见] 唐·房玄龄等《晋书·陶侃传》:"远近书疏,莫不手答,笔翰如流,未尝壅滞。"[例句] 文章一气呵成,～,看得人惊叹不已。

【笔力扛鼎】bǐ lì gāng dǐng
[释义] 笔下所表现的力量足以举起大鼎。比喻文势雄健,气魄不凡。[语见] 唐·韩愈《病中赠张十八》诗:"龙文百斛鼎,笔力可独扛。"[例句] 这篇气势恢宏的赋文,～,如滔滔黄河,轰轰有声。

【笔扫千军】bǐ sǎo qiān jūn
[释义] 形容文笔非常有力,能写出雄奇奔放的诗文。[语见] 元·无名氏《醉写赤壁赋》第二折:"他两个文施翰墨,笔扫千军,临危世乱,势尽时休。"[例句] 有你这位～的高才辅助,何事不成?

【笔下有铁】bǐ xià yǒu tiě
[释义] 铁:兵器。形容文笔锋利。[例句] 鲁迅写作杂文时,可谓～,处处击中对手的要害。

【笔诛墨伐】bǐ zhū mò fá
[释义] 笔、墨:指文字。诛:谴责。伐:声讨。通过文字加以谴责,进行声讨。[例句] 如今文风不正,一旦有什么新观点出世,总会引得一帮无聊之徒～,妄图借此机会混得点名声。

【笔走龙蛇】bǐ zǒu lóng shé
[释义] 形容书法雄健洒脱。[语见] 唐·李白《草书歌行》:"时时只见龙蛇走,左盘右蹙如惊电。"[例句] 他稍稍停顿,吸气,凝神,然后～,下联一气呵成。

【俾昼作夜】bǐ zhòu zuò yè
[释义] 俾:使。把白天当夜晚。形容日

夜颠倒,生活不正常。[语见]《诗经·大雅·荡》:"式号式呼,俾昼作夜。"[例句]这些所谓的新另类,～,抗拒一切,认真分析,却也真没有太多可取之处。

【鄙吝复萌】 bǐ lìn fù méng
[释义]鄙吝:庸俗。萌:萌芽,比喻开始发生。庸俗的念头又开始萌生。[语见]南朝宋·范晔《后汉书·黄宪传》:"时月之间,不见黄生,则鄙吝之萌复存乎心。"[例句]他本想洁身自好,不再过问这些事情,但没过多久,便又～了,实在有些无奈。

【必不得已】 bì bù dé yǐ
[释义]必:必然。已:止。必然不能得止,指形势使得非如此不可,表示无可奈何的意思。[语见]《论语·颜渊》:"子贡问政。子曰:'足食、足兵、民信之矣。'子贡曰:'必不得已而去,于斯三者何先?'曰:'去兵。'"[例句]要不是情势所迫,～,我怎么可能选此下策?

【必不挠北】 bì bù náo běi
[释义]挠北:败北。必定不会失败。[语见]《吕氏春秋·忠廉》:"若此人也,有势则必不自私矣;处官则必不污矣;将众则必不挠北矣。"[例句]货已经订出了那么多,加上有各位的倾心设计,结果～。

【必恭必敬】 bì gōng bì jìng
[释义]形容十分恭敬有礼貌。[语见]清·钱泳《履园丛话·朱文正公逸事》:"朱文正公相业巍巍,莫不称为正人君子。待人接物必恭必敬。"[例句]俗话说"少年叔侄如弟兄",我虽比你长一辈,却比你大不了几岁,你那么～的,反倒弄我不好意思了。

【毕恭毕敬】 bì gōng bì jìng
[释义]见"必恭必敬"。[例句]他每次见了领导总是～的,其实他心里并不见得有多么尊重人家。

【毕其功于一役】 bì qí gōng yú yī yì
[释义]毕:完成。功:事情。一役:一次行动。一次行动就完成大事。指把某一事件的成败寄托在一次行动上。[例句]战事已无法再拖延下去,司令部制订了一个～的作战方案。

【闭阁思过】 bì gé sī guò
[释义]关起门来自我反省。[语见]汉·班固《汉书·韩延寿传》:"民有昆弟相与讼田自言,延寿大伤之……是日移病不听事,因入卧传舍,闭阁思过。"[例句]连续多日不见,原来他竟在～——人是该不断反省,才能使自己不重蹈覆辙。

【闭关却扫】 bì guān què sǎo
[释义]见"闭门却扫"。[例句]被免官之后,他～,当真一副与世无争的样子。

【闭关锁国】 bì guān suǒ guó
[释义]封闭关口,紧锁国门,不与外国往来。[例句]～的清王朝,最终尝到了遭人蹂躏的苦果。

【闭关自守】 bì guān zì shǒu
[释义]关:关隘,关口。守:守护,防卫。封闭关隘,自卫防守,不同别国交往。喻指断绝与外界的联系,隔绝与外界的交流。[语见]《新编五代史平话·周史上》:"无事则民勤于耕稼,以广军储;有事则民习于弓矢,以莅武事。此真霸王之资也。闭关自守,又何忧乎?"[例句]～的政治策略,使明朝丧失了一次跟上世界发展步伐的良机。

【闭门却扫】 bì mén què sǎo
[释义]却扫:不再打扫门前的路迎客,指谢绝客人。关上大门,不再扫地迎客。意思是谢绝世俗交往。[语见]汉·应劭《风俗通义·十反》:"蜀郡太守刘胜季陵去官在家,闭门却扫。"[例句]这位才高八斗的进士,终于心灰意冷,选择了～、隐居林下作为生命的归宿。

【闭门思过】 bì mén sī guò
[释义]闭:关上,关闭。思:思考,反省。过:过错,过失。关起门来省自己的过错。[语见]清·李汝珍《镜花缘》第六回:"小仙自知身获重罪,追悔莫及,惟有闭门思过,敬听天命。"[例句]我连续多日～,但是终究没有明白:我何过之有?

【闭门谢客】 bì mén xiè kè
[释义]闭门:关上门。谢:谢绝,婉拒。关起门来谢绝客人来访,一门心思做某

B

件事。[例句] 他经此大难,心中是冷灰一片,从此～,只事诗书。

【闭门造车】 bì mén zào chē
[释义] 闭门:关起门来。造:制造、制作。原指关门造大车,由于规格统一,出门也能合辙使用。后人反其意而用之,指不进行调查研究,只凭主观办事。含贬义。[语见] 宋·朱熹《中庸或问》:"古语所谓'闭门造车,出门合辙',盖言其法之同也。"[例句] 一些文艺工作者不深入生活,～,其作品自然不被大众所认可。

【闭明塞聪】 bì míng sè cōng
[释义] 见"闭目塞听"。[语见] 汉·王充《论衡·自纪》:"闭明塞聪,爱精自保。"[例句] 如果你真的要把～的"设计成果"当作宝贝,那你就等着被人耻笑吧。

【闭目塞听】 bì mù sè tīng
[释义] 目:双眼。塞:堵上。听:听觉。闭上双眼不看,堵上双耳不听。形容对外界事物不闻不问。[例句] 这种～的人的思想,一到光天化日之下,就全成了笑料。

【闭月羞花】 bì yuè xiū huā
[释义] 闭月:月亮因羞愧而躲在云后不出来。羞花:让美丽的花朵也感到害羞。月亮因之而躲藏,花朵为之含羞。形容女子容貌十分美丽。[例句] 宋·古杭才人《宦门子弟错立身》第二折:"看了这妇人,有如三十三天天上女,七十二洞洞中仙,有沉鱼落雁之容,闭月羞花之貌。"[例句] 尽管有～的女子不时从他身边走过,但是他心中却无半丝尘心。

【荜门圭窦】 bì mén guī dòu
[释义] 见"筚门圭窦"。[语见] 北齐·魏收《魏书·李谧传》:"绳枢瓮牖之室,荜门圭窦之堂,尚不然矣。"[例句] 古人说公卿出寒门,许多有大成就的人,往往身处～之时,便有了瀚海之志,惟其如此,他们才能改变那卑微的地位。

【毙而后已】 bì ér hòu yǐ
[释义] 毙:死。已:止。指努力工作或为某一目的奋斗终生,至死方才罢休。

[语见]《礼记·表记》:"子曰《诗》之好仁如此。向道而行,中道而废,忘身之老也,不知年数之不足也,俯焉日有孳孳,毙而后已。"[例句] 复公一心为民,～,故其死后,民间多有为其立碑者。

【敝帚千金】 bì zhǒu qiān jīn
[释义] 敝帚:破笤帚。千金:指很多钱,喻指贵重。把自己的破笤帚看得价值千金。比喻把自己的没有价值的东西看得很重。[语见]《东观汉记·光武帝纪》:"家有敝帚,享之千金。"[例句] 这些小物件虽说值不了几个钱,但我是～,要让我轻易示人,却还是不大容易。

【敝帚自珍】 bì zhǒu zì zhēn
[释义] 敝帚:破旧的笤帚。珍:珍惜,珍爱。比喻东西虽然不好,但自己非常珍惜。参看"敝帚千金"。[例句] 他的书桌已经用了许多年,十分破旧,他却～,不忍舍弃。

【婢作夫人】 bì zuò fū rén
[释义] 婢:旧时的使女。使女当夫人。比喻文艺作品刻意模仿而不能神似。[语见] 宋·赵佶《宣和画谱·道释叙论》:"然喬学朱繇,如婢作夫人,举止羞涩,终不似真。"[例句] 你纵然能临出原画的每一个细节,却终是～,画中神韵全失。

【筚路蓝缕】 bì lù lán lǚ
[释义] 筚路:柴车。蓝缕:破衣服。原指驾着柴车、穿着破衣服去开辟山林。后用以形容创业的艰辛。[语见]《左传·宣公十二年》:"筚路蓝缕,以启山林。"[例句] 无数开国君主,无不有着～的经历,是故他们深知江山来之不易。

【筚门圭窦】 bì mén guī dòu
[释义] 筚门:用荆条或树枝等编成的门。圭窦:在墙上挖的圭玉形状(长方,上尖)的门洞。形容住室极其简陋。旧指穷人住处。[语见]《左传·襄公十年》:"筚门圭窦之人,而皆陵其上,其难为上矣。"[例句] 此地读书风炽,如入～中,也能闻诗书气息。

【筚门圭窬】 bì mén guī yú
[释义] 见"筚门圭窦"。[语见]《礼记·

儒行》:"儒有一亩之宫,环堵之室,筚门圭窬,蓬户瓮牖。"[例句]虽然～,粗茶淡饭,他却自得其乐。

【碧海青天】bì hǎi qīng tiān
[释义]形容天水一色,无限旷远。[语见]清·张明弼《冒姬董小宛传·附冒辟疆影梅庵忆语》:"夜之时逸,目之气静,碧海青天,霜缟冰净。"[例句]放眼望去,～,顿时让人生出无限豪情。

【碧水青山】bì shuǐ qīng shān
[释义]碧:青绿色。碧绿的水,青翠的山。形容景色秀丽而有生气。[例句]眼前的～,让人心旷神怡。

【碧血丹心】bì xuè dān xīn
[释义]碧血:血化为碧玉。后指称为正义事业而流的血。丹心:赤心,忠心。形容满腔热血,一片忠诚之心。[语见]《庄子·外物》:"苌弘死于蜀,藏其血三年,化而为碧。"[例句]纵使有文天祥等人的～对南宋苦苦撑持,奈何大势已去,历史最终还是将他们的努力化作了烟尘。

【弊车羸马】bì chē léi mǎ
[释义]羸:瘦弱。破车瘦马。比喻生活俭朴。[语见]晋·陈寿《三国志·吴书·刘繇传》注:"(刘)宠前后历二郡,八居九列,四登三事,家不藏贿,无重宝器,……弊车羸马,号为窭陋。"[例句]太守生活俭朴,出巡时常常～,因此而深得百姓敬重。

【弊绝风清】bì jué fēng qīng
[释义]见"风清弊绝"。[语见]明·汤显祖《牡丹亭·劝农》:"恭喜本府杜太爷,管制三年,慈祥端ває,弊绝风清。"[例句]这里民风淳朴,社会安定祥和,～。

【弊衣箪食】bì yī dān shí
[释义]见"弊衣疏食"。[语见]唐·令狐德棻《周书·儒林传论》:"其沉默孤微者,亦笃志于章句,以先王之道,饰腐儒之姿,达则不过侍讲训胄,穷则终于弊衣箪食。"[例句]这些书生虽～,却心怀天下。

【弊衣疏食】bì yī shū shí
[释义]破旧的衣服和粗粝的饭食。指生活俭朴。[语见]唐·令狐德棻《周书·柳虬传》:"虬脱略人间,不事小节,弊衣疏食,未尝改操。"[例句]～的生活不能动摇他的信念。

【壁垒森严】bì lěi sēn yán
[释义]壁垒:古时军营的围墙,泛指防御工事,现在多用来比喻对立的事物和界线。比喻防守很严密。[语见]明·于鳞《清夜钟》:"临淮方出将,壁垒气森严。"[例句]两方～,互不相让,战事一触即发。

【避坑落井】bì kēng luò jǐng
[释义]避过了坑,却掉进了井。比喻躲过一害,又受另一害。[语见]唐·房玄龄等《晋书·褚翜传》:"今宜共戮力以备贼,幸无外患,而内自相杀,是避坑落井也。"[例句]他这几年命运多舛,～,五十岁不到,头发全都白了。

【避难就易】bì nán jiù yì
[释义]就:凑近。躲开困难的,只做容易的。[语见]明·宋濂等《元史·文宗本纪四》:"御史台臣劾奏:'大都总管刘原仁称疾,久不视事,及迁知储政院事,即就职,侥幸巧宦,避难就易。'"[例句]希望你们～,尽快制订出一个基本的方案来。

【避让贤路】bì ràng xián lù
[释义]贤:有德行和有才能的人。指辞职给才德高的人让路。[语见]汉·司马迁《史记·万石张叔列传》:"愿归丞相侯印,乞骸骨归,避贤者路。"[例句]这些老干部们～,是为了给后生们提供施展的舞台。

【避实击虚】bì shí jī xū
[释义]避:躲开,回避。实:实在的部分。虚:虚弱的部分。避开坚实的部分,攻击虚弱的部分。军事上指避开敌人的主力,攻击其力量薄弱的环节。[语见]《孙子·虚实》:"兵之形,避实而击虚。"[例句]黄巢义军,～,南征北战,耗尽了唐王朝最后一丝生气。

【避实就虚】bì shí jiù xū
[释义]见"避实击虚"。[例句]你怎么可以～,在这些细枝末节的地方喋喋不

休呢?

【避世绝俗】 bì shì jué sú

[释义] 躲避现实,断绝与世俗之人交往。指一种消极处世的态度。[例句] 诸葛亮隐居隆中,却不曾～,而是始终都关注着天下局势的变化。

【避世离俗】 bì shì lí sú

[释义] 避世:躲避现实。离俗:脱离世俗。指逃避现实,与世隔绝。[语见] 汉·王充《论衡·定贤》:"以清节自守,不降志辱身为贤乎?是则避世离俗,长沮、桀溺之类也。"[例句] 他只盼望等到老了的时候,能静静地回到乡下,～地过几天宁静的生活。

【避重就轻】 bì zhòng jiù qīng

[释义] 避:躲开,回避。就:凑近。避开重大的事情只拣轻的做,或回避要害问题只谈次要方面。[语见] 宋·刘挚《忠肃集·侍御史黄君墓志铭》:"民始不以多男为患,父子始不以避重就轻相去。"[例句] 他言辞闪烁,～,心中肯定还隐瞒着什么不可告人的事情。

【髀肉复生】 bì ròu fù shēng

[释义] 髀:股部,大腿。大腿上的肉又长起来了。喻指壮志未酬,虚度岁月而无所作为。[语见] 晋·陈寿《三国志·蜀书·先主传》:"荆州豪杰归先主者日益多,表疑其心,阴御之。"裴松之注引《九州春秋》曰:"备住荆州数年,尝于表坐起至厕,见髀里肉生,慨然流涕。还坐,表怪问备,备曰:'吾常身不离鞍,髀肉皆消。今不复骑,髀里肉生。'"[例句] 他已至不惑之年,依然一事无成,两手空空,常常生出～之叹。

【璧合珠联】 bì hé zhū lián

[释义] 见"珠联璧合"。[语见] 唐·杨炯《公卿已下冕服议》:"皇王受命,天地兴符,仰观则璧合珠连,俯察则银黄玉紫。"[例句] 二人～,配合得天衣无缝。

bian

【鞭不及腹】 biān bù jí fù

[释义] 见"鞭长莫及"。[例句] 他明明知道儿子有些不学好,可是儿子远在千里之外,～,着急也没有办法。

【鞭长莫及】 biān cháng mò jí

[释义] 莫:不。及:达到。原意是因为马腹不是鞭打之处,所以即使鞭子很长,也不能打到马腹上。后用以比喻力量达不到。[语见]《左传·宣公十五年》:"古人有言曰:'虽鞭之长,不及马腹。'"杜预注:"言非所击。"[例句] 你只要拿定了主意,他纵是要反对,也是～,你自不必担心。

【鞭辟近里】 biān pì jìn lǐ

[释义] 见"鞭辟入里"。[语见] 宋·程颢、程颐《二程全书·遗书十一》:"学只要鞭辟近里,著己而已。"[例句] 这段文字虽然不长,但是将妇人那贪婪的一面,刻画得～。

【鞭辟入里】 biān pì rù lǐ

[释义] 鞭:鞭策。辟:透彻。策励剖析,一直深入到最里层。原指做学问要切实深入。现多指言论、学说阐明道理深刻透彻。[语见] 朱自清《山野掇拾》:"他们的思力不足,不足剖析入微,鞭辟入里。"[例句] 这篇文章文笔流畅清新,论述～,是不可多得的佳作。

【变本加厉】 biàn běn jiā lì

[释义] 本:原来、本来。加:更加、愈加。厉:猛烈,厉害。原指跟原来比有所发展。现多指情况比原来更严重。多有贬义。[语见] 南朝梁·萧统《文选·序》:"盖踵其事而增华,变其本而加厉,物既有之,文亦宜然。"[例句] 他不但自我吹嘘,还～地要那书生为他写一篇颂扬文章。

【变风改俗】 biàn fēng gǎi sú

[释义] 见"变风易俗"。[语见] 汉·王符《潜夫论·三式》:"故凡欲变风改俗者,其行赏罚者也,必使足惊心破胆,民乃易视。"[例句] 苏公到任之后,大力～,推行文化,对地方的发展做出了巨大的贡献。

【变风易俗】 biàn fēng yì sú

[释义] 改变原有的风俗习惯。[语见] 汉·司马迁《史记·平津侯主父列传》:"贵

仁义,贱权利,上笃厚,下智巧,变风易俗,化于海内,则世世必安矣。"[例句] 要在这千年古村里～,使他们去除不讲卫生的习惯,真的不是一件容易的事情。

【变古乱常】biàn gǔ luàn cháng
[释义] 改变和打乱古有的惯常的规则。[语见] 宋·王楙《野客丛书·张辅妄论班史》:"太史公曰:'晁错为家令时,数言事不用,后擅权多所变更,诸侯发难,不急正救,欲报私仇,反以亡躯。'语曰:'变古乱常,不死则亡。'岂错等谓邪?"[例句] 要推行变法措施,首先必须～,这自然遭到了一帮老臣的激烈反对。

【变古易常】biàn gǔ yì cháng
[释义] 改变过去的和平常的习惯规则。[语见]《韩非子·南面》:"不知治者,必曰无变古,毋易常。"[例句] 皇帝这种～的做法使得大臣们摸不着头脑。

【变化不测】biàn huà bù cè
[释义] 变化不定,无法预测。[语见] 唐·韩愈《殿中少监马君墓志》:"当是时,见王于北亭,犹高山深林巨谷龙虎,变化不测,杰魁人也。"[例句] 天上云,一会儿东,一会儿西,～。

【变化多端】biàn huà duō duān
[释义] 端:项目,种类。千变万化,使人难以把握。[语见] 明·冯梦龙《喻世明言》第二十卷:"这齐天大圣神通广大,变化多端。"[例句] 他长叹一声说:"世事～,实难预料啊!"

【变化莫测】biàn huà mò cè
[释义] 见"变化不测"。[语见] 宋·张君房《云笈七签》第一百一十六卷:"女子则金翘翠宝,或三鬟双角,手执玉笏,项负圆光,飞行乘空,变化莫测。"[例句] 天池之水,忽明忽暗,忽涌忽静,～,让游人大开眼界。

【变化万端】biàn huà wàn duān
[释义] 见"变化多端"。[语见] 宋·张君房《云笈七签》第八十五卷:"于天柱山得石室内《九丹金液经》,能变化万端,不可胜纪。"[例句] 一张张普通的纸,在剪纸艺人的手中却能～。

【变化无常】biàn huà wú cháng
[释义] 常:常规、规律。变化不定,没有规律可言。[语见]《庄子·天下》:"芴漠无形,变化无常。"[例句] 在～的商海中行船,你要处处小心,稍不留神,便可能有灭顶之灾。

【变化无方】biàn huà wú fāng
[释义] 变化多种多样,没有一定的规则。[语见] 晋·陈寿《三国志·魏书·袁绍传》:"曹公善用兵,变化无方,众虽少,未可轻也,不如以久持之。"[例句] 新来的总经理喜怒无常,～,下属们都对他敬畏三分。

【变化无穷】biàn huà wú qióng
[释义] 穷:穷尽,尽头。变化多端,没有穷尽。[语见] 战国楚·宋玉《高唐赋》:"须臾之间,变化无穷。"[例句] 他静静地望着天上的浮云,不由自主地感慨起人生的～来。

【变幻不测】biàn huàn bù cè
[释义] 见"变幻莫测"。[语见] 清·夏敬渠《野叟曝言》第一百一十回:"日轮之上,射出数百道光芒,俱如赤线,每道长百千万丈,闪烁如电,变幻不测。"[例句] 只用一篇短短的千字小文,就想把～的人生味道完全写出来,实在是难为你了。

【变幻莫测】biàn huàn mò cè
[释义] 事物的变化奇异而难以捉摸。[语见] 明·许仲琳《封神演义》第四十四回:"王天君曰:'吾"红水阵"内夺壬癸之精,藏天乙之妙,变幻莫测。'"[例句] 他成了～的官场上的败将,一下子就老了,老得令人惨不忍睹。

【变幻无常】biàn huàn wú cháng
[释义] 指事物的变化很多,没有常规可寻。[语见] 明·蔡羽《辽阳海神传》:"气候悉如江南二三月,琪花宝树,仙音法曲,变幻无常,耳目应接不暇。"[例句] 众人都知道她那～的脾气,所以谁也没有觉得有什么意外。

【变迹埋名】biàn jì mái míng
[释义] 改变行踪,隐瞒姓名。[语见] 明·梅鼎祚《玉合记·怀仙》:"想起那浮生易往,先路难期,练色微声,都归欲界,轻

财任侠,也属微尘,虽已变迹埋名,还要弃家访道。"[例句]义军的几个首领在起义失败之后,被迫～,远走他乡。

【变名易姓】biàn míng yì xìng
[释义]变:改变。易:改换。改换名姓,以躲灾避祸。[语见]汉·司马迁《史记·货殖列传》:"范蠡既雪会稽之耻,……乃乘扁舟浮于江湖。变名易姓,适齐为鸱夷子皮,之陶为朱公。"[例句]原来罪恶滔天的他,～之后,便成了目下的了因和尚。

【变起萧墙】biàn qǐ xiāo qiáng
[释义]见"祸发萧墙"。[语见]唐·房玄龄等《晋书·文帝纪》:"乃者王室之难,变起萧墙,赖公之灵,弘济艰险。"[例句]高览正欲挥师东向,哪知～,京城里已乱作一团。

【变色易容】biàn sè yì róng
[释义]变、易:改变。色、容:表情。形容惊慌失措的神情。[语见]《战国策·秦策·范雎说秦王》:"是日见范雎,见者无不变色易容。"[例句]武松狠狠地盯着大虫,绝无半点～。

【变生肘腋】biàn shēng zhǒu yè
[释义]肘:上臂和下臂相接处。腋:胳肢窝。比喻事变发生在很近的地方。[语见]晋·陈寿《三国志·蜀书·法正传》:"近则惧孙夫人生变于肘腋之下。"[例句]决战在即,不料～,几位将军的投敌,使北齐军陷入了进退维谷的境地。

【变态百出】biàn tài bǎi chū
[释义]变化的形态多种多样。[语见]五代后晋·刘昫等《旧唐书·艺文志》:"历代盛衰,文章与时高下,然其变态百出,不可穷极,何其多也。"[例句]简简单单的一根红绳,在她的手中却可以～,成为一个个精致的中国结。

【变危为安】biàn wēi wéi ān
[释义]变危急为平安。[语见]宋·司马光《论周琰事乞不坐冯浩状》:"陛下当此之时变危为安,变乱为治,易于返掌。"[例句]秦琼率军火速赶到之后,才使李世民～。

【便宜从事】biàn yí cóng shì
[释义]见"便宜行事"。[语见]汉·班固《汉书·循吏传》:"臣愿丞相御史且无拘臣以文法,得一切便宜从事。"[例句]你远在大洋彼岸,自可～。

【便宜行事】biàn yí xíng shì
[释义]便宜:方便,适宜。指按照情况变化的需要,采取适当的新措施,不必请示。[语见]汉·班固《汉书·魏相传》:"汉兴以来,国家便宜行事。"[例句]将在外,君令有所不受,将军可～,不必事事禀报。

【遍体鳞伤】biàn tǐ lín shāng
[释义]遍:全。鳞伤:伤痕像鱼鳞一样多而密。全身的伤痕像鱼鳞一样多而密。形容伤势极为严重。[语见]清·夏敬渠《野叟曝言》第一百零二回:"小尼撞头撒泼,抵死要来,被父亲打得遍体鳞伤。"[例句]安史之乱之后,唐朝已是～,从前的泱泱大气,全然不在。

【辩才无碍】biàn cái wú ài
[释义]辩才:好口才。佛教用语,指菩萨讲法道理圆通,言词流畅,毫无障碍。后用以形容能言善辩。[语见]宋·释普济《五灯会元·清凉泰钦禅师》:"金陵清凉泰钦法灯禅师,魏府人也,生而知道,辩才无碍。"[例句]1号选手能说会道,～,不过在气势上略显不足,因此未能成为最佳辩手。

【辩口利辞】biàn kǒu lì cí
[释义]擅长辩论,言辞尖锐。[语见]南朝宋·范晔《后汉书·曹世叔妻传》:"夫云妇德,不必才明绝异也;妇言不必辩口利辞也。"[例句]他～,滔滔不绝,说得大家哑口无言。

【辩口利舌】biàn kǒu lì shé
[释义]形容人擅长辩论。[语见]汉·王充《论衡·物势》:"亦或辩口利舌,辞喻横出为胜。"[例句]你虽然～,但是理不在你那边,再怎么雄辩也是于事无补。

biāo

【标新立异】biāo xīn lì yì
[释义]标:显示,表明。异:与众不同的。

原意为提出新的见解,立论与众不同。后常指故意提出新奇的看法,显示自己独特。[语见]南朝宋·刘义庆《世说新语·文学》:"支道林在白马寺中,将冯太常共语,因及《逍遥》,支卓然标理于二家之表,立异义于众贤之外。"[例句]你的想法虽然～,但是里面真正合理的东西却实在不多。

【标新领异】biāo xīn lǐng yì
[释义]见"标新立异"。[语见]清·顾炎武《答俞右吉书》:"至宋孙、刘出而掊击古人,几无余蕴,文定因之以痛哭流涕之怀,发标新领异之论,其去游夏之传,益以远矣。"[例句]这小伙子脑子灵活,常常有～的点子出来,虽然并不详实,但的确能给人以启发。

【标新取异】biāo xīn qǔ yì
[释义]见"标新立异"。[语见]清·褚人获《隋唐演义》第二十八回:"秦妃子既能标新取异,剪彩为花,与湖山增胜,众美人还只管歌这些旧曲,甚不相宜。"[例句]这篇文章选材上倒还称得上～,只是表现手法过于单调了。

【彪炳千古】biāo bǐng qiān gǔ
[释义]彪炳:照耀。形容伟大的业绩流传千秋万代。[例句]布鲁诺对人类科学的发展有着～的功绩,人们不该忘记,这些功绩是用生命写成的。

【彪形大汉】biāo xíng dà hàn
[释义]彪:小老虎。身形像小老虎一样的大汉。指身材魁梧结实的男子。[语见]清·吴趼人《痛史》第十一回:"金奎也选了二十名彪形大汉,教他们十八般武艺。"[例句]那几个～站在他身后,不但不能增加他的威风,反而使他显得更加虚弱。

【飙发电举】biāo fā diàn jǔ
[释义]见"飙举电至"。[语见]清·张廷玉等《明史·戚继光传》:"大猷老将务持重,继光则飙发电举,屡摧大寇,名更出大猷上。"[例句]各路义军以～之势,把官府的军队打得落花流水。

【飙举电至】biāo jǔ diàn zhì
[释义]飙:疾风,暴风。形容声势猛烈。[语见]汉·桓宽《盐铁论·世务》:"匈奴贪狼,因时而动,乘可而发,飙举电至。"[例句]戚家军四路出击,以～之势,打得倭寇狼狈逃窜。

【表里如一】biǎo lǐ rú yī
[释义]表:外表。里:内部。外表和内心一致。形容人的思想和言行完全一致。[语见]《逸周书·谥法解》:"行见中外曰悫。"晋孔晁注:"言表里如一也。"[例句]他的为人,光明磊落,～,早已为世人公认。

【表里相合】biǎo lǐ xiāng hé
[释义]内外互相应合。[语见]西周·吕尚《阴符》:"左右有水,前有大阜,后有高山,战于雨水之间,乘敌出邑,是谓表里相合。"[例句]城墙内外军民一体,～,胜利就在眼前。

【表里相济】biǎo lǐ xiāng jì
[释义]里外互相补益。[语见]晋·桓温《辞参朝政疏》:"不有行者,谁扞牧圉,表里相济,实深实重。"[例句]形势危急,我们必须同心同德,～,渡过难关。

【表里相应】biǎo lǐ xiāng yìng
[释义]外面的人和里面的人互相呼应。[语见]汉·刘弗陵《赐燕王旦玺书》:"刘氏不绝若发,赖绛侯等诛讨贼乱,尊立孝文,以安宗庙;非以中外有人,表里相应故邪。"[例句]朝中大臣和林下知识分子～,终于把这次改革推向了高潮。

bie

【别出机杼】bié chū jī zhù
[释义]别:另外。机杼:织布机。比喻诗文的构思和布局。形容诗文构思奇妙,另辟蹊径,不落俗套。[语见]宋·楼钥《跋李伯和所藏书画〈薄薄酒〉二篇》:"词人务以相胜,似不若别出机杼。"[例句]这部电影题材虽然普通,但叙事手法～,令人耳目一新。

【别出心裁】bié chū xīn cái
[释义]别:另外。心裁:或作"新裁",指

新的样式。裁:安排取舍、筹划。另外再筹划出新的、与众不同的构想。[语见]明•李贽《水浒全书发凡》:"今别出新裁,不依旧样。"[例句]他～地对公司进行了几番"改革",却没有见到什么实效。

【别风淮雨】bié fēng huái yǔ
[释义]"列风淫雨"的误写;"别"本作"列","淮"本作"淫",因字形相似而写错。后以"别风淮雨"指书籍中错别字连篇,以讹传讹。[语见]南朝梁•刘勰《文心雕龙•练字》:"《尚书大传》有'别风淮雨',《帝王世纪》云'列风淫雨'。'别''列''淮''淫'字似潜移。'淫''列'义当而不奇,'淮''别'理乖而新异。"[例句]那个号称大家的人,怎么写的文章竟如此～,实在令人不解。

【别鹤孤鸾】bié hè gū luán
[释义]别:离别。鸾:古代传说中凤凰一类的鸟。比喻离散的夫妻。[语见]晋•陶渊明《拟古》诗:"上弦惊《别鹤》,下弦操《孤鸾》。"[例句]这一对～,竟然被茫茫大洋阻隔了半个世纪。

【别鹤离鸾】bié hè lí luán
[释义]见"别鹤孤鸾"。[例句]战乱使这一对～,再也没能重逢。

【别具匠心】bié jù jiàng xīn
[释义]指文学艺术等方面与众不同的构思。[例句]这部戏在舞台布景上倒是～,使人有身临其境之感。

【别具一格】bié jù yī gé
[释义]别:另外。格:风格。另有一种与众不同的风格。[例句]山庄～的设计和独特的风光,吸引了大量的游客。

【别具只眼】bié jù zhī yǎn
[释义]形容眼界宽阔,有独特的眼光和见解。[语见]宋•杨万里《诚斋集•送彭元忠县丞北归》诗:"近来别具一只眼,要踏唐人最上关。"[例句]如果不是老先生～将我的论文专门提出来论证一番,我后半生的命运,怕真的要改写了。

【别开生面】bié kāi shēng miàn
[释义]别:另外。开:开创、建立。生面:新的面目。原指给旧画人物的面部涂上新的颜色。后泛指开创新的局面或创立新的样式。[语见]唐•杜甫《丹青引•赠曹将军霸》诗:"凌烟功臣少颜色,将军下笔开生面。"赵次公注:"凌烟画像颜色已暗,而曹将军重为之画,故云开生面。"[例句]虽说都是些孩童,但是他们设计的～的辩论会,使我们这些成人都赞叹不已。

【别树一帜】bié shù yī zhì
[释义]另外树立一面旗帜。比喻开创新路另成一家。[例句]在这么多专家面前,你敢于～地提出你不同的观点,实在难能可贵。

【别无长物】bié wú cháng wù
[释义]别:另外。长物:多余的东西。另外再没有多余的东西。形容非常俭朴或清贫。[语见]南朝宋•刘义庆《世说新语•德行》:"王恭对曰:'丈人不悉恭,恭作人无长物。'"[例句]轻轻地走进他的书房,只一张书桌,一把椅子,几架书,～,其清贫足以让人落泪。

【别有洞天】bié yǒu dòng tiān
[释义]见"别有天地"。[语见]宋•王炎《水调歌头》词:"傍江亭,穷杳霭,踞巉岩。水深石冷,闻道别有洞中天。"[例句]进得门来,奇石遍地,花草满园,真是～。

【别有天地】bié yǒu tiān dì
[释义]另有一种境界。也形容风景引人入胜。[语见]唐•李白《山中问答》:"桃花流水杳然去,别有天地非人间。"[例句]转过山头,景致更是～,直让我们这些长期奔忙于都市的人,生出无限的感慨。

【别有用心】bié yǒu yòng xīn
[释义]另有不可告人的企图。用于贬义。[语见]清•吴趼人《二十年目睹之怪现状》第九十九回:"人家都说他过于巴结,自己公馆近在咫尺,何必如此;王太尊也是说他办事可靠,哪里知道他是别有用心的呢。"[例句]这些沸沸扬扬、～的议论,并不能使他的决心动摇半分。

bin

【宾客如云】 bīn kè rú yún
[释义] 宾客多得像积聚的云。形容宾客很多。[语见] 明·冯梦龙《喻世明言》第二十九卷："又卸下布衣一袭，每逢月朔月望，卸下铅华，穿著布素，闭门念佛；虽宾客如云，此日断不接见，以此为常。"[例句] 想起当初那～的盛况，再看一眼目下的凄凉，他禁不住黯然垂泪。

【宾客盈门】 bīn kè yíng mén
[释义] 盈：满。宾客充满门庭。形容宾客非常多。[语见] 唐·姚思廉《梁书·王暕传》："时文宪作宰，宾客盈门，见暕相谓曰：'公才公望，复在此矣。'"[例句] 他不再回忆那些～的日子，他一心要做的，是用心把自己的心得记下来。

【宾至如归】 bīn zhì rú guī
[释义] 宾：客人。至：到。归：回家。客人来到这里，感觉好像回到家里一样。形容招待得热情周到。[语见] 明·冯梦龙《东周列国志》第七十八回："四方之客，一入鲁境，皆有常供，不至缺乏，宾至如归。"[例句] 虽说这里仅仅是宾馆，但是其服务和设施，都给人一种～的感觉。

【彬彬有礼】 bīn bīn yǒu lǐ
[释义] 彬彬：文雅的样子。形容举止文雅，对人有礼貌。[例句] 他待人接物总是～，人们都很喜欢他。

bing

【冰壑玉壶】 bīng hè yù hú
[释义] 壑：深山沟。像冰那样清澈的深山沟的水，装在晶莹的玉石壶里。比喻人的品性高洁。[语见] 唐·杜甫《入奏行赠西山检察窦侍御》："窦侍御，骥之子，……炯如一段清水出万壑，置在迎风露寒之玉壶。"[例句] 单单看这清淡的画，再看看画上清淡的文字，便可对画主人当初～的心灵有所感知了。

【冰壶秋月】 bīng hú qiū yuè
[释义] 冰壶：盛冰的玉壶，比喻洁白。秋月：比喻明净。比喻心地纯洁，品格高尚。[语见] 宋·苏轼《赠潘谷》诗："布衫漆黑手如龟，未害冰壶贮秋月。"[例句] 大学士性情高雅，如～，自是美名远播。

【冰壶玉尺】 bīng hú yù chǐ
[释义] 玉尺：玉制的尺。比喻高尚清白的人品。[语见] 明·宋濂等《元史·黄潜传》："及升朝行，挺立无所附，足不登钜公势人之门，君子称其清风高节，如冰壶玉尺，纤尘弗污。"[例句] 夫子不附权贵，如～，为当时读书人的楷模。

【冰壶玉衡】 bīng hú yù héng
[释义] 冰壶：冰心玉壶。玉衡：用宝石装饰的天文仪器。比喻清澈的品质，高洁的气质。[语见] 唐·杜甫《寄裴施州》诗："金钟大镛在东序，冰壶玉衡悬清秋。"[例句] 先生高义如山，行如～，岂可与那等人同流合污？

【冰魂雪魄】 bīng hún xuě pò
[释义] 比喻行为高尚，操行清白纯净。[语见] 五代·王定保《唐摭言》第十卷："刘得仁…既终，诗人争为诗以吊之，唯供奉僧栖白擅名。诗曰：'忍苦为诗身到此，冰魂雪魄已难招。'"[例句] 常言道文如其人，能写出这样格调高雅的诗文的，也只有他这样～的人了。

【冰肌雪肠】 bīng jī xuě cháng
[释义] 如同冰一样清澈的肌体，像雪一样洁白的心肠。形容纯洁的品质。[语见] 清·孔尚任《桃花扇·骂筵》："冰肌雪肠原自同，铁心石腹何愁冻。"[例句] 她出身高贵，～，在一群草莽英豪之中显得分外突兀。

【冰肌玉骨】 bīng jī yù gǔ
[释义] 肌：肌肤。骨：骨头、骨骼。像冰雪一样的肌肤，像美玉一样的骨骼。形容美女的肌肤晶莹光润；也形容梅花傲寒争艳的样子。[语见] 宋·苏轼《洞仙歌》词："冰肌玉骨，自清凉无汗。水殿风来暗香满。"[例句] 那女子生得～，经灯光一照，美艳尤甚。

【冰解冻释】 bīng jiě dòng shì
[释义] 如冰冻一样融化消失。指障碍、

疑虑完全消失或完全解除。[语见]《庄子·庚桑楚》:"是乃所谓冰解冻释者能乎?"[例句]二人经过我耐心的劝解,终于～,和好如初。

【冰清玉洁】bīng qīng yù jié
[释义]像冰那样清明,像玉那样洁净。比喻人的操行高尚。[语见]汉·司马迁《与挚伯陵书》:"伏唯伯陵材能绝人,高尚其志,以善厥身,冰清玉洁,不以细行。"[例句]她往人群中一站,那绝代风姿和～的气质,使她有如鹤立鸡群。

【冰散瓦解】bīng sàn wǎ jiě
[释义]见"冰消瓦解"。[语见]晋·陈寿《三国志·魏书·傅嘏传》裴松之注引司马彪《战略》:"由不虞之道,以闲其不戒;比及三年,左提右挈,虏必冰散瓦解,安受其弊,可坐算而得也。"[例句]在农民军的冲击下,元朝政权于一夜之间便～了。

【冰炭不投】bīng tàn bù tóu
[释义]冰和炭不相投和。比喻人的性情、志趣不同,谈不到一块儿。[语见]清·曹雪芹《红楼梦》第一百一十五回:"岂知谈了半天,竟有些冰炭不投。"[例句]他们二人～,势如水火,实在不该待在一个公司里。

【冰炭不相容】bīng tàn bù xiāng róng
[释义]冰和炭不能同时存在。比喻两种对立的事物各不相让,不能并存。[语见]《韩非子·显学》:"夫冰炭不同器而久,寒暑不兼时而至。"[例句]两个派别政见～,但是在具体的政务中却也能相互配合,不能不说是法治国家最成功的地方。

【冰炭相爱】bīng tàn xiāng ài
[释义]冰和炭互相接近。比喻互相救助。[语见]汉·刘安《淮南子·说山训》:"天下莫相憎于胶漆,而莫相爱于冰炭,胶漆相贼,冰炭相息也。"注:"冰得炭则解归水,复其性;炭得冰则保其炭,故曰相爱。"[例句]你们当年是那么的～,想不到时间一长,竟闹得如此不可开交,造化弄人啊!

【冰天雪地】bīng tiān xuě dì
[释义]冰雪漫天盖地。形容天气非常冷。[例句]苏武在那样一个～的环境里,孤独地度过了一年又一年。

【冰天雪窖】bīng tiān xuě jiào
[释义]见"雪窖冰天"。[语见]清·陈康祺《郎潜纪闻》第四卷:"公(林则徐)慨然曰:'二万里冰天雪窖,只身荷戈,未尝言苦。'"[例句]即使是身在～,我只要想起那些帮助过我的人,便觉得有无穷的力量绵绵而来。

【冰消冻释】bīng xiāo dòng shì
[释义]见"冰解冻释"。[语见]宋·朱熹《论差役利害状》:"而此数十年深锢牢结之弊,一旦豁然,冰消冻释。"[例句]为了他们的矛盾能够～,我们可是费尽了苦心啊。

【冰消瓦解】bīng xiāo wǎ jiě
[释义]消:消融,融化。解:解体,粉碎。像冰雪一样融化,像瓦片一样粉碎。喻指彻底毁灭,崩溃。[语见]唐·魏徵《隋书·杨素传》:"公以深谋,出其不意,雾廓云除,冰消瓦解。"[例句]在我公安人员的大力打击下,这个黑社会团伙终于～了。

【冰雪聪明】bīng xuě cōng míng
[释义]资质机灵得像晶莹的冰、洁白纯净的雪一样。形容人特别聪明。[语见]唐·杜甫《送樊二十三侍御赴汉中判官》诗:"冰雪净聪明,雷霆走精锐。"[例句]你那个～的女儿啊,真的是人见人爱。

【兵不血刃】bīng bù xuè rèn
[释义]兵:武器。血:动词,沾血。兵刃上没沾上血迹。后指未经交锋就取得了胜利。[语见]《荀子·议兵》:"故近者亲其善,远方慕其德,兵不血刃,远迩来服。"[例句]枪炮一响,他们立即渡过河去,～,便占领了那座城市。

【兵不厌诈】bīng bù yàn zhà
[释义]兵:战争。厌:厌弃。诈:欺诈。作战时不排斥用欺诈的方法迷惑敌人。[语见]《韩非子·难一》:"臣闻之,繁礼君子,不厌忠信;战阵之间,不厌诈伪,君其诈之而已矣。"[例句]所谓～,对手是十分狡猾的,我们必须加倍提防,以免中了

B

敌人的奸计。

【兵出无名】 bīng chū wú míng
[释义] 见"师出无名"。[语见] 汉·班固《汉书·高帝纪》:"兵出无名,事故不成。"[例句] 这么～地去讨伐,必然会引起别国的非议。

【兵多将广】 bīng duō jiàng guǎng
[释义] 兵多将多。形容兵力强大。[语见] 元·关汉卿《单刀会》第三折:"那鲁子敬是个足智多谋的人,他又兵多将广,人强马壮。"[例句] 魏国虽说～,但是既无明人指点,又无合理调度,那不过是一群乌合之众而已。

【兵革满道】 bīng gé mǎn dào
[释义] 战乱中军用的武器装备散乱地遗弃,塞满了道路。形容战祸伤亡惨重。[语见] 汉·王充《论衡·寒温》:"六国亡时,秦汉之际,诸侯相伐,兵革满道。"[例句] 北朝时期,诸国战乱不止,～,真是苦了百姓。

【兵贵神速】 bīng guì shén sù
[释义] 兵:用兵作战。神速:非常迅速。用兵作战贵在特别迅速(这样才能出其不意,抓住战机)。[语见] 晋·陈寿《三国志·魏书·郭嘉传》:"太祖将征袁尚……嘉言曰:'兵贵神速。'"[例句] ～,你不妨带着小队人马先行,用最快的速度占领有利地形。

【兵荒马乱】 bīng huāng mǎ luàn
[释义] 兵、马:指战争。荒、乱:指年景灾荒和社会动荡。形容因战争造成的社会动荡不安的局面。[语见] 元·无名氏《梧桐叶》第四折:"……一向收留在俺府中为主,也是天数,不然,那兵荒马乱,定然遭驱被掳。"[例句] 如今～的,你一个手无缚鸡之力的书生,真让人放心不下。

【兵精粮足】 bīng jīng liáng zú
[释义] 兵士精锐,军粮充足。形容军队十分强盛。[语见] 明·罗贯中《三国演义》第四十三回:"今江东兵精粮足,且有长江之险。"[例句] 我方现在～、士气高昂,正是挥师北上的时机,您还犹豫什么呢?

【兵连祸结】 bīng lián huò jié
[释义] 兵:指战争。连:连续。结:联在一起。战争、灾祸接连不断。[语见] 汉·班固《汉书·匈奴传下》:"兵连祸结,三十余年。"[例句] 几十年的～,使隋朝大伤元气。

【兵临城下】 bīng lín chéng xià
[释义] 兵:军队。临:到达。敌军已来到城下。形容形势十分危急。[语见] 元·无名氏《马陵道》第三折:"俺这里雄兵百万,战将千员,有一日兵临城下,将至濠边……那其间悔之晚矣。"[例句] 直到～,这些王子皇孙还在暖日笙歌中醉生梦死。

【兵强马壮】 bīng qiáng mǎ zhuàng
[释义] 兵:士兵。马:战马。兵士强壮,战马雄健。形容军队实力雄厚。[语见] 宋·欧阳修《新五代史·安重荣传》:"尝谓人曰:'天子宁有种耶?兵强马壮者为之尔。'"[例句] ～的前秦军队到了淝水的时候,事实上已成强弩之末,其败已在所难免。

【兵戎相见】 bīng róng xiāng jiàn
[释义] 兵戎:武器。以武力相见。指用战争解决问题。[例句] 这两个草原民族,为了一处水源而～,最终两败俱伤,实是人类的不幸。

【兵上神密】 bīng shàng shén mì
[释义] 上:通"尚",贵。用兵贵在神秘。[语见] 汉·班固《汉书·周勃传》:"兵事上神密,将军何不从此右去,走蓝田,出武关,抵雒阳。"[例句] 虽说是以身试险,但是～,必能取得出其不意的效果。

【兵微将寡】 bīng wēi jiàng guǎ
[释义] 兵士少,将领也少。形容兵力薄弱。[语见] 元·关汉卿《单刀会》第一折:"他兄弟虽多,兵微将寡。"[例句] 刘备虽说～,但是因为能笼络人心,终于成就了一番霸业。

【兵行诡道】 bīng xíng guǐ dào
[释义] 行:使用。诡道:欺诈的方法。用兵常使用欺诈的方法。[语见]《孙子·始计》:"兵者,诡道也。"[例句] ～,我们不

B

可以常理估计敌我形势。

【秉笔直书】 bǐng bǐ zhí shū

[释义] 秉:持、握。书:写。拿起笔来,径直写出。多指写文章观点明确,真实反映现实。[语见] 清·曾朴《孽海花》第三十五回:"我是秉笔直书,悬之国门,不能增损一字。"[例句] 虽说史书无欺,但是真正能～的史家却并不多。

【秉公无私】 bǐng gōng wú sī

[释义] 秉公:主持公道。做事公道不掺杂私念。[语见] 清·钱彩《说岳全传》第七十三回:"故特请诸公到此三曹对案,以明天地鬼神,秉公无私,但有报应轻重远近之别耳。"[例句] 作为执法人员,你一定要～,主持正义,尽最大的努力完成好自己的使命。

【秉要执本】 bǐng yào zhí běn

[释义] 秉:握。要:重要。本:根本。指抓住要害和根本。[语见] 汉·班固《汉书·艺文志》:"道家者流,盖出于史官,历记成败存亡、祸福古今之道,然后知秉要执本,清虚以自守,卑弱以自持,此君人南面之术也。"[例句] 先对问题进行一番～的分析之后,你自然会对其中的漏洞了然于胸了。

【秉烛夜游】 bǐng zhú yè yóu

[释义] 秉:持。在夜晚拿着蜡烛游乐。旧时指及时行乐。也比喻珍惜光阴。[语见]《古诗十九首》:"昼短苦夜长,何不秉烛游?"[例句] 这些～的王公贵族,哪里想得到,他们不日就会成为刀下之鬼?

【炳炳烺烺】 bǐng bǐng lǎng lǎng

[释义] 光亮鲜明。形容文章辞采声韵之美。[语见] 唐·柳宗元《答韦中立论师道书》:"乃知文者以明道,是固不苟为炳炳烺烺,务采色、夸声音而以为能也。"[例句] 宋词之所以被后人喜欢,是因为它～,适合歌咏。

【屏气敛息】 bǐng qì liǎn xī

[释义] 见"屏气慑息"。[语见] 清·李宝嘉《官场现形记》第三十八回:"太太道:'不用你费心,我自己会收的。'瞿耐庵道:'太太说得是,说得是。'连连屏气敛息,不敢作声。"[例句] 老太爷一发脾气,全家上下个个～,谁也不敢作声。

【屏气凝神】 bǐng qì níng shén

[释义] 屏:抑制,停止,忍住。屏住呼吸,聚精会神。形容注意力高度集中。[语见]《论语·乡党》:"摄齐升堂,鞠躬如也,屏气似不息者。"[例句] 全班同学都～地等待老师公布成绩。

【屏气慑息】 bǐng qì shè xī

[释义] 暂时止住了呼吸。形容心情紧张或注意力过于集中的样子。[语见] 唐·卢肇《上王仆射书》:"今乃不意遇圣君贤相,以仆射为日月照临,多士莫不屏气慑息。"[例句] 手术室灯终于熄灭了,小许和母亲～地等着医生出来。

【屏声息气】 bǐng shēng xī qì

[释义] 见"屏气慑息"。[语见] 清·曹雪芹《红楼梦》第六十七回:"只见两三个小丫头都在那里,屏声息气齐齐的伺候着。"[例句] 一进屋,我看到两个小孩正～地听着电视里的一段京戏,令我不禁大为惊讶。

【并驾齐驱】 bìng jià qí qū

[释义] 并:并头,并排。驾:驾车。齐:一起、一块儿。驱:使马跑,驱赶。比喻齐头并进,不分先后。[语见] 南朝梁·刘勰《文心雕龙·附会》:"是以驷牡异力,而六辔如琴;并驾齐驱,而一毂统辐。"[例句] 自近代以来的哲人中,很少能找到有谁能与康德～的了。

【并日而食】 bìng rì ér shí

[释义] 并:合在一起,合并。食:吃饭。两天只吃一天的饭食,即一天的饭食分成两天吃。形容生活无着,缺食少饮,忍饥度日。[语见]《礼记·儒行》:"儒有一亩之宫,环堵之室,筚门圭窬,蓬户瓮牖,易衣而出,并日而食。"[例句] 看着百姓～的惨象,这位仁慈的君主不禁流下泪来。

【并为一谈】 bìng wéi yī tán

[释义] 见"混为一谈"。[例句] 两者出处不同,意义有异,自不能～。

B

【并行不悖】bìng xíng bù bèi
[释义] 悖:抵触,相冲突。同时进行,互不冲突。[语见]《礼记·中庸》:"万物并育而不相害,道并行而不相悖。"[例句] 我现在所要表达的观点,同我以前所说,本是～的,怎么能说我自相矛盾呢?

【病从口入】bìng cóng kǒu rù
[释义] 指疾病常常是由于饮食不小心而造成的。[语见] 宋·李昉《太平御览》第三百六十七卷引晋·傅玄《口铭》:"病从口入,祸从口出。"[例句] 如今疫情未稳,要防止～,一定要注意饮食卫生。

【病骨支离】bìng gǔ zhī lí
[释义] 因久病体衰而导致骨节松散。形容病体衰弱,不能自持。[语见] 宋·陆游《病起书怀》诗:"病骨支离纱帽宽。"[例句] 秋日之后,主帅便～,全军士气也低落了许多。

【病国殃民】bìng guó yāng mín
[释义] 使国家受害,人民遭受苦难。[语见] 明·桑绍良《独乐园》楔子:"只因误用了王安石,创立新法,招呼党类,病国殃民,天下骚然。"[例句] 王莽篡权,～,对经济和文化都造成了巨大的破坏。

【病急乱投医】bìng jí luàn tóu yī
[释义] 由于病重而急于要治好,就胡乱地去求医。比喻在事情危急时盲目地想一些无用的办法。[语见] 清·曹雪芹《红楼梦》第五十七回:"紫鹃笑道:'你也念起佛来,真是新闻。'宝玉笑道:'所谓病急乱投医了。'"[例句] 他们老两口走投无路,只好～,竟然向我这个小职员讨教了。

【病染膏肓】bìng rǎn gāo huāng
[释义] 见"病入膏肓"。[语见] 元·范居中《金殿喜重重·秋思》:"真个崔张不让,命该凋丧,险些病染膏肓,此言非妄。"[例句] 再次见到四姐时,她竟然已经～了,我内心的悲凉,难以言表。

【病入膏肓】bìng rù gāo huāng
[释义] 膏肓:中医将心尖脂肪称为膏;心脏和隔膜之间称为肓,认为是药力达

不到之处,极难治愈。形容病情极为严重,无法医治。也常用以比喻事情严重,不可挽救。[语见]《左传·成公十年》:"公疾病求医于秦,秦伯使医缓为之,未至,公梦疾为二竖子曰:'彼良医也,惧伤我,焉逃之?'其一曰:'居肓之上,膏之下,若我何?'医至曰:'疾不可为也,在肓之上,膏之下,攻之不可,达之不及,药不至焉,不可为也。'公曰:'良医也。'厚为之礼而归之。"[例句] 崇祯接手的,原本就是一个～的政权,即使他有日月之志,也无力回天了。

【病势尪羸】bìng shì wāng léi
[释义] 尪羸:瘦弱。病势严重,身体瘦弱。[语见] 晋·葛洪《抱朴子·自叙》:"洪禀性尪羸,兼之多疾,贫无车马,不堪徒行,行亦性所不好。"[例句] 老太太～,奄奄一息地躺在床上,情景甚是凄惨。

【病由口入】bìng yóu kǒu rù
[释义] 见"病从口入"。[语见] 宋·张君房《云笈七签》第三十五卷:"病由口入,节宣方也;生劳败静,养道性也。"[例句] 老师叮嘱小朋友们:要防止～,饭前便后必须洗手。

【病在膏肓】bìng zài gāo huāng
[释义] 见"病入膏肓"。[语见] 宋·释普济《五灯会元·洪州法昌倚遇禅师》:"病者病在膏肓,顽者顽入骨髓。"[例句] 面前的人,虽已～,但是那眼睛里闪现的求生渴望,却无比强烈。

bo

【拨草寻蛇】bō cǎo xún shé
[释义] 拨开草丛找蛇。比喻招惹恶人,自找麻烦。[语见] 明·汤显祖《牡丹亭·回生》:"亏杀你拨草寻蛇,亏杀你守株待兔。"[例句] 现在局面这么混乱,你就不要再～,惹人心烦了。

【拨乱反正】bō luàn fǎn zhèng
[释义] 拨:治理。乱:乱世。反:回到。正:正常。治理混乱局面,恢复正常秩序。也指纠正错误,恢复正常事理。[语见]《公羊传·哀公十四年》:"拨乱

世,反诸正,莫近诸《春秋》。"[例句]及时地~,使得社会正常的秩序得以建立。

【拨乱反治】 bō luàn fǎn zhì
[释义]见"拨乱反正"。[语见]元·马致远《陈抟高卧》第一折:"实不相瞒,区区见五代之乱,天下涂炭极矣,常有拨乱反治之志,奈无寸土为阶。"[例句]对岳飞"莫须有"的罪名~,并不是统治者心里所想,而是情势所迫。

【拨乱济时】 bō luàn jì shí
[释义]平定乱世,解救时世。[语见]唐·房玄龄等《晋书·武帝纪》:"太祖武皇帝拨乱济时,扶翼刘氏,又用受命于汉。"[例句]武则天晚年,朝纲不整,一些老臣趁机~,还周为唐,不经乱世而使国家得以继续,真乃前无古人。

【拨乱诛暴】 bō luàn zhū bào
[释义]治平乱世,剪除强暴。[语见]汉·班固《汉书·外戚恩泽侯表》:"高帝拨乱诛暴,庶事草创,日不暇给,然犹修祀六国,求聘四皓。"[例句]开封府开始也想~,但是一见被告的后台是当朝宰相,便不敢吱声了。

【拨云睹日】 bō yún dǔ rì
[释义]拨:拨开。睹:看见。拨开乌云,看见太阳。比喻见到光明。也比喻突然受到启发,思想豁然开朗。[语见]元·王实甫《西厢记》第二本楔子:"自别兄长台颜,一向有失听教,今得一见,如拨云睹日。"[例句]我隐忍十年,终于等到了~的这一天!

【拨云见日】 bō yún jiàn rì
[释义]见"拨云见天"。[语见]元·无名氏《十探子大闹延安府》第一折:"今日得见大人,便似拨云见日,昏镜重磨。"[例句]你不必灰心,不出两年,~的时刻必然会到来。

【拨云见天】 bō yún jiàn tiān
[释义]拨开云雾,看见青天。比喻冲破黑暗,见到光明,前途大有希望。[语见]唐·房玄龄等《晋书·乐广传》:"此人之水镜,见之莹然,若拨云雾而睹青天也。"[例句]你算幸运的了,许多人根本就没

有机会等到~的那一天便命丧黄泉了。

【拨嘴撩牙】 bō zuǐ liáo yá
[释义]形容耍弄口舌,挑拨是非。[语见]明·汤显祖《牡丹亭·围释》:"通事中间,拨嘴撩牙。"[例句]你们的关系再好,也经不起~的人挑拨离间。

【波谲云诡】 bō jué yún guǐ
[释义]见"云谲波诡"。[语见]清·王韬《瀛壖杂志》第六卷:"亦有小舟用三人者,驰斗如飞,捷于凫鹥,得胜者踊跃奔腾,波谲云诡,以快其夺标之兴。"[例句]此事涉及的人数众多,复杂周折,~,不是我三言两语能说得明白的。

【波澜老成】 bō lán lǎo chéng
[释义]波澜:波涛,比喻诗文气势起伏跌宕。老成:形容文章老练成熟。形容诗文气势波澜壮阔,功力深沉雄厚。[语见]唐·杜甫《敬赠郑谏议十韵》诗:"毫发无遗恨,波澜独老成。"[例句]此诗~,意境深远,为苏轼全部诗歌里的代表之作。

【波澜壮阔】 bō lán zhuàng kuò
[释义]波澜:波浪。壮阔:宽大,辽阔。指水面辽阔。形容气势雄壮,规模宏大。[例句]~的文艺复兴运动拉开了序幕,人类历史从此开始了一个辉煌的时代。

【剥肤椎髓】 bō fū chuí suǐ
[释义]剥人皮肤,敲人骨髓。比喻极其残酷地压榨和剥削。[语见]唐·韩愈《郓州溪堂》诗:"掇拾之余,剥肤椎髓。"[例句]这些~的官吏,最终把忍无可忍的百姓逼上了反抗的道路。

【剥肤之痛】 bō fū zhī tòng
[释义]像被剥去肌肤一样的痛苦。指受害极深而引起的痛苦。[语见]《周易·剥》:"剥床以肤,凶。"[例句]只要能给他们造成~,便能使其军心不稳,到那时,我们再戈一击,必能大获全胜。

【播弄是非】 bō nòng shì fēi
[释义]在人与人之间进行挑拨,制造矛盾。[例句]他心胸狭窄,常常~,闹得许多朋友心生嫌隙而不知所以。

B

【伯歌季舞】bó gē jì wǔ
[释义]伯:大哥。季:最小的弟弟。大哥唱歌,小弟起舞。形容兄弟和睦。[语见]汉·焦延寿《易林》:"伯歌季舞,燕乐以喜。"[例句]陈氏兄弟虽然各自独立门庭,但是～,与早年食同桌、寝同床别无二致。

【伯埙仲篪】bó xūn zhòng chí
[释义]哥哥吹埙,弟弟吹篪,乐声和谐。指兄弟关系和睦。[语见]《诗经·小雅·何人斯》:"伯氏吹埙,仲氏吹篪。"[例句]看到你们兄弟能～,和睦相处,我也就放心了。

【伯玉知非】bó yù zhī fēi
[释义]伯玉:春秋时卫国大夫。非:过错。伯玉知道自己的过错。后泛指人善于认识自己的过错。[语见]汉·刘安《淮南子·原道训》:"故蘧伯玉年五十,而有四十九年非。"[例句]你虽然多次犯下大错,但是～,犹未为晚,只要你能知错改错,必能得一心安。

【伯仲之间】bó zhòng zhī jiān
[释义]伯仲:兄弟排行,伯为老大,仲为老二。不是老大,就是老二。喻指名次不分上下,水平相当。[语见]三国魏·曹丕《典论·论文》:"文人相轻,自古而然。傅毅之于班固,伯仲之间耳。"[例句]二人的画技,诚在～;但是二人的操守,却如天上地下。

【勃然变色】bó rán biàn sè
[释义]勃然:突然地。变:改变。色:脸色,指脸上的神态、表情。突然变了脸色。指突然生气了。[语见]《孟子·万章下》:"(孟子)曰:'君有大过则谏,反复之而不听,则易位。'王勃然变乎色。"[例句]我就简单地说明了我的意思,他竟～,也不知道冒犯了他哪根神经。

【勃然大怒】bó rán dà nù
[释义]勃然:突然地。突然大发脾气。[语见]汉·班固《汉书·谷永传》:"是故皇天勃然发怒。"[例句]我的话还没有说完,他便已～,我最后一次劝说就这么结束了。

【勃然奋励】bó rán fèn lì
[释义]勃然:奋发的样子。奋发起来,激励自己。[语见]北齐·颜之推《颜氏家训·勉学》:"勃然奋励,不可恐慑也。"[例句]经历了这次挫折,他已经～,我们等待着他的成功。

【勃谿相向】bó xī xiāng xiàng
[释义]勃谿:指家庭中的争吵。相向:相对立。在家庭中相对立而争吵。[语见]《庄子·外物》:"室无空虚,则妇姑勃谿。"[例句]金府中人口众多,且规矩甚严,长幼尊卑,极其分明,绝不允许～。

【博采群议】bó cǎi qún yì
[释义]见"博采众议"。[语见]北齐·魏收《魏书·刘芳传》:"考括坟籍,博采群议。"(注:坟籍,古代典籍。)[例句]有什么问题,不要一个人独自做主,要～,听一听别人是怎么认识的。

【博采众长】bó cǎi zhòng cháng
[释义]博:广,多。采:采取,吸收。长:长处。广泛地吸取各家的长处。[例句]治学当兼修并蓄,～,不要陷在一门一派的小圈子里坐井观天。

【博采众议】bó cǎi zhòng yì
[释义]博:广。采:采纳。议:建议,意见。广泛地采纳众人的意见。[语见]晋·陈寿《三国志·吴书·孙登传》:"诚宜与将相大臣详择时宜,博采众议。"[例句]顾随之胸宽如海,做事情常常能～。

【博大精深】bó dà jīng shēn
[释义]博大:宽广,丰富。精深:又专又深。形容学识、思想广博高深。[语见]明·姜世昌《逸周书》:"迄今读之,若揭日月而行千载,其博大精深之旨,非晚世学者所及。"[例句]这部～的鸿篇巨著,给了后世子孙多少启迪!

【博而不精】bó ér bù jīng
[释义]指学识广博而不精通。[语见]南朝宋·范晔《后汉书·马融传》:"乃曰:'贾君精而不博,郑君博而不精;既精且博,吾何加焉!'"[例句]刘志刚学手艺,～,不过在乡下也算绰绰有余了。

B

【博而寡要】bó ér guǎ yào
[释义] 要:要领。所学很多,却很少得到要领。[例句] 表弟整天忙忙碌碌的,书也读了一大堆,但是因为读书不得法,终究是～,不求甚解。

【博古通今】bó gǔ tōng jīn
[释义] 博:知道得多。通:通晓。古代、现代的事情都通晓。形容知识渊博。[语见] 唐·房玄龄等《晋书·石苞传》:"君侯博古通今,察远照迩,愿加三思。"[例句] ～的王国维,其自杀原因,至今还莫衷一是。

【博古知今】bó gǔ zhī jīn
[释义] 见"博古通今"。[语见]《孔子家语·观周》:"吾闻老聃博古知今。"[例句] 别看人家宁先生～,人前人后总是受人尊敬,可是你哪里知道他苦读研修时的艰辛!

【博关经典】bó guān jīng diǎn
[释义] 关:涉猎。广泛涉猎经典。形容知识广博。[语见] 北齐·魏收《魏书·高允传》:"博士取博关经典,世履忠清,堪以为师者,年限四十以上。"[例句] 许老师～,而且口才又好,他的课自然深得同学们的喜爱了。

【博览群书】bó lǎn qún shū
[释义] 广泛地阅览各种书籍。[例句] 就是那几年图书馆的工作,给了他～的好机会。

【博施济众】bó shī jì zhòng
[释义] 广施恩惠,救济众人的困难。[语见] 唐·韩愈《读墨子》:"孔子泛爱亲仁,以博施济众为圣,不兼爱哉?"[例句] 寺庙把～的习惯一代又一代地传了下来,这也便成了它香火千年不衰的原因。

【博识多通】bó shí duō tōng
[释义] 博:多,丰富。通:精通。学识广博,精通多方面的知识。[例句] 在学院里,既～又幽默风趣的李教授最受学生喜爱。

【博士买驴】bó shì mǎi lǘ
[释义] 博士:古代学官名。比喻写文章废话连篇,不得要领。[语见] 北齐·颜之推《颜氏家训·勉学》:"邺下谚云:'博士买驴,书券三纸,未有驴字。'"[例句] 你尽废话连篇,有如～,我早就没有听下去的耐心了。

【博通经籍】bó tōng jīng jí
[释义] 广博地精通儒家经典。形容学识渊博。[语见] 南朝宋·范晔《后汉书·马融传》:"融从其游学,博通经籍。恂奇融才,以女妻之。"[例句] 刘伶年纪尚幼,即已～,时人甚为惊异。

【博闻强记】bó wén qiáng jì
[释义] 见"博闻强识"。[例句] 他是一个～的人,你去问他,他肯定能说出这个典故的来历。

【博闻强志】bó wén qiáng zhì
[释义] 见"博闻强识"。[语见]《荀子·解蔽》:"博闻强志,不合王制,君子贱之。"[例句] 早年通过～而在脑子里留下的东西,往往成为终生的记忆。

【博闻强识】bó wén qiáng zhì
[释义] 博:广,多。闻:见闻。识:记忆。见闻丰富,记忆力强。[语见]《礼记·曲礼上》:"博闻强识而让。"[例句] 韩绍先在湘潭潜心读书,十年之间,～,目不窥园,终成一代大儒。

【博物多闻】bó wù duō wén
[释义] 见"博物洽闻"。[语见] 南朝宋·范晔《后汉书·周荣传》:"蕴椟古今,博物多闻,《三坟》之篇,《五典》之策,无所不览。"[例句] 汉武帝的这几个小难题,又怎么能难得倒～的东方朔呢?

【博物洽闻】bó wù qià wén
[释义] 博物:能辨识许多事物。指知识广博。[语见] 汉·班固《汉书·司马迁传》:"以迁之博物洽闻,而不能以知自全,既陷极刑,幽而发愤,书亦信矣。"[例句] 他身边那些出谋划策的,都是些～之人,我们万万不可掉以轻心。

【博物通达】bó wù tōng dá
[释义] 博物:能辨识多种事物。通达:明白人情事理。形容学识渊博,通晓事理。[语见] 汉·班固《汉书·公孙刘田王杨蔡陈郑传赞》:"桑(弘羊)大夫据当世,合时

变,上权利之略,虽非正法,巨儒宿学不能自解,博物通达之士也。"[例句]像他这么一个～的人在众多腐儒中,自是有如鹤立鸡群。

【博学多才】 bó xué duō cái
[释义]博:多,丰富。学问丰富,有多种才能。[语见]唐·房玄龄等《晋书·邵诜传》:"诜博学多才,璔伟倜傥,不拘细行,州郡礼命并不应。"[例句]来给大家上课的老师,个个都是～之人,同学们自然格外高兴了。

【博学多闻】 bó xué duō wén
[释义]博:广博。闻:见闻。学识广博,见闻丰富。[语见]汉·刘安《淮南子·本经训》:"故博学多闻,而不免于惑。"[例句]我的老师是一个～的真正的知识分子。

【博学洽闻】 bó xué qià wén
[释义]见"博学多闻"。[语见]唐·房玄龄等《晋书·荀颛传》:"性至孝,总角知名,博学洽闻,理思周密。"[例句]没有想到在这贫瘠的土地上,竟能碰到如此～的人,我们一行人都极为惊讶。

【搏手无策】 bó shǒu wú cè
[释义]搏手:两手相扭。扭着双手,一点办法也没有。[语见]宋·洪迈《夷坚丁志·谢生灵柑》:"(谢生母)老病不肯服药,以夏月思生柑,不啻饥渴,谢生搏手无策。"[例句]事情突然来了,老两口急得团团乱转,依然是～。

【薄此厚彼】 bó cǐ hòu bǐ
[释义]见"厚此薄彼"。[例句]做老师的,对学生一定要一碗水端平,切不可～。

【薄命佳人】 bó mìng jiā rén
[释义]薄命:命运不好,福分不大。佳人:美女。福浅命苦的美女。[语见]元·洪希文《书美人图》诗:"可怜前代汗青史,薄命佳人类如此。"[例句]这位～的悲欢离合的故事,让人看得无比心酸。

【薄暮冥冥】 bó mù míng míng
[释义]薄暮:傍晚,太阳落山的时候。傍晚时天气昏暗。形容黑夜即将降临的时候。[语见]宋·范仲淹《岳阳楼记》:"薄暮冥冥,虎啸猿啼。"[例句]～之际,我们出发了,去寻找那杳如云鹤的希望。

【薄情无义】 bó qíng wú yì
[释义]薄情:不念情义。感情冷淡,无情无义。[语见]清·曹雪芹《红楼梦》第十九回:"宝玉听了自思道:'谁知这样一个人,这样薄情无义呢?'"[例句]那么一个～之人,你怎么能跟他老是待在一起呢?

【薄物细故】 bó wù xì gù
[释义]薄物:轻微的事物。细故:细小的事故。形容轻微琐细的事情。[语见]汉·司马迁《史记·匈奴列传》:"朕追念前事,薄物细故,谋臣计失,皆不足以离兄弟之欢。"[例句]他通研史籍,～也不放过,终于发现了这位皇帝的真正死因。

【薄志弱行】 bó zhì ruò xíng
[释义]薄:脆弱,不坚定。意志不坚定,行为很懦弱。[例句]这样一个～的人是干不成大事的。

【擘肌分理】 bò jī fēn lǐ
[释义]擘:分开。理:肌肤的纹理。剖开肌肤,分析其中的纹理。比喻分析事理十分细密。[语见]南朝梁·刘勰《文心雕龙·序志》:"同之与异,不屑古今;擘肌分理,唯务折衷。"[例句]经过队长对案件的一番～,大家的思路渐渐明晰起来。

bu

【卜宅卜邻】 bǔ zhái bǔ lín
[释义]卜:占卜。《左传·昭公三年》载:齐景公为晏子换了一处新住宅,晏子却仍然住他的旧居。并且引谚语说:"'非宅是卜,唯邻是卜',二三子先卜邻矣,违卜不祥。"迁居时不是先在住宅方面占卜吉凶,而是占卜邻居是不是可以为邻。指迁居应选择好邻居。[例句]古人选择居所,～,为的是给子女一个最好的成长环境,至于房屋本身,倒在其次了。

【卜昼卜夜】 bǔ zhòu bǔ yè
[释义]卜:占卜,古人的迷信活动。《左

传·庄公二十二年》载:齐桓公使敬仲为工正,并到其家中去。敬仲设酒宴招待他,齐桓公很高兴。至晚,"公曰:'以火继之。'辞曰:'臣卜其昼,未卜其夜,不敢。'"意思是白昼喝酒作乐,我占卜过了(问过神了);夜晚喝酒作乐,我没有占卜,不敢应命。后用以形容昼夜不停地欢宴作乐,没有节制。[例句]周幽王～地寻欢作乐,哪里把国事放在心上?

【补残守缺】 bǔ cán shǒu quē
[释义]见"保残守缺"。[语见]汉·荀悦《前汉纪·哀帝纪》:"至于国家大事,则幽冥莫知其原,然犹补残守缺,挟恐见破之私意,而忘从善服义之公心。"[例句]整理这些旧文字,不是～,而是在心里留得一点往日的记忆。

【补苴罅漏】 bǔ jū xià lòu
[释义]补苴:补缀,弥缝。罅:缝隙。修补裂缝和漏洞。泛指弥补学说、文章或工作中的缺陷、漏洞。[语见]唐·韩愈《昌黎先生集·进学解》:"补苴罅漏,张皇幽眇。"[例句]如果没有他对此文的～,文章的内涵无论如何也不会如此完整。

【补偏救弊】 bǔ piān jiù bì
[释义]偏:偏差。弊:弊病。补救偏差,挽正弊病。[语见]汉·班固《汉书·董仲舒传》:"先王之道必有偏而不起之处,故政有眊而不行,举其偏者以补其弊而已矣。"[例句]他一上任,立即～,不到三年,社会状况发生了明显的改变。

【补阙灯檠】 bǔ quē dēng qíng
[释义]补阙:唐制执掌供奉讽谏的官。这里是双关语,指递补空缺。灯檠:灯架。指妻子把丈夫当作递补灯架的空缺。用作男子惧内的讽刺语。[语见]宋·陶谷《清异传》:"冀州儒李大壮畏服小君,万一不遵号令,则叱令正坐,……目之曰补阙灯檠。"[例句]老张虽然被人视为～,但是真正做起事情来,倒是一把好手。

【补阙拾遗】 bǔ quē shí yí
[释义]阙:通"缺",缺失。拾遗:补录遗

漏。补录缺失遗漏的内容。[语见]唐·房玄龄等《晋书·张轨传》:"圣王将举大事,必崇三讯之法,朝置谏官以匡大理,疑承辅弼以补阙拾遗。"[例句]编写县志需要特殊人才,尤其是最后那个～的工作,一般人恐怕做不来。

【补天浴日】 bǔ tiān yù rì
[释义]补天:女娲炼五色石修补天上的缺漏。(见《淮南子·览冥训》)浴日:羲和(太阳神)在甘渊里为所生下的十个太阳沐浴。(见《山海经·大荒南经》)"补天浴日"是由以上两个神话合并而成。比喻人有制胜与驾驭自然的雄心与威力。也形容人功勋极大。[语见]元·脱脱《宋史》:"顷张浚出使川陕,国势百倍于今。浚有补天浴日之功,陛下有砺山带河之誓,君臣相信,古今无二。"[例句]在黑暗的社会里,即使他有着～之功,也难以逃脱冤屈。

【补天柱地】 bǔ tiān zhù dì
[释义]登天去添补天空不足之处,入地去立起支撑地表的立柱。比喻创建国家基业的伟大功勋。[语见]南朝梁·陆倕《新陋刻铭》:"业类补天,功均柱地。"[例句]张良对西汉的建立,有着～之功,但是他选择了悄然身退,乃是没有办法的办法,因为普天之下,百人可以共患难,一人难以同福禄。

【捕风系影】 bǔ fēng xì yǐng
[释义]见"捕风捉影"。[语见]宋·朱熹《答蔡季通》:"虚无恍惚,如捕风系影,圣人平日之言,恐无是也。"[例句]那些说法,均是～,哪儿有什么依据!

【捕风捉影】 bǔ fēng zhuō yǐng
[释义]本指事情像风和影子一样难以捕捉。现比喻说话做事以虚妄的、不可靠的东西为依据。[语见]宋·朱熹《朱子全书·学一》:"若悠悠地,似做不做,如捕风捉影,有甚长进!"[例句]说话要有根据,你这么～,既会给别人带来烦恼,也会使你自己置于风浪之中。

【捕影拿风】 bǔ yǐng ná fēng
[释义]见"捕风捉影"。[语见]元·吴昌

龄《东坡梦》第三折:"怎知道被禅师神挑鬼弄,做一场捕影拿风?"[例句]把～的消息登在报纸上,是很不负责的。

【捕影系风】bǔ yǐng xì fēng
[释义]见"捕风捉影"。[语见]唐·姚思廉《梁书·刘孝绰传》:"但雕朽污粪,徒成延奖;捕影系风,终无效答。"[例句]连市井之人都对这些～之说不屑一顾,你怎么还说得头头是道?

【不安其室】bù ān qí shì
[释义]指已婚妇女有外遇,淫乱放荡。[语见]《诗经·邶风·凯风序》:"卫之淫风流行,虽有七子之母,犹不能安其室。"[例句]在封建礼教的社会里,～的女性是最不被世俗所接受的。

【不安于位】bù ān yú wèi
[释义]不安心于职守,指想另谋他处。[例句]他虽年岁不大,却志存高远,非池中之物,～久,你最好还是放他走吧。

【不拔之柱】bù bá zhī zhù
[释义]拔不动的柱子。比喻有坚固的根基。[例句]我说的做的,都似～,因此我有底气,也敢立下军令状。

【不白之冤】bù bái zhī yuān
[释义]无以辩白、不得昭雪的冤枉。[语见]清·夏敬渠《野叟曝言》第十八回:"未老先生一生廉介,正直无私,今被嗣子洪儒诬告白又李奸情,词涉其姊,若非屡次验明,则其姊受不白之冤,未老先生亦蒙羞于地下,不孝子弟,罪不容诛。"[例句]如果不能解除她蒙受的～,我们就是在支持犯罪,我们自己就是在犯罪。

【不败之地】bù bài zhī dì
[释义]占据优势,不会遭受失败的境地。[语见]《孙子·形篇》:"故善战者,立于不败之地。"[例句]要想使你自己立于～,你首先要做到的,就是有足够的证据。

【不卑不亢】bù bēi bù kàng
[释义]卑:低下,自卑。亢:高。不自卑也不高傲。形容态度适中或措辞得体。[例句]她微笑着,～地向我们陈述她的请求。

【不避强御】bù bì qiáng yù
[释义]见"不畏强御"。[语见]唐·权德舆《唐西川节度副大使韦公先庙碑铭序》:"操持贵幸,不避强御,缮理宫室,得其时制。"[例句]陆昊性情刚直,～,御史台也敬他三分。

【不变之法】bù biàn zhī fǎ
[释义]不可改变的法则。[语见]《尹文子·大道上》:"不变之法,君臣上下是也。"[例句]束缚了人几百年的旧礼节,虽然在彼时为～,但是一旦破起来,却也是旦夕之间的事情。

【不辨菽麦】bù biàn shū mài
[释义]分不清豆子和麦子。形容愚昧无知。[语见]《左传·成十八年》:"周子有兄而无慧,不能辨菽麦。"[例句]这份报告语言上诚然称得上是气势如虹,但是其立论脱离实际,～,因此仍然是毫无价值。

【不测之智】bù cè zhī zhì
[释义]不可估计的才智。形容智广才高。[语见]《鬼谷子·本经阴符》:"以不测之智而通心术。"[例句]夏雨之城府甚深,有～,同僚都敬他三分。

【不差毫发】bù chā háo fà
[释义]毫发:毫毛和头发。形容一点儿也不差。[语见]唐·张说《进浑仪表》:"晦朔弦望,不差毫发。"[例句]她做事十分认真,样样都～。

【不差毫厘】bù chā háo lí
[释义]毫厘:一毫一厘。参见"不差毫发"。[语见]宋·李昉《太平广记》第一百五十八卷引《玉堂闲话·许生》:"显晦之事,不差毫厘矣。"[例句]两件作品放在一起,～,工匠不禁得意地笑了。

【不差累黍】bù chā lěi shǔ
[释义]累、黍:古代两种微小的重量单位。形容丝毫不差。[语见]汉·班固《汉书·律历志上》:"权轻重者不失黍累。"[例句]两件作品竟然～,令人咋舌。

【不臣之心】bù chén zhī xīn
[释义]指不忠君的思想。后也指犯上作乱的野心。[例句]大臣们诽谤他存

有～。

【不成三瓦】 bù chéng sān wǎ
[释义] 缺三片而不齐全的屋顶。比喻不完全的事物。[语见] 汉·司马迁《史记·龟策列传》："物安可全乎？天尚不全，故世为屋不成三瓦，以应之天。"[例句] 凡事总有～之憾,你就不要求全责备了。

【不成体统】 bù chéng tǐ tǒng
[释义] 体统:指格局、规矩等。指言行不成规矩,不像样子。[语见] 清·曹雪芹《红楼梦》第十三回："我看里头着实不成体统,要屈尊大妹妹一个月,在这里料理料理,我就放心了。"[例句] 在那样严肃的场合他说那样自不量力的大话,实在是～。

【不逞之徒】 bù chěng zhī tú
[释义] 不逞:欲望得不到满足。指心怀不满,违法作乱的人。[语见] 南朝宋·范晔《后汉书·史弼传》："外聚剽轻不逞之徒。"[例句] 就是在那群～的唆使和怂恿下,他一步一步地走向了深渊。

【不痴不聋】 bù chī bù lóng
[释义] 指故意不闻不问,装聋作哑。[语见]《释名·释首饰》："不痴不聋,不成姑公。"[例句] 他总是一副～的样子,为的只是保全自己。

【不耻下问】 bù chǐ xià wèn
[释义] 耻:认为……可耻。不以向地位、学问低于自己的人问学为耻。[语见]《论语·公冶长》："敏而好学,不耻下问。"[例句] 即使身居高位,他也常常～,使自己尽快掌握网络技术。

【不瞅不睬】 bù chǒu bù cǎi
[释义] 不看也不搭理。[语见] 清·吴敬梓《儒林外史》第五十四回："陈木南看见他不瞅不睬,只得自己又踱了出来。"[例句] 自她离去之后,他整日地满腹忧郁,对什么都～的,已近两个月了。

【不出所料】 bù chū suǒ liào
[释义] 出:超出。所料:所预想的。指在意料之中。[例句] 果真～,我才离开三天,事情就爆发了。

【不揣冒昧】 bù chuǎi mào mèi
[释义] 揣:揣度。不考虑自己的能力就贸然行事。用作谦辞。[语见] 清·李宝嘉《文明小史》第五十八回："所以不揣冒昧,请小翁在制军的公子面上吹嘘一二。"[例句] 老先生,～地问一声,你对市政府的报告有什么看法?

【不辞而别】 bù cí ér bié
[释义] 没有告辞就离开了。[例句] 她早上一觉醒来,发现他已经～了,泪水便顺着她的腮边淌了下来。

【不辞而行】 bù cí ér xíng
[释义] 见"不辞而别"。[例句] 张良在西汉建立之后～,刘邦倒是明白其心志。

【不辞辛苦】 bù cí xīn kǔ
[释义] 不逃避劳累辛苦。形容人肯吃苦,有毅力。[语见]《敦煌变文集·父母恩重讲经文》第五卷："忍热受寒,不辞辛苦。"[例句] 他就这样～地在斗室里写作,十年之后,一部伟大的作品终于完成了。

【不次之迁】 bù cì zhī qiān
[释义] 次:等级的顺序。不按等级顺序升迁。指官职越级上升。[语见] 汉·班固《汉书·东方朔传》："待以不次之位。"[例句] 东方兄之所以能连获～,除了才华、勤奋等因素外,机遇好也是很重要的因素。

【不达时务】 bù dá shí wù
[释义] 见"不识时务"。[语见] 明·胡文焕《群音类选·诸腔类·粉蝶儿》："虽是我能忍辱,冤家太不达时务。"[例句] 眼下力量对比如此悬殊,你怎么还～呢?

【不达时宜】 bù dá shí yí
[释义] 达:通晓。不了解当今之世的需要或风尚,泥古不化。[语见] 汉·班固《汉书·元帝纪》："且俗儒不达时宜,好是古非今。"[例句] 他既然如此～,让他去,看他能折腾个什么花样出来?

【不打自招】 bù dǎ zì zhāo
[释义] 不等用刑便自行招供。比喻无意中暴露实情。含贬义。[语见] 明·冯

梦龙《警世通言》第十三卷："押司和押司娘不打自招,双双的问成死罪,偿了大孙押司之命。"[例句] 我没问你那个,你这不是～吗?

【不惮强御】bù dàn qiáng yù
[释义] 见"不畏强御"。[语见] 唐·姚思廉《梁书·孔休源传》："当官理务,不惮强御,常以天下为己任,高祖深委信之。"[例句] 包公刚正严明,～,千百年来不但被百姓广为传颂,就是朝廷,也常常以他为楷模。

【不得其死】bù dé qí sǐ
[释义] 指人不得善终。[语见]《论语·先进》："若由也,不得其死然。"[例句] 此人一生总是为非作歹,必然～。

【不得善终】bù dé shàn zhōng
[释义] 得不到好死。常指恶人应有的坏下场。[例句] 你诅咒他,那实在是说轻了——他真该千刀万剐!

【不得要领】bù dé yào lǐng
[释义] 要:古"腰"字。领:衣领。古代的长衣,只要提起腰领,襟袖自然服帖。因以"要领"喻指事物的关键。比喻未能抓住事物的关键。[语见] 明·沈德符《万历野获编·岭南论囚》："初岭外不靖,连年用兵不得要领。"[例句] 他说了半天,我也听了半天,可是我对形势仍然是～。

【不登大雅之堂】bù dēng dà yǎ zhī táng
[释义] 大雅之堂:风雅人物聚集之所。不配登上大雅之堂。形容文艺作品粗俗低劣。[语见] 清·文康《儿女英雄传》缘起首回："这部评书,原是不登大雅之堂的。"[例句] 就是这些当时～的曲子,却真正构成了那个时代音乐的脊梁。

【不动声色】bù dòng shēng sè
[释义] 内心活动丝毫没有从语言和神情中流露出来。形容态度沉着镇静。[语见] 宋·欧阳修《相州昼锦堂记》："垂绅正笏,不动声色,而措天下于泰山之安,可谓社稷之臣矣。"[例句] 她静静地坐着,听着,～,也不知道她心里在想些什么。

【不夺农时】bù duó nóng shí
[释义] 见"不违农时"。[语见] 五代后晋·刘昫等《旧唐书·李密传》："是以轻徭薄赋,不夺农时,宁积于人,无藏于府。"[例句] 地方官如果能制定一些～的政策,就会得到农民的拥护。

【不恶而严】bù è ér yán
[释义] 恶:凶恶。严:威严。不凶恶,但显得庄严。指不以气势压人,而以正气使人望而生畏。[语见]《周易·遯》："君子以远小人,不恶而严。"[例句] 听说新来的县长是个～的人,那么治安一定会得到改善了。

【不二法门】bù èr fǎ mén
[释义] 法门:佛教指入道的门径。唯一能够直接入道的、不可言传的门径。[语见]《维摩诘经·入不二法门品》："如我意者,于一切法无言无说,无示无识,离诸问答,是为入不二法门。"[例句] 他就是死守着他获得第一桶金的经验,把它视作成功的～,从而使自己走向失败的道路。

【不法常可】bù fǎ cháng kě
[释义] 不把惯例当作永远不可改变的模式。指有创新精神。[语见]《韩非子·五蠹》："是以圣人不期修古,不法常可。"[例句] 兵行诡道,～,如果连这些基本的东西你都没有掌握,那败仗必然会接踵而来。

【不发之地】bù fā zhī dì
[释义] 见"不毛之地"。[例句] 我们一行人走在这～之上,心中都沉甸甸的,似乎都听到了几千年前这片繁华的土地上的歌声。

【不费吹灰之力】bù fèi chuī huī zhī lì
[释义] 形容非常轻松,毫不费力。[语见] 清·夏敬渠《野叟曝言》第四十五回："依小道愚意,等他到了辽东,有了收管,去摆布他,真不费吹灰之力。"[例句] 他～就把程序最核心的部分写了出来,令我大为惊讶。

【不分彼此】bù fēn bǐ cǐ
[释义] 不分你我。形容关系亲近,感情

深厚。[例句]有谁能想到,这么一对亲若兄弟、～的朋友,此刻竟然会反目成仇。

【不分轩轾】 bù fēn xuān zhì
[释义]轩轾:车子前高后低称"轩",前低后高称"轾",比喻高低优劣。意指不分高低优劣。[例句]两人在纹秤上斗了十年,依然是胜负各半,～。

【不分皂白】 bù fēn zào bái
[释义]皂:黑色。比喻不管是非或不问情由。[语见]《诗经·大雅·桑柔》:"匪言不能,胡斯畏忌。"郑玄笺:"胡之言何也,贤者见此事之是非,非不能分别皂白言之于王也。"[例句]经理一进来,～,就是一通批评,她委屈的泪水夺眶而出。

【不丰不杀】 bù fēng bù shā
[释义]杀:(旧读:shài)减少,俭省。不奢侈,也不俭省,多少适中。[语见]《礼记·礼器》:"礼不同,不丰不杀。"孔颖达疏:"不丰者,应少不可多,是不丰也;不杀者,应多不可少,是不杀也。"[例句]曹参为相后,对萧何之策,～,悉数留用,使得休养生息的政策得以继续。

【不伏烧埋】 bù fú shāo mái
[释义]伏:伏罪。烧埋:指烧钱,旧时官府向杀人犯追缴的赔给死者家属的埋葬费。比喻不认罪或不听劝解。[语见]明·无名氏《女姑姑》第二折:"被别人并赃捉获,翻合口不伏烧埋。"[例句]那几个杀人放火的家伙罪证确凿,仍然～,实在令人气愤。

【不改初衷】 bù gǎi chū zhōng
[释义]不改变最初的心愿。形容人心专意诚。[例句]你再怎么劝,我都是～。

【不甘雌伏】 bù gān cí fú
[释义]雌伏:比喻屈居人下或无所作为。指不甘心无所作为。[语见]南朝宋·范晔《后汉书·赵典传》:"大丈夫当雄飞,安能雌伏。"[例句]那场比赛,他胜之不武,我实在是～,希望我们再比一次上一次。

【不甘示弱】 bù gān shì ruò
[释义]甘:甘心。示:表现。不甘心表现出懦弱。形容好强。[例句]她瞪着眼睛,～地回敬着他。

【不尴不尬】 bù gān bù gà
[释义]形容不正常。今多形容不自在、困窘。[语见]元·柯丹丘《荆钗记·哭鞋》:"撇得我不尴不尬,闪得我无聊无赖。"[例句]听了众人的话,他有点不安,又不好表现出来,只好～地陪着笑。

【不敢告劳】 bù gǎn gào láo
[释义]比喻勤勤恳恳,不辞辛劳。多用作谦词。[语见]《诗经·小雅·十之交》:"黾勉从事,不敢告劳,无罪无辜,谗口嚣嚣。"[例句]几年来公司的确发展了,壮大了,但我自己只想踏踏实实地做事,实在～。

【不敢苟同】 bù gǎn gǒu tóng
[释义]苟同:苟且迎合。指不敢随便同意。[例句]我才疏学浅,但是这一观点与我所想实在差得太远,我～。

【不敢越雷池一步】 bù gǎn yuè léi chí yī bù
[释义]雷池:池名,在安徽望江。晋·庾亮《报温峤书》:"吾忧西陲,过于历阳,足下无过雷池一步也。"意思是要温峤坚守防地,不要越过雷池到京城去。后用"不敢越雷池一步"指办事胆小怕事,不敢超越一定的范围。[例句]他就是没半点魄力,从来～。

【不告而别】 bù gào ér bié
[释义]见"不辞而别"。[例句]也不知是哪里得罪了她,这小丫头可能是在昨晚什么时候,便～了。

【不攻自破】 bù gōng zì pò
[释义]不待攻击,阵线就自行破灭。比喻言论不待批驳就站不住脚了。[语见]宋·欧阳修《贺平贝州表》:"违天而逆人,宜不攻而自破。"[例句]我上面的发言,即指出你的论文已然漏洞百出,你的结论也就～了。

【不共戴天】 bù gòng dài tiān
[释义]戴:顶着。不能在同一个天底下生活。原指杀父之仇,后泛指仇恨极深。[语见]《礼记·曲礼上》:"父之仇,弗与共戴天。"[例句]他们的爱情,就诞生在他

们两大家族那～的仇恨的背景里,他们爱情的悲剧,事实上从一开始就似乎已经注定了。

【不苟言笑】 bù gǒu yán xiào

[释义] 苟:随便。不轻易与人谈笑。形容态度严肃、端庄。[语见]《礼记·曲礼上》:"不登高,不临深,不苟訾,不苟笑。"[例句] 他就是这么一个～的人,但是他的心里,却充满了慈爱。

【不顾前后】 bù gù qián hòu

[释义] 比喻毫无顾忌。[语见] 清·曹雪芹《红楼梦》第一百二十回:"不是说句不顾前后的话:当初东府里太爷,倒是修炼了十几年,也没有成仙。这佛是更难成。"[例句] 他就是这么莽撞,讲话～,常常得罪了人自己却不知道。

【不管三七二十一】 bù guǎn sān qī èr shí yī

[释义] 不顾一切;不管是非情由。[语见] 明·冯梦龙《醒世恒言》第三十四卷:"远远望见岸上有人,打着灯笼走来,恐怕被他撞见,不管三七二十一,撇在河边,奔回家去了。"[例句] 他坐下,～,端起饭就吃,吃了一阵,才发觉坐错了地方。

【不过尔尔】 bù guò ěr ěr

[释义] 尔尔:前一个"尔"指如此;后一个"尔"同"耳",即"罢了"。不过如此而已。[语见] 元·脱脱等《宋史·沈辽传》:"既至池,得九华、秋浦间,玩其林泉,喜曰:'使我自择,不过尔耳!'即筑室于齐山之上,名曰云巢。"[例句] 以前常听人夸他的英明和果断,可是听了他几次演讲,却觉得～,心里很是纳闷。

【不寒而栗】 bù hán ér lì

[释义] 栗:发抖。不冷而发抖。形容极为恐惧。[语见] 汉·司马迁《史记·酷吏列传》:"是日皆报杀四百余人,其后郡中不寒而栗。"[例句] 他可怕的眼光在我身上一掠,使我～。

【不合时宜】 bù hé shí yí

[释义] 形容与世情或时势不相投合。[语见] 汉·班固《汉书·哀帝纪》:"皆违经背古,不合时宜。"[例句] 我知道,在今天这个喜庆的日子里,提出这样的话题有些～,但是,我还是要坚持说出来,因为以后我恐怕就没有机会了。

【不欢而散】 bù huān ér sàn

[释义] 不愉快地分手。[语见] 明·冯梦龙《醒世恒言》第三十二卷:"召相公心知不祥之事,不肯信以为然,只怪马夫妄言,不老实,打四十棍,革去不用。众客咸不欢而散。"[例句] 那次～之后,我们就再也没能见面,如今算来,已有十年了。

【不慌不忙】 bù huāng bù máng

[释义] 不慌张不忙乱。形容态度从容镇定。[语见] 明·冯梦龙《醒世恒言》第二十五卷:"只见翠翘不慌不忙地答道……"[例句] 他～地站起来,轻轻走到窗前,脸上充满了无比的坚定和勇气。

【不遑安息】 bù huáng ān xī

[释义] 遑:空闲。没有安稳休息的空闲。形容一心扑在工作上。[例句] 先生穷十年之功,一心研究病毒,～,如今终于有成,可喜可贺啊!

【不遑宁处】 bù huáng níng chǔ

[释义] 遑:闲暇。没有闲暇的时候。[语见] 唐·房玄龄等《晋书·桓温传》:"故荷戈驱驰,不遑宁处,前后表陈,于今历年矣。"[例句] 近些时日,我诸事缠身,～,未及探望,多多见谅。

【不即不离】 bù jí bù lí

[释义] 即:接近。本佛家语,指现象不同而本质无二。今用以指对人的关系或态度既不亲密,也不疏远。[语见]《圆觉经》上:"不即不离,无缚无脱。"[例句] 她对人总是～,让人捉摸不透。

【不计其数】 bù jì qí shù

[释义] 无法计算其数目。形容数量很多。[语见] 清·张廷玉等《明史·天文志》:"四更至五更,四方大小流星,纵横交行,不计其数,至明乃息。"[例句] 市场上这种类型的图书多得～。

【不假思索】 bù jiǎ sī suǒ

[释义] 假:凭借。用不着思考。形容文思敏捷。[语见] 宋·黄幹《黄勉斋文集》

第四卷："戒惧谨独,不待勉强,不假思索,只是一念之间,此意便在。"[例句]他～,脱口而出:"倚天照海花无数。"

【不稼不穑】bù jià bù sè
[释义]稼:种植五谷。穑:收割五谷。泛指不参加农业生产劳动。[语见]《诗经·魏风·伐檀》:"不稼不穑,胡取禾三百廛兮?"[例句]这些～的公子哥儿,哪里体会得到农事的快乐。

【不见圭角】bù jiàn guī jiǎo
[释义]圭角:圭的棱角,比喻锋芒。指不露锋芒或才干不外露。[语见]宋·欧阳修《张子野墓志铭》:"遇人浑浑,不见圭角。"[例句]老许到任半年,虽然～,但是整个经营状况却比以前好得多了。

【不见经传】bù jiàn jīng zhuàn
[释义]经:儒家经典。传:解经的文字。比喻没有名气或依据。[语见]清·顾炎武《日知录·尧冢灵台》:"惟尧之巡狩,不见经传。"[例句]没想到这项文学大奖被一个名～的青年获得了。

【不见天日】bù jiàn tiān rì
[释义]看不见天空和太阳。比喻社会黑暗。[语见]宋·魏泰《东轩笔录》第八卷:"福州之人,以为终世不见天日也,岂料官公赐问,某不尤为绛所苦者也。逐条陈数十事,皆不法之极。"[例句]那是一个～的时代,任何不合教义的"异端"思想,都可能被扼杀。

【不教而杀】bù jiào ér shā
[释义]事先不教育,不向人指明正误是非,一犯错误就加以惩罚或诛杀。[语见]《论语·尧曰》:"不教而杀谓之虐。"[例句]法律的根本目的是防止犯罪而不是打击犯罪,～是粗暴的。

【不教而诛】bù jiào ér zhū
[释义]教:施以教育。诛:惩罚,杀戮。事先不给讲明道理,一出错或犯法就惩罚或处死。[语见]《荀子·富国》:"故不教而诛,则刑繁而邪不胜;教而不诛,则奸民不惩。"[例句]你必须要反省一下,这种～的态度,最终会使你处于众叛亲离的境地。

【不解之缘】bù jiě zhī yuán
[释义]缘:缘分。不能分开的缘分。原指男女之间感情深厚。后泛指关系密切,不可分割。[例句]就是在那座幽深的古刹里,他们第一次相见,从此结下了～。

【不今不古】bù jīn bù gǔ
[释义]指古今所无或与今与古都不相合。[语见]汉·扬雄《太玄经·更》:"童牛角马,不今不古。"[例句]他提出的观点,～,新颖是新颖,但是似乎没什么道理。

【不矜不伐】bù jīn bù fá
[释义]矜:自大、自夸。伐:自我夸耀。不骄傲自大,不夸耀自己。[语见]《尚书·大禹谟》:"汝惟不矜,天下莫与汝争能。"[例句]他～,有种大将风度。

【不矜细行】bù jīn xì xíng
[释义]矜:注重。细行:生活小节。不注重生活小节。[语见]《尚书·旅獒》:"不矜细行,终累大德。"[例句]小妹是个～的人,跟她相处,非常轻松。

【不进则退】bù jìn zé tuì
[释义]则:就。不前进就意味着倒退,用于劝诫人努力上进。[语见]《朱子语类》第十三卷:"凡人不进便退也。"[例句]学习如逆水行舟,～,你怎么可以紧一阵又松一阵呢?

【不近人情】bù jìn rén qíng
[释义]不合乎人之常情。[语见]《庄子·逍遥游》:"大有径庭,不近人情焉。"[例句]他的话虽然说得有些～,但是道理还是在他那一边。

【不经之谈】bù jīng zhī tán
[释义]经:经典,指可作为思想行动准则的著作,又指通常的道理。指说话没有经典作根据,不可相信,也形容说话荒唐,不合常理。[语见]晋·羊祜《戒子书》:"无传不经之谈,无听毁誉之语。"[例句]我们都疏忽了,恰恰是他那些～里,却暗含着大智慧。

【不胫而走】bù jìng ér zǒu
[释义]胫:小腿。这里指腿。没有腿就

B

跑了。比喻事物传播迅速。[语见]汉·孔融《与曹操论盛孝章书》:"珠玉无胫而自至者,以人好之也。"[例句]消息立刻～,不出两日,即已家喻户晓。

【不咎既往】bù jiù jì wǎng
[释义]见"既往不咎"。[语见]清·薛福成《咸丰季年三奸伏诛》:"以后惟有以宽大为念,不咎既往。尔诸臣亦毋须再以查办奸党等事,纷纷陈请,致启评告诬陷之风。"[例句]你知道了自己的过错,改了就好,我们～,以后多注意一些就是了。

【不拘细行】bù jū xì xíng
[释义]见"不矜细行"。[语见]唐·姚思廉《梁书·殷芸传》:"殷芸字灌蔬,陈郡长平人,性倜傥,不拘细行;然不妄交游,门无杂客。"[例句]他生性豪爽,～,身边的人跟他处得都非常好。

【不拘小节】bù jū xiǎo jié
[释义]小节:细枝末节。不拘泥于小节。指不为琐事束缚。[语见]南朝宋·范晔《后汉书·虞延传》:"性敦朴,不拘小节。"[例句]恰恰是他的～,成就了他的美满婚姻。

【不拘一格】bù jū yī gé
[释义]一格:一种风格或形式。指不为某一风格或形式所局限。[语见]清·李汝珍《镜花缘》第六十八回:"妹子要画个长安送别图,大家或赠诗或赠赋,不拘一格,姐姐可肯留点笔墨传到数万里外。"[例句]我们选人、用人的标准～,你不必琢磨我们出这些题目的目的。

【不绝如缕】bù jué rú lǚ
[释义]绝:断。缕:线。本指局面危急。后用以形容声音悠长细微,似断非断。[语见]唐·柳宗元《河东先生集·寄许京兆孟容书》:"以是嗣续之重,不绝如缕。"[例句]那箫声,如诉如泣,～,听得人心下生悲。

【不绝如线】bù jué rú xiàn
[释义]见"不绝如缕"。[语见]唐·魏徵《隋书·高祖纪上》:"周德将尽,妖孽递生,骨肉多虞,藩维构衅,影响同恶,过半

区宇,或小或大,图帝图王,则我祖宗之业,不绝如线。"[例句]一曲既出,～,在座各位,都听得有些痴了。

【不绝若线】bù jué ruò xiàn
[释义]见"不绝如缕"。[语见]《公羊传·僖公四年》:"夷狄也,因亟痛中国,南夷与北狄交,中国不绝若线。"[例句]窗外有～的音乐飘来,听得人心情黯然。

【不刊之法】bù kān zhī fǎ
[释义]不刊:无须更改。不可更改的法规。[语见]唐·房玄龄《晋书·礼志》:"垂百官之范,置不刊之法。"[例句]就是这些所谓的～,竟将人们的思想禁锢了几百年。

【不刊之论】bù kān zhī lùn
[释义]刊:删改。指不可改动的言论,即定论。[语见]宋·郭若虚《图画见闻志·论曹吴体法》第一卷:"况唐室以上,未立曹吴,岂显释寡要之谈,乱爱宾不刊之论。"[例句]这些～,统治着整个中世纪的思想界。

【不刊之书】bù kān zhī shū
[释义]刊:削,古人在竹简上写字,有错误用刀削去。指不能更改或磨灭的有关帝王的记载、钦定典制等。也作"不刊之典"。[语见]汉·扬雄《答刘歆书》:"是悬诸日月,不刊之书也。"[例句]别看这些都是些～,其实里面的错误多而又多。

【不堪回首】bù kān huí shǒu
[释义]堪:忍受。回首:回顾,回忆。回忆起来就感伤痛苦,难以忍受。[语见]南唐·李煜《虞美人》词:"小楼昨夜又东风,故国不堪回首月明中。"[例句]往事都已～,你就不要来打扰我的宁静了。

【不堪入耳】bù kān rù ěr
[释义]指声音聒噪或言语粗俗,令人不能忍受。[语见]清·李宝嘉《文明小史》第十六回:"姚老夫子见他们所说的都是一派污秽之言,不堪入耳。"[例句]他那一番～的言语一出,立即使他以往在我心里留下的形象大打折扣。

【不堪入目】bù kān rù mù
[释义]堪:能够。形容事物形象粗俗、低

劣,令人看不上眼。[语见]清·李汝珍《镜花缘》第二十三回:"此数看也,以先生视之,固不堪入目矣,然以敝地论之,虽王公之尊,其所享者亦不过如斯数样耳。"[例句]这些作品也太～了,怎么能拿来冒充艺术品呢?

【不堪设想】 bù kān shè xiǎng
[释义]堪:能够。不能想象后果将是怎样。形容事情会发展到很坏或很危险的地步。[例句]一旦太原失守,敌人长驱而入,后果将～。

【不堪言状】 bù kān yán zhuàng
[释义]不能用言语描摹。多指丑事。[语见]清·吴趼人《二十年目睹之怪现状》第二十二回:"然而我在南京住了几时,官场上面的举动,也见了许多,竟有不堪言状的。"[例句]这里的是是非非,～,令他心烦意乱,不久便萌生了去意。

【不堪一击】 bù kān yī jī
[释义]堪:经得起。经受不起一下打击。[例句]仗打到最后,敌人已经～了。

【不堪造就】 bù kān zào jiù
[释义]造就:加以培养,使其有所成就。没有培养前途,不可能有所成就。[例句]此人性情顽劣,资质低下,实在是～,你也就不必为他操心了。

【不看僧面看佛面】 bù kàn sēng miàn kàn fó miàn
[释义]不看和尚的情面,也要看佛祖的情面。比喻即使不照顾一方的情面,也应照顾与之有关的头面人物的情面。用于恳求对方。[例句]你怎么能那样对他呢? ～,你可知道,他同你父亲的交情可是非同一般哪!

【不亢不卑】 bù kàng bù bēi
[释义]见"不卑不亢"。[例句]在众多外交使节面前,他～的举止和优雅的谈吐,赢得了广泛的尊重。

【不可动摇】 bù kě dòng yáo
[释义]形容非常稳固,极其坚实。[例句]在任何邪恶势力面前,你都要表现出～的决心和意志。

【不可多得】 bù kě duō dé
[释义]形容非常难得。[语见]汉·孔融《荐祢衡表》:"帝室皇居,必蓄非常之宝。若衡等辈,不可多得。"[例句]人们都认为他才华出众,又谦逊有礼,是个～的人才。

【不可告人】 bù kě gào rén
[释义]不能告诉别人。形容事情涉隐秘。有时含贬义。[例句]这几人近来行踪诡秘,莫非是有什么～的秘密?

【不可估量】 bù kě gū liáng
[释义]不可以估计。多指数量大或程度深。[例句]长平一战,对赵国有着～的影响。

【不可救药】 bù kě jiù yào
[释义]不能用药救活。指人已垂危。比喻人或事物已坏到无法挽救。[语见]《诗经·大雅·板》:"多将熇熇,不可救药。"[例句]她一生都在反思:在儿子～地滑向深渊的时候,自己为什么就没有能清醒地意识到并且去拉他一把呢?

【不可开交】 bù kě kāi jiāo
[释义]开交:结束,解决。形容无法摆脱或结束。[语见]清·李宝嘉《官场现形记》第二回:"老家人道:'家人们另外是四吊钱,姓赵的说得明明白白,只有二两银子的贽见。'吴赞善听到这里,便气得不可开交了。"[例句]两个长期和睦相处的民族,就因为这一件小事而打得～,不能不说这是人类的悲剧。

【不可理喻】 bù kě lǐ yù
[释义]喻:使明白。不能够通过讲道理使其明白。形容蛮横无理。[语见]明·沈德符《万历野获编·褐盖》:"要之,此辈不可理喻,亦不足深诘也。"[例句]对你这等～的人,我实在没有什么好说的。

【不可枚举】 bù kě méi jǔ
[释义]见"不胜枚举"。[语见]宋·王楙《野客丛书·俗语有所自》:"'龙生龙,凤生凤',见《丹霞语》;'对牛弹琴'、'作死马医'、'冷灰豆爆',皆见《禅录》。似此等语,不可枚举。"[例句]诸如此类的事情,在整个历史长河中,实在～。

【不可名状】 bù kě míng zhuàng

[释义] 名:说明。状:描绘,形容。很难用语言形容。[语见] 晋·葛洪《神仙传·王远》:"衣有文采,又非锦绮,光彩耀目,不可名状。"[例句] 站在萧瑟的秋风里,他心中涌起一种～的惆怅。

【不可磨灭】 bù kě mó miè

[释义] 形容永远存在,不会随着岁月的流逝而消失。[语见] 清·黄宗羲《答淮尔公论茅鹿门批评八家书》:"所谓精神不可磨灭者,未之有也。"[例句] 这些早期人类不经意之间的动作,却对人类的发展,做出了～的贡献。

【不可企及】 bù kě qǐ jí

[释义] 企:抬起脚跟站立,即盼望。及:跟上,赶上。形容远远赶不上。[语见] 唐·柳冕《答衢州郑使君》:"不可企及而之者性也。"[例句] 只要你努力去做,这一目标并不是～的。

【不可胜计】 bù kě shèng jì

[释义] 见"不可胜数"。[语见] 汉·刘向《新序·善谋下》:"且三秦王为秦将,将秦弟子数岁,所杀亡不可胜计。"[例句] 以少胜多的战例,在历史上～,但是要真正活学活用,却不是一件容易的事情。

【不可胜书】 bù kě shèng shū

[释义] 不是文字所能写完的。形容要写的事情很多。[语见] 唐·权德舆《齐成公神道碑铭序》:"其他推毂荐士,为汉廷臣,成天下重名硕望者,不可胜书。"[例句] 刘伯温对建立明朝立下的大功劳,～,但是他等闲视之。此等气度,绝非常人能比。

【不可胜数】 bù kě shèng shǔ

[释义] 胜:尽。数:计算。形容数量极多,数不过来。[语见] 汉·司马迁《史记·封禅书》:"骀衍以阴阳主运显于诸侯,而燕齐海上之方士传其术不能通,然则怪迂阿谀苟合之徒自此兴,不可胜数也。"[例句] 刹那间,～的小鱼跳出水面。迎着朝阳,呈现出一幅金色的画卷。

【不可胜言】 bù kě shèng yán

[释义] 胜:尽。不是用语言所能说尽的。形容很多。[语见] 唐·韦嗣立《论刑法多滥疏》:"小乃身诛,大则族灭,相缘共坐者,不可胜言。"[例句] 此人所犯之罪,人神共愤,～,而终能放下屠刀,立地成佛,既是上天的造化,亦是他自己的造化。

【不可胜用】 bù kě shèng yòng

[释义] 不可用尽,即用不完。[语见]《孟子·尽心上》:"易其田畴,薄其税敛,民可使富也。食之以时,用之以礼,则不可胜用也。"[例句] 矿产资源并非是～的,因此我们要合理地利用资源。

【不可收拾】 bù kě shōu shí

[释义] 收拾:整理、整顿。指局面败坏,无法整顿或挽救。[语见] 唐·韩愈《送高闲上人序》:"泊与淡相遭,颓堕委靡,溃败不可收拾。"[例句] 情况最终发展到了～的地步,不得不说与他开始的决策失误有关系。

【不可限量】 bù kě xiàn liàng

[释义] 指事物发展前途没有止境。[语见] 清·胡煦《周易函书·生成之数》:"其以在内为生数者,谓其中包罗含蓄,不可限量。"[例句] 他,一个乡土郎中,对整个中医的发展,却有着～的贡献。

【不可言状】 bù kě yán zhuàng

[释义] 不是用语言所能描述的。[语见] 宋·丘道源《与曹辅之著作帖》:"某十九日至滁,孤苦寂寞,不可言状。"[例句] 天池之水,神秘诡异,～,等你有一天去看了就会知道我所言不虚。

【不可一世】 bù kě yī shì

[释义] 可:认可。不轻易赞许同时代的任何人。后形容目空一切,狂妄到极点。[语见] 宋·罗大经《鹤林玉露补遗》第十五卷:"荆公少年,不可一世。"[例句] 就是这些～的王子皇孙的胡作非为,诱发了一场罕见的贫民暴动。

【不可移易】 bù kě yí yì

[释义] 不可以移动和更换。形容不可动摇。[例句]《文心雕龙》在中国文论史上,有着～的地位。

【不可逾越】bù kě yú yuè

[释义]逾:超、越。不能超过。多就障碍、界限而言。[语见]《左传·襄公三十一年》:"门不容车,而不可逾越。"[例句]《红楼梦》成了中国古典文学～的高峰。

【不可造次】bù kě zào cì

[释义]造次:急遽,匆忙。不能匆匆忙忙地进行。意思是要慎重。[语见]明·罗贯中《三国演义》第一百零五回:"此事当深虑远议,不可造次。"[例句]这次会议来的都是些有名的专家学者,你千万～。

【不可终日】bù kě zhōng rì

[释义]一天都过不去。本指人应保持自尊。后多形容心中不安而日子难过。[语见]宋·王质《雪山集·论庙谋疏》:"奔走求盟,若不可终日。"[例句]当资产阶级裹挟着最新的生产力呼啸而来的时候,那些没落贵族们正躲在自己的庄园里人人自危,～。

【不可捉摸】bù kě zhuō mō

[释义]指对事物无法猜测和估量。也指无法知道对方的用意。[例句]他说了半天,话里究竟什么意思,让人～。

【不愧不怍】bù kuì bù zuò

[释义]愧、怍:惭愧。形容胸怀磊落,问心无愧。[语见]《孟子·尽心上》:"仰不愧于天,俯不怍于人。"[例句]他哈哈大笑:"鄙人平生所为,～,可昭日月!"

【不愧屋漏】bù kuì wū lòu

[释义]屋漏:古代贵族宗庙室内西北角安放死者并遮以小帐之处。形容处在暗里而心地光明磊落。[语见]《诗经·大雅·抑》:"相在尔室,尚不愧于屋漏。"[例句]先生一生谨慎,～,哪知在晚年竟因为一步不慎铸成大错。

【不稂不莠】bù láng bù yǒu

[释义]稂:狼尾草。莠:狗尾草。原指田间没有杂草。后比喻不成才。[语见]《诗经·小雅·大田》:"既坚既好,不稂不莠。"[例句]我这个儿子～,很是没有出息,的确应该让他好好锻炼一下了。

【不劳而得】bù láo ér dé

[释义]见"不劳而获"。[语见]《孔子家语·入官》:"所求于迩,故不劳而得也。"[例句]我最讨厌～的人,大家都在劳动,你干嘛总在一旁歇着?

【不劳而获】bù láo ér huò

[释义]不劳动而获得劳动成果。[例句]学术界竟然也存在～的蛀虫,实在是学术的悲哀,人类的悲哀。

【不了了之】bù liǎo liǎo zhī

[释义]指把没有了结的事情弃置不顾,只当办完了。多含贬义。[语见]宋·叶少蕴《避暑录话》上卷:"唐人言冬烘是不了了之语,故有'主司头脑太冬烘,错认颜标是鲁公'之言。人以为戏谈。"[例句]事情闹来闹去,最终也没能闹出个什么明白话,只好～了。

【不劣方头】bù liè fāng tóu

[释义]见"方头不劣"。[语见]元·无名氏《陈州粜米》第二折:"我从来不劣方头,恰便似火上加油。"[例句]小林虽然性情执拗,～,但是她的心地还是非常善良的。

【不吝赐教】bù lìn cì jiào

[释义]不吝惜给予指点、教导。请人指教的客气话。[语见]吴仰湘《易林证文·前言》:"祈望博雅君子不吝赐教……俟有时机续加补正。"[例句]由于本书编写得甚为匆忙,疏漏之处在所难免,望识者～。

【不吝金玉】bù lìn jīn yù

[释义]见"不吝珠玉"。[例句]虽然我花了一个多月才把文章写成,但是误漏之处必然不少,望诸君～,多多指正。

【不吝珠玉】bù lìn zhū yù

[释义]珠玉:指宝贵的言语。不要吝惜良言,指请提出批评。[语见]明·凌濛初《初刻拍案惊奇》第九卷:"恰好听得树上黄莺巧啭,就对拜住道:'老夫再欲求教,将《满江红》调赋'莺'一首,望不吝珠玉,意下如何?'"[例句]我自知学识根底尚浅,望老师～。

【不露锋芒】bù lù fēng máng

[释义]锋芒:刀剑的刃和尖,喻指显露出的才干和心机。形容满腹才干和心

机,表面却不显露出来。[语见]宋·沈括《梦溪补笔谈》载:宋寇准拜相时,朝廷下诏书有"能断大事,不拘小节;有干将之器,不露锋芒,怀照物之明,而能包纳"。[例句]你虽有过人的才干,但是还需胸怀大度,～,这样才能获得更多人的认可。

【不露圭角】 bù lù guī jiǎo
[释义]见"不见圭角"。[例句]文章朴实无华,～,但是细细审之,却是张弛有度,有血有肉,实为不可多得的好文章。

【不露神色】 bù lù shén sè
[释义]不流露感情。形容镇静、沉着。[例句]他倚在墙上,～地望着众人,一副置身事外的样子。

【不露声色】 bù lù shēng sè
[释义]不让内心活动通过语言和脸色流露出来。形容掩饰心迹。[例句]屋里虽吵作一团,他仍然静静地立在一旁,～。

【不伦不类】 bù lún bù lèi
[释义]伦:像。不像这一类,不像那一类。形容不合规矩,不成样子。[语见]清·曹雪芹《红楼梦》第六十七回:"王夫人听了,早知道来意了。又见他说的不伦不类,也不便理他。"[例句]这些古董摆在这里,显得有些～。

【不落窠臼】 bù luò kē jiù
[释义]窠臼:指现成格式。指有独创风格,不落俗套。[语见]清·曹雪芹《红楼梦》第七十六回:"这'凸''凹'二字,历来用的人最少,如今直用作轩馆之名,更觉新鲜,不落窠臼。"[例句]虽都是文人画,但是此画～,隐而不露,可算上品。

【不蔓不枝】 bù màn bù zhī
[释义]原指莲茎不生枝杈。后比喻语言简洁清通。[语见]宋·周敦颐《爱莲说》:"中通外直,不蔓不枝。"[例句]短短三百余字,～,竟将一幅大气磅礴的画描绘得淋漓尽致,颇有大家风范。

【不毛之地】 bù máo zhī dì
[释义]不长庄稼的地方。指贫瘠的土地。[语见]《公羊传·宣公十二年》:"锡之不毛之地。"[例句]这片～上的累累白骨,让人生出几分苍凉,几分悲壮。

【不名一钱】 bù míng yī qián
[释义]名:指占有。连一文钱也没有。形容人贫穷到极点。[语见]汉·王充《论衡·骨相》:"通(邓通)有盗钱之罪,景帝考验,通亡,寄死人家,不名一钱。"[例句]待到他身上～的时候,他才想起他二哥的话,可是悔之晚矣。

【不名一文】 bù míng yī wén
[释义]见"不名一钱"。[例句]你堂堂一个博士,竟混到如今～的地步,也真可悲啊!

【不明不白】 bù míng bù bái
[释义]糊里糊涂,来路不明。[语见]明·冯梦龙《警世通言》第十六卷:"当夜张胜无故得了许多东西,不明不白,一夜不曾睡着。"[例句]他的自行车后架上,却多了个～的铁盒子,明眼人一看就知道来路不正。

【不明事理】 bù míng shì lǐ
[释义]不懂得事物的道理。[例句]都给你说过几遍了,你怎么还是～,总是一味地固执己见呢?

【不谋而合】 bù móu ér hé
[释义]不经商量而想法一致。[语见]晋·干宝《搜神记》第二卷:"二人之言,不谋而合。"[例句]两人性情虽不大相投,但是一议到工作上的事情,却常常～,他们的关系,也便慢慢融洽了。

【不谋而同】 bù móu ér tóng
[释义]见"不谋而合"。[语见]晋·陈寿《三国志·魏书·张既传》裴松之注引《魏略》曰:"今诸将不谋而同,似有天数。"[例句]他们事先并没有商量,竟然～,看来真是英雄所见略同。

【不能自拔】 bù néng zì bá
[释义]指陷入不利境地,自己无法摆脱。[语见]南朝梁·萧子显《南齐书·刘善明传》:"泰始初,徐州刺史薛安都反,青州刺史沈文秀应之。时州治东阳城,善明家在郭内,不能自拔。"[例句]爱人离去之后,他陷入了情感的痛苦之中,

～,三年之后,几乎形销骨立。

【不念旧恶】 bù niàn jiù è

[释义] 不记过去的怨仇。[语见] 宋·罗大经《鹤林玉露补遗》第九卷:"伯夷不立于恶人之朝,不与恶人言,可谓离世绝俗矣。然不念旧恶,未尝流于刻薄也。"[例句] 人家胸阔如海,～,你还不快谢谢!

【不偏不倚】 bù piān bù yǐ

[释义] 原指适中,既不过分,又无不及。后多指不偏袒任何一方。[语见]《礼记·中庸》朱熹题注:"中者,不偏不倚,无过不及之名。"[例句] 身为领导,他深知做事应～,这样才能获得下属的尊重。

【不平而鸣】 bù píng ér míng

[释义] 见"不平则鸣"。[语见] 明·瞿佑《剪灯新话·令狐生冥梦录》:"偶以不平而鸣,遽获多言之咎。"[例句] ～,你欺人太甚,自当受到众人的责难了。

【不平则鸣】 bù píng zé míng

[释义] 遇到不平就发出不满的呼声。指对不公平的事情表示愤慨。[例句] 屈原～,一曲《离骚》,字字含泪,句句拥悲。

【不期而会】 bù qī ér huì

[释义] 见"不期而遇"。[语见] 唐·房玄龄等《晋书·温峤传》:"不期而会,不亦宜乎?"[例句] 兄妹俩在京城～,相拥而泣。

【不期而然】 bù qī ér rán

[释义] 不曾想要这样,竟然就是这样。[语见] 宋·王楙《野客丛书·杨恽有外祖风》:"杨恽以口语坐废……盖其平日读外祖太史公记,故发于词旨,不期而然。"[例句] 对于他们来说,这快乐与惊喜,竟然有着～的意味。

【不期而遇】 bù qī ér yù

[释义] 期:约定日期。没有约定而遇见。形容意外相遇。[语见]《穀梁传·隐公八年》:"不期而会曰遇。"[例句] 没想到分别了十年之后,一对好朋友竟会在异国他乡～。

【不欺暗室】 bù qī àn shì

[释义] 即使在没有人看见的地方,也不做见不得人的事。[语见] 明·冯梦龙《醒世恒言》第七卷:"虽然钱秀才不欺暗室,与小女即无夫妇之情,已定了夫妇之义。"[例句] 君子慎独,～,你还需要多加修炼啊。

【不情之请】 bù qíng zhī qǐng

[释义] 谦称自己对人提出的要求不尽合情理。[例句] 今夜秋月初明,邀君共赏,～,只望快意。

【不求甚解】 bù qiú shèn jiě

[释义] 甚:十分、很。原意为读书只领会其要旨,并不刻意研究字句。今指不求深入理解,并不认真对待。[语见] 晋·陶渊明《五柳先生传》:"好读书,不求甚解,每有会意,便欣然忘食。"[例句] 他读书虽多,却多是～,如此读来,不如不读。

【不求闻达】 bù qiú wén dá

[释义] 闻达:显达,有名望。不希望自己声名显赫。形容自甘淡泊。[语见] 晋·陈寿《三国志·蜀书·诸葛亮传》:"臣本布衣,躬耕于南阳,苟全性命于乱世,不求闻达于诸侯。"[例句] 我仰天但求问心无愧,俯世何须尽人皆知,～,唯愿心安,如此而已。

【不屈不挠】 bù qū bù náo

[释义] 屈、挠:弯曲。形容坚强不屈。[语见] 清·颐琐《黄绣球》第二十九回:"教皇捉了他问,他在堂上不屈不挠,定归开出信教自由的理数。"[例句] 那些工匠虽然最终被镇压下去了,但是那场～的斗争,却使奴隶主每每想来,无不胆战心惊。

【不日不月】 bù rì bù yuè

[释义] 不计日月,没有期限。也作"没日没月"。[语见]《诗经·王风·君子于役》:"君子于役,不日不月。"[例句] 他干起活来,总是～的,结果却并不明显。

【不容分说】 bù róng fēn shuō

[释义] 见"不由分说"。[语见] 明·吴承恩《西游记》第五十九回:"那罗刹不容分说,双手抡剑,照行者头上乒乒乓乓,砍上十数下,这行者全不认真。"[例句] 她匆匆赶来,～,拉起我的手就走。

【不容置喙】bù róng zhì huì

[释义]喙:嘴。不容许插嘴。[例句]经理刚愎自用,一旦有什么决定,往往~。

【不容置疑】bù róng zhì yí

[释义]不允许有什么怀疑。形容绝对可靠。[例句]这部书的学术价值是~的。

【不如归去】bù rú guī qù

[释义]杜鹃鸟的叫声,像人言"不如归去"。旧时多用来表现思归的情绪。[语见]宋·梅尧臣《杜鹃》诗:"不如归去语,亦自古来传。"[例句]那~之音,听得人心头黯然,对故里思念愈甚。

【不入虎穴,焉得虎子】bù rù hǔ xué,yān dé hǔ zǐ

[释义]虎穴:老虎洞。焉:怎么。虎子:小老虎。不进入老虎洞,怎么能够捉到小老虎?比喻不亲身进入险境,就不能取得成功。也指不从事实践活动,就难以获得真知。[语见]晋·陈寿《三国志·吴书·吕蒙传》:"不探虎穴,安得虎子?"[例句]这样去侦察是有点危险,但~,我们就试一次吧!

【不入时宜】bù rù shí yí

[释义]见"不合时宜"。[语见]宋·费衮《梁溪漫志·侍儿对东坡语》:"东坡一日退朝,扪腹徐行,顾谓侍儿曰:'汝辈且道是中有何物?'……朝云乃曰:'学士一肚皮不入时宜。'"[例句]大家都高高兴兴的,你竟说这些~的话,真是不懂事!

【不三不四】bù sān bù sì

[释义]形容不像样子,不伦不类。多用来形容人品行不端。[语见]明·凌濛初《二刻拍案惊奇》第五卷:"可见元宵之夜,趁着喧闹丛中干那不三不四勾当的,不一而足。"[例句]你有着高贵的血统,怎么能与那帮~的家伙成天混在一起?

【不衫不履】bù shān bù lǚ

[释义]衫:上衣。履:鞋。指穿着不整齐。旧时形容性情洒脱,不拘小节。[语见]宋·李昉《太平广记·杜光庭〈虬髯客传〉》:"不衫不履,裼裘而来。"[例句]此人虽然~,放浪形骸,却是彼时江左人人皆欲效仿的楷模。

【不上不下】bù shàng bù xià

[释义]上不去,下不来。形容进退两难,事情不好办。[例句]真的没有想到,我今天竟处在了~的尴尬境地,着实让人难堪。

【不尚空谈】bù shàng kōng tán

[释义]尚:崇尚。空谈:言而不行或不切实际。不崇尚说空话。[例句]公司改革之后,新领导~,每每有什么事,也都是三言两语便说完。

【不声不响】bù shēng bù xiǎng

[释义]没有一点声响。形容做事谨慎,不张扬。[例句]整整十年,他都~地埋头写作,一部不朽的著作,就这么诞生了。

【不胜枚举】bù shèng méi jǔ

[释义]胜:能够。枚举:一一列举。不能一一列举。形容同类的人或事很多。[语见]清·李宝嘉《官场现形记》第十九回:"譬如钦差要这人八万,拉达传话出来,必说十万;过道台同人家讲,必说十二万;他俩已经各有二万好赚了。诸如此类,不胜枚举。"[例句]像这等诱发历史大变化的小事件,实在是~。

【不胜其烦】bù shèng qí fán

[释义]烦琐得令人受不了。[语见]宋·陆游《老学庵笔记》第三卷:"于是不胜其烦,人情厌患。"[例句]他三番五次地来麻烦我,我早就~了,可是又不便说出口。

【不胜其任】bù shèng qí rèn

[释义]担当不了那样的任务。[语见]《左传·成公三年》:"臣不才,不胜其任。"[例句]让我去做这么重要的工作,我实在觉得~。

【不失毫厘】bù shī háo lí

[释义]失:差。毫厘:一毫一厘,指极少的数量。形容一点儿也不差。[语见]《荀子·儒效》:"圣人也者,本仁义,当是非,齐言行,不失豪(毫)厘,无它道焉,已乎行之矣。"[例句]这么大的工程,做完

之后跟当初的设计竟～，实在让人敬佩。

【不识大体】 bù shí dà tǐ

[释义] 大体：重大的道理。不懂重要的道理。指不顾大局，不顾长远利益。[语见] 汉·司马迁《史记·平原君虞卿列传》："平原君，翩翩浊世之佳公子也，然未睹大体。"[例句] 你平日里挺明白事理的一个人，怎么忽然变得～了，在这种场合乱发脾气？

【不识好歹】 bù shí hǎo dǎi

[释义] 不分好坏。形容糊涂，缺乏分辨能力。[语见] 明·吴承恩《西游记》第九十二回："我师不识好歹，上桥就拜。我说不是好人，早被他侮暗灯光，连油并我师一风摄去。"[例句] 她伤心地转过身，听着自己的脚步离那个～的家伙越来越远，泪水禁不住淌了下来。

【不识好恶】 bù shí hǎo è

[释义] 见"不识好歹"。[语见] 宋·释普济《五灯会元·宣鉴禅师》："洞山老人不识好恶。"[例句] 青年人嘛，说话～，做事欠缺稳妥，都是可以理解的。

【不识时务】 bù shí shí wù

[释义] 时务：目前的局势。指认不清眼前的形势。[语见] 南朝宋·范晔《后汉书·张霸传》："时皇后兄虎贲中郎将邓骘，当朝贵盛，闻霸名行，欲与为交，霸逡巡不答，众人笑其不识时务。"[例句] 当我们在嘲笑这些～的"忠臣"的时候，我们不妨问一问自己：我们对自己的良知有忠诚吗？

【不识抬举】 bù shí tái jǔ

[释义] 抬举：称赞，提拔。指漠视别人的好意。也作"不受抬举"。[语见] 明·高则诚《琵琶记·激怒当朝》："告相公，这蔡状元不识抬举，怎般一头好亲事作成他，他倒千推万阻。"[例句] 我就是这么一个～的人，我命中注定只能通过坎坷获得我的未来，那种坐享其成的道路，不适合我。

【不识一丁】 bù shí yī dīng

[释义] 不认识一个字。[语见] 宋·欧阳修等《新唐书·张宏靖传》："今天下无事，尔辈挽两石力弓，不如识一丁字。"[例句] 这位～的老人，竟然大道理小道理对我滔滔不绝地讲了半夜，让我叹服不已。

【不识之无】 bù shí zhī wú

[释义] 连最常见的"之"和"无"都不识。唐·白居易《与元九书》中说：他在生下来才六七个月的时候，乳母就教他认下了"之"和"无"两个字。后来就用"之"、"无"代表最常见的字。形容人文化低。[例句] 他虽然很有钱，却是个～的粗人。

【不食马肝】 bù shí mǎ gān

[释义] 马肝：相传马肝有毒，吃了能死人。比喻不应涉及的事就不要介入。[语见] 汉·司马迁《史记·封禅书》："文成食马肝死耳。"司马贞索隐："《论衡》云，气勃而毒盛，故食走马肝，马肝杀人。"[例句] 你人微言轻，当～，一旦你卷入了权力的旋涡之中，就会惹火烧身。

【不世之功】 bù shì zhī gōng

[释义] 不世：罕有，非常。指极大的功劳。[语见] 南朝宋·范晔《后汉书·隗嚣传》："足下将建伊（尹）、吕（望）之业，弘不世之功。"[例句] 这些有着～的将军们一个接一个地屈死，使王朝大伤元气。

【不速之客】 bù sù zhī kè

[释义] 速：邀请。未经邀请而自来的客人。[语见]《周易·需》："有不速之客三人来。"[例句] 秋夜静听冷雨敲打窗棂，忽然有～来访，与我共享一份围炉的情趣，也算得上人间少有的意境了。

【不贪为宝】 bù tān wéi bǎo

[释义] 以不贪财为可贵。指作风廉洁。[语见]《左传·襄公十五年》："宋人或得玉，献诸子罕，……子罕曰：'我以不贪为宝，尔以玉为宝，若以与我，皆丧宝也，不若人有其宝。'"[例句] 我是生性淡泊，～，那些玩意儿，在我眼里一钱不值。

【不腆之仪】 bù tiǎn zhī yí

[释义] 不腆：不丰厚。自谦之词，表示自己礼仪微薄。[语见]《左传·僖公三十三年》："寡君闻吾子将步师出于敝邑，取犒从者。不腆敝邑，为从淹之，居则具一

日之积,行则备一夕之卫。"[例句]我千里来贺,～,聊表心意,还望笑纳。

【不通水火】 bù tōng shuǐ huǒ

[释义]形容街坊邻里不相往来。[语见]汉·班固《汉书·孙宝传》:"杜门不通水火。"颜师古注:"不通水火,谓虽邻伍亦不往来也。"[例句]几位高人～隐居乡间,难道会指望有朝一日能闻名天下吗?

【不同凡响】 bù tóng fán xiǎng

[释义]凡响:平庸的音乐。比喻意境脱俗。[例句]布鲁诺在那样的时代提出日心说,自是～,至于个人的安危,那恐怕是不在考虑之内的事情了。

【不痛不痒】 bù tòng bù yǎng

[释义]本指麻木不仁。后比喻肤浅,不中肯。[语见]清·吴趼人《二十年目睹之怪现状》第八十二回:"我听了不觉十分纳闷,怎么说了半天,都是些不痛不痒的话,内中不知到底有甚么缘故。"[例句]众人发言之后,再弄出些～的句子来,还不是招人讨厌。

【不忘沟壑】 bù wàng gōu hè

[释义]指显贵后不忘微贱患难的时候。[语见]《孟子·滕文公下》:"志士不忘在沟壑。"[例句]肖公身居高位,犹然～,俭朴如初。

【不为戎首】 bù wéi róng shǒu

[释义]戎首:率兵打仗的人。不做攻打别人的头领。[语见]《礼记·檀弓》:"毋为戎首,不亦善乎?"郑玄注:"为兵主来攻伐曰戎首。"[例句]他是个性情淡泊的人,自将～,这种事你还是找别人吧。

【不违农时】 bù wéi nóng shí

[释义]不耽误农事的季节。[语见]《孟子·梁惠王上》:"不违农时,谷不可胜食也。"[例句]这些政策考虑周到,～,自然会得到农民的拥护了。

【不为五斗米折腰】 bù wèi wǔ dǒu mǐ zhé yāo

[释义]五斗米:古时低级官吏的薪俸。折腰:弯腰行礼。不为五斗米之俸逢迎上司。比喻清高、有骨气。[例句]那是一个～的人,你再怎么去劝他,他都会置

之不理,他的心里,只有一个"理"字。

【不畏强御】 bù wèi qiáng yù

[释义]强御:强暴,威势。指不向强势力低头。[语见]《诗经·大雅·烝民》:"不侮矜寡,不畏强御。"[例句]海瑞刚正不阿,～,受到了百姓的敬重。

【不闻不问】 bù wén bù wèn

[释义]不打听也不过问。形容漠不关心。[语见]清·石玉昆《三侠五义》第七十六回:"也不想想朝廷家平空的丢了一个太守,也就不闻不问,焉有是理。"[例句]兵败之后,他退居乡下,对世事～,最终老死乡野。

【不无小补】 bù wú xiǎo bǔ

[释义]指作用尽管不大,但是多少有点作用。[语见]《朱子全书·尚书一·纲领》:"诸家虽或浅近,要亦不无小补,但在详择之耳。"[例句]我知道这点款项无异于杯水车薪,然而毕竟是我的一点心意,～,还望笑纳。

【不舞之鹤】 bù wǔ zhī hè

[释义]不会起舞的仙鹤。用以讥笑人无能或自谦无能。[语见]清·蒲松龄《聊斋志异·折狱》:"方宰淄时,松裁弱冠,过蒙器许,而驽钝不才,竟以不舞之鹤为羊公辱。"[例句]我居主公门下三年,一言未发,一～而已,我去意既定,望主公成全。

【不务空名】 bù wù kōng míng

[释义]名:追求。不追求不合实际的虚名,形容脚踏实地地工作。[例句]治病救人,为医家本性,我～,把这些没用的匾额拿走。

【不务正业】 bù wù zhèng yè

[释义]务:从事。不从事正当职业。也指丢开本职,而从事其他事情。[语见]明·兰陵笑笑生《金瓶梅》第一回:"这人不甚读书,终日闲游浪荡,一自父母亡后,分外不务正业。"[例句]这些～的小青年,成天就知道享乐游玩,你切不可学他们的模样。

【不相上下】 bù xiāng shàng xià

[释义]相:互相。上下:高低。分不出高

B

低。形容水平相当。[语见]唐·陆龟蒙《蠹化》："桔之蠹……齧叶仰啮，如饥蚕之速，不相上下。"[例句]他们二人棋艺～，这一番厮杀，不知道要杀到什么时候才能分出个高下。

【不相闻问】bù xiāng wén wèn
[释义]双方的情况互相不闻不问。指互不关心，不相往来。[语见]汉·班固《汉书·严助传》："于是拜为会稽太守。数年不闻问。"[例句]你是挑选了不少人才，可是一旦安排了他们的工作，便～，这样也是对人才的浪费。

【不祥之兆】bù xiáng zhī zhào
[释义]不吉利的预兆。[语见]清·袁于令《西楼记·邸聚》："小弟初会时，以玉簪赠我，投下跌成两段，原是不祥之兆。"[例句]喜庆之日，乡民见到有乌鸦飞过，都视为～，他们脸上露出了忧郁的神色。

【不肖子孙】bù xiào zǐ sūn
[释义]肖：相像。不像自己先人的子孙。指不能继承先人事业、没有出息或品行不端的子孙。[语见]清·颐琐《黄绣球》第八回："我黄家却是这种不肖子孙最多，开了家塾，把这些不肖的教化几个。"[例句]这些把江山败亡得干干净净的～，有何面目去见他们的列祖列宗？

【不挟不矜】bù xié bù jīn
[释义]挟：倚势自重。矜：骄傲自满。不倚势自重，不骄傲自满。[语见]唐·韩愈《唐故银青光禄大夫检校左散骑常侍兼右金吾卫大将军赠工部尚书太原郡公神道碑》："持以礼法，不挟不矜。"[例句]玄业持礼守法，～，甚得同僚敬重。

【不屑齿及】bù xiè chǐ jí
[释义]认为不值得一谈。[例句]对于金钱，他一向～，对于学问，却往往一丝不苟。

【不屑一顾】bù xiè yī gù
[释义]屑：值得。顾：回头看。不值得一看。形容极端轻视。[例句]老头虽然对彩礼表现出～的神情，但是人人尽知，他实际是嫌少呢。

【不省人事】bù xǐng rén shì
[释义]省：明白。指失去知觉。[语见]宋·无名氏《张协状元》第三十二出："紧闭牙关，都不省人事。"[例句]老太太气得昏倒在地，～。

【不修边幅】bù xiū biān fú
[释义]修边幅：修饰，打扮。形容衣着、容貌听其自然，不刻意加以修饰。[语见]北齐·颜之推《颜氏家训·序致》："肆欲轻言，不修边幅。"[例句]小王表面看着有点散漫，且～，但做起事来倒还认真。

【不朽之芳】bù xiǔ zhī fāng
[释义]芳：花草。永远不腐朽的花草。比喻好名声万世流芳。[语见]汉·桓谭《新论·荐贤》："身受进贤之赏，名有不朽之芳。"[例句]这位诗人的作品流传百世，人品也有～。

【不朽之功】bù xiǔ zhī gōng
[释义]不朽：永不磨灭。流传后世永不磨灭的功业。[例句]这些老臣为王朝的建立立下了～。

【不徇私情】bù xùn sī qíng
[释义]徇：屈从。不屈从私人的交情。指秉公办事。[例句]李部长一向秉公办事，～，下属都很敬重他。

【不言不语】bù yán bù yǔ
[释义]形容默不作声。[语见]明·冯梦龙《醒世恒言》第二十八卷："秀娥一心忆着吴衙内，坐在旁边，不言不语，如醉如痴，酒也不沾一滴，筋也不动一动。"[例句]那位老先生一下车，立即～地刨起坑来，树虽未种下，他却似乎已经看到了绿树成荫。

【不言而喻】bù yán ér yù
[释义]喻：明白。不用说就能明白。[语见]《孟子·尽心上》："仁义礼智根于心，其生色也，睟然见于面，盎于背，施于四体，不言而喻。"[例句]事已至此，结果～，再说什么也于事无补了。

【不厌其烦】bù yàn qí fán
[释义]厌：厌烦。不嫌麻烦。[例句]历史常常～地重复着这些悲剧，而更可悲

的是,我们竟然对这些悲剧无动于衷。

【不厌其详】 bù yàn qí xiáng

[释义] 不嫌详细。指越详细越好。

[例句] 老师～地向我们讲着童年的故事,但是我们每听一次,又都有着不同的感受。

【不一而足】 bù yī ér zú

[释义] 原指不是一事一物所能满足。后形容同类事物很多,不止于一。**[语见]**《公羊传·文公九年》:“楚子使椒来聘。椒者何?楚大夫也。楚无大夫,此何以书,始有大夫也。始有大夫,则何以不氏?许夷狄者不一而足也。”**[例句]** 类似的例子～,由于时间关系,这里就不多说了。

【不夷不惠】 bù yí bù huì

[释义] 夷:伯夷,殷末周初孤竹国君长子,父死不肯继位,也不肯当周朝的官。惠:柳下惠,春秋时鲁国人,曾三次被罢官都不肯离去,事见《孟子·公孙丑上》。不像伯夷那样孤僻狭隘,拒绝做官,也不像柳下惠那样玩世不恭,留恋官位,比喻态度折中。既不太冷漠,也不太热情。**[语见]** 汉·扬雄《法言·渊骞》:“不夷不惠,可否之间也。”**[例句]** 老赵行事,往往是取两用中,～,虽无大的过失,但是也没有什么值得一提的建树。

【不遗余力】 bù yí yú lì

[释义] 不留下多余的力量。形容全力以赴。**[语见]**《战国策·赵策三》:“秦之攻我也,不遗余力矣。”**[例句]** 爱因斯坦～地做着世人眼里毫无价值的理论研究,他的孤独和寂寞,有几个人能真正休会呢?

【不以为意】 bù yǐ wéi yì

[释义] 不把它放在心上。表示抱轻视态度。**[语见]** 五代后晋·刘昫等《旧唐书·李密传》:“及出关外,防禁渐弛,密请市酒食,每夜宴饮,喧哗竟夕,使者不以为意。”**[例句]** 秘书说股市状况不好时,他还～,待读到具体的点数时,他终于大惊失色了。

【不义富贵】 bù yì fù guì

[释义] 以不正当的手段得来富贵。也指不应得到的富贵。**[语见]**《论语·述而》:“不义而富且贵,于我如浮云。”**[例句]** 我只希望自己宁静地生活着,思考着,那种～,我从来就没想过。

【不义之财】 bù yì zhī cái

[释义] 不应得或来路不正的钱财。**[语见]** 汉·刘向《列女传·齐田稷母传》:“不义之财,非吾有也,不孝之子,非吾子也。”**[例句]** 在一个充满了正义的心灵面前,这些～是绝不能动摇一个人的意志的。

【不易之论】 bù yì zhī lùn

[释义] 不可改变的言论,指论断或意见完全正确。**[语见]** 清·李光地《朱子全书·历代二宋》:“然佞臣不可执笔,则是不易之论。”**[例句]** 机遇与风险共存,此乃～,你怎么可以只看到机遇而忽视风险呢?

【不翼而飞】 bù yì ér fēi

[释义] 翼:翅膀。没长翅膀却飞走了。原指速度极快。今多比喻东西突然不见。**[语见]**《管子·戒篇》:“无翼而飞者,声也。”**[例句]** 她微微地皱起眉头,那昨天还静静躺在匣子里的项链怎么会～呢?

【不因不由】 bù yīn bù yóu

[释义] 不知不觉地。**[语见]** 清·李汝珍《镜花缘》第四十五回:“舵工被这果香钻入鼻孔,一心想咳,不因不由把船靠了山角。”**[例句]** 她在月光中一路走下去,～地竟然走出了三里之外。

【不因人热】 bù yīn rén rè

[释义] 因:顺随。《东观汉记·梁鸿传》记载:一次邻居家做完饭,要梁鸿趁着灶热锅热接着做饭,梁鸿回答说:“童子鸿不因人热者也。”他又另行点火来做饭。后来就用“不因人热”表示为人孤高,不依赖别人。**[例句]** 他乃是一个～之人,你休想用这些小恩小惠使他入了你的圈套。

【不阴不阳】 bù yīn bù yáng

[释义] 形容为人处世态度不明不暗,显得狡黠。**[例句]** 他态度暧昧,说话～,也不知他葫芦里卖的什么药。

B

【不饮盗泉】bù yǐn dào quán
[释义] 盗泉:古泉名,在山东泗水县。孔子因厌恶盗泉的名字,虽然很渴,却不肯饮其中的泉水。比喻为人正直廉洁。[语见]《尸子》:"(孔子)过于盗泉,渴矣而不饮,恶其名也。"[例句] 在那样一个污浊的世界里,想做一个~的君子,显然是很难的。

【不由分说】bù yóu fēn shuō
[释义] 分说:辩解。不容辩解。[语见]元·武汉臣《生金阁》第三折:"怎么不由分说,便将我飞拳走踢只是打。"[例句]虎子跳下马车,~,抓起我的手就往后院跑,要我去看他的宝贝。

【不由自主】bù yóu zì zhǔ
[释义] 由不得自己做主。形容不能控制自己。[例句] 箫声吸引着她,使她~地走出了三里之外。

【不虞之誉】bù yú zhī yù
[释义] 虞:料。没有料到的赞扬。[语见]《孟子·离娄上》:"有不虞之誉,有求全之毁。"[例句] 骤然有~临身,他真的都有些手足无措了。

【不约而合】bù yuē ér hé
[释义] 见"不约而同"。[语见] 宋·朱熹《朱文公文集》第十五卷:"熹窃详颐之议论,素与王安石不同。至论此事,则深服之,以为高于世俗之儒,足以见理义人心之所同,固有不约而合者。"[例句] 他单单往那里一站,众人的争论~地戛然而止。

【不约而同】bù yuē ér tóng
[释义] 事先没有商量而彼此的言论或行动完全一致。[语见] 汉·司马迁《史记·平津侯主父列传》:"应对而皆动,不谋而俱起,不约而同会。"[例句] 门一开,孩子们~地抬起头,老师却没在门外——门是被风吹开的。

【不在话下】bù zài huà xià
[释义] 用着不多说。用于旧小说中,表示故事某一情节暂时告一段落。现多指事物轻微,不值得说,或事物当然是这样,用不着说。[语见] 元·秦简夫《赵礼让肥》第四折:"以下各随次弟加官赐赏,这且不在话下。"[例句] 他文采极好,写篇发言稿当然是~。

【不在其位,不谋其政】bù zài qí wèi, bù móu qí zhèng
[释义] 谋:谋划,考虑。政:政事。不处于那种职位上,就不去谋划有关的事情。[例句] 小李的办事原则就是~,所以大家有事也不会去找他。

【不择手段】bù zé shǒu duàn
[释义] 为了达到目的,什么办法都用得出来。用于贬义。[例句] 赚钱并不是坏事,但是绝不能~。

【不折不扣】bù zhé bù kòu
[释义] 折、扣:指商品按原价减除若干成数出售。一点儿不打折扣。[例句] 不管是天灾还是人祸,他浑然不顾,只~地一心向东,向东,直到大海。

【不知不觉】bù zhī bù jué
[释义] 没有感觉,没有意识到。[语见] 宋·释普济《五灯会元》第四十六卷:"其中众生骑驴入诸人眼里,诸人亦不觉不知,会么?"[例句] 跟着那只受伤的麋鹿,我们一行人竟~地走进了大峡谷。

【不知不识】bù zhī bù shí
[释义] 没有知识,什么都不懂。[例句] 来的人~,让我们大家都大失所望。

【不知端倪】bù zhī duān ní
[释义] 端倪:头绪。指事物很难搞清头绪。[语见]《庄子·大宗师》:"反复终始,不知端倪。"[例句] 他~,茫然四顾,困惑有如一团黑云,浓浓地笼罩着他。

【不知高低】bù zhī gāo dī
[释义] 见"不知轻重"。[语见] 明·吴承恩《西游记》第十五回:"你那老头子,说话不知高低。"[例句] 就是这个~的小丫头,几年之间,竟把一个毫不起眼的小公司发展到了如今的规模。

【不知好歹】bù zhī hǎo dǎi
[释义] 见"不识好歹"。[语见] 明·吴承恩《西游记》第二十六回:"你这猴子,不知好歹。"[例句] 像他那种~的人,你就

是跟他说一天一夜，也全是白搭。

【不知纪极】 bù zhī jì jí

[释义] 纪极：终极。指贪得无厌没有止境。[语见] 南朝宋·范晔《后汉书·杨震传》："无厌之心，不知纪极。"[例句] 你虽在商海之中，却一向以诚信为本，不似那些～的人，连最基本的道德也没有。

【不知进退】 bù zhī jìn tuì

[释义] 形容言语行动轻浮冒失，没有分寸。[语见] 宋·洪迈《容斋续笔·卷十一·名将晚谬》："慕容绍宗挫败侯景，一时将帅皆莫及，而攻围颍川，不知进退，赴水而死。"[例句] 你又不是小孩子，别那么～，意气用事。

【不知就里】 bù zhī jiù lǐ

[释义] 就里：内部情况。不明白其中的原因。[语见] 清·夏敬渠《野叟曝言》第五十九回："璇姑不知就里，私问鸾吹，鸾吹把空结花烛之事，大概说知。"[例句] 这件事情在～的人看来似乎是不可理解的。

【不知轻重】 bù zhī qīng zhòng

[释义] 形容不明事理，行为冒昧。[语见] 清·曹雪芹《红楼梦》第一百零九回："婆子们不知轻重，说是这两日有些病，恐不能就好，到这里问大夫。"[例句] 小孩子家说话，自是～，希望您别放在心上。

【不知肉味】 bù zhī ròu wèi

[释义] 原指被美好的虞舜乐《韶》所陶醉，三个月来吃肉都不知味道。后指生活艰难，吃饭成问题，不知道肉是什么滋味。[语见]《论语·述而》："子在齐闻《韶》，三月不知肉味，曰：'不图为乐之至于斯也。'"[例句] 大学毕业后，他主动到边远山区支援那里的教育事业，五年来，他过着～的清苦生活，但他却无怨无悔。

【不知深浅】 bù zhī shēn qiǎn

[释义] 见"不知轻重"。[语见] 清·文康《儿女英雄传》第二十六回："万一有一半句不知深浅的话，还得求姐姐原谅妹子个糊涂。"[例句] 正是凭着他们那股

子～的劲儿，才使市场从一个崭新的角度打开了。

【不知死活】 bù zhī sǐ huó

[释义] 形容行动鲁莽，不知利害。[语见] 明·施耐庵《水浒传》第六十七回："无才小辈，背反狂夫！上负朝廷之恩，下辱祖宗名目，不知死活！引军到来，有何理说？"[例句] 咱们怎么能～地用区区几十条枪去对抗十万人马呢？

【不知所措】 bù zhī suǒ cuò

[释义] 措：放置。形容不知怎么办才好。[语见] 晋·陈寿《三国志·吴书·诸葛恪传》："哀喜交并，不知所措。"[例句] 报表一出来，总裁便愣在当场，～。

【不知所为】 bù zhī suǒ wéi

[释义] 不知道怎样才好。[语见] 唐·白居易《为宰相〈谢官表〉》："殊常之命，非望之恩，出自宸衷，加于凡陋。竦骇震越，不知所为。"[例句] 他受到众人的抢白之后，愣在那里，～。

【不知所以】 bù zhī suǒ yǐ

[释义] 以：因。所以：因为什么。不知道怎么回事。[语见] 清·李绿园《歧路灯》第六回："孝移见话头跷奇，茫然不知所以。因问道，端的是什么事？"[例句] 他～地抬起头，眼神表明他根本就没有听讲。

【不知自爱】 bù zhī zì ài

[释义] 不知道爱惜自己。指卑鄙庸俗不顾廉耻的行为。[例句] 小小年纪，便如此～，长大之后，那还不危害一方？

【不值一顾】 bù zhí yī gù

[释义] 顾：看。不值得一看。[例句] 这等～的小事，你就别去麻烦人家那大手笔了。

【不值一钱】 bù zhí yī qián

[释义] 见"一钱不值"。[语见] 汉·司马迁《史记·魏其武安侯列传》："生平毁程不识不直（值）一钱。"[例句] 老先生平静地一笑，把这～的赝品推回去，说："这宝贝，你自个儿留着吧。"

【不值一哂】 bù zhí yī shěn

[释义] 哂：微笑。不值得一笑。指毫无

意义或表示轻视。[例句]这些文字浅薄之极,实在～!

【不值一文】bù zhí yī wén
[释义]见"一钱不值"。[语见]明·沈德符《万历野获编·南北散曲》:"今无论其杂用庚清真文侵寻诸韵,即语意亦俚鄙可笑,真不值一文。"[例句]这幅字虽说也没什么大缺点,但是如果从书法的角度讲,那真的是～。

【不忮不求】bù zhì bù qiú
[释义]忮:嫉妒。求:贪求。不忌妒,不贪婪。指做人的一种美德。[语见]南朝梁·萧统《陶渊明集序》:"夫自炫自媒者,士女之丑行;不忮不求者,贤达之用心。"[例句]古时贤人,～,而你呢,却是自矜自夸,不过自招笑话罢了。

【不治之症】bù zhì zhī zhèng
[释义]治:治好。症:病症。治不好的病。也比喻无法挽救的祸患。[例句]～使她变得更加消瘦了,瘦得有些惨不忍睹。

【不栉进士】bù zhì jìn shì
[释义]栉:古代男子束发用的梳篦。指不用梳篦束发的进士。也指通晓经史,富有才华的女学者。[语见]唐·刘讷言《谐噱录》:"关图有妹能文,每语人曰:'有一进士,所恨不栉耳!'"[例句]她实乃巾帼英雄,～,你尽管放心让她去独当一面。

【不置褒贬】bù zhì bāo biǎn
[释义]置:安放,这里有"加以"之意。褒:褒奖,夸赞,表扬。贬:贬低,指责,批评。不加以表扬或批评。[语见]明·罗贯中《三国演义》第七十二回:"操尝造花园一所;造成,操往观之,不置褒贬,只取笔于门上书一'活'字而去。"[例句]老教授就那样静静地坐着,～,脸上看不出丝毫表情。

【不置可否】bù zhì kě fǒu
[释义]不说可以,也不说不可以。指不明确表态。[例句]她把脸转过去,～,把我冷在一边。

【不置一词】bù zhì yī cí
[释义]置:安放。词:言词,话语。指对某个人或事物不说好也不说坏,不表示一点儿意见。[例句]看完稿子,编辑～地盯着我,盯得我头皮都有些发麻。

【不主故常】bù zhǔ gù cháng
[释义]故常:旧的常规。指不拘旧套,不限一格。[语见]《庄子·天运》:"其声能短能长,能柔能刚,变化不一,不主故常。"[例句]良将用兵,～,你不作调查,单单在此冥思苦想,就能弄出个好计划来吗?

【不着边际】bù zhuó biān jì
[释义]摸不着边儿。后形容言论空泛。[语见]明·施耐庵《水浒传》第十九回:"在此不着边际,怎生奈何!"[例句]如果你能从她那些看似～的文字里,读出她的一片苦心,即使她身在黄泉,也会心安了。

【不赀之损】bù zī zhī sǔn
[释义]赀:计算,估量。损:损失。不可估量的损失,指极大的损失。[语见]晋·陈寿《三国志·魏书·司马芝传》:"然于统一之计,已有不赀之损。"[例句]我们先前所虑不周,已有～,我们必须对先前的方案做出调整。

【不自量力】bù zì liàng lì
[释义]量:估量。不能正确地估量自己的实力。[语见]唐·玄奘《大唐西域记·摩羯陀国上》:"今诸外道不自量力,结党连群,敢声论鼓,惟愿大师摧诸异道。"[例句]我说这话,是有些～,不过假以时日,我相信我必然能开创出一片崭新的天地。

【不足齿数】bù zú chǐ shǔ
[释义]齿:并列。数不上或不值得一说。表示极端轻视的意思。[例句]这点钱,实在是～,聊补无米之炊而已。

【不足挂齿】bù zú guà chǐ
[释义]不值得挂在嘴边。形容事情轻微,不值一提。[语见]明·施耐庵《水浒传》第八十七回:"宋江答道:'无能小将,不足挂齿。'"[例句]就是这些～的小人物,却使历史的长河在此形成了一个大弯。

【不足介意】bù zú jiè yì
[释义]不必放在心上。[例句]他先前

虽有小失,但是～,各位也不必总挂在嘴上。

【不足轻重】 bù zú qīng zhòng

[释义] 见"无足轻重"。[语见]《朱子语类·四十九·论语》:"有此人亦不得当是有,无此人亦不得当是无,言皆不足为轻重。"[例句] 我虽然是一个～的小人物,但是我还得尽到我一个小人物的力。

【不足为虑】 bù zú wéi lù

[释义] 不值得忧虑和担心。[语见] 晋·陈寿《三国志·魏书·卫臻传》:"且合肥城固,不足为虑。"[例句] 各方面都已经考虑到了,都已做好了准备,他们那儿,更是～了。

【不足为奇】 bù zú wéi qí

[释义] 足:值得。不值得奇怪。形容事物或现象很平常。[语见] 清·吴趼人《二十年目睹之怪现状》:"看见人家阔了,便要打算向人家借钱,这本是官场中的惯技,不足为奇的。"[例句] 这些事情,原本是商场中的常事,～,你何必大惊小怪的。

【不足为训】 bù zú wéi xùn

[释义] 训:准则。不值得作为效法的准则。[语见] 清·曾朴《孽海花》第四回:"孝琪的行为,虽然不足为训,然听他的议论思想,也有独到之处。"[例句] 他的为人,实在是～,但是他留下来的这一篇文章,却是功力非凡。

【不足为外人道】 bù zú wèi wài rén dào

[释义] 足:值得。不值得对外面的人说。指不必向外人提起或透露某事。[语见] 晋·陶渊明《桃花源记》:"不足为外人道也。"[例句]《欸乃》曲中的言外之意,你我知道便已足够,～也。

【不足与谋】 bù zú yǔ móu

[释义] 足:值得。谋:谋划,计议。不值得共同计议。[语见] 汉·司马迁《史记·项羽本纪》:"项王则受璧,置之坐上,亚父受玉斗,置之地,拔剑撞而破之,曰:'竖子不足与谋。夺项王天下者,必沛公也,吾属今为之虏矣。'"[例句] 这个人心

胸狭窄,目光短浅,实在～,我们还是放弃原来的打算吧!

【布帛菽粟】 bù bó shū sù

[释义] 布、帛、菽、粟,都是生活必需品。虽属平常,却是不可缺少的东西。[语见] 元·脱脱等《宋史·程颐传》:"其言之旨,若布帛菽粟然,知德者尤尊崇之。"[例句] 这些东西虽为～,但是你却不可小视它们,关键时刻,它们往往能起到意想不到的作用。

【布帆无恙】 bù fān wú yàng

[释义] 布帆:代指帆船。帆船没出毛病。形容旅途平安。[例句] 得知先生～,一路风平浪静而来,我甚是高兴。

【布鼓雷门】 bù gǔ léi mén

[释义] 布鼓:用布作面的鼓。雷门:古时会稽(今浙江省绍兴市)的城门之一,上有大鼓。拿着布鼓过雷门。比喻在高手面前卖弄技能。[语见] 汉·班固《汉书·王尊传》:"毋持布鼓过雷门。"颜师古注:"雷门,会稽城门也,有大鼓,越击此鼓,声闻洛阳;布鼓,谓以布为鼓,故无声。"[例句] 你一个杀猪匠,在人家解剖高手面前讲什么筋骨关节,简直是～。

【布裙荆钗】 bù qún jīng chāi

[释义] 见"荆钗布裙"。[语见] 宋·周辉《清波杂志》:"有善谋者,选籍中艳丽,诈为驿卒媪女,布裙荆钗,日拥彗于庭。"[例句] 那妇人虽然～,但是细细观量,却还是颇有几分姿色的。

【布衣粝食】 bù yī lì shí

[释义] 见"布衣蔬食"。[语见] 唐·房鲁《上节度使书》:"其愧非愧,布衣粝食,憧饥塞驴也,所以愧者,彼何人也,予何人也。"[例句] 九龄被贬之后,尽管过着～的生活,可是心中无一日不念着江山社稷之事。

【布衣蔬食】 bù yī shū shí

[释义] 蔬食:指蔬菜和谷类食物。穿粗布衣裳,吃粗糙饭食。形容生活俭朴。[语见] 晋·常璩《华阳国志·广汉士女》:"初乘一马之官,布衣蔬食,俭以为教。"

[例句] 这位大名鼎鼎的学者,多年来过着～的生活,一心只顾钻研学问,实在令人佩服。

【布衣之交】bù yī zhī jiāo
[释义] 布衣:麻布衣服,借指平民。指贫贱时建立的友情或平民百姓之间的交往。也指职位高的人与地位低的人交往。[语见] 明·冯梦龙《东周列国志》第九十八回:"寡人闻君高义,愿与君为布衣之交。"[例句] 我对你的故事已经听得多了,对你早已佩服之至,愿与你结为～。

【步步高升】bù bù gāo shēng
[释义] 形容仕途顺利,不断升官。[例句] 这几年,这位老同学～,很是得意。

【步步莲花】bù bù lián huā
[释义] 每一个脚印下都生了莲花。《杂宝藏经·鹿女夫人缘》载:鹿女每一足迹都有莲花,后来当了梵像国王的二夫人,生千叶莲花,一叶有一个小儿,得千子,为贤劫千佛。因莲花居尘不染,故诸佛、菩萨造像的身底或足下多有"莲台"、"莲座"。也作"莲花步步"。也形容女子步履轻盈美妙。[例句] 那女子款款而来,～,直把人们的眼睛都看呆了。

【步步为营】bù bù wéi yíng
[释义] 为:建立,设置。营:营寨。作战时,军队每前进一步就建置一道营寨。喻指做事谨慎小心、求稳。[语见] 明·罗贯中《三国演义》第七十一回:"可激劝士卒,拔寨前进,步步为营,诱渊来战而擒之。"[例句] 官军采取～的战术,层层推进,逼得义军只好暗中撤退了。

【步调一致】bù diào yī zhì
[释义] 步调:行走时脚步的大小及频率。行走时脚步的大小及频率一样。泛指统一行动。[例句] 只要你们和第一小组保持～,就能在工作结束的时候顺利合龙。

【步履安详】bù lǚ ān xiáng
[释义] 迈步走路,安稳从容。[语见]《小学·嘉言》:"步履必安详,居处必正静。"[例句] 他虽然大受委屈,但现在他正～地走着,脸上丝毫看不出不平之意来。

【步履蹒跚】bù lǚ pán shān
[释义] 步履:步行,行走。蹒跚:腿脚不便,走起路来摇摇晃晃。形容行走艰难的样子。[语见] 宋·无名氏《释常谈》:"患脚谓之'步履蹒跚'。"[例句] 看她～的样子,难道她刚刚做过手术?

【步履维艰】bù lǚ wéi jiān
[释义] 步履:步行,行走。维:助词。艰:艰难,困难。指行走困难,行动不便。[例句] 看着老母亲～的样子,我一阵心酸,不禁落下泪来。

【步人后尘】bù rén hòu chén
[释义] 步:踩、踏。后尘:人车行走过去,留下的尘土。踩着别人扬起的尘土走。指跟在别人后面前进,喻指追随、模仿别人。[语见] 清·吴趼人《二十年目睹之怪现状》第九十四回:"其实这件事,首先是广东办开的头,其次是湖北,此刻江南也办了,职道不过步趋他人后尘罢了。"[例句] 该企业经营的秘诀,其核心就是出奇制胜。他们认为:作为企业,要想生存和发展,最忌讳的就是～。

C

cā

【擦拳磨掌】 cā quán mó zhǎng
[释义] 见"摩拳擦掌"。[语见] 清·文康《儿女英雄传》第二十五回:"吹鼓手、厨茶房、嫔相伴娘、家人仆妇,一个个擦拳磨掌。"[例句] 话音未落,一帮弟兄纷纷～,准备大干一番了。

【擦掌磨拳】 cā zhǎng mó quán
[释义] 见"摩拳擦掌"。[语见] 明·吴承恩《西游记》第二十二回:"(大圣)恨得咬牙切齿,擦掌磨拳,忍不住要去打他。"[例句] 好汉们一听,立刻～要冲下山去与官兵决战。

cai

【才蔽识浅】 cái bì shí qiǎn
[释义] 蔽:塞而不通。才能蔽塞,见识浅陋。[语见] 南朝梁·江淹《萧重让扬州表》:"臣才蔽识浅,非集誉于乡曲。"[例句] 我自知～,实在难以承担如此重要的责任。

【才大难用】 cái dà nán yòng
[释义] 见"材大难用"。[语见] 宋·胡继宗《书言故事·花木类》:"有才不遇,曰才大难用。"[例句] 这些人～而终老乡野的原因,也许并不仅仅在于当权者,更多的是在他们自己——难道他们自己去奋斗了吗?

【才短气粗】 cái duǎn qì cū
[释义] 短:缺少。形容人才干缺少,气质粗鲁。[语见] 清·褚人获《隋唐演义》第八十三回:"禄山才短气粗,当此大镇,深惧不能胜任。"[例句] 那些牢骚最多

的,不过是些～之徒,你自不必在意。

【才高八斗】 cái gāo bā dǒu
[释义] 斗:我国旧时计量单位,为一石的十分之一。形容人的才华极高。[语见] 五代·李瀚《蒙求》:"谢灵运尝云:'天下才共有一石,子建独得八斗,我得一斗,自古及今用一斗。'"[例句] 他纵然～,然而生不逢时,终究还是怀才不遇,郁郁而终。

【才高行厚】 cái gāo xíng hòu
[释义] 见"才高行洁"。[例句] 在那样的社会和时代里,汨罗江也许是～的屈原最好的去处了。

【才高行洁】 cái gāo xíng jié
[释义] 洁:清白;好。才能高,品行好。[语见] 汉·王充《论衡·逢遇》:"才高行洁,不可保必尊贵;能薄操浊,不可保必卑贱。"[例句] 事实上,世俗社会并没有给这些～的高士以真正的位置,他们只有隐居山林,感慨终日。

【才贯二酉】 cái guàn èr yǒu
[释义] 二酉:指大酉山、小酉山。传说大酉、小酉(在今湖南沅陵县)二山藏书很多。因此以"才贯二酉"形容学识渊博。[例句] 纵然他志存高远,～,在滔滔洪水面前,也变得如此渺小。

【才过屈宋】 cái guò qū sòng
[释义] 屈、宋:战国楚文学家屈原和宋玉。比喻文才极高。[语见] 唐·杜甫《醉时歌》:"先生有道出羲黄,先生有才过屈宋。"[例句] 有道是秀才遇到兵,有理说不清,你就是～,你又能对这些亡命之徒有什么办法?

【才怀隋和】 cái huái suí hé
[释义] 才:才能。隋:指隋侯珠,春秋时

C

代非常名贵的宝珠。和:指和氏璧,春秋时代极其有名的宝玉。怀有像隋侯珠、和氏璧那样值得珍视的才华。形容具有非凡的才能。[语见]汉·司马迁《报任少卿书》:"虽才怀隋和,行若由夷,终不可以为荣,适足以见笑而自点耳。"[例句]即使你～,如果不给你足够的舞台施展,你也如瓮中之花,无光无彩。

【才兼文武】 cái jiān wén wǔ
[释义]兼有文武两方面的才能。[语见]南朝宋·范晔《后汉书·卢植传》:"熹平四年,九江蛮反,四府选植才兼文武,拜九江太守,蛮寇宾服。"[例句]岳飞～而又精忠报国,实在是难得的人才。

【才尽词穷】 cái jìn cí qióng
[释义]才:才学。尽、穷:完,没有了。才学用尽了,词儿用完了。形容学问肤浅。也形容无法应对时的窘态。[语见]清·曹雪芹《红楼梦》第十七回:"众人不知其意,只当他受了半日折磨,精神耗散,才尽词穷了。"[例句]对心志的过度消耗,以致到了如今～的地步,实在是诗人的悲剧。

【才貌双全】 cái mào shuāng quán
[释义]形容人才能容貌俱佳。[语见]明·洪楩《清平山堂话本·风月瑞仙亭》:"孩儿见他文章绝代,才貌双全,必有荣华之日,因此上嫁了他。"[例句]这位～的女子的香消玉殒,不知使多少关心她的人伤心落泪。

【才气过人】 cái qì guò rén
[释义]才气:才华、气魄。才气超越别人。形容才华横溢。[语见]汉·司马迁《史记·项羽本纪》:"(项)籍长八尺余,力能扛鼎,才气过人,虽吴中子弟皆已惮籍矣。"[例句]许强～,望您精心培养,日后定成大才。

【才气无双】 cái qì wú shuāng
[释义]形容才能和气概天下没有第二个。[语见]汉·司马迁《史记·李将军列传》:"典属国公孙昆邪为上泣曰:'李广才气,天下无双,自负其能,数与虏敌战,恐亡之。'于是乃徙为上郡太守。"

[例句]这位少年～,气度非凡,很得老师的宠爱。

【才疏计拙】 cái shū jì zhuō
[释义]才识疏浅,不善谋算。[语见]元·魏初《满江红·寄何侍御》词:"今老去,才疏计拙,百居人后。"[例句]你派这么个～的人去领兵对抗那虎狼之师,不是以卵击石吗?

【才疏学浅】 cái shū xué qiǎn
[释义]疏:粗疏,低下。才能低下,学识浅薄。用作谦词。[例句]我自知～,在老师面前实不敢造次。

【才疏志大】 cái shū zhì dà
[释义]见"志大才疏"。[语见]宋·陆游《大风登城》诗:"才疏志大不自量,西家东家笑我狂。"[例句]赵括纸上谈兵,～,长平一战,使赵国大伤元气。

【才疏智浅】 cái shū zhì qiǎn
[释义]才:才能。疏:空虚,稀少。智:智慧,智力。才能很少,智力短浅。一般用来表示自谦。[语见]明·罗贯中《三国演义》第八十五回:"(邓)芝曰:'愚才疏智浅,恐不堪当此任。'"[例句]尽管咱们的对手不过是些～的家伙,但是为了将我们的损失减少到最小,我们还是要精心地准备。

【才秀人微】 cái xiù rén wēi
[释义]秀:优异。微:低微。才能优异而地位低微。[语见]南朝梁·钟嵘《诗品·宋参军鲍照》:"总四家而擅美,跨两代而孤出。嗟其才秀人微,故取湮当代。"[例句]只叹他～,胸中那些百万甲兵,终究没有派上用场。

【才学兼优】 cái xué jiān yōu
[释义]才能和学问都很优异。[语见]清·褚人获《隋唐演义》第三十六回:"恐翰林院草率不称朕意,思卿才学兼优,必有妙论,故召卿来,为朕草一诏。"[例句]没有一个～的人来做主编,这么大的一部书,只怕会漏洞百出。

【才艺卓绝】 cái yì zhuó jué
[释义]才:才能。艺:技艺。卓绝:高超无比。才能技艺高超无比。[语见]汉·桓谭

《新论·思慎》："人虽才艺卓绝,不能悖理成行,逆人道也。"[例句]即使你～,但是如果你逆天行事,也必然一事无成。

【才子佳人】 cái zǐ jiā rén
[释义]有才学的男子和美貌的女子。多就婚恋关系中才貌相当而言。[语见]元·无名氏《四换头》曲:"清明时候,才子佳人醉玉楼。"[例句]这些～的故事,虽多入俗套,但是细细研究,却也道出了世人心中所望。

【材大难用】 cái dà nán yòng
[释义]木材特别巨大,难以派上用场。比喻大的才干难以用于干小事,或怀才不遇。[语见]《庄子·逍遥游》:"惠子谓庄子曰:'吾有大树,人谓之樗,其大本拥肿而不中绳墨,其小枝卷曲而不中规矩。立之涂,匠者不顾。'"[例句]王猛心怀天下,胸有甲兵,前四十余年,终是～,得遇苻坚,也算幸事一件。

【材高知深】 cái gāo zhì shēn
[释义]知:通"智"。才智高超。[语见]汉·王充《论衡·程材》:"今世之将,材高知深,通达众凡,举纲持领,事无不定。"[例句]虽然二人一个是～,一个是韬略无穷,然而一山不容二虎,起义终究还是以失败告终了。

【材能兼备】 cái néng jiān bèi
[释义]既有才智,又有能力,两者都具备。[语见]元·无名氏《百花亭》第三折:"王焕也空学得文武双全,培养得材能兼备。"[例句]纵然文武双全、～,然而不能给他杀敌报国的机会,一代良将也只能眼睁睁地看着大好河山日趋沦丧。

【材全能钜】 cái quán néng jù
[释义]材:才能。能:能力。钜:同"巨",大。才华全面,也很有能力。[语见]唐·韩愈《荆潭唱和诗序》:"信所谓材全而能钜者也。"[例句]刘邦自己虽然文不能文,武不能武,但是他手下却都是些～的大英豪,因此江山最终能姓刘,并不是怪事一桩了。

【材朽行秽】 cái xiǔ xíng huì
[释义]材朽:才能低下。行秽:行为不高

洁。原用以表示自谦,后也用以形容不堪造就的人。[语见]汉·杨恽《报孙会宗书》:"恽材朽行秽,文质无所底。"[例句]高宗年老,～,终于身死国灭,为天下笑。

【财殚力竭】 cái dān lì jié
[释义]见"财殚力尽"。[语见]南朝宋·余庆《上魏献文帝表》:"自冯氏数终,余烬奔窜,丑类渐盛,遂见陵逼,构怨连祸,三十余载,财殚力竭,转自屠跻。"[例句]这支孤军,终因～,全军覆没。

【财殚力尽】 cái dān lì jìn
[释义]财力用尽。形容生活陷入困境。[语见]北齐·魏收《魏书·宋翻传》:"当今天下黔黎,久经寇贼,……孤茕靡恤,财殚力尽,无以卒岁。"[例句]苻坚直到～之时,方才醒悟:如果早日听了王猛的忠告,便不会有今日之败了。

【财多命殆】 cái duō mìng dài
[释义]钱财多了,易招致盗贼,生命就有危险。[语见]南朝宋·范晔《后汉书·冯衍传》:"况今位尊身危,财多命殆,鄙人知之,何疑君子?"[例句]你宦海沉浮十年,岂不知～、位尊身危的道理?

【财竭力尽】 cái jié lì jìn
[释义]见"财殚力尽"。[语见]汉·谷永《黑龙见东莱对》:"百姓财竭力尽,愁恨感天。"[例句]想起昔日之声势浩大,比较今日之～,这位君主禁不住黯然泪下。

【财匮力绌】 cái kuì lì chù
[释义]匮:缺乏。绌:不足。钱财缺乏,力量不足。[语见]清·张廷玉等《明史·赵炳然传》:"浙罹兵燹久,又当宗宪汰侈后,财匮力绌。"[例句]这些地处内陆、～的小王国,在蒙古铁骑的隆隆声中,一个一个灭亡了。

【采椽不斫】 cǎi chuán bù zhuó
[释义]采:本作"棌",柞木。椽:屋上承接瓦的木条。斫:削。比喻生活简朴。[语见]《韩非子·五蠹》:"尧之王天下也,茅茨不翦,采椽不斫。"[例句]历史必然会给这些～的君王们以最公正的评价。

【采兰赠芍】 cǎi lán zèng sháo
[释义]兰:兰花。芍:芍药。指礼尚往

C

来。一般用以比喻男女之间互赠礼物，表达爱情。[语见]清·吴敬梓《儒林外史》第三十四回："怪道前日老哥同老嫂在桃园大乐！这就是你弹琴饮酒，采兰赠芍的风流了。"[例句]那些～的雅事，都已是四十年前的回忆了。

【采善贬恶】cǎi shàn biǎn è
[释义]采：选择，采取。贬：贬斥。采取好的方面而加以宣扬，贬斥坏的方面而加以抨击。[语见]汉·司马迁《史记·太史公自序》："《春秋》采善贬恶，推三代之德。"[例句]这部作品～，推陈出新，成为万人景仰的里程碑。

【彩凤随鸦】cǎi fèng suí yā
[释义]比喻女子嫁给才貌远不如自己的人。[语见]明·汤显祖《紫钗记·哭收钗燕》："那里有彩凤去随鸦。"[例句]你出身高贵，怎可～？

【彩云易散】cǎi yún yì sàn
[释义]美丽的彩霞容易消散。比喻好景不长。[语见]明·兰陵笑笑生《金瓶梅》第二十六回："可怜这妇人，忍气不过，寻了两条脚带，拴在门槛上，自缢身死，亡年二十五岁。正是：世间好物不坚牢，彩云易散琉璃脆。"[例句]你不要高兴得太早，所谓～，世事难料，你还是谨慎些才好。

can

【餐风沐雨】cān fēng mù yǔ
[释义]吃的是风，洗的是雨。形容旅途或野外生活的艰辛。[语见]明·许三阶《节侠记·忠忤》："谁知道恁惯惯雌黄，惯使着猖狂，却不念餐风沐雨先皇创业多辛苦，到做了个弃正去邪没主张。"[例句]这支小分队插入敌后，～，进行了长达三年的艰苦战斗。

【餐风宿露】cān fēng sù lù
[释义]迎风吃饭，露天地里睡眠。形容野外生活或旅途的艰苦。[语见]元·杨景贤《西游记》第五本第二十出："师父力多般，餐风宿露忙投窜，宵衣旰食无搁断，受驱驰百万端。"[例句]考察队～，进

行了长达三年的野外考察。

【餐风宿水】cān fēng sù shuǐ
[释义]见"风餐露宿"。[语见]明·沈受先《三元记·断金》："银子，你是天地间造化根，人为你费尽了辛与勤，人为你餐风宿水忧成病，人为你戴月披星晓夜行。"[例句]黄巢军～，以最快的速度推进着战局的变化。

【餐风宿雨】cān fēng sù yǔ
[释义]见"风餐露宿"。[语见]清·许思湄《谢清苑县李贺母寿并请追失银》："别后餐风宿雨，儿歌行路之难。而芳草斜阳，又来孤馆，自叹春光九十，不属劳人也。"[例句]这些商队～，历尽千辛万苦，终于到达了长安。

【餐风吸露】cān fēng xī lù
[释义]吃的是风，喝的是露水。形容超脱尘世的生活。[语见]明·张景《飞丸记·意传飞稿》："武陵津傍，藐姑山上，餐风吸露乘云，那许尘眸相望。"[例句]要知道你并不是～的神仙，可以不食人间烟火。你必须面对现实，脚踏实地。

【餐风饮露】cān fēng yǐn lù
[释义]吃的是风，喝的是露水。形容长途跋涉或野外生活、工作的艰苦。[例句]科考队～，三年后终于取得了骄人的成果。

【餐松啖柏】cān sōng dàn bǎi
[释义]以松柏的果实充饥。形容超脱世俗的生活。[语见]元·无名氏《玩江亭》第二折："俺出家人闲来坐静，闷来游访，寻仙问道，餐松啖柏。"[例句]退隐之后，他整日游山玩水，～，倒也逍遥。

【餐松饮涧】cān sōng yǐn jiàn
[释义]以松果充饥，以涧水解渴。形容超脱世俗之外的生活。[语见]南朝梁·沈约《善馆碑文》："达人独往之事，志非易立；餐松饮涧之情，理难轻树。"[例句]传说他后来～数十年，终于修得正果成了仙人。

【残杯冷炙】cán bēi lěng zhì
[释义]残：剩余的、残留的。杯：指酒。炙：烤肉。喝剩的酒，放冷了的烤肉。指

剩菜剩饭。[语见]北齐·颜之推《颜氏家训·杂艺》:"不可令有称誉,见役勋贵,处之下坐,以取残杯冷炙之辱。"[例句]那汉子一通风卷残云,将～打扫了个干干净净。

【残编断简】cán biān duàn jiǎn
[释义]见"断编残简"。[语见]宋·欧阳修《论删去〈九经正义〉中谶纬札子》:"残编断简,出于屋壁。"[例句]那些从～中苦苦去搜寻历史真迹的史学家,让我们生出无限的敬意。

【残兵败将】cán bīng bài jiàng
[释义]伤残的士兵,溃败的将领。[语见]明·邵璨《香囊记·败兀》:"我如今连被岳军杀败,收聚些残兵败将,济不得事,目下就要拔营回去如何?"[例句]你不要小看了那些～,若不能穷追猛打,死灰也能复燃。

【残兵败卒】cán bīng bài zú
[释义]见"残兵败将"。[例句]有谁能想到,这些～竟然能东山再起?

【残羹冷炙】cán gēng lěng zhì
[释义]见"残杯冷炙"。[例句]等我赶到那里的时候,只有～留给我了。

【残花败柳】cán huā bài liǔ
[释义]见"败柳残花"。[语见]元·白朴《墙头马上》第三折:"休把似残花败柳冤仇结,我与你生男长女填还彻,指望生则同衾,死则共穴。"[例句]她不动声色地回答:"我是～,怎么可以高攀您皇室贵胄?"

【残民害物】cán mín hài wù
[释义]摧残百姓("物"指众人)。[语见]宋·辛弃疾《淳熙己亥论盗贼札子》:"州以趣办财赋为急,县有残民害物之罪,而吏不敢问。"[例句]贼子们～,实为此地巨患。

【残民以逞】cán mín yǐ chěng
[释义]残害人民,以达到自己的某种目的。[语见]《左传·宣公二年》:"《诗》所谓'人之无良'者,其羊斟之谓乎?残民以逞。"[例句]水可载舟,亦能覆舟,杨广～,不为己甚,其迅速灭国,自是天理。

【残缺不全】cán quē bù quán
[释义]残损短缺不完整。[例句]这部～的书稿,成了记录历史真相的唯一证据了。

【残山剩水】cán shān shèng shuǐ
[释义]原指山水景物因有遮挡而所见不全。后形容沦亡或经过变乱后的国土。[语见]明·夏文彦《图绘宝鉴·皇明》:"是残山剩水,宋偏安之物也。"[例句]这位末代皇帝看着～,再看一眼身边的老弱残兵,仰天长叹。

【残丝断魂】cán sī duàn hún
[释义]残:剩余不多的。丝:蚕和其他昆虫吐的丝。断:断绝。魂:魂魄。比喻即将死亡的生命。[例句]六十年过去,我已是～,余日无多了。

【残贤害善】cán xián hài shàn
[释义]残:摧残,迫害。贤:有才能、有道德的人。善:善良、正直的人。迫害有才能、有道德、善良正直的人。[语见]明·罗贯中《三国演义》第二十二回:"而(曹)操遂承资跋扈,恣行凶忒,割剥元元,残贤害善。"[例句]魏忠贤～,为害朝政数十载。

【残渣余孽】cán zhā yú niè
[释义]渣:渣滓。孽:邪恶。指残存的坏人或恶势力。[例句]如果你不能把你脑子里的那些～清除干净,你永远也到达不了真正的殿堂。

【残章断简】cán zhāng duàn jiǎn
[释义]见"断编残简"。[语见]宋·陆游《会稽志序》:"秦汉晋唐以降金石刻,歌诗赋咏,残章断简,靡有遗者。"[例句]你别小看这些～,它们可是价值连城啊。

【蚕食鲸吞】cán shí jīng tūn
[释义]或者像蚕吃桑叶,一小口一小口地吃;或者像鲸吃东西,一大口吞下。比喻强国侵占弱国领土的两种方式。[语见]清·纪昀《阅微草堂笔记·滦阳消夏录六》:"汝兄遗二孤侄,汝蚕食鲸吞,几无余沥。"[例句]在侵略者的～下,不到十年,国家早已支离破碎。

【惨不忍睹】cǎn bù rěn dǔ
[释义]睹:看。悲惨得让人不忍心看。

[例句] 那～的屠杀场面,成了人类的文明史中最不文明的记录。

【惨不忍闻】cǎn bù rěn wén
[释义] 悲惨得使人不忍心听。[语见] 清·陈天华《狮子吼》第二回:"或父呼子,或夫觅妻,呱呱之声,草畔溪间,比比皆是,惨不忍闻。"[例句] 喊叫声～,直把这些铁铮铮的汉子也听得头皮发麻。

【惨淡经营】cǎn dàn jīng yíng
[释义] 惨淡:用尽心思。经营:计划并做某事。原意是指下笔前极力构思。后来也用来形容在困境中艰难地从事某种事业。[语见] 唐·杜甫《丹青引·赠曹将军霸》诗:"诏谓将军拂绢素,意匠惨淡经营中。"[例句] 小店自一开始就不兴旺,～了三四年后,终于在霍乱来临的时候倒闭了。

【惨绝人寰】cǎn jué rén huán
[释义] 惨:残酷、狠毒。人寰:人世。绝:穷尽。形容残酷到了极点。[例句] 这场～的肉博战,如今让史学家也禁不住心惊肉跳。

【惨绿愁红】cǎn lù chóu hóng
[释义] 形容经风雨摧残的败叶残花。多寄以怨艾身世凄凉的感情。[语见] 宋·柳永《定风波·自春来》:"自春来,惨绿愁红,芳心是事可可。"[例句] 窗外一片～,令人不禁有些感伤。

【惨绿少年】cǎn lù shào nián
[释义] 惨绿:即黢绿,暗淡的绿色。原指服色淡绿的少年,后泛指穿着有品位,风度翩翩的青年男子。[语见] 唐·张固《幽闲鼓吹》:"子孟阳初为户部侍郎,夫人忧惕,谓曰:'以尔人材而在丞郎之位,吾惧祸之必至也。'……喜曰:'皆尔之俦也,不足忧矣!末座惨绿少年何人也?'答曰:'补阙杜黄裳。'夫人曰:'此人全别,必是有名卿相。'"[例句] 听人说,人群里那个～,可是来历不小。

【惨无人道】cǎn wú rén dào
[释义] 惨:凶恶、狠毒。凶狠、残暴到灭绝人性的地步。形容非常残暴、狠毒。[例句] 这些～的统治,怎么能不激起民众的反抗呢?

【灿若繁星】càn ruò fán xīng
[释义] 灿:灿烂。若:如、像。繁:众多。亮闪闪的如同天上众多的星星。比喻人才众多。[例句] 那是一个诗人～的时代,是真正的诗的王国。

【粲然可观】càn rán kě guān
[释义] 粲然:鲜明的样子。形容事物鲜明多彩。[语见] 南朝梁·萧统《〈文选〉序》:"表古雅之道,粲然可观。"[例句] 此作文字力透纸背,～。

cang

【仓皇失措】cāng huáng shī cuò
[释义] 见"惊惶失措"。[语见] 明·凌濛初《二刻拍案惊奇》第十五卷:"提控仓皇失措,连忙趋避不及。"[例句] 该准备的时候不做准备,到如今怎么可能不～呢?

【苍黄翻覆】cāng huáng fān fù
[释义] 苍:青色。黄:黄色。比喻变化无常。[语见]《墨子·所染》:"见染丝者而叹曰:染于苍则苍,染于黄则黄。"[例句] 世事难料,～,人只如那大海之舟,全然不由自己做主。

【苍生涂炭】cāng shēng tú tàn
[释义] 苍生:指老百姓。涂:泥淖。炭:炭火。形容百姓像陷入泥坑、掉进火坑那样的痛苦。[语见] 明·罗贯中《三国演义》第九十三回:"狼心狗行之辈,滚滚当道。奴颜婢膝之徒,纷纷秉政。以致社稷丘墟,苍生涂炭。"[例句] 为了一个皇位而使～,实在是最大的罪过!

【苍蝇见血】cāng yíng jiàn xuè
[释义] 指苍蝇见到血,就要拼命吮吸。比喻极为贪婪。[语见] 明·冯梦龙《醒世恒言》第二十三卷:"自古道:'公人见钱,犹如苍蝇见血。'"[例句] 那一群众人,见了钱肯定会像～,还能不伸手?

【沧海横流】cāng hǎi héng liú
[释义] 沧海:大海。横流:到处泛滥。比喻天下大乱。[语见] 晋·袁宏《三国名臣序赞》:"沧海横流,玉石俱碎。"[例句] 三国相互征战,～,民不聊生。

【沧海桑田】 cāng hǎi sāng tián
[释义]沧海:汪洋大海。桑田:指田园。大海变成田地,田地又变成大海。泛指变化巨大。[语见]晋•葛洪《神仙传•王远》:"麻姑自说云,接待以来,已见东海三为桑田。"[例句]往这几幅历史地图面前一站,只见国号在变,国界也在变,～之感油然而生。

【沧海一粟】 cāng hǎi yī sù
[释义]沧海:汪洋大海。粟:谷子。汪洋大海中的一粒谷子。喻指非常渺小的人或物。也用作谦词。[语见]宋•苏轼《前赤壁赋》:"寄蜉蝣于天地,渺沧海之一粟。"[例句]人生几十年,在整个历史长河中,不过～。

【沧海遗珠】 cāng hǎi yí zhū
[释义]大海里漏采的珍珠。比喻人才被埋没或被埋没了的人才。[语见]宋•欧阳修等《新唐书•狄仁杰传》:"为吏诬诉,黜陟使阎立本召讯,异其才,谢曰:'仲尼称观过知仁,君可谓沧海遗珠矣。'"[例句]如屈清泉这等～,历史不知几何,虽说上苍爱人,但是其爱并不平等。

【沧桑之变】 cāng sāng zhī biàn
[释义]见"沧海桑田"。[语见]《续夷坚志》序:"有金元遗山先生,具班马之才,阅沧桑之变,隐居不仕,著述自娱。"[例句]离家离国数十年,而今回归故土,～,尽在眼前。

【藏锋敛锷】 cáng fēng liǎn è
[释义]锷:剑刃。比喻人不露锋芒。[语见]清•夏敬渠《野叟曝言》第十三回:"大智若愚,大勇若怯,不是要埋冤他,正深爱着他,要他藏锋敛锷,以成大器。"[例句]在座的都是咱们自己人,谁有话就说,不必～。

【藏垢纳污】 cáng gòu nà wū
[释义]藏:包藏;纳:吸纳;垢、污:脏东西,借指坏人坏事坏思想。原指山川湖泽含有脏东西与毒气,后比喻包藏容忍坏人坏事。也作"藏污纳垢"。[语见]《左传•宣公十五年》:"川泽纳污,山薮藏疾。"[例句]那么一个～的处所,不是你该光顾的地方。

【藏龙卧虎】 cáng lóng wò hǔ
[释义]隐藏着的龙,伏卧着的虎。比喻尚未崭露头角的非凡人才。[语见]北周•庾信《同会河阳公新造山池聊得寓目》诗:"暗石疑藏虎,盘根似卧龙。"[例句]此地～,你切不可妄自尊大。

【藏器待时】 cáng qì dài shí
[释义]藏:收藏,储藏。器:器具,引申为才能。比喻胸怀才学,等待施展的时机。[语见]唐•姚思廉《梁书•武帝纪中》:"独行州间,肥遁丘园,不求闻达,藏器待时。"[例句]古时士人像诸葛孔明那样隐居乡野～,而最终能成就一番大业者,真是屈指可数。

【藏头亢脑】 cáng tóu kàng nǎo
[释义]形容遮遮掩掩,不明不白。[语见]《朱子语类•辑略》:"乡里诸贤文字,以为皆不免有藏头亢脑底意思,有学者来问,便当直说与之。"[例句]诗里满含机锋却又～,不得不叹服诗人的苦心。

【藏头露尾】 cáng tóu lù wěi
[释义]藏住了脑袋,又露出了尾巴。比喻言行遮遮掩掩,不肯把真相全部暴露出来,但还是有所暴露。[语见]元•张可久《点绛唇•翻归去来辞》套曲:"早休官弃职,远红尘是非,省藏头露尾。"[例句]这些谜语尽管～的,却也有趣得很。

【藏污纳垢】 cáng wū nà gòu
[释义]见"藏垢纳污"。[例句]别看那仅是一个边陲小镇,但是那却是一个～的地方,你可得小心一些。

【藏形匿影】 cáng xíng nì yǐng
[释义]隐藏形迹,不露真相。[语见]《邓析子•无厚》:"君者,藏形匿影,群下无私。"[例句]请看那些～之人,只恐会弄出什么事端来。

【藏贼引盗】 cáng zéi yǐn dào
[释义]藏:隐藏,引申为包庇。引:勾引。庇护贼人,勾引强盗。指与坏人同流合污。[语见]清•曹雪芹《红楼梦》第七十三回:"其中夜静人稀,趁便藏贼引盗,什么事情做不出来。"[例句]此间民风甚

恶,～,无所不有。

【藏之名山,传之其人】 cáng zhī míng shān,chuán zhī qí rén

[释义] 名山:著名的大山。其人:指同道,即推崇自己的著作,能使著作广为流传的人。古人把著作收藏在著名的大山里,等将来传给同道的人。后泛指把东西放在安全的地方,交给可信赖的人。[语见] 汉·司马迁《报任少卿书》:"仆诚以著此书,藏之名山,传之其人,通邑大都,则仆偿前辱之责。"[例句] 此作内蕴深厚,但犯忌太多,只能～,然而这一藏,竟藏了三百年。

【藏踪蹑迹】 cáng zōng niè jì

[释义] 藏:隐匿。蹑:动作又轻又快。指隐藏形迹,秘密活动。[语见] 明·施耐庵《水浒传》第六十四回:"且说张横将引三二百人,从芦苇中间,藏踪蹑迹,直到寨边,拔开鹿角,径奔中军。"[例句] 这位伟大的思想家遭到多国通缉,不得不四处流亡,～。

cāo

【操必胜之券】 cāo bì shèng zhī quàn

[释义] 操:持,抓在手中。券:凭证。比喻有必定能够胜利的把握。[语见]《管子·明法解》:"故明操必胜之数,以治必用之民。"[例句] 目前看来,我军虽说已是～,但是毕竟还没有取得最终的胜利,我们必须乘胜追击,彻底消灭敌人。

【操刀必割】 cāo dāo bì gē

[释义] 操:拿起。拿起刀来一定要宰割。比喻当机立断。[语见] 汉·贾谊《新书·宗首》:"黄帝曰:'日中必彗,操刀必割。'"[例句] 机会就在眼前,～,否则,你必将后悔终生。

【操刀伤锦】 cāo dāo shāng jǐn

[释义] 操:掌握。伤:损伤。锦:一种色彩鲜艳、花纹精致的丝织品,锦缎。指外行人用刀剪割锦缎必然割坏。比喻派不懂行的人去主持某些工作,必然把事搞坏。[语见]《左传·襄公三十一年》:"子皮欲使尹何为邑。……子产曰:'不

可,人之爱人,求利之也。今吾子爱人则以政,犹未能操刀而使割也,其伤实多。……子有美锦,不使人学制焉,……其为美锦,不亦多乎?侨闻学而后入政,未闻以政学者也。'"[例句] 他一个学电子的人,你要他做管理,必然～,弄不好会使新引进的人才渐生离意。

【操斧伐柯】 cāo fǔ fá kē

[释义] 伐:砍伐。柯:斧柄。指手执斧头要砍制斧柄,长短只要照手中旧的斧柄就行了。比喻借鉴前人。[语见]《诗经·豳风·伐柯》:"伐柯伐柯,其则不远。"孔颖达疏:"执柯以伐柯,比而视之,旧柯短则如其短,旧柯长则如其长,其法不在远也。"[例句] 同类事例随处可见,～而可,为何还在那里冥思苦想?

【操戈入室】 cāo gē rù shì

[释义] 见"入室操戈"。[语见] 明·陈汝元《金莲记·诉奸》:"章相与学士,初方指水盟松,后反操戈入室,不免乘此机会,嘲他几句。"[例句] 二人早年,结为生死之交,而今竟～,两败俱伤,此中的缘由,不得不引人深思。

【操翰成章】 cāo hàn chéng zhāng

[释义] 操:拿。翰:鸟毛,借指毛笔。拿起笔来,就成文章。形容文思敏捷,有文才。[语见] 晋·陈寿《三国志·魏书·徐幹传》:"幹为司空军谋祭酒掾属,五官将文学。"裴松之注引《先贤行状》:"幹清玄体道,六行备备,聪识洽闻,操翰成章。"[例句] 王勃～,《滕王阁序》使之名满天下。

【操奇计赢】 cāo qí jì yíng

[释义] 操:操纵。奇:指奇货,市场上短缺的货物。赢:利润。指商人囤积居奇,牟取暴利。[语见] 汉·晁错《论贵粟疏》:"而商贾大者积贮倍息,小者坐列贩卖,操其奇赢。"[例句] 这个靠～一夜暴富的商人,又因为一招不慎,赔了个精光。

【操之过急】 cāo zhī guò jí

[释义] 操:做、从事。处理事情过于急躁。[语见] 汉·班固《汉书·五行志中之

下》："遂要殽阨,以败秦师,匹马觭轮无反者,操之急矣。"[例句] 这次的失败,全因为～所致,你还不知道反省。

【草草成篇】cǎo cǎo chéng piān
[释义] 草草:草率,马虎。指草率地写出作品,也指不能认真细致地去干某件事。[例句] 写到后来,他终因功力不逮,～,便引发了如今的这些争论。

【草草了事】cǎo cǎo liǎo shì
[释义] 草草:草率、轻率。了:了结、结束。草率地结束事情。[语见] 明·张居正《张太岳文集·答山东巡抚何来山》:"清丈事实百年旷举,宜及仆在位,务为一了百当,若但草草了事,可惜此时,徒为虚文耳。"[例句] 你每次洗碗都～,看,你今天又没洗干净。

【草草完事】cǎo cǎo wán shì
[释义] 见"草草了事"。[例句] 练习是积累基本功,你这么～,怎不令我伤心?

【草间求活】cǎo jiān qiú huó
[释义] 形容贪生怕死,苟且偷生。[语见] 南朝梁·沈约《宋书·武帝纪》:"苟厄运必至,我当以死卫社稷,横尸庙门,不能运窜于草间求活也。"[例句] 大丈夫死则死矣,怎可苟且偷生,～?

【草菅人命】cǎo jiān rén mìng
[释义] 菅:野草。把人的生命看得像野草一样轻贱。指统治者任意残害人民。[语见] 汉·班固《汉书·贾谊传》:"其视杀人,若艾草菅然。"[例句] 似你这等～的狗官,也配坐在堂上审案!

【草庐三顾】cǎo lú sān gù
[释义] 顾:拜访。诸葛亮躬耕南阳,刘备为了请他出来帮助自己,三次到草庐中去拜访他。后用此典表示帝王对臣下的知遇。也比喻诚心诚意地邀请或过访。[语见] 三国蜀·诸葛亮《出师表》:"先帝不以臣卑鄙,猥自枉屈,三顾臣于草庐之中。"[例句] 如果没有先生的～,我是说什么也不会再次出山的。

【草木皆兵】cǎo mù jiē bīng
[释义] 木:树木。皆:都。兵:兵士,这里指敌兵。把草和树木都当成了敌兵。形容人极度恐惧,精神紧张,容易产生错觉,一有动静就惊疑不定。[例句] 自从那个恐怖的夜晚之后,我现在是一见黑夜,就禁不住～。

【草率从事】cǎo shuài cóng shì
[释义] 草率:马马虎虎,不认真。形容做事不认真,马马虎虎。[例句] 商场如战场,尤其是你独当一面,万万不可～。

【草率将事】cǎo shuài jiāng shì
[释义] 将:做。指办事马虎不认真。[例句] 你若再这样～,看我怎么收拾你!

【草率收兵】cǎo shuài shōu bīng
[释义] 指事情没有做好就马马虎虎结束。[例句] 由于资金不足,我们这项工程仅仅干了一半就只好～了。

【草薙禽狝】cǎo tì qín xiǎn
[释义] 薙:除草。狝:秋猎,杀戮。像割野草、杀野鸟那样大砍大杀。形容无情杀戮或杀戮无遗。[语见] 唐·韩愈《送郑尚书序》:"至纷不可治,乃草薙而禽狝之,尽根株痛断乃止。"[例句] 德军在中欧平原上一般推进之后,终于把"千里无鸡鸣"的景象搬到了欧洲。

【草头天子】cǎo tóu tiān zǐ
[释义] 旧称出没于草泽中的造反者的首领。[语见] 明·罗贯中《三遂平妖传》第三十七回:"况且草头天子,他的命数修短,大则关系天下,小则关系一方。"[例句] 别看他是一个～,肚子里却装了不少墨水。

【草行露宿】cǎo xíng lù sù
[释义] 在草丛中行走,在露天里住宿。形容行旅急迫或艰难。[语见] 唐·房玄龄等《晋书·谢玄传》:"余众弃甲宵遁,闻风声鹤唳,皆以为王师已至,草行露宿,重以饥冻,死者十七八。"[例句] 他率部队～,急行军三天三夜,终于准时赶到了城下。

【草衣木食】cǎo yī mù shí
[释义] 以草缀衣,以野果作食。形容衣食粗劣,生活俭朴。[语见] 元·不忽木《点绛唇·辞朝》套曲:"草衣木食,胜如肥马轻裘。"[例句] 诗人抛下了皇宫的荣华

富贵而到这宁静的乡间,虽是～,却获得了从未有过的逍遥自在。

ce

【侧目而视】 cè mù ér shì
[释义] 斜着眼睛看人。形容畏惧、憎恨或鄙视的样子。[语见]《战国策·秦策一》:"(苏秦)妻侧目而视,倾耳而听。"[例句] 对这个流氓无赖,众人无不～。

【恻怛之心】 cè dá zhī xīn
[释义] 见"恻隐之心"。[例句] 见此小鸟失去母亲,有谁能不动～?

【恻隐之心】 cè yǐn zhī xīn
[释义] 恻隐:对别人的不幸表示同情。指怜悯遭到不幸的人的心情。[语见]《孟子·公孙丑上》:"恻隐之心,仁之端也。"[例句] 这个时候,对这个罪大恶极的坏蛋,你万万不可动～,否则,必将遗患无穷。

cen

【参差不齐】 cēn cī bù qí
[释义] 长短、高低、大小不齐。形容不一致。[语见]《关尹子·四符》:"惟五行之数,参差不一,所以万物之多,盈天间犹未已也。"[例句] ～的灌木围成一圈,中间便是她的宝贝花园了。

ceng

【层出不穷】 céng chū bù qióng
[释义] 层出:接连出现。穷:完、尽。接连出现,没有穷尽。[例句] 他的魔术表演,花样翻新,～,让人大开眼界。

【层出叠见】 céng chū dié xiàn
[释义] 层、叠:重复多次。接连不断地多次出现。[语见] 清·纪昀《四库全书总目提要》第六十九卷:"非惟字句之讹,层出叠见,其中脱简错简,有自数十字至四百余字者。"[例句] 往下便进入暗室,只见各种机关,～。

【层峦叠嶂】 céng luán dié zhàng
[释义] 层、叠:堆叠在一起。峦:山峰。嶂:直立陡峭的山峰。山峰陡峭起伏,连绵不断。[语见] 北魏·郦道元《水经注·江山》:"层岩叠嶂,隐天蔽日。"[例句] 放眼望去,～,争奇斗艳,顿时使人兴致盎然。

【层见叠出】 céng xiàn dié chū
[释义] 层见:重复出现。叠:重复、重叠。指事物或现象重复出现。[语见] 明·凌濛初《初刻拍案惊奇》第十八卷:"携了此妾下湖,浅斟低唱,觥筹交举,满桌摆设酒器,多是些金银异巧式样,层见叠出。"[例句] 画幅之上,只见各种皴法相互配合,妙处自是～。

【曾几何时】 céng jǐ hé shí
[释义] 曾:副词,表过去时态。几何:若干。指时间过去没有多久。[语见] 宋·杨万里《答福师张子仪尚书》:"曾几何时,而平易近民之声,中和乐职之颂,已与风俱驰,与川争流。"[例句] ～,这里的亭台楼阁三十里不绝,而今,已全成了水注一片。

【曾经沧海】 céng jīng cāng hǎi
[释义] 曾经:从前经历过。沧海:大海。比喻经历过大世面,见多识广。[语见]《孟子·尽心上》:"故观于海者难为水。"唐·元稹《元氏长庆集·离思》诗:"曾经沧海难为水,除却巫山不是云。"[例句] 你不要自以为已经～了,人生中的许多风雨,你还都没有经历过呢!

【曾无与二】 céng wú yǔ èr
[释义] 独一无二,没有比得上的。[语见] 晋·刘琨《劝进表》:"亿兆攸归,曾无与二。"[例句] 木乃伊技术在古代防腐技法上独具一格,～,至今也未能被科学家真正认识。

cha

【差强人意】 chā qiáng rén yì
[释义] 差:比较地,略微地。强:振奋。原意为很能振奋人心。后用来表示大体上能使人满意。[语见] 南朝宋·范晔《后汉书·吴汉传》:"帝遣时人观大司马何为,还言方修战攻之具,乃叹曰:'吴公差

C

强人意,隐若一敌国矣。'"[例句]这篇文章立意一般,遣词造句倒还～。

【插翅难飞】chā chì nán fēi
[释义]插翅:插上翅膀。即使插上翅膀,也难以飞出去。形容无法逃脱。[语见]清·夏敬渠《野叟曝言》第七十一回:"这样围墙,插翅难飞!"[例句]我们已将敌人团团围住,敌人～,我们只需瓮中捉鳖就可以了。

【插翅难逃】chā chì nán táo
[释义]即使插上翅膀,也难以逃脱。[语见]明·冯梦龙《东周列国志》第三十六回:"吕大夫守住前门,郤大夫守住后门,我领家众据朝门,以遏救火之人。重耳虽插翅难逃也!"[例句]兀术被岳家军断了归路,～,但是他还是在想尽一切办法北逃。

【插架万轴】chā jià wàn zhóu
[释义]插架:将藏书安放在书架上。轴:古代书卷中的杆,借指书籍。形容藏书极为丰富。[语见]唐·韩愈《送诸葛觉往随州读书》诗:"邺侯家多书,插架三万轴。"[例句]老先生家中～,我们早就想去拜访了。

【插科打诨】chā kē dǎ hùn
[释义]插科:戏曲表演中的动作。打诨:诙谐的言语。穿插在戏曲表演中令人发笑的动作和言语。现用以指在郑重的场合中插入的戏谑动作或言语。[例句]现在是工作时间,你别总在这里～,还是做你的正事去吧!

【插圈弄套】chā quān nòng tào
[释义]指制作圈套,陷害他人。形容阴谋手段。[例句]与其在这里～尽想着些歪法子,还不如振作起来,开辟出一条虽然艰难却堂堂正正的大路。

【茶饭无心】chá fàn wú xīn
[释义]没有心思吃饭喝茶。形容心情焦虑、苦恼。[例句]自从一直与自己相依为命的哥哥失踪之后,小娟整天都～,郁郁寡欢。

【茶余饭饱】chá yú fàn bǎo
[释义]见"茶余饭后"。[语见]元·关汉卿《斗鹌鹑·女校尉》曲:"茶余饭饱邀故友,谢馆秦楼,散闷消愁。"[例句]你那些话,留着作为～的谈资得了,这场合不合适。

【茶余饭后】chá yú fàn hòu
[释义]喝茶吃饭以后。指休息和闲暇的时间。[例句]这棵古老的槐树,成了老人们～聚会的特定场所。

【茶余酒后】chá yú jiǔ hòu
[释义]指茶饭或酒宴后的一段空闲休息时间。[语见]朱自清《"海阔天空"与"古今中外"》:"不过偶尔'茶余酒后'、'月白风清',约两个密友,吸着烟卷儿,尝些时新果子,促膝谈心,随兴趣之所至。"[例句]～,他常常会坐在那块青石板上,用二胡拉出一支凄凉的曲子。

【查无实据】chá wú shí jù
[释义]查:调查。实:确实,确凿。经调查,没有发现确凿的证据。过去常与"事出有因"连用,作为搪塞之辞。[语见]清·李绿园《歧路灯》第一百零一回:"那两个差头,白白的又发了一注子大财,只以'查无实据'禀报县公完事。"[例句]此案最后因为～,便成了一桩悬案。

【察察而明】chá chá ér míng
[释义]见"察察为明"。[语见]五代后晋·刘昫等《旧唐书·张蕴古传》:"勿浑浑而浊,勿皎皎而清,勿没没而暗,勿察察而明。"[例句]部门主管在许多小事上～,不料却把最大的项目给忽略了。

【察察为明】chá chá wéi míng
[释义]察察:细致辨析清楚。明:精明。形容人专在细枝末节上显示精明。[语见]唐·房玄龄等《晋书·皇甫谧传》:"欲温温而和畅,不欲察察而明切也。"[例句]你身为公司总经理,岂能～,眼睛只盯着眼前巴掌大的地方?

【察见渊鱼】chá jiàn yuān yú
[释义]能明察深渊中的鱼。比喻探知别人的隐私。[语见]清·纪昀《阅微草堂笔记·姑妄听之二》:"察见渊鱼者不祥,又是之谓矣。"[例句]也不知道她究竟是什么心理,总是喜欢～,搬弄是非,惹得大家唯恐避之不及。

【察言观色】chá yán guān sè
[释义] 色:脸色。体会人说的话,观察人的脸色,来揣测对方的心思想法。[语见]《论语·颜渊》:"夫达也者,质直而好义,察言而观色,虑以下人。"[例句] 但凡刑警,往往都有～的本领。

【姹紫嫣红】chà zǐ yān hóng
[释义] 姹:美丽、娇艳。嫣:艳丽。指各种颜色艳丽的花朵。[语见] 明·汤显祖《牡丹亭·惊梦》:"原来姹紫嫣红开遍,似这般都付与断井颓垣。良辰美景奈何天,赏心乐事谁家院。"[例句] 从病房走到阳光下,没想到外面已是～的春天了。

chai

【柴立不阿】chái lì bù ē
[释义] 像枯木独立,不阿谀附着。形容为人正直,不党不私。[语见] 清·赵尔巽《清史稿·魏裔介熊赐履李光地传论》:"柴立不阿,奉身早退,有古大臣之风。"[例句] 张固甘愿冒着被流放的危险,也不依附权势,真是～。

【柴米夫妻】chái mǐ fū qī
[释义] 为柴米的需要而结合的夫妻。比喻夫妻结合没有诚挚的爱情基础,只是以物质需要为目的,不能白头偕老。[例句] 他们二人不过是～,感情基础很不牢固。

【豺虎肆虐】chái hǔ sì nüè
[释义] 豺、虎:两种凶残的野兽。比喻坏人像凶残的野兽般横行不法。[语见] 汉·张衡《南都赋》:"帝乱其政,豺虎肆虐,真人革命之秋也。"[例句] 她对当时那个～的时代的描述,在几百年后也令我们无不动容。

【豺狼成性】chái láng chéng xìng
[释义] 成性:凶残的习性。比喻坏人像豺狼一样凶残成性。[语见] 唐·骆宾王《代李敬业传檄天下文》:"加以虺蜴为心,豺狼成性。"[例句] 这些歹徒～,为害乡里,人人痛恨。

【豺狼当道】chái láng dāng dào
[释义] 当道:横在道路中间。比喻坏人当权得势。[语见] 汉·荀悦《前汉纪·平帝纪》:"宝问其次,文曰:'豺狼当道,安问狐狸!'宝默默不应。"[例句] ～之际,文人们无可奈何,或沉溺山水,或退隐田园。

【豺狼当路】chái láng dāng lù
[释义] 见"豺狼当道"。[语见] 南朝宋·范晔《后汉书·张纲传》:"余人受命之部,而纲独埋其车轮于洛阳都亭,曰:'豺狼当路,安问狐狸!'"[例句] 方今～,我泥菩萨过河自身难保,对你的遭遇只能是爱莫能助了。

【豺狼横道】chái láng héng dào
[释义] 见"豺狼当道"。[语见] 汉·班固《汉书·孙宝传》:"文曰:'豺狼横道,不宜复问狐狸。'"[例句] 朝廷内外～,一场巨大的起义爆发了。

【豺狼塞路】chái láng sè lù
[释义] 见"豺狼当道"。[语见] 唐·李延寿《北史·隋本纪》:"一人失德,四海土崩,群盗蜂起,豺狼塞路,南巢遂往,流彘不归。"[例句] 几乎每个王朝的末期,都上演着～、群盗蜂起的乱世大戏。

【豺狼野心】chái láng yě xīn
[释义] 豺、狼本性凶残。比喻坏人的狠毒用心。[语见] 汉·陈琳《为袁绍檄豫州》:"而操豺狼野心,潜包祸谋。"[例句] 就是这些操有～的臣子,使历史的长河在此处打了一个个漩涡。

chan

【馋涎欲滴】chán xián yù dī
[释义] 涎:口水。欲:将要。馋得口水都要滴下来了。比喻非常想得到的样子。[例句] 狼隐在草丛中,～地望着肥肥的羊群,等待着发动进攻的时机。

【缠绵悱恻】chán mián fěi cè
[释义] 缠绵:感情萦绕,不能解脱。悱恻:内心悲苦、凄凉。形容悲苦、凄凉的情感萦绕在心头,无法解脱。也形容文章语言婉转动人。[语见] 晋·潘岳《寡妇赋》:"思缠绵以瞀兮,心摧伤以怆恻。"[例句] 这些字句写得～,读来只欲伤心落泪。

【蝉不知雪】chán bù zhī xuě
[释义] 蝉：昆虫，俗名"知了"。蝉活不到冬天，因此从来没见过雪。比喻见识不广。[语见] 汉·桓宽《盐铁论》："以所不睹不信人，若蝉之不知雪。"[例句] 跟你说了这么多你还不明白，真是～，我还是赶快走了的好。

【蟾宫折桂】chán gōng zhé guì
[释义] 蟾宫：月宫，旧时传说月亮上有蟾蜍，故称蟾宫。到月宫里去折取桂枝。科举时代用以称考试被录取。[例句] 林家老二，这次能够～，真是出乎所有人的意料。

【谄词令色】chǎn cí lìng sè
[释义] 说奉承人的话，扮作讨好人的表情。[语见] 明·冯梦龙《东周列国志》第八十回："勾践为人机险，今为釜中之鱼，命制庖人，故谄词令色，以求免刑诛。"[例句] 作为一个高层领导人，如果你连这等～也看不穿，那你也太没水平了。

【谄上傲下】chǎn shàng ào xià
[释义] 对上讨好，对下傲慢。[例句] 对付那种～的人，最好的办法是敬而远之。

【谄上欺下】chǎn shàng qī xià
[释义] 见"谄上抑下"。[例句] 他靠着～，获得了许多好处。

【谄上抑下】chǎn shàng yì xià
[释义] 谄：讨好，奉承。讨好上司，压制下级。[语见] 唐·李延寿《北史·安同传》："性平正柔和，未尝有喜怒色，忠笃爱厚，不谄上抑下。"[例句] 你终日～，碌碌无为，男儿的本色到哪里去了？

【谄谀取容】chǎn yú qǔ róng
[释义] 以奉承阿谀取悦别人。[语见] 汉·司马迁《史记·平准书》："自是之后，有腹诽之法，公卿大夫多谄谀取容矣。"[例句] 法度无常，政出多门，使朝野上下，无不～。

chang

【长安居大不易】cháng ān jū dà bù yì
[释义] 长安：唐代首都，后也泛指京城或其他大城市。居：居住，生活。在京城或其他大城市生活很不容易。[例句] 你一人在外谋生，～，照顾好自己，就不要为家里人操心了。

【长材短用】cháng cái duǎn yòng
[释义] 大材小用。指人不能充分发挥才能，物不能得到充分利用。[语见] 清·孔尚任《桃花扇·选优》："看此歌妓，声容俱佳，岂可长材短用，还派作正旦罢！"[例句] 你对小张的安排，是～，他终会不满的。

【长此以往】cháng cǐ yǐ wǎng
[释义] 长期这样下去。多就不好的情况而言。[例句] 这几年忙于生意，很久不读书了，～，恐怕真的会忘记自己还是个学者。

【长恶不悛】cháng è bù quān
[释义] 长期作恶，不肯悔改。[语见] 晋·石勒《下令绝刘曜》："故复推崇今主，修好如初，何图长恶不悛，杀奉诚之使。"[例句] 九公子～，终于受到了惩罚，也算是罪有应得。

【长风破浪】cháng fēng pò làng
[释义] 比喻志向远大，冲破阻难，奋勇前进。[语见] 南朝梁·沈约《宋书·宗悫传》："悫年少时，炳问其志，悫曰：'愿乘长风破万里浪。'"[例句] 这孩子从小便有～之志，长大了必成大器。

【长歌当哭】cháng gē dàng kū
[释义] 歌：歌咏。当：抵得上。漫长而深沉的歌咏可以抵得上痛苦。指用歌咏、诗文等抒发内心的悲愤。[语见] 清·曹雪芹《红楼梦》第八十七回："感怀触绪，聊赋四章。匪曰无故呻吟，亦长歌当哭之意耳。"[例句] 闻友空难，泼墨如河，～，聊寄哀思。

【长林丰草】cháng lín fēng cǎo
[释义] 高大的树林，丰茂的野草。指禽兽栖止，人迹罕至，与世事隔绝的地方。旧时用以比喻隐士所向往或居住的处所。[语见] 三国魏·嵇康《与山巨源绝交书》："此犹禽鹿，少见驯育，则服从教制；长而见羁，则狂顾顿缨，赴汤蹈火。虽饰

以金镳,饫以嘉肴,愈思长林而志在丰草
也。"[例句] 我心既定,虽有～。也难以
使我回头。

【长命百岁】 cháng mìng bǎi suì
[释义] 寿命很长,达到百岁。今为祝颂
语。[语见] 元·无名氏《蓝采和》第四折:
"这厮淡则淡到长命百岁。"[例句] 希望
老先生～,寿比南山。

【长命富贵】 cháng mìng fù guì
[释义] 寿命长,钱财多,地位高。旧时对
人的祝词。[语见] 五代后晋·刘昫等《旧
唐书·姚崇传》:"经云:'求长命得长
命,求富贵得富贵',……比求缘精进,得
富贵长命者为谁?"[例句] 我不求～,不
求名满天下,我只求心安,如此而已。

【长年累月】 cháng nián lěi yuè
[释义] 见"成年累月"。[例句] ～的操
劳,使母亲的鬓角过早地染上了银霜。

【长篇大论】 cháng piān dà lùn
[释义] 指篇幅很大的诗文或滔滔不绝
的发言。[语见] 清·曹雪芹《红楼梦》第
七十八回:"原稿在哪里?倒要细细看
看,长篇大论,不知说的是什么。"[例句]
我只需要你回答是或者不是,我没有要
你在此发表什么～。

【长篇累牍】 cháng piān lěi dú
[释义] 累:重叠。牍:古代写字用的木
板。指篇幅很长的文章。[语见] 清·黄
宗羲《陈令升先生传》:"高会广坐,有所
徵引,长篇累牍,应口吟诵。"[例句] 老先
生恐怕你不明白,信写了一封又一
封,～,不胜其烦。

【长驱径入】 cháng qū jìng rù
[释义] 见"长驱直入"。[语见] 三国魏·
曹操《劳徐晃令》:"吾用兵三十余年,及
所闻古之善用兵者,未有长驱径入敌围
者也。"[例句] 大军～,迅速占领了都城。

【长驱直入】 cháng qū zhí rù
[释义] 长驱:策马向很远的目的地走。
形容进军迅速而顺利。[语见] 明·施耐
庵《水浒传》第一百零七回:"自此,卢俊
义等无南顾之忧,兵马长驱直入。"
[例句] 你这么～,如果中了敌人的埋伏

怎么办?

【长生不老】 cháng shēng bù lǎo
[释义] 长期生存,永不衰老。指人长寿。
常用以对人表示祝愿。[语见]《太上纯
阳真经·了三得一经》:"天一生水,人同
自然,肾为北极之枢,精食万化,滋养百
骸,赖以永年而长生不老。"[例句] 多少
人都费尽心机指望～,可惜那不过是梦
想罢了。

【长生不死】 cháng shēng bù sǐ
[释义] 生命长存,永不死亡。[语见]
晋·葛洪《抱朴子·辨问》:"长生不死,以
此责圣人,何其多乎?"[例句] 作家曾经
写过一个关于～的人的故事,可是那故
事写到最后,竟然处处是凄凉。

【长生久视】 cháng shēng jiǔ shì
[释义] 久视:不老。生命长存,永不衰
老。[语见]《老子》第五十九章:"有国之
母,可以长久,是谓深根固柢,长生久视
之道。"[例句] 我们祝爷爷～,福如东海。

【长袖善舞】 cháng xiù shàn wǔ
[释义] 有了长的袖子,就容易舞得好
看,比喻有所凭借,事情容易成功。后多
用来形容有财势有手腕的人善于钻营。
[语见]《韩非子·五蠹》:"鄙谚曰:'长袖
善舞,多钱善贾。'"[例句] 尽管他～,可
是最终还是落了个身陷囹圄的结局。

【长吁短叹】 cháng xū duǎn tàn
[释义] 吁:叹息。长一声短一声不住地
叹气。形容忧伤的神情。[语见] 元·王
实甫《西厢记》第一本第二折:"少可有一
万声长吁短叹,五千遍捣枕捶床。"
[例句] 失势之后,这位昔日的当朝首辅
整日里～,日见萎靡。

【长夜难明】 cháng yè nán míng
[释义] 比喻漫长的黑暗岁月。[例句]
在那～的岁月里,人们盼星星盼月亮,盼
望有一天能云开见日。

【长揖不拜】 cháng yī bù bài
[释义] 长揖:旧时拱手高举,自上而下的
相见礼。相见时只长揖而不跪拜。形容
态度不卑不亢。[语见] 汉·司马迁《史
记·高祖本纪》:"沛公方倨床,使两女子

洗足,郦生长揖不拜。"[例句]虽有上司来访,海瑞不亢不卑,～。

【长枕大被】 cháng zhěn dà bèi
[释义]宋·王谠《唐语林·德行》:"玄宗诸王友爱特甚,常思作长枕大被,与同起卧。诸王或有疾,上辄转终日不能食。"后比喻兄弟友爱。[例句]想想我们当年～,何等快活,而今却生生不得相见,心下凄凉,寸管难书。

【长治久安】 cháng zhì jiǔ ān
[释义]治:安定,太平。指社会长期太平,永久安宁。[语见]清·张廷玉等《明史·谢铎传》:"愿陛下以古证今,兢兢业业,然后可长治久安,而载籍不为无用矣。"[例句]我们都希望人民能安居乐业,国家能～。

【长足进步】 cháng zú jìn bù
[释义]长足:大步。形容发展迅速,或进步非常之快。[例句]咱们公司之所以能取得～,与我们能始终坚持向最前沿的技术靠近是分不开的。

【长足进展】 cháng zú jìn zhǎn
[释义]长足:指进展迅速。形容进步快、成绩大。[例句]他们的实验虽然已取得了～,但是,那最关键的核心技术,他们毕竟还没有完全掌握。

【肠肥脑满】 cháng féi nǎo mǎn
[释义]形容养尊处优的人吃得很饱,养得很胖。或指一味贪图口腹,无所事事。[语见]唐·李百药《北齐书·琅玡王俨传》:"琅玡王年少,肠肥脑满,轻为举措。"[例句]你怎么能指望那些～之徒给你带来什么新东西呢?

【尝鼎一脔】 cháng dǐng yī luán
[释义]鼎:古代烹煮用的器物。脔:切成小块的肉。尝了鼎中的一块肉,就能知道全鼎的肉的滋味。比喻根据部分可以推知全体。[语见]《吕氏春秋·察今》:"尝一脔肉而知一镬之味,一鼎之调。"[例句]这部书虽说已残破不堪,但是～,我们也能知道它巨大的参考价值。

【常备不懈】 cháng bèi bù xiè
[释义]备:准备、防备。懈:松懈。时常

防备着,从不放松警惕。形容警惕性高。[例句]作为公安人员,我们对此项工作应～。

【敞胸露怀】 chǎng xiōng lù huái
[释义]敞开衣服,露出胸脯。形容作风粗野,没有礼貌。[例句]看你那～的样子,哪像个读书人?

【怅然若失】 chàng rán ruò shī
[释义]怅然:不如意,不痛快的样子。若:好像。失:失去。心情不如意,好像失去了什么。[例句]望着她渐渐远去的背影,我～,顿觉孤独寂寞。

【畅所欲言】 chàng suǒ yù yán
[释义]畅:畅快地、尽情地。欲言:指想要说的话。畅快尽情地说出想要说的话。[语见]清·方苞《游丰台记》:"少长不序,卧起坐立,惟所便人,畅所欲言,举酒相属,向夕犹不能归。"[例句]我们这次旨在交流,希望大家～。

【唱筹量沙】 chàng chóu liáng shā
[释义]唱:喊报。筹:计数用具。量沙时唱数计筹,以沙充米,表示存粮充足。比喻为安定军心,制造假象,迷惑敌人。后多用于比喻以少报多,以无报有,弄虚作假,掩饰真相的行为。[例句]因为突有敌兵来犯,诸葛亮被迫～,保了营寨。

chāo

【超尘出俗】 chāo chén chū sú
[释义]超出尘世,不同凡俗。[语见]明·冯梦龙《东周列国志》第四十七回:"孟明登太华山,至明星岩下,果见一人羽冠鹤氅,玉貌丹唇,飘飘然有超尘出俗之姿。"[例句]一入她那温馨的小屋,一股～的气息迎面而来,使我们这些凡夫俗子自惭形秽。

【超凡出世】 chāo fán chū shì
[释义]超越凡俗,离开尘世。[语见]元·马钰《清心镜·叹世》:"断是非,讲闲气。岂悟修行,超凡出世。"[例句]那是一张～的脸,使人实在不敢多看。

【超凡入圣】 chāo fán rù shèng
[释义]超:超越,胜过。凡:凡人,平常的

人。圣：圣人，思想品格、道德智慧都非常高超的人。超越了常人，达到了圣人的境界。[语见]唐·吕岩《七言之二》："举世若能知所寓，超凡入圣弗为难。"[例句]我无法领略他那～的境界，但是我可以想象到他的孤独。

【超凡越圣】chāo fán yuè shèng
[释义]见"超凡入圣"。[例句]你自当有气吞山河的雄心，自当有～的抱负。

【超今冠古】chāo jīn guàn gǔ
[释义]冠：居第一位。超越了现代和古代。形容古今少有。[语见]唐·韩愈《贺册尊号表》："赫赫巍巍，超今冠古。"[例句]这都是些～的文字，如今读来，颇生高山仰止之感。

【超类绝伦】chāo lèi jué lún
[释义]见"超世绝伦"。[语见]明·李贽《焚书·书答·答耿司寇》："故使克明即不中举，即不中进士，即不作大官，亦当为天地间有数奇品，超类绝伦，而可以公眼前蹊径限之欤？"[例句]在整个文艺复兴过程中，他都是～，只可惜他生前未能享受到应有的荣光。

【超前绝后】chāo qián jué hòu
[释义]超越前人，以后也无一可相比。[语见]南朝梁·沈约《齐故安陆昭王碑文》"绝后光前"李善注引《晋起居注·安帝诏》曰："元功盛德，超前绝后。"[例句]诸葛亮未出山，就已三分天下。我们不能不惊叹他的经天纬地之才，～之智。

【超群拔类】chāo qún bá lèi
[释义]超出众人，在同辈中拔尖。[例句]在一干人中，他的口才～，无人能敌。

【超群出众】chāo qún chū zhòng
[释义]高出众人。[语见]明·凌濛初《初刻拍案惊奇》第十卷："你道生得如何？……即非倾国倾城色，自是超群出众人。"[例句]他的文采～，令人钦佩。

【超群绝伦】chāo qún jué lún
[释义]超：高出。群：众人。绝：没有。伦：伦比，匹敌。高出众人之上，没有能与其相比的。[语见]晋·陈寿《三国志·蜀书·关羽传》："当与翼德（张飞）并驱争先，犹未及髯（关羽）之绝伦逸群也。"[例句]她～的舞姿，令观众大为赞赏。

【超群轶类】chāo qún yì lèi
[释义]超出众人，在同辈中拔尖。[语见]清·夏敬渠《野叟曝言》第一百三十八回："这骈郎文艺固是超群轶类，恰与素臣天生神力仿佛。"[例句]小儿虽然年幼，但冰雪聪明，～，望先生多多指点。

【超然独处】chāo rán dú chǔ
[释义]超脱于世俗之外，离群独居。[语见]战国楚·宋玉《对楚王问》："宋玉曰：'夫圣人瑰意琦行，超然独处，世俗之民又安知臣之所为哉！'"[例句]天下攘攘，皆为利往，而先生～，常人哪知此中滋味呢？

【超然独立】chāo rán dú lì
[释义]见"超然独处"。[语见]汉·刘安《淮南子·修务训》："君子……超然独立，卓然离世。"[例句]大战之后，山庄尚能～，未损一草一木，不知是人为还是天意。

【超然物外】chāo rán wù wài
[释义]超然：超脱于。物外：事物之外或世外。超脱于尘世之外，有时也指置身于现实中某事之外，不把某事放在心上。[语见]宋·叶梦得《石林诗话》："渊明正以脱略世故，超然物外，区区在位者何足以概其心哉！"[例句]天下兴亡，匹夫有责，而先生竟～，难道不怕后人耻笑吗？

【超然远举】chāo rán yuǎn jǔ
[释义]为超脱世事，远离而去。[语见]宋·苏舜钦《答韩持国书》："偷俗如此，安可久居其间，遂超然远举，羁泊于江湖之上，不惟衣食之累，实亦少避其机阱也。"[例句]我在官场已久，心中生厌，只欲早日～，得其清静。

【超然远引】chāo rán yuǎn yǐn
[释义]见"超然远举"。[语见]清·姚鼐《伍子胥论》："昔者尝怪乐毅之于燕，伍子胥之于吴，皆以受任于先君之时，及至嗣子弃之，于是毅遂超然远引，而子胥乃恋恋不去，终以谏死于吴。"[例句]没想

到已为官多年的他，竟然～，解甲归田了。

【超然自得】 chāo rán zì dé
[释义] 超脱世事，自觉快乐和满足。[语见] 宋·张君房《云笈七签》第十三卷："劝子将心舍烦事，超然自得烟霞志。"[例句] 四皇子整日里尽兴于山水，一副～的样子。

【超然自逸】 chāo rán zì yì
[释义] 超脱世事，安闲快乐。[语见] 汉·袁绍《与公孙瓒书》："故为荐书恳恻，冀可改悔，而足下超然自逸，矜其威诈，谓天罔可吞，豪雄可灭。"[例句] 你再如此一味地～下去，只怕要失去所有的朋友了。

【超然自引】 chāo rán zì yǐn
[释义] 超脱世事，自动引退。[语见] 晋·陆机《豪士赋序》："借使伊人，颇览天道。知尽不可益，盈难久持。超然自引，高揖而退。"[例句] 李怀光眼看朝堂混杂，退意顿生，便常常上奏，要～，告老还乡。

【超世绝伦】 chāo shì jué lún
[释义] 世：世人。绝：没有。伦：伦比，匹敌。高出众人之上，没有能与其相比的。[语见] 汉·蔡邕《陈寔碑》："群僚贺之，皆举手曰，颍川陈君，超世绝伦。"[例句] 这两位伟大的诗人，在整个浪漫主义时代，～，有如一对双子星座，闪烁着夺目的光辉。

【超以象外】 chāo yǐ xiàng wài
[释义] 超脱于物象之外。形容文艺作品意境雄浑，洒脱超俗。也比喻置身物外。[语见] 唐·司空图《诗品·雄浑》："超以象外，得其环中。"[例句] 在乱世之中，能有此～的作品，实在令人赞叹。

【超逸绝尘】 chāo yì jué chén
[释义] 不拘滞于世俗，超然物外。[语见] 《宣和书谱·空鲙帖》："往昔字学之流，其初笔法安在？惟其胸次笔端超逸绝尘，暗合法度，则其草创便为一物之宗。"[例句] 这幅山水画画得～，实在不是我辈能匹敌的。

【巢毁卵破】 cháo huǐ luǎn pò
[释义] 巢：鸟窝。卵：蛋。鸟窝被毁坏了，鸟蛋一定也破了。比喻灾祸牵连着，一个影响另一个，无一得免。也比喻灭门之祸，没有幸存的。[语见] 南朝宋·范晔《后汉书·孔融传》："二子方奕棋，融被收而不动。左右曰：'父执而不起，何也？'答曰：'安有巢毁而卵不破乎？'"[例句] 这个封建大家族，在遭遇了灾祸后，～，无人幸免。

【嘲风弄月】 cháo fēng nòng yuè
[释义] 见"嘲风咏月"。[语见] 宋·魏庆之编《诗人玉屑·知道》："缔章绘句，嘲风弄月，虽工何补！"[例句] 此诗～，无病呻吟，意境全无。

【嘲风咏月】 cháo fēng yǒng yuè
[释义] 风：风光。月：月色。风、月：也喻指男女之情。以风、月或男女之情为题吟诗作文。[语见] 宋·曾慥《类说》第十九引胡讷《见闻录》："太宗幸翰苑，阅群书。……太宗言江南臣在上而故主在下位，侍臣曰：'不能修霸业，但嘲风咏月，今日宜矣。'"[例句] 大战当前，硝烟四起，你却还和几个女子整天～，你怎么有脸去见你的父亲！

che

【车殆马烦】 chē dài mǎ fán
[释义] 殆：通"怠"。指旅途乘车乘马，劳累困乏。[语见] 三国魏·曹植《洛神赋》："日既西倾，车殆马烦。"[例句] 几个人山山水水地走了整整一天，已经～了，但是寻找宝藏的决心鼓舞着我们继续前进。

【车水马龙】 chē shuǐ mǎ lóng
[释义] 水：河流。车辆像河流一样绵延，马匹像游龙一样蜿蜒。形容繁华的景象。[语见] 南朝宋·范晔《后汉书·明德马皇后纪》："前过濯龙门上，见外家问起居者，车如流水，马如游龙。"[例句] 他就住在那条～的大街上，但是街上的繁华对他毫无影响，也许这就叫"大隐隐于市"吧。

【车载斗量】 chē zài dǒu liáng
[释义] 可以用车装，也可以用斗量。形

容数量很多。[语见]晋·陈寿《三国志·吴书·孙权传》注引《吴书》："如臣之比,车载斗量,不可胜数。"[例句]我的忠心,～,非言语可以述说。

【彻底澄清】chè dǐ chéng qīng
[释义]彻底:水清见底。引申为透彻。形容十分廉洁,清白无瑕。[语见]元·高明《琵琶记·牛氏规奴》："今后,方信你彻底澄清。我好没来由。"[例句]你要相信他的话,他是个～的人。

【彻头彻尾】chè tóu chè wěi
[释义]彻:透彻、贯通。从头到尾,贯穿始终。[语见]宋·程颢《中庸》注:"诚者,物之终始,犹俗言彻头彻尾。"[例句]他的一生,～地表现了一个哲学家的风范。

chen

【臣门如市】chén mén rú shì
[释义]车马盈门如闹市。形容访求者很多。[语见]汉·班固《汉书·郑崇传》:"臣门如市,臣心如水。"[例句]想先前门前冷落,而如今,一旦大权在握,立即～,人情冷暖,可见一斑。

【尘饭涂羹】chén fàn tú gēng
[释义]涂:泥。羹:用肉或菜做成的汤。用尘土做的饭,用稀泥做的羹。原指儿童游戏。后比喻无用之物,或只有虚假形式,不能收到实效。[语见]《韩非子·外储说左上》:"夫婴儿相与戏也,以尘为饭,以涂为羹,以木为胾,然至日晚必归饷者,尘饭涂羹,可以戏而不可食也。"[例句]这都是些什么东西,你们怎么能用这些～来糊弄我呢?

【沉博绝丽】chén bó jué lì
[释义]指文章含意深远,内容渊博,文辞华丽。[语见]汉·扬雄《答刘歆书》:"少不得学,而心好沉博绝丽之文。"[例句]本章文字,～,在座各位,无不叹为观止。

【沉静寡言】chén jìng guǎ yán
[释义]见"沉默寡言"。[例句]别看她平时一副～的样子,但是一旦爆发了,那可是连大多男人都要怕三分的。

【沉湎淫逸】chén miǎn yín yì
[释义]沉迷酒色,荒淫无度。[语见]宋·杨万里《宋故龙图阁学士张公神道碑》:"太康败于甘酒,桀败于酒池,厉王败于荒酒,幽王败于沉湎淫逸。"[例句]敌兵几乎就在城外,国家危在旦夕,陈后主依然～,不理国事,国家的灭亡自然不可挽救了。

【沉默寡言】chén mò guǎ yán
[释义]沉默:深沉不语。寡言:少言语。深沉而少言语。[语见]五代后晋·刘昫等《旧唐书·郭子仪传》:"钊,伟姿仪,身长七尺,方口丰下,沉默寡言。"[例句]他整日～,一副忧心忡忡的样子。

【沉吟不决】chén yín bù jué
[释义]指遇到复杂或疑难的事,低声自语,难于决断。[语见]三国魏·曹操《秋胡行》:"沉吟不决,遂上升天。"[例句]老张望着太阳,～,眼睛里一会儿是希望,一会儿是绝望。

【沉吟不语】chén yín bù yǔ
[释义]沉默地思量着,不说话。[语见]清·褚人获《隋唐演义》第四十八回:"见士及沉吟不语,便问士及道:'请问哥哥,这是何人所送,如此踌躇?'"[例句]小伍静静地坐在窗前,～,良久,脸上突然浮现出一丝得意的笑容。

【沉吟未决】chén yín wèi jué
[释义]见"沉吟不决"。[语见]北齐·魏收《魏书·傅永传》:"英沉吟未决,永曰:'机者如神,难遇易失,今日不往,明朝必为贼有,虽悔无及。'"[例句]直到我进去,社长还拿着报告,～,丝毫没有觉察到我的到来。

【沉鱼落雁】chén yú luò yàn
[释义]沉鱼:让鱼沉入水底。落雁:使大雁惊落地面。鱼儿羞于相见而沉入水底,大雁只顾观看忘了飞翔而落到地面。形容女子容貌极美,常与"闭月羞花"连用。[语见]《庄子·齐物论》:"毛嫱、丽姬,人之所美也;鱼见之深入,鸟见之高飞,麋鹿见之决骤,四者孰知天下之正色哉?"[例句]纵使她有～之貌,但我依然

不为所动。

【沉冤莫白】 chén yuān mò bái
[释义] 沉:亦作"沈"。沉冤:长期得不到申雪的冤屈。指受冤已久,无法申雪。[语见] 明·许仲琳《封神演义》第九十七回:"昏君受辛! 你君欺臣妻,吾为守贞立节,坠楼而死,沉冤莫白。"[例句] 不料千年之后,仍然～,读到这些史实的人无不心寒。

【沉灶产蛙】 chén zào chǎn wā
[释义] 炉灶淹没在水里,因而其中生出青蛙。形容洪水为灾。[语见]《国语·晋语》:"乃走晋阳,晋师围而灌之,沉灶产蛙,民无叛意。"[例句] 天宝年间,北方连年大旱,南方却～,百姓的疾苦,非言语所能记载。

【沉渣泛起】 chén zhā fàn qǐ
[释义] 沉渣:已沉入水底的渣滓。泛起:浮上水面。已沉入水底的渣滓又浮上水面。喻指社会的丑恶现象在一定的条件下又活动起来。[例句] 不料那些糟粕三百年之后又～,学林一片哗然。

【沉舟破釜】 chén zhōu pò fǔ
[释义] 见"破釜沉舟"。[语见] 明·朱鼎《玉镜台记·燃犀》:"啮雪餐风,沉舟破釜,敢辞金革苦。"[例句] 我早已抱了～之心,任你巧舌如簧,也难说动我半分。

【陈陈相因】 chén chén xiāng yīn
[释义] 陈:陈旧。因:因袭、沿袭。原指仓库里的存粮一年一年增加,陈粮之上加陈粮。后喻指沿袭旧制,不思改革。[语见] 汉·司马迁《史记·平准书》:"太仓之粟,陈陈相因,充溢露积于外,至腐败不可食。"[例句] 在～的氛围里,仅有的热点就是职员的辞职或跳槽。

【陈词滥调】 chén cí làn diào
[释义] 陈:陈旧,过时。滥:空洞无物。调:论调,言论。陈旧过时的言词,空洞无物的言论。泛指陈旧而不合时宜的话。[例句] ～如果用得好,用得巧,倒也能起到非同一般的幽默效果。

【陈蕃下榻】 chén fān xià tà
[释义] 陈蕃:汉汝南人,官至太傅,封高

阳侯。南朝宋·范晔《后汉书·徐稚传》载:陈蕃当太守时从来也不接待宾客,唯独对徐稚准备一榻,徐稚一走,就把榻悬挂起来。后用以比喻以礼对待有才德的人。[语见] 唐·王勃《滕王阁序》:"人杰地灵,徐孺下陈蕃之榻。"[例句] 新公司求贤若渴,像你这么合适的人才一到,董事们必会～,待为上宾。

【陈规陋习】 chén guī lòu xí
[释义] 陈:陈旧、过时。规:规矩、规定。陋:不文明、不合理。习:习惯、习俗。陈旧过时的规矩,不文明、不合理的习惯。泛指那些落后于时代发展的规矩、习俗。[例句] 回到老家,看看那些～依然在一遍一遍地重复着,心中的感慨,实在是难以用语言来形容的。

【陈师鞠旅】 chén shī jū lǚ
[释义] 陈师:陈列军队。鞠:告。鞠旅:对军队讲话。指把军队集合起来进行战斗动员。[例句] 朱棣北伐之际,～,一番话讲得慷慨激昂。

【晨炊星饭】 chén chuī xīng fàn
[释义] 清晨烧早饭,入夜才吃晚饭。形容早出晚归,终日辛勤劳苦。[语见] 五代后晋·刘昫等《旧唐书·张廷珪传》:"又役鬼不可,唯人是营,通计工匠,率多贫窭,朝驱暮役,劳筋苦骨,箪食瓢饮,晨炊星饭,饥渴所致,疾疹交集。"[例句] 为了生活,一家人～,操劳终日,终于有了些积蓄。

【晨兴夜寐】 chén xīng yè mèi
[释义] 见"夙兴夜寐"。[语见] 晋·陈寿《三国志·吴书·韦曜传》:"故勉精厉操,晨兴夜寐不遑宁息,经之以岁月,累之以日力。"[例句] 总经理～,操劳过度,日渐消瘦。

【晨钟暮鼓】 chén zhōng mù gǔ
[释义] 晨:日出时。暮:日落时。日出敲钟,日落击鼓。寺庙建筑有钟楼鼓楼,设置钟鼓,用以报时。后常用"晨钟暮鼓"比喻令人警觉的言语。也作"暮鼓晨钟"。[例句] 老先生的一席话,有如～,令我沉思良久。

【称体裁衣】chèn tǐ cái yī

[释义] 称:适合,相符。按照适合身体的尺寸裁制衣服。比喻按照客观实际情况办事。[语见] 南朝梁·萧子显《南齐书·张融传》:"(太祖)手诏赐融衣曰:'……今送一通故衣,是吾所着,已令裁减,称卿之体。'"[例句] 你此去只身一人,千万注意~,量力而行,切不可狂妄自大。

【称心满意】chèn xīn mǎn yì

[释义] 见"称心如意"。[语见] 朱自清《儿女》:"从此好好地做一回父亲,便自称心满意。"[例句] 经过三十年的建造,宫殿也没有能够达到令君王~的地步。

【称心如意】chèn xīn rú yì

[释义] 称,如:适合。符合自己的心愿。[语见] 清·文康《儿女英雄传》第二十三回:"总要把这姑娘成全到安富尊荣、称心如意,才算这桩事作得不落虎头蛇尾。"[例句] 有人认为,一个作家,永远也写不出一部能令自己完全~的作品来,因为当他完成一部作品的时候,他的水平已经超越这部作品了。

【趁火打劫】chèn huǒ dǎ jié

[释义] 趁:利用机会。打劫:抢夺财物。趁人家失火的时候去抢人家的东西。比喻在别人遇到危难之时乘机捞取好处。[语见] 清·颐琐《黄绣球》第三回:"这一天见来的很是不少,黄通理更代为踌躇,怕的是越来越多,容不下去,而且难免有趁火打劫,顺手牵羊的事。"[例句] 内乱之际,这些土匪~,把中原大地搅得鸡犬不宁。

【趁火抢劫】chèn huǒ qiǎng jié

[释义] 见"趁火打劫"。[例句] 对于那些~的强盗,你们绝不能有半丝手软。

【趁热打铁】chèn rè dǎ tiě

[释义] 趁着铁烧红的时候锤打。比喻做事要利用有利时机。[例句] 既然如此,大家~,一鼓作气把余下的都完成了吧。

【趁势落篷】chèn shì luò péng

[释义] 凭借有利时机退下来。[语见]

清·曾朴《孽海花》第三十一回:"等到彩云要求另坐一船拖在后面,心里更清楚了。如今果然半途解缆,这明明是预定的布置,她也落得趁势落篷,省了许多周折。"[例句] 事情解决得差不多了,我也应~,赶快回去了。

【趁心如意】chèn xīn rú yì

[释义] 见"称心如意"。[语见] 清·曹雪芹《红楼梦》第五十七回:"倘或老太太一时有个好歹,那时虽也完事,只怕耽误了时光,还不得趁心如意呢。"[例句] 老太太得了个~的女婿,高兴得不得了。

【趁虚而入】chèn xū ér rù

[释义] 趁力量虚弱时侵入。[语见] 清·石玉昆《三侠五义》第四十回:"如今百病趁虚而入。"[例句] 赵国内乱未止,秦国~,连续夺取了几十座城池。

cheng

【称柴而爨】chēng chái ér cuàn

[释义] 见"称薪而爨"。[语见] 明·冯梦龙《警世通言》第五卷:"积财聚谷,日不暇给。真个是数米而炊,称柴而爨。"[例句] 天灾和战乱,使得这片土地上的子民不得不过着~的生活。

【称孤道寡】chēng gū dào guǎ

[释义] 孤、寡:封建时代君主自称"孤"或"寡人"。即称帝称王,多指夺取政权自封为帝王。[语见] 元·关汉卿《关大王独赴单刀会》第三折:"俺哥哥称孤道寡世无双,我关某匹马单刀镇荆襄。"[例句] 李自成进了北京,开始~的时候,大顺政权的战斗力实际上已经是强弩之末了。

【称奇道绝】chēng qí dào jué

[释义] 称、道:夸说。绝:独特。对罕见、独特的事物表示惊异和喜爱。[语见] 清·曹雪芹《红楼梦》第五十八回:"宝玉听了这呆话,独合了他的呆性,不觉又喜又悲,又称奇道绝。"[例句] 强大的电脑制作,使影片的效果达到了前所未有的地步,在评论界引起了大量~的声音。

【称赏不置】chēng shǎng bù zhì

[释义] 称赏:赞美。不置:不住地。不住

地赞美。形容对事物的喜爱。[例句]
我把从法国带回来的香水送给小丽,
她~,喜形于色。

【称颂备至】chēng sòng bèi zhì
[释义] 备至:各方面俱到。称赞和颂扬
到了极点。形容对人或物的无比推崇。
[例句] 把水墨之法引入油画中,一些
人~,另一些人却不免担忧:这样下
去,国画还会是国画吗?

【称王称霸】chēng wáng chēng bà
[释义] 王:古代帝王。霸:春秋战国时诸
侯的盟主。比喻专横跋扈,或狂妄地以
首领自居。[语见] 三国魏·曹操《让县自
明本志令》:"设使国家无有孤,不知当几
个称帝,几个称王?"[例句] 小伟在班
上~,他的爷爷奶奶却引以为自豪,这更
令老师头疼。

【称贤荐能】chēng xián jiàn néng
[释义] 称:称扬。重视人才,推举贤能。
[语见] 唐·白居易《有唐善人墓碑》:"接
士,多可而有别,称贤荐能,未尝倦。"
[例句] 行军打仗,不是他的特长,他有自
知之明,但是他~,倒也把一支军队打造
得如铁如钢。

【称薪而爨】chēng xīn ér cuàn
[释义] 薪:柴。爨:烧火煮饭。称了柴草
再煮饭。比喻过分计算细小的事情。也
形容生活贫困或吝啬。[语见] 汉·刘安
《淮南子·泰族训》:"称薪而爨,数米而
炊,可以治小,而未可治大也。"[例句] 看
着百姓~的生活,这位仁慈的君主禁不
住落泪了。

【称薪量水】chēng xīn liáng shuǐ
[释义] 薪:柴。比喻过于算计微小之事。
[语见] 清·文康《儿女英雄传》第三十三
回:"安老爷虽是研经铸史的通品,却是
个称薪量水的外行。"[例句] 百姓的日子
虽然都到了~的地步,但是大敌当前,他
们还是奋勇反抗。

【称兄道弟】chēng xiōng dào dì
[释义] 指彼此以兄、弟相称。表示情谊
深,关系密切。也用于贬义,指无原则地
讲哥们义气。[例句] 别看他们坐在一

起~,实际上,他们根本就是两条路上的
人,彼此都心照不宣罢了。

【撑肠拄肚】chēng cháng zhǔ dù
[释义] 形容吃得太多,腹中饱胀。也比
喻容纳的事物很多。[语见] 唐·卢仝《月
蚀诗》:"撑肠拄肚垒块如山丘,自可饱死
更不偷。"[例句] 这些~的官员,终日无
所事事,政治弊端已经到了不可救药的
地步了。

【撑肠拄腹】chēng cháng zhǔ fù
[释义] 见"撑肠拄肚"。[语见] 宋·苏轼
《试院煎茶》诗:"不用撑肠拄腹文字五千
卷,但愿一瓯常及睡足日高时。"[例句]
这个在改革初期获得了第一桶金的老
板,只知道~地消耗财富,却没有想到要
扩大再生产。

【撑眉努眼】chēng méi nǔ yǎn
[释义] 抬起眉毛,瞪大眼睛。形容态度
严厉而专横。[语见] 宋·朱熹《答或人》:
"近世学者多是向外走作,不知此心之妙
是为万事根本。其知之者撑眉努眼,喝
骂将去,便谓只此便是良心本性,无有不
善,却不知道,若不操存践履,讲究体
验,则只此撑眉努眼,便是私意人欲。"
[例句] 我知道文章一经面世,必然会引
起世人~,但是我的良知告诉我,必须让
它走到光天化日之下。

【瞠目而视】chēng mù ér shì
[释义] 瞠目:瞪大眼睛。瞪大眼睛看着。
形容极端惊异或恐惧。[语见] 宋·洪迈
《夷坚丁志·金陵邸》:"西边房门又开,一
妇人衫裙俱青,抱婴儿以出,亦瞠目而
视。"[例句] 地震中,连那猫都吓得~,人
自然就可想而知了。

【瞠目结舌】chēng mù jié shé
[释义] 瞠目:瞪着眼睛。结舌:舌头动不
了。瞪着眼睛说不出话来。形容受窘或
惊呆的样子。[例句] 老刘说了自己的
想法后,被众人一通批驳,顿时~,一句
话也说不出来。

【成败利钝】chéng bài lì dùn
[释义] 利:顺利。钝:不顺利。成功或失
败,顺利或困难。指事情的种种结果。

[语见] 三国蜀·诸葛亮《后出师表》:"臣鞠躬尽力,死而后已。至于成败利钝,非臣之明所能逆睹也。"[例句] 他在官场三十余年,~,早已明了了此中所有的滋味,哪里还能生出新的激情?

【成败论人】chéng bài lùn rén
[释义] 成败:成功与失败。论:评论,评价。以成功或失败来评价一个人。[语见] 宋·苏轼《孔北海赞序》:"世以成败论人物,故操得在英雄之列。"[例句] 如果你仅仅以~,那么,此中悲壮便可能被轻易地抹杀了。

【成家立业】chéng jiā lì yè
[释义] 成家:组成家庭,即结婚。立业:建立事业。常指能独立生活。[例句] 像你这么大年纪,早该~了,可你却还是无所事事,终日游荡。

【成精作怪】chéng jīng zuò guài
[释义] 变成精怪,兴风作浪。也比喻人捣乱骚扰,从事不正当活动。[语见] 明·无名氏《哪吒三变》第二折:"他五个鬼王手下,还有许多邪魔,山魈魍魉,都会成精作怪。"[例句] 这件事情,如果没有一些别有用心的人在某处~,它绝不会就这样莫名其妙地失败。

【成名立业】chéng míng lì yè
[释义] 成就功名,建立事业。指获得很大的成就。[例句] 将军们~之际,往往是百万生命成枯骨的时候。

【成年累月】chéng nián lěi yuè
[释义] 成年:整年。累月:月复一月。一年又一年,一月又一月。形容经历的时间长久。[语见] 清·文康《儿女英雄传》第二十二回:"我那左右没甚么可惦记的;平日没事,还在这里成年累月的闲住着,何况来招呼姑娘呢?"[例句] 这些石像~地经受风雨的侵蚀,已经变得面目模糊了。

【成千累万】chéng qiān lěi wàn
[释义] 见"成千上万"。[语见] 清·文康《儿女英雄传》第三十回:"他看着那乌克斋、邓九公这班人,一帮动辄就是成千累万,未免就把世路人情看得容易了。"

[例句] ~的蚂蟥在水里游来游去,吓得小姑娘面如土色。

【成千上万】chéng qiān shàng wàn
[释义] 成:达到。上:达到、够。达到千万数。形容数量非常大。[例句] ~的民众组成了浩浩荡荡的队伍支援前线。

【成群结党】chéng qún jié dǎng
[释义] 见"成群结队"。[语见] 明·杨慎《洞天玄记》第一折:"观见本境昆仑山下有六贼……展转不常,隐显莫测,成群结党,是非万端。"[例句] 最近几年,总有~的匪徒光顾小镇,直把这个宁静了几百年的镇子闹得惶惶不安。

【成群结队】chéng qún jié duì
[释义] 成:聚成、结成。结:结成。人们结成一个群体进行活动。形容人多。[语见] 明·罗贯中《三国演义》第九十五回:"忽然山中居民,成群结队,飞奔而来,报说魏兵已到。"[例句] 人们~地向集市涌来。

【成群结伙】chéng qún jié huǒ
[释义] 见"成群结队"。[语见] 清·文康《儿女英雄传》第三十二回:"料着安老爷家办过喜事,一定人人歇乏,不加防范,便成群结伙而来,想要下手。"[例句] 如果不是看到对手~而来,我们定然要与其拼个你死我活。

【成群挈队】chéng qún qiè duì
[释义] 见"成群结队"。[语见] 明·凌濛初《初刻拍案惊奇》第十六卷:"五人夜住晓行,不则一日,来到京师。终日成群挈队,诗歌啸傲,不时住花街柳陌,闲行遣兴。"[例句] 现在公司大局已定,如果你们再~地大闹,公司会严肃处理的。

【成人之美】chéng rén zhī měi
[释义] 成:成全、成就。美:好事。帮助别人实现美好愿望,达到目的。[语见]《论语·颜渊》:"子曰:'君子成人之美,不成人之恶。小人反是。'"[例句] 你们二人既然情投意合,我当然会~,促成你们的婚事。

【成仁取义】chéng rén qǔ yì
[释义] 仁:仁爱。义:道义,正义。指为

了正义的事业而牺牲。[语见]宋·文天祥《自赞》:"孔曰成仁,孟曰取义,惟其义尽,所以仁至。读圣贤书所学何事,而今而后,庶几无愧。"[例句]像文天祥这样~的大英豪,那心中的力量,足以撼天动地。

【成妖作怪】 chéng yāo zuò guài
[释义]见"成精作怪"。[语见]明·罗贯中《三遂平妖传》第二十二回:"似此成妖作怪,决留他不得了,只教他离了我家便了。"[例句]我知道有人想~,但是,我的诚心,我的力量,足以使这一切风浪化为宁静。

【成也萧何,败也萧何】 chéng yě xiāo hé,bài yě xiāo hé
[释义]成:成功。败:失败,坏事。成事是因为萧何,坏事也是因为萧何。后来指成功或失败、好事或坏事均出于一人之手。[语见]宋·洪迈《容斋续笔》:"韩信为人告反,吕后欲召,恐其不就。乃与萧相国谋,……绐信入贺,即被诛。信为大将军,实萧何所荐,今其死也,又出其谋。故俚语有'成也萧何,败也萧何'之语。"[例句]这个合作项目是他亲自开发的,我们都很看好它。但是由于他工作的失误,在这个项目中出现了很多问题,真是~!

【成竹在胸】 chéng zhú zài xiōng
[释义]成:已定的、定形的、成形的。原指画竹子以前,心里就已经有了竹子的形态。后喻指做事有准备,成功有把握。[语见]宋·苏轼《文与可画筼筜谷偃竹记》:"故画竹,必先得成竹于胸中。"[例句]许先生潇洒地拈墨,铺纸,润笔,一副~的样子。

【诚惶诚恐】 chéng huáng chéng kǒng
[释义]诚:的确,实在。惶、恐:害怕,恐惧。原是封建时代官员对皇帝上奏章时常用的套话。现泛用以形容因心中有愧而惶恐不安的心态。[语见]汉·许冲《上说文解字记》:"臣冲诚惶诚恐,顿首顿首,死罪死罪。"[例句]我实在不喜欢她在上级面前的那一副~的样子了。

【诚心诚意】 chéng xīn chéng yì
[释义]见"诚心正意"。[语见]清·曹雪芹《红楼梦》第六回:"姥姥你放心,大远的诚心诚意来了,岂有个不叫你见个真佛儿去的呢。"[例句]我是~来向你道歉的,不仅如此,我还希望我的道歉能够把我们的交情上升到另一种境界。

【诚心敬意】 chéng xīn jìng yì
[释义]形容对人十分真诚和有礼貌。[例句]我公司如今乱成了一锅粥,我此来是~地请你出山的,希望你能尽快帮我恢复秩序。

【诚心正意】 chéng xīn zhèng yì
[释义]诚:真心实意。心意真诚,恳切真挚。形容对人真挚诚恳。[语见]明·无名氏《孟母三移》第二折:"则为他治国齐家存妙策,诚心正意请贤臣。"[例句]如果没有刘备~三顾茅庐请诸葛亮出山,三国的历史也许就要重写了。

【承平盛世】 chéng píng shèng shì
[释义]承平:太平。天下太平、国运昌盛的时代。也作"太平盛世"。[语见]汉·班固《汉书·食货志上》:"今累世承平。"[例句]敏锐的历史学家从~中看到历史发展的岔道,可是历史已然是历史了,历史学家的忠告也只能成为书斋里的文字了。

【承前启后】 chéng qián qǐ hòu
[释义]见"承先启后"。[例句]隋朝的名声自是不太好,但是作为一个~的朝代,它对整个中国历史的发展,尤其是将封建社会推向成熟这方面,起着别的朝代无法取代的作用。

【承先启后】 chéng xiān qǐ hòu
[释义]启:开。继承前人的传统,开创今后的道路。多用于学问、事业等。[语见]清·文康《儿女英雄传》第三十六回:"且喜你我二十年教养辛勤,今日功成圆满,此后这副承先启后的千斤担儿,好不轻松爽快呀。"[例句]这些建国方略里虽然满纸的书生意气,但是,它所起的那种~的作用,今人实在难以估量。

【承颜顺旨】chéng yán shùn zhǐ
[释义] 迎合颜色，顺从意旨。[语见] 晋·陈寿《三国志·吴书·王蕃传》："蕃体气高亮，不能承颜顺旨。"[例] 老夫年事渐高，又体弱多病，恕无力～，助你驰骋疆场了。

【城北徐公】chéng běi xú gōng
[释义] 城北的徐公。《战国策·齐策一》："城北徐公，齐国之美丽者也。"旧时用作美男子之代称。[例句] 公主自视甚高，一心要嫁个～，却事与愿违，青春就这么渐渐离自己远去了。

【城狐社鼠】chéng hú shè shǔ
[释义] 社：土地庙。住在城墙里的狐狸，藏在土地庙里的老鼠。比喻仗势作恶的人。[语见]《晏子春秋·内篇问上》："夫社，束木而涂之，鼠因而托焉，熏之则恐烧其木，灌之则恐败其涂。此鼠所以不可得杀者，以社故也。"[例句] 这些本是王朝根基的王子皇孙，竟成了～，王朝焉有不灭之理？

【城门失火，殃及池鱼】chéng mén shī huǒ, yāng jí chí yú
[释义] 殃：灾祸。池：护城河。《太平广记》卷四六六引汉·应劭《风俗通》："宋城门失火，人汲池中水以沃灌之，池中空竭，鱼悉露死。"后用"城门失火，殃及池鱼"比喻无故被牵连而遭受灾祸或损失。[例句] 真是～，那两人吵架，我只是路过看了一眼，就被骂了。

【城下之盟】chéng xià zhī méng
[释义] 在敌人兵临城下时被迫订立的屈辱性盟约。[语见]《左传·桓公十二年》："楚人伐绞……大败之，为城下之盟而还。"[例句] 当北宋和辽签了～之后，在外交上就始终处于被动局面了。

【乘车戴笠】chéng chē dài lì
[释义] 乘车：比喻富贵。戴笠：比喻贫贱。两人虽贵贱悬殊，相见时仍下车相揖。后用以比喻友情深厚，不因贵贱而改变。[语见]《越谣歌》："君乘车，我戴笠，他日相逢下车揖；君担簦，我跨马，他日相逢为君下。"[例句] 二人一见如

故，从此～，出生入死几十年，为人间留下了一段佳话。

【乘肥衣轻】chéng féi yì qīng
[释义] 肥：肥壮的马。轻：轻暖的裘衣。骑肥壮的马，穿贵重的衣服。形容生活奢侈。[语见] 晋·陈寿《三国志·魏书·王粲传》裴松之注引《魏氏春秋》："(钟)会，名公子，以才能贵幸，乘肥衣轻，宾从如云。"[例句] ～固然优裕，但是那不是我所希求的——我希求的是自己能在人生中悟得真理。

【乘风破浪】chéng fēng pò làng
[释义] 乘：趁着。趁着顺风，劈浪前进。比喻志向远大，不怕困难，奋勇向前。也形容趁条件有利继续向前。[语见] 南朝梁·沈约《宋书·宗悫传》："悫年少时，炳问其志，悫曰：'愿乘长风破万里浪。'"[例句] 希望各位同学在未来的征程中～，取得辉煌的成就。

【乘火打劫】chéng huǒ dǎ jié
[释义] 见"趁火打劫"。[例句] 事故之后，那些～的不法分子，全被捉住了。

【乘机应变】chéng jī yìng biàn
[释义] 见"随机应变"。[语见] 明·许自昌《水浒记·谋成》："乘机应变，料难逃漫天圈套，管教似探囊取寄，使人绝倒。"[例句] 小刘的～的能力是有目共睹的，我看派他去最为合适。

【乘坚策肥】chéng jiān cè féi
[释义] 见"乘坚驱良"。[例句] 这些达官贵人～，履丝曳缟，扬扬自得，却是满肚子的愚蠢。

【乘坚驱良】chéng jiān qū liáng
[释义] 坐坚固的车，骑肥壮的马。形容生活奢侈。[语见] 汉·司马迁《史记·越王勾践世家》："至于少弟者，生而见我富，乘坚驱良逐狡兔，岂知财所从来，故轻弃之，非所惜吝。"[例句] 早年的～变成了如今的数米而炊——人生的动荡使他开始了对人生、理性这些先前从未有过兴趣的话题的真正思索。

【乘间投隙】chéng jiàn tóu xì
[释义] 乘机挑拨离间。[语见] 宋·辛弃

疾《九议》其一:"然而特怵于天下之士不乐于吾之说,故切切然议之,遂使小人乘间投隙,持一偏可喜之论以谋己私利。"[例句]公司目前经营困难,～的大有人在,如果我们再不提高警惕,破产也许就在明天了。

【乘龙佳婿】chéng lóng jiā xù

[释义]乘龙:骑龙上天,得道成仙。旧题汉·刘向撰《列仙传》载:萧史(相传春秋时人)善于吹箫作凤鸣,秦穆公把女儿弄玉许配给他,他教给弄玉吹箫,后来"弄玉乘凤,萧史乘龙"共飞升去,得道成了神仙。形容非凡的好女婿。常用作对夫婿或女婿的赞词。[例句]这位仪表堂堂的小伙子是市长的～。

【乘其不意】chéng qí bù yì

[释义]见"出其不意"。[语见]南朝宋·范晔《后汉书·冯异传》:"异乘其不意,卒击鼓建旗而出。"[例句]敌军立脚未稳,我们～来个夜袭,定然能大获全胜。

【乘轻驱肥】chéng qīng qū féi

[释义]见"乘坚驱良"。[语见]唐·房玄龄等《晋书·傅咸传》:"古者大夫乃不徒行,今之贱隶乘轻驱肥。"[例句]你祖上那些～的生活,你就不要再去痴心指望了,你目下应该做的,是使你自己真正能自立自强。

【乘人之厄】chéng rén zhī è

[释义]见"乘人之危"。[语见]清·蒲松龄《聊斋志异·神女》:"子诚敝人也,不念畴昔之义,而欲乘人之厄,予过矣!予矣!"[例句]你怎么能～落井下石呢,难道你把你父亲对你的教诲忘得干干净净了吗?

【乘人之危】chéng rén zhī wēi

[释义]乘:趁。危:危难。趁别人有危难或失利时进行要挟或侵害。[语见]南朝宋·范晔《后汉书·盖勋传》:"谋事杀良,非忠也;乘人之危,非仁也。"[例句]这等～的勾当,你万万不可为,否则的话,你会在良心上永远背上沉重的十字架。

【乘隙而入】chéng xì ér rù

[释义]见"乘虚而入"。[语见]明·刘基《郁离子·麋鹿》:"才不自来,因疑而来,间不自入,乘隙而入,由其明之先蔽也。"[例句]病来如山倒,病去如抽丝,你愈后一定要注意保养,否则,疾患又会～。

【乘兴而来】chéng xìng ér lái

[释义]乘:趁着。兴:兴致。趁着兴致来。[语见]唐·房玄龄等《晋书·王徽之传》:"本乘兴而来,兴尽而返,何必见安道耶。"[例句]她～,败兴而归,面试将她最后一点点自信都摧毁了。

【乘虚而入】chéng xū ér rù

[释义]乘:趁着。虚:空虚。趁着空虚或没有设防时进入。[语见]宋·张君房《云笈七签》第一百二十卷:"将至所居,自后垣乘虚而入,径及庭中。"[例句]我军主力尚在千里之外,这时候防守上的任何一点疏漏,都可能给敌人以～的机会。

【盛水不漏】chéng shuǐ bù lòu

[释义]盛器中的水一点也不漏泄。比喻理论、思想、意见等严密无破绽。[例句]文章立论新颖,论述精妙,～,纵然想反驳,也找不到下笔的地方。

【惩羹吹齑】chéng gēng chuī jī

[释义]惩:警戒。羹:煮(蒸)成的有浓汁的食品,这里指羹汤。齑:切碎的冷食肉菜或调味用的姜、葱、蒜等。被热羹烫过的人,心存警戒,吃冷食也要用口吹一吹。比喻心有余悸,小心过甚。[语见]战国楚·屈原《楚辞·九章·惜诵》:"惩于羹者而吹齑兮,何不变此志也?"注:齑,同"齑"。[例句]你莫再劝她了,自上次那事之后,她每天都是在～中度过的。

【惩前毖后】chéng qián bì hòu

[释义]惩:处罚。毖:小心谨慎。对以前的错误进行处罚,从而使今后的行为小心谨慎。比喻吸取以前的教训,使今后小心谨慎,不再犯同样的错误。[语见]明·张居正《答河道吴自湖计河漕》:"顷丹阳浅阻,当事诸公毕智竭力,仅克有济,惩前毖后,预为先事之图可也。"

[例句] 法律在起到～的作用的同时,也在提倡公平,褒扬正义。

【惩一戒百】 chéng yī jiè bǎi
[释义] 戒:警戒。惩罚一人以警戒众人。[语见] 明·沈采《千金记·仰役》:"故依法律明惟问,惩一戒百庶容忍。"[例句] 这件事一定要严肃对待,严厉处罚,以达到～的目的。

【惩一儆百】 chéng yī jǐng bǎi
[释义] 惩:惩罚。儆:警戒,告诫人使不犯错误。惩罚一人以警戒众人。[语见] 清·薛福成《庸盦笔记·咸丰季年三奸伏诛》:"许彭寿纠劾各节,朕早有所闻,用特惩一儆百,期于力振颓靡。"[例句] 对犯罪分子的公审大会,确实起到了～的作用。

【惩一儆众】 chéng yī jǐng zhòng
[释义] 见"惩一戒百"。[语见] 清·赵尔巽《清史稿·谷际岐传》:"若得惩一儆众,自可群知洗濯。"[例句] 将军之意在于～,使士兵服从命令。

【澄源正本】 chéng yuán zhèng běn
[释义] 见"正本清源"。[语见] 元·脱脱等《宋史·吴泳传》:"杜渐防微,澄源正本,使君身之所自立者先有其地。"[例句] 我们要～,亲自去悉心钻研学问,而不要人云亦云。

【逞强称能】 chěng qiáng chēng néng
[释义] 炫耀和卖弄自己的才能和本事。[语见] 端木蕻良《曹雪芹》第十三章:"今后千万不可逞强称能,何况你既未读多少诗书,更谈不上才气,比不得你哥哥。"[例句] 你在众人面前～,并不能获得众人的好感。

【逞性妄为】 chěng xìng wàng wéi
[释义] 逞性:任性。妄:胡乱。任着性子,胡作非为。[例句] 你现在这样放任他们～,当有一天你对他们失去了控制的时候,你又怎么办呢?

【逞异夸能】 chěng yì kuā néng
[释义] 施展奇异本事,夸耀能力高强。[语见] 明·许仲琳《封神演义》第九十二回:"梅山七怪阻周兵,逞异夸能苦战

争。"[例句] 那种～之徒,往往是锦绣其外,败絮其中,你切不可被他们几句花言巧语迷惑了。

【秤不离砣】 chèng bù lí tuó
[释义] 砣:秤砣,也叫"秤锤"。秤不能离开砣。形容关系密切,不可分离。也指两者分开后,都毫无用处。也作"秤不离锤"。[例句] 据说二人始终是～,直到死后还同穴而眠。

【秤平斗满】 chèng píng dǒu mǎn
[释义] 形容斤量足够,买卖公平。[例句] 随便在市场上走走,到处都是～,和声和气的,让人不由得想起古人说的大同世界。

chi

【吃糠咽菜】 chī kāng yàn cài
[释义] 糠:谷物脱去粒后的壳。菜:野菜。咽:吞吃。吃粗糠野菜。形容生活非常艰苦、困难。[例句] 永远也难以忘记我们在乡下～的日子。

【吃苦耐劳】 chī kǔ nài láo
[释义] 吃、耐:受得了。劳:劳累。肯受苦受累,不怕苦,不怕累。[例句] ～是我们做农民的本分,偷奸耍滑会被人耻笑的。

【吃里扒外】 chī lǐ pá wài
[释义] 见"吃里爬外"。[例句] 万万没有想到,我的身边,竟然养着这么几个～的家伙!

【吃里爬外】 chī lǐ pá wài
[释义] 吃里:在里面吃。爬外:往外边扒拉。原指动物吃洞里的,还往洞外扒拉东西。比喻人受一方好处,却不为其做事,暗地里却为另一方尽力。[例句] 咱们之所以会受到这么大的损失,是因为咱们内部出了～的家伙。

【吃一堑,长一智】 chī yī qiàn, zhǎng yī zhì
[释义] 吃:受。堑:壕沟,喻挫折。智:智慧。受到一次挫折,增长一点智慧。比喻人在挫折中不断进步、提高。[语见] 明·王阳明《与薛尚谦》:"经一蹶者长一

智,今日之失,未必不为后日之得。"
[例句] 暂时的失败不算什么,~,能够从
中吸取教训,便是最大的收获。

【吃衣著饭】 chī yī zhuó fàn
[释义] 著:穿。形容生活艰苦或安排不
当。也比喻怪异的医疗方法。[语见]
清·潘永因《宋稗类钞》:"今人米谷登
场,则去米制衣,及至粮竭,复典衣而
食,谓之著饭吃衣。或传食绢方为神仙
上药;又寒疾者稻席常愈。人嘲曰:'君
吃衣著饭,大是奇方。'"[例句] 这位号称
神医的人,净开些~的怪方。

【鸥目虎吻】 chī mù hǔ wěn
[释义] 鸥:鹞鹰,一种猛禽。吻:嘴唇。
形容相貌凶狠。[语见] 汉·班固《汉书·
王莽传》:"是时有用方技待诏黄门者,或
问以莽形貌,待诏曰:'莽所谓鸥目虎吻
豺狼之声者也,故能食人,亦当为人所
食。'"[例句] 别看他长得~,但他的心地
却十分善良。

【嗤之以鼻】 chī zhī yǐ bí
[释义] 嗤:讥笑。用鼻子发出讥笑的声
音。表示轻蔑,看不起。[例句] 对于那
些蝇营狗苟之徒,我从来都是~。

【痴儿说梦】 chī ér shuō mèng
[释义] 见"痴人说梦"。[语见] 宋·辛弃
疾《水调歌头》:"莫向痴儿说梦,且作山
人索价,颇怪鹤书迟。"[例句] 你这个想
法太荒唐了,简直是~。

【痴人说梦】 chī rén shuō mèng
[释义] 痴人:傻子、呆子。原指对傻子说
梦话而被傻子当成真话。现用来讥讽那
些天真幼稚的说法。也指某些荒唐、怪
诞的话。[语见] 明·许仲琳《封神演义》
第五十三回:"邓将军,你这篇言词,真如
痴人说梦。"[例句] 他那么固执,你想要
他回头,那不是~吗?

【痴心妄想】 chī xīn wàng xiǎng
[释义] 痴心:沉迷于某人或某事物的心
思。妄想:荒谬、不合理的想法。指不切
实际的、不能实现的荒谬想法。[语见]
明·冯梦龙《醒世恒言》第二十卷:"初时
还痴心妄想有归家日子。过了年余,不

见回来,料想已是死了。"[例句] 你别在
那里~了,你就是有金山银山,在我眼里
也不过如粪土,我怎么会跟你一起走呢?

【魑魅魍魉】 chī mèi wǎng liǎng
[释义] 魑魅:也作"螭魅",古代传说中山
里、湖沼里的鬼怪。魍魉:也作"罔
两",古代传说中的山川精怪。指害人的
鬼怪。比喻各种各样的坏人。[语见]
汉·张衡《西京赋》:"禁御不若,以知神
奸,魑魅魍魉,莫能逢旃。"[例句] 社会
黑暗,~大行其道,整个民族都在痛苦
地呻吟着。

【池鱼林木】 chí yú lín mù
[释义] 池中之鱼,林中之木。北齐·杜弼
《檄梁文》:"楚国亡猿,祸延林木,城门失
火,殃及池鱼。"比喻无辜而受连累,遭祸
害。[例句] 由于国家弱小,自当会遭~
之祸,这便是强权政治的道理。

【池鱼笼鸟】 chí yú lóng niǎo
[释义] 池中之鱼,笼中之鸟。比喻处于
困境,丧失自由。[语见] 晋·潘岳《秋兴
赋》:"譬犹池鱼笼鸟,有江湖山薮之思。"
[例句] 虽然身处在荣华富贵之中,他却
有如~,整日都郁郁寡欢。

【池鱼堂燕】 chí yú táng yàn
[释义] 池中之鱼,堂上之燕。比喻囿于
其中,无辜因牵连而蒙受祸患。[语见]
清·孔尚任《桃花扇·归山》:"俺来此携
琴访友,并不曾流连夜晓,无端的池鱼
堂燕一时烧。"[例句] 他亡国亡家,做
了~,其词意境却决然升华,几乎字字
见泪,句句如血。

【池鱼遭殃】 chí yú zāo yāng
[释义] 见"池鱼之殃"。[语见] 清·孙雨
林《皖江血》上卷:"党祸起中江,正士寒
心,连袂长往,俺事外人也池鱼遭殃。"
[例句] 好端端的本分人家,不料因在朝
廷做官的亲戚触犯了龙颜,落得个
个~,家破人亡。

【池鱼之祸】 chí yú zhī huò
[释义] 见"池鱼之殃"。[语见] 明·凌濛
初《二刻拍案惊奇》第二十四卷:"道士
道:'不出三年,世运变革,地方将有兵戈

大乱,不是这光景了。你快择善地而居,免受池鱼之祸。'"[例句]这些从未想要参政的士子,却遭受~,实在让他们感到冤枉。

【池鱼之殃】 chí yú zhī yāng
[释义]宋·李昉《太平广记》第四百六十六卷引《风俗通》:"旧说池仲鱼,人姓字也,居宋城门,城市失火,延及其家,仲鱼烧死。又云:宋城门失火,人汲取池中水,以沃灌之,池中空竭,鱼皆露死。"比喻无辜而受累遭灾。[例句]本想好好地过日子,哪知忽然遭受~,一家子几乎数年不得翻身。

【池中之物】 chí zhōng zhī wù
[释义]养在水池中的小鱼小虾。比喻蛰居一隅,没有雄心大志的人。[语见]唐·房玄龄等《晋书·姚兴传》:"休之既得濯鳞南翔,恐非复池中之物,可以崇礼,不宜放之。"[例句]小张才高志远,非~,咱们最好也别强留,以免坏了别人前程。

【驰马思坠】 chí mǎ sī zhuì
[释义]驰:奔驰。坠:落下。骑马飞奔的时候,要经常想到摔下马的危险。比喻在顺利的情况下,要对可能产生的问题和遇到的挫折有足够的思想准备。[例句]我们必须~,居安思危,方可在市场的海洋中永远占得一席之地。

【驰名当世】 chí míng dāng shì
[释义]驰:传扬。世:世界。名声在当世传扬。[语见]晋·常璩《华阳国志·后贤志》:"皆辞章灿丽,驰名当世。"[例句]有谁能想到,汉代~的那些四言诗,如今哪里去了呢?

【驰名中外】 chí míng zhōng wài
[释义]驰:车马跑得快。驰名:名声传播得很快。名声传到国内外。多指好的名声。[例句]这些当时~的文字,如今读来,依然字字珠玑,落地有声。

【迟疑不决】 chí yí bù jué
[释义]迟疑:犹豫。形容拿不定主意。[语见]明·宋濂等《元史·塔出传》:"且师夔既居相职,讵肯为狂妄之事!若迟疑不决,恐彼惊疑,反生异谋。"[例句]整个夜里,她都坐在窗前,望着孤独的月亮,~,直到天明。

【迟疑未决】 chí yí wèi jué
[释义]见"迟疑不决"。[语见]宋·欧阳修《新五代史·前蜀世家·王建传》:"昭度迟疑未决,建遣军士擒昭度亲吏于军门,脔而食之。"[例句]此事尚~,你就不要再胡乱打听了。

【持禄保位】 chí lù bǎo wèi
[释义]保持俸禄职位。指大臣阿谀奉承,不敢直言进谏。[语见]宋·王楙《野客丛书·班范议论》:"光、禹之罪深于莽、卓……持禄保位,被阿谀之讥。"[例句]他早年的时候还血气方刚,可是到了晚年,便完全成了一个~的人了。

【持禄固宠】 chí lù gù chǒng
[释义]保住禄位,巩固宠信。指大臣不行正道。[语见]宋·胡仔《苕溪渔隐丛话后集·本朝杂记上》:"世称太学聚天下士,既知道理,又无持禄固宠之累,故其品藻人物,皆合公议。"[例句]唐朝末年,文臣~,武将横征暴敛,国家灭亡,指日可待了。

【持禄取容】 chí lù qǔ róng
[释义]取容:取悦。保持禄位,讨人欢喜。形容庸庸碌碌,无所作为。[语见]宋·秦观《李固论》:"其大臣如张禹、孔光辈皆持禄取容,偷为一切之计。"[例句]乾隆自己也知道,身边大批的人,不过都是些~之人,但是水至清则无鱼,他们的存在,也自有他们的理由。

【持禄养身】 chí lù yǎng shēn
[释义]保住禄位以养自身。指大臣庸碌苟且,毫无建树。[语见]清·赵尔巽《清史稿·熊赐履传》:"部院臣工大率缄默瞻顾,外托老成慎重之名,内怀持禄养身之念。"[例句]张廷玉晚年,只知道~,不出差错便是最大的抱负了。

【持平之论】 chí píng zhī lùn
[释义]持平:保持公平,没有偏向。指公正的言论。[语见]清·纪昀《阅微草堂笔记·如是我闻二》:"神仙必有,然必非今

之卖药道士;佛菩萨必有,然必非今之说法禅僧。斯真持平之论矣。"[例句]本书对曹操的看法和评价,是为～,但略显中庸。

【持人长短】 chí rén cháng duǎn

[释义]持:掌握。长短:指过失缺点。指抓住别人的过失缺点作为把柄,加以攻击。[语见]宋·张君房《云笈七签》第三十九卷:"第二十九戒,不得持人长短,更相嫌恨。"[例句]辛应之心胸狭窄,～几乎成性,同僚纷纷避之不及。

【持盈保泰】 chí yíng bǎo tài

[释义]盈:满。泰:平安。保持已成的功业和环境的安定。旧指在富贵极盛时注意处事谨慎,免得招祸。[语见]清·夏敬渠《野叟曝言》第一百一十八回:"汝遇此明主,受之殊恩,当朝夕纳诲,启沃君心……登斯民于三五,臻治术于唐虞,此即持盈保泰之道。"[例句]赵匡义虽然不曾开疆辟土,但是却能～,使宋朝立国时的政策得到继续,却也算是大功劳了。

【持盈守成】 chí yíng shǒu chéng

[释义]盈:盛,满。成:指已有的福禄家业。旧指处于富贵极盛之时,要谨慎行事,保住家业防止招祸。[语见]《诗经·大雅·凫鹥》小序:"太平之君子,能持盈守成。"[例句]鳌拜身居高位,自当～,然而在权力面前,却还是昏了头,最终落了个身死家灭的下场。

【持盈守虚】 chí yíng shǒu xū

[释义]盈:盛,满。虚:不自满。在富贵极盛时,不骄纵自满。[语见]唐·欧阳询《艺文类聚》第四十七卷引汉·杜笃《大司马吴汉诔》:"勋业既崇,持盈守虚。功成即退,挹而损诸。"[例句]唐太宗使国家达到了历史上最强盛的地步,依然能～。

【持正不阿】 chí zhèng bù ē

[释义]坚持正道,不去屈从。[语见]明·沈德符《万历野获编·辅臣掌吏部》:"分宜亦以曾荐李冀其报,而李在部,每持正不阿,又骤得上宠,行且入相,益畏恶之。"[例句]包公～,不畏权贵,千百年来为人景仰。

【持正不挠】 chí zhèng bù náo

[释义]坚持正道,决不屈服。[例句]奸臣横行的时候,也往往是～的大臣尽显风采的时候。

【持之以恒】 chí zhī yǐ héng

[释义]持:坚持,保持。恒:恒心。用恒心坚持下去。[语见]清·曾国藩《家训喻纪泽》:"若能从此三事上下一番苦工,进之以猛,持之以恒,不过一二年,自尔精进而不觉。"[例句]如果就像你这段时间里这样努力,～,不出三年,保管你会在学问上大有进展。

【持之有故】 chí zhī yǒu gù

[释义]故:根据。所持见解、主张有一定的根据。[例句]这么说来,也算是～,不无道理,不过呢,他所引用的材料,我却从来没有看到过。

【踟蹰不前】 chí chú bù qián

[释义]踟蹰:心里迟疑,要走不走的样子。比喻遇事不果断,犹豫不决。[例句]老汉每次到王家门前,都～,徘徊老半天也不敢前去叩门。

【尺波电谢】 chǐ bō diàn xiè

[释义]指人世短促,时间如水波电光般地迅速过去。[语见]南朝梁·刘峻《重答刘秣陵沼书》:"青简尚新,而宿草将列,泫然不知涕之无从也。虽隙驷不留,尺波电谢,而秋菊春兰英华靡绝。"[例句]人生天地之间,如～,忽然而已。

【尺步绳趋】 chǐ bù shéng qū

[释义]见"绳趋尺步"。[语见]清·冯桂芬《复庄卫生书》:"以彼其文,岂不周规折矩,尺步绳趋,佳乎否乎?"[例句]章家子女,个个都受到了良好的教育,故能～,举止有度。

【尺寸可取】 chǐ cùn kě qǔ

[释义]尺、寸:言其少。很少的可取之处。常用以表示自谦。[语见]明·罗贯中《三国演义》第八十三回:"陆逊听毕,掣剑在手,厉声曰:'仆虽一介书生,今蒙主上托以重任者,以吾有尺寸可取,能忍辱负重故也。'"[例句]如果老师觉得我这篇拙作尚有～之处,请您不吝赐教。

C

【尺短寸长】 chǐ duǎn cùn cháng
[释义] 比喻人或事物各有所长,也各有所短。[语见] 战国楚·屈原《楚辞·卜居》:"夫尺有所短,寸有所长。"[例句] 在这个世界上,完美仅仅存在于人的希望之中,～,所以每个人都会瑕瑜互见。

【尺幅千里】 chǐ fú qiān lǐ
[释义] 一尺长的画幅,却画出了千里的风光景物。形容图画或诗文篇幅短小,但内容却极其丰富。[语见] 唐·徐安贞《题襄阳图》诗:"图书空咫尺,千里意悠悠。"[例句] 先生作画,～,令人赞叹。

【尺有所短,寸有所长】 chǐ yǒu suǒ duǎn, cùn yǒu suǒ cháng
[释义] 比喻人或事物各有其长处和短处,并非任何时候都是合适的。[语见] 战国楚·屈原《楚辞·卜居》:"夫尺有所短,寸有所长,物有所不足,智有所不明,数有所不逮,神有所不通。"[例句] 要知道～,你不可小看别人的才能。

【尺泽之鲵】 chǐ zé zhī ní
[释义] 尺泽:面积很小的水坑。鲵:一种小鱼。比喻见识不广的人。[语见] 战国楚·宋玉《对楚王问》:"夫尺泽之鲵,岂能与之量江海之大哉?"[例句] 尔等～,安知鸿鹄之志?

【齿敝舌存】 chǐ bì shé cún
[释义] 见"齿亡舌存"。[语见] 北齐·颜之推《颜氏家训·勉学》:"素暴悍者,欲其观古人之小心黜己,齿敝舌存,含垢藏疾,尊贤容众,苶然沮丧,若不胜衣也。"[例句] 杨迪初生牛犊不怕虎,哪里知道～,不出三年,在官场已是四面楚歌。

【齿若编贝】 chǐ ruò biān bèi
[释义] 编贝:古代把贝壳当货币,用绳子把一样大小的贝壳穿成串称"编贝"。指牙齿生得整齐洁白就像编成串的贝壳一样。[语见] 汉·班固《汉书·东方朔传》:"臣朔年二十二,长九尺三寸,目若悬珠,齿若编贝。"[例句] 小姑娘～,脸上浮现出天真活泼的笑容。

【齿亡舌存】 chǐ wáng shé cún
[释义] 亡:失落。牙齿没了,舌头还在。

比喻刚硬者易遭摧折,而柔顺的人却能保全。[语见] 汉·刘向《说苑·敬慎》:"(常摐)张其口而示老子曰:'吾舌存乎?'老子曰:'然。''吾齿存乎?'老子曰:'亡。'常摐曰:'子知之乎?'老子曰:'夫舌之存也,岂非以其柔耶? 齿之亡也,岂非以其刚耶?'常摐曰:'嘻,是已,天下之事已尽矣!'"[例句] 他不明白～的道理,做事总是一味刚硬,没少吃亏。

【齿牙为祸】 chǐ yá wéi huò
[释义] 齿牙:比喻言语。言语造成灾祸。[语见] 汉·司马迁《史记·晋世家》:"初,献公将伐骊戎,卜曰:'齿牙为祸。'"[例句] 想好再说,一旦～,贻人口实,后悔可就来不及了。

【齿牙余论】 chǐ yá yú lùn
[释义] 指顺口表达的褒奖之辞。[语见] 唐·李延寿《南史·谢朓传》:"士子声名未立,应共奖成,无惜齿牙余论。"[例句] 多赞美别人的优点是件好事,更何况～。

【耻居人下】 chǐ jū rén xià
[释义] 以地位在人之下为耻。形容胸有大志。[语见] 宋·陈亮《谢曾察院启》:"伏念某本无他长,耻居人下。"[例句] 陈平非池中之物,心志广大,～,你就任他去吧。

【叱嗟风云】 chì jiē fēng yún
[释义] 见"叱咤风云"。[语见] 宋·陆游《钟离真人赞》:"五季之乱,方醻于兵。叱嗟风云,卓乎人英。"[例句] 你可别小看了他,当年他可是一位～的英雄。

【叱咤风云】 chì zhà fēng yún
[释义] 叱咤:怒吼。怒喝一声,可使风云变色。形容声势或威力极大。[语见] 唐·姚思廉《梁书·元帝纪》:"叱咤则风云兴起,鼓动则嵩华倒拔。"[例句] 几十年前～的人物,如今竟已成为垂垂老者。

【赤壁鏖兵】 chì bì áo bīng
[释义] 赤壁:地名,在今湖北蒲圻县西北。出自刘备、孙权联军于赤壁用火攻大破曹兵的故事。后用以比喻经过苦战取得胜利。[语见] 明·罗贯中《三国演义》第四十七回:"赤壁鏖兵用火攻,运筹

决策尽皆同。"[例句]～,血流成河,杀敌一千,自损八百,这都算不得真正的胜利。

【赤膊上阵】 chì bó shàng zhèn
[释义]赤膊:光着上身。原指光着脊梁,不顾一切地出阵交战。现常比喻毫无掩护地进行战斗。[语见]明·罗贯中《三国演义》第五十九回:"许褚性起,飞回阵中,卸下盔甲,浑身筋突,赤体提刀,翻身上马,来与马超决战。"[例句]对于这种～想逞匹夫之勇的人来说,你不能压制,而要引导,才能使他们发挥出最大的潜力。

【赤胆忠心】 chì dǎn zhōng xīn
[释义]赤:赤诚。忠:忠诚。形容非常忠诚。也作"忠心赤胆"。[语见]明·许仲琳《封神演义》第五十二回:"臣空有赤胆忠心,无能回其万一。"[例句]岳飞～,一心报国,不料又遭奸臣陷害,冤屈而死。

【赤地千里】 chì dì qiān lǐ
[释义]赤地:光秃秃、不生草木的土地。千里地面都是光秃秃的,不生草木。泛指极为严重的灾荒。[语见]汉·班固《汉书·夏侯胜传》:"蝗虫大起,赤地数千里,或人民相食,畜积至今未复。"[例句]战争是结束了,～的战后局面使国家又一次面临着政策的重大调整。

【赤口白舌】 chì kǒu bái shé
[释义]见"赤口毒舌"。[语见]清·夏敬渠《野叟曝言》第二十八回:"大奶奶连忙喊住道:'今日要祭祖哩,休得赤口白舌的,发那毒誓。'"[例句]即使是争论,也要讲道理,绝不能～地诋毁别人。

【赤口毒舌】 chì kǒu dú shé
[释义]沾血的口,带毒的舌头。形容言语恶毒,出口伤人。[语见]唐·卢仝《月蚀诗》:"月蚀鸟宫十三度,鸟为居停主人不觉察,贪向何人家,行赤口毒舌,毒虫头上吃却月,不啄杀。"[例句]她一急,便～,什么话都说了出来,让人很反感。

【赤贫如洗】 chì pín rú xǐ
[释义]赤贫:穷得什么也没有。洗:像用水洗净一样把财物抢光,即洗劫。穷得什么也没有,好像被洗劫过一样。[语见]清·吴敬梓《儒林外史》第三十一回:"他老人家两个儿子,四个孙子,家里仍然赤贫如洗。"[例句]这一家人虽然～,但却朴实善良,乐于助人。

【赤舌烧城】 chì shé shāo chéng
[释义]赤舌:指谗言。比喻谗言危害剧烈。[语见]汉·扬雄《太玄经·干》:"赤舌烧城,吐水于瓶。"[例句]～,你千万要警惕,不要听信谗言。

【赤身露体】 chì shēn lù tǐ
[释义]赤:光着。露:暴露。光着身子,露出躯体。[语见]清·夏敬渠《野叟曝言》第五十一回:"小妇女流,怎肯赤身露体,小妇死后也不愿相验的。"[例句]一群～的土著人,围在篝火旁又唱又跳。

【赤身裸体】 chì shēn luǒ tǐ
[释义]光着身体,一丝不挂。[语见]明·罗贯中《三国演义》第八十四回:"吴班引兵到关前搦战,耀武扬威,辱骂不绝,多有解衣卸甲,赤身裸体,或睡或坐。"[例句]池塘的荷叶下冒出几个～的小孩子。

【赤手空拳】 chì shǒu kōng quán
[释义]赤:白、空。手里什么东西也没拿。多泛指手中没有武器,搏斗时没有凭借。[语见]元·张国宾《合汗衫》第四折:"可怜俺赤手空拳,望将军觑方便。"[例句]武松～,便把一只吊睛白额大虎给打死了。

【赤手起家】 chì shǒu qǐ jiā
[释义]原意为空手发家。后泛指在条件很差的情况下,靠艰苦奋斗创立起一番事业。[语见]宋·文天祥《邹仲翔墓志铭》:"君虽亦赤手起家,而好施出其性。岁饥,发粟给其比邻二百户,能损殖以自损。"[例句]这些农民～,如今他们集团公司的产品已远销于万里之外的欧洲。

【赤县神州】 chì xiàn shén zhōu
[释义]中国的别称。[语见]汉·司马迁《史记·孟子荀卿列传》:"中国名曰赤县神州。赤县神州内自有九州,禹之序九

州是也,不得为州数。"[例句]一百多年来,～经历着一次又一次艰辛和磨难,而如今,她又站起来了,而且高高地扬起了头。

【赤心报国】 chì xīn bào guó
[释义]赤心:赤诚之心。报国:报效国家。用一颗赤诚之心报效国家。[语见]元·高文秀《渑池会》第四折:"孩儿,你那里知道,俺为臣者当要赤心报国,岂记私仇也呵。"[例句]李四光～,几经辗转,终于回到了祖国的怀抱。

【赤心奉国】 chì xīn fèng guó
[释义]赤胆忠心报效国家。[语见]宋·司马光《资治通鉴·陈纪》:"文帝天嘉元年,……尊天子,削诸侯,赤心奉国,何罪之有!"[例句]我们做臣子的,当～,奋勇杀敌,效命疆场,如有国家有难,我们岂可苟且偷生?

【赤心相待】 chì xīn xiāng dài
[释义]赤心:真心诚意。彼此间以真心诚意相对待。[语见]元·乔梦符《两世姻缘》第一折:"做了一程夫妻,彼此赤心相待,白首相期。"[例句]你们的爱情历尽磨难,但是终于还是走到了一起,希望你们～,白头到老。

【赤子之心】 chì zǐ zhī xīn
[释义]赤子:初生的婴孩。刚刚出生的婴儿的心。指纯洁无瑕的心灵。形容心灵纯朴。[语见]《孟子·离娄下》:"大人者,不失其赤子之心者也。"[例句]那年月,我空有一片～,有家难归,有国难投啊!

chong

【冲锋陷阵】 chōng fēng xiàn zhèn
[释义]冲锋:冲在最前边。锋,前锋。陷:深入,陷入。阵:阵地,战阵。打仗时冲在最前面,深入敌军战阵。形容作战非常勇敢。也比喻在最前列,起带头作用。[语见]唐·李百药《北齐书·崔暹传》:"冲锋陷阵,大有其人。"[例句]将士们在沙场～,王公们照样暖日笙歌,国家哪有不亡的道理?

【冲坚陷阵】 chōng jiān xiàn zhèn
[释义]见"冲锋陷阵"。[语见]唐·姚思廉《梁书·曹景宗传》:"景宗为偏将,每冲坚陷阵,辄有斩获,以勋除游击将军。"[例句]李广率领将士～,直打得匈奴不敢弯弓而抱怨。

【冲口而出】 chōng kǒu ér chū
[释义]冲口:话从嘴里冲出。不假思索就说出来。形容才思敏捷。也形容失言。[语见]宋·苏轼《跋欧阳公书》:"此数十纸,皆文忠公冲口而出,纵手而成,初不加意者也。"[例句]小李被我一激,～:"那我就答应下来又怎么样?"

【充栋汗牛】 chōng dòng hàn niú
[释义]见"汗牛充栋"。[语见]清·纪昀《阅微草堂笔记·滦阳续录四》:"此齐东之语,非惟正史无此文,即明一代稗官小说,充栋汗牛,亦从未言及斯人斯事也。"[例句]田家家学深厚,～,后人都受益匪浅。

【充耳不闻】 chōng ěr bù wén
[释义]充耳:古代贵族冠冕两旁悬挂的玉,下垂至耳,用以塞耳避听。闻:听见,听到。用充耳把耳朵塞上以避听。引申为故意不听取别人的劝告或意见。[语见]《诗经·邶风·旄丘》:"叔兮伯兮,褎如充耳。"郑玄笺:"充耳,塞耳也。言卫之诸臣颜色褎然,如塞其耳,无闻知也。"[例句]他对我的叫声～,继续吹埙,凄凉的埙乐飘荡在水面上。

【充饥画饼】 chōng jī huà bǐng
[释义]见"画饼充饥"。[语见]元·无名氏《嘲贪汉》:"无明夜攒金银,都做充饥画饼。"[例句]我这么说不过是～,聊以自慰而已。

【虫臂鼠肝】 chóng bì shǔ gān
[释义]昆虫的臂膀,老鼠的肝脏。比喻人和事物随缘变化。后也比喻微末卑贱。[语见]《庄子·大宗师》:"伟哉造化,又将奚以汝为? 将奚以汝适? 以汝为鼠肝乎? 以汝为虫臂乎?"[例句]你眼中只有高官厚禄,哪里会顾及这些～呢?

【虫鱼之学】 chóng yú zhī xué
[释义]指为虫类鱼类作琐屑考证的学

问,泛指一切烦琐考证之学。[语见]唐·韩愈《读皇甫湜公安园池诗书其后》诗:"《尔雅》注虫鱼,定非磊落人。"[例句]他们这一批老先生,从一开始就将～视为天下学问之最高,现在骤然要他们从中拔身而出,实在有些难为他们了。

【重操旧业】chóng cāo jiù yè
[释义]见"重温旧业"。[例句]这家伙刚从监狱里出来,就～,二进宫看来是在所难免了。

【重蹈覆辙】chóng dǎo fù zhé
[释义]蹈:踏上。覆:翻倒。辙:车轮轧出的痕迹。走上翻过车的老路。比喻不接受教训,又走上失败的老路。[语见]南朝宋·范晔《后汉书·窦武传》:"今不虑前事之失,复循覆车之轨。"[例句]我苦口婆心地说这些,只是希望你不要～,否则,你就真的再也站不起来了。

【重睹天日】chóng dǔ tiān rì
[释义]见"重见天日"。[语见]清·蒲松龄《聊斋志异·龙飞相公》:"戴曰:'如有万分之一,此更何难? 但深在九地,安望重睹天日乎?'"[例句]时代的黑暗绵绵地延续着,待到人类～之时,已是几百年之后了。

【重光累洽】chóng guāng lěi qià
[释义]见"重熙累洽"。[语见]唐·崔融《嵩山启母庙碑》:"重光累洽,下武嗣文。"[例句]崇祯每每读到历史上～的史实时,便喟然叹息。

【重规迭矩】chóng guī dié jǔ
[释义]见"重规袭矩"。[语见]晋·陈寿《三国志·蜀书·郤正传》:"君臣协美于朝,黎庶欣戴于野,动若重规,静若迭矩。"[例句]元崇虽然性情刚烈,但是与人交往,倒也能～,因而还是得到了同僚的敬重。

【重规累矩】chóng guī lěi jǔ
[释义]见"重规袭矩"。[语见]晋·王廙《白兔赋》:"昔周旦翼成,越裳重译而献白雉,著于前典,历代以为美谈。今在我王,匡济皇维,而有白兔之应,可谓重规累矩,不忝先圣也。"[例句]明朝为防前

朝宰相专权,而分设省部,不料竟于～之间,又生出无数是非,这却是朱元璋所没有想到的。

【重规袭矩】chóng guī xí jǔ
[释义]规:圆规,木工画圆的工具。矩:曲尺,木工画方的工具。规、矩各自相重叠,度数同而相符合。形容上下关系和谐,合乎规矩法度。现多用以形容因袭重复。[语见]汉·王符《潜夫论·思贤》:"是故虽相去百世,县年一纪,限隔九州,殊俗千里,然其亡征败迹,若重规袭矩,稽节合符。"[例句]如果没有曹参对萧何～地继承,也许就没有西汉一统河山的强盛。

【重见天日】chóng jiàn tiān rì
[释义]比喻脱离黑暗,重新见到光明。[语见]明·冯梦龙《喻世明言》第十八卷:"幸天兵得胜,倭贼败亡,我等指望重见天日,不期老将军不行细审,一概捆吊。"[例句]他发誓:一旦得以～,定然将这血仇大恨一一清算。

【重理旧业】chóng lǐ jiù yè
[释义]见"重温旧业"。[语见]清·曾朴《孽海花》第三十回:"再嫁呢,还是住家? 还是索性大张旗鼓的重理旧业? 这是个大问题。"[例句]老爷不做了,官不做了,还是回到老家,～,卖我的烤红薯去。

【重门击柝】chóng mén jī tuò
[释义]柝:打更用的梆子。设重重门户,夜晚敲梆巡更。比喻严于提防。[语见]《周易·系辞下》:"引重致远,以利天下,盖取诸随。重门击柝,以待暴客。"[例句]皇城～,戒备森严,咱们黎民百姓岂能轻易见到皇上?

【重起炉灶】chóng qǐ lú zào
[释义]见"另起炉灶"。[例句]生意虽然失败了,但他的热情没有减退。没过多久,他～,在上海又开了自己的公司。

【重温旧梦】chóng wēn jiù mèng
[释义]比喻重新经历或回忆过去所想和所做过的事,希望重新再来。[例句]过去的已经过去,你应该斩断情丝,不要再幻想～了。

【重温旧业】chóng wēn jiù yè
[释义]重温以前曾做过的事情。[语见]宋·陈亮《谢留丞相启》："亮青年立志，白首奋身，敢不益励初心，期在重温旧业。出片言而悟明主，尚愧故人。"[例句]想不到二十年后～，我还能把细节一一回忆起来。

【重熙累洽】chóng xī lěi qià
[释义]熙：兴盛。累洽：几代都很融洽。指国运接连数代兴盛太平。[语见]汉·班固《东都赋》："至乎永平之际，重熙而累洽。"[例句]开元既远，天宝一到，～的日子不再，唐玄宗也便开始了他昏庸的历史。

【重裀列鼎】chóng yīn liè dǐng
[释义]裀：夹层床垫。鼎：大鼎，古时为国宝。形容生活富裕，位居高官。[语见]元·关汉卿《拜月亭》第三折："忒心偏，觑重裀列鼎不值钱。把黄齑淡饭相留恋。要彻老终年。"[例句]王羲之对～的生活几乎毫无兴趣，他唯一的兴趣，就是书法——这也便是他能成为一代书圣的前提。

【重振旗鼓】chóng zhèn qí gǔ
[释义]旗与鼓为古时军中发号令的用具。比喻失败后积聚力量，重新行动。[语见]清·萧山湘灵子《轩亭冤》上卷："嗣因两女士西游，这事就停办了。依欲重振旗鼓，烦你拟篇男女平权文，劝戒女子。"[例句]此战虽然一败涂地，但是只要心志未灭，你便能～，东山再起。

【重整旗鼓】chóng zhěng qí gǔ
[释义]见"重振旗鼓"。[例句]这次比赛我们虽然失败了，但我们不会灰心，决心～，明年再战。

【崇论闳议】chóng lùn hóng yì
[释义]闳：大。指与众不同，高出一般的见解或议论。[语见]汉·司马迁《史记·司马相如列传》："必将崇论闳议，创业垂统，为万世规。"[例句]我说的都是一些具体的问题，请不要～地空话连篇。

【崇论宏议】chóng lùn hóng yì
[释义]见"崇论闳议"。[语见]宋·陆九渊《与符舜功书》："下问之及，时荐其愚，非能有崇论宏议惊世骇俗之说。"[例句]他洋洋洒洒地说了些～，但是听众似乎都没听出个所以然。

【崇山峻岭】chóng shān jùn lǐng
[释义]崇：高。峻：高大。高大的山岭。[语见]晋·王羲之《兰亭集序》："此地有崇山峻岭，茂林修竹。"[例句]五百里～，静静地向探险队员们的身后退去，那远在高空的雪峰之顶，才是最终目标。

【宠辱不惊】chǒng rǔ bù jīng
[释义]宠：受宠，被宠幸。辱：受辱，被污辱。惊：惊惶。受宠或受辱都不惊惶不安。形容人有修养，能把得失看得很平常。[语见]宋·欧阳修等《新唐书·卢承庆传》："宠辱不惊，考中上。其能著人善类此。"[例句]他把名利看得很淡，一心钻研学问，因此能做到～。

【宠辱若惊】chǒng rǔ ruò jīng
[释义]受宠或受辱都感到惊惶。形容人患得患失。[语见]《老子》："得之若惊，失之若惊，是谓宠辱若惊。"[例句]孙忠定力不够，总是～，我看他不足以胜任这一职位。

【宠辱无惊】chǒng rǔ wú jīng
[释义]见"宠辱不惊"。[语见]明·冯梦龙《警世通言》第一卷："子期宠辱无惊，伯牙愈加爱重。"[例句]她抬起头来，露出一张～的脸。

chou

【抽钉拔楔】chōu dīng bá xiē
[释义]楔：上粗下锐的小木橛。抽去钉子，拔出木楔。比喻彻底解决问题。[语见]宋·释普济《五灯会元·百丈海禅师法嗣·天台平田普岸禅师》："临济访师到路口，先逢一嫂在田使牛……济心语曰：'欲观前人，先观所使。'便有抽钉拔楔之意。"[例句]各位莫慌，待我来与大家～即可。

【抽黄对白】chōu huáng duì bái
[释义]形容骈偶文字的工巧。[语见]

唐·柳宗元《乞巧文》:"眩耀为文,琐碎排偶;抽黄对白,噂噂飞走。"[例句]六朝赋体诗夸张铺陈,~。

【抽青配白】chōu qīng pèi bái
[释义]见"取青配白"。[语见]金·元好问《送诗人秦略简夫妇归苏坟别业》诗:"昨朝见君临水句,乃知抽青配白非诗人。"[例句]《滕王阁序》~,一气贯通,为赋体中不可多得的精品。

【抽胎换骨】chōu tāi huàn gǔ
[释义]见"脱胎换骨"。[语见]明·兰陵笑笑生《金瓶梅》第六十七回:"你也尝尝,吃了重生,抽胎换骨。"[例句]他去印度三年回来,真如~了一般。

【抽薪止沸】chōu xīn zhǐ fèi
[释义]薪:柴草。止:使……停止,制止。沸:沸腾。抽去灶里的柴草,使锅里的水不再沸腾。比喻从根本上解决问题或彻底消除患害。[语见]北齐·魏收《为侯景叛移梁朝文》:"抽薪止沸,剪草除根。"[例句]没有你支的那~的一招,我怕还真赢不了这盘棋。

【稠人广众】chóu rén guǎng zhòng
[释义]稠:多而密。广:众多。形容人很多。[语见]汉·司马迁《史记·魏其武安侯列传》:"诸士在己之左,愈贫贱,尤益教,与钧。稠人广众,荐宠下辈。"[例句]她有着惊人的表现欲,越是~,她会越显得兴奋。

【稠人广坐】chóu rén guǎng zuò
[释义]见"稠人广众"。[语见]晋·陈寿《三国志·蜀书·关羽传》:"先主与二人寝则同床,恩若兄弟。而稠人广坐,侍立终日,随先主周旋,不避艰险。"[例句]这里~的,不便交谈,我们还是改天再聊吧!

【愁红惨绿】chóu hóng cǎn lǜ
[释义]红:指花。绿:指叶,花残叶败,使人觉得愁苦惨淡。多指对身世凄凉的感慨。[语见]宋·辛弃疾《鹧鸪天·赋牡丹》词:"愁红惨绿今宵看,恰似吴宫教阵图。"[例句]李清照辗转流离,~,其诗词自然也平添了几分忧伤。

【愁眉不展】chóu méi bù zhǎn
[释义]愁眉:发愁时皱着的眉头。展:舒展。因忧愁而皱着眉头,不可舒展。形容心事重重的样子。[语见]唐·姚鹄《随州献李侍御》诗:"旧隐每怀空竟夕,愁眉不展几经春。"[例句]小花~地坐在窗前,静静地想着心事,连面前飞来了一只黄鹂也浑然不觉。

【愁眉紧锁】chóu méi jǐn suǒ
[释义]见"愁眉不展"。[例句]看你那一副~的样子,到底发生了什么事?

【愁眉苦脸】chóu méi kǔ liǎn
[释义]皱着眉头,脸上显出痛苦的表情。形容忧愁苦恼的样子。[例句]我说你别整天一副~的样子好吗?你难道不知道"一人向隅,举座不欢"?

【愁眉锁眼】chóu méi suǒ yǎn
[释义]锁:紧皱。愁上眉间,紧皱双眼。形容发愁、苦恼的样子。[例句]我们最好别去招惹她,你没看她连续几天都~的,看来她一定是出了什么问题。

【愁眉啼妆】chóu méi tí zhuāng
[释义]愁眉:画成细而曲折的眼眉。啼妆:把脸上的脂粉轻轻地拭去一些,装作刚落过眼泪的样子。指旧时妇女妖媚的化妆术。[语见]南朝宋·范晔《后汉书·梁冀传》:"冀妻孙寿色美,而善为妖态,作愁眉、啼妆。"[例句]几个妇人~,不知从何而来。

【愁云惨雾】chóu yún cǎn wù
[释义]云、雾:比喻景象、气氛。忧愁而凄惨的景象、气氛。[语见]宋·释道原《景德传灯录·瑞峰院志端禅师》:"云愁雾惨,大众鸣呼。"[例句]想不到回到家乡,却见到处是~,甚是凄凉。

【踌躇不决】chóu chú bù jué
[释义]见"迟疑不决"。[语见]明·冯梦龙《东周列国志》第七十一回:"景公口虽唯唯,终以田陈同族为嫌,踌躇不决。"[例句]对方始终没有把协议条件退回来,对手~,看来我们已经基本达到目标了。

【踌躇不前】chóu chú bù qián
[释义]踌躇:犹豫。犹豫不决,不敢前

进。[例句]连续几天,总有一个人在宾馆门前~左顾右盼,这引起了警方的高度重视。

【踌躇满志】chóu chú mǎn zhì
[释义]踌躇:得意的样子。心满意足,十分得意。多指对自己所取得的成就非常得意。[语见]《庄子·养生主》:"提刀而立,为之四顾,为之踌躇满志,善刀而藏之。"[例句]选举结果还没有出来,但是大卫已经~地要准备上任了。

【踌躇未决】chóu chú wèi jué
[释义]见"迟疑不决"。[语见]清·褚人获《隋唐演义》第八十三回:"但恐贵妃与虢夫人不舍他,因此踌躇未决。"[例句]据内线报告,敌人对下一步的打算始终~,看来他们的意见还没有统一。

【丑声四溢】chǒu shēng sì yì
[释义]声:名声。溢:外流。丑恶的名声到处传播。形容臭名远扬。[例句]那时举国上下,民风日暗,~,亡国即在眼前了。

【丑声远播】chǒu shēng yuǎn bō
[释义]坏名声传得很远。[语见]南朝梁·沈约《宋书·卢陵孝献王义真传》:"车骑将军义真,凶忍之性……丑声远播。"[例句]吴衙内恶名在外,~,老百姓早把他恨得牙根痒痒的了。

【丑态百出】chǒu tài bǎi chū
[释义]形容表现出各种丑恶的样子。[例句]他们几个喝多了,~,气得我拂袖而去。

【臭不可当】chòu bù kě dāng
[释义]当:承受。臭得使人不能忍受。[语见]清·曾朴《孽海花》第五回:"原来公坊那自以为臭不可当的文章,竟被霞郎估着,居然掇了巍科。"[例句]无数次的烧杀抢掠,早已使这支军阀队伍在老百姓心中变得~了。

【臭不可闻】chòu bù kě wén
[释义]见"臭不可当"。[语见]明·罗贯中《三国演义》第九十回:"大半被铁炮打的头脸粉碎,皆死于谷中,臭不可闻。"[例句]他的名声在学界~,你难道不知

道吗?

【臭名远扬】chòu míng yuǎn yáng
[释义]名:名声。扬:传播。坏名声传得很远。[例句]这些~的黑帮人物,终于受到了法律的制裁。

【臭名昭著】chòu míng zhāo zhù
[释义]昭著:明白,显著。丑恶的名声人人皆知。[例句]~的秦桧,被永远钉在了历史的耻辱柱上。

【臭味相投】chòu wèi xiāng tóu
[释义]臭味:气味。相投:互相投合。指双方的思想志趣、脾气性格一致,十分合得来。现多用于贬义。[语见]明·冯梦龙《醒世恒言》第二十六卷:"这二位官人,为官也都清正。因此臭味相投,每遇公事之暇,或谈诗,或弈棋,或在花前竹下,开樽小饮,彼此来往,十分款洽。"[例句]这几个~的狐朋狗友只是一味地互相吹捧。

chu

【出尔反尔】chū ěr fǎn ěr
[释义]本意是你怎样对待别人,别人就会怎样对待你。今指言行前后矛盾,反复无常。[语见]《孟子·梁惠王下》:"出乎尔者,反乎尔者也。"[例句]你这种~的做法,只能使你处于更加被动的地位。

【出谷迁乔】chū gǔ qiān qiáo
[释义]谷:山谷。乔:高,这里指乔木,即一种枝干高大的树木。原指黄莺由幽深的山谷移出,迁居在高大的乔木上。后用作对人迁居的贺词。[语见]《诗经·小雅·伐木》:"出自幽谷,迁于乔木。"[例句]闻君~,自当前来祝贺,奈何身在大洋彼岸,仅作陋诗一首,聊示庆贺。

【出乖露丑】chū guāi lòu chǒu
[释义]乖:荒谬。形容在众人面前丢脸出丑。[语见]清·吴敬梓《儒林外史》第十四回:"像我娄家表叔结交了多少人,一个个出乖露丑,若听见这样的话,岂不羞死!"[例句]自从那次在大庭广众之下~之后,他一下子就变了许多,好像真的长大了。

【出乖弄丑】 chū guāi nòng chǒu
[释义] 乖:荒谬。在众人前出丑。[语见] 金·董解元《西厢记·诸宫调》:"已怎地出乖弄丑,泼水再难收。"[例句] 今天在座的都是些学界名人,你可不要～。

【出将入相】 chū jiàng rù xiàng
[释义] 出征可为将帅,入朝可为宰相。旧称文武兼备的重臣。[语见] 五代后晋·刘昫等《旧唐书·王珪传》:"孜孜奉国,知无不为,臣不如玄龄。才兼文武,出将入相,臣不如李靖。"[例句] 他才华横溢,～,深得皇帝重用。

【出口不逊】 chū kǒu bù xùn
[释义] 见"出言不逊"。[例句] 由于都对对方～,两人立即大打出手,结果闹了个两败俱伤。

【出口成章】 chū kǒu chéng zhāng
[释义] 话说出口就成文章。夸赞人的言语精炼,善于辞令。也夸赞人的学识丰富,文思敏捷,作诗文不必先起草稿。[语见] 明·冯梦龙《警世通言》第三卷:"此人天资高妙,过目成诵,出口成章。"[例句] 这种～的能力,决不能归为天赋,那需要多年的磨炼和努力。

【出类拔萃】 chū lèi bá cuì
[释义] 萃:草丛生长的样子,指群体。形容才能或品德超过同类。[语见]《孟子·公孙丑上》:"圣人之于民,亦类也;出于其类,拔乎其萃。"[例句] 在他们那一群人中,小芳的演技无疑算是～的了。

【出没无常】 chū mò wú cháng
[释义] 没:隐没。出现和隐没都没有常规,令人无法捉摸。[语见] 明·宋濂等《元史·武宗纪》:"中书省臣言:'瀕河之地,出没无常,遇有退滩,则为之主。'"[例句] 黄巢率领大军,忽东忽西,～,拖得唐军甚为疲惫。

【出其不意】 chū qí bù yì
[释义] 指在别人没有意料到的时候采取行动。[语见]《孙子·计篇》:"攻其无备,出其不意。此兵家之胜,不可先传也。"[例句] 我军～,袭击了敌人的左翼,打得敌人措手不及。

【出奇制胜】 chū qí zhì shèng
[释义] 用奇兵或奇计制服敌人,取得胜利。[语见]《孙子·势篇》:"凡战者,以正合,以奇胜。故善出奇者,无穷于天地,不竭如江河。"[例句] 我有点沾沾自喜,这可是～的一招,他这盘棋恐怕赢不了了。

【出人头地】 chū rén tóu dì
[释义] 形容超出一般人。[语见] 宋·欧阳修《与梅圣俞书》:"老夫当避路,放他出一头地也。"[例句] 待你将来有一天～了,那时你自会明白我如今对你所说的话的意思。

【出人意表】 chū rén yì biǎo
[释义] 意表:意料之外。形容没有想到。[语见] 唐·李延寿《南史·袁宪传》:"宪常招引诸生与之谈论,新义出人意表,同辈咸嗟服焉。"[例句] 薛绍这篇～的论文一经面世,立即引起了知识界广泛的议论。

【出人意料】 chū rén yì liào
[释义] 见"出人意表"。[语见] 明·无名氏《赠书记·奉诏团圆》:"才貌却相当,缘合未堪奇赏,出人意料,在那错联鸾凰。"[例句] 本次大奖赛,李红～地击败了各路高手,夺得了冠军。

【出人意外】 chū rén yì wài
[释义] 见"出人意表"。[语见] 清·吴趼人《二十年目睹之怪现状》:"我生平第一次进京,头一天出来闲逛,他却是甚么'许久不来'啊,'两个月没来'啊,拉拢得那么亲热,真是出人意外。"[例句] 他俩断交多年,如今竟～地和好了。

【出神入化】 chū shén rù huà
[释义] 神:神妙。化:化境,极其高超的境界。形容技巧极其高超。[语见] 元·王实甫《西厢记》第二本第二折:"我不曾出声,他连忙答应。"金圣叹批:"真正出神入化之笔。"[例句] 周老师弹古筝的技艺,几乎到了～的境地了。

【出生入死】 chū shēng rù sǐ
[释义] 原意为从出生到死去。后形容敢于冒着生命危险,勇于斗争。[语见] 宋·薛居正等《旧五代史·末帝纪上》:"我年未二十从先帝征伐,出生入死,金疮满

身,树立得社稷,军士从我登阵者多矣。"[例句]徐达～,血战疆场几十年,却死了个蹊跷,历史学家如今审视这段明史的时候,莫不叹息。

【出手得卢】chū shǒu dé lú
[释义]卢:赌博中的一种胜子。比喻一举而取得胜利。[语见]南朝梁·萧子显《南齐书·张瑰传》:"瑰以百口一掷,出手得卢矣!"[例句]鲁先生～,惊得大家目瞪口呆。

【出水芙蓉】chū shuǐ fú róng
[释义]出水:露出水面。芙蓉:荷花。刚刚开放的荷花。原比喻诗写得清新。后也用来形容女性清秀美丽。[语见]南朝梁·钟嵘《诗品》:"谢诗如芙蓉出水,颜如错彩镂金。"[例句]这位有如～一般的姑娘,在人群中一站,有如鹤立鸡群。

【出头露面】chū tóu lòu miàn
[释义]在有陌生人或人多的场合出现。多用于形容妇女。也指在众人面前表现自己。[语见]明·冯梦龙《醒世恒言》第二十七卷:"姊妹此时也难顾羞耻,只得出头露面。"[例句]梅先生生性好静,不愿意接受采访,更不喜欢～了。

【出言不逊】chū yán bù xùn
[释义]逊:谦让。说话不礼貌,态度傲慢。[语见]晋·陈寿《三国志·魏书·张郃传》:"郃快军败,出言不逊。"[例句]如果你再～,我可要不客气了。

【出言成章】chū yán chéng zhāng
[释义]话说出来就是一篇文章。形容文思敏捷,谈吐风雅。[语见]汉·刘安《淮南子·修务训》:"舜二瞳子,是谓重明,作事成法,出言成章。"[例句]王勃～,风采照人,令无数诗人钦佩。

【出言无状】chū yán wú zhuàng
[释义]见"出言不逊"。[语见]明·陈汝元《金莲记·构衅》:"王老先生,我看此人出言无状,何不置之外任?"[例句]似那种～之人,你怎么还能与他结交并交往下去呢?

【出以公心】chū yǐ gōng xīn
[释义]指以公正无私的用心为出发点。形容办事公正,不图谋私利。[例句]出此下策,却完全～,并非针对你个人。

【初出茅庐】chū chū máo lú
[释义]初:第一次。茅庐:隐居的草舍。原指诸葛孔明结束隐居生活辅佐刘备,初次与曹军交锋便得胜而归。现在比喻年轻人刚刚进入社会,初次走上工作岗位,尚不成熟。[语见]明·罗贯中《三国演义》第三十九回:"博望相持用火攻,指挥如意笑谈中,直须惊破曹公胆,初出茅庐第一功。"[例句]那时候,我们几个～的小字辈,就是靠着一股子热情,竟果然把项目给建立起来了。

【初露锋芒】chū lù fēng máng
[释义]初:第一次,首次。露:展露,显现。锋:刀剑的刃。芒:某些植物果实的外面长出针刺状物。喻指人第一次展露出才华。[例句]河南一战,岳飞～,从此,也就走上了一条抗金之路。

【初生牛犊不怕虎】chū shēng niú dú bù pà hǔ
[释义]刚生下的小牛犊不怕老虎,因为不知老虎的厉害。比喻青年人敢作敢为,无所畏惧。[语见]明·罗贯中《三国演义》第七十四回:"俗云:'初生之犊不惧虎。'"[例句]他是～,就算龙潭虎穴也敢闯。

【初写黄庭】chū xiě huáng tíng
[释义]黄庭:晋人写的《黄庭经》书帖,后世学写小楷的多以此为范本。评论书法有"初写黄庭,恰到好处"的话,后就以"初写黄庭"比喻恰到好处。[例句]文章经您这么一改,真是～,恰到好处。

【樗栎庸材】chū lì yōng cái
[释义]樗、栎:指两种不成材的树。后用以比喻才能平庸。多作谦语。[语见]《庄子·逍遥游》:"吾有大树,人谓之樗,其大本拥肿而不中绳墨,其小枝卷曲而不中规矩。立之涂,匠者不顾。"《庄子·人间世》:"匠石之齐,至乎曲辕,见栎社树……曰:'……是不材之木也,无所可用。'"[例句]鄙人乃～,难堪大用,请

各位还是另请高明吧。

【刍荛之议】 chú ráo zhī yì

[释义] 刍荛：砍柴的人。议：意见和建议。比喻浅薄、粗陋的意见和建议。一般用于表示自谦。[语见]《诗经·大雅·板》："先民有言，询于刍荛。"[例句] 借此机会，发些～，必然舛误百出，期望同行不吝指正。

【除暴安良】 chú bào ān liáng

[释义] 除：铲除。暴：暴徒，用强暴手段残害人民、扰乱社会秩序的坏人。良：善良的百姓。铲除残暴之徒，使善良的百姓得以安身。[语见] 清·李汝珍《镜花缘》第六十回："俺闻剑客行为莫不至公无私，倘心存偏袒，未有不遭恶报；至除暴安良，尤为切要。"[例句] 梁山好汉替天行道，～，一时响应的人纷纷奔向山寨。

【除残去秽】 chú cán qù huì

[释义] 去：也作"祛"，驱除。秽：污秽，比喻恶势力。驱除残暴邪恶势力。[语见] 汉·曹操《让县自明本志令》："故在济南，始除残去秽，平心选举，违忤诸常侍。"[例句] 海瑞一到任上，立即～，明法正律，社会治安顿时好转。

【除尘涤垢】 chú chén dí gòu

[释义] 涤：涤荡。垢：污垢。清除灰尘，涤荡污垢。比喻扫除一切黑暗势力。比喻清除陈旧的不合理的事物。[例句] 百姓盼望新皇帝能～，让大家过上安稳的日子，但这美好的愿望却落空了。

【除恶务本】 chú è wù běn

[释义] 恶：邪恶。务：一定。本：根本。指从根本上消除邪恶。[语见]《尚书·泰誓》："树德务滋，除恶务本。"[例句] 不法分子都在暗处，～，必须从根本上找到其犯罪的原因。

【除恶务尽】 chú è wù jìn

[释义] 恶：邪恶。务：一定。清除邪恶势力必须彻底、干净。[语见] 清·夏敬渠《野叟曝言》第七十一回："唐以屡赦而成藩镇之祸，蔓草难图，除恶务尽。"[例句] 我们既已行动，当～，来不得半点马虎。

【除疾遗类】 chú jí yí lèi

[释义] 指治病不彻底，留下了病根。比喻去患不彻底，留下祸根。[语见]《左传·哀公十一年》："越不为沼，吴其泯矣。使医除疾，而曰：'必遗类焉'者，未之有也。"[例句] 咱们这么不痛不痒地打击一下，却是～，我们终究会在将来的某一天深受其害。

【除旧布新】 chú jiù bù xīn

[释义] 布：布置，展开。清除旧的，展开新的。[语见]《左传·昭公十七年》："申须曰：'慧所以除旧布新也。'"[例句] 文艺复兴时期，一大批思想巨匠～，开创了欧洲历史上一个辉煌的时代。

【除旧更新】 chú jiù gēng xīn

[释义] 见"除旧布新"。[语见] 晋·竺僧朗《报南燕主慕容德》："慧者除旧更新之象。"[例句] 每到新年，家家户户张灯结彩，～。

【锄强扶弱】 chú qiáng fú ruò

[释义] 锄：铲除。铲除强暴，扶助弱小。[语见] 明·凌濛初《二刻拍案惊奇》第十二卷："晦翁断了此事，自家道：'此等锄强扶弱的事，不是我，谁人肯做？'"[例句] 许多农民起义之所以能取得最初的成功，与他们开始～而得到百姓的大力支持密切相关。

【处安思危】 chǔ ān sī wēi

[释义] 见"居安思危"。[语见]《乐府诗集·隋元会大飨歌·皇复》："居高念下，处安思危，照临有变，纪律无亏。"[例句] 若不能～，时时警惕，我们随时会有灭顶之灾。

【处心积虑】 chǔ xīn jī lù

[释义] 处：安排，积存。心：心计。费尽心机，积蓄思虑。指蓄意已久。也指费尽心机地想干不正当的事。[语见]《穀梁传·隐公元年》："何甚乎郑伯！甚郑伯之处心积虑，成于杀也。"[例句] 一年来，他～，却还是没能窃取这里的机密。

【处之泰然】 chǔ zhī tài rán

[释义] 处：处理，对待。泰然：平静安稳的样子。对各种复杂或异常的情况都能

平静、镇定地对待或处理。[语见]《论语·雍也》:"贤哉回也。"朱熹注:"颜子之贫如此,而处之泰然,不以害其乐。"[例句]尽管敌人的炮声已能隐隐听见,但是将军仍然～,一副成竹在胸的样子。

【杵臼之交】 chǔ jiù zhī jiāo
[释义]杵臼:木棒与石臼,是舂米用的工具。指不嫌贫贱、不计身份而结交的好友。[语见]南朝宋·范晔《后汉书·吴祐传》:"时公沙穆东游太学,无资粮,乃变服客佣,为祐赁春。祐与语,大惊,遂共定交于杵臼之间。"[例句]我与你父亲乃～,你不必和我见外。

【楚材晋用】 chǔ cái jìn yòng
[释义]楚国的人才被晋国使用。比喻自己的人才被他人所利用。[语见]《左传·襄公二十六年》:"晋卿不如楚,其大夫则贤,皆卿材也。如杞、梓、皮革,自楚往也。虽楚有材,晋实用之。"[例句]咱们公司为什么总是成为别人培养人才的"基地",致使～? 我看最基本原因是我们没有留住人才的条件。

【楚楚不凡】 chǔ chǔ bù fán
[释义]楚楚:洒脱出众貌。形容一表人才,非同寻常。[语见]清·袁枚《与何献葵明府书》:"幸为小女择得一婿,楚楚不凡,差强人意。"[例句]灯光一亮,台上那位～的人微微一抬头,众人顿时眼前一亮。

【楚弓楚得】 chǔ gōng chǔ dé
[释义]比喻自己的东西虽然遗失,而拾得者却是自家人,利未外流。也比喻自己失去的东西,又回到了自己手里。[例句]虽说～,我们的疏漏得到了及时补救,但是我们还是要从中吸取教训,否则,残酷的市场不会给我们第二次失而复得的机会。

【楚馆秦楼】 chǔ guǎn qín lóu
[释义]见"秦楼楚馆"。[语见]元·张国宾《薛仁贵》第三折:"不甫能待的孩儿成立起,把爹娘不同个天和地,也不知他在楚馆秦楼恋着谁,全不想养育的深恩

义。"[例句]张三少在～得尽风流,可是他何尝想到,几十年后,他竟会死于一个风尘女子之手?

【楚囚对泣】 chǔ qiú duì qì
[释义]楚囚:本指被俘的楚国人。据南朝宋·刘义庆《世说新语·言语》记载:东晋一些由北方过江的士大夫们,经常在郊区的新亭饮宴。有一次饮宴,周颚叹息说:风景还是这样,可国家的河山却变样了! 在座很多人听了都不禁流下泪来。只有王导不以为然地说:"当共戮力王室,克复神州,何至作楚囚相对!"后来就用"楚囚对泣"比喻在国破家亡时或其他恶劣环境下含悲忍受,束手无策。[例句]这对年迈的夫妻在天灾人祸面前,～,束手无策。

【楚囚相对】 chǔ qiú xiāng duì
[释义]见"楚囚对泣"。[语见]南朝宋·刘义庆《世说新语·言语》:"过江诸人,每至美日,辄相邀新亭,藉卉饮宴。周侯中坐而叹曰:'风景不殊,正自有山河之异!'皆相视流泪。唯王丞相愀然变色曰:'当共戮力王室,克复神州,何至作楚囚相对!'"[例句]那几个贫苦人家～的镜头,令我们在场的所有人都忍不住掉泪。

【怵目惊心】 chù mù jīng xīn
[释义]见"触目惊心"。[例句]这些～的数字告诉我们:加强对青少年的心理健康教育势在必行。

【触机落阱】 chù jī luò jǐng
[释义]阱:陷阱,捕野兽用的陷坑。触动机关落入陷阱,比喻遭到厄运。[语见]明·沈景《义侠记·奇功》:"叶子盈,我遭逢时乖运梗,你为甚也触机落阱?"[例句]他是个没什么心计的人,在官场每每～,于是很早就萌生了退意。

【触景伤情】 chù jǐng shāng qíng
[释义]看到景物而引起的伤感情绪。[语见]明·冯梦龙《喻世明言》第一卷:"三巧儿触景伤情,思想丈夫,这一夜好生凄楚!"[例句]回到家中,～,她不禁黯然神伤。

【触景生情】 chù jǐng shēng qíng
[释义] 看到某种景物而引发了某种情感。[语见] 清·萧山湘灵子《轩亭冤》："陌头芳草,岭外鹧鸪,触景生情,不免生怀念之感。"[例句] 回到故里,儿时的伙伴均已作古,～,物是人非,心下顿时一片茫然。

【触类而长】 chù lèi ér zhǎng
[释义] 长:增长。掌握了某一事物的知识或规律,就能据此增长同类事物的知识。[语见]《周易·系辞上》："引而伸之,触类而长之。"[例句] 学习并不是要能学到多少死的知识,而是使你获得一种～的能力,一旦具备了这种能力,知识海洋的大门便朝你打开了。

【触类旁通】 chù lèi páng tōng
[释义] 触:接触。通:通晓。掌握了关于某一事物的知识或规律,就可以推知同类事物中其他的知识或规律。[例句] 大学教育并不是要教给学生多少现成的知识,而是要教会他们具备～的能力。

【触目骇心】 chù mù hài xīn
[释义] 见"触目惊心"。[语见] 清·黄宗羲《陈葵献偶刻诗文序》："触目骇心,动成篇什,素所蓄积,于此焉发之。"[例句] 再往下挖,出来的竟然全是累累白骨,令我们无不～。

【触目皆是】 chù mù jiē shì
[释义] 触目:视线接触到的。眼睛看到的都是。形容非常多。[语见] 唐·朱敬则《五等论》："故魏太祖曰:'若使无孤,天下几人称帝,几人称王!'明窃号议者触目皆是。"[例句] 翻开儿子的作业本,错误～,令我又气又急。

【触目惊心】 chù mù jīng xīn
[释义] 触目:视线接触到、眼睛看到。眼睛看到,就使内心受到很大的震动。指看到某种严重情况而引起内心极大的震动。[语见] 南朝梁·萧子显《南齐书·豫章文献王传》："缅寻遗烈,触目崩心。"[例句] 看着报表上～的数字,局长气得脸色发青。

【触目如故】 chù mù rú gù
[释义] 一眼看去仍然是过去的样子。

[语见] 宋·李昌令《乐善录·洪州刘生》："未周岁,公主忽告殂,国主不胜其哀,怒曰:'吾不欲复见刘生,其官物一不与,遣归洪州。'生恍疑梦觉,触目如故。"[例句] 那段时间常常梦到父亲,只觉他面容清晰,～,然而一觉醒来,皆是黯然。

【触目伤心】 chù mù shāng xīn
[释义] 看到眼前的景物而感到悲痛。[语见] 清·褚人获《隋唐演义》第九十八卷:"这些余踪剩迹,一发使人触目伤心。"[例句] 打开包裹,是故人之物,～,难以言表。

【触目恸心】 chù mù tòng xīn
[释义] 看到眼前的事物而哀痛之至。[语见] 南朝·梁武帝《追赠张弘籍诏》:"朕少离苦辛,情地弥切,虽宅相克成,辂车靡赠,兴言永往,触目恸心。"[例句] 眼看着被侵略者践踏的河山,怎不让人～!

【黜陟幽明】 chù zhì yōu míng
[释义] 黜退庸愚的官,晋升贤明的官。[语见]《尚书·舜典》:"三载考绩,三考黜陟幽明。"[例句] 武则天～,任用贤人,继续了初唐时的气象。

chuan

【川流不息】 chuān liú bù xī
[释义] 川:河流。息:停止。河水不停息地流动。原指时光流逝。今多比喻连续不断。[语见] 唐·侯白《启颜录·千字文语乞社》:"礼别尊卑,乐殊贵贱,酒则川流不息,肉则似兰斯馨。"[例句] 江上的渔帆～。

【川壅必溃】 chuān yōng bì kuì
[释义] 壅:堵塞。溃:决口,堤岸崩坏。堵塞河流,必然会导致决口之害。比喻办事要因势利导,否则就会导致不良的后果。[语见]《国语·周语上》:"邵公曰:'是障之也。防民之口,甚于防川。川壅而溃,伤人必多,民亦如之。是故为川者,决之使导,为民者,宣之使言。'"[例句] 要知道～,教育孩子也要讲究方式方法,不能一味地训斥。

【穿壁引光】chuān bì yǐn guāng
[释义]凿通墙壁,引进亮光。形容克服贫寒,刻苦好学。[语见]晋·葛洪《西京杂记》卷二:"匡衡字稚圭,好学贫而无烛,邻舍有烛而不逮,衡乃穿壁引其光,以书映而读之。"[例句]传说中古时的读书人～的举动,我们现在是无法想象的。

【穿房过屋】chuān fáng guò wū
[释义]指有穿房过屋的交情。比喻友谊深厚,往来密切,妻儿不避。[例句]咱们俩是那种～的交情,有话你就直说无妨。

【穿红着绿】chuān hóng zhuó lù
[释义]形容穿着鲜艳。[语见]清·曹雪芹《红楼梦》第三回:"台阶上坐着几个穿红着绿的丫头。"[例句]春天到了,～的小姑娘、小媳妇纷纷到河边洗她们不再穿的冬装。

【穿云裂石】chuān yún liè shí
[释义]穿入云霄,震裂石头,形容声音高亢嘹亮。[语见]宋·胡仔《苕溪渔隐丛话后集·东坡一》:"(李委)既奏新曲,又快作数弄,嘹然有穿云裂石之声。"[例句]一声～的巨响之后,那座大山包被炸开了。

【穿凿附会】chuān záo fù huì
[释义]穿凿:对讲不通的道理硬要加以解释。附会:把没有关系的事物硬联系在一起。指强作解释,硬要联系以自圆其说。[语见]宋·洪迈《容斋续笔》第二卷:"经典义理之说,最为无穷,以故解释传疏,自汉至今,不可概数,……用是知好奇者,欲穿凿附会,固各有说云。"[例句]做学问要实事求是,切不可～以求新求异。

【穿凿傅会】chuān záo fù huì
[释义]见"穿凿附会"。[例句]学问不可做死了,你看那古人,就有好些甚至都做到～的地步却还扬扬得意,以为有了新见解。

【穿针引线】chuān zhēn yǐn xiàn
[释义]指在男女双方间进行撮合。现比喻在双方之间进行联系、沟通、拉拢。[语见]清·郑志鸿《常语寻源》:"世谓媒介为引线人,为人牵说事情者曰穿针引线。"[例句]通过队长在中场的～,球队一下子就活了,防守和进攻都有不少起色。

【传神阿堵】chuán shén ē dǔ
[释义]阿堵:晋朝方言"这个"的意思。传神之处,正在这里。[语见]南朝宋·刘义庆《世说新语·巧艺》:"顾长康(恺之)画人,或数年不点目精。人问其故,顾曰:'四体妍蚩,本无关于妙处,传神写照,正在阿堵中。'"[例句]小说想象丰富,语言精当,～,优点不一而足,不失为一篇力作。

【传闻异辞】chuán wén yì cí
[释义]异辞:说法不一。原用以指《春秋》记录年世远近不同的事,措辞有所不同。后转指史事辗转相传,说法不一。[例句]文帝之死,后世～,莫衷一是,但是最核心的一条——他被人暗杀,却是不可否认的事实。

【传宗接代】chuán zōng jiē dài
[释义]传:承继,传承。宗:宗族。接:接续。代:后代。传承宗族,接续后代。指生儿育女,后继有人。[语见]清·李宝嘉《官场现形记》第四十九回:"自己辛苦了一辈子,挣了这份大家私,死下来又没个传宗接代的人,不知当初要留着这些钱何用!"[例句]为了～,父母为他定了一门亲事。

【串通一气】chuàn tōng yī qì
[释义]串通:暗中勾结,以使言行一致。一气:一致的口气。指暗中勾结,相互配合,采取一致的行动或说一样的话。[语见]清·李宝嘉《文明小史》第四十二回:"只因时常见人家说起,说维新党同哥老会是串通一气的。"[例句]我们先别打草惊蛇,否则,一旦他们几个～,我们就难办了。

chuang

【创巨痛深】chuāng jù tòng shēn
[释义]创:创伤。创伤很大,痛苦很深。

指受到的打击和损害非常严重。[语见]南朝宋·刘义庆《世说新语·纰漏》："司空流涕曰：'臣父遭遇无道，创巨痛深，无以仰答明诏！'"[例句]那时她家破人亡，～，心情灰暗，那期间的画作自然充满了一股死亡气息了。

【疮痍满目】chuāng yí mǎn mù
[释义]见"满目疮痍"。[语见]清·赵尔巽《清史稿·毛昶熙传》："今日巨寇甫平，兵戈未息，……疮痍满目。"[例句]游子们心怀激情地回到祖国，迎接他们的却是～，令他们不禁潸然泪下。

【窗明几净】chuāng míng jī jìng
[释义]几：小桌。窗户明亮，小桌子干净。形容房间干净明亮。[语见]清·曾朴《孽海花》第三十五回："他那边固然窗明几净，比我这里精雅。"[例句]走进文竹的房间，只见～，一束百合显示着女主人的高洁。

【床上安床】chuáng shàng ān chuáng
[释义]见"床上施床"。[语见]宋·释普济《五灯会元·雪峰存禅师法嗣》第七卷："问：'古人道：毗卢有师法、身有主，如何是毗卢师法、身主？'师曰：'不可床上安床。'"[例句]写文章要见解明了，层次分明，切忌～。

【床上施床】chuáng shàng shī chuáng
[释义]比喻事物重复。[语见]北齐·颜之推《颜氏家训·序致》："魏晋已来，所著诸子，理重事复，递相模学，犹屋下架屋，床上施床耳。"[例句]你增添的这些文字，我觉得反倒是～，拖沓累赘了。

【床头金尽】chuáng tóu jīn jìn
[释义]旧时形容钱财用尽，陷入贫困的境地。[语见]唐·张籍《行路难》诗："君不见床头黄金尽，壮士无颜色。"[例句]十六国时期，有兵有钱就能称王称霸，一旦～，便什么都不是了。

【床下安床】chuáng xià ān chuáng
[释义]见"床上施床"。[语见]宋·邵伯温《闻见前录》第十九卷："(邵雍)平生不为训解之学，尝曰：'经意自明，苦人不知耳。屋下盖屋，床下安床，滋惑矣。'"

[例句]你这种～的做法实在让人不解。

【创意造言】chuàng yì zào yán
[释义]指写文章能创立新意，造作新语。[语见]唐·李翱《答朱载言书》："六经之词也，创意造言，皆不相师。"[例句]八股取士，凡以儒经为经，全靠死记硬背，毫无～，真是害人不浅。

chui

【吹胡子瞪眼】chuī hú zi dèng yǎn
[释义]形容发怒或生气的样子。也形容故意吓唬人的神态。[例句]她一个小孩子家，又没有招惹你，你干嘛对她～的！

【吹毛求疵】chuī máo qiú cī
[释义]求：寻找、挑出。疵：小毛病。吹开毛发，挑出隐藏在下面的小毛病。多指故意挑毛病，要求过分苛刻。[语见]《韩非子·大体》："不吹毛而求小疵，不洗垢而察难知。"[例句]这件事他完成得还算圆满，你就不要～了。

【吹毛求瑕】chuī máo qiú xiá
[释义]见"吹毛求疵"。[例句]如果都像你这样对工作～的，那么，任何工作怕都无法正常进行下去了。

【吹毛索疵】chuī máo suǒ cī
[释义]见"吹毛求疵"。[例句]对人要宽容一些，别动不动就～，那只能使人讨厌。

【吹箫乞食】chuī xiāo qǐ shí
[释义]乞：向人讨要，吹箫讨饭吃。原指春秋时伍子胥因父、兄遇害，出走逃出昭关后，无以糊口，在吴市吹箫乞食。后用指英雄被困而沿街乞讨。[例句]虎落平原被犬欺，西门复落到～的地步，还不是因为囊中羞涩。

【吹影镂尘】chuī yǐng lòu chén
[释义]吹影：在尘土微粒上雕刻。镂：雕刻。比喻不见形迹。也比喻白费力气。[语见]《关尹子·一宇》："言之如吹影，思之如镂尘。"[例句]你这样整天关在屋子里，不进行调查研究，写出的论文不过是～罢了。

【炊金馔玉】 chuī jīn zhuàn yù
[释义]馔:饮食。用金制的器皿烹调菜饭,用玉碗盏饮酒就餐。形容宴饮的豪华奢侈。[语见]唐·骆宾王《帝京篇》:"平台戚里带崇墉,炊金馔玉待鸣钟。"[例句]将士们在沙场拼死杀敌,食不果腹,皇宫里却整日~,暖日笙歌。

【垂拱而治】 chuí gǒng ér zhì
[释义]垂拱:两手合抱着垂下来,亦说是垂衣拱手。古时形容统治者不做什么事情便使天下太平。[语见]明·宋濂等《元史·成宗纪四》:"成宗承天下混一之后,垂拱而治,可谓善于守成者矣。"[例句]太宗统一天下之后,~,百姓安居乐业,一片太平盛世的景象。

【垂帘听政】 chuí lián tīng zhèng
[释义]垂帘:封建时代太后或皇后临朝听政,殿上用帘子遮隔。指女后临朝管理国家政事。[语见]《新编五代史评话·周史上》:"翌日,郭威帅百官请太后临朝,垂帘听政。"[例句]有些家长对孩子的办事能力总是不放心,即使让孩子自己去做,也要在旁边~。

【垂手而得】 chuí shǒu ér dé
[释义]见"垂手可得"。[语见]清·李绿园《歧路灯》第三十八回:"那个资性,读不上三二年,功名是可以垂手而得的。"[例句]趁他们两国打得两败俱伤的时候,我们乘势起兵,中原便~了。

【垂手可得】 chuí shǒu kě dé
[释义]垂手:比喻不动手。形容得来毫不费力。[语见]明·施耐庵《水浒传》:"只除教呼延灼将军赚开城门,垂手可得。"[例句]这等事,~,还用得着去请大批人马来?

【垂死挣扎】 chuí sǐ zhēng zhá
[释义]垂:接近。接近死亡时的最后挣扎。也比喻失败后灭亡前竭力支撑局面,苟延残喘。[例句]敌人虽大势已去,但还在~,只有将其彻底铲除,才算最终的胜利。

【垂头丧气】 chuí tóu sàng qì
[释义]垂头:低着头。丧气:失去勇气,情绪低落。耷拉着脑袋,无精打采的样子。形容失意懊丧,萎靡不振的样子。[语见]唐·韩愈《送穷文》:"主人于是垂头丧气,上手称谢。"[例句]儿子~地走进来,连爷爷奶奶也不理。

【垂涎三尺】 chuí xián sān chǐ
[释义]垂:淌下,流下。涎:口水。口水流下来三尺长。原形容嘴馋想吃。现多指见到别人的东西眼红,想得到,而表现出贪婪的样子。[例句]这件罕见的宝贝,早有人对它~了。

【垂涎欲滴】 chuí xián yù dī
[释义]涎:口水。馋得口水都要流下来了。形容贪婪或贪吃的样子。[语见]张者《老风口》:"夏天来临的时候,……白桑椹如奶酪,紫桑椹如紫玉,让人垂涎欲滴。"[例句]看着端上来的各种好菜,她早就~了。

【捶胸跌脚】 chuí xiōng diē jiǎo
[释义]见"捶胸顿足"。[语见]明·臧懋循《元曲选》:"不是我吵吵闹闹,痛伤情,捶胸跌脚。"[例句]各位必须仔细斟酌,否则,一旦出了差错再~,可就来不及了。

【捶胸顿足】 chuí xiōng dùn zú
[释义]顿:跺。用拳捶打胸部,用脚跺地。形容非常懊悔或悲痛的样子。[语见]明·李开先《闲居集·昆仑张诗人传》:"有告之者,殊不之信也;已而知其实然,捶胸顿足,若不欲生。"[例句]痛失一员大将,主帅~。

【椎心泣血】 chuí xīn qì xuè
[释义]椎心:捶胸脯。泣血:因悲痛哭泣而眼睛红肿,像要流出血来。形容悲恸到了极点。[语见]唐·李商隐《樊南文集·祭裴氏姊文》:"椎心泣血,孰知所诉。"[例句]正和几个朋友在乡野漫步,忽然看到一位中年妇人在一座坟前哭得~,想想日子正是清明,我们几个便也黯然。

chun

【春风得意】 chūn fēng dé yì
[释义]春天的和风适合人的心意。旧

指进士及第。现用以指心愿得到满足后的喜悦心情。[语见]唐·孟郊《登科后》:"春风得意马蹄疾,一日看尽长安花。"[例句]于小姐这时候正～呢,你说这些,不坏了人家的好心情吗?

【春风风人】chūn fēng fèng rén
[释义]风人:吹人。春天的风吹拂着人们。比喻给人以教育或帮助。[语见]汉·刘向《说苑·贵德》:"吾不能以春风风人,吾不能以夏雨雨人,吾穷必矣。"[例句]刘光斗先生从学校退休还乡之后,～,邻里多受其恩。

【春风化雨】chūn fēng huà yǔ
[释义]能使万物复苏的和风,能滋润万物的细雨。比喻良好教育的普及和深入。[语见]清·文康《儿女英雄传》第三十七回:"骥儿承老夫子的春风化雨,遂令小子成名。"[例句]老师一番话如～,滋润了我早已干涸的心田。

【春风满面】chūn fēng mǎn miàn
[释义]春风:比喻笑容。形容满脸喜悦的样子。[语见]元·王实甫《丽春堂》第一折:"气昂昂,志卷长虹;饮千钟,满面春风。"[例句]陈菊～地走了进来,一看就知道她考试考得不错。

【春光明媚】chūn guāng míng mèi
[释义]明媚:指景色鲜明可爱。形容春天的景色多姿多彩,鲜艳美好。[语见]元·宋方壶《斗鹌鹑·踏青》套曲:"时遇着春光明媚,人贺丰年,民乐雍熙。"[例句]我们选了个～的日子,一齐到了长江边上,观赏壮丽景色。

【春光如海】chūn guāng rú hǎi
[释义]见"春深似海"。[例句]江南三月,～,你一旦得空,希望早日与我一聚。

【春归人老】chūn guī rén lǎo
[释义]春:春光,比喻花容月貌。指女人青春已过,人老珠黄。[例句]女人如果仅凭姿色立足,将来～,又将如何呢?

【春寒料峭】chūn hán liào qiào
[释义]料峭:春风中微有寒意。形容春天的微寒。[语见]宋·释普济《五灯会元》第十九卷:"春寒料峭,冻杀年少。"

[例句]～,晨风中,抖出几只稚鸟,它们飞向背景辽阔的天空,太阳喷薄而上,它们的尾巴在朝阳中闪烁着金色的光彩。

【春和景明】chūn hé jǐng míng
[释义]春光和煦,景物明丽。[语见]宋·范仲淹《岳阳楼记》:"至若春和景明,波澜不惊,上下天光,一碧万顷。"[例句]阳春三月,～,西子湖一年中最好的时刻到了。

【春花秋月】chūn huā qiū yuè
[释义]春天的花朵最鲜艳美丽,中秋之月最圆最亮。比喻人生最美好的时刻。[语见]南唐·李煜《虞美人》词:"春花秋月何时了,往事知多少!"[例句]那些日子,我面对着～,良辰美景,却毫无心思享受,每日都沉浸在失去父亲的悲痛之中。

【春兰秋菊】chūn lán qiū jú
[释义]春天的兰花,秋天的菊花,它们开在不同的季节里,但都很芳香美丽。比喻不同领域中的杰出人物。[语见]战国楚·屈原《九歌·礼魂》:"春兰兮秋菊,长无绝兮终古。"洪兴祖补注:"古语云:春兰秋菊,各一时之秀也。"[例句]她们的表演,有如～,各显其芳。

【春露秋霜】chūn lù qiū shuāng
[释义]原指子孙在春秋两季因感于时令,追念先祖而加以祭祀。亦比喻恩泽与威严。[语见]《礼记·祭义》:"霜露既降,君子履之,必有凄怆之心,非其寒之谓也;春,雨露既濡,君子履之,必有怵惕之心,如将见之。"[例句]父亲长眠于此,～,已历十个年头了,而父亲的音容笑貌,却如在昨日。

【春暖花开】chūn nuǎn huā kāi
[释义]春天气候和暖,百花盛开。形容春天的景色十分美好。也比喻事情进入顺利发展时期,正处于良好机遇。[语见]明·朱国祯《涌幢小品·南内》:"春暖花开,命中贵陪内阁儒臣宴赏。"[例句]待到～的季节,我一定带你去一趟杭州。

【春暖花香】chūn nuǎn huā xiāng
[释义]气候温暖宜人,百花盛放,春光优

美。[语见]元·奥敦周卿《蟾宫曲》："春暖花香，岁稔时康。"[例句]于～之际来祭奠亡灵，一边是勃勃生机，一边是默默死亡，两相对比，欲觉悲凉。

【春秋笔法】chūn qiū bǐ fǎ
[释义]古人以为孔子所著《春秋》文笔隐晦曲折，暗寓褒贬，增加一字，减少一字，都有"微言大义"。后指文笔曲折而暗含褒贬的文字。[例句]这里用的是～，只有用心去品味，方能悟出作者的苦心。

【春秋鼎盛】chūn qiū dǐng shèng
[释义]春秋：指年龄。鼎盛：正当兴盛的时候。旧时称颂人年富力强。[语见]汉·贾谊《新书·宗首》："天子春秋鼎盛，行仪未过，德泽有加焉。"[例句]将军～，正当挥师北上，岂能退守江南一隅？

【春色满园】chūn sè mǎn yuán
[释义]春天的景色充满整个园子。形容一派欣欣向荣、生机盎然的景象。[语见]宋·叶绍翁《游园不值》诗："应怜屐齿印苍苔，小扣柴扉久不开。春色满园关不住，一枝红杏出墙来。"[例句]尽管～，她却无心欣赏，她的心里，还在思念大洋彼岸的恋人。

【春山如笑】chūn shān rú xiào
[释义]形容春日山色明媚，如同人满面含笑一般。[语见]宋·郭熙《山水训》："真山水之烟岚，四时不同：春山澹冶而如笑，夏山苍翠而如滴，秋山明净而如妆，冬山惨淡而如睡。"[例句]～，鸟语花香，一派欣欣向荣的景象。

【春深似海】chūn shēn sì hǎi
[释义]春色像大海一样深广。形容大地充满了明媚的春光。[语见]清·文康《儿女英雄传》第三十回："这屋里那块四乐堂的匾，可算挂定了！不然，这春深似海的屋子，也就难免欲深似海。"[例句]～，东风万里，我们一行人陶醉在这大好的春光里。

【春生秋杀】chūn shēng qiū shā
[释义]春天万物萌生，秋天万物凋零。[语见]唐·白居易《贺杀贼表》："伏惟文武孝德皇帝陛下：君临八表，子育群生，合天覆地载之德，顺春生秋杀之令。"[例句]人生如水，从西向东滚滚而去，亦如～，虽嗟叹而不可阻挡。

【春事阑珊】chūn shì lán shān
[释义]见"春意阑珊"。[语见]元·方伯成《端正好·忆别》套曲："柳飞绵花飘瓣，又一番春事阑珊。"[例句]南国如今已是～，北国却还是一片冰天雪地。

【春树暮云】chūn shù mù yún
[释义]春季的树，日落时的云。唐·杜甫《春日忆李白》诗："渭北春天树，江东日暮云。何时一樽酒，相与细论文。"当时杜甫在渭北，李白在江南。后来就用"春树暮云"表示思念远方的友人。[例句]与兄一别，转眼已十年，～，今天恰是十年前我们道别之日，睹物思人，更添想念之情。

【春诵夏弦】chūn sòng xià xián
[释义]诵：朗诵。弦：弦歌，弦乐伴奏而歌。古代学诗的方法，在春天朗诵诗，到夏季就用弦乐伴奏而歌。本指应按季节而采用不同的学习方式。后泛指读书学习。[语见]《礼记·文王世子》："春诵夏弦，大师诏之。"[例句]能入得老师之门，～，是我最大的心愿。

【春意盎然】chūn yì àng rán
[释义]意：意味、气息。盎然：气氛等浓厚。春天的气息正浓。[例句]郊游路上，～，山花烂漫，令人兴奋不已。

【春意阑珊】chūn yì lán shān
[释义]阑珊：将尽，将衰。指春天就要过去了。[语见]南唐·李煜《浪淘沙》词："帘外雨潺潺，春意阑珊。"[例句]她面对～，眼睛里大有无可奈何花落去的感伤味道。

【春蚓秋蛇】chūn yǐn qiū shé
[释义]春天的蚯蚓，秋天的蛇。比喻字写得很差，弯弯曲曲，像蚯蚓和蛇爬行一样。[语见]唐·房玄龄等《晋书·王羲之传论》："(萧)子云近出，擅名江表，然仅得成书，无丈夫之气。行行若萦春蚓，字字如绾秋蛇。"[例句]他写的字有如～，可他还自我感觉良好。

【春雨如油】chūn yǔ rú yóu
[释义] 形容春雨十分可贵。[语见] 宋·释道原《景德传灯录》:"春雨一滴滑如油。"[例句] ～,一场并不大的雨给每一个农民都带来了灿烂的笑容。

【椿萱并茂】chūn xuān bìng mào
[释义] 椿:一种乔木,这里指长寿的大椿,象征父亲。萱:古人认为可以使人忘忧的一种草,象征母亲。大椿和萱草都很茂盛。比喻父母健在。[语见]《幼学琼林·祖孙父子》:"父母俱存,谓之椿萱并茂。"[例句] 来书收到,知～,甚是宽怀,然而想到二老年事渐高,又生忧虑。

【唇齿相依】chún chǐ xiāng yī
[释义] 嘴唇和牙互相依存。比喻两者之间紧密相关,互相依存。[语见] 晋·陈寿《三国志·魏书·鲍勋传》:"王师屡征而未有所克者,盖以吴蜀唇齿相依,凭阻山水,有难拔之势故也。"[例句] 这两个～的民族,近千年来始终亲如兄弟,但最近却因一小事闹得剑拔弩张。

【唇红齿白】chún hóng chǐ bái
[释义] 嘴唇红,牙齿白。形容容貌美。[语见] 明·胡文焕《琼琚记·桑下戏妻》:"只见唇红齿白,桃花脸,绿鬓朱颜柳叶眉,因此不忍而去。"[例句] 那位～的小哥儿,怎么生得这么雅致,真如姑娘一般。

【唇焦舌敝】chún jiāo shé bì
[释义] 焦:干。敝:破。嘴唇干,舌头破。形容费尽口舌。[语见] 汉·赵晔《吴越春秋·夫差内传》:"焦唇干舌,苦身劳力,上事群臣,下养百姓。"[例句] 我们都说得～了,可是还是劝不动他。

【唇枪舌剑】chún qiāng shé jiàn
[释义] 嘴唇像枪,舌头像剑。形容言辞犀利、尖刻。[语见] 元·高文秀《渑池会》第一折:"凭着我唇枪舌剑定江山,见如今河清海晏,黎庶宽安。"[例句] 双方代表～地斗了三天,依然是谁也没能说服谁。

【唇亡齿寒】chún wáng chǐ hán
[释义] 亡:失去。寒:寒冷。嘴唇没了,牙齿就感到寒冷。比喻两者紧密相连,利害相关。[语见]《左传·僖公五年》:"晋侯复假道于虞以伐虢。宫之奇谏曰:'虢,虞之表也;虢亡,虞必从之。……'谚所谓'辅车相依,唇亡齿寒'者,其虞、虢之谓也。"[例句] 人与世界上所有的野生动物之间,就是～的共生关系。

【鹑居鷇食】chún jū kòu shí
[释义] 鹑:鹌鹑,鸟名。鷇:须待母鸟哺食的雏鸟。鹌鹑没有正常固定的住所。雏鸟只单纯地等待母鸟哺食。比喻生活单纯简朴。[语见]《庄子·天地》:"夫圣人鹑居而鷇食,鸟行而无彰。"[例句] 记得我幼年的时候,与母亲～,相依为命,虽然疾苦,倒也过得踏实。

【鹑衣百结】chún yī bǎi jié
[释义] 鹑:即鹌鹑,鸟名,头小秃尾,羽毛赤褐色,杂有暗黄色斑点和条纹。百:表示很多。结:打成结子连起来。形容衣服破烂不堪。[语见]《荀子·大略》:"子夏贫,衣若县(悬)鹑。"[例句] 面黄肌瘦的百姓个个～,互相搀扶着走在逃荒的路上。

【蠢蠢欲动】chǔn chǔn yù dòng
[释义] 蠢蠢:爬虫蠕动的样子。比喻敌人将要进攻或坏人准备捣乱。[语见] 南朝宋·刘敬叔《异苑·句容水脉》:"掘得一黑物,无有首尾,形如数百斛舡,长数十丈,蠢蠢而动。"[例句] 李自成的大军前脚刚走,那些被打入地下的恶绅后脚便～了。

【蠢若木鸡】chǔn ruò mù jī
[释义] 见"呆若木鸡"。[语见] 清·蒲松龄《聊斋志异·促织》:"小虫伏不动,蠢若木鸡。"[例句] 刘二的蟋蟀被放进斗笼与对手一相面,便立刻～,任凭怎么挑逗也都不动一下。

chuo

【踔厉风发】chuō lì fēng fā
[释义] 踔厉:精神振奋,议论纵横。风发:豪迈不群。形容文章议论纵横,气势豪迈。[语见] 唐·韩愈《柳子厚墓志铭》:

"议论证古据今,出入经史百家,踔厉风发,率常屈其座人。"[例句] 这篇文章文辞谨严,～,没想到作者竟是位十几岁的少年。

【啜菽饮水】chuò shū yǐn shuǐ
[释义] 啜:喝;也指吃。菽:豆类。吃豆子,饮清水。形容生活清苦。[语见]《礼记·檀弓下》:"孔子曰:'啜菽饮水尽其欢,斯之谓孝。'"[例句] 先生那些年～,依然能心念国家,这对我们都是极大的鞭策。

【绰绰有余】chuò chuò yǒu yú
[释义] 绰绰:宽宽裕裕地。形容十分宽裕。[语见]《诗经·小雅·角弓》:"此令兄弟,绰绰有裕。"[例句] 这间会议室容纳一百多人开会还～。

【绰约多姿】chuò yuē duō zī
[释义] 绰约:体态柔美。形容女子姿态柔美。[语见]《庄子·逍遥游》:"肌肤若冰雪,淖(绰)约若处子。"[例句] 芳芳天生一副好身段,～,美丽文雅。

ci

【词鄙义拙】cí bǐ yì zhuō
[释义] 词:文辞。鄙:庸俗。义:意义。拙:拙劣。文辞庸俗,立意拙劣。[语见] 唐·韩愈《上兵部李侍郎书》:"牛角之歌,词鄙而义拙。"[例句] 本文～,实在不值得一提。

【词不达意】cí bù dá yì
[释义] 达:表达,表现。指语言文字不能准确表达出说话或写文章的人的思想。[语见] 清·吴趼人《二十年目睹之怪现状》第三十回:"大凡译技艺的书,必要是这门技艺出身的人去译,还要中西文字兼通的才行,不然,必有个词不达意的毛病。"[例句] 你的回答之所以～,是因为你对人物的理解太肤浅的缘故。

【词钝意虚】cí dùn yì xū
[释义] 钝:不锋利,这里指言语不痛快。言语支吾,露出心虚的样子。[语见] 清·曹雪芹《红楼梦》第六十一回:"林之孝家的听他词钝意虚,又因近日玉钏儿说那边正房内失落了东西,几个丫头对赖,没主儿,心下便起了疑。"[例句] 上午看他说话那～、吞吞吐吐的样子,我就怀疑他在作假,果真如此。

【词华典赡】cí huá diǎn shàn
[释义] 赡:充裕。文章遣词华丽,用典充裕。[语见] 宋·周密《武林旧事·叙录》:"今所考载,体例虽仿孟书,而词华典赡,南宋人遗篇剩句,颇赖以存,'近雅'之言不谬。"[例句] 这一论赋虽说～,但是怎么看都觉得少了一点什么,那可能就是所谓的文章的精神——文章的核心总是在左右游离。

【词穷理屈】cí qióng lǐ qū
[释义] 见"理屈词穷"。[语见] 宋·苏轼《论河北京东盗贼状》:"盗贼自知不死,既轻犯法,而人户亦忧其复来,不敢告捕,是致盗贼公行。切详按问,自言皆是词穷理屈,势必不免。"[例句] 受了几个姐妹的一顿抢白,他尴尬地搓着手,一副～的样子。

【词无枝叶】cí wú zhī yè
[释义] 形容文字简练,无枝蔓之辞。[语见] 唐·白居易《有唐善人墓碑》:"善理《王氏易》《左氏春秋》,前后著文凡一百五十二首,皆诣理撮要,词无枝叶。"[例句] 这篇文章字句讲究,～,是一篇不可多得的佳作。

【词严义密】cí yán yì mì
[释义] 词:言辞。义:道理。措词严谨,道理周密。[语见] 明·李昌祺《剪灯余话·慢亭遇仙录》:"宋朝诸儒所述,皆明白正大,词严义密,无余蕴。"[例句] 粗粗一看,折子倒也写得～,但是,皇帝却从几处不经意的地方,看出了破绽。

【词严义正】cí yán yì zhèng
[释义] 见"辞严义正"。[语见] 清·夏敬渠《野叟曝言》第六回:"世兄侃侃而谈,词严义正,孩儿汗下通体。"[例句] 最后,律师一段～的陈述,使在场之人,无不动容。

【辞不达意】cí bù dá yì
[释义] 见"词不达意"。[例句] 小儿说

得这许多,终是～,各位高学,请勿见怪。

【辞不意逮】 cí bù yì dài

[释义]逮:达到。言辞不能把思想确切表达出来。[语见]宋·刘学箕《松江哨遍》词序:"至欲作数语以状风景胜概,辞不意逮,笔随意阁,良可慨叹。"[例句]你看你写水写山都写得很好,但是一旦写到了水里的鱼、山中的兽,怎么就总是～了呢?

【辞丰意雄】 cí fēng yì xióng

[释义]文辞丰富,意气雄健。[语见]宋·欧阳修《答吴充秀才书》:"非夫辞丰意雄,需然有不可御之势。"[例句]国书～,大气磅礴,有雷霆之力。

【辞简意足】 cí jiǎn yì zú

[释义]用词简练而意思却很充足。[语见]元·白铤《湛园静语·叶水心》:"如此数卷,辞简意足,一坐骇然。"[例句]《六一诗话》论点精当,～,为诗话中的上品。

【辞巧理拙】 cí qiǎo lǐ zhuō

[释义]文辞浮华而道理不通。[语见]南朝梁·刘勰《文心雕龙·诸子》:"公孙之《白马孤犊》,辞巧理拙,魏牟比之鸮鸟,非妄贬也。"[例句]这篇文章语言倒还讲究,但～,终算不上佳作。

【辞微旨远】 cí wēi zhǐ yuǎn

[释义]用词隐微而表达的意思很深远。[语见]唐·姚思廉《梁书·刘之遴传》:"省所撰《春秋》义,比事论书,辞微旨远。"[例句]王国维一本薄薄的《人间词话》,～,体现了中国古典批评的精髓。

【辞无所假】 cí wú suǒ jiǎ

[释义]辞:文词,语言。假:假借。写文章时语言有所创新,没有因袭前人。指文章自成一家,有自己的风格、特色。[语见]魏·曹丕《典论·论文》:"斯七子者,于学无所遗,于辞无所假。"[例句]桐城派文章,～,一改古典散文言之无物的风气。

【辞严气正】 cí yán qì zhèng

[释义]见"辞严义正"。[语见]元·脱脱等《宋史·楚建中传赞》:"建中雅却敌,辞严气正,尤为奇伟。"[例句]文天祥～,怒斥蒙军,倒也让剽悍的蒙古大军不由得对这位将领心生敬意。

【辞严义正】 cí yán yì zhèng

[释义]义:道理。措辞严厉,义理正大。[语见]宋·张孝祥《明守赵敷文》:"欧公书岂惟翰墨之妙,而辞严义正,千载之下,见者兴起,某何足以辱公此赐也哉!"[例句]蔺相如～地驳斥了秦王的无理要求,为赵国立下了大功。

【辞喻横生】 cí yù héng shēng

[释义]言辞中生动的比喻横逸而出。[语见]汉·王充《论衡·物势篇》:"亦或辩口利舌,辞喻横出为胜;或讷弱缀跆,踵塞不比者为负。"[例句]文章文字虽短,但是～,精妙之笔随处可见,让人爱不忍释。

【辞尊居卑】 cí zūn jū bēi

[释义]辞尊:不接受高官厚禄。居卑:甘居卑微的地位。对荣誉、享受无动于衷。[语见]《孟子·万章下》:"为贫者,辞尊居卑,辞富居贫。"[例句]他～,固守着自己的信念。

【慈眉善目】 cí méi shàn mù

[释义]形容人一脸慈祥的样子。[例句]我和那位～的老太太聊了整整一个上午。

【慈乌反哺】 cí wū fǎn bǔ

[释义]见"慈乌返哺"。[语见]元·无名氏《薛苞认母》第二折:"常言道马有垂缰,犬有那展草,踹踏街心,慈乌反哺。"[例句]母亲对子女的爱是伟大的,作为人之子女,我们应当学会～。

【慈乌返哺】 cí wū fǎn bǔ

[释义]慈:奉养。返哺:乌雏长大,衔食哺母。会奉养母乌的乌雏,衔食哺养母乌。比喻子女报答亲恩。[语见]《故圆鉴大师二十四孝押座文》:"慈乌返哺犹怀感,鸿雁才飞便著行。"[例句]天下的子女都应当尽～之心。

【此唱彼和】 cǐ chàng bǐ hè

[释义]彼:那里。和:应和,和谐地跟着唱。这里唱,那里和,互相呼应。也指互

相对对方的意见表示同意。[语见]清·陈田《明诗纪事·己签序》:"(后七子)与前七子隔绝数十年,而此唱彼和,声应气求,若出一轨。"[例句]他们两人在会上～的,却并没有转变众人对整个事件的看法。

【此地无银三百两】cǐ dì wú yín sān bǎi liǎng
[释义]无:没有。银:银子。字面意思为:这个地方没有藏三百两银子。后喻指手段拙劣,本想隐瞒实情,却因此而暴露。也喻指多此一举。[例句]我又有说你,你一个劲儿解释,不是～吗?

【此发彼应】cǐ fā bǐ yìng
[释义]此处发动,彼处响应,形容互相呼应。[语见]清·陈天华《警世钟》:"各做各的,怎么行呢? 一定是要互相联络,此发彼应才行。"[例句]两个小子一唱一和,～,把奶奶给蒙了。

【此事体大】cǐ shì tǐ dà
[释义]见"斯事体大"。[语见]宋·范仲淹《让观察使第二表》:"臣得带内朝职名,节制边事,其体且重……此事体大,乞垂圣鉴,特降中旨。"[例句]公司将来的发展方向,所涉甚多,～,望大家用心想一想还有什么我们没有想到的地方。

【此物比志】cǐ wù bǐ zhì
[释义]物:物类。比:比拟。志:意向。用某一事物比拟某种意向。[例句]小诗短小,然言少意长,～,尽表我一片心意。

【刺刺不休】cì cì bù xiū
[释义]刺刺:多话的样子。形容说话啰唆,没完没了。[语见]《管子·白心》:"孰能弃刺刺而为愕愕乎?"[例句]他一进来,就～,让满屋子的人都心生厌烦。

【刺股悬梁】cì gǔ xuán liáng
[释义]见"悬头刺股"。[语见]清·袁令《西楼记·检课》:"一霎时启瞶开聋,从今后刺股悬梁。"[例句]在学习上要有～的刻苦精神,也要讲究科学用脑,提高效率。

cong

【葱翠欲滴】cōng cuì yù dī
[释义]葱翠:深绿色。形容繁茂的草木生机盎然,呈现出深绿色,就像要滴下来一般。[语见]宋·郭熙《林泉高致·山水训》:"真山水之烟岚,四时不同:春山澹冶而如笑,夏山苍翠而如滴,秋山明净而如妆,冬山惨淡而如睡。"[例句]放眼望去,一片～的松林铺到了很远很远的地方。

【葱蔚洇润】cōng wèi yīn rùn
[释义]葱蔚:草木茂盛的样子。洇润:润泽,滋润。形容草木苍翠润泽,生机勃勃。[语见]清·曹雪芹《红楼梦》第二回:"就是后边一带花园里,树木山石,也都还有葱蔚洇润之气,哪里像个衰败之家?"[例句]他老了,身体衰弱了,但是,当他忽然看到脚下那散发着～之气的青山,发灰的眼睛里突然生出了热烈的激情。

【聪明伶俐】cōng míng líng lì
[释义]伶俐:灵活,乖巧。又聪明,又灵活乖巧。[例句]翠花～,人又长得好看,邻居们都非常喜欢她。

【聪明睿智】cōng míng ruì zhì
[释义]睿智:英明,有远见。形容洞察力强,见识卓越。[语见]《周易·系辞上》:"古之聪明睿智,神武而不杀者矣。"[例句]我们的对手乃是一个～的人,这些小花招是瞒不了他的。

【从长计议】cóng cháng jì yì
[释义]指放长时间,尽量考虑周密,而不急于做出决定。[语见]元·李行道《灰阑记》楔子:"且待女孩儿到来,慢慢的与他从长计议,有何不可。"[例句]此事事关重大,我觉得为慎重起见,还是～的好。

【从井救人】cóng jǐng jiù rén
[释义]从:跟随。有人掉进井里,自己也跟着跳下去救他。比喻主观愿望虽好,但方法不对,不能得到应有的效果。[语见]清·李汝珍《镜花缘》第七十一回:"即使草木有灵,亦决不肯自戕其生,从

井救人。"[例句] 你焦急,大家都在焦急,但是你若～,不但起不到任何好的作用,反而会适得其反。

【从宽发落】cóng kuān fā luò
[释义] 发落:处分,处置。给予的处分尽可能宽大一些。[语见] 明·李贽《与周友山书》:"想仲尼不为已甚,诸公遵守孔门家法,决知从宽发落、许其改过自新无疑。"[例句] 主帅念你破阵有功,将你～,免你死罪。

【从立自新】cóng lì zì xīn
[释义] 从立:重新自立。自觉地改正错误,重新做人。[语见] 明·吴承恩《西游记》第九十四回:"从立自新,复修大觉。"[例句] 几位长辈都苦口婆心地教导你,还不是希望你～?

【从令如流】cóng lìng rú liú
[释义] 执行命令就像流水趋下那样迅速顺从。[语见]《商君书·画策》:"是以三军之众,从令如流,死而不旋踵。"[例句] 三将军的五万兵马～,屡战屡胜。

【从容不迫】cóng róng bù pò
[释义] 从容:悠然,舒缓。迫:急促,迫切。形容临事镇静不慌。[例句] 即使是在刺刀面前,方先生也～,举止洒脱。

【从容就义】cóng róng jiù yì
[释义] 从容:镇定,自然。就义:为正义而死。形容为正义事业或道义而安然赴死。[语见] 元·脱脱等《宋史·赵卯发传》:"古人谓:'慷慨杀身易,从容就义难。'"[例句] 贞德～的故事,被写进了历史、小说,被搬上了舞台、银幕。

【从容自若】cóng róng zì ruò
[释义] 从容:沉着,镇定。自若:自在,如常。沉着平静,不动声色。[例句] 毒气室就在十米之外,法西斯的刺刀闪着寒光,但是杰克～,脸上始终浮现出坚毅的神情。

【从善如登,从恶如崩】cóng shàn rú dēng,cóng è rú bēng
[释义] 循正道像登山那样难,走邪道却像山崩一样快容易。[语见] 汉·张纮《为孙会稽责袁术僭号书》:"夫人情惮难

而趋易,好同而恶异,与治道相反,《传》曰:'从善如登,从恶如崩。'言善之难也。"[例句] ～,你要严于律己,不要受坏人的影响。

【从善如流】cóng shàn rú liú
[释义] 形容乐于接受正确的意见,像水顺流而下,迅速而自然。[语见]《左传·成公八年》:"从善如流,宜哉!"[例句] 他是一位有能力而且～的董事长,他们公司的民主气氛也非常浓。

【从天而降】cóng tiān ér jiàng
[释义] 从天上降下来。形容突然到来。[语见] 明·吴承恩《西游记》第三十一回:"哥哥,你真是从天而降也! 万乞救我一救!"[例句] 就在蜀军陷入绝境之时,赵云有如～,顿时稳住了阵脚。

【从天而下】cóng tiān ér xià
[释义] 见"从天而降"。[语见] 汉·班固《汉书·周亚夫传》:"诸侯闻之,以为将军从天而下也。"[例句] 一家人正享受着团聚的欢乐,哪知祸事～,一家人顿时悲声四起。

【从头至尾】cóng tóu zhì wěi
[释义] 形容从开始到结束。[语见] 宋·朱熹《答林正卿》:"读书之法,须是从头至尾,逐句玩味。"[例句] 我把文稿～地细细读了一遍,觉得它具有非凡的价值。

【从心所欲】cóng xīn suǒ yù
[释义] 见"随心所欲"。[语见]《论语·为政》:"七十而从心所欲,不逾矩。"[例句] 他的画技日积月累,已经到了～的境界。

cu

【粗茶淡饭】cū chá dàn fàn
[释义] 指简单、没经过细致加工的饭食。形容俭朴、清苦的生活。[语见] 宋·杨万里《得小儿寿俊家书》诗:"粗茶淡饭终残年。"[例句] 我没有指望过万贯家产,也不指望名满天下,我只希望宁静地生活着,思考着,即使是～,我也感到满足。

【粗风暴雨】cū fēng bào yǔ
[释义] 形容风雨极猛。[语见] 清·李汝

珍《镜花缘》第八十八回："莫讲粗风暴雨,不能招架,就是小小一阵凉飕,只怕也难支持了。"[例句]天下如此混乱,你一介书生,能顶得住那～吗?

【粗服乱头】cū fú luàn tóu
[释义]粗服:粗劣的衣服。乱头:蓬头。原指不修边幅。后也比喻文辞朴素自然,不加雕琢。[语见]南朝宋·刘义庆《世说新语·容止》:"裴令公有俊容仪,脱冠冕,粗服乱头皆好。时人以为玉人。"[例句]这篇小文质朴自然,虽～却未损其睿智,是小品文中的佳作。

【粗手笨脚】cū shǒu bèn jiǎo
[释义]形容手脚笨拙,不灵巧。[例句]别看王嫂～的,可她做的家常菜,那是许多大师傅也不敢小视的。

【粗通文墨】cū tōng wén mò
[释义]粗:略微。通:通晓。文墨:指写文章,喻指文化。形容文化水平不高,只能读写一些浅显的东西。[语见]清·孔尚任《小忽雷》第四出:"儿夫粗通文墨,颇善岐黄。"[例句]张爷爷～,但是在村子里却算得上是知识分子了。

【粗心大意】cū xīn dà yì
[释义]大意:不周到、不细致。形容做事或考虑问题不细心、不周到,马马虎虎。[语见]清·文康《儿女英雄传》第四回:"俄延了半晌,忽然灵机一动,心中悟将过来:'这是我粗心大意。我若不进去,她怎得出来?'"[例句]女儿噘着嘴,还在为她～丢掉了第一名而懊恼。

【粗心浮气】cū xīn fú qì
[释义]形容不细心,不踏实。[语见]清·李汝珍《镜花缘》第七十回:"幸亏姐姐未在场里阅卷,若是这样粗心浮气,那里屈不死人。"[例句]会计工作要求耐心与细致,～的人可做不来。

【粗衣淡饭】cū yī dàn fàn
[释义]形容衣食简单,生活俭朴。[语见]宋·洪咨夔《柳梢青·老人生日》词:"野服纶巾,白须红颊,无限阳春。二满三平,粗衣淡饭,钟鼎山林。"[例句]真看不出这个出身豪门的年轻人,这么长时间～,还从没见过他皱过一次眉头呢。

【粗衣粝食】cū yī lì shí
[释义]粝:粗米。粗布衣服,粗劣的饭食。形容生活清苦。[语见]宋·张君房《云笈七签》第一百一十五卷:"(梁母)粗衣粝食之外,所得施诸贫病。"[例句]正是那几年～的磨炼,才使我的筋骨变得如此坚韧,我如今也才能有着如此坚强的意志。

【粗枝大叶】cū zhī dà yè
[释义]粗壮的枝条,宽大的叶子。原形容文章或语言概括、简略。后也比喻做事草率,不细致。[语见]《朱子语录》:"《书序》不是孔安国做,汉文粗枝大叶,全《书序》细腻,只似六朝时人文字。"[例句]小丁平时是有些～,丢三落四,但是在大事上却一点也不马虎。

【粗制滥造】cū zhì làn zào
[释义]滥:过度。草率地大量制造。形容只追求数量,不顾质量,产品粗劣。也泛指工作马虎,不负责任。[例句]这些～的商品应立即销毁。

【促膝谈心】cù xī tán xīn
[释义]促膝:两人面对面地靠近坐着,膝与膝相接。谈心:交谈心里的话。形容亲密地彼此交谈心里的话。[语见]唐·田颖《玉山堂文集·揽云台记》:"不过十余知音之侣,来则促膝谈心。"[例句]二十年了,再想找到当年我们～时的感觉,竟不可能了。

【猝不及防】cù bù jí fáng
[释义]猝:突然,出乎意料。事情发生得突然,来不及防备。[例句]我猛地跳到玮丽丝面前,她～,吓得花容失色。

cui

【摧锋陷阵】cuī fēng xiàn zhèn
[释义]见"冲锋陷阵"。[语见]南朝梁·沈约《宋书·武帝纪上》:"高祖常披坚执锐,为士卒先,每战辄摧锋陷阵。"[例句]岳飞每有战事,无不身先士卒,～,自然会受到全体官兵的拥戴。

【摧坚获丑】cuī jiān huò chǒu
[释义]坚:指敌人的精锐。丑:指敌人。

打垮敌人的精锐，俘获敌寇。形容作战英勇。[语见]宋·曾巩《折克行彭保转官制》："开通道途，收复醜聚，摧坚获丑，尔功居多。"[例句]数十年来，将军～，血战沙场，为大汉江山立下了汗马功劳。

【摧坚陷阵】cuī jiān xiàn zhèn
[释义]见"冲锋陷阵"。[语见]南朝梁·萧子显《南齐书·桓康传》："(桓康)随世祖起义，摧坚陷阵，膂力绝人。"[例句]张飞率领一支人马，～，杀得曹军溃不成军。

【摧枯拉朽】cuī kū lā xiǔ
[释义]摧：摧毁。拉：折断。枯：枯草。朽：腐木。枯、朽：引申为腐朽势力。比喻轻而易举地摧毁腐朽势力或不堪一击的势力。[语见]汉·班固《汉书·异姓诸侯王表》："镂金石者难为功，摧枯拉朽者易为力。"[例句]农民起义军～，王朝政权一时间土崩瓦解了。

【摧枯折腐】cuī kū zhé fǔ
[释义]见"摧枯拉朽"。[语见]南朝宋·范晔《后汉书·耿弇传》："归发突骑以辚乌合之众，如摧枯折腐耳。"[例句]打败敌军有如～，我军很快向西挺进了。

【摧兰折玉】cuī lán zhé yù
[释义]毁掉兰花，折断美玉。比喻摧残和伤害女子。[语见]清·余怀《板桥杂记·丽品》："某本非风流佳客，谬称浪子端庄，以文鸳彩凤之区，排封豕长蛇之阵，用诱秦诓楚之计，作摧兰折玉之谋。"[例句]这个倚仗权势～的恶霸终于被铲除了。

【摧眉折腰】cuī méi zhé yāo
[释义]摧：低垂。折：弯。低垂着眼眉，弯着腰。形容谄谀逢迎的媚态。[语见]唐·李白《梦游天姥吟留别》诗："安能摧眉折腰事权贵，使我不得开心颜!"[例句]整个民族，从战争一开始到结束，竟没有一个人～，这足以让史家惊讶之余，敬意备生。

【摧山搅海】cuī shān jiǎo hǎi
[释义]摧：毁坏。搅：搅动。摧毁高山，搅动大海。形容神通极大，声势吓人。[语见]明·无名氏《齐天大圣》第二折："到来日战鼓连天，喊声振地，猛烈神摧山搅海，连珠炮有似轰雷。"[例句]一声令下，万炮齐发，有如～一般。

【摧陷廓清】cuī xiàn kuò qīng
[释义]摧陷：摧毁。廓清：肃清。比喻彻底肃清，一扫积弊或陈言。[语见]唐·李汉《唐史部侍郎昌黎先生韩愈文集序》："呜呼，先生于文，摧陷廓清之功，比于武事，可谓雄伟不常者矣!"[例句]人类史上的每一次改革，花力气最多的，不是要建立多少新东西，而是对那诸多历史的垃圾予以～。

【翠消红减】cuì xiāo hóng jiǎn
[释义]形容女子姿容减退。[语见]元·李子昌《梁州令》曲："翠消红减乱如麻，隔妆台慵梳掠，掩菱花。"[例句]多年不见，她已是～，一脸憔悴。

cun

【村筋俗骨】cūn jīn sú gǔ
[释义]村：粗俗。形容人的品格鄙俗。[语见]明·无名氏《苏九淫奔》第四折："不解他粉黛蛾眉心上事，这才是村筋俗骨下场头。"[例句]他这个人～，不是可堪造就之材。

【存而不论】cún ér bù lùn
[释义]存：存留。论：讨论，议论。保存下来而不加讨论。[语见]《庄子·齐物论》："六合之外，圣人存而不论；六合之内，圣人论而不议。"[例句]这个问题我们双方既然争议如此之大，我看最好还是～，待将来时机成熟了再议不迟。

【存亡绝续】cún wáng jué xù
[释义]是生存还是灭亡；是断绝还是延续。形容局势万分危急，已到最后关头。[例句]～之际，兄率兵来援，真是天助我也。

【寸步不离】cùn bù bù lí
[释义]寸步：一寸之步。比喻极近的距离。一步也不离开。形容关系亲密或紧紧相随。[语见]明·施耐庵《水浒传》第二回："高俅自此遭际端王，每日跟随，寸

步不离。"[例句]保镖紧紧跟着她,～。

【寸步难行】cùn bù nán xíng
[释义]寸步:指极小的步子。形容走路十分艰难,也形容处境困难。[例句]你要使你自己的筋骨真正强健起来,否则,离开别人的照顾,怕你真的就会～了。

【寸步难移】cùn bù nán yí
[释义]见"寸步难行"。[语见]唐·杜甫《九日寄岑参》诗:"寸步曲江头,难为一相就。"[例句]背上的重物有如泰山一样压下来,使我～。

【寸草不生】cùn cǎo bù shēng
[释义]土地贫瘠,什么也不长。[语见]明·吴承恩《西游记》第五十九回:"却有八百里火焰,四周围寸草不生。"[例句]夕阳把那片～的沙漠染得血红血红的。

【寸草春晖】cùn cǎo chūn huī
[释义]小草难以报答春天阳光的恩惠。比喻父母的恩情很重,儿女尽心竭力也难以报答万一。[语见]唐·孟郊《游子吟》:"慈母手中线,游子身上衣。临行密密缝,意恐迟迟归。谁言寸草心,报得三春晖!"[例句]女儿已经长大成人,母亲您却还在老家乡下,～,连陪您老多说说话也不容易,只因为工作实在太忙了。

【寸地尺天】cùn dì chǐ tiān
[释义]形容很小的地方。[语见]唐·杜甫《洗兵马》:"寸地尺天皆入贡,奇祥异瑞争来送。"[例句]刘备东奔西走,虽无～,然而诸葛亮却从他身上看出英雄本色,故而愿意为之效力。

【寸进尺退】cùn jìn chǐ tuì
[释义]前进一寸,后退一尺。指得到的少,失去的多,得不偿失。[语见]《老子》第六十九章:"不敢进寸而退尺。"[例句]你如此～,无异于是在白白浪费生命。

【寸木岑楼】cùn mù cén lóu
[释义]寸木:小木头。岑楼:像山一样高而尖的楼。小木头放在高处可以比高楼还高。原指基础不同,不能相比。现常用以形容差距悬殊。[语见]《孟子·告子下》:"不揣其本,而齐其末,方寸之木,可

使高于岑楼。"[例句]我们以前虽然同窗,但是如今你身居高位,我脚处田间,时位之移人,既有～之隔,话自然难以投机了。

【寸丝不挂】cùn sī bù guà
[释义]见"一丝不挂"。[语见]宋·释道原《景德传灯录·池州南泉禅师》:"南泉禅师问陆亘曰:'大夫十二时作什么生。'答曰:'寸丝不挂。'师曰:'犹是阶下汉。'"[例句]谎言被揭穿,他有如～,无地自容。

【寸土尺地】cùn tǔ chǐ dì
[释义]一寸土,一尺地。形容极少的土地。[例句]我要用生命永远捍卫真理,即使是到了～的地步,也在所不辞。

【寸阴尺璧】cùn yīn chǐ bì
[释义]阴:日影,光阴。寸阴,指极短的时间。璧:平而圆且中心有孔的玉。一指光阴比一尺的璧玉更可贵。[语见]汉·刘安《淮南子·原道训》:"故圣人不贵尺之璧而重寸之阴,时难得而易失也。"[例句]人生本就短暂,～,你应当抓住眼前悄悄流逝的时间。

【寸阴若岁】cùn yīn ruò suì
[释义]寸阴:日影移动一寸。指极短的时间。岁:年,表示时间很长。日影移动一寸就像过了一年。形容想念殷切,或日子痛苦难熬。[语见]唐·李延寿《北史·韩禽传》:"班师凯入,诚知非远,相思之甚,寸阴若岁。"[例句]小妹你离开家已经十年了,这十年中,我～地想着你,希望你过得快乐。

CUO

【搓手顿脚】cuō shǒu dùn jiǎo
[释义]两手相搓,跺着两脚。形容着急、不耐烦的神情。[例句]她说着,急得～,泪都快下来了。

【撮盐入火】cuō yán rù huǒ
[释义]撮:用手指拈取细碎物品。撮盐放进火里,马上会爆炸。比喻人性情急躁。[语见]明·施耐庵《水浒传》第十三回:"为是他性急,撮盐入火,为国家面上

只要争气,当先厮杀,以此人都叫他做'急先锋'。"[例句]我根本没料到,教授家的千金小姐,竟是个～的女子。

【蹉跎岁月】cuō tuó suì yuè
[释义]蹉跎:时间白白地过去。指虚度光阴。[语见]明·张凤翼《灌园记·君后授衣》:"倘我不能报复而死,埋没了龙家豹韬,枉蹉跎岁月一死鸿毛。"[例句]我暗暗发誓:一定要通过这一关,决不能让自己在痛苦、消沉的情绪中～。

【挫骨扬灰】cuò gǔ yáng huī
[释义]死后将骨头挫成灰撒掉。形容罪孽深重或恨之极深。[语见]清·文康《儿女英雄传》第三回:"倘然要把老爷的这项银子耽搁了,慢说我就挫骨扬灰,也抵不了这罪过。"[例句]这个罪大恶极的坏蛋,就是把他～,也难解人们的心头之恨!

【厝火积薪】cuò huǒ jī xīn
[释义]厝:同"措",放置。薪:柴。把火放在堆积的柴草底下。比喻潜藏着极大的祸患。[语见]汉·班固《汉书·贾谊传》:"夫抱火厝之积薪之下而寝其上;火未及燃,因谓之安,方今之势,何以异此!"[例句]过度地抽用地下水,无异于～,长此以往,后果将不堪设想。

【厝薪于火】cuò xīn yú huǒ
[释义]见"厝火积薪"。[例句]跟这种毫无信义的人合作,有如～,总有一天你会吃尽苦头的。

【措手不迭】cuò shǒu bù dié
[释义]措手:动手。不迭:不用几次,一下子。形容做事快速、敏捷。[语见]清·夏敬渠《野叟曝言》第二十三回:"那些衙役,把又李等行李,措手不迭地搬进舱去。"[例句]你先回去报告一声,免得他们一时～,闹出什么笑话来。

【措手不及】cuò shǒu bù jí
[释义]措:安排、处理。措手:着手处理、应付。不及:来不及。事情发生得突然,临时来不及应付。[语见]元·无名氏《关云长千里独行》楔子:"我和哥哥今夜晚间,领着军兵,直至曹营劫寨,走一遭去,我则杀他一个措手不及!"[例句]趁敌人阵脚未稳,我们立刻进攻,定能打他们一个～。

【措颜无地】cuò yán wú dì
[释义]措:放置。颜:脸,指面子。无地:没有地方。脸没处搁。形容极其惭愧。[语见]明·陈汝元《金莲记·释愤》:"逐臣吹毛洗垢,自知积罪如山;学士排难解纷,反使措颜无地。"[例句]此次出使敌营,本欲报效社稷,不料遭遇强手,反被～,有辱国威,望皇上降罪。

【措置乖方】cuò zhì guāi fāng
[释义]措置:布置安排。乖方:不合条理。指安排处置不合理。[语见]清·赵尔巽《清史稿·王茂荫传》:"其措置乖方,人言藉藉,而无敢为皇上言者,或虑无实据也。"[例句]袁世凯～,却无人敢站出来说上一句,还不是怕他那十万新军。

【措置有方】cuò zhì yǒu fāng
[释义]措置:安排。方:方法,条理。布置很有条理。[语见]明·凌濛初《初刻拍案惊奇》第十二卷:"女子见他措置有方,只道投着好人,亦且此身无主,放心随他去。"[例句]虽然工作细碎烦琐,但她凭借着细心和热情,～,把工作做得很漂亮。

【措置裕如】cuò zhì yù rú
[释义]措置:安排,处理。裕如:从容,不费力。安排处置从容不迫。形容处理事情胸有成竹,不慌不忙。[例句]你看秘书处虽然事务如山,但是他们还是～,这说明他们统筹工作做得好。

【错彩镂金】cuò cǎi lòu jīn
[释义]错:涂饰。镂:刻。本指雕绘工丽,后用以形容诗文词藻绚烂。[语见]南朝梁·钟嵘《诗品·宋光禄大夫颜延之》:"汤惠休曰:'谢诗如芙蓉出水,颜如错彩镂金。'颜终身病之。"[例句]这些获奖散文中,大都是些～之作,真正的力作,实在是凤毛麟角。

【错节盘根】cuò jié pán gēn
[释义]见"盘根错节"。[语见]明·无名

C

氏《鸣凤记·邹慰夏孤》:"错节盘根须利器,看冰山终怕旸光莹。"[例句] 两家之间,由于存在着那些~的关系,因此虽然有事,却终不致反目成仇。

【错落不齐】 cuò luò bù qí

[释义] 错落:参差交错。交错纷杂,参差不齐。原形容事物布局疏密得体。后用以形容不整齐,杂乱无章。[语见] 唐·房玄龄等《晋书·卫恒传》:"纤波浓点,错落其间。"[例句] 对称虽然常常被作为美的规律,但是你看这幅画,里面的房子~,却产生了一种奇妙的效果。

【错落有致】 cuò luò yǒu zhì

[释义] 错落:参差交错。致:情致,情趣。参差交错,很有情趣。形容东西布置的巧妙,人看后很愉快。[例句] 住宅小区的房屋位置都经过了精心的设计,~的布局增添了几许宁静之美。

【错认颜标】 cuò rèn yán biāo

[释义] 指做事糊涂昏庸。[语见] 五代·王定保《唐摭言·误放》:"郑侍郎薰主文,误谓颜标乃鲁公之后,……寻为无名子所嘲曰:'主司头脑太冬烘,错认颜标作鲁公。'"[例句] 你身为领导,更应提高自身的素质,否则总是~,定会让群众不满。

【错综复杂】 cuò zōng fù zá

[释义] 错综:纵横交叉。纵横交错、复杂繁乱。形容情况复杂、头绪繁多。[语见]《周易·系辞上》:"参伍以变,错综其数。"[例句] 你如果能从这些~的关系中理出一条清晰的线索来,那么就说明你的分析能力已经提高了。

D

da

【达诚申信】 dá chéng shēn xìn
[释义] 达:表达。申:表明。信:诚实。表达真诚忠贞的心。[语见] 清·曹雪芹《红楼梦》第七十八回:"怡红院浊玉(宝玉),谨以群花之蕊、冰鲛之縠、沁芳之泉、枫露之茗,四者虽微,聊以达诚申信……"[例句] 我们将以此~,聊表我们的敬仰之心。

【达官贵人】 dá guān guì rén
[释义] 过去指地位高的官吏和显赫而有权势的人物。[语见] 宋·释惟白《续传灯录·卷九·东京净因净照道臻禅师》:"京师都会,好恶万端,贵人达官盈门。"[例句] 这些~,哪一个不是靠剥削劳动人民的血汗来养尊处优的呢?

【达权通变】 dá quán tōng biàn
[释义] 达:通达。通:贯通。通晓权宜,适应变化。指不拘常规,因时制宜地适应客观情况的变化。[语见] 元·无名氏《㑇梅香》楔子:"此章大意,说士君子虽则要达权通变,亦须审己量时,不可造次。"[例句] 在当前形势下,我们有必要~,以保证计划的顺利实施。

【达人知命】 dá rén zhī mìng
[释义] 通达事理的人,能安于命运。[语见] 唐·王勃《滕王阁诗序》:"君子安贫,达人知命。"[例句] 他为人沉着老练,有~的风范。

【达士通人】 dá shì tōng rén
[释义] 达士:通达事理的人。通人:学识渊博贯通古今的人。指通达事理、学识渊博的人。[语见] 宋·陆游《雍熙请机老疏》:"伏望尊官长者,达士通人,共燃续慧命灯,不惜判虚空笔,起难遭想,结最胜缘。"[例句] 他见多识广,读书又多,可算是个~。

【答非所问】 dá fēi suǒ wèn
[释义] 回答的内容没有针对所问的问题。[语见] 清·文康《儿女英雄传》第三十八回:"老爷正觉得他答非所问,程相公那里就打听说:'什么叫作希罕儿?'"[例句] 我问你宋朝的经济政策,你却~,拿文化方面的事情来搪塞?

【打抱不平】 dǎ bào bù píng
[释义] 主动站出来为受欺侮的人说话或出力,助弱抑强。[语见] 清·曹雪芹《红楼梦》第四十五回:"昨儿还打平儿呢,亏你伸的出手来……气的我只要替平儿打抱不平。"[例句] 我这人就是生性耿直,好~,所以这周围的人凡是有什么事了,往往都喜欢来找我。

【打草惊蛇】 dǎ cǎo jīng shé
[释义] 原比喻惩治甲方以警告乙方,或甲方受到挫折而引起乙方畏首畏尾。今比喻行动不慎而惊动了对方,使其加强防备。[语见] 明·郎瑛《七修类稿》第二十四卷:"南唐王鲁为当涂令,日营资产,部人诉主簿贪贿,鲁曰:'汝虽打草,吾已惊蛇。'"[例句] 为防止~,你们一定要严守秘密,一定要耐心地等待时机。

【打成一片】 dǎ chéng yī piàn
[释义] 形容关系紧密,不分彼此。[语见] 宋·朱熹《朱子全书·存养》:"只要常自提撕,分寸积累将去,久之自然接续,打成一片耳。"[例句] 我虽然没有和

大家～,但是我对大家绝无半点轻视之心。

【打凤捞龙】 dǎ fèng lāo lóng

[释义]比喻搜罗、物色难得的人才。[语见]元·朱凯《昊天塔》第一折:"也不须打凤捞龙,别选元戎。"[例句]主公这次西巡,～,网罗了不少人才。

【打恭作揖】 dǎ gōng zuò yī

[释义]见"打躬作揖"。[语见]清·李宝嘉《官场现形记》第一回:"王乡绅下车,爷儿三个连忙打恭作揖,如同捧凤凰似的捧了进来,在上首第一位坐下。"[例句]每次出了事他总是～地保证下不为例,可还是不断地重犯,真拿他没办法。

【打躬作揖】 dǎ gōng zuò yī

[释义]弯腰作揖。指旧时男子见面恭敬行礼。也形容恭顺的样子。[语见]清·曹雪芹《红楼梦》第二十六回:"薛蟠连忙打躬作揖赔不是。"[例句]人说鬼也不打笑面人,他这么～地一说,大家也都不好意思再说什么了。

【打滚撒泼】 dǎ gǔn sā pō

[释义]躺倒地上打滚,嘴里撒着泼辣言语。[语见]清·曹雪芹《红楼梦》第六十回:"芳官挨了两下打,哪里肯依,便打滚撒泼的哭闹起来。"[例句]一院子的人都冷冷地看着她,任她～,末了,她还是没趣地起来走了。

【打家劫舍】 dǎ jiā jié shè

[释义]劫:抢劫。舍:房子,也指住家。指成群结伙到别人家里抢财物、打人。[语见]清·褚人获《隋唐演义》第二十六回:"我们弟兄两个,踞住在此山有年,打家劫舍。附近州县,俱已骚扰遍了。"[例句]试看那些～的草寇,有几个不是迫于官府的欺压,无奈之下才铤而走险走上了这条路?

【打街骂巷】 dǎ jiē mà xiàng

[释义]街、巷:指邻里街坊。形容寻衅闹事,耍无赖。[语见]清·夏敬渠《野叟曝言》第六回:"这刘大平日吃酒赌钱,打街骂巷,原是不安本分的人。"[例句]那

些～的花花公子,哪一个不是狐假虎威背后有靠山?

【打情骂俏】 dǎ qíng mà qiào

[释义]情:风情。俏:俏皮,风趣,指玩笑。男女之间轻佻地假意打骂,互相调情玩笑。[语见]明·董悦《西游补》第一回:"在那里采野花,结草卦,抱儿携女,打情骂俏。"[例句]徐先生皱了皱眉头,对他俩说:"这里可不是你们～的地方!"

【打蛇打七寸】 dǎ shé dǎ qī cùn

[释义]七寸:据说是蛇的致命之处。比喻打击敌人要打它的要害之处,做事要把握关键。[语见]清·王有光《吴下谚联·打蛇打在七寸》:"蛇有七寸,在头之下,腹之上,觑的清,击得重,制其要害之处。"[例句]～,我们一定要切中敌人的要害,一举歼灭敌人!

【打退堂鼓】 dǎ tuì táng gǔ

[释义]古代官吏退堂时依例击鼓,表示停止办公。比喻做事情中途退却。[语见]清·李宝嘉《官场现形记》第五十七回:"如今听说要拿他们当作出头的人,早已一大半都打了退堂鼓了。"[例句]我们眼前虽然处于困境,但是没有一个人～,只要我们的士气还在,我们就有希望。

【大败亏输】 dà bài kuī shū

[释义]亏输:遭受损失,输给别人。指打了大败仗,吃了大亏。[语见]元·尚仲贤《单鞭夺槊》第四折:"某见唐元帅大败亏输,忙差尉迟恭接应唐元帅去了。"[例句]三将军一时失算,～,从此一蹶不振。

【大步流星】 dà bù liú xīng

[释义]形容迈开大步,走得很快。[例句]王虎～地走进办公室,丝毫看不出他一夜没睡。

【大才小用】 dà cái xiǎo yòng

[释义]见"大材小用"。[例句]让你这么一个研究生来做我的助手,岂不是～吗?

【大材小用】 dà cái xiǎo yòng

[释义]大材料派小用场。比喻人才使

用不当。[语见]宋·陆游《送辛幼安殿撰造朝》:"大材小用古所叹,管仲、萧何实流亚。"[例句]他是一个可堪大用的人,你这样安排他可是~了。

【大车无輗】 dà chē wú ní
[释义]輗:大车辕与衡相接的部分。大车无輗,便难以前进。比喻人如果无信,则难以立足于社会。[语见]《论语·为政》:"子曰:'人而无信,不知其可也。大车无輗,小车无軏,其何以行之哉?'"[例句]你在社会上立足,须知~,以后但凡答应了别人的事情,说什么也要按时完成。

【大车以载】 dà chē yǐ zài
[释义]比喻人有大才,能够胜大任。[语见]《周易·大有》:"大车以载,有攸往无咎。"[例句]飞虹胸有大志,~,只要放心让他去干,他必定能闯出一番崭新的天地来。

【大吃一惊】 dà chī yī jīng
[释义]大:形容程度之甚。形容非常吃惊。[例句]小眉跟我一说,我~:这事情怎么会如此蹊跷呢?

【大处落墨】 dà chù luò mò
[释义]本指绘画、写文章要统观全局,在最为关键的地方着意下笔。常用以比喻做事要抓住大问题,不要把力量分散在枝节问题上。[语见]清·李宝嘉《官场现形记》第二十回:"你老哥也算得会用的了,真正阔手笔!看你不出,倒是个大处落墨!"[例句]你作为公司最高领导,要~,别在一些小事上斤斤计较。

【大吹大擂】 dà chuī dà léi
[释义]用力吹号、敲鼓。本指表示庆贺。今多用以讥讽大肆吹嘘。[语见]元·王实甫《丽春堂》第四折:"赐你黄金千两,香酒百瓶,就在丽春堂大吹大擂,做一个庆喜的筵席。"[例句]仅仅取得了一点进展,你就~,不觉得难为情吗?

【大吹法螺】 dà chuī fǎ luó
[释义]法螺:海螺壳,可做号角,因用做僧、道祭鬼神的乐器,故称法螺。比喻说过头的、做不到的话,即说大话。[语见]

《金光明经·赞叹品》:"吹大法螺,击大法鼓,燃大法炬,雨胜法雨。"[例句]开始的时候,小伍~说要如何如何,结果事情才做了不到三天,他就泄气了。

【大醇小疵】 dà chún xiǎo cī
[释义]醇:酒味纯厚,引申为精纯或纯正。疵:毛病。虽然有缺点,但大体合格。[语见]唐·韩愈《读〈荀子〉》:"荀与扬,大醇而小疵。"[例句]国雄是有容易冲动的毛病,但是那不过是~,只要给他配备一个好的副手,我想他是能够胜任总经理的职务的。

【大打出手】 dà dǎ chū shǒu
[释义]打出手:我国戏曲中的一种武打程式,以一个角色(多为武旦)为中心,同其他几个角色相互配合,以抛、掷、接、踢等技术传递某些道具武器,同时以打击乐烘托气氛,形成种种舞蹈性的惊险场面。简称"出手"。比喻逞凶打人或互相斗殴。[例句]两人在街心撞上了,竟然不顾一切地~,结果使整条街路都堵了。

【大刀阔斧】 dà dāo kuò fǔ
[释义]本指作战中使用大刀和宽刃的斧头。形容军队声势浩大。后比喻办事果断有力。[语见]明·施耐庵《水浒传》第三十四回:"秦明辞了知府,飞身上马,摆开队伍,催趱军兵,大刀阔斧,径奔清风寨来。"[例句]要在教育领域进行~的改革,必须有法律法规方面的保证。

【大纛高牙】 dà dào gāo yá
[释义]见"高牙大纛"。[语见]元·王仲文《救孝子》第一折:"今日个茅檐草舍,久以后博的个大纛高牙。"[例句]看着眼下的凄凉处境,再回想前些时候的~,悲凉油然而生。

【大敌当前】 dà dí dāng qián
[释义]强大的敌人就在面前。指处境危险。[语见]清·刘鹗《老残游记续集》第一回:"大敌当前,全无准备,取败之道,不待智者而决矣。"[例句]~,我们必须团结起来,一致对外。

【大动干戈】 dà dòng gān gē
[释义]干戈:古代的两种兵器。原指进

行战争。现多比喻大张声势地行事。[例句]为那么一点鸡毛蒜皮的事情,值得你如此～吗?

【大度汪洋】 dà dù wāng yáng
[释义]形容人度量很大。[语见]清·李汝珍《镜花缘》第四十三回:"妹子细观姐姐举止,真是大度汪洋,器宇不凡,将来必有非常奇遇。"[例句]大将军～,必定会有各路英才聚集到旗下来。

【大而化之】 dà ér huà zhī
[释义]本指光大德业,以化万民。后转指做事不认真、不谨慎。[语见]《孟子·尽心下》:"充实之谓美,充实而有光辉之谓大,大而化之之谓圣。"[例句]他这个人,从来都是～,你也不必太过谨慎。

【大而无当】 dà ér wú dàng
[释义]当:适当。形容言辞夸大,不切实际。[语见]《庄子·逍遥游》:"吾闻言于接舆,大而无当,往而不返,吾惊怖其言,犹河汉而无极也。"[例句]宫殿四周,多是些～的园子,反倒使宫殿显得俗气了许多。

【大发雷霆】 dà fā léi tíng
[释义]雷霆:霹雳。原用作对帝王或尊者的暴怒的敬称。后泛指大发脾气,严词训斥别人。[语见]明·凌濛初《初刻拍案惊奇》第十五卷:"陈秀才大发雷霆,嚷道:'人命关天,怎便将我家人杀害了?'"[例句]总裁刚刚对我们～,可是转过身之后,竟然又笑了,弄得我们都摸不着头脑。

【大法小廉】 dà fǎ xiǎo lián
[释义]法:守法。廉:廉洁。大臣守法,小臣廉洁。指封建统治阶级鼓吹"大臣应该尽忠,小臣要尽职"的说教。[语见]《礼记·礼运》:"大臣法,小臣廉,官职相序,君臣相正,国之肥也。"[例句]立国之初,～,上下一心,生产迅速得到了恢复。

【大放厥词】 dà fàng jué cí
[释义]厥:其,他的。原指铺张词藻,畅所欲言。现含贬义,指人夸夸其谈,大发议论。[语见]唐·韩愈《祭柳子厚文》:

"玉佩琼琚,大放厥辞,富贵无能,磨灭谁纪?"[例句]我知道你们几个暗地里～,我不怪你们,但是现在我既然说明白了,你们难道还不闭嘴?

【大福不再】 dà fú bù zài
[释义]大福气不会第二次降临。指做事不能图侥幸。[语见]《左传·昭公十三年》:"大福不再,祗取辱焉。"[例句]别看咱们在第一战中获得了胜利,但是～,我们必须放弃侥幸心理,主动出击,我们的未来才会更加辉煌。

【大腹便便】 dà fù pián pián
[释义]便便:肥大貌。形容肚子肥大的样子。含贬义。[例句]刘爷～地向我们走来,有几分憨态,又有几分滑稽。

【大公无私】 dà gōng wú sī
[释义]极其公正,毫无私心。[语见]清·龚自珍《论私》:"且今之大公无私者,有杨、墨之贤耶?"[例句]叶总经理办事～,深受职工们的敬重。

【大功毕成】 dà gōng bì chéng
[释义]见"大功告成"。[语见]汉·班固《汉书·王莽传上》:"诸生、庶民大和会,十万众并集,平作二旬,大功毕成。"[例句]我也希望早日能～,但是我还是时时告诫自己:不能着急!

【大功告成】 dà gōng gào chéng
[释义]指巨大的工程或事业宣告成功。[语见]清·文康《儿女英雄传》第三十三回:"这件事可就算大功告成了。"[例句]等～之际,我们一定举行一次盛大的晚宴。

【大海捞针】 dà hǎi lāo zhēn
[释义]从大海中捞取一根针。比喻极难做到。[例句]我们要到茫茫西疆找一个居无定所的人,真是～。

【大含细入】 dà hán xì rù
[释义]大:博大。细:精细。包含的内容博大而精细。后用来称赞文章博大精深。[语见]汉·扬雄《解嘲》:"顾默默而作《太玄》五千文,枝叶扶疏,独说数十余言。深者入黄泉,高者出苍天,大者含元气,细者入无间。"[例句]天下有几个人

能真正领略作者在创作这部~的作品时的悲苦心境呢?

【大旱望云霓】 dà hàn wàng yún ní

[释义]霓:指虹,雨后出现。乌云和虹,代指下雨的征兆。大旱时人们盼望下雨。比喻某种渴望。[语见]《孟子·梁惠王下》:"民望之,若大旱之望云霓也。"[例句]我们等你,有如~,心都快冒烟了。

【大呼小叫】 dà hū xiǎo jiào

[释义]指高一声低一声地叫嚷。[语见]元·无名氏《谢金吾》第一折:"是什么人在门前大呼小叫,我去看咱。"[例句]三班得了冠军,同学们~地一直闹到半夜。

【大获全胜】 dà huò quán shèng

[释义]大败敌手,获得完全胜利。[语见]明·冯梦龙《东周列国志》第四十八回:"请伏兵于河口,乘其将济而击之,必大获全胜。"[例句]如果把我们最猛的火力集中在南北两岸,那么一仗下来,咱还不能~吗?

【大家风范】 dà jiā fēng fàn

[释义]大家:旧指高门贵族。风范:风度,气派。指有地位或有学识之家的特有的气度。[语见]清·石玉昆《三侠五义》第十八回:"叙起话来,问答如流,气度从容,真是大家风范,把个狄后乐了个不得。"[例句]你是代表这个集体去的,总得有点~才行。

【大家闺秀】 dà jiā guī xiù

[释义]指世家望族中有才德的女子。[语见]南朝宋·刘义庆《世说新语·贤媛》:"顾家妇清心玉映,自是闺房之秀。"[例句]苏小姐是~,怎么能和我们这些江湖草莽混迹一处呢?

【大街小巷】 dà jiē xiǎo xiàng

[释义]宽敞的街道和狭窄的胡同。泛指城镇中的各个地方。[语见]明·施耐庵《水浒传》第六十六回:"正月十五日,上元佳节,好生晴朗,黄昏月上,六街三市,各处坊隅巷陌,点花放灯。大街小巷,都有社火。"[例句]一听说最有名的马戏团要来,一时间,~全沸腾了。

【大惊失色】 dà jīng shī sè

[释义]失色:变了脸色。形容非常惊恐。[语见]明·吴承恩《西游记》第五十四回:"女王闻言,大惊失色。"[例句]听到煤矿瓦斯爆炸的消息,几位老板都~。

【大惊小怪】 dà jīng xiǎo guài

[释义]形容对不足为奇的事情感到恐慌或奇怪。[语见]宋·朱熹《答林择之书》:"要须把此事来做一平常事看,……不必如此大惊小怪,起模画样也。"[例句]别在那里~的,不出一个小时,我肯定会给大家一个明白的解释。

【大块文章】 dà kuài wén zhāng

[释义]大块:指大地,大自然。本指大自然景物给人提供写作的材料。后多指长篇大论的文章。[语见]唐·李白《春夜宴从弟桃李园序》:"况阳春召我以烟景,大块假我以文章。"[例句]像这种有创新,有见地,说真话的~,如今在学术界已十分罕见了。

【大快人心】 dà kuài rén xīn

[释义]快:痛快。使人们的心里感到非常痛快。常用以指坏人或坏事受到惩罚或打击,人们为之高兴的心情。[例句]把这个害群之马清理出去,那才是~的事情。

【大辂椎轮】 dà lù zhuī lún

[释义]大辂:古代华美的大车。椎轮:没有辐条的原始车轮。华美的大车是从用圆木做轮的原始车子逐步演变而成的。比喻事物总是从简陋到完善,逐步发展和演变而来的。[语见]南朝梁·萧统《昭明文选·序》:"若夫椎轮为大辂之始,大辂宁有椎轮之质。"[例句]要知道~,在创业之初,我们必须先从小事做起,树立起自己的信誉,才能有望得到更多的机会。

【大马金刀】 dà mǎ jīn dāo

[释义]原形容武将勇猛、剽悍。后也指人做事不管不顾,行为鲁莽。[语见]清·文康《儿女英雄传》第二十七回:"褚大娘子此时是乐得眉开眼笑,要露出个娘家的过节儿来,只管让,把个姑娘让急

D

了,低声说道:'你怎么这样糊涂? 你瞧这如何比得方才,也有下不来的,我就大马金刀的先坐下的?'"[例句]一个女孩家,别那么~的,那样对人不礼貌,也有失斯文。

【大梦初醒】dà mèng chū xǐng
[释义]初:刚刚。像刚刚从沉睡的梦中醒来。比喻刚刚醒悟过来。[语见]《庄子·齐物论》:"觉而后知其梦也,且有大觉,而后知此其大梦也。"[例句]我直到一败涂地头破血流,才~:我从一开始就选择错了。

【大名鼎鼎】dà míng dǐng dǐng
[释义]鼎鼎:盛大,显赫。形容名气很大。[语见]清·李宝嘉《官场现形记》第二十四回:"你一到京打听人家,像他这样大名鼎鼎,还怕有不晓得的。"[例句]您是~的诗人,您的作品难道还会被人小瞧了?

【大命将泛】dà mìng jiāng fàn
[释义]大命:国家命运。泛:倾覆,毁灭。形容国家将要灭亡的情景。[语见]汉·贾谊《论积贮疏》:"残贼公行,莫之或止;大命将泛,莫之振救。"[例句]梁王~之际,依然没有意识到自己错在了用人上。

【大谬不然】dà miù bù rán
[释义]谬:错误。然:正确。形容完全错误,与实际完全不符合。[语见]汉·司马迁《报任少卿书》:"然事乃有大谬不然者夫!"[例句]别看老薛说得理直气壮,一副有理有据的样子,其实他的话~。

【大莫与京】dà mò yǔ jīng
[释义]莫:没有谁。京:高大。大得没有能跟它相比的。形容大得很。[语见]《左传·庄公二十二年》:"莫之与京。"[例句]抬眼望见一块巨石,~。

【大模大样】dà mú dà yàng
[释义]形容毫不在乎或傲慢的样子。[语见]明·王世贞《鸣凤记》第二十三出:"又见他烈烈轰轰,呼呼喝喝,大模大样,前遮后拥,把那街上闲人尽打开。"[例句]雪儿~地进来,往主席台上一坐,弄得主持人都傻眼了——三岁的孩

子,能懂个啥呢?

【大难不死】dà nàn bù sǐ
[释义]遭到巨大的灾难,而没有死掉。[语见]元·关汉卿《裴度还带》第三折:"夫人云:皆是先生阴德太重,救我一家之命。因此遇大难不死,必有后程,准定发迹也。"[例句]飞机失事,唯独我~,不知道是感谢天还是感谢地,只知道从鬼门关爬了回来,我会愈加珍惜生命。

【大难临头】dà nàn lín tóu
[释义]难:灾祸。临:来到。大灾大祸落到头上。[例句]虽然~,但是钱老还是稳稳地坐着,脸上看不出丝毫波澜。

【大逆不道】dà nì bù dào
[释义]不道:无道,不合прав道。封建时代称犯上作乱等重大罪行。[语见]汉·司马迁《史记·高祖本纪》:"天下所不容,大逆无道。"[例句]正是这些看似~的理论,才给近代社会带来了曙光。

【大气磅礴】dà qì páng bó
[释义]见"气势磅礴"。[例句]老师唰唰几笔,一个~的"虎"字跃然纸上。

【大器晚成】dà qì wǎn chéng
[释义]大器:贵重的器物。比喻能担当大事的人才。贵重的器物要经过较长一段时间才能制成。比喻能取得重要成就的人往往要经过长期锻炼,故成功较晚。[语见]《老子》第四十一章:"大方无隅,大器晚成,大音稀声,大象无形。"[例句]有人少年得志,有人~,其成才之路各有各的特点。

【大巧若拙】dà qiǎo ruò zhuō
[释义]巧:灵巧。拙:笨拙。形容真正灵巧的人藏而不露,看上去像是很笨拙。[语见]《老子》第四十五章:"大直若屈,大巧若拙,大辩若讷。"[例句]这幅字锋芒全无,~,深得书法真髓。

【大权独揽】dà quán dú lǎn
[释义]大权:处理重大事情的权柄。多指政权。揽:把持,掌握。指个人把持着处理重大事情的权柄。[语见]清·曾朴《孽海花》第六回:"船厂大臣又给他面和心不和,将领既不熟悉,兵士又没感

情,他却忘其所以,大权独揽,只弄些小聪明,闹些空意气。"[例句]赵尔丰认为,既然他是总督,就该他一个人~,独断行事,别人不能干预。

【大权旁落】dà quán páng luò
[释义]重大权力落到他人手中。[语见]清·张廷玉等《明史·彭时传》:"不可悉委臣下,使大权旁落。"[例句]听很多人说,老爷现在~,赋闲在家,而且还请了一个洋人做老师学起外文来了。

【大人虎变】dà rén hǔ biàn
[释义]虎变:老虎身上花纹的变化。比喻居上位者出入行动变化莫测。后也指由贫贱变为显达。[语见]《周易·革》:"大人虎变,未占有孚。"[例句]他如今已不是当年和我们同住一屋的贫寒同窗了,他已是~,他的为人处世也发生了巨大的变化。

【大杀风景】dà shā fēng jǐng
[释义]见"大煞风景"。[例句]在座的都是些文人雅士,你说这些不三不四的话,实在是~。

【大煞风景】dà shā fēng jǐng
[释义]煞:消除、削弱,同"杀"。破坏美好的景色,比喻在高兴的时候使人败坏兴致。[语见]唐·李商隐《杂纂》:"其一曰杀风景,谓清泉濯足,花上晒裈,背山起楼,烧琴煮鹤,对花啜茶,松下喝道。"[例句]如此美景,你却乱丢垃圾,真是~。

【大厦将倾】dà shà jiāng qīng
[释义]高大的房屋就要倒塌。比喻局势动荡,面临崩溃。[语见]明·梁辰鱼《浣纱记·论侠》:"我一身去国常回顾,若使齐事了便归乡土,只怕有大厦将倾,一木怎扶?"[例句]如今内忧外患,~,即使您有三头六臂,又能奈何?

【大声疾呼】dà shēng jí hū
[释义]提高声音大声地呼喊。指呼吁别人的援助或唤起人们的注意、警觉。[语见]唐·韩愈《后十九日复上宰相书》:"其既危且亟矣,大其声而疾呼矣!"[例句]我们~:市民要树立良好的公德

意识,共同营造美好的生活空间。

【大失所望】dà shī suǒ wàng
[释义]形容完全失望。[语见]宋·薛居正等《旧五代史·汉书·李守贞传》:"官军初至,守贞以诸军多曾隶于麾下,自谓素得军情,坐俟叩城迎己,及军士诟噪,大失所望。"[例句]孩子们看我回来,都兴奋地涌上来在我包里一通翻,可是令他们~的是,包里除了几件旧衣服,什么都没有。

【大势所趋】dà shì suǒ qū
[释义]整个局势的发展趋向。[语见]宋·陈亮《上孝宗皇帝第三书》:"天下大势之所趋,非人力之所能移也。"[例句]发展经济,提高人民的生活水平是~。

【大势已去】dà shì yǐ qù
[释义]有利的形势已经丧失。形容大局已无可挽回。[语见]宋·欧阳修等《新唐书·昭宗本纪》:"自古亡国,未必皆愚庸暴虐之君也。其祸乱之来有渐积,及其大势已去,适丁斯时,故虽有智勇,有不能为者矣。"[例句]将军看~,拔剑自刎。

【大事不糊涂】dà shì bù hú tú
[释义]对大事头脑清醒,毫不含糊。[语见]元·脱脱等《宋史·吕端传》:"太宗欲相端。或曰:'端为人糊涂。'太宗曰:'端小事糊涂,大事不糊涂。'决意相之。"[例句]小丁~,你放心让他做好了。

【大是大非】dà shì dà fēi
[释义]指有关根本性原则性的重大是非问题。[例句]在~面前,作为党员,你应当摆正自己的位置。

【大手大脚】dà shǒu dà jiǎo
[释义]形容花钱或用东西毫无节制。[例句]你花钱总是~怎么能行呢?

【大书特书】dà shū tè shū
[释义]书:写,引申为记述。指对重大事件着重记述。[语见]唐·韩愈《昌黎先生集·答元侍御书》:"而足下年尚强,嗣德有继,将大书特书,屡书不一书而已也。"[例句]这些为了拯救人类心灵而使自己置于危险境地的人物,值得~。

【大题小作】dà tí xiǎo zuò
[释义]把大题目做成小文章。比喻把重大的问题当作小事情来处理。[例句]这种事应当认真对待,而你如此不上心,把它～,后果你自己负责。

【大庭广众】dà tíng guǎng zhòng
[释义]大庭:外朝之廷。众:人群。本指在朝廷之上面对群臣的场所。后指人数众多的公开场合。[语见]清·吴趼人《二十年目睹之怪现状》第八十六回:"这是秘密的事,他敢在大庭广众之下喧扬起来?"[例句]女儿在家里话特别多,可是一到～之下,就一句都不敢说了。

【大同小异】dà tóng xiǎo yì
[释义]大部分相同,仅小部分有差异。[语见]《庄子·天下》:"大同而与小同异,此之谓小同异;万物毕同毕异,此之谓大同异。"[例句]这两种方法,～,我们就不必在此争来争去了。

【大喜过望】dà xǐ guò wàng
[释义]所得超出原来的期望,因而感到非常高兴。[语见]汉·司马迁《史记·黥布传》:"淮南王至,上方踞床洗,召布入见,布甚大怒,悔来,欲自杀。出就舍,帐御饮食从官如汉王居,布又大喜过望。"[例句]张大爷一听,～,立即吩咐老伴去炒几样下酒菜,要和我好好喝上几杯。

【大贤虎变】dà xián hǔ biàn
[释义]见"大人虎变"。[语见]唐·李白《梁甫吟》:"大贤虎变愚不测,当年颇似寻常人。"[例句]贫苦出身的朱元璋能够～,一跃至万人之上,天时、地利和人和,缺一不可。

【大显身手】dà xiǎn shēn shǒu
[释义]显:表现。身手:本领。形容充分显示自己的本领。[例句]再过十年,你们都长大成人,～的时候也就到了,希望到那个时候,你们都是能工巧匠。

【大显神通】dà xiǎn shén tōng
[释义]神通:佛家语,指神的无所不在的力量。形容充分显示特别高明的本领。[语见]明·吴承恩《西游记》第八十九回:"他三人辞了师父,在城外大显神通。"

[例句]那套程序啊,他熟得很,你就给他一个～的机会吧。

【大相径庭】dà xiāng jìng tíng
[释义]径:小路。庭:庭院。原指过分偏激。后多以形容二者截然相反。[例句]我们的思路虽然～,但是我们的目的却都指向一处,那就是希望我们公司在效益上能够尽快扭转局面。

【大信不约】dà xìn bù yuē
[释义]真正讲信义,不在于订约盟誓。[语见]《礼记·学记》:"大道不器,大信不约。"[例句]咱们都堂堂正正地行事,～,那些烦琐的俗务还是都免了吧。

【大兴土木】dà xīng tǔ mù
[释义]土木:指建筑工程。大规模地兴建房屋。[语见]宋·薛居正等《旧五代史·汉书·李守贞传》:"守贞因取连宅军营,以广其第,大兴土木,治之岁余,为京师之甲。"[例句]秦始皇统一六国之后,～,却不知那正是在给自己修造王朝灭亡的坟墓。

【大言不惭】dà yán bù cán
[释义]说大话而不感到惭愧。[语见]明·袁于令《西楼记·私契》:"本事何常动得人,只是一味大言不惭而已。"[例句]总结会上,明东～地把许多本不属于他的业绩竟然算到了他自己的头上,令大家都很不满。

【大言欺人】dà yán qī rén
[释义]说大话骗人。[语见]明·罗贯中《三国演义》第四十三回:"军败于当阳,计穷于夏口,亘亘求救于人而犹言不惧,此真大言欺人也。"[例句]我早就知道你的市场和库存了,你报的那些数字,不过是～罢了。

【大言相骇】dà yán xiāng hài
[释义]说话夸大,吓唬别人。[语见]明·孙仁孺《东郭记·吾将瞷良人之所之也》:"唉,他觑俺似婴孩,大言相骇。"[例句]你想啊,在咱们这个圈子里混的人,还怕你～不成?

【大摇大摆】dà yáo dà bǎi
[释义]走路时大幅度地左右摇摆。形

容满不在乎、无所顾忌。[例句] 人们原以为他会不好意思，但他却满不在乎，～地走了进来。

【大义凛然】dà yì lǐn rán

[释义] 大义：正义。凛然：可敬畏的样子。形容为了维护正义而坚强不屈。[例句] 她，一位女性，面对法西斯的刺刀，～，慷慨陈词，这需要多么大的勇气啊！

【大义灭亲】dà yì miè qīn

[释义] 大义：正义。本指为君臣大义而断绝父子之情。后泛指为维护正义而不徇亲属间的私情。[语见]《左传·隐公四年》："大义灭亲，其是之谓乎？"[例句] 陈法官办案，公正严明，即使是侄子犯了事，他也～，毫无偏袒。

【大勇若怯】dà yǒng ruò qiè

[释义] 极为勇敢的人，（由于不鲁莽从事）表面上好像怯懦。[语见] 宋·苏轼《贺欧阳少师致仕启》："大勇若怯，大智如愚。"[例句] 不要小看了这位少帅，他可是～，足智多谋啊！

【大有径庭】dà yǒu jìng tíng

[释义] 指相差极远。也指大不一致，或彼此矛盾。[语见]《庄子·逍遥游》："肩吾问于连叔曰：'吾闻言于接舆，大而无当，往而不返。吾惊怖其言，犹河汉而无极也；大有径庭，不近人情焉。'"[例句] 三年之后，我们再次相见时，我发现，他的性情与几年前已是～，真是时位之移人。

【大有可为】dà yǒu kě wéi

[释义] 指有广阔的发展前途，很值得去做。[例句] 只要我们齐心协力，团结一致，必将～，我们的未来，也一定盛开着最鲜艳的花朵。

【大有人在】dà yǒu rén zài

[释义] 原指有很多人还活在世上。后形容某一类人为数很多。[语见] 宋·司马光《资治通鉴·隋炀帝大业十一年》："帝至东都，顾昤街衢，谓侍臣曰：'犹大有人在。'意谓向日平杨玄感，杀人尚少故也。"[例句] 在我们学院，持你这种观点的人～。

【大雨倾盆】dà yǔ qīng pén

[释义] 见"倾盆大雨"。[例句] ～之际，我默默地伫立窗前，望着那浓密的雨幕，一遍一遍地问自己："这样行吗？这样行吗？"

【大雨如注】dà yǔ rú zhù

[释义] 注：灌入。形容雨下得特别大。[语见] 明·朱国祯《涌幢小品·山子道气》："又三日，率众诅龙潭，以激神怒，大雨如注。"[例句] 本来今天要拍阳光明媚的相逢戏，可天公不作美，～，只好改计划。

【大张旗鼓】dà zhāng qí gǔ

[释义] 高举战旗，擂响战鼓。原指军队摆开阵势。后比喻声势、规模浩大。[语见] 清·曾朴《孽海花》第三十回："再嫁呢，还是住家，还是索性大张旗鼓的理旧业？这倒是个大问题。"[例句] 为了这个计划能够得到好的结果，大家～地开展了工作。

【大张声势】dà zhāng shēng shì

[释义] 张：陈设。摆开大的架势，摇旗擂鼓。比喻声势和规模很大。[语见] 元·脱脱等《宋史·李师中传》："今修筑必广发兵，大张声势。"[例句] 汉兵～，做出一副马上就要进攻的样子，其实，他们的主力，在前一天晚上就暗暗撤退了。

【大张挞伐】dà zhāng tà fá

[释义] 张：施展。挞伐：征讨。使用武力，大举讨伐。也指对人进行攻击、声讨。[语见] 清·曾朴《孽海花》第十四回："我国若不大张挞伐，一奋神威，靠着各国的空文劝阻，他那里肯甘心就范呢！"[例句] 你凭什么能对一个心地如此善良的人～呢？她难道曾经得罪过你吗？

【大智如愚】dà zhì rú yú

[释义] 见"大智若愚"。[语见] 宋·苏轼《贺欧阳少师致仕启》："大勇若怯，大智如愚。"[例句] 他是一个～的人，表面上也许会表现得甚至有些木讷，心里却如同明镜一般。

【大智若愚】dà zhì ruò yú

[释义] 最有智慧的人锋芒不外露，表面

上好像很笨。[例句]你以为他什么也不懂,其实他是～,早就明白你的意思了。

dai

【呆若木鸡】dāi ruò mù jī
[释义]呆:发呆,呆头呆脑。若:如,像。木鸡:木头刻成的鸡。这里指训练有素,以不变应万变的斗鸡。《庄子·达生》里说:纪渚子替齐王驯养斗鸡,四十天才完成。训练好的鸡听见别的鸡叫时,没有任何反应,"望之似木鸡矣"。后泛指人因惊惧而发愣发呆的样子。[例句]几声天崩地裂的响声之后,一群人都～,不知所措。

【呆头呆脑】dāi tóu dāi nǎo
[释义]呆:痴呆,呆傻。头脑痴呆。泛指人不聪明,不灵活。[例句]你看你那一副～的样子,我怎么能带你出去办事嘛!

【代拆代行】dài chāi dài xíng
[释义]代拆:代为拆阅来文。代行:代为签发公文。主管领导不在时代为处理公文事务。意思是有代表领导负责处理问题的权力,也形容权力大。[语见]清·李宝嘉《官场现形记》九回:"其时抚台请病假,各事都由藩司代拆代行。"[例句]总经理不在,一切都由你～。

【代代相传】dài dài xiāng chuán
[释义]一代一代地相继流传下去。[例句]中华美德需要我们～。

【代人受过】dài rén shòu guò
[释义]代:替。受:承受,担待。过:过失,过错。替别人承担过错的责任。[例句]让你～,实在委屈你了。

【代人捉刀】dài rén zhuō dāo
[释义]指代人做事,多指写文章。[语见]南朝宋·刘义庆《世说新语·容止》:"魏武将见匈奴使,自以形陋不足雄远国,使崔季珪代,帝自捉刀立床头。既毕,令间谍问曰:'魏王何如?'匈奴使答曰:'魏王雅望非常,然床头捉刀人,此乃英雄也。'魏武闻之,追杀此使。"[例句]她自己的事情由她自己去处理,你不必～。

【带厉河山】dài lì hé shān
[释义]带:衣带。厉:同砺,磨刀石。河:黄河。山:泰山。黄河变得如衣带一样窄,泰山变得像磨刀石那么小。指永远不会有这样的一天。比喻久长地没个完结。[语见]汉·司马迁《史记·高祖功臣侯者年表》:"封爵之誓曰:'使河如带,泰山如厉,国以永宁,爰及苗裔。'"裴骃集解引应劭曰:"封爵之誓,国家欲使功臣传祚无穷。……河当何时如衣带,山当何时如厉石,言以带厉,国乃绝耳。"[例句]他们双方早就立下了～的盟约。

【带水拖泥】dài shuǐ tuō ní
[释义]见"拖泥带水"。[例句]你一个大男人,怎么说起话～的?

【待价藏珠】dài jià cáng zhū
[释义]珍藏明珠,以待高价。比喻怀抱真才实学,等待受人赏识而用。[语见]明·胡文焕《群音类选·玉块记·别妻求试》:"待价藏珠未可轻,一朝持献明庭。"[例句]依我看嘛,你这般～,实在没什么意思,不如爽快地亮出招式来。

【待价而沽】dài jià ér gū
[释义]沽:卖。等待好价钱才卖。比喻怀才者等待有人赏识重用才肯出仕效力。[语见]明·李贽《续焚书·与焦弱侯太史》:"待价而沽,不欲求售者,以天下之无豪杰也。"[例句]我这几年,一直闲在家里,却没有～的意思,我只是想好好休整一下,前些年实在太累了。

【待人接物】dài rén jiē wù
[释义]对待别人,应接事物。指与人相处和一般的礼仪交往。[语见]元·陶宗仪《辍耕录·先辈谦让》:"右二事可见前辈诸老谦恭退抑,汲引后进,待人接物者如此。"[例句]小慧从小就非常懂事,你看她现在不过十二三岁的人,～就和大人一样了。

【待时而动】dài shí ér dòng
[释义]等待时机到来才采取行动。[语见]《易经·系辞下》:"君子藏器于身,待时而动。"[例句]李自成隐藏在商洛山,～。

【待时而举】dài shí ér jǔ
[释义] 见"待时而动"。[语见] 明·冯梦龙《东周列国志》第六十九回:"寡君知天运之盛衰,达时务之机变,所以养兵练将,待时而举。"[例句] 敌人虽然一下子全不见了,但是不要以为我们消灭了他们,他们是隐在暗处,～,我们必须提高警惕啊!

【待时守分】dài shí shǒu fèn
[释义] 为等待时机而暂时安守本分。[语见] 元·关汉卿《裴度还带》第一折:"想咱人不得志呵,当以待时守分,何日是我那发迹的时节也呵!"[例句] 你暂且～,等将来有了条件,再去实现你的宏图大志吧!

【戴盆望天】dài pén wàng tiān
[释义] 戴着盆子望天。比喻做法与愿望相违背。[语见] 汉·司马迁《报任少卿书》:"主上幸以先人之故,使得奏薄伎,出入周卫之中。仆以为戴盆何以望天?"[例句] 你想让他们来帮忙,却又一再得罪他们,不是～吗?

【戴月披星】dài yuè pī xīng
[释义] 戴:头顶着。头顶着月亮,身披着星星。形容早出晚归,辛勤劳动,或昼夜赶路,旅途劳顿。[语见] 元·金仁杰《追韩信》第二折:"官人每不在家里快活,也这般戴月披星生受。"[例句] ～地工作,诚然让人身心都疲惫不堪,但是在大功告成的时候,那份难以描述的欣喜却会感人万分。

【戴罪立功】dài zuì lì gōng
[释义] 带着罪过建立功劳,用以赎罪。[语见] 清·洪楝园《警黄钟·败盟》:"本应治你之罪,姑着你戴罪立功,以赎前愆。"[例句] 给你这个～的机会,你一定要好好把握住啊!

【戴罪图功】dài zuì tú gōng
[释义] 见"戴罪立功"。[语见] 清·张廷玉等《明史·马炉传》:"帝令察炉堪办贼,许戴罪图功,否即以赐剑从事。"[例句] 田赫此次出征,本是～,哪知依然一败涂地,真是天亡其人!

dan

【丹凤朝阳】dān fèng cháo yáng
[释义] 丹凤:鸟名。比喻贤能的人才遇到了政治清明的时代,而得以施展才干。[语见] 《诗经·大雅·卷阿》:"凤凰鸣矣,于彼高冈;梧桐生矣,于彼朝阳。"[例句] 久经战乱之苦的社会终于迎来了～的时代。

【丹青之信】dān qīng zhī xìn
[释义] 丹(红)青二色是不易泯灭的颜色。比喻事情彰明昭著,没有一点疑义。[语见] 汉·班固《汉书·王莽传》:"明告以生活丹青之信。"[例句] 这件事已有～,你还有什么可怀疑的呢?

【丹书铁契】dān shū tiě qì
[释义] 丹书:用朱砂写字或先刻字再用金嵌。铁契:铁制的凭证。古代帝王赐给功臣世代享受优遇和免罪特权的证件。因用丹书写在铁板上,故此得名。[语见] 汉·班固《汉书·高帝纪下》:"又与功臣剖符作誓,丹书铁契,金匮石室,藏之宗庙。"[例句] 王侯将相之门,自有～,谁敢造次?

【丹心碧血】dān xīn bì xuè
[释义] 见"碧血丹心"。[语见] 明·许仲琳《封神演义》第九十五回:"这一个丹心碧血扶周主,那一个赤胆忠肝助纣王。"[例句] 文天祥是一位～的爱国将领。

【丹楹刻桷】dān yíng kè jué
[释义] 楹:堂屋前部的柱子。桷:方形的椽子。柱子用红漆涂饰,椽子雕刻花纹。形容建筑物精巧华丽。[语见]《左传·庄公二十三年》:"庄公丹桓宫之楹,而刻其桷。"[例句] 进了王府,只见～,气派非凡。

【担惊受怕】dān jīng shòu pà
[释义] 担:承受。放心不下,总怕有灾祸降临。[语见] 元·无名氏《盆儿鬼》第三折:"俺出门红日乍平西,归时犹未夕阳低,怎教俺担惊受怕看昏迷。"[例句] 这些年,母亲哪一天不是在～中度过的呢?

【单兵独马】dān bīng dú mǎ
[释义] 见"单枪匹马"。[例句] 赵

云～,杀人曹营,在敌军中左冲右突,如入无人之境。

【单刀赴会】 dān dāo fù huì
[释义] 单刀:单人持刀。源出三国蜀将关羽携带单刀独自去见吴将鲁肃的故事。指独自前往危险的环境中。[语见] 明·罗贯中《三国演义》第六十六回:"吾来日驾小舟,只用亲随十余人,单刀赴会,看鲁肃如何近我。"[例句] 人质还在歹徒手里,李警官决定～。

【单刀直入】 dān dāo zhí rù
[释义] 直:直接,径直。像一把刀一样径直刺入。比喻说话或做事直来直去,切中要害而不拐弯抹角。[例句] 她盯着我的眼睛,～地问:"你到底是去还是不去?"

【单鹄寡凫】 dān hú guǎ fú
[释义] 鹄:天鹅。凫:野鸭。孤单的天鹅,失去配偶的野鸭。原为古琴曲名。后常用以比喻失去配偶的人。[语见] 晋·葛洪《西京杂记》第五卷:"齐人刘道强善弹琴,能作《单鹄寡凫》之弄,听者皆悲,不能自摄。"[例句] 这些年来,她始终～地生活着,其凄凉困顿,让人泪下。

【单枪匹马】 dān qiāng pǐ mǎ
[释义] 匹:一匹。一杆枪,一匹马,一人上阵。后喻指不依靠别人而自己单独行动,人单力薄。[语见] 五代·汪遵《乌江》诗:"兵散弓残挫虎威,单枪匹马突重围。"[例句] 赵云～杀入曹营的故事,连小孩子都能说上一说。

【单人匹马】 dān rén pǐ mǎ
[释义] 见"单枪匹马"。[例句] 项羽～在秦军中几进几出,威震天下,一举奠定了其威名。

【单丝不线】 dān sī bù xiàn
[释义] 一根丝不能搓成线,一个巴掌拍不响。比喻力量孤单,不能成事。[语见] 元·无名氏《连环计》第二折:"说什么单丝不线,我着你缺月再圆。"[例句] 虽说～,但是我决心已然定了,说什么也得让我试上一试。

【殚见洽闻】 dān jiàn qià wén
[释义] 殚:尽。洽:遍。闻:听见。全都见过听过。形容学识渊博。[语见] 汉·班固《西都赋》:"元元本本,殚见洽闻。"[例句] 刘罗锅～,智慧超群,为一代名臣。

【殚精毕力】 dān jīng bì lì
[释义] 尽心竭力。[语见] 明·张居正《示季子懋修》:"甲辰下第,然后揣己量力,复寻前辙,昼作夜思,殚精毕力,幸而艺成。"[例句] 几个人～,思忖再三,却终是不能有一个万全之策。

【殚精毕思】 dān jīng bì sī
[释义] 见"殚思极虑"。[语见] 清·赵尔巽《清史稿·宁完我传》:"臣敢不殚精毕思,用效驽钝。"[例句] 我们的局势既然已经如此了,你就是～,又能怎么样呢?

【殚精极思】 dān jīng jí sī
[释义] 见"殚思极虑"。[例句] 先生写作此文,～,查遍古今,终于成就一代名篇。

【殚精竭力】 dān jīng jié lì
[释义] 见"殚精毕力"。[语见] 明·胡应麟《诗薮·五言》:"而其叙致周折,语意神奇处,更千百年大匠国工,殚精竭力不能恍惚。"[例句] 盛某～辅佐你,还不是希望能使你未来的天地更加广阔?

【殚精竭虑】 dān jīng jié lù
[释义] 殚、竭:尽、用尽。用尽精力,费尽心思。[语见] 清·赵尔巽《清史稿·陈奂传》:"奂尝言大毛公诂训传言简意赅,遂殚精竭虑,专攻《毛传》。"[例句] 为了提高当地的粮食产量,他们～,想尽了一切办法,可是最终还是未能如愿。

【殚谋勠力】 dān móu lù lì
[释义] 用尽了智谋和精力。[语见] 明·刘基《赠谥太师文成诰·附礼部会议》:"诚意伯刘基,本以纯粹之学,王佐之才,同徐达、汤和辈殚谋勠力,奉翊我太祖高皇帝,削平海内,奋有中原。"[例句] 我原本是希望你们几人能够～和我共同开创一个伟大的局面,却不料……你

D

们竟然先自己打了起来,怎么能不令我伤感啊!

【殚思极虑】 dān sī jí lù

[释义] 竭尽心力思考谋划。[语见] 唐·白居易《策林一·策头》:"殚思极虑,以尽微臣献言之道乎!唯以直辞,昧死上对。"[例句] 为使这次任务完成得漂亮,她~地筹划了几个夜晚。

【殚心竭虑】 dān xīn jié lù

[释义] 见"殚思极虑"。[语见] 清·赵尔巽《清史稿·耆英传》:"二十六年,京察,以殚心竭虑坐镇海疆。"[例句] 我人微言轻,不被重视,但是我无时不在~地为我们的未来思索。

【殚智竭力】 dān zhì jié lì

[释义] 殚:竭尽。竭尽智慧和力量。[例句] 我会尽力为你做好一切辅助工作,但是希望你也要~地把实验搞起来。

【箪瓢陋巷】 dān piáo lòu xiàng

[释义] 见"箪食瓢饮"。[语见] 明·朱鼎《玉镜台记·议婚》:"须学取箪瓢陋巷,暂乐田园。"[例句] 虽说过着~的日子,但是其间却也有朝堂之上所没有的乐趣和自由,我又何乐而不为呢?

【箪瓢屡空】 dān piáo lǚ kōng

[释义] 箪:盛饭用的竹器。瓢:舀水器具。指缺少饮食。形容极为贫穷。[语见] 晋·陶渊明《五柳先生传》:"环堵萧然,不蔽风日,短褐穿结,箪瓢屡空。"[例句] 苏轼流放海南,虽然~,却还是能从中寻找到享受和快乐。

【箪食瓢饮】 dān shí piáo yǐn

[释义] 箪:盛饭用的竹器。瓢:舀水的器具。一箪饭,一瓢水。指清贫的生活。[语见]《论语·雍也》:"一箪食,一瓢饮,在陋巷,人不堪其忧,回也不改其乐。"[例句] 颜回纵然~,却依然潜心学问,以匡时事。

【胆大包身】 dǎn dà bāo shēn

[释义] 指浑身是胆,无所畏惧。[语见] 五代后晋·刘昫等《旧唐书·李昭德传》:"臣观其胆,乃大于身,鼻息所冲,上拂云汉。"[例句] 那些窃贼竟然~地打起了那件博物馆镇馆之宝的主意。

【胆大包天】 dǎn dà bāo tiān

[释义] 形容胆子非常大,敢于胡作非为。[例句] 这两个小子,竟然~地在大门口打起架来。

【胆大如斗】 dǎn dà rú dǒu

[释义] 形容人的胆量很大。[语见] 晋·陈寿《三国志·蜀书·姜维传》:"维妻子皆伏诛",裴松之注引《世语》:"维死时见剖,胆如斗大。"[例句] 此人~,却缺少智谋,不能委以重任。

【胆大妄为】 dǎn dà wàng wéi

[释义] 妄为:任意做坏事。形容毫无顾忌地胡作非为。[例句] 那些~地窜入厂子里偷窃的人,终于一个一个地被逮住了。

【胆大心细】 dǎn dà xīn xì

[释义] 指做事情既果断又谨慎。[例句] ~的张飞,和曹操斗智斗勇。

【胆大心小】 dǎn dà xīn xiǎo

[释义] 见"胆大心细"。[语见] 五代后晋·刘昫等《旧唐书·孙思邈传》:"胆欲大而心欲小,智欲圆而行欲方。"[例句] 别看他生性粗鲁,但是总体来说,他却是个~的人,尤其是在一些重大事情上,他都能斟酌再三。

【胆小如鼠】 dǎn xiǎo rú shǔ

[释义] 胆小得如同老鼠一样。形容胆子非常小,做事畏畏缩缩。[语见] 清·曾朴《孽海花》第二十四回:"就怕海军提督胆小如鼠,到弄得画虎不成反类狗耳!"[例句] 你个大男人,怎么如此~,这黑夜就那么可怕吗?

【胆战心惊】 dǎn zhàn xīn jīng

[释义] 战:颤抖,哆嗦。形容非常害怕。[例句] 路易王~地躲在王宫里,直哀叹末日到了。

【旦夕之间】 dàn xī zhī jiān

[释义] 旦:早晨。夕:晚间。早晚之间。形容很短的时间之内。[例句] 我们弹尽援绝,背腹受敌,城破只在~,你们自个儿去逃命吧。

【诞罔不经】 dàn wǎng bù jīng

[释义] 见"诞妄不经"。[语见] 清·壮者

《扫迷帚》第九回:"辟辟实实,由光明正大一路去,把一切诞罔不经之事,付诸一笑,那就不负我今日一番饶舌了。"[例句]那些～的传说,经东方朔的嘴巴一说,全像成了真正的历史一样。

【诞妄不经】dàn wàng bù jīng
[释义]诞妄:怪诞,虚妄。不经:不合常理、没有根据。虚妄不合常理。[语见]宋·李昉《太平广记》第三百五十二卷谈异类"支机石":"王钦若云:'支机石,予尝见方二寸,不圜,微剡,正碧,天汉左界北斗经其上。支机之说,本诞妄不经,此石不知何据。'"[例句]这些说法诚然～,但是那里面的道理,却还是十足的。

【淡泊寡欲】dàn bó guǎ yù
[释义]淡泊:恬淡。心情恬淡,不图名利。[语见]三国魏·曹植《蝉赋》:"实澹泊而寡欲兮,独怡乐而长吟"[例句]平反之后,父亲在乡下一直过着～的生活。

【淡泊明志】dàn bó míng zhì
[释义]淡泊:不追求功名利禄。志:志趣。生活平淡,不图名利,从而表明自己的志趣。[语见]三国蜀·诸葛亮《诫子书》:"夫君子之行,静以修身,俭以养德,非淡泊无以明志,非宁静无以致远。"[例句]我到贵处,只想宁静致远,～,却不料你竟又使我卷入了红尘纠葛之中。

【淡妆浓抹】dàn zhuāng nóng mǒ
[释义]淡妆:轻淡地装饰。浓抹:浓重地涂抹。原指妇女素雅和浓艳的两种妆饰。后来用以形容人的打扮。[语见]宋·苏轼《饮湖上初晴后雨》诗:"欲把西湖比西子,淡妆浓抹总相宜。"[例句]那女子成天～,过着闲散的生活,只是不知道她内心是怎么想的。

【弹尽援绝】dàn jìn yuán jué
[释义]弹药用尽,后援断绝。比喻处境非常困难。[例句]待到～之日,便是我们为国尽忠的时候了。

【弹丸之地】dàn wán zhī dì
[释义]弹丸:弹弓射击用的铁丸或泥丸。比喻很小的地方。[语见]《战国策·赵策

三》:"此弹丸之地,犹不予也,令秦来年复攻,王得无割其内而媾乎?"[例句]台州虽为一～,却抵抗住了比自己强大几十倍的敌军。

【瘅恶彰善】dàn è zhāng shàn
[释义]见"彰善瘅恶"。[语见]隋·薛道衡《隋高祖文皇帝颂》:"赫矣高祖,人灵攸赞。圣德迥生,神谋独断。瘅恶彰善,夷凶靖难。"[例句]据说他的文章写得大气磅礴,～,只可惜失传了。

dang

【当场出丑】dāng chǎng chū chǒu
[释义]见"当众出丑"。[语见]明·徐霖《绣襦记·教唱莲花》:"自古道宁分数斗,莫增一口,你今休怪,当场出丑。"[例句]我们几十年的交情了,你何苦让我～呢?

【当断不断】dāng duàn bù duàn
[释义]断:决断。应当决断而不决断。形容遇事犹豫不决,不能当机立断。[语见]汉·司马迁《史记·齐悼惠王世家》:"道家之言'当断不断,反受其乱',乃是也。"[例句]情势已危在旦夕,～,必然祸患无穷。

【当行出色】dāng háng chū sè
[释义]当行:内行。指做诗文内行,无须矫揉造作,自能显示本来面目。也形容精通本行。[语见]明·胡震亨《唐音癸签》第六卷:"如老杜之入蜀,篇篇合作,语语当行,初学所当法也。"[例句]她在服装设计方面～,好几家服装公司都已看上了她。

【当机立断】dāng jī lì duàn
[释义]临到关键时刻,毫不犹豫地立刻做出决断。[例句]我们别无选择,只需你～,我们便杀出城去。

【当今无辈】dāng jīn wú bèi
[释义]辈:类比。指在当今无可匹敌。[语见]晋·陈寿《三国志·吴书·张温传》:"温当今无辈。"[例句]此创意独绝,～,非我等凡夫俗子所能效法。

【当局者迷】dāng jú zhě mí
[释义]当局者:原指下棋的人。比喻当

事人往往陷于主观片面而导致迷乱。常与"旁观者清"连用。[语见] 清·吴趼人《二十年目睹之怪现状》第八十六回："我们打破了这个关子,是知道他是假的;至于那当局者迷一流,他却偏要信是真的。"[例句] 我看呢,你是～,如果你能跳出你的圈子,一切就都看清楚了。

【当门对户】dāng mén duì hù
[释义] 见"门当户对"。[语见] 明·凌濛初《二刻拍案惊奇》第六卷："金家儿子虽然聪明俊秀,却是家道贫穷,岂是我家当门对户!"[例句] 两家人～,经人一说,亲事自然就成了。

【当仁不让】dāng rén bù ràng
[释义] 当:面临、面对。仁:仁义、道义。让:谦让、礼让。原指面对合乎道义的事,就不谦让。现多指应该自己去做的事,决不推辞。[语见]《论语·卫灵公》:"当仁不让于师。"[例句] 既然你们都这么说,那我就～地把这事给担起来了,但是还望大家多多出谋划策。

【当世无双】dāng shì wú shuāng
[释义] 当代独一无二,首屈一指。[语见] 宋·欧阳修《卖油翁》:"陈康肃公尧咨善射,当世无双,公亦以此自矜。"[例句] 你的画技即使已到了很高的境地,也不能自认为～。

【当头棒喝】dāng tóu bàng hè
[释义] 见"当头一棒"。[语见] 清·李绿园《歧路灯》第十四回:"那日程希明当头棒喝,未免触动了天良。"[例句] 几十年来,我始终在浑浑噩噩中度日,被先生～,我这才大彻大悟。

【当头一棒】dāng tóu yī bàng
[释义] 当:向着、朝着。佛教禅宗和尚对来学习的人,常常用棒一击或大喝一声,促使他领悟。"棒喝"方法始于唐代。后比喻促人猛醒的警告。也指人遭受突然的打击。[语见] 清·曹雪芹《红楼梦》第一百一十七回:"(宝玉)一闻那僧问起玉来,好像当头一棒,便说道:'你也不用银子的,我把那玉还你罢。'"[例句] 落选的消息对他来说,无异,他一下子

就蔫了。

【当务之急】dāng wù zhī jí
[释义] 当:当前、当时。务:任务、事务。急:急迫、重要。指以当前的事务为急切要解决的问题。特指当前事务中最急切要办的事情。[语见]《孟子·尽心上》:"知者无不知也,当务之为急。"[例句] 我说啊,～,不是别的,是把经营搞上去,把市场做好。

【当之无愧】dāng zhī wú kuì
[释义] 当:接受、承受。愧:惭愧、羞愧。可以毫无羞愧地接受荣誉。[语见] 清·李宝嘉《官场现形记》第三十二回:"若照荩翁的大才,这几句考语着实当之无愧。"[例句] 王华这些年来的所作所为,使她～地成了众人心中的英雄。

【当之有愧】dāng zhī yǒu kuì
[释义] 当:承当、承受。愧:惭愧。指承受某种荣誉或奖励心里感到惭愧。常作自谦之词。[例句] 各位就不要再劝了,这个荣誉给我,我～。

【当众出丑】dāng zhòng chū chǒu
[释义] 在众人面前露出马脚,现出丑态。[例句] 如果你不懂就不要去讲,免得～。

【党同伐异】dǎng tóng fá yì
[释义] 党同:和与自己观点相同的人结为一党。伐异:攻击与自己观点不同的人。指拉帮结伙,袒护与自己同派别的,而攻击与自己派别不同的。[语见] 南朝宋·范晔《后汉书·党锢传序》:"至有石渠分争之论,党同伐异之说。"[例句] 政府之内～,欺上瞒下,终于激起了民众的抗议。

【谠论侃侃】dǎng lùn kǎn kǎn
[释义] 谠论:正直的言论。对上敢于直言,谈论理直气壮,从容不迫。[语见] 宋·苏舜钦《祭滕子京文》:"往在谏列,谠论侃侃;屡触权要,卒就贬窜。"[例句] 裴度在朝堂上～,为大臣们的楷模。

【谠言嘉论】dǎng yán jiā lùn
[释义] 谠言:正直的言论。嘉:善、美。正直而有说服力的言论。[语见] 明·宋濂等《元史·张孔孙传》:"孔孙素以文学

名,且善琴,工画山水竹石,而骑射尤精。及其立朝,谠言嘉论,有可观者,士论服之。"[例句] 各位有何～,尽管一一道来。

【谠言直声】 dǎng yán zhí shēng
[释义] 谠言:正直的言论。正直的、理直气壮的言论。[语见] 唐·白居易《唐河南元府君夫人墓志铭序》:"(元积)由校书郎拜左拾遗,不数月,谠言直声动于朝廷。"[例句] 李先生总觉得生不逢时,也许和他总是～不无关系。

【荡检逾闲】 dàng jiǎn yú xián
[释义] 荡:废弃,毁坏。检:约制。闲:界限。不遵守约制,超出了界限。形容任性放荡。[语见] 清·文康《儿女英雄传》第二十七回:"再不想丈夫也是个带腿儿的,把他逼得房帏以内,生趣毫无,荆棘满眼,就不免在外眠花宿柳,荡检逾闲。"[例句] 这些王子皇孙,整日里～,各级衙门却又是敢怒而不敢言,直把一座好端端的京城闹得乌烟瘴气。

【荡气回肠】 dàng qì huí cháng
[释义] 荡:荡漾,摇荡。气:心气。回:回旋。肠:心肠。使心气荡漾,使情绪回转。形容文艺作品婉转动人,富感染力。[例句] 一曲既罢,直听得我～。

【荡析离居】 dàng xī lí jū
[释义] 荡析:离散。指人因灾害而流离失所。[语见]《尚书·盘庚下》:"今我民用荡析离居,罔有定极。"[例句] 百姓既受天灾,又逢人祸,中原大地,～,怨声载道。

dao

【刀耕火耨】 dāo gēng huǒ nòu
[释义] 耨:除草。伐去林木,把草烧成灰做肥料。就地挖坑下种。指原始的农业耕作技术。[语见] 五代后晋·刘昫等《旧唐书·严震传》:"梁汉之间,刀耕火耨。"[例句] 这里的农业仍然十分落后,甚至还没有脱离～的时代。

【刀光剑影】 dāo guāng jiàn yǐng
[释义] 形容激烈的搏杀或杀气腾腾的

气势。[例句] 一片～之中,只见她那红色的披风飞来飘去,既让人佩服,又让人有些担心。

【刀锯鼎镬】 dāo jù dǐng huò
[释义] 刀锯:割刑、刖刑的刑具。鼎镬:烹人的大锅。代指残酷的刑罚。[语见] 汉·班固《汉书·刑法志》:"大刑用甲兵,其次用刀锯,其次用钻凿。"[例句] 这位暴君喜怒无常,群臣因惧怕～而不敢进谏。

【刀山火海】 dāo shān huǒ hǎi
[释义] 比喻最危险、最艰难的境地。[例句] 为了正义,哪怕是闯～,我也在所不辞。

【刀山剑树】 dāo shān jiàn shù
[释义] 佛教所说地狱中的一种刑罚。[语见]《敦煌变文集·佛说阿弥陀经讲经文》:"刀山剑树趋令上,猛火炉灰急遣行。"[例句] 文天祥入得北营,面对～,但凭着一腔报国忠心,也毫无惧色。

【刀头舔蜜】 dāo tóu tiǎn mì
[释义] 舔:用舌头接触东西或取东西。本指为一时小利而甘冒风险,后比喻因小失大,得不偿失。[语见]《佛说四十二章经》:"佛言财色之于人,譬如小儿贪刀刃之蜜,甜不足一食之美,然有截舌之患也。"[例句] 你如此投机冒险,不就如～吗?

【倒海翻江】 dǎo hǎi fān jiāng
[释义] 原来形容水势很大。后用以比喻巨大的力量和声势。[语见] 宋·陆游《夜宿阳山矶……遂抵雁翅浦》诗:"五更颠风吹急雨,倒海翻江洗残暑。"[例句] 那血腥的场面,即使是铁汉见了,胸中也会～。

【倒海移山】 dǎo hǎi yí shān
[释义] 见"移山倒海"。[语见] 明·许仲琳《封神演义》第八十二回:"飞北上……都是倒海移山雄猛客。"[例句] 大军以～之势,渡过黄河,直取中原。

【倒三颠四】 dǎo sān diān sì
[释义] 形容言行无条理或神志不清。[语见] 明·兰陵笑笑生《金瓶梅》第八

十六回："你信我奶奶倒三颠四的,小大姐扶持你老人家一场,瞒上不瞒下。"[例句]和尚说了些～的话之后,又一路唱着离去了。

【倒四颠三】dǎo sì diān sān

[释义]见"倒三颠四"。[语见]《金瓶梅》第三十三回："来呵!到明日,只弄的倒四颠三,一个黑沙,也是不值。"[例句]有心人依然能从他那～的话中,听出事情的蛛丝马迹来。

【蹈常袭故】dǎo cháng xí gù

[释义]蹈:踩,引申为遵循。常:常规。袭:因循,沿袭。故:旧习,成例。形容按照常规和老一套办事。[语见]宋·苏轼《伊尹论》："后之君子,蹈常而袭故,惴惴焉惧不免于天下。"[例句]以你的智力,能～坚持个三两年,也就不错了。

【蹈赴汤火】dǎo fù tāng huǒ

[释义]见"赴汤蹈火"。[语见]宋·李昉《太平广记》第四百九十二卷引《灵应传》："君子杀身以成仁,徇其毅烈,蹈赴汤火,旁雪不平。"[例句]大人待我恩重如山,但有什么吩咐,我～也在所不辞。

【蹈规循矩】dǎo guī xún jǔ

[释义]见"循规蹈矩"。[语见]明·徐霖《绣襦记·伪儒乐聘》："蹈规循矩没是非。"[例句]这种～的诗作,仅仅算做匠作而已。

【倒裳索领】dào cháng suǒ lǐng

[释义]裳:下衣;裙。倒转衣裳找领子。比喻做事不得要领。[语见]《邓析子·无厚篇》："驱逸足于庭,求猿捷于槛,斯逆理而求之,犹倒裳而索领。"[例句]你就别再坚持了,你那想法,不过是～,我怎么还能指望你去打开市场呢?

【倒持太阿】dào chí tài ē

[释义]太阿:古代宝剑。倒拿着太阿宝剑。比喻把权柄轻易交给别人,自己反遭其害。[语见]汉·班固《汉书·梅福传》："倒持泰阿,授楚其柄。"[例句]你如此说来,不是～,授人以柄吗?

【倒打一耙】dào dǎ yī pá

[释义]在《西游记》中,猪八戒用耙做武器,常用倒打一耙的战术打败对方。现用以比喻做了坏事或犯了错误后,不仅不承认,反而指责、诬赖或揭发提意见的人。[例句]人家本想帮你,你却～,反而怪人多管闲事,真是岂有此理!

【倒果为因】dào guǒ wéi yīn

[释义]把事情的结果当作事情的起因。[例句]你这么说,纯粹是～,怎么能得出正确结论呢?

【倒屣而迎】dào xǐ ér yíng

[释义]见"倒屣相迎"。[语见]五代·孙光宪《北梦琐言》第五卷："唐进士曹唐,游仙诗,才情缥缈。岳阳李远员外,每吟其诗而思其人。一日,曹往谒之,李倒屣而迎。"[例句]久闻先生大名了,若您不惜屈就,我是虚席以待,～啊。

【倒屣相迎】dào xǐ xiāng yíng

[释义]屣:鞋。古人家居常脱鞋席地而坐,因为急于迎客,竟把鞋穿倒了。形容热情待客。[语见]晋·陈寿《三国志·魏书·王粲传》："时(蔡)邕才学显著,贵重朝廷,常车骑填巷,宾客迎坐。闻粲在门,倒屣迎之。"[例句]如果你去投靠皇叔,皇叔自当～,奉为上宾。

【倒行逆施】dào xíng nì shī

[释义]倒:颠倒。逆:反着。行、施:做,实行。颠倒过来,反着干。原指做事不择手段,反常。现用以形容做事不符合常理,违背时代的潮流。[语见]汉·司马迁《史记·伍子胥列传》："吾日暮途远,吾故倒行而逆施之。"[例句]隋炀帝骄奢淫逸,～,导致了规模巨大的农民起义爆发。

【倒载干戈】dào zài gān gē

[释义]倒载:倒插着,倒放着。这里指把锋刃向里装存起来。干戈:泛指武器。把武器装存起来。比喻不再作战,天下太平。[语见]《礼记·乐记》："倒载干戈,包之以虎皮。"[例句]八旗军入关之后,～日久,猛一有战事,自然是兵马生疏了。

【倒置干戈】dào zhì gān gē

[释义]见"倒载干戈"。[语见]汉·司马

迁《史记·留侯世家》:"倒置干戈,覆以虎皮,……以示天下不复用兵。"[例句] 百姓无不渴望各方诸侯~,恢复生产,然而仗还是打了下去,终于造成了千里无鸡鸣的悲惨景象。

【盗铃掩耳】 dào líng yǎn ěr
[释义] 见"掩耳盗铃"。[语见] 清·伤时子《苍鹰击·戕藩》:"你看他盗铃掩耳欺天下,卖国甘心作帝皇,有甚商量。"[例句] 别再装了,都是些~的行径,只会让人笑话而已。

【盗名暗世】 dào míng àn shì
[释义] 暗:黑暗。在黑暗的时代里窃取好名声。指邪恶的人乘机骗取荣誉。[语见]《荀子·不苟》:"是奸人将以盗名于晻世者也。"注:晻,即暗。[例句] 他在那时到处钻营,~,现在我们应该揭开他的真面目。

【盗名欺世】 dào míng qī shì
[释义] 窃取名誉,欺骗世人。[例句] 一个历史学家能以公正的笔墨将当朝首辅~的行为写出来,实在需要极大的勇气。

【盗钟掩耳】 dào zhōng yǎn ěr
[释义] 见"掩耳盗铃"。[语见] 唐·刘知几《史通·书志》:"斯皆不凭章句,直取胸怀,或以前为后,以虚为实,移的就箭,曲取相谐,掩耳盗钟。"[例句] 别看他们这段时间敲锣打鼓的,其实那都是些~的举动,不过是想蒙混过关罢了。

【道不拾遗】 dào bù shí yí
[释义] 见"路不拾遗"。[语见]《韩非子·内储说下》:"仲尼为政于鲁,道不拾遗,齐景公患之。"[例句] 此地民风醇厚,~的现象比比皆是。

【道不同不相为谋】 dào bù tóng bù xiāng wéi móu
[释义] 为谋:商议事情。志向不同的人不会在一起共事。[语见]《论语·卫灵公》:"子曰:'道不同,不相为谋。'"汉·杨恽《报孙会宗书》:"明明求仁义,常恐不能化民者,卿大夫之意也;明明求财利,常恐困乏者,庶人之事也。故道不

同,不相为谋。"[例句] 他俩~,不可能成为同事。

【道合志同】 dào hé zhì tóng
[释义] 见"志同道合"。[语见] 晋·陈寿《三国志·魏书·陈思王植传》:"及其见举于汤武周文,诚道合志同,玄谟神通。"[例句] 十年里,我们这一帮~的朋友齐心协力,终于使慈善事业在这一地区发展起来。

【道尽途穷】 dào jìn tú qióng
[释义] 见"道尽涂殚"。[语见] 宋·欧阳修等《新五代史·唐庄宗五子传》:"继岌徘徊泣下,谓李环曰:'吾道尽途穷,子当杀我。'"[例句] 待到你到了~的境地时,你自然会想到我今天所说的句句为实了。

【道尽涂殚】 dào jìn tú dān
[释义] 涂:同"途"。殚:尽。路已走到尽头。形容无路可走,面临末日。[语见] 唐·房玄龄等《晋书·嵇康传》:"自卜已审,若道尽涂殚则已耳,足下无事冤之令转于沟壑也。"[例句] 苻坚只有到了~、走投无路的时候,才想起王猛当年"勿南伐"的告诫,可惜悔之晚矣。

【道路侧目】 dào lù cè mù
[释义] 见"道路以目"。[语见] 明·宋濂等《元史·阿鲁浑萨理传》:"桑哥为政暴横,……所在囹圄皆满,道路侧目,无敢言者。"[例句] 如果百姓都被逼到了~的地步,那么这个国家的统治,便是到了被人民起来摧毁的时候了。

【道路以目】 dào lù yǐ mù
[释义] 百姓惧怕暴政,在路上相遇不敢交谈,只是用眼睛互相示意。形容反动统治者极端暴虐无道。[语见]《国语·周语上》:"厉王虐,国人谤王,邵公告曰:'民不堪命矣。'王怒,得卫巫,使监谤者,以告,则杀之。国人莫敢言,道路以目。"[例句] 管理严格固然是好,但是那是有前提和条件的,你一味严格下去,没准哪一天会弄到~的地步。

【道貌岸然】 dào mào àn rán
[释义] 道貌:严肃正经的外貌。岸然:严

肃的样子。原指神态严肃庄重。现用以形容假装正经、表里不一的神态。[语见]《敦煌变文集·维摩诘经讲经文》:"然见维摩,道貌凛然,仪形磊落。"[例句]请看这些～的家伙又弄出了什么邪恶的诡计。

【道山学海】 dào shān xué hǎi
[释义]道、学:指学问。学问似山高海深。[语见]明·无名氏《鸣凤记·邹林游学》:"道山学海功非浅,孔思周情文可传。"[例句]近些年静静地读了几本书,方才觉得～,其深如渊,绝非三两日能够入其门的。

【道听途说】 dào tīng tú shuō
[释义]道、途:道路。在路上听来的,在路上传播出去。指没有根据、不可靠的传闻。[语见]《论语·阳货》:"子曰:'道听而涂(途)说,德之弃也。'"[例句]写文章当言之有据,据则要实,你怎么可以弄些～的材料来做你的证明呢?

【道头会尾】 dào tóu huì wěi
[释义]讲个头就知道尾。[语见]宋·释普济《五灯会元·芭蕉清禅师法嗣》:"问师:'唱谁家曲宗,风嗣阿谁?'师曰:'道头会尾,举意知心。'"[例句]都是些寻常事,～,你就简单地说得了。

de

【得不偿失】 dé bù cháng shī
[释义]偿:抵补。得到的抵不上失去的。[语见]宋·苏轼《和子由除日见寄》诗:"感时嗟事变,所得不偿失。"[例句]毁林造田,弊病实在太多,是～之举。

【得不酬失】 dé bù chóu shī
[释义]所得不能补偿所失。[语见]南朝宋·范晔《后汉书·西羌传论》:"军书未奏其利害,而离叛之状已言矣。故得不酬失,功不半劳。"[例句]计算一下,你会发现,理论是我们有微利,但是除去间接成本,我们必然～,所以我劝你还是放弃为好。

【得寸进尺】 dé cùn jìn chǐ
[释义]得到一寸还想再要一尺。比喻

贪得无厌。[例句]丈夫给孩子买了电子狗,孩子竟然～,又要一个电子猫。

【得寸入尺】 dé cùn rù chǐ
[释义]见"得寸进尺"。[例句]我都已经答应了那些条件,你还～,你究竟还想不想合作?

【得寸思尺】 dé cùn sī chǐ
[释义]见"得寸进尺"。[语见]清·赵尔巽《清史稿·食货志四》:"小民惟利是图,往往得寸思尺。"[例句]侵略者有永远也填不满的胃口,你刚刚满足了他们一丝,他们会～,与其这样,不如奋起一战。

【得道多助,失道寡助】 dé dào duō zhù, shī dào guǎ zhù
[释义]道:正义。符合道义者能得到多方面的支持与帮助,违背道义者必然受到孤立。[语见]《孟子·公孙丑下》:"得道者多助,失道者寡助。寡助之至,亲戚畔之;多助之至,天下顺之。"[例句]～,那些反动势力必然灭亡。

【得过且过】 dé guò qiě guò
[释义]且:苟且。能过下去就这样过下去,过一天算一天。形容胸无大志,苟且度日。[语见]宋·无名氏《小孙屠·孙母自叙》:"孩儿,我听得道你要出外打旋,怕家中得过且过,出去做甚?"[例句]工厂效益不好,很多人都是～,郝师傅却依然尽心尽力地做着自己的事情。

【得陇望蜀】 dé lǒng wàng shǔ
[释义]陇:古代地名,在今甘肃省东部。蜀:今四川省中西部。取得陇后,又想攻取西蜀。《后汉书·岑彭传》载:东汉初年,隗嚣和公孙述分别割据在陇、蜀两地,光武帝刘秀使岑彭等率军攻打隗嚣所占的西城、上邽两地,并在给岑彭的信中说:"两城若下,便可带兵南击蜀虏。人苦不知足,即平陇,复望蜀。"后比喻得寸进尺,贪心不足。[例句]～是侵略者的共性,我们一定要誓死保卫家园!

【得饶人处且饶人】 dé ráo rén chù qiě ráo rén
[释义]得:能够。能够原谅人的地方,还

是原谅别人为好。[语见]明·吴承恩《西游记》第八十一回："徒弟，常言说得好：'遇方便时行方便，得饶人处且饶人。'"[例句]～，他已经承认错了，你就不要再没完没了的了。

【得胜回朝】dé shèng huí cháo
[释义]朝：朝廷。旧指作战胜利以后回到朝廷向帝王报功。现在泛指得胜而归。[语见]元·无名氏《小尉迟》第二折："老将军，你这一去，小心在意者，若得胜还朝，圣人自有加官赐赏哩。"[例句]当李广～的时候，他做梦也没有想到，迎接他的不是万人欢呼，而是嫉妒和谗言。

【得手应心】dé shǒu yìng xīn
[释义]得之于手而应之于心。比喻做事心手相应，顺心如意。[语见]明·李贽《答马历山书》："唯三教大圣人知之，故竭平生之力以穷之，虽得手应心之后，作用各各不同。"[例句]老师傅做起面人来～，不一会儿，一个个栩栩如生的人物就摆在了众人面前。

【得天独厚】dé tiān dú hòu
[释义]天：天然条件。厚：优厚，优越。独具特别优越的天然条件。多指自然环境或社会条件特别优厚。[语见]清·文康《儿女英雄传》第三十七回："至于心，却是动辄守着至诚，须臾不离圣道，所以世上惟这等人为得天独厚也！"[例句]两河流域～的地理位置和气候，培育了人类早期历史上无比辉煌的文明。

【得未曾有】dé wèi céng yǒu
[释义]从来没有过，空前的。[语见]《楞严经》第一卷："法筵清众，得未曾有。"[例句]《红楼梦》把中国古典小说艺术发挥到了极致，达到了～的高度，成为整个人类文学史上一颗耀眼的明星。

【得未尝有】dé wèi cháng yǒu
[释义]见"得未曾有"。[语见]宋·苏轼《与郭功甫书》之一："昨辱宠临，久不闻语，殊出意表，盖所谓得未尝有也。"[例句]隋朝实行科举制，～，第一次给了人一次"学而优则仕"的机会。

【得心应手】dé xīn yìng shǒu
[释义]得于心而应于手。指心里怎么想，手上就怎么做。形容技艺纯熟或学识融会贯通，运用自如。也形容办事顺利。[语见]《庄子·天道》："不徐不疾，得之于手而应于心。"[例句]看着母亲～地纺着线，我去一试，纺机竟然丝毫不听我使唤。

【得新忘旧】dé xīn wàng jiù
[释义]得到新的，忘了旧的。多指爱情不专一。[语见]明·胡文焕《前腔八首》之四："得新忘旧，到前丢后，妄想处一味骄矜，满意时十分驰骤。"[例句]他可是个～的家伙，你最好从他身边走开。

【得一望十】dé yī wàng shí
[释义]得到一分财利，又巴望能得到十分财利。形容贪得无厌。[语见]明·冯梦龙《醒世恒言》第十七卷："身子恰像生铁铸就，熟铜打成，长生不死一般，日夜思算，得一望十，得十望百，堆积上去，分文不舍得妄费。"[例句]这个～的贪财的老太婆，终于得了应有的报应。

【得意忘形】dé yì wàng xíng
[释义]得意：指高兴。形：原指客观存在的具体物象。后也指人的神态、体态。本指因高兴而物我两忘，后形容高兴得失去常态。另外也用于指只取其神韵而不刻意求形似。[语见]唐·房玄龄等《晋书·阮籍传》："嗜酒能啸，善弹琴，当其得意，忽忘形骸。"[例句]这个新皇帝～地高呼："山河全为我所有！"

【得意忘言】dé yì wàng yán
[释义]言词是用来表达意思的，既然已经知道了意思，就不再需要言词。后比喻彼此心里知道，不用明说。[语见]清·李宝嘉《文明小史》第二回："府县心里还当他们话到投机，得意忘言。"[例句]他们两人一见如故，谈到投机之处，～，相视而笑。

【得意洋洋】dé yì yáng yáng
[释义]洋洋：也作"扬扬"，得意的样子。形容十分得意的样子。[语见]汉·司马迁《史记·管晏列传》："其夫为相御，拥大

盖,策驷马,意气扬扬,甚自得也。"[例句]儿子把通知书交给我,～地喊:"妈妈,这次我可以玩两天游戏了吧?"

【得鱼忘筌】dé yú wàng quán
[释义]筌:捕鱼用的竹器。捕得了鱼,忘掉了筌。原指领会了深妙的义理,表达它的言语可以忘掉。后比喻成功后就忘了赖以成功的事物和条件。[语见]元·柯丹邱《荆钗记·分别》:"母妻封赠受皇室,门楣显,姓名传,得鱼后,怎忘筌?"[例句]你这个～,忘恩负义的家伙,我悔恨……悔恨当初拉你那一把!

【德薄才疏】dé bó cái shū
[释义]薄:浅。疏:空虚。品德和才能都很差。多作谦词。[语见]明·施耐庵《水浒传》第六十八回:"卢俊义道:'小弟德薄才疏,怎敢承当此位!若得居末,尚自过分!'"[例句]小王虽然总说自己～,但他做事却可以让领导放心!

【德薄能鲜】dé bó néng xiǎn
[释义]鲜:少。德行浅薄,能力很差。多用作谦语。[语见]宋·欧阳修《泷冈阡表》:"俾知夫小子修之德薄能鲜,遭时窃位……"[例句]在下～,蒙主公不弃,委以此任,能不效犬马之劳!

【德才兼备】dé cái jiān bèi
[释义]同时具备良好的品德和优秀的才干。[例句]子阳君～,是最好的人选,我们还犹豫什么呢?

【德高望重】dé gāo wàng zhòng
[释义]道德高尚,声望很高。[例句]～的童教授身量不高,但是他身上所散发出来的光辉,却使他在大厅中有如巨人一般。

【德隆望尊】dé lóng wàng zūn
[释义]隆:崇高,深厚。尊:贵重。道德高尚,声望很高。[语见]明·宋濂《送东阳马生序》:"先达德隆望尊,门人弟子填其室,未尝稍降辞色。"[例句]由～的刘总来主持工作,大家心悦诚服。

【德容兼备】dé róng jiān bèi
[释义]品德贞淑而且仪容美好。是旧时对女子的褒美之辞。[语见]清·洪昇《长生殿·定情》:"妃子世胄名家,德容兼备,取供内职,深惬朕心。"[例句]刘小姐～,总受到领导和同事的赞扬。

【德深望重】dé shēn wàng zhòng
[释义]德:品德。望:声望。道德高,声望重。多用以称颂年高而有名望的人。[语见]南朝·宋明帝《下庐江王祎诏》:"公若德深望重,宜膺大统。"[例句]当的冷先生往祠堂门口一站,乱糟糟的场面一下子静了下来。

deng

【灯蛾扑火】dēng é pū huǒ
[释义]见"飞蛾投火"。[语见]明·施耐庵《水浒传》第二十七回:"灯蛾扑火,惹焰烧身。"[例句]派这么几个人去对抗那庞大的军队,不是～吗?

【灯红酒绿】dēng hóng jiǔ lù
[释义]灯红:发出红光的灯。酒绿:泛着绿光的酒。红灯绿酒交相辉映。形容夜饮欢宴的景象。今特指奢靡腐化的生活,含贬义。[语见]清·吴趼人《近十年之怪现状》:"一时管弦嘈杂,钏动钗飞,纸醉金迷,灯红酒绿,直到九点多钟,方才散席。"[例句]陈白露心灰意冷,决意离开这个～的世界。

【灯火辉煌】dēng huǒ huī huáng
[释义]辉煌:光明闪烁。灯火明亮闪烁,形容灯火明亮灿烂的景象。[语见]清·曹雪芹《红楼梦》第七回:"尤氏等送大厅前,见灯火辉煌,众小厮都在丹墀侍立。"[例句]子娟静静地走出～的宴会厅,静静地走到星空下,一丝无可奈何的笑容浮上了她那憔悴的脸庞。

【灯火万家】dēng huǒ wàn jiā
[释义]见"万家灯火"。[语见]唐·白居易《江楼夕望招客》诗:"灯火万家城四畔。"[例句]到达时,已是～的时刻,我们显得那么孤单,那么无助。

【灯尽油干】dēng jìn yóu gān
[释义]灯光灭尽,灯油耗光。比喻人精疲力竭。[语见]清·李汝珍《镜花缘》第二十七回:"兼之日夜焦愁,胸中郁闷,一

经睡去,精神涣散,就如灯尽油干,要想气聚神全,如何能够?"[例句]当父亲把我们兄弟姊妹养大成人时,他自己却已经老了,已经到了～的地步。

【登峰造极】dēng fēng zào jí
[释义]峰:山顶。造:到达。极:最高的地方或程度。登上山顶,到达最高点。比喻达到最高境地。[语见]南朝宋·刘义庆《世说新语·文学》:"佛经以为祛练神明,则圣人可致。简文云:'不知便可登峰造极。不然,陶练之功,尚不可诬。'"[例句]魔头的武功,已然到了～的地步,你此去,只怕凶多吉少。

【登高能赋】dēng gāo néng fù
[释义]赋:指吟诵写作。指能见景生情,吟诗作文。比喻人见闻广博,有才能。[语见]汉·班固《汉书·艺文志》:"不歌而诵谓之赋,登高能赋,可以为大夫。"[例句]那些年我静居乡下,但是结交的都是些～的读书人,我的见识自然比平常人高出几分了。

【登高一呼】dēng gāo yī hū
[释义]指站在高处面向人们发出倡议或号召,激起巨大的反响。[例句]在民族危难时刻,有识之士～,民众莫不纷纷响应。

【登高自卑】dēng gāo zì bēi
[释义]自:从。卑:低,低处。要登高山必须从低处开始,要行远路必须从最近一步走起。比喻做事要扎扎实实。[语见]《礼记·中庸》:"君子之道,辟如行远必自迩,辟如登高必自卑。"[例句]学习是一个～的过程,哪能一口就想吃成个胖子呢?

【登山小鲁】dēng shān xiǎo lǔ
[释义]鲁:周朝国名,在今山东境内。登高望远而以足下之处为小。后比喻学问高了便能融会贯通,眼光远大。[语见]《孟子·尽心上》:"孔子登东山而小鲁,登泰山而小天下。"[例句]先生学贯东西,～,教授一职,非您莫属。

【登堂入室】dēng táng rù shì
[释义]见"升堂入室"。[语见]《论语·先进》:"(仲)由也升堂矣,未入于室也。"[例句]哲学博大精深,要真正～,谈何容易!

【等而下之】děng ér xià zhī
[释义]等:等级,等类。下:下降。由这样的等级再往下降。[语见]宋·刘昌诗《芦浦笔记》第六卷:"是天童(寺)岁收谷三万五千斛,育王(寺)三万斛,且分布诸库,以阃民利。等而下之,要皆有足食之道。"[例句]这些作品都还不错,～就是一些不值钱的赝品了。

【等量齐观】děng liàng qí guān
[释义]等:同等。齐:一样。把不同的事物同等看待。[语见]朱自清《经典常谈·战国策第八》:"后来列国纷纷称王,周室更不算回事,他们至多能和宋、鲁等小国君主等量齐观罢了。"[例句]将这两篇风马牛不相及的文章～,那不过是增添一学术笑料罢了。

【等米下锅】děng mǐ xià guō
[释义]形容生活上、钱财上很紧迫。[语见]清·吴敬梓《儒林外史》第十六回:"那知他有钱的人只想便宜,岂但不肯多出钱,照时值估价,还要少几两,分明知道我等米下锅,要杀我的巧。"[例句]整个财务部正～呢,老板却把刚贷来的十几万划走了。

【等闲视之】děng xián shì zhī
[释义]等闲:平常。把它看成平常的事而不在意。[例句]大坝虽已合龙,但是由于蓄水而带来的各种后遗症,却会影响巨大,切不可～。

【等因奉此】děng yīn fèng cǐ
[释义]旧时公文用语。用在引用上级官署来文之后,以"等因"收住,又以"奉此"引出本文的意见。后用以讽刺只知道照办而不联系实际的官僚主义作风或比喻官样的文章。[例句]官文所言种种,～,我等自当有退敌之策。

di

【低三下四】dī sān xià sì
[释义]下:在……之下。指地位低贱,也

指态度卑琐,低声下气。[语见]清·孔尚任《桃花扇·听稗》:"您嫌这里乱鬼当家别处寻主,只怕到那里低三下四还干旧营生。"[例句]我可不愿～地去求他,他不愿意做,就随他的便吧!

【低声下气】dī shēng xià qì
[释义]压低声调讲话。形容态度谦和,恭敬柔顺。多用于对老者、强人或地位高的人。[语见]明·冯梦龙《醒世恒言》第九卷:"柳氏听了丈夫言语,真个去敲那女儿的房门,低声下气的叫道……"[例句]我们最看不惯那种一见上司就～的人。

【低首下心】dī shǒu xià xīn
[释义]低着头,安心处于低下地位。形容屈服顺从。[语见]清·文康《儿女英雄传》第二十五回:"然则何不一开口,就照在青云山口似悬河的那派谈锋,也不愁姑娘不低首下心的诚服首肯。"[例句]像他那么个桀骜不驯的人,怎么能在这么个鬼地方～地待下去呢?

【羝羊触藩】dī yáng chù fān
[释义]羝羊:公羊。触:抵,顶撞。公羊触到篱笆上,挂住了羊角。比喻进退不得。[语见]明·许仲琳《封神演义》第七回:"纣王沉吟不语,心中煎熬,似羝羊触藩,进退两难。"[例句]当你处于～的境地之时,你的首要工作是要使你的情绪冷静下来。

【堤溃蚁穴】dī kuì yǐ xué
[释义]堤岸因蚁穴而决口。比喻小漏洞可以酿成大祸。[语见]汉·陈宠《清盗源疏》:"臣闻轻者重之端,小者大之源,故堤溃蚁孔,气泄针芒,是以明者慎微,智者识几。"[例句]实验已经到了最后的关头,千万提防～,功亏一篑。

【滴水不漏】dī shuǐ bù lòu
[释义]一滴水也不漏。比喻说话办事谨慎周密,无一遗漏。[语见]清·李绿园《歧路灯》第二十七回:"这也是王春宇几年江湖上精细,把这宗事,竟安插的滴水不漏。"[例句]对方大学代表队辩手的陈词～,让我们无话可说。

【滴水成冰】dī shuǐ chéng bīng
[释义]滴下的水立刻就结成了冰。形容天气十分寒冷。[语见]明·冯梦龙《醒世恒言》第二十七卷:"更有一节苦处,任你滴水成冰的天气,少不得向水孔中洗浣污秽衣服,还要憎嫌洗得不洁净,加一场咒骂。"[例句]就是在那片～的土地上,三个女子坚持了三天三夜。

【滴水穿石】dī shuǐ chuān shí
[释义]滴下的水,时间长了可以把石头穿透。比喻力量虽小,只要坚持不懈,也可以把艰难的事情办成。[例句]没有～的功夫,就没有他今天的名满天下。

【敌忾同仇】dí kài tóng chóu
[释义]见"同仇敌忾"。[语见]清·赵尔巽《清史稿·李宗羲传》:"天下臣民,知皇上有卧薪尝胆之思,必共振敌忾同仇之气。"[例句]当地的居民～,万众一心,狠狠地打击了侵略军。

【涤故更新】dí gù gēng xīn
[释义]涤除陈旧的,换上新的。[语见]清·蒲松龄《聊斋志异·马介甫》:"夫人之所以惧者,非朝夕之故,其所有来者渐矣。譬之昨死而今生,须从此涤故更新;再一馁,则不可为矣。"[例句]改革就是要～,那些阻碍发展的条条框框早就该剔除了。

【涤秽荡瑕】dí huì dàng xiá
[释义]见"涤瑕荡秽"。[语见]南朝梁·沈约《宋书·礼志》王导疏:"礼乐征伐,翼成中兴,将涤秽荡瑕,拨乱反正。"[例句]这次他真下定了决心,要～,重新做人。

【涤瑕荡垢】dí xiá dàng gòu
[释义]涤、荡:洗涤,清除。瑕:白玉上的斑点,比喻过失缺点。清除缺点和毛病,也比喻清除人的过失。[语见]五代后晋·刘昫等《旧唐书·昭宗本纪》:"宜覃涣汗之恩,俟此雍熙之庆,涤瑕荡垢,咸与惟新。"[例句]看他信誓旦旦的样子,似乎是要～重振旗鼓了。

【涤瑕荡秽】dí xiá dàng huì
[释义]瑕:玉上的斑点。洗涤、荡除污秽。

比喻清除人的过失。[语见]汉·班固《东都赋》:"于是百姓涤瑕荡秽,而镜至清。"[例句]政府通过各种政策发展生产,百姓纷纷~,一派清明的景象出现了。

【抵死瞒生】dǐ sǐ mán shēng
[释义]见"抵死谩生"。[语见]元·无名氏《庞掠四郡》第三折:"我安排着脱身利己的机谋,正中这抵死瞒生的手策。"[例句]事情都已经非常明显了,你再怎么~地想编出些骗人的把戏,也没人能相信你了。

【抵死谩生】dǐ sǐ mán shēng
[释义]谩:诓骗。形容殚智竭虑,绞尽脑汁。[语见]金·董解元《西厢记诸宫调》第五卷:"待阎王道俺无凭准,抵死谩生断不定,也不共他争,我专指着伊家做照证。"[例句]最后,大臣们~地使出了种种手段,但是终究没能挽回败局。

【抵瑕蹈隙】dǐ xiá dǎo xì
[释义]抵:触及。瑕:美玉上的斑点。蹈:踩踏。隙:间隙。比喻对别人的弱点或缺点进行指摘或攻击。[语见]清·黄绍箕《统筹和战事宜请开廷议公疏》:"倭人奸狡,知我海军、淮军之能走而不能战,故专一抵瑕蹈隙,侥幸成功。"[例句]曹全虽然该承担事故的主要责任,但是却也不可一味对他~,难道旁人就没有半点责任了吗?

【抵掌而谈】dǐ zhǎng ér tán
[释义]抵掌:鼓掌,击掌。形容无拘无束地畅所欲言。[语见]《战国策·秦策一》:"见说赵王于华屋之下,抵掌而谈。"[例句]今天开的是个茶话会,大家不必拘束,希望能~,畅所欲言。

【抵足而眠】dǐ zú ér mián
[释义]脚对着脚,同床安睡。表示亲密。[语见]明·罗贯中《三国演义》第四十五回:"瑜曰:'久不与子翼同榻,今宵抵足而眠。'"[例句]遥想当年,你我~,何等畅快,如今,我们却兵戎相见,实在令人感伤。

【抵足而卧】dǐ zú ér wò
[释义]见"抵足而眠"。[语见]明·罗贯中《三国演义》第二十九回:"一日,众官皆散,权留鲁肃共饮,至晚同榻抵足而卧。"[例句]~的兄弟,已长眠九泉,独遗我于人世,岂不悲哉!

【抵足谈心】dǐ zú tán xīn
[释义]抵足:指同床安睡。同床共卧,亲切谈心。形容彼此间情谊亲厚。[语见]清·夏敬渠《野叟曝言》第四十八回:"此荒港又不知离城多远……不如竟在弟船过夜,抵足谈心。"[例句]这两位伟大的诗人,二十年后方才得见,~,直至天明。

【砥节奉公】dǐ jié fèng gōng
[释义]磨砺名节,奉行公事。[语见]清·张廷玉等《明史·周延传》:"延颜面寒峭,砥节奉公。权臣用事,政以贿成,延未尝有染。"[例句]张居正身为首辅,~,自是明朝幸事,然而他又过于苛严,致使群臣纷纷敬而远之。

【砥节砺行】dǐ jié lì xíng
[释义]砥:细的磨刀石。砺:粗的磨刀石。引申为磨炼。磨炼节操与德行。[语见]汉·蔡邕《郭泰碑》:"若乃砥节厉行,直道正辟,贞固足以干事,隐括足以矫时。"注:"砺,也作'厉'。"[例句]身为干部,应~,尽职尽责,以不负众人的信任。

【砥节守公】dǐ jié shǒu gōng
[释义]见"砥节奉公"。[语见]清·张廷玉等《明史·梁材传》:"砥节守公如一日,帝眷亦甚厚。"[例句]王朝后期,上下相欺,政治腐败,然而能出此~之人,也算奇事一桩。

【砥砺风节】dǐ lì fēng jié
[释义]磨炼品格、节操。[语见]明·宋濂等《元史·魏初传》:"请自今监察御史按察司官,在任一岁,各举一人自代。所举不当,有罚。不惟砥砺风节,亦可为国得人。"[例句]儿外出为官,自当~,替百姓主事,万不可为非分之思。

【砥砺名节】dǐ lì míng jié
[释义]磨炼名誉和节操。[语见]唐·房玄龄等《晋书·夏侯湛传》:"论者谓湛虽生不砥砺名节,死则俭约令终,是深达存

亡之理。"[例句] 在学而优则仕的时代,读书人穷时自能~,然而达时仍能坚持者,却并不在多数。

【砥砺名行】 dǐ lì míng xíng

[释义] 磨炼自己的名誉和行为。[语见] 晋·陈寿《三国志·魏书·杜畿传》裴松之注引《杜氏新书》曰:"丰(李丰)砥砺名行以要世誉,而恕(杜恕)诞节直意,与丰殊趣。"[例句] 像海瑞这种~的封建官员自然能为万代百姓敬仰。

【砥砺清节】 dǐ lì qīng jié

[释义] 磨炼高尚的节操。[语见] 汉·陈琳《檄吴将校部曲文》:"虞文绣砥砺清节,耽学好古。"[例句] 清代名臣张廷玉毕生~,非常人所能及。

【砥名励节】 dǐ míng lì jié

[释义] 磨炼名誉与节操。[语见] 唐·高迈《济河焚舟赋》:"砥名励节,易地改辙,冀桑榆之未晚,得雌雄之一决。"[例句] 旧时的许多官员,年轻时还能~,然而一过中年,往往就欲心日炽,这究竟是什么原因呢?

【砥行立名】 dǐ xíng lì míng

[释义] 磨砺德行,建树名望。[语见] 汉·司马迁《史记·伯夷列传》:"闾巷之人,欲砥行立名者,非附青云之士,恶能施于后世哉?"[例句] 你祖上均是~之辈,你也当好好效法,切不可辱没了家风。

【砥行磨名】 dǐ xíng mó míng

[释义] 磨炼德行与名节。[语见] 南朝宋·周朗《报羊希书》:"夫下之士,砥行磨名,欲不辱其志气,运奇蓄异,将进善于所灭。"[例句] 范仲淹终生~,先天下之忧而忧,后天下之乐而乐,为世代楷模。

【地丑德齐】 dì chǒu dé qí

[释义] 丑:同,类似。土地大小相仿,德行高低相同。指彼此条件相当。[语见]《孟子·公孙丑下》:"今天下地丑德齐,莫能相尚。"[例句] 这两位候选人可以说是~,究竟谁能当选,实在难以推测。

【地大物博】 dì dà wù bó

[释义] 博:丰富。指国家的疆土辽阔,资源丰富。[语见] 唐·韩愈《平淮西碑》:"地大物博,蘖牙其间。"[例句] 我们的祖国幅员辽阔,~。

【地覆天翻】 dì fù tiān fān

[释义] 见"天翻地覆"。[语见] 宋·刘克庄《水龙吟·林中书生日·六月十九日》:"地覆天翻,河清海浅,朱颜常驻。"[例句] 回到离别五十年的家乡,看到~的变化,老先生禁不住老泪纵横。

【地广人稀】 dì guǎng rén xī

[释义] 土地辽阔,人烟稀少。[语见] 唐·李百药《北齐书·魏兰根传》:"缘边诸镇,控摄长远,昔时初置,地广人稀。"[例句] 此处~,农业也不发达。

【地角天涯】 dì jiǎo tiān yá

[释义] 见"天涯海角"。[语见] 南朝陈·徐陵《答族人梁东海太守长孺书》:"燕南赵北,地角天涯。"[例句] 这几个犯罪分子就是逃到~,也会被我公安人员抓获。

【地久天长】 dì jiǔ tiān cháng

[释义] 见"天长地久"。[语见] 北周·庾信《周大将军上开府广饶公郑常墓志铭》:"嗟陵谷之贸迁,惧徽猷之永远,地久天长,敢镌贞石。"[例句] 愿你们的爱情能够经受住时间和历史的考验,~。

【地老天荒】 dì lǎo tiān huāng

[释义] 荒:广大、荒远。形容时代久远,像天地一样年代久远。[语见] 宋·杨万里《谒永祐陵归途游龙瑞宫观禹穴》诗:"禹穴下窥正深黑,地老天荒知是非。"[例句] 哪怕~,海枯石烂,我心依旧。

【地利人和】 dì lì rén hé

[释义] 地利:优越的地理条件。人和:得人心。表示良好的地理条件和雄厚的群众基础。[语见]《孟子·公孙丑下》:"天时不如地利,地利不如人和。"[例句] 我们这项工程占尽了~,必然能很快完工。

【地平天成】 dì píng tiān chéng

[释义] 平:治平。成:完成。形容一切就绪,走上正轨。[语见]《尚书·大禹谟》:"地平天成。"孔传:"水土治曰平,五行叙曰成,因禹陈九功而叹美之。"[例句] 此

事经过大家紧锣密鼓地筹备，业已～。

【地下修文】 dì xià xiū wén
[释义] 宋·李昉《太平御览》第八百八十三卷晋·王隐《晋书》载：晋苏韵死后，魂魄与兄弟相见，说颜渊、卜商在地下为修文郎。旧指有才华的文人早死。[例句] 李贺才倾一时，然而天不假年，他便～，千百年来文人们一旦想起，无不扼腕叹息。

dian

【颠簸不破】 diān bǒ bù pò
[释义] 见"颠扑不破"。[语见] 清·文康《儿女英雄传》第三十四回："这科名一路，两句千古颠簸不破的话，叫作'窗下休言命，场中莫论文。'"[例句] 布鲁诺望着熊熊的烈火，一脸的坚毅，他深信：真理是～的，生命可以灭亡，但是真理却会永生。

【颠倒黑白】 diān dǎo hēi bái
[释义] 把白的说成黑的，把黑的说成白的。比喻歪曲事实，颠倒是非。[语见] 王国维《人间词话》第十五："遂变伶工之词而为士大夫之词。周介存置诸温韦之下，可谓颠倒黑白矣。"[例句] 这些～的审判，必将成为文明史上最无耻的记录。

【颠倒是非】 diān dǎo shì fēi
[释义] 把对的说成错的，把错的说成对的。[语见] 唐·韩愈《施先生墓铭》："古圣人言，其旨密微，笺注纷罗，颠倒是非。"[例句] 作为法官，决不可有一丝～之心，不然，必将成千古罪人。

【颠倒衣裳】 diān dǎo yī cháng
[释义] 颠倒：上下倒置。衣裳：古时上为衣，下为裳。形容匆忙失序的样子。[语见]《诗经·齐风·东方未明》："东方未明，颠倒衣裳，颠之倒之，自公召之。"[例句] 洪水滔滔，李作群等人指挥若定，丝毫不曾～，惊慌失措。

【颠倒阴阳】 diān dǎo yīn yáng
[释义] 颠倒是非，混淆黑白。[语见] 清·李汝珍《镜花缘》第二回："那人王乃四海九州之主，代天宣化，岂肯颠倒阴阳，强人所难？"[例句] 李自成看到文告中净是～之词，不禁大怒。

【颠沛流离】 diān pèi liú lí
[释义] 颠沛：穷困，受挫折。流离：流转离散。生活艰难，四处流浪，无家可归。[语见] 清·文康《儿女英雄传》第十三回："至于你没出土儿就遭了这场颠沛流离，惊风骇浪，更自可怜。"[例句] 十几年～的生活，使他成熟了很多。

【颠扑不磨】 diān pū bù mó
[释义] 见"颠扑不破"。[语见] 清·岭南羽衣女士《东欧女豪杰》第三回："这样说来，那个平民主义，正是战则必胜的公理，你不信，试看将来不远的，便应有一个穷源反本、颠扑不磨的定论。"[例句] 我们立住脚，看着面前这些千里迢迢到麦加朝拜的信徒，不禁为他们心中那～的信仰惊叹。

【颠扑不破】 diān pū bù pò
[释义] 颠：跌倒。扑：敲，打。不论怎样摔打都不会破损。比喻理论、学说等符合客观实际，永远不会被推翻。[语见]《朱子语类》第五十二卷："伊川'性即理也'，横渠'心统性情'，二句颠扑不破。"[例句] 真理虽然是～的，但是乌云常常遮住了太阳——真理往往需要用生命和鲜血捍卫。

【颠乾倒坤】 diān qián dǎo kūn
[释义] 乾坤：天地。指翻天覆地，扭转乾坤。形容手段、本领高强。[语见] 清·曾朴《孽海花》第十二回："我平生有个癖见，以为天地间最可宝贵的是两种人物，都是有龙跳虎踞的精神、颠乾倒坤的手段，你道是什么呢？就是权诈的英雄与放诞的美人。"[例句] 我相信你有～的手段，但是我不相信你能有使乾坤颠倒的心灵。

【颠三倒四】 diān sān dǎo sì
[释义] 形容说话或做事没有条理，次序错乱。[语见] 清·俞万春《荡寇志》第八十二回："那刘母口里不住的'南无佛…一切灾殃化灰尘'，颠三倒四价念那《高

王经》。"[例句]和尚说话有些～,但是细心人会发现,那些话里深藏玄机。

【撅唇簸嘴】diān chún bǒ zuǐ
[释义]撅:同"颠"。颠簸,上下摇动。摇唇动嘴。即说长道短,背后非议。[语见]明·冯梦龙《醒世恒言》第二十七卷:"自己不肯施仁仗义,及见他人做了好事,反又撅唇簸嘴。"[例句]别人身处困境,你竟然～,无异于落井下石。

【点金成铁】diǎn jīn chéng tiě
[释义]使黄金变成铁。比喻把别人的好文章改坏。[语见]宋·释道原《景德传灯录·杭州龙华寺真觉大师》:"问,'还丹一粒,点铁成金,至理一言,点凡成圣。请师一点!'师曰:'还知齐云点金成铁么?'曰:'点金成铁,未之前闻。至理一言,敢希垂示!'"[例句]好好的文章,被你～,你还自以为是呢!

【点石成金】diǎn shí chéng jīn
[释义]见"点铁成金"。[语见]汉·刘向《列仙传》载:"许逊,南昌人。晋初为旌阳令,点石化金,以足逋赋。"[例句]老教授寥寥数笔,～,这篇小文便妙趣横生。

【点铁成金】diǎn tiě chéng jīn
[释义]古代方士谎称能用手指或灵丹将铁石点化成金子。后比喻将别人不好的文章略加改动,就成了好文章。[语见]宋·黄庭坚《答洪驹父书》:"老杜作诗,退之作文,无一字无来处,盖后人读书少,故谓韩杜自作此语耳。古之能为文章者,真能陶冶万物,虽取古人之陈言入于翰墨,如灵丹一粒,点铁成金也。"[例句]你自称有着～的本事,那你露几手来看看?

【电掣风驰】diàn chè fēng chí
[释义]见"风驰电掣"。[语见]清·李宝嘉《官场现形记》第二十五回:"仍旧坐了车,电掣风驰的一直出城,到得黄胖姑钱庄门口,下车进去。"[例句]我们几个人飞快地跳上车,～一般就赶到了出事地点。

【电光石火】diàn guāng shí huǒ
[释义]闪电和燧石的火光。比喻事物

转瞬即逝。[语见]清·洪昇《长生殿·冥追》:"只他在翠红乡欢娱事过,粉香丛冤孽债多,一霎做电光石火。"[例句]逃跑的念头在脑子里～似的一闪,他立即环顾四周,寻找生机。

diāo

【刁钻古怪】diāo zuān gǔ guài
[释义]刁钻:奸猾狡诈。古怪:奇特而又不合人情。形容不同一般,使人感到离奇。[语见]清·曹雪芹《红楼梦》第二十七回:"他素昔眼空心大,是个头等刁钻古怪的丫头。"[例句]老怪这次可碰到克星了,一个～的小丫头,竟然把他捉弄得狼狈不堪。

【貂裘换酒】diāo qiú huàn jiǔ
[释义]貂裘:貂皮做的袍子。用貂皮袍换酒。形容富贵者放荡不羁。[语见]唐·房玄龄等《晋书·阮孚传》:"(孚)迁黄门侍郎、散骑常侍。尝以金貂换酒,复为所司弹劾,帝宥之。"[例句]孙蒙早年行为放浪,～,后来得到高人教诲,方成一方名儒。

【雕虫小技】diāo chóng xiǎo jì
[释义]雕:雕刻。虫:指鸟虫书,汉字篆书的变体。雕刻鸟虫书的小技巧。比喻微小的技能。多指文字技巧方面。[语见]唐·魏徵《隋书·李德林传》:"至如经国大体,是贾生、晁错之俦,雕虫小技,殆相如、子云之辈。"[例句]在如来佛的眼里,孙悟空那些～实在不值一提。

【雕虫小艺】diāo chóng xiǎo yì
[释义]见"雕虫小技"。[语见]南朝梁·沈约《武帝集序》:"笺记风动,表议云飞,雕虫小艺,无累大道。"[例句]我这些～在大师面前表演,虽说是班门弄斧,但是我还是想表现一下,希望大师给我指出我的不足来。

【雕虫篆刻】diāo chóng zhuàn kè
[释义]虫:指虫书。刻:指刻符。虫书、刻符是秦书八体中的二体,是西汉学童必习的小技。雕琢虫书,篆写刻符。比喻微不足道的技能。多用来比喻写作

诗、文等的技能。[语见] 南朝梁·江淹《萧太尉上便宜表》:"孟轲之宏规,若乃文采利剑,道鉴其元,雕虫篆刻,世炤其浅。"[例句] 我这些年虽专心学诗,但所学不过是些～,并没有悟得写诗的真谛。

【雕肝镂肾】 diāo gān lòu shèn
[释义] 见"雕肝琢肾"。[语见] 清·许印芳《诗法萃编》:"虽极雕肝镂肾,亦终惝恍而无凭。"[例句] 据说杜甫作诗,无不～,誓要达到"语不惊人死不休"的地步。

【雕肝琢脋】 diāo gān zhuó lǔ
[释义] 见"雕肝琢肾"。[语见] 明·宋濂《刘兵部诗集序》:"师友良矣,非雕肝琢脋,宵咏朝吟,不能有以验其所至之浅深。"[例句] 自秦汉以来,在诗作上一心～而自以为能驰骋当世的人,不在少数,但是如果过上几百年,几千年,再回头一看,被人知道的,却实在不多。

【雕肝琢肾】 diāo gān zhuó shèn
[释义] 比喻写作时苦心琢磨,刻意求工。[语见] 宋·欧阳修《答圣俞莫饮酒》:"朝吟摇头暮蹙眉,雕肝琢肾闻退之,此翁此语还自违,岂如饮酒无所知。"[例句] 为文虽说如绣花,但是如果内容不好,即使你再怎么～,文章还是没有骨头的文章。

【雕梁画栋】 diāo liáng huà dòng
[释义] 梁:架在房顶上或柱子上支撑屋顶的横木。栋:房屋的脊檩。梁上和栋上都有雕刻和绘画。形容建筑物富丽堂皇。[语见] 元·无名氏《看钱奴》第三折:"这的是雕梁画栋圣祠堂。"[例句] 王府里～,气派不凡。

【雕章缋句】 diāo zhāng huì jù
[释义] 指精心修饰文字。[语见] 宋·王洋《又谢丁执中寄黄龙荣》诗:"金瓶玉筋固华丽,雕章缋句真瑰奇。"[例句] 文章自然天成,并不～,有种大家风范。

【雕章镂句】 diāo zhāng lòu jù
[释义] 镂:雕刻。指对文章的字句着意修饰。[语见] 唐·白居易《议文章》:"今褒贬之文无核实,则惩劝之道缺矣;美刺之诗不稽政,则补察之义废矣;虽雕章镂

句,将焉用之?"[例句] 有些诗人过于～,却并不能达到好的效果。

【吊拷掤扒】 diào kǎo bīng bā
[释义] 用绳索捆绑身体,吊起来拷打。[语见] 元·杨梓《豫让吞炭》第三折:"由你由你,既待舍死忘生,怕什么吊拷掤扒。"[例句] 员外被土匪捉去,一通～之后,已然半死。

【吊民伐罪】 diào mín fá zuì
[释义] 吊:慰问。抚慰受苦的百姓,讨伐有罪的统治者。[语见]《孟子·滕文公下》:"诛其君,吊其民,如时雨降,民大悦。"[例句] 李自成进入西安之后,～,建立了政权。

【吊死问疾】 diào sǐ wèn jí
[释义] 向有丧事者和有疾病者进行慰问。[语见] 汉·刘安《淮南子·修务训》:"布德施惠,以振困穷;吊死问疾,以养孤孀。"[例句] 房玄龄任知县时,～,肃清政治,深得民心。

【调虎离山】 diào hǔ lí shān
[释义] 设计使老虎离开它盘踞的深山。比喻用计策使对方离开原来的有利地势,以便进攻。[语见] 明·吴承恩《西游记》第五十三回:"我使个调虎离山计,哄你出来争战,却着我师弟取水去了。"[例句] 诸葛亮施了个～之计,便使得自负的周瑜又上一当。

【掉三寸舌】 diào sān cùn shé
[释义] 掉:摇。摇动三寸舌头,指进行游说。[语见] 汉·司马迁《史记·淮阴侯列传》:"郦生一士,伏轼掉三寸之舌,下齐七十余城。"[例句] 苏秦在各国游走,～,极力推行他的合纵之术。

【掉书袋】 diào shū dài
[释义] 掉弄书袋。指言谈中喜欢用书上的文字或成句。[语见] 宋·马令《南唐书·彭利用传》:"对家人稚子,不违奴隶,言必据书史,断章破句,以代常谈,俗谓之'掉书袋'。"[例句] 在我们这些大字不识的人面前,你还是不要～的好。

【掉头鼠窜】 diào tóu shǔ cuàn
[释义] 转过头来像老鼠般逃窜。[语见]

明·许自昌《水浒记·纵骑》："他怎肯网开三面漫相遮，教我掉头鼠窜无宁帖。"[例句] 看到敌人～夺命而逃的狼狈相，赵云心下大慰。

【掉以轻心】 diào yǐ qīng xīn

[释义] 掉：摆弄。轻心：思想松懈、不在意。用不在意的态度摆弄它。指对某事物采取轻率、不重视的态度。[语见] 唐·柳宗元《答韦中立论师道书》："故吾每为文章，未尝敢以轻心掉之。"[例句] 此次任务十分紧急，请大家一定提高警惕，切不可～。

D

die

【跌宕不羁】 diē dàng bù jī

[释义] 跌宕：放纵不拘。心志放逸而不拘束。[语见] 宋·周密《齐东野语·王迈潘牥》："庭坚初名公筠，后以诏岁乞灵南台神，梦有持方牛首与之，遂易名为牥，殿试第三人，跌宕不羁，傲侮一世。"[例句] 他为人～，难免得罪权贵，惹祸上身。

【跌宕遒丽】 diē dàng qiú lì

[释义] 跌宕：放纵不拘。形容文辞、书法放纵不拘、刚劲逸丽。[语见] 清·赵尔巽《清史稿·梅植之传》："植之，……世臣尤称其书。谓其跌宕遒丽，煅炼旧搨，血脉精气，奔赴腕下，熙载未之敢先。"[例句] 王羲之的字，～，有如蛟龙出水，天下莫不视为神品。

【跌宕昭彰】 diē dàng zhāo zhāng

[释义] 指文章的气势放纵不拘，文意鲜明。[语见] 南朝梁·萧统《陶渊明集序》："其文章不群，辞彩精拔，跌宕昭彰，独超众类。"[例句]《滕王阁序》～，词彩华美，为赋文中上上之作。

【跌荡不羁】 diē dàng bù jī

[释义] 见"跌宕不羁"。[语见]《宣和书谱·无名氏（还颖诗）》："（石延年）遂入馆，跌荡不羁，剧饮尚气节，视天下无复难事，不为小廉曲谨以投苟合。"[例句] 吕蒙年少时，不好读书，不务正业，～，多为乡邻小瞧，但是经高人指点之后，顿时便变了一个人，终于成为一代名将。

【跌荡放言】 diē dàng fàng yán

[释义] 行为放纵，言语不拘。[语见] 南朝宋·范晔《后汉书·孔融传》："又前与白衣祢衡跌荡放言。"[例句] 嵇康～，蔑视世俗，不附权贵，令人钦佩。

【喋喋不休】 dié dié bù xiū

[释义] 喋喋：形容说话多。休：停止。唠唠叨叨，说起来没完没了。[例句] 这样～地教训孩子并不能起到真正的教育作用。

【叠床架屋】 dié chuáng jià wū

[释义] 叠：重叠。床上叠床，屋上架屋。比喻重复累赘。[语见] 宋·陆九渊《与朱元晦书》："上面加无极字，正是叠床上之床；下面著真体字，正是架屋下之屋。"[例句] 你的设计犹如～，啰啰唆唆，为什么不直接一点呢？

【叠矩重规】 dié jǔ chóng guī

[释义] 见"重规袭矩"。[语见] 清·纪昀《阅微草堂笔记·姑妄听之四》："因先生之言，以读先生之书，如叠矩重规，毫厘不失，灼然与才子之笔，分路而扬镳。"[例句] 文学创作要有继承，更要有发展和创造，～是会制约文学的发展的。

ding

【丁是丁，卯是卯】 dīng shì dīng, mǎo shì mǎo

[释义] 丁：天干之一。卯：地支之一。干支一旦发生错误，就影响年月的记录。"丁卯"又为"钉铆"的谐音。钉为物之凸出者，即榫头；铆为物之凹入者，也称铆眼。钉铆一旦发生错误，器物便安不上。比喻做事非常认真，一丝不苟。[语见] 清·曹雪芹《红楼梦》第四十三回："凤姐笑道：'我看你厉害，明儿有了事，我也丁是丁，卯是卯的，你也别抱怨。'"[例句] 小张做事，～，你别想蒙混过关。

【丁一卯二】 dīng yī mǎo èr

[释义] 丁：钉。卯：接榫的凹入部分。形容确实、可靠。[语见] 元·无名氏《抱妆盒》第三折："要说个丁一卯二，不许你差

三错四。"[例句] 现在,你就将你们的设想～地说出来,也让我们来评议一下。

【丁一确二】 dīng yī què èr
[释义] 丁:钉。形容确凿不移。[语见]《朱子语类》第六十九卷:"修辞便立成,如今人持择言语,丁一确二,一字是一字,一句是一句,便是立诚。"[例句] 听他说得～,大家信以为真,都不免有些慌乱。

【顶礼膜拜】 dǐng lǐ mó bài
[释义] 顶礼:印度古代的最高敬礼,也是佛教徒拜佛时的最高敬礼。行礼时跪下,双手伏地,然后用头叩着佛脚。膜拜:也是礼拜神佛时的一种敬礼,行礼时两手放在额上,跪下叩头。比喻对人崇拜得五体投地。[语见] 清·吴趼人《痛史》第二十六回:"汉人不准骚扰,虽一草一木亦不准动。此令一下,合城汉人无不香花灯烛,顶礼膜拜。"[例句] 愚昧的人们还以为他是什么神仙,对其～,让人啼笑皆非。

【顶天立地】 dǐng tiān lì dì
[释义] 顶天:头顶着天。头顶着天,脚站在地上。形容形象高大,气概豪迈。[语见] 宋·释普济《五灯会元》第五十六卷:"汝等诸人,个个顶天立地。"[例句] 好男儿,当活得～,坦坦荡荡,怎能为五斗米折腰呢?

【鼎鼎大名】 dǐng dǐng dà míng
[释义] 见"大名鼎鼎"。[例句] 先生的～,我们早已是如雷贯耳了。

【鼎新革故】 dǐng xīn gé gù
[释义] 见"革故鼎新"。[语见] 汉·魏伯阳《参同契·君臣御政章》第四:"御政之首,鼎新革故。"[例句] 在王安石正要大力～之际,保守派已然掌握了大权,中国历史上一次伟大的革新便如此夭折了。

diu

【丢盔弃甲】 diū kuī qì jiǎ
[释义] 丢:丢掉。盔:头盔。弃:扔掉。甲:铠甲。丢掉了头盔,扔掉了铠甲。形容打了败仗,仓皇逃命的样子。[例句] 赤壁一战,曹军～,大败而归。

【丢盔卸甲】 diū kuī xiè jiǎ
[释义] 见"丢盔弃甲"。[语见] 元·孔文卿《东窗事犯》第一折:"唬得禁军八百万丢盔卸甲。"[例句] 敌军～,大败而逃。

【丢三落四】 diū sān là sì
[释义] 落:漏掉,遗忘。形容马马虎虎,顾此失彼。[例句] 你做事要细心,不要总是～的。

【丢卒保车】 diū zú bǎo jū
[释义] 象棋战术用语。比喻丢掉次要的,保住主要的。[例句] 事到如今,也只能～,做些牺牲了。

dong

【东奔西向】 dōng bēn xī xiàng
[释义] 指各走各的路,互不相关。[语见] 明·无名氏《苏九淫奔》第二折:"你也光,我也光,东奔西向,我就养遍濮州城,你也难来拦挡。"[例句] 道不同则不相为谋,咱们以后～各为其主,即使是兵戎相见,却也无可奈何。

【东窗事发】 dōng chuāng shì fā
[释义] 发:暴露,揭发。指秦桧夫妇于东窗下谋害岳飞之事暴露。泛喻阴谋败露。[例句] 这一伙人平日道貌岸然,但是一旦～,个个便都蔫了。

【东床娇客】 dōng chuáng jiāo kè
[释义] 见"东床坦腹"。[语见] 元·李好古《张生煮海》第三折:"东海龙神差老僧来作媒,招你为东床娇客。"[例句] 既然～在座,我也就不多说什么,等我回头再来找你。

【东床娇婿】 dōng chuáng jiāo xù
[释义] 见"东床坦腹"。[语见] 明·兰陵笑笑生《金瓶梅》第二十回:"东床娇婿实堪怜,况遇青春美少年。"[例句] 那小子已被王爷招为～了,姑娘你还相思着那负心人何苦呢?

【东床姣婿】 dōng chuáng jiāo xù
[释义] 见"东床坦腹"。[语见] 清·曹雪

芹《红楼梦》第七十九回:"贾赦见是世交子侄,且人品家当都相称合,遂择为东床娇婿。"[例句]陈世美为了能成为宰相府的～,几乎丧尽天良,把糟糠之妻置于了死地,真是天理不容!

【东床坦腹】dōng chuáng tǎn fù
[释义]女婿的美称。[语见]南朝宋·刘义庆《世说新语·雅量》:"郗太傅在京口,遣门生与王丞相书,求女婿。丞相语郗,信君往东厢任意选之。门生归白郗曰:'王家诸郎,亦皆可嘉,闻来觅婿,咸自矜持,唯有一郎在床上坦腹卧,如不闻。'郗公云:'正此好。'访之,乃是逸少(王羲之),因嫁女与焉。"[例句]府上～已中了状元,现在何以还如此冷清?

【东倒西歪】dōng dǎo xī wāi
[释义]时而倒向这边,时而倒向那边。形容站立不稳,或姿态不端正。[语见]元·无名氏《衣袄车》第四折:"我这里步步刚捱,病身躯恰才安泰,行不动东倒西歪。"[例句]孙子在爷爷身上～,爷爷还笑得一脸如花。

【东方千骑】dōng fāng qiān qí
[释义]原指女子的丈夫富贵有势,后借称夫婿。[语见]《乐府诗集·相和歌辞三·古辞〈陌上桑〉》:"东方千余骑,夫婿居上头。"[例句]朱员外仗着有个在朝内身居高位的～,在乡里横行霸道,乡人多是敢怒而不敢言。

【东扶西倒】dōng fú xī dǎo
[释义]这边扶起,又倒向那边。形容难以支撑,不能自立。[语见]宋·杨万里《诚斋集·过南荡》诗:"笑杀槿篱能耐事,东扶西倒野酴醾。"[例句]他家那几个小子～的,实在难以造就。

【东海捞针】dōng hǎi lāo zhēn
[释义]从海里捞取一根针。形容极难办到或找到。[语见]元·柯丹丘《荆钗记·误讣》:"此生休想同衾枕,要相逢除非是东海捞针。"[例句]你到浩如烟海的资料中要寻找这么一句话的出处,不是～吗?

【东海扬尘】dōng hǎi yáng chén
[释义]原指东海变成陆地,扬起尘土。后比喻世事发生极大的变迁。[语见]晋·葛洪《神仙传·王远》:"麻姑自说云:'接待以来,已见东海三为桑田,向到蓬莱,又水浅于往日会时略半耳,岂将复为陵陆乎?'远叹曰:'圣人皆言,海中行复扬尘也。'"[例句]有谁能预料～,昔日的好友,竟然成了如今商战中的敌人。

【东诓西骗】dōng kuāng xī piàn
[释义]指到处说谎话诈骗。[语见]明·无名氏《东篱赏菊》第二折:"若论我,半个字也不识。若说道抵换官物、盗使印信,东诓西骗,天下跑魁。"[例句]陈家那二儿子,整日在村里～,弄得他一家人都为他背负骂名。

【东拉西扯】dōng lā xī chě
[释义]形容言语漫无边际,没有主题。[语见]清·曹雪芹《红楼梦》第八十二回:"更有一种可笑的,肚子里原没有什么,东拉西扯,弄的牛鬼蛇神,还自以为博奥。"[例句]你别在那里～,直说吧,究竟有什么事情?

【东来紫气】dōng lái zǐ qì
[释义]见"紫气东来"。[语见]唐·杜甫《秋兴》诗:"西望瑶池降王母,东来紫气满函关。"[例句]半年大旱之后,竟然～,终于使这片土地避免了万物凋零的厄运。

【东鳞西爪】dōng lín xī zhǎo
[释义]传说中的龙在云层中偶然露出身体的某一部分,画龙的人只能在东画一片龙鳞,西画一只龙爪。后比喻事物零碎,不成系统,不全面。[例句]这些回忆,不过是～,我早已记不清少年时故乡确切的模样。

【东零西落】dōng líng xī luò
[释义]这边一个,那边一个。形容星散零落。[语见]明·胡文焕《群音类选·桃园记·古城聚会》:"还说到不降曹,到如今越气恼,受女纳金多快乐,将恩义顿然抛调,撇得俺弟兄每,东零西落。"[例句]岳飞纵马挺枪,杀入金兵阵营,直杀得金

兵～。

【东零西散】 dōng líng xī sàn
[释义] 见"东零西落"。[语见] 清·古吴墨浪子《西湖佳话·钱塘霸迹》："一霎时，十万余兵，杀得东零西散，止剩得一个空寨。"[例句] 战火一燃，全家逃出城去，这一逃，一家人都～，不知消息了。

【东门黄犬】 dōng mén huáng quǎn
[释义] 出城门，牵着黄狗，追逐野兔。原为秦丞相李斯，因赵高诬以谋反而腰斩，临刑时所说的追悔之言。后以"东门黄犬"指做官遭祸，抽身悔迟。[语见] 汉·司马迁《史记·李斯列传》："二世二年七月，具斯五刑，论腰斩咸阳市。斯出狱，与其中子俱执，顾谓其中子曰：'吾欲与若复牵黄犬，俱出上蔡东门逐狡兔，岂可得乎！'"[例句] 九龄位高权重，伴君如伴虎，常常有～之忧。

【东鸣西应】 dōng míng xī yìng
[释义] 这边发出声音，那边立即随声应和。比喻事物间联系紧密。[例句] 河两边的人们，虽然千百年来均为两国子民，但是～，唇齿相依，结下了深厚的友谊。

【东扭西捏】 dōng niǔ xī niē
[释义] 指装腔作势，扭捏作态，不爽快。[语见] 明·冯梦龙《警世通言》第三十一卷："他又东扭西捏，朝三暮四，没有得爽利与你。"[例句] 似他那种～的人，你早就应该同他断绝来往了。

【东拼西凑】 dōng pīn xī còu
[释义] 形容把诸多零星的事物拼凑起来。[语见] 清·曹雪芹《红楼梦》第八回："因为儿子的终身大事所关，说不得东拼西凑，恭恭敬敬封了二十四两赘见礼，带了秦钟到代儒家来拜见。"[例句] 全村子人～，好不容易才凑得一二十两银子，你竟然还嫌少！

【东山复起】 dōng shān fù qǐ
[释义] 见"东山再起"。[语见] 清·袁枚《寄房师邓逊斋先生书》："夫子乞养西归，东山复起，物换星移，三十年为一世矣。"[例句] 将军不要过于灰心，胜败乃

兵家常事，有朝一日～，定要报仇雪耻。

【东山高卧】 dōng shān gāo wò
[释义] 见"高卧东山"。[语见] 元·郑廷玉《忍字记》第四折："我赶不上庞居士海内沉舟，晋孙登苏门长啸，我可甚么谢安石东山高卧。"[例句] 刘伯温已决然要～，你们自不必再去劝慰了。

【东山再起】 dōng shān zài qǐ
[释义] 据南朝宋·刘义庆《世说新语·排调》载：晋代谢安辞官隐居东山，朝廷几次封官他都不肯就任，后于四十岁复出仕，官至宰相。后世遂以"东山再起"喻再度得势。[语见] 南朝宋·刘义庆《世说新语·排调》："谢公在东山，朝命屡降而不动，后出为桓宣武司马，将发新亭，朝士咸出瞻送。高灵时为中丞，亦往相祖，先时多少饮酒，因倚如醉，戏曰：'卿屡违朝旨，高卧东山，诸人每相与言，安石不肯出，将如苍生何。今亦苍生将如卿何。'谢笑而不答。"[例句] 项羽一想，如今这八百人，自可回到江东，但是要真正～，又谈何容易……想着，赴死之心油然而生。

【东山之志】 dōng shān zhī zhì
[释义] 指隐居的志愿。[语见] 唐·房玄龄等《晋书·谢安传》："安虽受朝寄，然东山之志始末不渝，每形于言色。"[例句] 中堂大人虽人在朝中，但是～一日未灭。

【东施效颦】 dōng shī xiào pín
[释义] 效：模仿。颦：皱眉。据《庄子·天运》载：有名的美女西施得了心疼病，捂着心口，皱着眉头走路，人们都觉得她比没病时还要美。邻居的一个丑女人见大家都赞美西施的病态，便学着西施的样子走路，希望自己也得到赞美，谁知人们见了她，纷纷逃避，闭门不出。后世遂谴称此女为东施，以"东施效颦"比喻拙劣的模仿。也单说"效颦"。[例句] 东方有东方的魅力，西方有西方的长处，全盘西化，无异～，只怕最后不但两手空空，就是连自己原来的那点东西也丢掉了。

【东食西宿】 dōng shí xī sù
[释义] 在东家吃饭，在西家住宿。比喻

贪利的人企图兼有两利。[语见]唐·欧阳询《艺文类聚》第四十卷引汉·应劭《风俗通》:"齐人有女,二人求之,东家子丑而富,西家子好而贫。父母疑不能决,问其女,定所欲适,难指斥言者,偏袒,令我知之,女便两袒。怪问其故。云:欲东家食西家宿。此为两袒者也。"[例句]你就别做～的美梦了,世界上没有让你把好处都占了的道理。

【东市朝衣】dōng shì cháo yī
[释义]东市:汉代长安处决死囚之处。朝衣:古代官员上朝时所穿的礼服。东市朝衣指大臣被杀。[语见]汉·司马迁《史记·晁错传》载:晁错被杀时,"朝衣斩东市"。[例句]魏忠贤专权时期,朝中大臣也常常有～之祸,普通人就更不得说了。

【东涂西抹】dōng tú xī mǒ
[释义]本指妇女涂脂抹粉。后常用作提笔作文或写字的谦语。[语见]五代·王定保《唐摭言》第三卷:"尝策赢赴朝,值新进士榜下,缀行而出。时进士团所由辈数十人,见逢行李萧条,前导曰:'回避新郎君!'逢辗然,即遣一介语之曰:'报道莫贫相! 阿婆三五少年时,也会东涂西抹也。'"[例句]我那几篇拙作,不过是～罢了,不敢与您的作品相比。

【东兔西乌】dōng tù xī wū
[释义]兔、乌:古代神话传说,月亮里有玉兔,太阳里有三足金乌。月亮东升,太阳西下,指时间流逝。[语见]宋·吴潜《瑞鹤仙》词:"愁高怅远。身世事,但难准。况禁他,东兔西乌相逐,古古今今不问。"[例句]你我在苏州一别,～,如今已是十年,不知你现在过得如何了。

【东歪西倒】dōng wāi xī dǎo
[释义]形容力不能支,站立不住。[语见]清·吴趼人《二十年目睹之怪现状》第三十九回:"日暮挑灯闲徙倚,郎不归来留恋谁家里? 及至归来沈醉矣,东歪西倒扶难起。"[例句]大风过后,油菜在地里～。

【东掩西遮】dōng yǎn xī zhē
[释义]指多方掩饰遮瞒。[语见]元·曾瑞卿《留鞋记》第三折:"我恰待东掩西遮,他早则生嗔发怒。"[例句]我进去时,他们几个都～,神色慌张不止,不知搞什么名堂。

【东央西告】dōng yāng xī gào
[释义]四处恳切地央求别人相助。[语见]明·冯梦龙《警世通言》第三十二卷:"口里虽如此说,心中割舍不下。依旧又往外边东央西告,只是夜里不进院门了。"[例句]老人家～,却怎么也凑不足官府索要的十五两银子。

【东张西望】dōng zhāng xī wàng
[释义]张、望:看。形容心神不定,漫无目标或慌张的样子。[语见]明·冯梦龙《喻世明言》第一卷:"三巧儿只为信了卖卦先生之语,一心只望丈夫回来,从此时常走向前楼,在帘内东张西望。"[例句]你看他～的,似乎在等什么人。

【东遮西掩】dōng zhē xī yǎn
[释义]见"东掩西遮"。[语见]明·高濂《玉簪记·促试》:"我想陈妙常与我侄儿,两下青春佳丽,意气相投,每每月下星前,事事东遮西掩。看他鼠窃,使我狐疑。"[例句]事情我已经全然知道了,你也不必再～、心有顾忌了。

【东征西讨】dōng zhēng xī tǎo
[释义]往东征战,向西讨伐。形容长久从事征战。[语见]明·宋濂等《元史·木华黎传》:"……召其弟带孙曰:'我为国家助成大业,擐甲执锐垂四十年,东征西讨,无复遗恨,第恨汴京未下耳! 汝其勉之。'"[例句]元帅这些年～,建立了许多功勋。

【冬烘先生】dōng hōng xiān shēng
[释义]冬烘:糊涂迂腐。指思想迂腐、学问浅陋的老学究。[语见]据五代·王定保《唐摭言》第八卷载:唐时郑薰主持考试,误认颜标为鲁公(颜真卿)的后代,把他取为状元。当时有人作诗嘲笑他:"主司头脑太冬烘,错认颜标作鲁公。"[例句]老教授不苟言笑,行为也有些古

板,学生们暗地里称他为～。

【冬日可爱】dōng rì kě ài
[释义] 冬天的太阳使人感到温暖。比喻待人温和慈祥。[语见]《左传·文公七年》:"酆舒问于贾季曰:'赵衰、赵盾孰贤?'对曰:'赵衰,冬日之日也;赵盾,夏日之日也。'"杜预注:"冬日可爱,夏日可畏。"[例句] 张大爷温和慈祥,待人总是笑脸相迎,真是～呀。

【冬温夏清】dōng wēn xià qìng
[释义] 冬天使之温暖,夏天使之凉快。指儿女侍奉父母无微不至。[语见]《礼记·曲礼上》:"凡为人子之礼,冬温而夏清,昏定而晨省。"[例句] 百行孝为先,祠堂里所供之人,都是前辈中～之士,他们的事迹,县志里多有记载。

【动荡不安】dòng dàng bù ān
[释义] 荡:摇动。形容局势不稳定,不平静。[例句] 在那些～的岁月里,李清照一个弱女子,虽有惊天之才,却还是过得凄凉愁苦。

【动地惊天】dòng dì jīng tiān
[释义] 见"惊天动地"。[语见] 明·无名氏《阴山破虏》第三折:"夺魁喊声竞起,动地惊天怒似雷。"[例句] 两军交战,喊杀声～。

【动魄惊心】dòng pò jīng xīn
[释义] 见"惊心动魄"。[语见] 清·朱寿明《光绪朝东华录·光绪七年辛巳夏四月》:"遂使内外二十五支蛮众数十万人,动魄惊心。"[例句] 箫吹到后来,那～的一叹,足以让人泪下。

【动人心弦】dòng rén xīn xián
[释义] 心弦:指受感动而引起的共鸣。形容文艺作品或事物有激动人心的力量而使人在感情上产生共鸣。[例句] 她的一颦一笑,一歌一叹,丝丝入扣、～地展现出了角色那丰富的内心世界。

【动如参商】dòng rú shēn shāng
[释义] 参、商都是二十八宿之一,二星此出彼没,不同时在天空中出现,因以比喻人分离后不能会面。[语见] 唐·杜甫《赠卫八处士》:"人生不相见,动如参与商。"

[例句] 与君一别十年,～,不知何时才能相见。

【动如脱兔】dòng rú tuō tù
[释义] 脱兔:逃跑的兔子。行动起来像个逃跑的兔子。比喻行动迅速、敏捷。[语见]《孙子·九地》:"是故始如处女,敌人开户;后如脱兔,敌不及拒。"[例句] 练不就～的本领,将来到了敌后,等待你的将是流血和死亡。

【动心怵目】dòng xīn chù mù
[释义] 见"动心骇目"。[语见] 宋·陈亮《祭宗成老文》:"虽才俊比肩,可喜可愕,至于动心怵目,无所不有,然其厚德伟度,要不复前人比。"[例句] 画打开了,中央竟然～地出现了一个大口子。

【动心骇目】dòng xīn hài mù
[释义] 骇目:使人看了感到惊骇。形容感受很深,震动很大。[语见] 宋·陆游《跋兰亭乐毅论并赵岐王帖》:"王遗墨藏家庙者,今虽仅存,某尝获观,皆奇丽超绝,动心骇目。"[例句] 这部影片的战争场面拍得～,十分逼真。

【动辄得咎】dòng zhé dé jiù
[释义] 动:动不动,动一动。辄:就会。得:受到、得到。咎:责备、指责。动不动就会受到指责,不被人理解。[语见] 唐·韩愈《进学解》:"跋前踬后,动辄得咎。"[例句] 钱复初入京做官,人微言轻,～,真是如临深渊,如履薄冰。

【动中綮要】dòng zhòng kuǎn yào
[释义] 綮:空处,中空。喻指事物的关键。常常抓住关键,指举止言谈都能切中要害。[语见]《庄子·养生主》:"依乎天理,批大郤,导大綮。"[例句] 路先生侃侃而谈,～,一席话之后,大家心中疑虑全然得释了。

【冻解冰释】dòng jiě bīng shì
[释义] 见"冰解冻释"。[语见] 清·李光地《朱子全书·中庸一》:"复取程氏书虚心平气而徐读之,未及数行,冻解冰释。"[例句] 经过我多次劝说,他们之间的仇恨终于～了。

【栋梁之材】dòng liáng zhī cái
[释义] 栋:房屋的大梁。梁:架在墙上或

柱子上的木材。能用来做房屋栋梁的大木料。比喻能担当国家重任的人才。[语见]元·李文蔚《张子房圯桥进履》第二折："他是擎天之柱,可为栋梁之材也。"[例句]他绝顶聪明,又踏实忍让,多加历练,日后必能成为～。

【栋折榱崩】dòng zhé cuī bēng
[释义]榱:椽子。栋梁和椽子都折断崩塌了。指大厦倒塌。比喻国家或政权被颠覆。[语见]《左传·襄公三十一年》:"子(子皮)于郑国,栋也,栋折榱崩,侨将厌(压)焉,敢不尽言。"[例句]待到楚国～之时,人们才想起屈原,可是已经晚了。

【洞察一切】dòng chá yī qiè
[释义]洞:透彻,深刻。察:觉察。透彻地观察一切事物。形容对所有事物都有深刻细致的判断力。[例句]在～的班主任面前,学生们都低下了头。

【洞房花烛】dòng fáng huā zhú
[释义]洞房:新婚夫妻的卧室。花烛:有彩饰图案的蜡烛。在洞房中点上花烛。指新婚。[语见]北周·庾信《和咏舞》诗:"洞房花烛明,燕余双舞轻。"[例句]虽是～,但是一接到命令,他马上毫不犹豫地返回了军营。

【洞见症结】dòng jiàn zhēng jié
[释义]症结:腹内结块的病。比喻明察关键。[语见]汉·司马迁《史记·扁鹊仓公列传》:"扁鹊以其言饮药三十日,视见坦一方人。以此视病,尽见五脏症结,特以诊脉为名耳。"[例句]你此去,必须要～,查明缘由,然后回来我们共同商议一个可行的办法。

【洞如观火】dòng rú guān huǒ
[释义]见"洞若观火"。[语见]清·赵尔巽《清史稿·文庆文祥等传赞》:"晚年密陈大计,于数十年驭外得失,洞如观火,一代兴亡之龟鉴也。"[例句]凭着多年的刑侦经验,他对这起案件～,这是一起嫁祸于人的杀人案。

【洞若观火】dòng ruò guān huǒ
[释义]洞:透彻,清楚。形容观察事物非常透彻,好像看火一样清楚。[语见]明·沈采《千金记·谒相》:"老丞相明炳机先,洞若观火,已曾熟料。"[例句]对于事态的发展,他早已～,于是提前做好了准备。

【洞幽烛微】dòng yōu zhú wēi
[释义]洞:洞晓,十分明白。幽:深远。烛:照亮。微:微末,精细处。洞晓深远,烛见微末。形容观察力强,所得见解深刻而细致。[例句]文章虽然短小,但是～,在学术界引起了非常大的反响。

【洞中肯綮】dòng zhòng kěn qìng
[释义]洞:透彻,深入。肯綮:筋骨结合的地方。比喻要害、关键。形容观察锐利,能抓住关键。[语见]明·宋濂等《元史·韩性传》:"郡之良二千石,政事有所未达,辄往咨访,性从容开导,洞中肯綮,裨益者多。"[例句]严恪自幼熟读史书,常常能对非常复杂的事情～,这自不是一般人能够比得了的。

【洞烛其奸】dòng zhú qí jiān
[释义]洞:透彻,深入。表示看透了对方的阴谋诡计。形容观察力强,警惕性高。[语见]清·张廷玉等《明史·董传策传》:"嵩稔恶惧国,陛下岂不洞烛其奸。"[例句]我们一定要～,才能避免上对手的当。

dou

【斗方名士】dǒu fāng míng shì
[释义]斗方:书画所用的方形纸张,也指一二尺见方的字画。在斗方上写诗作画以相标榜的小名士。指以风雅自命的无聊文人。含讥讽之意。[语见]《礼记·月令》:"聘名士。"孔颖达疏:"名士者,谓其德行贞绝,道术通明,王者不得臣,而隐居不在位者也。"[例句]每逢重阳,都有一批～附庸风雅登临此处,还将"诗词"题得到处都是。

【斗酒百篇】dǒu jiǔ bǎi piān
[释义]饮一斗酒,作出百篇诗歌,形容人豪放而且才思敏捷。[语见]唐·杜甫《饮中八仙歌》:"李白一斗诗百篇,长安市上

酒家眠。"[例句] 苏轼才高八斗,～,然而官运总是不济,不过也许正是因为如此,才使他在学理上达到了一般人难以到达的高度。

【斗酒只鸡】dǒu jiǔ zhī jī
[释义] 斗:古代盛酒器。酒和鸡都是古人祭奠死者的物品。一斗酒,一只鸡。后以此作为悼念亡友之辞,或表示招待宾客的意思。[语见] 汉·曹操《祀故太尉桥玄文》:"不以斗酒只鸡过相沃酹。"[例句] 你我兄弟一场,如今身在咫尺,隔为两世,～,聊作哀思。

【斗量车载】dǒu liáng chē zài
[释义] 见"车载斗量"。[语见] 宋·辛弃疾《玉楼香》词:"向来珠履玉簪人,颇觉斗量车载满。"[例句] 李白文采,如～,非常人所能比。

【斗南一人】dǒu nán yī rén
[释义] 斗南:北斗之南,指天下。天下只此一人。形容品德或才学独步当时。[语见] 宋·欧阳修等《新唐书·狄仁杰传》:"狄公之贤,北斗之南,一人而已。"[例句] 先生之才,～,我们已经久仰大名了。

【斗筲之材】dǒu shāo zhī cái
[释义] 见"斗筲之人"。[语见] 晋·袁宏《后汉纪·顺帝纪》:"又托日月末光,以斗筲之材,乘君子之器。"[例句] 那不过一个～,你不必自乱阵脚。

【斗筲之器】dǒu shāo zhī qì
[释义] 见"斗筲之人"。[语见] 元·郑廷玉《金凤钗》第二折:"似我这粪土之墙,斗筲之器,枉读了圣贤之道。"[例句] 太宗之后的几位皇帝,均是～,李唐变国为周,也尽在自然。

【斗筲之人】dǒu shāo zhī rén
[释义] 斗:量粮食的器具。筲:盛饭的竹器。比喻人的气量狭小,见识短浅。[语见] 《论语·子路》:"子曰:'噫!斗筲之人,何足算也。'"也作"斗筲小人"、"斗筲之辈"、"斗筲之才"、"斗筲之徒"。[例句] 我不过一～,怎能担当得起如此大任?

【斗升之水】dǒu shēng zhī shuǐ
[释义] 斗、升:容量不大的器具。比喻微薄的资助。[语见] 《庄子·外物》:"周昨来,有中道而呼者……对曰:'我东海之波臣也,君岂有斗升之水而活我哉?'"[例句] 我们的援助虽然不过是～,但表达了我们的一片真心!

【斗粟尺布】dǒu sù chǐ bù
[释义] 一斗粟,一尺布。汉·司马迁《史记·淮南衡山列传》载:汉文帝弟淮南王刘长谋反失败,在被押往蜀郡途中绝食而死。有民谣说:"一尺布,尚可缝;一斗粟,尚可春;兄弟二人不能相容。"裴骃集解引《汉书音义》:"尺布斗粟,犹尚不弃,况于兄弟,而更相遂乎?"原指琐碎小事。后用以表示兄弟不和。[例句] 我们俩是亲兄弟,千万不要因为金钱而影响了亲情,～之争,是让人很难过的。

【斗重山齐】dǒu zhòng shān qí
[释义] 斗:北斗星。山:泰山。像北斗星一样令人景仰,如泰山一般高大。形容人德高望重,才学出众。[语见] 明·胡文焕《群音类选·鸣凤记·典刑死节》:"痛追思旧日相随,德业文章,斗重山齐。"[例句] 既然说到推举,那么自然是～的多九公了。

【斗转参横】dǒu zhuǎn shēn héng
[释义] 斗、参:星宿名。北斗星的杓转了方向,参星横斜了。指午夜后的时候。[语见] 元·脱脱等《宋史·乐志》十六:"斗转参横将旦,天开地辟如春。"[例句] 众人直把酒喝到了～,也仍未见有一丝要歇息的意思。

【斗转星移】dǒu zhuǎn xīng yí
[释义] 斗转:北斗星的杓转移了方向。形容岁月变迁。[语见] 元·白仁甫《墙头马上》第一折:"莫疑迟,等的那斗转星移,休教这印苍苔的凌波袜儿湿。"[例句] 夫妻二人就这样默默地生活着,～,转眼已过了三十年。

【斗鸡走狗】dòu jī zǒu gǒu
[释义] 走:跑,使跑。逗鸡争斗,唆狗奔跑。多指不务正业,沉溺于赌博、打猎等

游乐中。[语见]汉·司马迁《史记·袁盎列传》："盎病免居家,与闾里浮沈相随行,斗鸡走狗。"[例句]王孙们提笼架鸟,～,玩是玩得美了,但是王朝灭亡时的惨痛,却又是他们所没有想到的。

【斗志昂扬】dòu zhì áng yáng
[释义]昂扬:情绪高涨。形容斗争意志坚定,情绪高涨。[例句]一众人～地大声喊着号子,把船推到了水里。

【豆蔻年华】dòu kòu nián huá
[释义]豆蔻:一种草本植物,开淡黄色的花,常用以比喻处女。后用"豆蔻年华"指少女十三四岁时的青春年华。[语见]唐·杜牧《赠别》诗:"娉娉袅袅十三余,豆蔻梢头二月初。"[例句]她青春年少,正值～。

【豆剖瓜分】dòu pōu guā fēn
[释义]豆被剖开,瓜被割分。比喻国土被分裂或瓜分。[例句]热血男儿,应当奋勇抗敌,怎能眼见国土～而无动于衷呢?

du

【独霸一方】dú bà yī fāng
[释义]独自占据一个地方,称王称霸。一般指坏人。[语见]明·冯梦龙《喻世明言》第二十一卷:"钱王(镠)生于乱世,独霸一方,做了十四州之主。"[例句]想不到当年～的活阎王也有虎落平阳的一天。

【独步当时】dú bù dāng shí
[释义]在当时独一无二,常形容杰出的人才。[语见]唐·房玄龄等《晋书·陆喜传》:"文藻宏丽,独步当时;言论慷慨,冠乎终古。"[例句]庾信文章,～,其凄凉悲切,尤以《枯树赋》为甚。

【独步天下】dú bù tiān xià
[释义]形容当代独一无二,没有可以相比的。[语见]南朝宋·范晔《后汉书·戴良传》:"独步天下,谁与为偶!"[例句]八大山人有如横空出世,其画艺诡异怪诞,～。

【独步一时】dú bù yī shí
[释义]见"独步当时"。[语见]清·褚人获《隋唐演义》第九十五回:"就是那一技之微,若果能专心致志,亦足以轶类超群,独步一时。"[例句]他的画,当初可谓～。

【独出心裁】dú chū xīn cái
[释义]见"别出心裁"。[语见]清·李汝珍《镜花缘》第八十一回:"不但独出心裁,脱了旧套;并且斩钉截铁,字字雪亮。"[例句]房间的布置～,体现出女主人高雅的审美情趣。

【独当一面】dú dāng yī miàn
[释义]独立承担一个方面的工作。形容精明能干,工作能力强,有领导才能。[语见]五代后晋·刘昫等《旧唐书·李光颜传》:"会朝廷征天下兵,环申、蔡而讨吴元济,诏光颜以本军独当一面。"[例句]他毕业五年了,也有一定的经验,给他一次～的机会吧!

【独到之处】dú dào zhī chù
[释义]与众不同的地方或见解。[例句]小说真正的～,是它意味深长的结尾。

【独到之见】dú dào zhī jiàn
[释义]见"独到之处"。[例句]我没有什么～,就先听你们说说吧。

【独断独行】dú duàn dú xíng
[释义]见"独断专行"。[语见]清·李宝嘉《官场现形记》第十二回:"你在他手下办事,只可独断独行,倘若都要请教过他再做,那是一百年也不会成功的。"[例句]在那种混乱的局面下,他的～,恰恰为他杀出了一条血路。

【独断专行】dú duàn zhuān xíng
[释义]指行事专断,不考虑别人意见。形容作风武断不民主。[例句]作为一个总裁,～,如果过了头,可能会给整个公司带来灭顶之灾。

【独夫民贼】dú fū mín zéi
[释义]独夫:旧指残暴无道、众叛亲离的君主。民贼:残害人民的人。指暴虐无道、祸国殃民的统治者。[语见]唐·杜牧《樊川文集·阿房宫赋》:"独夫之心,日益骄固。"《孟子·告子下》:"今之所谓良臣,古之所谓民贼也!"[例句]他究竟是

个～,还是一个有血性的君王,后人自有评说。

【独具匠心】 dú jù jiàng xīn
[释义]见"匠心独运"。[例句]她那～的想法不禁令我眼前一亮,我似乎一下子重新看到了希望。

【独具只眼】 dú jù zhī yǎn
[释义]形容眼光敏锐,见解有独到之处。[例句]以平凡的题材写出不凡的文章,关键在于作者～,能在其中挖掘出更深刻的内容来。

【独立王国】 dú lì wáng guó
[释义]比喻不接受上级的领导,使一个部门或地区形成独立的特殊局面,自成一套。[例句]整个公司,只有他们这个部门是个～,谁也管不了。

【独立自主】 dú lì zì zhǔ
[释义]不依靠他人,自己的事自己做主。多指一个国家、民族或政党不受外来势力的控制,自己处理事务,掌握自己的命运。[例句]～地发展,是我们共同的愿望。

【独木不成林】 dú mù bù chéng lín
[释义]木:树。林:树林。单独一棵树不能成为树林。比喻单薄的独个力量不能办成大事或支撑全局。[语见]清·钱彩《说岳全传》第七十回:"王贵、张显二人悲伤过度,是夜得了一病,又不肯服药,不多几日,双双病死。牛皋又哭了一场,弄得独木不成林,无可如何。"[例句]～,你纵有三头六臂,凭你个人的力量,也无法去改变一个社会的命运。

【独木不林】 dú mù bù lín
[释义]见"独木不成林"。[例句]～,你如没有三两个好帮手,要成就一番事业,实在是难而又难。

【独木难支】 dú mù nán zhī
[释义]见"一木难支"。[语见]清·大汕《海外纪事》第四卷:"华屋愿起,独木难支,顺风而呼,知音必应。"[例句]面对这样复杂而又危险的局面,我一个人是～,希望大家和我一道,共同应对这一困境。

【独辟蹊径】 dú pì xī jìng
[释义]辟:开辟。蹊径:小路。单独开出一条道路。比喻独创出新风格或新方法。[语见]清·叶燮《原诗·外篇上》:"抹倒体裁、声调、气象、格力诸说,独辟蹊径。"[例句]张老师～,改变了原来的作文教学方法,全班的作文水平有了明显的提高。

【独善其身】 dú shàn qí shēn
[释义]善:使之善,即修养。原指一个人失意不得志时,独自修养自己的品德才能。现指只顾自己、不顾他人的处世方法和态度。[语见]《孟子·尽心上》:"穷则独善其身。"[例句]你这种～的处世态度与我们同心协力的局面有点不协调。

【独擅胜场】 dú shàn shèng chǎng
[释义]擅:独揽。胜场:取胜的场所。独自揽取竞技场上的胜利。比喻技艺高超出众。[语见]清·曾朴《孽海花》第二十五回:"金石书画,固是他的生平嗜好,也是他的独擅胜场。"[例句]在古董鉴别上,他～,我们都很信任他。

【独树一帜】 dú shù yī zhì
[释义]树:竖立。帜:旗帜。单独竖起一面旗帜。比喻独自开辟一条道路,创造出一种新的风格或流派,自成一家。[语见]清·曾朴《孽海花》第三回:"拿经史百家的学问,全纳入时文里面,打破有明以来江西派和云间派的门户,独树一帜。"[例句]这种诗风在当时的诗坛上～。

【独弦哀歌】 dú xián āi gē
[释义]独自弹着弦子,唱起悲哀的歌调。指故意不按通常规律办事,以显示自己与众不同,从而借此沽名钓誉。[语见]《庄子·天地》:"子非夫博学以拟圣,於以盖众,独弦哀歌,以卖名声于天下者乎?"[例句]别去学那种～之人,做人要堂堂正正,哪怕是死,也要死得轰轰烈烈,怎么可以总想着靠什么捷径而一步登天呢?

【独行独断】 dú xíng dú duàn
[释义]见"独断专行"。[例句]他一向～,这一次终于吃了败仗。

【独行其道】 dú xíng qí dào

[释义] 道:指信念、主张。独自实行自己的信念。[语见]《孟子·滕文公下》:"得志,与民由之;不得志,独行其道。"[例句] 我们都去了桃花堤,他却~,在家里蒙头睡大觉。

【独行其是】 dú xíng qí shì

[释义] 不顾别人的意见,只按自己认为对的去做。[例句] 此去你是独当一面,而且局势变化又如此迅猛,你自可~,不必处处向我请示。

【独一无二】 dú yī wú èr

[释义] 形容唯一的、没有与之相同的或可与之相比的。[语见] 明·兰陵笑笑生《金瓶梅》第六十二回:"我的家财富豪,清河县内是独一无二的。"[例句] 像这类~的玉石,可以说是价值连城。

【独占鳌头】 dú zhàn áo tóu

[释义] 鳌:传说中海里的大龟或大鳖。皇帝宫殿台阶前石板上雕有龙和鳌的图案,科举时代只有考中一甲第一名进士即状元才可站在鳌头处迎榜,因此称中状元为"独占鳌头"。后用以泛指取得第一名。[语见] 元·无名氏《陈州粜米·楔子》:"殿前曾献升平策,独占鳌头第一名。"[例句] 在龙舟比赛中,三中女子队连克数队,~。

【黩武穷兵】 dú wǔ qióng bīng

[释义] 见"穷兵黩武"。[语见] 宋·洪迈《容斋三笔·汉文帝不用兵》:"予谓孝文之仁德如此,与武帝黩武穷兵,为霄壤不侔矣。"[例句] 统治者为争夺天下,~,百姓却因此而家破人亡,妻离子散。

【睹微知著】 dǔ wēi zhī zhù

[释义] 从一点细小的迹象,就可了解其发展趋势。[语见] 晋·陈寿《三国志·魏书·臧洪传》:"仆虽不敏,又素不能原始见终,睹微知著,窃度主人之心,岂谓三子宜死,罚当刑中哉?"[例句] 我们虽不真正清楚老师黯然神伤的原因,但~,也知道恐怕与那封远方来信有关。

【睹物伤情】 dǔ wù shāng qíng

[释义] 见到与故人有关的东西便触发起感伤之情。[语见] 元·柯丹邱《荆钗记·时祀》:"纸钱飘,蝴蝶飞。血泪染,杜鹃啼。睹物伤情,越惨凄。"[例句] 为怕她~,我们把房间彻底改变了模样。

【睹物思人】 dǔ wù sī rén

[释义] 睹:看见。看见离去的人留下的东西就想起了那个人。[语见] 宋·无名氏《张协状元》:"见鞍思马,睹物思人。"[例句] 摸一摸手边的棋子,~,和自己下了几十年围棋的人,如今已长眠九泉,不禁悲从中来。

【睹物兴悲】 dǔ wù xīng bēi

[释义] 见到与故人有关的东西而引起悲伤。[语见] 明·朱鼎《玉镜台记·新亭流涕》:"猛然间睹物兴悲,早不觉潸然涕流。"[例句] 她默默地立在墓前,~,泪流无数。

【睹物兴情】 dǔ wù xīng qíng

[释义] 看到眼前景物激起某种感情。[语见] 南朝梁·刘勰《文心雕龙·诠赋》:"原夫登高之旨,盖睹物兴情,情以物兴,故义必明雅。"[例句] 你绣的荷花还在,你剪的喜鹊也还在,~,你却不在了,我怎能不愈觉悲凉?

【杜渐除微】 dù jiàn chú wēi

[释义] 见"杜渐防萌"。[语见] 南朝梁·沈约《宋书·武二王传》:"杜渐除微,古今所务,况祸机骤发,庸可忽乎。"[例句] 只有~,加强教育,才能使学生不受到不良习气的侵蚀。

【杜渐防萌】 dù jiàn fáng méng

[释义] 渐:指事物的开端。萌:萌芽。杜绝乱源的开端于萌芽状态中,指防患于未然。[语见] 南朝宋·范晔《后汉书·丁鸿传》:"若敕政责躬,杜渐防萌,则凶妖销灭,害除福凑矣。"[例句] 看球员现在这样那样的毛病,还不是他们小的时候就没有注意~造成的。

【杜渐防微】 dù jiàn fáng wēi

[释义] 见"杜渐防萌"。[语见] 晋·葛洪《抱朴子·明本》:"昔之达人,杜渐防微,色斯而逝,夜不待旦,睹几而作,不俟终日。"[例句] 设备要经常检修,~,否则

一旦事发,损失将不堪设想。

【杜绝人事】 *dù jué rén shì*

[释义] 杜绝:堵死,断绝。人事:指与人来往的事。指闭门谢客,不参与一切社会活动。[语见] 宋·薛居正等《旧五代史·晋书·史圭传》:"圭出为贝州刺史,未几罢免,退归常山。由是闭门杜绝人事,虽亲戚故人造者不见其面。"[例句] 那几年,他将自己苦苦地关在屋里反省,~,后来再出来,果然像换了一个人。

【杜口结舌】 *dù kǒu jié shé*

[释义] 闭住嘴巴,不敢言语。形容十分害怕。[语见]汉·焦赣《易林》:"杜口结舌,心中怫郁。凶灾生患,无所告冤。" [例句] 夫子从东林党退出后,~,潜心学问,其内心是否孤独,便不得而知了。

【杜口绝舌】 *dù kǒu jué shé*

[释义] 见"杜口结舌"。[语见] 汉·焦赣《易林》:"杜口绝舌,言为祸母。代伯受患,无所祷冤。"[例句] 要叫这么一个耿直的人~,实在是勉为其难。

【杜口绝言】 *dù kǒu jué yán*

[释义] 见"杜口无言"。[语见] 唐·玄奘《大唐西域记·阿逾陀国》:"昔以舌毁大乘,今以舌赞大乘,补过自新,犹为善矣。杜口绝言,其利安在。"[例句] 御使大夫被罢免之后,三年~,而后郁郁而终。

【杜口吞声】 *dù kǒu tūn shēng*

[释义] 心中有怨恨,闭口不敢作声。比喻非常害怕。[语见] 南朝宋·范晔《后汉书·曹节传》:"群公卿士,杜口吞声,莫敢有言。"[例句] 他们虽然~,但是他们眼睛里的火焰,却足以焚毁整个长安城。

【杜口无言】 *dù kǒu wú yán*

[释义] 闭住嘴巴,不发一言。[语见] 唐·房玄龄等《晋书·吉挹传》:"挹辞气慷慨,志在不辱,杖刃推戈,期之以陨。将吏持守,用不即毙。遂乃杜口无言,绝粒而死。"[例句] 现在倒想~了,可是晚了——那时的一句话,便活生生地要了命。

【杜门屏迹】 *dù mén bǐng jì*

[释义] 见"杜门晦迹"。[语见] 唐·杨炯《后周宇文公神道碑》:"公杜门屏迹,心自不安,与门生故吏数百人归于后魏。"[例句] 我早就有退居山林~的想法了,奈何这世俗之事始终不放过我。

【杜门不出】 *dù mén bù chū*

[释义] 杜门:闭门。关住门不出来,不与外界来往。[语见]《国语·楚语》:"灵王虐,白公子张又谏,王病之……遂趋而退归,杜门不出。"[例句] 妻子去世之后,他~,半年之后,判若两人了。

【杜门晦迹】 *dù mén huì jì*

[释义] 紧闭大门,隐匿自己的踪迹。指隐居起来。[语见] 唐·令狐德棻《周书·宇文神举传》:"显和其陈宜杜门晦迹,相时而动,孝武深纳焉。"[例句] 许世峰放下屠刀出家做了和尚,~,一心要洗心革面,不料还是被仇家寻到,一场争斗自是不免了。

【杜门却扫】 *dù mén què sǎo*

[释义] 见"闭门却扫"。[语见] 北齐·魏收《魏书·李谧传》:"遂绝迹下帏,杜门却扫,弃产营书。"[例句] 陶渊明不满官场龌龊,归居田园,~,赢得千古美名。

【杜门谢客】 *dù mén xiè kè*

[释义] 杜:关闭。谢:谢绝;婉拒。关闭家门,婉拒客人来访。泛指断绝与他人往来,一心一意做自己喜好的事情。[语见] 清·李绿园《歧路灯》第九十四回:"况绍闻少年不曾净守清规,更是不能杜门谢客。"[例句] 总统任期满了之后,不再过问政事,~,倒也过得逍遥自在。

【妒贤嫉能】 *dù xián jí néng*

[释义] 妒:忌妒。嫉:憎恨。对品德、才能高于自己的人心怀怨恨。[语见] 汉·司马迁《史记·高祖本纪》:"项羽妒贤嫉能,有功者害之,贤者疑之。"[例句] 作为领导,必须要心胸如海,才能真正领导职员们创造出一片辉煌的天地,而你竟然~,怕下属抢了你的风光——你也太没水平了吧?

【度日如年】 *dù rì rú nián*

[释义] 度过一天像一年那样长。形容日子不好过。[语见] 北齐·魏收《魏书·苟健传》:"得度一日如过十年。"[例句]

自你走后,你的声音、你的倩影,无一日不在房间里飘荡,我～地等着你回到我的身边。

【渡河香象】 dù hé xiāng xiàng
[释义] 见"香象渡河"。[语见] 宋·陆游《雍熙请伦老疏》:"某人渡河香象,跋浪长鲸。初得法于室中,耳聋三日;晚抽身于林下,壁观九年。"[例句] 虚云和尚论禅,如～,见山水如山水,见山水非山水,直入禅之最高境界。

D

duan

【短兵接战】 duǎn bīng jiē zhàn
[释义] 见"短兵相接"。[语见] 晋·陈寿《三国志·魏书·典韦传》:"韦被数十创,短兵接战,贼前搏之。"[例句] 战到最后,经过～,我们终于还是取得了胜利。

【短兵相接】 duǎn bīng xiāng jiē
[释义] 短兵:刀、剑等短的兵器。以短兵器相交接。指作战时面对面地交手搏斗或用短兵器互相厮杀。也指面对面地进行激烈的争论或针锋相对地斗争。[语见] 战国楚·屈原《楚辞·九歌·国殇》:"操吴戈兮被犀甲,车错毂兮短兵接。"[例句] 我们的"客人"马上就要到了,～势所难免,大家打起精神来!

【短小精悍】 duǎn xiǎo jīng hàn
[释义] 精悍:指人精明能干,也指文笔精练犀利。形容人身材矮小而精明能干。也形容文章篇幅简短而内容充实深刻,文笔精练犀利。[语见] 汉·司马迁《史记·游侠列传》:"解(郭解)为人短小精悍。"[例句] 全场四节比赛,倒是让～的马克大出风头。

【断壁颓垣】 duàn bì tuí yuán
[释义] 垣:短墙。残存和坍塌了的墙壁。形容破败的景象。[语见] 清·吴趼人《二十年目睹之怪现状》第一百零八回:"只见断壁颓垣,荒凉满目。"[例句] 回到故居,人烟全无,等待我的,竟是一片～的凄凉景象。

【断编残简】 duàn biān cán jiǎn
[释义] 编:串联简的皮条。简:竹简、木简,古代供书写用的窄而长的竹、木片。指残缺不全的书籍或文章。[语见] 元·脱脱等《宋史·欧阳修传》:"好古嗜学,凡周、汉以降,金石遗文,断编残简,一切掇拾。"[例句] 历史学家就是从这些～中发现了法老的蛛丝马迹。

【断钗重合】 duàn chāi chóng hé
[释义] 钗:古代妇女别在发髻上的一种首饰,由两股簪子合成,常被作为爱情的信物。比喻夫妻离散而复聚或感情破裂后又重归于好。[语见] 元·施惠《幽闺记·洛珠双合》:"几年间破镜重圆,今日里断钗重合。"[例句] 这一别,天涯茫茫,～,不知是何年!

【断长续短】 duàn cháng xù duǎn
[释义] 见"截长补短"。[例句] 你们两人合作,但望能～,相得益彰。

【断梗飞蓬】 duàn gěng fēi péng
[释义] 见"断梗飘蓬"。[语见] 宋·陆游《拆号前一日作》诗:"飘零随处是生涯,断梗飞蓬但可嗟。"[例句] 李清照流落江湖,有如～,其凄凉惨状,非言语可以述说。

【断梗流萍】 duàn gěng liú píng
[释义] 梗:植物的枝茎。萍:浮萍。如同枯折的枝茎,漂流的浮萍。比喻生活很不安定。[语见] 宋·秦观《别贾耘老》诗:"人生百龄同臂伸,断梗流萍暂相亲。"也作"断梗飘萍"。[例句] 两人均如～,同病相怜,倒也融洽地过了三年五载。

【断梗飘蓬】 duàn gěng piāo péng
[释义] 梗:植物的茎或枝。蓬:蓬蒿,一年生草本植物,遇风常断折离根,飞转不已,俗称"飞蓬"。像折断的枝或茎或飘飞的蓬蒿一样。比喻身世漂泊不定。也作"断梗飘萍"。[语见] 宋·石孝友《清平乐》词:"自怜俗状尘容,几年断梗飘蓬。"[例句] 他从小失去了父母,多年来如～一般,无依无靠。

【断鹤续凫】 duàn hè xù fú
[释义] 断:截。续:接续。凫:野鸭。截断仙鹤的长腿,接续在野鸭的短腿上。比喻强行违反自然规律做事。[语见]

《庄子·骈拇》:"长者不为有余,短者不为不足,是故凫胫虽短,续之者忧,鹤胫虽长,断之则悲。"[例句]过度开发土地,这一行为是～。

【断简残编】 duàn jiǎn cán biān

[释义]断、残:残缺,不完整。简:古代用来写字的竹片。编:串联简的皮条。指残缺不全的书籍或文章。[语见]宋·陆游《对酒》诗:"断简残编不策勋,东皋犹得肆微勤。"[例句]一场大火后,房间里那些～依然被他视为宝贝。

【断井颓垣】 duàn jǐng tuí yuán

[释义]井:指井栏。断了的井栏,倒塌的矮墙。形容荒凉破败的景象。[语见]明·汤显祖《牡丹亭·惊梦》:"原来姹紫嫣红开遍,似这般都付与断井颓垣。"[例句]大战之后,整个西欧,无处不是～。

【断决如流】 duàn jué rú liú

[释义]如流:形容多而迅速。决断事务多而快。[语见]唐·令狐德棻《周书·李彦传》:"彦在尚书十有五载,属军国草创,庶务殷繁,留心省阅,未尝懈息。断决如流,略无疑滞。"[例句]况钟审查案件,批阅公文,无不～。

【断烂朝报】 duàn làn cháo bào

[释义]朝报:古代官府的公告和大臣奏章之类的传抄文件。原为宋朝宰相王安石贬斥儒家经典之一《春秋》的话。后用以指陈腐杂乱、没有参考价值的文献。[语见]元·脱脱等《宋史·王安石传》:"黜《春秋》之书,不使列于学官,至戏目为断烂朝报。"[例句]我的回答是:把你那些～统统删去,拣实在的说上几句就行。

【断线风筝】 duàn xiàn fēng zhēng

[释义]断了线的风筝。比喻失去联系,杳无音讯。[语见]清·古越高昌寒食生《乘龙佳话·还宫》:"奴待要上秦台吹箫跨凤,却做了断线风筝落了空。"[例句]父母亡故之后,几个孩子都如～一样,无依无靠。

【断袖分桃】 duàn xiù fēn táo

[释义]借指男宠。[语见]汉·班固《汉书·董贤传》:"(董贤)为人美丽自喜,哀帝望见,说其容貌……宠爱日甚,为驸马都尉侍中,出则参乘,入御左右,……常与上卧起。尝昼寝,偏藉上袖,上欲起,贤未觉,不欲动贤,乃断袖而起。其恩爱至此。"《韩非子·说难》:"弥子瑕母病,人间往夜告弥子,弥子矫驾君车以出,君闻而贤之曰:'孝哉!为母亡故,忘其刖罪。'异日,与君游于果园,食桃而甘,不尽,以其半啖君,君曰:'爱我哉!忘其口味以啖寡人。'"

【断章截句】 duàn zhāng jié jù

[释义]见"断章摘句"。[语见]元·脱脱等《宋史·选举志二》:"绍定三年,臣僚请:'学校、场屋,并禁断章截句,破坏义理。'"[例句]你必须实事求是,～并不能将你的道理说清楚。

【断章取义】 duàn zhāng qǔ yì

[释义]断:割断,分裂。章:篇章。义:意思。指引用文章或谈话,不顾全篇的内容或精神,只取自己需要或合乎自己意思的一句或一段。[语见]南朝梁·刘勰《文心雕龙·章句》:"寻诗人拟喻,虽断章取义,然章句在篇,如茧之抽绪,原始要终,体必鳞次。"[例句]你那不过是～,如果你再去自己查上一查,便明白,你根本就没有读懂原文。

【断章摘句】 duàn zhāng zhāi jù

[释义]连缀章句构成文章。亦谓割裂全文,截其所需者摘录下来。[语见]唐·李商隐《唐容州经略使元结文集后序》:"断章摘句,如振始生。"[例句]学问更需要进行深入的思考,使自己完全陷入～的烦琐考证之中,必将一事无成。

【断织劝学】 duàn zhī quàn xué

[释义]南朝宋·范晔《后汉书·乐羊子妻传》载:乐羊子拾到金子拿回家来,其妻责备他不应贪图人家失落的钱财而玷污了自己的行为。乐羊子很惭愧,就扔掉了金子而出外求学。只一年的工夫他就回来了,其妻就用割断织机上的布来劝喻乐羊子不应半途而废。后用作勉励学习的用语。[例句]仲永本聪明异常,然

而既没个什么～的亲人，也未遇明师，最终竟一无所成，实在令人悲哀。

【断子绝孙】 duàn zǐ jué sūn
[释义] 指没有子孙后代。[语见] 元·柯丹邱《荆钗记·执柯》："你再不娶亲，我只愁你断子绝孙谁拜坟！"[例句] 这些封建意识在头脑中根深蒂固的人，最重视的就是传宗接代，最怕的就是～。

dui

【堆金积玉】 duī jīn jī yù
[释义] 形容宝贵的财富极多。[语见] 元·钱霖《套数·哨遍》："怕不是堆金积玉连城富，眨眼早野草闲花满地愁。"[例句] 这些～的君王们，除了声色犬马，还能做什么呢？

【对床夜雨】 duì chuáng yè yǔ
[释义] 指亲友久别相聚，倾心交谈。[语见] 唐·白居易《雨中招张司业宿》诗："对床定悠悠，夜雨空萧瑟。"[例句] 你我当年离别前～，直至三更，真是无所不谈，不料数年之后，竟如路人，想想真是伤痛人肝肺。

【对答如流】 duì dá rú liú
[释义] 形容答话敏捷、流畅。[例句] 小儿才仅仅四岁，但是大人们问的几乎所有的问题，他竟然都～，令在场的人无不暗暗称奇。

【对景伤情】 duì jǐng shāng qíng
[释义] 看见熟悉的景物因而联想到一些人和事，引起感伤。[语见] 元·无名氏《集贤宾·逍遥乐》散曲："我从来眼硬，不由人对景伤情，一哭一个放声。"[例句] 念你离去，已三年有余了，如今～，备觉凄凉。

【对牛弹琴】 duì niú tán qín
[释义] 比喻说话不分对象而徒劳无益。[语见]《庄子·齐物论》："非所明而明之。"晋·郭象注："是犹对牛鼓簧耳。"[例句] 跟你这种顽劣之人说理，真是～，不说也罢。

【对症下药】 duì zhèng xià yào
[释义] 比喻针对具体情况，采取有效措施。[语见]《朱子语类》第四十二卷："克己复礼，便是捉得病根，对症下药。"[例句] 帮助他这样一个人，需～，方才能达到实效。

【对症用药】 duì zhèng yòng yào
[释义] 见"对症下药"。[语见] 宋·阳枋《编类钱氏小儿方证说》："凡小儿关节脉理百骸九窍五脏六腑，粲然在目，故能察病论症，对症用药，如指诸掌。"[例句] 要针对每个同学的实际情况～，你才能使他们迅速地提高。

dun

【敦风厉俗】 dūn fēng lì sú
[释义] 敦：促成。厉：激励。促使社会风俗纯朴起来。[语见] 唐·姚思廉《梁书·甄恬传》："恬既孝行殊异，声著邦壤，敦风厉俗，弘益兹多。"[例句] 蜀国在西南建立起来之后，通过大量～的措施，使这一地区逐渐跟上了中国历史发展的步伐。

【敦世厉俗】 dūn shì lì sú
[释义] 见"敦风厉俗"。[语见] 宋·苏轼《御试制科策》："欲轻赋税，则财不足；欲威四海，则兵不强；欲兴利除害，则无其人；欲敦世厉俗，则无其具。"[例句] 如果没有那些～的政策，就没有今天全体民众的殷实。

【顿改前非】 dùn gǎi qián fēi
[释义] 顿：立刻。前非：过去的错误。立刻改正了过去的错误。[例句] 希望你从这次事故中吸取教训，～，堂堂正正地做人。

【顿开茅塞】 dùn kāi máo sè
[释义] 见"茅塞顿开"。[语见] 明·吾丘瑞《运甓记·剪发延宾》："陶兄，久怀慕蔺，未遂斗瞻，今幸识荆，顿开茅塞。"[例句] 先生今天的点拨使我～，真是听君一席话，胜读十年书啊。

【遁迹潜形】 dùn jì qián xíng
[释义] 隐匿踪迹潜藏身形。[语见] 明·张景《飞丸记·园中落穽》："若要行刺呵，要隐。当遁迹潜形，翦蔓除根才事

稳。"[例句] 革命失败之后,亚瑟和他的战友被迫~,流亡海外。

【遁名匿迹】 dùn míng nì jì
[释义] 隐姓埋名,不让人闻知。[语见] 宋·苏舜钦《粹隐堂记》:"一不与细合,则飒然远举,遁名匿迹,惟恐有闻于人也。"[例句] 形势如此紧迫,你们再不~,恐怕不只是有生命危险——我们的整个计划都可能付诸东流。

【遁世离群】 dùn shì lí qún
[释义] 遁:逃避。逃避现实,远离人群。形容不受世俗的侵扰。[语见] 明·宋濂等《元史·隐逸列传序》:"当邦有道之时,且遁世离群,谓之隐士,世主亦苟取其名而强起之,及考其实,不如所闻,则曰:'是欺世钓誉者也。'"[例句] 抗清斗争失败之后,王夫之~,潜心著述。

duo

【多才多艺】 duō cái duō yì
[释义] 才:才能,才智。艺:技巧,技艺。拥有相当多的才能和技艺。泛指具有多方面的才能。[例句] 陶红天性活泼,又~,自然是晚会的主角了。

【多材多艺】 duō cái duō yì
[释义] 见"多才多艺"。

【多财善贾】 duō cái shàn gǔ
[释义] 见"多钱善贾"。[例句] 你现在虽说是底子雄厚,~,但是也得处处小心,一步不慎,便可能全盘皆输。

【多藏厚亡】 duō cáng hòu wáng
[释义] 聚财过多,反而会招致更大损失。[语见]《老子》第四十四章:"多藏必厚亡。"[例句] 你身处高位,须防功高盖主,~,否则,必将有灭顶之灾。

【多愁善感】 duō chóu shàn gǎn
[释义] 善:容易,长于。感:感伤。指情感脆弱,容易引起感伤和哀愁。[例句] 一个大男人,怎么整天~像一个姑娘似的?

【多此一举】 duō cǐ yī jǔ
[释义] 多:多余。此:这。一举:一个举动,一个行动。这个举动是多余的。泛指所作所为没有必要,是多余的。[语见] 清·李绿园《歧路灯》第四回:"东宿道:'寅兄盛情,多此一举。'"[例句] 他们已经有足够的人手了,你们还赶过去,不是~吗?

【多多益善】 duō duō yì shàn
[释义] 益:越发,更加。善:好。指越多越好。[语见] 汉·司马迁《史记·淮阴侯列传》:"上问曰:'如我能将几何?'信曰:'陛下不过能将十万。'上曰:'于君何如?'曰:'臣多多而益善耳!'"[例句] 这种质量上乘的产品~,我们欢迎。

【多力丰筋】 duō lì fēng jīn
[释义] 见"丰筋多力"。[语见] 晋·卫夫人《笔阵图》:"多力丰筋者圣。"[例句] 条幅数字,个个~,深得颜体精髓,若无三十年功力,实是难以一挥而就。

【多历年所】 duō lì nián suǒ
[释义] 历:经历,经过。年所:指年数。原形容某一王朝的统治时间很长久。后泛指经历的年数多,时间长。[语见]《尚书·君奭》:"率惟兹有陈,保乂有殷,故殷礼陟配天,多历年所。"[例句] 修建大坝,~,耗资巨大,势必会引起财政上的紧张。

【多谋善断】 duō móu shàn duàn
[释义] 勤于思考,善于作出判断。[语见] 晋·陆机《辨亡论》上:"畴咨俊茂,好谋善断。"[例句] 诸葛亮~,一心辅佐刘备,经过多年的努力,终于使天下成三足鼎立之势。

【多难兴邦】 duō nàn xīng bāng
[释义] 邦:国家。国家多灾多难,可以激发人民发愤图强,因而会使国家兴盛起来。[语见]《左传·昭公四年》:"邻国之难,不可虞也。或多难以固其国,启其疆土;或无难以丧其国,失其守宇。"[例句] 隋末唐初,天下豪杰并起,然而~,李渊父子经过多年苦心经营,终成盛唐之势。

【多钱善贾】 duō qián shàn gǔ
[释义] 贾:做买卖。本钱多好做生意。比喻具备充分的条件,事情就好办。

[语见]《韩非子·五蠹》:"鄙谚曰:'长袖善舞,多钱善贾。'此言多资之易为工也。"[例句]公司现在已是～,比过去要好多了。

【多如牛毛】duō rú niú máo

[释义]如:如同、像。像牛身上的毛那样多。比喻数量非常多。[语见]唐·李延寿《北史·文苑传序》:"学者如牛毛,成者如麟角。"[例句]乱世之秋,黄河两岸,自称将军、司令的,～。

【多事之秋】duō shì zhī qiū

[释义]事:事故,变故。秋:这里指一个时期。指变故频繁的一个时期。泛指国事、家事及自身不安稳的时期。[语见]宋·孙光宪《北梦琐言》第十二卷:"所以多事之秋,灭迹匿端,无为绿林之嚆矢矣。"[例句]如今正值～,我们能够自我保全,便已是天大的福分了,我们还能指望什么呢?

【多闻阙疑】duō wén quē yí

[释义]虽然博学多闻,遇到不懂之处,仍须存疑。后泛指谦虚谨慎的学习态度。[语见]《论语·为政》:"多闻阙疑,慎言其余,则寡尤。"[例句]黄教授博古通今,然而～,在学界有着良好的口碑。

【多行不义必自毙】duō xíng bù yì bì zì bì

[释义]毙:仆倒。指不义的事干多了,必然会自取灭亡。[语见]《左传·隐公元年》:"多行不义必自毙,子姑待之。"[例句]～。那些为非作歹的人迟早会受到应有的惩罚。

【多凶少吉】duō xiōng shǎo jí

[释义]见"凶多吉少"。[语见]元·无名氏《赚蒯通》第二折:"你去后多凶少吉,干这般尽忠竭力。"[例句]你们势单力薄,此去～,一切就看你们自己的造化了。

【多言繁称】duō yán fán chēng

[释义]指讲话或写文章浮词很多,不必要地大量引述。多指文风浮泛不实。[语见]《韩非子·难言》:"多言繁称,连类比物,则见以为虚而无用。"[例句]这些诗文～,算不上佳作。

【多灾多难】duō zāi duō nàn

[释义]灾:灾祸,灾害。难:苦难,磨难。指灾害、苦难非常多。[例句]这一家人虽～,却能互敬互爱,共渡难关。

【多嘴多舌】duō zuǐ duō shé

[释义]多嘴、多舌:不该说话而说话。泛指爱管闲事,拨弄是非。[语见]元·杨显之《潇湘雨》第三折:"你休要多嘴多舌。"[例句]事情经过那帮～的大姐们一闹腾,变得越来越复杂了。

【多嘴饶舌】duō zuǐ ráo shé

[释义]见"多嘴多舌"。[语见]明·罗贯中《三遂平妖传》第二回:"那个多嘴饶舌的,闲在那里不去打瞌睡,却去报新闻,搬起这样是非。"[例句]小敏真是一个～之人,什么事经过她一说,全都会走味。

【咄咄逼人】duō duō bī rén

[释义]咄咄:感叹声,使人惊惧的声音。形容说话尖刻伤人,令人难堪。后也形容气势汹汹,盛气凌人,使人难堪,或本领超过和赶上别人,给人压力。[语见]南朝宋·刘义庆《世说新语·排调》:"桓南郡与殷荆州语次,……次复作危语,……殷有一参军在坐,云:'盲人骑瞎马,夜半临深池。'殷云:'咄咄逼人。'"[例句]她讲起话来总是～,让人有点望而生畏。

【咄咄怪事】duō duō guài shì

[释义]咄咄:叹词,表示惊诧。形容使人惊诧的怪事。[例句]手表在我手腕上竟然不翼而飞,真是～!

【咄嗟便办】duō jiē biàn bàn

[释义]咄嗟:一呼一诺之间,即顷刻之间。旧指主人一声吩咐,仆人立刻就办好。现指马上就到。[语见]南朝宋·刘义庆《世说新语·汰侈》:"石崇为客作豆粥,咄嗟便办。"[例句]此事如此简单,完成易如反掌,～。

【夺眶而出】duó kuàng ér chū

[释义]夺:迅速流出。眶:眼眶。眼泪迅速从眼眶中流出。形容人因惊喜或悲伤而流泪。[例句]听着老人的叙述,我的

眼泪～。

【夺胎换骨】 duó tāi huàn gǔ

[释义] 本为道家语,意为夺人之胎以转生,换凡骨为仙骨。后转喻学习前人写作的命意或写作的技巧,从事新的创作。[语见] 宋·陈善《扪虱新语上集》卷二:"文章虽不要蹈袭古人一言一句,然自有夺胎换骨等法,所谓灵丹一粒,点铁成金也。"[例句] 我们在文学创作上既要学会继承,又要～,重视创新。

【度德量力】 duó dé liàng lì

[释义] 度:衡量、计算。估量自己的德行和能力。[语见]《左传·隐公十一年》:"度德而处之,量力而行之。"[例句] 打通国际市场非一日之功,需～,切不可贸然行事。

【堕甑不顾】 duò zèng bù gù

[释义] 堕:掉落的。甑:陶甑,蒸食炊器。掉落了陶甑连看也不看一眼。形容事情已经过去,不必惋惜。[语见] 南朝宋·范晔《后汉书·郭泰传》:"(孟敏)客居太原,荷甑堕地,不顾而去。林宗(郭泰)见而问其意,对曰:'甑已破矣,视之何益?'"[例句] 既已全军覆没,～,依愚见寻找明主,方为上策。

【堕指裂肤】 duò zhǐ liè fū

[释义] 手指冻掉了,皮肤冻裂了。形容天气酷寒。[语见] 唐·李华《吊古战场文》:"缯纩无温,堕指裂肤。"[例句] 天寒地冻,～,一行人艰难地走在行军的路上。

D

E

e

【阿其所好】 ē qí suǒ hào

[释义] 阿:迎合。指迎合所喜爱的人,指顺从别人的私意。[语见]《孟子·公孙丑上》:"宰我、子贡、有若,智足以知圣人,污不至阿其所好。"[例句] 公司领导看重的是员工的实际能力,那些阿谀逢迎、~的人,并不能得到青睐。

【阿顺取容】 ē shùn qǔ róng

[释义] 见"阿谀取容"。[例句] 主上既已不义,我等怎还~?

【阿意顺旨】 ē yì shùn zhǐ

[释义] 见"阿谀顺旨"。[语见] 宋·王楙《野客丛书·汉人规戒》:"汉人于交友故旧,动存规戒,其不肯阿意顺旨,以陷于非义,此风凛然可喜。"[例句] 我问的是你们的意见,不是要你们对我~!

【阿谀逢迎】 ē yú féng yíng

[释义] 阿谀:曲意恭维。拍马讨好,迎合别人。[语见] 宋·程颢、程颐《二程全书·伊川易传一》:"周之与否在君而已,不可阿谀逢迎求其比己也。"[例句] 要我一堂堂男儿去做那种~之事,那怎么行!

【阿谀奉承】 ē yú fèng chéng

[释义] 阿谀:为了迎合别人的意思,说一些让人高兴的话。奉承:恭维、讨好别人。为了迎合别人而说一些恭维话。[例句] 李文所说的,不过是~的话,不能当真。

【阿谀取容】 ē yú qǔ róng

[释义] 曲意逢迎以取得他人的喜悦。[语见] 汉·杨秉《奏劾侯览》:"而今猥受过宠,执政操权,其阿谀取容者,则因公褒举。"[例句] 皇上身边有很多大臣只知~,并不为国家的大事而直言进谏。

【阿谀顺意】 ē yú shùn yì

[释义] 见"阿谀顺旨"。[语见] 五代后晋·刘昫等《旧唐书·李密传》:"今者密若正言,还恐追踪二子,阿谀顺意,又非密之本图。"[例句] 他一向胆小怕事,~,遇到大事是绝不肯出头的。

【阿谀顺旨】 ē yú shùn zhǐ

[释义] 旨:意旨,特指皇帝的指示、意图。原指迎合、顺从皇帝的意旨。后泛指迎合别人的旨意。[语见] 南朝宋·范晔《后汉书·严光传》:"阿谀顺旨要领绝。"[例句] 申时行虽属~之辈,但是也不得不说,在那样的政治环境里,要想保全自己,也只能如此。

【阿尊事贵】 ē zūn shì guì

[释义] 尊、贵:指地位官爵高的权贵。迎合和侍奉权贵。[语见] 汉·班固《汉书·楚元王传》:"以不能阿尊事贵,孤特寡助,抑厌遂退,卒不克明。"[例句] 可怜这些读书人,在刚刚进入官场的时候,如果不~,不要说有什么大作为,恐怕连身家性命都难以保全。

【峨冠博带】 é guān bó dài

[释义] 峨:高。冠:帽子。博:宽。带:衣带。高高的帽子,宽宽的衣带。形容古代士大夫的装束,后用以指身着礼服。[语见] 元·关汉卿《谢天香》第一折:"必定是峨冠博带一个名士大夫,你与老夫说咱。"[例句] 屈原~,行于江边,心中满是绝望。

【鹅行鸭步】 é xíng yā bù

[释义] 形容走路或前进缓慢,摇摇摆摆。

[语见] 明·施耐庵《水浒传》第三十二回："你两个闲常在镇上抬轿时，只是鹅行鸭步，如今却怎地这等走的快？"[例句] 你年仅四十，竟已～，莫非有大病在身？

【蛾眉螓首】 é méi qín shǒu
[释义] 见"螓首蛾眉"。[语见] 元·无名氏《渔樵记》第三折："他道你枉则有蛾眉螓首堆鸦鬓，可怎生少喜多嗔。"[例句] 真妃～，又有一副好嗓音，自然能深得皇上宠幸了。

【额手称庆】 é shǒu chēng qìng
[释义] 额手：把手放在额前。称庆：说庆贺的话。形容人们在忧困中获得喜讯时表示庆幸的喜悦神态。[语见] 明·冯梦龙《东周列国志》第三十七回："文公至绛，国人无不额手称庆。百官朝贺，自不必说。"[例句] 听到前方大胜的消息，谢安和他的朋友们禁不住～。

【扼吭拊背】 è háng fǔ bèi
[释义] 吭：喉咙。拊：打。掐住喉咙，击打脊背。比喻控制要害部位，制敌于死命。[语见] 汉·司马迁《史记·刘敬叔孙通列传》："夫与人斗，不扼其亢（吭），拊其背，未能全其胜。"[例句] 我们小队人马出击，如不能～，一击即中，就会深受其害。

【扼喉抚背】 è hóu fǔ bèi
[释义] 扼喉：掐住喉咙。抚背：按住背脊。[语见] 隋·卢思道《卢武阳集·为隋檄陈文》："扼喉抚背之兵。"[例句] 我们的对手虽然已经占领了几乎整个欧洲市场，但是我们若能～，我们的前景还是一片光明。

【恶叉白赖】 è chā bái lài
[释义] 凶恶无赖。形容穷凶极恶，大耍无赖。[语见] 明·臧懋循《元曲选·石君宝〈曲江池〉三》："任凭你恶叉白赖寻争竞。"[例句] 孙家兄弟五个，个个是～之徒，咱们最好别去招惹他们。

【恶贯祸盈】 è guàn huò yíng
[释义] 见"恶积祸盈"。[语见] 唐·崔融《谏税关市疏》："独有默啜，假息孤恩，恶贯祸盈，覆亡不暇。"[例句] 柏林之战，～

的希特勒一通垂死挣扎之后，选择了自杀作为他最后的归宿。

【恶贯满盈】 è guàn mǎn yíng
[释义] 贯：古代用绳索将铜钱串起来，一千钱为一贯。盈：盈余。罪恶很多，就像穿铜钱的绳子穿满了钱，没有剩余一样。形容罪大恶极。[语见] 元·无名氏《硃砂担》第四折："你今日恶贯满盈，有何理说！"[例句] 这个～的恶霸终于得到了应有的下场。

【恶积祸盈】 è jī huò yíng
[释义] 罪恶累累，积祸满贯。形容罪大恶极，末日临头。[语见] 南朝梁·丘迟《与陈伯之书》："北虏僭盗中原，多历年所，恶积祸盈，理至燋烂。"[例句] 有多少人能在当时就明白地知道，这些所谓的～的异端，竟会是真理的掌握者？

【恶稔贯盈】 è rěn guàn yíng
[释义] 稔：成熟。贯：钱串。盈：满。罪行蓄积成熟，就像钱串已满。形容罪恶累累，无以复加。[语见] 唐·姚思廉《梁书·侯景传》："而恶稔贯盈，元凶殒毙，弟洋继逆，续长乱阶。"[例句] 义军打进皇宫，可是怎么也找不到这个～的皇帝，最后，有人发现他已经自尽了。

【恶稔祸盈】 è rěn huò yíng
[释义] 见"恶稔贯盈"。[语见] 唐·令狐德棻《周书·武帝纪下》："伪齐违信背约，恶稔祸盈。"[例句] ～的战犯被处死之后，全世界爱好和平的人们无不拍手称快。

【恶事行千里】 è shì xíng qiān lǐ
[释义] 丑事为人们所津津乐道，很容易传播开去。也作"恶事传千里"。[语见] 宋·孙光宪《北梦琐言》第六卷："所谓好事不出门，恶事行千里，士君子得不戒之乎？"[例句] 你要知道好事不出门，～，千万不要做出让人耻笑的事来。

【恶衣粗食】 è yī cū shí
[释义] 见"恶衣恶食"。[语见] 北魏·杨衒之《洛阳伽蓝记·高阳王寺》："崇为尚书令，仪同三司，亦富倾天下，僮仆千

人,而性多俭吝,恶衣粗食,食常无肉。"[例句] 住在乡下,纵然是～,举年不知肉味,但是心中坦荡,却也过得安然。

【恶衣恶食】 è yī è shí

[释义] 粗劣的衣食。常用以形容生活贫困。[语见]《论语·里仁》:"士志于道而耻恶衣恶食者,未足与议也。"[例句] 牢卒待老夫～,那是他们的本分,老夫只望有朝一日能见到青天,重新上得疆场,哪怕是马革裹尸,也是荣耀。

【恶衣菲食】 è yī fěi shí

[释义] 见"恶衣恶食"。[语见] 唐·姚思廉《梁书·太祖张皇后等传序》:"高祖拨乱反正,深鉴奢逸,恶衣菲食,务先节俭。"[例句] 章怀太子在巴州～,尽心反省,可是他焉能懂得母后的"意思"?

【恶衣粝食】 è yī lì shí

[释义] 见"恶衣恶食"。[语见] 宋·苏轼《礼义信足以成德论》:"以为有国者皆当恶衣粝食,与农夫并耕而治一人之身,而自为百工。"[例句] 多年的流亡生涯,～,却始终没有使他的意志有半分消沉。

【恶衣蔬食】 è yī shū shí

[释义] 低劣的衣着,粗淡的食物。形容生活俭朴。[语见] 晋·陈寿《三国志·蜀书·董和传》:"和躬率以俭,恶衣蔬食,防遏逾僭,为之轨制。"[例句] 王猛身居乡野,～,然而始终关注着天下局势,只期能遇明主,以成就一番事业。

【恶语伤人】 è yǔ shāng rén

[释义] 用恶毒的话伤害人。[语见] 元·王实甫《西厢记》第三本第二折:"别人行甜言美语三冬暖,我根前恶语伤人六月寒。"[例句] 有什么事情,都到明面上来讲,怎么能不顾身份～呢?

【恶语中伤】 è yǔ zhòng shāng

[释义] 恶语:恶毒的话。中伤:诬蔑和陷害别人。用恶毒的话陷害和攻击他人。[例句] 陈琳自从做了公关部经理之后,总是受到一些员工的～,但是好在公司领导不偏不信偏信。

【饿虎饥鹰】 è hǔ jī yīng

[释义] 比喻凶残贪婪的人。[语见] 清·

李宝嘉《活地狱》楔子:"衙门里的人,一个个是饿虎饥鹰,不叫他们敲诈百姓,敲诈哪个呢?"[例句] 这些狗腿子,个个是～,专门欺负老百姓。

【饿虎扑食】 è hǔ pū shí

[释义] 饥饿的老虎扑向食物。形容动作迅速而凶猛,情态急切而贪婪。[语见] 明·吴承恩《西游记》第八十八回:"双手使降妖杖丢一个丹凤朝阳,饿虎扑食,紧迎慢挡,捷转忙撺。"[例句] 见到难民全躲在山洞里,官军个个如～,冲了进去。

【饿虎吞羊】 è hǔ tūn yáng

[释义] 像饥饿的老虎吞食羔羊。形容迅猛贪婪。[语见] 明·吴承恩《清平山堂话本·五戒禅师私红莲记》:"一个初侵女色,由(犹)如饿虎吞羊。"[例句] 几个匪徒如～一般,风卷残云地把两只肥鸡消灭掉了。

【饿莩载道】 è piǎo zài dào

[释义] 载道:满路。满路都是饿死的人。[语见] 清·钱泳《履园丛话·旧闻·席氏多贤》:"迨父殁未几,适当明季,蝗旱不登,饿莩载道,而齐、鲁、幽、燕之区为尤甚。"[例句] 大战之后,中原大地～,千里断炊烟。

【饿殍载道】 è piǎo zài dào

[释义] 见"饿莩载道"。[例句] 即使是开元盛世的时候,依然有～的景象,普通年月,百姓的生活自然可想而知了。

【饿殍枕藉】 è piǎo zhěn jiè

[释义] 枕藉:纵横相枕而卧。饿死的人纵横相枕而卧。形容饥荒灾祸严重。[语见] 清·西周生《醒世姻缘传》第三十二回:"这等时候……那个庄上不饿殍枕藉?"[例句] 在旧社会,每遇到水灾、旱灾,这里便～。

【遏渐防萌】 è jiàn fáng méng

[释义] 遏:阻止。渐、萌:事物发展的开始。在事物刚露头时就加以阻止,多指坏事或错误。[语见] 汉·无名氏《冀州从事张表碑》:"贡真绌伪,遏渐防萌,后臧其勋。"[例句] 我们如果现在就能～,损

失自然会小得多,若再过半年,恐怕就会失去控制了。

en

【恩断义绝】 ēn duàn yì jué
[释义]恩:恩爱。义:情义。恩爱情义都完全断绝。指夫妻或其他亲属关系决裂。[语见]元·马致远《任风子》第三折:"咱两个恩断义绝,花残月缺,再谁恋锦帐罗帷!"[例句]真的没有想到,这么一对生死之交,竟然会走到～的地步。

【恩将仇报】 ēn jiāng chóu bào
[释义]用仇恨来报答受到的恩惠。形容忘恩负义。[语见]明·冯梦龙《醒世恒言》第三十卷:"亏这官人救了性命,今反恩将仇报,天理何在!"[例句]《农夫与蛇》里面那条～的毒蛇咬死农夫的故事,已经为大多数人所熟知。

【恩山义海】 ēn shān yì hǎi
[释义]见"义海恩山"。[语见]明·胡文焕《群音类选·玉环记·赶逐韦皋》:"月初圆,我与你恩山义海效鹣鹣,心匪石,应难转。"[例句]我怎么也报答不了您的～啊。

【恩深义重】 ēn shēn yì zhòng
[释义]形容恩惠情义极为深厚。[语见]明·凌濛初《二刻拍案惊奇》第十一卷:"小生与令爱恩深义重,已设誓过了。"[例句]张献忠英雄盖世,但是看到对他～的兄弟先离自己而去,却也禁不住黯然欲泪。

【恩同父母】 ēn tóng fù mǔ
[释义]恩情深厚,如同父母一样。[语见]唐·陈子昂《为张著作谢官表》:"伏惟神皇陛下,恩同父母。"[例句]丞相对我们～,我们但有三分气在,也要护卫丞相,直到京城。

【恩同再造】 ēn tóng zài zào
[释义]再造:再生。恩惠极大,像是给了第二次生命。[语见]清·李汝珍《镜花缘》第二十五回:"此时难得伯伯到此,务望垂救! 倘出此关,不啻恩同再造。"[例句]此次承蒙将军相救,～,只望将来能报答将军大恩之万一。

【恩威并行】 ēn wēi bìng xíng
[释义]恩德与威势同时并行。[语见]宋·曾巩《隆平集》第八卷:"(范)仲淹所至恩威并行,邓、庆之民并西陲属羌,皆绘像生祠之。"[例句]管理部下,当～,用两条腿走路,否则,或松或严,都不容易形成坚强的凝聚力。

【恩威并用】 ēn wēi bìng yòng
[释义]见"恩威并行"。[语见]宋·周密《齐东野语·文庄论安丙矫诏》:"为朝廷计,宜先赦其矫诏之罪,然后赏其斩曦之功,则恩威并用,折冲万里之外矣。"[例句]皇帝对臣子,历来都是～,这既是手段,也是艺术。

【恩威并重】 ēn wēi bìng zhòng
[释义]见"恩威并行"。[语见]陈白尘、贾霁《宋景诗》第十九:"我一向倒是恩威并重,以德服人的。"[例句]李自成治军,赏罚严明,～,倒也深得将领和士兵的拥戴。

【恩重丘山】 ēn zhòng qiū shān
[释义]见"恩重如山"。[语见]宋·陈亮《谢曾察院启》:"上下交攻,命危丝发;是非随定,恩重丘山。"[例句]我那些年待你～,而今你竟然诬陷于我,天理何在!

【恩重如山】 ēn zhòng rú shān
[释义]恩情像山那样深重。形容恩情极大。[语见]明·吴承恩《西游记》第六十九回:"神僧恩重如山,寡人酬谢不尽。"[例句]令尊对我～,如今你有难,我岂能袖手旁观?

er

【儿女情长】 ér nǚ qíng cháng
[释义]儿女:青年男女。形容严父慈母对儿女的心情。也指青年男女情义绵长,难舍难分。[例句]他的诗多写些花前月下,～,没有太深刻的思想内涵。

【儿女之情】 ér nǚ zhī qíng
[释义]指青年男女之间的情爱。[语见]明·冯梦龙《警世通言》第十二卷:"对父

亲说道：'孩儿今已离尘奉道,岂复有儿女之情。'"[例句] 这位大将军对～常常不屑一顾。

【而立之年】 ér lì zhī nián

[释义] 而立:指称三十岁。年:年岁。指人到三十岁,可以自立了。[语见]《论语·为政》:"吾十有五而志于学,三十而立,四十而不惑。"[例句] 到如今,我已过～,然而依然两手空空,一无所成,每每念及,心中莫不焦急如焚。

【尔汝之交】 ěr rǔ zhī jiāo

[释义] 尔汝:古人彼此以尔汝相称,表示亲昵。形容交情亲密,不拘形迹。[语见] 南朝宋·刘义庆《世说新语·言语》:"祢衡被魏武谪为鼓吏。"刘孝标注引《文士传》:"(衡)少与孔融作尔汝之交,时衡未满二十,融已五十。"[例句] 我同你父亲～,你到了我这里,就当回了家一样,不必拘泥礼节。

【尔虞我诈】 ěr yú wǒ zhà

[释义] 尔:你。虞、诈:欺骗。你欺骗我,我欺骗你。形容相互欺骗,互不信任。[语见]《左传·宣公十五年》:"宋及楚平,华元为质,盟曰:'我无尔诈,尔无我虞。'"杜预注:"楚不诈宋,宋不备楚。"[例句] 各方头领～,互相猜忌,大事怎么能成呢?

【耳鬓厮磨】 ěr bìn sī mó

[释义] 鬓:鬓发,颊后耳旁的头发。厮:互相。磨:摩擦,碰触。两人的耳朵、鬓发相互碰触。形容从小生活在一起,非常亲密。[语见] 清·曹雪芹《红楼梦》第七十二回:"咱们从小儿耳鬓厮磨,你不曾拿我当外人待,我也不敢怠慢了你。"[例句] 宝玉与黛玉,青梅竹马,～,自然生出了几多情愫。

【耳目一新】 ěr mù yī xīn

[释义] 一:一下子。耳朵听到的、眼睛看到的完全是新的。形容事物给人以全新的感受。[语见] 清·褚人获《隋唐演义》第七十三回:"立心既异,亦觉耳目一新,在宇宙中虽不能多,亦不可少。"[例句] 回到家里一看,妻子竟用了些

简单的墙纸与粗布搭配,便已将房间布置得～,他不禁暗暗称奇。

【耳染目濡】 ěr rǎn mù rú

[释义] 见"耳濡目染"。[语见] 清·西周生《醒世姻缘传》第二十七回:"只因安享富贵的久了,后边生出来的儿孙,一来也是秉赋了那浇漓的薄气,二来又离了忠厚的祖宗,耳染目濡,习就了那轻薄的态度。"[例句] 早些年经常在父亲书房进出,～,王华自然对历史学也产生了兴趣。

【耳濡目染】 ěr rú mù rǎn

[释义] 濡、染:感染,影响。听得多、见得多了,自然而然地受到影响。[语见] 宋·吕祖谦《东莱博议》第一卷:"鲁自周公伯禽以来,风化浃洽,其民耳濡目染,身安体习。"[例句] 因为我幼年时的隔壁是一个古董店,我便常去那里玩耍,～,自然就学得几分古董鉴赏方面的知识。

【耳软心活】 ěr ruǎn xīn huó

[释义] 耳软:耳朵根子软,易听别人的话。心活:心眼活动,易改变主意。容易听信别人的话,改变主意。形容人没有主见。[语见] 清·曹雪芹《红楼梦》第七十七回:"那司棋也曾求了迎春,实指望能救,只是迎春语言迟慢,耳软心活,是不能做主的。"[例句] 小孙乃是一个～的人,让他去主持工作,我估计不会有什么好消息。

【耳食之谈】 ěr shí zhī tán

[释义] 耳食:以耳吞食,形容不动脑筋,轻信传闻。谈:言论。指听来的没有确凿根据的话。[语见] 清·阮葵生《茶余客话·董仲舒断狱》:"此耳食之谈,引经断狱,当不如是。"[例句] 报告的证据,必须是确有其事,怎么能以这些～来作为佐证呢?

【耳食之言】 ěr shí zhī yán

[释义] 见"耳食之谈"。[例句] 此等～,姑妄言之,姑妄听之,求得一乐而已,不可当真。

【耳视目食】 ěr shì mù shí

[释义] 形容失其本分,追求侈靡。

[语见] 宋·司马光《迂书·官失》："迂叟曰：'衣冠所以为容观也，称礼斯美矣，世人舍其所称，闻人所尚而慕之，岂非以耳视者乎？饮食之物，所以为味也，适口斯善矣，世人取果饵而刻镂之、朱绿之，以为盘案之玩，岂非以目食者乎？'"[例句] 你年纪尚轻，正是锻炼和积累的时候，万不可～，忘记了自己的本分。

【耳熟能详】ěr shú néng xiáng

[释义] 熟：熟悉。详：详细地讲述。听得熟了，也就能详细地讲出来。[语见] 宋·欧阳修《泷冈阡表》："其平居教他子弟，常用此语。吾耳熟焉，故能详也。"[例句] 这些道理大家自是～，但是要真正身体力行并坚持下去，却不是件容易的事情。

【耳顺之年】ěr shùn zhī nián

[释义] 六十岁的代称。[语见]《论语·为政》："子曰：吾十有五而志于学，三十而立，四十而不惑，五十而知天命，六十而耳顺，七十而从心所欲，不逾矩。"[例句] 令尊恐怕已过～了吧，但是看起来却显得很年轻。

【耳提面命】ěr tí miàn mìng

[释义] 耳提：附在耳旁提示、指导。面命：面对面讲解、教诲。口附耳、面对面地指导、教诲。形容恳切地教导。[语见] 清·李汝珍《镜花缘》第八十四回："果蒙不弃，收录门墙之下，不消耳提面命，不过略为跟着历练历练。"[例句] 父亲生前对我～的神情，仿佛就在眼前。

【耳闻不如目见】ěr wén bù rú mù jiàn

[释义] 闻：听见。耳朵听到的不如亲眼看见的肯定、可靠。[语见] 汉·刘向《说苑·政理》："夫耳闻之，不如目见之；目见之，不如足践之。"[例句]～，真正置身于沙漠之中，你才能真正知道，干旱是何等的可怕。

【耳闻目睹】ěr wén mù dǔ

[释义] 闻：听见。睹：看见。亲耳听到的，亲眼看见的。[语见] 宋·司马光《资治通鉴·唐纪·睿宗景云二年》："口说不如身逢，耳闻不如目睹。"[例句] 司马迁常置身乡野，对民间的疾苦，～，所以在著述的时候，那种对苍生的同情心，便常常流露于笔端。

【耳闻目击】ěr wén mù jī

[释义] 见"耳闻目睹"。[语见] 明·熊大木《杨家将演义》第十三回："若汝等耳闻目击，有好名士，吾不惜千金聘来同镇此地。"[例句] 因为是做战地记者的，～，对战争的残酷，自然比一般人理解得要深刻得多。

【耳闻目见】ěr wén mù jiàn

[释义] 见"耳闻目睹"。[语见] 清·夏敬渠《野叟曝言》第一百零一回："这些事情，俱是小的耳闻目见，确实不过。"[例句] 早年常常随爷爷上山采药，～，便认识了许多药物，如今倒派上了用场。

【二八佳人】èr bā jiā rén

[释义] 二八：十六岁。旧指年轻貌美的女子。[语见] 宋·苏轼《李钤辖座上分题戴花》："二八佳人细马驮，十千美酒渭城歌。"[例句] 帐后转出来一个～，令这些人大吃一惊。

【二分明月】èr fēn míng yuè

[释义] 古人认为三分天下明月，扬州有其二。形容扬州的繁荣景象。[语见] 唐·徐凝《忆扬州》诗："天下三分明月夜，二分无赖是扬州。"[例句] 云天苍苍，京城已得～，皇上何以还要大修园林？

【二三其德】èr sān qí dé

[释义] 二三：指不专一。德：操守，心志。三心二意，没有定准。[语见]《诗经·卫风·氓》："士也罔极，二三其德。"[例句] 皇帝昏庸无能，大臣～，王朝的灭亡，已是指日可待了。

【二竖为虐】èr shù wéi nüè

[释义] 二竖：两个小童。传说中造成疾病的病魔。为虐：逞凶。《左传·成公十年》记载：晋景公病重，梦见他的病化成两个孩子在说话，说要躲在膏肓之间来避免医生的药物攻击。后来就叫病魔为"二竖"，并用"二竖为虐"来形容被疾病

所困。[**例句**]身强体壮的他,～之后,已消瘦得令人惨不忍睹。

【**二桃杀三士**】èr táo shā sān shì

[**释义**]两只桃子杀害了三个勇士。《晏子春秋·谏下二》载:春秋时,公孙接、田开疆、古冶子三人臣事齐景公,都以勇力闻名,互相争功,齐相晏子设谋除去他们,请景公拿两只桃子赠给三个人,叫他们论功吃桃,结果三个人都弃桃而自杀了。比喻用计谋杀人。[**例句**]大哥大声叹道:"～,你们中计了!"

【**二姓之好**】èr xìng zhī hǎo

[**释义**]二姓:指结婚的男女两家。两家亲密和睦的婚姻关系。[**语见**]《礼记·昏义》:"昏礼者,将合二姓之好,上以事宗庙,而下以继后世也。"[**例句**]自王谢两家结为～后,他们的势力甚至足以左右朝政了。

【**二意三心**】èr yì sān xīn

[**释义**]见"三心二意"。[**语见**]元·杨梓《豫让吞炭》第二折:"我怎肯二意三心,背义忘恩,有始无终。"[**例句**]写作是一件贵在坚持的事情,你如此～,怎么能希望有所作为呢?

E

F

fā

【发愤图强】 fā fèn tú qiáng
[释义] 发愤：因愤激而决心努力。图：谋求，求得。强：强大，强盛。下定决心以谋求强盛。[例句] 身处逆境确实是件遗憾的事情，但逆境也可以磨炼人们的意志，使人～。

【发愤忘食】 fā fèn wàng shí
[释义] 原意是下决心努力学习，连吃饭都忘记了。形容非常勤奋。[语见]《论语·述而》："其为人也，发愤忘食，乐以忘忧，不知老之将至云尔。"[例句] 为了赶在其他人之前完成工作，他日夜加班，简直到了～的地步。

【发号施令】 fā hào shī lìng
[释义] 发：发布、公布。号：号令、命令。施：实施、执行。发布命令，指挥他人。[语见]《尚书·冏命》："发号施令，罔有不臧。"[例句] 这儿由他～，一切都是他说了算。

【发奸摘伏】 fā jiān tī fú
[释义] 摘：揭发。揭发隐匿的坏人坏事。形容吏治精明。[语见] 汉·班固《汉书·赵广汉传》："其发奸摘伏如神，皆此类也。"[例句] 他在任期间，刚正不阿，～，且爱民如子，深受当地百姓的欢迎。

【发蒙振聩】 fā méng zhèn kuì
[释义] 蒙：眼睛失明。聩：耳聋。使瞎子看到光明，使聋子听到声音。比喻见解高明，使人大开眼界。[语见] 清·吴敬梓《儒林外史》第四十四回："先生，你这一番议论，真可谓之发蒙振聩。"[例句] 老

师的一席话说得字字千钧，～，深深打动了我的心。

【发蒙振落】 fā méng zhèn luò
[释义] 揭去蒙盖在眼睛上的障碍，振动树上的枯叶。比喻事情轻而易举。[语见] 汉·司马迁《史记·汲郑列传》："好直谏，守节死义，难惑以非。至如说丞相弘，如发蒙振落耳。"[例句] 对我来说，钓几条鱼如同～，容易得不能再容易了。

【发人深省】 fā rén shēn xǐng
[释义] 省：醒悟。唐·杜甫《游龙门奉先寺》诗："欲觉闻晨钟，令人发深省。"后用"发人深省"指能启发人进行深刻思索而有所醒悟。[例句] 这文章～，很值得一读。

【发摘奸伏】 fā tī jiān fú
[释义] 见"发奸摘伏"。[语见] 元·脱脱等《宋史·李参传》："参无学术，然刚果严深，喜发摘奸伏，不假贷。"[例句] 这位县太爷最大的本事是理财，至于～，却不是其特长。

【发屋求狸】 fā wū qiú lí
[释义] 拆除房屋以求捕得狸猫。比喻因小失大。[语见] 汉·刘安《淮南子·说山训》："坏塘以取龟，发屋而求狸，掘室而求鼠，割唇而治龋，桀跖之徒，君子不与。"[例句] 银行耗费了很大精力考察这家小企业是否具有还贷能力，真是～，得不偿失。

【发硎新试】 fā xíng xīn shì
[释义] 发硎：刚用磨刀石磨好的刀。比喻初露锋芒。[语见]《庄子·养生主》："今臣之刀十九年矣，所解数千牛矣，而刀刃若新发于硎。"[例句] 他首次出场的

表现如～，博得了在场所有观众的一致好评。

【发扬踔厉】 fā yáng chuō lì

[释义] 见"发扬蹈厉"。[例句] 如果没有上一代人～地努力进取，我们今天的一切都将是空中楼阁。

【发扬蹈厉】 fā yáng dǎo lì

[释义] 发扬：奋发昂扬。舞蹈时奋发昂扬，举手抬足，猛烈踏地。比喻精神振奋，意气风发。[语见]《礼记·乐记》："发扬蹈厉，大公之志也。"[例句] 经过一代又一代人的～，锐意进取，终于完成了这项规模宏大的工程。

【发扬光大】 fā yáng guāng dà

[释义] 发：发展。扬：弘扬。光：光耀，显赫。大：宏大，壮大。大力弘扬提倡，使之显赫壮大。[例句] 中华民族的许多传统美德是值得～的。

【伐功矜能】 fá gōng jīn néng

[释义] 伐、矜：自夸。指吹嘘自己的功劳和才能。形容自负。[语见] 汉·司马迁《史记·太史公自序》："奉法循理之吏，不伐功矜能，百姓无称，亦无过行。"[例句] 连着几次成绩名列全校第一，他开始有些～，骄傲起来。

【伐毛洗髓】 fá máo xǐ suǐ

[释义] 削除旧发，清洗骨髓。比喻脱胎换骨，洗心革面。[语见] 宋·李昉等《太平广记》卷六引《洞冥记》："三千年一返骨洗髓，二千年一剥皮伐毛。吾生来已三洗髓五伐毛矣。"[例句] 要重新做人，就得对自己来个～式的彻底清除，把原先的一切恶习和私欲全部抛弃。

【罚不当罪】 fá bù dāng zuì

[释义] 处罚与所犯罪行不相当。[语见]《荀子·正论》："夫德不称位，能不称官，赏不当功，罚不当罪，不祥莫大焉。"[例句] 如果～，不足以惩罚恶人，也不能起到警示作用。

【法不阿贵】 fǎ bù ē guì

[释义] 阿：偏袒。法律不偏袒贵族。指秉公执法，不畏权贵。[语见]《韩非子·有度》："法不阿贵，绳不绕曲。法之所

加，智者弗能辞，勇者弗敢争，刑过不避大臣，赏善不遗匹夫。"[例句] ～，任何人一律平等，这是所有国家制定法律的最基本的原则之一。

【法不徇情】 fǎ bù xùn qíng

[释义] 法：法律。徇：曲从，偏私。情：人情，私情。法律不徇私情。指执法公正，不讲私人情感。[语见] 明·罗贯中《三国演义》第七十二回："居家为父子，受事为君臣，法不徇情，尔宜深戒。"[例句] 为了维护法制的尊严，她坚决抵制来自各方面的压力，坚持～的原则。

【法不责众】 fǎ bù zé zhòng

[释义] 法：法律。众：众人。指某些行为虽然违法，但当很多人都有那种行为时，就不好用法律来惩处。[例句] 不要认为车辆超载行为很普遍，就会～，违反规定者一律要受到惩罚。

【法成令修】 fǎ chéng lìng xiū

[释义] 指有法律为依据，行政命令也恰当。[语见] 唐·韩愈《曹成王碑》："法成令修，治出张施。"[例句] 唐朝统一天下，上下一心，～，开创了中国前所未有的辉煌时代。

【法出多门】 fǎ chū duō mén

[释义] 指各部门皆自立禁令，政令不一，使百姓无所适从。[语见] 宋·欧阳修等《新唐书·刘贽传》："又可分为外官、中官之员，立南司、北司之局，或犯禁于南则亡命于北，或正刑于外则破律于中，法出多门，人无所措，繇兵农势异，而中外法殊也。"[例句] 应当精简不必要的机构，废除或修订多余的规定，消除目前这种～、执行各异的混乱现象。

【法力无边】 fǎ lì wú biān

[释义] 法力：佛教指佛法的力量。后泛指神奇超人的力量。形容力量极大不可估量。[语见] 明·无名氏《八仙过海》第三折："小圣我法力无边，通天达地，指山山崩，指水水跑。"[例句] 传说中他是一个～的魔法师。

【法外施仁】 fǎ wài shī rén

[释义] 在执行法纪之外，对被惩处者施

以仁德。[语见]清·李汝珍《镜花缘》第四十五回:"他既有这功劳,自应法外施仁,免其一死。"[例句]法律面前人人平等,绝不会因同情弱小而～。

【发短心长】fà duǎn xīn cháng
[释义]形容年老而见识多,能深谋远虑。[语见]《左传·昭公三年》:"彼其发短而心甚长,其或寝处我矣。"[例句]别看他人老了,可绝对是个～的厉害人物。

【发秃齿豁】fà tū chǐ huō
[释义]头发光秃,牙齿豁落。形容人已衰老。[语见]唐·韩愈《上兵部李侍郎书》:"私自怜悼,悔其初心,发秃齿豁,不见知已。"[例句]如今爷爷奶奶均已是～,我们做晚辈的都该多多孝敬,让他们安度晚年。

【发指眦裂】fà zhǐ zì liè
[释义]眦:眼眶。头发向上指,眼眶尽裂开。形容极度愤怒。[语见]汉·司马迁《史记·项羽本纪》:"(樊哙)瞋目视项王,头发上指,目眦尽裂。"[例句]他～、愤怒之极,那样子把在场所有的人都吓呆了。

fan

【幡然改图】fān rán gǎi tú
[释义]见"翻然改图"。[例句]那个观念在她脑子中形成已多年了,要她～,实在有些难为她了。

【幡然悔悟】fān rán huǐ wù
[释义]见"翻然悔悟"。[例句]观念一经定型,往往难以改变,即使临死之时,也无人能使他～。

【翻唇弄舌】fān chún nòng shé
[释义]比喻搬弄是非。[语见]明·兰陵笑笑生《金瓶梅》第五十七回:"第一要才学,第二就要人品了,又要好相处,没些说是说非,翻唇弄舌,这就好了。"[例句]她整天不干正事,就知道在众人面前～,挑拨是非。

【翻复无常】fān fù wú cháng
[释义]形容变化无常,说变就变。[语见]南朝梁·吴均《行路难》诗:"当年翻复无常定,薄命为女何必粗。"[例句]和这种～的人交往一定要小心。

【翻江倒海】fān jiāng dǎo hǎi
[释义]见"倒海翻江"。[语见]清·曹雪芹《红楼梦》第九十回:"且说薛姨妈家中被金桂搅得翻江倒海,看见婆子回来,说起岫烟的事,宝钗母女二人不免滴下泪来。"[例句]两人斗在一起,直斗得～,大战三百回合之后,依然不分胜负。

【翻来覆去】fān lái fù qù
[释义]形容来回翻动身体。也形容多次重复。[语见]宋·吴潜《蝶恋花》:"世事翻来覆去,造物儿戏,自古无凭据。"[例句]因为总想着白天的事情,昨天晚上我在床上～怎么也睡不着。

【翻然改进】fān rán gǎi jìn
[释义]翻然:很快而彻底地改变。一下就完全改变了态度,向好的方面前进。[例句]采用新的学习方法之后,同学们的学习成绩～,有了很大提高。

【翻然改图】fān rán gǎi tú
[释义]翻然:也作"幡然"。迅速改变的样子,形容很快转变。图:计划,打算。很快地转变过来,另作打算。[语见]汉·审配《献书袁谭》:"何图凶险谗慝之人,造饰无端,诱导奸利,至令将军翻然改图,忘孝友之仁,听豺狼之谋,诬先公废立之言。"[例句]反正公司已经倒闭了,不如～,赶紧另谋生路。

【翻然改悟】fān rán gǎi wù
[释义]见"翻然悔悟"。[例句]事故发生之后,你才～,可是悔之晚矣。

【翻然悔过】fān rán huǐ guò
[释义]见"翻然悔悟"。[例句]你不要着急,只要能见到他～的那一天,便是你教化的大成功。

【翻然悔悟】fān rán huǐ wù
[释义]翻然:很快而彻底地,也作"幡然"。一下子就转变过来,悔改醒悟。[语见]清·张廷玉等《明史·海瑞传》:"陛下诚知斋醮无益,一旦翻然悔悟,日御正朝,与宰相、侍从、言官讲求天下利害,洗

数十年之积误……天下何忧不治,万事何忧不理。"[例句]妈妈临终前的一番教诲,终于让这个浪子～,决心重新做人。

【翻山越岭】fān shān yuè lǐng
[释义]越:过。翻过一座座山,越过一道道岭。形容旅途艰辛。[例句]为了追捕罪犯,他们连夜～,终于赶在第二天一大早到达了那个山村。

【翻手为云】fān shǒu wéi yún
[释义]见"翻云覆雨"。[语见]宋·陈亮《祝英台近》词:"翻手为云,造物等儿戏。"[例句]咱们都是有情有义的好兄弟,怎么可以使这些～的手段呢?

【翻云覆雨】fān yún fù yǔ
[释义]手向上翻时为云,手向下翻时为雨。形容变化无常。也形容善于耍手段,玩弄权术。也作"翻手为云,覆手为雨"、"云翻雨覆"、"覆雨翻云"。[语见]宋·黄机《木兰花慢·次岳总干韵》:"世事翻云覆雨,满怀何止离忧。"[例句]她的～、反复无常终于激怒了大家。

【凡夫俗子】fán fū sú zǐ
[释义]凡、俗:人世间。佛家指断不了欲念的世俗之人。泛指普通人。[语见]明·许仲琳《封神演义》第四十三回:"吾等又不是凡夫俗子,恃强斗勇,皆非仙体。"[例句]我只想做一个～,去过平凡人的生活。

【凡胎俗骨】fán tāi sú gǔ
[释义]见"凡胎浊骨"。[语见]明·无名氏《蕉帕记》第三出:"向来偏觅多人,皆系凡胎俗骨,无可下手。"[例句]传说中,神仙其实都是从～修炼而成的。

【凡胎浊骨】fán tāi zhuó gǔ
[释义]指人世间普通、平庸的人。[语见]明·朱有燉《神仙会》第三折:"师傅说了这些炼金丹之道,奴家凡胎浊骨,尚不深晓。"[例句]作家也是～,他们也难免会出错。

【烦天恼地】fán tiān nǎo dì
[释义]形容心情极度烦闷苦恼。[语见]元·关汉卿《窦娥冤》第一折:"哭哭啼啼,烦天恼地。"[例句]他这个人天性悲观,整天一副～、唉声叹气的样子。

【烦心倦目】fán xīn juàn mù
[释义]忧烦的心情,倦怠的眼睛,形容颓丧的情绪。[语见]元·王实甫《丽春堂》第三折:"闲对着绿树青山,消遣我烦心倦目,潜入那水国渔乡,早跳出龙潭虎穴。"[例句]失败一次又一次地打击着他,让他终日～,意志消沉。

【繁华损枝】fán huā sǔn zhī
[释义]华:花。比喻文采过于华丽,将损及文章内容。[语见]南朝梁·刘勰《文心雕龙·诠赋》:"然逐末之俦,蔑弃其本,虽读千赋,愈惑体要,遂使繁华损枝,膏腴害骨,无贵风轨,莫益劝戒。"[例句]他对文学作品的文体要求极为严谨,曾批评那些脱离现实的诗歌,痛斥那些～、膏腴害骨的文章。

【繁礼多仪】fán lǐ duō yí
[释义]礼节繁重,仪式过多。形容过分地讲排场。[语见]明·罗贯中《三国演义》第十八回:"今绍有十败,公有十胜,绍兵虽盛,不足惧也。绍繁礼多仪,公体任自然,此道胜也。"[例句]婚礼上的～让所有来宾都觉得有点厌倦。

【繁荣昌盛】fán róng chāng shèng
[释义]繁荣:原指树木茂盛,欣欣向荣,后引申为(经济或事业)蓬勃发展。昌盛:兴旺,兴盛。形容国家、民族和事业兴旺发达。[例句]愿我们的国家～,一天更比一天强!

【繁荣富强】fán róng fù qiáng
[释义]形容国家发达,富庶强大。[例句]在国庆之际,我们共同祝愿伟大的祖国更加～!

【繁文末节】fán wén mò jié
[释义]见"繁文缛节"。[语见]宋·苏轼《上圆丘合祭六议》:"议者必又曰:省繁文末节,则一岁可以再郊。"[例句]对那些知识分子讲究太多的～,对他们往往是一种束缚。

【繁文缛节】fán wén rù jié
[释义]缛:烦琐、繁重。文:仪式,规定。节:礼仪。过分烦琐的仪式和礼节。也

比喻烦琐多余的事情。[例句]办事要讲求实效，不要搞那么多～。

【繁文缛礼】fán wén rù lǐ
[释义]见"繁文缛节"。[例句]咱们都是性情中人，这些～，最好还是免了吧。

【繁刑重赋】fán xíng zhòng fù
[释义]苛重的刑罚和赋税。[语见]宋·苏轼《东坡志林》第五卷："齐景公不繁刑重赋，虽有田氏，齐不可取。"[例句]东汉末年，老百姓因无法忍受～的压迫而纷纷起义。

【繁刑重敛】fán xíng zhòng liǎn
[释义]见"繁刑重赋"。[语见]明·张凤翼《红拂记·张娘心许》："只为着土木疲民，况边庭黩武连年，繁刑重敛谁不怨？"[例句]隋朝末年，～使得百姓往往铤而走险。

【反唇相讥】fǎn chún xiāng jī
[释义]见"反唇相稽"。[例句]他话音刚落，立即有人～，场面顿时便乱了。

【反唇相稽】fǎn chún xiāng jī
[释义]反唇：顶嘴。稽：计较。受到指责不服气，反过来责问对方。[语见]汉·班固《汉书·贾谊传》："妇姑不相悦，则反唇相稽。"[例句]法庭上，双方律师你来我往、～，官司打得好不热闹。

【反复不常】fǎn fù bù cháng
[释义]不常：没有常规。多变动。形容变动不定。[语见]宋·周密《齐东野语·端平襄州本末》："九月十日，闻王曼带所纳叛军来襄，人疑其反复不常，而未如之何。"[例句]天气忽冷忽热，～。

【反复无常】fǎn fù wú cháng
[释义]没有常规。形容变化不定。[语见]明·冯梦龙《喻世明言》第三十一卷："重湘问道：'萧何，你如何反复无常，又荐他，又害他？'"[例句]跟这种～的人相处，真是一件令人头痛的事情。

【反戈一击】fǎn gē yī jī
[释义]戈：古代兵器，像矛。掉转矛头，向自己原来的营垒进击。[例句]敌人没想到遭到自己先头部队的～，军营里顿时乱成了一团。

【反躬自问】fǎn gōng zì wèn
[释义]见"反躬自责"。[例句]我也不多说了，你～一下，我究竟对你怎么样！

【反躬自省】fǎn gōng zì xǐng
[释义]反躬：反过来要求自身。省：反省。指从主观方面检查、反省。[语见]宋·朱熹《乐记动静说》："此一节正天理人欲之机间不容息处，惟其反躬自省，念念不忘，则天理益明，存养自固，而外诱不能夺矣。"[例句]在老师的开导下，犯错误的学生大都～，承认了自己的错误。

【反躬自责】fǎn gōng zì zé
[释义]躬：身体。回过身来责备自己。含有检查自己思想、言行的意思。[语见]明·宋濂等《元史·泰定帝纪一》："陛下以忧天下为心，反躬自责。"[例句]事故发生后，主管领导～，主动承担了责任。

【反经行权】fǎn jīng xíng quán
[释义]权：指权宜的变通的办法。不依常规办事，而采用机动灵活的方式处理问题。[语见]汉·司马迁《史记·太史公自序》："诸吕为从，谋弱京师，而勃（周勃）反经合于权。"[例句]为了尽快完成公司的重组，适当的～也是可以接受的。

【反客为主】fǎn kè wéi zhǔ
[释义]变客人的地位为主人的地位。比喻变被动为主动，或变次要为主要。[语见]清·文康《儿女英雄传》第四回："心里正在为难，只听得那女子反客为主，让着说道：'尊客，请屋里坐！'"[例句]一开场，广东队就～，牢牢地掌握了场上的主动权。

【反客作主】fǎn kè zuò zhǔ
[释义]见"反客为主"。[语见]清·褚人获《隋唐演义》第五十八回："（王世贞）自己坐在洛阳，无可奈何，只得赍了金珠，着长孙安世去求夏王窦建德，落得秦王以逸待劳，反客作主。"[例句]我还没说什么呢，你竟然～，要向我兴师问罪了？

【反老还童】fǎn lǎo huán tóng
[释义]见"返老还童"。[例句]老头儿

真是～了，七十岁了还长了一颗新牙。

【反面无情】 fǎn miàn wú qíng
[释义] 翻脸不讲情义。[语见] 明·邵
璨《香囊记·辞婚》："状元，成就了吧！
他也是一个君主，恐怕反面无情，那时
节悔之晚矣！"[例句] 离婚后，丈夫不
顾事先协商的结果，～，拒绝抚养
子女。

【反目成仇】 fǎn mù chéng chóu
[释义] 反目：翻脸。翻脸变成仇敌。指
一下转变成对立的敌人。[例句] 为了
一件小事，两个人～，从此再也不来
往了。

【反其道而行之】 fǎn qí dào ér xíng zhī
[释义] 采取同对方相反的办法行事。
[例句] 该国政局不稳，别人都在撤资，她
却～，加大了在该国的投资力度。

【反求诸己】 fǎn qiú zhū jǐ
[释义] 求：追究。诸："之于"的合音。回
转头来检查自己。[语见]《孟子·离娄
上》："行有不得皆反求诸己，其身正而天
下归之。"[例句] 出了这样的事情，在座
的各位都必须～，检讨自己的责任。

【反裘负刍】 fǎn qiú fù chú
[释义] 反裘：反穿皮袄（古人穿裘毛朝
外，反穿则毛在里）。负刍：背柴。反穿
皮袄背柴，是怕磨掉毛。形容贫穷劳苦。
《晏子春秋·内篇·杂上》《吕氏春秋·观
世》《新序·节士》载：春秋时，晏婴到晋国
去，行至中牟，见越石父"反裘负刍"。婴
即解下一匹驾车的马替他赎身，使他免
于冻饿。后也用于比喻愚昧不知事理。
[例句] 他们一家～，辛辛苦苦几十年，依
然连房子也盖不起。

【反裘负薪】 fǎn qiú fù xīn
[释义] 见"反裘负刍"。[语见] 汉·桓宽
《盐铁论·非鞅》："无异于愚人反裘而负
薪，爱其反，不知其皮尽也。"[例句] 静ត
一观，他们几个虽然都过着～的生活，但
均是一脸的诚实，实在让人感动。

【反水不收】 fǎn shuǐ bù shōu
[释义] 见"覆水难收"。[语见] 南朝宋·
范晔《后汉书·光武帝纪上》："反水不
收，后悔无及。"[例句] ～、后悔无及，既
然已经答应了人家，事情再难也要做到。

【反听内视】 fǎn tīng nèi shì
[释义] 见"内视反听"。[例句] 玄宗初
年，尚能～，政治的清明自然和中宗时不
可同日而语了。

【反眼不识】 fǎn yǎn bù shí
[释义] 转眼之间就不认识对方。形容
翻脸不认人。[语见] 唐·韩愈《柳子厚墓
志铭》："一旦临小利害，仅如毛发比，反
眼若不相识。"[例句] 付款后，那小贩
就～，拒绝承担一切质量责任。

【返躬内省】 fǎn gōng nèi xǐng
[释义] 见"反躬自省"。[语见] 清·赵尔
巽《清史稿·文宗本纪》："诏曰：'今年过
节春分，寒威未解，朕返躬内省，未能上
感天和。'"[例句] 你不妨找个清净的日
子，好好～一下，看我对你到底怎么样。

【返老归童】 fǎn lǎo guī tóng
[释义] 见"返老还童"。[语见] 宋·张君
房《云笈七签》第六十九卷："第二返
砂，服之一刃，即体和神清，返老归童。"
[例句] 我觉得老张头真的有些～
了——他能够跟几个七八岁的孩子玩上
一整天也毫无厌倦之意。

【返老还童】 fǎn lǎo huán tóng
[释义] 返：一作"反"，扭转，反转。还：回
到原处。使老迈之人回复到年轻状态。
[语见] 宋·张君房《云笈七签》第六十卷：
"……日服千咽，不足为多。返老还
童，渐从此矣。"[例句] 那个老太太最近
忽然长出了新头发和新牙齿，真是～了。

【返朴归真】 fǎn pǔ guī zhēn
[释义] 朴：朴素。归：回到。真：纯真。
去掉外表的装饰，返回到质朴、纯真的状
态。[例句] 那些木制工艺品，给人以～
的感觉。

【返我初服】 fǎn wǒ chū fú
[释义] 返：返回，归还。初服：指未做官
时的衣服。比喻辞官归隐。[语见] 三
国魏·曹植《七启》："愿反初服，从子而
归。"[例句] 他自知能力有限，主动提
出～，要求引退。

【犯而不校】fàn ér bù jiào
[释义]犯:触犯。校:计较。别人触犯了自己,也不计较。[语见]南朝宋·范晔《后汉书·卓茂传论》:"夫厚性宽中近于仁,犯而不校邻于恕,率斯道也,怨悔曷其至乎!"[例句]他是个很有城府的人,遇到别人蛮不讲理,心里虽然生气,但表面上总是一副～的样子。

【犯而勿校】fàn ér wù jiào
[释义]见"犯而不校"。[例句]别在脸上一副～的样子,你心里到底是怎么想的,别人怎么知道?

【犯颜极谏】fàn yán jí jiàn
[释义]犯颜:旧指敢于冒犯君王或尊长的颜面。敢于冒犯君王或尊长的威严而极力规劝其改正错误。[语见]《韩非子·外储说左下》:"犯颜极谏,臣不如东郭牙,请立以为谏臣。"[例句]这个昏庸的皇帝不顾大臣们的～,依然荒淫无度,最终走到了亡国的地步。

【犯颜苦谏】fàn yán kǔ jiàn
[释义]见"犯颜极谏"。[语见]明·罗贯中《三国演义》第四十六回:"我等皆是他的部下,不敢犯颜苦谏。"[例句]古时臣子～,实在是要冒着极大的危险,弄不好就会丢掉身家性命。

【饭来开口】fàn lái kāi kǒu
[释义]饭一来,张嘴就吃。指吃现成饭。比喻旁人做成,他去享受。[语见]唐·元稹《放言》诗:"酒熟餔糟学渔父,饭来开口似神鸦。"[例句]这些花花公子一想到当年那～的日子,竟也禁不住黯然欲泪。

【饭来张口】fàn lái zhāng kǒu
[释义]见"饭来开口"。[例句]如今的生活条件好了,孩子们都过着衣来伸手、～的舒适生活。

【饭囊酒瓮】fàn náng jiǔ wèng
[释义]见"酒瓮饭囊"。[语见]北齐·颜之推《颜氏家训·诫兵》:"今士大夫但不读书,即称武夫儿,乃饭囊酒瓮也。"[例句]当朝宰相的儿子们,竟然个个都是些～,难怪他在同僚面前抬不起头。

【饭糗茹草】fàn qiǔ rú cǎo
[释义]饭、茹:吃。糗:干粮。草指野菜。吃的是干粮、野菜。形容生活清苦。[语见]《孟子·尽心下》:"舜之饭糗茹草也,若将终身焉。"[例句]在一些偏远的山区,每到青黄不接的时候,山民们仍不得不过着～的日子。

【泛泛之交】fàn fàn zhī jiāo
[释义]泛泛:一般,平常。一般的交情。指不是知心的朋友。[例句]我和那个人只是～而已,谈不上是朋友。

【泛泛之人】fàn fàn zhī rén
[释义]泛泛:一般,平常。一般的人。指没有作为和才干的人物。[例句]在这个世界上,绝大多数人都只是～,一生过着平凡的生活。

【泛滥成灾】fàn làn chéng zāi
[释义]泛滥:水漫出堤岸。灾:灾害。水大漫出堤岸造成灾害。也指坏的思潮、言论四处扩散,失去控制。[例句]由于自然环境受到很大的破坏,近年来许多地方一到夏天洪水便～。

fang

【方便之门】fāng biàn zhī mén
[释义]佛家指随机度人的法门。泛指便利、得益的门径。[语见]宋·王安石《请秀长老疏二》:"虽开方便之多门,同趣涅盘之一路。"[例句]加入世贸组织为国内企业走向国际市场打开了～。

【方寸已乱】fāng cùn yǐ luàn
[释义]方寸:古人认为心为方寸之地,此指内心、情绪。形容心绪烦乱。[语见]晋·陈寿《三国志·蜀书·诸葛亮传》记载:徐庶对刘备说:"本欲与将军共图王霸之业者,以此方寸之地也。今已失老母,方寸乱矣!"[例句]听到这个消息,他～,哪还有心思吃饭睡觉。

【方底圆盖】fāng dǐ yuán gài
[释义]方底器皿,圆形盖子。比喻配合不起来。[语见]北齐·颜之推《颜氏家训·兄弟》:"今使疏薄之人而节量亲厚之恩,犹方底而圆盖,必不合矣。"[例句]这种人员组合方式给人以～的感觉。

【方刚血气】fāng gāng xuè qì
[释义]见"血气方刚"。[例句]那时我

F

正值～的年龄，自然就不会忍耐了。

【方驾齐驱】 fāng jià qí qū

[释义] 见"并驾齐驱"。[语见] 唐·杨炯《唐右将军魏哲神道碑》："文昭武穆，方驾齐驱；公子王孙，朱轮华毂。"[例句] 你的理解力如果能达到和张旭～的程度，那么你对我刚才说的就能真切地领悟了。

【方枘圆凿】 fāng ruì yuán záo

[释义] 见"圆凿方枘"。[语见] 汉·司马迁《史记·孟子荀卿列传》："持方枘欲纳圆凿，其能入乎？"[例句] 一对好兄弟，竟然为了那么一点点利益，闹到了～的地步，实在令世人叹息。

【方桃譬李】 fāng táo pì lǐ

[释义] 方：比。可同美艳的桃李相比，形容美丽娇艳。[语见]《艺文类聚》第四十四卷引南朝梁·简文帝《筝赋》："乃有燕馀丽妾，方桃譬李，本住南城，经居东里。"[例句] 相传中国古代的四大美人都有着～般的美貌。

【方头不劣】 fāng tóu bù liè

[释义] 方头：指正直不阿。形容个性倔强，不随和，不示弱。[语见] 元·关汉卿《钱大尹智勘绯衣梦》三："俺这里有个裴炎，好生方头不劣。"[例句] 他是一个～的家伙。

【方头不律】 fāng tóu bù lù

[释义] 方头：俗谓不合时宜。不律：倔强不顺。形容倔强、执拗或强横。[语见] 元·郑廷玉《金凤钗》二折："我恰卖了二百文钱，见一个方头不律的人，欺负一个老年的，要扯他跳河。"[例句] 这个～的家伙，倔强起来谁也劝不了。

【方兴未艾】 fāng xīng wèi ài

[释义] 方：刚刚、正当。艾：停止。正在兴起，尚未终止。形容事物蓬勃发展。[语见] 宋·陈亮《祭周贤董文》："连岁有江上之役，欲为公寿而不果奔也。谓公之寿方兴未艾，而此心终未泯也。"[例句] ～的女子拳击运动正在全世界范围内逐渐普及。

【方圆可施】 fāng yuán kě shī

[释义] 施：行使。不论是方的，还是圆的，都适宜使用。比喻人有多种才能。[语见] 南朝梁·萧子显《南齐书·沈宪列传》："补乌程令，甚著政绩。太守褚渊叹之曰：'此人方员（圆）可施。'"[例句] 他早已练就了一身随遇而安的功夫，～、随高就低都没问题，先后把几个分公司都管理得井井有条。

【方正不阿】 fāng zhèng bù ē

[释义] 阿：阿谀。指为人正直，不逢迎谄媚。[语见] 清·张廷玉等《明史·王徽传》："有方正不阿者，即以为不肖，而朝夕谗谤之，日加浸润，未免改疑。"[例句] 包青天～、秉公执法的故事在民间广为流传。

【方正不苟】 fāng zhèng bù gǒu

[释义] 见"方正不阿"。[语见] 清·钱泳《履园丛话·许昌》："嘉定有老儒名朱纲，为人方正不苟，颇信佛老之说。"[例句] 海瑞的～，竟然被众官绅视为眼中钉肉中刺，而少有人喝彩，这便是他的孤独。

【芳兰竟体】 fāng lán jìng tǐ

[释义] 芳兰：兰草的香气。竟体：满身。比喻举止闲雅，风采动人。[语见] 唐·李延寿《南史·谢览传》："（览）意气闲雅，视瞻聪明，武帝目送良久，谓徐勉曰：'觉此生芳兰竟体。'"[例句] 那姑娘～，举止优雅，吸引了很多人的目光。

【防不及防】 fáng bù jí fáng

[释义] 指想到防备时已经来不及防备了。[语见] 清·夏敬渠《野叟曝言》第六十七回："可见小人之伺君子，每于所忽，有防不及防者也。"[例句] 敌人突然发起了进攻，我军～。

【防不胜防】 fáng bù shèng fáng

[释义] 防：防备，防御。胜：承担、承受。怎么防备也防备不了。形容计划不周，或人力物力不足而无计可施。[语见] 清·吴趼人《二十年目睹之怪现状》第四十七回："这种小人，真是防不胜防。"[例句] 电脑病毒真是猖獗，简直令人～。

【防患未然】 fáng huàn wèi rán

[释义] 见"防患于未然"。[语见]《申

鉴•杂言》:"进忠有三术:一曰防;二曰救;三曰戒。先其未然谓之防,发而止之谓之救,行而责之谓之戒。"[例句] 各单位必须加强防火措施,~。

【防患于未然】fáng huàn yú wèi rán
[释义] 防:防止。患:祸患,灾祸。未然:没有这样,这里指没有发生。在祸患发生之前就采取防备措施。[语见] 汉•班固《汉书•外戚列传下》:"事不当时固争,防祸于未然。"[例句] 夏天到了,老师~,一遍又一遍地向同学们交代,不要私自下湖游泳。

【防萌杜渐】fáng méng dù jiàn
[释义] 见"防微杜渐"。[语见] 五代后晋•刘昫等《旧唐书•宗本纪上》:"朝臣多有谏者,曰:'先王制法,有以兵刃至御所者刑之,所以防萌杜渐,备不虞也。'"[例句] 你要是早一点~之心,也不会发生这么大的事故了。

【防微杜渐】fáng wēi dù jiàn
[释义] 防:防止。微:微小。杜:杜绝。渐:渐渐,逐步发展。在错误或坏事萌芽的时候及时制止,不让其发展。[语见] 晋•韦谠《启谏冉闵》:"请诛屏降胡,去单于之号以防微杜渐。"[例句] 为了~,老师一遍又一遍地对学生讲交通安全的重要性。

【防微虑远】fáng wēi lù yuǎn
[释义] 当错误或坏事刚露头的时候就加以防止,并熟虑长远之计。[语见] 唐•郑亚《唐丞相太尉卫国公李德裕会昌一品制集序》:"由是洞启宸衷,大破群议,运筹制胜,举无遗策,防微虑远,必契神机。"[例句] 学生一旦出现错误思想的苗头,就一定要认真对待,~,不能任其发展。

【防芽遏萌】fáng yá è méng
[释义] 遏:阻止、抑止。在错误或坏事刚露头时就加以遏止。[语见] 晋•陈寿《三国志•吴书•孙奋传》:"大行皇帝览古戒今,防芽遏萌,虑于千载。"[例句] 海难发生之前,我曾多次提醒过他们要~,注意船体的日常检修。

【防意如城】fáng yì rú chéng
[释义] 防:防止,克制。意:欲念,指私心杂念。城:这里指守城。克制私心杂念就像守城防敌一样。[语见] 宋•周密《癸辛杂识别集下•守口如瓶》:"富郑公有'守口如瓶,防意如城'之语。"[例句] 作为一名干部,一定要~,远离腐败。

【房谋杜断】fáng móu dù duàn
[释义] 房:房玄龄,唐太宗时的宰相,善谋划。谋:计谋。房谋:房玄龄的谋划。杜:杜如晦,唐朝的名臣,善断。断:决策,决断。杜断:杜如晦的决断。兼有房玄龄的谋划、杜如晦的决断。形容人才齐备,相互配合,取长补短。[语见] 宋•欧阳修等《新唐书•杜如晦传》:"如晦长于断,而玄龄善谋,两人深相知,故能同心济谋,以佐佑帝。"[例句] 有这么多~式的优秀人才辅佐你,你一定能够获得成功。

【放诞不羁】fàng dàn bù jī
[释义] 见"放纵不羁"。[例句] 别看他行为上~,但是他的心地却十分善良。

【放诞不拘】fàng dàn bù jū
[释义] 见"放纵不拘"。[例句] 诗人嘛,有一点~的性情自是难免,只要不胡来就行。

【放诞风流】fàng dàn fēng liú
[释义] 随心所欲,言行不受礼法的束缚。[语见]《西京杂记》第二卷:"文君姣好,眉色如望远山,脸际常若芙蓉,肌肤柔滑如脂,十七而寡,为人放诞风流,故悦长卿之才而越礼焉。"[例句] 这女人平时在外面~,回家后却装扮得像个贤妻良母。

【放荡不羁】fàng dàng bù jī
[释义] 放荡:放纵任性,不受拘束。也指行为不检点。羁:约束。指行为放纵随意,不受约束。[语见] 唐•房玄龄等《晋书•王长文传》:"少以才学知名,而放荡不羁,州府辟命皆不就。"[例句] 他是个具有双重性格的人,平时工作中非常严谨,而私生活却又~。

【放饭流歠】fàng fàn liú chuò
[释义] 放饭:大口地吃饭。流歠:大口喝

汤。古代认为在尊长面前这是不礼貌的行为。形容极大的失礼。[语见]《孟子·尽心上》:"放饭流歠,而问无齿决,是之谓不知务。"[例句] 这个孩子真是没家教,餐桌上～,全然不顾别人。

【放虎归山】fàng hǔ guī shān
[释义] 归:返回。把老虎放回山林。比喻放走已经落网的敌人,从而留下后患。也作"纵虎归山""放虎遗患"。[语见]晋·陈寿《三国志·蜀书·刘巴传》:"俄而先主定益州,巴辞谢罪负,先主不责。"裴松之注引《零陵先贤传》:"璋遣法正迎刘备,巴谏曰:'备,雄人也,入必为害,不可内也。'既入,巴复谏曰:'若使备讨张鲁,是放虎于山林也。'璋不听。"[例句]当年项羽放走刘邦,等于～,最终果然败在了刘邦手下。

【放虎自卫】fàng hǔ zì wèi
[释义] 放出老虎来保护自己。比喻自招灾祸。[语见]《华阳国志·公孙述刘二牧志》:"刘主(刘备)至巴郡。巴郡严颜拊心叹曰:'此所谓独坐穷山,放虎自卫者也!'"[例句] 你找黑社会的人来帮你处理这件事,岂不是～,自找麻烦?

【放浪不羁】fàng làng bù jī
[释义] 见"放荡不羁"。[例句] 嵇康～,蔑视世俗,尤其是对官府之人不敬,自然要受到王权的袭击了。

【放浪形骸】fàng làng xíng hái
[释义] 放浪:放纵,不受约束。形骸:人的形体。行为放纵,不拘礼仪。指不受世俗礼法的束缚。[语见]晋·王羲之《兰亭集序》:"或因寄所托,放浪形骸之外。"[例句] 她在没嫁人之前,常常～,不时做出令旁人大吃一惊的事。

【放辟邪侈】fàng pì xié chǐ
[释义] 辟:古怪。邪:不正。侈:放。任意胡作非为。[例句] 影片中的坏人～,干尽了坏事。

【放情丘壑】fàng qíng qiū hè
[释义] 放情:纵情。丘壑:山丘沟壑,泛指山水。沉浸在游山玩水之中。[语见]唐·房玄龄等《晋书·谢安传》:"安虽放情丘壑,然每游赏,必以妓女从。"[例句] 紧张的工作之余,我最喜欢到郊外跋山涉水,～,可以暂时摆脱一下尘嚣的干扰。

【放任自流】fàng rèn zì liú
[释义] 放任:听其自然,不加干涉。自流:不加管束,任其随意行动。听其自然,不加管束。[例句] 对中小学生的课余活动要加强辅导,不能～。

【放下屠刀,立地成佛】fàng xià tú dāo, lì dì chéng fó
[释义] 立地:立刻。放下杀戮的刀,就可以马上成佛。后泛指改恶从善,弃暗投明。[语见]《朱子语类》第三十卷:"今不必问过之大小,怒之深浅,只不迁不贰,是甚力量,便见工夫,佛家所谓'放下屠刀,立地成佛'。"[例句] 虽然你已经犯下了重罪,但～,现在回心转意还来得及。

【放鹰逐犬】fàng yīng zhú quǎn
[释义] 鹰、犬:指猎鹰猎犬。借指打猎。[语见]清·张廷玉等《明史·韩文传》:"击毬走马,放鹰逐犬,俳优杂剧,错陈于前。"[例句] 如果有访客,这些牧民会亲自出去～,捕捉最新鲜的野味招待客人。

【放之四海而皆准】fàng zhī sì hǎi ér jiē zhǔn
[释义] 四海:指天下。皆:都。准:准则,标准。无论把它放到什么地方,它都是人们行动的准则。指普遍真理。[语见]《礼记·祭义》:"夫孝……推而放诸东海而准,推而放诸西海而准,推而放诸南海而准,推而放诸北海而准。"郑玄注:"放,犹至也。准,犹平也。"[例句] 正如没有一剂良方可以包治百病,同样也没有一种技术或方案能够～。

【放纵不羁】fàng zòng bù jī
[释义] 羁:约束。行为放纵,不受约束。[语见]唐·房玄龄等《晋书·外戚传》:"濛少时放纵不羁,不为乡曲所齿,晚节始克己励行,有风流美誉,虚己应物,恕而后行,莫不敬爱焉。"[例句] 父母的娇生惯养使他从小就养成了～,我行我素的性格。

【放纵不拘】fàng zòng bù jū
[释义] 按照自己的意志行事。不为外

物所束缚。[语见]汉·班固《汉书·游侠传》："竦博学通达，以廉俭自守，而遵放纵不拘，操行虽异，然相亲友。"[例句]他的性格～，连父母也管教不了。

fei

【飞苍走黄】fēi cāng zǒu huáng
[释义]见"斗鸡走狗"。[语见]晋·葛洪《抱朴子·金丹》："其所营也，非荣即利，或飞苍走黄于中原，或留连杯觞以羹沸。"[例句]王府家的大少爷整日～，不务正业。

【飞刍挽粒】fēi chú wǎn lì
[释义]见"飞刍挽粟"。[语见]南朝梁·萧子显《南齐书·徐孝嗣沈文季传论》："金城布险，峻垒绵壃，飞刍挽粒，事难支继。"[例句]如果没有后勤部队每天～到前线，我军的补给早就中断了。

【飞刍挽粮】fēi chú wǎn liáng
[释义]见"飞刍挽粟"。[语见]清·张廷玉等《明史·伍文定传》："而文定决意进兵，一无顾惜。飞刍挽粮，縻数十万。"[例句]随着战争逐渐深入，前线的给养供应非常困难，中央指挥部下令迅速从后方调集物资，～送到一线作战部队。

【飞刍挽粟】fēi chú wǎn sù
[释义]刍：喂牲口的草。挽：牵引，在前面拉。形容迅速运送粮草。[语见]汉·司马迁《史记·平津侯主父列传》："又使天下蜚刍挽粟，起于黄、腄、琅邪负海之郡……"[例句]战争开始后，后勤补给部队每天～，把大量军品迅速地运送到前线。

【飞刍转饷】fēi chú zhuǎn xiǎng
[释义]见"飞刍挽粟"。[语见]明·王世贞《与高大夫游盘山歌》："建牙吹角浩无际，飞刍转饷遥相望。"[例句]火车～，不断将粮食物资运向受灾地区。

【飞短流长】fēi duǎn liú cháng
[释义]短长：是非，好坏。飞、流：散布。说长道短，造谣生事。[语见]清·蒲松龄《聊斋志异·封三娘》："妾来当须秘密，造言生事者，飞短流长，所不堪受。"[例句]

不少人～，四处散播她的谣言。

【飞遁离俗】fēi dùn lí sú
[释义]飞遁：也作"肥遁"，退隐。隐退而远离尘俗。[语见]三国魏·曹植《七启》："飞遁离俗，澄神定灵。"[例句]辅佐皇帝登基后，他～，很快便回家乡隐居了。

【飞蛾赴火】fēi é fù huǒ
[释义]比喻不惜牺牲而有所作为，或自寻死路，自取灭亡。[语见]唐·姚思廉《梁书·到溉传》："如飞蛾之赴火，岂焚身之可吝。"[例句]一些自以为聪明的贪官，尽管费尽心思东躲西藏，最终还是落得个～、自取灭亡的下场。

【飞蛾赴焰】fēi é fù yàn
[释义]见"飞蛾赴火"。[语见]五代后晋·刘昫等《旧唐书·僖宗纪》："既知四隅断绝，百计奔冲，如穷鸟触笼，似飞蛾赴焰。"[例句]你以区区三千人马去对抗人家十万大军，无异～，我劝你还是早早息了这般心思。

【飞蛾赴烛】fēi é fù zhú
[释义]见"飞蛾赴火"。[语见]宋·黄庭坚《演雅》诗："蛣蜣转丸贱苏合，飞蛾赴烛甘死祸。"[例句]狂徒们胆敢以身试法，无异～，最终必将自取灭亡。

【飞蛾扑火】fēi é pū huǒ
[释义]见"飞蛾投火"。[语见]元·杨显之《潇湘雨》第二折："他走了，我一向寻他不着，他今日自来投到，岂不是飞蛾扑火，自讨死吃的。"[例句]文天祥只身赴敌营，在一般人眼前，实是～，但是在有识者眼里，却能从其身上感觉到一股浩然之气。

【飞蛾投火】fēi é tóu huǒ
[释义]蛾性喜光，所以会飞向火中。多比喻自取灭亡。[语见]明·无名氏《鸣凤记·鹤楼赴义》："下官约董吴二兄同奏权奸，正是累卵击石，犯之必碎；飞蛾投火，触之必焦。"[例句]自古以来人类为了追名逐利，不惜任何代价，正如～一般。

【飞蛾投焰】fēi é tóu yàn
[释义]见"飞蛾投火"。[语见]明·汪廷

讦《狮吼记·佳锡》："只因迷宿本,似飞蛾投焰,自取焚身。"[例句] 你对目前你～的举动是丝毫不以为意,当你真正后悔的那一天,一切可就来不及了。

【飞黄腾达】fēi huáng téng dá
[释义] 飞黄:传说中的神马。腾达:腾踏,奔腾。形容马飞驰。后多比喻官职、地位升得很快。[语见] 唐·韩愈《符读书城南》诗:"飞黄腾踏去,不能顾蟾蜍。"[例句] 为了在官场中～,他愿意付出任何代价,即使是抛弃自己的尊严也在所不惜。

【飞来横祸】fēi lái hèng huò
[释义] 横:意外。指意外的灾祸。[语见] 明·凌濛初《二刻拍案惊奇》第十五卷:"谁想遭一场飞来横祸,若非提控出力,性命难保。"[例句] 火山突然爆发,这场～使附近的不少居民失去了家园。

【飞流短长】fēi liú duǎn cháng
[释义] 见"飞短流长"。[语见] 唐·沈亚之《送韩北渚赴江西序》:"故有谀言顺容积微之谮,以基所毁,四邻之地,更效递笑,飞流短长,天下闻矣。"[例句] 虽说身正不怕影子斜,但是～,时间一久,终是闹得心神不宁。

【飞龙乘云】fēi lóng chéng yún
[释义] 龙乘云上天。比喻英雄乘时而得势。[语见]《韩非子·难势》:"飞龙乘云,腾蛇游雾……夫有云雾之势而能乘游之者,龙蛇之材美之也。"[例句] 如今正值乱世,何不～,立一番大业呢?

【飞蓬乘风】fēi péng chéng fēng
[释义] 蓬:蓬草。原指蓬草乘风飞转,飘浮不定。后比喻人无坚定意志,随情势而改变。[语见]《商君书·禁使》:"今夫飞蓬,遇飘风而行千里,乘风之势也。"[例句] 他这个人遇事喜欢～,随大流,不太适合当领导。

【飞蓬随风】fēi péng suí fēng
[释义] 见"飞蓬乘风"。[语见]《管子·形势》:"飞蓬之问。"尹知章注:"蓬飞因风,动摇不定。"[例句] 她一向是～,别人说啥就是啥,一点儿主见都没有。

【飞禽走兽】fēi qín zǒu shòu
[释义] 会飞的鸟类和会跑的兽类。泛指鸟兽。[语见] 汉·王延寿《鲁灵光殿赋》:"飞禽走兽,因木生姿。"[例句] 由于这块地方被划定为自然保护区,里面成了～的乐园。

【飞沙走石】fēi shā zǒu shí
[释义] 见"飞砂走石"。[语见] 晋·干宝《搜神记》第三卷:"王言此树神何须损我百姓,乃以兵围,正欲诛伐之,乃有神飞沙走石,雷电霹雳。"[例句] 忽然间刮起一阵大风,路上顿时～,行人纷纷找地方躲藏。

【飞砂走石】fēi shā zǒu shí
[释义] 砂子飞扬,石块滚动。形容风力猛烈。[语见] 明·冯梦龙《喻世明言》第三十八卷:"将次午时,真可作怪,一时间天昏地黑,日色无光,狂风大作,飞砂走石,播土扬泥,你我不能相顾。"[例句] 大风一起,一阵～,整座都市仿佛变成了沙漠戈壁。

【飞声腾实】fēi shēng téng shí
[释义] 见"蜚英腾茂"。[语见] 唐·令狐德棻《周书·周宗室传论》:"其茂亲有鲁、卫、梁、楚,其疏属有凡、蒋、荆、燕,咸能飞声腾实,不泯于百代之后。"[例句] 待到你～的那一天,你便能真正理解我今日的一番苦心了。

【飞熊入梦】fēi xióng rù mèng
[释义] 飞熊:长着翅膀的熊。梦见长着翅膀的熊。相传周文王梦飞熊而遇太公望。汉·司马迁《史记·齐太公世家》:"西伯(周文王)将出猎,卜之,曰'所获非龙非彲,非虎非罴;所获霸王之辅。'于是周西伯猎,果遇太公于渭之阳。""非虎"本作"非熊",后由"非熊"讹为"飞熊","卜之"讹为"入梦"。旧时比喻帝王得贤臣的征兆。[例句] 相传周文王～,后来得到姜太公这个得力助手。

【飞檐走壁】fēi yán zǒu bì
[释义] 能在房檐和墙面上行动如飞。形容人武艺高超,身体轻巧。[语见] 明·施耐庵《水浒传》第六十六回:"且说时迁

是个飞檐走壁的人，不从正路入城，夜间越墙而过。"[例句]他依靠一身～的功夫劫富济贫，帮助过不少百姓。

【飞眼传情】fēi yǎn chuán qíng
[释义]借眼神以传递情愫。[语见]清·刘鹗《老残游记续集》第三回："我们也少不得对人家瞧瞧，朝人家笑笑，人家就说我们飞眼传情了，少不得更亲近点。"[例句]他和那个女孩～已经很久了，但总是不好意思说出口。

【飞殃走祸】fēi yāng zǒu huò
[释义]指意外的灾祸。[语见]清·西周生《醒世姻缘传》第二十四回："若再遇着什么歪官，还怕有甚飞殃走祸，从天掉将下来。"[例句]走在路上居然被一个花盆砸到脑袋，真是～。

【飞扬跋扈】fēi yáng bá hù
[释义]飞扬：放纵。跋扈：蛮横。原指意气举动超越常规，不受约束。现用以形容放纵专横。[语见]唐·杜甫《赠李白》诗："痛饮狂歌空度日，飞扬跋扈为谁雄？"[例句]那个歌星才刚刚出名没几天，就已经变得～、不可一世了。

【飞扬浮躁】fēi yáng fú zào
[释义]指轻浮急躁，不稳重。[语见]清·李光地《朱子全书·论语一》："飞扬浮躁，所学安能坚固？"[例句]他身上毫无～之气，这在一般的已有一点名气的中青年作家中颇为难得。

【飞鹰走狗】fēi yīng zǒu gǒu
[释义]放出鹰狗去追捕鸟兽。指打猎。[语见]南朝宋·范晔《后汉书·袁术传》："少以侠气闻，数与诸公子飞鹰走狗。"[例句]这些牧民整日过着～、四处围猎的游牧生活。

【飞鹰走马】fēi yīng zǒu mǎ
[释义]见"飞鹰走狗"。[语见]宋·欧阳修《乞奖用孙沔札子》："沔今年虽七十，闻其心力不衰，飞鹰走马尚如平日。"[例句]陈嘉学表面上成天醉心于～之中，其实他不过是以此为幌子，暂时使自己脱离政治的旋涡。

【飞鹰走犬】fēi yīng zǒu quǎn
[释义]见"飞鹰走狗"。[语见]元·关汉卿《鲁斋郎》楔子："每日价飞鹰走犬，街市闲行。"[例句]想起当年～、虚度光阴的生活，陈家洛悔心大起。

【飞云掣电】fēi yún chè diàn
[释义]形容非常迅速。[语见]明·许仲琳《封神演义》第二十一回："不说追兵随后飞云掣电而来。"[例句]魔术师的动作快如～，谁也看不出破绽。

【飞灾横祸】fēi zāi hèng huò
[释义]指意想不到的灾祸。[语见]清·曹雪芹《红楼梦》第九十回："自己年纪可也不小了，家中又碰见这样飞灾横祸，不知何日了局。"[例句]好端端的，谁能想到会突然遭遇如此～，如今全家人的生活都没了着落。

【飞针走线】fēi zhēn zǒu xiàn
[释义]形容缝纫速度极快。[语见]明·施耐庵《水浒传》第四十一回："做得第一手裁缝，端的是飞针走线。"[例句]她不顾病体，～为丈夫补好了衣服。

【非常之谋】fēi cháng zhī móu
[释义]非常：不平常。不是一般的计谋，指阴谋篡夺帝位。[语见]汉·班固《汉书·孝成赵皇后传》："故世必有非常之变，然后乃有非常之谋。"[例句]武则天凭着～，终于成为中国历史上的一代女皇。

【非池中物】fēi chí zhōng wù
[释义]不是蛰居池塘中的动物。比喻有远大抱负的人。[语见]明·罗贯中《三国演义》第七十九回："子建怀才抱智，终非池中物，若不早除，必为后患。"[例句]这一期学员个个～，后来许多著名的将军都出自这里。

【非非之想】fēi fēi zhī xiǎng
[释义]指不合逻辑的荒诞、怪异、不能成为事实的种种幻想。[例句]如果你总是不用功，你的一番宏图大志就会成为～了。

【非分之想】fēi fèn zhī xiǎng
[释义]分：本分。非分：不是本分内的。不是本分之内的想法。多指妄想得到意外的实惠。[例句]你就不要存什么～

了,踏踏实实地做好你的工作吧!

【非驴非马】 fēi lǘ fēi mǎ

[释义] 不是驴也不是马。指走了样,什么也不像。[语见] 汉·班固《汉书·西域传下》:"驴非驴,马非马,若龟兹王,所谓赢也。"赢:即"骡"。[例句] 改革要一次到位,不要弄个~,不伦不类的东西出来。

【非亲非故】 fēi qīn fēi gù

[释义] 亲:亲属。故:故旧,老朋友。既不是亲属,也不是老朋友。指彼此并无私人关系。[语见] 唐·马戴《寄贾岛》诗:"佩玉与锵金,非亲亦非故。"[例句] 我和你~,你却热情地帮助我,使我非常感动。

【非人不传】 fēi rén bù chuán

[释义] 不是适当的人就不传授。[语见]《宣和书谱·行书·蔡京》:"大抵学者用笔有法,自古秘之,必口口亲授,非人不传。"[例句] 这种功夫对修炼者的自身素质要求很高,所以~。

【非同小可】 fēi tóng xiǎo kě

[释义] 小可:寻常,一般。不同于一般的小事。指事物或人的学识、本领高深,不一般。亦指事情重要、严重,不容忽视。[语见] 元·关汉卿《魔合罗》第三折:"萧令史,我与你说,人命事关天关地,非同小可。"[例句] 在这里,作弊可是一件~的事情,学校肯定会严厉处分他们的。

【非异人任】 fēi yì rén rèn

[释义] 异人:别人。不是别人的责任。表示事情应由自己承担责任。[例句] 这件事~,问题完全出在我身上。

【非意相干】 fēi yì xiāng gān

[释义] 非意:不是故意。干:干预。不是故意为难。[语见] 唐·房玄龄等《晋书·卫玠传》:"玠尝以人有不及,可以情恕,非意相干,可以理遣。"[例句] 对别人的~,她总是一笑了之。

【非愚则诬】 fēi yú zé wū

[释义] 愚:愚昧。诬:虚构事实以诬人或欺骗人。不是愚蠢,就是故意骗人。[语见]《庄子·秋水》:"是犹师天而无地,师阴而无阳,其不可行明矣。然则语而不舍,非愚则诬也。"[例句] 这件事~,现在还不能下结论。

【蜚英腾茂】 fēi yīng téng mào

[释义] 蜚:同"飞"。英:英华之声,指名声;茂:茂盛之实,指实际。称颂人的名声或事业日盛。[语见] 汉·司马迁《史记·司马相如传》:"俾万世得激清流,扬微波,蜚英声,腾茂实。"[例句] 作为本次比赛名气最大的参赛者,他一路过关斩将,轻松地获得了冠军,令人觉得~、名副其实。

【肥遁鸣高】 féi dùn míng gāo

[释义] 见"飞遁离俗"。[语见] 清·刘鹗《老残游记》第六回:"昨儿听先生鄙薄那肥遁鸣高的人。"[例句] 我确实是因为健康原因才引退的,绝不是~。

【肥马轻裘】 féi mǎ qīng qiú

[释义] 乘着肥壮的马驾的车子,穿着轻而暖和的皮袍。形容豪富人家的生活。[语见]《论语·雍也》:"赤之适齐也,乘肥马,衣轻裘。"[例句] 那些贵族子弟,仅仅凭着祖传的家产就可以过着~的阔绰生活。

【肥头大耳】 féi tóu dà ěr

[释义] 肥胖的脑袋,大大的耳朵。形容体态肥胖。有时也形容小孩可爱。[例句] 那个~的家伙特别能吃,一人能吃两人的饭。

【匪躬之操】 fěi gōng zhī cāo

[释义] 见"匪躬之节"。[例句] 岳飞是宋朝具有~的大忠臣,却惨遭不白之冤。

【匪躬之节】 fěi gōng zhī jié

[释义] 指不顾自身利害而尽忠王室的节操。[语见]《周易·蹇》:"六二,王臣蹇蹇,匪躬之故。"蹇:难。意思是,王室之臣能履涉蹇难,匡扶王室,不以私身之故而退避不前。[例句] 有这样具有~的忠臣,真是国家的幸事。

【匪石之心】 fěi shí zhī xīn

[释义] 匪石:不是石头。意思是意志极为坚定,不像石头那样虽然坚硬却可以转移。比喻坚贞不屈,不可动摇。

[语见]《诗经·邶风·柏舟》："我心匪石,不可转也。"[例句]他现在已是～,不可动摇,我们也无能为力。

【匪夷所思】fěi yí suǒ sī
[释义]夷:平常。思:想象,设想。不是平常人所能想象得到的,形容事物非常离奇或复杂。[语见]《周易·涣》:"元吉,涣有丘,匪夷所思。"[例句]这个性情温顺的人居然会打人,这让周围所有的同事都感到～。

【菲才寡学】fěi cái guǎ xué
[释义]菲:微薄。寡:少。才能很小,学识很少。[语见]清·吴敬梓《儒林外史》第三十三回:"小侄菲才寡学,大人误采虚名。"[例句]我～,无法担当这样的重任。

【菲食卑宫】fěi shí bēi gōng
[释义]见"卑宫菲食"。[语见]唐·姚思廉《梁书·王僧辩传》:"高祖菲食卑宫,春秋九十,屈志凝威,愤终贼手。"[例句]得知皇帝～,励精图治,几位老臣都很欣慰。

【菲食薄衣】fěi shí bó yī
[释义]菲:微薄。简单粗劣的衣食。形容生活俭朴。[语见]唐·姚思廉《梁书·武帝纪上》:"其中有可以率先卿士,准的甿庶,菲食薄衣,请自孤始。"[例句]他从小过着～的生活,过早体验了人生的艰辛。

【菲衣恶食】fěi yī è shí
[释义]见"菲食薄衣"。[语见]元·脱脱等《宋史·李韶传》:"九重菲衣恶食,卧薪尝胆,使上下改虑易听,然后可图。"[例句]为了心中的理想,就算～,他也心甘情愿。

【斐然成章】fěi rán chéng zhāng
[释义]斐然:有文采的样子。章:文章。所作文章很有文采,造诣很高。[语见]《论语·公冶长》:"吾党之小子狂简,斐然成章,不知所以裁之。"[例句]从他留下来的大量诗词作品中,可见其文学造诣相当深,可谓是博古通今,学识精深,～。

【吠形吠声】fèi xíng fèi shēng
[释义]一只狗看见了生人叫起来,许多狗听到声音也跟着叫。比喻不察真情,盲目地随声附和。[语见]汉·王符《潜夫论·贤难》:"谚云:'一犬吠形,百犬吠声。世之疾此,固久矣哉!'"[例句]他这个人～,倒是很会讨别人的好。

【肺腑之言】fèi fǔ zhī yán
[释义]肺腑:泛指内心。发自内心的真诚话。[语见]明·罗贯中《三国演义》第八回:"允曰:'汝无所私,何夜深于此长叹?'蝉曰:'容妾伸肺腑之言。'"[例句]听了父母的一番～,他决心从此以后改邪归正。

【废寝忘食】fèi qǐn wàng shí
[释义]废:取消,停止。寝:睡觉。顾不上睡觉,忘记了吃饭。形容专心致志地干某一件事情。也作"废寝忘餐"。[语见]北齐·魏收《魏书·赵黑传》:"黑自以为诉所陷,叹恨终日,废寝忘食,规报前怨。"[例句]为了通过考试,最近几天他拼命地看书学习,简直到了～的地步。

【废然而反】fèi rán ér fǎn
[释义]废然:形容疑虑消除。怒气消失,恢复常态。[语见]《庄子·德充符》:"我怫然而怒,而适先生所,则废然而反。"[例句]经过她的一番耐心劝阻,我不禁～,消了怒气。

【废然而返】fèi rán ér fǎn
[释义]①见"废然而反"。②废然:沮丧失望的样子。返:返回。指怀着失望的心情回来。[例句]他兴冲冲地去图书馆查找资料,结果却～。

【沸反连天】fèi fǎn lián tiān
[释义]见"沸反盈天"。[例句]大厅里～,乱作一团,场面都有些失控了。

【沸反盈天】fèi fǎn yíng tiān
[释义]沸:开水。反:上下翻腾。盈:充满。(声响)像沸水一样上下翻滚,充斥空间。比喻喧哗吵闹,乱作一团。[语见]清·曾朴《孽海花》第二十六回:"不多会儿,外边闹得沸反盈天,一片声的喊着'捉贼,捉贼'!"[例句]方圆数里

的村民都聚集在这里,一片～的景象。

【沸沸扬扬】 fèi fèi yáng yáng
[释义]像开水一样上下翻腾。比喻对某事议论纷纷,吵吵嚷嚷。[语见]《山海经·西山经》:"其中多白玉,是有玉膏,其原沸沸扬扬。"[例句]这件事传开之后,闹得到处～。

【费财劳民】 fèi cái láo mín
[释义]指耗费钱财,劳苦百姓。[语见]《晏子春秋·内篇谏下》:"诚费财劳民以为无功,又从而怨之,是寡人之罪也。"[例句]这项工程没有什么实际意义,真是～。

【费尽心机】 fèi jìn xīn jī
[释义]心机:心思,计谋。挖空心思,用尽计谋。[语见]明·高则诚《琵琶记·五娘书馆题诗》:"奴家自嫁蔡伯喈之后,见他常怀忧闷,费尽心机去问他,他又不说。"[例句]她～,希望得到遗产。

【费力劳心】 fèi lì láo xīn
[释义]见"费心劳力"。[语见]明·罗贯中《三国演义》第六十二回:"吾为汝御敌,费力劳心。汝今积财吝赏,何以使士卒效命乎?"[例句]这尽管是一件～的事情,但是既然决定要做,你还得多多忍耐。

【费心劳力】 fèi xīn láo lì
[释义]形容耗费心思和力气。[语见]明·吴承恩《西游记》第七十四回:"三个妖魔,也费心劳力的来报遭信。"[例句]谁会为了这么一点小钱～呢?

fen

【分崩离析】 fēn bēng lí xī
[释义]析:分开。形容国家或集团分裂、瓦解。[语见]《论语·季氏》:"今由与求也,相夫子。远人不服,而不能来也。邦分崩离析,而不能守也。"[例句]面对公司即将～的危急情况,总经理果断采取措施,解雇了部分心怀叵测的雇员,稳定了人心。

【分钗断带】 fēn chāi duàn dài
[释义]钗:古代妇女首饰的一种,由两股合成。带:衣带。把两股钗分开,把一条

带割断。旧时用以指夫妇离婚。[语见]南朝梁·陆罩《闺怨》诗:"自怜断带日,偏恨分钗时。"[例句]真不愿看到这种夫妻～的离别情景。

【分道扬镳】 fēn dào yáng biāo
[释义]扬镳:勒起马嚼子。指驱马前进。原指分路而行。后比喻因志趣不同而各奔前程。[语见]北齐·魏收《魏书·河间公齐传》:"孝文曰:'洛阳,我之丰沛,自应分路扬镳,自今以后,可分路而行。'"[例句]由于志向不同,两个好朋友毕业后～,一个从政,一个经商。

【分而治之】 fēn ér zhì zhī
[释义]分开管理或统治。[例句]这个国家实在太大了,而且人口情况复杂,只能从行政上将其划成一些面积较小的地区,以便～。

【分甘共苦】 fēn gān gòng kǔ
[释义]见"同甘共苦"。[语见]宋·薛居正等《旧五代史·周书·太祖纪》:"临矢石,冒锋刃,必以身先,与士伍分甘共苦。"[例句]既然我们在同一个集体中生活,就应该～。

【分路扬镳】 fēn lù yáng biāo
[释义]见"分道扬镳"。[例句]当年合作得那么好的兄弟,竟然闹得如今要～,实在令人悲伤。

【分门别户】 fēn mén bié hù
[释义]见"分门别类"。[语见]清·黄宗羲《董巽子墓志录》:"巾卷在庭,真赏遥集,分门别户,喧议竞起。"[例句]你最好把这些条款～地理一理,使我们能看得更清楚一些。

【分门别类】 fēn mén bié lèi
[释义]依据事物的特性,将其划分为各种门类。[语见]明·朱国祯《涌幢小品·志录集》:"《夷坚志》,原四百二十卷。今行者五十一卷。益病其烦芜而芟之,分门别类,非全帙也。"[例句]垃圾处理厂每天都能收到大量的垃圾,必须把它们～地进行处理。

【分秒必争】 fēn miǎo bì zhēng
[释义]一分一秒的时间也一定要争取。

形容充分利用时间。[例句]炸弹即将爆炸,警察～地疏散人群。

【分庭抗礼】fēn tíng kàng lǐ
[释义]抗:对等。宾主分处庭中两边,相对行礼,以示双方平等。比喻地位平等,互相对立。[语见]《庄子·渔父》:"万乘之主,千乘之君,见夫子未尝不分庭抗礼。"[例句]自从得到了这名世界级中锋,该队终于能与联赛中的其他强队～了。

【纷纷籍籍】fēn fēn jí jí
[释义]籍籍:纵横交错。形容众多。[语见]唐·韩愈《读荀》:"纷纷籍籍相乱,六经与百家之说错杂。"[例句]近年来,有关宇宙生命方面的说法～,众词难辨。

【纷纷攘攘】fēn fēn rǎng rǎng
[释义]攘攘:纷乱的样子。形容人群纷乱。[语见]明·冯梦龙《喻世明言》第十八卷:"杨八老看见乡村百姓,纷纷攘攘,都来城中逃难。"[例句]超市里～,到处挤满了前来采购的顾客。

【纷纷扬扬】fēn fēn yáng yáng
[释义]纷纷、扬扬:形容雪、树叶、花等下落时多而杂乱的样子。雪花、树叶等纷乱地飘洒下来。也形容杂乱的议论四处传扬。[语见]元·无名氏《渔樵记》:"今日遇着暮冬天道,纷纷扬扬,下着如此般大雪。"[例句]窗外的雪花～,四处飘落,许多孩子在雪地里兴奋地奔跑着。

【纷纭杂沓】fēn yún zá tà
[释义]沓:重复。多而杂乱。[语见]明·凌濛初《二刻拍案惊奇》第三十七卷:"虽然纷纭杂沓,仍自严肃整齐,只此一室之中,随从何止数百!"[例句]讨论开始后,大家七嘴八舌,意见～。

【纷至沓来】fēn zhì tà lái
[释义]纷:纷纷,形容多。沓:重复。形容连续不断地到来。[语见]宋·朱熹《答何叔京》之六:"夫其心俨然肃然,常若有所事,则虽事物纷至而沓来,岂足以乱吾之知思。"[例句]虽然鲍鱼的价格昂贵,但慕名来品尝的人依然是～,络绎

不绝。

【焚膏继晷】fén gāo jì guǐ
[释义]焚:烧。膏:灯油。继:接续。晷:日影,指白天。点灯一到天亮。形容夜以继日地学习或工作。[语见]唐·韩愈《进学解》:"焚膏油以继晷,恒兀兀以穷年。"[例句]马上就要考试了,同学们都～,夜以继日地紧张复习着。

【焚林而田】fén lín ér tián
[释义]田:通"畋",打猎。烧毁山林以猎取野兽。比喻索取一空,不留余地。[语见]《韩非子·难一》:"焚林而畋,偷取多兽,后必无兽。"[例句]奴隶主对奴隶们的剥削达到了～的地步,奴隶为了生存,不得不奋起抗争。

【焚林而畋】fén lín ér tián
[释义]见"焚林而田"。[语见]宋·秦观《李训论》:"焚林而畋,明年无兽;竭泽而渔,明年无鱼。"[例句]人的心力毕竟是有限的,你如此～地过度透支,当心力憔悴的那一天你该怎么办呢?

【焚琴煮鹤】fén qín zhǔ hè
[释义]把琴当作燃料烧了去煮白鹤。比喻随意糟蹋美好的事物。[语见]宋·胡仔《苕溪渔隐丛话》第二十二卷引《西清诗话》:"义山《杂纂》,品目数十,盖以文滑稽者。其一曰杀风景,谓清泉濯足,花下晒裈,背山起楼,烧琴煮鹤,对花啜茶,松下喝道。"[例句]博物馆里的珍贵艺术品遭到了严重的破坏,这种～的行为真是令人痛心不已。

【焚如之祸】fén rú zhī huò
[释义]遭受火烧的灾祸。[语见]《易·离》:"焚如。"王弼注:"其明始进,其炎始盛,故曰焚如。"[例句]由于天气干旱,附近的山民经常遭受～。

【焚书坑儒】fén shū kēng rú
[释义]焚:烧。坑:挖坑活埋。焚烧书籍,活埋儒生。汉·司马迁《史记·秦始皇本纪》载:秦始皇曾下令焚烧除秦记、医药、农事等以外的所有民间藏书;又曾坑杀诸生四百六十余人。[语见]汉·孔安国《尚书序》:"及秦始皇灭先代典籍,焚

书坑儒，天下学士，逃难解散，我先人用藏其家书于屋壁。"[例句] 在百家争鸣、百花齐放的时代，再没有～这样的事情了。

【焚香列鼎】fén xiāng liè dǐng
[释义] 焚：烧、点燃。列：罗列、摆满。鼎：古代烹饪用具。点燃起名贵的香，摆满很多的菜肴。形容极端阔气和很有排场的生活。[语见] 明·汤显祖《牡丹亭·劝农》："焚香列鼎奉君王，馔玉炊金饱即妨。"[例句] 这种祭奠仪式之前，通常要先～，布置一番。

【焚芝锄蕙】fén zhī chú huì
[释义] 芝、蕙：古人视为瑞草。焚毁灵芝，锄掉蕙草。比喻贤者遭受灾祸。[语见] 明·袁中道《李温陵传》："斯所由焚芝锄蕙，衔刀若卢者也。"[例句] 那个国王一味宠信奸臣，～，搞得朝内上下人心惶惶，民不聊生。

【粉墨登场】fěn mò dēng chǎng
[释义] 粉、墨：用粉、墨化妆。场：舞台。化好妆登上舞台演戏。现多比喻坏人乔装打扮登上了政治舞台。[例句] 台后的京剧演员化好妆，穿上戏服，准备～了。

【粉身灰骨】fěn shēn huī gǔ
[释义] 见"粉身碎骨"。[语见]《唐人小说·游仙窟》："玉馔珍奇，非常厚重，粉身灰骨，不能酬谢。"[例句] 为了实现自己的理想，我～也在所不惜。

【粉身碎骨】fěn shēn suì gǔ
[释义] 身体粉碎，指死亡。多指为达到某种目的，不惜牺牲生命。[语见] 唐·蒋防《霍小玉传》："平生志愿，今日获从，粉身碎骨，誓不相舍。"[例句] 为了我们的事业，我就是～，也在所不辞。

【粉饰太平】fěn shì tài píng
[释义] 粉饰：粉刷修饰外表，以掩盖缺点错误。把混乱黑暗的局面伪装成太平盛世，以欺瞒、迷惑世人。[语见] 宋·周密《武林旧事·酒楼》："官中趁课，初不藉此，聊以粉饰太平耳。"[例句] ～是那些贪官污吏们愚弄百姓的最常用的手段。

【粉妆玉琢】fěn zhuāng yù zhuó
[释义] 见"粉装玉琢"。[语见] 明·兰陵笑笑生《金瓶梅》第十三回："(潘金莲)每日打扮的粉妆玉琢，皓齿朱唇，无日不在大门首倚门而望。"[例句] 那姑娘～，十分俊美。

【粉装玉琢】fěn zhuāng yù zhuó
[释义] 用白粉装饰，用白玉雕琢。形容人白净俊俏，伶俐可爱。[语见] 清·曹雪芹《红楼梦》第一回："士隐见女儿越发生得粉装玉琢，乖觉可喜，便伸手接来，抱在怀中。"[例句] 想不到世间竟有这般～的美丽姑娘，他不觉惊呆了。

【奋不顾身】fèn bù gù shēn
[释义] 奋：奋勇、振奋。顾：考虑、顾虑。身：自己、自身。奋勇直前，不顾虑个人安危。[语见] 汉·班固《汉书·司马迁传》："常思奋不顾身，以徇国家之急。"[例句] 火灾发生后，他～，第一个冲入火场救人。

【奋不顾生】fèn bù gù shēng
[释义] 见"奋不顾身"。[语见] 五代后晋·刘昫等《旧唐书·田弘正传》："常思奋不顾生，以身殉国。"[例句] 洪水滔滔，工程队的所有员工～地跳到水里，抢救已被淹没的设备。

【奋发图强】fèn fā tú qiáng
[释义] 见"发愤图强"。[例句] 全体人民～，希望早日将中国建设成为一个经济强国。

【奋矜之容】fèn jīn zhī róng
[释义] 矜：自以为是。容：态度。自认为比别人有能耐的一种骄傲表现。[语见]《荀子·正名》："有兼听之明，而无奋矜之容；有兼覆之厚，而无伐德之色。"[例句] 作为企业的管理者，一定要有海纳百川的气量，不能一听到别人批评马上就是一副～。

【奋袂而起】fèn mèi ér qǐ
[释义] 奋袂：挥袖。一挥袖子站起来。形容愤怒或激动。[语见] 明·冯梦龙《东周列国志》第五十五回："庄王方进午膳，闻申丹见杀，投箸于席，奋袂而起。"

[例句] 这些可歌可泣的革命先驱,在国家危急存亡的关键时刻～,号召人民起来抵抗。

【奋起直追】fèn qǐ zhí zhuī
[释义] 奋:原指鸟类振翅起飞,此形容振作起来。形容在落后的情况下,奋发起来,赶紧赶上去。[例句] 在落后的情况下,该队下半场～,终于反败为胜。

【忿然不平】fèn rán bù píng
[释义] 见"愤愤不平"。[例句] 小妹一脸的～,看来她真是受到了委屈。

【忿然作色】fèn rán zuò sè
[释义] 因愤怒而变了脸色。[语见]《孙膑兵法·威王问》:"田忌忿然作色:'此六者,皆善者所用,而子大夫曰非其急者也。然则其急者何也?'"[例句] 听说有歹徒在这里拦路抢劫,周围群众～,纷纷要求尽快将其绳之以法。

【粪土之墙不可杇】fèn tǔ zhī qiáng bù kě wū
[释义] 杇:粉刷器具,亦指粉刷。用秽土筑成的墙难以粉刷好。比喻难于教养。[语见]《论语·公冶长》:"宰予昼寝。子曰:'朽木不可雕也,粪土之墙不可杇也。于予与何诛!'"[例句] 真是～,这个人实在是太固执了。

【愤愤不平】fèn fèn bù píng
[释义] 愤愤:很生气的样子。不平:因不公平的事而愤怒或不满。心里觉得不满,感到非常气愤。[语见] 唐·房玄龄等《晋书·桓秘传》:"秘亦免官,居于宛陵,每愤愤有不平之色。"[例句] 由于感到自己受到了不公平的待遇,那个员工～地找到总经理要求解释。

【愤世嫉俗】fèn shì jí sú
[释义] 愤:愤恨。嫉:憎恶。世:社会。俗:流俗。对不合理的社会现象和风俗习惯表示愤恨、憎恶。[语见] 清·吴趼人《二十年目睹之怪现状》第一百零一回:"说起愤世嫉俗的话来,自然处处都有枭獍。"[例句] 他不停地抱怨,颇有点～的味道。

【愤世嫉邪】fèn shì jí xié
[释义] 愤:愤恨。世:指当时社会现状。

嫉:憎恨。邪:邪气,指不正当的习俗。指对黑暗的现实社会和不正当的习俗愤恨憎恶。[语见] 唐·韩愈《杂说四首》之三:"吾观于人,其能尽其性而不类于禽兽异物者希矣,将愤世嫉邪、长往而不来者之所为乎?"[例句] 作者在书中抒发了自己～、对社会现实充满焦虑的思想。

feng

【丰标不凡】fēng biāo bù fán
[释义] 风度仪态不同一般,形容风度出众。[语见] 明·凌濛初《二刻拍案惊奇》第十七卷:"昨日对老汉说:'有个闻舍人,下在本店,丰标不凡,愿执箕帚。'"[例句] 正在讲话的那个男人～,台下不少女孩都对他产生了好感。

【丰富多彩】fēng fù duō cǎi
[释义] 形容数量大、种类多,色彩斑斓,或反映作品内容充实鲜明生动。[例句] 过节了,公司为员工组织了～的娱乐活动。

【丰功厚利】fēng gōng hòu lì
[释义] 功绩大,得益多。[语见] 汉·班彪《王命论》:"帝王之祚,必有明圣显懿之德,丰功厚利,积累之业。"[例句] 战事即将获得胜利,看来～离我们不远了。

【丰功懋烈】fēng gōng mào liè
[释义] 见"丰功盛烈"。[语见] 金·胡祗遹《木兰花慢·题倪都运南塘莲社庐山社兰亭会后世图画》:"其于善行名言,丰功懋烈,谁得而废之。"[例句] 张良虽然在汉朝的建立过程中～,但是由于他深谙兔死狗烹的道理,还是功成身退了。

【丰功盛烈】fēng gōng shèng liè
[释义] 形容功劳极大。[语见] 宋·欧阳修《相州昼锦堂记》:"其丰功盛烈所以铭彝鼎而被弦歌者,乃邦家之光,非闾里之荣也。"[例句] 每到清明节,学校就组织同学们来到烈士陵园,缅怀先烈们的～。

【丰功伟绩】fēng gōng wěi jì
[释义] 丰:大。指伟大的功绩。[语见] 清·张春帆《宦海》第六回:"这位章制军在两广做了几年,也没有什么丰功伟

绩。"[例句]我们通过多种形式,歌颂前辈们的～。

【丰功伟业】 fēng gōng wěi yè
[释义]见"丰功伟绩"。[例句]居里夫人在科学研究领域建立了～,曾被授予诺贝尔奖。

【丰筋多力】 fēng jīn duō lì
[释义]丰:丰实,丰满。筋:肌腱或骨上的韧带。多:有余。肌腱坚硬丰满,力气有余。比喻字体结构坚实丰满,笔力强劲有余。[语见]《宣和书谱》:"三国之初,字学缺然不讲,繇于是为一家法,而议者谓其丰筋多力,有云游雨骤之势。"[例句]他的书法作品,笔风雄健、～,不愧为一代宗师。

【丰年稔岁】 fēng nián rěn suì
[释义]稔:庄稼成熟。五谷丰登的好年成。[语见]元·刘唐卿《降桑椹蔡顺奉母》第一折:"八方肃靖,东夷西戎仰化,南蛮北狄归降,贡麟凤献瑞呈祥,产禾苗丰年稔岁。"[例句]又是一个～,农民们都非常高兴。

【丰取刻与】 fēng qǔ kè yǔ
[释义]丰:过多的。取:收取。刻:减损。与:付出。过多地收取,克扣着付出。形容贪婪自肥,苦害减损别人。[语见]《荀子·君道》:"上好贪利,则臣下百吏乘是而后丰取刻与,以无度取于民。"[例句]这些贪官污吏～,残酷地剥削人民,最终走向了灭亡。

【丰容靓饰】 fēng róng liàng shì
[释义]靓饰:以脂粉妆饰。面容丰润,妆饰美丽。[语见]南朝宋·范晔《后汉书·南匈奴传》:"昭君丰容靓饰,光明汉宫,顾景裴回,竦动左右。"[例句]来参加晚宴的女宾们个个～,光彩照人。

【丰神绰约】 fēng shén chuò yuē
[释义]形容女子体态柔美。[语见]明·凌濛初《初刻拍案惊奇》第十七卷:"那回观看的,何止挨山塞海,内中有两个女子,双鬟高髻,并肩而言。丰神绰约,宛然若并蒂芙蓉。"[例句]这里的水土养育出了不少美丽女子,街头随处可见～、艳

惊四座的漂亮姑娘。

【丰神异彩】 fēng shén yì cǎi
[释义]精神丰满,容光焕发。[语见]明·无名氏《金貂记·鄂公庆寿》:"尤妙,晚景逍遥,丰神异彩,德类傅伊周召。"[例句]老人天天锻炼身体,所以面色红润,～。

【丰衣足食】 fēng yī zú shí
[释义]衣物丰富,食物充足。形容生活宽裕。[语见]五代·王定保《唐摭言·贤仆夫》:"纵不然,堂头官人,丰衣足食,所往无不克。"[例句]随着经济的腾飞,人民都过上了～的生活。

【丰姿绰约】 fēng zī chuò yuē
[释义]见"丰神绰约"。[语见]清·李斗《扬州画舫录·新城北录下》:"李文益丰姿绰约,冰雪聪明。"[例句]刚刚走进大门的那个～的妇人,看其架势就知道必定有些来头。

【丰姿冶丽】 fēng zī yě lì
[释义]形容容貌姿态非常艳丽。[语见]明·凌濛初《初刻拍案惊奇》第五卷:"因请众亲戚都到房门前,叫女儿出来拜见……众人抬头一看,果然丰姿冶丽,绝世无双。"[例句]随着音乐声起,一位～的东方美女走上了舞台。

【风波平地】 fēng bō píng dì
[释义]见"平地风波"。[例句]一家人好不容易凑齐了年货准备过一个热闹的大年,哪知～,突如其来的变故几乎把一家人都打懵了。

【风不鸣条】 fēng bù míng tiáo
[释义]和风轻拂,树枝不发出声响。古人认为是贤者在位,天下大治的征象。[语见]汉·桓宽《盐铁论·水旱》:"周公载纪而天下太平,国无夭伤,岁无荒年,当此之时,雨不破块,风不鸣条,旬而一雨,雨必以夜。"[例句]如今～,百姓过着和平安详的幸福生活。

【风餐露宿】 fēng cān lù sù
[释义]在风中吃饭,在露天睡觉。形容旅途或野外生活的辛苦。[语见]宋·苏轼《游山呈通判承仪写寄参寥师》:"遇胜

即徜徉，风餐兼露宿。"[例句] 这些林业工作者常年在深山老林里～，非常辛苦。

【风餐水栖】fēng cān shuǐ qī
[释义] 见"风餐水宿"。[语见] 明·沈受先《三元记·空归》："天寒岁暮，风餐水栖，只为利缰名锁，父子各东西。"[例句] 战士们～，以最快的速度占领了制高点。

【风餐水宿】fēng cān shuǐ sù
[释义] 风中吃饭，水上住宿。形容行旅的艰苦。[语见] 宋·黄庭坚《上南陵坡》诗："风餐水宿六千里，蛇退猿愁百八盘。"[例句] 为了在最短时间内抵达目的地，他们～，日夜兼程地赶路。

【风餐雨宿】fēng cān yǔ sù
[释义] 在风中进食，在雨地息宿。形容旅途或野外生活的艰辛。[语见] 清·西周生《醒世姻缘传》第五回："风餐雨宿，走了二十八个日头，正月十四日，进了顺城门。"[例句] 这些乞丐整天着饥寒交迫、～的生活，真是可怜。

【风掣雷行】fēng chè léi xíng
[释义] 形容像刮风和响雷那样迅速。[语见] 清·无名氏《游越南记》："洋场马路，纵横井井，虽不及上海之平坦，而马车东洋车往来络绎，风掣雷行。"[例句] 他带球突破，～，谁也拦不住。

【风驰电掣】fēng chí diàn chè
[释义] 驰：奔跑。掣：闪过。像风一样飞驰，像电一样闪过。形容极其迅速。[语见]《六韬·王翼》："奋威四人，主择材力，论兵革，风驰电掣，不知所由。"[例句] 这种悬浮列车跑起来～，时速超过四百公里。

【风驰电赴】fēng chí diàn fù
[释义] 见"风驰电掣"。[语见] 唐·房玄龄等《晋书·孙楚传》："如其迷逆不化，复欲送死者，南北诸军风驰电赴，若身手之救痛痒，率然之应首尾，山陵既固，中夏小康。"[例句] 列车～一般，从黑夜中迅速地通过。

【风驰电卷】fēng chí diàn juǎn
[释义] 见"风驰电掣"。[语见] 清·曾朴《孽海花》第二十九回："马夫拉动缰绳，一会儿风驰电卷，把一个青年会会员陈千秋，不知赶到哪里去了。"[例句] 他的思绪如～的火车，眨眼间就回到当年战斗过的荒原上。

【风驰电逝】fēng chí diàn shì
[释义] 见"风驰电掣"。[语见] 晋·嵇康《赠秀才入军》："风驰电逝，蹑景追飞。"[例句] 运动系统不一样，快慢的感觉也大不一样，在蚂蚁眼里～的运动，在猎豹眼里可能只能算是闲庭信步。

【风驰雨骤】fēng chí yǔ zhòu
[释义] 形容像风雨一样迅速猛烈。[语见] 宋·薛居正等《旧五代史·谢彦章传》："每敦阵整旅，左旋右抽，虽风驰雨骤，亦无以喻其迅捷也，故当时骑士咸乐为用。"[例句] 他身手敏捷，剑法又快又猛，如同～一般。

【风吹浪打】fēng chuī làng dǎ
[释义] 比喻险恶的遭遇。[语见] 清·洪昇《长生殿·埋玉》："可怜一对鸳鸯，风吹浪打，直恁的遭强霸。"[例句] 海边的渔民常年经受～，所以个个皮肤黝黑粗糙。

【风吹雨打】fēng chuī yǔ dǎ
[释义] 见"风吹浪打"。[语见] 唐·陆希声《李径》诗："风吹雨打未摧残。"[例句] 这些温室中的花朵实在是太娇嫩了，经不起任何～。

【风从响应】fēng cóng xiǎng yìng
[释义] 风从：顺风而从。闻风而动，呼应迅速。[语见] 宋·邵博《闻见后录》："无有远迩，风从响应，载考载稽，名实相称。"[例句] 案发后，各家媒体～，在很短时间内出现了大量跟踪报道。

【风刀霜剑】fēng dāo shuāng jiàn
[释义] 风像刀，霜像剑。比喻人情险恶。[语见] 清·曹雪芹《红楼梦》第二十七回："一年三百六十日，风刀霜剑严相逼；明媚鲜妍能几时，一朝漂泊难寻觅。"[例句] 屋外～，寒气逼人，他不禁打了一个寒战。

【风风雨雨】fēng fēng yǔ yǔ
[释义] 形容不断地刮风下雨。[语见] 清·褚人获《隋唐演义》第五十二回："深

锁幽窗,遍青山,愁肠满目。甚来由,风风雨雨,乱人心曲。"[例句]四十年的～,他们一起携手度过,始终不曾分开。

【风骨峭峻】fēng gǔ qiào jùn
[释义]峭峻:山又高又陡。形容人的品质刚正不阿。[语见]唐·韩愈《感春》诗:"孔丞别我适临汝,风骨峭峻遗尘埃。"[例句]这位～的老人,工作四十余年始终公私分明,从不搞特殊化。

【风光旖旎】fēng guāng yǐ nǐ
[释义]风光:风景。旖旎:娇柔。形容景色柔和美好。[例句]这个～的岛国每年都能吸引大量的游客。

【风和日丽】fēng hé rì lì
[释义]和:柔和。丽:灿烂。形容天气晴暖。[语见]清·吴趼人《痛史》第十九回:"是日风和日丽,众多官员,都来祭奠。"[例句]我们全家择了个～的春日,悠闲地到了郊外,玩得非常开心。

【风和日美】fēng hé rì měi
[释义]见"风和日丽"。[语见]清·黄宗羲《敬槐诸君墓志铭》:"君袖枣栗饴,止其啼颊,风和日美,余掉短舫。"[例句]这么个～的日子,繁花似锦,大家都尽情地玩吧,什么心事都先放到一边。

【风和日暖】fēng hé rì nuǎn
[释义]见"风和日丽"。[语见]宋·王楙《陈胡二公评诗》:"牡丹开时,正风和日暖,又安得有月冷风清之气象邪!"[例句]今天～,非常适合外出游玩。

【风和日暄】fēng hé rì xuān
[释义]见"风和日丽"。[语见]明·汪廷讷《狮吼记·赏春》:"风和日暄,燕交飞触碎胭脂片。"[例句]南国三月,～,然而我的心情,却依然如寒冬腊月,不知何时是尽头。

【风虎云龙】fēng hǔ yún lóng
[释义]见"云龙风虎"。[语见]宋·王安石《浪淘沙令·伊吕两衰翁》:"汤武偶相逢,风虎云龙,兴王只在笑谈中。"[例句]朝廷昏庸,他所期盼的～、君臣合契并没有出现,他本人也始终得不到赏识。

【风花雪月】fēng huā xuě yuè
[释义]本指四时景色。比喻男女爱情或花天酒地的生活。[语见]宋·邵雍《伊川击壤集序》:"虽死生荣辱,转战于前,曾未入于胸中,则何异四时风花雪月一过乎眼也?"[例句]年轻时那段～的爱情经历,对她的一生产生了重大影响。

【风鬟雾鬓】fēng huán wù bìn
[释义]鬟:环形发髻。鬓:面颊两旁的头发。形容妇女头发好看。也形容妇女头发凌乱。[语见]宋·周邦彦《减字木兰花》词:"风鬟雾鬓,便觉蓬莱三岛近。山明水秀,缥缈仙姿画不成。"[例句]那女子～,仪态万方,有着一种说不出的妩媚。

【风鬟雨鬓】fēng huán yǔ bìn
[释义]鬟:旧时妇女梳的环形发结。鬓:脸部两边靠近耳朵的头发。被风吹乱的发髻,被雨淋湿的两鬓。形容劳动的艰辛和生活的贫困。[语见]唐·李朝威《柳毅传》:"昨下第,闲驱泾水右涘,见大王爱女牧羊于野,风鬟雨鬓,所不忍视。"[例句]看她～、污头垢面的样子,很难想象她本来是个千金小姐。

【风娇日暖】fēng jiāo rì nuǎn
[释义]见"风轻日暖"。[语见]宋·高观国《风入松》词:"红外风娇日暖,翠边水秀山明。"[例句]他们都清楚地记得,那初次相逢,就是在那么一个～的日子里——眨眼间,十年过去,已经是物是人非了。

【风静浪平】fēng jìng làng píng
[释义]比喻平静无事。[语见]明·罗贯中《三国演义》第九十一回:"次日,孔明引大军俱到泸水南岸,但见云收雾散,风静浪平。"[例句]～的湖面上,几只海鸥忽高忽低地飞着,自在而闲散。

【风卷残雪】fēng juǎn cán xuě
[释义]见"风卷残云"。[语见]明·兰陵笑笑生《金瓶梅》第三十五回:"(众人)都一阵风卷残雪,吃了个精光,就忘了教平安儿吃。"[例句]大军以～之势,迅速

占领了几乎大半个蒙古高原。

【风卷残云】 fēng juǎn cán yún
[释义] 大风一下子刮走了残留下的浮云。比喻一下子消灭干净。[语见] 唐·戎昱《霁雪》诗:"风卷残云暮雪晴,红烟洗尽柳条轻。"[例句] 大家看来都饿极了,桌上的食物被～般吃了个精光。

【风流才子】 fēng liú cái zǐ
[释义] 风流:风雅潇洒。指风度潇洒,才学出众的人。[语见] 明·冯梦龙《警世通言》第二十四卷:"生得眉目清新,丰姿俊雅,读书一目十行,举笔即便成文,元是个风流才子。"[例句] 唐伯虎才智过人,洒脱不拘,是当年的江南四大～之一。

【风流人物】 fēng liú rén wù
[释义] 风流:英俊杰出。指杰出的人物。[语见] 宋·苏轼《念奴娇·赤壁怀古》:"大江东去,浪淘尽,千古风流人物。"[例句] 他是早年间当地数一数二的～。

【风流倜傥】 fēng liú tì tǎng
[释义] 风流:英俊而有才华。倜傥:洒脱放逸。形容英俊潇洒,不拘礼法。[例句] 他高大英俊,～,是不少女孩心目中的白马王子。

【风流雨散】 fēng liú yǔ sàn
[释义] 见"风流云散"。[语见] 晋·左思《蜀都赋》:"饮御酤,宾旅旋,车马雷骇,轰轰阗阗,若风流雨散,漫乎数百里间。"[例句] 我看事到如今,大家～,各自去谋自己的生路吧。

【风流云散】 fēng liú yún sàn
[释义] 像风吹过,像云飘散。比喻人飘零分散。[语见] 汉·王粲《赠蔡子笃》:"风流云散,一别如雨。"[例句] 毕业后,大家～,各开始了自己的新生活。

【风马不接】 fēng mǎ bù jiē
[释义] 见"风马牛不相及"。[语见] 南朝梁·沈约《宋书·王弘之传》:"凡祖离送别,必在有情,下官与殷风马不接,无缘扈从。"[例句] 一个是音乐家,另一个是农夫,两个似乎～的人居然成了朋友,真是令人不可思议。

【风马牛不相及】 fēng mǎ niú bù xiāng jí
[释义] 风:畜类两性相诱。及:碰到。指马、牛不同类,两性相诱,到不了一起。也说齐国和楚国相去很远,即使牛马走失(风)也跑不到对方境内。比喻事物毫不相干。[语见]《左传·僖公四年》:"君处北海,寡人处南海,唯是风马牛不相及出。"孔颖达疏引服虔云:"牝牡相诱谓之风……此言'风马牛',谓马牛风逸,牝牡相诱,盖是末界之微事,言此事不相及,故以取喻不相干。"[例句] 这两件事情根本就是～,完全没有关系。

【风靡一时】 fēng mǐ yī shí
[释义] 风靡:草木随风而倒。比喻顺应而从。今指某种事物在某一时期普遍流行。[语见] 明·沈德符《万历野获编》第十五卷:"……于是一时风靡,论议如出一口。"[例句] 这种都市牛仔装曾～,成为许多年轻人的最爱。

【风靡云涌】 fēng mǐ yún yǒng
[释义] 见"风靡云蒸"。[例句] 文艺复兴时期,～,自然科学和社会科学,都进入了一个辉煌的时代。

【风靡云蒸】 fēng mǐ yún zhēng
[释义] 比喻事物迅猛而普遍地出现。[语见] 南朝梁·钟嵘《诗品·总论》:"况八纮既奄,风靡云蒸,抱玉者联肩,握珠者踵武。"[例句] 一时间～,人才辈出,中国的雕塑艺术进入了一个崭新的发展时期。

【风暖日丽】 fēng nuǎn rì lì
[释义] 见"风和日丽"。[例句] 我怎么会忘记我们见面的那个～的日子呢?

【风平浪静】 fēng píng làng jìng
[释义] 没有风浪,很平静。[语见] 宋·杨万里《泊光口》诗:"风平浪静不生纹,水面浑如镜面新。"[例句] 海面上～,正是出海捕鱼的好日子。

【风起潮涌】 fēng qǐ cháo yǒng
[释义] 见"风起云涌"。[例句] 随着东南季风来临,这个出海口～,海水、江水相互重叠,构成了非常壮观的江潮。

F

【风起云布】fēng qǐ yún bù
[释义] 大风骤起，乌云密布。[语见] 宋·张君房《云笈七签》第一百一十九卷："众知妪即罗真人也，于是见处焚香以告焉，俄而，风起云布，微雨已至。"[例句] 不一会儿，海面上～，开始下起了雨。

【风起云涌】fēng qǐ yún yǒng
[释义] 大风刮起，乌云涌现。形容气势雄壮。[语见] 清·蒲松龄《聊斋志异·各本序跋题辞·唐序》："下笔风起云涌，能为载记之言。"[例句] 战争爆发后，全球各地的反战浪潮～，接连不断。

【风起云蒸】fēng qǐ yún zhēng
[释义] 大风起来，乌云蒸腾。比喻事物迅速兴起，声势浩大。[语见] 汉·司马迁《史记·太史公自序》："秦失其政，而陈涉发迹，诸侯作难，风起云蒸，卒亡秦族。"[例句] 秦朝末年，朝廷腐败导致内乱不断，一时间～，各地起义不断。

【风前月下】fēng qián yuè xià
[释义] 形容良辰美景。[语见] 唐·刘禹锡《洛中逢白监》诗："借问风前兼月下，不知何客对胡床?"[例句] 良辰美景，～，一对对情侣甜蜜地依偎在一起。

【风樯阵马】fēng qiáng zhèn mǎ
[释义] 樯：桅杆，指风帆。阵马：战场上的马。竞发的风帆，奔腾的战马。形容气势雄壮。也比喻文字遒健、豪迈。[语见] 唐·杜牧《唐太常寺奉礼郎李贺歌诗集序》："秋之明洁，不足为其格也；风樯阵马，不足为其勇也；瓦棺篆鼎，不足为其古也。"[例句] 这支精锐部队在战场上犹如～，每每得胜而归。

【风轻日暖】fēng qīng rì nuǎn
[释义] 微风轻拂，日光温暖。[语见] 宋·欧阳修《赠沈遵》："有如风轻日暖好鸟语，夜静山响春泉鸣。"[例句] 正是～的好日子，我们几个结伴骑车来到郊外野营。

【风轻云淡】fēng qīng yún dàn
[释义] 微风轻柔，浮云淡薄。形容天色晴好。[语见] 元·杨景贤《西游记·妖猪幻惑》："元定下的夫妻怎断，咱茶浓酒醋，趁着风轻云淡，省得着我倚门终日盼停骖。"[例句] 一年一度的重阳佳节将至，恰逢秋高气爽、～的好天气。

【风轻云净】fēng qīng yún jìng
[释义] 见"风轻云淡"。[语见] 明·胡文焕《群音类选·分钗记·春游遇妓》："风轻云净，绝胜蓬莱佳境，蓬莱佳境。"[例句] 这一天～，几个好朋友相约去郊游。

【风清弊绝】fēng qīng bì jué
[释义] 风清：风气清明。弊绝：弊病断绝。形容贪污舞弊等情况被杜绝，社会风气清明良好。[语见] 宋·周敦颐《拙赋》："巧者言，拙者默；巧者劳，拙者逸；巧者贼，拙者德；巧者凶，拙者吉。呜呼，天下拙，刑政彻；上安下顺，风清弊绝。"[例句] 上任不久，他便兴利除害，整治社会秩序，一时间这里～，老百姓无不欢天喜地。

【风清月白】fēng qīng yuè bái
[释义] 见"风清月皎"。[语见] 宋·吴曾《吕洞宾传神仙之法》："吾惟是风清月白，神仙会聚之时，常游两浙、汴京、谯郡。"[例句] 夜已深，～，我独自走在乡间的小路上。

【风清月皎】fēng qīng yuè jiǎo
[释义] 微风清凉，月色皎洁。形容夜景幽美宜人。[语见] 唐·无名氏《薛昭传》："及夜风清月皎，见阶间有三美女，笑话而至。"[例句] 在这～的夜晚，我们俩手牵着手，在路上悠闲地散着步。

【风声鹤唳】fēng shēng hè lì
[释义] 唳：鸣叫。听到风声鹤叫都感到恐惧。形容极度疑惧或自相惊扰。[语见] 唐·房玄龄等《晋书·谢玄传》："闻风声鹤唳，皆以为王师已至。"[例句] 士兵们～，总以为敌军到了。

【风飧露宿】fēng sūn lù sù
[释义] 见"风餐露宿"。[语见] 宋·陆游《壮士吟》："风飧露宿宁非苦，且试平生铁石心。"[例句] 失去双亲的姐弟俩～，在街头流浪了好几个月。

【风飧水宿】fēng sūn shuǐ sù
[释义] 见"风餐露宿"。[语见] 明·凌濛

初《二刻拍案惊奇》第六卷："由扬州过了长江，进了润州，风飡水宿，夜住晓行，来到平江。"[例句] 大军～，疾行半月，终于按时抵达长安城下。

【风恬浪静】 fēng tián làng jìng
[释义] 见"风平浪静"。[例句] 今天～，我们在海上玩得真开心。

【风调雨顺】 fēng tiáo yǔ shùn
[释义] 风雨调和及时，适合农时。形容年景好。[语见] 五代后晋·刘昫等《旧唐书·礼仪志一》引《六韬》："武王伐纣，雪深丈余，…… 既而克殷，风调雨顺。"[例句] 今年～，肯定是个丰收年。

【风微浪稳】 fēng wēi làng wěn
[释义] 见"风平浪静"。[语见] 宋·胡仔《苕溪渔隐丛话后集·本朝杂记上》："(冯当世)还过大江，风微浪稳，舟楫安然。"[例句] 海面上～，我们站在甲板上眺望远方。

【风潇雨晦】 fēng xiāo yǔ huì
[释义] 形容风急雨骤，天色阴暗。也比喻形势动荡不安。[语见]《诗经·郑风·风雨》："风雨潇潇，鸡鸣胶胶。既见君子，云胡不瘳？风雨如晦，鸡鸣不已。"[例句] 一场暴雨袭击了这片山林，一时间～，整个天都仿佛压了下来。

【风兴云蒸】 fēng xīng yún zhēng
[释义] 见"风起云蒸"。[语见] 南朝宋·范晔《后汉书·冯衍传》："风兴云蒸，一龙一蛇，与道翱一翔，与时变化，夫岂守一节哉？"[例句] 二战结束之后，西欧各国～，经济和文化迅速得到了恢复。

【风行电击】 fēng xíng diàn jī
[释义] 形容气势迅猛。[语见] 唐·魏徵《隋书·庶人谅传》："文安请为前锋，王以大军继后，风行电击，顿于霸上，咸阳以东可指麾而定。"[例句] 我军的先头部队犹如～一般，迅速插入敌人的心脏地带。

【风行雷厉】 fēng xíng léi lì
[释义] 见"雷厉风行"。[语见] 明·许自昌《水浒记·纵骑》："官差紧者，为黄巾钩党严者，风行雷厉莫停者，怕鼠窜掉头者，东溪望望忙行也。"[例句] 在上级的

大力支持下，他对公司的人事制度进行了～的改革。

【风言风语】 fēng yán fēng yǔ
[释义] 没有根据的空话。指流言中伤之语。[语见] 清·华伟生《开国奇冤·剩义》第十八出："无奈那些官场风言风语，加了我老先生个徐党徽号，弄得来渐渐的有点安处不来了。"[例句] 不要太在意别人的～，相信自己，坚持走自己的路。

【风移俗变】 fēng yí sú biàn
[释义] 见"移风易俗"。[语见] 唐·令狐德棻《周书·儒林传序》："虽遗风盛业，不逮魏、晋之辰，而风移俗变，抑亦近代之美也。"[例句] 要在这么一片古老的土地上～，推行新风尚，实在不是一件容易的事情。

【风移俗改】 fēng yí sú gǎi
[释义] 见"移风易俗"。[语见] 晋·陈寿《三国志·魏书·杜袭传》裴松之注引《先贤行状》："迁济阴太守，以德让为政，风移俗改。"[例句] 桓贞七任之后，大力推行教化，一时～，社会风气有了大大的改观。

【风移俗易】 fēng yí sú yì
[释义] 见"移风易俗"。[语见] 汉·班固《答宾戏》："因势合变，遇时之容，风移俗易，乖迕而不可通者，非君子之法也。"[例句] 令他惊讶的是，在这么一个边陲小镇～，并没有遇到多大的阻力。

【风影敷衍】 fēng yǐng fū yǎn
[释义] 风影：望风扑影。敷衍：分布传播，指罗织罪名。捕风捉影，诬赖人。[语见] 清·孔尚任《桃花扇·哄丁》："飞霜冤，不比黑盆冤，一件件风影敷衍。"[例句] 他这个人总喜欢～，诬陷别人，不要相信他。

【风雨晦暝】 fēng yǔ huì míng
[释义] 见"风雨如晦"。[语见] 唐·王度《古镜记》："遂起视之，则风雨晦暝，缠绕此树，电光晃耀，忽上忽下。"[例句] 黑漆漆的夜晚，～，我独自一人匆匆赶路。

【风雨交加】 fēng yǔ jiāo jiā
[释义] 交加：同时出现。风雨一同袭来。形容天气恶劣。[例句] 多少年来，不论

是～,还是霜雪飞扬,这里的升旗仪式从未间断过。

【风雨飘摇】 fēng yǔ piāo yáo
[释义]原指树上的鸟窝在风雨中摇撼。后形容动荡不安或岌岌可危。[语见]《诗经·豳风·鸱鸮》:"予室翘翘,风雨所飘摇。"[例句]受经济危机和国际关系影响,近年来该国政局～,非常动荡。

【风雨凄凄】 fēng yǔ qī qī
[释义]凄凄:寒冷。风雨交加,凄凉清冷。[语见]《诗经·郑风·风雨》:"风雨凄凄,鸡鸣喈喈。"[例句]镇上的建筑多为明清时期的砖木结构,～,破败不堪。

【风雨如晦】 fēng yǔ rú huì
[释义]晦:夜晚。风雨交加,天色昏暗犹如黑夜。后比喻社会黑暗,形势严峻。[语见]《诗经·郑风·风雨》:"风雨如晦,鸡鸣不已。"[例句]窗外～、天色阴沉,屋里所有人的心情也和这恶劣的天气一样沉重。

【风雨如磐】 fēng yǔ rú pán
[释义]磐:大石头。形容风雨极大。[例句]在这～的坏天气里,谁也不愿出门。

【风雨时若】 fēng yǔ shí ruò
[释义]若:顺从。指风雨顺时调和。[语见]《尚书·洪范》:"曰肃,时雨若……曰圣,时风若。"[例句]这段时间～,五谷丰登,平民百姓生活富足。

【风雨同舟】 fēng yǔ tóng zhōu
[释义]在风雨中同船渡河。比喻共同渡过困难。[例句]目前老刘的生意不好,你们必须～,渡过难关。

【风雨无阻】 fēng yǔ wú zǔ
[释义]风雨也不能阻挡。形容事情照常进行。[语见]清·曹雪芹《红楼梦》第三十七回:"宝钗说道:'一月只要两次就够了。拟定日期,风雨无阻。'"[例句]刚刚接到通知,明天的足球比赛～,照常进行。

【风云变幻】 fēng yún biàn huàn
[释义]像风云那样变动不定。比喻事物变化复杂或局势动荡不安。[语见]

明·冯梦龙《喻世明言》第十八卷:"荣枯贵贱如转丸,风云变幻减多端。"[例句]目前的国际形势～。

【风云变态】 fēng yún biàn tài
[释义]形容诗文变化多姿。[语见]唐·司空图《二十四诗品·形容》:"风云变态,花草精神,海之波澜,山之嶙峋。"[例句]他的作品～,文风飘逸,很受年轻人的喜爱。

【风云不测】 fēng yún bù cè
[释义]比喻事物像风云变幻那样不可预测。[语见]明·凌濛初《初刻拍案惊奇》第九卷:"谁知好事多磨,风云不测,台谏官员看见同金富贵豪宕,上本参论他赃私,奉圣旨发下西台御史勘问,免不得收下监中。"[例句]他曾是一名风光一时的政界人物,但～,在一次突如其来的军事政变中却成了囚犯。

【风云际会】 fēng yún jì huì
[释义]际会:适时地相遇、会合。比喻有作为的人物在良好的时机聚在一起。[语见]唐·秦韬玉《仙掌》诗:"为余势负天工背,索取风云际会身。"[例句]此次人才招聘会是一个群贤毕至、～的盛会。

【风云开阖】 fēng yún kāi hé
[释义]开:散开。阖:聚合。原形容风云或聚或散,变幻不定。[语见]宋·苏辙《黄州快哉亭记》:"盖亭之所见,南北百里,东西一舍。涛澜汹涌,风云开阖。"[例句]海面波涛汹涌、～,看来一场暴雨即将来临。

【风云人物】 fēng yún rén wù
[释义]风云:比喻飞快发展的形势。指在社会活动中影响很大的头面人物。有时含讽刺意味。[例句]他被评为该国当年的十大～之一。

【风云突变】 fēng yún tū biàn
[释义]见"风云变幻"。[例句]上半场该队一直领先,谁知下半场开始后不久,场上形势～,对方连进两球,把比分反超了。

【风烛残年】 fēng zhú cán nián
[释义]风烛:风中之烛,烛火摇曳不

定,随时可能熄灭。残年:残存的寿命。比喻人已到垂暮之年。[例句]当年那个风云人物,就成了眼前这么个～的老人了?

【风烛草露】fēng zhú cǎo lù
[释义]风中之烛容易灭,草上之露容易干。比喻人已衰老,临近死亡。[语见]明·杨慎《洞天玄记》第四折:"人生一世,犹如石火电光,寿算百年,恍若风烛草露。"[例句]年近九十的他犹如～,身体一天天衰弱下去。

【封官许愿】fēng guān xǔ yuàn
[释义]封官:古代帝王把官爵利禄赏人。许愿:事先答应给人的种种诺言。指以名利地位引诱别人来帮助自己达到不正当的目的。[例句]善于玩弄权术的人总是以～等物质刺激的方法,网罗自己的跟随者。

【封妻荫子】fēng qī yìn zǐ
[释义]荫:封建时代子孙因前人的功劳而获得官爵或特权。指封建时代功臣的妻子可以得到封号,子孙可以承袭一定的特权和官职。[语见]宋·薛居正等《旧五代史·唐书·明宗纪八》:"封妻荫子,准格合得者,亦与施行。"[例句]这次战斗大获全胜,将军的功绩足以～。

【封豕长蛇】fēng shǐ cháng shé
[释义]封豕:大猪。大猪和长蛇。比喻贪婪横暴的势力。[语见]《左传·定公四年》:"吴为封豕长蛇,以荐食上国。"杜注:"言吴贪害如蛇豕。"[例句]敌人就如同～,永远没有满足的时候。

【烽火连天】fēng huǒ lián tiān
[释义]烽火:古时边防报警点的烟火。比喻战火或战争。连天:与天空相连接。形容战争接连不断。[语见]明·汤显祖《牡丹亭·移镇》:"你星霜满鬓当戎虏,似这等烽火连天各路衢。"[例句]经过数天辗转,他终于从～的战场回到了家乡。

【烽火相连】fēng huǒ xiāng lián
[释义]烽火:古时边防报警的烟火。指边防常备不懈。[语见]汉·荀悦《前汉纪·宣帝纪三》:"部曲相保,堑垒木樵,便兵饰弩,烽火相连,势足并力,以逸待劳。兵之大利。"[例句]这些炮台遗迹使人依稀回想起那～、号角连营的远古战争。

【锋镝余生】fēng dí yú shēng
[释义]镝:箭镞。从刀箭下逃生。亦指经过战乱而活下来。[例句]他身经百战,能够～,真是很幸运。

【锋发韵流】fēng fā yùn liú
[释义]韵:情趣,情致。锋芒显露,情致欲流。[语见]南朝梁·刘勰《文心雕龙·体性》:"安仁轻敏,故锋发而韵流。"[例句]这篇文章真是字字珠玑、～,读来琅琅上口。

【锋芒逼人】fēng máng bī rén
[释义]锋芒:刀剑的刃和尖。形容言词犀利,使人感到威胁。[例句]他的话～,令人很不舒服。

【锋芒毕露】fēng máng bì lù
[释义]锋芒:刀剑的尖刃。比喻人显现出的才干。毕露:完全显露出来。比喻人的锐气和才干全部显露了出来。也比喻人爱逞能,好表现自己。[例句]你虽有才华,但也不能总是～的,要和周围的同事融洽相处。

【蜂虿有毒】fēng chài yǒu dú
[释义]虿:蝎子一类的毒虫,尾部有毒刺。蜂虿之类的小动物,其毒也可以伤人。比喻不能轻视有害的小事物。[语见]《左传·僖公二十二年》:"邾人以须句故出师,公卑邾,不设备御之。臧文仲曰:'……君其无谓邾小,蜂虿有毒,而况国乎?'"[例句]看着接待小姐漫不经心的样子,他想发作又怕～,万一骂错了人惹出祸来,还是自己吃亏,只好强忍下来。

【蜂目豺声】fēng mù chái shēng
[释义]眼睛像蜂而声音似豺。形容面目凶恶,声音可怖。[语见]《左传·文公元年》:"蜂目而豺声,忍人也。"[例句]一个～、干枯瘦小的男子,突然从屋内走出。

【蜂屯蚁聚】fēng tún yǐ jù
[释义]比喻如同蜂蚁聚集般纷纭杂乱。

[例句] 每到星期天,这里的菜市场上总是～,到处挤满了来买菜的居民。

【冯唐易老】 féng táng yì lǎo
[释义] 冯唐:西汉人,头发白了还只作郎官,一次文帝过郎署,跟他谈论任用将帅的事,谈得很投机,才拜他为车骑都尉。景帝时,出为楚相。武帝时,求贤良,有人推荐他,其时他已九十多岁,不能任职了。后因用以指称政治上不得意而又年已老大的人。[语见] 汉·司马迁《史记·冯唐列传》:"景帝立,以冯唐为楚相,免。武帝立,求贤良,举冯唐。唐时年九十余,不能复为官,乃以唐子冯遂为郎。"[例句] 老人感叹～,时运不济,再也没有为国家出力的机会了。

【逢场作戏】 féng chǎng zuò xì
[释义] 逢:碰到,遇到。场:戏剧曲艺杂技演出的场地。原指卖艺人遇到适当的地方就开场表演。后用以比喻遇到一定的场合,偶尔凑凑热闹。[语见] 宋·释道原《景德传灯录·卷六·江西道一禅师》:"师云:'石头路滑。'(邓隐峰)对云:'竿木随身,逢场作戏。'"[例句] 我知道你不喜欢应酬,但这次聚会很难得,你即使是～,也务必要出面,以表示你的重视。

【逢人说项】 féng rén shuō xiàng
[释义] 项:指唐朝诗人项斯。《太平广记》卷第二百零二卷引唐·李绰《尚书故实》:"杨敬之才公正,尝知江表之士项斯。赠诗曰:'处处见诗诗总好,及观标格过于诗。平生不解藏人善,到处逢人说项斯。'因此遂登高科也。"后用"逢人说项"比喻到处说某人或某事的好处。[例句] 徐先生奖掖后学、～的风格,是学界所熟知的。

【逢山开道】 féng shān kāi dào
[释义] 形容不畏艰险,在前开路。[语见] 元·关汉卿《哭存孝》第二折:"三千鸦兵为先锋,逢山开道,遇水迭桥。"[例句] 这支部队～,遇水搭桥,迅速插入敌军腹地。

【逢凶化吉】 féng xiōng huà jí
[释义] 逢:遇到。凶:不幸,危险。化:转为。吉:吉祥,顺利。迷信认为有神灵保佑或好运气,就能使遇到的危难转化为吉祥、顺利。也用以比喻遇到好机会,使事情转危为安。[语见] 明·王玉峰《焚香记·卜筮》:"喜天医相救,逢凶化吉,起死回生。"[例句] 他的运气特别好,总是能在关键时刻～。

【凤凰来仪】 fèng huáng lái yí
[释义] 凤凰:古代传说中的鸟王,雄的叫"凤",雌的叫"皇"。凤凰飞来,翩翩起舞,仪态优美。古代传说祥瑞的象征。[语见] 晋·成公绥《啸赋》:"百兽率舞而抃足,凤凰来仪而拊翼。"[例句] 他出生那天,天空中出现了一道彩虹,大家都说那是～,是贵人的征兆。

【凤凰于飞】 fèng huáng yú fēi
[释义] 于:语助词。凤和凰相偕而飞。比喻婚姻美满,夫妻和睦。也作"凤凰于蜚"。[语见]《诗经·大雅·卷阿》:"凤凰于飞,翙翙其羽。"[例句] 结婚后,两人～、鸾凤和鸣,过着甜甜蜜蜜的幸福生活。

【凤凰在笯】 fèng huáng zài nú
[释义] 笯:鸟笼。凤凰被关在笼子里。比喻贤者失位,不能施展才能。[语见] 战国楚·屈原《九章·怀沙》:"凤凰在笯,鸡鹜翔舞。"[例句] 刚毕业的时候,他总觉得自己好像～,难以施展才华。

【凤毛麟角】 fèng máo lín jiǎo
[释义] 凤:凤凰。麟:麒麟。凤凰的毛,麒麟的角。比喻罕见的人才或珍贵的事物。[语见] 南朝宋·刘义庆《世说新语·容止》:"大奴固自有凤毛。"《太平御览》第六百零七卷引《蒋子万机论》:"谚曰:'学如牛毛,成如麟角',言其少也。"[例句] 目前市场上真正符合用户需求的此类产品如～,十分缺乏。

【凤髓龙肝】 fèng suǐ lóng gān
[释义] 见"麟肝凤髓"。[语见] 清·夏敬渠《野叟曝言》第七回:"送进酒菜,掇进桌椅,在床前安放,铺满了一桌,虽无凤髓龙肝,颇有山珍海错。"[例句] 望着满

桌子的～,再想到一路所见百姓的疾苦,这位威严的君主眼圈都红了。

【奉公不阿】 fèng gōng bù ē
[释义] 奉行公事,不迎合别人。[语见]《东观汉记·李恂》:"恂奉公不阿,为宪所奏免。"[例句] 他素以～而出名,工作中从来不徇私情。

【奉公守法】 fèng gōng shǒu fǎ
[释义] 奉:行、遵守。公:国家的规定。奉行公事,遵守法令。形容行为规范、端庄。[语见] 宋·朱熹《辞免江东提刑奏状二》:"又况今来所除差遣,仍是按察官司。若复奉公守法,则恐如前所为,或至重伤朝廷事体。"[例句] 他可是个～的好人。

【奉公正己】 fèng gōng zhèng jǐ
[释义] 奉行公事,严格约束自己。[语见] 北齐·魏收《魏书·高道穆传》:"机方直之心,久而弥厉,奉公正己,为时所称。"[例句] 老板要求每个员工都要～,严格遵守公司的各项制度。

【奉令承教】 fèng lìng chéng jiào
[释义] 承教:接受指示。奉行命令,遵从指示。[语见]《战国策·燕策二》:"臣自以为奉令承教,可以幸无罪矣,故受命而不辞。"[例句] 如果由你来负责这件事,我甘愿～。

【奉命惟谨】 fèng mìng wéi jǐn
[释义] 奉命:恭敬地接受命令。惟:只有,只是。谨:小心谨慎。小心谨慎地奉行命令。[语见] 元·陶宗仪《辍耕录·高丽氏守节》:"诸官奉命惟谨。"[例句] 大家对新上司的火爆脾气早有耳闻,所以工作中个个～,小心翼翼。

【奉如神明】 fèng rú shén míng
[释义] 奉:信奉。神明:神的泛称。尊敬得像迷信的人敬神一样。多用于贬义。形容对人或事的过分崇拜。[语见] 清·吴趼人《二十年目睹之怪现状》第六十八回:"这件事荒唐得很! 这么一条小蛇,怎么把他奉如神明起来? 我着实有点不信。"[例句] 众人向来对他～,从不怀疑他说的话。

【奉若神明】 fèng ruò shén míng
[释义] 见"奉如神明"。[例句] 在表面上看,大家都对王沧海～,实际上,由于他连连的失误,他已经到了威信扫地的地步。

【奉头鼠窜】 fèng tóu shǔ cuàn
[释义] 奉:捧。捧着头像老鼠一样逃跑。形容狼狈逃窜的样子。[语见] 汉·班固《汉书·蒯通传》:"始常山王、成安君故相与为刎颈之交,及争张黶、陈释之事,常山王奉头鼠窜,以归汉王。"[例句] 一阵密集的炮火,打得敌人～,狼狈地逃了回去。

【奉为圭臬】 fèng wéi guī niè
[释义] 奉:信奉。圭臬:圭是测日影的器具,臬是射箭的靶子,所以把圭臬比喻作事物的准则。把某些事物或言论尊奉为唯一的准则。[例句] 这是一本被全世界的管理者～的经典之作。

【奉为楷模】 fèng wéi kǎi mó
[释义] 奉:信奉。楷:法式。模:模范。把某些人或事信奉为榜样或准则。[例句] 他不仅能力强,而且品行端正,所以被人们～。

【奉行故事】 fèng xíng gù shì
[释义] 奉行:遵照执行。故:旧的,原来的。按老规矩办事,不予变动。[语见] 汉·班固《汉书·魏相传》:"相明《易经》,有师法,好观汉故事及便宜章奏,以为古今异制,方今务在奉行故事而已。"[例句] 处理此事恐怕不能～,必须要有所变通。

fo

【佛口蛇心】 fó kǒu shé xīn
[释义] 佛的嘴巴,蛇的心肠。形容满口慈悲,但心肠狠毒。[语见] 明·梅鼎祚《玉合记·焚修》:"好两个佛口蛇心,你且去殿上伺候,怕有客来,好生支应。"[例句] 小心! 他可是个～的小人。

【佛头着粪】 fó tóu zhuó fèn
[释义] 在佛像头上拉了粪便。比喻在美好的东西上添加了污秽,有亵渎之义。

有时用作谦语。[语见]宋·释道原《景德传灯录·如会禅师》:"崔相公入寺,见鸟雀于佛头上放粪,乃问师曰:'鸟雀还有佛性也无?'师云:'有。'崔云:'为什么向佛头上放粪?'师云:'是伊为什么不向鹞子头上放?'"[例句]还没看过这本书就妄加评论,简直是～。

【佛眼相看】fó yǎn xiāng kàn
[释义]比喻好心善意地看待。[语见]明·无名氏《开诏救忠》第二折:"你如何又敢领兵,将代州城围住,及早领兵退回,我和你佛眼相看,若道半个不字,我直杀你个片甲不回。"[例句]只要你不再乱说话,我们就～,放你出去。

fu

【夫唱妇随】fū chàng fù suí
[释义]丈夫说什么,妻子就附和什么。形容夫妇和睦。[语见]明·冯梦龙《醒世恒言》第九卷:"我与你九岁上定亲,指望长大来夫唱妇随,生男育女,把家当户。"[例句]生活虽然清苦,但他们俩～,却也过得很和睦。

【夫贵妻荣】fū guì qī róng
[释义]旧指丈夫做了官,妻子跟着也荣耀。[语见]北齐·魏收《魏书·宗室传》:"诏曰:夫贵于朝,妻荣于室。"[例句]看你先生事业蒸蒸日上,迟早让你们过上～的日子。

【夫人裙带】fū rén qún dài
[释义]丈夫因妻子的关系而得到官职或其他好处。[语见]宋·周辉《清波杂志》第三卷:"蔡拜右相,家宴张乐。伶人扬言曰:'右丞今日大拜,都是夫人裙带。'"蔡卞妻是王安石之女,伶人讥笑卞因妻子关系而得官。后用以比喻因妻子关系而得官位的人。[例句]他不想让人笑他～,因此一直不告诉别人他的身份。

【夫荣妻贵】fū róng qī guì
[释义]荣:地位显赫。丈夫地位荣显,妻子便随之而尊贵。[语见]元·宫大用《范张鸡黍》第一折:"正行着兄先弟后财帛运,又交着夫荣妻贵催官运。"[例句]终于熬到他成功,我也可以～了。

【夫荣妻显】fū róng qī xiǎn
[释义]见"夫荣妻贵"。[语见]明·胡文焕《群音类选·玉簪记·合家重会》:"恨当初鸾只凤单,喜今日夫荣妻显。"[例句]他是他,我是我——一个女人,也应当有女人的事业和尊严,我可从来没有想过什么～。

【夫子自道】fū zǐ zì dào
[释义]夫子:古代对老师或长者的尊称。自道:自己说自己。后指本想说别人,而实际上却说着了自己。有时也用作自己夸耀自己。[语见]《论语·宪问》:"子曰:'君子道者三,我无能焉:仁者不忧,知者不惑,勇者不惧。'子贡曰:'夫子自道也。'"[例句]他夸来夸去,在旁人听来总觉得有点儿～的意思。

【夫尊妻贵】fū zūn qī guì
[释义]尊:做高官,在上位。旧指丈夫做高官、地位升高了,妻子也跟着尊贵起来。[语见]《仪礼·丧服》:"夫尊于朝,妻贵于室矣。"[例句]作为外交官的妻子,多年来她一直过着～的舒适生活。

【夫尊妻荣】fū zūn qī róng
[释义]见"夫尊妻贵"。[语见]汉·班固《白虎通》:"妇人无爵,嫁而从夫,故夫尊于朝,妻荣于室。"[例句]我没有指望过什么～,我只希望他能上进,安心地生活,这便是大幸福。

【肤泛不切】fū fàn bù qiè
[释义]肤:浮浅。泛:一般。不切:不切合实际。指文章或言论没有深刻切实的内容。[例句]这样～的文章怎么能入选呢?

【敷衍了事】fū yǎn liǎo shì
[释义]敷衍:做事不认真,不负责或待人不诚恳,只做表面上的应付。了:结束,终了。做事不认真,表面上应付一下就算完了。[语见]清·李宝嘉《官场现形记》第十四回:"但兄弟总恐怕不能斩尽杀绝,将来一发而不可收拾,不但上宪跟前兄弟无以交代,就着老哥们也不好看,好像我们敷

衍了事,不肯出力似的。"[例句] 这件事可要认真对待,千万不能~。

【敷衍塞责】 fū yǎn sè zé
[释义] 敷衍:表面应付。塞责:搪塞责任。表面应付,对应负的责任搪塞了事。形容做事不用心、不尽力。[例句] 面对旅客的质疑,可不能简单地~了事。

【敷衍搪塞】 fū yǎn táng sè
[释义] 做事马虎,敷衍应付,塞责了事。[语见] 清·李宝嘉《文明小史》第十一回:"抄上数十联,也可以敷衍搪塞。"[例句]事故已经发生了,~是不能解决问题的,必须认真检查自己的过失。

【敷张扬厉】 fū zhāng yáng lì
[释义] 见"铺张扬厉"。[语见] 清·章学诚《文史通义·诗教下》:"文之敷张而扬厉者皆赋之变体。"[例句] 林家二公子结婚,~,连同僚都纷纷为他锋芒太露而担心。

【伏低做小】 fú dī zuò xiǎo
[释义] 顺从地处于低下卑微的地位。形容卑躬屈膝,低声下气。[语见] 元·李文蔚《圯桥进履》第二折:"我又索含容折节,屈脊躬身,伏低做小,跪膝在尘埃。"[例句] 他那种~、阿谀奉承的样子,令周围的同事厌恶至极。

【伏而咶天】 fú ér shì tiān
[释义] 伏:趴着。咶:通"舐",舔。趴在地上用舌头舔天。比喻行动和愿望相背离,根本达不到目的。[语见]《荀子·仲尼》:"是犹伏而咶天,救经而引其足也。"[例句] 你自己亲口说要努力复习的,却整天在这里睡大觉,真是~。

【伏虎降龙】 fú hǔ xiáng lóng
[释义] 见"降龙伏虎"。[语见] 元·马致远《任风子》第二折:"学师父伏虎降龙,跨鸾乘凤。"[例句] 你如果没有些~的手段,就最好不要以身涉险。

【伏尸流血】 fú shī liú xuè
[释义] 形容杀人众多。[语见]《战国策·魏策四》:"伏尸百万,流血千里。"[例句] 大屠杀开始了,整个城市~,到处是惨不忍睹的场面。

【伏首帖耳】 fú shǒu tiē ěr
[释义] 低着头耷拉着耳朵。形容恭顺驯服的样子。[语见] 清·蒲松龄《聊斋志异·马介甫》:"(杨)万石不言,惟伏首帖耳而泣。"[例句] 慑于他的威望,在场的所有人无不~,愿意接受他的领导。

【伏维尚飨】 fú wéi shàng xiǎng
[释义] 旧时祭文中的套语,意思是恭敬地请你来吃,后用作死亡的讽刺说法。[语见] 明·凌濛初《二刻拍案惊奇》第二十一卷:"王禄多说了几句话,渐渐有声无气,挨到黄昏,只有出的气,没有入的气,呜呼哀哉,伏维尚飨。"[例句] 从医院回去没几天,他竟呜呼哀哉,~了。

【凫趋雀跃】 fú qū què yuè
[释义] 趋:快走,像野鸭快跑,像雀鸟跳跃。比喻人欢欣鼓舞的样子。[语见]唐·卢照邻《穷鱼赋》:"凫趋雀跃,风驰电往。"[例句] 街上到处是~、尽情欢呼的人们。

【扶颠持危】 fú diān chí wēi
[释义] 颠:倒,跌。指挽救危局或解救危难。[语见] 宋·秦观《贺孙中丞启》:"恭惟中丞侍郎,受天间气,为世真儒;力足以扶颠持危,器足以致远任重。"[例句]在这危急存亡的关键时刻,公司需要一个能够~的人出面主持大局。

【扶老携幼】 fú lǎo xié yòu
[释义] 扶:搀扶。携:带领。搀扶着老人,带领着小孩子。形容老少一齐出来活动。[语见]《战国策·齐策四》:"孟尝君就国于薛,未至百里,民扶老携幼,迎君道中。"[例句] 听到恩人要离开了,全村人~前来送行。

【扶倾济弱】 fú qīng jì ruò
[释义] 倾:倒塌,比喻境遇困难。帮助困难者,救济弱小者。[语见] 元·王子一《误入桃源》第四折:"你若肯扶倾济弱,我可便回嗔作笑,一会价记着想着念着。"[例句] 他~的先进事迹一时间被传为佳话。

【扶弱抑强】 fú ruò yì qiáng
[释义] 见"抑强扶弱"。[语见] 汉·班固

《汉书·刑法志》："自建武、永平……而政在抑强扶弱。"[例句]《水浒》这本书中，描述了许多杀富济贫、～的英雄故事。

【扶危定乱】fú wēi dìng luàn
[释义]扶助危难，平定祸乱。[语见]清·褚人获《隋唐演义》第八十三回："能识人，能爱人才，能为国留得那英雄豪杰，为朝廷扶危定乱。"[例句]有了强大的军队才能～，保家卫国。

【扶危定倾】fú wēi dìng qīng
[释义]倾：倾覆。匡救危急倾覆中的国势。[语见]唐·令狐德棻《周书·梁御传》："宇文夏州英姿不世，算略无方，方欲扶危定倾，匡复京、洛。"[例句]国难当头，只有依靠我们的军队才能～。

【扶危济困】fú wēi jì kùn
[释义]扶：救助、扶持。济：帮助、接济。接济、救助他人于危难、困苦之中。[语见]明·施耐庵《水浒传》："素知将军仗义行仁，扶危济困。不想果然如此义气！"[例句]帮助弱小群体，发扬～精神，是中华民族的一种传统美德。

【扶危救困】fú wēi jiù kùn
[释义]扶助危急，救济困难。也作"扶危济困"。[语见]元·无名氏《魏徵改诏》楔子："今日个扶危救困休辞惮，疾便的牵战马上雕鞍。"[例句]在他的倡议下，献爱心，～在本单位已蔚然成风。

【扶危翼倾】fú wēi yì qīng
[释义]见"扶危定倾"。[语见]唐·令狐德棻《周书·武帝纪下》："昔魏室将季，海内分崩，太祖扶危翼倾，肇开工业。"[例句]国家已经到了病入膏肓的地步，单单靠某个人的力量，实在难以～了。

【扶摇直上】fú yáo zhí shàng
[释义]扶摇：从下急剧盘旋而上。原指旋风自下而上腾空卷起。后喻指官运通达，地位急剧高升。[语见]《庄子·逍遥游》："鹏之徙于南冥也，水击三千里，抟扶摇而上者九万里。"[例句]该队近期战绩～，不知不觉已登上了榜首的位置。

【扶正黜邪】fú zhèng chù xié
[释义]扶助正义去除邪恶。[语见]汉·蔡邕《对诏问灾异八事》："圣意勤勤，欲流清荡浊，扶正黜邪。"[例句]我们一定要～，狠刹这种不良风气。

【扶正祛邪】fú zhèng qū xié
[释义]祛：去除。扶持正气，去除邪风。[语见]傅维康等《医药史话·张仲景与〈伤寒杂病论〉》："因为疾病的来由……所以在治疗上就要运用扶正祛邪。"[例句]中医讲究的是补充气血，～，调养人的机体平衡。

【芙蓉出水】fú róng chū shuǐ
[释义]芙蓉：荷花。新嫩的荷花出水开放。原比喻诗句清新可爱。后也用以形容女子的容貌清秀美丽。[语见]南朝梁·钟嵘《诗品·宋光禄大夫颜延之》："谢诗如芙蓉出水，颜如错彩镂金。"[例句]参加花样游泳比赛的姑娘们个个都像～的仙子一样。

【拂袖而去】fú xiù ér qù
[释义]拂袖：甩袖子。表示生气。把袖子一甩就走了。[例句]事情发展到这一步，难道你能忍心～吗？

【浮翠流丹】fú cuì liú dān
[释义]翠：青绿色。丹：朱红色。青绿、朱红的颜色在浮现和流动。形容色彩鲜明艳丽。[语见]宋·陆游《安隐寺修钟楼疏》："浮翠流丹，倘复还于巨丽；撞昏击晓，实大警于沉冥。"[例句]远远望去，城市的夜晚灯火辉煌，～。

【浮光掠影】fú guāng lüè yǐng
[释义]浮光：水面的反光。掠影：一闪而过的影子。像水面的反光和一闪而过的影子那样，一晃就过去了，比喻印象不深。[语见]清·冯班《沧浪诗话纠谬》："沧浪论诗，止是浮光掠影，如有所见，其实脚跟未曾点地。"[例句]时间这么紧，我们只能一般随便逛逛了。

【浮花浪蕊】fú huā làng ruǐ
[释义]蕊：花心。指寻常的花草。比喻轻浮的人。[语见]唐·韩愈《杏花》诗："浮花浪蕊镇长有，才开还落瘴雾中。"

[例句] 他再也无法容忍身边这个～的女人。

【浮岚暖翠】fú lán nuǎn cuì
[释义] 浮岚:飘浮在山林间的雾气。暖翠:青翠的山色。形容山林的美好景色。[语见] 宋·欧阳修《庐山高》:"欲令浮岚暖翠千万状,坐卧常对乎轩窗。"[例句] 这些大理石上的图案色彩富于变化,多用秋天的景色而命名,或五彩纷呈,如彩霞祥云;或云山一抹,如夕阳余晖;或似万山红遍,层林尽染;或像～,紫气氤氲。

【浮想联翩】fú xiǎng lián piān
[释义] 浮想:漂漂变化的感想。联翩:鸟飞翔接连不断的样子。比喻连续不绝。各种漂浮变化的想象如同群鸟飞起一样。指许许多多的感想连续不断地涌出。[例句] 看到这种场面,不禁令人～。

【浮云蔽日】fú yún bì rì
[释义] 天上的浮云遮蔽了阳光。旧时比喻奸邪蒙蔽了皇帝。[语见] 汉·孔融《临终诗》:"谗邪害公正,浮云翳白日。"[例句] 这种～的局势终究会过去,你一定能重获重用。

【浮云朝露】fú yún zhāo lù
[释义] 飘移浮动的云彩和早晨的露水。形容很快就消失的事物,旧时比喻生命飘忽、短暂。[语见] 唐·令狐德棻《周书·萧大圜传》:"嗟呼! 人生若浮云朝露,宁俟长绳系景,实不愿之。执烛夜游,惊其迅迈。"[例句] 人的一生如～一般,所以千万不能虚度光阴。

【桴鼓相应】fú gǔ xiāng yìng
[释义] 鼓槌敲鼓,鼓即发音。比喻感应快,配合紧密。[语见] 汉·班固《汉书·李寻传》:"顺之以善政,则和气可立致,犹抱(桴)鼓之相应也。"[例句] 两人在场上～,配合十分默契。

【福惠双修】fú huì shuāng xiū
[释义] 惠:通"慧"。修:善。福气、聪敏,二者都好。[语见] 元·马致远《青杏子·姻缘》曲:"天赋两风流,须知是福惠双修。"[例句] 据庙里的和尚介绍,这种

修炼方法可以使修炼者～。

【福禄双全】fú lù shuāng quán
[释义] 福:福气,享乐。禄:古代称官吏的俸给。既有福气,又有丰厚的俸给。[语见] 明·贾仲名《对玉梳》第四折:"俺如今福禄双全,稳拍拍的绿窗下做针线。"[例句] 祝你升官发财,～!

【福齐南山】fú qí nán shān
[释义] 福分像南山一样高。祝颂之辞。[语见] 南朝梁·萧子显《南齐书·豫章文献王嶷传》:"常谓福齐南山,庆钟仁寿。"[例句] 每年奶奶过生日的时候,我们都要聚在一起,祝她～,长命百岁。

【福如东海】fú rú dōng hǎi
[释义] 福气像东海那么大。向别人祝福的话,常与"寿比南山"连用。[语见]《敦煌变文集·长兴四年中兴殿应圣节讲经文》:"寿等松椿宜闰益,福如东海要添陪。"[例句] 小孙子说道:"祝爷爷～,寿比南山!"

【福如海渊】fú rú hǎi yuān
[释义] 见"福如东海"。[语见] 明·沈受先《三元记·合欢》:"愿冯君福如海渊,愿冯君寿比泰山。"[例句] 这世界有谁不愿意～,有谁不愿意寿比南山? 但是事实上,有谁真的得到了这些呢?

【福如山岳】fú rú shān yuè
[释义] 福分如山一样高。[语见] 宋·张君房《云笈七签》第二十五卷:"福如山岳,为人重爱,修道之者,白日升天。"[例句] 在子女们的深切关怀下,老太太觉得自己真是～,幸福得不得了。

【福善祸淫】fú shàn huò yín
[释义] 淫:作恶。为善终将得到幸福,作恶终将遭到祸患。[语见]《尚书·汤诰》:"天道福善祸淫。"孔传:"政善,天福之;淫过,天祸之。"[例句] 善良的百姓大都相信～,人生在世应该多行善事。

【福寿康宁】fú shòu kāng níng
[释义] 幸福,长寿,健康,安宁。旧时对老人或尊长祝福的话。[语见] 宋·陈亮《喻夏卿墓志铭》:"福寿康宁,子孙彬彬然皆有可观者。"[例句] 为了祈求全家

人～,在中国的许多地方,人们至今还保留着贴门神的习惯。

【福寿绵长】 fú shòu mián cháng
[释义] 见"福寿绵绵"。[语见] 清·李汝珍《镜花缘》第八十四回:"但愿时时敬诵,自然消凶聚庆,福寿绵长。"[例句] 如今您的儿女都已有成,愿您～,安度晚年,就是对他们做儿女的最大安慰了。

【福寿绵绵】 fú shòu mián mián
[释义] 祝愿人多福高寿之辞。[语见] 元·郑廷玉《忍字记》第一折:"则愿的哥哥福寿绵绵,松柏齐肩者。"[例句] 真心祝愿您身体健康,～!

【福寿年高】 fú shòu nián gāo
[释义] 生活幸福,长命百岁。多用作祝颂之辞。[语见] 元·郑廷玉《忍字记》第一折:"他道我福寿年高,着我似松柏齐肩老。"[例句] 爷爷奶奶～,都八十多岁了,身体还是非常健康。

【福寿齐天】 fú shòu qí tiān
[释义] 福气好,年寿高。颂人多福多寿之辞。[语见] 明·无名氏《贺元宵》第三折:"俺众神圣降临下方,庆贺了元宵,祝延圣主福寿齐天也。"[例句] 祝老人家～,长命百岁!

【福寿双全】 fú shòu shuāng quán
[释义] 又有福气又长寿。[语见] 清·李汝珍《镜花缘》第七十一回:"要说个个都是福寿双全,这句话只怕未必,大概总有几位不足去处。"[例句] 这种仪式通常应由一位～的长辈来主持。

【福寿天齐】 fú shòu tiān qí
[释义] 见"福寿齐天"。[语见] 明·无名氏《广成子》第三折:"会众官同来称贺,齐祝赞福寿天齐。"[例句] 我没有指望过什么～,我只希望我晚年的生活能够安宁平静,就是大福气了。

【福寿无疆】 fú shòu wú jiāng
[释义] 祝颂之辞,愿人福分与年寿都无止境。[语见] 宋·张君房《云笈七签》第六十九卷:"至诚君子,得而宝之,即福寿无疆。"[例句] 这些纪念币是祝福吉祥如意、～的馈赠佳品。

【福无双至,祸不单行】 fú wú shuāng zhì,huò bù dān xíng
[释义] 幸运的事不会成双成对地到来,祸害却会接踵而至。[语见] 明·施耐庵《水浒传》第三十七回:"却是苦也!正是福无双至,祸不单行。"[例句] 真是～,我昨天刚丢了自行车,今天又把手表弄没了。

【福至心灵】 fú zhì xīn líng
[释义] 人遇福运,心思也变得聪慧起来。[语见] 宋·毕仲询《幕府燕闲录》:"吴参政少以学究登科,复中贤良,为翰林学士。常常草制以示欧阳文忠,称之,因戏曰:'君福至心灵'。"[例句] 不知是突然～,还是一时心血来潮,反正他想到的这个新办法非常有效。

【抚背扼喉】 fǔ bèi è hóu
[释义] 抚:按。扼:用手卡。形容致其死命。[语见] 唐·卢照邻《穷鱼赋》:"拖鳍挫鬣,抚背扼喉。动摇不可,腾跃无繇。"[例句] 大家只有齐心协力,～,突围才有希望。

【抚躬自问】 fǔ gōng zì wèn
[释义] 见"反躬自省"。[例句] 好心却办了坏事,我不禁～:自己究竟哪里做错了?

【抚今追昔】 fǔ jīn zhuī xī
[释义] 抚:根据,按照。追:追念,回想。昔:往昔,过去。按现在的情况回想过去的事情。形容思绪万千,无限的感慨。[语见] 清·平步青《霞外捃屑》卷五:"吾道洵堪千古,抚今追昔,能无黯然。"[例句] ～,我们不禁感慨万千。

【抚梁易柱】 fǔ liáng yì zhù
[释义] 抚:摸,指用手托着。易:更换。传说商纣王能手托屋梁,抽换房柱。形容力大无穷。[语见] 汉·司马迁《史记·殷本纪》:"(帝纣)材力过人,手格猛兽。"张守节正义引晋·皇甫谧《帝王世纪》:"纣倒曳九牛,抚梁易柱。"[例句] 这家伙力大无比,号称能～。

【抚心自问】 fǔ xīn zì wèn
[释义] 见"扪心自问"。[例句] 在座诸

君都～一下,今年都为公司做了多大的贡献?

【拊背扼喉】 fǔ bèi è hóu

[释义] 见"抚背扼喉"。[语见] 五代后晋·刘昫等《旧唐书·薛大鼎传》:"既总天府,据百二之所,斯亦拊背扼喉之计。"[例句] 魏军已团团围住了赵军,不料遭到了～的一击,军心立即大乱。

【俯拾地芥】 fǔ shí dì jiè

[释义] 芥:芥草。比喻数量多,极易得到。[语见] 汉·班固《汉书·夏侯胜传》:"胜每讲授,常谓诸生曰:'士病不明经术;经术苟明,其取青紫如俯拾地芥耳。'"注:取青紫,指可以穿卿大夫的服饰。即可以做官。[例句] 以她的水平,打败这些初出茅庐的新手犹如～一般容易。

【俯拾即是】 fǔ shí jí shì

[释义] 俯:低头。只要低下头去取,到处都是。形容同样的东西非常多,极容易得到。[语见] 唐·司空图《诗品·自然》:"俯拾即是,不取诸邻。"[例句] 落潮后,海滩上的贝壳特别多,可以说是～。

【俯拾青紫】 fǔ shí qīng zǐ

[释义] 青紫:卿大夫的服饰。指轻易得到官职。[语见] 唐·欧阳询《艺文类聚》第二十六卷引南朝梁·王僧孺《答江琰书》:"……献书尽先贤之德,作颂馨前皇之美,岂不俯拾青紫,坐享大夫?!"[例句] 以您的水平,～是迟早的事情。

【俯首帖耳】 fǔ shǒu tiē ěr

[释义] 俯首:低着头。帖耳:耷拉着耳朵。形容谦恭驯服的样子。[语见] 唐·韩愈《应科目时与人书》:"若俯首帖耳、摇尾而乞怜者,非我之志也。"[例句] 他对上司一向～,怎么今天忽然发脾气了?

【俯首听命】 fǔ shǒu tīng mìng

[释义] 低下头来恭恭敬敬听从命令。形容完全服从。[语见] 宋·范浚《香溪集·巡幸》:"高祖(刘邦)必先取二人兵以自振,故能使之俯首听命,唯所指使。"[例句] 既然这件事由您负责,我只好～。

【俯仰无愧】 fǔ yǎng wú kuì

[释义] 俯仰:低头看人和抬头望天。对

天、对人都没有惭愧之处,表示处事公道正直,毫不欺诈。[语见] 宋·陆游《贺辛给事启》:"洗鄙夫患失之风,增善类敢言之气,俯仰无愧,进退两高。"[例句] 我可以～地说,没有辜负大家对我的期望。

【俯仰由人】 fǔ yǎng yóu rén

[释义] 俯仰:指一举一动。比喻一切受人支配。[语见]《庄子·天运》:"且子独不见夫桔槔者乎?引之则俯,舍之则仰,彼人之所引,非引人也,故俯仰而不得罪于人。"注:桔槔,设在井上的一种汲水设备。[例句] 男子汉大丈夫,总要有点骨气,怎么能～?

【俯仰之间】 fǔ yǎng zhī jiān

[释义] 在一低头一抬头的时间里。[语见] 汉·班固《汉书·晁错传》:"以大为小,以强为弱,在俛卬之间耳。"注:俛,同"俯";卬,通"仰"。[例句] ～,场上局势已发生了戏剧性的变化。

【釜底抽薪】 fǔ dǐ chōu xīn

[释义] 釜:锅。薪:柴。从锅底下抽出柴火。比喻从根本上解决问题。也指暗中搞破坏。[语见] 清·吴敬梓《儒林外史》第五回:"如今有个道理,是'釜底抽薪'之法。只消央个人去把告状的安抚住了,众人递个拦词,便歇了。"[例句] 要解决盗版的问题,一定要～,彻底消灭盗版源泉。

【釜底枯鱼】 fǔ dǐ kū yú

[释义] 见"釜中之鱼"。[语见] 明·许自昌《水浒记·文什》:"那人呵,好似笼中穷鸟,釜底枯鱼。"[例句] 敌人已是～,即使要顽抗片刻,也是垂死挣扎而已,消灭他们不在话下。

【釜底游鱼】 fǔ dǐ yóu yú

[释义] 见"釜中之鱼"。[语见] 清·洪栋园《惊黄钟·宫叹》:"他扼住东山不放松,和战都无用。好似釜底游鱼,日暮途穷。"[例句] 我自己也是～,哪里还能照顾到你?

【釜中之鱼】 fǔ zhōng zhī yú

[释义] 釜:锅。锅里的鱼。比喻不能久活。[语见] 明·罗贯中《三国演义》第四

十二回："今刘备釜中之鱼,阱中之虎;若不就此时擒捉,如放鱼入海,纵虎归山矣。"[例句]连皇上都成了～,普通大臣还敢对王莽说半个不字?

【辅车相依】fǔ chē xiāng yī

[释义]辅:古代在车两旁加的横木;一说指车两轮外壁加的直木;一说指颊骨。车:车辆;一说指牙床。比喻事物之间相互依持。[语见]《左传·僖公五年》:"谚所谓'辅车相依,唇亡齿寒'者,其虞、虢之谓也。"[例句]二者是～的关系,谁也离不开谁。

【簠簋不饰】fǔ guǐ bù shì

[释义]簠簋:古代食器、祭器,用青铜或陶土制成。饰:也作"饬",整治。食器、祭器都没有洗刷干净。旧时指དꟷ官吏贪污的婉词。[语见]汉·班固《汉书·贾谊传》:"古者大臣有坐不廉而废者,不谓不廉,曰'簠簋不饰。'"[例句]这些当官的个个都是利欲熏心、～,老百姓叫苦连天。

【父析子荷】fù xī zǐ hè

[释义]析:劈柴。荷:担。比喻父业子承。[语见]唐·白居易《赠户部侍郎博陵崔府君神道碑铭》:"大丈夫贮蓄材术,树置功利,镟基富贵,焯耀家邦,不当其身,而得于后,父析子荷,相去几何?"[例句]在他的三个孩子中,唯一一个～的只有他的大儿子。

【父严子孝】fù yán zǐ xiào

[释义]父亲严格管教子女,子女也依顺孝敬父亲。[语见]唐·吕温《广陵陈先生墓表》:"始见一乡之人,父严子孝,长惠幼敬,见乎词气,发乎颜色。"[例句]他们一家～、尊老扶幼,是全村人心目中的典范。

【付之东流】fù zhī dōng liú

[释义]付:交付、交给。东流:东流之水。我国大陆地势西高东低,江河水多向东流入大海。交付给东流之水,一去不回。比喻事情前功尽弃或最后希望落空。[语见]唐·高适《封丘县作》诗:"生事应须南亩田,世情付与东流水。"[例句]没想到一点点失误,竟导致先前的努力全都～了。

【付之一笑】fù zhī yī xiào

[释义]付:交付、交给。对某些事情,不过分看重,而以一笑置之。[例句]当他问及当年的往事时,爸爸只是～,说他已经忘记了。

【付诸洪乔】fù zhū hóng qiáo

[释义]诸:相当于"之于"。洪乔:晋时人,姓殷名羡,字洪乔。南朝宋·刘义庆《世说新语·任诞》载:殷洪乔出为豫章太守。都下人托其致书百余函,洪乔行至石头,将附书悉投水中说:"沉者自沉,浮者自浮,殷洪乔不为致书邮。"后以"付诸洪乔"比喻书信遗失。[例句]这封信你还是自己送吧,免得让我落得个～的骂名。

【负才任气】fù cái rèn qì

[释义]自恃有才能,纵任意气。[语见]唐·姚思廉《梁书·张缵传》:"简宪之为人也,万事王侯,负才任气。"[例句]也就是得了几次奖学金而已,用不着这么～吧。

【负才使气】fù cái shǐ qì

[释义]见"负才任气"。[语见]唐·令狐德棻《周书·薛憕传》:"憕既羁旅,不被擢用。然负才使气,未尝趣世禄之门。"[例句]他最大的错误,就是过于～,以致使他在哪里都难以得到重用。

【负乘致寇】fù chéng zhì kòu

[释义]负乘:小人窃居君位。亦称才德不称其位。因才德不称其位而导致盗贼的进攻。[语见]《周易·解》:"六三,负乘。致寇至,贞吝。"[例句]这么重要的岗位,怎么能聘用那种才学疏浅的庸才,小心～,万一出了问题谁也担当不起责任。

【负恩昧良】fù ēn mèi liáng

[释义]负:辜负。昧:隐藏。良:良心。辜负天恩,泯没良心。[语见]清·李汝珍《镜花缘》第四回:"不意今日群芳大放,彼独无花。负恩昧良,莫此为甚!"[例句]不让你报恩就算了,你也不能～,陷害我啊。

【负固不服】 fù gù bù fú
[释义] 凭恃险阻，不肯服罪。[语见]《周礼·夏官·大司马》："野荒民散，则削之。负固不服则侵之。"[例句] 剩余的小股敌军～，企图依仗地形险恶顽抗到底。

【负固不悛】 fù gù bù quān
[释义] 见"负固不服"。[语见]《全相秦并六国平话》下卷："若负固不悛，执迷不返，则命将遣师剿平诸国。"[例句] 你要～，我也不强求你一时改变你的观点，但是我希望你仔细思考，如果你仅仅一味地坚持而不反省，那就让人无法容忍了。

【负笈担簦】 fù jí dān dēng
[释义] 笈：书箱。簦：古代有柄的笠，形似伞。背着书箱，扛着有柄的笠，奔走求学。[语见] 南朝梁·任昉《求为刘瓛立馆启》："有朋自远，无用栖凭，皆负笈担簦，栉风沐露。"[例句] 为了实现自己的远大抱负，他～，四处求学。

【负荆请罪】 fù jīng qǐng zuì
[释义] 负：背。荆：荆条，古时用来打人。请罪：自认有罪，请求惩治责打。背着荆条来认罪，请求责打。汉·司马迁《史记·廉颇蔺相如列传》载：赵国大将廉颇对上卿蔺相如不服，蔺相如为了国家利益处处表示退让。廉颇听了，非常后悔，就身背荆杖去见蔺相如，虚心认错，请求责罚，于是将相和睦，赵国更加强盛了。形容真心悔过、道歉，请求原谅。[例句] 我这是给你～来了，请你原谅我吧。

【负老提幼】 fù lǎo tí yòu
[释义] 见"负老携幼"。[语见] 宋·张君房《云笈七签》第十九卷："当期之世，水旱蝗虫，五谷饥贵，兵革并起，人民疾疫，道路不通，负老提幼，流散他方。"[例句] 敌军入侵，居民们～，逃出城外。

【负老携幼】 fù lǎo xié yòu
[释义] 背负老人，手搀孩子。形容百姓全体出动的情景或老弱流离失所的惨状。[语见] 汉·赵晔《吴越春秋·吴太伯传》："邠人父子兄弟相帅负老携幼揭釜甑而归。"[例句] 为了躲避战乱，村民们纷纷～，远走他乡。

【负气仗义】 fù qì zhàng yì
[释义] 凭借正气，主持正义。[语见] 明·凌濛初《初刻拍案惊奇》第十九卷："那人负气仗义，交游豪俊，却也在江湖上做大贾。"[例句] 他自幼熟读武侠小说，对那些打抱不平、～的侠客们倾慕不已。

【负屈含冤】 fù qū hán yuān
[释义] 见"负屈衔冤"。[语见] 明·兰陵笑笑生《金瓶梅》第十一回："委是小的负屈含冤，奈西门庆多财多势，禁他不得。"[例句] 我～二十年，今天终于还我清白了。

【负屈衔冤】 fù qū xián yuān
[释义] 负：承受。衔：含着，引申指心里藏着。屈、冤：委屈、冤屈。蒙受冤枉、委屈。[语见] 元·关汉卿《小春园》第三折："我救那负屈衔冤忠孝子，问你要那图财致命的杀人贼。"[例句] 他遭到奸人陷害，～，却无处申诉。

【负山戴岳】 fù shān dài yuè
[释义] 岳：高大的山。背负高大的山岳。比喻担负重任。[语见] 唐·令狐德棻《周书·晋荡公护传》："一得奉见慈颜，永毕生愿。生死肉骨，岂过今恩，负山戴岳，未足胜荷。"[例句] 我怎么敢～，承担这么大的责任呢？

【负心违愿】 fù xīn wéi yuàn
[释义] 辜负和违背自己的心愿。[语见] 明·冯梦龙《警世通言》第二十九卷："浩不能忘旧情，乃遣惠寂密告莺曰：'浩非负心，实被季父所逼，复与孙氏结亲，负心违愿，痛彻心髓。'"[例句] 失业了，面临生存的危机，不得已他只能～做起了小本买卖。

【负薪救火】 fù xīn jiù huǒ
[释义] 见"抱薪救火"。[语见]《韩非子·有度》："其国弱矣，又皆释国法而私其外，则是负薪而救火也，乱弱甚矣。"[例句] 人家危在旦夕，你这么做无异～，只会使人更加困难。

【负隅顽抗】 fù yú wán kàng
[释义] 负：靠着。隅：山角。顽抗：顽固

地抵抗。凭借险要的地势,顽固地抵抗。后指依仗某种条件顽固抵抗。[语见]清·曾国藩《复陈源豫书》:"皖北仅余庐州一城负隅顽抗,然四面皆已隔绝,似难漏网。"[例句]你们已经被包围了,别再继续～下去了。

【负重涉远】fù zhòng shè yuǎn
[释义]负:背在身上,负担着。涉:达到。背着沉重的东西送到远方。比喻肩负重任。[语见]晋·葛洪《抱朴子·勤求》:"不辞负重涉远,不避经险履危。"[例句]王华身上那股～的精神,令人无比敬重。

【负重致远】fù zhòng zhì yuǎn
[释义]背着重物走很远的路。比喻肩负重任。[语见]《周易·系辞下》:"服牛乘马,引重致远,以利天下,盖取诸随。"[例句]听完介绍,人们不禁更加敬慕他这种～、脚踏实地的奋斗精神。

【妇姑勃豀】fù gū bó xī
[释义]妇:儿媳妇。姑:婆婆。勃豀:家庭中的争吵。儿媳妇和婆婆争吵。比喻为无关紧要的小事争吵闹矛盾。[语见]《庄子·外物》:"室无空虚,则妇姑勃豀。"[例句]为这点儿小事,总不至于搞得～吧。

【妇人之仁】fù rén zhī rén
[释义]仁:仁慈,恩惠。女人的仁慈恩惠。喻指只顾眼前的小恩小惠,而不顾长远利益。[语见]汉·司马迁《史记·淮阴侯列传》:"项王见人,恭敬慈爱,言语呕呕。人有疾病,涕泣分食饮,至使人功当封爵者,印刓敝,忍不能予,此所谓妇人之仁也。"[例句]这点小恩小惠,不过是～,你还是要有大将的胸怀才能成大事。

【妇孺皆知】fù rú jiē zhī
[释义]妇孺:妇女和小孩。皆:都,全。连妇女和小孩都知道。形容事情很清楚明显,已是人所共知。[例句]这个传说在这一带可以说是～。

【附庸风雅】fù yōng fēng yǎ
[释义]附庸:依附,追随。风雅:文雅,高雅。表面上追求文雅,或追随有才学、高雅的人以提高自己的品位。[语见]清·吴趼人《情变》第八回:"那班盐商,明明是咸腌货色,却偏要附庸风雅,在扬州盖造了不少的花园。"[例句]明明什么都不懂。还非要～,真是可笑。

【附赘悬疣】fù zhuì xuán yóu
[释义]赘:皮肤上长的瘤子。疣:即瘊子,中医学上称"千日疮"。比喻多余无用之物。[语见]《庄子·骈拇》:"附赘悬疣,出乎形哉,而侈于性也。"[例句]这房里～的东西太多了,最好都拿走。

【赴蹈汤火】fù dǎo tāng huǒ
[释义]见"赴汤蹈火"。[语见]三国魏·嵇康《与山巨源绝交书》:"长而见羁,则狂顾顿缨,赴蹈汤火。"[例句]咱们兄弟一场,你他日若有难,我必定～,在所不辞。

【赴死如归】fù sǐ rú guī
[释义]见"视死如归"。[语见]汉·班固《汉书·季布传赞》:"赴死如归,彼诚知所处,虽古烈士,何以加哉。"[例句]这些士兵个个～,令人钦佩不已。

【赴汤蹈火】fù tāng dǎo huǒ
[释义]赴:奔向。汤:开水。蹈:踩。奔向沸水,踩在烈火上。比喻不畏艰险,奋不顾身。[语见]晋·陈寿《三国志·魏书·刘表传》裴松之注引《傅子》:"今策名委质,唯将军所命,虽赴汤蹈火,死无辞也。"[例句]为了办成这件事,我不惜～。

【赴汤投火】fù tāng tóu huǒ
[释义]见"赴汤蹈火"。[语见]清·石玉昆《三侠五义》第四回:"这有何难。只要你家相公应允,我就是赴汤投火也是情愿的。"[例句]这些为了国家而～的无名英雄,才最值得人尊敬。

【赴险如夷】fù xiǎn rú yí
[释义]夷:平坦。走向危险的道路,看作像平坦的大道。形容不避艰险。[语见]北齐·魏收《魏书·于什门等传论》:"史臣曰:于什门等或临危不挠,视死如归;或赴险如夷,惟义所在。"[例句]天气如此恶劣,他不顾家人的劝说,～,勇敢地上山去抢救伤员。

【复仇雪耻】fù chóu xuě chǐ
[释义] 见"报仇雪耻"。[语见] 唐·令狐德棻《周书·席固传》:"今梁氏失政,扬都覆没,湘东不能复仇雪耻,而骨肉相残。"[例句] 他苦练三年多,就是为了有朝一日能够～。

【复蹈其辙】fù dǎo qí zhé
[释义] 见"重蹈覆辙"。[语见] 元·脱脱等《宋史·子砥传》:"今复蹈其辙,譬人畏虎,啗虎以肉。"[例句] 跟你说这些,是怕你～,也算是我对当年你父亲帮过我的一种回报吧。

【复蹈前辙】fù dǎo qián zhé
[释义] 见"重蹈覆辙"。[语见] 清·褚人获《隋唐演义》第三十九回:"文帝阴灵,白日显现,故此炀帝也觉寒心,不敢复蹈前辙。"[例句] 你能认识到你的失误,不～,我想你总会有东山再起的那一天。

【复子明辟】fù zǐ míng bì
[释义] 辟:国君。指帝王复位,重新掌权。[语见]《尚书·咸有一德》:"伊尹既复政厥辟。"孔颖达疏:"《殷本纪》云:'太甲既立三年,伊尹放之于桐宫。居桐宫三年,悔过反善,伊尹乃迎而受之政。'"[例句] 他卧薪尝胆十几年,终于～了。

【傅粉何郎】fù fěn hé láng
[释义] 傅粉:搽粉。何郎:何晏,三国时著名的玄学家。原指何晏面白,如搽了粉一般。后泛指俊俏的美男子。[语见] 南朝宋·刘义庆《世说新语·容止》:"何平叔美姿仪,面至白,魏明帝疑其傅粉。"[例句] 他皮肤白皙,堪称～,是当时有名的美男子。

【傅粉施朱】fù fěn shī zhū
[释义] 施:加上。朱红色,指胭脂。搽粉抹胭脂,形容修饰打扮。[语见] 北齐·颜之推《颜氏家训·勉学》:"贵游子弟,多无学术……无不薰衣剃面,傅粉施朱。"[例句] 虽然不必天天～,但也要有适度的修饰才行。

【富比王侯】fù bǐ wáng hóu
[释义] 富:财产多。财产很多,可以和王侯相比。形容家中极其富有。[语见]明·胡文焕《群音类选·驻云飞·出家》:"富比王侯,你道欢时我道忧。"[例句] 做了十几年的外贸生意,如今他是家财丰厚,～。

【富贵不能淫】fù guì bù néng yín
[释义] 富贵:有钱又有地位。淫:迷惑。指不为金钱、地位所迷惑。[语见]《孟子·滕文公下》:"富贵不能淫,贫贱不能移,威武不能屈,此之谓大丈夫。"[例句] ～,贫贱不能移,能在金钱和色相面前毫不动心,这种境界可不是每个人都能达到的。

【富贵浮云】fù guì fú yún
[释义] 把富贵看得像浮云一样轻。也比喻功名利禄变幻无常。[语见]《论语·述而》:"不义而富且贵,于我如浮云。"[例句] 在他看来,～,不能长久,人生最重要的还是保持一种好的心态。

【富贵骄人】fù guì jiāo rén
[释义] 有了钱财和地位就盛气凌人。[语见] 唐·姚思廉《陈书·鲁悉达传》:"悉达虽仗气任侠,不以富贵骄人。"[例句] 他虽出身豪门,却并不～,一心喜欢读书,并结交了许多文人雅客。

【富贵利达】fù guì lì dá
[释义] 财富、地位、利禄显达。[语见]《孟子·离娄下》:"由君子观之,则人之所以求富贵利达者,其妻妾不羞也,而不相泣者,几希矣。"[例句] 他志向远大,～并不是他人生的唯一目标。

【富贵荣华】fù guì róng huá
[释义] 荣华:比喻兴盛显耀。旧指财多势大,昌盛显达。[语见]《管子·重令》:"而群臣必通外请谒,取权道,行事便辟,以贵富为荣华以相稚也,谓之逆。"[例句] 在他眼里,所谓的～,不过是过眼云烟。

【富贵寿考】fù guì shòu kǎo
[释义] 考:高寿。旧指发财升官又享有高龄。[语见]《诗经·大雅·棫材》:"周王寿考,遐不作人。"《朱熹集传》:"文王九十七乃终,故言寿考。"[例句] 他一生辛

苦劳作,到了晚年儿孙满堂、～,过上了幸福的生活。

【富贵无常】 fù guì wú cháng
[释义] 功名利禄变幻无常。[语见] 汉·荀悦《前汉纪·宣帝纪》:"富贵无常,忽辄易人,如此传舍,所阅多矣。"[例句] ～,沧桑多变,每个人的一生都很难预料,但只要你自强不息,为了理想而奋斗,人生就会有意义。

【富国强兵】 fù guó qiáng bīng
[释义] 使国家富有,使军队强大。[语见] 五代后晋·刘昫等《旧唐书·第五琦传》:"及长,有吏才,以富国强兵之术自任。"[例句] 要想迅速～,就一定要加速工业化进程。

【富甲一方】 fù jiǎ yī fāng
[释义] 甲:居第一位。拥有的钱财在地方上居第一位。[例句] 虽然为～的华人企业家,他的生活却极为俭朴。

【富可敌国】 fù kě dí guó
[释义] 个人拥有的财富可与国家资财相匹敌。形容极为富有。[语见] 清·李汝珍《镜花缘》第六十四回:"盖卞滨自他祖父遗下家业,到他手里,单以各处田地而论,已有一万余顷,其余可想而知,真是富可敌国。"[例句] 即使拥有～的产业,也不可挥霍无度。

【富丽堂皇】 fù lì táng huáng
[释义] 富丽:宏伟美丽。堂皇:气势盛大。形容建筑物宏伟壮观,豪华美丽。[语见] 清·文康《儿女英雄传》第三十四回:"连忙灯下一看,只见当朝圣人出的是三个富丽堂皇的题目。"[例句] 这座大殿是该建筑群中最为～的一座。

【富埒天子】 fù liè tiān zǐ
[释义] 埒:同等,相等。财富和天子相等。指家中极其富有。[语见] 汉·司马迁《史记·平准书》:"故吴,诸侯也,以即山铸钱,富埒天子,其后卒以叛逆。"[例句] 他们家祖上贵敌王侯、～,在这一带是数一数二的大户。

【腹背受敌】 fù bèi shòu dí
[释义] 腹背:指前面和后面。前后都受

到敌人的攻击。[语见] 北齐·魏收《魏书·崔浩传》:"裕西入函谷,则进退路穷,腹背受敌。"[例句] 军事上排兵布阵,特别忌讳～。

【腹诽心谤】 fù fěi xīn bàng
[释义] 腹诽:口里不说,心里不以为然。心谤:心里说人坏话。心怀不满,暗中发泄。[语见] 汉·司马迁《史记·魏其武安侯列传》:"蚡所爱倡优巧匠之属,不如魏其、灌夫日夜招聚天下豪杰壮士与论议,腹诽而心谤。"[例句] 面对恶势力的淫威,他不敢挺身而出仗义执言,只能～,暗自愤恨。

【腹心之患】 fù xīn zhī huàn
[释义] 腹心:要害。比喻致命的祸患。[语见] 唐·房玄龄等《晋书·慕容垂载记》:"丁零叛扰,乃我腹心之患。"[例句] 魏忠贤把那些敢于说话的大臣视为～,自然要对他们大打出手了。

【腹有鳞甲】 fù yǒu lín jiǎ
[释义] 鳞甲:生鳞长甲的水族动物。比喻奸巧狡诈的人。[语见] 晋·陈寿《三国志·蜀书·陈震传》:"诸葛亮与长史蒋琬、侍中董允书曰:'孝起前临至吴,为吾说正方腹中有鳞甲,乡党以为不可近。'"[例句] 此人～,不可重用。

【覆巢毁卵】 fù cháo huǐ luǎn
[释义] 鸟窝倒翻,鸟蛋打破。比喻灭门大祸,没有一个幸免。也比喻整体覆灭,各部分都不复存在。[语见]《战国策·赵策四》:"臣闻之:有覆巢毁卵而凤凰不翔,刳胎焚夭而麒麟不至。"[例句] 在这次围剿行动中,犯罪团伙～,被一网打尽了。

【覆巢破卵】 fù cháo pò luǎn
[释义] 见"覆巢毁卵"。[语见] 汉·陆贾《新语·辅政》:"秦以刑罚为巢,故有覆巢破卵之患。"[例句] 虎牢关一败之后,隋军长驱直入,南陈～,长期战乱不止的局面终于结束了。

【覆巢倾卵】 fù cháo qīng luǎn
[释义] 见"覆巢毁卵"。[例句] 对待恶势力团伙,一定要～,彻底捣毁。

【覆巢无完卵】fù cháo wú wán luǎn
[释义] 覆:翻倒。巢:鸟窝。卵:鸟蛋。鸟窝底朝上翻下来,没有完整不破的鸟蛋。灭门之灾,无一幸免。也比喻整体毁灭了,其中的个体也不复存在。[语见] 南朝宋·刘义庆《世说新语·言语》:"孔融被收,中外惶怖。时融儿大者九岁,小者八岁,二儿故琢钉戏,了无遽容。融谓使者曰:'冀罪止于身,二儿可得全不?'儿徐进曰:'大人,岂见覆巢之下,复有完卵乎?'"[例句] 一旦城池被敌人攻破,那可是~,大家都要遭殃了。

【覆车继轨】fù chē jì guǐ
[释义] 轨:车辙。前车翻倒了,后面的车子仍按旧车辙行进。比喻继续错误行事。[语见] 三国魏·李康《运命论》:"故木秀于林,风必摧之;堆出于岸,流必湍之;行高于人,众必非之。前鉴不远,覆车继轨。"[例句] 你既然已经知道错在哪里,以后就不要~,再犯同样的错误了。

【覆车之轨】fù chē zhī guǐ
[释义] 翻车的辙迹。比喻失败的教训。[语见] 汉·陈忠《清盗源疏》:"前年渤海张伯路,可为至戒,覆车之轨,其迹不远。"[例句] 有了前人失败的教训,我们肯定不会再重循~了。

【覆车之鉴】fù chē zhī jiàn
[释义] 鉴:镜子,引申为教训。比喻失败的教训。[语见] 晋·陈寿《三国志·蜀书·后主传》注引王隐《蜀记》:"隗嚣凭陇而亡,公孙述据蜀而灭,此皆前世覆车之鉴。"[例句] 国外发展旅游业有许多~,值得我们研究。

【覆车之戒】fù chē zhī jiè
[释义] 覆车:翻车。比喻前人败亡的教训。[语见] 唐·房玄龄等《晋书·庾纯传》:"纯以凡才,备位卿尹,不惟谦敬之节,不忌覆车之戒,陵上无礼,悖言自口,宜加显黜,以肃朝伦。"[例句] 这种伎俩已经骗了不少人,那么多~难道你都没有吸取吗?

【覆车之辙】fù chē zhī zhé
[释义] 见"覆车之轨"。[语见] 宋·薛居正等《旧五代史·李专美传》:"若陛下不改覆车之辙,以赏无赖之军,徒困悉民,存亡未可知也。"[例句] 为避免~,你们必须对事故的前因后果好好总结一番。

【覆海移山】fù hǎi yí shān
[释义] 翻转大海,移动山岭。形容力量巨大。[语见]《敦煌变文集·维摩诘经讲经文》:"阿修罗众圣偏殊,覆海移山功力大,上住须弥福德强,平扶日月感神瞰。"[例句] 现代人利用先进的科技力量,完全能够~,建造前人无法想象的巨大工程。

【覆蕉寻鹿】fù jiāo xún lù
[释义] 见"覆鹿寻蕉"。[语见] 清·吴跰人《糊涂世界》序:"守株待兔之举,视若不二法门,覆蕉寻鹿之徒,尊为无上妙品。行之既久,靡然成风。"[例句] 容儿真的到了面前,他两眼发呆,有如~,喃喃数语,几乎要流下泪来。

【覆鹿寻蕉】fù lù xún jiāo
[释义]《列子·周穆王》:"郑人有薪于野者,遇骇鹿,御而击之,毙之。恐人见之也,遽而藏诸隍中,覆之以蕉,不胜其喜。俄而遗其所藏之处,遂以为梦焉。"后比喻把真事看作梦幻。[例句] 一下子经历了这么多事情,她恍恍然犹如~,几乎不敢相信这是真的。

【覆鹿遗蕉】fù lù yí jiāo
[释义] 见"覆鹿寻蕉"。[语见] 清·王闿运《湘绮楼文集·桂阳州志序》:"罗平治成,明社已屋。覆鹿遗蕉,亡猿灾木,非敌非寇,自倾自覆。"[例句] 她惊疑地瞪大了眼睛,恍如~,根本不相信战争真的结束了。

【覆盆难照】fù pén nán zhào
[释义] 覆盆:翻过来扣着的盆子,阳光照不到里面。比喻无处申诉的沉冤。[语见] 晋·葛洪《抱朴子·辨问》:"日月有所不照,圣人有所不知,岂可以圣人所不为,便云天下无仙,是责三光不照覆盆之内也。"[例句] 在那个黑暗的社会里,无

数人～、无处申冤,永无出头之日。

【覆盆之冤】fù pén zhī yuān
[释义] 覆盆:翻过来扣着盆,比喻黑暗。比喻无处申辩的冤屈。[语见] 唐·李白《赠宣城赵太守》诗:"愿借羲皇景,为人照覆盆。"[例句] 他在二十岁那年蒙受了～,至今依然得不到平反。

【覆水不收】fù shuǐ bù shōu
[释义] 见"覆水难收"。[语见] 南朝宋·范晔《后汉书·何进传》:"国家之事,亦何容易,覆水不可收。"[例句] 大会都已经做出决定了,～,你就服从吧。

【覆水难收】fù shuǐ nán shōu
[释义] 覆:翻倒。倒在地上的水,难以再收回了。比喻事情已成定局,无法再挽回了。[例句] 清·左宗棠《与谭文卿书》:"乃不久购买旗昌轮船,致惹西人讪笑,幼丹始悔悟自陈,然已覆水难收矣。"[例句] 这件事我们从一开始就做出了错误的选择,到后来已是～,想改也来不及了。

【覆盂之安】fù yú zhī ān
[释义] 像覆置的盂那样安稳。形容稳固、不可动摇。[语见] 汉·东方朔《答客难》:"天下震慑,诸侯宾服,连四海之外以为带,安于覆盂。"[例句] 现在天下太平,到处是一派安定繁荣的景象,百姓可以尽享～。

【覆盂之固】fù yú zhī gù
[释义] 见"覆盂之安"。[语见] 宋·王禹偁《拟留侯与四皓书》:"既而革秦之暴,篡尧之绪,定覆盂之固,成垂拱之风。"[例句] 隋军大进,大臣莫不惊惶失措,唯秦戬如～,稳如泰山。

F

G

gǎi

【改步改玉】gǎi bù gǎi yù
[释义] 改变步伐,更换佩玉。指随着情况的变化而改换做法。[语见]《左传·定公五年》:"六月,季平子行东野。还,未至,丙申,卒于房。阳虎将以玙璠敛,仲梁怀弗与,曰:‘改步改玉。’"杨伯峻注:"据《礼记·玉藻》,君与尸行接武,大夫继武,士中武。据郑注及孔疏,越是尊贵之人,步行越慢越短。接武者,第一步开始后第二步徐行过前半步;继武者,第一步与第二步紧接;中武者,第一步第二步间须容一足之地,以其步履须广阔。因其步履不同,故佩玉也不同;改其步履之急徐长短,则改其佩玉之贵贱,此改步改玉之义。"[例句] 既然已被追认为烈士,他的葬礼也应~,郑重地操办一下了。

【改朝换代】gǎi cháo huàn dài
[释义] 改:改变。换:替换。新的朝代替代了旧的王朝。泛指统治集团的更替。[例句] ~,不一定非要经历一场大屠杀。

【改恶从善】gǎi è cóng shàn
[释义] 改掉邪恶,归向善良。常用以指坏人或罪犯经过教育改造,有了悔改的表现。[语见] 清·张南庄《何典》第八回:"既肯改恶从善,也不与你一般样见识。"[例句] 我们再相信你一次,给你一个~的机会。

【改恶向善】gǎi è xiàng shàn
[释义] 见"改恶从善"。[语见] 明·无名氏《齐天大圣》第四折:"再休题妄想贪嗔,从今后改恶向善,朝上帝礼拜三清。"[例句] 方丈说:"苦海无边,回头是岸,你

若能~,佛门自然会向你大开。"

【改恶行善】gǎi è xíng shàn
[释义] 改掉坏的、错误的,做好的、正确的事。[语见] 宋·张君房《云笈七签》第九十一卷:"夫欲修学,熟寻此文,改恶行善,速登神仙。"[例句] 从监狱出来以后,他洗心革面,~,做起了小生意。

【改过从善】gǎi guò cóng shàn
[释义] 见"改过迁善"。[语见] 明·冯梦龙《醒世恒言》第二十七卷:"不知大舅怎生样劝喻,便能改过从善。"[例句] 唐太宗~的故事,在历史上多有记载。

【改过迁善】gǎi guò qiān shàn
[释义] 过:过错、错误。迁:向……转变。改正过错,向正确的、好的方向转变。[语见]《周易·益》:"君子以见善则迁,有过则改。"[例句] 你能原谅她,给她一个~的机会吗?

【改过自新】gǎi guò zì xīn
[释义] 自新:重新开始新的人生。改正以往的过错而重新做人。[例句] 我决定~,不再做坏事。

【改过作新】gǎi guò zuò xīn
[释义] 见"改过自新"。[语见] 元·施惠《幽闺记·会赦更新》:"天幸遭逢颁大赦,改过作新,作个清平无事人。"[例句] ~后,他从一个罪犯转变为一个奉公守法的好公民。

【改换家门】gǎi huàn jiā mén
[释义] 改换门庭,提高门第的社会地位。[语见] 元·王仲文《救孝子》第一折:"若到阵上一战成功,但得一官半职,改换家门,可也母亲训子有功也。"[例句] 他盘算着:今后如果能争取个一官半职,也

算～、光宗耀祖了。

【改换门庭】 gǎi huàn mén tíng
[释义] 改变门第出身，提高社会地位。[语见] 清·石玉昆《三侠五义》第二回："我与二弟已然耽搁，自幼不曾读书，如今何不延师教训三弟，倘上天怜念，得个一官半职，一来改换门庭，二来省受那赃官污吏的闷气。"[例句] 他一心想着升官晋职，～，有时甚至有些不择手段。

【改换门闾】 gǎi huàn mén lú
[释义] 闾：里巷的门。改变门第出身，提高社会地位。[语见] 宋·无名氏《张协状元》第四十六出："一意要读诗，一身望改换门闾。"[例句] 他读书不过是为了做官，为了～，光宗耀祖罢了。

【改名换姓】 gǎi míng huàn xìng
[释义] 见"改名易姓"。[例句] 出狱之后他～，搬到别处去了。

【改名易姓】 gǎi míng yì xìng
[释义] 改变了真实姓名，使用化名。这是过去躲避灾祸或进行隐蔽活动时的一种做法。[语见] 宋·张君房《云笈七签》第八十四卷："或可改名易姓，还反故乡，无所忌难矣。"[例句] 起义失败之后，首领们只好～，亡命江湖。

【改俗迁风】 gǎi sú qiān fēng
[释义] 迁：改。改变风尚习气。[语见] 唐·姚思廉《梁书·何胤传》："兼以世道浇暮，争诈繁起，改俗迁风，良有未易。"[例句] 时代不同了，农村有些地方也～，婚礼不再像以前那么铺张浪费了。

【改天换地】 gǎi tiān huàn dì
[释义] 比喻改造社会，改造大自然。[例句] 这座大桥的建成，充分展示了当地人民～的宏伟气魄。

【改头换面】 gǎi tóu huàn miàn
[释义] 改换头面容貌。后多喻指只改变形式而不改变实质，外表变了而内容不变。[语见] 唐·寒山《诗三百三》第二百一十三首："改头换面孔，不离旧时人。"[例句] 近一段时间，被严厉禁止的传销活动又在部分地区有所抬头，并

且～，变了一种形式。

【改弦更张】 gǎi xián gēng zhāng
[释义] 改：改换。弦：琴弦。更：更改、改变。张：设置、安装。改换琴弦，并且重新调整设置。后喻指改变旧的制度而重新创制新的方针。[语见] 汉·班固《汉书·董仲舒传》："窃譬之琴瑟不调，甚者必解而更张之，乃可鼓也。"[例句] 店家纷纷～，做起了租赁业务。

【改弦易调】 gǎi xián yì diào
[释义] 见"改张易调"。[语见] 唐·魏徵《隋书·梁彦光传》："请复为相州，改弦易调，庶有以变其风俗，上答隆恩。"[例句] 面对赛季初期的不利局面，他不得不～，率领球队打起了防守反击。

【改弦易张】 gǎi xián yì zhāng
[释义] 见"改弦更张"。[语见] 晋·陈寿《三国志·吴书·三嗣主传论》："休以旧爱宿恩，任用兴、布，不能拔进良才，改弦易张，虽志善好学，何益救乱乎？"[例句] 市场瞬息万变，没有永远的买方，也没有永远的卖方，能够适时～，企业便真正成熟了。

【改弦易辙】 gǎi xián yì zhé
[释义] 辙：车轮轧过的痕迹，这里指道路。乐器换弦，车子改道。比喻改变方向、计划、做法或态度。[语见] 宋·王楙《野客丛书·张杜皆有后》："使其子孙改弦易辙，务以宽厚，亦足以盖其父之愆，奈何继以酷暴，是益其诛也。"[例句] 他如此迅速地～，让我们无所适从。

【改邪归正】 gǎi xié guī zhèng
[释义] 邪：邪恶之道。归：回到、走向。正：正路。改正以往的邪恶行为，回到正确的道路上来。[语见] 明·吴承恩《西游记》第十四回："这才叫做改邪归正，惩创善心。"[例句] 希望你～，重新做人。

【改行迁善】 gǎi xíng qiān shàn
[释义] 见"改过迁善"。[语见] 宋·欧阳修《新唐书·张巡传》："巡下车，以法诛之，赦余党，莫不改行迁善。"[例句] 大家给了你机会，都希望～，你怎么就不领情呢？

【改姓更名】gǎi xìng gēng míng
[释义] 见"变名易姓"。[语见] 明·无名氏《闹铜台》楔子:"则今日辞别尊兄疾去忙,改姓更名离水乡。"[例句] 这些革命者不得不～,从事着冒险的事业。

【改玉改行】gǎi yù gǎi xíng
[释义] 见"改步改玉"。[语见]《国语·周语中》:"先民有言曰:'改玉改行。'"[例句] 事情都已经过去这么多年了,也不要再搞什么～的场面,大家心里知道了真相,我也就满足了。

【改辕易辙】gǎi yuán yì zhé
[释义] 辕:车辕。辙:车行痕迹,借指道路。改变车辕的方向,走新的路。比喻改变做法或态度。[语见] 宋·魏庆之《诗人玉屑·张耒》:"元祐初与秦少游、张文潜论诗,二公谓不然。久之,东坡先生以为一代之诗当推鲁直。二公遂舍旧而图新。其初改辕易辙,如枯弦敝轸,虽成声而跌宕不满人耳;少焉遂使师旷忘味,钟期改容也。"[例句] 倘若再不改善服务质量,客户们很快会～,跑到我们的竞争对手那里去了。

【改张易调】gǎi zhāng yì diào
[释义] 张:为乐器上的弦。调整乐器上的弦,更换曲调。比喻改变方针、做法或态度。[语见] 唐·房玄龄等《晋书·忠敬王遵传》:"正是匡矫末俗,改张易调之时,而犹当竭已罢之人,营无益之事,殚已困之财,修无用之费,此固臣之所不敢安也。"[例句] 要一个老人放弃自己坚持了几十年的观点而～,实在是一件不容易的事情。

【盖棺论定】gài guān lùn dìng
[释义] 盖棺:人死后被放进棺材,盖上棺盖。论定:做出结论。指人死以后,才能对他的是非功过做出结论。[语见] 清·张廷玉等《明史·刘大夏传》:"人生盖棺论定,一日未死,即一日忧责未已"。[例句] 等我死后,你们再给～也不迟。

【盖世无双】gài shì wú shuāng
[释义] 盖世:压倒、超过世界上所有的。世界第一,独一无二。形容才能、技术极高。[语见] 明·许仲琳《封神演义》第八十七回:"当时吾师传此术,可称盖世无双。"[例句] 此人武功高强,～。

gan

【干柴烈火】gān chái liè huǒ
[释义] 形容情欲的急切。也形容情绪的高涨。[例句] 他二人有如～,很快便打得火热。

【干戈载戢】gān gē zài jí
[释义] 干戈:指武器。载戢:装运聚藏。把武器收藏起来。指不再诉诸武力。[语见]《诗经·周颂·时迈》:"载戢干戈,载櫜弓矢。"[例句] 希望两国从此以后～,人民世世代代友好下去。

【干名采誉】gān míng cǎi yù
[释义] 干:求取。以不正当的手段猎取名誉。[语见] 汉·班固《汉书·终军传》:"偃已前三奏,无诏,不惟所为不许,而直矫作威福,以从民望,干名采誉,此明圣所必加诛也。"[例句] 对这种～的人,大家都很反感。

【干卿何事】gān qīng hé shì
[释义] 干:关涉。卿:你。与你有什么相干? 用以讽人多管闲事。[例句] 这件事我怎么处理,～?

【甘拜下风】gān bài xià fēng
[释义] 下风:风向的下方。喻劣势,卑位。情愿居于下位向人行礼。比喻心悦诚服。[语见]《左传·僖公十五年》:"皇天后土,实闻君之言,群臣敢在下风。"[例句] 你的水平这么高,我只能～。

【甘分随时】gān fèn suí shí
[释义] 甘愿顺随时世环境。[语见] 元·无名氏《谇范叔》楔子:"常则是半生忙不遂,我平生志,居陋巷甘分随时。"[例句] 遭受过那次打击之后,他的人生哲学发生了很大变化,如今～,不愿再过问世事。

【甘瓜苦蒂】gān guā kǔ dì
[释义] 瓜是甜的,但瓜蒂是苦的。比喻事物不可能十全十美,有好、坏两面。[语见] 汉·无名氏《古诗》:"甘瓜抱苦

蒂,美枣生荆棘。"[例句]虽然他做了老板,名利双收,但也付出了不少艰辛,～,其中的滋味恐怕也只有他自己心里清楚。

【甘井先竭】gān jǐng xiān jié
[释义]甘美的井水先枯竭。比喻有才能的人往往夭折。[语见]《庄子·山木》:"直木先伐,甘井先竭。"[例句]～,人在意气风发的时候也要留心别伤害别人,给自己多留条后路。

【甘冒虎口】gān mào hǔ kǒu
[释义]甘:甘心情愿。冒:冒险。虎口:比喻最危险的去处。甘心情愿到最危险处去冒险。比喻敢于斗争的精神。[语见]晋·陈寿《三国志·魏书·袁绍传》:"吾不用田丰言,果为所笑。"裴松之注引孙盛曰:"丰知绍将败,败则己必死,甘冒虎口以尽忠规,烈士之于所事,虑不存己。"[例句]他～,打入黑帮做卧底,取得了第一手情报。

【甘贫乐道】gān pín lè dào
[释义]见"安贫乐道"。[语见]宋·邵伯温《闻见前录》第十八卷:"故甘贫乐道,平生无不足之意。"[例句]她远离荣华,～,集中精力画她的画,看起来日子也过得挺不错。

【甘贫守分】gān pín shǒu fèn
[释义]守分:守住本分,不作非分之想或不搞分外之事。甘受贫困,守住本分。[语见]明·无名氏《吴起敌秦》:"止不过闭户读书,甘贫守分,中心无愧。"[例句]丈夫去世后,她～,辛辛苦苦把两个孩子都拉扯大了。

【甘贫守节】gān pín shǒu jié
[释义]"甘贫守志"。[语见]明·无名氏《东篱赏菊》一折:"今日夫为彭泽令,甘贫守节乐怡怡。"[例句]你能～,不与他们同流合污,的确令人敬佩。

【甘贫守志】gān pín shǒu zhì
[释义]甘受贫困,守住志节。[语见]元·无名氏《举案齐眉》第四折:"奉圣人的命,因为你梁鸿甘贫守志,孟光举案齐眉,着小官亲赍此封丹诏,与他加官赐

赏。"[例句]贫穷并不可怕,能够～的人有时比那些大富大贵的人更能得到他人的尊重。

【甘棠遗爱】gān táng yí ài
[释义]甘棠:木名,即棠梨。旧时传说,西周的召伯到南国巡回传布文王的德政,曾经在甘棠树下休息,后人怀念他的恩德,连带着爱上了甘棠树。旧时用以称有"德政"的官吏、皇帝留下的纪念物。[例句]这块石碑已有几百年历史,成为当地百姓对他～的象征。

【甘棠之惠】gān táng zhī huì
[释义]甘棠:棠梨树。传说周召公奭巡行南国,在棠梨树下听讼断案,施惠于民。旧时比喻清官给群众的好处。现在也用以表示对杰出人物的怀念。[语见]汉·扬雄《甘泉赋》:"函甘棠之惠,挟东征之意。"[例句]他在任三年,其～令百姓念念不忘。

【甘心瞑目】gān xīn míng mù
[释义]瞑目:闭上眼睛,指死去。指心甘情愿,死而无憾。[语见]南朝宋·范晔《后汉书·马援传》:"今获所愿,甘心瞑目。"[例句]如果能得到她的谅解,我也就～了。

【甘心情愿】gān xīn qíng yuàn
[释义]指完全出于自愿。[语见]元·关汉卿《蝴蝶梦》第三折:"他便死我也甘心情愿。"[例句]为你付出再多我也～。

【甘心如荠】gān xīn rú jì
[释义]见"甘之如荠"。[语见]唐·姚思廉《梁书·范云传》:"今日就戮,甘心如荠。"[例句]我一心帮你,希望你过得好一些,哪怕再受你一次误解,我也～。

【甘之如荠】gān zhī rú jì
[释义]荠:荠菜,味道先苦后甜。心里像吃了先苦后甜的荠菜一样。比喻干乐意的事,虽然吃了苦头,内心却很甜美。[语见]《诗经·邶风·谷风》:"谁谓荼苦,其甘如荠。"郑玄笺:"荼诚苦矣,而君子于己之苦毒又甚于荼,比方之荼,则甘如荠。"[例句]他是那么爱她,只要能为她做一点点儿事,哪怕受再大的苦也～。

G

【甘之如饴】gān zhī rú yí
[释义] 甘:甜。之:代词,它。甘之:觉得它很甜。饴:麦芽糖。像吃麦芽糖觉得很甜那样,乐于承受艰难困苦。[语见]宋·文天祥《正气歌》:"鼎镬甘如饴,求之不可得。"[例句] 为了自己心爱的人,就算把她打入地狱,她也觉得～。

【甘之若素】gān zhī ruò sù
[释义] 见"安之若素"。[语见] 清·吴趼人《二十年目睹之怪现状》第八十九回:"到后来大少爷死了,更是冷一顿、热一顿,甚至有不能下箸的时候,少奶奶却从来没过半句怨言,甘之若素。"[例句] 被派到偏远农村工作后,他从无半句怨言,～地在那里生活了二十多年。

【甘之若饴】gān zhī ruò yí
[释义] 见"甘之如饴"。[语见] 清·张廷玉等《明史·桑乔等传赞》:"言者踵至,斥逐罪死,甘之若饴,而不能得君心之一悟。"[例句] 这项工作在别人看来苦不堪言,而他却～,让人不解。

【肝肠寸断】gān cháng cùn duàn
[释义] 寸断:一寸一寸地断裂。肝和肠子一寸一寸地断开了。形容人伤心到了极点。[例句] 听到这个噩耗,她几乎～。

【肝胆涂地】gān dǎn tú dì
[释义] 见"肝脑涂地"。[语见] 汉·司马迁《史记·淮阴侯列传》:"今楚汉分争,使天下无罪之人肝胆涂地,父子暴骸骨于中野,不可胜数。"[例句] 能为国家效力,纵然是粉身碎骨,～,我也在所不辞!

【肝胆相照】gān dǎn xiāng zhào
[释义] 肝胆:比喻内心深处。相照:互相照见。互相能照见对方的肝胆。比喻朋友之间真心相待。[语见] 宋·文天祥《与陈察院文龙书》:"所恃知己肝胆相照,临书不惮倾倒。"[例句] 我永远忘不了咱们同学间互帮互助、～的过去。

【肝胆照人】gān dǎn zhào rén
[释义] 见"肝胆相照"。[例句] 岳飞精忠报国,～,却受到了陷害,有识之士无不为之扼腕叹息。

【肝脑涂地】gān nǎo tú dì
[释义] 涂地:涂在地上。肝和脑浆都溅到地上。形容死得很惨。也表示尽忠报效,不惜牺牲生命。[语见] 汉·司马迁《史记·刘敬叔孙通列传》:"与项羽战荥阳……使天下之民肝脑涂地。"[例句] 即使最终落得个～的下场,我也绝不后悔。

【赶尽杀绝】gǎn jìn shā jué
[释义] 全部都驱赶走或全部杀掉。指消除干净,也比喻逼人太甚。[语见] 清·褚人获《隋唐演义》第二十一回:"咬金此时追解官薛亮十数里之远,还赶着他,这个主意不为赶尽杀绝。"[例句] 你真的要把他们～吗?

【敢怒而不敢言】gǎn nù ér bù gǎn yán
[释义] 心里感到愤怒,但是由于害怕,嘴上不敢说。[语见] 明·施耐庵《水浒传》第三回:"李忠见他凶猛,敢怒而不敢言。"[例句] 虽然都非常气愤,可大伙儿～,只好沉默不语。

【敢勇当先】gǎn yǒng dāng xiān
[释义] 作战勇敢,冲锋陷阵,跑在前面。亦比喻敢于承担重任,领头去干。[语见] 元·李寿卿《伍员吹箫》第四折:"若不是老相国雄材大略,和鳝诸敢勇当先,岂有今日。"[例句] 哪里有苦难,哪里就有他～的身影。

【敢作敢当】gǎn zuò gǎn dāng
[释义] 当:承当,承受。有胆量做某事,也有勇气承担责任。形容做事有魄力,有责任感。[语见] 清·石玉昆《三侠五义》第七十五回:"又是甚么'敢作敢当,才是英雄好汉咧'。"[例句] 早就听说你是个～的男子汉。

【敢作敢为】gǎn zuò gǎn wéi
[释义] 为:做。有胆量、有勇气去做某事。形容有魄力。[语见] 清·翁方纲《石洲诗话》第四卷:"石湖、诚斋……与放翁并称,而诚斋较之石湖,更有敢作敢为之色,颐指气使,似乎无不如意,所以其名尤重。"[例句] 她的性格泼辣胆大,凡事～。

【感恩戴德】 gǎn ēn dài dé

[释义] 感:感激。戴:尊敬、推崇。对别人所给予的恩德和情义表示感激。[语见] 清·岭南羽衣女士《东欧女豪杰》第三回:"偶有一个狡猾的民贼出来,略用些小恩小惠来抚弄他,他便欢天喜地,感恩戴德。"[例句] 许多人念他的恩惠而对他~。

【感恩戴义】 gǎn ēn dài yì

[释义] 戴:推崇。感激别人对自己的恩德和情义。[语见] 晋·陈寿《三国志·吴书·骆统传》:"令皆感恩戴义,怀欲报之心。"[例句] 那些曾受他帮助,~的平民百姓,为了纪念这个好善乐施的好人,在村里为他建了一座纪念碑。

【感恩荷德】 gǎn ēn hè dé

[释义] 见"感恩戴德"。[语见] 宋·张孝祥《代总得居士上相府书》:"且禄优足以仁族,事简足以养疴,使某自谋,不过如此。感恩荷德,负戴靡胜!"[例句] 你用不着对我~,我帮你,完全是看在你父亲的面子上。

【感恩图报】 gǎn ēn tú bào

[释义] 图:谋求。报:报答。感激别人的恩德,谋求对人家的报答。[语见] 明·李昌祺《剪灯新话·泰山御史传》:"过蒙原宥,特赐保全,所宜竭力宣忠,感恩图报。"[例句] 你对他这么好,他一定会~的。

【感激不尽】 gǎn jī bù jìn

[释义] 非常感激。表示说不完也报答不完。[语见] 明·冯梦龙《喻世明言》第八卷:"将十千钱赠为路费,又备下一辆车儿,差人夫送至姚州普溆驿中居住,张氏心中感激不尽。"[例句] 伤者由于抢救及时而保住了性命,伤者家属对医生~。

【感激流涕】 gǎn jī liú tì

[释义] 见"感激涕零"。[语见] 唐·刘禹锡《王公神道碑铭》:"尝阅《诗》至《蓼莪》篇,感激流涕,故其志如刃始淬。"[例句] 人家给了你一点小恩小惠,你便~,真是好了伤疤忘了痛。

【感激涕零】 gǎn jī tì líng

[释义] 涕:眼泪。零:落。感激地流下了眼泪。形容非常感动。用时多含讽刺。[语见] 唐·刘禹锡《刘梦得文集·平蔡行》诗:"路旁老人忆旧事,相与感激皆涕零。"[例句] 得到宰相的提携令他~。

【感激涕泗】 gǎn jī tì sì

[释义] 见"感激涕零"。[语见] 宋·欧阳修等《新唐书·薛收传》:"武德七年,寝疾,王遣使临问,相望于道。命舆疾至府,亲举袂抚之,论叙生平,感激涕泗。"[例句] 您宽大慈悲,没把我开除,我已经~了。

【感今怀昔】 gǎn jīn huái xī

[释义] 由眼前的情景引起感触,怀念逝去的人或旧时的情景。[语见] 南朝宋·颜延之《宋文皇帝元皇后哀策文》:"洒零玉墀,雨泗丹掖,抚存悼亡,感今怀昔。"[例句] 看到这支笔,我不禁~,想起了往事。

【感慨系之】 gǎn kǎi xì zhī

[释义] 系:维系。系之:指随之而生。感触很深,慨叹随之而生。[语见] 东晋·王羲之《兰亭集序》:"及其所之既倦,情随事迁,感慨系之矣。"[例句] 看到祖国的山川如此壮美,老华侨不免~。

【感情用事】 gǎn qíng yòng shì

[释义] 处理事情的时候不冷静思考,只凭自己一时的感情冲动或个人的好恶。[例句] 这件事还是要慎重考虑之后再做决定,千万不能~。

【感人肺腑】 gǎn rén fèi fǔ

[释义] 肺腑:指内心深处。形容使人深受感动。[例句] 这是一部~的爱情电影。

【感人肺肝】 gǎn rén fèi gān

[释义] 肺肝:指内心深处。形容使人深受感动。[语见] 唐·刘禹锡《唐故相国李公集记》:"今考其文论至事疏,感人肺肝,毛发皆耸。"[例句] 听了这个~的故事,大家都忍不住哭了。

【感人心脾】 gǎn rén xīn pí

[释义] 见"感人肺肝"。[语见] 清·顾彩

《焚琴子传》:"(焚琴子)为诗文,下笔累千言,皆感人心脾。"[例句]观众们被那哀伤、婉转、～的唱腔所感染,不由得潸然泪下。

【感天动地】gǎn tiān dòng dì
[释义]使天地也为之感动。形容感人至深。[语见]宋·释普济《五灯会元·清凉益禅师法嗣》:"僧问:'诸佛出世,说法度人,感天动地。和尚出世,有何祥瑞?'"[例句]这是一个～的爱情故事。

【感同身受】gǎn tóng shēn shòu
[释义]感:感激。身受:亲身领受。感激的心情如同亲身受到了对方的恩惠一样。多用于代人向对方致谢,是客气话。[例句]您对犬子关怀备至,我～。

【旰食宵衣】gàn shí xiāo yī
[释义]见"宵食宵衣"。[例句]高祖亲政以来,往往～,不敢有丝毫懈怠之心。

【旰食之劳】gàn shí zhī láo
[释义]旰:晚。旰食:入夜才吃饭。指勤于政务的劳苦。[语见]唐·房玄龄等《晋书·郭璞传》:"不然,恐将来必有愆阳苦雨之灾,崩震薄蚀之变,狂狡蠢戾之妖,以益陛下旰食之劳也。"[例句]如此～,恐怕会严重损坏你的健康,为所有百姓着想,希望你保重身体。

gang

【刚愎自用】gāng bì zì yòng
[释义]刚愎:倔强,固执。自用:自信,自以为是。非常固执自信,不听取别人的意见。指自作主张地行事。[语见]元·脱脱等《金史·赤盏合喜传》:"性刚愎,好自用。"[例句]他是个～的人,听不得别人的意见。

【刚褊自用】gāng biǎn zì yòng
[释义]见"刚愎自用"。[语见]宋·苏轼《提举玉局观谢表》:"伏念臣才不逮人,性多忤物,刚褊自用,可谓小忠,猖狂妄行,乃蹈大难。"[例句]他向来～,别人的话从来就听不进去。

【刚戾自用】gāng lì zì yòng
[释义]刚:刚愎,固执。戾:残暴怪僻。

自用:自行其是。形容刚愎乖戾,自以为是。[语见]汉·司马迁《史记·秦始皇本纪》:"始皇为人,天性刚戾自用,起诸侯,并天下,意得欲从,以为自古莫及。"[例句]在这个～的暴君统治下,该国不到三十年便灭亡了。

【刚柔相济】gāng róu xiāng jì
[释义]刚:刚强。柔:柔弱。相:相互。济:帮助、成全。指刚强与柔弱互相配合。后多形容性格或手段软硬结合。[语见]明·罗贯中《三国演义》第七十一回:"凡为将者,当以刚柔相济,不可徒恃其勇。"[例句]这本书的主人公形象～,故事委婉感人。

【刚毅木讷】gāng yì mù nè
[释义]刚毅:坚强果敢。木讷:性格质朴,口才迟钝。指人坚强果敢却不善言辞。[语见]《论语·子路》:"刚毅木讷,近仁。"[例句]他是个～的人,下属对他既恭敬又有点害怕。

【刚正不阿】gāng zhèng bù ē
[释义]刚正:刚毅正直。阿:迎合。指为人刚毅正直,不迎合别人。[语见]清·蒲松龄《聊斋志异·一员官》:"济南同知吴公,刚正不阿。"[例句]由于他～,敢于直言,得罪了不少贪官污吏。

【刚直不阿】gāng zhí bù ē
[释义]见"刚正不阿"。[例句]历史上像海瑞这样～的大臣,永远都会受到人们的敬重。

【纲举目张】gāng jǔ mù zhāng
[释义]纲:网上的大绳。目:网眼。举:提起。张:张开。提起网上的大绳,网眼自然就张开了。比喻抓住事物的关键环节,带动其他环节。也比喻文章层次清楚,条理分明。[语见]《吕氏春秋·用民》:"用民有纪有纲,一引其纪,万民皆起,一引其纲,万目皆张。"[例句]这样一来,就可以～,抓住文章的主题了。

【纲目不疏】gāng mù bù shū
[释义]比喻法令细密。[语见]南朝宋·刘义庆《世说新语·言语》:"刘公干以失敬罹罪,文帝问曰:'卿何以不谨于文

宪?'桢答曰:'臣诚庸短,亦由阶下纲目不疏。'"[例句] 经过上百年的法制建设,如今已经~,该国的法制体系已相当完善。

gao

【高岸为谷,深谷为陵】 gāo àn wéi gǔ, shēn gǔ wéi líng
[释义] 谷:山谷。陵:大山。高岸变成深谷,深谷变成高山。原是对自然现象的描写,后比喻世事的变迁。也指事物都在一定条件下向其相反的方向转化。[语见]《诗经·小雅·十月之交》:"百川沸腾,山冢崒崩,高岸为谷,深谷为陵。"[例句] 这一带山区都是~,很少有旅游者进来。

【高壁深垒】 gāo bì shēn lěi
[释义] 见"高垒深壁"。[语见] 晋·陈寿《三国志·魏书·陈泰传》:"王经当高壁深垒,挫其锐气。"[例句] 秦军依仗着~,妄图垂死挣扎,但是民心所向,已然经不住义军轻轻一击了。

【高壁深堑】 gāo bì shēn qiàn
[释义] 见"深沟高垒"。[语见] 唐·杜牧《上司徒李相公论用兵书》:"若以万人为垒,下室其口,高壁深堑,勿与之战,忽有败负,势惊洛师。"[例句] 赵军虽有~,但是在秦国虎狼之师的攻击下,终是不堪一击。

【高不成,低不就】 gāo bù chéng, dī bù jiù
[释义] 就:成。高的自己满意,但难以得到;低的自己又不愿意接近。多就挑选婚姻对象或工作而言。[语见] 清·郭小亭《济公全传》第四回:"周志魁长得相貌甚美,每逢提亲,是高不成,低不就。"[例句] 她总是~,无所适从,结果白白错过了一个又一个好姻缘。

【高不可登】 gāo bù kě dēng
[释义] 见"高不可攀"。[语见] 汉·陈琳《为曹洪与魏文帝书》:"且夫墨子之守,萦带为垣,高不可登,折箸为械,坚不可入。"[例句] 不要认为这项技术是~

的,只要我们努力,就一定能成功!

【高不可攀】 gāo bù kě pān
[释义] 攀:攀登。高得无法攀登上去。形容难以达到。[语见] 清·李汝珍《镜花缘》第九回:"小弟撺空离地不过五六丈,此树高不可攀,何能摘他?"[例句] 他们把文学艺术说得~,令许多年轻人望而却步。

【高才博学】 gāo cái bó xué
[释义] 见"高才大学"。[语见] 唐·令狐德棻《周书·宣帝纪》:"八日,州举高才博学者为秀才,郡举经明行修者为孝廉,上州、上郡岁一人,下州、下郡三岁一人。"[例句] 大学里像这样的~之人还有许多。

【高才大德】 gāo cái dà dé
[释义] 才能高超,德行优秀。[语见] 元·马致远《荐福碑》第一折:"贤弟,论你高才大德,博学广文,为何不进取功名?"[例句] 这种仪式必须由一名~的宗师来主持。

【高才大学】 gāo cái dà xué
[释义] 才能高超,学识广博。[语见] 东晋·葛洪《抱朴子·辨问》:"且夫周孔,盖是高才大学之渊远者耳。"[例句] 放着一个~的人不要,偏偏选中一个大字不识的文盲,真让人觉得不可思议。

【高才硕学】 gāo cái shuò xué
[释义] 见"高才大学"。[语见] 唐·李纲《谏高祖不以伶人为近侍疏》:"方今新定天下,开太平之业,起义功臣,行赏未遍;高才硕学,犹滞草莱。"[例句] 他们公司里虽然积聚了大量~之才,但是如果不能好好地使用他们,再多的人才也是白搭。

【高才远识】 gāo cái yuǎn shí
[释义] 才能高超,见识深远。[语见] 晋·陈寿《三国志·魏书·和洽传》裴松之注引《汝南先贤传》:"召陵谢子微,高才远识,见劭年十八时,乃叹息曰:'此则希世出众之伟人也。'"[例句] 只有那些读万卷书,行万里路的人才可能有这样的~。

【高才卓识】gāo cái zhuó shí
[释义] 见"高才远识"。[语见] 清·褚人获《隋唐演义》第七十六回:"昭容高才卓识,即沈、宋二人,尚且心服其公明,何况臣等。"[例句] 我们不仅要学习前人的～,也要学习他们的高风亮节。

【高材疾足】gāo cái jí zú
[释义] 高材:才能高。疾足:迈步快。才能高超,行动敏捷。也作"高才捷足""高材捷足"。[语见] 汉·司马迁《史记·淮阴侯列传》:"秦失其鹿,天下共逐之,于是高材疾足者先得焉。"[例句] 这儿防范严密,我们应该找个～的帮手来。

【高车驷马】gāo chē sì mǎ
[释义] 驷马:一车所驾的四匹马。套着四匹马的高盖车。也借指显贵者。[语见] 唐·卢照邻《对蜀父老问》:"丁丑,届于升仙桥,止送客亭,即相如所谓不乘高车驷马,不出汝下者也。"[例句] 来求亲的,都是～,名流显贵。

【高城深池】gāo chéng shēn chí
[释义] 池:护城河。城墙很高,护城河很深。形容防守坚固。[语见]《荀子·议兵》:"故坚甲利兵不足以为胜,高城深池不足以为固,严令繁刑不足以为威,由其道则行,不由其道则废。"[例句] 此处～、坚甲利兵,恐怕难以攻克。

【高城深沟】gāo chéng shēn gōu
[释义] 见"高城深池"。[语见] 唐·李翱《杨烈妇传》:"项城小邑,无长戟劲弩、高城深沟之固,贼气吞焉。"[例句] 潼关天险,～,只可智取,不可强夺。

【高城深堑】gāo chéng shēn qiàn
[释义] 见"高城深池"。[语见] 汉·荀悦《前汉纪·孝文帝纪下》:"令室家田作具以备之,以便为之,高城深堑,其外复为一城。"[例句] 真正的～,不是建立在城门之外,而是建立在宫墙之内,不是建立在军队之上,而是建立在民心之间。

【高蹈远举】gāo dǎo yuǎn jǔ
[释义] 见"高举远蹈"。[语见] 宋·王楙《野客丛书·穆生邹阳》:"穆生高蹈远举,意盖有在,逆知异日必不能免,非知

几畴克尔哉!"[例句] 他希望有一天,能够～,过他向往的那种世外桃源般的生活。

【高飞远翔】gāo fēi yuǎn xiáng
[释义] 飞得既高又远。比喻前程远大。[语见] 汉·刘向《说苑·尊贤》:"鸿鹄高飞远翔,其所恃者六翮也。"[例句] 总有一天我会～,实现自己的理想。

【高风峻节】gāo fēng jùn jié
[释义] 高风:高尚的风格。峻节:坚贞的气节。形容道德、行为俱佳。[语见] 宋·胡仔《苕溪渔隐丛话后集·楚汉魏六朝上》:"余谓渊明高风峻节,固已无愧于四皓,然犹仰慕之,尤见其好贤尚友之心也。"[例句] 他的～让人们世代尊重和怀念。

【高风亮节】gāo fēng liàng jié
[释义] 风:风格、品德。亮:正直。节:节操。高尚的品格,坚贞的节操。[例句] 他的一生～,没人不钦佩他。

【高高在上】gāo gāo zài shàng
[释义] 原指地位很高。现用以形容脱离群众和实际的官僚作风。[语见]《诗经·周颂·敬之》:"敬之敬之,天维显思,命不易哉。无曰高高在上。"[例句] 员工们经常抱怨公司老板总是～,不深入实际。

【高官厚禄】gāo guān hòu lù
[释义] 禄:俸禄。高贵的官职,优厚的俸禄。[语见]《孔丛子·公仪》:"今徒以高官厚禄钓饵君子,无信用之意。"[例句] 他放弃～不要,反而跑来这荒山野岭搞科研。

【高官极品】gāo guān jí pǐn
[释义] 官位居最高等。[语见] 清·李汝珍《镜花缘》第八十五回:"无如'子欲养而亲不待',虽高官极品,不能一日养亲,亦有何味!"[例句] 宰相您如今～,一人之下,万人之上,可以享尽人间的荣华富贵。

【高官显爵】gāo guān xiǎn jué
[释义] 爵:爵位,官爵。旧指官阶很高,爵位显赫。[语见] 明·徐元《八义记·

猜忌赵宣》："顺吾者高官显爵，逆吾者灭族亡身，正是一朝权在手，便把令来行。"[例句] 这些贡品仅供皇帝和京城的那些～们享用。

【高官重禄】gāo guān zhòng lù
[释义] 见"高官厚禄"。[语见] 金·丘处机《满庭芳·述怀》："任使高官重禄，金鱼袋、肥马轻裘。"[例句] 他一向淡泊名利，～在他看来一钱不值。

【高冠博带】gāo guān bó dài
[释义] 见"峨冠博带"。[语见]《墨子·公孟》："昔者齐桓公，高冠博带，金剑木眉，以治其国。"[例句] 中国古代官吏上朝时，都必须～，以表示对皇帝的尊敬。

【高见远识】gāo jiàn yuǎn shí
[释义] 见"远见卓识"。[语见] 明·罗贯中《三国演义》第四十九回："元直如此高见远识，谅此有何难成！"[例句] 他小小年纪竟然有这样的～，真让我们觉得很吃惊。

【高举深藏】gāo jǔ shēn cáng
[释义] 指避世隐居。[语见] 明·无名氏《拔宅飞升》第三折："者莫他高举深藏，你看我驾天风定然赶上，则好去深渊中躲避灾殃。"[例句] 因为遭受奸人排挤，他只好～，找个地方隐居去了。

【高举远蹈】gāo jǔ yuǎn dǎo
[释义] 指隐居避世。[语见] 宋·胡仔《苕溪渔隐丛话前集·五柳先生上》："唯其高举远蹈，不受世纷，而至于躬耕乞食，其忠义亦足见矣。"[例句] 由于朝廷昏庸，奸佞当道，这些人无法施展自身的抱负，只能～，远离尘嚣。

【高举远去】gāo jǔ yuǎn qù
[释义] 见"高举远蹈"。[语见] 宋·苏舜钦《上范希文书》："阁下居长安，统二于人，不能明白立功名，将高举远去以自异。"[例句] 没想到春风得意的他竟然～，解甲归田了。

【高爵丰禄】gāo jué fēng lù
[释义] 爵位高显，俸禄丰厚。[语见]《荀子·议兵》："是高爵丰禄之所加也，荣埶大焉。将以为害邪？则高爵丰禄以持

养之，生民之属，孰不愿也。"[例句] 战争结束后，皇帝赐给他～作为奖赏。

【高爵厚禄】gāo jué hòu lù
[释义] 见"高爵丰禄"。[语见] 五代后晋·刘昫等《旧唐书·外戚传》："盖恃宫掖之宠，接宴私之欢，高爵厚禄骄其内，声色服玩惑于外，莫知师友之训，不达危亡之道。"[例句] 元军用～诱引文天祥，但是他却丝毫不为所动。

【高爵重禄】gāo jué zhòng lù
[释义] 见"高爵丰禄"。[语见]《韩非子·说疑》："内外之于左右，其讽一而语同，大者不难卑身尊位以下之，小者高爵重禄以利之。"[例句] 敌人妄图以～诱惑他，却一次又一次地失败了。

【高垒深壁】gāo lěi shēn bì
[释义] 筑起高深的壁垒。形容加强防御。[语见] 晋·陈寿《三国志·魏书·武帝纪一》："皆高垒深壁，勿与战，益为疑兵，示天下形势，以顺诛逆，可立定也。"[例句] 为了阻止我们的进攻，敌人在城市周围筑起了～。

【高垒深沟】gāo lěi shēn gōu
[释义] 见"深沟高垒"。[语见]《孙子·虚实》："故我欲战，敌虽高垒深沟，不得不与我战者，攻其所必救也。"[例句] 敌人依仗～，妄图负隅顽抗。

【高垒深堑】gāo lěi shēn qiàn
[释义] 见"深沟高垒"。[语见] 汉·司马迁《史记·高祖本纪》："郎中郑忠乃说止汉王，使高垒深堑，勿与战。"[例句] 明军仗着洛阳的～妄图与义军周旋，哪知才一个回合下来，便已溃不成军。

【高明远见】gāo míng yuǎn jiàn
[释义] 见"高明远识"。[语见] 清·吴敬梓《儒林外史》第一回："大王是高明远见的，不消乡民多说。"[例句] 能有这样的～，足以证明他对这个行业了如指掌。

【高明远识】gāo míng yuǎn shí
[释义] 形容见识高远。[语见] 宋·钱世昭《钱氏私志·蔡鲁公》："吕乘间问蔡云：'公高明远识，洞鉴古今，知国家之事，必至于斯乎？'"[例句] 想要企业能够在激

烈的市场竞争中胜出，就需要一个有～的人来做领导。

【高睨大谈】 gāo nì dà tán
[释义] 睨：斜眼看。昂头斜视，大发议论。形容气概不凡，旁若无人的样子。[语见] 南朝宋·范晔《后汉书·张衡传》："方将师天老而友地典，与之乎高睨而大谈。"[例句] 他喝醉酒后～，和平时喜欢低调的样子完全判若两人。

【高朋满座】 gāo péng mǎn zuò
[释义] 高：高贵的。座位上坐满了高贵的宾朋。泛指客人很多。[语见] 唐·王勃《滕王阁序》："十旬休暇，胜友如云；千里逢迎，高朋满座。"[例句] 会场内～，到处一片欢声笑语。

【高情迈俗】 gāo qíng mài sú
[释义] 情致高雅脱俗。[语见] 元·夏文彦《图绘宝鉴·唐》："陈谭工山水，德宗除连州刺史，令写彼处山水之状，每岁贡献。野逸不群，高情迈俗，张藻之亚也。"[例句] 这一身装扮，衬托得他格外～。

【高人一等】 gāo rén yī děng
[释义] 等：等级。比别人高出一个等级。现多用以指自以为是，瞧不起别人。含贬义。[例句] 他自以为～，总是目中无人。

【高山景行】 gāo shān jǐng xíng
[释义] 高山：比喻高尚的道德。景行：大路，比喻行为光明正大。比喻高尚的德行。[语见] 宋·杨万里《与余丞相》："若夫清风明月，必思玄度，高山景行，独仰仲尼。"[例句] 如此奸诈小人，却在这里大谈～，真虚伪。

【高山峻岭】 gāo shān jùn lǐng
[释义] 见"崇山峻岭"。[例句] 大军越过～，到达安第斯山脉后，才终于可以睡几天安稳觉了。

【高山流水】 gāo shān liú shuǐ
[释义] 原指古琴曲中暗含的两种喻义。后用以比喻知音或知己。也用以形容乐曲演奏得美妙。[例句] 他演奏的乐曲如～，令听者沉醉。

【高深莫测】 gāo shēn mò cè
[释义] 莫测：无法揣测。高深的程度无法揣测。[语见] 宋·高似孙《纬略·沃焦山》第七卷引《物类相感志》："东海之外荒，海中有山，焦炎而峙，高深莫测。"[例句] 这些道理有些～，他听后未置可否，沉思起来。

【高识远度】 gāo shí yuǎn duó
[释义] 见识高超，忖度深远。[语见] 唐·令狐德棻《周书·张轨传》："宇文公文足经国，武可定乱。至于高识远度，非愚管所测。"[例句] 唯有～，方能在激烈的市场竞争中站稳脚跟。

【高识远见】 gāo shí yuǎn jiàn
[释义] 见"高识远度"。[语见] 宋·王楙《野客丛书·王珪母妻识见》："传言母李，而诗言妻杜，有以知母姑皆贤，其高识远见，甚非常人所能及者。"[例句] 你有一个～的叔父而不用，倒四处去求外人？

【高视阔步】 gāo shì kuò bù
[释义] 昂头往上看，迈着大步走。形容自豪或气派十足。[语见] 唐·魏徵《隋书·卢思道传》："俄而抵掌扬眉，高视阔步。"[例句] 他戴上帽子，～地走出大门。

【高抬贵手】 gāo tái guì shǒu
[释义] 贵：尊贵的，是对对方的尊称。请高高地抬起您尊贵的手，放过通行。指恳请对方宽恕或给予方便。[语见] 元·范子安《竹叶舟》第四折："弟子愚眉肉眼，怎知道真仙下降，只望高抬贵手，与我拂除尘俗者。"[例句] 请你～，饶我这一回吧。

【高谈大论】 gāo tán dà lùn
[释义] 见"高谈弘论"。[语见] 宋·朱熹《答赵子钦》："人欲横流，不自知觉，而高谈大论以为天理尽在是也。"[例句] 这些～我早已听厌了，我们还是讲点实际的吧！

【高谈弘论】 gāo tán hóng lùn
[释义] 弘：大。高妙广博而不切实际的言谈、议论。[语见] 晋·袁宏《后汉纪》第四卷："尝疾俗儒高谈弘论，不切时务。"[例句] 以他的水平，根本没资格在大家面前～。

【高谈剧论】gāo tán jù lùn
[释义] 高妙空洞的言谈，激烈的议论。[语见] 宋·沈瀛《念奴娇·万般照破》："尔汝忘形，高谈剧论，莫遣人来促。"[例句] 得意忘形的他光顾着～，竟然忘记了下午的考试。

【高谈阔论】gāo tán kuò lùn
[释义] 原指高雅广博的谈论。现多指漫无边际地大发议论。[语见] 唐·吕岩《徽宗斋会》诗："高谈阔论若无人，可惜明君不遇真。"[例句] 光见你们在那里～，不见你们做点实事。

【高谈雄辩】gāo tán xióng biàn
[释义] 言词豪放不羁，辩论充分有力。形容能言善辩。[语见] 唐·杜甫《饮中八仙歌》："焦遂五斗方卓然，高谈雄辩惊四筵。"[例句] 他的～吸引了所有与会者的目光。

【高谈虚辞】gāo tán xū cí
[释义] 见"高谈虚论"。[语见] 宋·张方平《论国计》："故货食者，人事之确论，非高谈虚辞之可致也。"[例句] 大家都说点实在的，别尽说些～，那样解决不了实际问题。

【高谈虚论】gāo tán xū lùn
[释义] 高妙空洞、不切实际的议论。[语见]《六韬·上贤》："不图大事得利，而动以高谈虚论说于人主，王者慎勿使。"[例句] 我们需要的是实际行动，而不是～。

【高谈雅步】gāo tán yǎ bù
[释义] 言行自由，举止文雅。[语见] 晋·陆机《百年歌》："光车骏马游都城，高谈雅步何盈盈。"[例句] 他们几个人穿着华丽的衣服，在闹市区～，吸引了周围不少人的目光。

【高谭清论】gāo tán qīng lùn
[释义] 谭：同"谈"。高妙清正而空泛不实的言谈、议论。[语见]《东观汉记·赵勤传》："到叶见霸，不问县事，但高谭清论，以激励之。"[例句] 这种～听起来都蛮有道理，可是根本不能实施。

【高文大册】gāo wén dà cè
[释义] 指朝廷的重要文书、法令。

【语见】宋·陆九渊《续书何始于汉》："《康衢》之谣，《击壤》之歌，后世高文大册，不能无忝。"[例句] 这里收藏的，都是些～。

【高文典册】gāo wén diǎn cè
[释义] 高：贵重的。册：古代帝王发出的文书，命令。指封建朝廷的重要文书、诏令。[语见] 晋·葛洪《西京杂记》第三卷："扬子云曰：军旅之际，戎马之间，飞书驰檄，用枚皋。廊庙之下，朝廷之中，高文典册，用相如。"[例句] 这可不是什么～，只是本普通著作罢了。

【高卧东山】gāo wò dōng shān
[释义] 高卧：高枕而卧。东山：在会稽郡（今浙江绍兴）境内。比喻隐居山林，不肯出仕。[例句] 他打算退休后～，不再过问政事。

【高屋建瓴】gāo wū jiàn líng
[释义] 建：倾倒，倒水。瓴：水瓶。从高屋顶上向下倒瓶子里的水。形容居高临下，其势不可阻挡。[语见] 汉·司马迁《史记·高祖本纪》："（秦中）地势便利，其以下兵于诸侯，譬犹居高屋之上建瓴水也。"[例句] 只听一声炮响，大军以～之势向敌阵扑去。

【高下其手】gāo xià qí shǒu
[释义] 高：上边。指上边的和下边的串通一气，合起来营私舞弊。[语见] 宋·王辟之《渑水燕谈录·官制》："太祖虑其任私，高下其手，乃置司寇参军。"[例句] 他们两个～，合伙贪污，公司不到半年就倒闭了。

【高下任心】gāo xià rèn xīn
[释义] 见"高下在心"。[语见] 唐·房玄龄等《晋书·王敦传》："进人退士，高下任心，奸狡饕餮，未有俦比，虽无忌、宰嚭、弘恭、石显未足为喻。"[例句] 将军～，指挥若定，终于以少胜多，夺下了城池。

【高下在心】gāo xià zài xīn
[释义] 高下：上下，高低。原指斟酌实情，采取适当的办法。后指胸有成竹，操纵自如。[语见] 南朝宋·范晔《后汉书·何进传》："今将军总皇威，握兵要，龙骧虎步，高下在心，此犹鼓洪炉燎毛发耳。"

[例句] 请您～,尽快做出裁定。

【高翔远引】 gāo xiáng yuǎn yǐn
[释义] 喻指避世隐居。[语见] 汉·孔融《与曹操论盛孝章书》:"向使郭隗倒悬而王不解,临溺而王不拯,则士亦将高翔远引,莫有北首燕路者矣。"[例句] 像他这种～的隐者,是不会受这种名利所诱惑的。

【高翔远翥】 gāo xiáng yuǎn zhù
[释义] 见"高翔远引"。[语见] 宋·范仲淹《灵乌赋》:"灵乌灵乌尔之为禽兮,何不高翔而远翥,何为号呼于人兮。"注:翥:向上飞。[例句] 这里环境幽静,历来是名流隐士～的理想场所。

【高牙大纛】 gāo yá dà dào
[释义] 牙:大将的牙旗,竿上用象牙装饰。纛:军中大旗。军中的旗帜。亦泛指居高位者的仪仗,或形容声势显赫。[语见] 宋·张孝祥《荆南宴交代方阁学》:"高牙大纛,来威江汉之滨;闲馆珍台,去蹑星辰之上。"[例句] 他们家以前非常显赫,是这一带有名的～之家。

【高阳酒徒】 gāo yáng jiǔ tú
[释义] 高阳:古地名,在今河南杞县西南。酒徒:好酒贪杯的人。指好饮酒而狂放不羁的人。[语见] 唐·李白《梁甫吟》:"君不见,高阳酒徒起草中,长揖山东隆准公。"[例句] 我不喜欢这种放荡不羁的～。

【高业弟子】 gāo yè dì zǐ
[释义] 高业:高才,对别人学生的敬称。学业优异的学生。[语见] 南朝宋·范晔《后汉书·郑玄传》:"马融门徒四百余人,升堂进者五十余生,融素骄贵,玄在门下三年,不得见,乃使高业弟子传授于玄。"[例句] 我并不奢望得到您的真传,只要能得到您的～的指点,我也就满足了。

【高义薄云】 gāo yì bó yún
[释义] 薄:迫近。高深的义理上接云天。原形容文章有崇高的思想境界。后也形容情义深厚。[语见] 南朝梁·沈约《宋书·谢灵运传论》:"英辞润金石,高义薄云天。"[例句] 此诗～,意境深远。

【高瞻远瞩】 gāo zhān yuǎn zhǔ
[释义] 瞻:往上或往前看。瞩:注视。站得高,看得远。形容目光远大,有远见。[语见] 清·夏敬渠《野叟曝言》第二回:"遂把这些粉白黛绿,莺声燕语,都付之不见不闻,一路高瞻远瞩,要领略湖山真景。"[例句] 作为企业总裁,应具有～的发展眼光。

【高掌远蹠】 gāo zhǎng yuǎn zhí
[释义] 掌:手掌。蹠:脚踢。高处用手掌推展,远处用脚踢开。原出于古老的神话,指开辟山河。后指规模宏伟的经营。[语见] 汉·张衡《西京赋》:"左有崤函重险,桃林之塞,缀以二华,巨灵赑屃,高掌远蹠,以流河曲,厥迹犹存。"[例句] 公司管理层面对严峻的经营形势,必须加大～的力度,加快产品结构调整,强化质量与目标成本管理。

【高枕安寝】 gāo zhěn ān qǐn
[释义] 见"高枕而卧"。[语见] 汉·班固《汉书·匈奴传》:"故知北狄不服,中国未得高枕安寝也。"[例句] 这里有我呢,你尽管放心,～吧。

【高枕安卧】 gāo zhěn ān wò
[释义] 见"高枕而卧"。[语见] 汉·王充《论衡·顺鼓》:"何以效之? 久雨不霁,试使人君高枕安卧,雨犹自止;止久至于太旱,试使人君高枕安卧,旱犹自雨。"[例句] 只要把洪水退去,我就能真正～了。

【高枕不虞】 gāo zhěn bù yú
[释义] 见"高枕无忧"。[语见] 唐·韩愈《与凤翔邢尚书书》:"戎狄弃甲而远遁,朝廷高枕而不虞。"[例句] 敌军刚刚退去,咱们还不到～的时候,必须准备新的战斗。

【高枕而卧】 gāo zhěn ér wò
[释义] 把枕头高高地垫起来睡觉。表示无所忧虑。[语见]《战国策·齐策四》:"狡兔有三窟,仅得免其死耳。今君有一窟,未得高枕而卧也。请为君复凿二窟。"[例句] 别以为从今往后就能～

了,你必须不断努力才能保住领先的优势。

【高枕无忧】 gāo zhěn wú yōu
[释义] 枕:枕头。忧:忧虑。把枕头垫得高高的无忧无虑地睡觉。形容没有什么忧虑。[语见]《敦煌变文集·庐山远公话》:"但贱奴若得道安论义,如渴得浆,如寒得火,请相公高枕无忧。"[例句]他终于觉得自己可以~,痛痛快快睡个好觉了。

【高枕无虞】 gāo zhěn wú yú
[释义] 见"高枕无忧"。[语见] 唐·陆贽《请减京东水运收脚价于缘边州镇储蓄军粮事宜状》:"然后可以扞寇雠,护氓庶,蕃畜牧,辟田畴,天子惟务择人而任之,则高枕无虞矣。"[例句]事业一旦运作起来,就如一部永远在运转的马达,驾驶它的人,便永远没有~的机会了。

【高自标树】 gāo zì biāo shù
[释义] 见"高自标置"。[例句]台上坐的那些~的"学者",在自命不凡的她眼里几乎就是一个个白痴。

【高自标置】 gāo zì biāo zhì
[释义] 标:标榜。置:摆设位置。形容自我估价很高。[语见] 唐·房玄龄等《晋书·刘惔传》:"桓温尝问惔:'会稽王谈更进邪?'惔曰:'极进,然故第三流耳。'温曰:'第一复谁?'惔曰:'故在我辈。'其高自标置如此。"[例句]刚刚工作两年,他就说自己是医学专家,未免过于~了。

【高足弟子】 gāo zú dì zǐ
[释义] 高足:上等快马,引申为高才。汉代设快马三等,即高足、中足、下足。指才能出众的门徒。[语见] 南朝宋·刘义庆《世说新语·文学》:"郑玄在马融门下,三年不得相见,高足弟子传授而已。"[例句]这两位是我的~。

【膏肓之疾】 gāo huāng zhī jí
[释义] 古代称心尖脂肪为膏,心脏和隔膜间为肓,认为"膏肓"是药力不及的地方。"膏肓之疾"指危重病症。比喻致命的缺点。[语见] 唐·房玄龄等《晋书·孙楚传》:"夫疗膏肓之疾者,必进苦口之

药。"[例句]医生说像他这种~,即便手术成功最多也活不过一年。

【膏火自煎】 gāo huǒ zì jiān
[释义] 膏:油脂。膏因能燃烧照明而受煎熬。比喻有才能的人因才遭灾。[语见]《庄子·人间世》:"山木自寇也,膏火自煎也。"[例句]你这个人太露才,小心~。

【膏粱锦绣】 gāo liáng jǐn xiù
[释义] 膏:肥肉。粱:细粮。锦绣:精致华丽的丝织品。形容富贵人家衣食精美的奢华生活。[语见] 清·曹雪芹《红楼梦》第四回:"居处于膏粱锦绣之中"。[例句]你虽过着~的奢华生活,但却失去了常人的自由。

【膏粱文绣】 gāo liáng wén xiù
[释义] 见"膏粱锦绣"。[语见] 清·曹雪芹《红楼梦》第一百一十五回:"在小侄年幼,虽不知文章为何物,然将读过的细味起来,那膏粱文绣,比着令闻广誉,真是不啻百倍的了!"[例句]我心系故土,这里的~的生活,哪能留住我呢?

【膏粱子弟】 gāo liáng zǐ dì
[释义] 见"纨袴子弟"。[语见] 宋·周辉《清波杂志》第十卷:"故膏粱子弟,学宜加勤,行宜加检,仅得比众人耳。"[例句]一个~,哪里过得惯这样清苦的日子。

【櫜弓卧鼓】 gāo gōng wò gǔ
[释义] 櫜:盛衣甲或弓箭和战鼓之囊。此作收藏解。将弓箭和战鼓弃置不用,比喻休战或议和。[语见] 南朝宋·范晔《后汉书·儒林传》:"今尚父鹰扬,方叔翰飞,王师电鸷,群凶破殄,始有櫜弓卧鼓之次,宜得名儒,典综礼记。"[例句]经过十年的对峙,两国终于~了。

【槁木死灰】 gǎo mù sǐ huī
[释义] 槁木:枯槁的树木。死灰:火灭后的冷灰。比喻心情冷淡,对一切事情无动于衷。[语见]《庄子·齐物论》:"形固可使如槁木,而心固可使如死灰乎?"[例句]说他这时的心境如同~,绝不过分。

【槁项黄馘】 gǎo xiàng huáng xù
[释义] 项:颈后部。馘:脸。枯瘦的颈

项,蜡黄的脸面。形容人因穷困劳累而瘦弱不堪。[语见]《庄子·列御寇》:"夫处穷闾厄巷,困窘织屦,槁项黄馘者,商之所短也;一悟万乘之主而从车百乘者,商之所长也。"[例句]灾民们个个~,骨瘦如柴。

【告贷无门】 gào dài wú mén
[释义]告贷:向人借钱。想借钱都无处借。形容经济十分困难。[例句]一夜之间,他从家财万贯的财主,变为一贫如洗、~的穷乞丐。

ge

【割臂之盟】 gē bì zhī méng
[释义]用刀在臂上割口子立誓订约。旧指男女秘密订婚。[语见]《左传·庄公三十二年》:"割臂盟公,生子般焉。"[例句]既然已经立下~,就不应轻易反悔。

【歌声绕梁】 gē shēng rào liáng
[释义]绕:回旋。梁:房屋的大梁。歌声回旋于房梁之间。形容歌声优美动听,令人回味不已。[语见]《宣和书谱·草书·皇象》:"(皇象草书)或谓如歌声绕梁,琴人舍徽,则又见其遗音余韵,得之于笔墨外也。"[例句]她的声乐表演太精彩了,谢幕后观众还觉得~,久久不愿离开。

【歌台舞榭】 gē tái wǔ xiè
[释义]台:土筑的高台。榭:建筑在高台上的宽敞房屋。供唱歌跳舞用的楼台和厅堂。泛指歌舞演出的场所或寻欢作乐的地方。[语见]唐·蔡孚《享龙池乐章》第二章:"歌台舞榭宜正月,柳岸海洲胜往年。"[例句]赵构抵达临安之后,丝毫不做战事准备,而是一处又一处地建起~,把临安最后一丝抵抗力也消耗了。

【歌舞升平】 gē wǔ shēng píng
[释义]歌舞:唱歌跳舞。升平:太平。唱歌跳舞,欢庆太平。旧时形容盛世景象。多指粉饰太平。[语见]元·陆文圭《〈词源〉跋》:"淳祐景定间,王邸侯馆,歌舞升平,居生乐之,不知老之将至。"[例句]城

市的夜晚依然到处~,好像什么也没发生过一样。

【歌莺舞燕】 gē yīng wǔ yàn
[释义]形容歌声婉转如黄莺,舞姿轻捷如飞燕。[语见]元·曾瑞《青杏子·骋怀》曲:"明眸皓齿,歌莺舞燕,各逞温柔,人俊惜风流。"[例句]春天到了,处处~,鲜花绽放。

【革故鼎新】 gé gù dǐng xīn
[释义]革:《周易》卦名,意为变革。鼎:建立。革除旧的,建立新的。旧多指朝政变革或改朝换代。[语见]唐·张锐《唐中书令梁国公姚崇神道碑铭》:"夫以革故鼎新,大来小往,得丧而不形于色,进退而不失其正者鲜矣!"[例句]没有~,没有推陈出新,就不会有历史的进步和社会的发展。

【革旧鼎新】 gé jiù dǐng xīn
[释义]见"革故鼎新"。[语见]明·李贽《代深有告文·义告》:"切以诵经者,所以明心见性;礼忏者,所以革旧鼎新。"[例句]寇准大力~,不出两年,政绩已为百县之首。

【格格不入】 gé gé bù rù
[释义]格格:相互抵触。入:容纳。形容彼此有隔阂,相抵触,不相容,不协调。[语见]清·袁枚《寄房师邓逊斋书》:"以前辈之典型,合后来之花样,自然格格不入。"[例句]这个鱼缸怎么看都跟这屋里的其他装饰~。

【格杀勿论】 gé shā wù lùn
[释义]格杀:打死。勿论:不论罪。旧指把有抗拒行为的人当场打死,不以杀人论罪。也指不论其有无死罪,立即处死。反动统治者曾以此为托词,滥杀无辜。[语见]南朝宋·范晔《后汉书·刘盆子传》:"诸卿皆老佣也!今日设君臣之礼,反更殽乱,儿戏尚不如此,皆可格杀!"[例句]将军下令:临阵脱逃者,~!

【格物穷理】 gé wù qióng lǐ
[释义]格:推究。穷:尽力。推究事物,尽致其原理。[语见]清·黄宗羲《余姚县重修儒学记》:"唯其难视圣人,或求

G

之静坐澄心，或求之格物穷理，或求之人生以上。"[例句] 毕业后，她一直从事着～的科学研究工作。

【格于成例】gé yú chéng lì
[释义] 格：阻碍。成例：现成的条例。指被先例所限制，不能通融办理。[语见] 清·文康《儿女英雄传》第三十六回："内中只有安公子此时不但自知旗人格于成例，向来没有个点鼎甲的。"[例句] 虽然我很同情你的遭遇，但～，实在没办法帮你。

【隔岸观火】gé àn guān huǒ
[释义] 火：火灾。在河的对岸观看火灾。比喻对别人的危难不加以援助，而采取旁观、看热闹的态度。[例句] 我都忙成这样了，你却还在那里～，优哉游哉。

【隔窗有耳】gé chuāng yǒu ěr
[释义] 见"隔墙有耳"。[语见] 清·蒲松龄《聊斋志异·胭脂》："蝴蝶过墙，隔窗有耳，莲花瓣卸，堕地无踪。假中之假以生，冤外之冤谁信？"[例句] 我们在房间内秘谈，却不料～，所有话都被偶然经过的他听到了。

【隔皮断货】gé pí duàn huò
[释义] 隔着封皮，判断货物的好坏。比喻凭见到的外部现象推知内部。[语见] 清·李绿园《歧路灯》第八回："不是为他中了举，便说深远。只是那光景儿，我就估出来六七分。兄弟隔皮货，是最有眼色的。"[例句] 仅凭外观就断定我们的产品有质量问题，岂不是～？

【隔墙有耳】gé qiáng yǒu ěr
[释义] 有人隔着墙偷听。指要随时提高警惕防止机密泄露。[语见]《管子·君臣下》："古者有二言：墙有耳，伏寇在侧。墙有耳者，微谋外泄之谓也。"[例句] 小声点儿！小心～。

【隔靴搔痒】gé xuē sāo yǎng
[释义] 搔：抓，挠。在靴子外面抓痒。比喻说话、作文、办事不中肯，没有抓住解决问题的关键。[语见] 宋·严羽《沧浪诗话·诗法》："意贵透彻，不可隔靴搔痒。"[例句] 做思想工作要就问题的实质予以引导，而不能～。

【各奔前程】gè bèn qián chéng
[释义] 奔：向目标奔走，引申为为了目的而努力。前程：前途。原意是分手向不同的方向走。后指各自按照自己的目标努力。[语见] 宋·无名氏《张协状元》："方信相逢不下马，也须各自奔前程。"[例句] 从今以后，咱们～。

【各不相谋】gè bù xiāng móu
[释义] 谋：商议。各自行事，互不商量。[例句] 他们俩多年来一直是自行其是，～。

【各持己见】gè chí jǐ jiàn
[释义] 持：坚持。己见：自己的看法。各自坚持自己的看法，意见不统一。[语见] 清·黄钧宰《金壶七墨·堪舆》："然此辈执术疏，谋生急，信口欺诈，言人殊，甚至徒毁其师，子讥其父，各持己见，彼此相非。"[例句] 大家～，谁也说服不了谁。

【各得其所】gè dé qí suǒ
[释义] 得：得到，获得。所：处所，位置。原意是每个人都得到了自己所需要的东西。后指所有的人或事物都找到了自己最适合的位置。[语见]《周易·系辞下》："日中为市，致天下之民，聚天下之货，交易而退，各得其所。"[例句] 你们倒是～，我却什么也没有得到。

【各得其宜】gè dé qí yí
[释义] 见"各得其所"。[语见] 汉·班固《汉书·董仲舒传》："万民皆安仁乐谊，各得其宜，动作应礼，从容中道。"[例句] 他们抢购到现在，场面逐渐平静了，也算～。

【各个击破】gè gè jī pò
[释义] 击：进攻。一个一个地攻破。[例句] 对这样强大的敌人，我们最好采取～的策略。

【各尽所能】gè jìn suǒ néng
[释义] 尽：全部发挥出来。能：能力。各自把自己的能力全部发挥出来。[语见] 南朝宋·范晔《后汉书·曹褒传》："汉遭秦余，礼坏乐崩，且因循故事，未可观省，有

知其说者,各尽所能。"[例句]希望大家～,把这次活动组织好。

【各式各样】 gè shì gè yàng
[释义]各种不同的式样。也作"各种各样"。[例句]我们这里供应～的地方小吃。

【各抒己见】 gè shū jǐ jiàn
[释义]抒:抒发。己见:自己的见解。各自发表自己的见解。[例句]一群人正围着那块奇形怪状的石头～。

【各行其是】 gè xíng qí shì
[释义]行:做。是:认为对的。各人按照自己认为对的意见去做。[例句]如果你们大家都不听指挥,～,这件事情肯定成功不了。

【各行其志】 gè xíng qí zhì
[释义]各人按照自己的志向去做。[语见]明·冯梦龙《东周列国志》第七十二回:"我以殉父为孝,汝以复仇为孝,从此各行其志,不复相见矣。"[例句]即使看法不同,也没必要～,互不来往。

【各有千秋】 gè yǒu qiān qiū
[释义]千秋:千年,指流传久远。各有各的价值,各有各的特色,值得流传千古。[例句]这两部电影～,谁能获奖很难预料。

【各有所长】 gè yǒu suǒ cháng
[释义]所长:指长处,优点。各有优点、长处。多指人才而言。[例句]他们俩～,但在工作中相互配合才能达到最佳效果。

【各执一词】 gè zhí yī cí
[释义]执:坚持。各人有各人的说法。[语见]明·冯梦龙《醒世恒言》第二十九卷:"两下各执一词,难以定招。"[例句]由于双方～,此事一直无法顺利解决。

【各自为战】 gè zì wéi zhàn
[释义]各自分别对敌作战。[语见]汉·司马迁《史记·项羽本纪》:"君王能自陈以东傅海,尽与韩信,睢阳以北至穀城,以与彭越,使各自为战,则楚易败也。"[例句]队员们在场上～,结果导致惨败。

【各自为政】 gè zì wéi zhèng
[释义]为政:主政,主事。各人按照自己的想法办事,互相之间不协调,不配合。[语见]《左传·宣公二年》:"畴昔之羊,子为政;今日之事,我为政。"[例句]我们应杜绝各部门～的现象。

gen

【根深本固】 gēn shēn běn gù
[释义]见"根深蒂固"。[语见]唐·温庭筠《乾𦠿子窦乂》:"乂因访遂兴,指其树曰:'中郎何不去之?'遂兴答曰:'诚有碍耳。应虑根深本固,恐损所居室宇。'"[例句]悲观的哲学,已经在他心中～,要他彻底变得积极起来,绝不是一天两天能够达到的。

【根深蒂固】 gēn shēn dì gù
[释义]蒂:花或瓜果与枝茎相连的部分。根深深地扎在地下,花或瓜果牢牢地长在枝茎上。比喻基础牢固,不易动摇。[语见]唐·欧阳詹《曲江池记》:"将天意同,根深蒂固,可与终毕者而命处乎?故涸于有隋。"[例句]旧的观念在他头脑中已～,我们还得慢慢地去做他的工作。

【根深固本】 gēn shēn gù běn
[释义]根基牢固,难以动摇。[语见]唐·房玄龄等《晋书·伏滔传》:"令之有渐,轨之有度,宠之有节,权不外授,威不下黩,所以杜其萌际,重其名器,根深固本,传之百世。"[例句]自由博爱的观念,已经塞满了这些人的耳朵,早已～了,他们自然会视独裁为人间至恶。

【根深叶茂】 gēn shēn yè mào
[释义]树大根深,枝繁叶茂。比喻根基牢固,蓬勃发展。[语见]唐·张说《起义堂颂》:"若夫修德以降命,奉命以造邦,源浚者流长,根深者叶茂。"[例句]路两旁的大树～,果实累累。

【根朽枝枯】 gēn xiǔ zhī kū
[释义]树根腐烂枝叶就会枯萎。比喻事物的存在丧失了根本,就会衰亡。[语见]宋·张君房《云笈七签》第五十六卷:"此气是人之根本,根本若绝,则藏腑

筋脉如枝叶,根朽枝枯,亦以明矣。"
[例句] 离开了生活的土地,这位作家的创作便～了,从此再也没有写出像样的作品。

【根壮叶茂】 gēn zhuàng yè mào
[释义] 见"根深叶茂"。[例句] 经过半个世纪的培育,这种观点已经～,连普通市民都已接受了它。

【亘古亘今】 gèn gǔ gèn jīn
[释义] 亘:延续。从古到今。[语见] 宋·朱熹《答陆子美书》:"而向下所说许多道理,条贯脉络,井井不乱,只父便在目前,而亘古亘今,攧扑不破。"[例句] 生命有始有终,这是～不变的真理。

【亘古未有】 gèn gǔ wèi yǒu
[释义] 亘古:从古至今。未有:没有。从古到今所没有的。形容事物空前。[语见] 清·平步青《霞外捃屑》四:"太青晚作《嘉莲》诗,七言今体至四百余首,亘古未有。"[例句] 借助各种先进的科技手段,人类正在尝试一种～的全新生活方式。

geng

【更阑人静】 gēng lán rén jìng
[释义] 更:古代的计时单位,一夜分为五更。阑:将尽。指深夜。[语见] 元·关汉卿《侍香金童》套曲:"铜壶玉漏催凄切,正更阑人静也。"～,所有人都沉浸在梦乡中。

【更名改姓】 gēng míng gǎi xìng
[释义] 见"变名易姓"。[语见] 元·关汉卿《哭存孝》第二折:"诈传着阿妈将令,着存孝更名改姓,调唆的父亲生嗔,要了头也是干净。"[例句] 壮志说:"我没有必要因为想逃得一条命就～,我就是死,也要死得轰轰烈烈。"

【更仆难数】 gēng pú nán shǔ
[释义] 仆:傧相,仆人。数:说。换了几个傧相,宾主的话还没谈完。常用以形容为数很多,数不过来。[语见]《礼记·儒行》:"遽数之不能终其物,悉数之乃留,更仆未可终也。"[例句] 宴席连摆三天,往来宾客～。

【更深人静】 gēng shēn rén jìng
[释义] 更:旧时夜间计时的单位,一夜分成五更,每更约两小时。静:寂静,没有声响。夜深了,没有人声,一片寂静。[语见] 宋·蔡絛《西清诗话》引杨鸾诗:"白日苍蝇满饭盘,夜间蚊子又成团,每到更深人静后,定来头上咬杨鸾。"[例句] 好不容易等到～,他悄悄地从床上爬了起来。

【更深夜静】 gēng shēn yè jìng
[释义] 见"更深人静"。[语见] 明·无名氏《赠书记·订盟闻难》:"我晓得了,今晚更深夜静,行走不便,明日绝早回家。"[例句] ～了,我依然徘徊在海岸边欣赏着月光下的大海。

【耿耿于怀】 gěng gěng yú huái
[释义] 耿耿:心中想事,情绪不安。怀:胸怀。心里总是想着,不能忘怀。[例句] 她一直对这件事～。

【耿耿于心】 gěng gěng yú xīn
[释义] 见"耿耿于怀"。[例句] 三年前我因为一件小事得罪过他,这几年来他一直～,我也没有办法去求得他的原谅。

【绠短汲深】 gěng duǎn jí shēn
[释义] 绠:打水用的绳子。汲:打水。绳子很短,却要从深井里打水。比喻能力难以胜任。[语见]《庄子·至乐》:"褚小者不可以怀大,绠短者不可以汲深。"[例句] 他觉得自己～,无法胜任这项工作。

【更待何时】 gèng dài hé shí
[释义] 更:再,又。要再等到什么时候呢。指已到了该说或该做的时候了,不必再等待。[语见] 宋·释普济《五灯会元·临济玄禅师法嗣》:"我将手向伊面前横两横,到这里却去不得,似这般瞎汉不打更待何时?"[例句] 你现在还不动手,～?

【更进一竿】 gèng jìn yī gān
[释义] 更:再,又。竿:竹竿。"百尺竿头,更进一步"的略语。比喻比原有的成就更进一步。[语见] 清·曹雪芹《红楼

梦》第一百二十回："后人见了这本传奇，亦曾题过四句偈语，为作者缘起之言更进一竿。"[例句]一个星期下来，我的英语水平的确提高了许多，颇有～的感觉。

【更上一层楼】gèng shàng yī céng lóu
[释义]更：再、又。再登上一层楼，可以眼界开阔，站得高，看得远。后喻指再提高一步。[语见]唐·王之涣《登鹳雀楼》诗："欲穷千里目，更上一层楼。"[例句]相信通过我们的努力，能让公司的业绩～。

gong

【工力悉敌】gōng lì xī dí
[释义]工力：功夫和才力。悉：都，全。敌：相等。两者功夫、才力完全相当，不分高低。[语见]宋·计有功《唐诗纪事·上官昭容》："中宗正月晦日，幸昆明池赋诗。群臣应制百余篇，帐殿前结彩楼，命昭容选一首为新翻御制曲……既进，唯沈、宋二诗不下；又移时，一纸飞坠，竞取而观，乃沈诗也。及闻其评曰：'二诗工力悉敌。'"[例句]这两幅山水画～，很难分出高下。

【工欲善其事，必先利其器】gōng yù shàn qí shì, bì xiān lì qí qì
[释义]器：工具。工匠要想做好活，一定先要使工具精良。[语见]《论语·卫灵公》："子贡问为仁。子曰：'工欲善其事，必先利其器。居是邦也，事其大夫之贤者，友其士之仁者。'"[例句]～。采用先进的生产设备对提高企业效益是必要的。

【公报私仇】gōng bào sī chóu
[释义]借公事发泄私愤，进行报复。[语见]明·凌濛初《初刻拍案惊奇》第十五卷："陈秀才道：'当日图我产业，不肯找我银子的，是你！……今日又将我家人收留谋死了他，正好公报私仇，却饶不得！'"[例句]咱们私下虽有过节，但是你也不能就因为这个而～吧？

【公而忘私】gōng ér wàng sī
[释义]只考虑公事，而不顾及个人利益。[语见]汉·班固《汉书·贾谊传》："……则为人臣者主耳忘身，国耳忘家，公耳忘私，利不苟就，害不苟去，唯义所在。"[例句]他那种～的精神，令人敬佩不已。

【公事公办】gōng shì gōng bàn
[释义]指公事按公行制度办，不讲私人情面。[语见]清·李宝嘉《官场现形记》第三十三回："藩台见人家不来打点，他便有心公事公办，先从余荩臣下手。"[例句]再三解释，他还是～，不让我进去。

【公正无私】gōng zhèng wú sī
[释义]公道正直，没有私心。[语见]汉·刘安《淮南子·修务训》："若夫尧眉八彩，九窍通洞，而公正无私，一言而万民齐。"[例句]你应该用～的态度来处理这件事。

【公诸同好】gōng zhū tóng hào
[释义]公：公开。诸："之于"的合音。好：爱好。把它公开，使有共同爱好的人都看到。[语见]清·吴趼人《二十年目睹之怪现状》第九十九回："他那位夫人，一向本来已是公诸同好，作为谋差门路的，一旦失了，就同失了靠山一般。"[例句]通过这个网站，各地的太极拳爱好者可将自己的练功心得、建议等～。

【功败垂成】gōng bài chuí chéng
[释义]垂：近于、快要。事情快要成功而遭到失败。[语见]唐·房玄龄等《晋书·谢玄传论》："庙算有遗，良图不果；降龄何促，功败垂成！"[例句]眼看他就能获得比赛的胜利，没想到却在最后一秒钟～。

【功臣自居】gōng chén zì jū
[释义]做了一定的有益的事，就以自己是有功之臣而自负。[例句]他以～，视收受贿赂为辛苦操劳的正当所得，最终被送上了法庭。

【功成不居】gōng chéng bù jū
[释义]功：功绩。居：自居，占有。原指万物自然存在，圣人不将这些归功于自己。后用来表示立功而不把功劳归于自

己。[语见]《老子》:"生而不有,为而不恃,功成而弗(不)居。"[例句]她这种~的品格值得大家学习。

【功成名就】gōng chéng míng jiù
[释义]见"功成名遂"。[例句]等熬到~,恐怕人也老了。

【功成名遂】gōng chéng míng suì
[释义]遂:成就。建成了功业,也有了声名。事业成功,声名造就。[语见]《墨子·修身》:"功成名遂,名誉不可虚假。"[例句]妻子一直盼着他能~,使他觉得压力很大。

【功成身退】gōng chéng shēn tuì
[释义]见"功遂身退"。[语见]南朝宋·范晔《后汉书·邓禹传》:"功成身退,让国逊位,历世外戚,无世为比。"[例句]球队获得冠军之后不久,他便~,辞去了教练职务。

【功崇德钜】gōng chóng dé jù
[释义]崇:崇高。钜:巨大。形容功绩很大,德行很高。[语见]唐·韩愈《贺册尊号表》:"以陛下功崇德钜,天成地平。"[例句]感谢你们干了一件~的大好事,世人永远也不会忘记你们。

【功到自然成】gōng dào zì rán chéng
[释义]功夫用到家,事情自然会成功。用于劝说别人不要急于求成。[语见]明·吴承恩《西游记》第四十三回:"若要那三三行满,有何难哉! 常言道:'功到自然成'哩!"[例句]别着急,~嘛。

【功德无量】gōng dé wú liàng
[释义]功德:功业和德行。无量:没有限量。称颂语。指功劳、恩德很大。[语见]汉·班固《汉书·丙吉传》:"所以拥全神灵,成育圣躬,功德已无量矣。"[例句]您不顾个人安危,救了我们的命,真是~。

【功高不赏】gōng gāo bù shǎng
[释义]功劳大得无法加以赏赐,极言功劳之大。[例句]他浴血奋战多年,~,被皇帝视为珍宝。

【功高望重】gōng gāo wàng zhòng
[释义]功劳大,名望重。[语见]明·孙梅锡《琴心记·相如受继》:"将军不必怨怅,你功高望重,不久自明。"[例句]庙里的主持通常都是~功德圆满的老僧。

【功均天地】gōng jūn tiān dì
[释义]均:等同。功业与天地等同。形容功业之大。[语见]南朝梁·陆倕《石阙铭》:"功均天地,明并日月。"[例句]对这种~的功臣,一定要重重奖赏。

【功亏一篑】gōng kuī yī kuì
[释义]亏:缺少。篑:土筐。堆九仞高的土山,由于差一筐土而不能完成。比喻只差最后一点力量而不成功。[语见]《尚书·旅獒》:"为山九仞,功亏一篑。"[例句]就快到最后的紧要关头,一定要坚持住! 可别~。

【功遂身退】gōng suì shēn tuì
[释义]指功业成就,便退隐不再做官。[语见]《老子》:"功遂身退天之道。"[例句]几年中,他获得过不计其数的奖牌,如今~,到少儿体校当起了教练。

【功同赏异】gōng tóng shǎng yì
[释义]功劳相同而赏赐不同。[语见]汉·荀悦《前汉纪·元帝纪》:"臣闻功同赏异则劳臣疑,罪均刑别则百姓惑。"[例句]我们俩都是项目的负责人,为什么~呢?

【攻城掠地】gōng chéng lüè dì
[释义]见"攻城略地"。[语见]明·胡文焕《群音类选·金貂记·钱居田里》:"功高姜尚立皇基,舍残生攻城掠地。"[例句]战争打响后,我军~,很快便占领了敌军一半以上的阵地。

【攻城略地】gōng chéng lüè dì
[释义]略:夺取。攻克城镇,夺取地盘。[语见]汉·刘安《淮南子·兵略训》:"攻城略地,莫不降下。"[例句]这支军队一路上~,战无不胜。

【攻苦食淡】gōng kǔ shí dàn
[释义]攻:极力从事。做艰苦辛劳的工作,用清淡俭约的饮食。形容刻苦自励。[语见]元·脱脱等《宋史·徐中行传》:"熟读精思,攻苦食淡,夏不扇,冬不炉,夜

安枕者逾年。"[例句]他十年寒窗,～,终于获得了博士学位。

【攻其无备】gōng qí wú bèi
[释义]攻:攻打、进攻。备:防备、提防。在对方没有提防时发动进攻。[语见]《孙子·计篇》:"攻其无备,出其不意,此兵家之胜,不可先传也。"[例句]不可坐失良机,最好趁敌人还蒙在鼓里时,～,打一个大胜仗。

【攻守同盟】gōng shǒu tóng méng
[释义]在进攻和防守中,依照缔结的盟约而一致行动。又比喻坏人互相勾结,暗中约定一致行动,以掩盖罪恶。[例句]为抵御他国入侵,两国正式签订了～条约。

【攻心为上】gōng xīn wéi shàng
[释义]攻:征服。心:人心。上:上策,好办法。战争中以征服人心为好的作战方针。[语见]晋·陈寿《三国志·蜀书·马谡传》裴松之注引《襄阳记》:"用兵之道,攻心为上,攻城为下。心战为上,兵战为下。"[例句]～,攻城为下,这是一条重要的战略原则。

【供不应求】gōng bù yìng qiú
[释义]供:供给,供应。应:应付,满足。求:需求。供应满足不了需要。形容市场购销紧张,货源不足。[例句]产品上市以来,受到广大用户欢迎,一直～。

【躬蹈矢石】gōng dǎo shǐ shí
[释义]躬蹈:亲身践行。亲自上前线去和敌人作战。[语见]三国魏·曹操《褒扬泰山太守吕虔令》:"卿在郡以来,擒奸讨暴,百姓获安,躬蹈矢石,所征辄克。"[例句]他～,极大地鼓舞了前线将士们的士气。

【躬耕乐道】gōng gēng lè dào
[释义]亲自耕种,乐守圣贤之道。[语见]晋·陈寿《三国志·魏书·袁张凉国田王邴管传》:"(胡)昭乃转居陆浑山中,躬耕乐道,以经籍自娱。"[例句]他告老还乡,～,日子倒也过得很安详。

【躬擐甲胄】gōng huàn jiǎ zhòu
[释义]擐:穿。甲胄:古时战士用的铠甲

和头盔。亲自穿上铠甲和头盔。比喻长官亲身督战。[语见]唐·张说《论神兵军大总管功状》:"既而王躬擐甲胄,吐诚师旅,誓在尽敌,以报前仇。"[例句]每次开战的时候,大将军都～,身先士卒,非常令人钦佩。

【躬体力行】gōng tǐ lì xíng
[释义]亲自体验,努力实行。[例句]多年来,校长与全校教师一起,～,在学校建设和教书育人方面付出了艰辛的劳作。

【躬先表率】gōng xiān biǎo shuài
[释义]表率:榜样。自身先做出榜样。[语见]清·赵尔巽《清史稿·刘师恕传》:"尔等不能端本澄源,躬先表率而望秉铎司教之官,家喻户晓,易俗移风。"[例句]作为一班之长,我要～,以身作则,真正发挥带头作用。

【躬先士卒】gōng xiān shì zú
[释义]见"身先士卒"。[语见]唐·张说《为河内郡王开懿宗平冀州贼契丹等圳布》:"誓将首冒。锋刃,躬先士卒。"[例句]斯巴达克～,率领士兵穷追猛打,终于取得了一场巨大的胜利。

【躬行节俭】gōng xíng jié jiǎn
[释义]躬行:亲身实行。亲身做到节省。[语见]汉·班固《汉书·霍光传》:"师受《诗》、《论语》、《孝经》,躬行节俭,慈仁爱人。"[例句]他虽然家财万贯,却一直奉行～的原则,连剩饭都不轻易倒掉。

【躬行实践】gōng xíng shí jiàn
[释义]亲身实地去做。[语见]清·赵尔巽《清史稿·陈瑸传》:"诏嘉勉,谕以躬行实践,勿骛虚名。"[例句]不～,怎么能验证自己的理论呢?

【躬自菲薄】gōng zì fěi bó
[释义]躬自:自己;亲自。菲薄:微薄。亲自俭约。[语见]南朝梁·萧统《文选·张衡〈东京赋〉》:"文又躬自菲薄,治致升平之德。"李善注:"躬自菲薄,谓俭约。"[例句]这充分显示出他质朴无华、～的生活作风。

【觥筹交错】gōng chóu jiāo cuò
[释义]觥:古代用兽角做的一种酒器。

筹:酒筹,用竹、木或象牙等制成的小棍或小片儿,用作行酒令时的筹码。交错:交叉、错杂。酒器和酒筹杂乱地放在一起。形容许多人聚在一起宴饮的热闹情形。[语见]宋·欧阳修《醉翁亭记》:"射者中,弈者胜,觥筹交错,起坐而喧哗者,众宾欢也。"[例句]那天～,不知醉了多少人。

【拱肩缩背】gǒng jiān suō bèi
[释义]耸着双肩,弯着背脊。形容恭谨或怕冷、疲惫的样子。[语见]清·曹雪芹《红楼梦》第五十一回:"只有他穿着那几件旧衣裳,越发显得拱肩缩背,好不可怜见的!"[例句]老人穿着那件旧斗篷,越发显得～,孤苦伶仃。

【拱手而降】gǒng shǒu ér xiáng
[释义]拱手:两手在胸前作揖行礼。俯首投降。[语见]元·无名氏《聚兽牌》第一折:"斩汉将汤浇瑞雪,放心杀敌兵拱手而降。"[例句]仗还没打,怎么能～呢?

【拱手听命】gǒng shǒu tīng mìng
[释义]指恭恭敬敬地听从吩咐。[语见]清·张廷玉等《明史·陈九畴传》:"边臣怵利害,拱手听命,致内属番人勾连接引,以至于今。"[例句]只听他一声令下,众人皆～。

【拱手投降】gǒng shǒu tóu xiáng
[释义]见"拱手而降"。[语见]元·无名氏《智降秦叔宝》第二折:"若见了唐营人马,再商量拱手投降。"[例句]这位君主最终选择了～,他不是没有战斗力了,而是因为他看到了人心向背,也看到了力量的悬殊。

【共挽鹿车】gòng wǎn lù chē
[释义]鹿车:古时的一种小车。一块儿拉小车。旧指用以称颂夫妻同甘苦。[语见]南朝宋·范晔《后汉书·鲍宣妻传》:"妻乃悉归侍御服饰,更著短衣裳,与宣共挽鹿车归乡里。"[例句]丈夫被革职后,夫妻俩～,安心过起了平常人的生活。

【共为唇齿】gòng wéi chún chǐ
[释义]比喻关系密切,休戚相关。

[语见]晋·陈寿《三国志·蜀书·邓芝传》:"蜀有重险之固,吴有三江之阻,合此二长,共为唇齿,进可并兼天下,退可鼎足而立。"[例句]既然是夫妻,你们就该～,齐心合力维护自己的家庭。

【共相唇齿】gòng xiāng chún chǐ
[释义]见"共为唇齿"。[语见]北齐·魏收《魏书·百济传》:"或南通刘氏,或北约蠕蠕,共相唇齿,谋陵王略。"[例句]真是命运的安排,原先互不相识的他俩,如今～,成了一条绳上的蚂蚱。

【贡禹弹冠】gòng yǔ tán guān
[释义]贡禹:西汉大臣,元帝时与王吉(字子阳)同为谏议大夫,二人友善。弹冠:掸去帽子上的灰尘。指准备做官。比喻乐意辅佐政治志向相同的人。[语见]汉·班固《汉书·王吉传》:"吉与贡禹为友,世称'王阳在位,贡公弹冠',言其取舍同也。"[例句]如果这项工作确定由他负责,我一定～,全力支持。

gou

【勾心斗角】gōu xīn dòu jiǎo
[释义]见"钩心斗角"。[例句]因为中层的几个人～,从而导致了公司的最终破产。

【钩深致远】gōu shēn zhì yuǎn
[释义]深:深奥。致:求得。远:远处。探索深处的,求得远处的。形容探索深奥的道理或治学的广博精深。也作"钩深索隐"。[语见]《周易·系辞上》:"圣人探赜索隐,钩深致远以定天下之吉凶。"[例句]看这本书不必～,随便翻翻就行了。

【钩心斗角】gōu xīn dòu jiǎo
[释义]心:宫室的中心。钩心:建筑物相互勾连。角:檐角。斗角:檐角互相交错。原形容建筑物结构精巧,交错相连。后用以比喻人与人之间明争暗斗,用尽心机。[语见]唐·杜牧《阿房宫赋》:"各抱地势,钩心斗角。"[例句]同事在一起不要～、尔虞我诈,应该相互理解、相互关心。

【钩玄提要】 gōu xuán tí yào
[释义] 钩玄:钩取精微的道理。指抓住精神实质,提出主要之点。**[语见]** 唐·韩愈《进学解》:"记事者必提其要,纂言者必钩其玄。"**[例句]** 本书虽然短小,但是～,言简意赅,在学界有口皆碑。

【钩隐抉微】 gōu yǐn jué wēi
[释义] 治学上能发掘幽深精微。**[语见]** 宋·郭绍彭《宋王先生圹铭》:"《丛书》门分类聚,钩隐抉微,考证经史百氏,下至骚人墨客佚事,细大不捐。"**[例句]** 在长达三十多年的时间里,他尽可能地广搜博采、～,力求完善自己的理论。

【钩章棘句】 gōu zhāng jí jù
[释义] 钩:古代兵器,像剑,形弯曲。棘:即戟。形容文辞奇僻艰涩而不流畅。**[语见]** 唐·韩愈《贞曜先生墓志铭》:"及其为诗,刿目怵心,刃迎缕解,钩章棘句,掐擢胃肾,神施鬼设,间见层出。"**[例句]** 这种～的文章,读起来真是费劲。

【篝火狐鸣】 gōu huǒ hú míng
[释义] 篝:笼子。用竹笼罩住火,若隐若现,又假装狐狸叫的声音说话。指假托狐、鬼,发动群众起事。也指欺骗人的不正当手段。**[语见]** 汉·司马迁《史记·陈涉世家》:"夜篝火,狐鸣呼曰:'大楚兴,陈胜王。'"**[例句]** 这伙人～,不知又要耍什么阴谋诡计。

【苟安一隅】 gǒu ān yī yú
[释义] 一隅:一个角落,引申为一个狭小地区。形容统治者对外来侵略不抵抗,偏据一地以自安。**[语见]** 清·钱彩《说岳全传》第五十九回:"方今奸臣弄权,专主和议;朝廷听信奸言,希图苟安一隅,无用兵之志。"**[例句]** 面对北方日益强大的邻国,他们年年纳贡,以求～。

【苟且偷安】 gǒu qiě tōu ān
[释义] 苟且:只顾眼前,得过且过。偷安:只图眼前安逸。只图目前的安逸,不顾将来,得过且过。**[语见]** 宋·朱熹《乞蠲减星子县税钱第二状》:"其幸存者,亦皆苟且偷安,不为子孙长久之虑。"**[例句]** 这个皇帝是个不思进取、～的昏君。

【苟且偷生】 gǒu qiě tōu shēng
[释义] 得过且过,勉强地生存下去。**[语见]** 宋·王令《与杜子长书》:"令贫无资,身术从礼,有责不敢易。受寒饿死,惧辱先人后,以故苟且偷生。"**[例句]** 他没有～,而是毅然选择了为正义而死。

【苟延残喘】 gǒu yán cán chuǎn
[释义] 苟延:勉强延续。残喘:残存的喘息。指临死前的喘息。勉强延续一口没断的气。比喻勉强维持生存。**[语见]** 明·马中锡《中山狼传》:"今日之事,何不使我得早处囊中,以苟延残喘乎?"**[例句]** 鱼缸破了,十几条鱼在地上可怜巴巴地～。

【狗盗鼠窃】 gǒu dào shǔ qiè
[释义] "鼠窃狗盗"。**[语见]** 汉·荀悦《前汉纪·惠帝纪》:"今明主在于上,法令具于下,安得有反贼乎?此具狗盗鼠窃耳!"**[例句]** 他小时候就常常有～的行为,现在做出这等事来,自然不足为怪了。

【狗苟蝇营】 gǒu gǒu yíng yíng
[释义] 苟:苟且。蝇营:苍蝇来来往往地追逐脏东西。像狗那样摇尾乞怜、苟且偷生,像苍蝇那样到处钻营。比喻追逐名利不择手段,不顾廉耻地到处钻营。**[语见]** 宋·文天祥《御试策一道》:"牛维马絷,狗苟蝇营,患得患失,无所不至者,无怪也。"**[例句]** 他对官场上那些阿谀逢迎、～的行为非常不屑。

【狗急跳墙】 gǒu jí tiào qiáng
[释义] 比喻走投无路时行为极端而不顾一切。**[语见]**《敦煌变文集·燕子赋》:"人急烧香,狗急蓦墙。"**[例句]** 你要小心他～,干出什么极端的事情来。

【狗头军师】 gǒu tóu jūn shī
[释义] 军师:古代主掌监察的军官。现也指为个人或集团出谋划策的人。指爱给他人出坏主意而又不高明的人。**[例句]** 他就是参与策划这次抢劫案的～。

【狗尾续貂】 gǒu wěi xù diāo
[释义] 续:连接。貂:一种毛皮珍贵的动物,此指貂的尾巴。古代皇帝侍从官员

用貂尾做帽饰。貂尾不够,用狗尾代替。本为讽刺封爵太滥。后转用以比喻用不好的东西续在好东西的后面。也比喻事物或文艺作品前后好坏不相称。[语见]五代·孙光宪《北梦琐言》第十八卷:"乱离以来,官爵过滥,封王作辅,狗尾续貂。"[例句]制作单位实在不该再～拍什么续集。

【狗行狼心】gǒu xíng láng xīn
[释义]像狗的行为,狼的心肠,比喻行为卑鄙,心地狠毒。[语见]元·白朴《恼煞人》曲:"恨冯魁趋恩夺爱,狗行狼心,全然不怕天折挫。"[例句]他的继母是个～的人,从小就把他当佣人一样使唤,稍不如意就拳打脚踢。

【狗续貂尾】gǒu xù diāo wěi
[释义]见"狗尾续貂"。[语见]清·嬴宗季女《六月霜·张罗》:"杀人献媚,情甘狗续貂尾。"[例句]别人画中留白,本已意味十足,你～地一改,几乎就是废纸一张了。

【狗血喷头】gǒu xuè pēn tóu
[释义]旧时迷信说法,说狗血淋在妖人头上,可使其妖法失灵。后形容骂人骂得厉害,使被骂者无言以对,无计可施。[语见]清·吴敬梓《儒林外史》第三回:"(范进)被胡屠户一口啐在脸上,骂了个狗血喷头。"[例句]事情办砸了,回去一定会被老板骂得～。

【狗仗人势】gǒu zhàng rén shì
[释义]比喻坏人倚仗主子的势力欺压人。[语见]清·曹雪芹《红楼梦》第七十四回:"你就狗仗人势,天天作耗,在我们跟前逞脸。"[例句]你别～,欺负老百姓!

【狗彘不若】gǒu zhì bù ruò
[释义]彘:猪。连猪狗都不如。形容品质非常恶劣。[语见]《荀子·荣辱》:"人也,忧忘其身,内忘其亲,上忘其君,则是人也,而曾狗彘之不若也。"[例句]这个家伙真是～,死有余辜!

【狗彘不食】gǒu zhì bù shí
[释义]彘:猪。指那个人吃过的东西连猪狗都不吃。意即人品恶劣下贱。

[语见]清·张廷玉等《明史·李任传》:"汝为大将,不能杀贼,反为贼用,狗彘不食汝余。"[例句]这些人坏透了,简直是～。

gu

【沽酒当垆】gū jiǔ dāng lú
[释义]沽酒:卖酒。当垆:古时酒店垒土为垆,安放酒瓮,卖酒的坐在垆边,叫"当垆"。旧指名士不遇,甘愿埋身尘世。也泛指饮酒作乐。[语见]汉·司马迁《史记·司马相如列传》:"(相如)买一酒舍酤酒,而令文君当垆。"[例句]那阵子他怀才不遇,甘愿～,过着普通人的生活。

【沽名钓誉】gū míng diào yù
[释义]沽:买。名:名声。钓:以某种手段猎取。誉:名誉。以某种虚假的手法来谋取名誉。也作"钓誉沽名"。[语见]金·张建《高陵县张公去思碑》:"非若沽名钓誉之徒,内有所不足,急于人闻,而专苟责督察,以祈当世之知。"[例句]不要把明星公益活动看作只是～的事情。

【沽名邀誉】gū míng yāo yù
[释义]沽:买。邀:请,求得。指用种种手段取得名声或赞誉。[语见]清·赵尔巽《清史稿·迈柱传》:"国家经制钱粮,岂可意为增减?若此税不当收,潢当请豁免,何得以公指代完,沽名邀誉?"[例句]这些不称职的官员,整天搞些～的事情为自己增添政绩,却没干多少利国利民的正事。

【孤臣孽子】gū chén niè zǐ
[释义]孤臣:为君主所疏远的臣子。孽子:旧时指庶子,即妾媵所生的子女。用以指那些虽不被重用,但仍忠实于君主的臣下。[语见]《孟子·尽心上》:"独孤臣孽子,其操心也危,其虑患也深,故达。"[例句]我们这些～空怀一腔热情,却没施展的机会。

【孤雏腐鼠】gū chú fǔ shǔ
[释义]孤:孤单,孤独。雏:小鸟。腐:烂。孤独的小鸟,腐烂的老鼠。比喻微不足道、无足轻重的人或事物。[语见]南朝宋·范晔《后汉书·窦宪传》:"宪恃宫

掜声势，遂以贱值请夺沁水公主园田。……后发觉，帝大怒，召宪切责曰：'今贵主尚见枉夺，何况小人哉！国家弃宪如孤雏腐鼠耳。'"[例句] 在险恶的权力角逐中，他随时都可能被其主子如～般抛弃。

【孤犊触乳】gū dú chù rǔ
[释义] 比喻子女忤逆不孝。后也比喻无依无靠的人向别人求助。[语见] 南朝宋·范晔《后汉书·仇览传》"元卒成孝子"。李贤注引谢承《后汉书》："览为县阳遂亭长，好行教化。人羊元凶恶不孝，其母诣览言元。览呼元，诮责元以子道，与一卷《孝经》，使诵读之。元深改悔，到母床下，谢罪曰：'元少孤，为母所骄。'谚曰：'孤犊触乳，骄子骂母。乞今自改。'母子更相向泣，于是元遂修孝道，后成佳士。"[例句] 你不但不孝敬老人，还～，说这些让父母寒心的话，真是逆子。

【孤儿寡妇】gū ér guǎ fù
[释义] 孤儿：死了父亲的孩子。失去父亲的孩子，没了丈夫的妇人。泛指无依无靠、没人保护的人。[语见] 南朝宋·范晔《后汉书·陈龟传》："或举国掩户，尽种灰灭，孤儿寡妇，号哭空城，野无青草，室如悬磬。"[例句] 战争硝烟渐渐散去，只留下无数尸体和哭泣的～。

【孤芳自赏】gū fāng zì shǎng
[释义] 孤：独有的。芳：花的香味，这里指香花。孤芳：独秀的一枝香花。自赏：自我欣赏。把自己看成一枝独秀的香花而自我欣赏。比喻自命清高，自我欣赏。[语见] 宋·张孝祥《念奴娇·过洞庭》："应念岭表经年，孤芳自赏，肝胆皆冰雪。"[例句] 你别在那儿自我陶醉，～了。

【孤鸿寡鹄】gū hóng guǎ hú
[释义] 喻指失偶的男女。[语见] 明·无名氏《鸣凤记·邹慰夏孤》："向日蚕桑动，忽相逢孤鸿寡鹄，无门投控，飞鸟依人情可悯。"[例句] 他们两个都是～，后来在媒人的撮合下组成了一个新的家庭。

【孤家寡人】gū jiā guǎ rén
[释义] 孤家、寡人：古时帝王的自称。比喻脱离群众、孤立无助的人。也比喻孤零零一个人。[语见] 清·曾朴《孽海花》第六十五回："因为案情重大，并且是积案累累的，就办了一个就地正法。云岫的一妻一妾，也为这件事，连吓带痛的死了。到了今日，云岫竟变了个孤家寡人了。"[例句] 没有你们的辅佐，我成了～，什么事儿也干不成。

【孤军奋战】gū jūn fèn zhàn
[释义] 奋战：竭尽全力进行战斗。孤立无援的军队，竭尽全力与敌作战。也比喻个人或集体在没有帮助的情况下努力从事某项工作或事业。[语见] 唐·魏徵《隋书·虞庆则传》："由是长儒孤军独战，死者十八九。"[例句] 那三十个人～的场面，令人惨不忍睹。

【孤军作战】gū jūn zuò zhàn
[释义] 见"孤军奋战"。[例句] 我们～三天三夜，终于守住了阵地。

【孤苦伶仃】gū kǔ líng dīng
[释义] 孤苦：没有依靠，生活困苦。伶仃：孤独无依靠。困苦孤单，没有依靠。[语见] 晋·李密《陈情表》："零丁孤苦，至于成立。"[例句] 这孩子从小父母双亡，～。

【孤立无援】gū lì wú yuán
[释义] 孤立：独自支撑。独自支撑，没有援助。[语见] 明·罗贯中《三国演义》第四十七回："周瑜孤立无援，必为丞相所擒。"[例句] 她大声呼救，却发现自己～。

【孤立无助】gū lì wú zhù
[释义] 见"孤立无援"。[语见] 宋·周辉《清波杂志》第一卷："属者椒寝未繁，前星不耀，孤立无助，有识寒心。"[例句] 正在我～的时候，是他帮了我一把。

【孤陋寡闻】gū lòu guǎ wén
[释义] 孤、寡：少。陋：(见闻)少，(学识)浅。学识短浅，见闻不广。[语见]《礼记·学记》："独学而无友，则孤陋而寡闻。"[例句] 真是～，这么大的新闻居然都不知道。

【孤身只影】gū shēn zhī yǐng

[释义] 只:单独。孤零零,无亲无友,一个人。多形容孤单。[语见] 元·关汉卿《窦娥冤》第三折:"可怜我孤身只影无亲眷,则落的吞声忍气空嗟怨。"[例句] 他～一个人鳏居了二十多年。

【孤形吊影】gū xíng diào yǐng

[释义] 形容孤独无依。[语见] 明·凌濛初《二刻拍案惊奇》第三卷:"是时正是七月七日,权翰林身居客邸,孤形吊影。"[例句] 任风沙吹着我的脸,寂寞的我～,一个人徘徊在林荫道上。

【孤行己意】gū xíng jǐ yì

[释义] 只按自己的意愿办事。[语见] 鲁迅《集外集·记"杨树达"君的袭来》:"我想,原来是一个孤行己意,随随便便的青年,怪不得他模样如此傲慢。"[例句] 像你这种～的做法,肯定会失败的。

【孤形只影】gū xíng zhī yǐng

[释义] 见"孤身只影"。[例句] 你母亲辗转几千里,～地寻你到京城,你竟然避而不见,真是畜生不如。

【孤掌难鸣】gū zhǎng nán míng

[释义] 孤掌:一个手掌。一个巴掌难拍响。比喻一个人力量单薄难以成事。[语见] 明·施耐庵《水浒传》第四十九回:"为见解珍,解宝是个好汉,有心要救他,只是单丝不成线,孤掌难鸣,只报得他一个信。"[例句] 虽然奋勇抵抗,无奈他～,根本无法阻挡敌军的猛烈进攻。

【孤注一掷】gū zhù yī zhì

[释义] 注:赌博所投下的钱。孤注:赌钱的人在钱快输光时把仅有的钱并作一注。掷:赌钱时掷骰子。把所有的钱都压作赌注,以决输赢。比喻危急关头用尽所有力量做最后一次冒险。[语见]清·曾朴《孽海花》第三十三回:"无如他被全台的公愤,逼迫得没有回旋余地,只好挺身而出,作孤注一掷了。"[例句] 这种做法简直是～,实在不可取。

【姑妄听之】gū wàng tīng zhī

[释义] 姑:姑且,暂且。妄:随便。表示姑且随便听听,不一定就相信。[语见]《庄子·齐物论》:"予尝为女妄言之,女亦以妄听之奚?"[例句] 恭维的话谁不会说,～。

【姑妄言之】gū wàng yán zhī

[释义] 姑且随便说说。指说的话不一定很有道理或不一定可信(含有客气的意思)。[语见]《庄子·齐物论》:"予尝为女妄言之,女亦以妄听之奚?"[例句] 这只是我个人的意见,～,听不听由你。

【姑息养奸】gū xī yǎng jiān

[释义] 姑息:过于宽容,无原则地宽恕。养:养成,助长。奸:指坏人坏事。无原则地宽恕纵容,就会助长坏人坏事。[语见] 清·赵尔巽《清史稿·隆科多传》:"孰知朕视为一德,彼竟有二心,招权纳贿,擅作威福,欺罔悖负,朕岂能姑息养奸耶?"[例句] 面对舞弊行为,绝不能～。

【姑射神人】gū yè shén rén

[释义] 姑射:即藐姑射,山名。原指藐姑射山的神仙,后指美女。也作"姑射仙姿"。[语见]《庄子·逍遥游》:"藐姑射之山有神人居焉,肌肤若冰雪,绰约若处子。"[例句] 看着眼前这个美丽的女子,他不禁暗自吃了一惊,想不到在这么个偏僻的地方,居然能有这样的～。

【辜恩背义】gū ēn bèi yì

[释义] 辜负别人对自己的恩德和情谊,做出对不起别人的事。[语见] 宋·乐史《绿珠传》:"今为此传,非徒述美丽,窒祸源,且欲惩戒辜恩背义之类。"[例句] 她～,居然跑到法院告了我们一状。

【辜恩负义】gū ēn fù yì

[释义] 见"辜恩背义"。[语见] 元·柯丹邱《荆钗记·觅真》:"畜生反面目,太心毒,辜恩负义难容恕,真堪恶。"[例句] 他～,投靠权贵,有仕途的合理性,但是没有道德的合理性,受到良心的审判,势在必行。

【古道热肠】gǔ dào rè cháng

[释义] 古道:古代淳朴的风尚。热肠:热心肠。形容待人真诚、热情。[语见] 清·南亭亭长《中国现在记》第十一回:"况且老哥这样古道热肠的人,自然是投无不

利。"[例句]虽然遭受了许多人间的劳苦与辛酸,他却依然是～,真诚待人。

【古调不弹】gǔ diào bù tán
[释义]古调:古代的曲调。比喻陈旧的东西不受欢迎。[语见]唐·刘长卿《听弹琴》诗:"古调虽自爱,今人多不弹。"[例句]时代早已变迁,所谓～,你这些陈词滥调我不爱听。

【古调独弹】gǔ diào dú tán
[释义]比喻人的行为不合时宜。[语见]唐·刘长卿《客舍赠别……赴任郑县便觐省》诗:"清琴有古调,更向何人操。"[例句]大过节的,别人都在唱歌跳舞,就你一个～,跑到这里书读。

【古今中外】gǔ jīn zhōng wài
[释义]总括过去、现在、国内、国外。表示普遍存在。[例句]～,像这样的悲剧不知发生过多少。

【古井无波】gǔ jǐng wú bō
[释义]枯井不再起波澜。比喻不动心。旧时多用来形容寡妇不再思嫁。[语见]唐·白居易《赠元稹》诗:"无波古井水,有节秋竹竿。"[例句]丈夫去世后,这么多年来她～,无心再嫁。

【古貌古心】gǔ mào gǔ xīn
[释义]旧指容貌、思想,都有古人风度。[语见]唐·韩愈《孟生诗》:"孟生江海士,古貌又古心。"[例句]都什么时代了,居然还有你这种～的人?

【古色古香】gǔ sè gǔ xiāng
[释义]形容古物因年代久远而具有的特殊意趣。[语见]清·黄丕烈《士礼居藏书题跋记·麈史》:"是书虽非毛氏所云何元朗本及伊舅氏仲木本,然古色古香溢于楮墨,想不在二本下也。"[例句]这儿陈列了大量～的珍贵文物。

【古往今来】gǔ wǎng jīn lái
[释义]从古到今。形容时间长久。[语见]晋·潘岳《西征赋》:"古往今来,邈矣悠哉。"[例句]～,不知留下过多少凄楚动人的爱情故事。

【古为今用】gǔ wéi jīn yòng
[释义]批判地继承古代优秀文化遗产,使之为今天服务。[语见]老舍《谈写作》:"我们必须学点古典文学,但学习的目的是古为今用。"[例句]中国民居保护工程本着～的原则,特别注意传统民居与环境相融合。

【骨鲠在喉】gǔ gěng zài hóu
[释义]鲠:鱼刺。鱼刺卡在喉咙里。比喻心里有话说不出,非常难受。[例句]我有一句话如～,不吐不快!

【骨肉相残】gǔ ròu xiāng cán
[释义]比喻自己人互相残杀。[语见]南朝宋·刘义庆《世说新语·政事》:"仲弓曰:'盗杀财主,何如骨肉相残?'"[例句]是谁导演了这场～的悲剧?

【骨肉相连】gǔ ròu xiāng lián
[释义]骨和肉紧密相连。比喻相互之间不可分离,关系十分密切。[语见]唐·李百药《北齐书·杨愔传》:"常山王以砖叩头,进而言曰:'臣与陛下骨肉相连。'"[例句]唯一让她割舍不下的是自己～的女儿。

【骨肉至亲】gǔ ròu zhì qīn
[释义]比喻血缘关系最近的亲戚。[语见]汉·班固《汉书·景十三王传》:"诸侯王自以骨肉至亲,先帝所以广封连城,犬牙相错者,为盘石宗也。"[例句]你怎么忍心杀害自己的～呢?

【骨瘦如柴】gǔ shòu rú chái
[释义]形容人消瘦得像干柴一样。[语见]《敦煌变文集·维摩诘经讲经文》:"旧日神情威似虎,今来体貌骨瘦如柴。"[例句]她在回家的路上捡到一只～的小猫。

【骨瘦如豺】gǔ shòu rú chái
[释义]豺:形体与狼相似而瘦小。形容人十分消瘦,像豺一样。[语见]宋·陆佃《埤雅·释兽》:"又曰:瘦如豺。豺,柴也。豺体细瘦,故谓之豺。"[例句]三年大狱,早已使她～,但是她眼里那股逼人之气,依然劲头十足。

【骨腾肉飞】gǔ téng ròu fēi
[释义]形容奔跑腾跃极其迅速。也形容神魂飘荡。[语见]《吴越春秋·阖闾内

G

传》:"庆忌之勇,世所闻也。筋骨果劲,万人莫当。走追奔兽,手接飞鸟,骨腾肉飞,拊膝数百里。"[例句]这种马一旦跑起来,～,谁都赶不上。

【蛊惑人心】gǔ huò rén xīn
[释义]蛊惑:毒害、迷惑。蛊:旧时传说,把许多毒虫放在器皿里使其相互吞食,最后剩下的不死的毒虫叫做蛊,用来放在食物里毒害人。指用谣言等欺骗手段来迷惑人、煽动人、搞乱人的思想。[语见]明·宋濂等《元史·刑法志》:"诸阴阳家者流,辄为人燃灯祭星,蛊惑人心者,禁之。"[例句]不要在这里～,欺骗大家了。

【毂击肩摩】gǔ jī jiān mó
[释义]毂:车轮中心插轴的圆孔。摩:摩擦。车轮相撞,肩膀相挨。形容车马行人众多,来往拥挤。[语见]《战国策·齐策一》:"临淄之途,车毂击,人肩摩。"[例句]大街上车来人往,～,热闹非凡。

【謦言妄举】gǔ yán wàng jǔ
[释义]随便乱说,轻率行动。[语见]唐·房玄龄等《晋书·挚虞传》:"臣生长筚门,不逮异物,虽有贤才,所未接识,不敢謦言妄举,无以畴答圣问。"[例句]没弄清形势之前,不要～。

【告朔饩羊】gù shuò xì yáng
[释义]朔:农历每月初一。告朔:周代的一种礼制,诸侯在每月初一告祭祖庙,然后处理政事。饩:活的牲口。告朔时所用的活羊。当时执政的鲁侯很久不参加月初告祭祖庙的祭祀,也不听政,但掌管祭祀的官员仍照常例杀活羊作祭品,子贡认为空有形式,是一种浪费,就想废掉杀活羊作祭品的旧例。后用以比喻空留形式,应付差事的举动。[语见]《论语·八佾》:"子贡欲去告朔之饩羊"。[例句]这些烦琐的礼仪经过数百年流传,早已是～,名存实亡了。

【固若金汤】gù ruò jīn tāng
[释义]固:牢固、坚固。金:金城,金属铸造的城墙。汤:汤池,注满沸水的护城河。牢固得像金属铸造的城墙、滚烫的

沸水灌成的护城河一样。形容所守的城池或阵地非常坚固。[例句]此处哨卡林立,机关遍布,是一座～的城池。

【固执己见】gù zhí jǐ jiàn
[释义]坚持自己的看法,不肯改变。[语见]元·脱脱等《宋史·陈宓传》:"固执己见,动失人心。"[例句]要善于倾听别人的意见,千万不可～。

【故步自封】gù bù zì fēng
[释义]故步:原来所走的步子。封:限制在一定的范围内。比喻因循守旧,安于现状,不求创新进取。[例句]有远见的学者从不～,他们总在努力开拓新的研究领域。

【故宫禾黍】gù gōng hé shǔ
[释义]禾:粟。黍:黍子,籽实去皮后叫黄米,比小米稍大,为古代重要的粮食作物。比喻感念故国的情思。[语见]《诗经·王风·黍离序》:"周大夫行役至于宗周,过故宗庙宫室,尽为禾黍,闵周室之颠覆,彷徨不忍去。"[例句]作者用凄婉的词句展现自己的失家之痛和浓郁的～之悲。

【故伎重演】gù jì chóng yǎn
[释义]故:旧的,老的。伎:伎俩,花招。老花招又施展一次,形容耍弄老手腕一再骗人。[例句]他还会不会～,再骗我们一次呢?

【故家乔木】gù jiā qiáo mù
[释义]故家:世家大族,也泛指旧时做官的人家。乔木:枝干长到二三丈以上的大树。指官僚世家的人才、器物都是出众的,是旧时对官僚世家的恭维话。[语见]清·吴敬梓《儒林外史》第四十六回:"自古说'故家乔木',果然不差。"[例句]～,人丁兴旺,已为国家脊梁,奈何忧虑如此?

【故旧不弃】gù jiù bù qì
[释义]故旧:旧友。不轻易抛弃老朋友或者老部下。[语见]《论语·微子》:"故旧无大故,则不弃也;无求备于一人。"[例句]再怎么发达,我也懂得～的道理,怎么会忘了你这个老朋友呢?

【故弄玄虚】gù nòng xuán xū
[释义]故:故意。弄:要弄。玄虚:不可捉摸的东西,迷惑人的手段。故意要弄花招,使人无法捉摸,感到迷惑。[语见]《韩非子·解老》:"圣人观其玄虚,用其周行,强字之曰道。"[例句]某些商家的广告纯粹是～,夸大产品效果。

【故态复萌】gù tài fù méng
[释义]故态:老样子。复萌:又发生了。指重犯原来的毛病。也作"故智复萌"。[语见]明·梅鼎祚《玉合记·嗣音》:"不欺师父,韩郎遣信到此,不觉故态复萌,情缘难断。"[例句]没过多久,她又～,经常大吵大闹。

【故土难离】gù tǔ nán lí
[释义]故土:故乡。故乡难于离开。形容对家乡或祖国的眷恋和热爱。[例句]落叶归根,～,这都是人之常情。

【顾此失彼】gù cǐ shī bǐ
[释义]顾了这个,丢了那个。形容两方面不能全照顾到。也形容慌乱的样子。[语见]明·冯梦龙《东周列国志》第七十六回:"一军攻麦城,一军攻纪南城,大王率大军直捣郢都,彼疾雷不及掩耳,顾此失彼,二城若破,郢不守矣。"[例句]人一多,我就容易手忙脚乱,～。

【顾虑重重】gù lǜ chóng chóng
[释义]重重:一层又一层。思想顾虑很多,不敢轻易行动。[例句]害怕工程质量得不到保证,消费者购房～。

【顾名思义】gù míng sī yì
[释义]顾:看。看到名称,就想到其中的含义。[语见]晋·陈寿《三国志·魏书·王昶传》里说:"欲使汝曹立身行己,遵儒者之教,履道家之言,故以玄默冲虚为名,欲使汝曹顾名思义,不敢有违越也。"[例句]～,多媒体是一种把多种媒体结合起来应用的技术。

【顾盼神飞】gù pàn shén fēi
[释义]顾、盼:看。一看一顾之间,神采飞扬。形容眼睛美丽、明亮、有精神。[语见]清·曹雪芹《红楼梦》第三回:"第二个削肩细腰,长挑身材,鹅蛋脸,俊眼修眉,顾盼神飞,文彩精华,见之忘俗。"[例句]那画中的人物个个～,栩栩如生。

【顾盼生辉】gù pàn shēng huī
[释义]"顾盼生姿"。[语见]明·凌濛初《二刻拍案惊奇》第二十二卷:"土有余粮,马多剩草。一呼百诺,顾盼生辉。此送彼迎,尊荣莫及。"[例句]只要一上台,她立刻变得神采奕奕,～。

【顾盼生姿】gù pàn shēng zī
[释义]顾盼:看、望。一回首,一注目,都有美妙的姿态。比喻眉目传神。[语见]晋·干宝《搜神记》第十八卷:"华见其总角风流,洁白如玉,举动容止,顾盼生姿,雅重之。"[例句]墙上摆着她的艺术照,～,清丽动人。

【顾盼自雄】gù pàn zì xióng
[释义]左顾右盼,总以为自己了不起的样子。[语见]清·蒲松龄《聊斋志异·仙人岛》:"王即慨然诵近体一作,顾盼自雄。"[例句]这位～、神采飞扬的年轻男子好像全然不把别人看在眼里。

【顾全大局】gù quán dà jú
[释义]大局:整体或全局。指以整体利益为重。也形容识大体、目光远。[例句]希望你能以单位利益为重,～,努力工作。

【顾影自怜】gù yǐng zì lián
[释义]顾:回头看。怜:怜惜。回头看自己的影子,自己怜惜自己。原形容孤独失意的情景,后多用以形容自我欣赏。[语见]晋·陆机《赴洛道中作》诗:"伫立望故乡,顾影凄自怜。"[例句]经常见她在镜子前面～。

gua

【瓜熟蒂落】guā shú dì luò
[释义]熟:成熟。蒂:瓜蒂,花朵或瓜果与枝茎相连接的部分。落:掉落、脱落。瓜熟后,瓜蒂自然掉落。比喻等条件具备,时机成熟,问题自然会解决。[语见]清·褚人获《隋唐演义》第十一回:"况吉人天相,自然瓜熟蒂落,何须过虑?"[例句]经过十月怀胎,终于～,新生命诞

生了。

【瓜田李下】 guā tián lǐ xià

[释义] 瓜田里面，李子树下。比喻容易招致嫌疑的地方。《古乐府·君子行》："君子防未然，不处嫌疑间，瓜田不纳履，李下不整冠。"意思是如果经过瓜地时弯腰提鞋，容易被人猜疑是在偷瓜；路过李子树下抬手扶帽子，容易被人猜疑是在偷李子，必须谨慎行动，避免嫌疑。[例句] 你掌管着公司的财务，～，尤其要检点自己的行为，不要做容易引起嫌疑的事情。

【瓜字初分】 guā zì chū fēn

[释义] 旧时把"瓜"字拆为"二""八"两个字，隐"二八即十六"之意。特指女子十六岁。[语见] 唐·李群玉《醉后赠冯姬》诗："桂形浅拂梁家黛，瓜字初分碧玉年。"[例句] 女儿渐渐长大了，明年就～，进入花季之年了。

【刮目相待】 guā mù xiāng dài

[释义] 刮目：擦眼睛。表示抛弃过去的看法。待：看待。比喻抛弃老看法，用新眼光看待人或事物。[语见] 晋·陈寿《三国志·吴书·吕蒙传》裴松之注引《江表传》："(鲁)肃拊蒙背曰：'吾谓大弟但有武略耳，至于今者，学识英博，非复吴下阿蒙。'蒙曰：'士别三日，即更刮目相待。'"[例句] 接连获奖使得媒体、评论家如今都对他～。

【刮目相看】 guā mù xiāng kàn

[释义] 见"刮目相待"。[语见] 元·谭景星《答谭仲仁》："友别三日，刮目相看，吾又何可复以故意相待而言之也。"[例句] 没想到她小小年纪竟然写得那么一手好字，令人～。

【寡不敌众】 guǎ bù dí zhòng

[释义] 寡：少。敌：抵挡。众：多。少数人抵挡不住多数人。也作"寡不胜众"。[语见]《逸周书·芮良夫》："民至亿兆，后一而已，寡不敌众，后其危哉！"[例句] 这支小分队浴血奋战一昼夜，终因～而告失败。

【寡恩少义】 guǎ ēn shǎo yì

[释义] 形容人冷酷无情、刻薄自私。

[语见] 清·西周生《醒世姻缘传》第八十二回："这刘敏虽生在这寡恩少义的老子手内，有一个知疼着热的亲娘母子，二人相偎相靠，你惜我怜，还好过得日子。"[例句] 活了一辈子，没见过你这种～、自私自利的人。

【寡二少双】 guǎ èr shǎo shuāng

[释义] 没有第二个，没有能相匹敌的。[语见] 汉·班固《汉书·吾丘寿王传》："子在朕前之时，知略辐凑，以为天下少双，海内寡二。"[例句] 他的水平真是～，天下无敌。

【寡见少闻】 guǎ jiàn shǎo wén

[释义] 寡：少。见的少，听的少。形容人见闻不广，学识浅陋。[例句] 因为～，他对大家谈论的所有事情都觉得稀奇。

【寡见鲜闻】 guǎ jiàn xiǎn wén

[释义] 见"寡见少闻"。[语见] 汉·王褒《四子讲德论》："俚人不识，寡见鲜闻。"[例句] 我是个～的人，请你原谅我的无知。

【寡廉鲜耻】 guǎ lián xiǎn chǐ

[释义] 寡、鲜：少。廉：廉洁。耻：羞耻。形容人没有廉洁的操守，不知羞耻。[语见] 汉·司马迁《史记·司马相如列传》："寡廉鲜耻，而俗不长厚也。"[例句] 你怎么能这么做！真是～。

【寡情少义】 guǎ qíng shǎo yì

[释义] 见"寡恩少义"。[语见] 清·钱泳《履园丛话·臆论·神仙》："当此之时，方将伤心悼痛之不暇，而尚复能逍遥极乐耶？岂寡情少义忍心害理者，方能为神仙耶？"[例句] 他生性刻薄，～，兄弟反目，自是难免了。

【寡闻少见】 guǎ wén shǎo jiàn

[释义] 见"寡见少闻"。[语见] 汉·班固《汉书·匡衡传》："盖聪明疏通者戒于太察，寡闻少见者戒于雍蔽。"[例句] 对他这种～的人，你再怎么解释都白搭。

【挂灯结彩】 guà dēng jié cǎi

[释义] 见"张灯结彩"。[语见] 清·曾朴《孽海花》第三回："家中早已挂灯结彩，鼓吹喧阗。"[例句] 我们路过的那一

户人家，正～，似乎要大办喜事。

【挂冠而去】guà guān ér qù
[释义] 把戴的官帽高高挂起，扬长而去。指弃官出走。[语见] 南朝宋·范晔《后汉书·逢萌传》："时王莽杀其子宇，萌谓友人曰：'三纲绝矣！不去，祸将及人。'即解冠挂东都城门，归，将家属浮海，客于辽东。"[例句] 张良功成身退，～，隐迹山林。

【挂一漏万】guà yī lòu wàn
[释义] 挂住一点，遗漏很多。形容列举不完备。[语见] 唐·韩愈《南山诗》："山经及地志，茫昧非受授。团辞试提挈，挂一念万漏。"[例句] ～，除上述提到的几位老师外，在这本书的编辑过程中，还有很多专家、学者给我们提供了许多宝贵的意见和建议。在这里我们一并表示感谢！

guai

【拐弯抹角】guǎi wān mò jiǎo
[释义] 形容行路时曲折很多。也比喻说话、写文章不直截了当。[语见] 元·秦简夫《东堂老》第一折："转弯抹角，可早来到李家门首。"[例句] 不用～的，请你直说吧。

【怪诞不经】guài dàn bù jīng
[释义] 怪诞：荒唐，离奇。不经：没有根据。形容事情或说话荒唐离奇，没有根据。[语见] 明·瞿佑《剪灯新话·听经猿记》："乌公以为诗虽奇妙，而怪诞不经，不许。"[例句] 这种～的事我见得多了。

【怪力乱神】guài lì luàn shén
[释义] 怪：怪异。力：勇猛之力。乱：叛乱。神：鬼神。旧时泛指不合常规、亦不易说清楚之事物。[语见]《论语·述而》："子不语怪、力、乱、神。"[例句] 书中净是些～的故事，根本不值得相信。

guan

【关怀备至】guān huái bèi zhì
[释义] 关怀得极其周到。[例句] 他对女朋友～几乎到了极点。

【关山迢递】guān shān tiáo dì
[释义] 关山：关隘与山岭。迢递：遥远的样子。指两地阻隔，路途遥远。[例句] 一路上～，路途漫漫，你一定辛苦了。

【关心备至】guān xīn bèi zhì
[释义] 关心得十分周到。[例句] 那次受伤，师傅对我～，百般呵护。

【观过知仁】guān guò zhī rén
[释义] 过：错误。仁：这里同"人。"看一个人所犯错误的性质，就可以知道他的为人。[语见]《论语·里仁》："人之过也，各于其党。观过，斯知仁矣。"[例句] ～，你应该了解我的为人。

【观机而动】guān jī ér dòng
[释义] 见"待时而动"。[语见] 南朝梁·萧子显《南齐书·徐孝嗣沈文季传论》："王无外略，观机而动，斯议殆为空陈，惜矣！"[例句] 李自成隐居商洛山，积聚力量，～。

【观衅伺隙】guān xìn sì xì
[释义] 衅、隙：破绽，漏洞。探察对方的破绽、漏洞，以待时机。[语见] 晋·陈寿《三国志·吴书·陆逊传》："且阻兵无众，古之明鉴，诚宜暂息进取小规，以畜士民之力，观衅伺隙，庶无悔吝。"[例句] 咱们～，迟早会有机会的。

【观者麇集】guān zhě qún jí
[释义] 麇：通"群"。形容观看的人多。[语见] 清·杨复吉《梦阑琐笔·柴打鼓》："柴皇急无措，大号，观者麇集询故，柴以实告，众以为狂，柴不得以行乞而归。"[例句] 耍猴的摊子前～，不过多是孩子，要他们掏腰包，可能性便小了许多。

【观者如堵】guān zhě rú dǔ
[释义] 堵：墙壁。观看的人如围墙一样，形容观看的人多。[语见]《礼记·射义》："孔子射于矍相之圃，盖观者如堵墙。"[例句] 听说这位著名的画家现场作画，现场～。

【观者如市】guān zhě rú shì
[释义] 观看的人像闹市一样。形容观看的人很多。[语见] 唐·李复言《续玄怪录·尼妙寂》："初泗州普光王寺，……僧

G

尼繁会,观者如市焉。"[例句] 听说这里发生了这么一件怪事,市民们奔走相告,~。

【观者如云】guān zhě rú yún
[释义] 观看的人像流云那样多。形容观看的人多。[语见] 唐·刘禹锡《监祠夕月坛书事》:"铿锵揖让秋光里,观者如云出凤城。"[例句] 这部电影的首映式~,盛况空前。

【观者如织】guān zhě rú zhī
[释义] 观看的人像编织衣物一样往来穿梭。形容观看的人多。[语见] 宋·孟元老《东京梦华录·大礼预教车象》:"御街游人嬉集,观者如织。"[例句] 施放焰火的现场~,场面好不热闹!

【观者蝟集】guān zhě wèi jí
[释义] 蝟集:像刺猬的毛一样密集。形容观看的人很多。[语见] 清·李清《鬼母传》:"儿初见人时,犹手持饼啖,了无怖畏,及观者蝟集,语嘈嘈然,方惊啼。"[例句] 血案发生时虽然~,但却没有人伸出援手,导致两死一伤的惨剧发生。

【观者云集】guān zhě yún jí
[释义] 见"观者如云"。[语见] 宋·张君房《云笈七签》第一百一十六卷:"自咸通迄光启四十年间,游淮浙之宛陵,所至之处,观者云集。"[例句] 幕布一亮开,~,但看的人虽多,买的人却很少。

【官报私仇】guān bào sī chóu
[释义] 见"公报私仇"。[语见] 元·施惠《幽闺记·图形追捕》:"这狗骨头,我倒替你官报私仇!叫左右拿下去打!"[例句] 你这不是滥用职权,~吗?

【官逼民反】guān bī mín fǎn
[释义] 逼:逼迫。反:反抗。统治者的暴政逼得人民起来反抗。[语见] 清·李宝嘉《官场现形记》第二十八回:"广西事情一半亦是官逼民反。正经说起来,三天亦说不完。"[例句] 北宋末年当政者横征暴敛,以致~。

【官场如戏】guān chǎng rú xì
[释义] 官场:旧指官吏阶层的活动场所。旧时慨叹官场像演戏一样变化无常。

[语见] 清·文康《儿女英雄传》第三十八回:"安公子才几日的新进士,让他怎个品学兼优,也不应快到如此,这不真个是'官场如戏'了么?"[例句] 为官几十年,他看尽了~的权欲争斗,人已变得十分冷漠。

【官法如炉】guān fǎ rú lú
[释义] 指国家法律像炉火一样无情。[语见] 宋·无名氏《京本通俗小说·菩萨蛮》:"常言道:'官法如炉,谁肯容情。'可常推病不得,只得挣坐起来,随着公人到临安府厅上跪下。"[例句] ~,对于那些敢于触犯法律的人,我们一定毫不留情。

【官官相护】guān guān xiāng hù
[释义] 护:护短,庇护。指当官的互相护短。[语见] 明·冯梦龙《醒世恒言》第二十卷:"就准下来,他们官官相护,必不自翻招,反受一场苦楚。"[例句] 他深知官场上~的黑暗。

【官情纸薄】guān qíng zhǐ báo
[释义] 官场上的人情像纸一样薄。指官场尔虞我诈,人情淡薄。[语见] 明·孙仁孺《东郭记·顽夫廉》:"官情纸薄,更谁人风霜谊高,穷途寂寥,便家兄言词煞佻。"[例句] 退休后,他才深深地感到~,许多人当年只是溜须拍马而已。

【官样文章】guān yàng wén zhāng
[释义] 本指向皇帝进呈的文章,文字堂皇典雅。后用以比喻只有形式没有实际内容的空话,或只有条文但并不实行的办法等。[语见] 宋·吴处厚《青箱杂记·文章官样》:"王安国常语余曰:'文章格调须是官样。'岂安国言官样,亦谓有馆阁气耶?"[例句] 这样的~毫无意义,完全没有阅读的价值。

【官运亨通】guān yùn hēng tōng
[释义] 官运:仕途。亨:通达顺利。仕途运气好,通达顺利,连连升官。[语见] 清·李宝嘉《官场现形记》第三十七回:"后来湍制台官运亨通,从云南臬司任上就升了贵州藩司,又调任江宁藩司,升江苏巡抚;不上两年,又升湖广总督。"[例句] 正值~的时候,他却出人意料地

辞职了。

【冠盖如云】 guān gài rú yún
[释义] 冠、盖：古代官吏戴的帽子和坐的车子。泛指官吏。许多官吏士绅聚集在一起。[语见] 汉·班固《西都赋》："绂冕所兴，冠盖如云，七相五公。"[例句] 这～的场面在这个小地方是不多见的。

【冠盖相望】 guān gài xiāng wàng
[释义] 冠、盖：古代官员、士绅的冠服和车盖，也用作官员、士绅的代称。如云：好像云雾集聚。旧时形容官员很多，也形容官员、士绅集会的盛况。[语见]《战国策·魏策四》："齐楚约而欲攻魏，魏使人求救于秦，冠盖相望，秦救不出。"[例句] 往来使者络绎不绝，道路上～。

【冠履倒易】 guān lǚ dào yì
[释义] 见"冠履倒置"。[语见] 南朝宋·范晔《后汉书·杨赐传》："冠履倒易，陵谷代处。"[例句] 别看他在会上～，一番胡言乱语，他实际是早已看清了局势的发展，他的心里，也早已有了投靠的人选。

【冠履倒置】 guān lǚ dào zhì
[释义] 帽子穿在脚上，鞋子戴在头上。比喻上下错乱。[语见] 汉·司马迁《史记·辕固生列传》："冠虽敝，必加于首；履虽新，必关于足。何者？上下之分也。"[例句] 怎么能让他做领导？简直是～。

【冠冕堂皇】 guān miǎn táng huáng
[释义] 冠冕：古代帝王或官员们戴的帽子。堂皇：富丽堂皇，有气派。形容表面上庄严气派，很体面的样子。今多含讥讽意味。[语见] 清·文康《儿女英雄传》第二十二回："他们如果空空洞洞，心里没这桩事，便该合我家常琐屑无所不谈；怎么倒一派的冠冕堂皇，甚至连'安骥'两个字都不肯提在话下？"[例句] 听听，多么～的理由！

【鳏寡孤独】 guān guǎ gū dú
[释义] 鳏：无妻或丧妻的男人。寡：死了丈夫的妇女。孤：幼年丧父或父母双亡的小孩。独：年老没有儿子的人。泛指无劳动能力而又无人养活的人。[语见] 唐·韩愈《原道》："明先王之道以道之，鳏寡孤独废疾者有养也。"[例句] 请关怀智障儿童，帮助那些～的老人。

【管鲍之交】 guǎn bào zhī jiāo
[释义] 春秋时，齐人管仲、鲍叔牙相知最深，后常用以比喻友谊深厚的朋友。[语见]《列子·力命》："管仲尝叹曰：'……生我者父母也，知我者鲍叔也。'故世称管鲍善交者。"[例句] 他俩虽然性格上差别很大，却可谓是～，三十年来始终保持着深厚的友谊。

【管城毛颖】 guǎn chéng máo yǐng
[释义] 管城、毛颖，均为笔的代称。[语见]《宣和画谱·墨竹》："（赵颉）平居之时无所嗜好，独左右图书与管城毛颖相周旋。"[例句] 他从小就受到中国传统文化的熏陶，特别喜欢琴棋书画、～之类的东西。

【管见所及】 guǎn jiàn suǒ jí
[释义] 管：竹管。管见：从竹管里看到的。比喻狭隘、肤浅的见解。及：到。所及：就自己狭隘、肤浅的见闻所了解的。比喻见识极为有限，很不全面。一般多用作谦词。[语见] 唐·房玄龄等《晋书·陆云传》："苟有管见，敢不尽规。"[例句] 我的策划只是～，仅供参考而已。

【管窥筐举】 guǎn kuī kuāng jǔ
[释义] 比喻孤陋寡闻，见识狭窄。[语见] 晋·陈寿《三国志·蜀书·郤正传》："夫人心不同，实若其面，子虽光丽，既美且艳，管窥筐举，守厥所见，未可以言八纮之形坅，信万事之精练也。"[例句] 那个女明星虽然打扮得很漂亮，实际不过是个～的肤浅人物。

【管窥蠡测】 guǎn kuī lí cè
[释义] 管：竹管。窥：从小孔或缝隙里看。蠡：瓠瓢；一说螺壳。测：测量。从竹管中看天，用瓢量海水。指所见有限，所得无几。比喻对事物的观察了解狭窄片面。[语见] 汉·班固《汉书·东方朔传》："语曰：'以管窥天，以蠡测海。'"[例句] 这件事你只是～，并未深入地观察和了解。

【管窥之见】guǎn kuī zhī jiàn
[释义] 管窥：从小孔、缝隙或隐处看。比喻所见往往不够高明，多用作谦辞。[语见] 北齐·魏收《魏书·王叡传》："仰恃皇造宿眷之隆，敢陈愚昧管窥之见。"[例句] 以上只是我个人的～，希望大家多多指教。

【管中窥豹】guǎn zhōng kuī bào
[释义] 管：竹管。窥：从小孔或缝隙里看。从竹管中看豹。比喻只看到事物的一小部分，因而不能有全面的了解。有时与"略见一斑"或"可见一斑"连用，表示从观察到的一部分，可以推知大体。[语见] 南朝宋·刘义庆《世说新语·方正》："此郎亦管中窥豹，时见一斑。"[例句] 我对资产证券化的认识还很不全面，至多是～，略知一点皮毛而已。

【管中窥天】guǎn zhōng kuī tiān
[释义] 见"以管窥天"。[语见] 汉·司马迁《史记·梁孝王世家》："不通经术知古今之大礼，不可以为三公及左右近臣。少见之人，如从管中窥天也。"[例句] 人外有人，天外有天，你如此～，自然以为天下老大非你莫属了。

【贯甲提兵】guàn jiǎ tí bīng
[释义] 贯：穿。甲：盔甲。兵：兵刃，武器。身穿盔甲，手提武器。形容杀气腾腾的样子。[语见] 明·吴承恩《西游记》第四十三回："兄长既来赶席，如何又劳师动众？不入水府，扎营在此，又贯甲提兵，何也？"[例句] 接到军情报告，将军立即下令让所有兵士～，严阵以待。

【贯鱼承宠】guàn yú chéng chǒng
[释义] 见"贯鱼之次"。[语见] 清·褚人获《隋唐演义》第一回："一时龚、孔二贵嫔，王、李二美人，张、薛二淑媛，袁昭仪、何婕好，江修容，并得贯鱼承宠。"[例句] 后宫粉黛三千，～，却只有她最终成了皇帝最喜欢的妃子。

【贯鱼之次】guàn yú zhī cì
[释义] 宫中的女官依次受到宠爱。[语见] 南朝宋·范晔《后汉书·杨赐传》："慎贯鱼之次，无令丑女有四殆之叹，迸

迮有愤怨之声。"李贤注引《易·剥卦》曰："'贯鱼，以宫人宠。'言王者御宫人，如贯鱼之有次序也。"[例句] 后宫里那些寂寞的妃子们，天天盼着能够得到皇帝的～。

【灌夫骂坐】guàn fū mà zuò
[释义] 灌夫：汉代人名。指借酒发泄积愤。[语见] 明·陈汝元《金莲记·郊遇》："推门看竹，何妨王子乘舆；索酒指瓶，便仿灌夫骂坐。"[例句] 现在大家都学会明哲保身了，像他这样敢于～的还真不多见。

guang

【光彩夺目】guāng cǎi duó mù
[释义] 光：光泽。彩：颜色。夺目：耀眼。光辉和色彩非常耀眼。形容物体鲜艳美丽，引人注目。[语见] 宋·张君房《云笈七签》第一百一十三卷："乃令左右引于宫内游观，玉台翠树，光彩夺目。"[例句] 这颗钻石～，令所有的参观者心动不已。

【光风霁月】guāng fēng jì yuè
[释义] 光风：雨后放晴时的风。雨过天晴，风清月朗。比喻人心地光明，胸襟开朗，品格高尚。也比喻太平盛世。[语见] 宋·陈亮《贺周丞相启》："长江大河，足以流转墨客；光风霁月，足以荡漾英雄。"[例句] 他为人光明磊落，胸怀洒脱，犹如～。

【光复旧京】guāng fù jiù jīng
[释义] 收复国土或恢复国家原有的典章、制度。[语见] 唐·房玄龄等《晋书·桓温传》："诚宜远图庙算，大存经略，光复旧京，疆理华夏。"[例句] 他一直想～，收复国土。

【光复旧物】guāng fù jiù wù
[释义] 见"光复旧京"。[语见] 宋·辛弃疾《美芹十论·自治第四》："臣愿陛下姑以光复旧物而自期，不以六朝之势而自卑。"[例句] 前朝典章施行有法，但是我们要～，却是难为，因为整个环境都已经发生了巨大的变化，再苦行如是，必是刻舟求剑。

【光怪陆离】guāng guài lù lí
[释义]光怪:光彩奇特。陆离:色彩纷杂。形容现象奇异,色彩纷杂。[语见]清·吴趼人《二十年目睹之怪现状》第七十九回:"那洋货店自归了他之后,他便把门面装潢得金碧辉煌,把那些光怪陆离的洋货,罗列在外。"[例句]屋顶上方用灯光,投影交织出一个~的梦想世界。

【光辉灿烂】guāng huī càn làn
[释义]灿烂:光彩鲜明耀眼。形容光辉四射,鲜明耀眼。[语见]明·罗贯中《三国演义》第七十一回:"护驾龙虎官军二万五千,分为五队,每队五千,按青、黄、赤、白、黑五色,旗幡甲马,并依本色;光辉灿烂,极其雄壮。"[例句]敦煌石窟成为~的中华艺术宝库里一颗耀眼的明珠。

【光芒万丈】guāng máng wàn zhàng
[释义]光芒:向四周照射的强烈光线。光辉照向很远的地方。形容影响深远。[例句]巨幅的中央,~的太阳喷薄而出,将一个朝气蓬勃的清晨装点得霞光万丈。

【光明磊落】guāng míng lěi luò
[释义]光明:心胸坦诚。磊落:直率正直。形容人直率正直,心胸坦诚。[语见]《朱子语类》:"譬如人光明磊落底便是好人,昏昧迷暗底便不是好人。"[例句]做人一定要堂堂正正、~。

【光明正大】guāng míng zhèng dà
[释义]光明:心胸直率坦诚。正大:正派无私。形容心胸直率坦诚,正派无私。[语见]《朱子语类·易九》:"圣人所说底话,光明正大,须是先理会光明正大底纲领条目。"[例句]比赛应~地进行,不要耍花招。

【光前绝后】guāng qián jué hòu
[释义]光:光大,扩充。绝:断绝,难以继续。扩充前人所不及的,做出了后人所难为的。常用以形容论点或技艺独特绝妙。[语见]宋·洪迈《容斋四笔·蓝田丞壁记》:"而韩(愈)文雄拔超峻,光前绝后,以柳(宗元)视之,殆犹碔砆之与美玉也。"[例句]这位大师的技艺之精妙,可谓~。

【光前耀后】guāng qián yào hòu
[释义]见"光前裕后"。[例句]这一次科学革命~的影响力,贯穿了千年的人类文明。

【光前裕后】guāng qián yù hòu
[释义]为前人增光彩,给后人留实惠。形容有显著的德行或业绩。[语见]宋·王应麟《三字经》:"扬名声,显父母,光于前,裕于后。"[例句]人们纷纷赞颂他~,为社会做出了巨大的贡献。

【光天化日】guāng tiān huà rì
[释义]光天:日光普照之天。化日:太平日子。原指太平盛世、清平社会。后比喻大家都能看得很清楚的地方。[语见]《尚书·益》:"帝光天之下,至于海隅苍生。"[例句]没想到在~之下,竟会发生这种惨剧。

【光焰万丈】guāng yàn wàn zhàng
[释义]光焰:光辉。形容极为光辉盛大。[语见]唐·韩愈《调张籍》诗:"李杜文章在,光焰万丈长。"[例句]一轮红日已升起在地平线上,~,照得人睁不开眼。

【光阴荏苒】guāng yīn rěn rǎn
[释义]荏苒:渐渐过去。时光不知不觉地流逝。[语见]明·罗贯中《三国演义》第三十七回:"玄德回新野之后,光阴荏苒,又早新春。"[例句]~,他客居京城已有三十年了。

【光阴如电】guāng yīn rú diàn
[释义]见"光阴似箭"。[语见]元·丘处机《无俗念·仙景》词:"光阴如电,百年随手偷却。"[例句]我们认识的时候,都才十七八岁,~,如今已是人到中年了。

【光阴如箭】guāng yīn rú jiàn
[释义]光阴:时光、时间。如箭:像射出的箭一样。时光像射出去的箭一样飞逝而过。形容时间过得极快。[语见]宋·释普济《五灯会元·天衣怀禅师法嗣》:"莫怪山僧太多事,光阴如箭急相催。"[例句]~,眨眼间,我来到这座城市都十一个年头了。

G

【光阴似箭】guāng yīn sì jiàn
[释义] 见"光阴如箭"。[语见] 唐·韦庄《关河道中》诗:"但见时光流似箭,岂知天道曲如弓。"[例句] ～,一晃十年已经过去了,我依然两手空空,一事无成,怎不令人焦急?

【光宗耀祖】guāng zōng yào zǔ
[释义] 光:使……光大。耀:使……荣耀。为祖先争光,使祖宗得以显耀。[语见] 清·曹雪芹《红楼梦》第三十三回:"贾政听这话不象,忙跪下含泪说道:'儿子管他,也为的是光宗耀祖。'"[例句] 他当上将军了,这可真是件～的大事。

【广开言路】guǎng kāi yán lù
[释义] 广开:广泛开辟。言路:进言的道路。大开进言之路。尽可能地让人们广泛发表意见。[语见] 南朝宋·范晔《后汉书·来历传》:"朝廷广开言事之路,故且一切假贷。"[例句] 新的领导班子希望职工～,集思广益。

【广庭大众】guǎng tíng dà zhòng
[释义] 广庭:宽大的厅堂。指人数众多的场合。[语见]《孔丛子·公孙龙》:"使此人于广庭大众之中,见侮而不敢斗,王将以为臣乎?"[例句] 你也是读书人一个,怎么能在～之下口吐这些污言秽语呢?

【广土众民】guǎng tǔ zhòng mín
[释义] 广阔的土地,众多的人民。[语见]《孟子·尽心上》:"广土众民,君子欲之,所乐不存焉。"[例句] 中国的邻国印度也是一个～的国家。

gui

【归老菟裘】guī lǎo tú qiú
[释义] 菟裘:古邑名。本指鲁隐公想归老于菟裘。后泛指归隐。[语见]《左传·隐公十一年》:"为其少故也,吾将授之矣。使营菟裘,吾将老焉。"[例句] 我只希望自己退休后,能够安安心心地～,回家过上平常人的生活。

【归心似箭】guī xīn sì jiàn
[释义] 归:回家。回家的愿望像离弦的箭一样急。形容归心的急切。[例句]

我～,恨不能立刻启程。

【归真返璞】guī zhēn fǎn pú
[释义] 去掉外饰,恢复本真。[语见]《战国策·齐策四》:"归真返璞,则终身不辱也。"[例句] 在这儿游人能够观赏野鸭嬉戏、群鸟追逐的景观,使人有～,回归大自然的感觉。

【龟毛兔角】guī máo tù jiǎo
[释义] 龟身上生毛,兔子头上长角。旧时指战乱的征兆。后比喻仅有其名而无其实。[语见] 晋·干宝《搜神记》第六卷:"商纣之时,大龟生毛兔生角,兵甲将兴之象也。"[例句] 你说的那东西好像～,恐怕根本就不存在。

【规重矩叠】guī chóng jǔ dié
[释义] 见"重规袭矩"。[语见] 元·脱脱等《宋史·乐志十》:"灵贶具臻,神光烨烨。晖祚无疆,规重矩叠。"[例句] 清政府～地设置了许多新的机构,但是办事效率却丝毫没有提高。

【规行矩步】guī xíng jǔ bù
[释义] 规、矩:圆规和曲尺,引申为准则、法度。比喻言行谨慎或安分守己。[语见] 晋·潘尼《释奠颂》:"二学儒官,搢绅先生之徒,垂缨佩玉,规行矩步者,皆端委而陪于堂下,以待执事之命。"[例句] 虽已是老员工了,但她在任何场合都～,十分谨慎。

【规言矩步】guī yán jǔ bù
[释义] 说话走路不离规矩。比喻言行谨遵法度。[语见] 清·纪昀《阅微草堂笔记·如是我闻四》:"曩以汝为古君子……汝近乃作负心事,知从前规言矩步,皆貌是心非。"[例句] 从监狱放出来以后,他～,再也没有做过违法的事情。

【规圆矩方】guī yuán jǔ fāng
[释义] 规、矩:画圆形和方形的工具。指符合法度。[语见] 清·李颙《二曲集》第四十五卷:"动则规圆矩方,因物而付;学则天通地彻,随叩而鸣。"[例句] 他做事一向～,怎么可能犯法呢?

【瑰意琦行】guī yì qí xíng
[释义] 瑰:美石。琦:美玉。比喻卓异高

贵的思想和行为。[语见]战国楚·宋玉《对楚王问》："夫圣人瑰意琦行，超然独处。"[例句]他的～让后人赞叹不已。

【佹得佹失】guǐ dé guǐ shī
[释义]佹：偶然。出于偶然地得来，出于偶然地失去。[语见]《列子·力命》："佹佹成者，俏成也，初非成也；佹佹败者，俏败者也，初非败也。"[例句]钱财毕竟是身外之物，～，你不必把它太放在心上。

【诡计多端】guǐ jì duō duān
[释义]诡：欺诈，狡诈。端：头，头绪。形容坏点子非常多。[语见]明·罗贯中《三国演义》第一百一十七回："诸曰：'（姜）维诡计多端，诈取雍州。'"[例句]这个家伙～，你要小心呀！

【诡衔窃辔】guǐ xián qiè pèi
[释义]诡：狡赖，引申为不驯顺。窃：强取去，引申为挣脱。衔、辔：马嚼铁、马缰绳，用以制约马的行动。指马不驯顺，吐掉了马嚼铁，挣脱了马缰绳。比喻反对约束，不受约束。[语见]《庄子·马蹄》："夫加之以衡扼，齐之以月题，而马知……诡衔窃辔。"[例句]他虽才华横溢，但性情放荡不羁，～，很不适合在官场做官，所以没过多久就辞了官职，云游四方去了。

【鬼出电入】guǐ chū diàn rù
[释义]鬼：鬼火，磷火。出、入：出现、消失。电：闪电。出现与消失就像鬼火和闪电一样又急又快。比喻行动迅疾，神出鬼没。[语见]汉·刘安《淮南子·原道训》："鬼出电入，龙兴鸾集。"[例句]电影中的武侠们个个～，身形利落。

【鬼斧神工】guǐ fǔ shén gōng
[释义]好像是鬼神做出的，而不是人力所为。形容艺术作品精妙奇巧，技术极为高超。[例句]眼见地道两旁，石头上图案繁复，真是～。

【鬼鬼祟祟】guǐ guǐ suì suì
[释义]祟：迷信认为鬼神作怪害人，借指不光明的行为。指不光明正大的偷偷摸摸的行为。[语见]清·曹雪芹《红楼梦》第三十一回："便是你们鬼鬼祟祟干的那

事，也瞒不过我去。"[例句]你们两个人在那儿～地做什么呢？

【鬼哭狼嚎】guǐ kū láng háo
[释义]嚎：大声叫或哭。形容大声哭喊，声音凄厉（含贬义）。[例句]万炮齐发，炸得敌人～。

【鬼哭神号】guǐ kū shén háo
[释义]见"鬼哭狼嚎"。[语见]明·冯梦龙《喻世明言》第十九卷："那浪掀天括地，鬼哭神号，惊怕杀人。"[例句]夜深了，楼道尽头突然一阵～，原来是几个喝醉了酒的家伙在大呼小叫。

【鬼使神差】guǐ shǐ shén chāi
[释义]使：指使。差：差遣。迷信的人对某些凑巧的事无法做出科学的解释，而认为是鬼神暗中指使的。比喻发生了意料不到的事情。也比喻做了自己原没想到要做的事。[语见]元·李致远《还牢末》第四折："今日得遇你个英雄剑客，恰便似鬼使神差。"[例句]不知怎么搞的，我～般再一次拨通了那个电话。

【鬼头鬼脑】guǐ tóu guǐ nǎo
[释义]形容行动遮遮掩掩、偷偷摸摸，不正派。[语见]明·凌濛初《二刻拍案惊奇》第二十卷："巢氏有兄弟巢大郎，是一个鬼头鬼脑的人，奉承得姊夫姊姊好。"[例句]一个人正在那儿～、东张西望。

【鬼蜮伎俩】guǐ yù jì liǎng
[释义]蜮：传说中能含沙射影害人的动物。鬼蜮：比喻用心险恶、暗中害人。伎俩：不正当的手段。比喻用心险恶，暗中伤人的坏手段。[语见]《诗经·小雅·何人斯》："为鬼为蜮，则不可得。"[例句]你们这些低劣的～是吓不倒我的。

【贵不凌贱】guì bù líng jiàn
[释义]富贵的人不欺压地位卑微的人。[语见]《晏子春秋·内篇问上》："昔吾先君桓公能任用贤，国有什伍，治遍细民，贵不凌贱，富不傲贫，功不遗罢，佞不吐愚。"[例句]当官的若能做到～，多多听取民声民意，一定会受到人民的拥护和爱戴。

G

【贵耳贱目】guì ěr jiàn mù

[释义] 重视耳朵所听,轻视亲眼所见。即不重事实而轻信传闻。[语见] 汉·张衡《东京赋》:"若客所谓末学肤受,贵耳而贱目者也。"[例句] 你明明亲眼看到了,怎么还～,相信那些流言呢?

【贵古贱今】guì gǔ jiàn jīn

[释义] 见"厚古薄今"。[语见] 南朝梁·沈约《宋书·范晔传》:"恐世人不能尽之,多贵古贱今,所以称情狂言耳。"[例句] 针对当前诗学界存在的～对革新者求全责备的倾向,他提出了不同的看法。

【贵贱高下】guì jiàn gāo xià

[释义] 指人的地位贵贱高低不同。[语见] 南朝梁·萧统《文选·宋玉〈风赋〉》:"王曰:'夫风者,天地之气,溥畅而至,不择贵贱高下而加焉。'"李善注:"风之所漂,不避贵贱美恶。"[例句] 见他进来,宾客们不分～,全都站了起来。

【贵贱无常】guì jiàn wú cháng

[释义] 富贵卑贱不是永恒不变的。[语见] 宋·王楙《野客丛书·鹖冠子》:"《前汉·艺文志》有《鹖冠子》一篇,今所行四卷十五篇。如所谓'中流失船,一壶千金'、'贵贱无常,物使之然'皆出于是。"[例句] 面对这三十年来跌宕起伏的生活,不得不让他感叹～、人生多变。

【贵贱无二】guì jiàn wú èr

[释义] 对待高贵和卑贱的人的态度没有两样。[语见] 宋·李昉《太平御览》第一百八十三卷引《太公金匮门之书》:"敬遇宾客,贵贱无二。"[例句] 婚宴中,新婚夫妇举着酒杯给到场的所有宾客～地都敬了一遍酒。

【贵无常尊】guì wú cháng zūn

[释义] 地位显贵者不是永处尊位。[语见] 晋·傅玄《吏部尚书箴》:"贵无常尊,贱不指卑。不明厥德,国用颠危。"[例句] 要知道～,人无论走到哪里都应有忧患的意识。

【桂林一枝】guì lín yī zhī

[释义] 桂花林中的一枝花。原为郤诜的自谦词。后用以比喻出类拔萃者。[语见] 唐·房玄龄等《晋书·郤诜传》:"累迁雍州刺史。武帝于东堂会送,问诜曰:'卿自以为何如?'诜对曰:'臣举贤良对策,为天下第一,犹桂林之一枝,昆山之片玉。'"[例句] 在口吃矫治这个医学领域,他可绝对称得上是昆山片玉、～。

guo

【国步艰难】guó bù jiān nán

[释义] 国步:国家的命运。国家处于困难危急之中。[语见]《诗经·大雅·桑柔》:"於乎有哀,国步斯频。"[例句] 如今～,你们也该为国出力才是。

【国富兵强】guó fù bīng qiáng

[释义] 国家富足,军队强大。[语见]《韩非子·定法》:"赏厚而信,刑重而必,是以其民用力劳而不休,逐敌危而不却,故其国富而兵强。"[例句] 历史上,该国也曾一度出现过～、威震他方的局面。

【国计民生】guó jì mín shēng

[释义] 指国家经济和人民生活。也作"民生国计"。[语见] 清·蒲松龄《聊斋志异·续黄粱》:"国计民生,罔存念虑。"[例句] 计划生育是有关～的大事。

【国家兴亡,匹夫有责】guó jiā xīng wáng, pǐ fū yǒu zé

[释义] 匹夫:指一般的人。国家的兴盛或衰亡,就是普通人也是有责任的。[例句] 在那些峥嵘的岁月里,他牢记"～"的古训,不知疲倦地为民族解放事业做着大量工作。

【国将不国】guó jiāng bù guó

[释义] 国家不成其为国家了。指国家局势很糟,即将亡国。[语见] 清·曾朴《孽海花》第三十二回:"国将不国,这才是糊涂到底呢!"[例句] 如果赋税一直这么增加下去,一定会引起百姓的不满,到那时恐怕会天下大乱、～的。

【国破家亡】guó pò jiā wáng

[释义] 破:碎,不完整。家:家园。国家被分割,家园遭毁坏。[语见] 晋·刘琨《答卢谌书》:"国破家亡,亲友雕残。"[例句] 他遭受着～的双重悲痛,忧伤和

愤懑无处发泄。

【国色天香】 guó sè tiān xiāng
[释义] 原指色香俱美的牡丹花。牡丹色香宜人,非一般花卉可比。后来多用作形容女子的美丽。**[语见]** 唐·李濬《松窗杂录》引唐·李正封《咏牡丹花》诗:"天香夜染衣,国色朝酣酒。"**[例句]** 他的女友是一个著名的模特儿,堪称～。

【国色天姿】 guó sè tiān zī
[释义] 国色:冠绝全国的美色。天姿:天生的丽姿。形容女子非常美丽。**[语见]** 明·屠隆《昙花记》第三十八回:"谁家女子,国色天姿,如西施耶溪出浣,日照新装;罗敷南陌采桑,风飘素袖,不由人不送目也。"**[例句]** 据说杨玉环一见,玄宗一见,顿时心花怒放,所有思念惠妃的忧郁,一扫而光。

【国士无双】 guó shì wú shuāng
[释义] 国士:国内杰出的人才。国内人才中没有第二个可以相比。**[语见]** 汉·司马迁《史记·淮阴侯列传》:"诸将易得耳,至如信者,国士无双。"**[例句]** 像他那样～的优秀人才,要是能投奔我就好了。

【国泰民安】 guó tài mín ān
[释义] 泰:平安,安定。国家太平,人民安乐。**[语见]** 宋·吴自牧《梦粱录·山川神》:"每岁海潮大溢,冲激州城,春秋醮祭,诏命学士院撰青词以祈国泰民安。"**[例句]** 新年到了,祝愿我们的祖国繁荣昌盛,～!

【国亡家破】 guó wáng jiā pò
[释义] 国家沦亡,家庭破败。也作"亡国破家"。**[例句]** 我们已经～,走投无路了。

【掴打揸揉】 guó dǎ zhuā róu
[释义] 掴:批,打。揸:击,打。揉:抚搓。比喻手段毒辣,忽硬忽软,恐吓欺骗。**[语见]** 元·秦简夫《东堂老》第一折:"那里面藏圈套,都是些绵中刺笑里刀,那一个出得他掴打揸揉?"**[例句]** 为了套出情报,他～,什么手段都用尽了。

【果不其然】 guǒ bù qí rán
[释义] 然:这样。果然是这样。**[例句]** 早听说她长得很漂亮,今日一见,～。

【果如其言】 guǒ rú qí yán
[释义] 果然像所说的一样。指事物的发展变化与预言的一致。**[语见]** 晋·葛洪《抱朴子·至理》:"(张良)遂修道引。绝谷一年,规轻举之道。坐吕后逼蹴,从求安太子之计,良不得已,为画四皓之策。果如其言,吕后德之,而逼令强食之,故令其道不成耳。"**[例句]** 我听从他的意见购入了这只股票,～,不出两个星期,市值竟然翻了三倍。

【果如所料】 guǒ rú suǒ liào
[释义] 事物的发展变化,果然和预料的相符,指判断准确。**[语见]** 宋·胡仔《苕溪渔隐丛话前集·梅圣俞》:"始,上怒未已,两府窃议曰:'必重贬介,则彦博不安;彦博去,即吾属递迁矣。'既而,果如所料。"**[例句]** 发榜了,～,我考取了心仪已久的大学。

【果于自信】 guǒ yú zì xìn
[释义] 果:果断、武断。指过分相信自己。**[语见]** 《列子·汤问》:"萧叔曰:'皇子果于自信,果于诬理哉!'"**[例句]** 他这人个性倔强固执,～,不太容易合作。

【裹足不前】 guǒ zú bù qián
[释义] 裹:包、缠绕。像脚被裹住了一样停步不前。多指思想有所顾虑而不敢前进。**[语见]** 秦·李斯《谏逐客书》:"使天下之士退而不敢西向,裹足不入秦。"**[例句]** 关键时刻不要～,一定要果断行事。

【过河拆桥】 guò hé chāi qiáo
[释义] 拆:拆除,拆毁。过了河就把桥拆掉,喻指达到目的以后,就把帮助自己实现目标的人一脚踢开,忘恩负义。含贬义。**[语见]** 元·康进之《李逵负荆》第三折:"你休得顺水推船,偏不许我过河拆桥。"**[例句]** 事成之后,你可千万不能做出～的事情。

【过化存神】 guò huà cún shén
[释义] 圣人所过之处,人们无不被感化;圣人心中所存的意念,都是神妙莫测的。**[语见]** 《孟子·尽心上》:"夫君子所过者

化,所存者神,上下与天地同流。"[例句]他又不是什么圣人,况且我也不相信他的话,哪有什么~?

【过街老鼠】guò jiē lǎo shǔ
[释义]过街:从街道通过。喻指人人痛恨、人人讨厌的人。[例句]那件事发生以后,这家伙好像~,谁见了都骂。

【过目不忘】guò mù bù wàng
[释义]过目:经过双眼一看。忘:忘记,遗忘。看过一遍就不会遗忘。形容记忆力很强。[语见]唐·房玄龄等《晋书·苻融载记》:"耳闻则诵,过目不忘。"[例句]她的记忆力特别好,简直达到了~的地步。

【过目成诵】guò mù chéng sòng
[释义]过目:用双眼一看。成诵:能背诵。用双眼一看就可能背诵出来。形容记忆力非常好。[语见]宋·释普济《五灯会元·龙门远禅师法嗣》:"成都依大慈秀公习经论,凡典籍过目成诵,义亦顿晓。"[例句]这孩子自幼聪颖好学,~。

【过甚其词】guò shèn qí cí
[释义]过甚:太过分。指话说得夸张过分,与实际情况不符。[例句]居然说我是骗子,这也太~了吧。

【过盛必衰】guò shèng bì shuāi
[释义]过分的兴盛必定会向衰弱转化。[语见]宋·辛弃疾《论荆襄上流为东南重地》:"厥今夷狄,物伙地大,德不足,力有余,过盛必衰,一失其御,必将豪杰并起,四分五裂。"[例句]~,任何事物都有其发展的内在规律,这是不以人的意志为转移的。

【过屠门而大嚼】guò tú mén ér dà jué
[释义]屠门:肉铺。意思是路过肉食店嘴里很有味道地嚼起来。比喻所欣羡的东西不能如愿得到,姑且用不实际的办法来安慰自己。[语见]三国魏·曹植《与吴质书》:"过屠门而大嚼,虽不得肉,贵且快意。"[例句]工作之后很少再有机会外出旅游,我只好经常上上网、看看专题片什么的,~,聊以自慰。

【过隙白驹】guò xì bái jū
[释义]见"白驹过隙"。[语见]元·马致远《陈抟高卧》第三折:"浮生似争穴聚蚁,光阴似过隙白驹。"[例句]人生天地之间,如~,忽然而已,因此要珍惜每一寸光阴,不要碌碌无为。

【过眼云烟】guò yǎn yún yān
[释义]从眼前掠过的浮云轻烟。比喻身外之物或很容易消逝的事物。[语见]宋·苏轼《宝绘堂记》:"譬之烟云之过眼,百鸟之感耳,岂不欣然接之,去而不复念也。"[例句]往事如~一般,很多都记不清了。

【过犹不及】guò yóu bù jí
[释义]过:超出、超过。犹:如同。及:达到。超过标准就如同没有达到标准一样,都不符合标准。[语见]《论语·先进》:"子贡问:'师与商也孰贤?'子曰:'师也过,商也不及。'曰:'然则师愈与?'子曰:'过犹不及。'"[例句]看书时把光线调亮有利于保护视力,但~,光线太亮也会刺激人的眼睛。

H

hai

【海北天南】 hǎi běi tiān nán

[释义] 见"天南海北"。[语见] 唐·刘禹锡《送别四十六首·洛中逢韩七中丞之吴兴口号五首》:"昔年意气结群英,几度朝回一字行。海北天南零落尽,两人相见洛阳城。"[例句] 班上的同学来自～,说什么方言的都有。

【海波不惊】 hǎi bō bù jīng

[释义] 比喻平安无事。[语见] 唐·李庾《东都赋》:"开元太平,海波不惊,乃架神都,东人夸荣。"[例句] 这些渔民每次出海之前,都会祈求风调雨顺,～,平安无事。

【海不波溢】 hǎi bù bō yì

[释义] 比喻平安无事。[语见] 西汉·韩婴《韩诗外传》第五卷:"久矣天之不迅风疾雨也,海不波溢也,三年于兹矣。"[例句] 船已行驶到大海深处,此时夜色清朗,繁星满天,～。

【海不扬波】 hǎi bù yáng bō

[释义] 扬:扬起,翻腾。海上不起波浪。比喻天下太平。[语见] 明·梅鼎祚《玉合记·枯海》:"吾闻太平之世,海不扬波,安有今日。"[例句] 祝你一路～,平安无事。

【海底捞月】 hǎi dǐ lāo yuè

[释义] 捞:捞取。月:月亮。到海底去捞取月亮。比喻徒劳无益,根本不能实现。[例句] 对他这样一个打工仔来说,攀附权贵犹如～、登空摘星,全是妄想。

【海角天涯】 hǎi jiǎo tiān yá

[释义] 角:尽头。涯:边际。海的尽头,天的边际。形容偏远的地方或相距遥远。[语见] 唐·白居易《春生》诗:"春生何处暗周游,海角天涯遍始休。"[例句] 真想和你在一起,踏遍万水千山,走遍～。

【海枯石烂】 hǎi kū shí làn

[释义] 枯:干枯。烂:朽烂。海水干枯,石头朽烂。形容经历的时间极为久远。多用于誓言,表示意志坚定,始终不渝。[语见] 元·王实甫《西厢记》第五本第三折:"这天高地厚情,直到海枯石烂时。"[例句] 他们发誓,直到～也要一直在一起。

【海阔天空】 hǎi kuò tiān kōng

[释义] 阔:辽阔。空:空旷。大海辽阔,天空空旷。指大自然开阔宽广,无边无垠。也形容人的性格开朗爽快,无拘无束。现在比喻议论漫无边际。[语见] 清·李宝嘉《官场现形记》第三十一回:"天下那里有但辨方向,不论远近,向海阔天空的地方乱开炮的道理?"[例句] 船加速向前驶去,不一会儿四周便是一片～。

【海立云垂】 hǎi lì yún chuí

[释义] 立:竖起。垂:低垂。海水涌起,云层低垂。比喻文章气魄雄伟,辞藻奇特。[语见] 清·阮元《蒋士铨传》:"如昆阳夜战,雷雨交加,又如洞庭君吹笛,海立云垂,实足开拓心胸,推倒豪杰。"[例句] 文章的篇幅虽不长,但文辞华丽铺张,气势奔放,～。

【海内无双】 hǎi nèi wú shuāng

[释义] 四海之内独一无二。[语见] 汉·东方朔《答客难一首》:"好学乐道之效明白甚矣,自以为智能海内无双,则可谓博

闻。"[例句]这座我国泥塑的艺术珍品,堪称～。

【海市蜃楼】hǎi shì shèn lóu
[释义]蜃:大蛤蜊。古人传说蜃能吐气形成楼台景观,叫蜃楼,也叫海市。比喻虚幻的事物或变幻莫测的情态。[语见]汉·司马迁《史记·天官书》:"海旁蜃气象楼台。"蜄:同"蜃"。[例句]只立志而不去脚踏实地地艰苦工作,所谓的"志向"只能是～,遥不可及。

【海誓山盟】hǎi shì shān méng
[释义]见"山盟海誓"。[语见]宋·辛弃疾《南乡子·赠妓》:"别泪没些些,海誓山盟总是赊。"[例句]我根本不相信他的那些～。

【海水群飞】hǎi shuǐ qún fēi
[释义]海水狂乱地涌起。比喻四处作乱,国家不宁。[语见]汉·扬雄《剧秦美新》:"神歇灵绎,海水群飞,二世而亡,何其剧与。"[例句]如今内战不断,～,已经到了国家民族生死存亡的关键时刻。

【海外奇谈】hǎi wài qí tán
[释义]海外:指国外。外国的奇异传说。形容毫无根据的谈论或稀奇古怪的说法。[语见]明·沈德符《万历野获编补遗·台省·台疏讥谑》:"瑞为牍。令兵马司申之于给事钟宇淳。宇淳批其牍尾曰:'海外奇谈'。"[例句]这真是闻所未闻的～。

【海屋添筹】hǎi wū tiān chóu
[释义]海屋:古代传说中存放记载沧桑变化筹码的房屋。筹:筹码,用竹、木或象牙等制成的计数或计算的用具。原指寓言中的老人,年龄高得无法计算。后用作祝寿之词。[语见]宋·苏轼《东坡志林》第二卷:"尝有三老人相遇,或问之年。一人曰:'海水变桑田时,吾辄下一筹,尔来吾筹已满十间屋。'"[例句]适逢老先生九十大寿,恭贺～,寿比松龄。

【海啸山崩】hǎi xiào shān bēng
[释义]大海奔腾呼啸,高山崩裂倒塌。形容来势凶猛,不可阻挡。[语见]清·黄宗羲《大方伯马公救菑颂》:"冯夷为虐,海啸山崩,毒龙战野,其目千灯。"[例句]四周的叫喊声,如同～一般。

【海晏河清】hǎi yàn hé qīng
[释义]见"河清海晏"。[语见]宋·释道原《景德传灯录·潭州水西南台道遵和尚》:"一言启口,振动乾坤,山河大地,海晏河清。"[例句]她把荷花和燕子画在一起,寓意着～,天下太平。

【海中捞月】hǎi zhōng lāo yuè
[释义]见"海底捞月"。[语见]明·凌濛初《初刻拍案惊奇》第二十七卷:"却又不知姓名住址,有影无踪,海中捞月。"[例句]现在股市实在低迷,想靠股票赚钱,如同～一般。

【骇人听闻】hài rén tīng wén
[释义]骇:惊惧。使人听了非常惊惧。[语见]宋·孟元老《东京梦华录·东角楼街巷》:"南通一巷,谓之界身,并是金银彩帛交易之所,屋宇雄壮,门面广阔,望之森然,每一交易,动即千万,骇人闻见。"[例句]昨晚那儿发生了一件～的惨案。

【害群之马】hài qún zhī mǎ
[释义]危害马群的马。比喻危害集体的人。[语见]《庄子·徐无鬼》:"夫为天下者,亦奚以异乎牧马者哉?亦去其害马者而已矣。"[例句]对于那些蓄意破坏公司规章制度的～,要坚决予以处理。

【害人不浅】hài rén bù qiǎn
[释义]形容对人的损害非常深。[语见]明·吴承恩《西游记》第六十四回:"师父不可惜他。恐日后成了大怪,害人不浅也。"[例句]这种减肥药的副作用可真是～。

han

【酣歌恒舞】hān gē héng wǔ
[释义]酣:酒喝得很畅快,引申为尽情。恒:经常的。指经常纵情歌舞,只图享乐,不思振作。[语见]《尚书·伊训》:"敢有恒舞于宫,酣歌于室,时谓巫风。"[例句]他们天天晚上～,不思进取。

【邯郸学步】hán dān xué bù
[释义]邯郸:战国时赵国都城。步:步

行,走路。到邯郸去学习走路。《庄子·秋火》载:战国时代,燕国有个人到赵国首都邯郸,见赵国人走路的姿势很美,就跟着学起来,结果不但没学好,反而连自己原来的步法也忘掉了,只好爬着回去。喻指生搬硬套别人的东西而不结合自己的实际,不仅学不到,反而会丢掉自己的东西。[语见]汉·班固《汉书·叙传》:"昔有学步于邯郸者,曾未得其仿佛,又复失其故步,遂匍匐而归耳。"[例句]我们既要勤于学习别人的先进经验,也要防止走入~的怪圈。

【含哺鼓腹】hán bǔ gǔ fù
[释义]口含食物,拍拍大腹。形容饱食终日、优游无虑的安乐生活。[语见]《庄子·马蹄》:"夫赫胥氏之时,民居不知所为,行不知所之,含哺而熙,鼓腹而游。"[例句]这位大公子终日~,无所事事。

【含垢藏疾】hán gòu cáng jí
[释义]原比喻执政的人应该有宽容的气度。后也比喻包容坏人坏事。[语见]晋·陈寿《三国志·魏书·公孙渊传》注引《魏略》:"自擅江表,含垢藏疾。"[例句]作为一方领导,怎么能~,纵容自己的人干坏事呢?

【含垢纳污】hán gòu nà wū
[释义]原指国君应当有容忍耻辱的度量。后比喻包庇奸邪,收容集聚坏人坏事。[语见]《左传·宣公十五年》:"谚曰:高下在心,川泽纳污,山薮藏疾,瑾瑜匿瑕,国君含垢。"[例句]这些官员常为了私利~,当地百姓深为不满。

【含垢忍耻】hán gòu rěn chǐ
[释义]见"含垢忍辱"。[语见]唐·房玄龄等《晋书·王敦传》:"先帝含垢忍耻,容而不责,委任如旧,礼秩有加。"[例句]只因对方财大气粗,他只好屈服,~,而且连诉苦的地方都没有。

【含垢忍辱】hán gòu rěn rǔ
[释义]垢:指耻辱。忍受耻辱。[语见]南朝宋·范晔《后汉书·曹世叔妻传》:"有恶莫辞,忍辱含垢,常若畏惧,是谓卑弱下人也。"[例句]我~地活下来,就是要看到坏人遭受惩罚!

【含糊其辞】hán hú qí cí
[释义]含糊:形容不清楚。辞:言辞。故意把话说得不清楚、不明确。[语见]宋·袁燮《侍御史赠通议大夫汪公墓志铭》:"是非予夺,多含糊其辞,公则不然,可则曰可,否则曰否。"[例句]有话说清楚,不要~!

【含蓼问疾】hán liǎo wèn jí
[释义]蓼:一种带苦味的草本植物。旧时比喻君主抚慰军民,与军民共尝疾苦。[语见]晋·陈寿《三国志·蜀书·先主传》注引习凿齿曰:"观其所以结物情者,岂徒投醪抚寒、含蓼问疾而已哉!"[例句]他亲自来到受灾一线慰问灾民,大家都被这种~的精神所感动。

【含沙射影】hán shā shè yǐng
[释义]含:噙在嘴里。传说水里有一名叫蜮的怪物,也叫射影,能在暗中喷气射人或口含沙子射人的影子,被射的人就会生病。后比喻暗中诽谤、中伤、陷害别人。[例句]他受不了继母~的侮辱,干脆离家出走了。

【含笑九泉】hán xiào jiǔ quán
[释义]九泉:指地下,也作"黄泉"。满含欢笑在九泉之下。指死去的人也感到高兴。[例句]但愿将来能得个好名声,我也可以~了。

【含辛茹苦】hán xīn rú kǔ
[释义]见"茹苦含辛"。[例句]我一定要报答~把我养大的妈妈。

【含血喷人】hán xuè pēn rén
[释义]见"血口喷人"。[语见]清·李玉《清忠谱·叱勘》:"你不怕刀临头颈,还思含血喷人!"[例句]明明是你撞了我,怎么能~?

【含饴弄孙】hán yí nòng sūn
[释义]饴:糖。弄:逗。嘴里含着糖逗孙子玩。形容老年人生活安闲,有乐趣。[语见]南朝宋·范晔《后汉书·明德马皇后传》:"吾但当含饴弄孙,不能复知政事。"[例句]退休后,老人在家里~,尽享天伦之乐。

【含英咀华】hán yīng jǔ huá
[释义]咀:用嘴慢慢嚼。英、华:花朵。把花朵含在嘴里慢慢咀嚼。比喻欣赏、领会诗文的精华。[语见]唐·韩愈《进学解》:"沈浸酡郁,含英咀华;作为文章,其书满家。"[例句]潜心研读这些不朽名篇,～,实在是一种享受。

【含冤负屈】hán yuān fù qū
[释义]负:背着、遭受。屈:委屈。忍受着冤枉和委屈。[语见]元·武汉臣《生金阁》第四折:"说无休诉不尽的含冤负屈情。"[例句]他在狱中～十几年,终于熬到了自由的这一天。

【韩潮苏海】hán cháo sū hǎi
[释义]韩:韩愈。苏:苏轼。形容文章气势磅礴,如潮似海。[语见]清·杨毓辉《〈盛世危言〉跋》:"观其上下五千年,纵横九万里,直兼乎韩潮苏海,则不啻读《经世文编》焉。"[例句]他的文章有～的气势,真不简单。

【韩海苏潮】hán hǎi sū cháo
[释义]见"韩潮苏海"。[语见]清·俞樾《茶香室丛钞》第八卷:"国朝萧墨《经史管窥》引李耆卿《文章精义》云:'韩如海,柳如泉,欧如澜,苏如潮。'然则今人称'韩潮苏海',误矣。"[例句]中国文学向以精约见胜,～是指文章气势而言,其实二家的文字并不泛滥。

【寒耕热耘】hán gēng rè yún
[释义]寒冷时耕种,炎热时除草。形容农事艰辛。[语见]《管子·臣乘马》:"彼善为国者,使农夫寒耕暑耘,力归于上。"[例句]这些人在深山旷野中,过着～的艰辛生活。

【寒花晚节】hán huā wǎn jié
[释义]寒花:耐寒的花,通常指菊花。晚节:晚年的节操。比喻晚节坚贞。[例句]老人的～令大家非常钦佩。

【寒来暑往】hán lái shǔ wǎng
[释义]指四时更替。泛指时光流逝。[语见]《周易·系辞下》:"寒往则暑来,暑往则寒来,寒暑相推,而岁成焉。"[例句]～,不知不觉我从教已二十多年了。

【寒木春华】hán mù chūn huá
[释义]华:花。寒木:指松柏。松柏不凋,春花吐艳。比喻各有长处。[语见]北齐·颜之推《颜氏家训·文章》:"齐世有辛毗者,清干之士,官至行台尚书。嗤鄙文学,嘲刘逖云:'君辈辞藻,譬若荣华,须臾之玩,非宏才也。岂比吾徒,千丈松树,常有风霜,不可凋悴矣。'刘应曰:'既有寒木,又发春华,何如也?'辛笑曰:'可矣!'"[例句]他们两人犹如～,各有所长。

【喊冤叫屈】hǎn yuān jiào qū
[释义]因遭受冤屈而喊叫。[语见]清·曹雪芹《红楼梦》第八十三回:"金桂将桌椅杯盏尽行打翻,那宝蟾只管喊冤叫屈,那里理会他?"[例句]他一直～,声称自己是清白的。

【汉贼不两立】hàn zéi bù liǎng lì
[释义]汉:指蜀汉。贼:指曹魏。蜀汉与曹魏不能同时并立。后用以比喻有我无你,誓不两立。[语见]晋·陈寿《三国志·蜀书·诸葛亮〈后出师表〉》:"先帝虑汉贼不两立,王业不偏安,故托臣以讨贼也。"[例句]你我～,今天一定要做个了断。

【扞格不入】hàn gé bù rù
[释义]扞:拒。格:坚强。原意为坚硬而难于深入,后指彼此意见完全不相合。[语见]《礼记·学记》:"发然后禁,则扞格而不胜。"郑玄注:"扞,坚不可入之貌。"孙希旦集解:"孔氏曰:'扞,谓拒扞也;格,谓坚强。'譬如地冻则坚强难入,情欲既发而后禁教,则扞拒坚强,强之不复入也。"[例句]在这件事情上,东西方的观点是～的。

【扞格不通】hàn gé bù tōng
[释义]扞格:互相抵触。形容矛盾多,阻力很大。[语见]清·李宝嘉《文明小史》第一回:"原因我们中国,都是守着那几千年的风俗,除了几处通商口岸,稍能因时制宜,其余十八行省,那一处不是执迷不化,扞格不通呢?"[例句]与会者的两种意见～,谁也无法说服对方。

【汗流浃背】 hàn liú jiā bèi
[释义] 汗:汗水。浃:湿透、浸透。出汗很多,浸透了脊背(上的衣服)。原来一般指因惶恐而出冷汗。如今指因天气非常热或从事剧烈活动而大汗淋漓。[语见] 南朝宋·范晔《后汉书·伏皇后纪》:"(曹)操出,顾左右,汗流浃背,自后不敢复朝请。"[例句] 一场球下来,大家～,气喘吁吁。

【汗马功绩】 hàn mǎ gōng jì
[释义] 汗马:战马奔驰出汗。原指战争中立下的功绩。后指工作成绩。[语见] 明·无名氏《精忠记·闻讣》:"感皇恩宠锡无穷,端不负汗马功绩。"[例句] 你又没有立下过～,凭什么要坐享其成?

【汗马功劳】 hàn mǎ gōng láo
[释义] 汗:流汗、出汗。汗马:战马因劳累而流汗,指战功。战功赫赫,功劳卓著。现喻指工作中成绩卓著。[语见] 清·李宝嘉《官场现形记》第十二回:"就是营、哨各官,也都是当时立过汗马功劳。"[例句] 他为此仗的胜利立下了～。

【汗马勋劳】 hàn mǎ xūn láo
[释义] 见"汗马功劳"。[语见] 清·吴梅《凤洞山》:"和衷共济祈公等勠力同心敌北兵,方能够汗马勋劳报圣明。"[例句] 半个世纪以来,市政总公司积累了丰富的施工经验,为本市的城市基础设施建设立下了～。

【汗马之功】 hàn mǎ zhī gōng
[释义] 见"汗马功劳"。[语见] 明·宋濂等《元史·陈颢传》:"颢叩首谢曰:'臣无汗马之功,又乏经济之略,一旦置之政涂,徒速臣咎。'"[例句] 他曾在一个赛季中攻进二十多个球,为球队获得联赛冠军立下～。

【汗马之绩】 hàn mǎ zhī jì
[释义] 见"汗马功劳"。[语见] 清·赵尔巽《清史稿·李模传》:"夫诸将事先帝未收桑榆之效,事陛下未彰汗马之绩,方应戴罪,何有勋劳?"[例句] 念他曾为我们立下～,这次就原谅他的错误吧。

【汗马之劳】 hàn mǎ zhī láo
[释义] 见"汗马功劳"。[语见] 《韩非子·五蠹》:"今为之攻战,进则死于敌,退则死于诛,则危矣。弃私家之事,而必汗马之劳,家困而上弗论,则穷矣。"[例句] 他为本队夺得本届联赛的冠军立下了～。

【汗牛充栋】 hàn niú chōng dòng
[释义] 汗:流汗、出汗。汗牛:让牛出汗。充:填充、充满。栋:栋梁,这里指房舍、屋宇。形容藏书很多,用牛车搬运可以累得牛大汗淋漓,把它们收藏在屋宇中,则可以充满房舍,高达房梁。[语见] 唐·柳宗元《陆文通先生墓表》:"其为书,处则充栋宇,出则汗牛马。"[例句] 李先生家的藏书可谓是～,我们都很羡慕他。

【旱魃为虐】 hàn bá wéi nüè
[释义] 旱魃:古代传说中能造成旱灾的怪物。虐:灾害、祸害。指天旱不雨,灾情极其严重。[语见] 《诗经·大雅·云汉》:"旱魃为虐,如惔如焚。"孔颖达疏:《神异经》曰:'南方有人,长二三尺,袒身,而目在顶上,走行如风,名曰魃,所见之国大旱,赤地千里,一名旱母。'"[例句] 由于～,看来今年的小麦要减产了。

【悍然不顾】 hàn rán bù gù
[释义] 悍然:蛮横的样子。蛮横不顾一切。[语见] 明·东鲁古狂生《醉醒石》第十一回:"但一人之冤不伸,反又杀人身、破人家,悍然不顾。"[例句] 该国～先前双方达成的停战协议,继续发动进攻。

【撼天动地】 hàn tiān dòng dì
[释义] 撼:摇撼。动:震动。摇撼了天,震动了地。形容力量巨大。[语见] 清·曾朴《孽海花》第二十三回:"一语未了,不提防西边树林里,陡起了一阵撼天震地的狂风,飞沙走石,直向东边路上刮刺刺的卷去。"[例句] 在家里看电影,丝毫感觉不到那种～的冲击力。

hang

【行号巷哭】 háng háo xiàng kū
[释义] 行:路。号:大声哭。大街小巷的

人都在哭泣。形容人们极度悲苦。[语见] 晋·刘琨《劝进表》:"苟在食土之毛,含气之类,莫不叩心绝气,行号巷哭。"[例句] 他逝世的消息传来,顿时~,百姓悲痛不已。

【沆瀣一气】 hàng xiè yī qì
[释义] 沆瀣:夜间的水汽、露水。沆与瀣又为古书中记载的两个人的名字。比喻臭味相投的人勾结在一起。[语见] 宋·王谠《唐语林·补遗》:"崔相沆知贡举,得崔瀣。时榜中同姓,瀣最为沆知。谈者称:'座主门生,沆瀣一气。'"[例句] 这两股邪恶势力~,企图歪曲历史。

hao

【蒿目时艰】 hāo mù shí jiān
[释义] 蒿目:放眼远望。时艰:时局的艰难。指忧虑艰难危急的时局。[语见]《庄子·骈拇》:"今世之仁人,蒿目而忧世之患。"[例句] 他~,经常慷慨陈词,批评朝政。

【号寒啼饥】 háo hán tí jī
[释义] 为寒冷饥饿而呼号。[语见] 唐·韩愈《进学解》:"冬暖而儿号寒,年丰而妻啼饥。"[例句] 我家现在并不富裕,但也到不了~的地步。

【毫发不爽】 háo fà bù shuǎng
[释义] 毫发:毫毛和头发,比喻极小。爽:差失,差错。形容一点儿也不差。[语见]《朱子语类》第十四卷:"便是心中许多道理,光明鉴照,毫发不差。"[例句] 这对双胞胎,吃饭走路的样子简直~。

【毫厘不爽】 háo lí bù shuǎng
[释义] 见"毫发不爽"。[语见] 清·纪昀《阅微草堂笔记·姑妄听之》:"此见神理分明,毫厘不爽。"[例句] 她对自己要求非常严格,做任何事情都必须~,绝对精确才行。

【毫厘千里】 háo lí qiān lǐ
[释义] "差以毫厘,谬以千里"的缩语。指因极小的失误造成很大的影响。[语见] 明·施耐庵《水浒传》第九十七回:"若认此法便可超凡入圣,岂非毫厘千里之谬!"[例句] 发射导弹时一定要精确定位,瞄偏一点点,就会有~的错误。

【毫无二致】 háo wú èr zhì
[释义] 毫:一点儿。二致:两样。一点儿没有两样,指完全一样。[语见] 清·李宝嘉《官场现形记》第二十九回:"余道台见了这副神气,更觉得同花小红一式一样,毫无二致。"[例句] 这两件东西看上去~,让人难以区分孰真孰假。

【豪放不羁】 háo fàng bù jī
[释义] 豪放:气魄大而无所拘束。羁:拘束。形容性格开朗外露,言行不拘小节。[例句] 这首诗表现了诗人~的个性。

【豪横跋扈】 háo hèng bá hù
[释义] 跋扈:专横暴戾。横行不法、专横暴虐。[语见] 唐·郑处诲《明皇杂录·李遐周》:"禄山豪横跋扈,远近忧之,而上意未寤,一日遐周隐去,不知所之。"[例句] 此人平时~,附近的人都很怕他。

【豪情壮志】 háo qíng zhuàng zhì
[释义] 豪迈的感情,伟大的志向。[例句] 再多的艰难困苦,也挡不住我的~。

【好好先生】 hǎo hǎo xiān shēng
[释义] 形容处世圆滑、与人无争、不辨是非曲直的人。含贬义。[语见] 明·冯梦龙《醒世恒言》第三十五卷:"那些亲邻看了分书,虽晓得分得不公道,都要做好好先生,那个肯做闲冤家,出尖说话。"[例句] 他可是这里出了名的~,凡事不肯得罪任何人。

【好景不长】 hǎo jǐng bù cháng
[释义] 景:光景,时机。美好的光景不能长久。指得意的日子很短。[例句] 可惜~,正当她以为可以重新开始新生活的时候,却发现自己得了癌症。

【好梦难圆】 hǎo mèng nán yuán
[释义] 圆:圆梦,旧指解说梦中事,从而附会人事,推测吉凶为圆梦。喻指好事大多难以实现。[语见] 明·汤显祖《紫钗

记·剑合钗圆》：“彩云轻散，好梦难圆。”[例句] 房价迟迟居高不下，广大购房者～。

【好事多妨】 hǎo shì duō fáng
[释义] 见"好事多磨"。[语见] 元·吴弘道《梅花引》曲：“惊魂未定，好事多妨，堪伤。”[例句] 你的爱情道路不是那么一帆风顺，但正所谓～，只要坚持努力，就一定能获得圆满的结局。

【好事多磨】 hǎo shì duō mó
[释义] 磨：磨难，困难。成就一件好事往往要经历很多磨难。以前多偏重于男女之间的感情，今天范围有所扩大。[语见] 宋·晁端礼《安公子》词：“是即是，从来好事多磨难。”[例句] 这事儿几经周折才算完成，真是～啊！

【好事多悭】 hǎo shì duō qiān
[释义] 见"好事天悭"。[语见] 元·贯云石《一枝花·离闷》曲：“常言道好事多悭，陡恁的千难万难。”[例句] 真是～，临出国前一周，她却病了一场，险些延误了行程。

【好事天悭】 hǎo shì tiān qiān
[释义] 悭：吝啬。天公吝啬好事。形容好事难成。[语见] 元·关汉卿《青杏子·离情》曲：“常言道好事天悭。美姻缘他娘间阻，生拆散鸳交凤友。”[例句] 真是～，这两个相爱至深的人至今无法步入婚姻的殿堂。

【好语似珠】 hǎo yǔ sì zhū
[释义] 好的语句像一串又一串的珍珠。指诗文中的妙语佳句很多。[语见] 宋·苏轼《次韵答子由》诗：“好语似珠穿一一，妄心如膜退重重。”[例句] 这篇文章～，妙趣横生。

【好大喜功】 hào dà xǐ gōng
[释义] 好：喜好。功：功劳、成绩。喜欢做大事，立大功，而不顾客观条件如何。多含贬义。[语见] 清·李宝嘉《官场现形记》第十七回：“偏偏又碰着这位胡统领好大喜功，定要打草惊蛇，下乡搜捕。”[例句] 事情要从一点一滴做起，循序渐进，切忌～。

【好丹非素】 hào dān fēi sù
[释义] 喜爱红色，讨厌白色。比喻有所偏爱或抱门户之见。[语见] 南朝梁·江淹《杂体诗序》：“至于世之诸贤，各滞所迷，莫不论甘则忌辛，好丹则非素。”[例句] 他这人～，对自己不喜欢的食物动都不动一下。

【好高骛远】 hào gāo wù yuǎn
[释义] 骛：马快跑，引申为追求。比喻不切实际地追求过高或过远的目标。[语见] 元·脱脱等《宋史·程颢传》：“病学者厌卑近而骛高远，卒无成焉。”[例句] ～的人是什么也做不成的。

【好乱乐祸】 hào luàn lè huò
[释义] 爱捣乱，好闯祸。[语见] 明·罗贯中《三国演义》第二十二回：“（曹）操赘阉遗丑，本无懿德；豭狁锋协，好乱乐祸。”[例句] 他从小就～，唯恐天下不乱。

【好谋无断】 hào móu wú duàn
[释义] 谋：计谋。爱用计谋，但没有决断。形容人空有心计，没有胆略，做事老是犹疑不决。[语见] 明·罗贯中《三国演义》第二十一回：“操笑曰：‘袁绍色厉胆薄，好谋无断；干大事而惜身，见小利而忘命，非英雄也。’”[例句] 这人自以为聪明，其实～，成不了大器。

【好善嫉恶】 hào shàn jí è
[释义] 崇尚美善，憎恨邪恶。[语见] 汉·王符《潜夫论·实贡》：“好善嫉恶，赏罚严明，治之材也。”[例句] 这本书的作者～，具有强烈的正义感。

【好善恶恶】 hào shàn wù è
[释义] 见"善善恶恶"。[语见] 清·钱彩《说岳全传》第七十三回：“好善恶恶，人人如此。”[例句] 古人认为：“人之初，性本善”，人都有～的本能。

【好施小惠】 hào shī xiǎo huì
[释义] 见"好行小惠"。[语见] 宋·薛居正等《旧五代史·王峻传》：“峻贪权利，多机数，好施小惠，喜人附己。”[例句] 他～，又懂得讲别人喜欢听的话，所以在那个圈子中颇有人缘。

【好为人师】hào wéi rén shī
[释义] 好:喜欢。为:当、做。师:老师、先生。喜欢做别人的老师。形容自大而不谦虚。[语见]《孟子·离娄上》:"人之患在好为人师。"[例句] 既然自己都一知半解,那就不要～了。

【好为事端】hào wéi shì duān
[释义] 为:制造。事端:事故。指专爱惹是生非。[语见] 唐·房玄龄等《晋书·文明王后传》:"后每言于帝曰:'会见利忘义,好为事端,宠过必乱,不可大任。'"[例句] 他这个人～,周围的人都很讨厌他。

【好恶不同】hào wù bù tóng
[释义] 喜好与憎恶各不相同。形容人的思想感情各异。[语见] 汉·班固《汉书·元帝纪》:"公卿大夫,好恶不同。"[例句] 这些批评并不意味着作品的失败,而只是各人～罢了。

【好恶同之】hào wù tóng zhī
[释义] 好:爱好。恶:憎恨。同之:使它一样。对于事物有同一的爱好或同一的憎恨。[语见]《左传·昭公二十五年》:"戮力壹心,好恶同之。"[例句] 大家同心协力,～,誓死与敌人斗争到底。

【好行小惠】hào xíng xiǎo huì
[释义] 惠:古通"慧",聪明。原指好耍小聪明。后指对人施以小恩小惠。[语见] 唐·房玄龄等《晋书·殷仲堪传》:"及在州,纲目不举,而好行小惠,夷夏颇安附之。"[例句] 在人与人的相处中,人们往往比较喜欢那种～、善于逢迎的人。

【好学不倦】hào xué bù juàn
[释义] 爱好学习,什么都不厌倦。[语见] 汉·司马迁《史记·楚世家》:"昔我文公,狐季姬之子也,有宠于献公,好学不倦。"[例句] 那个歌星成名后依然～,专门去进修唱腔技巧。

【好逸恶劳】hào yì wù láo
[释义] 逸:安逸、舒适。恶:厌恶、讨厌。劳:辛劳,劳作。喜欢安逸舒适的生活而厌恶辛勤的劳作。[语见] 南朝宋·范晔《后汉书·郭玉传》:"其为疗也,有四难焉……好逸恶劳,四难也。"[例句] 像你这种～的人,永远也发不了财。

【好整以暇】hào zhěng yǐ xiá
[释义] 整:严整,有秩序。以:连词,相当于"而"。暇:空闲,从容。形容既严整而又从容不迫。[语见]《左传·成公十六年》:"日臣之使于楚也,子重问晋国之勇,臣对曰:'好以众整。'曰:'又何如?'臣对曰:'好以暇。'"[例句] 形势如此紧张,她却依然～,平静地做着自己的工作。

【好自矜夸】hào zì jīn kuā
[释义] 骄傲自满,喜欢夸耀自己。[语见] 唐·令狐德棻《周书·宣帝纪》:"好自矜夸,饰非拒谏。"[例句] 这种～的人,往往并没有什么真才实学。

【浩浩荡荡】hào hào dàng dàng
[释义] 浩浩:水势盛大的样子。荡荡:广大的样子。形容水势浩大。后也用以形容声势雄伟壮阔。[语见]《尚书·尧典》:"汤汤洪水方割,荡荡怀山襄陵,浩浩滔天。"[例句] 江水～,气势磅礴。

【浩然之气】hào rán zhī qì
[释义] 浩然:盛大的样子。气:气质。形容正大刚直的精神、气质。[语见]《孟子·公孙丑上》:"我善养吾浩然之气。"[例句] 看着这座庄严肃穆的纪念碑,～油然而生。

【浩如烟海】hào rú yān hǎi
[释义] 浩:繁多。烟海:烟雾弥漫的大海。比喻繁多广大。形容文献或资料非常繁多,无法计算。[语见] 宋·司马光《进〈资治通鉴〉表》:"简牍盈积,浩如烟海,抉摘幽隐,校计毫厘。"[例句] 在～的古代书法作品中,我们精心挑选了这几件。

【皓齿蛾眉】hào chǐ é méi
[释义] 蛾眉:女子秀美的眉毛。形容女子美貌。也喻称美女。[语见] 汉·枚乘《七发》:"皓齿蛾眉,命曰伐性之斧。"[例句] 这名女子～,美丽非凡。

【皓齿明眸】hào chǐ míng móu
[释义] 见"明眸皓齿"。[语见] 三国魏·

曹植《洛神赋》:"丹唇外朗,皓齿内鲜,明眸善睐,靥辅承权。"[例句] 一位~的少女站在他身边。

【皓齿朱唇】 hào chǐ zhū chún
[释义] 白齿红唇。形容女子姣美的容貌。[语见] 明·兰陵笑笑生《金瓶梅词话》第十二回:"打扮粉妆玉琢,皓齿朱唇。"[例句] 柜台后站着的女孩,~,端庄淑仪。

【皓首苍颜】 hào shǒu cāng yán
[释义] 雪白的头发,灰暗的面容。形容老年人的容貌。[语见] 明·无名氏《午时牌》第一折:"想当初太公垂钓,伊尹耕锄,垂钓的皓首苍颜安社稷,耕锄的尽心竭力定襄区。"[例句] ~的老祖父,远远地向我招手。

【皓首穷经】 hào shǒu qióng jīng
[释义] 皓首:白了头发,指年老了。穷经:穷究经籍。指一辈子钻在儒家的经典中。也形容读书读到老。[语见] 宋·李心传《建炎以来系年要录》第一百八十八卷:"而韦布之士,皓首穷经,扼于声病之文,卒无以自见于世。"[例句] 老先生一生钻研古籍,~,令我敬佩。

he

【呵壁问天】 hē bì wèn tiān
[释义] 呵:大声呵斥。壁:指画壁。面向画壁,对天发问。原指屈原写《天问》的事。后多形容人失意时的无聊情态。[语见] 汉·王逸《天问序》:"屈原放逐,忧心愁悴,彷徨山泽,经历陵陆,嗟号昊旻,仰天叹息。见楚有先王之庙及公卿祠堂,图画天地山川神灵,琦玮僪佹,及古贤圣怪物行事……因书其壁,呵而问之,以渫愤懑,舒泻愁思。"[例句] 与其在那里~,不如静下心来好好想想自己还有哪些不足。

【呵佛骂祖】 hē fó mà zǔ
[释义] 原是沩山对德山的评语,指不受前人局限,就可以突破前人。后表示无所顾忌,敢作敢为。[语见] 宋·释道原《景德传灯录·宣鉴禅师》:"是伊将来有把茅盖头,骂佛骂祖去在。"[例句] 做学问有时候就是需要这种~的勇气。

【欷野歕山】 hē yě pēn shān
[释义] 欷:吮吸。歕:同"喷",吹气。吮吸原野,吹动山岳。比喻气势盛大。[语见] 汉·班固《东都赋》:"吐焰生风,欷野歕山。"[例句] 昨晚,一场~的暴雨袭击了本地,几乎把这个小山村淹没了。

【合浦珠还】 hé pǔ zhū huán
[释义] 合浦:汉代郡名,在今广西。还:返回。合浦郡的珍珠又回来了。南朝宋·范晔《后汉书·孟尝传》载:合浦郡沿海产珍珠,因地方官贪私滥采,致使珍珠的生产中断,据说产珠的蚌都迁到别处去了。孟尝当了合浦郡太守后,革除了过去的弊端,使珍珠的生产恢复了原状。也有的说产珠的蚌又都迁回来了。封建社会中常用以颂扬官吏的清廉。后也用以比喻人去而复回或物失而复得。[例句] 那东西不知何时才能~、失而复得呢?

【合情合理】 hé qíng hé lǐ
[释义] 合乎情理。[例句] 对你提出的~的要求,我们不会拒绝。

【何必当初】 hé bì dāng chū
[释义] 当初何必那样呢!常指当初相处得非常亲近,后来却又出人意料地决裂。多与"早知今日"连用,以表示追悔或愤懑。[例句] 早知道会有今天这种结果,又~呢?

【何苦乃尔】 hé kǔ nǎi ěr
[释义] 乃尔:竟至这样呢!意思是何苦竟至这样呢!表示强烈的反诘。[例句] 为这点儿小事发这么大脾气,~?

【何乐不为】 hé lè bù wéi
[释义] 有什么不乐意做的呢?意为很愿意做或当然可以做。[语见] 清·吴趼人《糊涂世界》卷一:"既然说是里面已说通了,要我做面子,我亦何乐不为?"[例句] 帮你不过举手之劳,我~?

【何去何从】 hé qù hé cóng
[释义] 去:离开。从:跟随。离开哪里,去到哪里?指在重大问题上采取什

么态度。[**语见**]战国楚·屈原《卜居》："此孰吉孰凶,何去何从?"[**例句**]事已至此,你将～?

【**何足挂齿**】hé zú guà chǐ
[**释义**]足:值得。挂齿:挂在嘴边,指谈起。哪里值得提起。即不值一提。[**语见**]汉·司马迁《史记·刘敬叔孙通列传》:"此特群盗鼠窃狗偷耳,何足置之齿牙间!"[**例句**]这点儿小事～!

【**和蔼可亲**】hé ǎi kě qīn
[**释义**]和蔼:和气。可亲:让人感到亲切。态度和气,使人感到亲切,容易接近。[**例句**]她平日待人一向～,大家都愿意亲近她。

【**和璧隋珠**】hé bì suí zhū
[**释义**]和氏璧、隋侯珠,都是传说中的珍宝。比喻极名贵的珍宝。[**例句**]这难道是～,竟能值这么多钱?

【**和而不同**】hé ér bù tóng
[**释义**]和:和谐。同:这里指苟同,即盲从附和。能恰到好处地与人相处却又不盲从附和。旧时儒家所宣扬的良好品德之一。[**语见**]《论语·子路》:"君子和而不同,小人同而不和。"[**例句**]希望双方本着～的原则,进行广泛的文化交流与对话。

【**和风细雨**】hé fēng xì yǔ
[**释义**]和风:春天温暖的风。意指不粗暴。比喻方式和缓,态度温和。[**例句**]李老师对学生总是～,同学们非常爱戴她。

【**和光同尘**】hé guāng tóng chén
[**释义**]光:指光彩。同:混同。尘:世俗。比喻与世俗混同,不露锋芒,与世无争。[**语见**]《老子》:"和其光,同其尘。"[**例句**]一个人～太久,容易变得消沉。

【**和睦相处**】hé mù xiāng chǔ
[**释义**]彼此友好地相处。[**例句**]两家人～,关系非常融洽。

【**和盘托出**】hé pán tuō chū
[**释义**]和:连同。连同盘子一起把东西端出来。比喻把真实思想或事实经过全说出来。[**例句**]他已经把自己的计划向我～了。

【**和气生财**】hé qì shēng cái
[**释义**]和气:和睦。旧指待人和善能招财进宝。[**例句**]做生意讲究～,千万不要得罪客人。

【**和气致祥**】hé qì zhì xiáng
[**释义**]和气:和睦。致:招致。祥:吉祥。和睦招致吉祥,旧时调解纠纷时常用作劝慰的话。[**语见**]汉·班固《汉书·刘向传》:"由此观之,和气致祥,乖气致异。祥多者其国安,异众者其国危,天地之常经,古今之通义也。"[**例句**]任何家庭都是～,没有和睦的家庭气氛就不会得到幸福。

【**和容悦色**】hé róng yuè sè
[**释义**]见"和颜悦色"。[**语见**]清·李汝珍《镜花缘》第七十一回:"即如父母尊长跟前,自应和容悦色,侍奉承欢。"[**例句**]看他～的样子,我原先的紧张一下子全都烟消云散了。

【**和颜悦色**】hé yán yuè sè
[**释义**]颜:本指额头,引申为面容。悦色:高兴的脸色。形容态度温和可亲。[**语见**]汉·荀爽《女诫》:"昏定晨省,夜卧早起,和颜悦色,事如依恃,正身洁行,称为顺妇。"[**例句**]老师～地让他人座。

【**和衣而卧**】hé yī ér wò
[**释义**]和:连着。卧:躺下。睡觉。穿着衣服就睡下了。形容情况紧急或疲劳过度时的情况。[**例句**]为了早日攻破难关,他经常通宵奋战,困了就在实验室里～。

【**和衷共济**】hé zhōng gòng jì
[**释义**]衷:内心。和衷:同心。济:过河。大家一条心,共同渡江过河。后用以比喻同心协力,克服困难。[**语见**]《国语·鲁语下》:"夫苦匏不材于人,共济而已。"韦昭注:"共济而已,佩匏可以渡水也。"[**例句**]大难当前,大家一定要～,共渡难关。

【**河东狮吼**】hé dōng shī hǒu
[**释义**]河东:古郡名,为柳氏所居之地。狮吼:佛家语,比喻威严。宋·洪迈《容斋三笔》第三卷记载:陈慥字季常,自称龙

丘先生,喜好宾客,家里养着一些歌妓。其妻柳氏凶悍而嫉妒,所以苏轼有诗云:"龙丘居士亦可怜,谈空说有夜不眠。忽闻河东狮子吼,拄杖落手心茫然。"喻指凶恶暴躁而又妒忌的妇人。[例句]没想到她结婚前温柔体贴,结婚后却成了～。

【河汾门下】hé fén mén xià
[释义]隋末大儒王通设教于河、汾之间,门人达千余人,房玄龄、魏徵、李靖、温大雅、陈叔远等亲炙受业。诸人皆为唐初功臣,时称"河汾门下"。后用以比喻名师门下人才辈出。[例句]他们都是很有才干的,不愧为～。

【河清海晏】hé qīng hǎi yàn
[释义]河:黄河。晏:平静。黄河水清,大海波平浪静。比喻太平盛世。[语见]唐·萧颖士《为陈正卿进续尚书表》:"万庚三登之禳,河清海晏之瑞,舞七句而殊俗格,歌六律而薰风至。"[例句]兵荒马乱了七八年,百姓终于等到～,天下太平了。

【河清难俟】hé qīng nán sì
[释义]河:黄河。俟:等待。古人以为黄河一千年一清,所以用"河清难俟"比喻时间太久难以等待。[语见]《左传·襄公八年》:"周诗有之曰:'俟河之清,人寿几何?'"[例句]～,我可等不到那一天。

【河山带砺】hé shān dài lì
[释义]河:黄河。山:泰山。带:衣带。砺:砺石。黄河像衣带一样,泰山像砺石一样。比喻不可能发生的事情。[语见]汉·司马迁《史记·高祖功臣侯者年表》:"封爵之誓曰:'使河如带,泰山若厉(砺)。国以永宁,爰及苗裔。'"[例句]纵然～,我的决心也不会改变。

【河鱼腹疾】hé yú fù jí
[释义]鱼腐烂先从腹内开始。比喻腹泻。[语见]《左传·宣十二年》:"河鱼腹疾,奈何?"[例句]就是那道菜,害得我～,闹腾了一夜。

【河鱼之疾】hé yú zhī jí
[释义]见"河鱼腹疾"。[语见]宋·苏轼《与冯祖仁书三首》之三:"到韶累日,疲于人事,又苦河鱼之疾,少留调理乃行,益远,愈增瞻系也。"[例句]不好意思,我有点～,需要离开一会儿。

【涸泽而渔】hé zé ér yú
[释义]见"竭泽而渔"。[语见]《文子·上仁》:"先王之法……不涸泽而渔,不焚林而猎。"[例句]一定要保护生态,切莫～。

【涸辙穷鳞】hé zhé qióng lín
[释义]见"涸辙之鲋"。[语见]清·邓显鹤《复春海先生书》:"穷毡坐守,如涸辙穷鳞,煦沫自濡,不能自润。"[例句]回到大城市,他仿佛～,返回长江大河,重新获得了跃浪腾波的力量。

【涸辙穷鱼】hé zhé qióng yú
[释义]见"涸辙之鲋"。[语见]明·张凤翼《红拂记》第四出:"失林飞鸟无投处,涸辙穷鱼转困苦。"[例句]敌人被我军重重包围,已经弹尽粮绝,成了～。

【涸辙之鲋】hé zhé zhī fù
[释义]涸:枯竭。辙:车辙。鲋:鲫鱼。干枯的车辙里的鲫鱼。比喻处于困境急待救援的人。[语见]宋·祝穆《方舆胜览》第一卷:"若一旦埋塞,使蛟龙鱼鳖同为涸辙之鲋。"[例句]现在急需一大笔资金来维持我的公司,这一点钱,怎能救我这～呢?

【荷枪实弹】hè qiāng shí dàn
[释义]荷:背或扛着。实:填实,装满。背着枪,装满子弹。形容全副武装,高度警戒的状态。[例句]总统府门前有许多～的士兵把守着。

【赫赫炎炎】hè hè yán yán
[释义]天气炎热。也形容势焰炽盛。[语见]《诗经·大雅·云汉》:"旱既太甚,则不可沮,赫赫炎炎,云我无所。"[例句]这种～的天气,谁都不肯出门。

【赫赫扬扬】hè hè yáng yáng
[释义]光明盛大的样子。也形容兴旺显赫。[语见]清·曹雪芹《红楼梦》第十三回:"如今我们家赫赫扬扬,已将百载。"[例句]这个～的贵族之家就快要土

H

崩瓦解了。

【赫赫有名】 hè hè yǒu míng

[释义] 赫赫:非常显著的样子。形容名声极大。[语见] 汉·班固《汉书·何武传》:"其所居亦无赫赫名,去后常见思。"[例句] 他可是本地～的大人物。

【赫赫之功】 hè hè zhī gōng

[释义] 赫赫:显著盛大的样子。显赫的功业。[语见]《荀子·劝学》:"无惛惛之事者,无赫赫之功。"[例句] 此战获胜,他立下了～。

【赫赫之光】 hè hè zhī guāng

[释义] 赫赫:非常显著的样子。原指光明、清晰。后比喻显赫的威势和声望。[语见] 唐·韩愈《与于襄阳书》:"高材多戚戚之穷,盛位无赫赫之光。"[例句] 他只是一个普通的人,没有什么～。

【赫赫之名】 hè hè zhī míng

[释义] 赫赫:显著的样子。声名显赫。[语见] 晋·常璩《华阳国志·先贤士女》:"临州郡虽无赫赫之名,及去,民思之。"[例句] 他只希望能为市民多做一些实事,而不求～。

【赫然有声】 hè rán yǒu shēng

[释义] 形容名声显赫。[语见] 唐·韩愈《与祠部陆员外书》:"其后一二年,所与及第者,皆赫然有声。"[例句] 该公司在业界～,现已跻身国内十大房地产开发商之列。

【褐衣疏食】 hè yī shū shí

[释义] 褐:粗毛布。褐衣:贫寒者的衣服。疏食:粗糙的饭食。穿粗布衣服,吃粗糙饭食。形容穷困的情景。[语见] 汉·司马迁《史记·游侠列传》:"故季次、原宪终年空室蓬户,褐衣疏食不厌。"[例句] 这家人就这么～过了几十年。

【鹤长凫短】 hè cháng fú duǎn

[释义] 凫:野鸭。鹤的腿长,野鸭的腿短。比喻事物各有特点,不应强求一律。[语见]《庄子·骈拇》:"凫胫虽短,续之则忧;鹤胫虽长,断之则悲。"[例句] 有的学生喜欢文科,有的喜欢理科,这是～,各有特点,应让他们根据自身特点来发展。

【鹤发鸡皮】 hè fà jī pí

[释义] 鹤发:头发像白鹤的羽毛那样雪白。鸡皮:脸上像鸡的皮肤那样起皱。形容老人头发变白,脸上布满皱纹。也作"鸡皮鹤发"。[语见] 北周·庾信《庾子山集·竹杖赋》:"子老矣,鹤发鸡皮,蓬头历齿。"[例句] 即使他还活着,那也已经是～的老人了。

【鹤发童颜】 hè fà tóng yán

[释义] 颜:容颜,面色。像鹤羽一样苍白的头发,像孩童面颊那样红润的面色。形容老年人气色好,精神旺健。[例句] 张老师～,怎么看都不像七十多岁的老人。

【鹤立鸡群】 hè lì jī qún

[释义] 仙鹤立在鸡群之中。比喻人的仪表或才能超凡脱俗,非常突出。[语见] 元·无名氏《举案齐眉》第二折:"这是咱逢时运,父亲呵休错认做蛙鸣井底,鹤立鸡群。"[例句] 他的表现在这批应聘者中犹如～,非常突出。

【鹤鸣之士】 hè míng zhī shì

[释义] 鹤鸣:仙鹤的鸣声。有德才的人说话,犹如鹤鸣,可以使远近的人响应。比喻没有做官但很有声望的人。[语见] 南朝宋·范晔《后汉书·杨赐传》:"斥远佞巧之臣,速征鹤鸣之士。"[例句] 在那里,他四处拜访当地的～,征求意见。

hei

【黑白分明】 hēi bái fēn míng

[释义] 明:清楚、明白。黑色和白色分得很清楚。比喻好坏、是非的界限区分得很清楚。[语见] 南朝宋·范晔《后汉书·朱浮传》:"而今牧人之吏,多未称职,小违理实,辄见斥罢,岂不綮然黑白分明也哉!"[例句] 我办事向来～。

【黑云压城城欲摧】 hēi yún yā chéng chéng yù cuī

[释义] 摧:毁坏。黑云翻涌而来,城墙要被摧毁似的。形容敌军围城,局势十分严重。[语见] 唐·李贺《雁门太守行》:"黑云压城城欲摧,甲光向日金鳞开。"

[例句]随着战事临近,如今该国大有～之势,令全世界爱好和平的人们为之忧心忡忡。

hen

【恨入骨髓】hèn rù gǔ suǐ
[释义]恨它到骨髓里。形容内心痛恨到了极点。[语见]明·冯梦龙《醒世恒言》第二十九卷:"不想心中气恼,不曾照管得,足下绊上一交,把锅子打做千百来块,将王屠来恨入骨髓。"[例句]他的所作所为令人～。

【恨铁不成钢】hèn tiě bù chéng gāng
[释义]恨铁不能锻炼成钢。形容对所期望的人的不上进、不成材感到不满,迫切希望他变好。[语见]清·曹雪芹《红楼梦》第九十六回:"只为宝玉不上进,所以时常恨他,也不过是'恨铁不成钢'的意思"。[例句]这种～的心情我非常理解。

【恨相见晚】hèn xiāng jiàn wǎn
[释义]见"恨相知晚"。[语见]宋·文天祥《与山人黎端吉序》:"与痴儿说梦,终日闷闷,使人欲索枕僵卧。明了了,不逾顷刻能解人数百年中事,恨相见晚矣。"[例句]两人谈得十分投机,真有些～的感觉。

【恨相知晚】hèn xiāng zhī wǎn
[释义]只恨相知太晚了。[语见]汉·司马迁《史记·魏其武安侯列传》:"两人相为引重,其游如父子然。相得欢甚,无厌,恨相知晚也。"[例句]他们俩～,马上结拜为兄弟。

【恨之入骨】hèn zhī rù gǔ
[释义]恨到骨子里去了。形容极端痛恨。[语见]晋·葛洪《抱朴子·外篇自叙》:"见侵者则恨之入骨,剧于血仇。"[例句]这伙匪徒经常到村子里烧杀掠抢,村民们对他们～。

heng

【恒河沙数】héng hé shā shù
[释义]恒河:南亚大河,流经印度和孟加拉国。数:数目。比喻数目多得无法计算。[语见]《金刚经·无为福胜分》:"但诸恒河尚多无数,何况其沙……以七宝满尔所恒河沙数三千大千世界,以用布施。"[例句]全世界每天出版的报刊如同～。

【横冲直撞】héng chōng zhí zhuàng
[释义]形容毫无顾忌地乱冲乱撞。也形容凶猛强悍、势不可挡。[语见]明·施耐庵《水浒传》第五十五回:"那边连环马军,漫山遍野,横冲直撞将来。"[例句]那个酒驾司机开着车在路上～。

【横眉立目】héng méi lì mù
[释义]见"横眉竖眼"。[例句]你看对面那些人,一个个～。

【横眉怒目】héng méi nù mù
[释义]横眉:怒目而视的样子,表示愤恨。形容极度愤恨,怒不可遏的神情。[例句]那个彪形大汉～地瞪着我。

【横眉竖眼】héng méi shù yǎn
[释义]形容怒目而视的样子。[例句]瞧你那副～的模样,难道想打架吗?

【横七竖八】héng qī shù bā
[释义]有的横,有的竖。形容纵横杂乱,极不整齐。[语见]明·施耐庵《水浒传》第三十四回:"一片瓦砾场上,横七竖八,杀死的男子妇人,不计其数。"[例句]房间里～摆着些板凳。

【横三竖四】héng sān shù sì
[释义]形容杂乱无章,毫无条理。[语见]宋·释普济《五灯会元·黄龙南禅师法嗣》:"天地与我同根,万物与我一体,脚头脚尾,横三竖四。"[例句]院子里搭着一间小厨房,旁边～地堆着些木柴。

【横扫千军】héng sǎo qiān jūn
[释义]横:从东到西。扫:这里指歼灭。千军:大量的敌人。形容气势异常迅猛,一举歼灭大量敌人。[例句]就凭你们几个人的力量就想～,把敌人杀得落花流水吗?

【横生枝节】héng shēng zhī jié
[释义]树木从旁边生出枝杈。比喻意外地引出一些细节,使主要问题难以顺

H

利解决。[语见]清·赵尔巽《清史稿·周德润传》："五条外横生枝节，若犹迁就，其何能国？请严拒之。"[例句]为了避免～，这件事要尽快解决。

【横躺竖卧】héng tǎng shù wò
[释义]形容杂乱地倒下或睡下。[例句]这里到处是～的尸体，简直惨不忍睹。

【横拖倒拽】héng tuō dào zhuài
[释义]拽：用力拖拉。指用暴力强拖硬拉。[语见]元·杨梓《豫让吞炭》第三折："将我扑鲁鲁的横拖倒拽，闹炒炒的后拥前推。"[例句]眼看气氛不妙，众人连忙～把他拖了出去。

【横行霸道】héng xíng bà dào
[释义]倚仗势力到处为非作歹，欺凌善良。[语见]清·曹雪芹《红楼梦》第九回："(贾瑞)又跟着薛蟠图些银钱酒肉，一任薛蟠横行霸道。"[例句]一些大国在国际事务中～，动辄干涉别国内政，这是极不得人心的。

【横行天下】héng xíng tiān xià
[释义]横行：走遍，纵横驰骋。原指无阻碍地走遍各地。[语见]《荀子·修身》："劳苦之事则偷儒转脱，饶乐之事则佞兑而不曲……横行天下，虽达四方，人莫不弃。"[例句]就凭你这点儿能耐还不足以～。

【横行无忌】héng xíng wú jì
[释义]胡作非为，无所顾忌。[语见]清·张廷玉等《明史·赵南星传》："乡官之权大于守令，横行无忌，莫敢谁何？"[例句]当地黑势力～，主要是因为警方办案不力。

【横征暴敛】héng zhēng bào liǎn
[释义]横：蛮横。征，敛：征收。暴：残暴。强征捐税，搜刮人民财富。[语见]清·吴趼人《痛史》第二十四回："名目是规画钱粮，措置财赋，其实是横征暴敛，剥削脂膏。"[例句]当时的～令平民百姓生活十分艰难。

【横祸非灾】hèng huò fēi zāi
[释义]见"横殃飞祸"。[语见]元·无名氏《射柳垂丸》第二折："我将这合扇刀举起劈他脑盖，我教你目前见横祸非灾。"[例句]她只是好心劝解，哪里想到会惹来一场～。

【横蛮无理】hèng mán wú lǐ
[释义]见"蛮横无理"。[例句]这个小孩怎么如此～，看来一定是被家长宠坏了。

【横殃飞祸】hèng yāng fēi huò
[释义]横：意外。意外飞来的灾祸。[语见]晋·葛洪《抱朴子·遐览》："其经曰：家有三皇文，辟邪恶鬼、温疫气、横殃飞祸。"[例句]一辆飞驰的汽车突然间冲入人群，路人都被这场～吓傻了。

【横殃飞灾】hèng yāng fēi zāi
[释义]见"横殃飞祸"。[语见]元·无名氏《碧桃花》第四折："非是我假虚脾爱使乖，也只怕粉脸香腮，引动你密意幽怀，倒做了横祸飞灾。"[例句]在这个战乱不断的城市中生活，必须时刻保持高度警觉性，以免遭受～。

【横灾飞祸】hèng zāi fēi huò
[释义]见"横殃飞祸"。[语见]清·蒲松龄《聊斋志异·青蛙神》："此等金钱，不可自肥，恐有横灾飞祸。"[例句]他这一辈子，从没经历过什么～，一直都挺顺利的。

hong

【轰动一时】hōng dòng yī shí
[释义]在一个时期内引起人们的极大注意。[例句]那件～的杀人案明天就要开庭了。

【轰轰烈烈】hōng hōng liè liè
[释义]轰轰：象声词，指雷鸣、炮声、车轮滚动等巨大声响。烈烈：火势旺盛的样子。形容气势雄伟，声势浩大。[语见]明·冯梦龙《喻世明言》第四十卷："只为严嵩父子恃宠贪虐，罪恶如山，引出一个忠臣来，做出一段奇奇怪怪的事迹，留一段轰轰烈烈的话柄。"[例句]我一定要～做出一番大事。

【哄动一时】hōng dòng yī shí
[释义]形容一个时期内影响很大，广为

议论。[例句] 就在这个院子里,曾经发生过一起~的事件。

【弘誓大愿】 hóng shì dà yuàn
[释义] 弘:大。指发大誓,许大愿。表示决心干某件事。[语见] 明·吴承恩《西游记》第十二回:"我已发了弘誓大愿,不取真经,永堕沉沦地狱。"[例句] 他立下~,要在明年的奥运会上包揽本项目的所有金牌。

【红豆相思】 hóng dòu xiāng sī
[释义] 红豆:一种植物名,果实色红如豆,又名相思豆。古人常用来象征爱情。喻指男女之间的相爱相思之情。[语见] 唐·王维《相思》诗:"红豆生南国,春来发几枝。愿君多采撷,此物最相思。"[例句] 每天写信也不能表达我~之情。

【红飞翠舞】 hóng fēi cuì wǔ
[释义] 红、翠:指服装的色彩。穿红色服装的和穿绿色服装的在一起欢舞。形容妇女们穿着漂亮的衣服,尽兴嬉戏、欢腾热闹的情景。[语见] 清·曹雪芹《红楼梦》第六十二回:"呼三喝四、喊七叫八,满厅中红飞翠舞,玉动珠摇,真是十分热闹。"[例句] 音乐响起,一时间舞台上~,女孩子们来回穿梭,翩翩起舞,煞是好看。

【红粉青蛾】 hóng fěn qīng é
[释义] 红粉:红色脂粉。青蛾:青色的蛾眉。借称美人。[语见] 唐·杜审言《戏赠赵使君美人》诗:"红粉青蛾映楚云,桃花马上石榴裙。"[例句] 晚会上,随处可见衣着靓丽的~。

【红粉青楼】 hóng fěn qīng lóu
[释义] 红粉:美女。青楼:妓院。泛称纵情声色的场合。[语见] 清·魏秀仁《花月痕》第一回:"若舞衫歌扇,转瞬皆非,红粉青楼,当场即幻,还讲什么情呢?"[例句] 他沉迷于~,耗尽了家财,最终落得沿街乞讨。

【红男绿女】 hóng nán lǜ nǚ
[释义] 红、绿:指色彩鲜艳的衣饰。指衣饰艳丽的男女。[语见] 清·壮者《扫迷帚》第十九回:"那三人泊舟登岸,缓步来前,但见红男绿女,牵手偕行;败果浊醪,设摊当路。"[例句] 大街上的~来来往往,不知都在忙碌些什么。

【红日三竿】 hóng rì sān gān
[释义] 见"日上三竿"。[语见] 南朝梁·萧子显《南齐书·天文志上》:"永明五年十一月丁亥,日出高三竿,朱色赤黄,日晕,虹抱珥直背。"[例句] 他一直睡到~,方才起床。

【红衰翠减】 hóng shuāi cuì jiǎn
[释义] 红:红花。翠:绿叶。形容秋天肃杀的景象。[语见] 宋·柳永《八声甘州》词:"渐霜风凄紧,关河冷落,残照当楼,是处红衰翠减,苒苒物华休。"[例句] 只见窗外~,草木凋零,一片凄凉的景象。

【红杏出墙】 hóng xìng chū qiáng
[释义] 形容春意盎然。多用来比喻女子有婚外恋情。[语见] 宋·叶绍翁《游园不值》诗:"春色满园关不住,一枝红杏出墙来。"[例句] 他怀疑妻子~,背叛了自己。

【红袖添香】 hóng xiù tiān xiāng
[释义] 旧称美女子伴读。[语见] 清·魏秀仁《花月痕》第三十一回:"从此绿鬟视草,红袖添香;眷属疑仙,文章华国。"[例句] 虽然埋头苦读是件辛苦的事,但因为有她,~的日子过得倒也蛮有情趣。

【红颜薄命】 hóng yán bó mìng
[释义] 红颜:指女子的美丽的容貌。特指美女。薄命:苦命,没有福气的命运。漂亮女人往往命运不好。[语见] 元·无名氏《鸳鸯被》第三折:"总则我红颜薄命。"[例句] 她的坎坷经历让人不禁发出~的感叹。

【红叶题诗】 hóng yè tí shī
[释义] 唐朝宫女良缘巧合的故事。据宋·刘斧《青琐高议·流红记》载:唐僖宗时,有儒士于祐,晚步禁衢间,见有一脱叶随流水飘下,取之,有四句诗题于其上:"流水何太急,深宫尽日闲,殷勤谢红叶,好去到人间。"祐复题二句,书于红叶上云:"曾闻叶上题红怨,叶上题诗寄阿

H

谁?"随置御沟流水中。后祐娶一出禁宫女为妻,其妻见祐书筒中有红叶题诗,大惊曰:"此吾所作之句,君何故得之?"祐以实相告。其妻复曰:"吾于水中亦得红叶,不知何人作也。"后知是祐所题之诗。相对惊叹,感泣良久。后也泛指男女奇缘。[例句]文人自古多情,总是相信那些～、姻缘巧合的爱情故事。

【红装素裹】 hóng zhuāng sù guǒ
[释义]红装:妇女的红色装束,这里比喻艳丽的太阳。素裹:白色的装束,指大雪覆盖的山河大地。形容雪后天晴,红日白雪互相映照的艳丽景色。[例句]放眼望去,一轮又大又红的太阳正从山坳里升起,给这银白的冰雪世界镀上了一层金辉,如同一个～的少女,令人心动不已。

【闳中肆外】 hóng zhōng sì wài
[释义]闳:宽宏。肆:恣肆。内容宽宏,形式恣肆。形容文章在内容上博大精深,在文辞上极尽表达之能事。[语见]唐·韩愈《进学解》:"先生之于文,可谓闳其中而肆其外矣。"[例句]他的作品～,气势豪迈。

【洪炉燎发】 hóng lú liǎo fà
[释义]洪炉:大炉。燎:烧。用大炉子烘烤毛发。比喻极容易消灭。[语见]晋·陈寿《三国志·魏书·王粲传》:"以此行事,无异于鼓洪炉以燎毛发。"[例句]举起这个重量对他来说犹如～,轻而易举。

【洪水猛兽】 hóng shuǐ měng shòu
[释义]洪:大。泛滥的大水、凶残的野兽。比喻极具危害的人、事。[语见]宋·朱熹《朱文公文集·答刘子澄》:"邪说横流,坏人心术所以甚于洪水猛兽之害。"[例句]艾滋病如～,在该国的实际感染人数已超过百万。

【鸿案鹿车】 hóng àn lù chē
[释义]鸿案:指梁鸿妻举案齐眉的事。后用以指夫妻相敬如宾。鹿车:指鲍宣与妻共驾鹿车归乡的事,后用以指夫妻同甘共苦。比喻夫妻相互敬重,同甘共苦。[语见]清·曾朴《孽海花》第十四回:

"剑云是寒士生涯,租定了四斜街一所小小四合房子,夫妻团聚,却俨然鸿案鹿车。"[例句]他们生活虽然淡泊,但夫妻俩～,同甘共苦,互相体贴,日子倒也过得有声有色。

【鸿鹄之志】 hóng hú zhī zhì
[释义]鸿鹄:天鹅。因它飞得很高,故常用来比喻志向远大的人。比喻远大的志向。[语见]《吕氏春秋·士容论》:"夫骥骜之气,鸿鹄之志,有踰乎人心者诚也。"[例句]我只是一个普通的工人,哪有什么～?

【鸿毛泰山】 hóng máo tài shān
[释义]像鸿毛那样轻,像泰山那样重。比喻轻重相差悬殊。[语见]汉·司马迁《报任少卿书》:"人固有一死,或重于泰山,或轻于鸿毛,用之所趋异也。"[例句]死的意义有所不同,有～之别。

【鸿篇巨制】 hóng piān jù zhì
[释义]鸿、巨:大。篇:篇章。制:作品。指大部头的著作、作品。也作"鸿篇巨著"、"鸿篇巨帙"。[例句]这是一部以史实为依托的～。

【鸿稀鳞绝】 hóng xī lín jué
[释义]鸿、鳞:指鸿雁和鱼,古时用作书信的代称。比喻音信极少。[语见]元·王实甫《西厢记》第三本第一折:"自别颜范,鸿稀鳞绝,悲怆不胜。"[例句]自从他走后,～,久无音讯。

【鸿雁哀鸣】 hóng yàn āi míng
[释义]大雁发出凄婉的叫声。比喻流离失所的人在凄惨的生活境遇中。[例句]他看着这些与自己一道流浪的灾民,越发觉得前途渺茫,不禁悲从中来,犹如～。

【鸿雁传书】 hóng yàn chuán shū
[释义]鸿雁:也叫大雁,是一种候鸟。书:书信。传说因古时候通信条件很差,人们想寄信的时候,就把信缚在雁上,用大雁来传送书信。也作"雁足传书"。[例句]经过长达九年的～、电话传情,两人终于结为夫妻。

hou

【侯服玉食】 hóu fú yù shí
[释义] 侯:古代王侯,泛指王公贵族。玉:比喻珍贵精美。穿王公贵族的服装,吃珍贵精美的食品。旧时形容生活极其奢侈、豪华。[语见] 汉·班固《汉书·叙传下》:"侯服玉食,败俗伤化。"[例句] 当年他家～,过着奢侈的生活。

【侯门如海】 hóu mén rú hǎi
[释义] 见"侯门似海"。[例句] 他们二人虽然相爱,但～,一对有情人难成眷属。

【侯门似海】 hóu mén sì hǎi
[释义] 侯门:泛指显宦之家。达官贵人的门庭就像深海一样。形容大官僚的家庭门卫森严,不能自由出入。后用以比喻旧日的相识因权势地位的悬殊变化而疏远隔绝。[例句] 在那种～、尊卑有序、等级森严的社会环境中,这种爱情是难以维系的。

【喉清韵雅】 hóu qīng yùn yǎ
[释义] 歌喉清亮,韵味幽雅。形容歌唱的艺术很高超。[语见] 清·曹雪芹《红楼梦》第七十五回:"便命取了一支紫竹箫来,命佩凤吹箫,文花唱曲,喉清韵雅,甚令人心动神移。"[例句] 台上歌手～,真是令人心动神怡。

【后不僭先】 hòu bù jiàn xiān
[释义] 僭:超越本分。指后来人不超越先来的人。形容先后有别。[语见] 清·曹雪芹《红楼梦》第二十回:"宝玉听了,忙上前悄悄地说道:你这么明白的人,难道连'亲不隔疏,后不僭先'也不知道?"[例句] 你懂不懂～的道理? 这个座位我已经预订了。

【后不为例】 hòu bù wéi lì
[释义] 见"下不为例。"[语见] 明·沈德符《万历野获编·中宫外家恩泽》:"至丁未年而栋卒,其母赵氏为孙乞恩承袭,上命栋子明辅袭祖伯爵。时署部ж少宰杨时乔力谏不从,上且云后不为例而已。"[例句] 这次就暂且原谅你,～。

【后发制人】 hòu fā zhì rén
[释义] 发:行动。制:控制,制约。虽然后于他人行动,却可以控制住别人。泛指不急于行动,先做好充分准备,然后找到对方的不足,制服对手。[例句] 该企业寄希望于在激烈的市场竞争中～。

【后顾之患】 hòu gù zhī huàn
[释义] 见"后顾之忧"。[例句] 该公司对产品实行终身维修,以免除顾客的～。

【后顾之虑】 hòu gù zhī lù
[释义] 见"后顾之忧"。[例句] 旅行社代为游客办理保险手续,解除了游客的～。

【后顾之忧】 hòu gù zhī yōu
[释义] 后顾:回头看,向后看。忧:忧虑,担心的事。需要回过头来照顾让人担心的事。泛指牵扯人的精力,使人不能一心向前的麻烦事。[语见] 北齐·魏收《魏书·李冲传》:"朕以仁明忠雅,委以台司之寄,使我出境无后顾之忧。"[例句] 他们建立了完善的售后服务体系,解除了顾客的～。

【后合前仰】 hòu hé qián yǎng
[释义] 见"前仰后合"。[语见] 元·高文季《遇上皇》第一折:"东倒西歪,后合前仰,离席上,这酒兴颠狂。"[例句] 他主演的喜剧电影,无一不是逗得观众～。

【后患无穷】 hòu huàn wú qióng
[释义] 患:祸害,危害。穷:尽,结束。以后的祸害将没有尽头。[例句] 医生忠告患者,不要滥用抗生素类药品,否则～。

【后悔不及】 hòu huǐ bù jí
[释义] 见"悔之无及"。[语见] 清·文康《儿女英雄传》第二十二回:"及至说出口来,一觉着自己这句不好意思,一时后悔不及。"[例句] 事到如今他～,真希望能有补救的机会。

【后悔何及】 hòu huǐ hé jí
[释义] 见"悔之无及"。[语见] 唐·令狐德棻《周书·崔谦传》:"舍此不为,中道而退,便恐人皆解体,士各有心。一失事机,后悔何及。"[例句] 你现在不思进

取,将来～。

【后悔无及】 hòu huǐ wú jí
[释义] 见"悔之无及"。[语见]《左传·哀公六年》:"国之多难,贵宠之由,尽去之而后君定。既成谋矣,盍及其未作也?先诸人而后悔,亦无及也。"[例句] 希望你当机立断,以免失去机会,～。

【后会难期】 hòu huì nán qī
[释义] 期:盼望。以后难以盼到再有见面的机会。[语见] 北魏·杨衒之《洛阳伽蓝记·大统寺》:"老翁送元宝出,云:'后会难期。'以为凄恨,别甚殷勤。"[例句] 想到今后也许～了,她不禁泪如雨下。

【后会有期】 hòu huì yǒu qī
[释义] 会:见面,相聚。期:日期。以后还有相聚的日子。用作分别时的套语。[语见] 元·乔梦符《扬州梦》三折:"小官公事忙,后会有期也。"[例句] 我相信咱们一定～。

【后继乏人】 hòu jì fá rén
[释义] 见"后继无人"。[例句] 由于前些年大家都不重视这个行业,造成了目前这种～的局面。

【后继无人】 hòu jì wú rén
[释义] 继:继承、继续。后来没有继承的人。[例句] 老师傅感叹这个行业～。

【后继有人】 hòu jì yǒu rén
[释义] 有后人继承前人的事业。[例句] 我们要坚持培养高精尖人才,确保～,使我们的事业能得到持续发展。

【后来居上】 hòu lái jū shàng
[释义] 居:在……位置。晚来之人却处在前面的位置上。泛指新的力量超过了原来的力量。[语见] 汉·司马迁《史记·汲郑列传》:"陛下用群臣如积薪耳,后来者居上。"[例句] 该队～,击败了对手。

【后浪催前浪】 hòu làng cuī qián làng
[释义] 江水奔涌,前后相继。借喻新生事物更替陈旧事物,不断发展前进。有一代胜过一代的意思。[语见] 宋·释文珦《过苕溪》诗:"只看后浪催前浪,当悟新人换旧人。"[例句] 真是～,你们这些年轻人进步得真快啊!

【后浪推前浪】 hòu làng tuī qián làng
[释义] 见"后浪催前浪"。[例句] 公司的新员工都很有能力,工作业绩上超过了我们这些老员工,真是～啊!

【后起之秀】 hòu qǐ zhī xiù
[释义] 起:出现,兴起。秀:特别优异的人。后来涌现出来的优秀人物。[语见] 南朝宋·刘义庆《世说新语·赏誉》:"范豫章谓王荆州曰:'卿风流俊望,真后起之秀!'"[例句] 他是文坛近两年崛起的～。

【后生可畏】 hòu shēng kě wèi
[释义] 后生:晚出生的人,即晚辈、年轻人。可畏:可怕。指年轻人进步飞快,老前辈自身有一种担心。后泛指年轻人很容易超过老年人,晚辈很容易超过前辈。[语见]《论语·子罕》:"子曰:'后生可畏,焉知来者之不如今也!四十五十而无闻焉,斯亦不足畏也已。'"[例句] 比赛结束后,对手对他的表现非常惊讶,连说～。

【后实先声】 hòu shí xiān shēng
[释义] 见"先声后实"。[语见] 北周·庾信《周柱国楚国公岐州刺史慕容公神道碑》:"运长击短,后实先声,增垒威敌,灭灶潜兵。"[例句] 由于敌强我弱,他决定采取～的策略,从气势上先压倒对方。

【后拥前呼】 hòu yōng qián hū
[释义] 见"前呼后拥"。[语见] 明·汤显祖《紫钗记·折柳阳关》:"遑军容出塞,荣华,这其间有喝不倒的灞陵桥,接着阳关路,后拥前呼,百忙里陡的个雕鞍住。"[例句] 一支由近百人组成的队伍沿街行走,再加上街道两边观看的人群,真是～,盛况空前。

【后拥前驱】 hòu yōng qián qū
[释义] 见"前呼后拥"。[语见] 明·汤显祖《紫钗记·回求仆马》:"后拥前驱,教一时光彩生门户。"[例句] 渐渐地,街上行人车辆越来越多,他被大家～地挤在路中央,一动也不能动。

【厚此薄彼】 hòu cǐ bó bǐ
[释义] 厚:与"薄"相对,重视,优待,推崇。重视或优待这一方,轻视或慢待另

一方。[语见]唐·姚思廉《梁书·贺琛传》:"并欲薄于此而厚于彼,此服虽降,彼服则隆。"[例句]老师如果～,就会造成学生之间的矛盾与隔阂。

【厚古薄今】hòu gǔ bó jīn
[释义]厚:重视。薄:轻视。重视古代的,轻视现代的。[例句]我们反对～,单纯地复古,但并不排除学习古人,继承和发扬传统。

【厚积薄发】hòu jī bó fā
[释义]厚积:充分积累。薄发:少量地慢慢地释放。形容积累丰富的学问而不轻易表现出来。[语见]宋·苏轼《杂说·送张琥》:"博观而约取,厚积而薄发。"[例句]我们的这项研究工作需要的是～。没有深厚的学术积累,想做出超人的成绩是不现实的。

【厚禄高官】hòu lù gāo guān
[释义]见"高官厚禄"。[例句]他享受着～仍不满足,居然贪得无厌地大肆贪污。

【厚颜无耻】hòu yán wú chǐ
[释义]颜:脸面。脸皮厚,不知羞耻。[语见]《诗经·小雅·巧言》:"巧言如簧,颜之厚矣。"[例句]没想到他居然提出如此～的要求。

hu

【呼风唤雨】hū fēng huàn yǔ
[释义]呼:叫,唤。叫风刮起来,风便刮起来;让雨下起来,雨就下起来。原指神话传说中神仙道士法力无边,风雨听其调遣。后多比喻人所具有的巨大支配力量。有时含贬义。[语见]清·钱彩《说岳全传》第五十回:"只有我师父在此山中修炼,道法精通,有呼风唤雨之能,撒豆成兵之术。"[例句]人类开山劈石,～,彻底改变了生存的环境。

【呼庚呼癸】hū gēng hū guǐ
[释义]庚、癸:天干的第七位和第十位。古人里把"庚癸"用作军粮的隐语。比喻向别人求贷。也指祈求粮食丰产。[语见]《左传·哀公十三年》:"吴申叔仪

乞粮于公孙有山氏……对曰:'梁则无矣,粗则有之,若登首山以呼曰庚癸乎,则诺。'"杜预注:"军中不得出粮,故为私隐。庚,西方,主谷;癸,北方,主水。"[例句]破产后,他天天来我这儿～,想借钱还债。

【呼牛呼马】hū niú hū mǎ
[释义]唤我当牛,我就当牛;唤我作马,我就作马。意思是任人称赞还是毁誉,不加计较。也作"呼牛作马"。[语见]《庄子·天道》:"昔者子呼我牛也,而谓之牛;呼我马也,而谓之马。"[例句]他任别人～,依然踏踏实实地继续工作。

【呼天抢地】hū tiān qiāng dì
[释义]抢地:用头撞地。形容极度悲痛。[例句]母亲闻讯赶到现场,见到爱子的惨状,～,情绪异常激动。

【呼吸相通】hū xī xiāng tōng
[释义]比喻思想一致,利害相连。[语见]清·赵尔巽《清史稿·颜伯焘传》:"闽粤互为唇齿,呼吸相通。"[例句]他们与当地群众～,始终保持着密切的联系。

【呼幺喝六】hū yāo hè liù
[释义]"幺"、"六"是骰子的点子。形容赌博掷骰时,希望得彩而高声大叫。也形容盛气凌人的暴躁举动。[语见]元·无名氏《气英布》第三折:"唗则是舌刺刺言十妄九,村棒棒呼幺喝六。"[例句]走进门来,只听得一阵～之声,大厅上围着一群人正在赌博。

【呼之欲出】hū zhī yù chū
[释义]呼:呼唤。一招呼他就要出来。形容画像非常逼真,也泛指人物描写得十分生动。[语见]宋·苏轼《郭忠恕画赞》:"恕先在焉,呼之或出。"[例句]他这张画非常传神,画中人物～。

【忽忽不乐】hū hū bù lè
[释义]忽忽:神思不定。形容失意不高兴的样子。[语见]汉·司马迁《史记·梁孝王世家》:"归国,意忽忽不乐。"[例句]自从跟女朋友吹了之后,他总是～。

H

【囫囵吞枣】hú lún tūn zǎo

[释义] 囫囵:整个的。把整个枣儿吞下去,不加咀嚼,不知味道。比喻含糊笼统、生吞活剥地接受知识,不加分析,不求理解。[语见] 元·杨景贤《西游记杂剧》第四本第十三出:"我见你须臾下礼有跷蹊,我这里囫囵吞个枣不知酸淡。"[例句] 有些学生阅读时没养成好习惯,不认真细致,~,以致阅读效果很差。

【狐虎之威】hú hǔ zhī wēi

[释义] 狐与虎的威势。比喻爪牙的淫威。[例句] 仗着~,这几个流氓三天两头在村里寻衅滋事,欺压百姓。

【狐假鸱张】hú jiǎ chī zhāng

[释义] 像狐狸假借虎的威势,像鸱张开翅膀扑食。比喻以势吓人。[语见] 五代后晋·刘昫等《旧唐书·僖宗纪》:"初则狐假鸱张,自谓骁雄莫敌;旋则鸟焚鱼烂,无非破败而终。"[例句] 这家伙仗着老爸有些身份,~,到处为非作歹。

【狐假虎威】hú jiǎ hǔ wēi

[释义] 假:借,利用。狐狸借着老虎的威势吓唬百兽。《战国策·楚策一》记载:一次老虎要吃狐狸,狐狸欺骗老虎说:"天帝让我为百兽之长,你若不信,就跟在我后面走一趟,看看百兽见了我是不是都很害怕。"老虎就跟它一齐走,百兽见了它们果然都纷纷远逃。老虎不知道百兽是害怕自己,还真以为是在怕狐狸。比喻凭借别人的威势欺压人。[例句] 这些人只会~、仗势欺人,其实都是些外强中干的货色。

【狐狸尾巴】hú lí wěi ba

[释义] 传说狐狸变成人形迷惑人,但其尾巴却不能变化,成为妖怪原形的标志或辨认妖怪的证据。用来比喻坏人的本来面目或骗人的罪证。[语见] 北魏·杨衒之《洛阳伽蓝记·法云寺》:"孙岩娶妻三年,不脱衣而卧。岩私怪之,伺其睡,阴解其衣,有尾长三尺似狐尾。岩惧而出之。"[例句] 再狡猾的骗子也一定会露出他的~。

【狐埋狐搰】hú mái hú hú

[释义] 搰:掘出。意思是狐性多疑,刚埋藏一物,不放心,又挖开看看。比喻疑虑过多,不能成事。[语见]《国语·吴语》:"狐埋之而狐搰之,是以无成功。"[例句] 这家伙~,反复无常,谁都不相信。

【狐媚猿攀】hú mèi yuán pān

[释义] 像狐媚那样善迷人,像猿猴那样善攀登。比喻不择手段地追逐名利。[语见] 明·刘体乾《财用诎乏悬乞圣明节省疏》:"其间狐媚猿攀,途辙不一;蝇营狗窃,窠臼且多,臣不能悉奉。"[例句] 多少人~、追逐名利,只为追求更多的物质享受。

【狐朋狗友】hú péng gǒu yǒu

[释义] 比喻鬼混在一起的一帮游手好闲、吃喝玩乐之徒。多用为贬义。[例句] 每到周末,他就跟自己的一帮~四处游荡,消磨时间。

【狐凭鼠伏】hú píng shǔ fú

[释义] 见"狐潜鼠伏"。[语见]《广东军务记·三元里平夷录》:"逆夷各狐凭鼠伏,潜避两炮台中,不敢出入。"[例句] 多少年来,他为了躲避债主的追讨,一直过着~的生活。

【狐潜鼠伏】hú qián shǔ fú

[释义] 像狐狸和老鼠那样潜伏、藏匿。[语见] 明·张景《飞丸记·公馆言情》:"山居草宿,狐潜鼠伏,将略胜孙吴,军势振颇牧。"[例句] 这个罪犯侥幸逃过了警方追捕,如今整天~,不知躲在哪里。

【狐裘羔袖】hú qiú gāo xiù

[释义] 裘:皮袄。羔:小羊,借指羔皮。狐皮袄用羊羔皮做袖子。比喻整体很好,只是略有不足。[语见]《左传·襄公十四年》:"余狐裘而羔袖。"杜预注:"言一身尽善,惟少有恶。"[例句] 这幅画总体上很不错,只可惜~,色彩稍微黯淡了些。

【狐裘蒙戎】hú qiú méng róng

[释义] 蒙戎:蓬松的样子。狐皮袍子蓬蓬松松,比喻国政混乱。[语见]《诗经

邶风·旌丘》:"狐裘蒙戎,匪车不东。叔兮伯兮,靡所与同。"朱熹集传:"狐裘蒙戎,指卫大夫,而讥其愦乱之意。"[例句]由于国王轻信奸臣,致使整个国家一时之间～、国政混乱。

【狐裘蒙茸】hú qiú méng róng
[释义]见"狐裘蒙戎"。[语见]宋·王楙《野客丛书·古人谚语》:"古人谚语见于书史者甚多……曰'狐裘蒙茸,一国三公'。"[例句]这种～的无政府状态持续了很久,新的政权迟迟无法掌控局面。

【狐群狗党】hú qún gǒu dǎng
[释义]比喻结成一伙的狡猾凶恶的坏人。[语见]清·曹雪芹《红楼梦》第九十回:"连一个正经的也没有,来一起子,都是些狐群狗党!"[例句]这么晚回家,一定又是和你那些～去喝酒了。

【狐死首丘】hú sǐ shǒu qiū
[释义]首:头。这里用为动词,意为将头朝向某处。丘:土丘,此指狐穴所在的土丘。传说狐狸将死时,要将自己的头冲着出生时所在的土丘。比喻思乡,死后返葬故土。也比喻不忘本。[语见]《礼记·檀弓上》:"古之人有言曰:'狐死正丘首,仁也。'"[例句]～,我一定要回到自己的祖国。

【狐死兔泣】hú sǐ tù qì
[释义]狐狸死了兔子哭泣。比喻因同类的死亡而感到悲伤。[语见]元·脱脱等《宋史·李全传下》:"狐死兔泣,李氏灭,夏氏宁独存?愿将军垂盼。"[例句]眼瞅着自己的好友快要断气了,他不免有些～之感。

【狐疑不决】hú yí bù jué
[释义]传说狐狸多疑,没个决断。比喻遇事犹豫不决。[语见]南朝宋·范晔《后汉书·刘表传》:"表狐疑不断,乃遣嵩(韩嵩)诣操(曹操),观望虚实。"[例句]看到对方～的样子,他连忙解释。

【狐疑未决】hú yí wèi jué
[释义]见"狐疑不决"。[语见]明·李昌祺《剪灯余话·贾云华还魂记》:"过横楼

西,适有两巷相联,莫知何者可达,狐疑未决。"[例句]他这人一向多疑,见此情景不免有些～,迟迟无法做出决断。

【胡搅蛮缠】hú jiǎo mán chán
[释义]胡搅:狡辩。蛮缠:不讲道理地纠缠。指不讲道理,紧紧纠缠。[例句]再～的话,就把你赶出去!

【胡说八道】hú shuō bā dào
[释义]毫无根据地乱说。[语见]清·石玉昆《三侠五义》第七回:"小妇人告诉他兄弟已死,不但不哭,反倒向小妇人胡说八道。"[例句]我再也无法忍受你的～了!

【胡说白道】hú shuō bái dào
[释义]见"胡说八道"。[语见]明·兰陵笑笑生《金瓶梅词话》第二十七回:"你安分守己,休再吃了酒,口里胡说白道。"[例句]千万不要听信他的～,破坏咱们的关系。

【胡说乱道】hú shuō luàn dào
[释义]见"胡说八道"。[语见]宋·释普济《五灯会元·龙门远禅师法嗣》:"秘魔岩主擎个艾儿,胡说乱道,遂将一搨成齑粉,散在十方世界。"[例句]这家伙尽在那儿～,没几句真话。

【胡思乱想】hú sī luàn xiǎng
[释义]脱离实际、毫无根据地瞎想。[语见]《朱子全书》第七卷:"若心未能静安,则总是胡思乱想,如何是能虑!"[例句]她～了一整夜,也没理出个头绪来。

【胡孙入袋】hú sūn rù dài
[释义]胡孙:也作"猢狲",猴子。比喻进了圈套,行动受到限制。[语见]宋·欧阳修《归田录》:"初受敕修《唐书》,语其妻曰:'吾之修书,可谓胡孙入布袋矣!'妻曰:'君于仕宦,何异鲇鱼上竹竿耶?'"[例句]对早已习惯了自由职业的他来说,整天待在办公室里,犹如～,非常不自在。

【胡天胡帝】hú tiān hú dì
[释义]胡:何,为什么。形容服饰仪容如同天神。[语见]《诗经·鄘风·君子偕

H

老》："胡然而天也？胡然而帝也？"郑玄笺："何由然女见尊敬如天帝乎？非由衣服之盛，颜色之庄与？"[例句]眼前忽然出现这么一位衣饰艳丽、～的美女，他不禁有些慌乱。

【胡言乱语】hú yán luàn yǔ
[释义]丧失理智说胡话或毫无根据地瞎说一气。[语见]元·张鸣善《水仙子·讥时》曲："胡言乱语成时用，大纲来都是哄。"[例句]这家伙酒后～，结果被开除了。

【胡作非为】hú zuò fēi wéi
[释义]置法纪与道德于不顾，肆意地干坏事。[语见]清·文康《儿女英雄传》第二十二回："你我既然要成全这个女孩儿，岂有由她胡作非为，身入空门之理？"[例句]必须采取措施，不能再继续纵容那些家伙～了。

【壶浆塞道】hú jiāng sāi dào
[释义]壶浆：以壶盛着酒浆。塞道：挤满道路。形容群众欢迎自己所拥护的军队的场面。[语见]唐·令狐德棻《周书·于翼传》："襄城民庶等喜复见翼，并壶浆塞道。"[例句]听说自己的军队得胜归来，一路上～，挤满了欢迎的人群。

【鹄面鸠形】hú miàn jiū xíng
[释义]鹄：鸿鹄，即天鹅。像鹄鸟长颈瘦脸的形状。比喻人瘦弱的面貌体形。[语见]清·褚人获《隋唐演义》第八回："如今弄得衣衫褴褛，鹄面鸠形一般，却去拜他，岂不是迟了！"[例句]他上下将来人打量一番，只见他～，傻笑中露出一口残缺不齐的大黄牙。

【鹄面鸟形】hú miàn niǎo xíng
[释义]见"鹄面鸠形"。[语见]元·王恽《入奏行》诗："扶赢载瘠总南逋，鹄面鸟形犹努力。"[例句]等我们找到他的时候，只见他胡子拉碴，～，几乎没了人样。

【猢狲入布袋】hú sūn rù bù dài
[释义]比喻野性受到约束。[语见]宋·释道原《景德传灯录·真寂禅师》："僧曰：'怎么即学人归堂去也。'师曰：'猢狲入布袋。'"[例句]从农村到城市已经有

一个多月了，他一直没有适应，总感觉像～一样处处受到限制。

【虎荡羊群】hǔ dàng yáng qún
[释义]见"虎入羊群"。[语见]清·石玉昆《三侠五义》第九十二回："那知小侠指东打西，窜南跃北，犹如虎荡羊群。"[例句]他一声怒喝冲杀过去，犹如～，顷刻间把敌阵冲了个稀烂。

【虎斗龙争】hǔ dòu lóng zhēng
[释义]见"龙争虎斗"。[语见]元·宫大用《七里滩》第三折："投至得帝业兴，家业成，四边平静，经了几千场虎斗龙争。"[例句]如今群雄并起，～，正是英雄辈出的时代。

【虎毒不食儿】hǔ dú bù shí ér
[释义]虎虽凶猛，尚且不吃虎儿。比喻人皆有爱子之心。也作"虎毒不食子"。[语见]明·杨珽《龙膏记·藏春》："你爹爹既往洛阳，一时未归，待异日我自慢慢劝他，虎毒不食儿，孩儿切莫短见。"[例句]正所谓～，他虽曾杀人无数，但对自己的孩子无论如何也下不了手。

【虎口拔牙】hǔ kǒu bá yá
[释义]从老虎嘴里拔牙。比喻冒极大的危险去除掉目标。[语见]元·弘济《一山国师语录》："苍龙头上掜折角，猛虎口中拔得牙。"[例句]这名选手～，硬是从上届冠军手中抢得了金牌。

【虎口逃生】hǔ kǒu táo shēng
[释义]见"虎口余生"。[语见]元·无名氏《朱砂担》第一折："我如今在虎口逃生，急腾腾，再不消停。"[例句]被绑架的工程师～，从树林里逃了出来。

【虎口余生】hǔ kǒu yú shēng
[释义]余：剩下的。老虎嘴里剩下的生命。比喻经历了极大危险，侥幸保全了生命。[语见]清·石玉昆《三侠五义》第二十三回："你是虎口余生，将来造化不小。"[例句]世界大战期间，他全家遭纳粹杀害，只有他一人～。

【虎落平川】hǔ luò píng chuān
[释义]平川：地势平坦的地方。老虎离开藏身的深山，落在平地里。比喻有势

者一旦失势,无所作为。[语见]清·钱彩《说岳全传》第四十回:"虎落平川被犬欺。"[例句]再好的车进了这沼泽地,也是～,毫无用武之地。

【虎皮羊质】hǔ pí yáng zhì
[释义]见"羊质虎皮"。[语见]宋·徐铉《马徐公年七十六行状》:"貂冠蝉冕,虎皮羊质。"[例句]战争打响之后,他方才明白原来自己的军队只是～、虚有其表,竟是这么脆弱,这么不堪一击。

【虎入羊群】hǔ rù yáng qún
[释义]老虎冲进羊群中。比喻以强凌弱,为所欲为。[语见]明·罗贯中《三国演义》第十一回:"城上孔融望见太史慈与关张赶杀贼众,如虎入羊群,纵横莫当,便驱兵出城。"[例句]五百精骑杀奔过去,犹如～一般,把敌阵冲了个乱七八糟。

【虎视眈眈】hǔ shì dān dān
[释义]眈眈:注视的样子。像老虎捕食时那样注视着。形容恶狠狠地盯着,等待下手的时机。[语见]清·石玉昆《三侠五义》第一百回:"这些人都有虎视眈眈之意。若欲加害,索性全害了,方为稳便。"[例句]市场一旦放开,那些～的国外商家一定不会放过这块肥肉。

【虎视鹰瞵】hǔ shì yīng lín
[释义]瞵:眼光闪闪地看着。像虎和鹰那样凶狠地注视着。比喻强敌窥伺。[语见]清·洪棪园《后南柯·伐檀》:"虎视鹰瞵萃列强,竞称兵要犯封疆。"[例句]清朝末年,帝国主义列强对我国～,想侵占我国领土和掠夺资源。

【虎瘦雄心在】hǔ shòu xióng xīn zài
[释义]比喻人穷志不穷。[语见]元·万松老人《从容录》:"万松道:'虎瘦雄心在,人贫志气存。'"[例句]他的公司因经营不善而倒闭了,但他～,决心重整旗鼓,再干出一番事业。

【虎兕出柙】hǔ sì chū xiá
[释义]兕:犀牛一类的野兽。柙:关野兽的木笼。意谓虎、兕从木笼中逃出来,是看守者的失职。[语见]《论语·季氏》:"虎兕出于柙,龟玉毁于椟中,是谁之过

与?"[例句]由于警卫的疏忽,致使～,嫌疑犯趁着夜色逃出了警局。

【虎头蛇尾】hǔ tóu shé wěi
[释义]比喻外好里坏、头善尾恶,两面派。也比喻做事前紧后松,有始无终。[语见]元·康进之《李逵负荆》第二折:"则为你两头白面搬兴废,转背言词说是非,这厮敢狗行狼心,虎头蛇尾。"[例句]这人做事怎么～的?

【虎头鼠尾】hǔ tóu shǔ wěi
[释义]见"虎头蛇尾"。[语见]明·谢榛《四溟诗话》第二卷:"律诗无好结句,谓之虎头鼠尾。"[例句]你做事情可不要～,一定要善始善终啊!

【虎威狐假】hǔ wēi hú jiǎ
[释义]见"狐假虎威"。[语见]北周·庾信《哀江南赋》:"或以隼翼鹦披,虎威狐假。"[例句]这群恶人平日～,专门欺负善良的百姓。

【虎尾春冰】hǔ wěi chūn bīng
[释义]踩在老虎尾巴上,踏在春天的薄冰上。比喻处境非常危险。[语见]《尚书·君牙》:"心之忧危,若蹈虎尾,涉于春冰。"[例句]在这条路上行走,看上去很平静,其实如～,危机四伏。

【虎啸龙吟】hǔ xiào lóng yín
[释义]见"龙吟虎啸"。[语见]宋·张君房《云笈七签》第七十二卷:"经云:鸣鹤在阴,其子和之。又云:虎啸龙吟,物类相感。岂谬言哉!"[例句]他的啸声峭拔清越,传来的这一声回啸则是雄厚高亢,当真是有如～一般。

【虎咽狼吞】hǔ yàn láng tūn
[释义]见"狼吞虎咽"。[例句]我实在饿坏了,顾不上什么餐桌礼仪,一坐下便～起来。

【虎掷龙拿】hǔ zhì lóng ná
[释义]掷:腾跃。拿:执持。比喻激烈的搏斗。[语见]金·元好问《楚汉战处》诗:"虎掷龙拿不两存,当年曾此赌乾坤。"[例句]两人～,展开了激烈的搏斗。

【互通有无】hù tōng yǒu wú
[释义]通:调剂。指相互支援,调剂余

缺。[例句] 希望我们双方今后继续加强联系，～。

【户对门当】hù duì mén dāng
[释义] 见"门当户对"。[语见] 明·王玉峰《焚香记·允谐》："再寻个户对门当，不要怪我。"[例句] 两家人～，这门亲事真是太合适了。

【户给人足】hù jǐ rén zú
[释义] 见"家给人足"。[语见] 唐·房玄龄等《晋书·颜含传》："且当征之势门，使反田桑，数年之间，欲户给人足，如其礼乐，俟之明宰。"[例句] 得益于前些年的改革，如今这里生活太平，～，百姓安居乐业。

【户列簪缨】hù liè zān yīng
[释义] 户：门。簪缨：古代官吏的冠饰。门前陈列着簪缨，形容为官的显耀。[语见] 明·无名氏《衣锦还乡》三："受宠荣，享富贵，户列簪缨，门排画戟。"[例句] 他们家～，是本地最为声名显赫的贵族家庭。

【户枢不蠹】hù shū bù dù
[释义] 户枢：门轴。蠹：蛀虫，这里指被虫蛀。经常转动的门轴不会遭虫蛀。比喻经常运动的东西不易被外物侵蚀。[语见]《吕氏春秋·尽数》："流水不腐，户枢不蠹，动也。"[例句] ～，流水不腐，任何一个行业的健康发展都离不开人才的合理流动。

【户限为穿】hù xiàn wéi chuān
[释义] 户限：门槛。穿：透，破。门槛被踩破了。形容来往的人很多。[例句] 这段时间我们家每天访客盈门，～。

【护国佑民】hù guó yòu mín
[释义] 佑：爱护。保卫国家，爱护人民。[语见] 明·无名氏《双林坐化》第二折："扫荡妖魔神鬼怕，护国佑民万万纪。"[例句] 皇帝专门下了一道诏书，表扬他～的功德。

【护过饰非】hù guò shì fēi
[释义] 见"文过饰非"。[语见] 清·赵尔巽《清史稿·和珅传》："故事，实录不载武试策问，和珅率对不以实，诏斥护过

饰非，革职留任。"[例句] 要以严肃、严格、严密的科学态度，客观公正地评价自己和他人的工作，不～，不夸大其词。

【怙恶不改】hù è bù gǎi
[释义] 见"怙恶不悛"。[语见] 明·许仲琳《封神演义》第八十二回："岂得怙恶不改，又率领众仙布此恶阵？"[例句] 对这种～的惯犯，一定要从严从重处罚。

【怙恶不悛】hù è bù quān
[释义] 怙：仗恃。悛：悔改。坚持作恶，不知悔改。[语见] 元·脱脱等《宋史·王化基传》："若授以远方牧民之官，其或怙恶不悛，恃远肆毒，小民罹殃，卒莫上诉。"[例句] 既然他～，那就必须得到审判和惩罚。

hua

【花闭月羞】huā bì yuè xiū
[释义] 见"闭月羞花"。[语见] 元·无名氏《醉写赤壁赋》第一折："只闻檀板与歌讴，不见如花闭月羞。"[例句] 只见那姑娘美艳无比，当真有着～之貌。

【花残月缺】huā cán yuè quē
[释义] 见"月缺花残"。[语见] 元·关汉卿《望江亭》第三折："则这今晚开筵，正是中秋令节。只合低唱浅斟，莫待他花残月缺。"[例句] 他多么希望她能坚强地活下去，不堪那～的悲惨结局。

【花晨月夕】huā chén yuè xī
[释义] 见"花朝月夕"。[语见] 明·高濂《玉簪记·耽思》："只为那三四更花晨月夕，惹下了十二时的孤眠独捱。"[例句] 匆匆一聚就分手了，大家总觉得有点儿辜负这～。

【花簇锦攒】huā cù jǐn cuán
[释义] 见"花团锦簇"。[语见] 明·兰陵笑笑生《金瓶梅词话》第七十七回："唱一折下来，又割锦缠手，端的花簇锦攒。"[例句] 园内～、绿树成荫、一湖碧水、满目青翠，一派怡人的好风光。

【花攒锦簇】huā cuán jǐn cù
[释义] 见"花团锦簇"。[语见] 明·无名

氏《贺元宵》第二折："说元宵佳节时俗,喜鳌山高接云衢,盖的来花攒锦簇,有千般象生人物。"[例句] 校园内绿树环抱,～,风景秀丽,空气怡人,崭新的校舍光彩夺目,整洁幽雅,是教书育人、培养人才的理想场所。

【花光柳影】huā guāng liǔ yǐng
[释义] 鲜花焕彩生光,绿柳垂条弄影。形容春到人间的景色。[语见] 清·曹雪芹《红楼梦》第二十五回："花光柳影,鸟语溪声。"[例句] 这里～,小鸟轻啼,一派明媚的春天景象。

【花好月圆】huā hǎo yuè yuán
[释义] 指鲜花盛开,明月正圆的时候。泛指美好的时刻,如新婚等。[语见] 明·于谦《翁莫恼》诗："花不常好,月不常圆。世间万物有盛衰,人生安得常少年。"[例句] 家家户户谁不希望～,幸福美满。

【花红柳绿】huā hóng liǔ lù
[释义] 红色的花、绿色的柳。泛指花木茂盛,色彩艳丽。[语见] 前蜀·魏承班《生查子》词："花红柳绿间,蝶舞双双影。"[例句] 春天到了,大地呈现出一派～的景象,一切都显得生机勃勃。

【花花公子】huā huā gōng zǐ
[释义] 指锦衣纨绔、吃喝玩乐而不务正业的大户人家子弟。[例句] 那个～,整天不务正业、游手好闲。

【花花绿绿】huā huā lù lù
[释义] 形容颜色艳丽纷繁。[语见] 金·元好问《又解嘲二首》："雁后花前日日闲,颇思尊酒慰愁颜。凭君细数东州客,谁在花花绿绿间?"[例句] 这里显得格外热闹,～的电脑屏幕吸引着很多人的目光。

【花花世界】huā huā shì jiè
[释义] 原指繁荣发达的地区。后泛指喧嚣而复杂的社会环境。[语见] 清·钱彩《说岳全传》第十五回："每想中原花花世界,一心要夺取宋室江山。"[例句] 老王从未出过国,一来到这～,难免对什么都感到新鲜。

【花街柳巷】huā jiē liǔ xiàng
[释义] 花、柳:旧指妓女。指妓院。[语见] 明·无名氏《拔宅飞升》第一折："你且不要家去,跟着我去花街柳巷喝酒去来。"[例句] 那些～已经不见了,取而代之的是繁华的商业街、林立的高楼,到处是一片欣欣向荣、健康向上的新气象。

【花里胡哨】huā lǐ hú shào
[释义] 形容色彩鲜艳杂乱,不协调。也形容人浮华,不实在。[例句] 她整天编些～的故事来骗我。

【花门柳户】huā mén liǔ hù
[释义] 花、柳:喻妓女。旧指妓院。[例句] 老婆婆说:"这个女子出身于～,你千万不要娶她。"

【花明柳暗】huā míng liǔ àn
[释义] 见"柳暗花明"。[语见] 唐·李商隐《夕阳楼》诗："花明柳暗绕天愁,上尽重城更上楼。"[例句] 随着经济的复苏,这些传统行业犹如～,重新焕发了生机。

【花前月下】huā qián yuè xià
[释义] 见"月下花前"。[语见] 宋·灌圃耐得翁《都城纪胜·瓦舍众伎》："今又有'覆赚',又且变花前月下之情及铁骑之类。"[例句] 那痴情男子在～向女友诉说着爱情誓言。

【花容月貌】huā róng yuè mào
[释义] 旧时形容女子容貌美好。[语见] 明·吴承恩《西游记》第六十二回："那公主花容月貌,有二十分人才。"[例句] 新娘子～,十分俏美。

【花天酒地】huā tiān jiǔ dì
[释义] 花:旧时指娼妓。泛指吃喝嫖赌荒淫腐化的生活。[语见] 清·李宝嘉《官场现形记》第二十七回："贾某总办河工,浮开报销,滥得保举。到京之后,又复花天酒地,任意招摇。"[例句] 他整日在外面～,过着糜烂的生活。

【花团锦簇】huā tuán jǐn cù
[释义] 团:成团。锦:锦绣、锦缎。簇:堆积、聚合。成团的鲜花,成堆的锦绣。形容五彩缤纷,艳丽夺目。[语见] 明·吴

承恩《西游记》第九十四回："只见那三宫皇后,六院嫔妃,引领着公主,都在昭阳宫谈笑。真个花团锦簇。"[例句]昆明世博园～、丹桂飘香,喜迎八方游客。

【花无百日红】huā wú bǎi rì hóng
[释义]花不能常开不败。比喻好景不长。常与"人无千日好"连用。[语见]元·谷子敬《城南柳》第二折："几曾见柳有千年绿,都说花无百日红。"[例句]～,人无千日好,谁敢担保自己将来不会遭遇困难?

【花香鸟语】huā xiāng niǎo yǔ
[释义]花飘香,鸟啼鸣。形容大自然的美好景象,多指春光。[语见]清·李斗《扬州画舫录·新城北录中》："丽日和风春淡荡,花香鸟语物昭苏。"[例句]那里空气清新,～,仿佛是世外桃源。

【花言巧语】huā yán qiǎo yǔ
[释义]花:虚假。巧:乖巧、虚伪。以虚假动听的言语哄骗他人。[语见]《朱子语类》："'巧言'即今所谓花言巧语。"[例句]那家伙～,欺骗了不少人。

【花颜月貌】huā yán yuè mào
[释义]见"花容月貌"。[语见]清·曹雪芹《红楼梦》第二十八回："试想林黛玉的花颜月貌,将来亦到无可寻觅之时,宁不心碎肠断。"[例句]她生得～,而且心地非常好。

【花样不同】huā yàng bù tóng
[释义]原指丝织品的花色式样各不相同。后指同类产品,花色样子不一样。也指技艺的表现手法五花八门。[语见]唐·卢言《卢氏杂说》："云旧隶宫锦坊,近以薄技投本行云,如今花样不同,且东归也。"[例句]他的作品风格清晰流畅,但并不华丽,因为他很忌讳在文章中堆砌不必要的词藻或使用各种～的表达方式。

【花样翻新】huā yàng fān xīn
[释义]从旧的花式里改进出新的式样。也指手法不断改变,含贬义色彩。[例句]他们每季度都要精心设计促销

活动,力求～。

【花朝月夕】huā zhāo yuè xī
[释义]朝:早晨。繁花似锦的早晨和月明之夜。形容良辰美景。[语见]五代后晋·刘昫等《旧唐书·罗威传》："每花朝月夕,与宾佐赋咏,甚有情致。"[例句]如此～、良辰美景,浪费了真是可惜。

【花朝月夜】huā zhāo yuè yè
[释义]见"花朝月夕"。[语见]宋·无名氏《张协状元》："独自一身依古庙,花朝月夜,多是泪偷垂。"[例句]他和她沉醉于这～的美好时刻,久久不愿分离。

【花枝招展】huā zhī zhāo zhǎn
[释义]招展:随风摇动。开满鲜花的树枝在随风摇动。喻指妇女妆饰艳丽夺目,行走起来婀娜多姿。[语见]清·文康《儿女英雄传》第二十八回："才交五鼓,张姑娘便起来梳洗妆饰,也打扮得花枝招展,绣带蹁跹。"[例句]女明星们一个个打扮得～,都想给评委留下好的印象。

【华而不实】huá ér bù shí
[释义]华:同"花",开花。实:结果实。只开花不结果。用来形容人或事物徒有华丽的外表而无实质。[语见]《左传·文公五年》："且华而不实,怨之所聚也。"[例句]这款手机～,功能很少。

【华屋丘墟】huá wū qiū xū
[释义]壮丽的建筑化为一片废墟。比喻遭遇巨大灾祸。[例句]一场可怕的地震来袭,一夜之间使这座繁华的城市～,景象非常凄惨。

【哗众取宠】huá zhòng qǔ chǒng
[释义]哗:喧哗。宠:宠爱。夸夸其谈,显示自己,来骗取专宠和信任。[语见]汉·班固《汉书·艺文志·诸子》："然惑者既失精微,而辟者又随时抑扬,违离道本,苟以哗众取宠。"[例句]这种表演给观众留下了～的印象。

【滑头滑脑】huá tóu huá nǎo
[释义]见"油头滑脑"。[例句]这些人～,一看就知道不是好人。

【化腐朽为神奇】 huà fǔ xiǔ wéi shén qí
[释义]变死板为灵巧或变无用为有用。[语见]《庄子·知北游》："腐朽复化为神奇。"[例句]这些本已无用的枯树根,经艺术家的雕琢,立刻～,成了精美的根雕艺术品。

【化干戈为玉帛】 huà gān gē wéi yù bó
[释义]干戈:干与戈,古代的两种武器,干用于防卫,戈用于进攻。指战争双方。玉帛:玉器和丝织品,古代国与国之间来往时用作礼物,指礼尚往来。比喻变战争为和平或变争斗为友好。[例句]希望两国可以～,世世代代友好下去。

【化零为整】 huà líng wéi zhěng
[释义]把零散的集中起来成为整体。参见"化整为零"。[例句]任务的最后阶段是将这些已经成型的模块～,组合在一起就可以了。

【化日光天】 huà rì guāng tiān
[释义]见"光天化日"。[语见]清·邃庐《童子军》："准在明日三更向后,到刑部衙门里面,把俺吴先生从那刀山剑树之中,夺到这化日光天之下便了。"[例句]这个家伙也太胆大了,居然～抢劫路人,结果被警察逮个正着。

【化为泡影】 huà wéi pào yǐng
[释义]变成水泡和影子那样很快就消失的东西。形容事情或希望全部落空。[例句]眼看冠军即将到手,谁知伤病突发,令他多年的梦想～。

【化为乌有】 huà wéi wū yǒu
[释义]乌有:没有。据《史记·司马相如传》载:司马相如作《子虚赋》,其中一个人物名"乌有先生",意谓根本没有此人。后因以"化为乌有"指变得什么都没有。[例句]一声巨响之后,摩天大楼顷刻间～。

【化险为夷】 huà xiǎn wéi yí
[释义]夷:平易。化险阻为平易,指转危为安。[语见]清·曾朴《孽海花》第二十七回:"以后还望中堂忍辱负重,化险为夷,两公左辅右弼,折中御侮。"[例句]面对危险他沉着指挥,终于～。

【化整为零】 huà zhěng wéi líng
[释义]把整体分化成若干零散部分,以便灵活运用。[例句]敌人～,分头向外突围。

【划一不二】 huà yī bù èr
[释义]划:划定。一经划定,决不两样。也指做事呆板,没有一点儿灵活的余地。[语见]清·李宝嘉《官场现形记》第四回:"且说这位藩台大人,自从改定章程,划一不二,却是'臣门如市',生涯十分茂盛。"[例句]文学创作应提倡多元化,不能形成～的局面。

【华亭鹤唳】 huà tíng hè lì
[释义]华亭:古地名,在今上海市松江西,陆机故宅在其侧。南朝宋·刘义庆《世说新语·尤悔》:"陆平原(机)河桥败,为卢志所谮,被诛,临刑叹曰:'欲闻华亭鹤唳,可复得乎?'"后以"华亭鹤唳"为留恋昔日生活和故物的典故。[例句]虽已进城多年,但我依然深深地怀念着当年～的耕读生活。

【画饼充饥】 huà bǐng chōng jī
[释义]画个饼子来解饿。比喻只有虚名而无实惠,或以空想来自我安慰。[语见]晋·陈寿《三国志·魏书·卢毓传》:"选举莫取有名,名如画地作饼,不可啖也。"[例句]市政府年初向百姓许诺的60件实事,绝非～。

【画策设谋】 huà cè shè móu
[释义]筹划办法,图谋计策。[语见]清·夏敬渠《野叟曝言》第二十六回:"凤姨见有功效,一发贴心贴意,替他画策设谋。"[例句]有这么多经验丰富的人帮我们～,这次我们一定能成功。

【画地而趋】 huà dì ér qū
[释义]画地:在地上画个框框。趋:快走。在画定的框框内走动。比喻自己束缚自己。[语见]《庄子·人间世》:"殆乎!殆乎!画地而趋。"[例句]我们应当尽量避免～,这种工作的生命力就在于不断创新。

H

【画地为牢】huà dì wéi láo

[释义] 牢:监禁犯人的地方。在地上画个圈圈作为监狱,把人监禁在里边。旧时形容狱吏凶狠残暴。后来比喻只许在规定好的范围内活动。也作"划地为牢"。[语见] 汉·司马迁《报任少卿书》:"故有画地为牢,势不可入,削木为吏,议不可对,定计于鲜也。"[例句] 这种~式的小规模经营,其实丧失了更大的市场。

【画地为狱】huà dì wéi yù

[释义] 见"画地为牢"。[语见] 汉·荀悦《前汉纪·宣帝纪一》:"俗语曰:'画地为狱,议不入;刻木为吏,期不对。'此皆嫉吏之风、悲痛之辞也。"[例句] 一些部门相互间缺乏协调,经常~,各自为政,严重影响到政府的工作效率。

【画栋雕梁】huà dòng diāo liáng

[释义] 见"雕梁画栋"。[语见] 明·吴承恩《西游记》第十七回:"入门里,往前又进,到于三层门里,都是些画栋雕梁,明窗彩户。"[例句] 这里集古典建筑艺术和现代建筑风格为一体,~,飞檐斗拱。

【画阁朱楼】huà gé zhū lóu

[释义] 有彩绘装饰的楼阁。形容屋宇建筑的精巧华丽。[语见] 明·康海《王兰卿》第一折:"我和你意相投,便住在草团中也胜似画阁朱楼。"[例句] 园中的仿古建筑高低错落有致,~,精美秀逸。

【画虎不成】huà hǔ bù chéng

[释义] 见"画虎类狗"。[例句] 这种单纯形式上的模仿,只能导致~反类犬的结果。

【画虎成狗】huà hǔ chéng gǒu

[释义] 见"画虎类狗"。[例句] 这款游戏过重的模仿痕迹,让玩家看了后反而有些~的感觉。

【画虎类狗】huà hǔ lèi gǒu

[释义] 画虎不成,反倒像狗。比喻好高骛远,一无所成,反贻笑柄。[语见]《东汉观记·马援传》:"效杜季良而不成,陷为天下轻薄子,所谓画虎不成反类狗也。"[例句] 这幅临摹画颇有些~的味道。

【画虎类犬】huà hǔ lèi quǎn

[释义] 见"画虎类狗"。[例句] 他费尽心思想模仿别人的表演风格,没想到落得个~的评价,真是尴尬之极。

【画龙点睛】huà lóng diǎn jīng

[释义] 唐·张彦远《历代名画记》卷七:"武帝崇饰佛寺,多命僧繇画之……金陵安乐寺四白龙不点眼睛,每云:'点睛即飞去。'人以为妄诞,固请点之,须臾雷电破壁,两龙乘之腾去上天,二龙未点眼者见在。"后用"画龙点睛"比喻艺术创作在关键处着墨或写作、说话时在关键处加上精辟词语,可使内容更加生动传神。[例句] 作家在小说结尾处~,让主人公说出了一番石破天惊的话,使主题得到了升华。

【画眉举案】huà méi jǔ àn

[释义] 画眉:指张敞为妻画眉毛的故事,见《汉书·张敞传》。举案:指孟光为夫送饭的故事,见《后汉书·梁鸿传》。比喻夫妇互敬互爱。[语见] 明·杨珽《龙膏记·错媾》:"秦晋交欢,喜兰闺芳质,玉堂名彦,看瑟调琴弄,画眉举案。"[例句] 他们夫妻俩~、互敬互爱的样子真让人羡慕不已。

【画蛇添足】huà shé tiān zú

[释义] 在已经画好的蛇上,又添上脚(蛇本来没有脚)。比喻多此一举反而弄巧成拙。[语见]《战国策·齐策二》:"楚有祠者,赐其舍人卮酒。舍人相谓曰:'数人饮之不足,一人饮之有余。请画地为蛇,先成者饮酒。'一人蛇先成,引酒且饮之,乃左手持卮,右手画蛇曰:'吾能为之足。'未成,一人之蛇成,夺其卮曰:'蛇固无足,子安能为之足?'遂饮其酒。为蛇足者,终亡其酒。"[例句] 这个剧本已经写得很好了,没必要~地一再改来改去。

【画蛇著足】huà shé zhuó zú

[释义] 见"画蛇添足"。[语见] 唐·韩愈《感春》诗:"画蛇著足无处用,两鬓雪白趋埃尘。"[例句] 滥用计算机以求达到教学目的,其后果就是~、适得其反。

【画意诗情】huà yì shī qíng
[释义] 温柔甜美，如诗如画的情趣。
[例句] 这里迷人的景色，充满了～，使人心旷神怡。

【画脂镂冰】huà zhī lòu bīng
[释义] 在凝固的油脂上绘画，在冰上雕刻。比喻白费力气。[语见] 汉·桓宽《盐铁论·殊路》：“故内无其质而外学其文，虽有贤师良友，若画脂镂冰，费日损功。”[例句] 你这是～，白费力气。

【画中有诗】huà zhōng yǒu shī
[释义] 诗：诗意。画里面蕴含着诗意。[语见] 宋·苏轼《东坡题跋·书摩诘〈蓝田烟雨图〉》：“味摩诘（王维）之诗，诗中有画；观摩诘之画，画中有诗。”[例句] 这里美丽的风光，宛如一幅～的水墨山水画。

【话不投机】huà bù tóu jī
[释义] 投机：指意见相合。话说不到一块去。指见解不同，情趣不一致，无法互相交谈。[语见] 元·张国宾《薛仁贵》第三折：“怎敢道是推东主西，我则怕言无关典，话不投机。”[例句] 他们父子二人总是～，这次又是不欢而散。

【话不虚传】huà bù xū chuán
[释义] 见“名不虚传”。[语见] 清·钱彩《说岳全传》第三十回：“话不虚传，果然岳家兵厉害。”[例句] 早听说你聪明非凡，今天一见果然～。

【话中有话】huà zhōng yǒu huà
[释义] 说的话除了表面的意思外，还包含着另外的意思。形容语带双关，意在言外。[语见] 清·曹雪芹《红楼梦》第一百一十回：“邢夫人等听了话中有话，不想到自己不令凤姐便宜行事，反说：‘凤丫头果然有些不用心？’”[例句] 我仔细地琢磨了一番，总觉得他～。

huai

【怀宝迷邦】huái bǎo mí bāng
[释义] 怀：怀藏。宝：比喻人的才德。迷邦：让国事混乱。比喻人有才德而不出来为国效力。[语见]《论语·阳货》：“怀

其宝而迷其邦，可谓仁乎？”邢昺疏“宝，以喻道德。言孔子不仕，是怀藏其道德也；知国不治而不为政，是使迷乱其国也。”[例句] 这些人～，不愿为国效力，这是一种自私的表现。

【怀璧其罪】huái bì qí zuì
[释义] 怀中带有美玉，因而致祸。比喻人因多才而得祸。[语见]《左传·桓公十年》：“匹夫无罪，怀璧其罪。”[例句] 他工作这么出色，反而招来了嫉妒者的诬陷，真是～啊。

【怀才不遇】huái cái bù yù
[释义] 怀：胸怀、身怀。遇：知遇。指一个人有才学却际遇不好，没有大展才干的机会。[语见] 明·冯梦龙《喻世明言》第五卷：“眼见别人才学万倍不如他的，一个个出身通显，享用爵禄，偏则自家怀才不遇。”[例句] 他是那种自认为～的人，所以整天唉声叹气。

【怀道迷邦】huái dào mí bāng
[释义] 见“怀宝迷邦”。[语见] 唐·房玄龄等《晋书·董京传》：“楚乃贻之书，劝以今尧舜之世，胡为怀道迷邦。”[例句] 真不理解他为何～，甘愿消沉。

【怀黄佩紫】huái huáng pèi zǐ
[释义] 见“怀金垂紫”。[语见] 唐·姚思廉《梁书·陈伯之传》：“怀黄佩紫，赞帷幄之谋；乘轺建节，奉疆场之任。”[例句] 他～，成为显赫一方的地方官吏。

【怀金垂紫】huái jīn chuí zǐ
[释义] 金：黄金官印。紫：系印的紫色丝绶。怀藏金印，紫色印绶自腰间垂下。指身居高位。[语见] 南朝宋·范晔《后汉书·冯衍传下》：“衍少事名贤，经历显位，怀金垂紫，揭节奉使。”[例句] 他是一个～的富家公子，身边自然有很多奴仆。

【怀金拖紫】huái jīn tuō zǐ
[释义] 见“怀金垂紫”。[语见] 晋·陆机《谢平原内史表》：“复得扶老携幼，生出狱户；怀金拖紫，退就散辈。”[例句] 对方是～的贵族，她却是一介民女，这种显著的差别使她难以对这段姻缘抱有信心。

【怀瑾握瑜】huái jǐn wò yú

[释义] 瑾、瑜：美玉。怀里揣着瑾，手里拿着瑜。比喻人具有纯洁高尚的品德。[语见] 战国楚·屈原《九章·怀沙》："怀瑾握瑜兮，穷不知所示。"[例句] 此人～，品德高尚。

【怀铅提椠】huái qiān tí qiàn

[释义] 铅：石墨笔。椠：木简。二者都是古代书写工具。指随身携带笔简，以备随时记述。[语见] 晋·葛洪《西京杂记》第三卷："扬子云好事，常怀铅提椠，从诸计吏，访殊方绝域四方之语。"[例句] 几年来他～，创作出不少好的作品。

【怀铅握椠】huái qiān wò qiàn

[释义] 见"怀铅提椠"。[语见] 唐·刘知几《史通·采撰》："自古探穴藏山之士，怀铅握椠之客，何尝不征求异说，采摭群言，然后能成一家，传诸不朽。"[例句] 作为记者，多年来她早已养成了～、随处搜集新闻素材的习惯。

【怀铅握素】huái qiān wò sù

[释义] 铅：石墨笔。素：白纸。指随身携带纸笔，以备随时记述。[语见] 南朝梁·任昉《为梁武帝集坟籍令》："便宜选陈农之才，采河间之阙，怀铅握素，汗简杀青。"[例句] 这些年他～，到处搜集方言故事，进行这方面的研究工作。

【怀刑自爱】huái xíng zì ài

[释义] 怀刑：心中有法度。形容心中有法度，不做违法的事，能自重自爱。[语见]《论语·里仁》："君子怀刑，小人怀惠。"[例句] 多年来，他始终～，严于律己，成为许多人心目中的楷模。

【怀冤抱屈】huái yuān bào qū

[释义] 怀抱着冤屈。[语见] 南朝梁·沈约《上言宜校勘谱籍》："所欲既多，理无悉当，怀冤抱屈，非止百千。"[例句] 我不能继续这样～地生活下去了，明天就去找律师。

【淮南鸡犬】huái nán jī quǎn

[释义] 淮南：指汉淮南王刘安。淮南王的鸡和狗。《神仙传·刘安》载：刘安随八公（八位神仙，白日升天）。"安临去

时，余药器置在中庭，鸡犬舐啄之，尽得升天。"后用以比喻依附权贵而得势的人。[例句] 了解内情的人都说他是～，否则职务不可能升得那么快。

huan

【欢蹦乱跳】huān bèng luàn tiào

[释义] 乱：随意。欢快而随意地蹦蹦跳跳。形容儿童无拘无束，活泼开朗，跑跑跳跳的场面。也作"活蹦乱跳"。形容人或动物生命力极强。[例句] 一群孩子叽叽喳喳，～地做着游戏。

【欢呼雷动】huān hū léi dòng

[释义] 见"欢声雷动"。[语见] 清·黄宗羲《大方伯马公救灾颂》："万民欢呼雷动，起于白骨，即未受灾之年，亦未能如此之一饱也。"[例句] 听到本班当选先进班集体的消息，全班同学一时间～。

【欢呼雀跃】huān hū què yuè

[释义] 雀跃：鸟儿欢快地跳跃。这里指人们因为高兴而像小鸟一样欢快地跳起来。人们高兴得一边大声喊叫一边欢快地跳跃。形容人们极度兴奋的场面。[例句] 球队获得胜利的消息传来，球迷们～。

【欢声雷动】huān shēng léi dòng

[释义] 欢声：欢乐的声音。雷动：雷声滚动。欢乐的声音如雷声滚动。形容热烈欢呼，声如雷鸣。[语见] 清·吴敬梓《儒林外史》第三十七回："见两边百姓，扶老携幼，挨挤着来看，欢声雷动。"[例句] 她打破了世界纪录，全场观众～，兴奋不已。

【欢天喜地】huān tiān xǐ dì

[释义] 欢：欢乐，兴奋。形容非常快乐。[语见] 元·王实甫《西厢记》："则见他欢天喜地，谨依来命。"[例句] 新年到了，大家～迎接新春。

【欢欣鼓舞】huān xīn gǔ wǔ

[释义] 欢欣：欢快兴奋。鼓舞：精神振奋。形容高高兴兴，精神振奋。[语见] 宋·苏轼《上知府王龙图书》："自公始至，释其重荷……是故莫不懽忻（欢欣）

鼓舞之至。"[例句]域名注册手续简化的消息令互联网服务商们～。

【欢欣若狂】huān xīn ruò kuáng
[释义]形容高兴到了极点。[例句]没想到终场前场上的形势发生了逆转,东道主球迷～。

【还珠合浦】huán zhū hé pǔ
[释义]见"合浦珠还"。[语见]明·沈鲸《双珠记·卖儿系珠》:"倘长大成人,未免见鞍思马,睹物伤情,虽没处讨你父母,或者婆婆天年未终,犹得还珠合浦。"[例句]这东西已经遗失了多年,真没想到还能～。

【环堵萧然】huán dǔ xiāo rán
[释义]环:围绕。堵:墙壁。萧然:冷落衰败的样子。周围只有残破的四堵墙。形容居室的残破简陋。[语见]唐·房玄龄等《晋书·陶潜传》:"环堵萧然,不蔽风日,短褐穿结,箪瓢屡空,晏如也。"[例句]他的家中～,连一件像样的家具也没有。

【环肥燕瘦】huán féi yàn shòu
[释义]环:杨玉环,唐玄宗之妃。肥:身体丰满肥胖。燕:赵飞燕,汉成帝的皇后。瘦:指身体苗条轻盈。杨玉环、赵飞燕皆以貌美著称。形容美女的体态不同,但各有各的风韵。也比喻各种艺术作品流派不同。[语见]宋·苏轼《孙莘老求墨妙亭诗》:"短长肥瘠各有态,玉环飞燕谁敢憎。"[例句]文学创作上不能强求一致,应是～,各有千秋。

【缓兵之计】huǎn bīng zhī jì
[释义]缓:延缓。计:计谋,策略。延缓对方进攻时间的谋略。指缓和事态以便设法应付的计策。[语见]明·罗贯中《三国演义》第九十九回:"孔明用缓兵之计,渐退汉中,都督何故怀疑,不早追之?"[例句]敌人这次讲和,恐怕只是一个～。

【缓不济急】huǎn bù jì jí
[释义]缓:迟缓,缓慢。济:帮助,救济。迟缓的行动不能解决急迫的问题。[语见]清·文康《儿女英雄传》第十三回:

"正愁缓不济急,恰好有现任杭州织造的富周三爷,是门生的大舅子,他有托门生带京一万银子。"[例句]救灾行动～,我们还是先要展开自救。

【换骨脱胎】huàn gǔ tuō tāi
[释义]见"脱胎换骨"。[语见]金·侯善渊《杨柳枝》词:"换骨脱胎归旧路,返童颜。"[例句]经过一个多月的艰苦封闭训练,该队的表现有了～的改变。

【换汤不换药】huàn tāng bù huàn yào
[释义]汤:一种中药剂型,也指煎中药时所用的水。比喻只改变了名称和外表,而实质却没有改变。[语见]蔡东藩《前汉通俗演义》第一回:"萧何原是刀笔吏,叔孙通又是绵蕞生,所见所闻,无非是前秦故事,晓得什么体国经野的宏规?因此,佐汉立法,仍旧是换汤不换药的手段。"[例句]这种办法～,根本解决不了问题。

【涣然冰释】huàn rán bīng shì
[释义]涣然:消散的样子。释:化解。像冰融化一样消散了。形容嫌疑、误会一下子消除了。[语见]《老子》第十五章:"涣兮若冰之将释。"[例句]两人四目相对,哈哈一笑,以前的恩怨～。

【涣若冰释】huàn ruò bīng shì
[释义]见"涣然冰释"。[语见]唐·权德舆《张隐居庄子指要序》:"又作三十三篇指要以明之,盖弘道以周物,阐幽以致用,内外相济,始终相发,其文约,其旨明,累如珠贯,涣若冰释。"[例句]时间已过去多年,如今两人～,重归于好。

【患得患失】huàn dé huàn shī
[释义]患:忧虑,担心。没有得到的时候担心得不到,已经得到了又担心失去。形容对个人的利害得失斤斤计较。[语见]《论语·阳货》:"鄙夫可与事君也与哉?其未得之也,患得之;既得之,患失之。"[例句]他这人遇事～,丧失了不少商机。

【患难与共】huàn nàn yǔ gòng
[释义]忧患与苦难共同承担。指共同

经受困难与危险的考验。[语见] 汉·司马迁《史记·越王勾践世家》:"越王为人长颈鸟喙,可与共患难,不可与共乐。"[例句] 刘女士以平静的语气讲述了她与丈夫～的艰苦经历。

【患难之交】huàn nàn zhī jiāo
[释义] 患难:困难和危险的处境。交:交情。指共同经历过困难和危险处境而有很深的交情的朋友。[语见] 明·东鲁古狂生《醉醒石》第十回:"浦屺夫患难之交,今日年兄为我们看他,异日我们也代年兄看他。"[例句] 他们俩是～,感情非常深。

【患至呼天】huàn zhì hū tiān
[释义] 患:灾祸。呼:叫、喊。形容事前不做准备,灾祸降临,无法应付,求天救助。[语见] 汉·韩婴《韩诗外传》第二卷:"患至而后呼天,不亦晚乎!"[例句] 早不做准备,如今汛期已到,～,哪儿还来得及呢?

【焕然一新】huàn rán yī xīn
[释义] 焕然:形容有光彩。经过修饰,使原来的事物有了新的光彩。[语见] 宋·杨万里《赠直秘阁彭公行状》:"上俞其请,于是室庐戈甲焕然一新,军势整肃,冠于旁郡。"[例句] 重新装修过的酒店～,吸引了不少新顾客。

huang

【荒诞不经】huāng dàn bù jīng
[释义] 荒诞:离奇,不符合实际。经:正常的,常理。形容非常荒唐,不合情理。[语见] 清·壮者《扫迷帚》第五回:"兄虽吴人,这种俗谚,因其荒诞不经,无关实用,却也不大理会。"[例句] 这个故事～,大家听后纷纷摇头。

【荒诞无稽】huāng dàn wú jī
[释义] 荒诞:离奇,不符合实际。稽:考查。荒唐离奇,无法核实。形容过分离奇,不可为凭。[语见] 清·羽衣女士《东欧女豪杰》第三回:"那个神字,原是野蛮世界拿出来哄着愚人的话,如今科学大明,这些荒诞无稽的谬说,那里还能立足

呢?"[例句] 我认为这出戏～,无一可取之处。

【荒怪不经】huāng guài bù jīng
[释义] 经:正理。荒唐离奇,不合正理。[语见] 宋·王楙《野客丛书》第五卷:"其夸苑囿之大,固无荒怪不经之说,后世学者,往往读之不通。"[例句] 这么～的故事你居然也能相信?

【荒郊旷野】huāng jiāo kuàng yě
[释义] 空旷荒凉的郊野。[语见] 明·崔时佩等《西厢记·草桥惊梦》:"走荒郊旷野,把不住心娇怯,喘吁吁难将两气接。"[例句] 一个人待在这～里,还真有点害怕。

【荒渺不经】huāng miǎo bù jīng
[释义] 见"荒诞不经"。[语见] 清·夏敬渠《野叟曝言》第六十二回:"上古世远人湮,所传之事,如共工触山、女娲补天,俱荒渺不经。"[例句] 你怎么喜欢这种～的故事,真是好奇怪。

【荒谬绝伦】huāng miù jué lún
[释义] 荒谬:极端错误,非常不合情理。绝伦:没有可以类比的。指荒唐、错误到了极点。[语见] 清·壮者《扫迷帚》第二回:"其说荒谬绝伦,更可付诸一笑。"[例句] 这种观点简直是～,毫无道理。

【荒唐不经】huāng táng bù jīng
[释义] 见"荒诞不经"。[例句] 这家出版社当时出版的连环画,大都是些海淫海盗、神仙剑侠等～的故事。

【荒唐无稽】huāng táng wú jī
[释义] 见"荒诞无稽"。[例句] 随着科学研究的逐渐深入,科学家们发现这种说法并不是完全～的,其中有一定的科学依据。

【荒无人烟】huāng wú rén yān
[释义] 荒:荒凉。人烟:人家、住户。形容地方荒凉,见不到居住的人家。[例句] 发动机出了故障,飞机不得不迫降在一个～的小岛上。

【荒淫无耻】huāng yín wú chǐ
[释义] 荒淫:荒唐、淫乱。淫乱无度,不知羞耻。形容生活极其糜烂。[例句]

当年他过着挥金如土、～的糜烂生活。

【荒淫无道】 huāng yín wú dào

[释义] 无道:不行道义。多指君主迷恋酒色,重用奸佞,杀害忠良,暴虐百姓。[语见] 唐·房玄龄等《晋书·段灼传》:"不能属任贤相,用妇人之言,荒淫无道。"[例句] 他是一个～的皇帝,终日不理朝政,使国家日益衰落。

【荒淫无度】 huāng yín wú dù

[释义] 指生活糜烂,沉溺于酒色而毫无节制。[语见] 唐·令狐德棻《周书·晋荡公护传》:"自即位以来,荒淫无度,昵近群小,疏忌骨肉。"[例句] 古代的皇帝并不都是过着妻妾成群、～的生活。

【慌不择路】 huāng bù zé lù

[释义] 慌:慌乱。择:选择。心里慌乱,见路就走,顾不上选择。比喻心神过于紧张,来不及权衡利害。[语见] 明·施耐庵《水浒传》第三回:"饥不择食,寒不择衣,慌不择路,贫不择妻。"[例句] 持刀歹徒见有人追来,～地跳进了池塘。

【慌手慌脚】 huāng shǒu huāng jiǎo

[释义] 手脚忙乱。形容慌张失措的样子。[例句] 替补队员缺乏比赛经验,一上场就～,全然忘了教练事先的战术安排。

【慌手忙脚】 huāng shǒu máng jiǎo

[释义] 见"慌手慌脚"。[例句] 像你这样～的,根本不适合在餐厅当服务员。

【皇亲国戚】 huáng qīn guó qī

[释义] 皇帝的亲戚。指极具权势,有特殊地位的人。[语见] 明·冯梦龙《警世通言》第三十卷:"告爹妈,儿为两个朋友是皇亲国戚,要我陪宿,不免依他。"[例句] 他可不管什么～,凡是违法的,都一律追究到底。

【皇天后土】 huáng tiān hòu tǔ

[释义] 皇天:古代指上天。后土:古代指地。旧时迷信说法认为天与地能主宰人间一切,主持公道。常用于古代盟誓中。[语见]《尚书·武成》:"予小子其承厥志,底商之罪,告于皇天后土。"[例句] 明清两代在京都设立了天坛、地坛,用以祭拜～。

【黄发鲐背】 huáng fà tái bèi

[释义] 鲐背:鲐鱼背上有黑斑,老人背上也有,因用以称代老人。指长寿老人。[语见] 南朝齐·僧祐《弘明集·宗炳〈明佛论〉》:"黄发鲐背犹自觉所经俄顷,况其短者乎?"[例句] 这里自然环境非常理想,～的长寿老人特别多。

【黄花晚节】 huáng huā wǎn jié

[释义] 见"寒花晚节"。[语见] 宋·韩琦《安阳集·九月水阁》诗:"莫嫌老圃秋容淡,且看黄花晚节香。"[例句] 赵老先生一生为人正直清廉,到老依然为公益事业四处奔波,～无疑是对他最恰当的写照了。

【黄粱一梦】 huáng liáng yī mèng

[释义] 黄粱:黄小米。这里指黄小米饭。唐·沈既济《枕中记》载:卢生在邯郸的旅店里遇见一个道士吕翁,卢生自叹穷困,吕翁借给他一个枕头,对他说:"枕此,当令子荣适如意。"这时店主人煮上了一锅黄小米饭。卢生枕在枕头上睡着了,在梦中他娶妻生子做官,享尽了一生的荣华富贵。一觉醒来,店家的小米饭还没有煮熟。他奇怪地说:"这岂不是在做梦呀!"吕翁笑了笑说:"人世之事就是这样呀!"后用以比喻美好的幻想破灭、落空。也作"黄粱美梦"、"一枕黄粱"。[例句] 这场跨国婚姻对她来说犹如～。

【黄袍加身】 huáng páo jiā shēn

[释义] 黄袍:古代帝王的袍服。指受部属们的拥戴而当了皇帝。后用以比喻阴谋政变取得成功。[语见] 宋·李焘《续资治通鉴长编》第一卷:"诸将已擐甲执兵,直扣寝门曰:'诸将无主,愿策太尉为天子。'太祖惊起披衣,未及酬应,则相与扶出厅事,或以黄袍加太祖身,且罗拜庭下称万岁。"[例句] 他带兵征战几十年,出生入死,为的就是有一天能够～,一统大权。

【黄袍加体】 huáng páo jiā tǐ

[释义] 见"黄袍加身"。[语见] 清·钱彩《说岳全传》第一回:"自从陈桥兵变,黄

袍加体，即位以来，称为见龙天子。"[例句] 经过多年努力，他终于在四十岁那年～，成为一国之君。

【黄杨厄闰】 huáng yáng è rùn
[释义] 黄杨：常绿灌木或小乔木，生长缓慢。厄：困苦，灾难。旧时传说黄杨遇闰年不但不能生长，反而会缩短。比喻人处逆境。[语见] 宋·苏轼《监洞霄宫俞康直郎中所居四咏》："园中草木春无数，只有黄杨厄闰年。"自注："俗说：黄杨岁长一寸，遇闰退三寸。"[例句] 他被那些贪婪无比的人看在眼里，自然难逃被敲诈的～。

【黄钟大吕】 huáng zhōng dà lǚ
[释义] 黄钟：我国古代音乐把声音分为十二律，阴阳各六，黄钟是阳律中的第一律。大吕：阴律中的第四律。形容正大、庄严的音乐或文辞。[语见]《陆九渊集·语录下》："先生之文如黄钟大吕，发达九地，真启洙泗邹鲁之秘，其可不传耶？"[例句] 听惯了～的人，大概不会喜欢这种乡村小调。

【惶惶不安】 huáng huáng bù ān
[释义] 见"惶恐不安"。[例句] 这个罪犯隐姓埋名十几年，终日～，最终还是没能逃脱法律的制裁。

【惶恐不安】 huáng kǒng bù ān
[释义] 惶恐：惊慌，害怕。心中惊慌害怕，不安宁。[语见] 汉·班固《汉书·王莽传下》："人民正营，无所措手足。"颜师古注："正营，惶恐不安之意也。"[例句] 该国政局一直动荡不已，老百姓终日～。

【恍然大悟】 huǎng rán dà wù
[释义] 恍然：忽然醒悟的样子。悟：明白。一下子完全明白了。[语见] 明·冯梦龙《醒世恒言》第二十六卷："当下少府恍然大悟，拜谢道：'弟子如今真个醒了！'"[例句] 经她这么一提醒，我终于～。

【恍如隔世】 huǎng rú gé shì
[释义] 恍如：仿佛，好像。世：古代三十年为一世。好像隔绝了一世。形容人、事物或景物发生了很大的变化。[语见] 宋·范成大《吴船录下》："发常州，平江亲戚故旧来相过者，陆续于道，恍然如隔世焉。"[例句] 那是去年刚刚发生的事情，今天再想起，却已～。

【恍若隔世】 huǎng ruò gé shì
[释义] 见"恍如隔世"。[例句] 两个好朋友时隔多年后再次相见，～。

hui

【灰头土面】 huī tóu tǔ miàn
[释义] 佛教用语。指修行者为度众生，不事修饰，不现真相。后亦指满面污秽。[语见] 宋·释普济《五灯会元》第二十卷："灰头土面，带水拖泥，唱九作十，指鹿为马，非唯孤负先圣，亦乃埋没己灵。"[例句] 只见他～，好像刚从土堆里爬出来。

【灰心丧气】 huī xīn sàng qì
[释义] 灰心：因遇到困难而意志消沉。丧气：因事情不顺利而情绪低落。指因遇到困难而情绪低落，意志消沉。[语见] 明·吕坤《呻吟语·下·建功立业》："是以志趋不坚，人言是恤者，辄灰心丧气，竟不卒功。"[例句] 我们不能遇到一点挫折就～，而应继续努力。

【灰心丧意】 huī xīn sàng yì
[释义] 见"灰心丧气"。[语见] 清·曹雪芹《红楼梦》第一百零一回："凤姐因方才一段话已经灰心丧意，恨娘家不给争气。"[例句] 经历了一次又一次失败，如今的他～，完全没了当初的意气风发。

【挥翰成风】 huī hàn chéng fēng
[释义] 翰：鸟毛，借指毛笔。握笔写字，腕下生风。形容写字作画极其快速和熟练。[语见] 清·李渔《意中缘·名逋》："终日价挥翰成风，泼墨如雨，给不尽好事之求。"[例句] 这位艺术大师为我们作画时～，很快就完成了一幅生动的作品。

【挥金如土】 huī jīn rú tǔ
[释义] 挥：挥霍。金：钱财。土：粪土。花钱就像撒泥土一样。形容极其挥霍浪费。[语见] 宋·周密《齐东野语》卷二·

"挥金如土,视官爵如等闲。"[例句]一些有钱人家的子女,花钱时～,根本不顾父辈们创业的辛苦。

【挥洒自如】huī sǎ zì rú
[释义]挥洒:挥笔洒墨。指写文章、写字或作画时笔墨运用自如,无拘无束。[语见]清·曾朴《孽海花》第二十五回:"家人送上一枝蘸满墨水的笔,珏斋提笔,在纸上挥洒自如的写了一百多字。"[例句]她的文笔无拘无束,～。

【回肠伤气】huí cháng shāng qì
[释义]形容文艺作品或声乐表演等感人肺腑。[语见]战国楚·宋玉《高唐赋》:"感心动耳,回肠伤气,孤子寡妇寒心酸鼻。"[例句]这位著名的艺术家在晚会上朗诵的《长恨歌》令人～,心潮澎湃。

【回嗔作喜】huí chēn zuò xǐ
[释义]嗔:生气。由发怒而变为欢喜。[语见]宋·无名氏《京本通俗话本·错斩崔宁》:"那人回嗔作喜,收拾了刀杖,将老王尸首撺入涧中,领了刘大娘到一所庄院前来。"[例句]见丈夫安然回到家中,妻子这才～。

【回船转舵】huí chuán zhuǎn duò
[释义]返回头来,掉转船舵。比喻反过头来另打主意,改变做法。[语见]明·冯梦龙《醒世恒言》第七卷:"那尤辰领借了颜俊家的本钱。平日奉承他的,见他有咈然不悦之意,即忙回船转舵道……"[例句]见他露出不高兴的神色,我急忙～扯开了话题。

【回光返照】huí guāng fǎn zhào
[释义]回光:太阳落山时反射回的光芒。返照:反照,反射。比喻人临死前生命之光回到身上,突然精神兴奋,神志清醒,面色红润。也比喻事物在行将灭亡之时出现的暂时的表面的兴旺景象。[语见]宋·释道原《景德传灯录》第二十六卷:"方便呼为佛,回光返照,看身心是何物?"[例句]他已经病得很重,有些～之相了。

【回惊作喜】huí jīng zuò xǐ
[释义]回:转换,变。变惊恐为喜悦。[语见]明·吴承恩《西游记》第六十二回:"国王闻言,回惊作喜道:……"[例句]没想到他还好端端地活着,我不禁～。

【回山倒海】huí shān dǎo hǎi
[释义]见"排山倒海"。[语见]北齐·魏收《魏书·高闾传》:"昔世祖以回山倒海之威,步骑数十万南临瓜步,诸郡尽降,而盱眙小城,攻而弗克。"[例句]暴风雨以～之势猛袭过来,整个屋子仿佛都在晃动着。

【回天之力】huí tiān zhī lì
[释义]回:扭转。天:封建社会以皇帝为天,又指已定的结果。力:能力。原义指能谏止皇帝、改变皇帝看法的能力。后指扭转乾坤、挽回既成定局的力量。[语见]宋·欧阳修等《新唐书·张玄素传》:"张公论事遂有回天之力,可谓仁人之言哉!"[例句]他病入膏肓,医生也已无～,大家只能眼睁睁看着他一天天消瘦下去。

【回头是岸】huí tóu shì àn
[释义]回头:比喻改邪归正。岸:海岸、岸边。佛家说"苦海无边,回头是岸",意思是有罪恶的人就像跌进了无边无际的苦海里,只有调转头来往回游,才是获得新生的岸边。比喻人做了坏事,只要改邪归正,就能找到出路。[例句]奉劝那些赌友们,赌海无边,～。

【回味无穷】huí wèi wú qióng
[释义]回味:回想、体味。穷:尽。常指语言或文艺作品含义深远,使人听后或读后反复体味,感觉韵味无穷。[例句]整幅作品意境深远,使人在欣赏之余～。

【回心转意】huí xīn zhuǎn yì
[释义]改变原来的态度和想法,不再固执。[语见]《京本通俗话本·错斩崔宁》:"那大王早晚被他劝转,果然回心转意。"[例句]虽然苦苦哀求,但他依然不肯～。

【悔不当初】huǐ bù dāng chū
[释义]指后悔开始时没做什么或没怎样做。[语见]唐·薛昭纬《谢银工》诗:"早知文字多辛苦,悔不当初学冶银。"[例句]由于拖延治疗的时间而错过了

H

治疗的最佳时机,这名患者～。

【悔过自新】 huǐ guò zì xīn

[释义] 过:过错,罪过。悔改罪过,重新做人。[语见] 宋·欧阳修《新唐书·冯元常传》:"剑南有光火盗,元常喻以恩信,约悔过自新。"[例句] 他～,发誓要重新做人。

【悔之不及】 huǐ zhī bù jí

[释义] 见"悔之无及"。[语见] 元·无名氏《三出小沛》第一折:"某想当日,都是三兄弟失了徐州,悔之不及。"[例句] 事到如今他～,后悔自己当初不听父母劝告,走上了犯罪的道路。

【悔之莫及】 huǐ zhī mò jí

[释义] 见"悔之无及"。[语见] 汉·董卓《到渑池上书请收张让等》:"及溺呼船,悔之莫及。"[例句] 你一定要想清楚其中的利害得失,免得将来～。

【悔之晚矣】 huǐ zhī wǎn yǐ

[释义] 虽是后悔也来不及了。[语见] 明·沈受先《三元记·错认》:"你这样人,言清行浊,人面善心!好好还我,养你廉耻;若不肯,执送官司,那时悔之晚矣!"[例句] 村民们这才醒悟过来,但此时已～。

【悔之无及】 huǐ zhī wú jí

[释义] 后悔已经来不及了。[语见] 汉·司马迁《史记·伍子胥列传》:"愿王释齐而先越,若不然,后将悔之无及。"[例句] 她忽然意识到自己的失言,～,但话已出口,无法收回了。

【悔罪自新】 huǐ zuì zì xīn

[释义] 见"悔过自新"。[语见] 明·冯梦龙《东周列国志》第四十二回:"陈穆公亦有使命至晋,代卫郑致悔罪自新之意。"[例句] 入狱后他～,决心走上正路,重新做人。

【毁方投圆】 huǐ fāng tóu yuán

[释义] 比喻抛弃自身的准则,迎合世俗。[语见] 晋·葛洪《抱朴子·汉过》:"毁方投圆,面从响应者,谓之'绝伦之秀'。"[例句] 就因为对方有钱有势,他居然～,投靠人家做起了非法生意。

【毁方瓦合】 huǐ fāng wǎ hé

[释义] 方:方正,物之方正则有棱角锋芒。瓦合:瓦器破而相合。旧指儒者应隐去自己的锋芒以求与常人相合。[语见]《礼记·儒行》:"举贤而容众,毁方而瓦合。"郑玄注:"毁方而瓦合,去己之大圭角,下与众人小合也。"[例句] 当遇到重大问题,大家的意见有分歧时,也不妨～,虚心听取多数人的意见。

【毁冠裂裳】 huǐ guān liè cháng

[释义] 毁坏帽子,扯坏衣裳。比喻彻底决裂。[语见] 南朝宋·范晔《后汉书·周燮传》:"(冯良)耻在斯役,因坏车杀马,毁裂衣冠,乃遁至犍为,从杜抚学。"[例句] 受到侮辱后,他决定～,与对方彻底决裂。

【毁家纾国】 huǐ jiā shū guó

[释义] 见"毁家纾难"。[语见] 清·钱谦益《清文华殿中书房办事大理寺右寺副汪镳授儒林郎》:"夫毁家纾国,大臣之有事;急病让夷,君子之所贵。"[例句] 在这民族存亡的关键时刻,他不但～,还主动放弃了自己的职位和高薪,毅然从国外返回自己的祖国。

【毁家纾难】 huǐ jiā shū nàn

[释义] 毁家:倾尽家产。纾:排除。难:危难。捐献全部家产,解救国家危难。[语见]《左传·庄公三十年》:"斗谷於菟为令尹,自毁其家,以纾楚国之难。"[例句] 当时有许多爱国侨民与国内人民一道抗击外来侵略者,他们有的～,有的英勇献身。

【毁廉蔑耻】 huǐ lián miè chǐ

[释义] 不顾廉耻。[语见] 明·方孝孺《官政》:"而仕者之势不尊,威不行,而令不信于下,知不为众之所与也,则益不自重,而为毁廉蔑耻之行。"[例句] 为了追求物质享受,他竟然不择手段,～地出卖自己的灵魂。

【毁钟为铎】 huǐ zhōng wéi duó

[释义] 铎:铃。将钟毁掉改成铃。比喻愚蠢的行为。[语见] 汉·刘安《淮南子·说林训》:"心所说(悦),毁舟为杕;心所

欲,毁钟为铎。"[例句]附近的村民～,竟然把成年的大树全都砍掉当柴烧,严重破坏了当地的植被。

【毁舟为杕】huǐ zhōu wéi duò
[释义]杕:船舵。毁坏大物成为小物。比喻愚蠢无知。[语见]汉·刘安《淮南子·说林训》:"心所说(悦),毁舟为杕;心所欲,毁钟为铎。"[例句]为了一点点蝇头小利,他竟不惜得罪这些老客户,真是～,愚蠢之极。

【毁宗夷族】huǐ zōng yí zú
[释义]把同宗族的人都杀死。[语见]晋·陆机《谢平原内史表》:"方臣所荷未足为泰,岂臣蒙垢含吝所宜忝,窃非臣毁宗夷族所能上报。"[例句]只要能当上皇帝,他不惜～,除掉一切潜在的威胁。

【会逢其适】huì féng qí shì
[释义]恰好碰上那个场合。[语见]《文中子·周公》:"子谓仲长子光曰:'山林可居乎?'曰:'会逢其适也,焉如其可?'"[例句]我在那个小镇旅游的时候,正赶上当地一年一度的传统庙会,～,玩得真开心。

【会少离多】huì shǎo lí duō
[释义]相会少,别离多,感慨人生聚散无常。[语见]宋·辛弃疾《蝶恋花·送祐之弟》词:"会少离多看两鬓,万缕千丝,何况新来病。"[例句]自从他做了销售经理,几乎天天出差,如今我们～,常常只能通过电话和电子邮件联系。

【讳疾忌医】huì jí jì yī
[释义]讳:忌讳,回避。疾:病。忌:害怕、担心。医:医治,治疗。有意回避病症,害怕去治疗。现喻指有过错而不愿让人知道,护短。[语见]宋·周敦颐《周子通书》:"今人有过,不喜人规,如讳疾而忌医,宁灭其身而无悟也。"[例句]犯错误不可避免,只要不～,虚心接受意见,就能够进步。

【讳莫如深】huì mò rú shēn
[释义]讳:避讳,隐瞒。莫:没有什么事。如:像。深:深重,重大。所隐瞒之事,没有什么比这件事更重大了。后指将事情尽力隐瞒,不让人知道。[语见]《穀梁传·庄公三十二年》:"讳莫如深,深则隐。"杨士勋疏:"深,谓君弑贼奔之深重,以其深重,则为之隐讳。"[例句]当地人提起此事都显得～,不愿多谈。

【诲盗诲淫】huì dào huì yín
[释义]诲:诱导,引诱。《周易·系辞上》:"慢藏诲盗,冶容诲淫。"意思是漫不经心地对待自己收藏的财物,等于诱引他人来偷窃;女子打扮得很妖冶,等于引诱别人来调戏。原指祸由自招。后用以指教唆、引诱别人偷盗淫荡。也作"诲淫诲盗"。[例句]当时的统治者以～的理由,反对民间戏曲小说的流行,多次禁止和没收。

【诲人不倦】huì rén bù juàn
[释义]诲:教导。倦:疲倦。教导别人不知疲倦。形容教导人有耐心。[语见]《论语·述而》:"默而识之,学而不厌,诲人不倦,何有于我哉?"[例句]大家都称赞她是个～的好老师。

【绘声绘色】huì shēng huì sè
[释义]绘:描绘。描绘得有声有色。形容叙述或描写得非常生动、逼真。也作"绘影绘色"、"绘声绘影"。[例句]张小姐～地向大家描述了当时的情景。

【贿货公行】huì huò gōng xíng
[释义]见"贿赂公行"。[语见]南朝梁·任昉《为梁武帝断华侈令》:"贩官鬻爵,贿货公行,并甲第康衢,渐台广厦。"[例句]清朝末年,政治腐败,～,西方列强乘机向我国发动战争。

【贿赂并行】huì lù bìng xíng
[释义]行贿受贿的都有。[语见]《左传·昭公六年》:"乱狱滋丰,贿赂并行,终予之世。"[例句]这个单位管理混乱,而且风气非常不好,～,搞得乌烟瘴气。

【贿赂公行】huì lù gōng xíng
[释义]贿赂:用财物买通。指公开地进行贿赂。[语见]唐·魏徵《隋书·虞世基传》:"鬻官卖狱,贿赂公行,其门如市,金宝盈积。"[例句]由于缺乏监督,一时间～,局面非常混乱。

【彗泛画涂】huì fàn huà tú

[释义] 彗:扫帚。泛:水洒地。涂:泥土。用扫帚洒水在地上,用刀划泥土。比喻极容易做的事。[语见] 汉·班固《汉书·王褒传》:"及至巧冶铸干将之朴,清水淬其锋,越砥敛其号,水断蛟龙,陆刜犀革,忽若彗泛画涂。"颜师古注:"彗,帚也。泛,泛洒地也。涂,泥也。如以帚扫泛洒之地,以刀画泥中,言其易。"[例句] 这种～的简单事情找个孩子来做就行了。

【惠而不费】huì ér bù fèi

[释义] 惠:给人以恩惠。费:损耗。给人好处,自己也无损耗。[语见]《论语·尧曰》:"因民之所利而利之,斯不亦惠而不费乎?"[例句] 这种～的好话,谁都会说。

【惠然肯来】huì rán kěn lái

[释义] 惠然:形容包含着惠意。欢迎宾客的敬辞。[语见]《诗经·邶风·终风》:"终风且霾,惠然肯来。"[例句] 老先生～,于我真是一件荣幸的事情。

【喙长三尺】huì cháng sān chǐ

[释义] 喙:嘴。形容人能言善辩。[语见]《庄子·徐无鬼》:"丘愿有喙三尺。"[例句] 那个人～,牙尖嘴利,恐怕你是争辩不过他的。

【慧心巧思】huì xīn qiǎo sī

[释义] 心地聪慧,构思精巧。多用以形容女子某种技艺精巧,别出心裁。[语见] 清·褚人获《隋唐演义》第四十七回:"炀帝与萧后看了一会,说道:'妃子慧心巧思,可谓当神入化矣。'"[例句] 这个房子的女主人～,在寻常的家居空间中营造出了一种特殊优雅的品位。

【蕙心兰质】huì xīn lán zhì

[释义] 蕙、兰:都是香草名。比喻女子心地纯洁,性格高雅。[语见] 唐·王勃《七夕赋》:"金声玉韵,蕙心兰质。"[例句] 在这位～的姑娘面前,他几乎不敢抬起头来看。

【蕙心纨质】huì xīn wán zhì

[释义] 蕙:香草。纨:洁白的细绢。比喻女子心地纯洁,性情高雅。[语见] 南朝·宋·鲍照《芜城赋》:"东都妙姬,南国丽人,蕙心纨质,玉貌绛唇。"[例句] 一想到她美丽的容颜、～的气质,他就怦然心动。

【蕙质兰心】huì zhì lán xīn

[释义] 见"蕙心兰质"。[例句] 那姑娘～,冰雪聪明,非常惹人喜爱。

hun

【昏定晨省】hūn dìng chén xǐng

[释义] 昏定:晚上铺好床席,服侍(父母)就寝。晨省:早晨省视问安。旧时指儿女侍奉父母的日常礼节。[语见]《礼记·曲礼上》:"凡为人子之礼,冬温而夏清,昏定而晨省。"[例句] 这间堂屋是当年少爷每天～,老人家主持家政的地方。

【昏昏沉沉】hūn hūn chén chén

[释义] 形容头脑迷糊,神志不清。[语见] 元·王实甫《西厢记》第四本第三折:"准备着被儿枕儿,则索昏昏沉沉的睡。"[例句] 整个下午她都～,打不起精神。

【昏昏欲睡】hūn hūn yù shuì

[释义] 昏昏沉沉只想睡觉。形容非常疲劳,精神萎靡不振,或对事没有兴趣,感到厌倦。[语见] 北齐·颜之推《颜氏家训·杂艺》:"有时疲倦,则倚为之,犹胜饱食昏睡,兀然端坐耳。"[例句] 可能是因为吃了感冒药的缘故,我今天上班的时候总是～。

【昏天黑地】hūn tiān hēi dì

[释义] 形容天色昏暗,不辨方向。或喻神志不清,糊里糊涂。也形容社会黑暗混乱,或行为放荡不羁,生活混乱。[例句] 世界杯足球赛期间,他抱着个电视看得～,所有的赛事几乎场场不落。

【昏头昏脑】hūn tóu hūn nǎo

[释义] 形容昏昏沉沉、糊里糊涂的样子。[语见] 明·吴承恩《西游记》第七十二回:"却说八戒跌得昏头昏脑,猛抬头,见丝篷丝索俱无,他才一步一探,爬将起来,忍着疼,找回原路。"[例句] 快到年底了,我每天都忙得～的。

【昏头晕脑】hūn tóu yūn nǎo
[释义]见"昏头昏脑"。[语见]清·吴敬梓《儒林外史》第二回:"每日骑着这个驴,上县下乡,跑得昏头晕脑。"[例句]昨晚没休息好,早上起来～的。

【浑浑噩噩】hún hún è è
[释义]浑浑:浑厚、纯朴的样子。噩噩:严正的样子。形容浑朴天真,严肃敦厚。也形容愚昧无知,糊里糊涂。[语见]汉·扬雄《法言·问神》:"虞夏之书浑浑尔,商书灏灏尔,周书噩噩尔。"[例句]振作起来! 你可不要～地虚度光阴。

【浑金璞玉】hún jīn pú yù
[释义]见"璞玉浑金"。[例句]他脸上泛起一片天真的笑容,好像一个～的孩子。

【浑然天成】hún rán tiān chéng
[释义]浑然:形容完整不可分的样子。天成:自然而成,没有人工的痕迹。形容诗文或画面结构完整自然,没有人工的痕迹。[语见]唐·韩愈《上于襄阳书》:"阁下负超卓之奇才,蓄雄刚之俊德,浑然天成,无有畔岸。"[例句]他的诗歌作品～,可以说已经达到了中国诗词艺术的最高境界。

【浑然一体】hún rán yī tǐ
[释义]浑然:形容完整不可分的样子。一体:一个整体。成为一个完整而不可分割的整体。[语见]明·李贽《焚书·耿楚倥先生传》:"两舍则两忘,两忘则浑然一体,无复事矣。"[例句]眼前的飞瀑与彩虹～,美不胜收。

【浑身是胆】hún shēn shì dǎn
[释义]浑身:全身。全身都是胆,形容人胆子非常大。[语见]宋·陈著《宝鼎现·寿京尹曾留远侍郎渊子》词:"最是满腹精神,担负处,浑身是胆。"[例句]他一身男儿之气,～,处处散发着一种令人倾心的英雄气概。

【浑水摸鱼】hún shuǐ mō yú
[释义]浑:浑浊。在浑浊的水里摸鱼。比喻趁混乱的时机获取不正当的利益。也作"混水摸鱼"。[例句]混乱之中那小偷想～,结果被当场抓获。

【浑俗和光】hún sú hé guāng
[释义]浑厚随俗,和蔼生光。形容为人温和,与世无争。[语见]元·王实甫《西厢记》第一本第二折:"俺先人甚的是浑俗和光,真一味风清月朗。"[例句]他早已习惯了那种～、缺乏激情的生活方式。

【混水摸鱼】hún shuǐ mō yú
[释义]见"浑水摸鱼"。[例句]要加强管理,防止一些人～。

【混俗和光】hún sú hé guāng
[释义]见"浑俗和光"。[语见]明·无名氏《李云卿》头折:"贫道混俗和光,常于闹市之中,口发狂言,串拖二八金钱,每与孩童嬉戏游玩,人皆见而恶之。"[例句]他顺应自然,～,过着与世无争的生活。

【魂不附体】hún bù fù tǐ
[释义]魂:灵魂。附:附着。体:肉体。灵魂不附着在肉体上,灵魂与肉体相分离。形容惊恐万状。[语见]宋·无名氏《京本通俗小说·西山一窟鬼》:"唬得两个魂不附体。"[例句]路边突然跳出一个人来,把她吓得～。

【魂不守舍】hún bù shǒu shè
[释义]魂:灵魂。守:留守。舍:指人的躯壳。灵魂不在人的身上了。形容神志不清或心神极不稳定。[例句]看她～的样子,好像有什么心事。

【魂不守宅】hún bù shǒu zhái
[释义]见"魂不守舍"。[语见]晋·陈寿《三国志·魏书·管辂别传》裴松之注引《管辂传》:"何(晏)之视候,则魂不守宅,血不华色。"[例句]这个学生整堂课都是一副～的样子,不知道在想些什么。

【魂飞魄散】hún fēi pò sàn
[释义]魂、魄:指迷信的人认为的附在人体内可以脱离肉体而存在的精神。吓得魂魄都飞散了,形容万分惊恐。[语见]明·施耐庵《水浒传》第三十三回:"刘高听得,惊得魂飞魄散,惧怕花荣是武官。"[例句]刘老汉被这突如其来的响声吓得～,一时惊呆了。

【魂飞魄丧】hún fēi pò sàng
[释义] 见"魂飞魄散"。[例句] 他一声大吼惊得众人～，连哭声都停止了。

【魂飞天外】hún fēi tiān wài
[释义] 魂：灵魂。灵魂飞到天外去了。旧指真魂出窍，与肉体脱离。后形容因受惊吓而神色慌乱的样子。[语见] 元·宫大用《范张鸡黍》第一折："唬得魂飞天外。"[例句] 听说警察来了，这帮家伙吓得～，乱成一团。

【混世魔王】hún shì mó wáng
[释义] 魔王：佛教指专做破坏活动的恶鬼，比喻非常凶暴的恶人。本是神话小说《西游记》里的一个妖怪。比喻扰乱世界、给人们带来危害的恶人。[语见] 清·曹雪芹《红楼梦》第三回："我有一个孽根祸胎，是家里的'混世魔王'。"[例句] 我一定要铲除这个～，为民除害。

【混为一谈】hùn wéi yī tán
[释义] 混：掺杂。把本质上不同的事物混在一起，说成是相同的事物。[语见] 鲁迅《文学的阶级性》："竟会将个性，共同的人性……个人主义即利己主义混为一谈。"[例句] 此二者之间有根本性的区别，千万不能～。

【混淆黑白】hùn xiáo hēi bái
[释义] 混淆：使混乱，使界限模糊。使黑的和白的界限模糊不清。比喻故意制造混乱。[例句] 谈判开始后，对方～，强词夺理，拼命为自己开脱责任。

【混淆视听】hùn xiáo shì tīng
[释义] 混淆：使混乱，搅乱。视听：看到的和听到的。用假象和谎言使人们的思想认识混乱。[例句] 随着事态发展，厂家不得不出面，对这些～的说法予以了澄清。

【混淆是非】hùn xiáo shì fēi
[释义] 混淆：使混乱，使界限模糊。是非：正确的和错误的。把正确的和错误的混在一起。指故意制造混乱，使正确的和错误的不分。[例句] 该国政府称国外某些媒体，对事件进行了错误的报道。

【混造黑白】hùn zào hēi bái
[释义] 见"混淆黑白"。[语见] 清·夏敬渠《野叟曝言》第四回："人之多言，亦可畏也。倘有混造黑白之人，那时妹子求死不得。"[例句] 这些人的行为，说轻了是本末倒置、是非不清，说重了就是故意～。

huo

【活灵活现】huó líng huó xiàn
[释义] 活泼而生动地表现出来。形容文艺作品对事物的叙述和描写生动灵活，充满生活气息，富有真实感。[语见] 明·凌濛初《初刻拍案惊奇》第十四卷："大郊此时已被李氏附魂，活灵活现的说话，惊得三魂俱不在体了。"[例句] 他把《大闹天宫》中的孙悟空表演得～，赢得了观众的热烈掌声。

【活龙活现】huó lóng huó xiàn
[释义] 见"活灵活现"。[语见] 明·冯梦龙《喻世明言》第十卷："众人见大尹半日自言自语，说得活龙活现，分明是倪太守模样，都信道倪太守真个出现了。"[例句] 他们独特的手艺使得产品栩栩如生、～，招来了大量订单。

【火灭烟消】huǒ miè yān xiāo
[释义] 像烟火一样消灭。比喻事物消失净尽，不留痕迹。[语见] 晋·傅玄《四言诗》："忽然长逝，火灭烟消。"[例句] 曾几何时，当年的那些豪言壮语早已是～，再也没人提起了。

【火伞高张】huǒ sǎn gāo zhāng
[释义] 火伞：比喻酷烈的太阳。形容烈日高照。[语见] 唐·韩愈《游青龙寺赠崔大补阙》诗："光华闪壁见神鬼，赫赫炎官张火伞。"[例句] 这几天～，酷热无比，商场里的空调特别好卖。

【火上加油】huǒ shàng jiā yóu
[释义] 见"火上浇油"。[语见] 清·李宝嘉《官场现形记》第五回："三荷包也不睬他，把他气的越发火上加油。"[例句] 孩子此时情绪不好，我知道自己不能～。

【火上浇油】huǒ shàng jiāo yóu
[释义] 往火上浇油，使火更旺。比喻使

人更加恼怒或使事态更加严重。[语见]
元·无名氏《冻苏秦》第二折:"做哥哥的
要打骂骂,你只该劝你那丈夫便好,你倒
走将来火上浇油。"[例句]经济本来就不
景气,工人罢工更是～。

【火上弄冰】huǒ shàng nòng bīng
[释义]冰遇火即融化。比喻非常容易。
[语见]明·吴承恩《西游记》第三十五回:
"老孙若要擒你,就好似火上弄冰。"
[例句]赢你就跟～一样,太容易了。

【火上添油】huǒ shàng tiān yóu
[释义]见"火上浇油"。[例句]她本来
就在生我的气,你这么一说,岂不是
～嘛!

【火烧火燎】huǒ shāo huǒ liǎo
[释义]燎:烧焦。形容心中十分着急。
[例句]众人等在那里,～,急得什么似
的,你却还不慌不忙地在这里喝茶!

【火烧眉毛】huǒ shāo méi máo
[释义]比喻形势极其急迫。[语见]宋·
释普济《五灯会元》第十六卷:"问:'如何
是急切一句?'师曰:'火烧眉毛。'"
[例句]这家伙做什么事都慢腾腾的,不
到～的时候不会着急。

【火树银花】huǒ shù yín huā
[释义]火树:缀满灯彩的树。银花:放射
银辉的灯。指灿烂的灯火。多用以形容
节日的夜景。[语见]唐·苏味道《正月十
五夜》诗:"火树银花合,星桥铁锁开。"
[例句]开幕式正在体育场里隆重举
行,四周焰火腾飞,～,照亮了整个城市
的夜空。

【火中取栗】huǒ zhōng qǔ lì
[释义]十七世纪法国作家拉·封丹的寓
言诗《猴子和猫》载:猴子骗猫取出火中
已烤熟的栗子,结果栗子被猴子吃了,猫
却因取栗而被烧掉了爪上的毛。后常以
"火中取栗"比喻白白替别人冒险。
[例句]这样冒险的结果,只能是为他
人～,你自己却什么也得不到。

【火烛小心】huǒ zhú xiǎo xīn
[释义]火烛:泛指能起火的东西。谨防
火警。亦指处事小心谨慎。[例句]近

期天气干燥,一定要～,避免酿成火灾。

【货贿公行】huò huì gōng xíng
[释义]见"货赂公行"。[语见]唐·魏徵
《隋书·卫玄传》:"时盗贼蜂起,百姓饥
馑,玄竟不能救恤,而官方坏乱,货贿公
行。"[例句]他早已习惯了这种～的局
面,对下属的腐败行为从来都是睁一只
眼闭一只眼。

【货赂公行】huò lù gōng xíng
[释义]公行:公开做。公开以财货行贿
受贿。[语见]宋·苏轼《议学校贡举状》:
"唐之通榜,故是弊法,虽有以名取人,厌
优众论之美,亦有货赂公行权要请托之
害。"[例句]在他的纵容下,这个地方～、
贪污成风。

【货真价实】huò zhēn jià shí
[释义]货物是真货,价钱也实在。引申
为实实在在,没有虚假。[语见]清·文康
《儿女英雄传》第十七回:"这'喜怒哀乐'
四个字是个货真价实的生意,断假不
来。"[例句]这件古董可是～。

【祸不妄至】huò bù wàng zhì
[释义]妄至:无缘无故地到来。祸患不
会无缘无故地到来。[语见]汉·司马迁
《史记·龟策列传》:"人主听谀,是愚惑
也。虽然,祸不妄至,福不徒来。"
[例句]～,你应该好好反省一下自己的
错误。

【祸出不测】huò chū bù cè
[释义]灾祸的产生不可揣测。[语见]
宋·胡仔《苕溪渔隐丛话前集·梅圣俞》:
"仁宗大怒,玉首甚厉,众恐祸出不测。"
[例句]他生活在那个动荡的城市里毫
无安全感,不知道哪天会～。

【祸从口出】huò cóng kǒu chū
[释义]灾祸从嘴里产出。指说话不谨
慎会招惹祸害。[语见]宋·李昉《太平御
览》第三百六十七卷引晋·傅玄《口铭》:
"病从口入,祸从口出。"[例句]真
是～,看来以后说话要小心了。

【祸从天降】huò cóng tiān jiàng
[释义]降:落下来,掉下来。灾难从天上
掉下来。指灾难来得非常突然,非常意

外。[语见]元•李好古《张生煮海》第三折:"则为那窈窕娘,不招你个俊俏郎,弄出这一番祸从天降。"[例句]我们俩正在一起聊天,没想到一块石头突然砸了下来,真是～。

【祸发齿牙】huò fā chǐ yá
[释义]见"祸从口出"。[语见]唐•元稹《戒励风俗德音》:"时君听之,安可不惑。参断一谬,俗化益讹。祸发齿牙,言生枝叶,率是道也。"[例句]～,你平时还是少说为妙。

【祸发萧墙】huò fā xiāo qiáng
[释义]萧墙:古代宫室内当门的小墙,比喻为内部。指祸害起于内部。[语见]《论语•季氏》:"吾恐季孙之忧,不在颛臾,而在萧墙之内也。"[例句]调查显示,网络安全事故往往～,是由于内部管理不善引起的。

【祸福同门】huò fú tóng mén
[释义]祸与福由同一个来源产生,指同是由人的行为所招致。[语见]汉•刘安《淮南子•人间训》:"夫祸之来也,人自生之;福之来也,人自成之。祸与福同门,利与害为邻,非神圣人,莫之能分。"[例句]你要懂得～的道理,顺利的时候也不能大意。

【祸福无常】huò fú wú cháng
[释义]祸与福没有不变的常规。[语见]明•孙梅锡《琴心记•长门望月》:"祸福无常,忧喜难定,圣上一日心悔,娘娘即便荣还,何苦悲凄。"[例句]他的家庭本来十分幸福,可是突如其来的一场车祸,夺去了他妻子的生命,真是～啊。

【祸福无门】huò fú wú mén
[释义]指灾祸或幸福没有定数,全由人们自己招来。[语见]《左传•襄公二十三年》:"祸福无门,惟人所召。"[例句]别看他现在那么风光,殊不知～,未来会怎样还真说不定。

【祸福无偏】huò fú wú piān
[释义]祸福的到来无法缜袒,都是由人自己造成。[语见]明•无名氏《锁白猿》第四折:"果然道祸福无偏,善恶相连,则为你

昧己瞒心,因此上惹罪招愆。"[例句]真是～,谁让你平时昧着良心干坏事,招致这样的惩罚完全是你自己造成的。

【祸福相生】huò fú xiāng shēng
[释义]祸与福互相依存转化而生。[语见]《庄子•则阳》:"安危相易,祸福相生。"[例句]真可谓～,本来是喜事,谁知却引发出这样的悲剧。

【祸福相倚】huò fú xiāng yǐ
[释义]倚:倚靠。祸和福相互倚靠。指祸与福可以在一定条件下相互转化。[语见]唐•魏徵《论时政疏》之三:"祸福相倚,吉凶同城,唯人所召,安可不思。"[例句]～,世上不存在绝对的好事或坏事。

【祸福倚伏】huò fú yǐ fú
[释义]倚:靠。伏:潜伏,隐藏。祸和福相倚相伏。指祸福可以在一定条件下互相转化。[语见]《老子》第五十八章:"祸兮福之所倚,福兮祸之所伏。"[例句]人在顺利时往往得意忘形,却不知～,不利的事情可能马上到来。

【祸国殃民】huò guó yāng mín
[释义]祸:使受损害,使遭祸害。殃:使受灾殃。使国家受害,使人民遭殃。[语见]宋•詹大和等《王荆国文公年谱》中卷:"当国者始信为有利无害,卒至祸国殃民而不悟也。"[例句]毒品～,必须大力开展禁毒活动,扫除毒品的祸害。

【祸结衅深】huò jié xìn shēn
[释义]祸患和事故接连不断,灾难深重。[语见]唐•房玄龄等《晋书•东海王越传》:"祸结衅深,遂忧惧成疾。"[例句]不知怎么搞的,这几年我总是～、狼狈不堪。

【祸绝福连】huò jué fú lián
[释义]灾祸消失而好运降临。[语见]宋•张君房《云笈七签》第四十二卷:"万神即时到,合会琼羽门。使令散祸,祸绝福连。上寝玉堂,世受名仙。"[例句]别灰心,～,事情很快会好起来的。

【祸乱交兴】huò luàn jiāo xīng
[释义]灾祸战乱交相兴起。[语见]唐

令狐德棻《周书·苏绰传》:"衰弊则祸乱交兴,淳和则天下自治。治乱兴亡,无不皆由所化也。"[例句]东汉末年,朝政腐败,～,百姓生活在水深火热之中。

【祸乱滔天】huò luàn tāo tiān
[释义]形容灾祸极其严重。[语见]唐·房玄龄等《晋书·惠帝纪》:"祸乱滔天,奸逆仍起,至乃幽废重宫,宗庙圮绝。"[例句]这几年该国内战不断,～,人民生活在水深火热之中。

【祸乱相踵】huò luàn xiāng zhǒng
[释义]祸乱:灾祸,动乱。踵:脚踵。相踵:相继而来。指灾祸与动乱相继而来。[例句]由于～,战乱和自然灾害连年不断,百姓流离失所。

【祸起飞语】huò qǐ fēi yǔ
[释义]祸患从流言而来。[语见]唐·刘禹锡《上中书李相公启》:"祸起飞语,刑极沦胥。心因病怯,气以愁耗。"[例句]真是～,这种流言往往害人不浅。

【祸起萧墙】huò qǐ xiāo qiáng
[释义]萧墙:做屏蔽用的墙壁。比喻内部发生祸乱。指祸害从内部发生。[语见]晋·慕容垂《上符坚表》:"臣才非古人,致祸起萧墙,身婴时难,归命圣朝。"[例句]真是～,他居然被自己的战友出卖了。

【祸起隐微】huò qǐ yǐn wēi
[释义]灾祸萌发于隐蔽细微之处。[语见]宋·王曾《谏作玉清昭应宫》:"圣人贵于谋始,智者察于未形。祸起隐微,危生安逸"。[例句]～,如果不解决这些小问题,将来就有可能导致大问题。

【祸生不测】huò shēng bù cè
[释义]见"祸出不测"。[语见]清·张廷玉等《明史·刘蕡传》:"万一祸生不测,国无老成,谁与共事?"[例句]事故和灾难往往不期而至,～,令人猝不及防。

【祸生萧墙】huò shēng xiāo qiáng
[释义]见"祸发萧墙"。[语见]明·许仲琳《封神演义》第三十五回:"岂知祸生萧墙,元旦灾来,反了股肱重臣,追之不及。"[例句]他一心御敌,却不料～,遭到

了自己人的暗算。

【祸生肘腋】huò shēng zhǒu yè
[释义]见"变生肘腋"。[语见]唐·令狐德棻《周书·孝闵帝纪》:"祸生肘腋,衅起萧墙。"[例句]对自己身边的人也要小心,以免～,猝不及防。

【祸首罪魁】huò shǒu zuì kuí
[释义]见"罪魁祸首"。[语见]明·郑若庸《玉玦记·索命》:"虽是虔婆杀我,娟奴是祸首罪魁,追了他去。"[例句]守门员一时大意造成失球,成了本队失利的～。

【祸因恶积】huò yīn è jī
[释义]坏事做多了便会招致灾祸。[语见]明·汤显祖《还魂记·道觋》:"看修行似福缘善庆,论因果是祸因恶积。"[例句]过去他不了解～的道理,所以干了不少坏事。

【祸与福邻】huò yǔ fú lín
[释义]祸与福之间相去不远。[语见]《荀子·大略》:"庆者在堂,吊者在闾,祸与福邻,莫知其门。"[例句]科学技术的发展可以为人类造福,但我们要明白～的道理,不要把它用在危害人类的地方。

【祸中有福】huò zhōng yǒu fú
[释义]祸害之中包含着产生福的因素。即祸与福可以在一定条件下相互转化。[语见]汉·刘安《淮南子·说林训》:"失火而遇雨,失火则不幸,遇雨则幸也,故祸中有福也。"[例句]真是～,战乱中他却找到了自己的爱情。

【祸作福阶】huò zuò fú jiē
[释义]灾祸可以作为幸运的阶梯。即祸与福有相互转化的可能,灾祸渡过以后即酝酿着好运的降临。[语见]晋·卢谌《赠刘琨一首》:"福为祸始,祸作福阶。"[例句]～,虽然现在很不顺利,但只要坚持下去,没准儿就会有好消息。

【惑世盗名】huò shì dào míng
[释义]迷惑世人,盗取名誉。[语见]汉·徐干《中论·考伪》:"唐虞之法微,三代之教息,大道陵迟,人伦之中不定,于是惑世盗名之徒,因夫民之离圣教日久也。"[例句]他呼吁恪守学术伦理,纯洁

学术空气,让那些～者付出应有的代价。

【豁达大度】 huò dá dà dù

[释义] 豁达:性格开朗,气量大。形容胸怀宽广,能容人。[语见] 晋·潘岳《西征赋》:"观夫汉高之兴也,非徒聪明神武,豁达大度而已也。"[例句] 他性格豪爽,为人～。

【豁然大悟】 huò rán dà wù

[释义] 见"豁然省悟"。[语见] 宋·张君房《云笈七签》第一百一十九卷:"昌遐既觉,豁然大悟,因知自前侵虐我者,未有无祸患殃咎,盖诵经之所验也。"[例句] 听了他的解释,她～,明白了其中的玄机。

【豁然贯通】 huò rán guàn tōng

[释义] 豁然:开阔敞亮的样子。贯:贯穿。通:通畅。一下子就彻底明白通晓了。[语见] 宋·朱熹《大学章句》:"至于用力之久,而一旦豁然贯通焉。"[例句] 他在洞中苦思七天七夜,终于～,彻底领会了武功中以柔克刚的道理。

【豁然开朗】 huò rán kāi lǎng

[释义] 豁然:形容开阔或通达。形容一下子展现出开阔明朗的境界。也形容突然领悟。[语见] 清·曹雪芹《红楼梦》第九十八回:"宝玉豁然开朗,笑道:'很是,很是。你的性灵,比我竟强远了。'"[例句] 走着走着,忽然间～,来到一片空地。

【豁然开悟】 huò rán kāi wù

[释义] 见"豁然省悟"。[语见]《莲社高贤传·慧远法师》:"初闻安师讲般若经,豁然开悟。"[例句] 读过这本书后,他对许多问题都～,的确增长了见识。

【豁然省悟】 huò rán xǐng wù

[释义] 豁然:开阔敞亮的样子。一下子明白了某种道理。[语见] 宋·释普济《五灯会元·西天祖师》:"何祖曰:'汝被我解马鸣,豁然省悟,稽首皈依,遂求剃度。'"[例句] 闻听此言我终于～,主动向父亲作了检讨。

H

J

jī

【击节称赏】 jī jié chēng shǎng
[释义] 节:一种竹编乐器,可以拍之成声,起表示节奏的作用,引申为节拍。击节:打拍子。称赏:称赞,赏识。打着拍子称赞别人,形容人们对他人的言行或文学、艺术等作品的欣赏和赞美。也作"击节吹赏"。[语见] 宋·吴曾《能改斋漫录》:"山谷(黄庭坚)见之,击节称赏。"[例句] 她们表演的几个节目,都令行家们～。

【击其不意】 jī qí bù yì
[释义] 趁敌方没有防备的时候,突然发起袭击。[语见] 宋·欧阳修《新五代史·东汉世家·刘旻传》:"天子新立,必不能出兵,宜自将以击其不意。"[例句] 我军兵力并不占优势,所以应当抓住时机,～,方能取胜。

【击壤鼓腹】 jī rǎng gǔ fù
[释义] 击壤:古代的一种投掷游戏。鼓腹:鼓起肚子,即吃得很饱。形容天下太平,百姓安居乐业。[语见] 唐·欧阳询《艺文类聚》第十一卷引晋·皇甫谧《帝王世纪》:"(帝尧之世),天下大和,百姓无事,有五十老人,击壤于道。"《庄子·马蹄》:"夫赫胥氏之时,民居不知所为,行不知所之,含哺而熙,鼓腹而游。"[例句] 如今人民生活富庶,海内外人士无不～,歌颂太平盛世。

【击碎唾壶】 jī suì tuò hú
[释义] 把痰盂的边沿都敲碎了。形容对诗文的高度赞赏。[语见] 南朝宋·刘义庆《世说新语·豪爽》:"王处仲每酒后,辄咏'老骥伏枥,志在千里,烈士暮(暮)年,壮心不已。'以如意打唾壶,壶口尽缺。"[例句] 书中收录的诗词,无不令人～,叹为观止。

【击玉敲金】 jī yù qiāo jīn
[释义] 像敲击金、玉发出的声音。形容所说的话极可贵、正确。[语见] 明·杨慎《洞天玄记》第一折:"兄弟也,不知师傅所言,句句斩钉截铁,言言击玉敲金。"[例句] 他的话音不重,但字字都如～,清晰可闻。

【击钟陈鼎】 jī zhōng chén dǐng
[释义] 见"击钟鼎食"。[语见] 唐·崔尚《唐天台山新桐柏观之颂序》:"以为服冕乘轩者,宠患吾身也;击钟陈鼎者,味爽人口也。遂乃捐公侯之业,学神仙之事。"[例句] 我只是一介平民,从未享受过～的奢华生活。

【击钟鼎食】 jī zhōng dǐng shí
[释义] 钟:打击乐器,通指一般乐器。鼎:盛物食器。古代贵族高官用食时,打着乐器,列着鼎器而食,表示生活的奢侈豪华。[语见] 汉·张衡《西京赋》:"击钟鼎食,连骑相过。"[例句] 参加这种仿古宴席,犹如置身于～、对酒当歌的宫廷氛围之中。

【饥不择食】 jī bù zé shí
[释义] 饥:肚子饿。择:挑选、挑剔。食:食物,吃的东西。肚子饿的人不挑剔食物的好坏。比喻某种需要很迫切时,就没有很多时间来仔细挑选、考虑。[语见] 宋·释普济《五灯会元·丹霞天然禅师》第五卷:"师又一日访庞居士,至门首相见,师乃曰:'居士在否?'士曰:'饥

不择食'。"[例句] 看他～的样子,好像几天没吃饭了。

【饥冻交切】 jī dòng jiāo qiè
[释义] 见"饥寒交迫"。[语见] 宋·洪迈《夷坚丙志·鱼肉道人》:"父母欲其死,置于室一隅,饥冻交切,然竟不死。"[例句] 他～,便走进一个独居人家,想找一些食品充饥。

【饥附饱扬】 jī fù bǎo yáng
[释义] 附:依附,归附。扬:飞扬。饥寒窘困时便来依附,饱暖时便远走高飞。比喻为人贪婪势利,忘恩负义。[语见] 唐·房玄龄等《晋书·慕容垂载记》:"且垂犹鹰也,饥则附人,饱便高扬;遇风尘之会,必有凌霄之志。"[例句] 这个人～,反复无常,不可重用。

【饥寒交迫】 jī hán jiāo pò
[释义] 交:并,一起。迫:逼迫。饥饿与寒冷一起袭来。形容境遇不佳。[语见] 清·袁枚《续子不语》:"母呼其子曰,吾十数年来,饥寒交迫,不萌他念者,望汝成立室家,为尔父延一线也。"[例句] 天气越来越冷,露宿街头的乞丐们～,度日如年。

【饥寒交切】 jī hán jiāo qiè
[释义] 见"饥寒交迫"。[语见] 宋·王谠《唐语林·政事上》:"高祖时,严王罗,武功人,剽劫,为吏所拘。上谓曰:'汝何为作贼?'对曰:'饥寒交切,所以为盗。'上曰:'吾为汝君,使汝穷乏,吾之罪也。'赦之。"[例句] 这孩子从五岁起就成了孤儿,整日过着～的生活。

【饥虎扑食】 jī hǔ pū shí
[释义] 见"饿虎扑食"。[语见] 清·西周生《醒世姻缘传》第六十回:"素姐一见汉子进去,通是饥虎扑食一般,抓到怀里,口咬牙撕了一顿。"[例句] 只见他一个～,将歹徒撂翻在地。

【饥馑荐臻】 jī jǐn jiàn zhēn
[释义] 饥馑:饥荒。荐臻:接连到来。形容连年灾荒。[语见]《诗经·大雅·云汉》:"何辜今之人!天降丧乱,饥馑荐臻。"[例句] 这几年～,一会儿大水,一会

儿大旱,百姓的日子可真不好过。

【机变如神】 jī biàn rú shén
[释义] 机谋权变神奇莫测。[语见] 宋·陆游《南唐书·宋齐丘传论》:"世言江南精兵十万,而长江天堑,可当十万,国老宋齐丘,机变如神,可当十万。"[例句] 他这个人～,很难对付。

【机不可失】 jī bù kě shī
[释义] 时机难得,不可错过。[语见] 五代后晋·刘昫等《旧唐书·李靖传》:"兵贵神速,机不可失。"[例句] 听说商场大甩卖,～,快去采购吧。

【机不旋踵】 jī bù xuán zhǒng
[释义] 机:时机。旋踵:转过脚跟。机会不会转回来。即时机难得,不可错过。[语见] 唐·皇甫枚《三水小牍·宋柔》:"群谓思礼等曰:'机不旋踵,时不再来。必发今宵,无贻后悔。'"[例句] ～,错过这次可就再没机会了。

【机关算尽】 jī guān suàn jìn
[释义] 见"机关用尽"。[语见] 清·曹雪芹《红楼梦》第五回:"机关算尽太聪明,反误了卿卿性命。"[例句] ～的他最终还是受到了应有的惩罚。

【机关用尽】 jī guān yòng jìn
[释义] 机关:权谋,机诈,即周密而巧妙的计谋,算计。尽:完。周密而巧妙的算计全都使了出来。形容挖空心思,费尽心机。多含贬义。[语见] 宋·黄庭坚《山谷别集诗注·牧童》:"多少长安名利客,机关用尽不如君。"[例句] 虽然～,他最终还是落得个失败的下场。

【机事不密】 jī shì bù mì
[释义] 机密之事不保密。指泄露了机密。[语见] 汉·荀悦《前汉纪·成帝纪四》:"如不行此,则田氏复起于今,六卿复起于汉,不可不深图,不可不早虑,机事不密则害成矣。"[例句] 他们图谋造反,不料～,计划事先泄漏了出去。

【鸡不及凤】 jī bù jí fèng
[释义] 鸡不如凤凰。比喻儿子不如父亲。[语见] 南朝梁·萧子显《南齐书·王慈传》:"谢超宗尝谓慈曰:'卿书何当及

虔公?'慈曰:'我之不得仰及,犹鸡之不及凤也。'时人以为名答。"注:虔公,指王慈的父亲王僧虔,是当时有名的书法家。[例句]论才识人品,犹如～,我哪里比得上先父。

【鸡虫得失】jī chóng dé shī
[释义]比喻得失细微,无关紧要。[语见]唐·杜甫《缚鸡行》:"虫鸡于人何厚薄,吾叱奴人解其缚,鸡虫得失无了时,注目寒江倚山阁。"[例句]这个人很豁达,不在乎一点～,任何时候都能随遇而安。

【鸡飞蛋打】jī fēi dàn dǎ
[释义]打:破碎。鸡飞走了,鸡蛋也打碎了。喻指没有收获,两头落空。[例句]最后他落得个～,白忙活了一场。

【鸡飞狗走】jī fēi gǒu zǒu
[释义]走:跑。形容极端惊慌,鸡犬也不得安宁。也作"鸡飞狗窜"。[语见]清·吴趼人《痛史》第十三回:"你看前两天那种搜索的样子,只就我们歇宿的那一家客寓,已经是闹得鸡飞狗走,鬼哭神号。"[例句]只听前面一阵锣响,人喊马叫,～,不知发生了什么事。

【鸡伏鹄卵】jī fú hú luǎn
[释义]伏:鸟孵卵。鹄:天鹅。鸡孵天鹅的蛋。比喻小才难当重任。[语见]《庄子·庚桑楚》:"奔蜂不能化藿蠋,越鸡不能伏鹄卵。"[例句]他来负责这件事,怕是有点～,力不能及。

【鸡骨支床】jī gǔ zhī chuáng
[释义]鸡骨:形容瘦瘠的样子。支:支撑。旧指子女遭父母之丧,悲哀过度,以致骨瘦如柴地支撑在床上。[语见]南朝宋·刘义庆《世说新语·德行》:"王戎和峤同时遭大丧,俱以孝称,王鸡骨支床,和哭泣备礼。"[例句]母亲去世后,他悲痛万分,接连三天三夜滴水未进,如今已是～。

【鸡零狗碎】jī líng gǒu suì
[释义]指零碎的东西或琐碎的事情。[例句]听你说来说去还不是那些～的小事。

【鸡毛蒜皮】jī máo suàn pí
[释义]鸡的羽毛和大蒜的皮都是很轻很小或没有用的东西。后喻指很小、无关紧要的琐碎事。[例句]为了一点～的小事,他就把我训斥了一顿。

【鸡鸣狗盗】jī míng gǒu dào
[释义]鸣:鸡叫。盗:偷窃。据《史记·孟尝君列传》记载:战国时,齐国的孟尝君在秦国被扣留,他的一个门客装狗夜入秦宫,偷出早已献给秦王的狐裘,转献给秦王的一个爱姬,使孟尝君得以释放;随后又靠另一个门客学公鸡叫,骗开了函谷关的城门,使他们得以逃回齐国。后指那些不为人称道的雕虫小技或掌握这些技术的人。也指小偷小摸。[例句]堂堂一个男子汉,怎能做出如此～之事。

【鸡犬不留】jī quǎn bù liú
[释义]连鸡狗也不留下。形容杀戮净尽。[例句]战士们个个奋勇上前,将敌人杀得～。

【鸡犬不宁】jī quǎn bù níng
[释义]宁:安静,安宁。连鸡和狗都不得安宁。形容搅扰得非常厉害。[语见]唐·柳宗元《捕蛇者说》:"悍吏之来吾乡,叫嚣乎东西,隳突乎南北,哗然而骇者,虽鸡狗不得宁焉。"[例句]这个家被她搅得～。

【鸡犬皆仙】jī quǎn jiē xiān
[释义]见"鸡犬升天"。[例句]社会舆论强烈谴责了这种一人得道、～的陈旧观念。

【鸡犬升天】jī quǎn shēng tiān
[释义]升天:得道成仙。连鸡和狗也一齐升上天空。喻指依靠某种势力或关系而发迹。参见"淮南鸡犬"。[例句]在旧社会,常常是"一人得道,～",只要有谁做了大官,他的亲戚朋友都会跟着神气起来。

【鸡群之鹤】jī qún zhī hè
[释义]见"鹤立鸡群"。[例句]上届冠军队实力强大,在该小组中有如～,出线应该不成问题。

【鸡头鱼刺】jī tóu yú cì
[释义]鸡头无肉,鱼刺扎嘴。比喻没有

J

多大用处的东西,常用以指地位低微不被重视的人。[例句] 听了半天,你们说的都是些～,无关紧要的人。

【鸡鹜相争】jī wù xiāng zhēng
[释义] 见"鸡鹜争食"。[例句] 这种～的无聊之事,我干不出来。

【鸡鹜争食】jī wù zhēng shí
[释义] 鹜:鸭子。鸡鸭争夺食物。比喻平庸小人争名夺利。[语见] 战国楚·屈原《卜居》:"宁与黄鹄比翼乎? 将与鸡鹜争食乎?"[例句] 我可不是那种～的势利小人。

【积不相能】jī bù xiāng néng
[释义] 积:指长时间积累的。能:赞许,友好。指一向不友好。[语见]《左传·襄公二十一年》:"(范鞅)与栾盈为公族大夫而不相能。"[例句] 两家人～,长期互不来往。

【积草屯粮】jī cǎo tún liáng
[释义] 储存粮草,做好战争准备。[语见] 元·郑德辉《三战吕布》第一折:"如今且收兵回营,操军练士,积草屯粮,整溯人马,慢慢的再与孙坚交战。"[例句] 听说那边招兵买马,～,不知是不是要打仗。

【积谷防饥】jī gǔ fáng jī
[释义] 积存粮食,防备饥荒。[语见]《敦煌变文集·父母恩重经讲经文》:"书云:'积谷防饥,养子防老。'"[例句] 历史经验证明,应当在丰收的年份～,才能安度荒年。

【积毁销骨】jī huǐ xiāo gǔ
[释义] 积:聚。毁:毁谤。销:熔化。毁谤太多,积累起来,足以使人处于毁灭的境地。[语见] 汉·司马迁《史记·张仪列传》:"众口铄金,积毁销骨。"[例句] 真是～,人言可畏啊!

【积甲山齐】jī jiǎ shān qí
[释义] 兵甲堆叠如山,形容士兵很多。[语见] 南朝宋·范晔《后汉书·刘盆子传》:"樊崇乃将盆子及丞相徐宣以下三十余人肉袒降。上所得传国玺绶,更始七尺宝剑及玉璧各一。积兵甲宜阳城西,与熊耳山齐。"[例句] 我军已做好充分准备,正是粮多将广、～,随时都可以发动进攻。

【积金累玉】jī jīn lěi yù
[释义] 金玉堆积。形容财富极多。[语见] 汉·王充《论衡·命禄篇》:"积金累玉,未必陶朱之智。"[例句] 当年,这里住的都是～的富豪之家。

【积金至斗】jī jīn zhì dǒu
[释义] 斗:北斗星。比喻积金极多。[语见] 唐·杜牧《昔事文皇帝三十二韵》诗:"亿万持衡价,锱铢挟契论。堆时过北斗,积处满西园。"[例句] 他经商半世,如今已是～、家财万贯了。

【积劳成病】jī láo chéng bìng
[释义] 见"积劳成疾"。[语见] 明·冯梦龙《东周列国志》第六十九回:"公孙归生积劳成病,卧不能起,城中食尽,饿死者居半,守者疲困,不能御敌。"[例句] 董事长～,住进了医院。

【积劳成疾】jī láo chéng jí
[释义] 疾:病。因长期劳累而得了病。[语见] 清·吴趼人《二十年目睹之怪现状》第二十三回:"这一位侯总镇的太太身子本不甚好,加以日夕随了总镇伺候制军,不觉积劳成疾,呜呼哀哉了。"[例句] 他～,终于病倒了。

【积年累月】jī nián lěi yuè
[释义] 积、累:积聚、聚集。形容时间长久。[语见] 北齐·颜之推《颜氏家训·后娶》:"况夫妇之义,晓夕移之……积年累月,安有孝子乎?"[例句] 经过～的不懈努力,他终于获得了成功。

【积少成大】jī shǎo chéng dà
[释义] 见"积少成多"。[语见] 汉·班固《汉书·董仲舒传》:"聚少成多,积小致巨。"[例句] 世上只有持久的生意,没有持久的暴利,与其求横财,不如细水长流,～。

【积少成多】jī shǎo chéng duō
[释义] 一点点地积累,就会从少到多,逐渐丰富起来。[语见] 清·吴趼人《二十年目睹之怪现状》第二十九回:"其实一个

人做一把刀,一个杓子,是有限得很;然而积少成多,这笔账就难算了,何况更是历年如此呢。"[例句] 每个月存一点钱,~,最后的回报还是不小的。

【积土成山】jī tǔ chéng shān
[释义] 比喻积少成多,聚小成大。[语见]《荀子•儒效》:"积土而为山,积水而为海。"[例句] ~,聚滴成海,只要我们每人出一点力,就能从根本上改变这些孩子们的生活状况。

【积微成著】jī wēi chéng zhù
[释义] 微小的事物积多了便很显著。[语见]《荀子•大略》:"夫尽小者大,积微者著,德至者色泽洽,行尽而声问远。"[例句] 要注意休息,避免小病~,酿成大病。

【积小成大】jī xiǎo chéng dà
[释义] 见"积少成多"。[语见] 宋•张君房《云笈七签》第九十卷:"为小恶者,如积小以成大;从微至著,为一恶以至于万恶,一一而皆有祸应。"[例句] 有些父母对孩子过于娇惯,不及时纠正孩子的错误,长此以往,~,容易使他们养成一些不良习惯。

【积羽沉舟】jī yǔ chén zhōu
[释义] 羽毛虽轻,积多了也可以使船沉没。比喻积小患可成大祸。[语见]《战国策•魏策一》:"臣闻积羽沉舟,群轻折轴,众口铄金,故愿大王之熟计之也。"[例句] ~,小问题没解决好,慢慢就会变成大问题。

【积玉堆金】jī yù duī jīn
[释义] 见"堆金积玉"。[例句] 经过多年苦心经营,如今他们家财源富足、~,成了远近闻名的富裕户。

【积重难返】jī zhòng nán fǎn
[释义] 积重:积习很深。返:回头。长期养成的习惯,很难加以改变。多指长期形成的陋习和弊病,已经达到无法革除的地步。[语见] 清•顾炎武《日知录•卷十•苏松二府田赋之重》:"是则民间之田,一人于官,而一亩之粮化而为十四亩矣。此固其积重难返之势,始于景定,迄

于洪武,而征科之额十倍于绍熙以前者也。"[例句] 清政府的政治腐败已经~,只能走向灭亡。

【积铢累寸】jī zhū lěi cùn
[释义] 铢:古代的计量单位,二十四铢为一两。寸:量长度的单位。比喻一点一滴地积累。[例句] 经过艰辛劳动,~,他终于拼出一片天地,成为名震一方的富豪。

【期月有成】jī yuè yǒu chéng
[释义] 期:整月、整年。形容办事治国见效迅速,一个月便功效显著。[语见]《论语•子路》:"子曰:'苟有用我者,期月而已可也,三年有成。'"[例句] 厂里的改革~,迅速取得成效。

【犄角之势】jī jiǎo zhī shì
[释义] 见"掎角之势"。[例句] 我军兵分三路,彼此呈~,相互呼应。

【畸轻畸重】jī qīng jī zhòng
[释义] 有时偏轻,有时偏重。形容事物发展不均衡,或人对事物的态度有所偏倚。[例句] 该国的工农业发展~,很不均衡。

【箕风毕雨】jī fēng bì yǔ
[释义] 箕、毕:星宿名。古人认为月亮经过箕星座时多风,经过毕星座时多雨。比喻人们的好恶各有不同。也指施政要合乎民情。[语见]《尚书•洪范》:"庶民惟星,星有好风,星有好雨。"孔传:"箕星好风,毕星好雨。"[例句] 运用好社会监督手段,可以促使干部勤政廉洁,政坛~,促进经济发展。

【箕裘相继】jī qiú xiāng jì
[释义] 箕:簸箕。裘:皮袍。《礼记•学记》云:父兄冶铁使之柔合成器,子弟便能将兽皮片片相合而成袍裘;父兄弯角成弓,子弟便能编柳而成簸箕。后比喻能继承父兄的事业。[例句] 在田径发展史上,不乏像他们这种~、子承父业的情况。

【激昂慷慨】jī áng kāng kǎi
[释义] 见"慷慨激昂"。[语见] 清•郑燮《城隍庙碑记》:"况金元院本,演古劝

J

今,情神刻肖,令人激昂慷慨,欢喜悲号,其有功于世不少。"[例句] 他说得那么～,听者无不心动。

【激贪厉俗】jī tān lì sú
[释义] 厉:劝勉。打击贪赃枉法的人,劝勉世俗民风。[语见] 唐·姚思廉《梁书·萧颖达传》:"在于布衣,穷居介然之行,尚可以激贪厉俗,悼此薄夫。"[例句] 希望我们一起～,重新树立良好的社会风气。

【激浊扬清】jī zhuó yáng qīng
[释义] 见"扬清激浊"。[语见] 唐·吕温《凌烟阁勋臣赞二十二首》:"持诚秉忠,光辅二君,激浊扬清,欲人如身。"[例句] 该报是由政教处、团委联合主办的一份以弘扬正气、～为宗旨的德育教育报刊。

【及锋而试】jí fēng ér shì
[释义] 及:趁着。锋:锋利,比喻士气旺盛。原指趁着士气正旺,及时作战。后也比喻乘有利时机行动。[语见] 汉·班固《汉书·高帝纪上》:"吏卒皆山东之人,日夜企而望归,及其锋而用之,可以有大功。"[例句] 他正值青春年少,渴望～的挑战。

【及锋一试】jí fēng yī shì
[释义] 见"及锋而试"。[语见] 清·曾朴《孽海花》第三回:"然科名是读书人的第二生命,一听见了开考的消息,不管多垒四郊,总想及锋一试,雯青也是其中的一个。"[例句] 他平时深藏不露,在这危急关头,正可～。

【及瓜而代】jí guā ér dài
[释义] 及:等到。代:代替,接替。等到明年瓜熟时派人接替。泛指在任期满,由他人继任。[语见] 《左传·庄公八年》:"齐侯使连称,管至父戍葵丘。瓜时而往,曰:'及瓜而代。'"[例句] ～,明年就会有人来接替你们。

【及时行乐】jí shí xíng lè
[释义] 抓紧时机,纵情享乐。这是消极腐朽的人生观的一种表现。[语见] 《乐府诗·相和歌辞·董逃行五解》:"但言节物芳华,及时行乐,无使徂龄坐徙而

已。"[例句] 年轻人应该珍惜时光,奋发图强,而不应有～的思想。

【吉光片羽】jí guāng piàn yǔ
[释义] 吉光:古代传说中的神马。吉光身上的一片羽毛。后用以比喻残存的珍贵文物。[例句] 这座博物馆里收藏了不少～,非常珍贵。

【吉人天相】jí rén tiān xiàng
[释义] 吉人:善人、好人、有福之人。天:上天。相:帮助、辅佐、保佑。好人总会得到上天的帮助。多用作安慰或祝贺的话,安慰人在遭遇不幸时不要灰心,要抱定希望;祝贺人逢凶化吉,遇难呈祥。[语见] 明·臧懋循《元曲选·无名氏〈桃花女〉一》:"哥哥,你只管依着去做,吉人天相,到后日我同女孩儿来贺你也。"[例句] 您～,一定能避过这次大难。

【岌岌可危】jí jí kě wēi
[释义] 岌岌:形容十分危险的样子。形容极其危险。[语见] 《孟子·万章上》:"天下殆哉,岌岌乎!"[例句] 食物中毒事件发生后,这些人的性命～。

【汲汲皇皇】jí jí huáng huáng
[释义] 心情急切,举止匆忙。[语见] 明·吾丘瑞《运甓记·闻叛勤王》:"犹然汲汲皇皇,席不暇暖。"[例句] 他真是个大忙人,整天～的,干完一件事又接着干另一件,从没见停过手。

【极深研几】jí shēn yán jī
[释义] 极:顶点,尽头。几:隐微,指事物的苗头或预兆。探索钻研,深入彻底,审查考核,细微全面。[语见] 《周易·系辞上》:"夫易,圣人之所以极深而研几也。唯深也,故能通天下之志,唯几也,故能成天下之务。"[例句] 通过对儒家思想的～,他对中华民族为人处世的思想和方式有了充分的认识。

【即景生情】jí jǐng shēng qíng
[释义] 即:就着。就着眼前的情景有所感触而生发出感慨。[例句] 一路上他～,写下了不少诗篇。

【佶屈聱牙】jí qū áo yá
[释义] 佶屈:曲折,引申为不通顺。聱

牙:读着别扭不顺口。形容文句艰涩、简古,读起来不顺口。[语见]唐·韩愈《进学解》:"周诰殷盘,佶屈聱牙,春秋谨严,左氏浮夸。"[例句]他没有什么高深的～的理论,只是非常注重实践。

【诘屈聱牙】 jí qū áo yá
[释义]见"佶屈聱牙"。[例句]这篇文章内容深奥难懂,文字～。

【急不可待】 jí bù kě dài
[释义]急得不能等待。[语见]浩然《艳阳天》:"马之悦正以一种同情的、急不可待的眼神撩拨着萧长春。"[例句]刚下车,记者们就～地开始进行采访。

【急不可耐】 jí bù kě nài
[释义]见"急不可待"。[语见]张炜《古船》:"他的声音刚停,另一个声音又急不可耐地又嘣出一个数字,嗓门大得多了。"[例句]拿到这本新书,我～地读了起来。

【急不容缓】 jí bù róng huǎn
[释义]见"急不可待"。[语见]梁启超《新中国建设问题》上篇:"况人满之患,我亦犹人,移植之图,急不容缓。"[例句]地震造成很大伤亡,开展急救工作～。

【急不择言】 jí bù zé yán
[释义]急得来不及选择词语。[语见]清·胡林翼《致多隆阿书》:"霆营迫切求援,急不择言。"[例句]老汉～,差点儿骂了起来。

【急风暴雨】 jí fēng bào yǔ
[释义]急遽而猛烈的风雨。现形容来势凶猛,声势浩大。[例句]昨天晚上,一场～袭击了本地。

【急功近利】 jí gōng jìn lì
[释义]急:急于。功:成就,功效。急于取得成效,只贪图眼前的功利。[语见]汉·董仲舒《春秋繁露·对胶西王》:"仁人者,正其道不谋其利,修其理不急其功。"[例句]坦白地说,过去我自己就有一些～的思想。

【急急如律令】 jí jí rú lù lìng
[释义]急急:意犹"火急"。如律令:汉代公文常用语,表示公文到,要像对待律令一样加以执行。后来道家符咒也袭用此语,意为勒令鬼神按符令火速照办。[语见]唐·白居易《祭龙文》:"若三日之内,一雨滂沱,是龙之灵,亦人之幸,礼无不报,神其听之。急急如律令!"[例句]凡是他的命令,统统都是～,必须马上照办。

【急来抱佛脚】 jí lái bào fó jiǎo
[释义]比喻事到临头才急于求助。也比喻事到临头才慌忙准备。[语见]宋·邵博《闻见后录》第十九卷:"王荆公初执政,对客怅然曰:'投老欲依僧耳!'客曰:'急则抱佛脚。'"[例句]你这人平时不用功,～,现在努力已经迟了。

【急流勇退】 jí liú yǒng tuì
[释义]急流:水势急速。比喻顺利无阻。指人正得意或处于顺境时,果断退却。[语见]宋·苏轼《赠善相程杰》诗:"心传异学不谋身,自要清时阅摺绅。火色上腾虽有数,急流勇退岂无人。"[例句]崔市长一直不愿正面解释他～的原因。

【急脉缓受】 jí mài huǎn shòu
[释义]受:通"授"。对来势急猛的病要稳缓地授药调治。比喻对严重的问题需耐心地疏导解决。[语见]清·文康《儿女英雄传》第二十五回:"要不急脉缓受,把邓老的话撇开,先治她这个病源,只怕越说越左。"[例句]这事来得突然,你先告诉她,千万～,别让她太受刺激。

【急人之困】 jí rén zhī kùn
[释义]迫不及待地去解决别人的困难。[语见]汉·司马迁《史记·魏公子列传》:"胜所以自附为婚姻者,以公子之高义,为能急人之困。"[例句]她～,宁愿牺牲自己休假的机会前去帮忙。

【急人之难】 jí rén zhī nàn
[释义]迫不及待地帮助别人解除苦难。[语见]明·归有光《吴纯甫行状》:"笃于孝友,急人之难,大义落落,人莫敢以利动。"[例句]本书的主人公是一个～,行侠仗义的侠士。

【急如风火】 jí rú fēng huǒ
[释义]急得像疾风烈火一样。形容十

J

分紧急迫切。[语见]明·吴承恩《西游记》第九回:"你要图成和议,急如风火,却如何等得这三日过呢?"[例句]话音未落,她已～地冲出了大门。

【急如星火】jí rú xīng huǒ
[释义]星火:流星的光迹。像流星那样快地闪过。比喻非常紧急迫切。[语见]晋·李密《陈情表》:"州司临门,急于星火。"[例句]听到母亲病重的消息,她～地赶回了家乡。

【急景凋年】jí yǐng diāo nián
[释义]景:通"影",指光阴。凋年:晚年。急促逝去的光阴催人衰老。[语见]南朝宋·鲍照《舞鹤赋》:"于是穷阴杀节,急景凋年,凉沙振野,箕风动天。"[例句]此时正是寒冬腊月,～,路上到处都是急匆匆置办年货的人。

【急景流年】jí yǐng liú nián
[释义]景:通"影",指光阴。光阴急迫,岁月流逝。形容光阴易逝。[语见]宋·晏殊《蝶恋花·南雁依稀回例阵》:"急景流年都一瞬,往事前欢,未免萦方寸。"[例句]～,时光飞逝,我多想回到过去啊!

【急于求成】jí yú qiú chéng
[释义]急:急切地。急于求得成效。[例句]要想学好英语,不能～,须下苦功夫才行。

【急征重敛】jí zhēng zhòng liǎn
[释义]敛:聚敛,搜刮。催征捐税,加倍搜刮。[语见]唐·陆贽《收河中后请罢兵状》:"陛下怀悔过之深诚,降非常之大号,知黩武穷兵之长乱,知急征重敛之剿财。"[例句]为了满足战争需要,该国实行了～的政策。

【急中生智】jí zhōng shēng zhì
[释义]智:智谋。在万分焦急的时候,猛然间想出一个办法。[语见]清·石玉昆《三侠五义》第二十三回:"不防那边树上有一樵夫正在伐柯,忽见猛虎衔一小孩,也是急中生智,将手中板斧照定虎头抛击下去,正打在虎背之上。"[例句]眼看熊越来越近,他～,躺在地上装死。

【急转直下】jí zhuǎn zhí xià
[释义]形容情况突然发生转变,并迅速发展下去。[语见]汪曾祺《饮食》:"巧云十七岁,命运发生了一个急转直下的变化。"[例句]没想到市场形势～,刚过春节便变得非常萧条。

【疾不可为】jí bù kě wéi
[释义]疾:病。为:治。病已经不可医治。[语见]《左传·成公十年》:"疾不可为也,在肓之上,膏之下,攻之不可,达之不及,药不至焉,不可为也。"[例句]他已是～,再吃药也没用了。

【疾电之光】jí diàn zhī guāng
[释义]疾:急速。疾电:迅急的闪电。形容变化急速的现象。[语见]清·曹雪芹《红楼梦》第五十四回:"或如迸豆之急,或如惊马之驰,或如疾电之光。"[例句]对方的回球犹如～,瞬间已到了眼前。

【疾恶好善】jí è hào shàn
[释义]痛恨邪恶,喜爱善良。指爱憎很分明。[语见]宋·欧阳修等《新唐书·王珪传》:"至激浊扬清,疾恶好善,臣于数子有一日之长。"[例句]她一生～,深受街坊邻居的尊敬。

【疾恶如仇】jí è rú chóu
[释义]疾:同"嫉",憎恨。憎恨坏人如同仇敌一般。形容富有正义感。[语见]南朝宋·范晔《后汉书·陈蕃传》:"又前山阳太守翟超,东海相黄浮,奉公不挠,疾恶如仇。"[例句]他在影片中饰演一位～的警官。

【疾恶若仇】jí è ruò chóu
[释义]见"疾恶如仇"。[语见]汉·孔融《荐祢衡表》:"见善若惊,疾恶若仇。"[例句]希望大家都有一种～、主张正义的情怀。

【疾风暴雨】jí fēng bào yǔ
[释义]迅急而猛烈的风雨。[语见]汉·刘安《淮南子·兵略训》:"大寒甚暑,疾风暴雨,大雾冥晦,因此而为变者也。"[例句]天色如此黯淡,看来一场～在所难免。

【疾风劲草】 jí fēng jìng cǎo
[释义] 见"疾风知劲草"。[语见] 唐·令狐德棻《周书·裴宽传》："被坚执锐，或有其人，疾风劲草，岁寒方验。"[例句] 大敌当前临危不乱，方能显出男儿～的气概。

【疾风扫秋叶】 jí fēng sǎo qiū yè
[释义] 疾风：迅猛的大风。比喻以迅猛之势扫除溃败的军队或腐朽的东西。[语见] 宋·司马光《资治通鉴·晋孝武帝太元七年》："以吾击晋，校其强弱之势，犹疾风之扫秋叶。"[例句] 短短两三年，这种新型的通信技术就以～之势，迅速席卷了全球。

【疾风甚雨】 jí fēng shèn yǔ
[释义] 见"急风暴雨"。[语见]《庄子·天下》："(禹)沐甚雨，栉疾风。"[例句] 今晚～，出海渔船的安危真是令人担忧。

【疾风知劲草】 jí fēng zhī jìng cǎo
[释义] 疾风：迅猛的风。劲：强劲。在迅猛的大风中，才能知道哪种草最坚韧。比喻在极危难时才能显出人的意志坚强。[语见]《东观汉记·王霸传》："上谓霸曰：'颍川从我者皆逝，而子独留，始验疾风知劲草。'"[例句] 你先别吹牛，～，真到了危难时刻再看你如何表现吧。

【疾风骤雨】 jí fēng zhòu yǔ
[释义] 见"急风暴雨"。[语见] 明·冯梦龙《醒世恒言》第三十四卷："十来个妇人，一个个粗脚大手，裸臂揎拳，如疾风骤雨而来。"[例句] 这儿的天气多变，时而～，时而又阳光灿烂。

【疾如雷电】 jí rú léi diàn
[释义] 快得犹如雷鸣电闪。形容事情发生得极快。[语见] 汉·荀悦《前汉纪·高祖纪二》："项羽用兵疾如雷电。"[例句] 只见他～，刹那间已跃出七八米远。

【疾如旋踵】 jí rú xuán zhǒng
[释义] 旋踵：旋转脚跟。快得如同转一转脚跟。形容变化非常快。[语见] 唐·冯用之《机论上》："一得一失，易于反掌，一兴一亡，疾如旋踵，为国家者可不

务乎？"[例句] 这时场上局势发生了～的变化，令人始料不及。

【疾声大呼】 jí shēng dà hū
[释义] 见"大声疾呼"。[语见] 元·脱脱等《宋史·辛弃疾传》："咸淳间，史馆校勘谢枋得过弃疾墓旁僧舍，有疾声大呼于堂上，若鸣其不平，自昏暮至三鼓不绝声。"[例句] 与会的学者们～，希望有关部门尽快采取措施，消除工业污染，保护自然环境。

【疾首蹙额】 jí shǒu cù é
[释义] 疾首：头痛。蹙额：皱眉。痛恨愁苦的样子。常用以形容对坏人坏事的憎恶、痛恨。[语见]《孟子·梁惠王下》："今王田猎于此，百姓闻王钟鼓之声，管籥之音，举疾首蹙额而相告曰：'吾王之好田猎，夫何使我至于此极也！'"[例句] 对于这种不文明的行为，人们～，纷纷加以谴责。

【疾言遽色】 jí yán jù sè
[释义] 言语急躁，神色慌张。形容不镇静的样子。[语见] 南朝宋·范晔《后汉书·刘宽传》："虽在仓促，未尝疾言遽色。"[例句] 即使是这样危急的关头，他也从不～，总是镇定自若。

【疾言厉色】 jí yán lì sè
[释义] 疾言：说话急躁。厉色：态度严厉。形容发怒时的神情。[例句] 小时候每当我做错事，爸爸就会～地训斥我。

【疾足先得】 jí zú xiān dé
[释义] 见"捷足先登"。[语见] 汉·司马迁《史记·淮阴侯列传》："秦失其鹿，天下共逐之，于是高材疾足者先得焉。"[例句] 他只去迟了几分钟，这款新型游戏机已被那些～的玩家抢购一空了。

【戢暴锄强】 jí bào chú qiáng
[释义] 戢：止息，遏止。暴：凶恶残酷的。锄：铲除。强：蛮横不讲理。遏止或铲除凶恶残暴的人或事。[例句] 他一向喜欢～，专干那种打抱不平的行侠仗义之事。

【戢鳞潜翼】 jí lín qián yì
[释义] 戢：收敛，收藏。鱼儿敛起鳞

J

甲,鸟儿收起翅膀。比喻人退出官场,归隐山林。[语见]唐·房玄龄等《晋书·宣帝纪》:"和光同尘,与时舒卷,戢鳞潜翼,思属风云。"[例句]毕竟是年龄不饶人,到了明年我也该~,告老还乡了。

【集思广益】jí sī guǎng yì

[释义]集:集合,集中。广:扩大。益:好处。集中众人的智慧,可以收到更大更好的效果。也指集中群众的智慧,广泛吸收有益的意见。[语见]三国蜀·诸葛亮《教与军师长史参军掾属》:"夫参署者,集众思,广忠益也。"[例句]大家纷纷发言,~,对城市总体规划方案提出了意见和建议。

【集腋成裘】jí yè chéng qiú

[释义]腋:腋窝。这里特指狐狸腋下的皮。裘:皮衣。狐狸腋下的皮虽然很小,但把许多块皮聚集起来,就能缝成一件皮衣。比喻积少成多或集聚众力以成就一事。[语见]《慎子·知忠》:"粹(一作"狐")白之裘,盖非一狐之腋(一作"皮")也。"[例句]有捐十块钱的,也有捐一百的,居然~,凑出了七八千元。

【集苑集枯】jí yuàn jí kū

[释义]集:鸟落在树木上。苑:指茂盛的树木。有的鸟落在茂盛的树上,有的鸟落在枯萎的树上。《国语·晋语二》记载:晋献公宠爱骊姬,多数的大臣向着骊姬的儿子奚齐,只有里克仍敬重不得势的太子申生。优施作了一首诗劝告里克说:"暇豫之吾吾,不如鸟乌;人皆集于苑,己独集于枯!"注:暇豫:悠闲欢乐;吾吾:不愿亲近。比喻志趣不同,行动也不一样。[例句]人各有志,~,我就喜欢这种坦荡的性格。

【嫉恶好善】jí è hào shàn

[释义]憎恨坏人坏事,鼓励好人好事。[语见]五代后晋·刘昫等《旧唐书·王珪传》:"至如激浊扬清,嫉恶好善,臣于数子,亦有一日之长。"[例句]他为人正直,~,也因此得罪了一些心怀叵测的小人。

【嫉恶如仇】jí è rú chóu

[释义]嫉:憎恨。恶:坏人坏事。憎恨坏人坏事像憎恨自己的仇敌一样。形容富有很强的正义感。[语见]五代后晋·刘昫等《旧唐书·孔纬传》:"纬器志方雅,嫉恶如仇。"[例句]他是个非常有骨气的人,在极端穷困艰难的环境里依然孤傲不屈,~。

【嫉贤妒能】jí xián dù néng

[释义]见"妒贤嫉能"。[例句]大凡小人得志后往往~,怕贤能者会夺取自己的地位和利益。

【瘠己肥人】jí jǐ féi rén

[释义]对自己严格,对别人宽厚。[语见]元·脱脱等《宋史·赵善俊传》:"僚属争言用度将不足,善俊曰:'吾将瘠己肥人。'"[例句]他这人一向~,不贪小利。

【瘠牛偾豚】jí niú fèn tún

[释义]瘠:瘦。偾:扑倒。豚:猪。瘦牛压倒在猪的身上,也会把猪压死。后比喻以强凌弱。[语见]《左传·昭公十三年》:"牛虽瘠,偾于豚上,其畏不死?"[例句]敌人虽已是强弩之末,但~,双方兵力相差实在悬殊,以我军的实力,不可能赢得这场战争的胜利。

【瘠人肥己】jí rén féi jǐ

[释义]对别人吝啬,自己却很贪婪。[语见]明·屠隆《昙花记·冥司断案》:"众生多犯悭贪谋夺强占,瘠人肥己,毫厘不舍,共若干起。"[例句]公司居然有这种自私自利、~的家伙,真是不幸。

【几次三番】jǐ cì sān fān

[释义]番:次。一次又一次,多次。[语见]清·颐琐《黄绣球》第四回:"本官到任以来,就几次三番的传谕董事,出过告示,有一点点小事情,本官就派差弹压,生怕你们百姓吃亏。"[例句]你~告我的状,是不是对我有意见?

【己饥己溺】jǐ jī jǐ nì

[释义]看到挨饿的人,就像自己挨饿一样;看到溺水的人就像自己溺水一样。后用以指把别人的疾苦看作自己的疾苦,把解除这些疾苦作为自己的责任。[语见]《孟子·离娄上》:"禹思天下有溺

者,由己溺之也,稷思天下有饥者,由己饥之也。"[例句]上任以来,他以～之心,倾听广大贫苦百姓的呼吁,锐意改革。

【己所不欲,勿施于人】 jǐ suǒ bù yù, wù shī yú rén
[释义]欲:想要,希望。自己所不愿意的,不要施加给别人。[语见]《论语·颜渊》:"出门如见大宾,使民如承大祭。己所不欲,勿施于人。在邦无怨,在家无怨。"[例句]～,你自己都做不到,居然还来要求我。

【挤眉溜眼】 jǐ méi liū yǎn
[释义]见"挤眉弄眼"。[语见]明·冯惟敏《僧尼共犯》第一折:"遇着不老实的妇人,和他挤眉溜眼,调顺私情。"[例句]这个主持人说话的时候～,表情过于丰富,看得人很不舒服。

【挤眉弄眼】 jǐ méi nòng yǎn
[释义]用眉毛和眼睛的动作表示意义。[语见]元·王实甫《吕蒙正风雪破窑记》第一折:"挤眉弄眼,俐齿伶牙,攀高接贵,顺手推船。"[例句]考场上不允许～,相互暗示。

【济济彬彬】 jǐ jǐ bīn bīn
[释义]济济:庄严恭敬的样子。彬彬:文雅的样子。形容仪表庄重,举止文雅。[语见]明·冯梦龙《东周列国志》第六十九回:"朝门外有十余位官员,一个个峨冠博带,济济彬彬,列于两行。"[例句]向台上望去,只见来宾个个衣着整齐,～。

【济济一堂】 jǐ jǐ yī táng
[释义]济济:形容众多的样子。堂:大屋子。形容很多人聚集在一起。[语见]《尚书·大禹谟》:"济济有众,咸听朕命。"[例句]今天大家～,共商国家大事。

【掎裳连襼】 jǐ cháng lián yì
[释义]掎:拉住,拖住。襼:衣袖。牵裙连袖,形容人多。[语见]晋·潘岳《藉田赋》:"袨服侧肩,掎裳连襼。"[例句]庙会上人群拥挤,～,我被挤得几乎透不过气来。

【掎角之势】 jǐ jiǎo zhī shì
[释义]掎:牵住,拖住,指拉住腿。角:指

抓住角。《左传·襄公十四年》:"譬如捕鹿,晋人角之,诸戎掎之,与晋踣之,戎何以不免?"意思是说像捕鹿一样,晋国抓住它的角,诸戎拉着它的腿,和晋国一起把鹿放倒。后用来比喻战争中把军队分开,互相配合牵制或夹击敌人的阵势。[例句]两支人马隔河形成～,对敌方造成很大威胁。

【掎挈伺诈】 jǐ qiè sì zhà
[释义]掎挈:指摘缺点、过错。诈:欺诈,陷害。指抓住人家的错,伺机捏词进行陷害。也指收罗敌方弱点,伺机行使诈术。[语见]《荀子·富国》:"有掎挈伺诈,权谋倾覆,以相颠倒,以靡敝之。"[例句]这个人心胸狭窄,一旦让他忌恨上你,～,那就惨了。

【掎摭利病】 jǐ zhí lì bìng
[释义]掎摭:指摘。利病:利害,好坏。形容品评好坏。[语见]三国魏·曹植《与杨德祖书》:"刘季绪才不能逮于作者,而好诋诃文章,掎摭利病。"[例句]鉴赏文学作品离不开文学批评,只有敢于坚持艺术标准,批判假恶丑,赞誉真善美,才能～,激浊扬清。

【戟指怒目】 jǐ zhǐ nù mù
[释义]戟指:竖起食指和中指指着人。手指指着人,眼睛睁得大大的。形容怒骂时的样子。[例句]遭到学生戏弄的老师在班会上～,非常气愤。

【计出万全】 jì chū wàn quán
[释义]万全:非常安全周到。形容计划十分稳妥,不会发生意外。[语见]汉·班固《汉书·黥布传》:"我之取天下可以万全。"[例句]您一向～,我们只管跟着做就行了。

【计功补过】 jì gōng bǔ guò
[释义]计功:计算功绩的大小。计算功绩以弥补过失。[语见]汉·荀悦《前汉纪·元帝纪》:"齐桓先有匡周之功,后有灭项之罪,君子计功补过。"[例句]虽然犯了错误,但～,总的来说他还是有功的。

【计功受爵】 jì gōng shòu jué
[释义]受:通"授"。计算功绩授予爵位。

J

[语见]三国魏·曹操《让九锡表》:"量能处位,计功受爵,苟所不堪,有殒无从。"[例句]对于立下战功的,要～,给予嘉奖。

【计功受赏】jì gōng shòu shǎng
[释义]计功:计算功绩的大小高下。计算功绩的大小以决定受奖赏的轻重。[语见]南朝宋·范晔《后汉书·南匈奴传》:"其南部斩首获生,计功受赏如常科。"[例句]只要抓住这家伙,我们就能～了。

【计尽力穷】jì jìn lì qióng
[释义]见"计穷力屈"。[语见]唐·令狐德棻《周书·韦孝宽传》:"齐人历年赴救,丧败而反,内离外叛,计尽力穷。"[例句]事情仿佛陷入了绝境,他从未如此～、极端绝望过。

【计穷力竭】jì qióng lì jié
[释义]见"计穷力屈"。[语见]明·梁辰鱼《浣纱记·允降》:"自家吴王夫差,追赶越国勾践至此,不料他计穷力竭,存下五千甲士,死守会稽。"[例句]任凭我们如何努力,总是无法找到问题的答案,～之下,只好准备放弃了。

【计穷力屈】jì qióng lì qū
[释义]屈:竭,尽。计策使完,力量用尽。[语见]南朝梁·萧绎《驰檄告四方》:"郭默清夷、晋熙附义,计穷力屈,反杀后主。"[例句]我已经～,实在没什么办法了。

【计日程功】jì rì chéng gōng
[释义]程:估量。功:成效。可以按日子来计算成效。指成功很快就会到来。[例句]研发进入冲刺阶段后,进展简直可以用～来描述。

【计日而待】jì rì ér dài
[释义]等待的时日屈指可数。形容为时不远。[语见]晋·陈寿《三国志·魏书·明帝纪三》裴松之注引《魏略》曰:"吴贼面缚,蜀虏舆榇,不待诛而自服,太平之路可计日而待也。"[例句]再坚持一下,我们的成功～了。

【计日而俟】jì rì ér sì
[释义]见"计日而待"。[语见]晋·常璩《华阳国志·大同志》:"事终无成,败亡可计日而俟。"[例句]看来战争的爆发～,我们必须提早做准备。

【计日奏功】jì rì zòu gōng
[释义]奏:呈现,做出。功:成效。可以按日子来计算进度,看到成功。形容进展很快。[语见]明·许仲琳《封神演义》第八十九回:"此乃陛下洪福齐天,得此大帅,可计日奏功,以安社稷者也。"[例句]只要拿下这座桥,部队就可以～了。

【记忆犹新】jì yì yóu xīn
[释义]犹:还,仍然。形容对往事记得很清楚。[例句]事情虽已过去多年,但当时的情景至今仍令他～。

【济寒赈贫】jì hán zhèn pín
[释义]救济寒苦,赈恤贫穷。[语见]《全相平话·乐毅图齐七国春秋后集》:"养老尊贤,教其术,畜其能,吊死问孤,济寒赈贫,与百姓同甘共苦。"[例句]灾害发生后,该组织四处筹集用于～的物资。

【济河焚舟】jì hé fén zhōu
[释义]济:渡。舟:船。渡过河之后烧毁船只。表示死战的决心。[语见]《左传·文公三年》:"秦伯伐晋,济河焚舟。"[例句]看对方～的架势,是要跟咱们决一死战了!

【济苦怜贫】jì kǔ lián pín
[释义]救济穷苦的人,爱惜贫穷的人。[语见]元·侯善渊《沁园春》词:"善惠谦柔,济苦怜贫,随方就圆。"[例句]她热心于～的公益事业,经常组织各种募捐活动。

【济困扶危】jì kùn fú wēi
[释义]见"扶危济困"。[例句]他把自己挣来的辛苦钱拿出来,～。

【济贫拔苦】jì pín bá kǔ
[释义]救济、援助贫苦的人。[语见]《敦煌变文集·维摩诘经讲经文》:"常行慈悲,济贫拔苦,归将有余救不足者,将安乐施厄者。"[例句]她一生广施财,～,受到社会的广泛赞誉。

【济人利物】jì rén lì wù
[释义] 物:他人,公众。帮助别人,有利公众。[语见]宋·朱熹《记外大父祝公遗事》:"岁大疫,亲旧有尽室病卧者,公每清旦辄携粥药造之,遍饮食之而后返,日以为常,其他济人利物之事不胜记,虽倾资竭力无吝色。"[例句]他经常做些～的善事,并以此为乐。

【济弱扶倾】jì ruò fú qīng
[释义] 弱:弱小。倾:倒塌,比喻境遇困难。救济、扶助弱小和遇到危难的人。[例句]本基金会以关怀社会、～、服务大众为宗旨。

【济胜之具】jì shèng zhī jù
[释义] 意指腰腿强健,具备登山涉水的条件。形容身体强壮。[语见]南朝宋·刘义庆《世说新语·栖逸》:"许掾(询)好游山水,而体便登陟。时人云:'许非徒有胜情,实有济胜之具。'"[例句]要想踏遍千山万水,没有～也是枉然哪!

【济时行道】jì shí xíng dào
[释义] 拯济时世,推行王道仁政。[语见]明·杨澄《陈伯玉先生文集后序》:"乃谓先生以王者之术说武后,荐圭璧玉于房闼,而讽其聋瞽,岂足以知先生济时行道,忠忱之心进迸不已哉!"[例句]十八岁那年,他怀着～为国报效的雄心壮志,报考了这所国内著名大学。

【济世安邦】jì shì ān bāng
[释义] 拯济人世,安定邦国。[语见]元·无名氏《九世同居》第一折:"你学济世安邦策,按六韬三略书。"[例句]在中国古代,读书人往往怀有～的情结。

【济世安民】jì shì ān mín
[释义] 济:救助,做有益的事。拯济社会,安定人民。[语见]五代后晋·刘昫等《旧唐书·太宗本纪上》:"有书生自言善相,谒高祖曰:'公贵人也,且有贵子。'见太宗曰:'龙凤之姿,天日之表,年将二十,必能济世安民矣。'"[例句]他从小立志要做一番～的大事。

【济世经邦】jì shì jīng bāng
[释义] 拯救人世,治理国家。[语见]明·屠隆《彩毫记·知几引退》:"此行指望济世经邦,谁想竟成画饼。"[例句]这是一部论述如何～的经典之作,书中充满着辩证的哲学智慧。

【济世救人】jì shì jiù rén
[释义] 拯济人世,救护人民。[语见]宋·张君房《云笈七签》第一百一十三卷:"乃命其子命龙宫药方三十首与先生,此真道者,可以济世救人。"[例句]这家医院秉承慈爱为本、～的服务宗旨,为广大患者服务。

【济世匡时】jì shì kuāng shí
[释义] 拯济人世,匡救时政。[语见]清·黄宗羲《黎眉郭公传》:"错综今古,尝怀济世匡时之略,运会不偶。"[例句]从这部书中,我们能够充分领略他超尘拔俗的胸襟和～的远大抱负。

【济世之才】jì shì zhī cái
[释义] 拯济国家的才能。[语见]唐·杜甫《待严大夫诗》:"殊方又喜故人来,重镇还须济世才。"[例句]此人具有～,应当提拔。

【既来之,则安之】jì lái zhī, zé ān zhī
[释义] 既:已经。来之:使之来。安之:使之安。原意指既然使他来了,就要使他安下心来。现在多用以表示既然来了,就要安下心来。[语见]《论语·季氏》:"夫如是,故远人不服,则修文德以来之。既来之,则安之。"[例句]～,好好在医院休养一段时间吧。

【既往不咎】jì wǎng bù jiù
[释义] 既:已经。往:过去的、以往的。咎:责备、处分。对过去的错误,不再追究责备。[语见]《论语·八佾》:"成事不说,遂事不谏,既往不咎。"[例句]我宣布,对主动承认错误的人～。

【觊觎之心】jì yú zhī xīn
[释义] 见"觊觎之志"。[语见]清·褚人获《隋唐演义》第九十三回:"可知那声色犬马,奇技淫物,适足以起大盗觊觎之心。"[例句]这件稀世珍宝一定要收好,小心别人看到起～。

【觊觎之志】jì yú zhī zhì
[释义] 觊觎:希望得到(不该得到的东西)。非分的意向或企图。[语见]明·冯梦龙《东周列国志》第八回:"君多内宠,公子突、公子仪、公子亹三人,皆有觊觎之志。"[例句]这个新兴的市场潜力很大,不少企业对此都怀有~。

【继天立极】jì tiān lì jí
[释义]天、极:均指帝位。继承帝位。[语见]宋·朱熹《〈大学章句〉序》:"天必命之以为亿兆之君师……此伏羲、神农、黄帝、尧、舜,所以继天立极。"[例句]中国历史上的封建专制统治往往带有一些神学色彩,不管是谁,只要登上皇位,就是奉天承运、~的天子,就是上天在人世间的代表。

【继往开来】jì wǎng kāi lái
[释义]往:过去,以往。来:未来。继承前人的事业,开辟未来的道路。[语见]明·王守仁《传习录上》:"先生曰:'文公精神气魄大,是他早年合下便要继往开来。'"[例句]让我们~,为创造更加美好的明天而努力!

【继志述事】jì zhì shù shì
[释义]继承先人的意志来管理政务等。[语见]《宣和书谱》第一卷:"独江左有吴皓者,擅五十九年之业;一旦用王濬,唾手可得,故天下始一于晋。夫可谓继志述事之主。"[例句]他要在前人披荆斩棘、艰苦创业的基础上,~,把未完成的事业继续发扬光大。

【继踵而至】jì zhǒng ér zhì
[释义]见"接踵而至"。[语见]唐·房玄龄等《晋书·段灼传》:"由是四方雄俊继踵而至,故能世为强国,吞灭诸侯,奄有天下,兼称皇帝,由谋臣之助也。"[例句]历代无数名家贤士、文人墨客~,为泰山留下了极其丰富的文化遗产,使其成为中华文化的一个缩影。

【寄花献佛】jì huā xiàn fó
[释义]见"借花献佛"。[语见]《过去现在因果经·一》:"今我女弱不能得前,请寄二花以献佛。"[例句]这是别人送我的圣诞贺卡,很漂亮,现在~转赠给你。

【寄人篱下】jì rén lí xià
[释义]寄:依附。篱:篱笆。依附在他人的篱笆下。本指文章著述因袭他人,后比喻依附别人生活,不能自立。[语见]南朝梁·萧子显《南齐书·张融传》:"丈夫当删《诗》《书》,制礼乐,何至因循寄人篱下。"[例句]这种~的生活真是令人尴尬。

【寂然不动】jì rán bù dòng
[释义]寂然:寂静。非常寂静,一点动静都没有。[语见]《周易·系辞上》:"《易》无思也,无为也,寂然不动,感而遂通天下之故。"[例句]看她读书时那种~的样子,真不忍心打扰。

【寂若死灰】jì ruò sǐ huī
[释义]寂静无声,如同燃烧后的灰烬。形容非常寂静。[语见]宋·张君房《云笈七签》第三十七卷:"志心者,始终运意,行坐动形,寂若死灰,同于枯木,灭诸想念,唯一而已。"[例句]四周~,没有一点儿声音。

【寂若无人】jì ruò wú rén
[释义]寂静得像没有人一样。形容非常寂静。[语见]晋·陈寿《三国志·魏书·陈登传》裴松之注引《先贤行状》曰:"乃闭门自守,示弱不与战,将士衔声,寂若无人。"[例句]大厅里~,连一根针掉在地上也能听见。

【寂天寞地】jì tiān mò dì
[释义]寂静、孤独,冷冷清清。形容办事无能或无所作为。[语见]明·王守仁《传习录下》:"先生曰:'未扣时,原是惊天动地;既扣时,也只是寂天寞地。'"[例句]我一人身在异乡,~,想想家乡的父老乡亲,不免一阵心痛。

【稷蜂社鼠】jì fēng shè shǔ
[释义]稷、社:古代祭祀谷神和土神的庙。谷神庙里的蜂,土地庙里的老鼠。比喻仗势欺人、胡作非为的坏人。[语见]汉·韩婴《韩诗外传》:"稷蜂不攻,而社鼠不熏,非以稷蜂社鼠之神,其所托者善也。"[例句]这些人纯粹是~,只知

道仗势欺人。

【骥服盐车】 jì fú yán chē

[释义] 骥:千里马。服:驾驭。让千里马拉盐车。比喻埋没人才。[语见]《战国策·楚策四》:"汗明曰:'君亦闻骥乎?夫骥之齿至矣,服盐车而上太行,蹄申膝折,尾湛胕溃,漉汁洒地,白汗交流,中阪迁延,负辕不能上。伯乐遭之,下车攀而哭之,解纻衣以幂之。骥于是俛而喷,仰而鸣,声达于天,若出金石声者,何也?彼见伯乐之知己也。'"[例句] 让研究生做这种简单的工作,真是~,大材小用了。

jia

【加人一等】 jiā rén yī děng

[释义] 加:超过。超过别人一等。形容才学出众。[语见]《礼记·檀弓上》:"献子加于人一等矣。"[例句] 她自小爱读书,长大后在文科方面的表现自然是~。

【加膝坠泉】 jiā xī zhuì quán

[释义] 见"加膝坠渊"。[语见] 唐·杜牧《张直方授左骁卫将军制》:"加膝坠泉,予常自慎。"[例句] 这是典型的~的把戏,当他喜欢一个人时可以巧立名目,随意提拔,日后怀疑、讨厌起那个人时,又可以不念旧情,随时将其打入"冷宫"。

【加膝坠渊】 jiā xī zhuì yuān

[释义] 加膝:指将人放在膝上。坠渊:指将人推进深渊。比喻用人无原则,爱憎无常。[语见]《礼记·檀弓下》:"进人若将加诸膝,退人若将队(坠)诸渊。"[例句] 老板用人~,反复无常,员工们整天都提心吊胆的。

【佳人薄命】 jiā rén bó mìng

[释义] 旧指年轻美丽的女子往往命运不好。[语见] 汉·班固《汉书·孝成许皇后传》:"……其余诚太迫急,奈何?妾薄命,端遇竟宁前。"[例句] 真是~,书中女主人公凄惨的结局让人叹息不已。

【佳人才子】 jiā rén cái zǐ

[释义] 见"才子佳人"。[语见] 宋·柳永

《玉女摇仙佩·佳人》:"自古及今,佳人才子,少得当年双美。且恁相偎倚。"[例句] 自古以来,多少~的爱情故事一直都被人们津津乐道,回味无穷。

【家败人亡】 jiā bài rén wáng

[释义] 见"家破人亡"。[语见] 明·兰陵笑笑生《金瓶梅词话》第八十一回:"把人家弄的家败人亡,父南子北,夫离妻散的,还来上什么纸儿?"[例句] 赌博让我~,这个教训实在是太深刻了。

【家常便饭】 jiā cháng biàn fàn

[释义] 指平常在家吃的饭食。后用以比喻很平常的事情。[语见] 宋·罗大经《鹤林玉露》第一卷:"范文正公云:'常调官好做,家常饭好吃。'"[例句] 这里物价很低,以至于当地人把吃海鲜当成了~。

【家道从容】 jiā dào cóng róng

[释义] 从容:不紧迫。指生活富有。[语见] 明·李昌祺《剪灯余话·秋千会记》:"所携丰厚,兼拜住,又教蒙古生数人,复有月俸,家道从容。"[例句] 咱们~,不指望你挣多少钱,只希望你过得平平安安。

【家道消乏】 jiā dào xiāo fá

[释义] 家境贫寒,生活穷困。[语见] 明·凌濛初《初刻拍案惊奇》第十卷:"那韩子文虽是满腹文章,却当不过家道消乏,在人家处馆,勉强糊口。"[例句] 连续几年灾害不断,搞得他们~,日子一天天紧起来。

【家鸡野鹜】 jiā jī yě wù

[释义] 野鹜:野鸭。原意为把自己写的字比作家鸡,把别人的字比作野鹜。后用以比喻厌弃自己的妻子而喜外遇。[语见] 宋·苏轼《跋庾征西帖》:"征西初不服逸少,有家鸡野鹜之消,后乃以为伯英再生。"[例句] 他是个喜新厌旧的人,总有~之思,让人很反感。

【家给民足】 jiā jǐ mín zú

[释义] 见"家给人足"。[语见] 南朝梁·萧子显《南齐书·刘悛传》:"府库已实,国用有储,乃量奉禄,薄赋税,则家给民足。"[例句] 这种~、安居乐业的生活,正

J

是广大老百姓期盼已久的。

【家给人足】 jiā jǐ rén zú

[释义] 给：丰足，富裕。家家衣食充足，人人生活富裕。[语见]《邓析子·转辞》："寂然无鞭扑之罚，漠然无叱咤之声，而家给人足，天下太平。"[例句] 如今百姓～，生活富裕。

【家贫如洗】 jiā pín rú xǐ

[释义] 家里非常贫穷，像被大水冲洗过一样，形容极为贫穷，一无所有。[语见]元·秦简夫《剪发待宾》第一折："小生幼习儒业，颇读诗书，争奈家贫如洗。"[例句] 因为～，他只好早早辍学。

【家破人亡】 jiā pò rén wáng

[释义] 家庭被破坏，亲人死亡。形容遭受大的灾祸后的悲惨的情景。[语见]宋·释道原《景德传灯录》第十六卷："家破人亡，子归何处？"[例句] 就是这些坏蛋，害得我～。

【家徒壁立】 jiā tú bì lì

[释义] 见"家徒四壁"。[语见]唐·李世民《与薛元敬书》："且闻其儿子幼小，家徒壁立，未知何处安置，宜加安抚，以慰吾怀。"[例句] 为了治病，如今他已是～，负债累累。

【家徒四壁】 jiā tú sì bì

[释义] 徒：仅、只。壁：墙壁。家里只有四面墙壁。形容家里非常贫穷，一无所有。[语见]汉·司马迁《史记·司马相如列传》："文君夜亡奔相如，相如乃与驰归成都。家居徒四壁立。"[例句] 没想到你～，竟然穷到这种地步。

【家无担石】 jiā wú dàn shí

[释义] 见"家无儋石"。[语见]晋·陈寿《三国志·魏书·华歆传》："歆素清贫，禄赐以振施亲戚故人，家无担石之储。"[例句] 当年他生活贫苦，～，但依然发奋读书。

【家无儋石】 jiā wú dàn shí

[释义] 儋：古代容量单位。指家中没有余粮。形容生活窘困。[语见]汉·班固《汉书·扬雄传》："家产不过十金，乏无儋石之储，晏如也。"[例句] 过惯了～的穷

苦生活，使她养成了勤俭节约的习惯。

【家无斗储】 jiā wú dǒu chǔ

[释义] 家中没有斗粮的储备。形容生活非常贫困。[语见]唐·房玄龄等《晋书·王欢传》："安贫乐道，专精耽学，不营产业，常丐食诵诗，虽家无斗储，意怡如也。"[例句] 他～，过着清贫的生活。

【家弦户诵】 jiā xián hù sòng

[释义] 弦：琴弦。家家吟唱，户户诵读。形容诗文写得非常好，深受众人欢迎。[语见]清·蒲松龄《聊斋志异·郭生》："时叶、缪诸公稿，风雅绝丽，家弦而户诵之。"[例句] 这几部书都是～的巨著，几百年来历久不衰。

【家喻户晓】 jiā yù hù xiǎo

[释义] 喻：明白。晓：知道。家家户户全都知道。形容人人都知道。[语见]宋·楼钥《缴郑熙等免罪》："而遽有免罪之旨，不可以家喻户晓。"[例句] 短短几年，它已成为国内～的名牌产品。

【家贼难防】 jiā zéi nán fáng

[释义] 家贼：家里的小偷或坏人。家里的小偷不容易防范。指内部的奸贼难以预防。[语见]宋·释普济《五灯会元·同安志禅师法嗣》："问：'家贼难防时如何？'师曰：'识得不为冤。'"[例句] 真是～，这次盗窃事件看来是公司内部员工所为。

【葭莩之亲】 jiā fú zhī qīn

[释义] 葭莩：苇秆里的薄膜。比喻关系疏远的亲戚。[语见]汉·班固《汉书·中山靖王传》："今群臣非有葭莩之亲，鸿毛之重。"[例句] 我还真不知道自己有这么一个～。

【嘉言懿行】 jiā yán yì xíng

[释义] 嘉、懿：美好，多指德行。美好的言论和高尚的德行。[语见]宋·张孝祥《高侍郎夫人墓志铭》："始侍郎公及与元祐诸公游，嘉言懿行，太夫人悉能记之。"[例句] 该书忠实地记录了这位老一代教育家的～和伟大事迹。

【嘉肴美馔】 jiā yáo měi zhuàn

[释义] 嘉：美好。肴：鱼肉等荤菜。馔：

饭食。甘美的菜和饭。[语见]明·罗贯中《三国演义》第八回:"(王)允预备嘉肴美馔,候吕布至。"[例句]为了迎接贵宾,酒店特意准备了各种～。

【戛然而止】jiá rán ér zhǐ
[释义]戛然:象声词,形容声音突然中止。形容突然停止,多用以指声音。[语见]清·李绿园《歧路灯》第十回:"忽的锣鼓戛然而止,戏已煞却。"[例句]忽然间,喧闹的摇滚乐～,大厅里响起悠扬的琴声。

【戛玉鸣金】jiá yù míng jīn
[释义]见"戛玉敲冰"。[语见]明·朱有燉《赛娇容》第二折:"我有清风劲节之标,戛玉鸣金之韵,用分一半,少答殷勤。"[例句]他深深地沉醉于那～般的清脆乐声中,久久不能自拔。

【戛玉敲冰】jiá yù qiāo bīng
[释义]戛:敲击。敲打玉石和冰块。形容声音清脆或诗文音韵铿锵。也形容人气节凛然。[语见]唐·白居易《听田顺儿歌》诗:"戛玉敲冰声未停,嫌云不遏入青冥。"[例句]这种乐器能发出独一无二的极富创意的音色,敲击时声音清脆有力,有如～,非常适合演奏爵士乐、流行音乐等。

【戛玉敲金】jiá yù qiāo jīn
[释义]见"戛玉敲冰"。[语见]清·蒲松龄《聊斋志异·八大王》:"雅谑则飞花粲齿,高吟则戛玉敲金。"[例句]只听她把那乐器奏得有如～一般,现场观众听得如醉如痴。

【颊上添毫】jiá shàng tiān háo
[释义]颊:面颊。毫:细毛。比喻文章叙述生动,描写传神。[语见]南朝宋·刘义庆《世说新语·巧艺》:"顾长康画裴叔则,颊上益三毛。人问其故,顾曰:'裴楷俊朗有识具,正此是其识具。看画者寻之,定觉益三毛如有神明,殊甚未安时。'"[例句]经他润色的这篇文章,犹如～,栩栩如生。

【甲第连云】jiǎ dì lián yún
[释义]甲第:本指封侯者的住宅,后泛指显贵的宅第。旧时形容王侯显贵的住宅高耸入云。[语见]清·吴趼人《二十年目睹之怪现状》第十五回:"他们起先投身入善会,做善事的时候,不过是一个穷光蛋;不多几年,就有好几个甲第连云起来了。"[例句]这里是旧时贵族聚居的地方,至今仍依稀可见当时～、金碧辉煌的影子。

【甲第星罗】jiǎ dì xīng luó
[释义]甲第:甲等大房,指富贵人家的房屋。富丽堂皇的住宅像繁星那样罗列。形容屋舍多。[语见]宋·杨侃《皇畿赋》:"甲第星罗,比屋鳞次,坊无广巷,市不通骑。"[例句]这条街～,建筑密集,一看便知是本城最富贵繁华的地方。

【假公济私】jiǎ gōng jì sī
[释义]假:借。济:对……有益。假借公家的名义谋取私利。[语见]元·无名氏《陈州粜米》第一折:"他假公济私,我怎肯和他干罢了也呵!"[例句]作为工作人员,一定不要～,侵占公物。

【假虎张威】jiǎ hǔ zhāng wēi
[释义]假:借。形容借别人的威势吓人。[语见]明·胡文焕《群音类选·忠孝记·欲进谏章》:"费尽他机和智,只是要贪名固位,假虎张威。"[例句]他仗着自己有个有权势的叔叔,整天～,横行霸道,使得乡民都非常气愤。

【假力于人】jiǎ lì yú rén
[释义]假:借。借助他人的力量以完成某事。[语见]《列子·汤问》:"耻假力于人,誓手剑以屠黑卵。"[例句]如果你自己不方便出面做这件事的话,不妨～。

【假名托姓】jiǎ míng tuō xìng
[释义]假、托:假借。假借别人的名姓,冒名顶替。[语见]元·关汉卿《调风月》第三折:"燕燕怎敢假名托姓。"[例句]这家伙在外面～四处行骗,败坏我的名誉。

【假仁假义】jiǎ rén jiǎ yì
[释义]假装仁慈和正义。[语见]《朱子全书·历代一·唐》:"汉高祖私意分数少,唐太宗一切假仁假义以行其私。"

J

[例句] 不少学者评论他是～、只说不做的骗子。

【假手于人】jiǎ shǒu yú rén
[释义] 假:借用,利用。利用别人之手来达到个人目的。[语见]《尚书·伊训》:"皇天降灾,假手于我有命。"[例句] 这种事通常他会亲自动手,很少～。

【假途灭虢】jiǎ tú miè guó
[释义] 假途:借路。虢:春秋时诸侯国名。《左传·僖公五年》载:春秋时,晋国向虞国借道去攻打虢国。虞公不听劝告,答应了晋国。晋灭虢后,果然又在归途中灭了虞国。后用以指以向对方借道为名而消灭对方的策略。[例句] 历史上这种～,以借道为名而获得胜利的例子还有很多。

【假以辞色】jiǎ yǐ cí sè
[释义] 在说话和态度方面表示友好。[语见] 清·蒲松龄《聊斋志异·仙人岛》:"久之,与明珰渐狎。告芳云曰:'明珰与小生有拯命之德,愿少假以辞色。'"[例句] 她从不对任何男孩子～,是个傲慢的女孩。

【价值连城】jià zhí lián chéng
[释义] 价:价值。值:货物与价钱相当、相抵。连城:连成片的城池。物品的价值与成片的城池的价值相抵。形容物品、艺术品价值非常高,非常珍贵难得。[例句] 我想要的不是～的钻石,而是你的真情。

【驾轻就熟】jià qīng jiù shú
[释义] 驾:驾驭。轻:指轻车。就:走上。熟:熟路。驾着轻车走熟路。比喻对事情熟悉,做起来容易,得心应手。[语见] 清·李绿园《歧路灯》第七十九回:"若说自己虚中善受,朋友们是驾轻就熟,倘有疏虞,只怕他们又同其利而不同其害了。"[例句] 对于处理这类复杂的人际关系,她早已是～。

【架海金梁】jià hǎi jīn liáng
[释义] 梁:桥。架在海上的金桥。比喻能担负重任的人。[语见] 元·无名氏《岳飞精忠》第四折:"四个将军,乃擎天玉柱,架海金梁,永安社稷,威镇边疆。"[例句] 应加强对这一代人的素质教育,使其能真正成为未来国家的～。

【嫁祸于人】jià huò yú rén
[释义] 嫁:转移。把祸害转移到别人身上。[语见] 汉·司马迁《史记·赵世家》:"韩氏所以不入于秦者,欲嫁其祸于赵也。"[例句] 明明是你自己干的坏事,怎么能～?

【嫁鸡随鸡】jià jī suí jī
[释义] 比喻女子出嫁以后,不论丈夫好坏都要跟随他过一辈子。[语见] 明·凌濛初《初刻拍案惊奇》第三十八卷:"常言道嫁鸡随鸡,嫁狗随狗。"[例句] 时代进步了,不要还抱着～的封建思想而牺牲自己的终生幸福。

jian

【尖嘴猴腮】jiān zuǐ hóu sāi
[释义] 腮:面颊。指长相瘦削难看,像猴子一样。[语见] 清·吴敬梓《儒林外史》第三回:"象你这尖嘴猴腮,也该撒泡尿自己照照!"[例句] 瞧你～的样子,一看就不是好人。

【奸一警百】jiān yī jǐng bǎi
[释义] 杀一人以警戒一批人。[语见] 清·夏燮《中西纪事·后序》:"奸一警百,消其观望。"[例句] 她之所以被害,是罪犯为了恐吓证人,～。

【坚壁清野】jiān bì qīng yě
[释义] 坚壁:使壁垒坚固。清野:转移隐藏人口、牲畜、粮食、财物,使四野空空。加固堡垒,转移人畜,收藏财物、粮食,以对付入侵的强大的敌人,使敌人既攻不下据点,又掠夺不到东西。[语见] 晋·陈寿《三国志·魏书·荀彧传》:"今东方皆已收麦,必坚壁清野以待将军。将军攻之不克,略之无获,不出十日,则十万之众未战而自困耳。"[例句] 为了抵抗敌军,他们决定采用～的策略,一方面固守城池,另一方面加紧转移城内物资。

【坚不可摧】jiān bù kě cuī
[释义] 坚:坚固。摧:摧毁。十分坚

固,无法摧毁。[语见] 清·李绿园《歧路灯》第八十二回:"二十年闱阁,养成拘墟笃时之见,牢不可破,坚不可摧。"[例句] 这座堡垒由钢铁铸成,～。

【坚城深池】 jiān chéng shēn chí
[释义] 见"高城深池"。[语见] 唐·李翱《杨烈妇传》:"厥自兵兴,朝廷宠旌守御之臣,凭坚城深之险,储蓄山积货财山若,冠胄服弓矢而驰者,不知几人。"[例句] 我军日夜奋战,决心攻下这个～。

【坚持不懈】 jiān chí bù xiè
[释义] 懈:懈怠,放松。一直坚持下去,毫不懈怠。[语见] 清·赵尔巽《清史稿·刘体重传》:"遇大雨,贼决河自卫,煦激励兵团,坚持不懈,贼势蹙乞降,遂复濮州。"[例句] 通过～的培训,我们的专业技能大大提升了。

【坚持不渝】 jiān chí bù yú
[释义] 渝:改变。坚持到底,决不改变。[例句] 在教学同时,学校也始终～地抓好学风建设。

【坚定不移】 jiān dìng bù yí
[释义] 移:移动、改变。形容思想、意志、主张等坚强、稳定,毫不动摇。[语见] 宋·司马光《资治通鉴·唐纪·文宗开成五年》:"推心委任,坚定不移,则天下何忧不理哉!"[例句] 军队捍卫国家领土主权的决心～。

【坚甲利兵】 jiān jiǎ lì bīng
[释义] 甲:护身衣,用皮革或金属做成。兵:武器。原指精良的武器装备。借指坚强善战的军队。[例句] 中国近代史上,曾不止一次遭受西方国家～的侵略。

【坚苦卓绝】 jiān kǔ zhuó jué
[释义] 见"艰苦卓绝"。[例句] 经过～的努力,我们终于获得了成功。

【坚强不屈】 jiān qiáng bù qū
[释义] 屈:屈服。坚定、刚强,不屈服。[例句] 她从父母身上继承了这种～的性格。

【坚忍不拔】 jiān rěn bù bá
[释义] 见"坚韧不拔"。[语见] 宋·苏轼《晁错论》:"古之立大事者,不惟有超世

之才,亦必有坚忍不拔之志。"[例句] 十多年的军旅生活,造就了他～、坚强不屈的性格。

【坚韧不拔】 jiān rèn bù bá
[释义] 韧:柔软而结实。拔:移动,改变。形容意志坚强,不可动摇。[例句] 这部作品表现了中华民族～的进取精神。

【坚如磐石】 jiān rú pán shí
[释义] 如:像。磐石:大石头。像磐石一样坚固。形容非常坚固,无法动摇。[例句] 凭借自身强大的实力,该企业在业界确立了～的领袖地位。

【坚毅不拔】 jiān yì bù bá
[释义] 见"坚韧不拔"。[例句] 要想获得成功,除了必要的专业知识,我们还需要具备良好的身体素质和～的品格。

【坚贞不屈】 jiān zhēn bù qū
[释义] 坚:坚定。贞:有节操。屈:屈服。坚守自己的意志和节操,决不屈服。[例句] 人们敬重她宁肯站着死,不愿跪着生的～的斗争精神。

【间不容发】 jiān bù róng fà
[释义] 两者之间容不下一根头发。比喻情势危急到了极点。也比喻事情做得没有任何破绽。[语见] 汉·枚乘《上书谏吴王》:"系绝于天,不可复结,坠入深渊,难以复出,其出不出,间不容发。"[例句] 在这～的瞬间,他飞身跃到门后,躲过一击。

【间不容息】 jiān bù róng xī
[释义] 见"间不容发"。[语见] 汉·司马迁《史记·张耳陈馀列传》:"将军毋失时,时间不容息。"[例句] 当时的情况～,已不能容许他再有任何别的选择。

【肩摩毂击】 jiān mó gǔ jī
[释义] 见"毂击肩摩"。[语见] 唐·姚思廉《梁书·武帝纪上》:"媒蘖夸术,利尽锥刀,遂使官人之门,肩摩毂击。"[例句] 今天并不是周末,可店外依然是人群拥挤、～,看来大家购买促销产品的欲望非常强烈。

【肩摩踵接】 jiān mó zhǒng jiē
[释义] 见"摩肩接踵"。[例句] 在商场

工作的她,早已习惯了这种～、人来人往的情景。

【艰苦奋斗】 jiān kǔ fèn dòu
[释义]艰苦:困难多,条件差。不怕艰难困苦,为实现目标顽强斗争。[例句]经过二十多年的～,该厂由一个名不见经传的乡镇小企业发展成为一家大型跨国公司。

【艰苦朴素】 jiān kǔ pǔ sù
[释义]朴素:俭朴,朴实。吃苦耐劳,勤俭朴实。[例句]他那种～、勤俭节约的精神依然值得我学习。

【艰苦卓绝】 jiān kǔ zhuó jué
[释义]卓绝:超过一般、不可比拟。艰难困苦的程度达到极点。形容极其艰苦。[例句]经过数十年～的努力,我们终于改善了生态环境。

【艰难竭蹶】 jiān nán jié jué
[释义]竭蹶:原指走路艰难,后用来形容资财缺乏,经济困难。形容生活十分艰苦。[例句]与周围寻常百姓家徒四壁、～的困境相比,他们家已经是很富裕了。

【艰难曲折】 jiān nán qū zhé
[释义]曲折:弯弯曲曲。不但困难,而且多有周折。形容极不顺利。[例句]公司创立以来,经历了一条～的创业之路。

【艰难险阻】 jiān nán xiǎn zǔ
[释义]险阻:危险,阻碍。也指困难处境。指前进道路上的困难、危险与障碍。[语见]唐·令狐德棻《周书·梁御传论》:"史臣曰:'梁御等负将率之材,蕴骁锐之气,遭逢丧乱,驰骛干戈,艰难险阻备尝,而功名未立。'"[例句]无论前进的路上有多少～,我们也不会停下自己的脚步。

【艰深晦涩】 jiān shēn huì sè
[释义]艰深:文辞深奥难懂。晦涩:意义隐晦,不顺口。形容笔调古僻、寓意费解的文章。[语见]宋·黄伯思《东观余论·校定楚辞序》:"柳柳州于千祀后,独能作《天对》以应之,深宏杰异,析理精博,而近世文家亦难遽晓。故分章辨事,以其所对,别附于问,庶几览者莹然,知子厚之文不苟为艰深也。"宋·陈振孙《直斋书录解题·别集上》:"为文而晦涩若此,其湮没弗传也,宜哉!"[例句]这本书写得～,很难读懂。

【监临自盗】 jiān lín zì dào
[释义]见"监守自盗"。[语见]元·脱脱等《宋史·薛嗣昌传》:"监公使库皇置坐狱,嗣昌奏请之,遂以监临自盗责安化军节度副使,安置郢州。"[例句]查了半天,原来这次失窃事件竟是～。

【监门之养】 jiān mén zhī yǎng
[释义]监门:守里门的用人。养:衣食用度。比喻艰苦、节俭的生活。[语见]《韩非子·五蠹》:"虽监门之服养,不亏于此矣。"[例句]他来自农村,早已习惯了这种～的困苦生活。

【监市履狶】 jiān shì lǚ xī
[释义]监市:市魁,市场管理人员。履:踩踏。狶:猪。市魁用脚踏一踏就可以知道猪的肥瘦。比喻善于体察事物。[语见]宋·黄庭坚《寄上叔父夷仲》诗:"少年有功翰墨林,中岁作吏几陆沉。庖丁解牛妙世故,监市履狶知民心。"[例句]他对百姓疾苦非常敏感也非常关心,经常深入基层,～,体恤民情,这使他赢得了不少好评。

【监守自盗】 jiān shǒu zì dào
[释义]监守:看管。盗窃自己所看管的公家财物。[语见]清·张廷玉等《明史·刑法志一》:"如监守自盗,赃至四十贯绞。"[例句]这几个保安居然～,合伙他人盗窃本公司的财产。

【监主自盗】 jiān zhǔ zì dào
[释义]见"监守自盗"。[语见]五代后晋·刘昫等《旧唐书·杨炎传》:"杞怒,谪晋衡州司马,更召他吏绳之,曰:'监主自盗,罪绞。'"[例句]对于这类～的行为,上级下达命令要求严厉处罚。

【兼程并进】 jiān chéng bìng jìn
[释义]兼程:以加倍速度赶路。以加倍的速度,不停地前进。[例句]上级命令这支部队连夜开拔,～,即刻增援前线。

【兼权熟计】 jiān quán shú jì
[释义] 权:衡量。熟:深入。计:考虑。全面地权衡比较,反复地深入考虑。[语见]《荀子·不苟》:"见其可欲也,则必前后虑其可恶也者;见其可利也,则必前后虑其可害也者;而兼权之,熟计之,然后定其欲恶取舍。"[例句] 制订新的方案时,一定要做到周全考虑、~。

【兼容并包】 jiān róng bìng bāo
[释义] 容:容纳。包:包含、包括。把有关的各个方面全都包括进来。[语见] 汉·司马迁《史记·司马相如列传》:"故驰骛乎兼容并包,而勤思乎参天贰地。"[例句] 在~的宗旨下,北大如今已成为熔铸古今和中西文明的炉鼎。

【兼弱攻昧】 jiān ruò gōng mèi
[释义] 兼并弱国,攻取政治腐败的国家。[语见]《尚书·仲虺之诰》:"兼弱攻昧,取乱侮亡。"[例句] 如今该国国政局不稳,正是~的好时机。

【兼收并蓄】 jiān shōu bìng xù
[释义] 兼收:多方面地吸取。蓄:保存。把各种内容性质不同的东西都吸收保留下来。后也指广泛吸收人或物。[语见] 宋·朱熹《己酉拟上封事》:"小人进则必退,君子亲则小人必疏,未有可以兼收并畜而不相害者也。"[例句] 他底蕴深厚,~,集各种流派的书法风格于一体,是当今书法界的泰斗。

【兼听则明】 jiān tīng zé míng
[释义] 听取多方面意见,全面了解情况,就能明辨是非,做出正确判断。常与"偏信则暗"或"偏听则蔽"连用。[语见] 汉·王符《潜夫论·明暗》:"君之所以明者,兼听也;其所以暗者,偏信也。"[例句] ~,广泛发动员工举办"企业发展大讨论",使得该企业管理人员最终带领企业走出了困境。

【缄口不言】 jiān kǒu bù yán
[释义] 见"缄舌闭口"。[语见] 清·张廷玉等《明史·何遵传》:"正德间,给事、御史挟势凌人,趋权择便,凡朝廷大阙失,群臣大奸恶,缄口不言。"[例句] 众人皆~,默默地等待最后的宣判。

【缄口结舌】 jiān kǒu jié shé
[释义] 见"钳口结舌"。[语见] 明·谈迁《国榷》第八十七卷:"致言路各官,承望风旨,缄口结舌,无敢声明其罪。"[例句] 她被老师狠狠地训斥了一通,手足无措,涨红了脸~。

【缄舌闭口】 jiān shé bì kǒu
[释义] 缄:封闭。封住舌头,闭紧嘴巴。形容说不出话来。[语见] 元·夬文苑《一枝花·为玉叶儿作》:"看别人苦文苑铺眉,笑自己缄舌闭口。"[例句] 尽管老师再三鼓励大家发言,同学们还是~,没人吭声。

【蒹葭倚玉】 jiān jiā yǐ yù
[释义] 蒹葭:没有长穗的芦苇。蒹葭倚着玉树。比喻两个品貌极不相称的人在一起。[语见] 南朝宋·刘义庆《世说新语·容止》:"魏明帝使弟毛曾与夏侯玄共坐,时人谓'蒹葭倚玉树'。"[例句] 他们夫妻俩相貌反差太大,如同~,看上去很不相称。

【煎膏炊骨】 jiān gāo chuī gǔ
[释义] 膏:油脂。煎:油熬烧骨头。比喻十分残酷的压榨。[语见] 明·无名氏《鸣凤记·鄢赵争宠》:"监司昨日兴常例,煎膏炊骨民无计。"[例句] 这些劳工饱尝~的残酷压榨,深受奴役之苦,不少人都病死了。

【煎水作冰】 jiān shuǐ zuò bīng
[释义] 比喻行为与目的相反,不能成功。[语见] 晋·陈寿《三国志·魏书·高堂隆传》:"以若所为,求若所致,犹缘木求鱼,煎水作冰,其不可得,明矣。"[例句] 封建统治者想通过残酷镇压人民的反抗来巩固其统治,实在是~,难以成功。

【拣佛烧香】 jiān fó shāo xiāng
[释义] 拣:挑选。佛:指寺院里的佛像。烧香:信佛的人在佛像前烧香祈祷幸福。比喻待人有厚薄之分。[语见] 唐·寒山《寒山诗》之一五九:"拣佛烧好香,拣僧归供养。"[例句] 我们做服务业的,对所

有客人都要一视同仁,绝不能～。

【拣精拣肥】 jiǎn jīng jiǎn féi
[释义] 见"挑肥拣瘦"。[语见] 清·吴敬梓《儒林外史》第二十七回:"归姑爷道:'象娘这样费心,还不讨他说个是,只要拣精拣肥,我也犯不着要效他这个劳。'"[例句] 这可不是让你在市场上买菜,～的。

【茧丝牛毛】 jiǎn sī niú máo
[释义] 茧丝:蚕丝。比喻极多。[语见] 清·黄宗羲《答万充宗质疑书》:"吾兄经术,茧丝牛毛,用心如此,不仅当今无与绝尘,即在先儒,亦岂易得!"[例句] 中国近代史上,为民族解放和国家独立献身的英雄如～,不可胜数。

【剪草除根】 jiǎn cǎo chú gēn
[释义] 见"斩草除根"。[语见]《左传·隐公六年》:"为国家者,见恶如农夫之务去草焉,芟夷蕴崇之,绝其本根,勿使能殖,则善者信矣。"[例句] 为躲避心狠手辣的仇人趁机～,他们连夜逃离了自己的家。

【剪恶除奸】 jiǎn è chú jiān
[释义] 扫除顽恶和奸邪。[语见] 清·石玉昆《七侠五义》第六十回:"似你我行侠尚义,理应济困扶危,剪恶除奸。"[例句] 他是个神出鬼没的江湖英雄,～,劫富济贫,深受百姓歌颂。

【剪须和药】 jiǎn xū huò yào
[释义] 比喻为上的人体恤下属。[语见]宋·欧阳修等《新唐书·李勣传》:"勣既忠力,帝谓可托大事,尝暴疾,毉曰:'用须灰可治。'帝乃自剪须以和药,及愈入谢,顿首流血。帝曰:'吾为社稷计,何谢为!'"[例句] 他这种～、体恤下属的作风使他迅速赢得了部下的爱戴。

【剪枝竭流】 jiǎn zhī jié liú
[释义] 比喻不从根本上解决问题。[语见] 北齐·魏收《魏书·高闾传》:"堰水先塞其源,伐木必拔其本,源不塞,本不拔,虽剪枝竭流,终不可绝矣。"[例句] 有关方面虽然也采取了一定的限制措施,但大多只是～,并没有从根本上解

决问题。

【剪烛西窗】 jiǎn zhú xī chuāng
[释义] 原指怀念远方妻子,盼望相聚。后泛指亲友灯下相聚谈。[语见] 唐·李商隐《夜雨寄北》诗:"何当共剪西窗烛,却话巴山夜雨时。"[例句] 两人回想当年的往事,欢笑畅谈,～。

【简截了当】 jiǎn jié liǎo dàng
[释义] 指言语文字清楚明白。不枝不蔓。[例句] 这件事的处理要～,不必搞得过于烦琐。

【简明扼要】 jiǎn míng è yào
[释义] 简单明白,抓住要点。[例句] 产品应配以～的使用说明。

【见鞍思马】 jiàn ān sī mǎ
[释义] 见到马鞍想起马,比喻见物思情。[语见] 明·汤显祖《紫钗记·哭收钗燕》:"休喳!俺见鞍思马,难道他是野草闲花?"[例句] 看着眼前熟悉的场景,她不禁～、睹物思人,黯然泪下。

【见财起意】 jiàn cái qǐ yì
[释义] 看见别人的钱财而起不良之心。[语见] 宋·无名氏《京本通俗小说·错斩崔宁》:"见了十五贯钱,一时见财起意,杀死丈夫劫了钱。"[例句] 小心他们～,抢你的珠宝。

【见弹求鸮】 jiàn dàn qiú xiāo
[释义] 见"见弹求鸮炙"。[语见] 清·顾炎武《答原一公肃两甥书》:"因窭觅菟,见弹求鸮。"[例句] 培养一个高水平的运动员需要经过长期艰苦、科学的训练过程,寄希望于立竿见影、～是不现实的。

【见弹求鸮炙】 jiàn dàn qiú xiāo zhì
[释义] 炙:烤肉。看到弹丸,就想得到鸟的炙肉,比喻计算得过早。[语见]《庄子·齐物论》:"且女亦大早计,见卵而求时夜,见弹而求鸮炙。"王先谦集解:"崔云:时夜,司夜,谓鸡。"[例句] 改革才刚刚起步,不要～。

【见多识广】 jiàn duō shí guǎng
[释义] 见过的多,知道的广。形容见识广博。[语见] 明·冯梦龙《喻世明言》第

一卷:"还是大家宝眷,见多识广,比男子汉眼力倒胜十倍。"[例句]王先生是一位～的心理学专家。

【见缝插针】jiàn fèng chā zhēn
[释义]比喻利用一切可供利用的时间和空间。也比喻利用一切时机。[例句]繁忙工作之余,她还～地抽出时间学日语。

【见怪不怪】jiàn guài bù guài
[释义]看到怪异的事物或现象不以为奇怪。表示应采取镇静和正确的态度对待怪异的事物和现象。[语见]宋·释普济《五灯会元·泐潭英禅师法嗣》:"曰:'见怪不怪,其怪自坏。'"[例句]这种事儿多了,～。

【见惯不惊】jiàn guàn bù jīng
[释义]看惯了,就不觉得奇怪了。[语见]宋·邵雍《首尾吟一百三十五首》之六二:"见惯不惊新物盛,话长难说故人稀。"[例句]大学毕业生自愿去西部落后地区工作的现象越来越多,人们对此已～。

【见惯司空】jiàn guàn sī kōng
[释义]见"司空见惯"。[语见]清·孔尚任《桃花扇·媚座》:"妙部新奇,见惯司空自品题。"[例句]现在,企业在广告方面进行大量投资的事已是～。

【见机而作】jiàn jī ér zuò
[释义]机:时机。作:行动。遇到适当时机就立即行动。[语见]汉·蔡邕《陈留太守胡硕碑》:"爰自登朝,进退以方,见机而作,如鸿之翔。"[例句]咱们只好～,走一步算一步了。

【见机行事】jiàn jī xíng shì
[释义]见"见机而作"。[语见]清·钱彩《说岳全传》:"元帅发令着曹宁出营,吩咐道:'须要见机行事。'"[例句]咱们静观事态发展,～吧。

【见几而作】jiàn jǐ ér zuò
[释义]几:指细微的动向,即事物的苗头。一发现细微的动向就立即行动。[语见]《周易·系辞下》:"君子见几而作,不俟终日。"孔颖达疏:"言君子既见

事之几微,则须动作而应之。"[例句]面对如此复杂的局面,他决定谨慎观察,～。

【见景生情】jiàn jǐng shēng qíng
[释义]看到眼前景物而生发出某种思绪或感情。[语见]元·无名氏《闺怨》曲:"风,吹灭残灯,不由的见景生情,伤心。"[例句]诗人发现墙角有梅花绽开,～,于是咏出一首五言诗《梅花》。

【见利忘义】jiàn lì wàng yì
[释义]看到有利可图就忘掉了道义。[语见]汉·荀悦《前汉纪·高后纪》:"当孝文之时,天下以郦寄为卖友,卖友者,谓见利而忘义。"[例句]一些企业～,竟然违法生产假冒伪劣食品。

【见猎心喜】jiàn liè xīn xǐ
[释义]看见别人打猎,自己也感到高兴。比喻旧有的习惯、爱好难以忘怀,一旦被触动了便跃跃欲试。[语见]三国魏·曹丕《典论自序》:"和风扇物,弓燥手柔,草浅兽肥,见猎心喜。"[例句]已经下班的这名记者,看到名人后连忙上前采访。

【见溺不救】jiàn nì bù jiù
[释义]溺:落水者。看到落水者而不去营救。指袖手旁观。[语见]唐·皇甫枚《王知古》:"夫人传语:'主与小子,皆不在家,于礼无延客之道,然僻居于山薮接轸,豺狼所噪,若固相拒,是见溺不救也,请舍外厅,翌日可去。'"[例句]眼看有人落水,他居然～,事后遭到了众人的强烈谴责。

【见钱眼红】jiàn qián yǎn hóng
[释义]见"见钱眼开"。[语见]清·李汝珍《镜花缘》第五十八回:"其中最易辨的,就只那双贼眼;因他见钱眼红,所以易辨。"[例句]途中他不小心露出了钱包,那个水手～,企图谋财害命。

【见钱眼开】jiàn qián yǎn kāi
[释义]眼开:眼睛睁大。一见到钱眼睛就睁大了。形容贪婪。[例句]这个江湖郎中～,竟然推销假药。

【见仁见智】jiàn rén jiàn zhì
[释义]指各人对事物的观察角度不

同,因而所得出的结论也不同。[语见]《周易·系辞上》:"仁者见之谓之仁,知者见之谓之知。"[例句]与会代表~,踊跃发言,气氛十分热烈。

【见神见鬼】jiàn shén jiàn guǐ
[释义]比喻多疑。[语见]明·无名氏《李云卿》第二折:"你老人家眼花了,好好的正说着话,见神见鬼的。"[例句]瞧你那~的样子,究竟出了什么事?

【见事风生】jiàn shì fēng shēng
[释义]形容遇到事情行动非常迅速。[语见]汉·班固《汉书·赵广汉传》:"见事风生,无所回避。"颜师古注:"风生,言其速疾不可当也。"[例句]上任后他~,接连处理了好几件大案。

【见死不救】jiàn sǐ bù jiù
[释义]见到面临危险的人而不援救。[语见]元·关汉卿《救风尘》第二折:"你做的今见死不救,羞见这桃园中杀白马宰乌牛。"[例句]他酒后驾车撞了人,肇事后竟然~,扬长而去。

【见所未见】jiàn suǒ wèi jiàn
[释义]从来没有见过。形容十分罕见。[语见]汉·扬雄《法言·渊骞》:"七十子之于仲尼也,日闻所不闻,见所未见。"[例句]扒开这层土,下面爬满了各种~的虫子。

【见兔放鹰】jiàn tù fàng yīng
[释义]看到兔子就放出猎鹰去抓它。本禅宗语,比喻抓住机会行事。[语见]明·天然痴叟《石点头》第十二卷:"当今世情,何人不趋炎附势,见兔放鹰,谁肯结交穷秀才。"[例句]买股票要看好机会,~,才有可能获得利益。

【见兔顾犬】jiàn tù gù quǎn
[释义]顾:回头看。看到兔子,回头唤狗去捕捉。比喻事情虽已急迫,但立即采取措施还来得及。[语见]《战国策·楚策四》:"见兔而顾犬,未为晚也;亡羊而补牢,未为迟也。"[例句]~未为晚,现在动手还来得及。

【见危授命】jiàn wēi shòu mìng
[释义]授命:献出生命。在国家民族危亡的关头,勇于献出自己的生命。[语见]《论语·宪问》:"见利思义,见危授命。"[例句]在这关键时刻他~,舍身救人。

【见微知著】jiàn wēi zhī zhù
[释义]微:小。著:明显。见到一点苗头就能知道它的发展趋向和归宿。[语见]汉·袁康《越绝书·越绝德序外传》:"故圣人见微知著,睹始知终。"[例句]作为记者,一定要有~的本领,能透过新闻线索表面发现其背后的深层意义。

【见贤思齐】jiàn xián sī qí
[释义]贤:指才德兼备的人。思齐:想着要追上,看齐。见到品德和才能比自己高强的,就想着向人家学习。[语见]《论语·里仁》:"子曰:'见贤思齐焉,见不贤而内自省也。'"[例句]我们要善于发现别人的优点和长处,并且~,以使自己进步得更快。

【见笑大方】jiàn xiào dà fāng
[释义]见:被。笑:讥讽、嘲笑。大方:泛指见识广博或具有某种专长的人。形容被行家讥笑。[例句]这是我第一次谱曲,难免~,希望您不吝赐教。

【见义勇为】jiàn yì yǒng wéi
[释义]见到有关正义的事就勇于去做。[语见]《论语·为政》:"见义不为,无勇也。"[例句]王老师~,助人脱险,得到了大家的称赞。

【见异思迁】jiàn yì sī qiān
[释义]异:不同的事物。迁:改变。看到别的事物就改变主意。形容不坚定、不专一。[语见]《国语·齐语》:"少而习焉,其心安焉,不见异物而迁焉。"[例句]我怎么知道你是不是那种~的人?

【见之不取,思之千里】jiàn zhī bù qǔ, sī zhī qiān lǐ
[释义]看到时不要,以后想要时就变得遥远难办了。[语见]宋·无名氏《张协状元》第二十八出:"见之不取,思之千里。只道张协状元,不知榜眼探花是那里人,买本看。"[例句]~。这么好的商机你不及时抓住,以后后悔可就来不及了。

【见智见仁】 jiàn zhì jiàn rén
[释义] 见"见仁见智"。[语见] 清·纪昀《阅微草堂笔记·滦阳消夏录六》:"《易》道广大,无所不包,见智见仁,理原一贯。"[例句] 大家对如何办好刊物～,纷纷发表意见。

【建功立事】 jiàn gōng lì shì
[释义] 见"建功立业"。[语见] 晋·常璩《华阳国志·巴志》:"桂阳太守李温等,皆建立功事,有补于世。"[例句] 科技水平低下严重制约我国农业的发展,应当采取切实措施,鼓励科技人员到农村～。

【建功立业】 jiàn gōng lì yè
[释义] 建立功勋事业。[语见] 宋·苏轼《上两制书》:"古之圣贤建功立业、兴利捍患,至于百工小事之事皆有可观。"[例句] 我们希望优秀人才毕业后来这里～,施展自己的才华。

【建瓴高屋】 jiàn líng gāo wū
[释义] 见"高屋建瓴"。[语见] 南朝梁·简文帝《弹棋谱序》:"观兵棋之式道,上升则博艺穷天,赴下则建瓴高屋。"[例句] 该企业的经营策略是,首先进入发达国家,创出名牌后,再以～之势一举占领发展中国家的市场。

【建瓴之势】 jiàn líng zhī shì
[释义] 建:翻覆。瓴:盛水瓶。建瓴:指把瓶里的水从高屋脊上倾倒下来。比喻居高临下,不可阻挡的形势。参看"高屋建瓴"。[例句] 战局对我们十分有利,我军正以～打击敌人。

【贱敛贵出】 jiàn liǎn guì chū
[释义] 廉价买进,高价卖出。[语见] 唐·韩愈《曹成王碑》:"王始政于温,终政于襄,恒平物估,贱敛贵出。"[例句] 他做生意精打细算,～,很快就发了财。

【贱买贵卖】 jiàn mǎi guì mài
[释义] 低价购进,高价卖出。[语见] 汉·班固《汉书·景帝纪》:"受财物,贱买贵卖,论轻。"[例句] 连三岁小孩子都知道～能获得利润的道理。

【剑拔弩张】 jiàn bá nǔ zhāng
[释义] 弩:一种利用机械力量射箭的弓。剑拔出了鞘,弩张开。比喻对立双方都做好了准备,形势紧张,一触即发。亦形容书法笔力雄健遒劲,有气势。[语见] 汉·班固《汉书·王莽传下》:"省中相惊传,勒兵至郎署,皆拔刃张弩。"[例句] 两国之间～,随时可能爆发战争。

【剑及屦及】 jiàn jí jù jí
[释义] 屦:古时用麻、葛等做成的鞋。及:赶上,追上。本指楚庄王急欲发兵为申舟报仇,闻讯立即奔跑出去,给他拿鞋的人追到寝门的通道,给他拿剑的人追到寝门之外,驾车的人追到蒲胥之市才追上他。后用以形容行动坚决迅速。[例句] 我军准备充分,～,随时能够投入战斗。

【剑头一吷】 jiàn tóu yī xuè
[释义] 剑头:指剑环头小孔。吷:微小的声音。就像吹剑环头小孔一样发出的微小声音。比喻微不足道的言论。[语见]《庄子·则阳》:"夫吹管也,犹有嗃也;吹剑首者,吷而已矣。尧舜,人之所誉也,道尧舜于戴晋人之前,譬犹一吷也。"[例句] 在这种级别的会议上,他的意见犹如～,微不足道。

【健步如飞】 jiàn bù rú fēi
[释义] 健步:走起路来快而有力。形容步伐矫健有力,走得很快。[例句] 他一路～,不一会儿就到了学校。

【渐入佳境】 jiàn rù jiā jìng
[释义] 逐渐进入美好的境界。比喻境况逐渐转好,或兴趣逐渐变浓。[语见] 唐·房玄龄等《晋书·顾恺之传》:"恺之每食甘蔗,恒自尾至本,人或怪之。云:'渐入佳境。'"[例句] 随着居民收入越来越多,中国汽车销售市场已～。

【渐至佳境】 jiàn zhì jiā jìng
[释义] 见"渐入佳境"。[语见] 南朝宋·刘义庆《世说新语·排调》:"顾长康啖甘蔗,先食尾,人问所以,云:'渐至佳境。'"[例句] 随着比赛的深入,他的表现也～。

【践墨随敌】 jiàn mò suí dí
[释义] 践:履行,实践。墨:绳墨,指计划。随敌:适应敌情的变化。指实施作

战计划时,要随着敌情的变化而决定军事行动。[语见]《孙子·九地》:"践墨随敌,以决战争。"[例句]战场上形势瞬息即变,情况复杂,必须要~,因敌制胜。

【鉴貌辨色】jiàn mào biàn sè
[释义]鉴:审察。色:脸色。审察表情,辨别脸色。形容善于察言观色而行事。[语见]《敦煌变文集·伍子胥变文》:"适来鉴貌辨色,观君与凡俗不同。君子怀抱可知,更亦不须分雪。"[例句]她很懂得~,能看出别人的情绪,不失是一个好的倾诉对象。

【鉴往知来】jiàn wǎng zhī lái
[释义]鉴:审察。往:过去,以往。审察过去,推知将来。[例句]历史就像一面镜子,可以让人~。

【槛猿笼鸟】jiàn yuán lóng niǎo
[释义]槛:关禽兽的木笼。槛中之猿,笼中之鸟。比喻受制于人,没有自由。[语见]明·张凤翼《红拂记·相公完偶》:"听他言词多慷慨,想他不甚提防,只是槛猿笼鸟难亲傍。"[例句]成名后他整日被媒体所包围,有如~,失去了自由。

【箭在弦上】jiàn zài xián shàng
[释义]宋·李昉《太平御览》第五百九十七卷引《魏书》记载:陈琳曾替袁绍写过一篇檄文,文中辱骂了曹操的祖父和父亲。袁绍失败后,陈琳归附曹操,曹问陈:"君昔为本初檄书,但罪孤而已,何乃上及父祖乎?"陈琳说:"矢在弦上,不得不发。"比喻事情很紧迫,已经到了非做不可的时候。[例句]两国关系继续恶化,战争已~。

jiang

【江翻海倒】jiāng fān hǎi dǎo
[释义]见"江翻海沸"。[语见]清·钱彩《说岳全传》第二十九回:"虎踞深林,顷刻里江翻海倒,蜂屯三溢,一霎时火烈烟飞。"[例句]一大口酒灌下去,胃里有如~一般,痉挛起来。

【江翻海沸】jiāng fān hǎi fèi
[释义]大江翻倒,海水沸腾。形容声势威力极大。[语见]明·无名氏《哪吒三变》头折:"眼一眼江翻海沸,喝一声地惨天昏。"[例句]这里~,水势十分浩大。

【江汉朝宗】jiāng hàn cháo zōng
[释义]江:长江。汉:汉水。朝宗:诸侯朝见天子。借指百川汇集,顺流入海。比喻大势所趋,人心所向。[语见]《尚书·禹贡》:"江汉朝宗于海。"孔安国传:"二水经此州而入海,有似于朝,百川以海为宗。宗,尊也。"[例句]从飞机上向下望去,可见~,奔流入海。

【江河日下】jiāng hé rì xià
[释义]江河:指江河之水。日:一天天。下:水流由地势高处向低处流。江河之水一天天由高处流向低处。喻指事物一天天坏下去,情况越来越糟。[语见]清·宗山《词学集成序》:"词之为道,自李唐沿及两宋,滥觞厥制,渐至纷纭歧出,有江河日下之慨。"[例句]受伤后,他的竞技状态~,已渐渐失去主力位置。

【江河行地】jiāng hé xíng dì
[释义]江河奔流在陆地上。指规律使然,不可改变。[语见]清·郑燮《焦山别峰庵雨中无事书寄舍弟墨》:"岂得为日月经天,江河行地哉!"[例句]几千年来,人类对于知识的探索有如~,万古不废。

【江郎才尽】jiāng láng cái jìn
[释义]才:才能、才智。尽:耗完、用完、枯竭。江郎:南朝梁江淹。江淹少年多才,所写诗文深受时人推崇。年老后,诗文水准日下,时人谓之"才尽",意思是说江郎才思已经枯竭。喻指文思枯竭。[语见]南朝梁·钟嵘《诗品·齐光禄江淹》:"初,淹罢宣城郡,遂宿冶亭,梦一美丈夫,自称郭璞,谓淹曰:'我有笔在卿处多年矣,可以见还。'淹探怀中,得五色笔以授之。尔后为诗,不复成语。故世传江淹才尽。"[例句]有人认为他~,已经拍不出好电影了。

【江郎才掩】jiāng láng cái yǎn
[释义]见"江郎才尽"。[语见]清·褚人获《隋唐演义》第三十六回:"炀帝好大喜

功,每事自恃有才,及至征蛮草诏,便觉江郎才掩。"[例句]他已经好几年没出新书了,是不是有些~了?

【江山半壁】jiāng shān bàn bì
[释义]见"半壁江山"。[语见]清·筱波山人《爱国魂》:"难怪他江山半壁且因循,究何曾卧薪尝胆,起一度风云阵。"[例句]如今~已沦落到敌人手中,国家、民族到了危机存亡的关键时刻。

【江山不老】jiāng shān bù lǎo
[释义]高山大河千古长存,永不衰老。比喻为祝人长寿。[语见]宋·林外《洞仙歌》词:"今来古往,物是人非,天地里,唯有江山不老。"[例句]人们纷纷祝愿老人家~,福如东海!

【江山如故】jiāng shān rú gù
[释义]山河大地面貌还是原来的样子。多用以反衬人事兴衰变化极大。[语见]明·胡文焕《泰和记·苏子瞻泛月游赤壁》:"叹兴亡,江山如故,何处觅曹郎。"[例句]看着眼前的废墟,他不禁感叹~,英雄迟暮。

【江山如画】jiāng shān rú huà
[释义]江山:山川,山河,常指代疆土,国土。形容祖国的大好山河像画一样美丽。[语见]宋·张孝祥《水调歌头·桂林中秋》词:"千里江山如画,万井笙歌不夜,扶路看遨头。"[例句]这里四季如春,~,是个旅游的好地方。

【江山易改,本性难移】jiāng shān yì gǎi,běn xìng nán yí
[释义]山河大自然易发生变化,人的本性却难以改变。极言人的禀赋天性难于改造。易,也作"可"。[例句]闻到饭香,八戒禁不住流出了口水。真是~。

【江山之恨】jiāng shān zhī hèn
[释义]指祖国河山沦亡敌手的仇恨。[语见]唐·陈熙晋《骆侍御传》:"万里烟波,举目有江山之恨。"[例句]作者历经多年战乱,思想上深受刺激,于是写下了不少抒发~的诗文。

【江山之异】jiāng shān zhī yì
[释义]江山:指疆土。疆土的主人变

了,山河也似乎改变了。[语见]唐·房玄龄等《晋书·王导传》:"周颛中坐而叹曰:'风景不殊,举目有江山之异。'"[例句]如今国土沦丧,放眼望去,举目皆为~。

【江天一色】jiāng tiān yī sè
[释义]形容江水辽阔,水天相接。[语见]唐·张若虚《春江花月夜》:"空里流霜不觉飞,汀上白沙看不见,江天一色无纤尘,皎皎空中孤月轮。"[例句]凭栏远眺,可以饱览~的壮丽景色。

【江心补漏】jiāng xīn bǔ lòu
[释义]江心:江水中心,远离岸边之处。补:修补。漏:漏洞,缝隙。到江心才修补船上的漏洞。比喻救祸已迟,无济于事。[语见]元·关汉卿《救风尘》第一折:"恁时节船到江心补漏迟,烦恼怨他谁。"[例句]现在才后悔,真是~,已经太晚了。

【江洋大盗】jiāng yáng dà dào
[释义]江洋:指江河海洋。盗:盗贼。指专门在江海中抢掠的强盗。[语见]明·凌濛初《初刻拍案惊奇》第十九卷:"遇着几只江洋大盗的船,各执器械,团团围住。"[例句]经过三天三夜的连续追捕,警方终于擒获了这个~。

【将本图利】jiāng běn tú lì
[释义]将:用,拿。本:本钱,用来做生意、生利息的资财。图:谋取。利:利息,利润。用本钱通过交易获得利润。[语见]元·无名氏《刘弘嫁婢》第一折:"可不道吃酒的望醉,放债的图利,也则是将本图利来。"[例句]银行贷款是~,必须要衡量风险。

【将错就错】jiāng cuò jiù cuò
[释义]将:顺从、依从。就:迁就。顺着已经错的事情,再迁就错误,做下去。[例句]事已至此,咱们只好~,硬着头皮做下去了。

【将功补过】jiāng gōng bǔ guò
[释义]将:用,拿。补:补偿、弥补。过:过错、过失。用功劳补偿过失。[语见]宋·薛居正等《旧五代史·钱镠传》:"既容能改之非,许降自新之路,将功补过,舍

J

短从长。"[例句]上次由于我的失误给公司造成了损失,这次请大家给我一个～的机会。

【将功赎罪】 jiāng gōng shú zuì
[释义]将:用,拿。赎:弥补。拿功劳抵罪过。[语见]晋·陈寿《三国志·吴书·凌统传》:"(孙)权壮其果毅,使得以功赎罪。"[例句]希望给我一个～的机会,我愿意凭我一点儿浅薄的医术,好好为世人做点事。

【将功折过】 jiāng gōng zhé guò
[释义]见"将功补过"。[语见]元·李直夫《虎头牌》第三折:"既然他复杀了一阵,夺的人口牛羊马匹回来了,这等呵将功折过,饶了他项上一刀。"[例句]我一定～,争取挽回企业的声誉。

【将功折罪】 jiāng gōng zhé zuì
[释义]见"将功赎罪"。[语见]元·无名氏《谢金吾》第三折:"我这两个孩儿,当日有功,今日有罪,也合将功折罪。"[例句]如果你能帮助我们破案,～,有可能免于坐牢。

【将机就机】 jiāng jī jiù jī
[释义]利用可乘之机做某事。[语见]元·尚仲贤《柳毅传书》第三折:"今日虽不成这桩亲事,后日还要将机就机,报答他的大恩。"[例句]临行前他再三叮嘱我要～,千万不能鲁莽行事。

【将机就计】 jiāng jī jiù jì
[释义]将:利用。机:时机。计:计谋,策略。利用时机向对方施计。[例句]幸亏他～,果断地采取了措施,使企业财产免受损失。

【将计就计】 jiāng jì jiù jì
[释义]将:用。把对方的计策当作自己的计策,来对付对方。[语见]元·李文蔚《圯桥进履》第三折:"若是与他交锋,我那里近得他。将计就计,不好则说是好。"[例句]警方～,借送钱的机会抓获了绑架分子。

【将虾钓鳖】 jiāng xiā diào biē
[释义]比喻以较小代价取得较大利益。[语见]元·无名氏《普天乐·嘲风情》曲:

"姐姐每将虾钓鳖,哥哥每撩蜂剔蝎。"[例句]她最爱～,占别人的小便宜。

【将心比心】 jiāng xīn bǐ xīn
[释义]将:拿,用。拿自己的心情比照对方的心情。指设身处地地为别人着想,体会他人心情。[语见]《朱子语类·大学三》第十六卷:"俗语所谓将心比心,如此则各得其平矣。"[例句]～,只有懂得尊重别人,反过来才能得到别人的尊重。

【将信将疑】 jiāng xìn jiāng yí
[释义]将:且,又。又有点相信,又有点怀疑。[语见]唐·李华《吊古战场文》:"其存其没,家莫闻知,人或有言,将信将疑。"[例句]客户抱着～的态度,试用了这种产品。

【姜太公钓鱼,愿者上钩】 jiāng tài gōng diào yú,yuàn zhě shàng gōu
[释义]姜太公:姜尚,字子牙。西周初年,帮助周武王伐纣的功臣。《武王伐纣平话》载:姜尚钓于渭水,直钩钓鱼,不用鱼饵,离水面三尺,自言道:"负命者上钩来!"后用"姜太公钓鱼,愿者上钩"比喻甘心情愿去做可能吃亏上当的事。[例句]他是～,专等那些愿意花钱买虚名的人前来上当。

【讲信修睦】 jiǎng xìn xiū mù
[释义]修:建立。相互讲究信用,建立和睦关系。[语见]《礼记·礼运》:"讲信修睦,谓之人利;争夺相杀,谓之人患。"[例句]他们努力营造诚实守法、～的市场公平竞争氛围。

【匠心独运】 jiàng xīn dú yùn
[释义]匠心:巧妙的心思。独:独到。运:运用。独到地运用巧妙的构思去做某事。形容艺术构思的独创性。多指文学艺术的创作。[语见]唐·王士源《孟浩然集序》:"学不考儒,务掇精华,文不按古,匠心独妙。"[例句]这篇文章看上去似乎信手拈来,其实却是～、妙手回天的大手笔。

【匠遇作家】 jiàng yù zuò jiā
[释义]匠:有专长的技工。作家:能

手,行家。比喻双方本领不相上下。[语见]元·无名氏《定时捉将》第三折:"铫期,今日棋逢对手,匠遇作家也。你是好武艺为魁,我和你再战几百合。"[例句]今天有幸遇到你,真是棋逢对手,～。

【降格以求】jiàng gé yǐ qiú
[释义]格:标准、规格。降低标准去寻求或要求。[例句]她宁可终身不嫁,也绝不～。

【降贵纡尊】jiàng guì yū zūn
[释义]纡:屈抑。指降抑尊贵的地位。[语见]梁·简文帝《昭明太子集序》:"降贵纡尊,躬刊手掇。"[例句]毕竟是有求于人,他也不得不暂时～,说几句好话。

【降心相从】jiàng xīn xiāng cóng
[释义]降:降低,压抑。委屈心意服从别人。[语见]《左传·僖公二十八年》:"今天诱其衷,使皆降心以相从也。"[例句]买房子是全家人的事情,只要妻子中意,他也只能～了。

【降志辱身】jiàng zhì rǔ shēn
[释义]降低志向,辱没身份。形容与世俗同流合污。[语见]《论语·微子》:"谓柳下惠、少连,降志辱身矣。"[例句]你才受了这么一点点委屈就～,真是令人失望。

【将门出将】jiàng mén chū jiàng
[释义]见"将门有将"。[例句]真是相门有相,～,他的篮球打得这么好,真不愧是您的儿子。

【将门有将】jiàng mén yǒu jiàng
[释义]将帅之家出将帅。[语见]汉·司马迁《史记·孟尝君列传》:"文闻将门必有将,相门必有相。"[例句]所谓～,什么样的葫芦出什么样的瓢,父母会是孩子人生的第一任教师。

jiao

【交臂失之】jiāo bì shī zhī
[释义]交臂:两人胳膊相碰,擦肩而过。形容当面错过或失去好机会。[语见]《庄子·田子方》:"吾终身与汝交一臂而

失之。"[例句]她来找他,他临时有事离开了,结果两人再次～。

【交口称誉】jiāo kǒu chēng yù
[释义]见"交口荐誉"。[例句]众人对他纯熟的技艺无不～。

【交口荐誉】jiāo kǒu jiàn yù
[释义]交口:大家一同说。众人异口同声地称赞。[语见]唐·韩愈《柳子厚墓志铭》:"诸公要人……交口荐誉之。"[例句]该产品赢得了国内外用户的～。

【交洽无嫌】jiāo qià wú xián
[释义]洽:协商。嫌:猜疑。原指父子之间共事协商,没有猜疑。后也指双方关系密切,互相信任。[语见]唐·韩愈《顺宗实录》卷一:"于父子之间慈孝,交洽无嫌。"[例句]我和他～,亲密无间,合作得十分默契。

【交浅言深】jiāo qiǎn yán shēn
[释义]交:交情,交往。言:交谈,谈话。深:与"浅"相对,深切、诚恳。交情虽浅,言谈却很深切诚恳。[语见]《战国策·赵策四》:"客有见于服子者,已而请其罪。服子曰:'公之客独有三罪:望我而笑,是狎也;谈语而不称师,是倍也,交浅而言深,是乱也。'"[例句]第一次见面,不宜～,盘根究底地探问别人的隐私。

【交头接耳】jiāo tóu jiē ěr
[释义]交:贴近、靠近、挨近。接:贴近、接近。两个人的头靠在一起,嘴挨近耳朵。指人与人挨得很近,私下议论或说些悄悄话。[语见]《前汉春秋平话》:"筵上不得交头接耳。"[例句]大家必须严格遵守考场纪律,不准～。

【娇生惯养】jiāo shēng guàn yǎng
[释义]娇:过分疼爱。惯:姑息,纵容。在家人们的过分宠爱和姑息中成长。[语见]清·曹雪芹《红楼梦》第二十九回:"快带了那孩子来,别唬着他。小门小户的孩子,都是娇生惯养惯了的,那里见过这个势派?"[例句]她是董事长的独生女,从小就～。

【骄傲自满】jiāo ào zì mǎn
[释义]满足于已有的成就,自认为了不

起。[语见] 宋·王明清《挥麈后录》第八卷:"(徐师川)既登宥密,颇骄傲自满。"[例句] 刚刚取得了一点点成绩,千万别～。

【骄兵必败】 jiāo bīng bì bài

[释义] 骄兵:骄傲轻敌的军队。骄傲轻敌的军队必定打败仗。[语见] 汉·班固《汉书·魏相传》:"恃国家之大,矜民人之众,欲见威于敌者,谓之骄兵,兵骄者灭。"[例句] 才打了一场小小的胜仗就如此得意,小心～。

【骄奢淫佚】 jiāo shē yín yì

[释义] 见"骄奢淫逸"。[语见] 唐·许嵩《建康实录》第十一卷:"进退俯仰,如值绳准,骄奢淫佚,无自入矣。"[例句] 回顾历史,历来的统治阶级最终都是因为～而丢了江山。

【骄奢淫逸】 jiāo shē yín yì

[释义] 骄:骄横、骄狂。奢:奢侈。淫:荒淫。逸:同"佚",放荡。指骄横、奢侈、淫荡、颓废的生活。[语见] 五代后晋·刘昫等《旧唐书·柳泽传》:"石碏曰:'臣闻爱子,教之以义方,不纳于邪,骄奢淫逸,所自邪也。'"[例句] 自从他掌握财政大权之后,便开始放纵自己,沉溺于～的生活之中。

【胶柱鼓瑟】 jiāo zhù gǔ sè

[释义] 柱:瑟上用以调音的短木。鼓:弹奏。弹奏琴瑟时,用胶把瑟上调音的柱粘住。比喻做事拘泥死板,不知灵活变通。[语见] 汉·司马迁《史记·廉颇蔺相如列传》:"王以名使括,若胶柱而鼓瑟耳。括徒能读其父书传,不知合变也。"[例句] 医生给病人开处方,应因时、因地、因人制宜,不可～,一成不变。

【教猱升木】 jiāo náo shēng mù

[释义] 猱:一种猴。教猴子爬树。比喻教唆坏人做坏事。[语见]《诗经·小雅·角弓》:"毋教猱升木,如涂涂附。"朱熹集传:"猱,猕猴也。性善升木,不待教而能也。"[例句] 你这么做简直是在～、养虎噬人,真是愚不可及。

【蛟龙得水】 jiāo lóng dé shuǐ

[释义] 蛟龙:古代传说中的无角龙。传说蛟龙得水以后便能兴风作浪,飞腾升天。比喻有才能的人们得到了施展才能的机会。[语见]《管子·形势》:"蛟龙待得水而后立其神,人主待得民而后成其威,故曰:蛟龙得水而神可立也。"[例句] 被调到这个新岗位之后,她犹如～,终于能够施展自己的才干了。

【蛟龙得云雨】 jiāo lóng dé yún yǔ

[释义] 见"蛟龙得水"。[例句] 自从去年被任命为外事部经理后,他好像～,才华得以充分施展。

【焦熬投石】 jiāo áo tóu shí

[释义] 焦熬:东西因久煮而枯焦。用焦熬的东西投掷在石头上。比喻自取毁灭。[语见]《荀子·议兵》:"桓、文之节制不可以敌汤、武之仁义,有遇之者,若以焦熬投石焉。"[例句] 拿这样的阵容去跟对方较量,如同～,明天的比赛必败无疑。

【焦金流石】 jiāo jīn liú shí

[释义] 使金属烧焦,使石头熔化。形容极其炎热。[语见] 南朝梁·刘峻《辨命论》:"是以放勋之世,浩浩襄陵;天乙之时,焦金流石。"李善注:"《吕氏春秋》曰:'成汤之旱,煎沙烂石。'《楚辞》曰:'十日并出,流金砾石。'"[例句] 在这酷热无比、～的沙漠中旅行,真是非常辛苦。

【焦沙烂石】 jiāo shā làn shí

[释义] 沙被烧焦,石被烧烂。形容酷热。[语见] 汉·董仲舒《春秋繁露·循天之道》:"为寒则凝冰裂地,为热则焦沙烂石。"[例句] 无边的沙漠,～,令人望而却步。

【焦头烂额】 jiāo tóu làn é

[释义] 焦头:烧焦头部。烂额:烧烂额部。本指救火时面部被火烧伤的样子,后用以比喻十分狼狈、窘迫的样子。[例句] 最近烦心事儿特别多,弄得我～。

【焦心劳思】 jiāo xīn láo sī

[释义] 形容心情忧虑焦急。[语见] 宋·司马光《进五规状·远谋》:"臣窃见国家每边境有急,羽书相衔,或一方饥馑饿莩盈野,则庙堂之上,焦心劳思,忘寝废食

以忧之。"[例句]他为这件事～,始终放不下心来。

【蕉鹿之梦】jiāo lù zhī mèng
[释义]《列子·周穆王》载:有一个打柴的人,打死了一只鹿,他把鹿藏在沟里,上面盖上蕉叶。后来取鹿时却忘了地方,他迷迷糊糊地以为是做了一个梦。后用以比喻梦幻或真假莫辨。[语见]《列子·周穆王》:"郑人有薪于野者,遇骇鹿,御而击之,毙之。恐人见之也,遽而藏诸隍中,覆之以蕉,不胜其喜。俄而遗其所藏之处,遂以为梦焉。顺途而咏其事,傍人有闻者,用其言而取之。"[例句]回想刚刚发生的这些事情,她总觉得恍恍惚惚,似～。

【爝金流石】jiāo jīn liú shí
[释义]见"爝金烁石"。[语见]唐·姚思廉《梁书·刘峻传》:"是以放勋之代,浩浩襄陵;天乙之时,爝金流石。"[例句]屋外骄阳似火,～,正是一天中最热的时候。

【爝金烁石】jiāo jīn shuò shí
[释义]使金石熔化。形容酷热。[语见]北齐·刘昼《刘子新论·大质》:"大热煊赫,爝金烁石。"[例句]这儿连续好几个月都不下雨,天天艳阳高照,～,真让人受不了。

【狡兔三窟】jiǎo tù sān kū
[释义]窟:洞穴。狡猾的兔子有很多藏身的洞穴。比喻用以避祸藏身的地方多。现多用于贬义。也作"狡兔三穴""三窟狡兔"。[语见]《战国策·齐策四》:"狡兔有三窟,仅得免其死耳。"[例句]这个罪犯～,怎么抓都抓不到。

【绞尽脑汁】jiǎo jìn nǎo zhī
[释义]形容用尽了心思,想尽了一切办法。[例句]尽管我已～,但还是搞不懂这篇文章的用意。

【矫矫不群】jiǎo jiǎo bù qún
[释义]矫矫:翘然出众的样子。不群:卓异不凡。指才华出众,很不平凡。[例句]在这群人中,他是个～的才子。

【矫情干誉】jiǎo qíng gān yù
[释义]掩饰真情希求名誉。[语见]明·凌濛初《二刻拍案惊奇》第二十四卷:"其余凡贪官、污吏、富室、豪民及矫情干誉、欺世盗名种种之人,无不随业得报,一一不爽。"[例句]这件事既然已经做了,又何必～,回来道歉。

【矫情饰貌】jiǎo qíng shì mào
[释义]矫情:掩饰真情。掩饰真情,故作姿态。[语见]北齐·魏收《魏书·恩倖传序》:"夫令色巧言,矫情饰貌,邀眄睐之利,射咳唾之私,此盖苟进之常也。"[例句]他最不相信的就是这些～的政客。

【矫情饰行】jiǎo qíng shì xíng
[释义]见"矫情饰貌"。[语见]唐·魏徵《隋书·炀帝纪下》:"每矫情饰行,以钓虚名,阴有夺宗之计。"[例句]更有一些～的伪君子,口灿莲花却心如蛇蝎,背地里干着见不得人的坏事。

【矫情饰诈】jiǎo qíng shì zhà
[释义]矫情:掩饰真情。掩饰真情而以诈术骗人。[语见]南宋·朱熹《与宰执札子》:"伏念熹昨以蒙恩进职,辄具辞免,非敢矫情饰诈,罔上盗名。"[例句]一想到即将与这个～的人打交道,就让他头疼不已。

【矫情镇物】jiǎo qíng zhèn wù
[释义]矫情:故意克制情感。形容故作镇定。[语见]唐·房玄龄等《晋书·谢安传》:"玄(谢玄)等既破坚(苻坚),有驿书至,安方对客围棋。看书既竟,便摄放床上,了无喜色,棋如故。客问之,徐答云:'小儿辈遂已破贼。'既罢,还内,过户限,心喜甚,不觉屐齿之折。其矫情镇物如此。"[例句]论在赌场中～的功夫,很难有人能比得上他。

【矫情自饰】jiǎo qíng zì shì
[释义]矫情:掩饰真情。掩饰真情,粉饰自己。[语见]晋·陈寿《三国志·魏书·陈思王植传》:"文帝御之以术,矫情自饰,宫人左右,并为之说,故遂定为嗣。"[例句]在这种场合下,要善于～。

【矫揉造作】jiǎo róu zào zuò
[释义]矫:使弯曲的变成直的。揉:使直

的变弯曲。造作:做作,不自然。形容过分做作,极不自然。[例句]这出戏的女主角～,表演很失败。

【矫若惊龙】jiǎo ruò jīng lóng
[释义]形容灵活得像游龙一样。常用于状写笔势、舞姿等。[语见]唐·房玄龄等《晋书·王羲之传》:"尤善隶书,为古今之冠,论者称其笔势,以为飘若浮云,矫若惊龙。"[例句]中国书法讲究疏密有致,一气呵成,气韵毕现,上乘书法应给人以飘若游云、～的感觉。

【矫若游龙】jiǎo ruò yóu lóng
[释义]见"矫若惊龙"。[语见]明·梅鼎祚《玉合记·义妬》:"看他矫若游龙,超逾集乌。……夜月红楼,树下霓裳出月。是好舞也。"[例句]台上的武术运动员轻盈潇洒,～,博得了场下一阵阵热烈的掌声。

【矫世变俗】jiǎo shì biàn sú
[释义]矫世:纠正世风。纠正世俗风气。[语见]元·脱脱等《宋史·王安石传》:"安石议论高奇,能以辨博济其说,果于自用,慨然有矫世变俗之志。"[例句]看到社会风气日益堕落,他决心带领大家～,扭转世风。

【矫世励俗】jiǎo shì lì sú
[释义]矫世:纠正世风。纠正世风,勉励淳厚的民俗。[语见]宋·王禹偁《四皓庙碑》:"远害全身,矫世励俗。清泉洗耳,紫芝充腹。"[例句]他上任以后,决心～,推进社会发展。

【矫饰伪行】jiǎo shì wěi xíng
[释义]掩饰自己,行为虚伪。[语见]宋·陈师道《后山诗话》:"某公用事,排斥端士,矫饰伪行。"[例句]这帮～的家伙说一套做一套,根本不可信。

【矫枉过正】jiǎo wǎng guò zhèng
[释义]矫:改正、纠正。枉:弯曲。矫正弯曲的东西超过了限度,结果又弯向了另一方。比喻纠正错误或偏差超过了一定的限度,而又导致了另一种错误或偏差。[语见]南朝宋·范晔《后汉书·仲长统传》:"逮至清世,则复入于矫枉过正之

检。"[例句]适度减肥有助健康,但也不能～,拒绝所有的脂肪。

【矫枉过直】jiǎo wǎng guò zhí
[释义]见"矫枉过正"。[语见]宋·秦观《财用上》:"士大夫矫枉过直,邈然以风裁自持,不复肯言财利之事。"[例句]对他如此重罚,似乎有些～了。

【矫邪归正】jiǎo xié guī zhèng
[释义]见"改邪归正"。[语见]唐·房玄龄等《晋书·吕光等载记论》:"向使矫邪归正,革伪为忠,……则燕秦之地可定,桓文之功可立。"[例句]虽然从此我将～,但曾经犯下的过错已无法弥补。

【矫言伪行】jiǎo yán wěi xíng
[释义]虚假的言论行为。[语见]宋·秦观《论议下》:"矫言伪行之人,弊车羸马,窜伏岩冗,以幸上之爵禄。"[例句]他的～恐怕欺骗了不少人。

【脚踏两只船】jiǎo tà liǎng zhī chuán
[释义]比喻做事不专心,干着这件同时又干那件,也形容投机取巧,两样都占着。[例句]做人要实在些,你这样投机取巧,～,是会失去别人对你的信任的。

【脚踏实地】jiǎo tà shí dì
[释义]比喻做事踏实、认真、不浮夸。[语见]元·孙仲章《勘头巾》第三折:"大古是脚踏实地,你从来本性我须知。"[例句]我们欢迎的是 ～ 的实干家。

【搅海翻江】jiǎo hǎi fān jiāng
[释义]见"倒海翻江"。[语见]元·无名氏《三出小沛》第三折:"手中枪搅海翻江,杀的他三军弃命。"[例句]爆炸引发了地震和海啸,一时间山摇地动,～。

【叫苦不迭】jiào kǔ bù dié
[释义]见"叫苦连天"。[语见]明·冯梦龙《醒世恒言》第二十八卷:"只见靠壁一个蓬头孩子,曲着身子,睡得不自在。夫人暗暗叫苦不迭。"[例句]这种劣质产品在使用过程中故障百出,令用户～。

【叫苦连天】jiào kǔ lián tiān
[释义]形容不断地发出痛苦的叫喊。[语见]明·冯梦龙《喻世明言》第三十

六卷:"王恺大惊,叫苦连天。"[例句]连续地加班加点,让所有工作人员～。

【教无常师】 jiào wú cháng shī
[释义]教:受教育。常:固定。受教育不一定有固定的老师。指凡是有长处的人,都可以做老师。[语见]《尚书·咸有一德》:"德无常师,主善为师。"[例句]～,生活中应当虚心好学,凡事不懂就应该多请教别人。

【教学相长】 jiào xué xiāng zhǎng
[释义]教和学双方相辅相成,互相促进。后多指老师和学生之间,互相促进,共同提高。[语见]《礼记·学记》:"是故学然后知不足,教然后知困。知不足然后能自反也,知困然后能自强也,故曰教学相长也。"[例句]的确是～,在我为学生传授知识的同时,学生发表的见解,提出的疑问,也给了我许多启发,让我对许多问题的理解比过去更深刻了。

jie

【接二连三】 jiē èr lián sān
[释义]一个接着一个,连续不断。[语见]清·李宝嘉《官场现形记》第三十三回:"谁料后来接二连三的,竟其弄了好几个长差使在身上,一天到晚忙个不了。"[例句]上个月这个路段～发生了好几起车祸。

【接袂成帷】 jiē mèi chéng wéi
[释义]袂:衣袖。帷:帷幕。衣襟可以接成帷幕。形容城市繁华,人口众多。[语见]《战国策·齐策一》:"临淄之途,车毂击,人肩摩,连衽成帷,举袂成幕,挥汗成雨。"[例句]商场里～,人潮汹涌。

【接绍香烟】 jiē shào xiāng yān
[释义]见"接续香烟"。[语见]明·冯梦龙《醒世恒言》第二十卷:"挣得这些少家私,却不曾生得个儿子,传授与他,接绍香烟。"[例句]在这个封建思想浓厚的家庭中长大,似乎～成了他婚姻的首要目的。

【接续香烟】 jiē xù xiāng yān
[释义]接续:接替延续。香烟:祭祀祖先时所燃的烟香。旧时比喻生养子孙,使家族繁衍不断。[语见]清·石玉昆《三侠五义》第二十七回:"官人既然作了官,总以接续香烟为重,从此要早毕婚姻,成家立业要紧。"[例句]奶奶一直盼着他尽快娶妻生子,～。

【接应不暇】 jiē yìng bù xiá
[释义]见"应接不暇"。[语见]清·李汝珍《镜花缘》第八十五回:"普席又要吃酒,未免令人接应不暇了。"[例句]今天来了这么多客人,他忙着招待,有些～了。

【接踵比肩】 jiē zhǒng bǐ jiān
[释义]踵:脚后跟。脚后跟跟着脚跟,肩膀挨着肩膀。形容人非常多。[语见]唐·韦嗣立《论职官多滥疏》:"夫竞趋者,人之常情;侥幸者,人之所趣。而今务进不避侥幸者,接踵比肩,布于文武之列。"[例句]重新开放的这条商业街流光溢彩,往来人群～,热闹非凡。

【接踵而来】 jiē zhǒng ér lái
[释义]踵:脚后跟。接踵:脚跟跟着脚跟。脚跟脚地到来。形容人多相继不断,也形容事情接连不断地发生。[语见]《战国策·秦策四》:"韩、魏父子兄弟接踵而死于秦者,百世矣。"[例句]这一小股侦察部队经过之后,恐怕后面会有大批军队～。

【接踵而至】 jiē zhǒng ér zhì
[释义]踵:脚后跟。一个跟着一个到来。形容很多人接连来到。[语见]《新编五代史平话·唐史下》:"是日唐主大军接踵而至。"[例句]奥运会开幕之后,赛场上的捷报一件又一件～。

【揭竿而起】 jiē gān ér qǐ
[释义]揭:高举。竿:旗杆。高高举起旗帜,奋起反抗。原形容秦末农民起义时的情况,后泛指起义。[语见]汉·贾谊《过秦论》:"揭竿为旗,斩木为兵。"[例句]他们～,宣布起义。

【嗟悔何及】 jiē huǐ hé jí
[释义]见"嗟悔无及"。[例句]我本来是好心把旅游的机会让给他,没想到却

J

发生了车祸,真是让人～。

【嗟悔无及】 jiē huǐ wú jí
[释义] 叹气和后悔已经来不及了。形容为时已晚。[语见]《尚书·盘庚上》:"汝悔身何及!"[例句] 没想到会是这样的结果,真是令人～。

【嗟来之食】 jiē lái zhī shí
[释义] 嗟:招呼声,相当于现代汉语中的"喂"。原指因怜悯人饥饿,而不客气地呼人来吃的食物。现用来表示带侮辱性的施舍。[语见]《礼记·檀弓下》:"齐大饥,黔敖为食于路,以待饿者而食之。有饿者,蒙袂辑屦,贸贸然来。黔敖左奉食,右执饮,曰:'嗟!来食。'扬其目而视之曰:'予唯不食嗟来之食,以至于斯也!'从而谢焉,终不食而死。"[例句] 有骨气的人是绝不会接受这种～的。

【街道巷陌】 jiē dào xiàng mò
[释义] 见"街巷阡陌"。[语见] 宋·吴自牧《梦粱录·诸色杂货》第十三卷:"遇新春,街道巷陌,官府差顾淘渠人沿门通渠。"[例句] 今天是情人节,～到处都是售卖鲜花的小贩。

【街头市尾】 jiē tóu shì wěi
[释义] 见"街头巷尾"。[语见] 宋·释普济《五灯会元·云门偃禅师法嗣》:"师曰:'今日未吃茶上堂诸人会么,但向街头市尾屠儿魁刽地狱镬汤处会取若恁么。'"[例句] 这种流窜商贩～到处都是,很难管理。

【街头巷尾】 jiē tóu xiàng wěi
[释义] 巷:胡同。泛指大街小巷。[语见] 宋·释普济《五灯会元·神鼎禅师法嗣》:"问:'如何是学人亲切处?'师曰:'慈母抱婴儿。'曰:'如何是学人转身处?'师曰:'街头巷尾。'"[例句] 一到晚上,～到处都是纳凉散步的人。

【街巷阡陌】 jiē xiàng qiān mò
[释义] 阡陌:小路。大街小巷各处地方。[语见] 汉·荀悦《前汉纪·哀帝纪》:"至京师又聚会祀西王母,设祭于街巷阡陌。"[例句] 奥运会正在如火如荼地进行,～,所有人都在议论与奥运有关的

话题。

【孑然无依】 jié rán wú yī
[释义] 孤独一人,无依无靠。[语见] 明·瞿佑《剪灯新话·姚公子传》:"妻去来数月,而聘金又尽,左顾右盼,孑然无依,将自卖其身,而苦无主者。"[例句] 这个～的孤女多么渴望家庭的温暖啊!

【孑然一身】 jié rán yī shēn
[释义] 孑然:孤单。孤零零一个人。[语见] 宋·周辉《清波杂志》第八卷:"岁月滋久,根深蒂结,生育男女,于义有不可负者,兼渠孑然一身,无所依倚,处性不能自立。"[例句] 妻子去世后,他～生活了二十年。

【节哀顺变】 jié āi shùn biàn
[释义] 节哀:节制哀思。顺变:顺应变故。指亲人既已去世,不要过于哀痛。用作吊唁之辞。[语见]《礼记·檀弓下》:"丧礼,哀戚之至也;节哀,顺变也,君子念始之者也。"[例句] 老人已经去世了,请你～。

【节俭躬行】 jié jiǎn gōng xíng
[释义] 见"节俭力行"。[语见] 清·顾炎武《骊山行》诗:"贤妃助内咏《鸡鸣》,节俭躬行迈往古。"[例句] 此人执政长达五十多年,素以～谦恭下士而著称。

【节俭力行】 jié jiǎn lì xíng
[释义] 生活节俭,勤奋努力。[语见] 汉·司马迁《史记·管晏列传》:"以节俭力行重于齐,既相齐,食不重肉,妾不衣帛。"[例句] 他生前～,特别痛恨那些谋不义之财的人。

【节食缩衣】 jié shí suō yī
[释义] 节:节省。缩:减。指在生活上省吃俭用,力求节约。[语见] 宋·朱熹《刘氏墨庄记》:"(先君子)节食缩衣,悉力营聚,至绍兴壬申岁而所谓数千卷者,始复其旧。"[例句] 他们整日～,原来是想省下钱来买房子。

【节用爱人】 jié yòng ài rén
[释义] 节约用度,爱护百姓。[语见] 唐·高郢《谏造章敬寺书》:"陛下若节用爱人,当与夏后齐驾,何必劳心动众,而

踵梁武之遗风乎?"[例句]孟子继承了孔子~的思想,主张轻徭薄赋。

【节用厚生】 jié yòng hòu shēng
[释义]节省开支,厚待生民。[语见]唐·杨炯《梓州官僚赞·参军中山张曼伯赞》:"谦谦曼伯,不逾规矩,节用厚生。"[例句]他主张政府应当~,增加老百姓的收入。

【节用裕民】 jié yòng yù mín
[释义]节约用度,使人民富裕。[语见]《荀子·富国》:"足国之道,节用裕民,而善臧(藏)其余。"[例句]我们要~,继续严格控制政府部门的开支。

【劫富济贫】 jié fù jì pín
[释义]劫:抢夺。济:帮助。抢夺富人的财物以帮助穷苦的人。[语见]清·曾朴《孽海花》第三十五回:"老汉平生最喜欢劫富济贫,抑强扶弱,打抱不平。"[例句]该剧描写了七十年前一批侠义之士除暴安良、~的传奇故事。

【洁己爱人】 jié jǐ ài rén
[释义]洁身自好,爱护他人。[语见]清·张廷玉等《明史·刘魁传》:"所至洁己爱人,扶植风教。"[例句]在任期间,他~、尽忠尽职,深得下属的尊敬和爱戴。

【洁己奉公】 jié jǐ fèng gōng
[释义]保持自身廉洁,一心奉行公事。[语见]南朝梁·沈约《宋书·林邑传》:"法令肃齐,文武毕力,洁己奉公,以身率下。"[例句]他~,从不私取百姓分文。

【洁清不污】 jié qīng bù wū
[释义]洁清:纯洁,清白。污:同"污"。保持自己纯洁清白的品德,不同流合污。[语见]唐·韩愈《与李翱书》:"独安能使我洁清不污,而处其所可乐哉!"[例句]人如果没有私欲,品格自然高尚而~。

【洁身自爱】 jié shēn zì ài
[释义]见"洁身自好"。[例句]他呼吁年轻人远离毒品,~。

【洁身自好】 jié shēn zì hào
[释义]保持自身清白,不同流合污。也

指怕招惹是非,只顾自己好,不管别人。[例句]在军阀混战、政治腐败的时期,他作为官员,能~,实在可贵。

【洁言污行】 jié yán wū xíng
[释义]洁净的言辞,污秽的行为。形容言行不一,表里相违。[语见]汉·桓宽《盐铁论·褒贤》:"大夫曰:'文学言行,虽有伯夷之廉,不及柳下惠之贞,不过高瞻下视,洁言污行,觞酒豆肉。'"[例句]这人光是嘴上说的好听,坏事照做,真是~,令人不齿。

【结草衔环】 jié cǎo xián huán
[释义]结草:将草系结绊住人的脚。衔环:指用嘴叼着玉环。《左传·宣公十五年》载:晋国大夫魏颗之父死,魏将父之遗妾改嫁,而不让殉葬,后魏与秦国杜回作战,"颗见老人,结草以亢(抗)杜回",杜因而被捉获。魏夜梦此老人说:"余,所嫁妇人之父也……余是以报。"南朝宋·范晔《后汉书·杨震传》李贤注引《续齐谐记》载:东汉杨宝救了一只黄雀,某夜有一黄衣童子以白环四枚相报,谓当使其子孙洁白,位登三事,有如此环。后杨宝子、孙、曾孙皆显贵。后将"结草""衔环"连用,表示感恩报德,至死不忘。[例句]这辈子我报不了恩,来世~也要报答你。

【结党营私】 jié dǎng yíng sī
[释义]党:这里指由于私人利害关系而结成的集团。营:经营。私:私利。指结成集团谋求私利。[语见]清·纪昀《阅微草堂笔记·滦阳消夏录四》:"此辈结党营私,朋求进取,以同异为爱恶,以爱恶为是非……"[例句]这些人相互串通、~,给公司造成了很大损失。

【结驷连骑】 jié sì lián qí
[释义]驷:四匹马拉的车。骑:一人骑一马称为"骑"。车子成队,马匹相连。形容达官贵人出行时的阔气排场。[语见]汉·司马迁《史记·货殖列传》:"子贡结驷连骑,束帛之币以聘享诸侯,所至国君无不分庭与之抗礼。"[例句]路上~,一看便知是有达官贵人经过。

【桀骜不恭】 jié ào bù gōng
[释义] 见"桀骜不逊"。[例句] 这些年我教过的学生多了,却从没见过你这样～的。

【桀骜不驯】 jié ào bù xùn
[释义] 桀骜:性情暴烈、倔强。驯:驯服。形容性情暴烈,不服从管教约束。[语见] 汉·班固《汉书·匈奴传》:"其桀骜尚如斯,安肯以爱子为质乎?"[例句] 这个孩子从小就～我行我素,连父母都管不住。

【桀骜不逊】 jié ào bù xùn
[释义] 桀骜:性情暴烈、倔强。逊:恭顺。比喻性格暴烈、倔强,或态度傲慢,不顺从。[例句] 她发现在他～的外表下,其实有着一颗善良的心。

【桀骜难驯】 jié ào nán xùn
[释义] 见"桀骜不驯"。[语见] 清·赵尔巽《清史稿·土司六·甘肃》:"惟是生息蕃庶,所分田土多鬻民间,与民错杂而居,联姻而社,并有不习土语者。故土官易制,绝不类蜀、黔诸土司桀骜难驯也。"[例句] 没想到这个学生如此～,着实让老师头疼不已。

【桀逆放恣】 jié nì fàng zì
[释义] 桀:凶暴。放恣:放纵、任性。形容凶暴放纵。[语见] 南朝宋·范晔《后汉书·孔融列传》:"窃闻领荆州牧刘表桀逆放恣,所为不轨,至乃郊祭天地,拟仪社稷。"[例句] 他这人～,根本听不进别人的意见。

【桀犬吠尧】 jié quǎn fèi yáo
[释义] 桀:夏朝最后的一个君主,残暴凶恶。尧:传说中的远古时代的圣君。意思是暴君畜养的狗咬圣君,即恶人的狗咬好人。比喻奴才为主子效劳,不问善恶好坏。[语见] 唐·房玄龄等《晋书·康帝纪》:"桀犬吠尧,封狐嗣乱,方诸后羿,曷若斯之甚也。"[例句] 别人的诽谤在我眼中只不过是～而已。

【捷足先得】 jié zú xiān dé
[释义] 见"捷足先登"。[语见] 清·孔尚任《桃花扇·迎驾》:"自古道:'中原逐鹿,捷足先得,我们不可落他人之后。'"[例句] 等他挤上公共汽车,发现所有的座位早已被别人～。

【捷足先登】 jié zú xiān dēng
[释义] 捷:快。脚步快的先到达。比喻行动敏捷,先达到目的。[语见] 清·叶稚斐《吉庆图·会赴》:"所谓秦人失鹿,捷足先登。"[例句] 这家跨国公司以其先进的经营理念和敏锐的目光,～,抢占了中国市场。

【截长补短】 jié cháng bǔ duǎn
[释义] 截:切断,割断。把长的部分切下来,以补充短的部分。比喻用多余补不足,用长处补短处。[语见] 清·赵尔巽《清史稿·姚祖同传》:"迨工员报销,截长补短,薪合成例,言官以浮冒入奏。"[例句] 我们要通过与同类企业的不断交流,～,增强企业的国际竞争力。

【截发留客】 jié fà liú kè
[释义] 截发:剪断头发。留客:款留来客。唐·房玄龄《晋书·陶侃母湛氏传》载:晋朝鄱阳孝廉范逵来陶侃家里投宿,陶侃家境很穷,一时之间,无法留客,母湛氏把自己的头发,截剪了一绺,秘密卖给了邻居,得钱操持饭食,款待来客。后范逵知道了这件事,叹曰:"非此母不生此子。"后人用以称赞女性的美德。[例句] 他的夫人对我们这些客人非常热情,真有～的美意。

【截然不同】 jié rán bù tóng
[释义] 截然:界限分明,像割断一样。形容两种事物毫无共同之处。[例句] 这两种观点～,不知道哪一个才是对的。

【竭尽全力】 jié jìn quán lì
[释义] 竭:尽。用尽全部的力量。[例句] 虽然已～,医生还是没能挽救她的生命。

【竭泽而渔】 jié zé ér yú
[释义] 竭:尽。泽:聚水的地方。渔:捕鱼。把水排尽来捕鱼。比喻做事只顾眼前利益,不计后果。[语见]《吕氏春秋·义赏》:"竭泽而渔,岂不获得,而明年无鱼。"[例句] 西部地区在经济发展上必须

合理开发和利用资源,绝不能～,把资源耗尽。

【竭智尽忠】 jié zhì jìn zhōng
[释义]竭:尽。智:才智。忠:忠诚。竭尽才智和忠诚。指毫无保留地贡献出自己的智慧和忠贞。[语见]战国楚·屈原《卜居》:"屈原既放,三年不得复见,竭智尽忠。"[例句]出征前他表示,自己和自己的部队一定会～,全力保卫国土安全。

【解兵释甲】 jiě bīng shì jiǎ
[释义]兵:兵器。甲:盔甲。放下兵器,卸下盔甲。比喻不再战斗。[语见]明·无名氏《伐晋兴齐》第四折:"解兵释甲,社稷宁谧,黎民乐业。"[例句]他劝说对方的士兵～,放弃抵抗。

【解骖推食】 jiě cān tuī shí
[释义]骖:在两旁驾车的马。推食:送上食物。解下车旁的马匹,换取食物送给人。指以财物救人之急。[语见]宋·苏东坡《洗玉池铭》:"维伯时父,吊古啜泣,道逢玉人,解骖推食。"[例句]关键时刻多亏他～救了我一命,否则今天你就见不到我了。

【解发佯狂】 jiě fà yáng kuáng
[释义]解:把束缚着的东西打开。散开头发假装疯癫。[语见]《韩诗外传》第六卷:"比干谏而死。箕子曰:'知不用而言,愚也;杀身以彰君子恶,不忠也。二者不可然且为之,不祥莫大焉!'遂解发佯狂而去。"[例句]火灾发生后,肇事者～,企图逃避惩罚。

【解放思想】 jiě fàng sī xiǎng
[释义]指打破旧框框,把思想从各种束缚中解放出来。[例句]在发言中他反复提出,应不断～,推进改革。

【解甲倒戈】 jiě jiǎ dǎo gē
[释义]见"解甲投戈"。[语见]唐·魏徵《隋书·越王杨侗传》:"若王师一临,旧章暂眷,自应解甲倒戈,冰消叶散。"[例句]由于敌人纷纷～,放弃了阵地,战事的进展十分顺利。

【解甲归田】 jiě jiǎ guī tián
[释义]脱去铠甲,回乡种田。指军人离开军队,回乡务农。也泛指离开官职,回家不干了。[例句]在社区岗位上工作了38年的老张终于～,马放南山了。

【解甲释兵】 jiě jiǎ shì bīng
[释义]见"解兵释甲"。[语见]明·冯梦龙《东周列国志》第六十七回:"庆氏有马,惊而逸走,军士逐而得之,乃尽絷其马,解甲释兵,共往观优。"[例句]经过多方协调,对峙的两方终于～,不再言战。

【解甲投戈】 jiě jiǎ tóu gē
[释义]卸掉盔甲,放下兵器,比喻不再战斗。[语见]汉·扬雄《解嘲》:"叔孙通起于袍鼓之间,解甲投戈,遂作君臣之仪,得也。"[例句]在我军强大兵力的威慑下,敌人纷纷～。

【解甲休兵】 jiě jiǎ xiū bīng
[释义]见"解甲休士"。[语见]北周·庾信《周柱国楚国公岐州刺史慕容公神道碑》:"黔中方定,旋军反旆,解甲休兵。"[例句]虽然是和平时期,但也不能～,遣散军队。

【解甲休士】 jiě jiǎ xiū shì
[释义]卸下盔甲让士兵休息。比喻不再战斗。[语见]汉·张衡《西岳华山堂阙碑铭》:"虽昔萧相辅佐之功,功冠群后,弗以加之,遂解甲休士,阵而不战。"[例句]为了避免不必要的伤亡,这名指挥官决定～,放弃抵抗。

【解铃还须系铃人】 jiě líng hái xū xì líng rén
[释义]宋·惠洪《林间集》卷下载:法灯泰钦禅师少聪悟,未为人知,独法眼禅师深看重。一日,法眼问大家:"虎项下金铃,何人解得?"众人无以对。适泰钦至,法眼用前语问他,泰钦曰:"众人何不道:'系者解得。'"由是人人刮目相看。后用"解铃还须系铃人"比喻由谁引起的问题仍由谁去解决。[例句]这是一个技术难题,～,你直接咨询系统设计者吧。

【解囊相助】 jiě náng xiāng zhù
[释义]囊:口袋。打开口袋,拿出钱财来帮助别人。形容慷慨助人。[例句]幸

亏那天有你～,我才不至于露宿街头。

【解衣推食】 jiě yī tuī shí

[释义] 推:送。解下自己的衣服给别人穿,把自己的饭送给别人吃。形容慷慨地给人以帮助和关心。[语见] 汉·司马迁《史记·淮阴侯列传》:"汉王授我上将军印,予我万成众,解衣衣我,推食食我,言听计从,故吾得以至于此。"[例句] 她自己也不宽裕,却依然～帮助邻家的老人渡过难关。

【戒备森严】 jiè bèi sēn yán

[释义] 戒备:警戒,防备。森严:谨慎严密。警戒防备得非常谨慎严密。[例句] 监狱守卫～,普通人根本进不去。

【戒骄戒躁】 jiè jiāo jiè zào

[释义] 戒:防备,提防。骄:骄傲。提防骄傲和急躁。告诫人不要骄傲,也不要急功近利。[例句] 他勉励获奖者～,争取更大的成绩。

【借刀杀人】 jiè dāo shā rén

[释义] 比喻自己不出面,利用别人去害人。[语见] 明·汪廷讷《三祝记·造陷》:"恩相明日奏(范)仲淹为环庆路经略招讨使,以平元昊,这所谓借刀杀人。"[例句] 警方怀疑有人～,所以继续调查,希望能找出幕后凶手。

【借风使船】 jiè fēng shǐ chuán

[释义] 比喻凭借外力企图达到自己的目的。[语见] 清·曹雪芹《红楼梦》第九十一回:"今见金桂所为,先已开了端了,他便乐得借风使船,先弄薛蝌到手,不怕金桂不依,所以用言挑拨。"[例句] 我们要抓住这次考察的契机,～,找到解决困扰企业发展的难题。

【借古讽今】 jiè gǔ fěng jīn

[释义] 借:假托。讽:讽刺。假托古代的事物来讽刺当今现实。[例句] 导演采用黑色喜剧的手法～,表明自己反战的论点。

【借花献佛】 jiè huā xiàn fó

[释义] 比喻拿别人的东西做人情。[语见] 元·萧德祥《杀狗劝夫》楔子:"柳(隆卿)云:'既然哥哥有酒,我借花献佛,与哥哥上寿咱!'"[例句] 这是一个国外朋友送我的邮票,～转送给你,希望你能喜欢。

【借交报仇】 jiè jiāo bào chóu

[释义] 借:帮助。指帮助别人报仇。[语见] 汉·司马迁《史记·游侠列传·郭解传》:"(解)以躯借交报仇,藏命作奸剽攻。"[例句] 他愿意为自己的挚友两肋插刀,～,就算牺牲生命也在所不惜。

【借尸还魂】 jiè shī huán hún

[释义] 迷信的人认为人死后,灵魂可以附在别人的尸体上而复活。现比喻已经没落或死亡的事物借助别的事物又以另一种形式出现。[语见] 元·岳伯川《铁拐李》第四折:"你众人听着,这的是李屠的尸首,岳寿的魂灵,我着他借尸还魂来。"[例句] 在一些偏远地区,某些愚昧的人至今相信人死之后可以～。

【借水行舟】 jiè shuǐ xíng zhōu

[释义] 比喻凭借外力而达到自己的目的。[语见] 清·石玉昆《三侠五义》第四十六回:"我家老爷乃是一个清官,并无许多银两,又说小人借水行舟,希图这三百两银子,将我打了二十板子。"[例句] 他们利用企业联营,～,很快便扭转了亏损局面。

【借题发挥】 jiè tí fā huī

[释义] 发挥:将意思充分表达出来。借着某件事为题目来表达自己的观点。现指借另外的事物表达自己的见解。[语见] 清·石玉昆《七侠五义》第四十八回:"圣上即借题发挥道:'你为何叫盘桅鼠?'"[例句] 他在讲授古诗时,常常～,对我们谈起人生的哲理。

【借箸代筹】 jiè zhù dài chóu

[释义] 箸:筷子。筹:筹码,计算数量的标签。引申为筹划、计划。表示代人划。[例句] 这时候真希望有人～,替我出个主意。

jin

【斤斤计较】 jīn jīn jì jiào

[释义] 斤斤:明察的样子。引申指专注

于琐细的事物。形容在小事上纠缠不休。现指过分计较个人得失，纠缠在琐细的事情上。[语见]《诗经·周颂·执竞》："自彼成康，奄有四方，斤斤其明。"[例句]既然他已经承认了错误，也就不必跟他～了。

【今不如昔】jīn bù rú xī

[释义]现在不如过去。多表示对世事的慨叹。[语见]宋·吴曾《能改斋漫录·冷斋不读书》："洪觉范《冷斋夜话》，谓山谷谪宜州，殊坦夷，作诗曰：'老色日上面，欢悰日去心，今既不如昔，后当不如今。'"[例句]他是个复古主义者，对现实抱着悲观的态度，总是感叹～，人心不古。

【今愁古恨】jīn chóu gǔ hèn

[释义]有感于古今的愁闷和遗憾的情绪。形容愁恨深远。[语见]唐·白居易《题灵岩寺》诗："今愁古恨入丝竹，一曲凉州无限情。"[例句]眼前这凄凉的景象，使得～一齐涌上他的心头。

【今非昔比】jīn fēi xī bǐ

[释义]昔：过去。现在不是过去所能比得上的。形容变化很大。[语见]宋·崔与之《崔清献公集·与循州宋守书》："循为南中佳郡，今非昔比矣。"[例句]这座城市的发展日新月异，早已是～。

【今是昨非】jīn shì zuó fēi

[释义]今：指现在。昨：指过去。形容人觉悟过来，悔恨以前的错误。[语见]晋·陶潜《陶渊明集·归去来辞》："实迷途其未远，觉今是而昨非。"[例句]戒掉毒瘾后，他终于找到了一份工作，过上了正常的生活，心中深感～。

【今月古月】jīn yuè gǔ yuè

[释义]指月亮古今如一，而人事代谢无常。[语见]唐·李白《把酒问月》诗："今人不见古时月，今月曾经照古人。"[例句]看着眼前衰败的景象，他不禁感慨～，物是人非。

【今朝有酒今朝醉】jīn zhāo yǒu jiǔ jīn zhāo zuì

[释义]朝：早晨。今朝：指今天。今天有酒今天喝醉了再说。意思是追求享乐，不管其他。也比喻只顾眼前，不做长远打算。[语见]唐·罗隐《自遣》诗："今朝有酒今朝醉，明日愁来明日愁。"[例句]～，以后的事情以后再说吧。

【金榜题名】jīn bǎng tí míng

[释义]金榜：科举时代公布殿试录取名单的黄榜。题：写上。名字写在金榜上。指科举殿试被录取。后泛指考试被录取。[语见]明·洪楩《清平山堂话本·陈巡检梅岭失妻记》："旬日之间，金榜题名，已登三甲进士。"[例句]小张寒窗苦读多年，就是为了有朝一日能～，考上大学。

【金碧辉煌】jīn bì huī huáng

[释义]金：金色。碧：翠绿色。金碧：原指国画颜料中的泥金、石青和石绿。辉煌：光彩夺目。形容建筑物装饰得堂皇华丽，光彩夺目。[语见]明·冯梦龙《醒世恒言》第三十七卷："进了门楼，只见殿宇廊庑，一划的金碧辉煌，耀睛夺目，俨如天宫一般。"[例句]坐落在山顶上的这座大寺，～，雄伟壮观。

【金碧荧煌】jīn bì yíng huáng

[释义]见"金碧辉煌"。[语见]宋·罗大经《鹤林玉露》补遗："充王假山成，请宫僚观之。姚坦熟视曰：'此血山耳。'开宝塔成，田锡上疏曰：'众以为金碧荧煌，臣以为涂膏衅血。'"[例句]真没想到在这沙漠之中，竟有这么一座～的宫殿。

【金蝉脱壳】jīn chán tuō qiào

[释义]金蝉：即知了。由幼虫变为成虫时要脱去其外壳。比喻用计脱逃而使对方不能及时发觉。[语见]明·吴承恩《西游记》第二十回："这个叫做'金蝉脱壳计'，他将虎皮盖在此，他却走了。"[例句]为躲避媒体，准备度蜜月的王储不得已使出了～之计。

【金城汤池】jīn chéng tāng chí

[释义]金城：像金属铸造的城墙。汤池：像开水翻滚的护城河。形容城防坚固严密，不易攻破。[语见]汉·班固《汉书·蒯通传》："皆为金城汤池，不可攻也。"颜师

古注："金以喻坚,汤喻沸热不可近。"
[例句] 这里依山建造,宛如～,难以被攻克。

【金翅擘海】 jīn chì bò hǎi
[释义] 金翅:印度佛家传说中的怪鸟名。擘:分剖。如同金翅鸟以翅将海水分开一样。比喻诗文雄健有力,精深透彻。[语见]《法苑珠林·受报》:"若卵生金翅鸟,飞下海中,以翅搏水,水即两披。"[例句] 他的作品雄健大气,内容精辟,有如～、香象渡河。

【金刚努目】 jīn gāng nǔ mù
[释义] 努目:把眼睛张大,眼珠突出。形容面目威猛可畏。[语见] 宋·李昉《太平广记》第一百七十四卷引庞元英《谈薮》:"隋吏部侍郎薛道衡,尝游钟山开善寺,谓小僧曰:'金刚何为努目,菩萨何为低眉?'小僧答曰:'金刚努目,所以降伏四魔;菩萨低眉,所以慈悲六道。'道衡抚然不能对。"[例句] 大殿左右两侧陈列着许多雕像,有的低眉微笑,有的则～,十分吓人。

【金刚怒目】 jīn gāng nù mù
[释义] 见"金刚努目"。[例句] 他手拿一根木棒冲了进来,～地瞪着我,口里还大声嚷嚷着。

【金戈铁马】 jīn gē tiě mǎ
[释义] 金戈:古代用青铜或铁制成的一种兵器。铁马:配有铁甲的战马。形容兵强马壮的军队。也借指战争,或形容战场上纵横驰骋的雄姿。[语见] 宋·欧阳修《新五代史·李袭吉传》:"金戈铁马,蹂践于明时。"[例句] 在经历了多年～的军旅生涯之后,他感到身心疲惫。

【金谷酒数】 jīn gǔ jiǔ shù
[释义] 金谷:金谷园,晋朝石崇修建于洛阳。酒数:指喝酒时罚酒的斗数。泛指宴会上每次罚酒三杯的常例。[语见] 晋·石崇《金谷诗序》:"遂各赋诗,以叙中怀,或不能者,罚酒三斗。"[例句] 今天迟到的人,一律按～罚酒,谁也不能例外。

【金鼓连天】 jīn gǔ lián tiān
[释义] 金鼓:金钲和战鼓,古代作战时用以发号令,助军威。金钲和战鼓响彻云霄。形容军威甚盛或战斗激烈。[语见] 明·陈汝元《金莲记·焚券》:"金鼓连天,喊声震地,不是赤眉啸聚,定为碧眼横行,待我出门一看,便知端的。"[例句] 正在此时,只听～,喊声震地,一群敌兵杀奔过来。

【金鼓齐鸣】 jīn gǔ qí míng
[释义] 金:钲。军中的钲和鼓一齐响。指古代军队演习、作战时敲钲擂鼓助长声威。[语见] 明·郭勋《英烈传》第四十一回:"前边金鼓齐鸣,想是有贼人截战。"[例句] 两军阵前,～,人喊马嘶,杀得天昏地暗。

【金鼓喧天】 jīn gǔ xuān tiān
[释义] 见"金鼓连天"。[语见] 明·冯梦龙《东周列国志》第十七回:"公子偃命军中举火,一时金鼓喧天,直前冲突。"[例句] 看着《三国演义》,我的脑海中浮现出了那时～的战争场面。

【金壶墨汁】 jīn hú mò zhī
[释义] 指最珍贵的书画用品。[语见] 晋·王嘉《拾遗记·周灵王》:"周灵王时,浮提之国献神通善书二人,乍老乍少,隐形则出声,闻声则隐形,出肘间金壶四寸,上有五龙检,封以青泥,壶中有墨汁如淳漆,洒地及石,皆成篆隶科斗之字。"[例句] 他的书房里～倒是不少,不知他的书法造诣究竟如何。

【金浆玉醴】 jīn jiāng yù lǐ
[释义] 浆:酒。醴:甜酒;甘泉。旧指仙药,今指美酒。[例句] 他捧着这碗水,仿佛是～,缓缓地送入口中,一滴未剩。

【金科玉律】 jīn kē yù lǜ
[释义] 科、律:法律条文。原指完美的法律条文。后指不能变更的条规。[语见] 汉·扬雄《剧秦美新》:"懿律嘉量,金科玉条。"[例句] 我们不能把束缚生产力发展的旧章奉为～,而应大胆创新和变革。

【金科玉条】 jīn kē yù tiáo
[释义] 见"金科玉律"。[例句] 对她来

说,医生的指点无疑是～,需要时刻铭记在心。

【金口木舌】 jīn kǒu mù shé

[释义] 以金为口,以木为舌。本指古代宣布政教法令的木铎,即以木为舌的铜铃。后借喻传道布经的人。[语见] 汉·扬雄《法言·学行》:"天之道不在仲尼乎?仲尼驾说者也;不在兹儒乎? 如将复驾其所说,则莫若使诸儒金口而木舌。"[例句] 此人是该教宣扬教义的～,本地的老百姓非常敬重他。

【金口玉言】 jīn kǒu yù yán

[释义] 旧指出自皇帝或尊贵者之口的话。后用作恭维别人的话或泛指说的话不能改变。[语见] 明·冯梦龙《醒世恒言》第二卷:"拜舞已毕,天子金口玉言,问道:'卿是许武之弟乎?'晏、普叩头应诏。"[例句] 这些学生向来把校长说的话看成是～。

【金兰之契】 jīn lán zhī qì

[释义] 金:金属。兰:多年生常绿草本植物,花清香。契:投合。指情意相投的朋友。后也指结拜的兄弟。[语见] 南朝宋·刘义庆《世说新语·贤媛》:"山公(山涛)与嵇(康)阮(籍)一面,契若金兰。"[例句] 他们俩多年来一起在商界奋斗,患难与共,成为～。

【金兰之友】 jīn lán zhī yǒu

[释义] 比喻意气相投的好友。[语见]《周易·系辞上》:"二人同心,其利断金;同心之言,其臭如兰。"[例句] 来参加晚会的,都是他的～。

【金马玉堂】 jīn mǎ yù táng

[释义] 金马:汉代未央宫的门名,汉武帝使学士待诏门前,以备顾问。玉堂:古代官署名,汉代侍中有玉堂署,宋代以后翰林院也称玉堂。旧指翰林院或翰林学士。才学卓著的被进擢为金马、玉堂。后为官宦显赫的代称。[语见] 汉·扬雄《解嘲》:"今吾子幸得遭明盛之世,处不讳之朝,与群贤同行,历金门上玉堂有日矣。"[例句] 他们家可是～的翰林之家。

【金迷纸醉】 jīn mí zhǐ zuì

[释义] 比喻骄奢淫逸、腐朽糜烂的生活方式。[语见] 宋·陶谷《清异录·金迷纸醉》:"痛医孟斧,昭宗时常以方药入侍。唐末,窜居蜀中,以其熟于宫故,治居宅法度奇雅,有一小室,窗牖焕明,器皆金纸,光莹四射,金采夺目。所亲见之,归语人曰:'此室暂憩,令人金迷纸醉。'"[例句] 他终日沉醉于那种～的生活中,精神却是极度空虚。

【金瓯无缺】 jīn ōu wú quē

[释义] 金瓯:盛酒器,借指国土。比喻国土完整。[语见] 唐·李延寿《南史·朱异传》:"我国家犹若金瓯,无一伤缺。"[例句] 我们发誓坚守阵地,确保～。

【金漆马桶】 jīn qī mǎ tǒng

[释义] 用金漆漆过的漂亮马桶。讽刺服饰华丽而无才缺德的人。[语见] 清·文康《儿女英雄传》第三十四回:"一个个不管肚子里一团粪草,只顾外面打扮得美服华冠,可不像个金漆马桶。"[例句] 一些有真才实学的人才被埋没,而一些～、绣花枕头却因具备了某种规定的条件而在那里滥竽充数,这样的情况在企业里并不鲜见。

【金舌弊口】 jīn shé bì kǒu

[释义] 金舌:比喻会说话。弊:破。会说话的人说破了口。形容好话说尽。[语见]《荀子·正论》:"金舌弊口,犹将无益也。"杨惊注:"金舌:以金为舌。金舌弊口,喻不言也。"[例句] 他根本听不进任何人的意见,你去劝他只能是～,枉费心机。

【金声玉振】 jīn shēng yù zhèn

[释义] 金:指钟。玉:指磬。原是孟子对孔子的赞誉,说孔子德才兼备,好像奏乐,以钟发声,以磬收韵,集众音之大成。后比喻才学卓绝。[语见]《孟子·万章下》:"孔子之谓集大成,集大成也者,金声而玉振之也。金声也者,始条理也;玉振之也者,终条理也。"[例句] 先生学贯东西,～,是我们的榜样。

【金石不渝】 jīn shí bù yú

[释义] 像金石一样不可改变。形容坚守盟约、节操等。[语见] 宋·欧阳修《除

J

许怀德制》："於戏！享爵禄之崇高，荷宠灵之优渥，挺金石不渝之操。"[例句] 我们一定～，继续遵守两国达成的盟约。

【金石交情】jīn shí jiāo qíng
[释义] 见"金石之交"。[语见] 明·胡文焕《群音类选·葛衣记·到既渝盟》："丝梦契合原非强，为甚把金石交情一旦忘。"[例句] 上大学时他们同住一室，由于爱好、性情相近，逐渐结成～，情谊极深。

【金石为开】jīn shí wéi kāi
[释义] 像金、石那样坚硬的东西也被裂开。比喻对人真诚，能产生极大的感动力量。也比喻意志坚定，能克服一切困难。[语见] 汉·刘向《新序·杂事四》："昔者楚熊渠子夜行见寝石以为伏虎，关弓射之，灭矢饮羽，下视知石也。却复射之，矢摧无迹。熊渠子见其诚心而金石为开，况人心乎？"[例句] 相信自己，只要真心诚意，～，你一定能打动对方。

【金石之坚】jīn shí zhī jiān
[释义] 像金石一样坚固。[语见] 汉·枚乘《七发》："虽有金石之坚，犹将销铄而挺解也。"[例句] 这儿酷热无比，纵有～，恐怕也会被烤化。

【金石之交】jīn shí zhī jiāo
[释义] 比喻坚贞不渝的友情。[语见] 汉·班固《汉书·淮阴侯传》："今足下虽自以为与汉王为金石交。"[例句] 他们是～，无论面对怎样的威逼利诱，都不会出卖对方。

【金石之言】jīn shí zhī yán
[释义] 见"金玉良言"。[语见] 清·褚人获《隋唐演义》第十一回："兄长金石之言，小弟当铭刻肺腑。"[例句] 您的每句话都是～，我无论如何也不会忘记的。

【金石至交】jīn shí zhì jiāo
[释义] 见"金石之交"。[语见] 清·洪楝园《后南柯·招驸》："卑人与令兄金石至交，今与娘子又琴瑟永好，想是前缘分定呢。"[例句] 几十年的风风雨雨，使他们结成了同生死、共患难的～。

【金题玉躞】jīn tí yù xiè
[释义] 金题：泥金书写的题签。玉躞：系缚卷轴用的襟带上的玉别子。形容书画或书籍装潢得极其精美。[语见] 明·方以智《通雅·器用》："《书史》云：'隋唐藏书，皆金题玉躞。'"[例句] 这部～的大型画册一经出版便获得了很高的评价。

【金童玉女】jīn tóng yù nǚ
[释义] 原指道家侍奉仙人的童男童女，后指天真无邪的男女孩童。[语见] 唐·徐彦伯《幸白鹿观应制》诗："金童擎紫药，玉女献青莲。"[例句] 殿正面是一尊巨大的铜像，左右则侍立着～。

【金屋藏娇】jīn wū cáng jiāo
[释义] 娇：原指汉武帝刘彻的表妹陈阿娇。后泛指貌美的女子。原指汉武帝要用黄金铸成的屋子纳阿娇作妇。后指特别宠爱某一美貌女子，也特指纳妾。[语见] 汉·班固《汉武故事》："（胶东王）数岁，长公主嫖抱置膝上，问曰：'儿欲得妇不？'胶东王曰：'欲得妇。'长公主指左右长御百余人，皆云不用。末指其女问曰：'阿娇好不？'于是乃笑对曰：'好！若得阿娇作妇，当作金屋贮之也。'"[例句] 贾琏的～之举最终还是被王熙凤发现了。

【金吾不禁】jīn wú bù jìn
[释义] 金吾：古代官名，掌管京城的戒备防务。禁：制止。本指古代元宵节开放夜禁，后亦泛指没有夜禁，通宵出入无阻。[语见] 清·李汝珍《镜花缘》第三十二回："三人又到处观看花灯，访问筹算。好在此地是金吾不禁，花灯彻底不绝，足足游了一夜。"[例句] 这几天～，再晚些也能通行。

【金相玉质】jīn xiàng yù zhì
[释义] 相：外貌，形象。形容人或物内外俱美。[语见] 汉·王逸《离骚序》："所谓金相玉质，百世无匹，名垂罔极，永不灭者矣。"[例句] 这款产品无论是外观还是性能都非常优秀，真可谓～，表里如一。

【金玉良言】jīn yù liáng yán
[释义] 金玉：黄金和美玉。像黄金美玉一样宝贵而醇正的话。比喻非常宝贵的

劝告或教诲。[语见]清•李宝嘉《官场现形记》第十一回:"邹太爷一看苗头不对,赶紧陪着笑脸道:'老哥哥教导的话,句句是金玉良言。'"[例句]老师的一番～令我心中豁然开朗。

【金玉满堂】jīn yù mǎn táng
[释义]形容财富丰厚。后也比喻才学超众,或用以比喻事事吉祥。[语见]《老子》第九章:"金玉满堂,莫之能守。"[例句]他们家是家财万贯,～。

【金玉其外,败絮其中】jīn yù qí wài,bài xù qí zhōng
[释义]指虚有其表,而内里败坏。多用于比喻人或物外表好而本质劣。[语见]明•刘基《卖柑者言》:"观其坐高堂,骑大马,醉醇醴而饫肥鲜者,孰不巍巍乎可畏,赫赫乎可象也?又何往而不金玉其外,败絮其中也哉?"[例句]他们合伙投资的这家公司不过是～——不重视人才的公司,如何能够办得长久?

【金玉其质】jīn yù qí zhì
[释义]质:品质。指人的品质如金似玉,无比高尚。[语见]清•李汝珍《镜花缘》第一回:"不惟金玉其质,亦且冰雪为心。"[例句]相处久了,我才发现他只是外表高大英俊,而实际上并非～,我的爱情幻想破灭了。

【金玉之言】jīn yù zhī yán
[释义]见"金玉良言"。[语见]明•冯梦龙《醒世恒言》第三十卷:"房德谢道:'恩相金玉之言,某当终身佩铭。'"[例句]这篇文章句句都是～,值得一看。

【金针度人】jīn zhēn dù rén
[释义]金针:传说有个名叫郑采娘的姑娘,七月初七晚祭织女,织女给她一根金针,从此她刺绣的技能更加精巧。后用以比喻秘诀。度:通"渡",过渡,引申为传授。把高超的技艺传授给别人。[语见]金•元好问《论诗》诗:"鸳鸯绣了从教看,莫把金针度与人。"[例句]他把自己成功的诀窍和盘托出,～,着实令人钦敬。

【金枝玉叶】jīn zhī yù yè
[释义]原指珍奇的树枝树叶。后借称帝王子孙。[语见]晋•崔豹《古今注•舆服》:"与蚩尤战于涿鹿之野,常有五色云气金枝玉叶止于帝上。"[例句]王爷家的大小姐,自然是～,受不得半点委屈。

【金字招牌】jīn zì zhāo pái
[释义]商店用金粉涂字的招牌。也比喻向人炫耀的名义或称号。[语见]清•曾朴《孽海花》第二十五回:"珏斋部只出使了一次朝鲜,办结了甲申金玉均一案,又曾同威毅伯和日本伊藤博文定了出兵朝鲜彼此知会的条约,总算一帆风顺,文武全才的金字招牌,还高高挂着。"[例句]好的品牌名就是一面～,是千金难买的永恒广告。

【津津乐道】jīn jīn lè dào
[释义]津津:很有兴趣的样子。乐:喜欢。道:谈论。形容对某件事情很感兴趣,乐于谈论。[例句]那场比赛真精彩,都过去很久了,提起它大家依然～。

【津津有味】jīn jīn yǒu wèi
[释义]津津:形容味道浓厚的样子。形容很有趣味。[语见]明•朱之瑜《朱舜水集•答野书之十七首》:"佳作愈读愈觉津津有味。"[例句]因为饿了,所以大家吃什么都～。

【矜功伐善】jīn gōng fá shàn
[释义]伐善:夸耀自己的长处。夸耀自己的功劳和长处,指人很不虚心。[语见]唐•房玄龄等《晋书•段灼传》:"艾(邓艾)性刚急,矜功伐善,而不能协同朋类,轻犯雅俗,失君子之心。"[例句]他的工作能力很强,可惜喜欢～,经常得罪周围的同事。

【矜纠收缭】jīn jiū shōu liáo
[释义]矜纠:骄躁。收缭:凶暴。形容人急躁暴戾。[语见]《荀子•议兵》:"矜纠收缭之属为之化而调。"[例句]以他～的坏脾气,一定容不得别人胡搅蛮缠。

【矜名妒能】jīn míng dù néng
[释义]见"矜名嫉能"。[例句]在一起工作没多久,她～的本性就暴露无遗。

【矜名嫉能】jīn míng jí néng
[释义]夸耀自己的名声而嫉妒贤能的

人。[语见]汉·崔寔《政论》:"其达者或矜名嫉能,耻善策不从己出,则舞笔奋辞,以破其义。"[例句]有这么一个~的同事,想必你的日子一定不好过吧。

【筋疲力尽】jīn pí lì jìn
[释义]形容身体非常疲劳,一点力气也没有了。[语见]明·冯梦龙《醒世恒言》二十二卷:"我已筋疲力尽,不能行动。"[例句]一个一万米跑下来,我已是~了。

【襟怀坦白】jīn huái tǎn bái
[释义]襟怀:胸怀。形容心地纯洁,光明正大。[例句]讲真话才能取信于人,才算得上~、光明磊落的正派人。

【仅以身免】jǐn yǐ shēn miǎn
[释义]指在危难中只身逃了出来,仅仅免于一死。[语见]唐·房玄龄等《晋书·谢安传》:"难等相率北走,仅以身免。"[例句]一场突如其来的泥石流袭击了这个村庄,他~,匆匆逃了出来。

【紧锣密鼓】jǐn luó mì gǔ
[释义]锣、鼓:打击乐器。锣声敲得急,鼓点打得密。比喻为某事做紧急的准备。[例句]该国正~地筹备奥运会。

【锦囊佳句】jǐn náng jiā jù
[释义]见"锦囊佳制"。[语见]清·沈复《浮生六记·闺房记乐》:"询其故,笑曰:'无师之作,愿得知己堪师者敲成之耳。'余戏题其签曰:'锦囊佳句',不知夭寿之机此已伏矣。"[例句]如此~,一定是出自名家之手。

【锦囊佳制】jǐn náng jiā zhì
[释义]锦囊:用锦做成的袋子,古人多用以放置诗稿或机密文件。佳制:美好的作品。指写得好的诗文。[语见]唐·李商隐《李长吉小传》:"(李贺)恒从小奚奴,骑距驉,背一古破锦囊,遇有所得,即书投囊中。"[例句]这封信没有华丽的辞藻,也没有什么~,只有她发自内心的衷心感谢。

【锦囊妙计】jǐn náng miào jì
[释义]锦囊:用锦做成的袋子。旧小说里常描写足智多谋的人把可能发生的事变和应付事变的方法写好放在锦囊里,让办事的人在遇到紧急情况时拆看,以应付突发的事件。现用以比喻能及时解决问题的好办法。[语见]明·罗贯中《三国演义》第五十四回:"汝保主公入吴,当领此三个锦囊,囊中有三条妙计,依次而行。"[例句]关键时刻幸亏有诸葛亮的~,蜀军才不至于大败而归。

【锦上添花】jǐn shàng tiān huā
[释义]锦:有彩色花纹的丝织品。在有彩色花纹的丝织品上再绣上花。比喻使美好的事物更加美好。[语见]宋·黄庭坚《了了庵颂》:"又要涪翁作颂,且图锦上添花。"[例句]多媒体技术的应用,使得电脑教学~。

【锦心绣腹】jǐn xīn xiù fù
[释义]见"锦心绣口"。[语见]元·汤式《一枝花·冬景题情》套数:"他有那锦心绣腹,我有那冰肌玉骨。"[例句]想到她~,文笔优美,不禁令人心动不已。

【锦心绣口】jǐn xīn xiù kǒu
[释义]形容文思优美,辞藻华丽。[语见]唐·李白《冬日于龙门送从弟京兆参军令问之淮南觐省序》:"常醉目吾友:'兄心肝五脏皆锦绣耶?不然,何开口成文,挥翰雾散?'"[例句]这孩子简直是天生的~,文章写得好极了。

【锦绣河山】jǐn xiù hé shān
[释义]锦绣:精美鲜艳的丝织品。比喻美好的事物。形容河山像锦绣那样美丽。[例句]通过互联网,让你足不出户,就能饱览祖国的~。

【锦绣江山】jǐn xiù jiāng shān
[释义]锦绣:精美华丽的丝织品。江山:江河和山岭,也代指国家。像锦绣那样美丽的江山。[语见]元·白朴《梧桐雨》第二折:"统精兵直指潼关,料唐家无人遮拦,单要抢贵妃一个,非专为锦绣江山。"[例句]漓江,是中国~中一颗璀璨的明珠。

【锦绣前程】jǐn xiù qián chéng
[释义]锦绣:华美鲜艳的丝织品。比喻美好的事物。比喻前程像锦绣一样十分美好,光明灿烂。[语见]刘斯奋《白门

柳》:"怪不得自打杭州见面你就没有好脸色,原来是怪我败坏了你的锦绣前程。"[例句] 让我们携手共进,共创～!

【锦绣山河】jǐn xiù shān hé
[释义] 见"锦绣江山"。[语见] 清·曾朴《孽海花》第一回:"正是华丽境域,锦绣山河,好不动人歆美呀!"[例句] 在我国～的画卷中,有一幅别具迷人情调的热带海岛风情画,那就是南海风光。

【锦绣心肠】jǐn xiù xīn cháng
[释义] 见"锦心绣口"。[语见] 元·鲜于必仁《折桂令·李翰林》小令:"珠玑咳唾,锦绣心肠。"[例句] 这么一个贫穷的家庭,居然诞生了一位～的诗人,真是令人惊讶。

【锦衣玉食】jǐn yī yù shí
[释义] 锦衣:华美的衣服。玉食:珍馐美味的饭食。华美精致的衣食。形容奢侈、豪华的生活。[语见] 北齐·魏收《魏书·常景传》:"锦衣玉食,可颐其形。"[例句] 她不要～的生活,只求他真心相待。

【谨小慎微】jǐn xiǎo shèn wēi
[释义] 小、微:指微小的事情。对细微的小事也采取谨慎小心的态度,以免造成大的损失。现指过分的小心谨慎,以致流于畏缩。[语见] 清·李宝嘉《官场现形记》第五十六回:"可巧抚台是个守旧人,有点糊里糊涂的;而且一向是谨小慎微。"[例句] 尽管他们～,可还是被敌人发现了。

【谨言慎行】jǐn yán shèn xíng
[释义] 说话小心,行动谨慎。[语见]《礼记·缁衣》:"故言必虑其所终,而行必稽其所敝,则民谨于言,而慎于行。"[例句] 对于不熟悉的客户一定要～,不要随意发表没有把握的看法和观点。

【尽瘁鞠躬】jìn cuì jū gōng
[释义] 见"鞠躬尽瘁"。[语见] 明·邱濬《投笔记·班超中选》:"念儒臣不习武功,凭笔舌尽瘁鞠躬,身犹转蓬。"[例句] 他在自己的岗位上为教育事业兢兢业业,～。

【尽瘁事国】jìn cuì shì guó
[释义] 瘁:劳累。竭尽劳苦为国家操劳。[语见]《诗经·小雅·北山》:"或燕燕居息,或尽瘁事国。"[例句] 他一生～,服务于社会,深受广大人民群众的爱戴。

【尽付东流】jìn fù dōng liú
[释义] 见"付之东流"。[语见] 清·西周生《醒世姻缘传》第七十九回:"便就是有缘法的,那缘法尽了,往时的情义尽付东流,还要变成了仇怨。"[例句] 一场突如其来的大火使他所有的投资～。

【尽力而为】jìn lì ér wéi
[释义] 尽力:使出全部力量。为:做……事。尽自己的最大努力去做某事。[语见]《孟子·梁惠王上》:"以若所为求若所欲,尽心力而为之,后必有灾。"[例句] 只要是我力所能及的,我一定～。

【尽美尽善】jìn měi jìn shàn
[释义] 见"尽善尽美"。[语见] 汉·司马迁《史记·吴太伯世家》:"德至矣哉大矣。"裴骃集解引服虔曰:"至,帝王之道极于《韶》也,尽美尽善也。"[例句] 在这里,游客可以得到～的服务。

【尽其所长】jìn qí suǒ cháng
[释义] 尽:全部用出。长:擅长,特长。把所擅长的东西全部发挥出来。[例句] 企业用人要～,充分发挥各人的特点。

【尽其在我】jìn qí zài wǒ
[释义] 尽自己最大的努力做好应做的事情。[语见] 清·王韬《书重刻赮园尺牍后》:"夫今时之所急,亦惟辑强邻御外侮而已,二者要惟先尽其在我耳。"[例句] 凡事只要用心做,～,你的人生就不会有遗憾。

【尽情尽理】jìn qíng jìn lǐ
[释义] 完全符合情理。[例句] 他说得那么诚恳,那么～,使我无法争辩。

【尽人皆知】jìn rén jiē zhī
[释义] 尽:全部,所有。皆:都。所有的人都了解。也作"人所皆知"。[例句] 这首歌如今已是家喻户晓,～。

【尽如人意】jìn rú rén yì
[释义] 尽:全部、所有。如:顺遂,合乎。

全都顺遂人的心意。[例句] 由于时间紧迫,这个主页设计得不~。

【尽善尽美】jìn shàn jìn měi
[释义] 尽:尽头,极点。善:完善。美:完善。非常完善,也非常完美。形容事物非常完美,没有一点儿不足。[语见]《论语·八佾》:"子谓《韶》,尽美矣,又尽善也;谓《武》,尽美矣,未尽善也。"注:《韶》,舜时乐名;《武》,武王时乐名。[例句] 我们将为用户提供优质的产品和~的服务。

【尽所欲言】jìn suǒ yù yán
[释义] 把想说的话全都说出来。[语见] 宋·黄庭坚《与王周彦长书》:"纸穷不能尽所欲言。"[例句] 希望在座的各位~,充分发表自己的意见。

【尽心竭力】jìn xīn jié lì
[释义] 尽:全部,所有。心:心思。竭:尽,完。用尽自己的全部心思和力量。[语见] 南朝梁·沈约《宋书·宗越传》:"帝凶暴无道,而越及谭金、童太壹并为之用命,诛戮群公及何迈等,莫不尽心竭力。"[例句] 本店的全体员工将~,为顾客提供最好的服务。

【尽心尽力】jìn xīn jìn lì
[释义] 费尽心力。[语见] 唐·房玄龄等《晋书·王坦之传》:"且受遇先帝,绸缪缱绻,并志竭忠贞,尽心尽力,归诚陛下,以报先帝。"[例句] 后勤人员一定要~地为大家做好后勤保障工作。

【尽忠报国】jìn zhōng bào guó
[释义] 竭尽忠心报效国家。[语见] 唐·李延寿《北史·颜之仪传》:"公等备受朝恩,当尽忠报国,奈何一旦欲以神器假人!"[例句] 作为军人,他们梦寐以求的最高理想,就是~,建功立业。

【进谗害贤】jìn chán hài xián
[释义] 谗:谗言,说别人的坏话。贤:贤良,指好人。用坏话陷害好人。[例句] 这个卖国贼~,必将受到历史的审判。

【进寸退尺】jìn cùn tuì chǐ
[释义] 前进一寸,后退一尺。比喻所失多于所得。[语见]《老子》第六十九章:

"用兵有言,吾不敢为主而为客,不敢进寸而退尺。"[例句] 这项工程明显是要赔钱的,你再怎样努力,也是~,无济于事。

【进退两难】jìn tuì liǎng nán
[释义] 进:前行。退:后退。两难:两方面都困难。前进、后退都困难。泛指处境困难,左右为难。[语见] 清·夏敬渠《野叟曝言》第三十七回:"长卿听得里面一片哭声,在三堂上进退两难。"[例句] 是继续下去还是放弃? 他无法决定,陷入了~的境地。

【进退失据】jìn tuì shī jù
[释义] 进退都失去依据,即无法进退。[语见] 唐·姚思廉《梁书·王亮、张稷、王莹传》:"《易》曰:'非所据而据之,身必危。'亮之进退,失所据矣。"[例句] 空降部队遭受了袭击,陷于敌军的包围之中,目前~,士气非常低落。

【进退首鼠】jìn tuì shǒu shǔ
[释义] 首鼠:踌躇;进退不定。前进还是后退,犹豫拿不定主意。[语见] 宋·陈亮《与应仲实书》:"又思此别相见定何时,进退首鼠,卒以其所欲求正于仲实者而寓之书。"[例句] 他想走但又不甘心,于是陷入了~的窘境之中。

【进退维谷】jìn tuì wéi gǔ
[释义] 维:语助词,也作"唯""惟"。谷:比喻困境。无论进退,都处在困境之中,即进退两难。[语见]《诗经·大雅·桑柔》:"人亦有言,进退维谷。"[例句] 由于天气突变,探险队被困在半山腰,~。

【进退无据】jìn tuì wú jù
[释义] 前进、后退均无所依靠,比喻进退两难。[语见] 唐·房玄龄等《晋书·周处传》:"邪正失所,进退无据,诚国体所宜深惜。"[例句] 这种情况下,既不能发作,又不能撤身便走,这种~的情景真令他尴尬。

【进退无路】jìn tuì wú lù
[释义] 见"进退无门"。[语见] 宋·洪迈《夷坚丁志·张颜承节》:"妻拊膺大恸曰:'孤困异土,兼乏裹粮,进退无路,不如死。'抱幼子投江中。"[例句] 他们腹背受

敌,～。

【进退无门】 jìn tuì wú mén
[释义]前进后退均无路,形容处境困难,无处容身。[语见]元·关汉卿《救风尘》第三折:"则为他满怀愁,心间愁,做的个进退无门。"[例句]你们现在～,若不想死,就快快投降吧!

【进贤任能】 jìn xián rèn néng
[释义]见"举贤任能"。[语见]明·冯梦龙《东周列国志》第二十回:"治兵训武,进贤任能,以公族屈完为贤,使为大夫。"[例句]我在这个职位上就应当～,为公司多多选拔优秀的人才。

【近水楼台先得月】 jìn shuǐ lóu tái xiān dé yuè
[释义]靠近水边的楼台,先得到月光。比喻由于近便而得到利益。[语见]宋·俞文豹《清夜录》:"范文正公镇钱塘,兵官皆被荐,独巡检苏麟不见录,乃献诗云:'近水楼台先得月,向阳花木易为春。'"[例句]地铁线竣工后,经营沿线房地产的公司～,生意比以前红火多了。

【近在咫尺】 jìn zài zhǐ chǐ
[释义]咫:古代八寸为咫。形容离得很近。[语见]宋·苏轼《杭州谢上表》:"而臣猥以末技,日奉讲帷,凛然威光,近在咫尺。"[例句]这里与城市主干道～,车辆进出非常方便。

【近朱者赤,近墨者黑】 jìn zhū zhě chì, jìn mò zhě hēi
[释义]朱:朱砂。靠近朱砂容易变成红色,靠近墨容易变黑。比喻客观环境对人的成长变化有很大的影响。[语见]晋·傅玄《太子少傅箴》:"夫金木无常,方圆应形,亦有隐括,习以性成,故近朱者赤,近墨者黑;声和则响清,形正则影直。"[例句]～,你一定要注意孩子都结交哪些人。

【浸明浸昌】 jìn míng jìn chāng
[释义]浸:本指水逐渐浸透。引申为逐渐,趋于。逐渐明显而至于昌盛。[语见]汉·班固《汉书·董仲舒传》:"上嘉唐虞,下悼桀纣,浸微浸灭浸明浸昌之

道,虚心以改。"[例句]自从他登基皇位以后,任贤用能,推行改革,国家～,很快便强大起来。

【浸润之谮】 jìn rùn zhī zèn
[释义]浸润:原指水逐渐浸染。谮:进谗言。形容谗言逐渐发生作用。[语见]《论语·颜渊》:"浸润之谮,肤受之诉,不行焉,可谓明也已矣。"郑玄注:"谮人之言,如水之浸润,渐以成之。"[例句]要知道～是很可怕的,它可以让最好的朋友之间都失去信任。因此我们一定要加强交流和沟通,千万不要相互猜疑。

【浸微浸灭】 jìn wēi jìn miè
[释义]浸:逐渐地。逐渐衰微而以至于消失。[语见]汉·班固《汉书·董仲舒传》:"上嘉唐虞,下悼桀纣,浸微浸灭浸明浸昌之道,虚心以改。"[例句]这种艺术形式在历史发展的长河中～了。

【浸微浸消】 jìn wēi jìn xiāo
[释义]见"浸微浸灭"。[语见]宋·苏洵《审势》:"浸微浸消,释然而溃。"[例句]随着时代的发展,这种传统艺术～,现在已经失传了。

【禁暴静乱】 jìn bào jìng luàn
[释义]见"禁暴诛乱"。[语见]唐·魏徵《隋书·经籍志三》:"兵者,所以禁暴静乱者也。"[例句]当前社会形势动荡,急需有人出面～,尽快恢复正常的社会秩序。

【禁暴诛乱】 jìn bào zhū luàn
[释义]禁除暴行,诛杀叛乱。[语见]汉·贾谊《过秦论》:"其强也,禁暴诛乱而天下服;其弱也,五伯征而诸侯从。"[例句]看到国土分裂,社会混乱,他决心～,恢复天下太平。

【禁奸除猾】 jìn jiān chú huá
[释义]禁绝、铲除那些奸险狡猾的人。[语见]唐·魏徵《隋书·酷吏传序》:"无禁奸除猾之志,肆残虐幼贱之心。君子恶之,故编为酷吏传也。"[例句]他是一个～的贤明君主,由于用人得当,国家被治理得井井有条。

【噤若寒蝉】 jìn ruò hán chán
[释义]噤:闭口不作声。寒蝉:深秋的知

了，因寒冷而不再发声。像深秋的知了一样不再发声了。比喻人不敢开口说话。[语见] 南朝宋·范晔《后汉书·杜密传》:"刘胜位为大夫，见礼上宾，而知善不荐，闻恶无言，隐情惜己，自同寒蝉，此罪人也。"[例句] 记者对这里的人们对此事件～的态度大为不解。

jing

【泾渭不分】jīng wèi bù fēn

[释义] 比喻好坏不分，是非不明。参看"泾渭分明"。[语见] 清·赵尔巽《清史稿·李森先传》:"江南既定，人才毕集，若复泾渭不分，则君子气沮，宵小竞进。"[例句] 你怎么能～，和这种坏人交往呢?

【泾渭分明】jīng wèi fēn míng

[释义] 泾:泾水。渭:渭水。泾水清澈，渭水混浊。泾水、渭水一清一浊，不相混杂。喻指好坏分明，界限清楚。[语见]《诗经·邶风·谷风》:"泾以渭浊，湜湜其沚。"孔颖达疏:"言泾水以有渭水清，故见泾水浊。"[例句] 他这个人一向～，光明磊落。

【经国之才】jīng guó zhī cái

[释义] 治理国家大事的才干。[语见] 晋·葛洪《抱朴子·外篇自序》:"一时莫伦，经国之才。"[例句] 此人有～，只是还没有施展的机会罢了。

【经济之才】jīng jì zhī cái

[释义] 指治国安民的才能。[语见] 唐·杜甫《上水迁怀》诗:"古来经济才，何事独罕有。"[例句] 皇帝对他非常器重，说他有～，能够造福于国民。

【经纶济世】jīng lún jì shì

[释义] 经纶:整理丝缕，引申为治理国事。指处理国事、挽救时局。[语见] 元·郑德辉《伊尹耕莘》第二折:"哥哥。想你学成经纶济世之策，立国安邦之谋，若列朝纲……可不强如耕种为活也。"[例句] 许多具有救国救民之心、抱有～之志的学者，出身都很贫寒。

【经明行修】jīng míng xíng xiū

[释义] 经:儒家经典著作。经学深湛，品行端正。形容人德才兼备。[语见] 晋·陈寿《三国志·魏书·高柔传》:"然今博士，皆经明行修，一国清选。"[例句] 此人～，品行端正，很适合当老师。

【经年累月】jīng nián lěi yuè

[释义] 形容经历的时间十分长久。[语见] 明·孙仁孺《东郭记·为衣服》:"幸有章子前去，可以无虞，教俺不须记挂，但虽则如此，千山万水，经年累月，好是悬悬。"[例句] 这种地形是冰河侵蚀再加上～的风化造成的结果。

【经世之才】jīng shì zhī cái

[释义] 见"经国之才"。[语见] 元·陶宗仪《辍耕录·御史举荐》:"某所荐者已百有余人，皆经世之才，其在中外，并能上神圣治，则某之报效亦勤矣。"[例句] 像这样的～怕是几百年才能出一个，真是非常难得。

【经天纬地】jīng tiān wěi dì

[释义] 经、纬:织物的直线叫"经"，横线叫"纬"，比喻规划、治理。规划和治理天地。形容人的才能和气魄极大。[语见]《国语·周语》:"天六地五，数之常也。经之以天，纬之以地。"[例句] 这个人有～之才，不用他是很可惜的。

【经纬天下】jīng wěi tiān xià

[释义] 经纬:治理。治理国家。[语见] 汉·司马迁《史记·秦始皇本纪》:"普施明法，经纬天下，永为仪则。"[例句] 他似乎生来就具有一种～的雄心壮志。

【经纬万端】jīng wěi wàn duān

[释义] 经、纬:织物的直线叫"经"，横线叫"纬"。端:头绪。比喻头绪很多。[例句] 企业管理问题～，当前的重中之重是解决人才匮乏问题。

【经纬万方】jīng wěi wàn fāng

[释义] 见"经纬万端"。[语见] 汉·扬雄《法言·问神》:"神心恍惚，经纬万方。"[例句] 每到年底，公司的事情总是～，把她忙得团团转。

【经文纬武】jīng wén wěi wǔ

[释义] 经:织布时拴在织机上的直纱，编织物的纵线。纬:织布时用梭穿织的横

纱,编织物的横纬。以文为经,以武为纬。指文治武功,同时并重。[语见]明·吾丘瑞《运甓记·闻叛勤王》:"经文纬武,虽无鼠雀狐豕之虞,孽子孤臣,欲有廊庙江湖之感。"[例句]无论是哪朝哪代,~的治国大略都离不开有才干的人。

【荆钗布袄】jīng chāi bù ǎo
[释义]见"荆钗布裙"。[语见]元·汪元亨《朝天子·归田》曲:"妻从俭荆钗布袄,子甘贫陋巷箪瓢。"[例句]穿惯了~,猛地换成绫罗绸缎还真是让人有点儿不适应。

【荆钗布裙】jīng chāi bù qún
[释义]用荆枝做钗,用粗布做裙。旧时形容妇女服饰俭朴。[语见]南朝宋·虞通之《为江敩让尚公主表》:"年近将冠,皆已有室,荆钗布裙,足得成礼。"[例句]她虽穿的是普通乡妇的~,却掩不住那种与生俱来的高贵气质。

【荆棘塞途】jīng jí sè tú
[释义]荆棘堵塞了道路。比喻前进路上困难重重,障碍极多。[例句]即使前进的道路上~,我也会无怨无悔地继续追逐自己的人生目标。

【荆棘铜驼】jīng jí tóng tuó
[释义]见"铜驼荆棘"。[语见]宋·陆游《醉题》诗:"只愁又踏关河路,荆棘铜驼使我悲!"[例句]看到这种墓陵高冢、~的战后衰败景象,他不禁潸然泪下。

【荆棘载途】jīng jí zài tú
[释义]荆棘:丛生的多刺植物,比喻纷乱的局势或艰难的处境。载途:充满道路。沿途长满了荆棘。比喻环境艰苦,障碍极多。[例句]经历了长达五年的经济衰退后,该经济前景如今依然是~,难见起色。

【荆人涉澭】jīng rén shè yōng
[释义]荆人:楚国人。澭:澭水。《吕氏春秋·察今》:"荆人欲袭宋,使人先表澭水。澭水暴益,荆人弗知,循表而夜涉,溺死者千有余人,军惊而坏都舍。"注:表,标记,记号;益,同"溢";循,依照。

后用以讽刺拘泥于成法不知道变通的行为。[例句]做事不能太墨守成规,否则就像~,有时难免要失败。

【荆天棘地】jīng tiān jí dì
[释义]荆棘:荆条,蒺藜,丛生的带刺灌木。天地之间,荆棘丛生。比喻周围环境艰难,行动十分困难。[语见]清·壮者《扫迷帚》第一回:"一事不能做,寸步不能行,荆天棘地,生气索然。"[例句]经历了十多年~的艰苦生活之后,他已经麻木了。

【旌善惩恶】jīng shàn chéng è
[释义]表彰善人善事,惩办恶人恶事。[语见]明·无名氏《鸣凤记·封赠忠臣》:"呜呼,旌善惩恶,申公匪私,生者享爵禄之荣,死者沐恩光之贲。"[例句]无论是在什么时代,社会都应提倡~的风尚。

【惊才绝艳】jīng cái jué yàn
[释义]形容才华惊人,文辞瑰丽。[语见]清·翁方纲《石洲诗话》第二卷:"李长吉惊才绝艳,镂宫戞羽,下视东野,真乃蚯蚓窍中苍蝇鸣耳。"[例句]这位~的诗人才三十岁,却已出版了十几本诗集。

【惊采绝艳】jīng cǎi jué yàn
[释义]见"惊才绝艳"。[例句]楚文化中除了~、奇幻瑰丽的楚辞,还有青铜器、丝绸等。

【惊风骇浪】jīng fēng hài làng
[释义]见"惊涛骇浪"。[语见]清·文康《儿女英雄传》第十一回:"据地保那张报单,五路通详上去,奉道宪批,批了'如详办理'四个大字,把一桩惊风骇浪的大案,办得来云过天空!"[例句]作为出了一辈子海的老渔民,什么样的~他都见过。

【惊弓之鸟】jīng gōng zhī niǎo
[释义]惊:惊慌,害怕。弓:弓箭。因曾受过箭伤,所以再听到弓弦声就惊慌的鸟。《战国策·楚策四》载:更羸与魏王在京台下,抬头看见飞鸟。更羸对魏王说:"我为大王拉弓虚发而将鸟打下来。"说毕拉弓,鸟果然坠下。更羸说:"这只鸟飞

行缓慢,鸣声悲凄。飞得慢,是因为有箭伤;鸣声悲凄,是因为失群太久。伤痛未好,惊心未去。听到箭弦之声,便高飞躲避,拉伤箭疮而坠落。"比喻因受过一次伤害或惊吓,再遇到相似的情况仍像从前一样担惊受怕的人。[语见]唐·房玄龄等《晋书·王鉴传》:"黩武之众易动,惊弓之鸟难安。"[例句]敌人犹如~,一路狼狈逃窜。

【惊慌失措】jīng huāng shī cuò
[释义]见"惊惶失措"。[例句]突如其来的地震令所有居民~。

【惊惶失措】jīng huáng shī cuò
[释义]惊惶:惊慌。失措:举止失常。由于惊恐害怕,举止失去常态,不知怎么办才好。[语见]唐·李百药《北齐书·元晖业传》:"孝友临刑,惊惶失措,晖业神色自若。"[例句]面对熊熊大火,一家人~,连忙跑出家门。

【惊魂不定】jīng hún bù dìng
[释义]见"惊魂未定"。[例句]正在她~的时候,又发生了一次余震,整个大楼又晃动起来。

【惊魂未定】jīng hún wèi dìng
[释义]受惊后的心情还没有平静下来。[语见]宋·苏轼《谢思移汝州表》:"只影自怜,命寄江湖之上;惊魂未定,梦游缧绁之中。"[例句]劫机歹徒终于向警方投降了,乘客们~,匆忙走下飞机。

【惊恐万状】jīng kǒng wàn zhuàng
[释义]万状:很多种样子。由于惊慌恐惧而表现出各种情态。形容非常害怕。[例句]接连遭遇了一连串的不幸事件,他们全家~。

【惊蛇入草】jīng shé rù cǎo
[释义]比喻草书的笔势矫健、迅捷。[语见]唐·韦续《书诀墨薮》:"锺繇弟子宋翼,每画一波三折笔,……作一放纵,如惊蛇入草。"[例句]他的毛笔书法骨力遒厚,大巧若拙,自成一家,常有飞鸟出林、~的神来之笔。

【惊世骇俗】jīng shì hài sú
[释义]世:人,一般的人。俗:大众的,普通流行的。言行举止异于寻常,使世人震惊。[语见]清·黄宗羲《缩斋文集序》:"盖惊世骇俗之言,非今之地上所宜有也。"[例句]谁也没想到他能说出如此~的话来,一时都愣住了。

【惊涛骇浪】jīng tāo hài làng
[释义]涛:大浪。骇:使人惊惧。凶猛而使人惊惧、害怕的大风浪。比喻险恶的环境或遭遇。也作"骇浪惊涛"。[语见]宋·陆游《长风沙》诗:"江水六月无津涯,惊涛骇浪高吹花。"[例句]历经无数的~,考察船终于抵达了目的地。

【惊天动地】jīng tiān dòng dì
[释义]声音特别响亮。形容声势浩大或事业伟大。[语见]唐·白居易《李白墓》诗:"可怜荒冢穷泉骨,曾有惊天动地文。"[例句]一个巨雷"叭"的一声在头顶炸响,~,整栋房子仿佛都跟着抖了一下。

【惊弦之鸟】jīng xián zhī niǎo
[释义]见"惊弓之鸟"。[语见]《穀梁传·成公二年》"去国五十里"杨士勋疏:"败军之将不可以语勇,惊弦之鸟不可以应弓。"[例句]被追杀了一整夜,他已经成了~,连觉也不敢睡了。

【惊心掉胆】jīng xīn diào dǎn
[释义]掉:丧失。形容心中害怕到极点。[语见]章炳麟《新方言·释言》:"今人言惧,犹曰惊心悼胆。"(悼:"掉"的音变。)[例句]他四处躲避警方的追捕,整天~,不得安眠。

【惊心动魄】jīng xīn dòng pò
[释义]指内心受到极大的震动。[语见]南朝梁·钟嵘《诗品》上卷:"文温以丽,意悲而远,惊心动魄,可谓几乎一字千金。"[例句]经过一场~的搏斗,人质得救了。

【兢兢业业】jīng jīng yè yè
[释义]兢兢:小心谨慎的样子。业业:畏惧的样子。原本形容畏惧的样子。后多用来形容人工作小心谨慎,认真负责。[语见]《诗经·大雅·云汉》:"旱既大甚,则不可推。兢兢业业,如霆如雷。"[例句]多年来,他在工作中~,得到了同

事们的一致好评。

【精兵简政】jīng bīng jiǎn zhèng
[释义]精简人员,紧缩机构。[例句]公司一直坚持～,因事设岗的原则。

【精彩逼人】jīng cǎi bī rén
[释义]形容人神采奕奕的样子。[语见]宋·洪迈《夷坚丙志·徐大夫》:“君精彩逼人,虽老而健。”[例句]舞台上模特儿的表演～,令人赞叹不已。

【精诚团结】jīng chéng tuán jié
[释义]精诚:真诚。真心真意地搞好团结。[例句]过去的十年,是我们全体员工～、奋勇拼搏,不断进取的十年。

【精打细算】jīng dǎ xì suàn
[释义]形容使用人力、物力时计算得很仔细。[例句]只要～,我们完全可以做到既节约又不影响旅游质量。

【精雕细刻】jīng diāo xì kè
[释义]精心细致地雕刻。形容创作艺术品时一丝不苟、非常细致的态度。也比喻办事认真,细致周密。[例句]该产品采用进口原料,以纯手工的方式～而成。

【精雕细镂】jīng diāo xì lòu
[释义]见“精雕细刻”。[例句]如此～的手工艺作品,平时很难见到。

【精悍短小】jīng hàn duǎn xiǎo
[释义]见“短小精悍”。[例句]这支藤球队的队员,个个～,异常灵活。

【精金良玉】jīng jīn liáng yù
[释义]比喻人品像赤金、宝玉那样纯洁、温润。[语见]宋·程颐《程明道先生行状》:“先生资禀既异,而充养有道,纯粹如精金,温润如良玉。”[例句]她为人正直,品德高尚,不啻～。

【精金美玉】jīng jīn měi yù
[释义]比喻事物精粹美好,也比喻人品纯洁美好。[语见]宋·苏轼《答谢民师书》:“欧阳文忠公言文章如精金美玉,市有定价,非人所能以口舌定贵贱也。”[例句]以苏轼为代表的一批文学家,在强调文章的道德意义和政治作用的同时,还认为文章应当有如～,具有艺术

价值。

【精妙绝伦】jīng miào jué lún
[释义]精致巧妙,无与伦比。[语见]宋·周密《武林旧事·灯品》:“灯只至多。苏、福为冠,新安晚出,精妙绝伦。”[例句]博物馆中那～的瓷器及其精湛的制作工艺一定会令您流连忘返。

【精妙入神】jīng miào rù shén
[释义]精彩绝妙而达到神妙的境界。[语见]宋·吴曾《能改斋漫录·黄庭博鹅》:“埽素写《道经》,笔精妙入神。”[例句]这些木雕画刻绘得从容淋漓,～,是难得的艺术佳品。

【精明强干】jīng míng qiáng gàn
[释义]精明:机灵,聪明,精细。强干:办事能力强。形容人精细明察,办事能力强。[例句]这家维修厂拥有一批～、有丰富实践经验的专业维修技术人才。

【精疲力竭】jīng pí lì jié
[释义]见“筋疲力尽”。[例句]一天忙下来,人已是～了。

【精疲力尽】jīng pí lì jìn
[释义]见“筋疲力尽”。[例句]他～地倒在地上,一动也不动了。

【精神抖擞】jīng shén dǒu sǒu
[释义]抖擞:鼓起、振作。精神振作起来。[例句]入场式上,他手举一面大旗,～地走在队伍的最前面。

【精神焕发】jīng shén huàn fā
[释义]焕发:光彩四射的样子。形容人精神饱满,光彩照人。[例句]她衣着朴素,齐耳的短发显得格外～。

【精神满腹】jīng shén mǎn fù
[释义]形容满腹才学经纶。[语见]唐·房玄龄等《晋书·温峤传》:“(温峤)每曰:‘钱世仪精神满腹。’”[例句]他虽～,怀有治国安邦的抱负,却怀才不遇,无以施展。

【精卫填海】jīng wèi tián hǎi
[释义]精卫:古代神话中的小鸟。精卫鸟填东海。《山海经·北山经》载:炎帝女儿淹死在东海,灵魂化为精卫鸟,日衔西山石木来填东海。用以比喻意志坚

J

强,不畏艰难或怀有深仇大恨,立志报仇雪恨。[例句]他们克服困难,靠着～般的顽强毅力,成功完成了此次施工任务。

【精益求精】jīng yì qiú jīng
[释义]精:完美。益:更。已经完美了,还要追求更完美的。[语见]《论语·学而》:"《诗》云:'如切如磋,如琢如磨。'"朱熹注:"言治骨角者,既切之而复磋之;治玉石者,既琢之而又复磨之,治之已精,而益求其精也。"[例句]企业应树立尽善尽美、～的服务精神。

【精忠报国】jīng zhōng bào guó
[释义]见"尽忠报国"。[语见]明·冯梦龙《喻世明言》第三十二卷:"岳飞精忠报国,父子就戮。"[例句]他从入伍那天起,就立志要～。

【井底之蛙】jǐng dǐ zhī wā
[释义]处在井底的青蛙只能看到井口那样大的一片天。比喻见识浅陋的人。[语见]《庄子·秋水》:"井蛙不可以语于海者,拘于虚也。"[例句]试想,这种～式的老师又怎能培养出高水平的学生呢?

【井井有理】jǐng jǐng yǒu lǐ
[释义]井井:整齐不乱的样子。形容整齐,有条有理。[语见]《荀子·儒效》:"井井兮其有理也。"[例句]办公桌要经常保持光亮整洁,文件摆放要做到～。

【井井有条】jǐng jǐng yǒu tiáo
[释义]井井:整齐不乱的样子。条:条理。形容做事有条理。[例句]有了妻子的精心打理,家里每天都收拾得～,生活十分温馨。

【井蛙醯鸡】jǐng wā xī jī
[释义]醯鸡:即蠛蠓。小虫名。常用以形容细小。比喻见识浅薄。[语见]宋·张君房《云笈七签》第七十卷:"今既闻命,实饱于玄风,醉其真义也。吾向来井蛙醯鸡哉!"[例句]这帮人真是～,见识短浅得很。

【井蛙之见】jǐng wā zhī jiàn
[释义]像井底之蛙一样的见识。比喻褊狭的见识。[语见]南朝齐·释僧祐《弘明集·明佛论》:"夫一局之弈,筹算之浅,而弈秋之心,何尝有得,而乃欲率井蛙之见,妄抑大猷,至独陷神于井穽之下,不以甚乎。"[例句]时代在发展,如果仍沿袭传统的观点看待这件事,无异于～。

【井中求火】jǐng zhōng qiú huǒ
[释义]向井中去寻求火。比喻方法或方向不对头,达不到目的。[语见]《战国策·韩策三》:"攻其形乎,宜使如越。夫攻形不如越,而攻心不如吴,而君臣上下少长贵贱毕呼霸王,臣窃以为犹之井中,而谓曰:'我将为尔求火也。'"[例句]凡事不可贪婪、急躁,心性稳重就不至于被情感所冲动,乃至～,不明事理。

【井中视星】jǐng zhōng shì xīng
[释义]坐在井中看星星。比喻眼光狭窄,见识短浅。[语见]《尸子·广泽》:"因井中视星,所见不过数星。"[例句]本文的作者真是～,目光短浅。

【景星凤皇】jǐng xīng fèng huáng
[释义]景星:星名,相传常出现于有道之国。指杰出之人或珍奇之物。[语见]汉·司马迁《史记·天官书》:"天精而见景星。景星者,德星也。其状无常,常出于有道之国。"裴骃集解引孟康曰:"有赤方气与青方气相连,赤方中有两黄星,青方中一黄星,凡三星合为景星。"[例句]企业要大力引进～式的杰出人才,提高人才市场竞争力。

【景星麟凤】jǐng xīng lín fèng
[释义]见"景星凤皇"。[语见]明·宋濂等《元史·同恕传》:"恕自京还,家居十三年,缙绅望之若景星麟凤,乡里称为先生而不姓。"[例句]如此～一般的珍稀宝物,谁也估量不出它的价值。

【景星庆云】jǐng xīng qìng yún
[释义]景星:瑞星。庆云:祥云。谓吉星祥云。比喻吉祥的征兆。[语见]明·沈受先《三元记·团圆》:"满门阊和气,满门阊和气,庭产紫芝,景星庆云龙呈瑞。"[例句]这种自然现象人们无法解释,于是有人说是～,也有人说是厄运的前兆。

【劲骨丰肌】jìng gǔ fēng jī
[释义]形容书法丰满有力。[语见]唐·

张怀瓘《书断》中：'羊欣云：'张芝皇向钟繇索靖，时并号书圣。然张劲骨丰肌，德冠诸贤之首。'"[例句] 这幅书法作品～，很受评委的好评。

【径情直遂】jìng qíng zhí suì
[释义] 径情：随意。遂：成功。指随着自己的意愿，顺利地获得成功。[语见]《鹖冠子·著希》："夫义，节欲而治；礼，反情而辨者也。故君子弗径情而行也。"[例句] 历史的发展绝不是～的，而是要经过不断的曲折迂回。

【净几明窗】jìng jī míng chuāng
[释义] 见"窗明几净"。[例句] 图书馆里～，一尘不染，同学们正在安心地埋头阅读。

【敬而远之】jìng ér yuǎn zhī
[释义] 尊敬对方，但是不愿接近他，远远地保持一定的距离。[语见]《论语·雍也》："务民之义，敬鬼神而远之，可谓知矣。"[例句] 对这种女强人，他一贯的做法就是～。

【敬恭桑梓】jìng gōng sāng zǐ
[释义] 桑梓：古代家宅旁边常栽的树木，后作家乡的代称。比喻对故乡的怀念和对故乡亲人的尊敬。[语见]《诗经·小雅·小弁》："维桑与梓，必恭敬止。"[例句] 王先生～，十分关心家乡的教育事业。

【敬姜犹绩】jìng jiāng yóu jì
[释义] 敬姜：春秋时文伯歜的母亲，早寡。《国语·鲁语下》载：文伯歜做了鲁相，她仍旧操劳纺织。文伯说："以歜之家而主犹绩……其以歜为不能事主乎！"敬姜回答道："今我，寡也，尔又在下位，朝夕处事，犹恐忘先人之业，况有怠惰，其何以避辟！"后遂以"敬姜犹绩"比喻富贵而不忘艰苦，不求安逸。[例句] 如今虽说生活富裕了，但～，还是应当继续保持勤劳、节俭的好习惯。

【敬老慈少】jìng lǎo cí shào
[释义] 见"敬老慈幼"。[例句] 这真是一幅长幼有序、夫妇相爱、～的温馨画面。

【敬老慈幼】jìng lǎo cí yòu
[释义] 慈：慈爱。尊敬老人，爱护儿童。[语见]《孟子·告子下》："敬老慈幼，无忘宾旅。"[例句] 这儿的人很纯朴，有着～的优良传统。

【敬老慈稚】jìng lǎo cí zhì
[释义] 见"敬老慈幼"。[例句] 他们秉承社区的一贯宗旨，发扬～、友爱互助、团结发展的精神，希望把社区建成一个温暖的大家庭。

【敬老怜贫】jìng lǎo lián pín
[释义] 老：年老的人。贫：家境困苦的人。尊重老者，怜恤贫穷的人。形容人有恭谨慈爱的良好品德。[语见] 元·无名氏《九世同居》第一折："闻知张公艺长者，恤孤念寡，敬老怜贫，出无倚之丧，嫁孤寒之女。"[例句] 路边坐着个老乞丐，过往的路人难免～，心生恻隐，纷纷解囊相助。

【敬老尊贤】jìng lǎo zūn xián
[释义] 贤：有德才、有才能的人。尊敬年老的和有德行、有才能的人。[语见] 明·冯梦龙《东周列国志》第四十九回："又敬老尊贤，凡国中年七十以上，月致粟帛，加以饮食珍味，使人慰问安否。"[例句] 这种行为反映了客家人团结互助、～、知书达理的传统美德。

【敬若神明】jìng ruò shén míng
[释义] 神明：神的泛称。像敬重神明一样尊敬对方。[语见] 五代后晋·刘昫等《旧唐书·李密传》："是以爱之如父母，敬之若神明，用能享国多年，祚延长世。"[例句] 我们当学生的时候，对老师简直是～。

【敬上爱下】jìng shàng ài xià
[释义] 上：指地位比自己高的人，如君王、长辈等。下：指地位比自己低的人，如下属、晚辈等。尊敬在己之上者，爱护在己之下者，指待人谦恭有礼。[语见] 汉·班固《汉书·王莽传下》："孝弟忠恕，敬上爱下，博通旧闻，德行醇备，至于黄发，靡有愆失。"[例句] 从他～的表现来看，应该是受过良好的家教。

J

【敬上接下】 jìng shàng jiē xià
[释义] 见"敬上爱下"。[语见]《隶释·汉金乡长侯成碑》:"敬上接下,温故知新。"[例句] 他这人一向与人为善,～,尊老慈幼,以正直的秉性、博大的胸怀、真挚的爱心对待所有的人。

【敬事不暇】 jìng shì bù xiá
[释义] 事:侍奉,为他人做事出力。暇:空闲。恭敬地为人做事,忙得没有闲暇。形容百依百顺,竭尽全力效犬马之劳。[语见] 宋·薛居正等《旧五代史·明宗纪》:"时议皆以为安重诲方弄国权,从荣诸王敬事不暇,独忌从珂威名,每于帝前屡言其短,巧作窥图,冀能倾陷。"[例句] 他整天在单位里忙忙碌碌,～,哪还顾得上自己的家呀。

【敬贤爱士】 jìng xián ài shì
[释义] 士:指有知识有能力的人。尊敬贤良有名望的人,爱护有文化有能力的人。[语见] 唐·房玄龄等《晋书·张轨传》:"实字安逊,学尚明察,敬贤爱士,以秀才为郎中。"[例句] 为了巩固政权,他～,广招人才。

【敬贤礼士】 jìng xián lǐ shì
[释义] 见"礼贤下士"。[语见] 明·无名氏《庞掠四郡》第四折:"玄德公纳谏如流,敬贤礼士。"[例句] 他～,赏罚分明,是个能成大业的人。

【敬贤重士】 jìng xián zhòng shì
[释义] 见"敬贤爱士"。[语见] 明·无名氏《四马投唐》第四折:"元帅宽仁厚德,敬贤重士,岂肯记旧仇,并不挟冤。"[例句] 由于他～,重视人才,不少国内知名的专业人才都加入了他的企业团队。

【敬小慎微】 jìng xiǎo shèn wēi
[释义] 见"谨小慎微"。[语见] 汉·刘安《淮南子·人间训》:"圣人敬小慎微,动不失时,百射重戒,祸乃不滋。"[例句] 他办事情从来都～,怎么这次却出了这么大的差错呢?

【敬谢不敏】 jìng xiè bù mǐn
[释义] 谢:辞谢。不敏:不聪明,没有才能。恭敬地表示不能接受,或能力不行。

自谦之词。[语见]《左传·襄公三十一年》:"使士文伯谢不敏焉。"[例句] 我自愧才疏学浅,～,这件事我肯定做不了。

【静如处女】 jìng rú chǔ nǚ
[释义] 处女:未出嫁的女子。安静时好像娴静的大姑娘那样稳重。[语见]《孙子·九地》:"是故始如处女,敌人开户,后如脱兔,敌不及拒。"[例句] "～,动如脱兔",正是对这位运动员的真实写照。

【镜破钗分】 jìng pò chāi fēn
[释义] 钗:妇女的一种首饰。旧时比喻夫妻离散或感情破裂。[语见] 元·无名氏《云窗梦》第二折:"你则待酒酽花浓,月圆人静,便休想瓶坠簪折,镜破钗分。"[例句] 由于他的介入,闹得人家夫妻～,最终离了婚。

jiang

【迥隔霄壤】 jiǒng gé xiāo rǎng
[释义] 像天上与地下之隔,形容相距很远。[语见] 清·李汝珍《镜花缘》第七十九回:"弓也易合,弦也靠怀,不但终身无病,更是日渐精熟,这与托字迥隔霄壤了。"[例句] 事情的发展与他先前预计的完全不一样,两种结局～,反差极大。

【炯炯有神】 jiǒng jiǒng yǒu shén
[释义] 炯炯:明亮的样子。形容人的眼睛明亮,精神旺盛。[例句] 他的目光～,说话时不时发出爽朗的笑声。

jiu

【纠缠不清】 jiū chán bù qīng
[释义] 形容很多问题搅在一起,分不清楚。也指有意找麻烦,揪住一点不肯放手。[语见] 清·魏秀仁《花月痕》第一回:"今日到这里,明日到那里,说说笑笑,都无妨碍,只不要拖泥带水,纠缠不清才好呢!"[例句] 官场上人情复杂,人事关系～。

【鸠夺鹊巢】 jiū duó què cháo
[释义] 鸠:鸟名,斑鸠。鹊:鸟名,俗称喜鹊。斑鸠夺了喜鹊的窝。比喻霸占别人的财产。[语见] 明·罗贯中《三国演义》

第三十三回："公孙恭曰：'袁绍存日，常有吞辽东之心；今袁熙、袁尚兵败将亡，无处依栖，来此相投，是鸠夺鹊巢之意。'"[例句] 这房子本来就是人家的，你怎么能～，占为已有呢？

【鸠集凤池】jiū jí fèng chí
[释义] 鸠：斑鸠。比喻才能平庸的人。集：聚。凤池：凤凰池的简称。旧时用指掌握机要公事的中书省。比喻庸才居要职。[语见] 宋·司马光《资治通鉴·唐纪·则天后圣历二年》："内史王及善虽无学术，然清正难夺，有大臣之节。"胡三省注："《朝野金载》曰：王及善才行庸猥，风神钝浊，为内史时，人号为'鸠集凤池'。"[例句] 目前公司是～，好的人才却得不到重用。

【鸠形鹄面】jiū xíng hú miàn
[释义] 鸠形：体形像斑鸠腹部低陷，胸骨突出。鹄面：脸面像黄鹄那样苍黄无血色。形容人身体瘦削，面容憔悴。[语见] 清·黄景仁《尹六丈为我作云峰阁图歌以为赠》："弄君笔头随意之丹青，使我鸠形鹄面生光莹。"[例句] 那个叫花子～，蓬头乱发，站在路边乞讨。

【九鼎大吕】jiǔ dǐng dà lǚ
[释义] 九鼎：传说夏禹曾铸九鼎，象征九州，是夏、商、周三代的传国之宝。大吕：周代的大钟。比喻非常贵重或分量重，力量大。[语见] 汉·司马迁《史记·平原君列传》："毛先生一至楚，而使赵重于九鼎大吕。"司马贞索隐："言毛遂至楚，使赵重于九鼎大吕，言为天下所重也。"[例句] 大家谁也不服谁，关键时刻还得他亲自出面，～，谁敢不听？

【九牛二虎之力】jiǔ niú èr hǔ zhī lì
[释义] 九头牛和两只虎的力气。比喻很大的力气或很大的力量。[语见] 元·郑德辉《三战吕布·楔子》："兄弟，你不知他靴尖点地，有九牛二虎之力，休要放他小歇。"[例句] 书店里挤得水泄不通，我费了～，才买到这本书。

【九牛一毛】jiǔ niú yī máo
[释义] 九头牛身上的一根毛。比喻微

薄之物。[语见] 汉·司马迁《报任少卿书》："假令仆伏法受诛，若九牛之一毛，与蝼蚁何以异？"[例句] 这点儿钱对这位亿万富翁来说只是～。

【九世之仇】jiǔ shì zhī chóu
[释义] 九代的深仇。表示久远的仇恨。[例句] 说到底，两人之间并没有什么～，只是缺乏沟通，造成了一些误会而已。

【九死不悔】jiǔ sǐ bù huǐ
[释义] 形容意志坚定，无论经历多少危险，也决不动摇退缩。[语见] 宋·黄庭坚《徐氏二子祝词》："躬此盛德，其在有功，遭世险倾，九死不悔。"[例句] 他决心与敌人斗争到底，～。

【九死一生】jiǔ sǐ yī shēng
[释义] 形容历经危险而得以幸存。[语见] 元·王仲文《救孝子》第一折："您哥哥剑洞枪林快厮杀，九死一生不当个耍。"[例句] 李将军十年征战，枪林弹雨，～，取得了赫赫战功。

【九天九地】jiǔ tiān jiǔ dì
[释义] 传说天有九重，地也有九重。喻指一在天上，一在地下，两者相比，相差悬殊。[语见]《孙子·形篇》："善守者，藏于九地之下；善攻者，动于九天之上。故能自保而全胜也。"[例句] 他们那么富，我们这么穷，简直是～之差。

【九霄云外】jiǔ xiāo yún wài
[释义] 九霄：天之极高处。比喻极高极远的地方。也比喻无影无踪。[语见] 元·马致远《黄粱梦》第二折："恰便似九霄云外，滴溜溜飞下一纸敕书来。"[例句] 来到海边，面对波涛汹涌的大海，他所有的烦恼都被抛到了～。

【九原可作】jiǔ yuán kě zuò
[释义] 作：起，复活。坟墓里的人可以死而复活。设想死者再生。[语见]《国语·晋语》："赵文子与叔向游于九原曰：'死者若可作也，吾谁与归！'"[例句] 假如你死去的父亲～，看到你这么颓废，一定会非常痛心的。

【久安长治】jiǔ ān cháng zhì
[释义] 见"长治久安"。[语见] 清·汪琬

J

《尧峰文钞•兵论》："而其道遂出于万全,此汉宋之所以久安长治与?"[例句]解决好社会贫富差距问题是确保国家～的战略之举。

【久病成医】jiǔ bìng chéng yī
[释义]指人久病,经常用药,也懂得了一些药性和医疗方法。[语见]黄谷柳《虾球传》第一部第十六章:"虾球道:'不叫医生来看?'六姑道:'何必请医生? 我自己久病成名医了。'"[例句]自从十年前得了肝炎,我早已是～了。

【久而久之】jiǔ ér jiǔ zhī
[释义]形容经过了相当长的时间。[例句]经常过量摄入高热量食品,～容易导致肥胖。

【久旱逢甘雨】jiǔ hàn féng gān yǔ
[释义]天旱很久,突然遇到一场好雨。比喻渴望之事如愿以偿。[语见]宋•洪迈《容斋随笔》:"久旱逢甘雨,他乡遇故知。"[例句]这项政策的出台,对于国内软件企业来说,无疑是～。

【久假不归】jiǔ jiǎ bù guī
[释义]假:借。归:还。长期借用而不归还。[语见]《孟子•尽心上》:"久假而不归,恶知其非有也。"[例句]他经常～,下次别借钱给他了。

【久梦初醒】jiǔ mèng chū xǐng
[释义]形容从长期不明白的事理中开始明白过来。[语见]清•李绿园《歧路灯》第八十六回:"王氏久梦初醒之人,极口赞成。"[例句]她好像～似的,愣愣地不说话。

【酒池肉林】jiǔ chí ròu lín
[释义]原来指商代暴君纣王荒淫无度。后形容穷奢极欲。[语见]汉•司马迁《史记•殷本纪》:"(帝纣)大聚乐戏于沙丘,以酒为池,悬肉为林,使男女倮相逐其间,为长夜之饮。"[例句]这位公子哥儿生活奢靡,终日生活在～之中。

【酒地花天】jiǔ dì huā tiān
[释义]见"花天酒地"。[语见]清•曾朴《孽海花》第一回:"马龙车水,酒地花天,好一派升平景象。"[例句]此人仗着

有几个钱,终日～,生活颇为颓废。

【酒酣耳热】jiǔ hān ěr rè
[释义]酒酣:酒喝得很尽兴、畅快。耳热:因兴奋而面红耳赤的样子。形容酒兴正浓,畅快兴奋。[语见]汉•班固《汉书•杨恽传》:"酒后耳热,仰天拊缶。"[例句]正当大伙儿～之际,女主人回来了。

【酒绿灯红】jiǔ lù dēng hóng
[释义]见"灯红酒绿"。[语见]清•曾朴《孽海花》第三十三回:"那些日军刚离了硝烟弹雨之中,候进了酒绿灯红之境,没一个不兴高采烈,猜忌全忘。"[例句]渐渐地,她在城市的～中迷失了人生的方向,开始变得没有追求。

【酒囊饭袋】jiǔ náng fàn dài
[释义]囊:口袋。盛酒和饭的口袋。比喻只会吃喝不会做事的人。[语见]宋•陶岳《荆湖近事》:"马氏奢僭,诸院王子,仆从烜赫,文武之道,未尝留意,时人谓之酒囊饭袋。"[例句]此人纯粹是个～,上台三年多毫无政绩,整天就知道陪吃陪喝。

【酒肉朋友】jiǔ ròu péng yǒu
[释义]只能在一起吃喝玩乐,而不能共患难的朋友。含贬义。[语见]元•关汉卿《单刀会》第二折:"关云长是我酒肉朋友,我交他两只手送与你那荆州来。"[例句]他自己整天好吃懒做不说,还交了一帮～,常常喝得烂醉。

【酒食征逐】jiǔ shí zhēng zhú
[释义]征:召请。逐:追逐。相邀吃喝玩乐,你来我往。形容交友不正当。[语见]唐•韩愈《昌黎先生集•柳子厚墓志铭》:"今夫平居里巷相慕悦,酒食游戏相征逐。"[例句]他整日纵情于～之中,哪还有什么奋斗的志向可言。

【酒瓮饭囊】jiǔ wèng fàn náng
[释义]囊:口袋。比喻只会吃喝,不会做事的人。[例句]这些家伙都是些～,关键时刻什么都不会。

【旧地重游】jiù dì chóng yóu
[释义]旧地:曾经居住过或游览过的地

方。重新来到曾经居住或游览过的地方。[例句]这次他～,发现家乡这几年变化非常大。

【旧调重弹】 jiù diào chóng tán
[释义]旧调:陈旧的调子。比喻把老一套的议论、说法重新搬出来。[例句]对方的答复并没有多少新内容,仍旧是～。

【旧瓶装新酒】 jiù píng zhuāng xīn jiǔ
[释义]形容以旧形式表现新内容。[语见]《新约·马太福音》第九章载耶稣之言谓:"没有人把新酒装在旧皮袋里;若是这样,皮袋就裂开,酒漏出来,连皮袋也坏了。惟独把新酒装在新皮袋里,两样就都保全了。"[例句]整张唱片听后给人一种～的感觉,似乎没什么新意。

【旧态复萌】 jiù tài fù méng
[释义]见"故态复萌"。[语见]清·褚人获《隋唐演义》第十七回:"只是齐国远、李如珪两个粗人,旧态复萌,以膂力方刚,把些人都挨倒,挤将进去,看圆情顽耍。"[例句]上周他刚因酒后驾车被罚了款,昨天又～,差点儿出了车祸。

【旧雨今雨】 jiù yǔ jīn yǔ
[释义]唐·杜甫《秋述》:"常时车马之客,旧,雨来;今,雨不来。"后以"旧雨今雨"为老友新交的代称。[例句]欢迎各位～光临。

【咎由自取】 jiù yóu zì qǔ
[释义]咎:过失,罪过。过失、罪过是自己招来的。含有自作自受的意思。[语见]清·李宝嘉《官场现形记》第五十一回:"虽然城厢出了盗案是老兄们的责任;但这件事,据兄弟看来,他们两家实在是咎由自取。"[例句]落到这种下场,是你～!

【救火扬沸】 jiù huǒ yáng fèi
[释义]救:制止。成语"抱薪救火"和"扬汤止沸"的省并。比喻治标不治本,灾祸难解。[语见]汉·司马迁《史记·酷吏列传》:"当是之时,吏治若救火扬沸,非武健严酷,恶能胜其任而愉快乎?"[例句]如果只是简单地罚款了事,如同～,无法

从根本上解决环境污染的问题。

【救经引足】 jiù jīng yǐn zú
[释义]经:自缢。救上吊的人却拉他的脚。比喻做事的方法同希望达到的目的正相反。[语见]《荀子·强国》:"辟之是犹伏而咶天,救经而引其足也。"[例句]我知道你是好心,但这样做的结果只能是～,越帮越糟。

【救苦救难】 jiù kǔ jiù nàn
[释义]拯救众人脱离痛苦与灾难。[语见]元·王实甫《西厢记》:"虽不会法灸神针,更胜似救苦救难观世音。"[例句]他～、扶贫济世的精神,受到了海内外各界人士的高度赞扬。

【救困扶危】 jiù kùn fú wēi
[释义]见"扶颠持危"。[语见]元·无名氏《来生债》第四折:"则为我救困扶危,疏财仗义,都做了注福消愆。"[例句]名义上他是～,实际上是准备吞并这个陷入困境的企业。

【救民水火】 jiù mín shuǐ huǒ
[释义]救:拯救。水火:比喻灾难。把人民从灾难中拯救出来。[语见]《孟子·梁惠王下》:"今燕虐其民,王往而征之,民以为将拯己于水火之中也。"[例句]他发誓要剿灭叛匪,～。

【救死扶伤】 jiù sǐ fú shāng
[释义]扶:帮助,照顾。救活快要死的人,帮助受了伤的人。[语见]汉·司马迁《报任少卿书》:"(李陵)与单于连战十有余日,所杀过当,虏救死扶伤不给,旃裘之君长咸震怖,乃悉征左右贤王,举引弓之民,一国共攻而围之。"[例句]医院是～的机构,医院的主要职责就是为患者解除病痛。

【救亡图存】 jiù wáng tú cún
[释义]图:谋求。拯救国家危亡,谋求民族生存。[语见]清·王钟麒《论小说与改良社会之关系》:"夫欲救亡图存,非仅恃一二才士所能为也;必使爱国思想,普及于最大多数之国民而后可。"[例句]在这关键时刻,他挺身而出,～,为国家的命运奔走呼号。

J

【救灾恤患】 jiù zāi xù huàn
[释义] 恤：救济。指解救别人的灾难祸患。[语见] 明·李贽《焚书·杂述·寒灯小话》："今得人钱财，视同粪土，岂为谋王图霸，用之以结客乎？抑救灾恤患，而激于义之不能以已也？"[例句] 他在本地做地方官时，因～扶贫扶困而受到民众的称颂。

【就地取材】 jiù dì qǔ cái
[释义] 就地：就在原地。就在原处寻找所需要的材料。[例句] 这个生产线的原料来源广泛，可～，故发展前景十分广阔。

【就地正法】 jiù dì zhèng fǎ
[释义] 就地：就在原处。正法：执行死刑。就在罪犯犯罪的地方或当时所在的地方依法执行死刑。[例句] 将军下令：如果谁不听从命令，～！

【就事论事】 jiù shì lùn shì
[释义] 就：按照。按照事情本身的情况来谈论是非得失。也指只谈论事情的表面现象，而回避本质内容。[语见] 明·沈德符《万历野获编·词臣论劾首揆》："夺情大事，有关纲常，且就事论事，未尝旁及云。"[例句] 调查中不应孤立地～，要通过事故现象看到违法犯罪的本质。

J

ju

【拘挛补衲】 jū luán bǔ nà
[释义] 拘挛：相互牵扯。补衲：缝补连缀。形容诗文中乱用许多典故，勉强拼凑而不自然。[语见] 南朝梁·钟嵘《诗品·总论》："近任昉、王元长等，词不贵奇，竞须新事，尔来作者，浸以成俗。遂乃句无虚语，语无虚字，拘挛补衲，蠹文已甚。"[例句] 这篇文章过于～，废话太多。

【拘文牵义】 jū wén qiān yì
[释义] 文：条文。义：字义。拘执于条文或字义。指谈话、做事不知灵活变通。[语见] 清·夏敬渠《野叟曝言》第五十三回："非素臣侃侃而谈，若任彼俗吏拘文牵义，其能免乎？"[例句] 文学著作的翻译工作不能太过于～，否则很可能曲解作者的本意。

【居安虑危】 jū ān lù wēi
[释义] 见"居安思危"。[语见] 南朝梁·沈约《宋书·文五王传》："今虽先天不违，动干休庆，龙舟所幸，理必利涉，然居安虑危，不可不惧。"[例句] 近年来，我局从未发生过任何安全事故，但也要～，时刻提高安全意识。

【居安思危】 jū ān sī wēi
[释义] 居：处于、处在。处在平安的环境里，要想到有危险的情况发生。[语见]《左传·襄公十一年》："《书》曰：'居安思危'思则有备，有备无患。"[例句] 在激烈的市场竞争中，只有～，不断攀登，才能持续获得发展。

【居功自傲】 jū gōng zì ào
[释义] 居功：自以为有功。自己以为有功而骄傲自大。[例句] 认真负责、服从管理而又不～的员工是公司最大的财富。

【居功自恃】 jū gōng zì shì
[释义] 见"居功自傲"。[例句] 打了胜仗，他从不～，相反却经常主动承担责任，从不诿过于人。

【居官守法】 jū guān shǒu fǎ
[释义] 身居官职，谨守成法。现也指为官清廉，不违法乱纪。[语见] 汉·司马迁《史记·商君列传》："常人安于故俗，学者溺于所闻。以此两者居官守法可也，非所舆论于法之外也。"[例句] 如果你自己都不能～，怎么能震慑那些犯罪的人呢？

【居下讪上】 jū xià shàn shàng
[释义] 下属背地里讥笑上级。[语见]《论语·阳货》："子曰：'有恶称人之恶者，恶居下流而讪上者。'"[例句] 她～，批评上级，令上司颇为不满。

【居心叵测】 jū xīn pǒ cè
[释义] 居心：存心。叵：不可。测：推测。存心险恶，不可推测。[例句] 互联网上总有一些～的人，企图进入他人的账户。

【鞠躬尽瘁】 jū gōng jìn cuì
[释义] 鞠躬：弯腰，表示恭敬、谨慎。瘁：

劳累。《三国志·蜀书·诸葛亮传》南朝宋·裴松之注引《汉晋春秋》："臣鞠躬尽力，死而后已。"表示小心谨慎，竭尽全力效劳。常和"死而后已"连用。又，宋·吕祖谦《祭张荆州文》："虽身在外，心靡不在王室，鞠躬尽瘁，唯力是视。"[例句]他的一生为革命事业～，为广大党员树立了一个光辉的榜样。

【局促不安】 jú cù bù ān
[释义]局促：拘谨不自然、不平静。形容心情过于紧张，慌乱。[例句]社交活动中，缺乏自信的人往往表现为～、忸怩害羞。

【局天蹐地】 jú tiān jí dì
[释义]局：弯腰。蹐：小步。形容谨慎、畏惧的样子。多用以形容处境困厄窘迫。[语见]《诗经·小雅·正月》："谓天盖高，不敢不局；谓地盖厚，不敢不蹐。"[例句]整天～的他终于下决心向警察自首，主动交代了犯罪事实。

【菊老荷枯】 jú lǎo hé kū
[释义]比喻女子容颜衰老。[语见]明·沈采《千金记·通报》："辜负却桃娇柳嫩三春景，摧尽了菊老荷枯几度秋。"[例句]当年的妙龄少女如今已是～了，这让人不禁感叹真是岁月如梭。

【踽天蹐地】 jú tiān jí dì
[释义]见"局天蹐地"。[语见]晋·陈寿《三国志·步骘传》："无罪无辜，横受大刑，是以使民踽天蹐地，谁不战栗？"[例句]他望了老师一眼，一副～的样子。

【举案齐眉】 jǔ àn qí méi
[释义]案：古代有脚的托盘，用以进呈食物。汉代梁鸿的妻子孟光给丈夫送饭时，总是把盛饭的盘子举得高高的，与眼眉平齐。后来用以形容夫妻相敬如宾。[例句]～、相敬如宾，这大概就是他心目中传统婚姻的最高境界了吧。

【举不胜举】 jǔ bù shèng jǔ
[释义]胜：尽、完。举也举不完。形容数量极多。[例句]类似的成功事例在这里比比皆是，～。

【举步如飞】 jǔ bù rú fēi
[释义]迈起脚步像飞一样。形容走得快速。[语见]明·熊大木《杨家将演义》第四十二回："宗保举步如飞，向马后赶上，踊身一跃，跳上了马，绰枪左挥右刺于殿前。"[例句]那个大汉～，很快就追上了前面的人。

【举步生风】 jǔ bù shēng fēng
[释义]迈起脚步走起来好像生风一样。比喻办事快速迅疾。[语见]明·凌濛初《二刻拍案惊奇》第二十二卷："相见了，便觉得分外高兴，说话处，脾胃多燥，行事时，举步生风，是这二种人与他说得活着。"[例句]她行事～，非常利索。

【举步维艰】 jǔ bù wéi jiān
[释义]迈起脚步行走很艰难。形容行动困难或生活艰难。[例句]在公司的初创阶段，各项工作～，他为此不知花了多少心血。

【举措失当】 jǔ cuò shī dàng
[释义]失当：不恰当。举动措施不得当。[语见]《管子·禁藏》："行法不道，众民不能顺；举错不当，众民不能成。"注：错，同"措"。[例句]由于公司～，造成了无可挽回的经济损失。

【举国上下】 jǔ guó shàng xià
[释义]举：全。指全国上上下下，各个地方、各个阶层的人。[例句]国庆节了，～一片喜气洋洋的景象。

【举目无亲】 jǔ mù wú qīn
[释义]举：抬起。抬起眼看不见一个亲人。形容人地生疏，无依无靠。[语见]清·褚人获《隋唐演义》第十回："老伯母只生得大哥一人，久不回家，举目无亲，叫她怎不牵挂。"[例句]她在这里～，没人愿意收留她。

【举棋不定】 jǔ qí bù dìng
[释义]举棋：手拿棋子。不定：不能决定。拿着棋子不能决定走哪一步。比喻做事犹豫不决，拿不定主意。[语见]《左传·襄公二十五年》："弈者举棋不定，不胜其耦。"[例句]她在商场里转来转去，～，不知该买些什么。

【举十知九】 jǔ shí zhī jiǔ
[释义]举出十件事情，能通晓九件。比

喻学识渊博。[语见] 唐·张说《唐故豫州刺史魏君神道碑》:"圣人之所志,闻一而反三;君子之所能,举十而知九。"[例句] 陈老师～,学识渊博,在学生中有很高的威信。

【举世混浊】jǔ shì hùn zhuó
[释义] 混浊:不清明。世上都不清明。比喻世道昏暗。[语见] 汉·司马迁《史记·屈原贾生列传》:"举世混浊而我独清,众人皆醉而我独醒。"[例句] 在他看来,～而我独清,众人皆醉而我独醒。

【举世莫比】jǔ shì mò bǐ
[释义] 见"举世无伦"。[语见] 宋·钱易《南部新书》乙卷:"朱敬则,亳州永城人也。孝行忠鲠,举世莫比。"[例句] 这个湖的海拔超过四千米,是～的高原之湖。

【举世闻名】jǔ shì wén míng
[释义] 举:全部、整个。闻名:名声显赫,出名。全世界都知道他的大名。指名声显赫。[例句] 这里以出产葡萄酒而～。

【举世无比】jǔ shì wú bǐ
[释义] 见"举世无伦"。[语见] 宋·钱易《南部新书》庚卷:"萧颖士,开元中,年十九,擢进士第,儒释道三教无不该通,然性偏躁,忽忿戾,举世无比。"[例句] 这是一座当今世上罕见的地下宫殿,～的溶洞奇葩,真是令人叹为观止。

【举世无敌】jǔ shì wú dí
[释义] 举:全。全世界没有能胜得过的。形容极为强大。[例句] 目前他被公认为～的棋王。

【举世无伦】jǔ shì wú lún
[释义] 伦:类比。人世间没有可以类比的。形容稀有少见。[语见] 唐·白居易《画竹歌序》:"协律郎萧悦善画竹,举世无伦,萧亦甚自秘重,有终岁求其一竿一枝而不得者。"[例句] 这个工程规模之宏大,堪称～。

【举世无双】jǔ shì wú shuāng
[释义] 全世界没有第二个。比喻稀有、罕见。[语见] 明·郭勋《英烈传》第七十回:"历年既久何曾老,举世无双莫漫夸。"[例句] 这里优美的城市环境

～,所有的城市街道就像花园一样,天空湛蓝,草坪翠绿。

【举世瞩目】jǔ shì zhǔ mù
[释义] 举:全部、整个。瞩目:注视。全世界的人都注视着。形容某一重大事件受到世人的普遍关注。[例句] ～的第十七届世界杯足球赛在韩国开幕。

【举手加额】jǔ shǒu jiā é
[释义] 见"举手扣额"。[语见] 明·冯梦龙《醒世恒言》第三十一卷:"张员外看罢,举手加额道:'郑家果然发迹变泰,又不忘故旧,远送礼物,真乃有德有行之人也。'"[例句] 船底出了这么大一个洞,居然没有沉船,真是令人～,庆幸不已。

【举手可采】jǔ shǒu kě cǎi
[释义] 一举手就可以拿到。比喻极易获得。[语见] 晋·陈寿《三国志·蜀书·许慈传》:"潜虽学不沾洽,然卓荦强识,祖宗制度之仪,丧纪五服之数,皆指掌画地,举手可采。"[例句] 他学识渊博,有关地理、历史方面的知识简直是～。

【举手扣额】jǔ shǒu kòu é
[释义] 举手拍额,表示庆幸。[语见] 宋·洪迈《夷坚丁志·永宁庄牛》:"秦氏建康永宁庄有牧童桀横,常骑巨牛纵食人禾麦。民泣请不悛,但时举手扣额,诉于天地。"[例句] 就这水平,别也奢谈什么杀进四强,小组能出线就足以令人～了。

【举手之劳】jǔ shǒu zhī láo
[释义] 举:抬起。一动手就能办到的一点劳动。指办事情轻而易举,毫不费力。[语见] 唐·韩愈《应科目时与人生》:"如有力者,哀其穷而运转之,盖一举手一投足之劳也。"[例句] 帮这点儿忙,对他来说,不过是～,算不了什么。

【举贤任能】jǔ xián rèn néng
[释义] 举:起用。任:任用。起用贤士,任用能人。[语见] 明·罗贯中《三国演义》第二十九回:"举贤任能,使各尽力以保江东,我不如卿。"[例句] 我们要大力推行以人为本、举贤任能的用人机制。

【举贤使能】jǔ xián shǐ néng
[释义] 见"举贤任能"。[语见]《礼记·

大传》:"三日举贤,四日使能。"[例句]上任后,他～,全力推动人事改革。

【举要删芜】 jǔ yào shān wú
[释义]要:要领。芜:杂乱。选取重要的,删除杂乱的。多指写文章要抓住重点。[语见]宋·王谠《唐语林·政事上》:"岑文本谓人曰:'吾见马周论事多矣,援引事类,扬搉古今,举要删芜,会文切理。一字不可加,亦不可减。听之靡靡,令人忘倦。'"[例句]写作文时应～,突出文章的主题。

【举要治繁】 jǔ yào zhì fán
[释义]治:治理。繁:芜杂。喻指写文章时,应选其主要的,而把芜杂的加以修改。[语见]南朝梁·刘勰《文心雕龙·总术》:"赞曰:文场笔苑,有术有门,务先大体,鉴必穷源。乘一总万,举要治繁。思无定契,理有恒存。"[例句]只有提纲挈领、～,文章才有说服力。

【举一反三】 jǔ yī fǎn sān
[释义]举:提出。反:推及,推论,类推。三:多次或多数。比喻从一件事情类推而知道许多事情。形容善于类推,触类旁通。[语见]《论语·述而》:"举一隅不以三隅反,则不复也。"[例句]谁能～,再造几个句子?

【举一废百】 jǔ yī fèi bǎi
[释义]只以一件事为准,而把其余的都废弃了。比喻主观武断。[语见]《孟子·尽心上》:"所恶执一者,为其贼道也,举一而废百也。"[例句]这门学问涉及的领域很多,没搞懂之前切不可～,妄加评论。

【举直措枉】 jǔ zhí cuò wǎng
[释义]举:选任。措:废置、罢黜。选用正直贤良之士、罢黜奸邪的人。[语见]《论语·为政》:"孔子对曰:'举直错(措)诸枉,则民服;举枉错(措)诸直,则民不服。'"[例句]希望你能～,弘扬正气。

【举止不凡】 jǔ zhǐ bù fán
[释义]举动不平凡。[语见]清·壮者《扫迷帚》第五回:"昨见二君举止不凡,询及栈主,始知兄即吴江卞某,此弟

生平最敬佩的人,敢问此位名姓?"[例句]前来开门的是位气质高雅、～的女性。

【举足轻重】 jǔ zú qīng zhòng
[释义]举:抬起。一挪脚就影响两边的轻重分量。形容对整个局势有极大影响的举动。[语见]南朝宋·范晔《后汉书·窦融传》:"今益州有公孙子阳,天水有隗将军,方蜀汉相攻,权在将军,举足左右,便有轻重。"[例句]这个设备在整个生产环节的地位可谓～。

【龃龉不合】 jǔ yǔ bù hé
[释义]龃龉:上下齿不相配合。比喻意见不相合。[语见]宋·陆游《贺吏部陈侍郎启》:"然贤能之进,常龃龉而不合;治安之会,亦稀阔而难遭。"[例句]两人向来～,互相看着对方不顺眼。

【踽踽独行】 jǔ jǔ dú xíng
[释义]踽踽:孤独的样子。独自一人行走。形容孤独无依。[语见]宋·张纮《祭程伊川文》:"先生踽踽独行于世,众乃以为迂也。"[例句]他拖着疲倦的双腿,～于街头,心情无比凄凉。

【踽踽凉凉】 jǔ jǔ liáng liáng
[释义]踽踽:孤独的样子。凉凉:冷冷清清的样子。形容孤傲寡合的样子。[语见]《孟子·尽心下》:"行何为踽踽凉凉?"[例句]她～坐在教室的一角,看起来心事重重的样子。

【拒谏饰非】 jù jiàn shì fēi
[释义]谏:规劝(君主、尊长或朋友)。饰:遮掩。非:错误。拒绝直言规劝,掩饰自己的错误。[语见]《荀子·成相》:"拒谏饰非,愚而上同国必祸。"[例句]他不仅不知人善用,反而～,打击异己。

【拒人千里之外】 jù rén qiān lǐ zhī wài
[释义]拒:拒绝。把人挡在千里之外,不让人接近。形容态度傲慢。[语见]《孟子·告子下》:"訑訑之声音颜色,拒人于千里之外。"[例句]那女孩高傲自负,总是摆出一副～的样子。

【拒之门外】 jù zhī mén wài
[释义]拒:拒绝。把人挡在门外。形容

J

拒绝协商或共事。[例句] 就因为个子太矮,篮球队曾把他～。

【俱收并蓄】jù shōu bìng xù
[释义] 见"兼收并蓄"。[语见] 唐·韩愈《进学解》:"牛溲马勃,败鼓之皮,俱收并蓄,待用无遗者,医师之良也。"[例句] 京剧是一门～的表演艺术,它吸取了许多地方剧种的优点和特色。

【据理力争】jù lǐ lì zhēng
[释义] 据:依据。力:尽力。依据一定的道理尽力争取,以维护某种观点或利益。[语见] 清·李宝嘉《文明小史》第三十八回:"老兄既管了一县的事,自己也该有点主意。外国人呢,固然得罪不得,实在下不去的地方,也该据理力争。"[例句] 孩子们～,总算把钱从小商贩手里要了回来。

【聚精会神】jù jīng huì shén
[释义] 聚:聚集。会:集中。集中全部精神。原指集中众人的智慧。现多用以形容注意力十分集中。[语见] 宋·陆九渊《与赵然道书》:"明明穆穆,聚精会神,其切磋琢磨之功如此。"[例句] 他正～地看着书,没发现有人进来。

【聚米为山】jù mǐ wéi shān
[释义] 把米聚起来堆成山谷的样子来分析形势。形容能正确形象地分析军事形势。[语见] 南朝宋·范晔《后汉书·马援传》:"援因说隗嚣将帅有土崩之势,兵进有必破之状。又于帝前聚米为山谷,指画形势,开示众军所从道径往来,分析曲折,昭然可晓。帝曰:'虏在吾目中矣。'"[例句] 他～,形象地向大家讲解了当前的战场形势。

【聚沙成塔】jù shā chéng tǎ
[释义] 聚:聚集。把细沙聚集起来成为宝塔。比喻聚少成多。[语见]《妙法莲花经·方便品》:"乃至童子戏,聚沙为佛塔。"[例句] ～,积少成多,家庭理财一定要学会储蓄。

【聚沙之年】jù shā zhī nián
[释义] 儿童喜玩沙泥沙,因而以"聚沙之年"代指儿童时代。[语见]《妙语莲花

经·方便品》:"乃至童子戏,聚沙为佛塔。"[例句] 他还只是个～的孩童,犯这种幼稚的错误也是可以原谅的。

【聚少成多】jù shǎo chéng duō
[释义] 见"积少成多"。[语见] 汉·班固《汉书·董仲舒传》:"聚少成多,积小致巨。"[例句] 她每天背十个英文单词,～,一年下来,她的英语水平已经大为提高。

【聚讼纷纭】jù sòng fēn yún
[释义] 讼:争辩是非。纷纭:多而杂乱。许多人纷纷争论,说法不一,没有定论。[例句] 目前,法律界对于股民遭受的间接损失应否赔偿,一直是～、莫衷一是。

【聚蚊成雷】jù wén chéng léi
[释义] 很多蚊子聚集到一起,声音可以像雷一样响。比喻出自众口的谗言,为害极大。[语见] 汉·班固《汉书·中山靖王传》:"夫众煦漂山,聚蚊成雷,朋党执虎,十夫桡椎,是以文王拘于羑里,孔子阨于陈蔡,此乃恶庶之成风,增积之生害也。"[例句] 小心别人诽谤,～,会对你的事业造成不利影响的。

【踞炉炭上】jù lú tàn shàng
[释义] 踞:蹲或坐。炉炭:炉火。蹲在炉火之上。形容处境危险,无法继续存在下去。[语见] 唐·房玄龄等《晋书·宣帝纪》:"军还,权遣使乞降,上表称臣,陈说天命。魏武帝曰:'此儿欲踞吾著炉炭上邪!'"[例句] 他虽然～、形势险恶,但却依然不露声色。

【屦及剑及】jù jí jiàn jí
[释义] 见"剑及屦及"。[例句] 灾害发生后,政府和各种民间团体、个人～,出钱出力,在很短的时间内便展开了救灾工作。

【屦贱踊贵】jù jiàn yǒng guì
[释义] 踊:古代被砍掉脚的人所有的假脚。鞋子跌价,假脚涨价。形容滥用刑罚,受酷刑的人多。[语见]《左传·昭公三年》:"国之诸市,屦贱踊贵,民人痛疾。"杜预注:"踊,刖足者屦。言刖多。"注:刖,砍掉足。[例句] 暴君滥用酷

刑,国中～,大臣们人人自危,无人再敢犯颜进谏。

juan

【捐忿弃瑕】 juān fèn qì xiá
[释义]瑕:玉上的斑痕或裂纹。抛弃忿恨,丢弃裂痕。表示重修旧好。[语见]宋·苏轼《拟侯公说项羽辞》:"孤亦愿自今之日与君王捐忿弃瑕,继平昔之欢。"[例句]大家都劝他们俩早日～,重修旧好。

【捐躯报国】 juān qū bào guó
[释义]舍弃身躯,报效国家。[语见]明·宋濂等《元史·王檝传》:"臣以布衣受恩,誓捐躯报国,今既偾军,得死为幸!"[例句]战士们死守阵地,决心～。

【捐躯赴难】 juān qū fù nàn
[释义]舍弃生命,奔赴国难。[语见]三国魏·曹植《白马篇》:"捐躯赴国难,视死忽如归。"[例句]书中塑造了一位保家卫国、视死如归、～的爱国英雄形象。

【捐躯济难】 juān qū jì nàn
[释义]牺牲个人生命,以解救国家的危难。[语见]晋·陈寿《三国志·魏书·陈思王植传》:"夫忧国忘家,捐躯济难,忠臣之志也。"[例句]如今正值国家危亡之际,我愿意～、血洒疆场。

【捐躯殒首】 juān qū yǔn shǒu
[释义]舍弃身躯,丢掉头颅。[语见]宋·王安石《第三札子》:"仰荷天地之恩,捐躯殒首,无以上报。"[例句]战士们不惜～,宁死保卫自己的祖国。

【捐生殉国】 juān shēng xùn guó
[释义]捐生:舍弃生命。殉国:为国家而死。为国家而英勇牺牲生命。[语见]北魏·杨衒之《洛阳伽蓝记·追光寺》:"既见义忘家,捐生殉国,永贞忠烈,何日忘之!"[例句]被捕后,他一直以先师～的精神激励自己,顽强地在狱中继续与敌人做斗争。

【涓滴成河】 juān dī chéng hé
[释义]涓滴:小水点。河流是由一点一滴的水汇集成的。形容积少成多。

[例句]这个基金会的经费来源于民众～的捐款和一些企业的支持。

【涓滴归公】 juān dī guī gōng
[释义]涓滴:小水点,比喻极小极少。一点一滴,全都缴公。[语见]清·赵尔巽《清史稿·文宗纪》:"然必涓滴归公,撙节动用,始得实济。"[例句]这里每年收购来的粮食,真正做到了～,一丝一毫没被挪作他用。

【卷旗息鼓】 juǎn qí xī gǔ
[释义]卷起战旗,平息战鼓。比喻停止进攻。[语见]清·孙郁《绣帏灯·公讨》:"须等那不贤之妇亲口道允,我等才卷旗息鼓,暂宽一时。"[例句]不知为什么,敌军忽然～,撤出了战场。

【卷土重来】 juǎn tǔ chóng lái
[释义]卷:飞扬,翻滚。土:尘土。重:再,又。人马重又回来,卷起飞扬的尘土。喻指失败后不甘心,重新纠集势力进行反扑。[语见]唐·杜牧《题乌江亭》诗:"江东子弟多才俊,卷土重来未可知。"[例句]这位前世界拳击冠军此次～,发誓要夺回金腰带。

jue

【决一雌雄】 jué yī cí xióng
[释义]见"一决雌雄"。[语见]清·钱彩《说岳全传》第五十一回:"臣已练一阵图,等齐了,就与岳飞决一雌雄。"[例句]两支军队都摆开阵势,准备～。

【决一死战】 jué yī sǐ zhàn
[释义]决战:决定胜负的战役。拼死进行一次激战,决出胜负。[语见]明·罗贯中《三国演义》第八十九回:"诸将大怒,皆来禀孔明曰:'某等情愿出寨决一死战!'孔明不许。"[例句]他四处调兵,准备与敌人～。

【抉瑕摘衅】 jué xiá tī xìn
[释义]瑕:玉上的斑点。摘:挑取。衅:瑕隙,破绽。寻找缺点,挑取破绽。[语见]南朝宋·范晔《后汉书·陈元传》:"遗脱纤微,指为大尤;抉瑕摘衅,掩其弘美;所谓'小辩破言,小言破道'者也。"

J

【例句】应加强总结,多从自己身上～,这样才能不断提高自己的水平。

【抉瑕掩瑜】jué xiá yǎn yú
[释义]抉:挑出。瑕:玉上的斑点。瑜:美玉的光彩。挑剔玉上的微小缺点,掩没它整个的光彩。比喻议论苛刻,抹杀别人的优点。[语见]唐·严郢《驳议吕諲》:"今太常议荆南之政详矣……乃抉瑕掩瑜之论,非中适之言也。"[例句]大家不必～,毕竟这次试验达到的总体指标是合格的。

【绝长补短】jué cháng bǔ duǎn
[释义]见"截长补短"。[语见]《孟子·滕文公上》:"今滕,绝长补短,将五十里也,犹可以为善国。"[例句]两个人生活在一起,要善于从各方面～,优势互补。

【绝长继短】jué cháng jì duǎn
[释义]见"截长补短"。[语见]《墨子·非命上》:"古者汤封于亳,绝长继短。"[例句]他俩的基本功非常扎实,加上比较好学,相互间～,共同提高,近年来已逐渐成为国内的顶级高手。

【绝长续短】jué cháng xù duǎn
[释义]见"截长补短"。[语见]《战国策·楚策四》:"今楚国虽小,绝长续短,犹以数千里。"[例句]这两家企业其实完全可以～,联手开发新的市场。

【绝处逢生】jué chù féng shēng
[释义]绝处:死路。逢:遇见,遇到。已经到了死路上又遇到了生路。形容在极为危险或绝望的情况下得到了生路。[语见]明·冯梦龙《警世通言》第二十五卷:"常言'吉人自有天相',绝处逢生。"[例句]这种新药的问世,能够使数以万计的患者～。

【绝代佳人】jué dài jiā rén
[释义]绝代:冠绝当代,指当代独一无二的。佳人:美人。当世无双的美人。形容女子极为貌美。[语见]唐·杜甫《佳人》诗:"绝代有佳人,幽居在空谷。"[例句]听说孟小姐长得非常漂亮,算得上是倾城倾国的～。

【绝渡逢舟】jué dù féng zhōu
[释义]比喻在绝路上有了出路或办法。[语见]清·夏敬渠《野叟曝言》第十回:"天幸遇着相公,如暗室逢灯,绝渡逢舟,从此读书作文,俱可望有门径矣。"[例句]眼看就要没钱治病了,却遇上这个好心捐款的人,真是～。

【绝甘分少】jué gān fēn shǎo
[释义]绝甘:放弃甘美的食品。分少:分多分少同大家一样。指自己刻苦而待人优厚。[语见]汉·司马迁《报任少卿书》:"李陵素与士大夫绝甘分少。"[例句]他把所得赏赐全都分给自己的部下,这种～的行为深得属下赞赏。

【绝后光前】jué hòu guāng qián
[释义]见"空前绝后"。[语见]南朝梁·沈约《齐故安陆昭王碑文》:"膺期诞德,绝后光前。"[例句]他的丰功伟绩,真是～。

【绝口不道】jué kǒu bù dào
[释义]绝口:闭口。指闭紧嘴巴,不发一言。[语见]汉·班固《汉书·丙吉传》:"吉为人深厚,不伐善。自曾孙遭遇,吉绝口不道前思,故朝廷莫能明其功也。"[例句]接受记者采访时,他对本队夺冠的前景～。

【绝路逢生】jué lù féng shēng
[释义]见"绝处逢生"。[语见]钱穆《国史大纲》第四编:"(施行屯田)从整个政治问题而论,不得不说是一个绝路逢生的好办法。"[例句]幸亏看见这条小溪,我们才能～,从山里跑了出来。

【绝妙好词】jué miào hǎo cí
[释义]见"绝妙好辞"。[语见]清·程祖庆《练川名人画像续编》下卷:"今其集中所存,皆绝妙好词、升平故事,自古罕传。"[例句]这本书中净是些～,真是令人爱不释手。

【绝妙好辞】jué miào hǎo cí
[释义]辞:文辞,诗文。非常巧妙、美好的诗文或辞藻。[语见]南朝宋·刘义庆《世说新语·捷悟》:"魏武尝过曹娥碑下,杨修从。碑背上见题作'黄绢幼

妇,外孙齑臼'八字……修曰:'黄绢,色丝也,于字为绝;幼妇,少女也,于字为妙;外孙,女子也,于字为好;齑臼,受辛也,于字为辞,所谓绝妙好辞也。'"[例句]这真是～,不可不读!

【绝色佳人】jué sè jiā rén
[释义]见"绝代佳人"。[语见]元·谷子敬《城南柳》第三折:"见一个庞眉老叟行在前面,见一个绝色佳人次着后肩。"[例句]她也就是比较漂亮而已,硬要把她说成是～未免有点儿夸张。

【绝世佳人】jué shì jiā rén
[释义]见"绝代佳人"。[语见]清·洪昇《长生殿·幸恩》:"以妹玉环之宠,叨膺虢国之封。虽居富贵,不爱铅华。敢夸绝世佳人,自许朝天素面。"[例句]眼前的这位～令他不禁有点儿想入非非。

【绝无仅有】jué wú jǐn yǒu
[释义]除了这仅有的一个例外,再也没有了。形容极其少有。[语见]宋·文天祥《吉州古院狱空记》:"上有所好,下从而逢之,是未可知,夫以百余年两见之事,可谓稀阔,而其可疑又如此,然则虽谓之绝无仅有可也。"[例句]这种珍稀鸟类全世界～。

【绝域殊方】jué yù shū fāng
[释义]绝域:指极遥远的地方。殊方:他乡,异域。泛指偏远的异乡。[语见]唐·房玄龄等《晋书·裴秀传》:"故虽有峻山巨海之隔,绝域殊方之迥,登降诡曲之因,皆可得举而定者。"[例句]我猜想他一定是住在某个冰天雪地的～,一个美丽而奇特的地方。

【绝域异方】jué yù yì fāng
[释义]见"绝域殊方"。[语见]宋·苏轼《御试制科策一道》:"朝廷置灵武于度内,几百年矣,议者以为绝域异方,曾不敢近,而况于取之乎!"[例句]中国地域宽广,山川地貌复杂多变,少不了那种～之处。

【倔强倨傲】jué jiàng jù ào
[释义]倔强:固执顽疾。倨傲:傲慢不恭。指人性执拗,态度傲慢。[语见]汉·

桓宽《盐铁论·论功》:"(尉佗)倔强倨敖(傲),自称老夫。"[例句]生性～的他,是决计不肯向别人认错的。

【掘室求鼠】jué shì qiú shǔ
[释义]掘坏房子,搜寻老鼠。比喻为小失大。[语见]汉·刘安《淮南子·说山训》:"坏塘以取龟,发屋而求狸,掘室求鼠。"[例句]为这点小钱就跟朋友闹翻,真是～,因小失大。

【倔头倔脑】juè tóu juè nǎo
[释义]倔:粗鲁。形容性格粗鲁,态度生硬的样子。[例句]这家伙一副～的样子,好像跟谁都合不来。

jun

【军多将广】jūn duō jiàng guǎng
[释义]见"兵多将广"。[语见]明·无名氏《暗度陈仓》头折:"俺建都在这彭城郡,手下军多将广,人强马壮,威镇天下。"[例句]该国的部队～,军力不可小视。

【军法从事】jūn fǎ cóng shì
[释义]按照军中的法规处理。形容非常严厉。[语见]唐·房玄龄等《晋书·齐王冏传》:"有不顺命,军法从事。"[例句]谁敢不服从命令,就～!

【军令如山】jūn lìng rú shān
[释义]军令重如山。军法严肃不可随意由之,必须绝对服从,坚决执行。[语见]姚雪垠《李自成》第九卷:"摄政王本来军令很严,处此即将进关时候,更加军令如山。"[例句]～,战士们迅速排列整齐,准备出发。

【君仁臣直】jūn rén chén zhí
[释义]仁:仁爱。直:正直。君主仁爱,群臣才能直言不讳。[语见]汉·刘向《新序·杂事》:"魏文侯与士大夫坐。问曰:'寡人何如君?'群臣皆曰:'君仁君也。'次至翟黄,曰:'君伐中山,不以封君之弟,而封君之长子,非仁君也。'文侯怒,次至任座,文侯问:'寡人何如君?'任座对曰:'君仁君也。'曰:'子何以言之?'对曰:'臣闻其君仁者其臣直,向

者,翟黄之言直,臣是以知君仁君也.'"
[例句] 由于朝廷～,整个国家的管理
井井有条。

【君圣臣贤】jūn shèng chén xián
[释义] 君主圣明,臣子贤良。[语见]
元·宫大用《范张鸡黍》楔子:"……今日
君圣臣贤,正士大夫立功名之秋,为此来
就帝学……"[例句] 如今～,国运昌
盛,百姓安居乐业。

【君子不器】jūn zǐ bù qì
[释义] 不器:不像器具那样,其作用只限
于某一方面。后用以赞美人是全才。
[语见]《论语·为政》:"子曰:'君子不
器.'"[例句] 如此重理轻文的课程安
排,恐怕有悖～的教学方针,不利于学生
的全面发展。

【君子之交】jūn zǐ zhī jiāo
[释义] 交:交往。君子之间的交往。指
光明磊落、无私利的交往。与"小人之
交"相对。[语见] 明·王夫之《四书训义》
第二十八卷:"而其终不可有为,则异同
之迹不显,而其也以礼,终不伤君子之
交。"[例句] 和他做了两年朋友,不为
名,不求利,我真正体会到了～淡如水的
意境。

【君子之交淡如水】jūn zǐ zhī jiāo
dàn rú shuǐ
[释义] 君子交往,平淡如水,不为名
利,不尚虚华。如,也作"若"。[语见]
《庄子·山木》:"且君子之交淡若水,小人
之交甘若醴;君子淡以亲,小人甘以绝。"
[例句] 他一向以为～,所以很少接受朋
友的馈赠。

【钧天广乐】jūn tiān guǎng yuè
[释义] 钧天:古代神话中天的中央。指
神话中天上的音乐。后形容优美雄壮的
乐曲。[语见]《吕氏春秋·有始》:"天有
九野……中央曰钧天。"高诱注:"钧,平
也;为四方主,故曰钧天。"《列子·周穆
王》:"王实以为清都紫微,钧天广乐,帝
之所居。"[例句] 乐曲庄严肃穆而又不失
明快活泼,旋律飘逸,真是难得的～。

【峻岭崇山】jùn lǐng chóng shān
[释义] 见"崇山峻岭"。[语见] 宋·胡仔
《苕溪渔隐丛话前集·周明老》:"(周知
微)《上巳日寒食有句》云:'疾风暴雨悲
游子,峻岭崇山非故乡'亦为可赏。"
[例句] 这条铁路穿梭于中国西南部
的～和热带雨林之中,延绵数百公里。

J

K

kai

【开诚布公】kāi chéng bù gōng
[释义] 开、布:表明。形容真诚待人,坦白无私。[语见] 晋·陈寿《三国志·蜀书·诸葛亮传》:"诸葛亮之为相国也……开诚心,布公道。"[例句] 希望你们能～地表达自己的愿望。

【开诚相见】kāi chéng xiāng jiàn
[释义] 以真心诚意相对待。[例句] 父子之间应该～。

【开花结果】kāi huā jiē guǒ
[释义] 比喻修养、工作等取得效果。[语见] 明·冯梦龙《喻世明言》第一卷:"如今方下种,还没有发芽哩。再隔五六年,开花结果。"[例句] 统计数字显示该公司的海外投资已经～,开始赢利。

【开卷有得】kāi juàn yǒu dé
[释义] 见"开卷有益"。[语见] 南朝梁·沈约《宋书·陶潜传》:"少年来好书,偶爱闲静,开卷有得,便欣然忘食。"[例句] 真可谓～,读书不仅能让人增长见识,而且能提高人的修养。

【开卷有益】kāi juàn yǒu yì
[释义] 开卷:打开书卷,指读书。益:好处。形容读书有好处。[语见] 宋·王辟之《渑水燕谈录·文儒》:"太宗日阅《御览》三卷,因事有阙,暇日追补之,尝曰:'开卷有益,朕不以为劳也。'"[例句] ～,多读些好文章,对提高自己的写作能力很有帮助。

【开路先锋】kāi lù xiān fēng
[释义] 指行军、作战时的先遣人员。比喻先导人员或带头人。[例句] 他率领

的部队始终充当着全军的～。

【开门见山】kāi mén jiàn shān
[释义] 打开门就能看见山。比喻言辞直入正题。[语见] 宋·严羽《沧浪诗话·诗评》:"太白天才豪逸,语多卒然而成者,……太白发句,谓之开门见山。"[例句] 有什么事请你～地讲。

【开门揖盗】kāi mén yī dào
[释义] 揖:作揖,打拱,表示迎接。打开大门迎接强盗。比喻引进坏人,自取祸殃。[语见] 晋·陈寿《三国志·吴书·孙权传》:"况今奸宄竞逐,豺狼满道,乃欲哀亲戚,顾礼制,是犹开门而揖盗,未可以为仁也。"[例句] 让他加入我们,无异于～、引狼入室。

【开山老祖】kāi shān lǎo zǔ
[释义] 见"开山祖师"。[例句] 此庙因佛教禅宗三祖僧璨禅师为～,故称三祖寺。

【开山祖师】kāi shān zǔ shī
[释义] 本佛家语,指在某一名山创建寺院并自成宗派的高僧。后比喻学问、技艺的某一流派或某一专业的创始人。[语见] 宋·辛弃疾《水龙吟》词:"只应白发,是开山祖。"[例句] 相传此树为本派的～亲手所栽。

【开天辟地】kāi tiān pì dì
[释义] 辟:开。指宇宙开始形成。后用以形容前所未有。[例句] 自从～那一刻起,人类就无法避免生老病死的自然规律。

【开物成务】kāi wù chéng wù
[释义] 开:通晓。成:成就。务:事务。指通晓事物的道理,按这个道理行事得

到成功。[语见]《周易·系辞上》:"夫《易》,开物成务,冒天下之道,如斯而已者也。"[例句]校长鼓励毕业生们要继续努力学习,～,为社会做贡献。

【开心见诚】kāi xīn jiàn chéng
[释义]坦白直率、真心实意地与人接触。[语见]南朝宋·范晔《后汉书·马援传》:"且开心见诚,无所隐伏。"[例句]如果我们能～地交换意见就好了。

【开源节流】kāi yuán jié liú
[释义]源:源泉。流:支流。开辟源头,节制分流。比喻增加收入,节省开支。[语见]《荀子·富国》:"故明主必谨养其和,节其流,开其源,而时斟酌焉,潢然使天下必有余,而上不忧不足。"[例句]企业要～,首先要从内部管理入手。

【开云见日】kāi yún jiàn rì
[释义]见"拨云见天"。[语见]南朝宋·范晔《后汉书·袁绍传》:"旷若开云见日,何喜如之!"[例句]通告一出,～,各种谣传也一扫而光。

【开宗明义】kāi zōng míng yì
[释义]开宗:阐发宗旨。明义:说明义理。本为《孝经》第一章篇名,这一章阐述全书宗旨。后用以形容说话、写文章一开始就点明宗旨。[语见]《孝经·开宗明义》"开宗明义章第一"。邢昺疏:"开,张也;宗,本也;明,显也;义,理也。言此章开张一经之宗本,显明五孝之义理,故曰开宗明义也。"[例句]本书在第一章～地向读者指出:地球环境正在遭受巨大破坏。

【欬唾成珠】kài tuò chéng zhū
[释义]本指咳唾出来的唾液像珠一样。后比喻言谈精当、出口成章或文辞优美。[语见]南朝宋·范晔《后汉书·赵壹传·刺世疾邪赋》:"势家多所宜,欬唾自成珠。"[例句]他在文学方面的造诣几乎达到登峰造极的境界,不但文辞～,而且内容精辟。

kǎn

【侃侃而谈】kǎn kǎn ér tán
[释义]侃侃:说话从容不迫的样子。形容理直气壮、从容不迫地讲话。[语见]《论语·乡党》:"朝,与下大夫言,侃侃如也;与上大夫言,訚訚如也。"[例句]他在新闻发布会上～。

【看风使船】kàn fēng shǐ chuán
[释义]见"看风使舵"。[语见]清·墨浪子《西湖佳话·断桥情迹》:"老娘是个走千家、踏万户,极聪明的人,须看风使船,且待他口声如何。"[例句]他是个颇会～的人,后来果然混上了总经理的职务。

【看风使舵】kàn fēng shǐ duò
[释义]比喻为人善于随机应变,根据事物发展的态势改变自己的态度。[例句]小张反应敏捷,手脚勤快,而且会～,所以很得上司器重。

【看风使帆】kàn fēng shǐ fān
[释义]见"看风使舵"。[语见]宋·释普济《五灯会元·圆通禅师》:"看风使帆,正是随波逐浪。"[例句]他的处世原则就是一切从个人利益出发,～,有利于升官发财的就什么都可以做。

【看风行事】kàn fēng xíng shì
[释义]比喻做事随着时势而应变。[例句]工作能力平平的他靠着关系和善于～、阿谀奉迎,谋了个小官职。

【看风转舵】kàn fēng zhuǎn duò
[释义]见"看风使舵"。[例句]这两个人在剧中同属反角,一个善于献媚阿谀,另一个则以～见长。

【看花走马】kàn huā zǒu mǎ
[释义]见"走马看花"。[例句]像你这种～的游览方式,肯定什么也记不住。

【看破红尘】kàn pò hóng chén
[释义]红尘:尘世,人间。看穿世间的一切。原指佛教、道教中人离开世俗繁华之地,而去"出家"、"修仙"。现指对人生的消极态度。[语见]清·李汝珍《镜花缘》第四十三回:"看这话头,他明明看破红尘,贪图仙景,任俺寻找,总不出来。"[例句]出院后他对什么都清心寡欲,大有～的味道。

【看人眉睫】 kàn rén méi jié
[释义] 眉睫:眉毛和眼睫毛。这里指人的脸色。形容做事不能自主,看人脸色行事。[语见] 唐·李延寿《北史·崔亮传》:"时陇西李冲当朝任事,亮族兄光往依之,谓亮曰:'安能久视笔砚,而不往托李氏也?彼家饶书,因可得学。'亮曰:'弟妹饥寒,岂容独饱?自可观书于市,安能看人眉睫乎?'"[例句] 到了重大决策的关键时刻,不要～,随意附和。

【看人行事】 kàn rén xíng shì
[释义] 根据对方与自己的关系及身份的高低来处理事情。[例句] 对待来宾要一视同仁,不能～。

kang

【慷慨陈词】 kāng kǎi chén cí
[释义] 慷慨:情绪激动,充满正气。陈:叙说。情绪激昂地叙说自己的观点或见解。[例句] 他在法庭上～,为自己辩护。

【慷慨激昂】 kāng kǎi jī áng
[释义] 慷慨:情绪激动,充满正气。激昂:振奋昂扬。形容情绪激动,精神振奋,充满正气。[语见] 唐·柳宗元《上权德舆补阙温卷决进退启》:"今将慷慨激昂,奋攘布衣。"[例句] 他～地说:"我们一定能成功!"

【慷慨激烈】 kāng kǎi jī liè
[释义] 见"慷慨激昂"。[语见] 明·宋濂等《元史·小云石海涯传》:"燧见其古文峭厉有法及歌行古乐府慷慨激烈,大奇之。"[例句] 一名同学上台,～地批评这次班级选举不正规。

【慷慨激扬】 kāng kǎi jī yáng
[释义] 见"慷慨激昂"。[语见] 唐·令狐德棻《周书·韦孝宽传》:"孝宽慷慨激扬。"[例句] 他在抗灾动员大会上的发言～,引起了台下听众的广泛共鸣。

【慷慨解囊】 kāng kǎi jiě náng
[释义] 慷慨:不吝惜,大方。解囊:打开钱袋。毫不吝惜地拿出钱来帮助别人。[例句] 企业家们纷纷～,为灾区捐款。

【亢极之悔】 kàng jí zhī huǐ
[释义] 见"亢龙有悔"。[语见] 晋·葛洪《抱朴子·畅玄》:"俯无偃鸱之呼,仰无'亢极之悔'。"[例句] 这只股票连日来不断涨停,颇有～的意向,持有者要十分小心。

【亢龙有悔】 kàng lóng yǒu huǐ
[释义] 亢:至高至尊。龙:象征君主。悔:懊恼。至尊者有所懊恼的事。意为居高位的人要戒骄,否则会失败而后悔。比喻盛久必衰。[语见]《周易·乾》:"上九,亢龙有悔。"孔颖达疏:"亢龙,此自然之象,以人事言之,似圣人有龙德,上居天位,久而亢极,物极则反,故有悔也。"[例句] ～,物极必反,这也是事物变化的普遍规律。

【伉俪之情】 kàng lì zhī qíng
[释义] 伉俪:夫妻。指夫妻之间的感情。[例句] 他在战火纷飞的年代与程女士结下～,两人相依终生,成为佳话。

【抗尘走俗】 kàng chén zǒu sú
[释义] 抗:冒着。尘:尘土,风尘。走:跑。俗:世俗,尘俗。形容为名利等世俗事务而忙碌奔走。[语见]《宣和画谱》第十卷:"(关仝)尤喜作秋山寒林与其村居野渡……使其见者悠然如在灞桥风雪中,三峡闻猿时,不复有抗尘走俗之状。"[例句] 艺术需要静思,很难想象一个功利心强,整日～的人能成为艺术家。

kao

【考绩黜陟】 kǎo jì chù zhì
[释义] 考核官吏政绩的好坏以决定升降。[语见] 汉·荀悦《前汉纪·哀帝纪上》:"古诸侯皆义其位,视民如子,爱国如家,于是建诸侯之贤者以为牧,故以考绩黜陟,不统其政,不御其民。"[例句] 为了充分调动各级干部的工作积极性,应当每年都对他们进行一次～。

【考名责实】 kǎo míng zé shí
[释义] 考核名称与实际是否相符。[语见] 唐·刘知几《史通·题目》:"案吕、陆二氏,各著一书,惟次篇章,不系时

月,此乃子书杂记,而皆号曰《春秋》……考名责实,奚其丧欤?"[例句]多年来,张教授一直从事~的史学发展考察工作。

ke

【苛捐杂税】kē juān zá shuì
[释义]苛:苛刻,细碎,繁杂。指强行征收的苛细繁多的捐税。[例句]封建统治者残酷地剥削劳动人民,当时的~多如牛毛。

【苛政猛于虎】kē zhèng měng yú hǔ
[释义]苛:苛刻,过于严重。猛:凶猛。繁苛的政令和赋税比老虎还要凶暴可怕。形容暴政伤民。[语见]《礼记·檀弓下》:"孔子过泰山侧,有妇人哭于墓者而哀。夫子式而听之,使子路问之,曰:'子之哭也,壹似重有忧者。'而曰:'然,昔者吾舅死于虎,吾夫又死焉,今吾子又死焉。'夫子曰:'何为不去也?'曰:'无苛政。'夫子曰:'小子识之,苛政猛于虎也。'"[例句]真是~,受到残酷剥削的农民无法忍受,纷纷弃田流浪。

【科头跣足】kē tóu xiǎn zú
[释义]科头:不戴帽子。跣足:赤足。光头赤足。形容非常窘迫的样子。也形容极随便。[语见]汉·司马迁《史记·张仪列传》:"虎贲之士跿跔科头。"《五代史·王彦章传》:"(彦章)能跣足履棘行百步。"[例句]此人平日总是~,可见非常穷困。

【可操左券】kě cāo zuǒ quàn
[释义]古代称契约为券,分左右两片,立约人各拿一片。左片叫左券,常用作索债的凭证。比喻成功有把握。[语见]汉·司马迁《史记·田敬仲完世家》:"公常执左券,以责(债)于秦韩。"[例句]只要照我说的办法做,此事~。

【可乘之机】kě chéng zhī jī
[释义]乘:利用。可以利用的机会。[语见]唐·房玄龄等《晋书·吕纂传》:"宜缮甲养锐,劝课农殖,待可乘之机,然后一举荡灭。"[例句]我们应加强防范意识,不给犯罪分子以~。

【可乘之隙】kě chéng zhī xì
[释义]可以利用的漏洞、弱点。[语见]明·罗贯中《三国演义》第十四回:"小沛原非久居之地。今徐州既有可乘之隙,失此不取,悔之晚矣。"[例句]只要给他一点点~,他就能得手。

【可望而不可即】kě wàng ér bù kě jí
[释义]即:靠近,接近。可以望见但无法接近。形容难以达到。也作"可望不可即""可望不可亲"。[语见]唐·宋之问《明河篇》:"明河可望不可亲,愿得乘槎一问津。"[例句]这款汽车的价格偏高,普通家庭~。

【可想而知】kě xiǎng ér zhī
[释义]可以根据推想得知。[语见]宋·王楙《野客丛书·汉唐俸禄》:"然考唐九品,月得五十七石,使果得此,亦足用度。而郊人以吟诗废务,上官差官以摄其职,分其半禄,酸寒之状,可想而知。"[例句]这东西这么便宜,其质量~。

【渴骥奔泉】kě jì bèn quán
[释义]口渴的骏马奔向甘泉。形容气势急。常指书法中遒劲矫健的笔势。也比喻急迫的愿望。[语见]宋·欧阳修等《新唐书·徐浩传》:"尝书四十二幅屏,八体皆备,草隶尤工,世状其法曰'怒猊抉石,渴骥奔泉'云。"[例句]他的书法作品雄浑奔放,犹如~。

【渴骥怒猊】kě jì nù ní
[释义]见"怒猊渴骥"。[语见]清·纪昀《阅微草堂笔记》第十五卷:"书法精妙,为渴骥怒猊。"[例句]画面上有如~,书法遒劲,栩栩如生。

【克己奉公】kè jǐ fèng gōng
[释义]克己:克制,约束自己。奉公:遵从公事。约束自己而一心为公。[语见]南朝宋·范晔《后汉书·祭遵传》:"遵为人廉约小心,克己奉公,赏赐辄尽与士卒,家无私财。"[例句]他任劳任怨,~,全心全意地为普通百姓服务。

【克俭克勤】kè jiǎn kè qín
[释义]见"克勤克俭"。[语见]明·冯梦龙《醒世恒言》第十七卷:"适来这杯

酒,乃劝大舅,自今以后,兢兢业业,克俭克勤,以付岳父泉台之望。"[例句]结婚后,夫妻二人同心协力,～,生活一天天好起来。

【克尽厥职】 kè jìn jué zhí
[释义]克:能够。尽:用力完成。厥:他的。能够尽力完成他的职责。也作"克尽职守"。[例句]刘警官工作逾二十年,表现卓越,～,堪称典范。

【克勤克俭】 kè qín kè jiǎn
[释义]克:能。俭:节俭,节约。既勤劳又节俭,多指持家而言。[语见]《尚书·大禹谟》:"克勤于邦,克俭于家。不自满假,惟汝贤。"[例句]刘先生小时候家境贫寒,于是养成了～的生活习惯。

【克绍箕裘】 kè shào jī qiú
[释义]克:能够。绍:继承。箕、裘:簸箕和皮袍,比喻父亲的事业。指儿孙能很好地继承父辈祖辈的事业。[语见]《礼记·学记》:"良冶之子,必学为裘,良弓之子,必学为箕。"[例句]父亲期望我能～,继续从事医学研究。

【刻不容弛】 kè bù róng chí
[释义]见"刻不容缓"。[语见]明·朱之瑜《朱舜水集·答安东守约书三十首(其一)》:"退自徼第,刻不容弛。"[例句]这架飞机上的部分零件已超过了安全使用期限,更换～。

【刻不容缓】 kè bù róng huǎn
[释义]刻:古代用漏壶计时,一昼夜为一百刻;现用钟表计时,十五分钟为一刻。时间短,片刻。缓:拖延,延缓。一刻也不能拖延。形容形势紧迫。[语见]清·赵尔巽《清史稿·高宗纪》:"乙卯、谕曰:'江南水灾地亩涸出,耕种刻不容缓。'"[例句]野生动物保护～。

【刻骨镂心】 kè gǔ lòu xīn
[释义]见"刻骨铭心"。[语见]明·吴承恩《西游记》第八十七回:"虽刻骨镂心,难报万一,怎么就说走路的话。"[例句]这次经历对他来说是～的,以至二十年后,他还能清晰地回忆起当时的情景。

【刻骨铭心】 kè gǔ míng xīn
[释义]铭:把文字刻在石头或金属器物上。比喻牢记心头,永不忘记。多用于对别人的感激。[语见]唐·李白《上安州李长史书》:"深荷王公之德,铭刻心骨。"[例句]失恋给他留下了～的痛苦。

【刻画无盐】 kè huà wú yán
[释义]刻画:描绘。无盐:战国时齐国的丑女。精细地描摹"无盐"这个人。比喻拿丑的和美的相比,因而冒犯、贬低了美的。[例句]我这么说未免有点～,比喻失当,希望大家包涵。

【刻肌刻骨】 kè jī kè gǔ
[释义]形容感受极为深切。[语见]三国魏·曹植《上责躬诗表》:"臣自抱衅归藩,刻肌刻骨,追思罪戾,昼分而食,夜分而寝。"[例句]当时那种凄凉和彷徨无奈的感觉,真可谓～。

【刻舟求剑】 kè zhōu qiú jiàn
[释义]舟:船。求:寻求,寻找。在船上刻下记号,寻找落到水中的剑。比喻办事拘泥,不懂得事物在不断地变化。[语见]《吕氏春秋·察今》:"楚人有涉江者,其剑自舟中坠于水,遽刻其舟,曰:'是吾剑之所从坠。'舟止,从其所刻者入水求之。舟已行矣,而剑不行,求剑若此,不亦惑乎。"[例句]单靠老经验解决问题,岂不是～吗?

【刻足适屦】 kè zú shì jù
[释义]削:用刀切削。适:适应。屦:鞋。指脚大鞋小,把脚削下去一部分,以适应鞋的大小。比喻办法不当,轻重倒置。[语见]宋·陆游《读何斯举黄州秋居杂咏次其韵》诗:"昔人亦有言,刻足以适屦。"[例句]修改分音器让喇叭的低音减少,这会影响到音质,是～,绝不建议。

【恪守不渝】 kè shǒu bù yú
[释义]恪:谨慎,恭敬。渝:改变,超越。对某种信仰或规定严格遵守,决不改变。[例句]"为大众服务"是我们～的经营理念。

【恪守成式】 kè shǒu chéng shì
[释义]见"恪守成宪"。[语见]清·赵尔

巽《清史稿·端慧太子永琏传》:"朕御极后,恪守成式,亲书密旨,召诸大臣藏于乾清宫'正大光明'榜后,是虽未册立,已命为皇太子矣。"[例句]作为一方官员,你必须时刻提醒自己～,廉洁奉公,为下属做好榜样。

【恪守成宪】kè shǒu chéng xiàn
[释义]恪守:谨守,恭守。成宪:既定的法令。谨守既定的法令。[语见]明·宋濂等《元史·完泽传》:"元贞以来,朝廷恪守成宪,诏书屡下,散财发粟,不惜巨万,以颁赐百姓,当时以贤相称之。"[例句]如果这些执法者都不能～,那法律岂不是成了儿戏。

ken

【肯构肯堂】kěn gòu kěn táng
[释义]见"肯堂肯构"。[语见]明·东鲁古狂生《醉醒石》第七回:"家有严君,斯多贤子。肯堂肯构,流誉奕世。"[例句]但愿我儿子能～,继承家业。

【肯堂肯构】kěn táng kěn gòu
[释义]肯:愿意。堂:奠立堂基。构:架屋。比喻子能继承父业。[语见]《尚书·大诰》:"若考作室,既底法,厥子乃弗肯堂,矧肯构?"孔传:"以作室喻治政也。父已致法,子乃不肯为堂基,况肯构立屋乎?"[例句]哪个当父亲的不希望自己的孩子～,继承自己的事业?

kong

【空大老脬】kōng dà lǎo pāo
[释义]脬:膀胱,俗称尿脬。比喻表面虽伟大而实际则虚浮萎弱。[例句]这人看似气宇轩昂的样子,其实～,没什么学问。

【空洞无物】kōng dòng wú wù
[释义]空洞:空虚,空乏。无物:没有东西。空空的,没有东西。后多指文章或话语空话连篇,无实质性的东西。[语见]南朝宋·刘义庆《世说新语·排调》:"王丞相枕周伯仁膝,指其腹曰:'卿此中何所有?'答曰:'此中空洞无物,然容卿辈数百人。'"[例句]这篇论文内

容～,毫无价值。

【空腹便便】kōng fù pián pián
[释义]便便:肥满的样子。比喻没有真才实学的人。[语见]宋·廖行之《青玉案》词:"峥嵘岁月还秋暮,空腹便便无好句。"[例句]别以为他有什么能耐,其实～什么都不懂。

【空谷传声】kōng gǔ chuán shēng
[释义]山谷中的回声。形容反应迅速。[语见]南朝梁·周兴嗣《千字文》:"空谷传声,虚堂习听。"[例句]在这深山老林,猿鸣虎啸在山峦间～,回音缭绕。

【空谷幽兰】kōng gǔ yōu lán
[释义]幽:幽静安闲。空无人迹的山谷中幽静安闲地开放着兰花。比喻隐居山野,不为世人所知的高人。[语见]清·刘鹗《老残游记》第五回:"空谷幽兰,真想不到这种地方,会有这样高人。"[例句]他人品高雅,犹如乱世中的～,深得后人赞赏。

【空谷足音】kōng gǔ zú yīn
[释义]足音:脚步声。人迹罕至的山谷里听到脚步声。比喻非常难得的客人、音信或事物。[语见]《庄子·徐无鬼》:"夫逃空谷者,藜藿柱乎鼪鼬之径,踉位其空,闻人足音,跫然而喜矣。"[例句]这种观点在相对保守的社会舆论氛围下,不啻是～,值得肯定。

【空空如也】kōng kōng rú yě
[释义]空空:空虚。空空如:空虚的样子。也:虚词。指空虚的样子。后也指空空荡荡,什么也没有。[语见]《论语·子罕》:"有鄙夫问于我,空空如也。"[例句]打开一看,瓶子里～。

【空口说白话】kōng kǒu shuō bái huà
[释义]形容只说不做,说了不兑现。[语见]清·文康《儿女英雄传》第三回:"那和尚可是个贪利的,大约和他空口说白话也不得行。"[例句]这些候选人经常～,大多不可信。

【空口无凭】kōng kǒu wú píng
[释义]凭:凭据,证据。口头说话,没有

凭据。泛指说话没有证据或凭据。常与"立字为证"连用。[语见]清·李宝嘉《官场现形记》第二十七回:"空口无凭的话,门生也不敢朝着老师来说。"[例句]～,你必须签署书面证明。

【空前绝后】kōng qián jué hòu
[释义]空:空白。绝:断绝,没有。指以前没有,以后也不会有。多指事业、功勋、成就而言。[语见]宋·朱象贤《闻见偶录·男服从军》:"古之木兰,以女为男……以其事空前绝后也。"[例句]这真是一场～的大屠杀。

【空舍清野】kōng shè qīng yě
[释义]见"空室清野"。[例句]由于一路上对方不是拼死抵抗,就是～,战线一拉长,部队的给养便成了问题。

【空室清野】kōng shì qīng yě
[释义]空室:空无所有的屋子。使屋子空无一物,将田野清除干净。指在战争期间,把家里的财物和田里的粮食全部藏起来,不让敌人掠夺。[例句]眼看城池就要失陷,守城将领下令～,让敌人什么也得不到。

【空头支票】kōng tóu zhī piào
[释义]支票:向银行支取款项的一种票证。指票面金额超过存款金额或透支限额而不能生效的支票。常用以比喻口头上说得好听,但实际上不能兑现的诺言。[例句]没有可靠的技术做基础,电子商务安全认证系统只能是～。

【空心汤圆】kōng xīn tāng yuán
[释义]比喻徒有虚名,并无实利可得的东西。[例句]这个证明白纸一张,连个单位印章都没有,简直是个～。

【空穴来风】kōng xué lái fēng
[释义]穴:洞穴。来:招致。有洞穴才会进来风。后比喻流言蜚语乘隙而入。[语见]战国楚·宋玉《风赋》:"臣闻于师,枳句来巢,空穴来风。"[例句]本人对这种～的谣传感到非常气愤。

【空言无补】kōng yán wú bǔ
[释义]空言:不切实际的言论。空洞的、不切实际的言论没有什么补救作用。

[例句]话虽好听,但～,事情已经发生,损失也没办法挽回了。

【空言虚语】kōng yán xū yǔ
[释义]指不实在的话语。[语见]汉·司马迁《史记·高祖本纪》:"吾闻帝贤者有也,空言虚语,非所守也,吾不敢当帝位。"[例句]我不喜欢听这些～,咱们还是直奔主题吧。

【空中楼阁】kōng zhōng lóu gé
[释义]楼阁:楼宇殿阁。显现于空中的楼台殿阁。原比喻心胸豁达。也比喻没有根基、虚构的事物。如今多用于后者。[语见]《朱子语类》第一百卷:"程子谓康节空中楼阁。"[例句]上层建筑离开了经济基础,就成了～。

【孔席墨突】kǒng xí mò tū
[释义]席:座席。突:烟囱。指孔子、墨子四处游说,座席未暖,烟囱尚未熏黑,就匆匆离去,形容忙于世事,各处奔走。[语见]汉·班固《答宾戏》:"是以圣哲之治,栖栖遑遑。孔席不暖,墨突不黔。"[例句]他早已习惯了这种～的繁忙生活。

【控名责实】kòng míng zé shí
[释义]控:引。责:求。引名以求实,使名与实相符。[语见]汉·司马迁《史记·太史公自序》引司马谈《论六家要旨》:"使人不得反其意,专决于名而失人情,故曰:'使人俭而善失真。'若夫控名责实,参伍不失,此不可不察也。"[例句]他强调任何东西都要～,反对名不符实。

kou

【抠心挖肚】kōu xīn wā dù
[释义]把心胆都抠挖出来。形容待人真心实意。也形容苦心思索。[语见]清·李宝嘉《官场现形记》第二回:"这日吃过了晚膳,就靠在烟榻上,抠心挖肚的足足拟了一夜的条陈稿子,还没有拟好。"[例句]他～一整夜,琢磨着怎么骗过大家。

K

【口不应心】kǒu bù yìng xīn
[释义] 说的和想的不相对应。[语见] 明·冯梦龙《醒世恒言》第八卷："官人，你昨夜恁般说了，却又口不应心，做下那事!"[例句] 你说得太好听，怕是有点～。

【口沸目赤】kǒu fèi mù chì
[释义] 形容人情绪激动，声色俱厉的神态。[语见] 汉·韩婴《韩诗外传》第九卷："言人之非，嗔目扼腕，疾言喷喷，口沸目赤。"[例句] 他在会上情绪激动，～，不时用拳头敲打着桌面。

【口含天宪】kǒu hán tiān xiàn
[释义] 天宪:旧指朝廷的法令。指权臣和宦官口里说的话就是法令。[语见] 南朝宋·范晔《后汉书·宦者传序》："称制下令，不出房闱之间，不得不委任刑人，寄之国命。手握王爵，口含天宪。"[例句] 你又不是～的法官，我凭什么要听你的?

【口惠而实不至】kǒu huì ér shí bù zhì
[释义] 口惠:口头上的恩惠。口头上说得好听，实际上并未给人任何好处。[语见]《礼记·表记》："口惠而实不至，怨灾及其身。"[例句] 要重视落实优惠贷款政策，避免～。

【口角春风】kǒu jiǎo chūn fēng
[释义] 比喻说话流利。也比喻替人说好话，像春风吹物，助其生长。旧时常用作请人代为推荐之词。[语见] 清·李绿园《歧路灯》第九十六回："万望口角春风，我就一步登天。"[例句] 领导那里，劳您～，美言几句。

【口口声声】kǒu kǒu shēng shēng
[释义] 形容不止一次地陈说、表白或把某种说法经常挂在口头。[语见]《京本通俗小说·西山一窟鬼》："只是吃他执拗的苦，口口声声只要嫁个读书官人。"[例句] 厂家虽然～说要降价，但始终不见实际行动。

【口蜜腹剑】kǒu mì fù jiàn
[释义] 说的话像蜜一样甜，肚子里却藏着杀人的剑。形容嘴甜心狠，阴险狡诈。[语见] 明·王世贞《鸣凤记·南北分别》："这厮口蜜腹剑，正所谓匿怨而友者也。"[例句] 与～的人交朋友可要小心。

【口如悬河】kǒu rú xuán hé
[释义] 见"口若悬河"。[例句] 一路上就听他～地说个没完，大家恨不能把耳朵塞起来。

【口若悬河】kǒu ruò xuán hé
[释义] 悬河:瀑布。说话像瀑布下泻，滔滔不绝。形容能言善辩。[语见] 南朝宋·刘义庆《世说新语·赏誉》："王太尉(王衍)云:'郭子玄语义如悬河泻水，注而不竭。'"[例句] 不要仅凭某些商家～的宣传，就匆忙掏钱购买。

【口尚乳臭】kǒu shàng rǔ xiù
[释义] 臭:气味。口里还有奶腥味。比喻年轻缺乏经验。(常用以藐视年轻人。)[语见] 汉·班固《汉书·高帝纪上》："(郦)食其还，汉王问:'魏大将谁也?'对曰:'柏直。'王曰:'是口尚乳臭，不能当韩信。'"[例句] 他还只是个～的小孩，别跟他计较。

【口是心非】kǒu shì xīn fēi
[释义] 是:对，赞同。非:错，否定。形容心口不一。[语见] 晋·葛洪《抱朴子·至理》："口是心非，背向异辞。"[例句] 他嘴上夸你，其实是～。

【口说无凭】kǒu shuō wú píng
[释义] 凭:根据，证据。单凭口说不足为据。[语见] 元·乔孟符《扬州梦》第四折："咱两个口说无凭。"[例句] ～，我怎么知道你说的是真的?

【口诵心惟】kǒu sòng xīn wéi
[释义] 诵:朗读。惟:思考，亦作"维"。一面诵读着，一面思考着。[语见] 唐·韩愈《昌黎先生集·上襄阳于相公书》："口咏其言，心惟其义。"[例句] 通过持续不断的～，不仅可以熟读此篇文章，也能够深刻领会文章的内涵。

【口吻生花】kǒu wěn shēng huā
[释义] 口吻:嘴唇。形容吟诗得意，兴趣益然。也形容谈吐文雅。[语见] 唐·冯贽《云仙杂记》第五卷引《白氏金锁》："张祜苦吟，妻孥唤之不应，以责祜。祜曰:

'吾方口吻生花,岂恤汝辈!'"[例句]他风度翩翩,加之谈吐优雅、～,打动了不少女孩子。

【口无择言】kǒu wú zé yán
[释义]择:挑选。言行都符合礼法,没有什么可挑选的。[语见]南朝宋·范晔《后汉书·刘般传》:"数年,扬州刺史观恂荐般在国口无择言,行无怨恶,宜蒙旌显。"[例句]他是个生性内敛的人,很少出现这种因一时冲动而～的情况。

【口血未干】kǒu xuè wèi gān
[释义]口血:古代各国君主之间订立盟约,要喝牲畜血或以血抹口做盟誓。形容订立盟约不久。多用于指责对方违背盟约。[语见]《左传·襄公九年》:"与大国盟,口血未干而背之,可乎?"[例句]～,对方竟然就撕毁了合同。

【口燥唇干】kǒu zào chún gān
[释义]口中燥热,嘴唇发干。形容说话太多或费尽口舌。[语见]《乐府诗集·相和歌辞·善哉行》:"来日大难,口燥唇干;今日相乐,皆当喜欢。"[例句]任凭他说得～,对方始终也不肯相信他。

【口中雌黄】kǒu zhōng cí huáng
[释义]见"信口雌黄"。[语见]南朝梁·刘峻《广绝交论》:"雌黄出其唇吻。"李善注引孙盛《晋阳秋》:"王衍字夷甫,能言,于意有不安者,辄更易之,时号口中雌黄。"[例句]别听他的,他向来～。

【口诛笔伐】kǒu zhū bǐ fá
[释义]诛:讨伐。伐:攻击。指用言论或文字宣布罪状,进行声讨。[语见]明·汪廷讷《三祝记·同谪》:"他捐廉弃耻,向权门富贵贪求,全不知口诛笔伐是诗人句,陇上墦间识者羞。"[例句]一时间,社会各界～,谴责声不断。

【叩马而谏】kòu mǎ ér jiàn
[释义]叩马:拦住马头。谏:规劝。拦住马头进行规劝。[语见]汉·司马迁《史记·伯夷列传》:"西伯卒,武王载木主,号为文王,东伐纣。伯夷、叔齐叩马而谏曰:'父死不葬,爰及干戈,可谓孝乎?以臣弑君,可谓仁乎?'"[例句]若不是他当

初～,我们如今已经犯下无法挽回的错误了。

【扣槃扪烛】kòu pán mén zhú
[释义]扣:敲。扪:摸。比喻理解片面而引起误会。[语见]宋·苏轼《日喻说》:"生而眇者不识日,问之有目者。或告之曰:'日之状如铜槃'。扣槃而得其声。他日闻钟,以为日也。或告之曰:'日之光如烛'。扪烛而得其形。他日揣籥,以为日也。"[例句]这些人都没什么经验,又不懂得辩证地看待事物,所以分析和推论都是～,不得要领。

【扣人心弦】kòu rén xīn xián
[释义]扣:通"叩",敲打。心弦:内心因感动而产生共鸣。指言语生动,打动人心,使人产生共鸣。也作"动人心弦"。[例句]进入下半场,比赛越发变得～。

ku

【枯木逢春】kū mù féng chūn
[释义]枯槁的树木遇到了春天。比喻濒于绝境而重获生机。[语见]元·刘时中《端正好·上高监司》:"众饥民共仰,似枯木逢春,萌芽再长。"[例句]经他这么一治,老人觉得自己犹如～,重新获得了生命。

【枯木生花】kū mù shēng huā
[释义]枯萎的树木开出了花。比喻绝处逢生。[语见]明·沈受先《三元记·完璧》:"我一命如同草头露滴,今日得了这银子呵,一似枯木生花,阳春布泽。"[例句]自从采用了科学的企业管理方法,这家百年老店犹如～,重新获得了生机。

【枯木朽株】kū mù xiǔ zhū
[释义]干枯的木头,腐朽的木桩。比喻不足重视,没有多大用处的人或物。[语见]汉·司马迁《史记·鲁仲连邹阳传》:"有人先谈,则以枯木朽株树功而不忘。"也作"枯株朽木"。[例句]有谁愿意整天陪着我这么一个～的老人呢?

【枯木再生】kū mù zài shēng
[释义]枯死的树木又恢复了生命力。

K

比喻处绝境而重获生机。[语见]宋·苏辙《陈汝义学士南京谢表》："岂谓圣恩未弃,见收桑榆,枯木再生,重沾雨露。"[例句]我们绝望之际获得了这笔投资,使企业～,重获生机。

【枯树逢春】kū shù féng chūn
[释义]见"枯木逢春"。[语见]宋·释普济《五灯会元·含珠哲禅师法嗣》："问:'枯树逢春时如何?'师曰:'世间稀有。'"[例句]成功的整形美容手术有着～的力量,它能使人一扫因相貌平庸带来的灰暗心境,焕发活力和自信,从容面对生活的诸多挑战。

【枯树生花】kū shù shēng huā
[释义]枯萎的树开出了花。比喻绝境逢生。[语见]晋·陈寿《三国志·魏书·刘廙传》："起烟于寒灰之上,生华于已枯之木。"注:华,同"花"。[例句]经过改革,这家濒临倒闭的工厂犹如～,重新焕发了生机。

【枯鱼衔索】kū yú xián suǒ
[释义]串在绳索上的干鱼。形容存在的日子已不多。[语见]汉·韩婴《韩诗外传》第一卷:"枯鱼衔索,几何不蠹。二亲之寿,忽如过隙。"[例句]你再忍耐一段时间,他已是～,很快就要被调离了。

【枯鱼之肆】kū yú zhī sì
[释义]枯鱼:干鱼。肆:商店。比喻不可挽救的绝境。[语见]《庄子·外物》:"周昨来,有中道而呼者。周顾视车辙中,有鲋鱼焉。周问之曰:'鲋鱼来!子何为者邪?'对曰:'我,东海之波臣也。君岂有斗升之水而活我哉?'周曰:'诺。我且南游吴越之士,激西江之水而迎子,可乎?'鲋鱼忿然作色曰:'吾失我常与,我无所处。吾得斗升之水然活耳,君乃言此,曾不如早索我于枯鱼之肆!'"[例句]你这么做,岂不是把我置于～的绝境了吗?

【枯燥无味】kū zào wú wèi
[释义]枯燥:内容贫乏,单调无味。形容十分单调,毫无趣味。[例句]离开了音乐,我的生活会变得～。

【枯枝再春】kū zhī zài chūn
[释义]见"枯木再生"。[语见]明·无名氏《白兔记·团圆》:"姻缘本是前生定,故令个白兔来引,艰辛,十六年命屯,今喜得枯枝再春。"[例句]历尽浩劫之后,尽管他体弱多病,但那种～的心情,又唤起了他百倍的热情和精力。

【枯株朽木】kū zhū xiǔ mù
[释义]见"枯木朽株"。[语见]宋·陈亮《又癸卯秋书》:"如亮已为枯株朽木,与一世并无所关涉,惟于秘书不敢不致其区区耳。"[例句]怎么年纪轻轻却好像～一般,希望你尽快振作起来。

【哭笑不得】kū xiào bù dé
[释义]哭也不是,笑也不是。形容处于尴尬的境地。参看"啼笑皆非"。[语见]元·高安道《皮匠说谎》:"好一场,恶一场,哭不得,笑不得。"[例句]看到这种滑稽的场面,大家～。

【苦不可言】kǔ bù kě yán
[释义]痛苦到了极点,难以用语言表达。[语见]宋·李昌龄《乐善录·刘贡父》:"晚年得恶疾,须眉堕落,鼻梁断坏,苦不可言。"[例句]工地传来的噪音令附近的居民～。

【苦不聊生】kǔ bù liáo shēng
[释义]聊生:赖以维持生活。形容备受苦痛,无法生存。[语见]汉·班固《汉书·严安传》:"丁男被甲,丁女转输,苦不聊生,自经于道树,死者相望。"[例句]当战乱频繁、社会动荡,人民～。

【苦大仇深】kǔ dà chóu shēn
[释义]遭受剥削、压迫的苦情最大,对剥削的仇恨极深。[例句]他在影片中饰演一位～的码头工人,受尽别人欺负。

【苦海茫茫】kǔ hǎi máng máng
[释义]见"茫茫苦海"。[语见]金·王处一《行香子·劝徐老奉善》词:"苦海茫茫,深可悲伤。"[例句]她自小生长在一个贫苦的家庭中,在她看来,人生～,没有尽头。

【苦海无边】kǔ hǎi wú biān
[释义]苦海:原为佛教用语。指人世没

有尽头的苦境。比喻困苦的环境。
[语见]宋·陆游《大圣乐·电转雷惊》：
"苦海无边,爱河无底,流浪看成百漏
船。"[例句]～,所以凡事要看得开
些,心底无私天地宽,心静自然无
烦恼。

【苦海无涯】kǔ hǎi wú yá
[释义]见"苦海无边"。[语见]金·长筌
子《百宝妆·一点灵光》："苦海无涯,生灭
甚时彻。"[例句]终日生活在热带雨林
中,纵然～,她也绝不肯放弃自己所热爱
的野生动物保护事业。

【苦尽甘来】kǔ jìn gān lái
[释义]甘:甜。比喻苦难的日子已经过
去,幸福的生活已经到来。[语见]元·关
汉卿《蝴蝶梦》第四折："受彻了牢狱
灾,今日个苦尽甘来。"[例句]经历了两
年惨淡经营,他们终于～,开始赢
利了。

【苦口婆心】kǔ kǒu pó xīn
[释义]苦口:不厌其烦地恳切规劝。婆
心:像老婆婆一样的仁慈心肠。形容怀
着好心耐心诚恳地再三告和开导。
[语见]清·梁启超《护国之役回顾谈》：
"我和龙济光苦口婆心的谈了十几点
钟。"[例句]任凭父母～地劝他,还是未
能阻止他做出这件蠢事。

【苦乐不均】kǔ lè bù jūn
[释义]均:平均。指同样的人,苦的苦、
乐的乐,待遇不相等。[语见]北齐·魏收
《魏书·太武王列传》："苦乐不均,羊少狼
多,复有蚕食,此之为弊久矣。"[例句]他
们二人一同进入这家公司,如今却～,待
遇悬殊。

【苦肉计】kǔ ròu jì
[释义]使皮肉受苦的计策。指故意使
自己皮肉受折磨,以骗取对方的信任,从
而借机行事,战胜对方。[例句]这个痴
情男子以死相逼,结果～不成反怪媒体
多事。

【苦身焦思】kǔ shēn jiāo sī
[释义]见"劳身焦思"。[语见]汉·司马

迁《史记·越王勾践世家》："吴既赦越,越
王勾践反国,乃苦身焦思,置胆于坐,坐
卧即仰胆,饮食亦尝胆也。"[例句]他～
一整夜,还是理不出什么头绪来。

【苦思恶想】kǔ sī è xiǎng
[释义]形容极力思索,绞尽脑汁。
[语见]清·李汝珍《镜花缘》第三十二回：
"彼此争强赌胜,用尽心机,苦思恶想,愈
出愈奇,必要出人头地。"[例句]她～大
半天,终于想到一个好主意。

【苦思冥索】kǔ sī míng suǒ
[释义]见"冥思苦想"。[例句]他把自
己关在书房里,历时两个昼夜,茶不思、
饭不想、～,终于破解了这个难题。

【苦思冥想】kǔ sī míng xiǎng
[释义]深沉地思索和想象。形容不做
调查研究、关起门来凭主观想象考虑解
决问题的方法。也作"冥思苦想"。
[例句]这些科学家们终日～,希望发
明出一种能够进入地层深处的探索
仪器。

【苦心孤诣】kǔ xīn gū yì
[释义]孤:独自。诣:学问技艺等所达到
的程度。孤诣:别人所达不到的程度。
煞费苦心地钻研,达到了别人所达不到
的境地。[语见]清·杭世骏《李太白全集
序》："书来质余,……然其苦心孤诣,余
学虽未至,而心故识之。"[例句]她～奋
斗了二十八年才当上皇太后。

【苦心竭力】kǔ xīn jié lì
[释义]费尽心机,使出了全部力量。
[例句]快毕业了,同学们个个绞尽脑
汁、～地撰写自己的毕业论文。

【苦雨凄风】kǔ yǔ qī fēng
[释义]见"凄风苦雨"。[语见]清·褚人
获《隋唐演义》第二十八回："黄昏长
夜,捱了多少苦雨凄风;春昼秋宵,受了
多少魂惊目断。"[例句]经济危机爆发之
后,由于社会消费能力严重下降,该国的
许多企业纷纷陷入～之中。

【苦中作乐】kǔ zhōng zuò lè
[释义]在困苦中强作欢乐。[语见]宋·

陈造《同陈宰黄薄游灵山八首》自注："宰云：'吾辈可谓忙里偷闲,苦中作乐。'"[例句]虽然求学生活很艰苦,但他总能～。

kua

【夸大其词】 kuā dà qí cí
[释义]夸大:把事情说得超脱实际。词:言词。言词虚假,超过真实情况。[例句]商家的宣传经常是～的。

【夸多斗靡】 kuā duō dòu mí
[释义]夸:夸耀,炫耀。斗:比赛。靡:华丽,奢侈。指以篇幅多、辞藻美相夸耀的文风。[语见]唐·韩愈《送陈秀才彤序》:"读书以为学,缵言以为文,非以夸多而斗靡也。"[例句]他提倡朴实自然的文风,要求纠正～艰险奇涩的倾向。

【夸父逐日】 kuā fù zhú rì
[释义]夸父:中国古代神话传说中的人物。逐:追,追逐。日:太阳。原指夸父追逐太阳到焦渴而死的故事。后喻指征服自然的决心与勇气。也比喻做事不从实际出发,追求不切实际的目标。[语见]《山海经·海外北经》:"夸父与日逐走,入日,渴欲得饮,饮于河、渭,河、渭不足,北饮大泽。未至,道渴而死。弃其杖,化为邓林。"[例句]对待事业,应当有这种～般的认真与执着。

【夸夸而谈】 kuā kuā ér tán
[释义]见"夸夸其谈"。[例句]与其～,不如和我们一起做点实事。

【夸夸其谈】 kuā kuā qí tán
[释义]夸夸:浮夸不切实际。谈:谈话、谈论。指说话或写文章浮夸而不切实际。[例句]企业不需要～的理论家,欢迎的是脚踏实地的实干家。

【婼容修态】 kuā róng xiū tài
[释义]婼:美好。修:长。指容貌美好,富于情趣智慧。[语见]战国楚·宋玉《招魂》:"婼容修态,亘洞房些。"[例句]离开她家后,她的～始终在我脑中徘徊,无法抹掉。

kuai

【快步如飞】 kuài bù rú fēi
[释义]见"健步如飞"。[例句]以往每次见面总是～的他,居然一瘸一拐地走了出来。

【快刀斩乱麻】 kuài dāo zhǎn luàn má
[释义]比喻干脆而迅速地解决复杂问题。[例句]你必须～,尽快结束这段感情。

【快马加鞭】 kuài mǎ jiā biān
[释义]跑得很快的马仍然需要鞭打。喻指快上加快、好上加好。[语见]明·徐畈《杀狗记·看书苦谏》:"何不快马加鞭,径赶至苍山,救救伯伯。"[例句]春节快到了,铁路部门～,加紧部署春运工作。

【快人快语】 kuài rén kuài yǔ
[释义]快:爽快,直率。直率的人,说爽快的话。多指人性格直爽。[例句]蔡先生～,一语道出他和陈女士的关系。

【脍炙人口】 kuài zhì rén kǒu
[释义]脍:切细的肉。炙:烤烧的肉。味美的食物人人爱吃。比喻优美的文艺作品人人赞美、传诵。[语见]五代·王定保《唐撷言·海叙不遇》:"'扫地树留影,拂床琴有声'又'落日长安道,秋槐满地花'。皆脍炙人口。"[例句]这是一首～的美国乡村歌曲。

kuan

【宽打窄用】 kuān dǎ zhǎi yòng
[释义]打:打算,计划。计划或准备得多,用得少。[语见]王少堂《武松》第六回:"我有个说法,我们宽打窄用,以三天为限。"[例句]考虑到缺乏经验,在制订计划及实际开工时,适当的～还是必要的。

【宽大为怀】 kuān dà wéi huái
[释义]宽大:宽宏大量。怀:胸怀。凭大的胸怀对有过失的人从轻处理。[例句]我错了,请你～,原谅我这一

次吧。

【宽宏大度】 kuān hóng dà dù
[释义] 见"宽洪大量"。[例句] 你向来～,想必不会跟他计较这些鸡毛蒜皮的小事吧。

【宽宏大量】 kuān hóng dà liàng
[释义] 见"宽洪大量"。[例句] 男人的心可不都是～的。

【宽洪大度】 kuān hóng dà dù
[释义] 见"宽洪大量"。[例句] 幸亏他～,原谅了我,否则我会后悔一辈子的。

【宽洪大量】 kuān hóng dà liàng
[释义] 宽洪:气度大。形容人心胸宽广,度量很大。[语见] 元·无名氏《渔樵记》第三折:"我则道相公不知打我多少,原来那相公宽洪大量,他着我抬起头来。"[例句] 一个心胸狭窄,处处提防别人,没有一点～的人,必然会很孤独。

【宽洪海量】 kuān hóng hǎi liàng
[释义] 待人宽厚,度量很大。[语见] 元·关汉卿《谢天香》第二折:"当时嘲拨无拦挡,乞相公宽洪海量,怎不的仔细参详。"[例句] 希望您～,原谅我的过错。

【宽廉平正】 kuān lián píng zhèng
[释义] 宽:宽厚。廉:廉洁。平正:不偏私。宽厚廉洁,处事大公无私。[语见] 唐·韩愈《唐故河东节度观察使荥阳郑公神道碑》:"公之为司马,用宽廉平正,得吏士心。"[例句] 他为官～,很受下属的尊敬。

【宽猛相济】 kuān měng xiāng jì
[释义] 宽:宽大。猛:猛烈,严厉。济:补益,调节。宽大和严厉相结合,互相补益调节。[语见]《左传·昭公二十年》:"政宽则民慢,慢则纠之以猛;猛则民残,残则施之以宽。宽以济猛,猛以济宽,政是以和。"[例句] 他这种～的管理策略非常有效。

【宽仁大度】 kuān rén dà dù
[释义] 大度:度量大。宽厚仁慈,有度量,能容人。[语见] 汉·班固《汉书·高帝纪》:"宽仁而爱人喜施,意豁如也,常有大度,不事家人生产作业。"[例句] 他以其过人的才略,～的风度很快赢得了下属的敬佩。

kuang

【诓言诈语】 kuāng yán zhà yǔ
[释义] 诓:欺骗。诈:骗人。指欺骗人的话。[语见] 明·无名氏《李云卿》第二折:"有那等先生,自夸自会,盗听偷学,诓言诈语,骗口张舌,世俗人。"[例句] 少拿那些～来哄我,我根本就不相信你。

【悭怯不前】 kuāng qiè bù qián
[释义] 悭:恐惧。怯:害怕。恐惧怯懦,不敢上前。[语见] 元·脱脱等《宋史·杨琼传》:"及闻清远之败,益悭怯不前。"[例句] 如此～,怎能打胜仗?

【狂风骤雨】 kuáng fēng zhòu yǔ
[释义] 狂:猛烈。暴:突然而猛烈。突然而猛烈的风雨。后喻指激烈的斗争,险恶的环境。[语见] 元·杨显之《潇湘雨》第四折:"我沉吟罢仔细听来,原来是唤醒人狂风骤雨。"[例句] 昨晚突然遭遇到一场～,船差点儿翻了。

【狂蜂浪蝶】 kuáng fēng làng dié
[释义] 见"浪蝶狂蜂"。[语见] 明·凌濛初《初刻拍案惊奇》第十一卷:"紫燕黄莺,绿柳丛中寻对偶;狂蜂浪蝶,夭桃队里觅相知。"[例句] 别以为我喜欢你们这种～,我最讨厌轻浮的男人。

【狂花病叶】 kuáng huā bìng yè
[释义] 饮酒的人称醉而喧闹者为狂花,醉而入眠者为病叶。[语见] 唐·皇甫松《醉乡日月》:"或有勇于牛饮者以巨觥沃之,既撼狂花复雕病叶者。饮流谓睡眦者为狂花,且睡者为病叶。"[例句] 酒席上众生百态,酒过三巡,只见众人～,什么样的都有。

【狂奴故态】 kuáng nú gù tài
[释义] 狂:任性。奴:本指奴仆,这里是亲狎的称呼。故态:老脾气,老样子。旧称狂士的老脾气。[例句] 别理他,他只是～,发作一番罢了。

K

【狂犬吠日】kuáng quǎn fèi rì
[释义] 吠：狗叫。疯狗对着太阳乱叫。比喻恶人不自量力的叫嚣和攻击。[例句] 他们这些小人写文章恶意攻击我们的厂长，真是～，一定不会得逞。

【狂三诈四】kuáng sān zhà sì
[释义] 形容一味地欺诈。[语见] 清·曹雪芹《红楼梦》第三十九回："我们老太太最是惜老怜贫的，比不得狂三诈四的那些人。"[例句] 这家伙整天～，到处行骗。

【旷大之度】kuàng dà zhī dù
[释义] 旷大：广大。度：度量。广大宽阔的度量。[语见] 晋·陈寿《三国志·魏书·文帝丕传评》："加之旷大之度，励以公平之诚。"[例句] 我不仅佩服他的才能，更佩服他的～。

【旷古一人】kuàng gǔ yī rén
[释义] 自古以来只此一人，形容绝无仅有。[语见] 五代·王定保《唐摭言·以人不称才试而后惊》："北面而师之者，可谓旷古一人而已！"[例句] 获此殊荣者，在我国历史上可谓～。

【旷日长久】kuàng rì cháng jiǔ
[释义] 见"旷日引久"。[语见] 汉·司马迁《史记·秦始皇本纪》："是以君子为国，观之上古，验之当世，……去就有序，变化有时，故旷日长久，而社稷安矣。"[例句] 如果到了明天，这场～的谈判依然没有结果，我们将退出谈判。

【旷日持久】kuàng rì chí jiǔ
[释义] 旷：耽误，荒废。持久：持续很长时间。拖延时间很长。[语见]《战国策·赵策三》："今取古之为万国者，分以为战国七，能具数十万之兵，旷日持久，数岁，即君之齐矣。"[例句] 这场～的名誉侵权案昨天下午终于有了一审结果。

【旷日经久】kuàng rì jīng jiǔ
[释义] 见"旷日弥久"。[语见] 唐·韩愈《省试学生代斋郎议》："自非天姿茂异，旷日经久，以所进业发闻于乡间，称道于朋友，荐于州府，而升之司业，则不可得而齿乎国学矣。"[例句] 我已被这场～的大病折磨得够呛，几乎失去了生活的信心。

【旷日弥久】kuàng rì mí jiǔ
[释义] 旷：迁延。弥：久。指时间长久。[语见]《战国策·燕策三》："太子丹曰：'太傅之计，旷日弥久，心惛然，恐不能须臾。'"[例句] 这场～的干旱致使粮食大面积减产。

【旷日引久】kuàng rì yǐn jiǔ
[释义] 引：迁延。指时间长久。[语见] 汉·班固《汉书·严助传》："留军屯守空地，旷日引久，士卒劳倦，越出击之。"[例句] 敌人战备物资有限，不可能～地与我们相持下去。

【旷世奇才】kuàng shì qí cái
[释义] 当代少见的超群的人才。[语见] 明·屠隆《彩毫记·祖饯都门》："李公旷世奇才，正宜匡扶社稷。"[例句] 爱因斯坦被公认为科学界的～。

【旷世无匹】kuàng shì wú pǐ
[释义] 匹：相当。当代没有比得上的，指独一无二，异常出色。[语见] 清·蒲松龄《聊斋志异·狐梦》："至夜，焚香坐伺，妇果携女至。态度娴婉，旷世无匹。"[例句] 这里埋藏着数以千计的珍贵文物，堪称是一座～的艺术宝藏。

【旷世逸才】kuàng shì yì cái
[释义] 见"旷世奇才"。[语见] 明·罗贯中《三国演义》第九回："伯喈旷世逸才，若使续成汉史，诚为盛事。"[例句] 他在信中把我大大吹捧了一番，说我是学术界的～。

【旷职偾事】kuàng zhí fèn shì
[释义] 偾事：把事情搞坏。不尽责守职，把事情搞糟。[语见] 清·张廷玉等《明史·刘健传》："文武臣旷职偾事，虚糜廪禄者，宁可不黜。"[例句] 公司供养了这么多～的庸才，效率怎么能提高呢？

kui

【亏心短行】kuī xīn duǎn xíng
[释义] 指丧失良心的行为。[语见] 元·高明《琵琶记·伯喈夫妻分别》："我没奈何分情破爱，谁下得亏心短行？"[例句]

你这个～的东西,害人害得好苦啊!

【崴然不动】kuī rán bù dòng
[释义]崴然:高高挺立的样子。像高山一样挺立稳固。形容高大稳固不可动摇。[语见]王安忆《天香》:"最中间的那个,坐得很直,比两边人高出半头,崴然不动。"[例句]任凭来人把门敲得震天响,我在房内依旧～。

【崴然独存】kuī rán dú cún
[释义]形容经过各种考验后仍然挺立着,独自保存下来。[语见]汉·王延寿《鲁灵光殿赋》:"自西京未央、建章之殿,皆见隳坏,而灵光崴然独存。"[例句]经过这场洪水,房子、树木都被冲垮了,只剩这尊雕像～。

【窥豹一斑】kuī bào yī bān
[释义]窥:从小孔或缝隙中偷看。从孔中只能看到豹身上的一块斑纹。比喻所见只是事物的一小部分,也比喻从事物的一小部分可以推知全部。[语见]宋·李光《与胡邦衡书》:"《三经新解》未能遍读,然尝鼎一脔,窥豹一斑,亦足见其大略矣。"[例句]以上描述仅仅是～,不足以反映这座历史悠久的古城全貌。

【窥牖小儿】kuī yǒu xiǎo ér
[释义]窥牖:从窗口向屋里窥视。指小偷。[语见]晋·张华《博物志》第三卷:"时东方朔窃从殿南厢朱鸟牖中窥母(西王母),母顾之,谓帝曰:'此窥牖小儿,尝三来,盗吾此桃。'"[例句]这家伙是个～,曾因盗窃罪入狱一年。

【揆情度理】kuí qíng duó lǐ
[释义]揆、度:揣测,估量。依据情理来推测,估计。[语见]清·文康《儿女英雄传》第三十三回:"不怪;揆情度理想了去,此中也小小的有些天理人情。"[例句]～,看样子来人应该是他的亲戚或朋友。

【跬步不离】kuǐ bù bù lí
[释义]跬步:半步,跨一脚。半步也不离开。形容关系密切。[语见]清·纪昀《阅微草堂笔记·姑妄听之〈董家庄佃户〉》:"三宝四宝又甚相爱,稍长即跬步不

离,小家不知审嫌疑。"[例句]大学时期,她们两人经常是～,非常亲密。

【跬步千里】kuǐ bù qiān lǐ
[释义]跬步:古代称走路时迈出一只脚叫跬,跬步即跨半步。指半步半步地慢慢积累,也能到达千里之远。比喻做事只要坚持不懈地努力,就能获得很大的进步。[语见]《荀子·劝学》:"故不积跬步,无以至千里。"杨倞注:"半步曰跬,跬与跬同。"[例句]公司创业以来,依靠全体员工～的奋斗精神,一天天壮大起来。

【溃不成军】kuì bù chéng jūn
[释义]溃:溃败,被打垮。被打得不成队伍,形容败得很惨。[语见]王遽常《国耻诗话》:"冯子材谅山之捷,法人溃不成军,西人自入中国以来,未有如此次之受巨创者,亦可以稍雪国耻矣。"[例句]这支部队被打得～。

【愧天怍人】kuì tiān zuò rén
[释义]愧:羞愧。怍:惭愧。对不住天,对不住人。形容做了亏心事或犯了错误,无地自容。[语见]《孟子·尽心上》:"仰不愧于天,俯不怍于人,二乐也。"[例句]做出这种事,连他自己也觉得～。

kun

【昆山片玉】kūn shān piàn yù
[释义]昆山:指昆仑山,山中盛产玉石。昆仑山上的一片玉。本为自谦词,指为众美之一。后多用作赞美人才难得或众美中的杰出者。[语见]唐·房玄龄等《晋书·郤诜传》:"累迁雍州刺史,武帝于东堂会送,问诜曰:'卿以为何如?'诜对曰:'臣举贤良对策,为天下第一,犹桂林一枝,昆山之片玉。'"[例句]他可是～,本行业难得的人才。

【悃愊无华】kǔn bì wú huá
[释义]悃愊:真诚。华:浮华。形容人或诗文真诚,没有虚饰。[语见]南朝宋·范晔《后汉书·章帝纪》:"安静之吏,悃愊无华。"[例句]这个人为人真诚,～,学问又广博,值得交朋友。

【困兽思斗】kùn shòu sī dòu
[释义] 见"困兽犹斗"。[例句] 这个即将落入法网的罪犯依然～,试图反抗。

【困兽犹斗】kùn shòu yóu dòu
[释义] 困兽:被困的野兽。犹:尚且,还。被围困的野兽还要进行最后的挣扎。比喻陷于绝境,濒于失败的人也要拼命抵抗。[语见]《左传·宣公十二年》:"困兽犹斗,况国相乎!"[例句] 即将降级的这支球队～,发誓要击败上届冠军。

【困心衡虑】kùn xīn héng lǜ
[释义] 困:苦。衡:通"横"。心意困苦,思虑阻塞。指费尽心力。[语见]《朱子语类》第五十九卷:"困心衡虑者,心觉其有过;征色发声者,其过形于外。"[例句] 眼前这种复杂的局面令他～,左右为难。

【困知勉行】kùn zhī miǎn xíng
[释义] 指遇到困惑,刻苦学习知识,并勉力实行。[语见]《礼记·中庸》:"或生而知之,或学而知之,或困而知之,及其知之一也;或安而行之,或利而行之,或勉强而行之,及其成功一也。"[例句] 多年来他始终～,学以致用,推进企业不断发展。

kuo

【括囊拱手】kuò náng gǒng shǒu
[释义] 括囊:像扎好的口袋一样不说话。拱手:指无所作为。指大臣不进言,无所建树。[语见] 元·脱脱等《宋史·刘述传》:"赵抃则括囊拱手,但务依违大臣,事君岂当如是!"[例句] 这些干部大都是些～的庸才,除了唯唯诺诺,什么也不会。

【括囊守禄】kuò náng shǒu lù
[释义] 括囊:将袋口扎住。比喻缄口不言。守禄:保住禄位。指大臣不肯进言,只知保住个人禄位。[语见] 南朝宋·范晔《后汉书·崔寔传》:"凡天下所以不理者,常由人主承平日久,俗渐敝而不悟……或耳蔽箴诲,厌伪忽真;或犹豫歧路,莫适所从;或见信之佐,括囊守禄;或疏远之臣,言以贱废。"李贤注:"《易》曰:'括囊无咎,无誉。'括,结也。结囊不言,持禄而已。"[例句] 像你这种只知道～的人,要你何用?

【廓达大度】kuò dá dà dù
[释义] 廓达:开朗。性格开朗,气量宏大。[语见] 明·袁中道《复李孟白》:"世岂复有廓达大度如斯人者乎!"[例句] 他为人～,所以大家都愿意和他交往。

【廓开大计】kuò kāi dà jì
[释义] 廓开:指阐述。阐述远大的理想与计划。[语见] 晋·陈寿《三国志·吴书·鲁肃传》:"今卿廓开大计,正与孤同。"注:孤,孙权自称。[例句] 在今天的会议上,几位同志～,为我厂的发展做出了很好的规划。

K

L

la

【拉大旗作虎皮】 lā dà qí zuò hǔ pí
[释义] 比喻打着权威人物的旗号去吓唬和蒙骗人。[例句] 他们这个补习班的广告上写着有好几位特级教师来授课,其实是～,骗人的。

【拉拉扯扯】 lā lā chě chě
[释义] 以手牵牵拉拉,很亲热的样子。[语见] 清·文康《儿女英雄传》第三十八回:"说着,才大家嘻嘻哈哈、拉拉扯扯奔了那座财神殿去了。"[例句] 只见一桌人～地,酒却没喝多少。

【拉拉杂杂】 lā lā zá zá
[释义] 形容杂乱无条理。[语见] 清·夏敬渠《野叟曝言》第六十一回:"秋香,你说话也要想一想儿,怎么这样拉拉杂杂的?"[例句] 他～地说了一大堆,却没什么实质性的东西。

【拉朽摧枯】 lā xiǔ cuī kū
[释义] 见"摧枯拉朽"。[语见] 宋·薛居正等《旧五代史·唐书·庄宗纪一》:"以吾愤激之众,击彼骄惰之师,拉朽摧枯,未云其易,解围定霸,在此一役。"[例句] 这名拳手刚一上场,便以～之势击溃了对手,轻松地获得了拳王的称号。

lai

【来龙去脉】 lái lóng qù mài
[释义] 龙:旧时风水经中称起伏的山势。脉:山体连绵,像人的经脉。指山体连绵,如龙如脉。后喻指事物发生、发展的因果过程,或人的经历、来头。[语见]明·吾邱瑞《运甓记·牛眠指穴》:"此间前岗有块好地,来龙去脉,靠岭朝山,种之合格,乃大富贵之地。"[例句] 这篇文章详细介绍了奥斯卡金奖设立的～。

【来日大难】 lái rì dà nàn
[释义] 来日:未来的日子,即将来。多指前途困难重重。[语见] 南朝梁·沈约《宋书·乐志三·古词·善哉行》:"来日大难,口燥唇干,今日相乐,皆当喜欢。"[例句] 他们欢呼雀跃、欣喜若狂,却不知～转瞬将至。

【来日方长】 lái rì fāng cháng
[释义] 来日:未来的日子,将来的时光。方:正在,正当。将来的日子长着呢。多用于展望未来。[语见] 宋·文天祥《与洪端明云岩书》:"某到郡后,颇与郡人相安,日来四境无虞,早收中熟,觉风雨如期,晚稻亦可望,惟是力绵求牧,来日方长。"[例句] ～,希望咱们还有机会合作。

【来日正长】 lái rì zhèng cháng
[释义] 见"来日方长"。[例句] 今天我输了,但～,以后有机会再向你挑战吧。

【来者不拒】 lái zhě bù jù
[释义] 拒:拒绝,回绝。凡是前来的人一概不拒绝。后也泛指对别人送来的财物全部接收,从不回绝。[语见]《孟子·尽心下》:"往者不追,来者不拒。"[例句] 五年间他～,先后收取了价值超过三十万元的礼金和礼物。

【来者不善,善者不来】 lái zhě bù shàn, shàn zhě bù lái
[释义] 来的人不是善良的,要是善良的就不会来。指敌对方面的来人不怀好意,要提高警惕。[语见] 清·赵翼《陔馀

丛考·成语》:"'来者不善,善者不来',亦本《老子》'来者不辨,辨者不善'句。"[例句]别忘了～,若无把握,相信他是不会轻举妄动的。

【来者可追】lái zhě kě zhuī
[释义]追:赶上。指将来还能补救。[语见]《论语·微子》:"楚狂接舆歌而过孔子曰:'凤兮!凤兮!何德之衰?往者不可谏,来者犹可追。'"[例句]往者已矣,～,现在努力还有希望。

【来之不易】lái zhī bù yì
[释义]来:得来,得到。易:容易。得来不容易。[语见]明·朱柏庐《治家格言》:"一粥一饭,当思来处不易。"[例句]这笔收入是我们三年的血汗换来的,可真是～啊。

【来踪去迹】lái zōng qù jì
[释义]踪、迹:脚印。指人或事物的来去行踪。[语见]明·冯梦龙《醒世恒言》第十六卷:"陆婆向来也晓得儿子些来踪去迹,今番杀人一事,定有干涉。"[例句]他这个人行动挺神秘,从来没人知道他的～。

lan

【兰艾同焚】lán ài tóng fén
[释义]兰:香草。艾:臭草。比喻好坏同归于尽。[语见]晋·庾阐《檄李势》:"檄到,勉思良图,自求多福,无使兰艾同焚。"[例句]对那些带有封建糟粕,但又有一定艺术价值的古典文学作品,不能全面否定,使得～。

【兰摧玉折】lán cuī yù zhé
[释义]兰草被摧残,美玉被折断。旧时比喻贤人或好人不幸早死。[语见]南朝宋·刘义庆《世说新语·言语》:"毛伯成既负其才气,尝称宁为兰摧玉折,不作萧敷艾荣。"[例句]他的数学天赋很高,可惜年纪轻轻就～,真令人叹息。

【兰心蕙性】lán xīn huì xìng
[释义]兰、蕙:均为香草。比喻女子心地纯真,性格温柔的品性。[语见]清·文康《儿女英雄传》第八回:"况且她虽说是个

乡村女子,外面生得一副好姿容,心里藏着一副兰心蕙性。"[例句]他的女儿虽无过人的容貌,却有～,因此让人喜爱。

【兰友瓜戚】lán yǒu guā qī
[释义]兰友:意气相投的挚友。瓜戚:瓜葛相连的亲戚。形容亲戚、朋友关系切近。[语见]清·孔尚任《桃花扇·媚坐》:"吾辈得施为,正好谈心花底;兰友瓜戚,门外不须倒屣。"注:倒屣,指迎客。[例句]得知他生病住院的消息,许多雨新知、～纷纷前来探视。

【蓝田生玉】lán tián shēng yù
[释义]蓝田:地名,在陕西省,古时以出产美玉著名。蓝田盛产美玉。比喻名门出贤子。[语见]晋·陈寿《三国志·吴书·诸葛恪传》裴松之注引《江表传》:"恪少有才名,发藻岐嶷,辩论应机,莫与为对。权见而奇之,谓瑾曰:'蓝田生玉,真不虚也。'"[例句]真是～,这么优秀的人才,不愧是你的儿子。

【揽辔澄清】lǎn pèi chéng qīng
[释义]揽:握住。辔:辔头,驾驭牲口的嚼子和缰绳。澄清:使浑水清澈明净。比喻上任之后,革新政治,稳定局面,变混乱为清平。[语见]南朝宋·范晔《后汉书·范滂传》:"时冀州饥荒,盗贼群起,乃以滂为清诏使,按察之。滂登车揽辔,慨然有澄清天下之志。"[例句]他到任之后,一定能～,把我们这儿治理好。

【滥官污吏】làn guān wū lì
[释义]见"贪官污吏"。[语见]元·关汉卿《窦娥冤》第四折:"从今后把金牌势剑从头摆,将滥官污吏都杀坏。"[例句]他上任以后,大刀阔斧地整顿吏治,先后铲除了一大批～。

【滥吏赃官】làn lì zāng guān
[释义]见"贪官污吏"。[语见]明·无名氏《大劫牢》第一折:"莫不是滥吏赃官,将民业攘。"[例句]老百姓非常痛恨～,近年来很多贪污腐化案件因群众举报而破获。

【滥竽充数】làn yú chōng shù
[释义]滥:失真,不切实。竽:一种簧管

乐器。充数:凑数。不会吹竽的人混在乐队里凑数。比喻没有真才实学的人混在行家中间充数。也比喻用次货冒充好货。有时也用作自谦之辞。[语见]《韩非子·内储说上》:"齐宣王使人吹竽,必三百人。南郭处士请为王吹竽,宣王说之,廪食以数百人。宣王死,湣王立,好一一听之,处士逃。"[例句]这类软件虽多,但其中有不少是~。

lang

【郎才女貌】láng cái nǔ mào
[释义]郎:旧时妻子对丈夫的称呼。男的有才气,女的貌美。形容男女双方很般配。[语见]元·王实甫《西厢记》第一本第二折:"夫人太虑过,小生空妄想,郎才女貌合相仿。"[例句]人们都羡慕这对~的恩爱夫妻。

【郎才女姿】láng cái nǔ zī
[释义]见"郎才女貌"。[语见]明·张凤翼《红拂记·掷家图国》:"为郎才女姿,非是云邀雨期,这情踪傍人怎知?"[例句]他是物理系的才子,而她则是校长的漂亮千金,两人是大家公认的~。

【狼狈不堪】láng bèi bù kān
[释义]狼狈:据唐·段成式《酉阳杂俎》卷十六记载,传说狈这种野兽前腿极短,必须趴在狼的身上才能行动,所以用"狼狈"来形容困窘的样子。不堪:不能忍受,表示程度深。形容处境极为困窘。[语见]宋·朱熹《与政府札子》:"风痰大作,头目旋晕,几欲僵仆,今已累日,精神愈见昏慢,委是狼狈不堪。"[例句]小孩子哭闹了一整夜,搞得她~。

【狼狈为奸】láng bèi wéi jiān
[释义]唐·段成式《酉阳杂俎》卷十六载:狈是传说中与狼相似的动物,前腿很短,只有趴在狼的后背上才能行动。狼和狈经常一起伤害牲畜。比喻坏人互相勾结,一起干坏事。[语见]清·褚人获《隋唐演义》第八十五回:"安禄山向同李林甫狼狈为奸。"[例句]这伙人~,干了不少坏事。

【狼奔豕突】láng bēn shǐ tū
[释义]豕:野猪。突:冲撞。像狼一样奔跑,像野猪一样乱冲乱撞。比喻坏人到处乱窜,恣意破坏。[语见]清·伤时子《苍鹰击·诉愁》:"狗偷鼠窃盈州县,狼奔豕突干刑宪。"[例句]这群坏蛋~,兵败如山倒。

【狼奔鼠窜】láng bēn shǔ cuàn
[释义]像狼和鼠那样到处逃窜。形容四处奔逃。[语见]明·许自昌《水浒记·火并》:"端不为那逐鸟飞兔走忙,趁狼奔鼠窜慌,祇为这些时梁山泊能收人望。"[例句]战场一片混乱,到处都是张皇失措、~的敌兵。

【狼餐虎噬】láng cān hǔ shì
[释义]见"狼吞虎咽"。[例句]两个小家伙好似~一般,不一会儿就把桌上的饭菜吃了个精光。

【狼多肉少】láng duō ròu shǎo
[释义]比喻财物少,而攫取者多(用于贬义)。[例句]市场竞争非常激烈,为了争夺客户,商家们几乎打破了头,常常感慨~。

【狼号鬼哭】láng háo guǐ kū
[释义]见"鬼哭狼嚎"。[语见]清·曹雪芹《红楼梦》第五十八回:"况且宝玉才好了些,连我们也不敢说话,你反打的人狼号鬼哭的!"[例句]有什么事情好好说,不要一进来就~的。

【狼戾不仁】láng lì bù rén
[释义]狼戾:贪婪,凶狠。不仁:暴虐不人道。形容贪狠残暴,没有人性。[语见]汉·班固《汉书·严助传》:"闽越王狼戾不仁,杀其骨肉。"[例句]这个家伙~,罪恶深重。

【狼猛蜂毒】láng měng fēng dú
[释义]像狼一样凶猛,像蜂一样毒辣。比喻人凶狠毒辣。[语见]南朝齐·王融《上疏请给虏书》:"夫虏人面兽心,狼猛蜂毒,暴悖天经,亏违地义。"[例句]这些坏蛋人面兽心、~,迟早会受到惩罚的。

【狼贪鼠窃】láng tān shǔ qiè
[释义]像狼一样贪婪,像老鼠一样惯于

偷盗。形容贪心卑鄙的人。[语见]明·于谦《出塞》诗："瓦剌穷胡真犬豕,敢向边疆挠赤子。狼贪鼠窃去复来,不解偷生求速死。"[例句]她终于看清了对方～的真面目。

【狼吞虎咽】láng tūn hǔ yàn
[释义]像狼和虎一样吞咽食物,形容吃东西又急又猛,大口吞吃的样子。[语见]明·冯梦龙《醒世恒言》第十卷:"父子二人正在饥馁之时,端起饭来,狼餐虎咽,尽情一饱。"[例句]她坐在那里～,看起来好像几天没吃东西的样子。

【狼心狗肺】láng xīn gǒu fèi
[释义]狼的心、狗的肺。比喻心肠凶恶、狠毒、残忍、贪婪。[语见]明·冯梦龙《醒世恒言》第三十卷:"那知这贼子恁般狼心狗肺,负义忘恩。"[例句]你这个～的孩子,怎么这么没良心!

【狼心狗行】láng xīn gǒu xíng
[释义]狼的心肠,狗的行为。形容贪婪凶狠,卑鄙无耻。[语见]明·罗贯中《三国演义》第七回:"公孙瓒曰:'昔日以汝为忠义,推为盟主,今之所为,真狼心狗行之徒,有何面目立于世间。'"[例句]看他的所作所为,真是一个～之徒。

【狼烟四起】láng yān sì qǐ
[释义]狼烟:古代边境有敌人入侵,用狼粪烧成烟来报警,即烽火。形容边境有外敌侵扰,四方都燃起了报警的烽烟。[语见]明·沈采《千金记·宵征》:"如今狼烟四起,虎斗龙争,我到街坊上打听楚国招兵文榜消息。"[例句]这个国家最近～,内战不断。

【狼子兽心】láng zǐ shòu xīn
[释义]见"狼子野心"。[语见]唐·房玄龄等《晋书·虞预传》:"然狼子兽心,轻薄易动,羯虏未殄,益使寒安。"[例句]从这件事中不难看出该国企图侵略的～。

【狼子野心】láng zǐ yě xīn
[释义]狼崽子自小就具有凶残的本性。原指凶恶残暴的人恶性难改;后比喻坏人用心狠毒。[语见]明·罗贯中《三国演

义》第十六回:"吾素知吕布狼子野心,诚难久养。"[例句]你的～我一清二楚。

【朗朗上口】lǎng lǎng shàng kǒu
[释义]朗朗:声音清晰响亮。比喻响亮的读书声。指诵读熟练、顺口。也指文辞通俗,便于口诵。[语见]老舍《赵子曰》八:"学生入学先读二年《易经》,《易经》念得朗朗上口,然后准其分科入系。"[例句]《唐诗三百首》读起来～,很适合儿童诵读。

【朗目疏眉】lǎng mù shū méi
[释义]朗:明亮。疏:疏朗。明亮的双眼,疏朗的眉毛。形容眉清目秀。[语见]唐·姚思廉《梁书·陶弘景传》:"及长,身长七尺四寸,神仪明秀,朗目疏眉,细形长耳。"[例句]她的身边坐着一个～的小伙子。

【朗月清风】lǎng yuè qīng fēng
[释义]见"清风明月"。[语见]唐·王勃《秋日游莲池序》:"琳琅触目,朗月清风。"[例句]能够每天到湖边散散步,感受一下～,真是一件惬意的事情。

【浪蝶狂蜂】làng dié kuáng fēng
[释义]轻狂的蜂蝶。比喻轻狂的男子。[语见]元·高明《琵琶记·牛小姐规劝侍婢》:"惊起娇莺语燕,打开浪蝶狂蜂。"[例句]他纯粹是个～,整日在外拈花惹草。

【浪蝶游蜂】làng dié yóu fēng
[释义]见"浪蝶狂蜂"。[语见]明·高濂《玉簪记·姑阻》:"我若做浪蝶游蜂,老天呵,须教是裙马襟牛。"[例句]又是这个～,这家伙经常四处寻花问柳,搞得这里乌烟瘴气。

【浪迹江湖】làng jì jiāng hú
[释义]浪迹:流浪,行踪不定。江湖:代指四方各地。到处流浪,足迹遍及四方各地。[语见]宋·张君房《云笈七签》第一百一十三卷:"某不甘于寒苦,且浪迹江湖。"[例句]从此他～,过着游荡的生活。

【浪迹天下】làng jì tiān xià
[释义]见"浪迹天涯"。[语见]宋·王楙

《野客丛书•李白事说者不一》:"(李白)为同列者所谤,诏令归山,遂浪迹天下。"[例句]他独自一人～,在外漂泊了整整九年。

【浪迹天涯】làng jì tiān yá
[释义]浪迹:流浪,行踪不定。到处流浪,足迹遍布天下。[语见]清•壮者《扫迷帚》:"我们做这种面整脚生意,浪迹天涯。"[例句]他多么想结束这种～、游移不定的生活啊!

【浪静风恬】làng jìng fēng tián
[释义]见"浪恬波静"。[语见]元•王实甫《苏小卿月夜贩茶船》残折:"这些时浪静风恬。"[例句]湖面～,许多小船停泊在那里。

【浪恬波静】làng tián bō jìng
[释义]恬:恬静。波浪都很安静。比喻十分平静。[语见]明•吾邱瑞《运甓记•辞亲赴任》:"浪恬波静,指日到武冈之任。"[例句]在这～的日子里,正是驾船游玩的好时光。

【浪子回头】làng zǐ huí tóu
[释义]浪子:放纵浪荡的青年人。回头:改邪归正。不务正业的人改邪归正了。现常用以比喻做了坏事的青年人改过自新。[例句]我决心～,重新做人。

lao

【劳而不怨】láo ér bù yuàn
[释义]劳:劳苦,劳累。虽然很辛苦、很劳累却没有怨言。形容孝子事亲的态度。也指合理地调用人力,人民虽苦也不埋怨。[语见]《论语•尧曰》:"子曰:'君子惠而不费,劳而不怨,择可劳而劳之,又谁怨?'皇疏:'君使民劳苦,而民心无怨。'"[例句]他的母亲瘫痪在床多年,他细心照顾,～,真是个孝子啊。

【劳而无功】láo ér wú gōng
[释义]劳:劳动、劳累。功:功效、成效。白白劳累了身心,却没有功效。[语见]《墨子•号令》:"地不得其任,则劳而无功。"[例句]他尽管非常努力,日夜忙碌,却总是～。

【劳苦功高】láo kǔ gōng gāo
[释义]劳苦:辛苦,辛劳。功:功劳。辛勤劳累,立下大功劳。[语见]汉•司马迁《史记•项羽本纪》:"劳苦而功高如此,未有封侯之赏,而听细说,欲诛有功之人。"[例句]球队获得了冠军,教练自然是～。

【劳民伤财】láo mín shāng cái
[释义]劳:劳动,劳累。伤:损耗,浪费。使广大民众烦劳,使财力白白损耗。[语见]明•宋濂等《元史•李汇礼传》:"夫财不天降,皆出于民,今日支持调度,方之曩时百倍,而又劳民伤财,以奉土木,四也。"[例句]花费许多人力、物力去应付这些事情,真是～。

【劳身焦思】láo shēn jiāo sī
[释义]劳累身体,苦思焦虑。[语见]汉•司马迁《史记•夏本纪》:"禹伤先人父鲧功之不成受诛,乃劳身焦思,居外十三年,过家门不敢入。"[例句]他为国为民～,百姓都非常爱戴他。

【劳师动众】láo shī dòng zhòng
[释义]见"兴师动众"。[语见]明•许仲琳《封神演义》第八十一回:"长兄,不必劳师动众,他自然尽绝,也使旁人知我等妙法无边。"[例句]我自己就能解决,不需要～。

【劳师袭远】láo shī xí yuǎn
[释义]发动军队袭击远方的敌人。多指冒险的军事活动。[语见]《左传•僖公三十二年》:"劳师以袭远,非所闻也。"[例句]这种～的结果自然是惨败而归。

【劳心焦思】láo xīn jiāo sī
[释义]费尽心力,焦思苦虑。形容用尽心思去考虑。[语见]唐•杜甫《忆昔二首》之一:"张后不乐上为忙,至今今上犹拨乱,劳心焦思补四方。"[例句]为了研究这个古老难题,他～,废寝忘食,跑遍了各大图书馆。

【劳形苦神】láo xíng kǔ shén
[释义]形:形体。神:精神。劳累形体,费尽精神。指用心用力,认真干事。[例句]虽然～,但什么事情都自己做,效率肯定不会高。

【劳燕分飞】 láo yàn fēn fēi

[释义] 劳:伯劳,鸟名。燕:燕子。伯劳和燕子飞向不同的地方。多喻指夫妇、情侣的分离。[语见] 元·王实甫《西厢记》第二本第四折:"他那里思不穷,我这里意已通,娇鸾雏凤失雌雄;他曲未终,我意转浓,争奈伯劳飞燕各西东;尽在不言中。"[例句] 这对情侣因为不同的志向而～去了不同的城市工作。

【劳逸结合】 láo yì jié hé

[释义] 劳:劳动,劳累。逸:安逸。劳累和安逸互相结合,即工作、休息相结合。[例句] 工作要注意～,否则很难坚持长久。

【牢不可破】 láo bù kě pò

[释义] 牢:牢固,结实。破:破除,击破。非常坚固结实,不可能破除。形容坚不可摧。也作"牢不可拔"。[语见] 唐·韩愈《平淮西碑》:"大官臆决唱声,万口附和,并为一谈,牢不可破。"[例句] 双方达成了～的战略合作伙伴关系。

【老成持重】 lǎo chéng chí zhòng

[释义] 老成:老练成熟。持重:稳重,不轻浮。形容人有丰富的经验,态度沉稳。[语见] 元·脱脱等《宋史·种师中传》:"师中老成持重,为时名将,诸军自是气夺。"[例句] 这人一副～的样子,待人处世老练大度。

【老大徒伤】 lǎo dà tú shāng

[释义] 老大:年纪大。徒:徒然。年老了而一事无成,徒然悲伤而已。[语见] 唐·杜甫《曲江对酒》诗:"吏情更觉沧州远,老大徒伤未拂衣。"[例句] 有太多的人只会恣意浪费时光,最后却落得～的下场。

【老大无成】 lǎo dà wú chéng

[释义] 老、大:都指年纪大。无成:没有什么成就。年纪已经很大了,但还没取得什么成就。形容虚度光阴。常用为谦词。[语见] 清·李汝珍《镜花缘》第十回:"既不能显亲扬名,又不能兴邦定业,碌碌人世,殊愧老大无成。"[例句] 我从事写作许多年,也没出过什么优秀的作品,实在是～。

【老当益壮】 lǎo dāng yì zhuàng

[释义] 老:年纪大,年老。当:应该。益:更加,愈发。壮:壮志,雄心。形容老年人雄心不已。[语见] 南朝宋·范晔《后汉书·马援传》:"丈夫为志,穷当益坚,老当益壮。"[例句] 年近七十的他仍担任了球队的教练,真可谓～。

【老调重弹】 lǎo diào chóng tán

[释义] 旧的曲子重新再弹。比喻见解、主张或言论毫无新意。[语见] 二月河《雍正王朝》:"塞思黑的这件事,实际上是老调重弹罢了,不宜大张旗鼓地处置。"[例句] 提到那件事情,他依然是～。

【老鹤乘轩】 lǎo hè chéng xuān

[释义] 轩:古代官员坐的车子。老鹤也坐上官员的车子。比喻滥充官位。[语见] 《左传·闵公二年》:"冬十二月,狄人伐卫。卫懿公好鹤,鹤有乘轩者。将战,国人受甲者皆曰:'使鹤,鹤实有禄位,余焉能战?'"[例句] 现在官职泛滥,简直到了～的地步。

【老骥伏枥】 lǎo jì fú lì

[释义] 骥:良马、千里马。伏:趴伏。枥:马槽。千里马虽然老了,趴伏在马槽之下,但仍然想要奔驰千里。比喻人虽然上了年纪,仍胸怀壮志。[语见] 汉·曹操《步出夏门行》诗:"老骥伏枥,志在千里;烈士暮年,壮心不已。"[例句] 他年已六旬,却～,不肯退休,仍然全心地投入于新型载人飞船的研制工作中。

【老奸巨猾】 lǎo jiān jù huá

[释义] 老、巨:多、大之意。奸:自私,取巧,精于算计。猾:不老实,狡猾。老于世故,精于算计,办事不老实。形容人诈狡猾。[语见] 宋·司马光《资治通鉴》:"(李林甫)虽老奸巨猾,无能逃于其者。"[例句] 你就是机关算尽,也比不过他～。

【老马恋栈】 lǎo mǎ liàn zhàn

[释义] 恋:留恋,依恋。栈:养牲畜的木栅栏。老马舍不得离开它生活的马栈。

比喻人老了容易恋念旧情。也指人贪恋官位。[语见]唐·房玄龄等《晋书·宣帝纪》:"驽马恋栈豆。"[例句]这个人～、嗜权如命,是不会轻易放弃官职的。

【老马识途】lǎo mǎ shí tú
[释义]识:认识。途:路途。老马能认得路。比喻阅历丰富的人富有经验,能在工作中指明方向。[语见]《韩非子·说林上》:"管仲、隰朋从桓公伐孤竹,春往冬反,迷惑失道。管仲曰:'老马之智可用也。'乃放老马而随之,遂得道。"[例句]周先生不愧是～,他一针见血地指出此事的关键所在。

【老马嘶风】lǎo mǎ sī fēng
[释义]嘶:马叫。老马在大风中昂首嘶鸣。比喻人虽老雄心尚在。[语见]清·文康《儿女英雄传》第二十七回:"这位舅太太也就算得个'老马嘶风,英心未退'了!"[例句]他～,壮志不已,要活到老、学到老,老有所为。

【老迈年高】lǎo mài nián gāo
[释义]形容年老体衰。[例句]他现在已经～,不能再现当年赛场上那种生龙活虎的形象了。

【老谋深算】lǎo móu shēn suàn
[释义]老谋:周密成熟的谋划。深算:深入仔细的算计。形容人精明老练,计划、算计得非常周密细致。[例句]我最佩服他的～。

【老牛破车】lǎo niú pò chē
[释义]老牛驾破车。喻指工作效率不高。[例句]他办事好像～一样,效率实在太低。

【老牛舐犊】lǎo niú shì dú
[释义]舐:舔。犊:小牛。老牛爱抚地舐着小牛。比喻父母对子女的慈爱。[语见]南朝宋·范晔《后汉书·杨彪传》:"子修为曹操所杀。操见彪问曰:'公何瘦之甚?'对曰:'愧无日磾先见之明,犹怀老牛舐犊之爱。'操为之改容。"[例句]他爸爸守在病床前一夜没合眼,真是～,父子情深。

【老气横秋】lǎo qì héng qiū
[释义]老气:老成、苍劲的气势。横秋:横亘秋空,贯穿于心胸。形容人老成、苍劲、自命不凡的神态。现常形容青年人暮气沉沉,没有朝气。[语见]南朝齐·孔稚珪《北山移文》:"风情张日,霜气横秋。"[例句]他看起来不比我大几岁,却一副～的样子。

【老弱残兵】lǎo ruò cán bīng
[释义]年老体弱丧失战斗力的士兵。[语见]明·罗贯中《三国演义》第三十二回:"城中无粮,可发老弱残兵并妇人出降,彼必不为备,我即以兵继百姓之后出攻之。"[例句]就凭这几个～,这仗还没打我们就输定了。

【老生常谈】lǎo shēng cháng tán
[释义]老生:书生。老书生经常谈论的观点和话题。指听惯了的、毫无新意的老话。[语见]南朝宋·刘义庆《世说新语·规箴》:"何晏、邓飏令管辂作卦云:'不知位至三公不?'卦成,辂称引古义,深以戒之,飏曰:'此老生之常谈。'"[例句]这些都是～了,估计你们也不爱听。

【老师宿儒】lǎo shī sù rú
[释义]宿儒:原指长期钻研儒家经典的人,泛指长期从事某种学问的研究,并具一定成就的人。指年辈最尊的老师和知识渊博的学者。[语见]宋·陆九渊《语录》:"三百篇之诗,有出于妇人女子,而后世老师宿儒,且不能注解得分明,岂其智有所不若。"[例句]这篇文章写得真好,读罢还以为是专攻文史的名家或～所作。

【老鼠过街,人人喊打】lǎo shǔ guò jiē, rén rén hǎn dǎ
[释义]比喻对害人的东西,人人痛恨,一致反对。[例句]用"～"来形容人们对小偷的恨,一点也不过分。

【老死不相往来】lǎo sǐ bù xiāng wǎng lái
[释义]相:互相。往来:交往,交际。直到老死,也不互相来往。[语见]《老子》

第八十章:"邻国相望,鸡犬之声相闻,民至老死不相往来。"[例句]两人大吵了一顿,从此～。

【老态龙钟】 lǎo tài lóng zhōng
[释义]龙钟:行动不灵便。形容人年老体弱,行动迟缓、不灵活的样子。[语见]宋·陆游《听雨》诗:"老态龙钟疾未平,更堪俗事败幽情。"[例句]三十年过去了,再见到大伯,他已经是～了。

【老羞成怒】 lǎo xiū chéng nù
[释义]见"恼羞成怒"。[例句]下棋输了就输了,也不至于～吧。

【老于世故】 lǎo yú shì gù
[释义]老:老练,熟悉。世故:待人接物等处世经验。熟悉人情世故,有丰富的处世经验。[语见]唐·韩愈《石鼓歌》:"中朝大官老于世。"[例句]她最厌烦与这类～的承包商打交道。

【老鱼跳波】 lǎo yú tiào bō
[释义]鱼随乐声跳跃。比喻音律精妙。[语见]《列子·汤问》:"瓠巴鼓琴,而鸟舞鱼跃。"唐·李贺《李凭箜篌引》诗:"梦入神山教神妪,老鱼跳波瘦蛟舞。"[例句]这琴声悲凄悠扬,能使空山凝云,～。

【老妪能解】 lǎo yù néng jiě
[释义]老妪:老年妇女。解:理解,懂得。老婆婆都能理解。指作品通俗易懂。[语见]宋·曾慥《类说》第四十八卷引《墨客挥犀》:"白乐天每作诗令老妪解之,问曰:'解否?'妪曰:'解',则录之,不解又易之。"[例句]他的诗歌～,通俗易懂。

le

【乐不可支】 lè bù kě zhī
[释义]支:支持,承受。指快乐到极点。[语见]南朝宋·范晔《后汉书·张堪传》:"桑无附枝,麦穗两岐,张公为政,乐不可支。"[例句]精彩而幽默的表演,逗得观众～。

【乐不思蜀】 lè bù sī shǔ
[释义]蜀:三国时的蜀国。思:思念,想念。快乐到极点,以至于不再思念蜀国。源于后主刘禅安于享乐而不思复国的故

事。后用以比喻乐而忘返或乐而忘本。[例句]可能是因为这儿的环境太优美了,～的他,再也不提回家的事了。

【乐此不倦】 lè cǐ bù juàn
[释义]倦:乏累、疲倦。因笃好而不觉疲倦。[语见]清·皮锡瑞《日记·丁酉十月》:"排难解分,自是佳事。予曾祖父暮年乐此不倦,亦谓为子孙计。"[例句]自从他迷上了足球,无论刮风下雨,几乎天天泡在操场上踢球,～。

【乐此不疲】 lè cǐ bù pí
[释义]乐于从事某种事情而不知疲倦。[语见]南朝宋·范晔《后汉书·光武帝纪下》:"每旦视朝,日仄而罢,数引公卿、郎、将讲论经理,夜分乃寐。皇太子见帝勤劳不怠,承间谏曰:'……愿颐爱精神,优游自宁。'帝曰:'我自乐此,不为疲也。'"[例句]网络聊天室里聊天者日益增多,网友们～。

【乐极悲来】 lè jí bēi lái
[释义]见"乐极悲生"。[语见]宋·桑世昌《兰亭考》第八卷:"右军器宇词翰三者俱优,而《曲水序》中有乐极悲来,嗟悼之意。"[例句]真是～,谁也没想到婚礼后竟发生了车祸。

【乐极生悲】 lè jí shēng bēi
[释义]极:顶点,极点。生:产生。高兴得到了极点,就会招来悲哀。比喻物极必反。[语见]元·无名氏《赠妓》:"叹光阴白驹过隙,我则怕下场头乐极生悲。"[例句]聚会饮酒要适可而止,小心～。

【乐极则悲】 lè jí zé bēi
[释义]见"乐极生悲"。[语见]《淮南子·道应训》:"夫物盛而衰,乐极则悲。"[例句]谁知～,回到旅馆的当晚,他就发现白天刚得的金牌丢了。

【乐乐陶陶】 lè lè táo táo
[释义]形容十分高兴的心情。[语见]明·朱有燉《十长生》第二折:"似这雪,农夫每喜年丰乐乐陶陶,争如俺神仙每玩瑶华散袒逍遥。"[例句]孩子们在草坪上翻筋斗、捉迷藏,一个个～,玩得好开心。

【乐贫甘贱】lè pín gān jiàn
[释义] 甘:甘愿。贱:地位卑贱。乐于贫困的生活,甘于卑贱的地位。[语见]宋·张君房《云笈七签》第九十三卷:"其次萧洒荜门,乐贫甘贱,抱经济之器,泛若无;洞古今之学,旷若虚,爵之不从,禄之不受,确乎以方外为尚,恬乎以摄生为务,近于仙道四也。"[例句]他淡泊名利、～,过着远离世俗的生活。

【乐善不倦】lè shàn bù juàn
[释义] 乐于做善事,不觉得疲倦。[语见]《孟子·告子上》:"仁义忠信,乐善不倦,此天爵也。"[例句]她生性善良,常常扶危救困、拯孤济寡,～几十年。

【乐善好施】lè shàn hào shī
[释义] 乐:以……为乐事。善:善行、善事。好:喜好。施:施舍。喜欢施舍他人,做善事。指喜欢做好事,乐于帮助有困难的人。[语见]明·冯梦龙《醒世恒言》第二十卷:"那王员外虽然是个富家,做人倒也谦虚忠厚,乐善好施。"[例句]他这人～,人际关系一定很好。

【乐善好义】lè shàn hào yì
[释义] 爱做好事,讲义气。[语见]宋·曾巩《与杜相公书》:"伏此阁下朴厚清明,谠直之行,乐善好义。远大之心,施于朝廷,而博见于天下。"[例句]老人去世后,他的那种～的家风又世代相传下去。

【乐天知命】lè tiān zhī mìng
[释义] 天、命:均指上天的安排,命运。乐:乐意接受。安于天命而自得其乐。[语见]《易经·系辞上》:"乐天知命故不忧。"孔颖达疏:"任自然之理,故不忧也。"[例句]他虽然不富有,却～。

【乐在其中】lè zài qí zhōng
[释义] 快乐就在这中间。[语见]《论语·述而》:"饭疏食,饮水,曲肱而枕之,乐亦在其中矣。"[例句]新游戏刚一上市,众多玩家纷纷购买,～。

lei

【雷打不动】léi dǎ bù dòng
[释义] 形容决心和意志坚定,不可动摇。

也形容做事严守规矩,绝不更改。[例句]对他来说,每天的午睡是～的。

【雷轰电掣】léi hōng diàn chè
[释义] 电掣:电光闪过。形容来势迅猛,使人猝不及防。[语见]清·文康《儿女英雄传》第六回回目:"雷轰电掣弹毙凶僧,冷月昏灯刀歼余寇。"[例句]我们的部队以～之势,迅速攻占了敌人把守的高地。

【雷厉风飞】léi lì fēng fēi
[释义] 见"雷厉风行"。[语见]唐·韩愈《潮州刺史谢上表》:"陛下即位以来,躬亲听断,旋乾转坤,关机阖开,雷厉风飞。"[例句]被上级领导批评后,他们马上采取措施,～,强化管理,以往员工迟到的现象很快就消失了。

【雷厉风行】léi lì fēng xíng
[释义] 厉:猛烈。像打雷那样猛烈,像刮风那样迅疾。比喻执行政策法令严格,办事动作迅速。[语见]宋·曾巩《亳州谢到任表》:"运独断之明,则天清水止;昭不杀之武,则雷厉风行,故能并起百工。"[例句]有关部门～,取缔了占道经营的小贩。

【雷鸣瓦釜】léi míng wǎ fǔ
[释义] 见"瓦釜雷鸣"。[语见]宋·辛弃疾《水龙吟·用瓢泉韵戏陈仁和兼简诸葛元亮·且督和词》:"倩何人与问:'雷鸣瓦釜,甚黄钟哑?'"[例句]在这样一个人人吹嘘、真假难辨的环境里,黄钟废弃、～,真理的光辉被谎言的尘土所遮盖,虚华浮躁之风盛行。

【雷霆万钧】léi tíng wàn jūn
[释义] 雷霆:暴雷,霹雳。比喻威力。钧:古代的重量单位,一钧约等于当时的三十斤。形容威力极大。[语见]汉·班固《汉书·贾山传》:"雷霆之所击,无不摧折者;万钧之所压,无不糜灭者。"[例句]长江洪峰～,严重威胁到大堤的安全。

【擂鼓鸣金】léi gǔ míng jīn
[释义] 擂:敲。金:锣。指战场上击鼓敲锣,以壮声势。[语见]元·无名氏《午时牌》第二折:"我今日传了将令,则要您记

L

得叮咛;也不许摇旗呐喊,也不许擂鼓鸣金。"[例句]几千名兵士在阵前～,摇旗呐喊,声势十分威猛。

【擂鼓筛锣】léi gǔ shāi luó
[释义]擂:击。筛:振动,敲。指战场上击鼓敲锣,以壮声势。[语见]元·无名氏《暗度陈仓》楔子:"今拨你一千兵,替我修整连云栈道去,要你每日家摇旗呐喊,擂鼓筛锣。"[例句]两军交战时,双方兵士都～,以壮军威。

【累牍连篇】lěi dú lián piān
[释义]见"连篇累牍"。[语见]清·纪昀《阅微草堂笔记·滦阳续录四》:"……狡狯之文,偶一为之,以资惩劝,亦无所不可;如累牍连篇,动成卷帙,则非著书之体矣。"[例句]这件事情发生之后,新闻界～的追踪报道令她心烦不已。

【累教不改】lěi jiào bù gǎi
[释义]见"屡教不改"。[例句]对那些～、严重违纪的学生,学校有权做出相应的处分。

【累诫不戒】lěi jiè bù jiè
[释义]诫:告诫。戒:戒备,戒除。指多次受到警告和批评仍不改正。[例句]上级再三强调安全问题,但该部门～,最终酿成了大祸。

【累块积苏】lěi kuài jī sū
[释义]累:堆叠。块:土块。苏:柴草。形容居室简陋。[语见]《列子·周穆王》:"化人之宫,构以金银,络以珠玉……帝之所居,王俯而视之,其宫榭若累块积苏焉。"[例句]他刚到北京,收入又少,只好先找了一处～的旧房子住下。

【累瓦结绳】lěi wǎ jié shéng
[释义]像堆积的瓦片和绳子上的结一样。比喻无用的言辞。[语见]《庄子·骈拇》:"骈于辩者,累瓦结绳窜句。游心于坚白同异之间,而敝跬誉无用之言。非乎?而杨墨是已。"王先谦集解:"崔(譔)云:聚无用之语,如瓦之累,绳之结也。"[例句]我不想听这些～,关键是怎么解决问题。

【累月经年】lěi yuè jīng nián
[释义]月复一月,年复一年。比喻经历的时间很长。[语见]《敦煌变文集·大目乾连冥间救母变文》:"头似太山,三江难满。无闻浆水之名,累月经年,受饥羸之苦。"[例句]～的长期调查之后,这件事最终还是不了了之。

【磊落不凡】lěi luò bù fán
[释义]心胸坦白,不同寻常。[语见]宋·陆游《孙君墓表》:"君之所为,大概类此,观者可知其磊落不凡矣。"[例句]他～、诲人不倦的崇高形象,一直铭记在我心中。

【磊落不羁】lěi luò bù jī
[释义]心胸坦白而行为不受约束。[语见]清·顾彩《焚琴子传》:"焚琴子者,姓章氏,闽之诸生也。为人磊落不羁。"[例句]他为人～,所以往往不见容于世俗。

【泪出痛肠】lèi chū tòng cháng
[释义]痛肠:伤痛的内心。指因心里难过而流出了眼泪。[语见]明·罗贯中《三国演义》第五十六回:"事实两难,因此泪出痛肠。"[例句]想起一段段往事,她不禁～。

【泪如泉涌】lèi rú quán yǒng
[释义]泪:泪水,眼泪。泉:泉水。涌:快速流出。泪水如喷涌而出的泉水一般。形容因受感动或十分伤心而流了很多眼泪。[语见]明·罗贯中《三国演义》第八回:"允曰:'汝可怜汉天下生灵!'言讫,泪如泉涌。"[例句]见到失散多年的哥哥,她不禁～。

【泪如雨下】lèi rú yǔ xià
[释义]泪:眼泪、泪水。雨:雨滴、雨点。眼泪如雨水一样流下来。形容十分伤心或感动而痛哭的样子。[语见]明·施耐庵《水浒传》第八回:"林冲见说,泪如雨下。"[例句]一谈起她,我不禁～。

【泪下如雨】lèi xià rú yǔ
[释义]哭得泪水如同下雨。形容极其悲伤。[例句]孩子一见到我便～,仿佛受了天大的委屈似的。

leng

【冷嘲热讽】 lěng cháo rè fěng
[释义] 嘲:嘲笑。讽:讽刺。用冷言冷语嘲笑,用尖刻的语言讽刺。[语见] 蔡东藩《后汉通俗演义》第二十回:"郭皇后暗中窥透,当然怀疑,因此对着帝前,往往冷嘲热讽,语带蹊跷。"[例句] 他的理论受到了中外学者权威的～。

【冷灰爆豆】 lěng huī bào dòu
[释义] 在冷灰里爆豆。比喻方法不对,徒费力气。[语见] 宋·王楙《野客丛书·俗语有所自》:"俗语皆有所自……'对牛弹琴'、'作死马医'、'冷灰爆豆',皆见禅录。"[例句] 你这样做无异于～,不会有什么效果的。

【冷讥热嘲】 lěng jī rè cháo
[释义] 尖刻的嘲笑和讽刺。[语见] 清·袁枚《牍外余言》:"故晋大夫七嘴八舌,冷讥热嘲,皆由于心之大公也。"[例句] 这篇文章出来以后,遭到很多人的～。

【冷暖自知】 lěng nuǎn zì zhī
[释义] 原为佛家语,指对佛教的信仰和理解的程度只有自己清楚。现用以比喻对事物的感受,只有经历过的人才最有体会。[例句] 他创业多年,个中的滋味～。

【冷若冰霜】 lěng ruò bīng shuāng
[释义] 若:像、似。冷酷得像冰雪寒霜一样。喻指对待他人态度冷漠,不热情,使人难以接近。[语见] 清·刘鹗《老残游记·续集》第二回:"笑起来一双眼又秀又媚,却是不笑起来又冷若冰霜。"[例句] 林经理～的脸上终于露出了笑容。

【冷水浇头】 lěng shuǐ jiāo tóu
[释义] 从头顶上灌浇冷水。比喻突然传来使人心灰意冷的坏消息。常同"怀抱冰"连用,形容遭受重大打击后,里外全凉了的情景。[语见] 老舍《四世同堂》:"她不能冷水浇头地劝告招弟,引起招弟的不快。"[例句] 当他找到原先的女友时,犹如～,因为她已移情别恋了。

【冷血动物】 lěng xuè dòng wù
[释义] 本指体温随环境温度的变化而变化的动物。比喻没有感情或没有血性的人。[例句] 他如此无情,简直是个～。

【冷言冷语】 lěng yán lěng yǔ
[释义] 冷冰冰、听了让人心寒的嘲讽话。[语见] 清·李汝珍《镜花缘》第十八回:"多九公被两个女子冷言冷语,只管催逼,急的满面青红,恨无地缝可钻。"[例句] 毕竟是寄居在别人家里,他经常忍受女主人的～。

【冷言热语】 lěng yán rè yǔ
[释义] 见"冷言冷语"。[语见] 明·冯梦龙《警世通言》第二十四卷:"欲待回家,难见父母兄嫂;待不去,又受不得王八冷言热语。"[例句] 接待人员不可～,或是推诿扯皮,必须无条件协助顾客解决问题。

【冷眼旁观】 lěng yǎn páng guān
[释义] 冷眼:冷静或麻木的眼光。旁观:从旁观察,而不参与。用冷静的眼光从旁观察而不亲身参与其间。[语见] 宋·朱熹《答黄直卿》:"冷眼旁观,手足俱露,甚可笑也。"[例句] 当其他企业把"价格战"打得火热时,他却～,静观时变。

【冷语冰人】 lěng yǔ bīng rén
[释义] 用冷酷无情的话刺激人。[语见] 清·蒲松龄《聊斋志异·侠女》:"明日,又约之。女厉色不顾而去。日频来,时相遇,并不假以辞色。少游戏之,则冷语冰人。"[例句] 她无缘无故～,简直是莫名其妙。

【愣头愣脑】 lèng tóu lèng nǎo
[释义] 形容鲁莽冒失的样子。[例句] 这家伙～,说不准会干出什么事来。

li

【离经辨志】 lí jīng biàn zhì
[释义] 离经:点断经书句读。辨志:辨别学生的志趣意向。[语见]《礼记·学记》:"一年视离经辨志。"[例句] 他读了几年书,不妨考考他～的能力。

L

【离经叛道】lí jīng pàn dào
[释义] 离:背离。叛:背叛。经、道:指正统的学法或学派。指背离了正统的学法或学派。[例句] 她的这种行为被人们指责为~。

【离鸾别凤】lí luán bié fèng
[释义] 鸾:传说中凤凰一类的鸟。比喻夫妻离散。[语见] 唐·李贺《湘妃》诗:"离鸾别凤烟梧中,巫云蜀雨遥相通。"[例句] 电影里有一段情景,表现男女主人公~的难分难舍。

【离群索居】lí qún suǒ jū
[释义] 索:孤单。离开同伴,单独地生活。[语见]《礼记·檀弓上》:"吾离群而索居,亦已久矣。"[例句] 一个~生活在社会群体之外的人,是很难保持心理健康的。

【离题万里】lí tí wàn lǐ
[释义] 题:主题。万里:极言相差之大。形容说话或写文章不着边际,与主题相差太远。[例句] 你的发言简直是~,不知所云。

【离乡背井】lí xiāng bèi jǐng
[释义] 见"背井离乡"。[语见] 元·关汉卿《金线池》第三折:"我依旧安业着家,他依旧离乡背井。"[例句] 在兵荒马乱的年月里,他不得不~,远赴四川求生。

【离心离德】lí xīn lí dé
[释义] 失去共同的信念和思想。[语见]《尚书·泰誓中》:"受(纣)有亿兆夷人(平民),离心离德。"[例句] 目前球队内部~,四分五裂,已经失去了战斗力。

【梨花带雨】lí huā dài yǔ
[释义] 像带着雨点的梨花一样。原形容美女涕泪纵横的样子,后也形容女子容貌娇艳。也作"带雨梨花"。[语见] 唐·白居易《长恨歌》诗:"玉容寂寞泪阑干,梨花一枝春带雨。"[例句] 看着她~,楚楚可怜的样子,他忍不住心软了。

【梨颊微涡】lí jiá wēi wō
[释义] 梨颊:梨花色的面颊。涡:笑靥。形容女子的容貌美丽。[语见] 宋·罗大经《鹤林玉露》第十二卷:"胡澹庵十年贬海外,北归之日,饮于湘潭胡氏园,题诗云:'君恩许归此一醉,傍有梨颊生微涡。'谓侍伎黎倩也。"[例句] 照片中的少女嫣然一笑,~,非常可爱。

【犁庭扫闾】lí tíng sǎo lǘ
[释义] 犁:耕地。庭:庭院。闾:里巷的大门,引申为里巷。把庭院犁平,把里巷荡成废墟。比喻以军事力量干净、彻底地摧毁对方。[语见] 汉·班固《汉书·匈奴传下》:"固以犁其庭,扫其闾,郡县而置之。"[例句] 我们的部队以~之势,将敌军全部歼灭。

【犁庭扫穴】lí tíng sǎo xué
[释义] 见"犁庭扫闾"。[语见] 清·张廷玉等《明史·范济传》:"伏望远鉴汉唐,近法太祖,毋以穷兵黩武为快,毋以犁庭扫穴为功。"[例句] 缉毒小组在此次行动中~,彻底摧毁了贩毒者的据点。

【嫠不恤纬】lí bù xù wěi
[释义] 嫠:寡妇。恤:忧虑。纬:织布的横线。寡妇不忧虑纬纱少而织不成布。比喻忧国而忘家。[语见]《左传·昭公二十四年》:"抑人有言曰:'嫠不恤其纬,而忧宗周之陨,为将及焉。'"[例句] 他出身于书香世家,从小受到良好的教育,具有~的爱国精神。

【嫠纬之忧】lí wěi zhī yōu
[释义] 指为国忧虑。[语见] 宋·文天祥《癸亥上皇帝书》:"臣何敢追尤往事,上渎圣聪,独方来计,则嫠纬之忧,不能忘情焉。"[例句] 在这国难当头的时刻,凡是有良知的人都应有~。

【篱牢犬不入】lí láo quǎn bù rù
[释义] 比喻妇人守妇道,没有外遇。[语见] 明·施耐庵《水浒传》第二十四回:"常言道:'表壮不如里壮。'嫂嫂把得家定,我哥哥烦恼做甚么?岂不闻古人言:'篱牢犬不入。'"[例句]~,如果她全心地爱她的丈夫,还会有外遇吗?

【礼崩乐坏】lǐ bēng yuè huài
[释义] 见"礼坏乐崩"。[语见] 唐·魏徵《隋书·音乐制中》:"礼崩乐坏,其来自

久,今太常雅乐,并用胡声。"[例句] 在孔子看来,西周灭亡之后,中国便进入了一个～的、变乱的时代。

【礼废乐崩】lǐ fèi yuè bēng
[释义] 见"礼坏乐崩"。[语见] 汉·公孙弘《请为博士置弟子员议》:"盖闻导民以礼,风之以乐;婚姻者,居室之大伦也。今礼废乐崩,朕甚愍焉。"[例句] 儒家产生于～,民不聊生的春秋战国时期。

【礼坏乐崩】lǐ huài yuè bēng
[释义] 礼:古代制礼,作为社会道德行为的规范。乐:古代制乐作为教化的规范。形容社会纲常紊乱,动乱不宁。[语见] 汉·班固《汉书·武帝纪》:"盖闻导民以礼,风之以乐。今礼坏乐崩,朕甚闵焉。"[例句] 当今社会处于多元化的变革中,许多传统思维方式受到了前所未有的冲击,但也不能简单地称之为～。

【礼让为国】lǐ ràng wéi guó
[释义] 为:治。以礼所提倡的谦让精神治理国家。[语见]《论语·里仁》:"子曰:能以礼让为国乎?何有?不能以礼让为国,如礼何?"[例句] 我国古代儒家学派历来倡导～的治国之道。

【礼尚往来】lǐ shàng wǎng lái
[释义] 尚:重视。礼节上讲究有来有往。也形容你对我怎么样,我就对你怎么样。[语见] 五代·王定保《唐摭言·进士归礼部》:"夫礼尚往来,来而不往,非礼也。"[例句] ～是人与人交往中的一条重要原则。

【礼士亲贤】lǐ shì qīn xián
[释义] 礼遇和亲近有才德的人。[语见] 明·无名氏《东篱赏菊》第三折:"礼士亲贤急访求,卑辞枉驾会儒流。"[例句] 作为领导,你应该～,真诚待人。

【礼贤接士】lǐ xián jiē shì
[释义] 见"礼贤下士"。[语见] 宋·王谠《唐语林·政事上》:"(高崇文)三年为蜀帅,惠化大行,不事威仪,礼贤接士。"[例句] 切记要爱惜人才,不要做出有损公司领导仁德淳厚、～的好名声的行为。

【礼贤下士】lǐ xián xià shì
[释义] 礼贤:尊重贤人。下士:谦恭地对待有才能的人。形容自降身份,诚心招揽人才。[语见] 南朝梁·沈约《宋书·江夏文献王义恭传》:"礼贤下士,圣人垂训;骄侈矜尚,先哲所去。"[例句] 如果你能～,相信会有更多优秀的人才前来投奔。

【礼贤远佞】lǐ xián yuǎn nìng
[释义] 敬重有才德的人,远离巧言献媚的人。[语见] 明·冯梦龙《东周列国志》第五十回:"赵盾等屡屡进谏,劝灵公礼贤远佞,勤政亲民,则哲。"[例句] 他在位时,能够～,因此被称为明主。

【李代桃僵】lǐ dài táo jiāng
[释义] 僵:干枯。原意是指李树代桃树受虫蛀。现比喻一个人替另一个人。也比喻代人受过。[语见] 清·黄遵宪《感事诗》之四:"芝焚蕙叹嗟僚友,李代桃僵泣弟兄。"[例句] 我想～,替他受过,以报答他老人家对我的恩情。

【里出外进】lǐ chū wài jìn
[释义] 形容物体表面不平整,或排列不整齐。[例句] 修整前,整条胡同里的房屋～,破烂不堪。

【里通外国】lǐ tōng wài guó
[释义] 暗中勾结外国,为其效劳。[例句] 她因涉嫌～,泄露国家机密,而受到起诉。

【里应外合】lǐ yìng wài hé
[释义] 应:接应。合:合作、配合。里面的人接应,外面的人配合,共同行动。[语见] 元·杨梓《豫让吞炭》第三折:"反被韩魏同谋,里应外合,决水淹我军。"[例句] 外围部队与打入敌人内部的同志～,消灭了这股顽匪。

【理不胜辞】lǐ bù shèng cí
[释义] 说理不能胜过文辞。指文章的用字遣词好,说理则不够畅达。[语见] 三国魏·曹丕《典论·论文》:"孔融体气高妙,有过人者,然不能持论,理不胜辞,至于杂以嘲戏,及其所善,扬、班俦也。"[例句] 他的文章,多数内容空洞,～。

【理得心安】lǐ dé xīn ān
[释义] 见"心安理得"。[例句] 你把局面搞糟了，还～地在这儿看热闹？

【理固当然】lǐ gù dāng rán
[释义] 见"理所当然"。[语见] 宋·苏轼《始皇论中》："始皇既平天下，分都邑，置守宰，理固当然。"[例句] 在她看来，父母为自己付出一切都是～的，她从未想过应该为父母做点什么。

【理过其辞】lǐ guò qí cí
[释义] 指文章说理多而文采不足。[语见] 南朝梁·钟嵘《诗品·总论》："永嘉时，贵黄老，稍尚虚谈，于时篇什，理过其辞，淡乎寡味。"[例句] 那个时期的诗歌很多都～，索然无味。

【理屈词穷】lǐ qū cí qióng
[释义] 屈：亏。穷：穷尽。因为理由不足而无话可说。[语见]《论语·先进》："是故恶夫佞者"。朱熹注："子路之言，非其本意，但理屈词穷，而取辩于口以御人耳。故夫子不斥其非，而特恶其佞也。"[例句] 起初他为自己的罪行极力辩解，但一条条确凿证据终于使他～。

【理屈事穷】lǐ qū shì qióng
[释义] 道理上被压服，事情已到了山穷水尽的地步。[语见] 南朝宋·何承天《奏劾博士顾雅等》："既被摧摄，二三日甫输帖，虽理屈事穷，犹闻义耻服。"[例句] 面对大家的质问，他～，无法争辩。

【理所必然】lǐ suǒ bì rán
[释义] 道理上必定如此。[语见] 南朝齐梁·僧祐《弘明集·郑道子〈神不灭论〉》："若有始也，则不能为终，唯无始也然后终始无穷，此自是理所必然。"[例句] 他的人缘不错，所以有人站出来帮他说话也是～的。

【理所不容】lǐ suǒ bù róng
[释义] 道理所不能允许。[语见] 南朝齐梁·僧祐《弘明集·桓玄〈与八座论沙门敬事书〉》："岂有受其德而遣其礼，沾其惠而废其敬哉，既理所不容，亦情所不安。"[例句] 现在他有钱了，却知恩不报，真是～。

【理所当然】lǐ suǒ dāng rán
[释义] 当然：应当这样。按道理应当这样。[语见] 明·赵弼《续东窗事犯传》："善者福而恶者祸，理所当然。"[例句] 他的工作成绩比你好，薪水也～比你多。

【理直气壮】lǐ zhí qì zhuàng
[释义] 直：正确，公正。理由正确、充分，说话的气势也就很盛。[语见] 明·冯梦龙《喻世明言》第三十一卷："我司马貌一生鲠直，并无奸佞，便提我到阎罗殿前，我也理直气壮，不怕甚的！"[例句] 消费者可以～地向商家索要发票。

【醴酒不设】lǐ jiǔ bù shè
[释义] 醴酒：甜酒。不再特别准备甜酒。比喻对人的礼敬渐渐减弱。[例句] 他现在不再当官，很多人对他便～了。

【力倍功半】lì bèi gōng bàn
[释义] 费力大但收获小。[语见] 明·刘基《赠陈伯光诗序》："防微遏几，百病不生，几动形见，力倍功半。"[例句] 做事不动脑筋，必然会～。

【力薄才疏】lì bó cái shū
[释义] 力量薄弱，才华稀少。形容力量和才能都很有限。多用作自谦词。[语见] 明·施耐庵《水浒传》第四十一回："初世为人，便要结识天下好汉，奈缘力薄才疏，不能接待，以遂平生之愿。"[例句] 他表示自己肩负重任，深感～，唯恐有负众望。

【力不从心】lì bù cóng xīn
[释义] 从：听从。心：意愿。想做某事而力量达不到。[语见] 南朝宋·范晔《后汉书·西域传》："今使者大兵未能得出，如诸国力不从心，东西南北自在也。"[例句] 她年纪大了，做起家务来有些～。

【力不从愿】lì bù cóng yuàn
[释义] 见"力不从心"。[语见] 唐·房玄龄等《晋书·刘琨列传》："进退唯谷，首尾狼狈。徒怀愤踊，力不从愿。"[例句] 长期的伤病令他在赛场上有些～，难以发挥自己的水平。

【力不副心】lì bù fù xīn
[释义] 见"力不从心"。[语见] 宋·李昉

等《太平广记·韦判官》:"但揩微贱,力不副心,苟可施于区区,敢不从命。"[例句]可能是因为昨晚没休息好,今天他在赛场上总有点～的感觉。

【力不胜任】lì bù shèng rèn
[释义]胜:担当得起。指能力有限,不足以担负某项责任。[语见]《周易·系辞下》:"鼎折足,覆公餗,其形渥,凶。言不胜其任也。"[例句]我对这项工作有点儿～。

【力不同科】lì bù tóng kē
[释义]同科:同一等级。指人的力量有强有弱,不能等同。[语见]《论语·八佾》:"'射不主皮',为力不同科。"[例句]你我～,你不配和我较量。

【力不自胜】lì bù zì shèng
[释义]胜:经得起。由于力量不足而使得自己经受不起。[语见]宋·张敦颐《六朝事迹·郡民化蛇》:"蛇为人语启帝曰:'蟒则晋之都氏也,……无饮食可实口,无窟穴可庇身,饥寒困迫,力不自胜。'"[例句]一个柔弱的女孩拖着这么一个大箱子,显然有些～。

【力殚财竭】lì dān cái jié
[释义]殚:尽。力量和财物都已用尽。[语见]唐·白居易《止狱措刑》:"及秦之时,厚赋以竭人财,远役以殚人力;力殚财竭,尽为寇贼,群盗满山,赭衣塞路;故每岁断罪,数至十万。"[例句]为了治病他四处奔求良医,早已是～。

【力敌势均】lì dí shì jūn
[释义]见"势均力敌"。[语见]唐·令狐德棻《周书·武帝纪下》:"自东西否隔,二国争强,戎马生郊,干戈日用,兵连祸结,力敌势均,疆场之事,一彼一此。"[例句]两位拳手～,比赛打了十个回合依然难分胜负。

【力孤势危】lì gū shì wēi
[释义]力:力量。力量孤单,形势危险。[语见]明·罗贯中《三国演义》第八十三回:"(马)忠部下三百军并力上前一声喊起,将关兴围在垓心。兴力孤势危,于是下令[例句]他看到友军～,于是下令

增援。

【力竭声嘶】lì jié shēng sī
[释义]见"声嘶力竭"。[例句]场上队员全力厮杀,场下的啦啦队也～地为球队加油。

【力尽筋疲】lì jìn jīn pí
[释义]见"筋疲力尽"。[语见]唐·韩愈《昌黎先生集·论淮西事宜状》:"虽时侵略,小有所得,力尽筋疲,不偿其费。"[例句]这些人虽然已经～,但依旧拼死抵抗,不肯投降。

【力排众议】lì pái zhòng yì
[释义]全力排除众人的各种意见,使自己的意见占上风。[语见]明·罗贯中《三国演义》第四十三回:"诸葛亮舌战群儒,鲁子敬力排众议。"[例句]他虽然年龄偏大,但经验丰富,所以主教练～,把他列入了主力阵容。

【力穷势孤】lì qióng shì gū
[释义]力:力量。穷:用尽。力量耗尽,势力孤单。常形容受挫后得不到援助的窘迫处境。[语见]明·罗贯中《三国演义》第八十二回:"孙桓折了李异、谢旌、谭雄等许多将士,力穷势孤,不能抵敌,即差人回吴求救。"[例句]他们陷入了～的境地,只好投降。

【力屈势穷】lì qū shì qióng
[释义]力量和势力均已穷尽。[语见]唐·吕温《凌烟阁勋臣赞·屈突蒋公通》:"亡家徇国,方寸不乱。力屈势穷,排空落翰。"[例句]经过多年战争的消耗,如今他的军队已是～,再也嚣张不起来了。

【力所能及】lì suǒ néng jí
[释义]及:达到。自己的力量所能达到的。[语见]唐·裴铏《传奇·韦自东》:"殿宇宏壮……似驱役鬼工,非人力所能及。"[例句]他虽然退休了,但还是愿意为社区做一些～的公益性工作。

【力透纸背】lì tòu zhǐ bèi
[释义]笔力能够透过纸的背面。形容书法、绘画笔力遒劲。也指文字深刻有力。[语见]唐·颜真卿《张长史十二意笔法意记》:"当其用锋,常欲使其透过纸

背,此功成之极矣。"[例句]那些～的苍劲文字,令人心潮澎湃。

【力挽狂澜】lì wǎn kuáng lán
[释义]力:竭力。挽:扭转。狂澜:汹涌的波浪。竭力挽回汹涌的波浪,使之趋于平稳。原比喻防止和扭转异端邪说,使百家学说都趋归于儒学正统。今用以比喻竭力挽救危局或扭转衰颓的风气。[语见]唐·韩愈《进学解》:"障百川而东之,回狂澜于既倒。"[例句]关键时刻还是队长～,挽回了败局。

【力微任重】lì wēi rèn zhòng
[释义]能力小而任务重。[语见]唐·张说《让平章事表》:"为国者,为官择人;为臣者,陈力就列。若志小谋大,力微任重,岂敢顾惜微躯?"[例句]做这项工作,我觉得～,没有信心。

【力争上游】lì zhēng·shàng yóu
[释义]力争:全力争取。上游:河流接近发源地的地区,比喻高位或居前的名次。比喻力争先进。[语见]清·赵翼《闲居读书作》之五:"所以才智人,不肯自弃暴,力欲争上游,性灵乃其要。"[例句]公司倡导～的拼搏精神。

【力壮身强】lì zhuàng shēn qiáng
[释义]见"身强力壮"。[语见]明·吴承恩《西游记》第二十一回:"全凭着手疾眼快,必须要力壮身强。"[例句]干这种力气活,必须要～才行。

【历历可辨】lì lì kě biàn
[释义]可以清晰地辨别清楚。[语见]唐·张读《宣室志·韩生》:"圉人因寻马踪,以天雨新霁,历历可辨,直至南十余里一古墓前,马迹方绝。"[例句]这座火山已经很久没有爆发了,但周边火山熔岩流过的痕迹仍～。

【历历可见】lì lì kě jiàn
[释义]看得清清楚楚。[语见]宋·沈括《梦溪笔谈·异事》:"登州海中时有云气,如宫室、台观、城堞、人物、车马、冠盖,历历可见,谓之'海市'。"[例句]这块石碑虽然已经非常古老,但上面的字迹还是～的。

【历历可数】lì lì kě shǔ
[释义]历历:清楚。形容所见到的事物非常真切。[语见]宋·薛居正等《旧五代史·唐书·明宗纪十》:"濮州进重修河堤图,沿河地名,历历可数。"[例句]天气晴朗,远方江面上的大小船只,都～。

【历历落落】lì lì luò luò
[释义]形容清清楚楚。也形容参差不齐。[语见]《朱子语类》第一百一十五卷:"为学须是裂破藩篱,痛底做去,所谓一杖一条痕,一掴一掌血,使之历历落落,分明开去,莫要含糊。"[例句]向树上望去,看到上面～地挂满了果实。

【历历在目】lì lì zài mù
[释义]历历:清楚。形容某种景象清楚地展现在眼前。[语见]宋·楼钥《攻媿集·西汉会要序》:"开卷一阅,而二百年之事,历历在目。"[例句]旧地重游,往事～,令人感慨。

【历日旷久】lì rì kuàng jiǔ
[释义]指经历的时间非常久远。[语见]汉·司马迁《史记·田敬仲完世家》:"是人必封不久矣。"裴骃集解:"必且历日旷久,则系牦能挈石,驽马亦能致远。"[例句]两军在那里展开了一场～的消耗战。

【厉兵秣马】lì bīng mò mǎ
[释义]厉:通"砺",磨。兵:兵器。秣:草料,此处用为动词。秣马:喂饱战马。比喻做好战斗准备。[语见]《左传·僖公三十三年》:"郑穆公使视客馆,则束载、厉兵、秣马矣。"[例句]得到部队即将开拔的消息,战士们纷纷～,士气高昂。

【厉精更始】lì jīng gēng shǐ
[释义]振奋精神,从事革新。[语见]汉·班固《汉书·宣帝纪》:"今吏修身奉法,未有能称朕意……其赦天下,与士大夫厉精更始。"[例句]我们的企业必须～,锐意改革,这样才能在激烈的竞争中前进。

【厉行节约】lì xíng jié yuē
[释义]严格地实行节约。[例句]春节期间,各单位应～,制止奢侈浪费行为。

【立吃地陷】 lì chī dì xiàn

[释义] 指不从事生产劳动,坐吃山空。

[语见] 元·秦简夫《东堂老》第一折:"自从俺父亲亡过十年光景,只在家里死丕丕的闲坐,那钱物则有出去的,无有进来的,便好道坐吃山空,立吃地陷。"[例句] 坐吃山空,～,这样下去总不是办法。

【立地成佛】 lì dì chéng fó

[释义] 见"放下屠刀,立地成佛"。

[语见] 宋·释普济《五灯会元·昭觉勤禅师法嗣》:"广额正是个杀人不眨眼底汉,放下屠刀,立地成佛。"[例句] 希望你放下屠刀,～,从今往后重新做人。

【立地书橱】 lì dì shū chú

[释义] 指藏书多的高大书橱。比喻读书多,学识广博的人。[语见] 元·脱脱等《宋史·吴时传》:"时敏于为文,未尝属稿,落笔已就,两学目之曰'立地书橱'。"[例句] 此人学识渊博,说他是～一点也不过分。

【立盹行眠】 lì dǔn xíng mián

[释义] 站着要打盹,行走要睡觉。形容非常疲倦。[语见] 元·杨显之《潇湘雨》第四折:"走的我勌舒力尽浑身战,一身疼痛十分倦,我,我,我立盹行眠。"[例句] 赶了一夜路的我们～,真想找个地方好好睡一觉。

【立竿见影】 lì gān jiàn yǐng

[释义] 在阳光下立起竹竿,立刻就能看到竹竿的影子。比喻立见功效。[语见] 汉·魏伯阳《参同契·下篇》:"立竿见影,呼谷传响,岂不灵哉!"[例句] 这种方法能够起到～的效果。

【立功赎罪】 lì gōng shú zuì

[释义] 赎:抵偿或弥补(过失)。指立功以抵偿所犯过错。[语见] 五代后晋·刘昫等《旧唐书·王孝杰传》:"使未至幽州,而宏晖已立功赎罪,竟免诛。"[例句] 被告人为～,向警方供出了许多情报。

【立功自效】 lì gōng zì xiào

[释义] 效:报效,献出。指建立功绩以做贡献。[语见] 清·褚人获《隋唐演义》第八十三回:"只将郭子仪手下仆人失慎的,就地正法,赦郭子仪之罪,许其自后立功自效。"[例句] 在他的感召下,那些原来做过错事的、受过罚的,纷纷表示愿意～。

【立国安邦】 lì guó ān bāng

[释义] 建立国家,安定天下。[语见] 元·关汉卿《裴度还带》第一折:"你看我立国安邦为宰相,那其间日转千堦,喜笑迎腮,挂印悬牌。"[例句] 物质文明建设和精神文明建设是～的两大支柱。

【立人达人】 lì rén dá rén

[释义] 指帮助别人建立功业、地位。也作"达人立人"。[语见]《论语·雍也》:"夫仁者,己欲立而立人,己欲达而达人。能近取譬,可谓仁之方也已。"[例句] 他不仅自己事业有成,而且做了不少～的事。

【立身扬名】 lì shēn yáng míng

[释义] 使自己立足于社会并传扬美名。[语见] 明·瞿佑《剪灯新话·天台访隐录》:"度宗朝,两冠堂试,一登省荐,方欲立身扬名,以显于世。"[例句] 希望你参加这次大赛,这可是你～的好机会。

【立谈之间】 lì tán zhī jiān

[释义] 路上相逢,站着谈几句话的时间。表示时间十分短暂。[语见] 汉·扬雄《解嘲》:"或七十说而不遇,或立谈而封侯。"[例句] ～,四周已围拢了上百人。

【立贤无方】 lì xián wú fāng

[释义] 推举贤才不拘一格。[语见]《孟子·离娄下》:"汤执中,立贤无方。"焦循正义:"无方为无常矣。……惟贤则立,而无常法,乃申上执中之有权。"[例句] 我们应该～,特别是要大胆录用那些有才华的年轻人。

【立业安邦】 lì yè ān bāng

[释义] 见"立国安邦"。[语见] 元·郑光祖《伊尹耕莘》第一折:"想五帝之世,求贤用士,立业安邦,你是不知也。"[例句] 随着时间的推移,那些当年协助他～的老臣一个个离他而去,人才出现了断层,国力也逐渐衰落了。

L

【立于不败之地】lì yú bù bài zhī dì
[释义] 地：境地。指处于稳操胜券、不会失利的境地。[语见]《孙子·形篇》："故善战者，立于不败之地，而不失敌之败也。"[例句] 只有练好基本功，才能在球场上～。

【立锥之土】lì zhuī zhī tǔ
[释义] 见"置锥之地"。[语见] 三国魏·曹冏《六代论》："子弟无尺寸之封功，臣无立锥之土。"[例句] 偌大一个公司，难道就没有我的～吗？

【励兵秣马】lì bīng mò mǎ
[释义] 见"秣马厉兵"。[语见] 唐·陈子昂《为建安王与辽东书》："请都督励兵秣马，以待此期。"[例句] 奥运会再有一个月就要开幕了，目前全队上下～，决心取得好成绩。

【励精更始】lì jīng gēng shǐ
[释义] 励精：振奋精神。更始：除去旧的，建立新的。振奋精神，从事革新。[语见] 元·脱脱《宋史·崔与之传》："陛下励精更始，擢用老成，然以正人为迂阔而疑其难以集事。"[例句] 企业必须不断～，方能在激烈的市场竞争中保持稳定的发展。

【励精图治】lì jīng tú zhì
[释义] 励：振作，振奋。精：精神。图：谋求。治：治理得好。振奋精神，谋求把国家治理好。[语见] 明·宋濂《元史·拜住传》："英宗倚之，相与励精图治。"[例句] 他认为，企业的继任者应是一位有能力、有魄力，能～之人。

【利出一孔】lì chū yī kǒng
[释义] 孔：途径，渠道。指把一切经济大权集中到君主手中，由君主控制整个经济命脉。也指朝廷只把利禄赏赐给有特殊功劳的人。[语见]《管子·国蓄》："利出于一孔者，其国无敌。"[例句] 专制主义在经济上的一个基本特征就是～。

【利口捷给】lì kǒu jié jǐ
[释义] 给：言辞敏捷。形容能说会道，言辞敏捷，善于应对。[语见] 汉·司马迁《史记·张释之传》："夫绛侯、东阳侯称为长者，此两人言事曾不能出口，岂效此啬夫喋喋利口捷给哉！"[例句] 在很多人的印象中，律师都是～、能言善辩之人。

【利令智昏】lì lìng zhì hūn
[释义] 利：私利。令：使。智：头脑，思想。昏：发昏。指有些人因贪图私利而使头脑发昏，丧失了理智。[语见] 汉·司马迁《史记·平原君虞卿列传》："鄙语曰：'利令智昏'。平原君贪冯亭邪说，使赵陷长平兵四十余万众，邯郸几亡。"[例句] 在巨大利益的诱惑下，他继续着犯罪的脚步，真是～啊。

【利市三倍】lì shì sān bèi
[释义] 利市：做买卖获得的利润。三：表示数目多。原为解释卦象之辞，现形容做买卖赚钱极多。[语见]《周易·说卦》："为近利，市三倍。"[例句] 他看准机会把这种南方的水果贩运到天寒地冻的北方，居然～，大赚了一笔。

【利锁名牵】lì suǒ míng qiān
[释义] 见"名缰利锁"。[语见] 明·高濂《玉簪记·促试》："眼底天涯，利锁名牵；一曲高歌，三迭阳关。"[例句] 他虽然已经对这份工作感到厌倦，但因～，无法解脱。

【利析秋毫】lì xī qiū háo
[释义] 秋毫：鸟兽在秋天长出的细毛，比喻极细微的东西。谈到有关利益的事情，就像分析秋毫那样精细地计较。形容理财极其精明。[语见] 汉·司马迁《史记·平准书》："故三人言利，事析秋豪矣。"注：豪，同"毫"，三人，指桑弘羊、孔仅、东郭咸阳。[例句] 他在理财方面是个能手，～，头头是道。

【利用厚生】lì yòng hòu shēng
[释义] 指充分发挥物力作用，使人民生活优厚富裕。[语见]《尚书·大禹谟》："正德，利用，厚生，惟和。"孔传："正德以率下，利用以阜财，厚生以养民。三者和，所谓善政。"[例句] 政府实行～的政策是非常英明的。

【利欲熏心】lì yù xūn xīn
[释义] 利：利益。欲：欲望。熏：熏染，比

喻迷惑。贪财图利的欲望迷住了心窍。[语见]宋·黄庭坚《赠别李次翁》诗："利欲熏心,随人翕张,国好骏马,尽为王良。"[例句]一些不法之徒～,竟然生产假冒伪劣药品。

【例行公事】lì xíng gōng shì
[释义]例:惯例。按惯例处理的公事。多借指只重形式而不讲实效的工作。[语见]清·吴趼人《痛史》第十三回:"那一种凌虐苛刻,看的同例行公事一般,哪里还知道这是不应为而为之事。"[例句]这种检查只是～,很难发现什么问题。

【俐齿伶牙】lì chǐ líng yá
[释义]见"伶牙俐齿"。[例句]这个女孩一副～,我可说不过她。

【栗栗危惧】lì lì wēi jù
[释义]栗栗:发抖的样子。形容非常害怕。[语见]《尚书·汤诰》:"栗栗危惧,若将陨于深渊。"[例句]一想到可能发生的灾难,他不禁～。

【砺兵秣马】lì bīng mò mǎ
[释义]见"厉兵秣马"。[语见]明·朱元璋《皇陵碑》:"砺兵秣马,静看颉颃。群雄自为乎声教,戈矛天下铿锵。"[例句]如今这支球队～,决心夺回去年失去的冠军奖杯。

【砺戈秣马】lì gē mò mǎ
[释义]见"厉兵秣马"。[语见]五代后晋·刘昫等《旧唐书·刘仁轨传》:"宜砺戈秣马,击其不意,彼既无备,何攻不克?"[例句]得知中标的消息后,全公司上下无不～,决心以优质的工程质量回报客户的信任。

【粝食粗衣】lì shí cū yī
[释义]见"粗衣粝食"。[语见]元·马钰《西江月》词:"不叹莲头师而,不嫌粝食粗衣。"[例句]这些学生虽然～,生活艰难,但由于学有所得,依然甘之如饴,表现得很乐观。

【粒米束薪】lì mǐ shù xīn
[释义]形容粮食非常少。[语见]明·凌濛初《二刻拍案惊奇》第二十四卷:"粒米束薪家里无备,妻子只是怨怅啼哭。"

[例句]家里～,几乎都揭不开锅了。

lián

【连镳并轸】lián biāo bìng zhěn
[释义]镳:马勒。轸:车箱底部的横木。形容并驾齐驱。[语见]清·沈德潜《明诗别裁集》序:"洪武之初,刘伯温高格,并以高季迪、袁景文诸人各逞才情,连镳并轸。"[例句]该公司希望能与其他世界级企业～,共享全球市场。

【连城之璧】lián chéng zhī bì
[释义]价值连城的宝玉,比喻极其珍贵的物品。[语见]汉·司马迁《史记·廉颇蔺相如列传》:"赵惠文王时,得楚和氏璧。秦昭王闻之,使人遗赵王书,愿以十五城请易璧。"[例句]他像得到～似的,见人便夸耀他最近买的一幅古画。

【连城之珍】lián chéng zhī zhēn
[释义]指价值极高的珍宝。[语见]唐·王绩《与陈叔达重借隋纪书》:"久承所撰《隋纪》缮写咸毕,前舍弟与家人往,并有书借,咸不见付。岂连城之珍俟楚文而乃进?"[例句]昨晚博物馆被盗,一批～丢失了。

【连类比物】lián lèi bǐ wù
[释义]见"比物连类"。[语见]《韩非子·难言》:"多言繁称,连类比物,则见以为虚而无用。"[例句]本书采用了大量通俗的比喻,～,启迪思考,使读者易于接受。

【连篇累牍】lián piān lěi dú
[释义]连:连续。篇:首尾完整的文章。累:连续,累积。牍:古代书写用的木简。形容文章字句冗长而繁杂。[语见]唐·魏徵《隋书·李谔传》:"连篇累牍,不出月露之形;积案盈箱,唯是风云之状。"
[例句]～地对该案进行跟踪报道,是不必要的。

【连篇累幅】lián piān lěi fú
[释义]见"连篇累牍"。[语见]清·夏敬渠《野叟曝言》第八十三回:"伧父极力铺张,连篇累幅。"[例句]这款新产品还没上市就能有这么多广告和～的报道,实

有炒作之嫌。

【连衽成帷】lián rèn chéng wéi
[释义] 衣襟相接而成帷幕。形容人多。
[语见] 汉·司马迁《史记·苏秦列传》:"车
毂击,人肩摩,连衽成帷,举袂成幕,挥汗
成雨。"[例句] 活动现场~,热闹非凡。

【连三并四】lián sān bìng sì
[释义] 见"接二连三"。[例句] 就这么
一会儿时间,前来咨询的人~,络绎
不绝。

【连天烽火】lián tiān fēng huǒ
[释义] 见"烽火连天"。[例句] 几年
来,~让该国的一切国民建设都陷于停
顿状态,人民的生活水平持续下降。

【连章累牍】lián zhāng lěi dú
[释义] 见"连篇累牍"。[语见] 清·朱彝
尊《茅山许长史旧馆碑跋》:"尝与梁武帝
论书,连章累牍,载诸法书要录。"[例句]
为了追求商业价值,这家报纸经常不惜
人力、物力和版面,~地炒作一些花边
新闻。

【连珠合璧】lián zhū hé bì
[释义] 见"珠联璧合"。[语见] 北周·庾
信《郊庙歌辞·昭夏》:"连珠合璧重光
来,天策暂转勾陈开。"[例句] 这对羽毛
球双打新组合配合得~,不到一年便登
上了世界冠军的宝座。

【怜孤惜寡】lián gū xī guǎ
[释义] 怜悯孤儿,同情寡妇。泛指怜惜
孤苦无依的人。[语见] 明·徐元《八义
记·赵najr训子》:"怜孤惜寡念贫穷,今日
收留我运通。"[例句] 她心地善良,~,乐
于帮助别人。

【怜贫敬老】lián pín jìng lǎo
[释义] 怜悯穷人,敬重老者。[语见]
明·无名氏《打董达》第四折:"哎,你个老
人家心肠最好,施恻隐怜贫敬老。"
[例句] 这番言论充分体现出他~的爱
民思想。

【怜贫惜老】lián pín xī lǎo
[释义] 见"怜贫敬老"。[语见] 清·曹雪
芹《红楼梦》第四十二回:"连各房里的姑
娘们,都这样怜贫惜老,照看我。"[例句]

你们如此~地照顾我,真不知该如何
感谢。

【怜贫恤苦】lián pín xù kǔ
[释义] 同情、周济贫苦的人。[语见]
明·屠隆《彩毫记·散财结客》:"此间有一
李相公仗义,专一怜贫恤苦。"[例句] 他
是一位~、乐善好施的大慈善家。

【怜贫恤老】lián pín xù lǎo
[释义] 见"怜贫敬老"。[语见] 清·曹雪
芹《红楼梦》第六回:"如今上了年纪,越
发怜贫恤老了,又爱斋僧布施。"[例句]
他虽然表面上性情高傲,为人却~,心地
善良。

【怜香惜玉】lián xiāng xī yù
[释义] 见"惜玉怜香"。[语见] 元·贾仲
名《金安寿》第一折"两下春心应自懂,怜
香惜玉,颠鸾倒凤,人在锦胡同。"[例句]
无论他多么懂得~,多么善解风情,可他
还是无法得到那位姑娘的芳心。

【怜新弃旧】lián xīn qì jiù
[释义] 爱怜新的,厌弃旧的。多指爱情
上不专一。[语见] 明·胡文焕《群音类
选·〈石榴花·秋深闺怨〉》:"莫是他怜新
弃旧,莫是别处寻花柳?"[例句] 如果
你不是~,另有别爱,怎么会连家也
不回?

【莲花步步生】lián huā bù bù shēng
[释义] 每一脚印下都生了莲花。《雄宝
藏经·鹿女夫人缘》载:鹿女每一足迹都
有莲花,后来她当了梵像国王的二夫
人,生千叶莲花,一叶有一个小儿,得
子,为贤劫千佛。因莲花居尘不染,故诸
佛、菩萨造像的身底或足下多有"莲台"
"莲座",以象征着超尘脱俗、处于崇高的
境地。也用以形容女子步履轻盈美妙。
[语见] 元·岳伯川《铁拐李》第二折:"我
道公门不可入,我道公门好修行。若将
曲直无颠倒,脚底莲花步步生。"[例句]
她走起路来婀娜多姿的样子,真是~,有
一种临风欲飞的优雅。

【廉洁奉公】lián jié fèng gōng
[释义] 廉洁:不贪污,不损公肥私。奉
公:奉行公事。指在工作中不贪污受

贿,公正无私。[例句]做审计工作必须坚持依法办事,保持～的职业道德。

【廉静寡欲】lián jìng guǎ yù
[释义]廉:品行端正。静:脾气平和。寡欲:要求、欲望很少。指人的品德高尚,性格平和,没有什么奢望。[语见]清·曹雪芹《红楼梦》第一百二十回:"心想宝钗小时候,便是廉静寡欲,极爱素淡的。"[例句]他～,不喜欢争名逐利。

【廉能清正】lián néng qīng zhèng
[释义]廉:清廉,不贪污,不受贿。不贪污受贿,清白公正。[语见]元·曾瑞卿《留鞋记》第三折:"固为老夫廉能清正,奉公守法。"[例句]他为官～,深得当地百姓爱戴。

【廉泉让水】lián quán ràng shuǐ
[释义]让:谦让。指风土、习俗淳美的地方。[语见]唐·李延寿《南史·胡谐之传》:"(范柏年)见宋明帝,帝言次及广州贪泉,因问柏年:'卿州复有此水不?'答曰:'梁州唯有文川、武乡、廉泉、让水。'又问:'卿宅在何处?'曰:'臣所居,廉、让之间。'帝嗟其善答。"[例句]他的家乡正是有着～的好地方,他人品也是极好。

【廉顽立懦】lián wán lì nuò
[释义]见"顽廉懦立"。[语见]清·方宗诚《古文简要序》:"圣君贤臣地平天成之绩,良将循吏拨乱反正之功……可以廉顽而立懦者,苟非有文以纪之,则又何以昭法戒,而使后之人多识多闻以畜其德?"[例句]他留下的许多富有教育意义的诗篇足以～。

【廉远堂高】lián yuǎn táng gāo
[释义]廉:堂的边角。堂的边角离地远了,堂就显得高。比喻君上的尊严。[语见]汉·班固《汉书·贾谊传》:"人主之尊譬如堂,群臣如陛,众庶如地。故陛九级上,廉远地,则堂高;陛亡级,廉近地,则堂卑。"[例句]在封建社会,皇帝有着～的威严,是最高统治者。

【敛影逃形】liǎn yǐng táo xíng
[释义]隐蔽身形。比喻隐居不出。[语见]南朝梁·江淹《奏记诣南徐州新安王》:"方敛影逃形,匡坐编蓬之下,遂遭烟露余彩,日月末光。"[例句]自从那件事情发生以后,他～,到深山中找了个地方隐居。

【敛怨求媚】liǎn yuàn qiú mèi
[释义]敛:收集。收集人民的财物,不顾民怨,只求媚上。[语见]宋·司马光《资治通鉴·唐代宗大历元年》:"常衮上言,以为节度使非能男耕女织,必取之于人。敛怨求媚,不可长也。"[例句]现在百姓生活艰难,某些官员这种～的风气不可长。

【脸软心慈】liǎn ruǎn xīn cí
[释义]软:和软。慈:慈善。形容人不仅外表和善,心地也很仁慈。[语见]清·曹雪芹《红楼梦》第十六回:"要说'内人''外人'这些混帐事,我们爷是没有的,不过是脸软心慈,搁不住人求两句罢了!"[例句]他～,找他帮忙估计不会有错。

【练达老成】liàn dá lǎo chéng
[释义]老练稳重。[语见]清·文康《儿女英雄传》第十二回:"当那进退维谷的时候,便是个练达老成人也只得如此,何况于你?"[例句]看他做事～,让人无法相信他只是个刚参加工作的人。

【恋酒迷花】liàn jiǔ mí huā
[释义]花:指娼妓、歌女等。指流连在酒楼妓院,沉迷于酒色。[语见]宋·无名氏《小孙屠》第九出:"知它是争名夺利?知它是恋酒迷花?使奴无情无绪,困倚绣床,如何消遣!"[例句]他过着～的糜烂生活,难以自拔。

【恋酒贪花】liàn jiǔ tān huā
[释义]见"恋酒迷花"。[语见]元·无名氏《悟桐叶》楔子:"自从父亲亡过,取功名于乱世。终不然恋酒贪花,堕却壮志。"[例句]由于～,他很快就花光了家产,还弄坏了自己的身体,真是后悔不及。

【恋酒贪色】liàn jiǔ tān sè
[释义]见"恋酒迷花"。[语见]金·马钰《满庭芳·化胡了仙兄弟四首》之一:"三

尸调引,六贼迷惑,自然斗乱魂魄,镇日争财竞气,恋酒贪色。"[例句]那些人看准了他～的本性,很快就把他拖进了腐败的泥潭。

【恋恋不舍】liàn liàn bù shě
[释义]恋恋:留恋的样子。舍:舍弃,离开。形容非常留恋,不愿分离。[语见]宋·王明清《挥麈后录》第六卷:"钱穆父与蔡元度俱在禁林,二公雅相好。元祐末,穆父先坐命词,以本官知池州。元度送之郊外,促膝剧谈,恋恋不忍舍。"[例句]妈妈催了好几遍,让他去做功课,他才～地离开了电视机。

【恋新忘旧】liàn xīn wàng jiù
[释义]爱恋新的,忘了旧的,指爱情不专一。[语见]明·胡文焕《群音类选·八声甘州·闺情》:"从他别后,杳无半纸音书,多应他恋新忘旧,撇得我一日三餐如醉痴。"[例句]男友～,使她陷于深深的痛苦之中。

liang

【良辰美景】liáng chén měi jǐng
[释义]良、美:美好,美妙。辰:时辰,时光。景:景致,景物。美好的时光,美丽的景色。[语见]南朝宋·谢灵运《拟魏太子邺中集诗序》:"天下良辰、美景、赏心、乐事,四者难并。"[例句]天气这么好,到了海边不游泳,可实在是有点辜负了这～。

【良辰媚景】liáng chén mèi jǐng
[释义]见"良辰美景"。[语见]元·王实甫《西厢记》第二本第二折:"俺那里落红满地胭脂冷,休辜负了良辰媚景。"[例句]欢迎各位来自海内外的朋友,在此同饮美酒,共享～。

【良工心苦】liáng gōng xīn kǔ
[释义]良工:技术精良的工匠。泛指优良的制作,都由苦心经营而成。[语见]唐·杜甫《题李尊师松树障子歌》诗:"已知仙客意相亲,更觉良工心独苦。"[例句]读罢这篇文章,深深地感到作者～。

【良禽择木】liáng qín zé mù
[释义]良禽:好的鸟。择:选择。木:树。比喻贤能的人选择英明的主人,以发挥才能。[语见]《左传·哀公十一年》:"孔文子之将攻大叔也,访于仲尼曰:'胡簋之事,则尝学之矣;甲兵之事未之闻也。'退命驾而行曰:'鸟则择木,木岂能择鸟?'"[例句]作为领导,如果你继续这样刚愎自用,公司员工会～,纷纷离你而去的。

【良师益友】liáng shī yì yǒu
[释义]良:优良,优秀。益:好的。优秀的老师,给人以教益的朋友。[语见]清·彭养鸥《黑籍冤魂》第二十回:"虽然有那良师益友,苦口婆心的规劝,却总是耳边风。"[例句]你传授给我这么多经验,真是我的～啊,谢谢你!

【良时美景】liáng shí měi jǐng
[释义]见"良辰美景"。[语见]唐·杨炯《送并州旻上人诗序》:"况乎人生天地,岳镇东西,良时美景,始云蒸而电激;临水登山,急风流而雨散。"[例句]秋高气爽的日子里,站在风景秀美的山上,那～,定会令您心旷神怡,流连忘返。

【良宵好景】liáng xiāo hǎo jǐng
[释义]见"良辰美景"。[语见]明·无名氏《认金梳》第三折:"我与你捧瑶觞酒满倾,今日个堪赏玩在公厅,休辜负良宵好景。"[例句]今天是元宵佳节,晚上我将和自己的女友一起去看冰灯,共享～。

【良宵美景】liáng xiāo měi jǐng
[释义]见"良辰美景"。[语见]明·胡文焕《群音类选·胡全庵·黄莺儿》:"从今永保无灾障,莫思量,良宵美景,不乐计非长。"[例句]如此～,每每使人陶醉留恋。

【良药苦口】liáng yào kǔ kǒu
[释义]能治病的好药,味苦难吃。比喻有益而尖锐的批评,虽然听起来不舒服,但对人有帮助。[语见]《孔子家语·六本》:"良药苦于口,利于病;忠言逆于耳,利于行。"[例句]他对你的批评虽有些尖锐,但～,你应该接受。

【良莠不分】 liáng yǒu bù fēn

[释义] 见"良莠不齐"。[语见] 清·赵尔巽《清史稿·吴杰传》:"驭夷长策,当先剿后抚。未剿遽抚,良莠不分。兵至,相率归诚;兵退,复出焚掠。"[例句] 目前市场上有众多的节电产品,其性能各异,质量～,购买时一定要当心。

【良莠不齐】 liáng yǒu bù qí

[释义] 莠:狗尾草,农田中的杂草。齐:整齐。指好的和坏的人或事物混杂在一起。[语见] 清·李宝嘉《官场现形记》第五十六回:"且说彼时捐例大开,各省候补人员十分拥挤,其中鱼龙混杂,良莠不齐。"[例句] 民办高校的教学质量～,令人担心。

【良莠不一】 liáng yǒu bù yī

[释义] 见"良莠不齐"。[语见] 清·赵尔巽《清史稿·觉罗满保传》:"闽、浙两省棚民,以种麻靛、造纸、烧灰为业,良莠不一。"[例句] 这个二手市场的商品～,又难以辨别,令许多购买者望而却步。

【良莠淆杂】 liáng yǒu xiáo zá

[释义] 淆:混淆。杂:混杂。好坏混在一起,比喻好人和坏人难以区分。[语见] 清·赵尔巽《清史稿·萧永藻传》:"开山发矿,多人群聚,良莠淆杂,臣通饬严禁。"[例句] 这个行业里的品牌相当多,产品质量～。

【梁上君子】 liáng shàng jūn zǐ

[释义] 在房梁上藏着的人。指窃贼。[语见] 南朝宋·范晔《后汉书·陈寔传》:"时岁荒民俭,有盗夜入其室,止于梁上。寔阴见,乃起自整拂,呼命子孙,正色训之曰:'夫人不可不自勉。不善之人未必本恶,习以性成,遂至于此。梁上君子者是矣。'盗大惊,自投于地。"[例句] 他没钱的时候,不是去做正经工作,而是当～。

【粮多草广】 liáng duō cǎo guǎng

[释义] 粮食和草料都很充足。比喻战备物资充足。[语见] 明·无名氏《桃园结义》第一折:"俺这蒲州,地方宽阔,粮多草广,军民好汉,我何不起兵播乱。"

[例句] 这个地方～,根本不怕敌军的围困。

【两败俱伤】 liǎng bài jù shāng

[释义] 败:失败。俱:都,全。伤:伤害。争斗的双方都遭到伤害。[语见] 宋·欧阳修《新五代史·宦者传论》:"谋之而不可为,为之而不可成,至其甚,则俱伤而两败。"[例句] 这两家企业大打价格战,搞恶性竞争,结果闹得～。

【两部鼓吹】 liǎng bù gǔ chuī

[释义] 鼓吹:古代仪仗队合奏的音乐。后比喻青蛙叫。[语见] 南朝宋·范晔《后汉书·杨赐传》:"及葬,又使侍御史持节送丧,兰台令史十人,发羽林骑轻车介士,前后部鼓吹。"[例句] 夜深了,窗外依然～,叫个不停,让人怎么也静不下心来。

【两脚野狐】 liǎng jiǎo yě hú

[释义] 比喻奸巧诈伪的人。[语见] 五代后晋·刘昫等《旧唐书·杨再思传》:"左补阙戴令言作《两脚野狐赋》以讥刺之,再思闻之怒。"[例句] 生意场上最怕遇到这种不讲信誉的～。

【两面三刀】 liǎng miàn sān dāo

[释义] 指当面一套,背后一套,阴险而恶毒。[语见] 元·李行道《灰阑记》第二折:"我是这郑州城里第一个贤慧的,倒说我两面三刀,我搬调你甚的来?"[例句] 我最讨厌你这种～、不讲信用的人。

【两全其美】 liǎng quán qí měi

[释义] 两全:双方都能顾及。美:美满。顾及双方,使双方都觉得美满。[语见] 元·无名氏《连环计》第三折:"司徒,你若肯与了我呵,堪可两全其美也。"[例句] 难道就想不出一个～的办法吗?

【两世为人】 liǎng shì wéi rén

[释义] 世:人的一生叫作一世。重回人世做人。形容死里逃生。[例句] 地震过后,他被人们从废墟中救出,不禁有～之感。

【两手空空】 liǎng shǒu kōng kōng

[释义] 表示手里什么也没有。[语见] 清·袁枚《子不语》第二十三卷:"我客死

L

于此,两手空空……"[例句]打了一天猎,直到太阳落山,他仍然~,一无所获。

【两相情愿】liǎng xiāng qíng yuàn
[释义]两相:双方。情愿:愿意。多指婚姻或交易双方都愿意。[例句]感情的事情需要~,不是一个人能决定的。

【两厢情愿】liǎng xiāng qíng yuàn
[释义]见"两相情愿"。[语见]清·郭小亭《济公全传》第一百八十六回:"凡事得两厢情愿,我不愿意归你。"[例句]这是人家~的事,你就别插手。

【两小无猜】liǎng xiǎo wú cāi
[释义]猜:猜疑,猜忌。男女幼年或少年时心地纯洁,真诚相待,互相之间没有猜疑或忌讳。[语见]唐·李白《长干行》:"郎骑竹马来,绕床弄青梅。同居长干里,两小无嫌猜。"[例句]他们两家是邻居,两个孩子青梅竹马,~。

【两袖清风】liǎng xiù qīng fēng
[释义]指两袖拂风,如驾云而行,飘飘欲仙的感觉。后形容居官位而不收受贿赂,廉洁无私。[语见]明·沈德符《万历野获编·大臣被论》:"李九我之为宗伯,次揆赵南渚之为大司农,真是两袖清风。"[例句]他自从上任以来,~,非常廉洁。

【量才录用】liàng cái lù yòng
[释义]量:估计,衡量。录用:录取并任用。衡量才能大小,任命适当的职务。[语见]《礼记·王制》:"凡官民材,必先论之,论辨然后使之,任事然后爵之,位定然后禄之。"[例句]企业应对大学毕业生~,而不是只认文凭。

【量出制入】liàng chū zhì rù
[释义]量:估量。估量支出的情况而制定收入之道。[语见]宋·欧阳修《新唐书·杨炎传》:"凡百役之费,一钱之敛,先度其数而赋于人,量出制入。"[例句]政府在财政上坚持量入为出的政策,杜绝~,避免增加老百姓的负担。

【量力而为】liàng lì ér wéi
[释义]见"量力而行"。[语见]宋·张君房《云笈七签》第一百零三卷:"法物所须,各以差降,士民之类,可量力而为之。"[例句]你加班最好~,千万别把身体搞垮了。

【量力而行】liàng lì ér xíng
[释义]量:估计,衡量。行:行事,做事。做事的时候要估计自己的力量或能力。[语见]宋·薛居正等《旧五代史·唐书·张承业传》:"举事量力而行,不可信于游谭也。"[例句]饮酒一定要~,喝醉了是会伤身体的。

【量如江海】liàng rú jiāng hǎi
[释义]度量像江海一样宽阔。比喻度量很大。[语见]元·董君瑞《般涉调·哨遍》:"你是多少人称赞,道你量如江海,器若丘山。"[例句]他~,胸怀宽广,真是令人钦佩。

【量入为出】liàng rù wéi chū
[释义]量:估量。入:收入。出:支出。根据收入的多少来决定支出的多少。[语见]《礼记·王制》:"冢宰制国用,必于岁之杪,五谷皆入,然后制国用……量入以为出。"[例句]家庭理财应该~,尽量减少不必要的花销。

【量时度力】liàng shí duó lì
[释义]衡量时势,估计力量。[语见]明·宋濂等《元史·太宗本纪》:"帝崩于行殿,在位十三年,寿五十有六……帝有宽弘之量,忠恕之心,量时度力,举无过事。"[例句]作为领导,你应该~地制定公司的发展策略。

【量体裁衣】liàng tǐ cái yī
[释义]量:估量。按照身材来裁剪衣服。比喻根据实际情况办事。[例句]我们要~地为用户制定解决方案。

【量小力微】liàng xiǎo lì wēi
[释义]数量少,力量微薄。[例句]在这种产品的开发与生产上,我们的企业还是~,难以和国外的大公司竞争。

liao

【辽东白豕】liáo dōng bái shǐ
[释义]辽东:古郡名,在今辽宁省东南、辽河以东。豕:猪。比喻少见多怪或见

识狭小。[语见]南朝宋·范晔《后汉书·朱浮传》："伯通自伐,以为功高天下。往时辽东有豕,生子白头,异而献之。行至河东,见群豕皆白,怀惭而还。若以子之功论于朝廷,则为辽东豕也。"[例句]下次发表意见之前,你最好先研究研究历史,免得再闹出～的笑话。

【聊备一格】 liáo bèi yī gé
[释义]聊:姑且。备:具备。格:规格,格式。姑且算作一种格式。指某一事物虽不是尽善尽美,但也应该给以存在的地位。[例句]这款新车的音响配置,档次还远远远不到发烧的地步,但也是～吧。

【聊复尔尔】 liáo fù ěr ěr
[释义]见"聊复尔耳"。[语见]清·李绿园《歧路灯》第九十五回:"本日演戏佐酒,原是未能免俗,聊复尔尔之意。"[例句]人在现实中生活,就必须与他人交往,免不了要参加一些难于免俗、～的社交活动。

【聊复尔耳】 liáo fù ěr ěr
[释义]聊:姑且。尔:如此。耳:而已。姑且也这样罢了。表示对某种事情只是表面应付,并不认真对待。[语见]唐·房玄龄等《晋书·阮咸传》:"未能免俗,聊复尔耳。"[例句]这种研讨会没有太大意义,派一个人去就行了,～。

【聊胜于无】 liáo shèng yú wú
[释义]聊:略微。比完全没有好一点儿。[语见]晋·陶渊明《陶渊明集·和刘柴桑》诗:"弱女虽非男,慰情聊胜无。"[例句]这种比赛没有什么知名度,但能够获奖,也～。

【聊以塞责】 liáo yǐ sè zé
[释义]姑且用来敷衍搪塞自己的责任。[语见]清·曹雪芹《红楼梦》第十八回:"我素乏捷才,且不长于吟咏,姐妹辈素所深知;今夜聊以塞责,不负斯景而已。"[例句]他为了应付学年论文,就东拼西凑地抄成了一篇,～。

【聊以自慰】 liáo yǐ zì wèi
[释义]聊:姑且。姑且用来自我安慰。[例句]虽然丢了冠军,但他总算获得了

"最佳射手"称号,也可～。

【聊以卒岁】 liáo yǐ zú suì
[释义]聊:姑且。卒:完毕,结束。岁:年。马马虎虎地过完这一年。[语见]《左传·襄公二十一年》:"人谓叔向曰:'子离于罪,其为不知乎?'叔向曰:'与其死亡若何?'诗曰:'优哉游哉,聊以卒岁。知也。'"[例句]我和妻子、孩子一家三口在这狭小的住房里～,过着清苦的生活。

【寥寥可数】 liáo liáo kě shǔ
[释义]寥寥:稀少。数:逐个计算。形容为数很少,可以数得清楚。[语见]清·方苞《请矫除积习兴起人才札子》:"臣窃见本朝敬礼大臣,优恤庶官,远过于前明;而公卿大臣,抗节效忠者,寥寥可数。"[例句]今天因为天气不好,到这里参观的人～。

【寥寥无几】 liáo liáo wú jǐ
[释义]寥寥:非常少。形容非常少,没有几个。[语见]清·李宝嘉《文明小史》第六回:"动身的那一天,绅士们来送的寥寥无几,就是万民伞亦没有人送。"[例句]车站空荡荡的,来往旅客～。

【寥若晨星】 liáo ruò chén xīng
[释义]寥:稀少。若:像。稀少得像早晨的星星一样。形容数量非常少或非常少见。[例句]企业里既懂技术又懂管理的人真是～。

【撩蜂吃螫】 liáo fēng chī shì
[释义]螫:指蜂刺人。引逗蜂儿,吃了蜂刺。比喻去撩动恶人,自取其害。[语见]清·西周生《醒世姻缘传》第十一回:"那晁住娘子是刘六、刘七里革出来的婆娘,他肯去撩蜂吃螫?"[例句]活该你去～,自寻苦吃。

【撩蜂剔蝎】 liáo fēng tī xiē
[释义]引逗蜂儿,拨弄蝎子。比喻招惹恶人,自讨苦吃。[语见]明·施耐庵《水浒传》第二十五回:"我本待声张起来,却怕他没人作主,恶了西门庆,却不是去撩蜂剔蝎?"[例句]那家伙是本地出了名的不讲理,在他面前最好不要～,招惹麻烦。

L

【潦草塞责】liáo cǎo sè zé
[释义]潦草:草率,不细致,不认真。塞责:对自己应负的责任敷衍了事。形容做事马马虎虎,不认真,不负责。[例句]做任何事情都应认真对待,不可～。

【潦倒龙钟】liáo dǎo lóng zhōng
[释义]潦倒:颓丧,不得意。龙钟:年老体衰的样子。形容年老体弱多病。[语见]唐·李华《卧病舟中相思范二侍御先行赠别序》:"潦倒龙钟,百病丛体。"[例句]看他～的样子,至少也有八十岁了。

【燎原烈火】liáo yuán liè huǒ
[释义]燎:蔓延燃烧。烧遍广大原野的熊熊大火。现用以形容迅猛发展的革命形势。[语见]《尚书·盘庚》:"若火之燎于原,不可向迩。"[例句]当时的统治者希望把反抗扑杀在襁褓中,使它不致发展成～。

【燎原之火】liáo yuán zhī huǒ
[释义]见"燎原烈火"。[语见]唐·魏徵《隋书·高祖纪上》:"救颓运之艰,匡坠地之业;拯大川之溺,扑燎原之火;除群凶于城社,廓妖氛于远服。"[例句]不出一个月,该市的工人罢工、商人罢市,这种混乱的局面有如～,迅速向该国的许多城市蔓延,一发不可收拾。

【了如指掌】liǎo rú zhǐ zhǎng
[释义]了:明了。指掌:手指和手掌。比喻对情况十分了解,像把东西放在手掌上给人家看一样。[语见]《论语·八佾》:"指其掌。"何晏集解引包咸曰:"如指示掌中之物,言其易了。"[例句]他在这里住了几十年,对屋里屋外的一切东西都～。

【了若指掌】liǎo ruò zhǐ zhǎng
[释义]见"了如指掌"。[语见]元·脱脱等《宋史·道学传序》:"命于天而性于人者,了若指掌。"[例句]作为一名管理人员,他对公司的上上下下全都～。

【了无惧色】liǎo wú jù sè
[释义]了:完全,一般用在"无""不"之前。形容没有一点害怕的神情。[语见]宋·白麟《贺叶都督兼枢密启》:"谢安当淝水之师,了无惧色;裴度董淮西之役,敢计还期。"[例句]虽然不断有人阵亡,但剩下的士兵依然～,继续猛攻。

【燎发摧枯】liǎo fà cuī kū
[释义]燎发:火烧头发。摧枯:折断枯木。像火烧头发、折断枯木一样容易。比喻非常容易地消灭敌人。[语见]唐·魏徵《隋书·音乐志下》:"攻如燎毛,战似摧枯。"[例句]我军以～之势,痛击敌军。

【料敌若神】liào dí ruò shén
[释义]形容估量敌情非常准确。[语见]五代后晋·刘昫等《旧唐书·郭子仪传》:"故太尉、兼中书令、上柱国、汾阳郡王、尚父子仪,天降人杰,生知王佐,训师如子,料敌若神。"[例句]他智勇双全,～,率领部队不断取得胜利。

【料敌制胜】liào dí zhì shèng
[释义]准确估量敌情,从而赢得胜利。[语见]汉·扬雄《赵充国颂》:"料敌制胜,威谋靡亢,遂克西戎,还师于京。"[例句]你不妨多读些军事著作,了解那些名将们都是如何～的。

【料峭春寒】liào qiào chūn hán
[释义]料峭:微寒的样子(多指春天)。形容春天的寒冷。[语见]清·陈鹏年《江行即事》诗:"料峭春寒睡起迟,连宵烟雨暗江湄。"[例句]在这～的日子里,人们还是穿着较厚的衣服。

【料峭轻寒】liào qiào qīng hán
[释义]见"料峭春寒"。[语见]宋·王雱《绝句》:"霏微细雨不成泥,料峭轻寒透夹衣。"[例句]四月初的北方山区依然～,到了晚上就更冷了。

【料事如神】liào shì rú shén
[释义]料:预料,估量。预料事情,准确得好像神仙一样。形容对事情估计得十分准确。[语见]宋·杨万里《提刑徽猷检正王公墓志铭》:"公器识宏深,襟度宽博,议论施加人数等,料事如神,物无遁情。"[例句]我大哥向来～,你就按他的安排做吧。

L

【料远若近】liào yuǎn ruò jìn
[释义] 远、近:分别指将来和目前的事物。预料未来的事态发展,就像看眼前的事物一样清楚。形容高瞻远瞩,能洞察未来。[语见] 晋·陈寿《三国志·魏书·王昶传》:"谋虑渊深,料远若近,视昧而察,筹不虚运。"[例句] 公司总裁～,不失时机地做出了进军国外市场的正确决策。

lie

【列鼎重裀】liè dǐng chóng yīn
[释义] 鼎:古代烹煮器,一般为三足两耳。裀:垫子,褥子。即列鼎而食、重裀而卧的意思。意思是吃得极好,睡得十分舒适。形容高官贵族的豪华生活,也泛指达官显宦。[语见] 元·纪君祥《赵氏孤儿》第二折:"他他他,只将那会谄谀的着列鼎重裀,害忠良的便加官请俸。"[例句] 那些官员过着～的奢侈生活,还不为百姓办事,引起了极大的民愤。

【列鼎而食】liè dǐng ér shí
[释义] 见"击钟鼎食"。[语见]《孔子家语·致思》:"从车百乘,积粟万钟,累裀而坐,列鼎而食。"[例句] 一些官员过着～的奢华生活,完全忘却了他们的本分是为人民服务。

【烈火真金】liè huǒ zhēn jīn
[释义] 见"真金烈火"。[例句] 这些共产党员面对敌人的严刑逼供,始终不屈,显示出～的崇高气节。

【烈烈轰轰】liè liè hōng hōng
[释义] 见"轰轰烈烈"。[语见] 宋·文天祥《沁园春·至元间留燕山作》:"嗟哉!人生翕欻云亡,好烈烈轰轰做一场。"[例句] 他准备投身革命,干一番～的事业。

【烈士徇名】liè shì xùn míng
[释义] 忠贞义烈之士为保全名誉而捐献生命。[语见] 汉·司马迁《史记·伯夷列传》:"贪夫徇财,烈士徇名,夸者死权,众庶冯生。"[例句] ～,为了追求自己的理想,他宁死不屈。

【裂眦嚼齿】liè zì jiáo chǐ
[释义] 眦:眼眶。瞪眼欲裂,紧咬牙齿,形容愤怒到极点。[语见] 宋·陆游《跋傅给事帖》:"绍兴初,某甫成童,亲见当时士大夫,相与言及国事,或裂眦嚼齿,或流涕痛哭,人人自期以杀身翊戴王室。"[例句] 看到敌人的凶残行径,他～,狂怒不已。

lin

【林寒涧肃】lín hán jiàn sù
[释义] 形容林涧之中气候寒冷,草木零落。[语见] 北魏·郦道元《水经注·江水二》:"每至晴初霜旦,林寒涧肃,常有高猿常啸,属引凄异。"[例句] 每到秋冬季节,这里～,山岳苍茫,人迹罕至。

【林下风范】lín xià fēng fàn
[释义] 见"林下风气"。[语见] 清·刘鹗《老残游记》第八回:"这女子何以如此大方? 岂古人所谓有林下风范的,就是这样吗?"[例句] 毕竟出身于书香世家,她的那种～在同学中无人可及。

【林下风气】lín xià fēng qì
[释义] 林下:幽静的境界。魏晋之际,阮籍、嵇康等名士常集于竹林之下,时人号为"竹林七贤"。风气:风致,风度。本指竹林贤士那样的娴雅超脱的风度气质。后多指女子仪度闲雅,举止从容大方。[语见] 南朝宋·刘义庆《世说新语·贤媛》:"谢遏绝重其姊,张玄常称其妹,欲以敌之。有济尼者,并游张谢二家,人问其优劣,答曰:'王夫人神情散朗,故有林下风气;顾家妇清心玉映,自是闺房之秀。'"[例句] 文章中称赞她娴雅超脱,颇有～。

【林下风致】lín xià fēng zhì
[释义] 见"林下风气"。[语见] 宋·无名氏《宣和书谱·行书四·妇人薛涛》:"妇人薛涛,成都倡妇也。以诗名当时,虽失身卑下,而有林下风致,故词翰一出,则人争传以为玩。"[例句] 她坐在窗边的椅子上,静静地读着书,颇有一种～。

L

【林下高风】 lín xià gāo fēng
[释义] 见"林下风气"。[语见] 清·名教中人《好逑传》第十三回:"因访知老先生令爱小姐,乃闺中名秀,又擅林下高风,诚当今之淑女,愿以丝萝仰乔木久矣。"[例句] 那位女子落落大方,气质高雅,颇有古人所谓的～。

【临别赠言】 lín bié zèng yán
[释义] 临:将要。别:分别。将要分别时赠送给对方劝勉的话。[语见] 唐·王勃《滕王阁序》:"临别赠言,幸承恩于伟饯。"[例句] 在毕业典礼上,老师～,勉励大家努力工作,回报社会。

【临财不苟】 lín cái bù gǒu
[释义] 苟:苟且,随便。面对钱财不随随便便地去拿,廉洁自好。[语见] 五代·王定保《唐摭言·气义》:"孰以显廉?临财不苟。"[例句] 他清正廉洁,～,受到上级部门的嘉奖。

【临财苟得】 lín cái gǒu dé
[释义] 遇到财宝就随便求取,见利忘义。[语见] 明·凌濛初《二刻拍案惊奇》第三十九卷:"反比那面是背非、临财苟得、见利忘义一班峨冠博带的不同。"[例句] 她这种～的行为,实在令人遗憾。

【临池学书】 lín chí xué shū
[释义] 临:靠近。书:书法,写字。到池边练习书法。源于东汉张芝练字的故事。指刻苦学习书法。[语见] 唐·房玄龄等《晋书·卫恒传》:"弘农张伯英者,因而转精甚巧。凡家之衣帛,必书而后练之。临池学书,池水尽黑。"[例句] 他发奋努力,～,终于练就了一手好书法。

【临敌卖阵】 lín dí mài zhèn
[释义] 快要上阵杀敌时,却逃离阵地。形容十分胆怯。[语见] 明·无名氏《三化邯郸》第四折:"因为你两军对垒,临敌卖阵,救旨教斩了你哩!"[例句] 像他这种～的行为,应当枪毙。

【临风对月】 lín fēng duì yuè
[释义] 面对清风明月。形容眼前景色极易引人思绪。[语见] 金·丘处机《沁园春·示众》:"向碧岩古洞,完全性命,临风对月,笑傲希夷。"[例句] 她是个多愁善感的人,时常～,长吁短叹。

【临机应变】 lín jī yìng biàn
[释义] 见"随机应变"。[语见] 元·脱脱《宋史·萧资传》:"资性和厚,临机应变,辑穆将士,总摄细务,任侹心之寄。"[例句] 求职者应明白,面试时无论你准备得多么充分,总会遇到一些突发情况,所以～的能力非常重要。

【临机制胜】 lín jī zhì shèng
[释义] 遇到机会来时能以谋略取胜。比喻机灵智慧。[语见] 明·冯梦龙《东周列国志》第十六回:"兵事临机制胜,非可预言,愿假臣一乘,使得预谋于行间。"[例句] 真正到了战场上,必须～,千万不能死搬教条。

【临渴穿井】 lín kě chuān jǐng
[释义] 见"临渴掘井"。[语见]《黄帝内经·素问·四气调神大论》:"夫病已成而后药之,乱已成而后治之,譬犹渴而穿井,斗而铸锥,不亦晚乎?"[例句] 我们要统筹规划,早做安排,绝不能～。

【临渴掘井】 lín kě jué jǐng
[释义] 临:临到,接近。到了口渴时才去挖井。比喻事到临头才想办法,但为时已晚。[语见] 清·朱柏庐《治家格言》:"宜未雨而绸缪,毋临渴而掘井。"[例句] 平时要好好学习,不能到了考试前一天才～。

【临难不避】 lín nàn bù bì
[释义] 避:回避。到了危难之时并不躲避。形容胆大勇敢。[语见] 明·冯梦龙《东周列国志》第四十四回:"夫料事能中,智也;尽心谋国,忠也;临难不避,勇也;杀身救国,仁也。"[例句] 面对大火,他～,英勇抢救伤员。

【临难不惧】 lín nàn bù jù
[释义] 见"临难不恐"。[语见]《邓析子·无厚篇》:"死生自命,贫富自时。怨天折者,不知命也;怨贫贱者,不知时也。故临难不惧,知天命也;贫穷无慑,达things序也。"[例句] 我们要学习他坚守岗位,～的崇高品质。

【临难不恐】 lín nàn bù kǒng
[释义] 遇到危难时,毫不惧怕。[语见]《韩非子·说疑》:"夫见利不喜,上虽厚赏无以劝之;临难不恐,上虽严刑无以威之,此之谓不令之民也。"[例句] 大楼起火后,他～,积极投入抢救工作。

【临难不屈】 lín nàn bù qū
[释义] 屈:屈服。临到危难,仍不屈服。[语见] 五代后晋·刘昫等《旧唐书·刘弘基传》:"高祖嘉其临难不屈,赐其家粟帛甚厚。"[例句] 这种～的凛然气节,令人赞叹不已。

【临难不慑】 lín nàn bù shè
[释义] 见"临难不恐"。[语见] 明·屠隆《彩毫记·预识汾阳》:"呀!看这绑缚汉子,伟干长躯,丰神轩举,临难不慑,必是人豪。"[例句] 正是他和其他乘客的果断和～,成功阻止了歹徒行凶。

【临难无慑】 lín nàn wú shè
[释义] 慑:恐惧。到了危难之时却无所恐惧,勇敢坚定。[语见] 唐·张说《齐黄门侍郎卢公神道碑》:"公处屯安贞,赋诗颓饮,视得失蔑如也,临难无慑,在黜无愠,危不去主,仕不违亲,休明有宾礼之盛,颠覆无沦胥之祸。"[例句] 面对持刀抢劫的歹徒,他～,反而在群众的协助下制伏了歹徒。

【临难铸兵】 lín nàn zhù bīng
[释义] 兵:武器。临到危难之时,才去铸造兵器。比喻事先不做准备。[语见]《晏子春秋·内篇杂上》:"溺者不问坠,迷者不问路,溺而后问坠,迷而后问路,譬之犹临难而遽铸兵,临噎而遽掘井,虽速,亦无及已。"[例句] 马上要出国了,现在才开始学外语,岂不是～?

【临期失误】 lín qī shī wù
[释义] 到了预先约定的时间却失约了。比喻不守信言。[语见] 明·李昌祺《剪灯余话·泰山御史传》:"却乃连日酣酺,临期失误,使百辟仓皇骇愕以失色。"[例句] 你怎么老是～,不守信用?

【临深履冰】 lín shēn lǚ bīng
[释义] 见"临深履薄"。[语见] 晋·陈寿

《三国志·魏书·高贵乡公纪》裴松之注引《帝集》:"以眇眇之身,质性顽固,未能涉道,而遵大路,临深履冰,涕泗忧惧。"[例句] 在创业初期这段充满艰辛、危机四伏的岁月中,我们始终保持着～的谨慎态度。

【临深履薄】 lín shēn lǚ bó
[释义] 临:靠近。深:指深渊。履:踩,走。薄:指薄冰。靠近深渊,脚踩薄冰。比喻非常谨慎,唯恐因不慎而出问题。[语见] 南朝宋·范晔《后汉书·杨终传》:"岂可不临深履薄,以为至戒!"[例句] 以他的地位,做事怎能不怀着～的小心呢?

【临事而惧】 lín shì ér jù
[释义] 惧:惧怕。遇到事情有所惧怕。指遇事谨慎对待。[语见] 三国蜀·诸葛亮《街亭之败戮马谡上疏》:"不能训章明法,临事而惧,至有街亭违命之阙,箕谷不戒之失,咎皆在臣授任无方。"[例句] 他对待工作总是有一种～的态度,绝不马虎。

【临死不恐】 lín sǐ bù kǒng
[释义] 面对死亡,毫不惧怕。[语见] 汉·刘向《新序·义勇》:"吾闻知命之士,见利不动,临死不恐。"[例句] 他这种～的勇气令人钦佩。

【临死不怯】 lín sǐ bù qiè
[释义] 面对死亡却不恐惧。比喻胆壮志坚。[语见] 宋·洪迈《夷坚乙志·韩蕲王诛盗》:"为言此人临死不怯,似亦可用。"[例句] 他们作战勇敢,～,硬是击退了敌人的多次进攻。

【临危不顾】 lín wēi bù gù
[释义] 遇到危难,并不顾惜自己。指没有私心,十分英勇。[语见] 唐·令狐德棻《周书·赵善传论》:"自三方鼎峙,群雄竞逐,俊能驰骛,各吠非主,争奋厉其智勇,思赴蹈于仁义,临危不顾,前哲所难。"[例句] 救灾现场非常需要这种～的忘我精神。

【临危不惧】 lín wēi bù jù
[释义] 遇到危险,毫不惧怕。[语见]

唐·骆宾王《萤火赋》：“临危不惧，勇也。”
[例句] 他～，赤手空拳地与歹徒搏斗起来。

【临危不挠】 lín wēi bù náo
[释义] 挠：屈，折。临到危难时并不屈服。形容英勇坚贞。[语见] 唐·令狐德棻《周书·李棠柳桧传论》：“李棠、柳桧并临危不挠，视死如归，其壮志贞情，可与青松白玉比质也。”[例句] 面对歹徒，他～，机智地与歹徒周旋。

【临危履冰】 lín wēi lǚ bīng
[释义] 来到危境，走在冰上。比喻非常谨慎，唯恐出现问题。[语见] 宋·张君房《云笈七签》第九十卷：“故圣人当言而惧，发言而忧，常如临危履冰，以大居小，以富居贫。”[例句] 作为保卫国家的军队，在和平时期也要有～的警惕。

【临危授命】 lín wēi shòu mìng
[释义] 临：面对，靠近。授：传授。指在临终或面临危急时授命于人，让其继承事业，努力奋斗。[例句] 我们团被敌人重重包围，团长又身负重伤，他～，把指挥权交给了副团长。

【临危下石】 lín wēi xià shí
[释义] 到了别人危急之时，还要向其丢掷石块。比喻乘人之危，加以打击。[语见] 清·夏敬渠《野叟曝言》第五十九回：“水夫人慨然叹息道：‘……即衣冠名教中，讲说道学、夸谈经济者，少甚么看风使柁、临危下石之人。’”[例句] 在这关键时刻，他却置众人生死于不顾，还～，实在是太无耻了。

【临危效命】 lín wēi xiào mìng
[释义] 效：献出。临到危急时，尽力做贡献，甚至不惜献出自己的生命。多指为他人或某集团。[语见] 宋·欧阳修《谢复龙图阁直学士表》：“徒因学古之勤，粗识事君之节。苟临危效命，尚当不顾以奋身，况为善无伤，何惮竭忠而报国？”[例句] 在战斗失利后，我们连～，执行掩护撤退的任务。

【临危致命】 lín wēi zhì mìng
[释义] 致命：献出生命。到了危难时，不

惜献出生命，英勇无私。[语见] 五代后晋·刘昫等《旧唐书·段秀实传》：“有临危致命，殁而逾彰；有因事成功，权以合道。”[例句] 这些消防队员～，关键时刻凭借惊人的勇气从大火中救出了所有的人。

【临危自悔】 lín wēi zì huǐ
[释义] 遇到危难时自己懊悔。比喻意志不坚定。[语见] 元·郑光祖《钟离春智勇定齐》第三折：“您今日遭陷擒缚，方才是临危自悔。”[例句] 他本来就不是一个意志坚定的人，所以现在会～。

【临危自计】 lín wēi zì jì
[释义] 临到危难时，只为自己着想。指到了紧要关头，私心毕露。[语见] 五代后晋·刘昫等《旧唐书·吴溆传》：“溆退而谓人曰：‘人臣食君之禄，死君之难。临危自计，非忠也。’”[例句] 企业陷入了困境，公司的员工竟个个～，开始另寻出路了。

【临崖勒马】 lín yá lè mǎ
[释义] 见“悬崖勒马”。[语见] 元·郑光祖《钟离春智勇定齐》第三折：“这厮不识咱运机，将人来紧追袭。呀，你如今船到江心补漏迟，抵多少临崖勒马才收骑。”[例句] 事到如今你还不～，再错下去就无可挽回了。

【临噎掘井】 lín yē jué jǐng
[释义] 噎：食物堵住喉咙。临到食物堵住喉咙需要用水时才去掘井取水。比喻事到临头才想办法，但已无济于事。[语见] 《晏子春秋·内篇杂上》：“溺而后问坠，迷而后问路，譬之犹临难而遽铸兵，临噎而遽掘井，虽速，亦无及已。”[例句] 高中的学习，不能～，等高考临近才拼命复习。

【临渊羡鱼】 lín yuān xiàn yú
[释义] 临：面对。渊：深潭。羡：希望得到。面对着深潭，希望得其中的鱼。比喻只做空想，而不进行实际工作。[语见] 汉·班固《汉书·董仲舒传》：“临渊羡鱼，不如退而结网。”[例句] 看到别人获奖了，你只～不行，必须也像他

们那样努力，才能有同样的成绩。

【临阵磨枪】lín zhèn mó qiāng
[释义] 临：快要。临到上阵作战才磨枪。比喻事到临头才匆匆忙忙做准备。[语见] 清·曹雪芹《红楼梦》第七十回："王夫人便道：'临阵磨枪也不中用！有这会子着急，天天写写念念，有多少完不了的？'"[例句] 他就要出国了，赶紧～学了几句英语。

【临阵脱逃】lín zhèn tuō táo
[释义] 临：将要。快要上阵打仗时脱逃了。比喻到了关键时刻退缩逃避。[语见] 清·无名氏《官场维新记》第四回："你们中国的兵勇，一到有起事来，不是半途溃散，便是临阵脱逃，那是不关我教习的事，在乎你们自己未雨绸缪的。"[例句] 打了十年仗，还从没见过你这样贪生怕死、～的。

【淋漓尽致】lín lí jìn zhì
[释义] 淋漓：畅快的样子。尽致：达到极点。形容事情做得十分畅快，或说话、写文章表达得充分、透彻。[语见] 明·李清《三垣笔记·崇祯补遗》："叙次大内规制井井，而所纪客氏、魏忠贤骄横状，亦淋漓尽致，其为史家必采无疑。"[例句] 舞台上的演员把那种悲伤的情景表现得～。

【琳琅满目】lín láng mǎn mù
[释义] 琳琅：美玉。满眼看到的都是美玉。比喻精美、珍贵的东西非常多，随处可见。[语见] 南朝宋·刘义庆《世说新语·容止》："今日之行，触目见琳琅珠玉。"清·陆以湉《冷庐杂识》第一卷："其诗集于咸丰初告成，……琳琅满目，亦足为寒毡生色。"[例句] 一进店门，我们立即被～的饰品所吸引。

【鳞次栉比】lín cì zhì bǐ
[释义] 次：按顺序排列。栉：梳子、篦子的总称。比：并列。像鱼鳞或梳子齿那样紧密、整齐地排列着。[语见] 明·陈贞慧《秋园杂佩兰》："杖挑藤束、筐筥登市，累累不绝。每岁正二月之交，自长桥以至大街，鳞次栉比，春光皆馥也。"

[例句] 几年没来，这里的高楼已～，家乡的变化太大了！

【麟凤龟龙】lín fèng guī lóng
[释义] 麟：麒麟。古代传说中一种象征吉祥的动物，身如鹿，尾如牛，独角，全身有麟甲。凤：凤凰，古代传说中的鸟王。龟：古代传说中寿命可达千年以上的神龟。龙：古代传说中有脚、有鳞、有角、有须、能兴云降雨的神异动物。古代用来象征吉祥、高贵、长寿的四种神奇动物。后用以比喻稀有珍贵的事物，也比喻品格高尚，出类拔萃的人。[语见]《礼记·礼运》："麟凤龟龙，谓之四灵。"[例句] 这不过是只普通的小鸟，又不是什么～，有什么稀罕的？

【麟肝凤髓】lín gān fèng suǐ
[释义] 麒麟肝和凤凰髓。比喻极为珍稀的食物。[语见] 五代·王定保《唐摭言·载应不捷声价益振》："麟肝凤髓，不登于俎者，其唯蒋君乎！"[例句] 这些～式的极品菜肴，过去只有在宫廷中才能享用得到。

【麟角凤距】lín jiǎo fèng jù
[释义] 距：鸟类的爪。比喻虽然稀罕珍贵却未必用得上的东西。[语见] 晋·葛洪《抱朴子·自叙》："晚又学七尺杖术，可以入白刃，取大戟。然亦是不急之末学，知之譬如麟角凤距，何必用之？"[例句] 偌大的盘子里只在中央有一点点菜肴，周边都是各种精工细作的雕刻配菜，如同～，好看却吃不得。

【麟角凤毛】lín jiǎo fèng máo
[释义] 见"凤毛麟角"。[语见] 明·吾邱瑞《运甓记·弃官就辟》："龙驹汗血，麟角凤毛。"[例句] 由于不好保存，能够留传至今的古笔实属～。

【麟角凤觜】lín jiǎo fèng zuǐ
[释义] 觜：鸟嘴。比喻稀罕而名贵的事物。[语见] 汉·东方朔《海内十洲记》："洲上多凤麟，……亦多仙家。煮凤喙及麟角，合煎作膏，名为续弦胶，或名连金泥。"[例句] 这种钻石如～般珍稀，非常罕见。

L

ling

【伶仃孤苦】 líng dīng gū kǔ
[释义] 见"零丁孤苦"。[语见] 清·文康《儿女英雄传》第二十二回:"至于何玉凤姑娘,一个世家千金小姐,弄得一身伶仃孤苦,有如断梗飘篷,生死存亡,竟难预定。"[例句] 父母去世后,他过着～的生活。

【伶牙俐齿】 líng yá lì chǐ
[释义] 伶、俐:灵活,机灵。形容人的口才好,能言善辩。[语见] 元·萧德祥《杨氏女杀狗劝夫》第四折:"一任你百样儿伶牙俐齿,怎知大人行,会断的正没头公事。"[例句] 看你平时～的,怎么今天却变成哑巴啦?

【灵丹妙药】 líng dān miào yào
[释义] 灵:灵验。妙:神奇的。灵验有效的神奇药物。比喻能有效解决心病或难题的好办法。[语见] 元·无名氏《瓶江亭》第二折:"灵丹妙药都不用,吃的是生姜辣蒜大憨葱。"[例句] 面对疲软的经济形势,新总统迟迟找不到解救的～。

【灵机一动】 líng jī yī dòng
[释义] 灵机:灵巧的心机。指猛然间想出一个好的办法。[语见] 清·文康《儿女英雄传》第四回:"俄延了半晌,忽然灵机一动,心中悟将过来。"[例句] 她～,想出了一个两全齐美的办法。

【玲珑剔透】 líng lóng tī tòu
[释义] 玲珑:精巧细致。剔透:通透,明亮。形容器物精致奇巧,鲜亮透彻。也形容人心思灵巧。[语见] 元·无名氏《百花亭》第二折:"淹润惯熟,玲珑剔透,款款温柔。"[例句] 这只水晶酒杯～,煞是好看。

【玲珑小巧】 líng lóng xiǎo qiǎo
[释义] 见"小巧玲珑"。[例句] 这款新型手机～,时尚高雅,深受年轻女性的喜爱。

【陵谷变迁】 líng gǔ biàn qiān
[释义] 陵:丘陵。谷:山谷。丘陵变成了山谷,山谷变成了丘陵。比喻世事变迁无常。[语见]《诗经·小雅·十月之交》:"高岸为谷,深谷为陵。"[例句] 经历了无数的～、风风雨雨,如今他已是心静如水。

【零丁孤苦】 líng dīng gū kǔ
[释义] 零丁:孤独,没有依靠。也作"伶仃"。孤苦:孤单困苦。生活困苦,无依无靠。[语见] 晋·李密《陈情表》:"臣少多疾病,九岁不行。零丁孤苦,至于成立。"[例句] 那个女孩过着～的生活,真可怜。

【另辟蹊径】 lìng pì xī jìng
[释义] 辟:开辟。蹊径:路径、途径。指另外开辟一条路。比喻另创一种新风格或另找一个新途径、新方法。[例句] 在经营电脑失败后,他只好～,转而经营电信产品了。

【另起炉灶】 lìng qǐ lú zào
[释义] 比喻重新做起或另搞一套。也比喻另立门户或另辟蹊径。[语见] 清·无名氏《少年登场》:"我索要辛辛苦苦,轰轰烈烈,另起炉灶,重铸新民脑。"[例句] 他把企业转给其他人经营,自己～做起了新业务。

【另眼看待】 lìng yǎn kàn dài
[释义] 见"另眼相看"。[语见] 明·无名氏《霞笺记·诉情得喜》:"奴婢蒙娘娘另眼看待,实有冤苦在心。"[例句] 听说他发了财,周围的人一夜之间开始对他～,纷纷主动上前巴结、讨好。

【另眼相待】 lìng yǎn xiāng dài
[释义] 见"另眼相看"。[语见] 清·曹雪芹《红楼梦》第七回:"不过仗着这些功劳情分,有祖宗时,都另眼相待,如今谁肯难为他去?"[例句] 她在一次全国性的模特大赛上获得了奖牌,业内人士开始对她～。

【另眼相看】 lìng yǎn xiāng kàn
[释义] 用不同于一般的眼光看待。多指特别看重或优待。有时也含有歧视的意思。[语见] 明·凌濛初《初刻拍案惊奇》第八卷:"不想一见大王,查问来历,我等一实对,便把我们另眼相看,我

们也不知其故。"[例句]他在大赛上崭露头角之后，人们开始对他～。

【令出如山】lìng chū rú shān
[释义]见"令出惟行"。[语见]清·李宝嘉《官场现形记》第十三回："果然现任县太爷一呼百诺，令出如山，只吩咐得一句，便有一个门上，带了好几个衙役，拿着铁链子，把这船上的老板、伙计一齐锁了带上岸去了。"[例句]他一向～，没人敢违抗他的命令。

【令出惟行】lìng chū wéi xíng
[释义]命令一发出就必须彻底实行。[语见]《尚书·周官》："慎乃出令，令出惟行，弗惟反。"[例句]企业管理者应力争～，否则很难树立自己的威信。

【令人齿冷】lìng rén chǐ lěng
[释义]齿冷：耻笑（有鄙夷的态度）。指因为行为不光彩、不正当，而叫人耻笑。[语见]唐·李延寿《南史·乐预传》："人笑褚公（渊），至今齿冷。"[例句]他的种种丑行，真是～。

【令人发指】lìng rén fà zhǐ
[释义]令：使。发指：头发立起来。事情使人愤怒得头发都竖立起来。形容事情使人愤怒到了极点。[语见]明·蒋一葵《长安客话·土木》："（会稽陶崇政诗）为国立君成往事，令人发指触邪冠。"[例句]这种残酷的行为～。

【令闻嘉誉】lìng wén jiā yù
[释义]令、嘉：好，美。指好名声和好名誉。[语见]《国语·周语上》："为令闻嘉誉，以声令。"[例句]听说素有～的张教授前来做专题报告，礼堂里挤得水泄不通。

【令行禁止】lìng xíng jìn zhǐ
[释义]令：法令。行：执行。禁：禁令。止：停止。有令则行，有禁则止。形容执法严明。[语见]《逸周书·文传》："令行禁止，王始也。"[例句]必须认真执行各项规章制度，做到～。

liu

【溜须拍马】liū xū pāi mǎ
[释义]指对别人谄媚奉承。又作"溜尻拍马"。[例句]他为了升官发财，到处～。

【溜之大吉】liū zhī dà jí
[释义]溜：偷偷地走开。形容脱身逃走，多指摆脱不利于自己的场合。有时含诙谐嘲讽之意。[语见]清·李宝嘉《官场现形记》第二十八回："门生故吏当中，有两个天良未泯的，少不得各凭良心，帮助他几个；其在一班势利小人，早已溜之大吉。"[例句]他看情形不妙，连忙～。

【留后步】liú hòu bù
[释义]留下后退的路子。[例句]他这个人，做事常常破釜沉舟，不给自己～。

【留后路】liú hòu lù
[释义]见"留后步"。[例句]做什么事情都不能太绝，要学会给自己～。

【留后门】liú hòu mén
[释义]见"留后步"。[语见]宋·罗大经《鹤林玉露》第六卷："今若直前，万一一蹉跌，退将安托？要须留后门，庶儿进退有据。"[例句]他打好了算盘，要为将来任何一种变化都～，使自己万无一失。

【留后手】liú hòu shǒu
[释义]见"留后步"。[例句]她一点儿都不喜欢这种做事瞻前顾后、什么都要～的男人。

【留连忘返】liú lián wàng fǎn
[释义]见"流连忘返"。[例句]我们的娱乐广场活动内容丰富多彩，令人～。

【留有余地】liú yǒu yú dì
[释义]指说话、办事不走极端，保留可以回旋的余地。[例句]批评别人也要～，不要让别人太尴尬。

【留中不发】liú zhōng bù fā
[释义]指皇帝把臣下的奏章留于宫禁中，不交议也不批答。形容上级对下级的建议、意见不予回答或审议。[语见]清·李汝珍《镜花缘》第十五回："尹元道：'老夫自从嗣圣元年因主人被废、武后临朝，心中郁闷，曾三上封章，劝其谨守妇道，迎主还朝，武后俱留中不发。'"[例句]她给上级提了许多建

议,却统统被～,没了下文。

【流芳百世】 liú fāng bǎi shì

[释义] 流:流传。芳:花草的香味,比喻好的名声。百世:古人以三十年为一世,形容时间非常长久。指好的名声一直流传下去。[语见] 明·孙仁孺《东郭记·诮》:"承贤者这等好意,我齐人也流芳百世了。"[例句] 我不求～,但求能做出一番事业来。

【流芳后世】 liú fāng hòu shì

[释义] 见"流芳百世"。[语见] 南朝宋·刘义庆《世说新语·尤悔》:"桓公卧语曰:'作此寂寂,将为文景所笑。'既而屈起坐曰:'既不能流芳后世,亦不足复遗臭万载耶。'"[例句] 人若想～,只能以赫赫的功勋和非凡的创造来赢得人们的尊敬和景仰。

【流芳万古】 liú fāng wàn gǔ

[释义] 见"流芳百世"。[语见]《乡老举孝义隽修罗碑》:"镌石壹朝,千代美哉。流芳万古,迹绝当今。"[例句] 不论是～的伟人,还是平平凡凡的黎民,人的追求各式各样。

【流光瞬息】 liú guāng shùn xī

[释义] 瞬息:一转眼、一呼吸之间。形容时间短促。一转眼之间就过去了。[语见] 明·徐霖《绣襦记·鸣珂嘲宴》:"流光瞬息驹过隙,莫把青春枉抛掷。"[例句]～之间,大厅里所有的灯都被点燃了。

【流光易逝】 liú guāng yì shì

[释义] 逝:过去。像流水一样的光阴很容易过去。形容时光过得很快。[例句] 在诗中,他表达了那种～、青春虚度的怅惘和感伤之情。

【流金铄石】 liú jīn shuò shí

[释义] 铄:销熔,熔化。能使金子、石头熔化,形容天气酷热。[语见] 战国楚·屈原《招魂》:"十日代出,流金铄石些。"唐·卢照邻《释疾文·悲夫》:"日色盱烂兮,流金而铄石;地气燠煜兮,满室而充户。"[例句] 尽管天气热得～,他依然不停手地干着。

【流离颠沛】 liú lí diān pèi

[释义] 见"颠沛流离"。[例句] 为了躲避战乱,多年来他没有安身之所,无果腹之食,四处～。

【流离失所】 liú lí shī suǒ

[释义] 流离:被迫离开家乡,到处流浪。失所:没有安身之处。由于战乱或灾荒,人民被迫流落他乡,没有安身之处。[语见] 清·赵尔巽《清史稿·杜尔伯特传》:"其各加意抚绥,令守分谋生,勿令流离失所。"[例句] 统计数据表明,全世界～者的人数有所增加。

【流离琐尾】 liú lí suǒ wěi

[释义] 见"琐尾流离"。[例句] 随着他们夫妻二人接连失业,家庭开始呈现出～之态。

【流离转徙】 liú lí zhuǎn xǐ

[释义] 流离:流转离散。徙:迁移。到处流浪,不断地从一处迁移到另一处。[例句] 经过这么多年的～,那本书早就遗失了。

【流连忘返】 liú lián wàng fǎn

[释义] 流连:留恋,舍不得离开。返:返回。原指沉迷于游乐而忘了回去。后形容沉醉、留恋于优美的景致。[语见]《孟子·梁惠王下》:"从流下而忘反谓之流,从流上而忘反谓之连,从兽无厌谓之荒,乐酒无厌谓之亡。"[例句] 西湖美丽的风光令游人～。

【流落不偶】 liú luò bù ǒu

[释义] 偶:遇。指漂泊穷困而无人相知。形容潦倒失意。[语见] 宋·陆游《陈长翁文集序》:"得志者司诏令,垂金石;流落不偶者,娱忧纾愤,发为诗骚。"[例句] 他的一生有着许多追求,但结果却是～,郁郁不得志。

【流水不腐】 liú shuǐ bù fǔ

[释义] 流动的水不会腐臭。比喻经常运动的事物不易受侵蚀。[语见]《吕氏春秋·尽数》:"流水不腐,户枢不蝼,动也。"[例句]～,户枢不蠹,要想健康就必须经常锻炼身体。

【流水高山】 liú shuǐ gāo shān
[释义] 见"高山流水"。[语见] 宋·辛弃疾《谒金门·和廓之五月雪楼小集韵》："流水高山弦断绝，怒蛙声自咽。"[例句] 音乐厅里的观众并不多，我想绝大部分原因是因为这～知音难觅的缘故吧。

【流水落花】 liú shuǐ luò huā
[释义] 流逝不止的水，凋零的花。比喻时间很快地飞逝过去了。[语见] 南唐·李煜《浪淘沙·帘外雨潺潺》："别时容易见时难，流水落花春去也，天上人间。"[例句] 以我队目前的阵容参加比赛，肯定会输得～，惨不忍睹。

【流水无情】 liú shuǐ wú qíng
[释义] 流水一去不返，毫无情意。比喻时光消逝，无意停留。[语见] 唐·白居易《过元家履信宅》诗："落花不语空辞树，流水无情自入池。"[例句] 真是落花有意、～，如今两人已是相隔万里，想要挽回那失去的感情已是不可能了。

【流星赶月】 liú xīng gǎn yuè
[释义] 比喻彼此追逐，行动迅速。[语见] 明·郎瑛《七修类稿·奇谑类》："赊酒时风花雪月，饮之时流星赶月，讨钱时水底捞月。"[例句] 他像～一般，狂奔过来。

【流行坎止】 liú xíng kǎn zhǐ
[释义] 顺流而行，遇到危险就停止。比喻处境顺利就做官，危险就退隐。[语见] 汉·班固《汉书·贾谊传》："乘流则逝，得坎则止。"[例句] 事已至此，咱们～，走一步看一步吧。

【流言飞文】 liú yán fēi wén
[释义] 毫无根据的话，多指背后议论、诽谤，或挑拨离间的话。[语见] 汉·班固《汉书·楚元王传》："是以群小窥见间隙，缘饰文字，巧言丑诋，流言飞文，哗于民间。"[例句] 他在接受记者采访时表示，要坦然面对周围的各种～。

【流言飞语】 liú yán fēi yǔ
[释义] 见"流言蜚语"。[例句] 面对各种～，她显得非常坦然。

【流言蜚语】 liú yán fēi yǔ
[释义] 流言：谣言。蜚：同"飞"。蜚语：没有根据的话。毫无根据地背后诽谤他人的坏话。[语见] 清·张廷玉《明史·马孟祯传》："臣子分流别户，人主出奴，爱憎由心，雌黄信口，流言蜚语，腾入禁庭，此士习可虑也。"[例句] 我不可能对别人的～无动于衷。

【柳暗花明】 liǔ àn huā míng
[释义] 暗：指树荫连成片，遮住阳光。形容垂柳成荫，花朵繁盛耀眼的景象。现比喻在困难之中出现了转机。[语见] 唐·王维《早朝》诗之二："柳暗百花明，春深五凤城。"[例句] 春天到了，小河边～的美丽景色令人心情愉快。

【柳亸莺娇】 liǔ duǒ yīng jiāo
[释义] 亸：下垂。柳丝下垂，莺声婉转。形容春天景色的美丽。[语见] 唐·岑参《暮春虢州东亭送李司马归扶风别庐》诗："柳亸莺娇花复殷，红亭绿酒送君还。"[例句] 路两边～，正是春游的好日子。

【柳户花门】 liǔ hù huā mén
[释义] 指妓院。[语见] 明·朱有燉《神仙会》第一折："如今蟠桃仙子，生在吴兴地面湖州城内，落于风尘之中。然此女子……每夜焚香告天，不愿居于柳户花门。"[例句] 旧社会，她因生活所迫，不得已进了～。

【柳绿花红】 liǔ lù huā hóng
[释义] 见"花红柳绿"。[语见] 宋·释普济《五灯会元·龙华球禅师法嗣》："聊与东风论个事，十分春色属谁家，秋至山寒水冷，春来柳绿花红。"[例句] 我从窗户里探出头来，看着外面～的美丽景色，心情非常愉快。

【柳绿桃红】 liǔ lù táo hóng
[释义] 见"桃红柳绿"。[语见] 明·无名氏《大劫牢》第四折："试看这柳绿桃红，佳人罗绮，更和这紫陌红尘，青山绿水，宝马香车游人共喜。"[例句] 这里三面环水，山色苍翠，～，景色宜人，古往今来吸引了不少游人。

L

【柳媚花明】liǔ mèi huā míng
[释义] 媚:美好、可爱。绿柳成荫,繁花似锦。形容美好的春光。[语见] 明·朱有燉《神仙会》第一折:"结此生欢娱境,倚玉偎香,柳媚花明,美景良辰,行乐意同情。"[例句] 天气晴朗,～,我的心情也特别好。

【柳陌花街】liǔ mò huā jiē
[释义] 见"柳陌花衢"。[语见] 元·关汉卿《鲁斋郎》第一折:"经旬间不来家,破工夫在柳陌花街串。"[例句] 如今那些～都已经被关闭了。

【柳陌花衢】liǔ mò huā qú
[释义] 陌:街道。衢:四通八达的道路。旧指妓院。[语见] 宋·孟元老《东京梦华录序》:"新声巧笑于柳陌花衢,按管调弦于茶坊酒肆。"[例句] 这里从前曾是～。

【柳陌花巷】liǔ mò huā xiàng
[释义] 见"柳陌花衢"。[语见] 清·李绿园《歧路灯》第二十一回:"柳陌花巷快乐一辈子也是死,执固板样拘束一辈子也是死。"[例句] 当年,他整日泡在～之中,半醉半醒。

【柳圣花神】liǔ shèng huā shén
[释义] 指淫荡女子。[语见] 明·无名氏《苏九淫奔》第一折:"本是个柳圣花神,又不犯寡辰孤运,将俺那爷娘恨,错配了婚姻,虚度青春尽。"[例句] 她原来是个～的风流女子,令他好生失望。

【柳啼花怨】liǔ tí huā yuàn
[释义] 形容景象凄凉。[语见] 宋·卢祖皋《夜行船·暖入新梢风又起》:"却说当时,柳啼花怨,魂梦为君迢递。"[例句] 经过多年战火的摧残,如今这里～,景色凄凉。

【柳下借阴】liǔ xià jiè yīn
[释义] 在柳树下面借阴凉。比喻求人庇护。[语见] 宋·胡继宗《书言故事·夏》:"求庇护于人曰喝人于柳下借阴耳。"[例句] 当年他在内战中被打败,只好跑到邻国～。

【柳巷花街】liǔ xiàng huā jiē
[释义] 见"花街柳巷"。[语见] 宋·释惟白《续传灯录》第十二卷:"诸佛初兴,随缘设教。或茶坊酒肆,徇器投机;或柳巷花街,优游自在。"[例句] 以前他是个终日游荡于～的公子哥儿。

【柳絮之才】liǔ xù zhī cái
[释义] 见"咏雪之慧"。[例句] 她自小便喜欢吟诗作画,大家都说她是个难得的～。

【六朝金粉】liù cháo jīn fěn
[释义] 六朝:吴、东晋、宋、齐、梁、陈六个朝代都以建康(吴称建业,即今南京)为首都,史称六朝。金粉:旧时妇女妆饰用的铅粉,常用以形容繁华绮丽。指六朝的靡丽繁华景象。[语见] 元·王实甫《西厢记》第二本第一折:"香消了六朝金粉,清减了三楚精神。"[例句] 南京建城已有二千四百余年,历史上曾经是十朝都会,～之地。

【六朝脂粉】liù cháo zhī fěn
[释义] 见"六朝金粉"。[语见] 明·胡文焕《群音类选·鞦韆记·赏月遇恶》:"且采平生,尘寰事,几变更,六朝脂粉飞灰冷。"[例句] 这淮河水洗尽了～,河岸两边曾孕育出无数美女佳人。

【六尺之孤】liù chǐ zhī gū
[释义] 尺:指周代的一尺,相当于现在市尺的六寸。孤:幼年失去父亲。指尚未长大成年的孤儿。[语见] 《论语·泰伯》:"可以托六尺之孤,可以寄百里之命。"何晏集解引孔安国曰:"六尺之孤,幼少之君。"[例句] 那个～无人照料,挺可怜的。

【六出纷飞】liù chū fēn fēi
[释义] 六出:雪花六角,因此别称"六出"。大雪纷飞。[语见] 明·谢谠《四喜记·琼英闺闷》:"彤云低罩,严天施巧,六出纷飞林妙。"[例句] 我可不愿在这～的大雪天出门。

【六合之内】liù hé zhī nèi
[释义] 六合:天、地及东、西、南、北四方。指全天下。[语见] 《庄子·齐物论》:"六合之外,圣人存而不论;六合之内,圣人论而不议。"[例句] 他的表演功夫出神入化,～恐怕没人能超过。

【六街三市】 liù jiē sān shì

[释义] 六街:唐代长安城中有六条大街,北宋汴京也有六街。后以六街作为都城闹市的通称。三市:指早中晚三时之市。泛指繁华热闹的街市。[语见]宋·释惟白《续传灯录·希祖禅师》:"六街三市,遍处庄严。"[例句]～上,行人熙熙攘攘,热闹非凡。

【六马仰秣】 liù mǎ yǎng mò

[释义] 六马:古代帝王的车驾用的马数,后用作几匹马的概数。仰:脸向上。秣:喂马的饲料。面对着饲料的马都仰起头来听。形容音乐优美动听。[语见]汉·韩婴《韩诗外传》第六卷:"昔者瓠巴鼓瑟而潜鱼出听,伯牙鼓琴而六马仰秣。"[例句]美妙的音乐响彻山谷,～。

【六亲不认】 liù qīn bù rèn

[释义] 六亲:泛指所有亲属。不认所有亲属。形容不讲情面。[例句]这家伙蛮横不讲理,简直是～。

【六亲无靠】 liù qīn wú kào

[释义] 形容无任何亲属可依靠。[语见]清·李汝珍《镜花缘》第二十一回:"今幸叔叔到此。我家现在六亲无靠,故乡举目无亲,除叔叔外,别无可托之人。"[例句]她～,凡事只好靠自己。

【六神不安】 liù shén bù ān

[释义] 形容心慌意乱。[语见]元·刘唐卿《降桑椹》第二折:"今有蔡顺的母亲,病枕在床,俺家宅六神不安。"[例句]一只熊突然从树林里跑了出来,游客被惊得～。

【六神无主】 liù shén wú zhǔ

[释义] 形容因慌乱而失去主见。[语见]明·冯梦龙《醒世恒言》第二十九卷:"吓得知县已是六神无主,还有甚心肠去吃酒。"[例句]突然撞到了人,司机吓得～,一时没了主意。

【六韬三略】 liù tāo sān lüè

[释义] 六韬:古兵书,分文韬、武韬、龙韬、虎韬、豹韬、犬韬六部分。三略:传为黄石公所作的兵书。泛指兵书或用兵的计谋。[语见]元·无名氏《黄鹤楼》第一折:"六韬三略不曾习,南征北讨要相持。"[例句]他连枪都没摸过,更别提什么～了。

【六问三推】 liù wèn sān tuī

[释义] 见"三推六问"。[语见]元·无名氏《延安府》第二折:"……好将那杀人贼六问三推。"[例句]任凭敌人的～,他始终也不肯屈服。

【六月飞霜】 liù yuè fēi shuāng

[释义] 六月盛夏,天上降下霜来。比喻惨痛的冤狱。[语见]南朝梁·江淹《诣建平王上书》:"昔者贱臣叩心,飞霜击于燕地。"李善注引《淮南子》:"邹衍尽忠于燕惠王,惠王信谮而系之。邹子仰天而哭,正夏而天为之降霜。"[例句]天下竟有如此冤案,真是怨气冲天、～。

long

【龙飞凤舞】 lóng fēi fèng wǔ

[释义] 本指山势蜿蜒而奔放。今多形容书法笔势飘逸多姿。[语见]宋·钱俨《吴越备史》:"郭璞著《临安地志》云:'天目山前两乳长,龙飞凤舞到钱塘。'"[例句]柱子上雕着一行～的大字。

【龙肝豹胎】 lóng gān bào tāi

[释义] 比喻稀有的珍贵食品。[语见]唐·房玄龄等《晋书·潘尼传》:"厥肴伊何? 龙肝豹胎。"[例句]这么多山珍海味、～,我是闻所未闻,更别说是吃了。

【龙肝凤髓】 lóng gān fèng suǐ

[释义] 见"麟肝凤髓"。[语见]明·胡文焕《群音类选·祝发记·分食寄姑》:"信熊掌和鱼怎得兼,便有龙肝凤髓,也只合啮雪餐毡。"[例句]这家伙的嘴真刁,恐怕就是～也难以打动他。

【龙马精神】 lóng mǎ jīng shén

[释义] 龙马:传说中的一种骏马。比喻健旺昂扬的精神。[语见]唐·李郢《上裴晋公》诗:"四朝忧国鬓如丝,龙马精神海鹤姿。"[例句]祝愿你们在新的一年里～,万事如意!

【龙眉凤目】 lóng méi fèng mù

[释义] 形容人的仪表英俊,气度不凡。

[语见] 明·施耐庵《水浒传》第九回："马上那人，生得龙眉凤目，皓齿朱唇。" [例句] 一位～、举止不凡的男子从门外走了进来。

【龙蟠凤逸】 lóng pán fèng yì
[释义] 蟠：盘伏。逸：逃匿。如龙盘曲，如凤闲逸。比喻怀才不遇，隐迹市井山野。[语见] 唐·李白《与韩荆州书》："所以龙蟠凤逸之士，皆欲收名定价于君侯。"[例句] 这个人～，总有一天会成大器的。

【龙蛇飞动】 lóng shé fēi dòng
[释义] 形容书法笔势强健活泼。[语见] 宋·苏轼《西江月·平山堂》词："十年不见老仙翁，壁上龙蛇飞动。"[例句] 只见他奋笔疾书，一时间满纸～。

【龙蛇混杂】 lóng shé hùn zá
[释义] 比喻好人和坏人或能人和庸人混在一起。[语见]《敦煌变文集·伍子胥变文》："皂帛难分，龙蛇混杂。"[例句] 比起码头那种～的地方，这儿安全多了。

【龙生九子】 lóng shēng jiǔ zǐ
[释义] 古代传说，一龙所生九条小龙，形状、性格都不相同。[例句]～，各不相同，他俩虽是双胞胎，但性格、脾气不一样也是正常的。

【龙腾虎跃】 lóng téng hǔ yuè
[释义] 腾：飞。跃：跳。像龙一样飞腾，像虎一样跳跃。形容奋发兴起，气势雄壮。[例句] 田径场上到处是运动员们～的英姿。

【龙跳虎跃】 lóng tiào hǔ yuè
[释义] 见"龙腾虎跃"。[语见] 宋·马存《赠盖邦式序》："北过大梁之墟，观楚汉之战场，想见项羽之暗鸣，高帝之谩骂，龙跳虎跃，千兵万马，大弓长戟，交集而齐呼，故其文雄勇猛健，使人心悸而胆栗"。[例句] 下午，学生在这里上体育课，一个个～，生机勃勃。

【龙头蛇尾】 lóng tóu shé wěi
[释义] 比喻做事情前紧后松，有始无终。[语见] 宋·释道原《景德传灯录·云顶山僧德敷诗》："问答须教知起倒，龙头蛇尾

自欺谩。"[例句] 做什么事情都要善始善终，像你这样～的是不可能成功的。

【龙骧虎步】 lóng xiāng hǔ bù
[释义] 骧：马头向上举。像龙马高昂着头，像老虎迈着雄健的步伐。形容人的气概雄壮威武。[语见] 晋·陈寿《三国志·魏书·陈琳传》："龙骧虎步，高下在心。"[例句] 他～、英姿勃发，在几位军官的簇拥下，昂首迈入宴会大厅。

【龙骧虎视】 lóng xiāng hǔ shì
[释义] 龙：龙马，即骏马。像骏马高昂着头，像猛虎注视着捕食的对象。[语见] 晋·陈寿《三国志·蜀书·诸葛亮传》："当此之时，亮之素志，进欲龙骧虎视，苞括四海。"[例句] 只见他～，气势逼人，在场的所有人都不禁屏住呼吸，呆呆地望着他。

【龙行虎步】 lóng xíng hǔ bù
[释义] 举止、行动如龙虎而不凡。形容威仪庄重。旧时指帝王的仪态。[语见] 南朝梁·沈约《宋书·武帝纪上》："刘裕龙行虎步，视瞻不凡，恐不为人下。"[例句] 他抬头看那皇帝，但见～、威风凛凛，气势极为慑人。

【龙吟虎啸】 lóng yín hǔ xiào
[释义] 吟：鸣，叫。啸：兽类长声吼叫。像龙的长鸣，像虎的咆哮。比喻同类事物互相感应，也形容声音宏大或叱咤风云的气势。[语见]《周易·乾文言》："云从龙，风从虎。"孔颖达疏："龙是水畜，云是水气，故龙吟则景云出，是云从龙也；虎是威猛之兽，风是震动之气，此亦是同类相感，故虎啸则谷风生，是风从虎也。"[例句] 那吼声犹如～，离半里多路都听得真切切的。

【龙跃凤鸣】 lóng yuè fèng míng
[释义] 像龙在腾跃，凤凰在高鸣。比喻才华出众。[语见] 南朝宋·刘义庆《世说新语·赏誉》："张华见褚陶，语陆平原曰：'君兄弟龙跃云津，顾彦先凤鸣朝阳，谓东南之宝已尽，不意复见褚生。'"[例句] 她遇上一位英俊不凡、～、才华出众的王子，一见钟情，继而堕入爱河。

【龙战虎争】lóng zhàn hǔ zhēng
[释义] 见"龙争虎斗"。[语见] 汉·班固《答宾戏》："于是七雄虓阚,分裂诸夏,龙战虎争。"[例句] 场上队员～,场下观众激动万分。

【龙章凤姿】lóng zhāng fèng zī
[释义] 章:文采。指人的神采风姿超凡。[语见] 南朝宋·刘义庆《世说新语·容止》刘孝标注引《嵇康别传》："康长七尺八寸,伟容色,土木形骸,不自饰厉,而龙章凤姿,天质自然。"[例句] 此人面目清雅,生得～,举手投足间飘逸潇洒。

【龙争虎斗】lóng zhēng hǔ dòu
[释义] 比喻斗争激烈。[语见] 元·不忽木《点绛唇·辞朝》："谁待似落花般莺朋燕友,谁待似转灯般龙争虎斗。"[例句] 经过一番～,比赛最后以平局告终。

【隆古贱今】lóng gǔ jiàn jīn
[释义] 推崇古代,轻视当今。[例句] 环境、条件不同,处理事情的方法也应当变通,千万不能死守着过去的理论,～。

　　　　　lou

【镂冰雕朽】lòu bīng diāo xiǔ
[释义] 朽:烂木。比喻徒劳无功。[语见] 唐·李延寿《北史·儒林传序》："镂冰雕朽,迄用无成。"[例句] 你这是～,白费力气。

【镂尘吹影】lòu chén chuī yǐng
[释义] 见"吹影镂尘"。[例句] 你的这番辛苦恐怕是～,徒劳无功吧!

【镂骨铭肌】lòu gǔ míng jī
[释义] 见"镂心刻骨"。[语见] 唐·元稹《谢准朱书撰田弘正碑文状》："微臣忝非木石,粗有肺肝,空怀感涕之心,未获杀身之所,无任感恩思报,镂骨铭肌之至。"[例句] 她这份～的痴情与执着,深深地打动了我的心。

【镂骨铭心】lòu gǔ míng xīn
[释义] 见"镂心刻骨"。[语见] 明·陆采《怀香记·夕阳亭议》："真是镂骨铭心,没齿难泯。"[例句] 那段感情留给她的只是一种～的痛苦。

【镂心刻骨】lòu xīn kè gǔ
[释义] 镂:雕刻。形容牢牢记在心上,永远不忘。[语见] 明·许仲琳《封神演义》第九十六回："姜等蒙陛下眷爱,镂心刻骨,没世难忘。"[例句] 离开祖国已经十多年了,那种～的思乡之情越来越浓烈。

【镂月裁云】lòu yuè cái yún
[释义] 镂:雕刻。雕刻月亮,剪裁云彩。比喻手艺精巧高超。[语见] 唐·李义府《堂堂词》："镂月成歌扇,裁云作舞衣。"[例句] 这件艺术品的制作技艺已达到了～的境界。

【漏洞百出】lòu dòng bǎi chū
[释义] 比喻说话、办事或写文章时有很多破绽或不严密、不合理的地方。[例句] 疑犯的供词～,令人很难相信。

【漏脯充饥】lòu fǔ chōng jī
[释义] 漏脯:指挂在檐下的干肉。古人以其为漏水所沾,有毒,食之可致死。比喻只图眼前,不顾后患。[语见] 晋·葛洪《抱朴子·嘉遁》："咀漏脯以充饥,酣鸩酒以止渴也。"[例句] 你这种～的做法只能是害了自己。

【漏网游鱼】lòu wǎng yóu yú
[释义] 见"漏网之鱼"。[例句] 警方把这个贩毒团伙一网打尽,没有一只～。

【漏网之鱼】lòu wǎng zhī yú
[释义] 从网里漏掉的鱼。比喻侥幸逃脱的罪犯或敌人。[语见] 元·郑廷玉《后庭花》第二折："他两个忙忙如丧家之狗,急急似漏网之鱼。"[例句] 我们再查查,看还有没有～。

【漏瓮沃焦釜】lòu wèng wò jiāo fǔ
[释义] 用破瓮里的余水,浇在已烧焦的锅上。比喻情势危殆,亟待挽救。[语见] 汉·司马迁《史记·田敬仲完世家》："且赵之于齐楚扞蔽也,犹齿之有唇也。唇亡则齿寒。今日亡赵,明日患及齐楚。且救赵之务,宜若奉漏瓮沃焦釜也。"[例句] 敌人已经兵临城下,如果再不赶紧调集所有兵力抵抗,～,我们必败无疑。

L

【漏泄春光】lòu xiè chūn guāng
[释义] 漏泄:即泄漏。原指透露春天到来的消息。后比喻男女私情外泄。[语见] 唐·杜甫《腊日》诗:"侵陵雪色还萱草,漏泄春光有柳条。"[例句] 虽说天气依然寒冷,但那海棠枝上,早已～一二分了。

【漏泄天机】lòu xiè tiān jī
[释义] 天机:重要而不可泄露的机密。走漏了不该外泄的机密。[语见] 明·冯梦龙《喻世明言》第三十三卷:"官吏称韦义方不合漏泄天机,合当有罪,急得韦义方叩头告罪。"[例句] 这件事情一定要保密,千万不可～。

【露出马脚】lòu chū mǎ jiǎo
[释义] 比喻露出了真相。含贬义。[语见] 明·臧懋循《元曲选·无名氏〈陈州粜米三〉》:"这老儿不好惹,动不动先斩后奏,这一来,则怕我们露出马脚来了。"[例句] 这家伙四处行骗,这次不小心～,结果被当场逮住。

lu

【庐山面目】lú shān miàn mù
[释义] 见"庐山真面目"。[语见] 清·奚又溥《〈徐霞客游记〉序》:"而先生妊姜李氏出嫁所生解立李翁,痛遗文缺残,访得于义兴之故家,涂抹删改,非复庐山面目。"[例句] 经过媒体长达一年的爆炒,这款新产品终于将向广大公众展露出其神秘的～。

【庐山真面】lú shān zhēn miàn
[释义] 见"庐山真面目"。[例句] 我们相识几十年,到今天我终于了解了你的～。

【庐山真面目】lú shān zhēn miàn mù
[释义] 庐山:中国名山之一,位于江西九江。真面目:真相,本来的样子。喻指人或事物的本来面目,事件的真相。[语见] 宋·苏轼《题西林壁》诗:"横看成岭侧成峰,远近高低各不同。不识庐山真面目,只缘身在此山中。"[例句] 这下子我终于认清了你的～。

【炉火纯青】lú huǒ chún qīng
[释义] 纯青:炉火的温度达到最高点的时候,火焰由红色转为蓝色。指道家炼丹成功时的火候。后比喻技术或学问达到成熟、完美的地步。[例句] 她已将这套动作练得～。

【卤莽灭裂】lǔ mǎng miè liè
[释义] 卤莽:粗鲁莽撞。灭裂:草率,苟且从事。形容做事不认真考虑,粗鲁莽撞,草率从事。[例句] 他这人做起事来～,令人担心。

【鲁殿灵光】lǔ diàn líng guāng
[释义] 指硕果仅存的人或事物。[语见] 汉·王延寿《鲁灵光殿赋·序》:"鲁灵光殿者,盖景帝程姬之子恭王余之所立也。初恭王始都下国,好治宫室,遂因鲁僖基兆而营焉。遭汉中微,盗贼奔突,自西京未央、建章之殿,皆见隳坏,而灵光殿岿然独存。"[例句] 多年战乱几乎完全毁掉了这个园林,眼前的这一座大概是～,唯一幸存下来的建筑。

【鲁缟齐纨】lǔ gǎo qí wán
[释义] 见"齐纨鲁缟"。[语见] 南朝梁·简文帝《谢勅赍纳裹裌启》:"荀针秦缕,因制绨而成文;鲁缟齐纨,藉馨浆而受彩。"[例句] 该厂出品的丝织品被誉为～,深受国内外顾客的欢迎。

【鲁鱼帝虎】lǔ yú dì hǔ
[释义] 指文字传抄错误。参见"鲁鱼亥豕"。[例句] 此书印刷粗糙,而且书中不乏～之类的错误。

【鲁鱼亥豕】lǔ yú hài shǐ
[释义] 在篆文中"鲁"和"鱼"、"亥"和"豕"字形相似,抄写或刻板时容易弄错,因以指书籍在传抄或刊印过程中出现的文字错误。[语见] 晋·葛洪《抱朴子·遐览》:"书三写,鲁成鱼,虚成虎。"《吕氏春秋·察传》:"有读史记者曰:'晋师三豕涉河。'子夏曰:'非也,是己亥也。夫己与三相似,豕与亥相似。'至于晋而问之,则曰:'晋师己亥涉河也。'"[例句] 本书的校对过程中难免出现～之误,请大家谅解。

【陆海潘江】lù hǎi pān jiāng
[释义] 陆、潘：指晋朝文学家陆机、潘岳。原指陆机、潘岳博学多才。后泛指文人博学多才。[语见] 南朝梁·钟嵘《诗品·晋黄门郎潘岳》："陆才如海，潘才如江。"[例句] 他的文采堪比～，非常出众。

【陆离光怪】lù lí guāng guài
[释义] 见"光怪陆离"。[语见] 清·曾朴《孽海花》第七回："见船上扎着无数五色的彩球，夹着各色的鲜花，陆离光怪，纸醉金迷。"[例句] 这里的沙漠奇观神秘莫测，戈壁幻海～，文化遗产举世闻名，每年有大量的国内外游客慕名而来。

【鹿车荷锸】lù chē hè chā
[释义] 鹿车：鹿拉的车子。荷：扛着。锸：铁锹。比喻清高傲世。[语见] 唐·房玄龄等《晋书·刘伶传》："（刘伶）常乘鹿车，携一壶酒，使人荷锸而随之，谓曰：'死便埋我。'"[例句] 这家伙嗜酒如命，几乎到了～的地步。

【鹿死不择音】lù sǐ bù zé yīn
[释义] 音：古通"荫"，指庇荫的地方。鹿要死的时候不暇选择庇荫的地方。比喻在急迫情况下，只求暂时安身，来不及慎重考虑后果。[语见]《左传·文公十七年》："鹿死不择音。小国之事大国也，德则其人也，不德则其鹿也，铤而走险，急何能择！"[例句] 如今形势危急，真是～，只要能有个栖身之处就很满足了，哪里还顾得上什么条件不条件的。

【碌碌无能】lù lù wú néng
[释义] 平庸没有能力。参见"碌碌无为"。[例句] 在他眼里，周围所有的人都是～之辈，只有他自己才能胜任这个工作。

【碌碌无为】lù lù wú wéi
[释义] 碌碌：平庸。才能平庸，无所作为。[例句] 老胡参加工作快四十年了，可一直～。

【碌碌庸才】lù lù yōng cái
[释义] 碌碌：平庸的样子。指才能平庸。[语见] 明·冯梦龙《东周列国志》第五十四回："汝碌碌庸才，非经济之具，不可滥厕冠裳也。"[例句] 这种人不过是～，要多少有多少。

【碌碌庸流】lù lù yōng liú
[释义] 碌碌：平庸的样子。指平庸无能之辈。[语见] 明·吾邱瑞《运甓记·师阃宾贤》："遍观都下从事，皆碌碌庸流，琐琐凡辈。"[例句] 像这样的～，怎么能委以重任呢？

【路不拾遗】lù bù shí yí
[释义] 路：道路。拾：拾取。遗：遗失的东西。东西丢在路上，而没有人拾取据为己有。形容社会风气良好。[语见] 汉·贾谊《新书·春秋》："邹国之治，路不拾遗。臣下顺从，若手之投心。"[例句] 社会风气大为好转，出现了～、夜不闭户的和谐景象。

【路柳墙花】lù liǔ qiáng huā
[释义] 路边的柳树，墙边的花。旧指漂泊在外、被人瞧不起的女子。多指妓女。[语见] 元·王晔《水仙子·答》："从来道水性难拿，从他趄过，由他演撒，终只是个路柳墙花。"[例句] 在旧社会，这一带是～聚集的地方。

【路人皆知】lù rén jiē zhī
[释义] 人所共知。[语见] 清·黄宗羲《御史余公墓志铭》："尾大末强，路人皆知，不敢声扬，公独奋笔。"[例句] 他们俩之间的矛盾早已是～了。

【路无拾遗】lù wú shí yí
[释义] 见"路不拾遗"。[语见] 汉·无名氏《故縠城长荡阴令张君表颂》："存恤高年，路无拾遗。"[例句] 如今社会安定，许多地方都出现了已消失很久的～的平和景象。

【路遥知马力，日久见人心】lù yáo zhī mǎ lì，rì jiǔ jiàn rén xīn
[释义] 路途遥远，才可以知道马的耐力大小；时间久了才可以看出人心的好坏。[语见] 元·无名氏《争报恩》第一折："则愿得姐姐长命富贵，若有些好歹，我少不得报答姐姐之恩，可不道路遥知马力，日久见人心。"[例句]～，等时间一长，你就会发现他不像你想象的那么坏。

L

【勤力齐心】 lù lì qí xīn

[释义] 见"勤力同心"。[语见] 唐·姚思廉《梁书·王僧辩传》："卿志格玄穹，精贯白日，勤力齐心，芟夷逆丑。"[例句] 面对企业困境，我们全体员工决心～，共同应对各种严峻挑战。

【勤力同心】 lù lì tóng xīn

[释义] 勤：合，并。齐心合力。[语见]《国语·齐语》："与诸侯饰牲为载，以约誓于上下庶神，与诸侯勤力同心。"[例句] 愿我们～，共创辉煌！

【勤力一心】 lù lì yī xīn

[释义] 见"勤力同心"。[语见]《国语·晋语四》："晋，郑兄弟也，吾先君武公与晋文侯勤力一心，股肱周室，夹辅平王，平生劳而德之，而赐之盟质，曰：'世相起也。'"[例句] 公司全体员工～，经过不懈的努力，终于在激烈的市场竞争中站稳了脚跟。

【露才扬己】 lù cái yáng jǐ

[释义] 显露才能，炫耀自己。[语见] 汉·班固《离骚序》："今若屈原，露才扬己，竞乎危国群小之间，以离谗贼。"[例句] 这个老板喜欢谦虚的人，所以在他面前尽量不要～。

【露面抛头】 lù miàn pāo tóu

[释义] 见"抛头露面"。[语见] 明·许仲琳《封神演义》第三十二回："他是女流，倘被朝廷拿问，露面抛头，武成王体面何在？"[例句] 我现在身份特殊，不适合在这种场合中～。

【露宿风餐】 lù sù fēng cān

[释义] 见"风餐露宿"。[语见] 宋·苏轼《将至筠先寄适远三犹子》诗："露宿风餐六百里，明朝饮马南江水。"[例句] 多谢你的招待，否则今天我可要～了。

【露尾藏头】 lù wěi cáng tóu

[释义] 见"藏头露尾"。[语见] 清·文康《儿女英雄传》第八回："我虽然句句的露尾藏头，被你二人层层的寻根觅究，话也大概说明白了的。"[例句] 瞧你～的样子，一定有什么事情瞒着我。

lǚ

【驴唇马嘴】 lǘ chún mǎ zuǐ

[释义] 比喻两不相合。[语见] 宋·释道原《景德传灯录·韶州云门文偃禅师》："若是一般掠虚汉，食人涎唾，记得一堆。一担骨幢到处是。驴唇马嘴，夸我解问十转五转话。"[例句] 剧中演员的打扮简直是～、不伦不类。

【驴鸣狗吠】 lǘ míng gǒu fèi

[释义] 吠：狗叫。比喻文辞不好。[语见] 唐·张鷟《朝野佥载》六："温子升作《韩陵山寺碑》，（庚）信读而写其本，南人问信曰：'北方文士何如？'信曰：惟有韩陵山一片石堪共语，薛道（衡）、卢思道少解把笔，自余驴鸣狗吠，聒耳而已。'"[例句] 这种～的文章居然也能发表？

【驴年马月】 lǘ nián mǎ yuè

[释义] 中国农历采用干支纪年法，同时又把十二地支配以相应的十二种动物，但这些动物中并没有驴，而且生肖一般不用来纪月，所以所谓"驴年马月"就是根本不可能有的年月，形容遥遥无期。[例句] 这个系统实在是太先进了，我们不知要到～才能赶上这个水平。

【驴前马后】 lǘ qián mǎ hòu

[释义] 本指官员出行时的随从衙役差卒，亦用以指俯仰随人。[语见] 宋·释道原《景德传灯录·良价传》："师曰：'苦哉，苦哉，今时人例皆如是，只是认得驴前马后将为自己，佛法平沈此之是也。'"[例句] 为了巴结领导，只见他～忙个不停。

【驴生戟角】 lǘ shēng jǐ jiǎo

[释义] 驴子本没有角，今长出了角。比喻不可能有的事。[语见] 元·关汉卿《金线池》第一折："无钱的可要亲近，则除是驴生戟角瓮生根。"[例句] 就他那德行，也想发财？除非～。

【旅进旅退】 lǚ jìn lǚ tuì

[释义] 旅：同。指同大家共进共退。[语见] 宋·王禹偁《待漏院记》："复有无毁无誉，旅进旅退，窃位而苟禄，备员而

全身,亦无所取焉。"[例句]那当官的随从,全是些～,唯唯诺诺的角色。

【屡见不鲜】lǚ jiàn bù xiān
[释义]屡:屡次,一次又一次。鲜:新鲜。原指对经常来的客人就不必用新宰杀的畜禽肉加以款待了。后用以指同样的人或事物经常见到,也就不感到新奇了。[例句]这种灾害历史上～。

【屡教不改】lǚ jiào bù gǎi
[释义]屡:多次。经过多次教育,仍不悔改。[例句]对～的,要责令停业整顿或吊销营业执照。

【屡试不爽】lǚ shì bù shuǎng
[释义]屡:屡次,多次。爽:差错。试验了多次都没有差错。[语见]清·蒲松龄《聊斋志异·冷生》:"每途中逢徒步客,拱手谢曰:'适忙,不遑下骑,勿罪。'言未已,驴已蹶然伏道上,屡试不爽。"[例句]降价是家电生产厂商们～的法宝。

【履薄临深】lǚ bó lín shēn
[释义]见"临深履薄"。[语见]唐·王勃《孝行第一》:"履薄临深,惟王之则。"[例句]身居公司高位,她感到自己时刻～,压力很大。

【履穿踵决】lǚ chuān zhǒng jué
[释义]履:鞋。踵:后跟。鞋磨破,后跟开裂。形容非常穷困的样子。[语见]《庄子·让王》:"捉襟而肘见,纳履而踵决。"[例句]这家人已经穷到了～的地步。

【履虎尾】lǚ hǔ wěi
[释义]践踏虎尾。比喻处在危险的境地。[语见]《周易·履》:"履虎尾,不咥人,亨。"[例句]多年来他尽心尽力,工作中一丝不苟,如～,毫不懈怠。

【履霜坚冰】lǚ shuāng jiān bīng
[释义]踩在霜上即可知冰冻的节令将至。后用以比喻从事物的征兆可看出其发展的严重后果。[语见]《周易·坤》:"履霜坚冰至。"[例句]～,类似这样应预先防止或纠正的事例还很多。

【履霜知冰】lǚ shuāng zhī bīng
[释义]见"履霜坚冰"。[语见]汉·蔡邕《释诲》:"君子推微达著,寻端究绪,履霜知冰,践露知暑。"[例句]近几个月的销售额逐渐下滑,～,恐怕后面的日子不会太好过。

【履舄交错】lǚ xì jiāo cuò
[释义]履:鞋。舄:古时的一种双层底鞋,鞋底上再加木底,以踏泥避湿,引申为一般的鞋。各种鞋子交错地摆着。古人脱鞋入席,席地而坐,因以形容不拘礼节,男女杂坐的情况。[语见]清·吴趼人《二十年目睹之怪现状》第三十三回:"叫的局陆续都到……一时履舄交错,钏动钗飞。"[例句]只见饭厅里杯盘狼藉,～,一片喧闹的景象。

【虑无不周】lǚ wú bù zhōu
[释义]虑:思虑。周:周全。思虑没有不周全之处。形容考虑问题十分全面。[语见]明·罗贯中《三国演义》第十八回:"(袁)绍恤近忽远,公虑无不周,此仁胜也。"[例句]任何情况下他都能～,由他来组织这次活动,我们很放心。

【绿肥红瘦】lù féi hóng shòu
[释义]肥:繁茂。瘦:萎谢。指绿叶繁茂,红花萎谢稀疏。形容暮春时节花木自然兴衰的景象。[语见]宋·李清照《如梦令·春晚》:"知否,知否,应是绿肥红瘦。"[例句]又到了这～的暮春时节,置身于江南的秀美风光中,再坏的心情也能舒展开来。

【绿叶成阴】lù yè chéng yīn
[释义]阴:通"荫"。树叶密厚,已成树荫。比喻女子出嫁后子女成行。[语见]唐·杜牧《叹花》诗:"自恨寻芳到已迟,往年曾见未开时。如今风摆花狼藉,绿叶成阴子满枝。"[例句]还清楚地记得我们儿时一起玩耍的情景,一晃二十年过去了,如今她～,早已成了两个孩子的母亲。

【绿衣黄裳】lù yī huáng cháng
[释义]见"绿衣黄里"。[语见]明·瞿佑《剪灯新话·绿衣人传》:"此真可谓绿兮衣兮,绿衣黄裳者也。"[例句]你怎么拿着凤凰当鸡卖,真是～、贵贱不分。

【绿衣黄里】lǜ yī huáng lǐ
[释义] 古人认为绿是不纯不正之色，黄为正色。将绿色置于外，黄色置于里。形容正邪不清，贵贱倒置。[语见]《诗经·邶风·绿衣》："绿兮衣兮，绿衣黄里。"[例句] 他这个当爸爸的整天被儿子呼来喝去，这简直是～，本末倒置。

【绿衣使者】lǜ yī shǐ zhě
[释义] 原是唐玄宗给鹦鹉的封号。后用以指称邮递员。[例句] ～传递的虽只是一封封普通的信件，但却是人类社会不可缺少的纽带。

luan

【鸾凤和鸣】luán fèng hé míng
[释义] 鸾：传说中凤凰一类的神鸟。凤：凤凰，传说中的百鸟之王，雄的叫凤，雌的叫凰，常用来象征祥瑞。和鸣：共鸣。比喻婚姻美满，夫妻和谐。旧时常用作结婚的祝词。[语见]《左传·庄公二十二年》："初，懿氏卜妻敬仲。其妻占之，曰：'吉。是谓凤凰于飞，和鸣锵锵。'"[例句] 结婚后两人～，恩爱有加。

【鸾孤凤只】luán gū fèng zhī
[释义] 见"离鸾别凤"。[语见] 元·无名氏《连环计》第四折："吕温侯鸾孤凤只，烦恼杀情分两处旧娇妻。"[例句] 这场战争害得他们～，夫妻分离。

【鸾飘凤泊】luán piāo fèng bó
[释义] 形容书法的笔势盘曲飘散。也比喻夫妻离散或漂泊无定所。[语见] 唐·韩愈《昌黎先生集·峋嵝山》诗："科斗拳身薤倒披，鸾飘凤泊拏虎螭。"[例句] 他们夫妻两人～，失散多年，现在终于团聚了。

【鸾翔凤集】luán xiáng fèng jí
[释义] 鸾凤飞集。比喻人才荟萃。[语见] 晋·傅咸《申怀赋》："穆穆清禁，济济群英。鸾翔凤集，羽仪上京。"[例句] 这里～，人才辈出。

【鸾翔凤翥】luán xiáng fèng zhù
[释义] 翥：飞举。鸾凤飞舞。比喻书法笔势飞动舒展。[语见] 晋·陆机《浮云赋》："鸾翔凤翥，鸿惊鹤奋，鲸鲵溯波，鲛鳄冲道。"[例句] 他的书法笔势舒展，笔风豁达大度，真可谓～。

【卵与石斗】luǎn yǔ shí dòu
[释义] 比喻弱不敌强。[语见] 汉·焦赣《易林·艮之损》："卵与石斗，麋碎无疑；动而有悔，出不得时。"[例句] 你这是～，失败在所难免。

【乱臣贼子】luàn chén zéi zǐ
[释义] 乱臣：叛乱的臣子。贼子：不孝的子孙，儒家指不忠不孝的人。心怀异志，破坏国家统一，危害人民利益的人。[语见]《孟子·滕文公下》："孔子成《春秋》，而乱臣贼子惧。"[例句] 对这些～一定要坚决镇压。

【乱点鸳鸯】luàn diǎn yuān yāng
[释义] 鸳鸯：一种水鸟，雌雄多成对地生活在一起。常用来比喻夫妻。指错配姻缘。《醒世恒言》第八卷有《乔太守乱点鸳鸯谱》的故事。[语见] 清·褚人获《隋唐演义》第六十三回："唐帝乱点鸳鸯的，把几个女子赐与众臣配偶。"[例句] 她想把小张和小王凑成一对儿，实在是～啊，他们根本不合适。

【乱七八糟】luàn qī bā zāo
[释义] 糟：乱。形容非常杂乱，一点条理和秩序都没有。[语见] 清·吴趼人《发财秘诀》第四回："上面乱七八糟堆了些茶壶、茶碗、洋灯之类，又放着几本书。"[例句] 你这画的都是些什么～的？

【乱世凶年】luàn shì xiōng nián
[释义] 时世动乱，年成极坏。[语见] 明·胡文焕《群音类选·犀佩记·庵中小会》："三径荒芜不似前，甘把针指频拈，聊度着乱世凶年。"[例句] 又是一个战火纷飞、英雄辈出的～。

【乱首垢面】luàn shǒu gòu miàn
[释义] 见"蓬头垢面"。[语见] 汉·班固《汉书·王莽传上》："莽侍疾，亲尝药，乱首垢面，不解衣带连月。"[例句] 儿子离家出走多日，等找到他的时候，只见他～，简直让人认不出来了。

L

【乱弹琴】luàn tán qín
[释义]弹琴不按节拍。比喻乱来一气。
[例句]你都胡说些什么,简直是～!

【乱头粗服】luàn tóu cū fú
[释义]见"粗服乱头"。[语见]清·赵尔巽《清史稿·梁同书传》:"中锋之法,笔提得起,自然中,亦未尝无兼用侧锋处,总为我一缕笔尖所使,虽不中亦中,乱头粗服非字也。"[例句]瞧他～的邋遢样子,怎么会有女孩子喜欢他呢?

lüe

【掠地攻城】lüè dì gōng chéng
[释义]夺取地盘,攻占城池。指进攻敌方。[语见]明·无名氏《精忠记·应诏》:"勤王报国应无惮,掠地攻城岂畏难。"[例句]这场战争的目的并不是～,而是打击对方的士气。

【掠人之美】lüè rén zhī měi
[释义]掠:掠取、夺取。夺取别人的功劳或荣誉为自己所有。[语见]宋·王楙《野客丛书·龚张对上无隐》:"宽为廷尉张汤作奏,即时得可。异时,上曰:'前奏非俗吏所及,谁为之者?'汤以宽对,不掠人之美以自耀。"[例句]我宁愿自己吃亏,也不能～。

【掠是搬非】lüè shì bān fēi
[释义]见"搬弄是非"。[语见]明·无名氏《四贤记·挑斗》:"你如今掠是搬非,干讨得鬼哭神愁。"[例句]我们可是好朋友,你不要在这里～。

【掠脂斡肉】lüè zhī wò ròu
[释义]斡:转动。比喻残酷地剥削与搜刮。[语见]五代·贯休《酷吏词》诗:"有叟有叟,暮投我宿。呼叹自语,云太苛酷。如何如何,掠脂斡肉。"[例句]那些封建地主对农民进行了～式的残酷剥削。

【略地攻城】lüè dì gōng chéng
[释义]见"攻城略地"。[语见]明·陈汝元《金莲记·焚券》:"十万伍雄兵飞将,皆能略地攻城。"[例句]这支部队一路上～,捷报频传。

【略地侵城】lüè dì qīn chéng
[释义]见"攻城略地"。[语见]唐·牛僧孺《守在四夷论》:"夫四夷不守境,不过于略地侵城,是有败无亡也。"[例句]你可以在游戏中率领自己的部队,～,身临其境地感受做将军的滋味。

【略高一筹】lüè gāo yī chóu
[释义]见"略胜一筹"。[语见]清·蒲松龄《聊斋志异·辛十四娘》:"小生所以忝出君上者,以起处数语,略高一筹耳。"[例句]关键时刻还是他～,最终赢得了比赛的胜利。

【略迹原情】lüè jì yuán qíng
[释义]撇开表面的事实,从情理上予以原谅。[语见]鲁迅《坟·我之节烈观》:"万一幸而遇着宽厚的道德家,有时也可以略迹原情,许他一个烈字。"[例句]法律就是法律,法律是没有～的。

【略见一斑】lüè jiàn yī bān
[释义]略:大致。斑:斑点或斑纹。大致能看见事物的一部分特征或情况。有时与"管中窥豹"连用,比喻从看到的一部分,推测全部。[语见]清·李汝珍《镜花缘》第五十八回:"诸如此类,虽未得其皮毛,也就略见一斑了。"[例句]熊的力气之大,由此可～。

【略胜一筹】lüè shèng yī chóu
[释义]略:稍微。筹:筹码,木或象牙等制成的小棍儿或小片儿,主要用来计数或作为领取物品的凭证。稍微强一点儿。[例句]凡事只要早做准备,就会比别人～。

【略识之无】lüè shí zhī wú
[释义]之、无,表示简单易识的字。形容识字不多。[语见]唐·白居易《与元九书》:"仆始生六七月时,乳母抱弄于书屏下。有指'无'字'之'字示仆者,仆虽口未能言,心已默识。后有问此二字者,虽百十其试,而指之不差。"[例句]本人～而已,要说学问,那谈不上。

【略知皮毛】lüè zhī pí máo
[释义]比喻稍知表面的情状或稍有肤浅的知识。[语见]清·李汝珍《镜花缘》

L

第十七回："才女才说学士大夫论及反切尚且瞪目无语,何况我们不过略知皮毛,岂敢乱谈,贻笑大方!"[例句]他虽然天天泡在电脑里,对编程却只是～。

lun

【沦肌浃髓】 lún jī jiā suǐ
[释义]沦:淹没。浃:湿透。浸透肌肉、深入骨髓。比喻感受很深。[语见]宋·朱熹《朱子全书·论语》:"今须且将此一段反复思量,涣然冰释,怡然理顺,便自会沦肌浃髓。"[例句]笼罩在这坟地四周的,是一种～的孤寂。

【轮扁斫轮】 lún biǎn zhuó lún
[释义]轮扁:春秋时齐国有名的造车高手,名扁。斫轮:用刀斧砍木制造车轮。比喻高手技艺高超。[语见]《庄子·天道》:"桓公读书于堂上,轮扁斫轮于堂下。……轮扁曰:'臣也,以臣之事观之,斫轮徐则甘而不固,疾则苦而不入,不徐不疾,得之于手而应于心,口不能言,有数存焉于其间。'"[例句]他熟练地展示着自己的厨艺,只见锅铲上下翻飞,有如～。

【论功封赏】 lùn gōng fēng shǎng
[释义]见"论功行赏"。[语见]唐·房玄龄等《晋书·石季龙传上》:"季龙入辽宫,论功封赏各有差。"[例句]该队打进世界杯决赛圈后,该国足协～,从教练到队员,所有人都得到了一笔价值不菲的奖金。

【论功行封】 lùn gōng xíng fēng
[释义]见"论功行赏"。[语见]汉·司马迁《史记·萧相国世家》:"汉五年,既杀项羽,定天下,论功行封,群臣争功,岁余功不决,高祖以萧何功最盛。"[例句]这件事情解决之后,我一定会～。

【论功行赏】 lùn gōng xíng shǎng
[释义]论:评比,评定。功:功绩,功劳。行:执行,进行。赏:赏赐,奖赏。评比功劳大小,并依照功劳大小进行犒赏奖励。[语见]汉·傅幹《谏曹公南征》:"愚以为可按甲寝兵,息军养士,分土定封,论功行赏。"[例句]公司今年盈利多多,到了年底一定会～,给大家发奖金的。

【论黄数白】 lùn huáng shǔ bái
[释义]见"说长道短"。[语见]明·胡文焕《群音类选·投笔记·班超投笔》:"笑驽骀出言不逊,论黄数白不堪听。"[例句]任凭别人在背后～,她还是该干什么干什么,毫不在乎。

【论黄数黑】 lùn huáng shǔ hēi
[释义]见"说长道短"。[语见]元·刘时中《端正好·上高监司》:"不是我论黄数黑,怎禁他恶紫夺朱。"[例句]他无法忍受别人的～,愤然辞职了。

【论列是非】 lùn liè shì fēi
[释义]罗列事实,评论是与非。[语见]汉·班固《汉书·司马迁传》:"乃欲仰首信眉,论列是非,不亦轻朝廷,羞当世之士邪。"[例句]你自己又没做出任何成绩,不配在这里～。

luo

【捋臂揎拳】 luō bì xuān quán
[释义]卷起臂上袖子,伸出拳头。形容准备打斗。[语见]清·夏敬渠《野叟曝言》第四十七回:"喜则眉开眼笑,怒则捋臂揎拳。"[例句]只见那个彪形大汉～,一副要打架的样子。

【捋袖揎拳】 luō xiù xuān quán
[释义]捋起袖子,伸出拳头,形容准备动手打人。[语见]元·无名氏《碧桃花》第三折:"这一个戗金铠身上穿,那一个蘸钢鞭腕上悬,一个个气昂昂性儿不善,他每都叫吼吼捋袖揎拳。"[例句]他～,准备跟对方大打出手。

【罗敷有夫】 luó fū yǒu fū
[释义]罗敷:古乐府《陌上桑》中描写的女子,后多用作美丽而坚贞的妇女的代称。罗敷已经有了丈夫,泛指女子已有了丈夫。[语见]汉·古乐府《陌上桑》:"使君自有妇,罗敷自有夫。"[例句]费好大劲儿,最终她借口～,方才摆脱了那个男子的纠缠。

【罗掘一空】luó jué yī kōng
[释义] 指用尽一切办法搜刮财物。
[语见] 清·朱寿朋《光绪朝东华录》:"东省本年兴办大工,藩运粮道东海关各库,罗掘一空,已无可筹画。"[例句] 毒瘾发作时,这些瘾君子们恨不得把家里~,以凑足购买毒品的资金。

【罗钳吉网】luó qián jí wǎng
[释义] 比喻酷吏枉法,陷人以罪。
[例句] 他当年施行的是～的恐怖统治,残害了不少忠良。

【罗雀掘鼠】luó què jué shǔ
[释义] 张网捕雀,挖洞捉鼠。形容无粮可吃,千方百计搜寻食物充饥。[例句] 这座城被围了半年多,城内百姓挖草根、剥树皮,～,生活极度艰难。

【罗织构陷】luó zhī gòu xiàn
[释义] 罗织:收集编造。构陷:用虚构的罪名去诬陷别人。形容千方百计地陷人于罪。[语见] 南朝宋·范晔《后汉书·顺帝纪》:"王圣等惧有后祸,遂与(樊)丰(江)京共构陷太子,太子坐废为济阴王。"[例句] 那些家伙～、肆意诬蔑,最终逼死了这位善良的老人。

【锣鼓喧天】luó gǔ xuān tiān
[释义] 锣鼓:敲锣打鼓。喧天:声音大得震天响。锣鼓声震天响。形容两军交战的激烈场面或热闹喜庆的景象。[语见] 元·尚仲贤《单鞭夺槊》第四折:"早来到北邙前面,猛听的锣鼓喧天。"[例句] 会场上～,彩旗飘扬。

【洛阳纸贵】luò yáng zhǐ guì
[释义] 洛阳地区纸张的价格因用量增加而抬高了。唐·房玄龄等《晋书·左思传》记载:左思写《三都赋》,构思了十年,写成以后,抢着抄写的极多,以致洛阳的纸都涨价了。形容好的书籍和文章风行一时。或形容文章或书籍写得好,很多人争相传抄。[例句] 一时间这本著作在当地～,很快就脱销了。

【络绎不绝】luò yì bù jué
[释义] 络绎:连续不断。绝:断绝。形容来往的行人或车马前后相接,连续不断。

[语见] 南朝宋·范晔《后汉书·东海恭王传》:"数遣使者太医令丞,方伎道术,络绎不绝。"[例句] 观看此次巡展的观众～。

【络驿不绝】luò yì bù jué
[释义] 见"络绎不绝"。[语见] 南朝宋·范晔《后汉书·南匈奴传》:"逢侯部众饥穷,又为鲜卑所击,无所归,窜逃入塞者络驿不绝。"[例句] 这个楼盘开盘后,每天前来看房的顾客～。

【落花流水】luò huā liú shuǐ
[释义] 凋落的花瓣随流水漂走。形容暮春景色。也形容零乱、残败的情景。[语见] 唐·李群玉《奉和张舍人送秦炼师归岑公山》诗:"兰浦苍苍春欲暮,落花流水怨离襟。"[例句] 敌人被打得～,惨败而归。

【落花有意,流水无情】luò huā yǒu yì, liú shuǐ wú qíng
[释义] 比喻在男女关系上,一方有意,一方却无情。[语见] 明·胡文焕《群音类选·访友记·山伯访祝》:"你倒做了落花有意,我反做了流水无情。"[例句] 你虽然对她一往情深,怎奈～,你还是放弃吧!

【落荒而逃】luò huāng ér táo
[释义] 落荒:离开战场,向荒野逃去。原指战败后仓皇逃命,后也泛指一般斗争中的惨败。[例句] 警察迅速赶到,抢劫犯～。

【落荒而走】luò huāng ér zǒu
[释义] 见"落荒而逃"。[语见] 元·无名氏《小尉迟》第三折:"我诈败落荒而走,父亲必然赶将我来。"[例句] 转眼间已有两人被撂倒在地,其余三人见状,急忙～。

【落井下石】luò jǐng xià shí
[释义] 井:同"阱",捕捉野兽用的陷坑。有人掉进井里,不但不救他上来,反向井里扔石头。比喻在别人遇到危险之际乘机加以陷害。[语见] 明·李贽《继焚书·答来书》:"若说叔台从而落井下石害我,则不可。"[例句] 在她最需要帮助的

L

时候,他不但不出手相助,居然还对她～。

【落落晨星】 luò luò chén xīng

[释义] 落落:稀疏的样子。晨星:早晨天空的星星。形容非常稀少。[语见] 唐·刘禹锡《送张盥赴举序》:"吾不幸,向所谓同年友,当其盛时,连辔举镳,互绝九衢,若屏风然,今来,落落如晨星之相望。"[例句] 夜色已深,路边的店家大多已经关门了,路灯亦是～,半明半暗。

【落落大方】 luò luò dà fāng

[释义] 落落:豁达,开朗。大方:不拘束。形容举止自然,不拘束。[例句] 她～地让媒体记者拍照。

【落落寡合】 luò luò guǎ hé

[释义] 落落:孤独。寡:少。合:凑到一起,合群。形容人性情孤傲,合得来的人很少。[语见] 清·石玉昆《三侠五义》第六十九回:"原来此人姓杜名雍,是个饱学儒流,一生性气刚直,又是个落落寡合之人。"[例句] 她变得～,周末也不再雀跃地和女伴们去玩了。

【落落穆穆】 luò luò mù mù

[释义] 落落:孤独、冷落的样子。穆穆:沉静、淡薄的样子。态度冷漠沉静,不多说话。也指态度冷淡。[语见] 唐·房玄龄等《晋书·王澄传》:"澄谓衍曰:'兄形似道而神锋太俊。'衍曰:'诚不如卿落落穆穆然。'"[例句] 这位～的先生就是今天会议的主持人。

【落落难合】 luò luò nán hé

[释义] 见"落落寡合"。[语见] 南朝宋·范晔《后汉书·耿弇传》:"将军前在南阳,建此大策,常以为落落难合,有志者事竟成也。"[例句] 自打小时候起,她就是个～的孤独女孩。

【落汤螃蟹】 luò tāng páng xiè

[释义] 汤:热水。落在热水里的螃蟹。比喻手忙脚乱,狼狈不堪。[语见] 清·翟灏《通俗编·禽鱼·落汤螃蟹》引宋·释普济《五灯会元》:"云门偃曰:'忽一日眼光落地,莫似落汤螃蟹,手忙脚乱。'"[例句] 凡事要早做准备,别到跟前才手忙脚乱,好像一～一样。

【落拓不羁】 luò tuò bù jī

[释义] 落拓:行为放浪。羁:束缚。形容行为放浪、不受拘束的样子。[语见] 宋·刘斧《青琐高议》:"韩湘字清夫,文公侄也,落魄(拓)不羁,醉уй高歌。"[例句] 他给人的印象很洒脱,是那种～的性格类型。

【落雁沉鱼】 luò yàn chén yú

[释义] 见"沉鱼落雁"。[语见] 元·刘庭信《粉蝶儿·美色》:"恰便似落雁沉鱼,羞花闭月,香娇玉嫩。"[例句] 这姑娘虽谈不上～,羞花闭月,却也长得足够漂亮。

【落叶知秋】 luò yè zhī qiū

[释义] 见"叶落知秋"。[语见] 明·汤显祖《南柯记·侠概》:"恨天涯摇落三杯酒,似飘零落叶知秋。"[例句] ～,从这些人的表现来看,现在这家公司的情况有些不妙。

【落英缤纷】 luò yīng bīn fēn

[释义] 英:花。缤纷:繁多而凌乱的样子。飘落的花瓣多而乱。形容春天美好的景色。也指花儿凋谢的暮春天气。[语见] 晋·陶渊明《桃花源记》:"芳草鲜美,落英缤纷。"[例句] 空气清新湿润,小路上～,煞是好看。

【落月屋梁】 luò yuè wū liáng

[释义] 表示对朋友的深切怀念。[语见] 唐·杜甫《梦李白二首》诗之一:"落月满屋梁,犹疑照颜色。"[例句] 每到夜深人静的时候,他总难免要动～之思,想念远方的朋友。

【落纸如飞】 luò zhǐ rú fēi

[释义] 形容写字敏捷。[语见] 唐·刘肃《大唐新语·聪敏》:"词理纵横,文笔灿烂,手不停缀,落纸如飞。"[例句] 他沉吟片刻,～,不一会儿就写完了一封信。

M

ma

【麻痹不仁】 má bì bù rén

[释义] 见"麻木不仁"。[语见] 明·耿定向《伊尹先觉论》:"人为欲蔽,上下君民便自间阂,麻痹不仁,视国计民生若楚越矣。"[例句] 可能是因为见过的病人太多,面对眼前痛苦呻吟着的孕妇,这个医生显得有些～。

【麻痹大意】 má bì dà yì

[释义] 麻痹:神经系统的病变引起的身体某一部分知觉能力的丧失和运动机能的障碍。比喻失去警觉,疏忽大意。[例句] 在防火问题上,我们不能掉以轻心、～,要努力消除事故的隐患。

【麻木不仁】 má mù bù rén

[释义] 不仁:肢体失去知觉。原指肢体麻痹,没有感觉。现用来比喻对外界事物反应迟钝或漠不关心。[语见] 清·文康《儿女英雄传》第二十七回:"天下做女孩儿的,除了那班天日不懂、麻木不仁的姑娘,是个女儿,便有个女儿情态。"[例句] 他是个自私的人,对自己以外的一切都～、漠不关心。

【麻中之蓬】 má zhōng zhī péng

[释义] 麻:麻类植物的统称,有大麻、苎麻、亚麻等。蓬:飞蓬草。大麻丛中生长的飞蓬。由于麻直立向上长,也影响到飞蓬草直立生长。比喻在良好的环境中,容易受到好的影响而健康成长。[语见] 《荀子·劝学》:"蓬生麻中,不扶自直。"[例句] 她出生于一个教育世家,从小便受到良好的家风熏陶,真是～,不扶自直。

【马齿徒增】 mǎ chǐ tú zēng

[释义] 徒:白白地。马的牙齿随年龄的增长而添换,可借以推知马的年龄。比喻虚度年华。多用作谦词。[语见] 《穀梁传·僖公二年》:"荀息牵马操璧而前曰:'璧则犹是也,而马齿加长矣。'"[例句] 想到自己这些年来～,学问却没什么长进,他不禁羞愧不已。

【马到成功】 mǎ dào chéng gōng

[释义] 战马一到阵前,即获成功。形容迅速取胜。常用作祝颂语。[语见] 元·郑廷玉《楚昭公》第一折:"管取马到成功,奏凯回来也。"[例句] 在新年来临之际,恭祝大家心想事成、～!

【马放南山】 mǎ fàng nán shān

[释义] 比喻天下太平,不再作战。现用以形容太平麻痹思想。[语见] 《尚书·武成》:"王来自商,至于丰,乃偃武修文,归马于华山之阳,放牛于桃林之野,示天下弗服。"孔颖达疏:"此是战时牛马,故放牧之,示天下不复乘用。"[例句] 目前国际局势相对平稳,但绝不意味着我们可以～了。

【马革裹尸】 mǎ gé guǒ shī

[释义] 用战马的皮革把尸体包裹起来,运回家乡安葬。指为正义事业战死疆场。[语见] 南朝宋·范晔《后汉书·马援传》:"男儿要当死于边野,以马革裹尸还葬耳,何能卧床上,在儿女手中邪?"[例句] 是军人,就要勇敢地金戈铁马去,～还。

【马工枚速】 mǎ gōng méi sù

[释义] 马、枚:指汉代司马相如和枚皋。司马相如文章写得精工,枚皋写得快速。

M

后比喻各有长处。[语见] 汉·班固《汉书·枚乘传》："(枚皋）为文疾，受诏辄成，故所赋者多。司马相如善为文而迟，故所作少而善于皋。"[例句] 这两个人是～，各有千秋。

【马马虎虎】mǎ mǎ hū hū
[释义] 形容做事草率。[语见] 清·曾朴《孽海花》第六回："只可惜威毅伯只知讲和，不会利用得胜的机会，把打败仗时候原定丧失权利的和约，马马虎虎逼着朝廷签定，人不知鬼不觉依然把越南暗送。"[例句] 你再这么～出差错，就该被炒鱿鱼了。

【马牛襟裾】mǎ niú jīn jū
[释义] 襟：上衣的胸前部分。裾：即襟，也指上衣的背后部分。比喻人没有知识，不懂礼貌，或行为像禽兽。[语见] 唐·韩愈《符读书城南》诗："潢潦无根源，朝满夕已除。人不通古今，马牛而襟裾。行身陷不义，况望多名誉。"[例句] 这种人真是～，不懂礼貌！

【马仰人翻】mǎ yǎng rén fān
[释义] 见"人仰马翻"。[语见] 明·许仲琳《封神演义》第三十三回："武成王展放钢枪，使得性发，似一条银蟒裹住余化，只杀的他马仰人翻。"[例句] 战斗打响后，山谷里的敌人立刻～，鬼哭狼嚎。

【蚂蚁搬泰山】mǎ yǐ bān tài shān
[释义] 蚂蚁能搬动泰山。比喻群策群力，持之以恒，就能用微小的力量完成大事业。[例句] 他和同事们就是用这种～的精神，一步一个脚印地打拼。

【蚂蚁啃骨头】mǎ yǐ kěn gǔ tóu
[释义] 比喻用微小的力量，坚持不懈，能完成巨大的任务。[例句] 她靠着超出常人的顽强毅力，凭着～的精神，历时十年，终于完成了这项工作。

【蚂蚁缘槐】mǎ yǐ yuán huái
[释义] 缘：顺着。蚂蚁顺着槐树上上下下地爬着。唐·李公佐《南柯太守传》载：广陵人淳于棼酒醉后，靠着房前的槐树睡着了，梦到了大槐安国招了驸马，当了二十年南柯太守，十分显耀，后因与敌人作战失败，公主也死去，国王罢了他的官，被遣送回来。他从梦中惊醒以后，发现梦里的"大槐安国"，原来就是槐树下的一个大蚂蚁窝，而"南柯郡"则是槐树南枝上的另一个小蚂蚁洞。比喻只是梦想而已。参看"南柯一梦"。[例句] 就凭你这点本事就想得第一？简直是～、蚍蜉撼树。

mai

【埋名隐姓】mái míng yǐn xìng
[释义] 见"隐姓埋名"。[语见] 明·马致远《陈抟高卧》第一折："休只管埋名隐姓，却教谁救那苦恹恹天下生灵。"[例句] 他～二十多年，只为躲避仇人的追杀。

【埋头苦干】mái tóu kǔ gàn
[释义] 埋头：不抬头。形容专心致志地刻苦工作。[例句] 他始终坚守在生产第一线，～，深受大家好评。

【买菜求益】mǎi cài qiú yì
[释义] 意思是像买菜一样争多论少。比喻斤斤计较。[语见] 晋·皇甫谧《高士传·严光》："司徒霸与光素旧，欲屈光到霸所语言，遣使西曹属侯子道奉书，光不起……子道求报，光曰：'我手不能书。'乃口授之。使者嫌少，可更足。光曰：'买菜乎？求益也？'"[例句] 能得到这样的恩惠，她只有感激涕零，哪还敢～、争多嫌少。

【买臣覆水】mǎi chén fù shuǐ
[释义] 相传汉朱买臣贫贱时，其妻嫌弃而离去，后买臣任会稽太守，其妻求复归，朱买臣泼水于地令妻收回，以示夫妻不能再合。比喻事成定局，无法挽回。[语见] 清·李绿园《歧路灯》第七十回："今日无意忽逢，虽不能有相如解渴之情，却怅然有买臣覆水之悲。"[例句] 这段感情有如～，难以挽留。

【买椟还珠】mǎi dú huán zhū
[释义] 椟：木匣、木盒。珠：珍珠。还：还退回。买下盒子，而把盒子中的珍珠归还给卖主。喻指不识货，取舍不当。[语见]《韩非子·外储说左上》："楚人有

卖其珠于郑者,为木兰之柜,薰以桂椒,缀以珠玉,饰以玫瑰,辑以羽翠,郑人买其椟而还其珠。此可谓善卖椟矣,未可谓善鬻珠也。"[例句] 不少人仅为了一张文凭去学习,真是~,本末倒置。

【买空卖空】mǎi kōng mài kōng
[释义] 一种商业投机行为,投机的对象多为股票、债券、外币、黄金、期货等。投机者根据自己对行情涨落趋势的估计而卖出或买进。买卖时均不支付钱款,也不提交货物,只是根据买卖进出的差价结算盈亏。现亦泛指政治、经济、学术等领域一切招摇撞骗、弄虚作假的卑劣行为。[例句] 证券交易规定,卖方须持有足够股份,严禁~。

【买牛卖剑】mǎi niú mài jiàn
[释义] 见"卖剑买牛"。[语见] 元·朱庭玉《青杏子·归隐》:"归来好问林泉下,买牛卖剑,求田问舍,学圃耘瓜。"[例句] 和平时期,这些农民纷纷~,回家种田去了。

【买笑追欢】mǎi xiào zhuī huān
[释义] 指嫖妓的行为。[语见] 宋·吴自牧《梦粱录·酒肆》:"坝头西市坊双凤楼施厨开沽,下瓦前日新楼郑厨开沽,俱有妓女,以待风流才子买笑追欢耳。"[例句] 他过着花天酒地的生活,几乎每天晚上都跑出去喝酒,~。

【麦穗两歧】mài suì liǎng qí
[释义] 歧:分岔。一棵麦子抽出两个穗。古代常看作祥瑞之征,特指农业丰收。[语见] 南朝宋·范晔《后汉书·张堪传》:"百姓歌曰:'桑无附枝,麦穗两歧。'"(歧:通"歧"。)[例句] 他为官二十多年,政绩卓著,如今此地是~,百姓富裕。

【卖刀买犊】mài dāo mǎi dú
[释义] 见"卖剑买牛"。[语见] 清·赵尔巽《清史稿·迈柱传》:"上谕曰:'所奏深得卖刀买犊之意。'"[例句] 只要不打仗,我们立刻就~,回去过上安稳的日子。

【卖狗悬羊】mài gǒu xuán yáng
[释义] 比喻用假招牌或假货色骗人,名不副实。[语见] 明·胡文焕《群音类选·

苏子文·桂枝香》:"卖狗悬羊,驴粪毬儿外面光,瞒不慌。"[例句] 一些小商贩做着~的骗人勾当,严重影响了当地旅游业的声誉。

【卖国求荣】mài guó qiú róng
[释义] 出卖国家利益,无耻地谋求个人的荣华富贵。[语见] 宋·洪迈《容斋续笔·卷六·朱温之事》:"苏循及其子楷,自谓有功于梁,当不次擢用。全忠薄其为人,以其为唐鸱枭,卖国求利,勒循致仕,斥楷归田里。"[例句] 他为了贪图富贵,居然~。

【卖剑买牛】mài jiàn mǎi niú
[释义] 卖去刀剑,买进耕牛和牛犊。指弃武就农,或结束战争以从事生产。[语见] 汉·班固《汉书·龚遂传》:"民有带持刀剑者,使卖剑买牛,卖刀买犊。"[例句] 他们表面上造出一种~的假象,暗地里却积极筹兵备马,图谋不轨。

【卖爵鬻子】mài jué yù zǐ
[释义] 见"卖爵赘子"。[语见] 汉·贾谊《新书·无蓄》:"岁恶不入,卖爵鬻子,既或闻耳矣。"[例句] 战争绵延多年,无数人~,过着凄惨的生活。

【卖爵赘子】mài jué zhuì zǐ
[释义] 赘:抵押。生活无着,被迫出卖爵位、抵押儿子以维持生计。[语见] 汉·班固《汉书·严助传》:"数年岁比不登,民待卖爵赘子以接衣食。"[例句] 他一路见到不少家庭流离失所、~的惨剧,愤恨不已。

【卖李钻核】mài lǐ zuān hé
[释义] 怕别人得到良种,卖李之前先钻其核。形容极端自私的行为。[语见] 南朝宋·刘义庆《世说新语·俭啬》:"王戎有好李,卖之恐人得其种,恒钻其核。"[例句] 这家伙~,自私到了极点。

【卖妻鬻子】mài qī yù zǐ
[释义] 鬻:卖。出卖妻子,出卖儿女。形容旧时天灾人祸中老百姓悲惨的生活。[语见] 清·张廷玉等《明史·邹缉传》:"老幼流移,颠踣道路。卖妻鬻子以求苟活。"[例句] 这些瘾君子四处借债不

M

说,有的甚至～,弄得倾家荡产。

【卖俏行奸】 mài qiào xíng jiān

[释义] 故作娇态欺骗人,以便做坏事。[语见] 元·无名氏《连环计》第二折:“俺好意的张筵置酒,你走将来卖俏行奸,畅好是厮挟,厮挟也波吕奉先。”[例句] 得知自己的妻子～,他怎能不恼怒异常。

【卖俏迎奸】 mài qiào yíng jiān

[释义] 见“卖俏行奸”。[语见] 明·施耐庵《水浒传》第二十一回:“这阎婆惜被那张三小意儿百依百随,轻怜重惜,卖俏迎奸,引乱这婆娘的心,如何肯恋宋江?”[例句] 这里的女子个个行为轻佻,～,实在让人看着不舒服。

【卖俏营奸】 mài qiào yíng jiān

[释义] 见“卖俏行奸”。[语见] 明·胡文焕《群音类选·海神记·花鸨训女》:“止不过席上尊前,卖俏营奸,退后趋前。”[例句] 她这是在～,可千万别被她迷惑,上了她的当。

【卖身求荣】 mài shēn qiú róng

[释义] 身:自己。荣:指荣华富贵。出卖自己,谋取荣华富贵。形容卑躬屈膝、下流可耻的行径。[例句] 他为了达到自身的政治目的,不惜投靠敌人,～。

【卖身投靠】 mài shēn tóu kào

[释义] 无耻出卖自己,投靠于有钱有势者门下,为其效劳。[例句] 贪生怕死的他,～做了卖国贼。

【卖笑追欢】 mài xiào zhuī huān

[释义] 形容娼妓以色媚人。[语见] 元·李行道《灰阑记》第一折:“再不去卖笑追欢风月馆,再不去迎新送旧翠红乡。”[例句] 这本书真实生动地描写了这位名妓当年风流浪荡、～的烟花生涯。

M

【卖友求荣】 mài yǒu qiú róng

[释义] 出卖朋友,谋取个人的荣华富贵。[例句] 他丢弃良心,～,受到了大家严厉的指责。

【卖主求荣】 mài zhǔ qiú róng

[释义] 荣:荣华富贵。指靠出卖主人的利益而求得个人的荣华富贵。[语见] 清·夏敬渠《野叟曝言》第五十九回:“得势则聚若蝇蚊,失势则散若鸟兽,甚至卖主求荣者颇多。”[例句] 他因～、泄漏军事秘密而被判处叛国罪。

man

【蛮不讲理】 mán bù jiǎng lǐ

[释义] 蛮横不讲道理。[例句] 这个老板～,经常无故克扣员工薪水。

【蛮横无理】 mán hèng wú lǐ

[释义] 野蛮粗暴,不讲道理。[例句] 这是一伙～、恃强凌弱的流氓无赖。

【谩天谩地】 mán tiān mán dì

[释义] 谩:欺瞒。欺天瞒地。指到处欺骗。[语见] 元·刘一清《钱塘遗事》:“贾似道当国,陈藏一作《雪词》讥之云:‘没靶没鼻,霎时间做出谩天谩地。’”[例句] 她～地欺骗大家,妄图隐瞒事情的真相。

【瞒上不瞒下】 mán shàng bù mán xià

[释义] 瞒:隐瞒,把真实情况隐藏起来,不让别人知道。上、下:上级和下级。对上级隐瞒真情,在下级面前就无所顾忌了。多指串通一气干坏事。[语见] 清·吴敬梓《儒林外史》第四回:“方才有几个教亲,共备了五十斤牛肉,请一位老师父来求我,说是要断尽了,他们就没有饭吃,求我略松宽些,叫做‘瞒上不瞒下。’”[例句] 怕上司责怪,他采取了～的方式,把事情给盖住了。

【瞒神吓鬼】 mán shén xià guǐ

[释义] 见“瞒神諕鬼”。[语见] 清·华伟生《开国奇冤》第四出:“尽热衷瞒神吓鬼,扮花面走肉行尸。”[例句] 他喜欢弄虚作假、装腔作势,整天～的,大家都不喜欢他。

【瞒神諕鬼】 mán shén xià guǐ

[释义] 諕:诳骗。形容会耍花招。[语见] 明·杨景贤《西游记杂剧》第三本第十折:“这厮瞒神諕鬼,钢筋铁骨,火眼金睛。”[例句] 少在这儿～的,我什么都知道了。

【瞒天过海】 mán tiān guò hǎi

[释义] 比喻玩弄花招,暗中大肆进行活

动。[语见]明·阮大铖《燕子笺·购幸》:"我做提控最有名,瞒天过海无人问,今年大比期又临,只要赚几贯铜钱养阿正。"[例句]在有关部门的严厉查处下,逃税者不可能～。

【瞒天席地】 mán tiān xí dì
[释义]见"昧地谩天"。[语见]清·洪棅园《警黄钟》第三出:"他瞒天席地,不令主知。"[例句]你怎么能～,欺骗自己的同事呢?

【瞒心昧己】 mán xīn mèi jǐ
[释义]见"昧己瞒心"。[语见]元·武汉臣《老生儿》第一折:"往常我瞒心昧己,信口胡开,把神佛毁谤,将僧道抢白。"[例句]这些年他～制售假货,欺骗了许多顾客。

【满不在乎】 mǎn bù zài hū
[释义]满:完全。在乎:放在心上,在意。完全不放在心上,根本不当作一回事。形容对事情很不重视。[例句]他眼睛向上翻着,一副～的样子。

【满肚疑团】 mǎn dù yí tuán
[释义]见"满腹疑团"。[语见]清·曹雪芹《红楼梦》第八十七回:"弄得宝玉满肚疑团,没精打采地归至怡红院中。"[例句]看到眼前的情景,我的～一下子全都解开了。

【满而不溢】 mǎn ér bù yì
[释义]溢:充满并向外流。比喻人虽然才德很充分,却不骄傲不炫耀。[语见]《吕氏春秋·察微》:"《孝经》曰:'高而不危,所以长守贵也,满而不溢,所以长守富也。'"[例句]无论是治学还是人的成长,都要～,追求没有止境。

【满腹狐疑】 mǎn fù hú yí
[释义]狐疑:怀疑。因狐性多疑,故称多疑为狐疑。满肚子怀疑。形容有很多疑虑。[语见]清·曹雪芹《红楼梦》第一百一十六回:"宝玉满腹狐疑,只得问道:'姐姐说是妃子叫我,那妃子究系何人?'"[例句]他～地弯下腰,伸头到桌子底下想看个究竟。

【满腹经纶】 mǎn fù jīng lún
[释义]经纶:整理过的蚕丝。比喻人的学识、能力。满肚子的学识和才能。形容人很有才识,并有处理大事的能力。[语见]清·洪昇《长生殿·疑谶》:"自家姓郭名子仪,本贯华州郑县人士,学成韬略,满腹经纶。"[例句]老人博闻多才,～,只因时运不济,官场昏暗,抱负终不得施展。

【满腹牢骚】 mǎn fù láo sāo
[释义]牢骚:抑郁不平之感。一肚子的牢骚。形容心情极为抑郁,很不得意。[例句]这个同事整天都是～,真让人受不了。

【满腹疑团】 mǎn fù yí tuán
[释义]疑团:许多弄不清的问题。对许多问题弄不清楚。[语见]梁启超《新中国未来记》第五回:"两人看了,满腹疑团,万分诧异。"[例句]眼前的情景令她～,大惑不解。

【满坑满谷】 mǎn kēng mǎn gǔ
[释义]坑:洼下去的地方,这里指深谷。谷:两山之间狭长的地带。形容聚集或汇合得极多。[语见]《庄子·天运》:"在谷满谷,在坑满坑。"[例句]五颜六色的年货在超市里堆得～,人们推着小车四处购买。

【满面春风】 mǎn miàn chūn fēng
[释义]见"春风满面"。[语见]元·王实甫《丽春堂》第一折:"得胜归来喜笑浓,气昂昂志卷长虹,饮千钟满面春风。"[例句]总经理～地走上台,开始发表他的新年祝词。

【满面笑容】 mǎn miàn xiào róng
[释义]见"笑容满面"。[例句]爸爸～地坐在那里,家里一定是有了什么喜事。

【满目疮痍】 mǎn mù chuāng yí
[释义]疮痍:也作"创痍",创伤。满眼都是创伤。比喻所看到的都是遭受破坏的景象。[语见]清·赵尔巽《清史稿·王骘传》:"且四川祸变相踵,……满目疮痍。"[例句]历经几千年,如今这里已是～,一片荒凉的景象。

M

【满目荆榛】mǎn mù jīng zhēn
[释义] 荆:荆条,灌木。榛:树丛。满眼见到的皆是荆条丛木。比喻环境荒凉。[语见] 宋·薛居正等《旧五代史·唐书·张全义传》:"初,蔡贼孙儒、诸葛爽争据洛阳,迭相攻伐,七八年间,都城灰烬,满目荆榛。"[例句] 战火四处蔓延,无数百姓流离失所,到处是～的荒凉景象。

【满腔热忱】mǎn qiāng rè chén
[释义] 满腔:充满心中。热忱:热情。心中充满了热情。[例句] 我们全体员工正以～和崭新姿态迎接八方宾客的到来。

【满腔热情】mǎn qiāng rè qíng
[释义] 见"满腔热忱"。[例句] 毕业后,我们～地投入到工作岗位上。

【满舌生花】mǎn shé shēng huā
[释义] 比喻能言会道。[语见] 清·夏敬渠《野叟曝言》第七十二回:"锦囊形容水夫人,能令玉麟发想,变男为女作妾,以听其言语,真词令妙品,满舌生花者。"[例句] 他的唱腔圆润,表演生动,真是～,台下观众的掌声经久不息。

【满袖春风】mǎn xiù chūn fēng
[释义] 衣袖飘曳生风。形容十分得意。[语见] 元·张可久《水仙子》:"翰林风月进多才,满袖春风下玉阶。"[例句] 看他～的样子,一定是有什么喜事。

【满园春色】mǎn yuán chūn sè
[释义] 见"春色满园"。[例句] 植物园里郁金香花开朵朵,～令游人流连忘返。

【满载而归】mǎn zài ér guī
[释义] 载:装载。满载:装满。装满了东西回来。形容收获很大。[语见] 宋·倪思《经钼堂杂志》:"里有善干谒者,徒有而出,满载而归,里人无不羡之。"[例句] 在这里旅游购物,保你～。

【漫不经心】màn bù jīng xīn
[释义] 漫:随便,不受约束。经心:留意。随随便便,根本不放在心上。[语见] 明·朱国祯《涌幢小品·存问》:"近见使者至城外,仅主家周旋,有司漫不经心。"[例句] 后卫～的一个回传,导致失球。

【漫不经意】màn bù jīng yì
[释义] 见"漫不经心"。[例句] 他看起来好像～地看着报纸,其实不时用眼睛偷偷地向这边张望着。

【漫地漫天】màn dì màn tiān
[释义] 漫:满。形容到处都是,数量极多。[语见] 元·谷子敬《城南柳》第三折:"可早漫地漫天,更扑头扑面,雪拥就浪千堆。"[例句] 大雪已经整整飘了三天,～一片银白。

【漫山遍野】màn shān biàn yě
[释义] 漫:满。遍:到处。山间和田野里到处都是。形容数量多或声势大。[语见] 明·罗贯中《三国演义》第十三回:"于是李催在左,郭汜在右,漫山遍野拥来。"[例句] 秋天到了,香山～的红叶吸引了许多游人。

【漫天遍野】màn tiān biàn yě
[释义] 天空和田野到处都是。[例句] 好大的雪啊! 四处飘扬,～,好像棉絮一样。

【漫天彻地】màn tiān chè dì
[释义] 彻:透。弥漫天空,充满地面。形容势头极大。[语见] 明·罗贯中《三国演义》第四十九回:"隔江炮响,四下火船齐到,但见三江面上,火逐风飞,一派通红,漫天彻地。"[例句] 春天到了,～的桃花盛开,景色非常好看。

【漫天盖地】màn tiān gài dì
[释义] 见"漫天彻地"。[语见] 清·蒲松龄《东郭外传》:"这齐人漫天盖地说大话,把他那婆子喜的似风魔。"[例句] 这雪下得～,像要把一切都埋没。

【漫天漫地】màn tiān màn dì
[释义] 漫:满。充满天地之间。形容到处都是,数量极多。[语见] 明·朱国祯《涌幢小品·大劫运》:"南宋末造,蒙古兵势,漫天漫地盖来。又加以谋勇,如何御得他。"[例句] 窗外～到处都是飘扬的柳絮,好像下了一场大雪。

【漫天塞地】màn tiān sè dì
[释义] 漫:迷漫。塞:充塞。塞满天地之间。形容数量极多,到处都是。[语见]

清·夏敬渠《野叟曝言》第一百零八回：
"素臣喊叫如雷，跳跃如虎，人人辟
易，便直冲而出，却见漫天塞地，都是
民兵。"[例句]屋外是～的风沙，狂风
呼啸。

【漫天匝地】màn tiān zā dì
[释义]见"漫天彻地"。[语见]清·归庄
《万古愁》："凭便是银青作铒，金紫为
纶，漫天匝地张罗钓……摆尾摇头再不
来了。"[例句]战场上一片厮杀，硝烟尘
土～。

【漫无边际】màn wú biān jì
[释义]漫：到处，宽广。边际：边缘。形
容非常广阔，一眼望不到边。也比喻说
话、作文远离中心，任意发挥。[例句]
两人坐在山丘上，～地聊着天。

【慢藏诲盗】màn cáng huì dào
[释义]慢藏：收藏不慎。诲：诱致。形容
收藏财物不慎而招致盗贼。[语见]《周
易·系辞上》："慢藏诲盗，冶容诲淫。"
[例句]你带着这么贵重的首饰一个人
上街，简直是～，引诱劫匪来抢劫。

【慢条斯礼】màn tiáo sī lǐ
[释义]形容说话做事慢慢腾腾，不慌不
忙的样子。[语见]明·兰陵笑笑生《金瓶
梅词话》第三十回："一个风火事，还像寻
常慢条斯礼儿的?"[例句]只见他～地吃
着东西，仿佛全然没把我看在眼里。

mang

【芒刺在背】máng cì zài bèi
[释义]芒：芒刺，草木茎叶、果壳上的小
刺。像芒刺扎在后背上一样。形容人心
情极度不安的状态。[语见]汉·班固《汉
书·霍光传》："宣帝始立，谒见高庙，大将
军(霍)光从骖乘，上内严惮之，若有芒刺
在背。"[例句]老王的一席话让他感到
如～，十分不安。

【芒刺在身】máng cì zài shēn
[释义]见"芒刺在背"。[例句]众目睽
睽之下，我犹如～，恨不能立刻找个地洞
钻下去。

【芒寒色正】máng hán sè zhèng
[释义]芒：光芒。形容星光清冷，面色纯
正。比喻人的品行高洁正直。[语见]
唐·刘禹锡《〈柳河东集〉序》："粲焉如繁
星丽天，而芒寒色正。"[例句]她具有优
秀的职业素养，注重团队合作，诚信待
人，公私分明，～。

【芒芒苦海】máng máng kǔ hǎi
[释义]苦海：佛教谓苦难深重如海。芒
芒：同"茫茫"，辽阔深远貌。比喻苦难无
穷无尽。[语见]宋·张君房《云笈七签》
第六十六卷："嗟见南山尘，积年为丘山。
芒芒苦海中，生死成波澜。"[例句]～，人
生的路绝不会是一帆风顺的。

【盲人摸象】máng rén mō xiàng
[释义]盲人：俗称瞎子，两眼看不见的
人。象：大象。瞎子靠触摸来了解大象
的形态。后泛指认识事物片面或以偏概
全。[例句]那些评论家都是在～，没几
个真懂艺术的。

【盲人说象】máng rén shuō xiàng
[释义]见"盲人摸象"。[语见]元·黄溍
《书袁通甫诗后》："正如盲人说象，知其
鼻者谓象如杵，知其牙者谓象如芦菔
根。"[例句]你们站得不够高，研究问题
不能片面，否则就会闹出～的笑话来。

【盲眼无珠】máng yǎn wú zhū
[释义]瞎了眼，没了眼珠子。形容对眼
前的事物一无所见。也比喻不识事理。
[语见]明·胡文焕《群音类选·东厢记·传
情惹恨》："多因我盲眼无珠，怎识他笔端
藏意。"[例句]都怪我～，不会用人。

【茫茫苦海】máng máng kǔ hǎi
[释义]见"芒芒苦海"。[语见]清·蒲松
龄《聊斋志异·马介甫》："祗缘儿女深
情，遂使英雄短气。(但评)儿女情深，英
雄气短，茫茫苦海，同此病源。"[例句]面
对厚厚的一摞课本，她犹如坠入了～，复
习得非常辛苦。

【茫然不解】máng rán bù jiě
[释义]指对某事迷惑不解。[语见]清·
李绿园《歧路灯》第一百零二回："邵肩齐
说及前事，娄朴茫然不解。"[例句]听了

M

这些话,她的脸上露出～的神色。

【茫然费解】 máng rán fèi jiě

[释义] 茫然:无所知貌。无所知道,很难理解。[语见] 清·李汝珍《镜花缘》第八十二回:"只图讲究古音,总是转弯磨禄,令人茫然费解。"[例句] 对方的所作所为令她～。

【茫然若迷】 máng rán ruò mí

[释义] 迷惑不明的样子。[语见] 清·夏敬渠《野叟曝言》第六十二回:"弟前日闻先生正论,因久溺其说,锢蔽已深,竟茫然若迷,莫措一语。"[例句] 看着男友越走越远,她不禁～,不知该何去何从。

【茫然若失】 máng rán ruò shī

[释义] 心中恍惚如有所失。[语见]《列子·仲尼》:"子贡茫然自失。"[例句] 从办公室出来,她有一种不知所措、～的感觉。

【茫无头绪】 máng wú tóu xù

[释义] 茫:模糊、杂乱。头绪:开端。没有一点头绪。形容对事情摸不着边儿,不知道该从哪儿下手。[语见] 清·吴趼人《二十年目睹之怪现状》第七十九回:"到底是那一件事?这样茫无头绪的,叫我从何说起?"[例句] 面对全然陌生的环境,她觉得～。

máo

【猫鼠同眠】 māo shǔ tóng mián

[释义] 比喻上司昏庸失职,纵容下属做坏事。也比喻同流合污。[语见] 清·曹雪芹《红楼梦》第九十九回:"贾政听到这话,道:'胡说,我就不识时务吗?若是上和下睦,叫我与他们猫鼠同眠吗?'"[例句] 在这个官匪一家、～的复杂群体中,他感到非常压抑。

【毛发悚然】 máo fà sǒng rán

[释义] 见"毛骨悚然"。[例句] 人们一说起吸血鬼,无不～。

【毛发之功】 máo fà zhī gōng

[释义] 比喻极微小的功劳。[语见] 三国魏·曹植《求自试表》:"窃不自量,志在授命,庶立毛发之功,以报所受之恩。"

[例句] 瞧他那得意的样子,不过是立了那么一点点～而已嘛!

【毛骨耸然】 máo gǔ sǒng rán

[释义] 见"毛骨悚然"。[例句] 这个古代刑具展把观众看得～。

【毛骨悚然】 máo gǔ sǒng rán

[释义] 悚然:恐惧。毛发和骨骼都觉得恐惧。形容极端害怕。[语见] 元·汤垕《画鉴·唐画·韩嵩》:"二牛相斗,毛骨悚然。"[例句] 小时候,奶奶经常给我们讲一些令人～的鬼故事。

【毛骨竦然】 máo gǔ sǒng rán

[释义] 见"毛骨悚然"。[例句] 每次走进这个黑漆漆的地窖,我总是～,怕得要命。

【毛施淑姿】 máo shī shū zī

[释义] 毛、施:毛嫱和西施。形容女子姿容如毛嫱、西施般美丽。[语见]《管子·小称》:"毛嫱、西施,天下之美人也。"明·汤显祖《牡丹亭·道觋》:"母亲说你内才儿虽然'守真志满',外像儿'毛施淑姿'。"[例句] 大家都夸她有～,美得不得了。

【毛遂自荐】 máo suì zì jiàn

[释义]《史记·平原君列传》载:赵孝成王九年,秦军围赵国都城邯郸,赵王使平原君去楚国求救,门客毛遂自荐陪同前往。至楚,平原君与楚王谈判,久而不决。毛遂按剑上阶,直陈利害,终使楚王歃血定盟,楚、赵联合抗秦。后用"毛遂自荐"比喻自告奋勇或自我推荐去做某事。[例句] 在决战来临之前,他～,希望率领先锋部队向敌人的高地发起冲击。

【矛盾相向】 máo dùn xiāng xiàng

[释义] 形容针锋相对。[语见] 宋·钱易《南部新书》:"贞元十二年,天子降诞日,诏儒官与缁黄讲论。初若矛楯相向,后类江海同归。三殿谈经,自此始也。"注:楯,同"盾";缁黄:和尚与道士。[例句] 合伙买彩票是一件微妙的事情,有人因此兴高采烈,也有人因此～。

【茅茨土阶】 máo cí tǔ jiē

[释义] 见"茅室土阶"。[语见] 明·冯梦

龙《东周列国志》第三回:"昔尧舜在位,茅茨土阶,禹居卑宫,不以为陋。"[例句]他们全家八口人,居然就住在这简陋的～里,生活条件非常差。

【茅封草长】máo fēng cǎo zhǎng

[释义]封:封闭。长:生长。长满茅草。形容野草丛生的荒凉景象。[例句]这个昔日热闹非凡的码头如今已是～,满目荒凉。

【茅庐三顾】máo lú sān gù

[释义]见"草庐三顾"。[语见]元·无名氏《醉写赤壁赋》第一折:"不肯去兰省一朝登北阙,便想这茅庐三顾到南阳。"[例句]为了挖到这个人才,总经理可谓～,锲而不舍。

【茅塞顿开】máo sè dùn kāi

[释义]茅塞:被茅草掩塞。顿:立刻。古人认为路不走就会被茅草掩塞,心不用也会被堵塞。比喻受到启发忽然心里开朗,明白了某种道理,有了某种知识或消除了疑问。[例句]听到这里,她总算～,终于明白了父亲的一片苦心。

【茅室土阶】máo shì tǔ jiē

[释义]茅草盖的屋顶,泥土砌的台阶。形容居住简陋,生活俭朴。[语见]南朝宋·范晔《后汉书·班固传》:"客居杜陵,茅室土阶。"[例句]中国古代建筑从～的原始状态发展到明清时代城墙高筑,布局严整的宫廷建筑,前后经历了两千多年。

【冒名顶替】mào míng dǐng tì

[释义]冒:假冒。冒充、顶替别人的姓名去做事或窃取他人的权益。[语见]明·吴承恩《西游记》第二十五回:"你走了便也罢,却怎么绑些柳树在此冒名顶替?"[例句]学校重申:考试严禁～,违者重罚!

【冒天下之大不韪】mào tiān xià zhī dà bù wěi

[释义]不韪:不对,不是,过失。公然去做天下人认为是最大的错事。[例句]有些人想～,公然进行分裂祖国的活动,这是我们绝不允许的。

【贸首之仇】mào shǒu zhī chóu

[释义]贸首:想得到对方的头颅。形容双方有极大的仇恨,都想得到对方的头颅才甘心。[语见]《战国策·楚策三》:"甘茂与樗里疾,贸首之雠也。"鲍彪注:"贸,言欲易取其首。"[例句]我跟他有～,不报此恨,绝不罢休!

【貌合情离】mào hé qíng lí

[释义]表面上两人很合得来,而实际感情上有离异。[语见]清·夏敬渠《野叟曝言》第一百一十五回:"若好不合,则不和,不和则离,虽克竭敬爱,而貌合情离,与从夫之义悖矣。"[例句]她与丈夫～,只是还没办离婚手续罢了。

【貌合神离】mào hé shén lí

[释义]貌:外表。表面上合得来,其实不同心,或表面相同,其实不一样。[语见]清·夏敬渠《野叟曝言》第十三回:"所以说两贼参商,貌合神离,将来举起事来,祸正不测。"[例句]两人～地过了十多年,终于离婚了。

【貌合心离】mào hé xīn lí

[释义]见"貌合神离"。[语见]《素书·遵义》:"貌合心离者孤,亲谗远忠者亡。"[例句]这些家伙因分赃不均而～,互相猜忌,人心涣散。

【貌合行离】mào hé xíng lí

[释义]表面上两人很合得来,而行动上却又差异很大。[语见]晋·葛洪《抱朴子·勤求》:"口亲心疏,貌合行离。"[例句]公司管理层出现严重分歧,经理们互相猜疑,～。

【貌是情非】mào shì qíng fēi

[释义]表面做的与心里想的完全两样。[语见]南朝梁·简文帝《与僧正教》:"或十尊五圣共处一厨,或大士如来俱藏一柜,信可谓心与事背,貌是情非。"[例句]不要被假象所迷惑,他俩早已～,互不信任了。

mei

【没大没小】méi dà méi xiǎo

[释义]形容不分长幼,不遵礼法。

M

[例句] 这孩子怎么～的？一点儿也不懂礼貌。

【没颠没倒】méi diān méi dǎo
[释义] 形容纷乱的情景。[语见] 元·李行道《灰阑记》第二折："你两个都不为年纪老,怎么的便这般没颠没倒,对官司不分个真假,辨个清浊。"[例句] 这件事到现在还是～,催也没用。

【没法没天】méi fǎ méi tiān
[释义] 见"无法无天"。[语见] 清·曹雪芹《红楼梦》第一百回："你是那里的这么个横强盗,这样没法没天的!我偏要打这里走!"[例句] 这些流氓简直～,什么坏事都做得出来。

【没精打采】méi jīng dǎ cǎi
[释义] 精：精神。采：神采。心情不快,精神振作不起来。[语见] 清·李宝嘉《官场现形记》第四十回："他太太打错了一个人家,又走错了一个人家,亦觉得心上没趣,没精打采。"[例句] 看你～的样子,是不是病了?

【没轻没重】méi qīng méi zhòng
[释义] 指说话、做事缺少分寸,不知轻重。[例句] 这孩子说话怎么～?

【没情没绪】méi qíng méi xù
[释义] 见"无情无绪"。[语见]《京本通俗小说·碾玉观音》："崔宁到家中,没情没绪,走进房中,只见浑家坐在床上。"[例句] 这阵子她不太开心,做什么事情都是～的样子。

【没头没脑】méi tóu méi nǎo
[释义] 指说话或做事条理不清,使人糊里糊涂,莫名其妙,或不分对象率性而为。[语见] 明·凌濛初《初刻拍案惊奇》第一卷："而今说一个人,在实地上步行,步步不着,极贫极苦的,却在渺渺茫茫、做梦不到的去处,得了一注没头没脑的钱财,变成巨富。"[例句] 听了这句～的话,大家一下子都愣在那儿了。

【眉飞色舞】méi fēi sè wǔ
[释义] 色：脸色、神色。形容人高兴或得意的神态。[语见] 清·李宝嘉《官场现形记》第三十二回："余荩臣一听'明保'二字,正是他心上最为切之事,不禁眉飞色舞。"[例句] 小侄女～地给我们描述昨晚她参加演唱会时的情景。

【眉高眼低】méi gāo yǎn dī
[释义] 形容不愉快的脸色。[语见] 明·张四维《双烈记·计遣》："大丈夫四海为家,那里不去了,怎肯受你家眉高眼低,干言湿语。"[例句] 她看多了人前人后的～,早已习惯了。

【眉花眼笑】méi huā yǎn xiào
[释义] 形容极其高兴的样子。[语见] 元·王实甫《西厢记》第二本第二折："彼见昨日惊魂动魄,今日眉花眼笑。"[例句] 她一看到妈妈手中的巧克力,立刻～。

【眉欢眼笑】méi huān yǎn xiào
[释义] 见"眉花眼笑"。[语见] 明·兰陵笑笑生《金瓶梅词话》第三十四回："把婆子喜的眉欢眼笑,过这边来,拿与金莲瞧。"[例句] 看到女婿来了,他立刻～,高高兴兴地把人让到屋里。

【眉开眼笑】méi kāi yǎn xiào
[释义] 形容满脸高兴的样子。[语见] 明·郑之义《旗亭记》："见你终日眉头不展,面带忧色,不曾有一日眉开眼笑,端的为着甚事?"[例句] 这些人拿到钱,立刻都变得～。

【眉来眼去】méi lái yǎn qù
[释义] 指相互间用眉眼来传递爱慕之情。[语见] 元·贯云石《斗鹌鹑·佳偶》曲："见他眉来眼去,俺早心满愿足。"[例句] 她无法接受自己的丈夫有事没事和一堆女人～。

【眉来语去】méi lái yǔ qù
[释义] 眼目传情,话语示意。多形容男女之间的传情达意。[语见] 明·汤显祖《南柯记·决婚》："天竺见他来,顺稍儿到讲台,眉来语去情儿在。"[例句] 两个人～,互相都有好感。

【眉目不清】méi mù bù qīng
[释义] 眉目：指事情的头绪或条理。形容事物缺乏条理。常用于评论文章。[例句] 这篇文章写得颠三倒四,主题混

乱，～。

【眉目传情】 méi mù chuán qíng

[释义] 用眼色来传达相互间的爱慕。参看"眉来眼去"。[语见] 清·宣鼎《夜雨秋灯录》第三卷："瞰翁女船尾操楫，甚艳冶，眉目传情。"[例句] 两个人在办公室里就开始～，下了班更是开开心心地一起去看电影了。

【眉目如画】 méi mù rú huà

[释义] 形容面容俊美。[语见] 南朝宋·范晔《后汉书·马援传》："为人明须发，眉目如画。"[例句] 这两个人一个是～，另一个是丑陋不堪，站在一起反差很大。

【眉南面北】 méi nán miàn běi

[释义] 形容彼此相处却不相投合，不愿正面打交道。[语见] 元·无名氏《十探子》第二折："你见了这李廉使都眉南面北……则为我无过犯难投宰相机。"[例句] 这两个人～，向来不合。

【眉清目秀】 méi qīng mù xiù

[释义] 形容人的面貌清秀。[语见] 元·李直夫《合同文字》第一折："有个孩儿唤做安住，今年三岁，生得眉清目秀，是好一个孩儿也。"[例句] 那女子见他知书达理、～，就对他产生了爱慕之情。

【眉头不展】 méi tóu bù zhǎn

[释义] 见"愁眉不展"。[例句] 下班后，妈妈一副～的样子，看上去一定是遇到了什么不开心的事。

【眉笑颜开】 méi xiào yán kāi

[释义] 见"眉开眼笑"。[例句] 正当我们饥肠辘辘的时候，路边出现了一个小餐馆，大家立刻～，纷纷下车去吃东西。

【眉眼传情】 méi yǎn chuán qíng

[释义] 用眼色传递情意。多用于男女之间。[语见] 元·王实甫《西厢记》第三本第一折："只你那眉眼传情未了时。"[例句] 他俩用餐时就开始～，期盼着坐到彼此身边。

【眉眼高低】 méi yǎn gāo dī

[释义] 见"眉高眼低"。[例句] 他有了资金，就自己开了一家店，再也不用看别人的～。

【每况愈下】 měi kuàng yù xià

[释义] 见"每下愈况"。[语见] 宋·胡仔《苕溪渔隐丛话后集》第二十六卷："子瞻自言，平生不善唱曲，故间有不入腔处。非尽如此，后山乃比之教坊司雷大使舞，是何每况愈下？盖其谬耳。"[例句] 年纪大了，身体状况也～。

【每下愈况】 měi xià yù kuàng

[释义] 愈：更。况：比照。原意是越从低微的事物上去推断，越能看清事物的真相。后来形容情况越来越糟。[语见]《庄子·知北游》："庄子曰：'夫子之问也，固不足质。正获之问于监市履稀也，每下愈况。'"[例句] 这病已到晚期，眼见着他的身体～，我们都十分焦急。

【美不胜收】 měi bù shèng shōu

[释义] 胜：旧读"shēng"，尽，完。收：接受。美好的事物非常多，看不过来。[语见] 清·曾朴《孽海花》第九回："还有一班名士黎石农、李纯客、袁尚秋诸人寄来的送行诗词，清词丽句，觉得美不胜收。"[例句] 这里湖面帆影点点，景色～。

【美景良辰】 měi jǐng liáng chén

[释义] 见"良辰美景"。[语见] 唐·李百药《北齐书·段荣传》："（段）孝言富贵豪侈，尤好女色，……然举止风流，招致名士，美景良辰，未尝虚弃。"[例句] 今晚如此的～，咱们何不出去散散步？

【美轮美奂】 měi lún měi huàn

[释义] 轮：轮囷，古代圆形谷仓，借指高大的样子。奂：鲜明，盛大，形容宽敞鲜亮。形容房屋壮丽宏伟。[语见]《礼记·檀弓下》："晋献文子成室，晋大夫发焉。张老曰：'美哉轮焉，美哉奂矣。'"郑玄注："心讥其奢也。轮，轮囷，言高大。奂，言众多。"[例句] 广场四周布满了～的各式建筑，在灯光的映照下更显得富丽堂皇。

【美女簪花】 měi nǚ zān huā

[释义] 美女戴花。形容书法娟秀多姿或诗人风格秀丽。[语见] 清·王昶《金石萃编·杨震碑跋》："昔人谓褚登喜，书

如美女簪花。"[例句] 把扇子展开一看,只见写着数行小字,笔法秀娟,有如～。

【美人香草】 měi rén xiāng cǎo
[释义] 原说明屈原在《离骚》中以香草比喻忠臣,以美人比喻君主。后用以指忠君爱国的思想。[语见] 汉·王逸《楚辞章句·离骚序》:"《离骚》之文,依《诗》取兴,引类譬谕,故善鸟香草,以配忠贞;恶禽臭物,以比谗佞;灵修美人,以媲于君。"[例句] 他以～自喻,而以恶禽臭物比喻那些陷害他的奸邪佞臣。

【美如冠玉】 měi rú guān yù
[释义] 冠:帽子。美好得像帽子上缀的珠玉一样。形容男子貌美。[语见] 汉·司马迁《史记·陈丞相世家》:"绛侯、灌婴等咸谗陈平曰:'平虽美丈夫,如冠玉耳,其中未必有也。'"裴骃集解引《汉书音义》:"饰冠以玉,光好外见,中非所有。"[例句] 他长得一表人才,～,而且聪颖过人,受到不少女孩的追求。

【美衣玉食】 měi yī yù shí
[释义] 形容衣食奢华。[语见] 明·冯梦龙《东周列国志》第六十五回:"所谓君者,受尊号,享荣名,美衣玉食,崇阶华宫,乘高车,驾上驷,府库充盈,使令满前。"[例句] 他过着车马仆御、～的奢华生活,整日不思进取。

【美意延年】 měi yì yán nián
[释义] 美意:愉快的心情。心情愉快,可以延年益寿。[语见]《荀子·致士》:"得众动天,美意延年。"[例句] 爷爷八十大寿之日,我们送给他最喜爱的书画,祝他～、健康长寿。

【美玉无瑕】 měi yù wú xiá
[释义] 瑕:玉上的斑点,比喻缺点。形容人或事物完美无缺。[语见] 元·乔吉《一枝花·杂情》:"看承的美玉无瑕,谁敢做野草闲花。"[例句] 这件工艺品做工精良,～。

【美中不足】 měi zhōng bù zú
[释义] 指人或事物虽然很好,但尚有不足之处。[语见] 明·吾丘瑞《运甓记·折

翼著梦》:"只这一州未归掌握,杖击折翼,这是美中不足。"[例句] 这个小球员技术非常好,～的是身体好像不够强壮。

【昧地谩天】 mèi dì mán tiān
[释义] 谩:欺骗。昧着良心隐瞒真实情况,以谎言骗人。[语见] 金·侯善渊《酹江月·贪财竞色》词:"昧地谩天,多能已会,以巧翻为拙。"[例句] 调查显示,这家上市公司～,故意发布虚假信息以误导股民。

【昧地瞒天】 mèi dì mán tiān
[释义] 见"昧地谩天"。[语见] 明·无名氏《活拿肖天佑》头折:"你这般昧地瞒天,谄佞奸僻。"[例句] 为了追求利润,这家企业竟～地干起了偷税漏税的勾当。

【昧己瞒心】 mèi jǐ mán xīn
[释义] 瞒:欺骗。形容行事奸诈,违背良心。[语见] 元·戴善夫《风光好》第四折:"你最是昧己瞒心泼小儿,许下俺调琴瑟,今日似难鸣孤掌,不线的单丝。"[例句] 你那～得来的黑钱,我一个子儿也不要。

men

【门不停宾】 mén bù tíng bīn
[释义] 门外不停留宾客。形容待客殷勤,毫无怠慢。[语见] 唐·房玄龄等《晋书·王浑传》:"虚怀绥纳,座无空席,门不停宾。"[例句] 宴席连摆三天,真是座无虚席、～。

【门不夜关】 mén bù yè guān
[释义] 夜间不需关门防窃贼。形容社会安宁。[语见] 汉·司马迁《史记·循吏列传》:"二年市不豫贾。三年门不夜关,道不拾遗。"[例句] 这里的社会风气很好,～,市民们都感到很安全。

【门不夜扃】 mén bù yè jiōng
[释义] 见"门不夜关"。[语见] 南朝宋·范晔《后汉书·东夷列传》:"始其国俗未有闻也,及施八条之约,使人知禁,遂乃邑无淫盗,门不夜扃。"[例句] 这个小镇民风朴素,至今依然保存着～的传统。

【门当户对】mén dāng hù duì

[释义]门、户:指门第。当:相当。对:对等。指联姻双方家庭的社会地位和经济状况相当。[语见]元·王实甫《西厢记》第一本第二折:"虽然不是门当户对,也强如陷于贼中。"[例句]中国古代青年男女婚姻,非常讲究～。

【门户之见】mén hù zhī jiàn

[释义]门户:指派别。见:成见,偏见。指由派别不同而产生的偏见。[语见]清·恽敬《明儒学案条辨序》:"一迁就不得,则再迁就,三迁就之。此则先生门户之见也。"[例句]他的山水画法不受～所限,博采众长,形成了自己独特的风格。

【门禁森严】mén jìn sēn yán

[释义]门禁:原指宫门的禁令,即对出入宫门的限制。森严:整饬而严肃。形容门前戒备很严。[例句]这里～,外人很难进去。

【门堪罗雀】mén kān luó què

[释义]见"门可罗雀"。[例句]看来最近有关售卖伪劣产品的传言对这家商场的影响很大,如今该店～,顾客非常少。

【门可罗雀】mén kě luó què

[释义]罗:设网捕(鸟)。门前可以设网捕雀。形容门庭冷落,宾客绝少。[语见]唐·姚思廉《梁书·郅澭传》:"(到澭)性又不好交游,惟与朱异、刘之遴、张绾同志友密。及卧疾家园,门可罗雀。"[例句]他谢任后,家中～,回想起在任时的热闹情景,他颇有几分失落。

【门可张罗】mén kě zhāng luó

[释义]见"门可罗雀"。[例句]快到春节了,大家都忙着置办年货,博物馆却～,来这里参观游览的人很少。

【门庭如市】mén tíng rú shì

[释义]见"门庭若市"。[语见]清·李宝嘉《中国现在记》第七回:"真正是门庭如市,有求必应,因此抚台更把毕珠看得十分倚重。"[例句]这家烤鸭店每天～,据说一天的销售额将近百万元。

【门庭若市】mén tíng ruò shì

[释义]门前和庭院中好像集市一样,形容来人众多,热闹非常。[语见]《战国策·齐策一》:"群臣进谏,门庭若市。"[例句]每天清晨,这里的茶楼生意特别好,～,往来不绝。

【门无杂宾】mén wú zá bīn

[释义]杂:不纯。家中没有杂乱的客人。指不胡乱结交朋友。[语见]唐·房玄龄等《晋书·刘惔传》:"累迁丹阳尹,为政清整,门无杂宾。"[例句]他生性谨慎,向来不妄交友,家里～。

【扪参历井】mén shēn lì jǐng

[释义]参、井:星宿名。参为蜀之分野,井为秦之分野。原形容自秦入蜀途中,山势极高,可以摸到参、井星宿。后即形容蜀道的高峻险阻。[语见]唐·李白《蜀道难》诗:"扪参历井仰胁息,以手抚膺坐长叹。"[例句]攀上这座山,周围云雾缭绕,仿佛可以～。

【扪虱而谈】mén shī ér tán

[释义]见"扪虱而言"。[例句]他跟我们几个是非常要好的朋友,经常晚上不睡觉,跑到我们宿舍～,比在自己家里还随便。

【扪虱而言】mén shī ér yán

[释义]扪:用手按。一面按虱,一面谈话。形容随便谈话,不拘细节。[语见]唐·房玄龄等《晋书·王猛传》:"桓温入关,猛被褐而诣之,一面谈当世之事,扪虱而言,旁若无人。"[例句]一进门,就见他坐在桌子上～,旁若无人地说着什么。

【扪隙发罅】mén xì fā xià

[释义]扪:摸。隙、罅:裂缝。指寻找可乘之机以钻营。[语见]宋·王令《答刘公著微之书》:"今夫人爵,人之求者,犹研精苦思,扪隙发罅,以窥求门户,虽所学固不中节,然张巧射中之心不为不勤矣。"[例句]公司的财务制度还存在一些漏洞,有可能被那些～的人所利用。

【扪心无愧】mén xīn wú kuì

[释义]见"问心无愧"。[语见]唐·白居易《和梦游春诗一百韵》:"扪心无愧畏,腾口有谤谪。"[例句]我没有当场站起来申辩,是因为我～。

M

【扪心自问】mén xīn zì wèn
[释义]扪:摸着。心:心口,胸口。摸着心口,自己问自己。指自我反省,自我批评。[例句]他看到战争造成的一幕幕惨剧,不禁～,到底这场战争有没有意义?

【闷闷不乐】mèn mèn bù lè
[释义]闷闷:沉闷而不痛快。心里烦闷,不畅快。[语见]明·罗贯中《三国演义》第十八回:"又恐被人嗤笑,乃终日闷闷不乐。"[例句]被爸爸训了一顿,他～地回到自己的房间。

meng

【蒙头转向】mēng tóu zhuàn xiàng
[释义]见"晕头转向"。[例句]刚来这座城市的时候,我经常～,搞不清方向。

【蒙混过关】méng hùn guò guān
[释义]蒙混:用欺骗的手段使人相信虚假的事物。关:关口。用欺骗的手段混过检查或审问的关口。[例句]他藏在人群中,企图趁机～。

【蒙昧无知】méng mèi wú zhī
[释义]蒙昧:没有文化,不懂事理。形容愚昧,没有文化知识,不明白事理。[例句]这场浩劫是由于人们的～造成的。

【蒙袂辑屦】méng mèi jí jù
[释义]袂:衣袖。蒙袂:用袖子蒙住脸。辑屦:拖着鞋子不让脱落。用衣袖蒙着脸,脚上拖着鞋子走着。形容非常困乏。[语见]《礼记·檀弓下》:"有饿者蒙袂辑屦,贸贸然来。"[例句]在教室熬了一夜之后,只见他～,晃晃悠悠地回到宿舍。

【蒙在鼓里】méng zài gǔ lǐ
[释义]比喻被隐瞒、蒙蔽,不知道一点儿情况。[例句]游客被小贩狠狠地宰了一刀,却还～,以为自己捡了便宜。

【盟山誓海】méng shān shì hǎi
[释义]见"山盟海誓"。[语见]元·施惠《幽闺记·诏赘仙郎》:"后来与他同到招商店中,盟山誓海,共结鸾凰。"[例句]发

生那件事情之后,任凭他～,还是无法恢复大家对他的信任。

【猛志常在】měng zhì cháng zài
[释义]形容雄心壮志坚定不移,至死不变。[语见]晋·陶渊明《读山海经》诗:"刑天舞干戚,猛志固常在。"[例句]虽然年事已高,但他～,令人钦佩不已。

【孟母三迁】mèng mǔ sān qiān
[释义]孟母,孟轲之母。相传孟轲少小时不认真读书,孟母三迁居所,改变环境,使孟子得以卒业。后常用以颂扬母教。[语见]汉·刘向《列女传·邹孟轲母传》载,孟子幼时,因住处靠近墓地,嬉戏时"为墓间之事";迁至街市附近,又学"贾人衒卖之事";再迁至学宫旁,"及设俎豆揖让进退"。孟母曰:"真可以居吾子矣。"[例句]小时候,母亲以～的精神,努力为我们创造良好的成长环境。如今想起来,真是要感谢她啊!

【孟母择邻】mèng mǔ zé lín
[释义]见"孟母三迁"。[例句]～的中国古训影响着不少购房者的购房意愿,他们宁愿出更多的钱,把家安置在距离学校较近的地方。

【孟诗韩笔】mèng shī hán bǐ
[释义]孟:孟郊,字东野,唐代诗人。韩:韩愈,字退之,唐宋八大家之一。比喻诗文出众。[语见]唐·赵璘《因话录》第三卷:"韩文公与孟东野友善,韩公文至高,孟长于五言,时号孟诗韩笔。"[例句]我可没有～那样的文采和口才。

【梦笔生花】mèng bǐ shēng huā
[释义]原指文人才思日进。现多形容文章写得绚丽多彩。[语见]五代·王仁裕《开元天宝遗事·梦笔头生花》:"李太白少时,梦所用之笔头上生花。后天才赡逸,名闻天下。"[例句]她的理想是成为一名才思泉涌、～的诗人。

【梦幻泡影】mèng huàn pào yǐng
[释义]佛教用语。指梦境、幻景、水泡和影子。后用以比喻不能实现的空想,或虚无缥缈的东西。[语见]宋·丁谓《答胡则书》:"梦幻泡影,知既往之本无;地水

风火,悟本来之不有。"[例句] 这一切的一切都像～一般,没什么值得牵挂的。

【梦魂颠倒】mèng hún diān dǎo
[释义] 形容人由于思念过甚,精神恍惚。[语见] 明·胡文焕《群音类选·步步娇·闺怨》:"舞秋风败叶,把纱窗乱敲,搅得我梦魂颠倒。"[例句] 自从见到那个漂亮的姑娘,他～,每日不思茶饭。

【梦里蝴蝶】mèng lǐ hú dié
[释义] 比喻虚幻之事。[语见]《庄子·齐物论》:"昔者庄周梦为蝴蝶,栩栩然蝴蝶也。自喻适志与,不知周也。俄然觉,则蘧蘧然周也。"[例句] 这只是～,又不是真的。

【梦寐以求】mèng mèi yǐ qiú
[释义] 寐:睡着。在睡梦中还在寻找、追求。形容愿望迫切、强烈。[语见]《诗经·周南·关雎》:"窈窕淑女,寤寐求之,求之不得,寤寐思服。"[例句] 终于得到自己～的礼物,他简直乐疯了。

【梦尸得官】mèng shī dé guān
[释义] 旧时迷信说法,梦见死尸是得官的预兆。[语见] 南朝宋·刘义庆《世说新语·文学》:"人有问殷中军(浩):'何以将位前而梦棺器,将得财而梦矢秽?'殷曰:'官本是臭腐,所以将得而梦棺尸;财本是粪土,所以将得而梦秽污。'"[例句] 所谓～,看来你要升官了。

【梦想不到】mèng xiǎng bù dào
[释义] 做梦也想不到。比喻出乎意料。[例句] 古代的人绝对～,人类能够登上月球。

【梦熊之喜】mèng xióng zhī xǐ
[释义] 梦熊:指生男孩。后成为祝贺人生男孩之语。[语见]《诗经·小雅·斯干》:"吉梦维何?维熊维罴……大人占之,维熊维罴,男子之祥。"[例句] 我们今天来,一是恭贺嫂子的～,另外还给你们带来了好消息。

【梦兆熊罴】mèng zhào xióng pí
[释义] 古人认为"梦兆熊罴"为生男之象。[语见] 清·顾家相《新水令·三十自寿》:"直待到梦兆熊罴,才领略天伦乐

事。"[例句] 夫人怀孕后,他见什么都说是～,想儿子都快想疯了。

【梦中说梦】mèng zhōng shuō mèng
[释义] 佛教用语。比喻虚幻之极。也比喻毫无根据的瞎说。[语见]《大般若波罗蜜多经》:"复次善勇猛,如人梦中说梦所见种种自性。如是所说梦境自性都无所有。何以故?善勇猛,梦尚非有,况有梦境自性可说。"[例句] 别听他胡扯,简直是～。

mi

【弥缝其阙】mí féng qí quē
[释义] 弥缝:补救。阙:同"缺",过失。补救做事情中出现的过失或纰漏。[语见]《左传·僖公二十六年》:"弥缝其阙而匡救其灾,昭旧职也。"[例句] 如今虽然战事对我方不利,但如果赶紧调集援兵,～,仍有获胜的希望。

【弥天大谎】mí tiān dà huǎng
[释义] 弥:满。弥天:满天,像天那么大。天大的谎话。[例句] 她对报界撒了个～,说自己从未出过国。

【弥天大罪】mí tiān dà zuì
[释义] 弥:满。弥天:满天,像天那么大。形容最大的罪恶。[语见] 清·西周生《醒世姻缘传》第五十九回:"这个冤孽,可惹下了弥天大罪,这凌迟是脱不过的!"[例句] 你知不知道你犯了～?

【弥天盖地】mí tiān gài dì
[释义] 弥:布满。布满天空,盖遍天地。形容来势极猛。[例句] 原来湛蓝的天空突然蒙上一层厚厚的霾雾,接着～的沙尘暴横扫过来。

【弥天亘地】mí tiān gèn dì
[释义] 弥:满。亘:遍。满天遍地。形容极大极多。[语见] 明·罗贯中《三国演义》第九回:"(王)允曰:'董(卓)贼之罪,弥天亘地,不可胜言。'"[例句] 四周巨大的轰隆声～,耳朵几乎被震聋了。

【迷而知反】mí ér zhī fǎn
[释义] 反:同"返"。迷失道路后知道回来。比喻犯了错误后知道改正。[语见]

晋·陈寿《三国志·魏书·袁术传》："以身试祸,岂不痛哉!若迷而知反,尚可以免。"[例句]只要你～,那我们也就不深究了。

【迷而知返】mí ér zhī fǎn
[释义]见"迷而知反"。[语见]南朝齐·刘绘《为豫章王嶷乞收葬蛸子响表》："但铤矢倒戈,归罪司戮,即理原心,亦即迷而知返。"[例句]幸亏他～,没有再继续错下去,否则后果不堪设想。

【迷魂阵】mí hún zhèn
[释义]比喻使人迷惑而上当的圈套、计谋。[语见]清·李汝珍《镜花缘》第九十回:"自从'成鼓连宵景'一连几十句,闹的糊里糊涂,只怕还是'迷魂阵'哩。"[例句]即将对垒的两支球队赛前大摆～,都想迷惑对手。

【迷离惝恍】mí lí chǎng huǎng
[释义]迷离:模糊不明;惝恍:模糊不清。迷迷糊糊,弄不清楚。[语见]清·纪昀《阅微草堂笔记·槐西杂志三》:"惟留二百余金,恰足两月余酒食费,一家迷离惝恍,如梦乍回。"[例句]随着计算机技术的飞速发展,新的名词术语大量出现,就连业者也难免感到～,如坠雾中。

【迷离扑朔】mí lí pū shuò
[释义]见"扑朔迷离"。[例句]这篇小说的情节～,让他爱不释手,连饭都忘了吃。

【迷人眼目】mí rén yǎn mù
[释义]迷惑别人视线,使人分辨不清。指耍花招欺骗人。[例句]我宁可相信那只是你～的手段,而不愿相信你就是那样一个背信弃义的人。

【迷途知返】mí tú zhī fǎn
[释义]迷失了路途知道返回重新走。比喻做错了事知道改正。[语见]南朝梁·丘迟《与陈伯之书》:"夫迷途知反,往哲是与!"[例句]他告诉我们,当年的浪子如今已经～,重新做人了。

【麋沸蚁动】mí fèi yǐ dòng
[释义]麋沸:混乱不安貌。比喻纷乱扰攘。[语见]汉·刘安《淮南子·兵略训》:

"攻城略地,莫不降下,天下为之麋沸蚁动。"[例句]那年月～,社会秩序非常混乱。

【麋沸蚁聚】mí fèi yǐ jù
[释义]见"麋沸蚁动"。[语见]晋·陈寿《三国志·魏书·董卓传》裴松之注引华峤曰:"无故移都,恐百姓惊动,麋沸蚁聚为乱。"[例句]由于经济长期低迷,一些地方～,百姓怨气十足。

【米烂成仓】mǐ làn chéng cāng
[释义]仓:粮仓。成仓:一仓一仓的。一仓一仓的粮食都腐烂了。形容家中十分富有。[语见]清·吴敬梓《儒林外史》第六回:"赵氏在家掌管家务,真个是钱过北斗,米烂成仓,僮仆成群,牛马成行,享福度日。"[例句]他家里钱过北斗、～、牛马成群,真是富得流油。

【米盐博辩】mǐ yán bó biàn
[释义]比喻议论广博细微。[语见]《韩非子·说难》:"径省其说,则以为不智而拙之,米盐博辩,则以为多而交之。"王先慎注:"米盐之为物,积群萃以成斛斛,谓博明细杂之物,则谓已多合而猥交之也。"[例句]他～,详细论述了与之有关的种种理论。

【米珠薪桂】mǐ zhū xīn guì
[释义]薪:柴火。桂:肉桂树。米贵得像珍珠,柴火贵得像桂木。形容物价昂贵。[语见]《战国策·楚策三》:"楚国之食贵于玉,薪贵于桂。"[例句]这里～,花钱多的地方,你那点工资肯定不够花。

【靡靡之音】mǐ mǐ zhī yīn
[释义]靡靡:柔弱,萎靡不振。指柔弱萎靡或淫荡的音乐。[例句]他在家每天听的净是些～,颓废得不得了。

【靡靡之乐】mǐ mǐ zhī yuè
[释义]靡靡:柔弱,萎靡不振。原指亡国的音乐,现指颓废、色情、低级趣味的音乐。[语见]《韩非子·十过》:"乃召师涓,令坐师旷之旁,援琴鼓之。未终,师旷抚止之,曰:'此亡国之声,不可遂也。'平公曰:'此道奚出?'师旷曰:'此师延之所作,与纣为靡靡之乐也。'"[例句]酒吧

里灯光很暗,耳边响着～,几对男女坐在昏暗的角落里饮酒作乐。

【**靡日不思**】mǐ rì bù sī
[释义]靡:没有。没有一天不在思念。[例句]他对她念念不忘,～。

【**靡颜腻理**】mǐ yán nì lǐ
[释义]靡:美丽。颜:容颜。腻:柔滑细腻。理:纹理,指肌肤。形容妇女美丽,肌肤细腻柔滑。[语见]战国楚·宋玉《招魂》:"靡颜腻理,遗视矊些。"注:遗视:偷看;矊:脉脉含情貌;些:句末语气词。[例句]那个～的漂亮姑娘是他的未婚妻。

【**靡衣媮食**】mǐ yī tōu shí
[释义]靡:华丽。媮:苟且。指穿华丽之衣,苟且而食。形容预感末日将临,不做长久打算,浑浑噩噩过着奢华的日子。[语见]汉·班固《汉书·韩信传》:"今足下……名闻海内,威镇诸侯,众庶莫不辍作怠惰,靡衣媮食,倾耳以待命者,然公劳卒罢,其实难用也。"颜师古注:"靡,轻丽也。……媮同偷字,苟且也。言为靡丽之衣苟且而食,恐惧之甚,不为久计也。"[例句]国难当前,这些人却～,不知抗争。

【**靡衣玉食**】mǐ yī yù shí
[释义]靡:华丽。玉食:美食。穿华丽的衣服,吃精美的食物。形容豪华奢侈的生活。[语见]唐·姚思廉《梁书·王亮传》:"亮协固凶党,作威作福,靡衣玉食,女乐盈房。"[例句]他来自一个～的富贵家庭。

【**靡有孑遗**】mǐ yǒu jié yí
[释义]靡:无。孑遗:余剩,遗留。没有遗留下来的。[语见]《诗经·大雅·云汉》:"周余黎民,靡有孑遗。"[例句]敌人心狠手辣,把他全家悉数杀死,～。

【**觅柳寻花**】mì liǔ xún huā
[释义]见"寻花问柳"。[例句]自从他做生意发了财,就经常出没于一些风月场所,～,不务正业。

【**秘而不露**】mì ér bù lù
[释义]露:泄露。守住秘密,不予宣布。

[语见]晋·陈寿《三国志·魏书·董昭传》:"秘而不露,使权得志,非计之上。"[例句]对于自家祖传的秘方,他始终～。

【**秘而不泄**】mì ér bù xiè
[释义]见"秘而不宣"。[语见]宋·张君房《云笈七签》第六十九卷:"上仙真经秘而不泄者,为此子母之法,恐凡愚之心见知也。"[例句]他早就密谋好了,只是一直～,不让我们知道。

【**秘而不宣**】mì ér bù xuān
[释义]秘:秘密。宣:宣扬,公开。保守秘密,而不对外宣扬。[语见]晋·陈寿《三国志·吴书·吕蒙传》裴松之注引《江表传》:"密为肃(鲁肃)陈三策,肃敬受之,秘而不宣。"[例句]开赛前一小时,双方教练仍对出场阵容～。

【**密不通风**】mì bù tōng fēng
[释义]形容包围紧密或防范严密,连风也不透。[语见]元·纪君祥《赵氏孤儿》第二折:"这两家做下敌头重,但要访的孤儿有踪影,必然把太平庄上兵围拥,铁桶般密不通风。"[例句]这些非法移民为了避免让人发现,把窗口也封住,船舱里～。

【**密锣紧鼓**】mì luó jǐn gǔ
[释义]见"紧锣密鼓"。[例句]为了配合新产品上市,目前一套完整的广告宣传计划正在～的筹备之中。

【**密云不雨**】mì yún bù yǔ
[释义]阴云密布而雨尚未降下。原指德泽未能施行。常比喻事情已经酝酿成熟,但还未立即发生。[语见]《周易·小畜》:"密云不雨,自我西郊。"[例句]在这两国之间的外交关系中,人们嗅到了越来越浓的火药味,虽然双方目前还～,但战争显然已经不可避免。

【**蜜里调油**】mì lǐ tiáo yóu
[释义]形容感情非常亲密融洽。[语见]清·曹雪芹《红楼梦》第九十七回:"宝玉成日家和我们姑娘好的蜜里调油,这时候总不见面了,也不知是真病假病。"[例句]两个人一会儿好得～,一会儿又打打闹闹、争吵不休。

M

mian

【眠花宿柳】 mián huā sù liǔ
[释义] 见“眠花卧柳”。[例句] 由于缺乏家庭约束，离婚后他经常～，整夜整夜地不回家。

【眠花卧柳】 mián huā wò liǔ
[释义] 花、柳：借指妓女。指男子在外嫖妓。[语见] 元·无名氏《玩江亭》第三折：“你则待要玩水游山，怎知俺眠花卧柳。”[例句] 自从发现丈夫在外～，她经常陷入无边的痛苦之中。

【眠思梦想】 mián sī mèng xiǎng
[释义] 睡梦里也在想念。形容思念深切。[语见] 元·王元和《小桃红·题情》曲：“眠思梦想如花貌，这愁烦谁人知道。”[例句] 她就是你～的那个人。

【绵里藏针】 mián lǐ cáng zhēn
[释义] 绵：丝绵。比喻外表温和，内心厉害。[语见] 元·石君宝《曲江池》第二折：“笑里刀剐皮割肉，绵里针剔髓挑觔。”[例句] 她表面上夸你，实际上是～。

【绵力薄材】 mián lì bó cái
[释义] 力量小，能力低。[语见] 汉·班固《汉书·严助传》：“且越人绵力薄材，不能陆战。”[例句] 我虽～，却愿将毕生的精力奉献给医学事业。

【绵绵不绝】 mián mián bù jué
[释义] 接连不断，一直延续下去。[例句] 几千年来，人类之间的战争～，愈演愈烈。

【绵绵不息】 mián mián bù xī
[释义] 延续不断。[例句] 雨～地下着，不知道什么时候才能停下来。

M

【绵绵瓜瓞】 mián mián guā dié
[释义] 绵绵：接连不断。瓞：小瓜。在一根藤上绵延不断地生长出大大小小的瓜。原形容周人自祖先创业开始，像瓜瓞一样相继繁衍发展。后用作祝颂别人子孙昌盛之辞。[语见]《诗经·大雅·绵》：“绵绵瓜瓞，民之初生，自土沮漆。”[例句] 从此该部族代代繁衍，～。

【绵延起伏】 mián yán qǐ fú
[释义] 形容山势高下延伸不绝。[例句] 河的两侧是～的山峦，山上松林茂密、野花盛开。

【免开尊口】 miǎn kāi zūn kǒu
[释义] 免：不要。尊：敬辞，称跟对方有关的人或事物。请您不要开口。这是拒绝对方开口说话，尤其是提出请求或劝告等时的客气说法。[语见] 清·文康《儿女英雄传》第二十六回：“你若果然有成全我的心，卫顾我的话，就请说；要是方才伯父合九公说的那套，我都听见了，也明白了，免开尊口！”[例句] 这里是执法严明的法院，说情者～。

【勉为其难】 miǎn wéi qí nán
[释义] 勉：勉强。为：做。勉强去做力所不能或不情愿做的事情。[例句] 让这么小的孩子扛包，实在是有点～。

【渑池之功】 miǎn chí zhī gōng
[释义] 渑池：古城名，在今河南省渑池县西。原指战国时赵国蔺相如在渑池会上不畏秦王，为赵国立下的功勋。后泛指为国立下的巨大功勋。[语见] 汉·司马迁《史记·廉颇蔺相如列传》：“秦王使使者告赵王，欲与王为好会于西河外渑池。赵王畏秦，欲毋行。廉颇、蔺相如计曰：‘王不行，示赵弱且怯也。’赵王遂行，相如从。……秦王饮酒酣，曰：‘寡人窃闻赵王好音，请奏瑟。’赵王鼓瑟。秦御史前书曰：‘某年月日，秦王与赵王会饮，令赵王鼓瑟。’蔺相如前曰：‘赵王窃闻秦王善为秦声，请奏盆缻秦王，以相娱乐。’秦王怒，不许。于是相如前进缻，因跪请秦王。秦王不肯击缻。相如曰：‘五步之内，相如请得以颈血溅大王矣！’左右欲刃相如，相如张目叱之，左右皆靡。于是秦王不怿，为一击缻。相如顾召赵御史书曰：‘某年月日，秦王为赵王击缻。’秦之群臣曰：‘请以赵十五城为秦王寿。’蔺相如亦曰：‘请以秦之咸阳为赵王寿。’秦王竟酒，终不能加胜于赵。”[例句] 以他的才干，如果能委以重任，一定能立下～。

【面北眉南】 miàn běi méi nán
[释义] 指脸面相背，互不理睬。[语见] 元·无名氏《马陵道》第三折："且做个面北眉南，你东咱西。"[例句] 我们单位的两位领导～，向来不和，搞得工作很难开展。

【面壁功深】 miàn bì gōng shēn
[释义] 比喻人经长期钻研，而造诣精深。[语见] 宋·释普济《五灯会元·东土祖师》："(初祖菩提达摩大师)寓止于嵩山少林寺，面壁而坐，终日默然，人莫之测，谓之壁观婆罗门。"[例句] 论这方面的功底，他可谓～，扎实之极。

【面不改色】 miàn bù gǎi sè
[释义] 改：改变。面容不改变颜色。形容紧急时刻神态从容镇静。[语见] 元·秦简夫《赵礼让肥》第二折："我这虎头寨上，但凡拿住的人呵，见了俺，丧胆亡魂，今朝拿住这厮，面不改。"[例句] 面对疯狂的歹徒，她依然～。

【面不更色】 miàn bù gēng sè
[释义] 见"面不改色"。[例句] 明知炸弹随时可能爆炸，他依然～，沉着地进行着拆除工作。

【面缚衔璧】 miàn fù xián bì
[释义] 面缚：两手反绑而面向前。衔璧：口含璧玉。古人用以表示投降请罪。[语见]《左传·僖公六年》："面缚衔璧，大夫衰绖，士舆榇。"[例句] 他～，表示愿意接受一切惩罚。

【面缚舆榇】 miàn fù yú chèn
[释义] 面缚：反绑双手到胜利者面前，表示放弃抵抗。榇：棺材。舆榇：用车拉着棺材。反绑双手，拉着棺材去见胜利者。古时投降时的仪式。[语见] 晋·陈寿《三国志·魏书·邓艾传》："艾至成都，(刘)禅率太子诸王及群臣六十余人面缚舆榇诣军门。"[例句] 惨败而归的他，～，准备出门投降。

【面红耳赤】 miàn hóng ěr chì
[释义] 赤：红色。脸和耳朵都红了。形容情绪激动、用力或羞愧时的样子。[语见] 明·凌濛初《初刻拍案惊奇》第三卷："那少年的弓约有二十斤重，东山用尽平生之力，面红耳赤，不要说扯满，只求如初八夜头的月，再不能够。"[例句] 为了一点小事情，几个人争得～。

【面红耳热】 miàn hóng ěr rè
[释义] 见"面红耳赤"。[例句] 画面上一对男女正在亲热，令人看得～。

【面红过耳】 miàn hóng guò ěr
[释义] 见"面红耳赤"。[例句] 被老师这么一批评，她不禁～，羞愧地低下了头。

【面黄肌瘦】 miàn huáng jī shòu
[释义] 面部消瘦而呈蜡黄色。形容人营养不良或者身体虚弱有病的样子。[语见] 元·杨梓《霍光鬼谏》第一折："觑着他狠似豺狼，蠢似猪羊，眼嵌缩腮模样，面黄肌瘦形相。"[例句] 瞧他～的样子，一看就知道营养不良。

【面面俱到】 miàn miàn jù dào
[释义] 俱：全，都。各个方面都照顾到了。有时也专指人圆滑世故，不论是谁，都加以敷衍。也指涉及面广，而不突出重点。[语见] 清·李宝嘉《官场现形记》第五十七回："这位单道台办事一向是面面俱到，不肯落一点褒贬的。"[例句] 来稿内容不求～，但求见解独特，或在某一方面有深刻的阐述。

【面面俱全】 miàn miàn jù quán
[释义] 见"面面俱到"。[例句] 厨房里的厨具～，一看就知道主人是个喜欢烹饪的人。

【面面相觑】 miàn miàn xiāng qù
[释义] 觑：看。你看着我，我看着你。形容害怕或无可奈何的样子。[语见] 宋·释惟白《续传灯录》第六卷："僧问：'如何是大疑府人？'师曰：'毕钵岩中面面相觑。'"[例句] 听了老师的提问，同学们～，不知该怎么回答。

【面命耳提】 miàn mìng ěr tí
[释义] 见"耳提面命"。[语见] 宋·刘克庄《拟撰科诏回奏》："幸以翰墨小技，待罪视草，词意有未稳处，仰荷明主亲洒奎画，不啻面命耳提。"[例句] 做学生时，有

M

老师～地告诫你,走上社会后就只能靠自己了。

【面目可憎】 miàn mù kě zēng

[释义] 可憎:令人厌烦。指人的外貌非常丑陋或精神猥琐,令人厌恶。[语见] 唐·韩愈《送穷文》:"凡所以使吾面目可憎、语言无味者,皆子之志也。" [例句] 他在影片中扮演了一个～的无赖。

【面目全非】 miàn mù quán fēi

[释义] 面目:面貌。非:不是。面貌全不是以前的样子了。形容改变非常大。[语见] 清·蒲松龄《聊斋志异·陆判》:"举首则面目全非。" [例句] 车祸发生后,整个汽车已被撞得～。

【面目一新】 miàn mù yī xīn

[释义] 形容事物有重大变化,一下子呈现出崭新的面貌。[例句] 这条路经过全面改造后,～。

【面如冠玉】 miàn rú guān yù

[释义] 见"美如冠玉"。[语见] 汉·司马迁《史记·陈丞相世家》:"绛侯、灌婴等咸谗陈平曰:'平虽美丈夫,如冠玉耳,其中未必有也。'" [例句] 他是本地有名的美男子,被誉为～、唇若涂脂。

【面如死灰】 miàn rú sǐ huī

[释义] 形容受到极大惊吓的样子。[语见] 汉·刘安《淮南子·修务训》:"昼吟夜哭,面若死灰,颜色霉墨,涕液交集。" [例句] 他吓得双腿发颤,～。

【面如土色】 miàn rú tǔ sè

[释义] 脸色像泥土一样。形容惊恐到了极点。[语见] 明·施耐庵《水浒传》第十五回:"吓得公孙胜面如土色。" [例句] 法庭审判过程中,罪犯～,一言不发。

【面色如土】 miàn sè rú tǔ

[释义] 见"面如土色"。[例句] 他被揭穿了谎言,一时间～,再也不敢吱声了。

【面无人色】 miàn wú rén sè

[释义] 脸上没有正常的血色。形容极度惊惧。[语见] 清·刘鹗《老残游记》第四回:"不过一钟茶的时候,那马兵押着车子已到。吴举人抢到面前,见他三

人面无人色。" [例句] 他吓得～,一下子就把先前准备好的台词全忘记了。

【面有菜色】 miàn yǒu cài sè

[释义] 菜色:青黄色。面部因长期吃野菜而呈现出青黄色。形容人长期挨饿或营养不良的样子。[语见] 汉·韩婴《韩诗外传》第三卷:"闵子骞始见于夫子,有菜色。" [例句] 那里的人个个目光呆滞、～。

【面誉背毁】 miàn yù bèi huǐ

[释义] 当面称赞,背后毁谤。[语见] 隋·王通《中说·关朗篇》:"面誉背毁,吾不忍也,群居纵言,未尝及人之短,常有不可犯之色。故小人远焉。" [例句] 我最痛恨这种～、两面三刀的做法。

【面折廷争】 miàn zhé tíng zhēng

[释义] 面折:当面批评、说服。廷争:在朝廷上争论。形容古时大臣敢于直言进谏。[语见] 汉·司马迁《史记·吕太后本纪》:"陈平、绛侯曰:'于今面折廷争,臣不如君;夫全社稷,定刘氏之后,君亦不如臣。'" [例句] 看到皇上心情不好,他不敢～,连忙退下。

miao

【苗而不秀】 miáo ér bù xiù

[释义] 苗:禾苗生长。秀:禾类植物吐穗开花。禾苗虽然生长,却不吐穗开花。比喻徒有其表,终无结果。[语见]《论语·子罕》:"子曰:苗而不秀者有矣夫,秀而不实者有矣夫。" [例句] 这孩子天资聪颖,可惜～,早早沉沦了。

【描眉画眼】 miáo méi huà yǎn

[释义] 形容喜欢打扮或生得俊俏。[语见] 明·兰陵笑笑生《金瓶梅词话》第一回:"从九岁卖在王招宣府里,习学弹唱,就会描眉画眼,傅粉施朱。" [例句] 无论是在街道上、公园里还是公共汽车上,随处都能看见～的年轻女士。

【渺不足道】 miǎo bù zú dào

[释义] 见"微不足道"。[例句] 与那些艺术大师相比,我这点成绩真是～。

【邈若山河】 miǎo ruò shān hé

[释义] 形容遥远得如隔山河。[语见]

南朝宋·刘义庆《世说新语·伤逝》:"自嵇生夭阮公亡以来,便为时所羁绁,今日视此虽近,邈若山河。"[例句] 想起当年的豪情壮志,看看如今自己为世事所羁绊,物是人非,～,他不禁感慨万千。

【妙笔生花】miào bǐ shēng huā
[释义] 妙笔:指写诗作画的高超技艺。技艺高超的人笔下创作出好的作品。参见"生花妙笔"。[例句] 由于书读得多,肚子里有墨水,他在写作时往往能够左右逢源,～。

【妙不可言】miào bù kě yán
[释义] 妙:美妙。可:能。言:说。非常美妙,难以用语言形容。[语见] 晋·郭璞《江赋》:"妙不可尽之于言,事不可穷之于笔。"[例句] 山上的怪石数不胜数,千姿百态,～。

【妙处不传】miào chù bù chuán
[释义] 传:传达。神妙之处,不是言语所能表达的。[语见] 南朝宋·刘义庆《世说新语·文学》:"司马太傅与谢车骑:'惠子其书五车,何以无一言入玄?'谢曰:'故当是其妙处不传。'"[例句] 这些工艺品制作精良,～。

【妙绝时人】miào jué shí rén
[释义] 时人:当时的人。形容作品特别精美,超过了所有同时代的人。[语见] 南朝宋·范晔《后汉书·张超传》:"超又善于草书,妙绝时人,世共传之。"[例句] 他是当时著名的诗人,人们称赞他的诗歌～,无人能比。

【妙趣横生】miào qù héng shēng
[释义] 妙趣:美妙的情趣。横生:层出不穷地表露出来。形容到处洋溢着美妙的情趣。[例句] 晚会上,同学们自导自演的节目～,笑声不断。

【妙手丹青】miào shǒu dān qīng
[释义] 丹青:绘画颜料。借指绘画艺术。形容绘画技艺高超。[语见] 清·吴敬梓《儒林外史》第四十六回:"庄濯江寻妙手丹青画了一幅登高送别图,在会诸人,都做了诗。"[例句] 她～,深得同学们的敬佩。

【妙手回春】miào shǒu huí chūn
[释义] 妙手:巧手,指精巧的医技。回春:冬去春来,比喻快死的人又恢复过来。比喻医生技术高明,能把垂死的病人挽救过来。[语见] 清·俞万春《荡寇志》第一百一十四回:"天彪、希真齐声道:'全仗先生妙手回春。'"[例句] 他被誉为～的神医。

【妙手空空】miào shǒu kōng kōng
[释义] 原指唐代传奇小说中的剑侠"妙手空空儿",剑术神妙,行为侠义。后用以指小偷。也有用来比喻手中什么也没有。[语见] 唐·裴铏《聂隐娘》:"后夜当使妙手空空儿继至。空空儿之神术,人莫能窥其用,鬼莫得蹑其踪,能从空虚之入冥,善无形而灭影。"[例句] 两人接近时他施展～的手段,把人家衣袋中的东西都偷了过来。

【妙手偶得】miào shǒu ǒu dé
[释义] 妙手:技能高超的人。偶得:偶然得到。指诗文写作技能高超熟练的人,往往因灵感得到意外的成功。[语见] 宋·陆游《文章》:"文章本天成,妙手偶得之。"[例句] 这篇好文章若不是～,便是经过百番锤炼的语言精华。

【妙手天成】miào shǒu tiān chéng
[释义] 妙手:指高超的技能。形容作者技艺的高超。[例句] 真不知道画家是怎样以生花之笔把这些人物和马匹勾勒出来的,形态各异,个个栩栩如生,真可谓是～!

【妙想天开】miào xiǎng tiān kāi
[释义] 见"异想天开"。[例句] 不要扼杀孩子们的想象力,梦想会给人类插上翅膀,许多在今天看来似乎是～的事情,说不定在明天就会成为现实。

【妙言要道】miào yán yào dào
[释义] 要:重要,中肯。妙:神妙,深微。中肯的名言,深微的道理。[例句] 他很善于用通俗的话语讲述那些～,所以学生们大都喜欢听他的讲座。

M

mie

【灭此朝食】 miè cǐ zhāo shí
[释义] 此:指这伙敌人。朝食:吃早饭。消灭了这伙敌人再吃早饭。常用以表示急于消灭敌人的仇恨心情和坚决信念。[语见]《左传·成公二年》:"齐侯曰:'余姑翦灭此而朝食',不介马而驰之。"[例句] 他总想～,一口气吃掉对手。

【灭顶之灾】 miè dǐng zhī zāi
[释义] 灭顶:水淹没了头顶。指被水淹死的灾难。比喻致命的灾难。[语见]《周易·大过》:"过涉灭顶,凶。"[例句] 由于水位逐渐上升,这个岛上的居民如今面临～。

【灭绝人性】 miè jué rén xìng
[释义] 灭绝:丧失干净。完全丧失了人的理性。形容极其残暴。[例句] 这是一场～的残酷战争。

【灭门绝户】 miè mén jué hù
[释义] 全家死得不留一人。[语见] 元·关汉卿《鲁斋郎》第三折:"纵是你旧媳妇、旧丈夫,依旧欢聚,可送的俺一家儿灭门绝户。"[例句] 他万万想不到,随意的一句话竟招来～的横祸。

【灭门之祸】 miè mén zhī huò
[释义] 全家遭受株连以致毁灭的祸害。[语见] 唐·令狐德棻《周书·王轨传》:"皇太子,国之储副。事有蹉跌,便至灭门之祸。"[例句] 他无意中得罪了黑社会,结果招致了～。

【灭私奉公】 miè sī fèng gōng
[释义] 消除私念,一心为公。[语见] 唐·元稹《崔棱授尚书户部侍郎制》:"其职严而不残。辟名用物者逃无所入,灭私奉公者得以自明。"[例句] 他们一方面四处标榜～的精神,另一方面却大肆贪污。

min

【民安国泰】 mín ān guó tài
[释义] 见"国泰民安"。[语见] 元·宫天挺《垂钓七里滩》第三折:"百姓每家家庆,庆道是民安国泰,法正官清。"[例句] 能够生活在这个～的太平盛世,真是一件幸运的事情。

【民安物阜】 mín ān wù fù
[释义] 阜:丰富。人民安乐,物资丰富。形容社会兴旺的气象。[语见] 明·朱有燉《灵芝庆寿》第一折:"皆因中国雨顺风调,民安物阜。"[例句] 如今天下太平,～,百姓安居乐业。

【民胞物与】 mín bāo wù yǔ
[释义] 胞:同胞。与:朋辈,同类。天下民众都是同胞,世间万物都是同类。用以表示仁爱之至,关心和同情人民,爱惜万物。[语见] 宋·张载《西铭》:"民吾同胞,物吾与也。"[例句] ～的生态伦理思想在他的大脑中根深蒂固。

【民不安枕】 mín bù ān zhěn
[释义] 形容百姓不能安宁地生活。[语见] 清·李宝嘉《文明小史》第四十三回:"被他这一闹,却闹得人心皇皇,民不安枕了。"[例句] 连年的战争灾祸,使国百姓～,社会十分动荡。

【民不堪命】 mín bù kān mìng
[释义] 不堪:受不了。暴虐的统治已达到使人民不能忍受的地步。[语见]《左传·桓公二年》:"宋殇公立,十年十一战,民不堪命。"[例句] 政府赋税太重,～,很容易引发社会动乱。

【民不聊生】 mín bù liáo shēng
[释义] 聊:依赖。百姓失去了赖以生存的条件。形容人民生活极端困苦。[语见] 汉·司马迁《史记·张耳陈馀列传》:"头会箕敛,以供军费,财匮力尽,民不聊生。"[例句] 就在那一年,由于朝政腐败,～,引发了历史上一次著名的农民起义。

【民富国强】 mín fù guó qiáng
[释义] 见"国富兵强"。[语见] 汉·司马迁《素王妙论》:"范蠡为越相,三江五湖之间,民富国强,卒以擒吴。"[例句] 两千年来,～是国人不变的追求。

M

【民和年丰】mín hé nián fēng
[释义]百姓和顺,年成丰收。[语见]《左传·桓公六年》:"奉盛以告曰:'洁粢丰盛',谓其三时不害而民和年丰也。"[例句]看到这～的景象,他非常欣慰。

【民和年稔】mín hé nián rěn
[释义]见"民和年丰"。[语见]南朝宋·范晔《后汉书·桓帝纪》:"幸赖股肱御侮之助,残丑消荡,民和年稔,普天率土,遐尔洽同。"[例句]如今～,到处是一派兴旺的景象。

【民康物阜】mín kāng wù fù
[释义]见"民安物阜"。[语见]清·郑观应《盛世危言·吏治下》:"可见当时君明臣良,民康物阜,致治之隆非无故也。"[例句]他小时候,正赶上～的年代,所以从来不知道饥饿是什么滋味。

【民力雕弊】mín lì diāo bì
[释义]见"民生凋敝"。[语见]汉·荀悦《汉纪·武帝纪四》:"当武帝之世,赋役烦众,民力雕弊。"也作"民力凋敝"。[例句]面对经济不景气,～的局面,他显得束手无策。

【民穷财尽】mín qióng cái jìn
[释义]人民贫困,财力枯竭。[语见]明·施耐庵《水浒传》第九十一回:"又值水旱频仍,民穷财尽,人心思乱。"[例句]长期的军备竞赛导致该国～,严重削弱了民用科技的发展。

【民穷财匮】mín qióng cái kuì
[释义]见"民穷财尽"。[语见]清·赵尔巽《清史稿·长庚传》:"当此民穷财匮之时,尤不可轻战。"[例句]在这个暴君的统治下,该国陷入了～的局面。

【民生凋敝】mín shēng diāo bì
[释义]民生:人民生计。凋:衰残。敝:破坏。形容社会穷困,经济衰败,人民生活十分贫苦。[语见]清·赵尔巽《清史稿·洪承畴传》:"臣受任经略,目击民生凋敝,乃土司卒乘尚怀观望,以为须先安内,乃可剿外。"[例句]该国目前政局混乱,～,经济萧条,社会非常动荡。

【民生涂炭】mín shēng tú tàn
[释义]见"生灵涂炭"。[语见]元·郑光祖《伊尹耕莘》楔子:"不修德政,暴虐顽狠,诸侯多叛,至于禽鸟走兽不安,民生涂炭。"[例句]一旦发生战争,肯定会～,所以一定要通过和平谈判来解决问题。

【民熙物阜】mín xī wù fù
[释义]阜:丰富。百姓安乐,物产富饶。[语见]明·杨柔胜《玉环记·延赏庆寿》:"民熙物阜岁时丰,三边烽火息,四海受恩隆。"[例句]这个～的国家每年都能吸引不少国外的投资。

【民殷财阜】mín yīn cái fù
[释义]见"殷民阜财"。[语见]南朝宋·范晔《后汉书·刘陶传》:"夫欲民殷财阜,要在止役禁夺,则百姓不劳而足。"[例句]这个岛国储藏着丰富的石油资源,这些年通过石油开采,该国～,成为本地区最富裕的国家之一。

【民殷国富】mín yīn guó fù
[释义]人民殷实,国家富饶。[语见]明·无名氏《太平宴》第一折:"俺主公自得西川,民殷国富,黎庶讴歌,皆托主公洪福,共享太平之序。"[例句]如今我们的国家～,百姓过着和平富庶的生活。

【民怨沸腾】mín yuàn fèi téng
[释义]民怨:民众对暴虐统治者的怨恨。形容民众的反抗情绪已到极点。[语见]清·袁枚《随园诗话补遗》第十卷:"王荆公行新法,自知民怨沸腾。"[例句]当时朝廷法令苛刻,徭役繁重,吏治腐败,导致～。

【民怨盈涂】mín yuàn yíng tú
[释义]涂:通"途"。盈涂:充满道路。形容百姓怨恨之情极盛。[语见]元·脱脱等《宋史·臧质传》:"败道伤俗,悖乱人神,民怨盈涂,国谤弥岁。"[例句]连年的战争和灾荒,使得社会每况愈下,～。

【民脂民膏】mín zhī mín gāo
[释义]人民用血汗换来的财富。[语见]五代后蜀·孟昶《戒石文》:"尔俸尔禄,民膏民脂。"[例句]这个贪官上任以来,拼

M

命地搜刮～,引起地方百姓极度不满。

ming

【名标青史】 míng biāo qīng shǐ
[释义] 见"名垂青史"。[语见] 唐·杜甫《赠郑十八贲》诗:"古人日以远,青史字不泯。"元·纪君祥《赵氏孤儿》第二折:"老宰辅,你若存的赵氏孤儿,当名标青史,万古流芳。"[例句] 您完成了一件伟大的事业,一定会～的。

【名不副实】 míng bù fù shí
[释义] 名:名声,名气。副:相称,符合。实:实际。名声与实际不相符,多指徒有虚名。[语见] 三国魏·刘劭《人物志·效难》:"中情之人,名不副实,用之有效,始名由众退,而实从事章,此草创之常失也。"[例句] 不要以为这些手机防辐射产品真的很神,其实多数～。

【名不虚传】 míng bù xū chuán
[释义] 名:名气,名声。虚:虚假。传:流传。流传开的名声不是虚假的、夸大的。形容名实相副。[语见] 宋·华岳《翠微南征录·白面渡》:"系船白面问溪翁,名不虚传说未通。"[例句] 都说你才华出众,今天亲眼看到你的表现,果然～!

【名不虚立】 míng bù xū lì
[释义] 见"名不虚传"。[语见] 汉·司马迁《史记·游侠列传》:"名不虚立,士不虚附。"[例句] 这家饭店的粤菜真是～,顾客吃后都说好。

【名不虚行】 míng bù xū xíng
[释义] 见"名不虚传"。[语见] 唐·房玄龄等《晋书·唐彬传》:"帝顾四坐曰:'名不虚行。'"[例句] 这儿的风景真美,真是～。

【名不虚言】 míng bù xū yán
[释义] 见"名不虚传"。[例句] 早听说华山以险取胜,今日一见果然～。

【名垂青史】 míng chuí qīng shǐ
[释义] 垂:流传。青:竹简。史:史书。英名记录在史书上,永远流传。[语见] 明·罗贯中《三国演义》第六十回:"匡正天朝,名垂青史,功莫大焉。"[例句] 他

的心中有一个梦想,就是要成为一个～的诗人。

【名存实亡】 míng cún shí wáng
[释义] 名:名义上,表面上。存:存在。实:实际上,本质上。亡:消亡。名义上还存在,但实际上已经消亡。[语见] 唐·韩愈《处州孔子庙碑》:"虽设博士弟子,或役于有司,名存实亡,失其所业。"[例句] 随着社会的发展,这个机构实际上已经～。

【名符其实】 míng fú qí shí
[释义] 见"名副其实"。[例句] 既然是精品店,就要～,怎么能卖些不上档次的地摊货呢?

【名副其实】 míng fù qí shí
[释义] 名:名声,名誉。副:相称,符合。实:实际,实质。好的名声和实际情况相称。[语见] 清·李绿园《歧路灯》第九十回:"就是那礼部门口有名的,也要名副其实。"[例句] 该公司锁定国际市场,要做～的全球运营商。

【名高难副】 míng gāo nán fù
[释义] 名声高,与实际才能不符。[语见] 唐·李延寿《北史·邢邵传》:"当时文人,皆邵之下,但以不持威仪,名高难副,朝廷不令出境。"[例句] 这次所谓的大型高科技产品展示会～,参展的商家只有不到五十家。

【名高天下】 míng gāo tiān xià
[释义] 见"名满天下"。[例句] 此人身怀绝技,～,不少人都想拜他为师。

【名过其实】 míng guò qí shí
[释义] 名声大于实际。[语见] 汉·韩婴《韩诗外传》第一卷:"故禄过其功者削,名过其实者损。"[例句] 这台所谓的超级电脑有些～,性能并不是非常突出。

【名缰利索】 míng jiāng lì suǒ
[释义] 见"名缰利锁"。[例句] 等你老了,就会明白～原本只是身外之物。

【名缰利锁】 míng jiāng lì suǒ
[释义] 缰:缰绳。比喻名、利像缰绳和锁链一样给人的束缚很大。[语见] 明·无名氏《鸣凤记·妻思望》:"名缰利锁,常留

远塞孤臣。"[例句]他抛离半生的～、人事纷争,安享宁静平和的晚年。

【名利双收】 míng lì shuāng shōu
[释义]名:名誉,名声。利:利益。双收:双双得到。名誉和利益双双获得。[语见]清·彭养鸥《黑籍冤魂》第六回:"其实名利双收,三百六十行生意,再没有强如做官的了。"[例句]拍摄这部电影使他～。

【名列前茅】 míng liè qián máo
[释义]前茅:古代行军打仗,走在队前的兵士手执白茅,负责侦探敌情。比喻成绩突出,名次在最前面。[例句]每次考试,她的成绩总是在班上～。

【名落孙山】 míng luò sūn shān
[释义]名:名次。落:落在……后面。孙山:人名。名次落在孙山后面。宋·范公偁《过庭录》:"吴人孙山,滑稽才子也。赴举他郡,乡人托以子偕往;乡人子失意,山缀榜末,先归。乡人问其子得失,山曰:'解名尽处是孙山,贤郎更在孙山外。'"后泛指应考不中,未被录用。[例句]临考前她不小心发烧了,带病应试,结果～。

【名满天下】 míng mǎn tiān xià
[释义]天下:旧指全中国。在全中国都有名声。[语见]《管子·白心》:"名满于天下,不若其已也。"[例句]马王堆之所以～,主要原因之一就是出土了一具历经两千年而不朽的汉代女尸。

【名山事业】 míng shān shì yè
[释义]见"藏之名山,传之其人"。[语见]汉·司马迁《史记·太史公自序》:"藏之名山,副在京师,俟后世圣人君子。"[例句]他专心写作,以～为己任,一生留下了几十部著作。

【名实相称】 míng shí xiāng chèn
[释义]见"名副其实"。[语见]清·李汝珍《镜花缘》第七十二回:"妹子这个名字,叫做有名无实,那里及得尧蓂姐姐弹得幽雅,她才名实相称哩。"[例句]这种水果既好吃,又好看,还有清热功效,能生津、利尿、解毒,称它为水果之王,真是～。

【名实相符】 míng shí xiāng fú
[释义]见"名副其实"。[语见]五代·王定保《唐摭言·慈恩寺题名游赏赋咏杂记》:"斯乃名实相符,亨达自任,得以惟圣作则,为官择人。"[例句]我们要根据学校的人才培养目标、学科门类、规模、领导体制、所在地等,确定一个～的学校名称。

【名实相副】 míng shí xiāng fù
[释义]见"名副其实"。[语见]汉·曹操《与王修书》:"君澡身浴德,流声本州,忠能成绩,为世美谈,名实相副,过人甚远。"[例句]应切实改进这个古钱币文物馆的展示内容,以求～。

【名闻天下】 míng wén tiān xià
[释义]见"名满天下"。[例句]导游告诉我,眼前的这棵树就是～的银杏树。

【名下无虚】 míng xià wú xū
[释义]名下:盛名之下。无虚:没有虚夸。指有盛名的人必定有真才实学或真实成就。[语见]唐·姚思廉《陈书·姚察传》:"沛国刘臻,窃于公馆访《汉书》疑事十余条,并为剖析,皆有经据。臻谓所亲曰:'名下定无虚士。'"[例句]今天有幸见到这件珍贵的艺术品,果然～。

【名扬四海】 míng yáng sì hǎi
[释义]见"名满天下"。[例句]法国的葡萄酒自古以来就～,深受世界人民的喜爱。

【名扬天下】 míng yáng tiān xià
[释义]见"名满天下"。[例句]他曾在同一届奥运会上连得五枚金牌,一时间～。

【名正言顺】 míng zhèng yán shùn
[释义]名:名义,招牌。正:正当。言:道理,说教。顺:通顺。名义正当而道理通顺。后泛指理由正当而充分。[语见]《论语·子路》:"名不正则言不顺。"[例句]莫名其妙地遭受处罚后,他们一直希望有关部门给一个～的说法。

【明辨是非】 míng biàn shì fēi
[释义]明辨:清楚地辨析。清楚地辨别

M

出正确与错误。[例句] 今天的下场,主要是由于你自己没有～的清醒头脑,缺乏对法律知识的学习造成的。

【明察暗访】 míng chá àn fǎng
[释义] 公开调查,暗中询问。指多方面地进行了解。[语见] 清·文康《儿女英雄传》第二十七回:"丈夫的品行也丢了,她的名声也丢了,她还在那里贼去关门,明察暗访。"[例句] 他～,掌握了许多确凿的证据。

【明察秋毫】 míng chá qiū háo
[释义] 明:视力。察:看到。秋毫:秋天鸟兽身上新长的细毛。比喻目光敏锐,可以看到极细小的东西。[语见] 端木蕻良《曹雪芹》第十一章:"人人惊叹,个个慌恐。叹的是,皇上确实能够明察秋毫;恐的是,不知什么时候,大祸落到自己脑袋上。"[例句] 小商贩销售次品企图蒙混过去,却被～的顾客发现了。

【明耻教战】 míng chǐ jiāo zhàn
[释义] 向士兵申明军纪,使其以怯懦为耻而勇于作战。[语见]《左传·僖公二十二年》:"明耻教战,求杀敌也。"杜预注:"明设刑戮,以耻不果。"[例句] 为了增强军队的战斗力,他们在部队中强化思想教育,～,鼓舞士气。

【明窗净几】 míng chuāng jìng jī
[释义] 见"窗明几净"。[语见] 宋·苏辙《寄范文景仁》:"欣然为我解东阁,明窗净几舒华茵。"[例句] 妻子非常勤快,一到星期天就把家里擦洗得～,看上去很舒服。

【明德慎罚】 míng dé shèn fá
[释义] 多施恩德于天下,刑罚则慎重使用。[语见]《尚书·康诰》:"惟乃丕显考文王,克明德慎罚。"[例句] 他提出执政者应当～,强调德的作用。

【明法审令】 míng fǎ shěn lìng
[释义] 审:谨慎,申明法度,使人人遵守,慎重发布命令,避免出现差错。[语见]《尉缭子·战威》:"明法审令,不卜筮而事吉;贵功养劳,不祷祠而得

福。"[例句] 他坚持～,整顿统治机构。

【明婚正配】 míng hūn zhèng pèi
[释义] 见"明媒正娶"。[语见] 元·杨显之《潇湘雨》第四折:"老相公,你小姐元是我崔文远明婚正配,许与侄儿崔道的,如今情愿休了那媳妇,与小姐重做夫妻。"[例句] 这儿的婚俗保留着较浓的传统色彩,讲究～。

【明火持杖】 míng huǒ chí zhàng
[释义] 见"明火执仗"。[语见] 明·无名氏《临潼斗宝》楔子:"我是首将来皮豹,善晓六韬知三略,明火持杖打劫人,随着展雄做强盗。"[例句] 这家伙胆子越来越大,现在已发展到同坏人结伙,～地抢劫他人财物的地步。

【明火执仗】 míng huǒ zhí zhàng
[释义] 仗:武器。点着火把,拿着武器。指公开抢劫。也指毫无顾忌的行为。[语见] 元·无名氏《盆儿鬼》第二折:"何曾明火执仗? 无非赤手求财。"[例句] 这些黑社会的人～,打打杀杀,已经到了无法无天的地步。

【明见万里】 míng jiàn wàn lǐ
[释义] 明见:英明地察见。形容对远方或外面的情况十分了解。也作"明鉴万里"。[语见] 南朝宋·范晔《后汉书·窦融传》:"玺书既至,河西咸惊,以为天子明见万里之外,网罗张立之情。"[例句] 他的～令人不得不佩服。

【明镜高悬】 míng jìng gāo xuán
[释义] 明亮的镜子高高地挂在那里。①比喻眼光敏锐,明察秋毫,公正无私。②比喻官员审判案件公正严明。[语见] 晋·葛洪《西京杂记》第三卷:"有方镜广四尺,高五尺九寸……人有疾病在内,则掩心而照之,则知病之所在。又女子有邪心,则胆张心动,秦始皇常以照宫人,胆张心动者则杀之。"[例句] 他自从上任之后,两袖清风,～,深受百姓的爱戴。

【明媒正配】 míng méi zhèng pèi
[释义] 见"明媒正娶"。[语见] 明·凌濛初《二刻拍案惊奇》第十一卷:"文姬与我

起初只是两下偷情,算得个外遇罢了;后来虽然做了亲,元不是明媒正配。"[例句]两个人既然相亲相爱,就应该～,你们不如择个好日子结婚吧!

【明媒正娶】 míng méi zhèng qǔ
[释义]明:光明正大。正:合乎礼仪。旧指经媒人说和后,父母同意,通过传统礼仪迎娶的婚姻。[语见]元·关汉卿《救风尘》第四折:"现放着保亲的堪为凭据,怎当他抢亲的百计亏图;那里是明媒正娶,公然的伤风败俗。"[例句]结婚时他大摆宴席,以示～。

【明眸皓齿】 míng móu hào chǐ
[释义]眸:眼珠,也指眼睛。皓:洁白。明亮的眼睛,洁白的牙齿。多用来形容女子的美貌。又作"皓齿明眸"。[语见]唐·杜甫《哀江头》诗:"明眸皓齿今何在?血污游魂归不得。"[例句]那姑娘～,身材苗条,好似出水芙蓉一般,把他看得眼睛都直了。

【明眸善睐】 míng móu shàn lài
[释义]眸:眸子,泛指眼睛。睐:向旁边看。意思是明亮的眼珠善于左右顾盼。[语见]三国魏·曹植《洛神赋》:"丹唇外朗,皓齿内鲜,明眸善睐,靥辅承权。"[例句]这位维吾尔族少女,白皙的肤色衬托着顾盼传情的眼睛,～的眼神总是那么脉脉含情。

【明目张胆】 míng mù zhāng dǎn
[释义]明目:睁亮眼睛。张:张放。睁亮眼睛,放开胆量。原指有胆识,敢作敢为,后指公开地毫无顾忌地干坏事。[语见]唐·房玄龄等《晋书·王敦传》:"今日之事,明目张胆,为六军之首,宁忠臣而死,不无赖而生矣。"[例句]这些人～地制假造假,扰乱市场。

【明枪暗箭】 míng qiāng àn jiàn
[释义]比喻公开的攻击和暗中的伤害。[例句]工作中他锲而不舍,埋头苦干,～不畏惧,闲言碎语不动摇,最后终于取得了成功。

【明日黄花】 míng rì huáng huā
[释义]明日:这里指重阳节后。黄花:菊花。重阳节过后的菊花。古人多于重阳节赏菊,重阳一过,赏菊者渐少,因而比喻过时或无意义的事物。[语见]宋·苏轼《九日次韵王巩》诗:"相逢不用忙归去,明日黄花蝶也愁。"[例句]随着移动通信技术的飞跃发展,寻呼公司纷纷倒闭,寻呼业成了～。

【明若观火】 míng ruò guān huǒ
[释义]见"洞若观火"。[语见]《尚书·盘庚上》:"予若观火。"蔡沈集传:"我视汝情,明若观火。"[例句]对这件事情他～,该怎么做心里早就有数了。

【明赏慎罚】 míng shǎng shèn fá
[释义]奖赏严明,处罚慎重。[语见]汉·荀悦《前汉纪·文帝纪下》:"兴利除害,明赏慎罚,直言极谏,补主之过,德匡天下,威正诸侯,此人臣极谏直言之功也。"[例句]企业管理中要注意～,以保护员工的积极性。

【明效大验】 míng xiào dà yàn
[释义]效、验:效果,效验。非常明显而巨大的效验。[语见]汉·班固《汉书·贾谊传》:"是非其明效大验邪!"[例句]这次改革不会在短时间内看到～。

【明心见性】 míng xīn jiàn xìng
[释义]佛家语。指虔诚彻悟的状态。后泛指大彻大悟,了解了人生真谛。[语见]明·宋濂等《元史·仁宗纪三》:"仁宗天性慈孝,聪明恭俭,通达儒术,妙悟释典,尝曰:'明心见性,佛教为深;修身治国,儒道为切。'"[例句]参禅的目的,在于～,也就是要去掉内心污染,找回人的本性。

【明刑弼教】 míng xíng bì jiào
[释义]明:明白,严明。弼:辅助。教:教化,教育。严明刑罚,以辅助德教之所不及。[语见]《尚书·大禹谟》:"明于五刑,以弼五教,期于予治。"[例句]他强调执法者必须～,突出刑罚的作用。

【明扬仄陋】 míng yáng zè lòu
[释义]扬:举。仄陋:指疏远隐匿的人。发现和推举僻远隐匿的贤人。[语见]《尚书·舜典》:"明明,扬侧陋。"注:侧陋:

指地位微贱而才德兼备的贤人。仄:侧。
[例句] 执政者如果不能～,就会失去许
多优秀的人才。

【明哲保身】 míng zhé bǎo shēn
[释义] 明哲:聪明有智慧,通达事理。原
指明智的人能够明达事理,洞见时势,善
于择安避危,保全自身。现指为了个人
利益,回避原则斗争的处世态度。
[语见]《诗经·大雅·烝民》:"既明且
哲,以保其身。"[例句] 他遇事就躲,从来
都不敢负责,只知道为了一己私利而～。

【明哲防身】 míng zhé fáng shēn
[释义] 见"明哲保身"。[例句] 我所在
的部门人事关系复杂,大家都是一副～
的处世态度。

【明争暗斗】 míng zhēng àn dòu
[释义] 表面上、暗地里都进行争斗。形
容争斗激烈。[语见] 端木蕻良《曹雪芹》
第二十章:"她也知道,康熙宠爱的宜
妃,多年来和她明争暗斗,是最激烈不过
的。"[例句] 为了争夺权位,这些
人～,弄得单位乌烟瘴气,人心浮动。

【明正典刑】 míng zhèng diǎn xíng
[释义] 明:公开。正:治罪。典刑:常
刑,法律。依法公开处刑。[语见] 宋·王
楙《野客丛书·宣帝待霍氏》:"使显等稍
自悛改,则霍氏富贵,将来未艾。奈何悖
逆之节愈益彰露,而不容掩匿,苟不明正
典刑,天下其谓帝何,其势不得不诛耳。"
[例句] 这家伙恶贯满盈,今天终于～,真
是大快人心。

【明知故犯】 míng zhī gù fàn
[释义] 明明知道不对而故意去干。
[语见] 明·郑若庸《玉玦记·改名》:"正是
明知故犯,……两三年间,破费几尽。"
[例句] 他～,顶风作案,应当受到严惩。

【明知故问】 míng zhī gù wèn
[释义] 明明知道,还故意发问。[例句]
你心里什么都清楚,又何必～?

【明知明犯】 míng zhī míng fàn
[释义] 见"明知故犯"。[例句] 老师已
经再三强调考试不要作弊,你怎么还
要～呢?

【鸣鼓而攻】 míng gǔ ér gōng
[释义] 鸣鼓:击鼓。指大张旗鼓地进行
谴责或声讨。[语见]《论语·先进》:"子
曰:'非吾徒也,小子鸣鼓而攻之可也。'"
[例句] 对这种行为,舆论界应该～。

【鸣锣开道】 míng luó kāi dào
[释义] 旧时官吏出行时,前面差役鸣
锣,吆喝行人回避。现多用于比喻为某
一事物的出现和发展大造舆论,创造条
件,开辟道路。[例句] 在这款新车推出
市场前,许多媒体纷纷为之～。

【鸣琴而治】 míng qín ér zhì
[释义] 鸣琴:弹琴,借代礼乐。治:安定。
指以礼乐教化使政治安定。[语见]《吕
氏春秋·察贤》:"宓子贱治单父,弹鸣
琴,身不下堂,而单父治。"[例句] 他任
县令期间,推行善政,～,把当地治理
得井井有条。

【鸣钟列鼎】 míng zhōng liè dǐng
[释义] 见"击钟鼎食"。[语见] 唐·王绩
《与陈叔达重借隋纪书》:"丰屋华榱,顾
蓬蒿而徙眷;鸣钟列鼎,想藜藿而移交。"
[例句] 她自小生活在贫苦人家,这种贵
族家庭～的豪华场面她从未见过。

【冥思苦想】 míng sī kǔ xiǎng
[释义] 冥:深沉地。苦:竭力地。深沉地
思考,竭尽全力地想。指绞尽脑汁,苦苦
思索。也作"冥思苦索""苦思冥想"。
[例句] 他把那张图纸翻来翻去,看了又
看,～,还是不得要领。

【冥顽不化】 míng wán bù huà
[释义] 冥顽:糊涂顽固。不化:不开化。
形容人顽固,不通情达理。[例句] 她是
个心胸狭窄,性格～,难以沟通的女人。

【冥顽不灵】 míng wán bù líng
[释义] 冥顽:愚笨无知。形容愚昧无知。
[语见] 唐·韩愈《祭鳄鱼文》:"不然,则
鳄鱼冥顽不灵,刺史虽有言,不闻不
听。"[例句] 跟这种～的人讲道理是没有
用的。

【冥行摘埴】 míng xíng zhì zhí
[释义] 冥行:夜间行路。摘:点。埴:土
地。摘埴:指盲人行路时用手杖点地寻

路。比喻钻研学问只在暗中摸索,不得门径。[语见]汉·扬雄《法言·修身》:"摛埴索涂,冥行而已矣。"李轨注:"盲人以杖摛地而求道,虽用白日,无异夜行。"[例句]到目前为止,我们的研究工作还只是～,缺乏理论指导。

【铭肌镂骨】 míng jī lòu gǔ
[释义]铭:在器物上刻字。镂:雕刻。刻在肌肤和骨头上。形容感受极深,永记不忘。[语见]北齐·颜之推《颜氏家训·序致》:"追思平昔之指,铭肌镂骨。"[例句]您的恩德我会～,永记在心。

【铭心刻骨】 míng xīn kè gǔ
[释义]见"铭肌镂骨"。[语见]明·杨柔胜《玉环记·韦皋延赏》:"此德当酬,铭心刻骨,效取岁寒三友。"[例句]我们在一起生活了三十多年,既有相聚的欢乐,也有分离时～的痛苦。

【铭心镂骨】 míng xīn lòu gǔ
[释义]见"铭肌镂骨"。[语见]唐·柳宗元《谢除柳州刺史表》:"铭心镂骨,无报上天。"[例句]残酷的现实令她不忍面对,～的思念之情折磨得她无法入眠。

【酩酊大醉】 mǐng dǐng dà zuì
[释义]酩酊:大醉的样子。形容喝酒喝得很多,醉得很厉害。[语见]北魏·郦道元《水经注·沔水》:"山季伦之镇襄阳,每临此池,未尝不大醉而还,恒言此是我高阳池。故时人为之歌曰:'山公出何去,往至高阳池,日暮倒载归,酩酊无所知。'"[例句]他今晚太高兴了,结果喝得～。

【命薄相穷】 mìng bó xiàng qióng
[释义]命薄:命运不好,福分不大。相:相貌。生就的命运不好,一副穷相。这是唯心主义宿命论的一种观点。[语见]明·罗贯中《三国演义》第六十九回:"命薄相穷,不称此职,不敢受也。"[例句]我是～之人,不配担任这个职务。

【命俦啸侣】 mìng chóu xiào lǚ
[释义]命、啸:呼引。俦、侣:伙伴。呼唤伙伴。[语见]三国魏·曹植《洛神赋》:"众灵杂遝,命俦啸侣。"[例句]游玩途中,别人都是～、三五成群,只有他一个人形影孤单。

miu

【谬采虚声】 miù cǎi xū shēng
[释义]谬:错误。采:采纳,听信。错误地听信与实际不符的好名声。[语见]清·李宝嘉《官场现形记》第五十六回:"且说傅二棒锤回到南京,制台又谬采虚声,拿他当作了一员能员,先委了他几个好差使。"[例句]承蒙您～,亲自来拜访,令我十分不安。

【谬托知己】 miù tuō zhī jǐ
[释义]胡乱托为知己朋友。[语见]清·李宝嘉《官场现形记》第五十二回:"有班谬托知己的朋友,天天在一块儿打牌吃酒。"[例句]我跟他又不熟,怎么能～呢?

【谬悠之说】 miù yōu zhī shuō
[释义]不符合情理、事实的话。[语见]《庄子·天下》:"以谬悠之说,荒唐之言,无端崖之辞,时恣纵而不傥。"[例句]这部书充满了～,不值得一读。

mo

【摸棱两可】 mō léng liǎng kě
[释义]摸棱,也作"模棱"。指对事物没有明确的态度或主张。[语见]五代后晋·刘昫等《旧唐书·苏味道传》:"处事不欲决断明白,若有错误,必贻咎谴,但摸棱以持两端可矣。"[例句]法律文书的用词造句要求准确规范,言简意赅,通俗易懂,绝不能～、似是而非。

【摸门不着】 mō mén bù zháo
[释义]找不到门,形容弄不清原因,莫名其妙。[语见]明·兰陵笑笑生《金瓶梅词话》第八十回:"这吴月娘,心中怎气忿不过……一顿骂的来安儿摸门不着。"[例句]一阵痛骂弄得我一头雾水,～。

【摸头不着】 mō tóu bù zháo
[释义]脑袋摸不着。形容莫名其妙。[语见]清·吴敬梓《儒林外史》第六回:"赵氏听了这话,摸头不着,只得依着

言语,写了一封字,遣家人来富连夜赴省接大老爹。"[例句] 这首诗写的是些什么? 简直让人～,莫名其妙。

【模棱两可】 mó léng liǎng kě

[释义] 模棱:也作"摸棱",指(态度、意见等)含糊,不明确。两可:这样或那样都可以。既不肯定,也不否定。指不明确表示态度或没有准主意。[语见] 清·张廷玉等《明史·余珊传》:"饰六艺以文奸言,假周官而夺汉政,坚白异同,模棱两可。"[例句] 这项工程究竟是否可行,调研报告里的观点～,无法判断。

【摩顶放踵】 mó dǐng fàng zhǒng

[释义] 摩顶:摩伤头顶。放:至。踵:脚跟。从头顶到脚跟完全摩伤。形容辛劳艰苦,不顾身体受损伤。[语见]《孟子·尽心上》:"墨子兼爱,摩顶放踵,利天下为之。"[例句] 墨家思想认为,应该为世人受苦,以自己的苦难来拯救别人,～也在所不惜。

【摩肩击毂】 mó jiān jī gǔ

[释义] 见"毂击肩摩"。[例句] 正是旅游旺季,连海滨浴场里也是～,根本没办法游泳。

【摩肩接踵】 mó jiān jiē zhǒng

[释义] 摩:摩擦、接触。接:连接。踵:脚跟。肩挨肩,脚碰脚。形容人很多,很拥挤。[语见] 唐·皇甫湜《编年纪传论》:"自汉至今,代以更八,年几历千,其间贤人摩肩,史臣继踵,推古今之得失,论述作之利病。"[例句] 展示会现场～,人潮涌动。

【摩肩如云】 mó jiān rú yún

[释义] 摩肩:肩与肩相碰。如云:像云。形容人多拥挤。[语见]《诗经·郑风·出其东门》:"出其东门,有女如云。虽则如云,匪我思存。"《战国策·齐策一》:"临淄之途,车毂击,人肩摩。"[例句] 工地上的工人～,挥汗成雨,大家干劲十足。

【摩厉以须】 mó lì yǐ xū

[释义] 摩厉:指把刀磨快。须,等待。磨快了刀等待着。比喻做好准备,等待时机行动。[语见]《左传·昭公十二年》:

"摩厉以须,王出,吾刃将斩矣。"[例句] 他们早已～,随时准备迎头痛击入侵的敌人。

【摩拳擦掌】 mó quán cā zhǎng

[释义] 摩:也作"磨"。形容战斗或行动前精神振奋、跃跃欲试的样子。[语见] 元·关汉卿《单刀会》第三折:"但题起厮杀呵,摩拳擦掌。排戈甲,列旗枪,各分战场。"[例句] 同学们手持各种劳动工具,～,准备大干一场。

【磨杵成针】 mó chǔ chéng zhēn

[释义] 杵:棒槌。把铁棒磨成针。比喻做事只要有恒心,坚持不懈,就一定能成功。[语见] 明·陈仁锡《潜确类书》第六十卷:"李白少读书,未成,弃去。道逢老妪磨杵,问其故。曰:'欲作针。'自感其言,遂卒业。"[例句] 学习不仅要勤奋,还要有滴水穿石、～的毅力。

【磨刀霍霍】 mó dāo huò huò

[释义] 霍霍:磨刀发出的声音。形容准备宰杀。[语见] 宋·郭茂倩《乐府诗集·木兰诗》:"小弟闻姊来,磨刀霍霍向猪羊。"[例句] 战争即将爆发,已经可以听到敌人～的声音。

【磨而不磷】 mó ér bù lín

[释义] 磷:磨薄。指最坚硬的东西磨也磨不薄。比喻道德高尚的人最不会受环境影响而变坏。[语见]《论语·阳货》:"子曰:'然,有是言也,不曰坚乎,磨而不磷;不曰白乎,涅而不缁。'"朱熹集注:"磷,薄也。涅,染皂物。言人之不善,不能浼己。"[例句] 公务员应当树立～、涅而不缁的廉洁作风。

【磨厉以须】 mó lì yǐ xū

[释义] 见"摩厉以须"。[语见] 明·冯梦龙《东周列国志》第一百零三回:"檄文到日,磨厉以须,车马临时,市肆勿变。"[例句] 我们早就～,就等你一声令下了。

【磨砺以须】 mó lì yǐ xū

[释义] 见"摩厉以须"。[语见] 清·李渔《玉搔头·逆气》:"孤家久怀大志,欲建雄图,向来磨砺以须,今始相机而动。"[例句] 高考明天就要进行了,各地的考

生早就～,盼着尽快进入考场。

【磨砻砥砺】mó lóng dǐ lì
[释义]砻:磨。砥砺:磨刀石。形容狠狠磨砺。多用作对人狠加磨炼之意。[语见]汉·枚乘《上书谏吴王》:"据其未生,先其未形,磨砻砥砺,不见其损,有时而尽。"[例句]新提拔的干部应像～一样多加磨炼。

【磨拳擦掌】mó quán cā zhǎng
[释义]见"摩拳擦掌"。[语见]明·罗贯中《风云会》第二折:"你磨拳擦掌枉心焦,休得要乱下风雹。"[例句]双方队员～,看来一场恶战势在难免。

【磨揉迁革】mó róu qiān gé
[释义]磨砺引导使人向善处改变。[语见]宋·欧阳修《吉州学记》:"予闻教学之法本于人性,磨揉迁革使趋于善。"[例句]对这些劳教人员的教育,应本着～的原则,循循诱导。

【抹一鼻子灰】mǒ yī bí zǐ huī
[释义]比喻碰壁受阻,落个没趣。[语见]清·曹雪芹《红楼梦》第六十七回:"赵姨娘来时兴兴头头,谁知抹了一鼻子灰……"[例句]巴结了半天,人家根本就不搭理他,真是～。

【抹月批风】mǒ yuè pī fēng
[释义]抹:细切。批:薄切。表示以风月待客,没有什么好吃的。也指诗人的吟诵以风月为对象。[语见]明·陈汝元《金莲记·控代》:"敢把朝廷来讥讽? 抹月批风聊自徜,手足义偏长。"[例句]他非常重视文学的思想性,对这类～的辞章颇不以为然。

【末大必折,尾大不掉】mò dà bì zhé, wěi dà bù diào
[释义]末:末梢。掉:摇动。树梢太大必定折断,尾巴太大不易摆动。比喻部属势力过大,难以驾驭。[语见]《左传·昭公十一年》:"末大必折,尾大不掉,君所知也。"[例句]～,公司推行扁平架构的管理模式也存在着很大的隐患。

【末大不掉】mò dà bù diào
[释义]见"尾大不掉"。[语见]唐·柳宗

元《封建论》:"余以为周之丧久矣,徒建空名于公侯之上耳! 得非诸侯之盛强,末大不掉之咎欤?"[例句]公司行政机构大权独揽,～,已严重影响到公司的整体运作效率。

【末路途穷】mò lù tú qióng
[释义]见"穷途末路"。[语见]清·文康《儿女英雄传》第二十六回:"那时我见你两个末路途穷,彼此无靠。"[例句]在政府军的不断打击下,这股武装分子如今已陷入了～的境地。

【末如之何】mò rú zhī hé
[释义]没有办法对付,奈何不得。[语见]晋·葛洪《抱朴子·塞难》:"若待俗人之息妄言,则俟河之清,未为久也。吾所以不能默者,冀夫可上可下者,可引致耳。其不移者,古人已末如之何矣。"[例句]这个调皮的学生让老师～,头疼不已。

【末学肤受】mò xué fū shòu
[释义]末学:无本之学。肤:肤浅。多用作谦辞。形容治学不求根本,所获甚为肤浅。[语见]汉·张衡《东京赋》:"乃莞尔而笑曰:'若客所谓末学肤受,贵耳而贱目者也。'"[例句]别问我,我也只是略懂那么一点,～而已。

【没齿不忘】mò chǐ bù wàng
[释义]没齿:终年、终生。终生不忘记。多用作感激之词。[语见]明·吴承恩《西游记》第七十回:"长老,你果是救得我回朝,没齿不忘大恩!"[例句]谢谢诸位给我的这些帮助,我一定～。

【没齿难泯】mò chǐ nán mǐn
[释义]见"没齿难忘"。[语见]明·陆采《怀香记·夕阳亭议》:"你果成得此事,下官感你的恩德,真是镂骨铭心,没齿难泯。"[例句]对于王老师的知遇之恩,她～。

【没齿难忘】mò chǐ nán wàng
[释义]没齿:终身,一辈子。比喻一辈子难以忘记。[语见]唐·李商隐《为汝南公华州贺赦表》:"司马谈阙陪盛礼,没齿难忘。"[例句]你的救命之恩,我真是～。

M

【没而不朽】mò ér bù xiǔ
[释义] 没:同"殁",死。指人虽死而其精神、业绩、文章永存世间。[语见] 唐·杨炯《泸州都督王湛神道碑》:"庄周著论,生也若浮;史佚立言,没而不朽。"[例句] 他的形象～,永远活在亿万人民的心中。

【没身不忘】mò shēn bù wàng
[释义] 见"没齿难忘"。[语见] 宋·陈亮《众祭孙冲季文》:"失声而号,痛裂肺肠。何以慰子? 没身不忘。"[例句] 正是在他的无私帮助下,我们的企业终于走出了困境,这种恩情,我们～。

【没世不忘】mò shì bù wàng
[释义] 见"没齿不忘"。[语见]《礼记·大学》:"君子贤其贤而亲其亲,小人乐其乐而利其利。此以没世不忘也。"[例句] 令他～的是,在这个贫穷的乡村,竟有这么多人向他伸出了援助之手。

【没世难忘】mò shì nán wàng
[释义] 见"没齿难忘"。[语见] 清·金捧阊《守一斋笔记·白副戎传》:"惟在深入其心,斯没世难忘,而穆然足千古也。"[例句] 每个人的初恋,必然都是～的。

【殁而不朽】mò ér bù xiǔ
[释义] 指身虽死而声名、事业长存。[语见] 唐·白居易《与刘总诏》:"卿之先父,为朕元臣,大节殊功,殁而不朽。"[例句] 老教授～,永远值得我们学习和敬仰。

【殁而无朽】mò ér wú xiǔ
[释义] 见"殁而不朽"。[语见] 唐·杨炯《遂州长江县先圣孔子庙堂碑》:"凭风云于异代,照日月于殊涂,死者有知,殁而无朽。"[例句] 他虽然因病去世,但他的思想～,依然引导我们在科学研究领域继续奋斗。

【陌路相逢】mò lù xiāng féng
[释义] 指素不相识的人相遇在一起。[语见] 清·褚人获《隋唐演义》第五十二回:"叔宝先年与朕陌路相逢,全家亏他救护。"[例句] 这些～的少男少女,用真诚演绎着纯洁的友谊。

【莫测高深】mò cè gāo shēn
[释义] 测:揣测,测量。无法揣测究竟有多高多深。[语见] 汉·班固《汉书·严延年传》:"吏民莫能测其意深浅。"[例句] 他是那么的深沉,那么的～,着实令她有些不知所措。

【莫此为甚】mò cǐ wéi shèn
[释义] 没有比这更厉害更严重的了。[语见] 宋·洪迈《容斋三笔·枢密称呼》:"叶审言、黄继道为长贰,亦同一称,而二三十年以来,遂有知院同知之目,初出于典谒街卒之口,久而朝士亦然。名不雅古,莫此为甚。"[例句] 假如社会道德观已经沦丧到如此的地步,其悲哀～。

【莫措手足】mò cuò shǒu zú
[释义] 见"手足无措"。[语见] 清·张廷玉等《明史·杨守随传》:"天下嗷嗷,莫措手足。"[例句] 家里一下子来了这么多人,她一时间～,不知道该干些什么。

【莫敢谁何】mò gǎn shuí hé
[释义] 没有谁敢把他怎么样。[语见] 元·无名氏《连环计》第一折:"争奈董卓弄权,将危汉室,群臣畏惧,莫敢谁何。"[例句] 他在上面大声训斥,台下的人～,谁也不敢吭声。

【莫可名状】mò kě míng zhuàng
[释义] 莫可:不能。名:说出。状:形容描述。指非常复杂或微妙,无法用言语来形容。[语见] 明·刘基《松风阁记》:"乍大乍小,若远若近,莫可名状。"[例句] 这条消息令我兴奋,同时也带给我一份～的怅惘。

【莫可奈何】mò kě nài hé
[释义] 见"无可奈何"。[语见] 明·吴承恩《西游记》第十三回:"苦得两个法师分身无地,真个有万分凄楚,已自忖必死,莫可奈何。"[例句] 眼看球队一溃千里,场边的教练和替补队员～。

【莫名其妙】mò míng qí miào
[释义] 名:说出。不能说出其中的奥妙。形容事情奇特,使人无法理解或表达。[语见] 清·吴趼人《二十年目睹之怪现状》第五回:"我倒莫名其妙,为甚忽然大

请客起来?"[例句]刚一进门就被上司痛骂了一番,他觉得～。

【莫明其妙】mò míng qí miào
[释义]见"莫名其妙"。[语见]清·文康《儿女英雄传》第九回:"这一句话,要问一村姑蠢妇,那自然是一世也莫明其妙。"[例句]吃饭时妈妈忽然问我是不是有女朋友了,真是～。

【莫逆之交】mò nì zhī jiāo
[释义]逆:违背,抵触。交:交情,友谊。指感情融洽而深厚,不相违逆的知心朋友。[语见]唐·李延寿《北史·司马膺之传》:"膺之所与游集,尽一时名流,与邢子才、王景等为莫逆之交。"[例句]两人一起度过了四年的大学时光,成了～。

【莫逆之契】mò nì zhī qì
[释义]莫逆:无所忤逆。契:相合,情意相投。比喻朋友间心心相印的深厚友情。[语见]晋·范弘之《与王珣书》:"与先帝隆布衣之好,著莫逆之契。"[例句]两个有着～的男人,相约在这一年的中秋节共度佳节。

【莫逆之友】mò nì zhī yǒu
[释义]指彼此心意相通,无所违逆。后用以称情投意合,至好无嫌的朋友。[语见]唐·令狐德棻《周书·张轨传》:"(轨)与乐安孙树仁为莫逆之友,每易衣而出。"[例句]经过长期合作,他们俩逐渐成了～。

【莫须有】mò xū yǒu
[释义]大概有,也许有。后用以表示凭空捏造,毫无根据。[语见]元·脱脱等《宋史·岳飞传》:"狱之将上也,韩世忠不平,诣桧(秦桧)诘其实。桧曰:'飞子云与张宪书虽不明,其事体莫须有。'世忠曰:'莫须有三字何以服天下?'"[例句]他非常愤怒,不停地抗议警察以～的罪名逮捕他。

【莫予毒也】mò yú dú yě
[释义]莫:没有谁。予:我。毒:危害。没有谁能危害我。[语见]《左传·僖公二十八年》载:晋楚战于城濮。楚败,统帅子玉自杀。晋文公听说后,高兴地说:

"莫予毒也已。"[例句]一时间该国的军政财大权归他一人把持,～,这是他一生中的鼎盛时期。

【莫知所为】mò zhī suǒ wéi
[释义]不知道怎么办好。形容感情激动时的情状。[语见]唐·房玄龄等《晋书·王虞传》:"是时温(桓温)将废海西公,百僚震栗,温亦色动,莫知所为。"[例句]见她忽然哭了起来,他～,一时间没了主意。

【莫知所谓】mò zhī suǒ wèi
[释义]见"莫知所为"。[语见]宋·李昉《太平广记》第一百二十五卷引《宣室志》:"士真愈不悦,瞪顾攘腕,无向时之欢矣。太守惧,莫知所谓。"[例句]说着说着他忽然发起火来,众人惊愕,～。

【莫衷一是】mò zhōng yī shì
[释义]莫:不能。衷:折中,断定。是:正确,对。不能断定哪一个正确。也指意见分歧大,不能折中一致。[例句]对于艾滋病人是否可以结婚的问题,大家～,意见不一。

【秣马厉兵】mò mǎ lì bīng
[释义]秣:喂。厉:磨。磨好兵器,喂好战马。指做好战斗准备。[语见]唐·房玄龄等《晋书·四夷传》:"今将秣马厉兵,争衡中国,先生以为何如?"[例句]我军～,随时准备投入战斗。

【秣马利兵】mò mǎ lì bīng
[释义]见"秣马厉兵"。[语见]《左传·成公十六年》:"搜乘补卒,秣马利兵,修陈(阵)固列,蓐食申祷,明日复战。"[例句]他们～,准备在新的赛季中一展英姿。

【漠不关心】mò bù guān xīn
[释义]漠:冷淡。对人或事物态度冷漠,毫不关心。[语见]清·李绿园《歧路灯》第九十五回:"人家竞相传抄,什袭以藏,而子孙漠不关心。"[例句]她对别人的事情向来～。

【漠然不动】mò rán bù dòng
[释义]漠:不经心地,冷淡地。形容对人或事物冷冷淡淡,一点也不动心。[例句]

屋里的人哭成了一片,只有他一个人仍然～。

【漠然置之】 mò rán zhì zhī
[释义]漠然:不关心不在意的样子。置:放。对人或事物态度冷漠,不关心,放在一边不管。[例句]车上发生了抢劫案,旅客勇擒持枪歹徒,而有的人竟然～。

【墨守陈规】 mò shǒu chén guī
[释义]见"墨守成规"。[例句]一定要认真吸收采纳先进经验,绝不能～。

【墨守成规】 mò shǒu chéng guī
[释义]墨守:战国时墨翟善于守城,因此称善守为"墨翟之守"或"墨守"。后引申为固执保守。成规:现成的或通行已久的规章、方法。指因循守旧,不肯变通。[语见]《战国策·齐策六》:"今公又以弊聊之民,距全齐之兵,期年不解,是墨翟之守也。"[例句]如果企业领导思想僵化、～,安于现状,就会被市场所淘汰。

【墨汁未干】 mò zhī wèi gān
[释义]形容很快就违背了协定或诺言。[例句]～,该国就撕毁了互不侵犯条约,向邻国发动了军事进攻。

【默不作声】 mò bù zuò shēng
[释义]默:沉默。不说话,不出声。也作"沉默不语"。[例句]大家几乎吵翻了天,只有他一边～。

【默默无闻】 mò mò wú wén
[释义]默默:无声无息。闻:听。指不出名,不为世人所知。也作"默而无闻"、"没没不闻"。[语见]清·颐琐《黄绣球》第二十五回:"这女学堂……丝毫没有学堂的习气,所以开将近年把,好像还默默无闻。"[例句]我们成功背后离不开那些～的奉献者。

【默默无言】 mò mò wú yán
[释义]默默:不言不语的样子。一句话也不说。[语见]宋·薛居正等《旧五代史·唐庄宗纪》:"今兹危蹙,赖尔筹谋,而竟默默无言,坐观成败。"[例句]他～地收拾着行李,屋里的气氛十分压抑。

mou

【俟色揣称】 móu sè chuǎi chèn
[释义]俟:等同。揣:量度。称:好。使颜色完全相同,使美好程度也一样。指描摹事物情状恰到好处。[语见]南朝宋·谢惠连《雪赋》:"抽子秘思,骋子妍辞,俟色揣称,为寡人赋之。"[例句]书中描写这个老婆婆的衣饰体态,极具～之妙。

【谋财害命】 móu cái hài mìng
[释义]谋:图谋,谋取。为了谋取别人的财产而杀害人的性命。[语见]明·冯梦龙《醒世恒言》第三十三卷:"这桩事须不是你一个妇人家做的,一定有奸夫帮你谋财害命,你却从实说来。"[例句]这个坏蛋～,害死了不少人。

【谋如涌泉】 móu rú yǒng quán
[释义]计谋如奔涌的泉水那样多。[语见]南朝宋·范晔《后汉书·马援传》:"援奉诏西使,镇慰边众,乃招集豪杰,晓诱羌戎,谋如涌泉,势如转规。"[例句]大家在会上～,纷纷发表自己的意见。

【谋事在人,成事在天】 móu shì zài rén, chéng shì zài tiān
[释义]谋划事情,要尽人的努力,事情的成败,还要受到客观条件诸因素的影响。[语见]明·罗贯中《三国演义》第一百零三回:"不期天降大雨,火不能着,哨马报说司马懿父子俱逃去了。孔明叹曰:'谋事在人,成事在天。'不可强也。"[例句]～,你只要尽力就是了,即使不成功也不必悲伤。

【谋图不轨】 móu tú bù guǐ
[释义]见"图谋不轨"。[语见]唐·房玄龄等《晋书·王彬传》:"兄抗旌犯顺,杀害忠良,谋图不轨,祸及门户。"[例句]如果他～,想干什么坏事的话,早就动手了,哪儿会等到现在?

【谋无遗策】 móu wú yí cè
[释义]计谋没有遗漏的主意。指计谋周密稳妥。[语见]三国魏·曹奂《以钟会为司徒诏》:"蜀之豪帅,面缚归命,谋无

遗策,举无废功。"[例句] 此人心计过人,～,是个很难对付的对手。

【谋无遗谞】móu wú yí xū
[释义] 遗谞:才智不足之处。所设计谋没有遗漏。指计谋稳妥,考虑周到。[语见] 晋·陆机《辨亡论》:"董袭陈武,杀身以卫主。骆统、刘基强谏以补过,谋无遗谞,举不失策。"[例句] 这些顾问～、举不失策,对公司的发展起了重要的作用。

mu

【母以子贵】mǔ yǐ zǐ guì
[释义] 母亲由于儿子显贵而显贵。在封建社会里,妇女没有社会地位,特别是婢妾,只能由于儿子的显贵而显贵。[语见]《公羊传·隐公元年》:"立嫡以长不以贤,立子以贵不以长。桓何以贵?母贵也。母贵则子何以贵?子以母贵,母以子贵。"[例句] 她觉得～,将来孩子当了大官,自己也能成为一方显贵。

【木本水源】mù běn shuǐ yuán
[释义] 本:树根。源:源头。比喻事物的根本或由来。[语见]《左传·昭公九年》:"我在伯父,犹衣服之有冠冕,木水之有本原,民人之有谋主也。"注:原,通"源"。[例句] 追其原因,出口额严重下降才是造成国家外汇储备减少的～。

【木雕泥塑】mù diāo ní sù
[释义] 见"泥塑木雕"。[语见] 清·曹雪芹《红楼梦》第二十七回:"那黛玉倚着床栏杆,两手抱着膝,眼睛含着泪,好似木雕泥塑的一般,直坐到二更多天,方才睡了。"[例句] 这些人吓得浑身颤抖,全身瘫软,既不敢上前阻拦,又不敢回身跑掉,一个个如～般呆立着。

【木强则折】mù qiáng zé zhé
[释义] 强:坚硬。质地硬的木材容易脆裂折断。比喻一味强硬反而会招致失败。[语见]《老子》第七十六章:"是以兵强则灭,木强则折,坚强处下,柔弱处上。"[例句] 兵强则灭,～,事物总是发展到一定程度就会向其相反的方面转化。

【木人石心】mù rén shí xīn
[释义] 形容人意志坚定,不为外物所动。也比喻人没有感情。[语见] 唐·房玄龄《晋书·夏统传》:"统危坐如故,若无所闻。充等各散曰:'此吴儿是木人石心也。'"[例句] 这孩子终究不是～,长时间相处下来,两人终于渐渐培养出了感情。

【木石为徒】mù shí wéi tú
[释义] 与木头石头结伴。形容与世事隔绝。[语见] 宋·欧阳修等《新唐书·柳宗元传》:"用是更乐喑默,与木石为徒,不复致意。"[例句] 被革职后,他远离城市,住到一个僻静的山村里,整日与～。

【木心石腹】mù xīn shí fù
[释义] 铁石心肠。形容冷酷无情。[语见] 宋·张邦基《墨庄漫录·缊云武尉司夫人》:"一日,谓辉远曰:'君索居于此,妾欲侍巾栉可乎?而君介然不蒙顾盼,亦木心石腹之人也。'"[例句] 面对他的狂热追求,她依然好似～一般,毫不理会。

【木形灰心】mù xíng huī xīn
[释义] 比喻不为外物所扰,对一切世事都无动于衷。[语见]《庄子·齐物论》:"形固可使如槁木,而心固可使如死灰乎?"[例句] 多年来他早已是～,对这件事情一点也不抱希望了。

【木朽蛀生】mù xiǔ zhù shēng
[释义] 木材腐朽就会生虫。比喻失去检点就会犯错误。[语见] 明·唐顺之《信陵君救赵论》:"信陵君不忌魏王,而径请之如姬,其素窥魏王之疏也;如姬不忌魏王,而敢于窃符,其素恃魏王之宠也,木朽而蛀生之矣。"[例句] 人要时时自省,否则～。

【木已成舟】mù yǐ chéng zhōu
[释义] 树木已被造成船。比喻事实既成,无可挽回。[语见] 清·李汝珍《镜花缘》第三十五回:"到了明日,木已成舟,众百姓也不能求我释放,我也有词可托了。"[例句] 看来～,事情已经无法挽回了。

M

【目不别视】mù bù bié shì
[释义] 两眼不向别处看。形容精神集中、专心致志的样子。也作"目不旁视"。
[语见] 清•曹雪芹《红楼梦》第四十八回："香菱自为这首诗妙绝……因见他姐妹们说笑，便自己走至阶下竹前，挖心搜胆的，耳不旁听，目不别视。"[例句] 他坐姿笔挺，～，一副专心听讲的样子。

【目不给视】mù bù jǐ shì
[释义] 形容眼前事物又多又好，看不过来。[语见] 宋•周邦彦《汴都赋》："沉沙栖陆，异域所至，殊形妙状，目不给视，无所不有。"[例句] 博览会上的展品包罗万象，令人～。

【目不见睫】mù bù jiàn jié
[释义] 自己的眼睛看不见自己的睫毛。比喻不能省察自己或见远而不见近。[语见]《韩非子•喻老》："臣患智之如目也，能见百步之外而不能自见其睫。"[例句] 如果人始终陶醉在自我满足的境界中，～，就很难发现自身的缺点。

【目不窥园】mù bù kuī yuán
[释义] 见"三年不窥园"。[语见] 清•文康《儿女英雄传》第三十三回："那公子却也真个足不出户，目不窥园，日就月将，功夫大进。"[例句] 现在的学生们只知道贪玩，完全不懂得～、寒窗苦读。

【目不忍睹】mù bù rěn dǔ
[释义] 眼睛不忍看见。形容情状极其悲惨。[语见] 清•薛福成《观巴黎油画记》："而军士之折臂断足，血流殷地，偃仰僵仆者，令人目不忍睹。"[例句] 这场大火的惨状令人～。

【目不忍视】mù bù rěn shì
[释义] 见"目不忍睹"。[语见] 明•朱国祯《涌幢小品•丹台记》："又导观诸狱，景象甚惨，目不忍视，狼狈而走。"[例句] 他浑身上下到处是伤口，令人～。

【目不识丁】mù bù shí dīng
[释义] 连"丁"这样简单的字都不认识。形容人一字不识。[语见] 五代后晋•刘昫等《旧唐书•张弘靖传》："今天下无事，汝辈挽得两石力弓，不如识一丁字。"

[例句] 要让这些～的孩子们学会使用计算机是非常困难的。

【目不识字】mù bù shí zì
[释义] 见"目不识丁"。[语见] 清•顾炎武《与友人论门人书》："矧纳赀之例行，而目不识字者可为郡邑博士。"[例句] 老人～，根本就不知道站牌上写着什么。

【目不暇给】mù bù xiá jǐ
[释义] 暇：空闲。给：供给。指美好的事物太多，一时看不过来。[语见] 清•郑燮《潍县署中与舍弟墨》："见其扬翚振彩，倏往倏来，目不暇给，固非一笼一羽之乐而已。"[例句] 精彩的马戏表演令人～，观众不时叫好。

【目不暇接】mù bù xiá jiē
[释义] 见"目不暇给"。[例句] 随着通信技术的迅速发展，新产品层出不穷，令人～。

【目不邪视】mù bù xié shì
[释义] 不该看的事物不看。形容品行端正。[语见] 清•李汝珍《镜花缘》第十六回："他们来来往往，男女并不交言，都是目不邪视，俯首而行。"[例句] 他举止大方，面容严肃，平时正襟危坐，～，令旁人十分敬畏。

【目不转睛】mù bù zhuǎn jīng
[释义] 睛：眼珠。形容凝神注视。[语见] 晋•杨泉《物理论》："子义燃烛危坐通晓，目不转睛，膝不移处。"[例句] 她～地盯着面前的东西，仿佛愣住了。

【目不转视】mù bù zhuǎn shì
[释义] 见"目不转睛"。[语见] 清•黄宗羲《张南垣传》："涟（张涟）与客方谈笑，漫应之曰：某树下某石可置某所，目不转视，手不再指，若金在冶，不假斧凿。"[例句] 看到这个漂亮的姑娘，小伙子～，仿佛呆住了。

【目成心许】mù chéng xīn xǔ
[释义] 目成：用眼睛传达相悦之情。双方眉来眼去，心里暗暗相许。[语见] 明•梅鼎祚《玉合记•缘合》："罗敷知他有夫，不着紧目成心许，虽多梦见，此生应

见稀。"[例句] 他们两个一见倾心，～。

【目瞪口呆】mù dèng kǒu dāi
[释义] 瞪着眼说不出话来。形容因受惊或感到奇怪而发呆的样子。[语见] 元·无名氏《赚蒯通》第一折："项王见我气概威严，赐我酒一斗，生豚一肩，被俺一啖而尽，吓得项王目瞪口呆，动弹不得。"[例句] 他出人意料的举动令在场的每个人都～。

【目瞪神呆】mù dèng shén dāi
[释义] 睁大眼睛，神情呆板。形容人吃惊发愣的样子。[语见] 清·李汝珍《镜花缘》第十八回："登时惊的目瞪神呆，惟恐他们盘问，就要出丑。"[例句] 看到眼前的情景，所有人都～、张口结舌。

【目睹耳闻】mù dǔ ěr wén
[释义] 见"耳闻目睹"。[语见] 清·纪昀《四库全书总目提要》第七十卷："盖密（周密）虽居弁山，实流寓杭州之癸辛街，故目睹耳闻，最为真确。"[例句] 作为一名商场工作人员，这几年他～，也亲身经历了许多消费纠纷。

【目断飞鸿】mù duàn fēi hóng
[释义] 极目远望，送大雁直至飞离不见。常形容离别的悲凄之情。[语见] 明·无名氏《鸣凤记·邹慰夏孤》："此情未语泪先溶，自今别去，目断飞鸿。"[例句] 自此一别，～，不知什么时候才能再相会。

【目断魂销】mù duàn hún xiāo
[释义] 目断：竭尽目力所见。形容竭尽目力而望不到，因而内心悲痛。多形容因别离而伤心之极。[语见] 唐·元稹《同州刺史谢上表》："臣自离京国，目断魂销，每至五更朝谒之时，臣实制泪不得。"[例句] 自从我离开家乡，日夜思念亲人，～。

【目光炯炯】mù guāng jiǒng jiǒng
[释义] 形容眼睛明亮有神。[例句] 站在面前的是一位～、英气逼人的少年。

【目光如豆】mù guāng rú dòu
[释义] 眼光像豆子那样小。形容目光短浅，极无远见。[例句] 那个商人～，每次只盯着眼前的蝇头小利。

【目光如镜】mù guāng rú jìng
[释义] 眼光如镜子般明亮。[语见] 宋·邹应龙《鹧鸪天·九十吾家两寿星》："生日到，转精神。目光如镜步如云。年年长侍华堂宴，子子孙孙孙又孙。"[例句] 只见他～，精神矍铄地走了进来。

【目光如炬】mù guāng rú jù
[释义] 眼光明亮，如同火把。形容眼光锐利逼人。[语见] 唐·李延寿《南史·檀道济传》："道济见收，愤怒气盛，目光如炬。"[例句] 只见他脸色铁青，～，她不由得后退了一步。

【目见耳闻】mù jiàn ěr wén
[释义] 见"耳闻目睹"。[语见] 宋·苏轼《石钟山记》："事不目见耳闻而臆断其有无，可乎?"[例句] 书中的许多事例都是作者亲身的经历与～的事实，有着很强的真实性和可读性。

【目空天下】mù kōng tiān xià
[释义] 见"目空一切"。[例句] 年轻的时候，他也曾不可一世、～，后来吃了许多亏，才逐渐现实起来。

【目空一切】mù kōng yī qiè
[释义] 什么都不放在眼里。形容极其骄傲自大。[语见] 清·洪楝园《后南柯》上卷："此女兀傲不群，目空一切，恐非臣所能驾驭。"[例句] 在诸多荣誉面前，她开始变得骄傲自大、～。

【目牛无全】mù niú wú quán
[释义] 见"目无全牛"。[语见] 晋·孙绰《游天台山赋》："投刃皆虚，目牛无全。"[例句] 经过长期严格的专业训练，他已经到了～的地步，能够轻松地任意装拆这类设备。

【目牛游刃】mù niú yóu rèn
[释义] 目牛：犹"目无全牛"。游刃：犹游刃有余。形容技艺精熟。行事胜任轻松。[语见] 宋·李昉《太平广记》第四百九十卷引《东阳夜怪录》："诸公清才绮靡，皆是目牛游刃。"[例句] 看来她很有表演天赋，第一次演戏竟然如此～，轻松愉快。

【目盼心思】mù pàn xīn sī
[释义] 双眼盼望，内心思念。极言企盼

M

想念之切。[语见]明·胡文焕《群音类选·余庆记·深闺幽思》:"你那里好风光,目盼心思,时刻何曾放。"[例句]她终日~,希望丈夫早日回家。

【目染耳濡】mù rǎn ěr rú
[释义]见"目擩耳染"。[语见]清·赵尔巽《清史稿·廖寿恒传》:"伏愿皇太后崇俭黜奢,时以民生为念,俾皇上知稼穑之艰难,目染耳濡,圣功自懋。"[例句]作者长期在少数民族地区采访,~,也了解了不少当地人的生活习惯。

【目擩耳染】mù rú ěr rǎn
[释义]擩:通"濡",沾染。因经常眼见与耳闻而逐渐受到感染。[语见]唐·韩愈《清河郡公房公墓碣铭》:"目擩耳染,不学以能。"[例句]她从小~,不知不觉学会了这种手艺。

【目若悬珠】mù ruò xuán zhū
[释义]形容目光明亮有神。[语见]汉·班固《汉书·东方朔传》:"臣朔年二十二,长九尺三寸,目若悬珠,齿若编贝。"[例句]他可是个~、齿若编贝的英俊小伙儿。

【目食耳视】mù shí ěr shì
[释义]用眼睛吃,用耳朵看。比喻颠倒错乱。[语见]宋·司马光《迂书·官失》:"衣冠所以为容观也,称礼斯美矣。世人舍其所称,闻人所尚而慕之,岂非以耳视者乎?饮食之物,所以为味也,适口斯善矣。世人取果饵而刻镂之,朱绿之,以为盘案之玩,岂非以目食者乎?"[例句]他整日无所事事,还曾幻想着锦衣玉食的生活,真是~。

【目使颐令】mù shǐ yí lìng
[释义]用眼光和下巴示意来指挥别人。形容态度傲慢。[语见]宋·欧阳修等《新唐书·王翰传》:"家畜声伎,目使颐令,自视王侯,人莫不恶之。"[例句]那个讨人厌的经理,每次开会都是~,丝毫不把别人放在眼里。

【目送手挥】mù sòng shǒu huī
[释义]目送:目光追视远去的飞鸟。手挥:挥动手指弹琴。原形容手眼并用,俯仰自得的神态。后也比喻诗文书画的挥洒自如。[语见]三国魏·嵇康《兄秀才公穆入军赠诗》:"目送归鸿,手挥五弦,俯仰自得,游心太玄。"[例句]我们对他~的作画技艺赞叹不已。

【目挑心招】mù tiǎo xīn zhāo
[释义]眼眉挑逗,心神招引。多形容女子对人的媚态。[语见]明·张岱《陶庵梦忆·二十四桥风月》:"美人数百人,目挑心招,视我如潘安。"[例句]面对情意绵绵、~的女郎,他似乎全然没有感觉。

【目窕心与】mù tiǎo xīn yǔ
[释义]窕:逗引。指眼眉逗引,内心相许。[语见]汉·枚乘《七发》:"杂裾垂髾,目窕心与。"[例句]看着~的她,他不禁心猿意马起来。

【目无流视】mù wú liú shì
[释义]眼珠不流转四望。形容行为端方。[语见]清·张廷玉等《明史·翁正春传》:"正春风度峻整,终日无狎语,倦不倾倚,暑不裸裎,目无流视,见者肃然。"[例句]只见他~,大踏步走向前台。

【目无全牛】mù wú quán niú
[释义]据《庄子·养生主》里说:庖丁给文惠君剖牛,手脚各部的动作和刀的响声,同音乐一样有节奏。文惠君大为惊叹。庖丁说:刚解牛的时候,看到的都是完整的牛,几年后练熟了,还没动手,在我面前的好像都是已解剖的牛了。后来就用"目无全牛"比喻技艺到了极其纯熟的地步和得心应手的境界。[例句]他的手艺非常熟练,可以说是达到了~的境界。

【目无下尘】mù wú xià chén
[释义]下尘:下风,比喻地位低下者。指看不起地位低的人。形容态度骄傲。[语见]清·曹雪芹《红楼梦》第五回:"那宝钗却又行为豁达,随分从时,不比黛玉孤高自许,目无下尘,故深得下人之心;就是小丫头们,亦多和宝钗亲近。"[例句]她的清高自许,~得罪了不少人。

【目无余子】mù wú yú zǐ
[释义]余子:其余的人。形容骄傲自

大,眼里没有旁人。[语见]蔡东藩、许廑父《民国通俗演义》第八回:"听他口气,已是目无余子。"[例句]那人神气十足,～,对众人的抗议全然不加理会。

【目瞪口呆】mù zhēng kǒu dāi
[释义]见"目瞪口呆"。[语见]宋·无名氏《京本通俗小说·志诚张主管》:"张胜看了,唬得目睁口呆。"[例句]他被这巨额账单惊得～,一时说不出话来。

【目指气使】mù zhǐ qì shǐ
[释义]用眼光和神色来表示对别人的差遣。形容态度十分傲慢。[语见]汉·刘向《说苑·君道》:"今王将东面,目指气使以求臣,则厮役之材至矣。"[例句]看他～的样子,我的气就不打一处来。

【目中无人】mù zhōng wú rén
[释义]形容骄傲自大,任何人都看不起。[语见]明·凌濛初《初刻拍案惊奇》第十三卷:"严家夫妻养娇了这孩儿,到得大来,就便目中无人。"[例句]从小父母的娇生惯养,使她养成了～、爱慕虚荣、有强烈占有欲的习惯。

【沐猴而冠】mù hóu ér guàn
[释义]沐猴:猕猴。冠:戴帽子。猕猴戴帽子。比喻人本质不好,却装扮得很像样。[语见]汉·司马迁《史记·项羽本纪》:"人言楚人沐猴而冠耳,果然。"[例句]想不到以前的流氓,现在居然当上了议员,真是～。

【沐雨栉风】mù yǔ zhì fēng
[释义]形容在外奔波,不避风雨历尽艰辛。[语见]《庄子·天下》:"沐甚雨,栉疾风。"[例句]他～,披星戴月,历尽千难万险,终于成就了如今的事业。

【苜蓿生涯】mù xu shēng yá
[释义]苜蓿:俗称"金花菜",草本植物。生涯:生活。据《古今诗话》记载:唐朝薛令之做随侍太子的左庶子时,待遇菲薄,就在墙上题了一首诗,前四句是:"朝日正团团,照见先生盘。盘中何所有?苜蓿长阑干。"后就转用"苜蓿生涯"形容塾师的生活清苦。[例句]他在那个山

沟里前后度过了十年的～,他的许多学生如今已长大成人。

【牧豕听经】mù shǐ tīng jīng
[释义]豕:猪。形容勤奋好学。[语见]南朝宋·范晔《后汉书·承宫传》:"少孤,年八岁为人牧豕。乡里徐子盛者,以《春秋经》授诸生数百人。宫过息庐下,乐其业,因就听经,遂请留门下,为诸生拾薪。执苦数年,勤学不倦。经典既明,乃归家教授。"[例句]他以～的精神力求上进,刻苦学习。

【牧猪奴戏】mù zhū nú xì
[释义]指赌博。[语见]唐·房玄龄等《晋书·陶侃传》:"樗蒲者,牧猪奴戏耳。"[例句]他整日深陷于～,很快就把家产糟蹋一空。

【幕天席地】mù tiān xí dì
[释义]以天作幕,以地为席。形容旷达开朗,不拘形迹。或指露天。[语见]南朝梁·萧统《文选·刘伶〈酒德颂〉》:"幕天席地,纵意所如。"[例句]他们风餐露宿,体验着～的原始生活。

【幕燕鼎鱼】mù yàn dǐng yú
[释义]幕燕:筑巢于帷幕上的燕子。比喻处在极度危险中。[语见]《左传·襄公二十九年》:"夫子之在此也,犹燕之巢于幕上。"[例句]如今的他如同～,处境极其危险。

【暮虢朝虞】mù guó zhāo yú
[释义]虢:春秋时小国名,故地在今河南省。虞:春秋时小国名,故地在今山西平陆。春秋时晋国假道虞国,出兵灭掉了虢国,归途中又灭了虞国。用以比喻覆灭之迅速。[语见]金·元好问《俳体雪香亭杂咏》:"洛阳城阙变灰烟,暮虢朝虞只眼前。"[例句]～,你也很难逃脱灭亡的命运。

【暮气沉沉】mù qì chén chén
[释义]暮气:形容不振作的精神和疲疲沓沓不求进取的作风,与"朝气"相对。沉沉:深沉。形容精神不振作,不求进取。[例句]他变得颓废,～,年轻时的那

M

种锐气全都不见了。

【暮去朝来】 mù qù zhāo lái

[释义] 黄昏过去,清晨又到来。形容时光流逝。[语见] 唐·白居易《琵琶行》:"今年欢笑复明年,秋月春风等闲度。弟走从军阿姨死,暮去朝来颜色故。"[例句] ~,他们一天天老了。

【暮云春树】 mù yún chūn shù

[释义] 唐·杜甫《春日忆李白》诗:"渭北春天树,江东日暮云。何时一樽酒,重与细论文。"意思是杜甫在渭北见到的是"春树",李白在江南见到的是"暮云",触景生情,更加思恋。后来就用"暮云春树"表示思念远方的友人。[例句] 他沉吟片刻,提笔写下这首诗,聊寄~之思。

【暮云亲舍】 mù yún qīn shè

[释义] 见"白云孤飞"。[语见] 明·康海《王兰卿》第二折:"他那里眼巴巴盼不见暮云亲舍,想人生最苦离别,他可也官差不自由。"[例句] 离家多年,他的诗中充满了凄婉哀怨,让人领略到那种~的思念之情。

M

N

na

【拿班作势】 ná bān zuò shì
[释义] 见"拿腔作势"。[语见] 清·吴敬梓《儒林外史》第五回:"两个秀才拿班做势,在馆里又不肯来。"[例句] 别看他~的样子,其实什么都不懂。

【拿粗挟细】 ná cū xié xì
[释义] 指寻衅闹事,讹诈要挟。[语见] 元·无名氏《陈州粜米》楔子:"俺两个全仗俺父亲的虎威,拿粗挟细,揣歪捏怪,那一个不知我的名儿?"[例句] 自从不小心得罪了他,他就经常来我这儿~、寻事生非。

【拿腔作势】 ná qiāng zuò shì
[释义] 指故意做姿势,摆出架子来。[语见] 清·曹雪芹《红楼梦》第二十五回:"那贾环便来到王夫人炕上坐着,命人点了蜡烛,拿腔做势的抄写。"[例句] 他根本就不懂书画,却~地指着那幅作品胡乱点评,真是可笑。

【拿手好戏】 ná shǒu hǎo xì
[释义] 拿手:最擅长,最熟练。原指演员最擅长的戏目。后用以比喻最擅长的本领。[例句] 撒谎可是他的~。

【拿糖作醋】 ná táng zuò cù
[释义] 形容摆架子,装样子。[语见] 清·文康《儿女英雄传》第三十七回:"太太合公子道:'我们也干了,也值得你那么拿糖作醋的!'"[例句] 本想请他帮忙,可一看他那~的样子就让人生气。

【拿云握雾】 ná yún wò wù
[释义] 形容才能本领极高。也比喻待人有手段。[语见] 元·关汉卿《单鞭夺槊》第二折:"他有投明弃暗的心,拿云握雾的手。"[例句] 对这次失败她深表无奈,并表示一定有些~的人在耍手腕。

【拿云捉月】 ná yún zhuō yuè
[释义] 形容才能、本领极高。[语见] 清·古吴墨浪子《西湖佳话·西泠韵迹》:"到了今日,方知甥女有此拿云捉月之才能。"[例句] 他在公司里极受重用,算是~的人物。

【纳履踵决】 nà lǚ zhǒng jué
[释义] 履:鞋。纳履:提上鞋。踵:脚后跟。决:破裂。提上鞋,脚后跟处破裂了。形容处于困境。[语见]《庄子·让王》:"正冠而缨绝,捉衿而肘见,纳履而踵决。"[例句] 没想到你家竟然穷到~的地步。

【纳奇录异】 nà qí lù yì
[释义] 纳:接纳。录:录用。奇、异指有特殊才能的人。接纳、录用具有特殊才能的人。[语见] 明·罗贯中《三国演义》第二十九回:"瑜曰:'今吾孙将军亲贤礼士,纳奇录异,世所罕有。'"[例句] 听说他亲贤礼士,~,许多人都来投奔。

【纳新吐故】 nà xīn tǔ gù
[释义] 见"吐故纳新"。[语见] 明·陆采《明珠记·买药》:"夜夜朝朝,纳新吐故,潜收静处功夫。"[例句] 企业必须有合理的人员流动机制,使企业能~、保持活力,维持并提升市场竞争力。

nai

【乃心王室】 nǎi xīn wáng shì
[释义] 乃:你,你的。王室:君主家族,引申为朝廷。你的心要忠于王室。后泛指

忠于朝廷。[语见]《尚书·康王之诰》："虽尔身在外,乃心罔不在王室。"[例句]他被俘后受到敌人的百般凌辱,却依然誓死不屈,真是～,可敬可佩。

【耐人寻味】nài rén xún wèi
[释义]耐:经得起。寻味:仔细体会,反复品味。形容意味深长,经得住人们仔细品味。[语见]清·无名氏《杜诗言志》第三卷:"其所作如《少府画障歌》《崔少府高齐观三川水涨》诸诗,句句字字追琢入妙,耐人寻味。"[例句]对于这件事官方始终未发表意见,其中的奥妙～。

nan

【男盗女娼】nán dào nǚ chāng
[释义]盗:偷盗,偷窃。娼:为妓,卖娼。男子沦为盗贼,女子沦为娼妓。泛指无论男女均做下贱之事,或形容人的思想肮脏、淫秽。[语见]明·谢谠《四喜记·天佑阴功》:"男盗女娼,灭门绝户,日后之报。"[例句]这家伙满嘴仁义道德,满肚子～。

【男欢女爱】nán huān nǚ ài
[释义]形容男女之间亲昵欢爱。也作"男贪女爱"。[语见]战国·鬼谷子《鬼谷子戒苏秦张仪书》:"足下功名赫赫,但春华至秋,不得久茂,……夫女爱不竭席,男欢不毕轮,痛哉!"[例句]～是人之常情,有什么大惊小怪的?

【南冠楚囚】nán guān chǔ qiú
[释义]指囚犯或战俘。[语见]《左传·成公九年》:"晋侯观于军府,见钟仪,问之曰:'南冠而絷者,谁也?'有司对曰:'郑人所献楚囚也。'便悦之,召而吊之。再拜稽首。"[例句]他上战场才两天,就成了～。

【南箕北斗】nán jī běi dǒu
[释义]箕、斗:星宿名。一个像簸箕,一个像古代盛酒的斗。当他们一同出现时,箕在南,斗在北。比喻有名无实。[语见]《诗经·小雅·大东》:"维南有箕,不可以簸扬;维北有斗,不可以挹酒浆。"[例句]这名球员纯粹只是个～,动

作花哨却不实用。

【南金东箭】nán jīn dōng jiàn
[释义]箭:指一种坚实的能制箭杆的细竹。南方的金矿,东方的箭竹。比喻优秀的人才。[语见]《尔雅·释地》:"东南之美者,有会稽之竹箭焉……西南之美者,有华山之金石焉。"[例句]他可是～式的优秀人才。

【南柯一梦】nán kē yī mèng
[释义]南柯:靠南边的树枝。做了一场当南柯太守的美梦。唐·李公佐《南柯太守传》载:淳于棼倚着槐树醉卧,梦里当了大槐安国南柯郡的太守,一生享尽了荣华富贵。八十岁寿终,惊醒后发现大槐安国就是自己住宅南面大槐树下的大蚁穴,南柯郡就是槐树的南枝处。比喻一场空虚的幻梦。[语见]宋·黄庭坚《戏答荆州王充道烹茶四首》诗第三首:"香从灵坚陇上发,味自白石源中生。为公唤觉荆州梦,可待南柯一梦成。"[例句]本以为要发大财了,谁知却是～。

【南蛮𫖮舌】nán mán jué shé
[释义]南蛮:旧时对南方人的蔑称。𫖮:伯劳鸟。舌:比喻语音难懂。旧时用以讥诮说南方方言的人,有时也作自谦之辞。[语见]《孟子·滕文公上》:"今也南蛮𫖮舌之人,非先王之道,子倍子之师而学之,亦异于曾子矣。"[例句]有人笑我所说的普通话是～。

【南面百城】nán miàn bǎi chéng
[释义]南面:面朝南坐着。古以面南为尊。百城:许多城市。居于尊贵地位,统辖许多城邑。旧时形容统治者尊贵富有。又比喻藏书非常丰富。[语见]北齐·魏收《魏书·李谧传》:"每曰:'丈夫拥书万卷,何假南面百城?'"[例句]他们家藏书极多,～,令我们这些人羡慕不已。

【南腔北调】nán qiāng běi diào
[释义]形容说话口音不纯正,夹杂各地的方言。[语见]清·富察敦崇《燕京岁时记·封台》:"象声即口技,能学百鸟音,而能作南腔北调,嬉笑怒骂,以一人兼之,听之历历也。"[例句]参加夏令营的

同学们来自全国各地,说起话来～。

【南阮北阮】nán ruǎn běi ruǎn

[释义]唐·房玄龄等《晋书·阮咸传》记载:阮籍与侄阮咸居道南,其他阮姓居道北。南阮贫而北阮富。指聚居一地而贫富不同的同族人家。[例句]虽然是亲戚,可毕竟是～,所以平时两家人来往很少。

【南山可移】nán shān kě yí

[释义]表示已经定案,不可改变。[语见]五代后晋·刘昫等《旧唐书·李元纮传》:"累迁雍州司户,时太平公主与僧寺争碾硙……元纮遂断还僧寺。窦怀贞为雍州长史,大惧太平势,促令元纮改断。元纮大署判后曰:'南山可移,判不可摇也。'"[例句]～,这个案子却是不能再更改了。

【南山之寿】nán shān zhī shòu

[释义]见"寿比南山"。[语见]《诗经·小雅·天保》:"如南山之寿,不骞不崩。"[例句]如果您能多保养,注意饮食,必得～。

【南辕北辙】nán yuán běi zhé

[释义]辕:车前驾牲口拉车用的直木。辙:车轮压出的痕迹。车辕正冲南,而车辙却是向北的。是说本该往南走,可是车子却向北行。《战国策·魏策四》载寓言:有人要到南方楚国去,却驾着车往北走。比喻采取的行动和所要达到的目的正好相反。[例句]你学习再刻苦,如果方法不对,结果也只能是～,永远达不到预期目标。

【南征北伐】nán zhēng běi fá

[释义]见"南征北战"。[例句]他随从元帅参加了多次战争,～,素以骁勇善战而著称。

【南征北讨】nán zhēng běi tǎo

[释义]见"南征北战"。[语见]元·关汉卿《五侯宴》第三折:"幼小曾将武艺习,南征北讨要相持。"[例句]这些年,他早已习惯了～的军旅生活,一时间几乎无法适应这种安逸稳定的日子。

【南征北战】nán zhēng běi zhàn

[释义]征:征战。形容转战各地,久经沙场。[语见]清·雪樵主人《双凤奇缘》第七十三回:"想高祖皇帝,南征北战,东荡西除,挣下一统江山。"[例句]老将军率领部队～,立下了无数战功。

【南枝北枝】nán zhī běi zhī

[释义]指梅花在山南坡者向阳先开,在山北坡者受寒后开。比喻人有不同的处境与苦乐。后也用以指山南北两地文人齐名。[语见]唐·李峤《鹧鸪》:"可怜鹧鸪飞,飞向树南枝。南枝日照暖,北枝霜露滋。"[例句]当年的同学如今却是～,处境相差很远。

【南州冠冕】nán zhōu guān miǎn

[释义]冠冕:本指帽子,这里比喻首位、第一。后因用"南州冠冕"称誉才识卓绝的人。[语见]晋·陈寿《三国志·蜀书·庞统传》:"颍川司马徽清雅有知人鉴,统弱冠往见徽,徽采桑于树上,坐统在树下,共语自昼至夜。徽甚异之,称统当为南州士之冠冕。"[例句]我们公司缺乏的就是像他这样～式的人物。

【难分难解】nán fēn nán jiě

[释义]见"难解难分"。[例句]两人的水平在伯仲之间,一时杀得～,比赛陷入了僵局。

【难分难舍】nán fēn nán shě

[释义]形容双方难以分离。[语见]清·文康《儿女英雄传》第四十回:"骨肉主婢之间,也有许多的难分难舍。"[例句]这群孩子在夏令营中一起生活了二十多天,逐渐培养出深厚的感情,夏令营结束时几乎到了～的地步。

【难解难分】nán jiě nán fēn

[释义]形容双方争战激烈,相持不下。也指关系紧密,难以分开。[语见]明·许仲琳《封神演义》第六十九回:"三将大战,杀得难解难分。"[例句]两名队员经过一个多小时的激烈争夺,依然～。

【难能可贵】nán néng kě guì

[释义]很难做的事情却能做到,非常可贵。[语见]宋·苏轼《荀卿论》:"此三

N

者,皆天下之所谓难能而可贵者也。”[例句]最～的是他勇于承认自己的失误。

【难舍难分】 nán shě nán fēn

[释义]见“难分难舍”。[例句]该分手了,两人依然～,紧紧抱在一起。

【难言之隐】 nán yán zhī yǐn

[释义]隐:隐情,深藏于内心的话或事。很难说出口的隐衷。[语见]清·吴趼人《二十年目睹之怪现状》第七十七回:“总觉得无论何等人家,他那家庭之中,总有许多难言之隐的。”[例句]看他欲言又止的样子,好像有什么～。

【赧颜苟活】 nǎn yán gǒu huó

[释义]赧:因羞愧而脸红。颜:面容,脸色。苟活:苟且偷生地活着。含羞带愧,苟且偷生地活着。[例句]这些年他一直处于～的境地,实在是不得已。

【赧颜汗下】 nǎn yán hàn xià

[释义]脸发红,额头流汗。形容羞愧到极点。[语见]明·名教中人《好逑传》第七回:“公子誉过之情,令人赧颜汗下。”[例句]等明白自己先前犯下的愚蠢错误,我顿时～。

【难兄难弟】 nàn xiōng nàn dì

[释义]指处境相同或共过患难的人。读作“nán xiōng nán dì”时指兄弟二人品德、才能都很好,难分高低。[语见]清·吴敬梓《儒林外史》第四十九回:“武正宇道:‘高老先生原是老先生同盟,将来自是难兄难弟可知。’”[例句]他们俩考试都不及格,成了～。

N

nang

【囊空如洗】 náng kōng rú xǐ

[释义]囊:口袋。口袋空空的好像被水冲洗过一样。形容身无分文。[语见]明·冯梦龙《警世通言》第三十二卷:“我非无此心,但教坊落籍,其费甚多,非千金不可。我囊空如洗,如之奈何!”[例句]他在车上睡着了,一觉醒来发现自己被小偷光顾,已是～。

【囊中羞涩】 náng zhōng xiū sè

[释义]囊:口袋,指钱袋。羞涩:难为情。宋·阴时夫《韵府群玉·一钱囊》:“阮孚持一皂囊,游会稽。客问:‘囊中何物?’曰:‘但有一钱看囊,恐其羞涩。’”后用“囊中羞涩”形容经济困难,手中没钱。[例句]他在书店里看到一本很喜爱的书,可是～,只好放弃了。

nao

【呶呶不休】 náo náo bù xiū

[释义]呶呶:形容说起话来没完没了使人讨厌。形容絮絮叨叨地说个不停。[例句]她是个多嘴的人,每次来人总是～说个没完。

【挠直为曲】 náo zhí wéi qū

[释义]挠:屈。将直的拗弄成弯的。比喻变刚强正直为阿谀取容。[语见]汉·荀悦《前汉纪·成帝纪》:“挠直为曲,斫方为圆,秽素丝之洁,推亮直之心。”[例句]为了追求名利,许多人不惜削方为圆、～,哪里顾得上什么道德和信用。

【恼羞成怒】 nǎo xiū chéng nù

[释义]恼:气恼,恼恨。羞:羞臊。指因气恼、羞臊而大发脾气。[语见]清·李宝嘉《官场现形记》第六回:“知道王协台有心瞧不起他,一时恼羞成怒。”[例句]看到自己的阴谋被揭穿,他不禁～。

【脑满肠肥】 nǎo mǎn cháng féi

[释义]见“肠肥脑满”。[语见]清·纳兰性德《念奴娇·宿汉儿村》词:“便是脑满肠肥,尚难消受此荒烟落照。”[例句]那些整天无所事事、～的官老爷们,只会吃喝玩乐,遇到事情推诿、扯皮是家常惯饭。

nei

【馁殍相望】 něi piǎo xiāng wàng

[释义]殍:饿死的人。相望:相互望得见,相互连接。形容饿死的人很多。[语见]唐·陆贽《请减京东水运收脚价于淞边州镇储蓄军粮事宜状》:“至使郊畿

之间,烟火殆绝,都市之内,饿殍相望。"[例句] 连年的旱灾使得农村～,农民的生活非常艰难。

【内顾之忧】 nèi gù zhī yōu
[释义] 见"后顾之忧"。[语见] 唐·令狐德棻《周书·文帝纪上》:"吾便速驾,直赴京邑。使其进有内顾之忧,退有被蹑之势。"[例句] 他娶了这么一位勤劳贤淑的媳妇,从此没了～,可以专心写作了。

【内柔外刚】 nèi róu wài gāng
[释义] 内心柔弱,外表刚强。也指内部脆弱,外部强大。[语见]《周易·否》:"内阴而外阳,内柔而外刚。"[例句] 他不知不觉喜欢上了这个爱憎分明,～的女孩。

【内视反听】 nèi shì fǎn tīng
[释义] 视:察看。反:向外。内能反省检查自己,外能听取别人意见。[语见] 汉·司马迁《史记·商君列传》:"反听之谓聪,内视之谓明,自胜之谓强。"[例句] 正因为他能做到～,所以他的企业发展一直很平稳,从未出现大的决策失误。

【内疏外亲】 nèi shū wài qīn
[释义] 疏:疏远。亲:亲密。内心疏远,表面亲密。指不是真心相待,而是假意相交。[语见] 汉·韩婴《韩诗外传》第二卷:"曾子曰:'内疏而外亲。'"[例句] 他们的合作～,并不团结。

【内外交困】 nèi wài jiāo kùn
[释义] 交:一齐,同时。内部外部都遇到困难。[例句] 自从他就任首相以来,始终处于～的尴尬局面。

【内忧外患】 nèi yōu wài huàn
[释义] 内有忧乱,外有祸患。形容国家形势不安。[语见]《管子·戒》:"君外舍而不鼎馈,非有内忧,必有外患。"[例句] 市场竞争激烈,此时内部又接连发生重大人事变动,该公司如今是～,危机四伏。

neng

【能工巧匠】 néng gōng qiǎo jiàng
[释义] 指技艺高超的人。[语见] 宋·李格非《洛阳名园记》:"今洛阳良工巧匠,批红判白,按以他木,与造化争妙。"[例句] 这批硬木家具,是他当年聘请家乡的～精心制作的。

【能屈能伸】 néng qū néng shēn
[释义] 屈:弯曲。伸:伸直。能弯曲也能伸直。指人在逆境中能忍耐,也能在条件有利时,施展才能。形容人能够适应不同的境遇。[语见] 汉·袁康《越绝书·外传纪策考》:"始有灾变,蠢专其明,可谓贤焉,能屈能伸。"[例句] 通过在一连串重大事件中的所作所为表明,他是个～,善于在逆境中生存的人。

【能说会道】 néng shuō huì dào
[释义] 道:说,讲。形容口齿伶俐,很会讲话。[语见] 清·文康《儿女英雄传》第二十七回:"我们在此听得多时了,好一个能说会道的张姑娘!"[例句] 像你这样有推销工作经验、～的,一定能应聘成功。

【能文能武】 néng wén néng wǔ
[释义] 既有文学才能,又有超凡武艺。[例句] 她演戏时～,技艺全面。

【能言快语】 néng yán kuài yǔ
[释义] 形容善于辞令。[语见] 元·无名氏《谇范叔》楔子:"欲遣一文武全备能言快语之士,往聘齐国。"[例句] 这件事我们不妨找个～的人去说服他。

【能言巧辩】 néng yán qiǎo biàn
[释义] 见"能言舌辩"。[语见] 元·尚仲贤《气英布》:"若得能言巧辩之士,说他归降。"[例句] 她真是～,连律师也被她驳得哑口无言。

【能言善辩】 néng yán shàn biàn
[释义] 善:擅长,善于。辩:辩论,争论。很会讲话,擅长辩论。形容口才非常好。[语见] 清·李汝珍《镜花缘》第十八回:"而且伶牙俐齿,能言善辩。"[例句] 这家伙～,特别适合当保险推销员。

【能言舌辩】 néng yán shé biàn
[释义] 能说会道,巧舌善辩。[语见] 清·颐琐《黄绣球》第二回:"若说是能言舌辩,只怕是男子的事,不应该妇女上前。"[例句] 她自以为～,企图说服大家

N

都投她的票。

【能者为师】néng zhě wéi shī

[释义] 知识、技艺、经验多的人，就可以当老师。[例句] ～，这方面我应当向你学习。

ni

【泥车瓦狗】ní chē wǎ gǒu

[释义] 小泥车、小瓦狗。本指戏弄小孩子的玩具。后用以比喻无甚用处、没有价值的东西。[语见] 汉·王符《潜夫论·浮侈》："或作泥车瓦狗诸戏弄之具，以巧诈小儿，此皆无益也。"[例句] 这些～留着有什么用？赶紧扔掉！

【泥船渡河】ní chuán dù hé

[释义] 原为佛经语。比喻世路艰险，如乘泥船过河。后泛指处于危险的境地。[语见]《三慧经》："人在世间，譬乘泥船渡河，当浮渡船且坏，人身如泥船不可久。"[例句] 你这么做犹如～，迟早要出问题的。

【泥多佛大】ní duō fó dà

[释义] 泥用得多，佛像就塑得大。原比喻信佛的人悟道越多，他的"佛性"就越高。后比喻付出的愈多，成就愈大。[语见] 宋·释道原《景德传灯录·昙华禅师》："水长船高，泥多佛大。"[例句] ～，水涨船高，现在多学点知识将来一定有用。

【泥牛入海】ní niú rù hǎi

[释义] 比喻一去不复返。[语见] 宋·释道原《景德传灯录·潭州龙山和尚》："洞山又问和尚：'见个什么道理，便住此山？'师云：'我见两个泥牛斗入海，直至如今无消息。'"[例句] 她这一去犹如～，再没音讯了。

【泥沙俱下】ní shā jù xià

[释义] 俱：都，一齐。泥土和沙粒都被水冲了下来。喻指善恶、好坏、优劣混杂。[语见] 清·袁枚《随园诗话》第一卷："人称才大者，如万里黄河，与泥沙俱下。余以为：此粗才，非大才也。"[例句] 足球人才市场刚刚开放，未免～，鱼龙混杂。

【泥塑木雕】ní sù mù diāo

[释义] 用泥土塑造的，用木头雕刻的。比喻举动呆板，神情呆滞。[语见] 元·无名氏《冤家债主》第四折："有人说道，城隍也是泥塑木雕的，有甚么灵感在那里。"[例句] 除了眼睛还在动，她整个人就像～一般。

【泥猪瓦狗】ní zhū wǎ gǒu

[释义] 见"陶犬瓦鸡"。[语见] 清·文康《儿女英雄传》第五回："见个败类，纵然势焰薰天，她看着也同泥猪瓦狗。"[例句] 那些有权有势的人，在他眼里跟～没什么区别。

【泥足巨人】ní zú jù rén

[释义] 泥足：泥巴做成的双足。比喻貌似强大实际根基不稳、非常虚弱的事物。[例句] 这种只重速度而忽视质量的增长，只能造就～，经不起市场环境变化的冲击。

【你死我活】nǐ sǐ wǒ huó

[释义] 不是你死，就是我活。形容矛盾不可调和，争斗激烈。[语见] 元·无名氏《度柳翠》第一折："世俗人没来由，争长竞短你死我活。"[例句] 为了争夺遗产，他们斗得～。

【泥古非今】nì gǔ fēi jīn

[释义] 泥：拘泥。拘泥于陈旧的，而否定时新的。[语见] 宋·刘恕《自讼》："泥古非今，不达时变，疑滞少断，劳而无功。"[例句] 时代在发展，～是不能使我们进步的。

【逆耳忠言】nì ěr zhōng yán

[释义] 见"忠言逆耳"。[语见] 明·无名氏《四马投唐》楔子："我忠心主意要兴兵，逆耳忠言不肯听。"[例句] ～，你不可不听，否则容易犯错误。

【逆来顺受】nì lái shùn shòu

[释义] 逆：不顺。顺：顺从。受：忍受。对恶劣的环境和不合理的待遇采取顺从、忍受的态度。[语见] 宋·无名氏《张协状元》戏文第十二出："张协只仗托诗书，奴家惟凭针指，逆来顺受，须有通

时。"[例句]受母亲的影响,她很小便养成了～、听天由命的习惯。

【逆流而上】 nì liú ér shàng
[释义]逆着水流的方向行进。[语见]清·李汝珍《镜花缘》第八十一回:"'过山龙',打尔雅一句。阳墨香笑道:'可是逆流而上?'锦枫道:'正是。'"[例句]沿江～约十公里,便到了这个著名的生态自然保护区。

【逆取顺守】 nì qǔ shùn shǒu
[释义]指用武力夺取政权,再以文治守住政权。[语见]汉·班固《汉书·陆贾传》:"且汤武逆取而以顺守之,文武并用,长久之术也。"[例句]没有他当年的～,也就没有后来长达三百年的太平富庶。

【逆水行舟】 nì shuǐ xíng zhōu
[释义]顶着水流的方向行船。比喻做事不努力向前就会后退。也比喻顶着困难前进。[例句]市场竞争如此残酷,真是～,不进则退。

【逆天犯顺】 nì tiān fàn shùn
[释义]犯顺:违逆天道和正理。背叛国君,违逆正道。[语见]唐·令狐德棻《周书·齐炀王宪传》:"直若逆天犯顺,此则自取灭亡。"[例句]你这么做简直是～,必然会失败的。

【匿迹潜形】 nì jì qián xíng
[释义]隐藏形迹,不使人知。[语见]元·高文秀《黑旋风》第一折:"再不和他亲折证,我只是吞声忍气,匿迹潜形。"[例句]为避免警方追捕,他～,从不轻易露面。

【匿迹销声】 nì jì xiāo shēng
[释义]见"销声匿迹"。[语见]清·李宝嘉《官场现形记》第二十八回:"黑八哥一干人也劝他,叫他暂时匿迹销声,等避过风头再作道理;这也是照应他的意思。"[例句]随着时间的流转,如今这种习俗已在民间～了。

【匿迹隐形】 nì jì yǐn xíng
[释义]见"匿迹潜形"。[语见]《四游记·西游记·观音路降猴去》:"师徒们匿迹隐形,不知何日寻得取经人?"[例句]他仿佛刻意要避开大家的视线,几年来～,没人知道他生活在哪里。

【匿名揭帖】 nì míng jiē tiě
[释义]揭帖:古时公文书的一种。不署真实姓名以攻讦别人的文书信件。[例句]他们到处散布～,对我进行人身攻击。

nian

【拈花惹草】 niān huā rě cǎo
[释义]拈:用手指取物。惹:招惹,引逗。花、草:比喻年轻妇女。旧时指玩弄挑逗女人。[语见]清·曹雪芹《红楼梦》第二十一回:"今年才二十岁,也有几分人材,又兼生性轻薄,最喜拈花惹草。"[例句]他生性风流,总是四处～。

【拈花摘草】 niān huā zhāi cǎo
[释义]花、草:借指女子。旧时比喻男子玩弄女性,狎妓等放荡行为。[语见]元·古杭才人《宦门子弟错立身》第二出:"拈花摘草,风流不让柳耆卿。"[例句]已有妻室的他却依然沉迷于女色,到处～。

【拈花摘叶】 niān huā zhāi yè
[释义]见"拈花摘草"。[语见]明·朱权《卓文君》第二折:"倚翠偎红,拈花摘叶。"[例句]这家伙的为人我很清楚,他不仅喜欢胡闹,还经常～,所以到现在还没有成亲。

【拈轻怕重】 niān qīng pà zhòng
[释义]拈:用手指头夹,捏。只拿轻东西,怕挑重担子。[例句]不少人对工作不负责任,～,总是把重担子推给人家,自己挑轻的。

【拈酸吃醋】 niān suān chī cù
[释义]比喻当发现曾经追求过或亲近过的人同别人亲密地在一起时而产生嫉妒情绪。[语见]明·汪廷讷《狮吼记·奇妒》:"娘子,你拈酸吃醋全不怕人听。"[例句]看到这么多人都崇拜他,她免不了有些～。

【年富力强】 nián fù lì qiáng
[释义]年富:年龄富足,即年轻。力强:

身体强壮，精力充沛。指人正在盛年，精力充沛。[语见]《论语·子罕》："后生可畏。"朱熹注："孔子言后生年富力强，足以积学而有待，其势可畏，安知其将来不如我之今日乎？"[例句]公司领导层大都是～、学历很高的年轻人。

【年轻力壮】nián qīng lì zhuàng
[释义]壮：大，足。年岁轻，体力好。[例句]该队队员平均年龄不到二十五岁，个个～，身手不凡。

【年深日久】nián shēn rì jiǔ
[释义]见"日久岁深"。[语见]明·无名氏《打韩通》第四折："我这病，年深日久，数个良医，不曾医的好。"[例句]～，两人逐渐产生了感情，一步步走向了婚姻。

【年深月久】nián shēn yuè jiǔ
[释义]见"日久岁深"。[例句]水一滴一滴落下，～，下面的石头被凿穿了一个洞。

【黏皮带骨】nián pí dài gǔ
[释义]比喻固执、呆板。[语见]清·钱泳《履园丛话》："咏物诗最难工，太切题则黏皮带骨，不切题则捕风捉影。"[例句]这个比喻有些～。

【捻脚捻手】niǎn jiǎo niǎn shǒu
[释义]见"捏手捏脚"。[语见]明·施耐庵《水浒传》第三回："门子只得捻脚捻手拽了栓，飞也似闪入房里躲了。"[例句]我～地悄悄溜过去，准备吓她一大跳。

【念念有词】niàn niàn yǒu cí
[释义]念念：不停地念诵。原指祈祷神灵时口中不停地叨念咒语。后用来形容不停地自言自语。[语见]明·吴承恩《西游记》第二十八回："手里捻诀，口内念念有词，往那巽地上吹了一口气，忽地吹将去，便是一阵狂风。"[例句]他在那里装神弄鬼，双手举着个白布乱舞，口中还～。

niao

【鸟革翚飞】niǎo gé huī fēi
[释义]革：鸟张开翅膀。翚：羽毛美丽的野鸡。形容宫室华美壮丽。[语见]《诗经·小雅·斯干》："如鸟斯革，如翚斯飞。"[例句]经过多次扩建，这个宫殿飞檐相望、楼阁相连、～，非常壮观。

【鸟尽弓藏】niǎo jìn gōng cáng
[释义]比喻事情成功后，把出过力的人抛弃或杀死。[语见]汉·刘安《淮南子·说林训》："狡兔得而猎犬烹，高鸟尽而强弩藏。"[例句]他立下那么多功劳，最终还是落得个～的结局。

【鸟面鹄形】niǎo miàn hú xíng
[释义]鹄：鸟名，黄鹄。形容面容憔悴，身体瘦削。[语见]宋·司马光《资治通鉴·梁简文帝太宝元年》："时江南连年旱蝗，江、扬尤甚，百姓流亡，相与入山谷江湖，采草根木叶菱芡而食之，所在皆尽，死者蔽野。富室无食，皆鸟面鹄形。"[例句]台下蹲着一群村童，个个～，浑身上下脏得要命。

【鸟枪换炮】niǎo qiāng huàn pào
[释义]指以小换大，或指情况越来越好。[语见]清·文康《儿女英雄传》第三十六回："说着说着，那气好比烟袋换吹筒，吹筒换鸟枪，鸟枪换炮，越吹越壮了。"[例句]经过三年的努力，我们的公司逐渐壮大了，还搬进了新楼，～了。

【鸟语花香】niǎo yǔ huā xiāng
[释义]语：(鸟)鸣叫。香：散发香气。小鸟欢快地鸣叫，鲜花散发出阵阵芳香。形容环境、景色优美。[例句]园内青山绿水、～，景色宜人，是旅游观光、休闲避暑的理想场所。

【袅袅婷婷】niǎo niǎo tíng tíng
[释义]袅袅：细长柔美的样子。婷婷：秀美的样子。形容女子苗条俊美，体态轻盈。[语见]清·褚人获《隋唐演义》第六十七回："刚到山门，只见袅袅婷婷一行妇女，在巷道中走将进来。"[例句]她～地走了进来，刹那时吸引了所有人的目光。

nie

【捏脚捏手】niē jiǎo niē shǒu
[释义]见"捏手捏脚"。[语见]明·冯梦龙《醒世恒言》第十三卷："分付已毕，太

尉便同一人过去,捏脚捏手,轻轻走到韩夫人窗前。"[例句] 听到屋内的吵架声,他只好～地回来,免得里面的人听到了尴尬。

【捏手捏脚】niē shǒu niē jiǎo
[释义] 形容放轻手脚走路,动作小心轻微的样子。[语见] 明·施耐庵《水浒传》第二十回:"唐牛儿捏手捏脚,上到楼上。"[例句] 听到厨房那里有动静,他～地走过去查看。

【捏一把汗】niē yī bǎ hàn
[释义] 手心出了许多汗。形容担心害怕的紧张情态。[例句] 赛车比赛空前激烈,每到转弯的地方,大家都为选手们～。

【涅而不缁】niè ér bù zī
[释义] 涅:矾石,古代用作黑色染料;这里指用黑色染物。缁:黑色。用涅染也染不黑。比喻能抵制恶劣环境的影响。[语见]《论语·阳货》:"不曰白乎,涅而不缁。"[例句] 他在官场中数十年,～,处荣华而不移,真是令人钦佩。

【啮雪餐毡】niè xuě cān zhān
[释义] 见"啮雪吞毡"。[语见] 明·胡文焕《群音类选·祝发记·分食寄姑》:"信熊掌和鱼怎得兼,便有龙肝凤髓,也只合啮雪餐毡。"[例句] 一路上他们～,极度艰苦,好不容易才穿越了那片荒地。

【啮雪吞毡】niè xuě tūn zhān
[释义] 以雪和毛毡充饥。比喻困境中的艰难生活。[语见] 汉·班固《汉书·苏武传》:"(单于)乃幽武置大窖中,绝不饮食,天雨雪,武卧啮雪与旃毛并咽之,数日不死。"[例句] 被雪崩围困的他～,熬了三天三夜,终于得以生还。

【蹑手蹑脚】niè shǒu niè jiǎo
[释义] 蹑:放轻(脚步)。形容走路时脚步放得很轻。[语见] 清·曹雪芹《红楼梦》第二十七回:"只见那一双蝴蝶,忽起忽落,来来往往,将欲过河去了。引的宝钗蹑手蹑脚的,一直跟到池边滴翠亭上。"[例句] 你这个人走路怎么～的,一点声音都没有。

【蹑景追飞】niè yǐng zhuī fēi
[释义] 景:通"影",这里指月影。蹑景:追赶月影。形容速度极快。[语见] 三国魏·嵇康《赠兄秀才入军十八首》之一:"风驰电逝,蹑景追飞。"[例句] 只见他骑着骏马在草原上飞奔,颇有～的风范。

【蹑影追风】niè yǐng zhuī fēng
[释义] 见"蹑景追飞"。[语见] 唐·姚思廉《梁书·王僧孺传》:"入班九棘,出专千里,据操撮之雄官,参人伦之显职,虽古之爵人不次,取士无名,未有蹑影追风,奔骤之若此者也。"[例句] 几个牧民～,在草原上骑马飞驰,不一会儿便没了踪影。

【蹑足潜踪】niè zú qián zōng
[释义] 蹑足:放轻脚步。潜:隐藏。放轻脚步,隐藏踪迹。指极力不让人发觉自己的行动。[语见] 元·王实甫《西厢记》第三本第三折:"我这里蹑足潜踪,悄地听咱。一个害惭,一个怒发。"[例句] 他见形势不妙,趁乱～地躲远了。

ning

【宁缺毋滥】nìng quē wú làn
[释义] 毋:不要。宁可缺少一些,也不用不合格的来凑数。形容要求严格。[例句] 公司这次公开聘任,将严格按照条件聘人,～。

【宁缺勿滥】nìng quē wù làn
[释义] 见"宁缺毋滥"。[语见] 清·李绿园《歧路灯》第五回:"喜诏上保举贤良一事,是咱学校中事。即令宁缺勿滥,这封是一省首府,祥符是开封首县,却是断缺不得的。"[例句] 这次展览的规格比较高,参展作品是从全国各地本着～的原则精挑细选的。

【宁死不屈】nìng sǐ bù qū
[释义] 宁可死也不屈服。形容有节操。[语见] 明·赵弼《宋进士袁镛忠义传》:"以大义拒敌,宁死不屈,竟燎身于烈焰中。"[例句] 他们虽然死伤惨重,却依然～。

N

【宁为鸡口，无为牛后】 nìng wéi jī kǒu, wú wéi niú hòu

[释义]牛后:牛的肛门。比喻宁可在局面小的地方为首,也不愿在局面大的地方任人支配。无,也作"毋"。[语见]《战国策·韩策一》:"臣闻鄙语曰:'宁为鸡口,无为牛后。'今大王西面交臂而臣事。"[例句]他放弃了这家大公司里的工作而去了一家小公司,是～,觉得在那家小公司更能施展自己的领导才能。

【宁为玉碎，不为瓦全】 nìng wéi yù suì, bù wéi wǎ quán

[释义]宁可做玉被打碎,也不做瓦而得以保全。比喻宁为正义而牺牲生命,也不苟且偷生。[语见]《北齐书·元景安传》:"大丈夫宁可玉碎,不能瓦全。"[例句]抗战时期,无数仁人志士抱着～的信念,坚持战斗到底。

【宁折不弯】 nìng zhé bù wān

[释义]折:断。宁可折断,决不弯曲。形容刚直不屈。[例句]父亲的性格过于直率,～,结果遭到许多人的排挤。

niu

【牛刀小试】 niú dāo xiǎo shì

[释义]比喻有大的才干,先在小事情上显示一下。[语见]宋·洪适《众官祭罗通判文》:"登名雁塔,腾誉儒林。牛刀小试,卓鲁销声。"[例句]卫冕球队～,首场比赛轻取对手。

【牛鼎烹鸡】 niú dǐng pēng jī

[释义]鼎:古代烹煮用的器物。用煮牛的大锅来煮一只鸡。比喻大材小用。[语见]《吕氏春秋·应言》:"布丘之鼎以烹鸡,多洎之则淡而不可食,少洎之则焦而不熟。"[例句]让她做部门经理,是～、大材小用了。

【牛鬼蛇神】 niú guǐ shé shén

[释义]《妙法莲华经》卷二《譬喻品》:"复有诸鬼,首如牛头,或食人肉,或复啖狗。"原形容虚幻怪诞,现多指各种各样的坏人。[语见]唐·杜牧《李贺诗集序》:

"鲸呿鳌掷,牛鬼蛇神,不足为其虚荒诞幻也。"[例句]对付那些～之辈,一定要学会忍耐。

【牛黄狗宝】 niú huáng gǒu bǎo

[释义]病牛肚中的结石状物和癞狗肚内的凝结物。原是两种中药。也比喻坏人的脏腑。[语见]元·陶宗仪《南村辍耕录》第四卷:"石子名曰鲊答,乃走兽腹中所产,独牛马者最妙,恐亦是牛黄狗宝之属耳。"二月河《雍正皇帝》:"图大人,你快来看哪!诸敏的罪证全在这里,我可掏出他的牛黄狗宝了!"[例句]这家伙一肚子的～,心肠坏透了。

【牛骥共牢】 niú jì gòng láo

[释义]见"牛骥同皂"。[语见]唐·房玄龄等《晋书·张载传》:"及其无事也,则牛骥共牢,利钝齐列,而无长涂犀革以决之,此离朱与瞽者同眼之说也。"[例句]企业用人不可～,否则一来效率低,二来容易闹不团结。

【牛骥同皂】 niú jì tóng zào

[释义]骥:好马。皂:同"槽"。比喻才能高的人和才能低的人混在一起。[语见]汉·邹阳《狱中上梁王书》:"使不羁之士与牛骥同皂,此鲍焦所以忿于世而不留富贵之乐也。"[例句]如此的人选安排,犹如～,难以发挥整个团队的力量。

【牛年马月】 niú nián mǎ yuè

[释义]比喻不可指望的日期。[例句]工地上只有一间洗澡房,洗澡很困难,照这样一个一个排过去,不知要排到～才能轮到他。

【牛衣对泣】 niú yī duì qì

[释义]牛衣:用草或麻编成的、覆盖在牛身上的御寒物。病卧在牛衣中,对着妻子哭泣。形容贫贱夫妻同过艰苦的生活。[语见]汉·班固《汉书·王章传》:"初,章为诸生学长安,独与妻居。章疾病,无被,卧牛衣中,与妻决,涕泣。"[例句]他们不知什么时候才能结束这种～的贫困生活。

【牛之一毛】 niú zhī yī máo

[释义]牛身上一根毛。比喻微不足道。

[语见] 晋·陈寿《三国志·魏书·明帝》："分襄阳郡之郡叶县属义阳郡。"裴松之注引《魏略》："臣知言出必死，而臣自比于牛之一毛，生既无益，死亦何损？"[例句] 对于这位亿万富翁来说，这点投资不过是～，根本没有放在眼里。

【扭扭捏捏】niǔ niǔ niē niē
[释义] 指人走路时故意扭摆身体的样子。后形容言行不大方或装腔作势。[语见] 清·曹雪芹《红楼梦》第二十七回："难为你说的齐全，别象他们扭扭捏捏的蚊子似的。"[例句] 拓展人际关系一定要大方，～是不行的。

【扭曲作直】niǔ qū zuò zhí
[释义] 扭：拗弄。指故意把无理说成有理。[语见] 元·无名氏《十样锦》第二折："皆因我生前扭曲作直，死之后东也不管，西也不收。"[例句] 这些政客惯于～、混淆黑白，不值得信任。

【扭是为非】niǔ shì wéi fēi
[释义] 硬把正确的说成错误。形容颠倒是非，强词夺理。[语见] 元·无名氏《活拿萧天佑》第一折："谁不知谄佞人是你一个王枢密，你如今扭是为非。"[例句] 这家伙～，唯恐天下不乱。

【忸怩作态】niǔ ní zuò tài
[释义] 忸怩：羞惭貌。形容做作含羞的样子。[语见] 季羡林《许国璋先生》："(他)并不故作谦逊状，说话实事求是，绝不忸怩作态。"[例句] 她表情自然，舞姿大方，毫无～之感。

nong

【浓抹淡妆】nóng mǒ dàn zhuāng
[释义] 见"淡妆浓抹"。[语见] 宋·刘过《沁园春·寄辛承旨》："坡谓西湖，正如西子，浓抹淡妆临照台。"[例句] 姑娘美丽可人，～都惹人喜爱。

【浓桃艳李】nóng táo yàn lǐ
[释义] 桃花浓丽，李花鲜艳。比喻青年容貌俊美，神采焕发。[语见] 明·高濂《玉簪记·词媾》："谁承望今宵牛女，银河咫尺间，巧一似穿针会，两下里青春浓桃艳李。"[例句] 只见她～，相貌俊美，一出现就吸引了在场所有人的目光。

【浓妆淡抹】nóng zhuāng dàn mǒ
[释义] 见"淡妆浓抹"。[语见] 元·康进之《新水令·武陵春》曲："两般儿情撕隐，浓妆淡抹包笼尽。"[例句] 这些女孩子～，个个娇美动人。

【浓妆艳服】nóng zhuāng yàn fú
[释义] 见"浓妆艳裹"。[语见] 清·褚人获《隋唐演义》第三十五回："众宫人都浓妆艳服，骑在马上，一簇绮罗，千行丝竹，从大内直排至西苑。"[例句] 那姑娘～，在这清一色的男人堆中，显得格外扎眼。

【浓妆艳裹】nóng zhuāng yàn guǒ
[释义] 妆饰浓重艳丽。形容女子盛装。[语见] 元·王子一《误入桃源》第二折："一个个浓妆艳裹，一对对妙舞清歌。"[例句] 门开了，车上走下一位～的阔太太。

【浓妆艳抹】nóng zhuāng yàn mǒ
[释义] 抹：擦脂抹粉。形容女人打扮得十分艳丽。[语见] 明·施耐庵《水浒传》第二十五回："又见他浓妆艳抹了出去，归来时便面颜红色。"[例句] 女孩的年龄就是最好的化妆品，清纯自然才是年轻女孩应追求的，～难免让人觉得俗气。

【浓妆艳质】nóng zhuāng yàn zhì
[释义] 妆饰华丽，姿容美艳。形容女子盛装美容。[语见] 明·梅鼎祚《玉合记·还玉》："军声哄，长枪大戟香尘拥，香尘拥，浓妆艳质。"[例句] 来赴晚宴的女宾个个～，男宾也是衣冠楚楚。

【弄法舞文】nòng fǎ wǔ wén
[释义] 见"舞文弄法"。[语见] 明·刘基《官箴中》："弄法舞文，聋痴瞽愚，流波至今，一任簿书。"[例句] 当时的朝廷重用了一批善于～、耍嘴皮子的人为官，害苦了普通百姓。

【弄粉调朱】nòng fěn tiáo zhū
[释义] 以脂粉调朱色，修饰容颜。

【语见】宋·周邦彦《丹凤吟》词:"弄粉调朱柔素手,问何时重握?"【例句】新娘子在屋内～,半天也不出来。

【弄鬼掉猴】nòng guǐ diào hóu
【释义】搞鬼花样,耍猴把戏。形容不驯顺,调皮捣蛋。【语见】清·曹雪芹《红楼梦》第四十六回:"又怕那些牙子家出来的……买了来三日两日,又弄鬼掉猴的。"【例句】你少在这儿～的。

【弄假成真】nòng jiǎ chéng zhēn
【释义】本来是假意做作,结果却弄成了真的。【语见】明·吴承恩《西游记》第九回:"先生休怪。前言戏之耳,岂知弄假成真,果然违反天条,奈何?"【例句】商场火灾演习不小心～,结果造成物品受损。

【弄口鸣舌】nòng kǒu míng shé
【释义】弄口:耍嘴皮子,搬弄是非。鸣舌:搬弄口舌。指玩弄花言巧语。【语见】南朝梁·任昉《奏弹范缜》:"曲学谀闻,未知去代。弄口鸣舌,只足饰非。"【例句】任凭别人～,他始终坚信自己身边的人是忠诚的。

【弄巧成拙】nòng qiǎo chéng zhuō
【释义】弄巧:取巧。拙:愚蠢、笨拙。本想取巧,却做出了蠢事。【语见】明·许仲琳《封神演义》第五十六回:"孩儿系深闺幼女,此事俱是父亲失言,弄巧成拙。"【例句】洒香水也有技巧,香味过浓,反而会～。

【弄瓦之喜】nòng wǎ zhī xǐ
【释义】弄:玩弄,摆弄。瓦:古代的陶质纺锤。古人生了女孩,希望她长大以后精于纺织,故给她一个纺锤把玩。所以生了女孩就称为弄瓦之喜。【语见】《诗经·小雅·斯干》:"乃生女子,载寝之地,载衣之裼,载弄之瓦。"【例句】他们夫妇俩笑逢～,又得了一个女儿。

【弄性尚气】nòng xìng shàng qì
【释义】弄性:耍小性,任性。尚:注重。指任性,好耍脾气。【语见】清·曹雪芹《红楼梦》第四回:"这薛公子的混名,人称他'呆霸王',最是天下第一个弄性尚气的人,而且使钱如土。"【例句】那个女孩看上去漂亮文静,怎么办起事来～,好耍小脾气。

【弄虚作假】nòng xū zuò jiǎ
【释义】虚:虚假,不真实。编造虚伪的情况以欺骗他人。【例句】申请人不得～,一经发现,立即取消申请资格。

【弄喧捣鬼】nòng xuān dǎo guǐ
【释义】弄喧:弄玄虚。故弄玄虚,暗用诡计。【语见】明·凌濛初《初刻拍案惊奇》第十六卷:"世人但说盗贼,便十分防备他,不知那拐子便与他同行同止,也讲不出弄喧捣鬼,没形没影的。"【例句】这些小偷手段非常隐蔽,常常在你不经意的时候～,让你叫苦不迭。

【弄玉偷香】nòng yù tōu xiāng
【释义】偷香:指晋代贾充的女儿与韩寿私通,她把晋炎帝赐给她父亲的西域异香送给韩寿。后比喻男女私通。也指男子在外勾引妇女。【语见】元·杨景贤《西游记杂剧》第五本第十七折:"香馥郁销金帐,光灼烂白象床,俺两个破题儿待弄玉偷香。"【例句】得知自己的丈夫在外面～,她非常愤怒。

【弄璋之喜】nòng zhāng zhī xǐ
【释义】弄:把玩,把弄。璋:一种玉器。古人生了男孩,希望他长大以后有好的修养德行,故交给他一个玉璋来把玩。因此,生男孩就称为弄璋之喜。【语见】《诗经·小雅·斯干》:"乃生男子,载寝之床,载衣之裳,载弄之璋。"【例句】这位年届五十的传媒大亨又逢～,第四次品尝到为人父的喜悦。

nu

【奴颜婢睐】nú yán bì lài
【释义】睐:目光向旁边注视。形容不敢正视,卑躬屈节、谄媚讨好的样子。【语见】晋·葛洪《抱朴子·交际》:"以岳峙独立者为涩吝疏拙,以奴颜婢睐者为晓解当世。"【例句】他从来没有这么～地求过别人。

【奴颜婢色】nú yán bì sè
【释义】见"奴颜婢膝"。【语见】宋·王禹偶《送柳宜通判全州序》："与夫诣权媚势，奴颜婢色，因采风谣司漕运者言而得之者远矣。"[例句] 与其在这儿～地求人帮忙，不如咱们自己努把力，争取走出困境。

【奴颜婢膝】nú yán bì xī
[释义] 奴：奴隶、奴仆。这里指男仆，与"婢"相对。颜：脸色、脸面。婢：婢女、女仆。膝：膝盖，指跪拜、跪侍。男仆的脸色，婢女的膝盖。指低声下气地侍奉主子，谄媚奉承的样子。[语见] 唐·陆龟蒙《散人歌》："奴颜婢膝真乞丐，反以正直为狂痴。"[例句] 这种小人，得势了就称王称霸，失势了就～。

【奴颜媚骨】nú yán mèi gǔ
[释义] 奴：奴仆、仆人。颜：脸色，颜面。媚：谄媚、献媚。骨：身势、姿态。指奴才谄媚讨好主子的容颜与姿态。专门形容低三下四、谄媚逢迎的丑态。[例句] 面对权贵，他～地出卖灵魂，丧失了艺术家应有的品格。

【驽马恋栈】nú mǎ liàn zhàn
[释义] 驽马：劣马，跑不快的马。恋：贪恋，留恋。栈：养牲畜的竹木棚或栅栏。原作"驽马恋栈豆"。栈豆：饲养牲口的豆料。劣马只会贪恋马厩里的豆料。比喻没有才智的人只顾眼前利益。[语见] 晋·陈寿《三国志·魏书·曹爽传》："爽必不能用范计。"裴松之注引干宝《晋书》："桓范出赴爽，宣王谓蒋济曰：'智囊往矣。'济曰：'范则智矣，驽马恋栈豆，爽必不能用也。'"[例句] 他早已过惯了安逸的生活，习惯于～、儿女情长。

【驽马铅刀】nú mǎ qiān dāo
[释义] 铅刀：铅质的刀。蹩脚的马，不快的刀。比喻才力很弱，不中用。[语见] 南朝宋·范晔《后汉书·隗嚣传》："昔文王三分，犹服事殷。但驽马铅刀，不可强扶。"[例句] 关键时刻，怎能使用这样的～？

【驽马十驾】nú mǎ shí jià
[释义] 驽马：劣马，跑不快的马。十驾：马拉车十天所走的路程（马拉车一天叫一驾）。劣马拉车行十天也可以走很远的路程。比喻人能力虽差，只要坚持不懈，也能取得成功。[语见]《荀子·劝学》："骐骥一跃，不能十步；驽马十驾，功在不舍。"[例句] ～，功在不舍，他正是以这种踏踏实实的工作态度赢得了今天的成绩。

【驽马十舍】nú mǎ shí shè
[释义] 见"驽马十驾"。[语见] 汉·刘安《淮南子·齐俗训》："骐骥千里，一日而通；驽马十舍，旬亦至之。"[例句] 无论做什么事情，都要具备这种～的精神。

【努牙突嘴】nǔ yá tū zuǐ
[释义] 形容愤怒的样子。[语见] 元·关汉卿《救风尘》第一折："早努牙突嘴，拳椎脚踢，打的你哭啼啼。"[例句] 门前的三只大狗正～，眼睛死死盯着他，令他不敢轻举妄动。

【弩箭离弦】nǔ jiàn lí xián
[释义] 弩：利用机械力射箭的弓。形容速度极快。[语见] 元·纪君祥《赵氏孤儿》："我着你去呵，似弩箭离弦；叫你回来呵，便似毡上拖毛。"[例句] 听到发令枪响，运动员们如同～，飞速向终点奔去。

【弩张剑拔】nǔ zhāng jiàn bá
[释义] 见"剑拔弩张"。[例句] 看到这～的危急态势，在场所有的人都暗自为他捏了把冷汗。

【怒臂当车】nù bì dāng chē
[释义] 见"怒臂当辙"。[语见] 明·许三阶《节侠记·侠晤》："小生怒臂当车，自取戮辱，惭愧惭愧！"[例句] 毕竟双方的实力差距明显，他的咆哮在别人看来充其量只是～，毫无威慑力。

【怒臂当辙】nù bì dāng zhé
[释义] 怒臂：原指螳螂因发怒而举起胳膊，阻挡车轮。比喻不自量力，与强者为敌。[语见] 宋·吕祖谦《东莱博议·随叛楚》："随非惟不自忧，乃不自量其力，怒臂当辙，以蹈祸败。"[例句] 你这样做，犹如～，根本就是自不量力。

N

【怒不可遏】 nù bù kě è

[释义] 遏：抑制。愤怒得抑制不住。形容非常愤怒。[语见] 清·李宝嘉《官场现形记》第二十七回："却说贾大少爷正在自己动手掀王师爷的铺盖，被王师爷回来从门缝里瞧见了，顿时气愤填膺，怒不可遏。"[例句] 当地群众闻知此事，～，立即包围了这伙流氓。

【怒发冲冠】 nù fà chōng guān

[释义] 冠：帽子。愤怒得头发直立起来，把帽子都顶起来了。形容极为愤怒。[语见] 汉·司马迁《史记·廉颇蔺相如列传》："相如因持璧却立，倚柱，怒发上冲冠。"[例句] 他～，准备与敌人决一死战。

【怒火中烧】 nù huǒ zhōng shāo

[释义] 中：心中。怒火在心中燃烧着，形容内心非常愤怒。[例句] 看到这种情形，他不禁～。

【怒目而视】 nù mù ér shì

[释义] 愤怒地瞪着眼睛看对方。形容非常愤怒的神情。[语见] 明·施耐庵《水浒传》第八十回："林冲、杨志怒目而视，有欲要发作之色。"[例句] 结婚后我们时常会争吵，彼此要么～，要么互不理会。

【怒目横眉】 nù mù héng méi

[释义] 见"横眉怒目"。[语见] 清·文康《儿女英雄传》第二十一回："不一时，只听得院子里许多脚步响，早进来了怒目横眉、挺胸凸肚的一群人。"[例句] 旁边站着几名大汉，个个～，大有放手一搏的架势。

【怒目切齿】 nù mù qiè chǐ

[释义] 愤怒地瞪着眼睛，咬着牙齿。

[语见] 晋·刘伶《酒德颂》："闻吾风声，议其所以，乃奋袂攘襟，怒目切齿。"[例句] 看他～的样子，好像随时都要发作。

【怒猊渴骥】 nù ní kě jì

[释义] 猊：狮子。骥：骏马。像愤怒的狮子撬扒石头，口渴的骏马奔向泉水。形容书法遒劲奔放。[语见] 宋·欧阳修等《新唐书·徐浩传》："始，浩父峤之善书，以法授浩，益工。尝书四十二幅屏，八体皆备，草隶尤工，世状其法曰：'怒猊抉石，渴骥奔泉。'"[例句] 他的书法遒劲奔放，犹如～。

【怒气冲天】 nù qì chōng tiān

[释义] 冲天：感情激动的样子。形容十分愤怒的样子。[语见] 明·施耐庵《水浒传》第三十四回："秦明怒气冲天，大驱兵马投西山边来。"[例句] 听说自己被开除了，他不禁～，质问为什么。

【怒形于色】 nù xíng yú sè

[释义] 形：显现。色：脸色。满腔愤怒显现在脸色上。[语见] 宋·洪迈《夷坚丙志·子夏蹴酒》："子夏怒形于色，举足蹴其二。"[例句] 她感到受了侮辱，不禁～。

nǚ

【女大十八变】 nǚ dà shí bā biàn

[释义] 形容少女在发育成熟成长过程中，容貌性情变化很大。一般指越变越好。[语见] 宋·释道原《景德传灯录·幽州谭空和尚》："有尼欲开堂说法，师曰：'尼女家不用开堂。'尼曰：'龙女八岁成佛，又作么生？'师曰：'龙女有十八变，汝与老僧试一变看？'"[例句] 真是～，这孩子越长越漂亮了。

N

O

ou

【鸥鸟忘机】ōu niǎo wàng jī
[释义] 机:指巧诈。忘机:忘掉了巧诈。《列子·黄帝》载:古时海上有个喜爱鸥鸟的人,每天和鸥鸟同游乐,鸥鸟一来就是一百多只。其父说:"吾闻鸥鸟皆从汝游,汝取来,吾玩之。"第二天,父子二人来到海上,见前来的鸥鸟在天空飞舞而不下来。形容人胸怀坦荡,连异类都会和他相亲近。[例句] 他这人～,谁都愿意与他亲近。

【呕心沥血】ǒu xīn lì xuè
[释义] 呕:吐出。沥:滴洒。形容费尽心血。[语见] 唐·韩愈《归彭城》诗:"刳肝以为纸,沥血以书辞。"[例句] 这座桥的建成,是该工程队六百多名职工～、辛勤耕耘的硕果。

【呕心之作】ǒu xīn zhī zuò
[释义] 形容费尽心思的文艺创作。[语见] 清·戈载《横经堂诗余》跋:"此二卷之词,松溪呕心之作也,将登诸梨枣,以慰其重泉之志。"[例句] 这是他耗费七年才完成的～。

【偶一为之】ǒu yī wéi zhī
[释义] 偶:偶尔。为:做。偶尔做一次。[语见] 宋·欧阳修《纵囚论》:"若夫纵而来归而赦之,可偶一为之耳。"[例句] 对我来说,这样的放松只能是～的奢侈。

【藕断丝连】ǒu duàn sī lián
[释义] 藕断了,丝还连着。比喻表面上断绝了关系,实际上还有牵连。[语见] 唐·孟郊《去妇》诗:"妾心藕中丝,虽断犹牵连。"[例句] 他们离婚业已三年有余,却依然～,内中原因,外人不得而知。

O

P

pa

【爬罗剔抉】 pá luó tī jué

[释义] 爬罗:搜罗。剔抉:挑选。广泛收罗,精细选择。[语见] 唐·韩愈《进学解》:"占小善者率以录,名一艺者无不庸。爬罗剔抉,刮垢磨光,盖有幸而获选,孰云多而不扬。"[例句] 经过长时间的~,组织者终于甄选出本次参展的艺术品。

【爬梳剔抉】 pá shū tī jué

[释义] 见"爬罗剔抉"。[语见] 元·脱脱等《宋史·律历志十四》:"建安布衣蔡元定著《律吕新书》,朱熹称其超然远览……爬梳剔抉,参互考寻。"[例句] 几位考古学家苦苦地~了三年,才找到这位突然死去的皇子死因的蛛丝马迹。

【怕死贪生】 pà sǐ tān shēng

[释义] 见"贪生怕死"。[语见] 明·熊大木《杨家将演义》第四十八回:"怕死贪生,为凡心之最。人所以难学道者,有凡心故耳。"[例句] 似你这等~之徒,恐怕只一听见枪响,便要吓得尿了裤子。

pai

【拍案而起】 pāi àn ér qǐ

[释义] 案:案几,桌子。一拍桌子,猛然站起。形容愤怒至极,起而抗争。也用于形容十分得意,非常高兴。[语见] 明·冯梦龙《东周列国志》第四十六回:"芈氏大怒,拍案而起。"[例句] 他无法忍受对方的侮辱,不禁~。

【拍案叫绝】 pāi àn jiào jué

[释义] 案:桌子。绝:极好,独一无二。

拍着桌子叫好。形容特别赞赏。[语见] 清·曹雪芹《红楼梦》第七十八回:"宝玉听了,垂头想了一想,说了一句道:'不系明珠系宝刀。'忙问:'这一句可使得?'众人拍案叫绝!"[例句] 他的表演可以说是惟妙惟肖,令人~。

【拍板成交】 pāi bǎn chéng jiāo

[释义] 拍板:在交易所的买卖过程中,根据买卖双方的讨价还价,定出一适当价格,如双方无异议,经纪人即拍打木板,表示价格决定,交易成立。现亦比喻两人或两集团间达成某种协议或政治交易。[例句] 经过艰苦的谈判,双方终于在今天上午~。

【拍手称快】 pāi shǒu chēng kuài

[释义] 称:称说。快:痛快。拍着手喊痛快。多用来形容仇恨得到消除,正义得到伸张后的快意。[语见] 明·凌濛初《二刻拍案惊奇》第三十五卷:"说起他死得可怜,无不垂涕;又见恶姑奸夫俱死,又无不拍手称快。"[例句] 听说这个犯罪团伙被打掉,老百姓无不~。

【排奡纵横】 pái ào zòng héng

[释义] 排奡:矫健貌。纵横:奔放,不受拘束。谓诗文书画笔力矫健奔放,不受拘束。[语见] 清·赵尔巽《清史稿·髡残传》:"道济排奡纵横,以奔放胜;髡残沉着痛快,以谨严胜。皆独绝。"[例句] 他的画风~,以奔放取胜。

【排斥异己】 pái chì yì jǐ

[释义] 排斥:排除,驱逐。排挤、清除与自己意见不同或非本集团的人。[语见] 明·杨士聪《玉堂荟记》下卷:"至当路者借以排斥异己,遇有反唇则以优升杜其

口。"[例句]为了自己的利益,他不择手段地~。

【排愁破涕】 pái chóu pò tì

[释义]排:推开。涕:泪水。推开忧愁,收住泪水。形容变忧愁为欢悦。[语见]唐·令狐德棻《周书·王褒传》:"且当视阴数箭,排愁破涕。人生乐耳,忧痛何为!"[例句]事情都已经过去这么久了,但她依然不能忘记烦恼,~。

【排除万难】 pái chú wàn nán

[释义]万难:指无数的困难。指克服一切困难。[例句]他决心不顾家人及好友反对,~,毅然决然要娶她为妻。

【排除异己】 pái chú yì jǐ

[释义]排除:除掉,清除。异己:与己不同。清除与自己立场、观点或对重大问题的认识上有严重分歧甚至敌对的人。[例句]李林甫与高力士相互勾结,~,将开元盛世的光辉搅得荡然无存。

【排难解纷】 pái nàn jiě fēn

[释义]排除患难,解决纠纷。[语见]明·陈汝元《金莲记·释愤》:"逐臣吹毛洗垢,自知罪积如山;学士排难解纷,反使措颜无地。"[例句]这个机构的设置,就是为了能够为企业~。

【排山倒海】 pái shān dǎo hǎi

[释义]排:推开。倒:翻倒。推开高山、翻倒大海。形容来势迅猛,声势浩大,力量强劲。[语见]宋·杨万里《诚斋集·六月二十四日病起闻莺》:"病势初来敌颇强,排山倒海也当初。"[例句]涨潮时,汹涌的海水便会~般地涌入这个洞中,将其淹没。

【排山倒峡】 pái shān dǎo xiá

[释义]排:推开,冲开。峡:夹水的高山。形容水势汹涌浩大。[语见]明·冯梦龙《东周列国志》第八十四回:"但见城外水声淙淙,一望江湖,有排山倒峡之势。"[例句]他自小在内地生长,从未见过这种~的巨浪。

pan

【潘鬓成霜】 pān bìn chéng shuāng

[释义]指中年鬓发初白的代称。[语见]晋·潘岳《秋兴赋并序》:"余春秋三十有二,始见二毛……斑鬓髟以承弁兮,素发飒以垂领。"[例句]多年不见,她日夜思念,如今早已是~。

【攀高接贵】 pān gāo jiē guì

[释义]攀附接近高贵的人。[语见]元·李行道《灰阑记》第一折:"不是我攀高接贵,由他每说短论长。"也作"接贵攀高"。[例句]他平时专好~,从不把我们这些穷朋友放在眼里。

【攀葛附藤】 pān gé fù téng

[释义]攀:抓着东西向上爬。附:靠着。葛:多年生藤本植物,复叶由小叶三片合成,夏季开紫色花。比喻拉拢关系,趋附权势。[例句]他一心想~,不靠自己能力就一步登天。

【攀龙附凤】 pān lóng fù fèng

[释义]攀、附:依附。攀着龙鳞,附着凤翼。比喻巴结权贵以求富贵。[语见]汉·扬雄《法言·渊骞》:"攀龙鳞,附凤翼,巽以扬之,勃勃乎其不可及也。"[例句]他为了~,不惜将女儿许配给对方。

【攀龙附骥】 pān lóng fù jì

[释义]攀:攀附。骥:骏马,比喻俊杰。比喻攀附圣贤,归附俊杰。[语见]晋·陈寿《三国志·吴书·吴主孙权传》:"此言之诚,有如大江。"裴松之注引《魏略》:"使获攀龙附骥,永自固定,其为分惠,岂有量哉!"[例句]一心想要~的他,整天围在上司身边,巴结讨好。

【攀龙附翼】 pān lóng fù yì

[释义]见"攀龙附凤"。[例句]宰相一眼就看出了高员外~之心,鄙夷的神色顿时挂到他的脸上。

【攀龙托凤】 pān lóng tuō fèng

[释义]见"攀龙附凤"。[例句]我结交你,是性情使然,毫无半点~之心。

【攀辕扣马】 pān yuán kòu mǎ

[释义]攀、扣:拉住,牵住。辕:车辕,车前驾牲畜的直木。拉住车辕和马,使不能前行。形容热情挽留,不肯放行。[语见]汉·班固等《东观汉记》:"第五伦

为会稽太守,为事征,百姓攀辕扣马,呼曰:'舍我何之?'"[例句]附近的百姓纷纷赶来,～,不让他们离去。

【盘根错节】pán gēn cuò jié
[释义]盘:回旋地缠绕。错:交错。节:枝节。树根弯曲盘绕,枝节相互交错。比喻世事繁乱复杂,不易处理。也比喻旧势力根深蒂固,难以消除。[语见]北齐·魏收《魏书·甄琛传》:"今河南郡是陛下天山之坚木,盘根错节,乱植其中。"[例句]院中立着几棵～、枝繁叶茂的千年古树。

【盘根究底】pán gēn jiū dǐ
[释义]见"盘根问底"。[例句]警察把他们截住,～了老半天,却是一无所获。

【盘根问底】pán gēn wèn dǐ
[释义]盘:问。盘问追究事情的根底。[语见]清·李汝珍《镜花缘》第四十四回:"无如林之洋虽在海外走过几次,诸事不留心,究竟见闻不广,被小山盘根问底,今日也谈,明日也谈,腹中所有若干典故,久已告竣。"[例句]为了满足好奇心而对陌生人～是不礼貌的。

【盘马弯弓】pán mǎ wān gōng
[释义]盘马:骑着马绕圈子跑。弯弓:拉弓准备发射。形容准备马上交战杀敌的姿态。常比喻故作架势而不立即行动。[语见]唐·韩愈《昌黎先生集·雉带箭》诗:"将军欲以巧伏人,盘马弯弓惜不发。"[例句]眼看时机就要错过,他却～,迟迟不采取行动。

【盘石桑苞】pán shí sāng bāo
[释义]盘石:巨石。桑苞:指根深蒂固的大桑树。比喻事物稳固。[语见]清·方苞《周公论》:"盖惩于鬼方之叛殷,莱夷之争齐,而早为盘石桑苞之固也。"[例句]我军防线犹如～,牢不可破。

【盘石之安】pán shí zhī ān
[释义]盘石:巨石。像巨石那样稳固。[语见]《荀子·富国》:"为名者否,为利者否,为忿者否,则国安于盘石,寿于旗翼。"[例句]没有强大的军力作为后盾,就没有国家的～。

【盘石之固】pán shí zhī gù
[释义]见"盘石之安"。[语见]唐·房玄龄等《晋书·陆机传》:"于是乎立其封疆之典,裁其亲疏之宜,使万国相难,以成盘石之固。"[例句]我俩之间的友谊有～,谁也动摇不了。

【盘水加剑】pán shuǐ jiā jiàn
[释义]盘水:盘中之水平正,以喻严正的法律。指愿以公正的法律治己以死罪。形容甘愿依法论罪。[语见]汉·班固《汉书·贾谊传》:"故其在大谴大何之域者,闻遣何则白冠牦缨,盘水加剑,造请室而请罪耳。"颜师古注:"如淳曰:水性平,若己有正罪,君以平法治之也;加剑,当以自刎也。"[例句]我犯下如此严重的罪行,～,请求处罚。

【槃根错节】pán gēn cuò jié
[释义]见"盘根错节"。[语见]南朝宋·范晔《后汉书·虞诩传》:"志不求易,事不避难,臣之职也;不遇槃根错节,何以别利器乎?"[例句]几大家族之间,有着说不完的～的关系,你得罪这家,便是得罪那家——总之一句话:任何一家,你都招惹不得。

【磐石之安】pán shí zhī ān
[释义]见"盘石之安"。[语见]明·罗贯中《三国演义》第七十七回:"某有一计,令西蜀之兵不犯东吴,荆州如磐石之安。"[例句]水可载舟,亦可覆舟,再稳固的江山,也难保万世的～。

【判然不同】pàn rán bù tóng
[释义]判然:断然,截然。十分明显地不同。[语见]明·罗贯中《风云会》第二折:"比五代之君,判然不同。"[例句]对同一件事,双方的观点却～。

【判若黑白】pàn ruò hēi bái
[释义]判:区别。像黑白那样区分得清清楚楚。形容界限清楚,不容混淆。[语见]清·方望溪《书祭裴太常文后》:"夫文之高下雅俗,判若黑白,学者犹以于习见,而莫知别择。"[例句]善恶之别并非总是～,好人有时会做坏事,坏人有时也未必不能做好事。

【判若鸿沟】pàn ruò hóng gōu
[释义] 判:区别。鸿沟:战国时一运河名,在今河南省,为古汴河的分流,即今贾鲁河,秦末楚汉相争时曾以它为界。形容事物界限非常明显森严。[例句] 大厅里大家谈笑风生,与外面紧张的气氛~。

【判若两人】pàn ruò liǎng rén
[释义] 判:显然不同。若:好像。明显不一样,如同两个人。多指同一个人前后差别很大。[语见] 清·李宝嘉《文明小史》第五回:"须晓得柳知府于这交涉上头,本是何等通融、何等迁就,何以如今判若两人。"[例句] 她在单位的表现与在家里简直~。

【判若水火】pàn ruò shuǐ huǒ
[释义] 比喻二者截然不同,互不相容。[语见] 清·钱泳《履园丛话·谭诗·总论》:"沈归愚宗伯与袁简斋太史论诗,判若水火。"[例句] 在工作的问题上他从不讲情面,与平时的亲和慈祥~。

【判若天渊】pàn ruò tiān yuān
[释义] 判:区别。像天上和深渊那样不同。比喻高下悬殊。[语见] 清·赵尔巽《清史稿·王恩绶传》:"既而御史汪朝棨疏言:'恩绶无守土责,而视死如归,不特与草间偷活判若天渊,即较之城亡与亡亦分难易。'"[例句] 两人的声音简直~,怎么会搞错呢?

【判若云泥】pàn ruò yún ní
[释义] 判:指显然有区别。区别很清楚,一像乘天空的云彩,一像行走于地上的泥土。形容高下悬殊。[例句] 他们两个一个飞黄腾达,一个则蒙罪惨死,命运相迥,~。

pang

【滂沱大雨】pāng tuó dà yǔ
[释义] 滂沱:形容雨下得很大。指下得很大的雨。[语见]《诗经·小雅·渐渐之石》:"月离于毕,俾滂沱矣。"[例句] 刚一出门,他们便遇上了一场~。

【庞然大物】páng rán dà wù
[释义] 庞然:大的样子。泛指形体巨大的事物。[语见] 唐·柳宗元《三戒·黔之驴》:"虎见之,庞然大物也,以为神。"[例句] 展馆的醒目位置立着一个~。

【旁观袖手】páng guān xiù shǒu
[释义] 见"袖手旁观"。[语见] 宋·陆游《福州清仁王坚老疏》:"勇退激流,虽具衲子参寻之眼;旁观袖手,要非邦人向慕之诚。"[例句] 别人有难,都是同事,咱们怎可~?

【旁观者清】páng guān zhě qīng
[释义] 局外人比当局者看得更清楚,更全面。常与"当局者迷"连用。[语见] 清·曹雪芹《红楼梦》第五十五回:"俗语说:'旁观者清。'这几年姑娘冷眼看着,或有该添该减的去处,二奶奶没行到,姑娘竟一添减。"[例句] ~,当局者迷,你不妨听听别人的意见。

【旁门外道】páng mén wài dào
[释义] 见"旁门左道"。[语见] 清·郑燮《花间堂诗草跋》:"盖谭诗论文,有粗鄙熟烂者,有旁门外道者,有泥古至死不悟者,最足损人神智。"[例句] 在这乡下,正规的医疗方法太贵,人们相信~,也有他们的不得已的地方。

【旁门左道】páng mén zuǒ dào
[释义] 旁、左:偏的、斜的。指不正经的门路、派别。[语见]《礼记·王制》:"执左道以乱政,杀。"[例句] 这种病应该正规治疗,不要轻信那些~。

【旁敲侧击】páng qiāo cè jī
[释义] 在旁边敲,在侧面击打。比喻说话或写文章不直接从正面指明问题所在,而是委婉地从侧面表达。[语见] 清·吴趼人《二十年目睹之怪现状》第二十回:"云岫这东西,不给他两句,他当人家一辈子都是糊涂虫呢。只不过不应该这样旁敲侧击,应该要明明亮亮的叫破了他。"[例句] 无论我如何~,他就是不肯说出真相。

【旁求俊彦】páng qiú jùn yàn
[释义] 俊彦:指有才干的俊逸之士。多方面寻求贤才。[语见]《尚书·太甲上》:"旁求俊彦,启迪后人。"[例句] 该公司成

立以来,～、广招人才,终于建立了一支强干的队伍。

【旁若无人】páng ruò wú rén
[释义] 好像旁边没有其他的人。形容说话做事态度坦然如常或高傲自大。[语见] 汉·司马迁《史记·刺客列传》:"高渐离击筑,荆轲和而歌于市中,相乐也,已而相泣,旁若无人者。"[例句] 他俩～地在街头拥吻,路人侧目而视。

【旁征博引】páng zhēng bó yǐn
[释义] 旁、博:广泛。征:搜集。指说话或作文广泛地引用材料作依据。[例句] 他在文中～,将观点论述得非常充分。

pao

【抛戈弃甲】pāo gē qì jiǎ
[释义] 见"抛戈卸甲"。[语见] 清·褚人获《隋唐演义》第五十三回:"部下听得,一齐抛戈弃甲跪倒。"[例句] 齐国挥师北进,连下五十余城,燕兵～,溃不成军。

【抛戈卸甲】pāo gē xiè jiǎ
[释义] 戈:古兵器。甲:古军服。丢下武器,脱去军服,形容在战场上打了败仗。[语见] 元·无名氏《大战邳彤》第一折:"你那里夸强会,卖弄你武艺能……你则好抛戈卸甲走如飞。"[例句] 他们被杀得～,狼狈不堪。

【抛金弃鼓】pāo jīn qì gǔ
[释义] 金:指锣。抛下指挥作战用的锣与鼓。形容被打败逃走。[语见] 元·无名氏《杏林庄》第二折:"俺如今不须用力死追复,他每都抛金弃鼓,领着残卒,离营撤寨那厢扑。"[例句] 他们～,狼狈地逃回本方阵地。

【抛妻弃孩】pāo qī qì hái
[释义] 抛弃妻儿。形容逃难时的惨状。[语见] 清·孔尚任《桃花扇·逃难》:"望烟尘一派,抛妻弃孩,团圆难再。"[例句] 他为了钱,为了所谓的爱,不惜～,受到了社会舆论的谴责。

【抛声炫俏】pāo shēng xuàn qiào
[释义] 形容故意高声,卖弄风骚。[语见] 明·洪楩《清平山堂话本·刎颈鸳鸯会》:"其夜,秉中老早的更衣着靴,只在街上往来。本妇也在门首抛声炫俏。"[例句] 她在窗边～,弄得他心里发痒。

【抛头露面】pāo tóu lù miàn
[释义] 抛:显露。原指妇女出现在人群聚集的地方。后泛指人公开出现。[语见] 明·阮大铖《燕子笺·收女》第二十四卷:"人在乱离间,顾不得抛头露面。"[例句] 她行踪神秘,从不在大庭广众前～。

【抛砖引玉】pāo zhuān yǐn yù
[释义] 抛:扔出,掷出。引:招引、招来。抛出没什么价值的砖头,而换来贵重的美玉。喻指用粗浅的东西引出完美的东西。多用于自谦。[语见] 宋·释道原《景德传灯录·赵州东院从稔禅师》:"比来抛砖引玉,却引得个墼(jī)子。"[例句] 以上观点十分肤浅,权作～之用,不当之处欢迎批评指正。

【刨根问底】páo gēn wèn dǐ
[释义] 刨:挖。挖出根子,问出底细。也作"追根究底"。[例句] 每次回家晚了,妈妈总是～,没完没了。

【庖丁解牛】páo dīng jiě niú
[释义] 庖丁:厨师。解牛:分解牛的肢体,即宰牛。比喻掌握了事物客观规律,技术纯熟,做事得心应手。[语见]《庄子·养生主》:"庖丁为文惠君解牛。手之所触,肩之所倚,足之所履,膝之所踦,砉然响然,奏刀騞然,莫不中音。"[例句] 老王修车的技术十分高超,犹如～一般。

【炮凤烹龙】páo fèng pēng lóng
[释义] 见"烹龙炮凤"。[语见] 元·王实甫《丽春堂》第一折:"今日个宴赏群公,光禄寺酝江酿海,尚食局炮凤烹龙。"[例句] 石崇府第三千,富可敌国,～,穷奢极欲,连皇家也逊色三分。

【炮龙烹凤】páo lóng pēng fèng
[释义] 见"烹龙炮凤"。[语见] 明·施耐庵《水浒传》第八十二回:"大设筵宴……虽无炮龙烹凤,端的是肉山酒海。"[例句] 天下百姓嗷嗷,后宫～,农民起义一触即发。

【袍笏登场】páo hù dēng chǎng
[释义] 袍:指古代官服。笏:臣子朝见君主时手中拿的记事手板。穿袍执笏,登台演戏。也比喻新官上任。含有讽刺的意思。[例句] 他摇身一变,～,竟成了朝中重臣。

【匏瓜空悬】páo guā kōng xuán
[释义] 原是孔子自况之语,说自己不能像匏瓜那样系挂着而不给人食用,应该出仕为官,有所作为。后即以此称有才能的人不为世所用。[语见]《论语·阳货》:"吾岂匏瓜也哉?焉能系而不食。"[例句] 以你这样的才干不去做官,真是～,太可惜了。

pei

【赔了夫人又折兵】péi le fū rén yòu zhé bīng
[释义] 赔:亦作"陪"。三国时,东吴孙权要向蜀汉刘备索回荆州,便听从了都督周瑜的计谋,将自己的妹妹孙尚香许配给刘备,言吴蜀联姻共同对曹,欲借刘备到东吴招亲之机扣留他,作为索回荆州的人质。不料,刘备以诸葛亮的对策到东吴招亲后,携夫人逃出东吴。周瑜率兵追赶,结果被诸葛亮设下的伏兵打败。因以"赔了夫人又折兵"比喻想占便宜,后遭双重损失。[语见] 元·无名氏《隔江斗智》第二折:"周瑜周瑜,休夸妙计高天下,只教你赔了夫人又折兵。"[例句] 老人为图便宜买了假药,服用后病情反而加重了,真是～。

【赔身下气】péi shēn xià qì
[释义] 见"低声下气"。[语见] 清·曹雪芹《红楼梦》第九回:"宝玉又是天生成惯能作小伏低,赔身下气,性情体贴,话语缠绵。"[例句] 以他的性格,从来不会～地求人。

pen

【喷薄欲出】pēn bó yù chū
[释义] 喷薄:涌起,上升的样子。欲:将要。形容水将要涌起或太阳将要升起时

的壮观景象。[例句] 我们登上海边的一块大石,准备欣赏那～的朝阳。

peng

【烹龙炮凤】pēng lóng páo fèng
[释义] 烹调奢侈珍奇的菜肴。[语见] 唐·李贺《将进酒》:"琉璃钟,琥珀浓,小槽酒滴真珠红,烹龙炮凤玉脂泣,罗帏翠幕围春风。"[例句] 两位名厨在台上～,一决高低。

【朋比为奸】péng bǐ wéi jiān
[释义] 见"狼狈为奸"。[语见] 明·罗贯中《三国演义》第一回:"后张让、赵忠……夏恽、郭胜十人朋比为奸,号为'十常侍'。"[例句] 这伙流氓～,做了不少坏事。

【朋比作奸】péng bǐ zuò jiān
[释义] 见"狼狈为奸"。[语见] 明·许仲琳《封神演义》第二回:"且君为臣之标率,君不向道,臣下将化之,而朋比作奸,天下事尚忍言哉?"[例句] 外戚和宦官～,相互勾结,将朝堂闹得乌烟瘴气。

【朋党比周】péng dǎng bǐ zhōu
[释义] 比周:勾结干坏事。指结党营私,排斥异己,谋取私利。[语见]《荀子·臣道》:"朋党比周,以环主图私为务,是篡臣者也。"[例句] 这几个人～,排斥异己,弄得单位上下人心惶惶。

【彭中彪外】péng zhōng biāo wài
[释义] 彭:充满。彪:文采。指人的才德充实于内,则文采自然会洋溢于外。[语见] 汉·扬雄《法言·君子》:"或问:'君子言则成文,动则成德,何以也?'曰:'以其彭中而彪外也'。"[例句] 他～,真是一位难得的外交人才。

【蓬荜生光】péng bì shēng guāng
[释义] 蓬:蓬草。荜:同"筚",用荆条、竹子等编成的篱笆等物。蓬荜:蓬门荜户的略语,比喻穷人住的房子。草屋也发出了光辉。用以称谢他人过访之辞。[语见] 宋·苏轼《谢宣召再入学士院状二首》之一:"奉宣圣旨,召臣入院充学士承旨者,使星下烛生蓬荜之光华。"[例句]

P

今天您能光临，真是令我这寒舍～啊！

【蓬筚生辉】 péng bì shēng huī

[释义] 见"蓬荜生光"。[语见] 明·冯梦龙《醒世恒言》第十五卷："小尼僻居荒野，无德无能，谬承枉顾，蓬筚生辉。"[例句] 先生能亲临，寒舍～，我哪里还敢求其他呢？

【蓬筚增辉】 péng bì zēng huī

[释义] 见"蓬荜生光"。[语见] 明·朱权《卓文君》第四折："今日得遇相公与夫人到此，莫非蓬筚增辉。"[例句] 汪先生的到来，足以使贫舍～，但是我还有一不情之请，望先生一并应承。

【蓬户瓮牖】 péng hù wèng yǒu

[释义] 牖：窗。用蓬草编的门，以瓦瓮做的窗。形容住房简陋，家境贫寒。[语见]《礼记·儒行》："筚门圭窬，蓬户瓮牖。"[例句] 就是在这个～的破旧房子里，居然诞生了一位著名的诗人。

【蓬闾生辉】 péng lú shēng huī

[释义] 见"蓬荜生光"。[语见] 清·李绿园《歧路灯》第四回："迎至客厅，为礼坐下。孝移道：'多蒙两位先生抬爱，蓬闾生辉。'"[例句] 您的光临，令我这里～！

【蓬门筚户】 péng mén bì hù

[释义] 筚：用荆条、竹子等编成的篱笆等遮拦物。用蓬草、荆条、竹子等编成的门户，指穷困的人家住的简陋的房子。常用作自家住房的谦词。[例句] 这些山区农民～，过着艰苦的生活。

【蓬生麻中】 péng shēng má zhōng

[释义] 蓬草夹生在直挺的麻秆当中，不扶自直。比喻良好环境对人的积极影响。[语见]《荀子·劝学》："蓬生麻中，不扶自直。"[例句] ～，不扶自直，良好的家庭环境对孩子的发展起着非常重要的作用。

【蓬首垢面】 péng shǒu gòu miàn

[释义] 见"蓬头垢面"。[语见] 五代后晋·刘昫等《旧唐书·王世充传》："世充尽发江都人将往赴难，在军中蓬首垢面，悲泣无度。"[例句] 那个～、衣衫破烂的男孩一口气吞了三个烧饼。

【蓬头垢面】 péng tóu gòu miàn

[释义] 头发蓬乱，满脸污垢。形容面容腌臜，不事修饰。[语见] 北齐·魏收《魏书·封轨传》："君子整其衣冠，尊其瞻视，何必蓬头垢面，然后为贤。"[例句] 粮垛后那个～的汉子，两眼却冒着刺目的精气，看来定是大有来历之人。

【蓬头历齿】 péng tóu lì chǐ

[释义] 历：稀疏。散乱的头发，疏落的牙齿。形容人衰老的容颜。[语见] 战国楚·宋玉《登徒子好色赋》："其妻蓬头挛耳，龃唇历齿。"[例句] 几十年没见，如今他已变成～、垂垂老矣的老人。

【蓬头跣足】 péng tóu xiǎn zú

[释义] 头发散乱，双脚赤裸。形容人衣冠不整的样子。[语见] 明·冯梦龙《喻世明言》第二十七卷："买臣妻的后夫亦在役中，其妻蓬头跣足，随伴送饭。"[例句] 只见那个乞丐～，浑身上下一股怪味。

【鹏程万里】 péng chéng wàn lǐ

[释义] 鹏：传说中的大鸟。程：飞行的路程。大鹏鸟飞行的路程有一万里那么远。比喻前程远大。也作"万里鹏程"。[语见]《庄子·逍遥游》："鹏之徙于南冥也，水击三千里，抟扶摇而上者九万里。"[例句] 祝愿同学们在新的一年里～，大展宏图！

【捧毂推轮】 pěng gǔ tuī lún

[释义] 捧：用手往上抬。毂：古称车轮中心的圆木，上有插车轴的圆孔。抬起车毂，推动车轮，比喻推荐人才。[语见] 汉·司马迁《史记·魏其武安侯列传》："魏其、武安俱好儒术，推毂赵绾为御史大夫。"司马贞索隐："推毂谓自卑下之，如为之推车毂也。"[例句] 这个人才市场成立以来，～，为用人单位推荐的各类专业人才已超过一千名。

【捧头鼠窜】 pěng tóu shǔ cuàn

[释义] 见"抱头鼠窜"。[语见] 宋·陆游《闻虏酋遁归漠北》诗："天威在上贼胆破，捧头鼠窜呼可哀！"[例句] 机关枪一响，敌人便～，狼狈而去。

pi

【批风抹月】 pī fēng mǒ yuè
[释义] 见"抹月批风"。**[语见]** 元·乔吉《绿幺遍·自述》曲:"笑谈便是编修院。留连,批风抹月四十年。"**[例句]** 文人们相聚,虽然是～,但是也能闹个举座皆欢。

【批亢捣虚】 pī gāng dǎo xū
[释义] 批:打击。亢:咽喉,比喻要害的地方。捣:用棍棒的一端冲撞。指攻打对方关键,乘虚而入。**[语见]** 汉·司马迁《史记·孙子吴起列传》:"救斗者不搏撠,批亢捣虚,形格势禁,则自为解耳。"**[例句]** 虽然我军在人数上处于劣势,但只要能～,一击而中,胜算还是很大的。

【批郤导窾】 pī xì dǎo kuǎn
[释义] 批:用刀切。郤:同"隙",缝隙。窾:空穴。指宰牛后在其骨头相接的地方切开,没有骨头的地方顺势分解。比喻善于抓住关键顺势解决问题。**[语见]**《庄子·养生主》:"批大郤,导大窾。"**[例句]** 他率领一支特种部队,～,深入敌后,成功地破坏了敌军指挥中心。

【披肝沥胆】 pī gān lì dǎn
[释义] 披:剖开。沥:滴落。露出肝胆。比喻坦诚相见,也形容非常忠诚。**[语见]** 唐·刘贲《应贤良方正直言极谏科策》:"或有以系安危之机,兆存亡之变者,臣请披肝沥胆,为陛下别白而重言之。"**[例句]** 几年来,他～,忠于法律,无私无畏。

【披枷带锁】 pī jiā dài suǒ
[释义] 披:指套在颈上。枷:木制刑具。颈上套着木枷,身上带着锁链。**[语见]** 元·张国宾《合汗衫》第一折:"我问你那里人氏,姓甚名谁,因甚这般披枷带锁的。"**[例句]** 他被法警押着,～来到刑场。

【披坚执锐】 pī jiān zhí ruì
[释义] 披:穿戴。坚:指坚固的铠甲。锐:指锐利的兵器。穿着坚固的铠甲,拿着锐利的武器。形容全副武装作战。**[语见]** 唐·刘禹锡《请赴行营表》:"臣再授兵符,凤参军幕。披坚执锐,虽未经于戎行;制胜伐谋。亦常习于事业。"**[例句]** 士兵们个个～,在营外列队整齐,听候指挥。

【披荆斩棘】 pī jīng zhǎn jí
[释义] 披:拨开。荆、棘:丛生的多刺植物。比喻在前进的道路上清除障碍。**[语见]** 南朝宋·范晔《后汉书·冯异传》:"异朝京师。引见,帝谓公卿曰:'是我起兵时主簿也,为吾披荆棘,定关中。'"**[例句]** 莽莽的深山老林中,一支队伍～,缓缓地向山顶移动。

【披麻救火】 pī má jiù huǒ
[释义] 披着易燃的麻去救火。比喻引火烧身,自取祸患。**[语见]** 元·无名氏《赚蒯通》第三折:"则落你好似披麻救火,蒯彻也不似那般人随风倒舵。"**[例句]** 贸然出兵援助,犹如～,不仅救不了人,反而会引火烧身。

【披毛求疵】 pī máo qiú cī
[释义] 见"吹毛求疵"。**[语见]** 五代后晋·刘昫等《旧唐书·崔仁综传》:"虽外示谨厚,而情深刻薄,每受制鞫狱,必披毛求疵,陷于重辟。"**[例句]** 同事之间,相互体谅些,别总那么～的,那只会使彼此间的关系变得更加紧张。

【披毛索靥】 pī máo suǒ yǎn
[释义] 靥:黑痣。披开毛找黑痣。比喻故意挑剔毛病。**[语见]** 晋·葛洪《抱朴子·接疏》:"明者举大略细,不忮不求……岂肯称薪而爨,数粒乃炊,并瑕弃璧,披毛索靥哉!"**[例句]** 如果非要～的话,这款手机的体积稍大了一点。

【披袍擐甲】 pī páo huàn jiǎ
[释义] 披:穿。擐:套。甲:古代作战时护身的铠甲。穿上战袍,套上铠甲。指做好战斗准备。**[语见]** 元·无名氏《鞭打单雄信》第三折:"俺元帅遇难逢危,迭不的披袍擐甲。"**[例句]** 那些兵士个个～,手执兵器,非常威武。

【披裘负薪】 pī qiú fù xīn
[释义] 裘:皮袍。负:用脊背背东西。身披皮袍背着柴草。比喻不贪财爱物的

人。[语见]唐·王绩《游北山赋》:"忽据梧而策杖,亦披裘而负薪。"[例句]在这国难当头之时,你怎么还能～、隐居山林,自得其乐呢?

【披沙剖璞】pī shā pōu pú
[释义]披:分。剖:剖开。璞:含有玉的石头。从沙粒中区分出金子,从石头里剖出美玉。比喻从大量的人中识别、拣选出有用的人才。[语见]唐·刘禹锡《唐尚书吏部侍郎奚公神道碑铭序》:"一入中禁考策词,三在天官第章句,披沙剖璞,由我而显者落落然居多。"[例句]他在浩瀚的书海中～,终于找到了论据。

【披头散发】pī tóu sàn fà
[释义]披头:披散着头发。头发蓬散松乱。多形容懒散,或狼狈慌乱。[语见]明·施耐庵《水浒传》第二十二回:"那张三又挑唆阎婆去厅上披头散发来告道:'宋江实是宋清隐藏在家,不令出官。'"[例句]一个女子赤着脚,～地在大街上狂奔。

【披心相付】pī xīn xiāng fù
[释义]披:披露。把一片真心披露给人看。形容真心实意地待人。[语见]唐·房玄龄等《晋书·慕容垂载记》:"歃血断金,披心相付。"[例句]面对老人～的真诚话语,她忍不住泪如雨下。

【披星带月】pī xīng dài yuè
[释义]身披星光,头顶月色。形容早出晚归,辛勤劳动。也形容昼夜赶路,旅途劳顿。也作"披星戴月"。[语见]元·赵天麟《务农桑》:"披星带月,夜不安眠,冒雨冲风,昼不启处。耕事未已,而桑事起矣。"清·李光庭《乡言解颐·市集》:"路远者,披星带月,陆骑水舟;路近者,冒日冲风,肩挑背负。"[例句]她每天～、早出晚归,工作非常辛苦。

【披榛采兰】pī zhēn cǎi lán
[释义]披:分开。榛:丛生灌木。比喻选拔贤良的人才。[语见]唐·房玄龄等《晋书·皇甫谧传》:"陛下披榛采兰,并收蒿艾,是以皋陶振褐,不仁者远。"[例句]不少企业为了罗致人才,不惜派人直接进入高校,到毕业分配现场～。

【被发阳狂】pī fà yáng kuáng
[释义]见"解发佯狂"。[语见]唐·魏徵《隋书·杨伯丑传》:"于是被发阳狂,游行市里,形体垢秽,未尝栉沐。"[例句]娟子去世之后,他～,三年之后,已然形销骨立,实在惨不忍睹。

【被发佯狂】pī fà yáng kuáng
[释义]见"解发佯狂"。[语见]明·冯梦龙《东周列国志》第七十三回:"自己被发佯狂,跣足涂面,手执斑竹箫一管,在市中吹之,往来乞食。"[例句]他一定是在感情上受了什么挫折,所以才变成这种～的样子。

【被发缨冠】pī fà yīng guān
[释义]被:通"披"。缨:帽上的带子,用以系在颈上,这里作动词用,即"系"的意思;一说指来不及系帽带。头发来不及挽束就戴上帽子,系好帽带。形容急于要去救人。[语见]《孟子·离娄下》:"今有同室之人斗者,救之,虽被发缨冠而救之可也。"朱熹注:"不暇束发而结缨往救,言急也。"[例句]听到不远处传来的呼救声,他～,飞速跑出门外。

【被褐怀玉】pī hè huái yù
[释义]褐:粗布衣服。玉:比喻才德。身穿粗布衣服,怀中藏着美玉。比喻怀才于内,不显露出来。也比喻出身寒微而怀有真才实学的人。[语见]《老子》第七十章:"知我者希,则我者贵,是以圣人被褐怀玉。"[例句]不要小看这个家境贫寒、生活俭朴的青年,他可是～之才。

【被褐怀珠】pī hè huái zhū
[释义]见"被褐怀玉"。[语见]明·朱权《冲漠子》第四折:"他则是假躯劳幻世愚眸,被褐怀珠,含素藏修。"[例句]曾公能一眼识得王运恺为～之才,这便是他的过人之处。

【被甲枕戈】pī jiǎ zhěn gē
[释义]戈:泛指兵器。身穿坚甲,头枕兵器,谓处于高度戒备状态。[语见]宋·欧阳修《新五代史·刘词传》:"词居暇日,常

被甲枕戈而卧。"[例句] 士兵们～，已经做好了出发的准备。

【被甲执兵】 pī jiǎ zhí bīng
[释义] 甲：古代打仗时军人穿的护身衣。身穿护身衣手拿武器。形容全副武装。[语见] 汉·荀悦《汉纪·高祖纪》："群臣皆曰：'臣等被甲执兵，多者百余战。'"[例句] 那个地方有许多～的士兵把守，很难混进去。

【被坚执锐】 pī jiān zhí ruì
[释义] 见"披坚执锐"。[语见]《战国策·楚策一》："吾被坚执锐，赴强敌而死，此犹一卒也，不若奔诸侯。"[例句] 这些陶俑～，全副武装，形象十分生动。

【劈头盖脸】 pī tóu gài liǎn
[释义] 劈：正对着，冲着。正冲着头和脸而来。形容来势猛而急。[语见] 明·施耐庵《水浒传》第十四回："晁盖喝道：'你既不做贼，如何拿你在这里？'夺过士兵手里棍棒，劈头劈脸便打。"[例句] 豆粒大的雨点～地砸下来，打得人眼都睁不开。

【劈头盖脑】 pī tóu gài nǎo
[释义] 见"劈头盖脸"。[例句] 我刚一进门，便遭了她一顿～的大骂，骂得我莫名所以。

【皮开肉破】 pí kāi ròu pò
[释义] 见"皮开肉绽"。[语见] 清·李汝珍《镜花缘》第五十一回："四个偻儸听了，那敢怠慢，登时上来两个，把大盗紧紧按住；那两个举起大板，打的皮开肉破，喊叫连声。"[例句] 陈玉成被俘之后，被打得～，依然坚贞不屈。其精神足以感天动地。

【皮开肉绽】 pí kāi ròu zhàn
[释义] 皮：皮肤。绽：裂开。形容体表被严重打伤。[语见] 宋·无名氏《京本通俗小说·菩萨蛮》："左右将可常拖倒，打得皮开肉绽，鲜血迸流。"[例句] 他被打得～，但是脸上依然闪烁着希望的光芒。

【皮里抽肉】 pí lǐ chōu ròu
[释义] 形容人十分消瘦。[语见] 元·关汉卿《谢天香》第四折："你觑我皮里抽肉，你休问我可怎生骨岩岩脸儿黄瘦。"[例句] 她面黄肌瘦，～，上秤一称还不到八十斤。

【皮里春秋】 pí lǐ chūn qiū
[释义] 皮：指肚皮。春秋：春秋时鲁国史书，相传孔子曾删定这部书，评论是非，褒贬善恶；这里用"春秋"指评判好坏。指藏在内心的对人对事的褒贬评论。[语见] 唐·房玄龄等《晋书·褚裒传》："裒少有简贵之风……谯国桓彝见而目之曰：'季野（褚裒字）有皮里春秋。'"[例句] 此人性格直爽，最见不得那些～、转弯抹角的把戏。

【皮里阳秋】 pí lǐ yáng qiū
[释义] 见"皮里春秋"。[语见] 南朝宋·刘义庆《世说新语·赏誉》："褚季野皮里阳秋。"元·段成己《鹧鸪天》词："那得工夫上酒楼。谁能皮里更阳秋？"[例句] 你的上司乃是一个心细如发的人，在他面前千万别玩什么～的鬼把戏。

【皮松肉紧】 pí sōng ròu jǐn
[释义] 形容漫不经心，宽泛而不关紧要。[语见] 清·文康《儿女英雄传》第二十五回："怎的又合他皮松肉紧的谈了会子道学，又指东说西的打了会子闷葫芦呢？"[例句] 他忽而～地说说这个，忽而又指东说西地谈谈那个，不知道葫芦里卖得什么药。

【皮相之见】 pí xiàng zhī jiàn
[释义] 指肤浅的见识。[例句] 以上是我个人的～，仅供大家参考。

【皮相之谈】 pí xiàng zhī tán
[释义] 见"皮相之见"。[例句] 上面所述，皆为～，见笑大方。

【皮笑肉不笑】 pí xiào ròu bù xiào
[释义] 外表佯露笑容，内心另怀主意。形容表里不一、心怀恶意的神貌。[例句] 他站在一旁，脸上一副～的尴尬表情。

【皮之不存，毛将焉附】 pí zhī bù cún, máo jiāng yān fù
[释义] 之：虚词，无义。焉：哪里。附：依存。皮肤没有了，毛发还能附着在哪里？

P

比喻失去了基础,事物就无法存在。也作"皮之不存,毛将安附"。[语见]《左传·僖公十四年》:"虢射曰:'皮之不存,毛将安附?'"[例句]～? 一支失去迷支持的球队就失去了生存的环境。

【枇杷门巷】pí pá mén xiàng
[释义]种有枇杷花的门巷。原指唐代名妓薛涛的住所,后因以"枇杷门巷"称妓女居处。[语见]唐·王建《寄蜀中薛涛校书》诗:"万里桥边女校书,枇杷花里闭门居。"[例句]前面那条街据说就是从前本地著名的～,是风尘女子聚集的地方。

【蚍蜉戴盆】pí fú dài pén
[释义]比喻能力小而承担的任务却极重。也比喻不自量力。[语见]汉·焦赣《易林》第十三卷:"蚍蜉戴盆,不能上山。"[例句]派他去做这件事,恐怕是～,力不能及。

【蚍蜉撼大树】pí fú hàn dà shù
[释义]蚍蜉:一种大蚂蚁。撼:摇动。比喻不自量力。[语见]唐·韩愈《调张籍》诗:"李杜文章在,光焰万丈长,不知群儿愚,那用故谤伤,蚍蜉撼大树,可笑不自量。"[例句]你这是～,真是不自量力。

【蚍蜉撼树】pí fú hàn shù
[释义]见"蚍蜉撼大树"。[例句]以区区三千人马去对抗十万铁军,真是～,以卵投石。

【疲惫不堪】pí bèi bù kān
[释义]疲惫:十分疲乏,没有精神。不堪:表示程度深。形容过度劳累,极为疲乏。[例句]连续的巡回演出使她～,只想好好地睡一觉。

【疲于奔命】pí yú bēn mìng
[释义]疲:倦,乏。奔命:奉命或被迫奔走。原指奉命奔走应付而劳累疲乏。也指事物繁多,筋疲力尽。[语见]《左传·襄公二十六年》:"吴于是伐巢,取驾,克棘,入洲来,楚罢(pí)于奔命,至今为患,则子灵之为也。"[例句]人们整天忙忙碌碌,～地工作,却往往忽视了自己的健康。

【琵琶别抱】pí pá bié bào
[释义]旧时喻指妇女改嫁。[语见]唐·白居易《琵琶行》:"千呼万唤始出来,犹抱琵琶半遮面。"[例句]婚后如果他能多疼爱自己的妻子一些,也许她就不至于～了。

【匹夫匹妇】pǐ fū pǐ fù
[释义]古代指没有爵位的男女平民。后泛指普通的人。[语见]《尚书·咸有一德》:"匹夫匹妇,不获自尽,民主罔与成厥功。"[例句]作为～的普通市民,他们对这种政治事件毫无兴趣。

【匹夫有责】pǐ fū yǒu zé
[释义]匹夫:指一般平民。责:责任。每个人都有责任。[语见]明·顾炎武《日知录》:"保天下者,匹夫之贱,与有责焉耳矣。"[例句]天下兴亡,～。让我们为崇高的理想和追求而奋斗吧!

【匹夫之勇】pǐ fū zhī yǒng
[释义]不用智谋,单凭个人的勇敢。[语见]《孟子·梁惠王下》:"此匹夫之勇,敌一人者也。"[例句]仅凭这种～,是无法在战场上获得胜利的。

【匹马单枪】pǐ mǎ dān qiāng
[释义]见"单枪匹马"。[语见]宋·释道原《景德传灯录·汝州南院和尚》:"问:'匹马单枪来时如何?'师曰:'待我斫棒。'"[例句]他初次出战,～杀入敌营,四进四出,惊得敌兵目瞪口呆。

【否极反泰】pǐ jí fǎn tài
[释义]见"否极泰来"。[语见]南梁·宣帝《愍时赋》:"望否极而反泰,何杳杳而无津?"[例句]他却不指望什么～,他唯一的指望是能够活着走出牢房,能够再安宁地活上几年,便是最大的幸福了。

【否极泰来】pǐ jí tài lái
[释义]否、泰:《周易》中的两个卦名:天地不相交,叫"否";天地相交叫"泰";"否"象征闭塞失利;"泰"象征通达顺利,"否"和"泰"可以互相转化。意思是事物发展到了极点,就要转化为它的对立面,"否"要转化为"泰"。即坏到了尽

头就要转好。[语见] 汉·赵晔《吴越春秋·勾践入臣外传》:"时过于期,否终则泰。"[例句] 但愿这位姑娘从此能够~,过上平静的生活。

【否去泰来】pǐ qù tài lái
[释义] 见"否极泰来"。[语见] 唐·韦庄《湘中作》诗:"否去泰来终可得。"[例句] 宇文世家连遭厄运,然而造化弄人,焉知人家就不能~,忽儿间一步登天?

【擗踊哀号】pǐ yǒng āi háo
[释义] 擗:用手捶胸。踊:以足顿地。捶胸跺脚、极度悲哀地哭叫。[语见] 清·吴敬梓《儒林外史》第一回:"王冕擗踊哀号,哭得那邻居之人无不落泪。"[例句] 看她~、悲痛不已,周围的人都不禁潸然落泪。

【屁滚尿流】pì gǔn niào liú
[释义] 多形容极度恐惧慌乱,失去控制。[语见] 明·施耐庵《水浒传》第二十六回:"听得武松叫一声,惊得屁滚尿流,一直奔后门,从王婆家走了。"[例句] 这几个家伙做贼心虚,忽听一声大吼,吓得~。

pian

【偏安一隅】piān ān yī yú
[释义] 偏安:指失去了大片领土后,苟且偷安于残存的部分领土。隅:角落。苟安于残存的小部分领土上,不求收复失地。[语见] 晋·陈寿《三国志·蜀书·诸葛亮传》裴松之注引《汉晋春秋》:"先帝虑汉贼不两立,王业不偏安,故托臣以讨贼也。"[例句] 这里土地肥沃,使得本地人衣食无忧,~而不思进取。

【偏怀浅戆】piān huái qiǎn zhuàng
[释义] 偏怀:胸怀偏窄。浅:浅陋。戆:愚拙。指心思偏窄,浅陋愚拙。[语见] 明·罗贯中《三国演义》第四十七回:"周瑜小子偏怀浅戆,自负其能,辄欲以卵投石。"[例句] 这个人生性多疑而且自负,~,很难相处。

【偏袒扼腕】piān tǎn è wàn
[释义] 脱下一只衣袖,握住手腕。形容

激动愤怒的样子。[语见] 汉·司马迁《史记·刺客列传》:"樊於期偏袒扼腕而进曰:'此臣之日夜……'"[例句] 他~,一时说不出话来。

【偏听偏信】piān tīng piān xìn
[释义] 偏:只注重一方面。只听一方面的反映就轻信,不全面地了解情况。[语见] 汉·司马迁《史记·邹阳列传》:"故偏听生奸,独任成乱。"汉·王符《潜夫论·明暗》:"君之所以明者,兼听也;其所以暗者,偏信也。"[例句] 要有目的地选择投保险种,切莫~,盲目投保。

【骈肩累迹】pián jiān lěi jì
[释义] 骈:并列。累:重叠。肩膀并着肩膀,脚印合着脚印。形容人多拥挤。[语见] 宋·欧阳修《相州昼锦堂记》:"夹道之人,相与骈肩累迹,瞻望咨嗟。"[例句] 附近居民听说这里发生了车祸都跑过来围观,一时间这条街~,拥挤不堪。

【骈肩累踵】pián jiān lěi zhǒng
[释义] 见"骈肩累迹"。[语见] 清·王韬《瀛壖杂志》:"二十八日为城隍夫人诞辰,城中热闹,无异于城外,几于倾邑若狂,士女往观者,骈肩累踵。"[例句] 街头出现了什么有趣的把戏,半街的人一齐挤过去,一时间~,水泄不通。

【骈肩累足】pián jiān lěi zú
[释义] 见"骈肩累迹"。[语见] 宋·周密《齐东野语》第十九卷:"四方之士,骈肩累足而至,学舍至无所容。"[例句] 义军大开粮仓,仓前~,百姓山呼万岁。

【骈拇枝指】pián mǔ zhī zhǐ
[释义] 骈拇:脚上大拇指与第二趾相连合成一趾。枝指:手上拇指旁边又生一指,即一手六指。比喻异乎寻常、多余无用的事物。[语见]《庄子·骈拇》:"骈拇枝指,出乎性哉,而侈于德。"[例句] 应急操作要有针对性,尽量避免这些~的多余动作。

【片长薄技】piàn cháng bó jì
[释义] 片:少,微小。不高的技能。[语见] 清·郑观应《盛世危言·技艺》:"乃

后世概以工匠轻之,以舆隶概之,以片长薄技鄙数之。"[例句] 这点~算什么,你过奖了。

【片长末技】 piàn cháng mò jì
[释义] 见"片长薄技"。[语见] 清·沈葆桢《复奏洋务事宜疏》:"抑知片长末技,以备顾问,以供驱策,未尝不可。"[例句] 这等小把戏乃~,登不了大雅之堂。

【片甲不存】 piàn jiǎ bù cún
[释义] 甲:铠甲。这里指穿着铠甲的兵士。连一个士兵都没有了。形容全军覆灭。[语见] 明·许仲琳《封神演义》第二回:"乘其不备……暗劫营寨,杀彼片甲不存,方知我等利害。"[例句] 战士们猛冲过去,把敌人杀得~。

【片甲不回】 piàn jiǎ bù huí
[释义] 见"片甲不存"。[语见]《三国志平话》中卷:"张飞笑曰:'吾用一计,使曹公片甲不回。'"[例句] 我军准备十分充分,敌人一定会被杀得~。

【片甲不留】 piàn jiǎ bù liú
[释义] 见"片甲不存"。[语见] 清·钱彩《说岳全传》第六十回:"我们舍命争先,杀得他片甲不留。"[例句] 曹军冲杀过去,三万袁军~。

【片甲无存】 piàn jiǎ wú cún
[释义] 见"片甲不存"。[语见] 明·梁辰鱼《浣纱记·交战》:"杀得他只轮不返,片甲无存。"[例句] 你带十万大军而去,竟然~而归,你还有何面目独自逃得性命?

【片接寸附】 piàn jiē cùn fù
[释义] 比喻生拼硬凑。[语见] 南朝梁·刘勰《文心雕龙·附会》:"且才分不同,思绪各异,或制首以通尾,或片接以寸附,然通制者盖寡,接附者甚众。"[例句] 为了图省事,投标方竟将以前的投标书照搬照抄,~,弄成厚厚的一本。

【片鳞半爪】 piàn lín bàn zhǎo
[释义] 见"一鳞一爪"。[语见] 陈田《明诗纪事·戊签·孙宜》:"余观其诗剽拟字句,了无意味,求杜之片鳞半爪不可得。"[例句] 我对考古只懂个~,所以要见

你,请你鉴定一下,这罐子究竟值几个银两。

【片鳞碎甲】 piàn lín suì jiǎ
[释义] 见"一鳞半甲"。[例句] 通过这些~的历史碎片,我们却能依稀看出当年皇宫里发生的血腥事件。

【片善小才】 piàn shàn xiǎo cái
[释义] 片善:微小的优点。小有才能的人。[语见] 唐·姚思廉《陈书·陆瑜传》:"吾识览虽局,未曾以言议假人,至于片善小才,特用嗟赏。"[例句] 我这点~,不值得夸奖。

【片言一字】 piàn yán yī zì
[释义] 见"片言只字"。[语见] 唐·李邕《兖州曲阜县宣圣庙碑铭》:"片言一字,劝善惩恶。诱进后人,启明先觉。"[例句] 仅仅通过这点~,你就敢断定作者的身世,你也太武断了吧?

【片言只语】 piàn yán zhī yǔ
[释义] 见"片言只字"。[语见] 明·袁宗道《李卓吾》:"读君片言只语,辄精神百倍。"[例句] 所有的世情冷暖,都在这一间流露出来了。

【片言只字】 piàn yán zhī zì
[释义] 指很少的几句话或零碎的文字材料。[语见] 晋·陆机《谢平原内史表》:"片言只字,不关其间;事踪笔迹,皆可推校。"[例句] 这些~,虽然语焉不详,但是还是能给我们提供一些当年政变的蛛丝马迹。

【片语只辞】 piàn yǔ zhī cí
[释义] 见"片言只字"。[语见] 易宗夔《新世说·序》:"酷嗜临川王之书,以彼片语只辞别具炉锤,自目吻类,非凡响所能及耳。"[例句] 梁山好汉的来龙去脉,正史并未留下可信的记载,单凭后人的~,实在难以使人确认。

piao

【飘蓬断梗】 piāo péng duàn gěng
[释义] 蓬:蓬蒿。梗:指蓬蒿梗。蓬蒿被风吹断了梗,随风飘荡。比喻生活漂泊不定。[语见] 清·孔尚任《桃花扇·哭

主》："那知他圣子神孙,反不如飘蓬断梗。"[例句] 无家可归的他如同～,独自漂泊。

【飘然若仙】 piāo rán ruò xiān
[释义] 飘然:神形潇洒的样子。若:像。神形潇洒,像是神仙。形容动作自然潇洒,优美轻盈(多指舞蹈)。[例句] 舞台上的女子轻歌曼舞,～。

【飘茵落溷】 piāo yīn luò hùn
[释义] 茵:坐垫。溷:即厕所。指花瓣随风飘落,有的飘落在茵席上,有的飘落在厕所里。比喻富贵贫贱取决于偶然的机缘,并不是由天而定。[语见] 唐·李延寿《南史·范缜传》:"子良问曰:'君不信因果,何得富贵贫贱?'缜答曰:'人生如树花同发,随风而堕,自有拂帘幌坠于茵席之上,自有关篱墙落于粪溷之中。坠茵席者,殿下是也;落粪溷者,下官是也。贵贱虽复殊途,因果竟在何处?'"[例句]想到她和妹妹～、天各一方,如今贫富悬殊,难道真是命运的捉弄?

pin

【贫而无谄】 pín ér wú chǎn
[释义] 虽贫穷而不去巴结奉承人。[语见]《论语·学而》:"子贡曰:'贫而无谄,富而无骄,何如?'"[例句] 他的表现充分体现出"～,富而无骄"的民族精神。

【贫贱不能移】 pín jiàn bù néng yí
[释义] 虽贫穷低贱而不改变坚定的志向。[语见]《孟子·滕文公下》:"富贵不能淫,贫贱不能移,威武不能屈,此之谓大丈夫。"[例句] 在功利社会中,又有多少人能做到～、威武不能屈呢?

【贫贱骄人】 pín jiàn jiāo rén
[释义] 指以自己的贫贱为骄傲,对权贵者持鄙视、蔑视态度。[语见] 汉·司马迁《史记·魏世家》:"田子方不为礼。子击因问曰:'富贵者骄人乎?且贫贱者骄人乎?'子方曰:'亦贫贱者骄人耳'。"[例句] 他既不自卑,也不以～,始终保持着一颗平常心。

【贫贱之交】 pín jiàn zhī jiāo
[释义] 见"贫贱之知"。[语见] 唐·陈子昂《薛大夫山亭宴序》:"夫贫贱之交不可忘,珠玉满堂而不足贵。"[例句] 在那段艰苦的日子里,他们二人结成了～,情谊深重。

【贫贱之知】 pín jiàn zhī zhī
[释义] 贫困时结交的朋友。[语见] 南朝宋·范晔《后汉书·宋弘传》:"(光武帝)因谓弘曰:'谚言贵易交,富易妻,人情乎?'弘曰'臣闻贫贱之知不可忘,糟糠之妻不下堂'。"[例句] 虽然如今我的生活条件好了,但～不能忘,咱们永远都是朋友。

【贫无立锥】 pín wú lì zhuī
[释义] 见"无立锥之地"。[语见] 汉·荀悦《汉纪·武帝纪》:"至秦则不然,用商鞅之法改帝王之道,除井田之制,富者田连阡陌,贫者无立锥之地。"[例句] 就算是潦倒街头,～,我还是不会出卖自己。

【品头论足】 pǐn tóu lùn zú
[释义] 品:评论。原指对妇女的容貌、体态多方评论。现也指对人对事说长道短,多方挑剔。[例句] 几个老头儿在对联面前～,可是我敢说,他们未见得能把字认全了。

【品头题足】 pǐn tóu tí zú
[释义] 见"品头论足"。[语见] 清·蒲松龄《聊斋志异·阿宝》:"女起遽去,众情颠倒,品头题足,纷纷若狂。"[例句] 我们的关系紧张,在这里我不便对她～。

【品学兼优】 pǐn xué jiān yōu
[释义] 品:品德。学:学问。兼:全,都。品德和学问都很优秀。[语见] 清·文康《儿女英雄传》第九回:"一定是一位品学兼优、阅历通达的老辈。"[例句] 她是个～的好学生。

【牝鸡司晨】 pìn jī sī chén
[释义] 牝:雌。司:掌管。母鸡报晓。比喻妇人篡权专政。[语见]《尚书·牧誓》:"古人有言曰:'牝鸡无晨,牝鸡之晨,惟家之索。'"[例句] 封建社会是不允许女性参与政治活动的,女人从政,便被说成是～。

ping

【平安无事】 píng ān wú shì
[释义] 平平安安,没有出什么事故。[例句] 希望她能～地抵达目的地。

【平白无故】 píng bái wú gù
[释义] 平白:凭空。故:缘故。指无缘无故。[语见] 清·石玉昆《三侠五义》第五十回:"平白无故的生出这等毒计。"[例句] 电压不会～降低,可能是线路发生了故障。

【平步登天】 píng bù dēng tiān
[释义] 见"平地青云"。[语见] 明·冯梦龙《喻世明言》第二十二卷:"滞色开,只在三日内自有奇遇,平步登天。"[例句] 在～的过程中,他明显感到了一种孤独感正在胸中激荡,真是高处不胜寒啊。

【平步青云】 píng bù qīng yún
[释义] 步:登上。青云:高空。由平地登上高空。比喻一下子达到很高的地位。[语见] 宋·袁文《瓮牖闲评》第三卷:"廉宣仲才高,幼年及第,宰相张邦昌纳为婿。当徽宗时,自谓平步青云。"[例句] 年纪轻轻的他～,很快就要指挥全局了。

【平淡无奇】 píng dàn wú qí
[释义] 平平淡淡,没有一点出奇的地方。[语见] 清·文康《儿女英雄传》第十九回:"听起安老爷这几句话,说来也平淡无奇,琐碎得紧,又不见得有什么惊动人的去处。"[例句] 这幢房子外表～,屋内却装修豪华。

【平地风波】 píng dì fēng bō
[释义] 比喻突然发生的事故或纠纷。[语见] 宋·苏辙《三思归》诗:"儿言世情恶,平地风波起。"[例句] 他们一家人原先平静的生活因这场～而彻底改变。

【平地风涛】 píng dì fēng tāo
[释义] 见"平地风波"。[例句] 他们的婚礼正在隆重地举行,哪知～,厨房起火,顿时将婚礼搅得天昏地暗。

【平地楼台】 píng dì lóu tái
[释义] 指在空无一物的平地上,建起了高楼亭台。喻指靠艰苦奋斗而兴起事业。[例句] 学校初建伊始,没有资金,没有师资,没有场地,真可谓～。

【平地青云】 píng dì qīng yún
[释义] 青云:指高空。突然升到了很高的地位。旧多指科举中试。[语见] 唐·曹邺《杏园宴呈同年诗》:"一旦公道开,青云在平地。"[例句] 他因写得一手好文章而颇受器重,很快便～,迅速高升了。

【平地一声雷】 píng dì yī shēng léi
[释义] 比喻名声突然大振。也比喻突然发生的大事。[语见] 五代·韦庄《喜迁莺》词:"凤衔金榜出云来,平地一声雷。"[例句] 这条消息犹如～,惊得她半晌不敢相信自己的耳朵。

【平分秋色】 píng fēn qiū sè
[释义] 指中秋或秋分。比喻各占一半。[语见] 宋·李朴《中秋》诗:"平分秋色一轮满,长伴云衢千里明。"[例句] 经过九十分钟的激战,双方最终～。

【平铺直序】 píng pū zhí xù
[释义] 见"平铺直叙"。[语见] 清·钱谦益《读苏长公文》:"吾读子瞻《司马温公行状》之类,平铺直序,以为古今未有此体。"[例句] 你把事情虽然基本交代清楚了,但是写作上太过～,以致很难引起读者的兴趣。

【平铺直叙】 píng pū zhí xù
[释义] 形容写文章或说话不加修饰。也形容文字、言语平淡无味。[例句] 写文章要抓住主题,不应～、面面俱到。

【平起平坐】 píng qǐ píng zuò
[释义] 比喻地位或权力相等。[语见] 清·李宝嘉《官场现形记》第四十七回:"其中很有几个体面人,平时也到过府里,同万太尊平起平坐的,如今却被差役们拉住了辫子。"[例句] 在国内市上,这两家公司基本上～。

【平心定气】 píng xīn dìng qì
[释义] 心情平和,态度冷静。[语见]

宋·陆九渊《与刘深父书》："开卷读书时,整冠肃容,平心定气。"[例句]希望你能～地坐下来与我们交换意见。

【平心静气】píng xīn jìng qì
[释义]心气平和,态度冷静。[语见]清·纪昀《阅微草堂笔记·如是我闻四》:"遇意外之横逆,平心静气,或有解时。"[例句]既然已经决定离婚了,那么双方就没必要再大吵大闹,而应～地讨论问题。

【平易近民】píng yì jìn mín
[释义]见"平易近人"。[语见]汉·司马迁《史记·鲁周公世家》:"夫政不简不易,民不有近;平易近民,民必归之。"[例句]他是一个和善可亲、～的老人。

【平易近人】píng yì jìn rén
[释义]形容态度和蔼,使人愿意接近。[例句]市长～的态度,打消了大家的顾虑,于是你一言、我一语地打开了话匣子。

【平原督邮】píng yuán dū yóu
[释义]平原:古郡名。督邮:古官名。旧时用作劣质酒的代称。[语见]南朝宋·刘义庆《世说新语·术解》:"桓公有主簿善别酒,有酒辄令先尝,好者谓'青州从事',恶者谓'平原督邮'。青州有齐郡,平原有鬲县。从事,言到脐;督邮,言在鬲上住。"[例句]千万别用这种～招待客人。

【评头论足】píng tóu lùn zú
[释义]见"评头品足"。[例句]不要动不动在背后对人～,有什么话,最好当面跟人讲。

【评头品足】píng tóu pǐn zú
[释义]评:评论。品:品评。指品评女人的相貌优劣。喻指对人或事过分挑剔。[语见]清·黄小配《大马扁》第四回:"那全副精神又注在各妓,那个好颜色,那个好态度,评头品足,少不免要乱哦几句诗出来了。"[例句]报纸杂志总是对她的着装～,令她恼怒不已。

【凭河暴虎】píng hé bào hǔ
[释义]见"暴虎冯河"。[语见]明·胡文

焕《群音类选·蟠桃记·洞宾问答》:"谩夸他陆地行舟,也何用凌空举鼎,凭河暴虎皆亡命,蝇头蜗角纷争。"[例句]这种～的打法,将使我们陷入背腹受敌的境地。

【凭轼结辙】píng shì jié zhé
[释义]凭:靠。轼:古时车前用作扶手的横木。结辙:车轮的辙迹相叠着。靠紧车前扶手横木上,车轮的辙迹相叠着。指驾车奔走,络绎不绝。[语见]《子华子·晏子问党》:"游士无所植其足,则凭轼结辙而违之。"[例句]他的医术高明,上门求医的人真可谓车马盈门,～。

【瓶坠簪折】píng zhuì zān zhé
[释义]瓶沉水底难觅,簪子折断难接。比喻男女诀别。[语见]唐·白居易《井底坠银瓶》诗:"瓶坠簪折似何如? 似妾今朝与君别。"[例句]这一去犹如～,不知你我是否还能相见。

【萍飘蓬转】píng piāo péng zhuǎn
[释义]像浮萍随水漂荡,如蓬草随风飞转。比喻漂泊不定的生活。[语见]清·纪昀《阅微草堂笔记·滦阳续录五》:"甚或金尽裘敝,耻还乡里,萍飘蓬转,不通音向者,亦往往有之。"[例句]为了躲避战乱,长期以来他过着～的生活。

【萍水相逢】píng shuǐ xiāng féng
[释义]萍:浮萍。一种浮生在水面上的草本植物。像浮萍在水里相聚。比喻不相识的人偶然相遇。[语见]唐·王勃《王子安集·滕王阁序》:"萍水相逢,尽是他乡之客。"[例句]真没想到,一个～的人会如此善待我们。

【萍踪梗迹】píng zōng gěng jì
[释义]见"萍踪浪迹"。[语见]《国策·齐策三》有寓言:"刻桃梗为人,漂浮淄水,不知所止。"[例句]徐霞客～,访遍了中国的名山大川。

【萍踪浪迹】píng zōng làng jì
[释义]萍:浮萍。浪:波浪。踪、迹:行踪,痕迹。像浮萍和波浪一样行踪不定。比喻到处漂泊,没有固定的踪迹。[语见]明·杨柔胜《玉环记·韦皋延宾》:

"遭兵火数年狼狈,萍踪浪迹,此生无所依。"[例句]这几年他～,游遍了这里的山山水水。

【萍踪浪影】 píng zōng làng yǐng

[释义]见"萍踪浪迹"。[语见]明·汤显祖《牡丹亭·闹殇》:"恨匆匆,萍踪浪影,风剪了玉芙蓉。"[例句]他越狱之后,始终～,亡命天涯,三十年不得回到京城。

po

【泼水难收】 pō shuǐ nán shōu

[释义]见"覆水难收"。[语见]元·关汉卿《绯衣梦》第二折:"昏天黑地谁敢向这花园里走,我从来有些怯候,为那吃创的梅香无去就,到如今泼水难收。"[例句]决定一旦做出,就是～,你就不要指望对你的处理会改变了。

【婆婆妈妈】 pó pó mā mā

[释义]形容行动琐细缓慢,言语啰唆,或小心眼,感情脆弱。[语见]清·曹雪芹《红楼梦》第七十七回:"你也太婆婆妈妈的了。这样的话,怎么是你读书的人说的?"[例句]她那～的唠叨劲儿实在让我受不了。

【迫岸盈堤】 pò àn yíng dī

[释义]迫:近。盈:满。迫近了河岸,充满到大堤,形容猛涨的水势。[例句]大雨不停地下着,河水～,随时都可能漫过堤坝。

【迫不得已】 pò bù dé yǐ

[释义]迫:被迫,逼迫。已:完结。出于逼迫,没有办法,不得不这样。[语见]汉·班固《汉书·王莽传上》:"迫不得已,然后受诏。"[例句]我是～才这么做的。

【迫不及待】 pò bù jí dài

[释义]迫:紧急。紧急得不能再等待。[语见]清·李汝珍《镜花缘》第六回:"且系酒后游戏,该仙子何以迫不及待。"[例句]这广告做得很煽情,看完后让你～地想掏钱购买。

【迫于眉睫】 pò yú méi jié

[释义]睫:眼睫毛。比喻事情已到了十分紧急的关头。[语见]《庄子·庚桑楚》:"老子曰:'问吾见若眉睫之间,吾因以得汝矣。'"[例句]随着三峡工程的推进,移民搬迁工作～。

【迫在眉睫】 pò zài méi jié

[释义]睫:眼睫毛。比喻事情已逼近眼前,十分紧急。[语见]《列子·仲尼》:"虽远在八荒之外,近在眉睫之内,来干我者,我必知之。"[例句]我国水资源严重短缺,工业节水～。

【破壁飞去】 pò bì fēi qù

[释义]破壁:劈开墙壁。喻人由卑微而突然飞黄腾达。[语见]宋·无名氏《宣和画谱》第一卷:"张僧繇尝于金陵安乐寺画四龙,不点目睛,谓点即腾骧而去。人以为诞,固请点之。因为落墨,才及二龙,果雷电破壁。徐视画,已失之矣。"[例句]他官运亨通,仿佛一夜之间～,拦都拦不住。

【破除迷信】 pò chú mí xìn

[释义]指破除对鬼神等虚幻的东西或伪科学的事物的盲目信奉和迷恋。[例句]我们应当崇尚科学,～。

【破胆寒心】 pò dǎn hán xīn

[释义]吓破了胆,心为之寒。言极其担心害怕。[语见]汉·荀悦《前汉纪·成帝纪四》:"内则有深宫后庭将有骄臣悍姜醉酒狂悖卒起之败,外则有诸夏下土将有樊并、苏令、陈胜、项籍之祸,此臣所以为陛下破胆寒心也。"[例句]炸弹不时在四周炸响,令人～。

【破胆丧魂】 pò dǎn sàng hún

[释义]形容极其害怕。[语见]宋·李昉《太平广记》第一百二十六卷《张和思》:"北齐张和思,断狱囚,无问善恶贵贱,必被枷锁枷械,困苦备极。囚徒见者,破胆丧魂,号生罗刹。"[例句]深更半夜遇上这么一个人不人、鬼不鬼的丑八怪,不被吓得～才怪。

【破釜沉船】 pò fǔ chén chuán

[释义]见"破釜沉舟"。[语见]清·梁启超《南学会叙》:"震撼精神,致心皈命,破釜沉船,以图自保于万一。"[例句]看来

敌人是采取了～的打法,为减少我方的伤亡,我们最好稍稍回避一下敌人的锋芒,等其略略衰弱之后,再出击不迟。

【破釜沉舟】 pò fǔ chén zhōu
[释义]釜:古代做饭用的大锅。舟:船。打破饭锅,弄沉渡船,来表示与敌人进行殊死搏斗。比喻决心战斗到底,绝不后退。[语见]汉·司马迁《史记·项羽本纪》:"项羽乃悉引兵渡河,皆沉船,破釜甑,烧庐舍,持三日粮,以示士卒必死,无一还心。"[例句]董事会决定～,全面调整公司的经营策略。

【破格录用】 pò gé lù yòng
[释义]格:规格。录用:录取任用。打破以往的规格,录取任用人才。[例句]这次招聘主要面向研究生,不过如果本科毕业生具有超强能力,也可以～。

【破觚为圆】 pò gū wéi yuán
[释义]见"破觚为圜"。[语见]唐·姚思廉《梁书·良吏传论》:"梁兴破觚为圆,斫雕为朴,教民以孝悌,劝之以农桑。"宋·魏庆之《诗人玉屑·缚虎手》:"殊不知诗家要当有情致,抑扬高下,使气宏拔,快字凌纸;又用事皆破觚为圆,挫刚成柔,如为有功者,昔人所谓缚虎手。"[例句]他为了安抚民心,下令～,废除严刑。

【破觚为圜】 pò gū wéi yuán
[释义]觚:棱角。圜:圆。磨去棱角使成光圆,比喻去除残酷的律令而改从简易。也指变生硬为圆通。[语见]汉·司马迁《史记·酷吏列传》:"汉兴,破觚而为圜,斫雕而为朴。"[例句]义军入关之后,安军抚民,～,关中很快就安定下来了。

【破瓜年纪】 pò guā nián jì
[释义]见"瓜字初分"。[语见]清·翟灏《通俗编·妇女》:"宋谢幼槃词:'破瓜年纪小腰身。'按俗以女子破身为破瓜,非也。瓜字破之为二八字,言其二八十六岁耳。"[例句]这个女孩正值～,情窦初开,清秀可人。

【破罐破摔】 pò guàn pò shuāi
[释义]把已经破损的罐子,再往破碎里摔。比喻有了缺点、错误不改正,反而自甘堕落,不思进取。[例句]家庭破裂后,她便心灰意冷,～起来。

【破国亡宗】 pò guó wáng zōng
[释义]见"国破家亡"。[语见]宋·苏轼《东坡志林》第五卷:"用商鞅桑宏羊之术,破国亡宗者皆是也。"[例句]在那个战火纷飞的年代,如果一个国家没有强大的军队,那么离～的日子也就不远了。

【破家散业】 pò jiā sàn yè
[释义]家庭破坏,财产散失。[语见]宋·陆九渊《与苏宰书》:"一旦失职,凛凛有破家散业、流离死亡之忧也。"[例句]由于染上了赌博的恶习,没多久他便搞得自己～,妻离子散。

【破家为国】 pò jiā wèi guó
[释义]为了国家,不惜损毁自己的家庭。[语见]汉·侯霸《李通辞位议》:"扶助神灵,辅成圣德,破家为国,忘身奉主。"[例句]从小接受爱国主义教育的他,不惜～,主动要求参军御敌。

【破家鬻子】 pò jiā yù zǐ
[释义]鬻:卖。家庭毁坏,子女出卖,言困苦至极。[语见]宋·杨万里《民政上》:"上赋其民以十,则吏因以赋其百。朝廷喜其办而不知有破家鬻子之民。"[例句]连年战争使得众多百姓～,流离失所。

【破镜重圆】 pò jìng chóng yuán
[释义]比喻离散的夫妻又团聚或夫妻关系破裂后又和好。[语见]宋·李致远《碧牡丹》词:"破镜重圆,分钗合钿,重寻绣户珠箔。"[例句]她的父母终于在两年前～,并常常一起来探望她。

【破口大骂】 pò kǒu dà mà
[释义]满口脏话,大声叫骂。[语见]清·李宝嘉《官场现形记》第十回:"茶房未及开口,那女人已经破口大骂起来。"[例句]她刚一进门就～。

【破门而出】 pò mén ér chū
[释义]打破大门,冲了出来。形容急匆匆地蹿了出来。[例句]她发现自己常

常陷于一种思维定式中,无法～。

【破碎支离】 pò suì zhī lí

[释义] 见"支离破碎"。[例句] 敌军入侵,山河～,昔日繁华的京城,一片狼藉。

【破涕为笑】 pò tì wéi xiào

[释义] 涕:泪。破涕:停止哭泣。停止了哭,转为一笑。指转悲为喜。[语见] 晋·刘琨《答卢谌书》:"时复相与举觞对膝,破涕为笑。"[例句] 看到他狼狈的样子,她不禁～。

【破天荒】 pò tiān huāng

[释义] 天荒:从未开垦过的荒地。比喻从来没有过或第一次出现。[语见] 五代·王定保《唐摭言·海述解送》:"荆南解比号天荒。大中四年,刘蜕舍人以是府解及第。时崔魏公作镇,以破天荒钱七十万资蜕。蜕谢书略曰:'五十年来,自是人废;一千里外,岂曰天荒!'"[例句] 去年冬天这儿～下了一场大雪。

【破瓦颓垣】 pò wǎ tuí yuán

[释义] 屋瓦破损,墙垣坍塌。形容破败景象。[语见] 宋·苏轼《凌虚台记》:"计其一时之盛,宏杰诡丽坚固而不可动者,岂特百倍于台而已哉!然而数世之后,欲求其仿佛而破瓦颓垣无复存者。"[例句] 大火熄灭之后,整个宫殿只剩下些～。

【破业失产】 pò yè shī chǎn

[释义] 家业破败,财产散失。[语见] 汉·荀悦《汉纪·元帝纪中》:"今百姓远弃先祖坟墓,破业失产,亲戚分离,人怀思慕之心。"[例句] 因为遭受了特大水灾,许多人～,甚至无家可归。

【破甑生尘】 pò zèng shēng chén

[释义] 甑:蒸食器。食器既破而且满积尘土。形容极其穷困。[语见] 明·无名氏《鸣凤记·林公避兵》:"那时呵,餐风宿水乡,恐破甑生尘愁范丹。"[例句] 到他家一看,～,穷得根本揭不开锅。

【破绽百出】 pò zhàn bǎi chū

[释义] 破绽:衣服上的裂缝,引申为不周密的地方,即"毛病""漏洞"。百:很多。指有很多漏洞。[例句] 他的解释无法

令人信服,简直是～。

【破竹之势】 pò zhú zhī shì

[释义] 破竹:劈开竹子的节,以下的部分就会顺着刀势分开。像劈开竹子一样的形势。比喻连连取得胜利,很顺利。[语见] 唐·令狐德棻《周书·武帝纪下》:"然后乘破竹之势,鼓行而东,足以穷其窟穴。"[例句] 大军以～,长驱直入,迅速占领了大都。

【魄散魂飞】 pò sàn hún fēi

[释义] 见"魂飞魄散"。[语见] 清·魏源《海国图志》第七十七卷:"江南之沙船……船因底平,少搁无碍。闽船遇此,则魄散魂飞。"[例句] 一声巨响之后,几只小动物吓得～,连动一动的力气都没有了。

pou

【剖腹藏珠】 pōu fù cáng zhū

[释义] 剖:破开。剖开肚皮来收藏珍珠。比喻为了爱惜物品,自伤身体,轻重倒置。[语见] 宋·司马光《资治通鉴·唐太宗贞观元年》:"上(唐太宗)谓侍臣曰:'吾闻西域贾胡得美珠,剖身而藏之。'"[例句] 这群腐败分子为了金钱～,爱财而不要命。

【剖肝泣血】 pōu gān qì xuè

[释义] 剖:破开。泣:无声地哭。肝肠断裂,哭得眼里出血。形容极其伤痛。[语见] 南朝宋·范晔《后汉书·袁绍传》:"昼夜长吟,剖肝泣血。"[例句] 妻子突然病故,令他～,悲痛欲绝。

【剖心析肝】 pōu xīn xī gān

[释义] 比喻以赤诚之心待人。[语见] 汉·邹阳《狱中上梁王书》:"两主二臣,剖心析肝相信,岂移于浮辞哉?"[例句] 看来他非常信任我,昨晚～跟我聊了一夜。

pu

【扑朔迷离】 pū shuò mí lí

[释义] 扑朔:雄兔两脚乱动。迷离:雌兔两眼眯起。比喻事物错综复杂,难以辨

别。[语见]北朝·无名氏《木兰诗》:"雄兔脚扑朔,雌兔眼迷离。双兔傍地走,安能辨我是雄雌?"[例句]随着调查的深入,案情更加~。

【铺锦列绣】pū jǐn liè xiù
[释义]铺、列:铺陈。比喻文章中充满华丽的辞藻。[语见]唐·李延寿《南史·颜延之传》:"延之尝问鲍照己与(谢)灵运优劣,照曰:'谢五言如初发芙蓉,自然可爱。君诗若铺锦列绣,亦雕绘满眼。'"[例句]他的诗纯朴自然,没有堆金砌玉、~的华丽文字。

【铺天盖地】pū tiān gài dì
[释义]形容来得多,势头大,一下子到处都是。[例句]化妆品广告~,令人眼花缭乱。

【铺张浪费】pū zhāng làng fèi
[释义]铺张:为了形式上好看,过分地讲究排场。过分地讲究排场而浪费人力财力。[例句]这种集体婚礼很有特色,而且节俭,不~。

【铺张扬厉】pū zhāng yáng lì
[释义]铺张:铺叙夸张。扬厉:宣扬扩大。形容过分讲究排场。[语见]唐·韩愈《潮州刺史谢上表》:"铺张对天之闳休,扬厉无前之伟迹。"[例句]这件事最好低调处理,用不着~。

【匍匐之救】pú fú zhī jiù
[释义]匍匐:原指伏地膝行之意,这里形容因事急而不顾一切地前往。后来便用"匍匐之救"表示尽力援助。[语见]《诗经·邶风·谷风》:"凡民有丧,匍匐救之。"[例句]所有人员都紧急赶赴灾害现场,施以~。

【菩萨低眉】pú sà dī méi
[释义]菩萨:佛教指既能自觉本性,又能普济众生的神佛。低眉:指因心地和善而眉眼自然松弛。比喻面目慈善。[语见]宋·李昉《太平广记》第一百七十四卷引《谈薮》:"隋吏部侍郎薛道衡,尝游钟山开善寺,谓小僧曰:'金刚何为努目?菩萨何为低眉?'小僧答曰:'金刚努目,所以降伏四魔;菩萨低眉,所以慈悲

六道。'"[例句]壁画中的人物个个~,面目温和善良。

【菩萨心肠】pú sà xīn cháng
[释义]菩萨:佛教指修行到了一定程度,地位仅次于佛的人。像菩萨一样,慈悲善良的心地。[语见]清·古吴墨浪子《西湖佳话·放生善迹》:"吾弟以恩报仇,实是菩萨心肠。"[例句]王太太仿佛生来就有一副~,经常参加募捐活动,接济穷苦的街坊邻居。

【蒲鞭之政】pú biān zhī zhèng
[释义]蒲:香蒲,一种草本植物。以蒲为鞭,柔软不能伤人。旧因称官吏宽厚仁慈之治为"蒲鞭之政"。[语见]南朝梁·江淹《为始安王拜南兖州刺史章》:"臣职右南阳,谢蒲鞭之政。"[例句]当权后他施行了~,以安抚当时饱受战乱之苦的百姓。

【蒲柳之姿】pú liǔ zhī zī
[释义]蒲柳:水杨,比一般树木凋零得早些,因用以比喻早衰的身体。姿:姿质。后常用于谦称体质衰弱。[语见]南朝宋·刘义庆《世说新语·言语》:"顾悦与简文同年,而发蚤白,简文曰:'卿何以先白?'对曰:'蒲柳之姿,望秋而落;松柏之质,经霜弥茂。'"[例句]本想陪你出去游玩的,只是我~,恐怕成了拖累。

【璞玉浑金】pú yù hún jīn
[释义]未经琢磨的玉,未经冶炼的金。泛指天然浑朴的精美之器。比喻人品纯美质朴。[语见]南朝宋·刘义庆《世说新语·赏誉》:"王戎目山巨源如璞玉浑金,人皆钦其宝,莫知名其器。"[例句]这孩子生性节俭,还常常做善事,真可谓是~。

【普天率土】pǔ tiān shuài tǔ
[释义]见"普天之下"。[语见]《诗经·小雅·北山》:"溥天之下,莫非王土;率土之滨,莫非王臣。"注:溥,同"普"。[例句]迟早有一天他会成为英雄,他的名字将传遍~。

【普天同庆】pǔ tiān tóng qìng
[释义]普:全。全天下的人共同欢庆。

[语见]南朝宋·刘义庆《世说新语·排调》："元帝生皇子，普赐群臣。殷洪乔谢曰：'皇子诞育，普天同庆，臣无勋焉，而猥颁厚赉。'中宗笑曰：'此事岂可使卿有勋邪？'"注：赉，赏赐。[例句]在这～的新春佳节，雄伟的市中心广场被装点得分外美丽。

【普天之下】pǔ tiān zhī xià

[释义]全天下。指全中国或全世界。[语见]《左传·昭公七年》："故《诗》曰：'普天之下，莫非王土；率土之滨，莫非王臣。'"秦·李斯《琅玡台刻石》："皇帝之功，勤劳本事。上农除末，黔首是富。普天之下，抟心揖志。"[例句]～，谁不向往自由、和平的生活？

【溥天同庆】pǔ tiān tóng qìng

[释义]见"普天同庆"。[语见]晋·陈寿《三国志·魏书·郭淮传》："今溥天同庆而卿最留迟，何也？"[例句]这是一个～的日子，也是人类历史上有着里程碑意义的日子。

【曝鳃龙门】pù sāi lóng mén

[释义]曝：晒。鱼仰望着龙门，上不去。科举时代比喻考进士落第。[语见]宋·李昉《太平御览》第四十卷引《辛氏三秦记》："河津一名龙门，巨灵迹犹在，去长安九百里。江海大鱼，洎集门下数千，不得上，上则为龙，故云曝鳃龙门。"[例句]他应试不中，～，心情十分低落。

P

Q

qi

【七步成诗】 qī bù chéng shī

[释义] 见"七步之才"。[语见] 清·方中德《古事比》第二十八卷:"李白一斗百篇,杜工部改罢长吟,曹子建七步成诗,温庭筠八叉手成赋。"[例句] 曹植才思敏捷,~,但是终未斗过其兄曹丕,乃是书生意气作祟。

【七步成章】 qī bù chéng zhāng

[释义] 见"七步之才"。[语见] 南唐·刘崇远《金华子杂编》:"读书则五行皆下,为文则七步成章。"[例句] 你纵有~之才,但是兵火汹汹,英雄无用武之地,你也只能仰天长叹。

【七步之才】 qī bù zhī cái

[释义] 七步之内就能做成诗的才能。形容才思敏捷。[语见] 据南朝宋·刘义庆《世说新语·文学》:"文帝尝令东阿王七步中作诗,不成者行大法。应声便为诗曰:'煮豆持作羹,漉菽以为汁,其在釜下燃,豆在釜中泣,本自同根生,相煎何太急!'帝深有惭色。"[例句] 听说他才思敏捷,有~,不知道是不是真的?

【七长八短】 qī cháng bā duǎn

[释义] 形容长短、高低不齐。[语见] 明·吴承恩《西游记》第九十一回:"又见那七长八短、七肥八瘦的大大小小的妖精,都是些牛头鬼怪,各执枪棒。"[例句] 因为疏于管理,田里的庄稼不仅出苗~,生长缓慢,而且杂草疯长,病虫害严重。

【七大八小】 qī dà bā xiǎo

[释义] 形容大小不一。多指年龄。

[语见] 清·刘鹗《老残游记》:"有几张树根的坐具,却是七大八小的不匀。"[例句] 筐子里放着些苹果,~的什么样的都有。

【七颠八倒】 qī diān bā dǎo

[释义] 形容事物纷乱而无条理。[语见] 宋·释道原《景德传灯录·道匡禅师》:"问:'如何是佛法大意?'师曰:'七颠八倒。'"[例句] 她被毒瘾折磨得~,难以自拔。

【七高八低】 qī gāo bā dī

[释义] 形容高低不平。[语见] 明·吴承恩《西游记》第三十六回:"只见行者撞进来了。真个生得丑陋:七高八低孤拐脸,两只黄眼睛,一个磕额头。"[例句] 村里的路全是~的,根本没法行车。

【七横八竖】 qī héng bā shù

[释义] 见"横七竖八"。[语见] 清·曾朴《孽海花》第十一回:"满架图书,却堆得七横八竖,桌上列着无数的商彝周鼎,古色斑斓。"[例句] 院子里~地放着许多木料,不知道大伯又在做什么家具。

【七零八落】 qī líng bā luò

[释义] 形容零散纷乱的样子。[语见] 宋·释普济《五灯会元·天衣怀禅师法嗣》:"曰:'天堂地狱,相去多少?'师曰:'七零八落。'"[例句] 闹钟被孩子拆得~,怎么也拼装不起来了。

【七窍生烟】 qī qiào shēng yān

[释义] 七窍:指眼、耳、鼻、口七孔。形容极端气愤或焦急。[语见] 明·吴承恩《西游记》:"那三藏才与八戒、沙僧领御斋,忽闻此言,吓得三尸神散,七窍生烟。"[例句] 这个学生调皮捣蛋,有几次

把老师气得～。

【七擒七纵】 qī qín qī zòng

[释义] 擒:捉拿。纵:放。三国时,诸葛亮南征孟获,捉住他七次,放了七次,最后孟获感动异常,不再背叛。后指有收有放,能控制对方。[例句] 对付这个人,还是要～,攻心为上。

【七上八落】 qī shàng bā luò

[释义] 见"七上八下"。[例句] 许东知道事情给老师知道了,心里～的,急得满头大汗。

【七上八下】 qī shàng bā xià

[释义] 形容无所适从或心神不定。[语见] 明·施耐庵《水浒传》第二十六回:"那胡正卿心头十五个吊桶打水,七上八下。"[例句] 面对这么多枚戒指,她的心里～,不知道该买哪一只。

【七手八脚】 qī shǒu bā jiǎo

[释义] 形容人多手杂,一齐动手的样子。[语见] 宋·释惟白《续景德传灯录·庆元府德光禅师法嗣》:"丈夫气宇冲牛斗,一踏鸿门两扇开。上堂七手八脚,三头两面。耳听不闻,眼觑不见。苦乐逆顺,打成一片。"[例句] 众人～,居然很快弄出一桌美味佳肴来。

【七通八达】 qī tōng bā dá

[释义] 形容各个方面都互相通连。[语见]《朱子全书》:"圣人七通八达,事事说到极致处。"[例句] 这件事的前景可谓～,你一定能成功。

【七推八阻】 qī tuī bā zǔ

[释义] 推:推托。阻:阻碍。指假借多种理由,故意推托搪塞。[语见] 元·高则诚《琵琶记·蔡公逼试》:"你却七推八阻,有这许多话说,是何道理?"[例句] 这样做都是为你着想,你却～地为难我。

【七言八语】 qī yán bā yǔ

[释义] 形容人多嘴杂。[语见] 清·曹雪芹《红楼梦》第二十五回:"贾政心中也着忙,当下众人七言八语,有说送的,有说跳神的……"[例句] 大家把院子围了个水泄不通,～说个不停。

【七折八扣】 qī zhé bā kòu

[释义] 折、扣:按成数减少或扣除。指以多种名目扣掉别人应得的数额。[语见] 清·石玉昆《七侠五义》第九十六回:"这些店用房钱草料麸子,七折八扣,除了两锭银子之外,倒该下五六两的账。"[例句] 经过～以后,她月底实际拿到手的工资只有原先预计的一半。

【七纵七擒】 qī zòng qī qín

[释义] 见"七擒七纵"。[例句] 元帅之所以能对你～,不是怕你,是惜你之才,期望你终能心生悔意,以便报效国家。

【七嘴八舌】 qī zuǐ bā shé

[释义] 形容人多嘴杂,议论纷纷。[语见] 明·冯梦龙《三遂平妖传》第八回:"慈长老被众僧七嘴八舌,气得开口不得,回到房中落了几点眼泪。"[例句] 大家～,你一句我一句,整个会场乱成一团。

【七嘴八张】 qī zuǐ bā zhāng

[释义] 见"七嘴八舌"。[语见] 明·冯梦龙《喻世明言》第四十卷:"老门公拦阻不住,一时间家中大小都聚集来,七嘴八张,好不热闹。"[例句] 老师话音刚落,同学便～地议论开了。

【妻离子散】 qī lí zǐ sàn

[释义] 离:分离。散:逃散。妻子儿女被迫分离,四处逃散。[语见] 宋·辛弃疾《美芹十论·致勇第七》:"不幸而死,妻离子散,香火萧然,万事瓦解。"[例句] 不少人因赌博而倾家荡产,～。

【妻荣夫贵】 qī róng fū guì

[释义] 荣:荣耀。贵:显贵。这是对成语"夫荣妻贵"的反用。意指因妻子显赫而夫婿也能得到好处。[语见] 元·王实甫《西厢记》第四本第三折:"你与俺崔相国做女婿,妻荣夫贵,但得一个并头莲,煞强如状元及第。"[例句] 自从他娶了那个著名的节目主持人,生意也好做了许多,真是～。

【凄风苦雨】 qī fēng kǔ yǔ

[释义] 凄风:寒风。苦雨:久下不停的

雨。形容天气恶劣。后用以比喻处境艰苦、凄惨。[语见]《左传·昭公四年》:"春无凄风,秋无苦雨。"明·贾三近《亟拯淮徐赤子以固中原疏》:"犹有二三遗黎,未就沟壑,日呻吟于凄风苦雨之下,敝衣不掩膝,藜藿不充口。"[例句]窗外的～依旧敲打着窗棂,没有片刻停歇的意思。

【凄风冷雨】qī fēng lěng yǔ
[释义]见"凄风苦雨"。[语见]元·杨显之《潇湘雨》第三折:"时遇秋天,怎当那凄风冷雨。"[例句]深秋之际,窗外一片～,恰似我的心情。

【凄凄惨惨】qī qī cǎn cǎn
[释义]形容凄凉悲惨。[语见]《关引子·三极》:"人之善瑟者,有悲心则声凄凄然。"明·臧懋循《元曲选》:"因此上凄凄惨惨暗销魂。"[例句]还没进门,远远就能听到屋里传来～的哭声。

【凄凄惶惶】qī qī huáng huáng
[释义]形容心中悲伤难过,惶恐不安。[例句]她～地坐在医院观察室外的长凳上,心里乱成一团。

【凄凄凉凉】qī qī liáng liáng
[释义]形容冷落萧条。[语见]明·臧懋循《元曲选》:"似这般凄凄凉凉,波波渌渌,今夜宿谁家。"[例句]小女孩～地孤坐在车站的角落里,看上去好可怜。

【期期艾艾】qī qī ài ài
[释义]期:指西汉时周昌讲话常重复说"期期"。艾:指三国时的邓艾,此人也口吃。形容口吃的人吐字重复不利落;也形容因仓促不知如何措辞而结结巴巴。[例句]她涨红了脸,扭着衣角,～的样子好可怜。

【欺大压小】qī dà yā xiǎo
[释义]欺骗强大的,压迫弱小的。[语见]元·马致远《汉宫秋》楔子:"为人雕心雁爪,做事欺大压小,全凭诌佞奸贪。"[例句]这人做事向来～,口碑很不好。

【欺公罔法】qī gōng wǎng fǎ
[释义]欺骗公众,无视法律。[语见]明·凌濛初《初刻拍案惊奇》第十卷:"那太守就大怒道:'这一班光棍奴才,敢如此欺公罔法。'"[例句]这种～的做法,一定会受到惩罚的。

【欺君罔上】qī jūn wǎng shàng
[释义]欺:欺骗。罔:蒙蔽。欺骗蒙蔽君主。[语见]元·杨朝英《叹世》曲:"他待学欺君罔上曹丞相,不如俺葛巾漉酒陶元亮。"[例句]在古代,这种～的行为是要被杀头的。

【欺君误国】qī jūn wù guó
[释义]欺瞒君主,贻误国家。[语见]明·陆采《明珠记·奸谋》:"刘震这厮索强,前日弹我欺君误国,要将枭首示众。"[例句]这个～的奸臣终于得到了应有的惩罚。

【欺瞒夹帐】qī mán jiā zhàng
[释义]指欺骗营私。帐:同"账"。[语见]清·西周生《醒世姻缘传》第六十四回:"这是众人众事的事,万一有甚差池,他众人们只说我里头有甚么欺瞒夹帐的勾当。"[例句]魏会计从不～,很值得信赖。

【欺人太甚】qī rén tài shèn
[释义]甚:过分。过分地欺负人。[语见]《诗经·小雅·巷伯》:"彼谮人者,亦已大甚!"明·李贽《初潭集·夫妇三》:"豫章欺人太甚。"[例句]她居然指着鼻子骂我,真是～。

【欺人之谈】qī rén zhī tán
[释义]指骗人的话。[语见]清·文康《儿女英雄传》第十六回:"吾兄这句话是欺人之谈了;他既和你有师生之谊,又把这等的机密大事告诉了你,你岂有不问他个详细原由的理?"[例句]那些江湖游医说的话多半是～。

【欺人自欺】qī rén zì qī
[释义]见"自欺欺人"。[语见]清·刘鹗《老残游记》第十一回:"其理本来易明,都被宋以后的三教子孙挟了一肚子欺人自欺的心去做经注,把那三教圣人的精义都注歪了。"[例句]事情都已经让大家知道了,你还想隐瞒,不是～吗?

Q

【欺软怕硬】qī ruǎn pà yìng
[释义] 欺负软弱的，害怕强硬的。[语见] 元·高明《琵琶记·五娘请粮被抢》："点催首放富差贫，保上户欺软怕硬。"[例句] 这个人～，给他点儿厉害尝尝就老实了。

【欺三瞒四】qī sān mán sì
[释义] 指欺骗蒙混。[语见] 明·冯梦龙《醒世恒言》第七卷："一闻之时，心头火起，大骂尤辰无理，做这等欺三瞒四的媒人，说骗人家女儿。"[例句] 我对你这么好，你却～，一再骗我。

【欺善怕恶】qī shàn pà è
[释义] 欺负善良老实的人，惧怕凶恶强暴的人。[语见] 明·杨柔胜《玉环记·韦皋别妻》："田舍翁住在山圪落，恃老无端多凶恶，我每反被相辱没，欺善怕恶，欺善怕恶。"[例句] 这些人～，只会欺负那些弱小者。

【欺上瞒下】qī shàng mán xià
[释义] 欺：欺骗。瞒：隐瞒。对上欺骗，对下隐瞒。也作"瞒上欺下"。[例句] 部分干部中存在着弄虚作假、～的不良行为。

【欺上罔下】qī shàng wǎng xià
[释义] 罔：蒙蔽。欺骗上司，蒙蔽同僚和下属。[语见] 唐·元结《奏免科率状》："忝官尸禄，欺上罔下，是臣之罪。"[例句] 事故发生后，有关部门非但不认真处理，反而～，试图蒙混过关。

【欺世盗名】qī shì dào míng
[释义] 欺：欺骗。世：世人。盗：盗取。名：名誉。欺骗世人，盗取名誉。[语见] 元·脱脱等《宋史·郑丙传》："近世士大夫有所谓道学者，欺世盗名，不宜信用。"[例句] 该公司～，祸害股市，终于受到了法律的惩处。

【欺世钓誉】qī shì diào yù
[释义] 见"欺世盗名"。[语见] 明·宋濂等《元史·隐逸传序》："当邦有道之时，且遁进离群，谓之隐士。世主亦苟取其名而强起之，及考其实，不如所闻，则曰'是欺世钓誉者也'。"[例句] 这些～之徒占

据朝堂高位，真正的有识之士，反而得不到重用，国家焉能不亡？

【欺世惑俗】qī shì huò sú
[释义] 见"欺世乱俗"。[例句] 周兴等人扰乱朝纲，～，终于受到了应有的惩罚。

【欺世乱俗】qī shì luàn sú
[释义] 欺骗世人，破坏习俗。[语见] 宋·陈亮《吏部侍郎章公德文行状》："给事中王时升似朴实诈，足以欺世乱俗。"[例句] 他竟干出这种～的事情，必将受到社会的谴责。

【欺世罔俗】qī shì wǎng sú
[释义] 罔：祸害。欺骗世人，祸害习俗。[语见] 汉·张衡《请禁绝图谶疏》："至于永建复统，则不能知，此皆欺世罔俗，以眛势位，情伪较然，莫之纠禁。"[例句] 历史证明，这些东西都是虚伪的政客～的产物。

【欺天诳地】qī tiān kuáng dì
[释义] 诳：欺骗。欺骗天地神明。形容极尽欺诈之能事。[语见] 元·无名氏《看钱奴》第一折："这等穷儿乍富，瞒心昧己，欺天诳地，只要损别人，安自己。"[例句] 他～，到处行骗，终于没能逃脱法律的制裁。

【欺天罔地】qī tiān wǎng dì
[释义] 欺骗天地。极言欺骗之甚。[语见] 明·罗贯中《三国演义》第五回："董卓欺天罔地，灭国弑君；秽乱宫禁，残害生灵。"[例句] 这些人为了维护自己的利益，不惜～，到处混淆是非。

【欺天罔人】qī tiān wǎng rén
[释义] 欺骗苍天，蒙蔽人民。[语见] 明·李贽《焚书·答友人书》："每见世人欺天罔人之徒，便欲手刃直取其首，岂特暴哉！"[例句] 别以为你这种～的欺骗行为能够得逞！

【欺主罔上】qī zhǔ wǎng shàng
[释义] 指蒙骗主上。[语见] 南朝齐·沈冲《奏劾江谧》："谓贩鬻威权，奸自不露，欺主罔上，好议可掩。"[例句] 为了达到自己的目的，他多次～，蒙骗领导。

【漆黑一团】 qī hēi yī tuán

[释义] 漆黑:非常黑,很暗。形容一片黑暗,没有一点光明。也形容对人或事物一无所知。[例句] 停电了,客厅里～,什么也看不见。

【漆身吞炭】 qī shēn tūn tàn

[释义] 漆身:身上涂漆为癞。吞炭:吞炭使喉咙哑。指故意变形改音使人不能认识,舍身以酬知己,或雪耻复仇。[语见] 汉·司马迁《史记·刺客列传》:"豫让又漆身为厉(癞),吞炭为哑,使形状不可知,行乞于市,其妻不识也。"[例句] 他为了打探情报,不惜～,乔装打扮,深入敌后。

【齐大非偶】 qí dà fēi ǒu

[释义] 偶:配偶。齐国强大,(郑国弱小)齐国国君的女儿不是相称的配偶。表示婚姻不门当户对。也指对方地位高,不敢仰攀。[语见]《左传·桓公六年》:"齐侯欲以文姜妻郑太子忽,太子忽辞。人问其故,太子曰:'人各有耦,齐大,非吾耦也。'"注:耦,通"偶"。[例句] 毕竟双方家庭地位反差太大,～,我是不敢高攀她的。

【齐东野语】 qí dōng yě yǔ

[释义] 齐东:古代齐国东部。野:乡村,乡野。语:言辞,话语。齐国东部乡野之人的言辞。指道听途说、没有根据、不足信的话语。[语见]《孟子·万章上》:"此非君子之言,齐东野人之语也。"[例句] 这些都不过是～,怎么能相信呢?

【齐梁世界】 qí liáng shì jiè

[释义] 齐(公元 479 年—502 年)梁(公元 502 年—557 年)是六朝时期偏安南方的两个王朝,因政治腐败而统治时间短暂。旧时常用以比喻国家衰弱混乱。[语见] 清·吴敬梓《儒林外史》第二十九回:"本朝若不是永乐振作一番,信着建文软弱,久已弄成个齐梁世界了。"[例句] 当今皇帝软弱无能,朝政昏庸,天下全为一片～。

【齐驱并驾】 qí qū bìng jià

[释义] 见"并驾齐驱"。[语见] 宋·张戒

《岁寒堂诗话》下卷:"气象廓然,可与《两都》《三京》齐驱并驾矣。"[例句] 两队～,始终占据了排行榜的前两名。

【齐驱并骤】 qí qū bìng zhòu

[释义] 见"并驾齐驱"。[语见] 宋·王安石《上邵学士书》:"则韩、李、蒋、邵之名,各齐驱并骤,与此金石之刻不朽矣。"[例句] 你如能和他在排名上～,你自然可以傲视天下了。

【齐趋并驾】 qí qū bìng jià

[释义] 见"并驾齐驱"。[语见] 清·刘鹗《老残游记》第十一回:"甲寅以后为文明华敷之世,虽灿烂可观,尚不足与他国齐趋并驾。"[例句] 二号选手的赛车赶了上来,与我～了。

【齐头并进】 qí tóu bìng jìn

[释义] 齐:整齐,一致。并:一块儿,一起。原指并齐马头同时前行。后泛指动作同时进行。也指同时进步。[例句] 该地区大力发展多种经营,种、养、植～,农、林、牧、副、渔协调发展。

【齐纨鲁缟】 qí wán lǔ gǎo

[释义] 古代齐国和鲁国出产的白色细绢。后亦泛指名贵的丝织品。[语见] 唐·杜甫《忆昔》诗:"齐纨鲁缟车班班,男耕女桑不相失。"[例句] 这里出产的纺织品驰名遐迩,～远近闻名。

【齐心并力】 qí xīn bìng lì

[释义] 见"齐心同力"。[语见] 明·施耐庵《水浒传》第六十七回:"卢俊义拜谢道:'上托兄长虎威,深感众头领之德,齐心并力,救拔贱体,肝胆涂地,难以报答。'"[例句] 各有关部门～,终于如期完成了工程。

【齐心合力】 qí xīn hé lì

[释义] 见"齐心协力"。[语见] 清·夏敬渠《野叟曝言》第一百一十回:"如今幸得文爷梦中指示,正该齐心合力,了他心事。"[例句] 大家～把车轮抬起,把伤者救了出来。

【齐心戮力】 qí xīn lù lì

[释义] 戮力:合力,并力。众人一心,共同努力。[语见] 五代后晋·刘昫等《旧唐

书·姚崇传》:"自古有讨除不得者,只是人不用命,但使齐心戮力,必是可除。"[例句]只要咱们～,一定能成功。

【齐心同力】qí xīn tóng lì
[释义]众人一心,共同努力。[语见]南朝宋·范晔《后汉书·王常传》:"于是诸部齐心同力,锐气益壮,遂俱进,破杀甄阜、梁丘赐。"[例句]村民们～,仅用十天时间就筑起了堤坝。

【齐心协力】qí xīn xié lì
[释义]齐:整齐,统一。心:思想,心思。协:统一,合一。力:力气,力量。统一思想,合力奋斗。[语见]明·凌濛初《初刻拍案惊奇》第二十四卷:"过不多时,众人齐心协力,山岭庙也自成了。"[例句]大家～,终于抓住了那个小偷。

【齐心一力】qí xīn yī lì
[释义]见"齐心同力"。[语见]南朝宋·范晔《后汉书·臧洪传》:"凡我同盟,齐心一力,以致臣节,陨首丧元,必无二志。"[例句]希望大家～,共同迎击敌人。

【齐烟九点】qí yān jiǔ diǎn
[释义]齐:齐州,指代中国。意为俯瞰九州,小如九个烟点。[语见]唐·李贺《梦天》诗:"遥望齐州九点烟,一泓海水杯中泻。"[例句]从飞机上向下望去,～,尽收眼底。

【齐足并驰】qí zú bìng chí
[释义]齐足:前进的速度相同。并驰:共同快跑。比喻齐头并进,不分前后。[语见]三国魏·曹丕《典论·论文》:"咸以自骋骥騄于千里,仰齐足而并驰。"[例句]历史上两种学派长期互相促进,～,共同发展。

【齐足并驱】qí zú bìng qū
[释义]见"齐足并驰"。[语见]晋·陈寿《三国志·蜀书·彭羕传》:"卿才具秀拔,主公相待至重,谓卿当与孔明、孝直诸人齐足并驱。"[例句]两队从一开始,就～,直到终点依然未分出胜负,他们最终成为并列冠军。

【祁寒溽暑】qí hán rù shǔ
[释义]祁寒:大寒。溽暑:湿热。冬季大寒,夏季湿热。比喻过艰苦的生活。[语见]宋·薛居正等《旧五代史·唐书·郭崇韬传》:"陛下顷在河上,汴寇未平,废寝忘食,心在战阵,祁寒溽暑,不介圣怀。"[例句]他不畏～,努力奋斗,全身心地投入到科研工作中。

【祁寒暑雨】qí hán shǔ yǔ
[释义]见"祁寒溽暑"。[语见]清·张廷玉等《明史·陆昆传》:"陛下广殿细旃,岂知小民穷檐蔀屋,风雨之不庇;锦衣玉食,岂知小民祁寒暑雨冻馁之弗堪。"[例句]张仲景尝遍百草,～,漂泊在外,终于写成了《伤寒杂病论》。

【祁奚举午】qí xī jǔ wǔ
[释义]祁奚:春秋晋国人,悼公时为中军尉,老而请退,悼公问可继之人,奚推荐仇人解狐,狐不及继而死,又推荐儿子祁午。比喻荐贤才,不避亲仇,公平无私。[语见]宋·钱易《南部新书》戊:"张说为左相,知京官考其子,均任中书舍人,特注之曰:父教子忠,古之善训;祁奚举午,义不胜私。"[例句]关隐达胸宽如海,常能～,倒也无人猜疑他的为人。

【祁奚举子】qí xī jǔ zǐ
[释义]见"祁奚举午"。[语见]宋·李昉《太平广记》第一百八十六卷引《玄宗实录》:"中书舍人张均知考,父左相张说知京官考,特注曰:父教子忠,古之善训;祁奚举子,义不务私。"[例句]他关注着这片土地上二十年后的发展,推荐诸人,有亲有疏,但是皆为～,绝无半丝私心。

【其大无比】qí dà wú bǐ
[释义]其:代词,他的,那。指某种东西大得没有可以和它相比的。[例句]这个动物的脑袋～,看上去怪怪的。

【其乐无尽】qí lè wú jìn
[释义]见"其乐无穷"。[例句]跟老刘头一块劳动,听他讲些他当年跑江湖时的奇闻趣事,真是～。

【其乐无穷】qí lè wú qióng
[释义]穷:穷尽,尽头。其中的乐趣没有穷尽。指某一事物带来的乐趣无穷无尽。[语见]宋·邵雍《伊川击壤集·君子

饮酒吟》第十六卷:"家给人足,时和岁丰;筋骸康健,里闲乐也;君子饮酒,其乐无穷。"[例句]在这里能够享受清新的空气,还可以钓鱼、打牌、野餐,真是～。

【其貌不扬】qí mào bù yáng
[释义]其:他的。不扬:不好看。形容人的外貌不漂亮。[语见]《左传·昭公二十八年》:"今子少不飏(扬),子若无言,吾几失子矣。"晋·杜预注:"颜貌不扬显。"[例句]别看他～,却拉得一手好琴。

【其势汹汹】qí shì xiōng xiōng
[释义]见"气势汹汹"。[语见]《荀子·天论》:"君子不为小人汹汹也辍行。"[例句]她挽着袖管,～,做出要打架的样子,完全是一副乡下野姑娘的样子。

【其味无穷】qí wèi wú qióng
[释义]味:回味,玩味。穷:尽。形容寓意深刻,令人回味不尽。[语见]宋·朱熹《四书集注·中庸》:"放之则弥六合,卷之则退藏于密;其味无穷,皆实学也。"[例句]这文章～,引我遐思。

【其应若响】qí yìng ruò xiǎng
[释义]其:代词,他的。应:应和,附和。响:回声。他的附和像回声一样。原是庄子比喻其"道"如回声一样与万物相应。后形容反应敏捷,应对迅速。[语见]《庄子·天下》:"其动若水,其静若镜,其应若响。"[例句]这个应聘者～,反应奇快,看来事先做了充分的准备。

【奇耻大辱】qí chǐ dà rǔ
[释义]奇:少有的。指极大的耻辱。[例句]世界冠军居然输给了无名小卒,这真是～。

【奇辞奥旨】qí cí ào zhǐ
[释义]奇辞:奇妙的文辞。奥旨:深沉的含义。形容文章语言奇丽,含义深厚。[语见]唐·韩愈《读仪礼》:"于是撮其大要,奇辞奥旨著于篇。"[例句]没看过这本书,怎能了解它的～。

【奇花异草】qí huā yì cǎo
[释义]奇:珍奇少见。异:奇异少见。珍奇少见的花草。[语见]北魏·杨衒之《洛阳伽蓝记·白马寺》:"庭列修竹;檐拂高松,奇花异草,骈阗堦砌。"[例句]我们进了园子,里面～遍布四周,粗粗算了一下,整个园子的价值当在百万元以上。

【奇花异卉】qí huā yì huì
[释义]见"奇花异草"。[语见]宋·洪迈《夷坚丙志·鱼肉道人》:"其下清泉巧石,奇花异卉,纵横布列,两池相对。"[例句]在这个森林公园,可以尽情观赏亚热带雨林的～和珍禽异兽。

【奇货可居】qí huò kě jū
[释义]奇货:珍奇的东西。居:囤积。原指把稀有的货物囤积起来,等待高价出售。后常用以比喻凭借某种技艺或事物作为资本以捞取功名利禄。[语见]汉·司马迁《史记·吕不韦列传》:"吕不韦贾邯郸,见而怜之,曰:'此奇货可居。'"[例句]他这逢迎拍马的功夫,算是～,靠着它,如今已是名利双收。

【奇伎淫巧】qí jì yín qiǎo
[释义]见"奇技淫巧"。[语见]唐·张庭珪《请勤政崇俭约疏》:"去奇伎淫巧,损和璧、隋珠,不见可欲,使心不乱,自然波清四海,尘消九域。"[例句]宗昌单凭些～的古怪把戏,便迅速赢得了武皇的欢心。

【奇技淫巧】qí jì yín qiǎo
[释义]出奇的技艺,极端的精巧。也指奇异而过度精巧的制品。[语见]《尚书·泰誓下》:"郊社不修,宗庙不享,作奇技淫巧,以悦妇人。"[例句]这东西只能摆在那里而不实用,不过是～罢了。

【奇庞福艾】qí páng fú ài
[释义]庞:大。福艾:福分大。旧时形容人相貌奇伟,多福气。[语见]宋·欧阳修等《新唐书·李勣传》:"临事选将,必誉相其奇庞福艾遣之。"[例句]此人生得～,历任公司领导都喜欢用他。

【奇情异致】qí qíng yì zhì
[释义]奇情:奇异的感情。异致:与众不同的情趣。形容离奇古怪的志趣和风度。[语见]清·曹雪芹《红楼梦》第一百回:"若是薛蟠在家,他便抹粉施脂,描眉画鬓,奇情异致的打扮收拾起来。"

[例句] 她一早便在房间里抹粉施脂,～地打扮起来。

【奇谈怪论】qí tán guài lùn

[释义] 奇谈:令人觉得非常奇怪的言论。奇怪的不合事理的言论。[语见] 清·钱泳《履园丛话·仲子教授》:"乾隆戊申岁,余往汴梁,遇毕秋帆中丞幕中,两眼若漆,奇谈怪论,咸视为异物,无一人与言者。"[例句] 这真是有悖时代潮流的～。

【奇文共赏】qí wén gòng shǎng

[释义] 奇:新奇。赏:欣赏。新奇的文章共同欣赏。现多指内容荒诞的文章可供大家评判。[语见] 晋·陶潜《移居》诗:"邻曲时时来,抗言谈在昔。奇文共欣赏,疑义相与析。"[例句] 我收集了一些令人看后不忍释怀的绝妙文章,供大家～。

【奇文瑰句】qí wén guī jù

[释义] 新奇的文章,瑰丽的词句。泛指好文章。[语见] 明·宋濂等《元史·胡长孺传》:"卓行危论,奇文瑰句,端平、嘉定间,士大夫皆以为不可及。"[例句] 细细品读他的～,从中不难感受到作者当时的愉快心情。

【奇形怪状】qí xíng guài zhuàng

[释义] 奇:奇特。怪:怪异。形状奇特怪异。[语见] 唐·房玄龄等《晋书·温峤传》:"须臾,见水族覆火,奇形异状,或乘马车著赤衣者。"[例句] 山上有许多～的岩石。

【奇冤极枉】qí yuān jí wǎng

[释义] 罕见的冤枉。[语见] 清·吴敬梓《儒林外史》第五十回:"四老爹道:'小弟此番大概是奇冤极枉了。'"[例句] 平白无故受了这么一番～,他越想越生气。

【奇珍异宝】qí zhēn yì bǎo

[释义] 奇异罕见的珍宝。[语见] 宋·胡仔《苕溪渔隐丛话后集·东坡四》:"嗟乎,世不乏奇珍异宝,乏识者耳。"[例句] 这个墓穴中曾出土过数不清的～。

【奇装异服】qí zhuāng yì fú

[释义] 奇:稀奇。异:怪异。指与众不同的稀奇古怪的服装。[例句] 这所学校禁止在校学生身穿～。

【歧路亡羊】qí lù wáng yáng

[释义] 歧路:岔路。亡:丢失。比喻事理头绪复杂,不易找到适当途径以获取真知。[语见] 清·王夫之《读四书大全说》第三卷:"而诸儒之言,故为纷纠,徒俾歧路亡羊。总以此等区处,一字不审,则入迷津。"[例句] 企业要发展,市场定位很关键,否则～,什么也得不到。

【骑鹤上扬州】qí hè shàng yáng zhōu

[释义] 后用以比喻不可能实现的妄想。[语见] 南朝梁·殷芸《商芸小说》:"有客相从,各言所志:或愿为扬州刺史,或愿多资财,或愿骑鹤上升。其一人曰:'腰缠十万贯,骑鹤上扬州。'欲兼三者。"[例句] 在他看来,人生在世不求腰缠万贯,～,只求留下一个好名声。

【骑虎难下】qí hǔ nán xià

[释义] 骑在虎背上难以下去。比喻做事中途遇到了困难,但是形势所迫又不能中止。[语见] 唐·房玄龄等《晋书·温峤传》:"今之事势,义无旋踵,骑猛兽安可中下哉!"清·吴趼人《近十年之怪现状》第三回:"这件事都是仲英闹出来的,此刻骑虎难下。"[例句] 现实生活中,类似这种～的投资项目比比皆是。

【骑虎之势】qí hǔ zhī shì

[释义] 见"骑虎难下"。[例句] 去年那次会议之后,项目就上了马,如今各方面都在紧锣密鼓地准备着,已成～,要撤,却不是一件容易的事情了。

【骑两头马】qí liǎng tóu mǎ

[释义] 比喻在二者之间投机,两面得到好处。也作"骑双头马"。[例句] 这家伙脚踩两条船,～,很会见风使舵。

【骑驴觅驴】qí lú mì lú

[释义] 见"骑马找马"。[语见] 宋·释道原《景德传灯录·志公和尚大乘赞》:"不解即心即佛,真似骑驴觅驴。"[例句] 他～,在没找到更合适的工作前,不打算离开这家公司。

【骑马找马】 qí mǎ zhǎo mǎ

[释义] 比喻暂时做某一工作,同时寻找更好的工作。也比喻先取得小利。[例句] 既然一时找不到合适的工作,不妨先随便找个工作做着,然后再～。

【骑牛觅牛】 qí niú mì niú

[释义] 见"骑马找马"。[语见] 宋·释道原《景德传灯录·福州大安禅师》:"问曰:'学人欲求识佛,何者即是?'百丈曰:'大似骑牛觅牛。'"[例句] 这工作虽不太理想,你也先干着,不妨～。

【棋布星罗】 qí bù xīng luó

[释义] 见"星罗棋布"。[语见] 明·沈德符《万历野获编·内市日期》:"但内府二十四监棋布星罗,所设工匠厨役隶人围人,以及诸珰僮奴亲属,不下数十万人。"[例句] 浩瀚的太平洋上,万千岛屿～,如繁星满天。

【棋逢敌手】 qí féng dí shǒu

[释义] 见"棋逢对手"。[语见] 唐·房玄龄等《晋书·谢安传》:"(谢)安常棋劣于玄,是日玄惧,便为敌手而又不胜。"[例句] 两人都是百万军中能取上将之首的猛将,如今战在一起,～,三两招怎能分得出高下呢?

【棋逢对手】 qí féng duì shǒu

[释义] 棋:下棋。逢:遇到。对手:本领不相上下的比赛对方。下棋遇到了与自己水平相当的人。比喻双方水平不相上下,可相匹敌。[语见] 明·吴承恩《西游记》第三十四回:"他两个在半空中,这场好杀:棋逢对手,将遇良才。"[例句] 他们是～,打完八局,依然不分胜负。

【綦谿利跂】 qí xī lí qí

[释义] 綦:极,甚。利:通"离"。跂:通"歧",分歧。故作高深,立异离群。[语见]《荀子·非十二子》:"忍情性,綦谿利跂,苟以分异人为高,不足以合大众,明大分。"王先谦集解:"綦谿,犹言极深耳,利与离同……离世独立,故曰离跂。"另说:綦谿,邪径;利跂,利其歧途而不循正途。[例句] 我们提出这个新观点,并不是～,故作高深,而是因为它已

经是一个现实,很有研究的必要。

【旗鼓相当】 qí gǔ xiāng dāng

[释义] 旗鼓:军旗和战鼓,都是古代作战时用以指挥的工具。指军队的力量和声势。相当:两方面差不多。原指作战双方势均力敌。后也用以比喻双方的实力或能力不分上下。[语见] 南朝宋·范晔《后汉书·隗嚣公孙述传》:"如令子阳到汉中、三辅,愿因将军兵马,旗鼓相当。"[例句] 比赛双方～,胜负很难预料。

【旗开得胜】 qí kāi dé shèng

[释义] 旗:指军旗。开:展开。军旗刚一展开就取得了胜利,常与"马到成功"连用,本为祝颂军队出征告捷的吉祥话。现也比喻事情刚开始做就获得成功。[语见] 元·李文蔚《蒋神灵应》第二折:"显威灵神兵扶助,施谋略旗开得胜。"[例句] 预祝你们～,马到成功!

【旗开马到】 qí kāi mǎ dào

[释义] 即旗开得胜,马到成功。指轻易战胜对方,取得胜利。[语见] 元·无名氏《射柳捶丸》第一折:"某今下将战书去,单搦大宋家名将出马,与某交战……旗开马到施骁勇,大宋英雄拱手降。"[例句] 我军～,敌人望风而逃。

【旗开取胜】 qí kāi qǔ shèng

[释义] 见"旗开得胜"。[语见] 明·无名氏《聚兽牌》头折:"临阵曾经恶战场,两军挑战敢英昂,旗开取胜敌兵怕,英雄敢战铁衣郎。"[例句] 该队～,先胜了第一场。

【旗帜鲜明】 qí zhì xiān míng

[释义] 原指作战时旗子色彩鲜艳明亮。现多用以比喻观点、态度明朗,毫不含混。[语见] 清·钱彩《说岳全传》第五十七回:"出营前观看,果然依旧旗帜鲜明,枪刀密布。"[例句] 我们应普及科学知识,～地反对封建迷信。

【乞哀告怜】 qǐ āi gào lián

[释义] 告:请求。乞求别人哀怜和帮助。[例句] 他每天向亲友～,借得一点钱物,勉强度日。

【乞宠求荣】 qǐ chǒng qiú róng
[释义] 乞:乞讨。宠:宠爱。荣:显贵。乞求得到另眼看待,从而获得荣华富贵。[例句] 所有爱国人士都非常痛恨这种～的卖国行为。

【乞儿马医】 qǐ ér mǎ yī
[释义] 乞儿:乞丐。马医:兽医中专治马病的人。旧时泛指地位卑贱的人。[语见]《列子·黄帝》:"自此之后,范氏门徒,路遇乞儿马医,弗敢辱也。"[例句] 在他眼里,这些～的命根本不值钱。

【乞浆得酒】 qǐ jiāng dé jiǔ
[释义] 浆:古代一种带酸味的饮料,用来代酒。讨点水浆解渴,却得到一碗酒喝。比喻所得过于所求。[语见] 唐·张文成《游仙窟》:"乞浆得酒,旧来伸口,打兔得獐,非意所望。"[例句] 这次培训对我来说简直是～,受益匪浅。

【乞怜摇尾】 qǐ lián yáo wěi
[释义] 原为狗摆着尾巴讨主人的欢喜,后用以比喻卑躬屈膝,不顾人格地向别人谄媚讨好。[语见] 明·汪錂《春芜记·构衅》:"你无知小辈,胡言乱语,休在人前乞怜摇尾!"[例句] 他觉得自己真像一只～的狗,毫无尊严可言。

【岂有此理】 qǐ yǒu cǐ lǐ
[释义] 岂有:哪里有。理:道理。哪里有这样的道理! 反问语气。[语见] 南朝梁·萧子显《南齐书·虞悰传》:"郁林废,惊窃叹曰:'王、徐遂缚袴废天子,天下岂有此理邪?'"[例句] 开车撞了人还要蛮横,真是～!

【企足而待】 qǐ zú ér dài
[释义] 企足:踮起脚后跟。形容迫切期望所盼望的事赶快实现。[例句] 这种新型的数字通讯系统功能强大,令人～。

【杞国忧天】 qǐ guó yōu tiān
[释义] 见"杞人忧天"。[语见] 唐·李白《梁甫吟》:"杞国无事忧天倾。"[例句] 你把你自己的事做好就是了,别在那里～,替古人担忧。

【杞人忧天】 qǐ rén yōu tiān
[释义] 杞:古代小国名。忧:担心、担忧。杞国有人怕天塌下来。指没有必要的担心。[语见]《列子·天瑞》:"杞国有人,忧天地崩坠,身亡(无)所寄,废寝食者。"[例句] 事实证明,他的担心并不是～。

【杞人之忧】 qǐ rén zhī yōu
[释义] 见"杞人忧天"。[语见] 清·曾朴《孽海花》第二十七回:"这是贤弟关心太切,所以有些杞人之忧。"[例句] 这么说就是你～了,那事究竟和你什么相干啊?

【杞宋无征】 qǐ sòng wú zhēng
[释义] 指某种事情缺少证据,没有资料可供核实。[语见]《论语·八佾》:"子曰:'夏礼吾能言之,杞不足征也;殷礼吾能言之,宋不足征也。文献不足故也。'"后称事情缺少证据为"杞宋无征"。[例句] 史书上对此事并没有记载,因而～,事情的真相也就无从考究了。

【起兵动众】 qǐ bīng dòng zhòng
[释义] 见"兴师动众"。[语见] 晋·陈寿《三国志·吴书·华覈传》:"不可以兴土功,不可以会诸侯,不可以起兵动众,举大事,必有大殃。"[例句] 分公司也就发生了一点小风波,怎敢劳总经理～地来检查?

【起承转合】 qǐ chéng zhuǎn hé
[释义] 起:开头。承:承接上文加以阐述。转:转折,从另一方面立论。合:结束全文。旧时诗文写作章法结构术语,指行文顺序。有时也用以比喻说话作文公式化。[语见] 清·金圣叹《西厢记读法》:"有此许多起承转合,便令题目透出文字。"[例句] 这篇文章行文～甚有章法,结构严谨,估计是出自某个名家的手笔。

【起师动众】 qǐ shī dòng zhòng
[释义] 见"兴师动众"。[语见] 唐·房玄龄等《晋书·吕纂传》:"夫起师动众,必天之人,苟非其时,圣贤所不为。"[例句] 每有事故发生,他们都会～地检查检查,但是事后,却是什么真正的"指导"不留,纯粹糊弄事来了。

【起死回生】 qǐ sǐ huí shēng
[释义] 把要死的人治活。形容医术高

明。引申指行将死亡的人复活。也比喻挽救了本来没有希望好转的事情。[语见]元·无名氏《诸葛亮博望烧屯》："论医起死回生，论卜知凶定吉。"[例句]此人精通医学，经他医治而～的病人不计其数。

【起早贪黑】qǐ zǎo tān hēi
[释义]起得早，睡得晚。形容辛勤劳动。
[例句]她每天～，一心想多赚点钱。

【绮襦纨绔】qǐ rú wán kù
[释义]纨绔：富家子弟用细绢做的裤子。泛称富贵子弟。[语见]汉·班固《汉书·叙传上》："出与王、许子弟为群，在于绮襦纨绔之间。"[例句]他整天跟这些～在一起，不免沾染了不少坏毛病。

【气冲斗牛】qì chōng dǒu niú
[释义]见"气冲牛斗"。[语见]宋·陆游《客谈荆渚武昌慨然有作》诗："丰城宝剑已化久，我自吐气冲斗牛。"[例句]我一听此话，顿时～，火冒三丈，恨不得冲上去跟他拼命。

【气冲牛斗】qì chōng niú dǒu
[释义]牛、斗：牛宿，斗宿，属南斗六星。泛指天空。用以形容豪壮之气或不平之气十分昂扬。[语见]元·王元和《题情》词："越着我气冲牛斗，恨填沧海，怒锁霞霄。"[例句]将～化为不动声色，不见得是高明，那只能使心灵受到极大的压抑。

【气冲霄汉】qì chōng xiāo hàn
[释义]气：气势，气概。霄汉：云霄与银河。指天空。形容气魄很大。[语见]元·陈以仁《存孝打虎》第二折："便有那吐虹霓志气冲霄汉。"[例句]他那～般的高亢唱腔，激起观众强烈的共鸣。

【气愤填膺】qì fèn tián yīng
[释义]膺：胸膛。愤慨、怒气填满了胸膛。原作"愤气填膺"。[语见]五代后晋·刘昫等《旧唐书·文宗纪》："我每思贞观之时，观今日之事，往往愤气填膺耳！"[例句]事件发生后，该国人民～，游行、抗议接连不断。

【气盖山河】qì gài shān hé
[释义]见"气压山河"。[语见]清·李宝嘉《中国现在记》第六回："怎当得一个是气冲牛斗，一个是气盖山河。"[例句]这部电影将～的战争场面和缠绵悱恻的人道精神融合得天衣无缝，可谓电影史上的佳作。

【气贯长虹】qì guàn cháng hóng
[释义]气势盛大，能贯穿天际的长虹。[语见]《礼记·聘义》："气如白虹，天也。"[例句]这些瀑布连成一片，波涛怒号，～，景色壮丽无比。

【气急败坏】qì jí bài huài
[释义]形容遇到紧急情况而慌张、焦躁。[语见]明·施耐庵《水浒传》第五回："只见数个小喽啰，气急败坏，走到山寨里……"[例句]该赢的比赛却输了，俱乐部主席不禁～。

【气克斗牛】qì kè dǒu niú
[释义]见"气吞牛斗"。[语见]明·胡文焕《群音类选·千金记·受辱胯下》："俺自有翅排云，气克斗牛，怎肯与他年少成仇。"[例句]几个文弱书生的举动，却有着～的气势，足可感天动地。

【气凌霄汉】qì líng xiāo hàn
[释义]霄汉：高空。形容气势壮阔。[语见]南朝宋·傅亮《策加宋公九锡文》："公精贯朝日，气凌霄汉，奋其灵武，大歼群慝。"[例句]即将出征的将帅们雄心万丈，～。

【气势磅礴】qì shì páng bó
[释义]磅礴：广大无边貌。形容气势雄壮。[语见]宋·文天祥《文山集·指南后录·正气歌》第十四卷："是气所磅礴，凛冽万古存。"[例句]这里奇峰突起，～，素以险拔峻秀而称雄于世。

【气势汹汹】qì shì xiōng xiōng
[释义]汹汹：声势大的样子。形容人或动物发怒时凶狠的势头。[例句]一个～的女人拿着鸡毛掸子站在门口，一边叉腰一边破口大骂。

【气数已尽】qì shù yǐ jìn
[释义]气数：宿命论说法，指气运、命运。

形容人已生命垂危,即刻就要死亡。也形容某事已经没有了生命力。也作"气数已衰"。[例句]公司老总认为这个行业~,没什么前途了。

【气数已衰】qì shù yǐ shuāi
[释义]见"气数已尽"。[语见]明·罗贯中《三国演义》第六回:"汉东都洛阳,二百余年,气数已衰。"[例句]秦朝~,他即使有回天之才,也无回天之力了。

【气吐虹霓】qì tǔ hóng ní
[释义]虹霓:天空出现的弧形彩带。吐气能成天上彩虹。形容气魄很大。[语见]明·无名氏《聚兽牌》头折:"气吐虹霓兴宇宙,赤心忠孝保江山。"[例句]临出发前,他们~,浑身是胆。

【气吞河山】qì tūn hé shān
[释义]见"气吞山河"。[例句]影片中这些~的战争场面,让身处和平时期的观众无不惊心动魄。

【气吞牛斗】qì tūn niú dǒu
[释义]牛、斗:斗宿、牛宿。泛指星空。气势能吞没星空。形容气魄很大。[语见]明·胡文焕《群音类选·蟠桃记·诞孙相庆》:"看兰孙,气吞牛斗,知不是等闲人。"[例句]别看他一把年纪,这一指一喝的架势,当真是~,好不威风。

【气吞山河】qì tūn shān hé
[释义]形容威力、气魄极大,仿佛能吞吐山河。[语见]元·金仁杰《追韩信》第二折:"背楚投汉,气吞山河,知音未遇,弹琴空歌。"[例句]您可以从~的万里长城,气势磅礴的秦始皇兵马俑等独具特色的旅游胜景中,领略中国的古老文明。

【气味相投】qì wèi xiāng tóu
[释义]相投:互相合得来。形容性格、志趣相投合。[语见]清·文康《儿女英雄传》第十六回:"我两个一见气味相投,肝胆相照。"[例句]周末,他约了一帮~的朋友一起去郊外野营。

【气息奄奄】qì xī yǎn yǎn
[释义]见"奄奄一息"。[语见]晋·李密《陈情表》:"气息奄奄,人命危浅,朝不虑夕。"[例句]他一连多日粒米不进,目前已经~,生命垂危了。

【气象万千】qì xiàng wàn qiān
[释义]形容景色、事物变化多姿,非常壮观。[语见]宋·范仲淹《岳阳楼记》:"浩浩汤汤,横无际涯;朝晖夕阴,气象万千。"[例句]山上林海、云海相互交融,~,令人心旷神怡。

【气象一新】qì xiàng yī xīn
[释义]气象:景象。一:全。形容景象更新的样子。[例句]几年没回家乡,这儿已经发生了巨大的变化,到处给人一种~的感觉。

【气压山河】qì yā shān hé
[释义]形容气势极盛可以压倒山河。[语见]元·王实甫《四丞相高会丽春堂》第一折:"可正是气压山河百二雄,元也波戎,将军校统,宰臣每为头儿又尽忠。"[例句]他们众志成城,不怕困难,顽强拼搏,终于完成了这项~的壮举。

【气焰嚣张】qì yàn xiāo zhāng
[释义]气焰:指人的威风和气势。嚣张:放肆,猖狂。形容言论、行动十分放肆,态度十分猖狂。[例句]这群犯罪分子经常半夜拦路抢劫,~。

【气咽声丝】qì yè shēng sī
[释义]呼吸困难,声音细微。形容人极虚弱。[语见]元·郑德辉《㑇梅香》第二折:"上覆你个气咽声丝张京兆,他待填还你枕剩衾薄,待着你帽儿光光过此宵。"[例句]见到自己的儿子,老人~地说出了自己最终的愿望。

【气义相投】qì yì xiāng tóu
[释义]指志趣、情谊互相投合。[语见]金·王若虚《林下四友赞》:"吾四人者,臭味相似而气义相投也,故不结而合,既合而欢。"[例句]我建立这个网站的目的,是希望寻找~的朋友。

【气谊相投】qì yì xiāng tóu
[释义]见"气义相投"。[语见]明·罗贯中《三国演义》第十一回:"某太史慈,东海之鄙人也。与孔融亲非骨肉,比非乡党,特以气谊相投,有分忧共患之意。"[例句]他们两人年龄相仿,~,经常在一

起谈天说地。

【气涌如山】 qì yǒng rú shān

[释义] 形容气愤到极点。[语见] 晋·陈寿《三国志·吴书·吴主传》:"欲自征渊（公孙渊）。"裴松之注引《江表传》:"朕年六十,世事难易,靡所不尝,近为鼠子所前却,令人气涌如山。"[例句] 看到这种情形,他不由得～,愤怒地咆哮起来。

【气逾霄汉】 qì yú xiāo hàn

[释义] 见"气凌霄汉"。[语见] 唐·李延寿《南史·齐本纪上》:"公受命宗祊,精贯朝日,拥节和门,气逾霄汉。"[例句] 电视剧中那一幕幕～的场面令人难忘。

【气宇昂昂】 qì yǔ áng áng

[释义] 精神饱满,气度不凡的样子。[语见] 明·冯梦龙《东周列国志》第三十四回:"指挥军士,东西布阵,气宇昂昂,旁若无人。"[例句] 他穿上铠甲,越发显得～,威风凛凛。

【气宇轩昂】 qì yǔ xuān áng

[释义] 见"器宇轩昂"。[语见] 明·冯梦龙《醒世恒言》第二十八卷:"那大臣衣冠齐楚,气宇轩昂。"[例句] 参加辩论的选手个个精神饱满、～,演讲流畅自然。

【气壮河山】 qì zhuàng hé shān

[释义] 见"气壮山河"。[语见] 唐·张说《孔补阙集市》:"族高辰象,气壮河山,神作铜钩,天开金印。"[例句] 文天祥的一番话,说得～,令人顿生敬意。

【气壮理直】 qì zhuàng lǐ zhí

[释义] 见"理直气壮"。[语见] 义侠《为滇越铁路告成警告全滇》:"法人无端废约于先,吾滇人要求废约于后,气壮理直,谅法人不复狡为思逞。"[例句] 别看他表面上说得～,其实,他心里虚着呢。

【气壮山河】 qì zhuàng shān hé

[释义] 形容气势雄壮豪迈。[语见] 明·无名氏《鸣凤记·易生避难》:"生离死别何足虑,但愿得早旋旌旆,气壮山河金戈挽落晖。"[例句] 在抵御外族侵略的斗争中,他们用鲜血写下了一曲～,保家卫国的悲壮史诗。

【弃暗投明】 qì àn tóu míng

[释义] 弃:放弃,抛弃。暗:黑暗。投:投身,投向。明:光明。背弃黑暗而投身光明。喻指放弃落后、反动的立场而投身正义、进步的事业。[语见] 明·许仲琳《封神演义》第五十六回:"今将军既知顺逆,弃暗投明,俱是一殿之臣,何得又分彼此。"[例句] 他呼吁爆炸案的在逃犯～,尽快向警方自首。

【弃本逐末】 qì běn zhú mò

[释义] 见"舍本逐末"。[语见] 汉·班固《汉书·食货志下》:"民心动摇,弃本逐末。"[例句] 经营没有搞上去,去搞什么出勤测验,真是～!

【弃短取长】 qì duǎn qǔ cháng

[释义] 弃:舍去。取:吸取。舍弃别人的短处,采取别人的长处。[语见] 汉·王符《潜夫论·实贡》:"智者弃其短而采其所长,以致其功,明君用士,亦犹是也。"[例句] 学习国外企业的管理经验,应善于～,取其精华,弃其糟粕。

【弃过图新】 qì guò tú xīn

[释义] 抛弃过错,谋求更新。[语见] 元·脱脱等《金史·完颜匡传》:"又蒙圣画改输银三百万两,在本朝宜不敢固违,然倾国资财,竭民膏血,恐非大金皇帝弃过图新、兼爱南北之意也。"[例句] 我决定～,重新做人。

【弃甲倒戈】 qì jiǎ dǎo gē

[释义] 弃:抛弃。甲:古代军人穿的铁片制成的护身衣。倒戈:指临阵投降对方,转而攻击己方。形容抛弃原来的武装,投降敌方,反过来打自己人。[语见] 明·罗贯中《三国演义》第四十六回:"若是这个月破不得,只可依张子布之言,弃甲倒戈,北面而降之耳!"[例句] 开战不久,无心恋战的敌兵便纷纷～。

【弃甲曳兵】 qì jiǎ yè bīng

[释义] 曳:拖着。兵:兵器。丢弃铠甲,倒拖兵器。形容打败仗狼狈逃跑的样子。[语见]《孟子·梁惠王上》:"填然鼓之,兵刃既接,弃甲曳兵而走。"[例句] 敌军被杀得～,狼狈而逃!

【弃旧开新】qì jiù kāi xīn.
[释义] 弃:抛弃。开:开创。抛弃旧的,开创新的。[语见] 宋·苏轼《刑赏忠厚之至论》:"有一不善,从而罚之,又从而哀矜惩创之,所以弃其旧而开其新。"[例句] 只要你～,父母一定会原谅你的。

【弃旧怜新】qì jiù lián xīn
[释义] 怜:爱怜。指抛弃旧宠,爱上新欢。[语见] 元·关汉卿《望江亭》第二折:"他心儿里悔,悔。你做的个弃旧怜新,他则是见咱有意,使这般巧谋奸计。"[例句] 这家伙～,很快便抛弃了她。

【弃旧图新】qì jiù tú xīn
[释义] 弃:抛弃,扔掉。图:打算,谋求。抛弃旧的、错误的,谋求新的、正确的。[例句] 当节目收视率下降,失去竞争力时,我们就应该～,推出新的栏目。

【弃旧自新】qì jiù zì xīn
[释义] 自新:自己改过更新。参见"弃旧图新"。[语见] 汉·司马迁《史记·吴王濞列传》:"(吴王)诈称病不朝,于古法当诛,文帝弗忍,因赐几杖,德至厚,当弃旧自新。"[例句] 虽然他罪孽深重,可还是应该再给他一次～的机会。

【弃逆归顺】qì nì guī shùn
[释义] 弃:抛弃。放弃错误的、不义的事情,归附正确的、正义的事业。[语见] 唐·韩愈《论淮西事宜状》:"放之使归,销其凶悖之心,贷以全生之幸,自然相率弃逆归顺。"[例句] 眼看失败在所难免,叛军纷纷～。

【弃如弁髦】qì rú biàn máo
[释义] 弁:黑布冠。髦:童子的垂发。古代贵族子弟行加冠之礼,先用黑布冠把垂发束好,三次加冠之后即丢弃不用。比喻毫不可惜地抛弃无用之物。[语见] 清·翟灏《通俗编·服饰》:"弃如弁髦,《左传·昭公九年》:'岂如弁髦,而因以敝之。'"[例句] 他只是在利用你,事成之后一定会将你～的。

【弃若敝屣】qì ruò bì xǐ
[释义] 敝屣:破鞋子。像扔掉破鞋子一样把它抛弃。比喻毫不可惜。[语见] 明·赵弼《三贤传》:"子食汉禄三世,而一旦弃之敝屣。"[例句] 这都是别人求之不得的,你却～。

【弃瑕录用】qì xiá lù yòng
[释义] 瑕:玉上的斑点,比喻错误,过失。录用:录取使用。指对犯过错误、有污点的人仍然予以任用。[语见] 南朝梁·丘迟《与陈伯之书》:"圣朝赦罪责功,弃瑕录用,推赤心于天下,安反侧于万物。"[例句] 那家公司的老板不计前嫌,～,令她非常感激。

【弃瑕取用】qì xiá qǔ yòng
[释义] 瑕:玉上的斑点,借指人的过错。指不计较其过错而加以信用。[语见] 汉·陈琳《为袁绍檄豫州》:"于是提剑挥鼓,发命东夏,收罗英雄,弃瑕取用。"[例句] 公司正是用人之际,像他这样的人才还是应当～。

【弃邪从正】qì xié cóng zhèng
[释义] 离开邪恶。归于正道。[语见] 晋·陈寿《三国志·蜀书·后主传》:"五年春,丞相亮出屯汉中,营沔北阳平石马。"裴松之注引《诸葛亮集》载后主刘禅诏曰:"有能弃邪从正,箪食壶浆以迎王师者,国有常典,封宠大小,各有品限。"[例句] 他决心～,从此不再害人。

【弃邪归正】qì xié guī zhèng
[释义] 见"改邪归正"。[语见] 明·施耐庵《水浒传》第一百零七回:"卢俊义慰抚劝劳,就令武顺镇守城池,因此贼将皆感泣,倾心露胆,弃邪归正。"[例句] 作为父亲,他多么期望自己的孩子能够～,重新做人啊!

【弃之如敝屣】qì zhī rú bì xǐ
[释义] 见"弃若敝屣"。[例句] 一旦他不再对你感兴趣,就会～地一脚把你踢开。

【弃子逐妻】qì zǐ zhú qī
[释义] 弃:丢弃。逐:赶走,强迫离开。丢弃儿子,赶走妻子。形容人民生活困苦,妻离子散。[语见] 唐·韩愈《御史台上论天旱人饥状》:"上恩虽宏,下困犹甚,至闻有弃子逐妻以求口食……"

[例句] 为了追求新欢,他不惜～,毁灭自己的家庭。

【泣不成声】 qì bù chéng shēng
[释义] 泣:哭泣。声:声音。哭泣得过度而发不出声音。形容极度悲伤。[语见]汉·赵晔《吴越春秋·越王无余外传》:"昼哭夜泣,气不属声。"[例句] 听到这里,她早已～。

【泣而向隅】 qì ér xiàng yú
[释义] 见"向隅而泣"。[例句] 百叟宴正如火如荼地进行着,一老者却～,这令得皇上大为惊讶。

【泣下如雨】 qì xià rú yǔ
[释义] 见"泪如雨下"。[语见]汉·刘向《说苑·复恩》:"鲍叔死,管仲举上衽而哭之,泣下如雨。"[例句] 她们听到这里的时候,早已～了,报告便无法再进行下去了。

【契合金兰】 qì hé jīn lán
[释义] 契合:投合。金兰:指朋友相好。形容朋友之间非常投合。[语见]《周易·系辞上》:"二人同心,其利断金;同心之言,其臭如兰。"[例句] 他们二人情同道合,～,终日不离左右。

【契若金兰】 qì ruò jīn lán
[释义] 契:投合,相合。金兰:形容友情的诚信。比喻朋友间情意相投,真挚而深厚。[语见]南朝宋·刘义庆《世说新语·贤媛》:"山公与嵇、阮一面,契若金兰。"[例句] 多少年来,我都是孤军奋战,如今得遇～的帮手,真是天助我也。

【器小易盈】 qì xiǎo yì yíng
[释义] 见"小器易盈"。[语见]清·李汝珍《镜花缘》第十二回:"若令器小易盈,妄自尊大,那些骄傲俗吏看见,真要愧死。"[例句] 像她这种心胸狭窄的人,自是～,她稍微能出点彩,便什么痛都忘记了。

【器宇不凡】 qì yǔ bù fán
[释义] 器宇:仪表、风度。形容人的仪表、风度不一般。[例句] 她在晚宴上遇到～的他,很快便被深深地吸引了。

【器宇轩昂】 qì yǔ xuān áng
[释义] 器宇:指人的仪表、风度。轩昂:精神饱满振奋。[语见]明·罗贯中《三国演义》第三十六回:"只见一人侍立于侧。玄德视其器宇轩昂……"[例句] 那位军官～,英俊潇洒。

qia

【恰到好处】 qià dào hǎo chù
[释义] 恰:恰巧,正好。形容说话、办事达到最合适的地步。[语见]朱自清《经典常谈·春秋三传第六》:"《左传》所记当时君臣的话,从容委曲,意味深长。只是平心静气的说,紧要关头却不放松一步,真所谓恰到好处。"[例句] 这锅饭煮得～,不软不硬正合适。

【恰如其分】 qià rú qí fèn
[释义] 恰:恰好,正好。分:分寸。指说话办事合分寸。[语见]清·李绿园《歧路灯》第一百零八回:"赏分轻重,俱是阎仲端酌度,多寡恰如其分。"[例句] 他～地表现出男主角处在非常状态中的那种困惑和迷惘。

qian

【千变万化】 qiān biàn wàn huà
[释义] 形容变化多端。[语见]《列子·周穆王》:"乘虚不坠,触实不硋;千变万化,不可穷极。"[例句] 同样是这种病,临床表现却是～。

【千变万状】 qiān biàn wàn zhuàng
[释义] 见"千变万化"。[语见]唐·白居易《庐山草堂记》:"阴晴显晦,昏旦含吐,千变万状,不可殚纪。"[例句] 商场诡秘,但是～亦有其宗,那便是利润——追求利润的最大化,这便是所有商家的核心理念。

【千兵万马】 qiān bīng wàn mǎ
[释义] 见"千军万马"。[语见]唐·李延寿《南史·陈庆之传》:"先是洛中谣曰:名军大将莫自牢,千兵万马避白袍。"[例句] 你说你能指挥～,但是你竟指挥

不了三五个人,你的"本事"有谁敢相信呢?

【千部一腔,千人一面】 qiān bù yī qiāng, qiān rén yī miàn
[释义]成千部书都是一种写法,成千个人都是一个面孔。形容文艺创作或戏曲表演的公式化。[语见]清·曹雪芹《红楼梦》第一回:"至于才子佳人等书,则又开口'文君',满篇'子建',千部一腔,千人一面,且终不能不涉淫滥。"[例句]写作应突出个人风格,尽量避免那种"～"的情况。

【千仓万箱】 qiān cāng wàn xiāng
[释义]仓:粮仓。箱:车厢。形容丰年储备粮食极多。[语见]《诗经·小雅·甫田》:"乃求千斯仓,乃求万斯箱。"[例句]今年收成特别好,～,令人欣喜。

【千差万别】 qiān chā wàn bié
[释义]指种种差别。[语见]宋·释普济《五灯会元·清凉益禅师法嗣》:"僧问:'如何是无异底事?'师曰:'千差万别。'"[例句]这里的电器种类繁多,功能上也是～,令人难以取舍。

【千仇万恨】 qiān chóu wàn hèn
[释义]千、万:极言其多。数不清的仇恨。形容仇恨极深。[例句]他双目死死盯着我,好似有～一般。

【千锤百炼】 qiān chuí bǎi liàn
[释义]锤:锤打。炼:锻炼。本指打铁时要反复锤炼。比喻对文字反复推敲,精益求精。也比喻经历艰苦锻炼。[语见]唐·皮日休《刘枣强碑》:"自李太白百岁有是业者,雕金篆玉,牢奇笼怪。百锻为字,千炼成句,虽不在追躅太白,亦后来之佳作也。"[例句]在激烈的市场竞争中,该公司经过～,终于在众多企业中脱颖而出。

【千村万落】 qiān cūn wàn luò
[释义]落:聚居的地方。泛指许许多多的村庄。[语见]唐·杜甫《兵车行》:"君不闻汉家山东二百州,千村万落生荆杞。"[例句]战争结束后,这里的～处处长满野草,荒无人烟。

【千刀万剁】 qiān dāo wàn duò
[释义]见"千刀万剐"。[语见]元·无名氏《争报恩》第三折:"我可便项戴着沉枷……干着你六问三推,生将我千刀万剁。"[例句]当早该～的周兴被押过街头的时候,百姓呼声如雷。

【千刀万剐】 qiān dāo wàn guǎ
[释义]本指古代凌迟的酷刑。后多用为诅咒语,指人不得好死。[语见]明·施耐庵《水浒传》第三十八回:"千刀万剐的黑杀才!老爷怕你的不算好汉,走的不是好汉子。"[例句]大家纷纷斥骂偷车贼应该～,不得好死。

【千端万绪】 qiān duān wàn xù
[释义]端:头。绪:丝的头,比喻事物的开端。形容事物纷繁,头绪很多。[语见]三国魏·曹植《自诫令》:"机等吹毛求瑕,千端万绪,然终无可言者。"[例句]他拿起笔来,～一起涌上心头,不知该从何写起。

【千恩万谢】 qiān ēn wàn xiè
[释义]恩:感恩。反复向人道谢,表示感恩。[语见]明·凌濛初《二刻拍案惊奇》第八卷:"两人喜出望外,道是丁生非常高谊,千恩万谢而去。"[例句]众人拿到钱,～地离去了。

【千方百计】 qiān fāng bǎi jì
[释义]想尽各种办法,用尽各种计谋。[语见]《朱子语类·论语十七》:"譬如捉贼相似,须是著起气力精神,千方百计去赶捉他。"[例句]旅游旺季马上就要到了,各旅游公司都～地扩大宣传,希望吸引更多的游客。

【千方万计】 qiān fāng wàn jì
[释义]见"千方百计"。[语见]《敦煌变文集·降魔变文》:"若论肯卖,不诤价之高低……千方万计,不得不休。"[例句]我费尽心机,～地弄得这玩意,你竟然要横刀夺爱,你也太不够意思了吧!

【千夫所指】 qiān fū suǒ zhǐ
[释义]见"千人所指"。[例句]他一时糊涂犯下大错,结果成了～的罪人。

【千古独步】qiān gǔ dú bù
[释义]见"千载独步"。[语见]清·李汝珍《镜花缘》第九十三回："并非我要自负,实系前无古人,后无来者,竟可算得千古独步。"[例句]马致远凭着这一曲小令而能～,并不是偶然的。

【千红万紫】qiān hóng wàn zǐ
[释义]见"万紫千红"。[语见]宋·辛弃疾《水龙吟》词："人间得意,千红万紫,转头春尽。"[例句]太阳喷薄而出,霞光万丈,将一个个的春天之晨装扮得分外妖娆。

【千呼万唤】qiān hū wàn huàn
[释义]一再呼唤,多次催促。[语见]唐·白居易《琵琶行》："千呼万唤始出来,犹抱琵琶半遮面。"[例句]这部被媒体反复炒作,～始出来的巨片一经上映,立即引起大家的好评。

【千唤万唤】qiān huàn wàn huàn
[释义]见"千呼万唤"。[语见]宋·释普济《五灯会元·智门祚禅师法嗣》："师曰:'却须吃棒,上堂口罗舌沸,千唤万唤露柱因甚么不回头?'良久曰:'美食不中饱,人吃便下座。'"[例句]观众～,终于等来了电影的开始,哪知一场大雨,将刚刚得来的高兴驱赶得干干净净。

【千回百折】qiān huí bǎi zhé
[释义]回:道路回旋。折:曲折。形容道路弯弯曲曲。也形容文艺作品或歌声、乐曲起伏婉转。[语见]清·郑燮《潍县署中与舍弟书·五》:"(方)百川时文,精粹湛深,抽心苗,发奥旨,绘物态,状人情,千回百折,而卒造乎浅近。"[例句]小玉刚一张嘴,那～的音儿便回荡在茶舍之中,让人回味无穷。

【千回百转】qiān huí bǎi zhuǎn
[释义]回旋反复。形容经过很多周折。[语见]元·范居中《秋思》:"我这里千回百转自彷徨,撇不下多情数桩。"[例句]通道中曲折复杂,～,没有相当的辨别能力,短时间内很难走出去。

【千家万户】qiān jiā wàn hù
[释义]上千上万的人家。参看"千门万户"。[例句]随着通信网络的迅速发展,有线光缆开始伸入城市的～。

【千娇百媚】qiān jiāo bǎi mèi
[释义]形容女子的容貌姿态极其美好可爱。[语见]唐·张文成《游仙窟》:"千娇百媚,造次无可比方。"[例句]几年没见,她已出落得～,风情万种。

【千娇百态】qiān jiāo bǎi tài
[释义]娇:美好可爱。形容女性面貌、姿态的优美。[语见]南朝陈·徐陵《杂曲》:"绿黛红颜两相发,千娇百态情无歇。"[例句]门开了,伴娘扶着～的新娘子从里面走出。

【千金买骨】qiān jīn mǎi gǔ
[释义]《战国策·燕策一》:"马已死,买其首五百金,反以报君。君怒曰:'所求者生马,安事死马而捐五百金?'涓人对曰:'死马且买之五百金,况生马乎?天下必以王为能市马,马今至矣!'"比喻渴望求得贤才。[例句]我这么～,不是做做样子,我的确很希望有真才实学的人前来投奔。

【千金一笑】qiān jīn yī xiào
[释义]形容美人的笑颜难得,价值千金。[语见]明·汤显祖《紫钗记·堕钗灯影》:"道千金一笑相逢夜,似近蓝桥那般欢惬。"[例句]西施入吴宫之后,～,郁郁寡欢,人日渐憔悴。

【千金一掷】qiān jīn yī zhì
[释义]见"一掷千金"。[语见]唐·李白《自汉阳病酒归寄王明府》诗:"莫惜连船沽美酒,千金一掷买芳春。"[例句]那些人挥霍无度,～,都是些纨绔子弟。

【千金之家】qiān jīn zhī jiā
[释义]指富豪之家。[语见]汉·司马迁《史记·货殖列传》:"是故江淮以南,无冻饿之人,亦无千金之家。"[例句]如此奢侈消费,即便是～也会有消耗殆尽的一天。

【千金之子】qiān jīn zhī zǐ
[释义]旧时称富家子弟。[语见]汉·司马迁《史记·袁盎晁错列传》:"臣闻千金之子,坐不垂堂。"[例句]果不其然

是～，他出手非常阔绰。

【千军万马】 qiān jūn wàn mǎ

[释义] 形容兵马众多，队伍庞大。也比喻声势浩大。[语见] 宋·无名氏《京本通俗小说·西山一窟鬼》："地下又滑，肚里又怕，心头一似小鹿儿跳，一双脚一似斗败公鸡，后面一似千军万马赶来，再也不敢回头。"[例句] 他曾指挥～，杀敌无数。

【千钧一发】 qiān jūn yī fà

[释义] 见"一发千钧"。[语见] 宋·程珌《程端明公洺水集·丙子轮对札子(二)》第十一卷："肆我祖宗得请于上帝，假手鞑靼，连岁屏除，岌岌之势千钧一发矣。"[例句] 在这～之际，他切断了电源，从而避免了一场事故。

【千里鹅毛】 qiān lǐ é máo

[释义] 比喻礼物虽轻而情意深厚。[语见] 明·兰陵笑笑生《金瓶梅词话》第五十六回："今日华诞，特备的几件菲仪，聊表千里鹅毛之意，愿老爷寿比南山。"[例句] 我这是～，礼轻情义重。

【千里命驾】 qiān lǐ mìng jià

[释义] 命驾:命令车夫驾车。指路远的好友造访，多形容友情深厚。[语见] 唐·房玄龄《晋书·稽康传》："东平吕安服康高致，每一相思，辄千里命驾，康友而善之。"[例句] 每到相思的时候，他便～，不远万里赶回来看我。

【千里迢迢】 qiān lǐ tiáo tiáo

[释义] 迢迢:遥远。形容路途遥远。[语见] 明·吾邱瑞《运甓记·辞亲赴任》："路岐南北，路岐南北，千里迢迢远适。"[例句] 他～来到这里，是想找一个人。

【千里迢遥】 qiān lǐ tiáo yáo

[释义] 见"千里迢迢"。[语见] 明·胡文焕《群音类选·桃园记·独行千里》："不惮千里迢遥，寻兄长，存节孝。"[例句] 此去长安路途遥远，你～的又形单影只，怎不令人担忧?

【千里之堤，溃于蚁穴】 qiān lǐ zhī dī, kuì yú yǐ xué

[释义] 千里长的大堤，因为蚂蚁的洞穴而崩溃。比喻大的灾难或损失往往是由微小的隐患逐渐酿成的。[语见] 《韩非子·喻老》："千里之堤，以蝼蚁之穴溃。"[例句] 要知道，～，所以我们这次的修建任务，决不能有任何疏忽。

【千里之行，始于足下】 qiān lǐ zhī xíng, shǐ yú zú xià

[释义] 千里远的路程，总是从迈出第一步开始。比喻凡事要从头做起，才能有成。[语见] 《老子》第六十四章："合抱之木，生于毫末;九层之台，起于累土;千里之行，始于足下。"[例句] ～，任何事情都要从头做起。

【千了百当】 qiān liǎo bǎi dàng

[释义] 形容一切妥帖。[语见] 《朱子语类·论语十六》："圣人发愤便忘食，乐便忘忧，直是一刀两断，千了百当。"[例句] 明天之前，一切准备工作必须～，全部就绪。

【千虑一得】 qiān lù yī dé

[释义] 指愚笨人的考虑也会有可取之处。后多用为自谦之语。[语见] 《晏子春秋·内篇杂下》："婴闻之:'圣人千虑，必有一失;愚人千虑，必有一得。'"[例句] 以上是本人在过去十年中对税制改革研究的思考，～，希望能对大家有所启发。

【千虑一失】 qiān lù yī shī

[释义] 指聪明人有时也会失算。[语见] 《晏子春秋·内篇杂下》："圣人千虑，必有一失;愚人千虑，必有一得。"[例句] 这次野营的准备工作不可谓不细，但～，还是忘了带雨伞。

【千门万户】 qiān mén wàn hù

[释义] 原指屋宇广大。后用以形容众多的人家住户。[语见] 汉·司马迁《史记·封禅书》："于是作建章宫，度为千门万户。"[例句] 该医院设置了健康服务热线，把健康送进了～。

【千难万难】 qiān nán wàn nán

[释义] 非常困难。[语见] 元·贯云石《一枝花·离闷》："常言道好事多悭，陡恁的千难万难。"[例句] 纵有～，我们也要坚持到底。

【千难万险】qiān nán wàn xiǎn
[释义] 形容困难、危险极多。[语见] 元·杨景贤《西游记杂剧》第五本第十八折:"火焰山千难万险,早求法力到西天。"[例句] 这些探险家历经～,终于到达了目的地。

【千年万载】qiān nián wàn zǎi
[释义] 形容年代非常久远。[语见] 元·无名氏《来生债》第三折:"我则待显名儿千年万载。"[例句] 科学家们一直梦想能够发明一种～取之不竭的新能源。

【千篇一律】qiān piān yī lǜ
[释义] 很多篇诗文都是同样的体裁、格式。指作品公式化,也泛指事物形式呆板,毫无变化。[语见] 南朝梁·钟嵘《诗品·晋司空张华》:"谢康乐云:张公虽复千篇,犹一体耳。"[例句] 使用这些～的教科书和教学模式,是培养不出富有创造力的学生的。

【千奇百怪】qiān qí bǎi guài
[释义] 指形形色色的奇怪事物。[语见] 宋·释普济《五灯会元·广慧琏禅师法嗣》:"知有乃可随处安闲,如人在州县住,或闻或见,千奇百怪。"[例句] 昆虫博物馆里展出了各种～的甲虫。

【千千万万】qiān qiān wàn wàn
[释义] 见"万万千千"。[语见] 唐·杜牧《晚晴赋》:"千千万万之状兮,不可得而状也。"[例句] 每天都有～的玩家在虚拟的游戏世界里流连忘返。

【千秋万代】qiān qiū wàn dài
[释义] 见"千秋万岁"。[例句] 人类应当保护好生态资源,以利～。

【千秋万古】qiān qiū wàn gǔ
[释义] 见"千秋万岁"。[语见] 北周·庾信《周上柱国齐王宪神道碑》:"千秋万古,英灵在斯。"[例句] 普天之下,父母对自己孩子的爱是～都不会改变的。

【千秋万世】qiān qiū wàn shì
[释义] 秋:年。形容年代久远。[语见] 唐·欧阳询《艺文类聚》第四十四卷引《说苑》:"千秋万世之后,宗庙必不血食,高台既已坏,曲池既已渐。"[例句] 他满怀壮志,要成就一番大业,留名～。

【千秋万岁】qiān qiū wàn suì
[释义] 形容年代久远。[语见]《韩非子·显学》:"千秋万岁之声聒耳,而一日之寿无征于人。"[例句] 我才不会干出那样的蠢事,给自己留下一个～的骂名呢!

【千人所指】qiān rén suǒ zhǐ
[释义] 指:指责。受到众多人的怨恨。指众怒难犯。[语见] 汉·班固《汉书·王嘉传》:"里谚曰:'千人所指,无病而死。'"[例句] 这个暴君倒行逆施,～,是必然会走向灭亡的。

【千山万壑】qiān shān wàn hè
[释义] 见"千山万水"。[语见] 唐·杜甫《咏怀古迹五首》诗:"群山万壑赴荆门,生长明妃尚有村。"[例句] 登上山顶,可以尽览四周的～,心情格外舒畅。

【千山万水】qiān shān wàn shuǐ
[释义] 极言山水之多,比喻道路的艰险。[语见] 宋·杜安世《鹊桥仙》:"楼高终日倚阑干,目断处,千山万水。"[例句] 不论你到了哪里,我必然会跟着你,越过～,来到你的身边。

【千丝万缕】qiān sī wàn lǚ
[释义] 缕:线,线状物。形容长而纤细的东西非常繁多。也形容思绪多端或事物间复杂的联系。[语见] 元·无名氏《一枝花》:"长叹罢罗帕频掩,都揾尽千丝万缕。"[例句] 她触景伤情,～涌上心头。

【千思万想】qiān sī wàn xiǎng
[释义] 形容无数遍的反复思索。[语见] 明·无名氏《误失金环》第四折:"今日简打叠起千思万想,怎下的说短论长,仔细思量,其实难当。"[例句] 她～,还是想不出该怎么做。

【千岁一时】qiān suì yī shí
[释义] 见"千载一时"。[语见] 唐·房玄龄等《晋书·慕容云载记》:"机运难邀,千岁一时,公焉得辞也!"[例句] 这～的机会,就这样与我们失之交臂了。

【千态万状】qiān tài wàn zhuàng
[释义] 形容状态多种多样。[语见]《宣

和画普·山水》:"(郭熙)于高堂素壁放手作长松巨木,回溪断崖,岩岫巉绝,峰峦秀起,云烟变灭晻霭之间,千态万状。"[例句]这些石刻狮子,有的母子相抱,有的交头接耳,有的像倾听水声,~,惟妙惟肖。

【千条万端】qiān tiáo wàn duān
[释义]形容事物的细密繁多。[语见]南朝宋·范晔《后汉书·吴汉传》:"逼进成都,去城十余里,阻江北为营,作浮桥,使副将威武将军刘尚将万余人屯于江南,相去二十余里,帝闻大惊,让汉曰:'比敕公千条万端,何意临事悖乱⋯⋯'"[例句]两人坐在一起,~,不知从何说起。

【千条万绪】qiān tiáo wàn xù
[释义]见"千端万绪"。[例句]看着她忧郁的眼睛,~,却不知从何说起。

【千头万绪】qiān tóu wàn xù
[释义]形容事物纷繁,头绪很多。[语见]宋·葛长庚《永遇乐·寄鹤林靖》:"寻思往事,千头万绪,回首诮如梦里。"[例句]连续几日,红玉都静静地坐在书房里,可是~,总难理出个头绪来。

【千万买邻】qiān wàn mǎi lín
[释义]指好邻居难得、可贵。[语见]唐·李延寿《南史·吕僧珍传》:"初,宋季雅罢南康郡,市宅,居僧珍宅侧。僧珍问宅价,曰:'一千一百万。'怪其贵。季雅曰:'一百万买宅,一千万买邻。'"[例句]真可谓~,像你这样的好邻居可真难找。

【千辛百苦】qiān xīn bǎi kǔ
[释义]见"千辛万苦"。[语见]明·冯梦龙《警世通言》第三十一卷:"如今说一个妓家故事,虽比不得李亚仙、梁夫人恁般大才,却也在千辛百苦中熬炼过来⋯⋯"[例句]你母亲~地把你养大,培育成人,你竟然不尽赡养的义务,你的良心何在?

【千辛万苦】qiān xīn wàn kǔ
[释义]形容非常辛苦。[语见]元·张之翰《西岩集·元日》第八卷:"千辛万苦都尝遍,只有吴淞水最甘。"[例句]历尽~,

种种磨难,他们终于找到了宝藏的埋藏之地。

【千绪万端】qiān xù wàn duān
[释义]见"千端万绪"。[语见]唐·房玄龄《晋书·陶侃传》:"侃性聪敏,勤于吏职,恭而近礼,爱好人伦。终日敛膝危坐,阃外多事,千绪万端,罔有遗漏。"[例句]事情的来龙去脉,~,我一时半天是怎么也说不明白的。

【千岩竞秀】qiān yán jìng xiù
[释义]岩:山崖。一座座山岩好像在互相比美。形容山景秀丽。[语见]南朝宋·刘义庆《世说新语·言语》:"顾长康从会稽还,人问山川之美。顾云:'千岩竞秀,万壑争流,草木蒙笼其上,若云兴霞蔚。'"[例句]这里既有~、万壑争流的壮美,又有小桥流水的秀丽,是旅游度假的好地方。

【千岩万谷】qiān yán wàn gǔ
[释义]见"千岩万壑"。[语见]宋·吴自牧《梦粱录》第十一章:"宫有五洞交局,九峰回抱,千岩万谷,秀聚其中。"[例句]放眼望去,万里山脉~,恰如人生,哪能有一马平川的奢望?

【千岩万壑】qiān yán wàn hè
[释义]壑:山谷。形容山岭溪涧重叠起伏。[语见]南朝宋·刘义庆《世说新语·言语》:"顾长康从会稽还,人问山川之美。顾云:'千岩竞秀,万壑争流,草木蒙笼其上,若云兴霞蔚。'"[例句]这里群峰兀立,危岩罗列,真可称得上是~。

【千依百顺】qiān yī bǎi shùn
[释义]形容事事顺从。[语见]明·凌濛初《初刻拍案惊奇》第二十七卷:"凡是船家叫他做些什么,他千依百顺,替他收拾零碎,料理事务。"[例句]她对丈夫~,从来都不敢反抗。

【千依万顺】qiān yī wàn shùn
[释义]见"千依百顺"。[语见]明·董说《西游补》第六回:"忽有一对侍儿跪在面前:'请大王娘娘赴宴。'行者暗想道:'我还不要千依万顺他。'"[例句]结婚后,他对妻子~,宠爱有加。

【千载独步】qiān zǎi dú bù
[释义]独步:独一无二。形容古往今来绝无仅有、独一无二。[语见]唐·李阳冰《草堂集序》:"自三代以来,风骚之后,驰驱屈宋,鞭挞扬马,千载独步,唯公一人。"[例句]他的艺术成就真可谓～。

【千载难逢】qiān zǎi nán féng
[释义]载:年。逢:遇到。形容机会难得。[语见]南朝齐·孔稚之《临终上表》:"臣以凡庸,谬徼昌运,奖擢之厚,千载难逢。"[例句]互联网技术的飞速进步,为远程教育提供了～的发展机遇。

【千载一逢】qiān zǎi yī féng
[释义]见"千载一遇"。[语见]唐·姚思廉《梁书·任昉传》:"顾已循涯,寔知尘忝,千载一逢,再造难答。"[例句]对于一个新闻工作者来说,这可是个～的机会啊。

【千载一合】qiān zǎi yī hé
[释义]见"千载一遇"。[语见]汉·班固《汉书·王褒传》:"上下俱欲,驩然交欣,千载一合,论说无疑。"[例句]这～的一幕,就如此被这位世界级的摄影师留了下来。

【千载一会】qiān zǎi yī huì
[释义]见"千载一遇"。[语见]晋·陈寿《三国志·吴书·胡综传》:"此诚千载一会之期,可不深思而熟计乎!"[例句]画家把这～的一幕,用画笔保留了下来,给后人以警示。

【千载一时】qiān zǎi yī shí
[释义]一千年才有这么一个好时机。形容机会非常难得。[语见]唐·房玄龄等《晋书·王羲之传》:"古人耻其君不为尧舜,北面之道,岂愿尊其所事,比隆往代,况遇千载一时之运?顾智力屈于当年,何得不权轻重而处之也。"[例句]运气好的话,明天也许能看到这次～的天文奇观。

【千载一遇】qiān zǎi yī yù
[释义]载:年。一千年才遇到一次。形容机会难得。[语见]汉·班固等《东观汉记·耿况传》:"太史官曰:耿况彭宠,俱遭

际会,顺时乘风,列为藩辅,忠孝之策,千载一遇也。"[例句]这真是～的大喜事!

【千真万确】qiān zhēn wàn què
[释义]形容情况非常确实。[语见]清·钱彩《说岳全传》第十四回:"千真万确,朝廷已差官兵前去征剿了。"[例句]我说的都是～,绝无半句谎言。

【千真万真】qiān zhēn wàn zhēn
[释义]见"千真万确"。[语见]清·曹雪芹《红楼梦》第三十五回:"千真万真,从我们家四个女孩儿算起,都不如宝丫头。"[例句]～,我说的全是实话。

【千状万端】qiān zhuàng wàn duān
[释义]见"千态万状"。[语见]宋·王安石《与孙侔书》:"某忧痛愁苦,千状万端,书所不能具,以此思足下,欲飞去,可以言吾心所欲言者,唯正之、子固耳。"[例句]教堂的四周遍布壁画,画中人物,～,神态动作栩栩如生。

【千状万态】qiān zhuàng wàn tài
[释义]见"千态万状"。[语见]宋·陆九渊《与王谦仲》:"朝暮雨旸云烟出没之变,千状万态,不可名模。"[例句]雨停了,太阳出来了,天上的云彩～,让人浮想联翩。

【千姿百态】qiān zī bǎi tài
[释义]千、百:言其多。形容人、生物或艺术作品极多,各有不同的神韵姿态,妙趣无穷。[例句]这些雕刻工艺品～,妙不可言。

【迁客骚人】qiān kè sāo rén
[释义]迁客:旧时遭贬而到外地的官吏。骚人:诗人,文人,由屈原的《离骚》而得名。指遭贬而流放外地的官吏和怀才不遇的诗人、文人。[语见]宋·范仲淹《岳阳楼记》:"迁客骚人,多会于此。"[例句]古时无数的～见到此景,都忍不住要提笔写作。

【牵肠割肚】qiān cháng gē dù
[释义]见"牵肠挂肚"。[语见]元·贯云石《斗鹌鹑·佳偶》曲:"知心可腹,牵肠割肚,不枉了用功夫。"[例句]你远在边关,又孤身一人,家里怎么能不为你～地

担忧呢?

【牵肠挂肚】 qiān cháng guà dù
[释义] 形容心中挂念,放心不下。
[语见] 明·冯梦龙《醒世恒言》第十六卷:
"为了你,日夜牵肠挂肚,废寝忘餐。"
[例句] 最令他～的,是老母亲的健康状况。

【牵萝补屋】 qiān luó bǔ wū
[释义] 萝:女萝,一种能爬蔓的植物。把萝藤引到茅屋顶上补漏洞。形容生活很困难,挪东补西。后也用以指将就凑合。[语见] 唐·杜甫《佳人》诗:"侍婢卖珠回,牵萝补茅屋。"[例句] 他早已过惯了这种～、挪东补西的贫苦生活。

【牵强附会】 qiān qiǎng fù huì
[释义] 牵强:勉强。附会:把本没有关系的事物硬联系在一起。把不相关联的事物勉强地拉扯到一起,或把本没有某种意义的事物硬说成是有某种意义。参看"穿凿附会"。[语见] 清·曾朴《孽海花》第十一回:"后儒牵强附会,费尽心思,不知都是古今学不分明的缘故。"[例句] 这两种事物之间并没有直接关系,非要拉在一起,未免有些～。

【牵一发而动全身】 qiān yī fà ér dòng quán shēn
[释义] 牵动一根头发就使整个身体都动。比喻改动一个极小的部分就会影响全局。[语见] 清·龚自珍《自春徂秋偶有所触》诗:"一发不可牵,牵之动全身。"[例句] 内核程序的更改往往会～,必须非常谨慎。

【铅刀一割】 qiān dāo yī gē
[释义] 铅刀:铅质的刀,常指钝刀。虽钝如铅刀,必要时仍有宰割之用。比喻才能微薄,但有时还能派上用场。[语见] 南朝梁·萧统《文选·左思〈咏史八首〉》:"铅刀贵一割,梦想骋良图。"[例句] ～,希望我也能尽到一点微薄的力量。

【谦谦君子】 qiān qiān jūn zǐ
[释义] 谦谦:谦虚的样子。谦虚而对自己要求严格的人。现也用来指那些故作谦虚而实际虚伪的人。[语见]《周易·谦》:"谦谦君子,卑以自牧也。"[例句] 他仪态端方,待人得体,一看便知是个～。

【谦虚谨慎】 qiān xū jǐn shèn
[释义] 谦虚:虚心,不自满。谨慎:说话、办事小心。虚心不自满,小心仔细不大意。[例句] 自从参加工作后,他一直保持着～的工作作风。

【愆尤山积】 qiān yóu shān jī
[释义] 愆:过失。尤:罪过。所犯罪过很多,积累起来如同山一样高。[语见] 晋·陈寿《三国志·蜀书·刘封传》裴松之之注引《魏略》:"臣委质以来,愆尤山积。"[例句] 他在任多年,～,百姓敢怒而不敢言。

【前车可鉴】 qián chē kě jiàn
[释义] 见"前车之鉴"。[语见] 清·赵尔巽《清史稿·刘韵珂传》:"洋人在粤,曾经就抚,迨给银后,滋扰不休,反覆性成,前车可鉴。"[例句] ～,你要善于从别人的失败中吸取教训,不要重蹈覆辙。

【前车之鉴】 qián chē zhī jiàn
[释义] 鉴:镜子,引申为教训。前面车子翻了,后面的车子应引为教训。比喻先前的失败,可引为后来行动的教训。[语见] 清·李汝珍《镜花缘》第九十八回:"……并劝文芸、章荭'早早收兵';若再执迷不醒,这四人就是前车之鉴。'"[例句] 有了～,你不会再犯这种错误了吧。

【前程万里】 qián chéng wàn lǐ
[释义] 见"鹏程万里"。[语见] 元·石君宝《曲江池》楔子:"自来功名之事,前程万里,全要各人自去努力。"[例句] 这孩子～,前途不可估量。

【前度刘郎】 qián dù liú láng
[释义] 度:次,回。郎:指青年男子;也是旧时对一般男子的敬称。上次来过的刘郎。比喻到旧地重游的人。[语见] 唐·刘禹锡《再游玄都观绝句》:"种桃道士归何处? 前度刘郎今又来。"[例句] ～今又来,新赛季俱乐部又重新聘请了前任教练。

【前赴后继】 qián fù hòu jì
[释义] 赴:到,去。前面的人奋勇向

前,后面的人紧跟上去。形容英勇斗争,勇往直前。[例句] 无数士兵~,勇往直前,终于攻克了这座山头。

【前功尽灭】 qián gōng jìn miè
[释义] 过去的功劳全部废弃。[语见]《战国策·西周策》:"公之功甚多,今公又以秦兵出塞,过两周,践韩,而以攻梁,一攻而不得,前功尽灭,公不若称病不出也。"[例句] 朝廷连下十二道金牌,要他班师,眼见十年抗金,如今~,这位令金兵闻风丧胆的元帅,禁不住黯然泪下。

【前功尽弃】 qián gōng jìn qì
[释义] 以往取得的成绩,完全丢掉。也指以前所付出的努力全都白费。[语见] 汉·司马迁《史记·周本记》:"今又将兵出塞,过两周,倍韩,攻梁,一举不得,前功尽弃。"[例句] 这个时候一定要咬牙坚持,以免~。

【前古未有】 qián gǔ wèi yǒu
[释义] 见"前所未有"。[例句] 我们要做就要做~的事情,总跟在别人屁股后面,永远成不了大事。

【前呼后拥】 qián hū hòu yōng
[释义] 前面有人吆喝开路,后面有人簇拥保护。形容达官显贵外出时的排场。[语见] 元·无名氏《赚蒯通》第二折:"想为官的前呼后拥,衣轻乘肥,有多少荣耀。"[例句] 他每次出门,总有一大堆人~地跟着。

【前倨后卑】 qián jù hòu bēi
[释义] 倨:傲慢。原先傲慢,后来恭顺。[语见]《战国策·秦策一》:"苏秦曰:'嫂何前倨而后卑也。'"[例句] 他~,态度转变之快,让人惊愕万分。

【前倨后恭】 qián jù hòu gōng
[释义] 倨:傲慢,怠慢。起先傲慢,后来恭敬。[语见] 汉·司马迁《史记·苏秦列传》:"苏秦笑谓其嫂曰:'何前倨而后恭也?'"[例句] 听清他的来意,她一反常态,~地谄媚着。

【前门拒虎,后门进狼】 qián mén jù hǔ, hòu mén jìn láng
[释义] 比喻一方面祸患刚刚消除,另一

方面祸患又随之而来。[语见] 明·李贽《史纲评要·周纪》:"前门拒虎,后门进狼,未知是祸是福。"[例句] 请他发兵救援,无异于~。

【前怕狼,后怕虎】 qián pà láng, hòu pà hǔ
[释义] 前面怕有狼,后面怕遇到老虎。形容顾虑重重,缩手缩脚。[例句] 像你这样~,什么事情也做不成。

【前仆后继】 qián pū hòu jì
[释义] 仆:倒下。前面的人倒下了,后面的继续跟上来。形容不怕牺牲,英勇奋斗。[语见] 宋·王楙《野客丛书·后宫嫔御》:"情欲之不可制如此,故士大夫以粉白黛绿丧身殒命何可胜数,前仆后继,曾不知悟。"[例句] 他们~,浴血奋战,同侵略者进行了英勇的斗争。

【前人栽树,后人乘凉】 qián rén zāi shù, hòu rén chéng liáng
[释义] 比喻前人造福泽及于后世。[例句] 俗话说,~,我们要保护生态环境,为我们的子子孙孙着想。

【前事不忘,后事之师】 qián shì bù wàng, hòu shì zhī shī
[释义] 师:榜样。牢记以前的经验教训,作为今后行事的借鉴。[语见]《战国策·赵策一》:"前事不忘,后事之师。"[例句] ~,那段历史我们永远不能忘记。

【前思后想】 qián sī hòu xiǎng
[释义] 指反复地思索。[语见] 清·李宝嘉《官场现形记》第三十六回:"正在前思后想,一筹莫展的时候,忽见九姨太的一个贴身大丫头进房有事。"[例句] 我~,还是觉得储蓄风险最小。

【前所未闻】 qián suǒ wèi wén
[释义] 从来没有听说过。[语见] 宋·周密《齐东野语·黄婆》:"此事前所未闻,是知穷荒绝徼,天奇地怪,亦何所不有,未可以见闻所未及,遂以为诞也。"[例句] 新发掘出的这些珍贵文物中有些~,不少都是国家级珍品。

【前所未有】 qián suǒ wèi yǒu
[释义] 以前未曾有过的。[语见] 宋·徐

度《却扫编》下卷："国朝不历真相而为相者凡七人……而邓枢密洵武以少保领院事而不兼节钺,前所未有也。"[例句]互联网的迅速发展给网络设备供应商带来了～的商机。

【前无古人】 qián wú gǔ rén

[释义]古人中所没有的。形容有开创性。[语见]唐·陈子昂《登幽州台歌》："前不见古人,后不见来者。"[例句]他对人类的贡献可以说是～,后无来者。

【前仰后合】 qián yǎng hòu hé

[释义]形容身体前后晃动得很厉害。[语见]明·兰陵笑笑生《金瓶梅词话》第四十一回:"把李瓶儿笑的前仰后合。"[例句]大家被他的笑话逗得～。

【前因后果】 qián yīn hòu guǒ

[释义]因:起因。果:结果。事情的起因和结果。指事情从头到尾的全部过程。[语见]梁·萧子显《南齐书·高逸传论》:"今树以前因,报以后果。"[例句]只有知道了故事的～,才能更好地把握书中主人公的心理。

【前遮后拥】 qián zhē hòu yōng

[释义]形容十分拥挤、喧闹的样子。[语见]元·吴昌龄《东坡梦》第三折:"你这里齐臻臻前遮后拥,美甘甘笑口欢容……"[例句]一大群人～,向那个地方奔去。

【钱过北斗】 qián guò běi dǒu

[释义]北斗:星宿名。形容钱财极多。[语见]清·吴敬梓《儒林外史》第六回:"赵氏在家掌管家务,真是:钱过北斗,米烂成仓,僮仆成群,牛马成行,享福度日。"[例句]他家～,米烂成仓,是本地出了名的富裕户。

【钱可使鬼】 qián kě shǐ guǐ

[释义]见"钱可通神"。[语见]唐·房玄龄等《晋书·鲁褒传》:"谚曰:'钱无耳,可使鬼。'"[例句]那时的世道啊,～,只要你舍得,你可以使最无耻最浅薄的人,一夜之间变成最高尚最渊博的人,这便是金钱的魔力。

【钱可通神】 qián kě tōng shén

[释义]形容金钱有很大魔力,可以买通一切。[语见]唐·张固《幽闲鼓吹》第五十二卷:"唐张延赏判一大狱,召吏严缉。明旦见案上留下帖云:'钱三万贯,乞不问此狱。'张怒掷之。明旦复帖云:'十万贯。'遂止不问。子弟乘间侦之。张曰:'钱十万,可通神矣!无不可回之事。吾惧祸及,不得不止。'"[例句]在那个～的社会里,哪里还有公正和王法!

【钳口结舌】 qián kǒu jié shé

[释义]钳口:闭口不言。结舌:不敢说话。形容紧闭嘴巴不敢说话。[语见]汉·王符《潜夫论·贤难》:"此智士所以钳口结舌,括囊共默而已者也。"[例句]被老师训斥的她,手足无措,涨红了脸,～。

【钳口吞舌】 qián kǒu tūn shé

[释义]钳口:闭口。形容闭嘴不言。[语见]南朝梁·江淹《诣建平王上书》:"若使下官事非其虚,罪得其实,亦当钳口吞舌,伏匕首以殒身。"[例句]他受到了激烈的抢白之后,一阵～,脸色变得愈加难看。

【箝口结舌】 qián kǒu jié shé

[释义]见"钳口结舌"。[语见]宋·司马光《乞议求谏诏书札子》:"臣恐天下之士益箝口结舌,非国家之福也。"[例句]那个人是个刚愎自用的家伙,他再怎么做出问大家意见的样子,大家也只能～,一言不发。

【潜骸窜影】 qián hái cuàn yǐng

[释义]骸:指身体。形容隐匿躲藏,不敢露面。[语见]北齐·魏收《魏书·刘昶等传论》:"刘昶猜疑惧祸,萧赜亡破之余,并潜骸窜影,委命上国。"[例句]一路上他～,生怕被人发现。

【潜龙伏虎】 qián lóng fú hǔ

[释义]藏在深渊中的蛟龙,伏在丛莽中的猛虎。比喻未被擢用的人才。[语见]明·胡文焕《双珠记·西市认母》:"今日里笔生香,冠礼闱,似潜龙伏虎际却风云会。"[例句]他惊叹这里果然是～,人才辈出。

【潜龙勿用】 qián lóng wù yòng
[释义] 蛟龙隐伏而不为世所知。比喻人才埋没而未被重用。[语见]《周易·乾》:"初九,潜龙勿用。"[例句] 他极有才能,只是~,一直未遇到伯乐。

【潜山隐市】 qián shān yǐn shì
[释义] 潜身于山林,隐迹于市井。[语见] 唐·杜牧《送薛处士序》:"潜山隐市,皆处士也。"[例句] 这种人喜欢~,最怕别人打扰。

【潜身远祸】 qián shēn yuǎn huò
[释义] 谓隐藏潜伏,远避祸害。[语见] 清·文康《儿女英雄传》第十六回:"再让她就如妙手空空儿一般报了仇,竟有那本领潜身远祸,她又是个女孩儿家,难道还披发入山不成?"[例句] 不知他用了什么办法,居然~,怎么也抓不到。

【潜身远迹】 qián shēn yuǎn jì
[释义] 指隐居避世,不露踪迹。[语见] 汉·贾逵《上书请宥刘恺》:"窃见居巢侯刘般嗣子恺,素行孝友,谦让洁清,让封弟宪,潜身远迹,有司不原乐善之心。"[例句] 成名后,他多么盼望能~,避开这些纷扰。

【潜神默思】 qián shén mò sī
[释义] 形容专心致志,认真思索。[语见] 晋·陈寿《三国志·蒋济传》:"臣窃亮陛下潜神默思,公听并观,若事有未尽于理而物有未周于用,将改曲易调。"[例句] 几十年来,他~、苦心孤诣地探讨学术问题,逐步形成了自己独树一帜的流派和风格。

【潜图问鼎】 qián tú wèn dǐng
[释义] 比喻暗地里企图篡夺。[语见] 南朝齐·武帝《诛张敬儿诏》:"假托妖巫,用相震惑,妄设徵祥,潜图问鼎。"[例句] 我早看出这家伙~,很有野心。

【潜形匿迹】 qián xíng nì jì
[释义] 指躲藏隐匿,不出头露面。[语见] 宋·王谠《唐语林·豪爽》:"持法清峻,犯之者无宥,有严、张之风也。奸吏奸豪,潜形匿迹。"[例句] 这种动物平时~,很难捕捉。

【潜移暗化】 qián yí àn huà
[释义] 见"潜移默化"。[语见] 北齐·颜之推《颜氏家训·慕贤》:"潜移暗化,自然似之。"[例句] 我们虽然没有直接指导过小军,但是这几年因为他总能经常和我接触,我想我早已~地影响了他。

【潜移默夺】 qián yí mò duó
[释义] 潜:暗中,不见形迹。指暗中改移原状而不露痕迹。[语见] 清·张廷玉等《明史·李东阳传》:"其潜移默夺,保全善类,天下阴受其庇,而气节之士多非之。"[例句] 他可是个很有心计的人,小心他~,抢了头彩。

【潜移默化】 qián yí mò huà
[释义] 潜:暗中,不露行迹。默:无声无息。指人的思想或性格受到外部环境或他人的影响而不知不觉地发生了变化。[语见] 清·李宝嘉《文明小史》第一回:"第一须用些水磨工夫,叫他们潜移默化,断不可操切从事,以致打草惊蛇,反为不美。"[例句] 学校通过组织同学们读书、讲故事、看电影等活动,使同学们在~中受到爱国主义熏陶。

【潜移默运】 qián yí mò yùn
[释义] 见"潜移默夺"。[语见] 清·魏源《老子本义注》:"盖潜移默运,销之于未然,转之于不觉,救人而无救之迹,岂非重袭不露之天明乎?"[例句] 于大人在官场几十年无败绩,凭的全是他身上那种与生俱来的~,不着痕迹的功夫。

【潜移阴夺】 qián yí yīn duó
[释义] 见"潜移默夺"。[语见] 清·张廷玉等《明史·余珊传》:"初每事独断,今戚里左右,或潜移阴夺。"[例句] 敌军虽然表面上依然是每天攻击一阵,但是暗中却已~,将攻击的重点几乎完全改变了。

【黔驴之技】 qián lú zhī jì
[释义] 比喻拙劣的伎俩或有限的一点本领。[语见] 宋·李曾伯《代襄阃回陈总领贺转官》:"虽长蛇之势若粗雄,而黔驴之技已尽展。"[例句] 他就那点~,没什么了不起。

【浅尝辄止】qiǎn cháng zhé zhǐ
[释义] 浅:不深入、稍微。尝:尝试。辄:就、便。止:终止、停止。稍稍尝试一下就停止。比喻做事刚开头就停下来而不能深入、彻底。[例句] 那种不下功夫、～的学习方式是难以达到目的的。

【浅斟低唱】qiǎn zhēn dī chàng
[释义] 浅斟:缓缓饮酒。低唱:缓缓歌唱。一边慢慢饮酒,一边听人缓缓歌唱。形容有闲之人舒适安逸的生活。[语见]宋·柳永《鹤冲天》词:"忍把浮名,换了浅斟低唱。"[例句] 草原上,几个牧人～,低低的吉他声在风中传送着。

qiang

【枪林弹雨】qiāng lín dàn yǔ
[释义] 枪杆子如树林,射出的子弹像雨点。形容炮火密集,战斗激烈。[语见]张寿镛《四明丛书》第五集序:"积一、二月之心力,汇五百载之献文。枪林弹雨之中,汗竹秋灯之下,勉写成篇。"[例句]他冒着敌人的～,英勇地在前线抢救伤员。

【强本节用】qiáng běn jié yòng
[释义] 本:根本,指农桑。增强、发展农桑,节约费用。[语见]《荀子·天论》:"强本而节用,则天不能贫。"[例句] 政府采取了一系列～的举措,使得本地经济状况逐步转好。

【强本弱末】qiáng běn ruò mò
[释义] 春秋战国时期,李悝、管仲等提出的"重农抑商,发展农业生产"的政策。当时把农业认为是国家富强的根本,把同农业相对的商业和手工业称为"末"。[例句] 皇帝为了独揽全国政治、经济、文化、军事大权,推行了～的政策。

【强本弱枝】qiáng běn ruò zhī
[释义] 见"强干弱枝"。[语见]唐·房玄龄等《晋书·明帝纪》:"改授荆、湘等四州,以分上流之势,拨乱反正,强本弱枝。"[例句]朝廷采纳了他的建议,削弱诸侯的封地以～,巩固中央政权。

【强干弱枝】qiáng gàn ruò zhī
[释义] 干:树干。增强树干,削弱枝叶。比喻加强中央权力,削弱地方势力。[语见]汉·司马迁《史记·汉兴以来诸侯王年表序》:"而汉郡八九十,形错诸侯间,犬牙相临,秉其阨塞地利,强本干,弱枝叶之势……"[例句]朝廷采取～的政策,以防止几个大将的兵权过重。

【强奸民意】qiáng jiān mín yì
[释义] 指反动统治阶级把自己的意志强加到人民头上,硬说成是人民的意愿。[例句]他们通过控制国内的新闻媒体,颠倒是非,～。

【强弩之末】qiáng nǔ zhī mò
[释义] 弩:古代用机械力量射箭的弓。之:到。末:末端,尽头。用强劲的弩弓所射出的箭,已经到了射程的尽头。比喻强大的力量已经衰竭,不再有力。[语见]汉·司马迁《史记·韩长孺列传》:"强弩之极,矢不能穿鲁缟;冲风之末,力不能漂鸿毛。非初不劲,末力衰也。"[例句]经过长时间的急行军,到达目的地时,部队已成～。

【墙倒众人推】qiáng dǎo zhòng rén tuī
[释义]比喻人受挫折时,众人都来打击他。指旧社会的一种恶劣的世态。[语见]清·曹雪芹《红楼梦》第五十五回:"罢了!好奶奶们,'墙倒众人推',那赵姨娘原有些颠倒,'着三不着两',有了事都赖他。"[例句]反正他要辞职,于是～,所有的责任全都赖在他身上了。

【墙花路草】qiáng huā lù cǎo
[释义]见"墙花路柳"。[语见]明·高濂《玉簪记·词媾》:"奴本是柔枝嫩条,休比做墙花路草。"[例句]在～的问题上,他认为应当受到谴责的首先是男人。

【墙花路柳】qiáng huā lù liǔ
[释义]喻指娼妓。[语见]元·高明《二郎神·秋怀》曲:"风流,恩情怎比,墙花路柳?记待月西厢,和你携素手。"[例句]

昨天,当地市民举行了反对～的游行。

【墙上泥皮】 qiáng shàng ní pí
[释义] 比喻无用之物或微贱的人。
[语见] 元·无名氏《刘弘嫁婢》第二折:
"你可休觑的微贱看的容易,莫把这堂中
珍宝,你可休看成做墙上泥皮。"[例句]
这是珍贵的草药,可不是什么～。

【墙头马上】 qiáng tóu mǎ shàng
[释义] 姑娘从墙头望,骑马路过的小伙
子正巧看到她。形容青年男女一见相
爱,从而定情。[语见] 唐·白居易《井底
引银瓶》诗:"妾弄青梅凭短墙,君骑白马
傍垂杨。墙头马上遥相顾,一见知君即
断肠。"[例句] 两人～,说不尽的缠绵,道
不尽的浪漫。

【墙有耳】 qiáng yǒu ěr
[释义] 墙外有人窃听。比喻秘密泄露。
[语见]《管子·君臣下》:"古者有二言:墙
有耳,伏寇在侧。墙有耳者,微谋外泄之
谓也。"[例句] 说话尽量小声点,小心～。

【强词夺理】 qiǎng cí duó lǐ
[释义] 强:勉强。夺:争夺。硬把没理的
说成有理的,形容无理强辩。[语见] 明·
罗贯中《三国演义》第四十三回:"孔明所
言,皆强词夺理,均非正论,不必再言。"
[例句] 当客户提出异议时,他居然
还～,推卸责任。

【强聒不舍】 qiǎng guō bù shě
[释义] 强:勉强。聒:声音嘈杂。舍:放
弃。不管别人愿不愿听,就絮叨个没完。
[语见]《庄子·天下》:"见侮不辱,救民之
斗;禁攻寝兵,救世之战;以此周行天
下,上说下教,虽天下不取,强聒而不舍
者也。"[例句] 她根本不听我的抗议,～
地说个没完。

【强人所难】 qiǎng rén suǒ nán
[释义] 强:勉强。勉强别人做使之为难
的事。[语见] 唐·白居易《赠友五首》:
"不求士所无,不强人所难;量入以为
出,上足下亦安。"[例句] 让我求他办
事,这不是～嘛!

【强死强活】 qiǎng sǐ qiǎng huó
[释义] 不论死活地强使人依从。形容

极其勉强。[语见] 清·曹雪芹《红楼梦》
第六十三回:"探春哪里肯饮?却被湘
云、香菱、李纨等三四个人,强死强活,灌
了一钟才罢。"[例句] 她不肯喝酒,却被
旁边的人～地灌了进去。

【强颜欢笑】 qiǎng yán huān xiào
[释义] 强颜:十分勉强的神态。勉强地
在脸上做出欢笑的样子。[语见] 清·李
玉《一捧雪传奇·势索》:"曲背逢迎,强颜
欢笑。"[例句] 她真想哭,但在众人面前
又不得不～。

【强作解人】 qiǎng zuò jiě rén
[释义] 解人:通达事理或文辞意趣的人。
后指不明真意而妄发议论。[语见] 清·
毛大鹏《管城硕记》跋:"尝慨世之读书
者,略观大意,不求甚解。即一二汲古之
士,率皆穿凿附会,强作解人。"[例句] 读
书之前要搞清作者的意图,总有些不求
甚解、自作聪明的人乱发议论,～。

qiao

【敲边鼓】 qiāo biān gǔ
[释义] 比喻从旁帮腔。[语见] 清·李宝
嘉《官场现形记》第十一回:"你等一
等,我去替你探一探口气,再托周老爷敲
敲边鼓。"[例句] 妈妈整天催她快点结
婚,妹妹也老在旁边～。

【敲骨剥髓】 qiāo gǔ bō suǐ
[释义] 见"敲骨吸髓"。[语见] 明·许仲
琳《封神演义》第二十九回:"未有身为大
臣逢君之恶,蛊惑天子,残虐万民,假天
子之命令,敲骨剥髓,尽民之力肥润私
家,陷君不义,忍心丧节,如令兄者。"
[例句] 奴隶由于长期遭到奴隶主～的
盘剥,又基本没有受到过什么教育,他们
的脑子几乎有些迟钝了。

【敲骨吸髓】 qiāo gǔ xī suǐ
[释义] 比喻残酷地压榨、剥削。[例句]
统治者肆意对人民进行～地残酷剥
削,引发了一连串的反抗。

【敲锣边】 qiāo luó biān
[释义] 比喻从旁帮腔,协助。[例句] 许
多政治评论家纷纷发表文章,为这个提

案～。

【敲门砖】 qiāo mén zhuān
[释义]用来敲门的砖,敲开门就扔掉。比喻暂时用以捞取个人名利地位的工具或手段。[语见]明·田艺蘅《留青日札摘抄·非文事》:"又如《锦囊集》一书……抄录七篇,偶凑便了命中,子孙秘藏,以为世宝。其未得第也,则名之曰撞太岁,其既得第也,则号之曰敲门砖。"[例句]好的外语成绩是进入外企工作的～。

【敲诈勒索】 qiāo zhà lè suǒ
[释义]敲诈:依仗势力或用威逼、胁迫的手段诈骗财物。勒索:用威胁、强迫的手段向他人索要钱财。指用威胁、强迫等不正当手段强取他人钱财。[例句]他因～他人,触犯刑法而进了监狱。

【乔模乔样】 qiáo mú qiáo yàng
[释义]见"装模作样"。[例句]看他～、装腔作势的样子,真是好笑。

【乔迁之喜】 qiáo qiān zhī xǐ
[释义]乔:乔木,即高大的树木。乔迁:原指鸟儿从低处飞到高大的树木之上。后指人搬家到好的地方居住或升官。祝贺人搬新居。[语见]《诗经·小雅·伐木》:"伐木丁丁,鸟鸣嘤嘤,出自幽谷,迁于乔木。"[例句]热烈庆祝公司成立五周年暨～。

【乔松之寿】 qiáo sōng zhī shòu
[释义]乔、松:古代传说中的仙人王乔和赤松子。指像仙人那样的长寿。[语见]《战国策·秦策三》:"君何不以此时归相印,让贤者授之,必有伯夷之廉;长为应侯,世世称孤,而有乔松之寿。"[例句]老人身体健康,安享～。

【乔文假醋】 qiáo wén jiǎ cù
[释义]形容假装有学问。[语见]明·臧懋循《元曲选》:"乔文假醋,诗云子曰,不知他读书也不曾。"[例句]你这种～的样子真令人讨厌。

【乔装打扮】 qiáo zhuāng dǎ bàn
[释义]乔装:改换服装。打扮:化装,修饰。化装修饰一番,改换掉原来的服装,以使别人认不出自己,达到隐瞒身份的目的。[语见]清·文康《儿女英雄传》第十三回:"自己却乔装打扮的,雇了一只小船,带了两个家丁,沿路私访而来。"[例句]警察为了追捕罪犯,～,深入犯罪团伙内部。

【乔装改扮】 qiáo zhuāng gǎi bàn
[释义]见"乔装打扮"。[语见]清·石玉昆《三侠五义》第七十七回:"只得自己乔装改扮了一位斯文秀才模样。"[例句]我堂堂正正地去要债,奈何要～,弄得跟做贼似的?

【翘首而望】 qiáo shǒu ér wàng
[释义]翘:向上昂起。首:头。抬头来张望。形容渴望某种事快速到来。[例句]远远便看到一位妇人站在门前,～。

【翘首企足】 qiáo shǒu qǐ zú
[释义]翘首:抬起头。企足:提起脚跟。形容殷切盼望的样子。[语见]明·李昌祺《剪灯余话·秋香亭记》:"但翘首企足,以待结褵之期,不计其他也。"[例句]礼堂内座无虚席,过道上也是人头攒动,～。

【翘首以待】 qiáo shǒu yǐ dài
[释义]翘首:抬起头来。抬起头来等待着,形容等待的心情很急切。[例句]对于即将举行的电影首映式,影迷们～。

【翘首引领】 qiáo shǒu yǐn lǐng
[释义]见"翘足引领"。[语见]晋·封抽《上疏陶侃府请封慕容廆为燕王》:"廆虽限以山海,隔以羯寇,翘首引领,系心京师。"[例句]门外有一大群媒体记者正～地准备采访。

【翘足而待】 qiáo zú ér dài
[释义]翘足:踮起脚跟。踮起足跟即可等到。形容时间很短就会实现。[语见]汉·司马迁《史记·商君列传》:"赵良曰:'君之危若朝露……秦王一旦损宾客而不立朝,秦国之所以收君者,岂其微哉!亡可翘足而待。'"[例句]经过三年的刻苦攻关,我们的试验终于取得了突破性的进展,成功已经～了。

【翘足引领】 qiáo zú yǐn lǐng
[释义]翘足:抬起脚跟。引领:伸直脖

子。形容盼望殷切的样子。[语见]汉·陈琳《檄吴将校部曲文》:"是以立功之士,莫不翘足引领,望风响应。"[例句]听说这位国际名人即将抵达,众人纷纷~,四处张望。

【巧不可阶】qiǎo bù kě jiē
[释义]阶:台阶,引申为登上、赶上。形容十分巧妙,谁也赶不上。[语见]南朝梁·简文帝《与湘东王书》:"时有效谢康乐、裴鸿胪文者,亦颇有惑焉……谢故巧不可阶,裴亦质不宜慕。"[例句]这样的室内装潢设计,真是妙趣横生,~。

【巧夺天工】qiǎo duó tiān gōng
[释义]巧:机巧、精巧。夺:胜出。天工:自然造物。形容人工的精巧胜过自然。也作"巧夺天功"。[语见]元·赵孟頫《赠放烟火者》诗:"人间巧艺夺天工,炼药燃灯清昼同。"[例句]这些民间艺术品~,绝妙惊人。

【巧发奇中】qiǎo fā qí zhòng
[释义]发:射箭,比喻发言。中:正对上。形容善于发言而能应验说中。[语见]汉·司马迁《史记·孝武本纪》:"少君资好方,善为巧发奇中。"[例句]讲台上的教授侃侃而谈,时而引经据典、高谈阔论,时而~、妙语连珠。

【巧妇难为无米之炊】qiǎo fù nán wéi wú mǐ zhī chuī
[释义]巧:能干。炊:饮食。再能干的媳妇没有米也做不成饭。比喻缺少必要的条件,本领再大的人也不能成功。[语见]宋·陆游《老学庵笔记·第三卷》:"景初曰:'高才固易耳。'僧曰:'巧妇安能做无面汤饼乎?'"[例句]~,主力队员纷纷受伤,教练难以布阵。

【巧立名目】qiǎo lì míng mù
[释义]名目:事物的名称。在规定项目之外设法另立项目,以达到某种不正当的目的。[语见]清·赵尔巽《清史稿·诺岷传》:"上屡伤各省督察有司,耗羡既归公,不得巧立名目,复有所取于民。"[例句]该市的部分医院~,向患者乱收费。

【巧取豪夺】qiǎo qǔ háo duó
[释义]形容用欺诈的手段或凭强力夺取(财物、权力等)。[例句]十年之间,伍三少~,本乡里像样的土地全弄到他自己名下了。

【巧舌如簧】qiǎo shé rú huáng
[释义]见"巧言如簧"。[例句]售楼小姐~,你可一定要留点心眼儿,别一时冲动,盲目购买了不适合你的房子。

【巧同造化】qiǎo tóng zào huà
[释义]巧:心思技术之妙。造化:大自然创造万物的能力。是巧得同天地造物一样之妙。形容非常巧妙。[语见]《列子·汤问》:"穆王始悦而叹曰:'人之工巧乃可与造化者同功乎?'"[例句]这小小一个盒子,做得~,令人爱不释手。

【巧偷豪夺】qiǎo tōu háo duó
[释义]见"巧取豪夺"。[语见]宋·苏轼《次韵米黻二王书跋尾》诗:"巧偷豪夺古来有,一笑谁似痴虎头。"[例句]这些不法商贩利用各种欺骗手段,~,牟取暴利。

【巧言利口】qiǎo yán lì kǒu
[释义]巧伪的言辞,锋利的口辩。[语见]汉·东方朔《非有先生论》:"三人皆诈伪,巧言利口以进其身。"[例句]我们要少一点~,多一点实际行动。

【巧言令色】qiǎo yán lìng sè
[释义]令色:讨好的表情。花言巧语,讨好于人。[语见]《尚书·皋陶谟》:"何畏乎巧言令色孔壬!"[例句]她~,把我骗得晕头转向。

【巧言如簧】qiǎo yán rú huáng
[释义]簧:乐器中发声的薄片。形容言辞巧伪迷人。[语见]《诗经·小雅·巧言》:"蛇蛇硕言,出自口矣。巧言如簧,颜之厚矣。"[例句]我心意已定,几位再怎么~,也难使我心志移动半分。

【巧语花言】qiǎo yǔ huā yán
[释义]见"花言巧语"。[语见]元·王实甫《西厢记》第三本第二折:"对人前巧语花言,没人处便想张生,背地里愁眉泪

眼。"[例句]别相信他的~,现在他说得好听,回过头来就全变了。

【巧诈不如拙诚】qiǎo zhà bù rú zhuō chéng
[释义]先秦谚语。巧伪而奸诈不如笨拙而诚实。[语见]《韩非子·说林上》:"故曰:巧诈不如拙诚。乐羊以有功见疑,秦西巴以有罪益信。"[例句]~,做人如此,经商亦然。

qie

【切磋琢磨】qiē cuō zhuó mó
[释义]切:加工骨头。磋:加工象牙。琢:加工玉石。磨:加工石头。比喻深入钻研,取长补短。[语见]《诗经·卫风·淇奥》:"如切如磋,如琢如磨。"[例句]老师鼓励大家自由讨论,相互~。

【切磨箴规】qiē mó zhēn guī
[释义]见"箴规磨切"。[语见]南朝梁·周兴嗣《千字文》:"交友投分,切磨箴规。"[例句]他俩经常一起~,在学习上互相勉励,共同进步。

【切齿拊心】qiè chǐ fǔ xīn
[释义]切齿:牙齿切磨。拊心:拍击心胸。形容痛恨到极点。[语见]《战国策·燕策三》:"此臣日夜切齿拊心也。"[例句]近年来,该地令人~的腐败行为频频发生。

【切齿腐心】qiè chǐ fǔ xīn
[释义]切齿:咬紧牙关。腐:痛之极。腐心:痛心。形容恨到极点。[语见]汉·司马迁《史记·刺客列传》:"此臣之日夜切齿腐心也。"[例句]她对他恨得~,发誓永远也不会原谅他。

【切齿痛恨】qiè chǐ tòng hèn
[释义]切齿:咬紧牙齿。形容愤恨到了极点。[语见]明·罗贯中《三国演义》:"彼此俱有切齿之恨。"[例句]这个流氓横行乡里,附近的老百姓无不~。

【切肤之痛】qiè fū zhī tòng
[释义]切肤:切身。指亲身所受的痛苦。[语见]清·蒲松龄《聊斋志异·冤狱》:"受万罪于公门,竟属切肤之痛。"[例句]恋

人的离去,让他感到~。

【切中时弊】qiè zhòng shí bì
[释义]形容言论中肯,正好击中当时之弊。[语见]宋·苏舜钦《诣匦疏·景祐五年》:"旬余日来,闻颇有言事者,其间岂无切中时弊,而绝不闻朝廷从而行之,是亦示虚言而不根实效也。"[例句]这篇文章写得~,入木三分。

【窃钩窃国】qiè gōu qiè guó
[释义]窃:偷。钩:腰带钩。为"窃钩者诛,窃国者侯"的略语。意思是小盗者重惩,大盗反获富贵。[语见]《庄子·胠箧》:"彼窃钩者诛,窃国者为侯。"注:钩:腰带之钩。[例句]在那样的黑暗社会里,法律似乎是为达官贵族们制定的,~,没有什么公正可言。

【窃窃私议】qiè qiè sī yì
[释义]窃窃:细微的说话声。私:暗地里。暗地里小声说话。[例句]周围的几个人正在交头接耳,~。

【窃位素餐】qiè wèi sù cān
[释义]素:白。餐:吃饭。窃取职位,无功受禄。参看"尸位素餐"。[语见]南朝宋·范晔《后汉书·梁竦传》:"孔子著《春秋》而乱臣贼子惧,梁竦作《七序》而窃位素餐者惭。"[例句]这些官吏~,却不懂得为百姓牟利。

【窃幸乘宠】qiè xìng chéng chǒng
[释义]窃取和利用皇帝的宠信。[语见]晋·陈寿《三国志·魏书·董卓传》:"中常侍张让等窃幸乘宠,浊乱海内。"[例句]这几个奸臣~,危害国家。

【窃玉偷香】qiè yù tōu xiāng
[释义]窃玉:指《杨妃外传》载唐代杨妃窃宁王玉笛的事。偷香指晋代贾充之女以所得西域奇香私赠韩寿的事。比喻男女私通。[语见]元·王实甫《西厢记》第一本第二折:"虽不能够窃玉偷香,且将这盼行云眼睛儿打当。"[例句]丈夫~,妻子的第一反应必然是痛心。

【窃簪之臣】qiè zān zhī chén
[释义]汉·刘安《淮南子·道应训》载:春秋时,楚有善窃者为楚将子发所礼遇,后

齐师伐楚,善窃者递次窃得齐将之帱帐、枕、簟等,子发一一使人归还,齐师将军恐楚人取其头,乃还师而去。比喻有一点小技可解危难的人。[例句]别小看此人,关键时刻有时候还得需要这种~。

【窃钟掩耳】qiè zhōng yǎn ěr
[释义]比喻自欺欺人。[语见]唐·房玄龄等《晋书·宣帝纪》:"亦犹窃钟掩耳,以众人为不闻;锐意盗金,谓市中为莫睹。"[例句]你这纯粹是~,自欺欺人。

【惬当之论】qiè dàng zhī lùn
[释义]惬当:恰如其分,合情合理。指十分恰切的言论。[语见]唐·李延寿《北史·高构传》:"我读聊判数遍,词理惬当,意所不能及也。"[例句]这篇文章把当时的情景描述得非常真切,是难得的~。

【锲而不舍】qiè ér bù shě
[释义]锲:雕刻。舍:停止。雕刻一件东西,一直做下去不放手。比喻有恒心,坚持不懈。[语见]《荀子·劝学》:"锲而舍之,朽木不折;锲而不舍,金石可镂。"[例句]即便是在逆境中,她依然~地朝着自己的志向努力追求。

qin

【侵肌裂骨】qīn jī liè gǔ
[释义]肌:肌肤。形容天气十分寒冷。[语见]清·曹雪芹《红楼梦》第十二回:"现是腊月天气,夜又长,朔风凛凛,侵肌裂骨。"[例句]寒风凛冽,~,他差点被冻死在山洞里。

【亲当矢石】qīn dāng shǐ shí
[释义]当:遮拦,阻挡。矢:箭。亲自阻拦敌人的箭、石,不怕牺牲自己。[语见]唐·李百药《北齐书·文宣帝纪》:"每临行阵,亲当矢石。"[例句]听说将军不顾危险,~,前线士兵们士气大振。

【亲极反疏】qīn jí fǎn shū
[释义]亲:亲近。极:顶端。疏:疏远。亲近到了极点时表面反而显得疏远了。[语见]清·曹雪芹《红楼梦》第八十九回:"宝玉欲将实言安慰,又恐黛玉生嗔,反

添病症,两人见了面,只得用浮言劝慰,真是'亲极反疏'了。"[例句]正所谓~,为了不让对方过于牵挂,他俩都没有把自己目前的困境告诉对方,而是相互安慰,说了些报喜不报忧的话。

【亲离众叛】qīn lí zhòng pàn
[释义]见"众叛亲离"。[语见]明·陆贽《翰苑集》第二十卷:"亲离众叛,自取奔亡。"[例句]杨广到了~的那一天,才明白自己原本就不是天下的主人。

【亲临其境】qīn lín qí jìng
[释义]见"身临其境"。[例句]我口上再怎么说好,也不及你自己~地去苏州走一遭体会得真切。

【亲密无间】qīn mì wú jiàn
[释义]间:间隙,缝隙。形容彼此很亲密,没有任何隔阂。[语见]汉·班固《汉书·萧望之传赞》:"萧望之历位将相,藉师傅之恩,可谓亲昵亡(无)间。"[例句]夫妻两人在结婚纪念日那天交换礼物,是~的象征。

【亲如手足】qīn rú shǒu zú
[释义]亲:亲密,亲近。手足:比喻兄弟。形容朋友之间非常亲密,如同亲兄弟一样。[语见]明·臧懋循《元曲选·孟汉卿(魔合罗)四》:"想兄弟情亲如手足,怎下的生心将兄命亏。"[例句]两人~,连吃饭都待在一起。

【亲痛仇快】qīn tòng chóu kuài
[释义]快:快意。自己人感到痛心,敌对者感到高兴。[语见]汉·朱浮《为幽州牧与彭宠书》:"凡举事无为亲厚者所痛而为见仇者所快。"[例句]千万不要再做出那种~的蠢事来。

【衾影无惭】qīn yǐng wú cán
[释义]衾:被子。影:影子。惭:羞愧。指不做亏心事,独处时内心不惭。[例句]我已经尽了全力,~,问心无愧。

【嵚崎磊落】qīn qí lěi luò
[释义]嵚崎:山岭高峻的样子。比喻人格不平凡。磊落:形容仪态俊伟。形容人仪表品格特异,与众不同。[语见]清·

吴敬梓《儒林外史》第一回：“元朝末年，也曾出了一个嵚崎磊落的人。这人姓王，名冕。”[例句] 多少年了，文坛始终一片沉寂，如今这么个～之人乍一现身，天下为之震动。

【秦欢晋爱】qín huān jìn ài
[释义] 见“秦晋之好”。[语见] 元·向贲《醉花阴》：“秦欢晋爱成吴越，料今生缘分拙。”[例句] 这两家结为～，并不是儿女各自有意，而是官场法则使然。

【秦晋之好】qín jìn zhī hǎo
[释义] 春秋时，秦、晋两国好几代互通婚姻。后用以称颂两家联姻。[语见] 清·李汝珍《镜花缘》第二十八回：“行了多时，到了麟凤山，访到魏家，投了书信，两家结为‘秦晋之好’。”[例句] 经过多年恋爱，两人终于在昨天结成了～。

【秦晋之缘】qín jìn zhī yuán
[释义] 见“秦晋之好”。[语见] 元·乔孟符《金钱记》第三折：“我与你成合秦晋之缘何如。”[例句] 他们原本打得不可开交，自从有了～之后，至少面子上都彼此让三分。

【秦镜高悬】qín jìng gāo xuán
[释义] 见“明镜高悬”。[例句] 每次堂审的时候，～，海瑞都会想起老师当年的教导。

【秦楼楚馆】qín lóu chǔ guǎn
[释义] 旧指歌舞场所，也指妓院。[语见] 清·黄小配《廿载繁华梦》第十四回：“每夜里就请到四马路秦楼楚馆，达旦连宵。”[例句] 那些达官贵人流连于～，夜夜声色犬马。

【秦楼谢馆】qín lóu xiè guǎn
[释义] 旧指都城中的吃喝玩乐之所。[语见] 元·李邦祐《转调·淘金令》：“花衢柳陌，恨他去胡沾惹，秦楼谢馆，怪他去闲游冶。”[例句] 他生活腐败，经常出入～，寻欢作乐。

【秦失其鹿】qín shī qí lù
[释义] 汉·司马迁《史记·淮阴侯列传》：“秦失其鹿，天下共逐之。”裴骃集解引张晏曰：“以鹿喻帝位也。”比喻失去帝位。

[例句] 卫冕队伍状态疲软，～，其他球队自然会蠢蠢欲动，打起了捧杯的主意。

【秦庭之哭】qín tíng zhī kū
[释义] 庭：朝廷。在秦国朝廷里哀哭。泛指到别国哀求援兵。[语见]《左传·定公四年》：“申包胥如秦乞师。……秦伯使辞焉，曰：‘寡人闻命矣。子姑就馆，将图而告。’对曰：‘寡君越在草莽，未获所伏，下臣何敢即安?’立，依于庭墙而哭，日夜不绝声，勺饮不入口七日。秦哀公为之赋《无衣》，九顿首而坐，秦师乃出。”唐·令狐德棻《周书·庾信传》：“鬼同曹社之谋，人有秦庭之哭。”[例句] 当年内战危急时他跑到国外作～，却没要到一兵一卒。

【琴瑟不调】qín sè bù tiáo
[释义] 琴、瑟：两种弹拨弦乐器，古时用以比喻夫妇。琴与瑟演奏得不协调。喻指夫妻感情不和谐。[语见] 汉·荀悦《前汉纪·武帝纪一》：“夫秦灭先圣之道，为苟且之治，故立十四年而亡，其遗毒余戾至今未灭，琴瑟不调。”[例句] 夫妇两人～，由来已久。

【琴瑟和好】qín sè hé hǎo
[释义] 见“琴瑟和谐”。[语见] 清·蒲松龄《聊斋志异·孙生》：“孙由是琴瑟和好。生一男两女，十余年从无角口之事。”[例句] 两人志趣相投，～，生活十分美满。

【琴瑟和同】qín sè hé tóng
[释义] 见“琴瑟和谐”。[语见] 明·胡文焕《群音类选·诸腔类·点绛唇》：“愿心儿折桂乘龙，怎能勾鱼水相逢，琴瑟和同。”[例句] 她与丈夫结婚后，期望自此～、白头偕老。

【琴瑟和谐】qín sè hé xié
[释义] 比喻夫妇情笃和好。[语见] 元·徐琰《青楼十咏·言盟》：“结同心尽了今生，琴瑟和谐，鸾凤和鸣。”[例句] 他们夫妻二人一向～，我们都很羡慕他们。

【琴瑟调和】qín sè tiáo hé
[释义] 见“琴瑟相调”。[语见] 明·胡文焕《群音类选·〈玉钗记·桂亭赏月〉》：“琴

瑟调和，百年相聚。"[例句]结婚后，夫妻二人～，甘苦与共。

【琴瑟相调】 qín sè xiāng tiáo
[释义]比喻夫妇感情融洽谐乐。[语见]《诗经·小雅·棠棣》："妻子好和，如鼓琴瑟。"[例句]他们夫妻在一起～生活了三十多年，令周围的人非常羡慕。

【琴心剑胆】 qín xīn jiàn dǎn
[释义]琴、剑是古代文人常备之物，琴象征高雅的情趣，剑象征无穷的胆量。比喻既有柔情，又有胆识，刚柔相济。[语见]元·吴莱《寄董与几》诗："小榻琴心展，长缨剑胆舒。"[例句]他本领超群，敢想敢做，侠骨柔情，～俱全。

【琴心相挑】 qín xīn xiāng tiǎo
[释义]指以琴声传达心意，表示爱情。[语见]明·屠隆《昙花记》："你雄姿秀骨风度好，瞥然见把人魂消，又不是琴心相挑，一意愿咏桃夭，谐自发附青霄。"[例句]见到这个风流倜傥的英俊少年，她心动不已，暗自～。

【禽困覆车】 qín kùn fù chē
[释义]被擒之兽困于槛中也能触翻车辆。比喻不可逼人太甚。[语见]《战国策·韩策一》："(韩)公仲谓向寿曰：禽困覆车。"鲍彪校注："禽，所获兽也。能覆猎者之车，不可忽。"[例句]把他逼急了，恐怕～，大家都会遭殃的。

【禽息鸟视】 qín xī niǎo shì
[释义]息：呼吸。息、视：指生存。像禽鸟一样活着。比喻空受爵禄而无益于世。[语见]三国魏·曹植《求自试表》："没世无闻，徒荣其躯，而丰其体。生无益于事，死无损于数，虚荷上位，而忝重禄，禽息鸟视，终于白首，此徒圈牢之养物，非臣之所志也。"[例句]这些人整日过着～的安逸生活，不知回报社会。

【勤勤恳恳】 qín qín kěn kěn
[释义]形容对人对事热心诚恳，也指全心全力工作，勤劳踏实。[语见]汉·扬雄《剧秦美新》："明旦不寐勤勤恳恳者，非秦之为与？"[例句]他在自己的工作岗位

上～，深受同事们的尊敬。

【擒贼擒王】 qín zéi qín wáng
[释义]见"擒贼先擒王"。[语见]清·李宝嘉《文明小史》第四十四回："所谓擒贼擒王，这就是办事的诀窍。"[例句]我们的对手无比强大，但是～，我们只要找到他那几个头头脑脑的软肋，我们必然能占得先机。

【擒贼先擒王】 qín zéi xiān qín wáng
[释义]擒：捉，拿。捉贼先捉贼的头领。比喻做事先要抓住关键。[语见]唐·杜甫《前出塞》诗之六："射人先射马，擒贼先擒王。"[例句]～，打击犯罪团伙，抓获团伙头目是关键。

【蝤首蛾眉】 qín shǒu é méi
[释义]蝤：蝉的一种。蝤首：额广而方。蛾眉：眉细而长。形容女子貌美。[语见]《诗经·卫风·硕人》："蝤首蛾眉，巧笑倩兮！美目盼兮！"[例句]只见她肤如凝脂，皓腕如雪，～，好一个美丽的女子！

【寝不安席】 qìn bù ān xí
[释义]寝：睡觉。不能在枕席上安心地睡觉。形容工作繁忙或心中有事，而不得安歇。[语见]《战国策·齐策五》："秦王恐之，寝不安席，食不甘味。"[例句]他承受着巨大的精神压力，常常食不甘味，～。

【沁人心肺】 qìn rén xīn fèi
[释义]见"沁人肺腑"。[例句]一股～的香味悄然而来，我知道，又是她到了。

【沁人心腑】 qìn rén xīn fǔ
[释义]见"沁人心脾"。[例句]诗中那股～的韵味，让人回味无穷。

【沁人心脾】 qìn rén xīn pí
[释义]沁：指气体或液体渗入或透出。心脾：人的脏器，这里指人的内心。指吸入清新的空气或喝了可口的饮料而感到非常舒服。也形容好的诗文、动听的乐曲带给人的一种愉快的感觉。[语见]清·王国维《人间词话》："大家之作，其言情也必沁人心脾。"[例句]满山遍野到处

Q

是腊梅,清香扑面,～。

【沁入肺腑】 qìn rù fèi fǔ

[释义] 吸了芳香、新鲜的空气或喝了可口的饮料,使人感到非常舒适。也形容美好的诗文、乐曲等极为动人。[语见] 明末清初·张岱《陶庵梦忆·乳酪》:"玉液珠胶,雪腴霜腻;吹气胜兰,沁入肺腑。"[例句] 一阵山风吹过,清新的空气～,令人神清气爽。

【沁入心脾】 qìn rù xīn pí

[释义] 见"沁入肺腑"。[语见] 清·况周颐《蕙风词话》:"此等词一再吟诵,辄沁入心脾,毕生不能忘。"[例句] 文字简短,一遍读罢,也没什么～的味道,但是隔些日子,回想起来,却会觉得其味分外足,这便是大手笔的作品,内中味道,一次不会让你享受尽了的。

qing

【青出于蓝】 qīng chū yú lán

[释义] 青:靛青。蓝:蓼蓝,一种可做蓝色颜料的草。靛青是从蓼蓝中提炼而出,但颜色比蓼蓝还深。比喻弟子超过老师,也喻指后人超过前人。也作"青过于蓝"。[语见]《荀子·劝学》:"青,取之于蓝,而青于蓝;冰,水为之,而寒于水。"[例句] 教出这么优秀的学生,真是～而胜于蓝。

【青春两敌】 qīng chūn liǎng dí

[释义] 敌:匹敌,相当。指两人都处在青年时期,在年龄上相当。[语见] 明·冯梦龙《东周列国志》第七十一回:"妾承兄命,适事君王,妾自以为秦楚相当,青春两敌。"[例句] 从比赛场面上看,这两个人～,各有千秋。

【青红皂白】 qīng hóng zào bái

[释义] 皂:黑色。用两对(青和红、皂和白)截然相反的颜色比喻事情的缘由结果或是非曲直。[语见] 明·兰陵笑笑生《金瓶梅词话》第十三回:"你不问个青红皂白,就把他屈了,却不难为他了?"[例句] 爸爸不分～,上去就给了他一记

耳光。

【青黄不接】 qīng huáng bù jiē

[释义] 青:田里的青苗。黄:成熟的庄稼。旧粮已经吃完,新粮还未成熟。比喻后继的人力、财力的暂断现象。[语见]《元典章·户部·仓库》:"即日正是青黄不接之际,各处物斛涌贵。"[例句] 随着一批老运动员纷纷退役,该国体操运动陷入了～的境地。

【青脸獠牙】 qīng liǎn liáo yá

[释义] 见"青面獠牙"。[语见] 明·吴承恩《西游记》第六回:"那真君抖擞神威,摇身一变,变得身高万丈,……好便似华山顶上之峰,青脸獠牙,朱红头发,恶狠狠,望大圣着头就砍。"[例句] 如今治安非常好,你用得着这么些～的彪形大汉给你壮威风吗?

【青梅竹马】 qīng méi zhú mǎ

[释义] 青梅:青的梅子。竹马:男孩把竹竿置于胯下,当作马来骑,称为"竹马"。形容男女儿童天真活泼,无猜无忌,相与玩耍的情景。多指男女之间小时候的友情而言。[语见] 唐·李白《长干行》:"郎骑竹马来,绕床弄青梅。"[例句] 虽然两人小时候曾有过～的情谊,但长大后却各奔东西了。

【青面獠牙】 qīng miàn liáo yá

[释义] 獠牙:露在嘴外的长牙。青色的面孔,嘴里伸出长牙。形容面貌凶恶。[语见] 明·汤显祖《还魂记·圆驾》:"似这般狰狞汉叫喳喳,在阎浮殿见了些青面獠牙,也不似今番怕。"[例句] 昨晚她做了一个噩梦,梦见被一个～的恶人追杀。

【青钱万选】 qīng qián wàn xuǎn

[释义] 青钱:青铜钱,是旧时铸造的质量高的有孔的钱。意思是质量好,挑选一万次,每次也都会挑选上。比喻文辞粹出众。[语见] 宋·欧阳修《新唐书·张荐传》:"员外郎员半千数为公卿,称(张)鷟文辞犹青铜钱,万选万中。时号鷟'青钱学士'。"[例句] 他写得一手好文章,是个～的人才。

【青天霹雳】 qīng tiān pī lì

[释义] 见"晴天霹雳"。[语见] 宋·王逢原《谢满子权寄诗》："九原黄土英灵活，万古青天霹雳飞。"[例句] 消息传来，有如～，大家一下子都惊呆了。

【青蝇点素】qīng yíng diǎn sù
[释义] 青蝇：苍蝇，比喻佞人。点：玷污。素：白色的生丝绢。苍蝇拉屎污染洁白的绢绸。比喻坏人中伤诬陷，使好人受玷污、冤屈。[语见]《诗经·小雅·青蝇》："营营青蝇，止于樊，岂弟君子。无信谗言。"[例句] 总有一些小人嫉妒她的才干，～，四处传播谣言。

【青云之志】qīng yún zhī zhì
[释义] 比喻远大崇高的志向。[语见] 唐·王勃《滕王阁序》："穷且益坚，不坠青云之志。"[例句] 他决心从现在做起，不懈追求，尽心尽责，不坠～，不失进取之心。

【青云直上】qīng yún zhí shàng
[释义] 青云：指青天，高空。旧时比喻高的地位。冲着青天一直上升。比喻人官运亨通，直线升迁。多用于贬义。[语见] 汉·司马迁《史记·范雎蔡泽列传》："贾不意君能自致于青云之上。"[例句] 他为了～，爬上高位，不惜骗取她的爱情。

【青州从事】qīng zhōu cóng shì
[释义] 青州：古州名，辖境在今山东省东部及北部一带。从事：州、郡长官自己任用的僚属。南朝宋·刘义庆《世说新语·术解》："桓公有主簿善别酒，有酒辄令先尝，好者谓'青州从事'，恶者谓'平原督邮'。青州有齐郡，平原有鬲县。从事，言到脐；督邮，言在鬲上住。"隐喻美酒。[例句] 即便是～，也不能太贪杯。

【轻薄无行】qīng bó wú xíng
[释义] 无行：品行坏。态度轻佻，道德败坏。[语见] 唐·房玄龄等《晋书·华恒传》："初，恒为州大中正，乡人任让轻薄无行，为恒所黜。"[例句] 见他露出～的本相，姑娘非常鄙弃。

【轻财贵义】qīng cái guì yì
[释义] 见"轻财重义"。[语见] 晋·陈寿《三国志·吴书·朱恒传》："然轻财贵义，兼以强识，与人一面，数十年不忘。"[例句] 他为人～，因此名声非常好。

【轻财好施】qīng cái hào shī
[释义] 好：乐意。把财物看得很轻，乐意施给别人。[语见] 晋·陈寿《三国志·吴书·朱据传》："谦虚接士、轻财好施，禄赐虽丰而常不足用。"[例句] 他家境富裕，～，深得他人好感。

【轻财好士】qīng cái hào shì
[释义] 见"轻财重士"。[语见] 唐·令狐德棻《周书·段永传》："永历任内外，所在颇有声称，轻财好士，朝野以此重焉。"[例句] 因为慷慨大方，喜欢结交朋友，年纪轻轻的他就有着～的美誉。

【轻财好义】qīng cái hào yì
[释义] 见"轻财重义"。[语见] 明·冯梦龙《喻世明言》第三十九卷："原来汪革素性轻财好义，枢密府里的人，一个个和他相好。"[例句] 秦琼～，喜结江湖豪杰，他一出门，自然会朋友遍天下了。

【轻财敬士】qīng cái jìng shì
[释义] 见"轻财重士"。[语见] 晋·陈寿《三国志·吴书·甘宁传》："宁虽粗猛好杀，然开爽有计略，轻财敬士，能厚养健儿，健儿亦乐为用命。"[例句] 李将军～，士兵们都乐于为他效命。

【轻财任侠】qīng cái rèn xiá
[释义] 轻视钱财，行侠义之事。[语见] 明·梅鼎祚《玉合记·诇约》："想起那浮生易往……轻财任侠，也属微尘。"[例句] 他年轻的时候～，有着许多远大的抱负和理想。

【轻财重士】qīng cái zhòng shì
[释义] 轻视钱财，重视读书人。[语见] 晋·陈寿《三国志·吴书·张温传》："父允，轻财重士，名显州郡，为孙权东曹掾。"[例句] 他为人～，不求名利，对待下属也很宽厚。

【轻财重义】qīng cái zhòng yì
[释义] 轻视财利而看重道义。[语见] 晋·陈寿《三国志·凌统传》："虽在军

旅,亲贤接士,轻财重义,有国士之风。"
[例句] 他因为～,在外面交了不少朋友。

【轻车简从】 qīng chē jiǎn cóng
[释义] 外出时行装简单随从不多。
[语见] 清·曾朴《孽海花》第十九回:"带
着老仆金升及两个俊童,轻车简从,先从
旱路进京。"[例句] 领导干部下基
层～,是密切联系群众、改进领导作风的
表现。

【轻车熟路】 qīng chē shú lù
[释义] 驾驶着轻快的车子,走在熟悉的
路上。比喻对事物非常熟悉,做起来容
易、顺利。[语见] 唐·韩愈《送石处士
序》:"若驷马驾轻车就熟路,而王良、造
父为之先后也。"[例句] 他以前经常接受
记者的采访,因而回答提问时～,表情十
分轻松。

【轻动远举】 qīng dòng yuǎn jǔ
[释义] 指轻率出兵征讨远方。[语见]
晋·陈寿《三国志·魏书·常林传》:"方今
大军在远,外有强敌,将军为天下之镇
也,轻动远举,虽克不武。"[例句] 这支部
队负责首都的防御,不可～。

【轻而易举】 qīng ér yì jǔ
[释义] 轻:轻松。举:举起来。轻松、容
易地把东西举起来了。形容做事不费力
气,很容易。[语见]《诗经·大雅·烝民》:
"人亦有言,德辅如毛,民鲜克举之。"朱
熹注:"言人皆言德甚轻而易举,然人莫
能举也。"[例句] 安装这种仪器对他来
说～。

【轻歌曼舞】 qīng gē màn wǔ
[释义] 轻:轻快的。曼:姿态柔和美妙。
轻快的歌声,美妙的舞蹈。[语见] 明·胡
文焕《群音类选·玉如意记·赏月登仙》:
"助人间才子佳人兴,轻歌曼舞,任星移
斗横。"[例句] 营寨中央,一处大帐格外
醒目,里面～,音色纯绝,但是那曲调之
中,却暗含着几多悲凉的亡国之气。

【轻举妄动】 qīng jǔ wàng dòng
[释义] 轻:轻率。妄:任意、胡乱。轻率
地、胡乱地采取行动。[语见]《韩非子·
解老》:"众人之轻弃道理而易妄动"

者,不知其祸福之深大而道阔远若也。"
[例句] 没到最佳时机,千万不要～。

【轻口薄舌】 qīng kǒu bó shé
[释义] 形容说话轻率、刻薄。[语见]
明·冯梦龙《喻世明言》第五卷:"叵耐邻
里有一班浮薄子弟,平日见王媪是个俏
丽孤孀,闲常时倚门靠壁,不三不四,轻
嘴薄舌的狂言挑拨。"[例句] 她是个好
人,不许你～地侮辱她!

【轻浪浮薄】 qīng làng fú bó
[释义] 浮薄:不庄重。形容人的行为轻
浮浪荡。[语见] 清·文康《儿女英雄传》
第三十五回:"论他的才情,填词觅句,无
所不能,便是弄管调弦,也无所不会,是
个第一等轻浪浮薄子弟。"[例句] 他是
个～的富家公子,与他交往要小心。

【轻虑浅谋】 qīng lù qiǎn móu
[释义] 谋略浅薄,不深远。[语见] 汉·
司马迁《史记·越世家》:"夫小人有欲,轻
虑浅谋,徒见其利,而不顾其害。"宋·司
马光《资治通鉴》:"轻虑浅谋,挑怨速
祸。"[例句] 如此～,必然导致失败!

【轻描淡写】 qīng miáo dàn xiě
[释义] 原指绘画时用浅色轻轻描绘。
形容说话、写文章对重要事情故意轻轻
带过。[语见] 清·吴趼人《二十年目睹之
怪现状》第四十八回:"臬台见他说得这
等轻描淡写,更是着急。"[例句] 对自己
胳膊上的伤口,他只是～地一带而过。

【轻诺寡信】 qīng nuò guǎ xìn
[释义] 诺:答应,许诺。寡:少。言语上
轻易许诺,实际上很少守信用。[语见]
《老子》第六十三章:"夫轻诺必寡
信,多易必多难。"[例句] 做人切勿信
口开河,～。

【轻骑简从】 qīng qí jiǎn cóng
[释义] 见"轻车简从"。[语见] 清·文康
《儿女英雄传》第二回:"暂且不带家
眷,我一个人带上几个家人,轻骑简从的
先去看看路数。"[例句] 他们几个～,径
直就入了县委大院,惊得门卫报也不
是,挡也不是。

【轻裘肥马】 qīng qiú féi mǎ

[释义] 见"肥马轻裘"。[语见] 宋·辛弃疾《水龙吟》词:"苍颜照影,故应零落,轻裘肥马。"[例句] 早年～的生活,并不曾在他身体里注入了惰性,他如今举手投足之间,仍有几丝当年的风雅。

【轻裘缓带】 qīng qiú huǎn dài
[释义] 穿着轻暖的皮衣,束着宽大的带子。形容态度闲适从容。[例句] 唐·房玄龄等《晋书·羊祜传》:"在军常轻裘缓带,身不披甲。"[例句] 宴席中,众宾客～,雍容华贵,谈笑风生,好像全然没有战争的阴云。

【轻如鸿毛】 qīng rú hóng máo
[释义] 见"轻于鸿毛"。[语见]《宣和书谱·篆书·叙论》:"五代时,南唐伪主李煜割据江左,轻如鸿毛。"[例句] 别看这些达官贵人生时权倾一时,但其死～,过不了多久,便在历史的长河中沉没了。

【轻若鸿毛】 qīng ruò hóng máo
[释义] 见"轻于鸿毛"。[语见] 唐·房玄龄等《晋书·皇甫谧传》:"轻若鸿毛,重若泥沈,损之不得,测之愈深。"[例句] 这些人因为贪图钱财而死,他们的死～。

【轻身徇义】 qīng shēn xùn yì
[释义] 轻视生命而为正义事业牺牲。[语见] 汉·申屠蟠《为缑氏女玉奏记外黄令》:"当时闻之,人无勇怯,莫不强胆增气,轻身徇义,攘袂高谈称羡。"[例句] 为了抵御外国侵略,战士们不惜～,为国捐躯。

【轻身重义】 qīng shēn zhòng yì
[释义] 轻视生命而重视正义的事业。[语见] 晋·葛洪《抱朴子·明本》:"攻守进趣之术,轻身重义之节。"[例句] 他抱定～的人生哲学,任凭敌人严刑拷打也决不屈服。

【轻生重义】 qīng shēng zhòng yì
[释义] 见"轻身重义"。[语见] 唐·房玄龄等《晋书·周处传》:"周子隐以跅弛之材……朝闻夕改,轻生重义,徇国亡躯,可谓志节之士也。"[例句] 这些～的豪杰的行为,无论到了什么时候,都会受到人们的景仰。

【轻事重报】 qīng shì zhòng bào
[释义] 把小事用严重的口气报告。[语见] 元·郑廷玉《忍字记》第一折:"过来,我看去,这厮轻事重报。"[例句] 他～,目的无非是想邀功请赏而已。

【轻手轻脚】 qīng shǒu qīng jiǎo
[释义] 指手脚动作轻。[语见] 明·冯梦龙《醒世恒言》第二十七卷:"一日,正在槛上闷坐,忽见那禁子轻手轻脚走来,低声哑气,笑嘻嘻的说道……"[例句] 她睁着大眼一点儿也不觉得困,一大早便～穿好衣服出了家门。

【轻吞慢吐】 qīng tūn màn tǔ
[释义] 形容歌唱时轻声缓慢地吐词。[语见] 清·褚人获《隋唐演义》第三十回:"妲娘唱毕,大家又称赞了一会,朱贵儿方在轻吞慢吐,嘹嘹呖呖,唱将起来。"[例句] 等现场观众全都安静下来,她才～地唱起来。

【轻偎低傍】 qīng wēi dī bàng
[释义] 两两相依。形容亲密的状态。[语见] 清·洪昇《长生殿·定情》:"庭花不及娇模样,轻偎低傍,这鬓影衣光,掩映出丰姿千状。"[例句] 两个人就这样～,久久不愿分离。

【轻于鸿毛】 qīng yú hóng máo
[释义] 鸿毛:大雁的羽毛。比羽毛还轻。形容价值非常轻微。[语见] 汉·司马迁《报任少卿书》:"人固有一死,或重于泰山,或轻于鸿毛。"[例句] 在他看来,消费者的权益简直～。

【轻重倒置】 qīng zhòng dào zhì
[释义] 置:安放。指把轻与重、主与次弄颠倒了。[语见] 清·张廷玉等《明史·孙磐传》:"夫女诬母仅拟杖,哲等无罪反加以徒,轻重倒置如此,皆东厂威劫所致也。"[例句] 烧菜时绝不能～,为突出色彩而忽视了菜肴的味道和营养。

【轻重失宜】 qīng zhòng shī yí
[释义] 指重要的与不重要的处置失当。[语见] 宋·苏舜钦《论宣借宅事》:"若行陈之家与技术之辈,均用此赏,臣窃恐轻

重失宜矣。"[例句]写作时先写提纲,可以避免内容缺漏、~、次序混乱等缺点。

【轻装上阵】qīng zhuāng shàng zhèn
[释义]原指古代作战时将士不披铠甲、轻便灵活地上阵作战。现比喻放下各种思想包袱,消除各种顾虑投入工作。[例句]反正输赢已定,下半场不如~,放手一搏。

【倾巢出动】qīng cháo chū dòng
[释义]倾巢:把巢倒空,即整窝的鸟全出动了。比喻所有成员全部出动。多用于贬义。[例句]今晚警察~,全力追捕连环杀人凶手。

【倾巢而出】qīng cháo ér chū
[释义]比喻全部出动。[语见]端木蕻良《曹雪芹》第十二章:"平日不大出门的人,这两天也都倾巢而出。"[例句]为了打赢这场战争,该国军队~。

【倾城倾国】qīng chéng qīng guó
[释义]倾:倾覆。城:城邑,指国家。原指君主迷恋女色而亡国,后形容女子极其美丽。[语见]汉·班固《汉书·孝武李夫人传》:"延年侍上起舞,歌曰:'北方有佳人,绝世而独立;一顾倾人城,再顾倾人国。'"[例句]她拥有~的美貌,引来了无数男子追求。

【倾耳拭目】qīng ěr shì mù
[释义]见"倾耳注目"。[语见]宋·陆游《上殿札子》:"恭惟陛下龙飞御极之初,天下倾耳拭目之时,所当戒者,惟嗜好而已。"[例句]你讲得实在不怎么的,怎么能要大家~地专注于此呢?

【倾耳注目】qīng ěr zhù mù
[释义]认真听,用心看。形容权势大,令人敬畏。[语见]晋·陈寿《三国志·魏书·陈思王植传》:"夫能使天下倾耳注目者,当权者是矣,故谋能移主,威能慑下。"[例句]会场上大家~,显得非常专心。

【倾盖如故】qīng gài rú gù
[释义]倾盖:指在路上停车,两车车盖相接,车内人亲切交谈。指新结识的朋友,一经交谈就像老朋友一样。[语见]

《孔子家语·致思》:"孔子之郯,遭程子于途,倾盖而语终日,甚相亲。"[例句]再好的风景,都比不上旅途中相遇的那些~的朋友。

【倾国倾城】qīng guó qīng chéng
[释义]见"倾城倾国"。[语见]《敦煌变文集·欢喜国王变文》:"有相夫人报大夫,盈盈玉貌也无常,倾国倾城人闻说,尚与国王有分离。"[例句]我早已心如古井,你纵有~之貌,在我心头也难以泛起一丝浪花了。

【倾家荡产】qīng jiā dàng chǎn
[释义]倾:倒出。荡:弄光。全部家产都被弄光。[语见]明·凌濛初《初刻拍案惊奇》第二十四卷:"所以弄得人倾家荡产,败名失德,丧躯陨命。"[例句]为了讨回公道,这家人不惜~也要把官司打下去。

【倾家竭产】qīng jiā jié chǎn
[释义]把全部家产弄得精光。[语见]晋·陈寿《三国志·蜀书·董和传》:"货殖之家,侯服玉食,婚姻葬送,倾家竭产。"[例句]股票投资的失败令他~。

【倾家尽产】qīng jiā jìn chǎn
[释义]见"倾家竭产"。[语见]晋·陈寿《三国志·魏书·明帝纪》裴松之注引《魏略》:"又诏书听得以生口年纪、颜色与妻相当者自代,故富贵者倾家尽产,贫者举假贷赁,贵买生口以赎其妻。"[例句]人活一口气,我只要有三分气在,哪怕是~,也要跟他们几个周旋下去。

【倾筐倒庋】qīng kuāng dào guǐ
[释义]见"倾箱倒箧"。[语见]南朝宋·刘义庆《世说新语·贤媛》:"王右军郗夫人谓二弟司空(愔)、中郎(昙)曰:'王家见二谢,倾筐倒庋;见汝辈来,平平尔;汝可无烦复往。'"[例句]当年的信物,也不知放哪里了,我~地找了半天,依然是踪迹全无。

【倾筐倒箧】qīng kuāng dào qiè
[释义]见"倾箱倒箧"。[语见]梁启超《美术与生活》:"把苦痛倾筐倒箧吐露出来。"[例句]一进门,就见她~,东西倒了

一地。

【倾盆大雨】 qīng pén dà yǔ
[释义]倾:倒。雨下得像用盆往下倒一样。形容非常大而猛的雨。[语见]唐·杜甫《白帝》诗:"白帝城中云出门,白帝城下雨翻盆。"[例句]下班途中,一场突如其来的~把我浇得全身透湿。

【倾箱倒箧】 qīng xiāng dào qiè
[释义]倾:倒出。箧:小箱子。将箱子里的所有东西都倒出来。形容竭尽所有。[语见]清·夏敬渠《野叟曝言》第十回:"袁臣遂倾箱倒箧,把那古人之法,不传之秘,一齐揭示,喜得法雨满心奇痒。"[例句]她~找遍了整个房间,也没能找到那张纸条。

【清尘浊水】 qīng chén zhuó shuǐ
[释义]清尘:美称,喻指隔绝的亲友。浊水:谦词,喻己。比喻沉浮隔绝两处,会合无期。[语见]三国魏·曹植《七哀》诗:"君若清路尘,妾若浊水泥,浮沉各异势,会合何时谐!"[例句]两人犹如~,相见遥遥无期。

【清词丽句】 qīng cí lì jù
[释义]清新美丽的诗文词句。[语见]宋·胡仔《苕溪渔隐丛话后集·楚汉魏六朝》:"若唐之李杜韩柳、本朝之欧王苏黄,清词丽句,不可悉数。"[例句]书中收集了大量名家作品,~,美不胜收。

【清耳悦心】 qīng ěr yuè xīn
[释义]耳朵为之清宁,心情为之欢悦。形容声音美妙动听。[语见]宋·张耒《鸣蛙赋》:"春露初霭,朝华始敷,文羽清喙,飞鸣自如,若奏琴瑟而和笙竽,清耳悦心,听者为娱。"[例句]~的音乐,加上优雅的环境,令人流连忘返。

【清风高节】 qīng fēng gāo jié
[释义]见"清风峻节"。[语见]明·沈德符《万历野获编补遗》第三卷:"嘉言善行,照耀简编。清风高节,争光日月。"[例句]他一生~,两袖清风,深受众人的爱戴。

【清风劲节】 qīng fēng jìng jié
[释义]比喻人的风格清正,节操坚贞。

[语见]明·朱有燉《赛娇容》第二折:"我有清风劲节之标,戛玉鸣金之韵,用分一半,少答殷勤。"[例句]后人缅怀他的~,为其立碑立传。

【清风峻节】 qīng fēng jùn jié
[释义]清正的风尚,高尚的气节。[语见]宋·苏舜钦《朝奉大夫尚书度支郎中充天章阁待制王公行状》:"是时上方登用俊良,铲革弊弊。公雍容侍从之列,以清风峻节,为一时所畏。"[例句]他谢绝了一切公私职位,淡泊名利,其~,受人钦敬。

【清风两袖】 qīng fēng liǎng xiù
[释义]见"两袖清风"。[语见]清·李宝嘉《官场现形记》第十九回:"可怜他半世为官,清风两袖,只因没有银两孝敬,致被罣误在内,大约至少也要得个革职处分。"[例句]我在官场三十余年,几起几落,但是总能保持~,这便是我最大的得意之笔。

【清风明月】 qīng fēng míng yuè
[释义]清凉的风,明朗的月。①形容优美、惬意的夜色。②喻指高雅人士。[语见]宋·欧阳修《会老堂致语》:"金马玉堂三学士,清风明月两闲人。"[例句]这个人很清高,只愿结交那种~式的朋友。

【清歌妙舞】 qīng gē miào wǔ
[释义]声音清越的歌唱,姿态美妙的舞蹈。[语见]唐·宋之问《有所思》诗:"此翁白头真可怜,伊昔红颜美少年,公子王孙芳树下,清歌妙舞落花前。"[例句]美味佳肴当前,欣赏着~,真是人生一大享受。

【清规戒律】 qīng guī jiè lǜ
[释义]清规:佛教规定的僧尼必须遵守的规则。戒律:多指有条文规定的宗教徒所必须遵守的生活准则。原指佛教徒必须遵守的条文规定。后泛指束缚人的、不合理的规章制度。[语见]《释门正统》:"百丈山怀海禅师始立天下禅林规式,谓之清规。"[例句]佛教有着严格的~,出家人必须遵守。

【清净无为】 qīng jìng wú wéi
[释义]见"清静无为"。[语见]宋·范仲

淹《答赵元昊书》："真宗皇帝奉天体道,清净无为。"[例句]无论遇到了什么难事,张兆林总能以~之心待之,这种处世方法,使他数次免遭了厄运的侵袭。

【清静无为】qīng jìng wú wéi
[释义]道家指克制外欲,清神静心,顺应自然,不去强制。后泛指一切顺其自然,人力不必强为。[语见]唐·贾至《虙子贱碑颂》："鸣琴汤汤,虙子之堂,清静无为,邑人以康。"[例句]老子的哲学观其核心是~,反映在精神修炼上就是清心寡欲。

【清丽俊逸】qīng lì jùn yì
[释义]见"清新俊逸"。[语见]明·宋濂等《元史·儒学二》："吴师道字正传,婺州兰溪人。……工词章,才思涌溢,发为诗歌,清丽俊逸。"[例句]如此~的诗歌,现在已经几乎绝迹了。

【清贫寡欲】qīng pín guǎ yù
[释义]清寒贫苦,而欲念甚少。[语见]宋·吴曾《能改斋漫录·周颙宅作阿兰若》："清贫寡欲,终日长蔬,虽有妻子,独处山舍。"[例句]他戒酒戒色,抛弃荣华富贵,过着~的朴素生活。

【清贫如洗】qīng pín rú xǐ
[释义]穷得一无所有。[语见]清·李心衡《金川琐记·示梦托生》："清贫如洗,无以为殓,龚为经理其丧,复资助旅费,其家始得扶榇而归。"[例句]由于家庭生活拮据,~,他不得不把自己的女儿寄养在别人家里。

【清谈高论】qīng tán gāo lùn
[释义]见"高谈清论"。[语见]南朝宋·范晔《后汉书·郑太传》："孔公绪清谈高论,嘘枯吹生,并无军旅之才,执锐之干。"[例句]书生们的~,虽然不能直接对官场产生作用,但是它的影响,却异常深远。

【清渭浊泾】qīng wèi zhuó jīng
[释义]渭、泾:甘陕境内两条河。古以为渭水清,泾水浊。比喻两相比较,是非好坏分明。参看"泾渭分明"。[语见]《诗经·邶风·谷风》："泾以渭浊,湜湜其

沚。"孔颖达疏:"言泾水以有渭水清,故见泾水浊。"[例句]这事儿~,是非一眼就能看出来,他知道该怎么办。

【清闲自在】qīng xián zì zài
[释义]见"自由自在"。[语见]元·王实甫《丽堂春》第四折:"老夫自谪济南歇马,倒也清闲自在。"[例句]像这样~地出去旅游,对他们来说生平还是第一次。

【清心寡欲】qīng xīn guǎ yù
[释义]清、寡:形容词用作动词,清除、减少。清心:清除心里的杂念,使心清静。寡欲:减少欲望。清除杂念,减少欲望,使心地保持安宁。[语见]宋·朱熹《皇极辨》："愿陛下远便佞,疏近习,清心寡欲,以临事变,此兴事造业之根本。"[例句]这个修道院里住着一群~的修女。

【清心省事】qīng xīn shěng shì
[释义]指心境清静,政事杂务简省。[语见]宋·陆游《上殿札子》："人君与天同德,惟当清心省事,淡然虚静,损之又损,至于无为。"[例句]他所向往的是那种~、恬淡寡欲的生活。

【清新俊逸】qīng xīn jùn yì
[释义]指诗文清丽新奇,俊美飘逸。[语见]唐·杜甫《春日忆李白》诗:"清新庾开府,俊逸鲍参军。"[例句]这篇小说笔调~,故事情节明快,是难得的佳作。

【清莹秀澈】qīng yíng xiù chè
[释义]清洁光亮,秀丽澄澈。[语见]元·蔡松年《水龙吟·太行之麓清辉》序:"际山多瘦梅修竹,石根沙缝,出泉无数,清莹秀澈若冰玉。"[例句]这里的溪水~,四周花香鸟语,景色宜人。

【清浊同流】qīng zhuó tóng liú
[释义]清水与浊水一渠同流。比喻美恶混杂,良莠不分。[语见]唐·房玄龄等《晋书·刘毅传》："今之九品,所以不彰其罪,所上不列其善,废爱憎之义,任爱憎之断,清浊同流,以植其私。"[例句]企业应设立人事考核制度,提拔有才干的人,避免~,人才浪费。

【蜻蜓点水】qīng tíng diǎn shuǐ
[释义]蜻蜓刚触到水面又飞起来。比

喻做事或治学肤浅,不深入。[语见]唐·杜甫《曲江》诗:"点水蜻蜓款款飞。"[例句]学习要踏踏实实,不能～。

【情不自禁】qíng bù zì jīn
[释义]禁:忍住,控制。控制不住自己的感情。指感情很激动。[语见]南朝梁·刘遵《七夕穿针》诗:"步月如有意,情来不自禁。"[例句]看到自己的偶像出场,她们～地欢呼起来。

【情窦初开】qíng dòu chū kāi
[释义]窦:孔穴。情窦:男女相爱的心窍。指少年男女开始懂得爱情。[例句]这些女孩子正是在～的年龄。

【情孚意合】qíng fú yì hé
[释义]见"情投意合"。[语见]明·兰陵笑笑生《金瓶梅词话》第六回:"我如今却和娘子眷恋日久,情孚意合,拆散不开。"[例句]他们能够～地走到一起,自是福分了,我们还干预什么呢?

【情急生智】qíng jí shēng zhì
[释义]见"情急智生"。[例句]眼看闸门就要关上,小张～,把自行车推了下去,正好卡在开关上,大家情不自禁地长出了一口气。

【情急智生】qíng jí zhì shēng
[释义]情况急迫时突然想出了办法。[语见]清·李宝嘉《官场现形记》第二十二回:"汤升情急智生,忽然想出一条主意。"[例句]听到门外的脚步声,他～,学起了猫叫。

【情景交融】qíng jǐng jiāo róng
[释义]交融:交汇融合。内心感情与外在景物交汇融合。指文学作品中写景与抒情结合得很紧密。[语见]宋·张炎《词源·离情》:"离情当如此作,全在情景交炼,得言外意。"[例句]课堂上可以通过朗读和讨论,训练学生把握抒情散文借物抒情、～的表现手法。

【情若手足】qíng ruò shǒu zú
[释义]见"情同手足"。[语见]明·瞿佑《剪灯新话·孙恭人传》:"乃顾视其卒,周其饮食,宽其桎梏,情若手足,卒感激入骨。"[例句]他们几个虽然性情迥异,

但～,相处得非常融洽。

【情深骨肉】qíng shēn gǔ ròu
[释义]骨肉:比喻至亲。情谊比亲人还要深厚。[语见]唐·令狐德棻《周书·于谨传》:"夙蒙丞相殊眷,情深骨肉。今日之事,必以死争之。"[例句]兄弟几人～,轻易不愿分离。

【情深如海】qíng shēn rú hǎi
[释义]见"情深似海"。[语见]明·高濂《玉簪记·词媾》:"堪爱堪爱真堪爱,鸾凤情深如海,携手上阳台,了却相思债。"[例句]我与令尊一同在死亡线上走过,～,你们这些小辈哪里能知道此中味道!

【情深似海】qíng shēn sì hǎi
[释义]情意像海一样深。[语见]明·崔时佩《西厢记·许婚借援》:"自那日忽睹多才,不觉每上心来,春闷好难捱,毕竟情深似海。"[例句]他与妻子～,共同经历了二十多年的坎坷生活。

【情深潭水】qíng shēn tán shuǐ
[释义]潭:深的水池。形容友情的深厚。[语见]唐·李白《赠汪伦》诗:"桃花潭水深千尺,不及汪伦送我情。"[例句]虽然我们相识时间很短,但～的友谊却早已形成。

【情深友于】qíng shēn yǒu yú
[释义]友于:本指兄弟相爱,后也为"兄弟"的代称。指情谊比兄弟还要深。[语见]唐·张说《会诸友诗序》:"谷子者,昔与说联务蓬山,出入三载,事志相得,情深友于。"[例句]他们同窗多年,～,感情深厚。

【情恕理遣】qíng shù lǐ qiǎn
[释义]情、理:人情道理。指以情理宽恕、谅解他人的缺点或过错。[语见]唐·房玄龄等《晋书·卫玠传》:"玠尝以人有不及,可以情恕,非意相干,可以理遣……"[例句]面对逆境,他依然～,平和待人。

【情随事迁】qíng suí shì qiān
[释义]情感随着事情的变化而变化。[语见]晋·王羲之《兰亭集序》:"及其

所之既倦,情随事迁,感慨系之矣! 向之所欣,俯仰之间,已为陈迹,犹不能不以之兴怀。"[例句] 时光流逝,～,如今他已很少再想起自己的初恋情人。

【情同手足】qíng tóng shǒu zú
[释义] 情:感情,情谊。手足:比喻兄弟。感情很深厚,像亲兄弟一样。[语见] 明·许仲琳《封神演义》第四十一回:"名虽各姓,情同手足。"[例句] 这次车祸使我失去了一位～的知己。

【情投意合】qíng tóu yì hé
[释义] 情:感情。意:心意。投、合:合得来,融洽。感情融洽,心意相通。[语见] 明·吴承恩《西游记》第二十七回:"那镇元子与行者结为兄弟,两人情投意合,决不肯放。"[例句] 两人～,几乎形影不离。

【情投意洽】qíng tóu yì qià
[释义] 见"情投意合"。[语见] 清·李绿园《歧路灯》第九回:"此下山珍海错全备,不必琐陈。二公情投意洽也都有了三分酒意。"[例句] 他二人青梅竹马,～,后来结为夫妇,延续了两家的深厚情谊。

【情文并茂】qíng wén bìng mào
[释义] 指文章的思想感情丰富,文辞也很美妙。[语见] 清·珠泉居士《续板桥杂记·二汤》:"桐邑杨米人曾为二姬作《双珠记传奇》,情文并茂。惜尚秘之枕函,余未得而读之。"[例句] 这真是一篇～的好作品。

【情见乎辞】qíng xiàn hū cí
[释义] 见:通"现",表现。思想感情表现于文辞之中。[语见]《周易·系辞下》:"爻象动乎内,吉凶见乎外,功业见乎变,圣人之情见乎辞。"孔颖达疏:"圣人之情,见乎爻象之辞也。"[例句] ～,这封信真情毕露,每字每句都是那样的纯真。

【情见势屈】qíng xiàn shì qū
[释义] 见:通"现",显露。屈:竭尽。军情显露,势衰力竭。[语见] 汉·司马迁《史记·淮阴侯列传》:"今将军欲举倦弊之兵,顿之燕坚城之下,欲战恐久,力不能拔,情见势屈,旷日粮竭……"[例句] 敌军～,失败在所难免。

【情有可原】qíng yǒu kě yuán
[释义] 情:情理。原:原谅。情理上还有可以原谅的地方。[语见] 宋·欧阳修等《新唐书·列女传》:"山阳女赵者,父盗盐,当论死,女诣官诉曰:'迫饥而盗,救死尔,情有可原,能原之邪? 否则请俱死!'"[例句] 考虑到赛前他长途跋涉,体力尚未恢复,发挥不好也是～的。

【情逾骨肉】qíng yú gǔ ròu
[释义] 见"情深骨肉"。[语见] 清·蒲松龄《聊斋志异·王六郎》:"拜识清扬,情逾骨肉,然相别有日矣!"[例句] 他们相处多年,～,如今忽然要分手,怎能不令人难过呢?

【晴天霹雳】qíng tiān pī lì
[释义] 霹雳:又急又响的雷声。晴天打响雷。比喻突然发生的令人震惊的意外事件。[语见] 清·曾朴《孽海花》第十七回:"猝闻这信,真是晴天霹雳,人人裂目,个个椎心。"[例句] 消息传来,如～,猛地把她打懵了。

【檠天架海】qíng tiān jià hǎi
[释义] 见"擎天架海"。[语见] 明·无名氏《大劫牢》头折:"我端的便到滦州有义方,我是个出水金精兽,稳情取檠天架海梁。"[例句] 皎皎者易污,许多有着～之才的能人,往往由于性格的缺陷,而终一事无成,实在让人感怀。

【擎天驾海】qíng tiān jià hǎi
[释义] 见"擎天架海"。[语见] 元·孔文卿《东窗事犯》第一折:"陛下,你便似砍折条擎天驾海紫金梁。"[例句] 于今形势困钝,你纵有～之功,可是没有发挥的余地,你又能怎么样呢?

【擎天架海】qíng tiān jià hǎi
[释义] 擎:向上托。架:抬起。能托住天,架起海。形容本领极大。[语见] 元·陈以仁《存孝打虎》第一折:"俺可便专心儿等待,等待你个擎天架海栋梁材。"[例句] 没人欣赏,纵然你有～的才干又

有什么用呢?

【擎天玉柱】qíng tiān yù zhù
[释义]见"擎天之柱"。[语见]元·无名氏《黄鹤楼》第一折:"想周瑜破了百万曹兵,他正是擎天玉柱,驾海金梁。"[例句]敌军大举进攻,他有如～,撑起了抵抗的重任。

【擎天之柱】qíng tiān zhī zhù
[释义]擎:往上托举。能托住天的柱子。比喻能担当起天下重任的人才。[语见]宋·张君房《云笈七签》第一百零三卷:"擎天之柱著功勋,包罗大海佐明君。"[例句]这座山峰峻拔高耸,直插云霄,势如～。

【请君入瓮】qǐng jūn rù wèng
[释义]君:对对方的尊称。瓮:大坛子。比喻用某人整治别人的办法来整治他自己。[语见]清·蒲松龄《聊斋志异·席方平》:"鲸吞鱼,鱼食虾,蝼蚁之微生可悯。当掬西江之水,为尔湔肠;即烧东壁之床,请君入瓮。"[例句]对付这些罪大恶极的坏人,不妨来个～,用他们最熟悉的办法整治他们。

【请自隗始】qǐng zì wěi shǐ
[释义]隗:战国时燕国的郭隗。请从我郭隗开始吧。泛指从我开始。有自荐的意思。[语见]汉·司马迁《史记·燕召公世家》:"(燕昭王)谓郭隗曰:'齐因孤之国乱,而袭破燕,孤极知燕小力少,不足以报,然诚得贤士以共国,以雪先王之耻,孤之愿也。先生视可者,得身事之。'郭隗曰:'王必欲致士,先从隗始,况贤于隗者,岂远千里哉!'"[例句]要改革人事制度,不妨以身作则,～。

【庆吊不行】qìng diào bù xíng
[释义]庆:贺喜。吊:吊丧。不给人贺喜、吊丧。表示不相往来。也指关系疏远。[语见]南朝宋·范晔《后汉书·荀爽传》:"爽遂耽思经书,庆吊不行,征命不应。"[例句]自从那次吵架之后,两人～,互不来往。

【倩人捉刀】qìng rén zhuō dāo
[释义]倩:请别人代自己做事。捉刀:代笔作文。指人代写文章。[语见]晋·陈寿《三国志·魏书·陈思王植传》:"(曹植)善属文。太祖尝视其文,谓植曰:'汝倩人邪?'植跪曰:'言出为论,下笔成章,顾当面试,奈何倩人?'"[例句]他由于没有认真准备,只好想了个～的法子,没想到一下子就被老师看出来了,不仅成绩不及格,还受到了学校的处分。

【罄竹难书】qìng zhú nán shū
[释义]罄:尽,空。竹:古代写字用的竹简。书:写。竹简都用完了,还不能写尽。本指事情很多,难以写尽。后多形容罪行很多,不能胜数。[语见]五代后晋·刘昫等《旧唐书·李密传》:"罄南山之竹,书罪无穷……"[例句]这群恶徒四处杀人抢劫,其罪行真是～。

qiong

【穷本极源】qióng běn jí yuán
[释义]见"穷源推本"。[语见]明·王守仁《答徐成之书》:"务求象山之所以非,晦庵之所以是,穷本极源,真有以见其几微得失于毫忽之间。"[例句]老先生凭着手头的一点资料,～,穷三十余年,终于发现了僖宗的真正死因。

【穷兵黩武】qióng bīng dú wǔ
[释义]穷:用尽,穷尽。黩:轻率,滥用。穷尽兵力,轻率动武。形容好战。[语见]晋·陈寿《三国志·吴书·陆抗传》:"穷兵黩武,动费万计。"[例句]该国近年来～,不断发动战争,国库已十分空虚。

【穷兵极武】qióng bīng jí wǔ
[释义]见"穷兵黩武"。[语见]汉·荀悦《汉纪·武帝纪》:"(孝武皇帝)穷兵极武,百姓空竭,万民疲弊。"[例句]自古以来凡是～的皇帝,大多逃脱不了失败的结局。

【穷大失居】qióng dà shī jū
[释义]指居大位者骄奢无度,必覆败而失所居。后指多而不适用。[语见]清·魏源《〈国朝古文类钞〉序》:"诚能以昭代之典章文字读《六经》,而又能以《六经》读昭代之典章文字,其于是编也,又何穷

大失居之有?"[例句] 这篇文章的论据～,缺乏说服力。

【穷当益坚】 qióng dāng yì jiān
[释义] 益:更加。处境越穷困,意志应当越坚定。[语见] 南朝宋·范晔《后汉书·马援传》:"丈夫为志,穷当益坚,老当益壮。"[例句] 虽然缺乏必要的学习生活费用,然而丈夫立志,～,这些学子并没有被贫穷所压倒,依然努力学习。

【穷而后工】 qióng ér hòu gōng
[释义] 工:精,精巧。指不少文人由于处境困穷,诗文才写得精彩。[语见] 宋·欧阳修《梅圣俞诗集序》:"予闻世谓诗人少达而多穷……然则非诗之能穷人,殆穷者而后工也。"[例句] 逆境中的他在艺术上的卓越成就,使我深深体会到～的深刻涵义。

【穷富极贵】 qióng fù jí guì
[释义] 指极为富贵。[语见] 晋·葛洪《抱朴子·畅玄》:"故穷富极贵,不足以诱之焉。"[例句] 这些人都是当地的贵族,个个～。

【穷根究底】 qióng gēn jiū dǐ
[释义] 见"寻根究底"。[语见] 巴金《随想录》:"我抓住这个问题,想穷根究底,一连想了好几个晚上。"[例句] 审计工作应认真负责,发现任何疑问都要～。

【穷工极巧】 qióng gōng jí qiǎo
[释义] 穷、极:尽。形容极其精致、巧妙。[语见] 清·无名氏《说唐》第六十五回:"正因升仙阁造得穷工极巧,十分齐整,那些百姓,都去看临昇仙阁。"[例句] 这些古玩～,令人爱不释手。

【穷贵极富】 qióng guì jí fù
[释义] 见"穷富极贵"。[语见] 元·脱脱等《宋史·文彦博传》:"彦博虽穷贵极富,而平居接物谦下,尊德乐善,如恐不及。"[例句] 他虽然～,但却非常吝啬。

【穷极其妙】 qióng jí qí miào
[释义] 见"穷极要妙"。[语见] 唐·无名氏《巴西侯传》:"又美人十数,歌者舞者,丝竹既发,穷极其妙。"[例句] 子期所奏的曲调高远,～,但是伯牙一死,世无

知音,他便再也没有心思抚琴了。

【穷极无聊】 qióng jí wú liáo
[释义] 穷极:到了极点。原指困窘到极点,找不到依托。也指精神极端空虚,没有寄托。[语见] 宋·费昶《思公子》诗:"虞卿亦何命,穷极苦无聊。"[例句] 她一个人待在家里～,于是随手拿起一本小说来读。

【穷极要妙】 qióng jí yào miào
[释义] 形容精妙到极点,多形容乐声。[语见] 汉·荀悦《前汉纪·元帝纪下》:"孝元皇帝多才艺,善史书,鼓琴吹洞箫,自度声曲,分别节度,穷极要妙。"[例句] 看来她很有音乐方面的才华,创作时深得现代音乐的～。

【穷极则变】 qióng jí zé biàn
[释义] 见"穷则思变"。[语见] 清·夏敬渠《野叟曝言》第三十一回:"天下事惟陷之深者,其出愈速,穷极则变,理有固然。"[例句] 一个朝代走到了尽头,就会发生变革,改朝换代,所谓～。

【穷寇勿追】 qióng kòu wù zhuī
[释义] 指不要将没有退路的敌兵置于死地。[语见]《孙子·军事》:"穷寇勿追,此用兵之法也。"[例句] 敌人已经败了,～,还是见好就收吧。

【穷理尽性】 qióng lǐ jìn xìng
[释义] 原指彻底推究事物的道理和人的本性。后泛指彻底推究一切事理。[语见]《周易·说卦》:"和顺于道德而理于义,穷理尽性以至于命。"孔颖达疏:"穷极万物深妙之理,究尽生灵所禀之性。"[例句] 为人应该～,通过不断反省自己,了解和改进自身素质。

【穷闾漏屋】 qióng lú lòu wū
[释义] 指代贫苦的民间。[语见]《荀子·儒效》:"虽隐于穷闾漏屋,人莫不贵,贵道诚存也。"[例句] 住惯了～的她,在这富丽堂皇的酒店里根本睡不着。

【穷妙极巧】 qióng miào jí qiǎo
[释义] 见"穷极要妙"。[语见] 汉·马融《长笛赋》:"穷妙极巧,旷以日月,然后成器,其音如彼。"[例句] 此曲～,得尽音

乐至理,能听得一次,便是生之大福。

【穷年累世】qióng nián lěi shì
[释义] 见"穷年累月"。[语见]《荀子·荣辱》:"人之情,食欲有刍豢,衣欲有文绣,行欲有舆马,又欲夫余财蓄积之富也。然而穷年累世,不知不足,是人之情也。"[例句] 许多年轻人,~地奔波,健康状况已不容乐观。

【穷年累岁】qióng nián lěi suì
[释义] 见"穷年累月"。[语见] 宋·陈亮《传注策》:"与夫伏生、孔安国之徒,其于六经之义,穷年累岁不遗余力矣。"[例句] 作家~地写作,写尽了自己的伤心事,也写尽了其亲眼所见的人间的悲欢离合。

【穷年累月】qióng nián lěi yuè
[释义] 穷年:一年又一年。年年月月。表示时间持续长久。[语见] 明·徐渭《送通府王公序》:"其图籍记载……富家大贾所不能聚,而敏记捷视之人,穷年累月所不能周也。"[例句] 历经~的战争,交战双方都已疲惫不堪。

【穷鸟入怀】qióng niǎo rù huái
[释义] 无处栖身的鸟飞入人的怀抱。比喻境况极其困窘而投靠于人。[语见] 晋·陈寿《三国志·魏书·邴原传》:"政(刘政)窘极,往投原。"裴松之注引《魏氏春秋》:"政投原曰:'穷鸟入怀。'原曰:'安知斯怀之可入耶?'"[例句] 不得已她~,嫁给了那个有钱人。

【穷且益坚】qióng qiě yì jiān
[释义] 见"穷当益坚"。[语见] 唐·王勃《滕王阁序》:"老当益壮,宁移白首之心,穷且益坚,不坠青云之志。"[例句] 真正做大事的人,~,你怎么就经不住这么一点打击呢?

【穷山恶水】qióng shān è shuǐ
[释义] 荒山与汹涌之水。形容自然环境极为恶劣。[例句] 这里交通便利,自然环境也不错,并非很多人想象中的~,到处破烂不堪。

【穷山僻壤】qióng shān pì rǎng
[释义] 见"穷乡僻壤"。[语见] 宋·朱熹《条奏经界状·贴黄》:"故州城县郭所在之乡,其产不甚重,与穷山僻壤至有相倍蓰者,此逐乡产钱租额,所以本来已有轻重之所由也。"[例句] 这~的农民,没有文化,没有见识,但是他们身上的那种朴实和对生命本身的思考,却比城市人丰富得多。

【穷奢极侈】qióng shē jí chǐ
[释义] 见"穷奢极欲"。[语见] 南朝宋·范晔《后汉书·陆康传》:"末世衰主,穷奢极侈,造作无端。"[例句] 炀帝~的生活,大大消耗了隋朝的元气。

【穷奢极欲】qióng shē jí yù
[释义] 穷、极:极端、非常。奢:挥霍浪费。欲:欲望。非常浪费,没有节制地挥霍。形容生活荒淫腐化,挥霍无度。[语见] 汉·班固《汉书·谷永传》:"失道妄行,逆天暴物,穷奢极欲,湛湎荒淫。"[例句] 当时的统治者拼命剥削百姓,以满足他们~的生活需要。

【穷神观化】qióng shén guān huà
[释义] 见"穷神知化"。[语见] 西晋·陆机《汉高祖功臣颂》:"穷神观化,望影揣情。"[例句] 他从小对任何东西都喜欢~,长大后果然成为一名科学家。

【穷神知化】qióng shén zhī huà
[释义] 指深究事物之精微道理。[语见]《周易·系辞下》:"穷神知化,德之盛也。"[例句] 作为生物学家,~是他的不二守则。

【穷鼠啮狸】qióng shǔ niè lí
[释义] 啮:咬。狸:狸猫。老鼠急了也要咬猫。比喻力弱者被欺压过甚,也要奋力反抗。[语见] 汉·桓宽《盐铁论·诏圣》:"死不再生,穷鼠啮狸。"[例句] 不可欺人太甚,小心~。

【穷鼠啮猫】qióng shǔ niè māo
[释义] 见"穷鼠啮狸"。[例句] ~,人被逼急了也会拼命反抗的。

【穷天极地】qióng tiān jí dì
[释义] 犹言天涯海角。极边远之处。[语见] 明·谢肇淛《五杂俎·地部二》:"元之盛时,外夷朝贡者千余国,可谓

穷天极地,罔不宾服。"[例句] 他奔走多年,～寻了个遍,最终也没能找到那件传说中的宝物。

【穷途潦倒】qióng tú liáo dǎo
[释义] 形容无路可走,十分失意。[语见]《郑板桥集·前言》:"他的一生,尽管够得上是盘根错节,穷途潦倒的一生,而思想深处一种比较积极的因素却始终是存在着的。"[例句] 这个老人衣衫褴褛,目光呆滞,一看就知道～。

【穷途落魄】qióng tú luò pò
[释义] 比喻处境困穷,潦倒失意。[语见] 清·陈熙晋《临海集序》:"临海穷途落魄,幕府草檄,非必出于本心。"[例句] 他考不上大学,又没什么谋生的本事,最终落得了个～的境地。

【穷途末路】qióng tú mò lù
[释义] 穷途:路途的尽头。末路:道路的末端。道路的尽头。泛指走上了绝路,再无路可走。[语见] 清·文康《儿女英雄传》第五回:"你如今是穷途末路,举目无依。"[例句] 他被警察四处追捕,如今已是～。

【穷纤入微】qióng xiān rù wēi
[释义] 见"穷幽极微"。[语见] 魏·刘徽《九章算术注序》:"虽曰九数,其能穷纤入微,探测无方,至于以法相传。"[例句] 他苦守书斋,～,三十余年下来,已著作等身。

【穷乡僻壤】qióng xiāng pì rǎng
[释义] 僻:偏远,偏僻。壤:地方。偏远荒凉的地方。[语见] 清·李宝嘉《文明小史》第八回:"无奈这穷乡僻壤,既无读书之人,那里来的书店。"[例句] 他在那个～的山区教学十多年,为那里播下了现代科学文化的种子。

【穷巷陋室】qióng xiàng lòu shì
[释义] 见"穷间漏屋"。[语见] 西汉·韩婴《韩诗外传》第五卷:"虽隐居穷巷陋室,无置锥之地,王公不能与争名矣。"[例句] 真的没有想到,在这些～之中,竟能得遇如此高人!

【穷心剧力】qióng xīn jù lì
[释义] 尽心尽力,全力以赴。[语见] 宋·王令《答刘公著微之书》:"今夫穷心剧力,茫然日以雕刻为事,而不暇外顾者,其成何哉?"[例句] 她～,关起门不闻窗外事,全身心地投入到创作中。

【穷形极状】qióng xíng jí zhuàng
[释义] 见"穷形尽相"。[例句] 这部史书虽然写得简单,但是还是把一帮奸邪之人的丑态～地刻画了出来。

【穷形尽相】qióng xíng jìn xiàng
[释义] 穷:穷尽。形:形体,形象。尽:完全。相:外表、表面。形体描绘非常细致,外形刻画十分逼真。形容文学艺术作品的描写达到了极高的地步。后用以指人的丑态毕露。[语见] 西晋·陆机《文赋》:"虽离方而遁员,期穷形而尽相。"[例句] 作品～地刻画出这些人面对金钱诱惑时的丑态。

【穷凶极恶】qióng xiōng jí è
[释义] 穷:极、十分。恶:凶残。极度凶残狠毒。[语见] 汉·班固《汉书·王荆传赞》:"穷凶极恶,毒流诸夏。"[例句] 面对这个～的歹徒,他毫不畏惧。

【穷幽极微】qióng yōu jí wēi
[释义] 指深入探求玄奥的学问。[语见] 宋·张君房《云笈七签》第一百零二卷:"穷幽极微,至纤无际。"[例句] 科学研究免不了烦琐的考据,往往会为了一些并不关重要的历史事件或人物的考证而搜罗筛选,～。

【穷猿奔林】qióng yuán bēn lín
[释义] 比喻人处于困境中,急于寻找栖身之地。[语见] 南朝宋·刘义庆《世说新语·言语》:"李弘度常叹不被遇,殷扬州知其家贫,问:'君能屈志百里不?'李答曰:'《北门》之叹,久已上闻,穷猿奔林,岂暇择木?'遂授剡县。"[例句] 在警方的严密追捕下,一些毒贩～,将目光投向了偏远地区。

【穷猿投林】qióng yuán tóu lín
[释义] 见"穷猿奔林"。[语见] 宋·苏轼《与王定国书》:"近在常置得一小庄子,岁可得百石,似可足食。非不知扬州

之美。穷猿投林,不暇择木也。"[例句]
他那时身无分文,是～,哪里还顾得上脸
面不脸面的。

【穷猿失木】 qióng yuán shī mù
[释义] 比喻流离失所,无家可归。
[语见] 唐·杜甫《寄杜位》诗:"寒日经檐
短,穷猿失木悲。"[例句] 一场洪水过
后,无数人～,无法返回自己的家园。

【穷源竟委】 qióng yuán jìng wěi
[释义] 源:水源。委:水流末尾。指查清
河道的源流。又比喻深究事物的始末。
[语见]《礼记·学记》:"三王之祭川也,皆
先河而后海,或源也,或委也,此之谓务
本。"[例句] 他做学问很是严谨,总
要～,容不得一丝疑惑。

【穷源溯流】 qióng yuán sù liú
[释义] 穷:寻求到尽头。溯流:逆着水流
的方向前进。指逆流而上,寻求水源。
也比喻探讨事物的源流和因果。[例句]
面对这些疑团,她决心～,要把事情弄个
水落石出。

【穷源推本】 qióng yuán tuī běn
[释义] 推究事情的本源。[语见] 明·沈
鲸《双珠记·卖儿系珠》:"明珠悬项,穷源
推本应根究。图功业志气从新,思骨肉
宗支寻旧。"[例句] 本书参考了大量历史
文献,～,彻底弄清了这个历史谜团。

【穷则思变】 qióng zé sī biàn
[释义] 穷:尽头,穷尽。则:就、便。思:
想方设法。变:变化,变通。指人或事物
处于困境或到了尽头就要想方设法进行
变通,否则就不会改变自身处境。
[语见]《周易·系辞下》:"神而化之,使民
宜之。易穷则变,变则通,通则久。"
[例句] 身处偏远山区的他们没有等待
和依靠,而是～,闯出了一条山区实现工
业化的道路。

【穷追猛打】 qióng zhuī měng dǎ
[释义] 指对于溃败的敌人,不管逃到哪
里,都追住不放狠狠打击。[例句] 他下
令部队～,彻底消灭叛军。

【茕茕孑立】 qióng qióng jié lì
[释义] 茕茕:孤单无依靠的样子。孑立:

孤立。形容一个人孤苦伶仃。[语见]
晋·李密《陈情表》:"茕茕孑立,形影相
吊。"[例句] 多年以来只有一个修
女～,形影相吊,孤独地守着这个教堂。

【琼厨金穴】 qióng chú jīn xué
[释义] 喻指奢侈的豪门富户。[语见]
晋·王嘉《拾遗记·后汉》:"郭况,光武皇
后之弟也,……庭中起高阁,长庑置衔石
于其上,以称珠玉也。阁下有藏金窟,列
武士以卫之,错杂室以饰台榭。故东京
谓郭家为琼厨金穴。"[例句] 他们家
是～,非常有钱。

【琼林玉树】 qióng lín yù shù
[释义] 琼:美玉。比喻相貌洁白美好。
[语见] 唐·蒋防《霍小玉传》:"但觉一室
之中,若琼林玉树,相互照耀,转盼精彩
射人。"[例句] 此女生得～,煞是惹人
喜爱。

【琼楼玉宇】 qióng lóu yù yǔ
[释义] 琼:美玉。宇:房檐,泛指房屋。
用玉建成的楼台房舍。传说中是神仙居
住的地方。形容堂皇精美的建筑物。
[语见] 宋·苏轼《水调歌头·中秋》词:"我
欲乘风归去,又恐琼楼玉宇,高处不胜
寒。"[例句] 步入规模宏大的灯会现
场,放眼望去,灯海辉煌,仿佛置身于～、
人间仙境之中。

【琼台玉阁】 qióng tái yù gé
[释义] 见"琼楼玉宇"。[语见] 元·无名
氏《长生会》第五折:"你看这椒壁宫
墙,琼台玉阁,堪比天宫之处也。"[例句]
登上这～,远眺冰湖雪浪,如临仙境,妙
不可言。

【琼台玉宇】 qióng tái yù yǔ
[释义] 见"琼楼玉宇"。[语见] 元·无名
氏《登瀛洲》第四折:"遥望见宝殿珠
楼,琼台玉宇见,凤翥鸾飞又,不比那龙
蟠虎踞。"[例句] 抬起头,清冷的月光
下,～泛着丝丝寒光,不知这是人间还是
天上?

【琼枝玉叶】 qióng zhī yù yè
[释义] 琼:美玉。喻指高官显贵的子孙。
参看"金枝玉叶"。[语见] 唐·萧颖士《为

扬州李长史贺立皇太子表》：“况琼枝挺秀，玉叶资神，允厘监抚，仪形稚颂。”[例句]她是娇生惯养的～，哪里过得了这种清贫的生活？

qiu

【秋风落叶】qiū fēng luò yè
[释义]见“秋风扫落叶”。[语见]宋·洪迈《夷坚乙志·齐先生》：“诸公见其高门华屋……虽蹇驴亦无有矣，人言秋风落叶，此真是也。”[例句]隋军南进，如～一般，迅速将南陈最后一点抵抗力量也消灭了。

【秋风扫落叶】qiū fēng sǎo luò yè
[释义]疾劲的秋风扫除了凋黄的树叶。比喻强大势力将衰败的、腐朽的事物一扫而光。[语见]晋·陈寿《三国志·魏书·辛毗传》：“以明公之威，应困穷之敌，击疲弊之寇，无异迅风之振秋叶矣。”[例句]成吉思汗的军队以～之势迅速统一了蒙古草原。

【秋风团扇】qiū fēng tuán shàn
[释义]秋凉后的团扇即置而不用。比喻妇人色衰被弃。[语见]《乐府诗集·班婕妤〈怨歌行〉》：“裁为合欢扇，团团似明月，出入君怀袖，动摇微风发。常恐秋节至，凉飙夺炎热，弃捐箧笥中，恩情中道绝。”[例句]她已经人老珠黄，成了～，被那负心人无情地抛弃了。

【秋高马肥】qiū gāo mǎ féi
[释义]秋气明朗，马匹肥壮。[语见]明·宋濂等《元史·世祖本纪》：“今迁王道贞往谕，卿等当整尔士卒，砺尔戈矛，矫尔弓矢，约会诸将，秋高马肥，水陆分道而进，以为问罪之举。”[例句]每到～的时节，这些牧民们便成群结队，外出打猎。

【秋高气爽】qiū gāo qì shuǎng
[释义]秋天的天空晴朗明净，显得高远；气候凉爽宜人。[语见]唐·杜甫《崔氏东山草堂》诗：“高秋爽气相鲜新。”[例句]现在～，正是登山的好季节。

【秋高气肃】qiū gāo qì sù
[释义]见“秋高气爽”。[语见]宋·张抡《醉落魄·咏秋》词：“秋高气肃，西风又拂盈盈菊，挪金弄玉香芬馥。”[例句]我们几个，寻了个～的日子，一起到了郊外，痛快地玩了一场。

【秋后算账】qiū hòu suàn zhàng
[释义]原指农民一般在秋天收获之后计算一年的收入、支出。现用以比喻事情过后进行打击报复。[例句]会上不要多嘴，小心有人～。

【秋扇见捐】qiū shàn jiàn juān
[释义]见：被。捐：弃置。秋天凉了，扇子被搁在一边。比喻妇女被丈夫冷落或遗弃。[语见]汉·班婕妤《怨歌行》：“常恐秋节至，凉飙夺炎热，弃捐箧笥中，恩情中道绝。”[例句]你这样纵容他，难保日后不会～，遭他遗弃。

【秋水伊人】qiū shuǐ yī rén
[释义]秋水：指清澈流动的眼波，引申为盼望，思念。伊人：那个人。指想念中的友人。[语见]清·龚萼《雪鸿轩尺牍·答许葭村》：“登高望远，极目苍凉，正切秋水伊人之想，适接瑶章，如果晤对，即满浮三大白，不负茱萸令节也。”[例句]月圆之夜，登高望远，令人不禁生出几分～之思。

【秋月春风】qiū yuè chūn fēng
[释义]秋天的月亮最明朗，春天的风最和畅。泛指良辰美景，也指美好的岁月。[语见]唐·白居易《琵琶行》诗：“今年欢笑复明年，秋月春风等闲度。”[例句]品着美酒，欣赏窗外的～，是多么惬意的事情啊！

【秋月春花】qiū yuè chūn huā
[释义]见“秋月春风”。[语见]元·孙周卿《蟾宫曲·题琵琶亭》：“今老却朝云暮霞，再休题秋月春花。”[例句]面对～，我却心情黯然，眼前的风景勾起了我对往事的回忆。

【囚首垢面】qiú shǒu gòu miàn
[释义]囚首：头发不梳像囚犯。垢面：脸上肮脏。形容人久不梳洗，以致头发蓬乱，脸上肮脏，形同囚犯。也作“乱首垢

面"。[语见]汉·班固《汉书·王莽传上》："世父大将军凤病，莽侍疾，亲尝药，乱首垢面，不解衣带连月。"[例句]桥下面住着些无家可归的流浪者，有男有女，一个个～，污秽不堪。

【囚首丧面】 qiú shǒu sāng miàn
[释义]头发不梳像囚犯，脸不洗像居丧。[语见]宋·苏洵《辨奸论》："囚首丧面而谈诗书，此岂情也哉。"[例句]看到自己的亲人成了衣衫褴褛、～的乞丐，她不禁一阵心酸。

【求备一人】 qiú bèi yī rén
[释义]求：希求。备：具备，完美无缺。要求人完美无缺。形容苛求过分。[语见]《论语·微子》："君子不施其亲，不使大臣怨乎不以。故旧无大故，则不弃也。无求备于一人！"[例句]我们要看到每个人都有自己的优点，也都有自己的缺点，应发挥每个人的优点，使得人尽其才，而不应～。

【求道于盲】 qiú dào yú máng
[释义]见"问道于盲"。[语见]唐·韩愈《答陈生书》："足下求速化之术，不于其人，乃以访愈，是所谓借听于聋，求道于盲。"[例句]让他主持这项工作，无异于～。

【求马唐肆】 qiú mǎ táng sì
[释义]唐肆：市集。非停马之处。比喻求非其地，必无所获。[语见]《庄子·田子方》："彼已尽矣，而女求之以为有，是求马于唐肆也。"[例句]到这儿寻求支持，无异于～。

【求名夺利】 qiú míng duó lì
[释义]见"求名求利"。[语见]明·沈受先《三元记·空归》："求名夺利夸得意，胜似状元及第。"[例句]长安道上，～的青年俊杰熙熙攘攘，然而数年之后，山依旧是山，水依旧是水，只是那些人已全都憔悴了。

【求名求利】 qiú míng qiú lì
[释义]追求名誉与财利。[语见]宋·孙惟信《水龙吟·除夕》词："祷告些儿，也都不是，求名求利。"[例句]作为科学家，应

把自己的事业放在首位，而不是急于～。

【求名责实】 qiú míng zé shí
[释义]见"循名责实"。[语见]唐·刘知几《史通·本纪》："霸王者，即当时诸侯，诸侯而称本纪，求名责实，再三乖谬。"[例句]投票结果往往是人缘使然，你必须～，对小冯进行彻底的考察。

【求亲告友】 qiú qīn gào yǒu
[释义]求亲戚资助，向朋友告借。形容处境的困窘。[例句]他～，东借西凑筹备了一点资金。

【求亲靠友】 qiú qīn kào yǒu
[释义]求助亲戚，依靠朋友，常指求人借贷。[语见]清·曹雪芹《红楼梦》第四十二回："这两包每包五十两，共是一百两，是太太给的，叫你拿去，或者做个小本买卖或者置几亩地，以后别再求亲靠友的。"[例句]他～，多处筹资，终于建成了这个养殖场。

【求全责备】 qiú quán zé bèi
[释义]求全：苛求完美。责备：要求齐备。苛求完美无缺，追求十全十美。[语见]明·邵璨《香囊记·琼林》："老拙信口嘲来，不可求全责备，拚得罚酒了。"[例句]企业用人要做到用人所长，容人之短，不能～。

【求全之毁】 qiú quán zhī huǐ
[释义]毁：诽谤，讲别人的坏话。一心想做到完满无缺，结果却招来诋毁。[语见]《孟子·离娄上》："有不虞之誉，有求全之毁。"朱熹注："求免于毁而反致毁，是为求全之毁。"[例句]官场复杂，仕途难料，充满着相互倾轧，下属溜须拍马、曲意逢迎，依然免不了～，莫名其妙地遭受上司的白眼。

【求人不如求己】 qiú rén bù rú qiú jǐ
[释义]求别人不如求自己。[语见]《文子·上德》："怨人不如自怨，求诸人不如求之己。"[例句]～，我们不如自己动手设计一套装修方案。

【求仁得仁】 qiú rén dé rén
[释义]寻求仁德就得到仁德。表示求什么就得到什么，正如心愿。[语见]《论

语·述而》:“求仁而得仁,又何怨?”[例句]奋斗了几十年,他终于实现了梦想,也算是~了。

【求容取媚】 qiú róng qǔ mèi

[释义]指谄媚讨好。[语见]晋·陈寿《三国志·蜀书·法正传》:“旦夕偷幸,求容取媚,不虑远图,莫肯尽心献良计耳。”[例句]这些人整天~、苟且偷生,关键时刻只会退缩。

【求索无厌】 qiú suǒ wú yàn

[释义]求:追求。索:搜索。厌:满足。指贪欲无止境、无休止地向人民进行搜刮。[语见]《吕氏春秋·怀宠》:“征敛无期,求索无厌。”[例句]朝廷~,无视百姓疾苦。

【求田问舍】 qiú tián wèn shè

[释义]舍:房屋。到处寻求打听,盘算着买田置屋。形容只关心小家庭利益。[语见]晋·陈寿《三国志·魏书·陈登传》:“备曰:‘君有国士之名,今天下大乱,帝主失所,望君忧国忘家,有救世之意;而君求田问舍,言无可采……’”[例句]新上任的总经理只知道~,不关心企业的长远发展。

【求同存异】 qiú tóng cún yì

[释义]求:寻求,找寻。存:保留。找寻相同之处而暂且保留不同观点。即寻求原则上的一致,而暂且保留那些无关紧要的不同意见。[例句]我们一贯主张两国应本着~的精神,加强合作。

【求贤如渴】 qiú xián rú kě

[释义]如口渴时思饮那样急于求取贤才。形容访求人才的心情非常迫切。[语见]宋·陈亮《上光宗皇帝鉴成箴》:“寿皇履位,求贤如渴。”[例句]~的公司老板亲自来到招聘会现场。

【求贤若渴】 qiú xián ruò kě

[释义]求:寻求,招致。若:像,如。寻求贤德之人就像口渴了要喝水一样迫切。[语见]唐·魏徵《隋书·韦世康传》:“朕夙夜庶几,求贤若渴,冀与公共治天下,以致太平。”[例句]曹操~,真正有识之才前来投奔,必定深得重用。

【求贤下士】 qiú xián xià shì

[释义]见“求贤用士”。[语见]清·褚人获《隋唐演义》第八十二回:“乞陛下特恩,赐以冠带,更使一朝臣往宣,乃见圣主求贤下士之至意。”[例句]李渊父子~,暗中招兵买马,数年之间,已成为北方最大的一支力量。

【求贤用士】 qiú xián yòng shì

[释义]招求贤良,聘用士人。[语见]元·白朴《博望烧屯》第二折:“兄弟,俺求贤用士哩,你依着师父出去。”[例句]他四处~,广招人才,一定能成大事。

【求新立异】 qiú xīn lì yì

[释义]力求新奇异样,以示与众不同。[语见]清·褚人获《隋唐演义》第三十三回:“众美人亦因炀帝留心裙带,便个个求新立异蛊惑他,博片刻之欢。”[例句]学校鼓励学生们在设计中可以尝试突破限制,激发自己~的激情。

【求益反损】 qiú yì fǎn sǔn

[释义]为图好处,反招损害。[语见]宋·张君房《云笈七签》第一百一十二卷:“有风雷洞、鬼神洞、地狱洞、龙蛇洞,误入其中,害及性命,求益反损,深可戒也。”[例句]锻炼身体也要适度,否则~,得不偿失。

【求之不得】 qiú zhī bù dé

[释义]怎样寻求都求不到。形容要求很迫切或机会很难得。[语见]《庄子·天下》:“墨子真天下之好也,将求之不得也,虽枯槁不舍也。”[例句]上司早就对他有意见,现在他自己主动提出辞职,真是~。

【遒文壮节】 qiú wén zhuàng jié

[释义]遒:强劲。形容文辞刚劲有力,节奏雄壮。[语见]宋·胡仔《苕溪渔隐丛话·杜子美四》:“曹氏父子鞍马间为文,往往横槊赋诗,故其遒文壮节,抑扬怨哀悲离之作,尤极于古。”[例句]他的作品虽然不多,但观点精辟,笔锋犀利,一样有着~的风采。

【裘弊金尽】 qiú bì jīn jìn

[释义]裘:皮衣。敝:破,损。皮衣破烂了,钱用光了。比喻从富有而穷困潦倒。

Q

[语见]《战国策·秦策一》:"(苏秦)说秦王,书十上而说不行,黑貂之裘弊,黄金百斤尽。"[例句]没过多久,他～,生活日益艰难起来。

【裘马轻肥】qiú mǎ qīng féi
[释义]形容生活富裕豪华。[语见]《论事·雍也》:"子曰:'赤之适齐也,乘肥马,衣轻裘,吾闻之也,君子周急不继富。'"朱熹注:"乘肥马,衣轻裘,言其富也。"[例句]他年轻时过惯了～的富裕生活,猛然间还不习惯这种拮据的日子。

qu

【区宇一清】qū yǔ yī qīng
[释义]区宇:疆土境域。天下一统,国家太平。[语见]明·宋濂等《元史·伯颜传》:"始干戈之爰及,迄文轨之会同,区宇一清,普天均庆。"[例句]虽然我无法做出～那样的大事,但只要我的心中深爱自己的国家,那就足够了。

【曲尽其妙】qū jìn qí miào
[释义]将事物的妙处都生动细致地表现出来了。形容表现的技巧很高明。[语见]晋·陆机《文赋序》:"故作《文赋》,从述先士之盛藻,因论作文之利害所由,他日殆可谓曲尽其妙。"[例句]一个平凡的故事,在他手中却成了～、余韵无穷的文字,真是令人叹服。

【曲突徙薪】qū tū xǐ xīn
[释义]曲:使弯曲。突:烟囱。徙:迁移。薪:柴。把烟囱改建成弯的,搬开灶旁的柴火,避免发生火灾。比喻事先采取措施,防患于未然。[语见]明·屠隆《彩毫记·拜官供奉》:"念阴忧漆室效葵倾,鉴先几曲突徙薪情。"[例句]亡羊补牢不如～,我们应尽早发现隐患和采取措施,避免灾害发生。

【曲意逢迎】qū yì féng yíng
[释义]曲意:掩藏或违反自己的本意。逢迎:迎合。形容违背真心,一味对别人迎合献媚。[语见]明·罗贯中《三国演义》第八回:"卓偶染小疾,貂蝉衣不解带,曲意逢迎,卓心愈喜。"[例句]有些人

整天挖空心思围着领导转,～讨领导欢心,就是为了升官发财。

【诎寸伸尺】qū cùn shēn chǐ
[释义]见"诎寸信尺"。[语见]汉·刘安《淮南子·氾论训》:"诎寸而伸尺,圣人为之;小枉而大直,君子行之。"[例句]这方面你受点委屈,就～吧,否则会影响整体利益。

【诎寸信尺】qū cùn shēn chǐ
[释义]诎:通"屈"。信:通"伸"。曲折一寸可伸长一尺。比喻小处受点委屈,以求得较大的利益。[语见]《尸子》下卷:"孔子曰:诎寸而信尺,小枉而大直,吾弗为也。"[例句]这时候只能～,等拿下这笔生意,就可以扭亏为赢了。

【屈打成招】qū dǎ chéng zhāo
[释义]屈:冤枉。招:招认,承认。比喻清白无辜的人,被严刑拷打承认犯了罪。[语见]元·无名氏《神奴儿》第四折:"拖到官中,三推六问,吊拷绷扒,屈打成招。"[例句]警方刑讯逼供造成～,结果无辜的青年被判入狱。

【屈艳班香】qū yàn bān xiāng
[释义]屈:指战国楚伟大诗人屈原。班:汉代史学家、文学家班固。艳、香:形容文辞华美。形容文辞华美,兼有辞赋与史书二者风格之长。[语见]唐·杜牧《冬至日寄小侄阿宜》诗:"高摘屈宋艳,浓薰班马香。"[例句]这篇文章写得真是～,令人回味无穷。

【屈指可数】qū zhǐ kě shǔ
[释义]屈:弯曲。扳着手指头就可以数得过来。形容为数很少。[语见]唐·韩愈《忆昨行和张十一》诗:"自期殒命在春序,屈指数日怜婴孩。"[例句]目前国内能读懂这种文字的学者～。

【屈尊驾临】qū zūn jià lín
[释义]驾临:敬辞,指对方到来。降尊俯就,屈下身子光临。多用为对来访者所说的客套话。[例句]看到女王～,活动组织者真是喜出望外。

【屈尊敬贤】qū zūn jìng xián
[释义]放下架子,以恭敬的态度对待有

Q

才能和道德的人。[语见]清·吴敬梓《儒林外史》第一回:"况且屈尊敬贤,将来志书上少不得称赞一篇。"[例句]刚刚上任的单位领导~,获得了大家的好评。

【趋名逐利】 qū míng zhú lì
[释义]趋:奔向。逐:追逐。追求名誉和私利。[语见]唐·唐求《山居偶作》诗:"趋名逐利身,终日走风尘。"[例句]他觉得人生在世~,到老又什么都得不到,非常无趣。

【趋炎附势】 qū yán fù shì
[释义]趋:迎合。附:依附、投靠。炎、势:比喻有权势的人。指迎合、投靠有权势的人。[语见]明·兰陵笑笑生《金瓶梅词话》第五十一回:"你我院中人家,弃旧迎新为本,趋炎附势为强。"[例句]在这个~、唯利是图的社会里,像他这样正直的人无疑会四处碰壁。

【曲高和寡】 qǔ gāo hè guǎ
[释义]曲:曲调。高:高雅、高深。和:唱和,响应。寡:少。曲调太高雅,唱和的人非常少,指没有知音。后多喻指言论、作品不通俗,不为普通人所接受。[语见]南朝梁·萧统《文选·宋玉〈对楚王问〉》:"客有歌于郢中者,其始曰《下里巴人》,国中属而和者数千人……其为《阳春白雪》,国中属而和者不过数十人;引商刻羽,杂以流徵……是其曲弥高,其和弥寡。"[例句]受市场压力影响,这名歌星不得不放弃~的美声唱法,也唱起了通俗歌曲。

【曲终奏雅】 qǔ zhōng zòu yǎ
[释义]雅:雅乐。乐曲到结束时奏出了雅正的乐音。本指司马相如的辞赋不够完美,到了结尾才转好,后比喻文章或艺术表演到终了时更加精彩。[语见]汉·司马迁《史记·司马相如列传》:"相如虽多虚辞滥说,然其要归引之节俭,此与《诗》之风谏何异!扬雄以为靡丽之赋,劝百风一,犹驰骋郑卫之声,曲终而奏雅,不已亏乎?"[例句]千万不要提前离场,~,这场表演的高潮在结尾的地方。

【取长补短】 qǔ cháng bǔ duǎn
[释义]吸取他人的长处,弥补自己的短

处。[例句]希望大家在工作中互相协作,互相学习,~,共同提高。

【取而代之】 qǔ ér dài zhī
[释义]代:代替。指一事物取代另一事物的地位。原指夺取别人的地位、权力,后来泛指拿一个代替另一个。[语见]汉·司马迁《史记·项羽本纪》:"秦始皇帝游会稽,渡浙江,(项)梁与(项)籍俱观。籍曰:'彼可取而代也。'"[例句]许多城市居民已很少饮用自来水,~的是包装精美、质量上乘的瓶装水。

【取快一时】 qǔ kuài yī shí
[释义]只图暂时的快乐,不顾其他利害关系。[例句]他只图眼前利益,~,公司交到他手里是没有希望了。

【取青配白】 qǔ qīng pèi bái
[释义]以青配白,比喻文句对偶工整。[语见]唐·柳宗元《读韩愈所著毛颖传后题》:"世之模拟窜窃,取青配白,肥皮厚肉,柔筋脆骨,而以为辞者之读之也,其大笑固宜。"[例句]这首诗~、用词严谨,读起来朗朗上口。

【取友必端】 qǔ yǒu bì duān
[释义]取:选取。端:端正。原意指正派人所选择的朋友必然也端正。后指选取友人必须是品行端正的。[语见]《孟子·离娄下》:"夫尹公之他,端人也,其取友必端矣。"[例句]多年来,他始终坚持~的社交观念。

【取之不竭】 qǔ zhī bù jié
[释义]见"取之不尽,用之不竭"。[语见]元·脱脱等《辽史·地理志》:"山巅平石之上有掌指之状,泉出其中,取之不竭。"[例句]一些可再生能源,譬如太阳能和风能,它们具有~的特点。

【取之不尽,用之不竭】 qǔ zhī bù jìn, yòng zhī bù jié
[释义]拿不完,用不尽。形容非常丰富。[语见]清·刘坤一《土法枪炮毋庸设局片》:"外洋军火既不能购,亟应用旧法自造,取之不尽,用之不竭。"[例句]地球上的矿产资源并不是~的,我们应该合理

开发,合理利用。

【去故就新】 qù gù jiù xīn

[释义] 见"除旧布新"。[语见] 唐·韩愈《送穷文》:"子饮一觞,携朋挈俦,去故就新,驾尘扩风。"[例句] ～是必然的,公司要发展,适当的人事调整也很正常。

【去甚去泰】 qù shèn qù tài

[释义] 甚、泰:都是过分的意思。指做事不能太过分。[语见]《韩非子·扬权》:"故去甚去泰,身乃无害。"[例句] 不妨冷静下来,对这种观点做一番～的斟酌和研究。

【去泰去甚】 qù tài qù shèn

[释义] 见"去甚去泰"。[语见] 晋·左思《魏都赋》:"匪朴匪斫,去泰去甚。"[例句] 你宽和一些,～,日子一长,手下的人自然会喜欢你。

【去天尺五】 qù tiān chǐ wǔ

[释义] 天:指宫廷或皇帝。指与宫廷非常相近。[语见] 辛氏《三秦记》:"城南韦杜,去天尺五。"[例句] 这府邸富丽堂皇之极,真是～。

【去伪存真】 qù wěi cún zhēn

[释义] 去掉虚假的,保存真实的。[语见] 宋·释惟白《续传灯录·褒禅傅禅师》:"权衡在手,明镜当台,可以摧邪辅正,可以去伪存真。"[例句] 鉴定人员面对杂乱无章、各执一词的鉴定资料和证据,须运用专业知识进行判断,通过～,排除疑点,弄清事实真相。

【去邪归正】 qù xié guī zhèng

[释义] 见"弃邪从正"。[语见] 元·刘唐卿《降桑椹》第三折:"哥哥你说的是壮士言,到京师见帝王,则要你去邪归正为良将,治国安邦万人讲。"[例句] 经过严厉打击和说服教育,一批原来参与制假的人员～,走上了正当经营的道路。

【阒无人迹】 qù wú rén jì

[释义] 阒:形容寂静,没有声音。非常寂静,没有人的踪迹和声音。[语见]《周易·丰》:"窥其户,阒其无人。"[例句] 他们把观测站建在～的深山沟里,交通非

常困难。

quan

【权豪势要】 quán háo shì yào

[释义] 有权力的豪门,有势力的要人。[语见] 元·宫大用《范张鸡黍》第一折:"只随朝小小的职名,被这大官人家子弟都占去了,赤紧的又有权豪势要之家,三座衙门,把的水泄不通。"[例句] 本剧对这类～,毫不留情地加以披露与讽刺。

【权衡得失】 quán héng dé shī

[释义] 权:秤砣。衡:秤杆。权衡:比较,衡量。比较一下哪一个有利,哪一个有害。[例句] 再三～之后,他决定抛售自己的股份。

【权衡利弊】 quán héng lì bì

[释义] 权:秤砣。衡:秤杆。权衡:比较,商量。比较一下哪一个有利,哪一个有害。[语见] 清·曾国藩《复吴棠书》:"权衡利弊,不能不以海运为主,漕运为辅。"[例句] 这两套方案各有优点,需要～,优中选优。

【权衡轻重】 quán héng qīng zhòng

[释义] 权:秤砣。衡:秤杆。权衡:指比较,衡量。考虑、衡量事情哪个轻,哪个重,即区分主次。[语见]《商君书·弱民》:"战不胜,守不固,此无法之所生也,释权衡而操轻重者。"[例句] 时间实在太紧了,我只好～,先拣最重要的事情做。

【权倾朝野】 quán qīng cháo yě

[释义] 见"权倾天下"。[语见] 唐·李延寿《南史·徐陵列传》:"时安成王,琐为司空,以帝弟之尊,权倾朝野。"[例句] 自此他官运亨通,～,一直登到权力的顶峰。

【权倾天下】 quán qīng tiān xià

[释义] 权力可以倾动于天下。形容权力极大。[语见] 宋·魏泰《东轩笔录·吕惠卿》:"熙宁八年,吕惠卿为参知政事,权倾天下。"[例句] 小说讲述了主人公如何从一个流浪汉变成～的一国之君。

【权倾中外】 quán qīng zhōng wài

[释义] 权力可以压倒中外。形容权力极大。[语见] 明·冯梦龙《东周列国志》第一百零二回:"不韦父死,四方诸侯宾客,吊者如市,车马填塞道路,视秦王之表,愈加众盛,正是'权倾中外,威振诸侯。'"[例句] 蜡像馆中的人物,或是当今~的当权者,或是昔日的国家元首、政权执掌人等。

【权宜之计】 quán yí zhī jì
[释义] 权宜:根据时事而采取的灵活、变通的措施。为了应付某种情况而临时采取的变通的方法。[语见] 南朝宋·范晔《后汉书·王允传》:"及在际会,每乏温润之色,杜正持重,不循权宜之计,是以群下不甚附之。"[例句] 在根本性解决城市交通问题之前,必须找出治理车流拥堵的~。

【全军覆没】 quán jūn fù mò
[释义] 覆没:原指船翻入水中。这里指被消灭掉。所有的军队都被消灭掉了。比喻事情彻底失败。[语见] 五代后晋·刘昫等《旧唐书·李希烈传》:"官军皆为其所败,荆南节度使张伯仪全军覆没。"[例句] 只此一仗,他的部队几乎~。

【全力以赴】 quán lì yǐ fù
[释义] 以:连词,相当于"而"。赴:投身。使出全部力量,投入到某项事业中去。[例句] 新赛季即将到来,该俱乐部准备~,争取获得冠军。

【全盘托出】 quán pán tuō chū
[释义] 见"和盘托出"。[语见] 梁启超《中国韵文里头所表现的情感》:"一种温厚腍笃之情,在几句话上全盘托出。"[例句] 我并不想把心中所想~,我只是想借此机会粗疏地示意一下我的基本想法。

【全神贯注】 quán shén guàn zhù
[释义] 全:全部,整个。神:心思,精神。贯注:集中心思。全部精神都集中在某件事上。形容精神高度集中。[例句] 她~地读着手里的小说,没发现有人走进了房间。

【全神倾注】 quán shén qīng zhù

[释义] 见"全神贯注"。[例句] 我躲在门后~地看着画册,父亲走到了身边,我浑然不觉。

【全始全终】 quán shǐ quán zhōng
[释义] 见"善始善终"。[语见] 明·吴承恩《西游记》第六十四回:"圣僧不必闲叙。出家人全始全终。既有起句,何无结句? 望卒成之。"[例句] 做事要有头有尾,~,才能对得起自己的良心。

【全无心肝】 quán wú xīn gān
[释义] 指毫无羞耻之心,也指心地狠毒。[语见] 唐·李延寿《南史·陈后主纪》:"后监者奏言:'叔宝云,既无秩位,每预朝集,愿得一官号。'隋文帝曰:'叔宝全无心肝。'"[例句] 这个老板只知道图利,造假坑人,~。

【全心全意】 quán xīn quán yì
[释义] 全:全部,整个。把所有的精神都投入到某项事业中,从不分心。[例句] 这个客户服务部~为顾客服务,受到广大消费者的好评。

【泉石膏肓】 quán shí gāo huāng
[释义] 指爱山水泉石成癖,嗜好之深,如病入膏肓,不可救药。[语见] 宋·欧阳修等《新唐书·田游岩传》:"臣所谓泉石膏肓,烟霞痼疾者。"[例句] 她生性爱好旅游,几乎到了~的地步。

【拳打脚踢】 quán dǎ jiǎo tī
[释义] 用拳头打,用脚踢。指相互搏斗时的动作或任意殴打他人。形容打得凶狠。[语见] 清·吴敬梓《儒林外史》第九回:"还说什么! 为你这两个人,带累我一顿拳打脚踢!"[例句] 他被怀疑偷窃,结果被人家~,送进了医院。

【犬不夜吠】 quǎn bù yè fèi
[释义] 比喻社会治安良好,没有盗贼。[语见] 清·刘鹗《老残游记》第十二回:"初起也还有一两起盗案,一月之后,竟到了犬不夜吠的境界了。"[例句] 社会风气日益改善,几乎到了路不拾遗,~的地步。

【犬兔俱毙】 quǎn tù jù bì
[释义] 比喻相争双方同归于尽。[语见]

《战国策·齐策三》："韩子卢逐东郭逡,环山者三,腾山者五,兔极于前,犬废于后,犬兔俱罢,各死其处。"[例句]别把他逼急了,小心～。

【犬牙差互】quǎn yá cī hù
[释义]比喻参差不齐。[语见]唐·柳宗元《至小丘西小石潭记》:"其岸势犬牙差互,不可知其源。"[例句]岸边大大小小的奇岩怪石～,构成一幅独特的景象。

【犬牙交错】quǎn yá jiāo cuò
[释义]见"犬牙相错"。[语见]元·脱脱等《宋史·俞充传》:"环州田与夏境犬牙交错,每获必遭掠,多弃弗理。"[例句]这里种种关系盘根错节,～,你最好不要落入关系的战争之中。

【犬牙相错】quǎn yá xiāng cuò
[释义]错:错杂。狗牙上下交错不齐。形容地界交接错杂。也泛指形势错综复杂。[语见]汉·班固《汉书·景十三王传》:"诸侯王自以骨肉至亲,先帝所以广封连城,犬牙相错者,为盘石宗也。"[例句]这两种地层在地下呈现出～之势。

【犬牙相制】quǎn yá xiāng zhì
[释义]形容地界如犬牙那样参差交错,互相牵制。[语见]汉·司马迁《史记·孝文本纪》:"高帝封王子弟,地犬牙相制,此所谓盘石之宗也。"[例句]此地～,历来是兵家争夺的焦点。

que

【缺食无衣】quē shí wú yī
[释义]见"缺衣少食"。[语见]明·无名氏《贫富兴衰》第一折:"先主在独树楼桑受困危,织履编席,缺食无衣,到处寻觅,挑菜挑。"[例句]最令他放心不下的,是那些～的流浪者。

【缺衣少食】quē yī shǎo shí
[释义]衣食不足。形容贫穷。[语见]明·李贽《焚书·复李渐老书》:"即此衣食之赐,既深以为喜,则缺衣少食之烦恼不言而知也。"[例句]时值严冬,但仍有一些难民只能住在临时帐篷内,且～。

【却客疏士】què kè shū shì
[释义]却:拒绝。客:外来人。疏:疏远。士:读书人。指囿于地方观念,不用外来的人;妒贤嫉能,也不用有才能的人。[语见]秦·李斯《谏逐客书》:"向使四君却客而不内(纳),疏士而不用,是使国无富利之实,而秦无强大之名也。"注:四君,指秦穆公、秦孝公、秦惠王、秦昭王。[例句]公司要发展,不能～,应当充分调动人才的积极性。

【却之不恭】què zhī bù gōng
[释义]却:推辞,谢绝。谢绝盛情,就显得不恭敬了。谦谢之辞,表示只好接受别人的邀请或馈赠。[语见]明·兰陵笑笑生《金瓶梅词话》第七十三回:"如何又蒙大人赐将礼来,使我老身却之不恭,受之有愧。"[例句]既然如此,～,我就领谢您的好意了。

【确凿不移】què záo bù yí
[释义]确凿:非常确实、可靠。不移:不可改变。非常真实可靠,不能改变。[例句]对此现象,他一时无法给出一个～的判断或定论。

【鹊巢鸠占】què cháo jiū zhàn
[释义]鹊:喜鹊。鸠:斑鸠。喜鹊的窝被斑鸠占据了。原比喻女子出嫁,以夫家为家。后比喻强占他人住处。[语见]《诗经·召南·鹊巢》:"维鹊有巢,维鸠居之。"[例句]等他拿到新房的钥匙,兴冲冲准备搬进去时,却发现已被人～了。

【鹊笑鸠舞】què xiào jiū wǔ
[释义]鹊:喜鹊。鸠:斑鸠。旧时用作喜庆的祝词。[语见]汉·焦赣《易林·噬嗑之离》:"鹊笑鸠舞,来遗我酒。"[例句]这里～,一片欢乐祥和的气氛。

qun

【裙布钗荆】qún bù chāi jīng
[释义]见"荆钗布裙"。[语见]明·高明《琵琶记·散发归林》:"夫人是香闺绣阁之名姝,奴家是裙布钗荆之贫妇。"[例句]进来的妇人虽然～,但是她身上自有一种出身大家的气度。

【裙布荆钗】qún bù jīng chāi

Q

[释义] 见"荆钗布裙"。[语见] 元·柯丹邱《荆钗记·议亲》："贡元乃丰衣足食之家,老身乃裙布荆钗之妇,惟恐见诮。"[例句] 这些～的乡村女子身上,自然有着一股浓郁的朴实之气。

【裙屐少年】qún jī shào nián
[释义] 裙屐:下裳和木屐,六朝时贵族子弟的衣服穿着。指衣着漂亮,虚有其表的富家子弟。[语见] 唐·李延寿《北史·邢峦传》："萧深藻是裙屐少年,未洽政务。"[例句] 他一个～,从未品尝过生活的艰辛。

【群策群力】qún cè qún lì
[释义] 策:计谋,办法。大家一起想办法,出力气。形容集中群众的智慧和力量。[语见] 汉·扬雄《法言·重黎》："汉屈群策,群策屈群力。"[例句] 他在发言中希望大家～,共同为企业的发展做出努力。

【群鸿戏海】qún hóng xì hǎi
[释义] 鸿:鸿雁。海:指大湖。像许多飞鸿在大湖里游戏一样。形容书法遒劲灵活。[语见] 唐·张彦远《法书要录》："王羲之书如群鸿戏海。"[例句] 今天能见此～的绝妙书法,真是三生有幸。

【群居和一】qún jū hé yī
[释义] 指和谐相处,协调一致。[语见]《荀子·荣辱》："故先王案为之制礼义以分之,使有贵贱之等,长幼之差,知愚能不能之分,皆使人载其事而各得其宜,然后使悫禄多少厚薄之称,是夫群居和一之道也。"[例句] 人类之所以能够～,离不开道德、法律的约束。

【群龙无首】qún lóng wú shǒu
[释义] 首:头。引申为头脑。一群龙没有一个领头的。比喻人多而没有带头人。[语见]《周易·乾》："用九,见群龙,无首,吉。"[例句] 自从头领被抓,这个流氓团伙～,很快就销声匿迹了。

【群魔乱舞】qún mó luàn wǔ
[释义] 一群魔鬼乱跳乱舞。比喻众多的坏人猖狂作恶。[语见] 走走《怪兽》："再看那些胡杨树……就像喝醉了酒的人,有点群魔乱舞的感觉。"[例句] 那时正值社会动荡时期,礼坏乐崩,～。

【群起而攻之】qún qǐ ér gōng zhī
[释义] 群:众人。攻:攻击,指责。大家都起来攻击他。[语见] 宋·杨万里《李侍郎传》："自古官官之盛衰,系有国之兴亡。其盛也,始则人畏之,甚则人恶之,极则群起而攻之。"[例句] 他在台上,话刚刚开了个头,下面的人便～,闹得他再也下不来台。

【群轻折轴】qún qīng zhé zhóu
[释义] 分量轻的东西,积多了,能压断车轴。比喻小问题太多了,也会造成大的灾祸。[语见]《战国策·魏策一》："臣闻积羽沉舟,群轻折轴,众口铄金,故愿大王之熟计之也。"[例句] 积羽沉舟,～,小问题没解决好,现在成了大问题。

【群贤毕至】qún xián bì zhì
[释义] 形容贤能者齐集,济济一堂。[语见] 晋·王羲之《兰亭集序》："永和九年……群贤毕至,少长咸集,此地有崇山峻岭,茂林修竹。"[例句] 此次大会～,来自国内外众多专业人士在一起共商发展大计。

【群蚁溃堤】qún yǐ kuì dī
[释义] 溃:溃决。细小的蚁洞可以溃决堤防。比喻细小的漏洞可酿成大灾。[语见]《韩非子·喻志》："千丈之堤,以蝼蚁之穴溃。"[例句] 要记住～,小患也能酿成大祸。

【群英荟萃】qún yīng huì cuì
[释义] 英:才能或智慧出众的人。荟萃:会集,聚集。许多才能出众的人聚集在一起。[例句] 新成立的文学社是一个～的优秀团体。

【麕至沓来】qún zhì tà lái
[释义] 见"纷至沓来"。[语见] 清·魏秀仁《花月痕》第一回："读书人做秀才时,三分中却有一分真面目,自登科甲,入仕版,蛇神牛鬼,麕至沓来。"[例句] 告示一贴出,闻者～,无不想一睹金佛的风采。

R

ran

【然荻读书】 rán dí dú shū

[释义] 然:点燃。荻:类似芦苇的草本植物。点燃荻当灯。形容在贫困的境况下刻苦学习。[语见] 北齐·颜之推《颜氏家训·勉学》:"梁世彭城刘绮,交州刺史勃之孙,早孤家贫,灯烛难办,常买荻尺寸折之,然明夜读。"[例句] 前些年你要是能有哪怕一丝~的精神,你也不至于会到如今这一无所成的境地。

【燃眉之急】 rán méi zhī jí

[释义] 燃:烧。像火烧眉毛那样紧急。形容情势非常急迫。[语见] 明·郭勋《英烈传》第五十三回:"此时正是燃眉之急,岂不用他。"[例句] 贵公司汇来的三千万美元,真是解了我们的~。

【燃松读书】 rán sōng dú shū

[释义] 点燃松枝当灯。形容在贫困的境况下勤学苦读。[语见] 唐·李延寿《南史·顾欢传》:"乡中有学舍,欢贫无以受业,于舍壁后倚听,无遗忘者。夕则燃松节读书,或然(燃)糠自照。"[例句] 想想早些年他那~的用功劲头,你便对他如今在学界的名声不会意外了。

【染苍染黄】 rǎn cāng rǎn huáng

[释义] 苍:青色。染成青的就是青的,染成黄的就是黄的。比喻人的秉性、行为等易受环境影响。[语见]《墨子·所染》:"见染丝者而叹曰:'染于苍则苍,染于黄则黄。'"[例句] 封建社会的官场是复杂的,甚至是险恶的,人在其中,~,常常难以预料。

【染风习俗】 rǎn fēng xí sú

[释义] 染、习:熏染感化。受风俗的感染、影响而产生的变化。[语见] 宋·张君房《云笈七签》第五十六卷:"五气者,随命成性,逐物意移,染风习俗,所以变化无穷,不唯万数。"[例句] 文艺界早有男人蓄长发、女人染头发的现象,这早已让人见怪不怪。可眼下一些公司里的小青年竟也~,赶起了这种时髦。

【染丝之变】 rǎn sī zhī biàn

[释义] 比喻本来相同的事物,因受环境影响而变成不同的事物。[语见]《墨子·所染》:"见染丝而叹曰:'染于苍则苍,染于黄则黄;所入者变,其色亦变。'"[例句] 我们兄弟俩一南一北分开很久,再见面时,大哥更粗犷了,而我则更细致了。这真是~啊!

【染指垂涎】 rǎn zhǐ chuí xián

[释义] 涎:口水。染着指头,垂着口水。形容占取非分的利益。[语见] 宋·吕祖谦《东莱博议》第三卷:"至贵之无敌,至富之无伦,染指垂涎者至众也。"[例句] 俗话说枪打出头鸟,我们公司眼下效益甚好,但是一心~的其实也很多,所以我们要有紧迫感,要时时清醒,稍有放松,我们的财富就将易主。

rang

【攘臂一呼】 rǎng bì yī hū

[释义] 见"振臂一呼"。[语见] 宋·辛弃疾《淳熙己亥论盗贼札子》:"而比年以来……皆能攘臂一呼,聚众千百,杀掠吏民。"[例句] 明朝末年,李自成揭竿而起,~,四方响应,明朝政权立刻摇摇

欲坠。

【攘人之美】 rǎng rén zhī měi
[释义] 抢夺别人的好处。[语见] 宋·王谠《唐语林·文学》:"刘禹锡云:与柳八、韩七诣施士丐听《毛诗》,说'维鹈在梁',梁,人取鱼之梁也。言鹈自合求鱼,不合于人梁上取其鱼。譬之人,自无善事,攘人之美者,如鹈在人之梁。毛注失之矣。"[例句] 这方端砚既然是你的所爱,我怎么能～呢?

【让枣推梨】 ràng zǎo tuī lí
[释义] 推:推让。指幼小时便懂谦让之礼。唐·李延寿《南史·王泰传》:"年数岁时,祖母集诸孙侄,散枣栗于床,群儿竞之,泰独不取。问其故,对曰:'不取,自当得赐。'由是中表异之。"南朝宋·范晔《后汉书·孔融传》:"融幼有异才。"李贤注引《融家传》:"年四岁时,每与诸兄共食梨,融辄引小者。大人问其故,答曰:'我小儿,法当取小者。'由是宗族奇之。"后以"让枣推梨"比喻兄弟友爱。[例句] 我们是一母所生,自小～,却不料今天竟然反目相向,实在令人悲伤!

rao

【绕梁之音】 rào liáng zhī yīn
[释义] 见"余音绕梁"。[语见] 晋·陆机《演连珠》:"臣闻应物有方,居难则易。……是以充堂之芳,非幽兰所难,绕梁之音,实萦弦所思。"[例句] 我耳目愚钝,但是如此～,还是能使我感觉出其中的些许妙处的。

re

【惹火烧身】 rě huǒ shāo shēn
[释义] 惹:招来。招火来烧自身。比喻自己招惹来灾祸害自己。[语见] 明·无名氏《白兔记·逼书》:"今日与你盘缠,迟延,少待乞丈大拳,披麻惹火烧身怨,莫待等江心补漏船。"[例句] 那里已经乱成了一锅粥,你最好躲得远一点,切莫去～。

【惹祸招愆】 rě huò zhāo qiān
[释义] 见"惹祸招灾"。[语见] 元·关汉卿《普天乐·崔张十六事》:"郑恒枉自胡来缠,空落得惹祸招愆。"[例句] 你都三十岁的人了,怎么说话还是没轻没重的,总有一天你会因为你的嘴巴而～。

【惹祸招殃】 rě huò zhāo yāng
[释义] 见"惹祸招灾"。[语见] 元·无名氏《蓝采和》第三折:"数遍到此,曾谏李王,李王不听,只恐惹祸招殃。"[例句] 像徐达这样的将领,对天子之心,自是懂得不多,给他～的,还不是他那无人能比的大功劳!

【惹祸招灾】 rě huò zhāo zāi
[释义] 给自己引来灾祸。[语见] 元·张养浩《普天乐·莫刚直》:"莫刚直,休豪迈,于身无益,惹祸招灾。"[例句] 元朝末年,群雄并起,谁要先称帝,谁便是首当其冲～。

【惹人注目】 rě rén zhù mù
[释义] 惹:引起。注目:把目光集中。特别引人注意。[语见] 古华《芙蓉镇》:"圩场上最为惹人注目的,是新出现了米行、肉行。"[例句] 小菁穿了一身～的大红衣服,一路招摇过市,脸上一副得意扬扬的神情。

【惹是生非】 rě shì shēng fēi
[释义] 惹:引起。是、非:矛盾,争端。引起矛盾或争端。[语见] 明·冯梦龙《喻世明言》第三十六卷:"如今再说一个富家,安分守己,并不惹是生非。"[例句] 母亲一遍一遍地嘱咐我,要我别～,要我好好读书,凡此等等,说了无数,真把我当小孩子了。

【惹是招非】 rě shì zhāo fēi
[释义] 见"惹是生非"。[语见] 明·兰陵笑笑生《金瓶梅词话》第六十四回:"教你们这贼狗胎在这里看看,就恁惹是招非的。"[例句] 儿子在外～,女儿也净添乱,直把这对望子成龙的夫妻气得够呛。

【惹灾招祸】 rě zāi zhāo huò
[释义] 见"惹祸招灾"。[语见] 元·尚仲贤《气英布》第一折:"非是咱是风波祸,自己惹灾招祸。"[例句] 你这样生活不检点,～,总有一天你会吃尽苦头。

【惹罪招愆】 rě zuì zhāo qiān
[释义] 愆：过失。给自己招致罪过。
[语见] 明·无名氏《锁白猿》第四折："则为你昧己瞒心，因此上惹罪招愆。"
[例句] 他是一个什么人，你跟他去混，那不是～吗？

【热火朝天】 rè huǒ cháo tiān
[释义] 比喻气氛热烈，气势蓬勃。
[例句] 看到～的工地，总指挥的心竟然渐渐冷了下来，他不是担心大坝不能按时完工，而是大坝修成之后，电力、航运方面的后期工程能不能跟上。

【热泪盈眶】 rè lèi yíng kuàng
[释义] 热泪：因情绪激动而流的泪。盈：充满。眶：眼眶。热泪充满眼眶。形容非常激动。[例句] 三十年了，才终于和家里人通了电话，就是铁汉也会～。

【热气腾腾】 rè qì téng téng
[释义] 腾腾：直往上升。形容热气很盛，蒸蒸向上的样子。也比喻气氛热烈，情绪高涨。[语见] 明·吴承恩《西游记》第五回："那饭热气腾腾的。"[例句] 从冰天雪地走进温暖的房间，看到桌子上～的饭菜，再看到还在忙碌的两鬓斑白的母亲，我的泪水便落下来了。

【热血沸腾】 rè xuè fèi téng
[释义] 比喻情绪激昂高涨。[例句] 丘吉尔那篇令人～的讲话，成了二战中最著名的演讲。

ren

【人百其身】 rén bǎi qí shēn
[释义] 百其身：一百个自己的身子。意思是自身死一百次。愿死一百次来换回死者的生命。一说用一百人赎他一个人。表示对死者极度惋惜、哀悼。
[语见]《诗经·秦风·黄鸟》："如可赎兮，人百其身。"[例句] 去年一别，竟成永别，如今弟已长眠九泉，虽有～之心，眼前依然为黄土一抔。

【人不聊生】 rén bù liáo shēng
[释义] 见"民不聊生"。[语见] 汉·赵晔《吴越春秋·勾践阴谋外传》："民疲士苦，人不聊生。"[例句] 明朝末年，陕北大旱，～，农民起义已在所难免。

【人不知鬼不觉】 rén bù zhī guǐ bù jué
[释义] 形容行动极端诡秘，谁也察觉不到。[语见] 元·无名氏《争报恩》第一折："您做事可甚人不知鬼不觉。"[例句] 小昭～地溜到她爸爸背后，一下子蒙住爸爸的眼睛。

【人才辈出】 rén cái bèi chū
[释义] 人才一批一批地不断出现。[语见] 清·毕沅《续资治通鉴·元世祖至元二十年》："贵游子弟用即显官，幼不讲学，何以从政！得如左丞许衡教国子，则人才辈出矣！"[例句] 贵公司～，兵精将勇，必定会有光明的前途。

【人才出众】 rén cái chū zhòng
[释义] 人品才能超出众人之上。[语见] 明·冯梦龙《喻世明言》第十二卷："（柳永）年二十五岁，丰姿洒落，人才出众，琴棋书画，无所不通，至于吟诗作赋，尤其本等。"[例句] 他出自书香门第，自幼受到了良好的教育，～，在这些人中，有如鹤立鸡群。

【人才济济】 rén cái jǐ jǐ
[释义] 济济：众多的样子。形容有才能的人很多。[语见] 清·刘鹗《老残游记》第三回："幕府人才济济，凡有所闻的，无不罗致于此了。"[例句] 我们公司～，很有发展前途。

【人材出众】 rén cái chū zhòng
[释义] 见"人才出众"。[语见] 清·吴趼人《情变》第四回："我想我们二官人材出众，生得又秀气，何老头子见了，一定是中意的。"[例句] 如兄弟这般～者，全境之内，不出十人。

【人财两空】 rén cái liǎng kōng
[释义] 空：落空。连人带财物一起失掉。[语见] 清·曹雪芹《红楼梦》第十六回："可怜张李二家没趣，真是'人财两空'。"[例句] 主意好是好，但是人算不如天算，到头来竟然落个～，正所谓聪明反被聪明误啊！

【人财两失】rén cái liǎng shī
[释义] 人和财物都丧失了。[语见] 明·冯梦龙《警世通言》第二十四卷："王三中了举,不久到京,白白地要了玉堂春去,可不人财两失?"[例句] 现在是说什么你也不会相信,待你～的那一天,后悔可是就来不及了。

【人稠物穰】rén chóu wù ráng
[释义] 稠:稠密,多。穰:丰盛。人口众多,物品丰盛。[语见] 元·胡用和《粉蝶儿·题金陵景》:"人稠物穰景非常,真乃是鱼龙变化之乡。"[例句] 马可·波罗到了这里,见到～的盛况,方才相信传言不虚。

【人大心大】rén dà xīn dà
[释义] 指青年人由于年龄增长而举动自主(多指女子而言)。[例句] 随着年龄的增长,她是～,目光已专门指向了那些有背景的人物。

【人定胜天】rén dìng shèng tiān
[释义] 人定:人谋。人们利用智慧和力量能够战胜自然。[语见]《逸周书·文传》:"兵强胜人,人强胜天。"[例句] 没有～的雄心,就没有那无限广阔的美好未来。

【人多口杂】rén duō kǒu zá
[释义] 见"人多嘴杂"。[语见] 清·曹雪芹《红楼梦》第九回:"宁府中人多口杂,那些不得志的奴仆,专能造言诽谤主人。"[例句] 这里～,你说话做事都要谨慎些才好。

【人多势众】rén duō shì zhòng
[释义] 人多势力大。[语见] 清·曹雪芹《红楼梦》第十回:"话说金荣因人多势众,又兼贾瑞勒令赔了不是,给秦钟磕了头,宝玉方才不吵闹了。"[例句] 见对方～,来势汹汹,华家只好忍气吞声,悄悄撤离了。

【人多手杂】rén duō shǒu zá
[释义] 指人多而杂乱,东西容易损坏或遗失。[语见] 清·曹雪芹《红楼梦》第三十七回:"太太屋里人多手杂,别人还可以,那个主儿的一伙子人见是这屋里的

东西,又该使黑心弄坏了才罢。"[例句] 这里～,各种各样的人都有,稍微大意就可能被贼利用,还是要小心防盗。

【人多嘴杂】rén duō zuǐ zá
[释义] 形容议论纷纷,说法杂乱。[语见] 清·曹雪芹《红楼梦》第五十七回:"他们这里人多嘴杂,说好话的人少,说歹话的人多。"[例句] 茶馆里～,反倒是最适合说话的地方,因为这里没有任何人注意咱们。

【人非圣贤,孰能无过】rén fēi shèng xián, shú néng wú guò
[释义] 圣贤:圣人和贤人,旧指才智或才德超群的人。孰:谁。一般人不是圣贤人,谁能没有过错? [语见]《左传·宣公二年》:"人非圣贤,孰能无过,过而能改,善莫大焉。"[例句] 小张自然是错了,但是～,只要他能从中吸取教训,我们还是应该再给他一次机会。

【人浮于食】rén fú yú shí
[释义] 见"人浮于事"。[语见]《礼记·坊记》:"故君子与其使食浮于人也,宁使人浮于食。"[例句] 宋朝重用文人,但是冗官冗员充斥衙门,致使～,这恐怕是太祖当初立国时未曾想到的。

【人浮于事】rén fú yú shì
[释义] 浮:超过。原作"人浮于食",指人的职位高于其所得俸禄的等级,即廉以自守之意。后衍为"人浮于事",指人员过多或人多事少。[语见] 清·文康《儿女英雄传》第二回:"他从前就在邳州衙门,如今在兄弟这里。只是兄弟这里人浮于事,实在用不开了。"[例句] 部长到县里乡里一走,满眼机构臃肿,～,办事效率更是让人常常要大发雷霆。

【人各有心】rén gè yǒu xīn
[释义] 人们的思想、打算各不相同。[语见] 晋·陈寿《三国志·魏书·陈留王奂》:"主帅改易,国内乖违,人各有心。"[例句] 如今局势未稳,～,你这么早就打出旗号来,也不怕成为众矢之的?

【人各有志】rén gè yǒu zhì
[释义] 人人都有自己的志向。意即对

人的志向不能强求一致。[语见]明·徐复祚《红梨记·羁迹》第四出："人各有志,岂可以势相迫。"[例句]～,我不再勉强,但还是祝愿你一切顺利,心想事成。

【人喊马嘶】rén hǎn mǎ sī
[释义]见"人语马嘶"。[语见]明·凌濛初《二刻拍案惊奇》第十四卷:"只听得外面喧嚷,似有人喊马嘶之声,渐渐近前堂来了。"[例句]院子外面一片～,主人却像什么也不曾发生一样,静静地坐在太师椅里,闭目养神。

【人欢马叫】rén huān mǎ jiào
[释义]形容欣欣向荣、蒸蒸日上的欢乐景象。[语见]魏巍《东方》:"耿长锁那社,早晨钟一响,人欢马叫,花轱辘大马车能摆出大半道街。"[例句]李自成大军进城之后,紫禁城～,而宫内寂静如坟,二者形成了鲜明的对比。

【人给家足】rén jǐ jiā zú
[释义]见"家给人足"。[语见]汉·司马迁《史记·平准书》:"国家无事,非遇水旱之灾,民则人给家足。"[例句]经过数十年休养生息,到太宗中期时,全国上下,～,盛唐气象,业已初现。

【人迹罕至】rén jì hǎn zhì
[释义]很少有人去的地方。指荒凉偏僻的地方。[语见]汉·荀悦《汉纪·武帝纪二》:"而夷狄殊俗之国,辽绝异党之地,舟车不通,人迹罕至。"[例句]当考察队穿过～的峡谷时,已是夕阳西下,薄暮时分了。

【人间地狱】rén jiān dì yù
[释义]地狱:佛教指生前做了坏事的人死后灵魂受折磨之所。比喻极端黑暗悲惨的社会环境。[例句]二战中,昔日繁荣的西欧,变成了～,成千上万的人家破人亡、妻离子散。

【人间天上】rén jiān tiān shàng
[释义]见"天上人间"。[语见]元·汤式《端正好·咏荆南佳丽》曲:"真乃是人间天上全殊。"[例句]这里的工作环境同我过去的环境相比,真有～之别。

【人杰地灵】rén jié dì líng
[释义]杰出的人出生或到过的地方就会成为名胜。后也指灵秀之地出杰出人物。[语见]唐·王勃《滕王阁序》:"物华天宝,龙光射牛斗之墟;人杰地灵,徐孺下陈蕃之榻。"[例句]江苏是个～的地方,自古以来出了不少名人。

【人尽其才】rén jìn qí cái
[释义]尽:全部用出。使每个人都能充分发挥其才能。[语见]汉·刘安《淮南子·兵略训》:"若乃人尽其才,悉用其力。"[例句]陈总经理最大的策略,就是～,使各个岗位上的人都能发挥出他最大的能力。

【人困马乏】rén kùn mǎ fá
[释义]形容经长途行军或长时间征战,人马疲惫不堪。也泛指身体极度疲劳。[语见]元·黄元吉《流星马》第三折:"俺两口儿三日不曾吃饮食,人困马乏。"[例句]我们行军已三天三夜了,早已～,士气也低落了许多,再这样走下去,遇到敌人,已无半分抵抗的力量了。

【人老珠黄】rén lǎo zhū huáng
[释义]珠黄:珍珠本为白色,年久变黄,就不值钱了。人老了,就像珍珠变黄一样。比喻人(多指妇女)老而见弃。[语见]明·兰陵笑笑生《金瓶梅词话》第二回:"娘子正在青年,翻身的日子很有呢,不像俺是人老珠黄不值钱呢。"[例句]她年轻时,美貌倾城倾国,然而一旦～,便杳无音讯了。

【人满为患】rén mǎn wéi huàn
[释义]患:灾患。形容人太多,容纳不下,简直成了灾。[语见]《管子》:"人众而不理,命曰人满。"[例句]小旅馆里早已～,我们再去,也没地方了,我看还是就地宿营算了。

【人面兽心】rén miàn shòu xīn
[释义]人的面貌,野兽的心。原指人混沌不知礼义。后用以形容凶残卑鄙。[语见]唐·房玄龄等《晋书·孔严传》:"又观项日降附之徒,皆人面兽心,贪而无亲,难以义感。"[例句]你这个～的家

伙,她是你亲侄女,你竟然把她往绝路上逼!

【人面桃花】 rén miàn táo huā

[释义] 相传唐朝诗人崔护护未及第时,曾于清明日独游长安城南,见一庄居,叩门求饮,有女子独倚小桃斜柯伫立,而意属殊厚。来岁清明,崔又往寻之,则门扃无人,因题《游城南》诗于左扉曰:"去年今日此门中,人面桃花相映红。人面不知何处去,桃花依旧笑春风。"原指女子的面容与桃花相辉映。后指男子怀念一见钟情后不能再度相见的女子。[语见] 明·梅鼎祚《玉合记·言祖》:"蝉联岁华,怕游丝到处将春挂,闷孤眠帐额芙蓉,可重逢人面桃花。"[例句] 你离去已三年有余,～,思念甚切,然而长空漠漠,何处寻踪迹?

【人命关天】 rén mìng guān tiān

[释义] 关天:比喻关系重大。形容牵涉人命,事关重大。也作"人命大如天"。[语见] 元·关汉卿《拜月亭》第四折:"召新郎更拣选,忒姻眷,不得可将人怨。可须因缘数定,则这人命关天。"[例句] 这种～的大事,我老汉可不敢胡说。

【人命危浅】 rén mìng wēi qiǎn

[释义] 危:危险。浅:时间短。指寿命不长,即将死亡或覆灭。[语见] 晋·李密《陈情表》:"但以(祖母)刘日薄西山,气息奄奄,人命危浅,朝不虑夕。"[例句] 如今他已～,奄奄一息,还念念不忘没有完成的实验,令同事不禁潸然泪下。

【人莫予毒】 rén mò yú dú

[释义] 见"莫予毒也"。[语见] 章炳麟《致张继于右任书》:"长此不悟,纵令势力弥满,人莫予毒,亦乃与满洲亲贵等夷。"[例句] 除掉了心头大患,他自以为～,甚是得意。

【人模人样】 rén mú rén yàng

[释义] 像人的模样。或指小儿有成人相(亲昵语)。或指人态度举止俨然与身份不相称。讽刺语。[语见] 元·郑廷玉《看钱奴》第三折:"他也似个人模人样。"[例句] 小六子回到老家,一身西装,～地

从村子东头走到西头,再从西头走到东头。

【人怕出名猪怕壮】 rén pà chū míng zhū pà zhuàng

[释义] 猪长肥了就会被宰杀,人出了名就会惹人注意,招来麻烦。多用来指遇事不愿出头露面。[语见] 清·曹雪芹《红楼梦》第八十三回:"咱们一日难似一日,外面还是这么讲究。俗语儿说的,'人怕出名猪怕壮',况且又是个虚名儿,终久还不知怎么样呢。"[例句] ～,看来有点名气也不全是好事。

【人贫志短】 rén pín zhì duǎn

[释义] 见"人穷志短"。[语见] 清·汪藕裳《子虚记》第三十卷:"人贫志短从来说,敢不低头过矮檐!"[例句] 他虽然委屈,但是～,便闭了口,听着一声声呵斥,一副恭敬的样子。

【人贫智短】 rén pín zhì duǎn

[释义] 人在贫穷之中,往往智慧支绌,想不出好办法。[语见] 宋·释惟白《续传灯录》第二十卷:"人贫智短,马瘦毛长。"[例句] ～,那几年,我贫病交加,心力交瘁,想不出任何办法使自己摆脱困境,多亏了他伸出了热情的双手帮助我,才使我走出了阴霾。

【人弃我取】 rén qì wǒ qǔ

[释义] 人家不要,我买过来;人家需要,我再卖出去。指商人经商善于掌握行情,窥伺时机,以便牟取厚利。[语见] 汉·司马迁《史记·货殖列传》:"白圭乐观时变,故人弃我取,人取我与。"[例句] 火柴盒是人们用过之后就会随手丢弃的东西,可～,几十年来我收藏了数千种不同的火柴盒。去年我还举办了一个个人火柴盒收藏展。

【人千人万】 rén qiān rén wàn

[释义] 形容人多。[语见] 明·冯梦龙《警世通言》第二十八卷:"侍者看了一回,人千人万,乱滚滚的。"[例句] 离大会开幕还有一会儿,但是广场上早已是～,水泄不通了。

【人强马壮】rén qiáng mǎ zhuàng
[释义] 形容军队的战斗力很强或军容很盛。[语见]《敦煌变文集·佛说阿弥陀经讲经文》:"睹我圣天可汗大回鹘国,莫不地宽万里,境广千山,国大兵多,人强马壮。"[例句] 北兵号称百万,看起来~,但那不过是一帮乌合之众,真要打起来,实在不堪一击。

【人琴俱亡】rén qín jù wáng
[释义] 人和琴都没有了。南朝宋·刘义庆《世说新语·伤逝》记载:王献之死了,王徽之听到消息后赶去,把献之生前弹的琴取过来,调了半天弦,总是调不好,他把琴摔在一边,悲痛地说:"子敬,子敬,人琴俱亡!"后就用"人琴俱亡"表示看到遗物,悼念死者的悲痛心情。[例句] 想起当年与兄长谈诗论道,何等快意,如今~,心下一片寂寥。

【人情冷暖】rén qíng lěng nuǎn
[释义] 指对人的亲近或冷淡,以对方财势的得失为转移。[语见] 唐·白居易《迁叟诗》:"冷暖俗情谙世路,是非闲论任交亲。"[例句] 当时我们家道败落,~,一眼便知。

【人情世故】rén qíng shì gù
[释义] 人情:人与人之间的情分。世故:世俗。指为人处世的道理。[语见] 明·冯梦龙《醒世恒言》二十二卷:"可惜你满腹文章,看不出人情世故。"[例句] 别看她小小年纪,但是~,却无一不精。

【人情汹汹】rén qíng xiōng xiōng
[释义] 汹汹:形容争喧喧闹的声音或纷乱的样子。指众人情绪激动,焦躁不安。[语见] 清·赵尔巽《清史稿·李续宾传》:"六年二月,罗泽南以炮伤卒于军,军中新失帅,人情汹汹。"[例句] 进入大厅,只见~,方知事情几乎已经到了不可收拾的地步。

【人情之常】rén qíng zhī cháng
[释义] 见"人之常情"。[语见] 宋·司马光《应诏论体要》:"凡用一人,必或以为贤,或以为不肖,此固人情之常,自古而然,不足怪也。"[例句] 人非草木,孰能无

情?你父亲新近去世,你悲痛之极,这是~,但是还是希望你尽快从悲痛中走出来。

【人穷志短】rén qióng zhì duǎn
[释义] 穷:处境困窘。人处困厄之中,志向难以远大。[语见] 宋·庄季裕《鸡肋编》下卷引陈无己诗:"人穷令智短。"[例句] 葛家已是今不如昔,~,你就别问他们家的少爷会有什么良方了,问了也问不出个名堂来。

【人去楼空】rén qù lóu kōng
[释义] 去:离开。人已离去,只剩下一座空楼。指面对旧居怀念故人。[语见] 唐·崔颢《黄鹤楼》诗:"昔人已乘黄鹤去,此地空余黄鹤楼。黄鹤一去不复返,白云千载空悠悠。"[例句] 故地重游,依然是熟悉的院落,然而~,当年的情景已难重复了。

【人人皆知】rén rén jiē zhī
[释义] 皆:都。指事情人人都知道。也作"尽人皆知"、"人众皆知"。[例句] 虽说万有引力定律~,但是能够将它的前因后果说个明白的,在座的恐怕找不出几个人来。

【人人自危】rén rén zì wēi
[释义] 所有的人都感到自己有危险而心悸不安。[语见] 汉·司马迁《史记·李斯列传》:"法令诛罚日益深刻,群臣人人自危,欲畔者众。"注:畔,通"叛"。[例句] 方今局势混乱不堪,~,最要紧的,第一是稳定,第二还是稳定。

【人山人海】rén shān rén hǎi
[释义] 形容人聚集得极多。[语见] 宋·西湖老人《繁胜录》:"四山四海,三千三百,衣山衣海,卦山卦海,南山南海,人山人海。"[例句] 会场里~,要找一个人,实在有如大海捞针。

【人神共愤】rén shén gòng fèn
[释义] 形容罪恶深重,使人和神都感到愤怒。[语见] 五代后晋·刘昫等《旧唐书·于頔传》:"頔顷拥节旄,肆行暴虐,人神共愤,法令不容。"[例句] 法西斯逆天行事,~,其灭亡在所难免。

【人神同愤】 rén shén tóng fèn
[释义] 形容民愤极大。[语见] 北齐·魏收《魏书·道武七王列传》："曾不怀音,公行反噬,肆兹悖逆,人神同愤。"[例句] 侵略军大肆杀戮,血流成河,～,在人类文明史上写下了最无耻的一笔。

【人生如梦】 rén shēng rú mèng
[释义] 指世事无定,人生短促,像一场梦。[语见] 宋·苏轼《念奴娇·赤壁怀古》："人生如梦,一樽还酹江月。"[例句] 几十年蹉跎岁月,几十年宦海沉浮,方知～,如梦人生啊!

【人生如朝露】 rén shēng rú zhāo lù
[释义] 朝露:早晨的露水,经阳光一晒,马上消失。比喻人生短促。[语见] 汉·班固《汉书·苏武传》："人生如朝露,何久自苦如此!"[例句] 你现在正值积累的阶段,当加紧时间长自己的本事,须知～,错过了好时光,你定会悔恨终生。

【人生若朝露】 rén shēng ruò zhāo lù
[释义] 见"人生如朝露"。[语见] 晋·潘岳《内顾诗》："独悲安所慕,人生若朝露。"[例句] ～,你应珍惜现在的每一寸光阴,让你的人生更有价值,更有意义。

【人声鼎沸】 rén shēng dǐng fèi
[释义] 鼎:古代炊具。人群发出的说话声像鼎中的水沸腾了一样。形容人声嘈杂喧闹。[语见] 明·冯梦龙《醒世恒言》第十卷："一日午后,刘方在店中收拾,只听得人声鼎沸。"[例句] ～的宴席和他冷冷清清的心境,形成了巨大的反差。

【人寿年丰】 rén shòu nián fēng
[释义] 人长寿,收成好。用以形容盛世景象。[例句] 一个～的大好局面的形成,往往要经过几十年甚至上百年的努力。

【人同此心】 rén tóng cǐ xīn
[释义] 本是宋儒的一种哲学观点。今多指人们对符合情理的事情具有相同或相似的感受或想法。[语见]《孟子·告子上》："欲贵者,人之同心也。"[例句] 我们都是为人父母的人,～,你就不为你的行

为内疚吗?

【人头畜鸣】 rén tóu chù míng
[释义] 长着人的脑袋,言语却像牲畜叫。比喻言行卑劣愚蠢,如同畜生。[语见] 汉·司马迁《史记·秦始皇本纪》："诛斯,去疾,任用赵高。痛哉言乎! 人头畜鸣。"[例句] 那些为了个人眼下利益而出卖民族大节的人,实是无异～。

【人亡物在】 rén wáng wù zài
[释义] 人死了,他用过的东西还在。指因见遗物而引起对死者的怀念或感慨。[语见] 唐·张说《拨川郡王神道碑奉敕撰》："武节方壮,朝露不待,王爵送终,宿恩未改,时来世去,人亡物在,铭勋谥忠,以告四海。"[例句] 子君静静地坐着,往事一幕幕浮上心头,如今～,心中愈加悲凉。

【人亡政息】 rén wáng zhèng xī
[释义] 息:停止。原意是为政在于生人,无其人则无其政。后指某一执政者死了,他生前所施行的政治措施便随之废弃。[语见]《礼记·中庸》："其人存,则其政举;其人亡,则其政息。"[例句] 雍正虽然雄心勃勃,但是最终还是落了个～的结局,这恐怕与他性情乖戾不无关系。

【人微权轻】 rén wēi quán qīng
[释义] 资历浅,威望不足以服众。[语见] 汉·司马迁《史记·司马穰苴列传》："臣素卑贱,君擢之闾伍之中,加之大夫之上,士卒未附,百姓不信,人微权轻。"[例句] 这种关系全局的事情,我～,你就别再向我"请教"了。

【人微言轻】 rén wēi yán qīng
[释义] 微:指职位低。职位低的人,言论、主张不为人所重视。多用作自谦之辞。[语见] 宋·苏轼《上执政乞度牒赈济及因修廨宇书》："某已三奏其事,至今未报,盖人微言轻,理自当尔。"[例句] 他一个小小的部门经理,～,你就别去问他了。

【人我是非】 rén wǒ shì fēi
[释义] 是非:纠纷,争执。人与人之间的各种利害关系和纠纷。[语见] 元·马致

远《黄粱梦》第四折:"一梦中十八年,见了酒色财气,人我是非,贪嗔痴爱,风霜雨雪。"[例句]几十年风风雨雨,什么权力名声,～,他都已洞于胸,如今,心下已十分厌倦了。

【人无远虑,必有近忧】rén wú yuǎn lù, bì yǒu jìn yōu
[释义]做事没有长远的考虑,就会有马上到来的忧患。[语见]《论语·卫灵公》:"子曰:'人无远虑,必有近忧。'"明·冯梦龙《东周列国志》第三十二回:"那五位公子,各使其母求为太子,桓公也一味含糊答应,全没个处分的道理。正所谓:'人无远虑,必有近忧。'"[例句]不论干什么都应该先有一个整体的规划。要知道,～,不可不注意。

【人心不古】rén xīn bù gǔ
[释义]今人的心地不如古人淳厚。多用于感叹世风不正。[语见]元·刘时中《端正好·上高监司》:"争奈何人心不古,出落着马牛襟裾。"[例句]他是个复古主义者,常常慨叹～,世风日下。

【人心隔肚皮】rén xīn gé dù pí
[释义]旧指人心难以揣测,要真正了解很不容易。[语见]清·李绿园《歧路灯》第三十回:"果然人心隔肚皮,主户人家竟干了这事!"[例句]母亲嘱咐他说:"你此去万里独行,须知～,一切事情,都要多个心眼儿。"

【人心涣漓】rén xīn huàn lí
[释义]见"人心涣散"。[语见]清·赵尔巽《清史稿·锡良传》:"若敷衍搪塞克,似是而非,财力凋敝,人心涣漓,九年立宪,终恐为波斯之续。"[例句]公司去年遭到重创之后,～,士气低落,要东山再起,实在谈何容易!

【人心涣散】rén xīn huàn sàn
[释义]涣散:散漫,松懈。形容人心不齐。[语见]清·赵尔巽《清史稿·越南传》:"越国人心涣散,能否自立,尚未可知。"[例句]我不是神仙,要我半年之内把一个～的集体搞好,恐怕实在有些强人所难。

【人心惶惶】rén xīn huáng huáng
[释义]惶惶:惊慌不安。人人都惊慌不安。[语见]宋·楼钥《攻媿集·雷雪应诏条具封事》:"乃者水旱连年,人心惶惶。"[例句]地震虽然可能根本就是子虚乌有的事情,但是现在全城～,却比地震还要可怕。

【人心莫测】rén xīn mò cè
[释义]见"人心难测"。[语见]清·黄宗羲《张苍水墓志铭》:"止凭此一线未死之人心,以为鼓荡,然而形势昭然者也,人心莫测者也。"[例句]在这个复杂的环境里,～,但是你我只要坦荡胸襟,以诚相待,我们还怕什么呢?

【人心难测】rén xīn nán cè
[释义]人的心思难以揣测。多用于贬义。[语见]汉·司马迁《史记·淮阴侯列传》:"然而卒相禽者,何也?患生于多欲而人心难测也。"[例句]眼前虽然全是笑脸,但是～,我不得不把已经决定了的想法咽了回去。

【人心叵测】rén xīn pǒ cè
[释义]叵测:不可推测。人心险恶,不可推测。[语见]清·纪昀《阅微草堂笔记·滦阳消夏录》:"夫人心叵测,险于山川,机阱万端,由斯隐伏。"[例句]那时候,商海凶险,～,一步不慎,便会有灭顶之灾。

【人心如面】rén xīn rú miàn
[释义]人的思想情况像人的面孔一样。指人的思想各不相同。[语见]《左传·襄公三十一年》:"人心之不同,如其面焉,吾岂敢谓子面如吾面乎!"[例句]她真的一点也没有想到,几个同事平常都嘻嘻哈哈的,其实各怀鬼胎,真是～啊。

【人心所归】rén xīn suǒ guī
[释义]见"人心所向"。[语见]唐·房玄龄等《晋书·熊远传》:"人心所归,惟道与义。"[例句]选举杨教授为校长,已是～,大家便没有什么反对意见了。

【人心所向】rén xīn suǒ xiàng
[释义]向:向往。指民众一致拥护。[语见]五代后晋·刘昫等《旧唐书·隐太

子建成传》:"……而秦王勋业克隆,威震四海,人心所向。"[例句]统一已是历史趋势,～,军阀就是有心阻挡,却也不敢逆天行事了。

【人心惟危】rén xīn wéi wēi

[释义]惟:是。危:危险。旧指人心自私,险恶,不可揣测。[语见]《尚书·大禹谟》:"人心惟危,道心惟微。"[例句]那是一个～的时代,恐怖空气无孔不入。

【人心向背】rén xīn xiàng bèi

[释义]人心:大众的意愿。向:相向,喻拥护。背:相背,喻反对。指民众出自内心的拥护或反对。[语见]清·毕沅《续资治通鉴·宋高宗绍兴四年》:"彼刘豫挟金为重,签军本吾赤子,人心向背,久当自携。"[例句]老百姓对官军和义军的态度截然分明,～,不辨自明。

【人烟稠密】rén yān chóu mì

[释义]人烟:指人家,住户。指聚居或聚集的人很多。[语见]宋·吴自牧《梦粱录·肉铺》:"盖人烟稠密,食之者众故也。"[例句]船至常熟,河流交错,～,百姓殷实,"常熟足,天下富",果真名不虚传。

【人烟凑集】rén yān còu jí

[释义]见"人烟稠密"。[语见]明·范受益《寻亲记·托梦》:"张员外与我十两银子,叫我途中打死周羽,回来再找我十两。连日在途,人烟凑集,不敢下手。"[例句]一路走下去,只见～,庄稼长势甚好,身处深宫的皇帝方才知道什么叫天下大治。

【人烟辐辏】rén yān fú còu

[释义]见"人烟稠密"。[语见]《京本通俗小说·西山一窟鬼》:"人烟辐辏,车马骈阗。只见和风扇景,丽日增明。"[例句]他盘算:西山一带,～,开个杂货店,定能养家糊口。

【人烟浩穰】rén yān hào ráng

[释义]见"人烟稠密"。[语见]宋·耐得翁《都城纪胜·市井》:"官巷口、棚心、众安桥,食物店铺,人烟浩穰。"[例句]这里物产丰富,～,社会秩序稳定,是个令人向往的好地方。

【人言籍籍】rén yán jí jí

[释义]籍籍:杂乱的样子。此指议论纷纷,指人们议论多而杂。[语见]《京本通俗小说·拗相公》:"妾亦闻外面人言籍籍,归怨相公。相公何不急流勇退?"[例句]你自是天不怕地不怕,但是～,我还得要我这一张老脸!

【人言可畏】rén yán kě wèi

[释义]人们的流言蜚语是很可怕的。[语见]《诗经·郑风·将仲子》:"人之多言,亦可畏也。"[例句]要知道～,你作为领导要善于透过现象看本质,千万不要听信流言,做出错误的判断。

【人言啧啧】rén yán zé zé

[释义]见"人言籍籍"。[例句]乾隆微服私访,方知～,朝政弊端已非一日之寒,大臣们原来尽在糊弄自己。

【人仰马翻】rén yǎng mǎ fān

[释义]人马被打得仰翻在地。形容交战中一方的惨败,有时也形容情况一片混乱。[语见]清·俞万春《荡寇志》第八十九回:"嘴边咬着一颗人头,杀得贼兵人仰马翻。"[例句]岳飞杀入敌阵,如入无人之境,直杀得敌人～,四散溃逃。

【人一己百】rén yī jǐ bǎi

[释义]人家用一分力量,自己则用百倍力量。形容加倍努力赶上别人。[语见]《礼记·中庸》:"人一能之,己百之;人十能之,己千之。果能此道矣,虽愚必明,虽柔必强。"[例句]笨鸟先飞,～,成功总是首先光临勤奋者。

【人以群分】rén yǐ qún fēn

[释义]见"物以类聚"。[语见]清·无名氏《施公案》第一百零六回:"张献忠论古今人物,他说西楚霸王是天下第一。真是物以类聚,人以群分。"[例句]～,物以类聚,这几个家伙聚集在一起,还能弄出什么好事来?

【人有旦夕祸福】rén yǒu dàn xī huò fú

[释义]人的祸福难以预料,说来就来。[语见]清·曹雪芹《红楼梦》第十一回:

"真是天有不测风云,人有旦夕祸福。这个年纪,倘或就因这个病上怎么样了,人还活着什么趣儿!"[例句] 一家人正在团聚,哪知～,一场大火将院子烧了个精光。

【人语马嘶】rén yǔ mǎ sī
[释义] 人喧哗,马嘶鸣。形容街市喧闹的情景。[语见] 元·杨景贤《西游记杂剧》第十一出:"去久也,胜负未分些,则见霭霭浓云连屋角,霏霏细雨洒溪斜,人语马嘶得别。"[例句] 人得京城,处处～,热闹非凡,直把个愣小子唬得一惊一乍的。

【人怨神怒】rén yuàn shén nù
[释义] 形容民愤极大。[语见] 唐·辛替否《谏造金仙玉真两观疏》:"夺百姓之食以养残凶,剥万人之衣以涂土木,于是人怨神怒,众叛亲离。"[例句] 隋炀帝的统治,～,终于激起了大规模的农民起义。

【人怨天怒】rén yuàn tiān nù
[释义] 见"天怒人怨"。[语见] 南朝宋·范晔《后汉书·袁绍传》:"自是士林愤痛,人怨天怒,一夫奋臂,举州同声。"[例句] 德国法西斯倒行逆施,把人类引入了一场大规模的战争,～,其灭亡自是历史的必然。

【人云亦云】rén yún yì yún
[释义] 云:说。别人怎样说,自己就随着怎样说,形容附和别人,毫无主见。[语见] 金·蔡松年《槽声同彦高赋》诗:"槽床过竹春泉句,他日人云吾亦云。"[例句] 我需要的是独立的见解和思想,若再～,你就最好别参与进来。

【人之常情】rén zhī cháng qíng
[释义] 人们通常有的心情。[语见] 宋·李清照《打马赋》:"运其奇于方寸之中,决胜负于几微之外。且好胜者人之常情,小艺者士之末技。"[例句] 人们大都会同情、帮助弱者,我这样做,不过是～,换了别人,也会这样做的。

【人中龙虎】rén zhōng lóng hǔ
[释义] 见"人中之龙"。[语见] 明·张凤翼《红拂记·侠女私奔》:"不枉了女中丈夫,人中龙虎。"[例句] 诸葛亮胸中自有百万甲兵,乃是～,只不过先前不曾被人知道和重用罢了。

【人中骐骥】rén zhōng qí jì
[释义] 骐骥:千里马。比喻才能出众的人。[语见] 唐·李延寿《南史·徐勉传》:"勉幼孤贫,早励清节……及长好学,宗人孝嗣见之叹曰:'此所谓人中之骐骥,必能致千里。'"[例句] 那小子虽然绝顶聪明,为～,但是如果不好好加以磨炼,最终也会变成一块朽木。

【人中狮子】rén zhōng shī zi
[释义] 人中有像狮子那样的兽中之王。比喻出类拔萃的人。[语见] 宋·释道诚《释氏要览》下卷引《治禅经后序》:"天竺大乘沙门佛陀斯那天才特拔,诸国独步,内外综博,无籍不练,世人咸曰人中师子。"注:师,通"狮"。[例句] 成吉思汗在万里草原上,如～,经过多年的苦心经营,终于使广阔无边的蒙古大草原走向了统一。

【人中之龙】rén zhōng zhī lóng
[释义] 人群中的龙。喻杰出的人物。[语见] 唐·房玄龄等《晋书·宋纤传》:"名可闻而身不可见,德可仰而形不可睹,吾而今而后知先生人中之龙也。"[例句] 这个人文武双全,极有号召力,实在堪称～。

【人众胜天】rén zhòng shèng tiān
[释义] 集众人的力量可以战胜自然。[语见] 汉·司马迁《史记·伍子胥列传》:"吾闻之,人众者胜天,天定亦能破人。"[例句] 各位自然相信～,但是如果不按照一定的规律办事,天还是胜不了的。

【仁人君子】rén rén jūn zǐ
[释义] 旧指有仁爱之心,热心助人的人。[语见] 元·关汉卿《裴度还带》第三折:"世间似先生者,世之罕有。处于布衣窘迫之中,千金不改其志,端的是仁人君子也。"[例句] 像叔齐、伯夷等人,自然可谓是～,但是他们的迂腐却往往成为今人的笑料。

R

【仁心仁术】 rén xīn rén shù
[释义] 有仁慈善良的心肠，也有行善的方法。[语见]《孟子·梁惠王上》:"无伤也，是乃仁术也，见牛未见羊也。君子之于禽兽也，见其生，不忍见其死;闻其声，不忍食其肉。"[例句] 童员外～，多行善事，在乡邻中有口皆碑。

【仁言利博】 rén yán lì bó
[释义] 有仁德的人的言论，利益广大。[语见]《左传·昭公三年》:"君子曰:'仁人之言，其利博哉! 晏子一言，而齐侯省刑。'"[例句] 你父亲德高望重，泽被乡里，～，是这一片土地上最值得尊敬的人。

【仁义道德】 rén yì dào dé
[释义] 指儒家所提倡的仁爱正义等行为准则。[语见] 唐·韩愈《原道》:"后之人，其欲闻仁义道德之说，孰从而听之。"[例句] 对于自我标榜为反叛一族的这些人来说，古已有之的～对他们似乎已经没有太大的影响力了。

【仁者见仁，智者见智】 rén zhě jiàn rén, zhì zhě jiàn zhì
[释义]《周易·系辞上》:"仁者见之谓之仁，知者见之谓之知。"后用"仁者见仁，智者见智"指不同的人对同一事物的理解往往有所不同。[例句] 这次讨论进行得很激烈，大家各抒己见，可谓～。

【仁至义尽】 rén zhì yì jìn
[释义] 至、尽:达到极致。形容力行仁义，已经尽了最大努力。[语见]《礼记·郊特牲》:"蜡之祭也……仁之至，义之尽也。"[例句] 诸葛亮七擒孟获，又七次放了他，对他已是～，孟获再怎么固执，也当生出归顺之心了。

【忍耻偷生】 rěn chǐ tōu shēng
[释义] 见"忍垢偷生"。[语见] 明·冯梦龙《醒世恒言》第三十六卷:"忍耻偷生为父仇，谁知奸计觅风流。劝君莫设虚言誓，湛湛青天在上头。"[例句] 越王勾践～多年，经过充分的积累，终于一举灭掉了吴国。

【忍垢贪生】 rěn gòu tān shēng
[释义] 忍:忍受。垢:耻辱。忍受耻辱，贪图活命。指苟且图生存。[例句] 那种～之徒，最为后人所不齿。

【忍垢偷生】 rěn gòu tōu shēng
[释义] 忍受耻辱，苟且求生。[语见] 唐·陈子昂《为张著作谢父官表》:"所以忍垢偷生，克躬自励，期效万一，补过酬恩，灰躯糜骨，以甘心愿。"[例句] 我之所以能够～几十年，那完全是因为我心灵最深处有着最坚定的信念。

【忍俊不禁】 rěn jùn bù jīn
[释义] 忍俊:含笑。禁:抑制，控制。本形容热衷于某事而不能克制自己。后形容不能忍住笑。[语见] 唐·赵璘《因话录》第五卷:"尚书省二十四司印，故事悉纳直厅，每郎官交直时，吏人悬之于臂以相授，颇觉为烦。杨808虞卿任吏部员外郎，始置柜加锁以贮之，人以为便，至今不改。柜初成，周戎时为吏部郎中，大书其上，戏作考词状:'当有千有万，忍俊不禁考上下。'"[例句] 看到女儿扮演成老太太的模样，我和妻子都～。

【忍气吞声】 rěn qì tūn shēng
[释义] 忍气:受了气勉强忍耐。吞声:把话吞到肚子里，不敢出声。形容受了气而强自忍下，不能说出来。[语见] 元·关汉卿《鲁斋郎》第一折:"你不如休和他争，忍气吞声罢。"[例句] 是啊，人穷志短，在那年月，我要不～，我连生存都无法维持下去了。

【忍辱负重】 rěn rǔ fù zhòng
[释义] 忍辱:隐忍屈辱。负:担负，承担。重:重任。隐忍屈辱而担负起重任。[语见] 晋·陈寿《三国志·吴书·陆逊传》:"国家所以屈诸君使相承望者，以仆有尺寸可称，能忍辱负重故也。"[例句] 越王勾践～，发奋图强，终于成就了大业。

【忍辱含垢】 rěn rǔ hán gòu
[释义] 垢:也作"诟"，污辱。忍受着耻辱。[语见] 汉·班昭《女诫·卑弱》:"忍辱含垢，常若畏惧，是谓卑弱下人也。"[例句] 她在敌人内部～三年多，她的

作用是十个师也抵不上的。

【忍辱含羞】rěn rǔ hán xiū
[释义]见"忍辱含垢"。[语见]明·吴承恩《西游记》第七十二回："只变做一个饿老鹰,雕了他的衣服,他都忍辱含羞,不敢出头,蹲在水中哩。"[例句]这些年来,我无一日不在～的日子中度过,如今终于可以报仇雪恨了。

【忍无可忍】rěn wú kě rěn
[释义]忍:忍受,忍耐。忍受到不能再忍受为止。指达到了忍耐的最高限度。[语见]晋·陈寿《三国志·魏书·孙礼传》:"宣王曰:'且止,忍不可忍。'"[例句]最终战友们～,不等命令下达,便已向正在屠杀百姓的敌人冲了上去。

【忍尤含垢】rěn yóu hán gòu
[释义]忍、含:容忍。尤:指责,归罪。垢:污辱。指忍受指责和污辱。[例句]小玲儿寄人篱下,不得不～地生活着。

【忍尤攘垢】rěn yóu rǎng gòu
[释义]尤:罪过。攘:排除。垢:耻辱。暂时含忍罪过,以待将来除去耻辱。[语见]战国楚·屈原《离骚》:"屈心而抑志兮,忍尤而攘垢。"[例句]你能理解一颗～的心灵中所蕴藏的巨大力量吗?

【茬弱无能】rěn ruò wú néng
[释义]茬弱:软弱。指软弱无能。[例句]在强敌面前,我们表现得～,并不能说明我们真的就懦弱不堪,我们的目的是为了争取时间,争在决战之前完成最充分的准备。

【认贼为子】rèn zéi wéi zǐ
[释义]子:泛指亲人。佛教用语。比喻以妄想为真实,又比喻把坏人当亲人。[语见]《圆觉经》下卷:"譬如有人,认贼为子,其家财宝,终不成就。"[例句]这些～的人,已经被人们自觉地放入历史的垃圾堆里了。

【认贼作父】rèn zéi zuò fù
[释义]把盗贼当成父亲侍奉。比喻甘心投敌。[语见]清·华伟生《开国奇冤·追悼》:"但是偶一念及那一班贪官污吏,人面兽心,处处为虎作伥,人人认贼

作父,……一个个斩尽杀绝,方泄我心头之恨。"[例句]这个～、卖国求荣的家伙终于得到了应有的下场。

【任劳任怨】rèn láo rèn yuàn
[释义]任:承担,承受。劳:辛劳,劳累。怨:怨恨,埋怨。承受辛劳又承担埋怨。指不怕辛苦劳累,不怕受埋怨。[语见]清·张廷玉等《明史·王应熊传》:"陛下焦劳求治,何一不倚信群臣,乃群臣不肯任劳任怨,致陛下万不获已,权遣近侍监理。"[例句]母亲多年来～,辛辛苦苦把我们养大,十分不容易。

【任其自流】rèn qí zì liú
[释义]任:放任,听凭。听任它自由发展而不过问,不干预。[语见]马南邨《燕山夜话》:"这种想法和做法,如果任其自流而不加以制止,就将给我们的语文教学带来很坏的影响。"[例句]孩子虽然小,但是也不能～,否则,一些习惯和毛病已经养成,就不再好纠正了。

【任人唯亲】rèn rén wéi qīn
[释义]任用人只选择与自己关系密切者,而不管其德才如何。[例句]大家不必担心,我们碰到的是一个～的对手,只要我们稍做准备,胜利还不易如反掌?

【任人唯贤】rèn rén wéi xián
[释义]任:任用,使用。唯:只是,仅仅。贤:品德高尚又有才能的人。只以品德高尚、才智卓越为任用的标准。[语见]《尚书·咸有一德》:"任官惟贤才,左右惟其人。"[例句]曹操～,招兵买马,不出数年,便已成为北方最强大的军事集团。

【任贤使能】rèn xián shǐ néng
[释义]任用有德行有才能的人。[语见]宋·王安石《兴贤》:"国以任贤使能而兴,弃贤专己而衰。"[例句]他～,不但为团体增添了力量,而且还树立了足够的正气。

【任贤杖能】rèn xián zhàng néng
[释义]见"任贤使能"。[语见]唐·杨炎《大唐河西平北圣德颂序》:"以任贤杖能为建功。"[例句]李广恩威并用,～,为大汉王朝练就了一支铁军。

R

【任重才轻】 rèn zhòng cái qīng

[释义] 责任重大但才能不足。表示不能胜任。常用为接受委任时的自谦辞。[语见] 三国蜀·诸葛亮《与参军掾属教》："任重才轻,故多阙漏。"[例句] 我阅历不丰,～,只怕出了什么差错,我可担待不起。

【任重道远】 rèn zhòng dào yuǎn

[释义] 任:任务,责任。重:沉重。道:道路,路途。任务重大而且道路遥远。喻指责任重大,需要不懈努力。[语见]《论语·泰伯》："士不可以不弘毅,任重而道远。"[例句] 国家要真正发达昌盛,走到世界的前列,～,但是我们从来都充满了信心。

【任重致远】 rèn zhòng zhì yuǎn

[释义] 担负重大的任务,去很远的地方。比喻能担负重任又能进行长期艰苦的斗争。[语见]《韩非子·人主》："夫马之所以能任重引车致远道者,以筋力也。"[例句] 这是一支～的队伍,定能完成好组织交给的这项艰巨的使命。

ri

【日薄西山】 rì bó xī shān

[释义] 薄:接近,靠近。太阳就要落山。指黄昏时候。亦比喻趋于没落、死亡。[语见] 汉·班固《汉书·扬雄传上》："临汨罗而自陨兮,恐日薄于西山。"[例句] 曹雪芹清醒地知道,封建王朝的运数,已是～,自己却又无力补天,只能用笔墨写下满腹辛酸。

【日不暇给】 rì bù xiá jǐ

[释义] 暇:空闲。给:足够。形容事务繁忙,成天没有一点空闲。[语见] 汉·司马迁《史记·封禅书》："虽受命而功不至,梁父矣而德不洽,洽矣而日有不暇给,是以即事用希。"[例句] 总经理事务繁多,～,你就别拿这些琐事去烦她了。

【日不移晷】 rì bù yí guǐ

[释义] 晷:日影。日影没有移动,形容时间极短。[语见] 汉·班固《汉书·王莽传》："人不还踵,日不移晷,霍然四除,更

为宁朝。"[例句] 线人报告完毕,～,布阵方略,他便已了然于胸。

【日不移影】 rì bù yí yǐng

[释义] 见"日不移晷"。[语见] 元·关汉卿《陈母教子》第一折:"搠过文华手卷,日不移影,应对百篇,得了头名状元。"[例句] 两人对上局,～,一盘棋竟然已下完了。

【日出三竿】 rì chū sān gān

[释义] 太阳升到三根竹竿那样高。形容天时已不早。[语见] 梁·萧子显《南齐书·天文志上》："永明五年十一月丁亥,日出高三竿,朱色赤黄,日晕,虹抱珥直背。"[例句] 现在已～了,你们都该起床了。

【日复一日】 rì fù yī rì

[释义] 过了一天又一天。形容时光流逝。[语见] 南朝宋·范晔《后汉书·光武帝纪》："天下重器,常恐不任,日复一日,安敢远期十岁乎?"[例句] 她就在那里站着,静静地站着,～,年复一年,慢慢地,她就变成了我们今天见到的神女峰。

【日高三丈】 rì gāo sān zhàng

[释义] 见"日出三竿"。[语见] 明·汤显祖《南柯记·录摄》："日高三丈,还不见六房站班,可恶可恶!"[例句] 谢安见～,各位子侄还不曾起床,不禁大怒。

【日久岁深】 rì jiǔ suì shēn

[释义] 岁:年。深:长久的意思。一天天一年年地下去,指时间长久。[语见] 宋·释普济《五灯会元·云门文偃禅师》："翻覆思量,看日久岁深,自然有个入路。"[例句] 据说山庙最初全是用上好的红木修成的,但是～,风吹日晒,如今都腐朽了。

【日久天长】 rì jiǔ tiān cháng

[释义] 指经历时日长久。[语见] 清·曹雪芹《红楼梦》第六十九回:"日久天长,这些奴才们跟前,怎么说嘴呢?"[例句] 对于这座不伦不类的建筑,人们起初很不满,但～,也就习惯了。

【日久月深】 rì jiǔ yuè shēn

[释义] 见"日久岁深"。[语见] 宋·张君

房《云笈七签》第六十卷："若坐想存神,志羸气急,纵使宣明口势,吐纳开张,皆须日久月深,倦於赊阔。"[例句]祠堂修建时据说气派非凡,但是～,中间家道又几经起落,当年的盛况已全然不再了。

【日居月诸】rì jū yuè zhū
[释义]居、诸:语气助词。本是日月的意思。后来指光阴流逝。[语见]《诗经·邶风·日月》:"日居月诸,照临下土。"[例句]我孩提时即已离家,～,故里的状貌,如今都忘记了。

【日理万机】rì lǐ wàn jī
[释义]日:每天。理:处理,办理。机:政务,事务。指每天处理繁多的政务。[语见]《尚书·皋陶谟》:"兢兢业业,一日二日万几。"[例句]老张整天一副～的样子,好像他真有什么大事似的,其实还不是东说一句西讲一句,耗费了大量时间。

【日丽风和】rì lì fēng hé
[释义]见"风和日丽"。[语见]《乐府诗集·郊庙歌辞六·唐祀九宫贵神乐章》:"日丽天仪,风和乐节。"[例句]我们寻了一个～的日子,一起到了桃花堤,尽情地玩耍了一回。

【日落西山】rì luò xī shān
[释义]见"日薄西山"。[语见]宋·张君房《云笈七签》第九十六卷:"天上人间,会合疏稀。日落西山兮,夕鸟归飞,百年一饷兮,志与愿违,天宫咫尺兮恨不相随。"[例句]待到我们赶到镇里,已经～了,大家见天色将晚,都格外着急。

【日没沉西】rì mò chén xī
[释义]太阳已经落山。指傍晚时分。[语见]明·施耐庵《水浒传》:"那时已是日没沉西。"[例句]～,喧闹了一天的小城渐渐平静下来。

【日暮途穷】rì mù tú qióng
[释义]途:路途。穷:尽。太阳落山,路已到头。比喻计穷力尽,走投无路。[语见]唐·杜甫《投赠哥舒开府翰二十韵》:"几年春草歇,今日暮途穷。"[例句]

陆秀夫竭尽全力挽救南宋危局,可是大势已去,～之时,他只能含恨而死。

【日暮途远】rì mù tú yuǎn
[释义]形容天色已晚而行程尚远。比喻力竭计穷,无可奈何。[语见]汉·司马迁《史记·伍子胥列传》:"为我谢申包胥曰:'吾日暮途远,吾故倒行逆施之。'"[例句]面对失败,将军发出了～的慨叹。

【日暖风和】rì nuǎn fēng hé
[释义]见"风和日丽"。[语见]明·无名氏《度黄龙》第一折:"日暖风和如阆苑,山明水秀胜瑶池,满眼风光媚。"[例句]阳春三月,～,院子里的花纷纷开了。

【日日夜夜】rì rì yè yè
[释义]日以继夜,连续不断。形容延续的时间长。[例句]在被暴风雪困阻的那十几个～里,我们互相鼓励,互相安慰,结下了生死之交。

【日上三竿】rì shàng sān gān
[释义]太阳升起,离地面已有三根竹竿那样高。形容天时已不早。[语见]宋·释普济《五灯会元·径山杲禅师》:"又谁管你地,又谁管你天,物外翛然无箇事,日上三竿犹更眠。"[例句]兵败令尚书心冷如冰,早上一起来,他就静静坐着,一直坐到～,他的姿势都没有动一动,下人谁也不敢问一声。

【日甚一日】rì shèn yī rì
[释义]甚:加深,胜似。形容事物发展的程度越来越加深或日渐严重。[语见]宋·王安石《乞解机务札子》:"徒以今年以来,病疾浸加,不任劳剧,比尝粗陈恳款,未蒙陛下矜从,故复黾勉至今,而所苦日甚一日。"[例句]公司弊端积重难返,大有～的势头,几位平里耀武扬威的副总此刻全都蔫了。

【日升月恒】rì shēng yuè gèng
[释义]升:日出。恒:上弦月渐满。像旭日刚升,像上弦月渐趋盈满。比喻事物正当兴盛之时。[语见]《诗经·小雅·天保》:"如月之恒,如日之升。"郑玄笺:"月上弦而就盈,日始出而明。"[例句]祝

愿贵公司繁荣昌盛,～,早日实现既定的宏伟蓝图。

【日试万言】 rì shì wàn yán
[释义]一日写上万字文章。[语见]唐·李白《与韩荆州书》:"请日试万言,倚马可待。"[例句]据说纪昀写文章,～,因此深得皇上赏识。

【日往月来】 rì wǎng yuè lái
[释义]日子一天天一月月地过去。形容时光过得很快。[语见]《周易·系辞下》:"日往则月来,月往则日来,日月相推而明生焉。"[例句]收到了老师的来信,便想起早年受老师教导的种种情景,～,转眼已过了三十余年。

【日下无双】 rì xià wú shuāng
[释义]日:喻皇帝。日下:喻京城。指京城没有第二个人可比。[语见]唐·姚思廉《梁书·伏挺传》:"及长,有才思,好属文,为五言诗,善效谢康乐体。父友人乐安任昉深相叹异,常曰:'此子日下无双。'"[例句]王勃才思敏捷,～,可惜未能尽享天年。

【日销月铄】 rì xiāo yuè shuò
[释义]销、铄:熔化,销蚀。一天一天地销熔,一月一月地侵蚀。[语见]唐·韩愈《石鼓歌》:"日销月铄就埋没,六年西顾空吟哦。"[例句]前一次去敦煌,我们还是意气风发的青年,望着鸣沙山诗兴大炽,十几年过去,～,当年的激情早已不在了,心中也多了些对于人生的感慨。

【日新月异】 rì xīn yuè yì
[释义]每天每月都出现新情况。形容发展、进步很快。[语见]《礼记·大学》:"苟日新,日日新,又日新。"[例句]世界在～地变化着,但是林绍中却始终心如止水,潜心钻研学问。

【日行千里】 rì xíng qiān lǐ
[释义]一天跑千里之遥,形容速度极快。[语见]北齐·魏收《魏书·吐谷浑传》:"吐谷浑尝得波斯草马,放入海,因生骢驹,能日行千里……"[例句]如今还生活在帕米尔高原的"汗血"野生马,就是传言中的～的骏马,但是研究表明,这种马的

真正能力,短时间里不过比家养马稍快一点而已,至于长时间内,则是远逊于家养马。

【日削月割】 rì xuē yuè gē
[释义]削:分割。割:割让。每天每月割让土地。形容一味割地求和。[语见]宋·苏洵《六国论》:"日削月割,以趋灭亡。"[例句]清朝末年,列强入侵,由于清政府的腐败无能,国家面临着～的命运。

【日益月滋】 rì yì yuè zī
[释义]益:增。滋:长。一天天地渐渐增加。[语见]唐·元稹《上令狐相公诗启》:"闲诞无事,遂用力于诗章,日益月滋,有诗千余首。"[例句]姐姐从三十岁起,计划把《禅诗一万首》翻译成英文,～,如今这一浩大的工程即将完成了。

【日月合璧】 rì yuè hé bì
[释义]指日月同升,出现于阴历朔日。这种现象在我国很少见,古人附会为国家吉祥的象征。[语见]汉·班固《汉书·律历志上》:"宦者淳于陵渠复覆太初历晦朔弦望,皆最密,日月如合璧,五星如连珠。"颜师古注引孟康曰:"谓太初元甲子夜半朔旦冬至时,七曜皆会聚斗,牵牛分度,夜尽如合璧联珠也。"[例句]八月初一日掌灯时分,曾国藩收到了安庆攻克的捷报。看来这"～、五星连珠"的祥瑞之兆,的的确确是应在了安庆战场上,应在了曾氏家族身上。

【日月交食】 rì yuè jiāo shí
[释义]食:日食,月食。比喻人与人之间明争暗斗,做了冤家对头。[语见]元·康进之《李逵负荆》第二折:"俺两个半生来岂有些嫌隙,到今日却做了日月交食。"[例句]想不到,刎颈之交的友人,也能～,真令人寒心!

【日月经天,江河行地】 rì yuè jīng tiān, jiāng hé xíng dì
[释义]太阳和月亮在天空运转,长江大河在大地流动。喻指光明正大,永存不变,历久不衰。[语见]清·谢增《说文通训定声》跋:"古人所著有必传者,有必不

传者,有可传而不必传者。必传者如日月之经天,江河之行地焉。"[例句]大丈夫行事,当如~,岂能有那偷偷摸摸行径!

【日月丽天】rì yuè lì tiān
[释义]丽:附着。日月悬在天空。比喻光明照耀四方。[语见]《周易·离》:"日月丽乎天,百谷草木丽乎土。"[例句]统帅进到大营,有如~,顿时使万千官兵士气高昂。

【日月其除】rì yuè qí chú
[释义]除:去。日月流逝。指光阴不待人。[语见]《诗经·唐风·蟋蟀》:"蟋蟀在堂,岁聿其莫。今我不乐,日月其除。"[例句]方今科技发展日新月异,人生于世,~,你们一定要努力学习,珍惜青春。

【日月如流】rì yuè rú liú
[释义]形容时光飞驰,过得很快。[语见]明·无名氏《三化邯郸》第二折:"日月如流不可招,富贵荣华不能保。"[例句]~,年华易逝,人生难得几回搏,望你珍惜生命,努力去实现你的人生理想。

【日月如梭】rì yuè rú suō
[释义]梭:一种织布工具,用以来回穿线。太阳和月亮像穿梭一样来去。形容时间飞逝。[语见]《京本通俗小说·志诚张主管》:"张胜自在家中,时光迅速,日月如梭,捻指之间,在家中早过了一月有余,道不得坐吃山崩。"[例句]光阴似箭,~,孩提时代的事情我还记忆犹新,可似乎只是一瞬间,现在的我已是不惑之年了。

【日月入怀】rì yuè rù huái
[释义]旧指生贵子的吉兆。也形容心胸宽阔,气质明朗。[语见]晋·陈寿《三国志·吴书·孙破虏吴夫人传》:"于是遂许为婚,生四男一女。"裴松之注引《搜神记》:"初,夫人孕而梦月入其怀,既而生策。及权在孕,又梦日入其怀,以告坚曰:'昔妊策,梦月入我怀,今也又梦日入我怀,何也?'坚曰:'日月者阴阳之精,极

贵之象,吾子孙其兴乎!'"[例句]为变法而牺牲了生命的谭嗣同等"六君子",~,慷慨悲歌,人神为之垂泪。

【日月参辰】rì yuè shēn chén
[释义]参、辰:参、商二星。这两颗星不同时出现在天空中。指太阳和月亮、参星和商星都是一出一没,两不会面。比喻合不来。[语见]元·萧德祥《杀狗劝夫》第一折:"也不是我特故的把哥哥来恨,他他他,不思忖一爷娘骨肉,却和我做日月参辰。"[例句]他们两个人虽然都很有才干,但是却如同~,总是合不来。

【日月逾迈】rì yuè yú mài
[释义]逾:超越。迈:向前行进。日月前行,时光流逝。[语见]《尚书·秦誓》:"我心之忧,日月逾迈,若弗云来。"[例句]想想早些年是何等意气风发,~,二十年过去,人到中年,依然一无所成,心下莫不悲哀。

【日增月益】rì zēng yuè yì
[释义]一天天一月月地越增越多。[语见]明·宋濂等《元史·食货志一》:"自时厥后,国用寖广,除税粮、科差二者之外,凡课之入,日增月益。至于天历之际,视至元、大德之数,盖增二十倍矣。"[例句]黄河之水含沙甚多,沙便慢慢地在河岸上积累,~,河岸于今最高的地方,已经比原来高出十米了。

【日炙风吹】rì zhì fēng chuī
[释义]日头烤,烈风吹,多形容长途跋涉之苦。[语见]明·无名氏《锁白猿》第一折:"万里驱驰,二年经纪,非容易,受了些日炙风吹,今日个才盼得还乡地。"[例句]和三喜一起在沙漠修铁路的工人们,~,三年后出来,他们的模样竟然发生了巨大的变化,连亲人见了,都几乎不认识他们了。

【日炙风筛】rì zhì fēng shāi
[释义]见"日炙风吹"。[语见]元·陈以仁《存孝打虎》第一折:"遥望见雁门紫塞,黄沙漠漠接天涯,看了这山遥路远,更和那日炙风筛,一骑马直临苏武坂,半天云遮尽李陵台。"[例句]过去十

年,我一直四处漂泊,～,所以我看起来比同龄人老了许多。

【日中必彗】rì zhōng bì huì
[释义] 彗:曝晒。中午阳光强烈,正好晒物。比喻做事要抓住时机。[语见]《六韬·文韬·守土》:"日中必彗,操刀必割。……日中不彗,是谓失时;操刀不割,失利之期。"[例句] 你读书多年,写作多年,～,现在该是真正出成就的时候了。

【日转千阶】rì zhuǎn qiān jiē
[释义] 转:升迁。阶:官阶。一日里多次升迁,形容连续升官。[语见] 明·无名氏《单战吕布》第四折:"您都是良将沉埋,尽忠心显耀胸怀,因董卓专权变乱,论官爵日转千阶。"[例句] 张好古做梦也没有想到自己居然能轮着～的好运气,可是他哪里知道,他不过是瞎猫碰到了死耗子。

【日转千街】rì zhuǎn qiān jiē
[释义] 一日里走多条街巷,指乞丐沿街行乞。[语见] 元·张国宾《合汗衫》第三折:"哎!婆婆也,咱去来波,可则索与他日转千街。"[例句] 你知道吗,灾害之后,你母亲带着你～,历尽千辛万苦,才把你养大成人,而今你竟不尽孝道,实在是天理不容!

【日拙心劳】rì zhuō xīn láo
[释义] 见"心劳计拙"。[语见] 宋·邵博《邵氏闻见后录》第二十三卷:"戴天履地,宁忍同诬,日拙心劳,徒唱尔伪。"[例句] 不知道实验哪里出了问题,教授和我们几个,～～,渐渐陷入了恶性循环之中,我们怎么也找不到症结所在。

【日滋月益】rì zī yuè yì
[释义] 见"日益月滋"。[语见] 宋·司马光《重微》:"凡此六者,其初甚微,朝夕狎玩,未尝甚害,日滋月益,遂至深固,比知而革之,则用力百倍矣。"[例句] 望着自己穷十年之功～而成的两麻袋手稿,他不禁心潮起伏,久久不能平静。

【日坐愁城】rì zuò chóu chéng
[释义] 愁城:比喻处于愁苦的包围中。

天天都沉浸在忧愁当中。[语见] 宋·范成大《次韵代答刘文潜》:"一曲红窗声里怨,如今分作两愁城。"[例句] 这次失败给他带来了沉重的打击。他因此而一蹶不振,～,谁的话也听不进去。

rong

【戎马倥偬】róng mǎ kǒng zǒng
[释义] 倥偬:急迫匆忙。行军打仗,奔波匆忙。形容军务繁忙。[语见] 清·魏秀仁《花月痕》第六回:"人生踪迹,不能预料。两月以前,戎马倥偬;岂知今日群花围绕,玉软香温。"[例句] 儿子为国征战,～,虽数年不曾还家,老夫心下,却也安然。

【荣华富贵】róng huá fù guì
[释义] 荣华:草木开花。引申为兴盛、显达,指官高而声名大。富贵:有钱有地位。形容财多势大,显赫一时。也指奢侈豪华的生活。[语见] 明·凌濛初《初刻拍案惊奇》第二十二卷:"话说人生荣华富贵,眼前的多是空花,不可认为实相。"[例句] 那些整天只想着追求～的人,精神世界并不一定是充实的,而且很可能是空虚的。

【荣宗耀祖】róng zōng yào zǔ
[释义] 见"光宗耀祖"。[语见] 元·石君宝《曲江池》第四折:"今幸得一举登科,荣宗耀祖。"[例句] 这等～的事情,在当地是很值得大书特书的。

【容光焕发】róng guāng huàn fā
[释义] 容光:面容的神采。焕发:光彩四射。脸上显露出神采。形容人身体健康,精神旺盛。[语见] 清·蒲松龄《聊斋志异·阿绣》:"母亦喜,为女盥濯,竟妆,容光焕发。"[例句] 小陈～,精神抖擞,一副春风得意的样子。

【容头过身】róng tóu guò shēn
[释义] 不少野兽钻洞,能容下头,身子即可过去。比喻得过且过。[语见] 南朝宋·范晔《后汉书·西羌传》:"今三郡未复,园陵单外,而公卿选懦,容头过身,张解设难,但计所费,不图其安。"[例句] 被

贬之后,苏轼倒也不曾～,郁郁寡欢,而是尽情地享受大自然的美丽。

【融会贯通】 róng huì guàn tōng
[释义]融会:融合,领会。贯通:贯穿前后,全面理解。融合贯穿多方面的道理或知识,从而做到全面透彻地理解。[语见]宋•朱熹《答姜叔权》之一:"举一而三反,闻一而知十,乃学者用功之深,穷理之熟,然后能融会贯通,以至于此。"[例句]要想把东西学得～,三五年时间里是绝对做不到的。

【冗词赘句】 rǒng cí zhuì jù
[释义]冗、赘:多余的,无用的。指诗文中多余的不必要的话。[例句]如果把这篇文章中的那些～完全删掉,你自己看,所剩下的,还能算得上是一篇文章吗?

rou

【柔肠百结】 róu cháng bǎi jié
[释义]柔和的心肠打了无数的结。形容种种悲苦郁结于心中。[语见]元•谷子敬《城南柳》第三折:"你若不依着我正道,我若不指与你迷途,柳呵!你便柔肠百结,巧计千般,浑身是眼,寻不见,花枝儿般美少年。"[例句]人刚刚到中年,他的家庭就连连遭遇不幸,这使得他～,郁郁寡欢,人都已变了形一般。

【柔肠百转】 róu cháng bǎi zhuǎn
[释义]见"柔肠百结"。[语见]清•魏秀仁《花月痕》第二十七回:"秋痕给跛脚提醒这一句,柔肠百转,方觉一股刺骨的悲酸。"[例句]我忽然听到我的老师去世的消息,～,悲痛欲绝。

【柔肠寸断】 róu cháng cùn duàn
[释义]形容极度伤心。[语见]清•李汝珍《镜花缘》第三十三回:"无论日夜,俱有宫娥轮流坐守,从无片刻离人,竟是丝毫不能放松。林之洋到了这个地位,只觉得湖海豪情,变作柔肠寸断了。"[例句]这篇文章写得哀感顽艳,即使铮铮铁汉看了也不禁潸然泪下,～。

【柔懦寡断】 róu nuò guǎ duàn
[释义]见"优柔寡断"。[语见]宋•释文莹《玉壶清话•边镐》:"后嗣主爱其博雅,累用之,然而柔懦寡断,惟好释氏。"[例句]别在那里婆婆妈妈、～的了,一句话,干还是不干?

【柔情绰态】 róu qíng chuò tài
[释义]形容情态柔美。[语见]三国魏•曹植《洛神赋》:"瑰姿艳逸,仪静体闲,柔情绰态,媚于语言。奇服旷世,骨像应图。"[例句]小娟临风而立,～,让人实在不忍心去想她这半年遇到的各种伤心事。

【柔情媚态】 róu qíng mèi tài
[释义]见"柔情绰态"。[语见]清•李心衡《金川琐记•陈生》:"(陈生)遂患心疾,辗转昏愦中。忽忆柔情媚态,则哑然笑;又忆浮萍断梗,何处追寻,则啜以悲。"[例句]在众人眼里,这两个算是最迷人的,但迷人的不是她们的姿色,而是她们的～。

【柔情蜜意】 róu qíng mì yì
[释义]温柔、亲密的情意。指恋人之间的感情。[语见]清•曹雪芹《红楼梦》第一百一十一回:"虽说宝玉仍是柔情蜜意,究竟算不得什么。"[例句]他的信里尽是些～的话语,让人读起来心里感到一阵阵的甜蜜。

【柔茹刚吐】 róu rú gāng tǔ
[释义]柔:软。茹:吃。刚:硬。软的吃掉,硬的吐出。比喻凌弱畏强,欺软怕硬。也作"吐刚茹柔"。[语见]《诗经•大雅•烝民》:"人亦有言:柔则茹之,刚则吐之。"[例句]我告诫你:你这个位置,就是穿针引线的,我一旦发现你胆敢～,我必然重重地罚你。

【柔茹寡断】 róu rú guǎ duàn
[释义]见"优柔寡断"。[语见]《韩非子•亡征》:"缓心而无成,柔茹而寡断,好恶无决而无所定立者,可亡也。"[例句]现在形势已十分紧迫,再～,迟迟拿不出主意,我们就将全军覆没了!

R

【柔心弱骨】róu xīn ruò gǔ
[释义] 形容心胸软弱、性格温柔。
[语见]《列子·汤问》："其国名曰终北……人性婉而从物，不竞不争，柔心而弱骨，不骄不忌。"[例句] 母亲生得～，与乡邻和善为上，几十年来，在那一片土地上成了最被大家喜欢和信赖的人。

【柔远能迩】róu yuǎn néng ěr
[释义] 柔：怀柔安抚。能：亲善。迩：近。安抚笼络远近的人使之归附。[语见]《尚书·舜典》："咨十有二牧，曰：'食哉惟时，柔远能迩，惇德允元。'"《诗经·大雅·民劳》："柔远能迩，以定我王。"[例句] 唐朝～的政策，使边境除了北面以外，一片安宁。

【肉林酒池】ròu lín jiǔ chí
[释义] 见"酒池肉林"。[语见] 明·宋濂等《元史·裕宗传》："古有肉林酒池，尔欲吾效之耶！"[例句] 这些公子哥儿，在～中长大，哪见过刀枪——还没上战场呢，就已经瑟瑟发抖，上了战场，那还不是做俘房的命？

【肉食者鄙】ròu shí zhě bǐ
[释义] 肉食者，吃肉的人，引申为高官厚禄者。鄙：固陋不通。居高位、享厚禄的人见识浅陋。[语见]《左传·庄公十年》："肉食者鄙，未能远谋。"[例句] 你高高在上，～，哪里会知道我们老百姓的疾苦。

【肉袒面缚】ròu tǎn miàn fù
[释义] 肉袒：脱去上衣，裸露肢体。古人谢罪或祭祀时，常脱去上衣，裸露肢体，表示虔敬和惶惧。面缚：两手反绑面对胜利者，表示不再抵抗。古时投降的仪式。[语见] 汉·司马迁《史记·宋微子世家》："周武王伐纣克殷，微子乃持其祭器造于军门，肉袒面缚，左牵羊，右把茅，膝行而前以告。"[例句] 大军打到城下，守城的将军早早～地迎出城来。

【肉袒牵羊】ròu tǎn qiān yáng
[释义] 肉袒：脱去上衣，裸露肢体，表示谢罪愿受责罚。牵羊：表示犒劳军队。古代的一种投降仪式。[语见]《左传·宣公十二年》："楚子围郑。……郑伯肉袒

牵羊以逆，曰：'孤不天，不能事君，使君怀怒以及敝邑，孤之罪也。'"[例句] 咱们和他们的力量尚在伯仲之间，你便要指望他们～，恐怕为时过早了吧？

【肉跳心惊】ròu tiào xīn jīng
[释义] 见"心惊肉跳"。[语见] 明·汤显祖《紫钗记·哭收钗燕》："冤家，真个无差。好些时肉跳心惊，这场兜答。"[例句] 夜里，忽然从窗外传来令人～的一声巨响，我们都被吓得大气也不敢出。

【肉眼凡夫】ròu yǎn fán fū
[释义] 指俗眼的普通人。也用以讥刺目光短浅的庸人。[语见] 元·范康《竹叶舟》第一折："这都是神仙骨，不似你肉眼凡夫。"[例句] 那等～，你跟他们说什么意思！

【肉眼凡胎】ròu yǎn fán tāi
[释义] 凡：平常，凡俗。佛教用语。形容凡俗之人见识短浅，不辨美丑善恶。[语见] 明·吴承恩《西游记》第八回："我把你个肉眼凡胎的泼物！我是南海菩萨的徒弟。这是我师父抛来的莲花，你也不认得哩！"[例句] 我们是～，自然看不透我五十年后究竟会有什么命运，但是我知道，只要我问心无愧，不管到了什么地步，我也都会心安理得。

【肉眼愚眉】ròu yǎn yú méi
[释义] 肉眼：俗眼。俗眼笨眉。形容目光短浅、行动迟愚的庸人。[语见] 元·高文秀《黑旋风》第三折："则他这肉眼愚眉，把一个黑旋风爹爹敢来也认不得。"[例句] 你不要总是自以为是，高高在上，把别人都看作～，这样你迟早是会跌跟头的。

【肉绽皮开】ròu zhàn pí kāi
[释义] 见"皮开肉绽"。[语见] 元·无名氏《谇范叔》第二折："打得我肉绽皮开内外伤，眼见的不久身亡。"[例句] 一顿暴打之后，那人～，但是他的嘴还是硬着，就是一句话也不说。

ru

【如不胜衣】rú bù shèng yī
[释义] 见"弱不胜衣"。[语见] 唐·李延

寿《南史·周敷传》:"敷形貌渺小,如不胜衣,胆力劲果,超出时辈。"[例句]两个月之后,再次见到小洁,她竟已瘦得～,那副形销骨立的样子,真不忍多看。

【如痴如呆】 rú chī rú dāi
[释义]形容精神和举止呆滞,不活泼。[语见]清·褚存仁《杂记》:"恨郁秘塞在胸,渐渐神智模糊,如痴如呆,耳聋不闻,无端惊跳不宁。"[例句]一曲《欸乃》,听得我～。

【如痴如狂】 rú chī rú kuáng
[释义]见"如醉如狂"。[语见]清·曾朴《孽海花》第七回:"倾城士女如痴如狂,一条七里山塘,停满了画船歌舫,真个靓妆藻野,炫服缛川,好不热闹。"[例句]只有亲耳听到大师的演奏,只有你有过这样～的心灵感受,你才会真正懂得,什么是真正的音乐。

【如痴如梦】 rú chī rú mèng
[释义]见"如醉如梦"。[语见]明·李贽《焚书·答周二鲁》:"遇真正儒者,如痴如梦,翻令见疑。"[例句]舞台上的表演,足以让每一位观众～,大家甚至连掌都忘记鼓了。

【如持左券】 rú chí zuǒ quàn
[释义]左券:古代契约分左右两片,双方各执其一。左片叫左券,由债权人收藏,作为凭据。好像手里持有左券。比喻把握住了事情的结局。[语见]宋·陆游《禽言·打麦作饭》诗:"人生为农最可愿,得饱正如持左券。"[例句]老王神情凛然地立住,一副胸有成竹、～的样子。

【如出一口】 rú chū yī kǒu
[释义]好像从一个人嘴里说出来的。形容说法一致。[语见]《韩非子·内储说下》:"燕人其妻有私通于士,其夫早自外而来,士适出。夫曰:'何客也?'其妻曰:'无客。'问左右,左右言无有,如出一口。"[例句]我自己都没有想到,众人的意见,竟然～,跟商量好了似的。

【如出一辙】 rú chū yī zhé
[释义]辙:车辙,车辆驶过后在地上留下的印迹。好像是出自同一车轮的车辙。

喻指两件事情或不同人的言行非常相似。[语见]宋·洪迈《容斋续笔·名将晚谬》:"自古威名之将,立盖世之勋,而晚谬不克终者,多失于恃功矜能而轻敌也。……此四人之过,如出一辙。"[例句]大多数写现实主义作品的文学家,其目的～,那就是对社会现实里面的罪恶的揭露。

【如蹈水火】 rú dǎo shuǐ huǒ
[释义]像走入水火之中。比喻处境艰难。[语见]明·宋濂等《元史·张德辉传》:"若宰民者,头会箕敛,以毒天下,使祖宗之民如蹈水火,为害尤甚。"[例句]那些年,天灾不断,人祸连连,童先生带着一家老小,～,那份艰难,实在是常人所难以想象的。

【如蹈汤火】 rú dǎo tāng huǒ
[释义]见"如蹈水火"。[语见]清·蒲松龄《聊斋志异·冤狱》:"自入公门,如蹈汤火。"[例句]那年冬天,一家人～,多亏了你妈妈能干,否则,这个家早就破了。

【如堕烟海】 rú duò yān hǎi
[释义]见"如堕烟雾"。[例句]进入峡谷之后,天渐渐黑了下来,雾起来了,我们一行十来个人,～,全然失去了方向。

【如堕烟雾】 rú duò yān wù
[释义]好像掉在烟雾之中。比喻迷失方向,找不到头绪,不得要领。[语见]唐·李白《嘲鲁儒》诗:"问以经济策,茫如堕烟雾。"[例句]人生最重大的一次选择推到了我的面前,可是我冥思苦想,依然～,似乎找不到生命的坐标。

【如法炮制】 rú fǎ páo zhì
[释义]如:依照,依据。法:方法。炮制:用烘、炮、炒、洗、泡、漂、蒸、煮等方法将中药原料制成药物。按照已有的方法把中药原料制成药物。喻指按照已有的方法办事。[语见]清·文康《儿女英雄传》第五回:"索性今晚在庙里住下,等明日早起,依旧如法炮制,也不怕他飞上天去。"[例句]看到爷爷用竹篾编的蝈蝈栩栩如生,我～,也想出一点彩,可是弄了半天,却一个也没能弄成。

【如虎得翼】 rú hǔ dé yì

[释义] 见"如虎添翼"。[语见] 明·冯梦龙《东周列国志》第三十五回："二狐有将相之才,今从重耳,如虎得翼。"[例句] 有了这二十门大炮,我军是～,半天之内拿下四个城门,不在话下。

【如虎傅翼】 rú hǔ fù yì

[释义] 见"如虎添翼"。[语见] 明·朱国祯《涌幢小品·妖人物》："自此以后,水旱饥馑相仍逾年。税使至。破坏全楚,如虎傅翼,择人而食,为捶死逼死者不可计。"[例句] 敌人一旦得到了弹药,那将是～,到时我们要消灭他们,就要费大力气了。

【如虎生翼】 rú hǔ shēng yì

[释义] 见"如虎添翼"。[语见] 明·罗贯中《三国演义》第三十九回："今玄德得诸葛亮为辅,如虎生翼矣。"[例句] 这一笔资金如果到手,我们便是～,财源定会滚滚而来。

【如虎添翼】 rú hǔ tiān yì

[释义] 添:增加。翼:翅膀。好像老虎又增加上一对翅膀。喻指势力更加强大。[语见] 三国蜀·诸葛亮《心书·兵机》："譬如猛虎加之羽翼,而翱翔四海。"[例句] 燕青夺得了一把宝剑,顿时～,直杀得官军鬼哭狼嚎。

【如花似锦】 rú huā sì jǐn

[释义] 锦:有彩色花纹的丝织品。形容美好华丽。也形容风景或前程美好。[语见] 清·黄小配《廿载繁华梦》第三回："那香屏自从嫁了周庸祐,早卸了孝服,换得浑身如花似锦。"[例句] 小芳怀着沮丧的心情,步入～的大厅,半天说不出一句话来。

【如花似玉】 rú huā sì yù

[释义] 像花一样美,像玉一样温润高贵。形容女子的容貌十分美丽。[语见] 元·张寿卿《红梨花》第三折："一个如花似玉的小娘子,和我那孩儿四目相窥,各有春心之意。"[例句] 子弹击中这个～的姑娘,太阳都暗暗地躲入了云层。

【如花似月】 rú huā sì yuè

[释义] 见"如花似玉"。[语见]《四游记·南游记·华光与铁扇公主成亲》第十二回："凤凰山玉环圣母,有一女儿,名叫铁扇公主,年方二八,生得如花似月。"[例句] 每天清晨,在电影学院女生宿舍大楼前后的草坪、花园内,你常常可以看到一个个～的姑娘在练功或读书。

【如火如荼】 rú huǒ rú tú

[释义] 荼:茅草的白花。像火焰一样红,如茅草花一样白。原指军阵宏大。今泛指气势旺盛,气氛热烈。[语见]《国语·吴语》："万人以为方阵,皆白裳、白旗、素甲、白羽之矰,望之如荼……左军亦如之,皆赤裳、赤旟、丹甲、朱羽之矰,望之如火。"[例句] 就是在大年夜,三峡工程也在～地进行着。

【如获至宝】 rú huò zhì bǎo

[释义] 获:获得,得到。至宝:最珍爱的宝物。好像得到了最珍爱的宝物一样。喻指得到了心仪已久的人或东西。[语见] 宋·李光《与胡邦衡书》："忽蜀僧行密至,袖出寂照庵三字,如获至宝。"[例句] 张大爷在古玩市场寻到一个精美的鼻烟壶,～,像孩子一样欢快地蹦了起来。

【如饥如渴】 rú jī rú kě

[释义] 见"如饥似渴"。[语见]《孔子家语·王言》王肃注："如饥而食,如渴而饮,民之信之,如寒暑之必验。"[例句] 热气一浪又一浪涌进屋来,但是她仍然～地读着书,浑然不觉。

【如饥似渴】 rú jī sì kě

[释义] 饥:肚子饿。渴:口干欲饮。好像肚饿要食,口干欲饮一样。形容欲望强烈,迫不及待。[语见] 明·冯梦龙《喻世明言》第十六卷："吾儿一去,音信不闻。令我悬望,如饥似渴。"[例句] 一有时间,他就在图书馆里～地埋头苦读。

【如箭在弦】 rú jiàn zài xián

[释义] 见"箭在弦上"。[例句] 你身居局外,自然不知道我们的处境,我们已经经过了精心的准备,去开辟那新的市

场,～,已经不得不发了。

【如胶似漆】 rú jiāo sì qī

[释义] 像胶和漆混黏在一起一样,不可分离。喻指关系极密切,难分难舍。多指恋爱中的男女或夫妻。[语见] 明·施耐庵《水浒传》第二十一回:"那张三和这阎婆惜,如胶似漆,夜去明来,街坊上人也都知了。"[例句] 小两口即使是在逃难中,也～,相互恩爱。

【如狼牧羊】 rú láng mù yáng

[释义] 像叫狼去放羊一样。旧时比喻酷吏残害百姓。[语见] 汉·司马迁《史记·酷吏列传》:"宁成为济南都尉,其治如狼牧羊。"[例句] 这位宰相公子一上任,立即～一般,大肆搜刮,一时民怨沸腾。

【如狼如虎】 rú láng rú hǔ

[释义] 形容勇猛。也用作贬义,形容凶狠残忍。[语见]《尉缭子·武议》:"一人之兵,如狼如虎,如风如雨,如雷如霆,震震冥冥,天下皆惊。"[例句] 侵略者～,残忍地在别人的土地上烧杀抢掠。

【如狼似虎】 rú láng sì hǔ

[释义] 原形容非常勇猛。后比喻凶暴残忍。[语见] 明·施耐庵《水浒传》第七十八回:"如今放着这一般好弟兄,如狼似虎的人,那十节度已是过时的人了,兄长何足惧哉!"[例句] 一群士兵～地冲进屋里,实验被迫终止,伟大的科学家倒在血泊中。

【如雷贯耳】 rú léi guàn ěr

[释义] 见"如雷灌耳"。[语见] 元·郑廷玉《楚昭公》第四折:"久闻元帅大名,如雷贯耳。"[例句] 先生大名,～,倾慕已久,就是无缘得见。

【如雷灌耳】 rú léi guàn ěr

[释义] 雷:雷声。灌:灌满,充满。好像雷声充满了双耳。喻指人的名声很响。[语见] 明·施耐庵《水浒传》第六十二回:"小可久闻员外大名,如雷灌耳。"[例句] 您的名号～,承蒙厚爱来访,真是蓬荜生辉。

【如临大敌】 rú lín dà dí

[释义] 临:面临,面对。好像面对着强大的敌人。形容高度警惕,戒备森严。[语见] 五代后晋·刘昫等《旧唐书·郑畋传》:"畋还镇,搜乘补卒,缮修戎仗,浚饰城垒,尽出家财以散士卒。昼夜如临大敌。"[例句] 不过几个小毛贼,怎么弄得～的样子!

【如临深谷】 rú lín shēn gǔ

[释义] 见"如临深渊,如履薄冰"。[语见] 宋·张君房《云笈七签》第九十八卷:"如潜有所得,专如临深谷,战如履薄冰,此得道之门耳。"[例句] 父亲一生谨慎,时时都是～,不敢有半点马虎。

【如临深渊,如履薄冰】 rú lín shēn yuān, rú lǚ bó bīng

[释义] 临:接近,靠近。深渊:深水潭。履:踩,踏。好像靠近深水潭,好像踩在薄薄的冰上一样。比喻处境危险,战战兢兢,提心吊胆,小心谨慎。[语见]《诗经·小雅·小旻》:"战战兢兢,如临深渊,如履薄冰。"[例句] 旧时的官场如战场,每一步都当～,一步不慎,便有可能万劫不复。

【如临渊谷】 rú lín yuān gǔ

[释义] 见"如临深渊,如履薄冰"。[语见] 宋·朱熹《答吴尉》:"大抵守官只要律己公廉,执事谨慎。昼夜孜孜,如临渊谷,便自无他患害。"[例句] 谨慎总是没有错误的,处处都～,累是累一点,但却没有大灾大难。

【如履如临】 rú lǚ rú lín

[释义] "如履薄冰,如临深渊"的缩语。形容做事极为小心谨慎。[语见] 五代后晋·刘昫等《旧唐书·僖宗纪》:"朕守大器之重,居兆人之上,日慎一日,如履如临。"[例句] 你身负重任,无刻不当～,否则,你个人安危事小,众人生计则事大。

【如梦初觉】 rú mèng chū jué

[释义] 见"如梦初醒"。[语见] 明·冯梦龙《东周列国志》第一百回:"信陵君如梦初觉,再拜称谢。"[例句] 直到三年之后,明白了个中原委,我才～,然而悔之已晚矣。

R

【如梦初醒】 rú mèng chū xǐng
[释义]初:刚刚。像是刚刚从睡梦中醒来。喻指从迷惑或错误中刚刚觉醒。[语见]明·凌濛初《二刻拍案惊奇》第二十三卷:"崔生如梦初醒,惊疑了半日始定。"[例句]现在跟你说什么你都不会明白,但是我相信,～的时刻,总有一天会到来。

【如梦方醒】 rú mèng fāng xǐng
[释义]见"如梦初醒"。[语见]清·文康《儿女英雄传》第十三回:"河台一看,方才如梦方醒,只吓得他面如金纸,目瞪口呆。"[例句]看到你的信,我～,原来我一直都在冤枉你,而你却并没有为自己辩解。

【如梦如醉】 rú mèng rú zuì
[释义]见"如醉如梦"。[例句]几十年时光就这么～地被我消耗了,今天虽然略略明白了些,可是人却老了。

【如鸟兽散】 rú niǎo shòu sàn
[释义]散:逃散。像受惊的鸟兽一样四处逃散。形容溃散逃跑。[语见]汉·班固《汉书·李陵传》:"今无兵复战,天明坐受缚矣!各鸟兽散,犹有得脱归报天子者。"[例句]人民军队一过江,敌人便～,各自逃命去了。

【如牛负重】 rú niú fù zhòng
[释义]像牛负担着沉重的东西。比喻负担很沉重。[语见]《佛说四十二章经》:"夫为道者,如牛负重,于深泥中。"[例句]沉重的赋税,使老百姓～,反抗已在寂静中萌芽了。

【如烹小鲜】 rú pēng xiǎo xiān
[释义]烹:烧煮。鲜:活鱼。像烹煮一条小鱼一样。比喻轻而易举。[语见]《老子》:"治大国者若烹小鲜。"[例句]哈,不就设计一个程序吗? 我这等高手,～而已。

【如泣如诉】 rú qì rú sù
[释义]像在哭泣,又像在诉说。形容声音(多指乐曲)哀怨悲凉。[语见]宋·苏轼《前赤壁赋》:"客有吹洞箫者,倚歌而和之,其声呜呜然,如怨如慕、如泣如

诉。"[例句]那～的琴声,感动得我们清然泪下。

【如丘而止】 rú qiū ér zhǐ
[释义]如:到,往。丘:小土山。遇到山丘就停止前进。比喻人畏难而不求上进。[语见]《荀子·宥坐》:"孔子曰:'如垤而进,吾与之;如丘而止,吾已矣。'"[例句]只有勇于攀登高峰的人,才会取得光辉的业绩;我们～,只能是小打小闹,终究成不了大气候。

【如日方升】 rú rì fāng shēng
[释义]像太阳刚刚升起一样。比喻正处于兴盛阶段,有广阔的发展前途和坚强的生命力。[语见]《诗经·小雅·天保》:"如月之恒,如日之升,如南山之寿,不骞不崩。"[例句]二战之后,一批新独立的国家,～,使世界的政治和经济格局发生了翻天覆地的变化。

【如日方中】 rú rì fāng zhōng
[释义]好像太阳正在中午。比喻事物正发展到兴盛的阶段。[例句]中国的改革～,她的强大与富足,已是历史的大趋势。

【如日中天】 rú rì zhōng tiān
[释义]中天:天空的正中。就像太阳运行到天空的正中。比喻事物发展的鼎盛时期。[语见]李洁冰《渔鼓殇》:"毕竟物是人非,鸾生现今如日中天,而红琴也非当年的女主角了。"[例句]该公司目前虽然正～,但是它的高层领导人无一日不在为它的未来冥思苦想,因为商战有如逆水行舟,慢了半步,以后就再难跟上了。

【如入无人之境】 rú rù wú rén zhī jìng
[释义]如:好像。入:进入。境:境地。就像进入了没有人的地方。喻指战斗将士英勇无敌,不可阻挡。[语见]明·罗贯中《三国演义》第七回:"赵云一骑马飞入绍军,左冲右突,如入无人之境。"[例句]赵云杀入曹营,～。

【如丧考妣】 rú sàng kǎo bǐ
[释义]丧:失去,死去。考妣:死去的父母。如同死了父母一样。形容极度伤

心。现在多用于贬义。[语见]《尚书·舜典》:"二十有八载,帝乃殂落,百姓如丧考妣。"[例句]单是提倡新式标点,就会有一大群人"～"。

【如拾地芥】 rú shí dì jiè
[释义]芥:小草。比喻可以轻易得到。[语见]汉·班固《汉书·夏侯胜传》:"经术苟明,其取青紫如俯拾地芥耳。"[例句]要打开那里的市场,对你们来说自是～,但是敝公司势单力薄,却定要费大气力不可。

【如是我闻】 rú shì wǒ wén
[释义]如是:如此。我闻:我听到。佛经开卷语。传说释迦牟尼死后,诸弟子汇集他的言论,因阿难为释迦牟尼的侍者,听到的最多,所以推他宣唱,用这句话开头。意思我听到佛这样说。[语见]《佛地经论》第一卷:"如是我闻者,谓总显已闻,传佛教者言如是事,我昔曾闻如是。"[例句]周后用极轻的声音谈了开头的几句经文:"～一时,佛在舍卫国,祇树给孤独园,与大比丘众,千二百五十人俱。"

【如释重负】 rú shì zhòng fù
[释义]释:放下。负:负担。形容消除紧张沉重的心情后的愉快。[语见]《穀梁传·昭公二十九年》:"昭公出奔,民如释重负。"[例句]听到他病愈出院的消息,我～。

【如数家珍】 rú shǔ jiā zhēn
[释义]数:计算。家珍:家中珍藏的宝物。如同数自家收藏的珍宝一样。喻指对所讲述的内容非常清楚,烂熟于心。[语见]端木蕻良《曹雪芹》:"万斯凤先生对于避讳、谐音、古今同名、经书典实、稗官野史……等等,真个称得上了如指掌,如数家珍。"[例句]母亲～地把我们家前些年的大事小事跟我说了一遍,我这才知道,在那几年的风风雨雨中,母亲一个人是何等艰难。

【如汤灌雪】 rú tāng guàn xuě
[释义]见"如汤沃雪"。[语见]《孔子家语·王言》:"则民之弃恶,如汤之灌雪焉。"[例句]不急,只要我们的增援部队一到,两面夹击,胜利还不是～?

【如汤浇雪】 rú tāng jiāo xuě
[释义]见"如汤沃雪"。[语见]唐·李延寿《南史·王莹传》:"丈人一旨,如汤浇雪耳。"[例句]实验只要通过了这一关,下面的进程,自是～了。

【如汤泼雪】 rú tāng pō xuě
[释义]见"如汤沃雪"。[语见]明·施耐庵《水浒传》第五十八回:"如今青州只凭呼延灼一个。若是拿得此人,觑此城子,如汤泼雪。"[例句]掌握了计算机的核心技术,别的方面,还不是～,易如反掌?

【如汤沃雪】 rú tāng wò xuě
[释义]汤:热水。沃:浇。像热水浇在雪上。比喻事情极易解决。[语见]汉·枚乘《七发》:"小饭大歠,如汤沃雪。"[例句]对他来说,这事～,你就放心吧!

【如闻其声,如见其容】 rú wén qí shēng, rú jiàn qí róng
[释义]闻:听见。好像听到了那声音,好像见到了那人的容貌。形容描写人物非常逼真。[语见]唐·韩愈《独孤申叔哀辞》:"濯濯其英,晔晔其光,如闻其声,如见其容。"[例句]在作家的笔下,这一百多个人物个个令人～。

【如无其事】 rú wú qí shì
[释义]见"若无其事"。[语见]清·李宝嘉《官场现形记》第十八回:"统领听不见,庄大老爷也听不见,就作为如无其事,不去提他了。"[例句]总统走近麦克风,脸色平静,～,但是细心的人还是可以发现,他的腿在微微颤抖。

【如兄如弟】 rú xiōng rú dì
[释义]就像亲兄弟一样。比喻彼此亲密无间。[语见]《诗经·邶风·谷风》:"宴尔新昏,如兄如弟。"[例句]那几年拜师习武,两人～,如今各为其主,互相残杀,也是无奈。

【如埙如篪】 rú xūn rú chí
[释义]埙、篪:古乐器名,声能相和。比喻兄弟间和睦。[语见]《诗经·大雅·

板》:"天之牖民,如埙如篪。"[例句] 他兄弟二人~,多年来一直配合默契。

【如蚁附膻】rú yǐ fù shān
[释义] 膻:羊臊气。意为蚂蚁喜欢羊肉,是因为羊肉有膻味。比喻趋炎附势或追逐名利的肮脏行为。[语见]《庄子·徐无鬼》:"羊肉不慕蚁,蚁慕羊肉,羊肉膻也。"[例句] 当听说大西洋城的赌场又重张开业了,全美国的赌徒们~,蜂拥而至。

【如意算盘】rú yì suàn pán
[释义] 如意:合心可意。算盘:这里指盘算、算计。合心可意的打算。喻指做事只凭主观臆想,只从好的方面替自己打算。[语见] 清·李宝嘉《官场现形记》第四十四回:"好便宜! 你倒会打如意算盘! 十三个半月工钱,只付三个月!"[例句] 我早已知道你打的~了,但是我还是奉劝你一句:人算不如天算,你迟早会搬起石头砸自己的脚。

【如蝇附膻】rú yíng fù shān
[释义] 附:趋附。膻:羊肉臊气。像苍蝇趋附羊肉一样。比喻追逐私利或趋炎附势的丑恶行为。[语见] 清·张岱《陶庵梦忆·扬州瘦马》:"娶妾者切勿露意,稍透消息,牙婆驵侩,咸集其门,如蝇附膻,撩扑不去。"[例句] 在那个时代,你若身居高位,身边~的人会比比皆是,你若不能洁身自好,陷阱和深渊随时都在你的脚下。

【如影随形】rú yǐng suí xíng
[释义] 影:影子。随:伴随,追随。形:实物,形体。好像影子伴随着实物一样。喻指关系亲密,从不分离。[语见] 汉·刘向《说苑·君道》:"故天之应人,如影之随形,响之效声者也。"[例句] 两人~地相处了近四十年,最终却因为一点小事而闹了个不欢而散,实在令人遗憾。

【如有所失】rú yǒu suǒ shī
[释义] 好像丢掉了什么东西。形容失意时心神不安的神态。[例句] 她~地抬起头,望着沉沉的夜空,泪水静静地淌了下来。

【如鱼得水】rú yú dé shuǐ
[释义] 好像鱼得到了急需的水一样。比喻找到了与自己兴趣相投的朋友或适合自己发展的环境。[语见] 清·曹雪芹《红楼梦》第六十六回:"二人相会,如鱼得水。"[例句] 朱元璋自从有了刘伯温的辅佐,便~,势力渐渐盖过了当时天下所有的英豪。

【如愿以偿】rú yuàn yǐ cháng
[释义] 如:按照。愿:愿望,心意。以:而。偿:满足。按照自己的心愿而得到满足,即实现了自己的心愿。[语见] 清·吴趼人《二十年目睹之怪现状》第一百零一回:"况且他家里人既然有心弄死他,等如愿以偿之后,贼人心虚,怕人议论,岂有不尽力推在医生身上之理?"[例句] 九月里的一天,我终于~地见到了大海。

【如运诸掌】rú yùn zhū zhǎng
[释义] 诸:之于。如运之于手掌。形容办某种事情极其容易。[语见]《列子·杨朱》:"杨朱见梁王,言治天下如运诸掌。"[例句] 小楷的网络知识和技术,那可是有专业水平的,你这问题,他解决起来,还不~?

【如指诸掌】rú zhǐ zhū zhǎng
[释义] 比喻对事情非常熟悉了解。[语见]《论语·八佾》:"或问禘之说。子曰:'不知也;知其说者之于天下也,其如示诸斯乎!'指其掌。"[例句] 对于公司的大事小事,他都~。

【如醉如痴】rú zuì rú chī
[释义] 痴:因极度动情而沉迷。指对人或事物过于沉迷或陶醉而不能自拔,神志恍惚。[语见] 宋·无名氏《沁园春·叹此生缘业》:"叹此生缘业,两餐淡薄,时无泪,如醉如痴。"[例句] 这篇文章写得太好了,他读着爱不释手,~。

【如醉如狂】rú zuì rú kuáng
[释义] 形容神态失常,不能自制。指为某人某事所倾倒。[语见] 明·凌濛初《初刻拍案惊奇》第二十五卷:"这些人还指望出张续案,放遭告考,把一个长安子

弟,弄得如醉如狂的。"[例句]批文下来了,小东～,彻夜难眠。

【如醉如梦】rú zuì rú mèng
[释义]形容处于不清醒、糊里糊涂的状态中。[语见]宋·朱熹《答吕子约》:"恭兄文字状子已投之当路,如醉如梦,面前事尚不能管得,何可望以等。"[例句]几十年宦海沉浮,～,而今他一觉醒来,镜子里已然是白发如霜了。

【如坐云雾】rú zuò yún wù
[释义]比喻头脑糊涂,不能辨析事理。[语见]北齐·颜之推《颜氏家训·勉学》:"及有吉凶大事,议论得失,蒙然张口,如坐云雾。"[例句]他的话令我～,完全糊涂了。

【如坐针毡】rú zuò zhēn zhān
[释义]针毡:指插着针的毡子。好像坐在插着针的毡子上一样难受。形容坐立不安,心神不定。[语见]唐·房玄龄等《晋书·杜锡传》:"屡谏愍怀太子,言辞恳切,太子患之。后置针着锡常所坐处毡中,刺之流血。"[例句]小伙子面对着姑娘,满脸通红,～,像人家姑娘要吃了他似的。

【茹苦含辛】rú kǔ hán xīn
[释义]茹:吃,引申为"含"。辛:辛苦。形容忍受辛苦。[语见]清·无名氏《亡国恨·结党》:"想俺呵,龙泉夜夜鸣,似诉不平,愿茹苦含辛,做个荆卿。"[例句]母亲～地把我们养大成人,几乎耗尽了她所有的心血。

【茹毛饮血】rú máo yǐn xuè
[释义]茹:吃。连毛带血生吃禽兽。指原始人或野蛮未开化之人不知用火。[语见]《礼记·礼运》:"未有火化,食草木之实、鸟兽之肉,饮其血,茹其毛。"[例句]原始人过的那种～的生活,我们只有在电影里才能看到了。

【濡沫涸辙】rú mò hé zhé
[释义]见"相濡以沫"。[语见]宋·无名氏《宣和画谱·龙鱼·叙论》:"善画鱼龙海水,不为汀泞沮洳之陋,濡沫涸辙之游。"[例句]那些年,夫妻俩～,互相鼓励,终

于渡过了难关。

【孺子可教】rú zǐ kě jiào
[释义]孺子:小孩子。指年轻人有培养前途。[语见]汉·司马迁《史记·留侯世家》:"父去里所,复还,曰:'孺子可教矣。'"[例句]大哥从小就比我懂事,既知刻苦读书,又会孝敬老人。所以,长辈们总是说他～,将来肯定会成就一番大事业。

【乳臭未干】rǔ xiù wèi gān
[释义]乳臭:奶腥气味。嘴里带有奶腥气味。多用以讥讽人年幼无知。[语见]明·凌濛初《二刻拍案惊奇》第二十卷:"商功父赋性慷慨,将着贾家之物作为己财,一律挥霍,虽有两个外甥,不是姐姐亲生,亦且乳臭未干,谁人来稽查得他?"[例句]一个～的孩子,竟然把几个大人也折腾得叫苦连天。

【乳臭小儿】rǔ xiù xiǎo ér
[释义]对年幼的人轻蔑的称呼。[例句]我当然是一～,但是我的学问却比你这老先生只多不少,不信你考我一考?

【辱国丧师】rǔ guó sàng shī
[释义]国家蒙受耻辱,军士丧失生命。[语见]清·张廷玉等《明史·彭泽传》:"琼遂劾泽妄增金币,遗书议和,失信启衅,辱国丧师,昆、九畴俱宜罪。"[例句]第一次鸦片战争,使中国～,中国最屈辱的历史从此开始了。

【辱门败户】rǔ mén bài hù
[释义]玷辱家庭的好名声,败坏门风。[语见]元·李文蔚《燕青博鱼》第一折:"哥哥,俺是甚等样人家,着他辱门败户。"[例句]老爷子看着～的女儿,气得胡子都快立起来了。

【辱身败名】rǔ shēn bài míng
[释义]自身受辱,名声被败坏。[语见]清·钱彩《说岳全传》第三十一回:"一旦失手,辱身败名。"[例句]老父亲对他说道:"孽子,你在京城～,今天你还有脸回家!"

【入不敷出】rù bù fū chū
[释义]敷:够。收入不够支出。[语见]

R

清•赵尔巽《清史稿•边宝泉传》:"入不敷出,一时强为弥补,后将何所取偿?"[例句]公司已到了～的境地,但是职员们的士气却丝毫没有受到影响。

【入不支出】rù bù zhī chū

[释义]见"入不敷出"。[语见]宋•朱熹《行宫便殿奏札三》:"本路土瘠民贫……人少出多,往往例于常赋之外,多收加耗,重折价钱,尚且入不支出,公私俱困。"[例句]父母双双失业,家里～,孩子被迫辍学了。

【入国问俗】rù guó wèn sú

[释义]到一个新国家,先打听当地的风俗习惯,以免违犯。[语见]《礼记•曲礼上》:"入竟(境)而问禁,入国而问俗,入门而问讳。"[例句]每到一个国家,便～,不仅可以使你避免尴尬,还可以使你增长许多有趣的知识。

【入境问禁】rù jìng wèn jìn

[释义]禁:禁令。进入别国国境或到一个新的地方,先要问明那里的禁令,以免触犯。[语见]《礼记•曲礼上》:"入竟(境)而问禁,入国而问俗,入门而问讳。"[例句]我国是一个多民族的国家,每个民族都有许多特有的风俗或习惯,我们要尊重这些民族、宗教禁忌,～就特别重要。

【入境问俗】rù jìng wèn sú

[释义]见"入国问俗"。[语见]宋•苏轼《密州谢上表》:"入境问俗,又复过于所期。"[例句]考察队员每到一地,都要先～,以免受人误会。

【入木三分】rù mù sān fēn

[释义]相传晋代书法家王羲之在木板上写字,刻工发现其墨色渗入木板三分深。形容书法笔力强劲。今多用以比喻见解深刻。[语见]明•沈德符《万历野获编•晋唐小楷真迹》:"绢素稍黯,字亦惨淡。细视良久,则笔意透出绢外,神彩奕然,乃知古云入木三分不虚也。"[例句]几句简单的文字,便将一个不学无术的国王形象刻画得～。

【入情入理】rù qíng rù lǐ

[释义]入:合乎,合于。指合乎情理。[语见]清•壮者《扫迷帚》第三回:"心斋侧着耳朵,觉得此段议论,入情入理,不禁连连点首。"[例句]几个女孩的要求～,厂长只好答应。

【入神之作】rù shén zhī zuò

[释义]指达到神妙境界的作品。形容作品绝妙。[语见]清•赵翼《陔余丛考•四声正始于沈内》:"得胸臆,穷其旨,自谓入神之作。"[例句]是啊,画了几十年了,今才有此～,不知是人为还是天意。

【入室操戈】rù shì cāo gē

[释义]操:持,拿。戈:古代的一种兵器。原指进入我的屋里,拿起我的武器来进攻我。后比喻使用对方的论点来反驳对方。[语见]南朝宋•范晔《后汉书•郑玄传》:"康成入吾室,操吾矛以伐我乎?"[例句]他穷其渊博,～,倒不是要扬名,而是要揭穿那帮道貌岸然者的伪善。

【入水问渔】rù shuǐ wèn yú

[释义]水:指江河湖海。渔:指捕鱼人。进入江河湖海区域时要请教捕鱼人。泛指到达陌生的地方先要入乡问俗。[语见]《吕氏春秋•疑似》:"入于水而问渔师。"[例句]到了这么个陌生的地方,你不～,冒冒失失地去采访,准会碰壁而归。

【入乡随俗】rù xiāng suí sú

[释义]到一个地方,就依从当地的风俗习惯。[语见]宋•释普济《五灯会元•大宁道宽禅师》:"虽然如是,'且道入乡随俗一句作么生道?'良久曰:'西天梵语,此土唐言。'"[例句]我们～,也学了主人的样子,盘腿而坐。

【入乡随乡】rù xiāng suí xiāng

[释义]见"随乡入乡"。[例句]我们没有多少讲究,～,你们吃什么,我们就吃什么。

【入泽问童】rù zé wèn tóng

[释义]见"入水问渔"。[语见]《吕氏春

秋·疑似》:"入于泽而问牧童,入于水而问渔师。"[例句]他是个有经验的旅行家,每到一地,都会~,除了减少麻烦,还掌握了不少民俗方面的知识。

【入主出奴】rù zhǔ chū nú
[释义]入主:以自己所崇信的某一学派为主。出奴:以自己所排斥的某一学派为奴。唐·韩愈《原道》:"其言道德仁义者,不入于杨,则入于墨;不入于老,则入于佛。入于彼,必出于此。入者主之,出者奴之。"意谓信仰这一学说,就排斥另一种学说,以自己所信仰的为主,以所排斥的为奴。后来就用"入主出奴"指学术上的宗派主义。[例句]他们那帮所谓的学者,~,排除异己,实为学界的祸端之源。

ruan

【阮囊羞涩】ruǎn náng xiū sè
[释义]阮囊:晋代人阮孚的钱袋。羞涩:害羞,难为情。表示手头无钱,经济困难。[语见]宋·阴时夫《韵府群玉·阳韵·一钱囊》:"阮孚持一皂囊,游会稽。客问:'囊中何物?'曰:'但有一钱看囊,恐其羞涩。'"[例句]诗人实在想给恋人买一件像样的礼物,然而~,终究只能作罢。

【软香温玉】ruǎn xiāng wēn yù
[释义]见"软玉温香"。[语见]明·冯梦龙《警世通言》第二十一卷:"央公子减被添衾,软香温玉,岂无动情之处。"[例句]虽有佳人为伴,~,但是高公子心若止水,丝毫不为所动。

【软硬兼施】ruǎn yìng jiān shī
[释义]兼施:同时施展。软的和硬的手段一齐使用。[例句]被俘之后,敌人对她~,要她说出装备情况,但是她始终牙关紧锁。

【软玉娇香】ruǎn yù jiāo xiāng
[释义]见"软玉温香"。[语见]明·胡文焕《群音类选·李爱山·步步娇》:"他心猿乖,意马劣,都将软玉娇香,嫩枝柔叶。"[例句]你生长在~的女人堆里,依然能

保持铮铮男儿气概,实属不易。

【软玉温香】ruǎn yù wēn xiāng
[释义]软:柔和。温:温柔。香:女子的代称。喻指温柔的女子。[语见]元·王实甫《西厢记》第二本第二折:"看莺莺强如做道场。软玉温香,休道是相亲傍。"[例句]这位风流倜傥的公子哥儿,身边怎么会少得了~的陪伴呢?

rui

【枘圆凿方】ruì yuán záo fāng
[释义]枘:榫头。凿:卯眼。圆榫方孔。比喻事物互相抵触,两不相合。[语见]战国楚·宋玉《九辩》:"圆凿而方枘兮,固知其鉏铻而难人。"[例句]我们两人,冥冥中似乎毫无合作的缘分,这些年来,始终是~,以后恐怕更是入于参差了。

【锐不可当】ruì bù kě dāng
[释义]锐:锐利。比喻气势凶猛。当:抵挡。比喻来势凶猛,不可抵挡。[语见]清·褚人获《隋唐演义》第九十回:"在下连日血战,贼锋锐不可当。"[例句]起义军战士杀红了眼,尤其是当他们最后从山顶冲下来时,有如老虎下山,~,官军顿时溃败。

【锐未可当】ruì wèi kě dāng
[释义]见"锐不可当"。[语见]宋·欧阳修《新五代史·杂传·王峻传》:"峻屏左右谓守素曰:'晋州城坚不可近,而刘旻兵锐亦未可当。'"[例句]敌人刚刚到达,士气正旺,~,我们不如稍稍避其锋芒,从长计议。

【瑞气祥云】ruì qì xiáng yún
[释义]瑞:祥瑞。天上云气呈现吉兆。旧时认为是喜事降临的征兆。[例句]我们这座万紫千红的海湾花城,掩映在~之中。

【瑞雪兆丰年】ruì xuě zhào fēng nián
[释义]瑞:吉祥。瑞雪:应时的好雪。兆:预兆。丰年:丰收的年头儿。应时的好雪预兆来年是个丰收年。也作"雪兆丰年"。[例句]整个冬天,农民们都盼望

R

着～,但是直到春天解冻,雪始终没有下。

ruo

【若敖鬼馁】 ruò áo guǐ něi

[释义] 若敖:复姓。周代楚王熊咢生子熊仪,命名为若敖,后沿为姓氏。馁:饥饿。若敖氏之鬼将因灭宗而无人祭祀。后以"若敖鬼馁"指子孙断绝,没有后代。[语见]《左传·宣公四年》:"且泣曰:'鬼犹求食,若敖氏之鬼,不其馁而!'"[例句]瘟疫袭击了这片古老的土地,无数人家死人相枕,～,到处是一片无比凄凉的景象。

【若合符节】 ruò hé fú jié

[释义] 符节:古代朝廷传达命令、调兵遣将的凭证,用竹、木等制成,双方各执一半,合之以验真假。比喻两者完全吻合。[语见]《孟子·离娄下》:"(舜和文王)得志行乎中国,若合符节。先圣后圣,其揆一也。"[例句]你说的话,倒与古代圣贤之言～,但时代不同了,恐怕能完全认同你的观点的人,并不会很多。

【若即若离】 ruò jí ruò lí

[释义] 若:如,像。即:靠近。好像接近,又像离开。形容对人的态度使人捉摸不定。[语见]清·文康《儿女英雄传》第二十八回:"这边两个新人在新房里乍来乍去,如蛱蝶穿花;若即若离,似蜻蜓点水。"[例句]在众人眼里,他们乃是珠联璧合的一对,然而几年过去,他们还是这样～地处着,让人琢磨不透。

【若明若暗】 ruò míng ruò àn

[释义] 明:明朗,明亮。像是明亮,又像昏暗。比喻对问题或情况认识模糊。[例句]月亮隐去了,山里完全黑了下来,半山腰处却似乎有点点火光,～,影影绰绰,看不分明。

【若数家珍】 ruò shǔ jiā zhēn

[释义] 见"如数家珍"。[语见]梁启超《说常识》:"语其沿革兴废之所由,若数家珍。"[例句]汪大爷虽不曾读过什么书,但是要说起杨家将的故事,他是

～,娓娓道来,丝毫不比历史学博士讲得逊色。

【若无其事】 ruò wú qí shì

[释义] 若:好像。其:那。好像没有那样的事。表示不把某事放在心上,不露声色。[例句]别看你装得一副～的样子,实际上你那心里啊,正打着鼓呢。

【若隐若显】 ruò yǐn ruò xiǎn

[释义] 见"若隐若现"。[语见]宋·无名氏《宣和画谱·山水三》:"(黄齐)作《风烟欲雨图》,非阴非霁,如梅天雾晓,霏微暗霭之状,殊有深思,使他人想象于微茫之间,若隐若显,不能穷也。"[例句]白云在山腰飘来飘去,一处处或大或小的山洞～,让人生出无限的好奇来。

【若隐若现】 ruò yǐn ruò xiàn

[释义] 像消失了,又好像出现了。形容隐隐约约看不清楚。[语见]清·蒲松龄《聊斋志异·珠儿》:"李惊,方将诘问,则见其若隐若现,恍惚如烟雾,宛转间,已登榻坐。"[例句]水天相接的地方,有个小黑点～,对了,那一定是咱们村的渔船回来了。

【若有若无】 ruò yǒu ruò wú

[释义] 若:好像。好像有,又好像没有。[例句]最后,画家拿笔在宣纸上方轻轻一抹,一道～的云出现了,整幅水墨顿时光芒耀人。

【若有所失】 ruò yǒu suǒ shī

[释义] 见"如有所失"。[语见]南朝宋·刘义庆《世说新语·德行》:"则鄙吝之心已复生矣。"南朝宋·刘孝标注:"见(黄)宪则自降薄,怅然若有所失。"[例句]宜欣～地抬起头,望着沉沉的夜空,一股难言的苦涩涌上心头。

【若有所思】 ruò yǒu suǒ sī

[释义] 若:好像。好像在思索什么似的。[语见]唐·陈鸿《长恨歌传》:"玉妃茫然退立,若有所思。"[例句]她坐在那里,～,但是她的眼睛里,却一片空洞。

【弱不好弄】 ruò bù hào nòng

[释义] 弱:年少。弄:嬉戏。年轻时不爱嬉戏玩乐。[语见]《左传·僖公九年》:"夷

吾(晋惠公)弱不好弄。"[例句] 小杨～,现在身体不好,便更加喜欢清静了。

【弱不禁风】ruò bù jīn fēng
[释义] 弱:瘦弱,柔弱。禁:承受。弱得经不住风吹。形容十分娇弱。[语见] 宋·杨万里《三花斛三首右水仙》诗:"生来体弱不禁风,匹似蘋花较小丰。"[例句] 看着你那～的样子,你竟然要远度关山,真为你担心不已。

【弱不胜衣】ruò bù shèng yī
[释义] 胜:承受,支撑。形容人瘦小柔弱得连衣服都承受不起。[语见]《荀子·非相》:"叶公子高,微小短瘠,行若将不胜其衣然。"清·褚人获《隋唐演义》第三十六回:"又见世南生得清清楚楚,弱不胜衣,故憨憨的只管贪看。"[例句] 小玉从此一病不起,半年之后,已然～,气若游丝,但是她眼睛里那求生的光芒,却比什么时候都要强烈。

【弱肉强食】ruò ròu qiáng shí
[释义] 指动物界中弱小的被强大的吞食。比喻弱者被强者吞并。[语见] 唐·韩愈《〈送浮屠文畅师〉序》:"夫兽深居而简出,惧物之为己害也,犹且不能脱焉。弱之肉,强之食。"[例句] 动物世界是一个～的世界。

【弱如扶病】ruò rú fú bìng
[释义] 扶病:支持病体。弱得很,像支持着病体一样。形容身体极弱。[语见] 清·曹雪芹《红楼梦》第十七回:"宝玉云:'大约骚人咏士以此花红若施脂,弱如扶病,近乎闺阁风度,故以女命名。世人以讹传讹,都未免认真了。'"[例句] 看到她～的样子,我心中实在有些心疼。

R

S

sā

【撒娇卖俏】 sā jiāo mài qiào

[释义] 施展娇态,卖弄俏丽。[语见] 清·西周生《醒世姻缘传》第八回:"穿了极华丽的衣裳,打扮得娇滴滴的,在那公子王孙面前撒娇卖俏。"[例句] 面前这些～的姑娘,却使他心里愈加厌烦,他发誓:离开这里,永远离开!

【撒娇撒痴】 sā jiāo sā chī

[释义] 撒:故意做出。依恃宠爱,故作娇憨懵懂的情态。[语见] 清·曹雪芹《红楼梦》第四十四回:"那贾琏撒娇撒痴,涎言涎语的,还只管乱说。"[例句] 老奶奶任孙子在她怀里～地胡闹,脸上还笑得比谁都欢。

【撒泼放刁】 sā pō fàng diāo

[释义] 撒泼:大哭大闹,蛮不讲理。放刁:用狡猾欺诈的态度为难人。狡猾耍赖。[语见] 明·罗贯中《平妖传》第四回:"州守相公是一州之主,他取药也须按着时候,不敢敲门打户;你却如此撒泼放刁,快快出去便休。"[例句] 仗着有人撑腰,中午刘二娘来店里～,直把老板气得哆嗦。

sai

【塞井夷灶】 sāi jǐng yí zào

[释义] 塞:填,堵。夷:平。灶:地炉。把井填平,把灶毁掉,意为决心进军,进行决战。[语见] 《左传·襄公十四年》:"鸡鸣而驾,塞井夷灶,唯余马首是瞻。"注:驾,驾驭战车。[例句] 我军～,准备与敌人决一死战。

【塞翁失马】 sài wēng shī mǎ

[释义] 塞:边塞。翁:老头儿。比喻暂时受损失,却可能因此得到好处。常和"安(焉)知非福"连用。[语见] 汉·刘安《淮南子·人间训》:"近塞上之人,有善术者,马无故亡而入胡,人皆吊之。其父曰:'此何遽不为福乎?'居数月,其马将胡骏马而归,人皆贺之。"[例句] ～,安知非福,遇到这点挫折,何必悲观失望呢?

san

【三百六十行】 sān bǎi liù shí háng

[释义] 对各行各业的总称。形容行业众多。[语见] 明·凌濛初《初刻拍案惊奇》第八卷:"只论衣冠中,尚且如此,何况做经纪客商,做公门人役,三百六十行中尽有狼心狗行、狠似强盗之人,自不必说。"[例句] 你也别太灰心,你想啊,～,只要你认真干,哪一行不能干出点名堂来呢?

【三班六房】 sān bān liù fáng

[释义] 明、清两代州县衙门中吏役的总称。三班分皂、壮、快各班,都是差役;六房分吏、户、礼、兵、刑、工各房,都是胥吏。后泛指官府中的小吏差役。[语见] 清·吴敬梓《儒林外史》第二回:"想这新年大节,老爷衙门里,三班六房,那一位不送帖子来?"[例句] 听说是老爷的事,这～,哪个敢怠慢呢!

【三杯和万事】 sān bēi hé wàn shì

[释义] 旧指饮酒可以消除烦恼,解脱愁闷。[语见] 《元曲选》:"可不道三杯和万事,一醉解千愁。"[例句] 你以为可

以～,一醉解千愁吗?

【三长两短】 sān cháng liǎng duǎn
[释义] 原指说长道短。今指意外的变故或灾祸,也用作推测死亡的婉语。
[语见] 明·范文若《鸳鸯棒传奇·恚剔》:"我还怕薄情郎折倒我的女儿,须一路寻上去,万一有三长两短,定要讨个明白。"
[例句] 我可告诉你:我女儿要有个～,我跟你没完!

【三朝元老】 sān cháo yuán lǎo
[释义] 元老:封建王朝中对年老有声望的大臣的尊称。原指历任三朝的重臣。现比喻几个历史时期都参与其事的人。
[语见] 南朝宋·范晔《后汉书·章帝纪》:"行太尉事节乡侯憙,三世在位,为国元老。"[例句] 李工程师可是～了,厂里这么对待他,是不是太让人寒心了?

【三从四德】 sān cóng sì dé
[释义] 三从:女子未嫁从父,既嫁从夫,夫死从子。四德:妇德、妇言、妇容、妇功。泛指封建社会奴役妇女的礼教。
[语见] 元·武汉臣《老生儿》第一折:"不学些三从四德,俺一家儿簇捧着你为甚么来。"[例句] 旧社会所讲的～,是对妇女的摧残,早该扔进垃圾堆里了。

【三寸之舌】 sān cùn zhī shé
[释义] 形容善于说话和辩论。[语见] 汉·司马迁《史记·淮阴侯列传》:"且郦生一士,伏轼掉三寸之舌,下齐七十余城。"[例句] 他就是凭着～,游遍中国,一身系六国相印。

【三番两次】 sān fān liǎng cì
[释义] 指多次重复(说或做)。[语见] 元·张可久《天净沙·春情》曲:"一言半句恩情,三番两次丁宁。"[例句] 她～地去法院申诉,真是苍天不负有心人,三年之后,她丈夫的案子终于给翻了过来。

【三番四复】 sān fān sì fù
[释义] 形容反复多次。[语见] 清·敖英《彩雪亭杂言·邝子元》:"或事到眼前,可以顺应,却乃畏首畏尾,三番四复,犹豫不决。"[例句] 为了得到第一手资料,刘教授～地往沙漠里跑,经过十年的努力,他关于治沙防沙的理论终于问世了。

【三番五次】 sān fān wǔ cì
[释义] 见"三番两次"。[语见] 清·吴敬梓《儒林外史》第三十八回:"三番五次,缠的老和尚急了,说道:'你是何处光棍,敢来闹我们! 快出去! 我要关山门!'"[例句] 你这么～地来问,又有什么用呢? 还是回去耐心等待吧!

【三坟五典】 sān fén wǔ diǎn
[释义] 传说中我国最古的书籍。后多泛指古籍。[语见]《左传·昭公十二年》:"是能读三坟、五典、八索、九丘。"杜预注:"皆古书名。"孔颖达疏:"孔安国《尚书》序云:'伏羲、神农、黄帝之书谓之《三坟》,言大道也;少昊、颛顼、高辛、唐、虞之书谓之《五典》,言常道也。'"[例句] 当年丝路繁荣,胡风弥漫,西域人大量涌入长安,不管是～,还是八索九丘,皆携裹满囊而归。

【三复斯言】 sān fù sī yán
[释义] 三复:多次反复。斯:这。反复地诵读体会这句话。[语见]《论语·先进》:"南容三复白圭,孔子以其兄之子妻之。"朱熹注:"《诗》云:'白圭之玷,尚可磨也;斯言之玷,不可为也。'南容读诗至此,三反之,是其心慎言也。"[例句] ～,你就会领悟其中的深刻道理。

【三纲五常】 sān gāng wǔ cháng
[释义] 三纲:君为臣纲,父为子纲,夫为妻纲。五常:指仁、义、礼、智、信。泛指封建礼教所提倡的一套伦理道德标准。[语见]《论语·为政》:"殷因于夏礼,所损益可知也。"何晏集解引汉·马融曰:"所因,谓三纲五常。"[例句] 儒家～的学说正是有利于巩固封建王朝统治者统治地位的精神武器。

【三更半夜】 sān gēng bàn yè
[释义] 更:旧时一夜分为五更,每更约两小时。三更正当午夜,相当于现在的零点前后。泛指深夜。[语见] 元·脱脱等《宋史·赵昌言传》:"时盐铁副使陈象舆与昌言善,知制诰胡旦,度支副使董俨

皆昌言同年,右正言梁颢尝在大名幕下。四人者,日夕会昌言之第。京师为之语曰:'陈三更,董半夜。'"[例句]～,一行人静静地渡过河去,趁黑夜占领了最有利的地理位置。

【三公九卿】sān gōng jiǔ qīng
[释义]三公:古代辅助国君掌握军政大权的最高官员。《尚书·周官》:"立太师、太傅、太保,兹惟三公,论道经邦,燮理阴阳。"这是周朝的三公。秦及汉初以丞相、太尉、御史大夫为三公;东汉以太尉、司徒、司空为三公。周以少师、少傅、少保、冢宰、司徒、宗伯、司马、司寇、司空为九卿;秦以奉常、郎中令、卫尉、太仆、廷尉、典客、宗正、治粟内史、少府为九卿。泛指官位很高的人。[例句]立春之日,天子亲率～诸侯大夫迎春于东郊,那场面当然极为壮观。

【三姑六婆】sān gū liù pó
[释义]三姑:尼姑、道姑、卦姑。六婆:牙婆、媒婆、师婆、虔婆、药婆、稳婆。旧时几种从事宗教迷信或旧习俗活动的妇女。后多用以指不务正业的妇女。[语见]清·曹雪芹《红楼梦》第一百一十二回:"我说那三姑六婆是再要不得的!我们甄府里从来是一概不许上门的。"[例句]也不知道为什么,那孙二娘突然间就变了,家里整天出入的,均是些～之辈。

【三顾茅庐】sān gù máo lú
[释义]东汉末年,诸葛亮隐居隆中,刘备竭诚请他出来为自己筹划大计,一连三次到他所居的草舍拜访,最后一次才见到。后世用以指对人十分敬仰,诚心诚意地一再拜访、邀请。[语见]三国蜀·诸葛亮《出师表》:"先帝不以臣卑鄙,猥自枉屈,三顾臣于草庐之中。"[例句]都知道那位女士有经营之才,可是董事长都～了,也没能把她请出山来。

【三过其门而不入】sān guò qí mén ér bù rù
[释义]门:家门。路过家门而不进去。形容恪尽职守,公而忘私。[语见]清·夏敬渠《野叟曝言》第九十七回:"昔大禹三过其门而不入,你此日在家担搁,已非古圣饥溺之怀,况可稍留数日乎?"[例句]为了早日使西藏的公路交通系统适应现代化建设的需要,他以～的敬业精神,常年奔波在自治区的山山水水之间。

【三回五次】sān huí wǔ cì
[释义]形容屡次。[语见]元·戴善夫《风光好》第一折:"太守何故三回五次侮弄下官,是何道理?"[例句]人家都～地来请了,我看你还是应了吧,省得门还要被敲响。

【三缄其口】sān jiān qí kǒu
[释义]缄:封闭。形容言语谨慎,不肯轻易开口。[语见]汉·刘向《说苑·敬慎》:"孔子之周,观于太庙,右陛之前有金人焉,三缄其口,而铭其背曰:'古之慎言人也,戒之哉!戒之哉!无多言,多言多败。'"[例句]等到了桌面上,大家竟然都～,谁也不愿意去出那个风头。

【三教九流】sān jiào jiǔ liú
[释义]三教:儒、道、佛。九流:儒、道、阴阳、法、名、墨、纵横、杂、农,凡九家。泛指各种宗教和学术流派以及各色人等或各种行业。[语见]元·王实甫《西厢记》第四本第二折:"一个通彻三教九流,一个晓尽描鸾刺绣。"[例句]孟尝君～无所不交,天下的事情,有什么能瞒过他呢?

【三令五申】sān lìng wǔ shēn
[释义]申:告诫。形容多次命令和告诫。[语见]汉·司马迁《史记·孙子吴起列传》:"出宫中美女得百八十人,孙子分为二队……约束既布,乃设铁钺,即三令五申之。"[例句]上面已经～地要禁止捕捞春鱼,可是几年之后,春天他们还是照常捕鱼。

【三六九等】sān liù jiǔ děng
[释义]指许多等级,种种差别。[语见]清·曹雪芹《红楼梦》第七十五回:"只不过这会子输了几两银子,你们就这么三六九等儿的了。"[例句]公司所有的职员,一律平等对待,没有什么～之分,各位尽管放心。

【三年不窥园】sān nián bù kuī yuán
[释义] 窥:从小孔或缝隙处看。园:供人游玩或娱乐的场所。三年没有向园子里看过一眼。形容学习、研究专心致志。[语见] 汉·班固《汉书·董仲舒传》:"董仲舒,广川人也。少治《春秋》,孝景时为博士。下帷讲诵,弟子传以久次相授业,或莫见其面。盖三年不窥园,其精如此。"[例句] 此子既能～,将来定能成就一番大事业。

【三年之艾】sān nián zhī ài
[释义] 艾:多年生草本植物。叶制成艾绒,可供针灸用。已储存多年的陈艾。比喻事先早已做好准备。[语见]《孟子·离娄上》:"今之欲王者,犹七年之病求三年之艾也。苟为不畜,终身不得。"[例句] 魏既有～,我们此次出兵,并无胜算,还望大人收回成命,等待时机。

【三人成虎】sān rén chéng hǔ
[释义] 比喻谣言重复多次,就能令人信以为真。[语见]《战国策·秦策三》:"闻三人成虎,十夫揉椎。众口所移,毋翼而飞。"[例句] 对方不过使了些～的把戏,我们早已识破了奸计。

【三三两两】sān sān liǎng liǎng
[释义] 三个两个聚集一处。形容为数不多。[语见]《乐府诗集·神弦歌·娇女诗》:"行不独自去,三三两两俱。"[例句] 电影还没有开场,但是村里的人都～地往操场上去了。

【三三五五】sān sān wǔ wǔ
[释义] 三个五个地在一起。[语见]《敦煌变文集·维摩诘经讲经文》:"会上有八千……筵中五百个声闻,见文殊问疾毗耶,尽愿相命为伴。三三五五,皆愿随车。"[例句] 新任厂长立在门口,看到上班时间竟然有工人～地往外面走,这才对这里的管理之松散有了一些了解。

【三生有幸】sān shēng yǒu xìng
[释义] 三生:佛家语,指前生、今生、来生。又作"三世",即过去世、现在世、未来世。指极大的幸运。常用为初见某人时的套语。[语见] 元·王实甫《西厢记》第一本第二折:"小生久闻老和尚清誉,欲来座下听讲,何期昨日不得相遇。今能一见,是小生三生有幸矣。"[例句] 我能请得动你这么一位贵客,我是～啊!

【三十而立】sān shí ér lì
[释义] 人到三十岁,能独立于社会生活。指开始有所成就。[语见]《论语·为政》:"吾十有五而志于学,三十而立,四十而不惑,五十而知天命,六十而耳顺,七十而从心所欲。"[例句] 古人说～,现在有很多科学家在青年时期就显露出超人的才华,取得了显著的成绩。

【三十六行】sān shí liù háng
[释义] 指各种行业。[语见]《清稗类钞·农商类》:"三十六行者,种种职业者。就其分工而约计之,曰三十六行;倍之,则为七十二行;十之,则为三百六十行。皆就成数而言。"[例句] 天下如此之大,～,处处都有你的位置,你何苦整天愁眉苦脸的呢?

【三十六计,走为上计】sān shí liù jì, zǒu wéi shàng jì
[释义] 指事态难以挽回,别无妙计,只有一走了事。[语见]《南齐书·王敬则传》:"檀公三十六策,走是上计,汝父子唯应急走耳!"[例句] 如果遇到困难就采取"～"的办法,是一种无能的表现。

【三豕渡河】sān shǐ dù hé
[释义] 见"三豕涉河"。[语见] 南朝梁·刘勰《文心雕龙·练字》:"晋之史记,三豕渡河,文变之谬也。"[例句] 文中所引用的材料,不过是～,断然不能用来作为佐证的。

【三豕涉河】sān shǐ shè hé
[释义] 豕:猪。涉:徒步过水。《吕氏春秋·察传》:"子夏之晋,过卫,有读史记者曰:'晋师三豕涉河。'子夏曰:'非也,是己亥也。'夫己与三相近,豕与亥相似。至于晋而问之,则晋师己亥涉河也。"指文字讹误。[例句] 这种～式的错误在文中并不少见。

【三兽渡河】sān shòu dù hé
[释义] 原比喻佛教徒领会教义各有深

浅不同。后用以比喻同学或同做一件事,由于各人下的功夫不同,所得到的结果也不同。[语见]宋·释道原《景德传灯录》:"同在佛所,闻说一味之法,然所证有浅深。譬如兔、马、象三兽渡河,兔渡则浮,马渡则及半,象彻底截流。"[例句]他们几个虽然都在对《诗经》进行研究,但是方式不同,如～,成就自有高下。

【三思而行】sān sī ér xíng
[释义]再三思考,然后行动。形容做事谨慎。[语见]《论语·公冶长》:"季文子三思而后行。子闻之,曰:'再,斯可矣。'"[例句]我们势单力薄,这时候要树起大旗,必将成为众矢之的,是否继续所定策略,还望～。

【三天打鱼,两天晒网】sān tiān dǎ yú, liǎng tiān shài wǎng
[释义]比喻做事情没有恒心,时常中断,不能坚持。[语见]清·曹雪芹《红楼梦》第九回:"(薛蟠)因此也假说了来上学,不过是三日打鱼,两日晒网。"[例句]你要做就赶快做,这么～,也不知道什么时候才是个完。

【三头两绪】sān tóu liǎng xù
[释义]形容事情复杂,头绪多。[语见]宋·朱熹《答张敬夫书》:"不知以敬为主,而欲存心,则不免将一个心把捉一个心,外面未有一事时,里面已是三头两绪,不胜其扰矣。"[例句]案子里～的,我们人手太少,恐怕三两天是不容易弄明白的。

【三头六臂】sān tóu liù bì
[释义]原指佛的法相。今用以比喻超凡的本领。[语见]宋·释道原《景德传灯录》第十三卷:"三头六臂擎天地,忿怒哪吒扑帝钟。"[例句]企业积重难返,你就是有～,也难以挽回它破产的命运了。

【三推六问】sān tuī liù wèn
[释义]推:审问。指多次审讯。[语见]元·关汉卿《窦娥冤》第四折:"他将你孩儿拖到官中,受尽三推六问,吊拷绷扒。"[例句]警方对这个嫌疑犯反复交代政策,陈述利弊,希望他能开口。可任

凭～,他还是只字不说。

【三瓦两舍】sān wǎ liǎng shè
[释义]宋、元时指大城市里妓院及各种娱乐场所。[语见]明·施耐庵《水浒传》第二十一回:"那厮唤作小张三,生得眉清目秀,齿白唇红。平昔只爱去三瓦两舍,飘蓬浮荡,学得一身风流俊俏。"[例句]公子出身高贵,这～的地方,岂是您能出入的?

【三瓦四舍】sān wǎ sì shè
[释义]见"三瓦两舍"。[语见]清·俞万春《荡寇志》第七十三回:"衙内你不晓得,他是清白人家女儿,那肯同那三瓦四舍的奉迎。"[例句]邻里都知道,张生洁身自好,那些～的地方,他是从来都不曾光顾的。

【三下五除二】sān xià wǔ chú èr
[释义]原本是珠算口诀,后形容行为动作敏捷利落。[例句]文秀拿起菜刀,～,一条鱼便头是头尾是尾,其余的,都成了又薄又匀的鱼片了。

【三心二意】sān xīn èr yì
[释义]指心志不专一。[语见]元·关汉卿《救风尘》第一折:"待妆个老实,学三从四德,争奈是匪妓,都是三心二意。"[例句]既然你已经决心去做了,就不要再～的,认真去完成你的计划吧!

【三心两意】sān xīn liǎng yì
[释义]见"三心二意"。[语见]明·冯梦龙《醒世恒言》第三卷:"九阿姐,你休得三心两意。这些东西,就是侄女自家攒下的,也不是你本分之钱。"[例句]你么～的,谁还会信任你啊?

【三衅三沐】sān xìn sān mù
[释义]衅:指以香料涂身。多次沐浴并以香料涂身。这是古代一种礼遇,表示对人尊重。[语见]《国语·齐语》:"比至,三衅三沐之,桓公亲逆之于郊,而与之坐而问焉。"[例句]为迎接公主光临,我们举家都是～,虔诚之极了。

【三熏三沐】sān xūn sān mù
[释义]见"三衅三沐"。[语见]宋·陆游《与李运使启》:"一琴一龟,预想铃斋之

静;三熏三沐,尚陪药市之游。"[例句]你还要人家怎么的,要人家～,你才松口?

【三熏三浴】sān xūn sān yù
[释义]见"三衅三沐"。[语见]唐·韩愈《昌黎先生集·答翼山人书》:"方将坐足下,三浴而三熏之。"[例句]我等都已～,等候方丈多时,还望方丈尽快登坛讲经。

【三旬九食】sān xún jiǔ shí
[释义]旬:十天。三十天里只吃上九顿饭。用来形容家境艰难。[语见]晋·陶潜《拟古》诗:"三旬九遇食,十年著一冠。"[例句]欧阳修幼年家境贫寒,～,母亲以荻画地,教他读书,他发奋图强,终于成了一代宗师。

【三盈三虚】sān yíng sān xū
[释义]盈:满。虚:空。指孔子的满门弟子,由于少正卯讲学的吸引,多次几乎走光了。形容讲学效果好,影响大。[语见]汉·王充《论衡·讲瑞》:"少正卯在鲁,与孔子并。孔子之门,三盈三虚,唯颜渊不去。"[例句]许先生学识渊博,出口成章,但有演讲,别的讲厅往往会～,人全被吸引到许先生这里来了。

【三灾八难】sān zāi bā nàn
[释义]三灾:佛教指水灾、火灾、风灾为大三灾;刀兵、饥馑、疫疠为小三灾。八难:指影响见佛求道的八种障碍,如作恶多端、安逸享受、盲哑残疾、自恃聪明才智等等。形容多灾多病,极不顺利。[语见]明·胡文焕《群音类选·陈大声〈粉蝶儿·病寒叙事〉》:"如来也有三灾八难,老子也有七病八疾。"[例句]人生不如意,十之八九,什么人都可能有个～的,你如今又算得了什么呢?

【三占从二】sān zhān cóng èr
[释义]占:卜卦。从:依从,听从。三个人卜卦,应当依从两个人的判断。比喻听从多数人的意见。[语见]《尚书·洪范》:"三人占,则从二人之言。"[例句]他虽然有些固执,但是当他对自己的判断拿不太准的时候,还是会～。

【三战三北】sān zhàn sān běi
[释义]北:败北。三次作战,三次败北。指每战即败。[语见]《国语·吴语》:"三战三北,乃至于吴。"[例句]老夫年迈,～,然屡败屡战,一心只欲为国收复失地。

【三折之肱】sān zhé zhī gōng
[释义]肱:指胳膊。三次折断胳膊,也就成了好医生。比喻对某事实践多,经验丰富,造诣就会精深。也比喻医术高明。[语见]《左传·定公十三年》:"三折肱,知为良医。"[例句]老先生～,定能医好你的病。

【三征七辟】sān zhēng qī bì
[释义]三、七:泛指多次。征、辟:征召,指朝廷召举布衣之士授以官职。指朝廷多次征召选拔。[语见]唐·房玄龄等《晋书·王衷传》:"王衷少立操行,隐居教授,三征七辟皆不就。"[例句]朝廷～,张衡总是会寻找到各种借口予以推脱,不是他喜欢归隐,他实在是对官场厌倦了。

【三纸无驴】sān zhǐ wú lǘ
[释义]见"博士买驴"。[语见]北齐·颜之推《颜氏家训·勉学》:"问一言辄酬数百,责其指归,或无要会。邺下谚云:'博士买驴,书券三纸,未有驴字。'"[例句]好的策划,是要三言两语就说到点子上,你这些～的文字,无异于垃圾一堆。

【散兵游勇】sǎn bīng yóu yǒng
[释义]散:分散的。游:游荡。勇:清代指地方临时招募的兵士,泛指兵士。没有人统领的逃散兵士。也比喻没有组织而独自行动的人。[语见]刘醒龙《赤壁》:"眼下这群乌合之众,是一路上收编的散兵游勇。"[例句]我们是有组织的队伍,不是一伙～。

【散木不材】sǎn mù bù cái
[释义]比喻没有用处的事物。[语见]《庄子·人间世》:"匠石之齐……弟子厌观之,走及匠石曰:'自吾执斧斤以随夫子,未尝见材如此其美也!先生不肯

S

视,行不辍,何邪?'曰:'已矣,勿言之矣,散木也!以为舟则沉,以为棺椁则速腐,以为器则速毁,以为门户则液樠,以为柱则蠹。是不材之木也,无所可用。'"注:液樠,脂液满溢渗出。[例句]这次人力资源部招来的几乎全为～之人,当视为一次严重的失职。

sang

【桑弧蓬矢】sāng hú péng shǐ
[释义]弧:弓。矢:箭。古代诸侯生子后举行的一种仪式:用桑木做弓,蓬梗作箭。射向天地四方,象征男儿志向远大。后也用以勉励人应该胸怀远大志向。[语见]《礼记·内则》:"国君世子生,告于君……射人以桑弧蓬矢六,射天地四方。"[例句]好男儿,当胸怀天下,～,岂能坐享祖上之成?

【桑田沧海】sāng tián cāng hǎi
[释义]见"沧海桑田"。[例句]在历史地图前一站,只见国号在变,疆域也在变,～之感,油然而生。

【丧胆亡魂】sàng dǎn wáng hún
[释义]形容害怕到了极点。[语见]元·秦简夫《赵礼让肥》第二折:"但凡拿住的人呵,见了俺丧胆亡魂,今朝拿住这厮,面不改色。"[例句]走到峡谷中部的时候,突然响起一声凄厉的尖叫,大家顿时～,我也大汗淋漓。

【丧胆销魂】sàng dǎn xiāo hún
[释义]见"丧胆亡魂"。[语见]元·无名氏《冯玉兰》第四折:"暗自凝睛,不由我不丧胆销魂忽地惊。"[例句]待我回头一看,一条大蛇已簌簌地过来了,我早已～,哪里还动得了半分。

【丧魂落魄】sàng hún luò pò
[释义]见"失魂落魄"。[例句]一看榜上无名,柳生顿时～,几欲泪下。

【丧家之狗】sàng jiā zhī gǒu
[释义]丧家:有丧(sāng)事的人家。原指有丧事人家的狗,因主人忙于丧事而得不到喂养,后比喻一心为主子出力却未被重用的人。"丧"原读平声。后来读去声,转指无家可归的狗,比喻失去靠山、无处投奔、到处乱窜的人。[语见]汉·司马迁《史记·孔子世家》:"郑人或谓子贡曰:'东门有人,其颡似尧,其项类皋陶,其肩类子产,然自腰以下不及禹三寸,累累若丧家之狗。'"[例句]战败之后,他们尽如～,东躲西藏,十几年之后,他们方才敢再次抛头露面。

【丧家之犬】sàng jiā zhī quǎn
[释义]见"丧家之狗"。[语见]明·无名氏《鸣凤记·流徙分途》:"飞鸟依人,今做了丧家之犬。"[例句]总攻打响之后,敌人即刻便成了～,四散逃命。

【丧尽天良】sàng jìn tiān liáng
[释义]丧:失去。天良:良心。形容心肠歹毒到了极点,连一点良心都没有了。[语见]清·文康《儿女英雄传》第二回:"既见到了,要不拿出血心来提补老爷,那小的就丧尽天良了。"[例句]日本侵略者～,在中国大地烧杀掠夺,无恶不作。

【丧权辱国】sàng quán rǔ guó
[释义]丧:丧失。权:国家主权。辱:使受耻辱。丧失国家主权,使国家蒙受耻辱。[例句]～的条约签订之后,沉重的负担又一次加到了中国百姓的头上。

【丧天害理】sàng tiān hài lǐ
[释义]天:天道。理:理性。指做事违背天道、理性。[语见]清·刘鹗《老残游记》第七回:"话说老残与申东造议论玉贤正为有才,急于做官,所以丧天害理,至于如此,彼此叹息一回。"[例句]当一个人成为金钱的奴隶的时候,他就会昏了头,任由金钱的摆布,去做那些～的事情。

【丧心病狂】sàng xīn bìng kuáng
[释义]丧:丧失。心:指理智。狂:癫狂。丧失理智,好像发了疯一样。[语见]清·褚人获《隋唐演义》第七十一回:"那点奸淫,如醉如痴,专在五伦中丧心病狂做将出来。"[例句]最后,～的法西斯把这些手无寸铁的女人和孩子赶进了毒气室。

sāo

【搔首踟蹰】 sāo shǒu chí chú
[释义] 搔首:用手挠头。踟蹰:来回走动。形容焦急的样子。[语见] 宋·洪迈《夷坚甲志·猾吏为奸》:"苟有得,则怡然长啸;或未会意,则搔首踟蹰。"[例句] 丞相临风而立,面对孤月,～至半夜,也终未有良策。

【搔首弄姿】 sāo shǒu nòng zī
[释义] 见"搔头弄姿"。[例句] 照片上是一个～的女人,与我印象中的旧友判若两人。

【搔头摸耳】 sāo tóu mō ěr
[释义] 抓抓脑袋,摸摸耳朵。形容一时无法可想的焦急神态。[语见] 清·彭养鸥《黑籍冤魂》第十三回:"两个人搔头摸耳,没有法想。"[例句] 我急着问,他更急,～半天,仍是期期艾艾什么也说不明白。

【搔头弄姿】 sāo tóu nòng zī
[释义] 搔:用手指甲抓。弄:卖弄。姿:容貌。原指修饰仪容,后指卖弄美貌。[语见] 南朝宋·范晔《后汉书·李固传》:"遂共作飞章虚诬固罪曰:'……固独胡粉饰貌,搔头弄姿,槃旋偃仰,从容治步,略无惨怛之心。'"[例句] 她本来是一个演技不错的女演员,可自从在海外学了一年之后,她非但艺术上没有长进,反倒养成了在镜头前～的坏习惯,看了让人很不舒服。

【搔头抓耳】 sāo tóu zhuā ěr
[释义] 见"搔头摸耳"。[语见] 清·李宝嘉《官场现形记》第四十一回:"王柏臣那面也晓得了,急得搔头抓耳,坐立不安。"[例句] 别在那里～了,今天就不再逼你,回去好好想想,明天我可是一定要问答案的。

【骚人墨客】 sāo rén mò kè
[释义] 骚人:原指《离骚》的作者屈原,也代指《楚辞》的其他作者。后用以称诗人。墨客:指文人。指写诗作文的风雅文人。[语见]《宣和画谱·宋迪》:"性嗜画,好作山水,或因览物得意,或因写物创意,而运思高妙,如骚人墨客登高临赋。"[例句] 流云桥经～一留言,名声竟渐渐响了起来,实际上,那不过是一座不足两丈的小桥而已。

【扫除天下】 sǎo chú tiān xià
[释义] 把天下打扫干净。指清除邪恶,治理好国家。[语见] 南朝宋·范晔《后汉书·陈蕃传》:"蕃年十五……谓蕃曰:'孺子何不洒扫以待宾客?'蕃曰:'大丈夫处世,当扫除天下,安事一室乎!'"[例句] 李世民幼年即有～之心,加上他又能把握时机,一代圣主势成必然。

【扫地出门】 sǎo dì chū mén
[释义] 原指清扫杂物,把一切东西处理无余。现指家产等被全部剥夺。[例句]"文革"期间,许多知识分子被打成牛鬼蛇神,从工作、生活场所～。

【扫地俱尽】 sǎo dì jù jìn
[释义] 像扫地一样什么东西都没有了,形容破坏净尽。[语见] 唐·魏徵《隋书·高祖纪下》:"圣人遗训,扫地俱尽,制礼作乐,今也其时。"[例句] 三百里阿房宫,被项羽一把大火,～。

【扫地无余】 sǎo dì wú yú
[释义] 像扫地一样,毫无存留。[语见] 宋·薛居正等《旧五代史·乐志下》:"自安史乱离,咸秦荡覆。崇牙树羽之器,扫地无余。"[例句] 那些封建迷信的东西应被我们～。

【扫地以尽】 sǎo dì yǐ jìn
[释义] 以:一作"已"。比喻破坏无余或丢失干净。[语见] 汉·班固《汉书·魏豹田儋韩王信传赞》:"秦灭六国,而上古遗烈扫地尽矣。"[例句] 时代发展了,那些迷信的东西,早已～了。

【扫眉才子】 sǎo méi cái zǐ
[释义] 扫眉:指妇女画眉。指富有文才的女子。[语见] 唐·王建《寄蜀中薛涛校书》诗:"扫眉才子知多少,管领春风总不如。"[例句] 好一个～,竟将咱们的文坛泰斗也挤兑得如此狼狈。

S

【扫榻以待】sǎo tà yǐ dài

[释义] 榻:狭长而较矮的坐卧用具。除去榻上的尘垢,等待客人来临。表示对客人的热忱欢迎。[例句] 听说先生来访,我三天前就已~了。

【扫穴犁庭】sǎo xué lí tíng

[释义] 见"犁庭扫闾"。[语见] 清·刘锦棠《遵旨保荐人才折》:"将帅卒伍,指臂相使,水土相习,故能一气旋转,呼应灵通,扫穴犁庭易于反掌。"[例句] 对敌人就是要~,斩草除根,万不可有一丝怜悯之心,否则,一旦手软,必将铸成大错。

se

【色飞眉舞】sè fēi méi wǔ

[释义] 见"眉飞色舞"。[语见] 清·郑方坤《邯郸士人小传·刘续邵》:"尤熟于历代史,抵掌谈成败,如亲见之,间及忠孝节义事,则色飞眉舞,或泣下沾襟不自禁。"[例句] 看着女儿正~地跟她妈妈说着,我就知道她今天的测验成绩不错。

【色厉胆薄】sè lì dǎn bó

[释义] 色:神色。厉:厉害。胆:胆量。薄:微小。表面显得很厉害,实际却胆子很小。[语见] 明·罗贯中《三国演义》第二十一回:"操笑曰:'袁绍色厉胆薄,好谋无断,干大事而惜身,见小利而忘命,非英雄也。'"[例句] 他不过一个~的人,你真要和他较劲,他立刻便会软下来。

【色厉内荏】sè lì nèi rěn

[释义] 色:脸色、面色。厉:严厉、厉害。内:内心。荏:怯懦。外表看上去很厉害,其实内心很怯懦。[语见]《论语·阳货》:"子曰:'色厉而内荏,譬诸小人,其犹穿窬之盗也与?'"[例句] 他就是那种~的人,但是他的心肠却真的是十分善良。

【色色俱全】sè sè jù quán

[释义] 色:品类,种类。各式品种都齐全。[例句] 订货会上,各类产品~,看得人眼花缭乱。

【色授魂与】sè shòu hún yǔ

[释义] 与:许,从。形容双方以眉目神色传情,魂也好似被勾走了一般。形容彼此眉目传情。[语见] 汉·司马相如《上林赋》:"长眉连娟,微睇绵藐,色授魂与,心愉于侧。"李善注引张揖曰:"彼色授,我魂往与接也。"[例句] 两人在戏楼一见,立即~,心下便已暗定了终身。

【色衰爱弛】sè shuāi ài chí

[释义] 色:指美貌。弛:减弱。旧指美女容颜衰老了,别人对她的感情也就衰减了。[语见]《韩非子·说难》:"昔者弥子瑕有宠于卫君……及弥子色衰爱弛,得罪于君。"[例句] 皇后虽然已~,但是她的耳目却异常灵异,一旦后宫里有什么风吹草动,她都会在最短的时间里知道。

【色衰爱寝】sè shuāi ài qǐn

[释义] 见"色衰爱弛"。[语见] 明·胡文焕《群音类选·陈秋碧·山坡羊》:"色衰爱寝从来话,忆西陵松阴露华。"[例句] 待到贞妃~受到后宫众人的排挤的时候,她方才明白,自己早些年实在是跋扈了些。

【色艺绝伦】sè yì jué lún

[释义] 伦:同类。姿色和技艺超群拔俗,在同类中是没有的。[语见] 宋·无名氏《李师师外传》:"师师无所归,有倡籍李姥者,收养之。比长,色艺绝伦,遂名冠诸坊曲。"[例句] 他从未见过这样一位~的女子。

【色艺两绝】sè yì liǎng jué

[释义] 见"色艺双绝"。[语见] 宋·胡仔《苕溪渔隐丛话前集·啭春莺》:"王晋卿都尉既丧蜀国,贬均州,姬侍尽逐。有一歌者,号'啭春莺',色艺两绝。"[例句] 琼丝~,又有非常好的身份做掩护,难怪她多年的间谍生涯,从无失手。

【色艺双绝】sè yì shuāng jué

[释义] 姿色和技艺都绝无仅有,非常美妙。[语见] 宋·无名氏《李师师外传》:"为帝言陇西氏色艺双绝,帝艳心焉。"[例句] 李香君~,名动江南,就是三公九卿之辈,也难见得一面。

sen

【森罗万象】 sēn luó wàn xiàng
[释义] 森：繁多。罗：罗列。森然罗列的各种事物现象。[语见] 宋·释普济《五灯会元·杨岐会禅师法嗣》："乾坤大地，日月星辰，森罗万象。"[例句] 宇宙之间～，我们不了解的事情实在是太多了。

【森严壁垒】 sēn yán bì lěi
[释义] 见"壁垒森严"。[例句] 敌人连营数十里，～，要想没有伤亡地通过，实在是难于上青天。

seng

【僧多粥薄】 sēng duō zhōu bó
[释义] 薄：稀。参见"僧多粥少"。[语见] 清·西周生《醒世姻缘传》第六十二回："师爷的席面是看得见的东西，再要来一个撞席的，便就僧多粥薄，相公就吃不够了。"[例句] 如今咱们这里是～，要想图个痛快，还是另想出路吧。

【僧多粥少】 sēng duō zhōu shǎo
[释义] 和尚多而稀饭少。比喻人多而东西或事情少，不够分配。[语见] 唐浩明《曾国藩》："实际营哨官只有八百来名，僧多粥少，不够分配。"[例句] 早些年那么一个轰轰烈烈的厂子，怎么就眨眼间到了～的境地了呢？

sha

【杀敌致果】 shā dí zhì guǒ
[释义] 致：做到。果：果敢。原指勇敢杀敌。后用以指勇敢杀敌以立战功。[语见]《左传·宣公二年》："杀敌为果，致果为毅。"孔颖达疏："能杀敌人，是名为果，言能果敢以除贼；致此果敢，乃名为毅，言能强毅以立功。"[例句] 这里的杀戮，和各位在战争中～，有着天壤之别。

【杀伐决断】 shā fá jué duàn
[释义] 伐：讨伐，进攻。泛指处事做出决断的能力。[语见] 清·曹雪芹《红楼梦》第十三回："若说料理不开，从小儿大妹妹玩笑时就有杀伐决断，如今出了阁在那府里办事，越发历练老成了。"[例句] 刘厂长在商场摸爬滚打多年，其～，自然会比一般人高几分。

【杀风景】 shā fēng jǐng
[释义] 损伤美好的景致。比喻败兴所致。[语见] 宋·苏轼《次韵林子中春日新堤书事见寄》："为报年来杀风景，连江梦雨不知春。"[例句] 今天大家原本都很高兴，你这样说话，也太～了吧。

【杀鸡儆猴】 shā jī jǐng hóu
[释义] 比喻惩罚一个人以警告其他人。[语见] 李师江《中文系》："开除的口风是黄主任放出来的，大概想杀鸡儆猴。"[例句] 这件事上级这么处理，旨在～，不过是希望大家洁身自好罢了。

【杀鸡取卵】 shā jī qǔ luǎn
[释义] 卵：鸡卵，即鸡蛋。为了取出鸡肚子里的蛋，不惜杀死母鸡。喻指人目光短浅，只图眼前的一点小利而舍弃了长远的利益。[语见] 姚雪垠《李自成》第三卷："请皇上勿再竭泽而渔，杀鸡取卵，为小民留一线生机。"[例句] 农民们在山腰一小片一小片地刨出地来，种上庄稼，看似有了收获，但从长远来看，却无异于～，尤其是对环境的破坏，甚为严重。

【杀鸡焉用牛刀】 shā jī yān yòng niú dāo
[释义] 焉：怎能。牛刀：杀牛的刀。杀鸡怎能使用杀牛的刀。比喻大材怎能小用或小题何必大做。[语见] 明·施耐庵《水浒传》第八十五回："常言道：'杀鸡焉用牛刀。'那里消得正统军自去。"[例句] 大人尽管放心，～，单用我去拼上一拼，敌人必然退去。

【杀马毁车】 shā mǎ huǐ chē
[释义] 比喻弃官归隐。[语见] 南朝宋·范晔《后汉书·周燮传》："耻在厮役，因坏车杀马，毁裂衣冠，乃遁至犍为，从杜抚学。"[例句] 陶渊明在官场几年，大失所望，终于～，隐居田园。

【杀妻求将】 shā qī qiú jiàng
[释义] 指忍心害理以求功名富贵。

[语见] 唐·房玄龄等《晋书·段灼传》:"吴起贪官,母死不归,杀妻求将,不孝之甚。"[例句] 人人都说他乃是一个刻薄寡恩的人,他要做出这种~的事情,没有什么值得大惊小怪的。

【杀气腾腾】 shā qì téng téng
[释义] 气:气氛,空气。腾腾:充满空间。杀戮的气氛充满了整个空间。也作"煞气腾腾"。[语见] 元·无名氏《气英布》第四折:"杀气腾腾蔽远空,一声传语似金钟。"[例句] 法西斯大军~地逼向基辅,基辅城危在旦夕。

【杀人不见血】 shā rén bù jiàn xiě
[释义] 杀了人却不流血。喻指伤害他人手段毒辣,让被害人觉察不出来。多指诬陷他人的恶毒语言。[语见] 明·冯梦龙《醒世恒言》第三十五卷:"那李林甫混名叫做李猫儿,平昔不知坏了多少大臣,乃是杀人不见血的刽子手。"[例句] 灵魂的堕落是一把~的刀,它可以使人一步步走向毁灭。

【杀人不眨眼】 shā rén bù zhǎ yǎn
[释义] 杀人连眼睛都不眨一下,形容凶残恶毒,没有人性。[语见] 宋·释普济《五灯会元·圆通缘德禅师》:"翰怒呵曰:'长老不闻杀人不眨眼将军乎?'"[例句] 我们面对的可是一个~的家伙,这次行动大家务必小心。

【杀人放火】 shā rén fàng huǒ
[释义] 随便杀人,任意放火。泛指无法无天的强暴行为。[语见] 明·洪楩《清平山堂话本·陈巡检梅岭失妻记》:"聚集五七百小喽啰,占据南林村,打家劫舍,杀人放火。"[例句] 这些~的江洋大盗,在国宝即将离开国境的那一刹那,竟然幡然醒悟了。

【杀人灭口】 shā rén miè kǒu
[释义] 指为了防止真情败露杀掉同谋者或知情者。[语见] 宋·欧阳修等《新唐书·王义方传》:"杀人灭口,此生杀之柄,不自出主,而下移佞臣,履霜坚冰,弥不可长。"[例句] 我的估计是,罪犯下一步的行动将是~,所以我们一定要提高警惕,保护好我们的证人。

【杀人如草】 shā rén rú cǎo
[释义] 杀人像割草。形容把杀人不当一回事。[语见] 清·李斗《扬州画舫录》第十三卷:"时城中杀人如草,积尸如山。"[例句] 谁也没有想到,寺里的方丈,三十年前竟然会是一个~的人,这倒也正印证了"放下屠刀,立地成佛"的说法。

【杀人如芥】 shā rén rú jiè
[释义] 见"杀人如草"。[语见] 清·洪昇《长生殿·剿寇》:"不断征云暧暧,鬼哭神号,到处里染腥风,杀人如芥。"[例句] 叛军所到之处~,使许多地方,千里无人烟。

【杀人如麻】 shā rén rú má
[释义] 杀死的人像乱麻一样多得没法数。[语见] 唐·李白《蜀道难》诗:"朝避猛虎,夕避长蛇,磨牙吮血,杀人如麻。"[例句] 王世充~,又性情多疑,最后那悲惨的下场,事实上早就被注定了。

【杀人如薙】 shā rén rú yì
[释义] 薙:通"刈",割草。杀人如割草,形容随意杀人。[语见] 宋·欧阳修等《新唐书·黄巢传》:"观察使韦岫战不胜,弃城遁,贼入之,焚室庐,杀人如薙。"[例句] 众贼子进城之后,纵火抢劫,~,把一座好端端的城市变成了人间地狱。

【杀人盈野】 shā rén yíng yě
[释义] 被杀死的人遍满田野。形容杀人极多。[语见]《孟子·离娄上》:"争地以战,杀人盈野;争城以战,杀人盈城。"[例句] 一将成名万骨枯,战争~,最终还是两败俱伤,受罪的仍然是百姓。

【杀人越货】 shā rén yuè huò
[释义] 越:抢劫。杀死人,抢夺财物,泛指强盗行为。[语见] 清·赵尔巽《清史稿·沈荃传》:"禹州盗倚竹园为巢,杀人越货,荃遣吏卒收捕……"[例句] 看他现在衣冠楚楚、道貌岸然,可是他早些年那~的勾当可没有少干。

【杀身报国】shā shēn bào guó
[释义] 不惜牺牲生命以报答国家。[语见] 唐·杨炯《中书令汾阴公薛振行状》：“臣又多幸天皇任之以股肱，誓期杀身报国，致一人于尧舜。”[例句] 我何尝不想血战疆场，～，可是我有心杀敌，报国无门啊。

【杀身成名】shā shēn chéng míng
[释义] 为正义捐弃生命而赢得美名。[语见] 汉·司马迁《史记·范睢蔡泽列传》：“士固有杀身以成名，唯义之所在，虽死无所恨。”[例句] 贞德～，为法兰西人世代敬仰。

【杀身成仁】shā shēn chéng rén
[释义] 成：成全，成就。仁：仁义。牺牲生命而成就仁义之举。泛指为了正义事业不惜献出自己的生命。[语见]《论语·卫灵公》：“志士仁人，无求生以害仁，有杀身以成仁。”[例句] 这位～的大英雄，竟是一位弱不禁风的女子！

【杀身成义】shā shēn chéng yì
[释义] 见“杀身成仁”。[语见] 唐·李延寿《北史·崔鉴等传论》：“杀身成义，临难如归，非大丈夫亦何能若此矣。”[例句] 生命固然宝贵，但是在这样的景况下，～，即是对生命价值的最好的保全。

【杀身救国】shā shēn jiù guó
[释义] 见“杀身报国”。[语见] 明·冯梦龙《东周列国志》第四十四回：“尽心谋国，忠也；临难不避，勇也；杀身救国，仁也。”[例句] 想起那无数～的英雄，想起他们生前的慷慨悲歌，无不令人敬意倍生。

【杀生与夺】shā shēng yǔ duó
[释义] 见“生杀予夺”。[语见]《荀子·王制》：“贵贱杀生与夺，一也。”[例句] 阎罗掌管人类～之大权，哪把个满身是毛的孙悟空看在眼里。

【杀生予夺】shā shēng yǔ duó
[释义] 见“生杀予夺”。[语见]《韩非子·三守》：“恶自治之劳惮……使杀生之机，予夺之要在大臣，如是者侵。”《周礼·春官·内史》：“一曰爵，二曰禄，三曰

废，四曰置，五曰杀，六曰生，七曰予，八曰夺。”[例句] 封建统治阶级把握着～的大权，视人民的生命如草芥。

【杀生之柄】shā shēng zhī bǐng
[释义] 柄：权力。执掌生死大权。[语见] 汉·班固《汉书·公孙弘传》：“擅杀生之柄，通壅塞之涂，权轻重之数，论得失之道，使远近情伪必见于上，谓之术。”[例句] 法官掌握着犯罪嫌疑人的～，审判中务必处处小心，一个失误，便既可能使生命变为冤魂，又可能使罪犯逍遥法外。

【杀生之权】shā shēng zhī quán
[释义] 见“杀生之柄”。[语见] 汉·班固《汉书·游侠传》：“以匹夫之细，窃杀生之权，其罪已不容于诛矣。”[例句] ～，尽在你手，大丈夫死则死尔，何惧之有？

【杀一儆百】shā yī jǐng bǎi
[释义] 见“惩一儆百”。[语见] 清·龚自珍《送钦差大臣侯官林公序》：“粤省僚吏中有之，幕客中有之，游客中有之，商估中有之，恐绅士中未必无之，宜杀一儆百。”[例句] 处理小张，目的是～，希望各位从中吸取教训，万不可重蹈覆辙。

【杀一警百】shā yī jǐng bǎi
[释义] 见“惩一儆百”。[例句] 呵，真没想到，这么一～，还真有立竿见影的效果。

【沙里淘金】shā lǐ táo jīn
[释义] 淘汰沙砾，提炼金屑。比喻从浩繁的原始材料中选取精华。也比喻费力多而所得甚微。[语见] 元·杨景贤《刘行首》第三折：“我度你呵，恰便似沙里淘金，石中取火，水中捞月。”[例句] 从一座千万人口的城市里找出二十年不曾谋面的人，不是～吗？

【煞风景】shā fēng jǐng
[释义] 见“杀风景”。[语见] 宋·楼钥《次韵沈使君怀浮冈梅花》诗：“毋庸高牙煞风景，为著佳句增孤妍。”[例句] 本来大家都挺愉快的，你的一番讲话实在是～。

【歃血为盟】shà xuè wéi méng
[释义] 歃血：口含牲畜血。一说用手指

蘸其血,涂于口旁,是古代订盟的一种仪式。[语见]《榖梁传·庄公二十七年》:"衣裳之会十有一,未尝有献血之盟也。"[例句]两位首领合兵一处,～,一场浩浩荡荡的大起义从此开始了。

【煞费苦心】 shà fèi kǔ xīn
[释义]煞:极,很。苦心:辛苦地用在某事上的心思。费尽了心思。[语见]清·彭养鸥《黑籍冤魂》第三回:"这煎烟的方式,我是煞费苦心,三番五次的试验,方才研究得精密。"[例句]他～地经营了十年,到头来依然一败涂地,两手空空。

【煞有介事】 shà yǒu jiè shì
[释义]介事:那样的事。指装模作样,好像真有那么一回事。[例句]几个小朋友有的装县官,有的演差役,～地演起了《七品芝麻官》。

shan

【山奔海立】 shān bēn hǎi lì
[释义]高山好像在飞奔,大海仿佛竖立起来。形容气势非常浩大。[语见]明·袁宏道《徐文长传》:"山奔海立,沙起雷行,雨鸣树偃。"[例句]天尚未大亮,但是钱塘潮便如～一般,滚滚而来,让我大开眼界。

【山崩地坼】 shān bēng dì chè
[释义]见"山崩地裂"。[语见]南朝梁·沈约《宋书·五行志》:"六月,寿春大雷震,山崩地坼,家人陷死,上庸郡亦如之。"[例句]随着一片～的炮响之后,大坝从中间裂,洪水呼啸而下,直扑坝下可怜的村落。

【山崩地裂】 shān bēng dì liè
[释义]山倒塌,地裂开。多形容响声巨大。[语见]汉·班固《汉书·元帝纪》:"山崩地裂,水泉涌出。天惟降灾,震惊朕师。"[例句]这是一场～的革命,它对人类的影响,直到今天,还余烟未尽。

【山崩地陷】 shān bēng dì xiàn
[释义]见"山崩地裂"。[语见]唐·房玄龄《晋书·惠帝纪》:"淮南寿春洪水出,山崩地陷,坏城府及百姓庐舍。"[例句]几声～的炸雷之后,大雨倾盆而下。

【山崩钟应】 shān bēng zhōng yìng
[释义]比喻事物相感应。[语见]南朝宋·刘敬叔《异苑》第二卷:"魏时殿前大钟无故大鸣,人皆异之,以问张华。华曰:'此蜀郡铜山崩,故钟鸣应之耳。'寻蜀郡上其事,果如华言。"[例句]两次乱之间,似乎毫无关系,但是仔细研究之后,你会发现,二者有如～,实则是一脉相承。

【山长水远】 shān cháng shuǐ yuǎn
[释义]山既长,水又远。形容路途遥远。[语见]宋·晏殊《踏莎行》词之三:"当时轻别意中人,山长水远知何处。"[例句]你我今日一别,～,不知何时才能再次相见。

【山重水复】 shān chóng shuǐ fù
[释义]山峦重叠起伏,河流曲折环绕。形容山水重重阻隔。[语见]宋·陆游《游山西村》诗:"山重水复疑无路,柳暗花明又一村。"[例句]这里～,景色宜人,让人流连忘返。

【山高皇帝远】 shān gāo huáng dì yuǎn
[释义]见"天高皇帝远"。[例句]一些官员自认为～,可以一手遮天,最终却难逃法网,断送了自己的前途。

【山高路险】 shān gāo lù xiǎn
[释义]见"山高水险"。[语见]明·吴承恩《西游记》第二十回:"上西天拜佛走遭,怕甚么山高路险,水阔波狂。"[例句]～,阻挡不了海外赤子回到母亲怀抱的脚步。

【山高水长】 shān gāo shuǐ cháng
[释义]像山一样高耸,水一样长流。比喻节操高尚,影响深远。[语见]唐·刘禹锡《望赋》:"龙门不见兮云雾苍苍,乔木何许兮山高水长。"[例句]老先生的君子之风,～,永远被后人景仰。

【山高水低】 shān gāo shuǐ dī
[释义]比喻意外的不幸。[语见]明·兰陵笑笑生《金瓶梅词话》第五十五回:"倘

或有些山高水低，丢了孩子，叫谁看管？"
[例句] 如果有什么～，兄弟们便只好在外面噤声等待，切不可轻举妄动。

【山高水险】 shān gāo shuǐ xiǎn
[释义] 比喻前路上充满了艰难险阻。
[例句] 此去长安，～，强盗出没，万望你们一家小心谨慎。

【山高水远】 shān gāo shuǐ yuǎn
[释义] 见"山高水险"。[语见] 南朝梁·简文帝《答安吉公主饷胡子书》："方言异俗，极有可观；山高水远，宛在其邈。"
[例句] 纵然～，只要我们回归祖国的决心已定，还有什么能阻止我们前进的步伐？

【山光水色】 shān guāng shuǐ sè
[释义] 形容山水景色明媚。[语见] 元·范子安《竹叶舟》第三折："一叶逡巡送客归，山光水色自相依。"[例句] 在桂林数日，～，尽收眼底，真的有些乐不思蜀了。

【山辉川媚】 shān huī chuān mèi
[释义] 辉：光辉。媚：美好。山色映现光辉，河川显得美好。形容风景非常优美。[语见] 晋·陆机《文赋》："石韫玉而生辉，水怀珠而川媚。"[例句] 在人声鼎沸的都市生活日久，便愈发思念乡下的～了。

【山鸡舞镜】 shān jī wǔ jìng
[释义] 南朝宋·刘敬叔《异苑》卷三："山鸡爱其毛羽，映水则舞。魏武时，南方献之，帝欲其鸣舞而无由。公子苍舒令置大镜其前，鸡鉴形而舞，不知止，遂乏死。"比喻顾影自怜。[例句] 她年轻漂亮，常常有～之举。

【山盟海誓】 shān méng hǎi shì
[释义] 原指分封功臣的盟誓，表示让功臣世袭爵禄，像山河一样永远流传。转指男女相恋的誓言，表示爱情专一，永恒不变。[语见] 宋·赵长卿《贺新郎》词："终待说山盟海誓，这恩情到此非容易。"[例句] 素红独守空房，想起昔日与丈夫的～，泪水黯然而下。

【山明水秀】 shān míng shuǐ xiù
[释义] 形容山水明净秀丽，风景优美。

[语见] 宋·黄庭坚《蓦山溪·赠衡阳陈湘》："眉黛敛秋波，尽湖南，山明水秀。"
[例句] 宦海沉浮几十年，如今漫步在～的村野之中，他突然间大彻大悟了。

【山南海北】 shān nán hǎi běi
[释义] 指遥远的地方。[语见] 清·曹雪芹《红楼梦》第五十七回："薛姨妈道：'比如你姐妹两个的婚姻，此刻也不知在眼前，也不知在山南海北呢！'"参看"天南地北"。[例句] 来自～的代表，兴高采烈地讲着各自的体会。

【山栖谷饮】 shān qī gǔ yǐn
[释义] 栖：居住。在山中栖身，饮用山谷之水。指隐者生活。[语见] 北齐·魏收《魏书·孝明帝纪》："其有怀逸丘园、昧迹板筑、山栖谷饮、舒卷从时者。"[例句] 去官之后，陶渊明自种五谷，～，倒也过得逍遥自在。

【山清水秀】 shān qīng shuǐ xiù
[释义] 见"山明水秀"。[语见] 明·李昌祺《剪灯余话·贾云华还魂记》："天下雄藩，浙江名郡，自来惟说钱塘。山清水秀，人物异寻常。"[例句] 到这～的丽江游览几日，人竟然像脱胎换骨了一般，心中甚是宁静安然，所有的欲望和忧愁，转瞬间荡然无存。

【山穷水尽】 shān qióng shuǐ jìn
[释义] 穷：尽，完。山和水都到了尽头，再没路可走。原指地处偏僻，交通闭塞。后用以比喻走投无路，陷入绝境。[语见] 清·李宝嘉《官场现形记》第四十七回："到得此时，斥革功名，抄没家产都不算，一定还要拷打监追；及至山穷水尽，一无法想。"[例句] 他到了～的时候，方才想起父亲的告诫，可是悔恨全已晚了。

【山颓木坏】 shān tuí mù huài
[释义] 颓：崩坏，倒塌。泰山倒了，梁木折了。比喻重要人物去世。[语见]《礼记·檀弓上》："孔子蚤作，负手，曳杖，消摇于门，歌曰：'泰山其颓乎？梁木其坏乎？哲人其萎乎？'……盖寝疾七日而没。"[例句] 诸葛亮病逝五丈原，～，举国

悲痛。

【山摇地动】 shān yáo dì dòng
[释义] 山峰和大地都在摇动。形容声势浩大。[语见] 清·李汝珍《镜花缘》第二十一回:"正在难解难分,忽听东边山上,犹如千军万马之声,尘土飞空,山摇地动。"[例句] 随着几声～的响声之后,火山爆发了,岩浆喷涌而出。

【山遥水远】 shān yáo shuǐ yuǎn
[释义] 见"山长水远"。[语见] 明·胡文焕《群音类选·〈四德记·纳妾成婚〉》:"从今别去,山遥水远,抱负终天之怨。"[例句] 运送国宝的人都知道,从北平到重庆,～,形势复杂,路途中真不知道会发生些什么难以预料的变故,一个个脸上都露出了忧戚的神色。

【山阴道上】 shān yīn dào shàng
[释义] 山阴:今浙江绍兴市。山阴道:指绍兴市西南郊外一带,以风景优美著称。指沿途胜景太多,来不及一一欣赏。也形容事类纷繁,应付不过来。[语见] 南朝宋·刘义庆《世说新语·言语》:"从山阴道上行,山川自相映发,使人应接不暇。"[例句] 一入了园子,里面美景如画,～,令我们眼睛都不知道该往哪里看了。

【山雨欲来风满楼】 shān yǔ yù lái fēng mǎn lóu
[释义] 欲:将要。山雨将要来临,满楼都是呼啸的风声。后用来比喻重大事件即将发生时的迹象和情势。[语见] 唐·许浑《咸阳城东楼》诗:"溪云初起日沉阁,山雨欲来风满楼。"[例句] 这个国家的局势日益紧张,大有～之势。

【山珍海错】 shān zhēn hǎi cuò
[释义] 见"山珍海味"。[语见] 唐·韦应物《长安道》诗:"山珍海错弃藩篱,烹犊炮羔如折葵。"[例句] 她心情复杂,望着满桌子的～,却无处投箸。

【山珍海味】 shān zhēn hǎi wèi
[释义] 山野、海洋所出的各种名贵食品。泛指丰盛味美的菜肴。[语见] 清·曾朴《孽海花》第十二回:"坐定后,山珍海味,珍果醇醪,络绎不绝的上来。"[例句] 昭君虽然身处王宫,每日都是～地伺候着,但是依然心下戚戚,对亲人的思念,尤为强烈。

【删繁就简】 shān fán jiù jiǎn
[释义] 删:去掉。就:趋于,趋向。删去繁杂的部分,使之趋向简明。[语见] 明·王阳明《王文成公全书·卷一·传习录上》:"如孔子退修六籍,删繁就简,开示来学。"[例句] 别婆婆妈妈的了,你就～,拿最直接的话跟我说一说。

【删芜就简】 shān wú jiù jiǎn
[释义] 见"删繁就简"。[语见] 宋·严羽《历代诗话·诗法家数》:"绝句之法,要婉曲回环,删芜就简,句绝而意不绝,多以第三句为主,而第四句发之。"[例句] 我还是～地说两句吧:该国海军在十九世纪的作用,当用军队脊梁来形容。

【姗姗来迟】 shān shān lái chí
[释义] 姗姗:行走缓慢的样子。慢腾腾地来晚了。[语见] 汉·班固《汉书·孝武李夫人传》:"立而望之,偏何姗姗其来迟。"[例句] 几十个人都等你半个小时了,你才～,太不像话了。

【扇枕温被】 shān zhěn wēn bèi
[释义] 形容侍奉双亲极为孝顺。也作"扇枕温衾"。[语见] 唐·房玄龄等《晋书·王延传》:"延事亲色养,夏则扇枕席,冬则以身温被。"[例句] 父亲中风之后,小强～地伺候了多年。

【扇枕温衾】 shān zhěn wēn qīn
[释义] 见"扇枕温被"。[语见] 明·高濂《玉簪记·擢第》:"自昔年离膝下,今经三载余,白云回首,回首应无际。扇枕温衾,番做个倚门倚闾;不孝儿,逆天罪,难饶恕。"[例句] 俗话说"久病无孝子",但是文君她妈妈瘫痪在床这么些年,她却是始终～,尽心尽力地伺候着。

【煽风点火】 shān fēng diǎn huǒ
[释义] 比喻煽动、唆使别人去做坏事。[例句] 局面本来就已经混乱不堪,还经得起你在下面这么不负责任地～吗?

【潸然泪下】 shān rán lèi xià
[释义]潸然:流泪的样子。形容眼泪往外流的样子。[语见]汉·班固《汉书·中山靖王胜传》:"纷惊逢罗,潸然出涕。"[例句]大家把一切都告诉了他之后,这位铁铮铮的汉子,也禁不住～。

【闪烁其辞】 shǎn shuò qí cí
[释义]闪烁:指说话吞吞吐吐。辞:言辞。形容说话吞吞吐吐,不肯坦率地把意见讲清楚。[语见]清·宣鼎《夜雨秋灯续录》第八卷:"心甚疑之,归而问女,女殊闪烁其辞,曰:'想又徙他处耳。'"[例句]看着我的眼睛,别～,将你知道的,完全讲出来。

【善罢甘休】 shàn bà gān xiū
[释义]好好地了结(纠纷),心甘情愿地罢休。多用于否定。[语见]清·文康《儿女英雄传》第二十五回:"便是我说书的,说到这里就算二十五回团圆了,听书的又如何肯善罢甘休。"[例句]敌人这次是退回去了,但是他们是不会～的,我们必须时刻准备下一次战斗。

【善财难舍】 shàn cái nán shě
[释义]善财:原为释迦牟尼弟子名,后取"善"之"爱惜"意,指爱惜钱财。舍:施舍。指人爱惜钱财。不愿施舍于人。形容非常吝啬。[语见]明·吴承恩《西游记》第四十二回:"菩萨骂道:'你这猴子!你便一毛也不拔,教我这善财也难舍。'"[例句]郝老板家存万金,却总是～,也不知道他要把这金山银山搬到哪里去。

【善刀而藏】 shàn dāo ér cáng
[释义]善:擦好,揩拭干净。原意是解割完毕,把刀擦好收藏起来。比喻有所收敛,适可而止或自藏其才而不炫露。[语见]《庄子·养生主》:"善刀而藏之。"[例句]写完这本书之后,原本要～的,但是终究经不住总编先生的再三约稿,所以就不得不又一次拿起了笔。

【善贾而沽】 shàn jià ér gū
[释义]贾:同"价"。沽:卖。等着好价钱出卖。比喻怀才未遇的人,等待时机出来做官,施展自己的才能。[语见]《论语·子罕》:"子贡曰:'有美玉于斯,韫椟而藏诸?求善贾而沽诸?'子曰:'沽之哉!沽之哉!我待贾者也。'"[例句]诸葛孔明躬耕陇亩,但始终心怀天下,所以没有出仕,不过是在～,等候明主。

【善门难开】 shàn mén nán kāi
[释义]善门:为善之门。旧指一旦行善助人,许多人都会来求援,就无法应付了。[语见]清·李宝嘉《官场现形记》第三十四回:"这太原一府正是被灾顶重的地方。大善士见机,晓得善门难开。"[例句]佛家人慈悲为怀,虽说～,然而救人一命,胜过七级浮屠,哪有拒绝难民的道理呢?

【善男信女】 shàn nán xìn nǚ
[释义]佛教用语,指信奉佛教的男女。[语见]《六祖大师法宝坛经·疑问品第三》:"善男信女,各得开悟。"[例句]这座寺庙近年香火旺盛,总有些～前来烧香拜佛。

【善气迎人】 shàn qì yíng rén
[释义]善气:和善的气色。和颜悦色地对待别人。[语见]《管子·心术下》:"善气迎人,亲如兄弟。"[例句]他虽然身居高位,但是始终～,小心谨慎,而终于得以善终。

【善善从长】 shàn shàn cóng cháng
[释义]善善:称赞善事。从:遵从。原意是颂扬美德,源远流长。后用于称赞善于学习别人的长处。[语见]《公羊传·昭公二十年》:"君子之善善也长,恶恶也短;恶恶止其身,善善及子孙。"[例句]他早些年还能听得进别人的意见,但是自从工作做大之后,那种～的习惯逐渐离他而去了。

【善善恶恶】 shàn shàn wù è
[释义]善善:称赞好的。恶恶:憎恶坏的。形容人是非清楚,爱憎分明。[语见]汉·司马迁《史记·太史公自序》:"善善恶恶,贤贤贱不肖。"[例句]孔子作春秋,～,皆一一有所示,不失其真性情。

【善始令终】shàn shǐ lìng zhōng
[释义] 见"善始善终"。[语见] 晋·陈寿《三国志·魏书·韩暨传》裴松之注引《楚国先贤》："今司徒知命,遗言恤民,必欲崇约,可谓善始令终者也。"[例句] 自古治军,务必号令严明,～。

【善始善终】shàn shǐ shàn zhōng
[释义] 善:好的。有好的开端,也有好的结尾。[语见]《庄子·大宗师》:"善妖善老,善始善终。"[例句] 做任何事情,都要～,你接二连三地半途而废,估计你将来也不会有什么出息。

【善颂善祷】shàn sòng shàn dǎo
[释义] 颂:颂扬。祷:祝颂。善于颂扬,善于祈祷。后指能在颂祷之中隐含规诫之意。[语见]《礼记·檀弓下》:"晋献文子成室,晋大夫发焉。张老曰:'美哉轮焉!美哉奂焉!歌于斯,哭于斯,聚国族于斯。'文子曰:'武也,得歌于斯,哭于斯,聚国族于斯,是全要领以从先大夫于九京也。'北面再拜稽首。君子谓之善颂善祷。"[例句] 胡先生乃是一个～的人,他常常能从一些小事情中引出大道理,而且还能使人在不知不觉中接受。

【善于辞令】shàn yú cí lìng
[释义] 擅长讲话,应对得宜。[例句] 他不是一个～的人,但是他的神情,却似乎比一般人要丰富何止百倍!

【善自为谋】shàn zì wéi móu
[释义] 善于为自己设想打算。[语见]《左传·桓公六年》:"君子曰:'善自为谋。'"[例句] 在那样的环境里,如果不能～,不能使自己首先立于不败之地,什么远大的抱负,都是白搭。

【擅作威福】shàn zuò wēi fú
[释义] 擅:自作主张。擅自作威作福。[语见] 元·无名氏《连环计》第一折:"方今汉朝献帝在位,被那董卓专权,擅作威福,生杀由己。"[例句] 董卓专权之后,连他那些手下人、门人都～,朝政怎么能不混乱?

shang

【伤风败俗】shāng fēng bài sú
[释义] 伤、败:败坏、破坏。风、俗:风尚、习俗。败坏社会风尚、习俗。后多用来谴责人道德败坏。也作"伤化败俗""败俗伤风"。[语见] 元·高明《琵琶记》第三十一出:"爹居相位,怎说著伤风败俗、非理的言语。"[例句] 你父亲母亲都是有脸面的人,你竟然敢做出这等～的事情来,你也不怕伤了你父母的心?

【伤弓之鸟】shāng gōng zhī niǎo
[释义] 见"惊弓之鸟"。[语见] 唐·房玄龄等《晋书·苻生载记》:"伤弓之鸟,落于虚发。"[例句] 整顿之后,那些昔日的亡命之徒如今一个个都成了～,哪里还敢招摇过市?

【伤天害理】shāng tiān hài lǐ
[释义] 天:天良。理:道理,准则。指做事凶恶残忍,伤害天良和做人的准则。[语见] 明·许仲琳《封神演义》第一百一十回:"似你妻妻不仁不义,所行之事伤天害理,十分令人可恨!"[例句] 这个人表面上一副正人君子的模样,可背地里干了不少～的事。

【赏不当功】shǎng bù dāng gōng
[释义] 赏赐与功勋不相当。[语见]《荀子·正论》:"夫德不称位,能不称官,赏不当功,罚不当罪,不祥莫大焉。"[例句] 赏罚都要严明,才叫公平,也才能鼓舞士气,如今上面～,我们这些中层干部实在不好向下面的职员交代。

【赏不遗贱】shǎng bù yí jiàn
[释义] 奖赏不要遗漏地位低下的人。[语见]《晏子春秋·内篇问上》:"诛不避贵,赏不遗贱,不淫于乐,不遁于哀,尽智导民而不伐焉。"[例句] 只有～,才能把全体成员的智慧和力量集中起来,形成最大的凝聚力。

【赏不逾日】shǎng bù yú rì
[释义] 见"赏不逾时"。[语见] 晋·慕容垂《济河下令》:"乱法者军有常刑,奉命者赏不逾日。"[例句] 咱们公司的奖励机

制，始终坚持～，因此也才形成了最强大的战斗力。

【赏不逾时】 shǎng bù yú shí

[**释义**] 指行赏及时，不拖延时日。[**语见**] 汉·王粲《爵论》："《司马法》曰：赏不逾时，欲民速得为善之利也。"[**例句**] 岳飞治军，诛不避贵，～，从而使岳家军始终充满了高昂的斗志。

【赏赐无度】 shǎng cì wú dù

[**释义**] 赏赐没有法度。[**语见**] 汉·班固《汉书·五行志》："时贤以私爱居大位，赏赐无度，骄嫚不敬，大失臣道，见戒不改。"[**例句**] 武则天晚年的时候，常常到了兴头上就～，她自以为大臣们会感恩戴德，却不料此举反而使人渐生离意。

【赏罚不当】 shǎng fá bù dāng

[**释义**] 奖赏与惩罚与功过不相当。[**语见**] 汉·贾谊《新书·过秦论》："繁刑严诛，吏治刻深，赏罚不当，赋敛无度。"[**例句**] 我们务必注意，一旦～，对我们制度建设的影响事小，挫伤了员工们的积极性事大。

【赏罚不明】 shǎng fá bù míng

[**释义**] 赏罚不清楚明白。指该赏的不赏，该罚的不罚。[**语见**] 三国蜀·诸葛亮《便宜十六策·赏罚》："夫将专持生杀之威，必生可杀，必杀可生，忿怒不详，赏罚不明，教令不常，以私为公，此国之五危也。"[**例句**] 你处在一个关键的位置上，切忌中饱私囊，～，一旦你在这方面出了纰漏，定会使工作受到影响。

【赏罚不信】 shǎng fá bù xìn

[**释义**] 赏赐与惩罚不能取信于民。[**语见**]《韩非子·初见秦》："号令不治，赏罚不信，地形不便，下不能尽其民力，彼固亡国之形也。"[**例句**] ～定会使你失去民心，从而导致你的失败。

【赏罚分明】 shǎng fá fēn míng

[**释义**] 赏：奖赏。罚：惩罚。明：明白，清楚。有功者受到奖赏，有过者受到惩罚，分得很清楚、明白。[**语见**] 汉·班固《汉书·张敞传》："敞为人敏疾，赏罚分明，见恶辄取。"[**例句**] 我们公司一向是～的，这一点员工都非常满意。

【赏罚无章】 shǎng fá wú zhāng

[**释义**] 奖赏和惩罚无章程可依。[**语见**]《左传·襄公二十七年》："子鲜曰：逐我者出，纳我者死，赏罚无章，何以沮劝。君失其信，而国无刑，不亦难乎？"[**例句**] 明神宗性情古怪，～，从而致使朝纲日渐败坏。

【赏罚严明】 shǎng fá yán míng

[**释义**] 见"赏罚分明"。[**语见**]《周书·文帝纪上》："加以法令齐肃，赏罚严明，真足恃也。"[**例句**] 白起登坛拜将之后，军令如山，～，不出数月，一支能征善战的军队练成了。

【赏功罚罪】 shǎng gōng fá zuì

[**释义**] 奖励有功的人，惩罚犯罪的人。[**语见**] 宋·司马光《应诏论体要》："王者之职，在于量材任人，赏功罚罪而已。"[**例句**] 恳请皇上与死者发丧，周济其家属，～，以安民心，蓄养锐气，再图大业。

【赏善罚恶】 shǎng shàn fá è

[**释义**] 奖赏好的，惩罚坏的。[**语见**] 汉·贡禹《赎罪》："赏善罚恶，不阿亲戚。"[**例句**] 在～这方面，主帅一直做得很好，因此军队士气旺盛，杀敌勇猛。

【赏心乐事】 shǎng xīn lè shì

[**释义**] 指欢畅的心情和快乐的事情。[**语见**] 南朝宋·谢灵运《拟魏太子邺中集诗八首序》："天下良辰、美景、赏心、乐事，四者难并。"[**例句**] 这段时间在外旅游，～，不可胜数，待我回去之后，再一一向你述说。

【赏心悦目】 shǎng xīn yuè mù

[**释义**] 赏心：心情舒畅。悦目：看了舒服。使人看了以后觉得心情舒畅。[**语见**] 清·吴趼人《近十年之怪现状》第十九回："果然湖光山色，令人赏心悦目。"[**例句**] 陈女士那幅让人～的画，标价是三千，如今已经涨到十万，其势头还没有止住。

【上谄下渎】 shàng chǎn xià dú

[**释义**] 谄：谄媚，奉承。渎：轻慢，亵渎。对上级奉承拍马，对下级轻视怠慢。

[语见]《周易·系辞下》:"君子上交不谄,下交不渎。"[例句] 有十常侍这种～的宦官从中作梗,还能指望办成什么事情?

【上蹿下跳】shàng cuān xià tiào
[释义] 上下奔走,多方串联。形容到处搞不正当的活动。[例句] 选举结果还远远没有出来,任二等人已在～,俨然马上就该他们来主持工作了。

【上方宝剑】shàng fāng bǎo jiàn
[释义] 上方:也作"尚方",掌握制造供应御用器物的官署。皇帝御用的宝剑。持有皇帝所赐上方宝剑的大臣,具有先斩后奏的权力。后用来比喻来自上级的指示。[例句] 有了董事会给的～,他就可以放心大胆地对公司实行严格管理了。

【上和下睦】shàng hé xià mù
[释义] 和、睦:相处得好。上级和下级或长辈和晚辈相处得很好。[语见]南朝梁·周兴嗣《千字文》:"上和下睦,夫唱妇随。"[例句] 虽然这是个大家庭,但～,其乐融融,还真挺令人羡慕的。

【上交不谄】shàng jiāo bù chǎn
[释义] 谄:谄媚,奉承。与地位高的人交往不奉承拍马。[语见]《周易·系辞下》:"君子上交不谄,下交不渎。"[例句] 海瑞生性耿直,～,虽然在民间口碑甚佳,但是朝中却没有几个人说他的好话。

【上梁不正下梁歪】shàng liáng bù zhèng xià liáng wāi
[释义] 比喻在上的行为不正,下边的人也跟着不好。[语见]晋·杨泉《物理论》:"上不正,下参差。"[例句] ～,你当父亲的不以身作则,儿子怎么能有出息呢?

【上楼去梯】shàng lóu qù tī
[释义] 让人上了楼,就搬走了梯子。比喻诱人去做某事而断绝其退路。有蓄谋暗中使坏的意思。[语见]晋·陈寿《三国志·蜀书·诸葛亮传》:"刘表长子琦,亦深器亮。表受后妻之言,爱少子琮,不悦于琦。琦每欲与亮谋自安之术,亮辄拒塞,未与处画。琦乃将亮游观后园,共上高楼,饮宴之间,令人去梯,因谓亮曰:

'今日上不至天,下不至地,言出子口,入于吾耳,可以言未?'亮答曰:'君不见申生在内而危,重耳在外而安乎?'琦意感悟,阴规出计。"[例句] 这种～的勾当也只有这样的卑鄙之徒才做得出来。

【上漏下湿】shàng lòu xià shī
[释义] 房屋破漏,不能避风雨。形容生活贫困。[语见]《庄子·让王》:"原宪居鲁,环堵之室,茨以生草,蓬户不完,桑以为枢……上漏下湿,匡坐而弦。"[例句] 杜甫在草堂生活数年,～,极为贫寒,但是他那忧心报国之心,却从来都没有失去过。

【上树拔梯】shàng shù bá tī
[释义] 让人家上树而后搬掉梯子。比喻诱人上前而断其退路。[语见]宋·释晓莹《罗湖野录》第一卷:"黄太史鲁直忧居里闲,有手帖与兴化海老曰:'……此事黄龙兴化亦当作助道之缘,共出一臂,莫送人上树拔却梯也。'"[例句] 之所以做出～的举动来,我确实没有办法,但凡我有一丝别的选择,我也不会这么来逼你。

【上天入地】shàng tiān rù dì
[释义] 形容神通广大。[语见]明·胡文焕《群音类选·〈双忠记·烹妾激军〉》:"君既为王家死义,妾身敢故推? 要我上天入地,只索投去。"[例句] 令狐公子暗暗发誓:哪怕～,即使到了天涯海角,也要把这魔头揪出来。

【上天无路,入地无门】shàng tiān wú lù, rù dì wú mén
[释义] 比喻陷入绝境。[语见]明·施耐庵《水浒传》第三十四回:"闪得我如今上天无路,入地无门! 我若寻见那人时,直打碎这条狼牙棒便罢。"[例句] 石达开军行至大渡河,已弹尽粮绝,～之际,不得不投降了清军,以为能保全跟随自己的兄弟们的性命,哪知一切都是骗局,他刚刚被押进大营,便已人头落地。

【上下交困】shàng xià jiāo kùn
[释义] 上面和下面都处于困境。[语见]清·赵尔巽《清史稿·食货志一》:"天府太

仓之蓄,一旦荡然,赔偿兵费至四百余兆,以中国所有财产抵借外债,积数十年不能清偿。摊派加捐,上下交困。"[例句] 列强对中国虎视眈眈,中国内政外交,～,几乎到了山穷水尽的地步了。

【上下其手】 shàng xià qí shǒu
[释义] 比喻玩弄手法,串通作弊。[语见]《金石萃编·唐赵思廉墓志》:"或犯法当讯,执事者上下其手。"[例句] 你们～,串通作弊,严重违反了制度,必将受到严惩。

【上下同心】 shàng xià tóng xīn
[释义] 指上下一条心。[语见] 汉·刘安《淮南子·本经训》:"上下同心,君臣辑睦。"[例句] 只要我们齐心协力,～,我们一定能克服暂时的困难,走向希望的明天。

【上下相安】 shàng xià xiāng ān
[释义] 上面和下面,相安无事。[语见] 唐·房玄龄等《晋书·束皙传》:"今大晋熙隆,六合宁静……主无骄肆之怒,臣无鞶缨之请,上下相安,率礼从道。"[例句] 过了些日子,倒也～,除了吃饭睡觉以外,什么事情也没有。

【上下一心】 shàng xià yī xīn
[释义] 指上下一条心。[语见] 汉·刘安《淮南子·兵略训》:"上下一心,君臣同力,诸侯服其威。"[例句] 实验室所有人员～,经过三个月的苦心努力,终于完成了实验最关键的一步。

【上行下效】 shàng xíng xià xiào
[释义] 行:做,实行。效:仿效。上面的人怎样做,下面的人就学着怎样做。今多指坏事。[语见] 汉·班固《白虎通义·三教》:"教者效也,上为之,下效之。"[例句] 你自己立身不正,～,不出半年,公司里必将乱作一团。

【上烝下报】 shàng zhēng xià bào
[释义] 烝:古时指晚辈男子与长辈女子通奸为烝。报:古时指长辈男子与晚辈女子通奸为报。泛指乱伦。[语见]《左传·桓公十六年》:"卫宣公烝于夷姜,生急子,属诸右公子。"《左传·宣公三年》:

"文公报郑子之妃,曰陈妫,生子华、子臧。"[例句] 这些～的事情,在这部史书中也有记载。

【上知下愚】 shàng zhì xià yú
[释义] 知:同"智"。上等的智者,下等的愚人。[语见]《论语·阳货》:"唯上知与下愚不移。"[例句] ～,人与人在能力上是有区别的。

shao

【捎关打节】 shāo guān dǎ jié
[释义] 打通关节。引申为要弄手段。[语见] 明·朱权《卓文君》第二折:"也不用蜂媒蝶使,更何须燕侣莺俦,硬撞入凤窟鸾穴。只消我移宫换羽,便是我捎关打节。"[例句] 不法者企图通过利诱来～,但我们的司法部门毫不为之所动。

【烧眉之急】 shāo méi zhī jí
[释义] 见"燃眉之急"。[语见] 明·沈受先《三元记·博施》:"望乞员外借贷些须,以救烧眉之急。"[例句] 事情已然到了～的地步了,我们怎么能喋喋不休地在这里讨论个没完没了呢?

【烧纸引鬼】 shāo zhǐ yǐn guǐ
[释义] 比喻存心做好事却招来麻烦。[语见] 清·郭小亭《济公全传》第二回:"好个和尚,你真懂交情!我和你萍水之交,送你几两银子,我反烧纸引了鬼来。"[例句] 我好心帮你却埋怨起我来,真是～。

【稍胜一筹】 shāo shèng yī chóu
[释义] 见"略胜一筹"。[语见] 清·秋瑾《致秋誉章书》其九:"吾哥虽稍胜一筹,而无告语则同,无戚友之助亦同。"[例句] 孙锐和曾令华比赛了七局,孙锐～,以四比三获胜,但是他不得不承认,自己赢得委实困难。

【稍纵即逝】 shāo zòng jí shì
[释义] 纵:放任,不约束。逝:消失。稍微一放松就会消失,形容时间或机会很容易失去。[语见] 清·南亭亭长《中国现

在记》第一卷:"要是不要紧的事,也不敢惊动。现在是稍纵即逝,所以不得不请总办出来商议着办。"[例句] 机会总是姗姗而来,～,你可要善于把握,千万别错失良机啊!

【韶光淑气】sháo guāng shū qì
[释义] 形容春天的美好景象。[语见]唐·李世民《春日玄武门宴群臣》诗:"韶光开令序,淑气动芳年。"[例句] 阳春之际,～,小丽陪着她妈妈行走在乡间小路上,满脸的喜悦。

【韶光似箭】sháo guāng sì jiàn
[释义] 韶光:美好的时光。形容美好的光阴像飞箭一样流逝。[语见] 明·黄元吉《流星马》第一折:"端的是韶光似箭催人老,日月如梭趱少年。"[例句] ～,转眼就是十年。

【韶华如驶】sháo huá rú shǐ
[释义] 韶华:美好的时光,常指春光。形容美好的春光如马飞驰而过。[语见]《红叶记·御冯得叶》:"玉辇何年来帝子,更淹淹蹉跎岁时。看过眼韶华如驶,长日伴飞絮游丝。恨无能身生双翅,到人间尽倾心事。"[例句] ～,趁着现在春色正好,我们去郊游吧!

【少见多怪】shǎo jiàn duō guài
[释义] 见识少,遇到稍不常见的事物就觉得很奇怪。用以嘲讽别人孤陋寡闻。[语见] 汉·牟融《理惑论》:"谚云:'少所见,多所怪。'睹橐驼,言马肿背。"[例句]这种东西在我们家乡那里多的是,可你却如获至宝,真是～。

【少条失教】shǎo tiáo shī jiào
[释义] 指缺乏教养,没有规矩。[语见]明·兰陵笑笑生《金瓶梅词话》第四十回:"好大胆的丫头!新来乍到,就恁少条失教的,大剌剌对着主子坐着。"[例句]渔家女子,自然～,见了生人,没什么礼数,还望各位多多包涵。

【少调失教】shǎo tiáo shī jiào
[释义] 见"少条失教"。[例句] 这些长期生活在边陲小镇的人,虽然～,但都浑厚朴实,你尽管放心就是。

【少头无尾】shǎo tóu wú wěi
[释义] 形容残缺不全。也作"缺头少尾"。[例句] 尽管是一些～的残篇,但是字里行间,依然能透出作者那深切的忧国之心。

【少纵则逝】shǎo zòng zé shì
[释义] 见"稍纵即逝"。[语见] 宋·苏轼《文与可画筼筜谷偃竹记》:"见其所欲画者……急起从之,振笔直遂,以追其所见,如兔起鹘落,少纵则逝矣。"[例句] 昙花惊艳,流星灿烂——无数～的东西,正因为短暂,才恰恰留给人们永恒的回忆。

【少不更事】shào bù gēng shì
[释义] 更:经历。年纪轻,经历的事少。[语见] 唐·房玄龄等《晋书·周顗传》:"君少年未更事。"[例句] 小儿～,言语上多有得罪,还望几位不要见怪。

【少年老成】shào nián lǎo chéng
[释义] 形容年轻人稳重、老练。[语见]元·柯丹邱《荆钗记·团圆》:"我这公祖少年老成,居民无不瞻仰,老夫感激深恩。"[例句] 表弟～,我让他去办事总是很放心。

【少壮不努力,老大徒伤悲】shào zhuàng bù nǔ lì, lǎo dà tú shāng bēi
[释义] 徒:白白地。年轻时不努力学习和工作,到老年再悲伤也没有用了。[语见]《乐府诗集·相和歌辞五·长歌行》:"百川东到海,何时复西归?少壮不努力,老大徒伤悲!"[例句] 年轻时是积累的时候,切莫虚度光阴,～,待到你后悔的那一天,一切都已经晚了。

【绍休圣绪】shào xiū shèng xù
[释义] 绍:继续,接续。指继承祖先圣哲的美好事业。[语见] 汉·班固《汉书·武帝纪》:"故旅耆老,复孝敬,选豪俊,讲文学,稽参政事,祈进民心,深诏执事,兴廉举孝,庶几成风,绍休圣绪。"颜师古注:"休,美也。绪,业也。言绍先圣之休绪也。"[例句] 唐明皇李隆基勤于政事,～,经过一些年的努力,终于使唐王朝获得了前所未有的兴盛。

she

【舌敝唇焦】 shé bì chún jiāo

[释义] 见"唇焦舌敝"。[语见] 清·李宝嘉《官场现形记》第四十四回："那些人真正势利，向他们开口，说到舌敝唇焦，止有两家，一家拿出两块大洋，一共止有四块大洋。"[例句] 几个大臣都已劝得～，但是这位愚蠢的皇帝丝毫没有反应。

【舌敝耳聋】 shé bì ěr lóng

[释义] 说话人的舌头都讲破了，听众的耳朵也都听聋了。形容说辞纷繁啰唆。[语见]《战国策·秦策一》："天下不治，舌敝耳聋，不见成功。"[例句] 董事会一连开了三天，大家都已～，可是挽救危局的措施还是没有制定出来。

【舌剑唇枪】 shé jiàn chún qiāng

[释义] 见"唇枪舌剑"。[语见] 元·武汉臣《玉壶春》第二折："显吹弹歌舞，论角徵宫商，使心猿意马，逞舌剑唇枪。"[例句] 虽说学术之争免不了你来我往，互不相让，但也不至于～，互相攻击起对方的人格来呀！

【蛇欲吞象】 shé yù tūn xiàng

[释义] 蛇想吞吃大象。比喻贪心极大。参看"巴蛇吞象"。[例句] 当时天下攘攘，皆为利往，人心不足，～，几个士子的清流议论，又能改变什么呢？

【舍本求末】 shě běn qiú mò

[释义] 见"舍本逐末"。[例句] 最后那三段～的文字，纯粹是废话一堆！

【舍本事末】 shě běn shì mò

[释义] 见"舍本逐末"。[语见]《吕氏春秋·上农》："民舍本而事末则不令，不令则不可以守，不可以战。"[例句] 你的工作是负责整个车间的安全，你～花两天时间来摆弄一把破锁干什么呢？

【舍本问末】 shě běn wèn mò

[释义] 见"舍本逐末"。[语见]《战国策·齐策四》："苟无岁，何以有民？苟无民，何以有君？故有舍本而问末者耶？"[例句] 写文章只追求形式而不注重内容，那是～。

【舍本逐末】 shě běn zhú mò

[释义] 舍：放弃。本：树根。逐：追求。末：树梢。放弃根本的、主要的，而去追求枝节的、次要的。原指弃农经商，古代以农为本，以工商为末。形容轻重倒置。[语见] 北魏·贾思勰《齐民要术序》："舍本逐末，贤哲所非，日富岁贫，饥寒之渐。"[例句] 大家一定看清楚了，两家公司～地在电线市场上有所动作，实在有他们说不出来的苦衷。

【舍短从长】 shě duǎn cóng cháng

[释义] 见"舍短取长"。[语见] 宋·薛居正等《旧五代史·梁书·太祖纪五》："如或一言拔俗，一事出群，亦当舍短从长，随才授任。"[例句] 咱们公司的长项是仪器仪表，大家一定要～，别跟那家用电器的风，一旦失手，我们可就要血本无归了。

【舍短录长】 shě duǎn lù cháng

[释义] 见"舍短取长"。[语见] 宋·朱熹《丞相魏国陈正献公行状》："谓宜广收博采，舍短录长，用之绳墨之外，责以事业之成，勿拘小节，勿课近效。"[例句] 我们～地去外面请人设计，虽然要增加一些成本，但是我们的总体利润会大幅度增长，所以希望得到大家的支持。

【舍短取长】 shě duǎn qǔ cháng

[释义] 指舍弃或不计较其短处，而录用其长处。[语见] 汉·班固《汉书·艺文志》："若能修六艺之术，而观此九家之言，舍短取长，则可以通万方之略矣。"[例句] 他虽然有些小毛病，但仍不失为一个人才，我们还是～，任用他吧！

【舍短用长】 shě duǎn yòng cháng

[释义] 见"舍短取长"。[语见] 宋·司马光《应诏言朝政缺失》："陛下既全以威福之柄授之，使之制作新法，以利天下，是宜与众共之，舍短用长，以求尽善。"[例句] 小张学的是计算机，我看还是～，把他从财务部调回我们技术部来为好。

【舍己成人】 shě jǐ chéng rén
[释义] 牺牲自己,成全他人。**[语见]**清·石玉昆《三侠五义》第三十八回:"仁兄知恩报恩,舍己成人,原是大丈夫所为。"**[例句]** 编辑工作是有些～的味道,但是,如果尽心尽力地做了,认真体会了,其中却也有莫大的乐趣。

【舍己从人】 shě jǐ cóng rén
[释义] 放弃个人看法,服从公论。也指放弃自己的利益而顺从别人的愿望。**[语见]**《尚书·大禹谟》:"稽于众,舍己从人。"**[例句]** 既然大家都赞成这个意见,我只好～,但是我心里,还是会保留我的意见。

【舍己救人】 shě jǐ jiù rén
[释义] 不惜牺牲自己去拯救别人。**[例句]** 他～的英雄事迹被写成了故事,在群众中广为流传。

【舍己为公】 shě jǐ wèi gōng
[释义] 舍:舍弃。公:公众。为了公共利益而牺牲自己的利益。**[例句]** 郝工一心～,因公殉职,他的事迹在所有员工心灵中,都留下了刻骨铭心的记忆。

【舍己为人】 shě jǐ wèi rén
[释义] 放弃个人利益去帮助别人。**[语见]**《论语·先进》:"夫子喟然叹曰:'吾与点也。'"朱熹注:"曾点之学……初无舍己为人之意,而其胸次悠然,直与天地万物上下同流。"**[例句]** 这种～的精神,足以感天动地。

【舍己芸人】 shě jǐ yún rén
[释义] 芸:同"耘"。比喻放弃自己的修养锻炼而去帮助别人的成长。**[语见]**《孟子·尽心下》:"君子之守,修其身而天下平。人病舍其田,而芸(耘)人之田;所求于人者重,而所以自任者轻。"**[例句]** 多少年来,田先生胸膛里那颗～之心,时时闪烁着耀眼的光芒。

【舍近即远】 shě jìn jí yuǎn
[释义] 见"舍近求远"。**[语见]**《孙子·九地》:"易其居,迁其途。"杜牧注:"易其居,去安从危,迁其途,舍近即远。"**[例句]** 我们之所以～地要去新疆进原

料,根本的原因是那里价格低廉。

【舍近谋远】 shě jìn móu yuǎn
[释义] 见"舍近求远"。**[语见]**南朝宋·范晔《后汉书·臧宫传》:"舍近谋远者,劳而无功;舍远谋近者,逸而有终。"**[例句]** 我们采取这些～的措施的原因,各位都心知肚明,希望大家能默契配合,共同完成好这项工作。

【舍近求远】 shě jìn qiú yuǎn
[释义] 放弃近便的,去找远处的。形容做事不会寻求捷径。**[语见]**明·许仲琳《封神演义》第十八回:"这不是折得你苦思乱想,走投无路,舍近求远,尚望官居一品?"**[例句]** 我也不想～,可是如果我们不这么做,我们的商业机密就可能泄露,我们受到的压力也便会越来越大。

【舍命救人】 shě mìng jiù rén
[释义] 舍弃自己生命以拯救他人。**[例句]** 这战壕里,士兵们不用动员,都纷纷～,不是有多大的奖赏,而是大家都明白,今天你救了别人,明天你就可能被别人拯救。

【舍身求法】 shě shēn qiú fǎ
[释义] 舍身:舍弃自己的肉体,表示无比虔诚。求法:寻求佛法。原指佛教徒不惜牺牲自身,远道求取佛经。后比喻为真理而不惜牺牲个人生命。**[例句]** 当史学家们读到那些～的古代官员的事迹时,心情禁不住变得复杂起来。

【舍身图报】 shě shēn tú bào
[释义] 舍弃生命,图谋报答。指受人大恩,舍弃生命也要给以报答。**[语见]**明·无名氏《鸣凤记·杨公劾奸》:"剩此微躯,皆赖天恩庇,舍身图报,如何敢逡巡迴避。"**[例句]** 你对我有救命之恩,我一定要～。

【舍生存义】 shě shēng cún yì
[释义] 舍弃自身的生命去保存、维护正义的事业。**[语见]**唐·李百药《北齐书·孙搴等传赞》:"赞曰:'彦举驱驰,才高行诐,元康忠勇,舍生存义。'"**[例句]** 史法所以能～,完全是因为他胸中怀着一颗对明朝效忠的心。

【舍生取义】 shě shēng qǔ yì
[释义] 舍:放弃。生:生命。取:求取。义:正义。为正义而不惜牺牲生命。[语见]《孟子·告子上》:"生亦我所欲也,义亦我所欲也。二者不可得兼,舍生而取义者也。"[例句] 无论是谁,只要还有着一丝良知,只要他用心读过了这些～的事迹,他都会感动。

【舍生忘死】 shě shēng wàng sǐ
[释义] 舍弃生命,忘记死亡。形容为了正义,勇敢不怕死。[语见] 元·关汉卿《哭存孝》第二折:"说与俺能争好斗的番官,舍生忘死的家将。"[例句] 奋战在抗洪救灾第一线的士兵们为了让百姓的生命财产少受损失,～,将个人的一切置之度外。

【舍我其谁】 shě wǒ qí shuí
[释义] 舍:除去。除了我,还有谁可以担当呢。多用于形容自负。[语见]《孟子·公孙丑下》:"如欲平治天下,当今之世,舍我其谁也?"[例句] 他对自己的入围似乎蛮有把握,大有～的劲头儿。

【舍正从邪】 shě zhèng cóng xié
[释义] 丢弃正当的事不做,而去做那邪恶的勾当。[语见] 汉·仲长统《昌言下》:"乃舍正从邪、背道而驰奸,彼独能介然不为,故见贵也。"[例句] 你小子～,已然走上了一条不归之路,当你明白的那一天,便什么都来不及了。

【设谋画策】 shè móu huà cè
[释义] 策划计谋、办法。[例句] 如果没有你的～,公司也许早就倒闭了。

【设身处地】 shè shēn chǔ dì
[释义] 设:假定,设想,假设。身:亲身,自己。处:处在,置于。地:环境,地位。假设自己处在与别人一样不利的地位或环境中,以使自己能从别人的立场或角度看问题。[语见]《礼记·中庸》:"体群臣也。"宋·朱熹注:"体,谓设以身处其地而察其心也。"[例句] 我们都～地为对方想一想,也许就会少一些埋怨,多一些理解和关怀。

【设言托意】 shè yán tuō yì
[释义] 用言语寄寓心意。[语见] 清·曹雪芹《红楼梦》第九回:"每日一入学中,……或设言托意,或咏桑寓柳遥以心照……"[例句] 如今你远在万里之外,我只能～于笔下,然而意长纸短,依然无法将我的思念之情表达万一。

【社稷为墟】 shè jì wéi xū
[释义] 国家破亡而成废墟。指国家被灭亡。[语见] 汉·刘安《淮南子·人间训》:"重耳反国,起师而伐曹,遂灭之。身死人手,社稷为墟。"[例句] ～,国破家亡之际,诗人笔下自然生出了无限的悲凉。

【社稷之臣】 shè jì zhī chén
[释义] 社稷:古代帝王、诸侯所祭祀的土地神和谷神,又常用作国家的代称。旧指辅佐君主安邦治国的栋梁之臣。[语见]《论语·季氏》:"夫颛臾,昔者先王以为东蒙主,且在邦域之中矣,是社稷之臣也,何以伐为?"[例句] 将军身为～,不为国家谋划,只虑及自身安危,也不怕被后人耻笑!

【社稷之器】 shè jì zhī qì
[释义] 国家的栋梁之材。[语见] 三国蜀·诸葛亮《又称蒋琬》:"蒋琬,社稷之器,非百里之才也。"[例句] 国难当头之际,岳飞挺身而出,成为～,他的冤屈,不仅仅是他个人的悲剧,更是历史的悲剧。

【射石饮羽】 shè shí yǐn yǔ
[释义] 饮:隐没。羽:箭尾上的羽毛。箭射进石头里,连箭尾的羽毛也隐没了。形容射箭人的力量很强,射入很深。后形容武艺十分高强。[语见]《吕氏春秋·精通》:"养由基射兕,中石,矢乃饮羽,诚乎兕也。"[例句] 李广有～之力,带兵打仗,身先士卒,遂有胡人"不敢弯弓而抱怨"的边关稳定。

【涉笔成趣】 shè bǐ chéng qù
[释义] 涉笔:动笔或着笔。趣:意味,意趣。形容拿笔一挥就可以创作出很有意味的作品。[例句] 宁先生学识渊博,～,在学界有口皆碑。

S

【赦过宥罪】 shè guò yòu zuì

[释义] 宥：宽容，饶恕。赦免过错，宽恕罪行。[语见]《周易·解》："君子以赦过宥罪。"[例句] 一些杀人越货之徒趁着皇帝新婚对众囚徒～的机会，恢复了旧日的勾当，直闹得镇上鸡飞狗跳、人心惶惶。

【歙漆阿胶】 shè qī ē jiāo

[释义] 歙县之漆和东阿之胶，胶漆相黏，比喻情意投合。[语见] 明·李昌祺《剪灯余话·田洙遇薛涛联句记》："歙漆阿胶忽纷解，清尘浊水何由逢?"[例句] 你想打破他们那如～的关系，恐怕根本办不到。

shen

【伸钩索铁】 shēn gōu suǒ tiě

[释义] 把钩伸直，拉铁成索。形容力大。[语见] 宋·李昉《太平御览》第八十二卷引晋·皇甫谧《帝王世纪》："帝桀淫虐有才力，能伸钩索铁，手搏熊虎。"[例句] 传说中的李元霸天生神力，～，自是不在话下。

【身败名裂】 shēn bài míng liè

[释义] 身：身份，地位。名：名声。败、裂：败坏，毁坏。地位丧失，声名败坏。指作恶的人遭到的可耻的下场。[语见] 宋·辛弃疾《贺新郎·别茂嘉十二弟》词："将军百战身名裂，向河梁、回头万里，故人长绝。"[例句] 据说这个大贪官早年的时候，也是颇有一番抱负，也曾想过要清正廉洁，但是随着官越来越大，人便变得越来越贪婪，直到～的那一天，也终没有止住自己的贪欲。

【身不由己】 shēn bù yóu jǐ

[释义] 身：身体。己：自己。由：顺从，听从。身体不听从自己支配。指行动不能由自己做主，也指思想不能支配身体，失去控制。[语见] 明·罗贯中《三国演义》第七十四回："上命差遣，身不由己。"[例句] 芳子～地随着人流向前走去，一直走到广场中央。

【身不由主】 shēn bù yóu zhǔ

[释义] 见"身不由己"。[语见] 清·钱彩《说岳全传》第六十六回："今既到此间，身不由主，拼着这条命罢!"[例句] 她在地主家做婢女实在是生活所迫，～。

【身不遇时】 shēn bù yù shí

[释义] 指没有遇到好的时机。[语见] 明·沈采《千金记·宵征》："官人身不遇时，且自宁奈。"[例句] 你纵有万般才能，如果没有机遇，～，所有的抱负都只能是梦想罢了。

【身当矢石】 shēn dāng shǐ shí

[释义] 亲自抵挡着敌人的进攻。[语见] 唐·房玄龄等《晋书·王鉴传》："昔汉高、光武二帝，征无远近，敌无大小，必手振金鼓，身当矢石。"[例句] 仗打到最激烈的时候，李陵依然～，冲锋在前，单于见了，也不禁有几分胆寒。

【身寄虎吻】 shēn jì hǔ wěn

[释义] 把身子置于老虎的嘴边。比喻处境极险。[语见] 晋·桓彝《荐谯元彦表》："身寄虎吻，危同朝露。"[例句] 如今你～，危在旦夕，我亦是泥菩萨过河，自身难保，我们能做的，只不过同病相怜而已。

【身价百倍】 shēn jià bǎi bèi

[释义] 身价：自身的价值，指人的社会地位。身价抬高了一百倍。多指不平常的情况。[例句] 自获得了奥斯卡大奖之后，她立即～，请她拍片的导演，络绎不绝。

【身教重于言教】 shēn jiào zhòng yú yán jiào

[释义] 用亲身示范去教导人比用言语去教导人，效果更好。[例句] 母亲目不识丁，说不出什么道理，但是～，她从为人处世的过程中所表现出来的善良和义，对我产生了深远的影响。

【身经百战】 shēn jīng bǎi zhàn

[释义] 身：亲身。经：经历。亲身经历过无数次战斗。[语见] 唐·郎士元《塞下曲》："宝刀塞下儿，身经百战曾百胜。"[例句] 当赵家天子要这些～者交出兵

权时,将军们的心里何尝不复杂,但是天下既定,放马南山的时候到了,再手握重柄,势必引起皇上疑心。

【身临其境】 shēn lín qí jìng
[释义] 身:亲自。临:至、到。亲自到了那个境地。[语见] 清·石玉昆《三侠五义》第六十五回:"及至身临其境,只落得'原来如此'四个大字。"[例句] 这篇游记把黄山写得生动传神,栩栩如生,使我这个从未到过那里的人读起来也有一种~的感觉。

【身名俱泰】 shēn míng jù tài
[释义] 名誉、地位都安稳。形容生活舒适。[语见] 唐·房玄龄等《晋书·石崇传》:"士当身名俱泰,何至瓮牖哉?"注:瓮牖,用破缸做的窗户。[例句] 张廷玉侍奉三代皇上,位高权重,但是处处小心翼翼,因此~,得以善终。

【身贫如洗】 shēn pín rú xǐ
[释义] 穷得如洗过似的。[语见] 元·无名氏《举案齐眉》第一折:"如今梁鸿学成满腹文章,争奈身贫如洗,沿门提笔为生。"[例句] 能在秦琼落魄至~时看出其大英豪气概,这便是徐茂公的过人之处。

【身强力壮】 shēn qiáng lì zhuàng
[释义] 身体强壮,有力气。[语见] 明·施耐庵《水浒传》第十四回:"(晁盖)最爱刺枪使棒,亦自身强力壮,不娶妻室,终日只是打熬筋骨。"[例句] 这几个~的小伙子是我找来给你帮忙的。你有什么事就吩咐吧!

【身轻体健】 shēn qīng tǐ jiàn
[释义] 身体健壮,行动灵活。[语见] 元·无名氏《货郎旦》第三折:"沿路上身轻体健,这搭儿勋乏力软。"[例句] 当~的中国运动员从双杠上跳下来稳稳地立住时,几个裁判不约而同地打出了高分。

【身轻言微】 shēn qīng yán wēi
[释义] 见"人微言轻"。[语见] 南朝宋·范晔《后汉书·孟尝传》:"臣前后七表言,故寺浦太守孟尝,而身轻言微,终不蒙察。"[例句] 海瑞虽知自己~,但是一腔正气使他生出了无穷的力量,无论如

何,也要把这些残害百姓的"父母官"推向刑场。

【身首分离】 shēn shǒu fēn lí
[释义] 指斩首。[语见]《战国策·秦策四》:"身首分离,暴骨草泽。"[例句] 直到~,这些官员可能都没能真正明白,究竟是一种什么样的力量把他们推向了堕落的深渊。

【身首异处】 shēn shǒu yì chù
[释义] 身:身子。首:头。异处:在两处。身子和头不在一处,指被砍头。[语见] 唐·李百药《北齐书·王琳传》:"身首异处,有足悲者。"[例句] 义军内部自相残杀,首领们纷纷~,一段可悲可歌的历史,就这么结束在历史的烟尘之中。

【身死名辱】 shēn sǐ míng rǔ
[释义] 人死了还受到羞辱。[语见] 清·夏敬渠《野叟曝言》第七十六回:"但当以郑忽标题,专写三折,而末折证以鲁桓之求援,而反致身死名辱。"[例句] 张居正在世时权倾一时,政由己出,何等威风,然而其后~,株连九族,恐怕与他生前推行的那些苛刻的政策以及他自身冷漠、多疑的性格不无关系。

【身体力行】 shēn tǐ lì xíng
[释义] 身体:亲身体验。力行:尽力去做。亲自体验,尽力实行。[语见] 汉·刘安《淮南子·氾论训》:"故圣人以身体之。"《礼记·中庸》:"力行近乎仁。"[例句] 对于公司的制度,领导要~,不能有官僚作风。

【身退功成】 shēn tuì gōng chéng
[释义] 见"功遂身退"。[语见] 宋·张君房《云笈七签》第五十六卷:"人生则陷身,身退功成,遂结婴,尚未可,何况空废弃。"[例句] 张良在天下初定之际~,也许他早就看出了韩信的必然结局。

【身亡命殒】 shēn wáng mìng yǔn
[释义] 身、命:生命。亡、殒:死亡。指人死亡。[语见] 清·曹雪芹《红楼梦》第三十三回:"宝玉素日虽然口角伶俐,此时一心却为金钏儿感伤,恨不得也身亡命殒。"[例句] 当这位可怜的公主在大漠~

S

的时候,她的祖国还有人记得因她的和亲而换回的几十年边关安宁吗?

【身微命贱】 shēn wēi mìng jiàn
[释义] 身:身份。微:低微。贱:卑贱。身份低微,命运不好。[语见] 唐·韩愈《袁州刺史谢上表》:"……又蒙赦其罪累,授以方州,德至恩弘,身微命贱,无阶答谢。"[例句] 我自知自己～,担当不起如此重任,您还是另择高明吧!

【身无长物】 shēn wú cháng wù
[释义] 形容人除自身外,东西极少。[语见] 清·华伟生《开国奇冤·腾义》:"好在我身无长物,就带了那管秃笔,跑到了上海地方,东涂西抹,藉资糊口。"[例句] 独在异乡～的他,因为有了这么多热心人的帮助,顺利地渡过了难关。

【身无寸缕】 shēn wú cùn lǚ
[释义] 缕:线。身上没有一寸线。形容没有衣穿,极其穷困。[语见] 宋·无名氏《张协状元》第四十三出:"大雪下身无寸缕,投古庙泪珠涟涟。"[例句] 夜月之下,一群～的边民倚长城而坐,看一眼,便觉异常辛酸。

【身先士众】 shēn xiān shì zhòng
[释义] 见"身先士卒"。[语见] 五代后晋·刘昫等《旧唐书·李密传》:"公当身先士众,早定关中,乃欲自尊崇,何示人不广也!"[例句] 李陵纵然～,奋勇拼杀,奈何匈奴兵精将勇,为拯救跟随自己多年的部属的生命,不得不折节投降。

【身先士卒】 shēn xiān shì zú
[释义] 身:亲身,亲自。先:在前面。士卒:士兵。打仗时,将帅亲自冲在士卒的前面。现指领导起带头作用,走在群众前面。[语见] 唐·房玄龄等《晋书·刘琨传》:"臣当首启戎行,身先士卒。"[例句] 在抗洪救灾斗争中,指挥部要求各级领导不能只坐在办公室里发号施令,而是要出现在第一线,～,做出表率。

【身心交病】 shēn xīn jiāo bìng
[释义] 交:并,一齐。病:疲惫。身体、精神都疲惫不堪。[例句] 我在～的岁月

里,很多好心人都来帮助我。

【身心交瘁】 shēn xīn jiāo cuì
[释义] 瘁:劳累。身体精神都过度劳累。[例句] 见到茹君时,她已～,昔日的激情已荡然无存了。

【身自为之】 shēn zì wéi zhī
[释义] 亲自去做到它。[语见] 清·褚人获《隋唐演义》第八十二回:"那奚落他的人,昔日肆口乱道诽谤之言,至今日一一身自为之。"[例句] 周兴自己"创造"的刑法,最终由自己～,这真是报应!

【深藏若虚】 shēn cáng ruò xū
[释义] 深藏:隐藏得很深。虚:空。把宝货隐蔽得很深,表面上好像空无所有。比喻有修养、有造诣的人,外表看总是十分谦让。[语见] 汉·司马迁《史记·老子韩非列传》:"良贾深藏若虚,君子盛德,容貌若愚。"[例句] 真看不出来,你还是个～的高人。

【深藏远遁】 shēn cáng yuǎn dùn
[释义] 藏身于深密之处,远远地离开人群。指逃避尘世而隐居。[语见] 宋·杨万里《论相上》:"古之君子之相其君,亦不敢犯天下之所不许,天下不许而君许之,君子有深藏远遁,以自脱天下之讥而已。"[例句] 他官场失意后,～,过着隐居的生活。

【深仇大恨】 shēn chóu dà hèn
[释义] 形容仇恨极深极大。[例句] 两国之间并无～,但是现在却因为边境一座油田而兵戎相见,从而给世界的和平带来重大的负面影响。

【深根固柢】 shēn gēn gù dǐ
[释义] 柢:树根。形容根基深固,不可动摇。[语见]《老子》第五十九章:"有国之母,可以长久,是谓深根、固柢、长生久视之道。"[例句] 李渊父子在太原经营多年,已羽翼丰满,～,并逐渐形成了对隋朝统治的巨大威胁。

【深根固蒂】 shēn gēn gù dì
[释义] 见"深根固柢"。[语见] 晋·左思《魏都赋》:"剑阁虽嶝,凭之者蹶,非所以深根固蒂也。"[例句] 刘伯温给朱元璋

的战略规划，是先在以南京为核心的南方建立稳固的根据地，等力量壮大，～的时候，再图北伐。

【深更半夜】shēn gēng bàn yè
[释义] 见"三更半夜"。[语见] 元·李文蔚《燕青博鱼》第三折："兄弟，深更半夜，你唤我做什么？"[例句] 虽然已是～，但是工地上仍然灯火通明，工程仍在有条不紊地进展着。

【深耕易耨】shēn gēng yì nòu
[释义] 易耨：勤锄杂草。形容勤于精耕细作。[语见]《孟子·梁惠王上》："省刑罚，薄税敛，深耕易耨，壮者以暇日，修其孝悌忠信。"宋·朱熹注："易，治也；耨，耘也。"[例句] 农民们～，经过一年的辛勤劳动，终于获得了丰收。

【深沟高垒】shēn gōu gāo lěi
[释义] 挖深壕沟，筑高壁垒。指坚固的防御工事。[语见]《韩非子·说林下》："将军怒，将深沟高垒；将军不怒，将懈怠。"[例句] 虽然只有不到两万军队，但是凭借～，起义军还是成功地将官军阻击住了。

【深沟坚壁】shēn gōu jiān bì
[释义] 见"深沟高垒"。[语见] 唐·房玄龄等《晋书·王鉴传》："要害之地，勒劲卒以保之；深沟坚壁，按精甲而守之。"[例句] 纵然有～，铜墙铁壁，但是因为失去了民心，王朝很快便灰飞烟灭了。

【深沟坚垒】shēn gōu jiān lěi
[释义] 见"深沟高垒"。[语见] 清·赵尔巽《清史稿·伊尔登传》："伊尔登当城东迤南，深沟坚垒，环而守之，卒以破敌。"[例句] 敌人据守临汾，妄图凭借～，争取时间，但是仗真正打了不到半天，城池便已告破。

【深计远虑】shēn jì yuǎn lù
[释义] 见"深思远虑"。[语见] 宋·苏轼《谏买浙灯状》："顷者诏旨裁减皇族恩例，此实陛下至明至断，所以深计远虑，割爱为民。"[例句] 我提醒大家，我们这次的重大举措，关系到我们的存亡，所以希望大家务必～，把风险降到最低。

【深居简出】shēn jū jiǎn chū
[释义] 简：少。原指野兽隐藏在深山中，很少出来。后用以指人总是深居家中，很少出门。[语见] 宋·秦观《谢王学士书》："自摈弃以来，尤自刻励，深居简出，几不与世人相通。"[例句] 省长退休之后，～，除了到最亲的几个亲戚家里走一走外，几乎就不出门。

【深厉浅揭】shēn lì qiǎn qì
[释义] 厉：不脱衣服涉水。揭：提起衣裳。涉深水时就连着衣服下去，涉浅水时就提起衣裳过去。（因深水中撩衣也无用。）意思是要因时制宜，根据具体情况办事。[语见]《诗经·邶风·匏有苦叶》："深则厉，浅则揭。"[例句] 你的想法不可谓不好，但是，你缺乏对我们这里具体情况的足够研究，因而策略并不～，恕我们难以采纳。

【深明大义】shēn míng dà yì
[释义] 明：清楚。大义：大道理。深深地懂得大道理。[例句] 先生～，为了国家的利益，不惜倾家荡产，实在令人敬仰。

【深谋远虑】shēn móu yuǎn lù
[释义] 谋划考虑得非常深远、周密。[语见] 汉·贾谊《新书·过秦论》："深谋远虑，行军用兵之道，非及曩时之士也。"[例句] 如果没有顾问班子的～，也许整个集团早已分崩离析了。

【深谋远略】shēn móu yuǎn lüè
[释义] 见"深谋远虑"。[语见] 明·无名氏《吴起敌秦》第二折："举贤荐士，文武英才，深谋远略。"[例句] 我的这些想法算不上～，但是我所提出的几个特别要加以注意的地方，事实上正是我们最薄弱的环节。

【深谋远猷】shēn móu yuǎn yóu
[释义] 见"深谋远虑"。[语见] 唐·房玄龄等《晋书·元帝纪》："陛下明并日月，无幽不烛，深谋远猷，出自胸怀。"[例句] 有大将军的冲锋陷阵，有军师的～，他们这支军队哪有不胜的道理？

【深情厚谊】shēn qíng hòu yì
[释义] 深厚的情谊。[例句] 真的没有

S

想到,她们之间那看似牢不可破的～,一旦到了具体的利益面前,竟然如此不堪一击!

【深入浅出】shēn rù qiǎn chū
[释义]阐述的道理很深刻,而使用的语言却浅显易懂。一作"浅出深入"。[例句]王老师通过不断把一些短小古文～地讲给大家的方法,不但拓宽了学生的知识面,还增强了学生学习古文的兴趣。

【深山穷谷】shēn shān qióng gǔ
[释义]山的深处,谷的尽头。指荒远偏僻的山野。[语见]宋·朱熹《乞将衢州义仓米粜济状》:"但缘连遭荒旱,民情嗷嗷,艰得钱物,深山穷谷,僻远小民,委是无钱籴米。"[例句]二十日晚上,我们开始进入大山,可是连续在～转了三天,都始终没有发现野人的踪迹,最后,不得不提前撤离了。

【深识远虑】shēn shí yuǎn lǜ
[释义]有深广的见识,长远的考虑。[语见]南朝宋·范晔《后汉书·杜林传》:"古之明王,深识远虑,动居其厚,不务多辟,周之五刑,不过三千。"[例句]早在三年前,董事会便已制定了具有～的战略决策,从而使公司安然渡过了本次金融危机。

【深思熟虑】shēn sī shú lǜ
[释义]熟:仔细。形容深入细致地思考。[语见]北齐·魏收《魏书·程骏传》:"且攻守难易,则力悬百倍,不可不深思,不可不熟虑。"[例句]所有选题,领导班子都已经经过了～,希望大家尽心去做就是。

【深思远虑】shēn sī yuǎn lǜ
[释义]想得很深,考虑得很远。[语见]汉·班固《汉书·师丹传》:"发愤懑,奏封事,不及深思远虑,使主簿举,漏泄之过不在丹。"[例句]战场上的情况,瞬息万变,所以在制定作战方案——哪怕是制定一个小得不能再小的战斗方案时,也必须～,将各种可能情况都要考虑到,否则,那就是流血和牺牲。

【深图远虑】shēn tú yuǎn lǜ
[释义]见"深谋远虑"。[语见]汉·仲长统《昌言下》:"又况愚人之愚,而望其遵巡正路,谦虚节俭,深图远虑,为国家校计者乎。"[例句]朱元璋虽然出身贫寒,学识不高,但是他绝非池中之物,而是早就有了～。

【深文周纳】shēn wén zhōu nà
[释义]深文:苛刻地制定或援用法律条文。周纳:罗织,构陷。严苛地援用法律条文,罗织罪名,构陷他人。[语见]汉·司马迁《史记·酷吏列传》:"(张汤)与赵禹共定诸律令,务在深文。"汉·班固《汉书·路温舒传》:"上奏畏却,则锻炼而周纳之。"[例句]隋炀帝后期,苛税繁重,～,人民的反抗已势所难免。

【深恶痛嫉】shēn wù tòng jí
[释义]厌恶、痛恨到极点。[语见]清·夏敬渠《野叟曝言》第三十八回:"汝弟平日所深恶痛嫉者,是异端惑世……"[例句]王安石变法极大地触犯了保守势力的利益,从而使他自己被保守势力～。

【深恶痛绝】shēn wù tòng jué
[释义]深、痛:表示程度深。绝:决绝。表示极端地厌恶。[语见]元·王实甫《西厢记》第三本第四折金圣叹批:"不言谁送来与先生者,深恶而痛绝之至也。"[例句]对这些淳朴的村民来说,小偷小摸那绝对是被～的,所以我尽管已经饿得都快晕过去,面前就是熟透了的苹果,可是我一个外乡人还是不敢伸一个指头。

【神不守舍】shén bù shǒu shè
[释义]神:精神,思想。舍:本指房子,这里指人的躯体。形容人心神不安。参看"魂不守舍"。[语见]清·纪昀《阅微草堂笔记·姑妄听之一》:"盖疲困之极,神不守舍,真阳飞越,遂志离魂。"[例句]他坐在那里,～,脸上不断冒出汗水,一看就知道他心中有鬼。

【神不知鬼不觉】shén bù zhī guǐ bù jué
[释义]比喻行事不为人所知,非常隐秘。[语见]元·无名氏《冤家债主》第二折:

"这烦恼神不知鬼不觉,天来高地来厚。"[例句]我们～地溜到了老师背后,然后一起大喊,吓了老师一大跳。

【神采飞扬】shén cǎi fēi yáng
[释义]脸上的神态焕发有神。[例句]呵,看你那～的样子,是怀里揣了什么金元宝?

【神采焕发】shén cǎi huàn fā
[释义]脸上神态十分有光彩。[语见]明·宋濂等《元史·赵孟𫖯传》:"孟𫖯才气英迈,神采焕发,如神仙中人。"[例句]～的女兵,每天都要从军营营房前整齐走过,从而形成了一道独特的风景。

【神采奕奕】shén cǎi yì yì
[释义]神采:面部表露出来的神气和光彩。奕奕:精神焕发的样子。形容精神旺盛,容光焕发。[语见]明·姜绍书《无声诗史·许仪》:"(许仪)精篆籀,写花鸟神采奕奕,宛若生动。"[例句]刘大爷～地从屋里出来,一看见分别了几十年的儿时玩伴回来了,高兴得像孩子似的跳了起来。

【神采英拔】shén cǎi yīng bá
[释义]精神气质英伟突出。[语见]唐·姚思廉《陈书·江总传》:"舅昊平光侯萧励,名重当时,特所钟爱。尝谓总曰:尔操行殊异,神采英拔,后之知名,当出吾右。"[例句]～的他往人群中一站,有如鹤立鸡群。

【神差鬼使】shén chāi guǐ shǐ
[释义]见"鬼使神差"。[语见]明·东鲁古狂生《醉醒石》第九回:"总是王四穷凶极恶,天理必除,故神差鬼使,做出这样勾当。"[例句]真是～,我怎么会在半夜出门走一圈呢?

【神出鬼没】shén chū guǐ mò
[释义]出:出现。没:消失。原比喻用兵神奇迅速。也比喻灵活巧妙、变化多端。后多用于比喻行动诡秘、难以捉摸。[语见]明·无名氏《伐晋兴齐》第二折:"论此人兵法鲜有,才艺无双,运筹帷幄,神出鬼没,人莫能窥。"[例句]几个～的武林高手在城中一闹,害得九门提督

彻夜难眠。

【神出鬼入】shén chū guǐ rù
[释义]见"神出鬼没"。[语见]清·文康《儿女英雄传》第十四回:"褚一官是怕得神出鬼入,只有他个女儿降的住他。"[例句]游击队员在中原大地上～,打得侵略军防不胜防。

【神道设教】shén dào shè jiào
[释义]神道:神明之道。指关于神鬼祸福的道理。设:设置,安排。指用神鬼祸福的迷信说教来对人民进行精神统治。[语见]南朝宋·范晔《后汉书·隗嚣传》:"望至,说嚣曰:'足下欲承天顺民,辅汉而起,……宜急立高庙,称臣奉祠,所谓神道设教,求助人神者也。'"[例句]考察过去的农民起义,大多数都选择了～的方式,其最大原因,则是以此可以迅速形成凝聚力。

【神工鬼斧】shén gōng guǐ fǔ
[释义]《庄子·达生》里说:梓庆雕成的木镰,见到的人都很惊奇,认为不是人工所造而好像是鬼神做成的。后来就用"神工鬼斧"形容工艺美术、文艺创作、建筑等方面技艺的精巧,不像人工制成。也作"神工鬼刀"。[例句]从小小的洞口进去,穿过一条窄窄的坑道,最后地势渐平,一座地下宫殿赫然出现在面前,有如～,让人惊叹不已。

【神工妙力】shén gōng miào lì
[释义]形容功夫极其高超,几乎非人力所能为。[语见]宋·李清臣《钦圣宪肃皇后哀册文》:"譬如娲皇,神工妙力,炼石补天。"[例句]在岩壁上建造这样一座宏伟的建筑,该有怎样的～呢?

【神鬼不测】shén guǐ bù cè
[释义]神灵鬼怪都不能揣度,形容事情极其隐秘奇异。[语见]元·郑光辉《伊尹耕莘》第三折:"贤士展神鬼不测之机,兴一旅之师,辅佐公子,以成大事。"[例句]天才刚刚亮,一支军队～地占领了居庸关,北京城尽在眼底。

【神鬼莫测】shén guǐ mò cè
[释义]见"神鬼不测"。[语见]明·凌濛

初《初刻拍案惊奇》第二十四卷："那僧徒收拾净尽,安贮停当,放心睡了。自道神鬼莫测,岂知天理难容。"[例句] 诸葛亮用兵,～。

【神鬼难测】 shén guǐ nán cè
[释义] 见"神鬼不测"。[语见] 明·无名氏《伐晋兴齐》第四折："这龙韬虎略,神鬼难测。"[例句] 黄巢的游击战术,使军队来去如风,行踪～。

【神嚎鬼哭】 shén háo guǐ kū
[释义] 见"鬼哭狼嚎"。[语见] 元·无名氏《马陵道》第二折："可怎生神嚎鬼哭,雾惨云昏,白日为幽。"[例句] 走过阴森森的牢房,一片～,直听得人心里发紧。

【神乎其神】 shén hū qí shén
[释义] 神:神奇,神秘。乎:古代形容词的词尾。其:古代形容词词头。形容十分神奇。也指故弄玄虚,显得很神秘。[语见] 清·李汝珍《镜花缘》第九十二回："师母这双慧眼,真是神乎其神,此珠果是大蚌腹中之物。"[例句] 别把她说得～,难道她真能前算五百年,后算五百年,果真如此的话,她能把她自己的命运算得一清二楚吗?

【神会心契】 shén huì xīn qì
[释义] 互相之间内心理解并相投合。[语见]《宣和书谱·行书六·王安石》："京从兄襄深悟厥旨,其书为本朝第一。而京独神会心契,得之于心,应之于手,可与方驾。"[例句] 虽然人人都说这画画得很好,但是能对画的神髓～者,实在寥若晨星。

【神昏意乱】 shén hūn yì luàn
[释义] 见"心烦意乱"。[语见] 清·李心衡《金川琐记·陈生》："生有事他适,旬余始返,急往探询,则屋宇锁闭,盖厥媪已于三日前挈女迁徙矣。问所往,俱无知者。神昏意乱,木立不复能动。"[例句] 我才说到一半,她便已～,心理防线几乎都快崩溃了。

【神魂颠倒】 shén hún diān dǎo
[释义] 神魂:神志。心神恍惚,神志不清。形容对人或事过分迷恋,以致失去常态。[语见] 明·无名氏《女贞观》第三折："怎禁它凤求凰良夜把琴调,咏月嘲风诗句挑,引的人神魂颠倒。"[例句] 为了写好小说的结尾,他日思夜想,在外人看来,几乎有些～了。

【神魂飞越】 shén hún fēi yuè
[释义] 精神飞出体外。指精神恍惚,神志不定。[语见] 宋·王禹偁《谢加朝请大夫表》："涕泗纵横,乱于縻缍,神魂飞越,若在烟霄。"[例句] 一次遇险,便使人都～了,我到现在还心有余悸。

【神魂撩乱】 shén hún liáo luàn
[释义] 形容心神不定。[语见] 宋·杨泽民《夜游宫》："致得心肠转,教令得神魂撩乱。"[例句] 他终日～,不知发生了什么事。

【神魂飘荡】 shén hún piāo dàng
[释义] 见"神魂摇荡"。[语见] 明·胡文焕《群音类选·诸腔类·集贤宾》："思往事泪淋漓,坐不稳神魂飘荡,睡不宁鬼病禁持。"[例句] 听着如此美妙的仙乐,我早已～了!

【神魂摇荡】 shén hún yáo dàng
[释义] 心神恍惚,难以把握。[语见] 明·凌濛初《二刻拍案惊奇》第八卷："沈将仕看见李三情状,一发神魂摇荡。"[例句] 西湖一游,令人～。

【神机妙策】 shén jī miào cè
[释义] 神妙莫测的计策。[语见] 元·无名氏《连环计》第一折："待教我神机妙策苦搜求,怎做的姜子牙能伐纣,张子房会兴刘。"[例句] 多亏了大人的～,否则,我等早已死无葬身之地了。

【神机妙算】 shén jī miào suàn
[释义] 神:神奇。机:心机。算:谋划。神奇的机智,巧妙的谋划。形容谋计十分高明。[语见] 宋·赵佶《念奴娇》："妙算神机,须信道,国手都无勍敌。"[例句] 如果不是军师的～,恐怕我们早已中了敌人的埋伏了。

【神机妙用】 shén jī miào yòng
[释义] 见"神机妙算"。[语见] 明·凌濛

初《二刻拍案惊奇》第三十九卷："只有狱卒心里明白,伏他的神机妙用,受过重贿,再也不敢说破。"[例句]哈哈,他敢前来,我早有～,他不过来送死罢了。

【神来之笔】shén lái zhī bǐ
[释义]创作时似受神灵启示而产生的极佳文句。形容作品极其精彩。[语见]清·吴趼人《二十年目睹之怪现状》第三十七回："这三张东西,我自己画的也觉得意,真是神来之笔。"[例句]画中上方那淡淡的一抹,被他视为～,但是在我这外行看来,几乎毫无味道。

【神劳形瘁】shén láo xíng cuì
[释义]瘁:劳累。精神和身体都极度劳累。[语见]明·许仲琳《封神演义》第三十一回："治诸侯,练士卒,神劳形瘁,有所不恤。"[例句]汪县长过度操劳,～,人显得格外苍老,全然看不出他才四十出头。

【神龙见首不见尾】shén lóng jiàn shǒu bù jiàn wěi
[释义]形容时时隐现,不见全貌,神秘难测。比喻有才能的人,行踪神秘,不露真相。[语见]清·赵执信《谈龙录》："司寇哂之曰:'诗如神龙,见其首不见其尾,或云中露一爪一鳞而已,安得全体是雕塑绘画者耳。'"[例句]此人～,你要问他的想法,就耐心找上三个月再说吧。

【神眉鬼道】shén méi guǐ dào
[释义]见"神气活现"。[例句]他～地在前面大讲特讲成功经验,其实谁都明白,他的那些"经验",全都是从书上来的。

【神谋妙策】shén móu miào cè
[释义]见"神机妙策"。[语见]明·张凤翼《红拂记·天涯知己》:"元帅神谋妙策,周悉无遗。"[例句]大家不必慌乱,我自有～。

【神谋妙算】shén móu miào suàn
[释义]见"神机妙算"。[语见]清·夏敬渠《野叟曝言》第一百零八回:"文爷神谋妙算,真服死人。"[例句]赤壁之战后,周瑜不得不佩服孔明的～。

【神谋魔道】shén móu mó dào
[释义]道:料,想。指思考问题神奇莫测。[语见]清·文康《儿女英雄传》:"他心里又神谋魔道的想起甚么来了。"[例句]你脑子也太简单了,他那么～地说点什么,你竟都全部信以为真。

【神怒鬼怨】shén nù guǐ yuàn
[释义]作恶多端,使鬼神都为之愤怒。[语见]明·许仲琳《封神演义》第二十七回:"皇后谏陛下造此惨刑,神怒鬼怨,屈魂无申。"[例句]秦始皇的残暴统治,～,农民起义势所难免。

【神怒民痛】shén nù mín tòng
[释义]天神愤怒,百姓痛恨。形容作恶太甚,引起极大愤怒。[语见]《晏子春秋·外篇七》:"不思谤讟,不惮鬼神,神怒民痛,无悛于心。"[例句]隋炀帝三下扬州,劳民伤财,～。

【神怒民怨】shén nù mín yuàn
[释义]见"神怒民痛"。[语见]明·冯梦龙《东周列国志》第六十八回:"师旷退,谓羊舌肸曰:'神怒民怨,君不久矣!'"[例句]魏忠贤残害忠良,～。

【神怒人弃】shén nù rén qì
[释义]指罪恶极大,以致天神震怒,被百姓抛弃。[语见]唐·柳泽《论时政书》:"权倖人主,威震天下,然怙侈灭德,神怒人弃。"[例句]路易十六逆天行事,～,最终被送上了断头台。

【神怒人怨】shén nù rén yuàn
[释义]见"神怒民痛"。[语见]唐·房玄龄等《晋书·殷浩传》:"神怒人怨,众之所弃。倾危之忧,将及社稷。"[例句]水能载舟,亦能覆舟,统治若到了～的地步,改朝换代的时候便也到了。

【神怒天诛】shén nù tiān zhū
[释义]形容罪大恶极,神灵震怒,天意欲加诛杀。[语见]唐·欧阳詹《暗室箴》:"天下长懵,神实正直,神怒天诛,未始有极。"[例句]法西斯与人类为敌,～,其结局在一开始便已注定。

【神气活现】shén qì huó xiàn
[释义]神气:得意而傲慢的样子。活现:

生动逼真地表现出来。形容自以为优越而表现出傲慢的样子。[例句]儿子～地走在街道上,做大将军模样,引得全家人哈哈大笑。

【神气自若】shén qì zì ruò
[释义]见"神色自若"。[例句]邵经理～地靠在门上,好像那去无踪迹的款项与他毫无干系似的。

【神清骨秀】shén qīng gǔ xiù
[释义]形容神采清朗,人品俊秀。[语见]明·陆采《明珠记·买药》:"我见神清骨秀气飘萧,你是神仙,休得假推掉。"[例句]这小孩子生得～,很不一般。

【神情恍惚】shén qíng huǎng hū
[释义]神志不清,心神不定。[语见]北齐·魏收《魏书·侯莫陈悦传》:"悦自杀岳后,神情恍惚。"[例句]噩耗传来,一连几天汪蔚都～,不出十天,已然形销骨立。

【神情自若】shén qíng zì ruò
[释义]见"神色自若"。[例句]即使面对刺刀,他们仍然～,谈笑风生。

【神人共悦】shén rén gòng yuè
[释义]天神和凡人都感到高兴。多形容太平景象。[语见]明·无名氏《群仙朝圣》第三折:"第一来圣主更仁慈,第二来群仙添寿考,因此上神人共悦贺皇朝。"[例句]汉朝初期的几位皇帝,都采用休养生息政策,～,天下太平。

【神人鉴知】shén rén jiàn zhī
[释义]鉴:审察。天神和凡人都察知。多用为起誓时表白之辞。[语见]明·朱鼎《玉镜台记·新亭流涕》:"一点丹衷,神人鉴知。"[例句]岳飞仰天长叹:"我精忠报国,耿耿之心,～!"

【神色不动】shén sè bù dòng
[释义]神态脸色不露惊慌之状。形容遇事极为镇静。[语见]宋·释道原《景德传灯录·荆南白马昙照禅师》:"和尚当时被节度使抛向水中,神色不动,如今何得恁么地?"[例句]洪水滚滚而来,但是村支书～地立在水里,指挥着大家向高处转移。

【神色自若】shén sè zì ruò
[释义]神色:神情。自若:自然,像平常一样。形容遇事镇静,不改常态。[语见]南朝宋·刘义庆《世说新语·雅量》:"(王珣)初见谢(安)失仪,而神色自若。坐上宾客即相贬笑。"[例句]城外炮声隆隆,但是将军仍～地下着围棋,一切皆已成竹在胸。

【神术妙计】shén shù miào jì
[释义]见"神机妙策"。[语见]明·无名氏《阴山破虏》第一折:"今索请李靖军师,至边关用神术妙计可除番虏也。"[例句]你尽管放心前去,我自有～解你的后顾之忧。

【神思恍惚】shén sī huǎng hū
[释义]神思:精神,思绪。恍惚:不稳定,不清楚。形容心神不定,思绪涣散。[语见]清·曹雪芹《红楼梦》第三十二回:"况近日每觉神思恍惚,病已渐成。"[例句]小伍失恋之后,接连几天～,然后竟然一病不起。

【神算妙计】shén suàn miào jì
[释义]见"神机妙策"。[例句]咱现在不急,有师父的～,还怕什么?

【神态自若】shén tài zì ruò
[释义]见"神色自若"。[例句]她～地站在课堂上,还真看不出是个新手。

【神通广大】shén tōng guǎng dà
[释义]神通:原为佛教用语,指无所不能的力量,后指极为高明的本领。指十分高超的本领。也用以形容交际能力强,善于钻营。含贬义。[语见]宋·无名氏《大唐三藏取经诗·入王母地之处第十一》:"师曰:'你神通广大,去必无妨。'"[例句]刘科长可是个～的人物,这天底下还有他办不成的事情?

【神头鬼脸】shén tóu guǐ liǎn
[释义]比喻怪模怪样。[例句]别看那几个小子整天～的,以为那就算艺术家,其实,他们根本就不懂艺术。

【神完气足】shén wán qì zú
[释义]神气十分舒畅。常形容文章首尾贯穿,一气呵成。[语见]清·夏敬渠

《野叟曝言》第九回："文字不相上下,神完气足,俱是作家。"[例句]《滕王阁序》气势恢宏,笔力雄健,～,是不可多得的名篇。

【神仙中人】shén xiān zhōng rén
[释义] 对容貌端美、神态飘逸者的美称。[语见] 唐·房玄龄等《晋书·王恭传》："恭美姿仪,人多爱悦……尝被鹤氅裘,涉雪而行。孟昶窥见之,叹曰:此真神仙中人也。"[例句] 公子一袭白衣,冉冉而来,如～。

【神摇魂荡】shén yáo hún dàng
[释义] 见"神魂摇荡"。[语见] 明·冯梦龙《东周列国志》第九十九回："喜得公孙乾和异人目乱心迷,神摇魂荡,口中赞叹不已。"[例句] 曲子尚未听完,几个年轻人便已～,赞叹不绝了。

【神摇意夺】shén yáo yì duó
[释义] 神:精神。摇:恍惚。意:意念。夺:被夺去。形容神思为某事物所吸引而不能自持。[语见] 清·蒲松龄《聊斋志异·画壁》："朱注目久,不觉神摇意夺,恍然凝思,身忽飘飘,如驾云雾。"[例句] 这美妙的音乐,令听众～,赞不绝口。

【神怡心静】shén yí xīn jìng
[释义] 见"心旷神怡"。[例句] 那几日在乡间小住,山山水水,鸟语花香,令人～,有些乐不思蜀了。

【神州赤县】shén zhōu chì xiàn
[释义] 见"赤县神州"。[语见] 唐·房玄龄等《晋书·武帝纪》："海内版荡,宗庙播迁。帝道王猷,反居文身之俗;神州赤县,翻成被发之乡。"[例句] 当时天下大乱,战火纷纭,～,一片哀号。

【神州陆沉】shén zhōu lù chén
[释义] 陆沉:意思是陆地下陷而沉没。中国大陆沉沦。比喻国土被敌人侵占。[语见] 南朝宋·刘义庆《世说新语·轻诋》："醒公(温)入洛,过淮、泗,践北境,与诸僚属登平乘楼,眺瞩中原,慨然曰:'遂使神州陆沉,百年丘墟,王夷甫(衍)诸人不得不任其责!'"[例句] ～之际,热血之士奋起抗争的事迹,令人流泪,令人深思。

【审己度人】shěn jǐ duó rén
[释义] 先衡量自己,再去估量别人。[语见] 三国魏·曹丕《典论·论文》："盖君子审己以度人,故能免于斯累。"[例句] 我们应当正确地处理同事间的人际关系,要～。

【审时定势】shěn shí dìng shì
[释义] 见"审时度势"。[语见] 唐·吕温《诸葛武侯庙记》："乃知务开济之业者未能审时定势而大顺人心,而克观厥成,吾不信也。"[例句] 如今形势复杂,我们必须～,独辟蹊径,才能使我们立于不败之地。

【审时度势】shěn shí duó shì
[释义] 审:仔细观察。时:时机。度:细致揣摸。势:形势。仔细观察时机,细致揣摸形势。[语见] 明·沈德符《万历野获编·乡试遇水火灾》："刘欲毕试以完大典,俱审时度势,切中事理。"[例句] 你身为公司负责人,必须～,根据实际情况制订工作方案。

【甚嚣尘上】shèn xiāo chén shàng
[释义] 甚:很。嚣:喧闹。尘上:尘土上扬。人声喧闹,尘土飞扬。原形容军营中准备作战的忙乱情景。后形容消息流传很广泛,人们议论纷纷。现常用以指反动言论极为嚣张。[语见]《左传·成公十六年》："楚子登巢车以望晋军。子重使太宰伯州犁侍于王后。王曰:'将发命也,甚嚣,且尘上矣。'"[例句] 真实情况大家都不清楚,但是各种小道消息纷纷传出,大有～之势。

【慎小谨微】shèn xiǎo jǐn wēi
[释义] 见"谨小慎微"。[语见] 清·张廷玉等《明史·章懋传》："古帝王慎小谨微,必矜细行者,正以欲不可纵,渐不可长也。"[例句] 在向旧的传统挑战的时候,别过于～,那将使人的视野和思路受到巨大的限制。

sheng

【升堂入室】shēng táng rù shì
[释义] 升:登上。堂:厅堂。室:内室。

古代的房屋设计,前为堂后为室。登上厅堂,进入内室。比喻学问和技艺由浅入深,达到了很高的境界。[语见]晋·陈寿《三国志·魏书·管宁传》:"娱心黄老,游志六艺,升堂入室,究其阃奥。"[例句]画画能画得像,这仅仅是最基本的技巧,但是要达到一定的境界,创出韵味,那才算开始～。

【生搬硬套】shēng bān yìng tào
[释义]生:生硬。指不顾实际情况,生硬地套用别人的理论、经验、方法。[例句]每一个国家和民族的发展道路,有着她自己的必然性,学只能学其精神,如果～,只能如邯郸学步,最终连自我都完全失去了。

【生不逢辰】shēng bù féng chén
[释义]见"生不逢时"。[语见]《诗经·大雅·桑柔》:"我生不辰,逢天僤怒。"[例句]生命里有一些挫折是难免的,不要整天叹息～,要振作,有希望,万里河山,永远都为人保留一条通天大道。

【生不逢时】shēng bù féng shí
[释义]时:时机。逢:赶上。生下来就没赶上好时机。用以感叹命运不好。[语见]宋·欧阳修等《新唐书·魏元忠传》:"昔汉文帝不知魏尚贤而囚之,知李广才而不用,乃叹其生不逢时。"[例句]他的确很有才华,只可惜～,一生都未得志,最后只落得个郁郁而终的结局,令人为之叹息。

【生不遇时】shēng bù yù shí
[释义]见"生不逢时"。[语见]汉·袁康《越绝书·越绝德序外传记》:"吾先得荣后僇者,非智衰也;先遇明后遭险,君之易移也已矣,生不遇时,复何言哉!"[例句]许多多愁善感的文人墨客总是自以为身有经天纬地之才,总叹息～,抱怨老天不公。

【生财有道】shēng cái yǒu dào
[释义]原指开发财源有办法。后亦指敛钱发财很有办法。[语见]《礼记·大学》:"是故生财有大道,生之者众,食之者寡,为之者疾,用之者舒,则财恒足矣。"[例句]都说你～,今天一看,果然不假,你们公司的经营真是颇有特色,令人耳目一新呀!

【生而知之】shēng ér zhī zhī
[释义]指不用学习,生来就懂。[语见]《论语·季氏》:"生而知之者上也,学而知之者次也。"[例句]任何人都不会是～的,但只要努力地学,没有什么难事。

【生关死劫】shēng guān sǐ jié
[释义]生死关口。[语见]清·曹雪芹《红楼梦》第五回:"这的是昨贫今富人劳碌,春荣秋谢花折磨,似这般生关死劫谁能躲。"[例句]多少年来,我脑海里总会浮现出那～的一幕:我被狼团团围住,生死一线之际,我的猎狗阿黄出现了,狼和狗战在一起……

【生花妙笔】shēng huā miào bǐ
[释义]五代·王仁裕《开元天宝遗事·梦笔头生花》:"李太白少时,梦所用之笔头上生花。后天才赡逸,名闻天下。"后形容优美的文笔。[例句]他没有～,但是,就是那看似粗糙的文字,却表现出了惊人的力量和魅力。

【生寄死归】shēng jì sǐ guī
[释义]寄:寄居。活着好似寄居人间,死去犹如归去。指把生与死看得很寻常。也表现为对人生的旷达态度。[语见]汉·刘安《淮南子·精神训》:"生,寄也;死,归也。何足以滑和。"[例句]你的这篇文章表现了一种～的旷达的人生态度。

【生聚教训】shēng jù jiào xùn
[释义]指失败后刻苦积蓄力量,力求富国强兵之道。[语见]《左传·哀公元年》:"越十年生聚,而十年教训,二十年之外,吴其为沼乎!"[例句]越王～,卧薪尝胆,终于得以报仇雪耻。

【生老病死】shēng lǎo bìng sǐ
[释义]佛家认为生、老、病、死是人生的四苦。今泛指人从生到死的过程。[语见]《仁王经·无常偈》:"生老病死,事与愿违。"[例句]虽说～是人之常情,但奶奶的溘然长逝还是使我悲痛欲绝。

【生离死别】shēng lí sǐ bié
[释义] 活着分离，死后永诀，是人生最悲痛的两件事。指永久的离别。多用来形容在家破人亡的情况下，亲人间的被迫分离。[语见] 唐·姚思廉《陈书·徐陵传》：“况吾生离死别，多历暄寒，媚室婴儿，何可言念。”[例句] 还有什么比亲人的～更令人心碎的呢？

【生灵涂炭】shēng líng tú tàn
[释义] 生灵：指百姓。涂：烂泥。炭：炭火。老百姓陷于泥潭，坠于火坑。比喻人民处于极其痛苦的境地。[语见]《尚书·仲虺之诰》：“有夏昏德，民坠涂炭。”[例句] 五代十国时期，神州赤县，杀声震天，～。

【生龙活虎】shēng lóng huó hǔ
[释义] 形容充满活力。[语见]《朱子全书·理性四·定性》：“只见得他如生龙活虎相似，更把捉不得。”[例句] 高位截瘫的冯旭东看着操场上～的同学，不禁泪如雨下。

【生米煮成熟饭】shēng mǐ zhǔ chéng shú fàn
[释义] 比喻事情已经定局，再也无法挽回、改变。[语见] 清·吴趼人《糊涂世界》第三卷：“现在自己没有见识，娶了过来，是生米煮成了熟饭，便说不得了。”[例句] 你们既然已经～，我还能说什么呢？

【生民涂炭】shēng mín tú tàn
[释义] 见“生灵涂炭”。[语见] 唐·姚思廉《梁书·武帝纪》：“今昏主恶稔，穷虐极暴，诛戮朝贤，罕有遗育，生民涂炭，天命殛之。”[例句] 战火燃遍了整个欧洲，～，就是上苍见了，也会暗自垂泪。

【生命攸关】shēng mìng yōu guān
[释义] 攸：相当于“所”，关系到人的生命。形容事关重大。也作“生死攸关”。[例句] 在这～的时刻，他把生的希望留给了别人，把死的危险留给了自己。

【生气勃勃】shēng qì bó bó
[释义] 生气：也作“生机”，指生命力、朝气。勃勃：旺盛的样子。形容富有朝气，充满活力。[例句] 我推开门，初春的风凉凉地迎面而来，那～的原野上，冬意正一丝一丝地褪去。

【生气蓬勃】shēng qì péng bó
[释义] 见“生气勃勃”。[例句] 老人望着～的孩子，再看一眼春意浓浓的大地，像孩子一样甜甜地笑了。

【生荣死哀】shēng róng sǐ āi
[释义] 活着受人崇敬，死后令人哀痛。常用来称誉生前成就大、名望高的人。[语见]《论语·子张》：“其生也荣，其死也哀。”[例句] 令尊一生，坦坦荡荡，～，亦得其所，万望节哀。

【生杀予夺】shēng shā yǔ duó
[释义] 予：给予。夺：夺取。掌握着生死、予夺的权力。形容有权势的人掌握着能任意处置人民生命财产的权力。[语见] 唐·杜牧《樊川文集·上宣州崔大夫书》：“今藩镇之贵，土地兵甲，生杀予夺，在一出口。”[例句] 他的手中掌握着～的大权，谁敢贸然反抗他呢？

【生杀之权】shēng shā zhī quán
[释义] 操纵着叫人生或死的权力。形容权力很大。[语见] 汉·荀悦《汉纪》第二十八卷：“况郭解之论，以匹夫之细，窃生杀之权，罪不容于诛矣。”[例句] 皇帝把士兵的～交给了主帅。

【生世不谐】shēng shì bù xié
[释义] 谐：和谐，融洽。形容命运不济。[语见] 南朝宋·范晔《后汉书·周泽传》：“生世不谐，作太常妻，一岁三百六十日，三百五十九日斋。”注：斋，斋戒。[例句] 他聪明异常，胸有韬略，然而～，竟至死也未能有所作为。

【生事扰民】shēng shì rǎo mín
[释义] 制造事端，扰乱民众。指故意寻衅闹事，侵害人民。[语见] 清·褚人获《隋唐演义》第七十八回：“那班倚势作威的小人，都要生事扰民。”[例句] 匪徒不断～，直闹得全州境内鸡犬不宁。

【生事微渺】shēng shì wēi miǎo
[释义] 生事：生计，谋生之道。微渺：渺茫。指生活非常艰难。[语见] 明·汤显

祖《牡丹亭·言怀》:"所恨俺自小孤单,生事微渺。"[例句]他这样一个孤儿,在旧社会的确是~,无依无靠。

【生死不渝】shēng sǐ bù yú

[释义]渝:改变。无论活着还是死去都不会改变。形容忠于信念、友谊、盟约等。[例句]他们那~的爱情故事,如今已被广为传诵。

【生死存亡】shēng sǐ cún wáng

[释义]形容情势危急。[语见]五代·王仁裕《开元天宝遗事》下卷:"我婿离家不归,数岁蔑有音耗,生死存亡,弗可知也。"[例句]国难当头,~之际,学子们奋而抗争,谱写了一曲爱国壮歌。

【生死关头】shēng sǐ guān tóu

[释义]指决定生死成败的关键时刻。[例句]就在那~,救兵从天而降,我们都欢呼起来。

【生死攸关】shēng sǐ yōu guān

[释义]见"生死关头"。[例句]在这~的时刻,他心中想的是国家和人民的利益,个人的安危却被他置之度外了。

【生死与共】shēng sǐ yǔ gòng

[释义]生在一起,死在一起,形容情谊很深。[例句]我和几个~的朋友一起攀登雪峰的经历,成了我们这几十年中最难忘的记忆。

【生死之交】shēng sǐ zhī jiāo

[释义]指同生死、共命运的朋友或友谊。[语见]明·无名氏《桃园结义》第三折:"对天盟誓,不求同日生,只愿同日死,结为生死之交。"[例句]刘、关、张结成~,他们的故事在民间广为流传。

【生吞活剥】shēng tūn huó bō

[释义]比喻生硬地套用别人的文辞、言论。[语见]唐·刘肃《大唐新语·谐谑》:"李义府尝赋诗曰:'镂月成歌扇,裁云作舞衣。自怜回雪影,好取洛川归。'有枣强尉张怀庆好偷名士文章,乃为诗曰:'生情镂月成歌扇,出意裁云作舞衣。照镜自怜回雪影,时来好取洛川归。'人谓之谚曰:'活剥张昌龄,生吞郭正一。'"[例句]在文章中引用名人名言是可以的,但要用得适当,千万不可生搬硬套,~。

【生于忧患,死于安乐】shēng yú yōu huàn, sǐ yú ān lè

[释义]忧患能磨炼人,使人发奋,因而得生;安乐使人沉迷享受,丧志怠惰,因而致死。[语见]《孟子·告子下》:"然后知生于忧患而死于安乐也。"[例句]巨大的市场潜力和容量,为我们提供了无限的商机,但是~,不思进取,再多的机会也会从身边白白溜过。

【生张熟魏】shēng zhāng shú wèi

[释义]张、魏:姓,这里泛指人。比喻人的阅历、性格不同。[语见]宋·沈括《梦溪笔谈·艺文三》:"蜀人魏野…后忠愍(寇准)镇北都,召野至门下。北都有妓女,美色而举止生硬,士人谓之生张八。因府会,忠愍令乞诗于野,野赠之诗曰:'君为北道生张八,我是西州熟魏三。莫怪尊前无笑语,半生半熟未相谙。'"[例句]小静生日那天,来了许多朋友,虽然~,但是经过她自己慢慢调动,气氛也逐渐热闹了起来。

【声东击西】shēng dōng jī xī

[释义]声东:在东边佯装声势。击西:在西面实施真正的打击。在东边佯装声势,而真正要打击的是西边。泛指麻痹对方、虚虚实实的一种战术。[语见]唐·杜佑《通典·兵典六》:"声言击东,其实击西。"[例句]我军~的战术使得敌人晕头转向。

【声华行实】shēng huá xíng shí

[释义]声:声誉,声望。华:显耀。行:品行。实:朴实。声望很高,品行朴实。[语见]唐·韩愈《举荐张籍状》:"声华行实,光映儒林。"[例句]欧阳修学识渊博,~,成为当时的文坛领袖。

【声泪俱下】shēng lèi jù xià

[释义]声泪:悲声与泪水。俱:全,都。下:流下来。一边诉说,一边哭泣。形容十分悲伤。[语见]唐·房玄龄等《晋书·王廙传》:"(王彬)因勃然数敦(王敦)曰:'兄抗旌犯顺,谋杀忠良,谋图不轨,祸及

门户。'言辞慷慨,声泪俱下。"[例句]他说到那段惨烈的经历,言辞悲壮,～,在座的人无不动容。

【声名狼藉】 shēng míng láng jí

[释义]声名:名声,声誉。狼藉:杂乱无章,乱七八糟。形容人的名声很不好。[语见]汉·司马迁《史记·蒙恬列传》司马贞索隐:"言其恶声狼藉,布于诸国。"[例句]～的他在省城实在混不下去,只好回老家了。

【声名鹊起】 shēng míng què qǐ

[释义]鹊起:像喜鹊飞起似的。喻指名声大作。形容名声迅速提高。[语见]清·李斗《扬州画舫录·新城北录下》:"先在徐班,以年未五十,故无所表现。至洪班则声名鹊起。"[例句]先前默默无闻的丁丁自从得了小提琴一等奖之后,立即～,前来采访的记者络绎不绝。

【声情并茂】 shēng qíng bìng mào

[释义]声:声音。情:感情。并:全,都。茂:优美丰富。声音很优美,感情很充沛。[语见]清·珠泉居士《续板桥杂记·张玉秀》:"余于王氏水阁听演《寻亲记·跌包》一出,声情并茂,不亚梨园能手。"[例句]不愧为世界著名的女高音,她那～的演唱,给上万的听众带来了无穷的享受。

【声求气应】 shēng qiú qì yìng

[释义]见"同声相应,同气相求"。[语见]宋·陈亮《送叔祖筠州高安簿序》:"声求气应,何以教我!"[例句]两位大诗人一见如故,～,成为时代的双子星座。

【声色货利】 shēng sè huò lì

[释义]声色:指歌舞与女色。货:财货,财物。利:利禄。泛指一切奢侈、庸俗的事物。[语见]清·曹雪芹《红楼梦》第二十五回:"那僧道:'长官有所不知,那"宝玉"原是灵的,只因为声色货利所迷,故此不灵了。'"[例句]哲学需要在冷静、寂寞甚至孤独中培育,一旦沾染了半丝～的气息,哲学的精髓便会在顷刻间荡然无存。

【声色俱厉】 shēng sè jù lì

[释义]声:声音,声调。色:脸色,表情。俱:全,都。厉:严厉。说话的声音和表情都很严厉。形容人非常气愤。[语见]唐·房玄龄等《晋书·明帝纪》:"(王敦)大会百官而问温峤曰:'皇太子以何德称?'声色俱厉,必欲使有言。"[例句]总经理～的讲话,使全公司的人都感到了巨大的压力。

【声色犬马】 shēng sè quǎn mǎ

[释义]声:音乐歌舞。色:美艳女色。犬马:豢养的狗、马等宠物。形容上层社会享乐无度、荒淫无耻的生活。[语见]宋·苏辙《历代论·汉昭帝》:"小人先之,悦以声色犬马,纵之以驰骋田猎,侈之以宫室器服,志气已乱。"[例句]你也不想一想,你所依靠的乃是一帮～之徒,他们能帮你建功立业吗?

【声生势长】 shēng shēng shì zhǎng

[释义]声名越高,势力越大。[语见]唐·韩愈《曹成王碑》:"法成令修,治出张施,声生势长。"[例句]皇帝对于他的～有些不安。

【声势浩大】 shēng shì hào dà

[释义]声势:声威和气势。浩大:盛大。声威和气势非常盛大。[语见]明·施耐庵《水浒传》第六十三回:"如今宋江领兵围城,声势浩大,不可抵敌。"[例句]～的农民运动动摇了封建君主的统治。

【声嘶力竭】 shēng sī lì jié

[释义]声嘶:声音嘶哑。力竭:气力用尽。声音嘶哑,气力用尽。多泛指拼命地叫喊。亦作"力竭声嘶"。[例句]说到最后,他都已经～了,可是听众依然反应漠然。

【声音笑貌】 shēng yīn xiào mào

[释义]说话的声音,谈笑的神态。原指虚饰的言语、表情。后泛指言谈、态度。也作怀念用。[语见]《孟子·离娄上》:"恭俭岂可以声音笑貌为哉!"[例句]老师虽已长眠九泉,但他的～,却时时都会浮现在我眼前。

【声应气求】shēng yìng qì qiú
[释义]应:应和。求:寻找。形容朋友之间志趣相投,像相同的声音互相应和,相同的气味互相融合一样。[语见]明·李贽《富莫富于常知足》:"朋友四方,声应气求,达之至也。"[例句]两位~的文坛巨匠的交往,成为人们津津乐道的佳话。

【声振林木】shēng zhèn lín mù
[释义]声浪振动了树林。形容乐声激越洪亮。[语见]《列子·汤问》:"抚节悲歌,声振林木,响遏行云。"[例句]寺院钟声清冽悠扬,~。

【声罪致讨】shēng zuì zhì tǎo
[释义]声:宣布。宣布对方的罪行而进行讨伐。[语见]《国语·晋语五》:"是故伐备钟鼓,声其罪也。"[例句]王莽立国之后,国事混乱,~的声音和势力,此起彼伏。

【笙歌鼎沸】shēng gē dǐng fèi
[释义]形容乐声歌声热闹非凡。[语见]宋·吴自牧《梦粱录·清明节》:"此日又有龙舟可观,都人不论贫富,倾城而出,笙歌鼎沸,鼓吹喧天。"[例句]他们入了汴梁,只见车水马龙,~,不禁赞叹起这里的富足来。

【绳床瓦灶】shéng chuáng wǎ zào
[释义]绳床:即交椅,也叫"胡床"。瓦灶:土坯炉灶。指简陋的生活用具。形容生活十分贫困。[语见]清·曹雪芹《红楼梦》第一回:"今风尘碌碌,一无事成……所以蓬牖茅椽,绳床瓦灶,并不足妨我襟怀。"[例句]杜甫在成都多年,~,但是其忧国忧民之心,一日未绝。

【绳锯木断】shéng jù mù duàn
[释义]拉绳作锯,能把木头锯断。比喻力量虽小,只要坚持不懈,就能把难以办到的事做成。[语见]宋·罗大经《鹤林玉露》第十卷:"一日一钱,千日千钱,绳锯木断,水滴石穿。"[例句]对未来永远都要抱有希望,~,总有一天你会实现你的梦想。

【绳厥祖武】shéng jué zǔ wǔ
[释义]见"绳其祖武"。[语见]明·汪廷讷《狮吼记·抚儿》:"他志在青云,料非身终白屋,倘能绳厥祖武,庶几不负慈恩。"[例句]前辈们创立基业,几多艰辛,我们当~,发扬光大,万不可不思进取,坐享其成。

【绳其祖武】shéng qí zǔ wǔ
[释义]绳:继续。武:足迹,脚步。跟着祖先的足迹继续前进。比喻继承祖辈的未竟事业。[语见]《诗经·大雅·下武》:"昭兹来许,绳其祖武。"[例句]我们当~,继往开来,更上一层楼,方才对得起这来之不易的机会。

【绳愆纠谬】shéng qiān jiū miù
[释义]绳、纠:纠正。愆:过失。谬:错误。指纠正过错谬误。[语见]《尚书·冏命》:"惟予一人无良,实赖左右前后有位之士,匡其不及,绳愆纠谬,格其非心,俾克绍先烈。"[例句]在不断~的同时,必须不断设立新的目标,否则,既成了"完人",那该去做什么呢?

【绳趋尺步】shéng qū chǐ bù
[释义]绳、尺:原为木匠校量的工具,引申为准则、法度。指举止言行合乎法度。[语见]宋·苏洵《广士》:"虽奴隶之所耻,而往往登之朝廷,坐之郡国,而不以怍。而绳趋尺步,华言华服者,往往反摈弃不用。"[例句]老先生规矩甚多,~,几十年如一日,丝毫不曾有越轨之举。

【绳之以法】shéng zhī yǐ fǎ
[释义]绳:准绳,引申为制裁。以法律为准绳予以制裁。[语见]汉·刘安《淮南子·泰族训》:"若不修其风俗而纵之淫辟,乃随之以刑,绳之以法。"[例句]看到凶凶极恶的歹徒被~,大家都露出了欣慰的笑容。

【省吃俭用】shěng chī jiǎn yòng
[释义]省:节省。俭:节俭。形容生活节俭简朴。[语见]宋·龚明之《中吴纪闻》第六卷附《传》:"(明之)每自谓平日受用,唯一诚字,予尝附益黄山谷(庭坚)语以省吃俭用,号五休居士,今俗节俭者有

此语。"[例句]母亲～,一个人拉扯我们兄弟几个长大成人,其间的艰难苦涩,可想而知。

【省用足财】shěng yòng zú cái
[释义]减省费用,积聚财富。[语见]《国语·晋语四》:"轻关易道,通商宽衣。懋穑劝分,省用足财。"[例句]刘邦关中称王之后,～,积聚力量,只等着有足够的能力向项羽挑战的那一天的到来。

【省欲去奢】shěng yù qù shē
[释义]免掉过分的欲念、去除奢侈。[语见]汉·襄楷《复上书》:"又闻宫中立黄老浮屠之祠,此道清虚,贵尚无为,好生恶死,省欲去奢。"[例句]他一生～,体察民情,成为一代明君。

【胜败乃兵家常事】shèng bài nǎi bīng jiā cháng shì
[释义]乃:是。兵家:用兵的人。常:经常。胜利或失败是用兵的人常常会遇到的事。[语见]五代后晋·刘昫等《旧唐书·裴度传》:"一胜一败,兵家常势。"[例句]不就是一次并不致命的挫折吗?～,你怎么就这么经不得打击?

【胜不骄,败不馁】shèng bù jiāo, bài bù něi
[释义]骄:骄傲。馁:失去勇气。胜利了不骄傲,失败了不气馁。[语见]《商君书·战法》:"王者之兵,胜而不骄,败而不怨。"[例句]希望你们～,稳扎稳打,夺取最后的胜利。

【胜残去杀】shèng cán qù shā
[释义]胜:制服。残:残暴。去:除掉。杀:弄死。儒家所说的用"德"去感化残暴的人,使之不再作恶,使百姓都变得善良,便可废除死刑。[语见]《论语·子路》:"善人为邦百年,亦可以胜残去杀矣。"[例句]大臣劝谏皇上说:"如今天下太平,～,以德为本,重在教化,望圣上三思。"

【胜任愉快】shèng rèn yú kuài
[释义]胜任:能力足以担任。指有充分的能力,轻松愉快地承担任务,做成事情。[语见]汉·司马迁《史记·酷吏列传

序》:"当是之时,吏治若救火扬沸,非武健严酷,恶能胜其任而愉快乎!"[例句]这项工作我很有把握,可以～。

【胜友如云】shèng yǒu rú yún
[释义]胜友:良友。云:云集。指许多有名气的好朋友聚集一堂。[语见]唐·王勃《滕王阁序》:"十旬休暇,胜友如云;千里逢迎,高朋满座。"[例句]据说谢家但凡儿女有婚嫁之事,往往～,席宴如缕,足见其富足。

【盛必虑衰】shèng bì lǜ shuāi
[释义]兴盛时节必须忧虑衰微之时。见"盛不忘衰"。[语见]汉·耿育《上书言便宜因冤讼陈汤》:"且安不忘危,盛必虑衰。"[例句]人无远虑,必有近忧;～,厚积薄发,方可永远立于不败之地。

【盛不忘衰】shèng bù wàng shuāi
[释义]兴盛时不忘记衰败时。形容安不忘危,能深谋远虑。[语见]汉·班固《汉书·匈奴传》:"及孝元时,议罢守塞之备,侯应以为不可,可谓盛不忘衰,安必思危,远见识微之明矣。"[例句]居安思危,～,应是国君的基本素质,可是在众多封建国君中,有几个做到了呢?

【盛极一时】shèng jí yī shí
[释义]盛:兴盛,盛行。一时:一段时间。形容在一段时间内非常兴盛或广泛流行。[语见]明·归有光《沧浪亭记》:"诸子姻戚,乘时奢僭,宫馆苑囿,极一时之盛。"[例句]宋朝时因为皇家的热爱和提倡,"踢球"运动～。

【盛况空前】shèng kuàng kōng qián
[释义]热烈的状况前所未有。[例句]开国大典上,大阅兵,大游行,礼花火炮齐发,～。

【盛名之下,其实难副】shèng míng zhī xià, qí shí nán fù
[释义]名望很大,而实际情况难以与之相称。[语见]南朝宋·范晔《后汉书·黄琼传》:"尝闻语曰:'峣峣者易缺,皦皦者易污。'阳春之曲,和者必寡;盛名之下,其实难副。"[例句]我虽写了一些文章,在学术界有一些影响,常常有一些媒

体前来报道,但是我深知～啊!

【盛气凌人】shèng qì líng rén
[释义]盛气:骄横、傲慢的气势。凌驾,高出。以骄横、傲慢的气势压人。[语见]《元诗纪事·赵孟頫〈讥留梦炎诗〉》:"论рич厉声色,盛气凌人,若好己胜者,刚直太过,故多怨焉。"[例句]我们望着她那狐假虎威、～的样子,心中有说不出来的滋味。

【盛情厚谊】shèng qíng hòu yì
[释义]深厚的情谊。[例句]这些淳朴的乡亲们的～令我永生难忘。

【盛情难却】shèng qíng nán què
[释义]盛情:深厚的情意。却:拒绝,推辞。深厚的情意难以拒绝。[例句]我是想离去,然而～,尤其是他们家九十岁的老人都要留我,我不留下来行吗?

【盛食厉兵】shèng shí lì bīng
[释义]盛:充足。厉:砺,磨。兵:武器。饱餐并磨快武器,准备战斗。[语见]《商君书·兵守》:"壮男之军,使盛食厉兵,陈而待敌。"[例句]敌人近在五里之外,大家务必～,尤其是夜里,千万睁大眼睛,提防敌人偷袭。

【盛衰荣辱】shèng shuāi róng rǔ
[释义]兴盛、衰败、荣耀、耻辱,指人事发展变化的各种情况。[语见]明·方孝孺《文会疏》:"虽盛衰荣辱,所遇难齐,而道德文章,俱垂不朽。"[例句]在国家和人民的利益面前,个人的～又算得了什么呢?

【盛筵难再】shèng yán nán zài
[释义]盛大的宴会难以再逢。比喻美景不可多得。[语见]唐·王勃《滕王阁序》:"胜地不常,盛筵难再。"[例句]小芸默默地退到外面,大厅里辉煌的灯火,却使她只觉得～的悲凉越来越浓。

【盛意难却】shèng yì nán què
[释义]见"盛情难却"。[例句]我推辞了半天,然而还是～。

【剩水残山】shèng shuǐ cán shān
[释义]见"残山剩水"。[语见]唐·杜甫《陪郑广文游何将军山林》诗:"剩水沧江

破,残山碣石开。"[例句]半年之后,这位年迈的大臣回到故国,但见断壁颓井,～,禁不住老泪纵横。

shi

【尸横遍野】shī héng biàn yě
[释义]尸:死尸。横:纵横杂陈。尸体纵横杂乱,遍布山野。形容死亡惨重。[语见]《四游记·东游记》:"一声连珠炮响,四面伏兵尽起,围裹将来,杀得番兵尸横遍野,血流成川。"[例句]"安史之乱"之后,中原大地一片凋零,～,其悲凉的景象,令人惨不忍睹。

【尸鸠之平】shī jiū zhī píng
[释义]尸鸠:又作"鸤鸠",即布谷鸟,旧传它哺育群雏能平均如一。比喻君主、上司公平对待臣民、下属。[语见]《诗经·曹风·鸤鸠》:"鸤鸠在桑,其子七兮。"毛亨传:"鸤鸠之养其子,朝从上下,暮从下上,平均如一。"[例句]据说唐太宗李世民具～,深受百姓爱戴。

【尸居余气】shī jū yú qì
[释义]余气:残存的一点气息。像死尸一样躺着,尚存一口气。亦用以形容人暮气沉沉,碌碌无为。[语见]唐·房玄龄等《晋书·宣帝纪》:"司马公尸居余气,形神已离,不足虑也。"[例句]那些号称股肱之臣的老人,～,守旧顽固,成了革新最大的障碍。

【尸禄素食】shī lù sù shí
[释义]见"尸位素餐"。[语见]三国魏·曹丕《有司奏田畴不受封宜免官加刑议》:"昔蓬敖逃禄,传载其美,所以激浊世,励贪夫,贤于尸禄素食之人也。"[例句]在这个臃肿的机构里,～者比比皆是。

【尸位素餐】shī wèi sù cān
[释义]尸位:空占职位不做事。素餐:白吃饭。指贵族官吏空占职位白吃饭。也用于谦称自己未尽职责。[语见]三国魏·曹植《矫志诗》:"芝桂虽芳,难以饵鱼;尸位素餐,难以成居。"[例句]调查结果显示,如果把所有～的人清理出

去,工作效率会提高一倍以上。

【失败是成功之母】 shī bài shì chéng
gōng zhī mǔ
[释义] 母:先导。指善于从失败中吸取
经验教训,才能成功。[例句] 虽然目前
我们遇到了些挫折,但是～,只要坚持下
去,总有一天我们能够重见光明。

【失而复得】 shī ér fù dé
[释义] 失去而又得到。[语见] 宋·王安
石《原过》:"是失而复得,废而复举也。"
[例句] 经过三天三夜的激战,这座～的
城池的每一寸土地上,几乎都浸渍着
鲜血。

【失魂落魄】 shī hún luò pò
[释义] 落:失散,丢掉。形容极度恐慌。
[语见] 明·凌濛初《初刻拍案惊奇》第二
十五卷:"做子弟的,失魂落魄,不惜余
生。"[例句] 子夜之后,他一个人在漆黑
的街道～地走着,孤独而凄凉。

【失魂丧魄】 shī hún sàng pò
[释义] 见"失魂落魄"。[语见] 元·张国
宾《薛仁贵》第二折:"哎哟儿也自从您投
军出外,我每日回家少精也那无神,失魂
丧魄。"[例句] 当儿子～地来到我面前
时,我知道,他考试又考砸了。

【失惊打怪】 shī jīng dǎ guài
[释义] 见"大惊小怪"。[语见] 明·吴承
恩《西游记》第三十八回:"此时长老还未
睡哩。他晓得行者会失惊打怪的,推睡
不应。"[例句] 她这个人总爱乍乍乎
乎,～的。

【失之东隅,收之桑榆】 shī zhī dōng
yú, shōu zhī sāng yú
[释义] 东隅:指日出之处。桑榆:指日落
之处。比喻此时受到损失,而彼时得到
补偿;这一方面失败,那一方面会胜利。
[语见] 南朝宋·范晔《后汉书·冯异传》:
"始虽垂翅回溪,终能奋翼渑池。可谓失
之东隅,收之桑榆。"[例句] 他因为没有
考上大学而到工厂当了工人。虽然没有
实现他的大学梦,但却写出了一部工
人题材的小说,真可谓～。

【失之毫厘,差之千里】 shī zhī háo
lí, chā zhī qiān lǐ
[释义] 毫、厘:极小的长度单位。开始时
稍微差一点儿,结果会导致极大的错误。
[语见]《大戴礼记·保傅》:"《易》曰:'正
其本,万物理;失之毫厘,差之千里。'故
君子慎始也。"[例句] ～,进行科学实
验,千万不可粗心大意。

【失之交臂】 shī zhī jiāo bì
[释义] 见"交臂失之"。[例句] 由于一
个小小的动作失误,她与体操冠军～了。

【师出无名】 shī chū wú míng
[释义] 师:军队。名:名义,引申为理由。
出兵征讨而没有正当的名义,也指行事
没有正当的理由。[语见] 五代后晋·刘
昫等《旧唐书·萧俛传》:"或纵肆小忿,轻
动干戈,使敌人怨结,师出无名,非惟不
胜,乃自危之道也。"[例句] 楚国虽
然～,但是得到了燕、赵等国的默许,进
军倒也顺利。

【师出有名】 shī chū yǒu míng
[释义] 师:军队。名:名义,理由。指出
兵必须有正当理由。也泛指做事名正言
顺。[语见]《礼记·檀弓下》:"师必有
名。"[例句] 在古代战争中,为了表示自
己～,发动战争的一方常常要发布檄文
来告示天下。

【师道尊严】 shī dào zūn yán
[释义]《礼记·学记》:"凡学之道,严师为
难。师严然后道尊,道尊然后民知敬
学。"原指老师受到尊敬,他所传授的知
识、技能或道理才能得到尊重。后用"师
道尊严"指为师之道尊贵而庄严。
[例句] 封建社会讲究的"～"与我们今天
所讲的尊师重道虽不是同一个概念,却
是有相通之处的。

【师老兵疲】 shī lǎo bīng pí
[释义] 老:衰弱。疲:累乏。指连续用兵
时间太久,人马疲困,士气消沉。[语见]
北齐·魏收《魏书·许谦传》:"慕容无
道,侵我疆场,师老兵疲,天亡期至。"
[例句] 敌人新败,又远道而来,自
然～,这可是天赐良机,我们来一个夜

袭,保证一举获胜。

【师心自任】 shī xīn zì rèn

[释义] 见"师心自用"。[例句] 几个诗人都～,彼此攻击,诗人的斯文气全然不见,这样的气度,实在让人不敢恭维。

【师心自用】 shī xīn zì yòng

[释义] 师心:以心为师。形容固执己见,自以为是。[语见]《陆象山语录》:"学者大病,在于师心自用。"[例句] 他的缺点就是有点～,因此在学术研究上很难听取别人的意见,从而阻碍了自身的进步。

【师直为壮】 shī zhí wéi zhuàng

[释义] 直:理由正直。壮:壮盛,有力量。指出兵理由正当,因而斗志旺盛,战斗力强。[语见]《左传·僖公二十八年》:"师直为壮,曲为老,岂在久乎?"[例句] 我们的军队～,敌军稍做抵抗,便溃不成军。

【诗肠鼓吹】 shī cháng gǔ chuī

[释义] 鼓吹:乐器合奏,借指鸟鸣。意谓鸟声悦耳,可使人萌发写诗的兴致与灵感。[语见] 唐·冯贽《云仙杂记》:"戴颙春携双柑斗酒,人问何之? 曰:'往听黄鹂声。此俗耳针砭,诗肠鼓吹,汝知之乎!'"[例句] 阳春三月,行走于乡间,虽说～,然而想到故国依然战火纷纭,心下愈加黯然。

【诗礼发冢】 shī lǐ fā zhǒng

[释义] 诗礼:《诗经》、《周礼》。一边念着《诗经》和《周礼》,一边去偷坟盗墓。原是讽刺口是心非、言行不一的伪君子作风。[语见]《庄子·外物》:"儒以《诗》、《礼》发冢,大儒胪传曰:'东方作矣,事之何若?'小儒曰:'未解裙襦,口中有珠。'"[例句] 这种～的伪君子作风实在令人唾弃。

【诗情画意】 shī qíng huà yì

[释义] 情:情感。意:意境。诗画中包蕴的情感意境。也指自然景物或事情像诗画所表现的意境那样美好。[例句] 这些充满了～的文字,读得人心潮起伏,久久不能平静。

【诗中有画】 shī zhōng yǒu huà

[释义] 诗:诗意,诗的意境。形容诗歌意境优美。诗歌形象地描写自然景物,有如画的意境,使读者如置身图画之中。[语见] 宋·苏轼《东坡题跋·书摩诘〈蓝田烟雨图〉》:"味摩诘之诗,诗中有画;观摩诘之画,画中有诗。"[例句] 多少年了,一直都不曾见过这等～的文字,现在猛一见到,岂能不惊?

【虱处裈中】 shī chǔ kūn zhōng

[释义] 裈:有裆的裤子。虱子躲在裤子里活着,比喻世俗生活的拘窘局促或见识狭隘。[语见] 晋·阮籍《大人先生传》:"且汝独不见夫虱之处于裈之中乎!"[例句] 我久居乡下,如～,自然见识不丰,但是,我还是以为,最重要的,是人心灵中的善良,有才无德,不如无才。

【施不望报】 shī bù wàng bào

[释义] 施惠于人而不望报答,指轻财仗义。[语见] 晋·陈寿《三国志·吴书·朱治传》:"子才,素为校尉领兵,既嗣父爵,迁偏将军。"裴松之注引《吴书》:"折节为恭,留意于宾客,轻财尚义,施不望报。"[例句] 信陵君礼遇士人,～,投靠他的人越来越多,渐渐形成了一股巨大的力量。

【施丹傅粉】 shī dān fù fěn

[释义] 见"傅粉施朱"。[语见] 明·无名氏《八仙过海》第一折:"更胜似施丹傅粉,果然是万花中惟此特尊。"[例句] 那妇人每日总在临街的窗前～,卖弄风骚。

【施而不费】 shī ér bù fèi

[释义] 给人以恩惠利益,而自己又耗费不多。[语见]《左传·襄公二十九年》:"广而不宣,施而不费。"[例句] 他这个人胸有百万心机,这种～的事情,他焉能不为?

【施谋设计】 shī móu shè jì

[释义] 见"施谋用智"。[语见] 明·无名氏《云台门》头折:"则要您运机筹于家为国,仗英雄施谋设计。"[例句] 为争夺太子位,几位阿哥～,针锋相对,惹得皇上龙颜大怒。

【施谋用计】shī móu yòng jì

[释义] 见"施谋用智"。[语见] 明·黄元吉《流星马》第一折:"凭着你孩儿舌剑唇枪、施谋用计,我稳情取进贡到来。"[例句] 该国的两党之间,明争暗斗,~,无所不用其极。

【施谋用智】shī móu yòng zhì

[释义] 智:智慧,计谋。运用策略计谋。[语见] 明·无名氏《破天阵》第四折:"两阵之间,怎生施谋用智,你说一遍,老夫试听者。"[例句] 他最善于~,陷害他人了。

【十病九痛】shí bìng jiǔ tòng

[释义] 形容身上病很多,感到虚弱难受。[语见] 明·施耐庵《水浒传》第二十四回:"便是老身十病九痛,怕有些山高水低,预先要置办些送终衣服。"[例句] 奶奶八十五了,虽然~,但是脑子还是非常清醒。

【十步芳草】shí bù fāng cǎo

[释义] 比喻处处都有人才。[语见] 汉·刘向《说苑·谈丛》:"十步之泽,必有香草;十室之邑,必有忠士。"[例句] 天下之大,~,不要总是把眼光放在他一个人身上嘛!

【十恶不赦】shí è bù shè

[释义] 十恶:封建时代刑律所定的十种大罪,即"谋反"、"谋大逆"、"谋叛"、"恶逆"、"不道"、"大不敬"、"不孝"、"不睦"、"不义"、"内乱",犯有其中之一者,即便遇到大赦,也不能免罪。详见《隋书·刑法志》。今用来形容罪大恶极。[语见] 元·关汉卿《窦娥冤》第四折:"这药死公公的罪名犯在十恶不赦。"[例句] 当这些~之徒被押上刑场的时候,百姓无不拍手称快。

【十风五雨】shí fēng wǔ yǔ

[释义] 十天一刮风,五天一下雨。形容风调雨顺。[语见] 宋·陆游《村居初夏之四》:"斗酒只鸡人笑乐,十风五雨岁丰穰。"[例句] 这些年~,农民的收入自是大大地增加了。

【十行俱下】shí háng jù xià

[释义] 见"一目十行"。[语见] 唐·姚思廉《梁书·简文帝纪》:"读书十行俱下。九流百氏,经目必记;篇章辞赋,操笔立成。"[例句] 庾信早年的时候,聪明异常,读书~,被邻里视为异人。

【十里洋场】shí lǐ yáng chǎng

[释义] 十里:形容面积较大。旧时的上海租界区因外国人较多,洋货多,故称十里洋场。后特指旧上海。[例句] 当年他在~内是个了不起的风云人物。

【十拿九稳】shí ná jiǔ wěn

[释义] 形容很有把握。[语见] 明·阮大铖《燕子笺·购幸》:"此是十拿九稳,必中的计较。"[例句] 这事交给老刘算是找对人了,他一去,保证~。

【十拿九准】shí ná jiǔ zhǔn

[释义] 见"十拿九稳"。[例句] 小李处事稳当,让他去,事情定会~。

【十年窗下】shí nián chuāng xià

[释义] 见"十年寒窗"。[语见] 元·刘祁《归潜志》第七卷:"古人谓十年窗下无人问,一举成名天下知,今日一举成名天下知,十年窗下无人问也。"[例句] 看你这扬扬得意的样子,恐怕是把那~的所有经历全都忘得干干净净了。

【十年寒窗】shí nián hán chuāng

[释义] 寒窗:指读书之所。形容读书人固守清贫,长期苦读。[例句] 不承受~之苦,就想有今天的学识,实在是天方夜谭。

【十年树木,百年树人】shí nián shù mù, bǎi nián shù rén

[释义] 树:种植,培育。木:树。《管子·权修》:"一年之计,莫如树谷;十年之计,莫如树木;终身之计,莫如树人。"后用"十年树木,百年树人"比喻培养人才是长久之计。也喻指培养人才很不容易。[例句] 所谓~,办教育要有长远的规划,不可急于求成。

【十全十美】shí quán shí měi

[释义] 形容完美无缺。[例句] 人都会有这样或那样的缺点或不足,~的人是

没有的。

【十室九空】shí shì jiǔ kōng
[释义] 室：人家。十户人家中有九家空虚。形容残酷搜刮、严重灾祸造成的贫困、流离或死亡的凄凉景象。[语见] 唐·韩愈《黄家贼事宜状》："杀伤疾患，十室九空；百姓怨嗟，如出一口。"[例句] 那些年天灾不断，兵匪横行，中原之地，已然～，昔年的繁荣都化入了烟尘。

【十鼠同穴】shí shǔ tóng xué
[释义] 比喻坏人聚集，互相争斗。[语见] 晋·陈寿《三国志·魏书·鲍勋传》："帝大怒曰：勋无活分，而汝等敢纵之！收三官已下付刺奸，当令十鼠同穴。"[例句] 大臣们思忖：北齐朝廷～，互相倾轧，我们只要一出兵，定能大获全胜。

【十鼠争穴】shí shǔ zhēng xué
[释义] 见"十鼠同穴"。[语见] 唐·姚思廉《梁书·元帝纪》："侯景奔窜，十鼠争穴，郭默清夷，晋熙附义。"[例句] 同仇敌忾的局面变成了～，起义焉有不败之理？

【十万八千里】shí wàn bā qiān lǐ
[释义] 形容路很远。[语见] 明·吴承恩《西游记》第七回："会驾勤斗云，一纵十万八千里，如何坐不得天位？"[例句] 你的计算与正确结果相差～，赶快检查一下，看看错在哪里了？

【十万火急】shí wàn huǒ jí
[释义] 旧时需要紧急递送的文书常标以此语。形容情况紧急，刻不容缓。[例句] 半夜，一道～的命令传来，十万大军立即开拔，竟然没有弄出让人觉察的声响。

【十羊九牧】shí yáng jiǔ mù
[释义] 十只羊，九个人放牧。比喻民少官多，赋税徭役重。[语见] 唐·刘知几《史通·叙事》："杨令公则云必须直词，宗尚书则云宜多隐恶，十羊九牧，其令难行。"[例句] 那里土地贫瘠，天灾不断，如今～，百姓的生活可想而知。

【十捉九着】shí zhuō jiǔ zháo
[释义] 比喻十分有把握。[语见] 明·施耐庵《水浒传》第二十四回："老身这条

计，是个上着，……端的强如孙武子教女兵，十捉九着。"[例句] 小张在计算机网络领域已做了四年了，这些小问题，他还不～？

【石沉大海】shí chén dà hǎi
[释义] 比喻毫无消息。[语见] 元·马致远《集贤宾·思情》曲："扑通地石沉大海，人更在青山外。"[例句] 我们失散之后，我给妹妹至少写了上百封信，但是都如～，至今不见一丝回音。

【石城汤池】shí chéng tāng chí
[释义] 汤池：指护城河。比喻防守巩固的城池。[语见] 晋·陈寿《三国志·魏书·辛毗传》："兵法称有石城汤池带甲百万而无粟者，不能守也。"[例句] 这座城池凭借天险，即使是天兵天将，也难以突破如此～。

【石破天惊】shí pò tiān jīng
[释义] 原形容箜篌的乐声忽而低沉，忽而高亢，出人意想。后形容音乐、诗文、言论等新奇惊人。或泛指出人意料，使人震惊。[语见] 唐·李贺《李凭箜篌引》："女娲炼石补天处，石破天惊逗秋雨。"[例句] 一声～的巨响之后，大坝坍塌了，洪水呼啸而下，直扑低矮处的村落。

【时不可失】shí bù kě shī
[释义] 失：错过。指办事要抓住良机，不可错过。[语见]《尚书·泰誓上》："尔尚弼予一人，永清四海，时哉弗可失。"《国语·晋语》："时不可失，丧不可久。"[例句] 这次招商会是个好机会，～，我们一定要把握住。

【时不我待】shí bù wǒ dài
[释义] 时：时间，时光。待：等候，等待。时间不会等待我。形容时光之可贵，告诫人们要抓紧时间。[例句]～，年轻人一定要抓紧时间多学知识。

【时不再来】shí bù zài lái
[释义] 时：机会。时机错过，不会重现。谓应抓住机会果断行事。[语见]《国语·越语下》："臣闻之，得时无怠，时不再来，天予不取，反之为灾。"[例句] 你必须意识到机会难得，～，别错过这千载难逢

的机会。

【时乖命蹇】 shí guāi mìng jiǎn

[释义] 时：时运，运道。乖：不顺利，背运。命：命运。蹇：足跛，泛指不顺。时运不济，命运不佳。[语见] 元·乔孟符《金钱记》第三折："大古来布衣走上金銮殿，可甚的笙歌引至画堂前，也是我时乖命蹇。"[例句] 韩信纵有大将之才，但在遇到刘邦之前，总是～，有时甚至连生存都有问题。

【时乖运蹇】 shí guāi yùn jiǎn

[释义] 见"时乖命蹇"。[语见] 明·臧懋循《元曲选·白仁甫〈墙头马上〉二》："早是抱闲怨，时乖运蹇。"[例句] 挫折在生命中并不见得就是坏事，这几年你是有些～，但是扛过去，坚持你的信念和理想，你一定会成功。

【时过境迁】 shí guò jìng qiān

[释义] 时：时间。过：过去。境：环境。迁：改变。时光过去了，环境也发生了改变。[例句] 早些年我们几个过得是何等的快乐，如今～，即使勉强聚到一起，相互之间竟都没什么可交流的了。

【时来运转】 shí lái yùn zhuǎn

[释义] 时：时机、时运。运：运气、命运。转：转化。时机一到，命运就会发生转变。多指命运由坏向好的转变。[语见] 清·褚人获《隋唐演义》第八十三回："然后渐渐时来运转，建功立业，加官进爵，天下后世，无不赞他……"[例句] 这些年你真是～，事业上的成就令同行羡慕啊！

【时移世变】 shí yí shì biàn

[释义] 见"时移世易"。[语见] 唐·白居易《唐淮南节度使李公家庙碑铭序》："朝当晏驾，时移世变，遂出捄高要，佐浔阳。"[例句] 他三十年不曾回国，如今回去，～，儿时的伙伴都老了，有的业已作古，想想都令人心酸。

【时移世易】 shí yí shì yì

[释义] 易：变。时光推移，世事随之改变。[语见] 唐·姚思廉《梁书·侯景传》："假使日往月来，时移世易，门无强荫，家

有幼孤，犹加璧不遗，分宅相济，无忘先德，以恤后人。"[例句] 他从大楼里退出来，只叹息～，同铺而眠的同学怎么会视自己如路人呢？

【时移事改】 shí yí shì gǎi

[释义] 随着时间的流逝，世事也在改变。[语见] 宋·薛居正等《旧五代史·唐书·武皇纪下》："俯阅指陈，不胜惭恧。然则君臣无常位，陵谷有变迁，或梗塞长河，泥封函谷，时移事改，理有万殊。"[例句] 孩提时一起玩耍的伙伴，随着～，如今地位、名声、权力等等，都有了天壤之别，但是，被那片土地养大的人，都有着一个共同的特点——朴实。

【时移事迁】 shí yí shì qiān

[释义] 见"时移事改"。[语见] 元·施惠《幽闺记·招商谐偶》："说甚么宦室门楣，寒士寻常，望若云霄；时移事迁，为地覆天翻，君去民逃。"[例句] 过去的都过去吧，～，连我自己都不再是当年那个不知轻重的毛头小伙子，何况你呢！

【时移俗易】 shí yí sú yì

[释义] 移：改变。易：改换。时代改变，社会风气也随着有了变化。[语见] 汉·刘安《淮南子·齐俗训》："时移则俗易。"[例句] 改革开放这些年，社会的变化真是有着火箭的速度，三年不回老家，便已～，连一些生活用语都发生了变化。

【时异事殊】 shí yì shì shū

[释义] 殊：不同，有差异。时间不同，事情也和以前不一样。指事物随时间改换而发生变化。[语见] 唐·陆贽《奉天论延访朝臣表》："善恶同类，端如贯珠，成败象行，明若观火，此历代之元龟也。尚恐议者曰：'时异事殊。'臣请复以陛下粗举近效之尤章者以辩焉。"[例句] ～是很自然的，我们不必大惊小怪。

【时运不济】 shí yùn bù jì

[释义] 济：顺利。命运不好。指身处逆境。[语见] 明·凌濛初《二刻拍案惊奇》第十九卷："先对莫翁道：'寄儿蒙公公相托，一向看牛不差。近来时运不济，前日

失了两头牛。'"[例句] 在那样的人才制度下,你纵有万般本领,单单一个～,就可以使你永无出头之日。

【时运亨通】 shí yùn hēng tōng
[释义] 指时运好,诸事顺利。[语见] 元·无名氏《婴小乔》第二折:"要功成名就,可谒托于人,求其举荐,待时运亨通,自有显达之日也。"[例句] 这几年老孙真是～,从科长提到处长,前两天又调到局里去了。

【识时务者为俊杰】 shí shí wù zhě wéi jùn jié
[释义] 识:认识,分清。时务:当前的形势。俊杰:优秀杰出的人物。能够认清当前的形势、顺应时代潮流的人才是杰出的人物。[语见] 晋·陈寿《三国志·蜀书·诸葛亮传》裴松之注引《襄阳记》:"识时务者在乎俊杰。"[例句] ～,情况变了,你怎么能固守着老办法不做改变呢?

【识途老马】 shí tú lǎo mǎ
[释义] 识:认识。途:道路。老马认识道路。比喻阅历深的人熟悉情况,经验丰富。[语见] 清·文康《儿女英雄传》第十三回:"既承你以我为识途老马,我却有无多的几句话,恐你不信。"[例句] 去将汪工找来,他摆弄打印机已经好多年了,是～,他一定能把机子修好。

【识文断字】 shí wén duàn zì
[释义] 断字:能判断出是什么字。能识字,有一定的文化。[语见] 清·文康《儿女英雄传》第三十八回:"当着人家识文断字的人儿呢? 别抢辇,看人家笑话。"[例句] 随着我国义务教育的不断推广,～并不再是衡量文化程度的标准了。

【实逼处此】 shí bī chǔ cǐ
[释义] 实:果真,果然。逼:迫近。处此:在这里居留。果真迫近而占据这里。后指为情势所迫而不得不如此去做。[语见]《左传·隐公十一年》:"无滋他族,实逼处此,以与我郑国争此土也。"[例句] 来敌汹汹,～,我们只能退避三舍了。

【实繁有徒】 shí fán yǒu tú
[释义] 实:的确,确实。繁:多。徒:众。这样的人确实很多。[语见]《尚书·促劢之诰》:"简贤附势,实繁有徒。"[例句] 即使是在竞争激烈的商场,心地忠厚的商人,也仍～。

【实话实说】 shí huà shí shuō
[释义] 实话:真实的话。实实在在说真话。[例句] 事情已经这样了,希望你就～,我们弄清事情原委之后,该怎么办就怎么办吧。

【实实在在】 shí shí zài zài
[释义] 形容为人做事真诚,不虚伪。[例句] 他就是一个～的人,那些虚情假意的花言巧语,他实在是说不出口——他心里也就没有那样的话。

【实事求是】 shí shì qiú shì
[释义] 实事:实实在在的事例。求:探索,追求。是:正确的结果。依据实实在在的事例,探求正确的结果。也指按实际情况办事。[语见] 汉·班固《汉书·河间献王德传》:"河间献王德以孝景前二年立,修学好古,实事求是。"[例句] 我们对于员工的评价要～,不要受个人的感情因素的影响。

【实与有力】 shí yù yǒu lì
[释义] 与:参与。确实在里边出了力。[例句] 表面上看,小金虽然置身事外,但是事实上,他对整个事情的顺利解决,～。

【实至名归】 shí zhì míng guī
[释义] 实:指实际的成就或成绩。名:声誉。做出了实际的成绩,就会得到应有的声誉。[语见] 清·吴敬梓《儒林外史》第十五回:"敦伦修行,终受当事之知;实至名归,反作终身之玷。"[例句] 他被授予特级教师的光荣称号,是～、当之无愧的。

【拾金不昧】 shí jīn bù mèi
[释义] 金:钱财,泛指贵重物品。昧:隐藏。捡到钱财或物品不隐藏起来据为己有。[语见] 清·李绿园《歧路灯》第一百零八回:"至于王中赤心保主,自始不

二,作者岂可以世仆待之耶? 把家人名分扯倒,又表其拾金不昧。"[例句]小孩子不解地看着我,也许在他那纯真的眼睛看来,~实在是很自然的事情。

【拾人涕唾】 shí rén tì tuò
[释义]涕唾:鼻涕和唾沫。比喻因袭别人的话,没有自己的见解和主张。[语见]宋·严羽《答出继叔临安吴景仙书》:"仆之《诗辨》,乃断千百年公案,诚惊世绝俗之谈,至当归一之论……非傍人篱壁、拾人涕唾得来者。"[例句]别看大张的文字华丽,但自己的东西一样也没有,所有的观点都不过是~而已。

【拾人唾余】 shí rén tuò yú
[释义]见"拾人涕唾"。[例句]文章不怕幼稚,只要是自己的真想法,不~,循序渐进,你终究会在某一天达到一定的高度。

【拾人牙慧】 shí rén yá huì
[释义]牙慧:即牙后慧,指袭用别人的话。拾取他人说过的话作为自己的言论。指没有自己的见解。[语见]南朝宋·刘义庆《世说新语·文学》:"殷中军云:'康伯未得我牙后慧。'"[例句]别看文章写得极有气势,实际,抽去了所有的描写性的文字,观点全都是~,实在不值一看。

【拾遗补阙】 shí yí bǔ quē
[释义]遗:遗漏的。阙:通"缺",空缺,缺漏。拾取遗漏,弥补空缺。[语见]汉·司马迁《报任少卿书》:"上之不能纳忠效信,有奇策材力之誉,自结明主;次之又不能拾遗补阙,招贤进能,显岩穴之士。"[例句]写到最后,我要提的是我的妻子,如果没有她对本书的~,我想书中的误漏将使本书贻笑大方。

【食不充肠】 shí bù chōng cháng
[释义]见"食不充饥"。[语见]唐·元稹《同州刺史谢上表》:"臣八岁父,家贫无业,母兄乞丐以供资养,衣不布体,食不充肠,幼学之年不蒙师训。"[例句]在旧社会,他们一家过着~的日子。

【食不充饥】 shí bù chōng jī
[释义]形容艰难贫困,勉强维持生活。[语见]南朝梁·沈约《宋书·晋熙王昶传》:"而诸孙纩不温体,食不充饥,付之姆妳之手。"[例句]虽然过着~的日子,但她却没有怨言。

【食不充口】 shí bù chōng kǒu
[释义]见"食不糊口"。[语见]明·无名氏《拔宅飞升》第一折:"小的们衣不遮身,食不充口,委实的难过。"[例句]堂堂一个县官,却~,就是他的对头,也都不得不心生佩服。

【食不重肉】 shí bù chóng ròu
[释义]见"食不兼肉"。[语见]汉·司马迁《史记·管晏传》:"(晏婴)既相齐,食不重肉,妾不衣帛。"[例句]张大人~,衣不重彩,过着清贫的日子。

【食不重味】 shí bù chóng wèi
[释义]见"食不二味"。[语见]汉·司马迁《史记·吴太伯世家》:"越王勾践食不重味,衣不重采,吊死问疾。且欲有所用其众。"[例句]虽然~,但是心灵安然,有无数的书供我翻阅,对一个读书人来说,这世间还有什么比这更好的呢?

【食不二味】 shí bù èr wèi
[释义]二味:两种味道,指有两样菜。形容生活简朴。[语见]《左传·哀公元年》:"昔阖庐食不二味,居不重席,室不崇坛,器不彤镂,宫室不视,舟车不饰,衣服财用,择不取费。"[例句]他身居高位,一心为民,~,生前死后,都受到百姓称赞。

【食不甘味】 shí bù gān wèi
[释义]食:吃。甘:味道甜美。形容心中焦虑,吃东西也吃不出味道。[语见]《战国策·齐策五》:"秦王恐之,寝不安席,食不甘味。"[例句]想到你远在天涯,势弱力单,我是~,夜难安寝。

【食不果腹】 shí bù guǒ fù
[释义]食:吃。果:饱。腹:肚子。吃不饱肚子。形容生活很贫困。[语见]唐·段成式《酉阳杂俎·诺皋记下》:"和州刘录事者,大历中罢官,居和州旁县,食兼数人,尤能食鲙,常言鲙味未尝果腹。"

S

[例句] 老百姓衣不蔽体,～,其凄凉的生活令人悲叹。

【食不糊口】 shí bù hú kǒu

[释义] 不能吃饱肚子。形容生活艰难穷困。[语见] 唐·陈子昂《汉州雒县令张君吏人颂德碑》:"流亡初复,贫鞠兼半,食不糊口,力未赡农。"[例句] 全家就他一个人挣钱,日子过得非常拮据,常常有～的情况,但是他的创作,一日也不曾停息。

【食不遑味】 shí bù huáng wèi

[释义] 见"食不甘味"。[语见] 三国魏·曹植《求自试表》:"今臣居外,非不厚也,而寝不安席,食不遑味者,以二方未克为念。"[例句] 想到那遭受着洪灾的几十万民众,几位政府官员都～,忧心忡忡。

【食不兼肉】 shí bù jiān ròu

[释义] 吃饭时无两种肉食。形容饮食俭朴。[语见]《尹文子·大道上》:"昔晋国苦奢,文公以俭矫之,乃衣不重帛,食不兼肉,无几时,人皆大布之衣,脱粟之饭。"[例句] 丞相过着～的生活,心里则无一日不想着北伐大业。

【食不兼味】 shí bù jiān wèi

[释义] 见"食不二味"。[语见] 汉·韩婴《韩诗外传》第八卷:"五谷不升谓之大侵。大侵之礼,君食不兼味,台榭不饰,道路不除。"[例句] 虽然身居高位,大将军不论是在军营,还是在京城府中,都～,过着简单的生活。

【食不求甘】 shí bù qiú gān

[释义] 饮食不求甘美。形容生活简朴。[语见] 南朝宋·范晔《后汉书·明德马皇后纪》:"吾为天下母,而身服大练,食不求甘,左右但著帛布,无香熏之饰者,欲身率下也。"[例句] 他清心寡欲,～,生活得倒也轻松自在。

【食不暇饱】 shí bù xiá bǎo

[释义] 没空好好吃饭。形容终日操劳忙碌。[语见] 宋·司马光《进五规状》:"于是太祖皇帝受命于上帝,起而拯之。躬擐甲胄,栉风沐雨,东征西伐,扫除海

内。当是之时,食不暇饱,寝不遑安。"

[例句] 总经理这些日子来日夜操劳,～,人已经消瘦了许多,希望你劝劝他多多注意身体。

【食不知味】 shí bù zhī wèi

[释义] 见"食不甘味"。[语见] 唐·白居易《初授拾遗献书》:"臣所以授官以来,仅将十日;食不知味,寝不遑安;唯思粉身,以答殊宠,但未获粉身之所耳。"[例句] 犯罪分子诚惶诚恐地躲着,～一个月后,精神都快崩溃了,只好投案自首。

【食不终味】 shí bù zhōng wèi

[释义] 见"食不甘味"。[语见] 三国魏·曹植《释愁文》:"沈溺流俗,眩惑名位,濯缨弹冠,咨诹荣贵。坐不安席,食不终味,遑遑汲汲,或惨或悴。所鬻者名,所拘者利。"[例句] 想到你身处逆境,这半年来,我时时都～,彻夜难眠,但是还是不知道该怎么帮你啊!

【食而不化】 shí ér bù huà

[释义] 吃下去不消化。比喻对所学的知识未能理解,不会运用。[例句] 像你们这样～地学习,还不如不学呢。

【食古不化】 shí gǔ bù huà

[释义] 食:吃,引申为吸收。古:古代的知识。指机械地学习古代文化知识不能真正理解和运用。[语见] 清·陈撰《玉几山房画外录》下卷载恽向《题自作画册》:"可见定欲为古人而食古不化,画虎不成,刻舟求剑之类也。"[例句] 他这个人有些～,古书虽读了不少,但所得其实不多。

【食毛践土】 shí máo jiàn tǔ

[释义] 毛:指土地上生长的谷物。践:履,踩。土:国土。原指所居住的土地、所吃的食物都是国君的恩赐。常用以表示感戴朝廷、国家之恩。[语见]《左传·昭公七年》:"封略之内,何非君土? 食土之毛,谁非君臣?"[例句] 他表示:～已二十年的他一定要为国效力。

【食肉寝皮】 shí ròu qǐn pí

[释义] 割他的肉吃,剥下他的皮当垫褥。

形容仇恨极深。[例句]王安石变法触动了保守势力的利益，他们对他无不欲～，变法自然要遭到巨大的阻力。

【食言而肥】shí yán ér féi
[释义]食言：说话不算话。肥：身体肥胖。指不履行诺言，自私自利。[语见]《左传·哀公二十五年》："是食言多矣，能无肥乎？"[例句]对这种～的人，绝对不能轻信。

【食玉炊桂】shí yù chuī guì
[释义]见"米珠薪桂"。[语见]《战国策·楚策三》："楚国之食贵于玉，薪贵于桂，谒者难得见如鬼，王难得见如天帝。今令臣食玉炊桂，因鬼见帝。"[例句]王莽所谓的"变法"之后，弄得百姓～，怨怒之声此起彼伏。

【食之无味，弃之可惜】shí zhī wú wèi, qì zhī kě xī
[释义]吃着无滋味，丢掉又可惜。形容东西无大用处，但又不舍得丢弃。可惜，也作"不甘"。[语见]《三国志·魏书·武帝纪》南朝宋·裴松之注引《九州春秋》载：曹操领兵攻打汉中，久攻不下。曹操定军中口令为"鸡肋"，官属不知所谓。杨修曰："夫鸡肋，弃之如可惜，食之无所得，以比汉中，知王欲还也。"后用"食之无味，弃之可惜"。[例句]对于这样～的东西，我们要早做决定，果断地把它抛弃。

【食租衣税】shí zū yì shuì
[释义]衣：穿。指吃穿依靠百姓缴纳的租税。[语见]汉·司马迁《史记·平准书》："县官当食租衣税而已，今弘羊令吏坐市列肆，贩物求利。"[例句]官府～，却不能替老百姓做主，这样的事情在当时并不少见。

【史不绝书】shǐ bù jué shū
[释义]书：书写。史书上不断有记载。意即历史上经常发生这类事情。[语见]《左传·襄公二十九年》："鲁之于晋也，职贡不乏，玩好时至，公卿大夫，相继于朝，史不绝书。"[例句]这种官高生险的事情，～，你难道就没有听说过？

【史无前例】shǐ wú qián lì
[释义]前例：可供后人援用的事例。形容前所未有。[例句]这样大规模的农民起义，是～的。

【矢尽兵穷】shǐ jìn bīng qióng
[释义]箭已用完，兵已打光。形容战斗到兵力丧尽。[语见]唐·孙揆《灵应传》："申胥乃衰楚之大夫，而以矢尽兵穷，委身折节，肝脑涂地，感动于强秦。"[例句]即使是打到～，只要有一个人还活着，我们就要把反抗的大旗高高举起。

【矢口抵赖】shǐ kǒu dǐ lài
[释义]矢口：一口咬定。抵赖：拒不承认事实。指在事实面前进行狡辩，否认所犯过失或罪行。[例句]你就不要再～了，你的所作所为，我们都已了如指掌。

【矢口否认】shǐ kǒu fǒu rèn
[释义]矢口：发誓，一口咬定。发誓拒不承认。[例句]证据确凿，你还敢～！

【矢口狡赖】shǐ kǒu jiǎo lài
[释义]见"矢口抵赖"。[例句]到了最后，证人都到了，他还～，绝不承认事情是他做的。

【矢在弦上】shǐ zài xián shàng
[释义]见"箭在弦上"。[例句]我方已经万事俱备，～，只要一声令下，大军即可全线出击。

【矢志不渝】shǐ zhì bù yú
[释义]矢：誓。渝：改变。立下志愿决不改变。[例句]为了祖国航天事业的进步，他～，倾注了一生的心血。

【矢志捐躯】shǐ zhì juān qū
[释义]矢：同"誓"。立志牺牲而不屈从。[语见]清·赵尔巽《清史稿·尚可喜传》："惟知矢志捐躯，保固岭南，以表臣始终之诚。"[例句]战士们～，顽强抵抗，侵略军长驱直入的梦想破灭了。

【豕交兽畜】shǐ jiāo shòu xù
[释义]豕：猪。畜：喂养。比喻不尊重别人，把人当畜生一样看待。旧多指长官对待僚属。[语见]《孟子·尽心上》："食而弗爱，豕交之也；爱而不敬，兽畜之

说过？

也。"[例句]他心胸狭窄,谄媚之极,对上自是媚骨横生,对下则极尽～之能事。

【豕突狼奔】shǐ tū láng bēn
[释义]见"狼奔豕突"。[例句]那是一个军阀割据的时代,那是一个～的时代,这些手无缚鸡之力的书生,真的有如下到了地狱。

【使臂使指】shǐ bì shǐ zhǐ
[释义]比喻像身体指使胳膊,胳膊指使手指那样便捷如意。[语见]汉·班固《汉书·贾谊传》:"令海内之势,如身之使臂,臂之使指,莫不制从。"[例句]申时行虽然未能像张居正那样在朝中～,但是他能成为整个明朝唯一得善终的首辅,确有他的过人之处。

【使贪使愚】shǐ tān shǐ yú
[释义]意思是利用其缺点,让他尽量发挥长处,以取得成果。[语见]宋·欧阳修等《新唐书·侯君集传》:"军法曰:'使智,使勇,使贪,使愚。故智者乐立其功,勇者好行其志,贪者邀趋其利,愚者不计其死。'是以前圣使人,必收所长而弃所短。"[例句]作为人事干部,他最大的长处,就是能～,将所有人的潜力都发挥出来。

【使蚊负山】shǐ wén fù shān
[释义]要蚊子背山。比喻力不胜任。[语见]《庄子·应帝王》:"其于治天下也,犹涉海凿河,而使蚊负山也。"[例句]我自知才疏学浅,要我独当一面,无异～,我看还是另请高明吧。

【使羊将狼】shǐ yáng jiàng láng
[释义]将:带领,指挥。比喻用弱者率领强者。[语见]汉·司马迁《史记·留侯世家》:"且太子所与俱诸将,皆尝与上定天下枭将也,今使太子将之,此无异使羊将狼也,皆不肯为尽力,其无功必矣。"[例句]太子黯弱不堪,要他负责东都事宜,是～,乱必由此生。

【使智使勇】shǐ zhì shǐ yǒng
[释义]指用其所长使能达到目的。参见"使贪使愚"。[例句]新任首席执行官上任之后,大力改革],～,不出半年,公司

便蒸蒸日上。

【始乱终弃】shǐ luàn zhōng qì
[释义]乱:淫乱,玩弄。弃:遗弃,抛弃。先玩弄,后遗弃。指男子对女性先玩弄后遗弃的不道德行径。也比喻对人利用以后又一脚踢开。[语见]唐·元稹《莺莺传》:"始乱之,终弃之,固其宜矣。"[例句]这部作品把那几个～的薄情男子描写得淋漓尽致。

【始终不懈】shǐ zhōng bù xiè
[释义]懈:懈怠,松弛。从始至终毫不松懈。[例句]他～地坚持抓产品质量,果然使我们的产品跻身于名牌产品之列。

【始终不渝】shǐ zhōng bù yú
[释义]渝:改变,违背。从始至终一直不变。[语见]唐·房玄龄等《晋书·陆晔传》:"恪勤贞固,始终不渝。"[例句]岳飞精忠报国,～,即使是屈死于风波亭,其报国之心,依然天日可鉴。

【始终如一】shǐ zhōng rú yī
[释义]从开始到终了都一样。多指优良的品德、行为。[语见]《荀子·议兵》:"夫是之谓至臣,虑必先事而申之以敬,慎终如始,终始如一,夫是之谓大吉。"[例句]我对你的感情,多少年来～,你怎么能听信几句胡说就怀疑起来了呢?

【始作俑者】shǐ zuò yǒng zhě
[释义]俑:古代用以陪葬的人形制品。开始发明用俑殉葬的人。比喻首开恶劣风气的人。[语见]《孟子·梁惠王上》:"仲尼曰:'始作俑者,其无后乎!'为其象人而用之也。"[例句]历史学家们经过仔细考证才发现,这场大革命的～,原来竟然是几个天真的书生。

【士可杀,不可辱】shì kě shā, bù kě rǔ
[释义]士大夫宁可死,也不能接受污辱。形容宁死不屈的节操。[语见]《礼记·儒行》:"儒有可亲而不可劫也,可近而不可迫也,可杀而不可辱也。"[例句]～,我等生为大唐人,死为大唐鬼,要我等屈服,不是做梦吗?

【士穷见节】shì qióng jiàn jié

[释义] 士:读书人。穷:困窘。节:节操。读书人在困窘的境遇中才能看出节操来。[语见] 唐·韩愈《柳子厚墓志铭》:"呜呼！士穷乃见节义。"[例句] 在困境面前，每个人的表现各不相同，可见～，此话不假啊！

【士死知己】shì sǐ zhī jǐ

[释义] 士:有才识的人。有才识的人为了报答知己，不惜牺牲生命。[语见]《战国策·赵策一》:"士为知己者死，女为悦己者容。"[例句] 我能有今天，全赖您给我的机会，～，于今您只要一声令下，我万死不辞。

【世风日下】shì fēng rì xià

[释义] 世:社会。风:风气。下:下降。指社会风气一天不如一天。[语见] 清·秋瑾《致秋誉章书》之五:"我国世风日下，亲戚尚如此，况友乎？"[例句] 他是个复古主义者，常常慨叹人心不古，～。

【世上无难事，只怕有心人】shì shàng wú nán shì, zhǐ pà yǒu xīn rén

[释义] 意思是只要有决心，就没有克服不了的困难。[语见] 明·吴承恩《西游记》第二回:"世上无难事，只怕有心人。"[例句] 孩子，～，只要你用心去耕耘，用心去培育，总有一天，你会收获丰硕的成果。

【世殊事异】shì shū shì yì

[释义] 世:时代。殊、异:不同。时代不同了，事情也不同。[语见]《韩非子·五蠹》:"故文王行仁义而王天下，偃王行仁义而丧其国，是仁义用于古而不用于今也。故曰:世异则事异。"[例句] 岁月在流淌，～，一想到当年我们协力登上雪山的情景，再看一眼我们现在各为其主的互相攻击，心情便黯然。

【世态炎凉】shì tài yán liáng

[释义] 世态:指世间人与人交往的情态。炎凉:忽热忽冷。指奉承富贵，疏远贫贱的世俗态度。[语见] 宋·文天祥《指南录·杜架阁》:"昔趋魏公子，今事霍将军，世态炎凉甚，交情贵贱分。"[例句] 旧时的权贵们得势的时候常常是门庭若市，而一旦失势则门可罗雀，因而常感叹～，人生莫测。

【世外桃源】shì wài táo yuán

[释义] 晋代陶渊明在《桃花源记》中描写了一个与世隔绝、生活幸福的地方"桃花源"。后以"世外桃源"比喻理想中的美好地方。[语见] 清·吴趼人《痛史》第十回:"我这山中便是个世外桃源了。"[例句] 在都市多年，如今到了这～般的乡间，方知以往所思所想，所见所闻，都如井底之蛙。

【市井小人】shì jǐng xiǎo rén

[释义] 市井:街市。旧指城市里平庸无大志的商贾、平民。多含贬义。[语见] 宋·王安石《答钱公辅学士书》:"况一甲科通判，苟粗知为辞赋，虽市井小人，皆可以得之，何足道哉？"[例句] 我还以为他有什么雄才大略呢，原来不过是个～罢了。

【势不可当】shì bù kě dāng

[释义] 来势迅猛，无法抵挡。[语见] 唐·房玄龄等《晋书·郗鉴传》:"群逆纵逸，其势不可当，可以算屈，难以力竞。"[例句] 敌人来势汹汹，～，我们当避其锋芒，静待时机。

【势不两存】shì bù liǎng cún

[释义] 见"势不两立"。[语见] 晋·陈寿《三国志·吴书·陆逊传》:"得报恳恻，知与休久结嫌隙，势不两存。欲来归附，辄以密呈来书表闻，撰众相迎。"[例句] 我和他～，你们说什么也没有用。

【势不两立】shì bù liǎng lì

[释义] 势:情势。两立:双方并立。指双方处于尖锐矛盾的态势，不可调和，不能并存。或指与敌对的人仇恨很深。[语见] 晋·陈寿《三国志·吴书·周瑜传》:"今数雄已灭，惟孤尚存，孤与老贼，势不两立。"[例句] 这两个国家比邻而居数个世纪，却一直～。

【势成骑虎】shì chéng qí hǔ

[释义] 见"骑虎难下"。[例句] 事情已

经到了这种地步,～,要想收住脚步,已
难于上青天。

【势均力敌】 shì jūn lì dí
[释义] 均:均等。敌:相当。指双方力量
相等。[语见] 宋·司马光《乞裁断政事札
子》:"群臣有所见不同,势均力敌,莫能
相壹者,伏望陛下特留圣意,审察是非。"
[例句] 比赛双方～,大战四局,打成了二
比二平。

【势倾朝野】 shì qīng cháo yě
[释义] 势力压倒在朝在野的一切人。
[语见] 北齐·魏收《魏书·卢玄传》:"时灵
太后临朝,黄门侍郎李神轨势倾朝野,求
结婚姻。"[例句] 东汉时期,窦家～,连皇
帝也得让其三分。

【势穷力极】 shì qióng lì jí
[释义] 见"势穷力竭"。[语见] 明·罗贯
中《三国演义》第三十二回:"尚军大
溃,退走五十里,势穷力极。"[例句] 李自
成退出紫禁城,退到九宫山时,已～,要
想东山再起,谈何容易!

【势穷力竭】 shì qióng lì jié
[释义] 权势与力量都已穷尽无余。
[语见] 宋·苏辙《黄楼赋》:"且子独不
见夫昔之居此者乎?前则项籍刘戊,后
则光弼建封,战马成群,猛士成林,振臂
长啸,风动云兴,朱阁青楼,舞女歌
童,势穷力竭,化为虚空。"[例句] 小金
山的抗清队伍,已经～,要抗拒清军,已
是天方夜谭。

【势如破竹】 shì rú pò zhú
[释义] 破竹:用刀劈竹子,劈开头几
节,下面的顺着刀势也就分开了。形势
像用刀劈竹子一样。形容作战、工作节
节胜利,毫无阻碍。[语见] 唐·房玄龄等
《晋书·杜预传》:"今兵威已振,譬如破
竹,数节之后,皆迎刃而解,无复著手处
也。"[例句] 义军占领了潼关之
后,～,直捣长安。

【势焰熏天】 shì yàn xūn tiān
[释义] 势:权势。焰:气焰。熏天:像火
焰直冲天空。权势气焰高得冲天。形容
恶势力影响之大。[例句] 魏忠贤权倾

朝野,～,清流议论,无异于隔靴搔痒。

【势在必行】 shì zài bì xíng
[释义] 势:形势。客观形势决定必须这
样做。[例句] 随着改革开放的日益深
化,国家行政机关的改革也是～了。

【事半功倍】 shì bàn gōng bèi
[释义] 功:功效。用别人做事的一半力
气,收到成倍的功效。形容费力小而收
效大。反义词为"事倍功半"。[语见]
《六韬·龙韬》:"夫先胜者,先见弱于敌
而后战者也,故事半而功倍。"[例句]
做好了统筹工作,往往能取得～的
效果。

【事倍功半】 shì bèi gōng bàn
[释义] 功:功效。费成倍力量,收一半功
效。形容费力大,收效小。[语见] 清·李
宝嘉《官场现形记》第三十四回:"我们中
国人认得字的有限,要做善事,靠着善书
教化人终究事倍功半。"[例句] 你想过没
有,你之所以～,是因为你走出的第一步
偏离了方向。

【事必躬亲】 shì bì gōng qīn
[释义] 躬亲:亲自。原指天子劝农
事,(教农民因地制宜)亲自督察。后指
什么事都一定亲自去做。形容对事认真
负责。[语见] 唐·张九龄《谢赐大麦面
状》:"伏以周人之礼,唯有籍田,汉氏之
荐,但闻时果,则未有如陛下严祗于宗
庙,勤俭于生人,事必躬亲,动合天德。"
[例句] 身为一国之君,如果～,只能是抓
住了芝麻,丢掉了西瓜。

【事不关己】 shì bù guān jǐ
[释义] 事情同自己无关。[例句] 在这
次事件中,他这种～的态度令大家十分
不满。

【事不宜迟】 shì bù yí chí
[释义] 宜:应当。指事情要抓紧时间
办,不应当拖延,以免错过机会。[语见]
明·罗贯中《三国演义》第三回:"布(吕
布)沉吟良久曰:'吾欲杀丁原,引军归董
卓,何如?'肃(李肃)曰:'贤弟若能如
此,真莫大之功也!但事不宜迟,在于速
决。'"[例句] 既然都准备好了,～,大家

就不要再犹犹豫豫的了,赶快上路吧。

【事出有因】 shì chū yǒu yīn
[释义] 因:原因。事情的发生,是有它的原因的。[语见] 清·吴趼人《糊涂世界》第八卷:"这边的事,无非是'事出有因,查无实据'八个字的枕中秘诀,含糊过去,也就不必再提。"[例句] 好端端的系统怎么会突然坏了呢,我看～,你们一定要认真查一查。

【事过境迁】 shì guò jìng qiān
[释义] 事情已经过去,环境也改变了。[语见] 清·颐琐《黄绣球》第三回:"如此歇了好几日,黄绣球与黄通理事过境迁,已不在心上。"[例句] ～,儿时的情分已荡然无存,现在我们坐到了一起,也都无话可说了。

【事齐事楚】 shì qí shì chǔ
[释义] 事:侍奉。齐、楚:春秋时的两大强国。比喻处在两强之间,不能得罪任何一方而左右为难。[语见]《孟子·梁惠王下》:"滕文公语曰:'滕,小国也,间于齐楚,事齐乎?事楚乎?'"[例句] ～,他苦苦思虑,三天之后,依然不得决断。

【事实胜于雄辩】 shì shí shèng yú xióng biàn
[释义] 雄辩:强有力的辩论。客观事实比强有力的辩论更具说服力。[例句] ～,我们所取得的成绩是谁也抹杀不了的。

【事与愿违】 shì yǔ yuàn wéi
[释义] 违:违背,违反。事实和主观愿望相反。指不能达到预期目的。[语见] 三国魏·嵇康《嵇中散集·幽愤诗》:"事与愿违,遘兹淹留。"[例句] 我本想帮他个忙,没想到～,反害得他十分狼狈。

【事在人为】 shì zài rén wéi
[释义] 为:做。事情的成败、好坏,全在于人的主观努力。[语见] 明·冯梦龙《东周列国志》第六十九回:"事在人为耳,彼朽骨者何知。"[例句] 不要对那些不确定因素考虑得过多,～,先去做起来再说。

【饰非拒谏】 shì fēi jù jiàn
[释义] 见"拒谏饰非"。[语见]《周书·宣帝纪》:"好自矜夸,饰非拒谏。"[例句] 总裁刚愎自用,～,日子一长,公司职员渐生去意。

【饰非遂过】 shì fēi suì guò
[释义] 明知错误而加以掩饰,于是就造成过失。[语见]《吕氏春秋·审应》:"公子食我之辩,适足以饰非遂过。"[例句] 由于他的～,公司蒙受了巨大的损失。

【饰非文过】 shì fēi wén guò
[释义] 见"文过饰非"。[语见] 唐·刘知几《史通·曲笔》:"其有舞辞弄札,饰非文过,……斯乃作者之丑行,人伦所同疾也。"[例句] 像你这种～的性格,最终会使你成为孤家寡人。

【饰非掩丑】 shì fēi yǎn chǒu
[释义] 饰:掩饰。非:错误。丑:丑恶。掩饰错误和丑恶的行为。[语见] 清·曹雪芹《红楼梦》第五回:"多少轻薄浪子,皆以'好色不淫'为解,又以'情而不淫'作案,此皆饰非掩丑之语耳!"[例句] 厂里本来就已经问题多多,厂长还～,等到一切被拉到光天化日之下的时候,工厂破产的日子也就到了。

【视丹如绿】 shì dān rú lù
[释义] 丹:红。把红的看成绿的。形容因过分忧愁而眼光模糊。[语见] 三国魏·嵇康《嵇中散集·郭遐叔〈赠嵇叔夜〉》:"心之忧矣,视丹如绿。"[例句] 获悉前方大败,将军连日忧郁,已～,最后,一病不起。

【视而不见】 shì ér bù jiàn
[释义] 视:看。见:看见。尽管睁着眼睛看,却什么也没看见;或看到了,没引起注意,只当做没看见。指不重视,不在意。又指视力不佳,看不清楚。[语见]《礼记·大学》:"心不在焉,视而不见,听而不闻,食而不知其味。"[例句] 事情已然非常明白,你还～,这也无法掩盖你的过错。

【视茫发苍】 shì máng fà cāng
[释义] 视:指视觉。茫:指看不清楚,昏花。发:头发。苍:灰白色。视觉不清,头发苍白。形容人衰老。[语见]

唐·韩愈《祭十二郎文》:"吾年未四十,而视茫茫,而发苍苍,而齿牙动摇。"[例句] 三十年过去,他们都成了～的老人。

【视民如伤】 shì mín rú shāng
[释义] 看待人民就像看待自己身上的伤痛一样。一说看待人民就像他们受了伤一样。只可抚慰,不可惊动。[语见]《左传·哀公元年》:"臣闻国之兴也,视民如伤,是其福也。"[例句] 李世民爱民如子,～,处处为百姓着想。

【视民如子】 shì mín rú zǐ
[释义] 把百姓看得像自己的儿子一样。形容爱民。[语见]《左传·昭公三年》:"吴光新得国,而亲其民,视民如子,辛苦同之,将用之也。"[例句] 在"普天之下,莫非王土"观念的引领下,一个君主要真正能～,实在不是一件容易的事情。

【视人犹芥】 shì rén yóu jiè
[释义] 视:看待。犹:像。芥:草芥,小草。把别人看得像草芥一样。指高傲自大,看不起人。[语见] 晋·葛洪《抱朴子·刺骄》:"器满意得,视人犹芥。"[例句] 秦始皇统一六国之后,自以为万世基业已铸就,却由于不体恤民情,～,其迅速地败亡,便也在情理之中了。

【视如敝屣】 shì rú bì xǐ
[释义] 敝屣:破鞋子。看作破鞋一样。比喻极为轻视。[语见]《孟子·尽心上》:"舜视弃天下,犹弃敝蹝(屣)也。"[例句] 他虽然技艺高超,但是对同行所有的作品,均～,其修养实在差了几分。

【视如草芥】 shì rú cǎo jiè
[释义] 见"视如土芥"。[语见] 宋·张耒《汉世祖光武皇帝庙记》:"武宣是宜,暴鸶强伉,玩兵渎武,视民如草芥而不讲于治国之事也。"[例句] 敌人来势汹汹,他却毫不畏惧,～。

【视如粪土】 shì rú fèn tǔ
[释义] 粪土:秽土,脏土。看得如同秽土那样恶劣、下贱。比喻极为蔑视。[语见] 清·夏敬渠《野叟曝言》第七十回:"此刀此剑,虽有优劣,皆为宝物,佳人惜红粉,烈士爱宝剑,岂可视如粪土,为焚琴煮鹤之事乎。"[例句] 权力、名声、地位、财富,这所有的一切,我均～,我的心灵,只对精神世界充满热情。

【视如寇仇】 shì rú kòu chóu
[释义] 寇仇:仇敌。看作仇敌一样。[语见] 清·李汝珍《镜花缘》第十二回:"倘明哲君子,洞察其奸,于家中妇女不时正言规劝,以三姑六婆视为寇仇。"[例句] 他终于明白了:民即是水,水能载舟,亦能覆舟,如果将民～,那便是抽去了国家的基石,国家之灭,将不远矣。

【视如土芥】 shì rú tǔ jiè
[释义] 芥:小草。看作似泥土、小草一样。比喻极其轻视。[语见]《孟子·离娄下》:"君之视臣如土芥,则臣视君如寇仇。"[例句] 红尘中的一切,我早已～,我归隐之心已定,你也不必再劝我了。

【视若儿戏】 shì ruò ér xì
[释义] 见"视同儿戏"。[语见] 清·赵尔巽《清史稿·李振祜传》:"又劾都察院京察给事中色成额先经列入六法,自赴公堂辩论,干求改列三等,反覆视若儿戏,都御史被严议,色成额仍列有疾。"[例句] 对于公司未来的发展前景,你怎么能～呢?

【视若路人】 shì ruò lù rén
[释义] 路人:路上不相识的人。把亲人或熟人看作陌路人。[语见] 明·凌濛初《初刻拍案惊奇》第十三卷:"漫然视若路人;甚而等之仇敌。"[例句] 两家人比而居而～,在这座城市里,这种情况是很普遍的。

【视若无睹】 shì ruò wú dǔ
[释义] 见"熟视无睹"。[语见] 唐·韩愈《应科目时与人书》:"是以有力者遇之,熟视之若无睹也。"[例句] 班子里的问题点都点不清,你竟然还～,我看监察部经理,是该换人了。

【视死如归】 shì sǐ rú guī
[释义] 归:回家去。把死看作回家去一样。形容不怕死。多指为正义事业不惜牺牲生命。[语见]《管子·小匡》:"平原

广牧,车不结辙,士不旋踵,鼓之而三军之士视死如归,臣不如王子城父。"[例句]谭嗣同被捕之后,～,一心要为变法殉身,其勇烈感天动地。

【视同儿戏】shì tóng ér xì
[释义]把事情看成小孩子做游戏。比喻极不严肃,极不认真。[语见]明·凌濛初《初刻拍案惊奇》第十一卷:"所以说为官做吏的人,千万不要草菅人命,视同儿戏。"[例句]周幽王宠幸褒姒,将烽火～,国灭家亡,合情合理。

【视同路人】shì tóng lù rén
[释义]视:看待。路人:行路的人。看作跟自己毫不相干的路上行人一样。形容把亲人或熟人看作陌生人。[例句]夫妻俩离婚之后,倒也经常见面,但是已～。

【视同陌路】shì tóng mò lù
[释义]见"视若路人"。[语见]清·夏敬渠《野叟曝言》第二十回:"况愚兄病中,承他舍命伏侍,救我残喘,他今有病,便视同陌路,此岂稍有人心者耶?"[例句]多少次,我想叫住你,跟你说上几句,然而,秘密的使命,使我们不得不～,我只有期望使命早日完成。

【视为畏途】shì wéi wèi tú
[释义]看成是危险可怕的道路。比喻看成极困难可怕的事情。[语见]《庄子·达生》:"夫畏涂(途)者,十杀一人,则父子兄弟相戒也,必盛卒徒而后敢出焉。"[例句]老教授说:"我是一个有取舍的人,我将官场～,敬而远之,我只对学术有十足的兴趣。"

【视险如夷】shì xiǎn rú yí
[释义]夷:平坦,平安。把危险视作平安。形容勇敢,不畏困难或本领高强。[语见]汉·刘协《喻郭汜诏》:"今得东移,望远若近,视险如夷。"[例句]虽说江湖凶险,但是他～,挥洒自如,成为武林美谈。

【视险若夷】shì xiǎn ruò yí
[释义]见"视险如夷"。[语见]三国魏·吴质《与文帝书》:"虽云幽深,视险若

夷。"[例句]～的左宗棠率军入疆,百姓夹道欢迎。

【拭面容言】shì miàn róng yán
[释义]拭:擦。容:容纳。擦去别人吐在自己脸上的唾沫,容纳别人提出的意见。原指春秋时晋襄公识贤纳谏的事。后泛指接受别人的批评。[语见]明·冯梦龙《东周列国志》第四十五回:"妇人轻丧武夫功,先轸当时怒气冲,拭面容言无愠意,方知嗣伯属襄公。"[例句]希望你有～的度量,因为只有这样,你才能更快地进步。

【拭目而待】shì mù ér dài
[释义]见"拭目以待"。[语见]明·罗贯中《三国演义》第四十三回:"朝廷旧臣,山林隐士,无不拭目而待。"[例句]既然你说得如此有信心,那我就～,希望捷报早日传来。

【拭目以待】shì mù yǐ dài
[释义]拭:擦。擦亮眼睛等着看,形容殷切地期望。[例句]丞相正对我等取胜～,我们岂能不一鼓作气全歼敌人。

【拭目以俟】shì mù yǐ sì
[释义]见"拭目以待"。[语见]宋·杨万里《答普州李知府》:"伏惟财幸笔橐之除,方且拭目以俟。"[例句]你既已注入了足够的资金,我对你的成功～。

【是非不分】shì fēi bù fēn
[释义]分辨不出正确与错误。[语见]汉·刘安《淮南子·修务训》:"正领而诵之,此见是非之分不明。"[例句]如此～的糊涂官,竟然也坐到了开封府的大堂之上,其朝政腐败,可见一斑。

【是非得失】shì fēi dé shī
[释义]正确与错误,所得与所失。[语见]宋·朱熹《辞免兼实录院同修撰奏状二》:"奉圣旨不允容沥恳控陈,必期从欲,闻命悚惕,不知所言,重念臣愚,素无史学,然于是非得失之故,实有善善恶恶之心。"[例句]他淡淡地说:"红尘滚滚,我心已冷,～,早已不入心田,我只愿做闲云野鹤,畅游人间。"

S

【是非分明】shì fēi fēn míng
[释义]正确的和错误的分得很清楚。
[语见]汉·班固《汉书·刘向传》:"故贤圣之君,博观终始,穷极事情,而是非分明。"[例句]他是一个～的人,对坏人坏事从不姑息迁就。

【是非混淆】shì fēi hùn xiáo
[释义]见"混淆是非"。[语见]宋·富弼《论辨邪正》:"有之则邪正错乱,是非混淆。"[例句]新闻报道如果到了～的地步,这种新闻寿终正寝的时候也就到了。

【是非曲直】shì fēi qū zhí
[释义]是:正确的。非:错误的。曲:没有道理。直:有道理。正确与错误,无理与有理。[语见]汉·王充《论衡·说日篇》:"二论各有所见,故是非曲直未有所定。"[例句]我耿耿之心,苍天可鉴,～,历史自然会给我一个公正的评判。

【是非人我】shì fēi rén wǒ
[释义]正确与错误,他人和自己。泛指人与人之间的种种复杂关系。[语见]元·丘处机《玉炉三涧雪·自咏》词:"不会深穷造化,随缘且度朝昏。是非人我绝谈论,复返生前混沌。"[例句]小萍看起来单纯之极,在复杂的～中,却能游刃有余,我看最关键的,就是因为她的简单,因为简单,才会在大多数情况下采取最直接的办法。

【是非之心】shì fēi zhī xīn
[释义]原指能分辨事情之正确与谬误的思想与能力。后指敢于识别事情的是非曲直的心意。[语见]《孟子·告子上》:"是非之心,人皆有之。"[例句]有知识的人并不能就叫作知识分子,真正的知识分子,不但要有足够的知识,还要有足够的～,要有节操,要有胸怀。

【是古非今】shì gǔ fēi jīn
[释义]崇尚古代的,贬低现在的。即认为古代的对,今天的不对。指保守复古。[语见]汉·班固《汉书·元帝纪》:"且俗儒不达时宜,好是古非今,使人眩于名实,不知所守,何足委任!"[例句]这些～

的乡村腐儒,成了农民们发家致富的最大障碍。

【是是非非】shì shì fēi fēi
[释义]是:对,正确。非:不对,错误。第一个"是"用作动词,认为正确、肯定。第一个"非"用作动词,认为错误、否定。肯定正确的,否定错误的。指根据实际情况评定是非。后也指口舌,流言蜚语。[语见]《荀子·修身》:"是是非非谓之知,非是是非谓之愚。"杨倞注:"能辨是为是、非为非,谓之智也。"[例句]我早就知道那里的～层出不穷,但是我轻视它们,我不曾给它们在我心里留下存在的空间。

【适得其反】shì dé qí fǎn
[释义]适:恰好。恰好获得与所希望的相反的结果。[例句]我不会怪罪你,我知道你是想帮我,只是结果～。

【适逢其会】shì féng qí huì
[释义]见"会逢其适"。[语见]唐·薛用弱《集异记·李子牟》:"子牟客游荆门,适逢其会。"[例句]博览会的举行我并不知道,我是出差～,但是这次巧遇诚然让我大开眼界。

【适可而止】shì kě ér zhǐ
[释义]适可:适宜,适当。到了适当的地步就停止。指不要过分,恰到好处就了。[语见]《论语·乡党》:"不多食。"朱熹注:"适可而止,无贪心也。"[例句]赌气也要～,她又不是你的敌人,也没有什么家仇国恨,你何苦非要把人视若仇敌呢?

【恃才傲物】shì cái ào wù
[释义]恃:依仗。物:指自己以外的人,众人。仗着自己才高,目空一切。[语见]宋·孙光宪《北梦琐言》第四卷:"唐薛澄州昭纬,即保逊之子也。恃才傲物,亦有父风。每入朝省,弄笏而行,旁若无人。"[例句]嵇康～,尤其对官员更是极尽讽刺之能事,得罪了权贵,他的结局自然会带有几分凄凉。

【恃才矜己】shì cái jīn jǐ
[释义]自恃才能,骄矜自负。[语见]

唐·魏徵《隋书·炀帝纪下》："恃才矜己,傲狠明德,内怀险躁,外示凝简,盛冠服以饰其奸,除谏官以掩其过。"[例句]少年人有几分～,还是可以原谅的,随着年龄的增长,他会看到自己的不足。

【恃才扬己】shì cái yáng jǐ
[释义]见"恃才矜己"。[例句]在那个视左右逢源为大本事的时代里,～的左宗棠能够脱颖而出,实在是奇迹。

【恃强凌弱】shì qiáng líng ruò
[释义]恃:依仗。凌:欺凌。依仗自己强大,欺压弱小。[语见]宋·魏了翁《画一榜谕将士》:"所宜互相爱惜,毋得恃强凌弱,恃众欺寡,互相争闹,激出事端。"[例句]作为一个超级大国,～,欺侮小国是不会有好结果的。

【室迩人遐】shì ěr rén xiá
[释义]见"室迩人远"。[语见]汉·徐淑《答夫秦嘉书》:"谁谓宋远,企予望之,室迩人遐,我劳如何。"[例句]寻游故地,物是人非,～,不觉心中愈加悲凉。

【室迩人远】shì ěr rén yuǎn
[释义]迩:近。谓房子很近,人却很远。本指男女思慕而不得相见。后用以表示思念远方亲人或悼念死者。[语见]《诗经·郑风·东门之墠》:"其室则迩,其人甚远。"[例句]来信收到,几欲泪下,～,系念之意尤为强烈。

【室如悬磬】shì rú xuán qìng
[释义]悬:挂。磬:古代石制打击乐器,悬挂在架上演奏。室里像挂着的石磬,空无所有。原形容国库空虚,后形容贫穷到了极点。[语见]《国语·鲁语上》:"室如悬磬,野无青草,何恃而不恐?"[例句]欧阳修幼年家徒四壁,～,然而在他母亲的教导下,能成为一代宗师,此中他个人所付出的艰辛,是非常人所能想象的。

【室如悬磬】shì rú xuán qìng
[释义]见"室如悬磬"。[语见]《左传·僖公二十六年》:"齐侯曰:'室如悬磬,野无青草,何恃而不恐?'"[例句]考证一番便会发现,这些～的家庭出来的读书

人,往往能够成就一番真正的事业,正应了那句古话:"天将降大任于斯人也,必先苦其心志,劳其筋骨,饿其体肤。"

【舐犊情深】shì dú qíng shēn
[释义]舐:用舌头舔。犊:小牛。用舌舔小牛,以示爱抚。比喻人疼爱子女的深情。[例句]儿子一直在我们身边,如今要到外地工作,～,总有点依依难舍。

【舐糠及米】shì kāng jí mǐ
[释义]及:到。舔尽米外面的糠,必然舔到里面的米。比喻由外而内地逐步侵入。[语见]汉·司马迁《史记·吴王濞列传》:"里语有之,舐糠及米。"[例句]他的话有着钻心之力,～,竟听得我毛骨悚然。

【嗜痂有癖】shì jiā yǒu pǐ
[释义]嗜:爱好。痂:疮痂。癖:积久成习的爱好。指人的怪癖嗜好。[语见]唐·李延寿《南史·刘穆之传》:"(穆之孙)邕性嗜食疮痂,以为味似鳆鱼。"[例句]冯其采～,家中收存的所有物品,无不怪异稀奇。

【嗜杀成性】shì shā chéng xìng
[释义]嗜:特别爱好。特别爱好杀人,已经成了习性。形容极端凶恶、残暴。[例句]当这些～的军队离去之后,一座五千人的镇子,竟然没有一个人活下来!

【誓不甘休】shì bù gān xiū
[释义]誓:发誓。甘:甘愿。休:罢休。发誓绝不善罢甘休。[例句]眼看比赛就要结束,但是队员们还是～,鼓起勇气,力争将比分扳平。

【誓不两立】shì bù liǎng lì
[释义]两立:双方并存。发誓决不与对方同时存在。形容仇恨极深。[语见]明·冯梦龙《东周列国志》第七回:"孔父嘉见郑伯白占了戴城,忿气填胸,将兜鍪掷地曰:'吾今日与郑誓不两立。'"[例句]中国共产党自成立之初起,就与封建反动势力～。

【誓山盟海】shì shān méng hǎi
[释义]见"山盟海誓"。[语见]明·胡文焕《群音类选·〈四块玉·女相思〉》:"顿忘

了誓山盟海，顿忘了音书不寄来。"
[例句] 事情未做之前，你的这些～在我
眼里没有一点意义，我是一个实在的
人，我只希望我们一切都按照合同办。

【誓死不二】 shì sǐ bù èr
[释义] 誓：发誓。不二：不生二心。发誓
至死不生二心。形容意志坚定、专一。
[例句] 《游侠列传》里的人物，无不为～
之辈，我们在敬重他们的同时，却又不得
不为他们的愚忠叹息。

【誓同生死】 shì tóng shēng sǐ
[释义] 发誓同生死，共命运。[语见]
明·冯梦龙《醒世恒言》第二十八卷："儿
与吴衙内誓同生死，各不更改。望母亲
好言劝爹曲允，尚可挽回前失。"[例句]
我们当与各位共赴疆场，～，把大业进行
到底。

【噬脐何及】 shì qí hé jí
[释义] 脐：肚脐。嘴咬肚脐，怎么够得着
呢。意思是当后悔时，像用嘴咬不着自
己的肚脐那样，是没有用的。比喻后悔
也来不及。[语见]《左传·庄公六年》：
"亡邓国者，必此人也，若不早图，后君噬
齐（脐）。"[例句] 我说的这些，你现在
自然是听不进去，但是等到事情弄糟
了的那一天，～？

【噬脐莫及】 shì qí mò jí
[释义] 见"噬脐何及"。[语见] 明·陆采
《怀香记·鞠询香情》："差之毫厘，谬以千
里，倘有后悔，噬脐莫及。"[例句] 当全军
覆没时，苻坚才～，悔不听王猛的劝告。

shou

【收回成命】 shōu huí chéng mìng
[释义] 收回已经发出的命令或决定。
即撤销原来的命令。[语见]《诗经·周
颂·昊天有成命》："昊天有成命，二后受
之。"[例句] 你要明白，总裁是一个刚愎
自用的人，要他～，简直绝无可能。

【收视反听】 shōu shì fǎn tīng
[释义] 收：收回。反：返还。收回视
线，返还听觉。即不看不听。指自己对
事物的看法不为外界事物所干扰。

[语见] 晋·陆机《文赋》："其始也，皆收视
反听，耽思傍讯，精骛八极，心游不仞。"
[例句] 学者们都能像他这样潜心书
斋，～，十年如一日吗？

【手不释卷】 shǒu bù shì juàn
[释义] 释：放下。卷：指书籍。形容读书
勤奋。[语见] 晋·陈寿《三国志·吴书·吕
蒙传》："光武当兵马之务，手不释卷。"
[例句] 这些年我虽然始终～，但是我
还是能明显地感觉到，世界之大，还有
太多太多的领域是我从未接触过的。

【手到病除】 shǒu dào bìng chú
[释义] 除：去除。一伸手诊脉病就好了。
形容医术高明。[语见] 明·施耐庵《水浒
传》第六十五回："百药不能得治，后请得
建康府安道全，手到病除。"[例句] 喜郎
中的招牌可不是蒙来的，你问问这方圆
几百里，哪一处他没能～？

【手到拿来】 shǒu dào ná lái
[释义] 见"手到擒来"。[语见] 元·康进
之《李逵负荆》第四折："管教他瓮中捉
鳖，手到拿来。"[例句] 大人岂能长敌人
志气，灭自己威风，试想我大军三十
万，战鼓一擂，一个小小的虎牢关还
不～？

【手到擒来】 shǒu dào qín lái
[释义] 擒：捉住。一伸手就将敌人捉住。
形容做事毫不费力。[语见]《九命奇冤》
第二十九回："除非他不走那一路，要是
走那一路时，包管你手到擒来。"[例句]
关羽微微一笑：颜良文丑，还不是～，值
得这样军心惶惶？

【手滑心慈】 shǒu huá xīn cí
[释义] 手头慷慨，心地善良，指乐于助
人。[语见] 清·袁枚《与林远峰书》："鱼
门当日，并不在酒场歌席妄费一钱，而手
滑心慈，遂至累累累己。"[例句] 小旋风
柴进～，喜欢结交江湖豪杰，不出数
年，名声已如日中天。

【手挥目送】 shǒu huī mù sòng
[释义] 见"目送手挥"。[例句] 苏轼静
立江边，～，千古绝唱《念奴娇·赤壁怀
古》已于心中一气呵成。

【手急眼快】shǒu jí yǎn kuài
[释义] 见"手疾眼快"。[语见] 清·石玉昆《三侠五义》第八回:"张爷手急眼快,斜刺里就是一腿。"[例句] 如果不是他～把酒杯接住,好端端的一副杯碟便要残缺不齐了。

【手疾眼快】shǒu jí yǎn kuài
[释义] 疾:迅速。形容机警,敏捷。[语见] 明·吴承恩《西游记》第四回:"原来悟空手疾眼快,正在那混乱之时……着左膊上一棒打来。"[例句] 魔术嘛,讲究的就是～,但是目的却不是要骗观众,而是给观众带来快乐。

【手脚无措】shǒu jiǎo wú cuò
[释义] 见"手足无措"。[语见] 明·兰陵笑笑生《金瓶梅词话》第四十八回:"府尹胡师文,见了上司批下来,慌得手脚无措。"[例句] 第一次站在众人面前发言,他有点～,声音都有点发颤了。

【手忙脚乱】shǒu máng jiǎo luàn
[释义] 形容做事慌乱,没有条理。[语见]《朱子全书》第六卷:"今亦何所迫切而手忙脚乱一至于此耶?"[例句] 总经理忽然间就来到我们办公室里,唬得我们几个都～。

【手胼足胝】shǒu pián zú zhī
[释义] 见"手足胼胝"。[例句] 学富五车的老教授在田里劳作一月不到,已是～,面容憔悴了。

【手起刀落】shǒu qǐ dāo luò
[释义] 手一提起,刀就落下。形容用刀动作的迅速。[语见] 明·施耐庵《水浒传》第二十九回:"武松道:'原来恁地,却饶你不得。'手起刀落,也把这人杀了。"[例句] 我正说话间,大娘～,大红公鸡扑腾了两下,不动了。

【手无寸铁】shǒu wú cùn tiě
[释义] 寸铁:指短小的兵器。手中没有拿任何兵器。形容徒手搏击,处于劣势。[语见] 清·蒲松龄《聊斋志异·黄将军》:"黄怒甚,手无寸铁,即以两手握骡足,举而投之。"[例句] 这些～的知识分子,面对着法西斯的机枪,一个个都面无惧

色,他们都坚信:和平会到来,人类的文明迟早会消灭战争。

【手无缚鸡之力】shǒu wú fù jī zhī lì
[释义] 缚:捆绑。手上连绑缚一只鸡的力气都没有。形容读书人文弱无力。[语见] 元·无名氏《赚蒯通》第一折:"那韩信手无缚鸡之力,只淮阴市上两个少年要他在胯下钻过去,他就钻过去了。"[例句] 谁也不相信,这个看上去～的书生能够带兵打仗。

【手舞足蹈】shǒu wǔ zú dǎo
[释义] 舞:挥手。蹈:跳脚。形容高兴到极点。[语见]《孟子·离娄上》:"乐之实,乐斯二者,乐则生矣;生则恶可已也,恶可已,则不知足之蹈之,手之舞之。"[例句] 名次公布之后,儿子高兴得～,嚷嚷着我该奖励他。

【手眼通天】shǒu yǎn tōng tiān
[释义] 手眼:手段,指待人处事所耍的不正当的方法。通天:上通天界,指高超无比。比喻很有手腕,善于钻营。[例句] 你的对手是一个～的人物,你要真跟他斗上一斗,恐怕不能采取常规的法子。

【手足重茧】shǒu zú chóng jiǎn
[释义] 茧:手掌或脚掌上因劳动或走路等摩擦而生成的硬皮。手上足上长满层层老茧。形容长期奔波劳累。[语见] 汉·刘安《淮南子·修务训》:"十日十夜,足重茧而不休息。"清·蒲松龄《聊斋志异·崂山道士》:"过月余,手足重茧,不堪其苦,阴有归志。"[例句] 作为读书人,在乡间劳作,虽然～,体肤之苦难以言表,但是心中的宁静,却是在书斋里永远无法体验到的。

【手足胼胝】shǒu zú pián zhī
[释义] 胼胝:手脚上的老茧。手脚都磨出了老茧。形容辛勤劳苦。[语见]《荀子·子道》:"夙兴夜寐,耕耘树艺,手足胼胝,以养其亲。"[例句] 连续数日在工地劳动,直到～之际,我才对豁然开朗:吃苦何尝不是一种收获? 如果连这种苦都没有品尝过,那么,一个人还能够经得

S

起世间什么苦难呢?

【手足失措】 shǒu zú shī cuò

[释义] 见"手足无措"。[语见] 唐·韩愈《为韦相公让官表》:"承命震骇,心神靡宁,顾己惭觍,手足失措。"[例句] 真的没有想到,老师突然间就到了我背后,使得我～,真恨不得找个地方躲起来。

【手足无措】 shǒu zú wú cuò

[释义] 措:安放。手脚无处可放。形容局促不安。[语见]《论语·子路》:"刑罚不中,则民无所措手足。"[例句] 大家都愣住了:平日里滔滔不绝的他,怎么会在这个时候～、语无伦次呢?

【手足异处】 shǒu zú yì chù

[释义] 见"身首异处"。[语见] 汉·司马迁《史记·孔子世家》:"(孔子)曰:'匹夫而营惑诸侯者罪当诛! 请命有司!'有司加法焉,手足异处。"[例句] 这位糊涂的皇帝,到了～的时候,也没能明白,究竟是什么力量使他国破家亡的。

【手足之情】 shǒu zú zhī qíng

[释义] 手足:比喻兄弟。兄弟间亲密的感情。[语见] 唐·李华《吊古战场文》:"谁无兄弟,如足如手。"[例句] 虽然我弟弟给我带来了无穷的麻烦,但是念及～,我还是原谅了他的过错,全力地帮他渡过难关。

【守常不变】 shǒu cháng bù biàn

[释义] 见"蹈常袭故"。[语见] 三国魏·嵇康《养生论》:"谓商无十倍之价,农无百斛之望,此守常而不变者也。"[例句] 他是一个习惯于～的人,任何一点新变化都会令他不安。

【守节不回】 shǒu jié bù huí

[释义] 见"守节不移"。[语见] 五代后晋·刘昫等《旧唐书·萧铣等传论》:"辅公祏窃兵为叛,王雄诞守节不回,训子孙以忠贞,感士庶之流涕。"[例句] 文天祥身陷元营,面对荣华富贵的诱惑,面对林立刀枪的恐吓,依然豪气干云,～,其至贞至义足以感天动地。

【守节不移】 shǒu jié bù yí

[释义] 坚守节操而不改变。[语见] 汉·刘向《新序·节士》:"子为父死无所恨,守节不移,虽有铁钺汤镬之诛而不惧也。"[例句] 那些到了生死关头依然能～的大英雄,的确令人钦佩。

【守经达权】 shǒu jīng dá quán

[释义] 经:常道,原则。权:权宜,变通。守正道而知权变。形容人坚持原则,而又能灵活应付。[例句] 小津是一个～的人,她在这样复杂的形势中,自能游刃有余。

【守口如瓶】 shǒu kǒu rú píng

[释义] 守:保守。口:嘴。瓶:瓶子塞紧了,里边的东西倒不出来。不随便说话,像塞紧的瓶子一样。形容严守秘密。[语见] 唐·释道世《诸经要集·择交部·惩过》:"防意如城,守口如瓶。"[例句] 此事关系重大,你切切要～,万不能漏出半点风声。

【守身如玉】 shǒu shēn rú yù

[释义] 保持自身节操,像玉那样洁白无瑕。[语见] 清·夏敬渠《野叟曝言》第十四回:"孩儿守身如玉,岂肯堕入污泥!"[例句] 像她这般～的人,怎么会同流合污做出那样的事情来呢?

【守身若玉】 shǒu shēn ruò yù

[释义] 见"守身如玉"。[语见] 清·文康《儿女英雄传》第二十三回:"何况这位姑娘,守身若玉,励志如冰。"[例句] 王夫之兵败之后,～,拒绝出仕,只潜心修学,终成一代大家。

【守望相助】 shǒu wàng xiāng zhù

[释义] 守:防守。望:瞭望。指邻近各处守卫、瞭望彼此照应,互相帮助。[语见]《孟子·滕文公上》:"死徙无出乡,乡田同井,出入相友,守望相助,疾病相扶持,则百姓亲睦。"[例句] 此地民风淳朴,乡里乡亲无不～。

【守正不阿】 shǒu zhèng bù ē

[释义] 见"守正不挠"。[语见] 南朝宋·范晔《后汉书·陈宠传》:"及窦宪为大将军征匈奴,公卿以下及郡国无不遣吏子弟奉献遗者,而宠与中山相汝南张郴、东平相应顺守正不阿。"[例句] 海瑞执法严

明,～,不但令老百姓敬仰,连那些对他恨得咬牙切齿的人,也不得不心生佩服。

【守正不挠】 shǒu zhèng bù náo

[释义] 挠:弯曲,比喻屈服。坚守正道,不徇私情。形容人正直无私。

[语见] 汉·班固《汉书·刘向传》:"君子独处守正,不挠众狂。"注:挠,通"挠"。

[例句] 明朝后期,朝政腐败,～的大臣,已寥若晨星,明朝焉能不亡?

【守株待兔】 shǒu zhū dài tù

[释义] 守:守候。株:露在地面上的树根或树干。待:等。守在树身旁,坐等兔子。比喻固守以往的经验而不懂变通,或心存侥幸,希望不劳而获,坐享其成。[语见]《韩非子·五蠹》:"宋人有耕者,田中有株,兔走触株,折颈而死,因释其耒而守株,冀复得兔。兔不可复得,而身为宋国笑。"[例句] 你不付出努力,总想～,坐享其成,那是不可能的。

【首当其冲】 shǒu dāng qí chōng

[释义] 首:首先。当:面对,面向。冲:要冲,要道。首先受到攻击或遭到灾难。[语见] 汉·班固《汉书·五行志下》:"郑当其冲,不能修德。"[例句] 这次裁员,你们人浮于事的行政部怕是要～了。

【首丘夙愿】 shǒu qiū sù yuàn

[释义] 首:头向着。丘:土丘。夙愿:一作"宿愿"。久已怀着的愿望。传说狐死之时,头向着巢穴所在的土丘,表示向往故土。因以比喻久有怀念故乡或归葬故土的心愿。[语见] 战国楚·屈原《九章·哀郢》:"鸟飞反故乡兮,狐死必首丘。"[例句] 爷爷说:"我老了,俗话说叶落归根,我也是满怀～,归居田园的时候了。"

【首丘之念】 shǒu qiū zhī niàn

[释义] 见"首丘之思"。[语见] 元·脱脱等《金史·时青传》:"仆虽偷生寄食他国,首丘之念未尝一日忘之。"[例句] 父亲近来身体不好,便常常做些～,我也不知怎么劝他。

【首丘之思】 shǒu qiū zhī sī

[释义] 传说狐将死时,头向着它出生的土丘。比喻怀念故乡或归葬故土之情。

[语见] 南朝宋·范晔《后汉书·班超传》:"臣闻太公封齐,五世葬周,狐死首丘,代马依风。夫周齐同在中土千里之间,况于远处绝域,小臣能无依风首丘之思哉?"[例句] 张良功成名就之时,常称～,其实,明眼人一见就明白,像他这等达观智慧的人,对"狡兔死,走狗烹;飞鸟尽,良弓藏"的道理早已洞然于心了。

【首丘之望】 shǒu qiū zhī wàng

[释义] 见"首丘之思"。[语见] 宋·苏轼《惠州谢表》:"衰疾交攻,无复首丘之望。"[例句] 古时的士人,尤其是到年老体弱的时候,～便成为他们最合理也最体面的借口,离开那是非之地,能全身而退,也是造化。

【首屈一指】 shǒu qū yī zhǐ

[释义] 首:首先、最先。屈:弯。一指:大拇指。屈指计数时,首先弯下大拇指。表示处于第一的位置。[语见] 清·郑观应《盛世危言·藏书》:"其家藏最富者,如昆山徐氏之传是楼,鄞县范氏之天一阁,……近日吴兴陆氏之丽宋楼首屈一指。"[例句] 该国的造船业在十八世纪的欧洲已是～。

【首身分离】 shǒu shēn fēn lí

[释义] 头和身体分开。指被砍头。[语见] 战国楚·屈原《九歌·国殇》:"带长剑兮挟秦弓,首身离兮心不惩。"[例句] 谭嗣同静等受捕的时候,对～的结局早已了然于心,这才是大英雄的气概。

【首施两端】 shǒu shī liǎng duān

[释义] 见"首鼠两端"。[语见] 南朝宋·范晔《后汉书·邓训传》:"先是小月氏胡分居塞内,胜兵者二三千骑,皆勇健富强,每与羌战,常以少制多。虽首施两端,汉亦时收其用。"[例句] 如今形势危在旦夕,将军如果还～、犹豫不决,等敌军一到,再想撤退,恐怕将难于上青天了。

【首鼠两端】 shǒu shǔ liǎng duān

[释义] 首鼠:也作"首施",即踌躇。指犹豫不决。[语见] 元·王德信《西厢记·郑恒求配》:"不料这厮每做下来,着我首鼠

两端,辗转不决。"[例句] 似他那种～的人,也敢到这种情势瞬息万变的地方来指手画脚?

【首鼠模棱】shǒu shǔ mó léng
[释义] 首鼠:踌躇,迟疑不决。模棱:含糊,不明确。形容犹豫不决、动摇不定的样子。[语见] 明·吾丘瑞《运甓记·太真绝裾》:"士为知己者死,女为悦己者容,若首鼠模棱,负恩不报。"[例句] 大军压境之际,决策者还～,迟迟不能做出决断,战机就这样被贻误了。

【首尾共济】shǒu wěi gòng jì
[释义] 比喻相互支援。[语见] 清·张廷玉等《明史·方逢时传》:"两人首尾共济,边境遂安。"[例句] 我们形成"品"字阵势,～,看敌人能奈我们何?

【首尾乖互】shǒu wěi guāi hù
[释义] 乖互:相互违背。前后自相矛盾。[语见] 南朝梁·沈约《宋书·徐谌之传》:"赉传之信,无有主名,所征之人,又已死没,首尾乖互,自为矛盾。"[例句] 社长大发雷霆:"把这些～的文字给我拿远一点,这是报纸,是要拿给千百万人看的,是要负责任的!"

【首尾狼狈】shǒu wěi láng bèi
[释义] 形容处境困迫,进退为难。[语见] 唐·房玄龄等《晋书·刘琨传》:"自守则稽聪之诛,进讨则勒袭其后,进退维谷,首尾狼狈。"[例句] 敌人已被我们打得～,我们为何不一鼓作气,全力歼灭?

【首尾两端】shǒu wěi liǎng duān
[释义] 见"首鼠两端"。[语见] 南朝宋·范晔《后汉书·西羌传》:"初,饥五同种大豪卢忽、忍良等千余户别留允街,而首尾两端。"[例句] 在历史千钧一发的危急关头,往日多谋善断的总统,也不禁～起来。

【首尾相救】shǒu wěi xiāng jiù
[释义] 比喻互相援救。[语见]《战国策·魏策四》:"有蛇于此,击其尾,其首救,击其首,其尾救,击其中身,首尾皆救。"[例句] 几支队伍虽然人数不多,但是能～,相互呼应。

【首尾相应】shǒu wěi xiāng yìng
[释义] 首:头。应:接应,呼应。开头的部分和结尾的部分互相呼应。[语见] 清·张廷玉等《明史·刘应节传》:"如其不然,集兵三十万,分屯列戍,使首尾相应,此百年之利也。"[例句] 几个奸诈小人～,一唱一和,把朝堂搞得乌烟瘴气。

【首尾相援】shǒu wěi xiāng yuán
[释义] 见"首尾相救"。[语见] 南朝梁·刘勰《文心雕龙·附会》:"惟首尾相援,则附会之体,固亦无以加于此矣。"[例句] 起义军队伍在中原大地上～,时分时合,官兵半点也摸不着头脑。

【首足异处】shǒu zú yì chù
[释义] 头和脚分开在不同的地方。指遭受杀戮而死亡。[语见] 越王勾践《属诸大夫书》:"首足异处,四肢布裂,为天下戮。"[例句] 慕容氏直到～,也终没弄明白,自己几十万军队,何以会遭到如此惨败。

【寿比南山】shòu bǐ nán shān
[释义] 寿:长寿。比:比同、如同。寿命长久如同南山一样。一般用为祝寿语。[语见]《诗经·小雅·天保》:"如月之恒,如日之升,如南山之寿,不骞不崩。"[例句] 祝愿爷爷福如东海,～。

【寿陵失步】shòu líng shī bù
[释义] 寿陵:古地名,属燕邑,这里指燕国少年。失步:遗忘了自己原来走路的步伐。指燕国少年到邯郸学走路没有学成,反而把自己原来走路怎样迈步都忘了。比喻模仿别人不到家,反而连自己原来所会的东西也忘掉了。[语见]《庄子·秋水》:"且子独不闻夫寿陵馀子之学行于邯郸与? 未得国能,又失其故行矣,直匍匐而归耳。"[例句] 我看呢,这么下去,你实在是～,到头来,只怕你连自己的长处都丢掉了。

【寿山福海】shòu shān fú hǎi
[释义] 比喻长寿多福。多用为祝贺语。[语见] 明·张凤翼《灌园记·开场家门》:"华屋珠帘,寿山福海,别是风烟。"

[例句] 我们共同举杯,祝愿老教授～,幸福安康!

【寿终正寝】 shòu zhōng zhèng qǐn
[释义] 寿终:年老而自然死亡。正寝:住宅的正房,人死后灵柩一般停在此屋。指年老死在家中。也喻指事物消亡(含讽刺意味)。[语见] 明·许仲琳《封神演义》第十一回:"你道朕不能善终,你自夸寿终正寝,非侮君而何?"[例句] 发行渠道一旦被堵死,刊物也就不免～了。

【受宠若惊】 shòu chǒng ruò jīng
[释义] 宠:宠爱。惊:震动,惊动。指受到过分的宠爱而感到惊奇和不安。[语见] 宋·欧阳修《辞特转吏部侍郎表》:"受宠若惊,况被非常之命,事君无隐,敢倾至恳之诚。"[例句] 老板突然间问起我的想法,我真有几分～呢。

【授人以柄】 shòu rén yǐ bǐng
[释义] 柄:剑柄。把剑柄交给别人。比喻将权力交给别人或让人抓住把柄,使自己处于被动地位。[语见] 晋·陈寿《三国志·魏书·王粲传》:"所谓倒持干戈,授人以柄,功必不成。"[例句] 我们做事要谨慎稳妥,万万不可～,要真到那时候就真难以转圜了。

【授手援溺】 shòu shǒu yuán nì
[释义] 授手:给人以手,即伸手。溺:落水人。伸出手去救援落水的人。比喻救援苦难的人。[语见]《孟子·离娄上》:"天下溺,援之以道;嫂溺,援之以手。"[例句] 各位在我危难之际～,我将没齿难忘。

【授受不亲】 shòu shòu bù qīn
[释义] 授:给予。受:接受。旧指男女之间不能亲手递送物品。指束缚男女的封建礼教。[语见]《孟子·离娄上》:"淳于髡曰:'男女授受不亲,礼与?'孟子曰:'礼也。'"[例句] 在几千年的中国传统社会里,"男女有别"、"～"成了男女关系中的基本原则。

【授职惟贤】 shòu zhí wéi xián
[释义] 授予职位只限有才德的人。[语见] 唐·薛登《请选举择贤才疏》:"晋、

宋之后,只重门资,为奖求官之风,乖授职惟贤之义。"[例句] 有人认为:武则天开明政治,～,大周的盛况,实不亚于贞观之时。

【瘦骨嶙峋】 shòu gǔ lín xún
[释义] 嶙峋:山崖突兀的样子。形容人瘦得皮包骨,就像山崖突兀的样子。[例句] 突然间,远远地看到她走来,她那～的样子,催人泪下。

【瘦骨伶仃】 shòu gǔ líng dīng
[释义] 伶仃:也作"零丁",孤独无依无靠的样子。形容人瘦弱孤单的样子。[例句] 你减肥也不能弄成～的样子吧,别人还真以为你正受着什么大苦大难呢。

【瘦骨如柴】 shòu gǔ rú chái
[释义] 见"骨瘦如柴"。[语见] 明·高明《琵琶记·勉食姑嫜》:"我千辛万苦,有甚疑猜。可不道我脸儿黄瘦骨如柴。"[例句] 枪口下,几个～的孩子瞪着惊恐的眼睛,那眼睛里没有天真和憧憬,只有死亡。

shu

【书生之见】 shū shēng zhī jiàn
[释义] 指书呆子不切实际或不合时宜的见解。[例句] 都什么时候了,还拿出这种东西,真是～!

【书香门第】 shū xiāng mén dì
[释义] 指世代都是读书人的家庭。[语见] 清·曹雪芹《红楼梦》五十四回:"开口都是书香门第,父亲不是尚书就是宰相,生一个小姐必是爱如珍宝。"[例句] 她虽出身于～,但从不轻视劳动。

【殊方同致】 shū fāng tóng zhì
[释义] 见"殊路同归"。[语见] 唐·魏徵《隋书·儒林传序》:"北学深芜,穷其枝叶,考其始终,要其会归,其立身成名,殊方同致矣。"[例句] 我们几个小组实验的方法虽不相同,但～,最后都得到了相同的结果。

【殊方异域】 shū fāng yì yù
[释义] 见"绝域殊方"。[语见] 唐·玄奘

《大唐西域记·羯若鞠阇国》:"风教遐被,德泽远洽,殊方异域,慕化称臣。"[例句]当我们看着这些早期的文字,我们都逐渐明白,基本上没有被注意过的这～的文明,事实上在那个时候已经达到了非同一般的高度。

【殊路同归】shū lù tóng guī
[释义]从不同的道路,走到同一个目标。比喻用不同的方法达到同一目的。[语见]汉·桓宽《盐铁论·利议》:"诸生对册,殊路同归。指在于崇礼义,退财利,复往古之道,匡当世之失。"[例句]这道题有很多种解法,但～,最终只能有一个结果。

【殊途同归】shū tú tóng guī
[释义]殊:不同的。途:途径。同归:归于一处。不同的路径归向于同一个地方,比喻采用不同的方法而得到相同的结果。[语见]宋·范仲淹《尧舜率天下以仁赋》:"殊途同归,皆得其垂衣而治;上行下效,终闻乎比屋可封。"[例句]两人一个身处西欧,一个静居东土,在发明微积分上,竟然～,实在令人类惊讶。

【殊途一致】shū tú yī zhì
[释义]见"殊途同归"。[语见]唐·房玄龄等《晋书·刁协传》:"夫大道宰世,殊途一致。"[例句]我们的意见虽然相去甚远,但我相信,只要我们能平等沟通,彻底交流,我想我们最终会～的。

【殊勋茂绩】shū xūn mào jì
[释义]见"殊勋异绩"。[语见]北齐·魏收《魏书·裴叔业传》:"殊勋茂绩,职尔之由,崇名厚秩,非卿孰赏?"[例句]岳飞一心报国,为国立下～,却落了个冤死风波亭,怎能不令南宋臣民心寒?

【殊勋异绩】shū xūn yì jì
[释义]卓越的功勋业绩。[语见]南朝宋·何尚之《又答问庾炳之事》:"且自非殊功异绩,亦何足塞今日之尤。"[例句]他是～的开国功臣,却丝毫没有居功自傲,相反,他非常平易近人。

【倏来忽往】shū lái hū wǎng
[释义]倏:极快地。指来去迅速。

[语见]唐·欧阳询《艺文类聚》第六十六卷引晋·潘岳《射雉赋》:"逸群之俊,擅场挟两,栋雌妒异,倏来忽往。"[例句]起义军采取游击战术,～,把官军最后一丝元气也消耗殆尽。

【菽水承欢】shū shuǐ chéng huān
[释义]菽水:豆类和水。承欢:侍奉父母,求得欢心。即使吃豆子喝清水,也要尽孝道使家庭欢乐。形容家庭虽贫苦,不忘孝敬父母。[语见]《礼记·檀弓下》:"啜菽饮水,尽其欢,斯之谓孝。"[例句]～,是为人子者应尽的义务,你还谈什么报酬!

【疏财尚气】shū cái shàng qì
[释义]气:义气。见"疏财重义"。[语见]宋·沈俶《谐史·戴献可仆》:"四明戴献可者,疏财尚气,喜从贤士大夫游处,而家世雄于财。"[例句]大丈夫当～,何必为几个小钱而斤斤计较!

【疏财仗义】shū cái zhàng yì
[释义]见"仗义疏财"。[语见]元·无名氏《看钱奴》第四折:"他父亲在日,人叫他做舍,如今那小的仗义疏财,比老员外甚是不同。"[例句]信陵君～,天下豪杰纷纷聚集,逐渐成为一方不可小视的势力。

【疏财重义】shū cái zhòng yì
[释义]疏:分散。散财给人,看重义气。指慷慨解囊,扶危济困。[语见]五代·王仁裕《开元天宝遗事·结棚避暑》:"长安富家子刘逸、李明、卫旷,家世巨豪,而接待四方之士,疏财重义,有难必救,真慷慨之士,人皆仰焉。"[例句]他～,喜结江湖义士,自然会引起官府猜疑。

【疏亲慢友】shū qīn màn yǒu
[释义]疏:疏远。慢:怠慢。疏远亲族,怠慢朋友。[语见]清·李汝珍《镜花缘》第五十一回:"不独疏亲慢友,种种骄傲,并将糟糠之情也置度外。"[例句]他职位越来越高,但是其～的程度也越来越烈,慢慢地变得像个孤家寡人。

【疏食饮水】shū shí yǐn shuǐ
[释义]形容粗饭淡汤,饮食简陋。

[语见]《论语·述而》:"饭疏食饮水,曲肱而枕之,乐亦在其中矣。"[例句]虽然身在皇宫,但是四阿哥始终～,节俭自爱。

【疏水箪瓢】shū shuǐ dān piáo
[释义]疏水:粗糙的饮食。箪瓢:简陋的食具。比喻安贫乐道。[语见]《论语·述而》:"饭疏食饮水,曲肱而枕之,乐亦在其中矣。"又《雍也》:"一箪食,一瓢饮,在陋巷,人不堪其忧,回也不改其乐。"[例句]他退休回到老家,～,倒也过得逍遥自在。

【疏慵愚钝】shū yōng yú dùn
[释义]疏慵:懒散。懒散愚笨。[语见]元·马致远《陈抟高卧》第二折:"休休休,枉笑杀烟阁上人,有这般疏庸愚钝,孤陋寡闻。"[例句]状元公看着自己这～的儿子,心中真的生出了几丝绝望。

【撼忠报国】shū zhōng bào guó
[释义]撼:抒发。抒发忠诚,报效国家。[语见]明·熊大木《杨家将演义》第三十九回:"汝等赴任之后,各宜撼忠报国,施展奇抱,不枉为一世之丈夫也!"[例句]岳飞等人的～与秦桧的卖国求荣形成了鲜明的对比。

【输财助边】shū cái zhù biān
[释义]输:捐献。边:边防。捐献财力,以帮助边防。[语见]汉·班固《汉书·卜式传》:"时汉方事匈奴,式上书,愿输家财半助边。"[例句]读到这位为了国家安危而～,几乎倾家荡产,最终却因此受到猜忌而被陷害的臣子的事迹,人们不禁为之愤愤不平。

【熟路轻车】shú lù qīng chē
[释义]见"轻车熟路"。[语见]明·许自昌《水浒记·纵骑》:"一任恁地网天罗,怎禁俺熟路轻车。"[例句]对于这种程序的编写,他已是～,不成问题。

【熟能生巧】shú néng shēng qiǎo
[释义]熟练了就能产生灵巧的方法。[语见]清·李汝珍《镜花缘》第三十一回:"俗话说的'熟能生巧',舅兄昨日读了一夜,不但他已嚼出此中意味,并且连寄女也都听会,所以随问随答,毫

不费事。"[例句]我相信乔奶奶的剪纸是～,但是如果没有付出多年的心血,终究是达不到她的那种境界的。

【熟视无睹】shú shì wú dǔ
[释义]熟视:原指仔细看,后指经常看见,看惯了。睹:看见。经常看到,却像没有看到一样。形容对事物漠不关心。[语见]宋·林正大《括沁园春·大人先生》词:"静听无闻,熟视无睹,以醉为乡乐性真。"[例句]财务状况已经一团糟,你这个财务部经理竟然还～,你能说你称职吗?

【暑来寒往】shǔ lái hán wǎng
[释义]见"寒来暑往"。[语见]南朝梁·陆倕《石阙铭》:"暑来寒往,地久天长,神哉华观,永配无疆。"[例句]～,不知不觉中,几年就这么过去了,她的形象渐渐在人们的记忆中消失了。

【暑往寒来】shǔ wǎng hán lái
[释义]见"寒来暑往"。[语见]唐·欧阳询《艺文类聚》第四十八卷引南朝梁·简文帝《中书令临汝灵侯墓志铭》:"草茂故辙,松插新枝。月明泉暗,暑往寒来。"[例句]深山古寺就这么静静地立在那里,～,几百个春秋过去,如今已经衰败不堪了。

【暑雨祁寒】shǔ yǔ qí hán
[释义]祁:盛,大。夏季大雨,冬季盛寒。形容人民生活的艰难。[语见]《尚书·君牙》:"夏暑雨,小民惟曰怨咨;冬祁寒,小民亦惟曰怨咨。"[例句]清军看到了明朝国内百姓的～,正是进攻的大好机会,稍事准备,便朝关内汹汹而来。

【蜀犬吠日】shǔ quǎn fèi rì
[释义]蜀:古蜀国,今四川。犬:狗。吠:狗叫。四川多雾,难得见到太阳,那里的狗偶然见到日出,就对着太阳叫。比喻少见多怪。[语见]唐·韩愈《与韦中立论师道书》:"蜀中山高雾重,见日时少;每至日出,则群犬疑而吠之也。"[例句]我从未见过这么多千奇百怪的贝壳,你一定会笑我～,大惊小怪了。

S

【鼠肚鸡肠】shǔ dù jī cháng
[释义] 比喻人气量狭小。[语见] 华而实《汉衣冠》三："博洛说：'别瞧黄大人鼠肚鸡肠，可是他的智囊，大清国有功之臣……'"[例句] 你要心胸开阔些，不要做～的小人。

【鼠目寸光】shǔ mù cùn guāng
[释义] 老鼠的眼睛只能看到一寸远的地方。比喻人目光短浅，见识浅陋。[例句] 你呀，就是没有远见，难怪别人说你～。

【鼠窃狗盗】shǔ qiè gǒu dào
[释义] 指小偷小摸。[语见] 汉·司马迁《史记·刘敬叔孙通列传》："此特群鼠窃狗盗耳，何足置之齿牙间。"[例句] 旧社会，那些小孩子流浪之后，～的事情也做过，但那都是没有办法的办法，他得活下去呀。

【鼠窃狗偷】shǔ qiè gǒu tōu
[释义] 见"鼠窃狗盗"。[语见] 宋·刘斧《青琐高议后集》第一卷："兹盖神之明正，不容盗贼践其境也，迄今虽鼠窃狗偷，不敢游于湖焉。"[例句] 试想一百多年的府第是何等的辉煌，而今子弟们却甘自做起了～的勾当，当真是万贯家业，也经不住败家子的折腾。

【鼠雀之辈】shǔ què zhī bèi
[释义] 辈：一类人。像老鼠、麻雀之类的人。比喻没有才能的庸人。[语见] 明·罗贯中《三国演义》第二十三回："荀彧急止之曰：'量鼠雀之辈，何足污？'"[例句] 别看人家现在是～，但是三五年之后呢，也许便可以呼风唤雨了。

【数不胜数】shǔ bù shèng shǔ
[释义] 数：计算。胜：尽。数都数不完。形容数量极多，难以计算。[例句] 庙会上的小吃品种多得～。

【数典忘祖】shǔ diǎn wàng zǔ
[释义] 数：列举。典：典章制度。祖：祖宗。列举国家的典章制度或经历，却忘记了祖先的职守。后用以比喻忘记自己本来的情况或事物的本源。也比喻对本国历史的无知。[语见] 清·彭养鸥《黑籍冤魂》第二回："无奈这些烟鬼，多是数典而忘其祖。"[例句] 我们不能～，丢掉本民族的优良传统而去迎合所谓的潮流。

【数黑论黄】shǔ hēi lùn huáng
[释义] 古代的博戏，其具有局有子，黑黄各十五子，以黑黄子较量胜负。遂以"数黑论黄"为争论计较之意。今多比喻说三道四。[语见] 元·王实甫《西厢记》第五本第四折："那吃敲才怕不口里嚼蛆，那厮待数黑论黄，恶紫夺朱。"[例句] 这些论文专业性很强，我可不敢～。

【数九天气】shǔ jiǔ tiān qì
[释义] 从进入冬至起，每九天是一个"九"。指一年之中最冷的天气。[例句] 清晨，总能见到老人的身影，即使是～，他仍然坚持跑步，让我们这些后辈小生自叹不如。

【数米而炊】shǔ mǐ ér chuī
[释义] 炊：烧火做饭。比喻斤斤计较于琐细的小事，付出的劳动多，收益少。也形容物少价贵，不得不节衣缩食。[语见]《庄子·庚桑楚》："简发而栉，数米而炊。"[例句] 灾害之后，大多数百姓过着～的日子。

【数往知来】shǔ wǎng zhī lái
[释义] 历数往事，可以推知未来。[语见] 明·陆容《菽园杂记》第一卷："洪武中，朝廷访求通晓历数，数往知来，诚无不验者，必封侯，食禄千五百石。"[例句] 那些年他勤恳用功，～，现在很有出息。

【数一数二】shǔ yī shǔ èr
[释义] 数：计算。比较起来，不算第一，也算第二。形容很突出。[语见] 元·戴善夫《风光好》第三折："学士，此乃金陵数一数二的歌者，与学士递一杯。"[例句] 他的成绩在班里总是～的。

【束马悬车】shù mǎ xuán chē
[释义] 上山时，缠裹马脚，挂牢车子，以防滑跌。形容山路险隘难行。[语见]《管子·封禅》："西伐大夏，涉流沙，束马悬车，上卑耳之山。"[例句] 大军行

到此处，～，折腾到半夜，终是没能连夜翻过山去。

【束手待毙】 shù shǒu dài bì
[释义] 束：捆、扎。待：等待。毙：死。捆起手来等死。喻指遇到危险不是主动想办法摆脱，而是消极等待。[语见] 明·许仲琳《封神演义》第九十四回："今天下诸侯会兵于此，眼见灭国，无人替天子出力，束手待毙而已。"[例句] 城中存粮不足，士气低落，再这么等下去，恐怕只能～了。

【束手待死】 shù shǒu dài sǐ
[释义] 捆住双手等待死亡。比喻遇到危难不思解救，坐等失败。[语见] 明·罗贯中《三国演义》第十回："曹兵既至，岂可束手待死！某愿助使君破之。"[例句] 老虎大吼一声，我腿肚子都软了，我闭了眼，～，哪知过了片刻，我睁开眼睛一看，老虎不知什么时候已经离去了。

【束手就毙】 shù shǒu jiù bì
[释义] 见"束手待毙"。[语见] 宋·洪迈《容斋随笔·靖康时事》："以堂堂大邦，中外之兵数十万，曾不能北向发一矢，获一胡，端坐都城，束手就毙！"[例句] 三天之后，援军终是没来，两万老弱病残，只好～，听天由命了。

【束手就擒】 shù shǒu jiù qín
[释义] 束：捆、扎。就：靠近，投向。擒：捉住。像被捆住了双手，无力抵抗被捉住。喻指没有反抗能力，不能脱身。[语见] 元·脱脱等《宋史·符彦卿传》："彦清渭张彦泽、皇甫遇曰：'与其束手就擒，曷若死战，然未必死。'"[例句] 他认为：军人或者驰骋疆场，或者马革裹尸，要～，那真是丢尽了脸。

【束手旁观】 shù shǒu páng guān
[释义] 见"袖手旁观"。[语见] 清·李绿园《歧路灯》第六十二回："可恨！可恼！咱们不得束手旁观，睁着眼叫他陷于不义。"[例句] 朋友有了困难，我绝不能～，一定会想办法帮助他。

【束手束脚】 shù shǒu shù jiǎo
[释义] 见"缩手缩脚"。[例句] 孩子，你

就把这里当作你的家，别～的，这也不敢动，那也不敢摸的。

【束手无策】 shù shǒu wú cè
[释义] 束：束缚。策：对策，办法。好像手被束缚住了，无法摆脱。后泛指对遇到的麻烦没有办法解决，一筹莫展。[语见] 明·凌濛初《二刻拍案惊奇》第二十九卷："小姐已是十死九生，只多得一口气了。马少卿束手无策。"[例句] 坐到后半夜，大家还是～，唯一能知道的，就是目前已陷入绝境。

【束手无措】 shù shǒu wú cuò
[释义] 见"束手无策"。[语见] 宋·文天祥《己未上皇帝书》："与其束手无措以委输于虏，孰若变通适尽利，以庶几虏之可逐也。"[例句] 想当初你们哪一个不是振振有词，而今事情真的来了，便～？

【束手无计】 shù shǒu wú jì
[释义] 遇到危难时，如同双手被捆住，毫无对付的策略和办法。[语见] 明·申时行《杂记》："设奸人窜入其中，为害叵测，即有缓急，外廷不得闻，宿卫不得入，吾辈大臣，束手无计，此皆公等剥肤之患也。"[例句] 就是被人视若天神的诸葛亮，也有～的时候，巧媳妇难为无米之炊嘛。

【束缊请火】 shù yùn qǐng huǒ
[释义] 缊：乱麻。请火：讨火。搓乱麻为引火绳，向邻家讨火。比喻求助于人或者为人排难解纷。[语见] 汉·班固《汉书·蒯通传》："里妇夜亡肉，姑以为盗，怒而逐之。妇晨去，过所善诸母，语以事而谢之。里母曰：'女安行，我今令而家追女矣。'即束缊请火于亡肉家，曰：'昨暮夜，犬得肉，争斗相杀，请火治之。'亡肉家遽追呼其妇。"[例句] 村中出了如此大事，只好去请有学有识的冷先生来～了。

【束之高阁】 shù zhī gāo gé
[释义] 束：捆绑。阁：架子。捆扎起来放在高处的架子上。喻指弃置不用。[语见] 南朝宋·刘义庆《世说新语·豪爽》："庾穉恭（翼）既常有中原之志。"梁·刘孝标注引《汉晋春秋》："是时杜乂、殷

浩诸人盛名冠世，翼未之贵也，常曰：'此辈宜束之高阁，俟天下清定，然后议其所任耳。'"[例句] 那几本字帖，已被我～，但是那里面的每一个字的结构笔画，事实上早已装在我脑子里了。

【树碑立传】shù bēi lì zhuàn
[释义] 树：树立，建立。碑：有铭文的刻石，用以纪念或歌颂某人。立传：写传记，叙述人的生平事迹。原指树立碑铭，撰写传记，来为某人歌功颂德。现指树立自己的威信，以提高个人的声望。含贬义。[例句] 我从来就不希望有人为我～，如果有人在我离任后说我还做了点实事，那我就满足了。

【树大招风】shù dà zhāo fēng
[释义] 树长高了，容易招致风的袭击。比喻名声大了，容易惹麻烦，招嫉恨。[语见] 明·吴承恩《西游记》第三十三回："这正是树大招风风撼树，人为名高丧人。"[例句] 所谓～，作为一个知名企业，难免会招惹人们的议论。

【树倒猢狲散】shù dǎo hú sūn sàn
[释义] 猢狲：猴子。大树一倒下，树上的猴子也就跟着分散了。比喻有权势的人物一倒台，依附于他的人就失去了靠山而离散了。含贬义。[语见] 清·曹雪芹《红楼梦》第十三回："如今我们家赫赫扬扬，已将百载，一日倘或乐极生悲，若应了那句'树倒猢狲散'的俗语，岂不虚称了一世诗书旧族了？"[例句] 覆巢之下，自无完卵，国家都灭了，公子哥儿们弄的什么诗社，自然也是～。

【树功扬名】shù gōng yáng míng
[释义] 树：建立。扬：称颂。建立功名，流芳于世。[语见] 汉·班固《汉书·隽不疑传》："凡为吏，太刚则折，太柔则废，威行施之以恩，然后树功扬名，永终天禄。"[例句] 他决心投笔从戎，到战场上去～。

【树欲静而风不止】shù yù jìng ér fēng bù zhǐ
[释义] 欲：要。树想要静下来，风却不停地刮得它乱晃。比喻事物的客观形势不以人的意志为转移。[语见]《韩诗外传》卷九："树欲静而风不止，子欲养而亲不待也。"[例句] 这里的人们都渴望安居乐业，但～，邪恶势力到处挑起事端，扰乱社会，让人不得安宁。

【竖起脊梁】shù qǐ jǐ liáng
[释义] 比喻振作精神。[语见] 宋·陈亮《癸卯秋答朱元晦秘书书》："伯恭钦夫敏妙固未易及，然正大之体，挺特之气，竖起脊梁，当时轻重有无，独于门下归心而已。"[例句] 我们知道连续干了许多天，大家都累了，但是我还是希望大家～，把最后的任务完成。

【数奇命蹇】shù jī mìng jiǎn
[释义] 奇：单数，古人认为单数不吉。蹇：不顺利。指命运不好，事多乖违。[语见] 唐·杨炯《原州百泉县令李君神道碑》："数奇命蹇，遂无望于高门；日往月来，竟消声于下邑。"[例句] 对于这位作家来说，～，生命多舛，恰恰是她最大的财富，是她写作的基石。

【数以万计】shù yǐ wàn jì
[释义] 以万来计算。形容极多。[语见] 清·张廷玉等《明史·彭韶传》："监局内臣数以万计，利源兵柄尽以付之，犯法纵奸，一切容贷，此防微之道未终也。"[例句] 空袭开始之后，～的难民逃出家园，涌向西欧。

【漱流枕石】shù liú zhěn shí
[释义] 见"枕石漱流"。[语见] 唐·房玄龄等《晋书·儒林传论》："文博之漱流枕石，铲迹销声……斯并通儒之高尚者也。"[例句] 退隐之后，他～，流连于山水之间，连性情都发生了巨大的变化。

shuai

【率尔操觚】shuài ěr cāo gū
[释义] 率尔：轻率、随便的样子。觚：古人书写用的木简。操觚：拿起木简。指写文章。原形容文思敏捷，拿过木简便写。后形容未经认真思考，写作草率。[语见] 晋·陆机《文赋》："或操觚以率

尔,或含毫而邈然。"[例句] 这位学者治学非常严谨,从不～,闭门造车。

【率尔成章】shuài ěr chéng zhāng
[释义] 率尔:不经思索,随意地。不加思索,下笔成文。形容写文章粗疏草率。[语见] 宋·王说《唐语林·文学》:"诗云:'书后欲题三百颗,洞庭须待满林霜。'后人多说率尔成章,不知江左尝有人于纸尾寄洞庭霜三百颗。"[例句] 由于时间仓促,～,文中一定会有一些疏漏,请老师原谅。

【率兽食人】shuài shòu shí rén
[释义] 率:带领。率领兽类吃人。比喻肆虐残害人民。[语见]《孟子·梁惠王上》:"庖有肥肉,厩有肥马,民有饥色,野有饿莩,此率兽而食人也。"[例句] 隋炀帝统治残暴,～,反抗此起彼伏。

【率性任意】shuài xìng rèn yì
[释义] 率:随顺。随顺其本性,听任其心意。指任着自己的本性去做而不加约束。[语见] 宋·张君房《云笈七签》第一百一十六卷:"或食柏叶,饮水自给,不嗜五谷。父母怜之,听其率性任意。"[例句] 扬州八怪之画,～,怪诞独绝,成为中国画史上的奇葩。

【率由旧则】shuài yóu jiù zé
[释义] 见"率由旧章"。[语见] 晋·陈寿《三国志·魏书·曹植传》:"万邦既化,率由旧则;广命懿亲,以藩王国。"[例句] 这位皇帝小心谨慎,～,虽无大的建树,倒也通过休养生息的政策使国力获得了巨大提高。

【率由旧章】shuài yóu jiù zhāng
[释义] 率:遵循。由:顺从,沿袭。旧章:旧的法度。按照老规矩办事。[语见]《诗经·大雅·假乐》:"不愆不忘,率由旧章。"[例句] 方今社会在飞速发展,如果一切都～,那么很快便会被抛到同行的后面。

shuang

【双管齐下】shuāng guǎn qí xià
[释义] 管:笔。原指手握两笔同时作画。比喻两件事同时进行或同时采取两种办法。[语见] 清·壮者《扫迷帚》第二十四回:"小弟愚见,原思双管齐下,一边将迷信关头,重重戳破,一边大兴学堂,归重德育,使人格日益高贵。"[例句] 我们各有分工,～,齐心协力,大事定能成功。

【双宿双飞】shuāng sù shuāng fēi
[释义] 比喻夫唱妇随形影不离。[语见] 宋·尤袤《全唐诗话》第六卷:"眼想心思梦里惊,无人知我此时情,不如池上鸳鸯鸟,双宿双飞过一生。"[例句] 这一对英雄儿女～,纵横江湖,杀富济贫,他们的故事通过说书人之口广为流传。

【双瞳剪水】shuāng tóng jiǎn shuǐ
[释义] 瞳:瞳孔,眼睛。形容两眼像秋水一样清澈明亮。[语见] 唐·李贺《唐儿歌》:"一双瞳人剪秋水。"[例句] 娟子盈盈而来,往门口一站,～,众人的眼睛都有些痴了。

【爽然若失】shuǎng rán ruò shī
[释义] 见"爽然自失"。[语见] 清·李光庭《乡言解颐·人物》:"余窃听之,爽然若失。既而思之……似非臆撰。"[例句] 信从她的指间飘然滑下,她～地抬起头,眼睛里已经噙满了泪水。

【爽然自失】shuǎng rán zì shī
[释义] 爽然:茫然。茫然不知所措。[语见] 汉·司马迁《史记·屈原贾生列传》:"读《鵩鸟赋》,同死生,轻去就,又爽然自失矣。"[例句] 他～地望着天空,一双眼睛里空荡荡的,有迷茫,有绝望。

shui

【水碧山青】shuǐ bì shān qīng
[释义] 形容景色艳丽如画。[语见] 唐·刘禹锡《洛中逢韩七中丞之吴兴口号五首》:"骆驼桥上蘋风起,鹦鹉杯中箸下青,水碧山青知好处,开颜一笑向何人。"[例句] 阳春三月,我们来到了～的富春江畔,真的有些乐不思蜀了。

【水波不兴】shuǐ bō bù xīng
[释义] 兴:起。水面不起波澜。形容水

面平静。有时也指局事安定，没有坏人兴风作乱。[语见] 宋·苏轼《前赤壁赋》："清风徐来，水波不兴。"[例句] 湖面上～，平静得像一面镜子。

【水大鱼多】 shuǐ dà yú duō
[释义] 水面宽广，鱼必众多。比喻事物随其所凭借之物的丰盛而丰盛。[语见] 汉·王充《论衡·自纪篇》："夫形大，衣不得褊，事众，文不得褊。事众文饶，水大鱼多。"[例句] 方今乃是积累的阶段，但是势头不错，照这样发展下去，自然会～，你何苦忧虑？

【水到渠成】 shuǐ dào qú chéng
[释义] 水流所到，自然成渠。比喻条件成熟，事情自然成功。[语见] 宋·释道原《景德传灯录·光涌禅师》："问：'如何是妙用一句？'师曰：'水到渠成。'"[例句] 如果你按我说的把各方面的事情都准备好了，事情自然～。

【水滴石穿】 shuǐ dī shí chuān
[释义] 滴：滴落。穿：洞穿。时间久了，水滴落下也能把石头穿透。本指积非成恶。今比喻坚持不懈，集细微之力也能成就难能之功。[语见] 宋·罗大经《鹤林玉露》第十卷："一日一钱，千日千钱，绳锯木断，水滴石穿。"[例句] 我们相信，～，只要坚持不懈，就一定会成功。

【水底捞针】 shuǐ dǐ lāo zhēn
[释义] 见"东海捞针"。[语见] 明·冯梦龙《醒世恒言》第九卷："就是小儿侥幸脱体，也是水底捞针，不知何日到手，岂可担搁人家闺女。"[例句] 你也不想想，在偌大的北京城去找这么个没名没姓的人，不是～吗？

【水覆难收】 shuǐ fù nán shōu
[释义] 见"覆水难收"。[语见] 唐·李白《妾薄命》："雨落不上天，水覆最难收，君情与妾意，各自东西流。"[例句] 事情已经到了这个地步，～，我们只好硬着头皮继续做下去了。

【水光接天】 shuǐ guāng jiē tiān
[释义] 水的光色与天的光色相连接，形容水域广阔。[语见] 宋·苏轼《前赤壁赋》："少焉，月出于东山之上，徘徊于斗牛之间，白露横江，水光接天。"[例句] 放眼望去，茫茫洞庭湖～，只一眼，便使心胸无限开阔。

【水光山色】 shuǐ guāng shān sè
[释义] 形容山水秀丽。[语见] 宋·苏轼《饮湖上初晴后雨》诗："水光潋滟晴方好，山色空蒙雨亦奇。"[例句] 在桂林游览数日，～，应接不暇。

【水火兵虫】 shuǐ huǒ bīng chóng
[释义] 指使书籍遭受损毁的四种灾害：水灾、火灾、战乱和书蠹。也泛指各种天灾人祸。[例句] 东汉末年，天灾人祸不断，～，中原大地一片"千里无鸡鸣"的凄凉景象。

【水火不辞】 shuǐ huǒ bù cí
[释义] 指赴汤蹈火，在所不辞。[语见] 汉·司马迁《史记·孙子吴起列传》："兵既整齐，王可试下观之，唯王所欲用之，虽赴水火犹可也。"[例句] 大人只要一声令下，我等自当冲锋陷阵，～。

【水火不容】 shuǐ huǒ bù róng
[释义] 比喻两种事物根本对立。[语见] 汉·王符《潜夫论·慎微》："且夫邪之与正，犹水与火，不同原，不得并盛。"[例句] 好端端的一对朋友，不知什么原因，竟然闹到了如今～的地步。

【水火无交】 shuǐ huǒ wú jiāo
[释义] 见"水米无交"。[语见] 唐·魏徵《隋书·赵轨传》："在州四年，考绩连最，被征入朝，父老相送者，各挥涕曰：别驾在官，水火不与百姓交，是以不敢以壶酒相送，请酌一杯水奉饯。"[例句] 寇准任父母官的时候，正直廉明，～，良好的官声自然会慢慢传到朝中。

【水火之中】 shuǐ huǒ zhī zhōng
[释义] 水火：水灾、火灾，泛指灾难。在灾难困苦之中。[语见]《孟子·梁惠王下》："今燕虐其民，王往而征之，民以为将拯己于水火之中也。"[例句] 两国开战之后，老百姓处于～，怨声四起。

【水尽鹅飞】 shuǐ jìn é fēi
[释义] 水干枯，鹅离去。比喻全部失

去,一无所有。[语见]元·关汉卿《望江亭》第二折:"你休等的我恩断意绝,眉南面北,怎时节水尽鹅飞。"[例句]何等辉煌的一个大企业,竟落到如今～的凄凉境地,其中有一些客观原因,但是更多的还是人为使然。

【水晶灯笼】shuǐ jīng dēng lóng
[释义]水晶:无色透明的结晶石英,一种贵重的矿石。比喻头脑清晰,眼光敏锐,对事物了解得非常清楚。[语见]元·脱脱等《宋史·刘随传》:"随临事明锐敢行,在蜀,人号为水晶灯笼。"[例句]他是个～,什么事情你也休想瞒过他。

【水阔山高】shuǐ kuò shān gāo
[释义]形容隔着高山大河,不得相通。[语见]宋·欧阳修《浪淘沙》词:"楼外夕阳间,独自凭栏。一重水隔一重山。水阔山高人不见,有泪无言。"[例句]我们之间～,只能遥遥相望,如银河两岸的两颗孤星。

【水绿山青】shuǐ lǜ shān qīng
[释义]见"水碧山青"。[语见]清·洪昇《长生殿·闻铃》:"只是对此鸟啼花落,水绿山青,无非助朕悲怀。"[例句]春天一到,～,方才一天下来,便不想离去了。

【水落石出】shuǐ luò shí chū
[释义]水退下去,水底的石头就露出来。喻真相大白。[语见]明·沈德符《万历野获编·首相晚途》:"水落石出,兴尽悲来,理势宜然。"[例句]案件所涉人员众多,一切都～,恐怕还得要等上一段时间。

【水米无交】shuǐ mǐ wú jiāo
[释义]没喝过别人一杯水,没吃过别人一顿饭。比喻为官清廉,也比喻彼此毫无交往。[语见]明·施耐庵《水浒传》第二十二回:"他与老汉,水米无交,并无干涉。"[例句]水至清则无鱼,人至察则无徒,你虽在任上,但是要到了～的地步,那你怕要真的成为孤家寡人了。

【水母目虾】shuǐ mǔ mù xiā
[释义]比喻没有主见,随声附和。

[语见]晋·郭璞《江赋》:"璀蛣腹蟹,水母目虾。"李善注引《南越志》曰:"海岸间颇有水母……无耳目,故不知避人;常有虾依随之,虾见人则惊,此物亦随之而没。"[例句]曾令华乃是那种～之人,去问他的看法,还不如不问。

【水木清华】shuǐ mù qīng huá
[释义]木:树木。清华:清丽华美。形容池沼清澈,花木秀美。[语见]晋·谢琨《游西池》:"景昃鸣禽集,水木湛清华。"[例句]翻过后山,极目西望,～,尽收眼底,方知此行不虚。

【水清无鱼】shuǐ qīng wú yú
[释义]水如果非常清澈,鱼就无法在其中生存。比喻对人或事物不能求全责备。[语见]南朝宋·范晔《后汉书·班超传》:"今君性严急,水清无大鱼,察政不得下和,宜荡佚简易,宽小过,总大纲而已。"[例句]～,你对朋友不要要求太苛刻了,否则,谁还愿意和你交往呢?

【水乳交融】shuǐ rǔ jiāo róng
[释义]水和乳汁融合在一起。比喻关系密切而融洽。[语见]清·夏敬渠《野叟曝言》第一百二十九回:"从前虽是亲热究有男女之分,此时则水乳交融矣。"[例句]多少年来,河流两岸的村民都～地生活着,而如今竟然划分到不同的国度里,自然会给他们心灵带来巨大的震动。

【水色山光】shuǐ sè shān guāng
[释义]见"水光山色"。[语见]明·胡文焕《群音类选·清腔类·南绣停针》:"乘画舫,载图书,水色山光半有无。"[例句]漓江的～实在让人迷恋,几日之后,我们这些生活在大城市的人都舍不得回去了。

【水深火热】shuǐ shēn huǒ rè
[释义]比喻人民生活极端痛苦。[语见]《孟子·梁惠王下》:"如水益深,如火益热,亦运而已矣。"[例句]想到故乡的人都生活在～之中,诗人怎能不忧心忡忡。

【水天一色】shuǐ tiān yī sè
[释义]水天相接,共为一色。形容水域辽阔。[语见]唐·王勃《滕王阁序》:"落

霞与孤鹜齐飞,秋水共长天一色。"[例句]太阳冉冉升起,～之中,海鸥飞上飞下,让人生出无限的遐思。

【水泄不漏】shuǐ xiè bù lòu
[释义]见"水泄不通"。[语见]明·冯梦龙《东周列国志》第七回:"小小国都,城不高,池不深,被三国兵车,密密扎扎围得水泄不漏,城内好生惊怕。"[例句]庙会如期举行,中央的场地早已被挤得～,我们挤了老半天才找到一处立足之地。

【水泄不通】shuǐ xiè bù tōng
[释义]泄:流出。连水都泄不出去。形容十分拥挤或严密。[语见]宋·释普济《五灯会元·慧林本禅师法嗣》:"楞伽峰顶谁能措足,少室岩前水泄不通。"[例句]通道早已被从世界各国赶来的记者挤得～了,要直接去采访贵宾,实在是难于上青天。

【水性随邪】shuǐ xìng suí xié
[释义]比喻没有主见,不正派。[语见]元·关汉卿《哭存孝》:"枉了他那眠霜卧雪,阿妈他水性随邪。"[例句]贡开成一生大气磅礴,竟然出了个～的儿子,也当真算得上他人生的大不幸了。

【水性杨花】shuǐ xìng yáng huā
[释义]杨花:柳絮。水性随意流动,杨花随风飘摇。比喻女子品格轻浮,用情不专。[语见]清·曹雪芹《红楼梦》第九十二回:"大凡女人都是水性杨花,我若说有钱,他便是贪图银钱了。"[例句]那几个～的妇人在小镇上,当然是家喻户晓的人物了。

【水秀山明】shuǐ xiù shān míng
[释义]见"山明水秀"。[语见]宋·高观国《风入松》词:"红外风娇日暖,翠边水秀山明。"[例句]几十年再次回到～的老家,山还是山,水还是水,儿时的伙伴或死或老,我也已两鬓染雪,细细想来,心中莫不生悲。

【水月观音】shuǐ yuè guān yīn
[释义]观音:佛教中的菩萨名,有画其观看水月之状,称水月观音。后用以形容

人的容貌俊雅秀逸。[语见]宋·孙光宪《北梦琐言》第五卷:"蒋凝侍郎亦有人物,每到朝士家,人以为祥瑞,号水月观音。"[例句]她身材修长,有～的风貌,自然会给人留下不错的第一印象了。

【水涨船高】shuǐ zhǎng chuán gāo
[释义]水位上涨,船身即随之升高。比喻事物随其所凭借之物的提高而提高了。[语见]宋·释道原《景德传灯录·芭蕉清禅师法嗣》:"眼中无翳,空里无花,水长船高,泥多佛大。"[例句]外地的乌蓓子价格正在飞升,涪阳镇自然也～,如今的价格已是去年的两倍了。

【水至清则无鱼,人至察则无徒】shuǐ zhì qīng zé wú yú, rén zhì chá zé wú tú
[释义]至察:过分苛察琐细。徒:同类,同伙。水太清澈了,就不会有鱼;人太苛察了,就没有人与之交往。比喻对人不可要求过高。[语见]汉·东方朔《答客难一首》:"水至清则无鱼,人至察则无徒。"[例句]～,朋友之间最好还是多几分宽容,否则,人无完人,按你的要求,怕你只能孤独地走过你的人生路了。

【水中捞月】shuǐ zhōng lāo yuè
[释义]到水中去捞月亮。比喻去做根本做不到的事,白费气力,毫无成果。[语见]元·杨景贤《刘行首》三折:"恰便似沙里淘金,石中取火,水中捞月。"[例句]这种～,费力不讨好的蠢事,还是不做为佳。

shun

【吮痈舐痔】shǔn yōng shì zhì
[释义]吮:吸。痈:一种化脓的毒疮。舐:舔。用嘴吸脓疮,用舌舔痔疮。形容无耻地谄媚巴结。[语见]《论语·阳货》:"苟患失之,无所不至矣。"朱熹注:"小则吮痈舐痔,大则弑父与君。"[例句]别小看了这种～的小人,他们干不了什么好事,但是坏起事来,常常可以毁家灭国。

【顺风扯旗】shùn fēng chě qí
[释义]顺着风向扯起旗子。比喻因势

乘便行事。[语见]清·李光庭《乡言解颐·天部》："或曰顺风扯旗,曰因风纵火,则又体会乎世道人情。"[例句]公司现在处于起步阶段,底子薄,经不起大风大浪,所以必须～,利用一切可以利用的条件。

【顺风吹火】shùn fēng chuī huǒ
[释义]见"因风吹火"。[语见]《陆象山语录》："今既于本上有所知可略略地顺风吹火,随时建立,但莫去起炉作灶。"[例句]装修市场现在竞争非常激烈,必须～,和材料、房产市场搞好关系,否则,我们的生存怕都要受到威胁。

【顺风转舵】shùn fēng zhuǎn duò
[释义]见"随风转舵"。[语见]清·曾国藩《复李中堂书》："趁此台湾、镇口两处兵事尚无挫衄之时,……顺风转舵,峻坂走丸。"[例句]老李不是那种～的人,你最好别去碰一鼻子灰。

【顺口谈天】shùn kǒu tán tiān
[释义]随便说话。[例句]你不要有什么顾虑,就当是～,我们也只是姑妄听听而已。

【顺理成章】shùn lǐ chéng zhāng
[释义]理:条理。章:文章。指顺着条理写,自然能成文章。也指做事合于情理。[语见]《朱子全书·论语》："文者,顺理而成章之谓也。"[例句]这两年来,晓津的业绩是有目共睹的,她现在升为社长,也是～的事情。

【顺手牵羊】shùn shǒu qiān yáng
[释义]顺手牵走别人的羊。比喻顺势做了某件事或乘机顺便拿走别人的东西。[语见]明·吴承恩《西游记》第十六回："与你个顺手牵羊,将计就计,教他住不成罢!"[例句]胡大妈哈哈一笑,～把几个土豆放进了自己口袋里,只当别人没有注意,事实上,人家全都看得清清楚楚了,只是没有说出来而已。

【顺水推船】shùn shuǐ tuī chuán
[释义]见"顺水推舟"。[语见]元·王实甫《破窑记》第一折："挤眉弄眼,俐齿伶牙,攀高接贵,顺水推船。"[例句]一看大家都没有什么异议,老任也只好～把事情定了下来。

【顺水推舟】shùn shuǐ tuī zhōu
[释义]顺着水流推船。比喻顺着情势办事。[语见]元·康进之《李逵负荆》第三折："你休得顺水推舟,偏不许我过河拆桥。"[例句]既然你们两情相悦,我们何不～,促成你们的婚事呢?

【顺水行舟】shùn shuǐ xíng zhōu
[释义]见"顺水推舟"。[语见]清·曹雪芹《红楼梦》第四回："小的听见老爷补升此任,系贾府王府之力;此薛蟠即贾府之亲;老爷何不顺水行舟,做个人情,将此案了结,日后也好去见贾王二公。"[例句]别看一下子来了好几十号人,其实,大多数都是～的,要他们提出什么有见地的意见来,我看恐怕很难。

【顺藤摸瓜】shùn téng mō guā
[释义]顺着瓜藤去寻瓜。比喻沿着线索,深入下去,探究事物的根本。[例句]警察拿下犯罪集团的头目之后,又～,将剩下的几个家伙一一抓获。

【顺天应命】shùn tiān yìng mìng
[释义]顺应天意,遵从天命。参看"听天由命"。[语见]清·文康《儿女英雄传》第四十回："大君代天司命,君命即是天命,天命所在,便是条意外的岔路,顺天应命,安知非福?"[例句]元朝末年,豪杰并起,当元政府被赶出大都之后,朱元璋要称帝也算是～的事情,但是他深知树大招风的道理,于是把重点放到了积蓄力量上。

【顺之者昌,逆之者亡】shùn zhī zhě chāng, nì zhī zhě wáng
[释义]顺:顺从。之:他,它。昌:昌盛。逆:违抗。亡:灭亡。顺从它(他)的就能昌盛,违抗它(他)的就会灭亡。[语见]唐·房玄龄等《晋书·戴洋传》："心房,宋分。顺之者昌,逆之者亡。"[例句]统治者历来都是～,对敢反抗的无不是斩草除根而后快。

【舜日尧年】shùn rì yáo nián
[释义]见"舜日尧天"。[语见]明·无名

氏《闹钟馗》楔子："方才圣人在位，八方无事……正旦之节，万国来朝，端的是胜舜日尧年也。"[例句] 如今虽然时处～，但是国家久不用兵，必使军备废弛，一旦有事，必不堪一击。

【舜日尧天】shùn rì yáo tiān
[释义] 舜、尧：古代传说中的两位贤君。指尧舜的时代。泛指太平盛世。[语见] 明·无名氏《鸣凤记·拜谒忠灵》："（合）百年豪杰兴文献，重新造舜日尧天。"[例句] 这里百姓安居乐业，一派～的盛世景象。

【瞬息即逝】shùn xī jí shì
[释义] 瞬：一眨眼。息：一呼吸。瞬息：形容极短的时间。逝：消逝。极短时间内就消逝了。[例句] 流星从夜空划过，～。

【瞬息千变】shùn xī qiān biàn
[释义] 见"瞬息万变"。[语见] 清·曾朴《孽海花》第二十四回："大凡交涉的事是瞬息千变的，只看雯兄养疴一个月，国家已经蹙地八百里了。"[例句] 世界局势～，因此，政策不但要有足够的可操作性，还要有足够的预见性。

【瞬息万变】shùn xī wàn biàn
[释义] 瞬：一眨眼。息：一呼吸。瞬息：形容极短的时间。形容在极短的时间内变化万千。[例句] 大千世界，真是～，不过两三天的工夫，这里竟然发生了这么多事情。

shuo

【说白道黑】shuō bái dào hēi
[释义] 见"说黑道白"。[语见] 明·兰陵笑笑生《金瓶梅词话》第八十八回："小肉儿，还恁说白道黑，他一个佛家之子，你也消受不得他这个问讯。"[例句] 茶馆里的几个人，成天在那里～，你哪里能从他们嘴里听出点儿真东西呢？

【说白道绿】shuō bái dào lù
[释义] 见"说黑道白"。[语见] 明·施耐庵《水浒传》第二十回："那婆子吃了许多酒，口里只管夹七带八嘈。正在那里张

家长，李家短，说白道绿。"[例句] 楼上那几个～的大姐，是我们这里是是非非的源头。

【说长道短】shuō cháng dào duǎn
[释义] 说别人的长处，讲别人的短处。指评论别人的是非好坏。[语见] 汉·崔瑗《座右铭》："无道人之短，无说己之长。"明·胡文焕《群音类选·〈海神记·花鹎训女〉》："说长道短是和非，只与他蛮缠胡搅歪厮占。"[例句] 他成天～，乱嚼舌头，真让人心烦。

【说东道西】shuō dōng dào xī
[释义] 见"说东谈西"。[例句] 有时间你可以多读点书，不要整天和那些闲人一起～的。

【说东谈西】shuō dōng tán xī
[释义] 说这说那，随意谈论各种事情。[语见] 清·曹雪芹《红楼梦》第六回："刘姥姥蹭到角门前，只见几个挺胸叠肚指手画脚的人坐在大门上说东谈西的。"[例句] 几个人坐在那里不过是～，打发时间而已。

【说风凉话】shuō fēng liáng huà
[释义] 说话不负责任，冷言冷语。[例句] 小慧遭到这么大的不幸，你还在那里～，你怎么这么冷酷啊?!

【说黑道白】shuō hēi dào bái
[释义] 乱加评论，诽谤人。[语见] 明·兰陵笑笑生《金瓶梅词话》第六十回："你这丫头，也跟着他恁张眉瞪眼儿，说黑道白的，将就些儿罢了。"[例句] 别去听那几个人在那里～的，他们嘴里啊，没有一句有根据的话。

【说黄道黑】shuō huáng dào hēi
[释义] 见"论黄数黑"。[语见] 明·施耐庵《水浒传》第四十一回："你这厮在蔡九知府后堂且会说黄道黑，拨置害人，无中生有撺掇他。"[例句] 几个农民在田里对国家大事一通～，虽然没有什么道理，但是看他们那据理力争的样子，煞是可爱。

【说谎调皮】shuō huǎng tiáo pí
[释义] 说谎话，不老实。[语见] 元·无

名氏《度柳翠》楔子："你这和尚，风张风势，说谎调皮，没些儿至诚的。"[例句]别信小汪的话啊，他可是个～的人，嘴里没有一句实话。

【说三道四】shuō sān dào sì
[释义]随便议论别人的是非。[语见]唐·宋若昭《女论语·学礼》："莫学他人不知朝暮，走遍乡村说三道四。"[例句]你干你的活儿就是了，别跟着人成天～的。

【说一不二】shuō yī bù èr
[释义]指说到做到，诚信不变。[语见]清·文康《儿女英雄传》第四十回："褚一官平日在他泰山跟前，还有个东闪西挪，到了在他娘子跟前，却是从来说一不二。"[例句]柴总是一个～的人，只要他答应了的事情，他说什么也会准时完成。

【烁石流金】shuò shí liú jīn
[释义]见"流金烁石"。[语见]明·施耐庵《水浒传》第二十七回："正是六月前后，炎炎火日当天，烁石流金之际，只得赶早凉而行。"[例句]去年大旱，～，到了秋天，肥沃的田地几乎变成了沙漠的样子。

【硕大无朋】shuò dà wú péng
[释义]硕：大。朋：比。本指形体魁梧无比，后泛指大得无与伦比。[语见]《诗经·唐风·椒聊》："彼其之子，硕大无朋。"[例句]就在那一瞬间，一块～的石头从山上滚落下来。

【硕果仅存】shuò guǒ jǐn cún
[释义]硕果：大的果子。唯一留存的大果子。比喻留存下来的稀少可贵的人或物。[语见]《周易·剥》："上九，硕果不食。"[例句]对于这个～的三朝元老，皇帝也让他三分。

【硕学通儒】shuò xué tōng rú
[释义]称学问精深广博的人。[语见]唐·李延寿《北史·李兴业传》："李兴业硕学通儒，博闻多识，万门千户，所宜询访。"[例句]李先生乃～，有什么问题去问他，准能得到满意的解答。

【硕彦名儒】shuò yàn míng rú
[释义]硕：大。彦：有才学的人。名：有名声。儒：读书人。有名气的大学者。

[语见]清·吴敬梓《儒林外史》第八回："公子好客，结多少硕彦明儒；相府开筵，常聚些布衣韦带。"[例句]薛公折节下士，～纷纷聚集到他的府上。

【数见不鲜】shuò jiàn bù xiān
[释义]见"屡见不鲜"。[语见]汉·司马迁《史记·郦生陆贾列传》："一岁中往来过他客，率不过再三过，数见不鲜，无久恩公为也。"注：恩，打扰。[例句]这种事情，我们早已是～，见怪不怪了。

si

【司空见惯】sī kōng jiàn guàn
[释义]司空：官名。唐·孟棨《本事诗·情感》载，唐刘禹锡罢和州刺史后回京，御史中丞（司空）李绅设宴招待，场面奢华，刘感而赋诗，有"司空见惯浑闲事，断尽江南刺史肠"之句。后遂以"司空见惯"喻常见之事。[语见]唐·刘禹锡诗："鬖鬓梳头宫样妆，春风一曲《杜韦娘》。司空见惯浑闲事，断尽江南刺史肠。"[例句]女人到田里干活，男人在家中做饭带孩子，在这里是～的事情。

【司空眼惯】sī kōng yǎn guàn
[释义]见"司空见惯"。[语见]宋·李延忠《卜算子·萧计议席上》："雅兴杂鱼龙，妙舞回鸾凤。莫道司空眼惯，还入清宵梦。"[例句]他们都木木看着眼前的一切，也许这些对他们来说，早已是～的事情了。

【司马青衫】sī mǎ qīng shān
[释义]司马：古官名。白居易曾贬官为江州司马。有一次在船中听琵琶演奏，因同情相怜，泪湿衣衫。比喻极度悲伤。[语见]唐·白居易《琵琶行》诗："座中泣下谁最多？江州司马青衫湿。"[例句]如今故人既去，～之间，我更觉分外凄凉。

【司马昭之心，路人皆知】sī mǎ zhāo zhī xīn, lù rén jiē zhī
[释义]司马昭：三国魏的权臣，处心积虑夺取曹魏政权。司马昭心里想什么，谁都明白。后用以指人所共知的阴谋、野

心。[语见]元·脱脱等《宋史·安惇传》："无君之恶,同司马昭之心,擅身之迹,过赵高指鹿为马。"[例句]别在那里装疯卖傻了,你那是～,再也明白不过了。

【丝恩发怨】 sī ēn fà yuàn
[释义]像细丝那样的恩情,像头发那样的仇怨。形容很小的恩怨。[语见]宋·司马光《资治通鉴·唐文宗太和九年》:"是时李训、郑注连逐三相,威震天下,于是平生丝恩发怨无不报者。"[例句]他二人之间,诚然也有些～,但是既上不了口舌,也上不了台面,他们倒是齐心协作,把朝政大事治理得井井有条。

【丝来线去】 sī lái xiàn qù
[释义]形容互相纠缠、牵扯。[语见]《朱子全书·论语》:"但颜子得圣人说一句,直是倾肠倒肚便都了,更无许多廉纤缠扰,丝来线去。"[例句]几拨人～搅在一起,把朝廷闹得乌烟瘴气。

【丝丝入扣】 sī sī rù kòu
[释义]丝丝:股股丝线。入:进入。扣:同"筘",织机的部件。每条丝都从扣齿中穿过。比喻办事周密严谨,有条有理,不紊乱。多就文章或艺术表演而言。常用以形容文章或艺术表演手法紧密、细致。[语见]清·夏敬渠《野叟曝言》第二十七回:"此为丝丝入扣:暗中抛索,如道家所云三神山舟不得近,近者辄被风引回也。"[例句]他的表演～,不愧是艺术家呀!

【私恩小惠】 sī ēn xiǎo huì
[释义]见"小恩小惠"。[语见]明·冯梦龙《东周列国志》第六十八回:"臣下得借私恩小惠,以结百姓之心耳。"[例句]郝处长给身边几个人的虽然多是些～,但是正是这些看不起眼的东西,使他渐渐笼络了足够的人心。

【私设公堂】 sī shè gōng táng
[释义]私:与公相对,私自、私下。设:设立,建立。公堂:旧时官府办案的所在。非法私自设立审案的机构。[语见]清·朱寿朋《光绪朝东华录》:"练丁有犯,只可送官究治,不准私设公堂,擅行刑责。"

[例句]他权倾朝野,常常～,打击异己,很多人恨得他咬牙切齿。

【私心杂念】 sī xīn zá niàn
[释义]私:自私。心:心思。杂:不正当。念:想法,念头。指自私、不正当的心思和念头。[例句]脑子里一旦有了这些～,你的意志肯定要大大地削弱,事情的成败,也便要多打几个问号了。

【思不出位】 sī bù chū wèi
[释义]思:考虑。位:职位。指考虑问题不超出自己的职责范围。[语见]北齐·颜之推《颜氏家训·省事》:"至于就养有方,思不出位,干非其任,斯则罪人。"[例句]新局长上任之后,兢兢业业,～,不出半年,社会治安有了极大的好转。

【思妇病母】 sī fù bìng mǔ
[释义]思:想念。指因想念家中的妇人却假说母亲有病。比喻企图达到目的而说假话。[语见]晋·陈寿《三国志·魏书·梁习传》裴松之注引《魏略》:"思疑其不实,发怒曰:'世有思妇病母者,岂此谓乎?'遂不与假。"[例句]我知道你的处境,别拿那些～的话来糊弄我。

【思患预防】 sī huàn yù fáng
[释义]想到会发生祸患,事先采取预防措施。[语见]《周易·既济》:"君子以思患而豫防之。"[例句]只有～,才能杜绝事故的发生。

【思前想后】 sī qián xiǎng hòu
[释义]见"前思后想"。[语见]明·许仲琳《封神演义》第五十二回:"且言闻太师见后无袭兵,领人马徐徐而行。又见折了余庆,辛环带伤,太师十分不乐,一路上思前想后。"[例句]事情实在太复杂了,我～,熬到半夜,也还是拿不定主意。

【思如泉涌】 sī rú quán yǒng
[释义]见"思若涌泉"。[语见]唐·韩休《苏颋文集序》:"王命急宣,则翰动若飞,思如泉涌。"[例句]看到这个题目,他～,沉吟片刻便伏案疾书起来。

【思如涌泉】 sī rú yǒng quán
[释义]见"思若涌泉"。[语见]五代后

晋·刘昫等《旧唐书·苏颋传》:"机事填委,文诰皆出颋手。中书令李峤叹曰:'舍人思如涌泉。'"[例句]他~,文不加点,一夜之间,一篇万字文便一气呵成。

【思若泉涌】sī ruò quán yǒng
[释义]见"思若涌泉"。[语见]宋·王禹偁《谢赐御制月诗表》:"伏惟尊号皇帝陛下精心六义,思若泉涌,锐意万机,居多暇日。"[例句]王勃静立楼前,~,不出片刻,一篇长赋即已在心中酝酿而成。

【思若涌泉】sī ruò yǒng quán
[释义]才思犹如喷涌的泉水。形容才思丰富敏捷。[语见]三国魏·曹植《王仲宣诔》:"强记洽闻,幽赞微言;文若春华,思若涌泉。"[例句]殿试的时候,皇上看到举子们~,挥洒自如,禁不住暗暗高兴。

【思深忧远】sī shēn yōu yuǎn
[释义]忧:忧虑。指思虑深远。[语见]《左传·襄公二十九年》:"吴公子札来聘……为之歌《唐》,曰:'思深哉! 其有陶唐氏之遗民乎? 不然,何忧之远也!'"[例句]她经验丰富,~,请她来负责具体的经营事宜,你可算是找对人了。

【思贤如渴】sī xián rú kě
[释义]贤:贤才,指才德兼备的人。盼望贤才,急欲得到,就像口渴的人想急切得到水一样。[语见]晋·陈寿《三国志·蜀书·诸葛亮传》:"将军既帝室之胄,信义著于四海,总揽英雄,思贤如渴。"[例句]刘使君胸怀宽广,~,我们不如投他而去,也能建得一份功名。

【斯事体大】sī shì tǐ dà
[释义]斯:此。体:指事物的体制、规模。这件事的体制规模宏大。[语见]唐·魏徵《隋书·音乐志中》:"谓奏:'武王克殷,至周公相成王,始制礼乐。斯事体大,不可速成。'高祖意稍解。"[例句]各位都明白,~,我看最好仔细斟酌了再做决定不迟。

【斯斯文文】sī sī wén wén
[释义]形容举止文雅。[语见]清·曹雪芹《红楼梦》第七回:"人家的孩子都是斯文文的惯了,乍见了你这破落户,还被人笑话死了呢。"[例句]看到公子眉清目秀,~,小姐不禁心头暗喜,小脸儿羞得通红。

【斯文扫地】sī wén sǎo dì
[释义]斯文:指文化或文人。扫地:比喻名誉、威风等完全丧失。指文化或文人不受尊重。也指文人自甘堕落。[语见]《论语·子罕》:"天之将丧斯文也,后死者不得与于斯文也。"[例句]这位所谓的名作家被记者指出抄袭行径之后,恼羞成怒,~,竟然对记者破口大骂。

【厮敬厮爱】sī jìng sī ài
[释义]厮:互相。即互敬互爱。[语见]明·凌濛初《二刻拍案惊奇》第十一卷:"满生与文姬夫妻二人,愈加厮敬厮爱,欢畅非常。"[例句]这对多情男女最终还是走到了一起,~,白头偕老。

【死搬硬套】sǐ bān yìng tào
[释义]见"生搬硬套"。[例句]看着女儿~地造的几个句子,我们都不禁笑了起来。

【死不改悔】sǐ bù gǎi huǐ
[释义]改悔:悔过,改正错误。到死也不悔改。形容坚持错误,顽固到底。[语见]周而复《上海的早晨》:"他态度顽固,拒不坦白交待,公然与人民为敌到底,死不改悔。"[例句]那一帮~的小混混落到如今的下场,也算是罪有应得。

【死不瞑目】sǐ bù míng mù
[释义]瞑目:合眼。死了都闭不上眼。指人对生前未了之事放心不下,无法安然死去。[语见]晋·陈寿《三国志·吴书·孙坚传》:"卓逆天无道,荡覆王室,今不夷汝三族,县(悬)示四海,则吾死不瞑目!"[例句]不把那些毒贩子彻底揪出来,我是~!

【死得其所】sǐ dé qí suǒ
[释义]所:处所,地方。死而得到应有的归宿。形容死得有意义,有价值。[语见]南朝梁·沈约《宋书·王僧达传》:

"臣感先圣格言,思在必效之地,使生获其地,死得其所。"[例句] 人生天地之间,心有浩然之气,为了正义的事业,我～。

【死地求生】sǐ dì qiú shēng
[释义] 在极危险的境地中求取生存。[语见] 宋·欧阳修等《新唐书·赵犨传》:"士贵建功立名节,今虽众寡不敌,男子当死地求生,徒惧无益也。"[例句] 好男儿,当～,何必哭哭啼啼,让人笑话!

【死而不朽】sǐ ér bù xiǔ
[释义] 指身虽死而声名、事业长存。[语见]《左传·襄公二十四年》:"古人有言曰:'死而不朽,何谓也。'……大上有立德,其次有立功,其次有立言,虽久不废,此之谓不朽。"[例句] 叶公德高望重,泽被乡邻,～。

【死而后已】sǐ ér hòu yǐ
[释义] 已:停下,停止。死了以后才停止做某事。指生命不息,奋斗不止。常与"鞠躬尽瘁"连用。[语见]《论语·泰伯》:"曾子曰:'士不可以不弘毅,任重而道远。仁以为己任,不亦重乎? 死而后已,不亦远乎?'"[例句] 我别无所望,唯鞠躬尽瘁,～。

【死告活央】sǐ gào huó yāng
[释义] 苦苦哀求的意思。[语见] 明·兰陵笑笑生《金瓶梅词话》第二十一回:"当下二人死告活央,说得西门庆肯了。"[例句] 面前几个妇女～要去医院看看受伤的丈夫,就是铁石心肠的人,也难以拒绝。

【死灰复燎】sǐ huī fù liáo
[释义] 见"死灰复燃"。[语见] 清·邋庐《童子军·逼狱》:"若非斩草除根,全消祸种,定要死灰复燎。"[例句] 敌人的大部队虽已被消灭,但是一定要提防其～。

【死灰复燃】sǐ huī fù rán
[释义] 死灰:早已熄灭的火灰。复:又,再。燃:燃烧。已经熄灭的火灰又重新燃起火来。比喻旧势力重新抬头或已经消灭的现象重新出现。[语见] 汉·司马迁《史记·韩长孺列传》:"安国坐法抵罪,蒙(蒙县)狱吏田甲辱安国。安国曰:'死灰独不复然乎?'田甲曰:'然即溺之。'"注:然,"燃"的本字。[例句] 为防叛军～,政府进行了大规模的清剿。

【死灰槁木】sǐ huī gǎo mù
[释义] 见"槁木死灰"。[语见]《庄子·齐物论》:"形固可使如槁木,而心固可使如死灰乎?"郭象注:"死灰槁木,取其寂寞无情耳。"[例句] 那次事故之后,老刘有如～,昔日的风采全然不再。

【死里求生】sǐ lǐ qiú shēng
[释义] 见"死中求生"。[语见] 清·文康《儿女英雄传》第二十五回:"费了无限精神,成全得何玉凤祸转为福,死里求生,合葬双亲,重归故土。"[例句] 俗话说"穷寇莫追",一旦把敌人逼急了,他们～跟你拼个鱼死网破,那样,不过白白增加我们的伤亡而已。

【死里逃生】sǐ lǐ táo shēng
[释义] 逃:逃脱。从死亡危险中逃脱出来,侥幸生还。[语见] 宋·无名氏《京本通俗小说·冯玉梅团圆》:"今日死里逃生,夫妻再合,乃阴德积善之报也。"[例句] 在天山那次～的经历,我虽然不愿意再去多想,但是它还是时时浮现在我的眼前。

【死眉瞪眼】sǐ méi dèng yǎn
[释义] 眉不动,眼不活,指表情冷漠。[语见] 清·曹雪芹《红楼梦》第一百一十回:"偏偏那日人来的多,里头的人都死眉瞪眼的。凤姐只得在那里照料了一会子。"[例句] 进到里屋,却见小萍～,冷若冰霜,我们几个人都哑口无言了。

【死皮赖脸】sǐ pí lài liǎn
[释义] 死皮:厚脸皮。赖脸:无赖的面孔。形容人没脸没皮,不知羞耻。[语见] 清·曹雪芹《红楼梦》第二十四回:"死皮赖脸的三日两头儿来缠舅舅,要三升米二升豆子。"[例句] 奶奶经不住我一通～的求情,答应带我走了。

【死气沉沉】sǐ qì chén chén
[释义] 死气:没有生气。沉沉:形容沉

闷。气氛沉闷,没有一点生气。[例句]
一进到大厅,里面一片～,由此也可以知
道饭店的经营状况了。

【死去活来】sǐ qù huó lái
[释义]死去:死过去。活来:活过来。死
过去又活过来。形容人肉体或精神反复
遭受折磨,难以忍受的情形。[语见]明·
冯梦龙《醒世恒言》第三十三卷:"当下
众人将那崔宁与小娘子,死去活来拷
打一顿。"[例句]我不小心砸了手
指,痛得～,妹妹竟然在一边呵呵直
笑,气得我直跺脚。

【死日生年】sǐ rì shēng nián
[释义]指虽然死去,也和活着一样。
[语见]唐·魏徵《十渐不克终疏》:"冀千
虑一得,衮职有补,则死日生年,甘从斧
钺。"[例句]主上待我恩重如山,～,我自
当相随左右,效命疆场。

【死生存亡】sǐ shēng cún wáng
[释义]见"生死存亡"。[语见]《左传·
定公十五年》:"夫礼,死生存亡之体也。"
[例句]就在那～关头,援军抵达了,我们
里外合击,打得敌人溃不成军。

【死心塌地】sǐ xīn tā dì
[释义]死心:不再有所希望,断了念头。
塌地:悬着的心落地,完全放心。形容主
意已定,不再动摇。[语见]元·乔孟符
《鸳鸯被》第四折:"这洛阳城刘员外,他
是个有钱贼,只要你还了时,方才死心塌
地。"[例句]他～地跟着将军东征西
战,已经二十余年了。

【死有余辜】sǐ yǒu yú gū
[释义]余:多余,剩下。辜:罪恶。死了
也不能抵偿生前所犯下的罪过。形容罪
恶极大。[语见]汉·班固《汉书·路温舒
传》:"盖奏当之成,虽咎繇听之,犹以为
死有余辜。"[例句]这个～的家伙开始的
时候还振振有词,但是等到证据一一被
摆出来之后,只好低头认罪了。

【死有余责】sǐ yǒu yú zé
[释义]虽死尚有罪责。[语见]汉·荀悦
《前汉纪·哀帝纪下》:"嘉喟然仰天叹曰:
'幸得充位宰相,不能进贤退不肖,以此

负国,死有余责。'"[例句]～的秦桧被人
铸成像,跪在岳飞庙前,世世代代让人
唾骂。

【死于非命】sǐ yú fēi mìng
[释义]非:不是。命:天命。非命:指意
外,非天命所定。因意外灾祸而死亡,不
是寿终。[语见]明·宋濂等《元史·张珪
传》:"善良死于非命,国法当为昭雪。"
[例句]真没有想到,好端端的儿子这
一去,竟～,哭得老奶奶的眼睛都
瞎了。

【死中求活】sǐ zhōng qiú huó
[释义]见"死中求生"。[语见]宋·方逢
辰《题方景说出家疏簿》:"愿舍身入龙华
寺以为死中求活之道,乞一轻语以干宗
族乡党之仁人君子。"[例句]但有一线希
望,也要～,你怎么可以灰心丧气,斗志
全无!

【死中求生】sǐ zhōng qiú shēng
[释义]在极危险的处境中求取生路。
[语见]南朝宋·范晔《后汉书·公孙述
传》:"述谓延岑曰:'事当奈何?'岑曰:
'男儿当死中求生,可坐穷乎!'"[例句]
几个战士～的经历被写进了小说,搬
上了银幕,简直到了家喻户晓的地步。

【四大皆空】sì dà jiē kōng
[释义]四大:佛教指地、水、火、风,认为
此四者广大无边,能产生一切。《四十二
章经》:"佛言:当念身中四大,各自有
名,都无我者。"后用"四大皆空"指世间
万事皆虚,并不存在。也用来形容心境
超脱豁达。[例句]大家都以为离休后
他会感到失落,可事实上他整天悠然自
得,一副～的姿态。

【四方八面】sì fāng bā miàn
[释义]见"四面八方"。[语见]宋·释普
济《五灯会元·临济玄禅师法嗣》:"僧问:
'四方八面,来时如何?'师曰:'打中间
底。'"[例句]军队进城的时候,居民从～
赶来,一睹军容。

【四方之志】sì fāng zhī zhì
[释义]指远大的志向。[语见]《左传·
僖公二十三年》:"(姜氏)谓公子(重耳)

曰:'子有四方之志,其闻之者,吾杀之矣。'"[例句]好男儿要有～,要有坚强的意志,要有真才实学,这样才能成就一番事业。

【四分五裂】 sì fēn wǔ liè

[释义]原指四面受敌,国土易被分解。今指分散破碎。[语见]《战国策·魏策一》:"张仪为秦连横,说魏王曰:'魏南与楚而不与齐,则齐攻其东;东与齐而不与赵,则赵攻其北;不合于韩,则韩攻其西;不亲于楚,则楚攻其南:此所谓四分五裂之道也。'"[例句]安史之乱后,国家～,中央政权已名存实亡。

【四海承风】 sì hǎi chéng fēng

[释义]四海:古人以为中国四面都有海环绕,所以用"四海"指全国各地。承:承受。风:教化,感化。旧时比喻君王施政教于天下,人民受到教化。[语见]《孔子家语·好生》:"舜之为君也,其政好生而恶杀,其任授贤而替不肖,德若天地而静虚,化若四时而变物,是以四海承风。"[例句]贞观之际,所以能～,天下太平,与唐初的种种休养生息政策紧密相关。

【四海从风】 sì hǎi cóng fēng

[释义]四海:指天下。从:跟随,这里指响应。风:指像风那样的迅速。普天之下都迅速地起来响应。[语见]南朝宋·范晔《后汉书·志》:"世祖中兴……所以补复残缺,及身未改,而四海从风,中国安乐者也。"[例句]闯王义旗一举,～,顷刻间天下大乱。

【四海鼎沸】 sì hǎi dǐng fèi

[释义]四海:指全国各地。鼎沸:鼎中的水沸腾了。指局势不安定。形容天下大乱。[语见]晋·陈寿《三国志·魏书·文帝纪上》注引《献帝传》:"当时则四海鼎沸,既没则祸发宫庭,宠势并竭,帝室遂卑。"[例句]北朝时期,军阀拥兵自重,～,民不聊生。

【四海升平】 sì hǎi shēng píng

[释义]升平:太平。天下太平。[语见]唐·张说《大唐封禅颂》:"封禅之义有

三,……一、位当五行图箓之序;二、时会四海升平之运;三、德具钦明文思之美。是谓与天合符,名不死矣。"[例句]康熙时期,～,一派盛世的景象。

【四海为家】 sì hǎi wéi jiā

[释义]原指帝王占有天下,统治全国。现指志在四方,以各处为家,而不留恋故土或小家庭。[语见]汉·张衡《西京赋》:"方今圣上,同天号于帝皇,掩四海而为家。"[例句]画家终年漂泊,～,从民间吸取了足够的创作素材。

【四海之内皆兄弟】 sì hǎi zhī nèi jiē xiōng dì

[释义]四海:指全国。指天下的人都像兄弟一样亲。《论语·颜渊》:"君子敬而无失,与人恭而有礼,四海之内皆兄弟也。"[例句]所谓～,我们要加强和世界各国人民的往来。

【四郊多垒】 sì jiāo duō lěi

[释义]郊:邑外为郊,周制以离都城五十里为近郊,百里为远郊。后泛指城外、野外。垒:营垒。四郊筑有很多营垒。指敌军屡次侵逼城郊,形势急迫。[语见]《礼记·曲礼上》:"四郊多垒,此卿大夫之辱也。"[例句]宋兵大军压境之际,南唐后主竟置～而不顾,仍然醉生梦死——国家焉有不灭之理?

【四邻八舍】 sì lín bā shè

[释义]前后左右的邻居。[语见]清·西周生《醒世姻缘传》第十三回:"我们大家同了四邻八舍招对个明白。"[例句]一听陈家有难,～纷纷赶来,出谋划策,感动得一家人无不掉泪。

【四马攒蹄】 sì mǎ cuán tí

[释义]攒蹄:马急驰时四蹄并集的样子。把人的两手、两脚捆在一起。[语见]明·吴承恩《西游记》第七十五回:"三怪把行者扳翻倒,四马攒蹄捆住,揭起衣裳看时,足足是个弼马温。"[例句]几个战士三下两下把犯罪分子～捆了起来。

【四面八方】 sì miàn bā fāng

[释义]泛指各处。[语见]元·关汉卿

《玉镜台》第一折:"轩车离故乡,走四面八方。"[例句]人们从~涌进广场,随即声势浩大的游行开始了。

【四面楚歌】sì miàn chǔ gē

[释义]据汉·司马迁《史记·项羽本纪》记载,项羽被刘邦围困于垓下,夜间忽然听到军营四周响起一片楚歌(项羽为楚人),遂认为刘邦已得楚地,军心随之涣散。后世以"四面楚歌"比喻四面受敌,陷于绝境。[语见]晋·陈寿《三国志·吴书·胡综传》:"高祖诛项,四面楚歌。"[例句]待到~的时候,苻坚方才想起王猛之言,然而已悔之晚矣。

【四面受敌】sì miàn shòu dí

[释义]见"四面楚歌"。[语见]汉·司马迁《史记·留侯世家》:"雒阳东地薄,四面受敌,非用武之国也。"[例句]他虽然~,备受攻击,但是依然不慌不忙地办理着各种事情,他那成竹在胸的样子,令对手们也气馁了。

【四平八稳】sì píng bā wěn

[释义]四、八:指各个方位。形容稳重。[语见]明·施耐庵《水浒传》第四十四回:"戴宗、杨林看裴宣时,果然好表人物,生得面白肥胖,四平八稳,心中暗喜。"[例句]形势已经危在旦夕,所有~的计谋都是下下之策——如果不能出奇制胜,便只有死路一条了。

【四清六活】sì qīng liù huó

[释义]四清:眼、耳、鼻、舌感觉分明。六活:礼、乐、射、御、书、数运用灵活。形容办事能干机灵。[语见]明·施耐庵《水浒传》第十八回:"这几个都是贯(惯)做公的,四清六活的人,却怎的也不晓事!"[例句]我身边有个~的小田跟着,普通的打点应酬,便都能应付得了。

【四体不勤,五谷不分】sì tǐ bù qín, wǔ gǔ bù fēn

[释义]四体:四肢。不勤:不劳动。五谷:指稻、麦、黍、稷(谷子)、菽(豆)等粮食作物。指不参加生产劳动,分不清五谷。[语见]《论语·微子》:"四体不勤,五谷不分,孰为夫子?"[例句]农村干部如果是"~"的人,又怎能领导农民搞好生产呢?

【四亭八当】sì tíng bā dàng

[释义]亭、当:即"停当"。形容合适、妥帖。[语见]宋·朱熹《答吕伯恭书》:"不知如何整顿得此身心四亭八当,无许多凹凸也。"[例句]大家到时,公司剪彩事宜早已安排得~了。

【四战之地】sì zhàn zhī dì

[释义]见"四战之国"。[语见]南朝宋·范晔《后汉书·荀彧传》:"颍川,四战之地也。天下有变,常为兵冲。"[例句]这里是~,一定要加强工事,严密防守。

【四战之国】sì zhàn zhī guó

[释义]四面受敌之地。[语见]《商君书·兵守》:"四战之国贵守战,负海之国贵攻战。"[例句]潼关乃~,关系到整个关中的安危,因此这里的防守一定要加强啊!

【似曾相识】sì céng xiāng shí

[释义]曾:曾经。识:认识。好像曾经见过、认识。对所见到的人或事物有印象,又不很真切。[语见]宋·晏殊《珠玉词·浣溪沙》:"无可奈何花落去,似曾相识燕归来,小园香径独徘徊。"[例句]我们打了一个照面,我暗暗心惊:这个~的人,究竟什么来意?

【似懂非懂】sì dǒng fēi dǒng

[释义]似:好像。非:不。好像懂了,其实又不懂。形容半懂不懂。[例句]秦先生讲得天花乱坠,我却始终听得~,不明所以。

【似漆如胶】sì qī rú jiāo

[释义]见"如胶似漆"。[语见]清·曹雪芹《红楼梦》第五回:"日则同行同坐,夜则同止同息,真是言和意顺,似漆如胶。"[例句]看着他们两人~的样子,朋友们都羡慕极了。

【似是而非】sì shì ér fēi

[释义]似:像。是:对。非:不对,不是。好像是,其实不是;好像对,实际不对。[语见]《庄子·山木》:"周将处乎材与不材之间。材与不材之间,似之而非也。"

[例句] 这些理论～,我们应该认真加以分析和辨别,不然很容易上当受骗。

【似玉如花】 sì yù rú huā

[释义] 见"如花似玉"。[语见]《敦煌变文集·无常经讲经文》:"休夸似玉如花貌,年去年来数便老。"[例句] 一阵笑声之后,几个～的姑娘走了出来。

【驷不及舌】 sì bù jí shé

[释义] 指说话当慎重,否则难以收回。[语见]《论语·颜渊》:"子贡曰:'惜乎,夫子之说君子也! 驷不及舌。'"何晏集解引郑玄曰:"过言一出,驷马追之不及。"[例句] 出门在外,逢人只说三分话,而你竟又是个心直口快的人,～,务必谨慎。

【驷马难追】 sì mǎ nán zhuī

[释义] 驷:古代套着四匹马的车。比喻既成事实,不可挽回。[语见] 宋·欧阳修《新五代史·晋书·高祖皇后李氏传》:"不幸先帝厌代,嗣子承祧,不能继好息民,而反亏恩辜义,兵戈屡动,驷马难追,戚实自贻,咎将谁执!"[例句] 大丈夫一言既出,～,你怎么能怀疑我的诚意呢?

【驷之过隙】 sì zhī guò xì

[释义] 比喻光阴飞逝。[语见]《礼记·三年问》:"三年之丧,二十五月而毕,若驷之过隙。"[例句] 人生天地之间,若～,你们可不要虚度光阴啊!

【俟河之清】 sì hé zhī qīng

[释义] 俟:等待。河:指黄河。人的寿命很短促,等待黄河的水变清是不可能的。比喻希望难于实现。[语见]《左传·襄公六年》:"周诗有之曰:'俟河之清,人寿几何?'"[例句] 你等待他良心发现来帮你,如～,还是自己想办法摆脱困境吧!

【肆奸植党】 sì jiān zhí dǎng

[释义] 放肆胡为,培植党羽势力。[语见] 清·张廷玉等《明史·冯恩传》:"宗铠与同官孙应奎复言,鋐肆奸植党,擅主威福,巧庇龙言等,上格明诏,下负公论,且纵二子为奸利。"[例句] 高太尉在朝中～,广布亲信,以致国家已不姓赵而姓高了。

【肆无忌惮】 sì wú jì dàn

[释义] 肆:放肆。忌惮:顾忌和惧怕。指任意妄为,毫无顾忌和畏惧。[语见] 宋·朱熹《与王龟龄书》:"遗君后亲之论交作,肆行无所忌惮。"[例句] 法西斯～的杀戮,成为人类文明史上最无耻的记载。

【肆行劫掠】 sì xíng jié lüè

[释义] 任意妄为,凭借武力夺取人或财物。[例句] 皇帝黯弱,官府～,百姓已无生机,岂能不反?

【肆行无度】 sì xíng wú dù

[释义] 肆意妄为,没有节制。[例句] 邹兴在任,对百姓敲骨吸髓,～,最后官逼民反,被老百姓活活打死了。

【肆行无忌】 sì xíng wú jì

[释义] 放肆胡作非为。[语见] 清·张廷玉等《明史·石亨传》:"因劾亨指权纳贿,肆行无忌,与术士邹叔彝等私讲天文,妄谈休咎,宜置重典。"[例句] 那批所谓的"太子党"在京城～,到了乡下,更是无法无天,官民无不恨之入骨。

【肆言如狂】 sì yán rú kuáng

[释义] 像发疯一样地胡言乱语。[语见] 宋·洪迈《夷坚丙志·河北道士》:"宣和七年正月望夜,京师太一宫张灯,观者塞道。二人坠入池,宫率急拯之,不肯上,肆言如狂。"[例句] 他被解除职务后,～,三日不止,最后竟疯了。

【肆言无惮】 sì yán wú dàn

[释义] 毫无顾忌地胡说。[语见] 宋·周密《齐东野语·纥石烈子仁词》:"(金人元帅纥石烈)子仁盖女真之能文者,故敢肆言无惮如此。"[例句] 曹全早已将生死置之度外,自然敢于～地评论朝政的是是非非。

【肆意妄为】 sì yì wàng wéi

[释义] 毫无顾忌地胡作非为。[语见] 清·夏敬渠《野叟曝言》第六十回:"然又怕他因小过不戒,而驯之大过,故令大媳管束,督做女工之事,非纵之使毫无忌惮,肆意妄为也。"[例句] 义军都进城了,这些平日里耀武扬威的公子哥儿们

还在～,自然连哼都来不及哼一声就做了刀下鬼。

【肆意为虐】 sì yì wéi nüè
[释义] 肆意:任意。为:做。虐:残暴。任意干惨无人道的勾当。[例句] 那几个～的不法分子,终于受到了法律的制裁,居民无不拍手称快。

song

【松萝共倚】 sōng luó gòng yǐ
[释义] 萝:寄生于松树上的能爬蔓的植物。倚:靠着。像松与萝那样互相依存,比喻夫妇和睦融洽。[语见] 元·王子一《误入桃源》第二折:"我等本待与他琴瑟相谐,松萝共倚。"[例句] 夫妻俩恩恩爱爱,如胶似漆,～几十年,在此地被传为佳话。

【松乔之寿】 sōng qiáo zhī shòu
[释义] 见"乔松之寿"。[语见] 汉·班固《汉书·王吉传》:"大王诚留意如此,则心有尧舜之志,体有松乔之寿。"[例句] 谁都希望有～,人生如朝露,忽然而已,真正的永恒,不是生命本身,而是生命的价值。

【松贞玉刚】 sōng zhēn yù gāng
[释义] 贞:坚贞。刚:刚毅。像松树那样坚贞不屈,像坚硬的玉石那样刚强坚毅。[语见] 唐·韩愈《祭张给事文》:"松贞玉刚,千夫之业,篆文有光。"[例句] 他有着～的性格,绝不是什么富贵便可以收买得了的。

【耸人听闻】 sǒng rén tīng wén
[释义] 耸:耸动。指故意夸大事实,使人们听了感到震惊。[语见] 清·夏敬渠《野叟曝言》第三十五回:"文白以区区一衿,敢于指斥其短,欲诛戮其身,其可谓不畏强御者矣。比较那史册上的朱云请剑,李膺破柱,更足耸人听闻。"[例句] 你不要故意～,扰得人心惶惶的。

【宋画吴冶】 sòng huà wú yě
[释义] 汉·刘安《淮南子·修务训》:"夫宋画吴冶,刻刑镂法,乱修曲出,其为微妙,尧舜之圣不能及。"高诱注:"宋人之画,吴人之冶,刻镂刑法乱理之文,修饰之巧曲,出于不意也。"形容物品的精巧。[例句] 此砚质沉色深,如～,先生可要收好了。

【宋斤鲁削】 sòng jīn lǔ xuē
[释义] 斤:斧子一类的工具。削:刻削用的曲刀。《周礼·考工记·国有》:"郑之刀,宋之斤,鲁之削,吴粤之剑,迁乎其地而弗能为良,地气然也。"指精良的工具。[例句] 王麻子剪刀有如～,在城市乡间均有着良好的口碑。

【送眼流眉】 sòng yǎn liú méi
[释义] 见"眉来眼去"。[语见] 清·蒲松龄《聊斋志异·段氏》:"济南蒋稼,其妻毛氏,不育而妒。嫂每劝谏,不听,曰:'宁绝嗣,不令送眼流眉者忿气人也!'"[例句] 二人一见钟情,随即～,缱绻暗生,只恨时日不多,不得不随了家人离去。

【颂古非今】 sòng gǔ fēi jīn
[释义] 见"厚古薄今"。[语见] 汉·司马迁《史记·秦始皇本纪》:"有敢偶语《诗》《书》者弃市。以古非今者族。"[例句] 要大家读一读诸子百家的东西,不是～,而是要大家能明白地读出百家对中国文化的奠基作用。

sou

【搜肠刮肚】 sōu cháng guā dù
[释义] 形容用尽心思,想尽一切办法。[语见] 明·冯惟敏《不伏老》第一折:"一个家搜肠刮肚,不知饥,不知渴,只觉得口内生烟。"[例句] 他写出上联后,我～也对不出下联。

【搜根剔齿】 sōu gēn tī chǐ
[释义] 形容故意挑剔,找人的错处或罪状。[语见] 明·凌濛初《二刻拍案惊奇》第二十二卷:"上官翁见这些人又来歪缠,把来人告了一状,搜根剔齿,查出前日许多隐瞒自占的田产来,尽归了公子。"[例句] 人哪个没有些许毛病,你别老是～地找人家的麻烦。

S

【搜奇抉怪】sōu qí jué guài
[释义] 搜:寻找。抉:抉择,挑选。搜寻新奇的,挑选怪异的。多指写诗、作文刻意求奇求怪。[语见] 唐·韩愈《荆潭唱和诗序》:"志存乎《诗》、《书》,寓辞乎咏歌,往复循环,有唱斯和,搜奇抉怪,雕镂文字,与韦布里闾憔悴专一之士较其毫厘分寸。"[例句] 这诗写得语言晦涩,～,但是细细读来,字里行间竟似有无限冤屈在其中。

【搜奇选妙】sōu qí xuǎn miào
[释义] 搜罗和挑选最奇妙的东西。[语见] 唐·欧阳询《艺文类聚》六十九卷引晋·张载《扇赋》:"若乃搜奇选妙,绝色寡双…… 修短虽异,而光彩齐同。"[例句]《笑林广记》～,几乎把古时所有让人捧腹的段子都收罗进去了。

【搜神夺巧】sōu shén duó qiǎo
[释义] 搜:搜索。神:神奇。搜来神奇,夺得巧妙。[语见] 清·曹雪芹《红楼梦》第十七回:"由山脚下一转,便是平坦大路,豁然大门现于面前,众人都道:'有趣,有趣,搜神夺巧,至于此极。'"[例句] 这座建筑～,令专家啧啧称赞。

【搜索枯肠】sōu suǒ kū cháng
[释义] 搜索:仔细寻找,这里指反复思索。枯肠:指枯竭的思路。从枯竭的思路中反复思索。形容冥思苦想。[语见] 唐·卢仝《走笔谢孟谏议寄新茶》诗:"三椀(碗)搜枯肠,唯有文字五千卷。"[例句] 写诗与写小说大不一样,小说可以三年五年地写下去,诗歌则不能,写不出来就不写,如果非要～地硬写,顶多弄出些打油诗而已。

【搜岩采干】sōu yán cǎi gàn
[释义] 搜:搜索。岩:险峻的山崖。在险峻的山崖间搜索,以采取干材。比喻不避艰险地多方搜求在野的人才。[语见] 北齐·魏收《魏书·段承根传·赠李宝诗之二》:"剖蚌求珍,搜岊(岩)采榦(干),野无投纶,朝盈逸翰。"[例句] 唐朝统一,朝廷～,人才无不为其所用,国力也便蒸蒸日上。

【搜章摘句】sōu zhāng tī jù
[释义] 见"寻章摘句"。[语见] 宋·欧阳修等《新唐书·段秀实传》:"及长,沉厚能断,慨然有济世意。举明经,其友易之,秀实曰:'搜章摘句,不足以立功。'乃弃去。"[例句] 这种～的文章并不能充当学术论文。

su

【俗不可耐】sú bù kě nài
[释义] 庸俗得使人难以忍受。[语见] 清·蒲松龄《聊斋志异·沂水秀才》:"一美人置白金一铤,可三四两许,秀才掇内袖中。美人取巾,握手笑出曰:'俗不可耐。'"[例句] 画展是如期举行了,但是在展厅里一走,周围竟然全是些～的作品,他心里甚为恼火。

【俗不可医】sú bù kě yī
[释义] 俗:庸俗。医:医治。庸俗太甚,到了不可救药的地步。[语见] 宋·苏轼《于潜僧绿筠轩》诗:"士俗不可医。"[例句] 你别老是跟一帮～的酒肉朋友混在一起,那只能使你变得越来越没有品位。

【夙世冤家】sù shì yuān jiā
[释义] 夙世:前世。指有前世仇怨。形容积怨很深。亦用为昵称,表示亲爱。[语见] 宋·高斯珍《席放谈》:"夏竦罢相,因石介《进德颂序》中'追竦白麻,无不喜悦'等语,怀恨在心。竦设水陆斋,旁设一位,立牌书曰:'夙世冤家石介。'"[例句] 哎呀,你这～,叫你快点来嘛,你还哼哼叽叽半天不见动静。

【夙兴夜寐】sù xīng yè mèi
[释义] 夙:早。兴:起床。夜:半夜。寐:睡觉。早早起床,半夜才睡觉。形容很勤劳。[语见]《诗经·卫风·氓》:"夙兴夜寐,靡有朝矣。"[例句] 总经理～,日夜操劳,人都瘦了整整一圈,可是我们又都帮不上忙,只能干着急。

【夙夜匪懈】sù yè fěi xiè
[释义] 夙夜:早晚。匪:不。形容日夜辛劳,勤奋不懈。[语见]《诗经·大雅·烝

民》："肃肃王命,仲山甫将之;邦国若否,仲山甫明之。既明且哲,以保其身。夙夜匪解(懈),以事一人。"[例句] 我有重任在身,自是～,只希望能将事情做起来。

【夙夜在公】sù yè zài gōng
[释义] 早晚都从事公务。形容忠于职守,勤于政事。[语见]《诗经·召南·采蘩》:"彼之僮僮,夙夜在公。"又《小星》:"夙夜在公,寔命不同。"[例句] 他～,从不懈怠,堪称我们的表率。

【夙愿得偿】sù yuàn dé cháng
[释义] 一向怀着的愿望得以实现。[语见] 沈曾植《与罗振玉书》:"公司有期,喜而不寐,夙愿得偿,固以屏诸门外为憾也。"[例句] 我听到这个消息,知道～,禁不住黯然泪下。

【肃然起敬】sù rán qǐ jìng
[释义] 肃然:十分恭敬的样子。起敬:产生敬佩之情。让人十分恭敬地产生敬佩之情。[语见] 宋·陆游《记梦》诗:"夜梦有客短褐袍,示我文章杂诗骚。……肃然起敬竖发毛,伏读百过声嘈嘈。"[例句] 当说到这位老科学家的时候,在座者无不～。

【肃然危坐】sù rán wēi zuò
[释义] 肃然:肃穆的样子。危:端正。十分肃穆地端正地坐着。[语见] 清·曹雪芹《红楼梦》第七十六回:"趁着这明月清风,天空地静,真令人烦心顿释,万虑齐除,肃然危坐,默然相赏。"[例句] 画家望着远山,～,也不知道是在构思还是在想念远方的亲人。

【肃然增敬】sù rán zēng jìng
[释义] 见"肃然起敬"。[语见] 南朝宋·刘义庆《世说新语·规箴》:"远公在庐山中,虽老,讲论不辍……执经登坐,讽诵朗畅,词色甚苦,高足之徒,皆肃然增敬。"[例句] 父亲德高望重,为乡邻排忧解难,以至人们一旦提到父亲,无不～。

【素不相能】sù bù xiāng néng
[释义] 素:一向。能:亲善、和睦。相互间一向不和睦友善。[语见] 清·蒲松龄

《聊斋志异·小翠》:"同巷有王给谏者,相隔十余户,然素不相能。"[例句] 他们一进来,我便有些发愣:他们多少年了,都～,何以竟走到了一起?

【素不相识】sù bù xiāng shí
[释义] 素:一向,平常。彼此向来就不认识。[语见] 晋·陈寿《三国志·吴志·陆瑁传》:"及同郡徐原,爰居会稽,素不相识,临死遗书,托以孤弱。"[例句] 你我～,你却这么热情地帮助我,实在让我感动。

【素餐尸位】sù cān shī wèi
[释义] 见"尸位素餐"。[语见] 汉·王符《潜夫论·思贤》:"虚食主禄,素餐尸位而但事淫侈,坐作骄奢,破败而不及传世者也。"[例句] 六朝时,政府采取门阀取官制度,致使多少人～,政治自然一片混乱。

【素口骂人】sù kǒu mà rén
[释义] 一面吃素念佛,一面心怀私欲。形容伪善。[语见] 宋·李之彦《东谷所见·茹素》:"古语两句甚好:'宁可荤口念佛,莫将素口骂人。'"[例句] 一旦揭穿了那几个～的家伙的真面目,事情的真相也便大白于天下了。

【素昧平生】sù mèi píng shēng
[释义] 素:一向,平素。昧:不相识。平生:一生。对方的一生,一向不了解。指从来不相识。[语见] 唐·李商隐《赠田叟》:"鸥鸟忘机翻浃洽,交亲得路昧平生。"[例句] 我们虽然～,但是帮你也不过举手之劳,换了你,你也会援之以手,何必一再相谢?

【素隐行怪】sù yǐn xíng guài
[释义] 指身居隐逸之地,行为怪异,以求名声。[语见]《礼记·中庸》:"子曰:'素隐行怪,后世有述焉,吾弗为之矣。'"[例句] 那些～者,不过是欲求其东山之志尔,一旦示人以真面目,自当受天下耻笑。

【宿愿得偿】sù yuàn dé cháng
[释义] 见"夙愿得偿"。[例句] 你这么

帮我,一旦我～,我定要重重谢你。

【粟红贯朽】 sù hóng guàn xiǔ

[释义]粟:小米。红:指腐烂变质。贯:穿钱绳。朽:烂。粮食腐烂变质,穿钱的绳也朽坏了。形容钱谷极多。[语见]汉·班固《汉书·贾捐之传》:"太仓之粟红腐而不可食;都内之钱贯朽而不可校。"[例句]六朝之际,那些世族家～,比富之风愈演愈烈,百姓之苦亦便可以想象了。

【溯流从源】 sù liú cóng yuán

[释义]见"溯流徂源"。[语见]清·周亮工《唐仲言传》:"其所掇拾古文,以为笺注者,自习见以及秘异,溯流从源,搜罗略尽。"[例句]我们不妨～,去推究一下当初诸葛亮制定三分天下策略的初衷。

【溯流徂源】 sù liú cú yuán

[释义]溯:逆流而上。徂:往,到。顺支流上溯河源。比喻追根究底。[语见]宋·周密《齐东野语·道学》:"伊洛之学行于世,至乾道、淳熙间盛矣。其能发明先贤旨意,溯流徂源,论辈讲解卓然自为一家者,惟广汉张氏敬夫、东莱吕氏伯恭、新安朱氏元晦而已。"[例句]学者治学,不能只求得表面文章,一定要能够～,前后贯通,才能说在某一方面略有研究。

【溯流求源】 sù liú qiú yuán

[释义]见"溯流徂源"。[语见]明·宋濂等《元史·杜瑛传》:"夫善始者未必善终,今不能溯流求源,明法正俗,育材兴化,以拯数百千年之祸,仆恐后日之弊,将有不可胜言者矣。"[例句]初次看到"红学",还以为是始于二十世纪,待到一～,方知在清时便已被众大家钻研了。

【溯源穷流】 sù yuán qióng liú

[释义]上溯本源,穷尽支流。形容钻研学艺、问题博大精微。[语见]清·赵尔巽《清史稿·艺术二·杨沂孙传》:"世臣创明北朝书派,溯源穷流,为一家之学。"[例句]禅学博大精深,若不能～,是难以得其精髓的。

suan

【酸甜苦辣】 suān tián kǔ là

[释义]指各种味道。比喻人生的忧愁、美满、苦难、刺激等各种滋味。[语见]《鹖冠子·环流五》:"阴阳不同气,然其为和同也,酸咸甘苦之味相反,然其为善均也。"[例句]老曹这几十年来,所有的～都已经尝遍了,所以目前这小小的挫折,自是不在话下了。

【酸文假醋】 suān wén jiǎ cù

[释义]形容读书人的假正经和迂腐。[语见]清·曹雪芹《红楼梦》第一百零九回:"这有什么? 大凡一个人,总酸文假醋的才好。"[例句]看到老先生那～的样子,想笑又怕不恭,想听却又实在听不下去,真是受罪!

【算无遗策】 suàn wú yí cè

[释义]算:谋划,计划。遗:遗漏,忽略。遗策:失策。指谋划精密准确,从来没有遗漏差错。[语见]三国魏·曹植《王仲宣诔》:"与君行止,算无遗策,画无失理。"[例句]诸葛亮～,深得刘备的信任。

sui

【虽覆能复】 suī fù néng fù

[释义]覆:翻倒,覆败。复:复原,还原。原意是虽然已经翻倒,但还能复原。后亦指反复无常的手段。[语见]《鬼谷子·飞箝》:"可箝而从(纵),可箝而横……可引而反,可引而覆。虽覆能复,不失其度。"[例句]你要对付的可是一个～的家伙,稍有不慎,你就会中他的诡计。

【虽死犹生】 suī sǐ yóu shēng

[释义]犹:仿佛,如同。生:活着。指人虽然死了,却如同活着一样。旧时多用以表示感恩戴德。也指高尚的人精神不死,流传于世。[语见]北齐·魏收《魏书·咸阳王禧传》:"今属危难,恨无远计,匡济圣躬,若与殿下同命,虽死犹生。"[例句]文天祥～,其慷慨悲歌,令世人称颂。

【隋侯之珠】 suí hóu zhī zhū

[释义]古代传说中的明珠。比喻珍贵

的物品。[语见]《庄子·让王》:"今且有人于此,以隋侯之珠,弹千仞之雀,世必笑之。"[例句]你要知道,家存～,并不一定是件好事啊!

【随波逐尘】 suí bō zhú chén

[释义]见"随波逐流"。[语见]明·高濂《玉簪记·诳告》:"他是冰清玉润,怎便肯随波逐尘。"[例句]别看她是一个小女孩,但是她的耿介,却丝毫不让男士,若要她说这种～的话,恐怕你全是白费劲。

【随波逐浪】 suí bō zhú làng

[释义]见"随波逐流"。[语见]宋·胡仔《苕溪渔隐丛话前集·杜少陵四》:"禅宗论云门有三种语,其一为随波逐浪句,谓随物应机,不主故常。"[例句]你不要～,要分清是非,否则是会栽跟头的。

【随波逐流】 suí bō zhú liú

[释义]随:跟随。逐:追赶。跟随着波浪起伏,顺着流水漂荡。比喻自己没有立场,没有主见,只是随着潮流走。[语见]清·褚人获《隋唐演义》第三十二回:"我看将军容貌气度非常,何苦随波逐流,与这般虐民的权奸为伍?"[例句]你要有自己的立场,自己的主见,不要～。

【随风使舵】 suí fēng shǐ duò

[释义]见"随风转舵"。[语见]吴伟斌《新编元稹集》:"自己保持自身原来所具备的品格,决不随风使舵,趋炎附势。"[例句]你手下那几个人,都是些～之徒,你怎么能希望他们会在关键时刻跟你去血战到底呢?

【随风转舵】 suí fēng zhuǎn duò

[释义]随:顺从。舵:控制船航行方向的器具。顺着风势改变船行的方向。比喻说话办事随着形势的变化而改变态度。一般用作贬义。[语见]明·施耐庵《水浒传》第九十八回:"眼见得城池不济事了,各人自思随风转舵。"[例句]你必须做好准备,一旦有人～,你的那个阵营必然土崩瓦解,到了那个时候,一切可就都晚了。

【随高就低,随方就圆】 suí gāo jiù dī, suí fāng jiù yuán

[释义]随:顺随。或高或低,都可顺随,都能将就。形容头脑灵巧,运用机智。[语见]宋·释普济《五灯会元》:"苦乐共住,随高就低。"[例句]他这个人机灵得很,遇到事情总能～。

【随机而变】 suí jī ér biàn

[释义]见"随机应变"。[语见]《敦煌变文集·韩擒虎话本》:"太凡男子,随儿(机)而变,不如降他。"[例句]俗话说"将在外君令有所不受",你必须～,果断行事,不要事事都请示。

【随机应变】 suí jī yìng biàn

[释义]随:跟。机:时机,情况。应:应付。跟着时机或情况的变化灵活地应付。形容看势行事,机敏灵活。[语见]五代后晋·刘昫等《旧唐书·郭孝恪传》:"请固武牢,屯军汜水,随机应变,则易为克矜。"[例句]要论～的能力,我看小张当数第一,但是他那个浮躁的毛病,却又成了他致命的弱点。

【随声附和】 suí shēng fù hè

[释义]随:跟。附和:(言语)追随别人。跟着人家的声言,人家说什么就跟着说什么。指自己没有主见。[语见]明·朱国祯《涌幢小品·宫殿》:"世宗既改大礼,恚群臣力争,遂改郊庙,一切变易从新,并改殿名,大臣随声附和,举朝皆震慑不敢言。"[例句]他话音刚落,大家立即一同～。

【随声是非】 suí shēng shì fēi

[释义]指自己没有独立的是非观念,别人说是,自己也说是,别人说非,自己也说非。[语见]汉·荀悦《前汉纪·哀帝纪下》:"或怀妒嫉不考情实,雷同相从,随声是非,岂不哀哉!"[例句]他很有自己的主见,绝不是一个～的人。

【随时度势】 suí shí duó shì

[释义]根据当时的情况审度事势的发展趋向。[语见]清·褚人获《隋唐演义》第九十四回:"以此推之,可见凡事须随时度势,敢作敢为,方可转祸为福。"[例句]李自成～,决定撤出北京城,然而他这一撤,事实上把他在民众心中的地位也一并撤掉了。

【随时制宜】suí shí zhì yí

[释义] 见"因时制宜"。[语见] 唐·房玄龄等《晋书·周崎传》:"州将使卿援于外,本无定指,随时制宜耳。"[例句] 市场情况变化多端,公司的领导便要～,要讲究策略制定的稳、准、狠。

【随世沉浮】suí shì chén fú

[释义] 见"随俗沉浮"。[语见] 晋·陈寿《三国志·蜀书·刘巴传》裴松之注引《零陵先贤传》:"若令子初随世沉浮,容悦玄德,交非其人,何足称为高士乎?"[例句] 不要去埋怨他们,你想在那种恐怖空气里,他们要不～,恐怕连性命都保不住,还谈什么学问?

【随俗沉浮】suí sú chén fú

[释义] 比喻不抱己见,顺从世俗的立场和观点。[语见] 唐·房玄龄等《晋书·文苑传》:"少有俊才,出于寒素,不能随俗沉浮,为时豪所抑。"[例句] 他的后半生,几乎完全是在对自己在三十年前那些～的行为忏悔。

【随乡入乡】suí xiāng rù xiāng

[释义] 乡:人群居住的村落。到那个地方就顺从那里的风俗习惯。比喻能适应环境。[语见] 宋·范成大《秋雨快晴静胜堂席上》诗:"天涯节物遮愁眼,且复随乡便入乡。"[例句] 我们几个也～,学了老人的样子,盘腿而坐,可是坐不到几分钟,腿就发麻了,引得老人们善意地笑了。

【随心所欲】suí xīn suǒ yù

[释义] 随:任凭。欲:欲望。任凭心里的欲望,想怎样就怎样。[语见] 清·李汝珍《镜花缘》第六回:"世上无论何事,若人力未尽,从无坐在家中就能平空落下随心所欲事来。"[例句] 在这里,你可以～,任意挑选你喜欢的书来读。

【随遇而安】suí yù ér ān

[释义] 随:顺从,适应。遇:环境,境遇。安:安心。能适应各种不同的环境,在任何处境中都能安心、满足。[语见] 宋·朱熹《朱文公文集·答何叔京》:"安士者,随所遇而安也。"[例句] 他是个～的人,对

生活从没有什么奢望。

【随缘乐助】suí yuán lè zhù

[释义] 佛教谓随着各人缘分的深浅,乐意捐助多少就捐助多少。[语见] 清·黄小配《廿载繁华梦》第二十八回:"这都是随缘乐助,本不能强人的,或多或少,却是未定,总求大人这里踊跃些便是。"[例句] 大家～,捐多捐少都是心意。

【随珠弹雀】suí zhū tán què

[释义] 随珠:即隋珠,见"隋侯之珠"。用夜明珠当弹丸去射鸟雀。比喻得不偿失,或使用不当。[语见] 同"以珠弹雀"。[例句] 投资这么大,一定要好好经营,否则,～,得不偿失。

【岁不我与】suì bù wǒ yǔ

[释义] 见"时不我待"。[语见]《论语·阳货》:"日月逝矣,岁不我与。"[例句] 日月既逝,～,他望着镜子里的白发,只能枉自嗟叹了。

【岁寒三友】suì hán sān yǒu

[释义] 岁寒:即寒岁,指寒冷的冬天。三友:指松、竹、梅。在寒冷的冬天,松竹枝叶不凋落,梅花傲雪盛开,故称"三友"。松、竹、梅不向严冬低头,蕴含了人们的一种理想。[语见] 元·白朴《朝中措》词:"苍松隐映竹交加,千树玉梨花,好个岁寒三友,更堪红白山茶。"[例句] 他家的墙上挂着～图。可见他是个有品位的人。

【岁寒知松柏】suì hán zhī sōng bǎi

[释义] 严寒之时,才知道松柏耐寒而不凋。比喻在艰难困苦的逆境里才能够看出一个人坚持节操的品格。[语见]《论语·子罕》:"岁寒,然后知松柏之后凋也。"[例句] 现在我们正处于危难之际,～,考验我们的时候到了。

【岁月不待人】suì yuè bù dài rén

[释义] 形容时间流逝,不因人而停留。[语见] 晋·陶潜《杂诗》之一:"盛年不重来,一日难再晨,及时当勉励,岁月不待人。"[例句] 你们整日只知玩耍,须知～啊,如果虚度光阴,总有一天会后悔莫及。

【岁月不居】suì yuè bù jū
[释义]居:住,停留。指时光不停地流逝。[语见]汉·孔融《论盛孝章书》:"岁月不居,时节如流。五十之年,忽焉已至。"[例句]～,时日似流,转眼间,数十年已经过去了。

【岁月如流】suì yuè rú liú
[释义]流:流水。形容时光如流水一样转瞬即逝。[语见]唐·姚思廉《陈书·徐陵传》:"岁月如流,平生何几。"[例句]儿时的老师走到我们面前时,我都有些不敢相认了,～,那时正值青春的她,如今竟已白发苍苍了。

【遂心如意】suì xīn rú yì
[释义]见"称心如意"。[语见]清·曹雪芹《红楼梦》第四十六回:"有什么不称心的地方儿,只管说,我管保你遂心如意就是了。"[例句]他的欲望啊,是一条永远也填不满的河,要完全～,比登天还难。

【碎琼乱玉】suì qióng luàn yù
[释义]琼:美玉。形容雪花洁白散碎。[语见]明·施耐庵《水浒传》第十回:"雪地里踏着碎琼乱玉,迤逦背着北风而行。"[例句]她缓缓地走着,～飘飘而下,给她头上戴了一顶白色的王冠。

sun

【损本逐末】sǔn běn zhú mò
[释义]见"舍本逐末"。指抛弃根本,专在枝节上用功夫。[语见]唐·魏徵《隋书·李谔传》:"故文笔日繁,其政日乱,良由弃大圣之轨模,构无用以为用也。损本逐末,流遍华壤,递相师祖,久而愈扇。"[例句]你放着好好的营生不做,到这里折腾,不是～吗?

【损兵折将】sǔn bīng zhé jiàng
[释义]损,折:损失。损失了许多兵士将领。形容作战失利,损失惨重。[语见]元·无名氏《活拿萧天佑》第一折:"但行兵便是损兵折将,不如讲和为上。"[例句]一仗下来,宋朝～,被迫与辽国签下了城下之盟。

【损公肥私】sǔn gōng féi sī
[释义]损害公家的利益而使私人获得好处。[例句]这种～的事,亏你做得出来。

【损人安己】sǔn rén ān jǐ
[释义]见"损人益己"。[语见]元·无名氏《小张屠》第三折:"你那厮损人安己,惹下祸灾。"[例句]你老是做这种～的事情,也不怕人耻笑你?

【损人不利己】sǔn rén bù lì jǐ
[释义]损害别人,又不能使自己得到好处。[例句]像你这种～的行径,只有傻瓜才会去做。

【损人肥己】sǔn rén féi jǐ
[释义]见"损人益己"。[语见]明·凌濛初《初刻拍案惊奇》第十八卷:"如今这些贪人,拥着娇妻美妾,求田问舍,损人肥己,搬斤播两,何等肚肠!"[例句]田伯光呵呵笑了,这种～的事情,谁不愿做?

【损人利己】sǔn rén lì jǐ
[释义]损:损害。利:使有利。损害他人而有利于自己。[语见]明·臧懋循《元曲选·无名氏〈陈州粜米〉一》:"坐的个上梁不正,只待要损人利己惹人憎。"[例句]我们做生意要讲信誉,～的事我绝不做。

【损人益己】sǔn rén yì jǐ
[释义]损害别人,以利自己。[语见]五代后晋·刘昫等《旧唐书·陆象先传》:"为政者,理则可矣,何必严刑树威。损人益己,恐非仁恕之道。"[例句]像她那般洁身自好的人,才不屑做这种～的事情呢。

【损阴坏德】sǔn yīn huài dé
[释义]损:亏损。阴德:旧指暗中所做的好事,迷信者认为在人间做了好事,在阴间可以记功。指亏心伤德。[语见]清·曹雪芹《红楼梦》第五十八回:"当日祖宗手里都是有这例的。咱们如今损阴坏德,而且还小器。"[例句]这种～的事情我们是不会做的。

suo

【缩地补天】suō dì bǔ tiān
[释义]改造天地。比喻改革国政。

S

[语见] 五代后晋·刘昫等《旧唐书·音乐志一》："高祖缩地补天,重张区宇,反魂肉骨,再造生灵。"[例句] 自古以来,～的人,没有如海胸怀和如刀的决断,是难以为继的。

【缩手旁观】suō shǒu páng guān
[释义] 见"袖手旁观"。[语见] 宋·辛弃疾《念奴娇·双陆和坐客韵》词:"少年握槊,气凭陵、酒圣诗豪余事,缩手旁观初未识,两两三三而已。"[例句] 朋友有难,我怎么能～呢? 我一定得去帮他!

【缩手缩脚】suō shǒu suō jiǎo
[释义] 缩:收缩。形容因寒冷而四肢伸展不开。也形容做事顾虑多,不敢放手去干。[语见] 清·刘鹗《老残游记》第六回:"喊了许久,店家方拿了一盏灯,缩手缩脚的进来,嘴里还喊道:'好冷呀!'"[例句] 那孩子啊,自幼家境清贫,没见过什么世面,如今到了这样的场合,自然会～了。

【缩衣节口】suō yī jié kǒu
[释义] 见"节食缩衣"。[语见] 唐·杜牧《燕将录》:"颈玩之臣,颜涩不展,缩衣节口,以赏战士。"[例句] 母亲～把我们养大,培养成人,而她自己,却已经老了,耳聋了,眼也花了。

【缩衣节食】suō yī jié shí
[释义] 见"节食缩衣"。[语见] 宋·陆游《秋获歌》诗:"我愿邻曲谨盖藏,缩衣节食勤耕桑。"[例句] 在旧社会,一个八口之家,大人们如果不～,孩子恐怕都难以活下来。

【所剩无几】suǒ shèng wú jǐ
[释义] 无几:没有多少。指剩下的不多。[语见] 清·李汝珍《镜花缘》第九十一回:"兰芝道:'此后酒令所剩无几,所有酒规,自应仍照前例,似可不必一总结算了。'"[例句] 刚开支没几天,我兜里的钱就～了。

【所图不轨】suǒ tú bù guǐ
[释义] 指图谋做不合法或不正当的坏事。[语见] 南朝宋·范晔《后汉书·袁绍传》:"会董卓乘虚,所图不轨。"[例句] 袁

世凯暗中派兵,～,已是路人皆知的事情。

【所向风靡】suǒ xiàng fēng mǐ
[释义] 见"所向披靡"。[语见] 唐·房玄龄等《晋书·四夷传》:"其后张骏遣沙州刺史杨宣率众疆理西域,宣以部将张植为前锋,所向风靡。"[例句] 义军攻入潼关之后,～,直取咸阳。

【所向披靡】suǒ xiàng pī mǐ
[释义] 所向:指风吹到的地方。披靡:草木随风倒伏。风吹到的地方,草木全都倒伏。比喻力量所到之处,一切障碍全被清除。[语见] 汉·司马迁《史记·项羽本纪》:"于是项王大呼驰下,汉军皆披靡。"[例句] 多尔衮率军入关之后,～,渐渐也就居功自傲起来。

【所向无敌】suǒ xiàng wú dí
[释义] 所向:指力量达到的地方。无敌:没有对手。所到的地方,没有敢于抵抗的敌人。形容军威壮盛,锐不可当。[语见] 三国蜀·诸葛亮《心书》:"善将者因天之时,就地之势,依人之利,则所向无敌,所击者万全矣。"[例句] 玻利瓦尔率领大军,翻越安第斯山脉之后,纵横驰骋,～。

【所向无前】suǒ xiàng wú qián
[释义] 指军队所指向的地方,谁也挡不住。[语见] 晋·陈寿《三国志·魏书·夏侯渊传》:"宋建造为乱逆,三十余年,渊一举灭之,虎步关右,所向无前。"[例句] 李自成率领大军,浩浩荡荡,～,连克洛阳、太原,一直打到了居庸关。

【索垢寻疵】suǒ gòu xún cī
[释义] 比喻无事生非,找岔子。[语见] 元·萧德祥《杀狗劝夫》第四折:"每日家哄的去花街酒肆,品竹调丝,被咱家说破他行止,因此上索垢寻疵,……平空的揣与这个罪名儿。"[例句] 你就安分一点不好吗,非要～,找出点儿不是才能罢休?

【索然乏味】suǒ rán fá wèi
[释义] 见"索然无味"。[语见] 姜佃友《说大雪》:"如果少了雪花这个仙女一般的主角,冬季仿佛也是索然乏味的。"

[例句] 那场～的电影看得人都要睡着了。

【索然寡味】 suǒ rán guǎ wèi

[释义] 见"索然无味"。[语见] 梁启超《情圣杜甫》:"若把读者心中要说的话,作者先替他倾吐无余,那便索然寡味了。"[例句] 有谁知道,康德写下这些～的文字时,内心却含着对整个人类无限的关怀之情呢。

【索然无味】 suǒ rán wú wèi

[释义] 索然:乏味、没有兴致的样子。味:趣味。形容毫无趣味。[语见] 清·吴趼人《近十年之怪现状》第十二回:"到了次日,天才发亮,便爬了起来,叫人开了大门,跑了出来,一口气走到书局门前看时,谁知大门还不曾开,不觉索然无味。"[例句] 此文语言枯燥,毫无生气,读来～。

【索隐行怪】 suǒ yǐn xíng guài

[释义] 见"素隐行怪"。[语见] 汉·班固《汉书·艺文志》:"孔子曰:'索隐行怪,后世有述焉,吾不为之矣。'"颜师古注:"索隐,求索隐暗之事,而行怪迂之道。"[例句] 一旦揭穿了那些～之徒的真面目,你也便会对古时那些生活在田园或山林的人的复杂情况有所了解了,事实上,此中的鱼目混珠者实在是大有人在。

【琐尾流离】 suǒ wěi liú lí

[释义] 琐尾:幼小时美好。流离:枭的别名。枭幼小时很可爱,长大之后却非常丑恶、凶猛。比喻善始不能善终。或从前生活得顺利康乐,后来变得艰难痛苦。[语见] 清·黄遵宪《车驾驻开封府》诗:"竿摩辙乱逼西迁,琐尾流离倏一年。"[例句] 曹雪芹家道败落,～,对世态炎凉的理解,自然就比常人深刻了许多。

S

T

ta

【他山攻错】 tā shān gōng cuò

[释义] 攻:琢治。错:磨石。借助别的山上的石头,可用来琢磨玉器。意为别国的贤才可作为本国的辅佐。比喻借助外力,改正自己的错误。[语见]《诗经·小雅·鹤鸣》:"它山之石,可以为错。"又"它山之石,可以攻玉。"[例句] ～,别人的学习经验是可以作为自己的借鉴的。

【他山之攻】 tā shān zhī gōng

[释义] 见"他山攻错"。[语见] 东晋·葛洪《抱朴子·畅玄》:"藏夜光于嵩岫,不受他山之攻。"[例句] 既能获得各位～,我们的力量已是大增,取胜当在情理之中了。

【他山之石】 tā shān zhī shí

[释义] 他山:别的山,比喻异国。后用以比喻能帮助自己改正缺点错误的外力。比喻借助别人的帮助,使自己改正缺点错误,而达到完美的境界。[语见] 唐·杨炯《唐昭武校尉曹君神道碑》:"托无愧之铭,跋涉载劳于千仞;访他山之石,东西向逾于万里。"[例句] 你当善用～,个人的智慧毕竟是有限的。

【他乡遇故知】 tā xiāng yù gù zhī

[释义] 在异乡遇上了过去的朋友。[语见] 明·冯梦龙《喻世明言》第二十四卷:"思温甚喜,就叫三儿坐,三儿再三不敢,思温道:'彼此都是京师人,就是他乡遇故知,同坐不妨。'"[例句] 老同学高兴地说:"今日～,来,痛痛快快地喝几杯,一醉方休!"

tai

【太仓稊米】 tài cāng tí mǐ

[释义] 太仓:旧时设立在京城里的大粮仓。稊米:小米。太仓里的一粒小米。比喻非常渺小,微不足道。[语见]《庄子·秋水》:"计中国之在海内,不似稊米之在太仓乎!"[例句] 第一次到北京城,在茫茫人海中一站,方才知道自己不过如～,实在是太渺小了。

【太仓一粟】 tài cāng yī sù

[释义] 见"太仓稊米"。[语见] 清·吴趼人《二十年目睹之怪现状》第六十三回:"好在古雨山当日有财神之目,去了他七千两,也不过是'九牛一毛''太仓一粟'。"[例句] 战争真正打响之后,虽然有多方面的人道主义援助,但是,那毕竟是～,面对数百万难民,无异于杯水车薪。

【太阿倒持】 tài ē dào chí

[释义] 见"倒持太阿"。[语见] 宋·秦观《李训论》:"自德宗惩北军之变,以左右神策、天威等军分委宦官主之,由是太阿倒持,不复可取。"[例句] 你说的这番话漏洞百出,实在是～,给人把柄。

【太阿在握】 tài ē zài wò

[释义] 太阿:宝剑名。比喻掌握权柄。[语见] 明·沈德符《万历野获编·内臣兼掌印厂》:"世宗神圣,以至今上,俱太阿在握,可无过虑。"[例句] 曾国藩攻破南京之后,拥有几十万大军,～,但是却比原来任何时候都要小心,丝毫没有骄矜之意,这恐怕是他能得善终的一个根本原因。

【太阿之柄】 tài ē zhī bǐng
[释义] 太阿:宝剑名。比喻权柄。
[语见] 清·觉佛《女英雄》:"昏君无北伐之心,奸相操太阿之柄。"[例句] 唐朝末年,藩镇割据,～早已离皇帝远去,中央政府,事实上已经名存实亡了。

【太平盛世】 tài píng shèng shì
[释义] 安宁、兴盛的时代。[语见] 明·沈德符《万历野获编·章枫山封事》:"余谓太平盛世,元夕张灯,不为过侈。"[例句] 历数中国历史上几乎所有的～,往往也是危机四伏的时期,因为这时候,古人和今人的注意力已经完全放到了"盛世"之上。

【太丘道广】 tài qiū dào guǎng
[释义] 太丘:地名,在今河南永城市西北。道:指交游之道。广:宽广。称人交游广泛。[语见] 南朝宋·范晔《后汉书·许劭传》载:许劭到颍川后,独不访陈寔,他对人说:"太丘道广,广则难周……故不造也。"[例句] 这东西我真没有见过,你不妨去问一问徐先生,他～,识多见丰,他一定会认得。

【太岁头上动土】 tài suì tóu shàng dòng tǔ
[释义] 太岁:传说中的神名,古人认为太岁之神在地,与天上的岁星(木星)相应则行,兴建土木工程要避开太岁所在的方位,否则就会遭受祸害。后用"太岁头上动土"比喻触犯有权有势的人。[语见] 明·施耐庵《水浒传》第二回:"你也须有耳朵,好大胆,直来太岁头上动土!"[例句] 他敢于在～,去控告那位有权有势的官员,实在有胆量!

【泰然处之】 tài rán chǔ zhī
[释义] 见"处之泰然"。[例句] 别看总经理对混乱局面总是～,实际上,他已经在暗地里做了大量的工作,之所以没有说出来,是要保持公司运行的稳定。

【泰然居之】 tài rán jū zhī
[释义] 见"处之泰然"。[语见] 宋·陈亮《王珪确论如何》:"太宗方奋然有运天下豪杰之心,使新进迭用事,而玄龄泰然居之,不以进退自嫌。"[例句] 看到同胞在受难,国土在沦丧,你难道还能～吗?

【泰然自若】 tài rán zì ruò
[释义] 泰然:安然,若无其事的样子。自若:很自在,像平常一样。形容遇事镇定坦然,不慌不忙。[语见] 元·脱脱等《金史·颜盏门都传》:"有敌忽来,虽矢石至前,泰然自若。"[例句] 城外炮火连天,但是罗将军依然面无惧色,～地指挥着战斗。

【泰山北斗】 tài shān běi dǒu
[释义] 泰山:山名,在山东省泰安县北。古时认为泰山为五岳之首。北斗:大熊星座排列如斗形的七颗星,在众星中北斗星最明亮。常用以比喻众所敬仰的人物。[语见] 宋·欧阳修等《新唐书·韩愈传》:"自愈没,其言大行,学者仰之如泰山北斗。"[例句] 欧阳修在世时,有如文坛的～,就是苏轼的名气,也比不上他。

【泰山鸿毛】 tài shān hóng máo
[释义] 见"鸿毛泰山"。[语见] 汉·司马迁《报任少卿书》:"人固有一死,或重于泰山,或轻于鸿毛……"[例句] 人都有一死,世间的一切,也都随着生命的消失而消失,至于～,那都是后人的评说了。

【泰山梁木】 tài shān liáng mù
[释义] 梁木:栋梁之材。像泰山一样崩塌,像梁木一样毁坏。比喻伟大人物的死亡。[语见] 《礼记·檀弓上》:"孔子蚤作,负手曳杖,消摇于门,歌曰:'泰山其颓乎! 梁木其坏乎! 哲人其萎乎!'"[例句] 在人们欢庆胜利的时候,这位伟大的科学家溘然长逝,惊闻噩耗,人人为之扼腕,～,令天地落泪,日月无光。

【泰山其颓】 tài shān qí tuí
[释义] 颓:坍塌。用以表示哀悼众所仰望之人。[语见] 《礼记·檀弓上》:"孔子蚤作,负手曳杖,消摇于门,歌曰:'泰山其颓乎! 梁木其坏乎! 哲人其萎乎!'"[例句] 诸葛亮逝世于五丈原,军中一片哀声,～,鸟兽悲鸣。

【泰山若厉】tài shān ruò lì

[释义] 厉："砺"的本字。磨刀石。泰山剥蚀得像一块磨刀石那样大。比喻时间久远。[语见] 汉·班固《汉书·高惠高后文功臣表》："使黄河如带，泰山若厉，国以永存，爰及苗裔。"[例句] 火山堆虽然静静地隐在草丛中，但是依然给人一股浓郁的沧海桑田、～之感。

【泰山压顶】tài shān yā dǐng

[释义] 像泰山压在了头顶上。比喻压力或困难很大。也指突然遭到沉重的打击。[语见] 清·文康《儿女英雄传》第六回："一个棍起处似泰山压顶，打下来举手无情。"[例句] 大谢噔噔几步，以～之势，将篮球重重地扣进了篮筐。

【泰山压卵】tài shān yā luǎn

[释义] 像泰山压鸟卵一样。比喻双方力量悬殊，强大者摧毁弱小者一点不费力气。[语见] 唐·房玄龄等《晋书·孙惠传》："况履顺讨逆，执正伐邪，是乌获摧冰，贲育拉朽，猛兽吞狐，泰山压卵，因风燎原，未足方也。"[例句] 虽然我们都在争夺那片市场，但是以我们目前的力量来说，真如～，取胜毫无问题。

tan

【贪财好贿】tān cái hào huì

[释义] 贪图财物和贿赂。[语见] 元·关汉卿《裴度还带》第四折："差小官体察民情，因傅彬贪财好贿，犯刑宪负累忠臣。"[例句] 戏剧里的一些～的官员，在历史上并不真的那么坏。

【贪财好色】tān cái hào sè

[释义] 贪图财物，贪恋女色。[语见] 汉·班固《汉书·高帝纪》："亚父范增说羽曰：'沛公居山东时，贪财好色，今闻其入关，珍物无所取，妇女无所幸，此其志不小。'"[例句] 派那么个～的人去主持军务，不是一般的坏事，那简直就是把几万人往死路上推。

【贪财慕势】tān cái mù shì

[释义] 贪图财物，羡慕权势。[语见] 汉·荀悦《汉纪·元帝纪》："今俗吏致治不奉礼让而尚苛暴，贪财而慕势，故犯法者众，奸邪不止。"[例句] 正是那个～的表哥，使他受到了牵连，差点儿被罢官。

【贪吃懒做】tān chī lǎn zuò

[释义] 好吃而不肯好好工作。[语见] 清·张南庄《何典》第七回："（活死人）心里想到：'看他如此贪吃懒做，真像有磨子在肚子里牵的一般。若把辟谷丸吃下去，料想止得定的。'"[例句] 是啊，你现在可以～，那是因为你有个好老子，但是再过几年呢，你老子不在了呢，你还能这么坐吃山空吗？

【贪得无厌】tān dé wú yàn

[释义] 厌：同"餍"，饱，满足。贪心永远没有满足的时候。[语见] 明·吴元泰《四游记·东游记》第二十九回："洞宾叹曰：'人心贪得无厌，一至于此！'"[例句] 姚崇之类，那真是～，一旦被他看到有什么好东西好宝贝他还没有，那他准会挖空心思弄到手。

【贪多务得】tān duō wù dé

[释义] 务：务必，必定。越多越好，一定要得到。原指钻研学问欲望很大，决心也很大，后泛指贪心不足。[语见] 唐·韩愈《进学解》："贪多务得，细大不捐。"[例句] 可恨那时候我～，却又没有人劝我一劝，否则我也不会落到这般下场。

【贪而无信】tān ér wú xìn

[释义] 贪婪而又不守信用。[语见] 汉·应劭《鲜卑胡市议》："以为鲜卑隔在漠北，犬羊为群，无君长帅庐落之居，又夫天性，贪而无信。"[例句] 姓李的可是个～之徒，你和他打交道，一定要万分小心才是。

【贪饵丧生】tān ěr sàng shēng

[释义] 指鱼类贪图饵食而送了命。后用以比喻由于贪求而招致灾祸。[语见] 《孔丛子·抗志第十》："鳏虽难得，贪以死饵；士虽怀道，贪以死禄矣。"注：鳏，大鱼。[例句] 俗话说人为财死，鸟为食亡，这世界上～的蝇营狗苟之徒实在不在少数。

【贪夫徇财】tān fū xùn cái
[释义] 徇:通"殉"。徇财:用性命去求财。贪财的人,为财而死。[语见] 唐·李商隐《太仓箴》:"贪夫徇财,有死无二;御黜马衔,不得不利。"[例句] 戏的结尾,是～的王道士落到了强盗手里,一刀下去,身首分家,也算是报应。

【贪功起衅】tān gōng qǐ xìn
[释义] 贪图功绩,有意挑起事端。[语见] 明·冯梦龙《东周列国志》第四十五回:"孟明等贪功起衅,妄动干戈,使两国恩变为怨。"[例句] 战争虽结束了,但是却有不少～的人闹得军队上下不得安宁。

【贪官蠹役】tān guān dù yì
[释义] 蠹:蛀虫,引申指侵吞公共财物的人。贪图财物的小官及吏役。[语见] 清·赵尔巽《清史稿·朱之弼传》:"又言:'世祖严治贪官蠹役,特立严法,如非官役不用此例。'"[例句] 其实啊,真要找到那高高在上的大官倒也罢了,关键是那一批～难以对付,等你对付了他们,你的力气也已用完了。

【贪官污吏】tān guān wū lì
[释义] 指贪污受贿、贪赃枉法的官吏。[语见] 元·无名氏《鸳鸯被》第四折:"一应贪官污吏,准许先斩后闻。"[例句] 我感激大家对我的赞扬,但是我觉得现在赞扬得早了一些,等我卸任了,没有人说我是～,那么就算是对我最大的赞扬了。

【贪婪无厌】tān lán wú yàn
[释义] 厌:通"餍"。满足。形容贪心没有满足的时候。[语见] 宋·苏轼《梁工说》:"工曰:'治民诀,更增益剂量,其贪婪无厌。'"[例句] 其实北宋王小波起义的原因,并不是国家政策有什么大不是,而是下面那一批～的地方官搜刮得太厉害所致。

【贪吏猾胥】tān lì huá xū
[释义] 猾胥:狡诈的小官。贪财狡诈的小官吏。[语见] 宋·苏轼《辩试馆职策问札子》之二:"先帝本意使民产率出钱专力于农,虽有贪吏猾胥,无所施其虐。"

[例句] 百姓对这些～甚为不满。

【贪冒荣宠】tān mào róng chǒng
[释义] 贪冒:贪图。贪图荣耀和宠信。[语见] 唐·陈子昂《为程处弼辞放流表》:"任经十有三年,竟无一阶升录,臣之驽劣,于此可见。而贪冒荣宠,尚不知归。"[例句] 最高统治者身边有了这几个～的人,朝政岂能不坏?

【贪名图利】tān míng tú lì
[释义] 见"贪名逐利"。[语见] 明·徐元《八义记·婴投杵臼》:"贪名图利世间人,不修因果恁痴心。"[例句] 我不是一个～的人,我只想多做一点事情,只要多给我几次机会,那便是对我最大的奖励了。

【贪名逐利】tān míng zhú lì
[释义] 贪图好的名声,追逐个人私利。[语见] 明·高则诚《琵琶记·旌表》:"老夫当初也只道你贪名逐利,撇了父母妻室,不肯还家。"[例句] 教师乃是一个神圣的职业,一定要把那些～的人清理出去。

【贪墨败度】tān mò bài dù
[释义] 贪图财利,败坏法度。[语见] 元·脱脱等《宋史·景素·王信等传论》:"田敏屡有战功,而贪墨败度,幸容于时。"[例句] 在王安石变法过程中,那些～的人成了新法推行最大的障碍。

【贪求无厌】tān qiú wú yàn
[释义] 厌:通"餍"。满足。贪图获得好处而无满足之时。[语见]《左传·襄公三十一年》:"韩子懦弱,大夫多贪,求欲无厌。"[例句] 翻开明史一看,大臣中要能找出几个不属于～的人来,还实在不是一件容易的事情。

【贪求无已】tān qiú wú yǐ
[释义] 见"贪求无厌"。[语见] 明·瞿佑《剪灯新话·唐义士传》:"僧曰:'迩杨总统,势焰薰赫,贪求无已。'"[例句] 上有所好,下必甚焉,连皇帝都如此欲壑难填,下面的人更是～,人民怎么能不起来反抗呢?

【贪权慕禄】tān quán mù lù
[释义] 见"贪位慕禄"。[语见] 明·熊大木《杨家将演义》第四十三回:"且今日来代领印,出自圣裁,岂我贪权慕禄,而夺汝之兵柄耶!"[例句] 张居正并不是一个平庸的人,但是他实在太过于～,终于成了众矢之的,以致死后都不得安生。

【贪权窃柄】tān quán qiè bǐng
[释义] 贪图权势,窃取权位。[语见] 唐·陆贽《奉天论延访朝臣表》:"侈心一萌,邪道并进。贪权窃柄者则曰:'德如尧舜矣,焉用劳神!'"[例句] 他一生光明磊落,从不与～的人为伍。

【贪荣冒宠】tān róng mào chǒng
[释义] 见"贪冒荣宠"。[语见] 宋·释普济《五灯会元·四祖大医禅师旁出法嗣第一世》:"既见,因谓师曰:'郎将狂邪何为住此?'师曰:'我狂欲醒,君狂正发,夫嗜色淫声,贪荣冒宠,流转生死,何由自出!'二人感悟叹息而去。"[例句] 他这个人～,不择手段,很多人都对他很不满。

【贪荣慕利】tān róng mù lì
[释义] 贪图荣耀,羡慕财利。[语见] 唐·令狐德棻《周书·柳带韦传》:"夫顾亲戚,惧诛矣,贪荣慕利,此生人常也。"[例句] 我带领的都是实干的人,他们绝没有一点～之心,在他们心目中,最神圣的,就两个字:事业。

【贪生怕死】tān shēng pà sǐ
[释义] 贪:贪恋。贪恋生存,惧怕死亡。形容为了活命在为正义事业斗争中退缩不前。[语见] 元·李寿卿《伍员吹箫》第三折:"原来你这般贪生怕死无仁义。"[例句] 军队中一旦有了～之徒,那简直是所有军人的耻辱。

【贪生畏死】tān shēng wèi sǐ
[释义] 贪恋生存,害怕死亡。[语见] 汉·班固《汉书·文三王传》:"今立自知贼杀中郎曹将,冬月迫促,贪生畏死,即诈僵仆阳病,侥幸得逾于须臾。"[例句] 将士们誓与城共存亡,绝不做～的逃兵。

【贪生恶死】tān shēng wù sǐ
[释义] 贪恋生存,憎恨死亡。[语见] 汉·司马迁《报任少卿书》:"夫人情莫不贪生恶死,念父母,顾妻子。"[例句] 谭嗣同凛然地望着刀斧手,慨然叹息:"虫蚁尚且～,何况人乎?"

【贪声逐色】tān shēng zhú sè
[释义] 贪爱歌舞,追求女色。形容生活放荡。[语见]《敦煌变文集·父母恩重经讲经文》:"始从怀妊至婴孩,长得身躯六尺才;弃德背恩行不孝,贪声逐色纵心怀。"[例句] 楚灵王～,不理政事,国家便日复一日地衰落了下去。

【贪猥无厌】tān wěi wú yàn
[释义] 猥:多。厌:通"餍",满足。贪欲没有满足的时候。[语见] 宋·李昉《太平广记》第三百二十九卷引《朝野佥载·夏文荣》:"又苏州嘉兴令杨廷玉,则天之表侄也,贪猥无厌。"[例句] 宋人田敏,虽然有战功,但是居功自傲,～,最终身败名裂。

【贪位慕禄】tān wèi mù lù
[释义] 贪恋权位,羡慕俸禄。[语见] 元·施惠《幽闺记·洛珠双合》:"兵部尚书王镇,保邦政治,有拨乱反正之才;解组归闲,无贪位慕禄之行。"[例句] 包公一到任,便首先对那些～的手下人开刀,开封府风气一正,天下风气也有所改善。

【贪位取容】tān wèi qǔ róng
[释义] 贪图权位,讨好上司。[语见] 清·洪昇《长生殿·献饭》:"不料姚、宋亡后,满朝臣宰,一味贪位取容。"[例句] 他不过是个～的小人,绝无才华可言。

【贪污腐化】tān wū fǔ huà
[释义] 贪污:利用职权侵吞公家财物或收受贿赂。腐化:受不良思想影响而逐渐变坏。利用职权非法地取得财物,过着糜烂堕落的生活。[例句] 承平日久,～的官员也便逐渐增多,这便是那时代的通病。

【贪小失大】tān xiǎo shī dà
[释义] 贪图小便宜,反而受到大损失。[语见]《吕氏春秋·权勋》:"达子又帅其馀卒,以军于秦周,无以赏,使人请金于齐王,……此贪于小利以失大利者也。"

[例句] 你要有长远的眼光，不要太计较一时一事的得失，以免～啊！

【贪心不足】 tān xīn bù zú
[释义] 贪心：贪得的欲望。贪得的欲望，永远不会满足。[语见] 明·罗贯中《三国演义》第十五回："汝贪心不足！既得吴郡，而又强并吾界！今日特与严氏雪仇！"[例句] 真的后悔，如果不是一时～，我也不会输得这么惨。

【贪心妄想】 tān xīn wàng xiǎng
[释义] 一心贪求着无法实现的事。[语见] 明·胡文焕《群音类选·〈升仙记·设计害愈〉》："我看你人生在世不久长，贪心妄想何时用。"[例句] 也不是我要～，这是血性和志向，一个人如果没有了这些，生命也便没有了脊梁。

【贪心无厌】 tān xīn wú yàn
[释义] 见"贪心不足"。[语见]《全相秦并六国平话》："始皇贪心无厌，谋合并一统。"[例句] 官差们得了点便宜倒也罢了，竟然～，还想多多益善，却中了好汉们的计策，真是罪有应得。

【贪欲无艺】 tān yù wú yì
[释义] 艺：准则，引申为限度。贪财的欲望没有限度。[语见]《国语·晋语八》："及桓子骄泰奢侈，贪欲无艺。"[例句] 隋炀帝骄奢淫逸，～，终于酿成大祸，身死国灭。

【贪赃坏法】 tān zāng huài fǎ
[释义] 见"贪赃枉法"。[语见] 元·无名氏《陈州粜米》第二折："自从刘衙内举保他那两个孩儿做去陈州开粜米，谁想那两个到的陈州，贪赃坏法，饮酒非为。"[例句] 这个朝代，时时都被～之徒充斥，也因此被史学家称为"最堕落的朝代"。

【贪赃枉法】 tān zāng wǎng fǎ
[释义] 赃：赃物。枉：歪曲，破坏。贪污受贿，破坏法纪。[语见] 明·冯梦龙《喻世明言》第二十一卷："婆留道：'做官的贪赃枉法得来的钱钞，此乃不义之财，取之无碍。'"[例句] 不出宫门不知道，乾隆到了乡间一看，才知道下面的官员～land

经到了什么程度，然而冰冻三尺，非一日之寒，他这个做皇帝的也并非毫无责任。

【昙花一现】 tán huā yī xiàn
[释义] 昙花：梵语"优昙钵花"的简称。一种常绿灌木，花白色，开花时间极短。现常指原产墨西哥和中南美洲热带森林中的附生类型的仙人掌科植物，开花时间亦很短，而且在夜间开放。佛经中原比喻稀有的、难得出现的事物。现多比喻事物一出现就消失。[语见] 清·古越高昌寒食生《乘龙佳话·归里》："昙花一现，万事付东流。咳，无限伤心自怨尤。"[例句] 他当年虽红极一时，却只是～式的人物，没过多久，便销声匿迹了。

【谈锋甚健】 tán fēng shèn jiàn
[释义] 说话的劲头，超过一般。[例句] 小孙～，往往给人好印象，但是事实上，他那滔滔不绝的背后，恰恰是他对事物的一知半解和言过其实。

【谈何容易】 tán hé róng yì
[释义] 原指臣子向君主进谏忠言不容易。现指事情做起来不像说的或想象的那么容易。[语见] 汉·东方朔《非有先生论》："今则不然，反以为诽谤君之行，无人臣之礼，果纷然伤于身，蒙不辜之名，戮及先人，为天下笑，故曰谈何容易。"[例句] 他已经上了贼船，要想金盆洗手，～！

【谈虎色变】 tán hǔ sè biàn
[释义] 色：脸色。被虎伤过的人，一听谈到老虎就吓得脸色大变。现用以比喻一提到害怕的事就紧张起来。[语见] 宋·程颢、程颐《二程全书·遗书二上》："真知与常知异。尝见一田夫曾被虎伤，有人说虎伤人，众莫不惊，独田夫色动异于众。"[例句] 符坚淝水战败之后的几年，虽然也还有几万军队，但是他的胆都被吓破了，早已～，东山再起，已绝无可能了。

【谈论风生】 tán lùn fēng shēng
[释义] 风生：谈话时兴致很高，气氛活跃。指谈话活跃而有趣。[语见] 清·蒲松龄《聊斋志异·青凤》："生素豪，谈论风

生,孝儿亦偒傀;倾吐间,雅相爱悦。"[例句]小胡滔滔不绝、~,等他说完,两个小时已经过去了。

【谈吐风生】tán tǔ fēng shēng
[释义]见"谈笑风生"。[例句]他一到讲台上,立即~,似乎有说不完的话。

【谈笑风生】tán xiào fēng shēng
[释义]风:风趣。说说笑笑,谈笑很有风趣。形容兴致很高,气氛活跃,而且很有风趣的谈话。[语见]宋·辛弃疾《念奴娇·赠夏成玉》:"遐想后日蛾眉,两山横黛,谈笑风生颊。"[例句]本想把小许给几个同事介绍一下,但是进去时他们已经~了,看来我真是多此一举。

【谈笑封侯】tán xiào fēng hóu
[释义]谈笑之间就封了侯爵。形容博取功名很容易。[语见]唐·杜甫《复愁》诗:"闾阎听小子,谈笑觅封侯。"注:闾阎,指一般平民。[例句]你别看这次陈总似乎是~,但是你一旦了解了他过去的努力,便会明白他所得不虚。

【谈笑自若】tán xiào zì ruò
[释义]自若:不拘束,不变常态。有说有笑,和平常一样。形容在意外的情况下非常从容镇静。[语见]南朝宋·范晔《后汉书·孔融传》:"建安元年,为袁谭所攻,自春至夏,战士所馀裁(才)数百人,流矢雨集,戈矛内接,融隐几读书,谈笑自若。"[例句]即使面对的是林立刀枪,王佐依然能~,这才是大英雄的气概。

【谈言微中】tán yán wēi zhòng
[释义]微中:有意无意中说到问题的要害。形容很会说话,委婉隐约,却又能说到要害的地方。[语见]汉·司马迁《史记·滑稽列传》:"太史公曰:天道恢恢,岂不大哉;谈言微中,亦可以解纷。"[例句]小胡性情柔和,~,自然会受到众人的喜欢。

【弹冠相庆】tán guān xiāng qìng
[释义]弹冠:掸去帽子上的尘土。指因即将做官而互相庆贺。多用作贬义。[语见]宋·苏洵《管仲论》:"一日无仲,则三子者,可以弹冠而相庆矣。"[例句]包公被免之后,一帮魑魅魍魉~,大摆宴席。

【弹铗无鱼】tán jiá wú yú
[释义]铗:剑把。弹着剑把唱歌,以表示自己的要求。后指处境窘困,有求于人。[语见]《战国策·齐策四》:"齐人有冯谖者,贫乏不能自存,使人属孟尝君,愿寄食门下……左右以君贱之也,食以草具……居有顷,倚柱弹其剑,歌曰:'长铗归来乎,食无鱼!'"[例句]我看他~,其意恐怕不是财富,而是官职。

【檀郎谢女】tán láng xiè nǚ
[释义]檀郎:晋代潘岳小名檀奴,姿容美好,风度翩然。谢女:晋代谢道韫,聪慧过人,颇有才华。后称才貌双全的夫妇或情侣。[语见]唐·李贺《牡丹种曲》诗:"檀郎谢女眠何处,楼台月明燕夜语。"[例句]你们二人,才子佳人,~,自有百年之好。

【忐忑不安】tǎn tè bù ān
[释义]忐忑:心里不安定,七上八下。指心神不安。[语见]迟子建《论谦卑》:"我对毛笔字一向生怯,所以逢到签名时便忐忑不安。"[例句]坐在沙发上,他~地望着门口,等着主任出来,其窘迫就像丑媳妇要见公婆的样子。

【忐忑不定】tǎn tè bù dìng
[释义]见"忐忑不安"。[语见]清·吴趼人《糊涂世界》第九卷:"两道听了这话,心里忐忑不定,只得回道:'这些亡命之徒,听说颇有点火器,此次带兵前去,若不带点防备,万一那边当真开了枪,这边便成了徒手抵御了。'"[例句]事情准备得太仓促,在这么大的场面要我说,我当然会~了。

【坦腹东床】tǎn fù dōng chuáng
[释义]坦:裸露。旧称人婿。[语见]唐·房玄龄等《晋书·王羲之传》:"时太尉郗鉴使门生求女婿于导,导令就东厢遍观子弟。门生归,谓鉴曰:'王氏诸少并佳,然闻信至,咸自矜持。惟一人在东床坦腹食,独若不闻。'鉴曰:'正此佳婿

邪!'访之,乃羲之也,遂以女妻之。"[例句] 朱公既有～新到,那我们那事回头再谈不迟。

【祖裼裸裎】 tǎn xī luǒ chéng
[释义] 祖裼:露出两臂。裸裎:光着身子。形容很不礼貌的样子。[语见]《孟子·公孙丑上》:"虽祖裼裸裎于我侧,尔焉能浼我哉!"[例句] 月夜中,听几个～的村夫胡言乱语,虽然都是些粗野无礼之说,但是煞有趣味,也算不虚此行。

【叹为观止】 tàn wéi guān zhǐ
[释义] 观止:看到这里,就可以不再看了。赞叹所看到的事物美好到了极点。[语见]《左传·襄公二十九年》:"(季札)见舞《韶箾》者,曰:'德至矣哉!大矣如天之无不帱也,如地之无不载也,虽甚盛德,其蔑以加于此矣。观止矣!'"[例句] 越进到深处,廊壁越是精妙,鬼斧神工,令人～。

【探奥索隐】 tàn ào suǒ yǐn
[释义] 见"探赜索隐"。[语见] 宋·张君房《云笈七签》第一卷:"生者不知其始,成者不见其终,探奥索隐,孰窥其宗?"[例句] 梁先生～几十年,虽然一无所获,但是那份孤独中的宁静心境,却又非常人所能及。

【探本穷源】 tàn běn qióng yuán
[释义] 探:求索。本:树根。穷:探寻。源:水源。寻找树根水源。比喻探求、追溯事物的根本。[语见] 清·李宝嘉《文明小史》第五十一回:"一来可以扩扩眼界,长长见识。二来也可以把这一项工艺探本穷源。"[例句] 我们以这段小故事为引子,～,一直追到了《黄帝内经》,此间的乐趣,是别人所难以体会的。

【探本溯源】 tàn běn sù yuán
[释义] 见"探本穷源"。[例句] 关于梁山好汉的来龙去脉,你从《荡寇志》开始,不断～,即便得不到真相,也必然会有所得。

【探骊得珠】 tàn lí dé zhū
[释义] 探:摸取。骊:骊龙,古时传说中的黑龙。摸到骊龙的下巴,取来了珍珠。后亦比喻做文章扣紧主题,抓住要领。[语见]《庄子·列御寇》:"河上有家贫恃纬萧而食者,其子没于渊,得千金之珠。其父谓其子曰:'取石来锻之!夫千金之珠,必在九重之渊,而骊龙颔下,子能得珠者,必遭其睡也;使骊龙而寤,子尚奚微之有哉!'"[例句] 你们都是文化人,～,自是小菜一碟,我乃武夫一个,拿刀还行,拿笔那不要我命吗?

【探囊胠箧】 tàn náng qū qiè
[释义] 胠:撬开。箧:小箱子。用手摸袋子,撬开小箱子,指偷盗行为。[语见]《庄子·胠箧》:"将为胠箧探囊发匮之盗而为守备,则必摄缄縢、固扃鐍。"[例句] 这个故事的主人公人称"妙手空空",他去干那～的事情,那还不易如反掌?

【探囊取物】 tàn náng qǔ wù
[释义] 探:手伸进去拿。囊:袋子。把手伸到袋子里取东西。比喻办某件事情可以轻而易举地达到目的。[语见] 宋·欧阳修《新五代史·南唐世家·李煜传》:"取江南如探囊中物尔。"[例句] 关羽勇猛异常,入百万军中取上将之首,亦如～。

【探赜索隐】 tàn zé suǒ yǐn
[释义] 赜:幽深玄妙。探索深奥的道理,搜寻隐秘的事迹。[语见]《周易·系辞上》:"探赜索隐,钩深致远……"[例句] 传说不静和尚闭关七七四十九天,～,终于悟得禅法真髓。

tang

【汤池铁城】 tāng chí tiě chéng
[释义] 汤:热水。池:护城河。池沸如汤,城坚如铁。形容坚不可拔。[语见] 南朝宋·刘义庆《世说新语·文学四》:"殷中军虽思虑通长,然于才性偏精,忽言及四本,便苦汤池铁城,无可攻之势。"[例句] 潼关有"一夫当关万夫莫开"之险,乃～,敌人岂敢前来?

【唐临晋帖】 táng lín jìn tiè
[释义] 唐人书法多以晋人为本,脱胎变化而成家。比喻善于模仿,缺少创造性。

[语见] 元·陶宗仪《辍耕录·论诗》载:元·虞集评范梈诗曰:"德机诗如唐临晋帖。"[例句] 方今虽然也多有写小品文的,但都不过是~,全然没有唐宋八大家的风采了。

【唐突西施】 táng tū xī shī
[释义] 唐突:冒犯。西施:春秋时美女。比喻为了突出丑的,因而贬低了美的。[语见] 南朝宋·刘义庆《世说新语·轻诋》:"何乃刻画无盐以唐突西子也!"[例句] 对不起,对不起,我本意乃是夸你呢,不料竟~了,该打该打。

【唐哉皇哉】 táng zāi huáng zāi
[释义] 唐:指唐尧。皇:指汉。哉:语气助词。意指终成大法的,只有唐尧和汉朝。后用以形容规模、气势宏大。[语见] 南朝宋·范晔《后汉书·班固传》:"汪汪乎丕天之大律,其畴能亘之哉? 唐哉皇哉! 皇哉唐哉!"[例句] 此曲只应天上有,~,浩然之气充斥天地,我能得一闻,实乃三生有幸。

【堂而皇之】 táng ér huáng zhī
[释义] 堂皇:气势宏大的样子。形容公开,不加掩饰。[语见] 清·吴趼人《二十年目睹之怪现状》第四十三回:"是内帘的,那一个不带着。你去看,有两房这堂而皇之的摆在桌上呢。"[例句] 他这些年在地方上作威作福,~地收受贿赂,民愤极大。

【堂皇富丽】 táng huáng fù lì
[释义] 见"富丽堂皇"。[语见] 清·文康《儿女英雄传》第三十五回:"见那三篇文章,作得堂皇富丽,真个是玉磬声声响,金铃个个圆。"[例句] 有朝一日若我们能到达月亮上,看清了原来那~的宫殿,竟全是些枯土枯石,不知道要做何想法。

【堂堂正正】 táng táng zhèng zhèng
[释义] 堂堂:庄严盛大的样子。正正:整齐。原指军容强大整齐,后多用来形容光明正大。[语见] 宋·陈亮《酌古论四·李靖》:"其阵堂堂,其旗正正,此非王兵不能然也。"[例句] 认认真真做事,~做人,是他一生恪守的准则。

【堂堂之阵】 táng táng zhī zhèn
[释义] 堂堂:强大。阵:本字作"陈",战阵。指强大的阵势。[语见]《孙子·军争》:"无邀正正之旗,勿击堂堂之陈(阵)。"[例句] 我们既有了~,还怕再跟对手较量一次吗?

【糖衣炮弹】 táng yī pào dàn
[释义] 用糖裹着的炮弹。比喻诱人上当的腐蚀性的伪装手段。[例句] 我明确地告诉你,我是一个荤素不吃的人,收起你的~,你走正常的渠道,该怎么做怎么做。

【螳臂当车】 táng bì dāng chē
[释义] 比喻自不量力。[语见]《庄子·人间世》:"汝不知夫螳螂乎? 怒其臂以当车辙,不知其不胜任也。"[例句] 我们的力量实在是太小了,此举不异~,只能自取其辱而已。

【螳螂捕蝉,黄雀在后】 táng láng bǔ chán, huáng què zài hòu
[释义] 螳螂正要捕捉知了,却不知在它身后黄雀正要捕捉它。比喻只贪图眼前利益,却不知自己已处在危险之中。[语见]《庄子·山木》:"睹一蝉,方得美荫而忘其身,螳螂执翳而搏之,见得而忘其形;异鹊从而利之,见利而忘其真。"汉·刘向《说苑·正谏》:"园中有树,其上有蝉,蝉高居悲鸣饮露,不知螳螂在其后也;螳螂委身曲附欲取蝉,而不知黄雀在其旁也;黄雀延颈欲啄螳螂,而不知弹丸在其下也。此三者务欲得其前利而不顾其后之有患也。"[例句] 当小偷把手伸向乘客衣兜的时候,并不知道~,顷刻间,他的手已经被身后的公安人员抓住了。

【倘来之物】 tǎng lái zhī wù
[释义] 见"傥来之物"。[语见] 元·秦简夫《东堂老》第三折:"这钱财是倘来之物。"[例句] 这钱乃是~,花了心里也不会安分。

【傥来之物】 tǎng lái zhī wù
[释义] 傥来:也作"倘来"。偶然、意外得到的东西。[语见]《庄子·缮性》:"轩冕

在身,非性命也,物之傥来,寄者也。"成玄英疏:"傥者,意外忽来。"[例句]这种～,丢了也不必太在意。

tāo

【弢迹匿光】tāo jì nì guāng
[释义]弢:通"韬",藏。匿:隐藏。谓隐藏行迹与光彩,不使外露。[语见]晋·陆机《汉高祖功臣颂》:"彭越观时,弢迹匿光,人ль尔瞻,翼尔鹰扬。"[例句]在曾国藩的眼里,那种言行迟缓、～的人,往往可堪大用。

【滔滔不断】tāo tāo bù duàn
[释义]见"滔滔不绝"。[语见]清·李汝珍《镜花缘》第八十六回:"我故意弄这冷题目问他一声,果然滔滔不断,竟说出一大篇来。"[例句]女儿～地说啊说啊,像要把这几年时间没有跟我说的话,全都要在半天时间里说完似的。

【滔滔不竭】tāo tāo bù jié
[释义]见"滔滔不绝"。[语见]《乐府诗集·郊庙歌辞·积善舞》:"饮福受胙,舞降歌迎。滔滔不竭,洪惟水行。"[例句]工程师慷慨激昂,～,说得那审判的法官都哑口无言。

【滔滔不尽】tāo tāo bù jìn
[释义]见"滔滔不绝"。[语见]清·赵尔巽《清史稿·傅山传》:"与客谈中州文献,滔滔不尽。"[例句]早听说刘伶口才好,今儿一听,果然～有如黄河之水,看来真是名不虚传啊!

【滔滔不绝】tāo tāo bù jué
[释义]滔滔:大水滚滚流动的样子。绝:断。形容大水滚滚流动,连续不断。也形容话多,说起来没完。[语见]清·俞万春《荡寇志》第一百二十回:"成英反复议论,滔滔不绝,口若悬河。"[例句]芳子～地说下去,一直说到新月初现,我这才知道,她是多么的寂寞啊。

【滔天大罪】tāo tiān dà zuì
[释义]滔天:弥漫天空。形容罪恶极大。[语见]清·张廷玉等《明史·杨畏知列传》:"我破京师,逼死先帝,滔天大罪,蒙

恩宥赦,亦止公爵尔。"[例句]他自知犯下了～,便不再多说,单等一死,以谢那无辜的生命。

【滔天之罪】tāo tiān zhī zuì
[释义]见"滔天大罪"。[语见]明·罗贯中《风云会》第四折:"据着你外作禽荒,内贪淫欲,滔天之罪,理合法更凌迟。"[例句]终有一天,我们要对他们犯下的～给以清算。

【滔天罪行】tāo tiān zuì xíng
[释义]见"滔天大罪"。[例句]侵略者所犯下的～,罄竹难书。

【韬戈卷甲】tāo gē juǎn jiǎ
[释义]韬戈:收藏兵器。卷甲:卷束铠甲。谓息兵停战。[语见]五代后晋·刘昫《旧唐书·陈少游传》:"韬戈卷甲,伫候指挥。"[例句]天下大定,征战多年的徐达不得不～,自然常生喟叹。

【韬戈偃武】tāo gē yǎn wǔ
[释义]谓收藏兵器,停止武备,以修文治。[语见]唐·魏徵《隋书·炀帝纪上》:"译靡绝时,书无虚目,韬戈偃武,天下晏如。"[例句]待到～的时候,仗已经打了八年,双方的人员伤亡都超过了五十万之众。

【韬光养晦】tāo guāng yǎng huì
[释义]韬:隐藏。光:光芒、锋芒。晦:晦迹,即隐藏踪迹。指隐藏自己的才能、锋芒,不使外露。[语见]清·俞万春《荡寇志》第七十六回:"贤侄休怪老父说,似你这般人物,不争就此罢休。你此去,须韬光养晦,再看天时。"[例句]他这几年隐居在家,～,但一旦时机成熟,还会复出。

【逃之夭夭】táo zhī yāo yāo
[释义]夭夭:茂盛的样子。原作"桃之夭夭",形容桃树枝叶茂盛,桃花明艳亮丽,以后"桃"谐音为"逃",指远远地逃走了。[语见]明·冯梦龙《醒世恒言》第二十九卷:"那知卢才听见钮成死了,料道不肯干休,已先逃之夭夭。"[例句]待到起义军攻破城门,入到宫里,才发现里面已经空无一人,皇帝和一帮大臣早就～了。

【桃红柳绿】táo hóng liǔ lù
[释义] 桃花红,柳叶绿。形容风光艳丽。[语见] 唐·王维《田园乐诗之六》:"桃红复含宿雨,柳绿更带春烟。"[例句] 我身在～之中,但是想到失散的父母,心中便愈加悲凉。

【桃花薄命】táo huā bó mìng
[释义] 桃花:借指女人。薄命:命多悲惨,也指寿命不长。旧指美女大多寿命不长。[语见] 明·阮大铖《燕子笺·写象》:"诸般不象,只是桃花薄命流终平康也,也与他出塞的苦没甚差别。"[例句] 她这样一位弱女子,一生的经历如此坎坷不平,真是～啊!

【桃花潭水】táo huā tán shuǐ
[释义] 比喻情谊深厚。[语见] 唐·李白《赠汪伦》诗:"桃花潭水深千尺,不及汪伦送我情。"[例句] 你我相交数年,～,还有谁比你更了解我呢?

【桃李遍天下】táo lǐ biàn tiān xià
[释义] 见"桃李满天下"。[语见] 宋·司马光《资治通鉴·唐则天皇后·久视元年》载:狄仁杰荐姚崇等数十人,后来多成为名臣。有人对狄仁杰说:"天下桃李悉在公门矣。"[例句] 李老师从教三十年,如今已经是～了。

【桃李不言,下自成蹊】táo lǐ bù yán, xià zì chéng xī
[释义] 蹊:小路。桃李不会讲话,但人们却在树下踏出了一条小路。比喻人品高尚,真诚、正直,不必自我宣扬,自能感动他人。[语见] 汉·司马迁《史记·李将军列传赞》:"谚曰:'桃李不言,下自成蹊。'此言虽小,可以喻大。"[例句] ～,他们默默的奉献精神和严谨的工作态度终于赢得了人们的尊敬。

【桃李满天下】táo lǐ mǎn tiān xià
[释义] 桃李:桃树和李树,喻指学生。比喻培养的人才很多,遍布各地。[语见] 唐·白居易《白氏长庆集》:"令公桃李满天下,何用堂前更种花。"[例句] 秦教授～,他七十大寿的那一天,赶来祝寿的学生济济一堂。

【桃李争辉】táo lǐ zhēng huī
[释义] 见"桃李争妍"。[语见] 明·无名氏《东篱赏菊》第三折:"花也则为你不与那繁花争媚,花也则为你不同他桃李争辉。"[例句] 进得花圃,只见姹紫嫣红,～,真想不到大都市里竟然隐藏着这么个世外桃源。

【桃李争妍】táo lǐ zhēng yán
[释义] 桃花和李花竞相开放。用以形容春色美丽。[语见] 明·无名氏《万国来朝》第二折:"春花艳艳,看红白桃李争妍。"[例句] 待到～的阳春时,我们再来玩一次,那时候风景必定更加宜人。

【桃柳争妍】táo liǔ zhēng yán
[释义] 见"桃李争妍"。[语见] 清·钱彩《说岳全传》第四回:"一路上春光明媚,桃柳争妍,不觉欣欣喜喜。"[例句] 在这～的田边地角一站,满耳的小鸟叫,满鼻的野花香,乡间的野趣是多么美妙,多么令人心醉啊!

【桃腮杏脸】táo sāi xìng liǎn
[释义] 见"杏脸桃腮"。[语见] 元·曾瑞卿《留鞋记》第二折:"你生得桃腮杏脸,星眼蛾眉。"[例句] 小妹往灯前一站,～,满屋子的人都赞不绝口。

【桃羞杏让】táo xiū xìng ràng
[释义] 桃花为之羞愧,杏花为之避让。形容女子的美貌。[语见] 清·曹雪芹《红楼梦》第二十七回:"满园里绣带飘摇,花枝招展,更兼这些人打扮的桃羞杏让,燕妒莺惭,一时也道不尽。"[例句] 夜月初上,荷娘立在船头,～,直把一帮脑满肠肥的家伙看得目瞪口呆。

【陶犬瓦鸡】táo quǎn wǎ jī
[释义] 用泥土制的鸡、狗。比喻无用之才,徒具其形而无能耐。[语见] 南朝梁·萧绎(梁元帝)《金楼子·立言上》:"夫陶犬无守夜之警,瓦鸡无司晨之益。"[例句] 田奉家书万卷,良砚千方,皆附庸风雅,其人,不过一～尔。

【讨恶剪暴】tǎo è jiǎn bào
[释义] 征伐和消除凶恶残暴的势力。[语见] 晋·陈寿《三国志·吴书·孙权传》:

"夫讨恶剪暴必声其罪,宜先分裂,夺其土地,使士民之心,各知所归。"[例句]义军～,师出有名,自然长驱直入,所向无敌。

【讨逆除暴】 tǎo nì chú bào
[释义]征伐和消除背叛的残暴势力。[语见]唐·房玄龄等《晋书·张轨传》:"立秋,万物将成,杀气之始,其于王事,杖麾誓众,峙鼓礼神,所以讨逆除暴,成功济务,宁宗庙社稷,致天下之福,不可废也。"[例句]老百姓盼望朝廷早日～,让人们过上安定的日子。

【讨是寻非】 tǎo shì xún fēi
[释义]挑剔,寻找是非。存心找岔子。[语见]明·无名氏《白兔记·诉猎》:"哥嫂每夜里巡更不睡,讨是寻非。哥嫂他那里昧己瞒心,料想苍天不负亏。"[例句]家人在信中叮嘱他:京城万里之遥,能平安到达,即是大福,万勿～,招来祸端。

te

【特立独行】 tè lì dú xíng
[释义]特、独:独特、不凡。立:立身。行:行为。志向高洁,行为独特,不与世俗相同。[语见]《礼记·儒行》:"其特立独行,有如此者。"[例句]平日里我就对这个～的学生多有注意了,这次画展他的作品果然非同凡响。

teng

【腾蛟起凤】 téng jiāo qǐ fèng
[释义]腾:腾跃。比喻才华出众,就像蛟龙腾跃、凤凰起飞那样。[语见]唐·王勃《滕王阁序》:"腾蛟起凤,孟学士之词宗。"[例句]众多学子中,纪昀如～,鹤立鸡群,他能夺魁,考试前就几乎已是定论。

【腾云驾雾】 téng yún jià wù
[释义]乘着云,驾着雾,在空中飞行。指神话传说中有法术的神仙或妖魔所具有的一种本领。也形容车马等奔驰迅速或

人在身体、精神不正常的状态下的举止。[语见]明·吴承恩《西游记》第十七回:"爷爷呀! 原来是腾云驾雾的神圣下界!"[例句]车子在高速路上飞驰,他感到自己有如～一般。

ti

【提纲挈领】 tí gāng qiè lǐng
[释义]纲:渔网的总绳。挈:提。领:衣领。抓住网的总绳,提起衣服的领子。后用"提纲挈领"比喻抓住关键,把问题简明扼要地提示出来。[语见]《韩非子·外储说右下》:"善张网者引其纲,不一一摄万目而后得。"《荀子·劝学》:"若挈裘领,诎五指而顿之,顺者不可胜数也。"[例句]他在讲课时,总能在最后做一个～的总结,以加强我们的学习效果。

【提名道姓】 tí míng dào xìng
[释义]提:提起。道:说。直接说出别人的姓名。表示对别人不够尊敬。也作"指名道姓"。[语见]清·曹雪芹《红楼梦》第三十一回:"王夫人道:'这里老太太才说这个,他又来提名道姓的了。'"[例句]真的没有想到,老师一上来就～要我回答,弄得我狼狈不堪。

【提心吊胆】 tí xīn diào dǎn
[释义]心和胆好像都悬着,没在原来的位置上。形容非常担心、害怕,安不下心来。[语见]明·吴承恩《西游记》第十七回:"众僧闻得此言,一个个提心吊胆……"[例句]在遭轰炸的那些日子里,我们整天都～,生怕一个闪失头上就挨了炸弹。

【提心在口】 tí xīn zài kǒu
[释义]心在口边,几乎要跳出来。形容担心、恐惧。[语见]元·王实甫《西厢记》第四本第二折:"不争你握雨携云,常使我提心在口。"王季思注:"提心在口,成语。谓恐惧也。"[例句]电影真的恐怖极了,尤其是中间一段,吓得我都～了,可是回头一想,都是自己吓自己。

【啼饥号寒】 tí jī háo hán
[释义]啼:啼哭。号:哭喊。为饥饿寒冷

折磨得无法忍受而哭喊。形容缺衣少食的惨状。[语见]唐·韩愈《进学解》:"冬暖而儿号寒,年丰而妻啼饥。"[例句]公主静坐大帐,帐外～之声令她心里发紧。

【啼笑皆非】tí xiào jiē fēi
[释义]啼:哭。皆:都。非:不是。哭也不是,笑也不是。形容既让人觉得难受,又让人觉得好笑,不知到底该怎样做才好。[语见]唐·孟棨《本事诗·情感》载南朝陈·徐德言妻乐昌公主诗:"笑啼俱不敢,方验作人难。"[例句]小敏讲的那段子,与我们饭桌上的主题风马牛不相及,弄得大家～。

【醍醐灌顶】tí hú guàn dǐng
[释义]醍醐:精制的奶酪。佛教用来比喻最高的佛法。顶:头顶。用醍醐来灌顶。比喻灌输智慧,使人彻底醒悟或对某个道理豁然贯通。[语见]元·马致远《岳阳楼二》:"……吃下去醍醐灌顶。"[例句]和尚的一席话,说得袁绅～,片刻之后,禁不住泪如雨下。

【体大思精】tǐ dà sī jīng
[释义]体:文章体式。思:构思。精:精密。规模宏伟,构思精密。形容著作的完美。[语见]南朝宋·范晔《狱中与诸甥侄书》:"此书行,故应有尝音者。纪传例为举其大略耳,诸细意甚多。自古体大而思精,未有此也。"[例句]～的《资本论》我已读过好几遍了,可是还是不能说完全领悟了。

【体国经野】tǐ guó jīng yě
[释义]体:划分。国:都城。经:丈量。野:田野。泛指治理国家。[语见]《周礼·天官·序官》:"惟王建国,辨正方位,体国经野,设官分职,以为民极。"[例句]诸葛亮～,操劳过度,终于一病不起,命殒五丈原。

【体面扫地】tǐ miàn sǎo dì
[释义]体面:面子。扫地:比喻丧失干净。面子丢尽了。[例句]当我们把她的把戏揭穿之后,她～,全然顾不得淑女形象,破口大骂起来。

【体贴入微】tǐ tiē rù wēi
[释义]体贴:对人的理解、关怀、照顾。入微:到了最细微处,形容非常细致、深入。原指对事物的理解、体会非常深入,后多用来形容对人的理解、关怀和照顾非常细致、周到。[语见]清·吴趼人《二十年目睹之怪现状》第三十九回:"这却全在美人心意上着想,倒也体贴入微。"[例句]写作的时候,妻子对我～,作品之所以能成功,应该说有她一半的功劳。

【体无完肤】tǐ wú wán fū
[释义]体:身体。完:完整。肤:皮肤。身上没有一块完好的皮肤。形容全身都是伤痕。也比喻某种观点被批评得一无是处。[语见]唐·段成式《酉阳杂俎》第八卷:"自颈已下,遍刺白居易舍人诗……凡刻三十余首,体无完肤。"[例句]我们都要客观些,不要一批评就把别人说得一无是处,～,要实事求是地对待自己和他人,这样才有可能进步。

【倜傥不羁】tì tǎng bù jī
[释义]倜傥:潇洒大方。羁:约束。潇洒大方,无拘无束。[语见]唐·房玄龄等《晋书·袁耽传》:"少有才气,倜傥不羁。"[例句]他们大学时的班长性情奔放,～,赢得了众多女生的好感。

【涕泪交垂】tì lèi jiāo chuí
[释义]见"涕泪交零"。[语见]明·无名氏《精忠记·毕命》:"谁料父子衔冤,赴黄泉没转期,细思之,涕泪交垂。"[例句]眼看庄稼丰收在即,却来了一场冰雹,农民们无不～。

【涕泪交集】tì lèi jiāo jí
[释义]见"涕泪交零"。[语见]宋·释普济《五灯会元·东土祖师》:"王闻师言,涕泪交集曰:'此国何罪,彼土何祥?'"[例句]每每想起父亲临终前苦苦地等了他三天,却仍未能见上他一面,他就忍不住～。

【涕泪交加】tì lèi jiāo jiā
[释义]见"涕泪交零"。[语见]宋·陈亮《祭彭子复父文》:"情则至矣,仪匪靖嘉。

临风一酹,涕泪交加。"[例句]案子判了下来,十年之冤终于得雪,一家人禁不住～。

【涕泪交零】 tì lèi jiāo líng
[释义]零:落。鼻涕眼泪同时流下。形容极度悲痛。[语见]汉·无名氏《安平相孙根碑》:"同胞恻怆,涕泪交零,呱呱竖子,号咷失声。"[例句]听到父亲去世的噩耗,她浑身一软,坐到雪地上,～。

【涕泪交流】 tì lèi jiāo liú
[释义]见"涕泪交零"。[语见]宋·邵伯温《闻见前录》第六卷:"是何微类,误我至尊,乞明验于奸人,愿不容于首恶。兴言及此,涕泪交流。"[例句]那妇人坐在坟前,～,哭得天地含悲,百鸟哀鸣。

【涕泗横流】 tì sì héng liú
[释义]泗:鼻涕。眼泪鼻涕满脸乱淌。形容极度悲伤。[语见]《周书·杨荐传》:"荐知其意,乃正色责之,辞气慷慨,涕泗横流。"[例句]城破之时,几个老臣跪在宫前～,然后刎颈自杀。

【涕泗交流】 tì sì jiāo liú
[释义]眼泪鼻涕交替流下。形容哀伤哭泣。[语见]《周书·萧詧传》:"并叙二国艰虞,唇齿掎角之事。词理辩畅,因涕泗交流,高祖亦为之歔欷。"[例句]众兵士闻知李自成命丧九宫山,～,发誓一定要报仇雪恨,然而大势既去,再欲东山再起,谈何容易!

【涕泗交颐】 tì sì jiāo yí
[释义]颐:下巴。眼泪鼻涕交错流湿了脸颊。形容哀恸哭泣。[语见]宋·陈亮《祭徐子宜内子宋氏恭人文》:"男抛未下,女失所依,刿姑钟爱,涕泗交颐。"[例句]陆游站在河边,望着北岸原本是大宋的国土,～。

【涕泗滂沱】 tì sì pāng tuó
[释义]涕:眼泪。泗:鼻涕。滂沱:本形容雨下得很大,比喻眼泪流得多。形容哭得很厉害,泪流得很多。[语见]《诗经·陈风·泽陂》:"有美一人,伤如之何!寤寐无为,涕泗滂沱。"[例句]一个老人竟然这样～地哭泣,路人无不动容。

【涕泗纵横】 tì sì zòng héng
[释义]见"涕泗横流"。[语见]宋·王禹偁《谢加朝请大夫表》:"非小臣稽古之力,乃陛下好文之心,涕泗纵横,乱于縻缏。"[例句]儿时的伙伴已然作古,物是人非,虽～,世间亦终是我一人而已。

【替古人担忧】 tì gǔ rén dān yōu
[释义]指不必要的忧虑。[语见]清·李宝嘉《官场现形记》第十八回:"事情又不是我的事情,你也不过做个当中人,这一个要得出,只要那一个答应的下,要你替古人担忧做什么呢?"[例句]事情与你没有什么关系,用不着你在那里～,该干什么干你的去。

tian

【天保九如】 tiān bǎo jiǔ rú
[释义]天保:《诗经》的篇名。原为臣受赐时,以此诗来答谢君主。后用为祝寿的颂词,祝贺福寿延年。[语见]《诗经·小雅·天保》:"天保定尔,以莫不兴。如山如阜,如冈如陵,如川之方至,以莫不增。"[例句]愿大人～,颐养天年,春意永荡心中。

【天崩地坼】 tiān bēng dì chè
[释义]崩:倒塌。坼:裂开。天地碎裂。比喻令人震惊的重大事变。[语见]《战国策·赵策三》:"周烈王崩,诸侯皆吊,齐后往。周怒,赴于齐曰:'天崩地坼,天子下席。东藩之臣田婴,齐后至则斫之。'"[例句]一声～的响声之后,一团蘑菇云冉冉升到空中。

【天崩地裂】 tiān bēng dì liè
[释义]见"天崩地坼"。[语见]明·罗贯中《三国演义》第一百零五回:"一声响亮,就如天崩地裂,台倾柱倒,压死千余人。"[例句]海啸以～之势,扑向海岸,往日岸边耸立的几块巨大的礁石,此刻竟然显得那么渺小。

【天崩地塌】 tiān bēng dì tā
[释义]见"天崩地坼"。[例句]一串～的巨响之后,岩浆喷涌而出,将偌大的一

座城市永远埋到了地下。

【天不绝人】tiān bù jué rén
[释义]天不使人处于绝境。常指绝处逢生或得救。[语见]清·文康《儿女英雄传》第二十五回:"不想母亲病故后,正待去报父仇,也是天不绝人,便遇见这义重恩深的伯父伯母和我师傅父女两人。"[例句]我们那只小舢板在茫茫的大海上毫无目的地漂流着,真是～,十五天之后,一艘油船出现在我们迷蒙的视线里……

【天差地远】tiān chā dì yuǎn
[释义]一个天上,一个地下,相差甚远。形容差别悬殊。[语见]清·李宝嘉《文明小史》第五十七回:"余小琴一想他是制台的少爷,有财有势,我的老人家虽说也是个监司职分,然而比起来,已是天差地远了。"[例句]你说的和我们刚才提到的～,你这不是来捣乱吗?

【天长地久】tiān cháng dì jiǔ
[释义]本指天地存在的时间久远。后用以形容时间悠久,多指感情经久不变。[语见]汉·张衡《思玄赋》:"天长地久岁不留,俟河之清祗怀忧。"[例句]愿这两个民族的友谊～,世代永存。

【天长地远】tiān cháng dì yuǎn
[释义]见"天长地久"。[语见]宋·苏辙《息壤》:"天长地远莽无极,虽有缺壤谁能䦰。"[例句]神女峰就这么～地静静地屹立在那里,为多情男女寄托着相思。

【天长日久】tiān cháng rì jiǔ
[释义]日子长,时间久。[语见]清·曹雪芹《红楼梦》第二十回:"但只是天长日久,尽着这么闹,可叫人怎么过呢!"[例句]你就这样坚持下去,～,一定会见到效果的。

【天从人愿】tiān cóng rén yuàn
[释义]从:顺随。上天顺从人的愿望。形容事情尽如人意。[语见]元·张国宾《合汗衫》第三折:"谁知天从人愿,到的我家,不上三日,就添了一个满抱儿小厮。"[例句]全家人都以为～,拾了个宝贝,哪里知道,灾难从此就开始了。

【天摧地塌】tiān cuī dì tā
[释义]摧:毁坏。指天塌地陷。比喻重大事变。[语见]元·施惠《幽闺记·虎头遇旧》:"凶时,遭士马流民散失,避干戈君臣远徙。夫和妇,为天摧地塌,逃难路途迷。"[例句]我等在边关血战,哪知京城竟然～,国将不国,叫我等如何收场,又如何向数万官兵交代?

【天大地大】tiān dà dì dà
[释义]形容极大。[语见]《老子》:"故道大、天大、地大、王亦大。"[例句]我才不管他有着什么～的来历,我只看重真才实学。

【天道酬勤】tiān dào chóu qín
[释义]天道:天理。酬:报。勤:勤奋。上天会酬报勤奋的人。指下了苦功夫必然会有成就。[例句]你只要付出了足够的努力,～,你自然会得到足够的收获。

【天道好还】tiān dào hào huán
[释义]天道:犹言天理。好:常常会。还:回报别人对自己的行动。意为天可主持公道,善恶终会报应。[语见]《老子》:"以道佐人主者,不以兵强天下,其事好还,师之所处,荆棘生焉。"[例句]他们那伙人无恶不作,～,总有一天他们会得到应有的惩罚。

【天道无亲】tiān dào wú qīn
[释义]指上天公正,不偏袒亲私。[语见]《国语·晋语六》:"吾闻之'天道无亲,唯德是授'。吾庸知天之不授晋且以劝楚乎? 君与二三臣其戒之!"[例句]大家不要都耷拉着脑袋,胜败乃兵家常事,～,只要下一次比赛能奋起直追,我们还是能够把命运掌握在自己手里,有什么值得灰心丧气的?

【天道无私】tiān dào wú sī
[释义]见"天道无亲"。[语见]宋·王禹偁《谢历日表》:"臣闻天道无私,所以运行寒暑;圣人有作,所以恭授民时。"[例句]对于一个人的评价,在某一个时间段上往往受到历史和时代的局限,～,如果放到整个历史的长河中,自

会泾渭分明。

【天夺其魄】 tiān duó qí pò

[释义] 见"天夺之魄"。[语见] 宋•秦观《进策•边防上》："天夺其魄，自干诛夷。"[例句] 我观其气色，知道～，将不久于人世矣。

【天夺之魄】 tiān duó zhī pò

[释义] 魄：魂魄。上天夺去了他的魂魄。言人将死。[语见]《左传•宣公十五年》："不及十年，原叔必有大咎，天夺之魄矣!"[例句] 待到～的时候，反观自己一生，是非成败，已然心中有数。

【天翻地覆】 tiān fān dì fù

[释义] 覆：翻转。比喻变化急剧。[语见] 唐•刘商《胡笳十八拍》："天翻地覆谁得知，如今正南看北斗。"[例句] 在第一个资产阶级政权建立之后不到一百年的时间里，整个人类历史发生着～的变化。

【天高地厚】 tiān gāo dì hòu

[释义] 本指天地广阔。形容恩情深厚，亦比喻事物的复杂性。[释义]《诗经•小雅•正月》："谓天盖高，不敢不局；谓地盖厚，不敢不蹐。"[例句] 正是那几个不知道～的毛头小子，单凭着一腔热情，竟然把实验给做成功了。

【天高地迥】 tiān gāo dì jiǒng

[释义] 迥：遥远。形容天地之间广阔无边。[语见] 唐•王勃《滕王阁序》："天高地迥，觉宇宙之无穷。"[例句] 孤零零地站在无边的戈壁滩上，向西望去，～，一只离群的大雁飞过，心中愈是寂寥。

【天高地远】 tiān gāo dì yuǎn

[释义] 见"天高地迥"。[语见] 元•谷子敬《城南柳》第三折："谁着你锁鸳鸯系不紧垂杨线，今可去觅鸾胶续断弦，遮莫你上碧霄下黄泉，赤紧的天高地远。"[例句] 如今战事四起，～，真不知你们娘俩已经流落到了什么地方。

【天高皇帝远】 tiān gāo huáng dì yuǎn

[释义] 指地处边远，中央权力达不到。[语见] 明•黄溥《闲中今古录》："天高皇帝远，民少相公多，一日三遍打，不反待如何。"[例句] 凤梧寨是～，自然没有太多的禁忌，但是人们在狂放中透出的一股善良，却依然让人分外感动。

【天高气清】 tiān gāo qì qīng

[释义] 天空高远，气候清爽。[语见] 战国楚•宋玉《九辩》："泬寥兮天高而气清。"[例句] 长江滚滚东去，～，水鸟飞舞，不禁心旷神怡。

【天高气爽】 tiān gāo qì shuǎng

[释义] 见"天高气清"。[例句] 去年～的秋日，母亲来到了北京，到了天安门，没走几步，竟然流下泪来，是悲是喜，不得而知。

【天高日远】 tiān gāo rì yuǎn

[释义] 比喻离君王很远。也指偏远之地。[语见] 宋•秦观《代王承事乞回授一官表》："臣父独婴罪衅，流寓江海，天高日远，自新无路，臣诚私心痛之。"[例句] 苏轼流放海南岛，虽然～，但是忧国忧民之心始终没有泯灭。

【天各一方】 tiān gè yī fāng

[释义] 各在天的一边。形容别离已久，相距遥远，难于相见。[语见] 汉•苏武《古诗四首》之四："良友远离别，各在天一方。"[例句] 这一别也不知什么时候是个尽头，～，好自为之。

【天公地道】 tiān gōng dì dào

[释义] 像天地一样公道。形容十分公平合理。[语见] 清•羽衣女士《东欧女豪杰》第三回："如今人人的脑袋里头既都有了一个社会平等，政治自由，是个天公地道的思想。"[例句] 我相信，～，我的事情，总会有真相大白的那一天。

【天冠地屦】 tiān guān dì jù

[释义] 冠：帽子。屦：鞋子。形容相去极远，差别很大。[语见] 汉•司马迁《史记•日者列传》："此相去远矣，犹天冠地屦也。"[例句] 我们两人的性情，虽然～，但是我们常常能很好地配合与补充，却也相得益彰。

【天寒地冻】tiān hán dì dòng
[释义] 形容非常寒冷。[语见] 元·姚燧《新水令·冬怨》曲:"见如今天寒地冻,知他共何人陪奉。"[例句] 在那～的戈壁滩的最西部,我们静静地等待着救援队的到达。

【天花乱坠】tiān huā luàn zhuì
[释义] 佛家故事。传说南朝梁武帝时云光法师讲经说法,感动天神,天上各色香花纷纷坠落。用以称颂佛法。比喻说话有声有色,非常动听。后多用以形容胡乱吹嘘。[语见] 宋·释普济《五灯会元·翠微学禅师法嗣》:"聚徒一千二千,说法如云如雨,听得天花乱坠,只成个邪说争竞是非……"[例句] 尽管推销员说得～,但是成熟的顾客只是冷冷地看着,丝毫不曾动心。

【天荒地老】tiān huāng dì lǎo
[释义] 形容时代极为久远。[语见] 唐·李贺《致酒行》:"吾闻马周昔作新丰客,天荒地老无人识。"[例句] 不论海枯石烂,不论～,我都会等你,哪怕等到白发如霜。

【天机云锦】tiān jī yún jǐn
[释义] 天上织出的锦绣。比喻诗文华美精妙,浑成自然。[语见] 宋·张炎《词源·杂论》:"所以出奇之语,以白石骚雅句法润色之,真天机云锦也。"[例句] 你的诗真的有如～,妙尽天然,直让我们这些后学之士叹为观止。

【天经地义】tiān jīng dì yì
[释义] 经:原则。义:正理。指天地间经久不变的常理。[语见]《左传·昭公二十五年》:"夫礼,天之经也,地之义也,民之行也。"[例句] 乌鸦尚知反哺,孝敬父母是～的,你怎么还能讲什么条件呢?

【天朗气清】tiān lǎng qì qīng
[释义] 朗:明亮。天空晴朗,空气清新。[语见] 晋·王羲之《兰亭集序》:"是日也,天朗气清,惠风和畅。"[例句] 我和她寻了个～的午后,沿着河岸一边走着,一边把各自的想法充分地交流一番。

【天理不容】tiān lǐ bù róng
[释义] 天理:天道。指行为悖逆,为天道所不容。[语见] 明·冯梦龙《东周列国志》第四十二回:"如此冤情,若不诛卫郑,天理不容,人心不服。"[例句] 你既为人子,父母老了之后就必须负起赡养的责任,如果推三阻四,那简直是～。

【天理良心】tiān lǐ liáng xīn
[释义] 天理:天然的道理,正理。指正确的道理和人应有的善心。[语见] 清·曹雪芹《红楼梦》第五十五回:"按正理,天理良心上论,咱们有他这个人帮着,咱们也省些心,于太太的事也有些益。"[例句] 你这样欺骗好人,实在有悖～。

【天理难容】tiān lǐ nán róng
[释义] 天理:天道。容:容忍,宽容。旧时迷信说法,认为天能主持公道。某人做伤天害理之事,主持公道的天是不会宽容的。[语见] 元·无名氏《朱砂担》第四折:"才见得冤冤相报,方信道天理难容。"[例句] 有报道说一个儿子竟然因为什么家务事把他母亲打了一顿,真是～!

【天理昭然】tiān lǐ zhāo rán
[释义] 见"天理昭彰"。[语见] 明·冯梦龙《醒世恒言》第三十三卷:"你却如何杀了丈夫,劫了十五贯钱,逃走出去?今日天理昭然,有何理说!"[例句] ～,罪大恶极的他终于得到了应有的惩罚。

【天理昭彰】tiān lǐ zhāo zhāng
[释义] 天理:天道。昭彰:明显,显著。旧时迷信说法,认为报应循环是天定之数,是非常明显而一点不会错的。[语见]《朱子语类·论语〈吾与回也章〉》:"伊川有天理昭彰语。"[例句] ～,坏人终会得到应有的惩罚。

【天理昭昭】tiān lǐ zhāo zhāo
[释义] 见"天理昭彰"。[语见] 元·无名氏《冯玉兰》第三折:"你道是除冤理枉的大官僚,你与我那屈死的亲爷将冤恨削,不承望这搭儿里偏凑巧。这一个天理昭昭,谁想到有今朝。"[例句] 爷爷四十年前含冤而死,但是～,去年,有关部门终于平反了冤案并给予了必要的

补偿。

【天伦之乐】 tiān lún zhī lè
[释义] 天伦:指兄弟。指兄弟团聚的欢乐。也泛指骨肉团圆之乐。[语见] 唐·李白《春夜宴从弟桃花园序》:"会桃李之芳园,序天伦之乐事。"[例句] 李总说:"我都这么大岁数了,早就想尽享～了,可是公司的事情却总是让我放心不下。"

【天罗地网】 tiān luó dì wǎng
[释义] 罗:捕鸟的网。天地像网一样。比喻法纪森严,无法逃脱。[语见] 元·无名氏《锁魔镜》第三折:"天兵下了天罗地网者,休要走了两洞妖魔。"[例句] 法西斯还在不断往东推进,他们哪里知道,一旦过了顿河,～早已为他们布置好了。

【天马行空】 tiān mǎ xíng kōng
[释义] 天马:神马。空:太空。神马奔驰于太空。比喻才思纵横,不受约束。[语见] 明·刘廷振《萨天锡诗集序》:"其所以神化而超出于众表者,殆犹天马行空而步骤不凡。"[例句] 他的文章飘逸潇洒,～,深受读者的喜爱。

【天末凉风】 tiān mò liáng fēng
[释义] 末:末端,尽头。凉风:秋风。比喻触景生情,思念故人。[语见] 唐·杜甫《天末怀李白》诗:"凉风起天末,君子意如何?"[例句] 秋色已深,落木萧萧,～,你远在边关,怎么不叫人思念愈甚。

【天南地北】 tiān nán dì běi
[释义] 形容相隔遥远。[语见]《金石续编六·唐鸿庆寺碑》:"天南地北,鸟散荆分。"[例句] 他做了几年发行工作,～地去了不少地方,当然比我们见多识广。

【天南海北】 tiān nán hǎi běi
[释义] 形容相距遥远。也指话题漫无边际。[语见] 汉·蔡琰《胡笳十八拍》:"为天有眼兮何不见我独漂流,为神有灵兮何事处我南海北头!"李浩《邮差》:"在他这样说过之后,我发现,几个天天和我天南海北、鸡毛蒜皮的绿同事悄悄对我有了疏远。"[例句] 我们虽然相隔万里,～,但是只要心往一处想,就会"天涯若比邻"。

【天怒人怨】 tiān nù rén yuàn
[释义] 上天愤怒,人民怨恨。指为害严重或作恶多端,引起普遍愤怒和不满。[语见] 宋·苏轼《代张方平谏用兵书》:"师徒丧败,财用耗屈,较之宝元、庆历之败,不及十一。然而天怒人怨,边兵背叛,京师骚然。"[例句] 王莽实行他所谓的"新法"之后,～,政权很快就土崩瓦解了。

【天女散花】 tiān nǚ sàn huā
[释义] 天女:仙女。原为佛经故事。《维摩诘经·观众生品》:"时维摩诘室有一天女,见诸大人闻所说法,便现其身,即以天华散诸菩萨大弟子上。华至诸菩萨即皆堕落,至大弟子便著不堕。"华:同"花"。比喻大雪纷飞或抛撒东西的景象。[例句] 她气愤地扯碎了信,把碎纸像～一样扔出窗外。

【天奇地怪】 tiān qí dì guài
[释义] 指天地间非常奇怪的事情。[语见] 宋·周密《齐东野语·黄婆》:"此事前所未闻,是知穷荒绝徼,天奇地怪,亦何所不有。"[例句] 真是～,我昨天晚上分明把衣服挂在阳台了,可是早上起来一看,衣服竟全到了柜子里。

【天清气朗】 tiān qīng qì lǎng
[释义] 见"天朗气清"。[语见] 明·无名氏《女真观》楔子:"今日天清气朗,道清,你与我叫门公王安,打扫凉棚下干净,我操琴则个。"[例句] 中秋那天,～,我们一家人,全都从全国各地赶了回来,这是十来年都不曾有过的事情。

【天壤王郎】 tiān rǎng wáng láng
[释义] 指妇女对所嫁丈夫不满意。[语见] 南朝宋·刘义庆《世说新语·贤媛》:"大傅慰释之曰:'王郎……汝何以恨乃尔?'答曰:'一门叔父,则有阿大、中郎;群从兄弟,则有封、胡、遏、末,不意天壤之中,乃有王郎。'"[例句] 封建社会的包办婚姻常使妇女有～之叹。

【天壤之别】tiān rǎng zhī bié
[释义]壤:土地。比喻极大的差别。
[语见]晋·葛洪《抱朴子·论仙》:"趋舍所尚,耳目所欲,其为不同,已有天壤之觉、冰炭之乖矣。"[例句]他们两人的性格有着～,把他们弄到一起,不闹事才怪呢。

【天壤之判】tiān rǎng zhī pàn
[释义]见"天壤之别"。[例句]两国在经济上的政策有着～,但是发展速度却不相上下,这自然引起了经济学家的关注。

【天上人间】tiān shàng rén jiān
[释义]形容境遇一高一下,截然不同。
[语见]南唐·李煜《浪淘沙》词:"独自莫凭阑,无限江山。别时容易见时难。流水落花春去也,天上人间!"[例句]想当年我们同师学习,而今你我的境遇,却有如～,不知是人意还是天意。

【天生丽质】tiān shēng lì zhì
[释义]丽质:美丽的姿质。天生的美丽姿质。[语见]唐·白居易《长恨歌》:"天生丽质难自弃,一朝选在君王侧。"[例句]邻家小妹～,人人喜欢。

【天生天杀】tiān shēng tiān shā
[释义]指自生自灭。[语见]汉·张良《阴符经》:"天生天杀,道之理也。"[例句]豆子快要熟的时候,田里的兔子怎么赶也赶不尽,有什么办法,只能任其自然,～。

【天台路迷】tiān tái lù mí
[释义]形容前途茫茫,看不到出路。
[语见]南朝宋·刘义庆《幽明记》:"剡县刘晨、阮肇共入天台山取谷皮,迷不得返。"[例句]他刚丢了工作,～,不知该何去何从。

【天外有天】tiān wài yǒu tiān
[释义]指某一境界之外还另有境界。
[语见]《敦煌曲·何满子四首》之四:"金河一去路千千,欲到天边更有天。"[例句]你虽在这里成绩优秀,但须知～,千万不要骄傲自满。

【天网恢恢】tiān wǎng huī huī
[释义]天网:指天道。恢恢:宽广的样子。天道像个很大的网,虽然看起来稀疏,却不会放过坏人。后用以形容坏人终会受到惩罚。[语见]《老子》:"天网恢恢,疏而不失。"[例句]毒枭在曼谷虽然逃过一劫,但是～,他们在新加坡被警方逮了个正着。

【天违人愿】tiān wéi rén yuàn
[释义]天:天意。违:违背。天意和人的愿望相违背,比喻事不遂心。[语见]唐·魏徵《隋书·刘炫列传》:"驰骛坟典,厘改僻谬,修撰始毕,图事适成,天违人愿,途不我与。"[例句]他们两人结婚后多么希望有个孩子啊,可是～,许多年过去,他们还是膝下空空。

【天无绝人之路】tiān wú jué rén zhī lù
[释义]绝:灭。指人面临困境而能意外地摆脱。[语见]元·无名氏《货郎旦》第四折:"果然天无绝人之路,只见那东北上摇下一只船来。"[例句]我们只有互相鼓励,努力找下去,～,我们总能找到峡谷的出口。

【天下大乱】tiān xià dà luàn
[释义]形容世间形势动荡。[语见]汉·班固《汉书·高帝纪》:"前日天下大乱,兵革并起,万民苦殃。"[例句]唐末到宋朝,～,民不聊生,此间的诗歌,自然带着几分怨愤之气。

【天下第一】tiān xià dì yī
[释义]普天下最突出的一个。形容再也没有能比得上的了。[语见]汉·班固《汉书·贾谊传》:"治平为天下第一。"[例句]须知天外有天,人外有人,武功要达到～,那只能是一个永远的梦想。

【天下鼎沸】tiān xià dǐng fèi
[释义]鼎:古代烹煮用的器物。鼎沸:鼎水沸腾。比喻局势不安定,民心动荡。[语见]三国魏·曹冏《六代论》:"由是天下鼎沸,奸凶并争,宗庙焚为灰烬,宫室变为蓁薮。"[例句]该国的一系列违背经济规律的政策出台之后,顿时～,股市连续下跌了几十点。

【天下太平】tiān xià tài píng
[释义]形容社会安定。[语见]《吕氏春秋·大乐》:"天下太平,万物安宁。"[例句]目前虽然没有世界范围内的大战,但是~的景象远未出现,因为小规模的战争始终不断,经济中的冲突也有越来越烈的势头。

【天下为一】tiān xià wéi yī
[释义]指国家统一。[语见]汉·荀悦《汉纪·武帝纪》:"今天下为一,春秋之义,王者无外,偃修封域中,而辞以出境何也。"[例句]如今~,民心安定,正是发展经济和文化的大好时机。

【天下无敌】tiān xià wú dí
[释义]敌:对手。普天之下没有对手。形容不可抵挡。[语见]《孟子·离娄上》:"夫国君好仁,天下无敌。"[例句]东方不败凭着一身~的武功,纵横江湖数十年。

【天下无双】tiān xià wú shuāng
[释义]世上独一无二。形容出类拔萃。[语见]汉·司马迁《史记·魏公子列传》:"始吾闻夫人弟公子天下无双。"[例句]江南的丝绸,~,从宋朝开始便吸引了大量来自西亚甚至欧洲的商人。

【天下汹汹】tiān xià xiōng xiōng
[释义]汹汹:喧扰。亦作"匈匈""讻讻""恟恟"。形容局势不安定,百姓喧扰。[语见]汉·司马迁《史记·高祖本纪》:"天下匈匈数岁,成败未可知,是何治宫室过度也?"[例句]后金看到明朝朝政混乱,~,便开始了向南进兵的准备。

【天下一家】tiān xià yī jiā
[释义]天下如一家人,平等相待,平安共处。也指全国统一。[语见]汉·荀悦《汉纪·景帝纪》:"吴王太子入朝,与上博,争道无礼于上,上以博局掷之而亡。送葬至吴,吴王怒曰:'天下一家,何必来葬!'复遣返长安。"[例句]唐初统治者通过各种政策,使得~,突厥虽然早就蠢蠢欲动,但是迟迟不敢发兵。

【天香国色】tiān xiāng guó sè
[释义]见"国色天香"。[语见]宋·胡继宗《书言故事·花木类》:"牡丹曰天香国色。"[例句]有人爱水仙的冰清玉骨,有人爱牡丹的~,但是要比较二者的高下,却尽是枉然。

【天悬地隔】tiān xuán dì gé
[释义]悬、隔:差别大,距离远。隔得像天地那样远。比喻相差极大。[语见]南朝梁·萧子显《南齐书·陆厥传》:"一人之思,迟速天悬;一家之文,工拙壤隔。"[例句]如今所谓的书法家甚多,但是他们的作品要与一些传世的经典作品相比,却有如~,不可同日而语。

【天涯海角】tiān yá hǎi jiǎo
[释义]涯:边际。角:一隅。指极偏僻的地方或彼此相隔极远。[语见]宋·葛长庚《沁园春》词:"向天涯海角,两行别泪,风前月下,一片离骚。"[例句]犯罪分子就是逃到~,公安人员也要将其捉拿归案,绳之以法。

【天摇地动】tiān yáo dì dòng
[释义]仿佛天快要塌下来,地将要陷下去似的。形容威力或声势极大的变化。[语见]清·钱彩《说岳全传》第四十三回:"这场大战,真个是天摇地动,日色无光。"[例句]一个是绝世无双,一个是天下第一,一场~的厮杀,直杀得天昏地暗。

【天衣无缝】tiān yī wú fèng
[释义]仙人的衣服没有剪裁的痕迹。比喻事物完美无缺。[语见]五代前蜀·牛峤《灵怪录·郭翰》载:太原郭翰,盛暑乘月卧庭中,仰视空中,见有人冉冉而下,直至翰前,曰:"吾天上织女也。"徐视其衣,并无缝。翰问之,曰:"天衣本非针线为也。"每去辄以衣服自随。[例句]我与小雪配合得~,比赛结束,十个裁判竟有八个打出了满分。

【天有不测风云】tiān yǒu bù cè fēng yún
[释义]指天气变化很难预测。比喻灾祸难以预料。[语见]宋·无名氏《张协状元》第三十二出:"天有不测风云,人有旦夕祸福。"[例句]李清照夫妇吟诗作

赋,何等自在,然而～,战乱开始了,顿时家破人亡,李清照的命运也由此转向了凄凉。

【天与人归】 tiān yǔ rén guī

[释义] 天命所属,人心归向。[语见]《孟子·万章上》:"天与人,人与之。"《穀梁传·庄公三年》:"其曰王者,民之所归往也。"[例句] 李渊父子主天下,已是～,其他一些势力虽然多拥有重兵,但是人心向背,早已决定了最后的事实。

【天渊之别】 tiān yuān zhī bié

[释义] 见"天壤之别"。[语见] 清·嘿生《玉佛缘》第六回:"二人住了这个轩敞洁净的房子,觉得比客栈有天渊之别。"[例句] 虽然都是小品文,但是二者的格调和品位却有着～。

【天缘凑合】 tiān yuán còu hé

[释义] 见"天缘奇遇"。[语见] 清·曹雪芹《红楼梦》第六十三回:"我正因他的一件事为难,要请教别人去。如今遇见姐姐,真是天缘凑合,求姐姐指教。"[例句] 我们相互找了几十年,还是～,我们在一个广场上散步时意外相遇了。

【天缘奇遇】 tiān yuán qí yù

[释义] 旧指某些人相遇或男女结合为夫妻,是天意所安排。亦指事属巧合。[语见] 清·孔尚任《桃花扇·栖真》:"师父,我们幸亏蓝田叔,领到栖霞山来。无意之中,敲门寻宿,偏撞着卞玉京做了这葆真庵主,留俺暂住,这也是天缘奇遇。"[例句] 他们二人,一个在关外,一个在江南,若没有～,他们怎么能撞到一起呢?

【天灾地变】 tiān zāi dì biàn

[释义] 天地所发生的灾害和变异。古人迷信,认为是上天对统治者的警告。[语见] 北齐·魏收《魏书·崔浩传》:"比年以来,天灾地变,都在秦凉。"[例句] 日食出现之后,老百姓都以为发生了什么～,纷纷敲锣打鼓,要赶跑天狗。

【天灾地孽】 tiān zāi dì niè

[释义] 见"天灾地变"。[语见] 唐·魏徵《隋书·高祖纪下》:"天灾地孽,物怪人妖,衣冠钳口,道路以目。"[例句] 地震第

二天,便有人向皇上报告,说关中发生了～,如无高德厚望的人去,恐怕要出事端。

【天灾人祸】 tiān zāi rén huò

[释义] 天:上天。指自然界。自然灾害和人为的祸乱。[语见] 元·无名氏《冯玉兰》第四折:"屠世雄并无此事,敢是另有个天灾人祸。"[例句] 那几年,～不断,多亏你妈妈,要不是她,我们一家恐怕早就没人了。

【天灾物怪】 tiān zāi wù guài

[释义] 见"天灾地变"。[语见] 清·张廷玉等《明史·王家屏传》:"天灾物怪,罔彻宸聪,国计民生,莫关圣虑。"[例句] 学者们反复讲述,彩虹不是什么～,只是一种自然现象,但是村民们还是半信半疑。

【天造地设】 tiān zào dì shè

[释义] 形容事物自然形成而合乎理想,如同事先安排好的。[语见] 北宋·赵佶《艮岳记》:"真天造地设,神谋化力,非人所能为者。"[例句] 他们两个结婚时谁不说是～的一对,可是几年之后,竟然分道扬镳,其中的究竟,外人谁也说不清楚。

【天真烂漫】 tiān zhēn làn màn

[释义] 指不矫饰,不做作。也作"天真烂熳"。[语见] 宋·龚开《高马小儿图》诗:"此儿此马俱可怜,马方三齿儿未冠,天真烂漫好容仪,楚楚衣裳无不宜。"[例句] 小丫头乐呵呵地望着我,～的脸上,一对小酒窝分外迷人。

【天震地骇】 tiān zhèn dì hài

[释义] 见"震天动地"。[语见] 晋·陈寿《三国志·魏书·文帝纪》裴松之注:"惟黄初七年五月七日,大行皇帝崩,呜呼哀哉! 于时天震地骇。"[例句] 深夜的时候,一声～的巨响之后,人们纷纷跑出来,只看到剧烈的火光冲天而起,究竟发生了什么事,谁也不知道。

【天之骄子】 tiān zhī jiāo zǐ

[释义] 骄子:宠儿。汉时,匈奴人自称为"天之骄子",意为老天特别宠信的人,即得天独厚的人。后也指有才能、有贡献

或非常勇敢的人。[语见]《汉书·匈奴传上》："单于遣使遗汉书曰：'南有大汉，北有强胡。胡者，天之骄子也。'"[例句]人们常把这些大学生称为"～"。

【天知地知】 tiān zhī dì zhī
[释义]天知道，地知道。指人人都知道。[语见]元·杨梓《敬德不服老》第三折："你须知咱名讳，尽忠心天知地知。"[例句]李自成命亡九宫山，已是～，但是善良的百姓却是谁也不相信，这种不相信中，事实上包含了无限的希望。

【天诛地灭】 tiān zhū dì miè
[释义]诛：杀。比喻为天地所不容。亦用于起誓。[语见]明·施耐庵《水浒传》第十五回："我等六人中，但有私意者，天诛地灭。"[例句]小青盯着小雨的眼睛，发誓："我要是负了心，～！"

【天字第一号】 tiān zì dì yī hào
[释义]天字：指梁·周兴嗣《千字文》首句中的第一个字，旧时常把"天地元黄，宇宙洪荒……"用作先后顺序、分类编号的代字。指第一或第一类中的第一号。常用以喻指攸关利害、重要无比的大事。[语见]明·凌濛初《初刻拍案惊奇》第十八卷："那女眷且是生得美貌，打听来是这客人的爱妾，日日雇了天字第一号的大湖船，摆了盛酒，吹弹歌唱俱备，携了此妾下湖。"[例句]企业要生存，质量才是～的大事。

【天作之合】 tiān zuò zhī hé
[释义]作：撮合，成全。合：结合。形容婚姻美满。[语见]《诗经·大雅·大明》："文王初载，天作之合。"[例句]他们那份～的姻缘，却因为战事的突然爆发，顿时叶落花凋。

【添兵减灶】 tiān bīng jiǎn zào
[释义]灶：炉灶，用石头或土坯等砌成，用以生火煮饭。增加了兵员，反而减少了炊事炉灶。指伪装士兵逃亡，故意示弱以欺骗对方。[语见]元·无名氏《诤范叔》第一折："孙子口称救韩，却引兵径去袭魏，诈败佯输，添兵减灶。"[例句]敌人根本就没有受到什么打击而退去，如

今又玩些～的把戏，岂能躲得过我的眼睛。

【添油加醋】 tiān yóu jiā cù
[释义]添加油、醋等作料，调和味道。比喻叙述事实或传话时随意添加原来没有的内容，以起到渲染或夸大的作用。[例句]几个人～地一说，事情竟然全变了味。

【添枝加叶】 tiān zhī jiā yè
[释义]在画好的树上又添些枝叶。比喻在事物原来的基础上加以夸张渲染，添加了原来没有的内容，也比喻捏造、夸大事实。[例句]他～地一说，把车祸责任从自己身上推得干干净净。

【添砖加瓦】 tiān zhuān jiā wǎ
[释义]增添一块砖，一片瓦。比喻尽微薄之力，做一点贡献。也作"加砖添瓦"。[例句]我们都要尽自己的力量为祖国的建设～。

【田父之获】 tián fù zhī huò
[释义]《战国策·齐策三》载：齐宣王想攻打魏国，上大夫淳于髡对宣王讲了犬兔追逐两败俱伤，使田父不费力气而得到利益的故事，以劝阻宣王。指不费其力而轻易得益。[语见]《战国策·齐策三》："韩子卢者，天下之疾犬也。东郭逡者，海内之狡兔也。韩子卢逐东郭逡，环山者三，腾山者五，兔极于前，犬废于后，犬兔俱罢，各死其处，田父见之，无劳倦之苦，而擅其功。"[例句]是这一场雨才使得你能有～，你当有自知之明，等下一次碰到敌人时，恐怕就没这么容易了。

【恬不为怪】 tián bù wéi guài
[释义]安然不以为奇怪。[语见]汉·班固《汉书·贾谊传》："而大臣特以簿书不报，期会之间，以为大故；至于俗流失，世坏败，因恬而不知怪，虑不动于耳目，以为是适然耳。"[例句]他进屋说了半天，我们几个人却～，面无表情。

【恬不为意】 tián bù wéi yì
[释义]恬：安然。安然不以为意。满不在乎的样子。[语见]明·冯梦龙《东周列

国志》第四十四回:"白乙领命而行,心下又惶惑,又凄楚。惟孟明自恃才勇,以为成功可必,恬不为意。"[例句] 看到这一家人生活如此凄凉,只要还有几分良知,谁还能～?

【恬不知耻】 tián bù zhī chǐ
[释义] 恬:坦然,不在乎。指做了坏事还满不在乎,心安理得,不觉得耻辱。[语见] 宋·吕祖谦《东莱博议·卫礼至杀邢国子》:"卫礼至行险,侥幸而取其国,恬不知耻。"[例句] 他竟然对自己的作弊行为津津乐道,真是～。

【恬不知怪】 tián bù zhī guài
[释义] 见"恬不为怪"。[语见] 清·张廷玉等《明史·海瑞传》:"执一二之不当,疑千百之皆然,陷陛下于过举,而恬不知怪。诸臣之罪大矣。"[例句] 客人们看到桌子上有禁吃的虎肉,却～,令记者既忧虑又愤怒。

【恬淡寡欲】 tián dàn guǎ yù
[释义] 见"恬淡无欲"。[语见] 三国魏·曹丕《与吴质书》:"而伟长独怀文抱质,恬淡寡欲,有箕山之志,可谓彬彬君子者矣。"[例句] 老爷子退休之后,在乡下过着～的生活,好像前些年的风云在脑子中已经荡然无存了似的。

【恬淡无为】 tián dàn wú wéi
[释义] 心境清静自适而无所营求。[语见] 汉·荀悦《前汉纪·宣帝纪四》:"太平之责塞,优游之望得,遵游自然之势,恬淡无为之场,休徵自至,寿考无疆。"[例句] ～的田园生活,是他向往已久的。

【恬淡无欲】 tián dàn wú yù
[释义] 心境清静淡泊,没有世俗的欲望。[语见] 汉·王充《论衡·道虚》:"世或以老子之道为可以度世,恬淡无欲,养精爱气。"[例句] 就是在乡下那些～的日子,他完成了《千家诗疏证》的写作。

【恬澹无为】 tián dàn wú wéi
[释义] 恬澹(淡):安闲自得。无为:顺其自然,不必有所作为。形容不追求名利,安于自然生活。[语见] 汉·王符《潜

夫论·对将》:"太古之民,淳厚敦朴,上圣抚之,恬澹无为。"[例句] 这些才子们表面上整天吟诗作赋,～,事实上,他们始终在为天下的局势担忧。

【甜言美语】 tián yán měi yǔ
[释义] 见"甜言蜜语"。[语见] 元·王实甫《西厢记》第三本第二折:"别人行甜言美语三冬暖,我跟前恶语伤人六月寒。"[例句] 几句～,令她立即转怒为喜,高兴得什么似的。

【甜言媚语】 tián yán mèi yǔ
[释义] 见"甜言软语"。[语见] 明·凌濛初《初刻拍案惊奇》第二卷:"滴珠叹了一口气,缩做一团,被吴大郎甜言媚语,轻轻款款,扳将过来。"[例句] 身居高位的人,必须提防身边那些善于说～的小人。

【甜言蜜语】 tián yán mì yǔ
[释义] 像蜜糖一样甜的话语。比喻为了奉承讨好或哄骗别人而说的动听的言辞。[语见] 明·冯梦龙《醒世恒言》第三十六卷:"卞福坐在旁边,甜言蜜语,劝了一回。"[例句] 你不要被他的～迷惑住了。

【甜言软语】 tián yán ruǎn yǔ
[释义] 甜蜜温柔的话。[语见] 明·凌濛初《二刻拍案惊奇》第二十八卷:"程朝奉动了火,终日将买酒为由,甜言软语哄动他夫妻二人。"[例句] 给你几句～,你就不知所了,也不想想人家话里有没有水分!

【甜嘴蜜舌】 tián zuǐ mì shé
[释义] 形容说话甜美动听,讨好于人。[语见] 清·曹雪芹《红楼梦》第三十五回:"宝钗道:'吃罢,吃罢,你不用和我甜嘴蜜舌的了,我可不信这样话。'"[例句] 女儿那～一施,我的心就软了,气自然是再也生不出来。

【忝列衣冠】 tiǎn liè yī guān
[释义] 忝:有愧于,常用作谦词。列:名列。衣冠:古代士以上戴冠,衣冠连称,指的是士以上的服装,引申为士绅。勉强名列士绅行列之中而感到惭愧。[语见] 清·吴敬梓《儒林外史》第五回:

"知县听了,说道:'一个做贡生的,忝列衣冠,不在乡里间做些好事,只管如此骗人,其实可恶!'"[例句]如今年过半百,依然两手空空,一无所成,实在是~。

【靦颜人世】tiǎn yán rén shì
[释义]靦颜:面带惭愧。人世:人间。指丧失气节的人厚着脸皮活着。[语见]唐·房玄龄等《晋书·郗鉴传》:"岂可偷生屈节,靦颜天壤邪!"[例句]国难当头,大丈夫岂能贪生怕死,~?

tiao

【挑肥拣瘦】tiāo féi jiǎn shòu
[释义]比喻非常挑剔、自私,专门挑选对自己有利的事物。[例句]大家按次序去取,不许~。

【挑毛拣刺】tiāo máo jiǎn cì
[释义]挑、拣:挑选。毛:毛发。刺:尖而小的东西。比喻十分挑剔,专挑小毛病。[例句]人家做得已经够好了,你还要~,是不是太不近人情了?

【挑雪填井】tiāo xuě tián jǐng
[释义]挑积雪去填井。比喻劳而无功,白费气力。[语见]唐·顾况《行路难三首》:"君不见担雪填井空用力,炊沙作饭岂堪吃!"[例句]事情已然到了这般地步,所做所想,均不过~而已。

【挑幺挑六】tiāo yāo tiāo liù
[释义]挑:拣选。幺:一。比喻爱挑剔和找人缺点,难以相处。[语见]清·曹雪芹《红楼梦》第五十八回:"这一点子小崽子,也挑幺挑六,咸嘴淡舌,咬群的骡子似的!"[例句]我告诉你,你的搭档乃是一个~的人,你可一定要注意一点啊。

【条分缕析】tiáo fēn lǚ xī
[释义]缕:线条。一条条地分析。形容分析得非常细密,且很有条理。[语见]清·梁启超《变法通议·论译书》:"凡译此类书,宜悉伤内典分科之例,条分缕析,庶易晓畅,省读者心力。"[例句]总经理拿过报告一看,秘书已经~地把重点、难点一一列出来了,禁不住暗暗点头。

【条分缕晰】tiáo fēn lǚ xī
[释义]见"条分缕析"。[语见]清·梁启超《变法通议·论幼学》:"书之门目,条分缕晰,由浅入深,由繁反约。"[例句]这份报告~,非常清楚,自然能得高分。

【迢迢千里】tiáo tiáo qiān lǐ
[释义]见"千里迢迢"。[语见]明·胡文焕《群音类选·金钏记·卖花荐妓》:"迢迢千里到燕都,教人跋涉多劳苦。"[例句]此去京城,~,一路当分外小心才是。

【调唇弄舌】tiáo chún nòng shé
[释义]见"调嘴弄舌"。[语见]明·汪廷讷《狮吼记·争宠》:"调唇弄舌,莫非骂晋之言。"[例句]张二娘总是在几个小媳妇之间~,日子一长,大家对她都心生厌烦。

【调风变俗】tiáo fēng biàn sú
[释义]调正风气,改变习俗。[语见]唐·李延寿《南史·崔祖思传》:"宜察朝士有柴车蓬馆,高以殊等,驰禽荒色,长违清编,则调风变俗,不俟终日。"[例句]况钟下车伊始,立即整顿吏治,~,官声日渐远播。

【调和鼎鼐】tiáo hé dǐng nài
[释义]鼎:古代烹调器。三足两耳。鼐:大鼎。于鼎鼐中调味。比喻处理国家大事。多指宰相职责。[语见]五代后晋·刘昫等《旧唐书·裴度传》:"果闻勿药之喜,更喜调鼎之功。"[例句]王安石自新法开始,~,日夜操劳,却始终没能使新法发挥最充分的作用,其根本原因,无外是那一帮保守派的百般阻挠。

【调三窝四】tiáo sān wō sì
[释义]调:挑拨。窝:歪曲。比喻挑拨离间,搬弄是非。[语见]清·曹雪芹《红楼梦》第七十一回:"少不得意,不是背地里嚼舌根,就是调三窝四的。"[例句]他们之间的关系本来就脆弱不堪,怎经得起你这么一通~!

【调三斡四】tiáo sān wò sì
[释义]调:挑拨。斡:旋转。三、四:借指端事、是非。指以言语挑拨离间,搬弄是非。[语见]元·无名氏《货郎旦》第四折:

"他正是节外生枝,调三斡四,只教你大浑家吐不的咽不的这一个心头刺。"[例句]自从有了个道士在两个村子之间～之后,两村彼此间的怨恨便越来越深,大有一触即发之势。

【调嘴弄舌】tiáo zuǐ nòng shé
[释义]说长道短,搬弄是非。[语见]明·洪楩《清平山堂话本·快嘴李翠莲记》:"这早晚,东方将亮了,尚兀子调嘴弄舌。"[例句]邻里间的矛盾,都是一些～之人在中间使坏。

【调嘴调舌】tiáo zuǐ tiáo shé
[释义]见"调嘴弄舌"。[语见]明·无名氏《女姑姑》头折:"我做梅香标致,六幅罗裙拖地,人前调嘴调舌,说话不如放屁。"[例句]人家都已经剑拔弩张了,你还来～,究竟是什么居心!

【调嘴学舌】tiáo zuǐ xué shé
[释义]见"调嘴弄舌"。[语见]鲁迅《送灶日漫笔》:"本意是在请灶君吃了,粘住他的牙,使他不能调嘴学舌,对玉帝说坏话。"[例句]张奶奶正要安顿下来,一听人～,火又上来了。

【挑拨离间】tiǎo bō lí jiàn
[释义]挑拨:搬弄是非,挑起争端,引起纠纷。离间:使不团结,拆散。搬弄是非,使别人之间产生隔阂而不团结。[例句]小人在中间一～,几位耿直之人也便针锋相对了。

【挑三斡四】tiǎo sān huò sì
[释义]见"调三斡四"。[语见]清·西周生《醒世姻缘传》第五十七回:"这么个搅家不良,挑三斡四,丈二长的舌头,谁家着的他罢?"[例句]由于有外来势力的～,两个民族之间的积怨很深了。

【挑三窝四】tiǎo sān wō sì
[释义]见"调三斡四"。[语见]清·曹雪芹《红楼梦》第六十五回:"那平姑娘又是个正经人,从不会挑三窝四的。"[例句]我说啊,人家小惠是个老实人,她怎么会做这种～的事情呢?

【枭风卖雨】tiāo fēng mài yǔ
[释义]枭:卖。比喻做事虚空。[语见]明·兰陵笑笑生《金瓶梅词话》第九十二回:"这杨大郎,名唤杨先彦,绰号为铁指甲,专一枭风卖雨,架谎凿空。……说话如捉影捕风,骗人财似探囊取物。"[例句]你总跟那种～的人做生意,总有一天你会血本无归的。

【跳梁小丑】tiào liáng xiǎo chǒu
[释义]跳梁:跳来蹦去,也作"跳踉"。小丑:指卑劣小人。指上蹿下跳、到处捣乱而又成不了大气候的卑劣小人。[语见]陈白尘、贾霁《宋景诗》第三章:"这些跳梁小丑,真是何足道哉!"[例句]会议本来开得好好的,几个～一折腾,议题全变了,结果什么决议也没有形成。

tie

【铁案如山】tiě àn rú shān
[释义]铁案:证据确凿的犯罪记录或结论。证据确凿的罪案,像山那样无法推翻。[语见]清·蒲松龄《聊斋志异·胭脂》:"宿不任凌藉,遂亦诬承。招成之上,咸称吴公之神,铁案如山,宿遂延颈以待秋决矣。"[例句]如今证据确凿,～,你还有什么可以抵赖的?

【铁板一块】tiě bǎn yī kuài
[释义]比喻像铁板那样结合紧密,内部一致,没有分歧。[语见]平安《和谐与矛盾》:"和谐不是一色,不是铁板一块,而是五彩斑斓,活力纷呈。"[例句]这几个人你唱我和,配合紧密,就像～,谁也插不进手去。

【铁壁铜墙】tiě bì tóng qiáng
[释义]见"铜墙铁壁"。[语见]明·崔时佩《西厢记·回春柬药》:"我若不守闺门时节呵,总有铁壁铜墙,枉使机关拘禁得紧!"[例句]山海关有如～,守着二十万大军,硬攻恐怕难以奏效。

【铁肠石心】tiě cháng shí xīn
[释义]见"铁石心肠"。[语见]唐·皮日休《〈桃花赋〉序》:"贞姿劲质,刚态毅状,疑其铁肠石心,不解吐婉媚辞。"[例句]看到这么感人的场面,若不是～,谁能不落泪呢?

【铁杵成针】tiě chǔ chéng zhēn
[释义] 见"磨杵成针"。[语见] 明·余象斗辑《词话》:"复题于壁曰'直须杜门绝客,深下一团工夫,定叫铁杵成针,不负远来夙志!'"[例句] 学生们若有哪怕一丝～的精神,事情也当早就完成了。

【铁打心肠】tiě dǎ xīn cháng
[释义] 见"铁石心肠"。[语见] 宋·古杭才人《宦门子弟错立身》第八出:"望断天涯无故人,便做铁打心肠珠泪倾。"[例句] 我早已是～,你就是再怎么哭泣,我也不会上你的当了。

【铁画银钩】tiě huà yín gōu
[释义] 画、钩:都指字的笔画,直笔为画,曲笔为钩。形容书法刚劲有力、神采飞扬、刚柔相济。[语见] 唐·欧阳询《用笔论》:"徘徊俯仰,容与风流,刚则铁画,媚若银钩。"[例句] 这幅书法作品～,神采飞扬,令观者拍手叫好。

【铁面无私】tiě miàn wú sī
[释义] 形容办事公正严明,不徇私情;秉公办事,不畏权势。[语见] 清·曹雪芹《红楼梦》第四十五回:"众人脸软,所以就乱了例了。我想必要你去做个'监社御史',铁面无私才好。"[例句] 虽然～的包公的性格更多是人们的想象和寄托,但是总体来说,包公其人也还是一个中正耿介之臣。

【铁石心肠】tiě shí xīn cháng
[释义] 心肠像铁、石一样坚硬,不为感情所动。[语见] 元·戴善夫《风光好》第二折:"他多管是铁石心肠,直恁的难亲傍。"[例句] 大家这么关心你、照顾你,你却毫不领情,真是～!

【铁树开花】tiě shù kāi huā
[释义] 铁树:也叫苏铁,原产热带,常绿乔木,不常开花。铁树开花了。比喻非常罕见或很难实现的事情。[语见] 明·王济《君子堂日询手镜》:"吴浙间尝有俗谚云,见事难成,则云须铁树开花。"[例句] 要想我答应你,除非～!

【铁网珊瑚】tiě wǎng shān hú
[释义] 比喻搜罗人才或奇珍异宝。[语见] 唐·李商隐《碧成》诗:"玉轮顾兔初生魄,铁网珊瑚未有枝。"[例句] 大臣们见临国～,招兵买马,似乎有什么举动,便告诫皇帝当小心在意。

【铁心石肠】tiě xīn shí cháng
[释义] 见"铁石心肠"。[语见] 宋·胡仔《苕溪渔隐丛话后集·陈履常》:"无咎云:'人疑宋开府铁心石肠,及为《梅花赋》,清驶艳发,殆不类其为人。'"[例句] 看到这种场面,即使是～的人,也会感动得泪水长流。

【铁砚磨穿】tiě yàn mó chuān
[释义] 磨:研磨。铁铸的砚台被磨穿了。形容用功读书,持久不懈。[语见] 元·王实甫《西厢记》第一本第一折:"将棘国守暖,把铁砚磨穿。"[例句] 传说李翰林早年家贫,靠祖父养大,但是凭～之功,终于得中。

【铁证如山】tiě zhèng rú shān
[释义] 铁证:铁一样的证据,引申为真实的证据。指证据确凿,像山一样无法推翻。[例句] 法庭之上,～,几个罪恶累累的家伙低下了头。

【铁中铮铮】tiě zhōng zhēng zhēng
[释义] 铮铮:拟声词,金属撞击时发出的声音。在金属当中是当当响的材料。比喻才能出众的人物。[语见] 南朝宋·范晔《后汉书·刘盆子传》:"卿所谓铁中铮铮,庸中佼佼者也。"[例句] 这个青年～,虽然锋芒外露,但是只要使用得法,必然能有所作为。

ting

【听命由天】tīng mìng yóu tiān
[释义] 见"听天由命"。[语见] 清·李鸿章《复湖北即补道张煜林书》:"此后遇事,更可听命由天,处处均宜视为坦途,不必过存疑畏矣。"[例句] 背后几十万清军,前面是茫茫黄河,捻军几个首领只能～,面露悲色。

【听命于天】tīng mìng yú tiān
[释义] 见"听天由命"。[语见] 明·王夫之《四书训义》第三十三卷:"群天下皆听

命于天,而岂有天下者之所能主乎!"[例句]只要我们还有一口气在,就不能~,甘受杀戮。

【听其言而观其行】 tīng qí yán ér guān qí xíng

[释义]言:话语、言论。观:察看。行:行为、行动。听他说话,同时还要观察他的行动。[语见]《论语·公冶长》:"始吾于人也,听其言而信其行,今吾于人也,听其言而观其行。"[例句]~,自然会发现,他肯定是那种踏踏实实做事的人。

【听其自流】 tīng qí zì liú

[释义]见"任其自流"。[语见]汉·刘安《淮南子·修务训》:"夫地势水东流,人必事焉,然后水潦得谷行;禾稼春生,人必加巧焉,故五谷得遂长。听其自流,待其自生,则鲧禹之功不立。"[例句]孩子虽然小,却也要严格要求,悉心教育,决不能~,一旦大了,有什么毛病,就不好改了。

【听其自然】 tīng qí zì rán

[释义]听:听凭、听任。听任人或事物自由发展,不加干涉。[语见]清·李绿园《歧路灯》第二十五回:"王氏没法,只得又听其自然。"[例句]我生性淡泊,能否受到重用,还是~吧!

【听人穿鼻】 tīng rén chuān bí

[释义]听:任凭。穿鼻:牛鼻子穿上绳子。比喻自己没有主意随便被人摆布。[语见]唐·李延寿《南史·张弘策传》:"徐孝嗣才非柱石,听人穿鼻。"[例句]你都三十岁了,怎么还时时~,你就不能自己拿一拿主意吗?

【听天任命】 tīng tiān rèn mìng

[释义]见"听天由命"。[语见]《孔丛子·鸮赋》:"听天任命,慎厥所修。"[例句]所有的努力都已经尽到了,除了~,他们还能做什么呢?

【听天由命】 tīng tiān yóu mìng

[释义]听:听凭、任凭。由:任由,顺应。听凭天意,顺应命运,而不做主观努力。[语见]明·沈自晋《望湖亭·暗祐》:"这个也只要尽其在人,说不得听天由命。"

[例句]威尔逊他们几个人,乘坐一叶救生艇,在茫茫的太平洋飘荡,只能~,静静地等着有什么商船经过。

【听之任之】 tīng zhī rèn zhī

[释义]听:听凭,听任。任:任凭,听由。听任自由发展而不加干涉,不管不问。有时有姑息、迁就、纵容之义。[语见]端木蕻良《曹雪芹》第二十章:"此等逆种,岂可听之任之。"[例句]对于这种违法乱纪的行为,我们怎么能~呢!

【亭亭玉立】 tíng tíng yù lì

[释义]亭亭:直立高耸的样子。玉立:修长秀美地挺立。形容女子身材修长而秀美。也形容花木形体挺拔秀美。[语见]唐·李百药《北齐书·徐之才传》:"自云初见空中有五色物,稍近,变成一美妇人,去地数丈,亭亭而立。"[例句]~的小昭往导演们眼前一亮相,导演们几乎立即就决定了:就是她!

【停传常满】 tíng chuán cháng mǎn

[释义]停传:馆舍。馆舍经常住满客人。形容交游宽广,应接不暇。[语见]三国魏·徐幹《中论》:"俾夜作昼,星言夙驾,送往迎来,停传常满。"[例句]四王子大肆结交江湖之士,~,渐渐引起了皇帝的猜疑。

【停僮葱翠】 tíng tóng cōng cuì

[释义]停僮:枝叶茂密。葱翠:苍绿色。形容树木枝叶十分茂密。[语见]晋·潘岳(安仁)《射雉赋》:"尔乃擎场拄翳,停僮葱翠。"徐爰注:"停僮,翳貌也。"[例句]公园里~,花香袭人,让人流连忘返。

【停辛伫苦】 tíng xīn zhù kǔ

[释义]停、伫:滞留,积聚。形容受尽了艰难困苦。[语见]唐·李商隐《河内》诗:"栀子交加香蓼繁,停辛伫苦留待君。"[例句]他的书法自成一体,但是有多少人知道那二十年~临池挥毫的寂寞与苦辛?

【停云落月】 tíng yún luò yuè

[释义]用在书信中。比喻对亲友的思念。[语见]晋·陶潜《停云诗序》:"停

云,思亲友也。"唐·杜甫《梦李白》诗:"落月满屋梁,犹疑照颜色。"[例句]离家虽不过三年,但是～,思念深切,寸管难书啊!

【停滞不前】 tíng zhì bù qián
[释义]停滞:因为受到阻碍,不能顺利地运动或发展。停下来,不向前发展。[例句]该国的经济到了二十世纪六七十年代后便一直～,这不但令国家决策者百思不得其解,就是经济学家,也是众说纷纭,莫衷一是。

【挺身而出】 tǐng shēn ér chū
[释义]挺身:挺直身体,勇敢的样子。形容不顾困难、危险,勇敢地站出来。[语见]明·罗贯中《三国演义》第七十九回:"曹丕闻曹彰提兵而来,惊问众官;一人挺身而出,愿往折服之。"[例句]当歹徒正要行凶的时候,几个正义的青年～,共同制服了歹徒。

【铤而走险】 tǐng ér zǒu xiǎn
[释义]铤:快走的样子。走险:走向险处。指因无路可走而采取冒险行动。[语见]《左传·文公十七年》:"铤而走险,急何能择!"[例句]我只希望你安安生生地做你的事情,要是你～走上了邪路,那我也就不认你这个兄弟了。

tong

【恫瘝在抱】 tōng guān zài bào
[释义]恫瘝:疾苦。抱:怀中。把人民的疾苦放在心上。形容关心人民。[语见]《尚书·康诰》:"王曰:'呜呼小子封,恫瘝在抱,敬哉!'"[例句]诸葛亮为国为民,苦心操劳,～,他逝世之后,民间自发为他立碑无数。

【恫瘝在身】 tōng guān zài shēn
[释义]恫:病痛。瘝:疾病。痛病在自己身上。古时形容爱民的殷切,人民的痛苦就像发生在自己身上。[语见]清·无名氏《杜诗言志》第二卷:"于此见少陵直是稷、契、伊、吕一流人,与天地万物为一体,处处恫瘝在身,非特一诗人云尔也。"[例句]朝中虽有众多大臣纷纷为民间疾苦忧虑,～,也多次上奏,但是始终没有引起足够的重视。

【通才练识】 tōng cái liàn shí
[释义]通才:学识广博的人。指博学多才、见识练达。[语见]唐·崔尚《唐天台山新桐柏观之颂序》:"夫其通才练识,赡学多闻,翰墨之工,文章之美,皆忘其所能也。"[例句]小周经验丰富,～,由他来担当营销部经理,是再合适不过的了。

【通风报信】 tōng fēng bào xìn
[释义]通:传达。报:告诉。风:风声,消息。信:信息。暗地里告知秘密的消息或紧急的情况。[语见]清·颐琐《黄绣球》第二十回:"那掌柜的说他恶毒,跟手叫送棺材到陈府上去的通风报信,一面地保就在内看守了这掌柜的。"[例句]赶快回去～,客人已经在三里外的地方,让家里做好准备。

【通功易事】 tōng gōng yì shì
[释义]易:交换。指各自从事一种业务,以自己所有的去换自己所没有的。[语见]《孟子·滕文公下》:"子不通功易事,以羡补不足……"[例句]这里重申,各部门之间,当通力合作,～,以保证订货会上有一个比较大的订数。

【通今博古】 tōng jīn bó gǔ
[释义]见"博古通今"。[语见]明·冯梦龙《东周列国志》第九回:"兼且通今博古,出口成文,因此号为文姜。"[例句]～的陈教授的演讲,吸引了近三千听众到场。

【通力合作】 tōng lì hé zuò
[释义]通力:全力。不分彼此,互相协助,共同竭尽全力去做。[语见]《论语·颜渊》:"哀公问于有若曰:'年饥用不足,如之何?'有若对曰:'盍彻乎?'"朱熹注:"一夫受田百亩,而与同沟共井之人,通力合作,计亩均收。"[例句]我们双方的力量都不是太强大,那么～恐怕是我们目前走出困境最好的办法了。

【通情达理】 tōng qíng dá lǐ
[释义]通、达:通晓,明白。形容谈话做事合情合理,讲道理。[语见]清·李绿园

《歧路灯》第八十五回:"只因民间有万不通情达理者,遂尔家有殊俗。"[例句]我妈妈是一个～的人,我回去跟她一说,她保证同意。

【通权达变】tōng quán dá biàn
[释义]见"达权通变"。[语见]南朝宋·范晔《后汉书·陆贾传》:"《左氏》义深于君父,《公羊》多任于权变。"[例句]战场上的事情,瞬息万变,你作为最高指挥官,当～,随机处理,不要因为程序的问题而贻误了战机。

【通人达才】tōng rén dá cái
[释义]通人:指学识渊博贯通古今的人。达才:通达事理的人才。知识渊博通达事理的人才。[语见]汉·司马迁《史记·田敬仲完世家》:"《易》之为术,幽明远矣,非通人达才孰能注意焉!"[例句]我不是什么～,我仅仅对人类学所涉及的学科略知一二而已。

【通时达变】tōng shí dá biàn
[释义]见"达权通变"。[语见]明·冯梦龙《东周列国志》第一百零一回:"客新有从山东来者,曰蔡泽,其人有王伯之才,通时达变,足以寄秦国之政。"[例句]这些制度的制定,都有一定的局限性,尤其是受时间的局限,它不是死的,有～能力的人,一定会不时修正、规范它,而不是处处都把它当作金科玉律。

【通天彻地】tōng tiān chè dì
[释义]彻:通,透。形容本领高强。[语见]明·无名氏《双林坐化》第二折:"举目遥观十万里,通天彻地人难比。"[例句]别看他仅仅是一个办公室主任,他可是一个～的人物,你要找他办事,几乎就没有他不能办成的。

【通同一气】tōng tóng yī qì
[释义]通同:串通。串通在一起。[语见]清·南亭亭长《中国现在记》第五回:"章万选道:'这样说起,那报丁忧的文书,马友德也是通同一气的了。'"[例句]六部之间～,宰相都几乎被架空了。

【通同作弊】tōng tóng zuò bì
[释义]串通一起作弊。[语见]清·南亭亭长《中国现在记》第一回:"钦派大臣查办,查了出来是他画的稿,此时有口难分,不能说他不是通同作弊。"[例句]学校狠抓学风、考风,对这种～的行为将以严厉的处罚。

【通宵达旦】tōng xiāo dá dàn
[释义]通宵:整夜。旦:早晨。整整一晚上,一直到天亮。[语见]明·冯梦龙《醒世恒言》第二十五卷:"狮蛮社火,鼓乐笙箫,通宵达旦。"[例句]我们两人在那些日子里～地聊天,从我们儿时的游戏一直聊到目前的困境,对对方都有了一次最彻底的了解,我们之间也有了一次最彻底的沟通。

【同病相怜】tóng bìng xiāng lián
[释义]病:疾病。相:互相、相互。患同病症的人互相同情。后喻指有同样遭遇的人,可以相互理解,相互同情。[语见]清·曹雪芹《红楼梦》第四十五回:"我虽有个哥哥,你也是知道的;只有个母亲,比你略强些。咱们也算同病相怜。"[例句]我和小凡都在内二科住院,又在同一间病房,逐渐说上话之后,不知不觉中便～起来,从而结下了深厚的友谊。出院后这么多年,我们一直保持着联系。

【同仇敌忾】tóng chóu dí kài
[释义]同、敌:相同、相当。仇、忾:仇恨、愤怒。怀着同样的仇恨和愤怒。[语见]《诗经·秦风·无衣》:"王于兴师,修我戈矛,与子同仇。"《左传·文公四年》:"诸侯敌王所忾,而献其功。"[例句]军队和老百姓～,共同抗击着侵略军。

【同床各梦】tóng chuáng gè mèng
[释义]见"同床异梦"。[语见]清·纪昀《阅微草堂笔记·槐西杂志一》:"虽琵琶别抱,已负旧恩,然身去而心留,不犹愈于同床各梦哉?"[例句]敌人内部已经发生了变化,几个领导人表面上意见一致,实际上却早已是～了。

【同床异梦】tóng chuáng yì mèng
[释义]异:不同。睡在同一张床上,却做着不同的梦。喻指生活在一起或一起工

作的人心思不一致,各有各的打算。[语见]宋·陈亮《与朱元晦秘书书》:"同床各做梦,周公且不能学得,何必一一说到孔明哉?"[例句]我们两家公司既然联手,就要精诚合作,这样～,怎么能达到我们最初订下的目标呢?

【同德同心】tóng dé tóng xīn
[释义]见"同心同德"。[语见]五代后晋·刘昫等《旧唐书·马燧传》:"长城压境,巨舰济川,同德同心,扶危持颠。"[例句]我的愿望,是经过两到三年的努力,使我们现在这种一盘散沙的现状彻底改变,形成一个～的有坚强凝聚力和战斗力的群体。

【同恶相济】tóng è xiāng jì
[释义]互相勾结,共同作恶。[语见]晋·陈寿《三国志·魏书·武帝纪》:"马超成宜,同恶相济。"[例句]外戚与宦官～,里外呼应,把朝廷闹得乌烟瘴气。

【同恶相救】tóng è xiāng jiù
[释义]见"同恶相求"。[语见]唐·房玄龄等《晋书·吕光载记》:"晃、穆共相唇齿,宁又同恶相救,东西交至,城外非吾之有,若是,大事去矣。"[例句]这几股恶势力～,欺压百姓,作恶多端,早就该将其铲除了。

【同恶相求】tóng è xiāng qiú
[释义]求:求助。形容互相勾结,共同作恶。[语见]《左传·昭公十三年》:"同恶相求,如市贾焉。"[例句]那一帮匪徒在笔山一带～,彼此呼应,横行了十年之久。

【同恶相助】tóng è xiāng zhù
[释义]见"同恶相求"。[语见]汉·司马迁《史记·吴王濞列传》:"同恶相助,同好相留,同情相成,同欲相趋,同利相死。"[例句]一旦恶势力互相勾结,～,这个社会必然发生巨大的祸端。

【同甘共苦】tóng gān gòng kǔ
[释义]同、共:一起、共同。甘:甜,指欢乐。苦:痛苦,苦难。一起享受快乐,共同承担苦难。[语见]唐·王建《郊天改元赦文》:"副予委用之心,匡赞勋庸之士,同甘共苦,竭节输诚。"[例句]李自成出身贫贱,与所有的士兵～,深受士兵的拥戴。

【同工异曲】tóng gōng yì qǔ
[释义]工:工巧、精妙。曲:曲调。虽然曲调不同,但却同样工巧、美妙。喻指不同的辞章或言论同样精彩,或比喻手段方法虽不同,收效却一样。[语见]唐·韩愈《进学解》:"子云(扬雄)、相如(司马相如),同工异曲。"[例句]国画与油画虽有着很大差别,但是在表现静物的情趣上,却有着～之妙。

【同归殊涂】tóng guī shū tú
[释义]涂:同"途"。比喻采取不同的办法得到同样的效果。[语见]《周易·系辞下》:"天下同归而殊涂,一致而百虑。"[例句]这两种教育方法～,都使得学生的个性得到了充分的尊重。

【同归于尽】tóng guī yú jìn
[释义]同:一起。归:结果,归向。尽:灭亡。一起走向死亡。[语见]明·兰陵笑笑生《金瓶梅词话》第一回:"世上人……打不破酒色财气圈子,到头来同归于尽。"[例句]战士们打完最后一颗子弹,抱着冲到了面前的敌人,跳下悬崖,与敌人～了。

【同行是冤家】tóng háng shì yuān jiā
[释义]旧时指同一行业的人常常相互嫉妒,相互排挤。[例句]旧社会常有～的说法,现在时代不同了,同行业间相互学习的必要性已经被我们普遍认同。

【同流合污】tóng liú hé wū
[释义]流:流俗、世俗。污:污秽。与污浊不良的世俗习气混同,丧失了独立的节操。后也指跟随坏人一起干坏事。[语见]《孟子·尽心下》:"同乎流俗,合乎污世。"[例句]你是个读书人,当有操有守,岂能和这等人～!

【同门异户】tóng mén yì hù
[释义]名分相同而实质各异。[语见]汉·扬雄《法言·君子》:"吾于孙卿与,见同门异户也。"[例句]他们虽然都来自清

华,但是~,他们的水平却有天壤之别。

【同年而语】 tóng nián ér yǔ
[释义] 见"同日而语"。[语见] 唐·杨炯《唐上骑都尉高君神道碑》:"汉家封万里之侯;称尔戈矛,周王命百夫之长,岂可同年而语哉?"[例句] 我的围棋水平怎么能和专业棋手~呢?

【同袍同泽】 tóng páo tóng zé
[释义] 袍:长衣。泽:内衣。形容朋友或军人之间的友情。[语见]《诗经·秦风·无衣》:"岂曰无衣,与子同袍,王于兴师,修我戈矛,与子同仇。岂曰无衣,与子同泽,王于兴师,修我矛戟,与子偕作。"[例句] 我与你父亲乃是生死之交,~,几句红脸话怎么会破坏了我们的友谊?

【同气连枝】 tóng qì lián zhī
[释义] 比喻同胞兄弟姐妹。[语见] 明·冯梦龙《喻世明言》第十卷:"何况兄弟行中,同气连枝,想到父母身上去,那有不和不睦之理?"[例句] 看着那个高大的身影,明知是~,可是却不能相认,这中间的苦楚,有谁能知道呢?

【同衾共枕】 tóng qīn gòng zhěn
[释义] 指同床并头而眠。多指夫妻生活。[语见] 宋·李昉《太平广记》:"同衾共枕,交好无已。"[例句] 别看他们已经~,但是他们的心里,却完全都在为自己盘算。

【同日而语】 tóng rì ér yǔ
[释义] 日:时日。比喻一样看待。[语见] 汉·班固《汉书·息夫躬传》:"臣为国家计几先,谋将然,豫图未形,为万世虑;而左将军公孙禄欲以其犬马齿保目所见。臣与禄异议,未可同日而语也。"[例句] 他们两人的技艺,实在不在一个档次,自不可~了。

【同生共死】 tóng shēng gòng sǐ
[释义] 一同生,一起死。形容情谊深厚,一起出生入死。[语见] 唐·魏徵《隋书·郑译传》:"郑译与朕同生共死,间关危难,兴言念此,何日忘之。"[例句] 我和你母亲经历过战乱、灾荒,~了几十

年,如今去法国几天,虽然也就几天,但是她这么一走啊,还真不习惯。

【同声相应,同气相求】 tóng shēng xiāng yìng, tóng qì xiāng qiú
[释义] 相同的声音可以互相应和,相同的气味可以互相融合。比喻志趣相投的人们能很自然地结合在一起。[语见]《周易·乾卦》:"同声相应,同气相求。"孙颖达疏:"同声相应者,若弹宫而宫应,弹角而角动是也。"明·兰陵笑笑生《金瓶梅词话》第六十九回:"自古同声相应,同气相求,本乎天者亲上,本乎地者亲下,同他做伙计,亦是理之当然。"[例句] 他们两人是~,一见面就成了好朋友。

【同室操戈】 tóng shì cāo gē
[释义] 同室:住在同一间屋子。喻指一家人。操:拿。戈:古代的一种兵器。一家人拿起武器相互残杀,比喻兄弟之间的争斗或内部纷争。[语见] 南朝宋·范晔《后汉书·郑玄传》:"康成人我室操吾矛以伐我乎?"[例句] 古人说兄弟同心,其利断金,而今他们内部竟然~,哪有不坏事的道理?

【同条共贯】 tóng tiáo gòng guàn
[释义] 条、贯:条理,系统。指事理相通,脉络相通。[语见] 汉·班固《汉书·董仲舒传》:"帝王之道,岂不同条共贯欤?"[例句] 书法之道,~,不能说"肉""骨"哪一方面好了字就好。

【同心并力】 tóng xīn bìng lì
[释义] 团结一致,共同努力。[语见] 汉·司马迁《史记·秦始皇本纪》:"且天下尝同心并力而攻秦矣。"[例句] 大敌当前,你们几个身负民望国望的将军,不~思量退敌之策,却为鸡毛蒜皮的事情相互扯皮,那不是助纣为虐吗?

【同心共济】 tóng xīn gòng jì
[释义] 同心:齐心。济:救助,接济。指大家齐心协力。[语见] 宋·欧阳修《朋党论》:"所守者道义,所行者忠信,所惜者名节,……以之事国,则同心而共济。"[例句] 我们大家要齐心协力,~,共渡难关。

【同心合力】 tóng xīn hé lì
[释义] 见"同心协力"。[语见] 清·文康《儿女英雄传》第二十八回："凡此你我三个人,须要但随和睦,同心合力侍奉双亲。"[例句] 我们不怕目前境况的艰难,就怕不能～,相互协作。

【同心合意】 tóng xīn hé yì
[释义] 同心:同一条心。合意:合乎心意。形容行动中一心一意。[语见] 汉·班固《汉书·王莽传》："故太师(孔)光、太保(王)舜、大司空(甄)丰与宰衡同心说德,合意并力,功德茂著。"[例句] 只要我们～,没有过不去的难关。

【同心勠力】 tóng xīn lù lì
[释义] 见"勠力同心"。[语见] 晋·陈寿《三国志·吴书·华覈传》："使四疆之内,同心勠力,数年之间,布帛必积。"[例句] 岳家军官兵～,奋勇拼杀,以三万余众把金兵十万人打得大败。

【同心同德】 tóng xīn tóng dé
[释义] 心、德:思想、信念。有共同的理想、信念。[语见] 五代后晋·刘昫等《旧唐书·刘仁轨传》："既须镇压,又置屯田,事藉兵士,同心同德。"[例句] 在侵略军大军压境的形势下,各派都暂时放弃了成见,～,形成了最坚强的统一战线。

【同心协力】 tóng xīn xié lì
[释义] 协力:合力。心思一致,共同努力。[语见] 唐·姚思廉《梁书·王僧辩传》："讨逆贼于咸阳,诛叛子于云梦,同心协力,克定邦家。"[例句] 我一个人是怎么也无法把篮球从房顶上弄下来,但是小强和小兵来了之后,我们～,一个小时之后,我们便在篮球场上又玩开了。

【同寅协恭】 tóng yín xié gōng
[释义] 同寅:原指同具敬畏之心,后指在一处做官的人。协恭:友好合作。指同人互相尊敬,同心协力地工作。[语见]《尚书·皋陶谟》："同寅协恭和衷哉。"传:"使同敬合恭而和善。"[例句] 我最感到高兴的是,原来的钩心斗角的成员,经过我们的整合,如今全能～,齐心协力,处处为公司整体利益着想——既如此,我

们的将来,必然有着一条无比辉煌灿烂的大道。

【同忧相救】 tóng yōu xiāng jiù
[释义] 忧:忧患。救:救助,帮助。有同样忧患的人就互相帮助。[语见] 汉·赵晔《吴越春秋·阖闾内传元年》："子不闻河上歌乎? 同病相怜,同忧相救。"[例句] 燕赵在秦国日渐强大的形势下,不得不选择了一条～的合作道路。

【同浴讥裸】 tóng yù jī luǒ
[释义] 原指一同洗澡,却讥笑别人赤身露体。后比喻讥笑别人的缺点而看不见自己也有同样的缺点。[语见] 唐·韩愈《答张籍书》："吾子讥之,似同浴而讥裸裎也。"[例句] 我看你别在那里～了,你难道不清楚自己也有同样的错误吗?

【同志合道】 tóng zhì hé dào
[释义] 见"志同道合"。[语见] 清·方望溪《兵部尚书法公墓表》："始知公忠孝发于至诚,体国忧民,常恨未得同志合道人,相与辅成治教,而深患时人惟知以虚伪比周,自便其身图。"[例句] 小魏话虽然不多,但是老张心底的那种～的感觉已油然而生。

【同舟共济】 tóng zhōu gòng jì
[释义] 舟:船。济:渡过河。同、共:一起,共同。大家乘同一条船渡河。比喻处于同样的境地,必须同甘共苦,齐心合力,克服困难,达到目的。[语见]《孙子·九地》："夫吴人与越人相恶也,当其同舟而济,遇风,其相救也,若左右手。"[例句] 于今我们都处在困境之中,我们只有～,相互扶持,才能渡过难关。

【彤云密布】 tóng yún mì bù
[释义] 彤云:阴云。阴云密集,布满天空。指雨雪前的象征。[语见]《诗经·小雅·信南山》："上天同云,雨雪雰雰。"明·罗贯中《三国演义》第九十四回："今彤云密布,朔风紧急,天将降雪,吾计可施矣。"[例句] 大战打响之际,满天～,人几乎都喘不过气来。

【铜勩铁肋】tóng jīn tiě lèi
[释义] 见"铜筋铁骨"。[语见] 明・宋濂《秦士录》："弢环视四体叹曰：'天生一具铜勩铁肋，不使立勋万里外，乃槁死三尺蒿下，命也，亦时也。'"[例句] 你纵然生得～，难道敢和子弹比一比硬度？

【铜筋铁骨】tóng jīn tiě gǔ
[释义] 铜一样的筋，铁一样的骨。形容人身强体壮。[语见] 元・杨景贤《西游记杂剧・神佛降孙》："我盗了太上老君炼就金丹，九转炼得铜筋铁骨，火眼金睛。"[例句] 战士们练就了一身～，任何困难都吓不倒他们。

【铜琶铁板】tóng pá tiě bǎn
[释义] 原指词曲气势雄壮，歌声激越豪爽，需用铜琶琶伴奏，执铁板打拍子。后用以比喻豪爽激越的文辞。[语见] 宋・俞文豹《吹剑续录》："东坡在玉堂曰，有幕士善讴，因问：'我词比柳词何如？'对曰：'柳郎中词只好十七八女孩儿执红牙拍板，唱"杨柳岸晓风残月"，学士词，须关西大汉执铁板，唱"大江东去"。'公为之绝倒。"[例句] 一曲《满江红》，～之气，直逼苏轼之风。

【铜墙铁壁】tóng qiáng tiě bì
[释义] 像用铜铁筑成的墙壁一样。形容十分坚固、难以摧毁的事物。[语见] 元・无名氏《谢金吾》楔子："随他铜墙铁壁，也不怕不拆倒了他的。"[例句] 在高科技面前，潼关实在算不得什么天险，但是在冷兵器时代，它却常常是退守的～，谁拥有了它，谁便多了一把掌握江山的钥匙。

【铜山铁壁】tóng shān tiě bì
[释义] 形容防御工事坚固难摧。比喻可以信赖的坚强人物。[语见] 元・脱脱等《宋史・李伯玉传》："赵汝腾尝荐八士，各有品目，于伯玉曰：'铜山铁壁。'立朝风节，大较似之。"[例句] 有元和在，便是公司的～，任何人想打咱们公司的主意，都无可能。

【铜驼荆棘】tóng tuó jīng jí
[释义] 铜驼：铜铸的骆驼，古代设置在宫门的外面。荆棘：丛生的多刺植物。铜驼被弃置在荆棘丛中。形容亡国后的凄冷景象。[语见] 唐・房玄龄等《晋书・索靖传》："靖有先识远量，知天下将乱，指洛阳宫门铜驼，叹曰：'会见汝在荆棘中耳！'"[例句] 侵略军一路烧杀抢掠之后，满目～，一片凄凉。

【童牛角马】tóng niú jiǎo mǎ
[释义] 童牛：不生角的牛。角马：生了角的马。比喻违反常规而不可能存在的事物。[语见] 汉・扬雄《太玄经・更》："童牛角马，不今不古。测曰：'童牛角马，变天常也。'"[例句] 要想我答应你，除非地里生出了～不可。

【童叟无欺】tóng sǒu wú qī
[释义] 叟：老年人。无论对小孩还是老人都不欺骗。指待人诚实。多形容买卖公平。[语见] 清・吴趼人《二十年目睹之怪现状》第五回："他这是招徕生意之一道呢。但不知可有'货真价实，童叟无欺'的字样没有？"[例句] 这家店～，信誉很好。

【童心未泯】tóng xīn wèi mǐn
[释义] 泯：消失。指年纪虽大犹存儿童般天真之心。[语见]《左传・襄公三十一年》："于是昭公十九年矣，犹有童心，君子是以知其不能终也。"[例句] 大伯～，常跟邻家的小孩子一起说说笑笑。

【童言无忌】tóng yán wú jì
[释义] 忌：忌讳。小孩子天真烂漫，说话没有忌讳。[语见] 王旭烽《南方有嘉木》："寄草童言无忌，又是最小的，也是家中宠女，什么都敢说。"[例句]～，小孙孙的一席话，说得大家面红耳赤。

【童颜鹤发】tóng yán hè fà
[释义] 儿童般红润的面容，仙鹤羽毛般雪白的头发。形容老年人身体健康，气色好。[语见] 明・罗贯中《三国演义》第十五回："策见其人，童颜鹤发，飘然有出世之姿。"[例句] 远处走来了一位～的老人。

【统筹兼顾】tǒng chóu jiān gù
[释义] 筹：谋划。顾：照顾。集中起

来,统一筹划,各方面都照顾到。[例句]全局是一盘棋,老领导尚且不能完全做到～,条理分明,何况你一个毛头小子?

【痛不欲生】 tòng bù yù shēng
[释义]痛:悲痛。欲:想。悲痛得不想活下去了。形容伤心至极。[语见]清·纪昀《阅微草堂笔记·槐西杂志一》:"有王震升者,暮年丧爱子,痛不欲生。"[例句]春游路上,我们看到一个女人正在坟前～地哭泣。

【痛涤前非】 tòng dí qián fēi
[释义]见"痛改前非"。[语见]清·赵尔巽《清史稿·允禵传》:"今允禵居马兰峪,欲其瞻仰景陵,痛涤前非。"[例句]过去的已经过去了,希望你能～,重新做人。

【痛定思痛】 tòng dìng sī tòng
[释义]痛:痛苦。定:平静、平定。痛苦的心情平静以后,再回味当时所遭受的痛苦更加伤心。(有令人深思的意思。)[语见]唐·韩愈《与李翱书》:"今而思之,如痛定之人,思当痛之时,不知何能自处也。"[例句]前半生如浮云,～,他才悟得他先前的生活是多么荒唐。

【痛改前非】 tòng gǎi qián fēi
[释义]痛:彻底地。非:错误。彻底地改正以前的错误。[语见]清·赵尔巽等《清史稿·隆科多列传》:"隆科多、年羹尧若不知恐惧,痛改前非,欲如明珠等,万不能也!"[例句]如果你能～,我们也还是能把你当作朋友,但是你要是一意孤行的话,你便真要成为孤家寡人了。

【痛悔前非】 tòng huǐ qián fēi
[释义]见"痛改前非"。[语见]清·夏敬渠《野叟曝言》第三十二回:"拙夫既痛悔前非,愚妹更力图后报。"[例句]现在你还不～,等到你头破血流的时候,再回头可就晚了。

【痛哭流涕】 tòng kū liú tì
[释义]痛:尽情地。涕:眼泪。形容极度悲痛、伤心。[语见]汉·班固《汉书·贾谊传》:"臣窃惟事势,可为痛哭者一,可为流涕者二,可为长太息者六。"[例句]老

人～地在宰相府前磕头,可是磕得头都破了,还是没有能得到宰相的一句话。

【痛快淋漓】 tòng kuài lín lí
[释义]形容非常畅快。[语见]清·文康《儿女英雄传》第二十回:"不过是我那多事的脾气、好胜的性儿,趁着一时高兴要作一个痛快淋漓,要出出我自己心中那口不平之气。"[例句]那一场演讲,真是～,听得人热血沸腾。

【痛心疾首】 tòng xīn jí shǒu
[释义]疾:痛。心痛,头也痛。形容伤心或痛恨到极点。[语见]《左传·成公十三年》:"诸侯备闻此言,斯是用痛心疾首,昵就寡人。"[例句]火箭升空不久便发生了巨大的爆炸,事故原因竟然来自一个最简单的运算环节,真令人～。

【痛痒相关】 tòng yǎng xiāng guān
[释义]形容关系非常密切。[语见]清·魏秀仁《花月痕》第三十八回:"想起稷如远别半载,荷生出师关外,客边痛痒相关的人,目前竟无一个。"[例句]我们是～的亲兄弟,我怎么能对你的困难袖手旁观呢?

tou

【偷工减料】 tōu gōng jiǎn liào
[释义]不按照产品或工程所规定的质量要求安排工序、选用材料,而是暗中掺假,或私自削减必要的工序和用料。也比喻做事敷衍、应付。[语见]清·文康《儿女英雄传》第十三回:"演戏作寿,受贿贪赃,侵冒钱粮,偷工减料。"[例句]由于工程队的～,高速公路使用不到两个月,便已出现了坑缝。

【偷合苟容】 tōu hé gǒu róng
[释义]偷:苟且。苟且地迎合别人,以求取得容身之地。[语见]《荀子·臣道》:"不恤君之荣辱,不恤君之臧否,偷合苟容以持禄养交而已耳,谓之国贼。"[例句]我有铮铮铁骨,怎会～做小人态!

【偷鸡摸狗】 tōu jī mō gǒu
[释义]比喻干一些非法的、见不得人的勾当。[语见]清·曹雪芹《红楼梦》第四

十四回："成日家偷鸡摸狗，腥的臭的，都拉了你屋里去。"[例句]他总是做些～的事情，最后被村民们视为过街老鼠。

【偷梁换柱】 tōu liáng huàn zhù
[释义]偷换房梁和房柱。比喻用欺骗的手段暗中改变事物的内容或事情的性质。[语见]清·曹雪芹《红楼梦》第九十七回："偏偏凤姐想出一条偷梁换柱之计，自己也不好过潇湘馆来，竟未能尽姊妹之情，真真可怜可叹！"[例句]骗子想等我们交了货之后，再神不知鬼不觉地来个～，没想到被我们抓了个正着。

【偷容苟合】 tōu róng gǒu hé
[释义]见"偷合苟容"。[例句]你这么做虽然能～暂时吃上几顿饭，但是一旦人家回过神来，你便又成了一只丧家之犬。

【偷天换日】 tōu tiān huàn rì
[释义]比喻暗中改变事情真相，达到蒙骗人的目的。[语见]明·胡文焕《群音类选·〈八义记·如姬窃符〉》："偷天换日，强似携云握雨。"[例句]几个与案件相关的人，纷纷采取些～的手法，企图将自己的罪过推得一干二净。

【偷闲躲静】 tōu xián duǒ jìng
[释义]偷懒，找清静。[例句]大家都在场上忙得浑身是汗，独独你在一旁～，你就不害臊吗？

【偷香窃玉】 tōu xiāng qiè yù
[释义]偷香：指晋代贾充的女儿与韩寿私通，她把晋炎帝赐给她父亲的西域异香送给韩寿。窃玉：指杨贵妃窃宁王玉笛之事。比喻男女私通。也指男子在外勾引妇女。[语见]明·冯梦龙《醒世恒言》第二十八卷："安排布地瞒天谎，成就偷香窃玉情。"[例句]田伯光早年的时候，尽干些～的勾当，但是在五十岁左右的时候，不知道受了什么人的教化，竟然出家做了和尚。

【头昏脑闷】 tóu hūn nǎo mēn
[释义]头脑眩晕。[语见]元·赵明道《斗鹌鹑·题情》套曲："困腾腾头昏脑闷。"[例句]七月里的一天中午，我～

的，只想出去走走，刚一出门，便发现邻家出了事端。

【头昏眼花】 tóu hūn yǎn huā
[释义]见"头昏眼晕"。[例句]爷爷看了一会儿书，感到有些～，便去躺下了，不料这一躺，竟然没有再起来。

【头昏眼晕】 tóu hūn yǎn yūn
[释义]头发晕眼发昏。[语见]清·钱彩《说岳全传》第二十五回："李太师被张保背着飞跑，颠得头昏眼晕。"[例句]坐山车的时候，是有一点～，还有一点害怕，但是下来之后，却觉得兴奋异常。

【头角峥嵘】 tóu jiǎo zhēng róng
[释义]头角：比喻青少年的气概或才能。峥嵘：显露、突出。形容年轻有为，才华出众。[语见]元·鲜于必仁《折桂令·燕山八景·蓟门飞雨》："到处通津，头角峥嵘，薄渥殊恩。"[例句]他在棋界现身不到半年，便已～，引起了世人的广泛关注。

【头会箕赋】 tóu kuài jī fù
[释义]头会：按人头征税。按人头征税，用畚箕装取所征谷物。形容赋税苛刻繁重。[语见]汉·刘安《淮南子·氾论训》："秦之时，高为台榭，大为苑囿，远为驰道，铸金人，发适戍，入刍稾，头会箕赋，输于少府。"[例句]隋朝时大修土木，对外战争不断，～，百姓已苦不堪言。

【头会箕敛】 tóu kuài jī liǎn
[释义]见"头会箕赋"。[语见]汉·司马迁《史记·张耳陈余列传》："北有长城之役，南有五岭之戍，外内骚动，百姓罢敝，头会箕敛，以供军费，财匮力尽，民不聊生。"[例句]那时是内忧外患，～，国怎能不亡？

【头面人物】 tóu miàn rén wù
[释义]头面：经常出头露面，在某些社会阶层中有代表作用。指在社会上有较大势力或较有声望和影响的重要人物。[例句]那些～一个一个地去台上说两句，十几个"说两句"之后，已是下午五点了。

【头破血出】tóu pò xuè chū

[释义] 见"头破血流"。[语见] 清·曹雪芹《红楼梦》第九十三回："更可怜的是那买卖车，客商的东西全不顾，掀下来，赶着就走，那些赶车的但说句话，打的头破血出的。"[例句] 老彭在生意场上早已～，可是他还要誓死做下去，自然越陷越深，现在只能亡命江湖，四处避债了。

【头破血流】tóu pò xuè liú

[释义] 形容受伤严重。[语见] 唐·吕道生《定命录·桓臣范》："其奴果偷两千而去，至徐州界，其婢与夫相打，头破血流。"[例句] 子弹用光了，战士们抱起地上的石头砸向敌人，砸得敌人～。

【头上安头】tóu shàng ān tóu

[释义] 比喻多余重复。[语见] 宋·释道原《景德传灯录·元安禅师》："十二月一日告众曰:吾非л即后也，今有一事向汝等，若道遮个是，即头上安头；若道遮个不是，即斩头求活。"[例句] 你这作文啰啰嗦嗦，～，改是改不出来了，重写吧。

【头疼脑热】tóu téng nǎo rè

[释义] 比喻小病小灾。[语见] 明·无名氏《锁白猿》第二折："但是人家头疼脑热，缠床卧枕，鬼魅精邪，请了我去，小道一扫而去之。"[例句] 我就是放心不下，母亲一个人在家，有个～的，连递杯水的人都没有。

【头童齿豁】tóu tóng chǐ huō

[释义] 童：秃。豁：破缺。头顶光秃了，牙齿脱落了。形容人已经衰老。[语见] 唐·韩愈《昌黎先生集·进学解》："头童齿豁，竟死何裨!"[例句] 看到山里那些～的老人，虽然生活简单之极，但是其快乐却是城市人怎么也无法想象的。

【头痛医头，脚痛医脚】tóu tòng yī tóu，jiǎo tòng yī jiǎo

[释义] 比喻问题出在哪里就在哪里解决。亦比喻不能从根本上解决问题。[语见]《朱子全书·道统六·训门人》："今学者亦多求病根，某向他说:'头痛灸头，脚痛灸脚。'病在这上，只治这上便了，更别求甚病根也。"[例句] 依我看，我们再也不能这么～了，我们必须从根本上解决公司存在的问题。

【头头是道】tóu tóu shì dào

[释义] 本禅宗语，指道无所不在。后用以形容说话、做事条理清楚，道理充分。[语见] 宋·释惟白《续传灯录·慧力洞源禅师》："方知头头皆是道，法法本圆成。"[例句] 别看他在台面上说得～，一旦到了实际操作过程中，你就会发现他说的那些，几乎没有一句有用。

【头眩眼花】tóu xuàn yǎn huā

[释义] 见"头晕眼昏"。[例句] 我在太阳下看了一会儿书，只觉得有些～。

【头晕目眩】tóu yūn mù xuàn

[释义] 见"头晕眼昏"。[语见] 清·曹雪芹《红楼梦》第六回："满屋里的东西都是耀眼争光，使人头晕目眩；刘姥姥此时只有点头咂嘴念佛而已。"[例句] 奶奶上了岁数，常常感到～。

【头晕眼花】tóu yūn yǎn huā

[释义] 见"头晕眼昏"。[语见] 清·夏敬渠《野叟曝言》第八十七回："方才外边的人，也都有些头晕眼花，闻了这香气，就清爽了许多。"[例句] 最近这些日子里，常常～的，大夫你可得给我好好检查一下。

【头晕眼昏】tóu yūn yǎn hūn

[释义] 头脑晕乱，眼睛昏花。[语见] 清·钱彩《说岳全传》第二回："在水面上团团转转，自然头晕眼昏，故此问而不答。"[例句] 老钱才五十不到，便常～，看来他的身体是不太好。

【头重脚轻】tóu zhòng jiǎo qīng

[释义] 头脑发胀，站立不稳。比喻事物上下或前后不协调，失去平衡。[语见] 清·夏敬渠《野叟曝言》第一百四十六回："文瀚心软，只得又勉饮数杯，旧酒新酒，一齐发作，头重脚轻，站立不住。"[例句] 那画初看时觉得有些～，但是细细研究一番，才发现，画家正在追求画之所谓"险"的同时，将另一种韵味寓于其中了。

【头足异处】tóu zú yì chù

[释义] 见"首足异处"。[语见] 汉·司马迁《史记·淮阴侯列传》:"汉王借兵而东下,杀成安君泜水之南,头足异处,卒为天下笑。"[例句] 项羽恐怕到～的时候,也依然没有明白,究竟是天下弃他,还是他弃了天下。

【头足异所】tóu zú yì suǒ

[释义] 见"首足异处"。[语见] 汉·刘向《说苑·杂言》:"欲合人心,恐有头足异所之患。"[例句] 谭嗣同～,慷慨就义,谱写了一曲为变法殉身的悲壮之歌。

【投笔从戎】tóu bǐ cóng róng

[释义] 投:扔掉。从:参加、参与。戎:军队。扔掉笔墨而参加军队,即弃文就武。[语见] 南朝宋·范晔《后汉书·班超传》:"(班超)家贫,常为官佣书以供养(母)。久劳苦,尝辍业投笔叹曰:'大丈夫无他志略,犹当效傅介子、张骞立功异域,以取封侯,安能久事笔砚间乎?'"[例句] 大敌当前,许多书生慨然～,日后成为名将的,不下百数。

【投笔请缨】tóu bǐ qǐng yīng

[释义] 投:扔掉,放弃。笔:笔杆子,文墨生涯。缨:带子。请缨:比喻请求杀敌。指弃文就武,请战擒敌。[语见] 汉·班固《汉书·终军传》:"(汉武帝)乃遣军使南越,说其王,欲令入朝,比内诸侯。军自请:'愿受长缨,必羁南越王而致之阙下。'"[例句] 侵略者大军压境的时候,我爷爷～,虽然死在战场上,但是却成就了无限的光荣。

【投畀豺虎】tóu bì chái hǔ

[释义] 投:扔。畀:给。豺:似狼而较小的猛兽。扔给豺和虎去吃掉。表示对坏人的极端憎恨。[语见]《诗经·小雅·巷伯》:"取彼谮人,投畀豺虎。"注:谮人:说人坏话的人。[例句] 可恨的是,这个本当～的家伙,生前享尽了荣华富贵,死后几十年都还备受皇恩。

【投鞭断流】tóu biān duàn liú

[释义] 把马鞭子扔到江河里,就能截断水流。比喻人马众多,兵力强大。[语见] 唐·房玄龄等《晋书·苻坚载记下》:"以吾之众旅,投鞭于江,足断其流。"[例句] 曹操自以为凭着百万大军～,可一举取得江南,不料赤壁一战,大败而归。

【投机倒把】tóu jī dǎo bǎ

[释义] 投机:利用时机谋取私利。倒把:利用物价的涨落,买入卖出,牟取私利。指利用时机,买入卖出,以牟取私利。[例句] 几个～的商人,竟然将市场弄得乱七八糟。

【投机取巧】tóu jī qǔ qiǎo

[释义] 投机:利用时机谋取私利。取巧:用巧妙的手段谋取不正当利益或躲避困难。指利用时机或不正当的手段谋求非分的好处或躲避困难,不愿付出劳动。[例句] 他是那种～,拍扁了脑袋只想往上爬的人,他能干什么实事!

【投机钻营】tóu jī zuān yíng

[释义] 投机:利用时机钻空子。钻营:巴结有权势者以牟私利。利用一切时机,巴结奉承以牟取私利。[例句] 不要小看了那些～的人的力量,他们做事时躲在后面,但是抢起功劳来,却比什么人都快。

【投井下石】tóu jǐng xià shí

[释义] 投:跳入,跳进。别人跳入井里,还向井里扔石头。喻指对危难中的人不去帮助反而打击报复。[语见] 蔡东藩《后汉通俗演义》第三十回:"宋扬削职归里,最可恨的是郡县有司,投阱下石,更将扬砌入罪案,捕系狱中。"[例句] 正面与你堂堂正正交战的敌人,倒没什么可怕的,因为你可以拼杀,实在不行还可以逃跑;怕就怕那些～的人,那种人一旦行动,你定会吃亏。

【投袂荷戈】tóu mèi hè gē

[释义] 投袂:挥动袖子。振起衣袖,拿起武器。表示决心奋起之意。[语见] 唐·姚思廉《梁书·元帝纪》:"幕府据有上流,实帷分陕,投袂荷戈,志在毕命。"[例句] 魏兵南下的时候,长江边上的渔民、学子、军人,无不～,誓死保卫自己的

家园。

【投袂援戈】 tóu mèi yuán gē

[释义] 见"投袂荷戈"。[语见] 唐·姚思廉《梁书·武帝纪》："独夫丑纵，方煽京邑。投袂援戈，克弭多难。"[例句] 诗人一听北平失守，慨然～，以尽匹夫之责。

【投木报琼】 tóu mù bào qióng

[释义] 木：木瓜。琼：美玉。原指男女恋爱中互相赠送礼品。后引申为对别人的深厚情谊予以酬报。[语见]《诗经·卫风·木瓜》："投我以木瓜，报之以琼琚；匪报也，永以为好也。"[例句] 前些年你对我的恩德，我终生难忘，我自当～，以示我的心意。

【投其所好】 tóu qí suǒ hào

[释义] 投：迎合、顺从。好：喜好、爱好。迎合他人的喜好，使他人高兴。[语见]《庄子·庚桑楚》："是故非以其所好笼之而可得者，无有也。"[例句] 他可是个耿直的人，你可别老是～尽说好话，他最恨这种溜须拍马的人了。

【投山窜海】 tóu shān cuàn hǎi

[释义] 投：丢弃。窜：放逐。山、海：指荒凉边远之地。指有罪放逐到荒凉边远之区。[语见] 唐·李白《上安州裴长史书》："若使事得其实，罪当其身，则将浴兰沐芳，自屏于烹鲜之地，惟君侯死生！不然，投山窜海，转死沟壑，岂能明目张胆，托书自陈耶？"[例句] 苏轼即使在～的时候，也能从日常的事情中获得乐趣。

【投石问路】 tóu shí wèn lù

[释义] 原指夜间潜入某处时，先扔一块石子，借以探测情况。比喻在行动以前，先进行试探以摸清情况。[语见] 清·石玉昆《七侠五义》第十二回："到了墙头，将身趴伏，又在囊中取一块石子，轻轻抛下，侧耳细听。此名投石问路，下面或是有沟，或是有水，就是落在实地，再没有听不出来的。"[例句] 他上月写出的文章，不过是～，真正的好戏还在后边呢。

【投石下井】 tóu shí xià jǐng

[释义] 见"投井下石"。[语见] 鲁迅《论"费厄泼赖"应该缓行》："他日复来，仍旧先咬老实人开手，投石下井，无所不为。"[例句] 人家现在正在危难之中，这种～的事情，我是不会做的。

【投鼠忌器】 tóu shǔ jì qì

[释义] 投：扔、掷。忌：顾虑、忌讳。器：器皿、器具。扔东西打老鼠，可害怕打坏了老鼠身边的器具。喻指打击坏人时因顾虑与之相关的人而放不开手脚，不敢大胆行动。[语见] 汉·贾谊《治安策》："里谚曰：'欲投鼠而忌器。'此善喻也。"[例句] 惩治坏人一定要雷厉风行，切忌～缩手缩脚。

【投鼠之忌】 tóu shǔ zhī jì

[释义] 见"投鼠忌器"。[语见] 明·沈德符《万历野获编·今上家法》："闻上初见弹吕疏，圣意不怿，特以贵妃故，有投鼠之忌。"[例句] 如今是箭在弦上不得不发了，再有～，战机便将稍纵即逝。

【投梭折齿】 tóu suō zhé chǐ

[释义] 梭：织布时牵引纬线的工具。齿：牙齿。比喻女子严禁男子引诱。[语见] 唐·房玄龄等《晋书·谢鲲传》："邻家高氏女有美色，鲲尝挑之，女投梭，折其两齿。时人为之语曰：'任达不已，幼舆折齿。'"[例句] 君子为人以正忌其邪，你若再不思悔改，必然遭到～之羞，到了那个时候，就不是几句话可以挽回你的罪名的了。

【投桃报李】 tóu táo bào lǐ

[释义] 投：送、给。报：回报、回礼。别人给我送来桃，我送给别人李子做回礼。喻指友好交往，礼尚往来。[语见]《诗经·大雅·抑》："投我以桃，报之以李。"[例句] 你我之间不必拘泥于人情世故，那些～之类，我们最好都免了。

【投闲置散】 tóu xián zhì sǎn

[释义] 投、置：放。投在闲散的位置上。指不被重用或不被任用。[语见] 唐·韩愈《进学解》："动而得谤，名亦随之。投闲置散，乃分之宜。"[例句] 他常抱怨自己～，不被重用，终日郁郁寡欢。

【透骨酸心】tòu gǔ suān xīn
[释义] 指辛酸苦楚已入骨。形容伤心到了极点。[语见] 清·文康《儿女英雄传》第五回："她自己心中，又有一腔的弥天恨事，透骨酸心。"[例句] 想到早年和母亲相依为命的那些日子，只觉～，难以言表。

tu

【突飞猛进】tū fēi měng jìn
[释义] 进展非常迅速。[例句] 我始终弄不明白，女儿一到高三，学习成绩竟然～，究竟是什么力量使她在一夜之间完全变了个人似的？

【突如其来】tū rú qí lái
[释义] 突如：突然。形容来得非常突然，出乎意料。[语见]《易经·离》："象曰：'突如其来如，无所容也。'"[例句] 这～的打击使得全家人一时不知所措。

【图财害命】tú cái hài mìng
[释义] 图：图谋。害：伤害。为谋取钱财而害人性命。[语见] 元·姚守中《粉蝶儿·牛诉冤》："他比那图财害命情尤重，我比那展草垂缰义有馀。"[例句] 他年轻时在山沟里确实干过些～的勾当，他脸上的那道刀痕便是那时候留下的。

【图财致命】tú cái zhì mìng
[释义] 见"图财害命"。[语见] 元·曾瑞卿《留鞋记》第二折："你如今将俺主人摆布死了，故意将这绣鞋揣在怀里，正是你图财致命。"[例句] 这本书中的好汉们虽说也做～的事情，但是他们针对的对象绝不是一般商人，而多是些为富不仁的大财主。

【图国忘死】tú guó wàng sǐ
[释义] 图国：谋求报国。谋求国家利益而忘记自己的生死。比喻忠贞报国。[语见]《左传·昭公元年》："思难不越官，信也；图国忘死，贞也。"[例句] 三公子身边因为有了一帮～之士，势力日渐增大。

【图谋不轨】tú móu bù guǐ
[释义] 不轨：超越常轨，违反法纪。后多指暗中谋划叛逆活动。[语见] 唐·魏徵《隋书·庶人杨秀传》："苞藏凶慝，图谋不轨，逆臣之迹也。"[例句] 康熙实际上早就看出了明珠有～之心，但是他隐忍不发，他是要等鱼长大了再打捞。

【图穷匕见】tú qióng bǐ xiàn
[释义] 图：地图。穷：尽，终。匕：匕首，短剑。见：即"现"，显露。战国时，荆轲奉燕太子丹之命去刺杀秦王，他在地图里卷着一把匕首，当他庭见秦王时，把地图打开，现出匕首，即用以刺秦王。后用以比喻事情发展到最后，终于显露出真相。[语见]《战国策·燕策三》："轲既取图奉之，发图，图穷而匕首见。"[例句] 这帮不法之徒被逮捕之后，～，还未审判，他们便已互相攻击，案情随即真相大白。

【图为不轨】tú wéi bù guǐ
[释义] 见"图谋不轨"。[语见] 唐·房玄龄等《晋书·郗鉴传》："将士愤怒，夜扶邃为主而攻之，隆父子皆死，顾彦亦被害，诬隆聚合远近，图为不轨。"[例句] 谁敢对皇位有半丝～之心，不是杀头、流放，便是充军，以至诛灭九族，但是皇位又实在太有诱惑力了，所以为了争夺这个"称号"而死的人，实在是不计其数。

【荼毒生灵】tú dú shēng líng
[释义] 荼毒：毒害，残害。生灵：指老百姓。残害民众。[语见] 唐·李华《吊古战场文》："秦起长城，竟海为关。荼毒生灵，万里朱殷。"[例句] 这个～的犯罪团伙终于落入了法网。

【徒陈空文】tú chén kōng wén
[释义] 陈：陈述。见"徒托空言"。[语见] 汉·桓宽《盐铁论·非鞅》："言之非难，行之为难，故贤者处实而效功，亦非徒陈空文而已。"[例句] 现在反省起来，我才意识到，去年的慷慨激昂不过是～而已。

【徒劳无功】tú láo wú gōng
[释义] 徒：白白地。功：功效，成就。白

费力气,毫无成效。[语见]明·熊大木《杨家将演义》第十五回:"孟良、岳胜,英勇难敌,且部下皆是强徒,俱能厮杀,若与死战,徒劳无功,不如设计胜之。"[例句]事情已经到了这种地步,你再怎么努力,也都不过是～,白费力气。

【徒劳无益】 tú láo wú yì
[释义]徒劳:白费力气。益:好处。白白地耗费了力气,却没有益处。[语见]清·文康《儿女英雄传》第十六回:"你便百般问他求他,也是徒劳无益。"[例句]我的决心已定,你说什么也都是～的。

【徒托空言】 tú tuō kōng yán
[释义]徒:只。托:依赖,就是靠着说空话。形容只讲空话,不办实事。[语见]清·李宝嘉《文明小史》第四十六回:"我在西报上,看见这种议论,也不止一次了……光景是徒托空言罢?"[例句]记得前年小津刚主持工作的时候,长篇大论说了好几个小时,于今看来,全都是～,虚张声势而已。

【徒有虚名】 tú yǒu xū míng
[释义]徒:徒然,白白地。徒然有一个虚名。形容只有名义而没有与之相符的真实内容。[语见]晋·干宝《晋纪总论》:"怀帝承乱之后,得位羁于强臣;愍帝奔播之后,徒厕其虚名。天下之政既已去矣,非命世之雄,不能取之矣。"[例句]原来听人说余作家的修养如何如何,等见了一面之后,才知道他不过～而已。

【涂炭生灵】 tú tàn shēng líng
[释义]见"生灵涂炭"。[语见]五代后晋·刘昫等《旧唐书·长孙无忌传》:"今无忌忘先朝之大德,舍陛下之至亲,听受邪谋,遂怀悖逆,意在涂炭生灵。"[例句]隋炀帝骄奢淫逸,～,隋朝成为历史上最短的王朝之一,也是理所当然了。

【涂炭生民】 tú tàn shēng mín
[释义]见"生灵涂炭"。[语见]明·沈采《千金记·登拜》:"狂秦暴虐,涂炭生民。"[例句]侵略军到处都在残暴屠杀,～,于是村庄被荡平,荒野抛尸,江河血流。

【涂脂抹粉】 tú zhī mǒ fěn
[释义]脂:胭脂。擦胭脂,抹香粉。形容妇女装饰打扮。[语见]明·凌濛初《二刻拍案惊奇》第十四卷:"其妻涂脂抹粉,惯卖风情,挑逗富家郎君。"[例句]孙二娘整天～,打扮得跟个狐狸精似的。

【屠龙之技】 tú lóng zhī jì
[释义]屠:宰杀。技:技巧,技术。宰杀龙的技能。比喻造诣虽然高,但无实用价值。[语见]《庄子·列御寇》:"朱泙漫学屠龙于支离益,单千金之家。三年技成,而无所用其巧。"[例句]小丫头那花拳绣腿虽然好看,但不过是些～,一到实战中可就一无是处。

【土崩瓦解】 tǔ bēng wǎ jiě
[释义]像土崩塌,像瓦碎裂。比喻彻底崩溃。[语见]汉·司马迁《史记·秦始皇本纪》:"秦之积衰,天下土崩瓦解。"[例句]一代王朝走到末路,腐朽不堪,终将～。

【土崩鱼烂】 tǔ bēng yú làn
[释义]见"鱼烂土崩"。[语见]汉·陈琳《为曹洪与魏文帝书》:"若乃距阳平,据石门,摅八陈之列,骋牛牛之权,焉有土崩鱼烂哉?"[例句]王朝常常是有强敌长驱直入而能起死回生,但是～,则是无药可救。

【土豪劣绅】 tǔ háo liè shēn
[释义]土豪:地方上的豪强。劣绅:依势欺人的恶霸地主和退职官僚。泛指旧社会横行乡里、鱼肉百姓的恶势力。[语见]清·朱寿朋《光绪朝东华录》:"至煤、铁各矿……应请饬下该督,不准猾吏、蠹役、土豪劣绅阻挠扰乱。"[例句]自西汉开始,～逐渐成势,到了东汉的时候,他们的势力甚至连朝廷也得让其三分。

【土鸡瓦犬】 tǔ jī wǎ quǎn
[释义]黏土捏成的鸡,陶土做成的狗。比喻无用之物。[语见]明·罗贯中《三国演义》第二十五回:"曹操指山下颜良排的阵势……乃谓关公曰:'河北人马,如此雄壮!'关公曰:'以吾观之,如土鸡瓦

犬耳!'"[例句] 在李将军眼里,敌人的万马千军不过是～,不堪一击。

【土阶茅茨】 tǔ jiē máo cí

[释义] 见"茅室土阶"。[语见] 唐·欧阳询《艺文类聚》第三十五卷引汉·扬雄《逐贫赋》:"昔我乃祖,宣其明德,克佐帝尧,哲为典则,土阶茅茨,匪雕匪饰。"[例句] 陶渊明辞官之后,虽过着～、粗茶淡饭的日子,但是心中的闲散和安宁,却是在为官时从来不曾有过的。

【土阶茅屋】 tǔ jiē máo wū

[释义] 见"茅室土阶"。[语见] 唐·令狐德棻《周书·武帝纪下》:"上栋下宇,土阶茅屋,犹恐居之者逸,作之者劳。"[例句] 我纵然过着～的生活,只要有书读,我便是觉得幸福。

【土龙刍狗】 tǔ lóng chú gǒu

[释义] 刍:草。泥捏的龙,草扎的狗。比喻名不副实。[语见] 晋·陈寿《三国志·蜀书·杜微传》:"曹丕篡弑,自立为帝,是犹土龙刍狗之有名也。"[例句] 这书的封面倒是做得不错,但是不过是～罢了,里面的内容实在不敢恭维。

【土木形骸】 tǔ mù xíng hái

[释义] 形骸:人的形体。人形体像大地上的土木一样自然。比喻人不加修饰的本来面目。[语见] 南朝宋·刘义庆《世说新语·容止》:"刘伶身长六尺,貌甚丑悴,而悠悠忽忽,土木形骸。"[例句] 范先生画技已臻于神境,但是常常不修边幅,以一面对记者,倒也见得其真性情。

【土牛木马】 tǔ niú mù mǎ

[释义] 比喻徒有其形而不能用的东西。[语见] 《关尹子·八筹》:"知物之伪者,不必去物,譬如土牛木马,虽情存牛马之名,而心忘牛马之实。"[例句] 敌人貌似强大,但那百里大营里住的,尽是些～而已,打起仗来,实在不堪一击。

【土壤细流】 tǔ rǎng xì liú

[释义] 比喻事物目前虽然细微,但不断积累,即能发生巨大作用。[语见] 汉·司马迁《史记·李斯列传》:"是以太山不让土壤,故能成其大;河海不择细流,故

能就其深。"[例句] 生意是一分一角积累成大的,～,日子一长,并且时时谨慎,终究会有你成功的那一天的。

【吐哺握发】 tǔ bǔ wò fà

[释义] 见"握发吐哺"。[语见] 宋·陆游《谢费枢密启》:"虽吐哺握发之劳,曾靡遗于一士;然引坐解颜之遇,顾岂在于他人。"[例句] 将军～,待我如兄弟,我自当竭尽全力,为将军谋划。

【吐刚茹柔】 tǔ gāng rú róu

[释义] 刚:硬。茹:吃。吐出硬的,吃下软的。比喻欺软怕硬。[例句] 英雄当除暴安良,似你那般～,也不怕天下人耻笑?

【吐故纳新】 tǔ gù nà xīn

[释义] 吐:呼出。故:不新鲜的气体。纳:吸入。新:新鲜的空气。道家养生术,即吐纳之功。指呼出二氧化碳,吸入新鲜的氧气。后喻指机构的新陈代谢。[语见] 《庄子·刻意》:"吹呴呼吸,吐故纳新。"[例句] 该公司的经营者认为,企业在技术上、人员上的～,可以使企业不断适应变化的环境,只有这样,才能在竞争中立于不败之地。

【兔角龟毛】 tù jiǎo guī máo

[释义] 见"龟毛兔角"。[语见] 《大智度论》第十二卷:"又如兔角龟毛,亦但有名而无实。"[例句] 这些小说中所写的事物,不过是～,其实根本不存在。

【兔起凫举】 tù qǐ fú jǔ

[释义] 像兔子飞奔,像野鸭子飞起。形容行动极迅速。[语见] 《吕氏春秋·论威》:"凡兵欲急疾捷先……而不可久处,知其不可久处,则知所兔起凫举,死殇殆之地矣。"[例句] 只见运动员～地做了几个后滚翻,又是一个高难度的转体三周半,然后静立场中,纹丝不动。

【兔起鹘落】 tù qǐ hú luò

[释义] 起:跳起来。鹘:即"隼",一种猛禽。兔子刚一跳起,鹘就迅猛地扑过去。形容动作迅速、准确。也比喻写字、作画、写文章时下笔敏捷,气势充沛。

[语见] 宋·苏轼《文与可画筼筜谷偃竹记》："振笔直遂，以追其所见，如兔起鹘落，少纵则逝矣。"[例句] 安宁静静地默念着什么，突然一阵～地狂写，一篇千字文一气呵成。

【兔丝燕麦】tù sī yàn mài

[释义] 兔丝：即"菟丝"，寄生的蔓草。燕麦：形似麦子的草本植物，可做饲料。像菟丝子那样有丝的名称而不能织，像燕麦那样有麦的名称而不能食。比喻徒有其名。[语见] 北齐·魏收《魏书·李崇传》："今国子虽有学官之名，而无教授之实，何异兔丝燕麦、南箕北斗哉！"[例句] 岛上四处都散落着珠宝，但是此刻似乎都失去了意义——在这荒芜的孤岛上，我们离开了文明，这些尘世里的宝贝不过如～，几乎连一只破手套的价值都不如。

【兔死狗烹】tù sǐ gǒu pēng

[释义] 烹：烧煮食物。兔子死了，猎狗也就可以煮着吃了。比喻事成之后，把出力效劳的人抛弃以致杀害。[语见] 明·张景《飞丸记·盟寻泉石》："还有一等兔死狗烹，衔冤赍志。"[例句] 刘伯温自然深谙～之道，所以明政权一旦巩固，他的第一选择是离去，而不是像徐达那样等着皇帝来收拾自己。

【兔死狐悲】tù sǐ hú bēi

[释义] 兔子死了，狐狸感到悲伤。比喻因同类的不幸而感到悲伤。[语见] 元·马钰《苏幕遮·看送孝》词："有微言，深可说。兔死狐悲，伤类声凄切。"[例句] 从报纸上得知几个兄弟已经被捉，他们都不禁生出～的感觉，合议了一宿，最终决定还是去投案自首。

【兔走乌飞】tù zǒu wū fēi

[释义] 兔、乌：玉兔、金乌。走：跑。玉兔跑，金乌飞。古代神话说月亮里有玉兔，太阳里有金乌，故月称玉兔，日称金乌。比喻时光飞速地过去。[语见] 唐·韦庄《秋日早行》诗："行人自是心如火，兔走乌飞不觉长。"[例句] 你我分别，～，已是三十多年，原来的翩翩少年，如今都已经两鬓斑白了。

tui

【推波助澜】tuī bō zhù lán

[释义] 推：推动。助：助长。澜：大波浪。比喻促成或助长事物的发展，使其扩大影响。[语见] 隋·王通《中说·问易》："真君、建德之事，适足推波助澜，纵风止燎耳！"[例句] 你自己只管做你的就成，我们会在不同的地方为你～，你还犹豫什么？

【推陈出新】tuī chén chū xīn

[释义] 推：去除。陈：旧的。去除旧的，拿出新的。多指去掉旧事物的糟粕，吸取精华，并使它向新的方向发展。[语见] 宋·费衮《梁溪漫志·张文潜粥记》："吴子野劝食白粥，云能推陈出新，利膈养胃。"[例句] 五三厂经过研究，～，弄出了比原来的烤鸭味道好上许多的新品种，一下子占领了华北大半个市场。

【推诚不饰】tuī chéng bù shì

[释义] 推诚：以诚实相见。饰：掩饰。推诚相见，毫不掩饰自己。比喻对人诚实，毫无虚假之意。[语见] 晋·陈寿《三国志·蜀书·谯周传》："体貌素朴，性推诚不饰。"[例句] 事情已经到了这样的地步，我们只有～地交换各自的看法，然后形成统一的意见，才能达到真正的合作。

【推诚相见】tuī chéng xiāng jiàn

[释义] 推诚：以诚相见。比喻真心实意地待人。[例句] 薛部长这次可是～，你们一定要给他说实话，说出你们的心声和最真实的愿望。

【推崇备至】tuī chóng bèi zhì

[释义] 推崇：推重和敬佩。形容极其推重敬佩。[语见] 清·曾朴《孽海花》第十八回："所谈西国政治、艺术，石破天惊，推崇备至，私心窃以为过当！"[例句] 别看他们对咱们的产品～，但是他们无一日不在打着挖走我们的核心技术的主意，所以这方面的保密工作，一定要慎之又慎啊。

【推东主西】tuī dōng zhǔ xī
[释义] 形容借口推托,不说实情。[语见] 元·郑廷玉《后庭花》第四折:"你休推东主西,可甚么'三从四德',那些个'家有贤妻'。"[例句] 我虽然找了她好几次,但是每次她都～的,所以我现在真的对实情还是一无所知。

【推而广之】tuī ér guǎng zhī
[释义] 推:使事情开展。广:扩大。使事情开展并扩大范围或影响。也指从一件事推广到其他事。[语见] 南朝梁·萧统《文选序》:"风云草木之兴,鱼虫禽兽之流,推而广之,不可胜载矣。"[例句] 罗马的情况是这样,～,中世纪的整个欧洲的情况也就可想而知了。

【推锋争死】tuī fēng zhēng sǐ
[释义] 推锋:手执兵器向前,指冲锋。形容冲锋陷阵,争先恐后,不怕牺牲。[语见] 汉·司马迁《史记·秦本纪》:"三百人者闻秦击晋,皆求从,从而见缪公窘,亦皆推锋争死,以报食马之德。"[例句] 李广带兵,平日里爱兵如子,一有战事,士兵们自然～,奋勇直前。

【推己及人】tuī jǐ jí rén
[释义] 推:推想、推测。及:到。根据自己的心情去推想别人的心情,形容体察别人,替别人着想。[语见]《礼记·中庸》:"忠恕违道不远。"朱熹注:"尽己之心为忠,推己及人为恕。"[例句] 我这么落井下石地来一下,你也受不了,～,你何苦要对人做这种亏心事呢?

【推襟送抱】tuī jīn sòng bào
[释义] 襟、抱:指心意。比喻推心置腹以诚相待。[语见] 唐·李延寿《南史·张充传》:"与俭(王俭)书曰:'……所可通梦交魂,推襟送抱者,唯丈人而已。'"[例句] 于谦见老和尚有些道行,感慨一番,便～,将对朝堂的感受一一道出。

【推聋做哑】tuī lóng zuò yǎ
[释义] 见"装聋作哑"。[语见] 元·无名氏《闹铜台》第二折:"我如今装醉如痴,推聋做哑,待时守分。"[例句] 老师都给我们讲了好多遍了,你每次都～的,你就不怕老师伤心吗?

【推轮捧毂】tuī lún pěng gǔ
[释义] 见"捧毂推轮"。[语见] 明·无名氏《精忠记·告奠》:"生不能请功受赏,推轮捧毂,拜将登坛。"[例句] 带兵打仗,积攒粮草,都非我所长,然为大王～,我自会如鱼得水。

【推门入臼】tuī mén rù jiù
[释义] 臼:旧式门上容纳榫头的槽。比喻两相凑合。[语见] 明·冯梦龙《警世通言》第二十卷:"(张彬)死了,两个正是推门入臼。免不得买具棺木盛殓,把去烧了。周三搬来店中,两个依旧做夫妻。"[例句] 在那个时代,两个不幸的人在媒人的撮合下,～,成了柴米夫妻。

【推情准理】tuī qíng zhǔn lǐ
[释义] 推:推测。按照情理来推测确定。[语见] 北齐·魏收《魏书·礼志二》:"假使八世,天子乃得事七;六世,诸侯方通祭五;推情准理,不其谬乎!"[例句] 敌人一共有十三万之众,～,他们的行军速度自然达不到一天百里以上了。

【推群独步】tuī qún dú bù
[释义] 推群:超出一般人。形容杰出超群,独一无二。[语见] 清·魏秀仁《花月痕》第七回:"这也没有什么奇处,那诸葛公弹琴退敌,谢太傅围棋赌墅,名士大半专会摹调,只如今就算得江左夷吾,让他推群独步了。"[例句] 丁丁能够在五百考生中脱颖而出,不仅仅是她琴弹得好,更主要是她对音乐的理解,远远在众人之上,因此她所奏的曲子,自然～,高人一筹了。

【推三挨四】tuī sān ái sì
[释义] 见"推三宕四"。[语见] 茅盾《第一阶段的故事》:"几次叫你做个手脚,你总是推三挨四,还打官话。"[例句] 我们公司的状况已经到了无米下锅的地步,你的欠款早该还了,你再～我们就真要破产了。

【推三宕四】tuī sān dàng sì
[释义] 推:推托。宕:拖延。形容一再推托、拖延。[语见] 清·曾朴《孽海花》第五

回:"原来仑樵欠了米店两个月的米账,没钱还他,那店伙天天来讨,总是推三宕四,那讨账人发了急,所以就吵起来。"[例句]欠人家的就早点还了得了,老是这么～的也不是个法子,难道你真的想要赖掉不成?

【推三阻四】tuī sān zǔ sì
[释义]用各种借口推托、阻挠。[语见]明·兰陵笑笑生《金瓶梅词话》第六十四回:"俺们在这里,你如何只顾推三阻四,不肯出来?"[例句]记者们要探得实情,去了几次,办公室的人总是～的,记者们火了,从别的地方探来消息,终于使事情曝了光。

【推涛作浪】tuī tāo zuò làng
[释义]作:兴起。推动波涛向前,兴起浪头。比喻助长坏人坏事,煽动怂恿,制造事端。[例句]残余势力到达青海之后,又在当地～,竟渐渐形成了一股不可小视的力量。

【推贤进善】tuī xián jìn shàn
[释义]推荐贤士,引进好人。[语见]唐·苏鹗《杜阳杂编》上卷:"上亲自考试,用绝请托之门,是时文学相高,公道大振,得路者咸以推贤进善为意。"[例句]人力资源部门的工作不仅仅是要～,还要做好对人的种种管理,以使它发挥更大作用。

【推贤进士】tuī xián jìn shì
[释义]推荐贤士,引进学者。[语见]唐·姚崇《答张九龄书》:"近蒙奖擢,倍励驽庸,每以推贤进士为务,欲使公卿大夫称职。"[例句]他一心为国为民,为朝廷～,从无一己之私。

【推贤举善】tuī xián jǔ shàn
[释义]见"推贤进善"。[语见]元·无名氏《伐晋兴齐》第四折:"喜孜孜推贤举善,永绵绵龙虎风云。"[例句]司马先生四方云游,间或为一些有德有识的君主～,他的名声便渐渐升腾起来,甚至连边陲小镇的老百姓也都知道。

【推贤乐善】tuī xián lè shàn
[释义]推:推崇。乐:爱好。推崇贤人,爱好善事。[语见]唐·房玄龄等《晋书·傅玄传》:"疾恶如仇,推贤乐善,常慕季文子、仲山甫之志。"[例句]松年退下来之后,依然为国家着想,为百姓着想,～,无不尽力而为,其声誉自然越来越高。

【推贤让能】tuī xián ràng néng
[释义]推:举荐。让:谦让。举荐贤人,让位于能者。[语见]《尚书·周官》:"推贤让能,庶官乃和。"[例句]周勃～,其坦荡襟怀,如日月光照天下。

【推贤任人】tuī xián rèn rén
[释义]推荐贤士,任用其人。[语见]唐·严郢《驳议吕谔》:"公践台衡,专以推贤任人为务。"[例句]房玄龄主持吏部事务,～,政绩突出,口碑很好。

【推贤逊能】tuī xián xùn néng
[释义]见"推贤让能"。[语见]元·无名氏《伐晋兴齐》第四折:"社稷宁谧,黎民乐业,皆晏婴推贤逊能之功。"[例句]可惜的是,这种～的风气,毕竟无法在官场长久坚持下去。

【推心置腹】tuī xīn zhì fù
[释义]推心:把自己的心推出来。置腹:放在别人的腹中。比喻用自己的真诚之心对待别人。[语见]南朝宋·范晔《后汉书·光武帝纪上》:"萧王推赤心置人腹中。"[例句]经理与他进行了～的谈话之后,他的工作大有起色。

【推燥居湿】tuī zào jū shī
[释义]指把干燥的地方让给幼儿,自己睡在湿处。形容抚育幼儿的辛劳。[语见]《孝经援神契》:"母之于子也,鞠养殷勤,推燥居湿,绝少分甘也。"[例句]后母～,尽心教导,把袁光地培育成了一代名臣。

【推舟于陆】tuī zhōu yú lù
[释义]推船在陆地上行,比喻劳而无功。[语见]《庄子·天运》:"夫水行莫如用舟,而陆行莫如用车。以舟之可行于水也,而求推之于陆,则没世不行寻常。古今非水陆与?周、鲁非舟车与?今蕲行

周于鲁,是犹推舟于陆也!"[**例句**]我们这种产品只能在民间慢慢销售,你再多的广告也都是～。

【**颓唐衰飒**】tuí táng shuāi sà

[**释义**]形容衰败凋零。[**语见**]汉·王褒《洞箫赋》:"颓唐遂往,长辞远逝,漂不还兮。"唐·张九龄《登古阳云台》诗:"庭树日衰飒。"[**例句**]在肃杀的秋风里,庭院中一派～,满目萧然。

【**退避三舍**】tuì bì sān shè

[**释义**]三舍:古代行军时以三十里为一舍,三舍共计九十里。主动退让、回避九十里。《左传》载:春秋战国时,晋文公为报答楚国的接待之情,曾许诺如果今后两国交战,自己的军队向撤九十里表示退让。后用以比喻对人退让和尊敬。[**语见**]《左传·僖公二十三年》:"若以君之灵,得反晋国,晋、楚治兵,遇于中原其辟君三舍。"《左传·僖公二十八年》:"退三舍辟之,所以报也。"[**例句**]对你的挑衅,我已然～了,若再三纠缠,势必要激起众怒。

【**退而结网**】tuì ér jié wǎng

[**释义**]见"临渊羡鱼"。[**语见**]汉·班固《汉书·董仲舒传》:"古人有言曰:'临渊羡鱼,不如退而结网。'"[**例句**]你在那里苦苦空想,不如～,做一些有实际意义的事情。

【**退思补过**】tuì sī bǔ guò

[**释义**]退思:官吏退朝后检查自己的言行。指事后反省过错,弥补过失。[**语见**]《左传·宣公十二年》:"林父之事君也,进思尽忠,退思补过。"[**例句**]大伟本来就不是一个谨慎的人,虽然他能～,但是毛躁的毛病还是常常把他置于言论的中心。

【**退有后言**】tuì yǒu hòu yán

[**释义**]当面顺从答应,背后又有违背的言语。[**语见**]《尚书·益稷》:"予违汝弼,汝无面从,退有后言。"[**例句**]大丈夫当一诺千金,怎么能～,长此以往,必将使你的信誉受到损害。

tun

【**吞声忍气**】tūn shēng rěn qì

[**释义**]见"忍气吞声"。[**语见**]元·关汉卿《窦娥冤》第三折:"可怜我孤身只影无亲眷,则落的吞声忍气空嗟怨。"[**例句**]那～的三年,我虽然过得极不快活,但它对我的锻炼和培养,却可以使我终生受用。

【**吞声饮气**】tūn shēng yǐn qì

[**释义**]见"忍气吞声"。[**语见**]唐·李延寿《北史·儒林传下》:"安可龋舌缄气,吞声饮气,恶呻吟之响,忍酸辛之酷哉!"[**例句**]燕国国力单薄,面对强秦,只能～,想方设法与之周旋,以延长些准备的时间。

【**吞声饮泣**】tūn shēng yǐn qì

[**释义**]忍住哭声,噙着眼泪。形容不敢表露痛苦和怨恨。[**语见**]明·冯梦龙《醒世恒言》第二十七卷:"那时打骂,就把污话来肮脏了。不骂要趁汉,定说想老公。可怜女子家无处申诉,只好向背后吞声饮泣!"[**例句**]你母亲忍辱负重,～地把你拉扯大,难道你都忘记了?

【**吞吞吐吐**】tūn tūn tǔ tǔ

[**释义**]形容说话有顾虑,想说又不敢说的样子。[**语见**]清·文康《儿女英雄传》第五回:"怎么问了半日,你一味的吞吞吐吐,支支吾吾,你把我作何等人看待?"[**例句**]看着小乔那～的样子,我就知道她心里一定还有什么事情没有告诉我。

【**吞云吐雾**】tūn yún tǔ wù

[**释义**]原指道士修炼养气。后用"吞云吐雾"指吸食鸦片或吸烟。[**语见**]巴金《海行杂记·西贡》:"许多人像死鱼一般地睡在那里,曲起双腿在吞云吐雾。"[**例句**]他们一坐到一块儿,就～起来。

【**吞舟之鱼**】tūn zhōu zhī yú

[**释义**]能把船吞进肚里去的大鱼。形容鱼身极大。比喻罪大恶极的江洋大盗。[**语见**]《庄子·庚桑楚》:"吞舟之鱼,砀而失水,则蚁能苦之。"[**例句**]这伙

在海上横行霸道的～,终于落入了法网。

【屯街塞巷】tún jiē sè xiàng
[释义]街巷都屯塞了人。形容人多拥挤的情状。[语见]明·施耐庵《水浒传》第二十三回:"武松在轿上看时,只见亚肩迭背,闹闹穰穰,屯街塞巷,都来看迎大虫。"[例句]六君子被杀的那一天,整个北京城～,百姓都要一睹这些传说中的大英豪的风采。

【屯粮积草】tún liáng jī cǎo
[释义]积聚粮食和草料。比喻备战。[语见]明·罗贯中《三国演义》第七十回:"此去有山,名天荡山,山中乃曹操屯粮积草之地。"[例句]匈奴暗中招兵买马,～的事情,早已被人报告给大汉天子了。

【囤积居奇】tún jī jū qí
[释义]囤积:积存。居:储藏。奇:贵重或稀少的货物。把短缺的货物大量储藏起来。指奸商套购短缺商品积存不卖,以待高价。[语见]《清史列传·熊枚》:"救灾有平粜之法,已饬州县禁止铺户囤积居奇。"[例句]北方旱灾,南方水灾,给了想要～的商人发不义之财的大好时机。

tuo

【拖儿带女】tuō ér dài nǚ
[释义]见"拖男带女"。[语见]老舍《四世同堂》:"大家糊里糊涂,推推搡搡,拖儿带女,一齐拥到院子里。"[例句]一个女人,从战火纷飞的关外～走到北平,又从北平辗转到重庆,此间的苦涩有多少人能够领略?

【拖男带女】tuō nán dài nǚ
[释义]带领着儿子女儿。多用于形容旅途的辛苦或生计的艰难。[语见]清·文康《儿女英雄传》第二十五回:"就是我这师傅,不辞年高路远,拖男带女而来。"[例句]战火还没有燃烧起来,～的人们已经纷纷开始外逃,公路都完全被堵塞了。

【拖男挟女】tuō nán xié nǚ
[释义]见"拖男带女"。[语见]明·吴承恩《西游记》第八十九回:"吓得城外各关厢人等,拖男挟女,顾不得家私,都往州城中走。"[例句]两国开战之后,边境的老百姓只好～,举家搬迁。

【拖泥带水】tuō ní dài shuǐ
[释义]指在泥水中行走不利落。后喻指说话、写文章、办事不利落。[语见]宋·释普济《五灯会元·德山远禅师法嗣》:"问:'一棒一喝,犹是葛藤,瞬目扬眉,拖泥带水,如何是直截根源?'"[例句]明东虽然心里明白,但是说起话来总是～的。

【拖人下水】tuō rén xià shuǐ
[释义]拖:拉。拉别人下水。比喻引诱别人一道去干坏事。[语见]《明儒学案·谏议贺医间先生钦》:"渠以私意干我,我却以正道劝之,渠是拖人下水,我却是救人上岸。"[例句]你自己已经知道了事情的严重性,怎么还要～?

【脱缰之马】tuō jiāng zhī mǎ
[释义]脱:脱离。缰:缰绳。脱离了缰绳的马。比喻摆脱束缚的人或事物。[例句]父母亲一走,孩子顿时成了～,爷爷奶奶哪里管得住他?

【脱口而出】tuō kǒu ér chū
[释义]见"冲口而出"。[语见]清·吴趼人《瞎骗奇闻》第一回:"我晓得你这个人向来是有口无心的,但也不可不拘什么话便脱口而出。"[例句]我想也没想,～:"倚天照海花无数,流水高山心自知。"

【脱壳金蝉】tuō qiào jīn chán
[释义]见"金蝉脱壳"。[语见]元·关汉卿《谢天香》第二折:"便使尽些伎俩,千愁断我肚肠,觅不的个脱壳金蝉这一个谎。"[例句]在重重包围之中,小分队巧妙地来了个～之计,一举成功突围。

【脱胎换骨】tuō tāi huàn gǔ
[释义]原为道教修炼用语。指修道者得道后,就可以换掉凡胎而成圣胎,换掉凡骨而成仙骨。现在用来比喻思想、立

T

场发生彻底变化。也比喻重新做人。[语见]宋·葛长庚《沁园春·赠胡葆元》词:"常温养,使脱胎换骨,身在云端。"[例句]三年不见,良子似乎已经～一般。

【脱颖而出】 tuō yǐng ér chū

[释义]脱:显露。颖:某些小而细长的东西的尖端。原指把锥子放在布袋里,锥尖穿过布袋显露出来。后用来比喻把人的才能全部显示出来。[语见]汉·司马迁《史记·平原君虞卿列传》:"使遂蚤得处囊中,乃颖脱而出。"[例句]经过层层选拔,她终于～,成为一名电视节目的主持人。

【唾面自干】 tuò miàn zì gān

[释义]比喻逆来顺受,受了侮辱也不加反抗。[语见]清·文康《儿女英雄传》第三十五回:"他从年轻时候得了选拔,便想到他祖上唾面自干那番见识,究竟欠些褒气。"[例句]我们忍辱负重,～,还不是期望等到扬眉吐气的这一天?

【唾手可得】 tuò shǒu kě dé

[释义]唾手:往手上吐口唾沫。比喻非常容易得到。[语见]明·施耐庵《水浒传》第五十八回:"只除非教呼延将军赚开城门,唾手可得。"[例句]眼看成功已经～,他开始有些得意忘形了。

【唾手可取】 tuò shǒu kě qǔ

[释义]见"唾手可得"。[语见]宋·欧阳修等《新唐书·褚遂良传》:"但遣一二慎将,付锐兵十万,翔艦云輈,唾手可取。"[例句]城市外围的防御已经完全扫清,破城已是～。

W

wa

【挖耳当招】 wā ěr dāng zhāo
[释义] 别人用手挖耳朵,却误以为对方在召唤自己。比喻希望达到的心情非常迫切。[语见] 明·冯梦龙《醒世恒言》第二十八卷:"早上贺司户相邀,正是挖耳当招,巴不能到他船中,希图再得一觑。"[例句] 你别那么～的样子,人家来不来,还不一定呢。

【挖空心思】 wā kōng xīn sī
[释义] 指费尽心机,想方设法。多用于贬义。[例句] 这个配方你一定要收藏好了,多少人～地想要弄到它都一直没成,这可是我们的看家宝贝啊!

【挖肉补疮】 wā ròu bǔ chuāng
[释义] 见"剜肉补疮"。[语见] 清·梁启超《外债平议》:"就财政上以论,外债之宜借者,不过为苟安目前,挖肉补疮之计。"[例句] 你这种～的权宜之计,会使我们变得更加狼狈。

【瓦釜雷鸣】 wǎ fǔ léi míng
[释义] 瓦釜:陶制的炊具。瓦锅中发出雷鸣般的巨响。比喻庸才显赫。[语见] 战国楚·屈原《楚辞·卜居》:"黄钟毁弃,瓦釜雷鸣。"[例句] 屈原身处～的楚国,虽有满腔的报国之心,却无报国之门。

【瓦釜之鸣】 wǎ fǔ zhī míng
[释义] 见"瓦釜雷鸣"。[语见] 唐·柳宗元《代人进瓷器状》:"且无瓦釜之鸣,是称土铏之德。"[例句] 立国之初,六部整顿,各方俊杰归附,毫无～。

【瓦解冰泮】 wǎ jiě bīng pàn
[释义] 见"冰消瓦解"。[语见] 汉·陈琳《檄吴将校部曲文》:"则七国之军,瓦解冰泮。"[例句] 赖文光死后,捻军虽然坚持了一段,但是群龙无首,很快便被各个击破,～了。

【瓦解冰消】 wǎ jiě bīng xiāo
[释义] 见"冰消瓦解"。[语见] 北齐·魏收《魏书·出帝平阳王纪》:"世祖太武皇帝,握金镜以照耀,击玉鼓以铿锵,神武之所牢笼,威风之所辐轹,莫不云彻雾卷,瓦解冰消。"[例句] 我们经过那次长谈之后,原来所有的矛盾都～了。

【瓦解冰销】 wǎ jiě bīng xiāo
[释义] 见"冰消瓦解"。[语见] 五代后晋·刘昫等《旧唐书·李密传》:"于是熊罴角逐,貔虎争先,因其倒戈之心,乘我破竹之势,曾未旋踵,瓦解冰销,坑卒则长平未多,积甲则熊耳为小。"[例句] 秦国一旦真枪真刀地打过来,六国之间的联盟顿时～。

【瓦解星散】 wǎ jiě xīng sàn
[释义] 像瓦片那样碎裂,星星那样飞散。比喻人群离散,各奔东西。[语见] 宋·司马光《义勇第五札子》:"殊不知彼皆队舞聚戏之类,若闻胡寇之来,则瓦解星散不知之矣。"[例句] 首领们投降之后,寨子里的几千兵丁顷刻间～,各奔东西。

【瓦解云散】 wǎ jiě yún sàn
[释义] 像瓦器破碎,云彩分散。比喻群体溃散。[语见] 汉·司马迁《史记·匈奴列传》:"故其见敌则逐利,如鸟之集;其困败,则瓦解云散矣。"[例句] 单于死

后,部落的联盟不攻自破,强大的兵团随即~。

【瓦器蚌盘】 wǎ qì bàng pán

[释义] 陶土做的食器,蚌壳制的盘子。泛指粗劣的器皿。形容生活俭朴,不讲排场。[语见] 唐·姚思廉《陈书·高祖纪》:"(武帝)以俭素自率,常膳不过数品,私飨曲宴,皆瓦器蚌盘。"[例句] 首领们~,但官兵一致,战斗力非同一般。

【瓦影龟鱼】 wǎ yǐng guī yú

[释义] 池中的龟鱼靠屋瓦的影子蔽身。比喻求庇于人。[语见] 唐·韩愈《新亭》诗:"湖上新亭好,公来日出初,水文浮枕簟,瓦影荫龟鱼。"[例句] 那数十年,丘家全家东躲西藏,处处做~,此间的疾苦辛劳,实非笔墨能述。

wai

【歪打正着】 wāi dǎ zhèng zháo

[释义] 比喻方法本不恰当或本无用心,但却意外地得到满意的结果。[语见] 清·西周生《醒世姻缘传》第二回:"将药煎中,打发晁大舍吃将下去。谁想歪打正着,又是杨太医运好的时节,吃了药就安稳睡了一觉。"[例句] 我也说不清怎么的,反正我是~得了个奖。

【歪风邪气】 wāi fēng xié qì

[释义] 指各种不正当的、坏的风气。[例句] 如果不把公司里的~清除干净,势必影响我们的生产和销售。

【歪门邪道】 wāi mén xié dào

[释义] 见"邪门歪道"。[例句] 他就凭着这点~,竟还颇得了些钱财。

【外刚内柔】 wài gāng nèi róu

[释义] 见"内柔外刚"。[语见] 宋·吴曾《能改斋漫录·太祖推服桑维翰》:"兵戈既起,将帅擅权,武吏功臣,过求姑息,边藩远郡,得以骄矜,外刚内柔,上陵下替,此为屈辱又非多乎!"[例句] 跟小杨处得久了,才知道他原来是个~的人,而且跟他相处还非常容易。

【外合里应】 wài hé lǐ yìng

[释义] 合:合围。应:接应。里外相互配合。[语见] 元·无名氏《陈州粜米》第一折:"则这官吏知情,外合里应,将穷民并。"[例句] 城里城外的义军~,一举夺取了襄阳。

【外宽内忌】 wài kuān nèi jì

[释义] 表面宽厚,内心妒恨。[语见] 晋·陈寿《三国志·蜀书·杨戏传》:"维宽内忌,意不能堪。军还,有司承旨奏戏,免为庶人。"[例句] 他这个人啊,就是个~的人,跟他共事,实在是太难了!

【外强中干】 wài qiáng zhōng gān

[释义] 外:外表、表面。强:强大。中:中心、中间。干:空虚,空无所有。形容外表看似很强大,实际内部非常空虚。[语见]《左传·僖公十五年》载:庆郑说:"今乘异产以从戎事,及惧而变,……张脉偾兴,外强中干,进退不可,周旋不能,君必悔之。"[例句] 事情了之后,他的~立刻暴露无遗。

【外巧内嫉】 wài qiǎo nèi jí

[释义] 表面巧言令色,内怀嫉妒之心。[语见] 汉·班固《汉书·翟方进传》:"兄宣静言令色,外巧内嫉。"[例句] 你身边那几个朋友,别看都嘻嘻哈哈的,但是除了小平之外,恐怕都是些~之徒,你还是远离他们为好。

【外亲内疏】 wài qīn nèi shū

[释义] 见"内疏外亲"。[语见] 唐·房玄龄等《晋书·宣帝纪》:"孙权刘备,外亲内疏,(关)羽之得意,权所不愿也。"[例句] 其实我知道,大娘对我是~,但是我除了在这里容身之外,别无去处,所以我只得忍受。

【外柔内刚】 wài róu nèi gāng

[释义] 柔:柔弱、柔顺。刚:刚强。外表柔弱,内心却很刚强。[语见] 唐·房玄龄等《晋书·甘卓传》:"卓外柔内刚,为政简惠。"[例句] 他可是个~的人,一般的压力是压不垮他的。

【外圆内方】 wài yuán nèi fāng

[释义] 比喻人外表很随和,实际上内心却有主见,能坚持原则。[例句] 像他那种~的人的心思,你还是别去琢磨为好。

wan

【剜肉补疮】wān ròu bǔ chuāng
[释义] 比喻只顾眼前,用有害的办法救急。[语见] 唐·聂夷中《咏田家》诗:"二月卖新丝,五月粜新谷;医得眼前疮,剜却心头肉。"[例句] 先取洛阳再图北上,便捷倒是便捷,但是这不过是～的方法,因为这样一来,我们的整个后方就暴露在敌人面前了。

【剜眼剥皮】wān yǎn bō pí
[释义] 剥皮:剥面皮。剜眼珠是恨人不识好歹,剥面皮是憎人厚颜无耻。形容对于既不懂事而又脸憨皮厚的蠢人非常憎恨。[例句] 这个～的家伙让大家忍无可忍。

【纨袴子弟】wán kù zǐ dì
[释义] 纨:丝织品的一种,很精细。纨袴:精细的丝织品做成的裤子。指穿着华美的富贵人家子弟,他们只知玩乐,不学无术。[语见] 汉·班固《汉书·叙传上》:"出与王、许子弟为群,在于绮襦纨袴之间,非其好也。"[例句] 你的路要靠你自己去闯,可别学那些～成天提笼架鸟,无所作为。

【完璧归赵】wán bì guī zhào
[释义] 完:完整。璧:古代一种扁圆形的、中间有孔的玉器。《史记·廉颇蔺相如列传》载:赵惠文王得楚和氏璧,秦昭王听说后,表示愿以十五城换璧。当时秦强赵弱,赵王不敢拒绝,又怕上当。大臣蔺相如自愿奉璧出使秦国,说:"城入赵而璧留秦;城不入,臣请完璧归赵。"蔺相如到秦国献璧后,见秦王无意给城,就设法取回璧,并派从者送还赵国。后用"完璧归赵"指把原物完好无损地归还原主。[例句] 你放心,这件宝贝我只用一天,明天一定～。

【完美无疵】wán měi wú cī
[释义] 疵:瑕疵。见"完美无缺"。[例句] 那是一段～的演奏,听得众专家都如痴如醉。

【完美无缺】wán měi wú quē
[释义] 完美:完善美好。缺:缺点,不足。完善精美而没有缺点不足。[例句] 整幅画有骨有肉,色墨配合得当,真是～。

【完美无瑕】wán měi wú xiá
[释义] 瑕:玉上的斑点。见"完美无缺"。[例句] 这幅作品实在是～,令我赞叹不已。

【玩忽职守】wán hū zhí shǒu
[释义] 玩忽:不认真对待工作。对本职工作不负责任,不认真对待。[例句] 后来,事故原因调查清楚了,是值班人员的～造成了电路短路,从而引起了大火。

【玩火自焚】wán huǒ zì fén
[释义] 玩:玩弄。焚:烧。玩弄火的人反倒把自己烧死。比喻做坏事的人自食恶果。[语见]《左传·隐公四年》:"夫兵,犹火也,弗戢,将自焚也。"[例句] 凭着点儿小聪明,他自以为能躲过一劫,而事实上,那不过是～。

【玩人丧德】wán rén sàng dé
[释义] 戏弄他人,以致失去做人的道德。[语见]《尚书·旅獒》:"不役耳目,百度惟贞,玩人丧德,玩物丧志。"[例句] 县衙的差役～,激起了老百姓的极端愤怒。

【玩世不恭】wán shì bù gōng
[释义] 玩世:用消极、游戏的态度对待世事。不恭:不严肃。原指轻视和嘲弄当时的礼法,后指因对现实不满,又不敢反抗斗争,只是用一种不严肃的生活态度消极地对待世事。[语见] 清·蒲松龄《聊斋志异·颠道人》:"予乡殷生文屏,毕司农之妹夫也,为人玩世不恭。"[例句] 小李在大赛中一败涂地之后,开始～,早年的激情和抱负荡然无存了。

【玩世不羁】wán shì bù jī
[释义] 见"玩世不恭"。[例句] 晋时多～之人,但是透过表面现象,你却会发现许多人其实对人世充满了无限的忧虑。

【玩物丧志】wán wù sàng zhì
[释义] 玩:赏玩。物:物件,东西。丧:失

去。志:(进取的)志向。沉迷于所喜欢的事物,就会丧失积极进取的志气。后来指醉心于所喜爱的不合正道的事物,就会丧失进取心。[语见]《尚书·旅獒》:"不役耳目,百度惟贞,玩人丧德,玩物丧志。"[例句]到了清朝中期,原先能征善战的八旗兵,这时候几乎都变成了～的公子哥儿,怎么还能指望他们去打仗呢?

【顽固不化】wán gù bù huà
[释义]顽固:思想保守,不愿接受新鲜事物。化:变化。指思想保守,顽固而不知改变。[语见]清·李宝嘉《文明小史》第六回:"卑府从前在那府里,也做过一任知县,地方上的百姓,极其顽固不化。"[例句]村里那几个～的老人,非要坚持婚礼按老规矩办,气得小孙和小李都不想结这个婚了。

【顽廉懦立】wán lián nuò lì
[释义]顽:贪婪,指贪婪的人。廉:廉洁。懦:指懦弱的人。立:指独立不屈。贪得无厌的人变得廉洁,懦弱的人变得独立不屈。指高风亮节的感化力量。[语见]《孟子·万章下》:"故闻伯夷之风者,顽大廉,懦夫有立志。"[例句]人类历史上那些悲壮的事迹,以其～之力教育着一代又一代青年人。

【顽石点头】wán shí diǎn tóu
[释义]顽石:无知觉的石头。连顽石都点头赞同。形容道理讲得透彻,使人不得不心服。[语见]晋·无名氏《莲杜高贤传·道生法师》:"入虎丘山,聚石为徒,讲《涅槃经》,至阐提处,则说有佛性,且曰:'如我所说,契佛心否?'群石皆为点头。"[例句]先生一番话,真可使～,我还能有什么反对的意见呢?

【挽弩自射】wǎn nǔ zì shè
[释义]弩:一种强弓。拉弓射自己,比喻做事自己害自己。[语见]唐·房玄龄等《晋书·崔洪传》:"选吏部尚书,举用甄明,门无私谒。荐雍州刺史郤诜代己为左丞。诜后纠洪,洪谓人曰:'我举郤丞而还奏我,是挽弩自射也。'"[例句]小谢

聪明反被聪明误,最后落了个～,真是报应。

【晚节不终】wǎn jié bù zhōng
[释义]晚节:晚年的节操。晚年丧失了以前保持的节操。[语见]明·冯梦龙《东周列国志》第九十一回:"晚节不终,燕齐反复。"[例句]许多马上要退下来的干部,却～,实在可惜。

【晚食当肉】wǎn shí dàng ròu
[释义]饿了之后吃饭,觉得味道甘美,就当是吃肉一样。指甘心过淡泊的生活而不追逐名利。[语见]《战国策·齐策四》:"蠋愿得归,晚食以当肉,安步以当车。"注:蠋,指颜蠋,古人名。[例句]我到任之后,自当～,勤勉于政,不出三年,必然会显有起色。

【婉言拒绝】wǎn yán jù jué
[释义]用婉转的话拒绝别人。[例句]我的时间实在安排不过来,虽然盛情难却,但是我不得不～了。

【婉言相劝】wǎn yán xiāng quàn
[释义]以婉转的话规劝对方。[例句]本来我是不想来的,但是经不住我姐姐的～,所以就来了。

【万般无奈】wàn bān wú nài
[释义]万般:非常。无奈:无可奈何,没有办法。指迫不得已,实在没有一点办法。[例句]～之下,我只好答应了他的要求。

【万变不离其宗】wàn biàn bù lí qí zōng
[释义]宗:根本。指形式上无论怎样变化,其本质或目的依然如故。[语见]清·谭献《明诗》:"求夫辞有体要,万变而不离其宗。"[例句]胡科长说了半天,～,还是要我们上班时准点一些。

【万不得已】wàn bù dé yǐ
[释义]实在不能不如此。形容无可奈何。[语见]明·冯梦龙《醒世恒言》第十七卷:"付之于我,此乃万不得已,岂是他之本念。"[例句]你大伯工作很忙,除非～,你千万不要去麻烦他。

【万不失一】wàn bù shī yī
[释义] 见"万无一失"。[语见] 汉·司马迁《史记·淮阴侯列传》:"贵贱在于骨法,忧喜在于容色,成败在于决断,以此参之,万不失一。"[例句] 为了保证～,公司专门请了外面的高级专家对策划方案进行了一番讨论。

【万代千秋】wàn dài qiān qiū
[释义] 形容经历年代非常久远。[语见] 晋·无名氏《平西将军周处碑》:"书方易折,家揭难留,镌兹幽石,万代千秋。"[例句] 中华民族～都会铭记为民族利益而献身的英雄们。

【万代一时】wàn dài yī shí
[释义] 见"万世一时"。[语见] 唐·姚思廉《梁书·陈伯之传》:"三仓无米,东境饥流,此万代一时也,机不可失。"[例句] 这可是一个～的机会,你一定要牢牢把握啊!

【万古不变】wàn gǔ bù biàn
[释义] 万古:千年万代,永远。指永远不变。[例句] 那石头就静静地立在那里,不知经历了多少个世纪,它还是矗立在那里,～。

【万古长春】wàn gǔ cháng chūn
[释义] 见"万古长青"。[语见] 元·无名氏《谢金吾》第四折:"论功增封食邑,共皇家万古长春。"[例句] 祝愿你们的事业永远发达,～。

【万古长存】wàn gǔ cháng cún
[释义] 万古:千年万代,永远。指好的精神、品德等永远存在下去。[例句] 哪个统治者不希望自己的统治～,可是事实总是不能按人的意愿发展。

【万古长青】wàn gǔ cháng qīng
[释义] 万古:千年万代,永远。指像松柏一样永远苍翠。形容美好的东西永远不会消失。[例句] 愿我们的友谊～。

【万古留芳】wàn gǔ liú fāng
[释义] 见"万古流芳"。[语见] 元·纪君祥《赵氏孤儿》第二折:"你若存的赵氏孤儿,当名标青史,万古留芳。"[例句] 文天祥虽然已逝去,但是他的精神却～,永驻人间。

【万古流芳】wàn gǔ liú fāng
[释义] 芳:香,指好名声。好名声永远流传。用以称颂人的德行。[语见] 元·无名氏《延安府》第四折:"见如今千载名扬,万古流芳。"[例句] 这些故事之所以能够～,主要是因为它们所包含的那份正义、善良和美,使每一代人都能从中获得心灵的升华。

【万古千秋】wàn gǔ qiān qiū
[释义] 见"千秋万岁"。[语见] 唐·沈佺期《邙山》诗:"北邙山上列坟茔,万古千秋对洛城。"[例句] 那一幅巨大的石头标语就这么保留了下来,永远存在下去,直到～。

【万剐千刀】wàn guǎ qiān dāo
[释义] 见"千刀万剐"。[语见] 元·纪君祥《赵氏孤儿》第三折:"将那厮万剐千刀,切莫要轻轻的素放了。"[例句] 该～的秦桧永远跪在岳飞面前,承受世人的唾骂。

【万贯家财】wàn guàn jiā cái
[释义] 万贯:古时用绳索穿钱,每千文为一贯,万贯形容钱币很多。形容家资富有。[语见] 清·刘鹗《老残游记》第十三回:"俗说'万贯家财',一万贯家财就算财主,他有三万贯钱,不算个大财主吗?"[例句] 我从来就没有指望过～,更不奢望名满天下,我只希望能够静静地生活着,思考着,做我心灵世界的国王。

【万贯家私】wàn guàn jiā sī
[释义] 贯:旧时铜钱用绳穿连成串,每一千个叫"一贯"。家私:家产。很多的私有财产。[例句] 你没有～,就不要和那帮有钱有势的少爷们去比富贵。

【万壑争流】wàn hè zhēng liú
[释义] 万壑:众多的深沟、溪流。满山谷有争相流淌的溪水。形容山水胜境,幽雅宜人。[语见] 南朝宋·刘义庆《世说新语·言语》:"顾长康从会稽还,人问山川之美,顾云:'千岩竞秀,万壑争流。'"[例句] 山间～,鸟语花香,令人流连忘返。

W

【万户千门】 wàn hù qiān mén
[释义] 见"千门万户"。[语见] 唐·王维《听百舌鸟》诗:"万户千门应觉晓,建章何必听鸣鸡。"[例句] 端午前夕,～都准备好了艾草,一为辟邪,二为纳福。

【万家灯火】 wàn jiā dēng huǒ
[释义] 形容城镇夜晚灯火通明的景象。[语见] 宋·王安石《上元戏呈贡父》诗:"车马纷纷白昼同,万家灯火暖春风。"[例句] 站到塔顶,俯瞰着～,他禁不住思潮滚滚。

【万劫不复】 wàn jié bù fù
[释义] 万劫:佛家称世界从生成到毁灭的一个过程为一劫,万劫即万世。万世都不能恢复。指永远不能恢复。[语见] 宋·释道原《景德传灯录·韶州云门山文偃禅师》:"莫将等闲空过时光,一失人身,万劫不复,不是小事。"[例句] 在旧时的官场上,他每一步都得殚精竭虑,冥思苦想,一步走错,厄运就会接踵而至,以致越走越远,～。

【万苦千辛】 wàn kǔ qiān xīn
[释义] 见"千辛万苦"。[语见] 元·无名氏《飞刀对箭》第四折:"我受了些热血相喷,万苦千辛,恰便似翻滚滚的雪浪里逃生。"[例句] 我历尽～,才找到这本残书,哪知经过专家一鉴定,原来竟是赝品。

【万籁俱寂】 wàn lài jù jì
[释义] 万籁:指各种声响。籁:从孔穴发出的声音。寂:静。形容环境宁静,没有一点声音。[语见] 清·蒲松龄《聊斋志异·山魈》:"辗转移时,万籁俱寂,忽闻风声隆隆,山门豁然作响。"[例句] 午夜时分,～,纷纷扬扬的大雪开始飘落下来。

【万籁无声】 wàn lài wú shēng
[释义] 见"万籁俱寂"。[语见] 元·无名氏《杀狗劝夫》第三折:"俺这里春光元不到,人迹罕曾经,万籁无声。"[例句] 夜里走在～的峡谷里,丝毫没有一点怕意,不知是因为我天生胆大,还是因为刚才听了老人们的龙门阵。

【万里长城】 wàn lǐ cháng chéng
[释义] 比喻国家所倚重的将才。[语见] 唐·李延寿《南史·檀道济传》载:宋文帝要杀当时名将檀道济,派人去捉拿,"道济见收,愤怒气盛,目光如炬,俄尔间引饮一斛,乃脱帻投地曰:'乃坏汝万里长城!'"[例句] 袁崇焕本为明朝的～,他一死,清兵的大举入关便无人能挡了。

【万缕千丝】 wàn lǚ qiān sī
[释义] 见"千丝万缕"。[语见] 宋·辛弃疾《蝶恋花·送祐之弟》词:"会少离多看两鬓。万缕千丝,何况新来病。"[例句] 他们两人,表面上虽然已经一刀两断了,但是事实上,他们之间那～的联系怎么能割得断呢?

【万马奔腾】 wàn mǎ bēn téng
[释义] 无数马匹奔跑,跳跃。常用以形容声势浩大,气魄宏伟,进展迅速等情状。[语见] 明·凌濛初《初刻拍案惊奇》第二十二卷:"空中如万马奔腾,树杪似千军拥沓。"[例句] 钱塘潮呼啸而来,有～之势,观看的人发出了山呼海啸般的欢呼。

【万马皆喑】 wàn mǎ jiē yīn
[释义] 见"万马齐喑"。[语见] 宋·苏轼《三马图赞引》:"振鬣长鸣,万马皆喑。"注:鬣,马颈上的毛。[例句] 清朝自从兴起了文字狱,整个士林～。

【万马齐喑】 wàn mǎ qí yīn
[释义] 喑:哑。群马都沉寂无声。比喻缄口不言。[语见] 清·龚自珍《己亥杂诗》:"九州生气恃风雷,万马齐喑究可哀。"[例句] 在那个～的恐怖年代,像龚自珍那样大声疾呼的人,已是凤毛麟角。

【万马千军】 wàn mǎ qiān jūn
[释义] 见"千军万马"。[语见] 元·无名氏《千里独行》第四折:"他恰才万马千军摆下战场,则见他忙把旗放,显出那弃印封金有智量。"[例句] 我能在～中取上将之首,还能怕了你们几个小毛贼不成?

【万民涂炭】 wàn mín tú tàn
[释义] 见"生灵涂炭"。[语见] 《尚书·仲虺之诰》:"有夏昏德,民坠涂炭。"

[例句]二战期间，～，但是人类对美好生活的期望和对和平的热爱，始终没有消失过。

【万念俱灰】 wàn niàn jù huī
[释义]灰：化为灰烬。喻破灭。一切想法、打算都破灭了。形容极端失望。[语见]清·南亭亭长《中国现在记》第三回："官场上的人情，最是势利不过的。大家见抚台不理，谁还来理我呢，想到这里，万念俱灰。"[例句]～的她一度产生了轻生的念头，但在老师的帮助下终于走出了情绪的低谷。

【万念俱灭】 wàn niàn jù miè
[释义]见"万念俱灰"。[语见]清·孙奇逢《与薛行坞书》："盖以迟暮多病，万念俱灰，已为师门不足轻重之人。"[例句]兵败之后，他～，出家做了和尚。

【万签插架】 wàn qiān chā jià
[释义]签：注明书名的牙制标签。架：书架。数以万计的牙制标签插满书架。形容藏书极丰富。[语见]宋·陆游《徐秀才东庄》诗："万签插架号东庄，多稼连云亦何有。"[例句]别看他们家～，汗牛充栋，他们哥儿几个，却是一个比一个还要无知——那些书，作为父辈的遗产，仅仅是财产而已。

【万全之策】 wàn quán zhī cè
[释义]全：完整不缺。策：策略，办法。指周密、可靠的办法。[语见]晋·陈寿《三国志·魏书·刘表传》："故为将军计者，不若举州以附曹公，曹公必重德将军，长享福祚，垂之后嗣，此万全之策也。"[例句]咱们最好再合计合计，拿出个～再行动不迟。

【万全之道】 wàn quán zhī dào
[释义]见"万全之策"。[语见]《韩非子·饰邪》："而道法万全，智能多失。夫悬衡而知平，设规而知圆，万全之道也。"[例句]想要利润，就得承担风险，世界上没有不冒风险的～。

【万人空巷】 wàn rén kōng xiàng
[释义]家家户户的人都奔向一个地方，以致巷子都空了。形容盛况空前，轰动一时。[语见]宋·苏轼《八月十七日复登望海楼》诗："赖有明朝看潮在，万人空巷斗新妆。"[例句]杂技团来了之后，反响剧烈，真的到了～的地步。

【万世一时】 wàn shì yī shí
[释义]很多世代才有这么一个时机。形容机会非常难得。[语见]南朝宋·范晔《后汉书·隗嚣传》："元（王元）请以一丸泥为大王东封函谷关，此万世一时也。"[例句]他闭了闭眼睛，意识到这个机会就在眼前了，他还是面无表情，丝毫不为所动的样子。

【万事大吉】 wàn shì dà jí
[释义]指一切事情都非常顺利。也作"百事大吉"。[语见]南宋·周密《癸辛杂识续集·桃符获罪》："盐官县学教谕黄谦之……甲午岁题桃符云：'宜入新年怎生呵？百事大吉那般者。'"[例句]我是想，把你送到了乡下老家，就是～了，至少你的生命不会受到太大的威胁了。

【万事亨通】 wàn shì hēng tōng
[释义]亨通：通达，顺利。指一切进行得非常顺利。[语见]清·李绿园《歧路灯》第六十五回："那孔方兄运出万事亨通的本领，先治了关格之症。"[例句]那张啸林～，凭着他那通天的本领，还有什么事情办不成？

【万事俱备，只欠东风】 wàn shì jù bèi, zhǐ qiàn dōng fēng
[释义]俱：皆。备：齐备。欠：缺少。赤壁大战之前，周瑜拟用火攻打败曹操。但曹军驻扎长江北岸，时值隆冬，多西北风，故周瑜的计划难以实现。后以"万事俱备，只欠东风"比喻已为完成某一计划做了种种准备，但还差最后的关键条件。[语见]明·罗贯中《三国演义》第四十九回："孔明索纸笔，屏退左右，密书十六字曰：'欲破曹公，宜用火攻；万事俱备，只欠东风。'"[例句]如今我们已是～，只等你一声令下，各路人马立刻出击。

【万事如意】 wàn shì rú yì
[释义]如意：符合心意。一切事情都顺心。多用作向他人祝颂的话。[语见]

明·施耐庵《水浒传》第九十回:"愿今国安民泰,岁稔年和,五谷丰登,三教兴隆,四方宁静,诸事祯祥,万事如意!"[例句]祝愿你在新的一年里,心想事成,～。

【万寿无疆】 wàn shòu wú jiāng
[释义]疆:极限。长寿无极,永生不灭。祝寿语,常用以称颂君主。[语见]《诗经·小雅·天保》:"君曰卜尔,万寿无疆。"[例句]祝愿大人福如东海,～。

【万水千山】 wàn shuǐ qiān shān
[释义]形容路途遥远艰险。[语见]清·大汕《海外纪事》第三卷:"老僧与王……隔绝海洋,万水千山,曷能有此格外之知?"[例句]几个人寻遍～,也终未找到传说中的宝贝。

【万死不辞】 wàn sǐ bù cí
[释义]即使死一万次也不推辞。表示愿冒极大危险担当某事。[语见]明·罗贯中《三国演义》第八回:"貂蝉曰:'适间贱妾曾言,但有使令,万死不辞。'"[例句]大人对我恩重如山,只要大人需要,我自当随时效命,～。

【万死一生】 wàn sǐ yī shēng
[释义]随时都有可能死去,只有一线生的希望。形容处境极度危险。[语见]汉·司马迁《报任少卿书》:"夫人臣出万死不顾一生之计,赴公家之难,斯已奇矣。"[例句]经历了这～的几个月,心中只觉得一片澄明,对人世间所有的功名利禄,似乎都已经淡泊了。

【万死犹轻】 wàn sǐ yóu qīng
[释义]处死万次,还嫌惩罚太轻。喻指罪过之大。[语见]唐·韩愈《潮州刺史谢上表》:"臣以狂妄戆愚,不识礼度,上表陈佛骨事,言涉不敬,正名定罪,万死犹轻。"[例句]似他那种大罪累累的人,～,还跟他费什么口舌!

【万岁千秋】 wàn suì qiān qiū
[释义]见"千秋万岁"。[语见]《战国策·楚策一》:"寡人万岁千秋之后,谁与乐此矣?"[例句]这些英雄的事迹,将世世代代,～,永远地流传下去。

【万万千千】 wàn wàn qiān qiān
[释义]形容数量极多。[语见]汉·王充《论衡·自然》:"天地安得万万千千手,并为万万千千物乎?"[例句]众人道:"愿意起来造反的人,何止～,大哥你还犹豫什么?"

【万无一失】 wàn wú yī shī
[释义]一万次中没有一次失误。形容绝对有把握。[语见]宋·张君房《云笈七签》第七十一卷:"然后入炉烧之,但使将息伺候得所,万无一失。"[例句]为了使实验～,我们不但对实验进程进行了多次论证,还准备了多个备用方案,一旦需要,这些方案也能立即投入使用。

【万象更新】 wàn xiàng gēng xīn
[释义]万象:宇宙一切景象。一切景象都焕然一新。多形容新春景象。[语见]端木蕻良《曹雪芹》第十一回:"这就叫作:一元复始,万象更新。新气象带来了好心气儿哩!"[例句]回到祖国,那～的景象使我们心潮起伏。

【万象森罗】 wàn xiàng sēn luó
[释义]见"森罗万象"。[语见]南朝梁·陶弘景《茅山长沙馆碑》:"夫万象森罗,不离两仪所育。"[例句]乾坤大地,日月星辰,～。

【万绪千端】 wàn xù qiān duān
[释义]见"千端万绪"。[语见]宋·刘光祖《鹊桥仙·留别》词:"如何不寄一行书,有万绪千端别后。"[例句]我们终于见了面,但是回忆起这几十年的交往,～,却不知从何说起。

【万绪千头】 wàn xù qiān tóu
[释义]见"千端万绪"。[语见]明·贾仲明《升仙梦》第四折:"桃腮点嫩朱,柳眉愁未足。万绪千头,一点情舒。"[例句]事情乱作一团,～,急得他头发都要白了。

【万应灵丹】 wàn yìng líng dān
[释义]应:适应。灵丹:灵验的药。比喻能解决任何问题的办法。[例句]这世界上没有～,目前的困境,需要你自己踏踏实实地走出来。

【万载千秋】wàn zǎi qiān qiū
[释义] 见"万代千秋"。[语见] 明·无名氏《贺元宵》第三折："当今圣主存仁孝,万载千秋享太平。"[例句] 两国建立盟约的时候,虽然写着要保持～的友好,但是才"友好"了三年不到,战争又一次爆发了。

【万众一心】wàn zhòng yī xīn
[释义] 千万人一条心。形容团结一致。[语见] 清·赵尔巽等《清史稿·曾国藩传》："国藩练湘军,谓必万众一心,方可办贼,故以忠诚倡天下。"[例句] 工地上灯火通明,大家～,大坝很快就合龙了。

【万紫千红】wàn zǐ qiān hóng
[释义] 形容百花齐放,艳丽多姿。[语见] 宋·朱熹《春日》诗："等闲识得东风面,万紫千红总是春。"[例句] 三、四月里,和几个友人在～的武夷山游览数日,心中所感,不可言说。

【蔓引株求】wàn yǐn zhū qiú
[释义] 蔓:藤蔓。引:牵引。株:树木在土上的根部。求:追寻。顺着藤蔓去找根。比喻顺着线索,寻根问底。[语见] 清·孔尚任《桃花扇·逮社》："奉命今将逆党搜,须得你蔓引株求。"[例句] 几个侦察员～,终于找到了作案的元凶。

wang

【汪洋大海】wāng yáng dà hǎi
[释义] 汪洋:水势浩大的样子。浩瀚无边的大海。形容水势浩大。也比喻无法摆脱的境遇。[语见] 清·钱彩《说岳全传》第四十三回："轰天炮响,汪洋大海起春雷;震地锣鸣,万仞山前飞霹雳。"[例句] 把敌人放到人民的～之中,敌人焉有不败之理?

【汪洋浩博】wāng yáng hào bó
[释义] 水势浩大无边。形容人的气度宽广,文辞豪放,学识渊博。[语见] 宋·陆游《答刘主簿书》："德者前辈之学,积小以成大,以所有易所无,以所能问于不能。故其久也,汪洋浩博,该极百家,而不可涯矣。"[例句] 老教授学识～,与他

幼年良好的古文底子是分不开的。

【汪洋闳肆】wāng yáng hóng sì
[释义] 见"汪洋自肆"。[语见] 宋·陆游《吕居仁集序》："故其诗文,汪洋闳肆,兼备众体,间出新意,愈奇而愈浑厚……"[例句] 他的诗文～,大气磅礴。

【汪洋自肆】wāng yáng zì sì
[释义] 形容人的气度或文章气势宏大磅礴。[语见] 唐·柳宗元《宣城县开国伯柳公行状》："凡为文,去藻饰之华靡,汪洋自肆,以适己为用。"[例句] 贾谊的《过秦论》～,气势磅礴,为千古名篇。

【汪洋自恣】wāng yáng zì zì
[释义] 见"汪洋自肆"。[语见] 明·袁中道《李温陵传》："且夫今之言汪洋自恣,莫如《庄子》……"[例句] 古代散文中,要论～,人们常常会首先想到《庄子》。

【亡国破家】wáng guó pò jiā
[释义] 见"国亡家破"。[语见] 汉·司马迁《史记·屈原列传》："然亡国破家相随属。"[例句] ～的百姓步履艰难地走在逃亡的路上。

【亡国之音】wáng guó zhī yīn
[释义] 指国家将亡之际充满悲愁哀思的乐音。也指淫靡的音乐。[语见]《礼记·乐记》："亡国之音哀以思,其民困。"[例句] 听那些缠绵悱恻的～,只能使你的心灵变得越来越褊狭,使你的视域局限在个人的得失上——那些振奋人心的曲子数不尽数,你难道就听不进去?

【亡戟得矛】wáng jǐ dé máo
[释义] 戟、矛:古代兵器。丢了戟却得到了矛。比喻得失相当。[语见]《吕氏春秋·离俗》："齐晋相与战,平阿之余子,亡戟得矛,却而去,不自快……"[例句] 你这次～,功过相抵,但是我还得告诫你:必须获胜的,下次一定要获胜。

【亡命之徒】wáng mìng zhī tú
[释义] 亡命:削除户籍而逃亡在外,泛指逃亡、流亡。徒:同类的人。脱离户籍的逃亡者。今泛指不顾性命、冒险作恶的人。[语见] 五代后晋·刘昫等《旧唐书·

乐彦祯传》："从训又召亡命之徒五百余辈，出入卧内，号为'子将'，委以腹心，军人籍籍，各有异议。"[例句] 傍晚的时候，一帮～冲进了富阳镇，一阵烧杀抢掠，镇子归于平静，已是午夜时分。

【亡人自存】wáng rén zì cún
[释义] 亡：死亡。存：留存。人死我存。指毁掉别人，成全自己的卑鄙自私的行为。[语见] 晋·陈寿《三国志·蜀书·秦宓传》："杀人自生，亡人自存，经之所疾。"注：疾，憎恨。[例句] 杀人自生，～，永远龟缩在后方，永远都无法把侵略者赶出我们的国土。

【亡羊补牢】wáng yáng bǔ láo
[释义] 亡：丢失。牢：指羊圈。丢了羊之后修补羊圈。比喻受损失后及时补救。[语见]《战国策·楚策四》："臣闻鄙语曰：'见兔而顾犬，未为晚也；亡羊而补牢，未为迟也。'"[例句] 我们这次遇到挫折，但是～，应该认真反省反省。

【亡羊得牛】wáng yáng dé niú
[释义] 亡：丢失。丢了羊而得到牛。比喻损失小而收获大。[语见] 汉·刘安《淮南子·说山训》："亡羊而得牛，则莫不利失也；断指而免头，则莫不利为也。"[例句] 二期产品无人问津，但是～，三期产品在实验中就已获得了为数不少的订单。

【王祥卧冰】wáng xiáng wò bīng
[释义] 唐·房玄龄等《晋书·王祥传》："王祥，字休征。性至孝。早丧亲，继母朱氏不慈，数谮之，由是失爱于父。每使扫除牛下，祥愈恭谨，父母有疾，衣不解带，汤药必亲尝。母常欲生鱼时，天寒冰冻，祥解衣将剖冰求之，冰忽自解，双鲤跃出，持之而归。"比喻子女孝顺父母。[例句] 对父母，你做不到～，端茶递水总是能够的吧！

【网开三面】wǎng kāi sān miàn
[释义] 比喻刑法宽大。[语见] 唐·李世民《班师诏》："信由上天之德曰生，王者之师曰义，是以网开三面，干舞七旬。"[例句] 局里对你～，还不是看在你叔叔的面子上。

【网开一面】wǎng kāi yī miàn
[释义] 网：猎网。指打猎时，猎网打开一面，给野兽留出一条逃跑的路，不赶尽杀绝。后喻指用宽大的态度对待有罪的人，给他改正的机会。[语见] 清·李绿园《歧路灯》第九十三回："老先生意欲网开一面，以存忠厚之意，这却使不得。"[例句] 大家对你这次的过错～，下次就不能轻饶了啊。

【枉尺直寻】wǎng chǐ zhí xún
[释义] 枉：弯曲。直：伸。寻：古代长度单位，八尺（一说七尺）为"一寻"。折起来只有一尺，伸直了却有一寻。比喻在小地方让步，却可以得到更大的好处。[语见]《孟子·滕文公下》："枉尺而直寻，宜若可为也。"[例句] 我们虽然有一些损失，但是～，眼光要看得长远一些嘛。

【枉费唇舌】wǎng fèi chún shé
[释义] 白白说了许多话而无所收效。[语见] 清·文康《儿女英雄传》第二十六回："姐姐既这等说，大料今日之亲事，妹妹在姐姐跟前断说不进去，我也不必枉费唇舌再求姐姐，磨姐姐，央及姐姐了。"[例句] 跟他那种顽冥不化之徒说得再多也是～。

【枉费工夫】wǎng fèi gōng fū
[释义] 白白地耗费时间与精力。形容劳而无益。[语见]《朱子语类》第一百十五卷："如今要下功夫，且须端庄存养，独观昭旷之原，不须枉费工夫，钻纸上语。"[例句] 永动机早已被证明是妄想了，你就别在这上面～了。

【枉费心机】wǎng fèi xīn jī
[释义] 枉：白白地。心机：心思。白白耗费心思。[语见] 明·许仲琳《封神演义》第四十回："枉费心机空费力，雪消春水一场空。"[例句] 大势已去，他们几个却还～，试图挽回败局。

【枉己正人】wǎng jǐ zhèng rén
[释义] 枉：弯曲，不正。自己行为不正，却要去纠正别人。[语见]《孟子·万

章上》:"吾未闻枉己而能正人者也,况辱己以正天下者乎?"[例句] 老刘常常~,自然引得众人耻笑了。

【枉口拔舌】wǎng kǒu bá shé
[释义] 枉:邪,不正直。佛教传说生前犯口过者死后将入拔舌地狱,受拔去舌头的刑罚。后多指胡说八道,造谣中伤。[语见] 明·兰陵笑笑生《金瓶梅词话》第二十五回:"是那个嚼舌根的,没空生有,枉口拔舌,调唆你来欺负老娘!"[例句] 他一进来,立即~,听得大家面面相觑。

【枉突徙薪】wǎng tū xǐ xīn
[释义] 枉:弯曲。突:烟囱。薪:柴草。把直的烟囱改建成弯的,把柴草从灶旁搬开,以预防火灾。比喻防患于未然。[语见] 南朝梁·沈约《宋书·文五王传》:"桂蠹必除,人邪必剪,枉突徙薪,何劳多力。"[例句] 这家公司之所以能保持住长盛不衰的局面,与他们花费了大量的精力在~上不无关系。

【枉用心机】wǎng yòng xīn jī
[释义] 见"枉费心机"。[语见] 元·无名氏《隔江斗智》第二折:"你使着这般科段,敢可也枉用心机。"[例句] 你就别了,人都全部离去了,你还追不回来,还想干什么呢?

【惘然若失】wǎng rán ruò shī
[释义] 惘然:失意的样子。心里好像失去了什么东西似的。[语见] 南朝宋·范晔《后汉书·黄宪传》:"是时同郡戴良,才高倨傲,而见宪未尝不正容,及归,惘然若有失也。"[例句] 看着子君离去的背影,小伍~。

【妄生穿凿】wàng shēng chuān záo
[释义] 指胡乱地去穿凿附会。[语见] 宋·张君房《云笈七签》第六十一卷:"但世传不真,妄生穿凿,唯按此行之,乃见其验。"[例句] 古文常常用典,所以阅读时不可~,只按字面意思去理解。

【妄谈祸福】wàng tán huò fú
[释义] 无根据地预言祸福之事。[语见] 清·吴趼人《二十年目睹之怪现状》第二十五回:"像这种当个顽意儿,不必问他真的假的,倒也无伤大雅;至于那一种妄谈祸福的,就要不得。"[例句] 那些所谓能上知五百年下知五百年的巫婆,~,信口雌黄,但是他们对自己的命运却一无所知。

【妄下雌黄】wàng xià cí huáng
[释义] 雌黄:古人抄书校书时涂改文字用的颜料。形容乱改文字,乱发议论。[语见] 北齐·颜之推《颜氏家训》:"校定书籍,亦何容易?自扬雄、刘向方称此职尔。观天下书未遍,不得妄下雌黄。"[例句] 风水本就没什么道理,却要依据这"道理"~,自然是听来有理,实则无理之极了。

【妄言妄听】wàng yán wàng tīng
[释义] 妄:姑且、随便。言:说。随便说说,随便听听,都不认真对待。[语见]《庄子·齐物论》:"予尝为女(汝)妄言之,女(汝)以妄听之。"[例句] 这种花边新闻,不过是茶余饭后的消遣,人们~,你也不必过于认真。

【妄自菲薄】wàng zì fěi bó
[释义] 妄:虚妄、凭空、胡乱。自:自己。菲薄:轻视、鄙视、看不起。毫无根据地轻视自己。[语见] 三国蜀·诸葛亮《出师表》:"不宜妄自菲薄,引喻失义,以塞忠谏之路也。"[例句] 金无足赤,人无完人,你怎么可以~,因为一次失败就把整个人生都看得跟地狱似的?

【妄自尊大】wàng zì zūn dà
[释义] 妄:凭空、胡乱。自:自己、自我。尊大:地位高。毫无依据地自傲自大,看不起别人。[语见] 南朝宋·范晔《后汉书·马援传》:"子阳井底蛙耳,而妄自尊大。"[例句] 骄兵必败,你这等~,几乎就等于去送死。

【忘恩背义】wàng ēn bèi yì
[释义] 见"忘恩负义"。[语见] 宋·崔鹩《杨嗣复论》:"君子不记旧恶,以德报怨;而小人忘恩背义,至以怨报德。"[例句] 她看了一眼~的丈夫,知道他的决心已定,也就不再说什么,拿过离婚协议,看

也没看便签了字。

【忘恩负义】 wàng ēn fù yì
[释义] 负:违背、辜负。忘记了别人对自己的恩德,辜负了别人对自己的情义。[语见] 元·杨显之《酷寒亭》楔子:"我看此人不是忘恩负义的,日后必得其力。"[例句] 不要去跟那种～之徒计较了,你没有错,以后该帮助别人,还是要一如既往地去帮助,不要因为这次的事故就把整个天下都看黑了。

【忘乎所以】 wàng hū suǒ yǐ
[释义] 指得意忘形到了极点。[语见] 清·王夫之《庄子解》第七卷:"忘乎所以然而能自确,害自知远,利自知就。"[例句] 儿子啊,你这次考试考好了,是该鼓励,但是你自己却不能～。

【忘年交】 wàng nián jiāo
[释义] 见"忘年之交"。[语见] 唐·李延寿《南史·何逊传》:"逊字仲言,八岁能赋诗,弱冠,州举秀才。南乡范云见其对策,大相称赏,因结忘年交。"[例句] 能够和这位古怪的老先生结成～,就说明了他谦逊的胸襟非常人可比。

【忘年之好】 wàng nián zhī hǎo
[释义] 见"忘年之交"。[语见] 南朝宋·颜延之《吊张茂度书》:"言面以来,便申忘年之好。比虽艰隔成阻,而情问无睽。"[例句] 因为常常和隔壁大爷下两盘棋,我们慢慢结成了～。

【忘年之交】 wàng nián zhī jiāo
[释义] 忘年:忘记了年岁,突破了年龄限制的。交:交情、交往。年岁、辈分不相当的人之间的交情。[语见] 明·罗贯中《三国演义》第一百一十一回:"陈泰叹服曰:'公料敌如神,蜀兵何足虑哉!'于是陈泰与邓艾结为忘年之交。"[例句] 我和老先生结成了～,经常在一起聊天、散步、讨论学问。

【忘其所以】 wàng qí suǒ yǐ
[释义] 其:那,那事。所以:原因、根由。指由于过度兴奋而得意忘形,说话做事把握不好尺度。[语见] 明·冯梦龙《醒世恒言》第十三卷:"夫人倾身陪奉,忘其所以。"[例句] 签证下来了,她兴奋异常,都到了～的地步了,妈妈在一旁看着她直笑。

【忘形交】 wàng xíng jiāo
[释义] 不拘身份、形迹的知心朋友。[语见] 宋·欧阳修等《新唐书·孟郊传》:"孟郊者,字东野,湖州武康人。少隐嵩山,性介,少谐和。愈一见,为忘形交。"[例句] "竹林七贤"所以能结成～,其根本原因是他们的观念趋于一致。

【忘形之交】 wàng xíng zhī jiāo
[释义] 见"忘形交"。[语见] 明·杨循吉《吴中故语·魏守改郡治》:"然蒲圻爱彼殷勤,竟遂弃痲告,为忘形之交。"[例句] 在艺术世界里,没有权力高下,没有富贵贫穷,只有艺术的心灵,所以我们这一帮朋友能够结为～。

【忘形之契】 wàng xíng zhī qì
[释义] 见"忘形交"。[语见]《全唐诗话·韦丹》:"丹与东林灵澈上人为忘形之契,丹尝为《思归》绝句以寄澈。"[例句] 看着与自己有着～的儿时朋友如今也已垂垂老矣,诗人也禁不住心情黯然。

【望尘不及】 wàng chén bù jí
[释义] 见"望尘莫及"。[例句] 大连队积分遥遥领先,别的队是～。

【望尘而拜】 wàng chén ér bài
[释义] 刚望见来车飞起的尘土就躬身下拜。形容逢迎显贵、卑躬屈膝的神态。[语见] 宋·张孝祥《刘西府》:"士于兹薪一望尘而拜,犹恐无因而至前。"[例句] 他词赋虽佳,但是常常对权贵～,其人品自然要受到文人们的轻视了。

【望尘莫及】 wàng chén mò jí
[释义] 尘:尘土。莫:不能。及:赶上,追上。远远地看见前面的人马掀起尘土却赶不上。比喻远远落在别人后面。[语见] 韬奋《萍踪忆语·梅隆怎样成了富豪?》:"所获得的现款红利,为全世界的银行所望尘莫及。"[例句] 她一路领跑,跑到最后,已经领先所有人都一圈以上,众人自是～了。

【望尘知敌】wàng chén zhī dí
[释义]一望飞扬着的灰尘就知道敌兵的多少。形容人富有经验,多智多能。[语见]宋·欧阳修《新五代史·唐臣传》:"周德威为人勇而多知(智),能望尘知敌数。"[例句]因为常常在基层工作,所以他很有些~的功夫。

【望穿秋水】wàng chuān qiū shuǐ
[释义]秋水:比喻人的眼睛。把眼睛都望穿了。形容盼望的心情非常殷切。[语见]元·王实甫《西厢记》第三本第二折:"你若不去啊,望穿他盈盈秋水,蹙损他淡淡春山。"[例句]你母亲临终前想见你一面,早已是~,可是你就是没有回来。

【望而却步】wàng ér què bù
[释义]却:后退。看见了就往后退。形容遇到困难或危险就停滞不前,向后退缩。[语见]清·李渔《李笠翁曲话·结构第一·立主脑》:"作者茫然无绪,观者寂然无声,无怪乎有识梨园望之却步也!"[例句]宰相府守卫森严,使得素娥~。

【望而生畏】wàng ér shēng wèi
[释义]畏:害怕、畏惧。一看就觉得害怕。[语见]《论语·尧曰》:"君子正其衣冠,尊其瞻视,俨然人望而畏之,斯不亦威而不猛乎?"[例句]你看他那一副气势汹汹的样子,就足以使你~,还敢跟他吵闹?

【望风承旨】wàng fēng chéng zhǐ
[释义]见"望风希指"。[语见]清·李宝嘉《官场现形记》第五十四回:"自有此一番举动,大众愈加晓得,不但同在世的洋人往来酬应必不可少,就是吊死送葬一切礼信也不能免的。因此有些州县望风承旨,借着应酬外国人以为巴结制台地步。"[例句]他~,党同伐异,把早些时候的好风气消耗殆尽了。

【望风而遁】wàng fēng ér dùn
[释义]望见对方踪影就连忙逃窜。[语见]元·脱脱等《金史·温迪罕蒲里特传》:"贼识其旗帜,望风而遁。"[例句]匈奴被李广打怕了,只要一有李广的半点

消息,便立即~。

【望风而溃】wàng fēng ér kuì
[释义]风:踪影。远望敌人踪影,就已吓得溃散。形容军队毫无战斗力,还未接触,就已溃散。[语见]明·冯梦龙《东周列国志》第九十五回:"独乐毅自引燕军,长驱深入,所过宣谕威德,齐城皆望风而溃,势如破竹,大军直逼临淄。"[例句]自从孙传庭大军覆亡之后,明朝军队一见大顺旗号,无不~。

【望风而靡】wàng fēng ér mǐ
[释义]风:踪影。靡:倒伏。形容畏惧之状。又形容钦敬之状。[语见]明·邵璨《香囊记·败兀》:"将士望风而靡,三四十万军马,不剩得一二千。"[例句]蒙古大军一路西征,守军~,使蒙古军一直打到了欧洲。

【望风而逃】wàng fēng ér táo
[释义]风:风势。比喻情势、势头。远远地看到对方的势头凶猛,就吓得逃跑了。[语见]明·梁辰鱼《浣纱记·交战》:"杀得他只轮不返,片甲无存,望风而逃,渡江去了。"[例句]由于守军的~,国土在不到一个月的时间里,几乎全部沦丧。

【望风而降】wàng fēng ér xiáng
[释义]风:踪影。看见敌人的影子便缴械投降。形容军队毫无士气。[语见]元·关汉卿《五侯宴》第三折:"自起兵之后,所过城池望风而降。"[例句]黄巢大军直逼关中,唐军~,皇帝也早早地躲到了四川。

【望风而走】wàng fēng ér zǒu
[释义]见"望风而遁"。[语见]元·无名氏《独角牛》第一折:"我直着他扑碌碌的望风而走。"[例句]突厥在阴山大败之后,一见唐军,立即~,唐朝趁势占据了北面大片土地。

【望风披靡】wàng fēng pī mǐ
[释义]披靡:草木随风倒伏。军队毫无斗志,像草木一遇到风就倒伏那样,远远看到敌方气势勇猛,不等交锋就溃散了。[语见]明·沈鲸《双珠记·避兵失侣》:"吾自起兵以来,攻城掠地,势如破竹,河北

州县,已望风披靡。"[例句]赵云单枪匹马,杀入曹营,其勇猛令曹军～。

【望风扑影】 wàng fēng pū yǐng
[释义]看风势,捉影子。比喻凭空捉虚,一无所得。[例句]这根本不存在的事,你～,只能是一场空。

【望风瓦解】 wàng fēng wǎ jiě
[释义]风:踪影。犹望风而溃。看见敌人的踪影便胆战心惊,自行溃散。[语见]唐·令狐德棻《周书·辛昂传》:"贼既不以为虞,谓有大军赴救,于是望风瓦解,郡境获宁。"[例句]黄巾军在河北起事,河北州县无不～。

【望风希指】 wàng fēng xī zhǐ
[释义]望:观。风:形势,事态的变化。希:企望,窥测。指:意图。谓察言观色,迎合君王或上司的意旨,形容谄媚巴结的行为。[语见]晋·陈寿《三国志·魏书·杜畿传》:"近司隶校尉孔羡辟大将军狂悖之弟,而有司嘿尔,望风希指,甚于受属。"[例句]就是明智如曹操者,也能容忍一些～之徒在手下混饭吃。

【望衡对宇】 wàng héng duì yǔ
[释义]衡:用衡木作门,引申为门。宇:屋檐下,引申为屋。形容住处很近,可以互相看见。[语见]北魏·郦道元《水经注·沔水》:"沔水中有鱼梁州,庞德公所居。士元居汉之阴……司马德操宅州之阳,望衡对宇,欢情自接。"[例句]两位官员几乎同时辞官,辞官之后,又同在颍川～,比邻而居,不仅是友谊,更多是性情相投使然。

【望梅消渴】 wàng méi xiāo kě
[释义]见"望梅止渴"。[语见]宋·赵长卿《好事近》词:"犹胜望梅消渴,对文君眉蹙。"[例句]成功的道路还很遥远,现在这样幻想成功后的喜悦,不过是～罢了。

【望梅止渴】 wàng méi zhǐ kě
[释义]梅:梅子。一种树的果实,球形,色青或黄,可食,味酸。比喻用空想来安慰自己,实际上愿望无法实现。[语见]南朝宋·刘义庆《世说新语·假谲》:"魏武行役失汲道,军皆渴,乃令曰:'前有大梅林,饶子,甘酸可以解渴。'士卒闻之,口皆出水,乘此得及前源。"[例句]离家日子很久了,十分想念亲人,只好翻翻照片,～吧!

【望门投止】 wàng mén tóu zhǐ
[释义]投止:投奔到人家借宿。见有人家就去投宿。形容情况急迫,对存身之处没有选择的余地。[语见]南朝宋·范晔《后汉书·张俭传》:"俭得亡命,困迫遁走,望门投止……"[例句]我们一行终于逃脱了追捕,一路风餐露宿,～,辗转两天才到达平安之地。

【望其项背】 wàng qí xiàng bèi
[释义]项:脖子的后部。能够看到别人的颈项和脊背。比喻有能力赶得上。[语见]明·周藩宪王《三度小桃红》楔子:"气味浑厚,音调复谐,皆竟是本朝第一能手。近时作者虽多,终难望其项背耳。"[例句]他的技术在我们这里是最好的,无人能～。

【望秋先零】 wàng qiū xiān líng
[释义]零:凋落。一见秋天来临,就先枯萎凋落了。比喻身体衰弱。[语见]南朝宋·刘义庆《世说新语·言语》:"顾悦与简文同年。"注引顾恺之给他父亲顾悦作的传:"王(简文帝)发无二毛,而君已斑白。问君年,乃曰:'卿何偏早白?'君曰:'松柏之姿,经霜犹茂。臣蒲柳之质,望秋先零。'"[例句]国平先生失子丧偶之后,即形容枯槁,～。

【望文生训】 wàng wén shēng xùn
[释义]见"望文生义"。[例句]这段文字里大量用典,你怎么可以～胡解一通呢?

【望文生义】 wàng wén shēng yì
[释义]文:文字,指字面。义:意义。只看字面而做出不恰当的解释。指不求确切了解文字的含义。[语见]清·焦循《易通释》第十卷:"虞仲翔'荣'作'营',谓避难远遁入山。大抵皆望文生义而已。"[例句]很多成语的意思与字面意思并不相同,如果～,定会闹出笑话。

【望眼将穿】wàng yǎn jiāng chuān
[释义] 见"望眼欲穿"。[语见] 明·凌濛初《初刻拍案惊奇》第八卷："陈大郎道：'妻父母望眼将穿，既蒙壮士厚恩完聚，得早还家为幸。'"[例句] 期望儿子回家，老奶奶早已是～，可是大年一天天逼近，还是毫无儿子的消息。

【望眼欲穿】wàng yǎn yù chuān
[释义] 欲：将要。指眼睛都要望穿了。形容盼望殷切。[语见] 明·西湖居士《明月环·诘环》："小姐望眼欲穿，老身去回复小姐去也。"[例句] 我～地等你回来，几乎都要大病一场了。

【望洋兴叹】wàng yáng xīng tàn
[释义] 望洋：仰视的样子。兴叹：发出感叹声。本指在伟大的事物面前感叹自己的渺小，现比喻做某事的条件不具备或力量不足而感到无可奈何。[语见]《庄子·秋水》："于是焉，河伯始旋其面目，望洋向若(海神)而叹。"清·王先谦集解："《释文》'望'作'盳'，云'盳洋'犹'望羊'，仰视貌。"[例句] 项目是好，但是既无资金，又无人力，只能～。

【望云之情】wàng yún zhī qíng
[释义] 比喻思念双亲的殷切心情。[语见] 宋·欧阳修等《新唐书·狄仁杰传》："亲在河阳，仁杰登太行山，反顾，见白云孤飞，谓左右曰：'吾亲舍其下。'瞻怅久之，云移乃得去。"[例句] 女儿在大洋彼岸，无日不思念父母，～，实难述于笔端。

【望子成龙】wàng zǐ chéng lóng
[释义] 望：希望、盼望。子：儿子，泛指子女。龙：中国古代传说中能兴云降雨的神异动物。封建时代用龙作为帝王的象征，也引申为出类拔萃的杰出人物。盼望子女能成为出类拔萃的杰出人物。[例句] 可怜天下父母，谁没有～之心，可是终到头来，又有几人得愿？

【望子成名】wàng zǐ chéng míng
[释义] 盼望儿子成为有好名声的、出类拔萃的人物。[语见] 清·文康《儿女英雄传》第三十六回："却说安老爷到了这公子引见这日，……无如望子成名比，自己功名念切，还加几倍。"[例句] 可怜这对年轻的父母，～心切，最终却酿成一出人间悲剧。

wei

【危而不持】wēi ér bù chí
[释义] 表示国家危亡而不加扶持。[语见] 唐·房玄龄等《晋书·周浚传》："覆位而征镇，握兵方隅，召而不入，危而不持，亦天下之罪人也。"[例句] 那些藩镇长官，～，其异心昭然若揭。

【危机四伏】wēi jī sì fú
[释义] 危机：指危险的祸根。四伏：指四面八方隐藏。指到处隐藏着危险的祸根。[例句] 金融危机遍及世界，公司人心惶惶，～，你不欲振作奋起一搏，只在这里长吁短叹有何用！

【危如累卵】wēi rú lěi luǎn
[释义] 危：危险，危急。累：累积，堆码。卵：蛋。像堆叠起来的蛋一样危险，随时都会因倒塌而摔碎。比喻形势十分危急。[语见] 唐·姚思廉《梁书·侯景传》："复言仆，'众不足以自强，危如累卵'。然纠有亿兆夷人，卒降十乱，桀之百克，终自无后。"[例句] 敌人大兵压境，国家～，好男儿当奋袂而起，为国效命疆场。

【危如朝露】wēi rú zhāo lù
[释义] 危：危险。朝露：早晨的露珠。比喻很危险，就像早晨的露珠经阳光一照就要消失一样。[语见] 清·黄宗羲《文渊阁大学士吏兵二部尚书谥文靖朱公墓志铭》："景炎新造，危如朝露，犹以台谏，非论宿素。"[例句] 他命悬一线，～，大夫们却都束手无策。

【危若朝露】wēi ruò zhāo lù
[释义] 见"危如朝露"。[语见] 汉·司马迁《史记·商君列传》："君之危若朝露，尚欲延年益寿乎？"[例句] 公司经营不善，负债累累，～，但是员工们竟然还是轻歌曼舞，真是不可思议！

【危言核论】 wēi yán hé lùn

[释义] 危言:不畏危难而直言。核论:经过核实而论断。指无所顾忌、实事求是地发表言论。[语见] 南朝宋·范晔《后汉书·郭泰传》:"郭林宗虽善人伦,不为危言覈(核)论。"[例句] 梁先生虽然喜欢对人评头论足,但是从不~,因而倒也未曾与人结下大的怨仇。

【危言耸听】 wēi yán sǒng tīng

[释义] 危言:指吓人的话。耸听:使听者吃惊。"耸"也作"悚"。故意说些吓人的话,使听的人吃惊。[语见] 清·梁启超《未禁危言》:"我国民勿以吾为危言悚听也。"[例句] 我不是~,亚洲金融危机之后,公司的实际资产已经流失了至少五千万元。

【危言危行】 wēi yán wēi xíng

[释义] 危:正直。指说话和行为都很正直。[语见] 晋·陈寿《三国志·魏书·杜畿传》:"当官不挠贵势,执平不阿所私,危言危行以处朝廷者,自明主所察也。"[例句] 老梁雷厉风行,~,使公司的工作作风有了巨大的改善。

【危于累卵】 wēi yú lěi luǎn

[释义] 见"危如累卵"。[语见]《战国策·秦策四》:"王之春秋高,一日山陵崩,太子用事,君危于累卵,而不寿于朝生。"[例句] 金兵都打到了长江北岸,南宋已~,但是赵构等人,还整日整夜地在西湖歌舞不休。

【危在旦夕】 wēi zài dàn xī

[释义] 危:危险,危机。旦:早晨。夕:傍晚。旦夕:指时间很短。指在短时间内就会有危险到来。[语见] 晋·陈寿《三国志·吴书·太史慈传》:"今管亥暴乱,北海被围,孤穷无援,危在旦夕。"[例句] 全体官兵都知道,一旦雁门关失守,整个山西以至中国都将~。

【威德相济】 wēi dé xiāng jì

[释义] 威:威力。德:恩德。相济:相辅相成。威力和恩德交互施用,相辅相成。[语见] 明·罗贯中《三国演义》第六十六回:"(傅)干闻用武则先威,用文则先

德,威德相济,而后王业成。"[例句] 做皇帝的自然懂得对臣子使用~的手段,双管齐下,可保臣子心悦诚服。

【威而不猛】 wēi ér bù měng

[释义] 有威仪而不凶猛。[语见]《论语·述而》:"子温而厉,威而不猛,恭而安。"[例句] 太守端坐堂上,~,常常能使被询问的人犯能尽言而不敢胡言。

【威风凛凛】 wēi fēng lǐn lǐn

[释义] 威风:令人敬畏的声势或气派。凛凛:严肃、令人敬畏的样子。气势威严,使人敬畏。[语见] 明·施耐庵《水浒传》第十三回:"杨志看那人时,身材七尺以上长短,面圆耳大,唇阔口方,腮边一部落腮胡须,威风凛凛,相貌堂堂。"[例句] 大将军骑着高头大马在桥上~地一站,立即使敌人的气焰消去了一大半。

【威风扫地】 wēi fēng sǎo dì

[释义] 扫地:指全部丧失。指威风全部丧失。[例句] 洪承畴锦州战败之后,顿时觉得~,先前在西北时的矜持之气全然不再。

【威凤祥麟】 wēi fèng xiáng lín

[释义] 凤凰和麒麟是世上罕见之物,为祥瑞、太平的象征。现用于比喻难得的人才。[语见] 明·沈受先《三元论·祝寿》:"未须期东海南山。愿早赐祥麟瑞凤。"[例句] 刘邦高就高在善于用人,像张良、韩信、萧何等人,皆~,能得到他的重用,便能说明一二。

【威凤一羽】 wēi fèng yī yǔ

[释义] 威凤:凤凰有威仪。凤凰身上的一根羽毛。比喻略见一斑。[语见] 唐·姚思廉《梁书·刘遵传》:"及弘道下邑,未申善政,而能使民结去思,野易驯雉,此亦威凤一羽,足以验其五德。"[例句] 演讲比赛中我校学生所展现的良好素质,不过是~,我校的教育在许多方面都取得了丰硕的成果。

【威迫利诱】 wēi pò lì yòu

[释义] 威迫:用强权或武力威胁、逼迫。利诱:用名利引诱。形容软硬兼施,使别

人顺从。[例句] 水兵被俘之后，敌人无论怎样～，始终无法撬开他们的嘴巴。

【威武不屈】 wēi wǔ bù qū
[释义] 威武：权势，武力。屈：屈服。权势或武力的威胁不能使之屈服。形容坚毅忠贞。[语见]《孟子·滕文公下》："富贵不能淫，贫贱不能移，威武不能屈，此之谓大丈夫。"[例句] 文天祥身陷北营，～，连敌人统帅也不得不佩服其忠义。

【威胁利诱】 wēi xié lì yòu
[释义] 见"威迫利诱"。[语见] 宋·王灼《颐堂文集·李仲高石君堂》："利诱威胁拟夺去，仲高誓死君不侧。"[例句] 洪承畴被俘之后，经不住清人的～，投了清军。

【威信扫地】 wēi xìn sǎo dì
[释义] 威信：威望和信誉。扫地：比喻完全丧失。指威信完全丧失。[例句] 总经理在上次的市场策划有了巨大失败之后，已经～，现在全公司已经没有人信任他了。

【威仪孔时】 wēi yí kǒng shí
[释义] 孔：甚，很。仪容严肃，举止庄重，甚合时宜。[语见]《诗经·大雅·既醉》："威仪孔时，君子有孝子。"[例句] 他做了公司最高领导之后，公开场合自是～，但是私下，却还是能和原来的同事打成一片。

【威尊命贱】 wēi zūn mìng jiàn
[释义] 指打仗时军令重于生命。[语见] 唐·李华《吊古战场》："法重心骇，威尊命贱。"[例句] 军令如山，～，岂可因人废法？

【偎干就湿】 wēi gān jiù shī
[释义] 见"煨干避湿"。[语见] 明·臧懋循《元曲选》："从小偎干就湿。"[例句] 想起母亲～地把我们养大，使我们懂得做人的道理，这里也有投资，可是这种投资能用数字来计算吗？

【偎红倚翠】 wēi hóng yǐ cuì
[释义] 见"倚翠偎红"。[语见] 元·荆干臣《醉花阴·闺情》曲："偎红倚翠，浅斟低唱，歌金缕韵悠扬，依腔调按宫商。"

[例句] 回忆起早年那些～的日子，再看一看眼前的凄凉生活，柳公子自然忍不住泪满衣襟了。

【偎香倚玉】 wēi xiāng yǐ yù
[释义] 见"倚玉偎香"。[语见] 元·徐琰《青楼十咏·初见》曲："一笑情通，傍柳随花，偎香倚玉，弄月抟风。"[例句] 别看慕容复整天～地风流，但是这都不过是掩人耳目而已，他那复国之心，一刻也未敢忘记。

【微不足道】 wēi bù zú dào
[释义] 微：细小、微小。道：说。指意义、价值等非常细小，不值得一提。[语见] 姚雪垠《李自成》第三卷："这一仗，义军的死伤微不足道，追兵却完全溃散。"[例句] 我人微言轻，我的话自然～，但是如果你能从中体会出我的一片苦心，那我也就感到非常满足了。

【微不足录】 wēi bù zú lù
[释义] 喻指渺小得不值记一笔。[语见] 宋·欧阳修《新五代史·唐庄宗纪上》："盖沙陀者，大碛也，在金莎山之阳，蒲类海之东，自处月以来居此碛，号沙陀突厥。而夷狄无文字传记，朱邪又微不足录，故其后世自失其传。"[例句] 新来的书记，说了半天，什么也听不明白，那些话啊，～，不说也罢。

【微服私行】 wēi fú sī xíng
[释义] 帝王官吏穿上平民的服装秘密的出行，探访民情或疑难重案。[语见]《韩非子·外储说右下》："齐桓公微服以巡民家，人有年老而自养者，桓公问其故，对曰：'臣有子三人，家贫，无以妻之，佣未反。'……（桓公）乃论宫中有妇人而嫁之。"[例句] 乾隆～，数下江南的事情，不但野史中多有记述，就是正史，也从未反驳过。

【微故细过】 wēi gù xì guò
[释义] 指细微的过失。[语见] 晋·陈寿《三国志·魏书·中山恭王衮传》："此亦谓大罪恶耳，其微故细过，当掩覆之。"[例句] 老雷是那种爽快人，细节上肯定会有些～，但仍不失为一个有魄力的管

理者。

【微乎其微】 wēi hū qí wēi

[释义] 微中有微。形容极少或极小。[语见]《尔雅·释训》:"式微式微者,微乎微者也。"[例句] 专家告诉人们:"太阳风暴"对人类健康的影响是～的,人们不必过于忧虑。

【微言大义】 wēi yán dà yì

[释义] 微:精深、奥妙。大义:深刻的道理。精深奥妙的言辞中含有深刻的道理。也作"大义微言"。[语见] 汉·刘歆《移书让太常博士》:"及孔子殁而微言绝,七十子卒而大义乖。"[例句] 可怜这些学者们,穷其一生,总是在所谓的经典著作中寻找古人的～,可是熬到两鬓斑白,却找到了什么呢? 不过是拾人牙慧而已。

【微言大指】 wēi yán dà zhǐ

[释义] 见"微言大义"。[语见] 清·龚自珍《资政大夫礼部侍郎武进庄公神道碑铭》:"大儒庄君……传山右阎氏之绪学,求二帝三王之微言大指。"[例句] 老先生的～,令在座的人茅塞顿开。

【微言精义】 wēi yán jīng yì

[释义] 见"微言大义"。[语见] 清·郑燮《潍县署中寄舍弟墨第一书》:"读《易》至韦编三绝,不知翻阅过几千百遍来,微言精义,愈探愈出,愈研愈入,愈往而不知其所穷。"[例句] 老实说,我不希望有人到我的著作中去寻找什么～,即使有的话,就是我的文字能够给人带来一种阅读的快乐。

【煨干避湿】 wēi gān bì shī

[释义] 形容母亲哺育、养护儿女的辛勤劳苦。[语见] 元·李行道《灰阑记》第四折:"生下孩儿,十月怀胎,三年乳哺,咽苦吐甜,煨干避湿,不知受了多少辛苦。"[例句] 母亲一个女人家,在战乱中～地拉扯着我和妹妹,从北到南几千里,竟然还使我们在逃难路上认识了不少字。

【煨干就湿】 wēi gān jiù shī

[释义] 见"煨干避湿"。[语见] 元·无名氏《杀狗劝夫》第三折:"不想共乳同胞一

体分,煨干就湿母艰辛。"[例句] 做母亲的,谁不希望自己的儿女能出人头地,所以～地养育儿女,哪怕吃再多的苦,似乎都无法压垮她们那并不坚强的肩膀。

【巍然耸立】 wēi rán sǒng lì

[释义] 见"巍然屹立"。[例句] 泰山～于华北平原之东,像其守护神一样,默默地守候了无数春秋。

【巍然屹立】 wēi rán yì lì

[释义] 巍然:山或建筑物高大雄伟的样子。屹立:山势高耸而稳固地立着。比喻像山峰一样坚定不可动摇。[例句]梁三喜牺牲后,依然～,吓得敌人禁不住心惊胆寒。

【韦编三绝】 wéi biān sān jué

[释义] 韦:鞣制的皮绳。编:串联简、牍成册的绳。绝:断。相传孔子晚年好《易》,反复研读,以致"韦编三绝"(串联《易》简的皮绳更换数次)。后以"韦编三绝"形容读书勤奋。[语见] 元·耶律楚材《过天德和王辅四首》诗之四:"韦编三绝耽牺《易》,萧散风神真隐人。"[例句] 纪晓岚早年时便刻苦用功,～,日后成为一代巨儒,自是不足为怪了。

【为德不卒】 wéi dé bù zú

[释义] 卒:完结。做好事不能坚持做到底。[语见] 汉·司马迁《史记·淮阴侯列传》:"公,小人也,为德不卒。"[例句] 事情都做到这地步了,你居然～,只怕别人不但不会感激你,还会怨恨你呢。

【为法自弊】 wéi fǎ zì bì

[释义] 自己作法,自受弊害。[语见]宋·司马光《资治通鉴·晋安帝义熙八年》:"毅夜投牛牧佛寺……毅叹曰:'为法自弊,一至于此!'"[例句] 周兴滥施刑罚,多获人怨,后来～,人们自是拍手快了。

【为非作歹】 wéi fēi zuò dǎi

[释义] 做各种坏事。[语见] 元·无名氏《杀妻妻》:"你待为非作歹,瞒心昧己,终久是不牢坚。"[例句] 那些～的恶人终于落入了法网。

初时的洋洋得意形成了巨大的反差。

【为富不仁】wéi fù bù rén
[释义]为富:追求发财致富。《孟子·滕文公上》:"阳虎曰:'为富不仁矣,为仁不富矣。'"意为致富与行仁义难以并存。后用"为富不仁"指富人唯利是图,不讲仁义。[例句]有些人～,丧尽天良,终将为广大群众所唾弃。

【为鬼为蜮】wéi guǐ wéi yù
[释义]蜮:古代相传为一种能含沙射影、暗中害人的动物。比喻用心险恶、暗中害人的人,就像鬼和蜮一样。也作"为鬼为魅"。[语见]《诗经·小雅·何人斯》:"为鬼为蜮,同不可得。"[例句]苏青士做了师爷之后,和巡抚狼狈为奸,～,百姓恨之入骨。

【为期不远】wéi qī bù yuǎn
[释义]指预定的期限已经很近了。[例句]虽然知道立国已～,但是战事毕竟没有完全结束,各路将士依然是枕戈待旦,不敢有丝毫大意。

【为裘为箕】wéi qiú wéi jī
[释义]《礼记·学记》:"良冶之子,必学为裘,良弓之子,必学为箕。"比喻子弟克承家业。[例句]想想多少开国皇帝常常起于草莽之间,却夺得天下,而后辈们受了最好的教育,享受了人间最美的食物,却不能～,也许全是因为没有锤炼的根基,自然经不得风雨。

【为人师表】wéi rén shī biǎo
[释义]成为别人学习的榜样。[语见]清·朱寿朋《光绪朝东华录》:"至教习各员,为人师表,尤应敦品饬行,奉法秉公。"[例句]作为教师,应当～,做以德治教的模范。

【为善最乐】wéi shàn zuì lè
[释义]做好事最快乐。[语见]南朝宋·范晔《后汉书》:"……王言为善最乐。"[例句]大年三十是一年中的最后一天,～,我也会默默地为社区,为邻里,做那么一件小小的事情。

【为数甚微】wéi shù shèn wēi
[释义]指数量很少。[例句]一看同意的人～,经理的脸色立即黯然下来,与开

【为所欲为】wéi suǒ yù wéi
[释义]做自己想做的事。形容想干什么就干什么。有时含贬义。[语见]宋·司马光《资治通鉴·周纪·威烈王二十三年》:"以子之才,臣事越孟,必得近幸。子乃为所欲为,顾不易邪?"[例句]侵略者以为有了强大精良的武器,就可以在别人的土地上～,可是他们错了,在这里,他们得到了有力的回击。

【为王称霸】wéi wáng chēng bà
[释义]形容专横跋扈、蛮不讲理。[语见]清·曹雪芹《红楼梦》第五十三回:"你手里又有了钱,离着我们又远,你就为王称霸起来。"[例句]刘伯温劝诫朱元璋放缓～的苦心,也许朱元璋当时并没有意识到其妙处,但是获得最后的胜利之后,他自然就明白了。

【违恩负义】wéi ēn fù yì
[释义]辜负了别人对自己的恩德、情谊,做出对不起别人的事。[语见]梁·萧子显《南齐书·扶南国传》:"永不恭从,违恩负义,叛主之愆,天不容载。"[例句]肖家那几个小子,个个都是～,你不要和他们成天搅在一起。

【违法乱纪】wéi fǎ luàn jì
[释义]《礼记·礼运》:"故天子适诸侯,必舍其祖庙,而不以礼籍入,是谓天子坏法乱纪。"后用"违法乱纪"指违反法令,扰乱纪律。[例句]一个人～的事儿干得越多,就走得离人民群众越远,直至最后灭亡。

【违利赴名】wéi lì fù míng
[释义]放弃利欲而求名誉。[语见]汉·王充《论衡·答佞》:"弃宗养身,违利赴名,竹帛所载。"[例句]一些知识分子往往以淡泊名利自诩,事实上,利倒是能不趋之若鹜,但是却常常是～,也许对他们来说,名的诱惑实在太大了。

【违心之论】wéi xīn zhī lùn
[释义]见"违心之言"。[语见]清·皮锡瑞《南学会讲义》:"当破除成见,讲明公理,是则是,非则非,勿作违心之论。"

[例句]形势已经使我不得不做出表态,但是自从有了这～之后,几十年来我都一直不安哪!

【违心之言】wéi xīn zhī yán
[释义]违背本心的话。[语见]清·李汝珍《镜花缘》第八十八回:"仙凡路隔,尤不应以违心之言,释当日之恨。"[例句]当年小余有那～,也是为了你好,你怎么就不能理解别人的一片苦心呢?

【违信背约】wéi xìn bèi yuē
[释义]谓不守信用,违背共同制定的条约。[语见]唐·令狐德棻《周书·武帝纪下》:"伪齐违信背约,恶稔祸盈,是以亲总六师,问罪汾、晋。"[例句]六月之后,德国～,向苏联发起了大规模的进攻,直把战火烧到了西伯利亚。

【围城打援】wéi chéng dǎ yuán
[释义]援:指援兵。以部分兵力包围敌军重要据点,引诱其他地方的敌军前来增援,而以事前部署好的主力部队来歼灭敌人的援兵。[例句]早在一千多年前,中国人已经在战争中常常使用～战术了,但是西方人第一次使用它,已是近五百年之后了。

【围魏救赵】wéi wèi jiù zhào
[释义]魏、赵:皆为战国时的诸侯国名。公元前三五三年,魏国围攻赵国都城邯郸,赵国向齐国求救。齐将孙膑、田忌用"避实击虚,攻其必救"之策,率军围攻魏都大梁。魏军闻讯后立即撤兵回救,中途被齐军大败。这样,用围攻魏都的计策解了赵国之围。后指围攻来犯敌人的后方据点,迫使敌人撤兵的策略。[语见]明·施耐庵《水浒传》第六十四回:"倘用围魏救赵之计,且不来解此处之危,反去取我梁山大寨,如之奈何?"[例句]关键时刻,我军采取了～的战术,攻其后方,从而迫使敌人仓皇撤兵。

【唯利是求】wéi lì shì qiú
[释义]见"唯利是图"。[语见]南朝梁·沈约《奏弹王源》:"源频叨诸府戎禁,豫班通彻,而托姻结,唯利是求,玷辱流辈,莫斯为甚。"[例句]眼光看得远一些,别老是做这种～的事情。

【唯利是视】wéi lì shì shì
[释义]一心求利,别的什么都不顾。[语见]《左传·成公十三年》:"余虽与晋出入,余唯利是视。"[例句]跟他那种～的人在一起,令我浑身不舒服。

【唯利是图】wéi lì shì tú
[释义]唯:助词。是:指示代词,复指前置宾语"利"。图:贪图。"唯……是……"是古汉语中的一种格式,有加强语意的作用。指一心贪图利益,别的什么也不顾。[语见]清·颐琐《黄绣球》第五回:"原来这黄祸居多,唯利是图,无恶不作。"[例句]他是个～的人,从不讲什么信誉,更不讲什么道德。

【唯命是从】wéi mìng shì cóng
[释义]唯:助词。是:指示代词,复指提前的宾语"命"。"唯……是……"是古汉语中一种加重语意的格式。绝对服从命令,让做什么就做什么。[语见]南朝宋·范晔《后汉书·列女传》:"大人以先生修德守约,故使贱妾侍执巾栉。既奉承君子,唯命是从。"[例句]你形成你的威信自然无可厚非,但是你使得你手下一帮人对你都～了,那你还能指望他们为你出谋划策吗?

【唯命是听】wéi mìng shì tīng
[释义]见"唯命是从"。[语见]《左传·宣公十二年》:"使君怀怒,以及敝邑,孤之罪也。敢不唯命是听。"[例句]这些仆人对女皇～。

【唯唯否否】wéi wéi fǒu fǒu
[释义]唯唯:回答时表示同意的应声。否否:人家说否,也跟着说否。形容胆小怕事,一味顺从。[语见]清·黄宗炎《周易寻门余论》:"宋儒之注经,虚谈生命,唯唯否否。"[例句]他一向胆小怕事,～,你别指望他能替你说话。

【唯唯连声】wéi wéi lián shēng
[释义]唯唯:恭敬而顺从的答应声。一声连一声地、恭敬而顺从地答应着。[语见]姚雪垠《李自成》第八卷:"张若麒也唯唯连声,表示一定要全力以赴完成

使命。"[例句]局长一问,下面～,点名要人说呢,却什么话也没有,大家未免有点太拘束了。

【唯唯诺诺】wéi wéi nuò nuò
[释义]唯唯、诺诺:都是表示应答的词。形容一味地顺从别人的意见。[语见]明·冯梦龙《醒世恒言》第二卷:"他思念父母面上,一体同气,听其教诲,唯唯诺诺,并不违拗。"[例句]看到谈判对手除了董事长以外,全都是一帮～之徒,威廉合作的意向已经趋向于零了。

【唯我独尊】wéi wǒ dú zūn
[释义]尊:尊贵。形容人极端自高自大,认为只有自己最了不起。[语见]宋·释普济《五灯会元·南泉愿禅师法嗣》:"天上天下,唯我独尊。"[例句]多听一听身边人的意见,别总是～,以为自己真就是神了,那样的话,不出几年,你就是孤家寡人一个,你还能指望你会有多大的成就吗?

【惟口起羞】wéi kǒu qǐ xiū
[释义]指说话不检点而招致耻辱。[语见]《尚书·说命中》:"惟口起羞,惟甲胄起戎。"[例句]他说话总是信口开河,结果～,受到了处分。

【惟力是视】wéi lì shì shì
[释义]唯自己的力量来看待,即看力量有多大,尽力而为。[语见]晋·常璩《华阳国志·南中志》:"祚舅黎晃为吴将,攻伐祚不下,数遣人解喻降之。祚答曰:'舅自吴将,祚自晋臣,惟力是视矣。'"[例句]我们办事要～,不能只凭良好的愿望。

【维妙维肖】wéi miào wéi xiào
[释义]维:助词。妙:好。肖:相像。形容描写或模仿得非常逼真、传神。也作"唯妙唯肖""惟妙惟肖"。[语见]清·冯镇峦《读〈聊斋〉杂说》:"聊斋中用字法,不过一二字,偶露句中遂已绝妙,形容维妙维肖,仿佛《水经注》造语。"[例句]他在文章里把当年天桥一带说书人表演的情景,写得～。

【巍然不动】wéi rán bù dòng
[释义]巍然:高高挺立的样子。形容高大、坚固,不可动摇。[语见]汉·刘安《淮南子·诠言训》:"至德,道者若丘山,巍然不动,行者以为期。"[例句]我心已铁,即使有灭顶之灾临身,我也～。

【尾大不掉】wěi dà bù diào
[释义]掉:摆动。尾巴太大不易摆动。比喻部属势力强大,难以驾驭。也比喻机构庞大,指挥不灵。[语见]《左传·昭公十一年》:"末大必折,尾大不掉,君知也。"[例句]唐朝末年形成～之势,事实上早在太宗、高宗时就已埋下了种子。

【尾大难掉】wěi dà nán diào
[释义]见"尾大不掉"。[语见]三国魏·曹冏《六代论》:"所谓末大必折,尾大难掉。尾同于体犹或不从,况乎非体之尾,其可掉哉!"[例句]地主豪强富比国家,～之势已形成,东汉的灭亡也为期不远了。

【纬地经天】wěi dì jīng tiān
[释义]见"经天纬地"。[语见]唐·李翰《凤阁王侍郎传论赞·序》:"开物成务,纬地经天,则齐中书监尚书令太尉南昌文献公。"[例句]你纵有～之才,但是如果没有机遇,你也会一事无成。

【纬武经文】wěi wǔ jīng wén
[释义]经、纬:治理。以文治武功治理国家。[语见]唐·房玄龄等《晋书·文六王传赞》:"自家刑国,纬武经文,木摧于秀,兰烧以薰。"[例句]没有相当深厚的～的能力,是无法掌控这么一个大国的。

【委靡不振】wěi mǐ bù zhèn
[释义]见"萎靡不振"。[语见]元·脱脱等《宋史·杨时传》:"若示以怯懦之形,委靡不振,则事去矣。"[例句]这些日子,小金总是～的样子,也不知道他究竟发生了什么事情。

【委曲成全】wěi qū chéng quán
[释义]指使自己受委屈,以成全别人。[语见]明·李贽《续焚书·答骆副使》:"夫自用则不能容物,无用又不能理

物,其得尔三载于滇中者,皆我公委曲成全之泽也。"[例句]你身在矛盾的漩涡之中,那些～的事情,我知道不是你的真心,你心里的苦楚我能够理解。

【委曲求全】wěi qū qiú quán
[释义]委曲:弯曲,指屈身折节。勉强忍让迁就,以求保全。[语见]清·胡林翼《复张石卿中丞启》:"例以古人忠义之至,固有未协,然委曲求全,保身即以保国。"[例句]小敏哪里能知道,同桌所以能～地向她道歉,背后班长不知道做了多少说服工作。

【委曲周全】wěi qū zhōu quán
[释义]见"委曲成全"。[语见]明·冯梦龙《醒世恒言》第七卷:"我只要委曲周全称家主一件大事,并无欺心。若有苟且,天地不容。"[例句]为了你的意见被通过,头儿可是～地做了大量的工作,你还不知道吧?

【委肉虎蹊】wěi ròu hǔ xī
[释义]委:弃置。蹊:小路。把肉弃置在饿虎出没的路上。比喻处境危险,灾祸即将来到。[语见]《战国策·燕策三》:"是以委肉当饿虎之蹊,祸必不振矣。"注:振,挽救。[例句]事情败露之后,四太子已知自己是～,朝不保夕,但是死又不能死,逃又不能逃,这才是受罪。

【委重投艰】wěi zhòng tóu jiān
[释义]委:委托,托付。委以重任,授予艰难使命。[语见]宋·周密《齐东野语·表答用先世语》:"则今兹爱立之命,乃所以委重投艰而已,又何辞乎?"[例句]《白帝城》一曲戏,将刘备对诸葛亮的～描述得淋漓尽致。

【娓娓动听】wěi wěi dòng tīng
[释义]娓娓:谈论不倦的样子。形容说话婉转生动,使人喜欢听。也作"娓娓可听"。[语见]清·曾朴《孽海花》第三十四回:"梦兰也竭力招呼……倒也说得清脆悠扬,娓娓动听。"[例句]小雨老师用她那独特的～的声音,给我们讲起了她早年的故事,感动得同学们纷纷掉泪。

【娓娓而谈】wěi wěi ér tán
[释义]娓娓:谈论不倦的样子。形容不知疲倦地谈论着。[语见]《张枢日记》:"时陈君燕夫亦来一见,各道阔别,娓娓而谈。"[例句]我们围炉而坐,～,一直谈到深夜,还意犹未尽。

【萎靡不振】wěi mǐ bù zhèn
[释义]萎靡:也作"委靡",精神颓丧不振作的样子。形容精神不振作,意志消沉。[语见]清·颐琐《黄绣球》第二十四回:"大凡做学生的,原要讲合群,原要有尚武的精神,不可萎靡不振。"[例句]连续几天的夜车,弄得我好些日子都～,看来体力实在不能过度消耗。

【痿不忘起】wěi bù wàng qǐ
[释义]肢体萎弱瘫软的人,仍不忘起行。比喻意志坚强、不屈于逆境。[语见]汉·司马迁《史记·韩信列传》:"仆之思归,如痿人不忘起,盲者不忘视也,势不可耳。"[例句]经此大难,在别人也许早就退缩了,但是我就是一个～的人,只要活着,就绝不轻言放弃。

【为国捐躯】wèi guó juān qū
[释义]捐躯:献出生命。为国家献出了生命。[语见]清·钱彩《说岳全传》第三十九回:"为国捐躯赴战场,丹心可并日争光。"[例句]由所有～的战士的名字组成的碑塔,成了游人们一定要瞻仰的地方。

【为国为民】wèi guó wèi mín
[释义]指不谋私利的高尚品德。[语见]明·谢谠《四喜记·久旱祈神》:"父母老爷为国为民,敢不顺命。"[例句]他这种～、无私奉献的崇高品质真值得我们学习。

【为虎傅翼】wèi hǔ fù yì
[释义]给老虎添上翅膀。比喻帮助恶人,助长恶势力。[语见]《韩非子·难势》:"故《周书》曰:'毋为虎傅翼,将飞入邑,择人而食之。'夫乘不肖人于势,是为虎傅翼也。"[例句]这种时候纵容他们的不当行为,就是～,后果不堪设想。

【为虎添翼】wèi hǔ tiān yì
[释义]见"为虎傅翼"。[例句]他们怀

二心已久,已经很麻烦了,再无端给他们粮草,那不是~吗?

【为虎作伥】 wèi hǔ zuò chāng
[释义] 伥:鬼名。传说被虎吃掉的人变成伥鬼,专门给虎带路找人吃。现比喻给恶人做帮凶。[语见] 清·筱波山人《爱国魂·骂奴》:"为虎作伥,无复生人之气。"[例句] 旧社会,哪个恶霸的身边没有几个~的人呢?

【为民除害】 wèi mín chú hài
[释义] 为百姓消除祸患。[语见] 晋·陈寿《三国志·蜀书·秦宓传》:"禹疏江决河,东注于海,为民除害,生民已来功莫先者。"[例句] 包公本着~的准则,从不徇私枉法。

【为民除患】 wèi mín chú huàn
[释义] 见"为民除害"。[语见] 南朝宋·刘彧《与诸方镇及诸大臣诏》:"为民除患,兄弟无复多人,弥应思吊不咸,益相亲信。"[例句] 武松初上景阳冈,还多少有些~的勇气,但是等看到那大虫实在太大时,也不禁冷汗直出。

【为民请命】 wèi mín qǐng mìng
[释义] 形容替老百姓申诉痛苦。[语见] 汉·司马迁《史记·淮阴侯列传》:"因民之欲,西乡为百姓请命,则天下风走而响应矣。"[例句] 像海瑞这种~而且不畏权贵的人,自然能被百姓所拥护。

【为人为彻】 wèi rén wèi chè
[释义] 指帮助人要帮助到底。[语见] 明·吴承恩《西游记》第二十四回:"八戒道:'哥啊,为人为彻,已经调动我这馋虫,再去寻个儿来,老猪细细的吃吃。'"[例句] 嘿,~,你就再送我一程,这黑灯瞎火的,我实在没法往下走。

【为人作嫁】 wèi rén zuò jià
[释义] 为:给、替。人:指他人。嫁:指嫁衣,女子出嫁时所穿。给别人制作嫁衣。比喻白白为别人辛苦忙碌。[语见] 唐·秦韬玉《秦韬玉诗集·贫女》:"苦恨年年压金线,为他人作嫁衣裳。"[例句] 编辑虽说是~,但是编辑工作本身所包含的魅力,也是无穷无尽的。

【为五斗米折腰】 wèi wǔ dǒu mǐ zhé yāo
[释义] 五斗米:晋代县令的官俸。折腰:指下拜行礼。为了微薄的俸禄而卑躬屈膝。比喻没有骨气。[语见] 唐·房玄龄等《晋书·陶潜传》载:陶潜做彭泽县令时,上级派官员来视察,县里官吏对陶潜说,应该穿戴整齐去迎接,陶潜说:"吾不能为五斗米折腰,拳拳事乡里小人邪!"于是他就自行离职了。

【为小失大】 wèi xiǎo shī dà
[释义] 小:指不值得认真的小事。为了贪图小利反而遭受巨大的损失。[语见] 清·李宝嘉《文明小史》第二十九回:"你若不肯,他就告诉了大老爷,找你点错处,革掉了你,你能为小失大吗?"[例句] 为了集体的利益,你的脾气要收敛些,可不要~呀!

【为之动容】 wèi zhī dòng róng
[释义] 动容:脸上现出受感动的表情。[例句] 她一番声泪俱下的哭诉,令在座的人无不~。

【未卜先知】 wèi bǔ xiān zhī
[释义] 卜:占卜,卜算。没有占卜就知道了事情的结果。形容有预见。[语见] 元·无名氏《桃花女》第三折:"卖弄杀周易阴阳谁知你,还有个未卜先知意。"[例句] 我没有~之能,但是从你那叙述的逻辑中,就能发现巨大的漏洞,那么,怎么能指望事情成功呢?

【未成一篑】 wèi chéng yī kuì
[释义] 篑:盛土的工具。所以没有堆成,是因为还差一篑土。比喻功败垂成。[语见] 《论语·子罕》:"子曰:'譬如为山,未成一篑,止吾止也。'"[例句] 进兵北上,直到阴山,眼看就要置单于于死地了,朝中忽然传来撤军的命令,大事~,李广怎能不泪流如注?

【未达一间】 wèi dá yī jiàn
[释义] 未能通达,只差一点点。[语见] 汉·扬雄《法言·问神》:"昔乎,仲尼潜心于文王矣,达之;颜渊亦潜心于仲尼矣,未达一间耳。"[例句] 张先生治学数

十年,可是终其一生,乃是～,不知是否该为其叹息。

【未定之天】 wèi dìng zhī tiān

[释义] 佛家认为天有三十三重。"未定之天"指还没有肯定在天的哪一重。比喻事情还没有着落,或事情还在未定阶段。[语见] 清·文康《儿女英雄传》第十回:"莫若此时趁事在成败未定之天,自己先留个地步。"[例句] 两军血战下来,～,但是从气势上看,清军已大占上风。

【未焚徙薪】 wèi fén xǐ xīn

[释义] 焚:烧。徙:迁移。薪:柴草。火患未起,先将柴草搬开。比喻防患于未然。[语见] 明·冯梦龙《喻世明言》第三十九卷:"这枢密院官都是怕事的,只晓得临渴掘井,那会得未焚徙薪?"[例句] 教师,尤其是班主任,一定要及时掌握学生的思想动态,～。

【未风先雨】 wèi fēng xiān yǔ

[释义] 还没刮风,已先下雨。比喻事情还未进行就对结果乱加猜测议论。[语见] 明·冯梦龙《醒世恒言》第三十五卷:"阿寄道:'婆子家晓道什么?只管胡言乱语!那见得我不会做生意,弄坏了事,要你未风先雨。'"[例句] 她有个说话～的毛病,总是结果还没出来就乱猜。

【未可厚非】 wèi kě hòu fēi

[释义] 厚:重,过分。非:责难。不可过分责难。指还有一定的道理,不能全盘否定。[语见] 汉·班固《汉书·王莽传中》:"莽怒,免英官。后颇觉寤,曰:'英亦未可厚非。'复以英为长沙连率。"[例句] 你那么说表面看～,但是再要仔细推敲推敲呢,就会发现里面实在是漏洞百出。

【未老先衰】 wèi lǎo xiān shuāi

[释义] 衰:衰老。年纪还不大,就先衰老了。[语见] 唐·白居易《叹发落》诗:"多病多愁心自知,行年未老发先衰。"[例句] 经此挫折,他已是～,其锐气全失。

【未了公案】 wèi liǎo gōng àn

[释义] 指尚未解决的事情。[语见] 宋·释普济《五灯会元·清凉泰钦灯禅师》:"时有僧问:'如何是先师未了底公案?'师便打曰:'祖祢不了,殃及儿孙。'"[例句] 小姚那事,多少年了,始终是～,你这么翻出来,就不怕天下大乱吗?

【未明求衣】 wèi míng qiú yī

[释义] 天不亮就穿衣起床。形容勤于政事。[语见] 汉·班固《汉书·邹阳传》:"始孝文皇帝据关入立,寒心销志,不明求衣。"[例句] 王安石主政期间,政事繁多,常常是～,几月下来,人已异常消瘦。

【未能免俗】 wèi néng miǎn sú

[释义] 俗:习俗,惯例。不能免于世俗。[语见] 南朝宋·刘义庆《世说新语·任诞》:"仲容以竿挂大布犊鼻裈于中庭。人或怪之,答曰:'未能免俗,聊复尔耳。'"[例句] 孟浩然一心向佛,却终是～,其原因也许不是世外,而在心中。

【未识一丁】 wèi shí yī dīng

[释义] 不认识一个字。指没有文化的人。[语见] 五代后晋·刘昫等《旧唐书·张弘靖传》:"今天下无事,汝辈挽得两石力弓,不如识一丁字。"注:丁,"个"的讹字。[例句] 老农～,却能讲出如此落地有声的道理,直让我倍感汗颜。

【未雨绸缪】 wèi yǔ chóu móu

[释义] 绸缪:紧密缠绕。趁着还没下雨,先把门窗缠缚牢固。比喻做好准备,防患未然。[语见] 《诗经·豳风·鸱鸮》:"迨天之未阴雨,彻彼桑土,绸缪牖户。"[例句] 只有～,时常检查,才能防止火灾的发生。

【未知万一】 wèi zhī wàn yī

[释义] 万分之一都不知道,形容学识肤浅。[语见] 宋·洪迈《夷坚乙志·张锐医》:"世之庸医,学方书未知万一,自以为足,吁!可惧哉!"[例句] 西方古典哲学博大精深,我～,怎么敢当着一帮大学者的面乱讲呢?

【未足轻重】 wèi zú qīng zhòng

[释义] 见"无足轻重"。[语见] 明·沈德符《万历野获编·京考官被劾》："王文成后日功名不必言，即杨廉亦至南礼部尚书，谥文恪，则言官白简，亦未足轻重也。"[例句] 他觉得自己不过是一个～的人，所以会上他不发言实在不足为怪。

【味如鸡肋】 wèi rú jī lèi

[释义] 鸡肋：鸡的肋骨，吃着没味，扔掉可惜。比喻对事情的兴趣不大或少有实惠。[语见] 晋·陈寿《三国志·魏书·武帝纪》裴松之注引《九州春秋》曰："时王欲还，出令曰'鸡肋'，官属不知所谓。主簿杨修便自严装，人惊问修：'何以知之？'修曰：'夫鸡肋，弃之可惜，食之无所得，以比汉中，知王欲还也。'"[例句] 看嘛，这选题实在是～，弄得好几个领导说是也不是，说不是也不是。

【味如嚼蜡】 wèi rú jiáo là

[释义] 如同嚼蜡一样没有味道。[语见]《楞严经》第八卷："于横陈时，味如嚼蜡。"[例句] 看这种～的稿子，真是令人昏昏欲睡。

【味同嚼蜡】 wèi tóng jiáo là

[释义] 见"味如嚼蜡"。[语见] 清·吴敬梓《儒林外史》第一回："世人一见了功名，便舍着性命去求他，及至到手之后，味同嚼蜡。"[例句] 还校长呢，就那么一篇～的发言，也不怕羞煞了他！

【畏难苟安】 wèi nán gǒu ān

[释义] 害怕困难，苟且偷安。[语见] 清·赵尔巽《清史稿·食货志二》："大学士倭仁疏陈黑地升科，州县畏难苟安，请申明赏罚。"[例句] 他青年时并不是一个～的人，但是几十年官宦生涯，早已使他的锋芒尽失，在是否开战的问题上，他自然要退避三舍了。

【畏首畏尾】 wèi shǒu wèi wěi

[释义] 畏：害怕。前也怕，后也怕。形容顾虑重重。[语见]《左传·文公十七年》："古人有言曰：畏首畏尾，身其余几？'"[例句] 大丈夫当血战沙场马革裹尸，于此为难之际，奈何～！

【畏死贪生】 wèi sǐ tān shēng

[释义] 见"贪生怕死"。[语见] 明·陆采《明珠记·吐衷》："古人然诺处，重丘山，我怎肯畏死贪生不向前。"[例句] 洪承畴其实并不是一个～的人，他之所以投降了清军，其实有着他说不出的苦衷。

【畏缩不前】 wèi suō bù qián

[释义] 畏惧、退缩，不敢向前。[语见] 宋·胡仔《苕溪渔隐丛话·梅圣俞》："唐介始弹张尧佐，谏官皆上疏；及弹文彦博，则吴奎畏缩不前。"[例句] 那些士兵看到敌军声势浩大，便～，先自己乱了阵脚。

【畏葸不前】 wèi xǐ bù qián

[释义] 见"畏缩不前"。[语见] 清·赵尔巽《清史稿·高宗本纪》："丁卯，以扈从行围畏葸不前，褫丰安公爵、田国思侯爵、阿里衮罢领侍卫内大臣。"[例句] 在企业改革的大好形势面前，该厂领导却～，使得企业陷入难以维持的局面。

【畏影恶迹】 wèi yǐng wù jì

[释义] 畏：害怕。恶：憎嫌。害怕自己的影子，憎嫌自己的足迹。比喻不必要的顾忌。[语见]《庄子·渔父》："人有畏影恶迹而去之走者，举足愈数而迹愈多；走愈疾而影不离身。自以为尚迟，疾走不休，绝力而死。不知处阴以休影，处静以息迹，愚亦甚矣。"[例句] 有些大学毕业生，在应聘工作参加面试时，～，顾虑太多，结果当然不理想。

【畏之如虎】 wèi zhī rú hǔ

[释义] 像怕老虎那样畏惧他。形容非常害怕。[语见] 宋·龚明之《中吴纪闻·朱氏盛衰》："有在仕途者，稍拂其意，则以违上命文致其罪，浙人畏之如虎。"[例句] 义山性情刚烈，士兵无不～。

【渭阳之情】 wèi yáng zhī qíng

[释义] 原指秦康公送其舅重耳返晋，直到渭水之北。后用以指甥舅间的情谊。[语见]《诗经·秦风·渭阳》："我送舅氏，曰至渭阳。"[例句] 离别舅父数

年,～,时时萦绕于心中,只是工作实在太忙,望多多原谅。

【渭阳之思】 wèi yáng zhī sī

[释义] 形容甥舅间思念、怀旧之情。[语见]《诗经·秦风·渭阳》:"我送舅氏,曰至渭阳。"[例句] ～诚然时刻萦绕于心,但是身在大洋彼岸,空有挂念而已。

【蔚然成风】 wèi rán chéng fēng

[释义] 蔚然:草木茂盛的样子。形容一种事物逐渐发展流行,形成风气。[语见] 骆兆平《天一阁遗存书目》:"浙江素称文物之邦,两宋以后出版事业兴盛,私人藏书随之蔚然成风。"[例句] 开放的世界需要大量优秀的人才。今天的中国,终生学习～。

【蔚为大观】 wèi wéi dà guān

[释义] 蔚:茂盛、盛大。大观:形容事物美好繁多。形容事物丰富多彩,成为盛大的景象。[例句] 园内雕梁画栋,抬眼即是,～。

wen

【温恭自虚】 wēn gōng zì xū

[释义] 温恭:温和谦恭,讲礼貌。虚:虚心不自满。温顺谦恭而不自满。指善良的、虚心受教的好态度。[语见]《管子·弟子职》:"温恭自虚,所受是极。"[例句] 太子虽然时时注意～,以求于父皇有个好印象,可是他哪里知道,正是他这种处处小心谨慎的作风,使皇上对他的兴趣大失。

【温故而知新】 wēn gù ér zhī xīn

[释义] 见"温故知新"。[语见]《论语·为政》:"温故而知新,可以为师矣。"[例句] 书不怕百读,尤其是一些经典著作,更是～。

【温故知新】 wēn gù zhī xīn

[释义] 温:复习。故:旧的。复习旧的知识,可以得到新的认识和体会。也指回顾历史,可以更好地认识现实。[语见] 汉·班固《汉书·成帝纪》:"儒林之官,四海渊原,宜皆明于古今,温故知新,通达国体,故谓之博士。"[例句]《论语》《老子》等著作虽已读过,～,其主旨不是一两遍就可以领略的。

【温良恭俭让】 wēn liáng gōng jiǎn ràng

[释义] 温:温和。良:善良。恭:恭敬。俭:节俭。让:谦让。本为子贡颂扬孔子的话。后泛指态度温和谦恭,举止文雅。[语见]《论语·学而》:"子贡曰:'夫子温良恭俭让以得之。夫子之求之也,其诸异乎人之求之与?'"[例句] 他自幼受到了良好的家庭教育,～,连一些受过旧式教育的老人,与他谈过一两次后,也对他赞赏有加。

【温情脉脉】 wēn qíng mò mò

[释义] 脉脉:默默地用眼神表达情意。指温柔的情感通过眼神表露出来的样子。[语见] 宋·辛弃疾《摸鱼儿》词:"千金曾买相如赋,脉脉此情谁诉!"[例句] 她～地望着他,一句话也说不出来。

【温柔敦厚】 wēn róu dūn hòu

[释义] 温柔:温和柔顺。敦厚:忠厚。为人温和、忠厚。也指诗文的内容和风格温婉、含蓄。[语见]《礼记·经解》:"温柔敦厚,《诗》教也。"[例句] 我跟他这种～的人生活着,踏实不说,其中的乐趣实在不是外人能知道的。

【温润而泽】 wēn rùn ér zé

[释义] 温润:温和柔润。泽:光泽。形容美玉之色温和柔润而且光泽喜人,借喻人的态度言语和蔼可亲。[语见]《礼记·聘仪》:"昔者君子比德于玉焉,温润而泽,仁也。"[例句] 少师～,言语娓娓,这回可算为皇子们寻到了合适的老师。

【温文尔雅】 wēn wén ěr yǎ

[释义] 温文:温和有礼貌。尔雅:文雅。形容态度温和有礼,举止文雅端庄。也指做事少能力,不大胆,缺乏斗争性。[语见] 清·蒲松龄《聊斋志异·陈锡九》:"此名士之子,温文尔雅,乌能作贼?"[例句] 他生得一表人才,～,自然深得大

家的喜欢了。

【文不对题】wén bù duì tí
[释义]文章的内容与题目不吻合。也指说话、作文不能针对主题。[语见]梁启超《外债平议》:"锡瑞两君所答,虽不能谓非一种政策,然文不对题,亦已甚矣。"[例句]你弄的这报告～,也别拿回去了,就重写吧。

【文不加点】wén bù jiā diǎn
[释义]点:删改。指文章一气呵成,无须修改。形容文思敏捷,写作技巧纯熟。[语见]唐·徐坚等《初学记》第十七卷引张隐《文士传》:"吴郡张纯少有令名,尝谒镇南将军朱据,据令赋一物然后坐,纯应声便成,文不加点。"[例句]一篇千字文,老张在不到半个小时里,～,一气呵成。

【文采风流】wén cǎi fēng liú
[释义]形容人富于才华,文雅而有风致。[语见]唐·杜甫《丹青引·赠曹将军霸》:"英雄割据虽已矣,文采风流今尚存。"[例句]李白诗气纵横,其～,满京城无人能比。

【文从字顺】wén cóng zì shùn
[释义]行文通顺,用词妥帖。[语见]唐·韩愈《南阳樊绍述墓志铭》:"文从字顺各识职,有欲求之此其躅。"[例句]文章写得也算～,但是要说精彩,却谈不上,尤其是最后几节,还得花些大力气修改才行。

【文风不动】wén fēng bù dòng
[释义]一点儿也不动。[语见]清·曹雪芹《红楼梦》第二十九回:"偏生那玉坚硬非常,摔了一下,竟文风不动。"[例句]众人都四散逃开,只有他立在那里,～。

【文过饰非】wén guò shì fēi
[释义]文、饰:掩饰。过:过失。形容以各种借口掩饰过失和错误。[语见]唐·刘知几《史通·惑经》:"岂与夫庸儒末学,文过饰非,使夫问者缄辞杜口,怀疑不展,若斯而已哉?"[例句]小胡由于工作的疏忽,已经造成了巨大的损失,他怎么还能～呢?

【文过遂非】wén guò suì fēi
[释义]文:掩饰。明知有错而加以掩饰,于是对已造成的过失,不再纠正。参见"文过饰非"。[语见]宋·苏轼《再论时政书》:"人皆谓陛下圣明神武,必能徙义修慝以致太平,而近日之事乃有文过遂非之风,此臣之所以愤懑太息而不能已也。"[例句]我再提醒你一遍,你如果再～,你就失去别人的信任了。

【文理不通】wén lǐ bù tōng
[释义]文:指词句。理:指内容。词句和内容方面都不通顺。[语见]宋·薛居正等《旧五代史·选举志》:"后晋礼部侍郎张允上奏章论科举制度有云:'况此等多不究义,唯攻帖书,文理既不甚通,名第岂可妄与?'"[例句]太后的批语错字百出,～,但是那里面透出的浓郁的杀气,还是使人汗如雨下。

【文齐福不齐】wén qí fú bù qí
[释义]文:文才。齐:全、备。文才足够崭露头角,可是命运不济。[语见]元·王实甫《西厢记》第四本第三折:"你休忧'文齐福不齐',我只怕你'停妻再娶妻'。"[例句]贾谊～,郁郁而终,不但是汉朝的损失,也是文坛的损失。

【文人相轻】wén rén xiāng qīng
[释义]轻:轻视,小看。指文人相互看不起,彼此不服气。[语见]三国魏·曹丕《典论·论文》:"文人相轻,自古而然。"[例句]我虽然没有进过那圈子,但是我知道～的说法,所以处处都是小心为上,别去招惹了那帮"权威"为是。

【文如春华】wén rú chūn huā
[释义]华:同"花"。文章辞藻像春天盛开的花朵争奇斗胜。形容文章词汇丰富华丽。[语见]三国魏·曹植《王仲宣诔》:"文如春华,思若涌泉。"[例句]叶庄～,年仅二十便已在地方崭露头角。

【文如其人】wén rú qí rén
[释义]指文章的风格与作者的性格相符。[语见]宋·苏轼《答张文潜书》:"子由之文实胜仆,而世俗不知,乃以为不如。其为人深不愿人知之,其文如其为

人。"[例句] 虽说是～,但是文章中所隐含的那股郁郁之气,却与他的性情相去甚远。

【文山会海】 wén shān huì hǎi
[释义] 文件多得像山,会议多得像海。[例句] 在社会主义市场经济条件下,人们呼唤高效的服务型政府。～的作风,将一去不复返。

【文擅雕龙】 wén shàn diāo lóng
[释义] 指文章写得极好的意思。[语见] 汉·司马迁《史记·孟子荀卿列传》:"谈天衍,雕龙奭,炙毂过髡。"裴骃集解引汉·刘向《别录》:"驺衍之所言五德终始,天地广大,尽言天事,故曰'谈天'。驺奭修衍之文,饰若雕镂龙文,故曰'雕龙'。"[例句] 他才思如华,～,写出了很多脍炙人口的诗篇。

【文韬武略】 wén tāo wǔ lüè
[释义] 韬、略:指《六韬》《三略》,皆古代兵书。指用兵的谋略。[语见] 元·李文蔚《蒋神灵应》楔子:"威镇家邦四海清,文韬武略显英雄。全凭智勇安天下,统领雄师百万兵。"[例句] 李靖治军有方,～,是个难得的人才。

【文韬武韬】 wén tāo wǔ tāo
[释义] 见"文韬武略"。[语见] 唐·杨炯《原州百泉县令李君神道碑》:"上略中略,奏山石之奇谋;文韬武韬,奉川璜之秘诀。"[例句] 历史上真实的诸葛亮并不以用兵见长,但是经过《三国演义》一神化,其～简直到了前无古人后无来者的境地。

【文无加点】 wén wú jiā diǎn
[释义] 见"文不加点"。[语见] 南朝宋·范晔《后汉书·祢衡传》:"衡揽笔而作,文无加点,辞采甚丽。"[例句] 骆宾王年少时即文采飞扬,许多文章,常常于片刻间便能一挥而就,～,令人称绝。

【文武之道】 wén wǔ zhī dào
[释义] 文、武:周文王和周武王。道:方法。本指周文王和周武王的治国、修身方法,后泛指宽严相济的治国修身之道。[语见]《论语·子张》:"文武之道未坠于

地,在人,贤者识其大者,不贤者识其小者,莫不有文武之道焉。"[例句] 管理企业也需要懂得～,才可能调动全体员工的积极性。

【文修武偃】 wén xiū wǔ yǎn
[释义] 文治已实行,武备已停止。形容天下太平。[语见] 唐·王起《鼋鼍为梁赋》:"我皇仁洽道丰,文修武偃,要荒毕服。"[例句] 洋务派满以为经过近二十年的努力,各方皆已～,不料仔细一调查,竟然与期望的相差甚远。

【文以载道】 wén yǐ zài dào
[释义] 载:负载,担负。道:旧时多指儒家思想,后泛指各种道理。文章是用来说明道理、表达思想的。[语见] 宋·周敦颐《通书·文辞》:"文所以载道也,轮辕饰而人弗庸,徒饰也,况虚车乎?"题注:"此言文以载道,人乃有文而不以道,是犹虚车而不济于用者。"[例句] 我的老师一向强调～,对我们那些只重辞藻不重思想内容的文章往往会予以否定。

【文责自负】 wén zé zì fù
[释义] 作者对其发表的文章所引起的一切问题,承担全部责任。[例句] 望各位作者注意,本杂志所采用稿件,～。

【文章盖世】 wén zhāng gài shì
[释义] 盖世:超过世人。文章好得无与伦比,谁都赶不上。[语见] 宋·吴曾《能改斋漫录·苏琼善词》:"姑苏官奴姓苏名琼,行第九……乞韵,以九字,词云:'韩愈文章盖世,谢安情性风流。'"[例句] 欧阳修～,为人正直,被视为北宋初年文坛领袖。

【文章巨公】 wén zhāng jù gōng
[释义] 巨:大。写文章的大家、能手,形容文才出众。[语见] 唐·李贺《高轩过》诗:"入门下马气如虹,云是东京才子,文章巨公。"[例句] 纪昀乃～,《四库全书》的总撰官非他莫属。

【文章绝唱】 wén zhāng jué chàng
[释义] 绝唱:指文艺创作所达到的空前造诣。形容绝妙无比的文艺作品。[语见] 宋·罗大经《鹤林玉露·伯夷传·赤

壁赋》:"太史公《伯夷传》、苏东坡《赤壁赋》,文章绝唱也。"[例句]赋体诸文之中,《滕王阁序》堪称～。

【文章魁首】 wén zhāng kuí shǒu
[释义]魁首:为首的,这里指名列第一。文章写得最好,形容文才很高。[语见]元·王实甫《西厢记》第四本第二折:"秀才是文章魁首,姐姐是仕女班头。"[例句]张謇为～,点了状元之后数年,又做了商务,竟也有大成。

【文章星斗】 wén zhāng xīng dǒu
[释义]犹言文章之冠,形容人文章写得漂亮,超群出众。[语见]元·魏初《满江红·为双溪丞相寿》词:"元自有,谈天口。初不负,经纶手。更诗书万卷,文章星斗。"[例句]像明末清初的王夫之等人,均为～,可惜的是,他们能引领文坛,却引领不了时代。

【文章憎命】 wén zhāng zēng mìng
[释义]憎:恨。指文章写得好,但命运不好,即文人多灾多难的意思。[语见]唐·杜甫《天末怀李白诗》:"文章憎命达,魑魅喜人过。"[例句]他文章写得极好,只可惜总是命运不济,一生经历坎坎坷坷,真是～啊!

【文质彬彬】 wén zhì bīn bīn
[释义]文:文采。质:实质。彬彬:谐调。形容人既文雅又朴实。[语见]《论语·雍也》:"质胜文则野,文胜质则史,文质彬彬,然后君子。"[例句]他总是～的,像个文弱的书生。

【文治武功】 wén zhì wǔ gōng
[释义]《礼记·祭法》:"汤以宽治民而除其虐。文王以文治,武王以武功,去民之灾,此皆有功烈于民者也。"后用"文治武功"指施行政教和从事征战的功绩。多用来称颂帝王或重臣。[例句]这位皇帝～,开创了太平盛世的局面。

【文字交】 wén zì jiāo
[释义]因文学之事而结成的朋友关系。[例句]我们乃～,虽然通信都十几年了,却始终不曾见过面,这样也好,省去了许多礼尚往来的烦琐礼俗。

【纹丝不动】 wén sī bù dòng
[释义]纹丝:形容很小的波动。一点儿也不动。[例句]冷先生静立当场,～,那握笔的手,以及他整个人,都似凝固了一般。

【闻风而动】 wén fēng ér dòng
[释义]闻:听见。风:风声,消息。指一听到消息,就立刻行动起来。形容行动非常敏捷、迅速。[例句]一听陕北有人起义,关中的百姓也～,纷纷响应。

【闻风而起】 wén fēng ér qǐ
[释义]闻:听见。风:风声,指消息。一听到消息就立即起来响应。[语见]宋·文天祥《何晞程名说》:"百世之下居乎此者犹闻风而起,况去之二百年之近乎?"[例句]瓦岗寨的好汉起事之后,天下～,隋朝政权摇摇欲坠。

【闻风而逃】 wén fēng ér táo
[释义]见"望风而逃"。[语见]清·李宝嘉《官场现形记》第十二回:"却说这班土匪正在桐庐一带啸聚,虽是乌合之众,无奈官兵见了,不要说是打仗,只要望见土匪的影子,早已闻风而逃。"[例句]敌军入关之后,守军～,敌军不费吹灰之力便获得了巨大的根据地。

【闻风丧胆】 wén fēng sàng dǎn
[释义]闻:听到。风:风声,消息。听到风声,就吓破了胆。形容极其恐惧。[例句]岳家军连续几个胜仗之后,金兵～,尽量避免在岳家军防御的地方与其起冲突。

【闻风远扬】 wén fēng yuǎn yáng
[释义]风:风声,消息。远扬:远走高飞。听到风声就逃之夭夭。[语见]清·李绿园《歧路灯》第六十五回:"赌博场中闹出事,只有个闻风远扬是高着。"[例句]广州起义之后,官方大肆搜捕,黄兴～,流亡海外。

【闻过则喜】 wén guò zé xǐ
[释义]闻:听到。过:过失,错误。别人指出自己的缺点或错误,从内心里感到高兴。[语见]《孟子·公孙丑上》:"子路,人告之以有过则喜。"[例句]他胸宽

如海，～，你指出他的不足，他高兴还来不及呢，怎么会给你穿小鞋呢？

【闻鸡起舞】 wén jī qǐ wǔ
[释义]闻：听到。鸡：鸡鸣。舞：舞剑。晋朝祖逖和刘琨立志报效国家，早晨听到鸡叫就起床舞剑，勤奋习武。指有志向的人勤勉奋发。[语见]清·孙雨林《皖江血·兴学》："闻鸡起舞心还壮，造时势，先鞭不让。"[例句]武术家传的何长江，十年来一日不落，每天均～，练就了一身硬功夫。

【闻名不如见面】 wén míng bù rú jiàn miàn
[释义]听到他的名声不如见到他本人。指只有亲眼看见才能有深切的了解。[语见]唐·李延寿《北史·房爱亲妻崔氏传》："见丘人列子不孝，吏欲案之。景伯为之悲伤，入白其母。母曰：吾闻闻名不如见面，小人未见礼教，何足责哉！"[例句]听了宁先生的讲座之后，才知道～，他对《金瓶梅》的研究和理解，实在超过大多数学者。

【闻名遐迩】 wén míng xiá ěr
[释义]见"遐迩闻名"。[例句]黄遵宪～，自然引起了官方的重视。

【闻所未闻】 wén suǒ wèi wén
[释义]闻：听到。听到了从来没有听说过的事。形容十分新奇。[语见]汉·司马迁《史记·郦生陆贾列传》："越中无足与语，至生来，令我日闻所不闻。"[例句]他们讲的那些事情，多少年来～。

【闻一知十】 wén yī zhī shí
[释义]闻：听到。听到一点就能由此推知十点。形容很聪明，能够举一反三。[语见]《论语·公冶长》："回也闻一以知十，赐也闻一以知二。"[例句]李钟峨才思敏捷，～，不出三十，便已得高中，在通江等地，几乎传为神人。

【刎颈之交】 wěn jǐng zhī jiāo
[释义]刎颈：指杀头，掉脑袋。刎：用刀割脖子。颈：脖子。交：交情。不惜杀头掉脑袋的交情。指交情深厚，可同生共死。[语见]汉·司马迁《史记·廉颇蔺相如列传》："卒相与欢，为刎颈之交。"[例句]我和他相互扶持，登上雪山之后，结为～，多少年不见，也不会影响我们的交往。

【稳操胜算】 wěn cāo shèng suàn
[释义]稳：牢固。操：把握住。算：筹码。胜算：制胜的筹码、计谋。牢牢地把握住制胜的筹码。[例句]红队已经连中三元，他们虽已～，但是还在继续以十足的拼劲扩大比分。

【稳操左券】 wěn cāo zuǒ quàn
[释义]稳：稳当。操：握在手里，拿。左券：古代称契约为券，用竹做成，分左右两片，立约双方各拿一片。左券即左片（或称左联），是索偿的凭证。比喻对事情有充分的把握。[语见]汉·司马迁《史记·田敬仲完世家》："公常执左券以责（债）于秦韩。"[例句]我们所做的调查是基础，策划报告是思路，只要加强投入，我们自是～，还担心什么呢？

【稳如泰山】 wěn rú tài shān
[释义]稳：稳定。稳定得像泰山一样，不可动摇。形容十分牢靠。[语见]清·李汝珍《镜花缘》第三回："武后恃有高关，又仗武氏兄弟骁勇，自谓稳如泰山，十分得意。"[例句]家长们嚷嚷个不停，但是葛老师～，脸上几乎看不出半丝表情。

【稳扎稳打】 wěn zhā wěn dǎ
[释义]扎：扎营。打：打仗。步步设营，有把握地攻敌取胜。也比喻做事情踏实。[例句]清军～，步步为营，向江南进逼，南明的军队再也没有退路了。

【稳坐钓鱼台】 wěn zuò diào yú tái
[释义]原指在风浪中沉着不慌，后比喻面对纷纭复杂的事情仍然沉着镇定，处之泰然。[例句]大家都说了半天，总经理始终～，一言不发。

【问长问短】 wèn cháng wèn duǎn
[释义]长、短：指意外、闪失。询问情况是否正常，有没有意外或闪失。[语见]清·曹雪芹《红楼梦》第一百一十五回："王夫人更不用说，拉着甄宝玉问长问

短,觉得比自己家的宝玉老成些。"[例句]我们一下车,接站的朋友就～,热情非凡。

【问道于盲】 wèn dào yú máng
[释义]原指向盲人问路。比喻向一无所知的人求教。[语见]清·顾炎武《与友人论学书》:"比往来南北,颇承友朋推一日之长,问道于盲。"[例句]他学外语学的是俄语,你向他请教英语问题,岂不是～?

【问官答花】 wèn guān dá huā
[释义]比喻答非所问。[语见]清·文康《儿女英雄传》第四十回:"安老爷一听这话,心里暗笑道:'这老头儿,这才叫个问官答花,驴唇不对马嘴。'"[例句]哎呀,问你对未来选题的设想,你怎么～,在原来做过了的选题上喋喋不休呢?

【问寒问暖】 wèn hán wèn nuǎn
[释义]见"嘘寒问暖"。[例句]回到家里,母亲对我～,我忽然发现,她老了,背也开始驼了,我只觉得心里酸酸的。

【问牛知马】 wèn niú zhī mǎ
[释义]比喻从侧面推究,得以明白事实真相。[语见]汉·班固《汉书·赵广汉传》:"钩距者,设欲知马贾(价),则先问狗,已问羊,又问牛,然后及马,参伍其贾(价),以类相准,则知马之贵贱,不失实矣。"[例句]作为信息部的负责人,你必须要求你们所有的工作人员具备～的能力,举一反三,及时给领导班子提供必要的顾问资料。

【问心无愧】 wèn xīn wú kuì
[释义]愧:惭愧,对不起别人。真心问自己,感到没有什么可以惭愧的地方。指因没做对不起别人的事儿而心安理得。[语见]清·李宝嘉《官场现形记》第二十二回:"横竖只做一次,也累不到老爷的清名,就是将来外面有点风声,好在这钱不是老爷自己得的,自可以问心无愧。"[例句]整个事情我都经历了,我走到哪里,都～。

【问羊知马】 wèn yáng zhī mǎ
[释义]见"问牛知马"。[语见]南朝陈·徐陵《晋陵太守王厉德政碑》:"问羊知马,钩距兼设。"[例句]他是那种～的人,他去负责公司的信息总结,我看再合适不过了。

【问罪之师】 wèn zuì zhī shī
[释义]问罪:宣布对方罪状。指被派去讨伐犯罪者的军队。也指严厉责问犯错误的人。[语见]清·蒲松龄《聊斋志异·葛巾》:"日已向辰,喜无问罪之师。"[例句]王匡、王凤兄弟组成～,向南阳地区进兵。

weng

【瓮尽杯干】 wèng jìn bēi gān
[释义]瓮、杯:盛器。比喻钱物用尽,囊空如洗。[语见]明·凌濛初《初刻拍案惊奇》第十五卷:"陈秀才那时已弄得瓮尽杯干,只得收了心,在家读书。"[例句]他们一家早已～,一下子进去,只恐伤了他们的自尊心。

【瓮里醯鸡】 wèng lǐ xī jī
[释义]醯鸡:即蠓,在酒瓮中生出的一种虫子。以"瓮里醯鸡"比喻见闻狭隘之人。也作"醯鸡瓮里"。[语见]《庄子·田子方》:"孔子出以告颜回曰:'丘之于道也,其犹醯鸡与。微夫子之发吾覆也,吾不知天地之大全也。'"[例句]这些农民没有出过远门,学识上只能是些～,他们议论国家大事,不过为了打发闲暇,当不得真,也没有什么心机,全凭性情而说,却也让人佩服。

【瓮声瓮气】 wèng shēng wèng qì
[释义]形容说话声音粗而低沉。[例句]他～地回答:"这有什么了不起?"

【瓮天蠡海】 wèng tiān lí hǎi
[释义]蠡:贝壳做的瓢。自瓮窥天,以瓢测海。比喻见识短浅。[语见]明·胡应麟《少室山房笔丛·丹铅新录引》:"辄於占傛之暇,稍为是正,瓮天蠡海,亡当大方。"[例句]他的那点学识,不过是～,很难做出成绩。

【瓮牖桑枢】 wèng yǒu sāng shū
[释义]见"瓮牖绳枢"。[语见]元·马致

远《荐福碑》第一折："我可便望兰堂画阁,划地着我瓮牖桑枢。"[例句] 欧阳修早年时,家境贫寒,～,但是他母亲始终鼓励他,要做一个顶天立地的男子汉。

【瓮牖绳枢】wèng yǒu shéng shū
[释义] 牖:窗户。瓮牖:用坛子口做的窗子。枢:门轴。绳枢:用绳子系户枢。形容极度贫困的人家。[语见] 汉·贾谊《新书·过秦论》:"始皇既没,余威震于殊俗,然陈涉瓮牖绳枢之子,氓隶之人,而迁徙之徒也。"[例句] 我～,一贫如洗,但是我们的心志,却远在天边之外。

【瓮中之鳖】wèng zhōng zhī biē
[释义] 瓮:大坛子。鳖:甲鱼。大坛子里的甲鱼。比喻已在掌握之中,逃跑不了。多指被围困的敌人。[语见] 明·冯梦龙《喻世明言》第十八卷:"杨八老和一群百姓们,都被倭奴擒了,好似瓮中之鳖,釜中之鱼,没处躲闪,只得随顺。"[例句] 敌人已经被全部包围,成了～,但是胜利还得有一段时间,尤其要提防敌人垂死顽抗。

【瓮中捉鳖】wèng zhōng zhuō biē
[释义] 瓮:大坛子。鳖:甲鱼。比喻想要得到的东西已在掌握之中。[语见] 元·康进之《李逵负荆》第四折:"管教他瓮中捉鳖,手到拿来。"[例句] 包围圈还没有合拢,要想对敌人～,恐怕至少要等上三天以上。

WO

【蜗利蝇名】wō lì yíng míng
[释义] 见"蝇利蜗名"。[语见] 金·王丹桂《春从天上来·赠首阳山李志朴》诗:"既悟尘缘,摆爱海恩山,蜗利蝇名。"[例句] 为了那么点～,也值得你如此大动干戈?

【蜗名蝇利】wō míng yíng lì
[释义] 见"蝇利蜗名"。[语见] 金·刘志渊《行香子·李会首问道》词:"妙道勤求,乐以忘忧,要蜗名蝇利心休。"[例句] 一个人,心胸一定要宽一些,目光要看得远一些,别只把眼睛盯在～上。

【蜗行牛步】wō xíng niú bù
[释义] 像蜗牛一样慢慢地爬行,像老牛一样慢慢地走。比喻行动迟缓。[例句] 人家急得火上房了,你还那么个～的样子,真是不知轻重。

【我见犹怜】wǒ jiàn yóu lián
[释义] 犹:尚且。怜:爱怜。我见了尚且觉得可爱。形容女子姿态美,楚楚动人。[语见] 南朝宋·刘义庆《世说新语·贤媛》:"桓武帝平蜀……主惭而退。"刘孝标注引《妒记》:"温(桓温)平蜀,以李势女为妾。郡主凶妒,不即知之,后知,乃拔刃往李所,因欲斫之。见李在窗梳头,姿貌端丽,徐徐结发,敛手向主,神色闲正,辞甚凄婉。主于是掷刀前抱之:'阿子,我见汝亦怜,何况老奴!'遂善之。"[例句] 春花年龄尚幼,但是眉清目楚,～,自然会得到众人的注意了。

【我行我素】wǒ xíng wǒ sù
[释义] 行:做事。素:平素、素常。平常是怎样的,就怎样行事,不受别人的影响。[语见] 清·李宝嘉《官场现形记》第五十六回:"幸亏钦差不懂得英文的,虽然使馆里逐日亦有洋报送来,他也懒怠叫翻译去翻,所以这件事外头已当着新闻,他夫妇二人还是毫无闻见,依旧是我行我素。"[例句] 我就是一个～的人,我不会给人添什么乱子,但是我也希望别人别来惹我。

【我醉欲眠】wǒ zuì yù mián
[释义] 我醉了,想睡觉。指人真诚直率。[语见] 南朝梁·萧统《陶渊明传》:"贵贱造之者,有酒辄设。渊明若先醉,便语客:'我醉欲眠,卿可去。'其真率如此。"[例句] 今日酒长夜短,～,望君一路走好。

【卧不安席】wò bù ān xí
[释义] 卧:躺下。席:席子。躺在床上也睡不安宁。形容内心忧虑,心事重重。[语见] 汉·司马迁《史记·苏秦列传》:"寡人卧不安席,食不甘味,心摇摇如悬旌而无所终薄。"[例句] 心中系念甚多,你又总无音信,我多少天来,始终～。

【卧鼓偃旗】 wò gǔ yǎn qí

[释义] 见"偃旗息鼓"。[语见] 唐·令狐德棻《周书·王思政传》："东魏太尉高岳、行台慕容绍宗、仪同刘丰生等,率部旗十万来攻颍川,城内卧鼓偃旗,若无人者。"[例句] 论战双方都已经～了,你这才赶上去,凑什么热闹呢?

【卧旗息鼓】 wò qí xī gǔ

[释义] 见"偃旗息鼓"。[语见] 晋·陈寿《三国志·蜀书·诸葛亮传》裴松之注引郭冲三事曰："亮意气自若,敕军中皆卧旗息鼓,不得妄出庵幔,又令大开四城门,扫地却洒。"[例句] 一仗下来,双方都想～了,因为战争的损失实在是太大了。

【卧薪尝胆】 wò xīn cháng dǎn

[释义] 卧薪:睡在柴草上。胆:苦胆。春秋时,越王勾践为了报被吴王夫差打败之仇,他夜里睡在柴草上,吃饭睡觉之前都要尝一尝胆的苦味,以激励自己不忘耻辱。后多比喻刻苦自励,奋发图强。[例句] 你现在在新近失败,已倾家荡产,必须总结经验,吸取教训,～,苦练你的本领,三年五载之后,再说东山之事。

【握发吐哺】 wò fà tǔ bǔ

[释义] 哺:咀嚼着的食物。《史记·鲁世家》载:周公礼贤下士,热心接待来客,甚至"一沐三握发,一饭三吐哺"。意思是周公旦勤于接待来客,洗发时三次握着头发停下来,吃饭时三次吐出食物,后用以指殷勤待士。[语见] 南朝梁·沈约《宋书·张畅传》:"孝伯曰:'周公握发吐哺,二王何独贵远?'"[例句] 听到许攸来投,曹操～,大笑着迎了出来。

【握发吐餐】 wò fà tǔ cān

[释义] 见"握发吐哺"。[语见] 南朝宋·何承天《宋鼓吹铙歌·思悲公篇》:"万国康,犹弗已。握发吐餐,下群士。惟我君,继伊周。"[例句] 你还没有强大到要那些头头脑脑们能～地迎接你,除非你有了什么惊天动地的业绩。

【握钩伸铁】 wò gōu shēn tiě

[释义] 见"伸钩索铁"。[语见] 唐·皮日休《鹿门隐书六十篇并序》:"夫桀、纣之君,握钩伸铁,抚梁易柱,手格熊罴,走及虎兕,力甚也。"[例句] 项羽纵然能～,拔山扛鼎,但是他没有用人的智慧,没有容人的气量,他的结局,事实上从一开始就注入了几丝凄凉。

【握拳透掌】 wò quán tòu zhǎng

[释义] 紧握拳头,指甲透过手掌。极言愤怒之至。[语见] 唐·房玄龄等《晋书·卞壸传》:"过来时发背创,犹未合,力疾而战,……其后盗发帝墓,尸僵,鬓发苍白,面如生,两手悉拳,爪甲穿达手背。"[例句] 看到战后的惨状,有良知的知识分子无不怒发冲冠,～。

【握蛇骑虎】 wò shé qí hǔ

[释义] 比喻处境极其险恶。[语见] 北齐·魏收《魏书·彭城王传》:"(咸阳王禧)谓飐曰:'汝非但辛勤,亦危险至极。'飐恨之,曰:'兄识高年长,故知有夷险,彦和握蛇骑虎,不觉艰难。'"[例句] 方先生～,危在旦夕,你们必须在今天三点之前把他送出城去。

【握手极欢】 wò shǒu jí huān

[释义] 见"握手言欢"。[语见] 南朝宋·范晔《后汉书·李通传》:"及相见,共语移日,握手极欢。"[例句] 比赛到最后,双方一比一战平,～。

【握手言和】 wò shǒu yán hé

[释义] 形容争斗双方重新和好或比赛双方战成平局。[例句] 经过一番较量,两位棋手～。

【握手言欢】 wò shǒu yán huān

[释义] 亲热地握手,高兴地说笑,多用以形容重新和好。[语见] 清·刘绍攽《傅先生山传》:"自大中丞以下,咸造庐请谒,握手言欢,而先生自称曰民。"[例句] 我们来就是来拿三分的,～的一分,我们想都没想过。

【握图临宇】 wò tú lín yǔ

[释义] 图:图籍。宇:天下。掌握全国地图,君临天下。比喻拥有全国政权。[语见] 北齐·魏收《魏书·崔楷传》:"伏惟皇魏握图临宇,总契裁极,道敷九有,德被八荒。"[例句] 多尔衮虽然～,已为实

际上的君主，但是名分上终究还不是皇帝，他的内心充满了矛盾。

wu

【乌白马角】wū bái mǎ jiǎo
[释义]乌鸟的头变白，马头上生角，比喻不可能实现的事。[语见]汉·司马迁《史记·刺客列传赞》："太史公曰：世言荆轲，其称太子丹之命，'天雨粟，马生角'也，太过。"司马贞索隐："丹求归，秦王曰：'乌头白，马生角，乃许耳。'"[例句]慕容公子知道，要复国，简直是～，便流下泪来，望了最后一眼熟悉的大地，拔剑自杀了。

【乌飞兔走】wū fēi tù zǒu
[释义]见"兔走乌飞"。[语见]元·关汉卿《鲁斋郎》第四折："乌飞兔走疾如梭。"明·冯梦龙《警世通言》三十四卷："天上乌飞兔走。"[例句]故地重游，～，想想已是四十余年，儿时的伙伴多已作古，心中岂不悲凉！

【乌合之众】wū hé zhī zhòng
[释义]乌合：像乌鸦一样暂时聚合。比喻仓促杂凑起来毫无组织纪律的人群。[语见]唐·马总《意林》引《管子》："乌合之众，初虽有欢，后必相吐，虽善不亲也。"[例句]敌人不过是一群～，根本不堪一击。

【乌七八糟】wū qī bā zāo
[释义]见"乱七八糟"。[例句]范先生刚刚离开几分钟，画上已是～的一片，他不禁又痛又恨。

【乌鹊同巢】wū què tóng cháo
[释义]乌鸦和喜鹊同巢。比喻异类和睦相处。[语见]唐·魏徵《隋书·郭隽传》："(隽)家门雍睦，七叶共居，犬豕同乳，乌鹊同巢，时人以为义感之应。"[例句]他俩性格、志趣大不相同，甚至许多观点也都截然相反，但在这里却能～，实在让人惊讶。

【乌烟瘴气】wū yān zhàng qì
[释义]比喻气氛恶浊。[语见]清·文康《儿女英雄传》第二十一回："何况问话的

又正是海马周三，乌烟瘴气这班人，他那性格儿怎生憋得住。"[例句]十三年为官，陶潜看清了～的官场。

【乌焉成马】wū yān chéng mǎ
[释义]乌、焉、马三字形体相近，形容字形相似，传抄讹误。[语见]古谚："书经三写，乌焉成马。"[例句]本段文字，虽有古书为证，但是其中怕也不乏～的成分，所以还需要认真研究才能引用。

【乌有先生】wū yǒu xiān shēng
[释义]乌有先生，即本无此人，故曰"乌有"。[语见]汉·司马迁《史记·司马相如列传》："乌有先生者，乌有此事也。"[例句]梁山好汉中的吴用，本乃～，但是经过说书人的传唱，再经数百年水浒故事的流传，以至于人们信以为真了。

【乌之雌雄】wū zhī cí xióng
[释义]乌鸦雌雄不易辨认，因比喻不分是非善恶。[语见]《诗经·小雅·正月》："具曰：'予圣'，谁知乌之雌雄。"[例句]张九烽昏聩无能，为官数年，～，概不能辨，其名声还能好到哪儿去？

【污泥浊水】wū ní zhuó shuǐ
[释义]污、浊：不干净，不清洁。脏泥浑水。喻指落后、腐败、反动的事物或势力。[例句]香君在那～中长大，却能冰清玉洁，实在是令人敬佩。

【呜呼哀哉】wū hū āi zāi
[释义]呜呼：也作"於乎"，感叹词。哀：悲哀，哀伤。哀叹之词，多用于祭文，后也用以指代死亡。[语见]《左传·哀公十六年》："呜呼哀哉，尼父！无自律！"[例句]他本想在背后陷害丞相，但是阴谋还没有得逞，便～了。

【诬良为盗】wū liáng wéi dào
[释义]良：好人。指捏造事实，诬害好人。[语见]清·孔尚任《桃花扇·归山》："据尔所供，一无实迹，难道本衙门诬良为盗不成！"[例句]官兵为了报功，～，胡乱抓人，竟还真蒙了那赵家天子。

【屋上建瓴】wū shàng jiàn líng
[释义]建：倾倒。瓴：容水器。从屋顶上

往下倒瓶子里的水。形容居高临下的有利形势。[语见]宋·苏轼《徐州上皇帝书》:"三面被山,独其西平川数百里、西走梁宋。使楚人开关而延敌,材官驺发,突骑云纵,真若屋上建瓴水也。"[例句]他的这篇讲话,从国际大背景的战略高度分析了当前的工作,具有～的气势。

【屋乌推爱】wū wū tuī ài
[释义]因爱某人而推及爱与他有关系的人或物。[语见]明·许自昌《水浒记·渔色》:"蒙尊嫂留小生进里面来坐,这个都是看宋公明的分上,屋乌推爱,一时相缱绻。"[例句]他不喜欢小动物,但是因为妹妹的缘故,～,却常常被人看到他为小狗洗澡。

【屋下盖屋】wū xià gài wū
[释义]见"屋下架屋"。[语见]宋·邵伯温《闻见前录》第十九卷:"(邵康节)平生不为训解之学,尝曰:'经意自明,苦人不知耳。屋下盖屋,床上安床,滋惑矣,所谓陈言生活者也。'"[例句]三年在任上,这位厂长～把原来的那些积累几乎消耗得一干二净了。

【屋下架屋】wū xià jià wū
[释义]比喻重复他人的所作所为却无所创新。[语见]南朝宋·刘义庆《世说新语·文学》:"庾仲初作《扬州赋》成……人人竞写,都下纸为之贵。谢太傅云:'不得尔此,是屋下架屋耳。事事拟学而不免俭狭。'"[例句]如今的形势逼人,我们再这么～,不出两年,我们将被甩下一大截。

【无边风月】wú biān fēng yuè
[释义]风月:清风明月,指美好的景色。也作"风月无边"。[语见]宋·周密《武林旧事》第五卷"集芳御园":"又有初阳精舍、警室、熙然台、无边风月、见天地心、琳琅步归舟等,不一。"[例句]阳春江南,～,友人尽已离去,实在不敢独自欣赏。

【无边苦海】wú biān kǔ hǎi
[释义]见"苦海无边"。[语见]明·许三阶《节侠记·诃访》:"打破了几座愁城,跳出那无边苦海。"[例句]她泪流满面,怎不想要跳出～,奈何人微言轻,官司早已使她精疲力竭了。

【无边无际】wú biān wú jì
[释义]形容广阔无边。[语见]明·胡文焕《群音类选·牧羊记·北海牧羝》:"只见浪滔滔无边无际。"[例句]他面对着～的大海,想到了远在大洋彼岸的亲人,心里十分伤感。

【无边无垠】wú biān wú yín
[释义]见"无边无际"。[例句]下了车,面前是～的塔克拉玛干沙漠,一股死亡的气息迎面而来。

【无病呻吟】wú bìng shēn yín
[释义]呻吟:因痛苦而发出的声音。没有病痛却发出呻吟。比喻矫揉造作。[语见]宋·辛弃疾《临江仙》词:"百年光景百年心,更欢须叹息,无病也呻吟。"[例句]这是一个没有诗歌的时代,眼前的所谓的诗人的作品,均是些～的文字堆积,更不用说一般大众了。

【无补于时】wú bǔ yú shí
[释义]对时事形势没有什么帮助。[语见]宋·苏舜钦《答社公书》:"处虽为难,退亦未易。今虽能倖然引去,无补于时,亦安足以为嘉事。"[例句]大堤已经决口,在下游加高堤坝,已～,还是赶快对灾区想些办法吧。

【无补于世】wú bǔ yú shì
[释义]见"无补于时"。[语见]宋·苏舜钦《上杜侍郎启》:"至于谐言短韵,无补于世,不当置于齿牙间,使人传言。"[例句]书生所言,均不过些鸡毛蒜皮的事情,实在是～。

【无补于事】wú bǔ yú shì
[释义]补:补益。对事情没有什么助益。[语见]《朱子语类·论语〈泰伯·曾子曰可以托六尺之孤章〉》:"因言今世人,多道东汉名节,无补于事。"[例句]事故都已经发生了,再说这些,已～,有什么用呢?

【无肠公子】wú cháng gōng zǐ
[释义]蟹的别名。[语见]晋·葛洪《抱

朴子·登涉》："称无肠公子者,蟹也。"[例句]都说文人好食,他们到了一起,自然少不了～。

【无耻之尤】wú chǐ zhī yóu
[释义]尤:特别突出的。指无耻到了极点。[语见]清·吴趼人《二十年目睹之怪现状》第三十六回:"这班人可以算得无耻之尤了!"[例句]事情全是因她而起,她竟然还能振振有词将自己推得干干净净,真是～。

【无出其右】wú chū qí yòu
[释义]出:超出。右:古代以右边为贵。没有超过他们的。比喻没有再比这更好的了。[语见]汉·班固《汉书·高帝纪下》:"贤赵臣田叔、孟舒等十人,召见与语,汉廷臣无能出其右者。"颜师古注:"古者以右为尊,言材用无能过之者,故云不出其右也。"[例句]王羲之的书法,在晋时～,到今天仍然堪称经典。

【无得无丧】wú dé wú sàng
[释义]没有得也没有失。[语见]五代·王定保《唐摭言·气义》:"无得无丧,天长地久。"[例句]曹参任丞相那几年,～,算不得有什么作为,但是能将汉初休养生息的政策延续下去,却也算得上是大功劳一件了。

【无适无莫】wú dí wú mò
[释义]适:通"嫡",亲的。莫:薄。指待人处事不分厚薄,没有偏向。[语见]《论语·里仁》:"君子之于天下也,无适也,无莫也,义之与比。"[例句]古人说不患寡而患不均,对待下属,必须～,否则,乱必生于内部。

【无敌于天下】wú dí yú tiān xià
[释义]敌:对手。于:在……方面。举世没有对手。[语见]《孟子·公孙丑上》:"无敌于天下者,天吏也。"[例句]令狐冲练就了一身绝世武功,行走江湖,～,但是他深知天外有天,毫无炫耀逞强之意。

【无地自厝】wú dì zì cuò
[释义]见"无地自容"。[语见]唐·房玄龄等《晋书·王濬列传》:"陛下弘恩,财如切让,惶怖征营,无地自厝,愿陛下明臣

赤心而已。"[例句]见到真正的高人,听了真正的智慧之言,他对自己以往的狂妄,感到～。

【无地自容】wú dì zì róng
[释义]容:容纳。没有地方可以让自己存身。形容羞愧到了极点。[语见]《敦煌变文集·唐太宗入冥记》:"皇帝闻此语,毛地自容。"毛:无。[例句]我们一席话,说得小伍～。

【无的放矢】wú dì fàng shǐ
[释义]的:箭靶。矢:箭。没有靶子作为目标而射箭。比喻言论或行动背离实际。[语见]余嘉锡《四库提要辨证》第二卷:"《提要》不考史之体例,无的放矢,多加非难,岂不为识者所笑乎?"[例句]你这么～地一通乱议论,对论点没有丝毫意义,还使文章变得分外乏味。

【无冬无夏】wú dōng wú xià
[释义]不管冬天还是夏天。形容一年四季从不间断。[语见]《诗经·陈风·宛丘》:"无冬无夏,值其鹭羽。"[例句]小丽自从练了瑜伽之后,～,坚持不懈,精神实在可嘉。

【无动于心】wú dòng yú xīn
[释义]见"无动于衷"。[例句]她～地回过头来,两只眼睛如两个黑洞,里面一片茫然。

【无动于衷】wú dòng yú zhōng
[释义]动:触动。于:对于。衷:本作"中",内心。形容内心毫无触动。[例句]我们再怎么说,她始终是那副～的样子,我又气又急,却毫无办法。

【无独有偶】wú dú yǒu ǒu
[释义]偶:成双的。形容本来罕见,却有类似情形。[语见]清·壮者《扫迷帚》第十三回:"闻简某系蜀人,而此女亦是蜀人,可谓无独有偶。"[例句]晋时王家的笑话也就罢了,～,历史翻过几百年之后,唐朝的崔家又发生了同样的事情。

【无毒不丈夫】wú dú bù zhàng fū
[释义]毒:凶狠,毒辣。不心狠手辣就成不了大丈夫。[语见]元·王实甫《西厢

记》第五本第四折:"他不识亲疏,啜赚良人妇;你不辨贤愚,无毒不丈夫。"[例句]他指令手下抛出所有股票,～,这次一定要置对方于死地。

【无恶不作】 wú è bù zuò
[释义] 形容干尽了坏事。[语见] 清·西周生《醒世姻缘传》第七十三回:"程大姐自到周龙皋家,倚娇作势,折毒孩子,打骂丫头,无恶不作。"[例句] 山里那些～的强盗,把一片膏腴之地,变得颗粒无收。

【无法无天】 wú fǎ wú tiān
[释义] 法:法纪。天:天理。目无法纪,不顾天理。形容为非作歹,毫无顾忌。[语见] 清·曹雪芹《红楼梦》第五十六回:"殊不知他在家里无法无天,大人想不到的话偏会说,想不到的事偏会行。"[例句] 我不相信,他们真的～了吗,就没有人敢管他们一管了吗?

【无风不起浪】 wú fēng bù qǐ làng
[释义] 比喻事出有因。[例句] 你想啊,～,既然有这许多说法,必然是事出有因。

【无风起浪】 wú fēng qǐ làng
[释义] 本指佛书中的无风起浪。后比喻无端生事。[语见] 宋·释道原《景德传灯录》第二十六卷载:人问庐山栖贤寺道坚禅师:"如何是祖师西为意?"师曰:"洋澜左蠡,无风浪起。"[例句] 牛二和几个兄弟,总是有事没事在街道上溜达,～,弄出点什么事情,也找点乐子。

【无风生浪】 wú fēng shēng làng
[释义] 见"无风起浪"。[语见] 清·西周生《醒世姻缘传》第十三回:"施氏无风生浪,激夫主以兴波;借剑杀人,逼嫡妻以自尽。"[例句] 那一伙人,均是些～之徒,巴不得天下大乱呢。

【无根无蒂】 wú gēn wú dì
[释义] 蒂:花或瓜果与枝茎相连部分。原比喻无所依据。现比喻没有依靠或没有牵绊。[语见] 汉·班固《汉书·叙传·答宾戏》:"徒乐枕经籍书,纡体衡门,上无所蒂,下无根。"[例句] 我只身一人到

了这大都市里,～的,害怕是自然了,但是我也知道,就这么狼狈地回去,那是绝对不能的。

【无功受禄】 wú gōng shòu lù
[释义] 禄:古代官吏的薪俸。《诗经·魏风·伐檀序》:"在位贪鄙,无功而受禄,君子不得进仕尔。"后用"无功受禄"指没有功劳而得到薪俸或优厚的报酬。[例句]他是一个正直认真的人,从不～。

【无关大局】 wú guān dà jú
[释义] 与整个局面没有关碍。[例句]对那些～的事情,你就别盯得那么紧了,那样只能使各方面的关系越来越僵。

【无关宏旨】 wú guān hóng zhǐ
[释义] 宏旨:主旨。指事情不大,不足以妨碍大局。[语见] 清·纪昀《阅微草堂笔记·滦阳消夏录》:"宋儒所争,只今文古文字句,亦无关宏旨,均姑置弗议。"[例句] 以下的文字,虽然～,但是认真读来,却发现其中实际上暗示了作者下一部著作的一些设想。

【无关紧要】 wú guān jǐn yào
[释义] 不牵涉紧急重要的事。[例句]书记是老好人,他一般也只说些～的话。

【无关痛痒】 wú guān tòng yǎng
[释义] 痛痒:比喻切身相关的事。比喻与大的利益没有关系。[例句] 平时或者一言不发,或者就说些～的话,不料今天文君一起来,便滔滔不绝一泻千里,而且无不切中要害,真让所有的人都大吃一惊。

【无官一身轻】 wú guān yī shēn qīng
[释义] 不担任官职则轻松自在。[语见]宋·苏轼《贺子由生第四孙》诗:"无官一身轻,有子万事足。"[例句] 他退休之后,自然是～了,但是偶尔回忆起当年的工作场面,心里也有些黯然。

【无何有之乡】 wú hé yǒu zhī xiāng
[释义] 无何有:没有。原指什么东西都没有的地方。[语见]《庄子·逍遥游》:"今子有大树,患其无用,何不树之于无何有之乡,广莫之野。"[例句] 他本身就不是一个现实的人,他的理想也只有

在～才能实现。

【无稽之谈】wú jī zhī tán

[释义] 稽:查看。指没有根据的言论。[语见] 宋·郑樵《通志总序》:"(班固)谓汉绍尧运,自当继尧,非迁作《史记》,厕于秦、项,此则无稽之谈也。"[例句] 人家任洁时时都洁身自好,你这么说别人,真是～!

【无稽之言】wú jī zhī yán

[释义] 见"无稽之谈"。[语见]《尚书·大禹谟》:"无稽之言勿听。"[例句] 这些言论纯属～,你千万不要当真。

【无计可生】wú jì kě shēng

[释义] 见"无计可施"。[语见] 清·李绿园《歧路灯》第四十一回:"邓祥又到门口道:'程爷们说事情甚急,请师爷作速去哩。'惠养民无计可生,遂道:'你就说,我往乡里去了。'"[例句] 先是看到船上起火,继而整个大江成了火海一片,曹操～。

【无计可施】wú jì kě shī

[释义] 计:计策。施:实施。形容毫无办法。[语见] 明·吴承恩《西游记》第九回:"小姐醒来,句句记得,将子抱定,无计可施。"[例句] 官司已经输了,除了赔偿别人所谓的损失,已～。

【无济于事】wú jì yú shì

[释义] 见"无补于事"。[语见] 清·钱彩《说岳全传》第十三回:"我岂不知贼兵众盛? 就带你们同去,亦无济于事。"[例句] 虽然种三两棵树对整个黄河大堤来说是～,但是每个人都做一点这样的"傻事",就一定会改变现状。

【无价之宝】wú jià zhī bǎo

[释义] 无法估价的宝物。比喻极为稀有的珍贵物件。[语见] 明·冯梦龙《东周列国志》第九十回:"此璧乃无价之宝,只为昭阳灭越败魏,功劳最大,故以重宝赐之。"[例句] 楼兰古城地底下的任何一件东西,都是～,可是由于保护不力,于今这片寂寞的土地,已被挖得千疮百孔了。

【无坚不摧】wú jiān bù cuī

[释义] 摧:摧毁。任何坚固之物都被毁灭。形容力量极其强大。[语见] 五代后晋·刘昫等《旧唐书·孔巢父传》:"乃就宴,悦酒酣,自矜其骑射之艺、拳勇之略,因曰:'若蒙见用,无坚不摧。'"[例句] 八千将士一路北上,～,被人称为"铁军"。

【无坚不陷】wú jiān bù xiàn

[释义] 见"无坚不摧"。[语见] 三国魏·曹操《表称乐进、于禁、张辽》:"每临战攻,常为率督,奋强突固,无坚不陷。"[例句] 桓温北伐之初,尚是～,但打过了汉水之后,却已成强弩之末了,无怪他会临水叹息。

【无尽无穷】wú jìn wú qióng

[释义] 见"无穷无尽"。[语见] 明·许仲琳《封神演义》第四十五回:"你等是闲乐神仙,怎的也来受此苦恼。你也不知吾所练阵中无尽无穷之妙。"[例句] 资产阶级作为一种新兴的力量,对贵族的斗争在～地进行着,贵族节节败退,最后只能看着资产阶级一路呼啸而去。

【无精打采】wú jīng dǎ cǎi

[释义] 见"没精打采"。[例句] 看你那～的样子,昨天晚上肯定又熬夜了吧?

【无胫而行】wú jìng ér xíng

[释义] 见"不胫而走"。[语见] 北齐·刘昼《刘子·荐贤》:"玉无翼而飞,珠无胫而行。"[例句] 好消息算不得什么消息,一旦有了什么坏事发生,片刻间便～,直闹得沸沸扬扬。

【无拘无束】wú jū wú shù

[释义] 不受任何拘束。形容非常自由。[语见] 明·吴承恩《西游记》第四十四回:"出家人无拘无束,自由自在,有甚公事?"[例句] 我们在董事长家里都有一点紧张,但是看到一个年龄还不大的女孩儿～地东瞧西看时,都禁不住暗暗想,她会是董事长的女儿吗?

【无靠无依】wú kào wú yī

[释义] 见"无依无靠"。[语见] 元·关汉卿《单刀会》第三折:"献帝又无靠无依,董卓又不仁不义,吕布又一冲一撞。"[例句] 灵子父母双亡,～,独自生活了八

年,这中间的凄凉,不是一般人能想象的。

【无可比拟】 wú kě bǐ nǐ
[释义]比拟:相比。没有可以与之相比的。[语见]宋·释惟白《续传灯录·江陵护国齐月禅师》:"穷外无方,穷内非里,应用万般,无可比拟。"[例句]杜子林的画里,自有一股～的力量,懂行的人看了,都会情不自禁地感到勇气之类的东西在心中冉冉升起。

【无可比象】 wú kě bǐ xiàng
[释义]没有可与之相比的。[语见]宋·张君房《云笈七签》第七十一卷:"焕彻如寒霜素雪之状,又似钟乳垂穗之形,五色备具,无可比象。"[例句]中风洞里的石钟乳,其美妙,其怪异,其气势的宏大,世间～。

【无可辩驳】 wú kě biàn bó
[释义]辩驳:提出理由或根据来否定对方的意见。没有理由或根据来否定对方的意见。形容事实确凿,理由充足。[例句]当被告律师把～的理由一一摆出之后,原告方诬赖的迹象已十分明显。

【无可不可】 wú kě bù kě
[释义]无可或不可。形容高兴、欢喜得不知怎样才好。[语见]清·曹雪芹《红楼梦》第三十七回:"可巧那日是我拿去的,老太太见了喜的无可不可……"[例句]朋友为他找到了这幅他多年来苦苦寻觅的古画,他高兴得～。

【无可非议】 wú kě fēi yì
[释义]非议:批评,指责。没有可以批评指责的。[例句]你想当班干部,为大家服务,这本～,但你为了争当这个班干部而不惜采用了不光彩的手段,这可就大错特错了。

【无可奉告】 wú kě fèng gào
[释义]奉告:敬辞,即告诉。没有什么可以告诉的。[例句]对于此事,我～,你还是去问别人吧。

【无可厚非】 wú kě hòu fēi
[释义]厚:重;过分。非:责备。不可以过分责难。[例句]你这么说自然～,但

是你想过没有,我们目前资金不足,如果照顾了你,别人自然就会挨饿,难道你就这么狠心吗?

【无可讳言】 wú kě huì yán
[释义]没有什么可以忌讳掩饰的。指可以坦率讲出来。[例句]～,你就是没有放正自己的位置,处处认为自己高人一等才会有今天的失误。

【无可救药】 wú kě jiù yào
[释义]见"不可救药"。[例句]父亲暗暗地摇头,弟弟已经～了,年迈的父亲怎么不感到伤心?

【无可名状】 wú kě míng zhuàng
[释义]名:说出。状:描述。无法用言语形容。[例句]她悲痛欲绝,满心的伤痛～。

【无可奈何】 wú kě nài hé
[释义]没有办法。形容事情已到某种地步,无法挽回。[语见]汉·司马迁《史记·屈原贾生列传》:"其存君兴国而欲反复之,一篇之中三致志焉。然终无可奈何,故不可以反。"[例句]看到众人都举起手同意,他也～地把手举了起来。

【无可如何】 wú kě rú hé
[释义]见"无可奈何"。[语见]清·曹雪芹《红楼梦》第十七回:"只有宝玉日日感悼,思念不已,然亦无可如何了。"[例句]这次比赛的报名已经结束了,他尽管很想参加,也～了。

【无可挑剔】 wú kě tiāo tī
[释义]没有可以在细节上指摘的。[例句]当她把一幅～的作品挂到前面时,连平时最挑剔的老师,也暗暗点头。

【无可无不可】 wú kě wú bù kě
[释义]本指出仕和退隐均无不可。后泛指对事模棱两可。[语见]《论语·微子》:"我则异于是,无可无不可。"[例句]我满含希望地望过去,但是看到他那～的表情,我就知道,事情又一次泡汤了。

【无可争辩】 wú kě zhēng biàn
[释义]争辩:争论,辩论。没有什么可以争论的。指道理事实都非常明显。[例句]最后,考古学家忍无可忍,把～的

实地证据拿出来之后,所有的猜疑或诽谤都不攻自破了。

【无可置辩】wú kě zhì biàn

[释义] 置辩:辩论,申诉。没有什么值得争辩的。形容事实明确。[语见] 清·钱咏《履园丛话·面貌册》:"无可置辩,废然而出。"[例句] 在～的事实面前,人们看清了真相。

【无可置疑】wú kě zhì yí

[释义] 没有什么可以怀疑的。[例句] 康德三大"批判",对近代哲学的奠基以至发展,有着～的作用。

【无孔不入】wú kǒng bù rù

[释义] 比喻不放弃任何机会进行钻营。[语见] 清·李宝嘉《官场现形记》第三十五回:"况且上海办捐的人,钻头觅缝,无孔不入,设或耽搁下来,被人家弄了去,岂不是悔之不及。"[例句] 谣言似乎是～的,但只要我们不听不信,谣言就没有市场。

【无愧于心】wú kuì yú xīn

[释义] 见"问心无愧"。[例句] 在厂里工作了三十年,我没有占公家一点便宜,～。

【无理取闹】wú lǐ qǔ nào

[释义] 原指蛙鸣嘈杂。今形容无理由地吵闹。[语见] 唐·韩愈《答柳柳州食虾蟆》诗:"鸣声相呼和,无理只取闹,周公所不堪,洒灰垂典数。"[例句] 士兵们,把这一帮～的狂徒统统赶出去!

【无立锥之地】wú lì zhuī zhī dì

[释义] 没有立锥子的地方。原比喻连极小的地方也没有。后常用以形容家贫。[语见] 汉·司马迁《史记·留侯世家》:"今秦失德弃义,侵伐诸侯社稷,灭六国之后,使无立锥之地。"[例句] 刘备如果不是混到～的地步,也许他不会想到要去请一个高明的军师出山。

【无立足之地】wú lì zú zhī dì

[释义] 见"无立锥之地"。[语见] 清·曹雪芹《红楼梦》第三十三回:"贾政忙叩头说道:'母亲如此说,儿子无立足之地了。'"[例句] 苻坚江山全失,已～,他唯

一的选择,就是死亡。

【无了无休】wú liǎo wú xiū

[释义] 没有结束之时。[语见] 元·王实甫《西厢记》第五本第一折:"忘了时依然还又,恶思量无了无休。"[例句] 战争就这么～地打了下去,但是真正受苦的,还是百姓。

【无米之炊】wú mǐ zhī chuī

[释义] 炊:烧火做饭。比喻缺乏最基本的和最必要的条件而不可能办到的事情。也作"巧妇难为无米之炊"。[语见] 清·颐琐《黄绣球》第十七回:"两个三个人合办的,更就彼此观望,日夜作无米之炊,弥补了前头,亏空了后面。"[例句] 我就是有天大的本事,也不能做成～。

【无名小卒】wú míng xiǎo zú

[释义] 卒:士兵。比喻不受重视的小人物。[语见] 清·张南庄《何典》第十回:"那些无名小卒,尽都解甲投降。"[例句] 三年前,李寻欢还是一个～,但是造化给了他机会,当阳一战之后,他立刻名满天下。

【无名英雄】wú míng yīng xióng

[释义] 不知姓名的英雄。[例句] 星光闪耀的将军们,始终无法忘记在背后支持他们的～,如果没有他们,将军自己能不能活下来还难说呢,更甭说要建功扬名了。

【无能为力】wú néng wéi lì

[释义] 指没有能力做好某事。亦用为谦辞。[例句] 市场已经失去,我就是有三头六臂,也～了。

【无能为役】wú néng wéi yì

[释义] 役:事。《左传·成公二年》记载:鲁、卫求救于晋,晋景公愿以兵车七百乘相助,主帅郤克云:"此城濮之赋也。有先君之明与先大夫之肃,故捷。克于先大夫,无能为役,请八百乘。"后用以指不能做好某一件事。[例句] 敌人来势汹汹,派这么几百人上去,取胜实在是～,能顶半天已是尽了最大的努力了。

【无偏无党】 wú piān wú dǎng
[释义] 偏：偏向。党：偏袒。秉持公正，不偏袒。[语见]《尚书·洪范》："无偏无党，王道荡荡。"[例句] 张居正开始主事的时候，还能～，但是过了不到半年，小人们已暗暗在他周围形成了包围圈。

【无偏无倚】 wú piān wú yǐ
[释义] 不偏于一边。[语见] 清·文康《儿女英雄传》第一回："当中却有一条无偏无倚的荡平大路。"[例句] 一边是正义，一边是邪恶，你却抱以～的态度，实际上，你就是纵容作恶。

【无奇不有】 wú qí bù yǒu
[释义] 什么稀奇的事都有。[语见] 清·吴趼人《二十年目睹之怪现状》第九回："上海地方，无奇不有，倘能在那里多盘桓些日子，新闻还多着呢。"[例句] 天下之大，～，如此一个人迹罕至的小岛上，竟然能发现某种文字，实在让人类学家费解。

【无牵无挂】 wú qiān wú guà
[释义] 没有需要挂念的事。[例句] 一个人浪迹江湖，～，自在是自在，但是寂寞的时候，却也分外寂寞。

【无巧不成话】 wú qiǎo bù chéng huà
[释义] 见"无巧不成书"。[语见] 明·冯梦龙《醒世恒言》第三卷："自古道，无巧不成话。"[例句] 真是～，我刚刚走到门口，就看见我找了一个晚上的钥匙，好端端地躺在地上。

【无巧不成书】 wú qiǎo bù chéng shū
[释义] 书：指民间的说书艺术。比喻十分凑巧。[语见] 清·洪楝园《后南柯·招附》："东宫巧于提挈，公主巧于动人，田生巧于委禽，宫女巧于假冒，所谓无巧不成书也。"[例句] ～，秦琼这一卖马，竟然卖出了一个轰轰烈烈的故事来。

【无情无绪】 wú qíng wú xù
[释义] 没有精神，心情不快。[语见] 元·王实甫《西厢记》第二本第一折："姐姐往常不曾如此无情无绪。"[例句] 这几天我正～，你就别来烦我了。

【无穷无尽】 wú qióng wú jìn
[释义] 穷、尽：尽头。形容没有尽头。[语见] 明·李贽《续焚书·与焦弱侯》："日来与刘晋老对坐商证，方知此事无穷无尽，日新又新，非虚言也。"[例句] 这两位科学家为了探索～的宇宙，付出了一生的心血。

【无人问津】 wú rén wèn jīn
[释义] 津：渡口。没有人探问渡口。比喻事物已受人冷落。[语见] 晋·陶渊明《桃花源记》："南阳刘子骥，高尚士也；闻之，欣然规往，未果，寻病终。后遂无问津者。"[例句] 这种新产品上市后几乎～。

【无人之境】 wú rén zhī jìng
[释义] 没有人到过的荒野。泛指没人的地方。[语见] 晋·孙绰《游天台山赋》："始经魑魅之途，卒践无人之境。"[例句] 他杀进敌营，如入～。

【无伤大体】 wú shāng dà tǐ
[释义] 伤：损害。对事物的全局或主要方面没有妨害或影响。参看"无伤大雅"。[例句] 既然他的要求～，就答应了他吧。

【无伤大雅】 wú shāng dà yǎ
[释义] 伤：妨害。雅：正。指对事物的正当方面没有什么伤害。[语见] 清·吴趼人《二十年目睹之怪现状》第二十五回："像这种当个顽童儿，不必问他真的假的，倒也无伤大雅。"[例句] 小洪的笑话虽然没什么意思，但是也～，众人也就一笑了之了。

【无声无息】 wú shēng wú xī
[释义] 没有声音，没有信息。比喻人的默默无闻或对事情不发生影响。[例句] 最后，这位顶天立地的英雄～地逝去了，连历史都没有记载他究竟死于何地何年。

【无声无臭】 wú shēng wú xiù
[释义] 声：声音。臭：气味。没有声音，没有气味。比喻默默无闻。[语见]《诗·大雅·文王》："上天之载，无声无臭。"[例句] 他从英国回来之后，其政治

主张由于受到了朝野的反对,回到老家,最后～地离开了人世。

【无师自通】 wú shī zì tōng

[释义] 唐·贾岛《送贺兰上人》诗:"无师禅自解,有格句堪夸。"后用"无师自通"指没有老师的传授指导,自己学会、通晓某种知识或技能。[例句] 她那剪纸的手艺完全是～。

【无事不登三宝殿】 wú shì bù dēng sān bǎo diàn

[释义] 三宝殿:泛指佛殿。比喻没事不找上门来。[语见] 明·雉衡山人《韩湘子全传》第二十五回:"二妈不要说乖话,你是无事不登三宝殿的人,怎肯今日白白的来看我?"[例句] ～,我想托您给山东老家捎个信。

【无事生非】 wú shì shēng fēi

[释义] 非:是非。本来没有事,却故意找事制造纠纷。[语见] 清·李汝珍《镜花缘》第五十八回:"有不安本分的强盗,有无事生非的强盗。"[例句] 离开家的时候,母亲一遍一遍地交代我,不要～,真还把我当成了小孩子。

【无是无非】 wú shì wú fēi

[释义] 没有是也没有不是。比喻空闲没有事情。[语见] 元·贯云屏《村里迓鼓·隐逸》曲:"冷清清无是无非诵《南华》,就里乾坤大。"[例句] 明珠被罢免之后,在家～地生活着,在外人看来,倒也过得逍遥,但是那种大权旁落的滋味,却不是外人能够品味的。

【无私有弊】 wú sī yǒu bì

[释义] 虽然没有私弊,但处在嫌疑地位,因而容易使人猜疑。[语见] 清·李宝嘉《活地狱》第二十六回:"可是这个风声出去,人家一定说是无私有弊。"[例句] 你身居高位,虽然心里坦荡,但是～,所以你必须还得小心谨慎。

【无思无虑】 wú sī wú lù

[释义] 不假思索,也不加考虑。形容胸怀宽广,不把事放心上。也形容得过且过,无所用心。[语见]《周易·系辞下》:"子曰:'天下何思何虑,天下同归而殊途,一致而百虑。'"[例句] 真想回到乡下的老家,过几天～的生活,但是一旦入了江湖,便身不由己了。

【无所不包】 wú suǒ bù bāo

[释义] 指容纳的事物或包含的内容非常丰富。[语见]《朱子语类·论语〈诗三百章〉》:"'思无邪',却凡事无所不包也。"[例句] 哲学仅仅是哲学,它只对事后的理性进行思考,它并不是一门～的学问。

【无所不能】 wú suǒ bù néng

[释义] 没有不会做的。形容极有才能。[语见] 宋·张君房《云笈七签》第七十五卷:"服之六斤,身飞行,手摩日月,服七斤,无所不能,出没自在,在处随形,入道教化。"[例句] 李老师在乐器方面,可是～,哪一种他都能拿得起放得下。

【无所不容】 wú suǒ bù róng

[释义] 一切都能容纳。[语见] 晋·陈寿《三国志·曹植传》:"贬爵安乡侯。"裴松之注引《魏书》:"朕于天下无所不容,而况植乎?"[例句] 大海所以成其深,全因其～的胸怀——人但有大海一样广阔的胸襟,那必是宰相之才。

【无所不通】 wú suǒ bù tōng

[释义] 原指毫无阻滞。后形容学识广博。[语见]《孝经·感应》:"孝悌之至,通于神明,光于四海,无所不通。"[例句] 岳飞勤学苦练,十八般兵器～。

【无所不为】 wú suǒ bù wéi

[释义] 没有什么做不出来的。指什么坏事都干得出来。[语见] 晋·陈寿《三国志·吴书·张温传》:"揆其奸心,无所不为。"[例句] 他在为官的几年中,～,做尽坏事,百姓怨声载道。

【无所不有】 wú suǒ bù yǒu

[释义] 没有什么没有的。形容什么样的人和事都有。也形容物品种类繁多,什么都有。[语见] 唐·房玄龄等《晋书·杜预传》:"预在内七年,损益万机,不可胜数,朝野称美,号曰:'杜武库',言其无所不有也。"[例句] 打开儿子的"百宝箱",才发现里面真是～,什么礼物啦,零

食啦,全一股脑儿装了进去。

【无所不至】 wú suǒ bù zhì

[释义] 至:到。没有不达到的地方。常指什么坏事都干得出。[语见]《论语·阳货》:"既得之,患失之。苟患失之,无所不至矣。"[例句] 空气紧紧地包住地球,～,正因为此,它才成了所有生物生存的不可或缺的基础。

【无所措手足】 wú suǒ cuò shǒu zú

[释义] 见"手足无措"。[语见]《论语·子路》:"刑罚不中则民无所措手足。"[例句] 叫那个学生起来回答问题,他竟然紧张得～,连汗都出来了。

【无所非议】 wú suǒ fēi yì

[释义] 见"无可非议"。[语见]《论语·季氏》:"天下有道,则庶人不议。"何晏注引孔安国曰:"无所非议也。"[例句] 他被推选为副主编,是众望所归,～。

【无所顾忌】 wú suǒ gù jì

[释义] 没有任何顾虑。[语见]《晋书·陶侃传》:"称肆纵丑言,无所顾忌,要结诸将,欲阻兵构难。"[例句] 你这样～地说话,是会得罪人的。

【无所事事】 wú suǒ shì shì

[释义] 没有事情可做。形容闲散无事。[语见] 清·黄宗羲《万贞一诗序》:"其人之为诗者,亦必闲散放荡,岩居川观,无所事事而后可。"[例句] 如果真叫你年纪轻轻的就整天待在家里,～,你恐怕也受不了。

【无所适从】 wú suǒ shì cóng

[释义] 适:去。从:依从。形容不知怎么办才好。[语见] 唐·李百药《北齐书·魏兰根传》:"此县界于强虏,皇威未接,无所适从,故成背叛。"[例句] 决议出来之后,竟然与当初大家期待的有天壤之别,大家顿时～。

【无所畏惧】 wú suǒ wèi jù

[释义] 没有什么畏惧和顾忌的。[语见] 北齐·魏收《魏书·董绍传》:"此是绍之壮辞,云巴人劲勇,见敌无所畏惧,非实瞎也。"[例句] 我心里坦荡,不做亏心事,不怕半夜鬼敲门,走到黑暗里,自然～了。

【无所用心】 wú suǒ yòng xīn

[释义] 对什么事情都不动脑筋,不关心。[语见] 宋·范仲淹《上相府书》:"今侯家子弟,蔑闻韬钤,无所用心,骄奢而已。"[例句] 经理是人在其位,却～,这是大家都看得清清楚楚的事情。

【无所作为】 wú suǒ zuò wéi

[释义] 原指无为而治。后多指成就平平。[语见]《朱子语类·论语七》:"然黄帝亦尝用兵战斗,亦不是全然无所作为也。"[例句] 他当厂领导已有一年,但一直～,厂里还是原来的样子。

【无往不利】 wú wǎng bù lì

[释义] 往:到。利:顺利。不论到哪里,没有不顺利的。形容处处都行得通,什么事都办得好。[语见]《朱子语类·孟子〈问夫子加齐之卿相章〉》:"所谓推之天地之间,无往而不利。"[例句] 人事经理这几年～,我想这和他有着良好的头脑的同时,又有良好的人缘不无关系。

【无往不胜】 wú wǎng bù shèng

[释义] 往:前往。形容处处得胜。[语见] 明·戚继光《纪效新书》第十一卷:"使强弱同奋,万人一心,攻坚摧强,无往不胜矣。"[例句] 前十来年,前秦处于上升的时期,自是攻无不克,～,但是自泌水一战失败之后,所有的厄运都接踵而至了。

【无妄之福】 wú wàng zhī fú

[释义] 不期望获得而得到的幸福。[语见]《战国策·楚策四》:"世有无妄之福,又有无妄之祸。"[例句] 老张连想都没有想到,上级会任命他为副处长,真是～。

【无妄之祸】 wú wàng zhī huò

[释义] 见"无妄之灾"。[语见] 唐·房玄龄等《晋书·戴若思传》:"自顷国遭无妄之祸,社稷有缀旒之危。"[例句] 好端端地待在家里,竟然有～降临,你说是气愤还是委屈?

【无妄之灾】 wú wàng zhī zāi

[释义] 无妄:出其不意,不能预料。指意

外的灾祸。[语见]《易经·无妄》:"六三,无妄之灾。或系之牛,行人之得,邑人之灾。"[例句]边关突然爆发了战争,原本过得好好的两国居民,被这～打击得懵头懵脑。

【无微不至】wú wēi bù zhì
[释义]微:细小之处。至:到。没有一个细小的地方不照顾到。形容周到、全面。[例句]病中的那些日子,隔壁的大妈～地照顾我,我终于明白,人间自有真情在。

【无为而治】wú wéi ér zhì
[释义]自己从容安逸无所作为而使天下太平。后多用来指不偏重刑罚,主要以仁德感化人民,从而达到社会的安定。[语见]《论语·卫灵公》:"无为而治者,其舜也与。夫何为哉,恭己正南面而已矣。"[例句]汉初的统治者实行～的统治方略,逐渐使百姓过上了安定的生活。

【无隙可乘】wú xì kě chéng
[释义]隙:空子、漏洞。乘:利用。本指严谨周密。后形容没有空子可钻。[语见]元·脱脱等《宋书·律历志下》:"臣其历七曜,咸始上元,无隙可乘。"[例句]要使敌人～,从军事安排到后援补给,都要安排得尽可能的细。

【无瑕可击】wú xiá kě jī
[释义]瑕:缺点、过失。没有一点缺陷可以受人攻击。[例句]经过十几天的调查,我们意识到,对手防备得太严了,我们实在是～。

【无下箸处】wú xià zhù chù
[释义]没有下箸的地方。形容饮食的奢侈无度。[语见]唐·房玄龄等《晋书·何曾传》:"(曾)性奢豪,务在华侈。惟帐车服,穷极绮丽,厨膳滋味,过于王者。……犹曰无下箸处。"[例句]那个大贪官过着奢侈无度的生活,每日享用山珍海味,还觉得～。

【无懈可击】wú xiè kě jī
[释义]懈:懈怠。没有一点破绽可以让人攻击。形容十分严密。[语见]梁启超《续论市民与银行》:"银行自身若是无懈可击,何至一牵动便牵动到这样。"[例句]整篇论文,观点、论据和论证方式都～,你怎么去反驳人家?

【无心出岫】wú xīn chū xiù
[释义]岫:山谷。比喻无意出来做官。[语见]晋·陶潜《归去来兮辞》:"云无心以出岫,鸟倦飞而知还。"[例句]在那个官场黑暗、政治腐败的年代里,他虽有才华,却也～了。

【无依无靠】wú yī wú kào
[释义]没有依靠。形容孤独无助。[语见]明·无名氏《怒斩关平》第三折:"告你个性忠直慷慨的元帅,与俺这无依无靠王荣做主。"[例句]姐弟俩～的生活,引起了社会广泛的关注。

【无以复加】wú yǐ fù jiā
[释义]不能再增加什么了。形容已到极点。[语见]南朝宋·范晔《后汉书·王莽传下》:"且令万世之后无以复加也。"[例句]和珅的贪婪,已到了～的地步,他被抄家,自然是迟早的事情。

【无以塞责】wú yǐ sè zé
[释义]无法应付。指没尽到责任。[语见]汉·班固《汉书·东方朔传》:"先帝遗德,奉朝请之礼,备臣妾之仪,列为公主,尝赐邑入,隆天重地,死无以塞责。"[例句]看到最初的协议,香河厂～,甚至连话都说不出来了。

【无翼而飞】wú yì ér fēi
[释义]见"不翼而飞"。[语见]《战国策·秦策三》:"闻三人成虎,十夫揉椎,众口所移,无翼而飞。"[例句]我就纳闷了,邮票好端端地放在抽屉里,怎么会～了呢?

【无影无踪】wú yǐng wú zōng
[释义]形容完全消失,不知去向。[语见]明·汤式《一枝花·赠素云》:"好风,怪风,绕天涯几度相迎送,不落锦胡洞,多在巫山十二峰,无影无踪。"[例句]等到官军赶到,好汉们早已～了。

【无庸讳言】wú yōng huì yán
[释义]无庸:也作"毋庸",无须,不用。讳:隐瞒,避忌,有顾忌而不敢说或不愿

说。不用隐讳,可以直说。[例句]～,二战之后的近五十年,美苏的对抗成了影响世界格局的最重要的因素。

【无庸赘述】 wú yōng zhuì shù

[释义]无庸:也作"毋庸",无须,不用。赘:多余的,无用的。不用啰唆地述说。[例句]事情已经很清楚了,～,怎么处理,我这里只提出一个基本意见,供大家讨论。

【无忧无虑】 wú yōu wú lù

[释义]没有任何忧虑。形容心情舒畅。[语见]元•郑廷玉《忍字记》第二折:"我做了个草庵中无忧无虑的僧家。"[例句]看到鸟儿在天上～地飞翔,人类产生了飞上天空的梦想。

【无与伦比】 wú yǔ lún bǐ

[释义]伦:同类、同等。比:相等,匹配。形容非常出众,没有什么可以与之相比。[语见]唐•韩愈《昌黎先生集•论佛骨表》:"数千年以来,未有伦比。"[例句]站在伦伯朗那幅～的圣母画面前,人宁静了,生命的欲望和愤懑也都消失了,心灵深处获得了一种从未有过的奇妙感觉。

【无与为比】 wú yǔ wéi bǐ

[释义]见"无与伦比"。[语见]宋•张耒《敢言》:"此子妒贤忌能,无与为比。"[例句]她抬起头来,一张美丽得～的面庞出现在我眼前。

【无缘无故】 wú yuán wú gù

[释义]缘、故:原因。毫无原因,平白无故。[语见]清•吴趼人《瞎骗奇闻》第二回:"你真是无缘无故送我几十吊钱。"[例句]从商场出来的时候,保安～地要搜查何小姐的包,由此引发了一场旷日持久的官司。

【无源之水,无本之木】 wú yuán zhī shuǐ, wú běn zhī mù

[释义]本:树根。没有源头的水,没有根的树。比喻没有基础的事物。本,也作"根"。[语见]明•朱舜水《孝说》:"于此不著力理会而言学,是远人以为道也。纵是甚等聪明,甚等博洽,甚等精透,却总是无源之水,无根之木,用力虽勤,而

推充不去。"[例句]脱离了生活,我们的文学作品就成了～。

【无遮大会】 wú zhē dà huì

[释义]遮:遮拦。佛教语。毫无遮拦的大会。指所谓广结善缘,不分贵贱、僧俗、智愚、善恶都一律平等对待的盛会。后泛指无所限制的公众集会。[语见]唐•姚思廉《梁书•武帝本纪》:"舆驾幸同泰寺,设四部无遮大会。"注:四部,指僧、尼、善男、信女。[例句]起义被镇压之后,民间但有～,都会受到朝廷的警惕。

【无中生有】 wú zhōng shēng yǒu

[释义]形容凭空捏造。[语见]元•侯善渊《益善美金花》词:"无中生有,有里还无难启口。"[例句]岳飞被～地安上了谋反的罪名,他手下的那一帮弟兄,早已义愤填膺,恨不得真的反了,带兵杀回临安。

【无踪无影】 wú zōng wú yǐng

[释义]见"无影无踪"。[语见]清•魏源《皇朝经世文编》第八十八卷:"所虑深藏内心,无踪无影,得苟延旦夕之命。"[例句]刚才分明看到一只美丽的蛾子停在兰草上,但是待我到了兰草面前,蛾子早就～了。

【无足轻重】 wú zú qīng zhòng

[释义]足:值得。形容无关紧要,不值得重视。[语见]明•沈德符《万历野获编•监修实录》第一卷:"然实录已属僭拟,即欲加隆于列圣之上,徒为识者所哂,无足为轻重也。"[例句]报纸上这篇看似～的文章,竟然引发了一场时代大讨论。

【毋望之福】 wú wàng zhī fú

[释义]见"无妄之福"。[语见]汉•司马迁《史记•春申君列传》:"朱英谓春申君曰:'世有毋望之福,又有毋望之祸。'"[例句]我没有想过有什么～临头,只想平平静静地生活着,散步,读书,思考,有时间和朋友来往,便是最大的满足了。

【毋望之祸】 wú wàng zhī huò

[释义]见"无妄之灾"。[语见]汉•司马迁《史记•春申君列传》:"朱英谓春申君

曰：'世有毋望之福，又有毋望之祸。'"
[例句] 他的家庭本来十分美满，哪知来了一场～，女儿在车祸中被夺去了生命。

【毋庸置疑】wú yōng zhì yí
[释义] 毋：无。庸：用。置疑：怀疑。用不着怀疑。[例句] 我们要改革企业内部的管理制度，这一点是～的。

【吴牛喘月】wú niú chuǎn yuè
[释义] 吴地炎热，水牛怕热，见到月亮以为是太阳，就害怕得喘起来。比喻因疑心而害怕。[语见] 唐·李白《丁都护歌》："吴牛喘月时，拖船一何苦！"[例句] 你呀，简直是～，本来没什么事，都是你自己吓唬自己。

【吴市吹箫】wú shì chuī xiāo
[释义] 汉·司马迁《史记·范雎蔡泽列传》："伍子胥橐载而出昭关，夜行昼伏，至于陵水，无以糊其口，膝行蒲伏，稽首肉袒，鼓腹吹篪，乞食于吴市，卒兴吴国。"裴骃集解引徐广曰："（篪）也作箫。"指行乞街头。[例句] 全家出事之后，他乔装打扮，～，花了三年时间才从浙江走到北京。

【吴下阿蒙】wú xià ā méng
[释义] 吴下：指今长江下游南岸一带。阿蒙：指三国时吕蒙。晋·陈寿《三国志·吴书·吕蒙传》裴松之注引《江表传》记载：吕蒙年轻时不爱读书，后来听从了孙权的劝告，努力学习，大有长进，就连鲁肃也经常辩不过他。鲁肃说："学识英博，非复吴下阿蒙。"后用来比喻学识浅陋之人。[语见] 晋·陈寿《三国志·吴书·吕蒙传》："肃拊蒙背曰：'吾谓大弟但有武略耳，至于今者，学识英博，非复吴下阿蒙。'"[例句] 如今的小冯，以非当年的～了，他都主持工作大半年了，而且公司被他治理得井井有条，你怎么还用老眼光看人呢？

【吴越同舟】wú yuè tóng zhōu
[释义] 比喻同心协力，共同度过困难。[语见]《孙子·九地》："夫吴人与越人相恶也，当其同舟而济，遇风，其相救也如左右手。"[例句] 我们只要齐心协

力，～，不出三年，必将东山再起。

【梧鼠技穷】wú shǔ jì qióng
[释义] 梧鼠：原作"鼫鼠"，讹写作"鼯鼠"，后又讹作"梧鼠"。穷：窘困。传说梧鼠有五种技能，但都不专精。后比喻技能虽多而不精。[语见]《荀子·劝学》："螣蛇无足而飞，梧鼠五技而穷。"[例句] 她虽然会不少的乐器，却是～，没有一样上得了台面。

【梧鼠之技】wú shǔ zhī jì
[释义] 见"梧鼠技穷"。[例句] 我知道你是做艺术研究的，但是你会的那点东西，不过是～，你敢说你对哪一门艺术有深刻的理解吗？

【五彩缤纷】wǔ cǎi bīn fēn
[释义] 见"五颜六色"。[例句] 只听得一声炮响，～的礼花漫天飞舞。

【五斗折腰】wǔ dǒu zhé yāo
[释义] 五斗：五斗米，古代低级官员的俸禄。折腰：弯腰行礼。喻逢迎。为了五斗米而向上司弯腰行礼。比喻不惜人格，一味逢迎。脱胎于"不为五斗米折腰"。[语见] 唐·房玄龄等《晋书·陶潜传》："以（潜）为彭泽令。……郡遣督邮至县，吏白应束带见之，潜叹曰：'吾不能为五斗米折腰，拳拳事乡里小人邪！'义熙二年，解印去县。"[例句] 老柏性情耿直，要他～，恐怕你打错了主意。

【五方杂处】wǔ fāng zá chǔ
[释义] 五方：东、南、西、北、中，泛指各个地方，这里指各个地方的人。处：居住。从各地方来的人杂居在一起。原作"五方杂厝"。[语见] 清·李汝珍《镜花缘》第二十七回："此国人为何生一张猪嘴；而且语音不同，倒像五方杂处一般，是何缘故？"[例句] 天津原本没有城市，元末明初的时候，～，便渐渐形成了一个大都市。

【五方杂厝】wǔ fāng zá cuò
[释义] 五方：指东、西、南、北和中央。厝：通"错"。错杂。指各地的人聚居一起。[语见] 汉·班固《汉书·地理志》："是故五方杂厝，风俗不纯。"[例句] 义军里

虽然良莠不齐,～,但是经过首领们的严格治军,慢慢地也还打磨出了几分正规军队的模样。

【五风十雨】 wǔ fēng shí yǔ
[释义]五天刮一次风,十天下一场雨。形容风调雨顺。[语见]宋·王炎《双溪诗钞·丰年谣(一)》:"五风十雨天时好,又见西郊稻秔肥。"[例句]太宗初年,政策得法,～,渐渐呈太平之势。

【五谷丰登】 wǔ gǔ fēng dēng
[释义]五谷:稻、黍、稷、麦、菽。泛指农作物。登:成熟。五谷丰收,形容年成好。[语见]明·施耐庵《水浒传》第一回:"那时天下太平,五谷丰登,万民乐业,路不拾遗,户不夜闭。"[例句]统治者哪有不希望子民都安居乐业、～的呢?

【五谷丰稔】 wǔ gǔ fēng rěn
[释义]见"五谷丰熟"。[语见]唐·韦嗣立《论刑法多滥疏》:"风雨以时,则五谷丰稔。"[例句]开元之初,表面上朝堂一团和气,民间～,但是内中却危机四伏,只是所有的问题都被"盛世"所掩盖了。

【五谷丰熟】 wǔ gǔ fēng shú
[释义]五谷:指稻、黍(小米)、稷(高粱)、麦、菽(豆),泛指农作物。形容年成好。[语见]《六韬·龙韬·立将》:"是故风雨时节,五谷丰熟,社稷安宁。"[例句]秋天到了,乡间～,百鸟同歌,真是一派盛世景象。

【五光十色】 wǔ guāng shí sè
[释义]形容色彩鲜艳,品种繁多。[语见]南朝梁·江淹《丽色赋》:"五光徘徊,十色陆离。"[例句]大厅里～的展品,令人目不暇接。

【五行八作】 wǔ háng bā zuō
[释义]行:行业。作:作坊。泛指各种商业和手工业。[例句]文告一出,～全都傻眼了:照这么下去,人还有活路吗?

【五行并下】 wǔ háng bìng xià
[释义]形容读书速度快。[语见]南朝宋·范晔《后汉书·应奉传》:"奉少聪明,自为童儿及长,凡所经履,莫不暗记,读书五行并下。"[例句]通俗小说我一般是～就飞快读完,倒不是我有什么轻视之心,而是因为那里面的故事往往比较简单,用不着费太大的心思。

【五行俱下】 wǔ háng jù xià
[释义]见"五行并下"。[语见]晋·陈寿《三国志·魏书·应玚传》裴松之注引华峤《汉书》:"玚祖奉,字世叔。才敏善讽诵,故世称'应世叔读书,五行俱下'。"[例句]你这么～地读,能读出文章的真意吗?

【五湖四海】 wǔ hú sì hǎi
[释义]泛指全国各地。[语见]唐·吕岩《绝句》:"斗笠为帆扇作舟,五湖四海任遨游。"[例句]战乱之后,这片土地上汇集了～的人,一座城市也便慢慢形成了。

【五花八门】 wǔ huā bā mén
[释义]本指古代阵法中的五花阵和八门阵,战术变化繁杂。比喻花样繁多,变化多。[语见]清·吴敬梓《儒林外史》第四十二回:"那小戏子一个个戴了貂裘……跑上场来,串了一个五花八门。"[例句]～的礼花堆积如山,惊得商贩们目瞪口呆。

【五花大绑】 wǔ huā dà bǎng
[释义]一种捆绑人的方式。先用绳索套住脖子,再从胸前绕到背后反剪着两臂。是对重罪犯的一种刑法。[语见]明·许仲琳《封神演义》第七十一回:"这两个打柴的樵夫身受五花大绑,衣衫花绿,满面风霜,战战兢兢跪在帐前,一派的害怕之相。"[例句]古人犯了重罪,是要～,被带到堂上受审的。

【五脊六兽】 wǔ jǐ liù shòu
[释义]指古宫殿式的建筑物,有五条屋脊纵横衔接,六个脊角上翘,角上各有兽头一个。形容巍峨壮观的样子。谐音作"五积六受"。形容人手足失措的可笑形态。[语见]清·西周生《醒世姻缘传》第五十九回:"这五积六受的甚么模样,可是叫亲家笑话。"[例句]每次想起第一次练车时自己那～的样子,他就不禁笑起来。

【五痨七伤】wǔ láo qī shāng

[释义] 泛指人的各种疾病。[例句] 青年时不注意锻炼和保养,一过了中年,～往往齐齐而来,生活的质量自然大打折扣了。

【五雷轰顶】wǔ léi hōng dǐng

[释义] 雷电轰击头顶。比喻遭到猝然不防的沉重打击。也用来诅咒人不得好死。[例句] 唯一的儿子被判入狱,对老王一家如同～。

【五里雾】wǔ lǐ wù

[释义] 据说东汉张楷"好道术,能作五里雾"。比喻迷离恍惚,不明真相的境界。[语见] 南朝宋·范晔《后汉书·张楷传》:"性好道术,能作五里雾。"[例句] 小静说了半天,我还是如掉～中。

【五雀六燕】wǔ què liù yàn

[释义]《九章算术·方程》中有一道题为:"今有五雀六燕,集称之衡,雀俱重,燕俱轻;一雀一燕交而处,衡适平;并燕雀重一斤。问:燕雀一枚,各重几何?"后比喻事物之轻重相等。[例句] 事情要成功,往往需要很多因素,任何一个因素出了问题,结果都可能是失败,但是～,都是其中的环节,没有孰轻孰重之分。

【五日京兆】wǔ rì jīng zhào

[释义] 京兆:京兆尹,古代官名。比喻任职时间短或即将去职。[语见] 宋·赵鼎臣《竹隐畸士集·与赵伯山书》:"时可投劾勇去,顷刻不可留,虽子磐亦自谓五日京兆也。"[例句] 老夫乃是～,余后便是卧听松涛,然而等时日甚丰,自当勤心为民。

【五色缤纷】wǔ sè bīn fēn

[释义] 缤纷:繁多、杂乱的样子。形容颜色繁多复杂,非常好看。[语见] 清·吴趼人《二十年目睹之怪现状》第四十三回:"只见继之夫妇正在盛服向老太太行礼。铺得满地五色缤纷,当中挂了姊姊画的那一堂寿屏。"[例句] 看到～的绸缎堆积如山,人们方才认识到江南的富庶。

【五色无主】wǔ sè wú zhǔ

[释义] 五色:指脸上的神采。无主:失去了主宰。形容因恐惧而神色不定的样子。[语见] 汉·刘安《淮南子·精神训》:"禹南省方,济于江,黄龙负舟,舟中之人,五色无主。"[例句] 学校出了这么大的事故,老主任～,不知如何是好。

【五十步笑百步】wǔ shí bù xiào bǎi bù

[释义] 笑:讥讽。比喻与别人犯有同样性质的错误,却因自己错误程度较轻而嘲笑别人。[语见]《孟子·梁惠王上》:"孟子对曰:'王好战,请以战喻。填然鼓之,兵刃既接,弃甲曳兵而走。或百步而后止,或五十步而后止。以五十步笑百步,则何如?'曰:'不可。直不百步耳,是亦走也。'"[例句] 你就别说什么了,你那是～,事实是结果没什么区别。

【五世其昌】wǔ shì qí chāng

[释义] 世:代。昌:昌盛。意思是说,到第五代,子孙就要昌盛。常用作祝颂新婚之词。[语见] 清·李绿园《歧路灯》第九十回:"乃培养天下元气,天之报施善人,岂止五世其昌。"[例句] 祝你们夫妻和美,早生贵子,～。

【五体投地】wǔ tǐ tóu dì

[释义] 五体:两手(至肘)、两膝和头。投:投放。五体一起着地,为古印度最恭敬的一种礼仪,佛教延用。后比喻佩服之至。[语见] 唐·姚思廉《梁书·中天竺国传》:"今以此国群臣民庶,山川珍重,一切归属,五体投地,归诚大王。"[例句] 当我表演完《欸乃》之后,几个后生小子佩服得～,但是他们哪里知道,我吹这曲子,都近四十年了。

【五颜六色】wǔ yán liù sè

[释义] 形容色彩纷繁。[语见] 清·李宝嘉《官场现形记》第十四回:"船头上,船尾巴上,统通插着五色旗子,也有画八卦的,也有一条龙的,五颜六色,映在水里,着实耀眼。"[例句] 广场上飘扬着～的彩旗。

【五脏六腑】wǔ zàng liù fǔ

[释义] 五脏:脾、肺、肾、肝、心。六腑:胃、胆、三焦、膀胱、大肠、小肠。人体内

脏器官的统称。比喻事物内部情况。[语见]宋·张君房《云笈七签》第三十三回:"常以生气时,咽液二七过,按体所痛处,每坐常闭目内视,存见五脏六腑,久久自得,分明了了。"[例句]认真调查之后,大家才意识到,公司的～,都已经完全腐烂了。

【五洲四海】wǔ zhōu sì hǎi
[释义]见"五湖四海"。[例句]奥运会期间,～的体育健儿欢聚一堂。

【忤逆不孝】wǔ nì bù xiào
[释义]忤逆:不顺从。对父母不顺从,不孝敬。[例句]你这种～的东西,当真该千刀万剐!

【武不善作】wǔ bù shàn zuò
[释义]指动起武来不讲斯文。[语见]《续小五义》:"芸生说:'我得挽起袖子,披上衣服,方能俐落。'陈总管说:'可以使得,文不加鞭,武不善作。'"[例句]人一急,可就是～,什么道理都没有用了。

【武偃文修】wǔ yǎn wén xiū
[释义]见"文修武偃"。[语见]明·汤显祖《还魂记·榜下》:"正此引奏,前日先生看定状元试卷,蒙圣旨武偃文修,今其时矣!"[例句]宋朝初年,～,终于结束了长达近一个世纪的纷乱。

【舞衫歌扇】wǔ shān gē shàn
[释义]歌舞用的服装道具。也指着舞衫执歌扇的善歌舞者。也作"歌扇舞衫"。[语见]南朝陈·徐陵《杂曲》:"舞衫迴袖胜春风,歌扇当窗似秋月。"[例句]老头儿们组成的老年队一通～,表演虽然并不精彩,但是获得的掌声比任何一个队要多,因为,他们十个人的年龄加起来,已经超过七百岁了。

【舞态生风】wǔ tài shēng fēng
[释义]跳舞的姿态像风吹那样飘逸。比喻舞姿轻盈。[语见]明·冯梦龙《东周列国志》第七十九回:"歌声遏云,舞态生风,一进一退,光华夺目,如游天上,睹仙姬,非复人间思想所及。"[例句]压轴开始了,演员们～,将晚会的气氛推向了高潮。

【舞文弄法】wǔ wén nòng fǎ
[释义]舞、弄:玩弄。文、法:法律条文。任意利用法律条文来达到作弊的目的。[语见]汉·司马迁《史记·货殖列传》:"吏士舞文弄法,刻章伪书,不避刀锯之诛者,没于赂遗也。"[例句]明朝末年,官官相卫,～之风愈演愈烈,百姓的反抗已势在必行。

【舞文弄墨】wǔ wén nòng mò
[释义]舞、弄:玩弄。玩弄文字技巧。[语见]唐·魏徵《隋书·王充传》:"明习法律,而舞文弄墨,高下其心。"[例句]平时小梁就喜欢～,碰上这机会,他自然不会放过了。

【舞文巧法】wǔ wén qiǎo fǎ
[释义]故意玩弄文辞,巧于利用法令,以达到邪恶的目的。[语见]汉·王充《论衡·程材》:"长大成吏,舞文巧法,徇私为己,勉赴权利。"[例句]明珠为相多年,～,却是聪明反被聪明误,待到身首分家的那一天,后悔已经来不及了。

【舞文枉法】wǔ wén wǎng fǎ
[释义]见"舞文巧法"。[语见]清·李绿园《歧路灯》第一百零六回:"稽查书办,没有一个不舞文枉法。"[例句]老百姓早就想把那一帮～的官老爷给拉下来杀了,只是没有人挑头。

【舞榭歌楼】wǔ xiè gē lóu
[释义]见"舞榭歌台"。[语见]元·关汉卿《金线池》第二折:"几时得脱离了舞榭歌楼,不是我出乖弄丑,从良弃贱。"[例句]金兵不断南犯,但是赵构等人,还是整日沉溺于～,国家怎么会兴旺呢?

【舞榭歌台】wǔ xiè gē tái
[释义]榭:楼阁,唱歌跳舞的场所。泛指寻欢作乐的地方。又特指妓院。[语见]唐·黄滔《馆娃宫赋》:"舞榭歌台,朝为官而暮为沼。"[例句]～,消耗着皇帝和朝臣的意志与聪明,等听到炮响的时候,京城的城门都已经破了。

【舞燕歌莺】wǔ yàn gē yīng
[释义]见"歌莺舞燕"。[语见]明·张凤

翼《灌园记·齐王拒谏》："计日周秦兼并,烽烟罢警,正好酣柳眠花,舞燕歌莺。"[例句]隋兵都已打到了长江边上,陈后主还在～之中安度时日。

【勿谓言之不预】wù wèi yán zhī bù yù

[释义]勿:不要。谓:说。预:预先。不要说我事先没有打过招呼。指把话说在前头。[语见]清·朱寿朋《光绪朝东华录》："倘仍防范不力……亦必执法从事,勿谓言之不预也。"[例句]条令已经宣布了,～,谁要敢违抗,一定重办!

【勿庸赘述】wù yōng zhuì shù

[释义]见"无庸赘述"。[例句]时间紧迫,～,就两个字:起程!

【务实去华】wù shí qù huá

[释义]讲究实际,除掉浮华。[语见]宋·范仲淹《蒙以养正赋》："务实去华,育德之方斯在;反听收视,养恬之义相应。"[例句]现在你正处于人生积累阶段,当～,扎扎实实地积累你的各种经验。

【物腐虫生】wù fǔ chóng shēng

[释义]物先腐烂而后虫生。比喻祸患的由来必有其内部原因。[语见]《荀子·劝学》："肉腐出虫,鱼枯生蠹,怠慢忘身,祸灾乃作。"[例句]虽说事故没有什么征兆,但是～,你们仔细去检查,管理上一定有什么漏洞。

【物阜民安】wù fù mín ān

[释义]物产丰富,人民安乐。[语见]明·凌濛初《初刻拍案惊奇》第二十卷:"(裴安卿)莅任半年,治得那一府物阜民安,词清讼简。"[例句]康乾之治,虽然也算是～,但是比较起世界的发展来,却实在是微不足道。

【物阜民熙】wù fù mín xī

[释义]见"物阜民安"。[语见]元·高文秀《渑池会》第二折:"我则待罢刀兵,安社稷,则要的物阜民熙,则俺这为臣子要当竭力。"[例句]战争延续了几十年,老百姓做梦都想要过上～的生活。

【物换星移】wù huàn xīng yí

[释义]换:转换,转化。移:移动。事物相互转化,星辰移动位置。多指世间万物的变化。[语见]清·康有为《大同书》:"话故事则物换星移,念旧人则风流云散。"[例句]离家既久,～,儿时的伙伴现在都过得怎么样? 我常常惦念他们。

【物极必反】wù jí bì fǎn

[释义]极:顶点。反:向相反方向转变。事物发展到顶点,必定向相反方向转化。[语见]清·纪昀《阅微草堂笔记·姑妄听之》:"盖愚者恒为智者败。而物极必反,亦往往于其所备之处,有智出其上者,突起而胜之。"[例句]给自己施加一些压力固然无可厚非,但是～,如果压力过大,很有可能导致严重的后果。

【物极必返】wù jí bì fǎn

[释义]见"物极必反"。[语见]宋·朱熹、吕祖谦《近思录·道体》:"《复卦》言七日来复,其间元不断续,阳已复出,物极必返,其理须如是。"[例句]美与丑都是相对的,～,许多异常丑陋的东西经过精心的组合,往往能发出夺目的光辉。

【物极则衰】wù jí zé shuāi

[释义]见"物盛则衰"。[语见]汉·司马迁《史记·李斯列传》:"当今人臣之位无居臣上者,可谓富贵极矣。物极则衰,吾未知所税驾也!"[例句]也许是～,几盆长势非常好的凤尾竹,在不知不觉中,竟接二连三地死去了。

【物尽其用】wù jìn qí yòng

[释义]充分发挥各种东西的功用。[例句]人尽其才,～,任何资源都该合理利用。

【物竞天择】wù jìng tiān zé

[释义]竞:竞争。择:选择。自然界万物为生存而竞争,优胜劣汰。[语见]清·梁启超《新中国未来记》第三回:"因为物竞天择的公理,必要顺应著那时势的,才能毂生存。"[例句]正是因为～,岛上留下来的动物,一个个都体强皮厚,尤其是耐寒能力比我们以前见过的动物都要强许多。

【物离乡贵】wù lí xiāng guì

[释义] 物品离开产地越远越珍贵。[语见] 清·曹雪芹《红楼梦》第六十七回："这就是俗话说的'物离乡贵',其实可算什么呢?"[例句] 这种南方产的水果在广州很便宜,可是在北京却卖得这么贵,真是～。

【物力维艰】wù lì wéi jiān

[释义] 物力:物产。指物产得来十分艰苦不易。[语见] 清·李宝嘉《官场现形记》第二十回："知县道:'卑职深知物力维艰,每逢穿到身上,格外爱惜当心。'"[例句] 这些生活在苦寒之地的民族,因为～,对生活用品,都是格外珍惜。

【物伤其类】wù shāng qí lèi

[释义] 因同类遭受不幸而感到悲伤。[语见] 清·曹雪芹《红楼梦》第七十三回："黛玉、宝玉、探春等见迎春的乳母如此,也是'物伤其类'的意思,遂都起身笑向贾母讨情。"[例句] 虽然是对手,但是看到其结果如此之惨,他也禁不住生出～之感,内心也自惶惶不安。

【物盛则衰】wù shèng zé shuāi

[释义] 指事物繁盛以后则将衰萎。[语见] 汉·司马迁《史记·田叔列传》:"夫月满则亏,物盛则衰,天地之常也。"[例句] 词这种文学体裁的创作在宋代空前繁荣,可是～,其后的作品水平就下降了。

【物是人非】wù shì rén fēi

[释义] 景物还是原来的样子,而人、事则非同往昔。多用来表示人事变迁或对人的怀念。[语见] 三国魏·曹丕《与吴质书》:"节同时异,物是人非,我劳如何?"[例句] 故地重游,～,百花凋零,落木萧萧,天地间一片凄凉。

【物以类聚】wù yǐ lèi jù

[释义] 类:同类。以:按照。各种东西都按种类聚集在一起。多比喻坏人臭味相投、互相勾结在一起。[语见] 宋·释普济《五灯会元·天衣聪禅师》:"如藤倚树,物以类聚。"[例句] ～,他们那几个家伙臭味相投,聚到一起肯定没什么好事。

【物以稀为贵】wù yǐ xī wéi guì

[释义] 稀:少。贵:珍贵。东西稀少就显得珍贵。[语见] 唐·白居易《小岁日喜谈氏外孙女满月》诗:"物以稀为贵,情因老更慈。"[例句] 这套邮票只印了500枚,因而收藏价值很高,正是～嘛。

【物至则反】wù zhì zé fǎn

[释义] 见"物极必反"。[语见] 汉·刘向《新序·善谋》:"物至则反,冬夏是也;到高则危,累棋是也。"[例句] 这支球队在取得了一系列辉煌成绩后,因骄傲情绪等原因走上了下坡路,真是～啊。

【物壮则老】wù zhuàng zé lǎo

[释义] 壮:壮实。老:老死。事物壮盛到了极点就会老朽。指一切事物盛极必衰的自然规律。[语见]《老子》第五十五章:"物壮则老,谓之不道,不道早已。"不道:消亡之道;早已:速死。[例句] ～,日中则昃,盛大的礼宴之后,生死离别便来了。

【误国欺君】wù guó qī jūn

[释义] 见"欺君误国"。[例句] ～的秦桧会千万年被人们唾骂。

【误国殃民】wù guó yāng mín

[释义] 国家受害,人民遭殃。[语见] 明·余继登《典故纪闻》:"天下事惟有是非两端,夫苟知其为是,而必可行,又计后来之成败,而不果于行,未有不误国殃民者也。"[例句] 忠臣出世的时候,往往是～的奸邪之人大显身手的时候——矛盾就是这样成对出现。

【误人子弟】wù rén zǐ dì

[释义] 误:耽误。耽误人家的孩子。常用以指教师不称职而使学生受损害。[语见] 清·李汝珍《镜花缘》第十九回："先生犯了这样小错,就要打手心,那终日旷功误人子弟的,岂不都要打杀么?"[例句] 我才疏学浅,口才又不好,要我去教书,不是要我去～吗?

【恶紫夺朱】wù zǐ duó zhū

[释义] 恶:憎恨,讨厌。紫:蓝红合色,古人认为紫色是杂色。夺:强取。朱:大红色。古人认为朱色是正色,比喻正统。

厌恶用紫色取代红色。比喻邪恶胜过正义,或异端冒充真理。[语见]《论语·阳货》:"子曰:'恶紫之夺朱也,恶郑声之乱雅乐也,恶利口之覆邦家者。'"邢昺疏:"此章记孔子恶邪夺正也。恶紫之夺朱也者;朱,正色;紫,间色。"[例句]在这么个~的时代里,文人只能以戏剧的形式,隐晦地表达心中所怨所恨。

【雾鬓风鬟】wù bìn fēng huán

[释义]见"风鬟雾鬓"。[语见]宋·范成大《新作景亭程咏之提刑赋诗次其韵》:"花边雾鬓风鬟满,醉畔云衣月扇香。"[例句]窗口那女子,~,面若桃花,好事之徒总是在窗前逡巡。

【雾鬓云鬟】wù bìn yún huán

[释义]见"风鬟雾鬓"。[语见]元·白朴《墙头马上》第一折:"你看他雾鬓云鬟,冰肌玉骨,花开媚脸,星转双眸。"[例句]出来的丫头,虽然衣着朴素,但是~之下,一张清秀的脸蛋,还是让人心动不已。

【雾里看花】wù lǐ kàn huā

[释义]原形容老眼昏花。后用以比喻对事物看不真切。[语见]唐·杜甫《小寒食舟中作》诗:"春水船如天上坐,老年花似雾中看。"[例句]你的报告写得真是晦涩之极,我看了半天,却如~,不知所云。

X

xī

【西窗剪烛】 xī chuāng jiǎn zhú
[释义]见"剪烛西窗"。[语见]明·陈汝元《金莲记·便省》："待归来细问当年事,有谁念残香冷腻,共话却潦倒西窗剪烛时。"[例句]我们一别就是十年,有朝一日得见,必～,将心中所有事情都一一道来。

【西山日薄】 xī shān rì bó
[释义]见"日薄西山"。[语见]宋·洪咨夔《风流子》词："世事几番新局面,看底欲高三著。况转首、西山日薄。"[例句]如今我已年过花甲,已是～之人,重出江湖之心,丝毫不再,你就不要再来了。

【西山日迫】 xī shān rì pò
[释义]见"日薄西山"。[语见]元·张公芝《九世同居》第一折:"堪叹的是西山日迫桑榆暮,喜的是高堂月旦芝兰聚。"[例句]崇祯登基时,明朝已到了～的时候,他再有天大的抱负,又能怎么样呢?

【西歪东倒】 xī wāi dōng dǎo
[释义]见"东倒西歪"。[语见]明·胡文焕《群音类选·刘郎中〈粉蝶儿一套〉》:"拄肚撑肠酒力摧,西歪东倒脚高低。"[例句]孩子们～躺成一片,乐呵呵地看着天上的飞机飞过。

【希世之宝】 xī shì zhī bǎo
[释义]希:同"稀",少。世上少有的珍宝。[语见]清·刘鹗《老残游记》第三回:"此书世上久不见了,季沧苇、黄丕烈诸人俱未见过,要算希世之宝呢!"[例句]老王手里有了个～,却深觉不安,因为在没有出手之前,这就如一颗原子弹一样危险。

【希世之珍】 xī shì zhī zhēn
[释义]见"希世之宝"。[语见]宋·陆游《素心砚铭》:"希世之珍哪可得,故人赠我情何极。"[例句]天然的银耳,自是～,但是因为环境破坏得严重,如今几乎见不到了。

【析律贰端】 xī lǜ èr duān
[释义]割裂曲解法律条文,随意加重或减轻罪名。指官吏枉法徇私。[语见]汉·班固《汉书·宣帝纪》:"用法或持巧心,析律贰端,深浅不平,增辞饰非,以成其罪。"[例句]他在执法的过程中～,不秉公执法,是因为收受了贿赂。

【析律舞文】 xī lǜ wǔ wén
[释义]割裂曲解法律条文,故意玩弄文字。[语见]宋·苏舜钦《论五事·景祐四年五月七日阁门下》:"贪婪者则陷利以制之,然后析律舞文,鬻狱市令……"[例句]县令府上,都是一帮～之徒,老汉的官司,恐怕是毫无希望了。

【析疑匡谬】 xī yí kuāng miù
[释义]解析疑义,纠正谬误。[语见]清·王琦《李太白全集序》:"惜李集无有斐然继起者,爰合三家之注订之,芟柞繁芜,补增阙略,析疑匡谬,颇有更定。"[例句]我的喜好就是对古文进行～,三十多年潜心钻研,乐此不疲。

【息交绝游】 xī jiāo jué yóu
[释义]息:停止。绝:断绝。交、游:交游,活动。形容避开俗世,停止交往活动,过隐居的生活。[语见]晋·陶渊明《归去来兮辞》:"归去来兮,请息交以绝

游……"[例句]就是从五台山回来之后,冷先生~,俨然是一个隐者了。

【息军养士】xī jūn yǎng shì
[释义]息、养:休息、教养、调整。指休整军队,积蓄力量。[语见]明·罗贯中《三国演义》第六十六回:"按甲寝兵,息军养士,待时而动。"[例句]敌人还在五百里之外,我们自当~,以静制动。

【息事宁人】xī shì níng rén
[释义]息:平息。宁:使……安宁。原指不生事,使人民安宁。现多指从中调和劝解,平息事端,使人彼此相安。或做无原则的让步,减少纷争。[语见]南朝宋·范晔《后汉书·章帝纪》:"其令有司,罪非殊死,且勿案验;及吏人条书相告,不得听受,冀以息事宁人,敬奉天气。"[例句]这位球员在电视上为自己的错误做了公开道歉后,才~,免于被起诉。

【息息相关】xī xī xiāng guān
[释义]息:呼吸时吸进与呼出的气。一呼一吸互相关联。形容彼此关系极为密切。[语见]清·赵尔巽《清史稿·文祥传》:"使武备果有实际,则于外族要求之端,持之易力,在彼有顾忌,觊觎亦可潜消,事不尽属总理衙门,而无事不息息相关也。"[例句]两岸的军民,都与这条河~,我们怎么能在上游建立印染厂污染水源呢?

【息息相通】xī xī xiāng tōng
[释义]见"息息相关"。[语见]清·文康《儿女英雄传》第二十六回:"如今听了张金凤这话,正如水月镜花,心心相印;玉匙金锁,息息相通。"[例句]政府和百姓之间应该~,这样政府的工作才能真正贯彻"为人民服务"的宗旨。

【悉听尊便】xī tīng zūn biàn
[释义]悉:完全。听:听任,任由。完全听任对方行事是否方便。指任由对方想怎么做就怎么做。[语见]清·曾国藩《复左宗棠书》:"贵军欲练马队,多少悉听尊便。请一面购办马匹,一面咨商。"[例句]贵公司投资与否,我们~。

【悉心毕力】xī xīn bì lì
[释义]悉心:尽心。毕力:尽力。竭尽智慧和力量。[语见]汉·蔡邕《杨太尉碑铭》:"乃及伊公,克光前矩,悉心毕力,胤其祖武。"[例句]孩子被几个战士~地照顾了近两个月才被送到保育院。

【悉心竭力】xī xīn jié lì
[释义]见"悉心毕力"。[语见]宋·司马光《应诏言朝廷阙失》:"执政者亦悉心竭力以副陛下之欲,耻与碌碌守法循故事之臣。"[例句]我也想~地把事情做好,但是我毕竟是一个人,势单力薄,希望你能理解我的处境。

【悉心勠力】xī xīn lù lì
[释义]见"悉心毕力"。[语见]唐·房玄龄等《晋书·武帝纪》:"其内外众官,各悉心勠力,以康庶事。"[例句]战事开始之后,军民~,团结一致,顽强地抵抗了三年之久。

【惜墨如金】xī mò rú jīn
[释义]惜:吝惜、珍惜。珍惜墨像珍惜黄金一样,原指作画时不到关键处不用重墨,不轻易落笔。后指写字、作文不轻易下笔。[语见]宋·费枢《钓矶立谈》:"李营丘惜墨如金。"[例句]这位哲学家虽然著作颇丰,但是他却是一个~的人,正因为此,他的文字便略微显得晦涩了些,从而给后人带来了一些阅读上的困难。

【惜香怜玉】xī xiāng lián yù
[释义]见"惜玉怜香"。[语见]元·无名氏《端正好·相忆》套曲:"惜香怜玉那情欢,端的是心无厌,锦帐内效鹣鹣。"[例句]别看他这个人生得五大三粗的,但是他却是一个懂得~的人。

【惜玉怜香】xī yù lián xiāng
[释义]惜:爱惜。怜:怜爱。玉、香:借指女子。比喻对女子温存疼爱。[语见]元·尚仲贤《柳毅传书》第四折:"正是相逢没话说,不见却思量,全不肯惜玉怜香,则他那古撇性尚然强。"[例句]他这个人本就~的,自然看不得女孩被人欺负了。

【惜指失掌】xī zhǐ shī zhǎng
[释义] 因爱惜手指而失去手掌。比喻因小失大。[语见] 唐·李延寿《南史·阮佃夫传》记载:阮佃夫想占有何恢家的一个歌女,何恢不肯给,阮佃夫恼羞成怒地说:"惜指失掌耶?"[例句] 两家人都是倔脾气,～倒不怕,就怕输了那口气。

【稀奇古怪】xī qí gǔ guài
[释义] 稀:稀疏而新奇。古怪:不同一般的,生疏罕见的。形容不同一般的、稀少而怪诞的事情。[语见] 明·凌濛初《二刻拍案惊奇》第二十卷:"还有好些稀奇古怪的事,做一回正话。"[例句] 容儿尽弄些～的点子折腾黄旭,黄旭却并不生气,反倒把容儿气得不行。

【犀牛望月】xī niú wàng yuè
[释义] 犀牛的角长在鼻子上,影响视物。比喻所见不全的意思。[语见]《关尹子·五鉴》:"譬如犀牛望月,月形入角,特因识生,始有月形,而彼真月,初不在角,胸中之天地万物亦然。"[例句] 我这么写,自然有些～的嫌疑,但是在目前的条件下,我也是尽了最大的努力了。

【溪壑无厌】xī hè wú yàn
[释义] 溪壑:山里的河流深谷。比喻人的贪欲太大,难于满足。[语见] 南朝梁·萧子显《南齐书·谢朓传》:"自尔升擢,超越伦伍,而溪壑无厌,著于触事。"[例句] 过了几百年,历史学家才发现,那场农民起义,最初的起因竟然是因为几个～的几乎算不得官的保甲长所致。

【熙来攘往】xī lái rǎng wǎng
[释义] 熙、攘:形容喧闹、纷乱。形容人来人往,非常热闹。[语见] 清·李宝嘉《官场现形记》第八回:"只见这弄堂里面,熙来攘往,毂击肩摩;那出进的轿子,更觉络绎不绝。"[例句] 今天,公园里正举办庙会,游人众多,～,非常热闹。

【熙熙攘攘】xī xī rǎng rǎng
[释义] 熙熙:安乐的样子。攘攘:纷乱的样子。形容很多人来来往往,十分热闹。[语见] 汉·司马迁《史记·货殖列传》:"天下熙熙,皆为利来;天下壤壤,皆为利往。"注:壤,通"攘"。[例句] 望着忙碌的大街,望着～的人群,我却感到分外孤独,这天地间如同只我一人一样。

【熙熙融融】xī xī róng róng
[释义] 亲爱和睦的样子。[例句] 两人虽然没什么钱,但是彼此尊重,～地生活了好几十年。

【嘻皮笑脸】xī pí xiào liǎn
[释义] 形容嬉笑不严肃的样子。[语见] 清·曹雪芹《红楼梦》第三十回:"你见我和谁玩过! 有和你素日嘻皮笑脸的那些姑娘们,你该问他们去!"[例句] 跟老人说话的时候,最好严肃一点,别～的没个正经。

【膝痒搔背】xī yǎng sāo bèi
[释义] 比喻言论不中肯,做事抓不到点子上。[语见] 汉·桓宽《盐铁论·利议》:"不知趋舍之宜,时世之变。议论无所依,如膝痒而搔背。"[例句] 听张中县说话,真是受罪,听了半天,全是～,半句也进不到脑子里。

【嬉皮赖脸】xī pí lài liǎn
[释义] 见"嘻皮笑脸"。[例句] 儿子猴在他妈妈肩膀上,～地撒娇,要他妈妈放他玩半天游戏。

【嬉皮笑脸】xī pí xiào liǎn
[释义] 见"嘻皮笑脸"。[例句] 看着弟弟～的样子,我就知道他肯定是来要钱的。

【嬉笑怒骂】xī xiào nù mà
[释义] 奚落嘲讽,怒斥责骂。指人的各种感情。常与"皆成文章"连用,形容善于抒发感情,不拘一格地写成好文章。[语见] 宋·黄庭坚《东坡先生真赞》:"东坡之酒,赤壁之笛,嬉笑怒骂,皆成文章。"[例句] 跟王老相处,即使是在～之中,也能体会到他身上的那股浩然之气。

【习而不察】xí ér bù chá
[释义] 习:习惯。指习惯、熟悉某事物,就觉察不到其中的问题。[语见]《孟子·尽心上》:"行之而不著焉,习矣而不察焉。"[例句] 因为是你自己写的东西,～,所以你就是再读两遍三遍,也不

如专业校对做得好。

【习非成是】 xí fēi chéng shì

[释义] 形容错误成了习惯，反以为是对的。[语见] 清·胡林翼《呈七叔墨溪公书》："而猾宦豪绅……择肥而噬，惟利是图，天下滔滔，习非成是。"[例句] 现代汉语中，许多字的读音变化就是因为～，慢慢也被人接受了。

【习非胜是】 xí fēi shèng shì

[释义] 习惯于错误的东西反以为它是正确的了。[语见] 汉·扬雄《法言·学行》："一哄之市，必立之平；一卷之书，必立之师。习乎习，以习非之胜是，况习是之胜非乎？"[例句] 他多年来一直把"亚洲"的"亚"读作 yǎ，并且～，根本不知道这个字该读 yà。

【习惯成自然】 xí guàn chéng zì rán

[释义] 长期生活在某种环境之中，逐渐形成自然而然的行为方式。[语见] 汉·贾谊《新书·保傅》："孔子曰：'少成若天性，习惯如自然。'是殷周之所以长有道也。"[例句] 小李右手受伤之后，只好用左手吃饭、写字，开始时很不自在，但是～，半年之后，右手好了，左手竟然也能运用自如了。

【习惯自然】 xí guàn zì rán

[释义] 见"习惯成自然"。[语见] 清·吴趼人《糊涂世界》第二卷："随机应变，迎合上意，久而久之，习惯自然，便自能迎刃而解了。"[例句] 妈妈对孩子说："别老咬指头，～，等到长大了再改就不容易了。"

【习以成风】 xí yǐ chéng fēng

[释义] 见"习以成俗"。[语见] 元·脱脱等《金史·蒲察合住传》："高琪用事，威刑自恣。南渡之后，习以成风，虽士大夫亦为所移。"[例句] 据说当年"湖广填四川"的时候，有些人因为背井离乡都头裹白布，后来～，大多数人日常也都这样打扮。

【习以成俗】 xí yǐ chéng sú

[释义] 俗：习惯。长期沿用，成了习俗。[语见] 北齐·魏收《魏书·高允传》："虽条旨久颁，而俗不革变。将由居上者未能悛改，为下者习以成俗，教化陵迟，一至于斯。"[例句] 那时因为一些富家子弟腰里缠一根彩带，模仿的人多了，整个江南几乎已～。

【习以成性】 xí yǐ chéng xìng

[释义] 见"习与性成"。[语见] 唐·房玄龄等《晋书·王导传》："故圣王蒙以养正，少而教之，使化霑肌骨，习以成性，迁善远罪而不自知，行成德立，然后裁之以位。"[例句] 他小时候有小偷小摸的毛病，父母也没怎么在意，渐渐～，最后终于成了盗窃犯而被绳之以法了。

【习以为常】 xí yǐ wéi cháng

[释义] 习：习惯。常：常规。指某种事情经常去做，或某种现象经常看到，也就觉得很平常了。[语见] 南朝梁·萧子显《南齐书·豫章文献王传》："东北异源，西南各绪，习以为常，因而弗变。"[例句] 小韩每天早上起床时总爱哼几句，开始大家很反感，但是听得多了，也渐渐～了。

【习与性成】 xí yǔ xìng chéng

[释义] 习：习惯。性：性格。指长期的习惯会形成某种性格。[语见]《尚书·太甲上》："兹乃不义，习与性成。"[例句] 小玉小时候就叽叽喳喳爱说爱笑，～，现在更是伶牙俐齿。

【席不暇暖】 xí bù xiá nuǎn

[释义] 席：座席。暇：空闲。连席子都来不及坐热。形容奔走忙碌，没有坐定的时间。[语见] 唐·李白《上安州李长史书》："白孤剑谁托，悲歌自怜，迫于恓惶，席不暇暖。"[例句] 这几天因为主持营销工作，小津东奔西走，常常是～，连孩子都与她有些生分了。

【席地而坐】 xí dì ér zuò

[释义] 席：座席。本指古人把座席铺在地上，坐在上面。后泛指以地面为座席而坐，即坐在地上。[语见] 宋·薛居正等《旧五代史·李茂贞传》："但御军整众，都无纪律，当食则造庖厨，往往席地而坐。"[例句] 我们也学当地人的习惯，～，但是坐不了多一会儿，便觉得脚麻了。

X

【席地幕天】xí dì mù tiān
[释义] 见"幕天席地"。[语见] 宋·李昉等《文苑英华·范传正〈李翰林白墓志铭〉》:"吟风咏月,席地幕天。"[例句] 李白行走天下,～,名山大川给了他足够的文学素材。

【席丰履厚】xí fēng lǚ hòu
[释义] 席:座席。履:鞋子。比喻家产丰厚,生活优裕。[语见] 清·吴趼人《二十年目睹之怪现状》第十四回:"你看他们带上几年兵船,就一个个的席丰履厚起来,那里还肯去打仗!"[例句] 姚先生早年过着～的生活,但是身上没有半点纨绔子弟的习气。

【席珍待聘】xí zhēn dài pìn
[释义] 席:铺陈。铺陈珍品,待人选用。比喻怀才可用。[语见]《礼记·儒行》:"儒有席上之珍以待聘。夙夜强学以待问。"[例句] 敝公司与各方人才均有联络,～,只看各位有没有眼力,挑出最适合自己的千里马了。

【袭以成俗】xí yǐ chéng sú
[释义] 袭:因袭。因袭旧有的东西已成为习俗。[语见] 清·朱彝尊《曝书亭集·朱右传》:"世代沿革,袭以成俗,无复古意。"[例句] 对这个成语的这种解释虽然与原意相去甚远,但已经～,人们渐渐便忘记了其原来的意思了。

【洗耳恭听】xǐ ěr gōng tīng
[释义] 洗净耳朵,恭敬地听讲。形容恭恭敬敬、认认真真听人讲话的态度。[语见] 清·李汝珍《镜花缘》第七十八回:"众人道:'如此甚妙,我们洗耳恭听。'"[例句] 你就说说你的想法,我们～。

【洗耳拱听】xǐ ěr gǒng tīng
[释义] 见"洗耳恭听"。[语见] 元·宫大用《范张鸡黍》第一折:"哥哥讲说些儿,小官洗耳拱听。"[例句] 这次能请杨先生来演讲,全部的人都要来～。

【洗垢求瘢】xǐ gòu qiú bān
[释义] 洗掉污垢,寻找瘢痕。比喻过分挑剔别人的缺点或过失。[语见] 南朝宋·范晔《后汉书·赵壹传》:"所好则钻皮出其毛羽,所恶则洗垢求其瘢痕。"[例句] 他们都是些新手,你就别那么～地要求了。

【洗垢索瘢】xǐ gòu suǒ bān
[释义] 见"洗垢求瘢"。[语见] 宋·欧阳修等《新唐书·魏徵传》:"好则钻皮出羽,恶则洗垢索瘢。"[例句] 对人要宽和一些,别老是～,惹人讨厌。

【洗垢寻痕】xǐ gòu xún hén
[释义] 见"洗垢求瘢"。[语见] 元·孔文卿《东窗事犯》第四折:"不想他苦恹恹痛遭危困,只因笑吟吟陷平人洗垢寻痕。"[例句] 像你这么～地对待你的下属,只会越来越引起下属的反感。

【洗手奉职】xǐ shǒu fèng zhí
[释义] 洗手:喻指廉洁。形容廉洁奉公,忠于职守。[语见] 唐·韩愈《胡良公墓神道碑》:"荐公为监察御史,主馈给渭桥以东军,洗手奉职,不以一钱假人。"[例句] 各位回去都要被安排要职,希望大家～,洁身自好。

【洗髓伐毛】xǐ suǐ fá máo
[释义] 见"伐毛洗髓"。[语见] 明·杨慎《答李仁夫论转注书》:"然近近诸君子观省者皆以寻常韵书视之,未有琢磨陶冶、洗髓伐毛至此者。"[例句] 车祸之后,我突然意识到了生命的珍贵,我便暗暗发誓要～,以新面目示人。

【洗心革面】xǐ xīn gé miàn
[释义] 洗心:清除坏思想。革面:改变旧面目。比喻犯了错误的人,彻底改过自新。[语见]《周易·系辞上》:"圣人以此洗心。"《周易·革》:"君子豹变,小人革面。"[例句] 每次从戒毒所出来,他都发誓要～,重新做人,但是他常常是坚持三两个礼拜,就又恢复了那老毛病。

【洗心革意】xǐ xīn gé yì
[释义] 见"洗心革志"。[语见] 唐·令狐德棻《周书·苏绰传》:"凡诸牧守令长,宜洗心革意,上承朝旨,下宣教化矣。"[例句] 他在被改造的过程中,认识到了以前的罪恶,决心～,痛改前非。

【洗心革志】xǐ xīn gé zhì
[释义]洗心:清除邪恶之心思。革志:改变旧有的意向。指改变旧有心思和意向。[语见]唐·房玄龄等《晋书·潘岳传》:"皆延颈以视,倾耳以听,希道慕企,洗心革志,想涤泗之风,歌来苏之惠。"[例句]各位都已经改造了这么些时间了,希望以后一定～,体体面面地在世界上生活。

【洗心自新】xǐ xīn zì xīn
[释义]清洗心中污浊,改过自新。比喻认真悔改。[语见]宋·洪迈《夷坚丁志·谢花六》:"其党康花七者,家已丰余,欲洗心自新,佯为出探官军,密以告尉。"[例句]人要真正～,不但是意志的问题,更是一个心灵的问题。

【洗削更革】xǐ xuē gēng gé
[释义]洗削:清洗、削平。更革:变革。形容大刀阔斧地改革。[语见]唐·杜牧《罪言》:"洗削更革,罔不顺适,惟山东不服,亦再攻之,皆不利以返。"[例句]新的总经理上任之后,～,公司的状况一下子得到了转变。

【洗雪逋负】xǐ xuě bū fù
[释义]洗雪:清除,洗掉。逋负:未偿还的旧债。报仇雪恨,以完成自己的夙愿。[语见]南朝宋·范晔《后汉书·段颎传》:"洗雪百年之逋负,以慰忠将之亡魂。"[例句]我们的足球队以前总是输给他们,但今年我们终于～,以 3:0 大胜对手。

【徙宅忘妻】xǐ zhái wàng qī
[释义]徙:迁移。搬家忘记携带妻子。比喻做事粗心大意到了荒唐的地步。也指致力于次要方面而忘记了主要方面。[语见]《孔子家语·贤君》:"哀公问于孔子曰:'寡人闻忘之甚者,徙宅而忘其妻,有诸?'"[例句]你身为独当一面的管理者,怎么会做出这等～的荒唐事来?

【喜不自持】xǐ bù zì chí
[释义]见"喜不自胜"。[例句]听到女儿被录取的消息,王华～,眼圈都有些红了。

【喜不自禁】xǐ bù zì jīn
[释义]见"喜不自胜"。[例句]小伍听到榜上有他的名字,～地跑过来,一把抱起了我。

【喜不自胜】xǐ bù zì shèng
[释义]胜:能承受得了。高兴得自己都承受不了。形容非常高兴。[语见]南朝宋·范晔《后汉书·光武帝纪上》:"及见司隶僚属,皆欢喜不自胜。"[例句]看到本方获得了冠军,啦啦队员们～地抱成一团。

【喜出非望】xǐ chū fēi wàng
[释义]见"喜出望外"。[语见]清·许奉恩《兰苕馆外史》第十卷:"贾询知甲向善贸易,又赠钱……甲夫妻喜出非望,再三拜谢而归。"[例句]听到许攸来投,曹操～地跑出来,连鞋都没有来得及穿。

【喜出望外】xǐ chū wàng wài
[释义]望外:希望或意料之外。遇到出乎意外的喜事而特别高兴。[语见]宋·苏轼《与李之仪书》:"契阔八年,岂谓复有见日,渐近中原,辱书尤数,喜出望外。"[例句]我突然回到老家,父母亲都～,连忙去招呼还在地里干活的哥哥嫂子回家。

【喜出意外】xǐ chū yì wài
[释义]见"喜出望外"。[例句]听到将要搬进最好的大厦,职员们都～,大声欢呼。

【喜从天降】xǐ cóng tiān jiàng
[释义]喜事从天上掉下来。形容意外的喜事突然出现。[语见]宋·无名氏《京本通俗小说·西山一窟鬼》:"教授听得说罢,喜从天降,笑逐颜开道:'若还真个有这人时,可知好哩!只是这个小娘子如今在哪里?'"[例句]听到儿子中了举人,范家一家都感到～。

【喜怒哀乐】xǐ nù āi lè
[释义]欢喜、愤怒、悲哀、快乐。泛指人的各种感情。[语见]《礼记·中庸》:"故君子慎其独也,喜怒哀乐之未发谓之中,发而皆中节谓之和。"[例句]人是有情有义的,～都是正常的反应,如果没有

了这些,人与动物也便没有什么区别了。

【喜怒无常】 xǐ nù wú cháng
[释义]无常:时常变化,变化不定。喜怒变化不定。[语见]宋·李昉《太平御览·时序部一九·热》引《礼斗威仪》:"君喜怒无常,时则常热。"[例句]我们的头儿是一个～的家伙,大家怕是怕他,但是没有一个人尊敬他。

【喜怒无处】 xǐ nù wú chǔ
[释义]见"喜怒无常"。[语见]《吕氏春秋·诬徒》:"喜怒无处,言谈日易。"[例句]作为公司领导,不能～,向职员随意宣泄个人的情感。

【喜气洋洋】 xǐ qì yáng yáng
[释义]洋洋:得意的样子。喜气:欢喜的神色。脸上露出欢喜、得意的表情。形容很高兴的样子。也作"喜气扬扬"、"喜气冲冲"。[语见]明·凌濛初《二刻拍案惊奇》第二十卷:"后来知县朝觐去了,巢大郎已知陈定官司问结,放胆大了,喜气洋洋,转到家里。"[例句]走过一个村子时,里面正～地办着喜事,我们被请进去"犒劳"了一顿。

【喜容可掬】 xǐ róng kě jū
[释义]见"笑容可掬"。[例句]队伍突然停住了,原来是～的新娘新郎给我们这些过路人散烟。

【喜闻乐见】 xǐ wén lè jiàn
[释义]喜欢听,乐意看。指很欢迎。[例句]这部戏尊重艺术规律,又做了广泛的观众调查,演出来自然为群众～。

【喜笑颜开】 xǐ xiào yán kāi
[释义]见"笑逐颜开"。[语见]明·冯梦龙《醒世恒言》第三十卷:"故人相见,喜笑颜开,遂留于衙署中安歇。"[例句]看一看这些～的人们,就知道他们的生活过得不错。

【喜新厌旧】 xǐ xīn yàn jiù
[释义]喜:喜欢。厌:厌恶、厌弃。喜欢新的,厌弃旧的,指用情不专。也作"喜新厌故"。[语见]清·文康《儿女英雄传》第二十七回:"不怕你有喜新厌旧的心肠,我自有移星换斗的手段。"[例句]她

这个人～,每次买了衣服,没穿多久,就嫌式样不好,要买新的。

【喜形于色】 xǐ xíng yú sè
[释义]形:表现。色:脸色。喜悦表现在脸上。形容抑制不住内心的喜悦。也作"喜见于色"、"喜形于颜"。[语见]唐·裴庭裕《东观奏记》卷上:"刘异将赴镇,安平入辞,以异姬人从。安平左右皆宫人,上尽记之,忽见别姬,问安平曰:'此谁也?'安平曰:'刘郎音声人。'上悦安平不妒,喜形于色。"[例句]小余～地从老总办公室出来,我们就知道事情肯定办成了。

【喜跃抃舞】 xǐ yuè biàn wǔ
[释义]跃:跳。抃:鼓掌。形容高兴得手舞足蹈的情状。[语见]《列子·汤问》:"娥还,复为曼声长歌,一里老幼喜跃抃舞,弗能自禁,忘向之悲也。"[例句]三声炮响,大坝合龙了,男女老少都～,欢庆的气氛达到了高潮。

【喜之不胜】 xǐ zhī bù shèng
[释义]见"喜不自胜"。[例句]看到她那～的样子,知道她的事情肯定解决了,我们也都替她高兴。

【喜逐颜开】 xǐ zhú yán kāi
[释义]逐:追逐。颜:面容。形容满心欢喜,热情洋溢的神态。[语见]明·凌濛初《初刻拍案惊奇》第八卷:"那人是个远来的,况兼落雪天气,又饥又寒,听见说了,喜逐颜开。"[例句]选举结果出来了,他众望所归成为新领导,众人无不～。

【系而不食】 xì ér bù shí
[释义]形容中看而不可食用。[语见]《论语·阳货》:"吾岂匏瓜也哉!焉能系而不食。"邢昺疏:"言孔子欲不择地而治也。"[例句]那些糕点什么的,不过是些～的东西,别太把它们当回事情,好东西在后面呢。

【系风捕景】 xì fēng bǔ yǐng
[释义]见"捕风捉影"。景:同"影"。[语见]汉·班固《汉书·郊祀志下》:"听其言,洋洋满耳,若将可遇;求之,荡荡如系

风捕景,终不可得。"[例句] 那些说法,虽然不过是～,但是说的人多了,听的人多了,要彻底消除影响,倒还不是件容易的事情。

【系风捕影】xì fēng bǔ yǐng

[释义] 见"捕风捉影"。[语见] 北魏·郦道元《水经注·赣水》:"言萧史所游萃处也。雷次宗云:'此乃系风捕影之论。'"[例句] 调查了半个多月,关于她挪用公款的事情,原来都是～,毫无根据。

【细不容发】xì bù róng fà

[释义] 发:头发。比喻十分细小。[语见] 唐·房玄龄等《晋书·卫瓘传》:"鸟迹之变,乃惟佐隶……其大径寻,细不容发。"[例句] 历史学家就是从这些～的小环节中探明了这位君主的死因。

【细大不捐】xì dà bù juān

[释义] 细:微小。大:大事。捐:舍弃。大的、小的都不得舍弃。[语见] 唐·韩愈《昌黎先生集·进学解》:"贪多务得,细大不捐。"[例句] 公司现在财务紧张,只要能有进项,都要～。

【细大无遗】xì dà wú yí

[释义] 见"细人不捐"。[语见] 唐·元稹《杨嗣复授尚书兵部郎中》:"然而操刳吏事,细大无遗。用副虚求,允谓宜称。"[例句] 检察机关一通～地检查之后,公司的账目竟然漏洞百出。

【细水长流】xì shuǐ cháng liú

[释义] 原比喻一点一滴、持续不断地做事。现也比喻节约使用钱物,使之常有不缺。[语见] 清·翟灏《通俗编·地理》引《遗教经》:"汝等常勤精进,譬如细水长流,则能穿石。"[例句] 过日子啊,得～,图了一时之快,往往意味着长久的拮据。

【细微末节】xì wēi mò jié

[释义] 见"细枝末节"。[例句] 编辑工作一定要仔细又仔细,在一些看似～的地方,往往暗藏着"炸弹"。

【细针密缕】xì zhēn mì lǚ

[释义] 缕:线针脚细、缝线密。指精湛的缝纫功夫。比喻思考严密,做事周到。[语见] 清·文康《儿女英雄传》第二十六回:"这位姑娘虽是细针密缕的一个心思,却是海阔天空的一个性气,平日在一切琐屑小节上本就不大经心。"[例句] 财务人员,一定要养成～的习惯,半点疏忽就可能酿成大祸。

【细针密线】xì zhēn mì xiàn

[释义] 见"细针密缕"。[语见] 朱自清《山野掇拾》:"世界上原有两种人:一种是大刀阔斧,一种是细针密线。"[例句] 经过好几个月～的检查,工程师们终于查明了计算机的障碍所在。

【细枝末节】xì zhī mò jié

[释义] 细枝:细小的树枝。末节:末微的枝节。比喻极小的、无关紧要的事情和问题。[例句] 真正的大手笔,对这些～的地方,也会用上足够的心思,而不是只建起基本框架,随便写写就算了。

xia

【虾兵蟹将】xiā bīng xiè jiàng

[释义] 神话传说中海里龙王的兵将。后比喻不中用的兵将或帮凶。[语见] 清·钱彩《说岳全传》:"这一日,变做个白衣秀士,聚集了些虾兵蟹将,在那山崖前排阵玩耍。"[例句] 悟空打进天宫,那一众～只顾四处逃散,哪里还管得了玉帝的死活。

【虾荒蟹乱】xiā huāng xiè luàn

[释义] 指虾蟹成灾,稻谷荡尽。旧为兵乱的征兆。[语见] 宋·傅肱《蟹谱·兵证》:"吴俗有虾荒蟹乱之语,盖取其被坚执锐,岁或暴至,则乡人用以为兵证也。"[例句] 那些年～的,老百姓哪还有心思赛龙舟呢?

【瞎子摸鱼】xiā zǐ mō yú

[释义] 比喻盲目行事,没有明确目标。[例句] 我们既没有情报,也不知道自己的地理位置,这么～胡乱出击,弄不好就会全军覆没。

【匣剑帷灯】xiá jiàn wéi dēng

[释义] 匣剑:匣子里的宝剑。帷灯:帷幕中的灯光。指灯光剑影,若隐若显。常

用以评论诗文或传记中写景、叙事、状物掩映不露的创作手法。也用以比喻事情无法掩藏或故露消息引人注意。[语见]晋·葛洪《西京杂记》一："高祖斩白蛇剑,剑上有七彩珠,九华玉以为饰,杂厕五色琉璃,为剑匣,剑在室中,光景犹照于外,与挺剑不殊。"[例句]对手在暗处,我们在明处,虽然有一点～,但是谁能保证那不是陷阱呢?

【侠肝义胆】xiá gān yì dǎn
[释义]指讲义气、有勇气、肯舍己助人的气概和行为。[例句]陈教授舍身救助受害群众,～,正气凛然,受到了社会各界的赞扬。

【狭路相逢】xiá lù xiāng féng
[释义]狭:狭窄。逢:相遇。原指相向的车辆在狭窄的路上相遇,互相避不开。后指仇人相见,彼此不相容。[语见]明·罗贯中《三国演义》第二十二回:"正撞见张飞,狭路相逢,急难回避,交马只一合,早被张飞生擒过去。"[例句]一个是举世无双,一个是万里挑一,～,自然会有一场惊天动地的厮杀。

【遐迩闻名】xiá ěr wén míng
[释义]遐迩:远近。远近的人都知道。形容名气很大。[语见]南朝梁·萧子显《南齐书·高帝纪上》:"上流声议,遐迩所闻。"[例句]我们到了威廉的家乡,才知道十年前他就已是个～的人物了。

【遐迩知名】xiá ěr zhī míng
[释义]见"遐迩闻名"。[例句]成远志并不是个～的人,却要我们在半天里找到他,地方又这么大,不是难为我们吗?

【遐迩著闻】xiá ěr zhù wén
[释义]遐:远。迩:近。远近闻名,名声很大。[语见]唐·玄奘《大唐西域记·尼波罗国》:"近代有王,号鸯输伐摩,硕学聪睿,自制《声明论》,重学敬德,遐迩著闻。"[例句]洪家财大势大,在方圆几百里都～。

【遐方绝壤】xiá fāng jué rǎng
[释义]见"遐方绝域"。[语见]宋·陆游《上殿札子三首》:"皇佑之盛,复见于今,虽遐方绝壤,皆当梯航而至矣。"[例句]如此～,竟能读出个状元公来,当真是千年不遇的事情了。

【遐方绝域】xiá fāng jué yù
[释义]遐:远。指边远地方。[语见]宋·李清照《金石录后序》:"后二年,出任宦,便有饭蔬衣练,遐方绝域,尽天下古文奇字之志,日就月将,渐益堆积。"[例句]几个亡命之徒最后逃到～之后,便就地落草,做起了没有本钱的买卖。

【瑕不掩瑜】xiá bù yǎn yú
[释义]瑕:玉上的斑点。掩:掩盖。瑜:玉的光彩。玉上的斑点掩盖不了玉原有的光彩。比喻人或事物的缺点、毛病无损其整体的完美。[语见]宋·邵博《闻见后录》第四卷:"惜哉仲淹,寿不永乎,非不废是,瑕不掩瑜,虽未至于圣,其圣人之徒欤!"[例句]文章从内容到形式都很出色,虽然结尾的调子低了一些,但是～,并不影响它成为一篇杰作。

【瑕瑜互见】xiá yú hù jiàn
[释义]瑕:玉上斑点。瑜:玉的光彩。比喻有缺点也有优点,两不相掩。[语见]清·平步青《霞外捃屑·升庵文选》第七卷:"升庵论文,瑕瑜互见。予所最爱者,全集卷五十二古文引用条。"[例句]他这人～,既脾气火爆,又率直耿介,对他要有一个准确的评价,确实不是件容易的事情。

【下坂走丸】xià bǎn zǒu wán
[释义]坂:斜坡。走:迅速移动。丸:球形小东西。顺坡滚丸。比喻迅捷而无滞碍。[语见]五代·王仁裕《开元天宝遗事下·走丸之辩》:"张九龄善谈论,每与宾客议论经旨,滔滔不竭,如下坂走丸也。"[例句]只要把物流理顺了,我们公司的经营就如～,直通罗马了。

【下笔成篇】xià bǐ chéng piān
[释义]见"下笔成章"。[语见]三国魏·曹植《王仲宣诔》:"文若春华,思若涌泉;发言可咏,下笔成篇。"[例句]冰岛才思如泉,～,几篇小品文,自是不在话下。

【下笔成章】 xià bǐ chéng zhāng
[释义] 一下笔就写成文章。形容才思敏捷。[语见] 晋·陈寿《三国志·魏书·文帝纪》:"天资文藻,下笔成章。"[例句] 上官婉儿深得家学,有其父之风,而且天资聪慧,～,自然深得武皇喜欢了。

【下笔千言】 xià bǐ qiān yán
[释义] 下笔:落笔。言:字。一下笔就能写出成千上万字的文章。形容文思敏捷。[语见] 明·冯梦龙《醒世恒言》第七卷:"下笔千言立就,挥毫四座皆惊。"[例句] 李微少年博学,天资聪明,～,倚马可待,不足三十,即已名声大振。

【下笔如神】 xià bǐ rú shén
[释义] 见"下笔有神"。[语见] 五代后晋·刘昫等《旧唐书·陆贽传》:"其于议论应对,明练体理,敷陈剖判,下笔如神,当时名流,无不推挹。"[例句] 我的同事小路深得写作之道,又是快手,常常是～。

【下笔如有神】 xià bǐ rú yǒu shén
[释义] 见"下笔有神"。[语见] 唐·杜甫《奉赠韦左丞丈二十二韵》诗:"读书破万卷,下笔如有神。"[例句] 早年的苦读,为纪昀成年之后的～打下了良好的基础。

【下笔有神】 xià bǐ yǒu shén
[释义] 指写起文章来,文思奔涌,如有神力。形容文思敏捷,善于写文章或文章写得特别好。[语见] 唐·王勃《绵州北亭群公宴序》:"五际飞文,想群众之不让;一言留赠,知下笔之有神。"[例句] 构思既成,他～,两个小时之后,一篇绝好的论文已经成型。

【下不为例】 xià bù wéi lì
[释义] 下次不能以此为例。表示只能通融这一次。[语见] 清·张春帆《宦海》第十八回:"宣制军听了,趁势半真半假地笑着道:'既然如此,只此一次,下不为例何如?'"[例句] 我可告诉你,这次你是真不懂,就算了,但～。

【下井投石】 xià jǐng tóu shí
[释义] 见"落井下石"。[语见] 清·蒲松龄《聊斋志异·蛇人》:"以十年把臂之交,数世蒙恩之主,转思下井复投石焉。"

[例句] 他们祖上那些～的事情,让他们这些后辈也背负着耻辱。

【下里巴人】 xià lǐ bā rén
[释义] 下里:乡里。巴:古国名。指古代楚国民歌。后用以泛指通俗的文学艺术作品。[语见] 战国楚·宋玉《对楚王问》:"客有歌于郢中者,其始曰下里巴人,国中属而和者数千人。"[例句] 文学创作要面向大众,因此我们的作品中必须有一些～。

【下愚不移】 xià yú bù yí
[释义] 移:改变。指不求上进,不想学好。[语见]《论语·阳货》:"唯上知与下愚不移。"[例句] 状元公看到儿子竟是个～之徒,气得吐血无数,最后郁郁而亡。

【夏虫朝菌】 xià chóng zhāo jūn
[释义] 夏虫活不到冬天,菌类朝生暮死。比喻极短的生命。[语见] 晋·葛洪《抱朴子·勤求》:"谛而念之,亦无以笑彼夏虫朝菌也。"[例句] 敌人元气大伤,已是～,成不了大事了。

【夏炉冬扇】 xià lú dōng shàn
[释义] 比喻做事不合时宜,徒劳无益。[语见] 汉·王充《论衡·逢遇》:"作无益之能,纳无补之说,以夏进炉,以冬奏扇,为所不欲得之事,献所不欲闻之语,其不遇祸幸矣。"[例句] 这时候主任正在气头上,你去说这些,只能是～,挨几巴掌还不能说疼呢。

【夏日可畏】 xià rì kě wèi
[释义] 比喻人严厉可畏,不易亲近。[语见]《左传·文公七年》:"酆舒问于贾季曰:'赵衰、赵盾孰贤?'对曰:'赵衰,冬日之日也;赵盾,夏日之日也。'"杜预注:"冬日可爱,夏日可畏。"[例句] 据说雍正～,又性情阴冷,不要说大臣,连阿哥和格格们都畏惧三分。

【夏五郭公】 xià wǔ guō gōng
[释义] 夏五:夏季五月。郭公:古人名。《春秋·桓公十四年》:"春正月,公会郑伯于曹,无冰。夏五。""夏五"后无"月"字,杜预注:"不书月,阙文。"又《春秋·庄

公二十四年》："冬,戎侵曹,曹羁出奔陈,赤归于曹。郭公。""郭公"下无事。杜预注："无传,盖经阙误也。"此皆《春秋》中脱漏之处。这两个地方都是《春秋》中有脱漏的地方。后以此喻指书中文字缺漏。[例句] 书的装帧诚然不错,但是购买者大呼上当,原来字里行间,～比比皆是。

【夏雨雨人】 xià yǔ yù rén
[释义] 雨人:雨下在人身上。夏天的雨落到人身上,使人凉爽舒适。比喻及时给人带来好处。[语见] 汉·刘向《说苑·贵德》："吾不能以夏雨雨人,吾穷必矣!"[例句] 贵公司～,资金及时到账,什么感谢的话说出来都是多余的了。

xian

【仙风道骨】 xiān fēng dào gǔ
[释义] 仙:神仙,仙人。风:风度、气质。道:道家,得道之人。骨:仙骨,原指道家升仙资格,后指超脱世俗的气质。形容人的风度神采不同凡俗。[语见] 唐·李白《大鹏赋序》："余昔于江陵,见天台司马子微,谓余有仙风道骨,可与神游八极之表,因著《大鹏遇希有鸟赋》以自广。"[例句] 我们抬起头来,一个老人缓缓从山上下来,生得～,未开口便多了几分亲近。

【仙露明珠】 xiān lù míng zhū
[释义] 比喻人的风采秀异。也比喻书法的笔姿圆润。[语见] 唐·释慧立、释彦悰《大慈恩寺三藏法师传》第六卷："有玄奘法师者,法门之领袖也。……仙露明珠,讵能方其朗润。"[例句] 张浩往人群中一站,有如～,鹤立鸡群。

【仙姿佚貌】 xiān zī yì mào
[释义] 佚:佚女,美女。如仙子美女一般的容貌。形容女子姿色极美。[语见] 清·洪昇《长生殿》第三十八出："那娘娘生得来仙姿佚貌,说不尽幽闲窈窕。"[例句] 她长得～,走到哪里,都能引来人们的目光。

【仙姿玉色】 xiān zī yù sè
[释义] 形容女子容貌极美。[语见] 明·谢谠《四喜记·巧夕宫筵》："宫中郑娘娘,乃是郑参政之女,数月前选入宫中,仙姿玉色,世上无双。"[例句] ～的王嫱远嫁塞北,不出两年,已然颜色凋零,此中悲喜,天下何人知之?

【先睹为快】 xiān dǔ wéi kuài
[释义] 睹:看见。快:快意,愉快。以先看到为高兴。形容盼望看到某一事物的急切心情。[例句] 一看是从新加坡来的信,我们都想～,好预先为小妹高兴一下,但因为是信,大家又不好意思动手拆。

【先发制人】 xiān fā zhì rén
[释义] 发:发动,行动。制:制服,控制。早行动就可以制服晚行动的人。后泛指在行动中先下手,占据主动,就可以控制别人。[语见] 汉·班固《汉书·项籍传》："方今江西皆反秦,此亦天亡秦时人。先发制人,后发制于人。"[例句] 晋军人少,在前秦军退后的时候,～,一路压过去,胜势立定。

【先见之明】 xiān jiàn zhī míng
[释义] 先:预先,事先。见:看见,看清。明:眼力,眼光。指事先看清问题的眼力,即有预见性。[语见] 南朝宋·范晔《后汉书·杨彪传》："后子修为曹操所杀,操见彪问曰:'公何瘦之甚?'对曰:'愧无日磾先见之明,犹怀老牛舐犊之爱。'"[例句] 幸好我有～,预先把模型搬到了阳台上,否则,这大风一刮,还不全散了架?

【先觉先知】 xiān jué xiān zhī
[释义] 见"先知先觉"。[语见] 宋·陈亮《谢陈同知启》："古心古貌,读前辈未见之书;先觉先知,得累圣不传之学。"[例句] 那些～,都异常孤独,因为他们走在世界的最前面,他们在探险,前面的陷阱和危险时刻都在等待着他们。

【先来后到】 xiān lái hòu dào
[释义] 先来:早来。后到:晚来。指按照来到的先后确定次序。[语见] 宋·梅尧

臣《宛陵文集》:"何作嗟迟疾,从来有后先,所期皆一到,我到尔应差。"[例句]大家排队啊,还有没有个～了?

【先礼后兵】 xiān lǐ hòu bīng

[释义]礼:礼仪。兵:武力。指首先用礼仪来劝说,如果不行,再用武力加以解决。也指先软后硬的态度。[语见]《四游记·东游记·观音和好朝天》:"今吾与汝去,当临时观变,先礼后兵可也。"[例句]我们～,从容进军,与敌人那群乌合之众形成了鲜明的反差。

【先亲后不改】 xiān qīn hòu bù gǎi

[释义]原先既是亲戚,这种关系就永不改变。[语见]明·兰陵笑笑生《金瓶梅词话》第六十七回:"月娘便说:'这出月初一日,是乔亲家长姐生日,咱也还买份礼儿送了去。常言'先亲后不改',莫非咱家孩儿没了,断了礼,不送了?'"[例句]～,谁让我们是亲兄弟呢?你有困难就找我好了。

【先人后己】 xiān rén hòu jǐ

[释义]先:把……放在首位。后:把……放在后边。指事事把别人的利益放在首位,然后才考虑自己。[语见]《礼记·坊记》:"君子贵人而贱己,先人而后己。"[例句]陈姨在什么事情上,都是～,自然会得到大家的尊敬了。

【先入为主】 xiān rù wéi zhǔ

[释义]入:接受。主:主要,重要。指把先接受的观点或看法放在重要位置,而不容易接受新的思想。形容做事或看问题有偏见,有成见。[语见]汉·班固《汉书·息夫躬传》:"无以先入之语为主。"[例句]我们进行文学评论不能～,把以往的成见带进来。

【先入之见】 xiān rù zhī jiàn

[释义]即成见。即指在调查研究之前已形成的看法。[例句]我之所以这么说,倒没有什么～,也不是道听途说,我是用自己的眼睛看见的,用自己的脑子分析的结果。

【先声夺人】 xiān shēng duó rén

[释义]声:声势,声威。夺:挫伤,动摇。先张扬自己的声威以挫伤对方的士气。泛指先发制人,占据主动地位。[语见]清·壮者《扫迷帚》第二十一回:"我兄负一乡之望,乃上之不能先声夺人,阻止设位,攘斥狐仙,力辟谬说;次之不能化导愚蒙……"[例句]比赛刚刚进行了十分钟,八一队即已～,进了一球。

【先声后实】 xiān shēng hòu shí

[释义]指作战时先以声势压倒敌人,然后交战。[语见]唐·令狐德棻《周书·崔猷传》:"夫兵者,务在先声后实,故能百战百胜,以弱为强也。"[例句]在商业竞争中,他们公司采取了～的战术。

【先天不足】 xiān tiān bù zú

[释义]先天:与"后天"相对,指人出生以前。足:完美、完善。指人在母腹中就有不够完善的地方。后喻指事物的基础不完善,有欠缺。[语见]清·李汝珍《镜花缘》第二十六回:"小弟闻得仙人与虚合体,日中无影;又老人之子,先天不足,亦或日中无影。"[例句]我出生的时候,～,人瘦弱多病,得到了父母更多的照顾。

【先务之急】 xiān wù zhī jí

[释义]先务:需要最先做的事。指最急要做的事。[语见]《孟子·尽心上》:"急先务也。"[例句]依我看,～是把选题做起来,别的都可以放上一放的。

【先下手为强】 xiān xià shǒu wéi qiáng

[释义]先动手可以取得有利地位。常与"后下手遭殃"连用。[语见]明·冯梦龙《醒世恒言》第三十卷:"自古道:先下手为强。今若不依我言,事到其间,悔之晚矣!"[例句]我们要连夜出发,为的是～,抢在敌人的前面占领有利地形。

【先行后闻】 xiān xíng hòu wén

[释义]见"先斩后奏"。[语见]南朝宋·范晔《后汉书·酷吏传序》:"故临民之职,专事威断,族灭奸轨,先行后闻。"[例句]经理刚愎自用,常常～,惹得总公司大为恼火。

【先意承旨】 xiān yì chéng zhǐ

[释义]见"先意承志"。[语见]《韩非

子·八奸》："此人主未命而唯唯,未使而诺诺,先意承旨,观貌察色,以先主心者也。"[例句]小张生得乖巧,又常常～,甚得领导的喜欢。

【先意承志】xiān yì chéng zhì
[释义]志:亦作"旨"。原指不待父母说来,就能揣摩其心意而去做。后泛指行事能揣摩并迎合别人心意。[语见]《礼记·祭义》:"君子之所为孝者,先意承志,谕父母于道。"[例句]做人要正,把自己的本事练扎实了才是最根本的,别老是～,总想投机取巧。

【先忧后乐】xiān yōu hòu lè
[释义]事先能劳心焦思,则事后会得到安乐。[语见]宋·王十朋《读岳阳楼记》:"先忧后乐范文正,此志此言高孟轲。"[例句]他为人本分,常常是～,大家看在眼里,虽都不作声,但是心中对他还是敬意十足的。

【先斩后奏】xiān zhǎn hòu zòu
[释义]斩:杀。奏:奏报,报告。旧时指先杀了犯人,再向皇帝报告。后喻指先将某事处理完毕,然后再向上级部门汇报。也作"先断后闻"、"先举后闻"。[语见]北齐·刘昼《刘子·贵速》:"申屠悔不先斩后奏,故发愤而致死。"[例句]大元帅虽然享有～之权,但是仍然处处小心,时时谨慎,因为他深知自己手握重兵,朝中一旦三人成虎,那一切就都完了。

【先知先觉】xiān zhī xiān jué
[释义]知:知晓,了解。觉:觉察,觉悟。指对事物的发展最先知晓、最先觉察的人。后泛指对事物发展有预见性的人。[语见]《孟子·万章上》:"天之生此民也,使先知觉后知,使先觉觉后觉也。"[例句]我乃凡人一个,不是什么～,你要我预测什么!

【纤尘不染】xiān chén bù rǎn
[释义]纤尘:细小的灰尘。一点灰尘也沾染不上。[语见]清·洪昇《长生殿·闻乐》:"清光独把良宵占,经万古纤尘不染。"[例句]她奔波数日,一袭白衣上依

然～,足见其武功之高。

【纤介不遗】xiān jiè bù yí
[释义]见"纤悉无遗"。[语见]宋·胡仔《苕溪渔隐丛话后集·本朝杂纪下》:"(孔传)取唐以来至于吾宋诗颂铭赞,奇编奥录,穷力讨论,纤介不遗。"[例句]任何图书,都不可能～,能做到把有影响的文章都收录其中,便很不易了。

【纤悉无遗】xiān xī wú yí
[释义]纤悉:细微详尽。遗:遗漏。指一点儿都没有遗漏。[语见]唐·李珏相太子少师赠太尉牛公神道碑铭序》:"自婴疾至于捐馆,谈笑语言,宴居自若,口占理命,纤悉无遗。"[例句]诸葛丞相勤心理政,～,操劳过度,年仅五十余便撒手黄泉了。

【掀风鼓浪】xiān fēng gǔ làng
[释义]掀:掀起。鼓:鼓动。掀起风波,鼓动浪潮。比喻搬弄是非,煽动情绪,挑起事端。[例句]我知道有人在下面～,但是我不点破,我倒想看看他真的有那么大的本事弄出点事端来不成?

【掀雷决电】xiān léi jué diàn
[释义]掀:鼓荡。决:指迅速跳动。犹言雷鸣电闪。形容诗文气势宏伟,惊人耳目。[语见]唐·司空图《题柳州集后》:"愚尝览韩吏部歌诗累百首,其驱驾气势,若掀雷决电,撑决于天地之垠。"[例句]《蜀道难》以～的气势征服了一代又一代文人。

【掀天揭地】xiān tiān jiē dì
[释义]翻天覆地,形容声势巨大的变革。[语见]宋·辛弃疾《寇忠愍诗集后序》:"莱公两朝大臣,勋业之盛,掀天揭地。"[例句]春月之后,一场～的农民起义爆发了,唐王朝摇摇欲坠。

【掀天斡地】xiān tiān wò dì
[释义]斡:旋。比喻声势浩大。[语见]宋·冯时行《遗蘷门故旧》诗:"蜀江进出岷山来,翻涛鼓浪成风雷。掀天斡地五千里,争赴东海相喧豗。"[例句]这场战争～,整整进行了三年。

【鲜车怒马】xiān chē nù mǎ
[释义] 鲜车:鲜明华丽的车子。怒马:气势强盛的马。形容服饰、车乘豪华奢侈。[语见] 南朝宋·范晔《后汉书》:"皆鲜车怒马,以财货自达。"[例句] 南朝的世族大家,无不～,家私万贯。

【鲜眉亮眼】xiān méi liàng yǎn
[释义] 形容眉目明亮美丽。[例句] 小孩子生得～的,大家禁不住都想抱上一抱。

【鲜衣美食】xiān yī měi shí
[释义] 鲜艳的服饰、精美的食物。形容讲究吃穿,生活奢华。[语见] 宋·薛居正等《旧五代史·苏逢吉传》:"逢吉性侈靡,好鲜衣美食,中书公膳,鄙而不食,私庖供馔,务尽甘珍。"[例句] 雪芹从～的生活中走来,过上了粗茶淡饭的日子,此中的经历,成了他写作的最大财富。

【闲花野草】xián huā yě cǎo
[释义] 野生的花草。旧时也用于比喻娼妓或言行轻浮、不庄重的女子。[语见] 金·山主《临江仙》词:"因向山前坟畔过,途荒荆棘仍沟,闲花野草遣人愁。"[例句] 你要懂自律,少去跟那些～来往。

【闲情逸趣】xián qíng yì qù
[释义] 见"闲情逸致"。[例句] 嘿,这大忙天的,你倒有～,自个儿晒着太阳。

【闲情逸志】xián qíng yì zhì
[释义] 见"闲情逸致"。[语见] 清·李汝珍《镜花缘》第一百回:"此时四处兵荒马乱,……哪里还有闲情逸志弄these笔墨。"

【闲情逸致】xián qíng yì zhì
[释义] 闲:闲散,清闲。情:心情。逸:安逸,安闲。致:兴致、兴趣。清闲的心情,安逸的兴致。有时用来讽刺人不务正业。[语见] 清·李汝珍《镜花缘》第八十四回:"他口口声声只是劝人做好事,要知世间好事甚多,谁有那些闲情逸致去做。"[例句] 曹大爷是一个有～的人,你到了他家里,看一看他摆弄的那些花呀草的,就会明白了。

【闲神野鬼】xián shén yě guǐ
[释义] 闲散的鬼神。比喻不务正业、寻衅闹事的人。[语见] 明·冯梦龙《喻世明言》第三十九卷:"有我们这样老无知老禽兽,不守本分,惯一招引闲神野鬼,上门闹吵!"[例句] 你是读书人,别老去跟一帮～混在一起,那样不但会坏了你的清白,也使你的时间白白浪费了。

【闲言碎语】xián yán suì yǔ
[释义] 在人背后说长道短,搬弄是非的话。[语见] 明·冯惟敏《正宫·端正好·徐我亭归田》曲:"一个道稽迟粮饷赍飞票,一个道紧急军情奉火牌,闲言碎语须耽待。"[例句] 一个正道直行的人,对～是不屑一听的。

【闲云野鹤】xián yún yě hè
[释义] 飘浮的云,野生的鹤。比喻脱离尘世、生活闲散的人。[语见] 清·曹雪芹《红楼梦》第一百一十二回:"独有妙玉如闲云野鹤,无拘无束。"[例句] 老板说:"我怎么不想过几天～的日子呢,但是现实把我逼到了这地步,脚都被钉在公司里了,我怎么离得开?"

【贤才君子】xián cái jūn zǐ
[释义] 指有道德和有才能的人。[语见] 晋·陈寿《三国志·魏书·陈思王植传》裴松之注引《魏略》曰:"当今天下之贤才君子,不问少长,皆愿从其游而为之死。"[例句] 唐明皇初年的时候,身边还守着一众～,但是到了晚年,世相便全变了,后逢"安史之乱",更是把唐朝搅得天昏地暗。

【贤妻良母】xián qī liáng mǔ
[释义] 对丈夫是贤惠的妻子,对子女是慈爱的母亲。[例句] 她是典型的～,难怪丈夫这么敬重她。

【贤人君子】xián rén jūn zǐ
[释义] 见"贤才君子"。[语见] 唐·陈子昂《明必得贤科》:"凡贤人君子,未尝不思效用,但无其类获进,所以埋没于时。"[例句] 你自己正,身边自然就多～;你立身不正,小人自会蚁附。

【**贤贤易色**】 xián xián yì sè
[释义] 易色:轻于女色。爱护贤者而轻于女色。[语见]《论语·学而》:"子夏曰:'贤贤易色。'"刘宝楠正义:"易色,轻略于色,不贵之也。"[例句] 这是一位～的皇帝。

【**弦外有音**】 xián wài yǒu yīn
[释义] 见"弦外之音"。[例句] 听她的话～,莫非她有什么不满情绪吗?

【**弦外之意**】 xián wài zhī yì
[释义] 见"弦外之音"。[语见] 南朝宋·范晔《狱中与诸甥侄书》:"吾于音乐……弦外之意,虚响之音,不知所从而来。"[例句] 你别琢磨了,我的话都是大白话,没什么～。

【**弦外之音**】 xián wài zhī yīn
[释义] 弦:乐器上发音的线。琴弦余音所蕴含的意思。比喻言外之意,即间接透露而没有明说的意见。[例句] 多少年来,几乎没有一个人能看出诗人在此处的～,不知其苦,不知其悲!

【**挦毛捣鬓**】 xián máo dǎo bìn
[释义] 挦:拔。毛:指头发。捣:击。拉扯别人头发,捶击别人耳鬓。形容凶悍之状。[语见] 清·西周生《醒世姻缘传》第三十五回:"侯小槐道:'小人也没写领状。他从问了出去,只到了大门外边,就要将人挦毛捣鬓,百般辱骂。'"[例句] 县官下令:"把这几个～之徒拖下去,每个人重重地打四十大板!"

【**衔恨蒙枉**】 xián hèn méng wǎng
[释义] 衔:含着。蒙:受着。含着怨恨,受着冤枉。[语见] 汉·孔僖《上书自讼》:"臣之所以不爱其死……恐有司卒然见构,衔恨蒙枉,不得自叙。"[例句] 岳飞全力抗金,却～,让宋人无不扼腕叹息。

【**衔华佩实**】 xián huā pèi shí
[释义] 衔:包含。华:同"花"。佩:佩戴。实:果实。指草木开花结果。比喻文章内容和形式都很完美。[语见] 南朝梁·刘勰《文心雕龙·征圣》:"然则圣文之雅丽,固衔华而佩实者也。"[例句] 一曲《春江花月夜》～,迷倒了多少颗识美之心!

【**衔尾相随**】 xián wěi xiāng suí
[释义] 衔尾:前后相接。形容一个跟着一个,首尾相随。[语见] 汉·班固《汉书·匈奴传》:"如遇险阻,衔尾相随。"[例句] 看那汉子,使上千匹马～,陆续进到自己的圈里,真让人叹服。

【**衔尾相属**】 xián wěi xiāng zhǔ
[释义] 见"衔尾相随"。[语见] 宋·钱易《南部新书》:"前马已进,后马继来,相似不绝者,古人谓之衔尾相属,即其义也。"[例句] 狼群有次序地从雪峰上走下来,～,在这么危险的地方,恐怕连人也难以做到。

【**衔冤负屈**】 xián yuān fù qū
[释义] 见"负屈衔冤"。[语见] 元·关汉卿《窦娥冤》第三折:"我做了个衔冤负屈没头鬼。"[例句] 多少正直之士～,构成了一部昏聩的君王史。

【**嫌好道歹**】 xián hǎo dào dǎi
[释义] 嫌:憎恶。道歹:说坏。指挑挑拣拣总不满意。[语见] 明·冯梦龙《喻世明言》第二十四卷:"老媳妇没兴,嫁得此畜生,全不晓事;逐日送些茶饭,嫌好道歹,且是得人憎。"[例句] 你小小年纪就～,等你长大了,还不成了挑剔鬼?

【**显而易见**】 xiǎn ér yì jiàn
[释义] 显:明显。非常明显,很容易看出来。[语见] 宋·王安石《洪范传》:"在我者,其得失微而难知,莫若质诸天物之显而易见,且可以为戒也,故'次八曰念用庶证'。"[例句] 画中锦绣非凡,但是俗气却～,你怎么就看不出来呢?

【**显亲扬名**】 xiǎn qīn yáng míng
[释义] 显:显耀。亲:父母,双亲。扬:传播。使父母显耀,使自己的名声传扬。[语见]《孝经·开宗明义》:"立身引道,扬名于后世,以显父母,孝之终也。"[例句] 十里河曾家虽然仅仅出了个秀才,却也是～的事情,于是别的一些家族自会生出几许嫉妒之意了。

【**险阻艰难**】 xiǎn zǔ jiān nán
[释义] 见"艰难险阻"。[语见]《左传·

僖公十三年》:"晋侯在外十九年矣;而果得晋国,险阻艰难备尝之矣。"[例句]一行四人,历尽~,终于到达了桃花岛,可是只见到一片衰败,传说中的玉宇仙境,丝毫未见。

【跣足科头】xiǎn zú kē tóu
[释义]见"科头跣足"。[语见]明·冯梦龙《醒世恒言》第二十九卷:"卢柟饮了数杯,又讨出大碗,一连吃上十数多碗,吃得性起,把巾服都脱了,跣足科头,踞坐于椅上。"[例句]六朝文人,放浪形骸,即使到了正经场合,常常也是~,时人倒也不以为怪。

【鲜为人知】xiǎn wéi rén zhī
[释义]鲜:少。很少被人知道。[语见]蒋子龙《创作笔记》五:"人们知道的道理太多了,所谓能'看透'的人也太多了,文学还能说出新鲜的有味道的话吗?写鲜为人知的生活就自在多了。"[例句]这场战争的背后,还有一段~的故事。

【现身说法】xiàn shēn shuō fǎ
[释义]现:露出,显露。现身:现出人形。原为佛教用语,指佛力广大,能现出种种人形,向人说法。现比喻用自己的亲身经历作例证,向人讲解或劝诫。[语见]《楞严经》:"我于彼前,皆现其身,而为说法,令其成就。"[例句]老军人~,战争的场面自然比电影里生动了许多。

【现世现报】xiàn shì xiàn bào
[释义]原为佛教语。泛指伪善、作恶者在今生今世必得到报应。[语见]《法苑珠林》第九十三卷:"恶口恶色,所言虽实,人不信受,众皆憎恶,不喜见之,是名现世、恶业之报。"[例句]那一帮惯犯竟然打起了高压线的主意,却闹了个触电身亡,~,真是活该。

【陷身囹圄】xiàn shēn líng yǔ
[释义]囹圄:监狱。被拘禁关押进监狱,失去行动自由。[例句]那时候,他自己正~,哪里还顾得上你们。

【献可替不】xiàn kě tì fǒu
[释义]见"献可替否"。[语见]唐·欧阳询《艺文类聚》第二十六卷引梁简文帝《答徐摛书》:"山涛有云:'东宫养德而已。'但今与古殊,时有监抚之务,竟不能黜邪进善,少助国章,献可替不,仰禆圣政。"[例句]武则天老年时,也已经变得昏庸了许多,许多忠贞之士的~之言,她均已听不进去了。

【献可替否】xiàn kě tì fǒu
[释义]献:提供出。替:替换掉。提供出适当或可行的,替换掉不适当或不可行的。[语见]《左传·昭公二十年》:"君所谓可,而有否焉,臣献其否,以成其可;君所谓否,而有可焉,臣献其可,以去其否。"[例句]高览本欲~,竟惹得杀身之祸,然其耿耿忠心,可照日月。

【献替可否】xiàn tì kě fǒu
[释义]见"献可替否"。[语见]明·宋濂等《元史·陈颢传》:"臣愿得朝夕左右,献替可否,庶少裨万一,亦以全臣愚忠。"[例句]在天下之权归于一人的时代,臣子即使有心~,常常也惧于皇帝的喜怒难测而作罢。

xiang

【相安无事】xiāng ān wú shì
[释义]相:互相。安:安定、安稳。指彼此之间没有矛盾,相处和睦。[语见]清·李宝嘉《文明小史》第二回:"倘遇地方官拊循得法,倒也相安无事。"[例句]和约之后的十来年,两国之间倒是~,但是皇帝换了之后,战事又重新开始了。

【相得恨晚】xiāng dé hèn wǎn
[释义]见"恨相知晚"。[语见]清·蒲松龄《聊斋志异·黄英》:"二人纵饮甚欢,相得恨晚。"[例句]我与小魏谈过之后,顿生出~之意。

【相得益章】xiāng dé yì zhāng
[释义]见"相得益彰"。[语见]汉·王褒《圣主得贤臣颂》:"若尧舜禹汤文武之君,获稷契皋陶伊尹吕望,明明在朝,穆穆列布,聚精会神,相得益章。"[例句]蔺相如与廉颇,一文一武,~,使赵国国泰民安。

【相得益彰】xiāng dé yì zhāng
[释义] 益:更加。彰:显著。双方互相协助,使各自的作用和优点更加明显。[语见] 汉·司马迁《史记·货殖列传》:"此所谓得势而益彰者乎?"[例句] 兵火之间,如果条理得法,相互配合,却也能产生~的和谐。

【相反相成】xiāng fǎn xiāng chéng
[释义] 相反:矛盾的双方互相对立,互相排斥。相成:互相促成。互相排斥的事物又互相促成。指互相对立的矛盾的两个方面,在一定条件下获得统一。[语见] 汉·班固《汉书·艺文志》:"仁之与义,敬之与和,相反而皆相成也。"[例句] 教师与学生的关系是~的,可以互相促进,共同进步。

【相逢恨晚】xiāng féng hèn wǎn
[释义] 见"相见恨晚"。[语见] 宋·吴儆《念奴娇》词:"相逢恨晚,人谁道,早有轻离轻折。"[例句] 二人在京城一见如故,~,写成了一段文坛佳话。

【相逢狭路】xiāng féng xiá lù
[释义] 见"狭路相逢"。[例句] 两人都是火暴脾气,~,一场大打出手是势在难免的了。

【相辅而成】xiāng fǔ ér chéng
[释义] 见"相辅相成"。[语见] 清·颐琐《黄绣球》第七回:"有你的勇猛进取,就不能无我的审慎周详,这就叫做相辅而成。"[例句] 鱼鸟和花藤~,构成了一幅绝妙的图画。

【相辅相成】xiāng fǔ xiāng chéng
[释义] 辅:帮助、协助。指两件事物相互辅助,相互促进。参看"相得益彰"。[例句] 物质文明与精神文明的发展是~的,都要重视。

【相煎何急】xiāng jiān hé jí
[释义] 见"煮豆燃萁"。[例句] 进入野禽饭庄,看了一眼招贴,我们禁不住叹息连连:"一天之下,一地之上,人鸟相依,~!"

【相煎太急】xiāng jiān tài jí
[释义] 见"煮豆燃萁"。[例句] 几个同胞兄弟,为了遗产,便大打出手,~,实在让人不齿。

【相见恨晚】xiāng jiàn hèn wǎn
[释义] 形容意气极其相投。[语见] 宋·方千里《六幺令》词:"当时相见恨晚,彼此萦心目。"[例句] 他们握住手,彼此眼睛里那股~的意思,已分外明显。

【相敬如宾】xiāng jìng rú bīn
[释义] 宾:宾客。指夫妻之间像对待客人那样,互相敬重。[语见] 南朝宋·范晔《后汉书·庞公传》:"居岘山之南,未尝入城府。夫妻相敬如宾。"[例句] 前些年隔壁两口子还~,过得和和乐乐,不料今年春节一过,三天一小架,五天一大架,闹得整个楼里都鸡犬不宁。

【相类相从】xiāng lèi xiāng cóng
[释义] 同类的事物能相互感应。[语见] 宋·张君房《云笈七签》第六十六卷:"物遇相类相从,此龙吟云起,虎啸风生,道之交感,非类不可。"[例句] 也许是因为~,屋后的竹子一根死了,然后一根接一根地都纷纷变黄、变枯,最后全都死掉了。

【相灭相生】xiāng miè xiāng shēng
[释义] 见"相生相克"。[语见] 汉·荀悦《前汉纪·汉成帝纪》:"杂家者流,盖出于议官。农家者流,盖出于农稷之官……其言虽殊,譬犹水火相灭亦相生也。"[例句] 传说中的武侯八卦阵,是按五行八卦~的原理布成的,但是内中究竟有什么真理,便是谁也无法理解的了。

【相亲相爱】xiāng qīn xiāng ài
[释义] 形容夫妻之间亲近友爱、感情融洽。[语见] 明·胡文焕《访友记·又赛槐阴分别》:"相亲相爱有三年,如切如磋万万千。"[例句] 二人的重逢来之不易,婚后自是~,直到终老。

【相去天渊】xiāng qù tiān yuān
[释义] 天渊:高天和深渊。比喻两者相隔极远,差距极大。[语见] 清·夏敬渠《野叟曝言》第五十九回:"一敬一肆,相去天渊;一圣一狂,亦判若黑白矣。"[例句] 他们两人的性格~,但是也不知

道是什么原因,他们在工作中竟然配合得天衣无缝。

【相去万里】 xiāng qù wàn lǐ

[释义] 去:距离。比喻距离很远或区别很大。[例句] 两幅画意味～,就是最高明的人,如果以前没有见过这两幅画,断然也不会想到它们竟出自一人之手。

【相去无几】 xiāng qù wú jǐ

[释义] 去:距。无几:没有多少。形容彼此之间相差不大。也作"相差无几"。[例句] 两国兵力～,仗打得也异常艰苦。

【相去咫尺】 xiāng qù zhǐ chǐ

[释义] 咫尺:很短的距离。指相差很少。[语见] 宋·洪迈《夷坚丙志·饶氏妇》:"有物语于空中,与人酬酢往来,……相去咫尺,而莫见其形貌。"[例句] 其实,我们离最近的船,实是～,但是因为是茫茫黑暗,直到天亮我们才发现。

【相忍为国】 xiāng rěn wèi guó

[释义] 指为国家的利益而克制、忍让。[语见]《左传·昭公元年》:"鲁以相忍为国也,忍其外,不忍其内,焉用之?"[例句] 国家兴亡,匹夫有责,我们自当放弃成见,～。

【相濡以沫】 xiāng rú yǐ mò

[释义] 用唾沫互相浸湿。比喻在困境中互相救助。[语见]《庄子·大宗师》:"泉涸,鱼相与处于陆,相呴以湿,相濡以沫。"[例句] 她望着遗像,想起他们那些～的日子,禁不住泪如雨下。

【相生相克】 xiāng shēng xiāng kè

[释义] 生:生发。克:克制。互相生发,互相克制。五行家有相生相克的学说。也用以比喻事物之间相互依存,相互制约。[语见] 清·钱彩《说岳全传》第七十九回:"五色旗按金、木、水、火、土,相生相克。"[例句] 一片树林,一条河流,便形成一个群落,内中生命,～,从而形成了群落的平衡与稳定。

【相提并论】 xiāng tí bìng lùn

[释义] 并:合并在一起。论:评论。把性质不同的人或事物一起提出来,并且混在一起评论,不加区别。[语见] 清·王蕴章《碧血花·吊烈》:"微波先归蔡香君,后降张献忠,节惭冰霜,死轻蝼蚁,比着这蕊芳夫妻殉节,含笑同归,怎能够相提并论呢?"[例句] 东西方人已有共识:孔子和亚里士多德是可以～的文化宗师,虽然他们的学说相去甚远。

【相为表里】 xiāng wéi biǎo lǐ

[释义] 表里:外表和内里。指相互间配合为外表和内里。[语见] 晋·陈寿《三国志·魏书·荀彧传》:"彼惩往年之败,将惧而结亲,相为表里。"[例句] 他二人～,一唱一和,颇为默契。

【相忤相成】 xiāng wǔ xiāng chéng

[释义] 见"相反相成"。[例句] 画中水静而鱼不止,一静一动,～,把一股浓郁的情趣表现得淋漓尽致。

【相形见绌】 xiāng xíng jiàn chù

[释义] 相形:互相比较,互相对照。绌:不足,不够。两者一比较,就显出其中一方的不足。[语见] 清·李绿园《歧路灯》第十四回:"谭绍闻……见娄朴,同窗共砚,今日相形见绌。难说心中不鼓动么?"[例句] 大师的作品一摆出来,别的作品立刻～。

【相形失色】 xiāng xíng shī sè

[释义] 失色:失去光彩。相比之下,大大不如。[例句] 这些作品在画室的时候还觉得可以,但是一拿到画展上,立即～。

【相须为命】 xiāng xū wéi mìng

[释义] 见"相依为命"。[语见] 宋·苏辙《为兄轼下狱上书》:"臣早失怙恃,惟兄轼一人,相须为命。"[例句] 水灾之后,娘儿俩～,生活十分艰难。

【相呴相濡】 xiāng xǔ xiāng rú

[释义] 呴:吐口水。濡:沾湿。泉水干涸,鱼儿互相吐出口水以沾湿求生。比喻处于困境之中,互相竭力救助。[语见]《庄子·大宗师》:"泉涸,鱼相与处于陆,相呴以湿,相濡以沫,不如相忘于江湖。"[例句] 贫困之时,他们尚能～,现在生活富裕了,倒不能有福同享了吗?

【相依为命】xiāng yī wéi mìng
[释义] 互相依靠着生活。形容相互之间不可分离。[语见] 晋·李密《陈情表》："臣无祖母，无以至今日；祖母无臣，无以终余年。母孙二人，更相为命。"[例句] 父母双亡之后，姐弟俩～，过着悲惨的生活。

【相倚为强】xiāng yǐ wéi qiáng
[释义] 互相倚靠帮助而强大。意为团结一致有力量。[语见] 南朝宋·明帝《宣旨永嘉王子仁》："正赖汝辈兄弟，相倚为强，庶使天下不敢窥觎王室。"[例句] 咱们一众兄弟，～，还有什么人敢来骚扰？

【相映成趣】xiāng yìng chéng qù
[释义] 互相映衬着，显得更有趣味。[语见] 茅盾《子夜》："写冯云卿等三人作公债而失败，那不过点缀点缀，取其与吴赵两巨头相映成趣，觉得热闹些。"[例句] 画中的石头显得突兀凝重，但是在一左一右，配以一只蝈蝈和一簇似有似无的柳枝，画面立即活了，尤其是蝈蝈，与别物～，不是画面的中心，胜似中心。

【相与为命】xiāng yǔ wéi mìng
[释义] 见"相依为命"。[语见] 宋·陈亮《祭蔡行之母太恭人文》："夫君既没，整齐家道，母子相与为命。"[例句] 欧阳修与他母亲～，度过了童年，也度过了人生凄凉的岁月，正是这些日子，强健了他的体魄，坚毅了他的心志，开阔了他的胸怀，为他日后成为一代宗师奠定了基础。

【相知恨晚】xiāng zhī hèn wǎn
[释义] 相知：互相了解。恨：遗憾。为没有早了解对方而深感遗憾。形容彼此十分相得，意气相投。[例句] 我们第一次见面是在敦煌，我们谈到了天亮竟浑然未觉，一种～的感觉在各自的心里流淌。

【香车宝马】xiāng chē bǎo mǎ
[释义] 宝马：装饰珍贵宝物的好马。饰以珍宝的良马拉着香车。指为贵族小姐、夫人使用的装饰豪华的车马。[语见] 唐·王维《同比部杨员外十五夜游有怀静者季》诗："香车宝马共喧阗，个里多情侠少年。"[例句] 贵妃每到华清池，总是～，奴婢如云，倒也成了一道风景。

【香火兄弟】xiāng huǒ xiōng dì
[释义] 焚香结拜的兄弟。[语见] 清·孔尚任《桃花扇·访翠》："相公不知，这院中名妓，结为手帕姊妹，就像香火兄弟一般，每遇时节，便做盛会。"[例句] 别看他们是～，但是他们的情义却比亲生兄弟还要亲。

【香火因缘】xiāng huǒ yīn yuán
[释义] 佛家语。古人结盟时多点香火，佛家故称彼此意气投合为"香火因缘"，言前世已结盟好。[语见] 唐·李延寿《北史·陆法和传》："与主上有香火因缘，见主上应有报至，故救援耳。"[例句] 也不知道什么原因，他总觉得和这位大伯有几分～，谈起话来常常感到很亲切。

【香火姊妹】xiāng huǒ zǐ mèi
[释义] 焚香结拜的姊妹。[语见] 宋·罗烨《醉翁谈录·潘琼儿家最繁盛》："潘计其直，才百余缗，笑与华曰：'几家凡遇新郎君辈访蓬舍，曲中香火姊妹则必酿金来贺，此物粗足以为夜来佐樽利市之费，徐设芳筵未晚。'"[例句] 二人合了剑，议论一番，焚香谋誓，结为了～。

【香肌玉体】xiāng jī yù tǐ
[释义] 见"香娇玉嫩"。[语见] 明·杨慎《洞天玄记》："我这里自揣，刮划，移步诀，换灵胎，尽平生手段神灵大，夺了你香肌玉体却归来。"[例句] 红香生得～，奈何一腔心事如织，脸上多忧愁之色，自然无法得到皇上的宠幸了。

【香娇玉嫩】xiāng jiāo yù nèn
[释义] 形容年轻女子肌体的娇嫩温香。亦代指美女。[语见] 元·刘庭信《美色》："恰便似落雁沉鱼，羞花闭月，香娇玉嫩。"[例句] 福王的爵位为继承而来，他的本事就是每日拥了～，在园子里游玩享乐而已，他自然会成为义军攻打的第一个对象了。

【香润玉温】xiāng rùn yù wēn
[释义] 见"香娇玉嫩"。[语见] 明·徐复祚《红梨记·豪宴》："更香润玉温，似兰惠绝尘氛，繁英岂堪混。"[例句] 有～陪伴左右，这位亡国之君暂时忘记了烦恼。

【香温玉软】xiāng wēn yù ruǎn
[释义] 见"香娇玉嫩"。[语见] 明·王玉峰《焚香记·设谋》："吾家富比陶朱，独没个翠倚红偎，想香温玉软，凤枕鸳帏。"[例句] 四皇子对家人要求极其严格，所以府上断然没有什么人敢持拥～，四处晃荡。

【香象渡河】xiāng xiàng dù hé
[释义] 佛教语，比喻悟道精深。也用来赞美诗文写得透彻精辟。[语见]《优婆塞戒经》第一卷："如恒河水，三兽俱渡，兔、马、香象。兔不至底，浮水而过；马或至底，或不至底；象则尽底。"[例句] 一篇短短的千字文，竟能写得如此绝妙，如～，让人叹为观止。

【香象绝流】xiāng xiàng jué liú
[释义] 见"香象渡河"。[语见] 明·袁宗道《杂说类》："至如般若缘深，灵根凤植，仙陵破卵，香象绝流。"[例句] 此文精致典雅，～，令人拍案叫绝。

【香消玉沉】xiāng xiāo yù chén
[释义] 比喻美女夭亡。[语见] 明·胡文焕《群音类选·〈玉盒记·沙将逼柳〉》："他怨悠悠香销玉沉，乱纷纷碎滴珠囊迸，我难主凭，萧萧两鬓星。"注：销，通"消"。[例句] 听到最喜欢的银城公主～的消息，皇上老泪纵横，哭声哀哀。

【香消玉减】xiāng xiāo yù jiǎn
[释义] 形容美女消瘦憔悴。[语见] 元·王实甫《西厢记》第四本第四折："想着你废寝忘餐，香消玉减，花开花谢，犹自觉争些。"[例句] 不料数年之后，师师～，门前渐渐冷落下来，她方才感到了对未来的恐慌。

【香消玉碎】xiāng xiāo yù suì
[释义] 见"香消玉沉"。[语见] 明·胡文焕《群音类选·〈犀珮记·贞节自持〉》："想虞姬忠贞可羡，又何愁香消玉碎别人

间。"[例句] 两位绝色的女子在天山顶上大战了两天两夜，雪崩突然降临，二人几乎同时～，埋骨冰川。

【香消玉殒】xiāng xiāo yù yǔn
[释义] 见"香消玉沉"。[例句] 公主～之际，正是要发兵南侵的时候，这一切却并不是历史的巧合。

【详情度理】xiáng qíng duó lǐ
[释义] 详：端详。度：推测。形容依据情况推理论断。[语见] 清·曹雪芹《红楼梦》第七十四回："凤姐详情度理，说：'他们必不敢多说一句话，倒别委屈了他们。'"[例句] 老师～，斟酌了半天，却依然拿不定主意，只好让我先回去了。

【降龙伏虎】xiáng lóng fú hǔ
[释义] 比喻有极大的本领，能战胜重大困难或恶势力。[语见] 南朝梁·释慧皎《梁高僧传》第十卷："（涉公）能以秘咒咒下神龙。"《续高僧传》第十六卷："（僧稠）闻两虎交斗，咆响震岩，乃以锡杖中解，各散而去。"[例句] 我没有～的手段，我只有一腔热血，一股豪情，只要给机会，我必能驰骋疆场。

【祥麟瑞凤】xiáng lín ruì fèng
[释义] 见"威凤祥麟"。[语见] 明·沈受先《三元记·祝寿》："未须期东海南山，愿早赐祥麟瑞凤。"[例句] 天下不是没有人才，而是主上没有识人之才，～并不在额头标明，也并不声名冲天，他们往往隐于草莽之间，湖河之畔。

【祥麟威凤】xiáng lín wēi fèng
[释义] 见"威凤祥麟"。[语见] 元·许有壬《摸鱼子·登洞庭湖连天·和刘光远韵》词："人世间，何处祥麟威凤，繁华一枕春梦。"[例句] 民间出了个怪异的乌龟，便被视为～，武则天也知道此中必然有诈，但是也不说破，任他们传去。

【祥云瑞彩】xiáng yún ruì cǎi
[释义] 见"祥云瑞气"。[语见] 明·无名氏《鱼篮记》第四折："你看俺佛门现万道金光，满天现祥云瑞彩也。"[例句] 道士恭维道："府上～，这位公子定是位贵人。"

【祥云瑞气】xiáng yún ruì qì
[释义]旧时认为天上彩色的云气象征吉兆,故称祥云瑞气。[语见]明·无名氏《紫微宫》第四折:"您看这祥云瑞气,晓日和风,端的是太平佳兆也呵。"[例句]原本朴素的房屋,愣给端公说是生了～,定有大喜临门,唬得一家人千恩万谢,好酒好菜招待一顿之后,还塞了些细软才让他走了。

【响彻云际】xiǎng chè yún jì
[释义]见"响彻云霄"。[语见]明·冯梦龙《喻世明言》第四卷:"忽听得街上乐声缥缈,响彻云际。"[例句]一声～的轰鸣之后,仪仗队过来了,盛会开始了。

【响彻云霄】xiǎng chè yún xiāo
[释义]彻:透过,穿过。云霄:天际,高空。响声穿透了极高远的天空。形容声音极为洪亮高昂。[语见]清·褚人获《隋唐演义》第八十六回:"这一笛儿,真吹得响彻云霄,鸾翔鹤舞,楼下万万千千的人,都定睛侧耳,寂然无声。"[例句]礼炮声～,广场上欢声雷动。

【响遏行云】xiǎng è xíng yún
[释义]遏:阻止。行云:流动的云朵。响声把天空中流动的云彩阻止了。形容歌声动听,高亢而嘹亮。[语见]《列子·汤问》:"薛谭学讴于秦青,未穷青之技,自谓尽之,遂辞归。秦青弗止,饯于郊衢,抚节悲歌,声振林木,响遏行云。薛谭乃谢求反,终身不敢言归。"[例句]一声～的巨响,把村民们从梦中惊醒,大家都意识到,一定出了什么事了。

【想当然】xiǎng dāng rán
[释义]据推想,应当是如此。[语见]南朝宋·范晔《后汉书·孔融传》:"以今度之,想当然耳。"[例句]许多典故都是有说法的,你不能～按字面意义理解,那会闹笑话的。

【想方设法】xiǎng fāng shè fǎ
[释义]想:开动脑筋思索。设:筹划。积极开动脑筋,想尽各种办法去解决问题。[例句]考上了大学,家里当然高兴,但是看到父母～地为我筹集学费时的辛

酸,我内心实如汤煮。

【想方设计】xiǎng fāng shè jì
[释义]见"想方设法"。[例句]大家都在～地为你寻找出路,你自己却一点也不着急,到底是怎么想的?

【想入非非】xiǎng rù fēi fēi
[释义]非非:佛经用语。指一般人所认识不到的玄妙境界。指思想进入了如存不存、若实非尽的玄妙境界。后用以形容想法新奇、超凡。现多用以比喻脱离实际的胡思乱想。[例句]姐姐劝弟弟说:"你别再～了,搞发明可不是件容易的事情。"

【想望风采】xiǎng wàng fēng cǎi
[释义]风采:风度神采。形容对人十分仰慕,渴望有幸一见。[语见]唐·韩愈《顺宗实录》第四卷:"李泌为相,举为谏议大夫,拜官不辞。未至京师,人皆想望风采。"[例句]久仰先生大名,～,故冒昧来访,望先生勿怪。

【向壁虚构】xiàng bì xū gòu
[释义]见"向壁虚造"。[例句]我的话绝对是有根有据,并不是～的。

【向壁虚造】xiàng bì xū zào
[释义]向:面向,冲着。壁:墙壁。虚:虚无,凭空。造:捏造、制造。面向墙壁,凭空捏造。喻指没有根据地捏造、杜撰。[语见]汉·许慎《说文解字·序》:"世人大共非訾,以为好奇者也,故诡更正文,乡(向)壁虚造不可知之书,变乱常行,以耀于世。"[例句]关于苦泪湖来历的说法,人人都知道是～出来的,但是也没有什么人去追究。

【向火乞儿】xiàng huǒ qǐ ér
[释义]向火:脸冲着火烤火。乞儿:叫花子。比喻趋炎附势,巴结权贵的人。[语见]五代·王仁裕《开元天宝遗事下·向火乞儿》:"九龄常与识者议曰:'今时之朝彦,皆是向火乞儿,一旦火尽灰冷,暖气何在?'"[例句]你身为读书人,当洁身自好,岂能终日与一帮～为伍?

【向隅而泣】xiàng yú ér qì
[释义] 原指未能参加饮酒而在一旁哭泣。后多用于形容孤独、绝望的悲泣。[语见] 汉·刘向《说苑·贵德》:"今有满堂饮酒者,有一人独索然向隅而泣,则一堂之人皆不乐矣。"[例句] 大家都在欢天喜地地闹着,你却一人在此～,究竟是怎么回事?

【向隅之泣】xiàng yú zhī qì
[释义] 见"向隅而泣"。[语见] 清·李渔《资治新书》第十四卷:"窥此琴瑟之欢,增彼向隅之泣。"[例句] 因为她的～,大厅里的气氛冷了下来,连厅中的舞蹈,也都慢慢停了。

【项背相望】xiàng bèi xiāng wàng
[释义] 项:颈项。背:脊背。形容人群拥挤,连续不绝。[语见] 南朝宋·范晔《后汉书·左雄传》:"监司项背相望。"[例句] 秦失天下,对国政追逐者～,而刘邦独能脱颖而出,既是天意,也是人为。

【项庄舞剑,意在沛公】xiàng zhuāng wǔ jiàn,yì zài pèi gōng
[释义] 项庄:项羽手下武将。沛公:刘邦。汉·司马迁《史记·项羽本纪》载:楚汉相争时,项羽的谋士亚父范增认为刘邦是和项羽争天下的人。在鸿门宴会上,范增让项庄舞剑助兴,以乘机杀死刘邦。刘邦的谋士张良看出事情紧急,对樊哙说:"今者项庄拔剑舞,其意常在沛公也。"后指言行表面上有好听的名目,暗地里则别有用心。[例句] 鼎立公司这次来,恐怕是～,我们必须做好一切准备。

【巷尾街头】xiàng wěi jiē tóu
[释义] 见"街头巷尾"。[语见] 清·曾朴《孽海花》第二十五回:"不论茶坊酒肆,巷尾街头,一片声的喊道:'战呀! 开战呀! 给倭子开战呀!'"[例句] 我没做亏心事,怕什么～的议论不成?

【相机行事】xiàng jī xíng shì
[释义] 观察时机而采取行动。[语见] 清·刘鹗《老残游记》第五回:"大家答道:'那有一准的法子呢! 只好相机行事,做到哪里说哪里话罢。'"[例句] 目前形势变化多端,你必须～,不要什么事情都来请示。

【相门出相】xiàng mén chū xiàng
[释义] 见"相门有相"。[例句] 在魏晋时代,往往是～,而庶族几乎永无出头之日。

【相门有相】xiàng mén yǒu xiàng
[释义] 宰相之家后代必然再出相才。[语见] 三国魏·曹植《自诫令》:"谚云,相门有相,将门有将。夫相者文德昭,将者武功烈。"[例句] 王导意识到,几个儿子虽然都可称得上聪慧之极,但是他们对政治的热情很低,～将成为水中之月了。

【象齿焚身】xiàng chǐ fén shēn
[释义] 象因具有珍贵的牙齿而遭杀身之祸。比喻财多招祸。[语见]《左传·襄公二十四年》:"象有齿而焚其身。"[例句] 如今我们正在风头上,须知～,如果不早做准备,只恐后患无穷。

【象牙之塔】xiàng yá zhī tǎ
[释义] 原指是十九世纪法国文艺批评家圣佩韦批评同时代消极浪漫主义诗人维尼的话。后指"为艺术而艺术"的文艺家脱离社会现实生活,个人主观幻想的艺术境界。也用来比喻脱离现实生活的小天地。[例句] 刚刚走出～的学生,对现实世界常怀不满。

【象箸玉杯】xiàng zhù yù bēi
[释义] 象箸:象牙筷子。玉杯:玉制酒杯。形容极度奢侈的生活。[语见]《韩非子·喻老》:"昔者纣为象箸,而箕子怖,以为象箸必不加于土铏,必将犀玉之杯;象箸玉杯,必不羹菽藿,则必旄象豹胎。"[例句] 武帝晚年的时候,～,穷奢极欲,早年时的进取之心,已荡然无存。

【橡饭菁羹】xiàng fàn jīng gēng
[释义] 以橡实当饭,以蔓菁作羹。形容生活十分清苦。[语见] 唐·姚思廉《梁书·安成康王秀传》:"两韩之孝友纯深,庚、郭之形骸枯槁,或橡饭菁羹,惟日不足,或葭墙艾席,乐在其中。"[例句] 桓氏被罢之后,回到乡间,席上仅～,来往

均野民村夫，但是心下的安然，却是身在高位时连想也不曾想过的。

xiāo

【枵腹从公】 xiāo fù cóng gōng
[释义] 枵腹：空着肚子，指饥饿。从公：从事公务。指忍饥挨饿为国操劳。[语见] 清·吴趼人《糊涂世界》第九回："这年又是荒年，每日又要走路，一路上人烟零落，无处买东西吃……这些兵倒弄成了个枵腹从公了。"[例句] 在他们那里，官员如果～，不但不能获得褒扬，还要大受批评，因为官员的身体也不能属于自己，而是属于国家，对自己身体不负责，那就是不称职的表现。

【骁勇善战】 xiāo yǒng shàn zhàn
[释义] 骁勇：勇猛。善：擅长。形容作战勇猛而又擅长用兵。[语见] 南朝梁·萧子显《南齐书·戴僧静传》："其党辅国将军孙昙瓘骁勇善战，每荡一合，辄大杀伤，官军死者百余人。"[例句] 他是一名～的大将军。

【逍遥法外】 xiāo yáo fǎ wài
[释义] 逍遥：安闲自在，不受拘束。指犯法的人没有受到法律制裁，仍然自由自在。[语见] 清·朱寿朋《光绪朝东华录》："迨脱逃后，不过以通行缉捕了事，以致该犯等逍遥法外，故智复萌。"[例句] 刑侦大队的刑警们下定决心，一定要竭尽全力抓获这个犯罪团伙，决不容许犯罪分子～。

【逍遥自得】 xiāo yáo zì dé
[释义] 形容无拘无束，自由自在。[语见] 晋·潘岳《闲居赋》："于是览止足之分，庶浮云之志，筑室种树，逍遥自得。"[例句] 我既无权力之心，也无钱财之念，能～地过着简单的日子，自由自在，就是幸福的。

【逍遥自娱】 xiāo yáo zì yú
[释义] 见"逍遥自在"。[语见] 唐·李珏《故丞相太子少师赠太尉牛公神道碑铭》："池台琴酒，逍遥自娱，贤士大夫，尚其执辔。"[例句] 看养老院里的那些老人们整天～地安度晚年，真有些羡慕他们。

【逍遥自在】 xiāo yáo zì zài
[释义] 逍遥：没有约束，怡然自得的样子。形容毫无拘束，自由自在，快乐悠闲。[语见] 宋·释普济《五灯会元·黄龙新禅师法嗣》："六十余年和光混俗，四十二腊逍遥自在。"[例句] 你不是渔翁，所以在你眼里他们～，也许真实的意味全然不同。

【消声灭迹】 xiāo shēng miè jì
[释义] 不公开讲话，不公开露面。形容隐藏起来或不公开出现。[语见] 唐·欧阳询《艺文类聚》第三十六卷引北周·庾信《五月披裘负薪画赞》："披裘当夏，俗外为心，虽逢季子，不拾遗金，禽巢欲远，鱼穴惟深，消声灭迹，何必山林！"[例句] 闯王军队～一些年之后，小金川突然再次打出了"闯王"旗号，清廷当然会大为惊恐了。

【宵旰焦劳】 xiāo gàn jiāo láo
[释义] 见"宵旰忧劳"。[语见] 清·张廷玉等《明史·章懋传》："此正陛下宵旰焦劳，两宫母后同忧天下之日。"[例句] 雍正登基之后，～，可是操之过急，最终竟惹得天下汹汹。

【宵旰图治】 xiāo gàn tú zhì
[释义] 宵衣旰食，勤于政事，设法治理好国家。[语见] 清·张廷玉等《明史·罗侨传》："愿陛下慎逸游，屏玩好，放弃小人，召还旧德，与在廷臣工，宵旰图治，并救法司慎守成律。"[例句] 老臣们都希望皇上能够～，以振国力，奈何年轻的皇帝根本就听不进去。

【宵旰忧劳】 xiāo gàn yōu láo
[释义] 宵衣旰食，非常劳苦。形容勤于政事。[语见] 清·张廷玉等《明史·吴时来传》："若不去嵩父子，陛下虽宵旰忧劳，边事终不可为也。"[例句] 诸葛亮～，鞠躬尽瘁，死而后已，为后世所敬仰。

【宵旰忧勤】 xiāo gàn yōu qín
[释义] 见"宵旰忧劳"。[语见] 清·李宝嘉《官场现形记》第二十回："本署院任京

秩时,伏见朝廷崇尚节俭,宵旰忧勤,属在臣工,尤宜惕厉。"[例句] 如果每一位官员都有为国为民～的精神,天下怎么不会太平?

【宵衣旰食】xiāo yī gàn shí
[释义] 见"旰食宵衣"。[语见] 唐·陆贽《兴元论解姜公辅状》:"剗又时运方屯,物情忧郁,乃是陛下握发吐哺之日,宵衣旰食之辰。"[例句] 李隆基因为从乱中走向大统,初年倒还能～,励精图治,但是也就坚持了那么一二十年,国家初现太平之迹的时候,他便开始享乐了。

【萧规曹随】xiāo guī cáo suí
[释义] 萧:萧何,西汉开国丞相。曹:曹参,继萧何而后的丞相。西汉初年,萧何创立一系列法规政令,死后由曹参全部照章实行。后比喻完全按照前人的成规办事。[语见] 汉·扬雄《解嘲》:"夫萧规曹随,留侯画策,陈平出奇,功若泰山,响若坻隤。"[例句] 你是个老实人,我不怕你～,倒怕你一时心血来潮,把一切都打乱了,那才是大乱之象。

【萧墙祸起】xiāo qiáng huò qǐ
[释义] 见"祸发萧墙"。[语见] 宋·薛居正等《旧五代史·毛璋传》:"明年,萧墙祸起,继岌自西川至渭南,部下散亡,其川货妓乐,为璋所掠。"[例句] 袁崇焕还在边关奋勇拼杀,哪里知道已～,朝廷里乱作一团,他一下子被推到了风口浪尖上。

【硝烟弹雨】xiāo yān dàn yǔ
[释义] 形容战场炮火激烈。[语见] 清·曾朴《孽海花》第三十三回:"那些日军官刚离了硝烟弹雨之中,倏进了酒绿灯红之境,没一个不兴高采烈。"[例句] 后勤部队冒着～将装备和给养送到前线,他们的牺牲与贡献,丝毫不比前方的将士小。

【销声敛迹】xiāo shēng liǎn jì
[释义] 见"消声灭迹"。[语见] 宋·孙光宪《北梦琐言》第十一卷:"唐世长安有宗小子者……与西川节度使陈敬瑄微时游处,因色失欢。……京国乱离,僖宗幸蜀。宗生避地,亦到锦江,然畏颍川知

之,遂旅游资中郡,销声敛迹,惟恐人知。"[例句] 二十多岁便已成名的他,正当事业如日中天的时候,不知为何突然～,到异国读书去了。

【销声匿迹】xiāo shēng nì jì
[释义] 销:消灭。匿:隐藏。迹:行迹。形容隐藏起来,不出声,也不露行迹。[语见] 清·李宝嘉《官场现形记》第二十八回:"他平生最是趋炎附势的,如何肯销声匿迹。"[例句] 义军～了许多年,一下子重新爆发,其力量足以撼天动地。

【销声匿影】xiāo shēng nì yǐng
[释义] 见"消声灭迹"。[例句] 游击战就要讲究转移的迅速,敌人到达,人员一下子就～,让敌人丈二和尚摸不着头脑,但敌人稍不注意,就要狠狠地打击——只有这样,才算掌握了游击战的真髓。

【霄壤之别】xiāo rǎng zhī bié
[释义] 见"霄壤之殊"。[例句] 他们两人的性格有着～,把他们弄到一起,恐怕会有麻烦。

【霄壤之殊】xiāo rǎng zhī shū
[释义] 霄:云霄,也指天。壤:土地。天和地那样不同。形容差别极大。[语见] 宋·胡仔《苕溪渔隐丛话后集·醉吟先生》:"善恶智愚,相背绝远,何啻霄壤之殊。"[例句] 他们两个人的性格虽有～,但却能求同存异,顾全大局。

【小不忍则乱大谋】xiǎo bù rěn zé luàn dà móu
[释义] 小事情不能忍耐,就会败坏大事。[语见] 《论语·卫灵公》:"子曰:'巧言乱德,小不忍则乱大谋。'"[例句] 你要把那些挑衅放在一边别去理会,～。

【小惩大诫】xiǎo chéng dà jiè
[释义] 惩:惩处,责罚。诫:警言,劝诫。意指不是为惩罚而惩罚,目的在于吸取教训,对小错加以惩戒,使之不犯大的错误。[语见] 《周易·系辞下》:"小惩而大诫,此小人之福也。"[例句] 你心里一定要明白,对你的惩罚,不过是～,免得别人也犯同样的错误。

【小肚鸡肠】xiǎo dù jī cháng
[释义] 比喻器量小,心胸狭窄。[例句]他平生最憎恶那些～的人。

【小恩小惠】xiǎo ēn xiǎo huì
[释义] 为笼络人而给予的小利。[语见]清·岭南羽衣女士《东欧女豪杰》第三回:"偶有一个狡猾的民贼出来,略用些小恩小惠来抚弄他,他便欢天喜地感恩戴德。"[例句]他想用一些～来拉拢我,让我透露公司的情报。

【小国寡民】xiǎo guó guǎ mín
[释义]《老子·八十章》:"小国寡民,使有什佰之器而不用,使民重死而不远徙……邻国相望,鸡犬之音相闻,民至老死不相往来。"国小民少,本为春秋时期老子的政治理想。后常用作谦辞。[例句]近年来,本系学生大量增加,空间也扩展了不少,学生在学校的各项活动中都取得了骄人的成绩,本系已不再是～了。

【小家碧玉】xiǎo jiā bì yù
[释义] 小家:小户人家。碧玉:女子名。称小户人家的美貌女子。[语见]晋·孙绰《情人碧玉歌》:"碧玉小家女,不敢攀贵德。感郎意气重,遂得结金兰。"[例句]张先生出自豪门望族,性格豪爽,而他太太则里里外外透着～的气息,温文尔雅。

【小家子气】xiǎo jiā zi qì
[释义] 形容做事不大方。[例句]我看就凭小张身上那一股～,他就很难再往上走了。

【小鸟依人】xiǎo niǎo yī rén
[释义] 比喻少女和小孩的娇弱可爱。[语见]五代后晋·刘昫等《旧唐书·长孙无忌传》:"(褚遂良)甚亲附于朕,譬如飞鸟依人,自加怜爱。"[例句]每到傍晚,河边总会有一对一对的情侣出现,男的往往慷慨激昂,女的则～,形成了一处绝妙的风景。

【小器易盈】xiǎo qì yì yíng
[释义] 器物小,容易满。比喻人器量狭小,容易自满。[语见]三国魏·吴质《在元城与魏太子笺》:"小器易盈,先取沈顿。"[例句]清朝虽然也可称得上泱泱大国了,但是闭关自守,～,全然不知道天下已几度春秋,自然要远远地落后了。

【小巧玲珑】xiǎo qiǎo líng lóng
[释义] 形容物体小而精巧或人体小而灵巧。[语见]宋·辛弃疾《临江仙·戏为山园巷壁解嘲》词:"莫笑吾家巷壁小,棱层势欲摩空。相知唯有主人翁;有心雄泰华,无意巧玲珑。"[例句]小肖长得～的,又伶牙俐嘴,甚得大家的喜爱。

【小人得志】xiǎo rén dé zhì
[释义] 道德低下的人,欲望得到了满足。[语见]南朝宋·何承天《为谢晦檄京邑》:"若使小人得志,君子道消。"[例句]他靠对领导溜须拍马而爬上了高位,一时得意扬扬,真是～。

【小试锋芒】xiǎo shì fēng máng
[释义] 小试:稍试,略试。锋芒:也作"锋铓",刀剑等的刃口和尖端。比喻人的本领。稍微显示一下本领。[例句]月初的一战,不过是成将军～,等什么时候有了大规模作战,他的能力和风采,才会得到更大的发挥。

【小手小脚】xiǎo shǒu xiǎo jiǎo
[释义] 形容办事小气,不大方。指没有魄力,清规戒律多,不敢放手做事。[例句]这个公司已经很衰弱了,"病重忌讳猛药",李经理虽然～的,但是他去主持工作却最为合适。

【小题大作】xiǎo tí dà zuò
[释义] 明、清科举中,文科考八股文,以"四书"文句命题的为"小题",以"五经"文句命题的为"大题"。用"五经"文的章法作"四书"文称为"小题大作"。比喻把小事当成大事来办,显得不值得。[语见]清·吴趼人《二十年目睹之怪现状》第六十三回:"我道:'他用了多少本钱,费了多少手脚,只骗得七千银子,未免小题大作了。'"[例句]我不过是一时疏忽,忘了通知你,你这么不依不饶,未免有点～吧!

【小巫见大巫】xiǎo wū jiàn dà wū
[释义] 小巫师见了大巫师,自愧法术不高。比喻相形见绌,不能并论。[语见]汉·陈琳《答张纮书》:"今景兴在此,足下与子布在彼,所谓小巫见大巫,神气尽矣。"[例句] 我们虽然平时也爱临池写上几笔,但是到了先生面前,自是～了,哪还敢摸笔着墨?

【小心谨慎】xiǎo xīn jǐn shèn
[释义] 形容言行细心慎重。[语见]汉·班固《汉书·霍光传》:"出入禁闼二十余年,小心谨慎,未尝有过,甚见亲信。"[例句] 封建社会的官场如战场,当时时～,处处谨慎小心,一步不慎,便会有灭顶之灾。

【小心敬慎】xiǎo xīn jìng shèn
[释义] 见"小心谨慎"。[语见]明·冯梦龙《东周列国志》第十六回:"所谓知臣者,小心敬慎,循礼守法而已。"[例句] 多年来,他的祖父都是如临深渊,如履薄冰,可是一次未能～,便败了个干干净净,这就是封建社会的官场。

【小心翼翼】xiǎo xīn yì yì
[释义] 翼翼:恭敬的样子。原指严肃恭敬的样子。后多用以形容十分谨慎,不敢有丝毫疏忽。[语见]《诗经·大雅·大明》:"维此文王,小心翼翼。"[例句] 运动员跳上钢丝,～地向对面走去,观众大气也不敢出。

【小忠小信】xiǎo zhōng xiǎo xìn
[释义] 小表忠心,小讲信用。多指借此所采取的手段。[语见]明·冯梦龙《东周列国志》第二十回:"(骊姬)在献公前,小忠小信,贡媚取怜。又时常参与政事,十言九中。"[例句] 他在领导面前～,博得了领导的欢心,可是背地里干了不少损害公司利益的事。

【小谀浅说】xiǎo wén qiǎn shuō
[释义] 谀闻:小有声名。小有声名,学识浅陋。[语见]宋·张君房《云笈七签》第七十卷:"凡我同志,庶几于此者,要在细求真诀,务以师授,不可以谀闻浅说,多言或中之义,所希企及矣。"[例句] 我们在学习上,不能满足于知道一些～,而应求甚解。

【孝子慈孙】xiào zǐ cí sūn
[释义] 孝敬父母的子孙。[语见]宋·王安石《祖赠某官》:"朕惟有天下者得推其祖考上配于天,盖孝子慈孙所以报其尊崇之意。"[例句] 老奶奶百岁之际,望着自己的～,乐得嘴都笑开了花。

【孝子贤孙】xiào zǐ xián sūn
[释义] 孝:孝顺。贤:品德完美。仁慈孝顺的儿子与品德完善的孙子。泛指好的儿孙。现多含贬义,喻指心甘情愿依附于恶势力的人。[语见]明·臧懋循《元曲选·张国宾〈合汗衫〉二》:"更有那孝子贤孙儿女每(们)打,早难道神不容奸,天能鉴察。"[例句] 国都灭了半个世纪了,还有一帮～蠢蠢欲动要复国。

【笑里藏刀】xiào lǐ cáng dāo
[释义] 脸上的笑容里藏着刀子。形容外表和善而内心阴险歹毒的人。[语见]五代后晋·刘昫等《旧唐书·李义府传》:"义府貌状温恭,与人语必嬉怡微笑,而褊忌阴贼。既处权要,欲人附己,微忤意者,辄加倾陷。故时人言义府笑中有刀。"[例句]《水浒》里的陆谦乃是一个～、言清行浊的小人。

【笑面夜叉】xiào miàn yè chā
[释义] 指面带笑容而心肠狠毒的人。[语见]宋·陈次升《弹蔡京第三状》:"洗垢索瑕,中伤士类,……时人目之为笑面夜叉。"[例句] 文主任可是个～,一旦被他逮着了你的把柄,你可就惨了。

【笑容可掬】xiào róng kě jū
[释义] 掬:两手捧取,一次为一掬。形容人笑容满面,使人觉得可亲。[语见]明·罗贯中《三国演义》第九十五回:"果见孔明坐于城楼之上,笑容可掬。"[例句] 我刚走到家门口,奶奶已经～地出来了,眼睛里那份看见孙子时的高兴劲儿,让我也感动万分。

【笑容满面】xiào róng mǎn miàn
[释义] 满脸呈现着喜笑的容颜。形容内心欣喜、满脸和悦的颜色。[例句] 看

见嫂子～地出来,我就知道,哥哥的事情,肯定成了。

【笑逐颜开】xiào zhú yán kāi
[释义] 逐:追逐。颜:面容。笑使脸都展开了。形容非常高兴、愉快的表情。[语见] 宋·无名氏《京本通俗小说·西山一窟鬼》:"婆子道:'……好教官人得知,却有一头好亲在这里……'教授听得说罢,喜从天降,笑逐颜开道:'若还真个有这人时,可真好哩!'"[例句] 抬眼一望,下面的人们都～的,可知他们的日子应当过得不错。

xie

【蝎蝎螫螫】xiē xiē shì shì
[释义] 喻指在小事情上过分表示关心、怜惜。[语见] 清·曹雪芹《红楼梦》第五十一回:"晴雯忙回身进来笑道:'那里就唬死了他了? 偏惯会这么蝎蝎螫螫老婆子的样儿!'"[例句] 他对你的生活过问得太多,～的,其实没有必要。

【邪不干正】xié bù gān zhèng
[释义] 干:干犯,侵害。后用"邪不干正"指邪气压不倒正气。[语见] 汉·王符《潜夫论·巫列》:"妖不胜德,邪不伐正,天之经也。"唐·韦徇《刘宾客嘉话录》:"此邪法也。臣闻邪不干正,若使咒臣,必不能行。"[例句] 请你相信我们! ～,我们很快就会打赢这场官司。

【邪门歪道】xié mén wāi dào
[释义] 指不正当的途径。[例句] 他在经营上不是想办法提高质量,而是想一些～,这是不对的。

【邪门外道】xié mén wài dào
[释义] 见"邪门歪道"。[例句] 端公一通装神弄鬼,靠着些～把一帮老实巴交的农民吓得够呛。

【邪魔外道】xié mó wài dào
[释义] 见"邪门歪道"。[语见]《药师经》:"又信世间邪魔外道,妖孽之师,妄说祸福。"[例句] 魔派到了后期,妄图靠些～令下面的喽啰臣服,全是白费心机。

【邪说异端】xié shuō yì duān
[释义] 见"异端邪说"。[语见] 清·夏敬渠《野叟曝言》第一百一十八回:"素臣道:'孩儿正恼着他入于邪说异端,母亲怎反奖起他来?'"[例句] 近代科学在刚出世的时候,往往被教会视为～。

【胁肩谄笑】xié jiān chǎn xiào
[释义] 胁肩:耸起双肩装出恭敬的样子。形容巴结奉承别人的丑态。[语见]《孟子·滕文公下》:"胁肩谄笑,病于夏畦。"[例句] 郝主任在领导面前那～的样子,让办公室的几个同事极为不齿。

【胁肩累足】xié jiān lěi zú
[释义] 胁肩:耸起双肩。累足:并着两脚。形容畏惧的样子。[语见] 宋·司马光《资治通鉴·汉景帝三年》:"胁肩累足,犹惧不见释。"[例句] 刘公子讲了几个鬼故事,吓得小姐们～,花容失色。

【挟冰求温】xié bīng qiú wēn
[释义] 夹着冰块以求温暖。比喻做事颠倒,适得其反。[语见] 晋·陈寿《三国志·魏书·高柔传》:"殡敛于宅"裴松之注引孙盛曰:"况信不足焉而祈物之必附,猜生于我而望彼之必怀,何异挟冰求温,抱炭希凉者哉?"[例句] 现在公司积压无数,你却要盲目地扩大生产,实在是～,对目前的经营困境不但没有帮助,反而是增添麻烦。

【挟贵倚势】xié guì yǐ shì
[释义] 见"挟权倚势"。[语见] 清·陈夔龙《梦蕉亭杂记》第一卷:"端邸挟贵倚势,盛气凌人,汉大臣中,稍有才具者,必遭忌克。"[例句] 高衙内～,无恶不作,百姓无不恨之入骨。

【挟朋树党】xié péng shù dǎng
[释义] 朋:指互相勾结的同类人。凭借挟制同朋,树立党派。[语见] 唐·姚思廉《梁书·武帝纪论》:"然朱异之徒,作威作福,挟朋树党,政以贿成。"[例句] 唐朝后期,大臣～,藩镇拥兵自重,政权已经徒有其表。

【挟权倚势】xié quán yǐ shì
[释义] 凭借和倚仗权势。[语见] 元·孔

文卿《东窗事犯》第二折:"他本是个君子人则待挟权倚势,吹一吹登时教人烟灭灰飞。"[例句]他本是一个自命清高的人,但是跟一帮～的人处得久了,心性也起了变化。

【挟山超海】 xié shān chāo hǎi
[释义]挟:挟持,夹着。超:超越,指跨过。夹着泰山跨过北海,比喻难以做到的事。[语见]《孟子·梁惠王上》:"挟泰山以超北海,语人曰:'我不能。'是诚不能也。"[例句]人民解放军取得了三大战役的胜利后,国民党政府再想划江分治已是～,难以实现了。

【挟势弄权】 xié shì nòng quán
[释义]倚仗势位,玩弄权力。[语见]清·洪昇《长生殿·情悔》:"况且弟兄姊妹,挟势弄权。罪恶滔天,总皆由我,如何忏悔得尽!"[例句]东汉中后期,身居高位的大臣无不～,国家哪有不衰落的道理?

【挟天子以令诸侯】 xié tiān zǐ yǐ lìng zhū hóu
[释义]《战国策·秦策一》:"挟天子以令天下,天下莫敢不听。"后用"挟天子以令诸侯"指挟持皇帝,号令诸侯。[例句]曹操将洛阳的献帝迎至许昌,～,在政治上得到了优势。

【挟细拿粗】 xié xì ná cū
[释义]见"拿粗挟细"。[语见]元·关汉卿《鲁斋郎》第三折:"倚仗着恶党凶徒,害良民肆生淫欲,谁敢向他行挟细拿粗。"[例句]做领导的当胸宽如海,怎么能动不动对下属～的?

【挟主行令】 xié zhǔ xíng lìng
[释义]挟持君主,发布命令。[语见]南朝梁·萧子显《南齐书·刘善明传》:"魏挟主行令,实逾二纪。晋废立持权,遂历四世。"[例句]曹操～,占尽了天时,却失去了人和。

【斜风细雨】 xié fēng xì yǔ
[释义]微风小雨。形容春天烟雨蒙蒙的景象。[语见]唐·张志和《渔歌子》词:"青箬笠,绿蓑衣,斜风细雨不须归。"

[例句]江南初春,～,美不胜收。

【携幼扶老】 xié yòu fú lǎo
[释义]见"扶老携幼"。[语见]汉·刘安《淮南子·诠言训》:"事之以皮币珠玉而不听,乃谢着老而徙岐周,百姓携幼扶老而从之,遂成国焉。"[例句]战争还没有打响,难民便～地四散出逃。

【泄漏天机】 xiè lòu tiān jī
[释义]天机:指神秘的天意。《太平广记》卷六五引《神仙感遇传》:"[唐御史姚生]苦问其故,[三子]不言。遂鞭之数十,不胜其痛,具道本末。姚乃幽之别所。姚素馆一硕儒,因召而与语。儒者惊曰:'大异,大异,君何用责三子乎?向使三子不泄其事,则必为公相,贵极人臣;今泄之,其命也夫!'姚问其故,而云:'吾见织女、婺女、须女星皆无光,是三女星降下人间,将福三子。今泄天机,三子免祸幸矣!'"后用"泄漏天机"指透露不该让人知道的机密。[例句]她一个劲儿地冲我使眼色,生怕我一句不慎,～。

【卸磨杀驴】 xiè mò shā lǘ
[释义]刚卸了磨,就把拉磨的驴杀掉。比喻达到目的之后,就把曾经出过力的人除掉或抛弃。[例句]这家企业～,令许多员工愤怒不已。

【谢天谢地】 xiè tiān xiè dì
[释义]古时人们认为吉利、幸福的事情都是由天地神明安排的,所以要烧香上供,感谢天地。现在也常在事情顺利或有了好的转机时,表示对天地神灵的感谢。[例句]～,你终于来了,你要再不来,这里的局面就无法收拾了。

【邂逅相逢】 xiè hòu xiāng féng
[释义]见"邂逅相遇"。[语见]宋·卢炳《玉团儿·用周美成韵》词:"邂逅相逢,情怀雅合,全似深熟。"[例句]那是一个深秋的傍晚,我们在天水关～,喝酒到半夜,惺惺相惜之意顿生。

【邂逅相遇】 xiè hòu xiāng yù
[释义]邂逅:偶然遇见。无意中遇到。[语见]《诗经·郑风·野有蔓草》:"邂逅相遇,适我愿兮。"[例句]他俩就是在

这里～的。

【蟹荒蟹乱】 xiè huāng xiè luàn
[释义] 指虾蟹成灾，稻谷荡尽。旧时认为是兵乱的征兆。[语见] 元·高德基《平江纪事》："大德丁未，吴中蟹厄如蝗，平田皆满，稻谷荡尽。吴谚有蟹荒蟹乱之说，正谓此也。"[例句] 那年月，～，烽烟四起，百姓的日子异常艰难。

【蟹匡蝉緌】 xiè kuāng chán ruí
[释义] 匡：背壳。緌：蝉的针吻。原指蚕绩（蚕茧）与蟹匡，范冠（蜂头顶上的触角）与蝉緌两类外形相近，实际各不相关。后用以比喻互不相干，强拉关系。[语见]《礼记·檀弓下》："成人有其兄死而不为衰者，闻子皋将为成宰，遂为衰。成人曰：'蚕则绩而蟹有匡，范则冠而蝉有緌；兄则死而子皋为之衰。'"[例句] 这两个商品的名字虽然相近，其实是～，是完全不同的两种东西。

xin

【心安理得】 xīn ān lǐ dé
[释义] 形容自信行为合理，心中坦然。[语见] 明·王夫之《礼记章句》第二十五卷："'内尽于己'则心安，'外顺于道'则理得，心安理得，贤者之所求于天人而欲备者也。"[例句] 老李将一个濒临倒闭的企业打造成如今轰轰烈烈的局面，现在他当然可以～地小小享受一番了。

【心安神泰】 xīn ān shén tài
[释义] 心神安宁，泰然自若。[语见] 清·西周生《醒世姻缘传》第一百回："诵得久了，狄希陈口内常有异香喷出，恶梦不生，心安神泰。"[例句] 早年练习书法，多是博得人前人后的夸奖，上了些岁数，求的便只是～了。

【心病难医】 xīn bìng nán yī
[释义] 医：治病。指人的思想病不好治。[语见] 宋·释道原《景德传灯录》第二十九卷："若与空王为弟子，莫教心病最难医。"[例句] 妻子去世后，他表面上很乐观，其实～，常常一个人借酒消愁。

【心不在焉】 xīn bù zài yān
[释义] 焉：文言虚词，即"于此"，在这里。心不在这里。形容思想不集中。[语见]《礼记·大学》："心不在焉，视而不见，听而不闻，食而不知其味。"[例句] 大成这几天，老是～的样子，他恐怕遇到了什么麻烦。

【心潮澎湃】 xīn cháo péng pài
[释义] 澎湃：形容波浪相互撞击的声音。心情像潮水一样，起伏不定。形容心情激动，不能平静。[例句] 一出《霸王别姬》，看得人～，用任何语言去描述对它的感受，都不会准确。

【心驰神往】 xīn chí shén wǎng
[释义] 驰：奔驰。宋·欧阳修《祭杜祁公文》："自公之丧，道路嗟咨；况于愚鄙，久辱公知；系官在朝，心往神驰；送不临穴，哭不望帷。"后多作"心驰神往"，形容一心向往或思慕之极。[例句] 看了"丽江旅游图片展"，大家对美丽的云南不禁～起来。

【心驰魏阙】 xīn chí wèi què
[释义] 见"心在魏阙"。[语见] 宋·陆游《会庆节贺表又一表》："敛时百福，享国万年。臣迹滞遐陬，心驰魏阙。"[例句] 方君流放期间，依然～，一片忠心，天日可鉴。

【心侈体忲】 xīn chǐ tǐ tài
[释义] 侈：通"侈"，放逸。忲：通"泰"，安泰。指养尊处优者心情放逸而身体舒泰。[语见] 南朝梁·萧统《文选·张衡〈西京赋〉》："有凭虚公子者，心侈体忲，雅好博古，学乎旧史氏。"薛综注："侈、忲，言公子生于贵戚，心志侈溢，体安骄泰也。"[例句] 这些～、养尊处优的官老爷，怎么能体会得到百姓的疾苦呢！

【心慈面软】 xīn cí miàn ruǎn
[释义] 见"心慈手软"。[例句] 爷爷是个～的人，你去求他，他肯定能答应的。

【心慈手软】 xīn cí shǒu ruǎn
[释义] 慈：仁慈，和善。手软：不能果断地办事。常形容优柔寡断、姑息养奸的庸人行径。[例句] 对待敌人，决不能有

半丝的～,一定要彻底消灭,才能保证你的安全。

【心粗胆大】 xīn cū dǎn dà

[释义] 心地粗率,胆子很大。形容野心勃勃,肆无忌惮。[语见] 元·石君宝《秋胡戏妻》第四折:"这厮便倚强凌弱,心粗胆大,怎敢来俺庄上。不由的忿气夯胸膛。"[例句] 他这个人～,无所顾忌,经常在外面惹事。

【心胆俱裂】 xīn dǎn jù liè

[释义] 心和胆都破裂了。形容极其悲愤或恐惧。[语见] 明·罗贯中《三国演义》第三十七回:"窃念备汉朝苗裔,滥叨名爵,伏睹朝廷陵替,纲纪崩摧,群雄乱国,恶党欺君,备心胆俱裂。"[例句] 这段法西斯活埋三千人的文字记载,看得历史学家也禁不住～。

【心胆俱碎】 xīn dǎn jù suì

[释义] 见"心胆俱裂"。[例句] 得到小菲空难的噩耗,玉东～,脊梁都似坍塌了一般。

【心荡神迷】 xīn dàng shén mí

[释义] 形容神魂颠倒,不能自持。[语见] 清·李汝珍《镜花缘》第九十八回:"阳衍正在心荡神迷,一闻此语,慌忙接过芍药道:'承女郎见爱,何福能消!'"[例句] 这妙不可言的乐曲,听得人～,不辨东西。

【心荡神摇】 xīn dàng shén yáo

[释义] 心神摇荡。形容神魂颠倒,不能自持。[语见] 明·兰陵笑笑生《金瓶梅词话》第十八回:"猛然一见,不觉心荡神摇,精魂已失。"[例句] 她一边讲,我一边想,一阵～之间,如同到了仙界。

【心荡神怡】 xīn dàng shén yí

[释义] 见"心荡神摇"。[语见] 清·褚人获《隋唐演义》第三十回:"炀帝看了这些佳人的态度,不觉心荡神怡,忍不住立起身来,好象元宵走马灯,团团的在中间转。"[例句] 西施婀娜而来,看得夫差一阵～,眼睛都痴了。

【心到神知】 xīn dào shén zhī

[释义] 旧时指尽到诚心,神鬼能知。

[例句] 他们相互交换了一个眼神,双方都立即～,其默契可见一斑。

【心定理得】 xīn dìng lǐ dé

[释义] 见"心安理得"。[例句] 经过自己努力而获得的幸福,享受起来自然～了。

【心烦技痒】 xīn fán jì yǎng

[释义] 心烦:心情烦躁。技痒:指急于要显露自己的专长。形容有某种技艺或专长的人,在一定条件下急于表现的情态。[语见] 南朝梁·萧统《文选·潘岳·射雉赋》:"徒心烦而技痒。"[例句] 看着几个同学都轰轰烈烈地干着事业,小于～,可是腿伤把他困在病房,半寸也动弹不得。

【心烦虑乱】 xīn fán lǜ luàn

[释义] 见"心烦意乱"。[例句] 她越说,我越～,恨不得冲她发火。

【心烦意乱】 xīn fán yì luàn

[释义] 心情烦躁,思绪纷乱。[语见]《楚辞·卜居》:"心烦意乱,不知所从。"[例句] 她的一席话说得我～,书都看不下去了。

【心飞肉跳】 xīn fēi ròu tiào

[释义] 形容内心恐惧的样子。[语见] 清·天花才子《快心编》:"疑虑恛惶,心飞肉跳。"[例句] 鼓点一声比一声慢,但是和尚却更加～,因为他知道,一到天亮,官兵就要攻山了,而他依然无计可施。

【心服口服】 xīn fú kǒu fú

[释义] 形容由衷地信服。[例句] 父亲娓娓而谈,三天三夜之后,舅舅终于～,愿意父亲留洋。

【心服情愿】 xīn fú qíng yuàn

[释义] 见"甘心情愿"。[语见] 清·刘鹗《老残游记》第十六回:"如果心服情愿,叫他写个凭据来,银子早迟不要紧的。"[例句] 她没有叫我,是我～自己来的。

【心腹大患】 xīn fù dà huàn

[释义] 见"心腹重患"。[语见] 清·曾朴《孽海花》第十八回:"我国若不先自下手,自办银行,自筑铁路,必被外人先我

着鞭,倒是心腹大患哩!"[例句]许多民族主义者往往被西方列强视为～,不彻底铲除绝不甘心。

【心腹之患】xīn fù zhī huàn
[释义]患:疾患。指体内致命的疾病。比喻严重的隐患。[语见]南朝宋·范晔《后汉书·陈蕃传》:"内政不理,心腹之患。"[例句]梁山好汉成了朝廷的～,朝廷当然要不惜血本灭掉他们了。

【心腹之疾】xīn fù zhī jí
[释义]见"心腹之患"。[语见]《左传·哀公六年》:"除心腹之疾,而置诸股肱,何益?"[例句]库存已经成为领导班子的～,他们所有的措施,几乎都是针对这方面的。

【心腹之交】xīn fù zhī jiāo
[释义]心腹:推心置腹。推心置腹的交情。指最知心的好友。[语见]明·施耐庵《水浒传》第三十九回:"通判乃是心腹之交,径入来同坐何妨!"[例句]我乃一介书生,我怎么会成为中堂大人的～呢?

【心腹重患】xīn fù zhòng huàn
[释义]指严重隐患或要害部门的大患。[语见]南朝梁·萧子显《南齐书·王融传》:"一令蔓草难锄,浇流泛酌,岂直疥痒轻疴,容为心腹重患。"[例句]刘福通起事之后,立刻被朝廷视为～。

【心甘情愿】xīn gān qíng yuàn
[释义]形容完全出于自愿。[例句]别人是～自己来的,又不是我请来的,我用得着千恩万谢吗?

【心高气傲】xīn gāo qì ào
[释义]形容自视高人一等,傲气溢于言表。[语见]清·李宝嘉《官场现形记》第四十二回:"他到任之后,靠着自己内有奥援,总有点心高气傲。"[例句]小叶是一个～的人,你让他低声下气地去求人,他恐怕是不会答应的。

【心高气硬】xīn gāo qì yìng
[释义]气:指气势或气质。心气高傲,谓自视高人一等而傲气溢于言表。[语见]明·王铚《春芜记·反目》:"你平日里心高气硬,笑伊家今日无计谋生!"[例句]小

许～,目中无人,同事无不敬而远之。

【心贯白日】xīn guàn bái rì
[释义]贯:通。白日:指太阳。形容真诚的心意可与光明的太阳相通而无愧。[语见]唐·房玄龄等《晋书·宣帝纪》:"国家委将军以疆场之任,任将军以图蜀之事,可谓心贯白日。"[例句]蒙恬仰天长叹:"恬耿耿之心,～,谋反从何说起?!"

【心广体胖】xīn guǎng tǐ pán
[释义]胖:安逸、舒适。心境开阔坦荡,身体安泰舒适。[语见]《礼记·大学》:"富润屋,德润身,心广体胖,故君子必诚其意。"[例句]二娘这几年什么都不缺,当然能～了。

【心和气平】xīn hé qì píng
[释义]见"心平气和"。[语见]宋·苏辙《既醉备五福论》:"醉而愈恭,和而有礼,心和气平,无悖逆暴戾之气干于其间。"[例句]跟孩子说话,一定注意要～,别吹胡子瞪眼睛的,那会吓着孩子。

【心狠手辣】xīn hěn shǒu là
[释义]心肠凶狠,手段毒辣。[例句]胡老大是一个～的家伙,你们手里都没有武器,务必多加小心。

【心花怒发】xīn huā nù fā
[释义]见"心花怒放"。[语见]清·郑燮《花间堂诗草跋》:"一旦心花怒发,便如太华峰头十丈莲矣。"[例句]范进一看榜上有名,一阵～,一口痰上来,人立即就疯了。

【心花怒放】xīn huā nù fàng
[释义]怒放:盛开。心里像花朵盛开。形容高兴之极。[语见]清·曾朴《孽海花》第九回:"雯青这一喜,直喜得心花怒放,意蕊横飞,感激夫人到十二分。"[例句]接到沛东的电话,知道她要来看我,我一阵～,不禁手舞足蹈起来。

【心花怒开】xīn huā nù kāi
[释义]见"心花怒放"。[语见]清·吴趼人《糊涂世界》第十回:"杨谓听了他这话,心花怒开,眉飞色舞了一回道:'这个倒容易。'"[例句]接到了北京大学的录

取通知书后,她～。

【心怀鬼胎】 xīn huái guǐ tāi
[释义]心里藏着坏主意或不可告人的事情。[语见]明・凌濛初《二刻拍案惊奇》第九卷:"谁知素梅心怀鬼胎,只是长吁短叹,好生愁闷,默默归房去了。"[例句]见面会上双方都～,毫无诚意,结果未达成任何协议。

【心怀叵测】 xīn huái pǒ cè
[释义]叵:不可。形容居心险恶,不可揣测。[语见]明・罗贯中《三国演义》第五十七回:"马腾兄子马岱谏曰:'曹操心怀叵测,叔父若往,恐遭其害。'"[例句]各方诸侯都～,说起话来,总是话中有话了。

【心慌意乱】 xīn huāng yì luàn
[释义]形容惊慌不安。[语见]清・文康《儿女英雄传》:"姑娘此时心慌意乱,如生芒刺,如坐针毡。"[例句]姐姐的追问让她一阵～,险些露出了破绽。

【心灰意败】 xīn huī yì bài
[释义]见"心灰意懒"。[语见]清・蒲松龄《聊斋志异・王子安》:"初失志,心灰意败,人骂可衡无目,笔墨无灵,势必举案头物而尽炬之。"[例句]这位名震四方的大文人何以会～出家做了和尚,至今还是一个未解之谜。

【心灰意懒】 xīn huī yì lǎn
[释义]形容意志消沉。[语见]元・乔吉《玉交枝・闲适二曲》之二:"陈抟睡足西华山,文王不到磻溪岸。不是我心灰意懒,怎陪伴愚眉肉眼!"[例句]上一次的彻底失败,使他～,现在只想待在家里,读读书,听听音乐,聊度晚年而已。

【心灰意冷】 xīn huī yì lěng
[释义]见"心灰意懒"。[例句]你年纪轻轻的,怎么经过一点挫折就～了呢?

【心回意转】 xīn huí yì zhuǎn
[释义]见"回心转意"。[语见]元・无名氏《杀狗劝夫》第四折:"因此上烧香祷告,背地里设下机谋,才得他心回意转,重和好复旧如初。"[例句]小张是一个性情顽固的人,要使他～,实在太

难了。

【心急火燎】 xīn jí huǒ liǎo
[释义]见"心急如焚"。[例句]我刚回到家里,就听到隔壁一阵～的敲门,以为什么事呢,原来是他看到有人向我门上贴广告。

【心急如焚】 xīn jí rú fén
[释义]焚:烧。心里像火烧一样。形容非常着急。[语见]《全唐诗・韦庄・秋日早行》:"行人自是心如火,兔走乌飞不觉长。"[例句]各诸侯都～带兵赶到都城,却发现是幽王为博得美人一笑而点燃了烽火,都气得直跺脚。

【心急如火】 xīn jí rú huǒ
[释义]见"心急如焚"。[例句]走进公司,看到员工们都～地做事,我便意识到,公司里一定出了什么大事。

【心坚石穿】 xīn jiān shí chuān
[释义]只要心意坚定,石盘也可以钻透。比喻任何困难都可以克服。[语见]宋・陆九渊《语录》:"俗谚云:'心坚石穿。'既是一个人,如何不打叠教灵利。"[例句]人生道路上坎坷无数,但是～,认准了目标,只要坚持下去,一定会成功的。

【心惊胆寒】 xīn jīng dǎn hán
[释义]见"心惊胆慑"。[语见]明・崔时佩《西厢记・飞虎授首》:"心惊胆寒,浑身上淋漓雨汗。"[例句]成千上万只蚂蟥在水里游来游去,唬得几个女学生～,面如土色。

【心惊胆落】 xīn jīng dǎn luò
[释义]见"心惊胆慑"。[语见]宋・欧阳修《祭苏子美文》:"人有遭之,心惊胆落,震汗如麻。"[例句]小舅原来不知道他自己恐高,有一次架线时,他一上去,就吓得～,去医院一检查,才知道原来这是恐高症。

【心惊胆怕】 xīn jīng dǎn pà
[释义]见"心惊胆慑"。[语见]元・狄君厚《介子推》第三折:"受了他五七日心惊胆怕,不似这两三程行得人力尽身乏。"[例句]不就是晚上穿过大峡谷吗,有什么值得～的!

【心惊胆丧】xīn jīng dǎn sàng
[释义] 见"心惊胆慑"。[语见] 明·张四维《双烈记·寇逸》:"忽听喊声来,心惊胆丧,急急奔离天罗地网。"[例句] 对面阵里涌出了身穿铁甲的水牛,吓得西夏兵~,夺路逃命。

【心惊胆慑】xīn jīng dǎn shè
[释义] 慑:害怕。内心惊吓害怕。[语见]《敦煌变文集·长兴四年中兴殿应圣节讲经文》:"怀中履孝,道广德新,合力义亏,仁者心惊胆慑。"[例句] 几个人~地走在沼泽地里,生怕一不小心陷了下去。

【心惊胆战】xīn jīng dǎn zhàn
[释义] 见"胆战心惊"。[语见] 元·无名氏《萨真人夜断碧桃花》:"一个个气昂昂性儿不善,他每都叫吼吼捋袖揎拳,走的我腿又酸脚又软,不由我不心惊胆战。"[例句] 巨响之后,小孩子~地指着窗户,哆嗦着嘴,说不出话来。

【心惊胆颤】xīn jīng dǎn zhàn
[释义] 见"胆战心惊"。[例句] 卫兵在帐外~地喊:"不好了,敌人打进来了。"

【心惊肉跳】xīn jīng ròu tiào
[释义] 形容恐惧不安。[语见] 明·凌濛初《初刻拍案惊奇》第三十卷:"昨蒙君侯台旨,召陪公子之宴。初召时,就有些心惊肉跳,不知其由。"[例句] 记得小时候某天晚上,我和妹妹摸黑去两里外的地方,路上一只青蛙跳起,我们都吓得~,大气也不敢出。

【心惊肉战】xīn jīng ròu zhàn
[释义] 见"心惊肉跳"。[语见] 元·无名氏《争报恩》第四折:"不知怎的,这一会儿心惊肉战,这一双好小脚儿,再也走不动了。"[例句] 容儿一个人躲在荒野的小庙里,一有声响,就禁不住~。

【心口不一】xīn kǒu bù yī
[释义] 心里想的和嘴上说的不一样。形容为人虚伪、奸诈。[语见] 清·西周生《醒世姻缘传》第八十二回:"我是这么个直性子,希罕就说希罕,不是这么心口不一的。"[例句] 多少年来,我始终对我那次~的表现内疚。

【心口如一】xīn kǒu rú yī
[释义] 心里想的和口中说的一致。形容为人诚实。[语见] 宋·汪应辰《文定集·题续池阳集》:"由是观世之议论,谬于是非邪正之实者,未必心以为是,使士大夫心口如一,岂复有纷纷之患哉!"[例句] 大丈夫做事当~,怎么能说一句藏一句,那不把人活活累死!

【心宽体肥】xīn kuān tǐ féi
[释义] 心情舒畅,身体肥胖。[语见] 明·孙仁孺《东郭记·人之所以求富贵利达者》:"待雄飞海内应无几,纵饥寒心宽体肥。"[例句] 这位老太太为人厚道,心性平和,自然~了。

【心宽体胖】xīn kuān tǐ pán
[释义] 见"心广体胖"。[例句] 小谢是一个~的人,你什么时候见他烦过?

【心宽体舒】xīn kuān tǐ shū
[释义] 见"心广体胖"。[例句] 退休在家的老王~,养花、钓鱼、打太极拳,玩得不亦乐乎。

【心旷神怡】xīn kuàng shén yí
[释义] 心境开阔,精神愉悦。[语见] 宋·范仲淹《岳阳楼记》:"登斯楼也,则有心旷神怡,宠辱皆忘,把酒临风,其喜洋洋者矣。"[例句] 登上虎丘,整个苏州尽收眼底,不禁~,诗兴也来了。

【心劳计拙】xīn láo jì zhuō
[释义] 见"心劳日拙"。[例句] 如今大势既去,他们那样做,不过是~而已。

【心劳日拙】xīn láo rì zhuō
[释义] 拙:困窘。形容费尽心机,反而越弄越糟。[语见]《尚书·周官》:"作德,心逸日休;作伪,心劳日拙。"[例句] 别看你整天忙得昏天黑地,但是方向不对,只能是~,惹人笑话而已。

【心劳意攘】xīn láo yì rǎng
[释义] 劳:烦。攘:乱。心绪烦乱。[语见] 明·臧懋循《元曲选》:"空教我心劳意攘怎支划。"[例句] 连日大雨,渡不了黄河,闯王~,在大帐里走来走去。

【心力交瘁】 xīn lì jiāo cuì
[释义] 交:同时、一齐。瘁:疲乏、劳累。精神和体力都极为劳累。[语见] 清·淮阴百一居士《壶天录》上卷:"由此心力交瘁,患疾遂卒。"[例句] 上半年的几个月,什么事情都落到了我的头上,我早已是～了。

【心灵手巧】 xīn líng shǒu qiǎo
[释义] 心思灵敏,手艺精巧。[语见] 清·孔尚任《桃花扇·栖真》:"香姐心灵手巧,一捻针线,就是不同的。"[例句] 小姑娘～,将来做一个好裁缝肯定没有问题。

【心领神会】 xīn lǐng shén huì
[释义] 领:领悟。会:明白。内心深刻地领会。[语见] 明·李东阳《麓堂诗话》:"律者,规矩之谓,而其为调,则有巧存焉。苟非心领神会,自有所得,虽日提耳而教之,无益也。"[例句] 两人相视一笑,彼此都～,倏地分开,什么人都没有看出来。

【心领神悟】 xīn lǐng shén wù
[释义] 见"心领神会"。[语见] 朱自清《四书》七:"会读书的,细加玩赏,自然能心领神悟,终身受用不尽。"[例句] 我朝小赵一示意,她～,赶紧去把我的讲话大纲递了上来。

【心乱如麻】 xīn luàn rú má
[释义] 心里像一团乱麻。形容心绪烦乱。[例句] 听着屋外的潺潺雨声,我更是～,真想冒雨前去,看个究竟。

【心满意足】 xīn mǎn yì zú
[释义] 称心如意,十分满足。[语见] 宋·刘克庄《后村全集·答欧阳秘书书》:"精义多先儒所未讲,陈言无一字之相袭,虽累数千言,而义理一脉,首尾贯属,读之使人心满意足。"[例句] 杨力软磨硬泡,终于得到了我的同意,看着他～地离去,我知道,我又一次失去了原则。

【心满愿足】 xīn mǎn yuàn zú
[释义] 心愿满足。[语见]《永乐大典戏文·无名氏〈张协状元·王德用挈家赴梓州任〉》:"我门得那女儿在此,真个心满

愿足。"[例句] 他考上了向往已久的清华大学,感到～了。

【心明眼亮】 xīn míng yǎn liàng
[释义] 形容明辨是非,洞察隐秘。[例句] 我想大家都是～的人,事情的过程呢,大家也都已清楚,那我们就共同商议解决问题的办法吧!

【心慕手追】 xīn mù shǒu zhuī
[释义] 慕:景仰爱慕。追:追随仿效。形容对前人的艺术的继承和仿效。[语见] 唐·房玄龄等《晋书·王羲之传赞》:"玩之不觉为倦,览之不识其端,心慕手追,此人而已。"[例句] 这些艺术大师的作品,后人极力效法,～,但其真髓往往很难被一般人所完全掌握。

【心平气和】 xīn píng qì hé
[释义] 形容心情平和,气质沉稳。[语见] 宋·程颐《明道先生行状》:"荆公与先生虽道不同,而尝谓先生忠信。先生每与论事,心平气和,荆公多为之动。"[例句] 两人打了几十年的笔仗,等到能够～地坐下来交流时,都已经白发苍苍了。

【心平体胖】 xīn píng tǐ pán
[释义] 见"心广体胖"。[例句] 小娥是个～的人,她一生也难得生几回气。

【心去难留】 xīn qù nán liú
[释义] 去:离去。心已远离,很难强留。形容人不同心,就无法在一起行事。[语见] 南朝梁·王僧孺《为姬人自伤》诗:"断弦犹可续,心去最难留。"[例句] 既然她决心已定,～,也就由她去吧。

【心融神会】 xīn róng shén huì
[释义] 心神融会,形容心神融会贯通,领悟明白。[语见] 宋·朱熹《答廖子晦》:"工夫久之,自当心融神会,默与契合。"[例句] 你仔细些,再仔细些,细细地观察、品味,慢慢地,你就能对作品的真意～了。

【心如刀割】 xīn rú dāo gē
[释义] 形容心痛至极。[语见] 元·秦简夫《宜秋山赵礼让肥》:"眼睁睁俺子母各天涯,想起来我心如刀割,提起来我泪似

悬麻。"[例句]听到母亲为我受委屈,我是~,可是我分不开身,否则我一定要为母亲讨回一个说法。

【心如刀绞】 xīn rú dāo jiǎo
[释义]见"心如刀割"。[语见]明·许仲琳《封神演义》第四十八回:"闻太师见赵公明这等苦切,心如刀绞,只气的怒发冲冠,钢牙剑碎。"[例句]从电视上看到孩子们灾后的生活,我~,只恨身无翅膀,不能飞去帮助他们。

【心如古井】 xīn rú gǔ jǐng
[释义]古井:年代久远的枯井。内心像不起波澜的枯井。比喻坚守节操,不为世情所动。[语见]唐·孟郊《烈女操》诗:"波澜誓不起,妾心古井水。"[例句]经历了这么多的事情,他早已~,对世间的一切都没有兴趣了。

【心如金石】 xīn rú jīn shí
[释义]见"心如铁石"。[语见]南朝宋·范晔《后汉书·王常传》:"辅翼汉室,心如金石。"[例句]老画家为艺术而生,为艺术而死,~,滚滚红尘里的任何东西,都不能令他动心。

【心如铁石】 xīn rú tiě shí
[释义]心像铁石一样坚硬。形容操守坚贞,意志不移。[语见]汉·曹操《敕王必领长史令》:"领长史王必,是吾披荆棘时吏也。忠能勤事,心如铁石,国之良吏也。"[例句]谭嗣同一心为变法而死,早已~,利禄、功名、荣华富贵在他眼里,都已黯然失色。

【心神不安】 xīn shén bù ān
[释义]见"心神不宁"。[例句]像老宋这样处变不惊的人也~了,看来事情当真已经严重到不可收拾的地步了。

【心神不定】 xīn shén bù dìng
[释义]见"心神不宁"。[例句]他这几天总是~的样子,好像家里出了什么事。

【心神不宁】 xīn shén bù níng
[释义]宁:安宁。心绪很不安宁。形容烦躁。[语见]明·吴承恩《西游记》第三十三回:"(三藏)心神不宁道:'徒弟啊,我怎么打寒噤么?'"[例句]看到主

任~地在屋里走来走去,我们哪里还敢大声说话?

【心手相应】 xīn shǒu xiāng yìng
[释义]内心和手相呼应。形容技艺纯熟。[语见]唐·李延寿《南史·萧子云传》:"笔力劲骏,心手相应。"[例句]丁丁因为平时对《月光》就练得多,所以这个时候表演起来,自然就~,熟练自如了。

【心术不正】 xīn shù bù zhèng
[释义]心术:心计。指居心不良。[语见]明·罗贯中《三国演义》第十九回:"汝心术不正,吾故弃汝。"[例句]依我看,你身边的那几个人,都有些~,你可得当心,跟他们相处得久了,别受到了他们的影响。

【心投意合】 xīn tóu yì hé
[释义]指情意相合。[例句]二人一见钟情,~,谱写了文坛上的一段佳话。

【心无二用】 xīn wú èr yòng
[释义]指心思一时只能专注在一件事上,不能分散精力。[语见]北齐·刘昼《刘子·专学》:"使左手画方,右手画圆,令一时俱成,虽执规矩之心,回剟剟之手,而不能者,由心不两用,则手不并运也。"[例句]童先生几十年来,~,潜心学问,深为学人敬仰。

【心细如发】 xīn xì rú fà
[释义]形容心思极其细致。[语见]清·李绿园《歧路灯》第九回:"这孝移本是个胆小如芥,心细如发之人,不敢多听,却又不能令其少说。"[例句]张勇看起来粗粗喇喇的,但是事实上,他却是一个~的人。

【心闲手敏】 xīn xián shǒu mǐn
[释义]闲:通"娴",熟练。心既熟练,手又灵敏。指技艺娴熟,得心应手。[语见]三国魏·嵇康《琴赋》:"于是器冷弦调,心闲手敏,触㧖如志,唯意所拟。"[例句]李老师身后那一帮小姑娘,别看年纪不大,但是在小提琴的技艺上都~,基础曲目早已拉得非常娴熟。

【心向往之】 xīn xiàng wǎng zhī
[释义]形容非常向往。[语见]汉·司马

迁《史记·孔子世家论》:"《诗》有之:'高山仰止,景行行止。'虽不能至,然心乡(向)往之。"[例句] 对于先生的书法,我～久矣,如今一睹神韵,实在是三生有幸。

【心心念念】xīn xīn niàn niàn

[释义] 念念不忘。[语见] 宋·释普济《五灯会元·庐山开先照禅师》:"只如诸人心心不停,念念不住。若能不停停,念处无念,自合无生之理。"[例句] 这些日子远在大漠深处,～,眼前全是你的情影,内心的寂寞难以言表。

【心心相通】xīn xīn xiāng tōng

[释义] 见"心心相印"。[例句] 孙家兄弟一起踢球已经十几年了,自然～,配合的默契程度,绝非一般。

【心心相印】xīn xīn xiāng yìn

[释义] 佛教禅宗语,谓不依赖言语,以心互相印证。后用以指情投意合。[语见] 唐·裴休《圭峰定慧禅师碑》:"但心心相印,印印相契,使自证知光明受用而已。"[例句] 这一对～的痴男怨女的故事,不知道让多少有情人流下了同情的泪水。

【心血来潮】xīn xuè lái cháo

[释义] 原指神仙心中对某人或某事突然发生感应而有所知晓。后用以形容突然产生某种念头。[语见] 清·李汝珍《镜花缘》第六回:"此后倘在下界有难,如须某人即可解脱,不妨直呼其名,令其速降。我们一时心血来潮,自然即去相救。"[例句] 所以这样决定,不是班子～,而是经过了大量的调查之后才做出的。

【心痒难挠】xīn yǎng nán náo

[释义] 挠:搔。心里有痒,难以搔着。指心中有某种意念或情绪起伏不定,无法克制。[语见] 元·王实甫《西厢记》第一本第四折:"着小生迷留没乱,心痒难挠。"[例句] 自从见过你一面之后,眼前无时不是你的影子,～,只盼望什么时候能再次见到你。

【心慵意懒】xīn yōng yì lǎn

[释义] 慵:懒。懒:比喻消沉。心情消沉。[语见] 明·胡文焕《群音类选·刘东生〈画眉序〉》套曲:"厌听长更短更,挨尽了铜壶寂静,心慵意懒,方才好梦成,初上阳台。"[例句] 李显看到宫中争夺皇位的血腥场面之后,不禁～,抽身而去。

【心有灵犀】xīn yǒu líng xī

[释义] 见"心有灵犀一点通"。[语见] 江飞《谢谢你来看我》:"她经常能够在我张嘴的瞬间,说出我想说的话,或许是心有灵犀,又或许是两个人待得太久了吧!"[例句] 我们那次见面的时候,虽然没有说一句话,但是都～,爱情已经从第一眼的交流中生根发芽了。

【心有灵犀一点通】xīn yǒu líng xī yī diǎn tōng

[释义] 灵犀:旧说犀牛是种灵兽,角中有白纹如线,贯通两端,感应灵异,故称灵犀。比喻青年恋人心心相印。亦指双方心意相通,彼此可以心领神会。[语见] 唐·李商隐《无题诗》:"身无彩凤双飞翼,心有灵犀一点通。"[例句] 一听小陶这么说,两人～,都情不自禁地笑了。

【心有余而力不足】xīn yǒu yú ér lì bù zú

[释义] 指力不从心。[语见] 清·曹雪芹《红楼梦》第二十五回:"阿弥陀佛! 我手里但凡从容些,也时常来上供,只是'心有余而力不足'。"[例句] 我也想帮你,可是～,我人微言轻,我能帮你什么呢?

【心有余悸】xīn yǒu yú jì

[释义] 悸:心跳,害怕。危险的事情虽然过去了,但回想起来仍然感到恐惧。[例句] 车祸之后的半年,我每每见到车——不论轿车还是卡车,甚至自行车——我都是～。

【心猿意马】xīn yuán yì mǎ

[释义] 形容人的心思散乱流荡,如猿、马之难以控制。[语见] 唐·敦煌变文《维摩诘经菩萨品变文》:"卓定深沉莫测量,心猿意马罢颠狂,情同枯木除虚妄,此个名为真道场。"[例句] 整个上午,～的我哪里听得见老师的讲课——我的心早就飞到下午的电影院里了。

【心悦诚服】xīn yuè chéng fú
[释义] 悦:高兴、快乐。诚:真心、诚心。心中喜悦,真诚佩服。[语见]《孟子·公孙丑上》:"以力服人者,非心服也,力不赡也;以德服人者,心中悦而诚服也。"[例句] 赵总工程师的分析有理有据,令人~。

【心在魏阙】xīn zài wèi què
[释义] 魏阙:古代天子及诸侯宫门外筑有巍然高耸的楼观,其下两旁悬布法令,因以为朝廷的代称。心在朝廷,即臣民忠君,关心国事。[语见]《庄子·让王》:"身在江海之上,心居乎魏阙之下。"[例句] 章怀太子虽然身在巴州,依然~,奈何武则天已经把他视为她自己称帝路上的绊脚石,他的结局自然就早已注定了。

【心瞻魏阙】xīn zhān wèi què
[释义] 见"心在魏阙"。[语见] 明·张景《飞丸记·盟寻泉石》:"心瞻魏阙常意悬,游鱼恋饵吞线。"[例句] 别看他那许多年都游走江湖,但是始终~,对朝中的大小事情,均了如指掌。

【心照不宣】xīn zhào bù xuān
[释义] 心照:心里明白。宣:说出来。形容双方心里明白,不必说出来。[语见] 王火《战争和人》:"童霜威都没有回信,自然也用不着回信。大家心照不宣。"[例句] 记者会上,双方老总都~地把合同里的具体数字隐去了。

【心照神交】xīn zhào shén jiāo
[释义] 照:互相知晓。神交:忘形之交。指精神上互相感应。形容彼此思想相通,情投意合。[语见] 晋·潘岳《夏侯常侍诔》:"心照神交,唯我与子。"[例句] 我与小魏,是~,我们虽然已经快三十年不曾见面了,但是当年指点江山时的激情与豪迈,依然历历在目。

【心知其意】xīn zhī qí yì
[释义] 知:领悟。其:指示代词。心里懂得了其意思。形容领会了文章的主旨或掌握了技艺的要领。[语见] 汉·司马迁《史记·五帝本纪》:"非好学深思,心知其意,固难为浅见寡闻道也。"[例句] 她还没有张口,我便~,但是我实在无法拒绝她。

【心织笔耕】xīn zhī bǐ gēng
[释义] 唐王勃能文,善诗文,有盛名。人们都来请托作文,王勃所获金帛甚多。当时的人称他为"心织笔耕"。[例句] 他靠~,奋斗多年,现在已是一位著名作家。

【心直口快】xīn zhí kǒu kuài
[释义] 形容性情爽快。[语见] 明·臧懋循《元曲选·张国宾〈罗李郎〉四》:"哥哥是心直口快射粮军,哥哥是好人,我这里低腰屈脊进衙门。"[例句] 孙大姐是一个~的人,她的话里,有时肯定有欠周全的地方,你就别那么计较了。

【心中无数】xīn zhōng wú shù
[释义] 见"胸中无数"。[例句] 选题是做出来了,但是这都是纸上谈兵,将来的结果,我依然还~。

【心中有数】xīn zhōng yǒu shù
[释义] 见"胸中有数"。[例句] 其实,讨论刚刚进行到一半的时候,具体的人选,我就已经~了。

【欣生恶死】xīn shēng wù sǐ
[释义] 欣:喜悦。即贪生怕死。[语见] 宋·张君房《云笈七签》第三十八卷:"元始天尊告诸四众;一切众生,贪着有为,欣生恶死。意虽求生,由造死业。不持戒行,假使长寿,犹如老树,有何殊别。"[例句] 动物都知道~,何况有感情和理智的人呢?

【欣喜若狂】xīn xǐ ruò kuáng
[释义] 欣喜:高兴,快乐。狂:发狂。指人的精神失常。欢喜得像发了狂。形容快乐到了极点。[语见] 唐·杜甫《闻官军收河南河北》:"却看妻子愁何在,漫卷诗书喜欲狂。"[例句] 妹妹接到录取通知书,简直~,于是赶紧打电话给父母,好让他们分享这份喜悦。

【欣欣向荣】xīn xīn xiàng róng
[释义] 欣欣:草木茂盛的样子。荣:茂盛,繁荣,兴旺。形容草木茂盛。也比喻

事业蓬勃发展或精神振奋昂扬。[语见]晋·陶潜《归去来兮辞》："木欣欣以向荣,泉涓涓而始流。"[例句]乡间四处一派～的景象,令省长大为高兴。

【新陈代谢】 xīn chén dài xiè
[释义]陈:旧的。谢:凋谢,衰败。指生物体不断用新物质代替旧物质的过程。也指新事物代替旧的事物。[例句]人事管理部门应该密切关注企业人才的～,推动企业的良性发展。

【新仇旧恨】 xīn chóu jiù hèn
[释义]新结的怨仇和过去积累的怨恨。形容仇根深重。[例句]看到胡老大那副丑恶的嘴脸,～一齐涌上小青的心头。

【新官上任三把火】 xīn guān shàng rèn sān bǎ huǒ
[释义]三把火:放三把火,比喻做几件有影响的事。指新上任的官总要做几件有影响的事以显示自己的能力和才干。[例句]新总统一周内更换了五位部长,真可谓～。

【新亭对泣】 xīn tíng duì qì
[释义]南朝宋·刘义庆《世说新语·言语》记载:晋朝从北方逃到江南的那些统治阶级中的有名人士,一有闲暇就到新亭去喝酒聚会。一次聚会时有些人对当时的局面感到悲伤,因而相对哭泣起来。后来就用"新亭对泣"表示思念故国之意。[例句]流浪澳洲的游子们,每逢月圆之夜,遥望星空,～,心中莫不如波涛汹涌的大海。

【新硎初试】 xīn xíng chū shì
[释义]见"发硎新试"。[语见]清·吴趼人《痛史》第二十五回:"这五百和尚,都是侠禅亲自教出来的,操练了几年,今日新硎初试,勇气百倍。"[例句]对方的几百人,经过好些年的训练,如今～,除了初生牛犊不怕虎的精神,他们的身手,远非一般人可以比的,你们要无比谨慎小心,切不可狂妄自大,贸然出击。

【薪桂米珠】 xīn guì mǐ zhū
[释义]见"米珠薪桂"。[语见]清·蒲松龄《聊斋志异·司文郎》:"都中薪桂米珠,勿忧资斧。舍后有窖镪,可以发用。"[例句]仗打到后来,物价上涨,～,普通市民已经到了活不下去的地步。

【薪尽火传】 xīn jìn huǒ chuán
[释义]薪:木柴。前柴烧尽,后柴又继续燃着,火种相递地留传下去。原是庄子所谓的形骸有尽但精神不灭的观点。后用以比喻学问和技艺代代相传。[语见]《庄子·养生主》:"指穷于为薪,火传也,不知其尽也。"[例句]诸葛亮后,他的用兵之道～,据传明人戚继光还使用过诸葛亮的兵法。

【馨香祷祝】 xīn xiāng dǎo zhù
[释义]馨香:烧香的香味,也指烧香。祷祝:祷告祝愿。虔诚地焚香向神祈祷祝愿。形容真诚地期望。[语见]章炳麟《复蒋智由书》:"于此知君果非有异志,则仆所馨香祷祝以求之者也。"[例句]母亲回来之后,默默地立在窗前,～,愿父亲早日康复。

【信笔涂鸦】 xìn bǐ tú yā
[释义]信:随意。涂鸦:比喻乱抹乱画,字写得不像样子。形容字写得不好。也用以自谦,表示自己的书法或文章拙劣。[语见]唐·卢仝《示添丁》诗:"忽来案上翻墨汁,涂抹诗书如老鸦。"[例句]这篇小文不过是我～,怎么能拿去发表呢?

【信而有征】 xìn ér yǒu zhēng
[释义]信:真实。征:证据。真实有凭据。形容事情有凭有据,真实可信。[语见]《左传·昭公八年》:"君子之言,信而有征,故怨远于其身。"[例句]读了黄先生那段～的文字之后,真以为他去过定陵不下百遍呢,哪知他竟然一次未去,凭的全是文字考证的功夫。

【信及豚鱼】 xìn jí tún yú
[释义]信:用。及:达到。豚:小猪。把信用施加到小猪和鱼等小动物身上。形容诚信昭著。[语见]《周易·中孚》:"豚鱼吉,信及豚鱼也。"[例句]小王乃是一个非常讲信誉的人,～,对我们,自然是一言既出,驷马难追了。

【信口雌黄】 xìn kǒu cí huáng

[释义] 信口:随意开口说话,不假思索。雌黄:矿物名,即鸡冠石,黄褐色。古时用作涂抹纸上错字的颜料,后称任意窜改为"雌黄"。比喻没有事实依据,胡说八道。[语见] 晋·孙盛《晋阳秋》:"王衍,字夷甫,能言,于意有不安者,辄更易之,时号'口中雌黄'。"[例句] 这么大的事情你可不要～,出了问题是要追究你的责任的。

【信口开合】 xìn kǒu kāi hé

[释义] 见"信口开河"。[语见] 元·王实甫《西厢记》第二本第三折:"你那里休聒,不当一个信口开合。"

【信口开河】 xìn kǒu kāi hé

[释义] 信:听凭、任凭。随随便便乱说一气,毫无事实根据。[语见] 明·无名氏《渔樵闲话》第一折:"似我山间林下的野人,无荣无辱,任乐任喜,端的是信口开河,随心放荡,不受拘束。"[例句] 在前辈面前,我自是不敢～,我说的可全是有真凭实据的。

【信马由缰】 xìn mǎ yóu jiāng

[释义] 信:听凭、任凭。由:随从。缰:缰绳。骑马随意地闲游。比喻无目的地游荡。也比喻随意想象。[语见] 霍达《穆斯林的葬礼》:"韩太太收住信马由缰的思绪,拉到非常现实的问题上来。"[例句] 夕阳西下,我们几个慢了下来,～,在无边的草地上漫无目的地走着,啊,人在自由地飘荡,心灵也在自由地飞翔。

【信马游缰】 xìn mǎ yóu jiāng

[释义] 见"信马由缰"。[语见] 清·李绿园《歧路灯》第十四回:"原来谭绍闻,自从乃翁上京以及捐馆,这四五年来,每日信马游缰,如在醉梦中一般。"[例句] 任务完成了,一看时日还早,我们几个便～,自由自在地在戈壁上一直晃荡到天黑。

【信赏必罚】 xìn shǎng bì fá

[释义] 信:认真。必:一定,有功必赏,有罪必罚。形容赏罚分明。[语见]《韩非子·外储说右上》:"信赏必罚,其足以战。"[例句] 白起治军,号令严明,～,不出半年,军力大增。

【信誓旦旦】 xìn shì dàn dàn

[释义] 信誓:真诚的誓言。旦旦:明白确实的样子。指誓言诚恳可信。[语见]《诗经·卫风·氓》:"总角之宴,言笑晏晏。信誓旦旦,不思其反。"[例句] 别看他现在～,很快就会露出原形的。

【信手拈来】 xìn shǒu niān lái

[释义] 信手:随手。拈:用手指头捏取东西。随手就拿来了。多形容写文章时引用词语典故,熟练而精妙自然。后也指随意应付,不认真思考。[语见] 宋·严羽《沧浪诗话》:"学诗有三节:其初不识好恶,连篇累牍,肆笔而成;即识羞愧,始生畏缩,成之极难;及其透彻,则七纵八横,信手拈来,头头是道矣。"[例句] 安妮的写作功底已经非常扎实,即使是～的东西,亦能妙趣横生。

【信手涂鸦】 xìn shǒu tú yā

[释义] 见"信笔涂鸦"。[语见] 二月河《雍正王朝》:"四爷您想啊,仇十洲那么大的名气,等闲人哪敢信手涂鸦呢!"[例句] 这幅画,乃是小女～,当不得真,实在见笑大方。

【信守不渝】 xìn shǒu bù yú

[释义] 忠诚遵守,不加改变。[例句] 我既然答应了,自当～,你放心就是了。

【衅发萧墙】 xìn fā xiāo qiáng

[释义] 见"祸发萧墙"。[语见] 南朝宋·范晔《后汉书·傅燮传》:"今张角起于赵、魏,黄巾乱于六州。此皆衅发萧墙,而祸延四海者也。"[例句] 崇祯其实也是雄心勃勃,然而雄心尚未施展,大明王朝气数已尽,～,顷刻间,政权已是摇摇欲坠。

【衅起萧墙】 xìn qǐ xiāo qiáng

[释义] 见"祸发萧墙"。[语见] 北周·庾信《周大将军司马裔神道碑》:"时值乱离,衅起萧墙。"[例句] 刘彦章正要起兵,可是～,不但免去了他的兵权,他的性命也在毫发之间。

xing

【兴兵动众】 xīng bīng dòng zhòng

[释义] 见"兴师动众"。[语见] 汉·张竦《为刘嘉作奏称莽功德》:"兴兵动众,欲危宗庙,恶不忍闻,罪不容诛。"[例句] 市场上小小的一点混乱,就值得你们如此～吗?

【兴废存亡】 xīng fèi cún wáng

[释义] 将废除和消亡的事业再次复兴、保存起来。[语见] 明·汤显祖《南柯记·拜郡》:"问亲邻兴废存亡,叙风烟悲楚哀伤。"[例句] 敌人这么快就不见了踪影,一定是要～,保存实力,万不可以为已取得了彻底的胜利。

【兴废继绝】 xīng fèi jì jué

[释义] 见"兴灭继绝"。[语见] 汉·班固《两都赋序》:"以兴废继绝,润色鸿业。"[例句] 在中国处于半殖民地半封建社会的深渊中时,共产党担负起了～的大任。

【兴风作浪】 xīng fēng zuò làng

[释义] 兴:起、掀起。作:掀起。原指神话故事中的人物施展法术,掀起大风大浪。现在往往比喻一些心术不正的人故意制造事端或进行破坏活动。[语见] 清·曾朴《孽海花》第二十一回:"可笑那班小人,抓住人家一点差处,便想兴风作浪。"[例句] 玄宗后期,朝中重臣～,藩镇势力四方割据,唐朝所有的盛世气象,顷刻不再。

【兴家立业】 xīng jiā lì yè

[释义] 兴建家庭,创立事业。[语见] 清·李宝嘉《官场现形记》第二十八回:"营盘里的钱比别处赚的容易,他就此兴家立业,手内着实有钱。"[例句] 他慨叹说:"如今年过三十,依然两手空空,谈及～,不知何年何月!"

【兴利除弊】 xīng lì chú bì

[释义] 兴:兴办。利:好事。除:清除、灭除。弊:弊端、坏事。提倡有益之事而灭除弊端。[语见] 宋·王安石《答司马谏议书》:"举先王之政,以兴利除弊,不为生

事。"[例句] 狄仁杰被贬至彭泽令后,依然～,心在魏阙,其耿耿忠心,天日可鉴。

【兴利除害】 xīng lì chú hài

[释义] 见"兴利除弊"。[语见]《管子·君臣下》:"故智者假众力以禁强虐,而暴人止,为民兴利除害,正民之德,而民师之。"[例句] 他上任之后,进行了一番～的改革,使得市里的面貌焕然一新。

【兴灭继绝】 xīng miè jì jué

[释义] 兴起灭亡的国家,继续断绝的后代。[语见]《论语·尧曰》:"兴灭国,继绝世。"[例句] 陆秀夫意欲～,挽狂澜于既倒,可是大厦之倾,已非人力可堪。

【兴灭举废】 xīng miè jǔ fèi

[释义] 把已经消亡和废除了的重新兴办起来。[语见] 明·刘基《杞子来朝》:"胥教胥诲,以引以翼,以继武王周公兴灭举废之心,可也。"[例句] 每一个王朝后期,都有一班一心～的臣子要挽狂澜于既倒,可是都不过是徒劳,不是他们不努力,也不是他们能力不济——是历史的滚滚车轮,使他们所有的雄心都变成了幻想。

【兴师动众】 xīng shī dòng zhòng

[释义] 兴:发动。师:军队。动:动员。众:民众。发动军队,动员民众,现喻指发动很多人力去做某件事,给人夸大之感。多用于贬义。[语见]《吴子·励士》:"夫发号布令,而人乐闻;兴师动众,而人乐战;交兵接刃,而人乐死。"[例句] 从朝廷对一处小小的兵变就～来看,国家神经已经衰弱到了经不起任何刺激的地步。

【兴师见罪】 xīng shī jiàn zuì

[释义] 见"兴师问罪"。[语见] 明·无名氏《衣锦还乡》第一折:"今有沛公无礼,他先入关中,封秦府库,改秦苛法,某欲兴师见罪。"[例句] 这么说吧,到时候我们如果还没有完成,你就只管～,我绝无怨言。

【兴师问罪】 xīng shī wèn zuì

[释义] 兴:发动。师:军队。问:诛伐。发动军队去诛伐对方的罪过。现喻指追

查某事并严加责问。[语见] 宋·沈括《梦溪笔谈》第二十五卷："元昊乃改元,制衣冠礼乐,下令国中悉用蕃书、胡礼,自称大夏。朝廷兴师问罪。"[例句] 快去避一下吧,你家夫人～来了。

【兴亡继绝】xīng wáng jì jué
[释义] 见"兴灭继绝"。[语见] 唐·令狐德棻《周书·萧詧传》:"朝廷兴亡继绝,理宜资赡,岂使齐桓,楚庄独擅救卫复陈之美。"[例句] 战到最后,一看～的使命已经无法完成,薛家兄弟几个绝望地自杀了。

【兴微继绝】xīng wēi jì jué
[释义] 见"兴灭继绝"。[语见] 唐·房玄龄等《晋书·张光传》:"光在梁州能兴微继绝,威震巴汉。"[例句] 中国近代史上有许多仁人志士,怀着满腔爱国热忱,担负起～的重任。

【兴妖作怪】xīng yāo zuò guài
[释义] 妖、怪:传说中害人的精灵。原指妖精作怪。现比喻暗中破坏捣乱。[语见] 元·无名氏《萨真人夜断碧桃花》:"你既然还有阳寿,阴曹地府不管,你却这等兴妖作怪。"[例句] 那几个小马贼,再怎么～,还能把天翻过来不成?

【星火燎原】xīng huǒ liáo yuán
[释义] 星:一星半点儿。燎:延烧。原:原野。一点儿火星,能够延烧整个原野。比喻小事物可能酿成大事。现多比喻新生力量,虽然起初较微小,但会迅速发展壮大。[语见]《尚书·盘庚上》:"若火之燎于原,不可向迩,其犹不可扑灭。"[例句] 这项技术诞生之后,有如～,迅速向整个世界蔓延。

【星罗棋布】xīng luó qí bù
[释义] 罗:罗列。布:分布。像星星罗列在天空中,像棋子分布在棋盘上。形容数量多、分布广。[语见]《中岳嵩阳寺碑》:"塔殿宫堂,星罗棋布。"[例句] 成千上万个大小湖泊,在芬兰境内～。

【星罗云布】xīng luó yún bù
[释义] 见"星罗棋布"。[语见] 南朝梁·萧统《文选·班固〈西都赋〉》:"列卒周匝,星罗云布。"[例句] 黄巾教坛,在中原～,一旦起事,几十万人马自可迅速集中。

【星落云散】xīng luò yún sàn
[释义] 像星星坠落,云彩散开那样,形容七零八落的样子。[语见] 明·吴承恩《西游记》第五十六回:"这大圣把金箍棒晃一晃,碗来粗细,把那伙贼打得星落云散。"[例句] 一声令下,万炮齐发,敌人阵地上的乌合之众,片刻之间便已～。

【星眸皓齿】xīng móu hào chǐ
[释义] 见"明眸皓齿"。[语见] 元·杨景贤《刘行首》第三折:"(三煞)为钱呵搬的人爷娘恩爱忘,夫妻情分绝,典房卖地将家私舍,形消骨化皆因此。家破人亡不为别,舍性命轻抛撒,则恋着星眸皓齿,杏脸莺舌。"[例句] 那女子生得～,举止端庄,绝非出自农家。

【星移斗转】xīng yí dǒu zhuǎn
[释义] 移:移动。斗:指北斗星。转:转换、转变。星斗移动,转变了位置。比喻时间的推移、季节的改变。[语见] 元·乔梦符《两世姻缘》第二折:"他便眼巴巴帘下等,直等到星移斗转二三更。"[例句] 一别万里,～,于今已是十三年了,这十几年中,竟然得不到你的一丝消息,但是我的牵挂却是一日甚似一日啊!

【星移物换】xīng yí wù huàn
[释义] 见"物换星移"。[语见] 金·丘处机《水龙吟·春兴》词:"任寒来暑往,星移物换,得高眠昼。"[例句] 离开新疆已经十年了,～,不知你现在生活得怎么样?

【惺惺惜惺惺】xīng xīng xī xīng xīng
[释义] 惺惺:指聪明的人。惜:爱惜。聪明人爱惜聪明人。形容性格、才能或遭遇相同的人互相爱惜。[语见] 清·曹雪芹《红楼梦》第八十七回:"宝姐姐不寄与别人,单寄与我,也是'惺惺惜惺惺'的意思。"[例句] 两人斗了几十年,这一同时蒙难,倒也～起来。

【惺惺作态】xīng xīng zuò tài
[释义] 惺惺:这里指"假惺惺"(即假意)

的样子。做出虚情假意的样子。形容虚伪，不老实。[例句] 我人穷志不穷，你也不必～，摆出一副可怜我的样子。

【腥风血雨】 xīng fēng xuè yǔ
[释义] 风中带着腥味，流血飞溅似雨。形容战争或屠杀的残酷，也形容时局的险恶。也作"血雨腥风"。[例句] 那场战争使得城里一片～，犹如人间地狱。

【刑措不用】 xíng cuò bù yòng
[释义] 措：设置，设施。刑法搁置而不用。形容政治清平。[语见]《荀子·议兵》："威厉而不试，刑错而不用。"注：错，通"措"。[例句] 贞观之际，政治清明，～，大唐气象初步形成。

【行百里者半九十】 xíng bǎi lǐ zhě bàn jiǔ shí
[释义]《战国策·秦策五》："诗云：'行百里者半于九十。'此言末路之难。"意为需要走一百里路，走了九十里，只能算完成一半。比喻事情越临近成功，做起来越困难。常用来劝勉人做事要善始善终。[例句] ～，坚持到底才是真英雄！

【行不苟合】 xíng bù gǒu hé
[释义] 苟：不正当。行为正直，不和人同流合污。[语见] 汉·荀悦《前汉纪·高后纪》："建为人口辩，初名廉直，行不苟合。"[例句] 东林党人蔑视权贵，～，自然要成为权贵们的眼中钉肉中刺了。

【行不苟容】 xíng bù gǒu róng
[释义] 见"行不苟合"。[语见] 唐·房玄龄等《晋书·刘毅传》："毅方正亮直，介然不群，言不苟合，行不苟容。"[例句] 郑燮一身正气，～，在上下相欺、官官相护的时代，能做到一个县官，也许都算得上是造化了。

【行不顾言】 xíng bù gù yán
[释义] 顾言：顾虑到已经说了的。指做事不守信用。[语见]《孟子·尽心下》："言不顾行，行不顾言。"[例句] 生意虽然多用心机，但是如果老是～，肯定会失去信誉而无法成功。

【行不及言】 xíng bù jí yán
[释义] 见"行不顾言"。[语见] 清·夏敬渠《野叟曝言》第一百二十一回："诸兄与弟，当以行不及言为耻。"[例句] 再这么～下去，不但你的朋友要离开你，就是你的亲人，恐怕也要反对你了。

【行不由径】 xíng bù yóu jìng
[释义] 行：走路。径：小道。指走路只走大道，不走小路。比喻为人做事规矩、正派。也形容人墨守成规，不灵活。[语见]《论语·雍也》："有澹台灭明者，行不由径，非公事，未尝至于偃之室也。"[例句] 老夫六十年来，始终～，如今怎么为了些许便宜而坏了名节？

【行不逾方】 xíng bù yú fāng
[释义] 逾：越过。方：正。行为不逾越正道。[语见] 南朝宋·范晔《后汉书·班彪传》："班彪以通儒上才。倾侧危乱之间，行不逾方，言不失正。"[例句] 这位老先生心正是没说的，～，数十年如一日，但是其固执古板，却也让人头疼不已。

【行步如飞】 xíng bù rú fēi
[释义] 走路的步子轻快如飞。[语见] 宋·洪迈《夷坚丁志·李茇遇仙》："至寺门下，觉身轻神逸，行步如飞，泊归舍，不复饮食。"[例句] 老头儿七十有余，爬起山来依然～，真让我们这些后生小子汗颜。

【行步如风】 xíng bù rú fēng
[释义] 见"行步如飞"。[语见] 宋·张君房《云笈七签》第七十八卷："服百日，雄风大至，语声寥亮，行步如风。"[例句] 你看他那～的样子，就知道他是那种敢作敢为的人。

【行成于思】 xíng chéng yú sī
[释义] 行：行动，做事。思：思考。做事或处理问题成功是因为进行了周密的思考。[语见] 唐·韩愈《进学解》："业精于勤，荒于嬉；行成于思，毁于随。"[例句] 治学一定要多动脑筋，～，不要被琐碎的材料蒙蔽住了眼睛。

【行短才高】 xíng duǎn cái gāo
[释义] 见"行短才乔"。[语见] 明·胡文焕《群音类选〈红拂记·英雄投合〉》："这是负心人行短才高，转眼处把人嘲诮。"

[例句] 德行还是要讲究的，像～的秦桧，据说就写得一手非常漂亮的瘦金体，可是谁会真正喜欢他的字呢？

【行短才乔】 xíng duǎn cái qiáo
[释义] 行短：行为卑鄙。乔：高。才能虽高而行为卑劣。[语见] 明·张凤翼《红拂记·同调相怜》："这是负心人行短才乔，转眼处把人嘲诮，更烂翻寸舌，易起波涛。"[例句] 别跟那种～的人裹在一起，那样的人，终会自负一身骂名。

【行合趋同】 xíng hé qū tóng
[释义] 行：行为。趋：趋向；旨趣。行为和志趣都一样。[语见] 汉·刘安《淮南子·说山训》："行合趋同，千里相从；行不合，趋不同，对门不通。"[例句] 二人一见如故，～，直谈到东方现出鱼肚白。

【行化如神】 xíng huà rú shén
[释义] 形容行动变化快得出奇。[语见] 汉·荀悦《前汉纪·武帝纪》："当今陛下临制海内，一齐天下，口虽未言，声疾雷电，令虽未发，行化如神。"[例句] 黄巢之兵，～，牵着唐军的鼻子，转得他们晕头转向。

【行疾如飞】 xíng jí rú fēi
[释义] 见"行步如飞"。[例句] 我们正喘着粗气的时候，看到几个老人～地上得山来，我们又是惊叹，又是惭愧。

【行将就木】 xíng jiāng jiù mù
[释义] 行将：将要，快要。就：去、到。木：寿木、棺木。就要进棺木里边去了。指死期临近。[语见]《左传·僖公二十三年》："(晋)公子(重耳)取季隗，……将适齐，谓季隗曰：'待我二十五年，不来而后嫁。'对曰：'我二十五年矣，又如是而嫁，则就木焉。请待子！'"[例句] 我老了，已经～，大好河山，将由你们去装扮了。

【行军动众】 xíng jūn dòng zhòng
[释义] 见"兴师动众"。[语见] 晋·陈寿《三国志·魏书·王朗传》："今权之师未动，则助吴之军无为先征。且雨水方盛，非行军动众之时。"[例句] 你就改不掉那听见风就是雨的毛病，一点小事也是～的。

【行亏名缺】 xíng kuī míng quē
[释义] 德行、名声都亏损低下。[语见] 明·高则诚《琵琶记·丞相发怒》："自小攻读，从来知礼，忍使行亏名缺。"[例句] 明朝的大厦居然要这种～的大臣来支撑，哪有不乱自内生的道理？

【行眠立盹】 xíng mián lì dǔn
[释义] 见"立盹行眠"。[语见] 明·汤显祖《邯郸记·合仙》："(韩、何)眼见桃花又一春，人世上行眠立盹。"[例句] 连续守着病中的父亲，三天之后，我已是～了，但还是不能放心地离开他。

【行若狗彘】 xíng ruò gǒu zhì
[释义] 见"行同狗彘"。[语见] 汉·贾谊《治安策》："故此一豫让也，反君事仇，行若狗彘，而已抗节致忠，行出乎列士，人主使然也。"[例句] 刘家老三伤天害理，坏事做尽，～，邻人无不对他恨之入骨。

【行若无事】 xíng ruò wú shì
[释义] 行：行动、举止。行动上好像没有这么一回事。形容举止镇静，不慌不乱。有时也指对坏人坏事不进行斗争，听之任之。[例句] 韦丽丝～地走进来，但是从她的眼睛里，我能够看出，她心里一定有什么心事。

【行色匆匆】 xíng sè cōng cōng
[释义] 行：出行。色：神色、神情。匆匆：匆匆忙忙的样子。出发时显出匆匆忙忙的神色。形容时间紧迫，走得很急。[语见] 元·曾端《醉花阴·怀离》套曲："行色匆匆易伤感，徒恁般香消玉减。"[例句] 昨天，我们都看见有一队～的人走过，却不知他们要去做什么。

【行尸走骨】 xíng shī zǒu gǔ
[释义] 见"行尸走肉"。[语见] 宋·张君房《云笈七签》第六十卷："枯木不复生，其牙叶纵遇阳和之春，长为阴冥下鬼，毕于朽腐，可谓愍嗟，虽位极人臣，皆行尸走骨矣。"[例句] 他的生活已经变得毫无目标，他就像～一样活着。

【行尸走肉】 xíng shī zǒu ròu
[释义] 行:行走、行动。尸:受祭的人。走:跑动。肉:肉体。指能活动的肉体。喻指没有思想、徒具形体、无所作为的人。[语见] 晋·王嘉《拾遗记·后汉》:"(任末)临终诫曰:'夫人好学,虽死若存;不学者,虽存,谓之行尸走肉耳。'"[例句] 在亡妻丧子的打击下,他整天恍恍惚惚,如～一般。

【行师动众】 xíng shī dòng zhòng
[释义] 见"兴师动众"。[语见] 晋·陈寿《三国志·魏书·明帝纪三》裴松之注引《魏书》曰:"即位之后……务绝浮华谮毁之端,行师动众,论决大事,谋臣将相,咸服帝之大略。"

【行思坐想】 xíng sī zuò xiǎng
[释义] 走着坐着都在想,形容无时不在想念。[语见] 元·郑德辉《㑇梅香》第二折:"如今着小生行思坐想,废寝忘餐,我有什么心肠看这经书。"[例句] 我思念亲人,～,盼望能早点回到他们身边。

【行思坐忆】 xíng sī zuò yì
[释义] 见"行思坐想"。[语见] 宋·袁去华《金蕉叶》词:"行思坐忆。知他是、怎生过日。"[例句] 妻子出国后,他～,盼望着早日团聚。

【行所无事】 xíng suǒ wú shì
[释义] 见"行若无事"。[语见] 清·南亭亭长《中国现在记》第二回:"见面之后,朱侍郎尚是行所无事,不料这黄仲文面上顿时露出一副羞惭之色。"[例句] 别装作一副～的样子,我们都知道你要提升了。

【行同狗豨】 xíng tóng gǒu xī
[释义] 豨:猪。人的行为丑恶,如同猪狗。[例句] 那些乌合之众,个个～,你想靠他们给你做事,不是白日做梦吗?

【行凶撒泼】 xíng xiōng sā pō
[释义] 撒泼:耍无赖,用蛮横无理的行动待人。[语见] 明·无名氏《打董达》第二折:"我平日之间,行凶撒泼,倚强凌弱,欺负平人。"[例句] 郑家仗着有钱,什么～的事情都做得出来,村里的人无不

躲得远远的。

【行远自迩】 xíng yuǎn zì ěr
[释义] 自:从。迩:近。欲走远路必须从最近处起步。比喻学习办事要由浅入深,一步步循序渐进。[语见] 《礼记·中庸》:"君子之道,辟如行远必自迩,辟如登高必自卑。其反己自修,循序渐进耳。"[例句] 学习当循序渐进,～,否则欲速则不达。

【行云流水】 xíng yún liú shuǐ
[释义] 行云:天空中飘动变幻的云。流水:流动向前的河水。喻指自然流畅,一气呵成,没有人为的痕迹,多指诗文、字画、音乐等。[语见] 宋·苏轼《答谢民师书》:"所示书教及诗赋杂文,观之熟矣;大略如行云流水,初无定质。但常行于所当行,常止于所不可不止。"[例句] 他的一套动作,完成得有如～,专家们赞不绝口。

【行之有效】 xíng zhī yǒu xiào
[释义] 行:执行、施行。效:成效、效果。施行起来很有成效。多指政策、方针。[语见] 晋·张华《博物志·方士》:"皇甫隆遇青牛道士,姓封名君达,其论养性(生)法则可施用,大略云……武帝行之有效。"[例句] 那一套～的方案施行之后,公司的管理大有起色。

【形单影只】 xíng dān yǐng zhī
[释义] 只:指单独。形容孤独,没有伴侣。[语见] 唐·韩愈《祭十二郎文》:"吾上有三兄,皆不幸早逝,承先人后者,在孙惟汝,在子惟吾,两世一身,形单影只。"[例句] 春节到了,大家都回家与家人团聚去了,只有他～,心中好不凄凉。

【形格势禁】 xíng gé shì jìn
[释义] 格:阻碍。禁:制止。原指阻止搏斗或平息纠纷要善于乘虚取势,抓住斗者的要害,斗者双方因形势的限制而自然分开。也指形势因受阻而不顺利。[语见] 汉·司马迁《史记·孙子吴起列传》:"救斗者不搏撠,批亢捣虚,形格势禁,则自为解耳。"[例句] 盟军登陆之后,～,在方圆几十里的地方,苦苦战斗

了半个月还没有打开局面。

【形迹可疑】 xíng jì kě yí

[释义] 形迹:身形踪影。疑:怀疑,疑惑。行为、举止、神色让人怀疑。[语见] 清·蒲松龄《聊斋志异·房文淑》:"邓以形迹可疑,故亦不敢告人。"[例句] 在警察视野里,出现了几个~的家伙。

【形如槁木】 xíng rú gǎo mù

[释义] 槁:干枯。《庄子·齐物论》:"形固可使如槁木,心固可使如死灰乎?"后用形如槁木形容身体瘦得像干枯的木头。[例句] 望着他~的单薄模样,妻子流下了悲悯的泪水。

【形同虚设】 xíng tóng xū shè

[释义] 形式上虽有,却不起作用,如同没有一样。[语见] 熊召政《张居正》:"除了像兵部守备……这样为数不多的要职之外,大部分官位,都形同虚设。"[例句] 大厅里负责咨询的人一问三不知,这样的问询处岂不是~吗?

【形销骨立】 xíng xiāo gǔ lì

[释义] 销:消瘦。形体消瘦,只剩一副骨头。形容身体极为消瘦。[语见] 清·蒲松龄《聊斋志异·叶生》:"榜既放,依然铩羽。生嗒丧而归,愧负知己,形销骨立,痴若木偶。"[例句] 丈夫离去之后,妻子整日以泪洗面,半个月不到,竟已~。

【形形色色】 xíng xíng sè sè

[释义] 形形:因形成形。色色:因色成色。生出形体,生出颜色。后泛指事物类别很多,各种各样。[语见]《列子·天瑞》:"有形者,有形形者……有色者,有色色者。"[例句] 这十年来,~的变化早已让人应接不暇。

【形影不离】 xíng yǐng bù lí

[释义] 离:分开、分离。形体和影子不分开。形容关系密切,永不分离。[语见]《吕氏春秋·孝行》:"圣人之见时,若步之与影不可离。"[例句] 两个孩子~,他们的友谊,至真至纯。

【形影相吊】 xíng yǐng xiāng diào

[释义] 相:互相。吊:慰问、问候。形体与影子互相问候。形容孤单无依。

[语见] 三国魏·曹植《上责躬应诏诗表》:"窃感《相鼠》之篇,无礼遄死之义。形影相吊,五情愧赧。"[例句] 想起你只身赴大漠,~,我十分牵挂,而且有些替你担忧。

【形影相随】 xíng yǐng xiāng suí

[释义] 见"形影相追"。[语见] 明·沈受先《三元记·登科》:"止合躬耕畎亩,形影相随,早晚相依。"[例句] 二人比翼双飞,~,他们的爱情,在整个武林有口皆碑。

【形影相依】 xíng yǐng xiāng yī

[释义] 见"形影相追"。[语见] 明·邵景詹《觅灯因话·孙恭人传》:"部与孙形影相依,亲爱愈笃。"[例句] 小两口新婚燕尔,~,真是幸福的一对儿。

【形影相追】 xíng yǐng xiāng zhuī

[释义] 像影子追随着形体,一刻也不分离。形容彼此关系极为密切。[语见] 唐·张说《同张侍御望归舟》诗:"形影相追高翥鸟,心肠并断北飞船。"[例句] 老太太静静地坐在老头儿的坟前,想起早些年~的情景,愈加悲伤,泪如雨下。

【兴复不浅】 xìng fù bù qiǎn

[释义] 兴趣还很高。[语见] 南朝宋·刘义庆《世说新语·容止》:"(庾太尉)俄而率左右十许人步来,诸贤欲起避之,公徐云:'诸君少住,老子于此处,兴复不浅。'便据胡床,与诸人咏谑,竟坐甚得任乐。"[例句] 中秋之夜,一家人聊天、赏月,直到深夜仍然~。

【兴高采烈】 xìng gāo cǎi liè

[释义] 兴:诗歌即景生情的表现手法。高:高超。采:文辞、文采。烈:猛烈,犀利。原指文章、诗歌富于辞采,旨趣高超。现一般指兴致高昂,情绪热烈饱满,不觉疲乏。[语见] 南朝梁·刘勰《文心雕龙·体性》:"叔夜(嵇康)俊侠,故兴高而采烈。"[例句] 操场上,孩子~地玩着各种游戏。

【兴会淋漓】 xìng huì lín lí

[释义] 兴会:兴致。淋漓:酣畅。形容兴趣很高,精神舒畅。[语见] 清·文康《儿

女英雄传》第三十回：“一个人到了成丁授室，离开父母左右，便是安老夫妻恁般严慈，哪里还能时刻照管的到他，有时到了兴会淋漓的时节，就难免有些小德出入。”[例句] 十几个几十年才一聚的朋友到了一起，那还不～地畅谈一番？

【兴尽意阑】 xìng jìn yì lán
[释义] 阑：残、尽。兴味和情趣都没有了。[语见] 朱自清《海阔天空》与“古今中外”》：“时而纵谈时局，品鉴人伦，时而剖析玄理，密诉衷曲……等到兴尽意阑，便各自回去睡觉。”[例句] 本想和几个早年的同学一醉方休，可是十点刚过，见大家都～，我也只好停住了话头，场面便越加冷清了。

【兴味盎然】 xìng wèi àng rán
[释义] 盎然：充满、洋溢的样子。形容兴致高，兴趣浓厚。也作“兴致盎然”。[语见] 林清玄《打瞌睡》：“由于他打瞌睡时非常有趣，路边围了三四个人兴味盎然地看着。”[例句] 他酷爱军事，每次谈起军事方面的新闻或故事，都～。

【兴味索然】 xìng wèi suǒ rán
[释义] 兴：兴趣、兴致。味：滋味。索：完结、尽、消失。然：……的样子。丝毫的兴致都没有了。[例句] 好容易把小芳请出来，可是见她那～的样子，所有的话也只好硬生生地吞回肚子里了。

【兴致勃勃】 xìng zhì bó bó
[释义] 兴致：兴趣，兴味。勃勃：高涨、饱满。指兴致高涨，情绪饱满。[语见] 清·李汝珍《镜花缘》第五十六回：“到了郡考，众人以为缁氏必不肯去，谁知他还是兴致勃勃道：‘以天朝之大，岂无看文巨眼。’”[例句] 午饭之后，一家人～地开始听评弹。

【兴致勃发】 xìng zhì bó fā
[释义] 见“兴致勃勃”。[例句] 看你那～的样子，是不是要和我谈个通宵？

【兴致索然】 xìng zhì suǒ rán
[释义] 见“意兴索然”。[例句] 月亮出来了，然而大家都不再说话，赏月更是～，中秋竟显出了几分凄凉之意。

【杏脸桃腮】 xìng liǎn táo sāi
[释义] 杏花白，桃花红，白脸红腮。形容女子姿色秀美。[语见] 元·王实甫《西厢记》第四本第五折：“杏脸桃腮，乘着月色，娇滴滴越显得红白。”[例句] 门口那位～的小丫头，不知是谁家女子，眉宇间隐隐有悲情，却不知是何原因。

【杏雨梨云】 xìng yǔ lí yún
[释义] 杏花如雨，梨花似云。形容春天景色美丽。[语见] 明·许自昌《水浒记·冥感》：“慕虹霓盟心，蹉跎杏雨梨云，致蜂恋蝶昏。”[例句] 富春江畔，～，我真有些乐不思蜀了。

【幸灾乐祸】 xìng zāi lè huò
[释义] 幸：高兴。看见别人遭受灾祸反而高兴。贬义。[语见]《左传·僖公十四年》：“秦饥，使乞籴于晋，晋人弗与。庆郑曰：‘背施无亲，幸灾不仁。’”又《庄公二十年》：“哀乐失时，殃咎必至。今王子颓歌舞不倦，乐祸也。”[例句] 别看他们现在都以笑脸相迎，一旦你出了什么事情，他们可就全要～了。

【性命交关】 xìng mìng jiāo guān
[释义] 交关：相关。有关生命的事情，形容事情十分重要。[语见] 清·刘鹗《老残游记》第一回：“此时人家正在性命交关，不过一时救急，自然是我们三个人去，哪里有几营人来给你带去！”[例句] 正在～的时刻，援军到了，牛皋大吼一声，冲向敌军。

xiong

【凶多吉少】 xiōng duō jí shǎo
[释义] 形容情况不妙，形势不利。[语见] 明·吴承恩《西游记》第四十回：“今日且把这慈悲心略收起，待过了此山，再发慈悲罢。这去处凶多吉少。”[例句] 你们此去，前无救兵，后无援军，自是～，但是还是希望你们得上天保佑，杀出一条血路，打乱敌人步步为营的战略部署。

【凶年饥岁】 xiōng nián jī suì
[释义] 指灾荒之年。[语见]《孟子·梁

惠王下》："凶年饥岁,君之民老弱转乎沟壑,壮者散之四方者,几千人矣。"[例句]侵略军大举进攻,正值～,百姓愈加疾苦。

【凶神恶煞】 xiōng shén è shà
[释义]煞:凶神。原指凶恶的神。比喻凶恶的人。也形容人凶恶可怕。[语见]元·无名氏《桃花女》第三折:"又犯着金神七杀上路,又犯着太岁,遭这般凶神恶煞,必然板僵身死了也。"[例句]对孩子嘛,别动不动就摆出一副～的样子。

【凶相毕露】 xiōng xiàng bì lù
[释义]毕:完全。凶狠歹毒的本相完全暴露了出来。[例句]仗打到最后,敌人～,炸开了大坝,几十万百姓顿时泡在滔滔洪水之中。

【凶终隙末】 xiōng zhōng xì mò
[释义]凶:不吉利,不幸。隙:嫌隙。终、末:告终,结尾。原指原来是好朋友,有以不幸告终的,也有因感情破裂结尾的。比喻友情常常不能全始全终。[语见]南朝宋·范晔《后汉书·王丹传》:"张、陈凶其终,萧、朱隙其末,故知全之者鲜矣。"李贤注:"张耳、陈余初为刎颈交,后构隙,耳后为汉将兵,杀陈余于泜水之上。萧育字次君,朱博字子元,二人为友,著闻当代,后有隙不终,故时以交为难。"[例句]她陷入沉思,想平生阅人何止千百,但～却十居七八,不觉有些心灰意冷。

【兄弟阋墙】 xiōng dì xì qiáng
[释义]阋:争吵。比喻内部不和。[语见]《诗经·小雅·常棣》:"兄弟阋于墙,外御其务。"[例句]敌人外强中干,尤其是～,正是一举而歼灭之的大好机会。

【兄肥弟瘦】 xiōng féi dì shòu
[释义]汉·班固等《东观汉记》第十七卷:"赵孝字长平,沛国蕲人。兄弟怡怡,乡党归德。王莽时,天下乱,人相食。弟礼为饿贼所得,孝闻即自缚诣贼曰:'礼久饿羸瘠,不如孝肥。'贼并放之。"后用以形容兄弟相亲,情谊深厚。[语见]唐·李延寿《南史·梁武陵王传》:"兄肥弟瘦,无

复相代之期;让枣推梨,长罢欢愉之日。"[例句]朱先生的后人、～,和睦相处,甚得邻里夸奖。

【兄死弟及】 xiōng sǐ dì jí
[释义]见"兄终弟及"。[语见]《公羊传·昭公二十二年》:"不与当,父死子继,兄死弟及之辞也。"[例句]你们虽为一母所生,但是要坚持～的话,恐怕难以服众。

【兄友弟恭】 xiōng yǒu dì gōng
[释义]兄对弟友爱,弟对兄恭敬。[语见]汉·司马迁《史记·五帝本纪》:"使布立教于四方,父义母慈,兄友弟恭,子孝,内平外成。"[例句]他们二人甚有家教,～,邻人视为楷模。

【兄终弟及】 xiōng zhōng dì jí
[释义]哥哥死了,弟弟继位。这是商代的一种制度。[语见]汉·班固《汉书·武五子传》:"裂地王之,分财而赐之,父死子继,兄终弟及。"[例句]依我看,在那个时代,采取～的制度,也算一个最便捷的法子。

【汹涌澎湃】 xiōng yǒng péng pài
[释义]汹涌:水猛烈地向上涌。澎湃:波浪互相撞击。水势浩大。泛指声势浩大。[语见]汉·司马相如《上林赋》:"沸乎暴怒,汹涌澎湃。"[例句]文艺复兴的大潮～,把人类的历史推向了新纪元。

【胸怀大志】 xiōng huái dà zhì
[释义]大志:远大的志向。胸中有远大的理想和抱负。[语见]明·罗贯中《三国演义》第二十一回:"曹操曰:'夫英雄者,胸怀大志,腹隐良谋,有包藏宇宙之机,吐冲天地之志,方可为英雄也。'"[例句]雪君～,非池中之物,我们都希望他能有更好的发展。

【胸怀坦白】 xiōng huái tǎn bái
[释义]胸襟坦荡,纯洁。[例句]他一生～,一心为公,堪称人民的好公仆。

【胸无城府】 xiōng wú chéng fǔ
[释义]城府:城市和官府,喻指令人难以捉摸的心机。比喻人的襟怀坦荡,无所隐匿。[语见]清·赵尔巽《清史稿·陶澍

传》："澍见义勇为,胸无城府。"[例句] 小琳是个～的小姑娘,你就别存心骗她了。

【胸无点墨】 xiōng wú diǎn mò
[释义] 墨:文章的代称。形容人不识字、没有学问。[语见] 宋·释普济《五灯会元》:"匙挑不上个村夫,文墨胸中一点无;曾把虚空揣出骨,恶声赢得满江湖。"[例句] 让他那么个～的家伙去当教育局长,不是要坑害民众吗?

【胸无宿物】 xiōng wú sù wù
[释义] 宿物:旧有物,比喻成见。指心地坦率,没有成见。[语见] 南朝宋·刘义庆《世说新语·赏誉下》:"庾赤玉胸中无宿物。"[例句] 成审棋对下属虽然异常严厉,但是作为一个～的老总,全体成员对他也心服口服。

【胸有成竹】 xiōng yǒu chéng zhú
[释义] 见"成竹在胸"。[语见] 宋·晁补之《赠文潜甥杨克一学文与可画竹求诗》:"与可画竹时,胸中有成竹。"[例句] 看你那不慌不忙的样子,一定是～了?

【胸有大志】 xiōng yǒu dà zhì
[释义] 见"胸怀大志"。[例句] 唯有像项羽这种早年就～的人,才能登高一呼,百万响应。

【胸有甲兵】 xiōng yǒu jiǎ bīng
[释义] 甲兵:铠甲和兵器,泛指武备。比喻胸中富有韬略。[语见] 北齐·魏收《魏书·崔浩传》:"世祖指浩示之,曰:'汝曹视此人,尪纤懦弱,手不能弯弓持矛,其胸中所怀,乃逾于甲兵。'"[例句] 朱元璋对～的刘伯温信任有加,便对他最终能取得胜利建立大明加上了最有效的砝码。

【胸有丘壑】 xiōng yǒu qiū hè
[释义] 丘壑:山丘和山沟。比喻胸怀远大,颇有心意。[语见] 清·李宝嘉《官场现形记》第十一回:"毕竟戴大理胸有丘壑,听了此言,恍然大悟道:'是了,是了!我好好的一个缺,就葬送在他这几句话上了!'"[例句] 老先生点头说道:"此子天庭饱满,～,日后必能成就大业。"

【胸中甲兵】 xiōng zhōng jiǎ bīng
[释义] 见"胸有甲兵"。[例句] 张良手无缚鸡之力,但是～,力胜十万之众。

【胸中鳞甲】 xiōng zhōng lín jiǎ
[释义] 鳞甲:比喻心计。指人心存险恶。[语见] 晋·陈寿《三国志·蜀书·陈震传》:"诸葛亮与长史蒋琬、侍中董允书曰:'孝起前临至吴,为我说正方,腹中有鳞甲,乡党以为不可近。'"[例句] 人们以为他是个老实人,没能发现他的～。

【胸中无数】 xiōng zhōng wú shù
[释义] 胸中没有数字,比喻对情况不够了解,处理事情没有把握。[例句] 你一个做市场部经理的,竟然对市场～,你还是反省一下吧!

【胸中有数】 xiōng zhōng yǒu shù
[释义] 胸中有个数字。比喻对情况有基本的了解,处理事情有一定把握。[语见] 付秀莹《世事》:"直到这个时候,小刁才肯承认,即便对自己她不是那么胸中有数。"[例句] 做领导的,不要求对什么事情都了然于心,但是至少要做到～。

【雄才大略】 xióng cái dà lüè
[释义] 雄:大。略:谋略。指杰出的才智和谋略。也作"雄材大略"。[语见] 汉·班固《汉书·武帝纪》:"如武帝之雄才大略,不改文、景之恭俭以济斯民。"[例句] 具有～的成吉思汗的视野,早已超过了整个蒙古大草原。

【雄纠纠,气昂昂】 xióng jiū jiū, qì áng áng
[释义] 赳赳:健壮威武的样子。昂昂:精神振作,气度不凡的样子。形容威武雄壮,气度不凡的样子。[例句] 见武士们～地走来走去,盗贼们无机可乘,只好悄然离去了。

【雄师百万】 xióng shī bǎi wàn
[释义] 见"百万雄师"。[语见] 宋·无名氏《宣和遗事》元集:"李密祖臂一呼,聚雄师百万,占了中原。"[例句] 苻坚～,一路打到了淝水北岸,却敌不过东晋数万甲兵。

【雄心勃勃】 xióng xīn bó bó
[释义] 勃勃:旺盛的样子。雄心:远大的理想。形容理想抱负非常远大。[例句] 他记得自己年轻的时候,也曾～要大干一场,可是时运不济,等到有机会的时候,人却老了。

【雄心壮志】 xióng xīn zhuàng zhì
[释义] 远大的理想、宏伟的志向。[语见] 宋·欧阳修《苏才翁挽诗二首》:"柳岸抚枢送归船,雄心壮志两峥嵘。"[例句] 在大自然面前,人类任何～都变得异常渺小。

【熊心豹胆】 xióng xīn bào dǎn
[释义] 形容胆量极大。[语见] 元·纪君祥《赵氏孤儿》第三折:"我有熊心豹胆,怎敢掩藏着赵氏孤儿。"[例句] 几个小子,真是吞了～,竟敢到十万军营中来回走了一遭。

xiu

【休牛放马】 xiū niú fàng mǎ
[释义] 将牛马放牧,不再作军用。比喻天下太平,不再用兵。[语见] 晋·葛洪《抱朴子·释滞》:"今丧乱既平,休牛放马,烽燧灭影。"[例句] 楚汉之争结束,西汉建立,～,休养生息,百姓终于过上了安居乐业的生活。

【休牛归马】 xiū niú guī mǎ
[释义] 见"休牛放马"。[语见] 唐·欧阳询《艺文类聚》第十三卷引《晋穆帝哀策文》:"风扫天宇,休牛归马,卷旗卧鼓,俾我烝民。"[例句] 于今天下既定,当刀枪入库,～,奈何还要重开战事?

【休牛散马】 xiū niú sàn mǎ
[释义] 见"休牛放马"。[语见] 唐·魏徵《隋书·薛道衡传》:"于是八荒无外,九服大同,四海为家,万里为宅,乃休牛散马,偃武修文。"[例句] 明朝建立,～之后,一帮战功赫赫的武将顿时失落起来。

【休戚相关】 xiū qī xiāng guān
[释义] 休:吉庆、欢乐。戚:忧愁、灾祸。相关:相互关联。欢乐、忧愁都相互关联。泛指各方利害一致。[语见] 宋·陈亮《送陈给事去国启》:"眷此没心,无非体国;然用舍之际,休戚相关。"[例句] 可别小看配电室,它与整个生产、管理都～,这里一旦出了差错,那损失可就大了。

【休戚与共】 xiū qī yǔ gòng
[释义] 休:吉庆、欢乐。戚:忧愁、灾祸。与共:一起、共同。福同享,祸同当,同甘共苦。[语见] 明·瞿共美《天南逸史·帝幸南宁府》:"臣与皇上患难相随,休戚与共,原自不同于诸臣,一切大政自得与闻。"[例句] 我们现在是在同一条船上,是～,我要出了问题,你也脱不了干系。

【休养生息】 xiū yǎng shēng xī
[释义] 休:休息。养:滋养。生息:繁殖人口。指社会经过动乱以后,为了恢复安稳秩序,而采取的调整、发展等政策。[语见] 唐·韩愈《平淮西碑》:"高宗、中(宗)、睿(宗),休养生息。"[例句] 几乎各个王朝初建的时候,都～,发展生产,这一政策坚持得越久,王朝也便能维持越长的时间。

【修齐治平】 xiū qí zhì píng
[释义] 修:修身。齐:齐家。治:治国。平:平天下。指人生的几项理想目标。[语见]《大学》:"身修而后家齐,家齐而后国治,国治而后天下平。"清·刘沅《论语恒解》:"驯至乎中和在抱,万善同归,然后修齐治平,一以贯之。"[例句] 古时的知识分子,讲究～,不像现在一些人,只知道去挣钱,心志高下,不言自明。

【修桥补路】 xiū qiáo bǔ lù
[释义] 修建补好桥梁道路。比喻热心公益,解囊行善。[语见] 明·吴承恩《西游记》第二十七回:"我丈夫更是个善人,一生好的是修桥补路,敬老怜贫。"[例句] 王老汉虽然老实,但是一生好～,做了不少好事,自然会得到乡邻的尊敬了。

【羞花闭月】 xiū huā bì yuè
[释义] 见"闭月羞花"。[语见] 明·汤显祖《牡丹亭·惊梦》:"不提防沉鱼落雁鸟惊喧,则怕的是羞花闭月花愁颤。"

[例句]西施凭着～之貌,极大地消耗了夫差的精力,为勾践的东山再起,做出了巨大的贡献。

【羞愧难当】xiū kuì nán dāng
[释义]当:承担。羞愧得不能再承受,形容感到惭愧和不好意思。[例句]小文的把戏被老师揭穿之后,～,一张小脸变得通红。

【羞面见人】xiū miàn jiàn rén
[释义]因羞愧而怕见到人。[语见]南朝梁·萧子显《南齐书·刘祥传》:"(祥)轻言肆行,不避高下。司徒褚渊入朝,以腰扇障日,祥从侧过,曰:'作如此举止,羞面见人,扇障何益?'"[例句]他出狱回家之后,～,整天把自己关在房子里。

【羞人答答】xiū rén dā dā
[释义]答答:害羞的样子。形容难为情,不好意思。[语见]元·王实甫《西厢记》第四本楔子:"羞人答答的,怎生去!"[例句]小翠～的,没见过什么世面,但是如果相处一段时间,她就会变得非常自然。

【羞羞答答】xiū xiū dā dā
[释义]羞:害臊。答答:腼腆、不好意思的样子。使人害臊、怪不好意思的样子。[语见]元·王瑞卿《留鞋记》第三折:"见母亲哭哭啼啼,却教我羞羞答答。"[例句]一提起相亲的事,她就～地想躲开。

【羞与哙伍】xiū yǔ kuài wǔ
[释义]见"羞与为伍"。[语见]汉·司马迁《史记·淮阴侯列传》:"(韩)信尝过樊将军哙,哙跪拜送迎,言称臣,曰:'大王乃肯临臣!'信出门,笑曰:'生乃与哙等为伍!'"[例句]像他这种好事之徒,我～,你最好别把我们安排在一起。

【羞与为伍】xiū yǔ wéi wǔ
[释义]为伍:在一起,做伙伴。以跟某人在一起为耻辱。[语见]南朝宋·范晔《后汉书·党锢传》:"逮桓灵之间,主政荒谬,国命委于阉寺,士子羞与为伍。"[例句]那乃是一帮吃吃喝喝之徒,我～。

【朽木不雕】xiǔ mù bù diāo
[释义]朽木:腐烂木头。雕:雕刻。《论语·公冶长》:"朽木不可雕也,粪土之墙不可圬也。"意为烂木头不可雕刻,脏土墙不可粉刷。后用"朽木不雕"比喻人不可造就或局势不可救药。[例句]老师多次帮助和教育他,他还执迷不悟,真是～啊。

【朽木粪土】xiǔ mù fèn tǔ
[释义]朽木:烂木。粪土:脏土。比喻不堪造就的人或无用的东西。[语见]汉·王充《论衡·问孔》:"朽木粪土,败毁不可复成之物,大恶也。"[例句]权力和金钱在他眼里都不过是～,他只想做他心灵世界里的国王。

【朽木之才】xiǔ mù zhī cái
[释义]像烂木头的才能,比喻不堪造就或无用之人。[语见]元·无名氏《认金梳》第三折:"量你何足道哉,斗筲之器,粪土之墙,朽木之才,精狗儿之人。"[例句]赖家那几个小子,一个比一个笨,当真是～,不可雕琢。

【秀才人情】xiù cái rén qíng
[释义]秀才所赠不过诗文书画,比喻菲薄的赠品。[语见]清·李汝珍《镜花缘》第三十一回:"些须微物,不过略助雅兴,敝处历来猜谜都是如此,秀才人情,休要见笑。"[例句]我们淡淡相交,来往交谈,不过～,俗世的礼尚往来,还是免了吧。

【秀出班行】xiù chū bān háng
[释义]秀:特异,优秀。班行:同辈,同列。才能优异,超出同辈。[语见]唐·韩愈《唐故江南西道观察使洪州刺史太原王公神道碑铭》:"秀出班行,乃动帝目。"[例句]何家的小儿子,七八岁在一众伙伴中便已～,日后定能成就一番业绩。

【秀而不实】xiù ér bù shí
[释义]秀:指禾类植物开花。实:果实,种子。庄稼光吐花而不结果。喻指有相当成就的人而早年夭折。[语见]《论语·子罕》:"秀而不实者有矣夫。"朱熹注:"盖学而不至于成,有如此者,是以

君子贵自勉也。"[例句]他才高八斗却～,实在令人惋惜。

【秀色可餐】 xiù sè kě cān

[释义]秀色:秀美的容貌。餐:吃。形容女子容貌秀美可爱,人见了心情舒畅,不觉饥饿。也可指山水风景秀丽。[语见]晋·陆机《日出东南隅行》:"鲜肤一何润,秀色若可餐。"[例句]欧阳大人整天带着几个～的女子在茶楼酒肆进出,嚣张至极。

【秀水明山】 xiù shuǐ míng shān

[释义]见"山明水秀"。[例句]大好春色之际,想起～,看一眼打着石膏的腿,心中隐隐含悲。

【秀外慧中】 xiù wài huì zhōng

[释义]秀:秀丽。慧:聪慧。形容人容貌秀丽,内心聪慧。后多用于女子。[语见]宋·胡仔《苕溪渔隐丛话后集·丽人杂记》:"广汉营妓,小名僧儿,秀外慧中,善填词。"[例句]她～,品德又好,人人见了都夸。

【袖手旁观】 xiù shǒu páng guān

[释义]袖手:把双手插在袖子里揣起来,在一旁观看。比喻置身事外,不过问或不参与。[语见]宋·苏轼《朝辞赴定州论事状》:"弈棋者胜负之形,虽国工有所不尽,而袖手旁观者常尽之。"[例句]我们是同一个战壕里的兄弟,你有难,我怎么会～呢?

【绣虎雕龙】 xiù hǔ diāo lóng

[释义]比喻善于为文,辞采华丽。[语见]宋·曾慥《类说》第四卷引《玉箱杂记》:"曹植七步成章,号绣虎。"汉·司马迁《史记·孟子荀卿列传》:"齐人颂曰:'谈天衍,雕龙奭,炙毂过髡。'"裴骃集解引刘向《别录》:"驺奭修衍之文,饰若雕镂龙文,故曰'雕龙'。"[例句]他学识渊博、思维敏捷,是个善于～的作家。

【绣花枕头】 xiù huā zhěn tóu

[释义]绣花的枕头,外观漂亮,而里面则是秕糠等。比喻徒有其表而无真才实学的人。[语见]清·彭养鸥《黑籍冤魂》第六回:"顶冠束带,居然官宦人家,谁敢说

他是个绣花枕头,外面绣得五色灿烂,里面却包着一包稻草?"[例句]小谢人是长得挺潇洒,但却是～一个,靠他能给你出什么点子?

【绣口锦心】 xiù kǒu jǐn xīn

[释义]见"锦心绣口"。[语见]明·陆采《明珠记·送愁》:"俺小姐花容月貌,王解元绣口锦心,正是一对夫妻。"[例句]纪晓岚～,学富五车,做《四库全书》的总纂官,是众望所归。

xu

【须髯如戟】 xū rán rú jǐ

[释义]形容外貌雄伟。[语见]唐·李延寿《南史·褚彦回传》:"君须髯如戟,何无丈夫意?"[例句]薛绍天庭饱满,～,有大将之风。

【虚度光阴】 xū dù guāng yīn

[释义]白白地度过时光。[例句]这些年来,他一直无所事事,～而已。

【虚怀若谷】 xū huái ruò gǔ

[释义]虚怀:虚心。谷:山谷。胸怀像山谷那样深广。形容非常谦虚,能接纳不同的意见。[语见]《老子·道德经》:"敦兮其若朴,旷兮其若谷,混兮其若浊。"又:"上德若谷。"[例句]小徐为人敦厚,～,全面主持工作,非他莫属。

【虚己受人】 xū jǐ shòu rén

[释义]指虚心接受他人的意见。[语见]明·宋濂等《元史·赡思列传》:"时奸臣变乱成宪,帝方虚己以听,赡思所言,皆一时群臣所不敢言者。"[语见]汉·韩婴《韩诗外传》第二卷:"君子盛德而卑,虚己以受人。"[例句]像他那么一个固执己见的人,竟然变得如此～,不知是受了何方高人的指点。

【虚己以听】 xū jǐ yǐ tīng

[释义]虚己:虚心。虚心准备听取别人的意见。形容接受意见的态度诚恳。[语见]明·宋濂等《元史·赡思列传》:"时奸臣变乱成宪,帝方虚己以听,赡思所言,皆一时群臣所不敢言者。"[例句]小强如今已是胸有甲兵而又～,你不

能再以老眼光看人了。

【虚论高议】 xū lùn gāo yì

[释义] 见"高谈虚论"。[语见]《六韬·上贤》："博闻雄辞,虚论高议以为容美,穷居静处而诽时俗,此奸人也。"[例句] 小王几乎就没有任何实际经验,但是～起来,倒能唬倒不少人。

【虚情假意】 xū qíng jiǎ yì

[释义] 虚伪做作,假装殷勤。[语见]元·石君宝《李亚仙花酒曲江池》："只为你虚情假意会劳承,赚的他囊囊如冰。"[例句] 跟人交往,对于～,你最好还是别一下子点破,那不仅仅是使人尴尬,也会给你带来麻烦。

【虚生浪死】 xū shēng làng sǐ

[释义] 虚:徒然。浪:随便。活得没有意义,死得没有价值。[语见]五代后晋·刘昫等《旧唐书·越王贞传》："不可虚生浪死,取笑于后代。"[例句] 明珠公子,一旦靠山既倒,便是～而已。

【虚谈高论】 xū tán gāo lùn

[释义] 见"高谈虚论"。[语见]北魏·杨衒之《洛阳伽蓝记·秦太上君诗》："齐土之民,风俗浅薄,虚谈高论,专在荣利。"[例句] 听这一帮书生的～,何止是浪费时间,简直是受罪。

【虚位以待】 xū wèi yǐ dài

[释义] 虚:空着。空着位子等候。[语见]明·冯梦龙《东周列国志》第六十一回："宁可虚位以待人,不可以人而滥位。"[例句] 久闻许先生大名,知先生有真才实学,敝公司～,只望先生不吝屈就。

【虚席以待】 xū xí yǐ dài

[释义] 见"虚位以待"。[语见]明·冯从吾《蒙泉郭先生》："(督学)橄县延为乡饮大宾,先生皆坚逊恒虚席以待。"[例句] 人家早就对你～了,你无论怎样,也该给人回个话吧。

【虚虚实实】 xū xū shí shí

[释义] 指人说话、做事有虚有实,让人真假难辨。[语见]明·冯梦龙《喻世明言》第二十一卷："兵家虚虚实实,未可尽信。"

钱镠托病回兵,必有异谋,故造言以煽惑军心,明公休得自失主张。"[例句] 他的话～的,到底哪些是实情,很难了解。

【虚应故事】 xū yìng gù shì

[释义] 故事:成例。按照成例应付,敷衍了事。[语见]清·孔尚任《桃花扇·沈江》："只因太平门外哭奠先帝之日,那些文武百官,虚应故事,我老汉动了一番气恼。"[例句] 别人来都来了,我却也只好～一番了事。

【虚有其表】 xū yǒu qí biǎo

[释义] 虚:空。表:外表,外貌。空有好看的外表,没有与外表相符合的实质内容。[语见]唐·郑处诲《明皇杂录》："嵩既退,上掷其草于地曰:'虚有其表耳。'左右失笑。"[例句] 他看上去是个学者模样,实则～,没有多少真才实学。

【虚与委蛇】 xū yǔ wēi yí

[释义] 虚:假装。委蛇:顺随,应付。假意殷勤,敷衍应付。[语见]《庄子·应帝王》："乡吾示之以未始出吾宗,吾与之虚而委蛇。"[例句] 他虽然不喜欢官场中人,但是情势所迫,也只好与其～,但是心中的苦恼,便没有多少人知道了。

【虚张声势】 xū zhāng shēng shì

[释义] 张:张扬。声势:声威和气势。假装出强大的声势,用以吓唬或迷惑别人。[语见]唐·韩愈《论淮西事宜状》："然皆暗弱,自保无暇,虚张声势,则必有之。"[例句] 你们到了襄樊之后,大力～,吸引住敌人的注意力,我军主力再一路掩杀过去,局面定然立即改观。

【虚舟飘瓦】 xū zhōu piāo wǎ

[释义] 比喻没有实际功用的东西。[语见]汉·刘安《淮南子·诠言训》："方船济乎江,有虚船从一方来,触而覆之,虽有忮心,必无怨色。"《庄子·达生》："虽有忮心者,不怨飘瓦。"[例句] 几首小诗,虽系～,但能从中获得审美享受,也就达到目的了。

【虚左以待】 xū zuǒ yǐ dài

[释义] 左:古礼主人居右,宾客居左,因以左位为尊位。指空着左边的位子恭候

贵宾。后也指特意留待他人。[语见]明·冯梦龙《东周列国志》第九十四回："诸贵客见公子来往迎客,虚左以待,正不知甚处有名的游士,何方大国的使臣,俱办下一片敬心伺候。"[例句]总公司视你是个人才,～,你可就别再推辞了。

【嘘寒问暖】xū hán wèn nuǎn
[释义]嘘:呼,吐气。呵出热气驱散别人身上的寒气,问寒问暖。形容对别人的生活十分关心体贴。[例句]我病了之后,她～,照顾得非常周到,我心中十分感动。

【徐娘半老】xú niáng bàn lǎo
[释义]徐娘:指梁元帝妃徐氏。徐娘虽然已半老,风情韵致却还存在。后泛指妇女虽到了中年,仍保有美好的风度和神态。[语见]唐·李延寿《南史·元帝徐妃传》:"元帝徐妃,讳昭佩。东海郯人也……季江每叹曰:'柏直狗虽老犹能猎,萧溧阳马虽老犹骏,徐娘虽老犹尚多情。'"[例句]李太太虽已是～,但从她的一颦一笑,眼角眉梢,依旧可以看出她当年的美貌。

【栩栩如生】xǔ xǔ rú shēng
[释义]栩栩:生动的样子。形容艺术形象生动逼真。[语见]《庄子·齐物论》:"昔者庄周梦为蝴蝶,栩栩然蝴蝶也。"[例句]白石笔下的虾,憨态百出,～,让人赞不绝口。

【絮絮叨叨】xù xù dāo dāo
[释义]絮絮:连续重复。形容说话啰唆。[语见]明·熊大木《杨家将演义》第三十二回:"延寿曰:'不必絮絮叨叨,请速加刑。'"[例句]我静静地躺着,听着母亲在一旁～地说些家里家外事,感觉又回到了童年。

xuan

【轩昂气宇】xuān áng qì yǔ
[释义]见"器宇轩昂"。[语见]明·无名氏《渔樵闲话》第三折:"一个个前撮后拥,看见他呵,是好个轩昂气宇。"[例句]

进来的男子,～,在一众宾客中,有如鹤立鸡群。

【轩然大波】xuān rán dà bō
[释义]轩然:高高的样子。高高涌起的大的波浪。后喻指大的纷争或风潮。[语见]唐·韩愈《岳阳楼别窦司直》诗:"轩然大波起,宇宙隘而妨。"[例句]小张自己恐怕都不曾想到,几句无关紧要的胡说,竟引起了一场～,然而后悔却已来不及了。

【喧宾夺主】xuān bīn duó zhǔ
[释义]喧:声音大。夺:抢。客人的声音比主人还要大。比喻客人抢占了主人的地位,或外来的、次要的事物占了原来的、主要的事物的地位。主次颠倒,乱了顺序。[例句]小胡一进屋,便～,大声嚷嚷,客人纷纷侧目。

【喧客夺主】xuān kè duó zhǔ
[释义]见"喧宾夺主"。[语见]清·洪亮吉《补东晋疆域志序》:"谱楚、越之名区,悉改燕、秦之郡望,喧客夺主,以假乱真。"[例句]注意啊,插花最重要的是整体的和谐,这几枝康乃馨就显得有些～了。

【玄关妙理】xuán guān miào lǐ
[释义]玄关:佛教称入道之门。谓佛门深奥微妙的道理。[语见]元·无名氏《南极登仙》第二折:"玄关妙理,世人不解其中意。"[例句]你就照字面理解就行,里面没什么～,不要瞎琢磨了。

【玄黄翻覆】xuán huáng fān fù
[释义]玄黄:天地之色,后用为天地的代称。天翻地覆,形容动乱之大。[语见]《周易·坤·文言》:"夫玄黄者,天地之杂也,天玄而地黄。"[例句]长达半个世纪～的战争之后,中原终于平静了,宁静了。

【玄机妙算】xuán jī miào suàn
[释义]见"神机妙算"。[语见]明·许仲琳《封神演义》第七十九回:"运督军需,智擒法戒,玄机妙算,奇功莫大!"

【玄妙莫测】xuán miào mò cè
[释义]测:猜度。形容神奇奥妙,无法猜

度。[例句] 这副对联,～,无数人看了,都不解其意。

【玄妙入神】 xuán miào rù shén
[释义] 形容技艺学问已进入高超而神奇的境界。[语见] 元·明善《张淳传》:"(张淳)名贯京师,凡为调曲,尽声韵,玄妙入神,成一家艺。"[例句] 小雪吹箫,早已达到了～的境界,可以悲,可以喜,但毫无半丝烟火气。

【玄圃积玉】 xuán pǔ jī yù
[释义] 玄圃:仙境。比喻文章华美,字字珠玑。[语见] 唐·房玄龄等《晋书·陆机传》:"葛洪著书称机文,犹玄圃之积玉,无非夜光焉。"[例句] 庾信诗文,字字珠玑,如～,在文学史上有着重要的地位。

【玄之又玄】 xuán zhī yòu xuán
[释义] 形容玄妙深奥,难于理解。[语见]《老子》第一章:"玄之又玄,众妙之门。"[例句] 他讲的许多道理～,我听了似懂非懂。

【悬肠挂肚】 xuán cháng guà dù
[释义] 见"牵肠挂肚"。[例句] 你不为别的,只想一想这十几年来你母亲对你的～,你也该好好做人了。

【悬鹑百结】 xuán chún bǎi jié
[释义] 悬鹑:鹑鸟尾秃,像补缀联结一般。比喻衣衫破烂不堪。[语见] 唐·白行简《李娃传》:"被布裘,裘有百结,褴褛如悬鹑。"[例句] 远远走来的人,身上所穿,虽然～,但是其走路的气势,却似非同一般。

【悬灯结彩】 xuán dēng jié cǎi
[释义] 悬灯:把灯笼高高地悬挂起来。结彩:用彩色绸布或纸带结成装饰物。形容喜庆的场景。[语见] 清·曹雪芹《红楼梦》第七十一回:"两府中俱悬灯结彩,屏开鸾凤,褥设芙蓉;笙箫鼓乐之音,通衢越巷。"[例句] 过老关的时候,我们看到院子里～,似乎正办着喜事。

【悬而未决】 xuán ér wèi jué
[释义] 悬:挂起来。决:解决。一直搁置在那里,没有得到解决。[语见] 清·朱寿朋《光绪朝东华录》:"本年荷兰海牙保和会提议公断员一事,经外务部暨专使陆增祥等往复抗辨,悬而未决。"[例句] 这个问题已经拖了很久这～,真让人着急。

【悬河泻水】 xuán hé xiè shuǐ
[释义] 水像瀑布似地倾泻而下。比喻说话滔滔不绝或写文章文辞流畅奔放。[语见] 唐·房玄龄等《晋书·郭象传》:"太尉王衍每云:'听象语,如悬河泻水,注而不竭。'"[例句] 班长演讲起来,如～,滔滔不绝,听得人赞不绝口。

【悬河注火】 xuán hé zhù huǒ
[释义] 悬河:指瀑布。瀑布倾泻在火焰上。比喻一方力量强大,势在必胜。[语见] 唐·姚思廉《梁书·武帝纪上》:"况拥数州之兵以沫群竖,悬河注火,奚有不灭?"[例句] 曹操拥百万之兵,以～之势,直扑江东,大有一日即吞的架势。

【悬河注水】 xuán hé zhù shuǐ
[释义] 见"悬河泻水"。[语见] 五代后晋·刘昫等《旧唐书·杨炯传》:"杨盈川文思如悬河注水,酌之不竭。既优于卢,亦不减王。"[例句] 我思涌如泉,如～,一夜之间,一篇万字文便一气呵成。

【悬梁刺股】 xuán liáng cì gǔ
[释义] 见"悬头刺股"。[语见] 明·徐霖《绣襦记·剔目劝学》:"岂不闻古之人悬梁刺股,以志于学。"[例句] 他虽然并不十分聪明,但学习十分刻苦,凭着一种～的精神,他终于取得了优异的成绩。

【悬若日月】 xuán ruò rì yuè
[释义] 像太阳和月亮高高挂在天空一样。形容作品有永恒的生命力。[语见] 宋·王谠《唐语林·文学》:"世人多谓李氏立意注《文选》,过为迂繁,徒自聘学,且不解文意,遂相尚习五臣者,大误也……李氏绝笔之本,悬若日月焉。"[例句]《神曲》在人类文学长河中～,闪烁着它无尽的光辉。

【悬头刺股】 xuán tóu cì gǔ
[释义] 头:指头发。股:大腿。把头发吊在梁上,用锥子刺自己的大腿。形容勤学苦读。[语见] 唐·李延寿《北史·崔颐

传》:"未尝聚萤映雪,悬头刺股,渎《论》唯取一篇,披《庄》不过盈尺。"[例句]他在学习上,凭着～的精神,获得了突出的成绩。

【悬驼就石】 xuán tuó jiù shí

[释义]悬:吊挂。就:迁就。古时有人得一死驼,剥皮嫌刀钝。楼上有一块磨刀石,他一会儿上楼去磨刀,一会儿又下楼去剥皮,他感到不胜其烦。为了就近磨刀,他费了很大力气把死骆驼挂在楼上,而不是把磨刀石搬下楼来。后因以形容处理事情轻重倒置,愚蠢可笑。[例句]他们厂效益不好的根本原因是管理不善,可厂里却花了很多钱从外国引进设备,实在是～啊!

【悬心吊胆】 xuán xīn diào dǎn

[释义]见"提心吊胆"。[例句]那几天,炮弹在头上飞来飞去,我们一家人～地躲在家里,连门也不敢出。

【悬崖勒马】 xuán yá lè mǎ

[释义]勒:收住缰绳。在高高的山崖边勒住马。比喻在危险的边缘及时清醒回头。[语见]清·纪昀《阅微草堂笔记·如是我闻二》:"书生遽曰:'然则子仍魅我耳。'推枕遽起,童亦艴然去。此书生悬崖勒马,可谓大智慧矣。"[例句]在洞悉这个犯罪集团的内幕后,她幡然醒悟,决心～,不再参与。

【悬崖峭壁】 xuán yá qiào bì

[释义]悬崖:高而陡的山崖。峭壁:像墙一样陡直的石壁。形容山势非常险峻。[语见]宋·汪莘《沁园春·忆黄山》:"对孤峰绝顶,云烟竞秀,悬崖峭壁,瀑布争流。"[例句]入到峡谷,两旁尽是～,难怪古人把此处形容为"一夫当关,万夫莫开"。

【旋乾转坤】 xuán qián zhuǎn kūn

[释义]乾:八卦之一,指天。坤:八卦之一,指地。把天地旋转过来。比喻扭转大局,彻底改变局面。[语见]唐·韩愈《昌黎先生集·潮州刺史谢上表》:"陛下即位以来,躬亲听断,旋乾转坤,关机阖开,雷厉风飞,日月所照,天戈所麾,莫不

宁顺。"[例句]李自成兵出商洛,打败孙传庭之后,立即～,以浩浩之势向北京进军。

【旋转乾坤】 xuán zhuǎn qián kūn

[释义]见"旋乾转坤"。[语见]清·曾国藩《致左季高宫保书》:"关外气象一新,我公威福,旋转乾坤之所赐也。"[例句]仗打到后来,诸葛亮纵有万般能耐,但是国力已竭,要想～,已是大不能够了。

【选兵秣马】 xuǎn bīng mò mǎ

[释义]选好兵器喂饱战马。指做好战前准备。[语见]宋·欧阳修《准诏言事上书》:"今若敕励诸将选兵秣马,疾如西界,但能痛败吴贼一阵,则吾军威大振而虏计沮矣。"[例句]铁木真暗中～,准备向西夏进兵。

【选士厉兵】 xuǎn shì lì bīng

[释义]厉:磨。兵:武器。挑选士兵,磨锐武器。[语见]《吕氏春秋·孟秋纪》:"天子乃命将帅,选士厉兵,简练桀俊,专任有功,以征不义。"[例句]秦国国力日渐强盛,～,一气吞掉天下六国之心,已昭然若揭。

【选贤任能】 xuǎn xián rèn néng

[释义]选拔任用贤明能干的人。[语见]五代后晋·刘昫等《旧唐书·食货志上》:"设官分职,选贤任能,得其人则有益于国家;非其才则贻患于庶黎,此义不可不知也。"[例句]他当上领导后,能够～,使公司的局面焕然一新。

【烜赫一时】 xuǎn hè yī shí

[释义]形容声名气势在一个时期内很盛。[语见]明·刘储秀《刻对山先生集序》:"人为太子詹事,进直龙图阁学士,方致仁焉。故功业、文章烜赫一时。"[例句]王导一家,也曾～,但是君子之泽,三世而斩,尚未及三代,家道便已衰落。

【炫材扬己】 xuàn cái yáng jǐ

[释义]见"露才扬己"。[语见]唐·骆宾王《上吏部裴侍郎书》:"高谈王霸,炫才扬己,历抵公卿,不汲汲于荣名,不戚戚

于卑位,盖养亲之故也。"[例句]扬雄虽然才高八斗,却从不～,故深得学子们的敬重。

【炫石为玉】 xuàn shí wéi yù

[释义]见"炫玉贾石"。[语见]宋·程颢《论王霸之辨》:"苟以霸者之心而求王道之成,是炫石为玉也。"[例句]他言行不符,～,招致众人的鄙视。

【炫玉贾石】 xuàn yù gǔ shí

[释义]炫:夸耀。贾:卖。夸耀的是美玉,出售的却是石子。比喻弄虚作假。[语见]汉·扬雄《法言·问道》:"炫玉而贾石者,其狙诈乎!"[例句]正值饥馑之年,这些商人竟然～,实在该千刀万剐。

【眩目震耳】 xuàn mù zhèn ěr

[释义]形容色彩繁多使眼发花,声音巨大使耳朵震聋。[例句]舞厅里面～,年轻人正玩得热火朝天。

xue

【削趾适屦】 xuē zhǐ shì jù

[释义]见"削足适履"。[例句]如果完全为了市场,你～写出的东西,不过是些文化垃圾而已。

【削足适履】 xuē zú shì lǚ

[释义]削:用刀切。适:适应。履:鞋。脚比鞋子大,把脚削去一部分,来适合鞋的大小。比喻处理问题本末倒置。[语见]汉·刘安《淮南子·说林训》:"骨肉相爱,谗贼间之,而父子相危;夫所以养而害所养,譬犹削足而适履,杀(减小)头而便冠。"[例句]你如此委曲求全,～,究竟图的是什么呢?

【穴处之徒】 xué chǔ zhī tú

[释义]比喻见识浅陋的人。[语见]南朝宋·范晔《后汉书·隗嚣传》:"而王之将吏,群居穴处之徒。"李贤注:"穴处,言所识不远也。"[例句]他自以为学识了得,实际不过是个～,没有多少学问。

【穴处知雨】 xué chǔ zhī yǔ

[释义]兽类久居洞中,习性所积而能预知风雨。比喻有经验。[语见]汉·班固《汉书·翼奉传》:"知日蚀地震之效昭然可明,犹巢居知风,穴处知雨。"[例句]老肖在沙漠工作了二十年,～,对地下的判断高人一筹了。

【穴见小儒】 xué jiàn xiǎo rú

[释义]穴见:一孔之见。比喻见识狭小的学者。[语见]清·江藩《汉学师承记》第六卷:"耳听小士,穴见小儒,不知五五之开方。"[例句]学生才疏学浅,不过一～,所议之事,望大方之家多多指点。

【学而不厌,诲人不倦】 xué ér bù yàn, huì rén bù juàn

[释义]学:学习。厌:满足。诲:教导。倦:疲倦。学习不自满,教导别人不知疲倦。[语见]《论语·述而》:"子曰:'默而识之,学而不厌,诲人不倦,何有于我哉!'"[例句]几十年来,我对历史均是～,不过是性情使然。

【学非所用】 xué fēi suǒ yòng

[释义]非:不是。用:应用。所用:应用的范围。学习的知识技能并不是所要应用的。[语见]南朝宋·范晔《后汉书·张衡传》:"必也学非所用,术有所仰,故临川将济,而舟楫不存焉。"[例句]如今大多数的大学毕业生,均有～的苦恼,但是这种苦恼,并不独属中国,就是在教育非常发达的美国,也比比皆是。

【学富五车】 xué fù wǔ chē

[释义]学:学识,学问。富:丰富。五车:本指书多,可装五车。学识渊博,看过的书五车也装不下。形容读书很多而学识渊博。[语见]明·冯梦龙《喻世明言》第四卷:"取名陈宗阮,请个先生教他读书。到一十六岁,果然学富五车。"[例句]曹植才高八斗,～,但是却不是一个合格的政治家。

【学贯天人】 xué guàn tiān rén

[释义]见"学究天人"。[语见]明·无名氏《㑇梅香·长亭送别》:"离别不须愁,学贯天人,气冲牛斗。"[例句]刘伯温熟读兵书,～,对朱元璋来说,其力不下十万甲兵。

【学贯中西】 xué guàn zhōng xī

[释义]贯:贯通。通晓中国和西方的学

问。形容学问渊博,贯通中外。[语见]清·赵尔巽等《清史稿·选举志》:"学科各有专门,非一西人所能胜任。必择学贯中西、能见其大之中国学者,为总教习。"[例句]他号称～,据说是在中国和英国都获得了博士学位。

【学际天人】xué jì tiān rén
[释义]见"学究天人"。[语见]五代后晋·刘昫《旧唐书·马怀素等传论》:"刘、徐等五公,学际天人,才兼文史。"[例句]随着社会分工的越来越细,～的大宗师也便越来越少了,不是人不努力,而是随着各学科研究的不断深入,人的精力已经无法超出一门一科的范围了。

【学究天人】xué jiū tiān rén
[释义]究:研究。天人:天道、人事。有关天道人事方面的学问都通晓。形容人学问渊博。[语见]汉·司马迁《报任安书》:"亦欲以究天人之际,通古今之变,成一家之言。"[例句]他是个～的大学者,在很多方面都有深入的研究。

【学无常师】xué wú cháng shī
[释义]学习没有固定的老师。意谓善于学习的人可以向各种有专长的人学习。[语见]三国魏·卞兰《赞述太子赋》:"学无常师,惟德所在;恩无所私,惟德所亲。"[例句]人类已经进入信息时代,但是～,在乡间小路上,在原始森林里,始终还有我们所不知道的东西,还有我们需要进一步学习的东西。

【学以致用】xué yǐ zhì yòng
[释义]以:连词,含"为了"之意。致:达到。用:应用。学习为了达到应用的目的。[语见]清·程瑶田《修辞余钞》:"翁之所为,其诸利用安身之道以崇德乎!其诸精义入神之学以致用乎!"[例句]中国古代学人喜欢在经典典籍中寻求微言大义,但是在～方面,却不甚注意,甚至就是不屑。

【学优才赡】xué yōu cái shàn
[释义]赡:富足,充足。学问好,又有才气。[语见]明·宋濂等《元史·李冶传》:"素闻仁卿学优才赡,潜德不耀,久欲一

见,其勿他辞。"[例句]宁教授～,提携后进,深受青年学子们亲近。

【鸴鸠笑鹏】xué jiū xiào péng
[释义]鸴鸠:小鸟。鹏:大鸟。比喻志向短小的人嘲笑志向远大的人。[语见]《庄子·逍遥游》:"蜩与鸴鸠笑之曰:'我决起而飞,抢榆枋而止,时则不至,而控于地而已矣……'"[例句]他这样没有理想、碌碌无为的人,却～,看不起有远大志向的人,真是可笑。

【雪肤花貌】xuě fū huā mào
[释义]雪肤:皮肤洁白如雪。花貌:容貌美丽如花。形容女性的美。[语见]唐·白居易《长恨歌》:"中有一人字太真,雪肤花貌参差是。"[例句]出来的那人,～,在门口一站,令无数人倾倒。

【雪窖冰天】xuě jiào bīng tiān
[释义]形容天气酷寒,也指严寒的地区。[语见]元·脱脱等《宋史·朱弁传》:"王伦还朝……又以弁奉送徽宗大行之文为献,其辞有曰:'叹马角之未生,魂销雪窖;攀龙髯而莫逮,泪洒冰天。'"[例句]你身在～,又身体单薄,我对你的牵挂与担忧与日俱增。

【雪虐风饕】xuě nüè fēng tāo
[释义]虐:暴虐。饕:贪婪。形容风雪交加,气候恶劣。[语见]唐·韩愈《祭河南张员外文》:"岁弊寒凶,雪虐风饕。"[例句]我们一行九人,被困在唐古拉山,～,苦苦候了四天四夜,才等来救援。

【雪上加霜】xuě shàng jiā shuāng
[释义]比喻灾难接连而来,使受害的程度加重。[语见]宋·释道原《景德传灯录·大阳和尚》:"师云:'汝只解瞻前,不解顾后。'伊云:'雪上加霜。'"[例句]这支足球队最近连连失败,前天又～,他们的主力中锋又骨折了。

【雪兆丰年】xuě zhào fēng nián
[释义]见"瑞雪兆丰年"。[语见]清·李汝珍《镜花缘》第三回:"古人云:'雪兆丰年。'朕才登极,就得如此佳兆,明岁自然五谷丰登,天下太平了。"[例句]今年冬天下了几场大雪,～,来年一定有好收

成吧。

【雪中送炭】 xuě zhōng sòng tàn
[释义] 在下大雪的严寒天气里给人送去炭火取暖。比喻在别人遇到困难急需帮助时及时给予帮助。[语见] 宋·范成大《石湖诗集·大雪送炭与芥隐》诗:"无因同拨地炉灰,想见柴荆晚未开。不是雪中须送炭,聊装风景要诗来。"[例句] 如果没有二叔~给我带来一点盘缠,我怕要真的流落街头了。

【血海深仇】 xuè hǎi shēn chóu
[释义] 血海:形容杀人流血多。形容有血债的深仇大恨。[例句] 他狠狠地说道:"我与秦家有着~,此生不雪此恨,誓不为人!"

【血海尸山】 xuè hǎi shī shān
[释义] 血流成海,尸堆如山。形容伤亡十分严重。[语见] 明·无名氏《王马破曹》第二折:"杀的他血海尸山人马亡,似败叶,狂风荡。"[例句] 双方陷入了拉锯战,几十万人马裹挟在一起,十天之后,已是~,然而双方依然没有退兵的意思。

【血口喷人】 xuè kǒu pēn rén
[释义] 血口:含血之口。嘴里含血喷洒在别人身上。比喻捏造事实,用恶毒的语言诬蔑攻击别人。[语见] 清·李绿园《歧路灯》第六十四回:"一向不曾错待你,只要你的良心,休血口喷人。"[例句] 你一个知识分子,怎么也~,学了那街头妇女的样子?

【血流成川】 xuè liú chéng chuān
[释义] 见"血流成河"。[语见] 清·钱彩《说岳全传》第四十一回:"打进番营来,如入无人之境,打得尸如山积,血流成川。"[例句] 唐军仗是打胜了,但是看到~的场面,身经百战的李靖也禁不住心里发冷。

【血流成河】 xuè liú chéng hé
[释义] 成:变成,成为。流的血很多,成了小河。形容战争的残酷。[语见] 隋·祖君彦《檄洛州文》:"尸骸蔽野,血流成河,积怨满于山川,号哭动于天地。"

[例句] 马恩河一战,~,双方的力量都有巨大的消耗。

【血流成渠】 xuè liú chéng qú
[释义] 见"血流成河"。[语见] 清·陈忱《水浒后传》第二十六回:"刘猊弃甲丢盔而走,杀得尸横遍野,血流成渠,又折了两千多兵,退到万庆寺喘息方定。"[例句] 人与狼的鏖战开始,从早上一直打到午后,大地渐渐平息下来,死一样的平静中,人尸狼尸混在一起,~,其悲壮让老天也泪流无数。

【血流漂杵】 xuè liú piāo chǔ
[释义] 漂:浮起。杵:古代作战时防身用的大盾牌。流血很多,以至漂起了大盾牌。形容战争的残酷。[语见] 汉·贾谊《新书·制不定》:"黄帝行道,而炎帝不听,故战涿鹿之野,血流漂杵。"[例句] 孙权兵马一路杀过去,曹军溃败,~。

【血流如注】 xuè liú rú zhù
[释义] 注:往外喷。形容血流得多而急。[语见] 明·郭勋《英烈传》第二十一回:"东冲西突,杀透重围,正到本营,只见头上血流如注。"[例句] 黄霸天一刀剁下,左手砰然委地,顿时~。

【血气方刚】 xuè qì fāng gāng
[释义] 血气:精力。方:正。刚:饱满、充沛。指年轻人精力正处于充沛旺盛阶段。多形容青年人涉世不深,精力过剩而经验不足。[语见]《论语·季氏》:"及其壮也,血气方刚,戒之在斗。"[例句] 我们那时正值~,哪里知道世事的险恶。

【血肉横飞】 xuè ròu héng fēi
[释义] 横:纵横交错,没有规则。指人的身体因遭到炸弹的轰炸或其他物体的重创而破碎,并散乱地飞向四周。多用来形容战争或事故的惨烈。[例句] 最惨烈的一战在阴山之北,那一战打到最后,~,双方五千人无一生还。

【血肉淋漓】 xuè ròu lín lí
[释义] 淋漓:沾湿,流滴。形容血肉流淌的惨状。[语见] 宋·洪迈《夷坚甲志·高俊人冥》:"狱卒割剔其股文,血肉淋漓,形容枯瘠不类人。"[例句] 她第一次

见到如此～的场面,吓得声音发颤,面如土色。

【血肉相连】 xuè ròu xiāng lián
[释义] 像血和肉一样互相连在一起。比喻关系密切,不能分离。[例句] 两个民族世代友好,～,于今一方有难,另一方自然鼎力相帮。

【血肉相联】 xuè ròu xiāng lián
[释义] 见"血肉相连"。[例句] 两国原本是～的友好之邦,不料却为了一块沙地而兵戎相向,是历史之悲,也是人心之悲。

【血雨腥风】 xuè yǔ xīng fēng
[释义] 血雨:指喷洒出的鲜血如下雨一样多。腥风:吹过来的风带有血腥味。形容环境的恐怖或战斗的惨烈。[语见] 明·施耐庵《水浒传》第二十三回:"腥风血雨满松林,散乱毛发坠山奄。"[例句] 他在抗日战争中经历了～,意志变得更加坚定。

xun

【熏天赫地】 xūn tiān hè dì
[释义] 形容气势极盛。[语见] 明·凌濛初《初刻拍案惊奇》第二十二卷:"然那等熏天赫地富贵人,除非是遇了朝廷诛戮,或是生下子孙不肖,方是败落散场。"[例句] 邻居劝他说:"你要知道,你的对手是～的豪门,官司打不赢还可能把你给搭进去。"

【薰莸同器】 xūn yóu tóng qì
[释义] 薰:香草。莸:臭草。比喻好坏不分。[语见] 蔡东藩、许廑父《民国通俗演义》第三十八回:"去者得避害马败群之谤,留者仍蒙薰莸同器之嫌。"[例句] 他总是和那些不三不四的人在一起,～,久而久之是要变坏的。

【寻根究底】 xún gēn jiū dǐ
[释义] 寻:寻找。根:根源、根本。究:追究、推求。底:根源、内情。追查事情的根源和底细,直到明白为止。[语见] 清·曹雪芹《红楼梦》第一百二十回:"似你这样寻根究底,便是刻舟求剑、胶柱鼓瑟

了!"[例句] 他在学习上有着～的精神,绝不放过那些残留的疑问。

【寻根问底】 xún gēn wèn dǐ
[释义] 见"寻根究底"。[语见] 清·曾朴《孽海花》第十八回:"阿福先见雯青动怒,也怕寻根问底,早就暗暗跟了进来,听了一回,知道没下文,自然放心去了。"[例句] 做学问是得有点～的功夫,但是如果钻进了牛角尖出不来,那可不是件好事。

【寻行数墨】 xún háng shǔ mò
[释义] 墨:指一个一个的字。读书拘泥于一字一句,专在文字上下功夫,不顾通篇大意。[语见] 宋·释道原《景德传灯录·梁宝志和尚大乘赞》:"口内诵经千卷,体上问经不识。不解佛法圆通,徒劳寻行数墨。"[例句] 那一帮所谓的学者,书是读得熟,但是都是些～之人,对真理和大义,可以说是一窍不通。

【寻花问柳】 xún huā wèn liǔ
[释义] 寻:找。花、柳:原指树木花草。后喻指妓女。问:探寻。原指春游时赏花观景。后指行为不检点之人嫖娼宿妓。[语见] 明·兰陵笑笑生《金瓶梅词话》第八十二回:"韩道国与来保两个,且不置货,成日寻花问柳,饮酒宿娼。"[例句] 高衙内成天～,无恶不作,人们早就对他恨之入骨了。

【寻欢作乐】 xún huān zuò lè
[释义] 寻:追求,寻觅。追求享受欢乐。贬义。[例句] 金兵都快过长江了,南宋皇帝还在～,国家哪有不衰败的道理?

【寻事生非】 xún shì shēng fēi
[释义] 指有意制造事端。[例句] 我第一次出门的时候,母亲一遍一遍地教导我不要～。

【寻死觅活】 xún sǐ mì huó
[释义] 寻、觅:找。想办法去死。意义重点在"寻死","觅活"只是衬托。形容人陷入困境以后,走投无路,痛不欲生。也指为达目的耍赖撒泼,以死吓唬人。[语见] 宋·无名氏《京本通俗小说·碾玉观音》:"那女儿被郡王捉进后花园里

去,老夫妻见女儿被捉去,就当下寻死觅活。"[例句]哈大民的老婆,一遇到什么事情,总爱～的,弄得邻居唯恐避之不及。

【寻衅闹事】xún xìn nào shì
[释义]寻:寻找。衅:事端、毛病。故意找毛病,挑起事端。也作"寻衅滋事"。[例句]警察终于把那几个～的小混混抓了起来,市民无不拍手称快。

【寻章摘句】xún zhāng zhāi jù
[释义]寻:找。摘:摘录。从书本中搜寻或摘录片断词句。形容不做艰苦的探求,专门套用前人章法、词句,毫无创造性。也指只注意词句,不理解精神实质。[语见]晋·陈寿《三国志·吴书·吴主传》裴松之注引《吴书》:"吴王浮江万艘,带甲百万,任贤使能,志存经略,虽有余闲,博览书传历史,藉采奇异,不效诸生寻章摘句而已。"[例句]他一生都在～,熬到两鬓斑白,依然没有什么独到的见解。

【循次而进】xún cì ér jìn
[释义]见"循序渐进"。[语见]唐·韩愈《答窦秀才书》:"操数寸之管,书盈尺之纸,高可以钓爵位;循次而进,亦不失万一于甲科。"[例句]知识也像积累财富一样,当～,不要一口就想吃一个胖子,那样只能欲速则不达。

【循规蹈矩】xún guī dǎo jǔ
[释义]循:遵守。规:圆规。蹈:指依照。矩:角尺。规、矩是用来定圆和方的标准工具。这里借指一定的准则或法规。形容按规矩办事,没有越轨行为。[语见]宋·朱熹《答方宾王》:"程子谓循涂守辙,不知涂、辙为何也,张子所谓成法,不知何者为成法,未有以见其所指之实也。循涂守辙,犹言循规蹈矩云尔。"[例句]他做事～,虽没有大的成就,倒也能平安度日。

【循环往复】xún huán wǎng fù
[释义]周而复始,反复出现或进行。[语见]唐·李华《祭亡友故扬州功曹萧公文》:"古称管鲍,今则萧李,有过必规,无

文不讲,知名当世,实赖吾人。循环往复,何日忘此。"[例句]历史上的一治一乱并不是简单的～,实际上社会是在不断进步的。

【循名校实】xún míng jiào shí
[释义]见"循名责实"。[语见]唐·房玄龄等《晋书·刘弘传》:"皆功行相参,循名校实,条列行状,公文具上。"[例句]一次投票实在是看不出他是否有真才实学,必须～,仔细考察,才能得出真实的结论。

【循名考实】xún míng kǎo shí
[释义]见"循名责实"。[语见]三国魏·傅嘏《难刘劭考课法论》:"夫建官均职,清理民物,所以养本也;循名考实,纠励成规,所以治末也。"[例句]干部的提升,当～,仅凭一两次印象是靠不住的。

【循名课实】xún míng kè shí
[释义]见"循名责实"。[语见]南朝梁·刘勰《文心雕龙·章表》:"以章造阙,风矩应明;表以致禁,骨采宜耀。循名课实,以章为本者也。"[例句]对他们那几个年轻人应当～一番再下结论,因为他们可能要承担重要的任务,不能因为考察不实而影响了我们后面的计划。

【循名责实】xún míng zé shí
[释义]循:依照。责:求。因其名以求实效,就其言而观其行事,以考察是否名副其实。[语见]汉·刘安《淮南子·主术训》:"故有道之主,灭想去意,清虚以待不伐之言,不夺之事,循名责实。"[例句]报告递上去,上面派人来对小陈～地进行了一番调查,过两天就要有结果了。

【循声附会】xún shēng fù huì
[释义]自己没有主见,只是随声应和,牵强附会。[语见]清·褚人获《隋唐演义》第七十一回:"天后不觉击案叹道:'奇哉!可见此等妇人之沽名钓誉,而礼官之循声附会也。'"[例句]这里缺乏民主的气氛,讨论完全变成了～。

【循序渐进】xún xù jiàn jìn
[释义]循:顺着、依照。序:次序。渐:逐渐。指按照一定的步骤、次序逐渐深入

或提高。[语见]《论语·宪问》:"不怨天,不尤人,下学而上达,知我者其天乎。"宋·朱熹注:"此但自言其反己自修,循序渐进耳。"[例句]在锻炼身体时也要～,不能一下子把运动强度变得很大。

【循循善诱】xún xún shàn yòu
[释义]循循:有步骤、有顺序的样子。诱:诱导、启发。善于有步骤地启发、引导。形容教导有方。[语见]《论语·子罕》:"颜渊喟然叹曰:'仰之弥高,钻之弥坚,瞻之在前,忽焉在后,夫子循循然,善诱人。'"[例句]洪老师对学生～,学生当然会喜欢她了。

【循循诱人】xún xún yòu rén
[释义]见"循循善诱"。[语见]明·熊大木《杨家将演义》第一回:"(陈抟)壮年励志苦学,屡科不第,遂隐居教授,循循诱人。"[例句]王闿运何尝不想～地培养弟子,奈何自己年事已高,也许看不到弟子成人便命归西天了,他于是愈加焦急起来。

【训兵秣马】xùn bīng mò mǎ
[释义]训练好士兵,喂饱马。指做好战斗准备。[语见]唐·令狐德棻《周书·文帝纪》:"臣自奉诏总平凉之师,责重忧深,不遑启处。训兵秣马,唯思竭力。"[例句]后金正在积聚力量,～,南侵之意,已非常明显。

【训练有素】xùn liàn yǒu sù
[释义]素:平时,素来。平时一直进行严格的训练。[语见]元·姚燧《奉训大夫知龙阳州孝子梁公神道碑》:"汝曹自计甲兵坚利,储馈有继,训练有素,征发日多,孰与官军?"[例句]同学们观看了这些～的警犬的精彩表演,都禁不住鼓起掌来。

【迅风骤雨】xùn fēng zhòu yǔ
[释义]见"疾风暴雨"。[语见]宋·洪迈《夷坚丙志·舒州刻工》:"明旦,天色廓清。至午,黑云倏起西边,罩覆楼上,迅风暴雨随之。"[例句]各地的起义如～一般,使得官军顾此失彼。

【迅雷不及掩耳】xùn léi bù jí yǎn ěr
[释义]迅:迅速,来势很快。及:赶上。掩:捂住,盖上。雷声来得突然,使人来不及捂住耳朵。比喻行动突然,出乎意料,使人不能防备。[语见]唐·房玄龄等《晋书·石勒传上》:"速凿北垒为突门二十余道,候贼列守未定,出其不意,直冲末柸帐,敌必震惶,计不及设,所谓迅雷不及掩耳。"[例句]警察们以～之势制服了歹徒,解救了那位姑娘。

【徇公灭私】xùn gōng miè sī
[释义]徇:同"殉"。指尽忠于国家民众之事而弃置个人私利。[语见]唐·白居易《与薛萍诏》:"卿勤王之节,徇公灭私;事主之诚,移忠资孝。"[例句]裴炎原本是个～的忠贞之士,可是在武家兄弟的围攻下,终于没能保持高节,而身陷囹圄。

【徇公忘己】xùn gōng wàng jǐ
[释义]见"徇公灭私"。[语见]宋·吴曾《能改斋漫录·夺范纯仁谥忠宣议》:"当众人莫敢言之时,在偏州无可用之地,义形正色,愤激至诚,非特救当世正人端士之网罗,直欲戒后世乱臣贼子之迷罔,徇公忘己,为国惜贤。"[例句]像海瑞这种～之士,往往会成为那些欲壑难填的权贵的眼中钉。

【徇国忘己】xùn guó wàng jǐ
[释义]徇:同"殉"。指为国尽忠,而将个人得失、安置之度外。[语见]南朝梁·沈约《宋书·谢晦传》:"逮营阳失德,自绝宗庙,朝野岌岌,忧及祸难,忠谋协契,徇国忘己,援登圣朝,惟新皇祚。"[例句]陆游以文弱书生之躯,拿起武器走上前线,其～的高风亮节,让世代人景仰。

【徇国忘家】xùn guó wàng jiā
[释义]徇:同"殉"。指为国尽忠而不顾家庭的得失、安危。[语见]唐·李翰《苏州嘉兴屯田纪绩颂序》:"至若义感于内、诚动于中,徇国忘家,恤人犹己。"[例句]每一个王朝的末期,常常会有一批～的臣子出现。

【徇国忘身】xùn guó wàng shēn
[释义] 见"徇国忘己"。[语见] 唐·白居易《赠裴垍官制》:"故太子宾客裴垍,忠正恭慎,佐予为理,事君尽礼,徇国忘身。"[例句] 丁汝昌～的悲壮,让侵略者也叹服不已。

【徇情枉法】xùn qíng wǎng fǎ
[释义] 徇:曲从,无原则地依从。枉:歪曲。指曲从私情,不顾国法而错断案件。[语见] 清·曹雪芹《红楼梦》第四回:"雨村便徇情枉法,胡乱判断了此案。"[例句] 李显不断～,纵容安乐公主,使自己也陷入了是非的议论之中。

【徇私废公】xùn sī fèi gōng
[释义] 曲从私情,不顾公理。[语见] 宋·苏颂《论省曹寺监法令繁密》:"若官司措置失当,及徇私废公,致有赴诉,并委台察纠案。"[例句] 严嵩这种～的人居然身居高位数十年而风雨不动,足见明朝的政治腐败到了何种地步。

【徇私舞弊】xùn sī wǔ bì
[释义] 徇私:为私利而违法乱纪。舞弊:以欺骗的手段,弄虚作假。为谋求私利而弄虚作假,违法乱纪。[语见] 清·福康安《藏内善后事宜疏》:"如果勤慎出力,由驻藏大臣保奏。倘敢徇私舞弊,即行参劾办理。"[例句] 清末的官场十分黑暗,～的事情比比皆是。

【徇私作弊】xùn sī zuò bì
[释义] 徇:曲从。为谋取私利而弄虚作假、违法乱纪。[语见] 明·施耐庵《水浒传》第八十三回:"谁想这伙官员,贪滥无厌,徇私作弊,克减酒肉。"[例句] 老师警告学生,一旦发现有～者,必严惩不贷。

【殉义忘身】xùn yì wàng shēn
[释义] 为追求正义而捐献生命。[语见] 唐·姚思廉《陈书·鲁广达传论》:"鲁广达全忠守道,殉义忘身,盖亦陈代之良臣也。"[例句] 布鲁诺那种～的精神在人类追求真理、探索宇宙的史册上,闪耀着夺目的光辉。

【殉义忘生】xùn yì wàng shēng
[释义] 见"殉义忘身"。[语见] 唐·陈子昂《为苏宏晖谢表》:"臣等殉义忘生,报恩惟死,不任感激庆戴之至。"[例句] 人的胸中一旦有了～的精神,必将雄于泰山,坚如钢铁。

Y

ya

【压倒元白】 yā dǎo yuán bái
[释义] 元、白:唐代诗人元稹、白居易。据五代·王定保《唐摭言·慈恩寺题名游赏赋咏杂纪》载:唐宝历年间,宰相杨嗣复在新昌里第宅大宴宾客,元稹、白居易、杨汝士都即席赋诗,杨的诗最后写成,元、白看后为之失色。这天杨汝士喝得大醉,回家对子弟说:"我今日压倒元白!"后就用"压倒元白"比喻著作能胜过同时代有名作家的作品。[例句] 别看当年的林沫年纪轻轻,但是她的作品有深度、有水准,都已～。

【压肩叠背】 yā jiān dié bèi
[释义] 形容人多拥挤。[语见] 明·施耐庵《水浒传》第四十回:"江州府看的人,真乃压肩叠背,何止一二千人。"[例句] 锣鼓一响,人们从四面八方拥来,～,足足挤了满满一操场。

【鸦默雀静】 yā mò què jìng
[释义] 形容没有一点声息。[语见] 清·文康《儿女英雄传》第二十七回:"我两个同张老大、女婿、大侄儿都在这厢房里鸦默雀静儿的把饭吃在肚子里了。"[例句] 大年三十,我们一家人～地坐着,都在牵挂着远在万里之外的哥哥的安危。

【鸦雀无声】 yā què wú shēng
[释义] 本指没有鸟雀的叫声。后形容静悄悄的,没有一点声音。也形容默不作声。[语见] 清·李宝嘉《官场现形记》第三回:"众管家碰了钉子,一声也不敢言语,一个个鸦雀无声,垂手侍立。"[例句] 总经理连问三遍,下面始终～,平日议论最多的人,此刻也一言不发了。

【鸦雀无闻】 yā què wú wén
[释义] 见"鸦雀无声"。[语见] 清·曹雪芹《红楼梦》第三十二回:"只见鸦雀无闻,独有王夫人在里间房内坐着垂泪。"[例句] 大厅里～,静得连掉一根针都能听得见响声。

【鸭步鹅行】 yā bù é xíng
[释义] 形容步履迟缓。[语见] 元·秦简夫《东堂老》第二折:"我觑不的你悄宽也那褃下,肚叠胸高,鸭步鹅行。"[例句] 抬头一望,远处一人一身素服,～而来,不正是我们要找的人吗?

【牙签万轴】 yá qiān wàn zhóu
[释义] 形容藏书精美而丰富。[语见] 南唐·李煜《题金楼子后》诗:"牙签万轴裹红绡,王粲书同付火烧。"[例句] 小叶读书甚丰,原以为他家定然～,事实上,他却几乎没什么藏书,真应了那句古话:"书非借而不能读也。"

【眦眦必报】 yá zì bì bào
[释义] 眦眦:发怒时瞪眼睛。借指极小的怨恨。报:报复。极小的怨恨也一定要报复。形容心胸狭窄,报复心强。[语见] 汉·司马迁《史记·范雎蔡泽列传》:"一饭之德必偿,眦眦之怨必报。"[例句] 他气量狭小,～,身边的朋友自然越来越少了。

【衙官屈宋】 yá guān qū sòng
[释义] 衙官:军府中的属官。屈宋:屈原、宋玉,战国时的两位著名诗人。以屈、宋为属官。原是自夸文章高出屈原、宋玉。后用以称赞别人的文才。[语见] 宋·欧阳修等《新唐书·杜审言传》:"吾文

章当得屈宋作衙官。"[例句]先生文才,～,我们都佩服极了。

【哑口无言】yǎ kǒu wú yán
[释义]像哑巴一样张口说不出话来。形容无话可说,理屈词穷。[语见]明·冯梦龙《醒世恒言》第二十卷:"起初王员外已有八九分不悦,又被赵昂这班言语一说,凑成一十二分,气得哑口无言。"[例句]我一番义正词严的斥责之后,他～了。

【哑然失笑】yǎ rán shī xiào
[释义]哑然:笑声。失笑:情不自禁地笑。不由自主地、情不自禁地笑出声来。[语见]汉·赵晔《吴越春秋·越王无余外传》:"禹济江南省水理,黄龙负舟,舟中人怖骇,禹乃哑然而笑。"[例句]看见孩子们像模像样地演起了《抬花轿》,几个大人都不禁～。

【雅人深致】yǎ rén shēn zhì
[释义]雅人:原指《大雅》的作者,后指高尚文雅的人。致:兴致,情趣。风雅之人自有高尚的情趣。[语见]清·纪昀《阅微草堂笔记·如是我闻三》:"此怪行踪可云隐秀,即其料理刘生,不动声色,亦有雅人深致也。"[例句]浩义先生胸藏万卷诗书,～,深受后人景仰。

【雅俗共赏】yǎ sú gòng shǎng
[释义]雅:高雅。旧时把文化水平高的人称为"雅人"。俗:粗俗。旧时把没有文化的人称为"俗人"。赏:欣赏。文化水平高的人和文化水平低的人都能欣赏。形容某些艺术作品能使各种人接受并喜爱。[语见]明·孙仁孺《东郭记·绵驹》:"闻得有绵驹善歌,雅俗共赏。"[例句]《喇叭花》这出戏喻深于浅,～,在当地有着巨大的影响力。

【亚肩迭背】yà jiān dié bèi
[释义]肩擦肩,背挨背。形容人多,拥挤。[语见]明·施耐庵《水浒传》第一百二十回:"只见一簇人亚肩迭背的围着一个汉子,赤着上身,在那阴凉树下,吃吃喝喝地使棒。"[例句]猴儿在场中跳来跳去,周围的村民～,里里外外围了好几层。

【揠苗助长】yà miáo zhù zhǎng
[释义]揠:拔。将苗拔高,助其生长。比喻不按客观规律办事,急于求成,反而坏事。[语见]《孟子·公孙丑上》:"宋人有闵其苗之不长而揠之者,芒芒然归,谓其人曰:'今日病矣,予助苗长矣。'其子趋而往视之,苗则槁矣……"[例句]孩子学习知识有其自身的特点和规律,你强输猛灌,只能是～,其结果必然适得其反。

yan

【烟霏露结】yān fēi lù jié
[释义]烟雾迷蒙集结的样子。[语见]唐·房玄龄等《晋书·王羲之传论》:"观其点曳之工,裁成之妙,烟霏露结,状若断而还连,凤翥龙蟠,势如斜而反直。"[例句]远远望去,小孤峰一带～,缥缈如仙境一般。

【烟霏雾集】yān fēi wù jí
[释义]见"烟霏露结"。[语见]南朝宋·鲍照《河清颂序》:"烟霏雾集,不可胜纪。"[例句]东方鱼白之际,大地～,朦胧不清。

【烟花风月】yān huā fēng yuè
[释义]旧指妓女。[语见]清·孔尚任《桃花扇·传歌》:"烟花妙部,风月名班,生长旧院之中。"[例句]小说虽然写的都是些～之事,但是文笔优美,故事新颖,寓意也很深刻,不失为一部佳作。

【烟岚云岫】yān lán yún xiù
[释义]岚:雾气。岫:峰峦。形容山峦之间云雾之气弥漫缭绕。[语见]宋·陆游《万卷楼记》:"烟岚云岫,洲渚林薄,更相映发,朝莫(暮)万态。"[例句]清晨,走出屋子,只见～,偶尔有小鸟出没其间。

【烟视媚行】yān shì mèi xíng
[释义]烟视:轻轻地扫一眼。媚行:慢慢地走。形容腼腆害羞的样子。[语见]《吕氏春秋·不屈》:"人有新取妇者,妇至,宜安矝,烟视媚行。"[例句]唢呐停止了吹奏,新娘子下了轿,～,款款而来,仪态万方。

【烟蓑雨笠】yān suō yǔ lì
[释义]烟雨中戴斗笠穿蓑衣的人。比喻隐者。[语见]宋·苏轼《书晁说之考牧图后》:"烟蓑雨笠长林下,老去而今空见画。"[例句]微雨之中,一叶孤舟缓缓而来,船上~之人,看不清眉目,但是其气度之安然,让人心定神怡。

【烟霞痼疾】yān xiá gù jí
[释义]烟霞:借指山水。痼疾:经久难治的病,借指癖好。酷爱山水成癖。[语见]元·潘音《反北山嘲》诗:"烟霞成痼疾,声价籍巢由。"巢由,巢父和许由。[例句]谢灵运不爱仕途心向山水,其~,多为后世文人效仿。

【烟消火灭】yān xiāo huǒ miè
[释义]见"火灭烟消"。[例句]有人传言,赖文光兵败之后,并未遭毒手,而是潜入江湖,虽~,但是其反清之志,代代相传。

【烟消雾散】yān xiāo wù sàn
[释义]见"云消雾散"。[例句]三个月后,案子终于~,真相大白。

【烟消云散】yān xiāo yún sàn
[释义]像烟和云消散一样。比喻事物全部消失。[语见]元·张养浩《天净沙》曲:"更着十年试看,烟消云散,一杯谁共歌欢。"[例句]真相大白之后,双方的怨仇终于~。

【烟云过眼】yān yún guò yǎn
[释义]比喻事物转瞬即逝,不留痕迹。[语见]清·纪昀《阅微草堂笔记·姑妄听之》:"余于器玩不甚留意,后为人取去。烟云过眼矣。"[例句]荣华富贵在他看来,不过是~,人生的价值在于对真理的不懈追求。

【湮没无闻】yān mò wú wén
[释义]湮没:埋没。无闻:无人知道。名声被埋没,不为人所知。[语见]明·何良俊《世说新语补·伤逝》:"羊太傅……如我与卿者多矣,皆湮而无闻,使人悲伤。"[例句]多少轰轰烈烈的大事,在人类整个历史的长河中,都已经~了。

【嫣然一笑】yān rán yī xiào
[释义]嫣然:形容美好。形容女子优美动人的微笑。[语见]战国楚·宋玉《登徒子好色赋》:"嫣然一笑,惑阳城,迷下蔡。"[例句]她没说话,只是朝我~,但是我已经明白了她所有的意思。

【延颈举踵】yán jǐng jǔ zhǒng
[释义]踵:脚后跟。伸长脖子,踮起脚跟。形容盼望之情深厚而急切。[语见]《庄子·胠箧》:"今遂至使民延颈举踵曰:'某所有贤者,赢粮而趣之。'"[例句]百姓在大路两旁~,等候皇上车马的到来。

【延颈企踵】yán jǐng qǐ zhǒng
[释义]见"延颈举踵"。[语见]汉·班固《汉书·萧望之传》:"是以天下之士,延颈企踵。争愿自效,以辅高明。"[例句]知道闯王午后要进城,平民早早地候到了城门口,~,只欲一睹其威猛。

【延年益寿】yán nián yì shòu
[释义]延:延长,延续。年:年龄,年岁。益:增加,增添。寿:寿数,寿命。延长岁数,增加寿命。[语见]战国楚·宋玉《高唐赋》:"九窍通郁,精神察滞,延年益寿千万岁。"[例句]经常锻炼身体,保持心情愉快,就可以~。

【严惩不贷】yán chéng bù dài
[释义]严:严厉。惩:惩办,惩罚。贷:宽恕,饶恕。严厉惩处,不加宽恕。[例句]诸葛亮军令如山,对敢有违抗者,~,这是其刚猛一面;另一面,他又柔如慈父,视兵如子,打起仗来,军队自然视死如归。

【严气正性】yán qì zhèng xìng
[释义]气:气质。性:性格。指秉性刚正不阿。[例句]严浩自己~,官声甚好,然而其后人中却出了好些奸邪之人,他若泉下有知,还不七窍生烟?

【严丝合缝】yán sī hé fèng
[释义]形容严密,没有缝隙。[例句]两块铅板~地合到了一起,工作人员十年的搜寻,终于可以告一段落了。

【严限追比】yán xiàn zhuī bǐ
[释义]追比:旧时地方官吏严逼人民,限

Y

期交税完粮,逾期受杖责叫"追比"。严定期限,催促交纳。[语见]清·蒲松龄《聊斋志异·促织》:"宰严限追比,旬余,杖至百,两股间脓血流离,并虫亦不能行捉矣。"[例句]朝廷派使到县,派购牛黄数百两,～,吏民惶恐。

【严刑峻法】 yán xíng jùn fǎ
[释义]峻:严厉。严酷的刑法。[语见]汉·王充《论衡·非韩篇》:"使法峻,民无奸者;使法不峻,民多为奸。而不言明王之严刑峻法,而云求奸而诛之。"[例句]水可载舟,亦能覆舟,一味地滥用～,只能使百姓怨气横生。

【严以律己】 yán yǐ lǜ jǐ
[释义]见"严于律己"。[例句]她处处～,时时以身作则,在广大员工中自然有威信了。

【严于律己】 yán yú lǜ jǐ
[释义]严:严格。于:在……方面。律:约束、管束。严格地管束自己。[例句]你身为领导,必须～,不然,不说威信,恐怕连最起码的尊重,员工们都不会给你。

【严阵以待】 yán zhèn yǐ dài
[释义]严阵:列好严整的队列。待:等待。列好严整的队列等待回击敌人的进攻。泛指做好了充分的准备。[语见]明·冯梦龙《东周列国志》第十六回:"鲍叔牙闻鲁侯引兵而来,乃严阵以待。"[例句]敌人仓皇赶到黄河边上时,一看我们已经～,他们便乖乖地树起了白旗。

【言必信,行必果】 yán bì xìn , xíng bì guǒ
[释义]信:有信用、守诺言。果:果断。说话一定要守信用,做事一定要果断干脆。[语见]《论语·子路》:"言必信,行必果,硁硁然小人哉!"[例句]老黎历来都是～,这是大家有目共睹的。

【言必有中】 yán bì yǒu zhòng
[释义]中:中肯。不说则已,一说就十分中肯、正确。[语见]《论语·先进》:"子曰:'夫人不言,言必有中。'"[例句]他平时一般不爱多嘴,但是遇到大事时,往往是寥寥数语,～。

【言不逮意】 yán bù dài yì
[释义]逮:及,到。言辞没有把意思表达出来。[语见]宋·孙奭《谏幸汾阴》:"陛下不取此,其不可十也,臣言不逮意。"[例句]他说了半天,依然是～,让人听得一头雾水。

【言不及义】 yán bù jí yì
[释义]义:义理,指事情的道理。所说的话没有一句说到正经的道理。[语见]《论语·卫灵公》:"群居终日,言不及义。"[例句]我知道,你那么忙,你绝不可能有闲情逸致和我在这里说一些～的话,因此你一定是有什么要紧的事要和我商量,我猜得不错吧?

【言不践行】 yán bù jiàn xíng
[释义]践行:履行、实行。说了不能实行。[语见]清·吴趼人《二十年目睹之怪现状》第二十回:"此刻害我做了个言不践行的人,我气的就是这一点。"[例句]有多大的力量说多大的话,你啊,以后绝不可以再～了,那样只能使你陷入更加苦恼的境地之中。

【言不尽意】 yán bù jìn yì
[释义]语言不能表达全部思想。[语见]《周易·系辞上》:"书不尽言,言不尽意。"[例句]上文虽已近千言,但是对武夷山美景的描述,依然是～,希望你还是自己来体会吧。

【言不由衷】 yán bù yóu zhōng
[释义]由:发自,从。衷:内心。言语不是发自内心。泛指心口不一,表里不一。[语见]清·龚自珍《对策》:"进身之始,言不由衷。"[例句]他的这些话,有些是真实的,但大部分是～的。

【言差语错】 yán chā yǔ cuò
[释义]语无伦次,尽说错话。[例句]孝敬父母是我们做儿女的本分,即使父母有～的时候,我们也应该去理解他们,而不应该无理地顶撞,伤了父母的心。

【言出法随】 yán chū fǎ suí
[释义]言:此处指命令或法令。法:法律。随:跟上。法令一经公布或命令一旦发出,就要依法从事,不得擅自更改或

违犯。[例句]目前看来,该国政府已是下了决心要～,打击作奸犯科之徒了。

【言出患入】 yán chū huàn rù
[释义]话随便说出口,易招致祸患。[语见]宋·张君房《云笈七签》第九十卷:"言出患入,言失身亡,故圣人当言而惧……"[例句]张嘴之前,思量三分,否则再这么瞎话张口就来,总有一天你会～,遭到报应。

【言传身教】 yán chuán shēn jiào
[释义]传:传授。教:教导。既用语言传授,又有行动教导。泛指在言行上起模范作用,为他人树立榜样。[语见]南朝宋·范晔《后汉书·第五伦传》:"以身教者从,以言教者讼。"[例句]我早年的时候,父亲对我～,我的身上,自然会打烙着父亲的影子。

【言多必失】 yán duō bì shī
[释义]必:一定。失:失误,出错。话说多了,就一定会出现失误。[语见]明·朱柏庐《朱柏庐治家格言》:"处世戒多言,言多必失。"[例句]他也知道～,可就是管不住自己的嘴巴。

【言多语失】 yán duō yǔ shī
[释义]见"言多必失"。[例句]我也懂得～,但是我却不能因为这个而因噎废食吧?

【言而不信】 yán ér bù xìn
[释义]见"言而无信"。[语见]汉·刘安《淮南子·泰族训》:"施而不仁,言而不信,怒而不威,是以外貌为之者也。"[例句]总跟那帮～的家伙做生意,总有一天你会吃尽苦头。

【言而无信】 yán ér wú xìn
[释义]信:信用。说话不讲信用,不遵守诺言。[语见]元·关汉卿《调风月》第一折:"教人道眼里有珍,你可休言而无信。"[例句]前些年,他三番五次地～,使得现在他几乎成了谎话的代名词。

【言而有信】 yán ér yǒu xìn
[释义]信:信义,信用。说话有信用,能遵守诺言。[语见]《论语·学而》:"与朋友交,言而有信。"[例句]老王是个～的

人,只要答应下来的事情,他是会尽全力做到的。

【言归于好】 yán guī yú hǎo
[释义]言:句首助词,无实际意义。归:回归。好:和好。重新和好。[语见]《左传·僖公九年》:"凡我同盟之人,既盟之后,言归于好。"[例句]兄弟俩闹了这么些年,终于～了,不知道他们母亲看到,该有多高兴啊。

【言过其实】 yán guò qí shí
[释义]过:超出、超过。实:实际。话说得超过实际情况。泛指夸大其词。[语见]晋·陈寿《三国志·蜀书·马良传》:"马谡言过其实,不可大用,君其察之!"[例句]他常常～,大话连篇,派他去做调查恐怕不太合适。

【言简意赅】 yán jiǎn yì gāi
[释义]简:简单,简练。赅:充分,完善。语言简练而意义完备。泛指说话或写文章语言精练而意义深刻。[语见]清·华伟生《开国奇冤·被擒》:"言简意赅,洵不愧为老斫轮手。"[例句]这篇～的论文深受专家们好评。

【言近旨远】 yán jìn zhǐ yuǎn
[释义]旨:所指实意。语言浅显,含义深远。形容说话或写文章深入浅出。[语见]《孟子·尽心下》:"言近而指远者,善言也。"[例句]白居易的诗,通俗易懂,但是其～,却不是一般人能轻易学得会的。

【言清行浊】 yán qīng xíng zhuó
[释义]清:清高。浊:浑浊,指低下。说得很漂亮,干的事却很下流。[语见]明·李贽《焚书·书答·失言三首》:"余观世人恒无真志,要不过落在委靡浑浊之中,是故口是心非,言清行浊。"[例句]跟在那种～的人的后面,除了能学得满嘴的官样文章外,剩下的怕就只有一肚子的坏水了。

【言人人殊】 yán rén rén shū
[释义]殊:有差别,不一致。每个人的话都不一样。泛指对相同事物的看法不同。[语见]汉·司马迁《史记·曹相国世

家》:"参尽召长老诸生,问所以安集百姓,如齐故诸儒以百数,言人人殊,参未知所定。"[例句]专家们争论了几十年,对这座神秘建筑的来历,依然～,莫衷一是。

【言十妄九】yán shí wàng jiǔ
[释义]说十句话,九句是虚妄的。形容说话虚夸不实。[语见]元·无名氏《气英布》第三折:"咱则道舌刺刺言十妄九,村棒棒呼么喝六。"[例句]我必须慎重地提醒你,王学东本就是个～之人,他的报告,更不可信了。

【言事若神】yán shì ruò shén
[释义]预测事情像神仙一样灵验。[语见]唐·皇甫氏《原化记·郗鉴》:"老先生又归室,闭其门,悉习《易》逾年,而日晓占候布卦,言事若神。"[例句]老王～,全是因为他对事态变化做了最彻底的调查和分析。

【言谈举止】yán tán jǔ zhǐ
[释义]言谈:言语。举止:行为动作。指话语和行为。[语见]清·黄宗羲《陈母沈孺人墓志铭》:"其言谈举止,不问可知为胡先生弟子也。"[例句]从她的～可以看出她是个知书达理的人。

【言听计从】yán tīng jì cóng
[释义]听:听从。计:计策。从:听从。说的话都听从,出的计策都采用。形容对别人十分信任,毫不怀疑。[语见]北齐·魏收《魏书·崔浩传》:"属太宗为政之秋,值世祖经营之日,言听计从,宁廓区夏。"[例句]记得小时候,弟弟对我～,从不怀疑我的话的正确性。

【言外之意】yán wài zhī yì
[释义]话语以外的意思,非明白说明,而需听话人细心体会的。[语见]宋·欧阳修《六一诗话》:"圣俞(梅圣俞)常语予曰:'诗家……含不尽之意,见于言外,然后为至矣!'"[例句]她总说她很忙,～就是不想和我们一起去旅行了。

【言微旨远】yán wēi zhǐ yuǎn
[释义]言辞精妙,意义深远。[语见]唐·白居易《礼部试策王道三》:"圣哲垂训,言微旨远。"[例句]父亲每次来信,都只有寥寥数语,但～,所有这些书信我都保存至今。

【言为心声】yán wéi xīn shēng
[释义]心声:心里话,发自内心的声音。说的话都是内心的表达。[语见]汉·扬雄《法言·问神》:"故言,心声也;书,心画也。"[例句]～,只听得他几句话,就知道他对你是一百个不服气。

【言笑嘻怡】yán xiào xī yí
[释义]形容神情十分欢快。[语见]唐·刘禹锡《代诸郎中祭王相国文》:"晓下黄阁,车骑威迟。夕归华堂,言笑嘻怡。"[例句]小楷疑惑地盯着韦丽丝:看你～的样子,莫非你有什么喜事吗?

【言笑晏晏】yán xiào yàn yàn
[释义]晏晏:和悦的样子。形容神态和颜悦色。[语见]《诗经·卫风·氓》:"总角之宴,言笑晏晏。"[例句]往常总听人说司令员严肃刻板,但是见过了,才发现他总是～的样子,与传言大相径庭。

【言行不一】yán xíng bù yī
[释义]说的和做的不一致。[语见]《逸周书·官人》:"言行不类,终始相悖。"注:类,相似。[例句]做领导的,切忌～,否则日子一长,必然使职工对你大失信心。

【言行若一】yán xíng ruò yī
[释义]说的与做的一个样。[语见]汉·刘向《列女传·齐田稷母》:"非义之事不计于心,非理之利不入于家,言行若一,情貌相副。"[例句]老伍～,你就放一万个心好啦。

【言行一致】yán xíng yī zhì
[释义]一:统一。说的话和做的事没有抵触。[语见]宋·文天祥《西涧书院释菜讲义》:"凡所言自相掣肘,矛盾者多矣!力行七年而后成,然则元城造成一个言行一致,表里相应。"[例句]黄俊华是个～的人,他要答应了的事情,绝对会做到的。

【言犹在耳】yán yóu zài ěr
[释义]犹:如同。讲过的话好像还在耳边回响。形容对人家说过的话还记得清

清楚楚。[语见]《左传·文公七年》："今君虽终，言犹在耳。"[例句]我静静地立在父亲墓前，父亲的教导，～，眼前的一抔黄土，使我愈加伤心。

【言语妙天下】 yán yǔ miào tiān xià
[释义]言语精妙，天下无比。称赞人善于讲话。[语见]汉·班固《汉书·贾捐之传》："君房下笔，言语妙天下。"注：君房，捐之字。[例句]她轻易不下笔，一旦下笔，必然～。

【言之不渝】 yán zhī bù yú
[释义]渝：改变；违背。说出的话决不改变。[语见]晋·陆机《遂志赋》："任穷达以逝止，亦进仕而退耕；庶斯言之不渝，抱耿介以成名。"[例句]他一诺千金，～，甚得大家的敬重。

【言之成理】 yán zhī chéng lǐ
[释义]话说得有一定道理。[语见]《荀子·非十二子》："然而其持之有故，其言之成理，足以欺惑愚众。"[例句]大家有话但说无妨，只要～，我都会尽量考虑。

【言之过甚】 yán zhī guò shèn
[释义]话说得太过头了。[语见]清·刘体智《异辞录》第一卷："未几，伯华观察以事见，随从多人，因而寻衅。门者以告，不免言之过甚。"[例句]嘿嘿，你也太～了吧，这篇文章好像没有那么糟糕。

【言之无文，行而不远】 yán zhī wú wén, xíng ér bù yuǎn
[释义]言：言辞。文：文采。行：流传，流行。说话没有文采，就流传不远。[语见]《左传·襄公二十五年》："仲尼曰：'……言之无文，行而不远。'"[例句]虽说～，但是我还是要坚持理在文先，词语再漂亮，也都是外衣——关键还是要看内容。

【言之无物】 yán zhī wú wù
[释义]物：指内容、内涵。指说话或写文章泛泛而谈，没有充实的内容。[例句]轮到孙伦修发言了，他说了半天，却是空话连篇，～，听得大家瞌睡不已。

【言之有理】 yán zhī yǒu lǐ
[释义]理：道理，根据。说得有根据、有道理，能使人信服。[语见]明·无心子《金雀记·守贞》："还是左兄言之有理，极是曲体人情。"[例句]你前面说的那几点，自是～，但是到了后面，却有些危言耸听了。

【言之有物】 yán zhī yǒu wù
[释义]物：内容。指写文章或说话有根据，有实际内容。[语见]清·曾朴《孽海花》第二十回："惟有两句笼罩全篇，末句总结大意，不必言之有物。"[例句]写文章一定要～，空发议论，说了半天也是空中楼阁，一吹即倒。

【言之凿凿】 yán zhī záo záo
[释义]凿凿：确实。说的有根有据，确实可靠。[语见]清·纪昀《阅微草堂笔记·滦阳消夏录四》："宋儒据理谈天，自谓穷造化阴阳之本；于日月五星，言之凿凿，如指诸掌。"[例句]看小丫头～的样子，大家都以为她说的是真的呢，到了后来，她自己忍不住笑了，才知道她全是说笑。

【妍皮不裹媸骨】 yán pí bù guǒ chī gǔ
[释义]妍：美丽。媸：丑恶。美好的皮肤不包丑恶的骨头。比喻里外如一，秀外慧中。[语见]唐·房玄龄等《晋书·慕容超载记》："谚云：'妍皮不裹痴骨。'"注：痴，通"媸"。[例句]我们这位大将军不仅仪表堂堂，而且足智多谋，用兵如神，真是～啊！

【岩居谷饮】 yán jū gǔ yǐn
[释义]见"岩居穴处"。[语见]汉·刘安《淮南子·人间训》："单豹倍世离谷，岩居谷饮，不衣丝麻，不食五谷。"[例句]晋时多～之士，他们中有许多著名的文人才子。

【岩居穴处】 yán jū xué chǔ
[释义]住在深山洞穴中。指隐居生活。[语见]汉·韩婴《韩诗外传》第五卷："虽岩居穴处，而王侯不能与争名。"[例句]我别无所望，只愿到老的时候，一身清爽之气依然在身，回到乡下，～，不污林泉。

【岩穴之士】 yán xué zhī shì
[释义]岩穴：山洞。指隐士。古代隐士

多居山洞。[语见]汉·班固《汉书·司马迁传》:"次之,又不能拾遗补阙,招贤进能,显岩穴之士。"[例句]王夫之反清复明失败之后,悄然而去,做了～。

【沿波讨源】 yán bō tǎo yuán
[释义]沿:顺着、循着。波:水流。讨:探求、寻找。源:源头。循着水流而寻找水源。喻指据已有线索探求事物的实质。[语见]晋·陆机《文赋》:"或因枝以振叶,或沿波而讨源。"[例句]我们根据掌握的情况,～,层层分析,很快就找到了答案。

【沿流溯源】 yán liú sù yuán
[释义]见"沿波讨源"。[语见]清·赵尔巽《清史稿·骆嘉淦传》:"然则沿流溯源,约言蔽义,惟望我皇上时时事事常守此不敢自是之心,而天德王道举不外乎此矣。"[例句]把关于《论语》的所有著作集中起来,～,仔细比较,便能对它最原始的版本有一个基本的了解。

【沿流讨源】 yán liú tǎo yuán
[释义]见"沿波讨源"。[语见]清·严复《原强》:"其勉人治群学者,意则谓天下沿流讨源,执因责果之事,惟群事为最难,非不素讲者之所得与。"[例句]分析室的人员经过三天仔细研究,～,终于查明了这种疾病的病因。

【沿门托钵】 yán mén tuō bō
[释义]沿:挨着。钵:僧尼用的食器。拿着钵挨门挨户讨饭。比喻求人施舍。[语见]清·文康《儿女英雄传》第十二回:"你若借了这事,向亲友各家,不问交谊,一概的沿门托钵,摇尾乞怜起来,就大不是我的意思了。"[例句]娘俩逃出战区,～,辗转了一千多里,才到达安全地带。

【研幾析理】 yán jī xī lǐ
[释义]幾:细微。研究分析精微的义理。[语见]唐·权德舆《齐成公神道碑铭序》:"凡所论著,皆研幾析理,弘雅夷远。"[例句]玄奘归国之后,据说在大雁塔对所取经书～多年,而终于成为一代高僧。

【研京练都】 yán jīng liàn dū
[释义]汉张衡作《西京赋》《东京赋》,晋左思作《蜀都赋》、《吴都赋》、《魏都赋》,都经苦思结构,历时长久。后因以形容作文推敲精致,历久才成。[语见]南朝梁·刘勰《文心雕龙·神思》:"人之禀才,迟速异分。……张衡研京以十年,左思练都以一纪。虽有巨文,亦思之缓也。"[例句]那些煌煌巨著自不必说了,单是像《阿Q正传》等短篇,作者也需～,历时甚久方能面世。

【研精钩深】 yán jīng gōu shēn
[释义]钩深:探取深沉的东西。研讨精微的道理,探求深奥的学问。[语见]唐·白居易《礼部试策》:"虽言微旨远,而学者苟能研精钩深,优柔而求之,则壶奥指趣,将焉庾哉!"[例句]我虽然过着清贫而寂寞的生活,但是～的学术生活却给了我任何别的事物根本无法给予的心灵享受。

【研精静虑】 yán jīng jìng lù
[释义]研究精微,冷静思考。[语见]南朝宋·谢灵运《山居赋》:"研精静虑,贞观厥美。怀秋成章,含笑奏理。"[例句]康德在小镇上默默地生活着,乡间散步和～几乎构成了他生活的全部内容,这等寂寞恰恰才能使他心无旁骛,从而成就了伟大的三大"批判"。

【研精苦思】 yán jīng kǔ sī
[释义]见"研精覃奥"。[语见]宋·王令《答刘公著微之书》:"研精苦思,扪隙发罅,以窥求门户。"[例句]在穷乡僻壤的乡间,竟能遇到～十余年而写成煌煌四十万言的《佛学推敲》的有道之人,当算这趟旅行最大的收获了。

【研精覃奥】 yán jīng tán ào
[释义]覃奥:深奥。研求精微深奥的义理。[语见]唐·姚思廉《梁书·刘显传》:"窃痛友人沛国刘显,韫椟艺文,研精覃奥,聪明特达,出类拔群。"[例句]我从来都不曾想到过,于此熙熙闹市,也有对理论物理～之人,真应了"大隐隐于市"的古语。

【研精覃思】 yán jīng tán sī

[释义] 覃思:也作"潭思",深思。认真研究,深入思考。形容深入地研究探索。[语见] 汉·孔安国《尚书序》:"承诏为五十九篇作传,于是遂研精覃思,博考经籍,采摭群言,以立训传。"宋·邢昺《尔雅注疏序》:"虽复研精覃思,尚虑学浅意疏。"[例句] 多少年来,他始终对《理想国》~,并且也有了一些收获。

【研桑心计】 yán sāng xīn jì

[释义] 研:计研,一名"计然",春秋时越国范蠡的老师,有谋略,善经商。桑:桑弘羊,汉武帝时的御史大夫,善理财。像计研和桑弘羊那样善于盘算。[语见] 南朝梁·萧统《文选·班固〈答宾戏〉》:"研桑心计于无垠。"[例句] 别看我二嫂没读过几天书,但是她有着好头脑,亦~,而终把一个不足千元的小店经营成了如今的规模。

【颜骨柳筋】 yán gǔ liǔ jīn

[释义] 见"颜筋柳骨"。[语见] 明·凌濛初《二刻拍案惊奇》第二卷:"此书颜骨柳筋,无一笔不合法。不可再易,就请写完罢了。"[例句] 孩子年纪不大,但是功底却不浅,~,已得其妙。

【颜筋柳骨】 yán jīn liǔ gǔ

[释义] 颜真卿、柳公权皆为唐代大书法家。"筋"、"骨":比喻二人书法遒劲有力。形容书法极佳。[语见] 宋·范仲淹《祭石学士文》:"曼卿之笔,颜筋柳骨,散落人间,实为神物。"[例句] 这幅作品~,铁画银钩,有血有肉,实属上乘之作。

【颜面扫地】 yán miàn sǎo dì

[释义] 见"体面扫地"。[例句] 他抄袭的行径被揭穿之后,~,从此市面上再也见不到他的名字了。

【奄奄一息】 yǎn yǎn yī xī

[释义] 奄奄:气息微弱的样子。只剩下微弱的一口气。形容临近死亡。[语见] 明·冯梦龙《警世通言》第十五卷:"此时秀童奄奄一息,爬走不动了。"[例句] 炎炎烈日下,一只"青竹镖"无毒蛇~地躺

在路边,我不禁动了恻隐之心。

【掩鼻而过】 yǎn bí ér guò

[释义] 掩:捂。捂着鼻子走过去。形容对丑恶事物的厌恶。[语见]《孟子·离娄下》:"西子蒙不洁,则人皆掩鼻而过之。"[例句] 这户汉奸臭名昭著,路人过其门,无不~。

【掩鼻偷香】 yǎn bí tōu xiāng

[释义] 遮盖鼻子去偷点燃的香。比喻自欺欺人。[语见] 宋·释普济《五灯会元·马颊本空禅师》:"师曰:'节目上更生节目。'僧无语。师曰:'掩鼻偷香,空招罪犯。'"[例句] 别~了,我已经看出来,做这件事的没有别人,肯定是你!

【掩恶溢美】 yǎn è yì měi

[释义] 溢:水满流出,指过分。遮掩缺点过分称赞。[语见] 宋·周密《齐东野语·张魏公三战本末略》:"野史各有私,好恶固难尽信,若志状,则全是本家子孙、门人掩恶溢美之词。"[例句] 望子成龙自然没有罪过,可是你一味地对你儿子~,那则不是为他好,而是害了他啊!

【掩耳盗铃】 yǎn ěr dào líng

[释义] 掩:捂、盖。盗:偷。捂着自己的耳朵去偷铃铛。比喻自己欺骗自己,明明掩盖不了的事却要设法掩盖。[语见] 清·赵尔巽等《清史稿·王东槐列传》:"道光二十年两淮清查案内,欠至四千三百余万,是盐商捐输者,掩耳盗铃之术也。"[例句] 财迷心窍的人,眼睛里只有钱,但是往往干出~的事情来。

【掩目捕雀】 yǎn mù bǔ què

[释义] 掩:捂。捂着眼睛捕捉麻雀。比喻自己欺骗自己。[语见] 晋·陈寿《三国志·魏书·陈琳传》:"谚有'掩目捕雀',夫微物尚不可欺以得志,况国之大事,其可以诈立乎?"[例句] 系统里已经设置了后台储存,你种种作为,都不过是~,徒增笑料罢了。

【掩其不备】 yǎn qí bù bèi

[释义] 见"掩其无备"。[语见] 南朝梁·萧子显《南齐书·刘怀珍传》:"今众少粮单,我悬彼固,正宜简精锐,掩其不备

耳。"[例句] 趁敌人立足未稳,～杀他一个突然袭击,一定能大获全胜。

【掩其无备】 yǎn qí wú bèi
[释义] 掩:掩袭。备:防备。指乘敌方毫无防备时进行突袭。[语见]《孙子·计篇》:"攻其无备,出其不意。"[例句] 前秦把阵地往后挪动,晋军～,掩军杀了过去,直杀得前秦军大败而逃。

【掩人耳目】 yǎn rén ěr mù
[释义] 掩:盖,遮挡。遮盖别人的耳朵和眼睛。比喻以假象蒙骗人。[语见] 宋·无名氏《大宋宣和遗事》亨集:"虽欲掩人之耳目,不可得也。"[例句] 某歌星为了～,逃避个人所得税,做起了明修栈道暗度陈仓的勾当。

【掩瑕藏疾】 yǎn xiá cáng jí
[释义] 瑕:玉上的斑点,缺点。藏:隐瞒。疾:指毛病、过错。掩盖缺点,隐瞒过错。[语见] 南朝梁·萧子显《南齐书·陆厥传》:"至于掩瑕藏疾,合少谬多,则临淄所云'人之著述,不能无病'者也。"[例句] 现在有专家来提供咨询,希望各位不要～,尽量把问题暴露出来,以求得到改进。

【掩贤妒善】 yǎn xián dù shàn
[释义] 掩:压制。贤、善:指有才德的优秀人才。压制和妒忌优秀的人才。[语见] 宋·孙光宪《北梦琐言》第一卷:"勿谓卫公掩贤妒善,牛相不罹大祸,亦幸而免。"[例句] 吕后心狠手辣,～,而韩信功高震主而不自知,其获杀身之祸便不足为怪了。

【掩映生姿】 yǎn yìng shēng zī
[释义] 掩映:互相衬托。谓景物互相衬托,更显美好。[语见] 清·曾朴《孽海花》第二十回:"进了牌楼,一条五色碎石砌成的长堤,夹堤垂杨漾绿,芙蓉绽红,还夹杂着无数蜀葵、海棠,秋色缤纷。两边碧渠如镜,掩映生姿。"[例句] 淡淡的云彩有月光相互配合,～,构成了一幅飘缈的画面。

【掩罪饰非】 yǎn zuì shì fēi
[释义] 非:坏事。遮盖罪行,文饰坏事。

[语见] 清·张廷玉等《明史·徐学诗传》:"盖嵩权力足以假手下石……文词便给足以掩罪饰非。"[例句] 上级来检查的时候,他们为了～,竟然用好粮食把发了霉的粮食盖起来,结果弄得全部的粮食都一并报废了。

【眼馋肚饱】 yǎn chán dù bǎo
[释义] 形容贪得无厌。[语见] 清·曹雪芹《红楼梦》第十六回:"往苏杭走了一趟回来,也该见点世面了,还是这样眼馋肚饱的。"[例句] 你的功劳、名望、地位、财富,都已经无出其右了,你怎么还～,你究竟要追求什么呢?

【眼穿肠断】 yǎn chuān cháng duàn
[释义] 形容盼望、相思之极。[语见] 宋·柳永《安公子》词:"及至厌厌独自个,却眼穿肠断。"[例句] 丈夫离家之后,小慧～地盼望他回来,日子一久,人竟变得异常消瘦。

【眼高手低】 yǎn gāo shǒu dī
[释义] 眼力看得很高,而实际做起来能力却很低。[例句] 他就是那种～的人,说什么什么都行,干什么什么不行。

【眼高于顶】 yǎn gāo yú dǐng
[释义] 眼界高过头顶。比喻眼光锐利,识别力强。也比喻骄傲自大,看不起人。[语见] 清·王鸣盛《唐进士试诗赋》:"乃欧阳永叔握管作史,眼高于顶,轻视诗赋,不自觉其倾敧偏侧也。"[例句] 别老是～了,你不问你,那是一个什么样的项目,你究竟有没有能力胜任?

【眼光如豆】 yǎn guāng rú dòu
[释义] 见"目光如豆"。[例句] 胸无大志,～的人,是难以成就一番大事业的。

【眼花缭乱】 yǎn huā liáo luàn
[释义] 缭乱:纷乱,混乱。形容东西繁多,使看的人眼睛昏花,无法分辨清楚。[语见] 清·吴敬梓《儒林外史》第二十回:"匡大被他这一番说话说得眼花缭乱,浑身都酥了,一总都依他说。"[例句] 展厅里的各种展品,让我们这些参观者～,无不惊叹手工之细,构思之巧。

Y

【眼花雀乱】yǎn huā què luàn
[释义] 见"眼花缭乱"。[语见] 明·吴承恩《西游记》第四十一回:"行者急回头,熁(炒)得眼花雀乱,忍不住泪落如雨。"[例句] 魔术师做过一连串～的动作之后,那纸竟不火而烟,令观众叹为观止。

【眼疾手快】yǎn jí shǒu kuài
[释义] 疾:急速。眼快手也快。形容行动敏捷。[语见] 明·施耐庵《水浒传》第四十三回:"你却如何立在那里看榜? 倘或被疾手快的拿了送官,如之奈何?"[例句] 如果不是我～给你抛下来一根绳子,恐怕你现在早就掉下去了。

【眼孔如豆】yǎn kǒng rú dòu
[释义] 见"目光如豆"。[语见] 盛宣怀《致外宝琦函》:"彼等眼光如豆,好为无意识之举动,何足以语!"[例句] 老李心胸狭窄,～,找他去商量还不如不商量呢。

【眼明手捷】yǎn míng shǒu jié
[释义] 见"眼明手快"。[语见] 元·无名氏《盆儿鬼》第三折:"想起俺少时节,眼明手捷,体快身轻。"[例句] 李寻欢～,在上官虹发出暗器前掷出飞刀,刀正中上官虹的咽喉。

【眼明手快】yǎn míng shǒu kuài
[释义] 眼光锐利,手脚利落。形容动作敏捷。[语见] 明·施耐庵《水浒传》第五十五回:"却被一丈青眼明手快,早起刀只一隔,右手那口刀,望上只飞起来。"[例句] 他的身手就是不凡,我的杯子都掉下去了,他～,一伸手,嘿,竟接个正着。

【眼明心亮】yǎn míng xīn liàng
[释义] 见"心明眼亮"。[例句] 他的表现究竟怎么样,大家都是～之人,我就不多说了。

【眼内无珠】yǎn nèi wú zhū
[释义] 比喻不识货,不辨好坏。[语见] 明·冯梦龙《警世通言》第三十二卷:"姜楼中有玉,恨郎眼内无珠。"[例句] 现在想来,可恨那时我～,错把那么个大好人给冤枉了。

【眼中有铁】yǎn zhōng yǒu tiě
[释义] 比喻眼目中有刚强之气。常用以形容精神旺盛,斗志昂扬。[语见] 宋·司马光《资治通鉴·陈纪》:"世祖天嘉五年,周师及突厥逼晋阳,齐王登北城,军容甚整,突厥咎周人曰:'尔言齐乱,故来伐之,今齐人眼中亦铁,何可当耶!'"[例句] 常志每天睡不过五个小时,但是无论何时见到他,他都～,几乎从没有人见过他疲倦的时候。

【偃兵息甲】yǎn bīng xī jiǎ
[释义] 放倒武器,收起盔甲。指停止战斗。[语见] 北魏·高允《征士颂》:"于是偃兵息甲,修立文学。"[例句] 兵戎生涯几十年,如今仗打完了,该～了,可是他竟感到浑身的不自在。

【偃旗卧鼓】yǎn qí wò gǔ
[释义] 见"偃旗息鼓"。[语见] 唐·姚思廉《梁书·王僧辩传》:"及贼前锋次江口,僧辩乃分命众军,乘城固守,偃旗卧鼓,安若无人。"[例句] 大队人马冲上山顶一看,敌人大营早已～,似乎连个人影也没有。

【偃旗息鼓】yǎn qí xī gǔ
[释义] 偃:放倒。息:停止。放倒军旗,停止打鼓。指秘密行军,不暴露自己。也指停止战斗,或比喻事情中止,或声势削弱。[语见] 五代后晋·刘昫等《旧唐书·裴光庭传》:"突厥受诏,则诸蕃君长必相率而来。虽偃旗息鼓,高枕有余矣。"[例句] 双方打了七八年,仗都打厌烦了,早该～了,可是边境的一个小岛仍是没有解决,成了两国关系的瓶颈。

【偃武修文】yǎn wǔ xiū wén
[释义] 偃:停止。修:修明。停止战斗或武备,致力于文教。[语见]《尚书·武成》:"王来自商,至于丰,乃偃武修文。"[例句] 狄仁杰力谏皇上:"天下尚不太平,当～,发展生产,无论如何都不能再与突厥大动刀兵了。"

【演古劝今】yǎn gǔ quàn jīn
[释义] 敷演古代的故事,以劝诫今人。

[语见] 清·郑燮《城隍庙碑记》:"况金元院本,演古劝今,情神刻肖,令人激昂慷慨,欢喜悲号,其有功于世不少。"[例句] 刘先生虽没有读过什么书,但是平生足迹遍布大江南北,闲暇无事时对我们来一通~,是他的拿手好戏。

【艳绝一时】 yàn jué yī shí
[释义] 姿色娇美,冠绝一代。[语见] 唐·许尧佐《章台柳传》:"其幸姬曰柳氏,艳绝一时,喜谈谑,善讴咏。"[例句] 杨玉环~,使六宫粉黛失颜色,受到李隆基的宠幸,自然不足为怪了。

【艳美绝俗】 yàn měi jué sú
[释义] 形容娇艳美丽超过寻常人。[语见] 清·蒲松龄《聊斋志异·江城》:"一日,生于隘巷中,见一女郎,艳美绝俗,从以小鬟,仅六七岁。"[例句] 这个女子在人群中显得那么突出,如果用~来形容她的容貌,一点也不过分。

【艳美无敌】 yàn měi wú dí
[释义] 姿色娇丽,无可匹敌。[语见] 唐·张泌《尸媚传·庾庚》:"庾屣履听之,数青衣年十八九。艳美无敌。"[例句] 王昭君虽然~,但是成为国家和亲政策的牺牲品,其悲惨的遭遇不得不令人深思。

【艳如桃李】 yàn rú táo lǐ
[释义] 容颜像成熟的桃李那样娇艳。[语见] 清·蒲松龄《聊斋志异·侠女》:"母乃归。详其状而疑之曰:女子得非嫌吾贫乎?为人不言亦不笑,艳如桃李,而冷如霜雪,奇人也!"[例句] 新娘子~,光彩照人,人们发出了由衷的赞叹。

【艳色绝世】 yàn sè jué shì
[释义] 姿色美丽,冠绝当代。[语见] 唐·段成式《酉阳杂俎·雀汾》:"良久,妓女十余,排大门而入,轻绡翠翘,艳色绝世。"[例句] 那个~的女子就是貂蝉,吕布见到她之后,便总是念念不忘。

【艳色耀目】 yàn sè yào mù
[释义] 颜色娇艳,光彩夺目。[语见] 宋·孟元老《东京梦华录》第七卷:"……莫非玉羁、金勒、宝鞯、花鞴,艳色耀目,香风袭人。"[例句] 走过来的那几个模特,个个~。

【宴安鸩毒】 yàn ān zhèn dú
[释义] 宴安:闲散懒惰,贪图享乐。鸩毒:鸩是传说中的一种毒鸟,可用其羽毛制毒酒、毒药。安逸享乐的生活如同毒药一样,使人受害。[语见]《左传·闵公元年》:"宴安鸩毒,不可怀也。"[例句] 如今你年纪轻轻,正是积累的时候,~,不可不戒。

【雁足传书】 yàn zú chuán shū
[释义] 雁:大雁,一种候鸟。书:书信。候鸟能传送书信。[语见] 汉·班固《汉书·苏武传》:"匈奴与汉和亲,汉求武(苏武)等,匈奴诡言武死。后汉使复至匈奴,常惠请其守者与俱,得夜见汉使,具自陈过,教使者谓单于言:'天子射上林中,得雁,足有系帛书,言武等在某泽中。'使者大喜,如惠语以让单于。单于视左右而惊,谢汉使曰:'武等实在。'"[例句] 我身在边关,只望~,得到一点家乡的消息。

【燕巢幕上】 yàn cháo mù shàng
[释义] 巢:鸟窝。幕:帐篷。燕子把窝搭在帐篷上。比喻处境危险,随时有毁灭的可能。[语见]《左传·襄公二十九年》:"夫子之在此也,犹燕之巢于幕上。"[例句] 在登山过程中,哪怕是休息,也如~,雪崩冰崩随时都有可能到来。

【燕巢于幕】 yàn cháo yú mù
[释义] 比喻处境非常危险。[语见] 宋·司马光《资治通鉴·唐纪》:"足下所以从贼,求富贵耳,譬如燕巢于幕,岂能久安!"[语见]《左传·襄公二十九年》:"夫子之在此也,犹燕之巢于幕上。"[例句] 他此刻的处境,是~,你要去晚了,恐怕你会遗恨终生的。

【燕妒莺惭】 yàn dù yīng cán
[释义] 形容女子貌美,使燕、莺都妒忌不如。[语见] 清·曹雪芹《红楼梦》第二十七回:"满园里绣带飘摇,花枝招展。更兼这些人打扮的桃羞杏让,燕妒莺惭,一

时也道不尽。”[例句] 春花有～之貌，小伙子们自然要对她青睐有加了。

【燕颔虎颈】 yàn hàn hǔ jǐng

[释义] 颔：下巴。颈：脖子。形容相貌英俊威猛。[语见] 南朝宋·范晔《后汉书·班超传》：“超问其状，相者指曰：‘生燕颔虎颈，飞而食肉，此万里侯相也。’”[例句] 据说张飞生得～，力大无穷，有万夫不当之勇。

【燕颔虎须】 yàn hàn hǔ xū

[释义] 见“燕颔虎颈”。[语见] 明·罗贯中《三国演义》第一回：“身长八尺，豹头环眼，燕颔虎须，声若巨雷，势如奔马。”[例句] 阵中冲出来一员大将，生得～，手中的一对铁锤，少说也有百八十斤重，其威猛让人胆寒。

【燕雀处堂】 yàn què chǔ táng

[释义] 见“燕雀处屋”。[语见] 明·冯梦龙《醒世恒言》第二十二卷：“这叫做燕雀处堂，不知祸之将及。”[例句] 他狂妄自大，处境已如～，可还是一个劲地往前冲，其实，灭顶之灾正等着他呢。

【燕雀处屋】 yàn què chǔ wū

[释义] 燕雀：这里指家燕。比喻安居而丧失警惕，或处境危险而不自知。[语见]《孔丛子·论势》：“燕雀处屋，子母相哺，煦煦焉其相乐也，自以为安矣；灶突炎上，栋宇将焚，燕雀颜色不变，不知祸之将及己也。”[例句] 敌人虽已是～，但是我们毕竟没有把他们吃掉，所以仍然不能掉以轻心。

【燕瘦环肥】 yàn shòu huán féi

[释义] 见“环肥燕瘦”。[语见] 清·李宝嘉《文明小史》第四十回：“有的妆台倚镜，有的翠袖凭栏，说不尽燕瘦环肥，一一都收在眼睛里去。”[例句] 他们两人的作品，风格迥异，真是～，各擅其美。

【燕舞莺啼】 yàn wǔ yīng tí

[释义] 黄莺在歌唱，燕子在飞舞。形容春光明媚、鸟欢雀跃一派升平宜人的景象。现用以比喻蓬勃兴旺的大好形势。[语见] 宋·苏轼《锦被亭》词：“烟红露绿晓风香，燕舞莺啼春日长。”[例句] 阳春三月，江南～，山花烂漫，正是一年好时光，就等你赶快南下了。

【燕语莺声】 yàn yǔ yīng shēng

[释义] 形容女子说话声音婉转美妙。[语见] 元·关汉卿《金线池》楔子：“语若流莺声似燕，丹青，燕语莺声怎画成，难道不关情。”[例句] 这个美貌的女子，说起话来也是～。

yang

【扬长避短】 yáng cháng bì duǎn

[释义] 扬：发扬、光大。长：长处、优点。避：免除、避免。短：缺点、不足。发扬优点而避免不足。[例句] 作为部门领导，不要总是抓住下属们的弱点不放，而应～，发挥他们各自的特点，才能使一个部门形成强大的战斗力。

【扬长而去】 yáng cháng ér qù

[释义] 扬长：大模大样。去：离开。大模大样地离开。[语见] 清·曾朴《孽海花》第十回：“又回顾彩云道：‘……回来仍到我那里，今天要上文法了。’说着，扬长而去。彩云诺诺答应。”[例句] 他把我的书往地上一扔，骑上车～。

【扬己露才】 yáng jǐ lù cái

[释义] 见“露才扬己”。[语见] 唐·魏徵《隋书·刘子翊传》：“徇饰非于明世，强媒蘖于礼经，虽欲扬己露才，不觉言之伤理。”[例句] 因为过于～，你已经成为众矢之的，这对你以后的工作是极为不利的。

【扬铃打鼓】 yáng líng dǎ gǔ

[释义] 摇铃击鼓，比喻大事张扬。[语见] 清·曹雪芹《红楼梦》第六十二回：“要是一点子小事便扬铃打鼓，乱折腾起来，不成道理。”[例句] 前期的工作，不要弄得～的，而且往往要对基础的部分做最坏的打算。

【扬锣捣鼓】 yáng luó dǎo gǔ

[释义] 见“扬铃打鼓”。[语见] 清·曾朴《孽海花》第二十三回：“料想雯青这回必然要扬锣捣鼓的大闹，所以张夫人身虽在这边，心却在那边。”[例句] 你不妨仔

细研究一下敌人的右翼,别看他们～的,依我分析,他们那不过雷声大雨点小,他们的重兵还是在中路。

【扬眉吐气】 yáng méi tǔ qì

[释义] 扬眉:抬起眉头。吐气:吐出胸中郁闷之气。扬起愁眉,吐出胸中积压的郁闷之气。形容长期的压抑得到释放,心情畅快的样子。[语见] 唐·李白《与韩荆州书》:"何惜阶前盈尺之地,不使白扬眉吐气,激昂青云耶?"[例句] 很多人在取得成功的时候,往往以为应该～了,事实上,危机正是在这个时候暗暗地产生了。

【扬葩振藻】 yáng pā zhèn zǎo

[释义] 葩:花。藻:文采。比喻文采焕发。[语见] 唐·令狐德棻《周书·王褒庾信传论》:"汉自孝武之后,雅尚斯文,扬葩振藻者如林,而二马、王、扬为之杰。"[例句] 词汇丰富,便能咳唾成珠,出口成章;思路清晰,写作便能～,言之有物。

【扬清激浊】 yáng qīng jī zhuó

[释义] 激:冲除。浮上清水,冲去污水。比喻除恶扬善。[语见]《尸子·君治》:"扬清激浊,荡去滓秽,义也。"[例句] 现在最要紧的,是～,树立正风,鼓舞士气。

【扬砂走石】 yáng shā zǒu shí

[释义] 见"飞砂走石"。[语见]《春秋纬》:"风从箕星,扬砂走石。"[例句] 天黑的时候,突然一阵～,我们的行李一时间全都丢失了。

【扬汤止沸】 yáng tāng zhǐ fèi

[释义] 汤:沸水。沸:沸腾。把沸水从滚开的锅中舀出来再倒回去,想以此止住水的沸腾。喻指解决问题方法不正确,根本不能解决问题。[语见] 汉·班固《汉书·枚乘传》:"欲汤之沧,一人炊之,百人扬之,无益也;不如绝薪止火而已。"[例句] 把一两个人调走不过是～,根本的问题还是整个机制出了问题。

【扬扬得意】 yáng yáng dé yì

[释义] 见"得意洋洋"。[语见] 清·计六奇《明秀南略·伪官》:"又闻其过先帝梓宫之前,扬扬得意,竟不下马。"[例句] 女儿～地跟在她妈妈的后面,脸上都笑开了花。

【羊公之鹤】 yáng gōng zhī hè

[释义] 羊公:指晋武帝时征南大将羊祜,字叔子。原指羊公不舞之鹤,后常用以比喻名不副实。[语见] 南朝宋·刘义庆《世说新语·排调》:"刘遵祖少为殷中军所知,称之于庾公。庾公甚忻然,便取为佐。既见,坐之独榻上与语,刘尔日殊不称。庾小失望,遂名之为羊公鹤。昔羊叔子有鹤善舞,尝向客称之。客试使趋来,氃氋不肯舞,故称比之。"[例句] 这位被吹嘘得神乎其神的专家原来不过是～,徒有虚名罢了。

【羊狠狼贪】 yáng hěn láng tān

[释义] 原指为人凶狠贪婪。后多用以比喻贪官污吏对人民的残酷剥削和压迫。也作"羊贪狼狠"。[语见] 汉·司马迁《史记·项羽本纪》:"因下令军中曰:'猛如虎,狠如羊,贪如狼,强不可使者,皆斩之。'"[例句] 这些贪官污吏,～,百姓已经忍无可忍了。

【羊裘垂钓】 yáng qiú chuí diào

[释义] 南朝宋·范晔《后汉书·严光传》载:汉代严光少与刘秀一起游学,刘秀即帝位,严光变名披羊裘隐钓济中。比喻隐居生活。[例句] 他辞官后一身轻松,过起了～的隐居生活。

【羊质虎皮】 yáng zhì hǔ pí

[释义] 质:本性,实质。本是一只羊,却披上老虎的皮。比喻外表吓人而实际无用。[语见] 汉·扬雄《法言·吾子》:"羊质而虎皮,见草而悦,见豺而战,忘其皮之虎矣。"[例句] 敌人虽然来势汹汹,其实不过～,真正打起仗来,不堪一击。

【阳春白雪】 yáng chūn bái xuě

[释义] "阳春白雪"是楚国的一首艺术性较高的歌曲,与"下里巴人"相对而言。指那些高深而不通俗易懂的文艺作品。[语见] 战国楚·宋玉《对楚王问》:"客有歌于郢中者,其始曰《下里》、《巴人》,国中属而和者数千人……其为《阳春》、《白

雪》，国中属而和者不过数十人。"[例句]
在文学创作上，～固然值得赞美，但毕竟
曲高和寡，我们还要尽量多地创作出能
被更多的读者所喜爱的、通俗易懂而又
有教育意义的好作品来。

【阳奉阴违】yáng fèng yīn wéi
[释义] 阳：表面上。奉：执行。阴：背地
里，私下。违：违背。表面上执行而私下
却对着干。形容言行不一。[语见] 清·
李宝嘉《官场现形记》第三十三回："只
见上面写的无非劝戒属员嗣后不准再
到秦淮河吃酒住夜，倘若是阳奉阴
违，定行参办不贷。"[例句] 慢慢地，大
家看清了老魏～的本性，他便越来越
受到孤立了。

【杨花水性】yáng huā shuǐ xìng
[释义] 见"水性杨花"。[语见] 元·古杭
书会《小孙屠戏文》第九出："你休得强惺
惺，杨花水性无凭准。"[例句] 她当初算
不上一个～的人，但是由于总跟一些不
三不四的人来往，渐渐的，人就堕落了。

【洋洋大观】yáng yáng dà guān
[释义] 洋洋：形容多、大的样子。观：景
观。形容事物博大、丰富，使人大开眼
界。[语见]《庄子·天地》："夫道，覆载万
物者也，洋洋乎大哉！"[例句]《太平广
记》～，包括了彼时之前几乎所有的"前
小说"。

【洋洋得意】yáng yáng dé yì
[释义] 见"得意洋洋"。[语见] 清·程瑶
田《论学小记》："一旦且博取人间富若
贵，于是洋洋得意，以为读书固不负人若
是。"[例句] 你的作品不过刚刚印刷出
来，别～太早，到底怎么样，还得看将来
读者的反应呢。

【仰不愧天】yǎng bù kuì tiān
[释义] 抬头无愧于天。表示没有做坏
事，问心无愧。[语见] 唐·韩愈《与孟尚
书》："仰不愧天，俯不愧人。"[例句] 我一
生虽然过得平淡，但是～，倒也踏实。

【仰人鼻息】yǎng rén bí xī
[释义] 仰：抬头看，向上看。鼻息：用鼻
子呼吸。原指抬头看别人的呼吸，看别

人的脸色。后喻指依附有权势之人，以
别人的好恶为标准，没有自主的权力。
[语见] 南朝宋·范晔《后汉书·袁绍传》：
"袁绍孤客穷军，仰我鼻息，譬如婴儿在
股掌之上，绝其哺乳，立可饿杀！"[例句]
正是这种不屑～、俯身随俗的刚直性
格，使得他在那动荡的人生岁月中屡遭
磨难，但他却从未有过一丝的遗憾与
悔恨。

【仰首伸眉】yǎng shǒu shēn méi
[释义] 形容傲岸不屈、意气昂扬的样子。
[语见] 汉·司马迁《报任少卿书》："乃欲
仰首伸眉，论列是非，不亦轻朝廷羞当世
之士邪！"[例句] 大会在众人的掌声中结
束，他不免～，踌躇满志。

【仰屋窃叹】yǎng wū qiè tàn
[释义] 望着屋顶叹气。形容处于困境、
无法可想的情态。[语见] 宋·司马光《资
治通鉴·汉纪明帝永平十四年》："及其归
舍，口虽不言而仰屋窃叹，莫不知其多
冤，无敢牾陛下言者。"[例句] 银行的资
金被冻结之后，总经理冥思苦想，～，却
终究是无计可施。

【仰屋著书】yǎng wū zhù shū
[释义] 仰屋：抬头望屋顶。形容冥思苦
想的样子。[语见] 唐·姚思廉《梁书·南
平元襄王伟传》："下官历观世人，多有不
好欢乐，乃仰眠床上，看屋梁而著书。"
[例句] 工作之余，他潜心创作，～，成
了一位著作颇丰的高产作家。

【养儿备老】yǎng ér bèi lǎo
[释义] 养育儿子是为了防备年老。
[语见] 唐·元稹《忆远曲》："嫁夫恨不
早，养儿将备老。"[例句] 历史虽然已经
翻到了二十一世纪，但是在农村，～的观
念依然根深蒂固。

【养虎留患】yǎng hǔ liú huàn
[释义] 见"养虎遗患"。[语见] 明·冯梦
龙《东周列国志》第五十六回："今其子乃
欲见逐，岂非养虎留患耶？"[例句] 这时
候稍一心软，便是～，将来我们必然会为
此吃尽苦头的。

【养虎伤身】yǎng hǔ shāng shēn
[释义]饲养老虎,自伤其身。比喻纵敌留患。[语见]明·沈采《千金记·入关》:"大王,你只宜乘早击之,若迟便有养虎伤身之害矣!"[例句]我们再坚持三天,彻底把敌人消灭了,才不至于~。

【养虎贻患】yǎng hǔ yí huàn
[释义]见"养虎遗患"。[语见]明·谈迁《国榷》第七一卷:"养虎贻患,此言虽小,可以喻大也。"[例句]尽管他们也算是值得尊敬的对手,但是,事情已经到了这个地步,我们决不能~,给他们以喘息之机。

【养虎遗患】yǎng hǔ yí huàn
[释义]养老虎,留下祸患。比喻庇护纵容敌人,自己留下后患。[语见]元·脱脱等《宋史·王霆列传》:"至如降卒中处,养虎遗患,轻敌开边,以肉馁虎。"[例句]想一想当初我们身处困境的情形,你就不会心慈手软而~了。

【养虺成蛇】yǎng huǐ chéng shé
[释义]虺:小蛇。饲养毒蛇,自留后患。形容宽纵仇敌,将自受其灾害。[语见]北齐·魏收《魏书·高崇传》:"且一日纵敌,数世之患,今若还师,令颢重完守具,征兵天下,所谓养虺成蛇,悔无及矣。"[例句]灵公因为没有看清那个人的本性,~,也可算是自讨苦吃。

【养精蓄锐】yǎng jīng xù ruì
[释义]保养精神,积蓄锐气。泛指积蓄力量。[语见]明·罗贯中《三国演义》第九十六回:"不如以现在之兵,分命大将据守险要,养精蓄锐。"[例句]大家不要灰心,趁这段时间~,下次比赛再一决雌雄!

【养贤纳士】yǎng xián nà shì
[释义]招养收容有才德的人。[语见]明·无名氏《孟母三移》第一折:"养贤纳士,修德治民。"[例句]信陵君多年~,积聚力量,终于成为国家的脊梁。

【养痈蓄疽】yǎng yōng xù jū
[释义]生了毒疮不去医治。比喻庇护宽容坏人坏事。[语见]清·褚人获《隋唐演义》第八十三回:"若彼小人,便始而互相依托,后则互相忌嫉;始而养痈蓄疽,后则纵虎放鹰,只顾巧言惑主,利己害人。"[例句]项羽~,多次放走刘邦,其妇人之仁显现得淋漓尽致。

【养痈遗患】yǎng yōng yí huàn
[释义]痈:肿疮。遗:留下。患:祸害。对身上的毒疮,不早医治,就会留下祸害。比喻对坏人坏事姑息纵容,就会留下祸根。[语见]南朝宋·范晔《后汉书·冯衍传》李贤注引冯衍《与妇弟任武达书》:"养痈长疽,自生祸殃。"[例句]多少名人志士,因为妇人之仁而~,虽然被人叹息几声,但是最终被历史抛弃的结局却无可更改。

【养痈自祸】yǎng yōng zì huò
[释义]见"养痈遗患"。[语见]南朝宋·范晔《后汉书·冯衍传》李贤注引冯衍《与妇弟任武达书》:"自恨以华盛时不早自定,至于垂白家贫身贱之日,养痈长疽,自生祸殃。"[例句]黄巢没有对逃到四川的唐朝政府进行最后的歼灭,于是~,最后唐正是凭借着"正统"的旗号对黄巢进行了反击。

【养尊处优】yǎng zūn chǔ yōu
[释义]处于尊贵的地位,过着优裕的生活。[语见]宋·苏洵《上韩枢密书》:"天子者,养尊而处优,树恩而收名,与天下为喜乐者也。"[例句]这些平时~的太太小姐们,经过一路的颠簸早已是疲惫不堪,叫苦不迭。

【快快不乐】yàng yàng bù lè
[释义]快快:不满意的样子。形容心中郁闷,很不高兴的样子。[语见]清·褚人获《隋唐演义》第十九回:"又见是同心结子,知太子不能忘情,转又快快不乐。"[例句]看着他~的样子,大家也都把声音放低了好几度。

yao

【夭桃襛李】yāo táo nóng lǐ
[释义]夭:长得很好、很茂盛的样子。襛:也作"秾",花木繁盛。比喻人少年美

貌。[语见]《诗经·周南·桃夭》:"桃之夭夭,灼灼其华。"又《召南·何彼襛矣》:"何彼襛矣,华如桃李。"[例句]两位新人青梅竹马,～,定当成就一桩美满婚姻。

【妖魔鬼怪】 yāo mó guǐ guài
[释义]各种妖怪和魔鬼。也比喻各种各样的坏人。[语见]元·李好古《张生煮海》第一折:"我家东人好傻也,安知他不是个妖魔鬼怪,信着他跟将去了。"[例句]李自成初进北京的时候,也曾想过要把政权内部和外部的～都清除干净,但是还没等他缓过气来,吴三桂的大军已经打过了山海关。

【妖言惑众】 yāo yán huò zhòng
[释义]妖言:荒诞无稽的鬼话。惑:迷惑。众:群众。用荒诞的谣言欺骗、迷惑群众。[语见]汉·班固《汉书·眭弘传》:"妄设妖言惑众,大逆不道。"[例句]布鲁诺被教会视为～的代表,他们对布鲁诺恨之入骨。

【腰缠万贯】 yāo chán wàn guàn
[释义]贯:旧时的制钱,用绳子穿上,每一千个称一贯。腰里装着一万贯铜钱。形容非常富有。[语见]南朝梁·殷芸《小说·吴蜀人》:"有客相从,各言所志:或愿为扬州刺史,或愿多资财,或愿骑鹤上升,其一人曰:'腰缠十万贯,骑鹤上扬州。'欲兼三者。"[例句]无论是对～的商人,还是对普普通通的百姓,他从来都是一视同仁。

【腰鼓兄弟】 yāo gǔ xiōng dì
[释义]腰鼓:打击乐器,古今形制不同,古之腰鼓两头粗腰间细。比喻成就相差悬殊的兄弟。[语见]南朝梁·萧子显《南齐书·沈冲传》:"冲与兄淡、渊,名誉有优劣,世号为腰鼓兄弟。"[例句]刘家那两个儿子,虽然为～,一个位在天上,一个脚在泥里,但是毕竟为一母所生,他们的善良本性却是一致的。

【邀名射利】 yāo míng shè lì
[释义]求取名利。[语见]宋·张君房《云笈七签》第三十二卷:"世人不终耆寿,咸多夭殁者,皆由不自爱惜,忿争尽意,邀名射利,聚毒攻神,内伤骨体,外乏筋肉。"[例句]我已经过了中年,～之心已然淡了,我能够踏踏实实地生活着,就是最大的满足了。

【摇唇鼓舌】 yáo chún gǔ shé
[释义]利用口才进行说教、游说,也指煽动、搬弄是非。[语见]《庄子·盗跖》:"尔作言造语,妄称文、武……不耕而食,不织而衣,摇唇鼓舌,擅生是非。"[例句]他毕竟没有什么真实业绩,再怎么～,也终是白搭。

【摇旗呐喊】 yáo qí nà hǎn
[释义]呐喊:大声叫喊。原指古代作战时挥动旗帜大声叫喊助威。现多用以比喻给别人助长声威。[语见]元·乔梦符《两世姻缘》第三折:"你这般摇旗呐喊,簇土扬沙。"[例句]球场上球迷们～,为各自的球队助威。

【摇身一变】 yáo shēn yī biàn
[释义]把身体摇一摇,就变成了另外的样子。古典神怪小说中用来描写神仙或妖怪神通广大、变化快。现多用以形容人的态度、言行、身份等一下子来了个大改变。[语见]明·吴承恩《西游记》第十八回:"行者却弄神通,摇身一变,变得就如那女子一般,独自个坐在房里等那妖精。"[例句]谁也不曾想到,三年之后,小妹～,成了某个公司最大的股东,使我们都大为惊讶。

【摇头摆脑】 yáo tóu bǎi nǎo
[释义]见"摇头晃脑"。[例句]儿子一边读书,一边～,好像浑身长满了刺似的。

【摇头摆尾】 yáo tóu bǎi wěi
[释义]摇动着头,摆动着身体,形容悠然、自得其乐的样子,也用以形容轻狂、自以为是的样子。[语见]宋·释道原《景德传灯录》:"元安辞临济去,济曰:'门下有个赤梢鲤鱼,摇头摆尾向南方去,不知向谁家齑瓮里淹杀?'"[例句]看到哥哥那一副～的样子,小妹不禁皱了皱眉头。

【摇头晃脑】 yáo tóu huàng nǎo
[释义]晃:摇动,摆动。脑袋摇来晃

去,形容旧时读书吟诵时的姿态:自得其乐,扬扬得意的样子。[语见]宋·释普济《五灯会元·至乾禅师》:"教渠拽耙牵犁,直是摇头晃脑。"[例句]先生每每读到《枯树赋》的时候,～间,声音异常悲切,连我们小孩子都十分感动。

【摇尾乞怜】yáo wěi qǐ lián
[释义]乞:乞求。怜:怜爱。像狗那样摇着尾巴乞求主人的怜爱。形容卑躬屈膝,向别人谄媚讨好的丑态。[语见]唐·韩愈《应科目时与人书》:"若俯首帖耳,摇尾而乞怜者,非我之志也!"[例句]在侵略者面前～,奴颜婢膝是一切民族败类的共有特质。

【摇吻鼓舌】yáo wěn gǔ shé
[释义]见"摇唇鼓舌"。[语见]宋·陈亮《辩士传序》:"一时鲜廉寡耻之徒往来乎其间,摇吻鼓舌,劫之以势,诱之以利。"[例句]尽管下面有好些人连续一个多月来都在～,但是他们的选票就是上不去。

【摇摇欲坠】yáo yáo yù zhuì
[释义]摇摇:摇动、不稳的样子。坠:掉、落。摇晃晃,要掉下来,形容形势或基础极不稳固,或比喻政府即将垮台。[语见]明·罗贯中《三国演义》第一百零四回:"见其色昏暗,摇摇欲坠。"[例句]起义一爆发,其余各方的力量也纷纷起来了,一时间元朝政权～。

【遥遥领先】yáo yáo lǐng xiān
[释义]遥遥:远远地。形容超出很长距离。[例句]上海队目前积分已经～,看来今年夺冠已是指日可待了。

【遥遥无期】yáo yáo wú qī
[释义]遥遥:远远地。遥远得没有期限。形容要达到目的或实现理想的时间还很远。[语见]清·李宝嘉《官场现形记》第二十七回:"看看前头存在黄胖姑那里的银子渐渐花完,只剩得千把两银子,而放缺又遥遥无期。"[例句]地基虽然已经完成,但是由于缺乏资金,大厦的竣工还是～。

【瑶池阆苑】yáo chí làng yuàn
[释义]瑶池:传说中昆仑山上的池名,西王母所居的地方。阆苑:传说中神仙所住的宫苑。泛指仙家园林。[语见]《宣和画谱·人物二·阮郜》:"作女仙图,有瑶池阆苑,风景之趣,而霓旌羽盖飘飘凌云,萼绿、双成可以想像。"[例句]他不动声色地说:"我本村夫野老,只愿在田间流连,纵是～,却也难挽我心。"

【瑶台琼室】yáo tái qióng shì
[释义]雕饰华丽,结构奇巧的楼台和房室。多指仙家、帝王、贵族豪富所居。[语见]唐·房玄龄等《晋书·江统传》:"及到末世,以奢失之者,帝王则有瑶台琼室,玉杯象箸,肴膳之珍则熊蹯豹胎,酒池肉林。"[例句]她入得侯门,眼里尽是～,然而心在远方,脸上总不见一丝喜色。

【瑶台银阙】yáo tái yín què
[释义]形容仙家宫阙。特指月宫。后亦泛指华丽的房屋。[语见]元·高明《琵琶记·中秋望月》:"丹桂飘香清思爽,人在瑶台银阙。"[例句]武则天一旦入得～,权力欲便充满了她的心。

【杳如黄鹤】yǎo rú huáng hè
[释义]杳:不见影踪。像黄鹤一样没有踪影。比喻一去再没有踪影。[语见]南朝梁·任昉《述异记》上卷:"憩江夏黄鹤楼上,望西南有物飘然降自云汉,乃驾鹤之宾也。宾主欢对辞去,跨鹤腾空,眇然烟灭。"[例句]李靖离开京城之后,便～,一去不归了。

【杳无消息】yǎo wú xiāo xī
[释义]杳:无影踪。没有一点音信。[语见]明·沈德符《万历野获编·逸囚正法》:"微闻有浮海行者,踪迹可疑。乃南至闽广近海诸地,无不遍历,杳无消息。"[例句]弟弟到了南方之后,多年都～,今天突然接到他的电话,怎能不使我激动万分。

【杳无信息】yǎo wú xìn xī
[释义]见"杳无音信"。[语见]明·汤显祖《邯郸记》第十八出:"一从卢郎征

西,杳无信息,不知彼中征战若何。"
[例句]你在大洋彼岸,～,我纵然牵肠挂肚,你却一无所知。

【杳无音信】 yǎo wú yīn xìn
[释义]杳:深远,无影无声。没有一点消息。[语见]宋·黄孝迈《咏水仙》词:"惊鸿去后,轻抛素袜,杳无音信"[例句]金名勋入关之后,一家人苦苦期盼,但是多年后依然是～。

【杳无踪迹】 yǎo wú zōng jì
[释义]无影踪,无痕迹。形容不知去向。[语见]宋·黄休复《茅亭客活·好画虎》:"或一日夜分,开庄门出去,杳无踪迹。"[例句]天黑的时候,一阵飞沙走石,等沙漠平静下来,他们的骆驼早已～了。

【杳无踪影】 yǎo wú zōng yǐng
[释义]见"杳无踪迹"。[例句]十年前他去了漠北之后,便～,家里都以为他早死了呢,哪知他前天突然出现了,一家人又悲又喜。

【咬文嚼字】 yǎo wén jiáo zì
[释义]形容斟酌字句,亦用以讽刺死抠字眼和当众卖弄学识的人。[语见]明·兰陵笑笑生《金瓶梅词话》第五十一回:"见他铺眉弄眼,拿班作势,口里咬文嚼字,一口一声,只称呼他薛爷。"[例句]那帮～的腐儒,成了这次改革的最大阻碍。

【咬牙切齿】 yǎo yá qiè chǐ
[释义]切齿:咬牙齿以示痛恨。形容愤恨或发狠到了极点。[语见]元·孙仲章《勘头巾》第二折:"为甚事咬牙切齿,唬得犯罪人面色如金纸。"[例句]最后,方芳～地喊了起来,脸上的愤怒让人惊骇。

【乐山乐水】 yào shān yào shuǐ
[释义]乐:喜爱。有人爱山,有人爱水。指人的爱好各不相同,各有所爱。[语见]《论语·雍也》:"知者乐水,仁者乐山。"[例句]我们两个人虽然是～,各有不同,但却能相互包容,多年来始终保持着纯洁的友谊。

【药店飞龙】 yào diàn fēi lóng
[释义]飞龙:中药龙骨。比喻人消瘦得犹如药店的龙骨。[语见]南朝宋·乐府

《读曲歌》:"自从别郎后,卧宿头不举,飞龙落药店,骨出只为汝。"[例句]圆圆离去之后,玉东半月之内,已如～,形销骨立,人人见了心生凄凉。

【药笼中物】 yào lóng zhōng wù
[释义]药笼中防病的药。比喻储备着的人才。[例句]李渊手下,皆～,个个均能独当一面,单在人力储备上就占了上风。

【药石罔效】 yào shí wǎng xiào
[释义]药石:古时指药和治病的石针。罔:没有。不能医治。[例句]他已病入膏肓,～,只能等着死神的到来了。

【药石之言】 yào shí zhī yán
[释义]石:用以砭刺治病的石针。指诚意劝人改过的良言。[语见]《左传·襄公二十三年》:"臧孙曰:'季孙之爱我,疾疢也;孟孙之恶我,药石也。'"五代·王定保《唐摭言·怨怒》:"是将投公药石之言……"[例句]爷爷虽然没有读过什么书,但是他对你的劝告,都是～,你回去之后,一定要好好反省,多多消化。

【要言不烦】 yào yán bù fán
[释义]要:切要。烦:烦琐。形容说话简明扼要。[语见]清·文康《儿女英雄传》第三十三回:"我和你们说句要言不烦的话,阃以外将军制之,你们还有什么为难的不成?"[例句]李总最后～地对公司全年的经营状况做了总结,听得大家都目瞪口呆。

【要言妙道】 yào yán miào dào
[释义]见"妙言要道"。[语见]汉·枚乘《七发》:"客曰:'今太子之病,可无药石针刺灸疗而已,可以要言妙道说而去也。'"[例句]黄松涛所论,皆～,不过我并不完全同意。

【耀武扬威】 yào wǔ yáng wēi
[释义]耀:夸耀,炫耀。炫耀武力,显示威风。形容得意夸耀的姿态。[语见]明·罗贯中《三国演义》第一百零五回:"姜维在南郑城上见魏延、马岱耀武扬威蜂拥而来。"[例句]高衙内仗着他有权有势,在城里～,横行霸道。

ye

【爷饭娘羹】 yé fàn niáng gēng
[释义] 指依赖父母，不能独立生活。
[语见] 元·关汉卿《蝴蝶梦》第二折："他
每爷饭娘羹，何曾受这般苦!"[例句] 看
到这些都是成人的大学生，依然～，无
力自理，我们这些做老师的，心里有些不
是滋味。

【爷羹娘饭】 yé gēng niáng fàn
[释义] 见"爷饭娘羹"。[语见] 元·无名
氏《渔樵闲话》第三折："那个是欺家的泼
面东西，见成吃着爷羹娘饭，又要偷家里
财物。"[例句] 你都年近三十了，怎么
还～，靠父母才能过活?

【冶容诲淫】 yě róng huì yín
[释义] 冶容：妖艳的打扮。诲：诱导，招
致。淫：邪恶。女子妆扮妖艳，招致邪
恶。[语见]《周易·系辞上》："慢藏诲
盗，冶容诲淫。"[例句] 在那个遥远的年
代，在这个落后的偏远的小镇里，一个女
子被坏人欺负了，这里的大多数人不但
不会同情她，反而会认为她是～，自取
其辱。

【野调无腔】 yě diào wú qiāng
[释义] 野：粗野。无腔：没有规矩。形容
语言举止放肆，没有礼貌。[例句] 他这
副～的样子实在让我无法忍受，我一言
不发，转身就走。

【野狐参禅】 yě hú cān chán
[释义] 参禅：佛教语。玄思冥想，探究真
理。原为佛教内对异端者参禅的说
法，后也用以讥笑人在学问上只学皮毛
而不懂真义。[例句] 他虽然做出一副
一本正经的样子，其实不过是～罢了。

【野鸟入庙】 yě niǎo rù miào
[释义] 庙：庙堂。指太庙的庙堂，古代帝
王祭祀、议事的地方。野鸟闯进了庙
堂，旧指国家败亡的征兆。[语见] 汉·班
固《汉书·五行志》："野鸟入庙，败亡之异
也。"[例句] 看到这～的状况，大臣们都
惶恐不安。

【野无遗才】 yě wú yí cái
[释义] 见"野无遗贤"。[语见]《周书·
苏亮等传论》："太祖除暴宁乱，创业开
基，旲食求贤，共求庶政……可谓野无遗
才，朝多君子。"[例句] 科举考试之初，读
书人纷纷向政府靠拢，～，读书之风
日炽。

【野无遗贤】 yě wú yí xián
[释义] 野：民间。民间没有遗而不用的
贤人。指人尽其才，政治清明。[语见]
《尚书·大禹谟》："野无遗贤，万邦咸
宁。"[例句] 对于求才若渴的他来
说，～才是最理想的境界。

【野心勃勃】 yě xīn bó bó
[释义] 野心：巨大而非分的欲望。勃勃：
欲望强烈的样子。形容非分的欲望很强
烈。[语见] 陈天华《狮子吼》第一回："这
一位大帝野心勃勃，就想把世界各国尽
归他的宇下。"[例句] 这个～的年轻
人，竟不惜用欺骗、伤害，甚至种种卑鄙
无耻的行径去追求成功，最后终于一败
涂地，他的经历实在发人深省。

【业精于勤】 yè jīng yú qín
[释义] 指学业的精进在于勤奋。[语见]
唐·韩愈《进学解》："业精于勤，荒于嬉；
行成于思，毁于随。"[例句] ～，没有勤学
苦练，就想成名，不是做梦吗?

【叶公好龙】 yè gōng hào lóng
[释义] 汉·刘向《新序·杂事五》："叶公子
高好龙，钩以写龙，凿以写龙，屋室雕文
以写龙。于是天龙闻而下之，窥头于
牖，施尾于堂。叶公见之，弃而还走，失
其魂魄，五色无主。是叶公非好龙也，好
夫似龙而非龙者也。"后用"叶公好龙"形
容表面上爱好某种事物，实际并非如此。
叶，旧读 shè。[例句] 别看她这些日子
总是摆弄洞箫，事实上，她不过是附庸风
雅，～罢了。

【叶落归根】 yè luò guī gēn
[释义] 原为佛家语。旧时比喻事物总
有一定的归宿。现比喻不忘本原。
[语见] 宋·释道原《景德传灯录》第五卷：
"叶落归根，来时无口。"[例句] 人上了岁

数,～的想法便越来越明朗了,他只想早些时日回到故里,再和儿时的伙伴游玩一番。

【叶落知秋】 yè luò zhī qiū
[释义] 看到了一片叶子落了,便知道秋天到了。比喻从某种微小的变化中预感到事物的发展趋向。也比喻由现象或部分推知本质或全体。[语见] 宋·释普济《五灯会元·天童华禅师法嗣》:"动弦别曲,叶落知秋,举一明三。"[例句] ～,你们看他的气色,便知道他心里肯定是有什么事情。

【曳裾侯门】 yè jū hóu mén
[释义] 见"曳裾王门"。[语见] 明·张燮《答卢一清山人》:"百粤故多佳山水……顾尔时少年自喜,恐人疑为曳裾侯门,竟裹足不往。"[例句] 桓氏早年时,也曾～,仰人鼻息,只不过出将入相之后,人不敢言而已。

【曳裾王门】 yè jū wáng mén
[释义] 指奔走于达官显贵之门,仰承鼻息。[语见] 汉·班固《汉书·邹阳传》:"今臣尽智毕议,易精极虑,则无国不可奸;饰固陋之心,则何王之门不可曳长裾乎?"[例句] 元朝的读书人形成了巨大的分野:一批隐于乡间,一批则时时～,耕读之风受到了极大的摧残。

【曳尾泥涂】 yè wěi ní tú
[释义] 像乌龟拖着尾巴在泥地上爬行的样子。比喻行为卑鄙龌龊。[语见] 清·吴趼人《二十年目睹之怪现状》第九十一回:"叶伯芬的曳尾泥涂,大都如此,这回事情,不过略表一二。"[例句] 周兴尚是小吏的时候,对稍有权势的人无不～,甚被人耻笑。

【曳尾涂中】 yè wěi tú zhōng
[释义] 《庄子·秋水》:"吾闻楚有神龟,死已三千岁矣,王巾笥而藏之庙堂之上。此龟者,宁其死为留骨而贵乎? 宁其生而曳尾于涂中乎?"意谓在庙堂之上,如做官,虽然显贵,但受约束,倒不如像泥路上拖着尾巴爬行的乌龟那样,做个老百姓自由自在。比喻过隐逸避世的平

民生活。[例句] 德昭年老,多次陈表辞官,要～,但是终未能准,这便为他悲惨的命运埋下了伏笔。

【夜半三更】 yè bàn sān gēng
[释义] 指深夜时光。[语见] 明·胡文焕《群音类选·〈义记·付记婴孩〉》:"这样大事,夜半三更,来此看他做甚么?"[例句] 祖逖常常～,便起来舞剑,其报国之心,可见一斑。

【夜不闭户】 yè bù bì hù
[释义] 户:本义为单扇的门,泛指门户。夜里睡觉不关门,也没人来偷盗。形容社会治安良好。[语见] 明·罗贯中《三国演义》第八十七回:"两川之民,忻乐太平,夜不闭户,路不拾遗。"[例句] 在这部作品中,作者在开头就为人们描绘了一幅世外桃源般的景象:人们恪守伦理道德,良好的社会风气盛行,路不拾遗,～,劳动生活井然有序,可谓国泰民安,而故事就从这里开始了。

【夜长梦多】 yè cháng mèng duō
[释义] 夜长:黑夜时间长;梦多:做梦次数多。黑夜时间长,做梦的次数就多。比喻时间一拖长,事情可能会发生不利的变化。[语见] 清·文康《儿女英雄传》第二十三回:"这事须得如此如此办法,才免得她夜长梦多,又生枝叶。"[例句] 现在既然都已定下来了,为防～,我们最好连夜就走。

【夜静更长】 yè jìng gēng cháng
[释义] 更长:指夜深。形容夜很深,很静。[语见] 元·吴昌龄《东坡梦》第四折:"你从来有些技痒,正夜静更长,对月貌花庞,饮玉液琼浆,一个个逞歌喉婉转,一个个垂舞袖郎当。"[例句] ～,他独自一人坐在院子里,默默地想着心事。

【夜静更阑】 yè jìng gēng lán
[释义] 更阑:更将尽。见"夜静更长"。[语见] 元·杨梓《霍光鬼谏》第四折:"夜静更阑,蓦岭登山寻故关,云收雾散,披星带月入长安。"[例句] 于～之际,我独自漫步到了海边,清风拂面,月朗星稀,别有情趣。

【夜静更深】 yè jìng gēng shēn

[释义] 见"夜静更长"。[语见] 明·冯梦龙《醒世恒言》第三十卷："这个何难？少停出衙，止留几个心腹人答应，其余都打发了，将他主ం灌醉，到夜静更深，差人刺死。"[例句] 每当～的时候，他都伫立窗前，望着那满天的星星，一边默默地数着，一边叨念着爱人的名字。

【夜阑人静】 yè lán rén jìng

[释义] 阑：将尽。夜阑：夜深，夜将尽。夜深了，人们都安静下来了。[语见] 元·王实甫《西厢记》第一本第三折："有一日柳遮花映，雾障云屏，夜阑人静，海誓山盟。"[例句] 已经～了，我还在冰冷的街道上走着。

【夜郎自大】 yè láng zì dà

[释义] 夜郎：汉代我国西南方的一个小国，今贵州桐梓一带。夜郎国的国君向汉朝使臣道："你们汉朝大呢？还是我们夜郎国大呢？"后来比喻妄自尊大，孤陋寡闻。[语见] 汉·班固《汉书·西南夷传》："滇王与汉使言：'汉孰与我大？'及夜郎侯亦然。以道不通故，各自以为一州主，不知汉广大。"[例句] 你根本没有对市场做过认真的调查，就～地认为能一举获胜，你的依据是什么呢？

【夜深人静】 yè shēn rén jìng

[释义] 见"夜阑人静"。[语见] 明·崔时佩《西厢记·乘夜逾垣》："红娘，你看月朗风清，夜深人静，好景致也。"[例句] 我静静地坐在江边，到了～的时候，一轮下弦月冷冷地挂在天边，我的心里愈加悲凉。

【夜以继日】 yè yǐ jì rì

[释义] 以：拿，用。继：继续。用晚上时间接续白天时间；白天时间不够用，用夜晚时间来继续。形容日夜不停地从事某件事。也作"日以继夜"。[语见]《庄子·至乐》："夫贵者，夜以继日，思虑善否。"[例句] 为了抵抗洪水，保证人民群众的生命和财产的安全，解放军官兵～地奋战在第一线，用鲜血和生命筑起了一道钢铁长城。

【夜雨对床】 yè yǔ duì chuáng

[释义] 见"对床夜雨"。[语见] 宋·苏轼《书出局诗》跋："今日情味虽差胜彭城，然不若同归林下，夜雨对床，乃为乐耳。"[例句] 我们同窗十年，又别去十年，如今能～，一谈尽欢，也算人生之大幸了。

yi

【一败如水】 yī bài rú shuǐ

[释义] 形容军队打了败仗，如同水泼在地上一样不可收拾。[例句] 武攸宜率军刚和突厥接上火，便～，一战下来，十去八九。

【一败涂地】 yī bài tú dì

[释义] 败：失败。涂地：洒了一地，指肝脑涂地。形容彻底失败，不可收拾。[语见] 汉·司马迁《史记·高祖本纪》："今置将不善，一败涂地。"[例句] 西北的战事～，怎不令这位新立的皇帝心急如焚？

【一板三眼】 yī bǎn sān yǎn

[释义] 板、眼：我国民族音乐和戏曲音乐演奏时以板、鼓指挥节奏，强拍击板，谓之"板"；弱拍以槾子击鼓，谓之"眼"。"一板三眼"即四拍子，"一板一眼"即二拍子，二者都是工稳的节拍形式，遂用以比喻人的言行有条理、合规矩。也比喻做事死板，不知变通。[例句] 儿子听完他小叔叔的话之后，当真在木匠摊子上～地做起来，我们都不禁笑了。

【一板一眼】 yī bǎn yī yǎn

[释义] 见"一板三眼"。[例句] 他是个老实人，他只会～地执行政策，绝不会走那些邪门歪道。

【一瓣心香】 yī bàn xīn xiāng

[释义] 一瓣（香）：一炷（香）。心香：心怀虔诚，如同焚香供奉神佛。指供奉神佛虔诚。今多用以形容对所师承的人的敬仰。[语见] 宋·陈师道《观兖文忠公家六一堂图书》："向来一瓣香，敬为曾南丰。"[例句] 教师节来临了，我为我的恩师献上～。

【一本万利】yī běn wàn lì

[释义] 一本:形容极小的本钱。万利:形容极大的利润。以极小的本钱赚取极大的利润,形容一次投资永久获利。也用以比喻付出一定的代价而换取较长远的利益。[语见] 清·李绿园《歧路灯》第三十四回:"张绳祖道:'……那银子得成他的么? 只怕一本万利,加息还咱哩。'"[例句] 这可是个～的买卖,就看你能不能投资了。

【一本正经】yī běn zhèng jīng

[释义] 正经:正规的经典。一部正规的经典。形容态度严肃、庄重。有时含有讽刺意味。[例句] 看到女儿～的样子,我知道事情可能坏了。

【一鼻孔出气】yī bí kǒng chū qì

[释义] 指相互间言行如出自一人,常含贬义。[语见] 清·西周生《醒世姻缘传》第六回:"那晁住媳妇就合珍哥一个鼻孔出气,也没有这等心意相投。"[例句] 他们那几个人,向来是～的,你现在才去追问,他们早就串通好了。

【一笔勾销】yī bǐ gōu xiāo

[释义] 把账一笔抹掉。比喻把一切取消。[语见] 清·夏敬渠《野叟曝言》第一百四十回:"驸马既如此说,便把前事一笔勾销,责打之说,我亦不忍,快请出房便了。"[例句] 他虽然犯了错误,我们也要一分为二地做出客观的评价,不能因为他的错误而把他曾经做出的贡献～了。

【一笔抹杀】yī bǐ mǒ shā

[释义] 抹杀:勾掉。比喻把成绩、优点全部勾销或全部否定。[语见] 明·沈德符《万历野获编·嘉靖大狱张本》:"是时席元山虽狠愎,亦未敢遽执其事,尚请复核。而世宗独断,直谓议礼新贵所昭雪,即跲跻亦必曾史。遂将前后爱书,一笔抹杀。"[例句] 别人话里也还是有许多合理的地方,不要不加分别地～掉。

【一碧万顷】yī bì wàn qǐng

[释义] 水色天光,一片碧绿,广阔无际。[语见] 宋·范仲淹《岳阳楼记》:"上下天光,一碧万顷。"[例句] 站在海边,望着～的大海,心中感慨万千,却不知从何说起。

【一表非凡】yī biǎo fēi fán

[释义] 形容人面貌俊秀,气度轩昂。[语见] 明·吴承恩《西游记》第八十八回:"适才有东土大唐差来拜佛取经的一个和尚,倒换关文,却一表非凡。"[例句] 站在电梯门口的那个身材高大、～的人,就是公司新任总经理。

【一表人才】yī biǎo rén cái

[释义] 形容人面貌俊秀端正。[语见] 明·汤显祖《南柯记·粲诱》:"想起驸马一表人才,十分雄势,俺好不爱他,好不重他!"[例句] 看你年纪轻轻,～,不料竟是如此心狠手辣的家伙。

【一波三折】yī bō sān zhé

[释义] 波:水纹。折:曲折。形容字的笔画曲折多姿。后也用以形容文章结构曲折,笔势跌宕。或事情进行中阻碍曲折很多。[语见] 晋·王羲之《题卫夫人笔阵图后》:"每作一波,常三过折笔。"[例句] 事情的过程～,虽然最后还是成了,但是对我们心灵的影响却是异常深刻。

【一波未平,一波又起】yī bō wèi píng, yī bō yòu qǐ

[释义] 前一个波浪还没有平复,后一个波浪又掀起来了。比喻诗文用笔开阖,跌宕起伏。今用以比喻事情棘手,一个问题还没有解决,另一个问题就又出现了。[语见] 清·夏敬渠《野叟曝言》第五十二回:"才子作文,其心固闲,惟极闲乃能作此极忙之笔墨,直有一波未平,一波复起之妙。"[例句] 昨天女儿闯祸的事情还没解决完,今天儿子的班主任又找上门来告状了,真是～,气得老张直跺脚。

【一不做,二不休】yī bù zuò, èr bù xiū

[释义] 原意为第一不要反叛,第二既已反叛就索性干到底,后泛指不做则已,要做就做到底。[语见] 明·兰陵笑笑生《金瓶梅词话》第六回:"西门庆道,干娘此计

甚妙,自古道欲求生快活,须下死工夫,罢罢罢! 一不做,二不休。"[例句]既然干上了这一行,～,那就做到底吧。

【一步登天】yī bù dēng tiān
[释义]一步登上青天。常用以讥讽人突然发迹。[语见]清·李绿园《歧路灯》第九十六回:"万望口角春风,我就一步登天,点了买办差,就过好日子。"[例句]不要指望靠着个局长大人你就能～,事情还早着呢。

【一步一鬼】yī bù yī guǐ
[释义]每走一步都有一个鬼跟着。形容疑心生暗鬼,自相惊扰。[语见]汉·王充《论衡·论死》:"计今人之数不若死者多,如人死辄为鬼,则道路之上,一步一鬼也。"[例句]本来没有什么事情,是你～,自寻烦恼,结果闹出了误会,差点伤了朋友间的和气。

【一差二错】yī chā èr cuò
[释义]指可能发生的意外或差错。[语见]明·兰陵笑笑生《金瓶梅词话》第八十回:"你实说便罢,不然,有一差二错,就在你这两个囚根子身上。"[例句]我看你还是跟着好,孩子还小,万一出个～的,也不好向人家家长交代。

【一差二误】yī chā èr wù
[释义]见"一差二错"。[语见]明·吴承恩《西游记》第七十六回:"外公! 外公! 是我的不是了! 一差二误吞了你,你如今却反害我。"[例句]程序都设计到这份上了,可不能出什么～的,否则就要前功尽弃了。

【一长一短】yī cháng yī duǎn
[释义]形容说话絮叨。[语见]清·曹雪芹《红楼梦》第二十六回:"贾芸出了怡红院,见四顾无人,便慢慢地停着些走,口里一长一短和坠儿说话。"[例句]我做作业,奶奶在一旁～地说着,我听没听不重要,重要的是奶奶面前得有个人听着,我倒也习惯了这个。

【一场春梦】yī chǎng chūn mèng
[释义]春梦:春宵之梦。做了一场好梦。比喻世事变幻无常或幻想破灭。[语见]清·李汝珍《镜花缘》第十六回:"这才晓得从前各事都是枉费心机,不过做了一场春梦。"[例句]他静下心来,神游物外,觉得什么名啊利啊的,都不过是过眼烟云,～而已。

【一倡百和】yī chàng bǎi hè
[释义]倡:同"唱"。和:应和,附和。一人唱歌,一百人附和。形容响应的人很多。[语见]汉·桓宽《盐铁论·结和》:"人罢极而主不恤,国内溃而上不知,是以一夫倡而天下和。"[例句]我不是那种～的人,但是我希望经过一些时间的努力,大家能看到我踏踏实实的长处,相信我,我们一起把事情做好。

【一倡三叹】yī chàng sān tàn
[释义]倡:同"唱",歌唱。叹:和拍子。一个人歌唱,三个人相和。形容音乐、诗文等优美婉转,意味深长。[语见]《荀子·礼论》:"清庙之歌,一倡而三叹也。"[例句]曲子婉转曲折,～,沁人心脾。

【一唱百和】yī chàng bǎi hè
[释义]见"一倡百和"。[语见]清·夏敬渠《野叟曝言》第五十二回:"中间坐一个妙化禅师,面如满月,眼似悬铃,……项挂百八念珠,手执九龙锡杖,一唱百和。"[例句]他原本就人缘不好,怎么指望他能够～呢?

【一唱三叹】yī chàng sān tàn
[释义]见"一倡三叹"。[语见]晋·陆机《文赋》:"虽一唱而三叹,固既雅而不艳。"[例句]他演奏《听松》的时候,专注异常,～之中,似要夺人魂魄,尽管过去了许多年,但是当时的感觉依然清晰。

【一唱一和】yī chàng yī hè
[释义]一人首唱,一人应和。原指彼此间诗文酬答,后也用来比喻相互呼应配合。多含贬义。[语见]明·冯梦龙《醒世恒言》第十一卷:"只为如今说一个聪明女子,嫁着一个聪明的丈夫,一唱一和,遂变出若干的话文。"[例句]他们两人～的,几乎完全左右了会议的进程。

【一朝天子一朝臣】yī cháo tiān zǐ yī cháo chén

[释义] 朝:朝代。每一个皇帝登基后,都要以自己的亲信替换前朝的臣子。形容当权变动,下属亦随之变动。[语见] 元·金仁杰《萧何月夜追韩信》第三折:"我从来将相出寒门。咱王是一朝天子一朝臣。"[例句] 新任领导上任后,并没有像人们传言的那样进行～的大调整,而是任人唯贤,因此很快赢得了大家的尊敬。

【一尘不染】yī chén bù rǎn

[释义] 尘:佛教用语,佛家把香、色、声、味、触、法叫作"六尘"。原指佛教徒修行,摒除欲念,保持心地洁净。后形容非常纯洁干净。[语见] 宋·张耒《腊初小雪后圃梅开》:"一尘不染香到骨,姑射仙人风露身。"[例句] 进到他的房间,只见窗明几净,～,真的不忍下脚。

【一成不变】yī chéng bù biàn

[释义] 成:形成。一经形成,便不容变更。后多指一经形成,便固定下来。[语见]《礼记·王制》:"刑者,侀也。侀者,成也。一成而不可变,故君子尽心焉。"[例句] 你放心,事情也不会～的,等过些日子再说吧。

【一成不易】yī chéng bù yì

[释义] 见"一成不变"。[语见] 清·张廷玉等《明史·历志一》:"夫天之行度多端,而人之智力有限……惟今古今人之心思,踵事增修,庶几符合。故不能为一成不易之法也。"[例句] 萧何死后,曹参把他的政策～地继承了下来,虽然没有什么作为,但是继承了汉朝初年那种休养生息的大略。

【一酬一酢】yī chóu yī zuò

[释义] 酬:向客人敬酒。酢:向主人敬酒。一来一往地互相敬酒。[语见] 清·文康《儿女英雄传》第三十七回:"说着便用那个欢杯,斟了满满的一钟,他夫妻果然一酬一酢地饮干。"[例句] 两人一见如故,便寻了个酒馆,～,直喝到天黑。

【一筹莫展】yī chóu mò zhǎn

[释义] 筹:古代用以计算的工具,上面刻有数字,多以竹制成。引申指计策。展:施展。连一个筹码都不知如何摆放。形容一点办法也没有。[语见] 明·唐顺之《与陈苏山职方》:"盖部中只见其报功而不知其为衰庸阘懦、一筹莫展之人也。"[例句] 事情都已经到了这种地步,我就是三头六臂,也是～了。

【一触即发】yī chù jí fā

[释义] 触:碰、触动。发:引发、发动。指形势非常紧张,一点诱因就能引发严重的后果。[语见] 梁启超《论中国学术思想变迁之大势》三:"积数千年民族之精髓,递相遗传,递相扩充,其机固有磅礴郁积,一触即发之势。"[例句] 两国政府开始集结军队,战争～。

【一触即溃】yī chù jí kuì

[释义] 触:碰。溃:溃败。稍碰一下,就马上溃败。形容军队毫无战斗力,很容易被打垮。[例句] 刘汤兵团刚刚和对方接上火,便～,大败而归。

【一传十,十传百】yī chuán shí, shí chuán bǎi

[释义] 一个人传给十个人,十个人又传给一百个人。原指疾病传染很快。现形容消息传播很快。[语见] 宋·陶毅《清异录·丧葬义疾》:"一传十,十传百,展转无穷,故号义疾。"注:义疾,传染病。[例句] 这件事情,～,几天之后,便已经闹得全城都沸沸扬扬。

【一串骊珠】yī chuàn lí zhū

[释义] 骊珠:传说出自骊龙颔下的珍珠。比喻歌声婉转动听,如同成串的珍珠一样。[语见] 唐·白居易《寄明州于驸马使君》诗:"何郎小妓歌喉好,严老呼为一串珠。"[例句] 云梅的歌喉渐渐响起,如～,在大厅里来回飘荡。

【一床两好】yī chuáng liǎng hǎo

[释义] 比喻夫妻俩美好相称。[语见] 宋·曾慥《高斋漫录》:"毗陵有成郎中,宣和中为省官,貌不扬而多髭。再娶之夕,岳母陋之,……命成作诗。成乃操笔大书云:'一床两好世间无,好女如何得好夫,高卷珠帘明点烛,试教菩萨看麻

胡.'"[**例句**]谈恋爱的时候,他们的恩爱是没得说了,哪知自从做了夫妻,却从没看到过～的样子。

【**一词莫赞**】yī cí mò zàn
[**释义**]指文章完美无缺,别人不能再为之增添一句话。又指一言不发。[**语见**]清·李渔《复佟梅岑》:"老年台惊才绝艳,迥别时流,杰作数篇,真是一词莫赞。"[**例句**]在座的文人看了他这篇文章,都说它～,堪称经典。

【**一蹴而就**】yī cù ér jiù
[**释义**]一蹴:举足一踢。就:到达,完成。一举足就可以完成。比喻做事轻而易举。[**语见**]宋·苏洵《卫田枢密书》:"天下之学者,孰不欲一蹴而造圣人之域。"[**例句**]敌人已经被我们包围,胜利自然～,但是还是希望大家小心谨慎,切莫让敌人钻了空子。

【**一寸赤心**】yī cùn chì xīn
[**释义**]见"一寸丹心"。[**语见**]宋·陆游《江北庄取米到作饭香甚有感》诗:"飞霜掠面寒压指,一寸赤心惟报国。"[**例句**]我对民族和国家,只有～,用我的生命保卫国家与民族的安危,是我义无反顾的责任。

【**一寸丹心**】yī cùn dān xīn
[**释义**]一寸:指心。古人认为心乃方寸之地,故称。丹:比喻赤诚。一片赤诚之心。[**语见**]宋·杨万里《新除广东常平之节感恩书怀》诗:"向来百炼今绕指,一寸丹心白日明。"[**例句**]屈原～,只求报国,然而由于受到排挤,总是报国无门。

【**一寸光阴一寸金**】yī cùn guāng yīn yī cùn jīn
[**释义**]一寸光阴:指日影移动一寸,形容时间极短。形容飞逝的时间十分宝贵,必须加以珍惜。[**语见**]元·同恕《送陈嘉会》诗:"尽欢菽水晨昏事,一寸光阴一寸金。"[**例句**]你年纪轻轻,～,怎么能整天都在游戏中度过呢?

【**一代风流**】yī dài fēng liú
[**释义**]风流:杰出。此处指杰出的人物。指开创风气,为当世所景仰的人物。

[**语见**]唐·杜甫《哭李常侍峄》诗:"一代风流尽,修文地下深,斯人不重见,将老失知音。"[**例句**]他以其杰出的才华和高洁的人品而成为人们心目中真正的偶像,堪称～。

【**一代楷模**】yī dài kǎi mó
[**释义**]楷模:榜样。指一个时代的模范人物。[**语见**]五代后晋·刘昫等《旧唐书·李靖传》:"朕观自古已来,身居富贵,能知止是者甚少。……公能识达大体,深足可嘉。朕今非直成公雅志,欲以公为一代楷模。"[**例句**]文天祥崛起于危难之际,置生死于不顾,而成～,此中所需要的勇气和心力,绝非一般人所能有。

【**一代宗臣**】yī dài zōng chén
[**释义**]指当代所景仰的大臣。[**语见**]汉·班固《汉书·萧何曹参传赞》:"淮阴黥布等已灭,唯何参擅功名,位冠群臣,声施后世,为一代之宗臣。"[**例句**]诸葛亮辅佐刘备,南征北战,成为～,受到后人的景仰。

【**一刀两断**】yī dāo liǎng duàn
[**释义**]比喻坚决地断绝关系。也比喻做事干脆、果断。[**语见**]《朱子语类》第四十卷:"观此可见克己者从根源上一刀两断,便斩绝了,更不复萌。"[**例句**]像他那种不仁不义的朋友,你早该跟他～了。

【**一得之功**】yī dé zhī gōng
[**释义**]一得:偶有的一点收获。指一点微小成绩。[**例句**]这几年,我虽然取得了～,但是如果没有我的同事和朋友的帮助,我是绝对不可能成功的。

【**一得之见**】yī dé zhī jiàn
[**释义**]见"千虑一得"。[**语见**]汉·司马迁《史记·淮阴侯列传》:"广武君曰:'臣闻智者千虑,必有一失;愚者千虑,必有一得。'"[**例句**]这不过是我的～,仅供参考,不妥之处,望多多指正。

【**一得之愚**】yī dé zhī yú
[**释义**]见"千虑一得"。[**语见**]清·顾炎武《与人书》第十一:"况局守一城,无豪杰之士可与共论,如此则志不能帅气,而衰钝随之。敢以一得之愚献诸执事。"

[例句] 他们的观点，仅为～，一孔之见，不一定有什么参考的价值。

【一德一心】yī dé yī xīn
[释义] 德：行为。心：志向。形容具有共同的志向并为之努力。[语见]《尚书·泰誓中》："乃一德一心，立定厥功，惟克永世。"[例句] 大家在危险和困境面前，没有退缩，而是～地坚持把项目做完。

【一定不易】yī dìng bù yì
[释义] 原指一经确定就不变更，后形容事理正确不可改动。[语见] 汉·刘安《淮南子·主术训》："今夫权衡规矩，一定而不易，不为秦楚变节，不为胡越改容。"[例句] 既然这样，事情就定下来了，希望大家坚持下去，～。

【一定之规】yī dìng zhī guī
[释义] 一定的规则。比喻已经打定的主意。[例句] 你有千条妙计，他有～，既然谁也不能使他改变主意，那就只好让他自己去碰壁了。

【一动不如一静】yī dòng bù rú yī jìng
[释义] 泛指多一事不如少一事，或不必多此一举。[语见] 宋·张端义《贵耳集》上："孝宗幸天竺及灵隐，有僧辉相随。见飞来峰，问辉曰：'既是飞来，如何不飞去？'对曰：'一动不如一静。'"[例句] 我看，～，我们还是静观事态的发展吧。

【一发千钧】yī fà qiān jūn
[释义] 一发：一根头发。钧：古代重量单位，为三十斤。一根头发上系着千钧重物。比喻情势危急。[语见] 汉·班固《汉书·枚乘传》："夫以一缕之任系千钧之重，上悬无极之高，下垂不测之渊，虽甚愚之人，犹知其将绝也。"[例句] 在这～的危急关头，班长首先想到的是战友的安全，他毅然决然地推开了战友，冲向了即将爆炸的手榴弹，闪电般地把它甩了出去。

【一帆风顺】yī fān fēng shùn
[释义] 本指帆船一路顺风。比喻处境顺利或办事容易。[语见] 清·李宝嘉《官场现形记》第三十七回："从云南臬司任上，就升了贵州藩司；又调任江宁藩司，升江苏巡抚，不上两年，又升湖广总督，真是一帆风顺，再要升得快亦没有了。"[例句] 路上要注意安全，多保重，祝你～。

【一反常态】yī fǎn cháng tài
[释义] 指态度发生了与平常完全不同的变化。[语见] 端木蕻良《曹雪芹》第二十五卷："原来桑家二丫头一直垂青于我，可是自从比剑之后，一反常态，被福彭的红豆子给勾引过去了。"[例句] 他平时总是有说有笑，今天却～，默不作声。

【一饭千金】yī fàn qiān jīn
[释义] 指窘困时受人一饭之恩，得志时即以千金重报。形容受恩不忘报。[例句] 如今受到老前辈的恩惠，～，我今后必当相报。

【一佛出世】yī fó chū shì
[释义] 佛教认为世界每经历一小劫，才有一佛出世。后用以比喻非常难得的事情。[语见] 唐·魏徵《隋书·经籍志·佛经》："每一小劫，则一佛出世。"注：小劫，按佛家说法约合一千七百万年。[例句] 这样一个～、千载难逢的好机会，你可千万不要错过啊！

【一夫当关，万夫莫开】yī fū dāng guān，wàn fū mò kāi
[释义] 当：把守。关：要塞。开：打开。一人把守关口，一万人也无法打开它。形容地势险要，易守难攻。[语见] 汉·刘安《淮南子·兵略训》："一人守隘，而千人弗敢过也。"唐·李白《蜀道难》诗："剑阁峥嵘而崔嵬，一夫当关，万夫莫开。"[例句] 这里地势险要，～，自古就是兵家的必争之地。

【一傅众咻】yī fù zhòng xiū
[释义] 傅：教。咻：喧嚷。一个人教，许多人在旁扰乱。指环境对人有很大影响。[语见]《孟子·滕文公下》："有楚大夫于此，欲其子之齐语也……一齐人傅之，众楚人咻之，虽日挞而求其齐也，不可得矣。"[例句] 古人有言，～，终归无效，在这样的环境中，你有再好的想

法，恐怕也不能实现。

【一改故辙】 yī gǎi gù zhé

[释义] 彻底改变走惯了的老路。指坚决走上新路。[例句] 政府今天～，把新闻发布会换到了广场召开。

【一概而论】 yī gài ér lùn

[释义] 一概：一样。指对问题不加具体分析，笼统地同样看待。[语见] 战国楚·屈原《楚辞·九章·怀沙》："同糅玉石兮，一概而相量。"唐·刘知几《史通·叙事》："而作者安可以今方古，一概而论得失。"[例句] 对于这些土匪不能～，他们中许多人都是被抓来才当了"胡子"的。

【一干二净】 yī gān èr jìng

[释义] 形容一点也不剩。[语见] 清·李汝珍《镜花缘》第四十四回："此山大虫，亏得骆小姐杀的一干二净，我们才能在此安业。"[例句] 当消防队员赶到时，大火已经把仓库里的东西烧得～了。

【一干一方】 yī gān yī fāng

[释义] 一干一方即一千一万的隐语。这是明代官场行贿的黑话。[语见] 明·陈洪谟《继世纪闻》第二卷："逆瑾用事，贿赂公行。凡有干谒者，云馈一干，即一千之谓；云一方，即一万之谓。后渐增至几千几方。"[例句] 两人在一个阴暗的小屋里，～地简单地交谈了几句，便匆匆离去了。

【一鼓而下】 yī gǔ ér xià

[释义] 趁形势有利或士气高涨时，一举打垮敌人或攻占城市。[语见] 明·无名氏《活拿萧天佐》第一折："杨景凭手下将士，马到成功，觑贼兵一鼓而下也。"[例句] 大军既然已经包围了城市，那就尽快发动总攻，～地取得彻底的胜利。

【一鼓作气】 yī gǔ zuò qì

[释义] 作：振作。气：士气。古代击鼓进军，擂第一次鼓时士气最为旺盛。比喻趁锐气旺盛之际一举成事或勇往直前。[语见]《左传·庄公十年》："夫战，勇气也。一鼓作气，再而衰，三而竭。"[例句] 当比分达到二十比十的时候，该队实在想～地取得胜利，但是就在这种

心理的指导下，最后竟然被翻盘了。

【一顾倾城】 yī gù qīng chéng

[释义] 顾：回头看。倾城：使全城人为之倾倒。回头一看就能使全城人倾倒。比喻美女的眼波或容貌。[语见] 汉·班固《汉书·孝武李夫人传》："北方有佳人，绝世而独立；一顾倾人城，再顾倾人国。宁不知倾城与倾国，佳人难再得。"[例句] 我妹妹虽没有～之貌，模样倒也漂亮可人。

【一轨同风】 yī guǐ tóng fēng

[释义] 比喻国家统一，政令齐一。[语见] 唐·房玄龄等《晋书·苻坚载记上》："一轨九州，同风天下。"[例句] 宋朝结束战乱，～，使当时的经济和文化达到了一个制高点。

【一棍子打死】 yī gùn zi dǎ sǐ

[释义] 比喻全盘否定。[例句] 对待有错误的同事，也不能～，还得给他们以改正错误的机会。

【一国三公】 yī guó sān gōng

[释义] 公：君主。一个国家有三个君主。比喻政令出于多头，混乱不统一或无所适从。[语见]《左传·僖公五年》："狐裘龙茸，一国三公，吾谁适从？"注：龙茸，乱貌。[例句] 唐朝末年，藩镇割据，～，政出多门，长达近一个世纪的乱世开始了。

【一寒如此】 yī hán rú cǐ

[释义] 一：竟然。寒：穷困潦倒。穷困潦倒到了这般田地。形容穷困到极点。[语见] 汉·司马迁《史记·范雎蔡泽列传》："魏使须贾于秦，范雎闻之，为微行，敝衣闲步之邸。……（贾）曰：'范叔一寒如此哉！'乃取其一绨袍以赐之。"[例句] 海瑞母亲去世，连安葬的费用都没有，～，但是其清正廉洁的风节依然如故。

【一狠百狠】 yī hěn bǎi hěn

[释义] 狠：狠心。指既然狠下心来，索性就狠心到底，或小事狠了心，大事也可无所顾惜。[例句] 我也想～，但是想起当年的情意，终是下不了决断。

Y

【一哄而起】yī hòng ér qǐ
[释义]哄:喧闹。一阵喧闹,都起来了。形容自发地行动起来。[例句]我把糖果拿出来,这些孩子～,片刻之后便抢了个干干净净。

【一哄而散】yī hòng ér sàn
[释义]在一片吵闹声中混乱地散去。[语见]明·凌濛初《初刻拍案惊奇》第一卷:"看的人见没得买了,一哄而散。"[例句]正在这时,筛子塌了下来,麻雀～。

【一呼百诺】yī hū bǎi nuò
[释义]诺:答应。一声呼唤,百声应诺。形容权势显赫,侍从和逢迎者众多。[语见]元·无名氏《南牢记》第一折:"厅上一呼百诺应,白金横带锦袍宽。"[例句]他这几年声名大炽,我们常常能在一些高级宾馆里看到他～的得意样子。

【一呼百应】yī hū bǎi yìng
[释义]应:响应。一人呼唤,众人响应。形容号召力很大,响应的人很多。[语见]明·天然痴叟《石点头·侯官县烈女歼敌》:"因是爪牙四布,一呼百应,远近闻名,人人畏惧,是一个公行大道,通天神棍。"[例句]我没有～的魅力,我也没有指挥千军万马的能力,但是我有赴汤蹈火、鞠躬尽瘁的苦心,我只希望能够为大家做一些真实而扎实的事情。

【一狐之腋】yī hú zhī yè
[释义]指狐狸腋下的皮毛,比喻珍贵的东西。[语见]《慎子·知忠》:"粹白之裘,盖非一狐之腋也。"[例句]别看这几块木头不起眼,它们可是～,你一旦知道了它们的来历,你肯定会大吃一惊。

【一壶千金】yī hú qiān jīn
[释义]比喻东西虽然轻微,但用得到时便十分可贵。[语见]《鹖冠子·学问》:"中河失船,一壶千金。贵贱无常;时物使然。"陆佃注:"壶,匏也。佩之可以济涉,南人谓之腰舟。"[例句]对你来说,那次在沙漠对我们的帮助虽然可能是举手

之劳,但是对我们来说,却是～,我们毕生都难以忘怀。

【一簧两舌】yī huáng liǎng shé
[释义]簧:乐器发声薄片。比喻胡言乱语。[语见]汉·焦延寿《易林·坤之夬》:"一簧两舌,妄言谬语。"[例句]他们那帮人瞎咋呼,～,没有半句实话。

【一挥而成】yī huī ér chéng
[释义]见"一挥而就"。[语见]元·脱脱等《宋史·文天祥传》:"天祥以法天不息为对,其言万众,不为稿,一挥而成。"[例句]我微微一笑,定住神,刷刷刷几下,一幅字便～。

【一挥而就】yī huī ér jiù
[释义]挥:挥笔。就:完成。形容才思敏捷,一下笔就写成。也指草率、急于求成。[语见]明·陶辅《花影集》第二卷:"论据阶为案,操觚染翰,文不加点,一挥而就。"[例句]王勃思如泉涌,不多时,一篇赋文便已经～。

【一己之见】yī jǐ zhī jiàn
[释义]一己:个人。指个人的见解。[例句]上面所说,均乃鄙人～,仅供大家参考。

【一己之私】yī jǐ zhī sī
[释义]一己:个人。指狭隘的个人或派别利益。[语见]宋·辛弃疾《贺钱同知启》:"某风雨孤踪,山林晚景。候西清之对,疏浅奚堪;分北顾之忧,切逾已甚。所托万间之庇,殆成一己之私。"[例句]一个法官,竟然全凭～判断案情,那不是"葫芦官"吗?

【一技之长】yī jì zhī cháng
[释义]技:技艺。长:特长。具有某种技能或专长。[例句]你没有～,将来怎么在社会上立足?

【一家眷属】yī jiā juàn shǔ
[释义]眷属:亲属。比喻同属于一个流派。[语见]康有为《广艺舟双楫·本汉》:"《孔庙》、《曹全》是一家眷属,皆以风神逸宕胜。"注:《孔庙》《曹全》,都是汉碑名。[例句]两人的字从大体上看,诚为～,但是现在没有任何资料能够证明

他们之间有过师承关系。

【一家之论】 yī jiā zhī lùn

[释义] 见"一家之言"。[语见] 清·顾炎武《与友人论易书》:"排斥众说,以申一家之论,而通往之路狭矣。"[例句] 作为一门学科的学术研究和理论探讨,尽可以新见迭出、百家争鸣,无论观点怎样新锐,只要有理有据,就可以作为～提出,并允许互相争论,这对于推动学科发展大有裨益。

【一家之说】 yī jiā zhī shuō

[释义] 见"一家之言"。[语见] 汉·荀悦《前汉纪·成帝纪》:"昔周之末,孔子既殁,后世诸子各著篇章,欲崇广道艺成一家之说,旨趣不同,故分为九家。"[例句] 我虽然不太认同这种观点,但从学术研究的角度考虑,保留这种理论作为～并无坏处,不能单凭个人的感情一味地抹杀。

【一家之学】 yī jiā zhī xué

[释义] 见"一家之言"。[语见] 唐·房玄龄等《晋书·杜预传》:"又作《盟会图》、《春秋长历》,备成一家之学,比老乃成。"[例句] 这位固执的学者虽著书极多,且能自鸣～,但因观点太过偏激,终是不能被多数人所认可。

【一家之言】 yī jiā zhī yán

[释义] 指有独特见解、自成一派的学说或论著。[语见] 五代后晋·刘昫等《旧唐书·韦述传》:"国史自令狐德棻至于吴兢,虽累有修撰,竟未成一家之言。"[例句] 希望你在今后的研究中,能博采众长,成就～。

【一见倾心】 yī jiàn qīng xīn

[释义] 倾心:向往,仰慕。一见面就产生敬仰或爱慕之情。[语见] 明·汪廷讷《种玉记·笺允》:"前日在花园中遇着霍仲孺,丰格不凡,襟怀洒落,我一见倾心,只是无缘相会,如何是好。"[例句] 两人在河边邂逅,～,但是碍于礼教,不敢说出口来,竟使得这一起美好的婚姻延迟了十年之久。

【一见如故】 yī jiàn rú gù

[释义] 一:第一次。故:故人,老友。初次见面就像老朋友一样。形容双方感情相投。[语见] 清·吴趼人《二十年目睹之怪现状》第七十六回:"你大哥是个爽快人,咱们既然一见如故,应该要借杯酒叙叙,又何必推辞呢?"[例句] 我们在新疆的喀什相遇,～,结为生死不渝的朋友。

【一见如旧】 yī jiàn rú jiù

[释义] 见"一见如故"。[语见] 宋·欧阳修等《新唐书·房玄龄传》:"太宗以敦煌公徇渭北,杖策上谒军门,一见如旧,署渭北道行军记室参军。"[例句] 他便有这样的本事,几句话之后,你便不由自主地产生一种～的故旧之感。

【一见钟情】 yī jiàn zhōng qíng

[释义] 钟情:感情专注。指男女之间一见面就产生爱情。[语见] 清·古吴墨浪子《西湖佳话·西泠韵迹》:"乃蒙郎君一见钟情,故贱妾有感于心。"[例句] 他们两人在学校门口碰上,～,从此开始了一场长达半个世纪的爱情。

【一箭双雕】 yī jiàn shuāng diāo

[释义] 雕:一种大型猛禽,又名"鹫"。发出一支箭,射落两只雕。形容射技高超。今多用以比喻一举两得。[语见] 宋·陆游《遣兴》诗:"壮年一箭落双雕,野饷如今擷药苗。"[例句] 他施略小计,便～,一边占领了市场,一边还把自己推上了"正义"的高台上。

【一箭之地】 yī jiàn zhī dì

[释义] 一箭可达的地方。比喻相去不远。[语见] 清·褚人获《隋唐演义》四十九回:"大家兜转马头,未远一箭之地,钱娘又撤转头来一望,只见罗成又纵马前来。"[例句] 两家之间,仅仅～,但是为了那口废弃的老井而产生了口角之争,竟然四五年不相往来。

【一介不取】 yī jiè bù qǔ

[释义] 介:同"芥",小草。一根小草都不拿,比喻不取非分之细微财物。[语见]《孟子·万章上》:"非其义也,非其道也,一介不以与人,一介不以取诸人。"

[例句] 刘邦进入关中之后，～，就该引起项羽的警惕了，可是项羽哪里把刘邦放在眼里？

【一举成功】 yī jǔ chéng gōng

[释义] 一次行动就获得成功。[例句] 她苦练十五年，第一次参加比赛，便～，获得冠军。

【一举成名】 yī jǔ chéng míng

[释义] 原指士子一旦科举及第就天下闻名，今泛指一下子就出了名。[语见] 唐·韩愈《唐故国子司业窦公墓志铭》："公一举成名而东。"[例句] 自从米妮娜在米兰获得大奖～之后，她的演技便江河日下了。

【一举两便】 yī jǔ liǎng biàn

[释义] 见"一举两得"。[语见] 清·李汝珍《镜花缘》第三十五回："即不虚糜帑项，又安众民之心，倘河道成功，也除通国大患，真是一举两便。"[例句] 这种～的事情，既帮了别人，也对自己有好处，为什么不做呢？

【一举两得】 yī jǔ liǎng dé

[释义] 举：举措。得：收效，好处。指做一件事能得到两方面的好处。[语见] 汉·班固等《东观汉记·耿弇传》："吾得临淄，即西安孤，必覆亡矣。所谓一举而两得者也。"[例句] 我正要回去，你有什么事情就告诉我，～，省得你也跑一趟嘛。

【一举千里】 yī jǔ qiān lǐ

[释义] 一飞就是上千里路，比喻前程远大。[语见] 汉·司马迁《史记·留侯世家》："鸿鹄高飞，一举千里。"[例句] 君坤小小年纪，便深具聪慧和灵性，将来成人之后，必将～。

【一举手之劳】 yī jǔ shǒu zhī láo

[释义] 见"举手之劳"。[语见] 唐·韩愈《应科目时与人书》："如有力者哀其穷而运转之，盖一举手一投足之劳也。"[例句] 小小的帮助，～而已，何足挂齿？

【一决雌雄】 yī jué cí xióng

[释义] 雌雄：喻高低、胜负。形容比个高低、上下。[语见] 汉·司马迁《史记·项羽本纪》："愿与汉王挑战，决雌雄，毋徒苦

天下之民父子为也。"[例句] 两国倾其所有，陈兵于黄河两岸，欲在此～。

【一决胜负】 yī jué shèng fù

[释义] 见"一决雌雄"。[语见] 宋·司马光《与王介甫书》："介甫之意，必欲力战天下之人，与之一决胜负，不复顾义理之是非，生民之忧乐。国家之安危。"[例句] 两队摩拳擦掌，正待在最后半个小时～，不料天公不作美，下起了瓢泼大雨，精彩的比赛中断了。

【一蹶不振】 yī jué bù zhèn

[释义] 蹶：跌倒。振：奋起。一经跌倒，就再也起不来了。比喻一遭到挫折，就不能振作。[语见] 汉·刘向《说苑·谈丛》："一蹶之故，却足不行。"[例句] 苻坚淝水大败之后，退回北方，从此～。

【一刻千金】 yī kè qiān jīn

[释义] 一刻：片刻，指很短的时间。比喻时间十分宝贵。[语见] 宋·刘镇《庆春泽·丙子元夕》词："灯火烘春，楼台浸月，良宵一刻千金。"[例句] 大学时代是一个人成才的关键时刻，用～来形容时间的宝贵一点也不为过。

【一孔之见】 yī kǒng zhī jiàn

[释义] 孔：小洞。见：见解。像一个孔那样的见解。比喻狭隘、片面的见解。[语见]《礼记·中庸》："反古之道。"郑玄注："反古之道，谓晓一孔之人，不知今王之新政可从。"[例句] 这番论断，不过是～，虽然新鲜，但是大多数说法都是站不住脚的。

【一口两匙】 yī kǒu liǎng chí

[释义] 比喻贪多。[语见] 宋·范成大《丙午新正书怀》诗："口不两匙休足谷，身能几屐莫言钱。"自注："吴谚云：'一口不能著两匙。'"[例句] 学习是一个循序渐进的过程，不要～，那样只能是欲速不达。

【一口吸尽西江水】 yī kǒu xī jìn xī jiāng shuǐ

[释义] 原意是一口气即能贯通万法。后比喻性子太急，想一下就达到目的。[语见] 宋·释道原《景德传灯录·居士庞

蕴》:"后之江西,参问马祖云:'不与万法为侣者是什么人?'祖云:'待汝一口吸尽西江水,即向汝道。'"[例句] 敌人四路出击,大有～的架势,只要避开了锋芒,假以时日,他们自然会灰头灰脸地退去。

【一块石头落地】yī kuài shí tóu luò dì

[释义] 比喻一直悬着的心放下来。[语见] 明·兰陵笑笑生《金瓶梅词话》第十九回:"那妇人只顾喉中哽咽了一回,方才哭出声。月娘众人一块石头才落了地,好好安抚他睡下,各归房歇息。"[例句] 听到孩子安全的消息,家长们终于～了。

【一匡天下】yī kuāng tiān xià

[释义] 匡:匡正、纠正。天下:原指天子统治的地方。即整个中国。纠正混乱的局势,使天下安定。[语见]《论语·宪问》:"管仲相桓公,霸诸侯,一匡天下。"[例句] 秦灭六国,～,政由己出,本已奠定了万世基,但是竟只维持了短短的十几年,此中的历史教训,自当为历朝统治者警鉴。

【一夔已足】yī kuí yǐ zú

[释义] 夔:人名。喻指真正的人才,有一个就足够了。[语见]《吕氏春秋·察传》:"鲁哀公问于孔子曰:'乐正夔一足,信乎?'孔子曰:'……若夔者,一而足矣,故曰夔一足,非一足也。'"[例句] 小林胸阔如海,有大将之才,～,不要再去乱哄哄地找什么能人了。

【一馈十起】yī kuì shí qǐ

[释义] 馈:吃饭。吃一顿饭时要起来十次。形容事务非常繁忙。[语见] 汉·刘安《淮南子·氾论训》:"禹之时以五音听治,……当此之时,一馈而十起,一沐而三捉发,以劳天下之民。"[例句] 魏公政务繁忙,常常是～,半年之后,人竟已消瘦了许多。

【一览无余】yī lǎn wú yú

[释义] 览:看。余:剩余。一眼看过,便无剩余。形容粗略一看就把事物尽收眼底。[语见] 清·李绿园《歧路灯》第九十二回:"这十行俱下的眼睛,看那一览无余的诗文。"[例句] 站在塔尖上,整个城市～,尽收眼底。

【一劳永逸】yī láo yǒng yì

[释义] 劳:疲劳。逸:安逸。辛苦一次而换取永久的安逸。指一次把事情办好,以后就不用费力了。[语见] 北魏·贾思勰《齐民要术·卷三·种苜蓿》:"此物长生,种者一劳永逸。"[例句] 政策必须随着时代的变化而变化,妄图产生～的方略,不过是痴心梦想而已。

【一力承当】yī lì chéng dāng

[释义] 力:尽全力。竭力把责任担负起来。[语见] 明·冯梦龙《东周列国志》第六十一回:"竖子自任可灭,在晋侯面前,一力承当。"[例句] 你女儿的教育费用,我～,你就不要再费心了。

【一廉如水】yī lián rú shuǐ

[释义] 比喻为官廉洁。[语见] 元·柯丹邱《荆钗记·民戴》:"老爷自到任以来,一廉如水,百姓今喜高升,小老人具礼远送。"[例句] 崔公为人正直,心满不贪,为官多年,～,死后百姓纷纷解囊为之修建祠堂。

【一了百当】yī liǎo bǎi dàng

[释义] 当:合宜,合适。指办事妥当或问题解决得彻底。[语见] 明·张居正《答山东巡抚何来山》:"清丈事,实百年旷举,宜及仆在位,务为一了百当。"[例句] 现在刚刚把人力资源的问题解决好,事情远没有达到～的程度,我们必须向别的方面的问题开进。

【一了百了】yī liǎo bǎi liǎo

[释义] 了:了结。形容起主导作用的事情一经了结,其他事情也就随之了结。[语见]《朱子语类》第八卷:"有资质甚高者,一了一切了,即不须节节用工也。"[例句] 械斗虽然得到了平息,但是两族的矛盾并未～,还要多方面的工作,以防又起事端。

【一了千明】yī liǎo qiān míng

[释义] 主要的懂得了,其余的也就可以明白了。[语见] 宋·释普济《五灯会元·

清凉益禅师法嗣》:"所以古人道:'一了千明,一迷万惑。'"[例句]这部小说人物众多,情节错综复杂,但只要你抓住了姐姐和妹妹这一明一暗两条主线,弄清了作者所要表现的主题思想,自然就可以～了。

【一鳞半甲】yī lín bàn jiǎ
[释义]指龙的一片鳞甲。比喻事物的零星片段,多就其珍贵而言。[语见]唐·高仲武《中兴闲气集·苏涣》:"三年中作变律诗九首,上广州李帅,其文意长于讽刺,亦有陈拾遗(陈子昂)一鳞半甲。"[例句]通过这些～的历史资料,是难以推测凯撒大帝此举的真实意图的。

【一鳞半爪】yī lín bàn zhǎo
[释义]见"一鳞一爪"。[语见]清·叶廷琯《欧陂渔话·莪洲公诗》:"身后著作,年久多散佚,余遍为搜罗,仅得诗三帙,丛残不具首尾,于诸集殆不过一鳞半爪耳。"[例句]笔者所论,依据的均是些～的史料,其中必然多有舛误,望识者不吝指正。

【一鳞一爪】yī lín yī zhǎo
[释义]原指作诗贵含蓄,忌浅露。后比喻零星片段的事物。[语见]清代王士禎与门人洪昇论诗:"诗如神龙,见其首不见其尾,或云中露一鳞一爪而已。"[例句]即使是只有这些～的材料,但是以此为立足点,层层探究,自然能发现暗藏的脉络。

【一龙九种】yī lóng jiǔ zhǒng
[释义]犹言龙生九子。比喻各人的品质、爱好都不相同。[语见]清·曹雪芹《红楼梦》第九回:"俗语说的好:'一龙九种,种种各别。'未免人多了就有龙蛇混杂,下流人物在内。"[例句]这三个亲兄弟,性格竟然如此不同,真是～,各不相同啊。

【一龙一蛇】yī lóng yī shé
[释义]比喻或显或隐,随情况不同而变化。[语见]《管子·枢言》:"周者不出于口,不见于色。一龙一蛇,一日五化之谓周。"[例句]此人一生,沉浮数匝,人格前

后相去甚远,～,皆因时势所致。

【一龙一猪】yī lóng yī zhū
[释义]比喻二人同时,但贤愚相去悬殊。[语见]唐·韩愈《符读书城南》诗:"两家各生子,提孩巧相如。……三十骨骼成,乃一龙一猪。"[例句]刘备父子二人,～,连诸葛丞相也大受影响:前时势如破竹,后时举步维艰。

【一路福星】yī lù fú xīng
[释义]福星:即岁星,旧时术士认为岁星照临能降福于民。"一路福星"是祝人旅途平安的话。[语见]明·何良俊《四友斋丛说》:"宋鲜于优,人谓之一路福星。"[例句]愿你～,顺利到达大洋彼岸。

【一路货色】yī lù huò sè
[释义]指同一类的人或思想、言论、作品。含贬义。[例句]我原以为:这小子肯定跟他的哥哥是～,必定会为了金钱而放弃自己所爱的事业的,没想到,这回我真的想错了!

【一路平安】yī lù píng ān
[释义]旅途顺利安全。多用为祝词。[语见]清·曹雪芹《红楼梦》第十四回:"凤姐见昭儿回来,因当着人不及细问贾琏,心中七上八下,待要回去,奈事未毕,少不得耐到晚上回来,又叫进昭儿来,细问一路平安。"[例句]此去新疆万里之遥,只望你小心谨慎,～。

【一路顺风】yī lù shùn fēng
[释义]古人乘帆船旅行,须得风势之助,才能顺利、快速前进,故以"一路顺风"为对远行人的祝词。[例句]此一别不知聚是何年,但望大家～,平安到达家乡。

【一落千丈】yī luò qiān zhàng
[释义]原指琴声突然由高降低。后常用以形容境况急剧下降。[语见]唐·韩愈《听颖师弹琴》诗:"跻攀分寸不可上,失势一落千丈强。"[例句]中宗即位之后,武家的势力～,改周还唐的气象业已形成。

【一马当先】yī mǎ dāng xiān
[释义]一:独自。当:在……位置。独自

策马走在最前面,形容带头、领先。[语见] 明·罗贯中《三国演义》第七十一回:"黄忠一马当先,犹如天崩地塌之势。"[例句] 牛皋～,冲向金兵,杀得金兵四散奔逃。

【一脉相承】 yī mài xiāng chéng
[释义] 一脉:血脉,前后相承的一家。由一个血统或派系世代传承下来。[语见] 清·李绿园《歧路灯》第九十二回:"虽分鸿胪、宜宾两派,毕竟一脉相承,所以一个模子。"[例句] "唐宋八大家"的散文,～,均以朴实风骨著称。

【一脉相传】 yī mài xiāng chuán
[释义] 见"一脉相承"。[语见] 明·汪廷讷《三祝记·叙别》:"你向日将囊金封还张子,纯仁今日将麦舟赈济曼卿,这才是一脉相传,何悉皇天不祐。"[例句] 儒学宗义虽然几经变化,但是内旨还是～,直至明清。

【一脉相通】 yī mài xiāng tōng
[释义] 见"一脉相承"。[例句] 两种哲学思想,虽然面貌不尽相同,但是其内核,依然～。

【一毛不拔】 yī máo bù bá
[释义] 拔掉自己的一根汗毛都不肯。原形容战国时期哲学家杨朱的为我主义思想。后用以讽刺人的极端吝啬。俗谚"铁公鸡——一毛不拔"及"缺口镊子——一毛不拔"源此。[语见] 唐·虞世南辑《北堂书钞》第三十三引《燕丹子》:"荆(轲)曰:'有鄙志,尝谓心向意,投身不顾;情有异,一毛不拔。'"[例句] 那可是个～的家伙,要让他请客,全是白做梦。

【一貌堂堂】 yī mào táng táng
[释义] 堂堂:庄重大方。形容一表人才。[语见] 明·无名氏《鸣凤记·陆姑救易》:"我见他一貌堂堂,必然高贵。"[例句] 前面走着的那人,～,眉宇间一股刚毅之气,不怒自威。

【一面之词】 yī miàn zhī cí
[释义] 单方面所说的理由。[语见] 明·施耐庵《水浒传》第三十四回:"只听了刘高一面之词,险些坏了他性命。"[例句] 俗话说清官难断家务事,你竟然只听～就来判断是非,也太武断了一点了吧。

【一面之交】 yī miàn zhī jiāo
[释义] 一面:见过一面。交:交往、交情。见过一面的交情。指交往不深。[语见] 明·罗贯中《三国演义》第二十四回:"某与关公有一面之交,愿往说之。"[例句] 我们俩在云南的一次会上有过～,十年之后,想不到她还记得我。

【一面之识】 yī miàn zhī shí
[释义] 见"一面之交"。[语见] 明·施耐庵《水浒传》第八十一回:"宿太尉旧日在华州降香,曾与宋江有一面之识。"[例句] 我们仅有～,什么交往甚密云云,从何谈起?

【一面之缘】 yī miàn zhī yuán
[释义] 缘:缘分。见过一面的缘分。[语见] 清·曹雪芹《红楼梦》第一回:"若问此物,倒有一面之缘。"[例句] 八年前我们在唐古拉山口有过～,虽然都走得匆忙,但是他给我留下的印象却异常深刻。

【一民同俗】 yī mín tóng sú
[释义] 国家统一,风俗一致。[语见]《晏子春秋·问上十八》:"古者百里而异习,千里而殊俗。故明王修道,一民同俗。"[例句] 汉朝统一,一匡天下,～,对民族的融合起到了巨大的作用。

【一鸣惊人】 yī míng jīng rén
[释义] 比喻平时默默无闻,突然有惊人的表现。[语见] 汉·司马迁《史记·滑稽列传》:"此鸟不飞则已,一飞冲天;不鸣则已,一鸣惊人。"[例句] 本次锦标赛,这位原先默默无闻的小将,竟～,一举夺得了冠军,让无数专家大跌眼镜。

【一瞑不视】 yī míng bù shì
[释义] 闭上眼睛不再睁开。指死亡。[语见]《战国策·楚策一》:"有断脰决腹,一瞑而万世不视。"[例句] 母亲叮嘱了他几句之后,便～了,他站在母亲的床前,眼泪潸然而下。

【一命呜呼】 yī mìng wū hū
[释义]呜呼:"呜呼哀哉"之省,表示悲哀痛惜的感叹语,常用于祭文之末。指人死。含有诙谐意味。[语见]清·刘鹗《老残游记》第十五回:"谁知这个女婿,去年七月感了时气……就一命呜呼哀哉死了。"[例句]平日里作威作福的家伙～之后,众人无不欲尽食其肉。

【一模一样】 yī mú yī yàng
[释义]模样完全相同。[语见]清·吴敬梓《儒林外史》第五十四回:"聘娘本来是认得的,今日抬头一看,却见他黄着脸,秃着头,就和前日梦里揪他的师姑一模一样……"[例句]虽然是双胞胎,姐妹俩生得并不～。

【一木难扶】 yī mù nán fú
[释义]见"一木难支"。[语见]明·许仲琳《封神演义》第九十四回:"巨闻:'大厦将倾,一木难扶。'"[例句]公司已经陷入困境,黄经理纵然有三头六臂,也是～。

【一木难支】 yī mù nán zhī
[释义]比喻崩溃之形势,非一个人的力量所能支持、挽救。亦喻艰巨的事情非一人所能胜任。[语见]明·张景《飞丸记·园中落井》:"不想一木难支将颠运,可惜枉费了精神,志未伸。"[例句]局势危难,大厦将倾,我纵有心杀敌,也是～,无力回天了。

【一目了然】 yī mù liǎo rán
[释义]了:明白、清晰。一眼就能看明白。形容人聪明,领悟极快。也形容事物显明,易于辨识。[语见]《朱子语类》第一百三十七卷:"见得道理透后,从高视下,一目了然。"[例句]真相既已大白,案件的经过自然也～了。

【一目十行】 yī mù shí háng
[释义]一眼能看清十行文字。形容阅读速度极快。也可形容不求甚解。[语见]唐·姚思廉《梁书·简文帝纪》:"简文帝幼而敏睿,既长,读书十行俱下。"[例句]那期间,我～读了许多书,事后才意识到多读不如精读,但是后悔却来不及了。

【一念之差】 yī niàn zhī chā
[释义]一个念头的差错。多指由此而引起严重后果。也作"一念之误"。[语见]宋·曾慥《类说》第四十七卷引《遁斋闲览》:"一念之误,乃至于此。"[例句]由于～,千载难逢的机会就这么与我失之交臂了。

【一牛吼地】 yī niú hǒu dì
[释义]牛的吼叫声所能到达的距离,形容距离较近。[语见]宋·王安石《答张奉议》诗:"五马渡江开国处,一牛吼地作庵人。"[例句]两人之隔,～,但是要走到一起,却并不容易。

【一诺千金】 yī nuò qiān jīn
[释义]诺:许诺。千金:形容很有分量。形容说话极有信用。[语见]宋·杨万里《答隆兴张尚书》:"再有后日特剡之议,得玉求剑,敢萌此心,一诺千金,益深谢臆。"[例句]他一向说话算话,～,你不要对他有任何怀疑。

【一拍即合】 yī pāi jí hé
[释义]拍:打拍子。一打拍子就合乎乐曲的节奏。形容意趣相投。有时含贬义。[语见]清·李绿园《歧路灯》第十八回:"君子之交,定而后求;小人之交,一拍即合。"[例句]两人商量了几句,～,拔腿便向山顶跑去。

【一盘散沙】 yī pán sǎn shā
[释义]比喻极为涣散的状态。一盘黏合不到一块的沙子。比喻不团结,或力量分散,没有组织起来。[例句]经过调查,他才发现,公司由于疏于管理,竟然是～。

【一片冰心】 yī piàn bīng xīn
[释义]形容心地纯洁,对功名利禄不感兴趣。[语见]唐·王昌龄《芙蓉楼送辛渐》诗:"洛阳亲友如相问,一片冰心在玉壶。"[例句]晋时诗人陶渊明归隐之后,～,怡然自得于山水之间。

【一片宫商】 yī piàn gōng shāng
[释义]宫、商:古代五声音阶中的两个音阶。比喻和谐动听的乐音或声韵铿锵的优美辞赋。[语见]宋·孙光宪《北梦琐

言》第七卷：“前进士沈光有《洞庭乐赋》，韦八座岫谓朝贤曰：‘此赋乃一片宫商也。’”[例句]茹新所奏，～，令在场之人无不叹为观止。

【一片汪洋】yī piàn wāng yáng
[释义]形容水面辽阔，水势浩大。[例句]登高一望，眼下是～。

【一片至诚】yī piàn zhì chéng
[释义]诚心诚意。[语见]清·文康《儿女英雄传》第一回：“圣人望下一看，见他正是服官从政的年纪，脸上一团正气，胸中自然是一片至诚。”[例句]他对你是～，你何以竟然始终视而不见？

【一贫如洗】yī pín rú xǐ
[释义]贫：贫穷。洗：用水冲洗。贫困得像用水冲刷过。形容贫困之极。[语见]明·冯梦龙《警世通言》第十五卷：“第二日，这些质当的人家都来讨当，又不肯赔偿，结起讼来，连地都卖了，矫大户一贫如洗。”[例句]这些日子，我是天灾人祸不断发生，已然～，自身尚且不保，哪里还顾得了别人？

【一颦一笑】yī pín yī xiào
[释义]颦：蹙眉。指忧愁和喜悦的表情。[语见]宋·杨万里《转对札子》：“内帑所在，人有觊心，至使人主不敢一颦一笑也，一颦一笑则宫闱左右望赐矣。”[例句]她的～透出无限的风采，能得到众人的欣赏，是不足为怪的。

【一抔黄土】yī póu huáng tǔ
[释义]一抔：一捧。后称坟墓为“一抔黄土”。[语见]汉·司马迁《史记·张释之冯唐列传》：“假令愚民取长陵一抔土，陛下何以加其法乎？”[例句]看着前面的这～，再想起前些年我们在一起的时候的意气风发，心中的悲凉愈加浓烈。

【一暴十寒】yī pù shí hán
[释义]暴：在日光下晒。寒：使冷却。晒一天，冻十天。比喻没有恒心。也作“一曝十寒”。[语见]宋·朱熹《论语〈学而时习之章〉》：“虽曰习之，而其工夫间断，一暴十寒，终不足以成其习之之功矣。”[例句]那些日子，云风似乎心思未醒，学

习总是～，与现在的刻苦用功劲儿有着天壤之别。

【一栖两雄】yī qī liǎng xióng
[释义]栖：禽鸟歇处。一个架上两只雄鸡。比喻两雄对峙，势不两立。[语见]《韩非子·扬权》：“一栖两雄，其斗嘤嘤。”[例句]小组赛上，两支曾获得过世界冠军的强队相遇了，～，为了争夺出线权，比赛进行得异常激烈。

【一齐二整】yī qí èr zhěng
[释义]形容穿戴整齐。[语见]清·李绿园《歧路灯》第一百零三回：“作速走，不必一齐二整。”[例句]他结婚之后，顿时～，同他先前单身时的邋遢模样有着天渊之别。

【一齐天下】yī qí tiān xià
[释义]统一全国。[语见]汉·荀悦《前汉纪·武帝纪三》：“今陛下临制海内，一齐天下，口虽未言，声疾雷电，令虽未发，行化如神。”[例句]王猛时时都想辅佐苻坚～，奈何苻坚在北方取得了些成绩之后，便渐渐狂妄起来，怎不令王猛时生灰心之意！

【一气呵成】yī qì hē chéng
[释义]呵：呼气，哈气。形容诗文、书画等气势畅达，首尾贯通，不见雕琢。也形容把整个工作一口气完成，毫无间断。[语见]清·李渔《闲情偶寄·宾白第四》：“北曲之介白者，每折不过数言，即抹去宾白而止阅填词，亦皆一气呵成，无有断续……”[例句]转身、腾空、翻滚、落地，她的动作～，观众爆发了热烈的掌声。

【一钱不值】yī qián bù zhí
[释义]值：也作“直”，价值。连一个钱都不值。形容毫无价值。[语见]唐·张鷟《游仙窟》：“少府谓言儿是九泉下人，日在外处，谈道儿一钱不值。”[例句]你别说了，这东西啊，赝品一个，～。

【一窍不通】yī qiào bù tōng
[释义]窍：孔。比喻什么都不懂。[语见]元·张国宾《罗李郎大闹相国寺》第一折：“阿，这老的一窍也不通。”

[例句]我对油画可是～，去博物馆参观，你还是找别人吧。

【一琴一鹤】yī qín yī hè

[释义]原指行装简单，后比喻为官清廉。[语见]元·脱脱等《宋史·赵抃传》："帝曰：'闻卿匹马入蜀，以一琴一鹤自随；为政简易，亦称是乎！'"[例句]高览还乡之时，～，别无长物，令天下人敬意备生。

【一清二白】yī qīng èr bái

[释义]形容清楚、明白。[语见]清·李绿园《歧路灯》第四十六回："贾李魁道：'王紫泥，张绳祖他两个，现在二门外看审官司哩。老爷上叫这二人到案，便一清二白。'"[例句]四叔一辈子都是一个明白人，什么事情都要弄个～的。

【一清二楚】yī qīng èr chǔ

[释义]见"一清二白"。[例句]对案件的真相，小刘虽然早就～，但是碍于女朋友的面子，他始终沉默着。

【一清如水】yī qīng rú shuǐ

[释义]比喻政绩优良或为官廉洁。[语见]明·凌濛初《初刻拍案惊奇》第二十卷："况且一清如水，俸资之外，毫不苟取，那有钱财夤缘。"[例句]苏轼在任多年，～，百姓在其离去时，哭声哀哀。

【一穷二白】yī qióng èr bái

[释义]穷：指工农业不发达。白：指文化、科学水平低。形容基础差，底子薄。[例句]民族独立之后，国家在～的基础上，经过几十年的努力，各方面都得到了长足的发展。

【一丘之貉】yī qiū zhī hé

[释义]丘：小山。貉：哺乳动物，外表像狐狸。一座山上的貉。比喻彼此相同，没有差别。今多用于贬义，比喻都是一样的坏人。[语见]汉·班固《汉书·杨恽传》："古与今，如一丘之貉。"[例句]孙、华二人，不过～，他们早就串通好了，现在还能问出什么真东西？

【一去不复返】yī qù bù fù fǎn

[释义]去：离开。返：回来。一离开就不再回来。本为别离之语。今多用以形容某种事物已成过去，不会再现。[语见]汉·司马迁《史记·荆轲列传》："风萧萧兮易水寒，壮士一去兮不复还。"[例句]时日逝去，他年轻时的激情都～，留在眼睛里的，已然全是沧桑。

【一人之交】yī rén zhī jiāo

[释义]形容友谊深厚，亲密如一人。[语见]清·吴敬梓《儒林外史》第五十四回："那时我家先父就和娄氏弟兄是一人之交。"[例句]当年的～，如今已长眠于地下，一想到这些，她禁不住潸然泪下。

【一人做事一人当】yī rén zuò shì yī rén dāng

[释义]自己干的事自己承担责任。[语见]明·许仲琳《封神演义》第十二回："常言道：'一人做事一人当。'岂敢连累父母？"[例句]～，此事与别人无涉，全是我自己所为，一切问我好了。

【一仍旧贯】yī réng jiù guàn

[释义]一：全，都。仍：依照。贯：通"惯"，习惯。全部依照过去的惯例做事。[语见]唐·房玄龄等《晋书·殷仲堪传》："谓今正可更加梁州文武五百，合前为一千五百，自此以外，一仍旧贯。"[例句]这里人虽然不同了，但是情势并未有大的变化，～，你该怎么着还是怎么着。

【一日千里】yī rì qiān lǐ

[释义]一天能跑一千里的路程。原形容马跑得极快，后转指人才出众，亦形容进步或进展之迅速。[语见]《庄子·秋水》："骐、骥、骅、骝，一日而驰千里。"[例句]拉丁美洲一些国家独立之后，国力发展～，如今在世界上已经拥有了举足轻重的地位。

【一日三秋】yī rì sān qiū

[释义]秋：指一年。一天不见，就像过了三年。形容对人思念殷切。[语见]《诗经·王风·采葛》："一日不见，如三秋兮。"[例句]妻子离去之后，便是黄鹤一去不回，他～地等候着，直等到两鬓斑白，也没能等得人回。

【一日万机】yī rì wàn jī

[释义]一日：日日，每天。万机：指机要，政务。每天要处理很多政务。形容

政事忙。[语见]明·杨慎《丹铅杂录》第六卷:"吾观在昔,文弊于宋,奏疏至万余言,人主一日万机,岂能阅之终乎?"[例句]诸葛亮晚年,自知不久于世,常常是~地处理军政事务,其焦灼之态,可见一斑。

【一日之雅】yī rì zhī yǎ
[释义]雅:交谊。一天的交情。形容交情不深。[语见]汉·班固《汉书·谷永传》:"永奏书谢凤曰:'永斗筲之才,质薄学朽,无一日之雅,左右之介。'"[例句]我们之间,仅~,说这些是不是显得有些交浅言深了?

【一日之长】yī rì zhī zhǎng
[释义]言比别人年龄稍大或者资格较老。又言比别人稍强些。[语见]《论语·先进》:"以吾一日长乎尔,毋吾以也。"注:解作"比别人稍强些"时,长,读作"zhǎng"。[例句]大家都静一静,我以~先说两句,有没有道理,我说了之后再议论不迟。

【一如既往】yī rú jì wǎng
[释义]一:完全。既往:过去。完全和过去一样。[例句]只要你能回心转意,我还是会~地对你的,你就不要胡乱担心了。

【一如所见】yī rú suǒ jiàn
[释义]完全像所看到的。[例句]这是用这种新型数码照相机所拍摄的图像。~,图像质量极佳。

【一如所闻】yī rú suǒ wén
[释义]完全如同所听说的。[例句]~,这位老教授和蔼可亲,风趣幽默,与他谈话我倍感轻松。

【一扫而光】yī sǎo ér guāng
[释义]光:干净。一下子弄得干干净净。[例句]我一听到云梅的声音,连续几天的郁闷心情,一瞬间~。

【一扫而空】yī sǎo ér kōng
[释义]扫:扫除。形容一下子清除干净。[语见]明·沈德符《万历野获编·紫柏评梅庵》:"最后杨复所自粤东起,则又用陈白沙绪余。……最后李卓吾出,又独创

特解,一扫而空之。"[例句]同他这种幽默机智而又善解人意的人聊天,令我郁闷的心情~。

【一觞一咏】yī shāng yī yǒng
[释义]形容赋诗饮酒的欢乐情景。[语见]晋·王羲之《兰亭集序》:"一觞一咏,亦足以畅叙幽情。"[例句]想起早些年我们几个~,再看到眼前尽是断壁残垣,我几乎要流下泪来。

【一蛇吞象】yī shé tūn xiàng
[释义]比喻贪得无厌。[语见]战国楚·屈原《天问》:"一蛇吞象,厥大何如?"[例句]和坤欲壑难填,~,因此也早早替自己掘好了坟墓。

【一身二任】yī shēn èr rèn
[释义]任:职务。一人承担两种职务。[语见]汉·班固《汉书·王吉传》:"诸侯骨肉,莫亲大王,大王于属则子也,于位则臣也,一身而二任之责加焉。"[例句]诸葛亮晚年,~,百般操劳,却始终无法挽回败势。

【一身两役】yī shēn liǎng yì
[释义]见"一身二任"。[语见]唐·姚思廉《梁书·张充传》:"绪尝请假还吴,始入西郭,值充出猎,左手臂鹰,右手牵狗,遇绪船至,便放绁脱韝,拜于水次。绪曰:'一身两役,无乃劳乎?'"[例句]许胜不是铁人,要他~,只会过度消耗他的体力和智慧,日子一久,他个人必深受其害。

【一身是胆】yī shēn shì dǎn
[释义]全身都是胆量。形容极其勇敢。[语见]晋·陈寿《三国志·蜀书·赵云传》:"以云为翊军将军"裴松之注引《赵云别传》:"先主明旦自来,至云营围视昨战处,曰:'子龙一身都是胆也。'"[例句]~的赵子龙挺枪杀入曹营,杀得全身都沾满了鲜血,依然一心要寻找失散了的主公夫人。

【一失足成千古恨】yī shī zú chéng qiān gǔ hèn
[释义]失足:跌倒。比喻做错事。千古:永远。恨:遗憾。形容由于一时的过错而造成无法补救的损失。[语见]明·杨

仪《明良记》："唐解元寅既废弃,诗云：'一失脚成千古笑,再回头是百年人。'"[例句]你年纪尚轻,当洁身自好,不要～啊。

【一时半刻】 yī shí bàn kè
[释义]指很短的时间。[语见]元·王实甫《西厢记》第四本第三折："虽然是厮守得一时半刻,也合着俺夫妻每共桌而食。"[例句]看看时日还早,歇上个～怕也没什么大问题。

【一时风靡】 yī shí fēng mǐ
[释义]见"风靡一时"。[例句]自从电影里女主角的衣着亮相之后,红白搭配～。

【一时之秀】 yī shí zhī xiù
[释义]一个时期的优秀人物。[语见]唐·令狐德棻《周书·唐瑾传》："时六尚书皆一时之秀,周文自谓得人,号为六俊。然瑾大见器重。"[例句]崔成凯凭几首纤细的小令而成～。

【一世之雄】 yī shì zhī xióng
[释义]一个时代的英雄人物。[语见]南朝梁·沈约《宋书·武帝纪》："刘讳（裕）足为一世之雄。"[例句]曹操能成为～,自有他的过人之处。

【一事不知】 yī shì bù zhī
[释义]见"一物不知"。[语见]唐·李延寿《南史·陶弘景传》："读书万余卷,一事不知,以为深耻。"[例句]我们对欧洲史可以说是～,谈及希腊的绘画更是脑子中一片空白了。

【一事无成】 yī shì wú chéng
[释义]一件事也没有办成。形容毫无成就。[语见]宋·释普济《五灯会元·翠微学禅师法嗣》："一事无成,一生空度。"[例句]如今已年过三十,依然～,怎么不令人惭愧?

【一视同仁】 yī shì tóng rén
[释义]一:同一,相同。视:看待。仁:仁爱。原指以博爱之心看待一切人和禽兽。今指对人不分亲疏、厚薄,同样待遇。[语见]唐·韩愈《原人》："是故圣人一视而同仁,笃近而举远。"[例句]老师

对大家历来都是～的,同学之间就不要胡乱猜疑了。

【一手包办】 yī shǒu bāo bàn
[释义]一个人把持,不让别人插手。[例句]我们的住宿,主家都～了,我是乐得轻松,就让他们去折腾好了。

【一手包揽】 yī shǒu bāo lǎn
[释义]见"一手包办"。[语见]清·李绿园《歧路灯》第四十三回："你一手包揽,我只睲我的头钱。"[例句]事情还非常复杂,你就敢～,你有多大的胸怀,多大的胆?

【一手一足】 yī shǒu yī zú
[释义]比喻一人或一人之力,泛指单薄的力量。[语见]《礼记·表记》："后稷天下之为烈也,岂一手一足哉!"[例句]山河破碎,我～,也终是无力回天了。

【一手遮天】 yī shǒu zhē tiān
[释义]用一只手遮住天。形容玩弄权力,欺上瞒下。[语见]宋·计有功《唐诗纪事·曹邺》："谈《李斯传》云:'欺暗常不然,欺明当自戮,难将一人手,掩得天下目。'"[例句]魏忠贤在朝廷内外,均是～,朱明王朝,似乎都已经改姓了。

【一树百获】 yī shù bǎi huò
[释义]树:栽培。比喻培植人才,获益长远。[语见]《管子·权修》："一树一获者,谷也;一树十获者,木也;一树百获者,人也。"[例句]把他们吸收进来,又送去培训,乃是～的大事,怎么能说胡乱花钱呢?

【一双两好】 yī shuāng liǎng hǎo
[释义]见"一床两好"。[语见]清·夏敬渠《野叟曝言》第二十七回："今日有缘,遇见这位姐姐,少不得要寻才貌兼全的少年公子,替他撮合,做个一双两好的夫妻。"[例句]他夫妻二人～,恩恩爱爱地过了几十年。

【一丝不苟】 yī sī bù gǒu
[释义]一丝:一点儿。苟:马虎。一点也不马虎。形容十分认真。[语见]清·吴敬梓《儒林外史》第四回："见世叔一丝不苟,升迁就在指日。"[例句]作为一名司

法工作人员,他从来都是秉公执法,～。

【一丝不挂】 yī sī bù guà

[释义] 原指佛教用来比喻自身不被世俗的感情所牵累。后泛指赤身裸体。[语见] 宋·杨万里《清晓洪泽放闸四绝句》:"放闸老兵殊耐冷,一丝不挂下冰滩。"[例句] 漂流到孤岛上的船员被岛上一群～的野人惊呆了。

【一死一生】 yī sǐ yī shēng

[释义] 多指有关生死等重大的关键性时刻。[语见] 汉·司马迁《史记·汲郑列传赞》:"始翟公为廷尉,宾客阗门;及废,门外可设雀罗。翟公复为廷尉,宾客欲往,翟公乃大署其门曰:'一死一生,乃知交情。'"[例句] 就在这～的时刻,胡权卫把绳子给了我,而他自己,就……就随着雪崩,永远消失在人间了。

【一塌刮子】 yī tā guā zi

[释义] 通通或全部加在一起。[例句] 这些粮食,～,也不足百十斤,分给十户人家,也不过是杯水车薪,有什么意思?

【一塌糊涂】 yī tā hú tú

[释义] 形容乱到不可收拾或糟到了极点。[语见] 清·曾朴《孽海花》第三十回:"与其顾惜场面、硬充好汉,到临了弄的一塌糊涂,还不如一老一实,揭破真情,自寻生路。"[例句] 我翻开女儿的作业一看,里面错得～,我又是气又是急,却不知怎么办才好。

【一弹指顷】 yī tán zhǐ qǐng

[释义] 比喻时间极短暂。也作"一弹指间"。[语见] 宋·释法云《翻译名义集·时分》:"俱舍云:'壮士一弹指顷六十五刹那。'"[例句] 我们抵足而谈,～,竟然天已大亮。

【一天星斗】 yī tiān xīng dǒu

[释义] 满天星星。[语见] 明·无名氏《三化邯郸》第一折:"马前面朱衣引两行,才称你一天星斗文章。"[例句] 偶至郊外,晒着太阳,一边读书,一边想些心事,无意间,似已入梦,睁眼时,竟已是～。

【一统天下】 yī tǒng tiān xià

[释义] 一统:统一。统一国家。也指为某种势力或某人所把握的局面。[语见] 明·罗贯中《三国演义》第一回:"汉朝自高祖斩白蛇而起义,一统天下。"[例句] 秦始皇～之时,哪里猜想得到他的天下能维持几个春秋?

【一团和气】 yī tuán hé qì

[释义] 指态度和蔼。也形容气氛融洽。[语见] 宋·杨无咎《逃禅词·选冠子·许倅生辰》词:"看纵横才美,雍容谈笑,一团和气。"[例句] 为了让人际关系更加融洽,他很少直接批评人,也很少当面指出他们的不足与问题,同事之间也是～。

【一团漆黑】 yī tuán qī hēi

[释义] 见"漆黑一团"。[例句] 我在～的小路上默默地走着,早已心冷如冰。

【一网打尽】 yī wǎng dǎ jìn

[释义] 形容全部获取或彻底消灭。[语见] 明·焦竑《玉堂丛语》第五卷:"文敏犹欲根蔓公门下士,一网打尽。"[例句] 在案情分析会上,局长要求大家制订一个周密的计划,务必要把犯罪分子～。

【一往情深】 yī wǎng qíng shēn

[释义] 一往:一直,始终。形容对人或事物具有深厚的感情。[语见] 清·孔尚任《桃花扇·侦戏》:"看到此处,令我一往情深。"[例句] 许多年来,他对容儿都是～,可是由于自卑,只能默默地、远远地、痴痴地望着她,从不敢把脚步移动半分。

【一往深情】 yī wǎng shēn qíng

[释义] 见"一往情深"。[语见] 南朝宋·刘义庆《世说新语·任诞》:"桓子野每闻清歌,辄唤'奈何!'谢公闻之曰:'子野可谓一往有深情。'"[例句] 蕾蕾～地对你,你可不能辜负她的一片痴情啊!

【一往无前】 yī wǎng wú qián

[释义] 勇往直前,无所阻挡。也作"一往直前"。[语见] 明·孙传庭《官兵苦战斩获疏》:"与北兵转战冲突,臣之步兵莫不一往无前。"[例句] 我们全已做好准备,单等一声令下,我们便～,赴汤蹈火,在所不辞。

【一望而知】 yī wàng ér zhī

[释义] 形容很容易知道、了解。[语见] 清·李汝珍《镜花缘》第七十九回:"玉蟾、凤雏二位姐姐放开势子,一望而知是用过功的。"[例句] 用不着琢磨了,贞子的病～,死神已经站到了窗外。

【一望无际】 yī wàng wú jì

[释义] 际:边际。一眼看不到边际。形容十分辽阔。[语见] 明·兰陵笑笑生《金瓶梅词话》第三十七回:"蔡状元瞻顾园池台馆,花木深秀,一望无际,心中大喜,极口称羡道:诚乃蓬瀛也。"[例句] 第一次见到～的草原,我激动得大喊大叫了半天,弄得一帮牧民愣愣地瞪着我。

【一文不名】 yī wén bù míng

[释义] 文:我国古代最小的钱币单位。南北朝以来称钱一枚为一文。名:占有。一文钱都没有。形容极端贫困。[例句] 四年前他还一贫如洗、～,如今却已经成了一位神气十足的老板,这让认识他的人们都十分惊讶。

【一文不值】 yī wén bù zhí

[释义] 见"一钱不值"。[语见] 明·毕魏《三报恩·骂佞》:"最可悲年少科名,弄得一文不值。"[例句] 他其实并不懂得收藏,他收藏的那些东西,全都～。

【一文如命】 yī wén rú mìng

[释义] 把一文钱看得像性命那样。形容为人十分吝啬。[语见] 清·吴敬梓《儒林外史》第五十二回:"此人有个毛病,啬细非常,一文如命。"[例句] 他虽然有着万贯家私,却～,连穷苦的农民都看不起他。

【一无长物】 yī wú cháng wù

[释义] 见"别无长物"。[语见] 清·曾朴《孽海花》第二十回:"吾倒替筱亭做了一句'绿毛龟伏玛瑙泉'。倒是自己一无长物怎好?"[例句] 屋子里除了一琴一桌一几,～,其清贫可见一斑。

【一无忌惮】 yī wú jì dàn

[释义] 任意妄为,没有一点顾忌。[语见] 明·许仲琳《封神演义》第二十八回:"纣王心甚欢悦,又见闻太师远征,放心恣乐,一无忌惮。"[例句] 抵抗停止了,敌军～地进了城。

【一无可取】 yī wú kě qǔ

[释义] 一:全,都。可:值得。取:采纳。形容毫无优点、价值或长处。[语见] 唐·卢肇《浑天法》:"《玄中》、《山经》一无可取,释氏俱舍,乃自立心法,非可以表测而度量也。"[例句] 你评价他要客观公正,不要带着偏见,把他说得～。

【一无是处】 yī wú shì chù

[释义] 是:正确,对。处:地方。没有一点对的或如意的地方。形容完全错误或事事不如意。[语见] 宋·欧阳修《欧阳文忠公集·书简·与王懿敏公》:"事与心违,无一是处,未知何日遂得释然。"[例句] 我满心欢喜地把写好的文章拿给她看,她却把它批评得～,这让我伤心极了。

【一无所好】 yī wú suǒ hào

[释义] 没有什么爱好或嗜好。[语见] 清·李汝珍《镜花缘》第六十一回:"这些茶树都是家父自幼种的。家父一生一无所好,就只喜茶。"[例句] 我生性平淡,除了散步和喝茶外,～。

【一无所能】 yī wú suǒ néng

[释义] 一点能耐也没有。[语见] 清·李汝珍《镜花缘》第十五回:"除吃喝之外,一无所能,因此海外把他又叫'酒囊饭袋'。"[例句] 他除了吃饭睡觉以外,～,连要饭的都不屑去他的门前。

【一无所求】 yī wú suǒ qiú

[释义] 没有什么要求或需要。[例句] 这些纯朴的乡亲全心全力地帮助我,照顾我,却对我～,令我感动得热泪盈眶。

【一无所取】 yī wú suǒ qǔ

[释义] 取:拿,获得。一点东西也不拿。形容廉明。[语见] 唐·令狐德棻《周书·唐瑾传》:"瑾一无所取,唯得书两本。"[例句] 大军开进城之后,除了占领了军事要点之外,～,令居民安心了不少。

【一无所有】 yī wú suǒ yǒu

[释义] 什么都没有。[语见]《敦煌变文集·庐山远公话》:"如水中之月,空里之

风,万法皆无,一无所有,此即名为无形."[例句]我们全家逃到安全地带,虽然已经～了,但是劫后余生的我们还是十分庆幸。

【一无所知】yī wú suǒ zhī
[释义]什么也不知道。[语见]明·冯梦龙《警世通言》第十五卷:"小学生往后便倒,扶起良久方醒。问之,一无所知。"[例句]我对西方音乐几乎是～,要我去当评委,我怎能胜任呢?

【一五一十】yī wǔ yī shí
[释义]五、十:皆为成数,常用作计数的单位。形容详细、清楚,毫无遗漏。[语见]明·兰陵笑笑生《金瓶梅词话》第一回:"一五一十说来,就像是亲见的一般,又像这只猛虎是他打的一般。"[例句]儿子～地把学校发生的事情讲给我,令我对学校的管理大为担忧。

【一物不知】yī wù bù zhī
[释义]对某一事物有所不知。形容知识尚不完备。[语见]汉·崔瑗《河间相张平子碑》:"一物不知,实以为耻。"[例句]第一次进入商业领域,他虽然～,但是凭着一股强烈的学习精神,不出半年,他已经成为此中的高手了。

【一物降一物】yī wù xiáng yī wù
[释义]降:使降服。指某种事物专门制服另一种事物,或某种事物专门由另一种事物来制服。[语见]明·吴承恩《西游记》第五十一回:"常言道:'一物降一物'哩。你好违了旨意? 但凭高见选用天将,勿得迟疑误事。"[例句]他平时总是一副天不怕地不怕的样子,唯独一到小丽面前就变得恭恭敬敬,谨小慎微,真是～。

【一误再误】yī wù zài wù
[释义]误:错误,耽误。形容屡次犯错误或屡次耽误事。[语见]元·脱脱等《宋史·魏王廷美传》:"太宗尝以传国之意访之赵普,普曰:'太祖已误,陛下岂容再误邪?'"[例句]由于优柔寡断的性格,他对战机～,终于导致了大败。

【一息尚存】yī xī shàng cún
[释义]一息:一口气。尚:还。存:留存。

还有一口气。意思是只要还活着,就要竭力去做。[语见]《论语·泰伯》:"死而后已,不亦远乎!"朱熹注:"一息尚存,此志不容稍懈,可谓远矣!"[例句]她有一颗充满爱的心,只要～,就永远希冀伸出温暖的手去帮助别人。

【一相情愿】yī xiāng qíng yuàn
[释义]一相:同"一厢",一方。指只顾自己愿意,而不管对方的意愿如何。[例句]她那么说那是她的～,反正我不想再理她了。

【一厢情愿】yī xiāng qíng yuàn
[释义]见"一相情愿"。[例句]别～地以为你已经控制了局势,事实上,究竟有多少人在极力地反对你,你几乎是一无所知。

【一笑千金】yī xiào qiān jīn
[释义]一笑价值千金。指美人一笑极为难得。[语见]唐·欧阳询《艺文类聚》第五十七卷引汉·崔骃《七依》:"回顾百万,一笑千金。"[例句]贾宝玉为了博得晴雯一笑,竟让她撕掉了一把又一把的精美扇子,真是～啊!

【一笑置之】yī xiào zhì zhī
[释义]置:搁置。笑一笑就把它放在一边。形容不当回事。[语见]宋·杨万里《观水叹》诗:"出处未可必,一笑姑置之。"[例句]几个下属把情况报告给总经理,说得义愤填膺,但是他不为所动,仅仅～。

【一泻千里】yī xiè qiān lǐ
[释义]原形容江河之水奔腾而下。后比喻文章气势奔放。也形容事情进展迅速。[语见]宋·陈亮《与辛幼安殿撰书》:"长江大河,一泻千里,不足多怪也。"明·焦竑《玉堂丛话·文学》:"其文如源泉奔放,一泻千里。"[例句]张老师平时是结巴,但是一到了讲台上,他往往是滔滔不绝,～,听众无不大呼过瘾。

【一心一意】yī xīn yī yì
[释义]形容意志专一,毫无杂念。[语见]唐·骆宾王《代女道士王灵妃赠道士李荣》诗:"一心一意无穷已,投漆投胶

Y

非足拟。"[例句]工匠们毫无怨言,～地大干了两个多月,终于把《红楼梦》全文雕刻完毕了。

【一薰一莸】yī xūn yī yóu

[释义]薰:香草,又称佩兰,比喻美的。莸:臭草,比喻恶的。香草同臭草混在一起,只闻其臭,不闻其香。比喻恶常将善掩盖住。[语见]唐·权德舆《陆宣公翰苑集序》:"一薰一莸,善齐不能同其器。"[例句]丞相军中～,鱼目混珠,其败势已所难免。

【一言不发】yī yán bù fā

[释义]发:宣布。一句话也不说。[语见]清·文康《儿女英雄传》第七回:"只见她一言不发,回手拔出那把刀来。"[例句]他～地走进屋里,默默地坐下,悲哀的眼睛里,几乎要流下泪来。

【一言定交】yī yán dìng jiāo

[释义]形容双方意气相投,刚一交谈,就成了至交。也作"一言订交"。[语见]唐·权德舆《唐丞相太保致仕岐国公杜公墓志铭序》:"一言定交,死生以之,趋人之急,唯恐不及。"[例句]李杜二人,邂逅于嘉峪关,～,在文坛上成了流传千古的佳话。

【一言而定】yī yán ér dìng

[释义]见"一言为定"。[语见]清·李绿园《歧路灯》第六十二回:"我走了,诸事一言而定。"[例句]闲话少说,～,三天我们在渡口见面。

【一言既出,驷马难追】yī yán jì chū, sì mǎ nán zhuī

[释义]既:已经。驷马:套四匹马的车。宋·欧阳修《笔说·驷不及舌说》:"俗云:一言出口,驷马难追。《论语》所谓'驷不及舌'也。"后用"一言既出,驷马难追"形容话说出来,就不能再收回。[例句]答应了对方的条件之后我有些后悔,可～,我也只能信守诺言了。

【一言九鼎】yī yán jiǔ dǐng

[释义]九鼎:古代国家的传国宝器,是国家政权的象征。比喻分量重。秦昭王十五年,秦军围困了赵国都城邯郸,赵国派平原君虞卿赴楚国求救,毛遂自荐同往。经过毛遂晓以利害,楚君终于答应派兵救赵。平原君因而赞扬毛遂曰:"毛先生一至楚而使赵重于九鼎大吕。"事见《史记·平原君虞卿列传》。后世遂以"一言九鼎"比喻说话有威望,只言片语就能起到极大的作用。[语见]清·李绿园《歧路灯》第五回:"李瞻岱来学中备了一份礼,央前任寅兄与我说:'二位老师,一言九鼎。'"[例句]别看古田爷爷已经年过八十,但他在村子里可是个～的人物。

【一言难尽】yī yán nán jìn

[释义]一句话难以把情况说完。形容情形复杂,不是几句话就能叙述清楚的。[语见]宋·无名氏《京本通俗小说·志诚张主管》:"张主管道:'小夫人如何在这里?'夫人道:'一言难尽。'"[例句]我这些年的经历～,等以后有了时间再细细地讲给你听。

【一言难罄】yī yán nán qìng

[释义]见"一言难尽"。[语见]清·李绿园《歧路灯》第三十四回:"若再讲他们色子场中,如何取巧弄诡之处,真正一言难罄,抑且挂一漏万。"[例句]一路的苦难,真是～,单从她们几个脸上就已能知之一二了。

【一言千金】yī yán qiān jīn

[释义]形容说的话极有价值。[语见]汉·袁康《越绝书·外传纪策考》:"故无往不复,何德不报?渔者一言千金归焉。"[例句]陈先生是治沙专家,～,大家安静下来,听他谈一谈有关感受。

【一言丧邦】yī yán sàng bāng

[释义]一句话可以使国家沦丧。[语见]《论语·子路》:"一言而丧邦,有诸?"[例句]玄烨位居万人之上,～,无论朝里朝外,说话自然会极有分寸。

【一言为定】yī yán wéi dìng

[释义]一句话说定,便不更改或不反悔。[语见]宋·无名氏《京本通俗小说·错斩崔宁》:"这也是我没计奈何,一言为定。"[例句]明年这个时候,我们这些老同学还在这里相聚吧,～!

【一言兴邦】 yī yán xīng bāng
[释义]一句话可以使国家兴盛。[语见]
《论语·子路》:"一言可以兴邦,有诸?"
[例句]裴炎位居极品,～,其一举一动自
然深受朝野的关注。

【一言之信】 yī yán zhī xìn
[释义]信:信用。意为对自己说的话都
很讲信用。[语见]《孔子家语·好生》:
"孔子……喟然叹曰:'贤哉楚王!轻千
乘之国,而重一言之信。'"[例句]古人多
重～,一方面是因为要注重士林的评
议,另一方面,也是更主要的,乃是为了
心安。

【一言中的】 yī yán zhòng dì
[释义]的:箭靶的中心。说话说到点子
上或正合对方的心意。[语见]清·南亭
亭长《中国现在记》第一回:"你做折子须
要在此等地方着想,包管你一言中的,上
头不能不准。"[例句]班长的回答,～,博
得了满堂的喝彩。

【一叶落知天下秋】 yī yè luò zhī tiān
xià qiū
[释义]见"一叶知秋"。[语见]宋·释普
济《五灯会元·云门偃禅师法嗣》:"问:
'竖起杖子意旨如何?'师曰:'一叶落知
天下秋。'"[例句]～,球队的管理就是如
此混乱,他们未来的成绩,自然不会好到
哪里了。

【一叶障目,不见泰山】 yī yè zhàng
mù, bù jiàn tài shān
[释义]障:遮住。被一片叶子遮住眼
睛,连泰山也看不见。比喻被暂时的、局
部的现象迷惑,认不清根本的、全局的问
题。[语见]《鹖冠子·天则》:"夫耳之主
听,目之主明。一叶蔽目,不见太山;两
豆塞耳,不闻雷霆。"注:太,通"泰"。
[例句]企业经营者要善于登高望远,深
思熟虑,不仅要看到眼前利益,更要预测
市场风险,不能～。

【一叶知秋】 yī yè zhī qiū
[释义]看见一片落叶,就知道秋天要来
了。比喻从事情的某些细微迹象,可以
预料到事物的发展趋向和变化。[语见]

汉·刘安《淮南子·说山训》:"以小明
大,见一叶落而知岁之将暮;睹瓶中之
冰,而知天下之寒。"[例句]～,这个号称
该国足球联赛中最强的队伍目前尚且如
此,其他球队的技术可想而知。

【一衣带水】 yī yī dài shuǐ
[释义]像一条衣带那样宽的水。形容
一水之隔,极其邻近。后泛指江河湖海
不足为阻。[语见]唐·李延寿《南史·陈
后主纪》:"隋文帝谓仆射高颎曰:'我为
百姓父母,岂可限一衣带水不拯之乎?'"
[例句]两个民族乃是～的友好邻邦,他
们的交往可以上溯到三百年前。

【一依旧式】 yī yī jiù shì
[释义]一切按照原来的规格或方式进
行。[语见]唐·魏徵《隋书·高祖纪上》:
"隋国置丞相以下,一依旧式。"[例句]国
汶晚年虽然略有舛误,但是却也不到罪
伐的地步,其死后～,还是应当得到起码
的尊敬。

【一意孤行】 yī yì gū xíng
[释义]一意:一己之意。孤:单独。据个
人的意愿去行动。[语见]汉·司马迁《史
记·酷吏列传》:"禹终不报谢,务在绝知
友宾客之请,孤立行一意而已。"[例句]
曹爽不听劝阻,～,最终落了个身首异处
的结局。

【一饮而尽】 yī yǐn ér jìn
[释义]一口气喝完。[语见]明·冯梦龙
《醒世恒言》第三卷:"鸨儿只道他敬
客,却自家一饮而尽。"[例句]他端起杯
来,～,泪水已然在眼角打转。

【一应俱全】 yī yīng jù quán
[释义]一应:一切。俱:都。一切都有。
形容一切具备,应有尽有。[语见]清·张
南庄《何典》第十回:"活死人来到库
中,见十八般武器,一应俱全。"[例句]地
宫里从医疗设备、衣食住行,到应急通道
和防空装置,～,可见其首领真是用心
良苦。

【一拥而入】 yī yōng ér rù
[释义]形容众多的人一下挤了进来。
[语见]明·冯梦龙《醒世恒言》第十五

卷:"众人一拥而入,迎头就把了缘拿住,押进里面搜捉,不曾走了一个。"[例句]超市大门一开,顾客～,纷纷寻拣自己所需,只望把年货早点备齐。

【一咏一觞】yī yǒng yī shāng
[释义]见"一觞一咏"。[语见]宋·辛弃疾《贺新郎·和吴明可给事安抚》词:"一咏一觞成底事,庆康宁,天赋何须药。"[例句]想想几年前我们几个在桂林～,何等快意,而今我们彼此相隔万里,真的感慨万千。

【一隅三反】yī yú sān fǎn
[释义]见"举一反三"。[语见]《论语·述而》:"子曰:'不愤不启,不悱不发,举一隅不以三隅反,则不复也。'"[例句]隔壁小强小小年纪,学习中多能～,他常常取得好成绩自然不足为怪了。

【一隅之地】yī yú zhī dì
[释义]隅:角落。一个小角落的地方。形容地区狭小。[语见]明·熊大木《杨家将演义》第二十四回:"八王奏曰:'陛下一统中原,幽州一隅之地取之何难。'"[例句]战国中后期,秦国经过商鞅变法,国力日益强盛,不再甘心居于～,于是便把侵略的矛头指向了东方。

【一语道破】yī yǔ dào pò
[释义]一句话就把内容或真相说穿了。[语见]清·陈确《与张考夫书》:"自唐虞至战国二千余年,圣人相传心法,一语道破。"[例句]事情说来说去,内中原因最后竟被三岁孩子～,既解决了某人领先开口的为难,也解决了听者的尴尬。

【一语破的】yī yǔ pò dì
[释义]的:箭靶,比喻关键。一句话就说中了要害。[语见]朱自清《论雅俗共赏》:"胡适之先生说宋诗的好处就在'做诗如说话',一语破的指出了这条路。"[例句]对于这类考试中的简答题,要求考生必须精炼、简洁地回答题目,要的放矢,～。

【一张一弛】yī zhāng yī chí
[释义]张:拉紧弓弦。弛:放松弓弦。原指治理国家要宽严互相补充,交替使用。现多用于比喻生活和工作要劳逸结合。[语见]明·李贤《赐游西苑记》:"夫一张一弛,文武之道,赐游西苑,有弛之意焉。"[例句]～,文武之道,你既要努力工作,也要懂得休息,不然把身体搞垮了,工作还能干好吗?

【一朝一夕】yī zhāo yī xī
[释义]一个早晨和一个晚上。形容时间短促。[语见]《周易·坤》:"臣弑其君,子弑其父,非一朝一夕之故,其所由来者渐矣。"[例句]这几幅大气磅礴的字,绝非～可以练成的。

【一朝之忿】yī zhāo zhī fèn
[释义]忿:恼怒,恨。一时偶然的气愤。[语见]《论语·颜渊》:"一朝之忿,忘其身以及其亲,非惑与(欤)?"[例句]咱们的对手可都是些心机如海之人,你怎可凭着～,便意气用事?

【一针见血】yī zhēn jiàn xiě
[释义]比喻写文章说话直截了当,切中要害。[语见]朱自清《短诗与长诗》:"这种作品大概是平庸敷泛,不能一针见血。"[例句]杨工眼光敏锐,常于顷刻之间,便能～地指出设计中暗藏的漏洞。

【一枕黄粱】yī zhěn huáng liáng
[释义]见"黄粱一梦"。[语见]宋·李曾伯《可斋续稿后集·沁园春〈送乔宾王〉》词:"一枕黄粱,满头白发,屈指旧游能几人。"[例句]少年时所有的意气风发,如今全都成了～,他的心自然会慢慢冷却了。

【一之谓甚】yī zhī wèi shèn
[释义]谓:叫作。甚:过分。一次就过分了。表示不可一错再错。也作"一之为甚"。[语见]《左传·僖公五年》:"晋不可启,寇不可玩,一之谓甚,其可再乎!"[例句]事故虽然是你无意间造成的,但是损失却还是难以估量,～,下不为例,你一定要好好反思。

【一知半解】yī zhī bàn jiě
[释义]知道得不全面,理解得不透彻。[语见]宋·严羽《沧浪诗话·诗辨》:"有透彻之悟,有但得一知半解之悟。"

[例句]我对半导体方面的东西,一直就是～的,直到现在,还是没有弄明白。

【一纸空文】 yī zhǐ kōng wén
[释义]白白地写在纸上而实际不能兑现的东西。多指条约、规定、计划等。[语见]清·李宝嘉《官场现形记》第四十六回:"近来又有了什么外销名目,说是筹了款项,只能办理本省之事,将来不过一纸空文咨部塞责。"[例句]政府垮台之后,先前所有的法律都成了～,整个国家都陷入了无政府的混乱状态。

【一掷百万】 yī zhì bǎi wàn
[释义]见"一掷千金"。[语见]南朝梁·沈约《宋书·武帝纪上》:"刘毅家无担石之储,摴蒲一掷百万。"注:摴蒲,一种游戏。[例句]巨富们个个～,赌了个通宵达旦。

【一掷千金】 yī zhì qiān jīn
[释义]掷:扔、投。形容花钱无度,任意挥霍。[语见]唐·吴象之《少年行》:"一掷千金浑是胆,家无四壁不知贫。"[例句]约克自知创业的艰难,他才不屑～地要去博得那些虚名呢。

【一柱擎天】 yī zhù qíng tiān
[释义]擎:托、举。一根柱子托起天。比喻能担当天下重任的人才。[语见]《唐大诏令集·中和三年·赐房敬瑄铁券文》:"卿五山镇地,一柱擎天。"[例句]我校的篮球队有了这么一位～的主力,这次夺冠就有希望了。

【一字褒贬】 yī zì bāo biǎn
[释义]褒:赞扬。贬:贬低。形容记事论人、用字措辞要严格而有分寸。[语见]晋·杜预《春秋经传集解序》:"春秋虽以一字为褒贬,然皆须数字以成言。"[例句]《檀论》虽不入正史,但是用言极为节省,～,常常恰到好处,虽大史家难为也。

【一字不苟】 yī zì bù gǒu
[释义]不苟:不随便,不马虎。指行文时字斟句酌,再三推敲。[语见]清·陈田《明诗纪事乙签·李攀龙》引《明诗选》陈卧子曰:"五律杂出盛唐诸家,精工雄浑。一字不苟,前人所难。"[例句]三十年来,隔壁老太太～地把《金刚经》抄了整整五遍。

【一字千金】 yī zì qiān jīn
[释义]一个字价值千金。《史记·吕不韦列传》记载:吕不韦让门客编了一部《吕氏春秋》,公布于咸阳市门,有能增减一字者,予千金。后就用"一字千金"形容诗文文辞精妙,价值极高。[语见]南朝梁·钟嵘《诗品》:"惊心动魄,可谓几乎一字千金。"[例句]这部～的作品,耗费了作者十年之功,将人间的悲欢离合写得淋漓尽致。

【一字一泪】 yī zì yī lèi
[释义]形容文字写得凄楚感人。[语见]明·李贽《焚书·书答·与焦漪园》:"写至此,一字一泪,不知当向何人道,当与何人读,想当照旧剃发归山去矣!"[例句]《伤心曲》～,读者心下黯然,听者面色凄戚。

【一字一珠】 yī zì yī zhū
[释义]唱歌时的吐字像珍珠一样。形容歌喉婉转圆润。[语见]唐·薛能《赠歌者》诗:"一字新声一颗珠,啭喉疑是击珊瑚。"[例句]到底是名角,优美的唱词,动人的唱腔,～,给人以极大的享受。

【一字之师】 yī zì zhī shī
[释义]宋·陶岳《五代史补》第三卷记载:唐代诗僧齐己作的《早梅》诗,有"前村深雪里,昨夜数枝开"之句,郑谷认为"数枝"不能算早,就改"数枝"为"一枝"。齐己非常佩服,下拜。时人称谷为"一字师"。后以"一字之师"借指能改正一个字而使文章更加完美的人。[例句]我小时候邻家的爷爷,乃是我～,这次回去,说什么也得好好拜望拜望。

【一座皆惊】 yī zuò jiē jīng
[释义]指言行奇特或仪容出众,使在座的人都感到吃惊。[语见]五代后晋·刘昫等《旧唐书·李光颜传》:"妓至,则容止端丽,殆非人间所有,一座皆惊。"[例句]大家正冥思苦想之际,女儿在一旁竟将

Y

下联脱口而出，～。

【伊于胡底】yī yú hú dǐ
[释义]伊：句首助词，无义。于：往。胡：何。底：到。走到哪里去。形容结局不堪设想。[语见]《诗经·小雅·小旻》："我视谋犹，伊于胡底？"[例句]几位宰相相互嫉妒，彼此攻击，究竟～，连皇上也没有个底。

【衣钵相传】yī bō xiāng chuán
[释义]衣：衣服，这里指袈裟。钵：饭钵，和尚的食具。传：留传，传授。本指佛家师傅把袈裟和饭钵传给弟子，象征师徒授受。现喻指师生之间思想、学问的传承。[语见]五代后晋·刘昫等《旧唐书·神秀传》："昔后魏末，有僧达摩者，本天竺王子，以护国出家，入南海，得禅宗妙法，云自释迦相传，有衣钵为记，世相付授。"[例句]有大师～，她的小提琴的技艺，非常人所能及。

【衣帛食肉】yī bó shí ròu
[释义]见"衣锦食肉"。[语见]明·无名氏《孟母三移》第四折："老者衣帛食肉，黎民不饥不寒，然而不王者，未之有也。"[例句]马可·波罗见寻常百姓便能～，这种富庶的生活直惊得他目瞪口呆。

【衣不蔽体】yī bù bì tǐ
[释义]衣：衣服。蔽：遮盖。体：身体。衣服破旧不堪，不能遮盖住身体。形容生活很贫困。[语见]宋·洪迈《夷坚丁志·奢侈报》："妻子衣不蔽体，每日求丐得百钱，仅能菜粥度日。"[例句]大路两旁，～的孩子举目尽是，官员们无心情沉重。

【衣不重采】yī bù chóng cǎi
[释义]重：重迭。采：通"彩"。不重穿色彩鲜艳的衣服。指衣着朴素。[语见]汉·司马迁《史记·吴太伯世家》："越王勾践食不重味，衣不重采，吊死问疾，且欲有所用其众。"[例句]太宗教导百官，天下初定，要爱惜百姓，他自己也～，甚为节约。

【衣不重彩】yī bù chóng cǎi
[释义]见"衣不重采"。[语见]唐·姚思廉《陈书·高祖纪下》："及立绍泰，子女玉帛，皆班将士，其充闺房者，衣不重彩，饰无金翠。"[例句]一看在座官员，皆～，皇帝自己甚为心慌。

【衣不完采】yī bù wán cǎi
[释义]衣：衣服。不：没有。完：完整。采：指图案，色彩。完采：完整的图案，完美的色彩。衣服破烂，用其他颜色或图案的布料缝补过。指生活贫困。[语见]汉·司马迁《史记·游侠列传》："(朱家)家无余财，衣不完采，食不重味，乘不过牛。"[例句]在乡下生活，～，但求一暖而已。

【衣不曳地】yī bù yè dì
[释义]曳：拖。衣衫短小，不拖在地上。比喻衣着朴素。[语见]汉·荀悦《前汉纪·成帝纪》："母病，公卿列侯遣夫人问疾，莽妻迎之，衣不曳地，著布蔽膝，见者以为僮仆，使人问乃知其夫人。"[例句]苏轼～，和众百姓混在一起，丝毫不见太守的样子，但是正是这一点，使他深得百姓的爱戴。

【衣裳楚楚】yī cháng chǔ chǔ
[释义]楚楚：鲜明的样子，形容服装整齐漂亮。[语见]《诗经·曹风·蜉蝣》："蜉蝣之羽，衣裳楚楚。"注：裳，古指裙子。[例句]一帮～的富家子弟提笼架鸟到了乡下，有人羡慕，也有人指责，前因其富贵，后因其不学无术。

【衣丰食饱】yī fēng shí bǎo
[释义]见"丰衣足食"。[语见]明·无名氏《群仙朝圣》第二折："你看他衣丰食饱无闲事，齐念禾词大叫呼，端的是壮观皇都。"[例句]在这个大家庭里，他虽然～，精神却非常空虚寂寞。

【衣丰食足】yī fēng shí zú
[释义]见"丰衣足食"。[语见]明·杨柔胜《玉环记·玉箫叹怀》："谁似你衣丰食足口头肥。"[例句]在乡间一走，知道百姓～，五谷丰登，乾隆非常高兴。

【衣冠楚楚】yī guān chǔ chǔ
[释义]衣冠：穿衣戴帽，指打扮。楚楚：华美、鲜明的样子。形容穿戴得整齐漂亮。[语见]清·蒲松龄《聊斋志异·王六

郎》:"夜,楚少年来,衣冠楚楚,大异平时。"[例句] 出席这次晚宴的,都是些～的绅士。

【衣冠济济】yī guān jǐ jǐ
[释义] 见"衣冠楚楚"。[语见] 宋·无名氏《张协状元》第十二出:"听启:自来不识惩底,平日我衣冠济济。"[例句] 参加颁奖晚会的来宾个个都是～,场面隆重而热烈。

【衣冠禽兽】yī guān qín shòu
[释义] 衣冠:穿衣戴帽,指人类与禽兽之别。禽兽:动物,飞禽走兽。徒有人的外表,行为却鄙劣如野兽。喻指道貌岸然,道德败坏之人。[语见] 清·李汝珍《镜花缘》第四十三回:"既是不孝,所谓衣冠禽兽,要那才女又有何用?"[例句] 那一帮～,竟然把自己的亲人都推向了火坑。

【衣冠甚伟】yī guān shèn wěi
[释义] 伟:壮美。人的仪表神态端庄美好。[语见] 汉·班固《汉书·张良传》:"四人者从太子,年皆八十有余,须眉皓白,衣冠甚伟。"[例句] 只见来人～,相貌堂堂,老先生满意地点了点头。

【衣冠枭獍】yī guān xiāo jìng
[释义] 枭、獍:相传是食母的恶鸟、恶兽。穿衣戴帽的禽兽,比喻凶恶忘恩的人。[语见] 宋·孙光宪《北梦琐言》第十七卷:"楷人才寝陋,兼无才行,……河朔士人,目苏楷为衣冠枭獍。"[例句] 想想当年,如果不是刘家救你,焉有你今日命在,如今你竟恩将仇报,实在是～!

【衣架饭囊】yī jià fàn náng
[释义] 挂衣的架子,盛饭的口袋。比喻人的无能,无用。[语见] 明·罗贯中《三国演义》第二十三回:"其余皆是衣架饭囊、酒桶肉袋耳!"[例句] 别看张家有九个儿子,但是个个都不过～,成不了气候。

【衣锦还乡】yī jǐn huán xiāng
[释义] 衣:穿着。锦:锦绣华丽的服饰。还:回来。乡:故乡,老家。穿着华贵的衣服回故乡。指富贵以后回乡,向乡

人夸耀。[语见] 唐·令狐德棻《周书·史宁传》:"观卿风表,终至富贵,我当使卿衣锦还乡。"[例句] 他在外谋生十多年,如今终于～了,乡亲们都前来祝贺。

【衣锦食肉】yī jǐn shí ròu
[释义] 穿的是锦衣,吃的是肉食,形容生活富有。[语见] 唐·令狐德棻《周书·突厥》:"突厥在京师者,又待以优礼,衣锦食肉者,常以千数。"[例句] 烈日下,一帮～的达官贵人骑着高头大马走过,与田地里的农民形成了巨大的反差。

【衣锦夜行】yī jǐn yè xíng
[释义] 穿了锦绣衣裳在夜间走路。比喻虽居官位,却不能使人看到自己的荣耀。[语见] 《敦煌变文集·秋胡变文》:"臣得重赏,衣锦夜行,特望天恩。"[例句] 他觉得:富贵不归故乡,好似～,何人知晓?因此决计要回到家乡去看看。

【衣锦夜游】yī jǐn yè yóu
[释义] 见"衣锦夜行"。[语见] 唐·令狐德棻《周书·刘雄传》:"古人云:'富贵不归故乡,犹衣锦夜游。'"[例句] 桓苑身居高位,～,但求一个心安而已。

【衣衫蓝缕】yī shān lán lǚ
[释义] 衣服破烂。形容生活贫穷。[语见] 明·吴承恩《西游记》第四十四回:"虽是天色和暖,那些人却也衣衫蓝缕。"[例句] 堂堂县太爷后面,竟跟了长长的一队～的百姓,滑稽之余,却也显得异常悲凉。

【衣衫褴褛】yī shān lán lǚ
[释义] 衣:上衣。衫:短袖单衣。衣衫:衣服的合称。褴褛:一作"蓝缕"、"褴缕",破烂之义。衣服破烂不堪。形容生活贫穷。[例句] 矿工都是一帮～者,但是怎么会多出个身着华服的公子在其中?

【衣香鬓影】yī xiāng bìn yǐng
[释义] 衣香、鬓影:均借指妇女。后用以形容妇女的仪态。[语见] 北周·庾信《春赋》:"池中水影悬胜镜,屋里衣香不如花。"唐·李贺《咏怀》诗:"弹琴看文君,春

风吹鬓影。"[例句] 这个女子的～，给我们留下了深刻的印象。

【衣绣夜行】 yī xiù yè xíng
[释义] 见"衣锦夜行"。[语见] 汉·司马迁《史记·项羽本纪》："富贵不归故乡，如衣绣夜行，谁知之者!"[例句] 纪学士虽然处在高位，但是因为担任文职，～，百姓知之甚少。

【衣绣昼行】 yī xiù zhòu xíng
[释义] 衣：穿。绣：指五彩刺绣的官服。白天穿着锦绣衣服行走，比喻身居官职，荣耀异常。[语见] 晋·陈寿《三国志·魏书·张既传》："出为雍州刺史，太祖谓既曰：'还君本州，可谓衣绣昼行矣。'"[例句] 范进中举之后，吹吹打打，～，一路招摇过市。

【衣租食税】 yī zū shí shuì
[释义] 见"食租衣税"。[语见] 清·曹雪芹《红楼梦》第九十二回："虽无刁钻刻薄的，却没有德行才情。白白的衣租食税，那里当得起?"[例句] ～的冗官冗员一多，百姓的日子自然就不好过了。

【医时救弊】 yī shí jiù bì
[释义] 比喻对错失的时政有所匡正。[语见] 宋·邵伯温《闻见前录》第六卷："唐元宗时，宰相姚元崇直奏十事，可以坐销患害，立致升平，惟虑至尊未能留意。医时救弊，无出于斯!"[例句] 人们总是以史为鉴，从古代的启示中去寻找～的良方。

【依草附木】 yī cǎo fù mù
[释义] 依、附：依赖，附属。古时迷信，认为妖魔可以附于其他物体上，为非作歹。[语见] 宋·释道原《景德传灯录·卷二十五·德昭禅师》："如此见解，唤作依草附木，与佛法天地悬隔。"[例句] 张易之兄弟本无过人伎俩，不过～罢了。

【依阿取容】 yī ē qǔ róng
[释义] 阿：阿谀。依靠阿谀奉承取悦于人。[语见] 宋·欧阳修《归田录序》："既不能因时奋身，遇事发愤有所建明以为补益，又不能依阿取容以徇世俗。"[例句] 他认为这些诗作绝大部分是～

的帮闲文字，在思想内容上没有什么可取之处。

【依流平进】 yī liú píng jìn
[释义] 依：按照。流：等级。平进：循序而进。按照资历循序而进。[语见] 唐·李延寿《南史·王骞传》："吾家本素族，自可依流平进，不须苟求也。"[例句] 那些年该国政权更迭犹如走马灯，他却～，官运亨通。

【依然故我】 yī rán gù wǒ
[释义] 依然：照旧。故：过去。故我：过去的我。还是过去的我。形容自己的情况没有变化。[语见] 宋·陈著《贺新郎·次韵戴时芳》："谁料腥埃妨阔步，孤瘦依然故我。"[例句] 十年之后，他已手握重柄，好友则～，还是苦读寒窗的书生而已。

【依然如故】 yī rán rú gù
[释义] 依然：照旧。故：旧，过去。仍旧和从前一样。形容情况没有变化。[语见] 唐·薛调《刘无双传》："仙客既觐，置于学舍，弟子为伍，舅甥之分，依然如故。"[例句] 尽管她对我误会极深，但是我～地对她好，我想她总有一天会回心转意的。

【依人篱下】 yī rén lí xià
[释义] 见"寄人篱下"。[例句] 这种～的生活，使她形成了孤僻的性格。

【依人作嫁】 yī rén zuò jià
[释义] 见"为人作嫁"。[例句] 编辑是要～，但是内中的乐趣和魅力，依然是别的任何职业都无法比拟的。

【依违不决】 yī wéi bù jué
[释义] 见"依违两可"。[例句] 他想到半夜，依然～，不知怎么处理白天的争端。

【依违两可】 yī wéi liǎng kě
[释义] 依：赞成。违：反对。赞成和反对都无所谓。形容对问题没有明确的意见。[语见] 清·赵尔巽《清史稿·倭仁传》："刚正不挠，无所阿徇者，君子也；依违两可，工于趋避者，小人也。"[例句] 要我说，我最看不惯的就是你这种～的

态度。

【依样葫芦】 yī yàng hú lú

[释义] 比喻一味模仿，没有创新。

[语见] 宋·魏泰《东轩笔录》第一卷："太祖笑曰：'颇闻翰林草制，皆检前人旧本，改换词语，此乃俗所谓依样画葫芦耳，何宣力之有？'"[例句] 儿子听了我的"指点"，～地不知弄出个什么东西，看得我们都莫名其妙。

【依依不舍】 yī yī bù shě

[释义] 依依：恋慕的样子。舍：放开。形容对人或地方有了感情十分留恋，不想离去。[语见] 明·冯梦龙《醒世恒言》第二十九卷："那卢柟植送五百余里，两下依依不舍，欷歔而别。"[例句] 我们～地离开了这座美丽的小山村，挥别了善良纯朴的乡亲们。

【依依难舍】 yī yī nán shě

[释义] 见"依依不舍"。[例句] 我们～地挥别之后，各奔了东西，从此再也不曾相见。

【依依惜别】 yī yī xī bié

[释义] 依依：恋慕的样子。惜别：舍不得离别。离别时，恋恋不舍，不忍离开。[语见] 汉·韩婴《韩诗外传》第二卷："其民依依，其行迟迟，其意好好。"[例句] 她向我走来，又停住，再走两步，又停住，泪水在她眼睛里打着转转，～之情，让我也哽咽了。

【依依之感】 yī yī zhī gǎn

[释义] 见"依依不舍"。[例句] 我们虽然只有一夜之谈，但是离去时的～，却分外分明。

【仪表堂堂】 yí biǎo táng táng

[释义] 仪表：人的外表举止。堂堂：端正、大方、威严的样子。形容人外表端正、举止大方、姿态威严。[例句] 老人见这位年轻人生得～，举止也端庄得体，满意地点了点头。

【仪静体闲】 yí jìng tǐ xián

[释义] 仪态文静，体态安闲。形容仪表端庄而优雅。[语见] 三国魏·曹植《洛神赋》："瑰姿艳溢，仪静体闲。"注："翰曰：

'威仪体德皆闲雅也。'"[例句] 忙乱中进了后花园，几位～的小姐正小声谈论，唬得肖公子一阵手忙脚乱。

【仪态万方】 yí tài wàn fāng

[释义] 仪态：容貌，姿态。万方：多种样式。形容容貌、姿态都非常优美，是语言难以形容的。[语见] 汉·张衡《同声歌》："素女为我师，仪态盈万方。"[例句] 正走向前台的主持人，～，令导演赞不绝口。

【夷险一节】 yí xiǎn yī jié

[释义] 夷：平安。节：节操。不论处于顺境或是逆境，节操不变如一。[语见] 唐·徐坚《初学记》第十七卷引《抱朴子》："竭身命以殉国，经夷险而一节者，忠臣也。"[例句] 姚崇身在周唐两朝，均居高位，但始终～，自能得清流好评。

【怡情理性】 yí qíng lǐ xìng

[释义] 见"怡情悦性"。[语见] 汉·徐干《中论·治学》："学也者，所以疏神达思，怡情理性。"[例句] 人人了中年，他对这些早年不屑一顾的～的文章，竟多了几分兴致。

【怡情悦性】 yí qíng yuè xìng

[释义] 怡悦性情，使性情愉快和悦。[语见] 清·曹雪芹《红楼梦》第十七回："（贾政笑道）如今上了年纪，且案牍劳烦，于这怡情悦性的文章更生疏了。"[例句] 人上了岁数，征服天下的雄心壮志正在暗暗消失，取而代之的，是对～的生活的追求。

【怡然自得】 yí rán zì dé

[释义] 怡然：安适、快乐的样子。形容安适愉快而又自得其乐的样子。[语见]《列子·黄帝》："黄帝既悟，怡然自得。"[例句] 那老儿在河边～地钓鱼喝酒，让一众钩心斗角的官员暗暗惊心。

【怡颜悦色】 yí yán yuè sè

[释义] 见"和颜悦色"。[例句] 医生不急不恼，～地安慰病人，病人的情绪很快就稳定了下来。

【宜嗔宜喜】 yí chēn yí xǐ

[释义] 嗔：生气发怒。形容女子喜怒时都很美。[语见] 元·王实甫《西厢记》第

一本第一折:"呀,谁想着寺里遇神仙!我见他宜嗔宜喜春风里,偏宜贴翠花钿。"[例句] 容儿~,刁钻古怪,折腾得老实巴交的平之不知所措。

【宜室宜家】 yí shì yí jiā
[释义] 指家庭安顺,夫妇和睦。[语见] 明·汤显祖《牡丹亭·闺塾》:"有风有化,宜室宜家。"[例句] 俗话说"家和万事兴",你们两人自当~地相互扶持过日子,怎么总是打打闹闹,也不怕坏了孩子的性子?

【贻范古今】 yí fàn gǔ jīn
[释义] 给世世代代留下榜样。[语见] 唐·孙揆《灵应传》:"今则公之教可以通显晦,贻范古今。"[例句] 李钟峨自己读书万卷,且教子有方,~,当地史书多有记载。

【贻害无穷】 yí hài wú qióng
[释义] 贻:遗留。留下的祸患没有个完。[语见] 清·李宝嘉《文明小史》第十七回:"弄到今日国穷民困,贻害无穷,思想起来,实实令人可恨。"[例句] 对暴力犯罪团伙,如果打击不力,就会~。

【贻厥孙谋】 yí jué sūn móu
[释义] 贻:遗留给。厥:其,他的。谋:打算。为子孙后代打算。[语见] 晋·陈寿《三国志·蜀书·董允传》裴松之注引《襄阳记》曰:"若一朝无诸葛亮,必为祸乱矣。诸君愦愦,曾不知防虑于此,岂所谓贻厥孙谋乎?"[例句] 范暄一生谨慎,思量长远,~。

【贻笑大方】 yí xiào dà fāng
[释义] 贻:遗留。大方:懂行的人,内行人。给内行人留下笑柄。[语见]《庄子·秋水》载:河伯以江河的浩大而骄傲,后见到无边的大海,叹曰:"今我睹子之难穷也,吾非至于子之门,则殆矣!吾长见笑于大方之家。"[例句] 这方面的理论,我知之不多,然胸中所念,不吐不快,即使~,也不自为羞。

【贻笑千古】 yí xiào qiān gǔ
[释义] 见"贻笑万世"。[语见] 明·沈德符《万历野获编·圣母并尊》:"至后唐庄宗,以嫡母为太妃,而以生母为太后。冠履倒置。盖胡虏不学使然。真贻笑千古。"[例句] 他拒任宰相,为的是免得在国事纷乱时操治不力,为人留下与误国之君主同流合污的口实,成为~的把柄。

【贻笑千秋】 yí xiào qiān qiū
[释义] 见"贻笑万世"。[语见] 清·褚人获《隋唐演义》第四十七回:"到底甘尽苦来,一身不保,落得贻笑千秋。"[例句] 那个把炸药绑在自己身上想要上天的万虎,其愚蠢的行动虽然~,但是其大胆的想象却还是值得尊敬的。

【贻笑万世】 yí xiào wàn shì
[释义] 贻笑:见笑。让千秋万代的人见笑。[语见] 宋·刘敞《论温成立忌》:"何况宗庙大礼,至尊至重,岂可以一时之宠,独决圣心,义有僭失,贻笑万世,亏损盛明,悔不可追。"[例句] 周幽王早已~了,你如今还要进行仿效,天下人不知该如何笑话你。

【移船就岸】 yí chuán jiù àn
[释义] 移动船只到岸边。比喻主动向某方靠拢。[语见] 清·曹雪芹《红楼梦》第九十一回:"(宝蟾)只看薛蝌的神情,自己反倒装出愠意,索性不理他;那薛蝌若有悔心,自然移船就岸,不愁不到手。"[例句] 你若有心,自可~,向他去讨教些策略。

【移东补西】 yí dōng bǔ xī
[释义] 用一部分钱物弥补另一部分的空缺。[语见] 宋·朱熹《乞蠲减漳州上供经总制额等钱状》:"向来州郡费出有经县道,亦有宽余可以桩办,以故移东补西,未觉败缺。"[例句] 那几年,多亏了你母亲~,才使我们全家渡过了难关。

【移风易俗】 yí fēng yì sú
[释义] 移、易:改变。风、俗:风气、习俗。社会上长期形成并沿袭下来的礼节、习惯等的总和。改变风气和习俗。[语见]《荀子·乐论》:"故乐行而志清,礼修而行成,耳目聪明,血气和平,移风易俗,天下皆宁,美善相乐。"[例句] 在这片与世隔

绝的土地上，要～，推行新观念，实在是难于上青天。

【移宫换羽】 yí gōng huàn yǔ

[释义] 宫、羽：我国古代乐曲中两种曲调名称。原指乐曲换调。后也指事情的变化。[语见] 宋·周邦彦《意难忘·美人》词："知音见说无双，解移宫换羽，未怕周郎。"[例句] 指挥略略示意，于～之间，歌剧的第二章已然开始了。

【移花接木】 yí huā jiē mù

[释义] 把一种花木的枝条嫁接到另一种花木上。比喻暗中更换人或事物，以达到欺骗他人的目的。[语见] 明·凌濛初《二刻拍案惊奇》第十七卷："同窗友认假作真，女秀才移花接木。"[例句] 调查进行时，他们几个用了些～的手段，竟使情势向着他们有利的方向转变了。

【移山倒海】 yí shān dǎo hǎi

[释义] 移动山岳，倒翻大海。旧时常用以形容神仙法术的神妙。现也用以比喻人类征服自然、改造自然的巨大力量和雄伟气魄。[语见] 明·许仲琳《封神演义》三十六回："善能移山倒海，惯能撒豆成兵。"[例句] 我们都是凡人，没有～的功力，但是，只要我们配合得当，我们也还是能够做出些惊天动地的事情来的。

【移山填海】 yí shān tián hǎi

[释义] 形容仙术法力广大。现也用以比喻人类征服自然、改造自然的巨大力量和雄伟气魄。[语见] 明·无名氏《八仙过海》第二折："俺众仙各施神通，移山填海，水尽枯干，教你无处潜藏。"[例句] 人民群众有～的力量，是不会被任何困难吓倒的。

【移天徙日】 yí tiān xǐ rì

[释义] 见"移天易日"。[语见] 唐·李延寿《北史·景穆十二王上》："虽未指鹿为马，移天徙日，实使蕴藉之士，昝气坐端，怀道之夫，结舌筵次。"[例句] 魏忠贤表面上对皇帝唯唯诺诺，但是暗中无时不想～，使天下独姓了魏。

【移天易日】 yí tiān yì rì

[释义] 易：更换。比喻用阴谋手段窃取

或改换政权。[语见] 唐·房玄龄等《晋书·齐王冏传》："赵庶人听任孙秀，移天易日。"[例句] 几乎每一个朝代，都会出几个有～想法的臣子，正是这些明争暗斗，使中国的世俗政治学异常发达。

【移孝为忠】 yí xiào wéi zhōng

[释义] 将孝顺父母之心转为效忠君主。[语见]《孝经·广扬名》："君子之事亲孝，故忠可移于君。"[例句] 岳飞～，奋勇杀敌，自然会得到母亲的赞许。

【移星换斗】 yí xīng huàn dǒu

[释义] 使天空星斗移换位置。比喻手法高超。[语见]《四游记·南游记·玉帝起赛通明会》："臣此罩可能罩日月无光，摆动可以移星换斗，坐入其中，水火不入。"[例句] 魔术师～般的高超技艺令在场的观众大饱眼福。

【移樽就教】 yí zūn jiù jiào

[释义] 樽：酒器。就：靠近。离开座位端着酒杯坐到别人席上共饮，以便向人请教。比喻主动地向他人求教。[语见] 清·李汝珍《镜花缘》第二十四回："唐敖道：'老丈既来饮酒，与其独酌，何不屈尊过去，奉敬一杯，一同谈谈呢？'老者道：'虽承雅爱，但初次见面，如何就要叨扰！'多九公道：'也罢，我们移樽就教罢。'"[例句] 我～，没什么面子不面子的事情，能者为师嘛。

【遗臭万年】 yí chòu wàn nián

[释义] 遗臭：死后留下恶名。死后恶名一直流传下去，永远被人唾骂。[语见] 元·脱脱等《宋史·林勋等传赞》："若乃程珌之窃取富贵，梁成大、李知孝甘为史弥远鹰犬，遗臭万年者也。"[例句] 从古至今，有大公无私、高风亮节的人，也有投机取巧、自私自利、为五斗米折腰、宁为小人的人。两者之间，所不同的在于，一种是人人尊敬、名留青史，一种是人人唾弃、～。

【遗大投艰】 yí dà tóu jiān

[释义] 投：给予。赋予重大、艰难的任务。[语见]《尚书·大诰》："予造天役，遗大投艰于朕身。"[例句] 自从前年，公

司～于我身,虽勤心理事,但是常常有力不从心之感,故现在提出辞职。

【遗恨千古】yí hèn qiān gǔ

[释义] 留下的怨恨永远存在。[语见] 清·徐瑶《太恨生传》:"且生与女相爱怜若此,而卒不相遇,真堪遗恨千古。"[例句] 两人竟如此之交臂,～,令今人亦不禁感叹万分。

【遗老遗少】yí lǎo yí shào

[释义] 遗老:指改朝换代后,仍忠于前一朝代的老人。遗少:改朝换代后,仍忠于前一朝代的年轻人。泛指思想顽固、保守、留恋旧时代的人们。[例句] 人们在形容清代～的生活时有句老话:终日提笼架鸟。

【遗世独立】yí shì dú lì

[释义] 遗世:抛开俗世。远离世俗,独自生活。[语见] 宋·苏轼《前赤壁赋》:"浩浩乎如冯虚遇风,而不知其所止;飘飘乎如遗世独立,羽化而登仙。"[例句] 嵇康不媚世俗,～,而且蔑视官场,自然要受到官府的打击了。

【遗簪堕屦】yí zān duò jù

[释义] 见"遗簪坠屦"。[语见] 唐·张说《让右丞相第二表》:"臣幸沐遗簪堕屦之恩,好生养志之德。"[例句] 月圆之夜,我独上高楼,见～,睹物思人,悲切之情涌上心头。

【遗簪坠屦】yí zān zhuì jù

[释义] 屦:鞋。丢失的发簪和鞋子,代指旧物。借指睹物而起怀旧之情。[语见]《韩诗外传》第九卷:"妇人曰:'乡者刘菁薪亡吾菁簪,吾是以哀也。'弟子曰:'刘菁薪而亡菁簪,有何悲焉?'妇人曰:'非伤亡簪也,盖不忘故也。'"汉·贾谊《新书·谕诫》:"楚军败,昭王走而屦决,背而行,失之;行三十步,复旋取屦。及至于隋,左右问曰:'王何曾惜一踦屦乎?'昭王曰:'楚国虽贫,岂爱一踦屦哉?恶与偕出弗与偕反也。'"[例句] 重阳将到,故地重游,见兄题诗,～,思念欲切,不知兄如今已到何处。

【遗珠弃璧】yí zhū qì bì

[释义] 比喻散佚后仅存的好作品。[语见] 宋·陆游《曾裘父诗集序》:"然裘父得意可传之作,盖不止此,遗珠弃璧,识者兴叹。"[例句] 众人都去寻那些珠宝之类,独嘉仪进了炮火之后的藏经阁,去寻些～,也算尽了自己的良心。

【颐指进退】yí zhǐ jìn tuì

[释义] 颐指:用面部表情来指挥人,欲进则进,欲退则退。形容指挥别人时态度傲慢。[语见] 五代后晋·刘昫等《旧唐书·郭子仪传》:"麾下老将若李怀光辈数十人,皆王侯重贵,子仪颐指进退,如仆隶焉。"[例句] 最后的胜利还遥遥无期,张士诚便对一帮兄弟～,俨然起了称帝之心。

【颐指气使】yí zhǐ qì shǐ

[释义] 颐:腮帮子。颐指:不说话而用面部表情示意。气使:用神情支使人。形容傲慢地指使别人。[语见] 五代后晋·刘昫等《旧唐书·杨国忠传》:"自公卿以下,皆颐指气使,无不奉惮。"[例句] 大家最看不惯的,就是她那种～的做派。

【疑今察古】yí jīn chá gǔ

[释义] 疑:疑问。察:考察。指对当世有所怀疑的事,通过对历史的研究分析来求得解决。[语见]《管子·形势》:"疑今者,察之古。"[例句] 今天遇到了疑难的问题,我们不妨回头看看过去,正所谓～嘛。

【疑人疑鬼】yí rén yí guǐ

[释义] 见"疑神疑鬼"。[例句] 朋友们都是一片良苦用心,你别～,以为都是讨你欢心的。

【疑神见鬼】yí shén jiàn guǐ

[释义] 见"疑神疑鬼"。[例句] 都是一帮好兄弟,怎么处处还～的?

【疑神疑鬼】yí shén yí guǐ

[释义] 疑:怀疑。怀疑这个,怀疑那个。形容疑心很重,胡乱猜疑。也作"疑鬼疑神"。[语见] 明·徐光启《钦奉明旨条画屯田疏》:"盖妄信流传谓庆气所化,是以疑神疑鬼,甘受戕害。"[例句] 也不知是

怎么的,老赵自从病愈出院之后,总是～的,不是说这里有问题,就是说那里有问题,自己不安生,别人也不得安生。

【疑团满腹】yí tuán mǎn fù
[释义] 见"满腹疑团"。[例句] 她虽然极力辩解,但是大家依然～,因为她并没有把事情的来龙去脉说清楚。

【疑团莫释】yí tuán mò shì
[释义] 疑团:很多令人怀疑的事纠缠在一起。释:解开。很多疑问,解释不开。形容值得怀疑的事太多了。[例句] 关于事故起因,调查团调查来调查去,依然～,不得要领。

【疑心生暗鬼】yí xīn shēng àn guǐ
[释义] 形容无中生有地乱猜疑。[语见] 宋·吕本中《师友杂志》:"潘旻子文师事伊川先生,自言有自得处,尝闻人说鬼怪,以为必无此理,以为疑心生暗鬼,最是切要议论。"[例句] 与人相处,彼此多一些信任,大家都和气,否则,～,相互之间的关系就难处了。

【疑心生鬼】yí xīn shēng guǐ
[释义] 见"疑心生暗鬼"。[语见] 清·张南庄《何典》太平客人序:"吾只恐读书编者疑心生鬼,或入街鬼窠路云。"[例句] 你自己行为不端,～,自会认为别人总是对你指指戳戳了。

【疑信参半】yí xìn cān bàn
[释义] 参半:各占一半,一半怀疑,一半相信。形容半信半疑。[例句] 我虽然说了半天,但是看眼神,大家还是～。

【彝伦攸斁】yí lún yōu dù
[释义] 彝伦:指伦常。攸:作语助词,无义。斁:败坏。指伦常败坏。[语见]《尚书·洪范》:"帝乃震怒,不畀洪范九畴,彝伦攸斁。"[例句] 唐末五代大乱,～,因此统治阶级提倡儒学。

【以暴易暴】yǐ bào yì bào
[释义] 以:用。暴:暴君,恶势力。易:换,代替。用暴君(或恶势力)来代替暴君(或恶势力)。[语见] 汉·司马迁《史记·伯夷列传》:"以暴易暴,不知其非矣。"[例句] 新皇帝登基,不过是～,百姓

依然苦不堪言。

【以冰致蝇】yǐ bīng zhì yíng
[释义] 致:招引。用冰招引苍蝇。比喻事情不能成功。[语见]《吕氏春秋·功名》:"以狸致鼠,以冰致蝇,虽工不能。"[例句] 你既不投资,又不想吃苦,只想些异想天开的主意发财,不是～吗?

【以辞害意】yǐ cí hài yì
[释义] 以:因。辞:文辞。意:内容。由于只注意了语言文字的华丽而损害了文章内容的表达。[语见] 宋·张栻《南轩先生孟子说》第五卷:"以辞害意,谓执其辞而迷其本意之所在也。"[例句] 议论文尤其需要论点论据紧密结合,切忌～。

【以毒攻毒】yǐ dú gōng dú
[释义] 以:用。毒:带毒性的药物。攻:治。毒:恶性病。用带毒性的药来治疗恶性疾病。后用以比喻用对方使用过的手段来制服对方,或利用恶人来对付恶人。[语见] 元·陶宗仪《辍耕录》第二十九:"骨咄犀,蛇角也,其性至毒,而能解毒,盖以毒攻毒也。"[例句] 他在这篇驳论文中采取了以退为进,～的方法,以发展凸现对方的荒谬来驳倒对方。

【以碫投卵】yǐ duàn tóu luǎn
[释义] 碫:砺石。以石头去砸蛋。比喻以强攻弱,必定成功。[语见]《孙子·势篇》:"兵之所加,如以碫投卵者,虚实是也。"[例句] 集中优势兵力,如～,自可一举取得胜利。

【以耳代目】yǐ ěr dài mù
[释义] 见"以耳为目"。[例句] 在调查过程中,我们不要～,要亲自做调查,所得的结论才最为可信。

【以耳为目】yǐ ěr wéi mù
[释义] 把耳朵当作眼睛。即把听来的当成亲眼见到的。比喻不亲自调查了解,而听信别人的话。[语见] 清·文康《儿女英雄传》第十七回:"据我那小东人说来,十三妹姑娘怎的个孝义,怎的个英雄;我那老东人以耳为目,便轻信了这话。"[例句] 你怎么能～,道听途说,也不怕玷污了你社会学硕士的名声?

【以功补过】 yǐ gōng bǔ guò
[释义]用功劳抵补过失。[语见]唐·房玄龄等《晋书·刘琨传》:"冯异垂翅,而奋翼于渑池,皆能因败为成,以功补过。"[例句]现在给你一个机会,～,希望你不要辜负了我的希望啊。

【以功覆过】 yǐ gōng fù guò
[释义]用功劳来补偿过错。[语见]晋·陈寿《三国志·吴书·朱据传》:"据以为天下未定,宜以功覆过,弃瑕取用,举清厉浊,……"[例句]一听说能够～,几个家伙便互相揭发,片刻之间,案情即已真相大白。

【以功赎罪】 yǐ gōng shú zuì
[释义]用功劳来抵消罪过。[语见]晋·陈寿《三国志·吴书·凌统传》:"(孙)权壮其果毅,使得以功赎罪。"[例句]马谡丢了街亭,以为诸葛亮会给他机会,～,奈何军法严明,军令状已然立了,他只有死路一条。

【以攻为守】 yǐ gōng wéi shǒu
[释义]用进攻作为防御的手段。[语见]宋·秦观《边防下》:"直前逆击,折其盛势,则虽危,城而可保,是之谓以守为攻。以攻为守非天下之奇材,何足以知之乎。"[例句]魏军退到汉水之北三十里的地方,凭借地势,～,渐渐竟使战局得以扭转。

【以古方今】 yǐ gǔ fāng jīn
[释义]方:比拟,相比。用古代的人事与今天的人事相比。[语见]宋·洪迈《容斋随笔·古人无忌讳》:"圣贤所行,因为尽礼,季孙宿亦能如是。以古方今,相去何直千万也。"[例句]大伯常常～,使我懂得了许多人生道理。

【以古非今】 yǐ gǔ fēi jīn
[释义]非:非难,否定。用古代的人事来否定攻击今天的现实。[语见]汉·司马迁《史记·李斯列传》:"始皇可其议,收去《诗》《书》百家之语以愚百姓,使天下无以古非今。"[例句]军机处断言书中多有～的用意,戴家全家便都遭了殃。

【以古为鉴】 yǐ gǔ wéi jiàn
[释义]鉴:借鉴。以历史上的兴衰成败作为借鉴。[语见]五代后晋·刘昫等《旧唐书·魏微传》:"以古为鉴,可以知兴替。"[例句]为官为政,当～,知得失,知荣辱,方能清神醒志,造福人类。

【以观后效】 yǐ guān hòu xiào
[释义]后效:以后的效果。对予以宽恕处理的人,观察其是否有改正的表现。[语见]南朝宋·范晔《后汉书·安帝纪》:"设张法禁,悬侧分明,而有司惰任,讫不奉行。秋节既立,鸷鸟将用,且复重申,以观后效。"[例句]对于这个少年,念其初犯,故只给口头警告,～,如若再犯,一定严惩不贷。

【以管窥天】 yǐ guǎn kuī tiān
[释义]管:竹管。窥:看。从小竹管里看天。比喻见闻狭隘,看问题片面。[语见]《庄子·秋水》:"是直用管窥天,用锥指地也,不亦小乎?"[例句]你身在五尺见方的书房,～,安能"创造"出真正有见地的大政方略?

【以规为瑱】 yǐ guī wéi zhèn
[释义]规:劝告。瑱:古人冠冕上垂在两侧用来塞耳的玉石。把规劝的话当作塞耳之瑱。比喻不重视别人的劝告。[语见]《国语·楚语上》:"王病之,曰:'子复语,不穀虽不能用,吾愸置之于耳。'对曰:'……其又以规为瑱也。'"[例句]经理刚愎自用,～,公司的管理日渐混乱。

【以火救火】 yǐ huǒ jiù huǒ
[释义]用火来救火灾。比喻处理事情不讲方式方法,反而会助长坏事态的发展。[例句]他们那种年轻人,性子急,你这样粗暴地处理问题,无异于～,只会使事情变得更加糟糕。

【以己度人】 yǐ jǐ duó rén
[释义]度:揣度,推测。以自己的心思去揣度别人。[语见]《韩诗外传》第三卷:"然则圣人何以不可欺也?曰:'圣人以己度人者也,以心度心,以情度情,以类度类,古今一也。'"[例句]你总以自己为中心,～,自然以为你处处都是对的了;

如果你能来个换位思维,站到别人的位置上去想一想,你会发现事情并不像你想象的那样。

【以简御繁】 yǐ jiǎn yù fán
[释义] 御:治理,统治。以简单快速的办法治理(或对付)复杂繁多的事物。[语见] 南朝梁·沈约等《宋书·江秉之传》:"复出为山阳令,民户三万,政事繁扰,讼诉殷积,阶庭常数百人。秉之御繁以简,常得无事。"[例句] 苏轼胸宽如海,能力出众,对于诸政事,自能～。

【以儆效尤】 yǐ jǐng xiào yóu
[释义] 儆:告诫,警告。尤:过错。用对某一坏人或坏事的严肃处理来警告那些学做坏事的人。[语见] 清·李绿园《歧路灯》第九十三回:"自宜按律究办,以儆效尤。"[例句] 本次处理小李,～,希望各位洁身自好,莫往枪口上撞。

【以酒解酲】 yǐ jiǔ jiě chéng
[释义] 酲:醉酒后,神志不清的病态。用酒来解酒。比喻用有害的东西或方法去救急。[语见] 南朝宋·刘义庆《世说新语·任诞》:"刘伶病酒,渴甚,从妇求酒。妇捐酒毁器涕泣谏曰:'君饮太过,非摄生之道,必宜断之。'伶曰:'甚善,我不能自禁,唯当祝鬼神自誓断之耳。便可具酒肉。'妇曰:'敬闻命!'供酒肉于神前,请伶祝誓。伶跪而祝曰:'天生刘伶,以酒为名,一饮一斛,五斗解酲,妇人之言,慎不可听。'便引酒进肉,隗然已醉矣。"[例句] 你这个办法无异于～,只能使事情越办越糟。

【以宽服民】 yǐ kuān fú mín
[释义] 宽:宽厚。服:信服。宽厚待人,民众才能心悦诚服。[语见]《左传·昭公二十年》:"唯有德者能以宽服民,其次莫如猛。"[例句] 子产衡量法律善恶与否的标准是宽容,他认为:唯有德者才能～。

【以乐慆忧】 yǐ lè tāo yōu
[释义] 乐:快乐。以娱乐度过忧患。后指用快乐来掩盖忧愁。[语见]《左传·昭公三年》:"君日不悛,以乐慆忧。"毛传:

"慆,过也。"[例句] 这些有志难申的失意文人,只好每天饮酒放歌,～。

【以狸饵鼠】 yǐ lí ěr shǔ
[释义] 狸:猫。饵:诱。用猫来诱捕老鼠。比喻毫无用处,无济于事。[语见]《商君书·农战》:"我不以货事上而求迁者,则如以狸饵鼠尔,必不冀矣。"[例句] 两军作战,对方的将领是身经百战,有勇有谋的名将,如果我们的计策不高明,便如同～,毫无作用,弄不好还会被敌人抓住机会予以反击而导致人员的伤亡。

【以蠡测海】 yǐ lí cè hǎi
[释义] 蠡:盛水的瓢。用瓢来量海水。比喻见闻浅陋。[语见] 汉·东方朔《答客难》:"以管窥天,以蠡测海,以莛撞钟。岂能通其条贯,考其文理,发其声音哉!"[例句] 这些小孩子不懂天文学,所说的都是～之言,尽管如此,还是可以看出他们的想象力是丰富的。

【以礼相待】 yǐ lǐ xiāng dài
[释义] 用礼貌的态度对待人。[语见] 明·施耐庵《水浒传》第八十九回:"赵枢密留住褚坚,以礼相待。"[例句] 人家与咱们虽然是对手,但是我们去了,他们还是～,可见他们还是有相当的胸怀的。

【以理服人】 yǐ lǐ fú rén
[释义] 用道理说服人。[语见] 顾维钧《外人在华之地位》:"盖王朝之所贵者,在乎以理服人,非以力吓人。"[例句] 我不想和你大吵大闹,等你闹够了,我慢慢说,我要～。

【以力服人】 yǐ lì fú rén
[释义] 力:强制的力量,武力。服人:使人服。用强制手段使人服从。[语见]《孟子·公孙丑上》:"以力服人者,非心服也,力不赡也。"[例句] 该国妄图以大军压境的态势～,但是从长远来看,这样是极不明智的。

【以利累形】 yǐ lì lèi xíng
[释义] 累:劳累。形:形体,身体。为了牟利而不顾身体。[语见]《吕氏春秋·审为》:"虽贫贱,不以利累形。"[例句] 如今许多年轻人,往往～,置身心健康于

不顾。

【以邻为壑】 yǐ lín wéi hè
[释义] 把邻国当作排泄洪水的沟壑。比喻把困难、灾祸转嫁于他人。[语见]《孟子·告子下》："是故禹以四海为壑,今吾子以邻国为壑。"[例句] 在那里,商场的明争暗斗永远都不会停息,～、落井下石比比皆是。

【以卵投石】 yǐ luǎn tóu shí
[释义] 卵:蛋。用蛋去碰石头。比喻不自量力,自取灭亡。[语见]《墨子·贵义》："以其言非吾言者,是犹以卵投石也。尽天下之卵,其石犹是也,不可毁也。"[例句] 电冰箱市场几乎已被几大家瓜分了,我们硬要挤进去,不是～吗?

【以貌取人】 yǐ mào qǔ rén
[释义] 只凭外表来判断人的品质和能力。[语见] 汉·戴德《大戴礼·五帝德》："以貌取人,失之子羽。"[例句] 他这个人是长得不够潇洒,但是如果你要～,那你就错了。

【以其昏昏,使人昭昭】 yǐ qí hūn hūn, shǐ rén zhāo zhāo
[释义] 以:用。其:代词,他的。昏昏:模糊,糊涂。昭昭:明,明白。用他那模模糊糊的理解,却想使人明白。现指自己还不明白,却要去教育、指挥别人。[语见]《孟子·尽心下》："贤者以其昭昭,使人昭昭;今以其昏昏,使人昭昭。"[例句] 这个问题你自己都没搞清楚,就来给学生讲,难道能～吗?

【以强凌弱】 yǐ qiáng líng ruò
[释义] 凭借强力欺凌弱小。[语见]《庄子·盗跖》："自是以后,以强凌弱,以众暴寡。"[例句] 该国的这种～的行为受到了国际舆论的强烈谴责。

【以勤补拙】 yǐ qín bǔ zhuō
[释义] 勤:勤奋。补:补救。拙:愚笨。用勤奋来补救自己的迟钝。[例句] 我不是天才,也算不得聪明,但是如果坚持练习,～,总有一天我对计算机操作也能很熟练。

【以屈求伸】 yǐ qū qiú shēn
[释义] 比喻以退为进。[语见]《周易·系辞下》："尺蠖之屈,以求信也。"注:信,通"伸"。[例句] 该球队虚晃一枪,把人员退到后场,～,使对手中了圈套。

【以筌为鱼】 yǐ quán wéi yú
[释义] 筌:捕鱼的竹器,把捕鱼器当作鱼。比喻只满足于对事物的表面现象的认识,不去深入了解研究。[例句] 你不过是从报道中看了些消息,如果你凭此就认为你已经懂得了民间艺术,那你就是～,大错特错了。

【以人废言】 yǐ rén fèi yán
[释义] 因发言人地位低下等原因,意见就不被采纳。[语见] 晋·陈寿《三国志·吴书·吴主传》："若小臣之中,有可纳用者,宁得以人废言而不采择乎?"[例句] 如果你站的位置再高一些,跳出具体的历史时代,不要受太多的情感的局限,那你就能避免～了。

【以人为鉴】 yǐ rén wéi jiàn
[释义] 鉴:铜镜。用别人做镜子。指把别人成败得失作为借鉴,使自己引以为戒。[语见]《墨子·非攻中》："君子不求镜于水,而镜于人。镜于水,见面之容;镜于人,则知吉与凶。"[例句] 以历史为鉴,可以懂得兴衰的道理;～,能看到自己的不足。

【以日为年】 yǐ rì wéi nián
[释义] 把一天看作一年。形容焦急的心情。[语见] 北周·庾信《谢赵王示新诗启》："下风倾首,以日为年。"[例句] 这些天来,我苦苦地等他回来,～,可是始终见不到他的身影,他究竟到哪里去了呢?

【以日为岁】 yǐ rì wéi suì
[释义] 见"以日为年"。[语见] 宋·张孝祥《迎嘉显孚济侯求雨文》："望神之来,以日为岁,飙舆在望,亦既劳止。"[例句] 母亲～地盼望我回家,但是我身在大洋彼岸,只能望洋兴叹。

【以容取人】 yǐ róng qǔ rén
[释义] 见"以貌取人"。[语见]《韩非子·显学》："故孔子曰:'以容取人乎,失

之子羽；以言取人，失之宰予。'"[例句]
他不懂得什么人力资源管理，顶多就
会～，凭此招来的人员，都不过是绣花
枕头。

【以柔制刚】 yǐ róu zhì gāng
[释义] 用软的温和的去制服硬的刚强
的。比喻避开锋芒，用温和的手段取胜。
[语见] 三国蜀·诸葛亮《将苑·将刚》："善
将者，其刚不可折，其柔不可卷，故以弱
制强，以柔制刚。"[例句] 诸葛亮用兵，常
常能因势利导，～，不以一城一池为
得失。

【以肉喂虎】 yǐ ròu wèi hǔ
[释义] 用肉喂老虎。比喻办事有损无
益。[语见] 汉·荀悦《前汉纪·文帝纪下》
一："今赴秦军，如以肉喂虎，当何益也。"
[例句] 你这次仓促出征，面对强大的敌
人，如同～。

【以弱毙强】 yǐ ruò bì qiáng
[释义] 以：靠。弱：弱小。毙：死。靠着
弱小的力量去战胜强大者。[语见] 明·
罗贯中《三国演义》第一百一十二回："故
周文养民，以少取多，勾践恤众，以弱毙
强。"[例句] 赵云率领一帮老兵，竟
能～，喜得众人一阵大呼小叫。

【以弱制强】 yǐ ruò zhì qiáng
[释义] 制：制服，遏制。用弱小的力量制
服强大的力量。[语见] 三国蜀·诸葛亮
《将苑·将刚》："善将者，其刚不可折，其
柔不可卷，故以弱制强，以柔制刚。"
[例句] 刘伯温善于用兵，常常能～，身处
死地而后生。

【以杀去杀】 yǐ shā qù shā
[释义] 用重刑禁止人犯法。也比喻用
对方使用的手段还击对方。[语见]《商
君书·画策》："故以战去战，虽战可也。
以杀去杀，虽杀可也。以刑去刑，虽重刑
可也。"[例句] 你若要用强，～，只能暂时
使人臣服，他们心里并不会真正服气。

【以杀止杀】 yǐ shā zhǐ shā
[释义] 见"以杀去杀"。[语见] 明·刘基
《拟连珠》："盖闻以杀止杀，圣人之不得
已。以暴易暴，悍夫之无所成。"[例句]

曾国荃性情火暴，上任之后，～，不出半
年，竟闹得民怨沸腾。

【以身报国】 yǐ shēn bào guó
[释义] 见"以身殉国"。[语见] 北齐·魏
收《魏书·辛雄传》："卿等备位纳言，当以
身报国。"[例句] 如今大敌当前，天下兴
亡，匹夫有责，我等虽为书生，也当～，以
热血阻强敌。

【以身试法】 yǐ shēn shì fǎ
[释义] 以：用。身：自身；自己的肉体。
试：尝试。法：刑法。用自己的肉体去尝
试刑法的惩罚。指明知道犯法，却偏要
亲身去干触犯法令的事。[语见] 汉·班
固《汉书·王尊传》："明慎所职，毋以身试
法。"[例句] 直到被捕的那一刻，他才终
于明白了：～的代价是惨重的。

【以身许国】 yǐ shēn xǔ guó
[释义] 见"以身殉国"。[语见] 唐·房玄
龄等《晋书·周处传》："既悟其奸萌，札与
臣便以身许国，死而后已，札亦寻取枭
夷。"[例句] 国家危难，我们自当放下
手中的书本，拿起刀枪，～。

【以身殉国】 yǐ shēn xùn guó
[释义] 殉：为……献出生命。指为国尽
忠。[语见] 三国蜀·诸葛亮《将苑·将
志》："见利不贪，见美不淫，以身殉国，壹
意而已。"[例句] 在黄海一战中～的将士
们被后人永远怀念和敬仰。

【以身殉职】 yǐ shēn xùn zhí
[释义] 为忠于本职工作而献出生命。
[语见]《孟子·尽心上》："孟子曰：'天下
有道，以道殉身；天下无道，以身殉道；未
闻以道殉乎人者也。'"[例句] 左将军战
斗到最后一颗子弹，终于寡不敌
众，～了。

【以身作则】 yǐ shēn zuò zé
[释义] 则：准则，榜样。用自己的行动
为别人树立榜样。[语见] 清·刘沅《孟
子恒解》第七卷："善教者诚正修齐，以
身作则，而礼乐法度无不详尽也。"
[例句] 当干部的，自然要～，不然怎么
去指挥下属呢？

【以升量石】 yǐ shēng liáng dàn

[释义] 升、石:容量单位,十升为一斗,十斗为一石。量:衡量。指以小量大。比喻以肤浅的理解来揣度高深的道理。[语见] 汉·刘安《淮南子·缪称训》:"使尧度舜则可,使桀度尧,是犹以升量石也。"[例句] 我才疏学浅,要我说对《资治通鉴》的理解,如~,只能贻笑大方。

【以石投卵】 yǐ shí tóu luǎn

[释义] 见"以破投卵"。[语见] 唐·房玄龄等《晋书·温峤传》:"今之进讨,若以石投卵耳。"[例句] 咱们只需一声令下,全军开进,必以~,敌首自当手到擒来。

【以石投水】 yǐ shí tóu shuǐ

[释义] 投:扔。把石头扔进水里,水能相容,不相抵御。比喻胸怀开朗的人大度宽容,善于采纳各种意见,互相投合。[语见] 三国魏·李康《运命论》:"张良受黄石之符,诵《三略》之说,以游于群雄,其言也,如以水投石,莫之受也。及其遭汉祖,其言也,如以石投水,莫之逆也。"[例句] 他是一位作风民主、心胸开阔的领导,因而可以~,调动全体员工的积极性,充分发挥他们的聪明才智,为企业的发展献计献策。

【以手加额】 yǐ shǒu jiā é

[释义] 把手放在额头上,表示崇敬、感激。[语见] 宋·陈亮《与张定叟侍郎》:"近者晦庵入奏事,侍郎适还从班,行都父老莫不以手加额,不敢以意分先后。"[例句] 老师知识渊博,给我们做讲座,我们自当~,恭敬有加。

【以售其伎】 yǐ shòu qí jì

[释义] 售:销售,推销。用来推行他的奸计。[语见] 唐·柳宗元《送娄图南秀才游淮南将入道序》:"偷一旦之容以售其伎,吾无有也。"[例句] 几个不法商贩妄图在街道上大贴广告,~,却被工商部门禁止了。

【以售其奸】 yǐ shòu qí jiān

[释义] 售:施展。奸:奸计。指推行某人的奸计。[例句] 人们鄙视佞臣,因其奴颜媚骨,排斥正直,~。

【以水救水】 yǐ shuǐ jiù shuǐ

[释义] 用水来救水灾。比喻不加制止,反而助长其势。[语见]《庄子·人间世》:"是以火救火,以水救水,名之曰益多。"[例句] 你这种~的办法,只能使事情变得更加糟糕。

【以顺诛逆】 yǐ shùn zhū nì

[释义] 顺:顺应。逆:违反发展趋势。顺应趋势,征讨违反形势的反动势力。[语见] 明·罗贯中《三国演义》第六回:"深沟高垒,勿与战,益为疑兵,示天下形势,以顺诛逆,可立定也。"[例句] 大王起兵,乃是~,当一呼百应,胜利尽在眼前。

【以汤沃雪】 yǐ tāng wò xuě

[释义] 汤:热水。沃:浇。用热水浇在雪上,一浇就化。比喻轻而易举,势在必成。[语见] 汉·刘安《淮南子·兵略训》:"若以水灭火,若以汤沃雪,何往而不遂,何之而不用。"[例句] 最主要的程序都已经设计好了,下面的工作自然如~,易如反掌了。

【以汤止沸】 yǐ tāng zhǐ fèi

[释义] 汤:开水。沸:沸腾。把开水浇入锅里去制止沸腾着的水。比喻措施不对,无济于事,不能解决问题。也作"以汤沃沸"。[语见]《吕氏春秋·尽数》:"夫以汤止沸,沸愈不止,去其火则止矣。"[例句] 他们那种~的办法,根本就是无济于事的。

【以退为进】 yǐ tuì wéi jìn

[释义] 原指以谦让来取得德行的进步。后用以指把暂时的退却作为进攻的手段。[语见] 汉·扬雄《法言·君子》:"昔乎颜渊以退为进,天下鲜俪焉。"[例句] 宋军把军队撤离出城,~,在城外摆好了口袋等金兵前来送死。

【以往鉴来】 yǐ wǎng jiàn lái

[释义] 鉴:借鉴。用过去的教训作为今后办事的借鉴。[语见] 晋·陈寿《三国志·魏书·杨阜传》:"愿陛下动则三思,虑而后行,重慎出入,以往鉴来。"[例句] 平时多看些历史书,了解一些史实,~,自

然就能看出眼前身后的陷阱和危险。

【以微知著】 yǐ wēi zhī zhù

[释义] 从事物的萌芽状态可以推知其发展趋势。[语见] 三国魏·阮瑀《为魏武与孙权书》："子胥知姑苏之有麋鹿,辅果识智伯之为赵禽,穆生谢病免楚难,邹阳北游,不同吴祸。此四士者,岂圣人哉,徒通变思深,以微知著耳。"[例句] 这篇小说用对比的手法写出了不同的人物对同一战争的不同感受,汇集了许多令人深思和咀嚼的历史信息和艺术信息,堪称较好地发挥"以小见大,～"优势的微型小说佳作。

【以文害辞】 yǐ wén hài cí

[释义] 拘泥于文字的解释,因而影响对词语的理解。[语见]《孟子·万章上》："故说诗者,不以文害辞,不以辞害志,以意逆志,是为得之。"[例句]《尚书》里面有许多词的用法与今天已经相差甚远,切不可～,望文生义。

【以小人之心,度君子之腹】 yǐ xiǎo rén zhī xīn, duó jūn zǐ zhī fù

[释义] 小人:指道德品质不好的人。度:猜测。君子:指品德高尚的人。《世说新语·雅量》："可谓以小人之虑,度君子之心。"后用"以小人之心,度君子之腹"指用卑劣的心意去猜测品德高尚的人的心意。[例句] 我的建议你不接受就罢了,还～,曲解了我的意思,真是让人失望。

【以心问心】 yǐ xīn wèn xīn

[释义] 用心来问心。意为扪心自问。[语见] 明·吴承恩《西游记》第四十回:"沉吟半晌,以心问心的,自家商量道……"[例句] 这件事情没有做好,你不要怨天尤人,先～,冷静想想:我是不是尽了全力?

【以刑去刑】 yǐ xíng qù xíng

[释义] 刑:刑罚。用刑罚去消灭刑罚。参看"以杀去杀"。[语见]《商君书·画策》："以刑去刑,虽重刑可也。"[例句] 战国时期的法家思想认为人的本性就是追求享乐,好逸恶劳,趋利避害,这是犯罪

的根源,因此主张以毒去毒,～。

【以血偿血】 yǐ xuè cháng xuè

[释义] 见"以血洗血"。[例句] 老家的乡亲正在被屠杀,士兵们怒火万丈,～的情绪浓于火药。

【以血洗血】 yǐ xuè xǐ xuè

[释义] 用仇敌的血来偿还血债。指杀敌报仇。[语见] 五代后晋·刘昫等《旧唐书·源休传》："可汗使谓休曰:'我国人皆欲杀汝,唯我不然。汝国已杀突董等,吾又杀汝,犹以血洗血,污益甚尔。'"[例句] 我们也想打回老家,对侵略者～,但是考虑到整个战局的形势,只好先忍住这口气。

【以言取人】 yǐ yán qǔ rén

[释义] 凭一个人的言谈来判断其好坏。[语见] 汉·司马迁《史记·仲尼弟子列传》："吾以言取人,失之宰予;以貌取人,失之子羽。"[例句] 不要～,尤其是碰上了那种口齿木讷的人,你会犯大错误的。

【以眼还眼,以牙还牙】 yǐ yǎn huán yǎn, yǐ yá huán yá

[释义] 用瞪眼还击对方的瞪眼,以咬牙还击对方的咬牙。形容用对方的手段回击对方,针锋相对,毫不相让。[例句] 对于那种奸邪之人,别讲什么道理,～就是了。

【以一持万】 yǐ yī chí wàn

[释义] 持:把握,控制。形容抓住一个关键,就可把握全局。[语见]《荀子·儒效》："法先王,统礼义,一制度,以浅持博,以古持今,以一持万,苟仁义之类也,虽在鸟兽之中,若别白黑。"[例句] 公司里只要抓住了经营,便是～,别的什么问题都好解决了。

【以一当十】 yǐ yī dāng shí

[释义] 一个人抵挡十个人。形容军队以寡敌众英勇善战。[语见]《战国策·齐策一》："必一而当十,十而当百,百而当千。"[例句] 冲锋号响后,士兵们奋勇冲杀,～,打得侵略军四散溃逃。

Y

【以一奉百】yǐ yī fèng bǎi
[释义] 以:靠着。奉:供给,供养。靠着少数人供奉多数人。形容生产的人少,消费的人多。[语见] 汉·王符《潜夫论·浮侈》:"今察洛阳,资末业者,什于农夫;虚伪游手,什于末业。是则一夫耕,百人食之;一妇桑,百人衣之;以一奉百,孰能供之?"[例句] 明朝后期,冗官冗员充斥朝廷内外,百姓~,哪有不反抗的道理?

【以一警百】yǐ yī jǐng bǎi
[释义] 见"惩一儆百"。[语见] 汉·班固《汉书·尹翁归传》:"时其有所取也,以一警百,吏民皆服,恐惧改行自新。"[例句] 公司这次是~,你撞到了枪口上,你只有自认倒霉了。

【以一驭万】yǐ yī yù wàn
[释义] 见"以一持万"。[例句] 我们做事情一定要~,抓住事情的核心问题。

【以一知万】yǐ yī zhī wàn
[释义] 从了解一点而推知其他许多事物。[语见]《荀子·非相》:"以近知远,以一知万,以微知明,此之谓也。"[例句] 小陈学习善于举一反三,~,他不用费多少时间,便已对法兰克福学派了如指掌了。

【以夷伐夷】yǐ yí fá yí
[释义] 夷:旧指外族或外国。原为封建统治阶级的一种民族分化政策。后多用以指利用一国势力抵制另一国的势力,让他们互相牵制、互相削弱。[语见] 南朝宋·范晔《后汉书·邓训传》:"议者咸以羌胡相攻,县官之利,以夷伐夷,不宜禁护。"[例句] 六国虽然在逐渐走向联合,但是秦国通过~的方式,使六国互相争斗,大大削弱了其力量。

【以夷制夷】yǐ yí zhì yí
[释义] 见"以夷伐夷"。[例句] 彼数国之间,也是钩心斗角,我们来个~,一定能各个击破。

【以夷治夷】yǐ yí zhì yí
[释义] 见"以夷伐夷"。[语见] 清·张廷玉等《明史·张祐传》:"以夷治夷,可不烦兵而下。"[例句] 既然敌人内部矛盾突

出,我们不妨~,等他们力量消耗了,我们再出击不迟。

【以义割恩】yǐ yì gē ēn
[释义] 以:因为。义:大义。因为大义而割断私恩。比喻大义灭亲。[语见] 汉·班固《汉书·孝成赵皇后传》:"夫小不忍乱大谋,恩之所不能已者,义之所割也。"颜师古注:"言以义割恩也。"[例句] 这部影片的主角李市长在反腐败斗争中,面对自己的亲人,面对正义与邪恶,选择了大义灭亲,~。这一同腐败分子做斗争的优秀共产党员形象深深地打动了每一位观众。

【以逸待劳】yǐ yì dài láo
[释义] 逸:安闲。劳:疲惫。以安闲的迎接疲惫的。指养精蓄锐,以待痛击进犯之敌。亦指后发制人。[语见] 汉·班固《汉书·赵充国传》:"烽火幸通,势及并力,以逸待劳,兵之利者也。"[例句] 我军在山里休整,~,等敌人前来,我们迎头痛击,定能大获全胜。

【以意逆志】yǐ yì nì zhì
[释义] 逆:揣度。用自己的意思去揣度别人的想法。[语见]《孟子·万章上》:"故说诗者,不以文害辞,不以辞害志。以意逆志,是为得之。"[例句] 在阅读作品时,读者可以根据自己的切身体会,~,去理解作品中作者所表达的思想感情。

【以镒称铢】yǐ yì chēng zhū
[释义] 镒、铢:古代重量单位,二十四两为一镒,二十四分之一两为一铢,镒是铢的五百七十六倍。称:量重量。比喻双方力量对比悬殊。[语见]《孙子·谋攻篇》:"故胜兵若以镒称铢。"[例句] 敌我力量对比,若~,一味强攻,恐怕会有全军覆没之忧。

【以蚓投鱼】yǐ yǐn tóu yú
[释义] 用蚯蚓作鱼饵。比喻投合对方的胃口,用轻微的代价,换得贵重的成果。[语见] 唐·魏徵《隋书·薛道衡传》:"陈使傅縡聘齐,以道衡兼主客郎接对之。縡赠诗五十韵,道衡和之,南北称

美。魏收曰：'傅缙所谓以蚓投鱼耳。'"
[例句] 你看不透人家的心思，别人不过
是～，想套出咱们的情报来。

【以怨报德】yǐ yuàn bào dé
[释义] 用怨恨报答恩惠。[语见]《礼
记·表记》："以德报怨，则宽身之仁也；以
怨报德，则刑戮之民也。"[例句] 小戴那
种人，常常～，所以没什么人愿意和她
交往。

【以战去战】yǐ zhàn qù zhàn
[释义] 用战争制止战争。[语见]《商君
书·画策》："故以战去战，虽战可也。以
杀去杀，虽杀可也。"[例句] 我们行义
之师，～，必定会得到老百姓的支持。

【以指挠沸】yǐ zhǐ náo fèi
[释义] 用手指去搅煮沸的水。比喻不
自量力。[语见]《荀子·议兵》："以桀诈
尧，譬之若以卵投石，以指挠沸。"[例句]
丁家家大财大，我们单凭力气去对抗，不
过是～，无济于事。

【以子之矛，攻子之盾】yǐ zǐ zhī
máo, gōng zǐ zhī dùn
[释义] 比喻以对方的言论、观点来反驳
对方。[语见]《韩非子·难一》："楚人有
鬻楯(盾)与矛者，誉之曰：'吾楯之坚，物
莫能陷也。'又誉其矛曰：'吾矛之利，于
物无不陷也。'或曰：'以子之矛陷子之楯
何如?'其人弗能应也。"[例句] 他的理论
漏洞百出，你如果～，他还不哑口无言？

【蚁聚蜂屯】yǐ jù fēng tún
[释义] 见"蜂屯蚁聚"。[语见] 宋·狄遵
度《凿二江赋》："民降丘而下宅兮，若蚁
聚而蜂屯。"[例句] 勤王之师～，越来越
多，突厥眼看力量不济，只好撤兵了。

【倚财仗势】yǐ cái zhàng shì
[释义] 倚、仗：凭借，依靠。倚仗着财多
势大欺压他人。[语见] 清·曹雪芹《红楼
梦》第三回："表兄薛蟠，倚财仗势，打死
人命，现在应天府案下审理。"[例句] 高
衙内～，强夺民田，已成为众矢之的，迟
早有一天会被人收拾掉的。

【倚翠偎红】yǐ cuì wēi hóng
[释义] 指玩弄妓女。[语见] 元·季子安

《粉蝶儿·题情》曲："想当初倚翠偎红，我
风流，他俊雅。"[例句] 几个公子哥儿成
天只知道～，哪里能静下心来读几页书。

【倚官挟势】yǐ guān xié shì
[释义] 见"倚官仗势"。[语见] 明·臧懋
循《元曲选·武汉臣(玉壶春)四》："从公
道，依正理，怎做得倚官挟势。"[例句] 严
世藩～，老百姓恨之入骨。

【倚官仗势】yǐ guān zhàng shì
[释义] 倚、仗：依靠，凭借。倚仗官府的
权势（为非作歹）。也作"倚官挟势"。
[例句] 田文镜一到任，便把那一帮～的
不良藩弟子收拾得服服帖帖

【倚姣作媚】yǐ jiāo zuò mèi
[释义] 倚：依仗，依靠，凭借。姣：相貌
美。媚：媚态。凭着长得漂亮去撒娇。
形容轻佻青年妇女撒娇放赖。[语见]
清·曹雪芹《红楼梦》第七十九回："先时
不过挟制薛蟠，后来倚姣作媚，将及薛姨
妈，后将至宝钗。"[例句] 这些作品所表
现出的搔首弄姿、自作多情的忸怩作
态、自我逗趣的嬉皮状、自我作践的名士
状、自我陶醉的先锋状……敷粉施
朱，～，让人想起鲁迅造的那句"肉麻当
有趣"的名言。

【倚老卖老】yǐ lǎo mài lǎo
[释义] 倚：倚仗，凭借。仗着年纪大，卖
弄老资格。多指无所顾忌，强求别人尊
敬、顺从自己。[语见] 清·李宝嘉《官场
现形记》第五十四回："冯中书见他倚老
卖老，竟把自己当作后辈看待，心上很不
高兴。"[例句] 那一帮～的老臣，成了改
革最大的阻力。

【倚闾之望】yǐ lú zhī wàng
[释义] 见"倚门倚闾"。[语见] 清·李汝
珍《镜花缘》第四十九回："姑母接了此
信，见了阿妹，也好放心，也免许多倚闾
之望。"[例句] 你离家之后，你父母～甚
切，你在此竟毫不在意，实在不孝！

【倚门卖俏】yǐ mén mài qiào
[释义] 见"倚门卖笑"。[语见] 明·凌濛
初《初刻拍案惊奇》第二卷："看这自由自
在的模样，除非去做娼妓，倚门卖俏，撺

哄子弟,方得这样快活象意。"[例句] 这些～的女子的身后,个个都有一肚子的辛酸故事。

【倚门卖笑】 yǐ mén mài xiào
[释义] 指妓女生涯。[语见] 清·刘鹗《老残游记续集遗稿》第二回:"您看我们这样打扮,并不是像那倚门卖笑的娟妓。"[例句] 这条街上,尽是些～的女子,公子当洁身自好,不要涉足于此。

【倚门倚闾】 yǐ mén yǐ lú
[释义] 闾:里巷的大门。形容父母盼望子女归来时殷切焦急的心情。[语见]《战国策·齐策》:"王孙贾年十五,事闵王。王出走,失王之处。其母曰:'女朝出而晚来,则吾倚门而望;女暮出而不还,则吾倚闾而望。'"[例句] 你父母数年来～,望眼欲穿,你却在此快活逍遥,真是不孝!

【倚强凌弱】 yǐ qiáng líng ruò
[释义] 倚:凭借。凌:欺辱。凭借强力欺凌弱小。[语见] 元·无名氏《诤范叔》楔子:"今天下并为七国……各据疆土,倚强凌弱,不肯相下。"[例句] 人家小亮身体不好,你却～,处处欺负人家,你算得了什么英雄?

【倚势挟权】 yǐ shì xié quán
[释义] 凭借权势,欺压别人。[语见] 元·无名氏《延安府》第一折:"行至郊外,撞见一个倚势挟权的葛彪,马踏死小生的母,又打死我的浑家。"[例句] 皇帝认为:如果把一帮～的大臣亲戚压下去了,太平之势定然翘首可待。

【倚玉偎香】 yǐ yù wēi xiāng
[释义] 指玩弄妓女。[语见] 宋·吴自牧《梦粱录·十二月》:"如天降瑞雪,则开筵饮宴,塑雪狮,装雪山,以会亲朋,浅斟低唱,倚玉偎香。"[例句] 严郎到了京城,成天～,早把大考之事抛到了九霄云外。

【弋人何篡】 yì rén hé cuàn
[释义] 弋人:射鸟的人。篡:取得。射鸟的人无所取。比喻贤者隐处,免落入暴乱者之手。[语见] 汉·扬雄《法言·问明》:"鸿飞冥冥,弋人何篡焉?"[例句] 谢

灵运流连山水之间,无意出仕,～?

【弋人何慕】 yì rén hé mù
[释义] 见"弋人何篡"。[语见] 唐·张九龄《感遇》:"今我游冥冥,弋者何所慕?"[例句] 陶渊明归隐之后,时时以农夫自居,～!

【亿万斯年】 yì wàn sī nián
[释义] 亿万:言其极多。斯:句中助词,无义。无限长远的年代。一般用于祝贺之辞。[语见]《诗经·大雅·下武》:"受天之祜,四方来贺。于万斯年,不遐有佐。"唐·李延寿《关朗传》:"向使明王继及,良佐踵武,则当亿万斯年,与天无极,岂三十世八百年而已哉!"[例句] 大河泱泱,～,方成今日雷霆之势,自非人力可为。

【义不辞难】 yì bù cí nàn
[释义] 为正义之事不避危难。[语见] 汉·班固《汉书·武帝纪》:"仁不异远,义不辞难。"[例句] 岳飞精忠报国,～,令后世子孙敬仰怀念。

【义不反顾】 yì bù fǎn gù
[释义] 见"义无反顾"。[语见] 汉·司马迁《史记·司马相如列传》:"触白刃,冒流矢,义不反顾,计不旋踵。"[例句] 知道了你的遭遇,大家必然～地帮助你。

【义不取容】 yì bù qǔ róng
[释义] 为正义而不取悦于人。[语见] 汉·司马迁《史记·郦生陆贾列传》:"平原君为人辩有口,刻廉刚直,家于长安。行不苟合,义不取容。"[例句] 张柬之为人刚正不阿,～,被武三思视为眼中钉,肉中刺。

【义不容辞】 yì bù róng cí
[释义] 指顾全道义而不推辞。[语见] 明·冯梦龙《醒世恒言》第十七卷:"张孝基道:'承姑丈高谊,小婿义不容辞。'"[例句] 你父亲当年对我恩重如山,如今你有难,我助你一臂之力,～,你还推辞什么!

【义断恩绝】 yì duàn ēn jué
[释义] 情义、恩德都已断绝。[语见] 元·王实甫《西厢记》第四本第四折:"似

这般割肚牵肠，倒不如义断恩绝。"[例句]他们这一对好朋友，因为这件事而从此～，成了陌路人。

【义愤填膺】yì fèn tián yīng
[释义]义愤：由不公正的事所激起的愤怒。膺：胸。胸中充满了正义的愤怒。[语见]清·曾朴《孽海花》第二十五回："珏斋不禁义愤填膺，自己办了个长电奏，力请宣战。"[例句]看了歹徒的恶行，市民个个～，只欲抓之而后快。

【义夫节妇】yì fū jié fù
[释义]忠义气节双全的夫妇。[语见]元·关汉卿《蝴蝶梦》第四折："国家重义夫节妇，更爱那孝子顺孙。"[例句]国家危亡之际，有这等～挺身而出，令人感动，也令人欣慰。

【义海恩山】yì hǎi ēn shān
[释义]形容恩义深重，如山高海深。[语见]元·王实甫《西厢记》第三本第四折；"将人的义海恩山，都做了远水遥岑。"[例句]令尊的～，我无日不欲以涌泉相报，可是始终没有机会。

【义无反顾】yì wú fǎn gù
[释义]反顾：回头看。指在道义上毫不犹豫，立即做出抉择。[语见]宋·张孝祥《代揔得居士与叶参政》："王、戚、李三将忠勇自力、义无反顾。"[例句]大家～地帮你，不只是同情你，而是正义感使然。

【义形于色】yì xíng yú sè
[释义]形：表现。色：脸色。义愤的情绪反映在脸上。[语见]《公羊传·桓公二年》："孔父正色而立于朝，则人莫敢过而致难于其君者。孔父可谓义形于色矣。"[例句]歹徒在镜头里留下的画面，使警察们～。

【义正词严】yì zhèng cí yán
[释义]道理正当，措辞严肃。[语见]清·林则徐《会谕同知再行谕饬义律缴土交凶稿》："本大臣、本部堂声罪致讨，义正词严，断断不能再缓矣。"[例句]我唰地站了起来，～地驳斥了他们的无理要求。

【义重恩深】yì zhòng ēn shēn
[释义]见"恩深义重"。[语见]清·文康

《儿女英雄传》第二十五回："也是天不绝人，便遇见你这义重恩深的伯父伯母……"[例句]您对我～，我当没齿不忘。

【议不反顾】yì bù fǎn gù
[释义]议：计议。反顾：向后看。计议已定，不徘徊向后看。形容抱定决死之心。[语见]汉·司马相如《喻巴蜀檄》："触白刃，冒流矢，议不反顾，计不旋踵。"[例句]一见军旗飘扬，战士们～，以一当十，终于击退了敌人的进攻。

【议论纷纷】yì lùn fēn fēn
[释义]议论：意见，评论。纷纷：很多。[语见]明·冯梦龙《东周列国志》第二十三回："诸侯犹未深信，议论纷纷不一。"[例句]一进办公室，就见大家～，我就知道肯定出了什么事情。

【亦步亦趋】yì bù yì qū
[释义]亦：也。步：慢步。举足两次为一步。趋：快走。别人慢行，他也慢行；别人快走，他也快走。原指学生向老师学习，现在指盲目地模仿别人，做事死板，不敢超越。多含贬义。[语见]《庄子·田子方》："夫子步亦步，夫子趋亦趋，夫子驰亦驰……"[例句]看着他在领导屁股后面那～的谄媚样子，人们都连连摇头。

【异宝奇珍】yì bǎo qí zhēn
[释义]见"奇珍异宝"。[语见]明·无名氏《下西洋》："收拾方物献天朝，万水千山不惮劳，异宝奇珍亲贡去，从今不敢犯王条。"[例句]皇宫后院，～遍地都是，可是杨广还不满足，百姓自然要铤而走险了。

【异草奇花】yì cǎo qí huā
[释义]见"奇花异草"。[语见]《四游记·东游记·钟离败逃山谷》："异草奇花，兰芳桂馥。娇黄嫩绿，色夺绮罗。"[例句]打开后门，庭院里～映入眼帘，惊得我们目瞪口呆。

【异端邪说】yì duān xié shuō
[释义]异端：指不符合正统思想的主张。邪说：指非正当的学说。指不符合正统

思想、对社会或人群有危害的学说。[语见]宋·苏轼《拟进士廷试策》："臣意异端邪说惑误陛下至于如此。"[例句]布鲁诺的学说，根本就反对教会迷信，自然要被视为～了。

【异乎寻常】 yì hū xún cháng

[释义]异：不同。乎：于。寻常：平常的，普通的。和普通的不一样。指不一般。[语见]清·吴趼人《二十年目睹之怪现状》第七十回："耽误了点年纪，还没什么要紧，还把他的脾气惯得异乎寻常的出奇。"[例句]经理用～的温和口气对我说话，我愣住了。

【异卉奇花】 yì huì qí huā

[释义]见"奇花异草"。[语见]明·无名氏《齐天大圣》第一折："闲游洞府，赏异卉奇花，闷绕清溪，玩青松桧柏。"[例句]要培养这些～，不知道要花费多少工夫。

【异军特起】 yì jūn tè qǐ

[释义]见"异军突起"。[语见]汉·司马迁《史记·项羽本纪》："陈婴者，故东阳令史……(东阳)少年欲立婴便为王，异军苍头特起。"[例句]上海队今年的～，使以往联赛的格局一下子发生了巨大变化。

【异军突起】 yì jūn tū qǐ

[释义]异军：另外的军队。突：一下子，突然。起：兴起，崛起。另外一支部队突然兴起。喻指新生事物突然出现，新力量一下子崛起。[例句]在本次联赛中，这支刚刚升为甲级队的球队～，竟然登上了联赛冠军的宝座。

【异口同辞】 yì kǒu tóng cí

[释义]见"异口同声"。[语见]唐·李翱《答侯高第二书》："苟异口同辞，皆如足下所说，是仆于天下众多之人而未有一知己也。"[例句]老师的问题刚一提出，学生们便～地回答对了，老师当然会高兴了。

【异口同声】 yì kǒu tóng shēng

[释义]不同人的口里说出同样的话。形容众人说法一致。又作"异口同音"。[语见]晋·葛洪《抱朴子·道意》："左右小人，并云不可，阻之者众，本元至心，而谏怖者，异口同声。"[例句]我们站住，一张嘴，竟～地问了同样的问题。

【异口同韵】 yì kǒu tóng yùn

[释义]见"异口同声"。[例句]一众人～地唱起来，歌词虽然粗俗，但是还是充满了真情实意。

【异路同归】 yì lù tóng guī

[释义]见"殊途同归"。[语见]汉·刘安《淮南子·本经训》："五帝三王，殊事而同指，异路而同归。"[例句]这两种文字处理软件的设计思路虽然不同，但都把着重点放在了加强直观性，方便使用者上。真可谓～啊！

【异曲同工】 yì qǔ tóng gōng

[释义]见"同工异曲"。[语见]清·蒲松龄《聊斋志异·蛇人》冯评："此等题我嫌污笔，写来款款动人乃尔，与柳州《捕蛇者说》异曲同工。"[例句]两部小说描写的事情虽然相差甚远，但是在对人性的理解上，却有着～之妙。

【异途同归】 yì tú tóng guī

[释义]见"同归殊涂"。[语见]汉·桓宽《盐铁论·论儒》："圣人异途同归，或行或止，其趣一也。"[例句]他们两个人身世不同，性格更是不同，但～，最后都走上了革命的道路。

【异闻传说】 yì wén chuán shuō

[释义]不同寻常的奇怪的消息。[语见]清·西周生《醒世姻缘传》第二十六回："诧异得那合学生员，街上的百姓，通国的乡绅，面面相觑，当做件异闻传说！"[例句]老作家远游走乡间，收集了大量的～。

【异想天开】 yì xiǎng tiān kāi

[释义]异想：奇异、怪异的想法。形容想法非常奇特，多指不能实现的。今有讽刺意味。[语见]清·李汝珍《镜花缘》第八十一回："陶秀春道：'这可谓异想天开了。'"[例句]万虎竟～要乘坐爆竹飞上天去，却被炸了个粉身碎骨。

【异政殊俗】 yì zhèng shū sú

[释义]喻指偏离正道的政教和风俗。

[语见]《诗经》大序:"至于王道衰,礼义废,政教失,国异政,家殊俗,而变风变雅作矣。"[例句]两国相隔万里,在使者的眼里,这里的一切自然都是～了。

【抑强扶弱】yì qiáng fú ruò

[释义]抑:压制。扶:扶助。压制横的,扶助弱小的。[语见]汉·袁康《越绝书·外传本事》:"勾践之时,天子微弱,诸侯皆叛,于是勾践抑强扶弱。"[例句]《格萨尔王传》是藏族人民集体创作的,其历史悠久、卷帙浩繁、场景壮观、流传广泛。它反映了～、降伏妖魔、为民除害的主题;歌颂了反对侵略、保卫家园的正义战争。

【抑塞磊落】yì sè lěi luò

[释义]抑塞:心地抑郁。磊落:胸怀坦白。形容心地抑郁,有志未伸,为人却胸怀坦白。[语见]唐·杜甫《短歌行赠王郎司直》:"王郎酒酣拔剑斫地歌莫哀,我能拔尔抑塞磊落之奇才。"[例句]居士眉宇间隐隐有忧郁之态,然～,一看便知不同凡响。

【易如反掌】yì rú fǎn zhǎng

[释义]反掌:翻转一下手掌。容易得像翻转一下手掌。形容毫不费力事情就能成功。[语见]唐·李延寿《北史·裴佗传》:"以国家威德,将士骁雄,泛蒙汜而扬旌,越昆仑而跃马,易如反掌,何往不至。"[例句]我们既然已经获得了先机,拿下余下的市场,还不是～?

【易如拾芥】yì rú shí jiè

[释义]拾:俯拾。芥:芥菜。容易得如同从地上捡起芥菜一样。形容事情非常容易办成功。[语见]清·文康《儿女英雄传》第十八回:"顾先生道:要学'万人敌',却也易如拾芥,只是没第二条路,惟有读书。"[例句]他学习电脑技术都十来年了,要他去组装,那还不～?

【易俗移风】yì sú yí fēng

[释义]见"移风易俗"。[语见]晋·常璩《华阳国志·梓橦人士论》:"其高者则严君味道,易俗移风,仲元端委,居为人宗。"[例句]湘西民风剽悍,咸之到任,一

心～,推行文化,不过,这也并非易事。

【易于反掌】yì yú fǎn zhǎng

[释义]便当得像翻一翻手掌那样,比喻事情很容易做成功。[语见]《孟子·公孙丑上》:"以齐王,由反手也。"汉·刘向《说苑·正谏》:"必若所欲为,危如重卵,难于上天,复所欲为,易于反掌,安于泰山。"[例句]张飞力大无穷,在百万雄师中取上将之首,实是～。

【易子而食】yì zǐ ér shí

[释义]易:交换。把子女交换来充饥。形容灾荒中难民的惨状。[语见]汉·贾谊《新书·耳痹》:"越王之穷,至乎吃山草,饮腑水,易子而食。"[例句]隋朝末年,天灾人祸不断,河南等地,田地荒芜,百姓～,苦不堪言。

【易子析骸】yì zǐ xī hái

[释义]互相交换孩子吃,劈开人骨头当柴烧。形容因天灾人祸造成的绝粮断炊的惨况。[语见]唐·赵元一《奉天录》第二卷:"如或固守穷城,不识天命,必使易子析骸。"[例句]那一年,关中大旱,百姓～,然而朝廷却无计可施。

【轶类超群】yì lèi chāo qún

[释义]见"超群轶类"。[语见]清·褚人获《隋唐演义》第九十五回:"就是那一长一技之微,若果能专心致志,亦足以轶类超群,独步一时。"[例句]王羲之书法～,独步天下,被尊为"书圣"。

【轶群绝类】yì qún jué lèi

[释义]见"超世绝伦"。[语见]宋·曾巩《代人祭李白文》:"意气飘然,发扬携伟,飞黄骏骁,轶群绝类。"[例句]易之风采照人,～,每有新装,市井纷纷效仿。

【益国利民】yì guó lì mín

[释义]有益于国家,有利于人民。[语见]唐·令狐德棻《周书·文帝纪下》:"太祖以戎役屡兴,民吏劳弊,乃命所司斟酌今古,参考变通,可以益国利民便时适治者,为二十四条新制,奏魏帝行之。"[例句]修建大坝,～,对可能出现的一切后果,专家均已有足够的预防措施,我们都很支持。

【悒悒不乐】 yì yì bù lè
[释义] 悒悒：忧闷貌。忧闷不快乐。
[语见] 汉·班固《汉武帝内传》："庸主对坐，悒悒不乐，夫人肯暂来否？若能屈驾，当停相须。"**[例句]** 大春节的，合家欢乐之际，你怎么～，莫不是有什么难解的心事？

【逸群之才】 yì qún zhī cái
[释义] 超过众人的才能。**[语见]** 唐·杨炯《后周宇文公神道碑》："有如荀美，独负逸群之才；不学江逌，空有连鸡之喻。"**[例句]** 姚元之少时即有～，日后成为国家栋梁，不足为怪。

【逸以待劳】 yì yǐ dài láo
[释义] 见"以逸待劳"。**[语见]** 宋·陈师道《拟御试武举策》："逸以待劳，久以代变，亡费而有病，可谓善矣。"**[例句]** 我军劳师袭远，敌人～，因此不能立即与之交战。

【逸游自恣】 yì yóu zì zì
[释义] 安闲玩乐随心所欲。**[语见]** 南朝宋·范晔《后汉书·梁冀传》："冀字伯卓。为人鸢肩豺目，……少成贵戚，逸游自恣。"**[例句]** 安乐公主受皇上宠爱，～，朝廷大臣无不头疼不已。

【意广才疏】 yì guǎng cái shū
[释义] 意：意愿，志向。疏：粗率，浅薄。指志向大而才能小。**[语见]** 宋·杨万里《陈公墓志铭》："臣素不识浚，亦闻其人意广才疏，虽有勤王之节，安蜀之功，然其败事亦不少。"**[例句]** 李旦身经乱世，虽然自小即有大志，然而～，终究非一明君。

【意合情投】 yì hé qíng tóu
[释义] 意趣一致，感情融洽。形容十分合得来。**[语见]** 明·吴承恩《西游记》第四十二回："自老孙当年与他相会，真个意合情投，交游甚厚。"**[例句]** 他二人在苏州邂逅，～，爱情的种子渐渐发了芽。

【意懒心灰】 yì lǎn xīn huī
[释义] 见"心灰意懒"。**[语见]** 明·吴承恩《西游记》第四十回："因此上怪他每每不听我说，故我意懒心灰，说人散行了。"

[例句] 公司破产之后，他便已～，成天对什么事情都无所谓的样子。

【意懒心慵】 yì lǎn xīn yōng
[释义] 慵：懒。心情倦懒消沉。**[语见]** 明·无名氏《广成子》第二折"抵多少杜鹃声唤醒隐仙梦，你听波说的他意痴痴意懒心慵。"**[例句]** 比赛名落孙山，他便～，近些日子连训练都不来了。

【意马心猿】 yì mǎ xīn yuán
[释义] 见"心猿意马"。**[语见]** 宋·刘学箕《沁园春·叹世》词："百年光景浮云，把意马心猿早收。"**[例句]** 我心里总惦记着下午的足球赛，课堂上～，老师讲什么都听不进去了。

【意气风发】 yì qì fēng fā
[释义] 意气：意志和气概。风发：像风一样迅猛有力。形容精神振奋，气概豪迈，奋发向上。**[例句]** 老雷～地走下高高的台阶，向我们挥着手，看来今天的选举他是大获全胜了。

【意气相合】 yì qì xiāng hé
[释义] 见"意气相投"。**[语见]** 清·褚人获《隋唐演义》第三十七回："两人意气相合，抵掌而谈三日。"**[例句]** 他们两人，一文一武，但是～，几十年来都如亲兄弟一般。

【意气相倾】 yì qì xiāng qīng
[释义] 志趣性情十分投合。**[语见]** 宋·张孝祥《与虞并父书》："虽声迹差池，藐不相闻，然意气相倾，殆若朝夕与游处者。"**[例句]** 苏轼和黄庭坚～，为文坛留下了无数的佳话。

【意气相投】 yì qì xiāng tóu
[释义] 意气：志趣、性格。相投：互相投合，合得来。志趣性格很合得来。**[语见]** 元·宫大用《范张鸡黍》第三折："咱意气相投，你知我心忧。"**[例句]** 我们～，惺惺相惜多年，可是竟为了这么件无聊的事情弄得脸红脖子粗，实在是太悲哀了。

【意气轩昂】 yì qì xuān áng
[释义] 神采焕发、气度不凡的样子。**[语见]** 明·凌濛初《二刻拍案惊奇》第二

十六卷:"我见这人身虽寒俭,意气轩昂,模样又好。"[例句]他成功地塑造了一个个性坦率真诚、纯洁无私、坚韧爽朗又～的新农民的形象,受到了观众的一致好评。

【意气用事】 yì qì yòng shì

[释义]意气:主观、偏激的情绪。只凭自己一时的感情冲动去处理事情,而缺乏冷静的、理智的思考。[语见]清·黄宗羲《陈乾初墓志铭初稿》:"潜心力行,以求实得,始知曩日意气用事,刻意破除,久归平贴。"[例句]做领导的,切忌～,尤其是在重大问题的决策上,一定要慎重。

【意气自得】 yì qì zì dé

[释义]意气:神态、气势。自得:自觉得意。形容十分骄傲、得意的样子。[语见]北齐·魏收《魏书·北海王子颢传》:"兄颢入洛,成败未分,便以意气自得为时人所笑。"[例句]刘显中腰里有了几个钱之后,常常～地在村里晃荡,生怕有谁不知道他有钱似的。

【意气自如】 yì qì zì rú

[释义]意气:意态,气概。自如:如常。形容神态自然,十分镇定。[语见]汉·司马迁《史记·李将军列传》:"会日暮,吏士皆无人色,而广意气自如,益治军。"[例句]虽然受到了众人的指责,他依然～,一副胸有成竹的样子。

【意气自若】 yì qì zì ruò

[释义]见"意气自如"。[语见]唐·令狐德棻《周书·李迁哲传》:"迁哲率其所部拒战,军败,遂降于武,然犹意气自若。"[例句]孔明～地在兵丛下来回走动,以三寸不烂之舌说服了江东共同抗击曹操。

【意惹情牵】 yì rě qíng qiān

[释义]惹:缠绕。指情意缠绵牵挂。[语见]明·高濂《玉簪记·促试》:"把泪偷弹,把泪偷弹,千种离情,两下难言,意惹情牵,肠断心剜。"[例句]她静立窗前,想起远方的情郎,禁不住～,鼻子都有些发酸了。

【意兴阑珊】 yì xìng lán shān

[释义]阑珊:衰落。将残、将尽之意。指意趣、兴致低落将尽。[语见]唐·白居易《咏怀》诗:"几时酒盏曾抛却? 何处花枝不把看? 白发满头归得也,诗情酒兴渐阑珊。"[例句]这个令人不快的消息让大家～,聚会就在这样的气氛中结束了。

【意兴索然】 yì xìng suǒ rán

[释义]索然:空尽貌。形容兴致全无。[语见]明·冯梦龙《东周列国志》第七十一回:"景公意兴索然。左右问曰:'将回宫乎?'景公曰:'可移于梁邱大夫之家。'"[例句]看到她～的样子,小伍住了嘴,无奈地叹了口气,默默地离开了。

【意慵心懒】 yì yōng xīn lǎn

[释义]见"意懒心慵"。[语见]明·高明《琵琶记·琴诉荷池》:"相公,非弹不惯,只是你意慵心懒。"[例句]李先生说:"我老了,对世间的种种事情,均已是～,你还是另请高明吧。"

【意在言外】 yì zài yán wài

[释义]意:意思。言:言辞。真正要表达的意思在言辞之外。形容语含蕴藉,没有在字面上表现出来,让读者自己去体会、揣摩。[语见]宋·司马光《迂叟诗话》:"古人为诗,贵于意在言外,使人思而得之。"[例句]这首诗注重诗歌艺术表现上的婉转曲折,含蓄蕴藉,以期获得～,韵味深长的效果,这在古代诗人、诗论家中都已经蔚为风气了。

【意转心回】 yì zhuǎn xīn huí

[释义]见"回心转意"。[语见]元·王实甫《西厢记》第四本第一折:"恁的般恶抢白,并不曾记心怀,拨得个意转心回。"[例句]老牟可是个固执的人,要说服他～,你就是使了九牛二虎之力,恐怕终是吃力不讨好。

【毅然决然】 yì rán jué rán

[释义]毅然:顽强的样子。决然:坚决的样子。形容意志坚强,做事坚决果断。[例句]劝到最后,他终于～地站起来,发誓要把事情为我们办成。

【薏苡明珠】 yì yǐ míng zhū

[释义] 薏苡：植物名，俗称"药玉米"、"回回来"；薏苡仁含淀粉，可食。把薏苡错当明珠。比喻故意颠倒黑白。[语见] 清·朱彝尊《酬洪昇》："梧桐夜雨词凄绝，薏苡明珠谤偶然。"[例句] 神龙二年，张柬之等五王流放的流放，发配的发配，～，世人均知其冤，但在武三思的淫威之下，也都是敢怒而不敢言。

【翼翼小心】 yì yì xiǎo xīn

[释义] 翼翼：恭敬的样子。形容恭敬谨慎的样子。[语见] 汉·赵晔《吴越春秋·勾践归国外传》："越王是日立论，翼翼小心，出不敢奢，入不敢侈。"[例句] 小猫～地矮着身子往前走，稍一动，麻雀轰一声全飞走了，独留小猫暗暗发愣。

yin

【因材施教】 yīn cái shī jiào

[释义] 因：依据，根据。材：材质。施：施行，施加。教：教导，教育。依据人的不同素质来施行教育。[语见] 宋·朱熹《四书集注·论语·雍也》："圣人之道，精粗虽无二致，但其施教，则必因其材而笃焉。"[例句] 李老师善于～，学生学习的效果自然高出其他班一等了。

【因敌取资】 yīn dí qǔ zī

[释义] 因：依靠。资：财物。就敌人处取得物资用。[语见] 北齐·魏收《魏书·燕凤传》："北人壮悍……轻行速捷，因敌取资，此南方所以疲敝，北方所以常胜也。"[例句] 义军南北转战，给养大为不足，常常只能～。

【因地制宜】 yīn dì zhì yí

[释义] 因：依据，依照。地：地方。制：制订。宜：合适的。依据不同的地方特点，制订解决问题的合适的方法。[语见] 汉·赵晔《吴越春秋·阖闾内传》："夫筑城郭、立仓库，因地制宜，岂有天气之数以威邻国者乎？"[例句] 县里各地的情况不尽相同，要～地制定不同的政策去引导，才能使农民们真正摆脱困境。

【因风吹火】 yīn fēng chuī huǒ

[释义] 因：借着。借着风吹火。比喻借机行事。[语见] 宋·释道原《景德传灯录·前汝州南院和尚法嗣》："因风吹火，用力不多。"[例句] 船家想：～，用力不多，搭了她们一起，也好多挣份船费，于是让她们上了船。

【因公行私】 yīn gōng xíng sī

[释义] 见"因公假私"。[语见] 南朝宋·范晔《后汉书·陈宠传》："断狱者急于笞格酷烈之痛，执宪者烦于诋欺放滥之文，或因公行私，逞纵威福。"[例句] 这些～的赃官已经得到了应有的下场。

【因祸得福】 yīn huò dé fú

[释义] 见"因祸为福"。[语见] 明·冯梦龙《醒世恒言》第九卷："此乃是个义夫节妇一片心肠，感动天地，所以毒而不毒，死而不死，因祸得福，破泣为笑。"[例句] 老大娘不小心摔断了腿，没想到却～，在医院里意外地找到了失散多年的儿子。

【因祸为福】 yīn huò wéi fú

[释义] 因：利用。祸：灾祸。为：创造、产生。如果把坏事处理好，就可以使之转化为好事。[语见] 汉·司马迁《史记·苏秦列传》："智者举事，因祸为福，转败为功。"[例句] 这些年，我的麻烦事一件接一件，怎么就碰不上一件～的事情呢？

【因利乘便】 yīn lì chéng biàn

[释义] 因、乘：凭借，依靠。凭借和利用有利的形势。[语见] 汉·贾谊《新书·过秦论》："因利乘便，宰割天下，分裂河山。"[例句] 唐朝统一了大江南北之后，～，将版图扩大到了帕米尔高原以西的地方。

【因陋就简】 yīn lòu jiù jiǎn

[释义] 因：因袭。陋：粗鄙。就：将就。简：简单，不完备。沿袭粗陋不完善的条件，不进行改进。如今多指利用不完善的条件，艰苦奋斗，成就一件事或某项事业。[语见] 宋·李心传《建炎以来系年要录·元年九月丁酉》："诏荆湘关陕江淮皆备巡幸，并令因陋就简，毋得骚扰。"

Y

[例句] 咱们～,将就一下,赶快制订出下一步的作战计划才是最为关键的事情。

【因难见巧】 yīn nán jiàn qiǎo
[释义] 因:由于。巧:巧妙。由于难度很大,更显出技艺的高超。[语见] 宋·欧阳修《六一居士诗话》:"得韵窄,则不复傍出,而因难见巧,愈险愈奇,如病中赠张十八之类是也。"[例句] 要在这么小的核桃壳里进行雕刻,的确不是件容易的事情,但正是如此才能～,从而看出这些能工巧匠的技艺的高妙。

【因人成事】 yīn rén chéng shì
[释义] 因:依靠。依靠别人的力量办成事情。[语见] 汉·司马迁《史记·平原君虞卿列传》:"公等录录,所谓因人成事者也。"[例句] 你哥哥这些年无私地帮你,你虽略有小成,但都是～,只有等你独立决策了,你才会真正感到创业的艰难。

【因人而异】 yīn rén ér yì
[释义] 因:依据、根据。异:不同,差异。根据不同的人而采取不同的方法。指具体问题,具体分析,不千篇一律。[例句] 人与人的性格不尽相同,所以即使在处理相同的事情上,你的态度也应该～,区别对待。

【因人制宜】 yīn rén zhì yí
[释义] 因:按照。按照人的具体情况,采取不同的办法,安排适当的工作。[例句] 全班学生多达一百零八人,但是吴老师还是能～,对不同层次的同学给以不同的指导。

【因时制宜】 yīn shí zhì yí
[释义] 因:按照。制:规定,拟定。按照不同的时机,制定适当的措施,不拘泥于成规。[语见] 汉·班固《汉书·韦贤传》:"汉承亡秦绝学之后,祖宗之制因时施宜。"[例句] 时代在变化,事情必然也要发生变化,我们必须～,适时对我们既定的政策做出调整。

【因势利导】 yīn shì lì dǎo
[释义] 因:顺着、顺应。势:趋势、走势。利:有利的。导:引导。顺应事物的发展趋势而向有利的方面加以引导。[语见] 汉·司马迁《史记·孙子吴起列传》:"善战者,因其势而利导之。"[例句] 几万人马良莠不齐,但是经过大量的工作,～,闯王还是使大家都安定了下来。

【因事制宜】 yīn shì zhì yí
[释义] 因:依据。制:制定。根据不同的事情制定相应的、适当的措施。[语见] 汉·班固《汉书·韦贤传》:"朕闻明王之御世也,遭时为法,因事制宜。"[例句] 作为部门的管理者和决策者,你应学会～,用灵活有效的措施应对各种可能发生的问题。

【因树为屋】 yīn shù wéi wū
[释义] 因:依。依着树架起屋子来。指隐居于荒野。[语见] 南朝宋·范晔《后汉书·申屠蟠传》:"乃绝迹于梁砀之间,因树为屋,自同佣人。"[例句] 白驼山上,几位高人～,切磋武功,交流技艺,倒也过得快活。

【因小见大】 yīn xiǎo jiàn dà
[释义] 从小地方、小事情可以看出大问题。[例句] 对于一个摄影爱好者来说,善于～,进行独创性的构思,是非常重要的。

【因小失大】 yīn xiǎo shī dà
[释义] 因:因为,为了。失:丢掉,失去。因为小事而误了大事,为了蝇头小利而失去大局。形容眼光短浅,取舍失当。[例句] 我们太过优柔寡断,以致～,一个千载难逢的机会就被我们白白错过了。

【因循旧习】 yīn xún jiù xí
[释义] 见"因循守旧"。[例句] 时代已经发展到了二十一世纪,我们不要再～,大肆操办那种既费钱又吃力不讨好的婚礼了。

【因循守旧】 yīn xún shǒu jiù
[释义] 因循:沿袭,继承。守:守护。承袭旧制,不思改进。[语见] 汉·班固《汉书·百官公卿表上》:"秦兼天下,建皇帝之号,立百官之职,汉因循而不革。"康有为《上清帝第五书》:"若徘徊迟疑,因循守旧,一切不行,则幅员日割。"[例句] 在

工作中,我们不能总是～,要充分发挥员工的积极性和创造性。

【因噎废食】 yīn yē fèi shí

[释义] 因:因为。噎:东西卡住喉咙。废:不要,停止。食:吃东西。因为吃东西卡住了喉咙,以后就不再吃东西。比喻因为怕出问题,索性不干。[语见] 清·张廷玉等《明史·李贤传》:"虑中饱而不贷,坐视民死,是因噎废食也。"[例句] 做好这件事的难度是很大的,弄不好就会全盘皆输。但是却不能～,机会到了面前,还是要当机立断,牢牢抓住。

【阴差阳错】 yīn chā yáng cuò

[释义] 见"阴错阳差"。[语见] 清·曾朴《孽海花》第三十四回:"这回革命的事……真是谈督的官运亨通,阴差阳错里倒被他糊里糊涂的扑灭了。"[例句] 我们其实都住到了一个旅馆,中间只隔一间房,但是就这么～,竟然谁也没看见谁,于是擦肩而过,等再次见面,竟是三十年之后了!

【阴错阳差】 yīn cuò yáng chā

[释义] 阴、阳:古代哲学名词。原指阴阳出了问题。后多喻指由于偶然因素而出了差错或引起了误会。[语见] 明·阮大铖《燕子笺·轰报》第三十四回:"摊开纸条,把解状元怎阴错阳差报。"[例句] 也不知是怎么回事,他们竟～地走失了,这一失,竟十年未能见面。

【阴魂不散】 yīn hún bù sàn

[释义] 阴魂:人死后的灵魂。原指人死后其灵魂不离开。现一般喻指丑恶现象被清除以后,其影响仍然存在,没有被彻底消除。[例句] 这种宿命论在他的脑子里始终～。

【阴谋不轨】 yīn móu bù guǐ

[释义] 不轨:不遵守法度。指暗里谋划叛乱的行为。[例句] 有本事的就到明面上来和我较量,别在拐弯抹角的地方～。

【阴谋诡计】 yīn móu guǐ jì

[释义] 阴:背后、暗中、私下。谋:谋划,算计。诡:诡秘、狡诈。计:计策。暗中谋划狠毒狡诈的计划。贬义。[语见] 明·王守仁《王文成公全书·传习录上》第一卷:"所以要知得许多阴谋诡计,纯是一片功利的心,与圣人作经的意思正相反。"[例句] 以你的聪明,自能看出敌人有什么～,但是怎么去处理,恐怕就不是你的特长了。

【阴阳怪气】 yīn yáng guài qì

[释义] 阴阳:指说话不直露,藏头露尾,让人猜不透。怪气:说话神情怪异。指说话神情怪异,不直率,故意让人猜不透。含贬义。[例句] 这几天古力总有些～的,弄得大家唯恐避之不及。

【音耗不绝】 yīn hào bù jué

[释义] 音耗:音信,消息。指保持联系,音信不断。[语见] 唐·张读《宣室志·计真》:"生留怕月,乃挈妻孥归青齐,自是李君音耗不绝。"[例句] 他们二人一南一北,相隔万里,但是数十年始终鸿雁传书,～。

【音容凄断】 yīn róng qī duàn

[释义] 形容声音容貌哀伤到极点的情态。[语见] 唐·戴君孚《广异记·阎陟》:"后一日,梦女来别,音容凄断。"[例句] 来开门的妇人,～,双眼红肿,她头上还别着一朵白花,我们都明白了她家里发生了什么事。

【音容如在】 yīn róng rú zài

[释义] 见"音容宛在"。[语见] 清·张南庄《何典》第八回:"真堪爱,如花似玉风流态。风流态,眠思梦想,音容如在。"[例句] 父亲逝去三年有余,然～,教诲时时在耳边响起。

【音容宛在】 yīn róng wǎn zài

[释义] 指人的声音容貌如在眼前。多用作对死者的吊唁之词。[语见] 唐·李翱《祭吏部韩侍郎文》:"音容宛在,曷而忘?"[例句] 老师永远离我们远去了,但是他～,永远活在我们心中。

【音容笑貌】 yīn róng xiào mào

[释义] 指人的容貌和笑声。多用于对亲友或死者的怀念。[例句] 老师虽已去世多年,但他的～,却时常浮现在我

眼前。

【音声如钟】 yīn shēng rú zhōng

[释义] 犹"声如洪钟"。形容声音响亮。[语见] 南朝宋·范晔《后汉书·卢植传》："(卢植)身长八尺二寸,音声如钟。"[例句] 我们都吃一惊,老人～,走得比我们还快,而且气不喘,汗不流,我们真是自愧不如。

【音问两绝】 yīn wèn liǎng jué

[释义] 指不通书信与消息。[语见] 唐·李复言《续玄怪录·卢造》："后楚卒,冰方护丧居江陵,数年间,音问两绝。"[例句] 自从五年前闹翻分手之后,他们虽为兄弟,却始终～。

【音问相继】 yīn wèn xiāng jì

[释义] 指书信与消息来往不断。[语见] 唐·刘禹锡《令狐仆射》诗题:"令狐仆射与予投分素深,纵山川阻峭,然音问相继。"[例句] 宰相与敌国之间,始终～,这岂不是咄咄怪事?

【音问杳然】 yīn wèn yǎo rán

[释义] 见"音问两绝"。[语见] 明·熊大木《杨家将演义》第二十三回:"是时真宗在魏府,与众臣悬望救兵消息,音问杳然。"[例句] 弟弟离开中国多年了,始终～,母亲因牵挂他,哭得眼睛都快瞎了。

【音稀信杳】 yīn xī xìn yǎo

[释义] 没有音讯和消息。[语见] 元·无名氏《字字锦》曲:"想杀人也天,盼杀人也天,短命冤家,音稀信杳,莫不误的盟言。"[例句] 他自到关外,便～,家里都以为他早死了,哪知他前天竟然突然回来了,一家人抱头痛哭,话不知从何说起。

【音信杳然】 yīn xìn yǎo rán

[释义] 见"杳无音信"。[语见] 明·叶宪祖《鸾鎞记·捷贺》:"目今又当大比之年,此时想已放榜,怎么音信杳然。"[例句] 一家人在战乱中走散,～已十年,现在哪里还有希望找到啊?

【音信杳无】 yīn xìn yǎo wú

[释义] 见"杳无音信"。[语见] 明·吾邱瑞《运甓记·剪发延宾》:"光阴瞬息如驹过,盼前程音信杳无。"[例句] 海难之后,虎子～,一家人急得团团乱转,却毫无办法。

【殷浩书空】 yīn hào shū kōng

[释义] 南朝宋·刘义庆《世说新语·黜免》载:晋代殷浩,素负盛名,后被桓温奏劾,废为庶人。被废后,终日在空中写"咄咄怪事"四个字。后以"殷浩书空"指事情令人惊异。[例句] 文军突然被免职,～,全公司立即陷入了前所未有的恐慌。

【殷鉴不远】 yīn jiàn bù yuǎn

[释义] 殷:殷朝。鉴:镜子。原指殷人灭夏,殷的子孙应以夏的灭亡作为借鉴。后泛指前人的教训就在眼前。[语见]《诗经·大雅·荡》:"殷鉴不远,在夏后之世。"[例句] 历史上的新王朝因为～,统治者往往能比较克制自己的自私和欲望,为改善民生而努力。

【殷民阜财】 yīn mín fù cái

[释义] 殷、阜:盛富。百姓殷实,财物富足。[语见] 汉·扬雄《法言·孝至》:"君人者,务在殷民阜财,明道信义。"[例句] 开元之初,～,国家强盛,直抵贞观之象。

【殷殷垂念】 yīn yīn chuí niàn

[释义] 殷殷:殷切,诚恳。垂念:挂念。非常殷切地挂念着。[例句] 二十年来,老教授对这个才华横溢而又个性十足的学生总是～。

【殷殷田田】 yīn yīn tián tián

[释义] 形容声音宏大。[语见]《礼记·问丧》:"妇人不宜袒,故发胸,击心,爵踊,殷殷田田,如坏墙然,悲哀痛疾之至也。"[例句] 前面说话的人～,等看清,才知竟是一个小个子。

【喑呜叱咤】 yīn wū chì zhà

[释义] 见"喑噁叱咤"。也形容风云人物威势很大。[语见] 唐·骆宾王《代李敬业讨武氏檄》:"喑呜则山岳崩颓,叱咤则风云变色。"[例句] 曹操军力逐渐增大,渐渐成为北方～的人物。

【喑噁叱咤】 yīn wū chì zhà

[释义] 喑噁:发怒声。叱咤:怒斥,怒喝。

Y

愤怒地大声喝叫。[语见]汉·司马迁《史记·淮阴侯列传》："项王喑噁叱咤，千人皆废，然不能任属贤将，此特匹夫之勇耳。"[例句]放眼整个公司内部，没有一个人能成为～的风云人物，即使是十年之后，也还是难。

【吟风弄月】yín fēng nòng yuè
[释义]见"吟风咏月"。[语见]宋·杨万里《西和州陈史君墓志铭》："登山临水，吟风弄月，穷日之力，至夕忘返。"[例句]学士们聚到一起，～，甚为相得，但是转眼间战乱即至，美好的日子便成了永久的回忆。

【吟风咏月】yín fēng yǒng yuè
[释义]指诗人写作以风月为题材。含贬义。[语见]唐·范传正《唐左拾遗翰林学士李公新墓碑铭》："卧必酒瓮，行惟酒舫，吟风咏月，席地幕天。"[例句]回忆起我们早些年～、意气风发，是何等快意，而今这一切不再，只有绵绵战乱和灾荒，人心何以堪！

【银钩铁画】yín gōu tiě huà
[释义]见"铁画银钩"。[语见]清·沈曾植《题北宋本广韵四绝》诗："银钩铁画石经余，想见先唐字学书。"[例句]板桥之字，～，有万钧之力。

【银样镴枪头】yín yàng là qiāng tóu
[释义]镴：锡与铅的合金，即焊锡。表面闪着银光其实是焊锡做的枪头。比喻虚有其表，中看不中用。[语见]元·王实甫《西厢记》第四本第二折："你元来苗而不秀，呸！你是个银样镴枪头。"[例句]别看他平常嘴上厉害，一到了关键时刻，就成了～。

【淫词秽语】yín cí huì yǔ
[释义]见"淫词艳语"。[语见]清·李汝珍《镜花缘》第一回："淫词秽语，概所不录。"[例句]在他眼里，这些诗词不过是～，根本不屑一顾。

【淫词艳语】yín cí yàn yǔ
[释义]淫：淫秽。艳：香艳。多指描写色情的淫秽下流的语言。[例句]这位富家公子哥儿不读诗书，只读些～，这让老

爷太太大为头痛。

【淫辞邪说】yín cí xié shuō
[释义]指非正统的邪说。[语见]《孟子·滕文公下》："闲先圣之道，距杨墨，放淫辞邪说者不得作。"[例句]读书人身要正，心要正，你应当远离这些～。

【寅吃卯粮】yín chī mǎo liáng
[释义]见"寅支卯粮"。[语见]清·李宝嘉《官场现形记》第十五回："就是我们总爷也是寅吃卯粮，先缺后空。"[例句]公司的经营出了大问题，现在是人不敷出，～。

【寅忧夕惕】yín yōu xī tì
[释义]寅：寅时，泛指早晨。早晚忧虑，提心吊胆。多用于执政者。[语见]南朝梁·萧子显《南齐书·明帝纪》："仰系鸿丕，顾临兆民，永怀先构，若履春冰，寅忧夕惕，罔识攸济。"[例句]崇祯即位之后，山河动摇，他～，惶惶不安。

【寅支卯粮】yín zhī mǎo liáng
[释义]寅年就支用卯年的粮食。预先挪用以后的收入。比喻经济困难，入不敷出。[语见]明·毕自严《蠲钱粮疏》："大都民间止有此物力，寅支卯粮，则卯年之逋，势也。"[例句]该地去年先是大涝，继而大旱，百姓只好～。

【夤缘攀附】yín yuán pān fù
[释义]夤缘：攀缘上升。拉拢关系，比喻依附，巴结权贵。[语见]清·张廷玉等《明史·尹直传》："给事中宋琮及御史许斌言直自初为侍郎以至入阁，夤缘攀附，皆取中旨。"[例句]为了升官发财，他～，阿谀逢迎，整日一副奴才嘴脸。

【引而不发】yǐn ér bù fā
[释义]引：拉开弓。发：射出。拉开弓而不把箭射出去。比喻善于启发引导别人，亦比喻做好准备，预先加以控制，暂不行动。[语见]《孟子·尽心上》："君子引而不发，跃如也。中道而立，能者从之。"[例句]班主任李老师～，让学生们自己来处理这件事。

Y

【引风吹火】yǐn fēng chuī huǒ
[释义] 比喻唆使、煽动别人闹事。
[语见] 清·曹雪芹《红楼梦》第十六回："坐山看虎斗，借刀杀人，引风吹火，站干岸儿，推倒了油瓶儿不扶。"[例句] 别人的争斗都快停止了，你却来一通～，你的心也太坏了吧！

【引狗入寨】yǐn gǒu rù zhài
[释义] 犹"引狼入室"。比喻把坏人或敌人引入内部。[语见] 明·东鲁古狂生《醉醒石》第三回："一说与众人知道，岂不被人看破了？如何不引人勾骗之心，这分明是钱秀才自己引狗入寨也。"[例句] 你让这些游手好闲的人加盟无异于～。

【引鬼上门】yǐn guǐ shàng mén
[释义] 比喻招坏人进来。[语见] 明·凌濛初《初刻拍案惊奇》第二十二卷："吾本等好意，却叫得'引鬼上门'，我而今不便追究，只不理他罢了。"[例句] 他一向不讲信誉，认钱不认人，你要跟他合作搞开发，绝对是～。

【引吭高歌】yǐn háng gāo gē
[释义] 引吭：放开喉咙。放开喉咙，大声歌唱。[语见] 晋·张华注《离经》："搏则利嘴，鸣则引吭。"清·徐珂《清稗类钞·优伶类·金秀山为净角第一》："操作之余，恒引吭高歌，声若洪钟。"[例句] 林瘸子被活埋的时候，竟然～了一曲，虽未成调，但其悲壮却足以感天动地。

【引火烧身】yǐn huǒ shāo shēn
[释义] 比喻自讨苦吃或自取灭亡。也比喻主动暴露自己的缺点错误，争取帮助，求得改正。[例句] 桓之本欲调停两王之间的矛盾，不料～，将自己也卷入了祸端之中。

【引经据典】yǐn jīng jù diǎn
[释义] 引用经典著作中的内容作为论据。[语见] 清·李汝珍《镜花缘》第九十二回："吃到这些臭东西，还要替他考证，你也试爱引经据典了。"[例句] 她在会上～，说得头头是道，但是等到要实际去做的时候，她却哑口无言了。

【引颈受戮】yǐn jǐng shòu lù
[释义] 戮：杀。伸长脖子等着被杀。指不作抵抗等死。[语见] 明·许仲琳《封神演义》第三十六回："天兵到日，尚不引颈受戮，乃敢拒敌大兵！"[例句] 我罪大恶极，自愿～，只欲以一死谢天下！

【引咎责躬】yǐn jiù zé gōng
[释义] 引咎：承认过失。躬：自身。主动承担过失并做检讨。[语见] 晋·陈寿《三国志·吴书·吴主传》："权信任校事吕壹，壹性苛惨，用法深刻。太子登数谏，权不纳，大臣由是莫敢言。后壹奸罪发露伏诛，权引咎责躬。"[例句] 公司下半年经营状况很不好，总经理～，承认自己在判断上出了差错。

【引咎自责】yǐn jiù zì zé
[释义] 咎：罪过。主动检讨，承担责任。[语见] 唐·房玄龄等《晋书·庾亮传》："亮甚惧，及兄侃，引咎自责，风止可观。"[例句] 你～的态度是好的，但是如果把什么问题都揽到自己的身上，却是对某些人的放纵，这对我们未来并不见得是好事。

【引狼入室】yǐn láng rù shì
[释义] 把狼带入内室。比喻把敌人或坏人引入内部，自己受害。[语见] 清·蒲松龄《聊斋志异·黎氏》："士则无行，报亦惨矣。再娶者，皆引狼入室耳；况将于野合逃窜中求贤妇哉！"[例句] 他这人狼子野心，你竟去和他合作，简直是～。

【引人入胜】yǐn rén rù shèng
[释义] 把人带入优美的境地。形容风景或文艺作品非常吸引人。[语见] 南朝宋·刘义庆《世说新语·任诞》："酒正自引人着胜地。"[例句] 江南美景，是如此～，连我这对山水原本无兴趣的人，都有些乐不思蜀了。

【引人瞩目】yǐn rén zhǔ mù
[释义] 见"引人注目"。[例句] 三年来，在我们的共同努力下，我们的公司取得了～的成绩。

【引人注目】yǐn rén zhù mù
[释义] 引起人们的注意。[例句] 小云

Y

今天穿了件鲜红的上衣,分外～。

【引商刻羽】 yǐn shāng kè yǔ

[释义] 商、羽:各为我国乐律的五音之一。指讲究声律、造诣很深的音乐演奏。[语见] 清·吴敬梓《儒林外史》第二十九回:"一个小小子走到鲍廷玺身边站着,拍着手,唱李太白《清平调》。真乃穿云裂石之声,引商刻羽之奏。三人停杯细听。"[例句] 南山里的老者,不知名姓,以树为屋,但是据言其～,时下无出其右,但不知是否属实。

【引绳排根】 yǐn shéng pái gēn

[释义] 见"引绳批根"。[语见] 汉·班固《汉书·灌夫传》"及窦婴失势,亦欲倚夫(灌夫)引绳排根生平慕之后弃者。"颜师古注:"言婴与夫共相提挈,有人生平慕婴、夫,后见其失职而颇慢驰,如此者,共排退之,不复与交,譬如相对挽绳,而根格之也。"[例句] 我们之间虽然矛盾甚多,但是我们有共同的强大敌人,所以我们必须～,并肩战斗。

【引绳批根】 yǐn shéng pī gēn

[释义] 批根:排退。比喻推互依引,排退恃势的人。[语见] 汉·司马迁《史记·魏其武安侯列传》:"及魏其侯失势,亦欲倚灌夫引绳批根生平慕之后弃者。"[例句] 几股各自为战的起义军却不能互通消息,～,最后的命运便只能是被官军各个击破了。

【引水入墙】 yǐn shuǐ rù qiáng

[释义] 引水进入墙里。比喻自招灾祸。[语见] 清·文康《儿女英雄传》第四回:"这不是我自己'引水入墙','开门揖盗'吗?"[例句] 银行重地,你竟把一帮不三不四的人招来,你不是～吗?

【引线穿针】 yǐn xiàn chuān zhēn

[释义] 引线穿过针眼。比喻从中说合拉拢。[语见] 清·文康《儿女英雄传》第二十四回:"安老爷、安太太便在这边暗暗的排兵布阵;舅太太便在那里密密的引线穿针。"[例句] 我别的能力没有,但是在几位专家之间做些～的工作,却是我的长处。

【引以为戒】 yǐn yǐ wéi jiè

[释义] 引:用来作证据或理由。戒:警戒。吸取教训,作为警戒,避免重犯。[语见] 清·李宝嘉《官场现形记》第十八回:"无奈他太无能耐,不是办的不好,就是闹了乱子出来。所以近来七八年,历任巡抚都引以为戒,不敢委他事情。"[例句] 王子中以身试法,身陷囹圄,大家当～,莫要重蹈覆辙。

【引玉之砖】 yǐn yù zhī zhuān

[释义] 见"抛砖引玉"。[例句] 把眼睛放亮一点,脑子清醒一点,别人那是～,你就急急地把底线全露了出去怎么行?

【引锥刺股】 yǐn zhuī cì gǔ

[释义] 锥:锥子。股:大腿。形容学习刻苦。[语见]《战国策·秦策一》:"(苏秦)读书欲睡,引锥自刺其股,血流至足。"[例句] 在非常艰苦的条件下,他一边工作一边读书,以～的精神,自学了大学的全部课程。

【饮冰茹檗】 yǐn bīng rú bò

[释义] 茹:吃。檗:黄檗,落叶乔木,树皮入药,味极苦。喝冷水,吃苦味的东西。比喻境遇困苦或心情抑郁。[语见] 清·纪昀《阅微草堂笔记·槐西杂志三》:"节妇非素有定志,必不能饮冰茹檗。"[例句] 在别人看来,做官是求之不得的事情,而他却～,苦不堪言,恨不得早点解脱。

【饮冰食檗】 yǐn bīng shí bò

[释义] 喝冷水,吃苦物。比喻生活清苦。[语见] 唐·白居易《三年为刺史》诗:"三年为刺史,饮冰复食檗。"[例句] 他以地为席,以天为盖,～,飞鸟为伴,走兽同穴,然而心中依然昭昭如日月。

【饮醇自醉】 yǐn chún zì zuì

[释义] 醇:味极浓厚的酒。喝了醇酒,不觉自我陶醉了。形容以宽厚待人,令人敬服。[语见] 晋·陈寿《三国志·吴书·周瑜传》:"性度恢廓,大率为得人,惟与程普不睦。"裴松之注引《江表传》:"普颇以年长,数陵侮瑜。瑜折节容下,终不与

Y

校。普后自敬服而亲重之,乃告人曰: '与周公瑾交,若饮醇醪,不觉自醉。'" [例句] 他这个人性情宽和,和他相处令人若～一般,自当有不少的人愿意与之结交了。

【饮糗亦醉】 yǐn duī yì zuì

[释义] 糗:同"餉",蒸饼。唐·崔令钦《教坊记》:"苏五奴妻张四娘善歌舞……有邀迓者,五奴辄随之前。人欲得其速醉,多劝酒。五奴曰:'但多与我钱,吃糗子亦可醉,不烦酒也。'今呼鬻妻者为'五奴',自苏始。"后因以"饮糗亦醉"骂人只贪钱财,不顾羞耻。[例句] 他不顾廉耻,～,那点聪明全用到邪路上去了。

【饮河满腹】 yǐn hé mǎn fù

[释义] 比喻人应知足,贪多无益。[语见]《庄子·逍遥游》:"鹪鹩巢于深林,不过一枝;偃鼠饮河,不过满腹。"[例句] 祖父总认为:钱生不能带来,死不能带走,须知～,一旦贪多,必然身受其害。

【饮恨而终】 yǐn hèn ér zhōng

[释义] 指心怀怨恨而死。[语见] 唐·蒋防《霍小玉传》:"我为女子,薄命如斯。君是丈夫,负心若此。韶颜稚齿,饮恨而终。"[例句] 柬之身遭冤屈,却无力申雪,最后～。

【饮恨吞声】 yǐn hèn tūn shēng

[释义] 饮、吞:比喻藏在肚里。把仇恨藏在心里,强忍住悲声,不能表露出来。[语见] 南朝梁·萧统《文选·江淹〈恨赋〉》:"莫不饮恨而吞声。"[例句] 时代决定了金城公主即使受到夫家的侮辱,也只能～。

【饮灰洗胃】 yǐn huī xǐ wèi

[释义] 用草木灰来洗涤肠胃的污垢。比喻悔过自新。[语见] 唐·房玄龄等《晋书·石季龙载记》:"吾欲以纯灰三斛洗吾腹,腹秽恶,故生凶子。几年二十余,便欲杀公。"[例句] 像他那样作恶多端的人,要能～,重新做人,除非石头开花马长角。

【饮流怀源】 yǐn liú huái yuán

[释义] 见"饮水思源"。[语见] 北周·庾信《征调曲》:"落其实者思其树,饮其流者怀其源。"[例句] 做人当～,你有了今天的富贵,千万别忘记了当初你叔叔对你无私的帮助。

【饮气吞声】 yǐn qì tūn shēng

[释义] 见"饮恨吞声"。[语见] 唐·张鷟《游仙窟》:"饮气吞声,天道人情;有别必怨,有怨必盈。"[例句] 大帐之外强兵聚集,延绣即使遭到百般侮辱,却也只能～,不发一言。

【饮泣吞声】 yǐn qì tūn shēng

[释义] 见"吞声饮泣"。[例句] 婆婆再怎么刁难,她都只能～,她觉得自己快要崩溃了。

【饮水啜菽】 yǐn shuǐ chuò shū

[释义] 见"啜菽饮水"。[语见] 宋·苏辙《答黄庭坚书》:"独颜氏子饮水啜菽,居于陋巷,无假于外。"[例句] 他被贬为庶民之后,虽然只能靠教育一帮孩子聊以度日,～,但是心下的平和与宁静,却是在官场几十年来都不曾有过的。

【饮水曲肱】 yǐn shuǐ qū gōng

[释义] 肱:胳膊。形容清心寡欲,安贫乐道的生活。[语见] 宋·邵博《闻见后录》第十一卷:"饮水曲肱,禄在其中,岂非陋穷而不闷乎!"[例句] 退下来之后,回到老家,老余变得淡泊了许多,～之间,常常能感到生命真正的乐趣。

【饮水食菽】 yǐn shuǐ shí shū

[释义] 见"啜菽饮水"。[语见] 晋·皇甫谧《高士传·老莱子》:"老莱子者,楚人也,当时世乱,逃世耕于蒙山之阳。莞葭为墙,蓬蒿为室,枝木为床,蓍艾为席,饮水食菽,垦山播种。"[例句] 这种～的隐居生活虽然是清苦的,但他却觉得十分自在轻松。

【饮水思源】 yǐn shuǐ sī yuán

[释义] 源:水源头。喝水时要想到水的源头。比喻不能忘本。[语见] 清·文康《儿女英雄传》第二十五回:"饮水思源,打算自己当日受了八两,此时定要还

她半斤。"[例句] 做人当～,勿忘根本,不论走到哪里,都要记得,你是一个农民的儿子,你的身上,永远流淌着农民的血液,你,是被农民培养出来的。

【饮水知源】yǐn shuǐ zhī yuán
[释义] 见"饮水思源"。[语见] 宋·陈宗礼《大鉴禅师殿记》:"饮水知源,自觉自悟,师岂远乎哉!"[例句] 他的官是升得快,却不知道～,他早把曾经帮助过自己的那些人,忘得干干净净了。

【饮鸩止渴】yǐn zhèn zhǐ kě
[释义] 鸩:传说中的一种鸟,有剧毒。这里指用鸩的羽毛泡制的毒酒。喝毒酒来止渴。比喻为解决目前的困难而采用有害的方法,不顾可能带来的严重后果。[语见] 南朝宋·范晔《后汉书·霍谞传》:"岂有触冒死祸,以解细微? 譬犹疗饥于附子,止渴于鸩毒,未入肠胃,已绝咽喉,岂可为哉!"[例句] 你为了解决眼前的困难而不惜去借他的高利贷,实在是～的做法。

【殷天动地】yǐn tiān dòng dì
[释义] 殷:震动。震动天地。形容震动极大。[语见] 汉·司马相如《上林赋》:"车骑雷起,殷天动地。"[例句] 一阵～的炮声,为大会的召开拉开了序幕。

【隐恶扬善】yǐn è yáng shàn
[释义] 隐:隐讳。扬:宣扬。对别人的过失加以隐讳,对别人的好处则加以宣扬。指一种对人宽厚、有涵养的处世态度。[语见]《礼记·中庸》:"舜好问而好察迩言,隐恶而扬善。"[例句] 他一向宽厚待人,～,是一个公认的大好人。

【隐晦曲折】yǐn huì qū zhé
[释义] 隐晦:不明显。曲折:不直接,转弯抹角。指说话、写文章或办事含混不清,转弯抹角。[例句] 这首词写得～,但是内中那股哀怨之气,却始终在字里行间飘荡。

【隐迹藏名】yǐn jì cáng míng
[释义] 见"隐迹埋名"。[语见] 明·王錂《春芜记·访友》:"他因世无知己,隐迹藏名。"[例句] 起义失败,几位首领只好～,流落江湖。

【隐迹埋名】yǐn jì mái míng
[释义] 隐藏自己的踪迹,隐瞒自己的真实姓名,不让别人知道。[语见] 元·关汉卿《裴度还带》第二折:"或有山间林下,怀才抱德,隐迹埋名,屈于下流。"[例句] 张昭中已在乡下躲避了许多年,如今是～越久,万马堂中的恐惧就越厉害。

【隐忍不言】yǐn rěn bù yán
[释义] 把事情藏在内心,不说出来。[语见] 汉·司马迁《史记·伍子胥列传》:"隐忍就功名,非烈丈夫,孰能致此哉!"[例句] 我是个火暴脾气,要叫我～,比登天还难。

【隐姓埋名】yǐn xìng mái míng
[释义] 隐瞒自己的真实姓名。[语见]元·张寿卿《红梨花》第四折:"他不是别人,则他便是谢金莲,着他隐姓埋名,假说做王同知的女儿。"[例句] 这位清醒的皇子最终逃出了皇宫,只身到达了西疆,～数十年,直到临死才告诉家人。

【隐约其辞】yǐn yuē qí cí
[释义] 隐约:不清楚,不明显。形容说话、写文章躲躲闪闪,不明说。[语见]清·平步青《霞外捃屑·倪文正公与弟献汝二书》:"使白太夫人,谓欲礼佛行也者,迎抵会城卒岁,无功为亲者讳,故隐约其辞不尽也。"[例句] 我问了她老半天,她都是～,躲躲闪闪,一听就知道她在敷衍我。

【印累绶若】yìn lěi shòu ruò
[释义] 累:累累,形容多。若:若若,形容长。比喻官吏身兼多职,声势显赫。[语见] 汉·班固《汉书·石显传》:"(石)显与中书仆射牢梁,少府五鹿充宗结为党友,诸附倚者皆得宠位。民歌之曰:'牢邪石邪,五鹿客邪,印何累累,绶若若邪!'言其兼官据势也。"[例句] 这位大人～,权倾一时,是个了不得的人物。

【饮马投钱】yìn mǎ tóu qián
[释义] 饮马:给马喝水。饮马之后,投放一些钱作报酬。比喻廉洁,不苟取于人。

[语见] 唐·徐坚等《初学记》第六卷引《三辅决录》:"安陵清者有项仲山(一作'仙'),饮马渭水,每投三钱。"[例句] 他身为县令,一生清廉,~,从不苟取。

ying

【应有尽有】 yīng yǒu jìn yǒu
[释义] 应:应该。尽:全、都。应该有的全有。泛指种类繁多,一应俱全。
[语见] 南朝梁·沈约《宋书·江智渊传》:"时咨议参军谢庄、府主簿沈怀文并与智渊友善。怀文每称之曰:'人所应有尽有,人所应无尽无者,其江智渊乎?'"[例句] 货架上各类货物~,看得人眼花缭乱。

【英特迈往】 yīng tè mài wǎng
[释义] 见"英姿迈往"。[语见] 宋·胡仔《苕溪渔隐丛话前集·山谷中》:"至东坡则云:'平生万事足,所欠唯一死。'英特迈往之气可畏而仰哉!"[例句] 学士~,学识渊博,自然深受翰林院多数人的喜欢。

【英雄短气】 yīng xióng duǎn qì
[释义] 见"英雄气短"。[语见] 清·蒲松龄《聊斋志异·马介甫》:"只缘儿女深情,遂使英雄短气。"[例句] 胜败乃兵家常事,奈何有了点小小的挫折,便~,时时想到未来的黑暗?

【英雄气短】 yīng xióng qì duǎn
[释义] 气短:志气沮丧。相传宋朝人苏丕,是个有志向的人。少年时他曾参加礼部考试,没有考中,便很感慨地说:"此中最易短英雄之气"。于是他就离开京城,在涑水河边过起隐居生活,在那里住了整整五十年。经欧阳修据情上报皇帝,赐号"冲退居士"。后常与"儿女情长"连用,意指有志有才的人,每因遭遇困阻或沉湎于爱情而丧失进取之心。[语见] 明·陈汝元《金莲记·量移》:"伤秋赋寂寥,多病成迍逗。吹笛谁家,惹得双眉斗,英雄气短偏憔瘦。"[例句] 杨令公纵有万般本领,一旦被敌人大军所围,也终是~,整夜都守在冰凉的小道上长吁短叹。

【英雄所见略同】 yīng xióng suǒ jiàn lüè tóng
[释义] 所见:所看到的,指见解。略:大略,大致。杰出人物的见解,大致相同。原用以赞美意见相同的双方,现有时也用于讽刺。[语见] 晋·陈寿《三国志·蜀书·庞统传》裴松之注引《江表传》:"天下智谋之士所见略同耳。"[例句] 他们谈了一会儿,立即感到~,便匆匆离去准备后面的事宜了。

【英姿焕发】 yīng zī huàn fā
[释义] 英姿:英俊威武的姿态。焕发:光彩四射。形容英俊威武、精神抖擞的样子。[例句] 她~地从大楼里走出来,立即被一帮记者围住了。

【英姿迈往】 yīng zī mài wǎng
[释义] 迈往:一往无前。形容英俊威武一往无前。[语见] 宋·陆游《乡土请妙相讲主疏》:"某人英姿迈往,隽辩绝伦,早集布金之园,久造笑云之室。"[例句] 林冲武艺高强,~,一旦入了伙,立即使山寨力量大增。

【英姿飒爽】 yīng zī sà shuǎng
[释义] 飒爽:豪迈矫健的样子。英俊威武,豪迈而矫健。也作"飒爽英姿"。[语见] 唐·杜甫《丹青引·赠曹将军霸》:"褒公(段志玄)鄂公(尉迟敬德)毛发动,英姿飒爽来酣战。"[例句] 一队~的女兵从将军身边走过,使他想起了死于战火的女儿。

【莺歌燕舞】 yīng gē yàn wǔ
[释义] 莺:黄鹂鸟。黄鹂鸟在唱歌,燕子在飞舞。形容春天生机盎然的美好景象。也比喻形势大好。[语见] 宋·姜夔《白石词·杏花天影》:"金陵路,莺吟燕舞,算潮水知人最苦。"[例句] 山河破碎,国事凋敝,然而西湖边上,依然终日的~。赵家子孙,早把他们祖辈打江山时的艰辛忘得一干二净了。

【嘤鸣求友】 yīng míng qiú yǒu
[释义] 嘤鸣:鸟叫的声音。鸟儿在嘤嘤地鸣叫,寻求朋友。比喻渴求志同道合

的朋友。[语见]《诗经·小雅·伐木》："嘤其鸣矣,求其友声。相彼鸟矣,犹求友声;矧伊人矣,不求友生。"[例句]我在诗刊上发表的几首小诗,旨在～,切磋艺术而已。

【鹦鹉学舌】yīng wǔ xué shé
[释义]鹦鹉学人说话。比喻人无主见,人云亦云。常含贬义。[语见]宋·释道原《景德传灯录》第二十八卷:"僧问:'何故不许读诵经唤作客语?'师曰:'如鹦鹉只学人言,不得人意。经传佛意,不得佛意而但诵是学语人,所以不许。'"[例句]老奶奶说一句,几个小孩子在她屁股后一边～,一边哈哈大笑。

【鹰鼻鹞眼】yīng bí yào yǎn
[释义]鹰、鹞:均为猛禽。长了个鹰钩鼻子鹞子眼。形容奸诈凶狠的人的相貌。[例句]郭元帅～,不但手下的士兵怕他,就是对手也对他心怀胆怯。

【鹰瞵鹗视】yīng lín è shì
[释义]鹗:一种猛禽,俗称鱼鹰。如鹰隼般注视。常用以形容窥视而欲有所攫取。[语见]南朝梁·沈约《宋书·沈攸之传》:"莫不勇力动天,劲志驾日,接冲拔距,鹰瞵鹗视。"[例句]金国对中原一带早就～,如今准备齐全,战事已是箭在弦上,不得不发了。

【鹰视狼步】yīng shì láng bù
[释义]像鹰一样地看,像狼一样走路。形容贪婪奸诈形态。[语见]汉·赵晔《吴越春秋·勾践伐吴外传》:"夫越王为人,长颈鸟喙,鹰视狼步,可以共患难,而不可共处乐。"[例句]长期跟那种～的人处在一起,你承受的压力真是可想而知。

【鹰扬虎视】yīng yáng hǔ shì
[释义]像鹰那样飞翔,似虎一般雄视。形容十分威武。[语见]三国魏·应璩《与侍郎曹长思书》:"王肃以宿德显授,何曾以后进见拔,皆鹰扬虎视,有万里之望。"[例句]只见来者～,虎虎有风,很有大将气概,皇上心中顿时有了合适的人选。

【迎奸卖俏】yíng jiān mài qiào
[释义]迎合奸人,卖弄手段或姿色。[语见]清·张南庄《何典》第四回:"况兼这些偷寒送暖,迎奸卖俏,各式各样许多方法,都学得熟滔滔在肚里。"[例句]李隆基晚年,已然被一帮～之人包围了,国家的衰落在所难免。

【迎刃而解】yíng rèn ér jiě
[释义]迎:向着、冲着。刃:刀刃。解:裂开、分开。把竹子劈开一个裂口,余下的竹节便可冲着刀口分开。喻指关键问题解决了,其他的问题就很容易解决了。[语见]唐·房玄龄等《晋书·杜预传》:"今兵威已振,譬如破竹,数节之后,皆迎刃而解,无复着手处也。"[例句]只要把主体设计好了,其余边边角角的问题,便都～了。

【迎头赶上】yíng tóu gǎn shàng
[释义]迎头:迎面,当头。迎面追上去。形容快速追上去。[例句]我们目前是遇到了前所未有的困难,但是如果心中充满了期望,有信心,拿出足够的勇气,发愤图强,～是不难的。

【迎头痛击】yíng tóu tòng jī
[释义]迎面给以狠狠的打击。[语见]清·吴趼人《发财秘诀》:"倘使此辈都是识时务熟兵机之员,外人扰我海疆时,迎头痛击,杀他个片甲不回。"[例句]敌人刚刚渡过河,便遭到了我军的～,一时间,打得敌人哇哇乱叫。

【盈满之咎】yíng mǎn zhī jiù
[释义]指财富充盈会招致祸害。[语见]南朝宋·范晔《后汉书·折像传》:"吾门户殖财日久,盈满之咎,道家所忌。"[例句]你如今身居高位,须知功高震主,会有～,小心谨慎和低姿态,是你避免祸端最好的法宝。

【盈千累百】yíng qiān lěi bǎi
[释义]见"盈千累万"。[语见]清·赵尔巽《清史稿·王骘传》:"就中抽拨五千入山采木,衣粮器具,盈千累百,遣发民夫,远至千里,近亦数百里,耕作全废,国赋何征?"[例句]不经意间,我低头一

看,脚下竟出现了一个窟窿,～的蚂蚁惶惶地爬出,难道真要变天了?

【盈千累万】 yíng qiān lěi wàn
[释义]形容数量极多。[语见]清·赵尔巽《清史稿·西藏传》:"即放一扎萨克喇嘛,勒取财物,盈千累万,尤属骇人听闻。"[例句]战争一开始,～的难民便逃向江南。

【盈盈秋水】 yíng yíng qiū shuǐ
[释义]盈盈:满溢的样子。秋水:比喻清澈的眼波。形容女子含泪悲伤的眼神。[语见]明·张凤翼《红拂记·华夷一统》:"一般情况,几回断肠,只落得盈盈秋水泪汪汪。"[例句]寒风中,她的～,看得人心里酸酸的。

【盈盈一水】 yíng yíng yī shuǐ
[释义]盈盈:水清浅貌。指一水之隔,可望而不可即。[语见]《古诗十九首》:"盈盈一水间,脉脉不得语。"[例句]你我之间,虽～相隔,却如在银河两岸,我们只能遥遥相望,终生都无法把脚步移动半分。

【盈则必亏】 yíng zé bì kuī
[释义]太满就必将招致缺损。[语见]《吕氏春秋·博志》:"全则必缺,极则必反,盈则必亏。"[例句]你这次成功了,也不要一味地洋洋自得,难道你不懂得～的道理?

【萤窗雪案】 yíng chuāng xuě àn
[释义]见"映雪囊萤"。[语见]元·王实甫《西厢记》第一本第一折:"暗想小生萤窗雪案,刮垢磨光,学成满腹文章。"[例句]如果你有～的精神,你早就考过关了。

【营私舞弊】 yíng sī wǔ bì
[释义]营:谋求。私:私利。舞:玩弄。弊:欺骗、图占便宜的行为。谋求私利,玩弄欺骗手段。[语见]清·华伟生《开国奇冤·谋擢》:"营私舞弊,纳贿招权,处处当行,般般出色,直可做得那黑暗官场的代表了。"[例句]如果你倚仗权力,～,你必将受到法律的制裁。

【蝇粪点玉】 yíng fèn diǎn yù
[释义]点:玷污。苍蝇粪玷污了美玉。

比喻很小的过错也能使好人受到玷污。[语见]唐·陈子昂《宴胡楚真禁所》诗:"青蝇一相点,白璧遂成冤。"[例句]由于你们的疏忽,这部分产品出了质量问题,如同～,影响了我们的产品在消费者心目中的形象。

【蝇利蜗名】 yíng lì wō míng
[释义]苍蝇头般的小利,蜗牛角样的细名。比喻微不足道的名利。[语见]宋·卢炳《念奴娇》:"回首蝇利蜗名,微官多误,自笑尘生袜。"[例句]他是个极贪婪的人,即使是～他也不愿放过。

【蝇名蜗利】 yíng míng wō lì
[释义]见"蝇利蜗名"。[语见]明·陈汝元《金莲记·郊遇》:"纵白凤珊章多美枝,论世态浮云可比,看这些蝇名蜗利,心肠热凭谁淘洗。"[例句]他本来不是个胸怀大志的人,对身边一些～也能念念不忘,你还指望他成什么事情?

【蝇头微利】 yíng tóu wēi lì
[释义]蝇头:苍蝇的头。比喻物之小。比喻微薄、微小的利润。[语见]宋·苏轼《满庭芳》词:"蜗角虚名,蝇头微利。"[例句]这些～,他自是看不进眼里;即使是大利,如果不正,他的眼睛也是连斜都不会斜一下的。

【蝇营狗苟】 yíng yíng gǒu gǒu
[释义]见"狗苟蝇营"。[语见]唐·韩愈《送穷文》:"蝇营狗苟,驱去复还。"[例句]那一帮～之徒,还能做出什么高尚事来吗?

【郢匠挥斤】 yǐng jiàng huī jīn
[释义]斤:斧头。《庄子·徐无鬼》"郢人垩慢其鼻端,若蝇翼,使匠石斫之。匠石运斤成风,听而斫之,尽垩而鼻不伤,郢人立不失容。"匠人挥斧削去郢人涂在鼻尖上的白粉而不伤其人。比喻技术纯熟高超。[语见]唐·崔融《嵩山启母庙碑序》:"周官置桌,郢匠挥斤,异态神行,全模化造。"[例句]这几个木工,个个均～,自然会得到员外的喜欢了。

【郢书燕说】 yǐng shū yān shuō
[释义]郢:古地名,春秋战国时楚国的国

都。今湖北江陵一带。燕：春秋战国时的一个国名，今河北省北部一带。楚国人写的书信，燕国人作了另外的解说。后比喻穿凿附会或曲解原意。[语见]《韩非子·外储说左上》："郢人有遗燕国书者，夜书，火不明，因谓持烛者曰'举烛'，而误书'举烛'。举烛非书意也。"[例句]不要全相信书中所说，书——哪怕是所谓的权威的书中也会暗含～，但是因为为书中所说，所以便也以误为误了。

【景从云集】 yǐng cóng yún jí
[释义]景：同"影"。如影随形，如云聚集。形容追随者众多，天下纷纷响应。[语见]明·许仲琳《封神演义》第九十八回："且天下诸侯景从云集，随大王以伐无道，其爱戴之心，盖有自也。"[例句]陈胜揭竿而起之后，天下饥民～，一场声势浩大的农民起义全面爆发了。

【颖悟绝伦】 yǐng wù jué lún
[释义]绝伦：超过同辈。指聪敏过人。[语见]唐·段安节《张红红》："其父……乃自传其艺，颖悟绝伦。"[例句]曹植自小便～，诗文写得极好。

【影形不离】 yǐng xíng bù lí
[释义]见"形影不离"。[例句]他们哥儿俩，～，真的像亲兄弟一般。

【影影绰绰】 yǐng yǐng chuò chuò
[释义]影：隐隐约约。绰：搅乱。模模糊糊，不真切，若隐若现。[语见]明·兰陵笑笑生《金瓶梅词话》第六十二回："我不知怎的，但没人在房里，心里只害怕，恰似影影绰绰，有人在眼前一般。"[例句]山脚下，～有一条船，但是无论怎么努力看，始终看不清晰。

【应变随机】 yìng biàn suí jī
[释义]见"随机应变"。[语见]元·柯丹邱《荆钗记·奸谄》："侄女坚将节操持，我嫂嫂定不相容，吾兄就应变随机，将侄女送到王门去。"[例句]你大了，成人了，应该独立处事了，尤其是你应该不断锻炼你的～的能力。

【应答如流】 yìng dá rú liú
[释义]见"应对如流"。[语见]宋·薛居正等《旧五代史·郑琮列传》："(琮)戎伍之事，一睹不忘，凡所诘问，应答如流。"[例句]无论我问她什么，她均能～，我暗暗称奇，最后，她如实告诉我：她对这一段文章早就倒背如流了。

【应答如响】 yìng dá rú xiǎng
[释义]响：回声。形容应答不假思索，极为敏捷。[语见]唐·姚思廉《梁书·徐摛传》："因问《五经》大义，次问历代史及百家杂说，末论释教。摛商较纵横，应答如响。"[例句]老师的问题刚刚出来，她便站起身来，～。

【应对不穷】 yìng duì bù qióng
[释义]应对：言语应答。言语应答没有词穷的时候。形容人学识广博而思维敏捷，善于言辞。[语见]清·褚人获《隋唐演义》第八十二回："玄宗见他应对不穷，十分欢喜，即擢升为翰林学士。"[例句]朱先生虽然被记者团团围住，但是从容不迫，还是～。

【应对如流】 yìng duì rú liú
[释义]应对：言语应答。如流：像流水一样。形容思维敏捷，答话流利。[语见]明·罗贯中《三国演义》第十六回："操见翊应对如流，甚爱之，欲用为谋士。"[例句]单是能面对上百名记者而～的功夫，你恐怕就得练上几年才行。

【应付裕如】 yìng fù yù rú
[释义]应付：对付。裕如：充裕地，从容地。应付事情从容不迫，一点儿不费力气。[例句]我们对那地方熟悉，一个人便足以～了，你不必担心什么。

【应付自如】 yìng fù zì rú
[释义]见"应付裕如"。[例句]面对复杂的环境，老李和几个工作人员始终～，显示了他灵敏的反应能力和控制场面的能力。

【应规蹈矩】 yìng guī dǎo jǔ
[释义]见"循规蹈矩"。[语见]唐·魏徵《隋书·音乐志中》："齐之以礼，相趋帝庭，应规蹈矩，玉色金声。"[例句]别看他

嘴巴上说得怎么时尚激进,事实上,他无时不是一个～之人。

【应机立断】 yìng jī lì duàn

[释义] 指把握时机毫不迟疑地做出决断。[语见] 汉·陈琳《答东阿王笺》:“君侯体高世之才,秉青萍、干将之器,拂钟无声,应机立断,此乃天然异禀,非钻仰者所庶几也。”[例句] 遇到突然袭击的时候,你必须～,千万不可什么事情都请示这请示那的。

【应机权变】 yìng jī quán biàn

[释义] 见“应权通变”。[语见] 唐·无名氏《仙传拾遗·张子房》:“子房读其书,能应机权变,佐汉祖定天下。”[例句] 要论～的能力,人称“小灵通”的他应该算得上最佳人选。

【应接不暇】 yìng jiē bù xiá

[释义] 应:应付。接:接待。暇:空余时间。指美景随处都是,看不过来。也指要接待的人或要办的事太多,应付不过来。[语见] 南朝宋·刘义庆《世说新语·言语》:“从山阴道上行,山川自相映发,使人应接不暇。”[例句] 各方记者蜂拥而至,我们就是把全部工作人员都用上了,还是～。

【应权通变】 yìng quán tōng biàn

[释义] 权:权宜。变:机变。谓权衡轻缓急,因事制宜,通达机变。[语见] 三国蜀·诸葛亮《绝盟好议》:“若孝文卑辞匈奴,先主优与吴盟,皆应权通变,弘思远益,非匹夫之为忿者也。”[例句] 面对如此复杂的环境,～的能力便显得尤为重要了。

【映雪读书】 yìng xuě dú shū

[释义] 见“映雪囊萤”。[语见] 元·苏彦文《斗鹌鹑·冬景》套曲:“休强呵映雪读书,且免了这扫雪烹茶。”[例句] 时代已进步了,你也不需要～的了,但是如果你再用心一些,再认真一些,我想结果必然会更好一些。

【映雪囊萤】 yìng xuě náng yíng

[释义] 形容刻苦读书,勤奋学习。[语见] 南朝梁·萧统《文选·任昉〈为萧扬州荐士表〉》:“至乃集萤映雪,编蒲缉柳。”[例句] 古人那种～的读书方法,你不一定去仿效,但是其精神还是值得学习的。

【硬语盘空】 yìng yǔ pán kōng

[释义] 硬语:有力的言语。强劲有力的言辞盘旋空中,久久不去。形容文章或言语雄浑有力。[语见] 唐·韩愈《荐士》诗:“横空盘硬语,妥帖力排奡。”[例句] 汉·贾谊《过秦论》一文,气势恢宏,～,不但为文学名篇,在政治上的价值也是很明显的。

yong

【拥兵玩寇】 yōng bīng wán kòu

[释义] 指将帅掌握军队却不能消灭敌人。[语见] 清·赵尔巽《清史稿·策楞等传论》:“承平久,富贵宴安,恒不足任使,出任军旅,兵未接,将已内怯,几何不偾事耶?策楞辈拥兵玩寇,其病正坐此。”[例句] 天下承平日久,八旗军～,猛一上阵,自然不堪一击。

【拥兵自固】 yōng bīng zì gù

[释义] 拥有军队,巩固自己。[语见] 唐·李百药《北齐书·神武纪下》:“书至,无点,景不至,又闻神武疾,遂拥兵自固。”[例句] 唐末众藩镇往往～,朝廷实已名存实亡。

【拥彗清道】 yōng huì qīng dào

[释义] 拥:抱持。彗:扫帚。手拿扫帚,清扫道路。表示对来者之敬意。[语见] 晋·郭璞《尔雅序》:“事有隐滞,援据征之;其所易了,缺而不论;别为音图,用祛未寤。辄复拥彗清道,企望尘躅者,以将来君子为亦有涉乎此也。”[例句] 听说老先生要来,我们～,早早等候着。

【拥彗先驱】 yōng huì xiān qū

[释义] 彗:扫帚。手持扫帚扫地,为贵宾在前面引路。形容待客之礼极为诚敬。[语见] 南朝宋·范晔《后汉书·申屠蟠传》:“昔战国之世,处士横议,列国之主,至为拥彗先驱,卒有坑儒烧书之祸。”

[例句] 曹操突然到来，曹丕慌忙出屋，～，那副诚惶诚恐的样子，与平日大相径庭。

【拥彗迎门】 yōng huì yíng mén
[释义] 手持扫帚扫地，在门前迎候贵客。表示对来客非常尊敬。[语见] 汉·荀悦《前汉纪·高祖记》："后上(刘邦)朝太公，太公拥彗迎门，却行欲拜。"[例句] 圣旨一到，虽然明知死期已到，但是一家人还是～，不损大臣礼仪。

【庸人自扰】 yōng rén zì rǎo
[释义] 庸人：见识浅陋，没有作为的人。自扰：自找麻烦。见识浅陋的人常没事找事，给自己带来烦恼。[语见] 清·文康《儿女英雄传》第二十二回："据我看起来，那庸人自扰，倒也自扰的有限，独一班兼人好胜的聪明朋友，他要自扰起来，更是可怜。"[例句] 我们这里是很安全的，你就放心吧，不要总是～了。

【庸俗不堪】 yōng sú bù kān
[释义] 平庸鄙俗之极。[例句] 如今市面上许多书都～，不但坏了市场，更坏了读者的胃口。

【庸庸碌碌】 yōng yōng lù lù
[释义] 庸庸：不高明，平平常常。碌碌：没有特殊能力。形容平平常常，没有能力。[语见] 清·褚人获《隋唐演义》第五十五回："唐之君臣看魏之臣子，俱是庸庸碌碌之辈，如草芥一般。"[例句] 崇祯并不是个～的皇帝，早在他即位之前，他便暗暗下了决心，要做一代明君，只是他生不逢时，王朝早已千疮百孔了，他所有的决心和勇气都只能化为泡影了。

【庸中佼佼】 yōng zhōng jiǎo jiǎo
[释义] 庸：指平凡的人。佼佼：美好的样子，在平凡的人中比较突出一些的。[语见] 南朝宋·范晔《后汉书·刘盆子传》："卿所谓铁中铮铮，庸中佼佼者也。"[例句] 老四虽无大才，但是作为～，他做出一点成绩来还是没有任何问题的。

【雍容不迫】 yōng róng bù pò
[释义] 雍容：温和大方的样子。形容态度大方，从容不迫。[语见] 明·宋濂等

《元史·刘敏中传》："敏中平生，身不怀币，口不论钱，义不苟进，进必有所匡救，援据今古，雍容不迫。"[例句] 轮到刘夫人发言了，她～地站起来，走到麦克风前，把一段隐秘的事情公之于众了。

【雍容大雅】 yōng róng dà yǎ
[释义] 雍容：端庄大方，从容不迫的样子。大雅：有威仪的样子。形容人态度大方，仪表堂堂。参看"雍容闲雅"。[语见] 老舍《不成问题的问题》："快走，那白白的鞋底与颤动的腿带，会显出轻灵飘洒；慢走，又显出雍容大雅。"[例句] 一位～的老妇人走上讲台，用柔和的声音讲起了一段我们从未听说过的故事。

【雍容尔雅】 yōng róng ěr yǎ
[释义] 见"雍容闲雅"。[语见] 清·吴敬梓《儒林外史》第十二回："当下牛布衣吟诗，张铁臂击剑，陈和甫打哄说笑，伴着两公子的雍容尔雅……"[例句] 贾先生～，举止斯文，甚得女同事们的青睐。

【雍容文雅】 yōng róng wén yǎ
[释义] 见"雍容闲雅"。[例句] 我吃惊了：难道面前这个～的青年人，就是她们常说起的"混世魔王"？

【雍容闲雅】 yōng róng xián yǎ
[释义] 雍容：大方、从容不迫的样子。闲雅：文雅安详。形容人的态度大方、文雅。[语见] 汉·司马迁《史记·司马相如列传》："相如之临邛，从车骑，雍容闲雅甚都。"[例句] 陈夫人以～的步态在园子里缓缓地走着，她的脸上，呈现出一派祥和之气。

【雍容雅步】 yōng róng yǎ bù
[释义] 形容仪态从容大方，举止高雅。[语见] 北齐·魏收《魏书·世祖纪》："古之君子，养志衡门，德成业就，才为世使。或雍容雅步，三命而后至，或栖栖遑遑，负鼎而自达。"[例句] 现在在前台说话的人，口齿清晰，～，给大家留下了良好的第一印象。

【饔飧不饱】 yōng sūn bù bǎo
[释义] 饔：早饭。飧：晚饭。终日吃不

饱。形容生活十分贫困。[语见] 宋·无名氏《京本通俗小说·拗相公》:"况且民穷财尽,百姓饔飧不饱,没闲钱去养马骡。"[例句] 几个孩子双亲全失,渐渐~,生活十分贫困。

【饔飧不继】 yōng sūn bù jì
[释义] 见"饔飧不饱"。[语见]《朱子家训》:"虽饔飧不继,犹有余欢。"[例句] 战争越到后来,孤儿院的孩子们越是~,最后,只能依靠土豆度日了。

【永垂不朽】 yǒng chuí bù xiǔ
[释义] 垂:流传。朽:磨灭。指人的声名、事迹等永远流传,不会磨灭。[语见]明·许仲琳《封神演义》第七十四回:"小将军丹心忠义,为国捐躯,青史简篇,永垂不朽。"[例句] 那些为人民的解放事业而抛头颅、洒热血的人民英雄~。

【永世其芳】 yǒng shì qí fāng
[释义] 美德长存,永远流传。[语见]明·李昌祺《剪灯余话·胡媚娘传》:"长春不老,永世其芳。"[例句] 光斗先生虽然撒手西天,但是其高风亮节,必然~。

【永世无穷】 yǒng shì wú qióng
[释义] 永远没有穷尽之时。形容时间极长,永无尽期。[语见]《尚书·微子之命》:"作宾于王家,与国家咸休,永世无穷。"[例句] 两国的友谊,虽不敢说~,但是几百年的唇齿相依,还是为之留下了足够的可能。

【永永无穷】 yǒng yǒng wú qióng
[释义] 见"永世无穷"。[语见] 汉·班固《汉书·景帝纪》:"然后祖宗之功德,施于万世,永永无穷,朕甚嘉之。"[例句] 我们的友情,经得起一切考验,必然能~。

【咏雪之才】 yǒng xuě zhī cái
[释义] 见"咏雪之慧"。[语见] 清·李渔《风筝误》第二十五出:"闻得他有倾城之貌,咏雪之才,正是老先生的佳偶。"[例句] 班昭有~,为其兄续写史书,成为文化史上的佳话。

【咏雪之慧】 yǒng xuě zhī huì
[释义] 赞许能赋诗的女子。[语见] 唐·房玄龄等《晋书·王凝之妻谢氏》:"王凝之妻谢氏,字道韫,⋯⋯聪明有才辩。⋯⋯又尝内集,俄而雪骤下,安曰:'何所似也?'⋯⋯道韫曰:'未若柳絮因风起。'安大悦。"明·汪廷讷《狮吼记·叙别》:"只是我娘子虽多咏雪之慧,却少刿荐之风。"[例句] 西君女公子,能有~,在女子无才便是德的时代里,实在难能可贵了。

【勇动多怨】 yǒng dòng duō yuàn
[释义] 勇猛好动必招致怨恨。[语见]《庄子·列御寇》:"勇动多怨,仁义多责。"[例句] 俗话说"枪打出头鸟",你~,恐怕会招致无穷的嫉妒和麻烦。

【勇猛果敢】 yǒng měng guǒ gǎn
[释义] 勇敢而有决断。[语见] 汉·班固《汉书·翟方进传》:"内有不仁之性,而外有俊材过绝于人,勇猛果敢,处事不疑,所居皆尚残贼酷虐。"[例句] 刘宗敏~,统帅大军东出黄河,与闯王遥相呼应。

【勇猛精进】 yǒng měng jīng jìn
[释义] 原为佛教语,指奋勉修行。后也形容努力探索,不断前进。[语见]《(佛说)无量寿经》上:"勇猛精进,志愿无倦。"[例句] 科研小组虽然人数不多,但是通过几年~的努力,终于使研究成果光照天下。

【勇猛直前】 yǒng měng zhí qián
[释义] 见"勇往直前"。[语见] 宋·朱熹《答刘智夫书》:"所喻行止之计,诚为难处,且看所遣人还,消息如何。若勇猛直前,便以头目脑髓布施,亦无不可也。"[例句] 只要你们信心十足,~,胜利迟早会属于你们的。

【勇男蠢妇】 yǒng nán chǔn fù
[释义] 粗野无知、笨手笨脚的男女。[语见] 清·曹雪芹《红楼梦》第三十五回:"宝玉素昔最厌勇男蠢妇的,今日却如何又命这两个婆子进来?其中原来有个原故。"[例句] 一群~,因为来了个好统帅,竟然产生了巨大的战斗力,这却是对手们做梦都不曾想到的。

【勇往无前】 yǒng wǎng wú qián
[释义] 无前:无敌,无与相比。参看"勇往直前"。**[语见]** 元·脱脱等《宋史·忠义传》:"若敌王所忾,勇往无前,或衔命出疆,或授职守土……,则皆为忠义之上者也。"**[例句]** 他们虽然力量并不强大,但是那种～的劲头,为他们占得了先机。

【勇往直前】 yǒng wǎng zhí qián
[释义] 勇敢地一直向前进。**[语见]** 宋·陆九渊《与朱元晦》之二:"不顾旁人是非,不计自己得失,勇往直前,说出人不敢说底道理。"**[例句]** 凭着一股～的气概,他们竟然以区区三万人马,从阴山一直打到了今天的西伯利亚。

【用兵如神】 yòng bīng rú shén
[释义] 用兵:指挥军队作战。如神:如有神助。善于指挥作战,战术高明,如有神助。**[语见]** 明·罗贯中《三国演义》第六十四回:"张任看见孔明军伍不齐,在马上冷笑曰:'人说诸葛亮用兵如神,原来有名无实。'"**[例句]** 在所有的小说或传奇中,诸葛亮均为～,但是事实上,诸葛亮长在治国,而非用兵。

【用非其人】 yòng fēi qí rén
[释义] 使用了不适当的人选。指用人不当。**[语见]** 晋·陈寿《三国志·魏书·贾诩传》:"文帝即位为太尉"裴松之注引《魏略》曰:"三公具瞻所归,不可用非其人。昔魏文帝用贾诩为三公,孙权笑之。"**[例句]** 由于公司～,不到三年,竟把一个好端端的企业,搞到了关门破产的地步。

【用非所学】 yòng fēi suǒ xué
[释义] 指工作上所需要用的并非所学习到的知识,学用相乖。**[语见]** 清·李宝嘉《文明小史》第十四回:"无奈兄弟三个。因为所用非所学,就有点瞧先生不起。"**[例句]** 他是学计算机程序设计的,但领导却安排他去做销售业务,～,他终日闷闷不乐。

【用管窥天】 yòng guǎn kuī tiān
[释义] 以竹管为镜,观看天空,所见极小。比喻眼光狭窄,见识短浅。**[语见]** 《庄子·秋水》:"是直用管窥天,用锥指地也,不亦小乎!"**[例句]** 你长守书斋,～,你的观点与实际必然相去甚远,所提的建议,也只是不实际的空谈而已。

【用计铺谋】 yòng jì pū móu
[释义] 用计策,设谋略。**[语见]** 明·黄元吉《流星马》第二折:"俺行兵处尽按管乐用计铺谋,相持时尽按孙吴安营下寨。"**[例句]** 面对强敌,必须～,不可莽撞行事。

【用其所长】 yòng qí suǒ cháng
[释义] 使用别人的长处。**[语见]** 宋·胡仔《苕溪渔隐丛话·六一居士》:"凡人材性不一,各有长短,用其所长,事无不举;强其所短,政必不逮。"**[例句]** 小魏身上虽然毛病多多,但是如果～,发挥他在设计上的独到之处,对我们的设计的整体水平的提高必然大有裨益。

【用钱如水】 yòng qián rú shuǐ
[释义] 花钱如同淌水一样,没有节制,形容挥霍无度,不爱惜钱财。**[语见]** 宋·梅尧臣《观拽龙舟怀裴宋韩李》诗:"用钱如水赠舞儿,却入上苑看斗鸡。"**[例句]** 看到这些小小年纪的孩子,竟然～,老先生叹息连连。

【用舍行藏】 yòng shě xíng cáng
[释义] 见"用行舍藏"。**[语见]** 宋·苏轼《贺欧阳少师致仕启》:"是以用舍行藏,仲尼独许于颜子。"**[例句]** 古时士人,往往～,这几乎成了规律。

【用天因地】 yòng tiān yīn dì
[释义] 利用天时,顺应地利。指善于依据客观条件办事。**[语见]** 汉·班固等《东观汉记·公孙述载记》:"蜀地沃野千里,土壤膏腴……所谓用天因地,成功之资也。"**[例句]** 行军打仗,要～,利用一切条件,为胜利创造可能。

【用贤任能】 yòng xián rèn néng
[释义] 任用贤能的人。**[语见]** 宋·邵伯温《闻见前录》第四卷:"陛下益养民爱力,用贤任能,疏远奸谀,进用忠鲠,天下悦服,边备充实。"**[例句]** 那时的曹操心

Y

宽如海，～，这使他高出袁术、袁绍数筹。

【用心竭力】 yòng xīn jié lì

[释义] 竭尽心计和力量。[语见] 明·无名氏《破天阵》："如今圣人招贤纳士，豁达大度，正用你股肱之臣，则要你用心竭力也。"[例句] 虽然有诸葛亮～的辅佐，但是蜀国一则地偏，二则无人，昏庸的刘禅自然不能保全其身了。

【用行舍藏】 yòng xíng shě cáng

[释义] 用：任用。舍：不被任用。指被任用则出仕，不被任用则隐退。[语见]《论语·述而》："子谓颜渊曰：'用之则行，舍之则藏，唯我与尔有是夫！'"[例句] 古时的这些知识分子，达则兼济天下，穷则独善其身，～的命运，既是时代使然，也是人本身的个性使然。

【用逸待劳】 yòng yì dài láo

[释义] 见"以逸待劳"。[语见] 唐·房玄龄等《晋书·庾亮传》："御以长辔，用逸待劳，比及数年，兴复可冀。"[例句] 敌人已经休整三月有余，～，候我疲惫之师，已是稳操胜券，我们何必以身试险？

【用之不竭】 yòng zhī bù jié

[释义] 竭：尽、完。使用不尽。形容资源丰富。[语见] 宋·徐经孙《哨遍》："江山风月，耳目声色。取之无禁，用之不竭。"[例句] 这一地区的地下石油虽然富可比海，但是也并不是～的，如果不能节约开采，终究有一天也会枯竭。

【用智铺谋】 yòng zhì pū móu

[释义] 见"用计铺谋"。[语见] 明·无名氏《暗度陈仓》第二折："韩元帅率领军卒，驱将校用智铺谋，今日简明修栈道，放心楚霸王决纳降书。"[例句] 刘伯温善于～，为朱元璋打下江山，立下了汗马功劳。

you

【优孟衣冠】 yōu mèng yī guān

[释义] 指登场演戏。也比喻模仿他人。[语见] 清·李渔《闲情偶寄·演习·变调》："观场之事，宜晦不宜明，其说有二：优孟衣冠，原非实事，妙在隐隐跃跃之间

……"[例句] 元时的许多知识分子，无任何地位可言，于是只能于～之中，将一腔情感挥洒。

【优柔寡断】 yōu róu guǎ duàn

[释义] 优柔：办事迟疑，犹豫。寡：少。断：决断。指办事迟疑犹豫，不果断。[语见] 清·李宝嘉《官场现形记》第十二回："这位胡统领最是小胆，凡百事情，优柔寡断。"[例句] 你这～的性格，必将成为你未来成长路上最大的障碍。

【优胜劣败】 yōu shèng liè bài

[释义] 优：优良、优秀的。胜：胜利、胜出。劣：劣弱的。败：失败。优良的胜出而劣弱的失败。多指生物进化的过程。[语见] 清·皮锡瑞《师伏堂春秋讲义》："智勇相角，其人稍差一筹，则优胜劣败之势立见。"[例句] 自然界有着～的法则，人类的世界又何尝不是如此？

【优胜劣汰】 yōu shèng liè tài

[释义] 见"优胜劣败"。[例句] 物竞天择，～，这是自然界不变的法则。

【忧公如家】 yōu gōng rú jiā

[释义] 见"忧国如家"。[语见] 晋·陈寿《三国志·蜀书·杨洪传》："洪少不好学问，而忠清款亮，忧公如家。"[例句] 由于宦官专权，一批～的官员一个又一个遭到了流放，好端端的王朝开始走向了覆灭之路。

【忧公无私】 yōu gōng wú sī

[释义] 一心忧劳国事，不顾及私利。[语见] 三国魏·桓范《世要论·臣不易》："陈之于主，行之于身，志于忠上济事，忧公无私。"[例句] 似姚崇这等～的直臣，真正成了开元之世的脊梁。

【忧国哀民】 yōu guó āi mín

[释义] 见"忧国恤民"。[语见] 汉·王符《潜夫论·救边》："会坐朝堂，则无忧国哀民恳恻之诚，苟转相顾望，莫肯违止。"[例句] 屈原身遭流放，依然～，其忠国之心，可歌可泣。

【忧国爱民】 yōu guó ài mín

[释义] 见"忧国忧民"。[语见] 明·宋濂等《元史·世祖纪一》："忧国爱民之心，虽

切于己；尊贵使能之道，未得其人。"[例句] 古时诸多～的官员，有其忠君的一面，也有其为求其心宁静的一面，而后者的力量往往大于前者。

【忧国如家】yōu guó rú jiā
[释义] 忧虑国事，就像家事一样悬挂在心。[语见] 唐·房玄龄等《晋书·陆晔传》："晔清操忠贞，历职显允，且其兄弟事君如父，忧国如家，岁寒不凋，体自门风。"[例句] 裴炎～，却落个身陷大狱的后果，武则天过不可免。

【忧国忘家】yōu guó wàng jiā
[释义] 忧：忧心，发愁。为国事发愁而忘记家事。[语见] 宋·邵伯温《闻见前录》第六卷："臣无任倾心沥恳、忧国忘家、涕泗彷徨、激切屏营之至！"[例句] 这位～的贤臣，曾多次向皇帝进谏，为民请命。

【忧国恤民】yōu guó xù mín
[释义] 忧虑国事，怜恤百姓。[语见] 汉·徐幹《中论·谴交》："文书委于官曹，系囚积于囹圄，而不遑省也。详察其为也，非欲忧国恤民，谋道讲德也。"[例句] 像海瑞这样～的官员，百姓总是念念不忘。

【忧国忧民】yōu guó yōu mín
[释义] 担忧国家的命运，担心人民的疾苦。[语见] 宋·范仲淹《谢转礼部侍郎表》："进则尽忧国忧民之诚，退则处乐天乐道之分。"[例句] 这首诗表现了作者热爱祖国，～的情怀。

【忧患余生】yōu huàn yú shēng
[释义] 忧患：忧愁困苦。余生：幸存的生命。形容饱经忧患，幸免于死而保存下来的生命。[例句] 李清照的这首词，透过对残秋景象的层层描述，表现出了作者离乱的苦楚和～的悲哀。

【忧深思远】yōu shēn sī yuǎn
[释义] 形容胸有大局，凡事想得深，思虑得远。[语见]《诗经·唐风·蟋蟀序》："忧深思远，俭而用礼，乃有尧之遗风焉。"[例句] 总经理目光远大，～，公司十年后的事情，也常常成为他考虑的对象。

【忧心忡忡】yōu xīn chōng chōng
[释义] 忡忡：忧愁不安的样子。心情忧烦，心绪不安。[语见]《诗经·召南·草虫》："未见君子，忧心忡忡。"[例句] 近些日子，他整天都～的，也许他真的发生了什么大变故。

【忧心悄悄】yōu xīn qiǎo qiǎo
[释义] 悄悄：忧愁貌。形容忧虑不安的样子。[语见]《诗经·邶风·柏舟》："忧心悄悄，愠于群小。"[例句] 花前静坐着的女子，～，蹙眉戚额，不知是什么伤心事袭击了她。

【忧心如酲】yōu xīn rú chéng
[释义] 酲：酒后神志不清的状态。心中忧闷，像酒醉后的病态一样。形容心情十分愁闷压抑。[语见]《诗经·小雅·节南山》："忧心如酲，谁秉国成？"[例句] 她身在百花丛中，却无心欣赏，～，人都变得分外憔悴了。

【忧心如焚】yōu xīn rú fén
[释义] 忧：忧愁，忧虑。焚：火烧。忧愁之心如同火烧火燎一般。形容忧虑焦急，烦躁不安。[语见]《诗经·小雅·节南山》："节彼南山，维石岩岩，赫赫师尹，民具尔瞻。忧心如惔（焚），不敢戏谈……"[例句] 连日来战事不利，元帅～，却毫无良计可施。

【忧心如煎】yōu xīn rú jiān
[释义] 见"忧心如焚"。[例句] 大河下游，完全处于洪水威胁之下，一家人彼此失去联系已多时，怎么不令约翰～？

【忧心如熏】yōu xīn rú xūn
[释义] 心里愁得像被火熏烤一样。形容非常忧虑痛苦。[语见]《诗经·大雅·云汉》："旱魃为虐，如惔如焚，我心惮暑，忧心如熏。"[例句] 想到一家人都还在战乱之中，他～，整夜整夜地睡不着，几天下来，人都已经变了形。

【幽期密会】yōu qī mì huì
[释义] 见"幽期密约"。[例句] 随着昨天定下的～的迫近，芳芳的心加速地跳了起来。

【幽期密约】 yōu qī mì yuē

[释义] 指男女间相爱时隐秘的约会。[语见] 元·王实甫《西厢记》第一本第四折:"焚名香暗中祷告:只愿得红娘休劣,夫人休焦,犬儿休恶! 佛罗,早成就了幽期密约。"[例句] 这首诗是一首讽刺贵族男女～的诗篇。

【幽囚受辱】 yōu qiú shòu rǔ

[释义] 遭受被囚禁的耻辱。[语见]《列子·力命》:"公子纠死,吾幽囚受辱。"[例句] 大将军无一日不记得当年的～,但是因为力量的悬殊,还是把北伐的日期一改再改。

【悠然自得】 yōu rán zì dé

[释义] 悠然:闲适的样子。自得:自己感到舒适。形容安闲舒适的样子。[语见]唐·房玄龄等《晋书·王猛传》:"猛悠然自得,不以屑怀。"[例句] 春日和煦的阳光下,一个老头儿～地坐在草地上晒着太阳。

【悠闲自得】 yōu xián zì dé

[释义] 见"悠然自得"。[例句] 看你那一副～的样子,是不是正在休假呀?

【由此及彼】 yóu cǐ jí bǐ

[释义] 从这一现象联系到那一现象。指分析事物不能孤立地看一种现象。而应把复杂的事物联系起来进行全面考察,层层深入。[语见] 清·夏敬渠《野叟曝言》第六十六回:"遇着通晓之人,就虚心请问,由此及彼,铢积寸累,自然日有进益。"[例句] 我们观察事物,要学会去粗取精、去伪存真、～、由表及里地深刻地揭示事物的本质和规律。

【由窦尚书】 yóu dòu shàng shū

[释义] 窦:墙洞。元·脱脱等《宋史·许及之传》:"为尚书二年不迁,见侂胄流涕,序其知遇之意及衰迟之状,不觉膝屈,侂胄恻然怜之曰:'尚书才望,简在上心,行且进拜矣。'居亡何,同知枢密院事。当时有由窦尚书屈膝执政之语,传以为笑。"喻称没有真才实学,而由阿谀得官的人。[例句] 武则天把她娘家的人拉上朝堂,使其一个个成为～,无论对

国家,还是对她本人,无疑都产生了不良影响。

【由浅入深】 yóu qiǎn rù shēn

[释义] 形容从浅显到深奥,循序渐进。[语见] 清·夏敬渠《野叟曝言》第八十回:"素臣把经史传记,有益于日用之事,从粗至精,由浅入深,逐渐开示。"[例句] 老师～,慢慢地把一些深奥的知识讲给我们,使我们对这些以前在我们眼里深不可测的东西都产生了浓厚的兴趣。

【由衷之言】 yóu zhōng zhī yán

[释义] 衷:内心。出自内心的话,也作"由中之言"。[语见] 清·浑敬《辨微论》:"曹操之令,皆由中之言。"[例句] 昨天我们在会上阐明的,都是～,请你们相信我们的诚意。

【犹鱼得水】 yóu yú dé shuǐ

[释义] 比喻得到投合自己心意的人或环境。[语见] 晋·常璩《华阳国志·刘先主志》:"与亮情好日密,自以为犹鱼得水也。"[例句] 刘备三顾茅庐请出诸葛亮,从此之后,～,战事连连得胜,三分天下的局面也逐渐形成。

【犹豫不决】 yóu yù bù jué

[释义] 犹豫:拿不定主意。决:决定、决断。拿不定主意,迟疑不能决断。[语见]《战国策·赵策三》:"平原君犹豫未有所决。"[例句] 事情已经到这地步了,你还～,再不行动可就来不及了。

【油腔滑调】 yóu qiāng huá diào

[释义] 油、滑:指老于世故,不诚实,不直率。多指说话、写文章老于世故,不诚实、不直率。含贬义。[语见] 清·吴趼人《二十年目睹之怪现状》第七十二回:"这京城里做买卖的人,未免太油腔滑调了。"[例句] 原来听人说他受过良好的教育,也有很高的修养,今日一见,竟然是个～的家伙,真是太令人失望了。

【油然而生】 yóu rán ér shēng

[释义] 油然:自然而然,不知不觉。生:产生,出现。不知不觉、自然而然地产生(某种情感)。[语见] 宋·苏洵《族谱引》:"观吾之谱者,孝弟之心可以油然而生

矣。"[例句] 看到玉竹一个人孤零零地从街上走过,想想前几年他们夫妻俩是何等的甜蜜,我心里的悲哀,也～。

【油头粉面】 yóu tóu fěn miàn
[释义] 油头:头发上搽油。粉面:脸上抹粉。头发上抹油,脸上抹粉。原指妇女的打扮,今泛指打扮妖冶轻浮。也作"粉面油头"。[语见] 元·贾仲名《对玉梳》第二折:"俺这粉面油头,便是飞灾横祸;画阁兰堂,便是地网天罗。"[例句] 会议刚刚开始不久,一名装扮得～的男人走了进来,大摇大摆地坐在了主席台上。

【油头滑脑】 yóu tóu huá nǎo
[释义] 形容人又轻浮,又狡猾。[例句] 他这种～的样子真让我难以忍受。

【油嘴狗舌】 yóu zuǐ gǒu shé
[释义] 形容说话油滑,态度轻浮。[语见] 明·兰陵笑笑生《金瓶梅词话》第七十六回:"你会唱的甚么好成样的套数儿,左右是几句,东沟窝,西沟濂,油嘴狗舌,不上纸笔的。"[例句] 跟老年人说话都这么～的,你父母真是白教育了你一场。

【油嘴滑舌】 yóu zuǐ huá shé
[释义] 油、滑:指老于世故,说话轻浮。形容说话老于世故,轻浮不直爽。含贬义。[例句] 你这么～的,骗得了别人,却骗不了我。

【游辞浮说】 yóu cí fú shuō
[释义] 游离不定的言辞,浮夸不实的议论。[语见] 唐·房玄龄等《晋书·范汪传》:"王何蔑弃典文,不遵礼度,游辞浮说,波荡后生,饰华言以翳实,骋繁文以惑世。"[例句] 开了两天会,耳朵里听的全是些～,真是失望极了。

【游蜂戏蝶】 yóu fēng xì dié
[释义] 比喻玩弄妇女的青年。[语见] 明·康海《王兰卿》第一折:"我把这荆钗布袄甘心受,再不许游蜂戏蝶闲逞逗。"[例句] 这个～的浪荡公子哥儿,能有什么真才实学呢?

【游骑无归】 yóu qí wú guī
[释义] 比喻远离根本,不得归宿。[语见] 清·黄宗羲《明儒学案》第十二卷引王畿《答吴悟斋》:"文公分致知格物为先知,诚意正心为后行,故有游骑无归之虑。"[例句] 这位著名的物理学家,晚却陷入了神学之中,～,甚至对自己早些年的研究都常常有些怀疑了。

【游刃有余】 yóu rèn yǒu yú
[释义] 游刃:运转刀刃。有余:有余地。原指厨师宰牛时,刀刃在骨节的空隙中运转,大有回旋余地。后用以比喻技艺纯熟,做事得心应手,轻松利落。[语见]《庄子·养生主》:"彼节者有间,而刀刃者无厚。以无厚入有间,恢恢乎,其余游刃必有余地矣。"[例句] 堂堂一个计算机博士,来做修复系统这样的区区小事,那还不是～?

【游山玩水】 yóu shān wán shuǐ
[释义] 山、水:指风景。游览、观赏风景。[语见] 宋·释道原《景德传灯录·卷十九·文偃禅师》:"问:'如何是学人自己?'师曰:'游山玩水去。'"[例句] 地质专家们可没有～,他们是在山水之间,谨慎地探测地下可能储藏的石油。

【游手好闲】 yóu shǒu hào xián
[释义] 游手:闲着手不做事。好闲:喜好安逸。游荡懒散,贪图安逸,不好劳作。[语见] 元·无名氏《杀狗劝夫·楔子》:"我打你个游手好闲、不务生理的弟子孩儿。"[例句] 那一帮小青年,都是些～之徒,除了吃就是喝,成天不务正业。

【游丝飞絮】 yóu sī fēi xù
[释义] 游动的蛛丝,飘盈的柳絮。喻指不由自主、随风而倒的轻浮之人。[语见] 明·胡文焕《群音类选·〈惊鸿记·七夕私盟〉》:"恩情占断人间丽,莫认做游丝飞絮,看万岁千秋鸾凤仪。"[例句] 他是这个没落的大家庭里的一个庶出的儿子,五岁上就没了父亲,现在生母又死了,丧母后的他,自然像～,飘荡无根。

【游谈无根】 yóu tán wú gēn
[释义] 指信口乱说,没有根据。[语见] 宋·陆九渊《语录上》:"束书不观,游谈无根。"[例句] 昨天我不过随口说说,～,你

Y

们可不能当真啊。

【游戏尘寰】 yóu xì chén huán

[释义] 见"游戏人间"。[语见] 明·陈汝元《金莲记·郊遇》:"百炼中凡心俱净,纵然游戏尘寰,不落腥膻陷阱。"[例句] 仕途不顺,他心灰意冷了,从此～,十余年后便怅然而逝。

【游戏人间】 yóu xì rén jiān

[释义] 游戏:玩耍。在人间游戏玩耍。原用于恭维人成了神仙后能到人间游戏。后指把人生作为游戏的一种玩世不恭的生活态度。[语见] 明·何良俊《世说新语补·排调下》:"世传端明已归道山,今尚尔游人间邪?"注:端明,指苏轼,曾为端明殿学士。[例句] 好男儿当有一腔热血,岂能略有不顺便～?

【游鱼出听】 yóu yú chū tīng

[释义] 水中的游鱼也露出水面倾听。形容音乐美妙动听。[语见] 明·徐应秋《玉芝堂谈荟·鷸知天时》:"瓠巴鼓琴,游鱼出听;师旷奏乐,玄鹤飞舞。"[例句] 雪芹的二胡演奏,真有～之效,不知她练习的时候流了多少汗水。

【游云惊龙】 yóu yún jīng lóng

[释义] 游云:行云。惊龙:发狂的飞龙。形容行草书法笔势矫健,神采飞扬。常用作对人的书法的赞美之词。[语见] 唐·房玄龄等《晋书·王羲之传》:"王羲之善草书,论者称其笔曰飘若游云,矫若惊龙。"[例句] 范先生的字,犹如～,妙尽天成。

【有案可稽】 yǒu àn kě jī

[释义] 案:案卷,记录。稽:查考。指有证据可考查。[例句] 咱们在这里空说无凭,这事是～的,回头叫秘书一查就明白了。

【有板有眼】 yǒu bǎn yǒu yǎn

[释义] 见"一板三眼"。[例句] 你说这事究竟是怎么的了,决定都还没有下,他们竟敢～地先做起来了,这不是要造成既成事实要挟我们吗?

【有备无患】 yǒu bèi wú huàn

[释义] 备:准备。患:担心,忧患。做好

准备遇事就不用担心。[语见]《尚书·说命中》:"惟事事乃其有备,有备无患。"[例句] 把问题多想一些,～,我们将来才可能少走一些弯路。

【有鼻子有眼】 yǒu bí zi yǒu yǎn

[释义] 比喻说话很具体,活灵活现,如同真有那回事一样。[例句] 妹妹说得～的,像她真的亲眼见过了一般。

【有才无命】 yǒu cái wú mìng

[释义] 富有才干而没有好命运,指生不逢时,有志难酬。[语见] 唐·杜甫《寄狄明府博济》诗:"比看伯叔四十人,有才无命百僚底。"[例句] 父亲～,生不逢时,但是到了晚年的时候,还是常常鼓励我们志在四方,丝毫没有因命运多舛而产生的沮丧。

【有的放矢】 yǒu dì fàng shǐ

[释义] 的:箭靶的中心。矢:箭。放:发,射。对准靶心放箭。比喻说话做事有目标,有针对性。[例句] 做策划的时候,必须～,尤其是要把矛头对准了最急需解决的问题。

【有犯无隐】 yǒu fàn wú yǐn

[释义] 指对上敢于无所隐讳地直言正谏,虽有冒犯也在所不顾。多指臣下对皇帝。[语见] 宋·范仲淹《上资政晏侍郎书》:"某又闻:事君有犯无隐,有谏无讪,杀其身有益于君则为之。"[例句] 敬之生性耿介,～,虽然身遭不测,但是千百年来始终受到有良知者的尊敬。

【有国难投】 yǒu guó nán tóu

[释义] 因某种原因,有国而归不得。也指有家难归。[语见] 元·无名氏《马陵道》第二折:"我这里叫尽屈有谁来分剖,送的我眼睁睁有国难投。"[例句] 那是一个～的时代,我们能够保全性命,便是天大的造化了,还能指望别的什么?

【有过之无不及】 yǒu guò zhī wú bù jí

[释义] 有超过之处,没有不如的地方。[语见]《论语·先进》:"子曰:'师也过,商也不及。'"[例句] 有研究表明,幼儿的独处及创作游戏的能力比起成人是～。

【有机可乘】 yǒu jī kě chéng
[释义] 机:机会、时机。乘:利用。有可利用的机会,有空子可钻。[语见] 元·脱脱等《宋史·岳飞传》:"敌兵已去淮,卿不须进发,其或襄、邓、陈、蔡有机可乘,从长措置。"[例句] 敌人也不是傻子,一旦让他们～,我们都可能遭到灭顶之灾。

【有加无已】 yǒu jiā wú yǐ
[释义] 已:停止。不断增加,没有停止。[语见] 宋·陈亮《复杜伯高书》:"然而左右独以为不然,时以书相劳问,意有加而无已。"[例句] 明朝末年,苛捐杂税～,百姓只好揭竿而起了。

【有家难奔】 yǒu jiā nán bèn
[释义] 由于某种原因的阻隔,有家而归不得。[语见] 元·秦简夫《东堂老》第四折:"你可为甚么切齿嚼牙恨,这是你自做的来有家难奔。"[例句] 林冲心怀一腔报国之心,却是～,有国难投,最后只好投奔了梁山。

【有脚书橱】 yǒu jiǎo shū chú
[释义] 对学识渊博者的称誉。[语见] 宋·龚明之《中吴纪闻·有脚书橱》:"(程信民)自幼读书于南峰山,先都官墓庐,攻苦食淡,手未尝释卷,记问精确,经传子史,无不通贯,乡人号为有脚书橱。"[例句] 司马先生毕生研究汉史,学术界对他这～尊敬有加。

【有进无退】 yǒu jìn wú tuì
[释义] 指作战或做事一直前进不后退。[语见] 唐·房玄龄等《晋书·周处传》:"且古者良将受命,凿凶门以出,盖有进无退也。"[例句] 他把自己的队伍置于～的境地,破釜沉舟,准备与敌人决一死战。

【有口难辩】 yǒu kǒu nán biàn
[释义] 见"有口难分"。[语见] 明·冯梦龙《喻世明言》第二卷:"孟夫人有口难辩,倒被他缠住身子,不好动身。"[例句] 大刑之下,什么道理都没有了,连国家重臣都往往是～,一般百姓那是自不消说了——这便是来俊臣的"道理"!

【有口难分】 yǒu kǒu nán fēn
[释义] 分:分辩。虽然有嘴,但是很难分辩清楚孰是孰非。多指被人冤枉而申辩不清。[语见] 元·李行道《灰阑记》第一折:"谁想到员外跟前,又说我与了奸夫,着我有口难分。"[例句] 他被人栽赃陷害,那些伪造的"证据"让他～。

【有口难言】 yǒu kǒu nán yán
[释义] 难:困难,不容易。言:说明。虽然有嘴,但事实很难说明白。多指有隐情,不好直接说出。[语见] 宋·苏轼《东坡续集·醉醒者》诗:"有道难行不如醉,有口难言不如睡。"[例句] 因为父亲威严地坐在那里,我是～,使了几次眼色,小妹都浑然未觉。

【有口无心】 yǒu kǒu wú xīn
[释义] 口:指嘴上所说。心:指心中所想。心直口快,不经过仔细考虑就说出来。形容无意之中得罪别人。[例句] 我那样说,本来就是～的,你要计较,也太小心眼了吧。

【有口无行】 yǒu kǒu wú xíng
[释义] 空说大话好话,实际上不照着去做,言行不一。[语见] 南朝宋·范晔《后汉书·史弼传》:"窃闻勃海王悝……内荒酒乐,出入无常,所与群居,皆有口无行……"[例句] 他本来就是～的人,如果你要相信他的话,那我也就无话可说了。

【有苦难言】 yǒu kǔ nán yán
[释义] 见"有口难言"。[例句] 他主动请命来抓这项工作,大话已经说出去了,现在问题这样棘手,让他～。

【有名无实】 yǒu míng wú shí
[释义] 名:名声。实:实际。只有虚名而实际情况不是这样,名不符实。[语见]《国语·晋语八》:"宣子曰:'吾有卿之名,而无其实,无以从二三子,吾是以忧,子贺我何故?'"[例句] 徐庶这军师做得虽然～,但是给了他足够的时间,让他得以思考人间诸事。

【有目共睹】 yǒu mù gòng dǔ
[释义] 目:眼睛。共:一起,共同。睹:看

见。只要有眼睛，就能看见。形容现象极明显。[语见]《钱牧斋尺牍·与王贻上》:"如卿云在天,有目共睹。"[例句]小谢的能力,大家是～的,这次提拔他,可以说是众望所归。

【有目共赏】 yǒu mù gòng shǎng
[释义]赏:赞赏。形容事物非常完美,人人称道。[语见]清·刘鹗《老残游记》第十二回:"《湘军志》一书做的委实是好,有目共赏。"[例句]老纪写得一手好字,～,请他来写招牌,是再合适不过的了。

【有女怀春】 yǒu nǚ huái chūn
[释义]指女子萌发求偶的情思。[语见]《诗经·召南·野有死麕》:"野有死麕,白茅包之。有女怀春,吉士诱之。"[例句]眼见红男绿女,成双成对地走着,～,小肖便伤感了起来。

【有凭有据】 yǒu píng yǒu jù
[释义]凭、据:依据,根据。事情有根据,不是随口乱说。[语见]清·张南庄《何典》第八回:"那色鬼又未曾目睹其间,听他们说得有凭有据,便也以讹缠讹,信以为实。"[例句]你说话可要～,不能信口胡言,损坏别人的名誉。

【有气没力】 yǒu qì méi lì
[释义]见"有气无力"。[例句]一进教室,见同学们都～的样子,老师才有点着急,意识到午饭可能出了什么问题。

【有气无力】 yǒu qì wú lì
[释义]气:生气,气息。力:力量。虽有气息,但已经没有力量了。形容人气力涣散,精神不佳。[语见]明·冯梦龙《醒世恒言》第二十八卷:"正不知舱中,另有个替吃饭的,还饿得有气无力哩。"[例句]看你那～的样子,是不是昨天晚上又熬夜了?

【有求必应】 yǒu qiú bì yìng
[释义]求:要求,请求。必:一定。应:答应。有人请求就肯定答应,形容人极好说话,乐于助人。又指答应所有要求,不管是否合理。[语见]清·李汝珍《镜花缘》第三十八回:"凡有邻邦,无论远近,莫不和好。而且有求必应,最肯排难解纷。"[例句]菁菁这几年,父母对她可是～,但是恰恰是这一点,惯得她也太娇纵了。

【有求斯应】 yǒu qiú sī yìng
[释义]见"有求必应"。[语见]宋·郭茂倩《乐府诗集·祭汾阴乐章》:"有求斯应,无德不亲。降灵醉止,休征万人。"[例句]李显对安乐公主,从来都是～,甚至违反了国法,也都一味庇护,这自然引起了众多大臣的不满了。

【有屈无伸】 yǒu qū wú shēn
[释义]指蒙受冤枉而无从申诉。[语见]明·无名氏《女姑姑》第四折:"想当日酷刑害逢危遭困,您那一日便逼的我有屈无伸。"[例句]在那个官官相护的年代,老百姓常常是～。

【有声有色】 yǒu shēng yǒu sè
[释义]声:声音。色:颜色。有声音有色彩。形容人描述事情鲜明生动,使人如临其境,听其声而观其色。[语见]宋·汪藻《浮溪集·翠微堂记》:"其意以谓世之有声有色者,未有不争而得,亦未有不终磨灭者。"[例句]我一进门,就看见他正～地给他的小伙伴们讲故事呢。

【有识之士】 yǒu shí zhī shì
[释义]识:见识。士:男人的通称。有见识的人。[语见]汉·刘向《说苑·善说》:"天下有识之士,无不为足下寒心酸鼻者,千秋万岁之后,庙堂必不血食矣。"[例句]～早已看出了武氏的野心,但是那是一个王朝最敏感的话题,弄不好就要掉脑袋,所以直到徐敬业造反了,他们也没敢大声说出来。

【有始无终】 yǒu shǐ wú zhōng
[释义]始:开头。终:结束。有开头而没结束。指做事不能坚持到底。[语见]唐·房玄龄等《晋书·刘聪载记》:"小人有始无终,不能如高之流也。"[例句]小五办的事情,常常～,但是他发散思维的能力,却比一般人高出一筹。

【有始有终】 yǒu shǐ yǒu zhōng
[释义]始:开始。终:结束。有开始有结

束。指做事有头有尾,坚持到底。[语见]宋·张君房《云笈七签》第十五卷:"木不相摩,火无由出;国无乱政,奸无由生;有始有终,是非不动能知之,其惟圣人乎?"[例句]不论大事小事,你都应～地做好。这样才是个称职的员工。

【有恃无恐】yǒu shì wú kǒng
[释义]恃:倚仗,依靠。恐:害怕。有依靠,就没有什么可怕的。形容有靠山就无所顾忌。[语见]《左传·僖公二十六年》:"室如悬罄,野无青草,何恃而不恐?"清·李宝嘉《官场现形记》第十七回:"单太爷道:'现在县里有了凭据,所以他们有恃无恐。'"[例句]因为有他爸爸给他撑腰,他当然敢～地向我们叫阵了。

【有死无二】yǒu sǐ wú èr
[释义]虽死也无二心,形容意志坚定,忠诚不变。[语见]唐·陈子昂《谏政理书》:"臣闻忠臣事君,有死无二,怀佞不谏,罪莫大焉。"[例句]岳飞一心报国,发誓要收复失地,～,可是竟遭到奸邪的陷害,其冤屈感天动地。

【有天没日】yǒu tiān méi rì
[释义]见"有天无日"。[语见]清·曹雪芹《红楼梦》第七回:"众小厮见说出来的话有天没日的,唬得魂飞魄丧,把他捆起来,用土和马粪满满地填了他一嘴。"[例句]就因为一个平庸而又顽固的家伙在主持工作,才使得整个公司都陷入了～的无穷危机之中。

【有天无日】yǒu tiān wú rì
[释义]比喻内情黑暗,无理可言,或肆无忌惮,无所顾虑。[语见]元·康进之《李逵负荆》第二折:"元来个梁山泊有天无日,就恨不斫倒这一面黄旗。"[例句]在那～的岁月里,我们只能静静地望着月亮,一边流泪一边叹息,哪里还敢说什么诗歌的事情?

【有条不紊】yǒu tiáo bù wěn
[释义]条:条理、次序。紊:乱。有条有理,丝毫不乱。形容事情井然有序。[语见]《尚书·盘庚上》:"若网在纲,有条而不紊。"[例句]主任安排好工作之后,我们几个都～地干起活来。

【有条有理】yǒu tiáo yǒu lǐ
[释义]做事、讲话、写作等步骤、措施、理义,层次分明,顺畅而不乱。[语见]《尚书·盘庚上》:"若网在纲,有条而不紊。"孔安国传:"如网在纲,各有条理而不乱也。"[例句]他坐下来,把事情的经过～地说了一遍,说完,大家才意识到,以往对他竟完全是误会了。

【有头无尾】yǒu tóu wú wěi
[释义]头:开始。尾:收尾、结束。只有开头而没有结束。喻指做事不完整,不能坚持到底。[语见]《朱子语类》第四十二卷:"若是有头无尾底人,便是忠也不久。"[例句]你做这么点小事都～的,将来怎么独立主持一个项目?

【有隙可乘】yǒu xì kě chéng
[释义]见"有机可乘"。[语见]《秦并六国平话》中卷:"万一有隙可乘,如蚌鹬相持,只为渔者之利耳。"[例句]无论怎么说,咱们的商业机密被盗,都说明别人～,还是我们的管理上出了问题。

【有心无力】yǒu xīn wú lì
[释义]徒有帮助的心意,而没有帮助解决困难的能力。[例句]你的遭遇,我深表同情,但是我人微言轻,想帮你,也是～。

【有血有肉】yǒu xuè yǒu ròu
[释义]形容文艺作品中的人物形象鲜明、生动,富有生命力。[例句]这部长篇小说塑造了一系列～的革命战士的光辉形象。

【有言在先】yǒu yán zài xiān
[释义]言:话。先:前面。指事先已经说好了。[语见]明·冯梦龙《醒世恒言》第二十二卷:"他有言在先,你今日不须惊怕。"[例句]我可是～,谁要敢以身试法,那我可就不客气了啊。

【有眼不识泰山】yǒu yǎn bù shí tài shān
[释义]识:认识、识别,认出。虽然有眼睛,但是却认不出泰山这样的名山。喻

指见识浅薄,不能认出比自己名气大、地位高或能力强的人。多用为自谦或道歉用语。[语见] 晋·刘伶《酒德颂》:"静听不闻雷霆之声,熟视不睹泰山之形。"明·施耐庵《水浒传》第二回:"师父如此高强,必是个教头,小儿有眼不识泰山。"[例句] 你真是～,人家那么大的来头,你还敢班门弄斧?

【有眼无珠】 yǒu yǎn wú zhū

[释义] 眼:眼球。珠:瞳仁。虽然有眼球,但没有瞳仁,仍然看不见东西。喻指没有能力辨别事物或人物的真假优劣。[语见] 明·吴承恩《西游记》第十六回:"我等有眼无珠,不识真人下界。"[例句] 他一个劲儿地抱怨评委们～,竟然对这样一部好作品视而不见。

【有意无意】 yǒu yì wú yì

[释义] 形容自然率真,不是曲意雕琢。[语见] 南朝宋·刘义庆《世说新语·文学》:"庾子嵩作《意赋》成,从子文康见问曰:'若有意邪,非赋之所尽,若无意邪,复何所赋?'答曰:'正在有意无意之间。'"[例句] 我听他～地提起过,他过去曾经做过教师。

【有勇无谋】 yǒu yǒng wú móu

[释义] 勇:勇气、胆量。谋:谋略、计谋。有勇气但没有谋略。形容打仗或做事一味蛮干而缺乏精心策划。[语见] 晋·陈寿《三国志·魏书·董卓传》:"相攻击连月,死者数万。"裴松之注引《献帝起居注》:"吕布受恩而反图之,斯须之间,头县竿端,此有勇无谋也。"[例句] 在曹操看来,张飞纯粹一个～的武夫,可是自从当阳一遇之后,他的观点便全变了。

【有约在先】 yǒu yuē zài xiān

[释义] 事情如何处置,双方事先已经约定。[语见] 元·无名氏《举案齐眉》第一折:"老夫人,这事本已有约在先,况兼孩儿又执意定要嫁他,也是他的缘分了。"[例句] 咱们～,谁要先到达那红标处,便算是胜利。

【有朝一日】 yǒu zhāo yī rì

[释义] 朝:早晨。将来有一天。期待将来实现某种愿望。[语见] 元·关汉卿《救风尘》第一折:"有朝一日,准备着搭救你块望夫石。"[例句] 你难道就从来都没有想过,你～也能全面主持工作?

【有征无战】 yǒu zhēng wú zhàn

[释义] 征:讨伐。战:打仗。只需征讨而不必实战。言兵威强大,可以不战而达到克敌制胜。[语见] 汉·蔡邕《难夏育上言鲜卑仍犯诸郡》:"昔淮南王安谏伐越曰:'天子之兵,有征无战。'言其莫敢校也。"[例句] 立国之初,纵有小患,也终是～。

【有枝添叶】 yǒu zhī tiān yè

[释义] 见"添枝加叶"。[语见] 老舍《四世同堂》十一:"桐芳回到家中,把这些话有枝添叶的告诉给高第,而被招弟偷偷听了去。"[例句] 本来没什么大不了的事,经他那么～地一说,真像天都要塌下来似的。

【有志不在年高】 yǒu zhì bù zài nián gāo

[释义] 志:志气、志向。年:年龄。有没有志向不在于年龄高低,不能凭年龄来衡量志向的高低。[语见] 清·李宝嘉《官场现形记》三十八回:"姑奶奶说那里话来! 常言说得好:'有志不在年高。'"[例句] ～,你可不要小看别人,小许没有过硬的本事,敢独自前来挑战?

【有志难酬】 yǒu zhì nán chóu

[释义] 胸中的抱负难以实现。[语见] 元·无名氏《九世同居》第二折:"有一等要读书的家私薄,更无钱办束惰,因此上有志难酬。"[例句] 岳飞一心报国,发誓迎回二帝,奈何身遭冤枉,～,其内心的焦虑和无奈,是可想而知的。

【有志者事竟成】 yǒu zhì zhě shì jìng chéng

[释义] 志:志气。竟:终究。成:成功。有志气的人做事终究会取得成功。只要有决心,坚持不懈,总会成功的。[语见] 南朝宋·范晔《后汉书·耿弇传》:"帝谓弇曰:'将军前在南阳建此大策,常以为落落难合,有志者事竟成也。'"

[例句]苍天不负有心人,～,只要你不懈努力,总有一天你会看到成功的曙光的。

【有志之士】yǒu zhì zhī shì
[释义]有志向,有胆识的人。[语见]宋·陆九渊《与曾宅之书》:"惟其生于后世,学绝道丧,异端邪说充塞弥满,遂使有志之士罹此患害。"[例句]一些～早就对事情提出了自己的看法,可是因为这些声音总是传不到那些能起决定作用的耳朵里,事情便一拖再拖,以至于到了今天这种局面。

【又弱一个】yòu ruò yī gè
[释义]为悼念人去世之词。多用于老一辈人。[语见]《左传·昭公三年》:"齐公孙灶卒,司马灶见晏子曰:'又丧子雅矣。'晏子曰:'惜也,子旗不免,殆哉。姜族弱矣,而妫将始昌。二惠竞爽犹可,又弱一个焉,姜其危哉。'"[例句]忽闻噩耗,～,直觉天将崩塌!

【诱敌深入】yòu dí shēn rù
[释义]引诱敌人深入进来,使其处于不利位置而乘机消灭他。[例句]我们～,以优势兵力消灭敌人的有生力量,才是我们应该采取的上上之策。

yu

【迂怪不经】yū guài bù jīng
[释义]迂曲荒诞不合常理。[语见]唐·魏徵《隋书·王劭传》:"劭在著作,将二十年,专典国史,撰《隋书》八十卷。多录口敕,又采迂怪不经之语及委巷之言。"[例句]东方朔讲了～的事情,倒也把武帝唬得一愣一愣的。

【迂谈阔论】yū tán kuò lùn
[释义]迂塞而不切实际的谈论。[语见]明·冯梦龙《东周列国志》第八十九回:"驺衍等迂谈阔论,虚而无实。"[例句]这些～对于解决实际问题没有任何帮助。

【纡青拖紫】yū qīng tuō zǐ
[释义]比喻高官或显贵。[语见]汉·扬雄《解嘲》:"纡青拖紫,朱丹其毂。"[例句]炎炎烈日下,一队～的官员走过

田埂,百姓都当怪事看。

【纡尊降贵】yū zūn jiàng guì
[释义]见"降贵纡尊"。[例句]天下承平,皇上要～到民间走一遭,看一眼真正的民情,却比登天还难。

【于安思危】yú ān sī wēi
[释义]见"居安思危"。[例句]你现在是过得不错,但是还是要～,不断地充实自己,提高自身的素质,以便迎接挑战。

【于家为国】yú jiā wèi guó
[释义]即为民为国。[语见]明·无名氏《四马投唐》第二折:"据元帅济世才施宽厚,于家为国,端的是分破圣人忧。"[例句]他～,别无二心,但是在那个时代,正是这类正直之士,才常常会遭到奸邪的陷害。

【于今为烈】yú jīn wéi liè
[释义]于今:至今。烈:严重。形容某种情形过去已有,而如今发展得更厉害。[语见]《孟子·万章下》:"殷受夏,周受殷,所不辞也;于今为烈,如之何其受之?"[例句]人类受战争的威胁,古已有之,然而～,因为现在的武器,其威力已远远超过古时了。

【于心无愧】yú xīn wú kuì
[释义]见"问心无愧"。[例句]按普通思维,我是有嫌疑,但是我～,相信我总有一天会被证明是清白的。

【余烬复燃】yú jìn fù rán
[释义]见"死灰复燃"。[语见]清·夏敬渠《野叟曝言》第五回:"复从火后创出奇论,几使余烬复燃。"[例句]虽说敌人已基本被消灭了,但是还是要提高警惕,提防其～。

【余桃啖君】yú táo dàn jūn
[释义]啖:吃。《韩非子·说难》:"昔者弥子瑕有宠于卫君。……与君游于果园,食桃而甘,不尽,以其半啖(啖)君。君曰:'爱我哉!忘其口味,以啖寡人。'及弥子色衰爱弛,得罪于君。君曰:'是固尝矫驾吾车,又尝啖(啖)我以余桃。'故弥子之行,未变于初也,而以前之所以见贤,而后获罪者,爱憎之变也。"后用以

比喻爱憎喜怒无常。[语见]《韩非子·说难》:"异日,与君游于果园,食桃而甘,不尽,以其半啖君……"[例句]千夫长乃～之人,手下的兄弟们对他惧怕三分。

【余音缭绕】 yú yīn liáo rào
[释义]见"余音袅袅"。[例句]故地重游,人去楼空,然而依稀能感到～,想起往日我们在一起品评仙乐,心下不觉愈加悲凉。

【余音袅袅】 yú yīn niǎo niǎo
[释义]余音:留下的声音。袅袅:形容声音婉转悠扬,延绵不绝。演奏停止后,优美的乐声仍延绵不绝。[语见]宋·苏轼《前赤壁赋》:"客有吹洞箫者,倚歌而和之。其声呜呜然,如怨如慕,如泣如诉;余音袅袅,不绝如缕,舞幽壑之潜蛟,泣孤舟之嫠妇。"[例句]夜月当空,河边有人在吹箫,那曲子婉转悠扬,令人驻足良久,过了一会儿,乐声停了,但那优美的旋律仍让人感到～。

【余音绕梁】 yú yīn rào liáng
[释义]余音:留下的声音。绕梁:在梁间回绕。歌唱、演奏停止之后,仿佛余音仍在房梁间回旋。形容歌声和音乐优美动人,余味深长。[语见]《列子·汤问》:"昔韩娥东之齐,匮粮,过雍门,鬻歌假食,既去而余音绕梁欐,三日不绝,左右以其人弗去。"[例句]她那哀婉的琴声,深深地打动了听众,～,多日不绝。

【余子碌碌】 yú zǐ lù lù
[释义]余子:其余的人。碌碌:平庸无能。表示对别人的轻视。[语见]南朝宋·范晔《后汉书·祢衡传》:"衡唯善鲁国孔融及弘农杨修。常称曰:'大儿孔文举,小儿杨德祖。余子碌碌,莫足数也。'"[例句]除却大儿子,～,我还指望谁呢?

【盂方水方】 yú fāng shuǐ fāng
[释义]水因器而成形,盂器方,水也方。比喻上行下效。[语见]《荀子·君道》:"君者槃也,槃圆而水圆;君者盂也,盂方而水方。"[例句]你身为领导若能以身作则,～,下面的人还敢胡来?

【鱼沉雁落】 yú chén yàn luò
[释义]见"沉鱼落雁"。[语见]元·施惠《幽闺记·少不知愁》:"芳容鱼沉雁落,美貌月闭花羞;肌骨天然自好,不搽脂粉风流。"[例句]西施有～之貌,以身事吴,此中悲苦,何人能知?

【鱼沉雁渺】 yú chén yàn miǎo
[释义]见"鱼沉雁杳"。[语见]清·魏秀仁《花月痕》第四十二回:"稷如篙目时艰,空自拊髀,兼之宝山僻在海隅,文报不通,迢递并云,鱼沉雁渺,十分懊恼!"[例句]战乱方一开始,他们相隔万里,一下子～,悲剧人生,由此拉开了序幕。

【鱼沉雁杳】 yú chén yàn yǎo
[释义]比喻书信断绝。[例句]雪君哭得眼睛都快瞎了,依然是～,她的夫君,不知是否还在人世?

【鱼贯而出】 yú guàn ér chū
[释义]如鱼头尾相接般连续而出。[语见]唐·魏徵《隋书·炀帝纪上》:"癸卯,经大斗拔谷,山路险隘,鱼贯而出。"[例句]众人～,从容不迫,丝毫看不出公司刚刚经历了巨大的变故。

【鱼贯而进】 yú guàn ér jìn
[释义]贯:贯穿。鱼贯:像游鱼一样,一个紧挨着一个。进:行进。比喻依照次序挨次行进。[语见]晋·陈寿《三国志·魏书·邓艾传》:"山高谷深,至为艰险……艾以毡自裹,推转而下,将士皆攀木缘崖,鱼贯而进。"[例句]他们都行色匆匆,～,看来是要有什么大动作了。

【鱼贯而入】 yú guàn ér rù
[释义]鱼贯:像游鱼一样,一个挨一个地连接着。比喻像游鱼一样一个接一个地进去。[语见]清·李汝珍《镜花缘》第六十七回:"众才女除卞、孟两家姊妹在后,其余都是按名鱼贯而入。"[例句]新闻发布会前半个小时,记者们早已～,好抢占有利位置。

【鱼贯而行】 yú guàn ér xíng
[释义]见"鱼贯而进"。[语见]梁·萧子显《南齐书·蛮传》:"汶阳本临沮西界,二百里中,水陆迁狭,鱼贯而行,有数处不

通骑。"[例句]代表们～,每个人的脸上,都是一副胸有成竹的样子。

【鱼烂而亡】yú làn ér wáng
[释义]鱼的死亡是由于内脏溃烂。比喻国家的灭亡是由于内部政治混乱所造成的。[语见]《公羊传·僖公十九年》:"梁亡,此未有伐者。其言梁亡何?自亡也。其自亡奈何?鱼烂而亡也。"[例句]历史上王朝的灭亡,多不是自下而上的起义使然,而是～而已。

【鱼烂土崩】yú làn tǔ bēng
[释义]像鱼的腐烂,土的分崩一样。比喻国家因内乱而灭亡。[语见]汉·荀悦《汉纪·惠帝纪》:"故人主失道,则天下遍被其害,百姓一乱,则鱼烂土崩,莫之匡救。"[例句]面对这种～的局面,这位昏庸的皇帝显得无可奈何。

【鱼龙混杂】yú lóng hùn zá
[释义]鱼和龙混合掺杂在一起。比喻坏人和好人混杂在一起。[语见]唐·无名氏《渔父》词:"风搅长空浪搅风,鱼龙混杂一川中。"清·曹雪芹《红楼梦》第九十四回:"现在人多手乱,鱼龙混杂,倒是这么着,他们也洗洗清。"[例句]你那一帮手下,～,迟早要弄出大乱子来的。

【鱼目混珠】yú mù hùn zhū
[释义]鱼眼睛掺杂在珍珠里面。比喻以假乱真。[语见]汉·魏伯阳《参同契》上卷:"鱼目岂为珠,蓬蒿不成槚。"[例句]这个书画市场里常有人用赝品～,你可要认真鉴别,以防上当受骗啊!

【鱼水和谐】yú shuǐ hé xié
[释义]形容关系和好谐调如鱼水。常指夫妇和谐。[语见]明·无名氏《鸣凤记·拜谒忠灵》:"记得当初花正开,遇乔才,在阳台,鱼水和谐呀鱼水和谐。"[例句]他们结婚之后,夫唱妇和,～,众人都羡慕不已。

【鱼游釜底】yú yóu fǔ dǐ
[释义]见"鱼游釜中"。[语见]明·徐复祚《投梭记·却说》:"而今江左势孤危,兵屯江上,鱼游釜底。"[例句]你兄弟如今

是～,危在旦夕,你竟视而不见,真是冷漠!

【鱼游釜中】yú yóu fǔ zhōng
[释义]釜:古代一种煮饭菜的锅。比喻身陷绝境,无处逃生,危在旦夕。[语见]南朝宋·范晔《后汉书·张纲传》:"若鱼游釜中,喘息须臾间耳。"[例句]我们目前四面受敌,是～,要突围,实在难于登天。

【鱼质龙文】yú zhì lóng wén
[释义]鱼的内质,龙的外表。形容徒有其表或以次充好。[语见]晋·葛洪《抱朴子·吴失》:"鱼质龙文,似是而非,遭水而喜,见獭即悲。"[例句]不法商贩卖的这些光亮的冰箱,无一不是～,拆开了一看,里面装的仪器,全是旧的。

【渔经猎史】yú jīng liè shǐ
[释义]渔、猎:涉猎。泛览群经,博涉诸史。形容浏览群书,知识广博。[语见]宋·张君房《云笈七签》第一百一十二卷:"进士王叡,渔经猎史之士也。"[例句]他这些年虽在乡下,但是不忘～,从而为他以后的治学,打下了扎实的基础。

【渔人得利】yú rén dé lì
[释义]见"渔人之利"。[语见]明·冯梦龙《醒世恒言》第八卷:"李都管本欲唆孙寡妇……鹬蚌相持,自己渔人得利。"[例句]我们别再闹下去了,再闹下去,致使两败俱伤,～,有什么意思呢?

【渔人之利】yú rén zhī lì
[释义]比喻双方争执不下,第三方得利。[语见]明·凌濛初《二刻拍案惊奇》第十六卷:"他日可以在里头看景生情,得些渔人之利。"[例句]不要想去得什么～,最稳妥的是你自己创造出一片自己的天地,你耕耘,你收获,你才会心安理得。

【渔翁得利】yú wēng dé lì
[释义]见"渔人之利"。[语见]清·伤时子《苍鹰击》第二十出:"李和张同室戈操,却让渔翁得利骄,把明室江山送了!"[例句]你们就打下去吧,等看到～的那

一天,你们哭都没有机会了。

【渔翁之利】 yú wēng zhī lì

[释义]见"渔人之利"。[例句]如今四方均虎视眈眈,都有欲获～的心思,我们一有动作,势必给人可乘之机。

【渔阳鼙鼓】 yú yáng pí gǔ

[释义]渔阳:地名。即今天津蓟县。鼙鼓:古代军中所击的小鼓。比喻兵灾祸乱。[语见]唐·白居易《长恨歌》:"渔阳鼙鼓动地来,惊破霓裳羽衣曲。"[例句]杜甫为避～,被迫逃到四川,在如今的成都西郊栖身。

【榆眠豆重】 yú míng dòu zhòng

[释义]眠:通"眠"。本指多食榆使人久睡。食大豆使人发胖。用以形容人的本性难改。[语见]唐·李商隐《为柳珪谢京兆公启》之一:"木朽石顽,雕镂莫就,榆眠豆重,性分难移。"[例句]他前几十年都作恶多端,～,单凭现在的几句话你就相信他能立地成佛了?

【愚不可及】 yú bù kě jí

[释义]及:赶上。形容人笨到了极点。[语见]《论语·公冶长》:"宁武子邦有道则知,邦无道则愚。其知可及也,其愚不可及也。"[例句]你竟跟那些一个比一个还贪心的家伙合作,真是～!

【愚夫愚妇】 yú fū yú fù

[释义]旧时统治者对一般百姓的蔑称。[语见]《尚书·五子之歌》:"予视天下,愚夫愚妇,一能胜予。"[例句]虽说都是些～,但他们都有着善良的心灵,这却不是那许多所谓的聪明人所能具备的。

【愚公移山】 yú gōng yí shān

[释义]比喻做事有坚定的信念和顽强、坚毅的斗争精神。[例句]你但能有那么一丝～的精神,这部书你早就完成了。

【愚昧无知】 yú mèi wú zhī

[释义]愚昧:愚蠢、糊涂。愚蠢,没有知识,不明事理。[语见]唐·玄奘《大唐西域记·羯若鞠阇国》:"自顾寡德,国人推尊,令袭大位,光父之业。愚昧无知,敢稀圣旨!"[例句]张居正清楚地知道,朝中大多数官员,均是些～之人,要指望他

们振兴国家,实在是做梦。

【与虎谋皮】 yǔ hǔ móu pí

[释义]同老虎商量,要它的皮。比喻必不可得。本作"与狐谋皮"。[例句]指望袁世凯会交出权力,无异～。

【与民更始】 yǔ mín gēng shǐ

[释义]更始:革新。封建帝王即位、改元或采取重大措施时所发布的诏令中,常用"与民更始"表示改革旧状。后泛指革新政治,除旧布新。[语见]汉·班固《汉书·武帝纪》:"朕嘉唐虞而乐殷周,据旧以鉴新。其赦天下,与民更始。"[例句]国家初定,太祖～,休养生息,经济和文化得到了恢复。

【与人为善】 yǔ rén wéi shàn

[释义]同别人一起做好事,也指赞助别人做好事。今多指善意帮助别人。[语见]《孟子·公孙丑上》:"取诸人以为善,是与人为善者也,故君子莫大乎与人为善。"[例句]在人与人的交往过程中,如果人们都能～,和睦相处,真诚相待,那么我们的生活会有更多的幸福和更多的快乐。

【与日俱新】 yǔ rì jù xīn

[释义]新:新面貌。随着时间一同更新。[语见]宋·张君房《云笈七签》第七十八卷:"耳目唯有聪察,神彩弥加精明。颜与日而俱新,智将年而共远。"[例句]公司自从改革之后,景况～,职工们的收入也大幅度地增长。

【与日俱增】 yǔ rì jù zēng

[释义]俱:一起。随着时间的推移而增长、增加。[语见]宋·吕祖谦《吕东莱集》:"疾疹交作,眊然瞻视……与日俱增。"[例句]调查显示,要求使用宽带的网络用户～,但是宽带技术却需要更大的进步才能真正满足这种要求。

【与时浮沉】 yǔ shí fú chén

[释义]见"与世沉浮"。[语见]唐·房玄龄等《晋书·王戎传》:"自经典选,未尝进寒素,退虚名,但与时浮沉,户调门选而已。"[例句]崔家三代地位显赫,然而均～,因此多为世人不齿。

Y

【与世长辞】 yǔ shì cháng cí

[释义]同人世永远告别。本指隐居。今指逝世。[语见]清·蒲松龄《聊斋志异·贾奉雉》:"仆适自念,以金盆玉碗贮狗矢,真无颜出见同人,行将遁迹山丘,与世长辞矣。"[例句]当我们回国赶到老家,爷爷已经～了,临死都没能见上我们一面。

【与世沉浮】 yǔ shì chén fú

[释义]和人世间的潮流一起沉浮。形容随俗应付,没有己见。[语见]汉·司马迁《史记·游侠列传》:"岂若俾伦侪俗,与世沉浮,而取荣名哉。"[例句]他所以能几十年在政坛不倒,还不是他那～的性格的"功劳"。

【与世俯仰】 yǔ shì fǔ yǎng

[释义]俯仰:升降。指随波逐流,附和世俗。[语见]元·脱脱等《宋史·米芾传》:"芾为文奇险,不蹈袭前人轨辙,特妙于翰墨……又不能与世俯仰,故从仕数困。"[例句]你总是～,也许能使你到达一定的位置,但是你永远都不可能创造出一片真正属于你自己的天地。

【与世靡争】 yǔ shì mǐ zhēng

[释义]见"与世无争"。[语见]唐·欧阳询《艺文类聚》三十六卷引晋·潘岳《许由颂》曰:"邈哉许公,执真履贞,辞尧城下,抱朴隐形,川停岳峙,澹泊无营,栖迟高山,与世靡争。"[例句]爷爷平反之后,在老家过着～的生活,倒也逍遥自在。

【与世无争】 yǔ shì wú zhēng

[释义]跟世上没有纷争。指态度超脱,不参与世俗的竞争。[语见]清·李宝嘉《官场现形记》第五十三回:"他自己一人忖道:这番赚来的钱也尽够我下半世过活。既然人家同我不对,我也乐得与世无争,回家享用。"[例句]我怎么不想过几天～的日子呢,可是这麻烦主动找上了我,我躲都躲不掉。

【与世偃仰】 yǔ shì yǎn yǎng

[释义]偃仰:俯仰。形容随波逐流,随俗应付,没有主见。[语见]《荀子·非相》:

"与世迁徙,与世偃仰。"[例句]像薛崇简那种～的人物,在历史上是不可能留下多大响动的。

【与众不同】 yǔ zhòng bù tóng

[释义]跟一般的不一样。指人的性格行为等独具特色。[语见]汉·王充《论衡·骨相》:"故富贵之家,役使奴僮,育养牛马,必有与众不同者矣。"[例句]他性格怪异,他过的生活自然有些～了,不过他心灵中的善良却并不比常人少。

【羽蹈烈火】 yǔ dǎo liè huǒ

[释义]比喻不自量力而自取灾祸。[语见]汉·刘向《新序·杂事三》:"若以桀诈尧,譬之若以卵投石,若以指挠沸,若羽蹈烈火。"[例句]你让这区区三千人马去对抗十万大军,实在是～。

【羽翮飞肉】 yǔ hé fēi ròu

[释义]翮:翅膀。羽毛虽轻,集许多羽毛成了翅膀就可以使身体飞翔。比喻集轻微之力可撼举重物。[语见]汉·班固《汉书·景十三王传》:"丛轻折轴,羽翮飞肉。"颜师古注:"言积载轻物,物多至令车轴毁折。而鸟之所以能飞翔者,以羽翮扇扬之故也。"[例句]楚源先生妙计选出,自能～,从容地从重围中脱险而出。

【羽翮已就】 yǔ hé yǐ jiù

[释义]比喻已得到辅佐之人,势力已壮大。[语见]汉·司马迁《史记·留侯世家》:"歌曰:'鸿鹄高飞,一举千里,羽翮已就,横绝四海。'"[例句]敌人目前～,现在去正面攻击,我们自己也必然会受到巨大的损失,杀敌三千,自损八百,不值。

【羽毛丰满】 yǔ máo fēng mǎn

[释义]小鸟的羽毛已经长齐了。比喻力量已经积蓄充足,可以大干一番了。[例句]丁家的子弟如今已然～,与我们势均力敌的时代开始了。

【羽檄飞驰】 yǔ xí fēi chí

[释义]见"羽檄交驰"。[语见]清·黄遵宪《再述》诗:"羽檄飞驰四百州,先防狼角后髦头。"[例句]各处～,战事一触即发,可是京城里却还是一片歌舞升平,可

见,国家灭亡的时候快到了。

【羽檄交驰】 yǔ xí jiāo chí

[释义]羽檄:插上鸟羽的紧急文书。比喻军情紧急。[语见]宋·张孝祥《衡州新学记》:"于羽檄交驰之际,不敢忘学,学成而兵有功,治有绩,则余安得不为立言,以劝夫为政而不知学者耶!"[例句]敌国大军压境,京郊～,全国上下,人心惶惶不安。

【羽翼已成】 yǔ yì yǐ chéng

[释义]见"羽翮已就"。[语见]汉·荀悦《汉纪·高祖帝纪四》:"上召戚夫人指示曰:'吾欲易太子,彼四人者为之辅,羽翼已成,难动摇也。'"[例句]我们如果不能斩草除根,待其～,我们必将身受其害。

【雨过天青】 yǔ guò tiān qīng

[释义]见"雨过天晴"。[语见]清·朱琰《陶说·古窑考》:"后周柴窑,柴世宗时烧者,故曰柴窑。相传当日请瓷器式,世宗批其状曰:'雨过天青云破处,者般颜色作将来。'"[例句]～一道美丽的彩虹高悬在西空。

【雨过天晴】 yǔ guò tiān qíng

[释义]指雨过初晴时天空中呈现的碧青颜色。也比喻状况由坏变好。[语见]清·石玉昆《三侠五义》第七十八回:"此时雨过天晴,月明如洗。"[例句]动乱的年代总算过去了,现在～,大家都十分开心。

【雨后春笋】 yǔ hòu chūn sǔn

[释义]春雨之后,竹笋旺盛地长出来。比喻新生事物大量地涌现。[例句]隋朝末年,各地的农民起义如～一般,杨隋政权摇摇欲坠。

【雨顺风调】 yǔ shùn fēng tiáo

[释义]见"风调雨顺"。[语见]宋·苏轼《荔枝叹》诗:"我愿天公怜赤子,莫生尤物为疮痏。雨顺风调百谷登,民不饥寒为上瑞。"[例句]连续几年～,农民们终于可以吃得一口饱饭了。

【禹行舜趋】 yǔ xíng shùn qū

[释义]比喻跟随前人,没有什么创新。[语见]《荀子·非十二子》:"禹行而舜趋,是子张氏之贱儒也。"[例句]老陈这几年,虽然是～,但是能保住公司的势头,便也很不容易了。还要求他有大发展,恐怕必须另择高明。

【语不惊人死不休】 yǔ bù jīng rén sǐ bù xiū

[释义]写诗或做文章不写出惊人的妙语不罢休。形容写作时在语言上下功夫。[语见]唐·杜甫《江上值水如海势聊短述》诗:"为人性僻耽佳句,语不惊人死不休"。[例句]在写文章上,他是～,那个认真劲儿,让人很是佩服。

【语不投机】 yǔ bù tóu jī

[释义]见"话不投机"。[语见]宋·释普济《五灯会元·大愚芝禅师法嗣》:"所以道言无展事,语不投机,承言者丧,滞句者迷。"[例句]我们简单地交谈了几句,都觉得～,便都住了口,场面自然也就冷了下来。

【语不择人】 yǔ bù zé rén

[释义]讲话不看对象。[语见]清·李汝珍《镜花缘》第二十五回:"大约二位语不择人,失于检点,以至如此。幸而知觉尚早,未遭其害。"[例句]因为你～,结果闹出了乱子,上上下下都会怨你。

【语妙绝伦】 yǔ miào jué lún

[释义]绝伦:特异;超过同辈。言语精妙超过同辈。[语见]清·梁绍壬《两般秋雨盦随笔·科场对》:"因对云:'蒋经荒芜,大戛含冤呼大卞;姚墟榛莽,秋农一笑对秋吟!'语妙绝伦。"[例句]她所以能～,并不是短时间训练出来的结果,那与她从小就受到良好的教育,加上后来修养的不断提高有着巨大的关系。

【语无伦次】 yǔ wú lún cì

[释义]伦次:条理、层次。说话没有条理,颠三倒四。[语见]宋·苏轼《僧惠诚游吴中代书十二》:"信笔书纸,语无伦次,又尚有漏落者,方醉不能详也。"[例句]第一次见到处长,几个初出茅庐的大学生都有些～了。

【语焉不详】 yǔ yān bù xiáng

[释义]焉:文言助词。话说得不详细。

Y

[语见] 唐·韩愈《原道》："荀与扬也，择焉而不精，语焉而不详。"[例句] 他的话我们倒是都去听了，但是～，我们都没能听出个所以然。

【语言无味】 yǔ yán wú wèi

[释义] 言辞、文句枯燥无味。[语见] 唐·韩愈《昌黎先生集·送穷文》："凡所以使吾面目可憎，语言无味者，皆子之志也。"[例句] 陈老师的课，总是～，再好的东西，到了他嘴里一过，都使人昏昏欲睡。

【语重心长】 yǔ zhòng xīn cháng

[释义] 话语真诚，情意深长。形容真诚恳切劝告。[例句] 老师～的话，令我感动得热泪盈眶。

【玉成其美】 yù chéng qí měi

[释义] 见"玉成其事"。[语见] 明·冯梦龙《警世通言》第二十五卷："施齐又提起亲事，李梅轩自请为媒，众人都玉成其美。"[例句] 看你都努力这么多年了，如果我不能～，那我也就太不近人情了。

【玉成其事】 yù chéng qí shì

[释义] 玉成：成全。成全其事。多指男女的婚事。[语见] 明·冯梦龙《醒世恒言》第七卷："只道一时权宜，玉成其事。"[例句] 长辈们都极力想～，但是他们俩似乎根本没这意思。

【玉骨冰肌】 yù gǔ bīng jī

[释义] 比喻人、物品貌清丽高洁。[语见] 宋·姚述尧《行香子·茉莉花》词："天赋仙姿，玉骨冰肌。向炎威、独逞芳菲。"[例句] 这姑娘风姿绰约，～，有如仙人。

【玉减香消】 yù jiǎn xiāng xiāo

[释义] 形容美女消瘦憔悴。[语见] 明·洪楩《清平山堂话本·风月相思》："不觉黄昏又到，谁知玉减香消！"[例句] 金城公主无端受辱，不出半年，已然～，面容憔悴，人人见之欲泪。

【玉洁冰清】 yù jié bīng qīng

[释义] 见"冰清玉洁"。[例句] 香君生在浊漳不堪的王府，依然～，实在很不容易。

【玉楼赴召】 yù lóu fù zhào

[释义] 玉楼：相传仙人的住处。旧为青年文人之死的婉辞。[语见] 清·曾朴《孽海花》第二十回："却把个文园病渴的司马相如，竟做了玉楼赴召的李长吉了。"[例句] 得知他～，我顿时痛哭失声。

【玉楼金殿】 yù lóu jīn diàn

[释义] 美玉砌成的楼房，金子搭成的宫殿。形容楼阁宫室的精致优美或指仙人之居处。[语见] 唐·李白《宫中行乐词》："玉楼巢翡翠，金殿锁鸳鸯。"[例句] 虽然置身～，心下却毫无贪恋之意，这便是王勃非常人所能及的高洁。

【玉楼金阙】 yù lóu jīn què

[释义] 见"玉楼金殿"。[语见] 元·无名氏《曹彬下江南》头折："玉楼金阙号天庭，日月光辉async大明。"[例句] 他推辞说："我乃一介草民，如此～，不是我能消受的，我的心中，只有那坑坑洼洼的乡间土地。"

【玉律金科】 yù lǜ jīn kē

[释义] 见"金科玉律"。[语见] 清·李宝嘉《官场现形记》第四十三回："老伯大人的议论，真是我们佐班中的玉律金科。"[例句] 你不是皇帝，你的话自然也算不得什么～，我愿不愿意接受，那就看我的情绪了。

【玉软花柔】 yù ruǎn huā róu

[释义] 比喻女子如花似玉的娇嫩柔弱。[语见] 清·洪昇《长生殿·惊变》："我那妃子呵，愁杀你玉软花柔，要将途路趱。"[例句] 这女子～的样子让他不禁一阵心动。

【玉石不分】 yù shí bù fēn

[释义] 美玉和石头混在一起不分开。比喻好坏不分。[语见] 五代·王定保《唐摭言·进士归礼部》："洎乎近代，厥道浸微，玉石不分，薰莸错杂。"[例句] 你身居要职，对手下各路诸侯的长短，却是～，真是糊涂！

【玉石俱焚】 yù shí jù fén

[释义] 美玉和顽石一同焚毁。比喻不分好坏，同归于尽。[语见] 《尚书·胤

Y

征》："钦承天子威命，火炎昆冈，玉石俱焚，天吏逸德，烈于猛火。"[例句] 敌人虽是强弩之末，但是还是要提防其～，一旦狗急跳墙，必将造成我们的重大牺牲，何苦来哉！

【玉石俱烬】yù shí jù jìn
[释义] 见"玉石俱焚"。[语见] 北齐·邢子才《广平王碑文》："群心在辰，横流具及，山崩川斗，星霣日销，昆岳既毁，玉石俱烬。"[例句] 战到最后，连与敌人～的心都有了，如果不是你们适时救援，我们几十个兄弟恐怕早就命丧黄泉了。

【玉石同沉】yù shí tóng chén
[释义] 不论好坏，同遭沉没。[语见] 唐·姚思廉《梁书·元帝纪》："孟诸焚燎，芝艾俱尽；宣房河决，玉石同沉。"[例句] 就是抱定了这种～之心，战士们士气高昂，竟使敌人在此足足地被阻击了三个月之久。

【玉石同焚】yù shí tóng fén
[释义] 见"玉石俱焚"。[语见] 唐·姚思廉《梁书·武帝纪上》："时运艰难，宗社危殆，昆岗已燎，玉石同焚。"[例句] 战士们都以～之心浴血奋战，当官的却悄悄溜走了。

【玉食锦衣】yù shí jǐn yī
[释义] 见"锦衣玉食"。[语见] 明·谢谠《四喜记·祸襄左道》："天福神皇神后，桓桓群将多筹，等闲握玺御龙楼，玉食锦衣消受。"[例句] 公子们过着～的生活，对江湖豪杰的言谈举止，自然大为诧异了。

【玉碎香残】yù suì xiāng cán
[释义] 见"香消玉沉"。[语见] 清·洪昇《长生殿·冥追》："艳冶风前榭，繁花梦里过。风流谁识当初我？玉碎香残荒郊卧，云抛雨断重泉堕。"[例句] 待到皇帝醒悟，公主已经～了。

【玉碎香消】yù suì xiāng xiāo
[释义] 见"香消玉沉"。[语见] 明·范受益《寻亲记·就教》："玉碎香消镜台荒，绿云缭乱懒梳妆。"[例句] 最后，这位奇女子～于大漠深处，她的故事，几百年之后，还被当地的人不断传唱。

【玉碎珠沉】yù suì zhū chén
[释义] 美玉破碎，珠宝沉没。比喻美女死亡。[语见] 明·徐复祚《投梭记·折齿》："挣得个玉碎珠沉，休思量意转心反。"[例句] 正值小姐沉疴既久，～之际，戴家遭到查封，全府老少三十余口，一律充军。

【玉叶金柯】yù yè jīn kē
[释义] 见"金枝玉叶"。[语见] 唐·张景毓《大唐朝散大夫行润州句容县令岑君德政碑》："主簿崔子佺，相门卿族，玉叶金柯，光彩可以射人。"[例句] 小姐乃～，与我们这等草莽之士交往，只怕有辱你高贵的门风。

【玉宇琼楼】yù yǔ qióng lóu
[释义] 见"琼楼玉宇"。[语见] 明·胡文焕《群音类选·〈椒觞记·师生宴雪〉》："彤云万里，正风高紫塞，寒凝玉宇琼楼，九陌冰花迷晓骑。"[例句] 我有些恍惚了，身边香烟袅袅，缥缈如风，只恐身在～，却不知人间已是几何？

【玉卮无当】yù zhī wú dàng
[释义] 卮：古代一种盛酒器。当：底。玉杯无底。比喻华丽贵重而不实用的东西。[语见]《韩非子·外储说右上》："堂溪公谓昭侯曰：'今有千金之玉卮而无当，可以盛水乎？'昭侯曰：'可'。对曰：'夫瓦器至贱也，不漏可以盛酒，虽有千金之玉卮，至贵而无当，漏不可盛水，则人孰注浆哉？今为人主而漏其群臣之语，是犹无当之玉卮也，虽有圣智，莫尽其术，为其漏也。'"[例句] 这些～的东西没有什么实际用途，你还是自己收着吧。

【玉质金相】yù zhì jīn xiàng
[释义] 见"金相玉质"。[语见] 南朝梁·刘孝标《辨命论》："昔之玉质金相，英髦秀达，皆摈斥于当年，韫奇才而莫用。"[例句] 班长才华横溢，～，在同龄人中堪称出类拔萃。

【郁郁不乐】yù yù bù lè
[释义] 郁郁：苦闷的样子。心中苦闷，没有欢乐。[例句] 小曾这几天总是～

的,恐怕是他在感情上出现了什么问题吧。

【郁郁葱葱】 yù yù cōng cōng
[释义]郁郁:草木茂盛的样子。葱葱:草木苍翠茂盛的样子。形容草木茂盛苍翠。也比喻气象美好。[语见]汉·王充《论衡·吉验》:"城郭郁郁葱葱。"[例句]一入园子,只见古松古柏林,~,真是纳凉的好地方。

【郁郁寡欢】 yù yù guǎ huān
[释义]郁郁:发愁的样子。寡:少。心中愁闷,缺少欢乐。[例句]孙老师近日~,是不是又遇到了什么为难的事?

【浴血奋战】 yù xuè fèn zhàn
[释义]浴:洗。浑身浸透了血,奋力作战。形容战斗激烈,将士作战勇敢顽强。[例句]战士们在前方~,你却在此自在逍遥,难道你不怕遭受天下人的谴责?

【预搔待痒】 yù sāo dài yǎng
[释义]痒处还未发作便预先搔抓。比喻不着边际的预备。[语见]宋·释道原《景德传灯录·洪忍禅师》:"僧曰:'忽遇恁么人时如何?'师曰:'不可预搔而待痒。'"[例句]我们的这项方案还没有被批准,你就着手做宣传了,岂不是~吗?

【欲罢不能】 yù bà bù néng
[释义]罢:停止。想要停也停不住。本指学习心切不能中止。后泛指事情发展到一定程度想停住已不可能。[语见]《论语·子罕》:"夫子循循然善诱人,博我以文,约我以礼,欲罢不能。"[例句]我们也想撤离,可是~,因为我们已经被敌人紧紧地咬住了,要脱身,谈何容易?

【欲盖弥彰】 yù gài mí zhāng
[释义]盖:掩盖、遮掩。弥:更加。彰:明显、显著。本想掩盖事实真相,结果反而暴露得更加明显。[语见]宋·司马光《资治通鉴·唐太宗贞观十六年》:"或畏人知,横加盛怒,欲盖弥彰,竟有何益!"[例句]事情都已经暴露到光天化日之下了,你这样做不是~吗?

【欲壑难填】 yù hè nán tián
[释义]欲:欲望。壑:山沟。欲望就像深沟一样很难填满。形容贪心极大、无法满足。[语见]清·李宝嘉《文明小史》第十二回:"我们的银钱有限,他们的欲壑难填,必至天荆地棘,一步难行。"[例句]李白原想到京城好好"发挥"一通,然而满眼都是~的官员,他的心逐渐冷了。游历大好河山,成了最大的心愿。

【欲加之罪,何患无辞】 yù jiā zhī zuì, hé huàn wú cí
[释义]患:担心,忧虑。辞:指借口。《左传·僖公十年》:"欲加之罪,其无辞乎?"意为要加罪于人,不用担心找不到借口。后用"欲加之罪,何患无辞"指找借口陷害人。辞,也作"词"。[例句]明明是莫须有的事,却硬是安在我头上,真是~。

【欲擒故纵】 yù qín gù zòng
[释义]擒:捉拿。纵:放走。为了要捉住他,故意先放走他,使其放松警惕。比喻为了更好地控制,故意先放松一步。[语见]清·吴趼人《二十年目睹之怪现状》第七十回:"大人这里还不要就答应他,放出一个欲擒故纵的手段,然后许其成事,方不失了大人这边的门面。"[例句]诸葛亮~,终于使孟获心悦诚服,蜀之南方由此得以平定。

【欲取姑与】 yù qǔ gū yǔ
[释义]姑:暂且。想要取得什么,就先要给予别人一些什么。[语见]《战国策·魏策一》:"《周书》曰:'将欲败之,必姑辅之,将欲取之,必姑与之。'"[例句]一旦你看破人家~之心,你便会对他的"关爱"的真意洞然于心了。

【欲说还休】 yù shuō huán xiū
[释义]想说又止而不说。多形容情意复杂而又难于表达。[语见]宋·辛弃疾《丑奴儿·书博山道中壁》:"而今识尽愁滋味,欲说还休,欲说还休,却道天凉好个秋。"[例句]看你犹犹豫豫、~的样子,到底出了什么事情?

【欲速则不达】 yù sù zé bù dá
[释义]一味图快,反而达不到目的。[语见]《论语·子路》:"无欲速,无见小

利。欲速则不达,见小利则大事不成。"[例句]学习是一个循序渐进的过程,～,不要总想一口吃一个胖子。

【欲益反损】 yù yì fǎn sǔn
[释义]益:增加,益处。损:减少,损失。原想得到好处,反而受到损害。形容事与愿违。[语见]汉·司马迁《报任少卿书》:"顾自以为身残处秽,动而见尤,欲益反损。"[例句]桓公一心北伐,不意～,自此之后,意志消沉数年,郁郁而终。

【遇难成祥】 yù nàn chéng xiáng
[释义]难:灾难。祥:吉祥。遇到灾难而能化为吉祥。[语见]清·李汝珍《镜花缘》第八十四回:"愿他诸事如意,遇难成祥。"[例句]你一路万里关山,只望你能顺风顺水,～,平安到达。

【遇人不淑】 yù rén bù shū
[释义]淑:善,美。女子所嫁的丈夫不好。[语见]《诗经·王风·中谷有蓷》:"有女仳离,条其啸矣。条其啸矣,遇人之不淑矣。"[例句]小妹远嫁宁河,不料～,成婚不到三年,便郁郁而死,实在让人叹息不已。

【遇事生风】 yù shì shēng fēng
[释义]原形容处理事情果断迅速。后比喻借事端兴风作浪。[语见]清·夏敬渠《野叟曝言》第六回:"你们这班光棍,专一遇事生风,恐吓索诈,本该送县到府去重处,因诈尚未成,姑不深究。"[例句]现在情势混乱,～的大有人在。

【遇物持平】 yù wù chí píng
[释义]形容对待人和事持公正态度。[语见]宋·苏舜钦《开国男食邑三百户上护军赐紫金鱼袋》:"苟遇物持平,轻重判于中矣。"[例句]法官尤其需要～,对任何人任何案件,都要永远保持公正严明的态度。

【御下蔽上】 yù xià bì shàng
[释义]压制下属,蒙骗上级。[语见]宋·朱熹《己酉拟上封事》:"妒贤嫉能,御下蔽上,而不忧其有害于圣政也。"[例句]这个封建王朝到了后期,～的官

员几乎充斥着整个官场,王朝的气数快尽了。

【誉过其实】 yù guò qí shí
[释义]名声超过了真实本领。[语见]唐·房玄龄等《晋书·王羲之传》:"此数子者,皆誉过其实。"[例句]这位所谓的书法大师,事实上是～,见过真迹的人无不有这种感觉。

【鹬蚌相持】 yù bàng xiāng chí
[释义]见"鹬蚌相争"。[例句]魏赵开战,打得越是火热,便越是～,秦国上下真要梦中都会笑醒了。

【鹬蚌相争】 yù bàng xiāng zhēng
[释义]鹬:一种细长嘴的水鸟。鹬蚌相持,渔人得利。比喻双方相持不下,而使第三者从中得利。[语见]《战国策·燕策二》:"蚌方出曝,而鹬啄其肉,蚌合而钳其喙……两者不肯相舍,渔者得而并禽之。"[例句]他们两个厂家正～的时候,另一厂家已抢先一步占领了市场。

yuan

【冤家路狭】 yuān jiā lù xiá
[释义]见"冤家路窄"。[例句]两人自从交恶之后,却往往～,几乎天天都要在楼梯上见上一遭,想避都避不开。

【冤家路窄】 yuān jiā lù zhǎi
[释义]冤家:仇人。仇人或不愿相见的人偏偏遇上躲避不开。比喻矛盾不可回避。[语见]明·凌濛初《初刻拍案惊奇》第三十卷:"真是冤家路窄,今日一命讨了一命。"[例句]这两家企业一贯是对头,这次竞标偏偏又成了主要的竞争者,真是～。

【冤天屈地】 yuān tiān qū dì
[释义]形容特别冤枉受屈。[语见]明·凌濛初《初刻拍案惊奇》第八卷:"真是冤天屈地,要好成歉。"[例句]他做了那么多好事,却被认为是别有用心,他感到～。

【冤有头,债有主】 yuān yǒu tóu, zhài yǒu zhǔ
[释义]冤有冤头,债有债主。指报仇讨

债要找准对象,不要累及他人。[语见]宋·释普济《五灯会元·法云本禅师法嗣》:"曰:'如何是境中人?'师曰:'一宿觉。'上堂,众集定,喝一喝曰:'冤有头,债有主!'"[例句]～,你不去找你应该找的人,跟别人发火有什么用呢?

【冤冤相报】yuān yuān xiāng bào
[释义]冤:仇恨。结下仇恨就会遭到报复。也指仇人互相报复。[语见]宋·洪迈《夷坚丙志·安氏冤》:"道士曰:'汝既有冤,吾不汝治,但曩事岁月已久,冤冤相报,宁有穷期。'"[例句]俗话说"冤家宜解不宜结",你们这么几代人～,何时是一个头啊!

【元恶大憝】yuán è dà duì
[释义]元恶:首恶。憝:坏,奸恶。指罪魁祸首。[语见]宋·陈亮《与吕伯恭正字书》:"志同道合,便能引其类,自非元恶大憝,皆可借其利心以成回复之势。"[例句]岳飞含冤而死,秦桧自是～,老百姓痛恨秦桧,到了咬牙切齿的地步。

【元方季方】yuán fāng jì fāng
[释义]南朝宋·刘义庆《世说新语·德行》:"陈寔说:'元方难为兄,季方难为弟。'"后用以称颂兄弟俩才德不相上下。[例句]邵家昆仲,～,又各有所长,他们使邵府的光辉照耀到了最远的地方。

【元龙高卧】yuán lóng gāo wò
[释义]比喻对客人简慢,无礼貌。[例句]我们走了几十里地前去拜访,迎接我们的却是主人～的态度,大家的脸上都有愤懑之意。

【元元本本】yuán yuán běn běn
[释义]见"原原本本"。[语见]汉·班固《西都赋》:"元元本本,殚见洽闻。"[例句]事情我已经～地告诉了你,你还要我说什么呢?

【原封不动】yuán fēng bù dòng
[释义]封:封口。依旧是原样,一点不改动。[语见]明·凌濛初《初刻拍案惊奇》第十八卷:"丹客厉声说道:'你在此看炉,做了甚事?丹俱败了。'小娘子道:'日日与主翁来看炉,是原封不动的,不

知何故?'"[例句]信被～地退了回来,我十分失望。

【原始反终】yuán shǐ fǎn zhōng
[释义]见"原始要终"。[语见]《周易·系辞上》:"原始反终故知死生之说。"[例句]先生研究甲骨文数十年,～,临死都没能弄清这些文字的全部含义,这便成了他一生的遗憾,也成了我们必须要将研究工作进行下去的动力。

【原始要终】yuán shǐ yāo zhōng
[释义]原:推究。始:起源。要:探求。终:结果。探求事物发展的起源与结果。[语见]《周易·系辞下》:"《易》之为书也,原始要终以为质也。"[例句]我的老师经常对我说,我们进行历史学的研究,就是要善于～,要能进行深入细致的考察,只有这样,才能有所发现,有所领悟。

【原形毕露】yuán xíng bì lù
[释义]毕:全、都。原来的面目全部暴露出来。[例句]这个多年来被人们视为廉洁奉公好榜样的官员,现在～了,他原来是个大贪官。

【原原本本】yuán yuán běn běn
[释义]原:源泉。本:树根。形容叙事详细,一点不漏。[语见]清·吴趼人《二十年目睹之怪现状》第五十三回:"有一天,县里接了一个呈子,是告一个盐商的,说那盐商从前当过长毛,某年陷某处,某年掠某处,都叙得原原本本。"[例句]我也想把事情～地给你说一遍,但是现在没时间了,以后有了机会再告诉你吧!

【圆首方足】yuán shǒu fāng zú
[释义]指人类。[语见]汉·刘安《淮南子·精神训》:"头之圆也象天,足之方也象地。"[例句]这些侵略者对待殖民地所有的～,均以刀枪相向,在那一片土地上,血流成河。

【圆凿方枘】yuán záo fāng ruì
[释义]凿:榫眼。枘:榫头。方榫头插不进圆榫眼。比喻两者不相投合。[语见]南朝梁·萧统《文选·宋玉〈九辩〉》:"圆凿

而方枘兮，吾固知其铻而难入。"[例句]两位宰相，有如～，不但在朝堂上争斗不已，就是到了市井之间，也要怒目相向，难怪整个朝廷不得安宁了。

【鼋鸣鳖应】yuán míng biē yìng
[释义]鼋：大鳖。鳖：龟属，俗名甲鱼。鼋一叫鳖就响应。后比喻声气相通，互相感应。[语见]南朝宋·范晔《后汉书·张衡传》："高祖（刘邦）踞洗，以对郦生，当此之会，乃鼋鸣而鳖应也，故能同心戮力，勤恤人隐。"李贤注："喻君臣相感也。"[例句]御史台的几位眉来眼去，～，互相遮掩，搅得朝堂乌烟瘴气。

【援笔成章】yuán bǐ chéng zhāng
[释义]援笔：拿起笔。一拿起笔就写成文章。形容才思敏捷。[语见]唐·蒋防《霍小玉传》："生素多才思，援笔成章，引谕山河，指诚日月，句句恳切，闻之动人。"[例句]小王才思敏捷，～，这么一篇小文章，她还不是一挥而就？

【援笔而就】yuán bǐ ér jiù
[释义]援笔：拿起笔。就：完成。拿起笔来很快就写成。[语见]清·李渔《意中缘·名通》："我想求诗求字的，还容易打发，唯有索画一事，最难应酬。须要逐笔图写出来，不是可以倚马而成，援笔而就的。"[例句]不要担心，以他的才能，自能～，你就安心等待好了。

【援溺振渴】yuán nì zhèn kě
[释义]溺：指落水者。振：救济。援救落水者和干渴者。比喻援救受难的人。[语见]宋·邵博《闻见后录》第十五卷："曾未期月，援溺振渴，事无巨细，悉究本末。"[例句]义军于所到之处，～，深受百姓拥戴。

【缘木求鱼】yuán mù qiú yú
[释义]缘：沿着、顺着。木：树。爬到树上去找鱼。比喻方法或方向不对而达不到目的。[语见]《孟子·梁惠王上》："以若所为求若所欲，犹缘木而求鱼也。"[例句]她呀，根本就是外行，去向她讨教，实在是～。

【缘悭命蹇】yuán qiān mìng jiǎn
[释义]悭：缺乏。蹇：不顺利。缘分、命运都不好。[语见]明·胡文焕《群音类选〈余庆记·深闺幽思〉》："何时得见郎，恨缘悭命蹇。"[例句]六郎虽然胸怀韬略，却～，终生都未能得志。

【缘文生义】yuán wén shēng yì
[释义]见"望文生义"。[语见]宋·朱熹《答吕子约·论语》："读书穷理，须认正意，切忌如此缘文生义，附会穿穴。"[例句]理解这些禅诗，绝不能～，否则会闹出笑话。

【猿鹤虫沙】yuán hè chóng shā
[释义]宋·李昉《太平御览》第九百一十六卷引《抱朴子》："周穆王南征，一军尽化，君子为猿为鹤，小人为虫为沙。"旧时用以比喻战死的将士。也作"虫沙猿鹤"。[语见]唐·李白《古风》二八："君子变猿鹤，小人为沙虫。"[例句]长平一战，几十万生灵竟全成了～，自此之后，赵国衰落了。

【源清流清】yuán qīng liú qīng
[释义]源：泉源。流：流水。泉源清澈，流水也就清澈。比喻在上者作风好、行为正，下边才能作风好。行为正。"源"也作"原"。[语见]《荀子·君道》："故械数者，治之流也，非治之源也。君子者，治之源也。官人守数，君子养源，源清则流清，源浊则流浊。"[例句]张祥自己一身正气，～，下属中至今没有听说任何一个有什么见不得人的事情。

【源殊派异】yuán shū pài yì
[释义]水流的源头不同，其支流各自有异。比喻学派、学说皆自立门户，各不相涉。[语见]宋·吴自牧《梦粱录·浙江》："源殊派异，无所适从，索隐探微，宜伸确论。"[例句]我和他的学说是～的，不应该硬扯到一块儿。

【源源不断】yuán yuán bù duàn
[释义]继续不断。[例句]勤王之师～地赶向京城，突厥大汗一见，只好撤军了。

【源源不绝】yuán yuán bù jué
[释义] 源源:继续不断的样子。形容接连不断。[例句] 一束清流～地从山上落下,形成了此处天下绝无仅有的一道靓丽景观。

【源源而来】yuán yuán ér lái
[释义] 接连不断地到来。[语见]《孟子·万章上》:"虽然欲常常而见之,故源源而来。"[例句] 如果我们把销售各环节理顺了,利润自当～,但是目前最要紧的,是找到阻碍销售的瓶颈。

【源远流长】yuán yuǎn liú cháng
[释义] 河流的源头很远,水流很长。比喻历史悠久,根底深厚。也作"渊远流长"。[语见] 唐·白居易《海州刺史裴君夫人李氏墓志铭》:"夫源远流长,根深者枝茂。"[例句] 我们伟大的祖国,历史悠久,文化～。

【远愁近虑】yuǎn chóu jìn lù
[释义] 眼前的和将来的可虑之事,都想到了。形容考虑周到。[语见] 清·曹雪芹《红楼梦》第五十六回:"他这远愁近虑,不亢不卑,他们奶奶就不是和咱们好。"[例句] 她一个人,领导着这么大一个公司,～,无不一一需要在脑里产生,实在是大不易。

【远见卓识】yuǎn jiàn zhuó shí
[释义] 远见:长远的见识。卓:卓越、高超。远大、高超的见识。指有预见性。[语见] 明·焦竑《玉堂丛语·调护》:"解缙之才,有类东方朔,然远见卓识,朔不及也。"[例句] 我们公司如今已如重病之人,如果没有一点～,要走出低谷,实在难于登天。

【远交近攻】yuǎn jiāo jìn gōng
[释义] 结交远方的国家,攻打邻近的国家。后指一种待人处世的手段。[语见]《战国策·秦策三》:"王不如远交而近攻,得寸则王之寸,得尺亦王之尺也。今舍此而远攻不亦谬乎?"[例句] 秦国通过～的策略,一一化解了周边之国的力量,为一统天下奠定了雄厚的基础。

【远举高飞】yuǎn jǔ gāo fēi
[释义] 见"高飞远翔"。[语见] 宋·吴潜《八声甘州·和魏鹤山韵》:"矫首看鸿鹄,远举高飞。"[例句] 他见此子聪慧异常,相信他来日必能～,鹏程万里。

【远虑深计】yuǎn lù shēn jì
[释义] 见"远虑深思"。[语见] 唐·房玄龄等《晋书·文六王传》:"太后自往勉喻曰:'若万一加以他疾,将复如何!宜远虑深计、不可专守一志。'"[例句] 太后倒也不是没有一点～,不过她所有的思虑,核心都是权力的得失。

【远虑深思】yuǎn lù shēn sī
[释义] 深远的谋划与思考。[语见] 汉·崔寔《政论》:"昔圣王远虑深思,患民情之难防,忧奢淫之害政。"[例句] 为臣者,自当为国家～,岂可为了个人的荣辱而心神不宁?

【远亲不如近邻】yuǎn qīn bù rú jìn lín
[释义] 亲:亲人、亲属。邻:邻里、邻居。远在天边的亲人不如近在眼前的邻居关系密切。常用以比喻遇事互相帮助。[语见] 元·秦简夫《东堂老》第四折:"岂不闻远亲呵不似我近邻,我怎敢做的个有口偏无信。"[例句] ～,你要有什么事情,跟我说一声就是了,我一定会尽力帮助你的。

【远水不解近渴】yuǎn shuǐ bù jiě jìn kě
[释义] 解:解除、解救。远处水再多,也不能解除眼前的口渴之急。喻指办法不切实际,解不了燃眉之急。[语见] 清·李绿园《歧路灯》第七十七回:"他如今济宁做官,远水不能解近渴。"[例句] 赖家虽然儿女众多,但是都不在身边,目前老太太病重,～,全靠了一帮邻居的照顾才缓过气来。

【远水不救近火】yuǎn shuǐ bù jiù jìn huǒ
[释义] 远水救不了近处的火。喻指办法迟缓,不能救急。[语见]《韩非子·说林上》:"失火而取水于海,海虽多,火必

不灭矣,远水不救近火也。"[例句]虽然大家明知马来西亚还有一批订购好了的橡胶原料,但是～,面对突如其来的原料问题,大家都没辙了。

【远图长虑】yuǎn tú cháng lǜ
[释义]长远周到的考虑和设想。[语见]汉·蔡邕《汉交趾都尉胡府君夫人黄氏神诰》:"心耽其荣,体安其玄,远图长虑,用遗旧居。"[例句]未出隆中,诸葛亮便了一整套～,刘备怎能不佩服之极?

【远引曲喻】yuǎn yǐn qū yù
[释义]说话从远处引证,作曲折的比方。[语见]清·赵尔巽《清史稿·太宗本纪一》:"诸臣有艰苦之情,亦据实奏闻。苟不务直言,远引曲喻,剿袭纷然,何益于事?"[例句]据说,武则天性情不可捉摸,即使对张柬之这样深受重用的人,也常常～,真是伴君如伴虎啊。

【怨女旷夫】yuàn nǚ kuàng fū
[释义]怨女:年长未嫁的女子。旷夫:成年无妻的男子。指已到婚龄而不结婚的人。[语见]元·王实甫《西厢记》第四本第二折:"却不当留请张生于书院,使怨女旷夫,各相早晚窥视,所以夫人有此一端。"[例句]这一对～,一来二去,都有了些情意,好事自然便渐渐有了些眉目。

【怨气冲天】yuàn qì chōng tiān
[释义]形容怀有强烈的怨恨情绪。[语见]元·关汉卿《窦娥冤》第三折:"婆婆也,再也不要啼啼哭哭,烦烦恼恼,怨气冲天。"[例句]大将欲壑难填,校官贪欲无度,普通兵卒～,这支军队的战斗力便可想而知了。

【怨入骨髓】yuàn rù gǔ suǐ
[释义]怨恨进入骨髓里面,形容怨恨到了极点。[语见]汉·司马迁《史记·吴王濞列传》:"楚元王子、淮南三王或不沐洗十余年,怨入骨髓,欲有一发之久矣。"[例句]两家相斗,死伤甚众,相互～,一场新的杀戮,一触即发。

【怨声载道】yuàn shēng zài dào
[释义]载:充满。怨恨的声音充满道路。形容到处都是怨恨的声音,人民普遍感到不满。[语见]南朝宋·范晔《后汉书·李固传》:"开门受赂,署用非次,天下纷然,怨声满道。"[例句]明朝末年,苛捐杂税多如牛毛,百姓～。

【怨天尤人】yuàn tiān yóu rén
[释义]尤:怨恨。抱怨天,埋怨人。指自己犯了错误或遇到不如意的事情,一味地归咎于别人或客观原因。[语见]《论语·宪问》:"子曰:'不怨天,不尤人,不学而上达,知我者其天乎!'"[例句]你的失败,全是你自己造成的,你怎么还～呢?

【怨天怨地】yuàn tiān yuàn dì
[释义]见"怨天尤人"。[例句]你现在不远图长虑,等到全盘皆输的时候,再怎么～也来不及了。

yue

【约定俗成】yuē dìng sú chéng
[释义]指事物的命名和社会习惯往往是群众经过长期社会实践而确定、形成的。[语见]《荀子·正名》:"名无固宜,约之以命,约定俗成谓之宜,异于约则谓之不宜。"[例句]简化汉字工作本着～的精神,尽量把已经流行的简化字加以肯定。

【约法三章】yuē fǎ sān zhāng
[释义]指订立三条法律条款。后用"约法三章"指简单的协议约定。[语见]汉·司马迁《史记·高祖本纪》:"与父老约法三章耳:杀人者死,伤人及盗抵罪。"宋·刘克庄《沁园春·寄竹溪》词:"老子衰颓,晚与亲朋,约法三章。"[例句]这工作你我必须合作完成,但行动之前,咱们先～。

【月白风清】yuè bái fēng qīng
[释义]月色明朗,风力和爽。形容幽雅美好的秋夜。[语见]宋·苏轼《后赤壁赋》:"有客无酒,有酒无肴;月白风清,如此良夜何?"[例句]此时～,美景如画,大家一同品茶对诗,其乐融融。

【月地云阶】yuè dì yún jiē
[释义]以月为地,以云做台阶。指天上。也比喻景物美好的境界。[语见]唐·牛僧孺《周秦行纪》:"香风引到大罗天,月

地云阶拜洞仙。"[例句]凉风习习,～,多美的秋夜啊!

【月光如水】 yuè guāng rú shuǐ
[释义]月光皎洁柔和,如同闪光而缓缓流动的清水。形容月色很好的夜晚。[语见]唐·赵嘏《江楼旧感》诗:"独上江楼思渺然,月光如水水如天。"[例句]夜深了,我独自漫步到江边,～,一路走下去,只觉心旷神怡。

【月黑风高】 yuè hēi fēng gāo
[释义]没有月亮,风又很大的夜晚。[语见]元·秦简夫《东堂老》第一折:"半席地恰便似八百里深山泊,抵多少月黑风高。"[例句]那么个～的晚上,我独自在山林的小屋里写作,远处传来野狼的嚎叫,令我感到害怕,以至于连白天想好的句子都飞到了九霄云外了。

【月朗风清】 yuè lǎng fēng qīng
[释义]月光明朗,微风爽人,形容美好的月夜。[语见]唐·无名氏《洛神传》:"太和中,处士萧旷,自洛东游至孝义馆,夜憩于双美亭。时月朗风清,旷善琴,遂取琴弹之。"[例句]～的中秋之夜,一家人高高兴兴地在园中赏月。

【月里嫦娥】 yuè lǐ cháng é
[释义]比喻风姿绰约的女子。[语见]汉·刘安《淮南子·览冥训》:"羿请不死之药于西王母,姮娥(嫦娥)窃之奔月宫。"[例句]这个～般的女子就是这部电影的女主角。

【月落参横】 yuè luò shēn héng
[释义]参:参宿。二十八宿之一,即猎户星座的七颗亮星。月亮已落,参星尚在闪耀,形容天色将明时的景象。[语见]宋·吴曾《能改斋漫录·梅诗用月落参横事》:"秦少游和黄法曹《梅花》诗:'月落参横画角哀,暗香销尽令人老。'"[例句]我们抵足而谈,直谈到～,依然未觉尽兴。

【月落乌啼】 yuè luò wū tí
[释义]形容天色将明未明时的景象。[语见]唐·张继《枫桥夜泊》诗:"月落乌啼霜满天,江枫渔火对愁眠,姑苏城外寒山寺,夜半钟声到客船。"[例句]到达苏州的时候,已是～,自然会想到唐人张继的《枫桥夜泊》了。

【月落星沉】 yuè luò xīng chén
[释义]月亮落下去,星星也在沉下去。指天色将明的时候。[语见]五代·韦庄《酒泉子》词:"月落星沉。楼上美人春睡,绿云倾,金枕腻,画屏深。"[例句]～的时候,我们悄然出发了,只希望能赶在敌人之前抢占制高点。

【月满花香】 yuè mǎn huā xiāng
[释义]明月正圆,百花飘香。指良辰美景。[语见]清·文康《儿女英雄传》第二十九回:"如今从网眼里拔出来,好容易遇着这等月满花香的时光,她如何肯轻易放过!"[例句]于～时,尽情游览漓江山水,其情其感,天下任何大手笔均难以描述。

【月满则亏】 yuè mǎn zé kuī
[释义]见"月盈则食"。[语见]清·曹雪芹《红楼梦》第十三回:"常言'月满则亏,水满则溢。'"[例句]人生如月,～,你切不可期望终生一帆风顺。

【月貌花庞】 yuè mào huā páng
[释义]庞:脸面。犹言花容月貌。亦指漂亮的女子。[语见]元·吴昌龄《东坡梦》第四折:"对月貌花庞,饮玉液琼浆。"[例句]在一众～之中,冷峻的林青显得分外突出。

【月眉星眼】 yuè méi xīng yǎn
[释义]眉如弯月,眼似流星。形容女子容貌美丽。[语见]明·无名氏《女真观》第一折:"你说咱雪肌花貌常清净,桃腮杏脸行端正,月眉星眼天然性。"[例句]富春江畔,时时可以见到～的江南女子,与这如画江山互相辉映,相得益彰。

【月明千里】 yuè míng qiān lǐ
[释义]指月光皎洁的月夜良宵。[语见]南朝宋·谢庄《月赋》:"美人迈兮音尘阙,隔千里兮共明月。"[例句]中秋之夜,～,年迈的父母对远在万里之外的儿女分外思念。

【月明如水】 yuè míng rú shuǐ

[释义] 见"月光如水"。[语见] 元·王实甫《西厢记》第一折："彩云何在,月明如水浸楼台。"[例句] 晚上,我走出斗室,只见～,一泻千里,凉风一吹,爽快无比。

【月明如昼】 yuè míng rú zhòu

[释义] 月光照耀得像白天一样明亮。[语见] 元·丘处机《风栖梧·述怀》词:"一鸟不鸣风又细,月明如昼天如水。"[例句] 走出森林,突然觉得眼前一亮,竟是～,我们一行人都赞叹起来。

【月明星稀】 yuè míng xīng xī

[释义] 月色皎洁,星星稀疏。[语见] 三国魏·曹操《短歌行》:"月明星稀,乌鹊南飞。绕树三匝,何枝可依?"[例句] 我慢慢地踱步,一抬头,只见～,美好的夜色令人沉醉。

【月缺花残】 yuè quē huā cán

[释义] 比喻美女死亡。亦比喻美好的事物遭受摧残。多指情爱中断或情侣被拆散。[语见] 唐·温庭筠《和王秀才伤歌姬》诗:"月缺花残莫怆然,花须终发月须圆。"[例句] 在封建专制的时代,他们的自由恋爱是不为家长所允许的,最终落得～。

【月缺难圆】 yuè quē nán yuán

[释义] 比喻关系决裂,无可挽救。[语见] 明·许仲琳《封神演义》第四十七回:"你若不还我宝珠,我便放金蛟剪,那时月缺难圆。"[例句] 你我既已各奔东西,～,最好还是不要联系了。

【月书赤绳】 yuè shū chì shéng

[释义] 月书:月下老人的婚书。赤绳:月下老人用以牵系婚姻的红绳。指已订婚约。[语见] 明·胡文焕《群音类选〈四喜记·大宋毕姻〉》:"幸蓝桥玉杵先投,信月书赤绳难换。"[例句] 二人已有～,只等择良辰吉日,拜堂成亲了。

【月夕花朝】 yuè xī huā zhāo

[释义] 见"花朝月夕"。[语见] 宋·周密《武林旧事·岁晚节物》:"宫壶未晓,早骄马,绣车盈路,还又把,月夕花朝,自今细数。"[例句] 面对～,四顾茫茫,独我一人,不禁涕泗横流。

【月下风前】 yuè xià fēng qián

[释义] 月光下微风轻拂的地方,多指男女幽会之处。[语见] 元·丘处机《无俗念·乐道》:"月下风前,天长地久,自在乘鸾鹤。"[例句] 想起当年我们～,海誓山盟,我不禁黯然欲泪。

【月下花前】 yuè xià huā qián

[释义] 原指清爽幽静的环境。后多指男女谈情说爱的场所。[语见] 唐·白居易《老病》诗:"尽听笙歌夜醉眠,若非月下即花前。"[例句] 今天,他们选择了一处～的地方,度过了浪漫的一晚。

【月下老人】 yuè xià lǎo rén

[释义] 据唐·李复言《续幽怪录》载:韦固夜经宋城,遇一老人倚囊而坐,向月检书,固问所检何书,回答说是天下的婚牍;又问他囊中是何物,回答说是赤绳,用来系夫妻之足。虽仇家异域,此绳一系,终不可避。后以"月下老人"代称媒人。[语见] 元·无名氏《娶小乔》:"月下老前生注定,天配合今世姻缘。"[例句] 二人相处日久,情愫暗生,却没个～牵红线,真是急煞人也。

【月夜花朝】 yuè yè huā zhāo

[释义] 见"花朝月夕"。[语见] 元·周文质《赏花时·风情》曲:"不是我骋粗豪,强霸着月夜花朝。"[例句] 如今江南正值春日,～不当为我独享,君其前来共趣如何?

【月盈则食】 yuè yíng zé shí

[释义] 盈:指月亮圆。食:指月亏。月亮到了最圆的时候,就开始缺损。比喻事盛则衰,物极必反。[语见]《周易·丰》:"日中则昃,月盈则食。"[例句] 他们两个谈恋爱时,一度亲密得不得了,可是～,现在他们的感情已出现危机。

【月晕而风,础润而雨】 yuè yùn ér fēng, chǔ rùn ér yǔ

[释义] 晕:指太阳或月亮周围出现的光环。础:柱子底下的石墩。意指月亮周围出现光环就要刮风,础石湿润了就会下雨。比喻事情发生前的征兆。[语见]

宋·苏洵《辨奸论》:"月晕而风,础润而雨,人人知之。"[例句] ～,不单是自然界,市场的变化趋势也是有预兆的。其变化的原因,既有内在的,如供求关系、新技术新工艺、资源等;又有外在的,如政治的、军事的、自然界的。只要敏于观察,巧于捕捉,并善于作科学预测,自可驾驭市场规律,取得经营的主动权。

【月值年灾】yuè zhí nián zāi
[释义] 一个月内碰到一年里所发生的那些灾祸,形容灾难极多。[语见] 元·吴昌龄《张天师》第四折:"呀,我待挣扎怎挣扎,也是我运拙时衰,月值年灾,鬼使也那神差。"[例句] 此地自古多是非,～,蝗旱交替,百姓易子而食。

【月中折桂】yuè zhōng zhé guì
[释义] 相传月宫中有桂树,后遂以"月中折桂"比喻科举及第。[语见] 唐·房玄龄等《晋书·郤诜传》:"武帝于东堂会送,问诜曰:'卿自以为何如?'诜对曰:'臣举贤良对策,为天下第一,犹桂林之一枝,昆山之片玉。'"[例句] 林钟峨～之际,又中年得子,双福临门,真喜煞了双亲大人。

【跃马扬鞭】yuè mǎ yáng biān
[释义] 跃:跳。扬:高举。跳上马背,高举起鞭子。形容快速向前。[语见] 元·王实甫《丽春堂》第一折:"一个个跃马扬鞭,插箭弯弓。"[例句] 他知道事情紧急,于是～,星夜赶路,只求及时把口信带到。

【跃跃欲试】yuè yuè yù shì
[释义] 跃跃:急于行动的样子。形容心里急切地想试一试。[语见] 清·李宝嘉《官场现形记》第三十五回:"一席话说得唐二乱子心痒难抓,跃跃欲试,但是带来的银子,看看所剩无几,办不了这桩正经。"[例句] 老师看到同学们个个都～的样子,心中甚是高兴,毕竟,这说明,他们对题目有比较大的把握。

【越凫楚乙】yuè fú chǔ yǐ
[释义] 凫:野鸭。乙:通"鳦",燕子。同样一只大雁,越人认为是野鸭,楚人认为是燕子。比喻由于主观条件限制,各自做出错误的判断。[语见] 唐·李延寿《南史·顾欢传》:"昔有鸿飞天首,积远难亮,越人以为凫,楚人以为乙。人自楚、越,鸿常一耳。"[例句] 事情因为才露出冰山的一角,自然会～,不过,我希望大家还是把嘴巴管好,绝不能胡说!

【越鸟南栖】yuè niǎo nán qī
[释义] 越鸟来于南方,故筑巢宿于南枝,比喻不忘根本的意思。[语见] 南朝梁·萧统《文选·古诗十九首》:"胡马依北风,越鸟巢南枝。"[例句] 如今他已年老体弱,～,叶落归根的念头越来越强烈了。

【越俎代庖】yuè zǔ dài páo
[释义] 越:越过、超越。俎:古代祭祀时放牛羊等祭品的器具。庖:厨师。即使厨师不在厨房做饭,主持祭祀的人也不应放下祭品代替厨师下厨房。后用"越俎代庖"比喻越过自己的职权范围去处理别人应该做的事或包办代替。[语见]《庄子·逍遥游》:"庖人虽不治庖,尸祝不越樽俎而代之矣。"[例句] 这件事本应他来负责,你不要～。

yun

【晕头转向】yūn tóu zhuàn xiàng
[释义] 晕头:头脑晕乱。转向:迷失方向。形容头脑昏乱,不知方向。也作"蒙头转向"。[例句] 我们被大巴拉着,转了几圈之后,都被转得～了,这才明白人们常说"天津无直道"真是所言不虚。

【云程万里】yún chéng wàn lǐ
[释义] 指前程十分远大。[语见] 明·胡文焕《南西厢记·莺莺探病》:"料云程万里终奋,姻缘必谐连理,登荣就亲还有日,何须苦苦相萦系。"[例句] 当年我就看出你不同凡响,必会～,如今看来,果然不错。

【云淡风轻】yún dàn fēng qīng
[释义] 见"风轻云淡"。[语见] 宋·程颢《春日偶成》诗:"云淡风轻近午天,傍花随柳过前川。"李晓琴《把你要的给你》:"可是,你却用这么云淡风轻的一句,把他

的一切计划都打乱了。"[例句]一旦回忆起我们当年在那些～的日子里一起到郊外的情景,一股甜蜜便涌上心头。

【云合雾集】yún hé wù jí
[释义]比喻聚集迅速。[语见]汉·司马迁《史记·淮阴侯列传》:"天下初发难也,俊雄豪桀建号壹呼,天下之士云合雾集。"[例句]瓦岗军义旗一扯,天下英豪纷纷投奔,～,不出半年,已形成了一股巨大的势力。

【云集雾散】yún jí wù sàn
[释义]像云那样聚集,像雾那样消散。比喻人事盛衰,聚散无常。[语见]汉·班固《西都赋》:"朝发河海,夕宿江汉,沈(沉)浮往来,云集雾散。"[例句]多少皇亲贵戚,方才于舞榭歌台、繁管急弦间流连,眨眼间,便～,尽归尘土了。

【云锦天章】yún jǐn tiān zhāng
[释义]云锦:神话传说织女星用彩云织出的锦缎。天章:彩云自然形成的花纹。比喻文章极为高雅、清新。[语见]《诗经·大雅·绵》:"倬被云汉,为章于天。"[例句]如此气势恢宏的～,必是我老师的手笔,别人难有这等功力。

【云谲波诡】yún jué bō guǐ
[释义]谲、诡:奇异。像云彩和波浪那样千变万化。原形容房屋构造千姿百态。后形容事态变化莫测。[语见]汉·扬雄《甘泉赋》:"于是大厦云谲波诡摧唯而成观。"[例句]商场～,你可要小心谨慎,一念之差,便可能带来灭顶之灾。

【云开见日】yún kāi jiàn rì
[释义]见"拨云见天"。[语见]明·施耐庵《水浒传》第七十一回:"有日云开见日,知我等替天行道,不扰良民,赦罪招安,同心报国,青史留名,有何不美!"[例句]当案件经过警察们的苦心侦察,～之际,芳芳才意识到自己当初大大地错怪了男友。

【云龙风虎】yún lóng fēng hǔ
[释义]龙起生云,虎啸生风。意谓同类的事物相互感应。后比喻圣主贤臣的遇合。[语见]《周易·乾》:"同声相应,同气相求,水流湿,火就燥,云从龙,风从虎,圣人作万物睹。"[例句]诸葛亮与刘备草庐一谈,～,一拍即合。

【云泥异路】yún ní yì lù
[释义]不同得像乘天上之云和行地上之泥那样。比喻地位悬殊。[语见]宋·陈亮《与辛幼安殿撰》:"亮空闲没可做时,每念临安相聚之适,而一别遽如许,云泥异路又如许。"[例句]你身居高位,我独守书斋,～,如今坐在一席之上,你不觉有几分滑稽吗?

【云泥之别】yún ní zhī bié
[释义]相差像乘天空之云和行地下之泥。比喻地位高下悬殊。[语见]唐·杜甫《送韦书记赴西安》:"夫子歘通贵,云泥相悬望。"[例句]两人的旨趣,当有～,但是他们竟能倾心相交长达四十余年,不得不说是一段佳话。

【云散风流】yún sàn fēng liú
[释义]见"风流云散"。[语见]清·龚尊《答姜文标》:"乃云散风流,各为饥寒所迫,敛眉就食,俯首觅衣,竟至以此终老,岂不重可叹乎!"[例句]七贤当初聚集竹林,啸傲玄学,是何等快意;但是眨眼间,便～,分道扬镳,连相互构陷的事情都做出来了,也实在是一件令人叹息的事情。

【云山雾罩】yún shān wù zhào
[释义]罩:覆盖,笼罩。山被云雾罩着,看不清它的真面目。比喻故弄玄虚,暧昧不明。[例句]我跟王总说了大半天,他总是～,不谈实际问题,看来他与咱们合作的诚心是基本没有,那我们还去看人脸色做什么?

【云天高谊】yún tiān gāo yì
[释义]情谊高厚,直达云天。[语见]清·名教中人《好逑传》第一回:"兄长自是贵人,小弟贫贱,素不识荆,今又在患难之中,怎知贱姓,过蒙宽慰,自是兄长云天高谊。"[例句]上一代人的～,值得我们仔细品味。

【云消雾散】yún xiāo wù sàn
[释义]云和雾都消散了。指天气转晴。

喻指心情转好。[语见]宋·朱熹《经筵留身面陈四事札子》:"而太上皇后,宗戚贵臣,左右环拥,更进譬喻解释之词,则太上皇帝虽有忿怒之情,亦且霍然云消雾散而欢意浃洽矣。"[例句]我向你解释一番,你所有的疑虑一定能于顷刻间~。

【云行雨施】yún xíng yǔ shī
[释义]行:布散。施:给予。布开云彩,下起及时好雨。比喻广泛施布恩泽。旧时多用为美化帝王之词。[语见]《周易·乾》:"时乘六龙以御天也,云行雨施,天下平也。"[例句]太宗皇帝一统河山,~,休养生灵,使中国达到了前所未有的局面。

【云烟过眼】yún yān guò yǎn
[释义]见"烟云过眼"。[语见]清·纪昀《阅微草堂笔记·如是我闻一》:"故我书无印记,砚无铭识,政如好花朗月,胜水名山,偶与我逢,便为我有。追云烟过眼,不复问为谁家物矣。"[例句]在他看来,功名利禄不过是~,根本不值得费尽心机去追逐。

【云蒸霞蔚】yún zhēng xiá wèi
[释义]蒸:升腾。蔚:聚集。形容景色绚丽或事物丰盛。[例句]从山顶向远处望去,只见~,如仙境一般。

【芸芸众生】yún yún zhòng shēng
[释义]芸芸:众多、繁多。众生:泛指一切有生命的东西。泛指众多有生命的东西。多指人类。[语见]清·秋瑾《光复军起义檄稿》:"芸芸众生,孰不爱生?爱生之极,进而爱群。"[例句]我们都是~中的一员,十分平凡,但是也可以做出伟大的事情。

【允文允武】yǔn wén yǔn wǔ
[释义]指能文能武。[语见]《诗经·鲁颂·泮水》:"允文允武,昭假烈祖。"[例句]岳飞诸子,个个~,岳飞虽然含冤而去,但是抗金的大旗还是被他们举了许多年。

【允执厥中】yǔn zhí jué zhōng
[释义]允:诚信。原是尧让位给舜时,告诫舜的话。形容不偏不倚。[语见]《尚书·大禹谟》:"人心惟危,道心惟微,惟精惟一,允执厥中。"[例句]李经理处理事情,始终都坚持~,有时甚至显得有几分呆板,不过,没有一点私心,这却是众所周知的事情。

【允执其中】yǔn zhí qí zhōng
[释义]见"允执厥中"。[语见]唐·玄奘《大唐西域记·僧伽罗国》:"僧伽罗辞不获免,允执其中,恭揖群官,遂即王位。"[例句]先冷静下来,然后~地想一想,尤其是要替别人想一想,你会明白,我们这么劝你,绝不是没有道理的。

【殒身碎首】yǔn shēn suì shǒu
[释义]见"粉身碎骨"。[语见]唐·陈子昂《为程处弼辞放流表》:"烦冤荼毒,心肝为厉,比者待罪幽因,以殒身碎首为奉。"[例句]我等单等大人一声令下,立刻去奋勇杀敌,哪怕~,也在所不惜!

【运筹帷幄】yùn chóu wéi wò
[释义]筹:谋划。帷幄:古代军队中的帐幕。指在帐幕中谋划计策。后指在后方指挥、筹划。[语见]《汉书·高帝纪下》:"上曰:'夫运筹帷幄之中,决胜于千里之外,吾不如子房。'"[例句]这位大将军~,决胜千里,令敌人闻风丧胆。

【运乖时蹇】yùn guāi shí jiǎn
[释义]见"运拙时乖"。[语见]明·许仲琳《封神演义》第十三回:"这是弟子运乖时蹇,异事非常。"[例句]老吴纵有满身才华,然而~,到老都只是一乡间教书匠,造化弄人啊。

【运计铺谋】yùn jì pū móu
[释义]运用计谋。[语见]元·郑廷玉《后庭花》第二折:"这壁厢,爷受苦,那壁厢儿啼哭,哥也你可怜见同衙共府,你休要运计铺谋。"[例句]我们的力量还不及我们对手的一半,所以需要你~,才能在那里立住脚。

【运斤成风】yùn jīn chéng fēng
[释义]运:挥动。斤:斧头。挥动斧头,风声呼呼,比喻手法熟练,技术神妙。[语见]金·元好问《王黄华墨竹》诗:"岂知辽江一派最后出,运斤成风刃发

硎。"[**例句**]看这些身着粗布衣服的工匠们个个～,三天之后,便将一块大石板上刻得龙飞凤舞,令我们都惊叹不已。

【**运用自如**】yùn yòng zì rú

[**释义**]运用:运作、使用、应用。自如:操作或运行不受阻碍,很灵活。指运作使用起来很灵活,不受限制。[**例句**]我对好几种办公软件都～,如果不信,我可以当面演示给你看。

【**运智铺谋**】yùn zhì pū móu

[**释义**]见"运计铺谋"。[**语见**]明·无名氏《临潼斗宝》头折:"未知那小将军,怎生排兵布阵,运智铺谋,有何计策,某赴会去也。"[**例句**]如果不是刘基冥思苦想,～,朱元璋恐怕早就一命呜呼了。

【**运拙时乖**】yùn zhuō shí guāi

[**释义**]形容时运不济。[**语见**]元·关汉卿《五侯宴》第五折:"也是我运拙时乖,舍死的尽心儿奈。"[**例句**]父亲一生,几经磨难,但是直到老年,也没有听过他一句～的叹息。

【**运拙时艰**】yùn zhuō shí jiān

[**释义**]见"运拙时乖"。[**语见**]元·陈以仁《存孝打虎》第二折:"便似班定远在玉门关,空学的兵书战策,争奈运拙时艰,淹留在此去住无门,便似苏武般陷番。"[**例句**]不要慨叹什么～,分析一下自身原因,你可能会更有收获。

【**韫椟待价**】yùn dú dài jià

[**释义**]韫:蕴藏。椟:木匣子。把玉藏在匣子里,等待高价出售。比喻怀才待用或怀才隐退。[**语见**]南朝宋·范晔《后汉书·张衡传》:"且韫椟以待价,踵颜氏以行止。"[**例句**]他这些年隐居乡里,～,一直期待有贤主来访。

【**韫椟未酤**】yùn dú wèi gū

[**释义**]韫:蕴藏。椟:木匣子。酤:卖。藏在匣子里尚未出售,比喻怀才待用或怀才隐退。[**语见**]三国魏·刘桢《处士国文甫碑》:"不计治萃,名与殊路,知我者希,韫椟未酤。"[**例句**]王猛貌不出众,却有一肚子大谋略,～,有人称:谁能获得他,谁便获得了天下。

【**韫匵藏珠**】yùn dú cáng zhū

[**释义**]韫:蕴藏。匵:同"椟",木匣子。把珠宝藏在匣子里,等待高价出售。比喻怀才待用或怀才隐退。[**语见**]元·无名氏《幽闺记·英雄应辟》:"酒家眠,权休息,韫匵藏珠隐尘迹,万里前程在咫尺。"[**例句**]谢旷隐居南山,～,可是一等,竟是三十年,待到皇上真的点名要他的时候,他都六十多了,再也没有出仕的心思了。

【**韫匵而藏**】yùn dú ér cáng

[**释义**]韫:藏;裹。匵:木匣,同"椟"。把玉裹在匣子里藏起来。比喻怀才待用或怀才隐退。[**语见**]《论语·子罕》:"有美玉于斯,韫匵而藏诸?求善贾(价)而沽诸?"[**例句**]这些所谓的高人～,还不是打着终南捷径的主意?

【**蕴奇待价**】yùn qí dài jià

[**释义**]怀藏奇才,等待施展的机会。[**语见**]唐·姚思廉《梁书·武帝纪中》:"若怀宝迷邦,蕴奇待价,蓄响藏真,不求闻达,并依名腾奏,罔或遗隐。"[**例句**]他满腹才学,虽隐居田园,却是～,希望有大展身手的机会。

Z

za

【杂乱无章】 zá luàn wú zhāng
[释义] 杂乱:杂糅繁乱。章:条理、章法。杂糅繁乱而没有条理。[语见] 唐·韩愈《送孟东野序》:"其为言也,乱杂而无章。"[例句] 地上的脚印～,看不出是人的还是什么野兽。

【杂七杂八】 zá qī zá bā
[释义] 杂:杂乱,繁杂。不同的事物杂乱地放在一起,没有条理,乱七八糟。[例句] 他的写字台上太乱了,各种东西放得～的。

zai

【灾梨祸枣】 zāi lí huò zǎo
[释义] 梨、枣:指梨木、枣木。旧时印书,多用作雕刻字版的木料。梨木遭灾,枣木受祸。形容印刷的无用书籍过多,浪费了大量的梨木和枣木。[语见] 清·纪昀《阅微草堂笔记》卷六:"至于交通声气,号召生徒,祸枣灾梨,递相神圣,不但有明末造,标榜多诬,即月泉吟社诸人,亦病未离乎气矣。"[例句] 为了追求利润,在纸张这么紧张的情况下,滥肆出版这些毫无价值的流行小说,真是～之举。

【再接再厉】 zài jiē zài lì
[释义] 再:再次。接:交战。厉:同"砺",磨砺。指斗鸡时,每次交锋,公鸡都要磨一磨它的嘴。后用来比喻一次又一次地努力,奋斗不懈。[语见] 唐·韩愈《斗鸡联句》引孟郊诗:"一喷一醒然,再接再砺乃。"[例句] 说这些,是希望

你～,在未来的时间里,取得更大的成就。

【再三再四】 zài sān zài sì
[释义] 反复一次又一次。[语见] 清·吴敬梓《儒林外史》第二十五回:"再三再四拉他坐,他又跪下告了坐,方敢在底下一个凳子上坐了。"[例句] 我实在不好意思～地麻烦别人了。

【再衰三竭】 zài shuāi sān jié
[释义] 再:第二次。衰:衰退,衰落。竭:尽。原指两军作战时,第一通擂鼓最能鼓舞士兵的勇气,第二通鼓士气就衰落了,第三通鼓士气已竭尽。后用来形容士气、力量逐渐低落,难以再振作起来。[语见] 《左传·庄公十年》:"夫战,勇气也。一鼓作气,再而衰,三而竭。彼竭我盈,故克之。"[例句] 孤军渡过黄河之后,已～,成强弩之末,哪里挡得住八旗军的滚滚铁蹄?

【再作冯妇】 zài zuò féng fù
[释义] 再作:第二次当上。《孟子·尽心下》:"晋人有冯妇者,善搏虎,卒为善士则。之野,有众逐虎,虎负嵎,莫之敢撄。望见冯妇,趋而迎之。冯妇攘臂下车。众皆悦之,其为士者笑之。"比喻重操旧业。[例句] 他辞职虽已数年,但在朋友的劝说下,决心～,重操旧业了。

【在所不辞】 zài suǒ bù cí
[释义] 在所:"在""所"连用,表示强调。辞:推辞、推脱。指完全承受,决不推脱。[语见] 清·王之春《使俄草》诗跋:"自念时事艰难,数万里风涛险远,在所不辞。"[例句] 他表示,即使困难再大,他也要完成这项工作,～。

Z

【在所不惜】zài suǒ bù xī

[释义] 惜:可惜,爱惜。完全舍得,决不吝惜。[语见] 清·蒋良骐《东华录》第十三卷:"尔等可往被水灾州县……务期济民除患,纵有经费,在所不惜。"[例句] 为了追求正义的事业,数不清的革命先驱即使牺牲生命也～。

【载驰载驱】zài chí zài qū

[释义] 骑在马上跑得很快。[语见]《诗经·鄘风·载驰》:"载驰载驱,归唁卫侯。"[例句] 众骑～,飞奔而过,看得人目瞪口呆。

【载歌且舞】zài gē qiě wǔ

[释义] 见"载歌载舞"。[语见]《乐府诗集·北齐南郊乐歌·昭夏乐》:"饰牲举兽,载歌且舞,既舍伊脯,致精灵府。"[例句] 闯王大军入城,百姓～,欢迎备至。

【载歌载舞】zài gē zài wǔ

[释义] 载:助词。一边唱歌,一边跳舞。形容许多人一起尽情欢乐。[例句] 人们～,欢庆胜利。

【载笑载言】zài xiào zài yán

[释义] 载:古汉语助词。边笑边说话。[语见]《诗经·卫风·氓》:"不见复关,泣涕涟涟;既见复关,载笑载言。"[例句] 形势虽然已危在旦夕,但是彦章将军依然～,其定力可见一斑。

【载舟覆舟】zài zhōu fù zhōu

[释义] 载:承载。覆:颠覆,翻沉。舟:船。(水)能承托着船,也能使船翻沉。[语见]《荀子·王制》:"君者舟也,庶人者水也,水则载舟,水则覆舟。"[例句] 这位新皇帝很懂得～的道理,因此非常注意笼络人心。

zan

【暂劳永逸】zàn láo yǒng yì

[释义] 付出一时的劳苦,而获得长久的安逸。[语见] 南朝梁·萧统《文选·张衡〈西京赋〉》:"高祖创业,继体承基。暂劳永逸,无为而治。"[例句] 你现在辛苦一些,可以积累经验,将来再难的工作也会

感到游刃有余的,这就是～啊。

【赞不绝口】zàn bù jué kǒu

[释义] 绝:停。不住口地称赞。表示对人或物十分欣赏。[语见] 明·冯梦龙《警世通言》第二十七卷:"洞宾不假思索,信笔赋诗四首……字势飞舞,魏生赞不绝口。"[例句] 画幅被打开,专家们～,即使是临摹之作,也透出逼人的美感与力度。

【赞声不绝】zàn shēng bù jué

[释义] 见"赞不绝口"。[语见] 清·夏敬渠《野叟曝言》第七十六回:"素臣把《左传》上大小战伐之事,细细讲解,指点出许多兵法,把众人喜得欢声如雷,赞声不绝。"[例句] 表面上看,这位作家每有作品问世,市面上总是～,但是内行人知道,那都是受雇之人在为其摇旗呐喊而已。

【赞叹不已】zàn tàn bù yǐ

[释义] 已:止、停。不停地称赞。形容十分欣赏。[例句] 箱子被打开了,里面的丝绸光艳夺目,在场的专家们～。

【赞叹不置】zàn tàn bù zhì

[释义] 赞叹:特别赞美。置:放置,引申为停止。不停地赞美。形容极度赞赏。[例句] 盒子打开了,一把精美的小提琴静静地躺在里面,我们几个都～。

zang

【赃污狼藉】zāng wū láng jí

[释义] 狼藉:纵横散乱,引申为破败得不可收拾。贪污、受贿,名声败坏,不可收拾。[语见] 晋·陈寿《三国志·魏书·武帝纪》:"长吏多阿附贵戚,赃污狼藉。"北齐·魏收《魏书·崔暹传》:"初以秀才累迁南兗州刺史,盗用官瓦,赃污狼藉,为御史中尉李平所纠,免官。"[例句] 这些贪官,财迷心窍,到头来弄得～,被判死罪,真是罪有应得。

【臧否人物】zāng pǐ rén wù

[释义] 臧:善、好。否:恶、坏。臧否:褒贬、评论。评论人物的好坏。[语见] 唐·房玄龄《晋书·阮籍传》:"籍虽不拘礼教,然发言玄远,口不臧否人物。"[例句]

人人都说国藩眼睛毒,听了他～的一席话之后,方知所言不虚。

zao

【遭家不造】 zāo jiā bù zào
[释义] 遭:遭遇。造:成。原为周成王居父丧时自哀之辞。遭武王崩,家道未成。后泛指家中遭到不幸。[语见]《诗经·周颂·闵予小子》:"闵予小子,遭家不造。"[例句] 他年纪轻轻,就～,父母双双病死,真是可怜。

【糟糠之妻不下堂】 zāo kāng zhī qī bù xià táng
[释义] 指不休弃贫贱时共过患难的妻室。[语见] 元·柯丹邱《荆钗记·参相》:"寒儒怎敢过望想,自古道糟糠之妻不下堂。"[例句] 他虽然身居高位,非但～,尤其不狎妓,不纳妾,洁身自好,有口皆碑。

【凿壁偷光】 záo bì tōu guāng
[释义] 凿:打孔。在墙壁上打孔,偷借隔壁屋里的一点光亮读书。后用以形容刻苦学习。[例句] 虽然家境贫寒,但他仍然想尽办法刻苦读书,颇有些～的精神。

【凿空之论】 záo kōng zhī lùn
[释义] 捏造事实,凭空立论。[例句] 你怎么能相信这些～呢?

【凿圆枘方】 záo yuán ruì fāng
[释义] 比喻双方龃龉不合。[语见] 战国楚·宋玉《九辩》:"圜(圆)凿而方枘兮,吾固知其铟铻而难入。"[例句] 索额图与明珠～、貌合神离,争斗了多年,结果是两败俱伤。

【凿凿可据】 záo záo kě jù
[释义] 见"凿凿有据"。[语见] 明·徐宏祖《徐霞客游记·滇游日记》:"龚起潜为余谈之甚晰,皆凿凿可据。"[例句] 他的种种无耻行径,早已～,路人皆知,他还一个劲地掩盖,真是欲盖弥彰。

【凿凿有据】 záo záo yǒu jù
[释义] 确实而有所依据。[语见] 清·壮者《扫迷帚》第十回:"老兄六尺须眉,何苦同妇人女子一般识见,造言惑众,说得天花乱坠,凿凿有据呢?"[例句] 他滔滔

不绝地一通讲,讲得～,听得专家们点头不已。

【澡身浴德】 zǎo shēn yù dé
[释义] 澡:洗。浴:洗澡。洁身自好,沐浴在道德中。形容身心清白、纯洁。[语见]《礼记·儒行》:"儒有澡身而浴德。"孔颖达疏:"澡身,谓能澡洁其身,不染浊也。浴德,谓沐浴于德,以德自清也。"[例句] 他为官多年,能够～,两袖清风,真是可敬啊!

【皂丝麻线】 zào sī má xiàn
[释义] 皂:黑。黑色和白色的丝线缠绕在一起。比喻是非混乱,纠缠不清。[语见] 宋·无名氏《京本通俗小说·错斩崔宁》:"我自半路见小娘子,偶然伴他行一程,路途上有甚皂丝麻线,要勒掯我回去?"[例句] 其人功过是非,～,既不能因功抵过,也不可因过废人。

【灶上骚除】 zào shàng sāo chú
[释义] 打扫灶头。比喻极容易办到。[语见] 汉·司马迁《史记·李斯列传》:"夫以秦之强,大王之贤,由灶上骚除,足以灭诸侯,成帝业,为天下一统,此万世之一时也。"裴骃集解引徐广曰:"骚音埽。"司马贞索隐:"言秦欲并天下,若炊妇扫除灶上之不净,不足为难。"[例句] 大军所向披靡,但有抵抗,亦是～,举手即灭。

【造谤生事】 zào bàng shēng shì
[释义] 假造诽谤他人的言语以生事端。[语见] 清·赵尔巽《清史稿·王恕传》:"若告贷银米以给口食,则必计其能还而后之,狡黠之流遂谓官有偏私,不免造谤生事。"[例句] 他因违反纪律被免职后,就到处～,企图报复。

【造化弄人】 zào huà nòng rén
[释义] 指命运作弄人。[语见] 清·李汝珍《镜花缘》第六十七回:"我们在坐四十五人,似乎并无一人落第,那知今日竟有八人之多,可见天道不测,造化弄人,你又从何揣摸。"[例句] 一对孪生姐妹,因家庭的变故而骨肉分离,从而有了截然不同的人生际遇,真是～啊。

Z

【造微入妙】 zào wēi rù miào
[释义] 形容诗文写作或书法的功力达到最微妙的佳境。[语见] 宋·胡仔《苕溪渔隐丛话·王摩诘》:"古人下连绵字不虚发,如老杜'野日荒荒白,江流泯泯清',退之云'月吐窗冏冏',皆造微入妙。"[例句] 桐城散文～,将"唐宋八大家"散文精髓发扬光大。

【造言惑众】 zào yán huò zhòng
[释义] 制造谣言,迷惑群众。[语见] 清·壮者《扫迷帚》第十回:"老兄六尺须眉,何苦同妇人女子一般识见,造言惑众,说得天花乱坠,凿凿有据呢?"[例句] 公主使妖僧在城中大肆～,一时弄得城里人心惶惶。

【造谣惑众】 zào yáo huò zhòng
[释义] 惑:迷惑。制造谣言,迷惑民众。[语见] 清·王之春《遵筹保守折》:"如拿获造谣惑众之人,讯实即行正法。"[例句] 敌人当然会～以乱我军心,但是一旦识破了其诡计,一切慌乱便不解自平。

【造谣生事】 zào yáo shēng shì
[释义] 制造谣言,挑起事端。[语见] 明·罗贯中《平妖传》第十回:"顺便就带口棺木下来盛殓,省得过些时被做公的看见林子内尸首,又造谣生事。"[例句] 每当朝廷不稳,总有好事者～,妄图浑水摸鱼,这等伎俩,为君者不可不知。

【造谣中伤】 zào yáo zhòng shāng
[释义] 中伤:攻击、陷害。制造谣言,攻击、陷害他人。[例句] 这位作家被无端～,但是依然能以平静之心待之,她相信:是非总有真相大白的那一天,现在去争辩不过徒费口舌而已。

ze

【责躬省过】 zé gōng xǐng guò
[释义] 躬:自身。责问自身的所作所为,反省过失。[语见]《孔丛子·连丛子》:"是年夏,河南四县,雨雹如栲杯,大者如斗,杀禽畜雉兔,折树木,秋苗尽,于是天子责躬省过。"[例句] 现在你先回到家里,关上门,静静地～几天,回头再跟我谈谈你的心得。

【责无旁贷】 zé wú páng dài
[释义] 责:责任。旁:指其他人。贷:推卸。自己应尽的责任,不能推卸给别人。[语见] 清·文康《儿女英雄传》第十回:"讲到护送,除了我一身之外,责无旁贷者再无一人。"[例句] 即使你是一个陌生人,有了这等遭遇,我们帮你也是～的,何况我们的交往已不是三天两天了。

【责有攸归】 zé yǒu yōu guī
[释义] 攸:所。归:归属。责任有所归属。指责任应该由谁承担是推卸不掉的。[例句] 这里被分为几个战区,～,谁要贻误了战机,军法从事!

【择肥而噬】 zé féi ér shì
[释义] 择:挑选。噬:咬。挑食肥的吃。比喻选择有钱的人去敲诈勒索。[语见] 清·吴趼人《糊涂世界》第九卷:"上头限了首县三天限,首县限了差役一天半限,这些差役个个摩拳擦掌,择肥而噬。到得次日一早,果然捉了七个人来。"[例句] 好汉们占山为王,打家劫舍,～,沧州境内,官军顾此失彼,甚是狼狈。

【择福宜重】 zé fú yí zhòng
[释义] 选择两种福事应取重的。[语见]《国语·晋语六》:"择福莫若重,择祸莫若轻。"韦昭解:"有二福择取其重,有二祸择取其轻。"[例句] 两相对比,～,我还是选择了继续读书,工作的事过两年再说吧!

【择交而友】 zé jiāo ér yǒu
[释义] 选择结交而为朋友。指不苟且交友。[语见] 宋·张君房《云笈七签》第九十四卷:"且卜邻而居,犹从改操;择交而友,尚能致益。"[例句] 哥哥在外做生意多年,谨慎行事,～,故至今依然秋毫未失。

【择邻而居】 zé lín ér jū
[释义] 挑选邻居好的地方居住。[语见] 唐·白居易《与元八卜邻先有是赠》诗:"每因暂出犹思伴,岂得安居不择邻。"

[例句]为了使孩子能在一个良好的环境中健康成长,我十分注意～。

【择木而处】zé mù ér chǔ
[释义]处:居。鸟儿选择合适的树木做巢。旧时比喻选择贤君明主,为其效命。[语见]汉·崔瑗《东观箴》:"是以明哲先识,择木而处,夏终殷挚,周聃晋黍,或笑或泣,抱籍遁走。"[例句]君子当～,岂能为五斗米而折腰?

【择善而从】zé shàn ér cóng
[释义]择:挑选。从:追随,引申为学习。挑选其中好的,随从他。多指发现别人的优点,学习这些优点。[语见]《论语·述而》:"三人行,必有我师焉;择其善者而从之。"[例句]青少年要～,善于向别人学习,才能更快地进步。

【择善而行】zé shàn ér xíng
[释义]行:做。谓选择好的事情去做。[语见]唐·魏徵《十渐不克终疏》:"(陛下)欲有所营,虑人致谏,乃云:'若不为此,不便我身。'人臣之情,何可复争?此直意在杜谏者之口,岂曰择善而行者乎?"[例句]运剞多年隐居乡下,但依然心系天下,一旦得时,自当～,驰骋中原。

【择主而事】zé zhǔ ér shì
[释义]事:侍奉。选择明主,为他办事。[语见]明·罗贯中《三国演义》第十四回:"岂不闻'良禽择木而栖,贤臣择主而事'。"[例句]赵云最终选择了追随刘备,成为刘备的主骑,在所谓～这点上,他是颇有眼力的。

【泽及枯骨】zé jí kū gǔ
[释义]恩泽施及死去的人。形容恩德深厚。[语见]唐·魏徵《隋书·炀帝纪下》:"恩加泉壤,庶弭穷魂之冤,泽及枯骨,用弘仁者之惠。"[例句]光斗先生在家乡推行教育,泽被乡邻,～,余风至今犹存。

【泽深恩重】zé shēn ēn zhòng
[释义]德泽深远,恩情厚重。[语见]唐·张说《谢京城东亭子宴送表》:"当陛下圣明之朝,事出非常,泽深恩重……"

[例句]当年你父亲对我～,你今天有难,我岂能袖手旁观?

【啧有烦言】zé yǒu fán yán
[释义]啧:争论,争辩。烦言:责备或不满的话。议论纷纷,抱怨责备。[语见]《左传·定公四年》:"会同难,啧有烦言,莫之治也。"[例句]公告一出,～,人心不稳,看来公司的前景不妙啊。

【昃食宵衣】zè shí xiāo yī
[释义]昃:太阳西斜,此指黄昏入夜时分。宵:夜晚。入夜才吃晚饭,天不亮就穿衣起床。形容勤于政务。[语见]南朝陈·徐陵《陈文皇帝哀册文》:"勤民听政,昃食宵衣。"[例句]他从政以来,～,勤政爱民,被百姓交口称道。

zei

【贼臣乱子】zéi chén luàn zǐ
[释义]贼臣:叛乱之臣。乱子:忤逆之子。泛指心怀异志的人。[语见]南朝宋·范晔《后汉书·苏竟列传》:"贼臣乱子,往往错互,指麾妄说,传相坏误。"[例句]似这等～,天下莫不欲食其肉,饮其血。

【贼臣逆子】zéi chén nì zǐ
[释义]见"乱臣贼子"。[语见]《敦煌变文集·降魔变文》:"贼臣逆子设阴谋,虑恐国破人消灭。"[例句]灵帝年间,～权倾天下,政由己出,天下一片混乱。

【贼出关门】zéi chū guān mén
[释义]比喻出了事故才知道防范。[例句]事故已然发生,～,还有什么意义呢?

【贼喊捉贼】zéi hǎn zhuō zéi
[释义]做贼的人喊捉贼。比喻坏人做了坏事,企图混淆视听,故意转移目标,使自己得以逃脱。[例句]他这样的腐败分子,还在到处宣讲反腐倡廉,真是～啊!

【贼皮贼骨】zéi pí zéi gǔ
[释义]形容做贼已十分老练。[语见]明·凌濛初《二刻拍案惊奇》第二十一卷:"李旺是贼皮贼骨,一任打着,只不开

Z

口。"[例句]街头的那几个小混混,都是些～,多有前科,要使其轻易就范,恐怕并非易事。

【贼人胆虚】zéi rén dǎn xū
[释义]见"贼人心虚"。[语见]清·李宝嘉《官场现形记》第三十二回:"王小五子见余荩臣生了疑心,毕竟他自己贼人胆虚,亦不敢撒娇撒痴。"[例句]～,我们只要静观其动,狐狸的尾巴总会暴露出来的。

【贼人心虚】zéi rén xīn xū
[释义]做了坏事的人害怕被人察觉,内心胆怯。[语见]明·冯梦龙《醒世恒言》第二十卷:"自古道,贼人心虚。那赵昂因有旧事在心上,比王员外更是不同,吓的魂魄俱无。"[例句]虽说～,但是一旦打草惊蛇,罪犯们有了准备,再要将其揪出来,便难了。

zeng

【曾母投杼】zēng mǔ tóu zhù
[释义]杼:织布的梭子。指曾参的母亲听到"曾参杀人"的传闻接连三次,便信以为真,投杼而走的事。喻指流言可畏。[语见]南朝梁·简文帝《六根忏文》:"谗言三至,曾母投杼;端木一说,越霸吴王。"[例句]她接连听到关于儿子的流言,便也有～之意,要信以为真了。

【曾参杀人】zēng shēn shā rén
[释义]曾参:字子舆,孙子的弟子。《战国策·秦策二》:"昔者曾子处费,费人有与曾子同名族者而杀人。人告曾子母曰:'曾参杀人。'曾子之母曰:'吾子不杀人。'织自若。有顷焉,人又曰:'曾参杀人。'其母尚织自若也。顷之,一人又告之曰:'曾参杀人。'其母惧,投杼逾墙而走。夫以曾参之贤,与母之信也,而三人疑之,则慈母不能信也。"后用"曾参杀人"比喻流言可畏。[例句]他虽然坚信小张是个好同志,但不断听到这种～式的流言,他也开始怀疑小张了。

【甑尘釜鱼】zèng chén fǔ yú
[释义]甑:瓦制蒸煮食物的炊具。釜:锅。甑中积满了尘土,釜中生了蠹鱼。形容贫苦人家断炊已久。[语见]南朝宋·范晔《后汉书·范冉传》:"所止单陋,有时粮粒绝,穷居自若,言貌无改。闾里歌之曰:'甑中生尘范史云,釜中生鱼范莱芜。'"[例句]天启之末,蝗旱交替,百姓～,苦不堪言。

【甑中生尘】zèng zhōng shēng chén
[释义]见"甑尘釜鱼"。[语见]南朝宋·范晔《后汉书》中范冉的故事。范冉极贫,群儿作歌曰:"甑中生尘范史云,釜中生鱼范莱芜。"[例句]主帅有令:大战之后,百姓嗷嗷,～,民心不稳,各位自当各自约束自己的部下,以免弄出些什么乱子来。

zha

【诈败佯输】zhà bài yáng shū
[释义]诈、佯:假装。假装败阵,引人上当。[语见]元·无名氏《诤范叔》楔子:"孙子口称求韩,却引兵径去袭魏……诈败佯输,添兵减灶,在马陵山下,削木为号,众弩俱发,射死大将庞涓。"[例句]司马懿诡计多端,～的事情不是做不出来,将军不可不防。

【诈谋奇计】zhà móu qí jì
[释义]狡诈的谋划,出人意料的计策。[语见]宋·王楙《野客丛书·韩信之幸》:"有报成安君不用诈谋奇计,而广武君之说不行,信于是欣然大喜。"[例句]敌将诡计多端,常用～,我们要多加小心,不要中了他们的圈套。

【诈哑佯聋】zhà yǎ yáng lóng
[释义]假装哑巴聋子。[语见]明·胡文焕《群音类选·〈邓忠记·睢阳陷守〉》:"在伍伦中,怎做得诈哑佯聋为官食禄。"[例句]公司上下乱作一团,你就别在这里～了。

zhai

【斋居蔬食】zhāi jū shū shí
[释义]斋居:家居;闲居。蔬食:粗食;素

食。闲居在家时,粗茶淡食。形容生活俭朴平淡。[语见]明·宋濂等《元史·刘秉忠传》:"秉忠自幼好学,至老不衰,虽位极人臣,而斋居蔬食,终日淡然,不异平昔。"[例句]我的老师常说:哲学总与孤独和清贫为伴,你若能～,不为世间攘攘之事引诱,一心治学,你自当有大成。

【摘胆剜心】 zhāi dǎn wān xīn
[释义]剜:用刀挖取。用刀挖取胆和心。比喻极度的痛苦悲伤。[语见]元·无名氏《小孙屠》第三折:"再休放来生债,啼哭的摘胆剜心,伤情无奈。"[例句]难民营大火焚烧,三日不息,难民哭得～,记者们也禁不住心情黯然。

【债台高筑】 zhài tái gāo zhù
[释义]债:欠别人的钱财。形容欠债非常多。[语见]汉·班固《汉书·诸侯王表序》:"有逃债之台。"颜师古注:"周赧王负责,无以归之,主迫责急,乃逃于此台,后人因以名之。"注:责,"债"的本字。[例句]我知道你身处困境,可是我也是～,要帮你也是心有余而力不足。

zhan

【沾体涂足】 zhān tǐ tú zú
[释义]沾:浸湿、浸染。涂:泥。身体被沾湿,足被沾上了泥土。形容耕作的劳苦。[语见]《国语·齐语》:"沾体涂足,暴其发肤,尽其四支之敏,以从事于田野。"[例句]元之在流放之地多年,～的生活,竟使他明白了许多人间至理。

【沾沾自满】 zhān zhān zì mǎn
[释义]见"沾沾自喜"。[语见]清·左宗棠《与孝宽书》:"尔之天资非高,文笔亦欠挺拔,侥幸青衿,切勿沾沾自满。"[例句]不要有了一点成绩就～,骄傲的情绪不可有。

【沾沾自喜】 zhān zhān zì xǐ
[释义]沾沾:轻薄、得意。喜:喜悦、高兴。因得意而面露喜色,多有贬义。[语见]汉·司马迁《史记·魏其武安侯列传》:"魏其者,沾沾自喜耳。"[例句]他有了点成绩就～,一旦失败了,就要搅得人

人都不得安宁。

【沾沾自足】 zhān zhān zì zú
[释义]见"沾沾自喜"。[语见]宋·吕祖谦《东莱博议》:"立一善,修一行,沾沾自足,忽而不复前矣。"[例句]一次省内的运动会取得一点成绩是不能～的,须知山外有山,天外有天,只有到了奥运会上,才能碰到真正的高手。

【瞻前顾后】 zhān qián gù hòu
[释义]瞻:向前或向上看。顾:转过头看。看看前面再看看后面。形容处事谨慎,考虑周到。也形容做事顾虑重重,犹豫不决。[语见]《朱子全书·学一》:"若瞻前顾后,便做不成。"[例句]敌人主帅是一个～的家伙,只要多布些迷魂阵,保证能使其阵脚大乱。

【瞻前忽后】 zhān qián hū hòu
[释义]见"瞻前顾后"。[语见]宋·朱熹《答廖子晦》:"以颜子之初,钻高仰坚,瞻前忽后,亦是未见此物,故不得为实见耳。"[例句]我们如今是箭在弦上不得不发了,再～下去,机会便永远不再来了。

【斩草除根】 zhǎn cǎo chú gēn
[释义]除草要除掉根子。比喻除去祸根免留后患。[语见]《新编五代史平话·梁史上》:"斩草除根,萌芽不发。"[例句]朝廷意在～,杀心大炽,他家三百余口,无一幸免。

【斩钉截铁】 zhǎn dīng jié tiě
[释义]比喻处理事情或说话果断、坚决、毫不犹豫、拖沓。[语见]宋·释道原《景德传灯录·洪州云居道膺禅师》:"师谓众曰:'学佛法底人,如斩钉截铁始得。'"[例句]我的话虽然说得～,其实内心紧张得都要爆炸了。

【斩钢截铁】 zhǎn gāng jié tiě
[释义]见"斩钉截铁"。[语见]清·文康《儿女英雄传》第二十三回:"到了德州,姑娘因作了那等一个梦,这一提起儿,又把她那斩钢截铁的心肠、赛雪欺霜的面孔给提回来,更打了紧板了。"[例句]看她说得～的样子,我不禁有些疑惑:难道她真的没有参与那些坏事吗?

【斩将夺旗】 zhǎn jiàng duó qí
[释义]见"斩将搴旗"。[语见]明·胡文焕《群音类选·八义记·拷问如姬》："只消受得瘗粉埋香,索强似斩将夺旗。"[例句]王伯当一路～,不月之内,连下三十余寨,一时威名大震。

【斩将搴旗】 zhǎn jiàng qiān qí
[释义]搴:拔。斩杀敌将,拔取对方的军旗。形容勇猛善战或沙场鏖战。[语见]汉·司马迁《史记·货殖列传》："故壮士在军,攻城先登,陷阵却敌,斩将搴旗,前蒙矢石,不避汤火之难者,为重赏使也。"[例句]岳雷率军一路北上,～,捷报频传,岳府一片欢腾。

【斩尽杀绝】 zhǎn jìn shā jué
[释义]全部杀死,一个不留。[语见]元·高文秀《渑池会》第四折："将秦国二将活挟将来了,将众兵斩尽杀绝也。"[例句]我约略地看了一下形势,盘面已是大胜,对下方的一块孤棋,便不想～了,也算给足了对手面子。

【斩木揭竿】 zhǎn mù jiē gān
[释义]斩:砍。揭:举起。竿:竹竿。砍下树木当成武器,举起竹竿当成军旗。比喻武装起义。[语见]汉·贾谊《新书·过秦论》："斩木为兵,揭竿为旗,天下云集而响应,赢粮而景从,山东豪俊遂并起而亡秦族矣。"[例句]农民们终于忍无可忍,～,一场农民起义爆发了。

【斩蛇逐鹿】 zhǎn shé zhú lù
[释义]汉·司马迁《史记·高祖本纪》："(高祖)乃前,拔剑击斩蛇。"《史记·淮阴侯列传》："秦失其鹿,天下共逐之,于是高材疾足者先得焉。"指封建时代群雄角逐,争夺统治权。[例句]隋朝末年,群雄～,天下大乱。

【展眼舒眉】 zhǎn yǎn shū méi
[释义]眼、眉舒展开来。形容喜悦的样子。[语见]元·张可久《点绛唇·翻归来辞》套曲："谁待要劳神费力,不能够展眼舒眉。"[例句]我苦口婆心说到半夜,才使她～,接受了我的条件。

【崭露头角】 zhǎn lù tóu jiǎo
[释义]崭:高出、突出的样子。比喻突出地表现出才华或本领。[语见]唐·韩愈《柳子厚墓志铭》："虽少年,已自成人,能取进士弟,崭然见头角。"[例句]亚洲杯上,十七岁的方荣～,引起了球探们的注意。

【辗转不眠】 zhǎn zhuǎn bù mián
[释义]见"辗转反侧"。[例句]因为心中有事,我连续几个夜晚,都～,几天下来,人变得憔悴不堪。

【辗转反侧】 zhǎn zhuǎn fǎn cè
[释义]辗转:翻来覆去。反侧:反复。翻来覆去,不能入睡。形容心事重重或有所思念。[语见]《诗经·周南·关雎》："求之不得,寤寐思服,悠哉悠哉,辗转反侧。"[例句]夜深了,小倩还在床上～,却不知她心里究竟在想些什么事情。

【栈山航海】 zhàn shān háng hǎi
[释义]做栈道,攀高山,渡大海。形容长途跋涉,经历险阻。[语见]南朝宋·颜延之《三月三日曲水诗序》："栈山航海,逾沙轶漠之贡,府无虚月。"[例句]我们一家～,历尽千辛万苦才回到祖国,其间的苦与乐,没有过相同经历的人自是不得而知的。

【战不旋踵】 zhàn bù xuán zhǒng
[释义]踵:脚后跟。打仗时足踵不向后转。形容作战勇往直前。[语见]汉·司马迁《史记·孙子吴起列传》："往年吴公吮其父,其父战不旋踵,遂死于敌。吴公今又吮其子,妾不知其死所矣。是以哭之。"[例句]大军一路拼杀,～,终于使匈奴退到了大青山之北。

【战战兢兢】 zhàn zhàn jīng jīng
[释义]战战:恐惧发抖的样子。兢兢:小心谨慎的样子。形容非常害怕、小心谨慎的样子。[语见]《诗经·小雅·小旻》："战战兢兢,如临深渊,如履薄冰。"[例句]门开了,一个老妇人～地立在门口,连话都说不出来了。

【战战栗栗】 zhàn zhàn lì lì
[释义]栗栗:恐惧的样子。形容因戒惧

而谨慎小心的样子。[语见]《韩非子·初见秦》:"战战栗栗,日慎一日。"[例句] 我又不吃人,你何苦一副~的样子?

zhang

【张敞画眉】 zhāng chǎng huà méi
[释义] 张敞:字子高,汉宣帝时为京兆尹。曾经为妻子画眉。比喻夫妻情笃。[语见] 明·冯梦龙《醒世恒言》第十五卷:"假如张敞画眉,相如病渴,虽为儒者所讥,然夫妇之情,人伦之本,此谓之正色。"[例句] 他们夫妻结婚已有二十余年,感情甚笃,丈夫对妻子始终照顾备至,即使是~也不过如此。

【张大其词】 zhāng dà qí cí
[释义] 见"张大其事"。[语见] 清·李宝嘉《官场现形记》第五十六回:"傅二棒锤索性张大其词,说得天花乱坠。"[例句] 事情经他~一说,仿佛天就要塌下来了似的。

【张大其事】 zhāng dà qí shì
[释义] 张大:夸大。把一件事加以夸大。[语见] 唐·韩愈《送杨少尹序》:"太史氏又能张大其事,为传继二疏(疏广、疏受)踪迹否?"[例句] 你是唯恐天下不乱,什么不值一提的小事情,你也~!

【张灯挂彩】 zhāng dēng guà cǎi
[释义] 见"张灯结彩"。[语见] 清·李绿园《歧路灯》第一百回:"老两口坐在张灯挂彩棚下,吃一杯乡党庆寿酒。"[例句] 路过一处院子时,那里正~,我们肚子饿得咕咕叫,真想去混吃混喝一通。

【张灯结彩】 zhāng dēng jié cǎi
[释义] 张:张挂,陈列。结:系、扎。彩:色彩艳丽的丝带。挂上灯笼,扎上彩色的丝带。形容喜庆之日的繁华热闹场景。[语见] 明·罗贯中《三国演义》第六十九回:"告谕城内居民,尽张灯结彩,庆赏佳节。"[例句] 员外六十大寿,自然要~大肆操办一通了。

【张冠李戴】 zhāng guān lǐ dài
[释义] 冠:帽子。姓张的人的帽子戴在姓李的人的头上。喻指弄错了对象,弄

错了事实。[语见] 明·田艺蘅《留青日札》第二十二卷:"俗谚云:'张公帽掇在李公头上。'"[例句] 你对那段历史根本就是一无所知,以致闹出了~的笑话。

【张皇失措】 zhāng huáng shī cuò
[释义] 张皇:慌慌张张。失:失去、失掉。措:放置。慌里慌张,手足都不知放在何处。形容失态的样子。[语见] 元·杨景贤《西游记杂剧·三官逢盗》:"你看他胁肩诌笑,趋前退后,张皇失措。"[例句] 敌人准备不及,我们的突然袭击,使得他们~,顾此失彼。

【张口结舌】 zhāng kǒu jié shé
[释义] 张口:张着嘴。结舌:结结巴巴,有话说不出。结结巴巴、张着嘴而说不出话。形容由于紧张、吃惊或理屈词穷而一时语塞。[语见] 汉·王符《潜夫论·贤难》:"此智士所以钳口结舌,括囊共默而已也。"[例句] 我一通狠狠地抢白,说得他一阵~,脸涨得通红。

【张眉努眼】 zhāng méi nǔ yǎn
[释义] 舒眉瞪眼。形容人招摇做作的神态。[语见] 宋·朱熹《答胡广仲》:"但谓学者不识仁之名义,又不知所以存养,而是张眉努眼说知说觉者,必至此耳。"[例句] 看到她~地在同一帮人说着什么,他就知道她又要无事生非了。

【张牙舞爪】 zhāng yá wǔ zhǎo
[释义] 张牙:张大牙齿。舞:舞动,挥动。爪:脚爪。张开牙齿,挥动脚爪。指野兽露出凶相,准备攻击别人。后喻指人猖狂凶恶、气势汹汹的样子。[语见]《敦煌变文集·孔子项托相问书》附录二《新编小儿难孔子》:"鱼生三日游于江湖,龙生三日张牙舞爪。"[例句] 敌人虽然~地汹汹而来,但是他们号称的一百万大军,不过是一群乌合之众,实在不堪一击。

【章甫荐履】 zhāng fǔ jiàn lǚ
[释义] 帽子被踩在鞋下。比喻上下颠倒。[语见] 汉·贾谊《吊屈原文》:"章甫荐履,渐不可久兮。"李善注:"冠当加首而以荐履,到上为下,故渐不可久也。"《仪礼》曰:'士冠章甫。'"[例句] 这位新

皇帝刚刚登基，～之事，便多有发生，政治的混乱，前所未有。

【章台杨柳】 zhāng tái yáng liǔ

[释义] 旧时章台为妓院所在之地，因以"章台杨柳"称妓女。宋·李昉《太平广记》第四百八十五卷引《柳氏传》《本事诗·情感一》载：唐代韩翃有姬柳氏，安史之乱时，两人失散，柳为尼，韩为平卢节度使侯希逸书记，后使人寄诗致柳，曰："章台柳，章台柳，昔日青青今在否？纵使长条似旧垂，亦应攀折他人手。"时柳已为番将所劫，韩设计使还团圆。[语见] 明·胡文焕《分钗记·分钗夜别》："你是人间豪俊，当思显姓扬名，须听，再休折章台杨柳。"[例句] 这位富家公子自从交了这样一位志趣高雅的诗人朋友以后，便对诗书发生了兴趣，从此潜心读书，再也不去理会那些～了。

【獐头鼠目】 zhāng tóu shǔ mù

[释义] 獐：一种动物。相术家相传以头削骨露者谓獐头，眼凹睛圆者谓鼠目。形容人的样子寒酸卑贱，仪表猥琐，神情狡诈。[语见] 五代后晋·刘昫等《旧唐书·李揆传》："龙章凤姿之士不见用，獐头鼠目之子乃求官。"[例句] 站到前台中央的，竟是个～的家伙，在座者无不失望之极。

【彰明较著】 zhāng míng jiào zhù

[释义] 彰、明、较、著：都是明显的意思。形容极其明显，容易看清楚。[语见] 汉·司马迁《史记·伯夷列传》："盗跖日杀不辜，肝人之肉，暴戾恣睢，聚党数千人横行天下，竟以寿终。是遵何德哉？此其尤大彰明较著者也。"[例句] 事情的来龙去脉，～，我就不必重复了。

【彰善瘅恶】 zhāng shàn dàn è

[释义] 彰：表扬。瘅：憎恨。表扬善的，斥责恶的。[语见]《尚书·毕命》："彰善瘅恶，树之风声。"[例句] 徐公下车伊始，便～，半年之后，社会风气大正。

【掌上观纹】 zhǎng shàng guān wén

[释义] 察看掌上的纹理。比喻做事极为容易，毫不费力。[语见] 元·关汉卿《陈母教子》第二折："可不道状元郎怀中取物，觑富贵掌上观纹。"[例句] 他身强力壮的，跑一趟路还不如～一般，你不必那么客气。

【掌上明珠】 zhǎng shàng míng zhū

[释义] 手掌上的明珠，比喻深受钟爱的人，多指深受父母疼爱的儿女。[语见] 晋·傅玄《短歌行》："昔君视我，如掌中珠；何意一朝，弃我沟渠。"[例句] 若芷乃是王爷的～，从小娇生惯养，如今已是亭亭玉立的大姑娘了。

【仗马寒蝉】 zhàng mǎ hán chán

[释义] 仗马：古代的立仗马，即皇宫仪仗队中的立马。蝉：昆虫，俗称"知了"。像皇宫门外的立仗马和深秋的知了。比喻不敢说话。[语见] 五代后晋·刘昫等《旧唐书·李林甫传》："君等独不见立仗马乎！终日无声，而饫三品刍豆；一鸣，则黜之矣。"[例句] 怎么每每董事长一说话，大家都如～，他就有那么大的威力？

【仗势欺人】 zhàng shì qī rén

[释义] 仗：依靠，凭借。欺：欺负。依仗权势欺负别人。[语见] 元·王实甫《西厢记》第五本第三折："他凭师友君子务本，你倚父兄仗势欺人。"[例句] 你乃是贫家子弟，莫去和那些～的官宦人家来往，不是一路人，不说一家话。

【仗义疏财】 zhàng yì shū cái

[释义] 仗义：讲义气。疏：分散。财：钱财。指讲义气，不惜拿钱财帮助别人。[语见] 元·无名氏《张公艺九世同居》第二折："此人平昔仗义疏财，父亲在时，与他有一面之交。"[例句] 孟尝君～，结交豪杰，连鸡鸣狗盗之徒都来依附，年月一久，已成一方巨大的势力，秦国自不敢轻举妄动了。

【仗义执言】 zhàng yì zhí yán

[释义] 仗义：主持正义。执言：发表意见，提出建议。依正义而发表意见。指主持正义，说公道话。也作"仗义直言"。[语见] 宋·无名氏《京本通俗小说·冯玉梅团圆》："此人姓范名汝为，仗义执言，救民水火。"[例句] 他一向疾恶如

仇,～,见不得以强凌弱、仗势欺人的事情,这次他一定会站出来说话的。

zhao

【招风揽火】 zhāo fēng lǎn huǒ
[释义] 比喻招惹是非,引生事端。[语见] 明·冯梦龙《喻世明言》第一卷:"娘子耐心度日。地方轻薄子弟不少,你又生得美貌,莫在门前窥瞰,招风揽火。"[例句] 你家那老三啊,成天就知道～,你再不管,只恐要闹出大事端来。

【招风惹草】 zhāo fēng rě cǎo
[释义] 见"招风惹雨"。[语见] 清·曹雪芹《红楼梦》第三十四回:"你只会怨我顾前不顾后,你怎么不怨宝玉外头招风惹草那样子!"[例句] 李大娘一提起那个成天在外～的小儿子,就是唉声叹气的。

【招风惹雨】 zhāo fēng rě yǔ
[释义] 比喻招是惹非,引出事端。[语见] 清·西周生《醒世姻缘传》第四十二回:"这监生不惟遮不得风,避不得雨,且还要招风惹雨!"[例句] 他这人老实巴交,怎么会做出这等～的事来?

【招架不住】 zhāo jià bù zhù
[释义] 抵挡不住。原指古代战斗时抵挡不住对方的进攻。后常常用以形容无法完成或应付不了的事物。[语见] 明·许仲琳《封神演义》第四十八回:"姚天君招架不住,掩一铜,望阵内便去。"[例句] 别紧张,你要～,叫我一声,我立马前来帮你。

【招权纳贿】 zhāo quán nà huì
[释义] 招权:弄权,揽权。纳:接受。贿:贿赂。玩弄权术,接受贿赂。[语见] 明·李昌祺《剪灯余话·何思明游酆都录》:"而招权纳贿,欺世盗名,或于任所阳为廉洁,而阴受苞苴。"[例句] 他～、为非作歹多年,朝里朝外无不恨之入骨,但是因为有皇上罩着,谁也拿他没办法。

【招权纳赂】 zhāo quán nà lù
[释义] 见"招权纳贿"。[语见] 明·宋濂等《元史·朴不花传》:"不花骄恣无上,招权纳赂,奔竞之徒,皆出其门……"

[例句] 在座诸君,都手握重柄,但有敢～、知法犯法者,决不姑息!

【招是揽非】 zhāo shì lǎn fēi
[释义] 见"招是惹非"。[语见] 清·钱彩《说岳全传》第十一回:"正在闲争闲讲……岳大爷道:'你又在此招是揽非了!'"[例句] 我人微言轻,这等～的事情,我是避之唯恐不及,哪里还敢以身相试?

【招是惹非】 zhāo shì rě fēi
[释义] 招:引来、惹起。指因语言或行动等引起麻烦,惹出事端。[语见] 宋·无名氏《京本通俗小说·志诚张主管》:"你许多时不行这条路,如今去端门看灯,从张员外门前经过,又是招是惹非。"[例句] 母亲在我早年的时候,苦口婆心地劝诫我切不可～,这对我的立身行事,有着重大的影响。

【招亡纳叛】 zhāo wáng nà pàn
[释义] 见"招降纳叛"。[语见] 明·冯梦龙《醒世恒言》第三十卷:"那时安禄山久蓄异志,专一招亡纳叛。"[例句] 为平"安史之乱",各藩镇～,拥兵自重愈甚,中央政权已名存实亡。

【招贤纳士】 zhāo xián nà shì
[释义] 贤:有道德、有才能的人。士:封建时代对读书人的泛称。招收接纳有才学、有德行的人。[语见] 元·关汉卿《哭存孝》第二折:"那其间便招贤纳士,今日个俺可便偃武修文。"[例句] 朱元璋听从刘基的告诫,在应天～,其远见使之在数年之间,实力跃至众雄之上。

【招贤下士】 zhāo xián xià shì
[释义] 犹"招贤纳士"。下:放下架子,尊重别人。[语见] 明·张凤翼《红拂记·同调相怜》:"我闻得那李公子呵,侯门一俊髦,挺英标,龙韬豹略曾探讨。年方少,气正豪,心犹小,招贤下士人称道。"[例句] 曹操在北方～,积聚力量,一旦得机会,便要逐鹿中原,其雄心壮志,世人皆知。

【招降纳叛】 zhāo xiáng nà pàn
[释义] 招收接纳敌方投降、叛变过来的

Z

人,扩大自己的力量。[语见]清·褚人获《隋唐演义》第六十回:"徐懋功道:'殿下招降纳叛,如小将辈俱自异国得侍左右,今日杀雄信,谁复有来降者?'"[例句]秦鹉在西南大肆～,扩充军队,二心已显,我们不可不防。

【招摇过市】zhāo yáo guò shì
[释义]招摇:故意在众人面前大摇大摆,引起别人注意,以炫耀自己。形容故意在众人面前虚张声势,炫耀自己,以引起别人的注意。[语见]汉·司马迁《史记·孔子世家》:"居卫月余,灵公与夫人同车,宦者雍渠参乘,出,使孔子为次乘,招摇市过之。"[例句]那几个成天～的女子,一看就不是什么好人,你当洁身自好,别去招若她们。

【招摇撞骗】zhāo yáo zhuàng piàn
[释义]招摇:故意炫耀、张扬。撞骗:到处找机会行骗。假借名义,到处炫耀、张扬,进行欺诈蒙骗。贬义。[语见]清·曹雪芹《红楼梦》第一百零二回:"那些家人在外招摇撞骗,欺凌属员,已经把好名声都弄坏了。"[例句]小崔在城里～的事情,传到了老家,老家人甚觉不齿。

【招灾揽祸】zhāo zāi lǎn huò
[释义]指自己招来灾害,引来祸端。[语见]元·高明《琵琶记·牛小姐谏父》:"你直待要打破了砂锅,是你招灾揽祸。"[例句]不是我要～,他是我十几年的兄弟,我怎么能见死不救呢?

【昭然若揭】zhāo rán ruò jiē
[释义]昭然:明显的样子。揭:高举。形容真相大白,一切都显露出来了。[语见]《庄子·达生》:"今汝饰知以惊愚,修身以明污,昭昭乎若揭日月而行也。"[例句]他的不臣之心～,公主杀他之心,早已有之。

【朝不保暮】zhāo bù bǎo mù
[释义]早晨难保晚上能够平安无事。形容处境困难、危急。[语见]汉·朱穆《复奏记梁冀》:"二千石牧守长吏,多非德选,贪聚无厌,逼民如虏,或卖用田宅,或绝命筆楚之下,或自贼于迫切之

求,大小无聊,朝不保暮。"[例句]西夏在蒙古军的攻击下,已是～,与南宋边境的争端已经无力顾及了。

【朝不保夕】zhāo bù bǎo xī
[释义]朝:早晨。夕:晚上。保得住早上平安无事,不一定保得住晚上也好。形容处境困难、危急。[语见]清·魏源《诗古微·通论四始》:"阴行善事,朝不保夕,形诸诗者,喜惧集于一时,悲感乘于一志。"[例句]我的位置已是～,你的遭遇我爱莫能助。

【朝不及夕】zhāo bù jí xī
[释义]及:顾及。早晨不能顾到晚上,形容处境困窘或岌岌可危。[语见]《左传·襄公十六年》:"敝邑之急,朝不及夕。引领西望,曰:'庶几乎?'"杜预注:"庶几晋来救。"[例句]这种～的日子让他总是心神不宁。

【朝不虑夕】zhāo bù lǜ xī
[释义]朝:早晨。虑:考虑。夕:晚上。早晨不能为晚上的事作打算。形容形势危急或处境困难,只能顾及眼前,难做长久之计。[语见]晋·李密《陈情表》:"但以刘日薄西山,气息奄奄,人命危浅,朝不虑夕。"[例句]我的病我自己知道,～,以后的事,只能"以后"再说了。

【朝不谋夕】zhāo bù móu xī
[释义]朝:早晨。谋:谋划,打算。夕:傍晚。早晨顾不上打算晚上该怎么办。形容形势危急,无法预料。[语见]宋·苏轼《秦皇论》:"昔者生民之初,不知所以养生之具,击搏挽裂,与禽兽争一日之命,惴惴焉朝不谋夕,忧死之不给。"[例句]公司经营一片混乱,～,职员纷纷出走。

【朝发夕至】zhāo fā xī zhì
[释义]朝:早晨。发:出发。夕:傍晚。早晨出发,傍晚就到达了。形容路程不远或交通便利。[语见]唐·韩愈《祭鳄鱼文》:"以生以食,鳄鱼朝发而夕至也。"[例句]这两地之间,～,交通状况较之以前,已有了大大的改观。

【朝歌暮弦】zhāo gē mù xián
[释义] 见"朝歌夜弦"。[语见] 宋·周密《武林旧事·歌馆》："外此诸处茶肆，……及金波桥等两河以至瓦市，各有等差，莫不靓妆迎门，争妍卖笑，朝歌暮弦，摇荡心目。"[例句] 隋兵已渡过黄河，正挥师南下，陈后主依然～，置朝政于脑后。

【朝歌夜弦】zhāo gē yè xián
[释义] 朝：早晨。弦：乐器上的弦线。从早到晚歌舞奏乐不停。形容欢乐歌舞的景象。[语见] 唐·杜牧《阿房宫赋》："妃嫔媵嫱，王子皇孙，辞楼下殿，辇来于秦，朝歌夜弦，为秦宫人。"[例句] 边关正在激战，统治者却～，战争的结局不言自明。

【朝观夕览】zhāo guān xī lǎn
[释义] 白天看，晚上也看。形容对宝贵的东西爱不释手。[语见] 唐·张彦远《名画记》："高平公进书画表曰：'前代帝王多求遗逸，朝观夕览，收鉴于斯。'"[例句] 他终于将一把心仪已久的紫砂壶弄到手了，他～，尽情把玩。

【朝过夕改】zhāo guò xī gǎi
[释义] 早晨犯的过失，晚上就改正了，形容改正错误非常快。[语见] 汉·班固《汉书·东平思王宇传》："今闻王改行自新，尊修经术，亲近仁人，非法之求，不以奸吏，朕甚嘉焉。传不云乎？朝过夕改，君子与之。其复前所削县如故。"[例句] 他善于接受下属意见，故～，甚得下属拥戴。

【朝华夕秀】zhāo huā xī xiù
[释义] 华：同"花"。比喻有新意的文章。[语见] 南朝梁·萧统《文选·陆机〈文赋〉》："谢朝华于已披，启夕秀于未振。"李善注："华、秀，以喻文也。"张铣注："朝华已披，谓古人已用之意谢古人而去之；夕秀未振，谓古人未述之旨开而用之。"[例句] 此文立意不凡，～，为远近十年之少有者。

【朝欢暮乐】zhāo huān mù lè
[释义] 形容日夜沉醉于欢乐之中。[语见] 宋·无名氏《大宋宣和遗事》亨集：

"徽宗自此之后，朝欢暮乐，无日虚度。"[例句] 统治阶级只知道～，哪里管百姓的死活？

【朝齑暮盐】zhāo jī mù yán
[释义] 朝：早晨。齑：切碎的腌菜。暮：晚间。早晨吃饭就腌菜，晚上吃饭蘸盐。形容生活困难、清苦。[语见] 唐·韩愈《送穷文》："太学四年，朝齑暮盐。"[例句] 河西之民尚能～，河东之民连观音土都吃尽了，揭竿之事，一触即发。

【朝经暮史】zhāo jīng mù shǐ
[释义] 早上读经书，晚上看史书，形容钻研学问专心致志。[语见] 宋·无名氏《张协状元》第一出："若论张叶，家住四川成都府，兀谁不识此人，兀谁不敬重此人。真个此人朝经暮史，昼读夜习，口不绝吟，手不停披。"[例句] 叶浅君数十年来～，苦心治学，终成一代名儒。

【朝来暮去】zhāo lái mù qù
[释义] 见"暮去朝来"。[语见] 元·马致远《青衫泪》楔子："妾身裴兴奴，自从与白侍郎相伴，朝来暮去，又早半年光景。"[例句] 离开老家，～，不觉已是十年，想家乡定然已是一派新颜了。

【朝梁暮陈】zhāo liáng mù chén
[释义] 朝：清晨。梁、陈：我国南北朝时，南朝（东晋、宋、齐、梁、陈）的两个朝代，当时朝代的寿命不长，更迭较快。早晨在梁朝做官，晚上就成为陈朝的臣子了。比喻不守节行，反复多变。[语见] 明·杨慎《升庵诗话·萧子显春别》："江东大道日华春……娼楼之本色也，六朝君臣朝梁暮陈，何异于此？"[例句] 南北朝时期，天下大乱，士人～，实是毫无办法。

【朝梁暮晋】zhāo liáng mù jìn
[释义] 朝：早晨。梁、晋：五代（梁、唐、晋、汉、周）的两个朝代，这五个朝代更迭较快，存在的时间都不长。比喻世道纷乱，朝代换来换去。[语见] 明·罗贯中《风云会》楔子："亲统貔貅百万兵，兜鍪日日侍承明，朝梁暮晋何时了，定许将军见太平。"[例句] 五代之际，～，老百姓饱受战乱之苦。

Z

【朝令暮改】zhāo lìng mù gǎi

[释义]早晨下达的政令,晚上就改了。形容政令多变,使人无所适从。[语见]汉·班固《汉书·食货志上》:"勤苦如此,尚复被水旱之灾,急政暴赋,赋敛不时,朝令而暮改。"[例句]如此~,必使民心大乱,实在是国家之祸!

【朝令夕改】zhāo lìng xī gǎi

[释义]朝:早上。令:命令。夕:晚上。早上颁布的命令,到晚上就更改。形容政策、法令变化太快,使人无所适从。[语见]宋·范祖禹《唐鉴·穆宗》:"凡用兵举动,皆自禁中授以方略,朝令夕改,不知所从。"[例句]中宗后期,~,政出多门,朝廷一片混乱。

【朝气蓬勃】zhāo qì péng bó

[释义]朝气:精神振作,力求上进的气概。蓬勃:旺盛的样子。形容精力旺盛,充满活力,积极进取的精神面貌。[例句]看着这些~的年轻人,老师们欣慰地笑了。

【朝乾夕惕】zhāo qián xī tì

[释义]朝:早晨。乾:乾乾,自强不息的样子。夕:晚上。惕:小心谨慎。从早到晚都是勤勤恳恳,不敢懈怠。也作"朝兢夕惕"。[语见]清·曹雪芹《红楼梦》第十八回:"惟朝乾夕惕,忠于厥职外,愿我君万寿千秋,乃天下苍生之同幸也。"[例句]怀义为官多年,始终~,不敢有丝毫懈怠,历史也给了他足够高的评价。

【朝秦暮楚】zhāo qín mù chǔ

[释义]秦、楚:战国时的两个强国。战国时,秦楚两国之间经常发动战争。一些弱小的国家为了自身利益一会儿支持秦国,一会儿又支持楚国,反复变化。后用以比喻立场不坚定,反复无常。也比喻行踪不定。[语见]宋·晁补之《北渚亭赋》:"托生理于四方,固朝秦而暮楚。"[例句]这位老兄那~的性子一日不改,你便一日不可与他合作,否则,你恐怕是要有很多麻烦的。

【朝荣暮落】zhāo róng mù luò

[释义]早晨开的花,晚上就凋落了,比喻富贵无常。[语见]五代·王定保《唐摭言·怨怒》:"朝荣暮落,始富终贫,范卷赍而后荣,邓赐钱而饿死。"[例句]君子之泽,三代而斩,~,均是常事,你何苦为后人担忧呢?

【朝荣夕毙】zhāo róng xī bì

[释义]早晨开花,日暮时凋谢。比喻生命短促,荣辱无常。[语见]晋·潘岳《朝菌赋》:"奈何兮繁华,朝荣兮夕毙。"[例句]他认为:人生天地之间,如白驹过隙,~,但能求得安宁与快乐,便已足够。

【朝荣夕悴】zhāo róng xī cuì

[释义]见"朝荣夕毙"。[语见]北齐·魏收《魏书·韩显宗传》:"然官位非常,有朝荣而夕悴。"[例句]如今朝政混乱,再大的官,也往往是~,倒是似我等这般小吏,反倒轻松了许多。

【朝三暮四】zhāo sān mù sì

[释义]朝:早晨。暮:傍晚。早上三个,傍晚四个。原指实质内容不变,只是改换一下名目使人迷惑,从而上当受骗。后多用以比喻变化多端或反复无常。[语见]《庄子·齐物论》:"狙公赋芧,曰:'朝三而莫(暮)四。'众狙皆怒。"[例句]他这个人成天~,你怎么能相信他呢?

【朝思暮想】zhāo sī mù xiǎng

[释义]早晨想,晚上也想。形容思念殷切。[语见]宋·柳永《倾杯乐》词:"朝思暮想,自家空恁添清瘦,算到头,谁与伸剖。"[例句]你离去之后,我对你是~,无时不盼望你早日归来。

【朝思夕计】zhāo sī xī jì

[释义]早晚都在思考,形容集中心力思考问题。[语见]南朝陈·徐陵《答诸求官人书》:"仆七十三岁,朝思夕计,并愿与诸贤为真善知识。"[例句]这一课题,我~了两年,始终没有进展,不料在不经意间,竟豁然开朗,真是苍天佑我。

【朝斯夕斯】zhāo sī xī sī

[释义]朝:早晨。夕:晚上。斯:这,此。早晨这样,晚上也是这样。形容学习勤奋,有恒心。[语见]《三字经》:"朝于斯,夕于斯。"[例句]你专心学习,若

能～，日后必能有大成。

【朝闻夕死】 zhāo wén xī sǐ
[释义] 早晨听到真理，即使到晚上死去也没有可遗憾的了。形容对真理或其他知识的渴求非常迫切。[语见]《论语·里仁》：“子曰，‘朝闻道夕死可矣。’”[例句] 程序的症结一日不除，我一日难以安心，～，又有何妨？

【朝夕不倦】 zhāo xī bù juàn
[释义] 早晚都不懈怠，形容勤奋努力，孜孜不倦。[语见]《左传·昭公三年》：“寡人愿事君，朝夕不倦。”[例句] 王夫之隐居乡野，潜心著述，～，终成一代名儒。

【朝夕相处】 zhāo xī xiāng chǔ
[释义] 朝：早晨。夕：晚上。相处：一起生活。早晨、晚上都生活在一起。表示关系亲密。也作“日夕相处”。[例句] 我们一路西出玉门，～，结下了深厚的友谊。

【朝阳鸣凤】 zhāo yáng míng fèng
[释义] 比喻清高正直，世上少有的人。[语见] 五代后晋·刘昫《唐书·韩瑗传》：“自瑗与褚遂良相继死，内外以言为讳，将二十年；帝造奉天宫，御史李善感始上疏极言；时人喜之，谓为朝阳鸣凤。”[例句] 他进到衙门里边，是下定决心要替朝廷兴利除害。因此他一心为民，惩恶扬善，被老百姓赞为～。

【朝真暮伪】 zhāo zhēn mù wěi
[释义] 朝：白天，属阳，象征明处。暮：晚间，属阴，象征暗处。伪：虚假。指外貌真诚，内心虚伪，令人难测。[语见] 唐·白居易《放言》诗：“朝真暮伪何人辨。”[例句] 你胸无城府，一派天真，在这样一个～的家伙的面前，根本不是他的对手。

【朝奏暮召】 zhāo zòu mù zhào
[释义] 朝：早晨。奏：臣子向君主上书进言。暮：晚间。早晨上书，黄昏时即被召见。旧时指君主求贤若渴，人才起用极快。[语见] 汉·司马迁《史记·平津侯主父列传·主父偃传》：“乃上书阙下，朝奏，暮召入见。”[例句] 唐朝初年，太宗皇帝勤于政事，～，上下一心，国力蒸蒸日上。

【照本宣科】 zhào běn xuān kē
[释义] 照：按照。本：文本，书本。宣科：念诵。原指道士按本念诵经文。形容只拘泥于现成的书本，死板地念诵，缺乏创造和变通。[语见] 清·朱寿朋《光绪朝东华录》：“得馆之后，办理案件，无非照本宣科，于事理实不明白。”[例句] 我们必须不断地更新教育观念。改进教学方法，那种～的教学模式早就跟不上时代的需要了。

【照猫画虎】 zhào māo huà hǔ
[释义] 照：依照，按照。按照猫的样子画老虎。比喻从形式上按样子模仿，实际内容并不一定理解。[语见] 清·李绿园《歧路灯》第十一回：“这大相公聪明得很，他是照猫画虎，一见即会套的人。”[例句] 艺术需要创造，你除了弄些～的“杰作”，难道就没有丝毫的创造之心？

zhe

【遮前掩后】 zhē qián yǎn hòu
[释义] 形容遮遮盖盖。[语见] 宋·朱熹《答叶正则》：“大家讲究到底，大开眼看觑，大开口说话，分明去取，直截剖判，不须得如此遮前掩后，似说不说，做三日新妇子模样，不亦快哉。”[例句] 一问到事情的真相，他总是～，看来他心中必定有鬼。

【遮人耳目】 zhē rén ěr mù
[释义] 遮：掩盖。掩盖别人的耳朵和眼睛，使不知真相。[语见] 清·李汝珍《镜花缘》第七十三回：“如把草帽草鞋放在粗衣淡服之人身上，又何尝有什么丑处！可见装点造作总难遮人耳目。”[例句] 为～，歹徒们佯装在装修，实际上在屋里暗中制造了一些炸弹。

【遮人眼目】 zhē rén yǎn mù
[释义] 见“遮人耳目”。[语见] 清·曹雪芹《红楼梦》第七十五回：“这种遮人眼目儿的事，谁不会做？且再瞧就是了。”

Z

[例句] 你的狐狸尾巴早就露出来了，再做那些～的事情，只会让人嘲笑。

【遮天蔽日】 zhē tiān bì rì
[释义] 挡住了天空和太阳，形容数量多，面积大。[语见] 清·曹雪芹《红楼梦》第十七回："池边两行垂柳，杂着桃杏，遮天蔽日，真无一些尘土。"[例句] 成百万的蝗虫呼啸而来，～，整个盐湖城被笼罩在一片灾难的威胁之中。

【遮天盖地】 zhē tiān gài dì
[释义] 遮：掩盖。掩盖了天和地。形容来势猛，数量多。[例句] 大雪～地飘洒下来，光线阴暗，人的心情也变得更加阴暗了。

【遮天映日】 zhē tiān yìng rì
[释义] 形容在日光辉映下数量多，遮住了天空。[语见] 明·无名氏《单刀劈四冠》第二折："你看那后面征尘土雨，遮天映日，不有大军来了也。"[例句] 岛上火山爆发前夕，水鸟纷纷逃生，～，灾难的味道已经充斥在空气里。

【折长补短】 zhé cháng bǔ duǎn
[释义] 见"截长补短"。[语见]《韩非子·初见秦》："今秦地折长补短，方数千里，名师数十百万，秦国之号令赏罚，地形利害，天下莫如也。"[例句] 你们二人，如果能～，相互配合，必然能闯出一番新天地。

【折冲御侮】 zhé chōng yù wǔ
[释义] 折冲：指摧挫敌军。冲：战车的一种。指抗拒敌人。[语见]《诗经·大雅·绵》："予曰有御侮。"毛传："武臣折冲曰御侮。"[例句] 天下承平日久，兵事不修，军中几无～之人。

【折鼎覆𫗧】 zhé dǐng fù sù
[释义] 见"折足覆𫗧"。[语见] 唐·姚思廉《梁书·武帝纪上》："祐怯而无断，暗弱而不才，折鼎覆𫗧，翘足可待。"[例句] 桂平骄傲自大，况兵力不足，仓促上阵，如～，必有全军覆没之忧。

【折槁振落】 zhé gǎo zhèn luò
[释义] 槁：枯枝。折断枯枝，吹落干叶。比喻轻而易举，一点儿也不费力。

[语见] 汉·刘安《淮南子·人间训》："于是陈胜起于大泽，奋臂大呼，天下席卷而至于戏，刘项兴义兵随而定，若折槁振落。"[例句] 元帅的大军所向披靡，敌人无不望风而逃，这一仗胜得轻而易举，如同～。

【折桂攀蟾】 zhé guì pān chán
[释义] 蟾：蟾蜍，旧时传说月中有蟾蜍。折月中桂花，攀月中蟾蜍。旧时称登科做官。[语见] 元·无名氏《三化邯郸》第二折："折桂攀蟾姓字标，入省登台意气豪。"[例句] 听说儿子终于～，父亲高兴得说不出话来。

【折戟沉沙】 zhé jǐ chén shā
[释义] 戟：古代的一种兵器。断的戟埋在沙里。形容惨败。[语见] 唐·杜牧《赤壁》诗："折戟沉沙铁未销，自将磨洗认前朝。"[例句] 商场如战场，没有摸清对方的虚实，结果～，损失了大笔资金。

【折节待士】 zhé jié dài shì
[释义] 见"折节下士"。[语见] 唐·令狐德棻《周书·邵广传》："时晋公护诸子及广弟杞国公亮等，服玩侈靡，逾越制度，广独率由礼则，又折节待士，朝野以是称焉。"[例句] 刘基自然看出了战乱时朱元璋～的虚伪，所以等国家初定，便一心要隐归山林。

【折节礼士】 zhé jié lǐ shì
[释义] 见"折节下士"。[语见] 清·张廷玉等《明史·张居正传》："时徐阶以宿老居首辅，与李春芳皆折节礼士。"[例句] 每一代开国君主，打天下的时候，多能～，然而天下一定，却往往磨刀霍霍，不为别的，单因天下乃一人之天下。

【折节下士】 zhé jié xià shì
[释义] 折节：屈己下人，降低身份。指屈己待人。[语见] 晋·陈寿《三国志·魏书·袁绍传》："绍有姿貌威容，能折节下士，士多附之。"[例句] 刘邦能～，这使他比项羽高了一分。

【折节向学】 zhé jié xiàng xué
[释义] 折节：改变过去的志向、作风。形容努力刻苦，奋发学习。也作"折节读

书".[语见]南朝宋·范晔《后汉书·段颎传》："颎少便习弓马,尚游侠,轻财贿,长乃折节好古学."[例句]这个一向游手好闲的儿子终于～了,老两口总算长舒了一口气。

【折首不悔】zhé shǒu bù huǐ
[释义]折首:断头。杀了头也不后悔。形容意志坚定。[语见]宋·李觏《袁州学记》:"草茅危言者,折首而不悔."[例句]我决心已定,～,你就放心吧!

【折腰五斗】zhé yāo wǔ dǒu
[释义]折腰:弯腰。五斗:五斗米,借指发官俸。后借喻为忍受屈辱。[语见]元·无名氏《三化邯郸》第二折:"一个弃彭泽折五斗,一个别苏门一声长啸."[例句]学士乃耿介之人,岂肯～,为虎作伥?

【折足覆𫗧】zhé zú fù sù
[释义]折足:折断鼎足。覆𫗧:翻掉鼎内的食物。比喻力不胜任,必然败事。[语见]《周易·系辞下》:"鼎折足,覆公𫗧,其形渥,凶。言不胜其任也."[例句]我并没有那么大的本事,让我去干件事,恐怕会～。

【辙鲋之急】zhé fù zhī jí
[释义]辙鲋:"涸辙之鲋"的缩语,比喻处境困难的人。急:危急。比喻困厄迫身的状况。[语见]《庄子·外物篇》:"车辙中有鲋鱼焉,曰:'我东海之波臣也,君岂有斗升之水而活我哉!'"[例句]令兄处～,你竟然隔岸观火,真是冷漠!

【辙乱旗靡】zhé luàn qí mǐ
[释义]靡:倒下。车迹杂乱,军旗倒覆。形容军队溃败之状。[语见]《左传·庄公十年》:"吾视其辙乱,望其旗靡,故逐之."[例句]大将军登高一望,只见敌人～,禁不住喜形于色。

【者也之乎】zhě yě zhī hū
[释义]见"之乎者也"。[语见]明·徐霖《绣襦记·为儒乐聘》:"假吃亏见利浑忘义,者也之乎全不济."[例句]你就三言两语明白地说,什么～,听得人都烦了。

zhen

【贞高绝俗】zhēn gāo jué sú
[释义]形容坚贞高尚的节操超出寻常人。[语见]南朝宋·范晔《后汉书·刘陶列传》:"窃见故冀州刺史南阳朱穆,前乌桓校尉臣同郡李膺,皆履正清平,贞高绝俗."[例句]他～,从不为升官发财而不择手段,也从不与阿谀奉迎的小人为伍。

【针锋相对】zhēn fēng xiāng duì
[释义]锋:刀、剑等的尖端。针与锋相对。比喻双方言辞、意见等一一对立。也比喻双方意见、论点尖锐对立或针对对方言论、行动做出相应的回击。[语见]清·文康《儿女英雄传》第十二回:"方在听你说起那情景来,他句句话与你针锋相对,分明是豪客剑侠一流人物."[例句]这两派学者～,展开了长达五年的笔战。

【真才实学】zhēn cái shí xué
[释义]真正的才能和扎实的学问。指真正的本领。[语见]宋·王十朋《梅溪王忠文公集》第二十三卷:"知其所得必真才实学."明·施耐庵《水浒传》第二十九回:"这一扑,有名唤做'玉环步,鸳鸯脚'——这是武松平生的真才实学,非同小可."[例句]他这个人的确有～,无论到了哪里,都是出类拔萃的。

【真金不镀】zhēn jīn bù dù
[释义]镀:镀金。真金不需镀金。比喻有真才实学的人,从不装点门面。[语见]唐·李绅《答章孝标》诗:"假金方用真金镀,若是真金不镀金."[例句]他才华横溢,～,在学界很有口碑。

【真金烈火】zhēn jīn liè huǒ
[释义]真金不怕在烈火中烧。也作"烈火真金"。[语见]明·徐渭《四声猿·雌木兰替父从军》:"非自奖真金烈火,俫好比浊水红莲."[例句]路遥马力,～,让我们用事实说话吧!

【真凭实据】zhēn píng shí jù
[释义]真实确凿的证据。[语见]清·李宝嘉《官场现形记》第十五回:"后头一帮

Z

人,也是没有真凭实据的,看见前头的样子,早已胆寒。"[例句] 你若能拿出～,谁还能不相信你的话呢?

【真情实意】zhēn qíng shí yì
[释义] 十分真实的情意。[语见] 明·李贽《焚书·豫约》:"劝尔等勿哭勿哀,而我复言之哀哀,真情实意,固自不可强也。"[例句] 他对你可是一片～,你怎么就根本不把人家放在心上呢?

【真伪莫辨】zhēn wěi mò biàn
[释义] 伪:假。莫:不。真的、假的不能分辨。[语见] 唐·魏徵《隋书·经籍志一》:"战国纵横,真伪莫辨,诸子之言,纷然淆乱。"[例句] 两边的人都说得理直气壮,一时～,专家组陷入了沉默之中。

【真相大白】zhēn xiàng dà bái
[释义] 真相:真面目。大白:彻底明白。真实情况彻底清楚了。[语见] 张者《老风口》:"黑影只要良心发现,出来认这个孩子了,那他就真相大白了。"[例句] 经过公安人员的全力侦破,这个案子终于～了。

【真心诚意】zhēn xīn chéng yì
[释义] 真实诚恳的心意。[语见] 清·李绿园《歧路灯》第二十八回:"又连各色小事件,扣算只费二千金,这也是他们大商真心诚意置买。"[例句] 我们～地来帮你,请你一定要相信我们。

【真心实意】zhēn xīn shí yì
[释义] 见"真心诚意"。[语见] 元·无名氏《百花序》第三折:"常言道:海深须见底,各办着个真心实意。"[例句] 乡亲们～地来帮忙,让我们十分感动。

【真赃实犯】zhēn zāng shí fàn
[释义] 赃物和罪犯都确凿无疑。[语见] 明·无名氏《开诏救忠》第三折:"你今真赃实犯,有何理说。"[例句] 经过半年的调查,～,俱已明确如山,只等网一收,罪犯们必定插翅难飞。

【真知灼见】zhēn zhī zhuó jiàn
[释义] 真:正确。灼:透彻,明白。正确而且深刻的见解。[语见] 清·李宝嘉《官场现形记》第五十七回:"凡是日与考各员,苟有真知灼见,确能指出枪替实据者,务各密告首府,汇禀本院院。"[例句] 他的发言虽然不长,但的确是一番～,值得我们认真思考。

【箴规磨切】zhēn guī mó qiē
[释义] 箴规:规谏。磨:磨炼。切:切磋。互相批评,互相帮助。[语见] 唐·韩愈《答冯宿书》:"朋友道缺绝久,无有相箴规磨切之道。"[例句] 我们几个笔友虽不常见面,但经常通过书信交流写作心得,～,共同进步。

【枕戈尝胆】zhěn gē cháng dǎn
[释义] 头枕兵器,口尝苦胆。形容发愤图强,杀敌心切。[语见] 唐·姚思廉《梁书·元帝纪》:"陛下英略纬天,沉明内断,横剑泣血,枕戈尝胆。"[例句] 闯王在商洛山间,无日不～,可是一入了紫禁城,便将这一段艰苦的经历忘了个干干净净。

【枕戈待旦】zhěn gē dài dàn
[释义] 枕:头枕着。戈:古代一种兵器。旦:天亮。晚上睡觉,枕着兵器,等待天明。形容杀敌报国心切,一刻也不松懈。[语见] 唐·房玄龄等《晋书·刘琨传》:"吾枕戈待旦,志枭逆虏,常恐祖生先吾著鞭。"[例句] 全军上下,均～,一旦得令,便要杀向疆场,与敌人一决雌雄。

【枕戈待敌】zhěn gē dài dí
[释义] 睡时头枕着兵器,等待敌人。形容时刻准备杀敌。[语见] 南朝梁·萧子显《南齐书·褚渊传》:"且勍寇穷凶,势过原燎,衅逆仓卒,终古未闻,常时惧惑,当虑先定,结垒新亭,枕戈待敌,断决之策,实有由然。"[例句] 边关将士,无不～,突厥眼见不得机会,只好暗中撤军了。

【枕戈汗马】zhěn gē hàn mǎ
[释义] 枕戈:头枕武器。汗马:战马疾驰而出汗。形容时刻准备杀敌立功。[语见] 明·屠隆《昙花记·公子受封》:"念亲恩主德总来难报,须教枕戈汗马,努力塞云边疆,几时得功成大漠,鹤归华表。"[例句] 大军～,连续作战,终于赢得

了胜利。

【枕戈泣血】zhěn gē qì xuè
[释义]枕戈:头枕武器。泣血:眼睛哭出血来,形容极度的哀伤。时刻准备杀敌以报仇雪恨。[语见]南朝梁·沈约《宋书·桂阳王传》:"乐毅归赵,不忍谋燕;况孤子礼则君臣,恩犹父子者乎。所以枕戈泣血,祗以兄弟之仇尔。"[例句]岳飞被害之后,岳家军~,把一腔悲愤凝结于刀枪。

【枕戈寝甲】zhěn gē qǐn jiǎ
[释义]以戈为枕,不卸甲而睡。形容常处于战争或战备状态之中。[语见]唐·房玄龄等《晋书·赫连勃勃载记》:"朕无拨乱之才,不能弘济兆庶,自枕戈寝甲,十有二年,而四海未同,远寇尚炽。"[例句]由于长期~,未能得到及时休整,军队已经分外疲惫。

【枕戈饮胆】zhěn gē yǐn dǎn
[释义]见"枕戈尝胆"。[语见]唐·姚思廉《梁书·元帝纪》:"孤以不德,天降之灾,枕戈饮胆,扣心泣血。"[例句]全军上下都~,时刻准备歼灭来犯之敌。

【枕冷衾寒】zhěn lěng qīn hán
[释义]衾:被子。枕被俱冷,形容因独眠而极度孤寂冷寞。[语见]明·贾仲明《对玉梳》第一折:"我敢一上青山便化身,从今后枕冷衾寒,索自温存。"[例句]夫君远在万里之外,她独守空房,~。

【枕流漱石】zhěn liú shù shí
[释义]见"枕石漱流"。[语见]明·王錂《春芜记·访友》:"湖海伴渔樵,任尘埃暗宝刀,枕流漱石吾堪老。"[例句]这乡间数日,也品尝了一回~的生活,这才感叹古人真是享尽了自然之美。

【枕石漱流】zhěn shí shù liú
[释义]用石头作枕头,用山泉洗漱。比喻隐居山林。[语见]三国魏·曹操《秋胡行》:"名山历观,遨游北极,枕石漱流饮泉。"[例句]我也想过几天~的生活,可是事情团团将我缠住,我哪里脱得开身?

【振臂一呼】zhèn bì yī hū
[释义]振:挥动着。呼:召呼,号召。挥动手臂,高声号召。[语见]宋·何去非《秦论》:"振臂一呼,而带甲者百万。"[例句]黄巢~,应者络绎不绝,一时军力大炽。

【振贫济乏】zhèn pín jì fá
[释义]指救济穷困的人。[语见]晋·鲁褒《钱神论》:"四时行焉,百物生焉,钱不如天;达穷开塞,振贫济乏,天不如钱。"[例句]员外平时~,多行善事,义军进城之后,自然敬他三分。

【振穷恤寡】zhèn qióng xù guǎ
[释义]振:救济。恤:救济。寡:本指寡妇,这里指没有倚靠的苦人。救济穷苦的人。[语见]唐·李延寿《北史·魏纪四》:"察理冤狱,掩胔埋骼,振穷恤寡。"[例句]田文镜在黄河两岸~,十年如一日,而自己毫无中饱私囊的举动,所以其死后,民间多有为其立碑之事。

【振衣提领】zhèn yī tí lǐng
[释义]振衣:指提起衣服。要提起一件皮衣服,必须拎住衣领。比喻抓住问题的关键。[语见]唐·欧阳询《艺文类聚》第七十六卷引北周·王褒《京师突厥寺碑》:"索隐穷源,振衣提领。"[例句]案件虽然复杂,但是经过~地一分析,大家都明白了调查的重点。

【振衣濯足】zhèn yī zhuó zú
[释义]振衣:抖动衣服,去掉灰尘。濯足:洗脚。本指在高山上抖衣,在长河里洗脚,以去除世俗污浊。后形容摒弃荣华富贵,志在高蹈隐居。[语见]晋·左思《咏史》诗之五:"振衣千仞冈,濯足万里流。"[例句]谁也不明白,这个春风得意的高官,为什么会~,隐居田园去了。

【振振有词】zhèn zhèn yǒu cí
[释义]振振:理直气壮的样子。理直气壮地说起来没完。也形容强词夺理。[语见]盛宣怀《致荣中堂书》:"近以容闳东路之说,比人益以有碍卢保路利,振振有词。"[例句]看你~的样子,难道你真的拿住了人家的把柄不成?

【震耳欲聋】zhèn ěr yù lóng
[释义]欲:将要。声音大得要把耳朵震

Z

聋了。形容声响极大。[例句]一声~的巨响之后,城东一带,一团可怕的火光冲天而起。

【震古铄今】 zhèn gǔ shuò jīn
[释义]铄:同"烁",闪动,光明照耀。震惊古人,显耀当世。形容事业或功绩的伟大,不仅超越古人,而且可以显赫于世人。[例句]孙武被历史军事家尊为"兵圣"。他在西破强楚、建立赫赫威名之后,给后人留下了一部~的《孙子兵法》。

【震撼人心】 zhèn hàn rén xīn
[释义]震:摇动。形容某件事对人震动很大。[例句]这部电影中的人物形象~,成为电影史上的经典之作。

【震天动地】 zhèn tiān dòng dì
[释义]震动了天和地。形容声势浩大,场面宏伟或声音响亮,有时也用来形容事情本身极为重要。[语见]北魏·郦道元《水经注·河水》:"涛涌波襄,雷济电泄,震天动地。"[例句]莫斯科保卫战~,苏德双方几乎动用其所能用的全部兵力,一时血流成河。

【震天撼地】 zhèn tiān hàn dì
[释义]见"震天动地"。[语见]霍达《穆斯林的葬礼》:"浑厚深远的号子和汹涌澎湃的风浪声在琢玉坊中震天撼地地响起来。"[例句]~的马恩河之战之后,一战便逐渐走向了尾声,但是战争本身给人类造成的巨大创伤,却并不随着战争的结束而结束。

【镇定自若】 zhèn dìng zì ruò
[释义]遇到紧急情况,心情平静,不变常态。[例句]城外炮火连天,但是他站在城头,~,脸上毫无惧色。

zheng

【争分夺秒】 zhēng fēn duó miǎo
[释义]争、夺:争抢、不放过。争取每一分、每一秒。形容抓紧时间,不放过一分一秒。[例句]这几天职工们的积极性很高,大家都~地工作,希望能在春节前将计划完成。

【争名夺利】 zhēng míng duó lì
[释义]名:名位。利:利益。争夺名位和利益。[语见]元·马致远《黄粱梦》第一折:"想世人争名夺利,何苦如此!"[例句]他长期跟一帮~的人在一起,早些时候那种平和淡泊的心性自然慢慢就消失了。

【争名竞利】 zhēng míng jìng lì
[释义]见"争名夺利"。[语见]金·马金《满庭芳·叹憨汉》词:"人人争名竞利,时时地筹运机谋。"[例句]我绝没有半点~的意思,我只是希望通过我的努力,使公司从目前的困境中解脱出来。

【争名逐利】 zhēng míng zhú lì
[释义]见"争名夺利"。[语见]明·胡文焕《群音类选·青衫记·华阴骑驴》:"争名逐利,枉将人白日驰驱。"[例句]他这人生性淡泊,这种~的事情,他是不会做的。

【争奇斗艳】 zhēng qí dòu yàn
[释义]奇:奇异。艳:艳丽。争、斗:比赛、竞争。竞争新奇,比赛艳丽。[例句]打开花园的门,无数的鲜花~,让人振奋,让人惊奇——春天已然到了眼前。

【争奇斗异】 zhēng qí dòu yì
[释义]竞相争斗,标奇立异。[语见]明·凌濛初《初刻拍案惊奇》第二十五卷:"吟坛才子争奇斗异,各献所长。"[例句]中秋赏月对诗,才子们~,各显其能。

【争强斗胜】 zhēng qiáng dòu shèng
[释义]见"争强显胜"。[例句]我并没有~之心,我只是想证明一下我的能力。

【争强好胜】 zhēng qiáng hào shèng
[释义]强、胜:超过别人。好:喜好。事事争胜,总想超过别人。[语见]清·文康《儿女英雄传》第三十五回:"任是争强好胜的,偏逢用违所长。"[例句]他总是~,不过如果你将他这方面的性格利用好了,对你们公司的发展并不是一件坏事。

【争强显胜】 zhēng qiáng xiǎn shèng
[释义]争为强者,喜欢胜过他人。[语见]明·胡文焕《群音类选·海神记·王

Z

魁诉神》："恐怕他褒贬村,争强显胜各过俊,惟求鸧儿心内喜。"[例句]别看他不温不火的,他手下那一帮人可都是些～的人,而他却能使他们配合得天衣无缝,这便是他非同一般的能力了。

【争权夺利】 zhēng quán duó lì
[释义]权:权势。利:利益。竞争权势,夺取利益。[例句]性情淡泊的他早已厌倦了官场上的～,恨不得早一点离开这块是非之地。

【争荣夸耀】 zhēng róng kuā yào
[释义]争荣誉显耀自己。[语见]清·曹雪芹《红楼梦》第三十一回："袭人见了自己吐的鲜血在地,也就冷了半截。想着往日常听人说:少年吐血,年月不保;纵然命长,终是废人了。想起此言,不觉将素日想着后来争荣夸耀之心,尽皆灰了。"[例句]随着岁月的流逝,随着年岁的增长,早些年非常强烈的～之心,渐渐平息了。

【争先恐后】 zhēng xiān kǒng hòu
[释义]恐:恐怕。争着向前,唯恐落在别人后面。形容做事积极。[语见]明·屠勋《屠康僖公集·重建陡门桥记》："匪公帑而乐施者争先恐后。"[例句]下课铃一响,同学们～地往外跑。

【争妍斗奇】 zhēng yán dòu qí
[释义]形容百花盛开,竞相逞美。[语见]宋·吴曾《能改斋漫录·方物·芍药谱》："名品相压,争妍斗奇,故者未厌,而新者已盛。"[例句]满园的花草～,竞相开放。

【争妍斗艳】 zhēng yán dòu yàn
[释义]见"争妍斗奇"。[例句]菊花静静地开着,不跟牡丹～,尽显它君子之风。

【征名责实】 zhēng míng zé shí
[释义]征:考察。责:求。考察其名以求其实,就其言而观其行,以求名实相符。[语见]唐·姚思廉《陈书·宣帝纪》："方欲仗兹舟楫,委成股肱,征名责实,取宁多士。"[例句]总公司对这次选出的几个年轻人进行了大量～的考察,要从中挑选出合适的人送到国外去培训,以求得尽快跟上国际先进水平。

【峥嵘轩峻】 zhēng róng xuān jùn
[释义]峥嵘:突出。轩:高。峻:高大。形容气象宏伟,气派很大。[语见]清·曹雪芹《红楼梦》第二回："大门外虽冷落无人,隔着围墙一望,里面厅殿楼阁,也还都峥嵘轩峻。"[例句]城破之后,义军并未完全冲进去,整个宫城,也都～,不曾被破坏丝毫。

【蒸沙成饭】 zhēng shā chéng fàn
[释义]把沙子蒸成饭。比喻不可能成功的事情。也作"蒸沙作饭"。[语见]《楞严经》第六卷："如蒸沙石欲成其饭,经百千劫,只名热沙,何以故?此非饭,本石沙成故。"[例句]在水流这么急的一个地方修筑大坝,只如～,事情不仅难成,恐怕还会有危险。

【蒸蒸日上】 zhēng zhēng rì shàng
[释义]蒸蒸:热气升腾的样子。形容事业兴旺发达,天天向上。[语见]清·曾朴《孽海花》第十一回："倒是现在欧洲各国,民权大张,国势蒸蒸日上。"[例句]楚汉战争结束之后,汉朝统一全国,国家采取了大量休养生息的政策,经济和文化自然都～。

【拯溺扶危】 zhěng nì fú wēi
[释义]溺:落水者。危:危乱,指动乱中的国家。指拯救、帮助受难的百姓和动乱中的国家。[语见]唐·姚思廉《陈书·虞寄传》："然夷凶剪乱,拯溺扶危,四海乐推,三灵眷命,揖让而居南面者,陈氏也。"[例句]为君者,～,乃其天职,而炀帝竟视百姓为敌,他自己自然会被百姓视为独夫了。

【拯溺救焚】 zhěng nì jiù fén
[释义]溺:指落水者。焚:指困在火中的人。比喻救人于危难中。[语见]汉·王充《论衡·自纪》："救火拯溺,义不得好;辩论是非,言不得巧。"唐·房玄龄等《晋书·石闵传》："史臣曰:'夫拯溺救焚,帝王之师也;穷凶骋暴,戎狄之举也。'"[例句]那年如果不是你伯父挺身而

Z

出，对我们全家～，我们就没有今天了。

【整躬率物】zhěng gōng shuài wù
[释义] 躬：自身。物：人。整饬自身做出榜样，以为下属示范。[语见] 清·李宝嘉《官场现形记》第十六回：“为此拿定了主意，想把这些做官的先陶熔到一个程度，好等他们出去，整躬率物，出身加民。”[例句] 田文镜为了刹住官场的歪风，～，竟使得自己贫困异常。

【整襟危坐】zhěng jīn wēi zuò
[释义] 见“正襟危坐”。[语见] 元·脱脱等《宋史·李道传传》：“道传少庄重，稍长读河南程氏书，玩索义理，至忘寝食，虽处暗室，整襟危坐，肃如也。”[例句] 一行人进去时，老成正～地等着他们，弄得他们都感到很紧张。

【整军经武】zhěng jūn jīng wǔ
[释义] 整：整顿。经：经营，治理。把军备武装整顿齐备。[语见]《左传·宣公十二年》：“见可而进，知难而退，军之善政也；兼弱攻昧，武之善经也。子姑整军而经武乎？犹有弱而昧者，何必楚。”[例句] 秦始皇通过变革，～，不出数年，其实力已远在六国之上。

【整衣敛容】zhěng yī liǎn róng
[释义] 敛容：肃敬的样子。整理衣裳，端正仪容。[语见] 唐·白居易《琵琶行》：“沉吟放拨插弦中，整顿衣裳起敛容。”[例句] 别看他一见到你就～，一副恭敬的样子，可心里不一定就真那么尊敬你。

【正本澄源】zhèng běn chéng yuán
[释义] 见“正本清源”。[语见] 五代后晋·刘昫等《旧唐书·高祖纪》：“欲使玉石区分，薰莸有辨，长存妙道，永固福田，正本澄源，宜从沙汰。”[例句] 我们的改革要～，从根本上改变不适合企业发展的旧观念，旧体制，不能隔靴搔痒，只走形式。

【正本清源】zhèng běn qīng yuán
[释义] 本：树根。源：水的源头。扶正树根，清理水源。比喻从根本上解决问题。[语见] 清·赵尔巽《清史稿·程含章传》：“正本清源之道，在河员大法小廉，实心修筑，加意堤防……”[例句] 要想解决好这两人之间的矛盾，就必须～，从这矛盾产生的根源入手。

【正大光明】zhèng dà guāng míng
[释义] 见“光明正大”。[语见] 宋·朱熹《答吕伯恭书》：“大抵圣贤之心，正大光明，洞然四达。”[例句] 我～地写我的文章，丝毫没有害人之心，我何惧之有？

【正冠纳履】zhèng guān nà lǚ
[释义] 冠：帽子。履：鞋子。指李树下不要整帽子，瓜田里不要穿鞋子，可以避偷李偷瓜的嫌疑。[语见]《乐府诗集·相和歌辞七·君子行》：“君子防未然，不处嫌疑间。瓜田不纳履，李下不整冠。”[例句] 你负责掌管财务，瓜田李下，更应注意～，不要做出让人怀疑的事情来。

【正己守道】zhèng jǐ shǒu dào
[释义] 端正自己以遵守道德准则。[语见] 宋·庄季裕《鸡肋编》上卷：“以此知阴阳家不足深泥，唯正己守道为可恃耳。”[例句] 几十年来我都～，不贪不拿，我的心态自然比一般的人要平和得多了。

【正襟安坐】zhèng jīn ān zuò
[释义] 见“正襟危坐”。[语见] 宋·邵伯温《闻见前录》第十卷：“昔贬涪州，过汉江，中流船几覆，举舟之人皆号泣，伊川但正襟安坐，心存诚敬，已而船及岸。”[例句] 一众人正热闹地讨论着，华琳却独自在那里～，面无表情。

【正襟危坐】zhèng jīn wēi zuò
[释义] 正：通“整”，整理。危：端正。整理好衣服端正地坐着。形容恭谨的样子。[语见] 汉·司马迁《史记·日者列传》：“宋忠、贾谊瞿然而悟，猎缨正襟危坐。”[例句] 你别那么一副～的样子，弄得我们都紧张兮兮的。

【正名责实】zhèng míng zé shí
[释义] 辩正名称以符合实际。[语见] 宋·岳飞《乞改襄阳路仍作京西南路札子》：“庶得路分速归旧制，以称朝廷正名责实不忘中原之意。”[例句] 我们对小余已经做了充分的考察，不需要你再

去～了,他完全胜任这一职务。

【正人君子】 zhèng rén jūn zǐ
[释义] 正直有道德的人。[语见] 宋·欧阳修《新唐书·张宿传》:"宿怨执政不与己,乃日肆谗毁,与皇甫镈相附离,多中伤正人君子。"[例句] 人人都说他是～,只要是他说的话,人们大都不会怀疑。

【正色敢言】 zhèng sè gǎn yán
[释义] 态度严肃,敢于直言。[语见] 清·张廷玉等《明史·王竑传》:"十一年授户科给事中,豪迈负气节,正色敢言。"[例句] 他为人正直忠厚,性格豪迈放达,在朝廷上～,刚直不阿。

【正色危言】 zhèng sè wēi yán
[释义] 见"正色直言"。[语见] 元·脱脱等《宋史·杜衍等传论》:"迪、曾正色危言,能使宦官近习,不敢窥觎。"[例句] 老裴并无好口才,但是他～的一番话之后,却无一人敢反驳半句。

【正色直言】 zhèng sè zhí yán
[释义] 态度严肃,言语正直,能使人望而生畏。[语见] 唐·房玄龄等《晋书·王恭传》:"恭每正色直言……"[例句] 如果不是你的～,那个冒险的决定恐怕已经在实施之中了,其危害真的是不可估量。

【正身明法】 zhèng shēn míng fǎ
[释义] 端正己身,严明法纪。[语见] 唐·房玄龄等《晋书·元帝纪》:"二千石令长当祗奉旧宪,正身明法,抑齐豪强,存恤孤独,隐实户口,劝课农桑。"[例句] 他决心～,把这里的风气彻底改变一下。

【正身率下】 zhèng shēn shuài xià
[释义] 端正己身,为下属表率。[语见] 汉·荀悦《汉纪·武帝纪三》:"仲舒正身率下,所居而治。"[例句] 诸葛亮处理军政大事,首先能～,所以他的威信在蜀国自然无人能及。

【正声雅音】 zhèng shēng yǎ yīn
[释义] 纯正优雅的音乐。[语见] 唐·皮日休《通玄子栖宾亭记》:"其正声雅音,笙师之吹竽,邠人之鼓籥,不能过也。"[例句]《红裳》曲乃～,怎么可以在这种乱糟糟的地方演奏呢?

【正视绳行】 zhèng shì shéng xíng
[释义] 绳:直。形容言行正直有分寸。[语见] 清·龚自珍《送广西巡抚梁公序三》:"公有矩德,以蕰其外,正视绳行,无间其里,必能正其人心矣。"[例句] 薛行俭为相,～,连皇上都惧他几分。

【正言不讳】 zhèng yán bù huì
[释义] 讳:忌讳。说话爽直,毫无忌讳。[语见] 战国楚·屈原《卜居》:"宁正言不讳以危身乎?"[例句] 他性情急躁,～,因此得罪了不少人。

【正言厉色】 zhèng yán lì sè
[释义] 正言:语言严正。厉:严厉。色:脸色。说话时,脸色严肃,语言严厉。[语见] 清·曹雪芹《红楼梦》第五十四回:"众人见他正言厉色的说了,也都再无别话。"[例句] 我对弟弟一番～的教训之后,他终于意识到了自己近几年的种种荒唐之举所造成的危害。

【正言直谏】 zhèng yán zhí jiàn
[释义] 用正义的话,向皇帝忠直进谏。[语见] 三国魏·桓范《谏争》:"今正言直谏,则近死辱而远荣宠,人情何好焉,此乃欲忠于主耳!"[例句] 高览的～,却惹来了杀身之祸,这便是皇权的"威力"。

【正颜厉色】 zhèng yán lì sè
[释义] 神态非常严厉。[语见] 明·王廷相《雅述·上篇》:"有德之人,心诚辞直,正颜厉色,不作伪饰,以为心害。"[例句] 对孩子别总是那么一副～的样子,要讲究方式方法。

【正义凛然】 zhèng yì lǐn rán
[释义] 见"大义凛然"。[例句] 那一通～的演说之后,大家纷纷打消了对他的怀疑。

【正正堂堂】 zhèng zhèng táng táng
[释义] 本指正正的旗号,堂堂的阵容。后指正大光明。[语见]《孙子·军争》:"无邀正正之旗,勿击堂堂之陈(阵),此治变者也。"[例句] 做人要～,做事要认认真真,这是他一贯的处世原则。

【正直无私】zhèng zhí wú sī
[释义] 见"正直无邪"。[语见] 元·刘唐卿《降桑椹》第一折:"见义当为真男子,则是我正直无私大丈夫。"[例句] 他在官多年,对大小事情,均能～地处理,深得百姓敬仰。

【正直无邪】zhèng zhí wú xié
[释义] 公正而无私心。[语见] 南朝宋·范晔《后汉书·宋汉传》:"太中大夫宋汉清修雪白,正直无邪。"[例句] 身为法官,断案的时候,必须～,不能掺杂个人的私心杂念。

【正中下怀】zhèng zhòng xià huái
[释义] 中:合乎,符合。下怀:自己的心意。谦辞。别人做的事正好符合自己的心意。[语见] 明·施耐庵《水浒传》第六十三回:"蔡福听了,心中暗喜:'如此发放,正中下怀。'"[例句] 他把他的观点简单地说了说,于我是～,我当然会大力支持他了。

【证据确凿】zhèng jù què záo
[释义] 确凿:非常确实。用来证明事物的凭据非常确实可靠。[语见] 清·吴趼人《二十年目睹之怪现状》第四十八回:"起先是百计出脱,也不知费了多少钱,无奈证据确凿,情真罪当,无可出脱。"[例句] 案件经过数月的调查,已经～,就等开庭审理了。

【郑人买履】zhèng rén mǎi lǚ
[释义] 《韩非子·外储说左上》:"郑人有欲买履者,先自度其足,而置之其坐,至之市而忘操之,已得履,乃曰:'吾忘尺度。'反归取之,及反,市罢,遂不得履。人曰:'何不试之以足?'曰:'宁信度,无自信也。'"后用"郑人买履"讽刺不顾实际状况,只相信教条的人。[例句] 在管理工作中经常会有各种意想不到的问题出现,如果不加分析,一味地相信教条,就会闹出～那样的笑话。

【郑人争年】zhèng rén zhēng nián
[释义] 郑人:春秋时郑国人。年:年龄。《韩非子·外储说左上》:"郑人有相与争年者,一人曰:'吾与尧同年。'其一人曰:

'我与黄帝之兄同年。'讼此而不决,以后息者为胜耳。"谓争论的事情或问题没有意义。[例句] 中世纪许多所谓的哲学家,争论得热闹,但是都是些～,不过在哲学史上留下笑话而已。

【郑声乱雅】zhèng shēng luàn yǎ
[释义] 郑声:春秋时郑国的音乐,旧时被认为淫靡的声乐。雅:庄严的雅乐。郑国淫靡的声乐扰乱了庄严的雅乐。比喻以邪侵正。[语见]《论语·阳货》:"子曰:'恶紫之夺朱也,恶郑声之乱雅乐也,恶利口之覆邦家者。'"[例句] 目前这种急功近利的做法已经在我们这个行业里出现了,并且很快就有人跟着模仿,如果不加以注意,及时地纠正,恐怕会～,使那种浮躁的风气在我们中间蔓延开来。

【郑卫桑间】zhèng wèi sāng jiān
[释义] 郑、卫:春秋时的两个国家。桑间:在濮水之上。谓淫靡的亡国之音。[语见]《礼记·乐记》:"郑卫之音,乱世之音也,比于慢矣,桑间濮上之音,亡国之音也。"[例句] 听这些～之曲,徒消耗人的心志而已,对于人的进取之心来说无异于毒药。

【郑卫之声】zhèng wèi zhī shēng
[释义] 见"郑卫之音"。[语见]《新序·杂事二》:"寡人今日听郑卫之声,呕吟感伤,扬激楚之遗风。"[例句] 断壁残墙之间,响起了丝丝～,将亡国的悲凉渲染得淋漓尽致。

【郑卫之音】zhèng wèi zhī yīn
[释义] 郑、卫:春秋时二国名。郑卫之音本是民间俗乐,儒家认为不同于雅乐,故称为淫靡之声。[语见]《礼记·乐记》:"郑卫之音,乱世之音也。"[例句] 儒家认为:～可以鼓荡淫乱,而不能"感动人之善心",所以儒家一再强调"乐行而志清,礼修而行成"。

【郑重其辞】zhèng zhòng qí cí
[释义] 形容说话十分严肃认真。[语见]清·文康《儿女英雄传》第三十六回:"他才恭肃其貌,郑重其辞说道:'年兄!……你这举人不是我荐中的,而且

不是主司取中的,竟是天中的。'"[例句] 徐总静静地走上前台,～地宣读了辞职书,场面一下子静得如千年古墓。

【郑重其事】zhèng zhòng qí shì
[释义] 郑重:严肃认真。严肃认真地对待某事。后形容办事态度严肃认真,一丝不苟。[语见] 清·李宝嘉《官场现形记》第五十九回:"等到引见领凭下来,又去辞行。沈中堂见面之后,果然郑重其事的拿出一封亲笔信来,叫他带去给山东巡抚。"[例句] 我今天～地提醒你:如果以后再迟到,你最好就不要再来上班了。

【政出多门】zhèng chū duō mén
[释义] 政:政令。政令出自几个卿大夫之手。形容大权旁落,权力分散。[语见] 宋·苏轼《拟孙权答曹操书》:"汉自威灵以来,上失其道,政出多门,宦官之乱才息,董卓之祸复兴。"[例句] 唐朝末年,藩镇割据,～,中央政权已名存实亡。

【政简刑清】zhèng jiǎn xíng qīng
[释义] 见"政清狱简"。[语见] 清·夏敬渠《野叟曝言》第七十四回:"贞观之治,君明臣直,政简刑清,致治等于成康。"[例句] 贞观年间,～,中国呈现了经济文化的盛世景象。

【政令不一】zhèng lìng bù yī
[释义] 发布的命令不统一,形容军务或政务混乱。[语见]《左传·昭公二十三年》:"帅贱多宠,政令不一。"[例句] 东汉末年,军阀割据,～,国将不国,中国历史上又一个乱世开始了。

【政庞土裂】zhèng páng tǔ liè
[释义] 政:政策,政令。庞:庞杂。土:国土。裂:分裂。政治混乱,国家分裂。指政令不能统一,地方势力割据。[语见] 唐·刘禹锡《柳河东集序》:"夫政庞而土裂。"[例句] 唐朝末年,藩镇割据,～,中央政权名存实亡。

【政清狱简】zhèng qīng yù jiǎn
[释义] 政治清明,刑狱简省。[语见] 清·赵尔巽《清史稿·黎士弘传》:"裁缺,改授永新知县。政清狱简,与民休息。"[例句] 李唐建立之后,政策得法,～,一个崭新的时代开始了。

【政通人和】zhèng tōng rén hé
[释义] 政事顺利,百姓和睦。[语见] 宋·范仲淹《岳阳楼记》:"越明年,政通人和,百废俱兴。"[例句] 北宋初年,～,文化得到了巨大的发展。

zhi

【之乎者也】zhī hū zhě yě
[释义] 文言中常用的四个虚字。本指浅近的文字。也用以形容说话、写文章半文半白或咬文嚼字。[语见] 清·吴敬梓《儒林外史》第二十二回:"一个生意人家,只见这些'之乎者也'的人来讲呆话,觉得可厌,非止一日。"[例句] 我们都是些大字不识的农民,别跟我们～的。

【之死靡它】zhī sǐ mǐ tā
[释义] 之:至,到。靡:没有。到死也没有二心。原指妇女立誓不改嫁。后泛指意志坚定,至死不变。[语见] 明·李贽《焚书·杂述·昆仑奴》:"忠臣挟忠,则扶颠持危,九死不悔,则临难自奋,之死靡它。"[例句] 文天祥一心报国,～,为历史写下了悲壮的一页。

【支分节解】zhī fēn jié jiě
[释义] 支、节:指文章中的一章、一段。分章按段,详细解析。[语见] 宋·朱熹《中庸章句·序》:"然后此书之旨,支分节解,脉络贯通。"[例句] 这个曾经辉煌一时的帝国逐渐走向了衰落,最终被～了。

【支离破碎】zhī lí pò suì
[释义] 支离:烦琐杂乱。形容零零碎碎,不成整体。[语见]《庄子·人间世》:"夫支离其形者,犹足以养其身,终其天年,又况支离其德者乎?"[例句] 强敌入侵,山河～,大丈夫为国尽忠的时候到了。

【支吾其词】zhī wú qí cí
[释义] 支吾:用话语搪塞。形容吞吞吐吐,不肯说出实情。[语见] 清·李宝嘉

《官场现形记》第三十二回："余荩臣见王小五子揭出他的短处，只得支吾其词道：'他的差使本来要委的了。'"[例句] 问了半天，他总是～，看来他的问题真不同一般。

【支支吾吾】zhī zhī wú wú
[释义] 说话吞吞吐吐，应付搪塞。[语见] 清·文康《儿女英雄传》第五回："怎么问了半日，你一味的吞吞吐吐，支支吾吾，你把我作何等人看待?"[例句] 他每次说话的时候，总是～，听得人火冒三丈。

【只轮不返】zhī lún bù fǎn
[释义] 连一个车轮子也没有回去。泛指全军覆没。[语见]《公羊传·僖公三十三年》："然而晋人与姜戎要之殽而击之，匹马只轮无反(返)者。"[例句] 他信心百倍地带兵迎战，没想到却一败涂地，～。

【只手单拳】zhī shǒu dān quán
[释义] 形容一个人力量弱小。[语见]明·沈璟《义侠记·委嘱》："我不在家呵，你是只手单拳，若被人欺压遭人骗，我回来后将他消遣。"[例句] 这些～的勇士，勇气可嘉，但是行为却绝不可取，那简直是去自杀。

【只手空拳】zhī shǒu kōng quán
[释义] 只有一双手而没有武器。[语见]清·夏敬渠《野叟曝言》第三回："假如有此利器，望那鳞缝中发去，充其力量，可入数寸，使之满身芒刺，着药便烂，虽不能登时剁却，任他负痛而逃，亦终创溃而死。此时只手空拳，如何抵挡。"[例句]武松～竟打死了一只大虫，此事不经官府声张，在民间早已家喻户晓了。

【芝艾俱焚】zhī ài jù fén
[释义] 芝：一种菌类植物，即灵芝，古人视为瑞草。艾：一种多年生草本植物，可供药用，古人以为贱草。比喻好坏同归于尽。[语见] 晋·陈寿《三国志·魏书·公孙度传》："权使张弥、许晏等。"裴松之注引《魏略》："若苗秽害田，随风烈火，芝艾俱焚，安能自别乎?"[例句] 这类文学作品中也有一些艺术性和思想性都不错的作品，我们要予以肯定，不要一概而论，～。

【芝焚蕙叹】zhī fén huì tàn
[释义] 芝、蕙：香草。焚：烧。芝与蕙同类，在焚烧芝的时候，蕙表示伤叹。比喻物伤其类。[语见] 元·无名氏《赚蒯通》第四折："今日油烹蒯彻，正所谓兔死狐悲，芝焚蕙叹，请丞相自思之。"[例句] 赵国灭亡之后，其余几国无不～，然而到了这个时候，再想连横，已经晚了。

【芝兰玉树】zhī lán yù shù
[释义] 比喻有良好教养的子弟。[语见]南朝宋·刘义庆《世说新语·言语》："谢太傅问诸子侄：'子弟亦何预人事，而正欲使其佳?'诸人莫有言者。车骑答曰：'譬如芝兰玉树，欲使其生于阶庭耳。'"[例句] 先生几位高足，均为～，若能培养得法，日后必然大有作为。

【枝叶扶疏】zhī yè fú shū
[释义] 扶疏：茂盛而又疏密高低有致。枝叶茂盛，高低疏密有致。形容树木茂盛。也比喻后代繁盛。[语见] 晋·干宝《搜神记》第十八卷："田中有大树十余围，枝叶扶疏，盖地数亩。"[例句] 故居已经荒落了，先前的院子，已经被几棵～的树遮得严严实实。

【知白守黑】zhī bái shǒu hēi
[释义] 意思是说，心里虽然是非分明，但要安于暗昧，以沉默自处。这是古代道家所宣扬的一种消极的处世态度。[语见]《老子》："知其白，守其黑，为天下式。"河上公注："白，以喻昭昭；黑，以喻默默。人虽自知昭昭明白，当复守之以默默。"[例句] ～是他的处世之道，因此，他无论在工作中还是在与人交往的过程中都很会保护自己。然而，一些血气方刚、是非分明的年轻人却并不喜欢他。

【知彼知己】zhī bǐ zhī jǐ
[释义] 彼：对方。对自己和对方的情况都很了解。[语见]《孙子·谋攻》："知彼知己，百战不殆。"[例句] 对手在暗处，我

Z

在明处,要做到～,实在是难了些,但是却不能因为这个而放弃对他们的调查。

【知而不言】 zhī ér bù yán

[释义] 明明知道而不说。[语见]《庄子·列御寇》:"知道易,勿言难。知而不言,所以之天也;知而言之,所以之人也。"[例句]武三思的不轨之心虽已是昭然若揭,但是迫于他的权力,众大臣仍是～,静观其态。

【知而故犯】 zhī ér gù fàn

[释义] 见"明知故犯"。[语见]宋·胡寅《读史管见》第二十四卷:"既能怀恨,是羞恶之心未亡也,而不能自克,必以贿赂媚主,乃律所谓知而故犯者也。"[例句]你身为法官,～,自当罪加一等。

【知法犯法】 zhī fǎ fàn fǎ

[释义] 法:法律。知道法律,却故意违犯。形容明知故犯。[语见]清·吴敬梓《儒林外史》第四回:"好僧官老爷,知法犯法!"[例句]当乾隆看到这些～的官员无不官官相护,腐败到了不可言说的地步时,心中那股帝王之悲,便是寻常人难以洞悉的了。

【知根知底】 zhī gēn zhī dǐ

[释义]知道根底或者内情。[例句]他对我说:"咱们都几十年的交情了,～,还用打收条吗?"

【知过必改】 zhī guò bì gǎi

[释义]知道自己有过错就一定改正。[语见]南朝梁·周兴嗣《千字文》:"知过必改,得能莫忘。"[例句]李世民处万人之上,而能～,靠的并不是法制,而是修养。

【知过能改】 zhī guò néng gǎi

[释义]见"知过必改"。[语见]明·黄溥《闲中今古录》:"然一诗之感动于人,而冢宰亦知过能改,皆可以示后,故录之。"[例句]孩子啊,你是犯了错误,但是只要～,把那些坏毛病一点一点地从身上清理出去,你还是一个好孩子。

【知机识窍】 zhī jī shí qiào

[释义]掌握时机和窍门。形容人机灵。[语见]清·夏敬渠《野叟曝言》第三十回:

"你又知机识窍,见景生情,这事大有可成。"[例句]他脑子灵活,～,被工头们首先看中去守材料。

【知己知彼】 zhī jǐ zhī bǐ

[释义]见"知彼知己"。[语见]元·高文秀《渑池会》第三折:"但上阵要知己知彼,若相持千战千赢。"[例句]岳飞行军打仗多年,哪怕是最小的战斗,也都力争做到～——他能力拒金兵靠的并不是蛮力。

【知今博古】 zhī jīn bó gǔ

[释义]贯通古今,形容知识渊博。[语见]元·赵彦晖《点绛唇·席上咏妓》曲:"知今博古通三教,铁石人一见了也魂消。"[例句]胡先生～,所以他上课的时候,常常引经据典,深得同学的敬佩。

【知情达理】 zhī qíng dá lǐ

[释义]指通达情理。[语见]清·夏敬渠《野叟曝言》第四十回:"二小姐知情达理,自有同心,当商量出一个主意来,不可徒作楚囚之泣。"[例句]他的妻子是个～的、善良的中年妇女,待人和气,又很热心,常常邀请我们到他家里做客。

【知情识趣】 zhī qíng shí qù

[释义]见"知音识趣"。[语见]明·冯梦龙《醒世恒言》第三卷:"美娘哀哭之际,听得声音厮熟,止啼而看,原来正是知情识趣的秦小官。"[例句]重阳节时,咱们各自邀上一些～的朋友到香山一游,顺便再把我们成立诗社的事说一说。

【知名当世】 zhī míng dāng shì

[释义]在当代极有名声。[语见]汉·荀悦《前汉纪·宣帝纪四》:"图画相次于未央宫,第一日大司马大将军博陆侯霍光,次日卫将军富平侯张安世……皆有功德;知名当世。"[例句]他出生于名声显赫的士族之家,青年时代便以博学多才而～。

【知难而进】 zhī nán ér jìn

[释义]明知有困难,仍坚持前进。指迎着困难上。[例句]科研人员～,努力攻关,经过近三个月的苦战,终于研制出了

Z

治疗这种疾病的药物。

【知难而退】 zhī nán ér tuì

[释义] 难：艰难。指作战时要见机而动，不硬做做不到的事情，不打无把握之仗。后指见困难退缩不前。[语见]《左传·宣公十二年》："见可而进，知难而退，军之善政也。"[例句] 大军行到漠北，见突厥已有准备，便～，兵将无一损失。

【知难而行】 zhī nán ér xíng

[释义] 见"知难而进"。[语见]《左传·定公六年》："陈寅曰：'子立后而行，吾室亦不亡，唯君亦以我为知难而行也。'"[例句] 我们所以～，并不是要博得什么名声，而是为了实现心中的理想。

【知难行易】 zhī nán xíng yì

[释义] 懂得事情的道理难，而实行却比较容易。[例句] 这种事情理解起来不容易，做起来倒很简单，正所谓～吧！

【知人料事】 zhī rén liào shì

[释义] 能识别人才，预料事情的变化。[语见] 宋·胡仔《苕溪渔隐丛话前集·李谪仙》："知人料事，尤其所难。"[例句] 行军打仗不是张良的长处，但是～，却无一不准。

【知人论世】 zhī rén lùn shì

[释义] 知：了解。要了解某历史人物，必须认清他所处的历史背景。也指鉴别人物的好坏，评论世事的成败得失。[语见]《孟子·万章下》："颂其诗，读其书，不知其人可乎？是以论其世也。"[例句] 弄清《词话》里这几章的真正含义，不但可以了解当时词学的发展状况，就是对于～，也是大有裨益的。

【知人善察】 zhī rén shàn chá

[释义] 善于识别观察人才。[语见] 晋·陈寿《三国志·魏书·武帝纪》："二月丁卯，葬高陵。"裴松之注引《魏书》曰："知人善察，难眩以伪。"[例句] 曾国藩～，湘军出身后来做了封疆大吏的人，竟不下二十来个。

【知人善任】 zhī rén shàn rèn

[释义] 知：知道，识别。任：任用，使用。善：善于。了解下属，而且善于任用他们。[语见] 明·沈采《千金记·谒相》："军师，你知人善任，何必太谦。"[例句] 刘邦～，有"驭人之术"，就是依靠他们打下了江山。

【知人下士】 zhī rén xià shì

[释义] 能识别人才并能屈己尊人。[语见] 明·李贽《焚书·复麻城人书》："以此见真正高阳酒徒之能知人下士，识才尊贤又如此。"[例句] 纵观成大事者，并不一定要自己有多大的能耐，～，能借力者，往往终能成功。

【知人则哲】 zhī rén zé zhé

[释义] 能识拔人才是最大的智慧。[语见]《尚书·皋陶谟》："知人则哲，能官人。"[例句] ～，你这个人事部门的主管为公司选拔了不少优秀的人才，真是个难得的伯乐呀！

【知人之鉴】 zhī rén zhī jiàn

[释义] 见"知人之明"。[语见] 唐·房玄龄等《晋书·贺循传》："雅有知人之鉴，拔同郡杨方于卑陋，卒成名于世。"[例句] 李德昭有～，但凡他举荐的人，不是能力出众，便是清正廉明。

【知人之明】 zhī rén zhī míng

[释义] 明：明了，明智。有认识人和了解人的眼力。[语见] 南朝宋·范晔《后汉书·吴祐传》："功曹以祐倨，请黜之。太守曰：'吴季英有知人之明，卿且勿言。'"[例句] 你既无～，自己又无真正的本事，公司怎么能经营得好呢？

【知人之术】 zhī rén zhī shù

[释义] 识拔人才的方法。[语见] 汉·荀悦《前汉纪·成帝纪一》："治天下者，尊贤考功则治，简贤退功则乱，诚审思知人之术，论才选士，必称其职。"[例句] 在历史上但能成大业的帝王，往往都有高明的～。

【知时识务】 zhī shí shí wù

[释义] 务：事。能看清当时的大势和了解世事，不去违背。[语见] 明·凌濛初《二刻拍案惊奇》第三十六卷："这是佛天面上好看的事，况我每知时识务，正该如

此."[例句]他为皇帝尽忠的行为在当时某些人的眼里可能不够～,甚至有人认为他是愚忠,但是究竟孰是孰非,历史会做出公正的评判。

【知书达礼】zhī shū dá lǐ
[释义]知:知晓。达:通达。有知识,懂礼仪。[语见]元·无名氏《冯玉兰》第一折:"只我这知书达礼当恭谨,怎肯着出乖露丑遭议论。"[例句]他不多的几个朋友,都是些～的人,他们相互之间,彼此影响,因而他言谈举止便多了一分儒雅。

【知疼着热】zhī téng zháo rè
[释义]形容十分关心爱护。[语见]清·曹雪芹《红楼梦》第六十五回:"无奈二姐儿倒是个多情的人,以为贾琏是终身之主了,凡事倒还知疼着热。"[例句]您年岁大了,身体又不好,身边没个～的人,怎么不令人牵挂?

【知无不言,言无不尽】zhī wú bù yán, yán wú bù jìn
[释义]只要知道,就没有不说的;只要说,就没有不说完的。指毫无保留地说出自己的看法。[语见]清·吴趼人《近十年之怪现状》第十五回:"方老办是个直爽人,凡是张佐君所请教的,知无不言,言无不尽。"[例句]有问题尽管提,希望大家能够～。

【知心着意】zhī xīn zháo yì
[释义]形容关心备至。[语见]明·凌濛初《初刻拍案惊奇》第二十六卷:"等我困熟了他,牵与师父,包你象意。老和尚道:'这才是知心着意的肉。'"[例句]病中多日,承蒙大姐～地照料,每每想起,心中都感动万分。

【知雄守雌】zhī xióng shǒu cí
[释义]意谓虽知什么是刚强,但应安于柔弱,不与人争。这是古代道家息事宁人的处世态度。[语见]宋·范仲淹《老子犹龙赋》:"知雄守雌,宛诩存身之际;绝圣弃智,潜疑勿用之时。"[例句]伯父的锐气几乎已经完全消失殆尽了,近些年,～,但求保身而已。

【知羞识廉】zhī xiū shí lián
[释义]形容人知道廉耻。[语见]明·汤显祖《紫钗记·玉工伤感》:"小妮子非抛闪,知羞识廉。"[例句]连国家重臣尚无～之心,整个朝廷的腐败便可想而知了。

【知易行难】zhī yì xíng nán
[释义]懂得道理容易,做起来却难。[语见]《尚书·说命》:"稽首曰:'非知之艰,行之惟艰。'"注:"言知之易,行之难,以勉高宗。"[例句]你长守书斋,不经坎坷世事,哪晓得～啊。

【知音识趣】zhī yīn shí qù
[释义]形容朋友间十分了解、意趣相投。[语见]明·凌濛初《初刻拍案惊奇》第十五卷:"你平时那一班同欢同赏,知音识趣的朋友,怎没一个来偢保你一偢保?"[例句]今天来的都是些～的朋友,大家倾心交谈,十分融洽。

【知止不辱】zhī zhǐ bù rǔ
[释义]见"知足不辱,知止不殆"。[语见]明·宋濂等《元史·察罕传》:"(察罕)尝以病请告,暨还朝,帝御万岁山圆殿……顾李孟曰:'知止不辱,今见甚人。'"[例句]他已身仅在一人之下万人之上,犹然欲壑难填,但有人稍稍明示些～的道理,他也便不会有此杀身之祸了。

【知足不辱,知止不殆】zhī zú bù rǔ, zhī zhǐ bù dài
[释义]知道满足就不会受到羞辱,知道适可而止,就不会遇到危险。用以劝人不要贪得无厌。[语见]《老子》:"知足不辱,知止不殆,可以长久。"[例句]～,你要学会守住本分,学会抗拒诱惑,才能使自己得到真正的快乐和安宁。

【知足常乐】zhī zú cháng lè
[释义]见"知足常足"。[例句]爷爷～,晚年能够跟家里人在一起,便是他此生最大的心愿了。

【知足常足】zhī zú cháng zú
[释义]人没有过多的要求就能时常觉得满足。[语见]《老子》:"祸莫大于不知

Z

足,咎莫大于欲得。故知足之足常足矣。"[例句]费宪宁从高位上退下来,毫无失去权力之后的失落,有～之心,所以他的快乐也比与他同时出去的人多了几分。

【知足无求】 zhī zú wú qiú

[释义]人知道满足就不会有过多的贪求。[语见]晋·葛洪《神仙传》:"车服咸仪,知足无求。"[例句]他生性淡泊,～,倒也过得无忧无虑,自由自在。

【知足知止】 zhī zú zhī zhǐ

[释义]指人要知道满足,知道适可而止。[语见]唐·令狐德棻《周书·萧大圜传》:"况乎智不逸群,行不高物,而欲辛苦一生,何其僻也。岂如知足知止,萧然无累。"[例句]申时行～,一生均能谨小慎微,故他便成了明朝唯一得善终的首辅。

【执鞭坠镫】 zhí biān zhuì dèng

[释义]执:拿着。镫:挂在马鞍两旁供脚登的东西。比喻愿意为人效劳。[语见]明·罗贯中《三国演义》第二十八回:"愿将军不弃,收为步卒,早晚执鞭坠镫,死亦甘心!"[例句]他恳切地说:"但求得在您的麾下效力,赴汤蹈火,在所不辞;～,均属所愿。"

【执而不化】 zhí ér bù huà

[释义]原指故守其本义。后比喻固执己见,不知变通。[语见]《庄子·人间世》:"将执而不化,外合而内不訾,其庸讵可乎?"[例句]从欧洲回来的章孝先和一帮～的老臣在一起,浑身都觉得不舒服。

【执法如山】 zhí fǎ rú shān

[释义]执法:执行、实施法律。如山:像山一样稳固不动。喻指法律的实施要坚定不动摇。[语见]清·李绿园《歧路灯》第八十八回:"本道言出如箭,执法如山,三尺法不能为不肖者宥也。"[例句]包公～,刚正不阿,他审理案件的许多故事,千年之后依然在民间广为流传。

【执经叩问】 zhí jīng kòu wèn

[释义]执:拿着。经:经书。叩:询问。拿着经书,向人请教。指虚心向人学习。

[语见]明·宋濂《送东阳马生序》:"尝趋百里外,从乡之先达,执经叩问。"[例句]询风在乡间采风,凡听到有真才实学的老先生,他往往都会前去～,丝毫没有大学者的架子。

【执经问难】 zhí jīng wèn nán

[释义]执:拿着。经:经书。难:疑难。拿着经书,请人解答疑难问题。指向人求教。[语见]南朝宋·范晔《后汉书·儒林列传序》:"飨射礼毕,(明)帝正坐自讲,诸儒执经问难于前,冠带缙绅之人,圜桥门而观听者盖亿万计。"[例句]在老教授家里常常会见到～的学生。

【执柯作伐】 zhí kē zuò fá

[释义]称做媒为"执柯""作伐",也称"执柯作伐"。[语见]《诗经·豳风·伐柯》:"伐柯如何?匪斧不克。取妻如何?匪媒不得。"[语见]清·文康《儿女英雄传》第九回:"此十三妹所以挺身出来,给安龙媒、张金凤二人执柯作伐的一番苦心孤诣也。"[例句]陈谢两家,门当户对,儿女之间有了感情,可是找不着合适的人～。

【执两用中】 zhí liǎng yòng zhōng

[释义]执:掌握。两:指过与不及的两端。用:取用。意谓对待和处理事物要不偏不倚,恪守中庸之道。[语见]《礼记·中庸》:"执其两端,用其中于民,其斯以为舜乎?"郑玄注:"两端,过与不及也,用其中于民,贤与不肖皆能行之也。"[例句]严总经理这十年来,处事均能～,虽说不上有太大的建树,但是也没有多少人反对他。

【执迷不悟】 zhí mí bù wù

[释义]执:坚持。迷:迷惑,错误。悟:醒悟,明白。坚持错误观点或做法而不醒悟。[语见]唐·姚思廉《梁书·武帝纪上》:"若执迷不悟,距逆王师,大众一临,刑兹罔赦。"[例句]跟你说这么多了,如果你还～,以后便无人再能帮你了。

【直肠直肚】 zhí cháng zhí dù

[释义]比喻性情直爽。[例句]小金是

个～的人,有什么话,他决不会隔夜说的,你就别去想人家心里还有什么未说出的话了。

【直冲横撞】 zhí chōng héng zhuàng
[释义] 见"横冲直撞"。[语见] 明·李贽《续焚书·与友人论文》:"凡作文皆从外面攻进里去,我为文章只就里面攻打出来,就他城池,食他粮草,统率他兵马,直冲横撞,搅得他粉碎,故不费一毫气力而自然有余也。"[例句] 一辆大马车在街上～,吓得老百姓唯恐避之不及。

【直捣黄龙】 zhí dǎo huáng lóng
[释义] 捣:打击。黄龙:金朝都城,今吉林省农安县。一直打到黄龙。原指把敌人赶出巢穴,彻底消灭。后泛指不达目标不肯罢休。[语见] 元·脱脱等《宋史·岳飞传》:"飞大喜,语其下曰:'今番直抵黄龙府,与诸君痛饮耳。'"[例句] 我思考片刻,妙着迭出,车马并用,～,几下便干净利落地赢下了第一盘棋。

【直道不容】 zhí dào bù róng
[释义] 按正直的道理行事而不被社会容纳。[语见] 明·凌濛初《二刻拍案惊奇》第四卷:"公祖大人直道不容,以致忤时。"[例句] 他生性耿直,敢于仗义执言,却～,常常受到排挤。

【直道而行】 zhí dào ér xíng
[释义] 直道:正道,没有偏私。毫无偏私地办事。[语见]《论语·卫灵公》:"斯民也,三代之所以直道而行也。"[例句] 他生性正直,～,因此得罪过不少人,但是人们还是很佩服他。

【直道事人】 zhí dào shì rén
[释义] 正直无私地对待人。[语见] 唐·魏徵《隋书·冯慈明传》:"兹明直道事人,有死而已。不义之言,非所敢对。"[例句] 寇准到任,不论对上还是对下,均～,不出半年,全县的风气大为好转。

【直而不挺】 zhí ér bù tǐng
[释义] 指做事按正直之道而行,但有变通。[语见] 汉·班固《汉书·盖宽饶传》:"夫君子直而不挺,曲而不诎。"[例句] 要

直接去面对如此复杂的场面,必须要一个～的人才行。

【直节劲气】 zhí jié jìng qì
[释义] 气节正直,操守刚劲。[语见] 清·张廷玉等《明史·王廷传》:"廷守苏州时,人比之赵清献,直节劲气,始终不改。"[例句] 延川率百十人镇守边关小城,但是因为他能～,赏罚严明,故敌人三年不敢犯边。

【直截了当】 zhí jié liǎo dàng
[释义] 了当:了结,表示事情结束。形容说话做事爽快,不绕弯子。[语见] 清·李汝珍《镜花缘》第六十五回:"紫芝妹妹嘴虽利害,好在心口如一,直截了当,倒是一个极爽快的。"[例句] 事情我已经很清楚了,你就～地说吧,别再绕弯子了。

【直谅多闻】 zhí liàng duō wén
[释义] 直:正直。谅:忠信。比喻正直忠诚,见多识广。[语见]《论语·季氏》:"孔子曰:'益者三友,损者三友。友直,友谅,友多闻,益矣。'"[例句] 吴用等文人～,关胜等武将武功高强,梁山好汉达到了最鼎盛的时期。

【直眉瞪眼】 zhí méi dèng yǎn
[释义] 形容生气或吃惊的样子。[语见] 清·曹雪芹《红楼梦》第六十二回:"连司棋都气了个直眉瞪眼,无计挽回,只得罢了。"[例句] 就那么几件小事,值得～的吗?

【直木先伐】 zhí mù xiān fá
[释义] 木:树。树干笔直的树,先被砍伐。比喻有才干的人先遇到祸害。这是庄子的一种消极处世思想。[语见]《庄子·山木》:"是故其行列不斥,而外人卒不得害,是以免于患。直木先伐,甘井先竭。"[例句] 这个有点消极思想的诗人认为,才能也许并不会给一个人带来幸运,多花早落,～,才能越多,遭遇的烦恼和不幸也就会越多。

【直内方外】 zhí nèi fāng wài
[释义] 内心正直,行为方正。[语见] 三国魏·曹叡《赠谥徐宣诏》:"宜体履至实,直内方外,历在三朝,公亮正色。"[例句] 张廷玉～,而且处事谨慎,能成为

Z

三代重臣,实在是不足为怪的。

【直情径行】zhí qíng jìng xíng
[释义]任凭自己的感情径直去做。[语见]《礼记·檀弓下》:"有直情而径行者。"[例句]小玲胸无城府,往往～,正因为如此,反而不会轻易受到别人的猜忌。

【直上青云】zhí shàng qīng yún
[释义]见"青云直上"。[语见]明·谢谠《四喜记·诗礼趋庭》:"一朝直上青云路,锦衣还眉扬气吐。"[例句]也不知是什么原因,反正是从河南回来之后,他～,几年之间,已身居高位了。

【直抒己见】zhí shū jǐ jiàn
[释义]爽快地说出自己的意见。[例句]形势紧迫,各位就不要藏着掖着了,～吧。

【直性狭中】zhí xìng xiá zhōng
[释义]直:刚直。狭:窄。中:指心胸。刚直成性,不善逢迎;心胸狭窄,不能容人。[语见]三国魏·嵇康《与山巨源绝交书》:"吾直性狭中,多所不堪。"[例句]顾赫书生意气,～,在官场中自然处处都会受到排挤了。

【直言不讳】zhí yán bù huì
[释义]言:说。讳:隐讳,避讳。有话直说,毫不隐讳。[语见]《战国策·齐策四》:"(宣王曰)闻先生直言正谏不讳。"[例句]面对众多的记者,该国男篮的主教练～要夺取本次比赛的冠军。

【直言骨鲠】zhí yán gǔ gěng
[释义]骨鲠:也作"骨梗",比喻刚直,刚劲。敢于讲真话,刚直不阿。[语见]唐·韩愈《争臣论》:"知朝廷有直言骨鲠之臣,天子有不僭赏从谏如流之美。"[例句]自九龄之后,玄宗越来越觉察出,朝堂之上～的人,几乎都绝迹了。

【直言贾祸】zhí yán gǔ huò
[释义]见"直言取祸"。[语见]清·夏敬渠《野叟曝言》第四十一回:"文太夫人早知文郎必以直言贾祸,潜避至此。"[例句]郑板桥性情耿介,常常～,因而他的官自然难以做大了。

【直言尽意】zhí yán jìn yì
[释义]爽直地说出全部的意思。[语见]汉·班固《汉书·元帝纪》:"直言尽意,无有所讳。"[例句]你们都刚从学校出来,没有什么心机,这是好事,～,但说无妨。

【直言取祸】zhí yán qǔ huò
[释义]说话爽直而招来灾祸。[语见]明·王世贞《鸣凤记·幼海议本》:"下官目睹其奸,不容不奏,岂不知直言取祸。"[例句]和尚本是好意,哪知竟～,以至于丢了性命,实在令人叹息。

【直言危行】zhí yán wēi xíng
[释义]危行:直行。正直的言论和行为。[语见]唐·白居易《使百职修皇纲振》:"以直言危行者为狂愚,以中立守道者为凝滞。"[例句]苏轼似乎总是与世事不合,～数十年,始终身在颠沛流离之中。

【直言无讳】zhí yán wú huì
[释义]见"直言不讳"。[语见]唐·房玄龄等《晋书·范宁传》:"宁指斥朝士,直言无讳。"[例句]有你这么一位～的谋士在身边,我还担心什么呢?

【直言无隐】zhí yán wú yǐn
[释义]说话爽直,毫无隐瞒。[语见]明·冯梦龙《东周列国志》第五十回:"臣不忍坐视君国之危亡,故敢直言无隐。"[例句]她看上去不过是个柔弱的女孩,却时时敢～,其勇气丝毫不让须眉。

【直言正谏】zhí yán zhèng jiàn
[释义]以正直的言论劝谏。多用于下对上,卑对尊。[语见]晋·皇甫谧《高士传·王斗》:"……闻先生直言正谏不讳。"[例句]～的魏徵去世之后,太宗每次上朝,都心情黯然。

【直言正论】zhí yán zhèng lùn
[释义]正直的言论。[语见]宋·邵伯温《闻见前录》第十二卷:"王荆公始用事,公以直言正论折之,不能胜。"[例句]夜深了,读到这么一段～,而且还是出自一位年不过二十的年轻学子笔下,我不禁兴奋得直大声赞叹起来。

【植党营私】 zhí dǎng yíng sī

[释义] 植:培植,树立。培植党羽,图谋私利。[语见] 蔡东藩《五代史通俗演义》第二十一回:"建立奉诏即行,驰入朝堂,极言重诲植党营私。"[例句] 李林甫之后,～的风气愈演愈烈,把朝廷闹得乌烟瘴气。

【止戈散马】 zhǐ gē sàn mǎ

[释义] 停止用兵,解散战马。喻指战争结束。[语见] 唐·李百药《北齐书·神武帝纪下》:"止戈散马,各事家业。"[例句] 明朝建立,天下大定,～之际,徐达等一班武将,感到了从未有过的失落。

【止戈为武】 zhǐ gē wéi wǔ

[释义] 戈:古代的武器。消灭暴乱,停止使用武器,才是真正的武功。[语见]《左传·宣公十二年》:"夫文,止戈为武。"[例句] 圣人立国,以～为己任,而不仅仅是建立起一个国家就完事了。

【止戈兴仁】 zhǐ gē xīng rén

[释义] 戈:武器。停止战争,实行仁政。[语见] 晋·陈寿《三国志·吴书·孙皓传》:"陈事势利害,以申喻皓。"裴松之注引《汉晋春秋》:"将欲止戈兴仁,为百姓请命。"[例句] 李世民父子建立唐朝,～,中国历史上最辉煌灿烂的时代开始了。

【止谈风月】 zhǐ tán fēng yuè

[释义] 止:只,仅。风月:风和月,泛指景色,也指男女爱情。只谈风、月等景物。隐指莫谈国事。[语见] 唐·姚思廉《梁书·徐勉传》:"今夕止可谈风月,不宜及公事。"[例句] 今儿各位都非蝇营狗苟之人,咱们～,以求一醉而已。

【止足之分】 zhǐ zú zhī fēn

[释义] 止足:知止(懂得适可而止);知足(知道满足)。分:本分。知止知足的本分。指没有非分的妄想。[语见] 南朝宋·刘义庆《世说新语·言语》:"孙倬赋遂初,筑室畎川,自言见止足之分也。"[例句] 我明白我的地位,自有～,不劳您提醒。

【止足之戒】 zhǐ zú zhī jiè

[释义] 止足:知止(懂得适可而止);知足

(知道满足)。戒:戒心。要以知止和知足为戒,不要过分,不要不知道满足。[语见] 南朝梁·任昉《王文宪集·序》:"安以岁暮之期,申止足之戒。"[例句] 你天天在生意场上厮杀,当有～,不要把金钱看得太重了。

【只此一家,别无分店】 zhǐ cǐ yī jiā, bié wú fēn diàn

[释义] 泛指某种事物只有他那儿有,别处都没有。[例句] 各位都吃饱了,方圆几十里地,吃饭的地方～,往后便要硬挺着了啊。

【只见树木,不见森林】 zhǐ jiàn shù mù, bù jiàn sēn lín

[释义] 比喻只见到局部现象,看不到全局。[例句] 看问题要全面,不要～。

【只可意会,不可言传】 zhǐ kě yì huì, bù kě yán chuán

[释义] 形容只能心领神会,而无法用语言表达。[语见] 清·刘大櫆《刘海峰文集·论文偶记》:"凡行文多寡短长,抑扬高下,无一定之律,而有一定之妙,可以意会,而不可以言传。"[例句] 这首诗中所含的"羚羊挂角"的妙处,实在是～。

【只许州官放火,不许百姓点灯】 zhǐ xǔ zhōu guān fàng huǒ, bù xǔ bǎi xìng diǎn dēng

[释义] 据宋人蔡绦《铁围山丛谈》卷四及陆游《老学庵笔记》卷五载,某州官田登自讳其名,兼讳及"灯",即将元宵放灯时出告示说:"本州依例放火三日。"后遂以"只许州官放火,不许百姓点灯"比喻有权势者可以为所欲为,老百姓却连正常活动也要受到无理限制。[语见] 清·李宝嘉《官场现形记》第三十七回:"只许州官放火,不许百姓点灯,你卖缺卖差,也卖的不少了,也好分点生意我们做做。"[例句] 统治者～的胡作非为,加速了自己的覆灭。

【只争旦夕】 zhǐ zhēng dàn xī

[释义] 见"只争朝夕"。[语见] 明·徐复祚《投梭记·却说》:"今朝宠命来首锡,掌枢衡只争旦夕。"[例句] 所有的环节都已

Z

经解决,生产一条龙却被物流卡住了,希望大家设计出解决的方案,事不宜迟,～。

【只争朝夕】 zhǐ zhēng zhāo xī
[释义] 力争在最短的时间里达到目的。**[例句]** 为了尽快研制出有效的药物,扼制疾病的蔓延,医务工作者和科研人员奋力攻关,～。

【只知其一,不知其二】 zhǐ zhī qí yī,bù zhī qí èr
[释义] 只知道事物的一个方面,不知道其另外一个方面。形容对事物的了解不全面,一知半解。**[语见]**《庄子·天地》:"识其一,不知其二……"**[例句]** 关于苦湖的来源,你是～,尤其是那段关于泪娘的传说,你更是一无所知。

【只重衣衫不重人】 zhǐ zhòng yī shān bù zhòng rén
[释义] 只重外表,不看人品。形容眼光势利。**[语见]** 宋·释普济《五灯会元·黄龙心禅师法嗣》:"师曰:'五陵公子争夸富,百衲高僧不厌贫;近来世俗多颠倒,只重衣衫不重人。'"**[例句]** 在～的旧上海,外表实在太重要了,他们这些穷学生,为了"面子",只好委屈了"肚子"。

【纸糊老虎】 zhǐ hú lǎo hǔ
[释义] 比喻外表强大凶狠而实际空虚怯弱的人或集团。**[例句]** 敌人来势汹汹,但是不要担心,他们是～,经不得打的。

【纸上谈兵】 zhǐ shàng tán bīng
[释义] 纸上:指书本上。兵:用兵打仗。在书本上谈论用兵,到实际却用不上。比喻空谈理论,不能解决实际问题。**[语见]** 清·曾朴《孽海花》第六回:"一面又免不了杞人忧天,代为着急,只怕他们纸上谈兵,终无实际,使国家吃亏。"**[例句]** 小岳不过是个书生,虽说有些～,但是你若能利用其知识面广的长处,也会给你的决策带来许多好处;不过呢,必须要记住,他的观点只可参考。

【纸田墨稼】 zhǐ tián mò jià
[释义] 稼:稼穑。种收五谷,把纸当作良田,运墨比作稼穑。指从事写作生活。**[语见]** 宋·谢维新《古今合璧事类备要》:"蔡洪赴洛,人问关口旧业。曰:'纸为良田,笔为锄耒,墨为稼穑,义理为丰年。'"注:耒:古代一种农具。**[例句]** 范先生稳居斗室,在～之中尽情驰骋,其中苦乐,恐怕只有他自己最清楚。

【纸醉金迷】 zhǐ zuì jīn mí
[释义] 见"金迷纸醉"。**[语见]** 清·吴趼人《近十年之怪现状》第三回:"说话之间,众局陆续都到了,一时管弦嘈杂,钏动钗飞,纸醉金迷,灯红酒绿,直到九点多钟,方才散席。"**[例句]** 京城里一帮达官贵人正在～梦晓月,却不知国门已破,亡国奴的生活就在眼前了。

【指不胜屈】 zhǐ bù shèng qū
[释义] 指:手指。胜:尽。屈:弯曲。形容数量很多,扳着指头也数不过来。**[语见]** 明·沈德符《万历野获编·国初荫叙》:"今仕宦子孙,富豪者多纵荡丧身,而贫弱者或衣食不给,其小有才者至窜入匪类,以辱先人,以余所见,指不胜屈。"**[例句]** 树上苹果累累,～,喜得老农眉开眼笑。

【指腹为婚】 zhǐ fù wéi hūn
[释义] 旧俗,孩子还未出世,即由双方家长约定婚姻关系。**[语见]** 北齐·魏收《魏书·王宝兴传》:"尚书卢遐妻,崔浩女也。初,宝兴母与遐妻俱孕,浩谓曰:'汝等将来所生,皆我之自出,可指腹为亲。'"后多作"指腹为婚"。**[例句]** 他们两家本是世交,父母～,这两个小娃儿自小青梅竹马,很是合得来。

【指顾之际】 zhǐ gù zhī jì
[释义] 见"指顾之间"。**[语见]** 唐·李朝威《柳毅传》:"俄见碧山出于远波……指顾之际,山与舟相逼,乃有彩船自山驰来。"**[例句]** 我们还在惊疑,～,洪水已经到了面前。

【指顾之间】 zhǐ gù zhī jiān
[释义] 比喻时间十分短促。**[语见]** 明·归有光《上总制书》:"指顾之间,勇怯立异,呼吸之际,胜负顿殊。"**[例句]** 我们的

Z

球队还没有想出破敌的良策，～，却又被攻入一球，球员的斗志顷刻间便化为乌有了。

【指挥若定】 zhǐ huī ruò dìng
[释义] 若：好像。定：定局。指挥从容，好像胜利已成定局。形容胸有成竹，从容镇定。[语见] 唐·杜甫《咏怀古迹》诗之五："伯仲之间见伊吕，指挥若定失萧曹。"[例句] 战斗正在激烈地进行，但是关羽在山顶依然谈笑风生，～，其大将之风，可见一斑。

【指鸡骂狗】 zhǐ jī mà gǒu
[释义] 见"指桑骂槐"。[例句] 孙家的媳妇常常喜欢～的，弄得邻里关系非常紧张。

【指空话空】 zhǐ kōng huà kōng
[释义] 比喻故弄玄虚。[语见] 元·王晔《桃花女》第四折："非是我指空话空，做这等巧神通，也只为结婚姻本待谐鸾凤。"[例句] 两位总经理～地谈了半天，都毫无诚意，结果什么意向都没能达成。

【指鹿为马】 zhǐ lù wéi mǎ
[释义] 指着鹿说成是马。《史记·秦始皇本纪》记载：秦二世时，丞相赵高想篡位，但又恐怕其他大臣不服从，就先来测验一下。他给秦二世献了一只鹿，说："这是匹马。"二世笑着说："丞相弄错了吧？把鹿说成马了。"赵高就问其他大臣，大臣中有的不吭气，有的巴结赵高就跟着说是马，有的说是鹿。事后赵高就把说是鹿的大臣诬以其他罪名杀了。比喻故意颠倒黑白，混淆是非。[语见] 汉·司马迁《史记·秦始皇本纪》："赵高欲为乱，恐群臣不听，乃先设验，持鹿献于二世，曰：'马也。'二世笑曰：'丞相误邪？谓鹿为马。'问左右，左右或默，或言马以阿顺赵高。或言鹿者，高因阴中诸言鹿者以法，后群臣皆畏高。"[例句] 许家林虽然不过一个师爷，但是常常公然～，黑白不分，许多官府中人都敢怒而不敢言。

【指亲托故】 zhǐ qīn tuō gù
[释义] 指为亲戚，假托故旧。指攀附有权势者。[语见] 元·无名氏《渔樵闲话》第二折："指亲托故厮还，趋时附势故相干。"[例句] 张学均官做得越大，越加～，令人十分不齿。

【指日成功】 zhǐ rì chéng gōng
[释义] 指定日期可以成功。[语见] 元·高文秀《襄阳会》第三折："觑曹操易如翻掌，克日而破，指日成功。"[例句] 如今所有事情准备就绪，看来大事～了。

【指日可待】 zhǐ rì kě dài
[释义] 指日：指定日期。形容不用多久希望就会实现。[语见] 宋·曾肇《论内批直付有司》："推今日欲治之心，为之不已；太平之功，指日可待。"[例句] 案子的来龙去脉都已基本清楚，告破已～。

【指桑骂槐】 zhǐ sāng mà huái
[释义] 指着桑树，骂的却是槐树，比喻明里指这个，暗地骂的是那个。[语见] 清·曹雪芹《红楼梦》第十六回："咱们家所有的这些管家奶奶，那一个是好缠的？错一点他们就笑话打趣，偏一点儿他们就'指桑骂槐'的抱怨。"[例句] 为人处世要真诚正直，哪怕与别人产生了矛盾，也要心平气和、光明正大地解决，任何背后议论和～，最终都会在贬低对方的过程中破坏自己的大度形象，而受到旁人的抵触。

【指山卖磨】 zhǐ shān mài mò
[释义] 磨：石磨。指着尚未开凿的山，说要卖给别人石磨。比喻虚言诳骗。[语见] 元·无名氏《普天乐·嘲风情》曲："恨不得把黄金砌就鸣珂。姐姐每钻冰取火，婆婆每指山卖磨，哥哥每担雪填河。"[例句] 他前些年尽干些～的买卖，早已是臭名在外，你怎么还敢跟他合作？

【指事类情】 zhǐ shì lèi qíng
[释义] 类：类推。形容铺张的叙述和牵强的推论。[语见] 汉·司马迁《史记·老子韩非列传》："然善属书离辞，指事类情，用剽剥儒、墨，虽当宿学不能自解免

也。"[例句] 这篇论文观点过于偏激,～,我很不喜欢。

【指手画脚】 zhǐ shǒu huà jiǎo
[释义] 说话时手脚并用以示意。形容说话时傲慢、得意的样子。也形容居高临下地乱发议论或妄加评点。[语见] 明·冯梦龙《醒世恒言》第十五卷:"毛泼皮指手划脚,剖说那事。"[例句] 他虽然对施工一窍不通,但是一逮着个机会,总喜欢在工地～,让人很是厌烦。

【指水盟松】 zhǐ shuǐ méng sōng
[释义] 盟:盟誓。指流水、松树以为盟誓。形容情谊之深。[语见] 明·陈汝元《金莲记·诟奸》:"章相与学士,初方指水盟松,后反操戈入室,不免乘此机会,嘲他几句,有何不可?"[例句] 三十年前他们两人便已～,结为了异姓兄弟,你几句话怎么能挑拨得了他们的关系?

【指天画地】 zhǐ tiān huà dì
[释义] 用手指天指地。形容说话时毫无顾忌的神态。[语见] 清·章炳麟《邹容传》:"与人言,指天画地,非尧舜,薄孔子,无所讳。"[例句] 看老黄～地说话的样子,好像他是位不可一世的大将军。

【指天射鱼】 zhǐ tiān shè yú
[释义] 向天空去追求河鱼。比喻毫无所得。[语见] 汉·刘向《说苑·尊贤》:"秦用赵高,而天下知其亡也。非其人而欲有功,譬其若夏至之日而欲夜之长,射鱼指天而欲发之当。"[例句] 你的想法听起来倒是好听,不过全是～之说,没有一点实际意义。

【指天誓日】 zhǐ tiān shì rì
[释义] 指着天,对太阳发誓,以表坚定或忠诚。[语见] 宋·罗大经《鹤林玉露补遗》第二卷:"友人指天誓日,曰:'某以暴疾几死,不能就试,何敢漏泄于他人!'"[例句] 尽管他一再～说没有参与其事,但是明眼人一见就知道他是在作秀。

【指天誓心】 zhǐ tiān shì xīn
[释义] 指着天,对心起誓,表示意志坚定或对人忠诚无欺。[语见] 唐·张说《为郭振让官表》:"臣与一二贞士,指天誓

心,枝梧群邪,捍城王室……艰为备尝,几不免祸。"[例句] 我等～,一定保证大人平安抵达。

【指天为誓】 zhǐ tiān wéi shì
[释义] 见"指天誓日"。[语见] 宋·洪迈《夷坚甲志·张夫人》:"人言那可凭,盍指天为誓。"[例句] 一帮兄弟～,一定要杀尽妖孽,保卫国家,其慷慨激昂,感天动地。

【指瑕造隙】 zhǐ xiá zào xì
[释义] 比喻寻找事端,制造分裂。[语见] 宋·朱熹《魏国公张公行状下》:"彼或内变既平,指瑕造隙,肆无厌之欲,发难从之请,其将何词以对?"[例句] 因为有小人在军中～,挑拨离间,一时整个军营人心惶惶,士气自然大受影响。

【指雁为羹】 zhǐ yàn wéi gēng
[释义] 指云中的雁为羹。比喻拿不落实的东西来自慰。[语见] 元·关汉卿《调风月》第三折:"终身无籤箕星,指云中雁做羹。"[例句] 各位的想法不过是～,还是尽快转到正题上来吧。

【指一说十】 zhǐ yī shuō shí
[释义] 指着一说成是十。形容不顾事实,存心夸大。[语见] 清·李绿园《歧路灯》第三十回:"如今把他的锁扭开,明日未必不指一说十,讲那'走了鱼儿是大的'话。"[例句] 那份报告对灾情～,舆论也乘机煽风点火,闹得该国的这座城市风声鹤唳,草木皆兵。

【指皂为白】 zhǐ zào wéi bái
[释义] 皂:黑色。指黑色为白色。指颠倒是非。今多作"指黑为白"。[语见] 元·武汉臣《玉壶春》第三折:"花言巧语,指皂为白。"[例句] 朝堂之上,竟能容忍～,这一王朝的气数是走到尽头了。

【指掌可取】 zhǐ zhǎng kě qǔ
[释义] 指掌:指示掌中的东西,指极易。一伸手极易获得。[语见] 五代后晋·刘昫等《旧唐书·张濬传》:"若能此际排难解纷,……则功名富贵,指掌可取。"[例句] 敌人已被我军层层包围,获取最后的胜利当～。

【指猪骂狗】zhǐ zhū mà gǒu

[释义] 见"指桑骂槐"。[语见] 明·兰陵笑笑生《金瓶梅词话》第十一回："百般指猪骂狗,欺负俺娘儿们。"[例句] 你有什么怨恨就明说嘛,别老是～的。

【咫尺千里】zhǐ chǐ qiān lǐ

[释义] 形容能在短小的画幅内画出寥廓深远的景物。后指虽近在咫尺而相隔如千里。[语见] 唐·释彦悰《后画录·宋展子虔》："尤善楼阁人马,亦长远近山川,咫尺千里。"[例句] 你我虽然同在一城,却是～——我们之间隔着一条无法跨越的人为的长河。

【咫尺天涯】zhǐ chǐ tiān yá

[释义] 咫:古代长度单位。周代八寸叫咫,合现在市尺六寸二分二厘。咫尺:比喻距离很近。天涯:天边,指距离很远。形容距离很近,却像天边那样远,极难相见。[语见] 元·关汉卿《二十换头·题情》:"马头咫尺天涯远,易去难相见。"[例句] 那时候我们一墙之隔,却是～,难以相见。

【咫尺万里】zhǐ chǐ wàn lǐ

[释义] 形容画幅虽小,但能画出寥廓深远的景物。也用以比喻咫尺,犹相距万里。[语见] 唐·李延寿《南史·竞陵文宣王子良传》:"幼好学,有文才,能书善画,于扇上图山水,咫尺之内,便觉万里为遥。"[例句] 先生所出示的画,无一不是～之作,令人惊叹不已。

【咫尺之功】zhǐ chǐ zhī gōng

[释义] 咫:古代长度单位。咫尺:比喻距离很近,这里指微小。功:功劳。微小的功劳。[语见]《战国策·秦策》:"虽有高世之名,无咫尺之功者,不赏。"[例句] 几个皇子无～,却得丰厚的赏赐,大臣议论纷纷。

【趾高气扬】zhǐ gāo qì yáng

[释义] 趾:脚。高高地抬起脚来走路,神气十足。形容骄傲自满,得意忘形的样子。[语见]《左传·桓公十三年》:"莫敖必败,举趾高,心不固矣。"[例句] 他刚刚有了那么点小成绩,就～,要是成就再大

一点,还不飞上了天?

【至诚高节】zhì chéng gāo jié

[释义] 最诚恳、最高尚的节操。形容人的品格情操十分高贵。[语见] 北齐·魏收《魏书·徐遵明传》:"故北海王入洛之初……至诚高节,堙没无闻……"[例句] 他因为～而在当时极负盛名。

【至诚无昧】zhì chéng wú mèi

[释义] 极其诚实,不存有欺瞒之心。[语见] 唐·贾曾《唐祭汾阴乐章·雍和》:"蠲我渐培,洁我肾芗。有豆孔硕,为羞既臧。至诚无昧,精意惟芳。神其醉止,欣欣乐康。"[例句] 在这些～的小孩子面前,他深深地低下了头。

【至大无外】zhì dà wú wài

[释义] 至:极。指天地极大,包罗万象,在天地之外一无所有。[语见]《庄子·天下》:"至大无外,谓之大一。"[例句] 哲学的研究范围～,涉及各个领域。

【至当不易】zhì dàng bù yì

[释义] 至:最。当:恰当。易:改变,变换。非常恰当,不能改变。形容处理的事情或发表的议论都很正确,不能更改。[语见] 明·李贽《焚书·读史·孔明为后主写申韩管子六韬》:"独儒家者流,泛滥而靡所适从,则以所欲者众耳,故汲长儒谓其内多欲而外施仁义,而论六家要者,又以'博而寡要,劳而少功'八字概之,可谓至当不易之定论。"[例句] 总经理反应敏捷,思虑周全,～,大家均心悦诚服。

【至高无上】zhì gāo wú shàng

[释义] 至高:最高、极高。上:位置更高。等级、位置达到了极限,没有比它更高的。[语见] 汉·刘安《淮南子·缪称训》:"道,至高无上,至深无下,平乎准,直乎绳,圆乎规,方乎矩,包裹宇宙而无表里,洞同覆载而无所碍。"[例句] 皇帝有着～的权力,这便是立宪的最大障碍。

【至高至上】zhì gāo zhì shàng

[释义] 见"至高无上"。[语见] 元·吴澄《无极太极说》:"就一屋而言,惟背檩至高至上,无以加之,故曰极。"[例句] 皇帝

Z

长期身居皇宫,～,哪里能了解到民间的疾苦!

【至敬无文】 zhì jìng wú wén

[释义] 至敬:极高的敬意。文:文饰,指虚伪无用的举动。极大的敬意是不用虚假客套形式的。[语见]《礼记·礼器》:"至敬无文,父党无容。"[例句]他很尊敬他的老师,不过～,从不做表面文章。

【至理名言】 zhì lǐ míng yán

[释义] 至理:最基本的道理。名言:精辟正确的言论。最正确的道理,最精辟的言论。[语见]清·李绿园《歧路灯》第四十回:"俗语云:'揭债要忍,还债要狠。'这两句话虽不是圣经贤传,却是至理名言。"[例句]亚里士多德的许多话,在整个中世纪几乎都被当成了～。

【至善至美】 zhì shàn zhì měi

[释义] 最完善最美好。[语见]明·王廷相《忧恤民壮》:"民以养兵,兵以卫民,祖宗立法,至善至美。"[例句]这些画作,从工艺上来说,无一不达到了～的境地,但是要从境界上来说,却还是有所欠缺的。

【至死不屈】 zhì sǐ bù qū

[释义] 到死也不屈服。形容英勇顽强。[语见]宋·周密《齐东野语·二张援襄》:"贵身被数十创,力不支,遂为生得,至死不屈。"[例句]那些坚持真理,～的人,永远都会被后人敬仰。

【至死不悟】 zhì sǐ bù wù

[释义] 至:到。悟:醒悟,觉悟。到死都不觉悟。[语见]晋·葛洪《抱朴子·道意》:"求乞福隙,冀其必得,至死不悟,不亦哀哉?"[例句]愚忠使他终生不得幸福,但是他～,可叹可悲啊。

【至矣尽矣】 zhì yǐ jìn yǐ

[释义] 指已达到顶点极限。[语见]《庄子·庚桑楚》:"古之人其知有所至矣。恶乎至,有以为未始有物者,至矣尽矣,弗可以加矣。"[例句]我当年对她之好,～,哪知她今天竟然对我恩将仇报,我何止是心冷——我的心都碎了。

【至意诚心】 zhì yì chéng xīn

[释义] 至诚的心意。[语见]明·阙名《万国来朝》第二折:"则为我至意诚心,忠肝义胆,我可也并无偏背。"[例句]希望您能接受我的～。

【至再至三】 zhì zài zhì sān

[释义] 指一而再、再而三。[语见]《尚书·多方》:"我惟时其教告之,我惟时其战要囚之,至于再,至于三,乃有不用我降尔命,我乃其大罚殛之。"[例句]秦学士～地登门求情,终于感动了宰相,答应为他的案子尽力。

【至尊至贵】 zhì zūn zhì guì

[释义] 最尊敬最高贵。[语见]汉·荀悦《前汉纪·宣帝纪三》:"出门则乘辎辒,下堂则从傅母,进退则鸣佩玉,内饰则结绲绸缪。此则至尊至贵所以自敛。制不自恣纵之义也。"[例句]他把自己看得～,好像别人都低他很多。

【志诚君子】 zhì chéng jūn zǐ

[释义] 指品德高尚、志行诚笃的人。[语见]明·徐霖《绣襦记·姨鸨夸机》:"他是个志诚君子,与别人不同,怎么开口起发他的?"[例句]人家方先生乃是～,你不要以小人之心度之。

【志大才短】 zhì dà cái duǎn

[释义] 见"志大才疏"。[语见]宋·薛居正等《旧五代史·唐书·安重诲传》:"(重诲)志大才短,不能回避权宠,亲礼士大夫,求周身辅国之远图,而悉自恣胸襟,果贻颠复。"[例句]那一帮书生都是些～之人,成事不足败事有余,你怎可寄希望于他们?

【志大才疏】 zhì dà cái shū

[释义] 志:志向。才:学识、才能。疏:空虚、浅薄。志向很高,可才能浅薄。[语见]南朝宋·范晔《后汉书·孔融传》:"融负其高气,志在靖难,而才疏意广,迄无成功。"[例句]薛将军的手下,尽是些～之人,要要嘴皮子还可以,真要打仗,那是百无一用。

【志大量小】 zhì dà liàng xiǎo

[释义] 志:志向。量:度量、胸襟。抱负很大,但胸襟狭隘。[语见]宋·苏轼《贾谊论》:"贾生志大而量小,才有余而识不

足也。"[例句]郭君绝顶聪明,然而～,总结其一生的修为,自然要大打折扣了。

【志广才疏】zhì guǎng cái shū
[释义]见"志大才疏"。[语见]明·胡文焕《群音类选·呼卢记·呼卢喝采》:"笑他们志广才疏,同为博徒,负吾钱毕竟当偿补。"[例句]太平府上,尽是一帮～的书生,指望他们,无异于白日做梦。

【志气凌云】zhì qì líng yún
[释义]凌云:直上云霄。志气直上云霄,形容志向宏伟、意气豪壮。[语见]元·无名氏《飞刀对箭》第四折:"我如今状貌堂堂,威风赳赳,志气凌云。"[例句]岳雷年龄虽轻,但是～,又有一身好武艺,自然会得到众将的拥护了。

【志士仁人】zhì shì rén rén
[释义]有志气节操和有仁爱道德的人。[语见]《论语·卫灵公》:"志士仁人,无求生以害人,有杀身以成仁。"[例句]多少～为了革命的事业,抛洒热血,终于换来了我们今天的幸福生活。

【志同道合】zhì tóng dào hé
[释义]志:志向。道:道德标准。合:符合。有相投的志向,有相符合的道德标准。泛指理想、志趣一致,合得来。[语见]宋·陈亮《与吕伯恭正字书》之二:"天下事常出于人意料之外,志同道合,便能引其类。"[例句]天下攘攘,人来人往,但是要找到一两个～的朋友,却实在是难而又难。

【志同气合】zhì tóng qì hé
[释义]见"志同道合"。[语见]宋·曾敏行《独醒杂志》第四卷:"逢原每不乐补之所为,而墨花实不逮,唯长于平远,遇志同气合者始为作之。"[例句]作为～的朋友,他们演绎的这一段佳话,被广为流传。

【志同心合】zhì tóng xīn hé
[释义]见"志同道合"。[语见]明·陆采《明珠记·访侠》:"官居台省,曾叨宠幸,只为爱山水窠巢,早离脱仕途坑阱。喜你志同心合,志同心合,果然堪敬!"[例句]两位～的思想家走到了一起,一

段不平凡的合作开始了。

【志在千里】zhì zài qiān lǐ
[释义]志向在千里之外,形容志向远大。[语见]三国魏·曹操《步出夏门行》:"老骥伏枥,志在千里;烈士暮年,壮心不已。"[例句]她绝非井底之蛙,而是～。

【志在四方】zhì zài sì fāng
[释义]形容有远大的志向。[语见]明·冯梦龙《东周列国志》第二十五回:"妾闻'男子志在四方'。君壮年不出图仕,乃区区守妻子坐困乎?"[例句]好男儿当～,岂可长醉于暖日笙歌,长累于儿女情长?

【知出乎争】zhì chū hū zhēng
[释义]知:通"智"。精明机智。精明机智是从反复争斗中锻炼出来的。[语见]《庄子·人间世》:"德荡乎名,知(智)出乎争。"[例句]须知～,你不敢去迎接挑战,怎么能成大器呢?

【质而不俚】zhì ér bù lǐ
[释义]质朴而不粗俗。[语见]汉·班固《汉书·司马迁传赞》:"然自刘向、扬雄博极群书,皆称迁有良史之材,服其善序事理,辨而不华,质而不俚。"[例句]这些乡民～,言谈举止之间依稀有着一种耕读之气,不禁令人大为惊叹。

【质而不野】zhì ér bù yě
[释义]见"质而不俚"。[语见]汉·荀悦《前汉纪·武帝纪》:"辨而不华,质而不野。"[例句]虽然身在深山,但是和这些～的朋友在一起,却也是人生一件幸事。

【质朴无华】zhì pǔ wú huá
[释义]质朴:朴实。华:浮华。朴实而不浮夸。[例句]这些画～,不事张扬,但是在行家眼里,无一不是价值不菲的精品。

【质妻鬻子】zhì qī yù zǐ
[释义]质:抵押。因生活极端贫困而把妻子抵押,儿子出卖。[语见]宋·陆贽渊《与辛幼安书》:"隳家破产,质妻鬻子,仅以自免。"[例句]纵是中唐盛世,关中之地,但有灾荒,百姓亦是～,至于那些非盛世的岁月,百姓的生活也便可想而

知了。

【质直浑厚】 zhì zhí hún hòu
[释义] 质朴厚重,常用以形容诗文书画的笔力、风格。[语见] 宋·胡仔《苕溪渔隐丛话·韩吏部下》:"语多质直浑厚,计应似其为人。"[例句] 这首小令有笔有章,寥寥数语,～,足见大家风采。

【炙冰使燥】 zhì bīng shǐ zào
[释义] 烤冰以使干燥。比喻所行与所求相反。[语见] 晋·葛洪《抱朴子·刺骄》:"欲望肃雍济济,后生有式,是犹炙冰使燥,积灰令炽矣。"[例句] 这孩子学习成绩不好是由于学习兴趣不浓,你这样粗暴地强迫他去学,恐怕是～,根本不能解决问题。

【炙凤烹龙】 zhì fèng pēng lóng
[释义] 见"烹龙炮凤"。[语见] 明·沈璟《义侠记·除凶》:"又何须炙凤烹龙,鹦鹉杯浮,琥珀光浓。"[例句] 这些望族大家,过着～的生活,他们的子弟,哪里会懂得民间疾苦?

【炙手可热】 zhì shǒu kě rè
[释义] 炙:烧烤。手一接近就感觉很热。比喻气焰盛,权势大。[语见] 唐·杜甫《丽人行》:"炙手可热势绝伦。"[例句] 李林甫在朝中～,百官哪里敢对他说半个"不"字?

【治病救人】 zhì bìng jiù rén
[释义] 救:挽救、抢救。治疗病痛,挽救人的生命。今多喻指善意批评帮助犯错误的人,使之改正缺点和错误。[语见] 晋·葛洪《神仙传》:"沈羲,吴郡人,学道于蜀,能治病救人。"[例句] 我们要惩前毖后、～,努力推进公民道德建设。

【治国安民】 zhì guó ān mín
[释义] 治:治理。安:安定。使国家得到治理,使人民安居乐业。[语见] 汉·班固《汉书·食货志上》:"财者,帝王所以聚人守位,养成群生,奉顺天德,治国安民之本也。"[例句] 王猛把种种～的策略一一道来,令苻坚大为惊讶。

【治丝而棼】 zhì sī ér fén
[释义] 棼:纷乱。整理蚕丝,不先找头

绪,结果越理越乱。比喻做事不得要领,茫无头绪,越做越糟。[语见] 唐·冯用之《权论下》:"不可威而威,则刑名如治丝而棼矣。"[例句] 那些日子,各种事情一齐逼到了面前,我～,没几日便心力交瘁。

【栉比鳞差】 zhì bǐ lín cī
[释义] 栉:梳篦的总称。比:排列。像梳篦和鱼鳞那样整齐排列。[语见] 五代·王定保《唐摭言·慈恩寺题名游赏赋咏杂记》:"迩来林栖谷隐,栉比鳞差,美给华资,非弟勿处。"[例句] 三声炮响,一队队战士走过,枪上那～的刺刀,在阳光下闪烁着令人炫目的光芒。

【栉比鳞次】 zhì bǐ lín cì
[释义] 见"栉比鳞差"。[语见] 明·宋濂等《元史·河渠志三》:"岸善崩者,密筑江石以护之,上植杨柳,旁种蔓荆,栉比鳞次,赖以为固,盖以数百万计。"[例句] 街道两旁,～的高楼大厦和颜色各异的霓虹灯将大都市的气象,展现得淋漓尽致。

【栉风沐雨】 zhì fēng mù yǔ
[释义] 栉:梳头发。沐:洗头。借着风来梳理头发,用雨来洗头。形容经常在外面奔波劳碌。[语见] 晋·陈寿《三国志·魏书·鲍勋传》:"移风易俗,莫善于乐,况猎,暴华盖于原野,伤生育之至理,栉风沐雨,不以时隙哉?"[例句] 一行人～,连续走了三个月,才到达目的地。

【栉垢爬痒】 zhì gòu pá yǎng
[释义] 栉:梳理头发,指篦头。爬:这里同"抓"。篦头除去泥垢,搔抓解痒。用以形容解除困苦。[语见] 唐·韩愈《试大理评事王君墓志铭》:"摄监察御史,观察判官,栉垢爬痒,民获苏醒。"[例句] 太祖之初,为民～,大行仁政,国力日渐强盛。

【掷地有声】 zhì dì yǒu shēng
[释义] 形容文辞优美,声调铿锵,能发出钟磬一样的乐音。多用于赞美人所说的话坚定有力,语义崇高。[语见] 南朝宋·刘义庆《世说新语·文学》:"孙兴公作《天台赋》成,以示范荣期,云:'卿试掷地,要作金石声。'"[例句] 史可法在城头上寥

寥数语,～,连清军主帅听了,都禁不住叹息:天有大才,不为我用,其何以堪!

【掷地之材】 zhì dì zhī cái

[释义]指能写出文辞优美、声调铿锵的好文章的人才。[语见]宋·王禹偁《重修北岳庙碑奉敕撰并序》:"惭非掷地之材,有玷他山之石。"[例句]嵇康虽有～,却无意为官,高洁是高洁,但是犯了官家的忌讳,自然难得善终了。

【掷果潘安】 zhì guǒ pān ān

[释义]晋代潘安姿貌英俊,每出门,妇人常以果掷之。形容美男子为女子所爱慕。[语见]南朝宋·刘义庆《世说新语·容止》:"潘安妙有姿容,好神情。少时挟弹出洛阳道,妇人遇者,莫不连手共萦之。"刘孝标注引《语林》:"安仁至美,每行,老妪以果掷之满车。"[例句]他生得俊美异常,可以说是～。

【智尽能索】 zhì jìn néng suǒ

[释义]智:智谋。能:才能。索:完,尽。智慧和能力都已用尽。[语见]汉·司马迁《史记·货殖列传》:"此有知尽能索耳,终不余力而让财矣。"[例句]一众复辟之徒,玩到最后,～,只好草草收场,在人间留下几曲笑话之后,烟消云散了。

【智小谋大】 zhì xiǎo móu dà

[释义]能力低,计划却很大。[语见]唐·房玄龄等《晋书·庾亮传》:"圣而智小谋大,昧经邦之远图;才高识寡,阙安国之长算。"[例句]你单单凭着一个～的草台班子,就想打一个大胜仗,简直是痴心妄想。

【智小言大】 zhì xiǎo yán dà

[释义]聪明才智不济,说起话来口气却很大。[语见]五代后晋·刘昫等《旧唐书·江夏王道宗传》:"君集智小言大,举止不伦,以臣观之,必为戎首。"[例句]别理那几个～的小子,他们的话简直就是把你往火坑里拉。

【智勇双全】 zhì yǒng shuāng quán

[释义]既有智谋,又很勇敢,二者兼备。[语见]元·关汉卿《五侯宴》第三折:"某文通三略,武解六韬,智勇双全,寸铁在

手,万夫不当之勇。"[例句]岳飞～,率领军队英勇作战,把金兵阻挡在大河之北。

【智圆行方】 zhì yuán xíng fāng

[释义]智:指智谋。圆:圆通,灵活变通。行:行为。方:正直。考虑问题要灵活变通,为人做事则要正直。[语见]汉·刘安《淮南子·主术训》:"凡人之论,心欲小而志欲大,智欲员而行欲方,能欲多而事欲鲜。"[例句]你身在逆境,必须～,假以时日,才能真正走出低谷,断不可有一鸣惊人之念。

【智者千虑,必有一失】 zhì zhě qiān lù, bì yǒu yī shī

[释义]指聪明的人虽然经过多次考虑,也会出现个别失误。[语见]《史记·淮阴侯列传》:"广武君曰:'臣闻智者千虑,必有一失;愚者千虑,必有一得。'"[例句]行动前他整整筹划了一个月,可还是出了差错。真是～。

【置而不问】 zhì ér bù wèn

[释义]对设置任命的官员放在一旁不再过问。后指对事情不加过问。[语见]宋·苏轼《汉文帝之行事有可疑者三》:"上林令吏之不材,而虎圈啬夫,才之过人者也,才者遗而不录,不才者置而不问,则事之不废坏者有几?"[例句]总理衙门倒是制定了不少措施,但是往往～,弊政便始终日复一日地继续着。

【置若罔闻】 zhì ruò wǎng wén

[释义]置:放,搁。若:好像。罔:没有。闻:听到。放在一边,好像没有听到一样。[语见]明·朱国祯《涌幢小品·阁臣相构》:"当中书言时,沈宜厉声力折,只因心中恼他,置若罔闻。推其微意,谓便做也得。"[例句]日本松下集团创始人松下幸之助曾经说过,"只有傻瓜或自愿把自己的企业推向悬崖峭壁的人,才会对教育～"。

【置身事外】 zhì shēn shì wài

[释义]置:安放。把自己放在事情之外。形容对事情不关心、不闻不问。[语见]清·文康《儿女英雄传》第二十二回:"天下事最妙的是云端里看厮杀,你我且置

Z

身事外,袖手旁观,看后来这位安水心先生怎的下手。"[例句] 跟他都说了几次了,他始终～,看来要想把他拉进来,没有特别的办法是不可能的。

【置水之情】 zhì shuǐ zhī qíng

[释义] 置:安放、搁开。勉励人清正廉洁的深情。后用以比喻深情寄意的请求。[语见] 南朝宋·范晔《后汉书·庞参传》:"拜参为汉阳太守。郡人任棠者,有奇节,隐居教授。参到,先候之。棠不与言,但以薤一大本,水一盂,置户屏前,自抱孙儿伏于户下。主簿白以为倨。参思其微意,良久,曰:'棠是欲晓太守也;水者欲吾清也;拔大本薤者,欲吾击强宗也;抱儿当户,欲吾开门恤孤也。'"[例句] 乾隆数次微服私访,对百姓的～是深有体会的。

【置之不理】 zhì zhī bù lǐ

[释义] 置:放、搁。理:理睬。放在一边,不予理睬。[语见] 清·顾炎武《华阴王氏宗祠记》:"人主之于民,赋敛之而已尔,役使之而已尔,凡所以为厚生正德之事,一切置之不理,而听民之所自为。"[例句] 我再怎么说,他都～,看来他真是铁了心了。

【置之度外】 zhì zhī dù wài

[释义] 置:安放、搁置。度:打算、考虑。把它放在考虑的事之外。形容不放在心上。[语见] 南朝宋·范晔《后汉书·隗嚣公孙述传》:"帝积苦兵间,以嚣子内侍,公孙述远据边陲,乃谓诸将曰:'且当置此两子于度外耳。'"[例句] 这些英勇的战士,为了祖国和人民的利益,早已把个人的生死～了。

【置之高阁】 zhì zhī gāo gé

[释义] 见"置诸高阁"。[语见] 明·吴承恩《西游记》第十五回:"行者在山凹里见师父果然做了将军,取经一事,置之高阁;心中大乱,无可奈何。"[例句] 战事一来,这些计划便被～了。

【置之死地而后快】 zhì zhī sǐ dì ér hòu kuài

[释义] 置:放、搁。死地:无法生存的境地。一定要害人致死才觉得痛快。形容心肠狠毒。[语见] 清·浴日生《海国英雄记》卷下:"遇事掣肘,故在朝如黄道周之忠纯,何楷之梗直,莫不欲置之死地而后快。"[例句] 敌人来势汹汹,四面合围,对我军是～,我们岂能掉以轻心?

【置诸高阁】 zhì zhū gāo gé

[释义] 置:放置。诸:之于。阁:放东西的架子。放在高高的架子上。比喻放着不用。[例句] 随着岁月的流逝,年轻时那些豪言壮语,慢慢地都被他～了。

【置锥之地】 zhì zhuī zhī dì

[释义] 站立锥子的地方。形容极小之地。[语见]《庄子·盗跖》:"尧、舜有天下,子孙无置锥之地;汤、武立为天子,后世绝灭。"[例句] 在这个学术团体里,他默默无闻,无～,谁也不曾注意到他。

zhong

【中饱私囊】 zhōng bǎo sī náng

[释义] 中饱:中间得利。指从中取利。[语见] 清·李绿园《歧路灯》第七回:"小人贪利,事本非常,所可恨者,银两中饱私囊,不曾济国家之实用耳。"[例句] 你身为国家干部应恪尽职守,绝不能～。

【中道而废】 zhōng dào ér fèi

[释义] 中道:中途,半路。废:弃,停止。比喻事情做了一半就不干了。[语见]《论语·雍也》:"力不足者,中道而废。今女画。"[例句] 他这个人做事,开始时往往惊天动地,然而做到后来,却每每～,所以至今他也是一无所成。

【中立不倚】 zhōng lì bù yǐ

[释义] 倚:偏。保持中立,不偏不倚。[语见]《礼记·中庸》:"中立而不倚,强哉矫。"孔颖达疏:"中正独立,而不偏倚。"[例句] 对这事儿应～,你不该偏向任何一方。

【中流砥柱】 zhōng liú dǐ zhù

[释义] 中流:激流中间。砥柱:即砥柱山,位于三门峡黄河激流中。比喻坚强的人或强大的力量。[语见]《晏子春秋·

内篇谏下》:"以入砥柱之中流。"[例句]
中国共产党是全中国人民的～。

【中流击楫】zhōng liú jī jí
[释义]中流:河流中间。楫:船桨。比喻
收复失地的决心。[语见]唐·房玄龄等
《晋书·祖逖传》:"(祖逖)中流击楫而誓
曰:'祖逖不能清中原而复济者,有如大
江!'"[例句]将士们～,斗志昂扬,欲与
敌人一决雌雄。

【中山狼】zhōng shān láng
[释义]战国时赵简子在中山打猎,有一
只狼被追逐甚急,适遇东郭先生。狼就
乞求庇护,得以脱险;危机一过,它就露
出本相,反想吃掉东郭先生。常用以比
喻忘恩负义或恩将仇报之人。[例句]
他竟然对救命恩人下毒手,真是地地道
道的～!

【中通外直】zhōng tōng wài zhí
[释义]本指荷梗内部有孔通气,外形挺
直。比喻好人心地开朗,行为正直。
[语见]宋·周敦颐《爱莲说》:"中通外
直,不蔓不枝。"[例句]我们有个～的领
导,不仅是公司的福气,更是全体职工的
福气。

【中外古今】zhōng wài gǔ jīn
[释义]见"古今中外"。[例句]～有许
许多多的思想家,他们对人类文化发展
有着难以估量的意义。

【中庸之道】zhōng yōng zhī dào
[释义]中:不过分也无不及。庸:恒常
不变。为儒家的最高道德标准。指为人处
世采用调和折中的态度。[语见]《论语·
雍也》:"中庸之为德也,其至矣乎!"
[例句]老李深谙～,为人处世让人感觉
比较圆滑。

【中原逐鹿】zhōng yuán zhú lù
[释义]喻群雄角逐,争夺天下。[语见]
汉·司马迁《史记·淮阴侯列传》:"秦失其
鹿,天下共逐之,高材疾足者先登焉。"
[例句]五代时期,军阀割据,～,狼烟四
起,百姓流离失所。

【中正无私】zhōng zhèng wú sī
[释义]中正:正直。端庄正直,不存私

心。[语见]《管子·五辅》:"为人君者中
正而无私,为人臣者忠信而不党。"
[例句]唐朝初年,朝臣～,令行禁止,历
史进入了一个大发展的时期。

【忠臣孝子】zhōng chén xiào zǐ
[释义]对君主尽忠对父母尽孝的人。
[语见]《荀子·礼论》:"使生死终始若
一,一足以为人愿,是先王之道,忠臣
孝子之极也。"[例句]这些晚明朝廷
的～,哪里挡得住八旗铁骑滚滚之势?

【忠臣义士】zhōng chén yì shì
[释义]忠诚而有节操的臣民。[语见]
晋·陈寿《三国志·魏书·陈思王植传》:
"每览史籍,观古忠臣义士,出一朝之
命,以徇国家之难。"[例句]汴梁陷落,朝
廷最高层都已放弃了抵抗,一班～纵然
有心杀敌,也无力回天。

【忠肝义胆】zhōng gān yì dǎn
[释义]忠:忠诚。义:正义。指为人忠
诚,主持正义。形容非常忠诚。[语见]
清·洪昇《长生殿》:"只这血性中,胸脯
内,倒有些忠肝义胆。"[例句]张巡苦守
孤城月余,其～,足可感天动地。

【忠贯白日】zhōng guàn bái rì
[释义]贯:通。忠诚之心可以上通白日。
形容无限的忠诚。[语见]宋·无名氏《宣
和书谱·正书·颜真卿》:"惟其忠贯白
日,识高天下,故精神见于翰墨之表
者,特立而兼括。"[例句]杨询等边关将
士血战数日,无一生还,其～,天日可鉴。

【忠君爱国】zhōng jūn ài guó
[释义]忠于国君,热爱祖国。[语见]
明·冯梦龙《东周列国志》第四十四回:
"此人虽则商贾之流,倒也有些忠君爱国
之心、排患解纷之略。"[例句]他们不怕
牺牲,都是～之士。

【忠心耿耿】zhōng xīn gěng gěng
[释义]耿耿:忠诚的样子。形容非常忠
诚。[语见]清·李汝珍《镜花缘》第五十
七回:"当日令尊伯伯为国捐躯,虽大事
未成,然忠心耿耿,自能名垂不朽。"
[例句]岳飞～,一心报国,却无端遭受冤
屈,仁人志士千百年无不扼腕叹息。

Z

【忠心贯日】 zhōng xīn guàn rì
[释义] 见"忠贯白日"。[语见] 明·冯梦龙《东周列国志》第十七回:"楚王曰:'卿忠心贯日,孤又罪也。'"[例句] 屈原对楚国,～,却身遭流放,悲愤之心,渗透在《离骚》的字里行间。

【忠信乐易】 zhōng xìn lè yì
[释义] 忠:忠厚。信:诚实。乐:愉快。易:平易,和顺。指居心忠厚,待人诚实、和蔼,平易近人。[语见] 明·王守仁《教条示龙场诸生》:"忠信乐易,表里一致。"[例句] 嘉云师～,被乡里奉为表率。

【忠言嘉谟】 zhōng yán jiā mó
[释义] 见"忠言奇谋"。[语见] 宋·苏轼《韩魏公醉白堂记》:"忠言嘉谟效于当时,而文采表于后世,死生穷达不易其操,而道德高于古人,此公与乐天之所同也。"[例句] 范增的～,却得不到项羽的应和,其内心的悲凉,不难体会。

【忠言逆耳】 zhōng yán nì ěr
[释义] 逆耳:不顺耳,不中听。诚恳劝告的话,往往叫人听起来不好受。[语见]《孔子家语·六本》:"孔子曰:'良药苦于口而利于病,忠言逆于耳而利于行。'"[例句] ～嘛,你不要再心生怨愤了,大家都是在帮你。

【忠言奇谋】 zhōng yán qí móu
[释义] 忠诚的进言,出众的谋略。[语见] 南朝宋·范晔《后汉书·王良传》:"友人不肯见,曰:'不有忠言奇谋而取大位,何其往来屑屑不惮烦也。'"[例句] 其实元嘉贞也不是没有听到什么～,下层将士曾多次向他献计献策,但是刚愎自用的他哪里听得进去,最后终于导致了全军覆没。

【忠贞不二】 zhōng zhēn bù èr
[释义] 忠贞:忠诚而坚定不移。不二:专一,一心一意。忠诚坚贞而不三心二意。[语见] 清·赵尔巽等《清史稿·尚之信列传》:"上喻曰:'每念你先人忠贞不二,为国忘家,朕甚嘉焉。'"[例句] 文天祥对国家～,连元军主帅伯颜也大为佩服。

【忠贞不屈】 zhōng zhēn bù qū
[释义] 忠诚坚定,绝不屈服。[例句] 革命烈士～的英雄事迹将被子孙后代铭记。

【忠贞不渝】 zhōng zhēn bù yú
[释义] 渝:改变。忠诚而坚定不移,多指不改变自己的追求。[语见] 明·宋讷《勅建元卫国公肃公祠记》:"允毅卫公,气刚以正。世胄勋门,才良劲节,忠贞不渝,本乎天性。"[例句] 权楚之被俘之后,始终～,谱写了一曲荡气回肠的悲壮之歌。

【终身大事】 zhōng shēn dà shì
[释义] 终身:一生,一辈子。关系一辈子的大事情。多指男女婚嫁而言。[语见] 明·凌濛初《二刻拍案惊奇》第二卷:"草草送了终身大事,岂不可羞!"[例句] 母亲每次来信,都提到我的～,仿佛这事一日不解决,天便一日要坍塌似的。

【终始一贯】 zhōng shǐ yī guàn
[释义] 终:结果。始:开头。贯:穿透。事物的开始与终止,坚持同一的宗旨贯穿到底,毫不变动。[语见] 汉·班固《汉书·王莽传》:"终始一以贯之,而谓备矣。"[例句] 三十年来,张教授就这么～地在实验室工作着,直到两鬓斑白,依然痴心不改。

【终天之恨】 zhōng tiān zhī hèn
[释义] 终天:终身,一辈子。恨:悔恨,遗憾。终身的遗憾事。[语见] 明·王绅《滇南恸哭记》:"绅之初志,锐欲访求遗殖,归葬先垄,以襄大事,不幸岁久事殊,以至此极……因忍死备记于简,以志不忘终天之恨。"[例句] 因为指挥上的疏忽,从而导致了三千兵马无一生还,这便成了刘彦章的～。

【终天之慕】 zhōng tiān zhī mù
[释义] 指终生思慕之情。[语见] 南朝梁·沈约《为齐竞陵王解讲疏》:"终天之慕,不续于短年,歘报之诚,思隆于永劫。"[例句] 陆文修对文华的～,流成一道绵绵不绝的恨河,今人读之,也都唏嘘不已。

【终虚所望】 zhōng xū suǒ wàng
[释义] 终：结果。最后使希望落空。[语见] 清·李汝珍《镜花缘》第一回："岂非镜花水月，终虚所望么?"[例句] 她满怀希望，结果～，竟成了一场空。

【钟灵毓秀】 zhōng líng yù xiù
[释义] 钟：凝聚、集中。毓：同"育"，养育、孕育。凝聚了天地之间的灵气，孕育了优秀的人物，比喻山川秀丽，人才辈出。[语见] 唐·柳宗元《马退山茅亭记》："盖天钟秀于是，不限遐裔也。"清·曹雪芹《红楼梦》第三十六回："琼闺秀阁中亦染此风，真真有负天地钟灵毓秀之德。"[例句] 剑南山川，～，自古就是文人墨客喜欢光顾的地方。

【钟鸣鼎食】 zhōng míng dǐng shí
[释义] 见"击钟鼎食"。[语见] 唐·王勃《滕王阁序》："闾阎扑地，钟鸣鼎食之家。"[例句] 边关狼烟四起，河汉蝗旱汹汹，可是王子皇孙们照旧～，他们但有一日福泽而足，哪里顾得了百姓！

【钟鸣漏尽】 zhōng míng lòu jìn
[释义] 钟：古代乐器。旧时也用敲钟来报时辰。漏：漏壶，古代用来计时之器。晨钟已鸣，夜漏将尽。比喻年岁已老，活不了多久了。[语见] 汉·崔寔《政论》："钟鸣漏尽，洛阳城中，不得有行者。"[例句] 人倒是找到了，但是我们见到的，已经是一个～风烛残年的老者，往日的传言与眼下所见，已大相径庭。

【冢中枯骨】 zhǒng zhōng kū gǔ
[释义] 冢：坟墓。坟墓里的枯骨。比喻虽然活着却和死了的人差不多。[语见] 晋·陈寿《三国志·蜀书·先主传》："孔融谓先主曰：'袁公路（袁术）岂忧国忘家者邪？冢中枯骨，何足介意!'"[例句] 想不到英名一世的多尔衮，如今竟成了～，令人生出许多感慨。

【踵接肩摩】 zhǒng jiē jiān mó
[释义] 见"摩肩接踵"。[语见] 清·金捧阊《守一斋笔记·芦花会》："忽金鼓喧阗，仪卫甚盛，观者踵接肩摩。"[例句] 五柳街上，人来人往，～，但是人都和和气

气，熟人生人见了，都点点头，笑一笑，仿佛人了老子的大同世界。

【踵决肘见】 zhǒng jué zhǒu xiàn
[释义] 踵：脚后跟，引申为鞋后跟。决：裂开，绽开。见：露出。鞋破了，露出了脚后跟，衣服破了，露出了胳膊肘。形容衣着破烂不堪，生活穷困潦倒。[语见]《庄子·让王》："正冠而缨绝，捉衿而肘见，纳履而踵决。"[例句] 段誉辗转万里，抵达大理之时，已是～，但是眉宇间的勃勃英姿，却一分未减。

【踵事增华】 zhǒng shì zēng huá
[释义] 继承前人事业，使它更美好完善。后亦指过分注重前人遗规，流于形式。[语见] 南朝梁·萧统《文选序》："盖踵其事而增华，变其本而加厉；物既有之，文亦宜然。"[例句] 老家人规矩多，～，但是诚心究竟有几分便难说了。

【众寡势殊】 zhòng guǎ shì shū
[释义] 人多与人少在力量上相差很大。[语见] 晋·桓冲《上言吉挹忠节》："襄阳失守，边情且丧，加众寡势殊，以至陷没。"[例句] 敌人挟三十万之众，汹汹而来，敌我两方，～，一时人心惶惶。

【众寡悬殊】 zhòng guǎ xuán shū
[释义] 人多与人少相差很远。[语见] 唐·魏徵《隋书·杨善会传》："每恨众寡悬殊，未能灭贼。"[例句] 你们几十个人，虽然无一不是好手，但是～，所以你们万不可以卵击石。

【众虎同心】 zhòng hǔ tóng xīn
[释义] 虎为勇武之兽，比喻许多有才能、有本领的人团结一致，力量强大。[语见] 明·无名氏《闹铜台》第五折："我想俺这一起人，英雄并辔，众虎同心，好一般人物也呵。"[例句]"闯王"大旗一立，应者无数，～，明王朝的灭亡，指日可待了。

【众毁所归】 zhòng huǐ suǒ guī
[释义] 众人的毁谤归于一处。形容被大家所不齿。[语见] 汉·杨恽《报孙会宗书》："佘贱贩贵，逐什一之利，此贾竖之事，污辱之处，恽亲行之。下流之人，众

Z

毁所归,不寒而栗。"[例句]高力士谗邪媚主,~,可是竟无人敢挑头出来灭其气焰——开元的气数已尽,天宝的劫难临头了。

【众口纷纭】 zhòng kǒu fēn yún
[释义]见"众说纷纭"。[语见]清·蒲松龄《聊斋志异·阿纤》:"女曰:'君无二心,妾岂不知?但众口纷纭,恐不免秋扇之捐。'"[例句]关于仙人洞的形成,~,莫衷一是。

【众口难调】 zhòng kǒu nán tiáo
[释义]调:调和、协调。吃饭的人太多,饭菜的口味很难让每个人都满意。后喻指办某一件事而很难让每个人都满意。也喻指意见不统一,很难协调一致。[语见]宋·释普济《五灯会元·庐山开先善暹禅师》:"羊羹虽美,众口难调。"[例句]我是想通过努力,把大家的意见集中起来,但是~,讨论了半天,依然什么共识都没能达成。

【众口铄金】 zhòng kǒu shuò jīn
[释义]铄:以火销金,使其熔化。只要众口一词,哪怕火炼的真金都会被熔化。泛指众口同声,积非成是,虽坚如金石之至理名言,亦将为之破坏。形容人言可畏。[语见]《国语·周语下》:"故谚曰:'众心成城,众口铄金。'"[例句]母亲对我说:"世道艰难,~,而你却是直肠子一根,不知道你一生要经历多少磨难。"

【众口同声】 zhòng kǒu tóng shēng
[释义]大家都发出同样的声音。形容意见一致。[语见]清·夏敬渠《野叟曝言》第一百一十八回:"水夫人慨然道:'上既难抗君命,下又重违诸媳,中复朝绅满座,众口同声。'"[例句]和珅滔滔不绝地谈起了他的想法,他刚一说完,其他大臣便~纷纷附和。

【众口熏天】 zhòng kǒu xūn tiān
[释义]许多人的言论,其势可以上达于天。形容舆论力量之大。[语见]《吕氏春秋·离谓》:"乱国之俗,甚多流言,而不顾其实,务以相毁,务以相誉,毁誉成党,众口熏天。"[例句]虽说书生手无

缚鸡之力,但是~,士林中一嚷嚷,连一人之下万人之上的张居正也都怕了三分。

【众口一词】 zhòng kǒu yī cí
[释义]指大家都说一样的话,形容意见认识非常统一。[语见]明·凌濛初《初刻拍案惊奇》第二十四卷:"适才仇老所言姻事,众口一词,此美事也,有何不可。"[例句]难得大家~,这下问题就好解决了。

【众毛攒裘】 zhòng máo cuán qiú
[释义]攒:积聚。裘:皮衣。将许多碎片毛皮积聚起来,可以缝制成皮衣。比喻积少成多。[语见]明·吴承恩《西游记》第六十九回:"常言道:'众毛攒裘。'"[例句]学问即如~,不是一天两日可以成得了大家的。

【众目昭彰】 zhòng mù zhāo zhāng
[释义]昭彰:显著。众人的眼睛都把事情看得很清楚。[语见]明·凌濛初《初刻拍案惊奇》第十五卷:"在你家搜出人腿来,众目昭彰,一传出去,不到得轻放过了你。"[例句]~之下,和府搜出来的金银财宝,堆积如山,惊得办案的人目瞪口呆。

【众怒难犯】 zhòng nù nán fàn
[释义]怒:怒火、愤怒。犯:触犯、引发。众人的愤怒是不可引发的。泛指不可违背大多数人的意愿而与之为敌。[语见]《左传·襄公十年》:"子产曰:'众怒难犯,专欲难成,合二难以安国,危之道也。'"注:专欲,个人的欲望。[例句]老张本想草草了事,一见~,只好把"决定"吞了回去,宣布隔日再议。

【众怒难任】 zhòng nù nán rèn
[释义]任:抵挡。众人的愤怒难以抵挡。[语见]唐·陆贽《请不置琼林大盈二库状》:"众怒难任,蓄怨终泄,其患岂徒人散而已。"[例句]皇帝念他先前曾有大功,欲赦其死罪,但是~,犹豫再三,还是推出午门了。

【众怒如水火】 zhòng nù rú shuǐ huǒ
[释义]大众的愤怒像水火一样厉害。

[语见]《左传·昭公十三年》："众怒如水火焉,不可为谋。"汉·司马迁《史记·楚世家》:"君蚤自图,无取辱焉。众怒如水火,不可救也。"[例句]周兴如山罪证公布,～,朝野无不欲食其肉,饮其血。

【众叛亲离】zhòng pàn qīn lí
[释义]叛:背叛。亲:亲人、亲属。离:离去,背离。大家都背叛了他,连亲人也离他而去。形容孤立无援。[语见]《左传·隐公四年》:"阻兵无众,安忍无亲,众叛亲离,难以济矣。"[例句]到最后,这位昔日的英雄～,泱泱天下,竟无一寸容身之地。

【众擎易举】zhòng qíng yì jǔ
[释义]擎:向上托。多数人一齐用力就容易把东西举起来。比喻大家团结一致,齐心协力,事情就容易办成。[语见]清·李绿园《歧路灯》第七十八回:"咱商量个众擎易举,合街上多斗几吊钱,趁谭宅这桩喜事,唱三天。"[例句]请尽快加入我们的行列,～,共创辉煌。

【众人拾柴火焰高】zhòng rén shí chái huǒ yàn gāo
[释义]比喻大家一起出力,作用就会很大。[例句]～,在大家的共同努力下,我们的事业取得了巨大的成功。

【众散亲离】zhòng sàn qīn lí
[释义]见"众叛亲离"。[语见]唐·房玄龄等《晋书·慕容垂传》:"淮南之败,众散亲离,而垂侍卫圣躬,诚不可忘。"[例句]待到苻坚～的时候,才想起王猛不可南犯的告诫,然而悔之晚矣。

【众少成多】zhòng shǎo chéng duō
[释义]一点一点集中起来就能变成大量的。[语见]汉·班固《汉书·董仲舒传》:"臣闻众少成多,积小致钜,故圣人莫不以晻致明,以微致显。"[例句]不要小看了这些小毛病,～,长此以往,必然有不可收拾的那一天。

【众矢之的】zhòng shǐ zhī dì
[释义]矢:箭。的:箭靶的中心。许多支箭所射的靶子。比喻众人攻击的目标。[例句]没想到,不到三年,他竟成

了～,只好灰溜溜地走了。

【众说纷纭】zhòng shuō fēn yún
[释义]纷纭:杂乱而意见不统一。很多种说法,杂乱而不统一。形容观点或看法不一致。[语见]元·戴表元《剡源集》第二十卷:"然当纯公既没,众说纷纭,卒能坚忍植立。"[例句]这事儿～,也不知道事实到底是怎样的。

【众所周知】zhòng suǒ zhōu zhī
[释义]周:周全、普遍。大家全都知晓。[例句]你前几年的所作所为,已是～,凭你几句话就能抹杀得了吗?

【众望所归】zhòng wàng suǒ guī
[释义]望:声望、威望。归:趋向于一处。指在众人心中有很高声望的人。[语见]唐·魏徵《隋书·高祖纪上》:"内史上大夫郑泽、御正大夫刘昉,以高祖皇后之父,众望所归,遂矫诏引高祖入总朝政。"[例句]老王终能成为总编,是～,几乎没有一个人提出异议。

【众望攸归】zhòng wàng yōu guī
[释义]攸:所。众人的希望归向一处。形容得到大众的信仰。[语见]唐·房玄龄等《晋书·贾正传》:"于时武皇之胤,惟有建兴,众望攸归,曾无与二。"[例句]废除原来的核算方式,已是～,如今出台新的办法,大家自然毫不为怪了。

【众心成城】zhòng xīn chéng chéng
[释义]见"众志成城"。[语见]唐·欧阳询《艺文类聚》第三十六卷引《风俗通》:"众心成城。俗语曰:'众人同心者,可共筑起一城。'"[例句]这些部落尽管～,拼死抵抗,但是终究没能抵挡住殖民者的长驱直入。

【众心如城】zhòng xīn rú chéng
[释义]见"众志成城"。[语见]唐·独孤及《洪州大云寺钟铭》:"弘誓既远,昏疑皆破,故众心如城,施者成市。"[例句]洪水面前,军民～,力保大堤安然无事。

【众星捧月】zhòng xīng pěng yuè
[释义]许多星星围绕着月亮。比喻许多人拥戴着一个中心。[语见]宋·释普济《五灯会元·第五十二卷·普觉禅师》:

"稽手不可思议事,喻若众星捧明月。"[例句] 看到女儿～一般被大家簇拥到台上,那一对老夫妻喜上眉梢。

【众煦漂山】 zhòng xǔ piāo shān

[释义] 众:众人。煦:吹气。漂:动摇。万众吹气,能吹动大山。形容人多力量大。[语见] 汉·班固《汉书·中山靖王胜传》:"众煦漂山,聚蚊成雷。"[例句] 大敌当前,民众一心,～,形成了一道最坚固的防御工事。

【众议成林】 zhòng yì chéng lín

[释义] 众人的议论能使平地生成树林。形容议论一多就形成很大的力量。[语见] 汉·刘安《淮南子·说山训》:"众议成林,无翼而飞。"高诱注:"众人皆议,平地生林。无翼之禽能飞,凡人信之,以为实然。"[例句] 虽说你主意已定,但是～,一旦你把决定拿出去让人讨论,也难保你总能心神如一。

【众志成城】 zhòng zhì chéng chéng

[释义] 只要大家团结一致,就可以像城堡一样坚不可摧。[语见]《国语·周语下》:"故谚曰:'众心成城,众口铄金。'"[例句] 面对突厥铁骑,幽州军民～,抵抗了四十余日之后,突厥终于退去了。

【种瓜得瓜,种豆得豆】 zhòng guā dé guā, zhòng dòu dé dòu

[释义] 比喻事物的结果来自种下的原因,有其因,必有其果。[语见]《吕语集粹·存养》:"种豆,其苗必豆;种瓜,其苗必瓜。"[例句] 几十年的努力,终能成就今日的业绩,也算得是～,心愿该了了。

【重而无基】 zhòng ér wú jī

[释义] 重:强大。基:根基。貌似强大,但是根基不牢。比喻虚而不实。[语见]《左传·哀公二十六年》:"左师曰:'纵之,使盈其罪,重而无基,能无敝乎?'"[例句] 这么大一个工程,当初设计不周,～,又全面开花,如今漏洞百出,有什么可奇怪的?

【重利盘剥】 zhòng lì pán bō

[释义] 利:利息。盘剥:盘算剥削。指高利放债,进行剥削。[语见] 清·曹雪芹《红楼梦》第一百零五回:"好个重利盘剥! 很该全抄。"[例句] 东汉时期,地方豪强～,百姓的日子苦不堪言。

【重于泰山】 zhòng yú tài shān

[释义] 泰山:五岳之一,位于山东省中部。比泰山还要重。比喻非常重大。[语见] 汉·司马迁《报任少卿书》:"人固有一死,或重于泰山,或轻于鸿毛,用之所趋异也。"[例句] 人都有一死,有的～,有的轻如鸿毛。

zhou

【舟水之喻】 zhōu shuǐ zhī yù

[释义] 舟:船。把船和水比作国君和人民,水能载船,也能翻船;国君能适应人民的愿望,就受到人民的尊重和爱戴,否则人民不满,也能把国君推倒,形容人民力量的巨大。[语见] 晋·陈寿《三国志·魏书·王基传》:"愿陛下深察东野之弊,留意舟水之喻,息奔驰于未尽,节力役于未固。"[例句] 魏徵以～劝谏唐太宗,提醒他看重人民的力量。

【舟中敌国】 zhōu zhōng dí guó

[释义] 同船的人都成了敌人。形容众叛亲离。[语见] 汉·司马迁《史记·孙子吴起列传》:"武侯浮西河而下,中流,顾而谓吴起曰:'美哉乎山河之固,此魏国之宝也!'起对曰:'在德不在险。……若君不修德,舟中之人尽为敌国也。'武侯曰:'善。'"[例句] 王世充拥兵自重,但到后来,竟到了～的地步,这与他采取的种种背离人心与时代方向的政策不无关系。

【周而不比】 zhōu ér bù bǐ

[释义] 周:团结,亲密。比:互相勾结。关系亲密、团结但不互相勾结。[语见]《论语·为政》:"君子周而不比,小人比而不周。"注:忠信为周,阿党为比。[例句] 大臣们～,皇帝心中很是高兴。

【周而复始】 zhōu ér fù shǐ

[释义] 周:绕一圈。复始:重新开始。绕一圈后重又开始。形容不断地循环。[语见]《管子·弟子职》:"先生既息,各就

其友,相切相磋,各长其仪,周则复始……"[例句]一年四季,春夏秋冬,～,新的一年又要来临了。

【周急继乏】zhōu jí jì fá
[释义]周:救济。乏:贫乏。指救济有急难或贫困的人。[语见]晋·陈寿《三国志·魏书·任峻传》:"于饥荒之际,收恤朋友孤遗,中外贫宗,周急继乏,信义见称。"[例句]义军一到,～,立即大获人心。

【周情孔思】zhōu qíng kǒng sī
[释义]周公的感情,孔子的思想。后喻指古圣先贤的情感思想,赞誉诗文格调古朴清高。[语见]唐·李汉《韩昌黎集·序》:"日光玉洁,周情孔思。"[例句]这诗文简约清丽,～,不知是何人所作?

【诔张为幻】zhōu zhāng wéi huàn
[释义]诔张:也作"侜张",欺骗,作伪。用欺骗迷惑人。[语见]《尚书·无逸》:"民无或胥诔张为幻。"[例句]几个歹人在乡间～,造谣惑众,官府早就想惩办他们了。

【辀张跋扈】zhōu zhāng bá hù
[释义]辀张:强横。形容专横暴戾。[语见]唐·房玄龄等《晋书·张华传》:"功在不赏,辀张跋扈,遂搆凶逆耳。"[例句]公主大夺民宅民田,其～惹得大臣极为恼火。

【粥少僧多】zhōu shǎo sēng duō
[释义]见"僧多粥少"。[例句]突然之间,好像全城人都得了感冒似的,还纷纷前来就诊,而医院设备和人员都有限,～,急得院长团团乱转。

【粥粥无能】zhōu zhōu wú néng
[释义]粥粥:谦卑貌。形容谦卑无能力。[语见]《礼记·儒行》:"其难进而易退也,粥粥若无能也。"[例句]为什么你偏要选这些～的人来做你的助手呢?

【肘腋之患】zhǒu yè zhī huàn
[释义]见"肘腋之忧"。[语见]清·张廷玉等《明史·夏良胜传》:"边将之属,纳之禁近,诅忘肘腋之患。"[例句]太平天国领袖没有集中优势兵力,逐个歼灭江南、江北大营之敌,消除～,这导致了他们最

终的失败。

【肘腋之忧】zhǒu yè zhī yōu
[释义]肘腋:胳膊肘和胳肢窝,指贴身之处。比喻隐藏在身边的祸害。[语见]明·沈德符《万历野获编·内臣兼掌印厂》:"世宗神圣,以至今上,俱太阿在握,可无过虑。倘此例他日踵行,亦肘腋之忧。"[例句]在历经康、雍、乾三代的兴盛和繁荣之后,内忧外患接踵而来。为了减轻和消除人民反抗斗争的"心腹之害"和外国侵略的"～",也为了适应阶级力量对此发生的明显变化,清政府逐渐意识到要对上层建筑实施某些"变革"。

【昼夜不舍】zhòu yè bù shě
[释义]舍:止住。白天晚上都不停止。原指事物如流水一样,不停地流逝过去。现多形容非常勤奋地工作或学习,以至于白天、晚上都不停止。[语见]《论语·子罕》:"子在川上曰:'逝者如斯夫,不舍昼夜。'"明·王夫之《四书训义·论语》:"诚使知昼夜不舍者逝也,则又何昼夜之可舍也。"[例句]为了适时把程序设计出来,张强～地工作,终于被累倒了。

zhu

【朱唇粉面】zhū chún fěn miàn
[释义]唇红面白,形容容貌美丽。亦指美貌女子。[语见]明·高明《琵琶记·牛氏规奴》:"画堂内持觞劝酒,走动的是紫绶金貂;绣屏前品竹弹丝,摆列的是朱唇粉面。"[例句]台上的几个女子,化了妆都～的,我哪分得清张三李四?

【朱唇皓齿】zhū chún hào chǐ
[释义]朱:大红色。皓:洁白。红红的嘴唇,白白的牙齿。形容容貌俊俏秀丽。[语见]战国楚·屈原《大招》:"魂乎归徕,听歌谦只。朱唇皓齿,嫭以姱只。"[例句]看到几位～的妙龄女子袅袅而来,小伍有些不知所措。

【朱唇榴齿】zhū chún liú chǐ
[释义]嘴唇红润,牙齿像石榴果实那样整齐。形容貌美。[语见]《大唐三藏取经诗话》第十卷:"两行尽是女人,年方二

八,美貌轻盈,星眼柳眉,朱唇榴齿,桃脸蝉发。"[例句] 这个女子～,美貌动人。

【朱阁青楼】 zhū gé qīng lóu
[释义] 指华美精致的建筑。[语见] 宋·苏辙《黄楼赋》:"战马成群,猛士成林;振臂长啸,风动云兴;朱阁青楼,舞女歌童;势穷力竭,化为虚空。"[例句] 无边的月华之下,簇簇～尽收眼底,让人感叹不已。

【朱轮华毂】 zhū lún huá gǔ
[释义] 毂:车轮中的圆木。古代显贵者所乘的红色华丽的车子。借以指做官的人。[语见] 汉·司马迁《史记·张耳陈余列传》:"令范阳令乘朱轮华毂,使驱驰燕、赵郊。"[例句] 玄宗每到东都,都是～,仪仗盖日,其奢华达到了极限。

【朱门绣户】 zhū mén xiù hù
[释义] 朱漆大门,华丽居室。指富贵人家。[语见] 清·蒲松龄《聊斋志异·封三娘》:"娘子朱门绣户,妾素无葭莩亲,虑致讥嫌。"[例句] 我乃乡野小民,置身在这～之间,实在消受不起。

【朱甍碧瓦】 zhū méng bì wǎ
[释义] 朱红色的屋脊,青绿色的瓦片。指帝王贵族的豪华宅第。[语见] 清·王倬《看花述异记》:"渐见朱甍碧瓦,殿阁参差,两度石桥,乃抵其处,相厥栋宇,侈于王者。"[例句] 在暗淡的月光下,整个～的皇宫,都显得有几分阴森。

【朱弦疏越】 zhū xián shū yuè
[释义]《礼记·乐记》:"清庙之瑟,朱弦而疏越,壹倡而三叹,有遗音者矣。"孔颖达疏:"朱弦,谓练朱丝为弦,练则声浊也。越,谓瑟底孔也,疏通之使声迟,故云疏越。"形容诗文质朴而有余意。[例句] 白居易的诗,～,朗朗上口,甚得后人的喜爱。

【朱弦玉磬】 zhū xián yù qìng
[释义] 弦:乐器上的丝弦。磬:古代一种打击乐器。借指用乐器演奏的优美音乐。[语见] 唐·刘禹锡《令狐相公见示杨少尹赠答兼命继声》诗:"两首新诗百字余,朱弦玉磬韵难如。"[例句] 天上有中

秋满月,面前是沁心香茗,～之声不绝于耳,当真是人生的大快乐矣。

【朱颜鹤发】 zhū yán hè fà
[释义] 鹤发:头发像鹤的白羽毛。脸色红润,头发银白。形容老年人身体健康。[语见] 元·陶宗仪《辍耕录·道士寿函》:"一老道士者,朱颜鹤发,延至其室。"[例句] 柴门里出来的老人,虽然一身粗布衣裳,但是～,举止有度,不由得使人心生敬意。

【朱衣点头】 zhū yī diǎn tóu
[释义] 科举中选的代称。[语见] 明·陈耀文《天中记》第三十八卷引《侯鲭录》:"欧阳修知贡举日,每遇考试卷,坐后常觉一朱衣人时复点头,然后其文入格……始疑侍吏,及回顾之,一无所见。因语其事于同列,为之三叹。尝有句云:'唯愿朱衣一点头。'"[例句] 苏洵父子三人,均能～,被时人与后人传为美谈。

【朱紫难别】 zhū zǐ nán bié
[释义] 古人以朱色为正色,紫色为间色,因以朱紫比喻正邪、好坏。形容善恶不辨。[语见] 晋·陈寿《三国志·蜀书·董允传》:"丞相亮将北伐,住汉中,虑后主富于春秋,朱紫难别,以允秉心公亮,欲任以宫省之事。"[例句] 堂堂开封府尹,竟然～,官司判的好坏,自然尽在不言中了。

【侏儒观戏】 zhū rú guān xì
[释义] 侏儒:矮子。矮子看戏。看不到戏台上的一切。比喻自己没有主见,人云亦云。[语见] 宋·朱弁《曲洧旧闻》第七卷:"譬侏儒观戏,人笑亦笑,谓众人决不误我者,比比皆是也。"[例句] 似你那般～的说法,还不如不说呢!

【诛暴讨逆】 zhū bào tǎo nì
[释义] 讨伐凶恶叛逆的人。[语见] 三国蜀·诸葛亮《便宜十六策·治军》:"治军之政,谓治边境之事,匡救大乱之道,以威武为政,诛暴讨逆,所以存国家安社稷之计。"[例句] 裴度率大军～,一路旗开得胜。

【诛不避贵】 zhū bù bì guì

[释义] 诛:惩罚。惩办罪行不避忌高贵的人。即法令面前贵贱平等。[语见]《晏子春秋·内篇问上》:"诛不避贵,赏不遗贱,不淫于乐,不遁于哀,尽智导民而不伐焉。"[例句] 包公执法如山,～,至今被百姓津津乐道。

【诛锄异己】 zhū chú yì jǐ

[释义] 诛:杀害。锄:铲除。清除反对自己或与自己意见不合的人。[语见] 唐·姚思廉《梁书·止足传·陶季直传》:"齐武帝崩,明帝作相,诛锄异己,季直不能阿意,明帝颇忌之。"[例句] 这位新皇帝称帝之后,～,大开杀戒,长安城里一时人心惟危。

【诛尽杀绝】 zhū jìn shā jué

[释义] 见"斩尽杀绝"。[语见] 明·无名氏《单刀劈四寇》头折:"将董卓满门良贱,诛尽杀绝。"[例句] 为了巩固自己的王权,新皇帝不惜一切代价要将前朝的皇亲国戚～。

【诛求无时】 zhū qiú wú shí

[释义] 诛求:苛求,勒索。不断地进行勒索,没有满足的时候。[语见]《左传·襄公三十一年》:"以敝邑褊小,介于大国,诛求无时,是以不敢宁居。"[例句] 幽王暴政,～,身死国灭,时不久矣。

【诛求无厌】 zhū qiú wú yàn

[释义] 诛求:勒索。无厌:不满足。指勒索、榨取没有满足的时候。[语见] 明·宋濂等《元史·乌古孙泽传》:"湖广平章政事要束木贪纵淫虐,诛求无厌。"[例句] 安禄山异心大炽,一意招兵买马,～,闹得民心大乱。

【诛求无已】 zhū qiú wú yǐ

[释义] 诛求:苛求,勒索。无已:不止。勒索诈取没完没了。[语见] 汉·董仲舒《春秋繁露·王道》:"桀、纣皆圣王之后,骄溢妄行,……诛求无已,天下空虚。"[例句] 皇帝昏庸无道,大臣～,老百姓还能有好日子过吗?

【诛心之论】 zhū xīn zhī lùn

[释义] 诛心:犹"诛意",谴责人心。指不是只凭事态现象,而是深入人的内心做谴责和论断。[语见] 清·李汝珍《镜花缘》第九十回:"那时他虽满嘴只说未将剪子带来,其实只想以手代剪。这个'撕'字乃诛心之论,如何不切!"[例句] 袁君所言,尽是～,听得大家心惊胆战。

【诛凶殄逆】 zhū xiōng tiǎn nì

[释义] 见"诛暴讨逆"。[语见] 唐·陈子昂《请措刑科》:"圣人诛凶殄逆,济人宁乱,必资刑杀,以请天下。"[例句] 叛乱之际,小股小股的民间武装自动加入了～的队伍,其民心向背,不言自明。

【珠沉玉碎】 zhū chén yù suì

[释义] 比喻女子殒没死亡。[语见] 清·文康《儿女英雄传》第十八回:"把左手向身后一绰,便要绰起那把刀来,就想往项下一横,拼这副月貌花容,作一团珠沉玉碎。"[例句] 十年之后,小青～,吐血身亡之际,有一大雁飞过屋顶,人们都说那是她的冤魂被带走了。

【珠翠罗绮】 zhū cuì luó qǐ

[释义] 珠翠:珍珠翡翠。罗绮:华丽的丝织品。形容妇女华丽的衣饰。也指盛装的妇女。[语见] 宋·周密《武林旧事·观潮》:"江干上下十余里间,珠翠罗绮溢目,车马塞途。"[例句] 金城公主下得车来,一身～,看得藏民眼睛发呆。

【珠宫贝阙】 zhū gōng bèi què

[释义] 贝:宝贝。阙:宫殿前的门观。指黄河之神所居的珠光宝气灿烂夺目的宫殿。也泛指华丽的建筑。[语见] 战国楚·屈原《楚辞·九歌·河伯》:"鱼鳞屋兮龙堂,紫贝阙兮朱宫。"注:"言河伯所居,以鱼鳞盖屋,堂画蛟龙之文,紫贝作阙,朱丹其宫。"(朱,一作"珠"。)[例句] 玉郎睁开双眼,～,尽在眼前,他疑惑四顾,不知身在人间还是身在仙境。

【珠光宝气】 zhū guāng bǎo qì

[释义] 珠、宝:珍珠宝石做成的饰物。光、气:形容闪耀着光彩。比喻装饰华丽,光华四射。[例句] 门开了,一个满身～的妇人走了进来。

Z

【珠还合浦】zhū huán hé pǔ
[释义]见"合浦还珠"。[语见]唐·骆宾王《上兖州启》:"珠还合浦,波含远近之星。"[例句]丢失了二十年的传家之物,竟能～,不知是感动了上天还是积了阴德所致。

【珠辉玉丽】zhū huī yù lì
[释义]珠玉一般的晶莹美丽。比喻肤色洁白而有光泽。[语见]清·洪昇《长生殿·窥浴》:"只见你款解云衣,早现出珠辉玉丽,不由我对你、爱你、扶你、觑你、怜你。"[例句]大厅里灯火通明,一个～的女子静静地立在门口,满眼忧郁。

【珠玑咳唾】zhū jī ké tuò
[释义]珠玑:珠玉。比喻谈吐或文辞美如珠玉。[语见]汉·赵壹《刺世疾邪赋》:"势家多所宜,咳唾自成珠。"[例句]王勃才华横溢,～,在当时颇有盛名。

【珠联璧合】zhū lián bì hé
[释义]珠:珍珠。璧:美玉。珍珠连在一起,美玉结合在一块儿。比喻优秀的人才或美好的事物聚集在一起,配合得很好。[语见]汉·班固《汉书·律历志上》:"日月如合璧,五星如连珠。"[例句]他们二人一攻一防,～,常常令对手防不胜防。

【珠围翠绕】zhū wéi cuì rào
[释义]珍珠、翡翠围绕。形容厅室等豪华富贵。[语见]元·魏初《清平乐·祖母夫人寿》词:"珠围翠绕,尘土知音少,一曲清琴松月晓,儿女肝肠容了。"[例句]那庭院～,准是富贵人家。

【珠圆玉润】zhū yuán yù rùn
[释义]润:细腻,光滑。像珍珠那样精圆,像美玉那样细润。形容文辞华丽,声韵协调。也形容歌喉甜润流畅,声音悦耳动听。[语见]唐·张文琮《咏水》诗:"方流涵玉润,圆折动珠光。"[例句]戏剧末折开始了,上台的是一个嗓音～的小女子,把杜十娘的辛酸表演得淋漓尽致。

【诸恶莫作】zhū è mò zuò
[释义]诸恶:各种坏事。佛家语。凡是坏事都不要做。旧时用以劝人行善。[语见]《大般涅槃经》:"诸恶莫作,诸善奉行。"[例句]佛家劝人行善,～。

【诸如此类】zhū rú cǐ lèi
[释义]诸:众多。有很多与此相类似的。也表示其他的也可按照这个来类推。[语见]晋·葛洪《抱朴子·辨问》:"诸如此类,不可具举。"[例句]我不想再说了,～的例子,我就是举上一天一夜,也举不完。

【铢积寸累】zhū jī cùn lěi
[释义]铢:我国古代的重量单位,二十四铢为一两,十六两为一斤。铢、寸:这里都形容极微小的数量。一铢一寸地积累起来。形容事物完成是由小到大、由少到多的。也形容完成一件事情是不容易的。[语见]宋·赵德麟《侯鲭录》第四卷:"寒女之丝,铢积寸累。"[例句]你母亲含辛茹苦地把你养大成人,又～地供你上学,你如今竟不思报答,真是没有良心!

【铢两悉称】zhū liǎng xī chèn
[释义]铢两:形容分量的轻重。悉:都,全。称:合适,相当。形容两者相比,轻重相当,分毫不差。也形容双方实力均衡,不相上下。[例句]棋盘上,两人～,不相上下。

【铢铢校量】zhū zhū jiào liàng
[释义]铢:古代极小的重量单位。形容斤斤计较。[语见]宋·胡仔《苕溪渔隐丛话前集·柳柳州》:"然荣辱得失之际,铢铢校量,而自矜其达,每诗未尝不着此意,是岂真能忘之者哉!"[例句]这位富翁虽然家有万贯,依然～——真是吝啬到家了。

【蛛网尘埃】zhū wǎng chén āi
[释义]比喻陈旧、腐朽、肮脏的东西。[例句]你满脑子的～,简直无可救药。

【竹苞松茂】zhú bāo sōng mào
[释义]苞:丛生而繁密。像竹子和松树那样繁荣茂盛。常比喻家族兴盛。旧时也作新屋落成的颂词。[语见]《诗经·小雅·斯干》:"如竹苞矣,如松茂矣。"[例句]闻君新居落成,谨愿～,合家平安。

【竹篮打水】zhú lán dǎ shuǐ
[释义] 竹篮:用竹篾编成的篮子。打水:提水。用竹篮去提水,因竹篮有缝隙,故不可能将水提上来。比喻劳而无功。[语见] 明·兰陵笑笑生《金瓶梅词话》第九十一回:"闪的我树倒无荫,竹篮打水。"[例句] 他自己恐怕都没有想到,辛辛苦苦半世,竟落得个～的结局。

【竹马之好】zhú mǎ zhī hǎo
[释义] 竹马:把竹竿当作马,骑竹马是儿童的游戏。指少年时骑竹马为戏之友。[语见] 南朝宋·刘义庆《世说新语·方正》:"帝曰:'卿故复忆竹马之好不?'"[例句] 我抬头,看出面前的妇人正是当年的～,真有点喜出望外。

【竹马之友】zhú mǎ zhī yǒu
[释义] 见"竹马之好"。[语见] 唐·房玄龄等《晋书·殷浩传》:"桓温语人曰:'少时吾与浩共骑竹马。'"[例句] 昔日的～,如今已两鬓斑白,怎不令人感慨万千呢!

【竹头木屑】zhú tóu mù xiè
[释义] 竹头:竹子的碎片。木屑:木头的碎片。唐·房玄龄等《晋书·陶侃传》载:侃造船,木屑及竹头,均收藏之,后以木屑布雪地御湿,以竹头作钉装船。被人引为美谈。后用以比喻可以利用的废物。[语见] 宋·张孝祥《代揔侍居士与叶参政》:"今者相公既专有密之寄,深思熟虑,日不暇给,将以截外侮而隆内治,于斯时也,竹头木屑皆所不弃,况如某受知之深者哉!"[例句] 乔翁除养花养草之外,平日里总把些～收拾起来,而后花样翻新,弄些小玩意儿,所以孩子们都非常喜欢他。

【逐臭之夫】zhú chòu zhī fū
[释义] 追逐腐臭的人,喻指嗜好怪癖的人。[语见]《吕氏春秋·遇合》:"人有大臭者,其亲戚兄弟妻妾知识,无能与居者,自苦而居海上。海上有人说(悦)其臭者,昼夜随之而不能去。"[例句] 楼上那人,乃～,性情古怪,谁也不知道他究竟什么来历。

【逐电追风】zhú diàn zhuī fēng
[释义] 见"追风逐电"。[语见] 清·褚人获《隋唐演义》第十五回:"衣不解带,纵辔加鞭,如逐电追风,十分迅捷。"[例句] 一匹大红马,～一般从眼前跑过,惊得我以为遇见了传说中的汗血马。

【逐浪随波】zhú làng suí bō
[释义] 见"随波逐流"。[语见] 宋·古杭才人《宦门子弟错立身》第十二出:"似这般失业,似这般逐浪随波,忍冷耽饥。"[例句] 九龄是有名节的人,要他去～,是绝无可能的。

【逐利争名】zhú lì zhēng míng
[释义] 见"争名夺利"。[语见] 金·马钰《满庭芳·叹世》词:"行尸走骨,逐利争名,伤神损气劳形。"[例句] 他一味地～,把亲情、友情都抛在了脑后。

【逐鹿中原】zhú lù zhōng yuán
[释义] 见"中原逐鹿"。[语见] 清·夏敬渠《野叟曝言》第九十五回:"但孤家非比别峒之主,止于雄长一方,不日便当逐鹿中原。"[例句] 东汉末年,群雄并起,～,百姓苦不堪言。

【逐日追风】zhú rì zhuī fēng
[释义] 逐日:追逐太阳。追风:追赶风。形容马跑得极快。[语见] 唐·姚思廉《梁书·元帝纪》:"骑则逐日追风,弓则吟猿落雁。"[例句] 那几个骑快马的人～地飞驰过去,没有留下一点痕迹。

【逐兔先得】zhú tù xiān dé
[释义] 逐:追赶。古语:"万人逐兔,一人获之,贪者悉止,分定故也。"意思是谁先抓到手就归谁,别人不能再争。[语见] 明·罗贯中《三国演义》第六十回:"法正曰:'岂不闻逐兔先得之语乎?'"[例句] 北朝之际,城头变幻大王旗,凡是有一点人马的,无不欲～,只是苦了百姓。

【烛照数计】zhú zhào shù jì
[释义] 以烛光照明,用数计算。比喻预料事情准确无误。[语见] 唐·韩愈《送石处士序》:"与之语道理,辩古今事当否,论人高下,事后当成败,……若烛照数计,而龟卜也。"[例句] 诸葛亮洞悉古

今,明辨是非,～,令人大为敬服。

【舳舻相继】 zhú lú xiāng jì

[释义]见"舳舻相接"。[语见]唐·韩偓《开河记》:"时舳舻相继,连接千里,自大梁至淮江,联绵不绝,锦帆过处,香闻百里。"[例句]郑和下西洋,从刘家港出发,～,声势浩大。

【舳舻相接】 zhú lú xiāng jiē

[释义]舳:船后把舵处。舻:船前刺棹处。形容船与船相接,数量很多。[语见]唐·魏微《隋书·食货志》:"帝御龙舟,文武官五品以上给楼船,九品以上给黄篾舫,舳舻相接,二百余里。"[例句]抬头望去,海面上～,看来敌人真要拼个鱼死网破了。

【主敬存诚】 zhǔ jìng cún chéng

[释义]内心存恭敬之心,内涵诚意。[语见]《周易·乾》:"闲邪存其诚。"又《礼记·少仪》:"宾客主恭,祭祀主敬。"[例句]勾践卧薪尝胆,～,善待所有能光复河山的仁人志士,终于渐渐积累起了强大的力量。

【主辱臣死】 zhǔ rǔ chén sǐ

[释义]君王危难受辱时,臣当效死。常作为封建时代臣下向帝王表忠诚的话。[语见]汉·司马迁《史记·越王勾践世家》:"(范蠡)为书辞勾践曰:'臣闻主忧臣劳,主辱臣死。昔者君王辱于会稽,所以不死,为此事也。'"[例句]现在时代已经发生了巨大变化,再讲什么～,便显得有些不合时宜了。

【主圣臣良】 zhǔ shèng chén liáng

[释义]圣:圣明。良:贤良。君主圣明,臣下忠良。[语见]唐·白居易《敢谏鼓赋》:"声间于外,以彰我主圣臣良;道在中,以表我上忠下敬。"[例句]唐朝开国之初,～,为开创中国封建史上最强盛的时代奠定了基础。

【主文谲谏】 zhǔ wén jué jiàn

[释义]主文:用比喻来规劝。谲谏:委婉讽喻。通过吟咏诗歌,用比喻、讽刺的方法委婉规劝。[语见]《诗经·周南·关雎》序:"主文而谲谏,言之者无罪,闻之者足以戒。"[例句]高览～,皇上依然不为所动,于是心下黯然,去意顿生。

【主忧臣辱】 zhǔ yōu chén rǔ

[释义]君王有忧患时,臣子如不能为主上分忧,是臣子的羞辱。常作为封建时代的臣子向帝王表忠心的话。[语见]元·无名氏《连环记》第一折:"因此圣人怀忧,无可奈何。便好道主忧臣辱,主辱臣死。"[例句]国家内忧外患,～,他哪有心思吟诗作赋呢?

【煮豆燃萁】 zhǔ dòu rán qí

[释义]燃:烧。萁:豆秸。煮豆子的时候用豆秸当柴烧。比喻骨肉相残。[语见]清·浴日生《海国英雄记·投诚》:"因此上蔑王章,残百姓,煮豆燃萁,惹朝廷劳兵转饷。"[例句]这些～的故事,在封建社会总是在不断重演,成了一出又一出人性的悲剧。

【煮鹤焚琴】 zhǔ hè fén qín

[释义]见"焚琴煮鹤"。[语见]明·施耐庵《水浒传》第三十八回:"正所谓怜香惜玉无情绪,煮鹤焚琴惹是非。"[例句]幽雅的一个晚会,经他这么～地一冲,大家都觉得分外扫兴。

【煮粥焚须】 zhǔ zhōu fén xū

[释义]为熬粥而燎着了胡须。比喻姊弟之爱。[语见]宋·欧阳修等《新唐书·李勣传》:"姊病,尝自为粥而燎其须。姊戒止。答曰:'姊多病,而勣且老,虽欲数进粥,尚几何?'"[例句]无论什么也割不断我和弟弟间～的手足之情。

【属毛离里】 zhǔ máo lí lǐ

[释义]比喻子女与父母的关系十分亲密。[语见]《诗经·小雅·小弁》:"靡瞻匪父,靡依匪母。不属于毛?不离于里?"毛亨传:"毛在外,阳,以言父;里在内,阴,以言母。"郑玄笺:"此言人无不瞻仰其父取法则者,无不依恃其母以长大者。"[例句]我们一家人～,相亲相爱。

【属垣有耳】 zhǔ yuán yǒu ěr

[释义]属垣:以耳附墙,偷听人说话。指隔墙有耳,说话要注意。[语见]《诗经·小雅·小弁》:"君子无易由言,耳属于

垣。"郑玄笺："王无轻用谗人之言,人将有属耳于壁而听之者。"[例句]这事很机密,你不要大喊大叫的,小心～。

【助边输财】zhù biān shū cái
[释义]见"输财助边"。[语见]清·欧阳巨源《〈官场现形记〉序》："夫赈饥出粟,犹是游侠之风;助边输财,不遗忠爱之末。"[例句]关中大户,～,不忘忧国之志,让武帝感动不已。

【助桀为虐】zhù jié wéi nüè
[释义]见"助纣为虐"。[语见]汉·司马迁《史记·留侯世家》："夫秦为无道,故沛公得至此。夫为天下除残贼,宜缟素为资,今始入秦,即安其乐,此所谓助桀为虐。"[例句]你总有一天会为你～的行为付出代价的。

【助人为乐】zhù rén wéi lè
[释义]把帮助别人作为乐事。[例句]这里的人,视～为平常事,因为在他们眼里,见人有难而不支援,心中长久都难安。

【助我张目】zhù wǒ zhāng mù
[释义]张目:助长声势。为我助声势。指别人赞助自己的言行,而使自己气势更壮。[语见]三国魏·曹植《与吴季重书》："墨翟不好伎,何为过朝歌而回车乎?足下好伎,值墨翟回车之县,想足下为我张目也。"[例句]若不是钱将军带八千人马～,我恐怕早已命丧黄泉了。

【助一臂之力】zhù yī bì zhī lì
[释义]一只胳膊的力量。指从旁协助的部分力量。[例句]大家都放下手里的活,门口有一辆车陷进了坑里,大家都去～吧!

【助纣为虐】zhù zhòu wéi nüè
[释义]助:帮助。纣:商纣王,商朝的最后一个帝王,相传为一暴君,作恶多端。虐:暴虐之事。帮助商纣做暴虐之事。泛指帮助坏人干坏事。[语见]唐·房玄龄等《晋书·武帝纪论》："昔武王伐纣,归倾宫之女,不可助纣为虐。"[例句]这个～、恶贯满盈的叛徒被秘密处决了。

【杼柚其空】zhù zhóu qí kōng
[释义]杼:梭子。柚:亦作"轴"。原指织布所用原料空缺,后用于指生产废弛或生活贫困。[语见]《诗经·小雅·大东》："小东大东,杼柚其空。"[例句]进到车间,只见～,蛛网四结,满眼尽是凋敝之状。

【著述等身】zhù shù děng shēn
[释义]著述之多,等于身体一样高。形容著作极多。[语见]清·纪昀《阅微草堂笔记·滦阳消夏录一》："自是以外,虽著述等身,声华盖代,总听其自贮名山,不得入此门一步焉,先圣之志也。"[例句]童教授在学术天地耕耘数十年,已是～,但是人前人后,依然一副非常谦虚的态度,恐怕这才叫真正的大家。

【著作等身】zhù zuò děng shēn
[释义]把所写的著作摞起来有作者的身体那么高。形容著作极多。[语见]黄侃《训诂笔记》："凡轻改古籍者,非愚则妄,即令著作等身,亦不足贵也。"[例句]我就闲暇时写上几个字,也没有指望～,更没有指望凭此名满天下——我通过写作获得快乐,如此而已。

【筑室道谋】zhù shì dào móu
[释义]道:道路。谋:商议。盖房子请教过路的行人。比喻办事情却找一些毫不相干的人去求教,而自己毫无主见,是办不成事的。[语见]《诗经·小雅·小旻》："如彼筑室于道谋,是用不溃于成。"[例句]这种事情,讨论的范围不要大,～,是决不会得出什么有用的结论的。

【筑室反耕】zhù shì fǎn gēng
[释义]反耕:归田事耕。表示作长久屯兵之计。[语见]《左传·宣公十五年》："楚师将去宋,……申叔时仆曰:'筑室反耕者,宋必听命。'从之。"杜预注："筑室于宋,分兵于田,示无去志。"[例句]敌人～,看来是要和我们打持久战了。

【筑坛拜将】zhù tán bài jiàng
[释义]汉立,刘邦筑坛拜韩信为大将。后用为拜某人为将帅的典故。[语见]

元·王实甫《西厢记》第二本第三折:"计将安在? 小生当筑坛拜将。"[例句] 刘邦识得韩信大将之才,～之后,军力顿势尽扫。

【箸长碗短】zhù cháng wǎn duǎn
[释义] 比喻食用短缺。[语见] 明·凌濛初《初刻拍案惊奇》第十六卷:"灿若自王氏亡后,日食用度,箸长碗短,十分的不像意。"[例句] 五代时期,战乱不止,百姓～,其苦难言。

zhua

【抓耳挠腮】zhuā ěr náo sāi
[释义] 形容很着急而又想不出办法。[语见] 明·吴承恩《西游记》第一回:"那些猴有胆大的都跳进去了,胆小的一个个伸头缩颈,抓耳挠腮,大声叫喊。"[例句] 儿子找不到玩具电池,急得他～,满脸通红。

【抓尖要强】zhuā jiān yào qiáng
[释义] 指争强好胜,爱出风头。[语见] 清·曹雪芹《红楼梦》第七十四回:"天天打扮的像个西施样子,在人跟前能说惯道,抓尖要强。"[例句] 她是那种～的人,你抓不着她的要害,是难以使她心服口服的。

zhuan

【专横跋扈】zhuān hèng bá hù
[释义] 专横:专断强横。跋扈:霸道,不讲理。形容独断专行,蛮不讲理。[语见] 南朝宋·范晔《后汉书·梁冀传》:"帝少而聪慧,知冀骄横,尝朝群臣,目冀曰:'此跋扈将军也。'"[例句] 这位部门主管,虽年龄不大,但是其～的程度,整个公司都无人不晓。

【专心向公】zhuān xīn xiàng gōng
[释义] 一心为公,不怀私心。[语见] 晋·陈寿《三国志·魏书·杜畿传》:"不结交援,专心向公。"[例句] 他～,受到大家的好评。

【专心一意】zhuān xīn yī yì
[释义] 非常专心。[语见] 汉·班固《汉书·翟方进传》:"其专心一意毋怠,近医药以自持。"[例句] 这一段时间,我正在～地写作一部长篇小说,不希望有任何人打扰。

【专心致志】zhuān xīn zhì zhì
[释义] 致:集中。志:也作"意",即精神。集中精神。[语见]《孟子·告子上》:"今夫弈之为数,小数也;不专心致志,则不得也。"[例句] 看到学生们～地在教室里学习,校长满意地点了点头。

【专一不移】zhuān yī bù yí
[释义] 移:移动,动摇。专心一致,毫不动摇。形容心诚志专。[语见] 汉·班固《白虎通·情性》:"信,诚也,专一不移也。"[例句] 徐霞客立志要游遍天下的名山大川,数十年～,终于写出了中国历史上最著名的游记。

【专欲难成】zhuān yù nán chéng
[释义] 专欲:个人欲望。只考虑自己欲望,不考虑其他,事情难以办成。[语见]《左传·襄公十年》:"子产曰:'众怒难犯,专欲难成,合二难以安国,危之道也。'"[例句] 要知道～,你只考虑自己,恐怕不行。

【转悲为喜】zhuǎn bēi wéi xǐ
[释义] 转悲哀为喜悦。[语见] 清·夏敬渠《野叟曝言》第七回:"璇姑见素臣颇有回心,转悲为喜,把手放了下来说道:'相公不须商议,奴身总属相公的了。'"[例句] 大家左劝右劝,她终于～,破涕为笑了。

【转愁为喜】zhuǎn chóu wéi xǐ
[释义] 转忧愁为喜悦。[语见] 明·陆采《怀香记·池塘唔语》:"解双眉转愁为喜,订芳期欢声和气。"[例句] 她忧戚已久,你要想使她～,恐怕得费些口舌。

【转祸为福】zhuǎn huò wéi fú
[释义] 消除灾祸,转为幸福。形容把坏事变为好事。[语见]《战国策·燕策一》:"所谓转祸为福,因败成功者也。"[例句] 目下你虽然处境困难,但是如果处理得当,要～,也不是一点可能也没有。

Z

【转盼流光】 zhuǎn pàn liú guāng
[释义] 盼:顾盼,看。流光:飘忽不定,光彩闪耀。形容美丽的女子灵活而多情的眼神。[语见] 清·曹雪芹《红楼梦》第六十五回:"本是一双秋水眼,再吃了几杯酒,越发横波入鬓,转盼流光。"[例句] 她一双美目～,身边的人都不禁被她吸引住了。

【转日回天】 zhuǎn rì huí tiān
[释义] 转、回:掉转。形容力量极大。[语见] 明·汪廷讷《狮吼记·谏柳》:"望神明转日回天,急来搭救。"[例句] 他已然病入膏肓,即使有～之力的回春妙手,恐怕也难救他性命了。

【转瞬即逝】 zhuǎn shùn jí shì
[释义] 形容极短时间就消逝不见了。[例句] 流星划过天际,～。

【转瞬之间】 zhuǎn shùn zhī jiān
[释义] 见"转眼之间"。[语见] 清·黄宗羲《董在中墓志铭》:"若余于董氏,则有师友偲偲之力,而零落于转瞬之间,更可伤也。"[例句] ～,流星已划过天际。

【转弯抹角】 zhuǎn wān mò jiǎo
[释义] 形容走弯弯曲曲的路。亦比喻说话办事不直截了当。[语见] 元·秦简夫《东堂老》第一折:"转弯抹角,可早来到李家门首。"[例句] 我不好直说,但是～地说了半天,她就是一百个不明白。

【转危为安】 zhuǎn wēi wéi ān
[释义] 危:危险。从危险转为平安。多指病情、局势。[语见] 汉·刘向《战国策·书录》:"皆高才秀士,度时君之所能行,出奇策异智,转危为安。"[例句] 大夫们经过一整夜的抢救,终于使车祸中重伤的几个人～了。

【转眼之间】 zhuǎn yǎn zhī jiān
[释义] 形容极短促的一刹那。[语见] 明·胡文焕《群音类选·葛衣记·荐之知信》:"无端平地起波涛,转眼之间忘久要。"[例句] 我十五岁离开了老家,～,三十年竟已过去了。

【转忧为喜】 zhuǎn yōu wéi xǐ
[释义] 见"转愁为喜"。[语见] 清·夏敬渠《野叟曝言》第一百回:"'昔人云,未有小人才于内,而大将立功于外者,正今日之谓也。'岑浚方始转忧为喜。"[例句] 我把虚惊一场的全过程说了一遍,她才～,长长地舒了口气。

【馔玉炊金】 zhuàn yù chuī jīn
[释义] 见"炊金馔玉"。[语见] 明·汤显祖《牡丹亭·劝农》:"焚香列鼎奉君王,馔玉炊金饱即妙。"[例句] 那些个皇亲国戚,顿顿～,夜夜声色犬马。

zhuang

【装疯卖傻】 zhuāng fēng mài shǎ
[释义] 卖:卖弄。假装成精神失常、头脑糊涂的样子。[例句] 我可警告你:你再～,我就真的要走了啊。

【装潢门面】 zhuāng huáng mén miàn
[释义] 潢:将白纸染成色纸。装潢:原指装裱字画。也指货物的包装。门面:商店沿街的铺面房屋,引申为外观、外表。比喻把外表装饰得漂漂亮亮,做给人看。[例句] 山寨请得吴用上山,也没什么不可告人的目的,不过～而已。

【装聋装哑】 zhuāng lóng zhuāng yǎ
[释义] 见"装聋作哑"。[语见] 茅盾《子夜》:"为什么他们对于阿珊装聋装哑?为什么我就低头听凭他们磨折,一点儿没有办法?"[例句] 受到了大家的围攻,她只好～,转移了话题。

【装聋作哑】 zhuāng lóng zuò yǎ
[释义] 装作聋哑。指故意装作听不到,也说不出,置于事外而不发表意见。一作"推聋作哑"。[语见] 明·李贽《与友朋书》:"周装聋作哑,得老子之体,是故与之语清净宁一之化,无为自然之用,如以石投水,不相逆也。"[例句] 据说工人都数次向安全经理报告过了,但是他们就是～,直到大火都燃起来了,他们竟然还不相信。

【装模作样】 zhuāng mú zuò yàng
[释义] 模、样:姿态。故意装出不同寻常的姿态。[语见] 清·吴趼人《二十年目睹之怪现状》第九十五回:"才知道他是个

Z

色厉内荏之流,外面虽是雷厉风行,装模作样……"[例句]你不懂就是不懂,别在那里~地做出还在思考的样子了。

【装腔作势】zhuāng qiāng zuò shì
[释义]腔:腔调。势:姿态。指故意装出一副腔调和姿态来显示自己,以达到吸引人后欺骗人的目的。也作"拿腔做势"。[语见]清·钱彩《说岳全传》第六十五回:"赵大、钱二,还要装腔作势,地方邻舍,俱来替他讨情,二人方才应允。"[例句]何工长本来对管道一窍不通,但是还是常常喜欢~,弄得工人们哭笑不得。

【装腔作态】zhuāng qiāng zuò tài
[释义]见"装腔作势"。[语见]叶圣陶《招魂》:"发抒她的生活实感,不玩弄词藻,也不装腔作态。"[例句]小队长横跨腰刀,肩头披着黄色值日带,极力~,耀武扬威,可是什么人也吓不住。

【装傻充愣】zhuāng shǎ chōng lèng
[释义]充:冒充。愣:呆。故意装成糊涂、迟钝的样子。[例句]连问了她几遍,她都一个劲儿地~,但是她那闪烁的眼睛里,却把秘密全部暴露了。

【装神扮鬼】zhuāng shén bàn guǐ
[释义]见"装神弄鬼"。[语见]明·无名氏《李云卿》第二折:"我也会卧柳眠花,我也会装神扮鬼……小道不是凡人。"[例句]端公~,大作法术,没有把什么鬼吓着,倒把小孩子吓得哇哇大哭。

【装神弄鬼】zhuāng shén nòng guǐ
[释义]弄:做。装作神鬼。指故弄玄虚欺骗、吓唬人。[语见]清·曹雪芹《红楼梦》第三十七回:"你们别和我装神弄鬼的,什么事我不知道!"[例句]此地居民,愚昧不堪,便给~的家伙提供了大好的舞台。

【装神做鬼】zhuāng shén zuò guǐ
[释义]见"装神弄鬼"。[语见]清·夏敬渠《野叟曝言》第二十八回:"还说是看漏哩,装神做鬼的里应外合,还叫他啥仔张老实、李老实哩。"[例句]不要再给我~了,你做的那点事情,天底下恐怕没有人

不知道了。

【壮气吞牛】zhuàng qì tūn niú
[释义]牛:星宿名。形容志向远大。[语见]明·孙梅锡《琴心记·勉拔房资》:"男儿汉壮气吞牛,丈夫志岂困荒丘。"[例句]徐将军手下,士兵个个~,如果加以训练,假以时日,必能成为一支勇猛的队伍。

【壮士解腕】zhuàng shì jiě wàn
[释义]因为蝮蛇有剧毒,手被咬伤时,有胆识的人立即断腕,以免毒性延及全身。比喻在紧要关头,能当机立断。[语见]晋·陈寿《三国志·魏书·陈泰传》:"古人有言:蝮蛇螫手,壮士解其腕。"[例句]如今形势危在旦夕,必须要有~的勇气,否则,当断不断,必受其乱。

【壮心不已】zhuàng xīn bù yǐ
[释义]已:停止。指年虽老而志不衰。[语见]三国魏·曹操《步出夏门行》:"老骥伏枥,志在千里;烈士暮年,壮心不已。"[例句]老夫虽然年过七十,但是~,只要给我机会,我还会搏上一搏的。

【壮志凌云】zhuàng zhì líng yún
[释义]壮:豪壮,豪迈。志:志向。凌:升高。豪迈的志向高入云霄。形容志向高远。[语见]汉·班固《汉书·扬雄传下》:"往时武帝好神仙,相如上《大人赋》,欲以风,帝反缥缥有陵云之志。"[例句]这位胸怀天下、~的青年人,便是后来令清军闻风丧胆的太平天国重要将领石达开。

【壮志未酬】zhuàng zhì wèi chóu
[释义]壮:豪迈。志:志向。酬:实现。豪迈的志向还没有实现。[语见]唐·李频《春日思归》诗:"壮志未酬三尺剑,故乡空隔万重山。"[例句]~,理想还未实现,他不甘心就这样死去。

zhui

【追本穷源】zhuī běn qióng yuán
[释义]追:追寻,追究。本:树木的根。穷:深入探求。源:水的源头。追究树木

Z

的根本,探求水的源头。比喻追究、寻找事物发生的根源。[例句]如果你～,持之以恒,你会在考证的事业中得到无穷的乐趣。

【追本溯源】zhuī běn sù yuán
[释义]追:追究,追寻。本:树根。溯:逆水而行,引申为往上推求。源:水的源头。追究树木的根,推求水的源头。比喻追索事物的根源。[例句]经过对文艺复兴～的研究,他对西方近现代思想的发展有了更深一步的理解。

【追风蹑影】zhuī fēng niè yǐng
[释义]见“蹑景追飞”。[语见]明·梅鼎祚《玉合记·赠处》:“是好马,那竹批双耳镜夹双瞳,灭没权奇,追风蹑影,小生虽乏鸿章,敢扬骏骑。”[例句]一声巨响之后,火箭如～一般飞向了茫茫的太空。

【追风逐电】zhuī fēng zhú diàn
[释义]形容跑得极快。[语见]宋·朱熹《跋米元章帖》:“米老书如天马脱衔,追风逐电,虽不可范以驰驱之节要,自不妨痛快。”[例句]我们正在林边漫步,身边突然有什么巨型动物～地跑过,吓得我们几个都心惊胆战。

【追悔不及】zhuī huǐ bù jí
[释义]指虽然后悔也无法补救。[语见]宋·李昉《太平广记·齐推女》:“有顷,耳目鼻皆流血而卒,父母伤痛女冤横,追悔不及。”[例句]看到眼前的局面,再想起当初草率的决定,真是～。

【追亡逐北】zhuī wáng zhú běi
[释义]亡、北:指战败溃逃的敌兵。追击溃败逃跑的敌人。[语见]汉·司马迁《史记·田单列传》:“燕军扰乱奔走,齐人追亡逐北。”[例句]魏军虽然退去,但是陆逊却不敢挥师～,因为他看出,其虽败退,而阵形未乱,所以必然有诈。

【锥处囊中】zhuī chǔ náng zhōng
[释义]处:放置。囊:口袋。锥子放在口袋里,锥尖就会露出来。比喻有才智的人总是会显露头角,不会长久被埋没。[语见]汉·司马迁《史记·平原君虞卿列传》:“夫贤士之处世也,譬若锥之处囊

中,其末立见。”[例句]不要抱怨上天对你不公,只要你有真才实学,如～,必然会有被重用的那一天。

【锥刀之利】zhuī dāo zhī lì
[释义]见“锥刀之末”。[语见]南朝宋·范晔《后汉书·舆服志上》:“争锥刀之利,杀人若刈草然,其宗祀亦旋夷灭。”[例句]好男儿当放眼天下,岂可对一点～而耿耿于怀?

【锥刀之末】zhuī dāo zhī mò
[释义]末:梢,尖儿。比喻微小的利益。[语见]《左传·昭公六年》:“锥刀之末,将尽争之。”[例句]以强兵去夺取那有如～的城池,实在太不值得。

【锥刀之用】zhuī dāo zhī yòng
[释义]形容微小的功用。[语见]三国魏·曹植《求自试表》:“若使陛下出不世之诏,效臣,锥刀之用。”[例句]嘉贞以～而封侯,实难使天下人心服。

【坠茵落溷】zhuì yīn luò hùn
[释义]见“飘茵落溷”。[语见]清·郝懿行《纪年诗戏作》:“譬如树花风飘堕,坠茵落溷无不可。”[例句]在这部小说中,为命运所操纵的人们,无法把握自己,就像枝头的鲜花,～,只有一任清风了。

【惴惴不安】zhuì zhuì bù ān
[释义]惴惴:担忧、害怕的样子。形容心中既担心又害怕,很不安定。[语见]《诗经·秦风·黄鸟》:“临其穴,惴惴其栗。”[例句]连续几天,小夏都～,那份直接针对他的报告使他陷入了从未有过的苦恼之中。

zhun

【迍邅之世】zhūn zhān zhī shì
[释义]迍邅:处境困难。指困难的乱世。[语见]唐·房玄龄等《晋书·张轨传》:“今事未靖,不可以拘系常言,以太平之理责人于迍邅之世。”[例句]诸葛亮身逢～,但是从未停止对事态的观察和思考,因此他能在与刘备初次见面时便提出三分天下的构想。

Z

【谆谆不倦】zhūn zhūn bù juàn
[释义] 教诲恳切耐心,不知疲倦。
[语见] 宋·程颐《程归淳行状》:"先生从容告吾,谆谆不倦,在邑三年,百姓爱之如父母,去之日,哭声震野。"[例句] 幼年时,父亲虽然身处逆境,但是还是常常～地教导我,其殷殷之态,极为恳切。

【谆谆告诫】zhūn zhūn gào jiè
[释义] 形容教诲时恳切耐心的样子。
[语见] 宋·费衮《梁溪漫志·闲乐异事》:"命诸子子妇皆坐,置酒,谆谆告戒,家人见公无疾而遽若是,愕眙不知所答。"[例句] 于先生学问做得好,人更好,每次去他那里,他总要对我～一番,给我在学术路上指明了方向。

【谆谆善诱】zhūn zhūn shàn yòu
[释义] 谆谆:教诲恳切耐心的样子。耐心恳切地引导、教育人。[语见] 宋·刘挚《请重修太学条例》:"昔之设学校,教养之法,师生问对,愤悱开发,相与曲折反复,谆谆善诱。"[例句] 王老师因为对学生～,学生学习的效果好,他教起来反而用不着花太多力气。

zhuo

【拙口钝辞】zhuō kǒu dùn cí
[释义] 见"拙口钝腮"。[语见] 元·无名氏《诤范叔》楔子:"须贾平日拙口钝辞,犹恐应对有误,家中有一辩士,名曰范雎,得与此人同行,凡事计议,万无一失。"[例句] 别看高先生～的,但是要他用笔来说话,那可是滔滔不绝气势如虹。

【拙口钝腮】zhuō kǒu dùn sāi
[释义] 拙口:嘴笨,不灵活。嘴巴笨,不善言辞。[语见] 明·吴承恩《西游记》第四十三回:"沙僧道:'二哥,你和我一般,拙口钝腮,不要惹大哥热擦。'"[例句] 师傅～的,怎么做他说不好,但是他能身体力行,让我在一边慢慢看,而这样做的效果比用嘴巴教还管用。

【捉班做势】zhuō bān zuò shì
[释义] 摆架子,装腔作势。[语见] 明·冯梦龙《醒世恒言》第三卷:"万一不肯时,妹子自会劝他。只是寻得主顾来,你却莫要捉班做势。"[例句] 我就看不惯他处处～的样子。

【捉鸡骂狗】zhuō jī mà gǒu
[释义] 捉:捕,拿。比喻借此骂彼。[语见] 明·冯梦龙《醒世恒言》第九卷:"把一团美意,看做不良之心,捉鸡骂狗,言三语四,影射的发作了一场。"[例句] 一墙之隔的两个小媳妇,却常常为些鸡毛蒜皮的事情～,连两家的小孩子都互不往来。

【捉襟见肘】zhuō jīn jiàn zhǒu
[释义] 捉:拉。襟:衣襟。肘:胳膊肘。拉一下衣襟,就露出了胳膊肘。形容衣服破烂不堪,生活困窘。也比喻顾此失彼,应付不过来。[语见]《庄子·让王》:"曾子居卫,十年不制衣,正冠而缨绝,捉衿而肘见。"[例句] 他自己都已是～,自顾不暇,哪里还管得了你的闲事?

【捉襟肘见】zhuō jīn zhǒu xiàn
[释义] 见"捉襟见肘"。[语见] 清·李绿园《歧路灯》第七十七回:"只为一向窘迫,捉襟肘见,便东涂西抹不来,所以诸事胆怯。"[例句] 我啊,写几个毛笔字还马马虎虎,但是要叫我写上一整幅字,那我就会～了。

【灼见真知】zhuó jiàn zhēn zhī
[释义] 见"真知灼见"。[语见] 清·郑观应《盛世危言·吏治下》:"平素具有灼见真知,临时乃能因材器使。"[例句] 这篇文章文字浅显,但是字里行间,处处都闪烁着～。

【卓尔不群】zhuó ěr bù qún
[释义] 卓尔:高而直的样子。不群:跟一般人不一样。高高直立,超出一般。形容道德、学问的成就优秀卓越,超出常人。[语见] 汉·班固《汉书·景十三王传赞》:"夫唯大雅,卓尔不群。"[例句] 他为人刚正,学富五车,～。

【卓荦不羁】zhuó luò bù jī
[释义] 卓荦:卓绝出众。不羁:不受约

束。形容才识高远而性格豪放不可羁系。[语见]唐·房玄龄等《晋书·郗超传》:"少卓荦不羁,有旷世之度。"[例句]李贽聪慧豪放,～,在士林声名显赫。

【卓荦英姿】 zhuó luò yīng zī
[释义]卓荦:超绝出众。英俊而威武的仪态,超出一般。[语见]清·吴敬梓《儒林外史》第二十九回:"有分教,风流高会,江南又见奇踪;卓荦英姿,海内都传雅韵。"[例句]在众人之中,只见他～,显得十分突出。

【卓有成效】 zhuó yǒu chéng xiào
[释义]卓:卓越,突出。多指成绩、效果。成绩、效果突出。[例句]由于采取了一系列～的措施,公司的经营有了非常明显的起色。

【斫雕为朴】 zhuó diāo wéi pǔ
[释义]斫:砍,削。雕:华丽。朴:朴实。后以"斫雕为朴"指变奢华靡丽为朴实节俭。[语见]汉·司马迁《史记·酷吏列传》:"汉兴,破觚而为圜,斫雕而为朴。"[例句]这位作家晚年的写作风格发生了变化,～,变得更加成熟而深刻了。

【斫轮老手】 zhuó lún lǎo shǒu
[释义]斫轮:斫削木头以制造车轮。比喻技术纯熟、经验丰富。[语见]蔡东藩、许廑父《民国通俗演义》第六十七回:"段本是个武夫,阮又是个帝制派中的健将,两个不来多嘴,全凭那斫轮老手徐世昌,及倚马长才王式通,悉心研究……"[例句]五叔已经是～了,遇上这种问题,当然要去请教他。

【浊泾清渭】 zhuó jīng qīng wèi
[释义]见"清渭浊泾"。[语见]唐·杜甫《秋雨叹》诗:"去马来牛不复辨,浊泾清渭何当分。"[例句]两方激烈地辩论了起来,虽然都说的同一个事,但是～,见解却有如天壤。

【着手成春】 zhuó shǒu chéng chūn
[释义]原指写诗清新自然,一动手便有春意。后常用以称赞医生医术高明。[语见]唐·司空图《诗品·自然》:"俯拾即是,不取诸邻,俱道适往,着手成春。"

[例句]曾先生医术高明,～,数十年来治好了不少疑难杂症。

【擢发难数】 zhuó fà nán shǔ
[释义]擢发:拔下头发。就像拔下来的头发数都数不清。形容罪行之多,无法计算。[语见]清·夏敬渠《野叟曝言》第七十二回:"秦桧之罪,擢发难数,诚能被施全捉住,生啖其肉,何快如之!"[例句]日本侵略军制造的暴行～,他们的残暴,在人类历史上留下了不可洗刷的污迹。

【濯缨濯足】 zhuó yīng zhuó zú
[释义]濯:洗。缨:古代帽子上系在颌下的带子。用清水洗帽带,用浊水洗脚。比喻好坏由人自定。也比喻避世隐居,欣然自乐。[语见]《孟子·离娄上》:"有孺子歌曰:'沧浪之水清兮,可以濯我缨;沧浪之水浊兮,可以濯我足。'孔子曰:'小子听之,清斯濯缨,浊斯濯足,自取之也。'"[例句]他辞官回乡,过起了～的隐居生活。

zi

【孜孜不倦】 zī zī bù juàn
[释义]孜孜:勤奋刻苦。倦:疲倦。勤奋刻苦地工作而不知疲倦。[语见]晋·陈寿《三国志·蜀书·向朗传》:"自去长史,优游无事垂三十年,乃更潜心典籍,孜孜不倦。"[例句]她刻苦钻研,～,终于取得了令人瞩目的成就。

【姿姿媚媚】 zī zī mèi mèi
[释义]形容婉美媚人的姿态。[语见]金·董解元《西厢记诸宫调》:"姿姿媚媚红白。"[例句]田野里装点着星星点点的五色鲜花,～,斑斓多彩,让人目不暇接。

【趑趄不前】 zī jū bù qián
[释义]趑趄:欲进不前、迟疑畏缩的样子。形容碰到困难,犹豫徘徊,不敢前进。[语见]唐·韩愈《送李愿归盘谷序》:"足将进而趑趄,口将言而嗫嚅。"[例句]你这样～,问题何时才能解决?

【趑趄却顾】 zī jū què gù
[释义]却顾:回头看。欲进而犹豫不前

Z

回头看望。[语见]清·夏敬渠《野叟曝言》第一百四十六回:"各国王妃,俱贪看园中奇景,临别时,趑趄却顾,十步九回。"[例句]家里终于把那头老牛卖了,牛被牵走的那天,～,如是者三,母亲一阵辛酸,竟流下泪来。

【锱铢必较】zī zhū bì jiào
[释义]锱:古代的重量单位,四锱等于一两。铢:古代的重量单位,二十四铢等于一两。较:计较。形容对很少的钱或很小的事都一定要计较。[例句]人家是小本经营,自然要～,况且,没有多收你的钱,合理的要求,有什么不对呢?

【觜牙咧嘴】zī yá liě zuǐ
[释义]觜:露齿。露齿张口。常用以形容面目狰狞或因痛苦、惊恐而失态。[语见]清·文康《儿女英雄传》第三十七回:"当下众人看了这两件东西,一个个觜牙咧嘴,掩鼻攒眉,谁也不肯给他装那烟袋。"[例句]小强正玩着,不意竟一锤子砸到了脚上,疼得他～的,想哭却又不好意思。

【子虚乌有】zǐ xū wū yǒu
[释义]指虚构的、不真实的事情。[语见]汉·班固《汉书·叙传下》:"文艳用寡,子虚乌有,寓言淫丽,托风终始,多识博物,有可观采,蔚为辞宗,赋颂之首。"[例句]那些小道消息,纯属～,你怎么能相信呢?

【子曰诗云】zǐ yuē shī yún
[释义]子:指孔子。诗:指《诗经》。泛指儒家言论和经典著作。[语见]元·宫大用《范张鸡黍》第一折:"我堪恨那伙老乔民,用这等小猢狲,但学得些妆点皮肤,子曰诗云。"[例句]等了许久,来了个老先生,但是听他一地说了半天,却也没说出什么名堂。

【紫陌红尘】zǐ mò hóng chén
[释义]紫陌:帝京的道路。红尘:尘埃。形容京城道上热闹非常,尘土飞扬。比喻虚幻的荣华。[语见]唐·刘禹锡《元和十年自朗州承召至京戏赠看花君子》诗:"紫陌红尘拂面来,无人不道看花回。

玄都观里桃千树,尽是刘郎去后栽。"[例句]在他看来,功名利禄不过是～,转眼即逝。

【紫气东来】zǐ qì dōng lái
[释义]紫气:古时所谓祥瑞之气。传说老子出函谷关,关令尹喜见有紫气从东而来,知道将有圣人来。后果然老子在此经过。后用以表示祥瑞的征兆。[语见]汉·司马迁《史记·老子韩非列传》司马贞索隐引刘向《列仙传》:"老子西游,关令尹喜望见有紫气浮关,而老子果乘青牛而过也。"[例句]咱们既没见～,也没见到天降祥瑞,可是事情不依然做得好好的?

【自拔来归】zì bá lái guī
[释义]自拔:自己主动摆脱邪恶势力。来归:归顺我方。指从敌方投奔我方。[语见]宋·欧阳修《新唐书·李勣传》:"(武德)三年,自拔来归,从秦王伐东都,战有功。"[例句]他弃暗投明,～,战争结束时,已成为我军的高级将领。

【自暴自弃】zì bào zì qì
[释义]暴:糟蹋。弃:抛弃。自己糟蹋自己,自己抛弃自己。多指不求上进,自甘堕落。[语见]《孟子·离娄上》:"自暴者,不可与有言也;自弃者,不可与有为也。"[例句]事情还没有到不可收拾的地步,你怎么能轻易就～呢?

【自不量力】zì bù liàng lì
[释义]量:估计,估量。自己不估量一下自己的力量。多指不考虑自身实力而盲目追求不切实际的目标。多含贬义。[语见]清·李宝嘉《镜花缘》第八十七回:"并非真才实学,何敢自不量力,妄自谈文。"[例句]他说这话,虽然有些～,但是那种敢于向权威挑战的勇气,还是值得鼓励的。

【自惭形秽】zì cán xíng huì
[释义]惭:羞愧。形秽:容貌丑陋,不体面。自己为自己容貌丑陋而羞愧。后泛指和他人比较觉得自己不如别人,相形见绌。[语见]南朝宋·刘义庆《世说新语·容止》:"骠骑王武子,是卫玠之舅,俊

爽有风姿,见玠辄叹曰:'珠玉在侧,觉我形秽。'"清·蒲松龄《聊斋志异·双灯》:"魏视书生,锦貂炫目,自惭形秽,不知所对。"[例句] 进来的几位女士,个个都一身光鲜,我衣衫褴褛,～,便悄悄地溜了。

【自成一家】 zì chéng yī jiā
[释义] 成:成为,成就。指自身有完整的体系,有自己的特色,而不模仿别人。
[语见] 北齐·魏收《魏书·祖莹传》:"文章须自出机杼,成一家风骨。"[例句] 郑板桥的书法,怪诞夸张,～,一般人是学不了的。

【自出机杼】 zì chū jī zhù
[释义] 机:指织布机。杼:牵引纬线的梭子。机杼:比喻诗文的组织、构思。喻指作诗文不入旧套,自有新意。[语见] 北齐·魏收《魏书·祖莹传》:"莹以文学见重,常语人云:'文章须自出机杼,成一家风骨,何能共人同生活也。'"[例句] 他的诗作立意深刻,～,不落俗套。

【自出心裁】 zì chū xīn cái
[释义] 心裁:心中的设计、构思。出于自己的构思。[语见] 清·曹雪芹《红楼梦》第八十四回:"那些童生都读过前人这篇,不能自出心裁,每多抄袭。"[例句] 看看,不听老师的指导,你非要～去设计,你设计的形象能拿出去示人吗?

【自吹自擂】 zì chuī zì léi
[释义] 吹:吹喇叭。擂:打鼓、敲鼓。原指为自己吹奏。后喻指骄傲自大,自我吹嘘。[例句] 他总是～,大家都不愿跟他说话。

【自得其乐】 zì dé qí lè
[释义] 乐:乐趣、快乐。自己满足于生活的环境或方式,并能享受其中的乐趣。[语见] 元·陶宗仪《辍耕录·白翎雀》:"白翎雀生于乌桓朔漠之地,雌雄和鸣,自得其乐。"[例句] 我弄这些根雕,不过是～,断然没有想拿它们去卖钱的念头。

【自高自大】 zì gāo zì dà
[释义] 把自己看得很高大。形容自以为了不起。[语见] 北齐·颜之推《颜氏家训·勉学》:"见人读数十卷书,便自高自

大,凌忽长者,轻慢同列……"[例句] 几位老先生都不说话,静静地听着台上那位～的年轻人大放厥词。

【自告奋勇】 zì gào fèn yǒng
[释义] 告:报告,表达。奋勇:鼓足勇气。自己表示要鼓劲争先。泛指自己主动要求承担某项困难的任务。[语见] 清·文康《儿女英雄传》第四十回:"就因着自告奋勇求个恩典,说奴才情愿巴结这个缺!"[例句] 我们都没有叫他去,是他～要去的。

【自顾不暇】 zì gù bù xiá
[释义] 顾:照顾,照管。暇:空余时间。照管自己都没有时间。形容很忙,不可能再照顾别的。[语见] 唐·房玄龄等《晋书·刘曜载记》:"彼方忧自固,何暇来耶?"[例句] 他现在已是～,管不了别人了。

【自觉自愿】 zì jué zì yuàn
[释义] 自己认识到应该如此,并且也甘心如此。[例句] 大清早刚一开门,大妈竟发现～地来了许多帮忙的,喜得她不知说什么好。

【自掘坟墓】 zì jué fén mù
[释义] 掘:挖、刨。自己为自己挖掘坟墓。比喻自己走上绝路。[例句] 水可载舟,亦可覆舟,隋炀帝只顾得荒淫享乐,哪知他已是在～。

【自郐以下】 zì kuài yǐ xià
[释义] 郐:西周时的诸侯国名。《左传·襄公二十九年》载:吴国的季札在鲁国观赏周代的舞乐,对一些诸侯国的乐曲都做了评价,但对郐国以下的就再没有评论了("自郐以下无讥焉")。后用以表示等而下之,不屑评议。[语见] 清·刘体智《异辞录》第一卷:"湘淮军外,豫尚有宋忠勤之毅军、张勤果之嵩武军,皖则自郐以下矣。"[例句] 老教授只对两三位同学的论文发表了评论,其余的则是～了。

【自愧不如】 zì kuì bù rú
[释义] 愧:惭愧、羞愧。由于比不上他人而感到羞愧。[语见] 《战国策·齐策一》:

"明日徐公来,熟视之,自以为不如。"[例句]我与你相比,论学识我腰杆挺立,论能力我堂堂正正,只有论相貌,我是～。

【自力更生】zì lì gēng shēng
[释义]力:力量、能力。更生:重新获得生机。依靠自身的力量,重新获得生机。泛指事物的复兴。[例句]现在是非常时期,大家～,丰衣足食,不要再怨天尤人了。

【自鸣得意】zì míng dé yì
[释义]鸣:表达,表露。得意:称心如意。自己觉得自己很得意,心满意足。运用时往往有贬义。[语见]明·沈德符《万历野获编·昙花记》:"挥策四顾,如辛幼安之歌千古江山,自鸣得意。"[例句]看他那～的样子,真像被封王封侯了似的。

【自命不凡】zì mìng bù fán
[释义]自命:自己认为。不凡:不寻常。自己认为自己高人一等,很不一般。[语见]清·蒲松龄《聊斋志异·杨大洪》:"大洪杨先生涟,微时为楚名儒,自命不凡。"[例句]从台上几位～的"大家"的发言中,却似乎听不出什么道道来,尽是些老调重弹而已。

【自欺欺人】zì qī qī rén
[释义]欺:欺骗。欺骗自己也欺骗别人。多指用自己都不相信的证据来诓骗别人。[语见]《朱子语类》第十八卷:"因说自欺欺人曰:欺人亦是自欺,此又是自欺之甚者。"[例句]事情都已经发生了,你还捂着掖着,不是～吗?

【自强不息】zì qiáng bù xī
[释义]息:怠惰,止步不前。自己勤勉努力,永不停息。[语见]《周易·乾》:"天行健,君子以自强不息。"[例句]你不要自暴自弃,应该～。

【自轻自贱】zì qīng zì jiàn
[释义]贱:轻视。自己看不起自己。[语见]明·冯梦龙《喻世明言》第二卷:"又且他家差老园公请你,有凭有据,须不是你自轻自贱。"[例句]我们都对你寄予了很大希望,你为什么却要自暴自弃,～呢?

【自取灭亡】zì qǔ miè wáng
[释义]自己的行为使自己走上了灭亡的道路。[语见]《阴符经》下卷:"沉水入火,自取灭亡。"[例句]他们与人民为敌,是～。

【自取其咎】zì qǔ qí jiù
[释义]咎:罪过,祸害。自己招取罪过,祸害。[语见]明·冯梦龙《警世通言》第三卷:"想当时因得罪于荆公,自取其咎。"[例句]桓清以身试险,～,可赖不得别人。

【自生自灭】zì shēng zì miè
[释义]生:生长。灭:消亡。自然生长又自然消亡。泛指对事物的发展听其自然,不进行干涉。[语见]唐·白居易《山中五绝句·岭上云》:"自生自灭成何事,能逐东风作雨无?"[例句]公司股票一直下跌,他却任其～,毫不理会。

【自食其果】zì shí qí guǒ
[释义]食:吞咽,吃下。果:后果,苦果。自己吞下自酿的苦酒,吃下自种的苦果,即自作自受。[例句]他被判入狱,完全是～。

【自食其力】zì shí qí lì
[释义]食:吃饭。这里指生活、生存。力:力气,力量。自己依靠自己的力量生存,不依靠别人。[语见]《礼记·礼器》:"食力无数。"陈澔集说:"食力,自食其力之人。"[例句]你不要总想着靠别人,应该～。

【自始至终】zì shǐ zhì zhōng
[释义]自:从。始:开头,开始。至:到。终:结束。指从开头到结束。泛指动作的全过程,也指动作的一贯性。[语见]南朝梁·沈约《宋书·谢灵运传》:"以晋氏一代,自始至终,竟无一家之史,令灵运撰《晋书》。粗立条流,书竟不就。"[例句]我～都参与了设计,如今怎么名单上没有我的名字?

【自恃功高】zì shì gōng gāo
[释义]恃:倚仗。自己倚仗功劳大。[语见]清·陈其元《庸闲斋笔记》:"道光

十一年,(杨)奉诏入朝,自恃功高,益骄倨非分,舆马繁多。"[例句]刘伯温并不～,而是悄然引退,得以全其性命,不是他有什么先见之明,而是他深谙兔死狗烹的道理。

【自私自利】zì sī zì lì
[释义]私:私心、私利。利:利益、好处。指以自己的利益、好处为重,而不考虑别人。[语见]明·李贽《焚书·王龙溪先生告文》:"是以不知前人付托之重,而徒为自私自利之计。"[例句]他～,从不为别人着想。

【自同寒蝉】zì tóng hán chán
[释义]寒蝉:寒天的蝉。自己像寒天的蝉不鸣。比喻缄默不语。[语见]南朝宋·范晔《后汉书·杜密传》:"而知善不荐,闻恶无言,隐情惜己,自同寒蝉,此罪人也。"[例句]老王知道这件事情涉及的人员众多,关系复杂,因此在所有的会议中总是～。

【自投罗网】zì tóu luó wǎng
[释义]投:进入。罗:捕鸟雀的网。原指鸟雀自己钻入捕捉它们的网中。后喻指自己落入别人的陷阱或圈套中。[语见]三国魏·曹植《野田黄雀行》:"不见篱间雀,见鹞自投罗。"[例句]最后,海盗们迷失了方向,竟～,也算是对沉船事件有了个交代。

【自我解嘲】zì wǒ jiě cháo
[释义]解嘲:多指用语言和动作来掩饰自己所处的尴尬境况。指自己用言语或动作来替自己解除尴尬。[例句]他受到了众人的作弄,只好～地讲了个笑话,遮掩了自己的窘态。

【自我陶醉】zì wǒ táo zuì
[释义]陶醉:很满意地沉浸于某种境界或思想意识中。指自己很满足地沉浸在自我的氛围中。即自我欣赏。[例句]看他一副～的样子,早已不知身在何处了。

【自我欣赏】zì wǒ xīn shǎng
[释义]自己认为自己很好。[例句]你也过于～了,你难道不明白你在众人心目中究竟有几斤几两?

【自我作故】zì wǒ zuò gù
[释义]故:故事,成例。从我开始作为成例。指不因袭前人旧例,有所创始。[语见]唐·刘知几《史通·称谓》:"唯魏收远不师古,近非因俗,自我作故,无所宪章。"[例句]我们今天打破常规,也算是～,希望以后各位要不断推陈出新,使公司里始终萦绕着一股创新的气息。

【自惜羽毛】zì xī yǔ máo
[释义]见"爱惜羽毛"。[语见]章炳麟《答某书》:"苟其人自惜羽毛,又知东人非始终可保,必不轻于依附。"[例句]李适之有节操,～,不愿与李林甫同流合污。

【自暇自逸】zì xiá zì yì
[释义]暇:空闲无事。逸:安闲。形容饱食终日无所用心。[语见]明·罗贯中《三国演义》第一百零五回:"则乃自暇自逸,惟宫台是饰,必有危亡之祸矣。"[例句]这位富家公子哥儿整日～,无所用心。

【自相残害】zì xiāng cán hài
[释义]自己人之间互相伤害。[语见]宋·薛居正等《旧五代史·唐书·李愚传》:"愚以衣冠自相残害,乃避地河朔,与宗人李延光客于山东。"[例句]几位皇子眼见皇上春秋既高,都对皇位垂涎欲滴,于是～,无所不用其极。

【自相残杀】zì xiāng cán shā
[释义]见"自相残害"。[语见]明·郭勋《英烈传》第三回:"贼兵自相残杀,约折去大半。"[例句]这位雄才大略的君主能横扫千军,却对几个儿子的～无力导引,其内心的悲凉可想而知。

【自相惊扰】zì xiāng jīng rǎo
[释义]自己人互相惊动,引起不安。[例句]其实,所谓的鬼屋里,并没有什么鬼,不过是几个学生～而已。

【自相矛盾】zì xiāng máo dùn
[释义]相:相互。矛盾:古代的两种兵器,矛用于进攻,盾用于抵御。比喻言语、行为互相抵触。喻指自己的言行互

Z

相抵触，不能自圆其说。[语见]宋·王观国《学林·言行》："圣贤言行，要当顾践，毋使自相矛盾。"[例句]他滔滔不绝地讲着，却不知自己的话已～了。

【自相鱼肉】zì xiāng yú ròu
[释义]鱼肉：鱼和肉在烹调时任人切割。后喻指欺凌、杀戮。指自己人之间互相欺凌、杀戮，即自相残杀。[语见]明·冯梦龙《东周列国志》第七十八回："况叔孙氏君臣自相鱼肉，鲁之不幸，实齐之幸也。"[例句]为争夺皇位，几位皇子～，上演了一出人间悲剧。

【自信不疑】zì xìn bù yí
[释义]自己完全相信自己，毫不怀疑。[语见]五代后晋·刘昫等《旧唐书·卢承庆传》："朕今信卿，卿何不自信也？"韩愈："奈何不自信，反欲从物迁。"宋·苏轼《司马温公行状》："故为政之日，自信而不疑。"[例句]他对自己的能力～。

【自行其是】zì xíng qí shì
[释义]是：正确。按自己认定的办法行事。[例句]唐朝末年，中央政府虽然还存在，但是藩镇势力都～，根本没有把朝廷放在眼里。

【自业自得】zì yè zì dé
[释义]业：佛教称一切行为、言语、思想为业，分别称作身业、口业、意业，合称"三业"。业有善恶，一般专指恶业。佛家语，意为自己作的业，自己遭报应。指自作自受。[语见]《正法念经》："狱卒呵责罪人说，偈曰：'非导人作恶，非人受苦报，自业自得果，众人皆如是。'"[例句]刘大胡子早年就胡作非为，后来～断了一条腿，也算是报应。

【自诒伊戚】zì yí yī qī
[释义]诒：遗留。伊：是、此。戚：忧愁，悲哀。比喻自寻烦恼，自招祸殃。也作"自贻伊戚"。[语见]《诗经·小雅·小明》："心之忧矣，自诒伊戚。"[例句]当初因为不能对匈奴进行最后一击而养痈为患，～，这便是武帝所不能料想的了。

【自以为得计】zì yǐ wéi dé jì
[释义]自己以为自己干得不错。多含贬义。[语见]唐·韩愈《柳子厚墓志铭》："此宜禽兽夷狄所不忍为，而其人自视以为得计。"[例句]侵略军突然袭击，～，哪知却钻进了别人早就准备好的口袋里。

【自以为非】zì yǐ wéi fēi
[释义]非：错误。自己以为错了。常指认识到自己的弱点、缺点或错误。[语见]宋·欧阳修《梁论》："（克用）不奉之，但称天复。至八年，自以为非，复称天佑。"[例句]他如今终于～，不再像过去那样混日子了，我们都很欣慰。

【自以为然】zì yǐ wéi rán
[释义]然：如此，这样。总认为自己是对的。形容一种主观、不虚心的态度。参见"自以为是"。[语见]宋·李纲《与潘子贱龙图书》："仆此书内象数以会义理，然亦未敢自以为然，愿且勿以示人，姑俟难往复，使无可疑。"[例句]你的结论是有了，但是不要～，你推理的过程还有很多问题呢。

【自以为是】zì yǐ wéi shì
[释义]以为：把……当成，认为。是：正确。自己把自己的观点、做法看成是正确的。形容主观、不虚心，妄自尊大。使用时多含贬义。[语见]《孟子·尽心下》："自以为是，而不可与入尧舜之道，故曰德之贼也。"[例句]曹华平时就有些～，这次打击他一下，也算给他一个教训。

【自由放任】zì yóu fàng rèn
[释义]放任：听其自然，不加干涉。形容不受拘束地听其自然发展。[例句]孩子爱玩当然是天性，但是却不能～，必要的管束不但应该，而且必须。

【自由自在】zì yóu zì zài
[释义]自由：随意不受约束。自在：安闲舒适。安适随意而不受约束。[语见]宋·释道原《景德传灯录》第二十三卷："问：'牛头未见四祖时如何？'师曰：'自由自在。'"[例句]无数彩色的小鱼在水中～地游着。

【自有肺肠】 zì yǒu fèi cháng

[释义] 肺肠:引申为心思。指做事有自己的用心。[语见]《诗经·大雅·桑柔》:"自有肺肠,俾民卒狂。"郑玄笺:"自有肺肠,行其心中之所欲,乃使民尽迷惑也。"[例句] 我甘愿选择这样一种冒险的做法,是～,你就等着看好戏吧!

【自圆其说】 zì yuán qí shuō

[释义] 圆:使……圆通,使……合理。说:观点,说法。使自己的观点圆通合理,多指自己提出论据证明自己的论点或不实之词正确无误、合情合理。[例句] 每个人都可以为这个故事续写结尾,只要能～就行。

【自怨自艾】 zì yuàn zì yì

[释义] 自己怨恨自己的错误,并加以改正。后单指有悔恨之意。[语见]《孟子·万章上》:"仲壬四年,太甲颠覆汤之典刑,伊尹放之于桐。三年,太甲悔过,自怨自艾,于桐处仁迁义。"[例句] 这几年你生活得很不如意,但是你不要总是～,你要想想你究竟为改变这些状况进行过多大的努力?

【自在逍遥】 zì zài xiāo yáo

[释义] 见"逍遥自在"。[语见] 金·王丹桂《武陵春·寄乐亭刘嗣昌》词:"自在逍遥随分过,兀兀养天真。"[例句] 真的没有想到,老谢退休之后,竟然过得异常的～。

【自知之明】 zì zhī zhī míng

[释义] 自知:自我认识,自我了解。明:眼力好,观察事物的能力强。有很强的自己了解自己的能力。[语见]《老子》:"知人者智,自知者明。"[例句] 我究竟有多大才干,我有～,该选择什么样的生活道路,我心里早就一清二楚了。

【自作聪明】 zì zuò cōng míng

[释义] 自己认为自己很聪明。形容耍小聪明,多指办事逞能。[语见] 清·南亭亭长《中国现在记》第九回:"郑令虽笨,不至于此,难保不是经手家人自作聪明,所以弄出这样笑话来。"[例句] 高力士～,以为玄宗已经决定要去东都了,便暗中做好了充分的准备,哪知皇上根本就没有出行的意思。

【自作多情】 zì zuò duō qíng

[释义] 指自以为感情很深。[语见] 铁扬《笨花村旧事》:"他知道美和谁果有其事,谁又是自作多情。"[例句] 我劝我这位朋友不要再～了,看来人家姑娘对他并不感兴趣。

【自作自受】 zì zuò zì shòu

[释义] 受:承受、承担。自己的所作所为,自己承担责任。多指做错事而言,指咎由自取。[语见] 明·冯梦龙《醒世恒言》第十八卷:"种瓜得瓜,种豆得豆。一切祸福,自作自受。"[例句] 天那么黑,那里的路又不好走,我不让你去你非要去,结果把脚崴了,真是～!

【字里行间】 zì lǐ háng jiān

[释义] 行间:一行行文字之间。文字之中。后称文意不直接表达出来而隐约透露为字里行间。[语见] 梁·简文帝《答新渝侯和诗书》:"垂示三首,风云吐于行间,珠玉生于字里。"[例句] 文章虽短,但是～,处处都饱含着真挚的情感,令人十分感动。

【字若涂鸦】 zì ruò tú yā

[释义] 比喻书法之恶劣或没有好好地写。多作自谦之词。[语见] 唐·卢仝《示添丁》诗:"涂抹诗书如老鸦。"[例句] 条幅拿来了,初一看,～,但是认真地品味一番,竟发现与郑板桥的字有着异曲同工之妙。

【字斟句酌】 zì zhēn jù zhuó

[释义] 斟、酌:筛酒浅叫斟,深叫酌。这里指考虑,推敲文字。对每一个字、每一句话进行考虑、推敲。形容说话或写文章慎重认真。[语见] 清·纪昀《阅微草堂笔记·滦阳消夏录一》:"《论语》、《孟子》,宋儒积一生精力,字斟句酌,亦断非汉儒所及。"[例句] 我把她的文章～地改了一遍,通顺是通顺了,却全成了我的语气,这不得不说也是改稿的失败。

【恣肆无忌】 zì sì wú jì

[释义] 恣情放肆,毫无顾忌。[语见]

Z

清·张廷玉等《明史·桂萼传》:"初,议礼诸臣无力诋执政者,至萼遂斥为不道,且欲不使议。其言恣肆无忌,朝士尤疾之。"[例句]东汉末年,官吏~地贪污纳贿,政治一片黑暗。

【恣行无忌】zì xíng wú jì
[释义]任意胡作非为,毫无顾忌。
[例句]这位作家写作的特点是挥毫泼墨,~,而不是冥思苦想字斟句酌。

【恣意妄为】zì yì wàng wéi
[释义]恣:放纵。恣意:任意。妄:乱。妄为:胡作非为。任意地胡作非为。
[语见]明·罗贯中《三国演义》第一百二十回:"恣意妄为,穷兵屯戍,上下无不嗟怨。"[例句]那些面对法律依然~的狂徒,终于得到了应有的惩罚。

zong

【综核名实】zōng hé míng shí
[释义]核:仔细考察。原指对官吏的名声与实际进行全面考察。后泛指办事认真,不马虎。[语见]汉·班固《汉书·宣帝纪赞》:"孝宣之治,信赏必罚,综核名实。"[例句]希望你们各部门能~,把各项工作落到实处。

【总角之好】zǒng jiǎo zhī hǎo
[释义]总角:古时小儿将发梳成髻,泛指童年时代。指小时候很要好的朋友。
[语见]唐·房玄龄《晋书·何劭传》:"劭字敬祖,少与武帝同年,有总角之好。"[例句]这一对~,在二十年后又成了合作伙伴。

【总角之交】zǒng jiǎo zhī jiāo
[释义]总角:小髻,古代未成年的人的头发扎成小髻,后借指童年时代。童年时期的好朋友。[语见]清·雾园主人《夜谭随录·崔秀才》:"莫逆之交不足恃矣,然总角之交,应非泛泛也。"[例句]孙赵二人,本就是~,加之近些年总在一起相处,情谊非同一般。

【纵风止燎】zòng fēng zhǐ liáo
[释义]燎:大。比喻助长势态的发展。
[语见]隋·王通《文中子·问易》:"真君,建德之事,适足推波助澜,纵风止燎尔。"[例句]他正在气头上,你去说这些令人头痛的事情不是~吗?

【纵横捭阖】zòng héng bǎi hé
[释义]纵:合纵,指战国时为抵抗秦国的进攻,其余六国联合起来的策略。横:连横,指秦国为分化其余六国,使它们服从秦国,与秦国联合的策略。捭阖:开合。后指运用手段进行分化、联合。[语见]元·脱脱等《宋史·胡顺之列传》:"(胡)挟术尚权,喜纵横捭阖。以目失明废,州里皆惮焉。"[例句]如今的大国政治充斥着~,分与合的变化似乎是永久的主题。

【纵横交错】zòng héng jiāo cuò
[释义]纵:南北向。横:东西向。不同方向的线路相互交叉,错综复杂。[语见]宋·吕祖谦《东莱博议》第一卷:"陪洙泗之席者入耳皆德音,纵横交错。"[例句]这片土地上,铁路~,形成了密集而又完善的铁路交通网络。

【纵横交贯】zòng héng jiāo guàn
[释义]见"纵横交错"。[语见]清·纪昀《阅微草堂笔记·姑妄听之三》:"见《万法归宗》中载有是符,其画纵横交贯,略如小篆两无字相并之形。"[例句]在高空,便能看到地面上铁路、公路和河流~的情景。

【纵虎归山】zòng hǔ guī shān
[释义]见"放虎归山"。[语见]明·罗贯中《三国演义》第二十一回:"昔刘备为豫州牧时,某等请杀之,丞相不听;今日又与之兵,此放龙入海,纵虎归山也。"[例句]诸葛亮放孟获回去,不是要~,而是要使他真正心服口服。

【纵虎入室】zòng hǔ rù shì
[释义]纵:放。把老虎放进屋里来了。比喻把坏人或敌人放了进来,造成祸患。[语见]明·罗贯中《三国演义》第六十二回:"刘备枭雄,久留于蜀而不遣,是纵虎入室矣。"[例句]跟这种毫无信誉的公司合作,简直是~,咱们总有一天会吃大亏的。

zou

【走笔成文】 zǒu bǐ chéng wén
[释义] 见"下笔成章"。[语见] 明·无名氏《登瀛州》第二折："都要可便吟诗和韵，题着这新建瀛州，则要个字意相关，走笔成文。"[例句] 小赵略微思考片刻，便～，一篇千字美文呈现眼前。

【走笔成章】 zǒu bǐ chéng zhāng
[释义] 见"下笔成章"。[语见] 元·关汉卿《谢天香》第四折："况此妇人走笔成章，吟诗课赋。"[例句] 那些能够～的人，并不一定是什么天才，那往往是苦读苦练的结果。

【走笔题诗】 zǒu bǐ tí shī
[释义] 走笔:笔划得很快，指快速地写。题诗:赋诗，写诗。形容才思敏捷。[语见] 元·马致远《青山泪》第四折："……爱他那走笔题诗，出口成章。"[例句] 他才华横溢，～，很受大家的尊重。

【走漏风声】 zǒu lòu fēng shēng
[释义] 走漏:泄漏。风声:消息。泄漏了内情或秘密让人知晓。[语见] 清·钱彩《说岳全传》第六十五回："诸葛锦道：'原来是一家人，决不走漏风声的。'"[例句] 也不知是谁～了，等警察到了大厦里，才发现里面早已空无一人。

【走漏天机】 zǒu lòu tiān jī
[释义] 天机:指秘密。秘密透漏出去。[语见] 元·曾端卿《留鞋记》第一折："这件事，天知地知。……口里言，心中计，休得便走漏天机。"[例句] 你要管好你的嘴巴，别～，否则，我们的计划就落空了。

【走马观花】 zǒu mǎ guān huā
[释义] 见"走马看花"。[语见] 清·文康《儿女英雄传》第二十三回："至于列公，听这部书也不过逢场作戏，看这部书也不过走马观花。"[例句] 我们仅仅在新区～地看了一圈，便立即对它的环境建设产生了浓厚的兴趣。

【走马看花】 zǒu mǎ kàn huā
[释义] 走:跑。走马:骑马跑。骑马跑着欣赏花木。原形容志得意满的心情。后也形容对事物观察不仔细，只是大致了解一下。[语见] 唐·孟郊《孟东野诗集·登科后》诗："春风得意马蹄疾，一日看尽长安花。"[例句] 那些考察团的人，其实并不是真来考察的，他们不过是～地来转一圈回去交差罢了。

【走南闯北】 zǒu nán chuǎng běi
[释义] 走:奔波、奔走。闯:闯荡。闯荡天下，谋条生路。也泛指去过很多地方，阅历丰富。[例句] 我～几十年，什么没见过，还会被你这点小把戏给蒙了不成？

【走肉行尸】 zǒu ròu xíng shī
[释义] 见"行尸走肉"。[语见] 清·李调元《提戏》："如何走肉行尸者，纵有人提不肯前。"[例句] 当十年前那个响当当的人物，再次出现在我们面前时，我们谁都大吃一惊——他早已两眼昏花，完全是～了。

【走投无路】 zǒu tóu wú lù
[释义] 走:逃走、离开。投:投靠、投奔。路:门路、路径。无路可走。形容陷入困境，没有出路。[语见] 明·许仲琳《封神演义》第四十八回："闻太师这一会神魂飘荡，心乱如麻，一时间走投无路。"[例句] 歹徒在警方的天罗地网里东逃西窜，最终～，只好投降了。

zu

【足音跫然】 zú yīn qióng rán
[释义] 跫:脚步声。形容久处寂寞，闻足音以为有人来访。比喻来客难得。[语见]《庄子·徐无鬼》："……闻人足音跫然而喜矣。"[例句] 虽然身在偏僻之地，～，但是正是在那一段寂寞的日子里，他得以静下心来思考许多他从未认真思考的问题。

【足智多谋】 zú zhì duō móu
[释义] 足:丰富。智:智慧、智谋。有丰富的智谋。[语见] 元·关汉卿《单刀会》

Z

第三折:"那鲁子敬是个足智多谋的人。"[例句]刘基～,为朱元璋大明王朝的建立,立下了汗马功劳。

zuan

【钻冰求酥】zuān bīng qiú sū
[释义]酥:酥油,牛羊奶制成的食品。钻开冰层求取酥油。比喻必不可得。[语见]《菩萨本缘经》卷下:"譬如钻冰求酥,是实难得。"[例句]他这个人吝啬得很,你去向他借钱,无异～。

【钻火得冰】zuān huǒ dé bīng
[释义]由于因果相反而一定不能实现的事情。[语见]唐·释道世《法苑珠林》:"未见钻火得冰,种玉得麦。"[例句]做这种事情他根本不行,你让他去,好比是～,绝对不可能成功。

【钻坚仰高】zuān jiān yǎng gāo
[释义]钻:研。仰:仰望。越抬头看,越觉得高;越用力钻研,越觉得深。原形容颜渊对于孔子之道的赞叹,后以"钻坚仰高"指深入研究。[语见]《论语·子罕》:"颜渊喟然叹曰:'仰之弥高,钻之弥坚。'"[例句]杜子云十年前开始研究人类学,～,如今已经取得了不小的成就。

【钻空子】zuān kòng zi
[释义]空子:漏洞。利用某些漏洞进行有利于自己的活动。[例句]大家的眼睛都紧盯着桌面,生怕有谁想乘机～,偷走一张牌。

【钻牛犄角】zuān niú jī jiǎo
[释义]比喻固执地去解决无法解决的问题或执着地去研究根本不值得研究的问题。[例句]她性情执拗,总是～,你就让着她一点,别跟她争来争去的。

【钻牛角尖】zuān niú jiǎo jiān
[释义]见"钻牛犄角"。[例句]曾家那孩子啊,就喜欢～,常常弄得连老师都下不来台。

【钻天打洞】zuān tiān dǎ dòng
[释义]比喻人极力投机钻营,无孔不入。[语见]清·曾朴《孽海花》第二十二回:"渔阳伯与郭掌柜摩拳擦掌的时候,正是

这边庄稚燕替章凤孙钻天打洞的当儿。"[例句]他这个人没有什么真才实学,却善于～,投机钻营。

【钻头就锁】zuān tóu jiù suǒ
[释义]比喻自投罗网。[语见]元·尚仲贤《气英布》第一折:"谁着你钻头就锁。"[例句]警察们正在琢磨该怎么去找出那家伙,不料他竟然～,自投了罗网。

【钻头觅缝】zuān tóu mì fèng
[释义]觅:找,寻求。比喻四处找门路。(多指攀附权势之人)[语见]清·杨恩寿《桂枝香·酸泼》:"奴才拜弟兄,拉门面靠祖宗,钻头觅缝打抽风。"[例句]他这些年别的没学会,倒把～的功夫学得孜孜不倦,难怪别人要投以白眼了。

zui

【嘴尖舌巧】zuǐ jiān shé qiǎo
[释义]嘴尖:说话刻薄。舌巧:很会说话。形容伶牙俐齿,善于言辩。[语见]汪曾祺《饮食》:"此地说嘴尖舌巧的姑娘为镲嘴子。其实镲嘴子哑着的时候多,不善鸣叫。"[例句]隔壁小丫头～,楼下老头老太太都非常喜欢她。

【嘴甜心苦】zuǐ tián xīn kǔ
[释义]表面说得好听,而居心狠毒。[例句]她这个人～,你可不要上了她的圈套啊。

【罪不容诛】zuì bù róng zhū
[释义]诛:处死。形容罪大恶极。判处死刑都不足以抵偿。[语见]汉·班固《汉书·王莽传上》:"兴兵动员,欲危宗庙,恶不忍闻,罪不容诛。"[例句]此人作恶多端,～,你就不要再替他辩解了。

【罪大恶极】zuì dà è jí
[释义]罪恶大到极点。[语见]宋·欧阳修《纵囚论》:"刑入于死者,乃罪大恶极。"[例句]经过一个月的追捕,这个～的杀人犯终于落入了法网。

【罪当万死】zuì dāng wàn sǐ
[释义]形容罪恶极大,处一次死刑尚不足抵罪。多为朝臣对皇上请罪之辞。[语见]汉·班固《汉书·东方朔传》:"粪土

愚臣,忘生触死,逆盛意,犯隆指,罪当万死。"[例句]第一批～的战犯,被送上了军事法庭。

【罪恶如山】zuì è rú shān
[释义]形容罪恶多而重。[语见]宋·欧阳修等《新唐书·吉顼传》:"俊臣诬杀忠良,罪恶如山,国蠹贼也,尚何惜?"[例句]帝国主义和军阀,是中国人民的大灾星,他们互相利用,狼狈为奸,祸国殃民,～。

【罪恶滔天】zuì è tāo tiān
[释义]滔天:弥漫天空。罪恶弥漫了整个天空。形容罪恶极大。[语见]清·洪昇《长生殿·情悔》:"况且弟兄姊妹,挟势弄权,罪恶滔天,总皆由我,如何忏悔得尽!"[例句]想想他们的所作所为,真是～,不加以严惩,老百姓是绝不会答应的。

【罪恶昭著】zuì è zhāo zhù
[释义]谓罪恶十分明显。[语见]南宋·赵善括《严赏罚奏议》:"虽纵欲以害民,怙势而贪利,罪恶昭著,无从上达。"[例句]那几个～的家伙开始还振振有词,但是证据一一摆出来之后,他们再也无法抵赖了。

【罪该万死】zuì gāi wàn sǐ
[释义]万死:死一万次。根据犯罪事实,应该处一万次死刑。形容罪恶大到极点。多为朝臣对皇帝请罪之辞。[语见]清·钱彩《说岳全传》第十三回:"微臣卧病在床,不能接旨,罪该万死。"[例句]当这位～的"九千岁"身首异处时,京城一片欢腾。

【罪加一等】zuì jiā yī děng
[释义]指更重地处罚。[语见]清·彭养鸥《黑籍冤魂》第五回:"你为着吃烟,这才犯法,我们来拿你,倒来吃你的烟,本官知道,办起来罪加一等。"[例句]那几个司法工作人员知法犯法,～。

【罪魁祸首】zuì kuí huò shǒu
[释义]魁:头领。首:首领。作恶犯罪的首要分子。[语见]清·朱寿朋《光绪朝东华录》:"先开兵衅,并于逃遁之后,勾结

番部,仍图回援,均属罪魁祸首。"[例句]公安机关经过几个月的侦察,终于找到了制造火灾的～。

【罪莫大焉】zuì mò dà yān
[释义]罪恶没有比这个更大的了。[语见]《左传·昭公五年》:"昭子即位,朝其家众曰:'竖牛祸叔孙氏,使乱大从,杀适立庶,又披其色,将以赦罪,罪莫大焉。'"注:适,通"嫡"。[例句]边关损兵折将,主帅～。

【罪孽深重】zuì niè shēn zhòng
[释义]孽:罪恶。罪恶极重。[语见]清·洪昇《长生殿·埋玉》:"念杨玉环呵,罪孽深重,罪孽深重,望我佛度脱咱。"[例句]这时,面对公安人员,他已经完全明白,自己～,在劫难逃。但是,后悔早已来不及了。

【罪上加罪】zuì shàng jiā zuì
[释义]形容罪恶更为严重。[语见]清·李宝嘉《官场现形记》第十六回:"(鲁总爷)口称:'家里还有八十三岁的老娘,晓得我做了贼,丢掉官是小事,他老人家一定要气死的,岂不是罪上加罪!'"[例句]你已经犯下了滔天大罪,但是只要积极配合,争取宽大处理还是可能的,切不可凭着侥幸心理妄图逃脱,那样只能是～。

【罪行累累】zuì xíng lěi lěi
[释义]见"罪孽深重"。[例句]当这些～的战犯被押上来之后,全场响起了愤怒的呼声。

【罪盈恶满】zuì yíng è mǎn
[释义]盈:充满。罪恶已经到头了。形容罪大恶极。[语见]明·吴承恩《西游记》第九十八回:"害命杀牲,造下无边之孽,罪盈恶满,致有地狱之灾。"[例句]侵略者～,必会得到应有的下场。

【罪有应得】zuì yǒu yīng dé
[释义]犯了罪而受到应有的惩罚。[语见]清·李汝珍《镜花缘》第六回:"小仙身获重谴,今被参谪,固罪有应得;第拖累多人,于心何安。"[例句]这些人受到党纪国法的严惩,完全是咎由自取,～。他们的犯罪事实,留下的教训是

Z

极其深刻和发人深省的。

【罪有攸归】 zuì yǒu yōu guī

[释义] 罪:罪责。攸:所。指罪责有所归属。[语见] 明·许仲琳《封神演义》第二回:"赐尔姬昌等斧钺,便宜行事,往惩其忤,毋得宽纵,罪有攸归。"[例句] 他们几个虽然都参与了犯罪过程,但是有主犯有从犯,当～。

【醉酒饱德】 zuì jiǔ bǎo dé

[释义] 宴会后宾客答谢主人之词。意思是分享了您的美酒,并受到您殷勤的款待。[语见]《诗经·大雅·既醉》:"既醉以酒,既饱以德;君子万年,介尔景福。"唐·孙揆《灵应传》:"醉酒饱德,蒙惠诚深。"[例句] 承蒙叔父宴请,我们均已是～,您请留步。

【醉生梦死】 zuì shēng mèng sǐ

[释义] 比喻像喝醉酒和做梦一样糊涂地过日子。形容生活无目标,意志消沉颓废。[语见] 宋·程颢、程颐《二程全书》:"虽高才明智,胶于见闻,醉生梦死,不自觉也。"[例句] 他被失败彻底底击垮了,从此一蹶不振,过着～的生活。

【醉翁之意不在酒】 zuì wēng zhī yì bù zài jiǔ

[释义] 比喻本意不在此,而在别的方面。后指别有用心。[语见] 宋·欧阳修《醉翁亭记》:"太守与客来饮于此,饮少辄醉,而年又最高,故自号曰醉翁也。醉翁之意不在酒,在乎山水之间也。"[例句] 别看他像是来感谢你的,话也说得漂漂亮亮,我倒觉得他是～,后面他一定会对你有所求。

zun

【尊古卑今】 zūn gǔ bēi jīn

[释义] 尊重过去,看不起现在。[语见]《庄子·外物》:"夫尊古而卑今,学者之流也。"[例句] 别看老先生一辈子都在与古文打交道,他可从来不～,他开放着呢。

【尊己卑人】 zūn jǐ bēi rén

[释义] 抬高自己,贬低别人。[语见] 明·李贽《焚书·绝交书》:"又以己为真不

爱官,以涛为爱官者,尊己卑人,不情实甚,则尤为不是矣。"[例句] 这个老张狂妄自大,～,半年不到,几乎把身边的人都得罪光了。

【尊师重道】 zūn shī zhòng dào

[释义] 尊:尊敬。重:重视。尊敬师长,重视老师的教诲。[语见]《礼记·学记》:"凡学之道,严师为难。"郑玄注:"尊师重道焉,不使处臣位也。"[例句] 这里民风淳朴,而且～,因而有着浓厚的文化气息。

【尊贤使能】 zūn xián shǐ néng

[释义] 尊重并使用有道德、有才能的人。[语见]《吕氏春秋·先己》:"于是乎处不重席,食不贰味,琴瑟不张,钟鼓不修,子女不饬,亲亲长长,尊贤使能,期年而有扈氏服。"[例句] 曹操能迅速在河北立住脚并发展壮大起来,与其～的政策是密不可分的。

【遵时养晦】 zūn shí yǎng huì

[释义] 见"遵养时晦"。[语见] 章炳麟《致伯仲书》四:"仆拟遵时养晦,以待政府之稔恶,其时排去一二佞人,有如摘果。"[例句] 袁世凯虽然退回了老家,却并没有真正归隐,他不过是～罢了。

【遵养待时】 zūn yǎng dài shí

[释义] 暂时隐居以待时机。[语见] 北魏·杨衒之《洛阳伽蓝记·白马寺》:"害卿兄弟,独夫介立,遵养待时,臣节讵久。"[例句] 为了逃避官场上的派别之争,这位大诗人索性辞官回乡,～去了。

【遵养时晦】 zūn yǎng shí huì

[释义] 暂时隐居以待时机。[语义]《诗经·周颂·酌》:"于铄王师,遵养时晦。"宋·薛居正等《旧五代史·唐书·李琪传》:"琪虽博学多才,拙于遵养时晦,知时不可为,然犹多歧取进,动而见排,由己不能镇靖也。"[例句] 师傅常常告诫他:在晦气不利的时候,你要懂得隐蔽,要学会～,等待时机。

zuo

【左抱右拥】 zuǒ bào yòu yōng

[释义] 形容沉溺于女色,过着荒淫无耻

的生活。也作"左拥右抱"。[语见]《战国策·楚策》:"蔡圣侯左抱幼妾,右拥嬖女,与之驰聘乎高蔡之中,而不以国家为事。"注:嬖女,受宠的人。[例句]张太师进去,却看到儿子正~,与一帮不良子弟尽情地玩乐,不禁勃然大怒。

【左程右准】 zuǒ chéng yòu zhǔn
[释义]程、准:规程,准则,法度。指言行举止,左右逢源,没有一桩不合法度的。[语见]唐·柳宗元《送吕谦序》:"吕氏子嗜儒书多文辞,上下古今,左程右准。"[例句]他谈吐不俗,举止文雅,~,不愧是名门之后啊!

【左道旁门】 zuǒ dào páng mén
[释义]见"旁门左道"。[语见]明·许仲琳《封神演义》第七十二回:"他骂吾教是左道旁门,不分披毛带角之人,湿生卵化之辈,皆可同群共处。"[例句]不要把薛郎中那些偏方尽看成了~,事实上,正是那些偏方,还真治好了不少疑难杂症呢!

【左辅右弼】 zuǒ fǔ yòu bì
[释义]原指古代辅助帝王或太子的官。后泛指起辅助作用的重要人物。[语见]唐·房玄龄等《晋书·潘尼传》:"左辅右弼,前疑后丞,一日万机,业业兢兢。"[例句]怪不得贵公司发展得这么迅速,原来~,尽是高人呀!

【左顾右盼】 zuǒ gù yòu pàn
[释义]顾:扭头看。盼:看。向左看看,又向右看看。形容犹豫不决。[语见]唐·李白《走笔赠独孤驸马》诗:"银鞍紫鞚照云日,左顾右盼生光辉。"[例句]站在大门口那个~的女子,都等半个多钟头了,你是不是去问一问究竟在等谁?

【左思右想】 zuǒ sī yòu xiǎng
[释义]形容反复考虑。[语见]明·冯梦龙《醒世恒言》第二十八卷:"左思右想,把肠子都想断了,也没个计策。"[例句]回到家里,我~,直到半夜,依然没能理出个头绪来。

【左图右史】 zuǒ tú yòu shǐ
[释义]形容拥有很多图书。[语见]清·

周郁滨《珠里小志》第十五卷:"汝南雅度,最说伯仁;江左殊才,群推公瑾。左图右史,生平与船槃为缘;夜月晨风,居处以瑟琴自适。"[例句]南阳向生,藏书甚丰,~,汗牛充栋,即使是一些珍本孤本,在他那里往往都能找到。

【左宜右有】 zuǒ yí yòu yǒu
[释义]指才德兼备,无所不宜,无所不有。[语见]《诗经·小雅·裳裳者华》:"左之左之,君子宜之;右之右之,君子有之。"[例句]本次选官,人才甚丰,个个~,真乃国家之大幸也。

【左右采获】 zuǒ yòu cǎi huò
[释义]采获:采摘;收获。左手右手都有收获。[语见]《诗经·周南·关雎》:"参差荇菜,左右采之。"[例句]他在这个专题的研究过程中,多方吸取有用的东西,~,使他原来的理论得到了极大的丰富。

【左右逢源】 zuǒ yòu féng yuán
[释义]比喻做事得心应手,总能圆满。[例句]以张教授深厚的功底,雄辩的口才,他在讲台上总是能引经据典,~。

【左右开弓】 zuǒ yòu kāi gōng
[释义]左手和右手都能拉弓放箭。本指武艺高强。今指两手同时或轮流做某一动作。[语见]元·白仁甫《梧桐雨》楔子:"臣左右开弓,一十八般武艺,无有不会。"[例句]一进门,我们就看见大婶在厨房里煎炒烹炸,~,忙得满头大汗。

【左右为难】 zuǒ yòu wéi nán
[释义]形容处于困境,难以做出决定。[语见]清·文康《儿女英雄传》第二回:"那太太听了,自然是左右为难。"[例句]云瓶看看这个,又看看那个,~,直到太阳偏西,还没拿定主意。

【左支右绌】 zuǒ zhī yòu chù
[释义]支:支持,支撑。绌:不足。原指射箭时左臂撑弓,屈右臂扣弦。后用以形容财力或能力不足,顾此失彼的窘状。[语见]清·纪昀《阅微草堂笔记·滦阳续录五》:"满地皆寸许小儿,蠕蠕几千百,争缘肩登顶,穿襟入袖,……或龁

啮,或搔爬,如蚊虻虮虱之攒咂……左支右绌,困不可忍。"[例句]公司现在的人手严重不足,往往～,希望人力资源部门尽快帮我们解决这一问题。

【作壁上观】zuò bì shàng guān
[释义]壁:营垒,营寨的围墙。别人交战,自己站在营垒上观望。比喻置身事外,从旁观望。[语见]汉·司马迁《史记·项羽本纪》:"当是时,楚兵冠诸侯。诸侯军救钜鹿下者十余壁,莫敢纵兵。及楚击秦,诸将皆从壁上观。"[例句]魏蜀之战,对于吴国来说,也许最好的办法就是两不相帮,～。

【作法自毙】zuò fǎ zì bì
[释义]法:法律。毙:死;原作"敝",弊病,危害。自己立法,自己受危害。比喻自作自受。[语见]汉·司马迁《史记·商君列传》:"商君亡至关下,欲舍客舍。客人不知其是商君也,曰:'商君之法,舍人无验者坐之。'商君喟然叹曰:'嗟乎!为法之敝,一至此哉!'"[例句]周兴酷刑害天下,最终～,也是罪有应得。

【作奸犯科】zuò jiān fàn kē
[释义]作奸:做坏事。犯科:触犯法律。科:法律条文。做了坏事,触犯法律。[语见]三国蜀·诸葛亮《前出师表》:"若有作奸犯科及为忠善者,宜付有司,论其刑赏。"[例句]治安机关人员依法行事,有决心面对邪恶,有信心将～者绳之以法,绝不会宽纵手软。

【作茧自缚】zuò jiǎn zì fù
[释义]茧:蚕吐丝做成的壳。缚:捆住。蚕吐丝做成茧,把自己包在里面。比喻自己给自己找麻烦,使自己陷于困境。[语见]唐·白居易《白氏长庆集·江州赴忠州至江陵已来舟中示舍弟五十韵》诗:"烛蛾谁救护,蚕茧自缠萦。"[例句]现代社会对人才综合能力的要求越来越高,而身为企业财务人员"两耳不闻窗外事,一心只做圣贤账"则无异于～。

【作舍道边】zuò shè dào biān
[释义]舍:房屋。在大道边盖房子,与过路人商量。比喻众说纷纭,莫衷一是,难于成功。[语见]南朝宋·范晔《后汉书·曹褒传》:"谚言:'作舍道边,三年不成。'会礼之家,名为聚讼,互生异疑,笔不得下。"[例句]你是领导,你就拿个主意吧,不然,～,十年也定不下来。

【作事不时】zuò shì bù shí
[释义]不时:不合时宜。原指做事违背农时,后泛指不合时宜。[语见]《左传·昭公八年》:"作事不时,怨讟动于民。"注:讟,读作dú,诽谤,怨言。[例句]因为～,他吃了不少苦头。

【作耍为真】zuò shuǎ wéi zhēn
[释义]耍:戏弄,玩耍。把玩笑当作真的。[语见]明·吴承恩《西游记》第七十回:"这才是个有分教,弄巧翻成拙,作耍却为真。"[例句]两家人开始也是说说而已,哪知后来竟～,因为儿女们都已私订了终身,想假也都来不及了。

【作威作福】zuò wēi zuò fú
[释义]作威:独揽大权。作福:行赏,赐福。只有君王才能独揽大权,决定赏罚,故后用"作威作福"形容统治者妄自尊大,滥用权势。[语见]唐·房玄龄等《晋书·刘暾传》:"君何敢恃宠,作威作福,天子法冠而欲截角乎!"[例句]义军还未到,那些平时～的官老爷便慌慌张张地逃跑了。

【作作有芒】zuò zuò yǒu máng
[释义]作作:光芒四射的样子。芒:光芒。形容光芒四射。也比喻声势显赫。[语见]汉·司马迁《史记·天官书》:"以八月与柳、七星、张晨出,曰长王。作作有芒。"[例句]他没有想到今天来的竟然都是当今～的大人物,一时不知道该如何是好。

【坐不安席】zuò bù ān xí
[释义]席:座位。在位子上坐不安稳。[语见]明·冯梦龙《东周列国志》第十回:"祭足被囚于军府,甲士周围把守,水泄不通。祭足疑惧,坐不安席。"[例句]因为儿子突然就没有了消息,老两口～,一个月之后,人都消瘦了许多。

【坐不重席】 zuò bù chóng xí

[释义] 坐:座位。重:双重的。席:用莞蒲编织成的坐垫。座位不使用双重的坐垫。形容生活俭朴,不图享受。[语见]《韩非子·外储说左下》:"食不二味,坐不重席,内无衣帛之妾。"[例句] 闯王率领义军南征北战,十余年间均～,其俭朴由此可见一斑。

【坐不垂堂】 zuò bù chuí táng

[释义] 垂堂:指屋檐。不坐在屋檐下,怕被瓦片掉下来打伤。比喻不在危险的地方停留。[语见] 汉·司马迁《史记·袁盎晁错列传》:"臣闻千金之子,坐不垂堂。"[例句] 敌方将领是个～,胆小如鼠的人,要引蛇出洞,怕还要花些工夫。

【坐不窥堂】 zuò bù kuī táng

[释义] 窥:偷看。形容端坐不斜视,专心致志。[语见] 晋·陈寿《三国志·魏书·郑浑传》裴松之注引张璠《汉纪》:"张孟卓东平长者,坐不窥堂。"[例句] 他寒窗苦读,～,数年之后,已将数十部经典倒背如流。

【坐吃山空】 zuò chī shān kōng

[释义] 坐吃:只消费而不生产。只消费,不生产,即使是一座金山也会消耗光。[语见] 宋·无名氏《京本通俗小说·错斩崔宁》:"姐夫,你须不是这等计算。'坐吃山空,立吃地陷';……你须计较一个常便。"[例句] 假如一个人好吃懒做,不肯努力,即使祖先留给他一笔可观的财产,他一样会有～,穷困潦倒的一天。

【坐地分赃】 zuò dì fēn zāng

[释义] 坐地:就地。赃:赃物,指抢劫偷盗得来的财物。原指盗贼就地瓜分偷盗来的赃物。现多指匪首、窝主自己不动手而坐在家里分取不义之财。[语见] 明·无名氏《八义双桂记·探狱悲伤》:"昨日新发下一个坐地分赃的强盗下来。"[例句] 歹徒们～的时候,竟然互相打了起来,因而被我公安人员一网打尽。

【坐而待毙】 zuò ér dài bì

[释义] 见"坐以待毙"。[语见] 明·宋濂

等《元史·王义传》:"今城守虽有余,然外无援兵,粮食将尽,岂可坐而待毙?"[例句] 我军四面被围,粮草将尽,再这么下去,只能～。

【坐而论道】 zuò ér lùn dào

[释义] 论:谈论。道:治世之道。原指无固定职位的王公大臣专门陪着帝王议论政事。后也用来指脱离实际,空谈大道理。[语见]《周礼·冬官·考工记》:"坐而论道,谓之王公;作而行之,谓之士大夫。"[例句] 老者平静地坐着,听着那几个书生～,眼睛里流露出不屑的神情。

【坐观成败】 zuò guān chéng bài

[释义] 冷眼旁观别人的成功或失败。[语见] 汉·司马迁《史记·田叔列传》:"见兵事起,欲坐观成败,见胜者欲合从之,有两心。"[例句] 秦赵打得不可开交,齐国竟～,却不知秦国下一个目标就是自己了。

【坐怀不乱】 zuò huái bù luàn

[释义] 坐怀:坐在怀里。乱:淫乱,非礼。形容男子在与女子相处时作风正派。[语见] 明·兰陵笑笑生《金瓶梅词话》第五十七回:"其实水秀才原是坐怀不乱的……"[例句] 这位公子的确是位谦谦君子,美色当前,～,其人品令人佩服。

【坐井观天】 zuò jǐng guān tiān

[释义] 观:看。坐在井里看天,比喻见识短浅,眼界狭小。也作"井蛙观天"。[语见] 唐·韩愈《原道》:"坐井而观天,曰天小者,非天小也。"[例句] 我们看问题,认识事物,站得要高,看得要全面,不然就会～,犯了错误还浑然不觉,自以为是。

【坐冷板凳】 zuò lěng bǎn dèng

[释义] 原为讥笑旧时村塾教师的话。后用以比喻遭冷淡,受冷遇。[语见] 明·凌濛初《二刻拍案惊奇》第二十二卷:"(郭信)……紧紧收藏,只去守那冷板凳了。"[例句] 人们都注意到了,这名球星因为近来状态一直不佳而正在～。

【坐立不安】 zuò lì bù ān

[释义] 安:安心。无论坐着站着都安不

下心来。形容心情焦虑、紧张的样子。[语见] 明·施耐庵《水浒传》第四十回："哥哥吃官司,兄弟坐立不安,又无路可救。"[例句] 门口那男子,始终～的,也许他真的有什么急事。

【坐山观虎斗】 zuò shān guān hǔ dòu
[释义] 观:看。坐在山上看两虎相斗。比喻当别人争斗时,坐在一旁观望,等待时机,从中取利。[语见] 清·曹雪芹《红楼梦》第六十九回："凤姐虽恨秋桐,且喜借他先发脱二姐,自己且抽头,用'借剑杀人'之法,'坐山观虎斗'。"[例句] 老谋深算的他现在就是要～,等到他们两败俱伤的时候,再去坐收渔翁之利。

【坐视不救】 zuò shì bù jiù
[释义] 坐视:坐着看着不动。别人有危难,自己袖手旁观,不肯帮助。[语见] 明·罗贯中《三国演义》第一百一十七回："既蜀中危急,孤岂可坐视不救。"[例句] 你身为国家重臣,国家危在旦夕,你竟～!

【坐视成败】 zuò shì chéng bài
[释义] 见"坐观成败"。[语见] 唐·房玄龄等《晋书·王敦传》："然自忘驽骀,志存社稷,岂忍坐视成败,以亏圣美。"[例句] 十六国时期,有主动出击的,有以静制动的,有～的,总之一句话:整个中原,乱成一团。

【坐收渔利】 zuò shōu yú lì
[释义] 坐收:不经努力而收获。渔利:渔翁之利。比喻利用别人之间的矛盾,未经努力而获取利益。[语见] 余一鸣《江入大荒流》："甚至没钱的人也从外地七亲八戚处借来钱,低息借,高息放,坐收渔利。"[例句] 该出击就得出击,总想不费一枪一弹便～,恐怕你想得太简单了。

【坐卧不宁】 zuò wò bù níng
[释义] 见"坐立不安"。[例句] 也不知道究竟发生什么事了,她连续好几天了,始终～的。

【坐享其成】 zuò xiǎng qí chéng
[释义] 坐享:未经努力而享受。成:成果。自己不努力而享受别人的劳动成果。[语见] 明·王守仁《王文成公全书》第二十七卷："闽广之役,偶幸了事,皆诸君之功,区区盖坐享其成者。"[例句] 祖辈留下财产,让子孙～,其实对子孙来说这未必是件好事,甚至会因此而毁了他。

【坐言起行】 zuò yán qǐ xíng
[释义] 坐能言,起能行。指人的言行必须一致。[语见]《荀子·性恶》："凡论者,贵其有辨合,有符验。故坐而言之,起而可行,张而可施也。"[例句] 大丈夫处事,当～,一诺千金,岂能言而无信?

【坐以待毙】 zuò yǐ dài bì
[释义] 以:而。待:等。毙:死。坐着等死。指在危险或困难面前,不努力争取,积极采取措施,而是束手等待灾祸降临。[语见] 晋·常璩《华阳国志·南中志》："兵谷既单,器械穷尽,而求救无望,坐待殄毙。"[例句] 汉军被重重包围,如果不是援军及时抵达,只能～了。

【坐拥百城】 zuò yōng bǎi chéng
[释义] 百城:百座城。后用以比喻藏书丰富。[语见] 北齐·魏收等《魏书·李谧传》："丈夫拥书万卷,何假南面百城。"[例句] 武侯胸怀韬略,～,岂是平常之人可以比拟的?

【坐于涂炭】 zuò yú tú tàn
[释义] 涂炭:烂泥和炭火,比喻极困苦的境遇。比喻处境极其污浊恶劣。[语见]《孟子·公孙丑上》："立于恶人之朝,与恶人言,如以朝衣朝冠坐于涂炭。"[例如] 别人求之不得的官职在他看来并没有什么意义,身在官场,对他来说却如同～,难受得不得了。

【座无空席】 zuò wú kōng xí
[释义] 座上没有空着的位子。形容来宾众多。[语见] 唐·房玄龄等《晋书·王浑传》："座无空席,门不停宾。"[例句] 梁先生的演讲还未开始,大厅里已经～、人满为患了。

【座无虚席】 zuò wú xū xí
[释义] 虚:空着的。席:座位。没有空着的座位。形容人非常多。[语见] 明·李清《三垣笔记》："蒋辅德璟有才名……予

与沈给谏、荫培往谒,见座无虚席,止立谈中门。饮茶阶下而退。"[例句] 会场上～,人们都怀着急切的心情等待着他的到来。

【做好做歹】zuò hǎo zuò dǎi

[释义] 又做好人,又做恶人。指想尽办法劝说。[语见] 清·曹雪芹《红楼梦》第十二回:"他两个做好做歹,只写了五十两银子,画了押,贾蔷收起来。然后撕掳贾蓉。"[例句] 我们几个～,总算说服了他,让他打消了再去"报仇"的念头。

【做神做鬼】zuò shén zuò guǐ

[释义] 比喻从中捣鬼骗人。[语见] 明·施耐庵《水浒传》第九回:"夜间听得那厮两个做神做鬼,把滚汤赚了你脚。"[例句] 我们都在认认真真地答题,只有他在那里～地不知在做些什么。

【做小伏低】zuò xiǎo fú dī

[释义] 见"伏低做小"。[语见] 元·无名氏《莽张飞大闹石榴园》第一折:"你则是假装着做小伏低,你若是得空偷闲便择离。"[例句] 他是个能人能鬼的家伙,你可别被他的～给蒙了。

【做贼心虚】zuò zéi xīn xū

[释义] 贼:做坏事的人。心虚:心里胆怯。做坏事的人心中胆怯,提心吊胆,生怕被人发觉。也作"作贼心虚"。[语见] 宋·释普济《五灯会元·龙门远禅师》:"问:'有句无句,如藤倚树时如何?'师云:'做贼心虚。'"[例句] 你看一看他的眼神,就知道～。

【做张做智】zuò zhāng zuò zhì

[释义] 张:模样;智:灵智。故意做出某种表现。[语见] 明·冯梦龙《醒世恒言》第九卷:"朱氏走了几步,放心不下。回头一看,见丈夫手忙脚乱,做张做智。"[例句] 魔术师～地走了两圈,还把盒子打开让人看,其实,正是在这些虚张声势的动作中,他已眼疾手快地把盒子里的鸡蛋给换了。

词目笔画索引

不可终日	59	不夷不惠	66	不近人情	55	不知高低	67
不可胜计	58	不过尔尔	54	不饮盗泉	67	不知深浅	68
不可胜书	58	不劣方头	59	不言不语	65	不知就里	68
不可胜用	58	不同凡响	64	不言而喻	65	不知端倪	67
不可胜言	58	不因人热	66	不吝金玉	59	不卑不亢	50
不可胜数	58	不因不由	66	不吝珠玉	59	不贪为宝	63
不可捉摸	59	不伏烧埋	53	不吝赐教	59	不念旧恶	61
不可造次	59	不伦不类	60	不忮不求	69	不咎既往	56
不可理喻	57	不自量力	69	不识一丁	63	不变之法	50
不可救药	57	不合时宜	54	不识大体	63	不法常可	52
不可移易	58	不名一文	60	不识之无	63	不治之症	69
不可逾越	59	不名一钱	60	不识好歹	63	不衫不履	62
不可磨灭	58	不次之迁	51	不识好恶	63	不屈不挠	61
不平而鸣	61	不安于位	50	不识时务	63	不经之谈	55
不平则鸣	61	不安其室	50	不识抬举	63	不栉进士	69
不打自招	51	不阴不阳	66	不即不离	54	不相上下	64
不由分说	67	不如归去	62	不改初衷	53	不相闻问	65
不由自主	67	不欢而散	54	不苟言笑	54	不挟不矜	65
不失毫厘	62	不约而同	67	不拔之柱	50	不省人事	65
不白之冤	50	不约而合	67	不拘一格	56	不畏强御	64
不务正业	64	不进则退	55	不拘小节	56	不看僧面	
不务空名	64	不违农时	64	不拘细行	56	看佛面	57
不主故常	69	不攻自破	53	不择手段	67	不修边幅	65
不出所料	51	不声不响	62	不尚空谈	62	不徇私情	65
不发之地	52	不劳而获	59	不明不白	60	不食马肝	63
不动声色	52	不劳而得	59	不明事理	60	不胜其任	62
不共戴天	53	不折不扣	67	不易之论	66	不胜其烦	62
不朽之功	65	不求甚解	61	不败之地	50	不胜枚举	62
不朽之芳	65	不求闻达	61	不知不识	67	不胫而走	55
不臣之心	50	不肖子孙	65	不知不觉	67	不闻不问	64
不厌其详	66	不足与谋	70	不知死活	68	不差累黍	50
不厌其烦	65	不足介意	69	不知肉味	68	不差毫发	50
不在其位,不谋		不足为外人道	70	不知自爱	68	不差毫厘	50
其政	67	不足为训	70	不知好歹	67	不测之智	50
不在话下	67	不足为奇	70	不知纪极	68	不费吹灰之力	52
不夺农时	52	不足为虑	70	不知进退	68	不矜不伐	55
不达时务	51	不足齿数	69	不知所为	68	不矜细行	55
不达时宜	51	不足挂齿	69	不知所以	68	不绝如线	56
不成三瓦	51	不足轻重	70	不知所措	68	不绝如缕	56
不成体统	51	不告而别	53	不知轻重	68	不绝若线	56

神乎其神	630	神谋魔道	631	屋乌推爱	773	娇生惯养	335
神头鬼脸	632	神道设教	629	昼夜不舍	1015	姹紫嫣红	83
神出鬼入	629	神魂飞越	630	咫尺万里	1003	怒不可遏	490
神出鬼没	629	神魂摇荡	630	咫尺千里	1003	怒气冲天	490
神机妙用	630	神魂飘荡	630	咫尺之功	1003	怒火中烧	490
神机妙策	630	神魂撩乱	630	咫尺天涯	1003	怒目切齿	490
神机妙算	630	神魂颠倒	630	屏气敛息	43	怒目而视	490
神会心契	630	神摇魂荡	633	屏气慑息	43	怒目横眉	490
神色不动	632	神摇意夺	633	屏气凝神	43	怒发冲冠	490
神色自若	632	神算妙计	632	屏声息气	43	怒形于色	490
神州赤县	633	神嚎鬼哭	630	费力劳心	196	怒猊渴骥	490
神州陆沉	633	误人子弟	789	费心劳力	196	怒臂当车	489
神劳形瘁	631	误国殃民	789	费尽心机	196	怒臂当辙	489
神来之笔	631	误国欺君	789	费财劳民	196	架海金梁	324
神完气足	632	诱敌深入	947	眉飞色舞	446	盈千累万	932
神态自若	632	海人不倦	299	眉开眼笑	446	盈千累百	931
神采飞扬	629	海盗海淫	299	眉目不清	446	盈则必亏	932
神采英拔	629	说一不二	675	眉目传情	447	盈盈一水	932
神采奕奕	629	说三道四	675	眉目如画	447	盈盈秋水	932
神采焕发	629	说长道短	674	眉头不展	447	盈满之咎	931
神昏意乱	630	说风凉话	674	眉欢眼笑	446	勇动多怨	936
神怡心静	633	说东谈西	674	眉花眼笑	446	勇男蠢妇	936
神思恍惚	632	说东道西	674	眉来语去	446	勇往无前	937
神鬼不测	629	说白道绿	674	眉来眼去	446	勇往直前	937
神鬼莫测	629	说白道黑	674	眉南面北	447	勇猛直前	936
神鬼难测	630	说黄道黑	674	眉笑颜开	447	勇猛果敢	936
神差鬼使	629	说谎调皮	674	眉高眼低	446	勇猛精进	936
神眉鬼道	631	说黑道白	674	眉眼传情	447	柔心弱骨	588
神怒人弃	631			眉眼高低	447	柔远能迩	588
神怒人怨	631	〔一〕		眉清目秀	447	柔肠寸断	587
神怒天诛	631	退有后言	736	除旧布新	110	柔肠百转	587
神怒民怨	631	退而结网	736	除旧更新	110	柔肠百结	587
神怒民痛	631	退思补过	736	除尘涤垢	110	柔茹刚吐	587
神怒鬼怨	631	退避三舍	736	除残去秽	110	柔茹寡断	587
神通广大	632	既来之，则		除恶务本	110	柔情绰态	587
神情自若	632	安之	319	除恶务尽	110	柔情媚态	587
神情恍惚	632	既往不咎	319	除疾遗类	110	柔情蜜意	587
神清骨秀	632	屋下架屋	773	除暴安良	110	柔懦寡断	587
神谋妙策	631	屋下盖屋	773	险阻艰难	805	矜功伐善	349
神谋妙算	631	屋上建瓴	772	娉容修态	384		

越凫楚乙	963	博古知今	47	喜新厌旧	797	期月有成	311
越俎代庖	963	博古通今	47	插科打诨	82	期期艾艾	515
趁火打劫	91	博而不精	46	插架万轴	82	欺人之谈	515
趁火抢劫	91	博而寡要	47	插翅难飞	82	欺人太甚	515
趁心如意	91	博关经典	47	插翅难逃	82	欺人自欺	515
趁势落篷	91	博识多通	47	插圈弄套	82	欺三瞒四	516
趁热打铁	91	博物多闻	47	搜肠刮肚	683	欺大压小	515
趁虚而入	91	博物洽闻	47	搜奇抉怪	684	欺上罔下	516
趋名逐利	564	博物通达	47	搜奇选妙	684	欺上瞒下	516
趋炎附势	564	博采众长	46	搜岩采干	684	欺天罔人	516
超凡入圣	86	博采众议	46	搜神夺巧	684	欺天罔地	516
超凡出世	86	博采群议	46	搜根剔齿	683	欺天诳地	516
超凡越圣	87	博学多才	48	搜索枯肠	684	欺公罔法	515
超今冠古	87	博学多闻	48	搜章摘句	684	欺世乱俗	516
超以象外	88	博学洽闻	48	煮豆燃萁	1020	欺世罔俗	516
超世绝伦	88	博览群书	47	煮粥焚须	1020	欺世钓誉	516
超尘出俗	86	博施济众	47	煮鹤焚琴	1020	欺世盗名	516
超类绝伦	87	博闻强记	47	援笔而就	958	欺世惑俗	516
超前绝后	87	博闻强志	47	援笔成章	958	欺主罔上	516
超逸绝尘	88	博闻强识	47	援溺振渴	958	欺君罔上	515
超然自引	88	博通经籍	47	搓手顿脚	125	欺君误国	515
超然自得	88	揭竿而起	339	搅海翻江	338	欺软怕硬	516
超然自逸	88	喜之不胜	797	握手极欢	771	欺善怕恶	516
超然远引	87	喜不自持	796	握手言欢	771	欺瞒夹帐	515
超然远举	87	喜不自胜	796	握手言和	771	散木不材	605
超然物外	87	喜不自禁	796	握发吐哺	771	散兵游勇	605
超然独处	87	喜气洋洋	797	握发吐餐	771	惹人注目	570
超然独立	87	喜从天降	796	握图临宇	771	惹火烧身	570
超群出众	87	喜出非望	796	握钩伸铁	771	惹灾招祸	570
超群拔类	87	喜出望外	796	握拳透掌	771	惹是生非	570
超群轶类	87	喜出意外	796	握蛇骑虎	771	惹是招非	570
超群绝伦	87	喜形于色	797	揆情度理	387	惹祸招灾	570
揽辔澄清	390	喜闻乐见	797	搔头弄姿	607	惹祸招殃	570
堤溃蚁穴	150	喜怒无处	797	搔头抓耳	607	惹祸招愆	570
提心在口	703	喜怒无常	797	搔头摸耳	607	惹罪招愆	571
提心吊胆	703	喜怒哀乐	796	搔首弄姿	607	敬上爱下	359
提名道姓	703	喜逐颜开	797	搔首踟蹰	607	敬上接下	360
提纲挈领	703	喜笑颜开	797	斯文扫地	677	敬小慎微	360
博士买驴	47	喜容可掬	797	斯事体大	677	敬老怜贫	359
博大精深	46	喜跃抃舞	797	斯斯文文	677	敬老尊贤	359

图书在版编目(CIP)数据

汉语成语词典 / 孙梦梅,周谦主编. -- 3 版. -- 北
京:商务印书馆国际有限公司,2023.2
ISBN 978-7-5176-0953-7

Ⅰ.①汉… Ⅱ.①孙…②周… Ⅲ.①汉语 - 成语词
典 Ⅳ.①H136.3 - 61

中国版本图书馆 CIP 数据核字(2022)第 254270 号

HANYU CHENGYU CIDIAN

汉语成语词典(第3版)

主 编	孙梦梅 周 谦	
出版发行	商务印书馆国际有限公司	
地 址	北京市朝阳区吉庆里 14 号楼	
	佳汇国际中心 A 座 12 层	
邮 编	100020	
电 话	010 - 65592876(编校部)	
	010 - 65598498(市场营销部)	
网 址	www. cpi1993. com	
印 刷	三河市紫恒印装有限公司	
开 本	880mm×1230mm 1/32	
字 数	1736 千字	
印 张	36	
版 次	2023 年 2 月第 3 版第 22 次印刷	
书 号	ISBN 978-7-5176-0953-7	
定 价	78.00 元